中華民國史檔案資料滙編

第五輯 第一編 軍事（三）

中國第二歷史檔案館編

鳳凰出版傳媒集團 鳳凰出版社

目　录

〔四〕国民党反共军事"围剿"

（一）南昌起义后的反共军事

(二) 对中央革命根据地的第一次“围剿”

(三) 对中央革命根据地的第二次“围剿”

（六）对鄂豫皖边区革命根据地的围攻

〔四〕国民党的反共军事“围剿”

（一）南昌起义后的反共军事

一、追击南昌起义部队与镇压广州起义

1. 关于“八一”南昌起义经过史稿①

（1927年8月）

自民国十六年春夏间，南京、汉口先后实行清共以旋，共产党徒虽渐匿迹销声，不敢公然活动，然其图谋暴变、牵制革命转间日亟。七月间，第廿军军长贺龙及第廿四师师长叶挺等部，由汉开抵南昌，初本他有所图，因闻中委汪兆铭、孙科、朱培德等在庐山会议，对于清共将有严厉之处置，并将令其撤回九江。乃贺、叶等甘作赤奴，竟于是月卅一夜实行叛变，袭击防军，强夺政权，诋毁三民主义，破坏国民革命。而朱德亦同时率匪部两连称叛附变。其所以出此叛党叛国之谬妄举动者，固因惑于共产邪说，抑亦根于野性难厮，故叛变后不惜行同土匪，颠覆祖国也。兹将当日情形概述如下：

政治方面。叛变后，即于次日召集共产党徒所谓各委员及各代表等开联席会议，组一中国革命委员会，以主席团为最高执行机关，推贺龙、邓演达、谭平山、郭沫若、恽代英等为伪主席团。伪主席团之下，尚有如左各伪机关：

党务委员会主席　张曙时

宣传委员会主席　郭沫若②

---

① 此件系国民党政府战史会编的残存史稿，原件没有时间．故以事件发生时间为序．

② 恽代英代．

财政委员会主席　林祖涵

农工委员会主席　张国焘

秘书处秘书长　　吴玉章

政治保卫处处长　李立三

江西省政府主席　姜济寰

就上列各伪机关之组织观之，不特首脑均属共产党徒，而其形式亦完全为一共产政府也。故当时即规定一种诱惑乡愚、扰乱秩序、破坏社会之宣传大纲，以期发挥阴谋、各济私欲。摘录大要如左：

一、实行土地革命

二、建设乡村政权

三、没收二百亩以上土地

四、拥护农工利益

后嫌没收二百亩以上土地，限度过大，改为没收五十亩以上土地，及至将败时，主张没收一切地主阶级土地。伤心害理，狂谬益见。

军事方面。伪革命委员会之下，设有参谋团，凡匪军事一切计划，皆由该团主持，以刘伯承为主任，周恩来、叶挺、贺龙、蔡廷楷等为参谋。其伪军番号，仍沿用武汉方面所定之第二方面军名义，推张发奎为总指挥，黄琪翔为前敌总指挥，因张、黄不附，乃改推贺龙为总指挥，叶挺为前敌总指挥。兹将各伪军番号及匪首姓名列左（就中有姓名失考者，但无关重要，故缺之）：

第廿军军长贺龙　　党代表廖乾吾

　第一师师长贺锦斋　党代表

　第二师师长秦光远　党代表陈恭

　第三师师长周逸群　党代表徐特立

第十一军军长叶挺　党代表聂荣臻

　第十师师长蔡廷楷　党代表

第廿四师师长顾某　党代表

第廿五师师长周士第　党代表李硕勋

第九军军长朱德

窜粤经过。贺、叶两匪，在南昌叛变后，虽拥有四万余人之部众，但终恐被围，不克久持，故决计南窜，谋夺广州，以作扰乱根据。遂于八月五日，自南昌经赣东向粤南窜时，各处防军单薄，故沿途未能加以截击。迨至闽、赣毗连之瑞金县属壬田市，始为国军第卅二军钱大钧部迎头痛击。然钱部兵力名虽一军，实仅六团，众寡悬殊，故激战多次，终致失利。而赣之瑞金与闽之长汀、上杭诸县，亦相继为匪所陷。当地流痞、土匪更为完全收编，是以此际匪军人数顿增，因即改组成为四军，即第一军贺龙，第二军叶挺，第三军朱德，第四军刘伯承，并由匪军中之俄国顾问阿托里夫斯〔基〕建议，以汀、杭作根据〔地〕，积极编练农军，再图相机发展。盖其意不急军事一时之胜利，先欲赤化深入于乡村，计固甚毒也。但贺、叶两匪，对此建议均不赞同，仍本原计迅速侵粤，而匪党彭湃，亦以海丰、陆丰农民自卫军极可利用，于是由闽西而入大浦，由大浦而入潮汕。其势甚锐，虽于三河坝、瑠瑝间，曾为国军黄旭初部所堵击，卒以彼众我寡，莫可遏阻，致东江一带地区，几经为匪侵占。匪势披猖，诚足震撼百粤，然在粤国军初非不知匪之企图，而思所以预防，竟任其如此转易侵入也。乃因匪势新盛，数且极众，如行到处布防，兵力转为分散，必先择一适当地带，集中优厚兵力，始可图将匪军一鼓而歼之，是则兵法所谓欲擒故纵也。九月中，匪军进至丰顺汤坑附近时，即予以猛烈迎击，激战数时，即将匪之主力完全击溃，败退流沙后，复经围击尽行缴械，其在后方之各匪军，亦于潮州、三河坝等处，先后解决贺、叶等诸匪，首虽幸逃逸，而此巨万匪军，仅历四日，即完全消灭矣。固由国军将士之用命，抑亦谋叛党国思肆野心之匪军当然结果也。

〔国民政府军事机关档案〕

2. 关于广州起义经过史稿①

（1927年12月）

十六年十一月十一日，广州以李济深赴上海参加第四次中央全体预备会而发生政变，遂致共产党乘机而为广州暴动，共产党始期十七年一月一日，既而改十六年十二月十五日，或谓十七日暴动，乃九日公安局长朱晖日侦得共产党储军火处，搜获子弹炸弹无算，其谋以之而灭，汪兆铭于上海亦有所闻，急电张发奎严为之备，发奎遂令前方薛岳部还以卫戍广州，共产党人张太雷辈知薛岳将于十三日达广州，爰夜集东山俄国领事馆密谋，乘薛岳部犹未至即暴动，期以十一日夜半。于时，广州驻军惟第四军之警备团与教导团及公安局保安大队，共产党之能指导者，有工人千余，人力车夫千余，近郊农民万余。教导团团长杨树松、警备团团长梁秉枢、第四军参谋长叶剑英共产党也。教导团之学员，为武汉总政治部邓演达领导之教导营及中央军事政治武汉分校学生混合编成，十之九共产党也。政治指导员叶德森、营长方中林、连长叶庸、陆更夫辈，亦共产党也。公安局羁押五百余人，共产党居五之一，又足牵掣保安大队，故不三十分钟而夺得广州。溯自十四年八月而后，共产党于广州有广东区委为指导广东及广西最高机关，其内部组织总书记陈延年，独秀长子也。秘书处秘书黄明、组织部部长及组织委员会主任穆清〔清一作青〕、宣传部部长及宣传委员会主任张太雷、工人部部长及工运委员会主任黄平、农民部部长罗绮园、农运委员会主任阮笑仙、妇女部部长叶〔蔡〕畅、妇运委员会主任邓颖超、军事部部长及军事委员会主任周恩来、党报委员会委员长张太雷、党校教育委员会委员长任卓宣、干部训练班主任穆清、共产党

① 此件系国民党政府战史会编的残存史稿，原件没时间，故以事发生时间为序。

中央特派员张国焘、蔡和森，共产党中央委员会在广州者有谭平山、毛泽东、苏兆徵、杨匏安辈数十人，第三国际代表鲍罗廷，亦作鲍尔庭又作鲍尔丁。其在黄浦军校政治部则有鲁易、熊雄、聂荣臻、杨其纲、安体诚、肖楚女、廖划平、张秋人诸人。各军政治部正副主任之属共产党者，有二军李富春，三军朱克靖，四军廖乾吾，五军李朗如，六军林祖涵，七军副主任黄日葵，八军副主任张其雄，军校政治部副主任熊雄，总政治部邓演达，宣传科科长郭沫若，组织科科长朱代杰，总政治部后方留守主任孙炳文等。当贺龙、叶挺之败于汤坑，彭湃以残部退至海丰、陆丰，其势未之或杀也。及将举行广州暴动，共产党中央政治局发纵指示于上海，而广州东山俄国领事馆则为张太雷、恽代英、邓中夏、黄平、穆清、彭湃、何来诸人密谋之所，第三国际亦遣苏联共产党重员多人指示其间，赤色职工国际之托维诺夫其一也，长堤、南堤、仙湖街、高第街咸有秘密机关在焉。海丰、陆丰两县其根据地也。及教导团肇事于北教场，于是由罗绮园、黄侠生等指挥，进攻公安局、财政厅、省政府、政治分会、省党部、中央银行，俄顷之间，均被占领，且掠得保安大队步枪千余，手机关枪数挺。盖以五百余人犯为内应，保安大队故不支也。十二日，乃组织广州苏维埃政府及工农红军总司令部于公安局，苏兆徵为委员长、秘书长恽代英、人民海陆军委员张太雷，人民外交委员黄平，人民内务委员周雍能，一作周文雍，又作周雍南，人民财政委员何来，工农委员彭湃，肃清反革命委员会主席杨英〔一作殷〕，工农红军总司令叶挺，副司令叶剑英，总参谋长徐光英，一作子英，第二师师长梁秉枢，赤卫队总指挥朱某，土地委员文化委员则未详。凡所焚毁商肆约万户，杀戮市民以千数。于时张太雷力主以所掠得公安局及军械储藏所之军械尽与工人，使之武装成军，并分与召集之四乡农民自卫军。叶挺以授枪械于勿能力之徒，实兵家深忌，坚持不可。及事败军械复失。共产党以为是乃挺之失策，挺遂受留党察看处分。叶剑英由香港潜遁德国。方十三日上午，机器工人曾反攻公安局之苏维埃政府红军总司令部未克，下午薛岳部至省城郊外进攻，得观音山麓，同时李福林军，自河南进攻，由西关登陆，而南堤之四军军部地势既佳，且有特务连防卫，文德东路之十二师师部亦已有备，故至十三日夜，虽数受共产党之袭击，而卒未为所夺。张太雷方与其党开会议于公安局，骤闻薛岳部至，偕俄顾问某同乘汽车突出，为国军击毙，车毁，俄顾问与车夫骈死焉。凡共产党指挥，俄人死者二十有余，中国人死者十余，俘虏徒众千五百余。共产党不支，乃消遁至海丰、陆丰，薛、李所部追击至于龙眼洞而还。海丰、陆丰两县，共产党谥之曰小莫斯科，盖十四年，陈独秀、谭平山乘国民党之容共，潜命彭湃、郑志云至其地，假国民党为号召，经一一年而聚至十数万人，共产党广东区委，更遣林初白往宣传，于是遂为重要之区域。而彭湃者，其地之巨富，尝留学日本，彼以己之田园尽分与农民，而杨英则为之助，北伐军将出发，而海丰、陆丰已有苏维埃政府矣。杨英至广州参加密谋，彭湃则授意于英鼓动以实力移至其地，故广州暴动失败、遂如水之赴壑，咸遁往焉。而彭湃之势，阴以愈厚。至十七年冬，彭湃乃为苏维埃主席，杨英为副，及十二年，海丰、陆丰县同乡会，于香港南洋各处有拘捕共产党之举，共产党内部分裂，潮州普宁派尽杀海丰人，于是其势锐衰，而彭湃、杨英授首上海、海丰、陆丰之共产党乃得肃清。

〔国民政府军事机关档案〕

二、平江起义前后遏阻湖南红军的发展

1. 王均关于第廿七师等部与红四军在湖南酃县战斗溃败情形密电

（1928年5月29日）

南昌。南京谭主席钧鉴：晶密。俭电奉悉。赣西剿匪经过，迭经电呈。第一次我廿七师、第九师在永新、宁岗一带击溃毛泽

东、袁文才两股共匪，追入酃县，匪势已衰。惜湘边无兵截堵，遂被逃脱。嗣因北伐出师，军队移动，共匪朱德由粤回窜湘赣，联合毛、袁，勾结流痞，大肆猖獗。均复加派廿七师全部，七、九两师各一部，于元日大举进剿，并商请何芸樵、吴椽庭两军长，按期派兵在茶陵、酃县会剿。讵此间军队动员，已将匪击溃，而湘边仍无大军截击，以致匪复窜湘。近查朱德匪众编为工农第四军，朱为伪军长兼十师师长，毛为伪军党代表兼十一师师长，众匪约万余人，步枪在五千以上，大炮机关枪俱全，刀茅尤多不可计。意图夺据湘、赣，成立苏维埃政府。其股众既大裹胁日多。此次廿七师与匪鏖战时，杨师长如轩负伤，团长阵亡，结果虽将击溃，而仍被逃窜。其弊在赣军进剿，湘军不能同时夹包，使匪得此剿彼窜之利，不能根本铲除。现复派员赴湘，商请咏庵、芸樵诸兄，派队约期会剿，期于短期内肃清。均留守后防，职责所在，民之不安，犹己焚溺。敬奉钧命，敢不益勉。务恳主座电令咏庵、芸樵两兄迅派劲军两师，分由茶陵、酃县兜剿，则逆匪虽众，不难歼除也。谨电复呈。王均叩。艳。印。

中华民国十七年五月卅一日

〔国民政府档案〕

2. 国民党军第十六军范石生报告红军分四路围攻湖南郴州情形电

（1928 年7月25日）

桂阳。国急。限片刻不得停留。南京总司令蒋暨中央各委员、汉口李主席、广东李主席钧鉴：长沙鲁主席永安兄、何会办云樵兄、桂阳许师长克祥兄、衡州李司令公泽兄勋鉴：敬日拂晓，朱德、毛泽东等突以全力袭犯郴州，分四路向我围攻，我军仓卒应战，与该匪军激战终日，毙匪团长二人，营长四人，连排长及士兵四百余名。该匪受此痛创，力不能支，遂向资、永方向分途溃退，现正追击中。我军亦伤团长一员，亡营长二员，士兵亦伤亡不少。查驻防永兴、资兴向成杰师，撤退接防，部队尚未到鄙，故乘虚而入。又向师离防，我军亦未接通报，事变出自仓卒。幸遥托威福，得将匪众击破。但据俘虏官兵供称，该匪等有大规模之计划，应请钧座及诸公迅饬湘乡各军合力会剿，俾绝根株，而免滋蔓，无任企祷。第十六军军长范石生叩。有晨郴州电机破坏，改由桂阳拍发。印。

〔国民政府档案〕

3. 关于平江起义经过史稿①

（1928年7月）

民国十七年五月间，湖南设立清乡督办，厉行刬共，在湘共党顿形危惧，亟图暴动。时彭德怀、黄公略两匪充独立第五师刘硎部之团、营长，同驻平江，固夙而加入共党也。当局亦已侦知，拟即电令刘硎将彭匪解省讯办，将黄匪就地枪决。乃匪党布置极密，消息甚灵，此讯为彭、黄预悉，遂于七月间同时叛变，称为伪红军第十三师，杀县长及多数绅商。而附近乡间潜伏之匪党，复乘机窃发，肆行杀掠，致平江突遭空前惨祸。迨省方派军进剿，始率残余由平江、浏阳流窜至赣之铜鼓边境，未几，复遭湘鄂赣三省会剿，乃留黄匪扰平、浏，彭匪则率部窜井岗山，与朱、毛合旋，因朱、毛外出窜扰，彭匪留守山中。为张大虚声计，致称为伪红军第五军。十八年春，该山为何健所破，彭匪几被擒，经此惨败后，残余人枪数仅二三百，虽幸漏网他窜，由营前而达雩都，然沿途仍时遭截击，残匪心致益形涣散，其势几同死灰，不易复燃。乃出驻雩防军不意，竟于夜间袭缴其全营枪械，因而匪势复壮，于是赣之信丰、永新、莲花及鄂之

① 此件系国民党政府战史会编的残存史稿，原件没有标明时间，兹以平江起义时间为序。

阳新等县，均先后受其蹂躏，人枪渐增，又改称为伪红军第三军团。黄匪公略，亦由湘窜赣，充该伪军团第三军军长，以扰乱平、浏之任，交孔荷宠替代，而此伪第三军团遂为赤匪中慓悍之匪军。但彭匪之得以辗转窜扰，扩张势力，至此者实缘此际在赣国军仅有第三军。复以朱德、毛泽东两匪窜扰于赣南，方志敏、邵式平两匪扰乱于赣东，潜通声气，相为犄角，致使各地内成空虚，每遭匪乘。地方团队既无组织，少数军警更为所劫，且时人多以寻常股匪目之，殊少注意，初不知此星星之火将成燎原也。

〔国民政府军事机关档案〕

4. 平江“清乡委员会”魏洁岑等报告关于彭德怀在平江起义情形代电

(1928 年8月2日)

中央国民政府主席谭暨列位委员钧鉴：平江共匪，自本年元月，乘西征军击溃残敌，运动枪械，组织暴动，一时杀人如麻，焚屋成墟，蔓延四乡，旋扑旋起。除城厢内外虚沦匪域，及八军二师程沛霖师长奉令防剿，督促成立各区段挨户团防，联合军民协同清剿，悍匪大股溃不复聚，稍假时日，便可肃清。不意，程师奉令调防，吁留无效，残余股匪乘机复炽，东北一带重罹浩劫，正环请防军第五独立师派军进剿时间，团长彭德怀，突于上月梗日，藉勒索给养为词，据城叛变，围捕县公署、清委会、总队部、挨户团、局保管处、征收处、公益捐经收处、匪灾筹赈会、教育局、县党部、平民工厂、普爱医院，各机关人员，将案卷、器具、服物及粮册、卷票抢洗一空，并劫夺清乡队及挨户团团枪五伯〔百〕余枝，子弹、军装、武器无数，其他捣毁净尽，放出狱囚犯二百余名，派令荷枪把守四城要路，捉拿良民。是晚召集各乡匪首及城中共党，成立苏维埃政府及共产党执行委会，改换红军旗帜，散发传单，鼓吹工农暴动。翌日八时，勒令全城商人齐集商会，派兵看管，按照商号科派捐款，勒令买命，稍有违抗，如裕中源店主陈伯埙即予枪毙。计勒筹商款约三万五千八百余元，其在押围缴之商人，尚数十名。此外强取商货估洋不下一万二三千元，又勒提引盐一千六百余包，约洋二万七千余元。其捕押各机关人员，由苏维埃政府主席李纯卿皮工暨党部执委审判，交彭逆执行，被难官绅如刘县长作柱及兄作霖、杨督察员翼鹏、黄警察所长次度、王科员訔、清乡委员李积秾、黄家藩、萧敬五、喻楚馨，保管处主任向祖彝、普爱医院院长皮家光、挨户团主任黄思勤、队长余桂林、各署局书记曾刚、李宏闾、陈思聪、向乐宾、胡鉴涵，绅耆凌松林、苏翰屏、王李兰、余杰、陈醒初、胡牧卿等，或枪毙、或腰斩、或肢解、或剖腹剐心、或以梭镖戳死，备极残酷，相与愉乐。搜杀城内清乡队兵、挨户团丁、无辜工农及办公人员家属，计一百三十余名。而逃出城外中途惨杀者，不可胜数。当彭逆叛据时，四乡响应，东乡匪首吴钦明、方长发、梁震廷、李先坎，南乡匪首孔荷仲〔宠〕、林敏庐、邱平川，北乡匪首陈梦耕、李宗白、余本健，西乡匪首钟芸陔等，均隶女匪胡筠部下，指挥暴动，大肆焚杀。据确切报告，杀人近三千名，焚屋约五百栋，如思存马嘶浆市，市场已无片椽留存，尸骸遍野，臭气冲天。流离转徙之老弱，以亿万计，兼之山谷荒芜，平原亢旱，五谷不成，秋收无望。不早设法救济，全县七十万人民劫后残黎，值此逆军叛变，全部撤防，屠杀焚烧，再罹浩劫，延颈待毙，宁有孑遗。洁岑等随同大军于世日克复县城，因各公法团全遭倾覆，组织临时机关暂事维持。谨沥陈被匪蹂躏事实，电恳钧座俯念平江糜烂情形，已成不堪收拾之局，迅予拨款补助，令饬湖南省军政长官妥筹善后。一面发还枪弹，以靖乡里；并一面筹赈抚恤，以救孑遗，昭苏民命，在此一瞬无任倒悬待解之至。平江县清乡委员会临时办公处委员魏洁岑、高述尧、周用宾、平江商会临时军差处主任欧阳慕陶暨全县人民同叩。冬。印。

〔国民政府档案〕

5. 国民党军第二十三师朱耀华部与红军彭德怀部在湖南平江浏阳战斗详报①

（1928 年 7 月—1929 年 1 月）

第一节　缘起〔略〕

第二节　战斗前彼我态势及匪军实力

平浏境内之匪，以彭、黄所部力量为最大，约千二百余枪，其主力在平江城附近献钟安定桥、三眼桥一带，各有其一部，其余杂匪为胡昀、李心坚、狗队长汪同茶、张华林、钟子清、邓神生、丁笑岩、谢光振、李克家、钟云阶、孔荷宠、喻根等数股，其枪枝为数十至百数十或两百不等，共计约六百余枪，散在平江东南浏阳东北一带山地及其附近。至其裹胁之民众，亦不下万人。以故梭镖匪更多，而杀人放火无所不用其极，藉恐怖政策以裹胁民众，因是匪化区域日渐扩大。本师是时正奉令由华容南县向醴陵移动，先头甫达醴陵，即奉令进剿平、浏赤匪，因交通不便，截至八月五日先到之一部，已早经开始战斗，而后续部队始在浏醴集中完毕。

第三节　长寿附近之战斗

七月二十六日，在醴陵师部奉指挥官命令：率兵一部并指挥驻社港市独立第五师之刘济人团，及驻浏阳第三十五军之徐营，进剿平江彭、黄诸匪。二十七日，即率第二团（欠第三营）及第三团之第三营暨机关枪连兼程前进，二十八日午后抵浏阳，即令第三团第三营留驻浏阳，第三十五军徐营进驻社港市，二十九日午后抵焦溪铺。当据各方探报暨浏阳挨户团报称：

一、平江赤匪有大举进攻浏阳之企图；

二、昨（二十八日）午后三时，刘团在花桥兴与赤匪接触，现在对峙中。

---

① 此件节选自国民党《陆军第十八师近十年剿匪战斗详报》。

当令第二团(欠第三营)于明(三十)日午前四时出发，经社港市向花桥前进，协助刘团围歼此匪。职率直属队于午前六时出发，午后五时抵社港市，得悉各方情报如左：

一、与刘团在花桥接触之匪，系彭德怀之一部暨谬雄全部及杂色股匪人数甚多，枪约七百余，均梭镖。本晨经刘团猛力突破其右翼，匪乃向安定桥及平江方面退却，我刘团正尾匪向平城追击中。

二、平江赤匪受我刘师(独五师)压迫，已呈摇动之象，有向浏东及长寿逃窜之模样。

三、易团(第二团)现在花桥停止待命。

根据上项情况，乃为如左之处置：

一、令易团(欠第三营)于明(三十一)日午前五时，经岳田瑕进至安定桥侦察平江之匪，如未退走，即向三眼桥前进，如探知平匪退出，即经马嘶坑向献钟、长寿前进，以遮断平匪之退路。

二、令刘团继续追击，攻克平江时，匪如向献钟、长寿窜走，应再行猛烈尾追，以收夹击之效。

七月三十一日午前九时，易团(欠一营)进抵安定桥，探知其东侧约8KM之沙瑕，现有匪约五六百人，枪百余枝，似为掩护平城之匪退却者。献钟有大部股匪，三眼桥有匪百余人，枪数十枝。根据上项情况，知平匪系向长寿总退却，乃决心以一部驱逐沙瑕之匪，以主力攻取献钟。午后三时，易团(欠一营)主力达献钟附近，与匪接触不久，沙瑕之匪，亦为其一部追击窜来，正面第一营乘此猛烈冲击以故，毙匪俘匪甚多，并杀其政治主任，匪乃退，由高山向长寿方面窜走。该团乘胜追击，午后八时，达方家瑕整理进餐后，即向嘉义之匪攻击前进。八月一日午前三时，克嘉义，午前五时，追至长寿与匪激战，匪约千余人，枪四五百枝，梭镖鸟枪更多。毙匪约六十名，俘匪三十四人。

八月一日午前七时，职在献钟得悉各方面情报如左：

一、平江县城业于上月三十日午后五时克复，赤匪分向长寿梅山桥方面退却。刘济人团奉刘师长命，在平城整理待命。

二、三十五军徐营，已由社港市分遣所部一连，进驻花桥。

三、自安定桥至献钟、长寿一带，匪虽击散，然窜伏山中之匪，到处皆是，少数枪兵均难行走。根据上列各情，为如左之处置：

一、令第二团（欠第三营）暂驻长寿，一面向平江及梅仙桥方向严密警戒；一面搜剿附近余匪。

二、并令自社港市至献钟一带之驻军，各肃清驻地附近余匪。

八月二日拂晓，彭匪主力绕由洞口（在长寿街西北约 10KM）向长寿方面前进，其先头经易团（欠第三营）迎头痛击，相恃约四小时，即向龙门厂方面退走。据俘虏供称：彭匪不知长寿有我师部队，以为祗有团局，来此收缴团枪，尚有三团在后，均系向此前进。易团长振湘以兵力过小，请令献钟队伍速向长寿增援。职乃令直属队之大部暨第三团机关枪连为迂回支队，经嘉义沿汤水北岸迂回匪之右侧背，自率其余一部，向长寿前进。午后五时抵长寿，匪正顽强抵抗，激战甚烈，至晚十一时，我迂回支队迫进，匪乃乘夜暗分向龙门厂、九岭方面退走。当时我因部队太小，且长寿未可放弃，除为战场内之追击外，仅派步兵两连附机枪一排向九岭方面为短距离之追击。此役毙匪约五十名，俘匪三十一名，获步枪十二只。我第二团第二营因数次施行猛烈逆袭，遂得保持原有阵地，第五连连长戴烈及第四连排长庄福生阵亡，并阵伤连长梁勃、排长盛得贵、曾辉，阵亡士兵十四名，阵伤士兵十七名。

此次彭、黄诸匪，以数倍于我之力量猛攻长寿，我第二团仅兵二营与之血战，至一昼夜后，虽增派部队迂回，然不过一整团之力量，卒能将该匪击退而驱逐之，倘平城克复有大部队分数路跟踪追击，则长寿之役，定可将彭、黄匪部尽数捕捉歼灭，失此机会殊属可惜。

旋据易团长报称：据俘获彭部排长供称：彭匪自率所部由平城退出后，乃绕由洞口来攻长寿，即以进窥浏东。现在浏东空虚，恐将由此窜往浏东矣。根据上情，且知本师周团(第一团)尚未到达浏阳，乃一面通报独立第五师刘师长请派兵来长寿、献钟接防；一面令易团移至嘉义、献钟之线，并将一切情况报告指挥官，职乃率直属部队移驻社港市，以便兼顾浏北。

第四节 平南浏北第一次围剿

彭匪自长寿、龙门厂等役被击退后，所有存留平、浏各处之匪，以及被裹胁之民众，遍地皆是。且平、浏依山为界，地势险峻，各股匪以芦洞、百福洞、湖坪、辜家洞、金坑、徐家洞一带山洞为根据，鸟道蚕丛，箐深林密，此剿彼窜，殊非善法。故拟由平、浏南北定期会剿，惟是山势太宽，地形太险，兵力太小，仍不免空隙太大，而匪能乘机漏网也。在会剿命令未下达之前，本师各部位置如左：

一、第一团在白沙—东门市—达浒—沿溪桥—古港之线。

二、第二团在安定桥—社港市之线。

三、第三团(欠第二营)主力在醴陵附近，一部在向东桥—老关之线，注意安源工人行动。

四、师司令部及直属队暨第三团之第二营在浏阳城。八月二十三日，职在浏阳下达会剿命令摘要如左：

一、第一团以二部位置湘、赣边境，向铜鼓警戒，以一部由达浒出发，经金坑出火子坳，以主力由达浒经东瓜漕均向辜家洞进剿，俟该洞肃清，与易团(第二团)及唐营(第三团第二营)分别会合后，即向东经浏阳坳、杉皮坳、分水坳一带搜剿。

二、第三团第二营由沿溪桥出发，经大光洞出祖师岩、湖坪向百福洞进剿，俟该洞肃清后，即向东搜剿至天子坳、石坳，会合周团易团后，如情况许可，即经上下源湖—沿溪桥归还浏阳城。

三、第二团以主力由献钟出发，经宝峰、新江向辜家洞进剿，以一部由安定桥出发，经思村向百福洞进剿，另以一部位置于沙瑕相机堵截，以一部由芦洞出发，经白水向百福洞进剿，俟该两洞肃清，与周团及唐营分别会合后，即各向附近山地搜剿余匪。

四、各部队均于本月二十七日各由上记地点出发，向目的地攻击前进。

五、余二十六日上午在浏阳，尔后率直属队进驻古港。

将上项情况通报刘师，请按期派兵在叉江洞一郑源一高瑕之线堵截。

八月二十六日，据周、易两团长报告如左：

一、周团长本日午前六时由达浒报称：

(1) 今晨得东门团局报告：长寿之匪数千人，枪六七百枝，现已由黄金洞窜至铜、浏边界松树坳附近，距白沙不过三十里。

(2) 职得报，即令文连开赴白沙，向松树坳方向警戒。

(3) 明(二十七)日仍遵钧令分赴各洞清剿。

二、易团长宥(二十六)日电报称：

(1) 彭匪窜长寿，被陈部"独五师陈副师长指挥之部队"击溃，经由黄金洞退走浏东，须注意。

(2) 敬日(二十四)，职亲率谢营(第二营)开献钟，李营开嘉义，协助陈部堵截，有晚(二十五)回防。

(3) 职部遵令于感晨(二十七)开始动作。

(4) 马团附率兵两连，扼沙瑕堵剿，职率谢营两连及机枪经思村一带进剿，余悉遵钧令办理。

自二十七日起至三十日止，周团除派兵一部堵截黄金洞之匪外，其余大部以及唐营、易团俱按照规定计划沿路进剿，同时并督率由地方组织守望队协同搜山。各洞之匪，有二三百枪一股者，有百余枪一股者，有三四十枝枪一股者。盖匪中赤卫军之编制，每大队分为三中队，每中队分为三分队，每分队之枪多则四五十枝，少则三十余枝，并有手榴弹。便衣匪持梭镖者更多。分路剿击有稍事抵抗即逃者，有顽强抵抗经击败始行退走者，计共击毙约一百名，生擒百四十名。各处匪巢，查明确实，当予捣毁，至三十日始各返原防。

第五节　大桥附近之战斗

彭德怀、胡昀诸匪，自由铜、修回窜长寿，经我刘师易团击走后，即窜踞黄金洞、松树坳一带，计有匪约四千余人，枪约六七百枝。除令周团协助陈副师长所部努力围剿外，并电令易团以其第二营留驻社港市，其余自行率领，于九月二日开抵沿溪桥，准备进剿。易团抵沿溪桥后，即令其第一营进驻白沙，归周团长指挥。

据周团长九月七日上午九时，由江西小坝洞报称：职率第三营一、三两连及二团李营，于昨六日上午十一时由白沙出发，下午六时到达江西芳坪。丁第一营、孙第二营今早七时抵距双坑十里之小坝洞，探知彭匪二千余人，枪七百余枝，余均梭镖，已于五日上午经小坝洞向短坑方面退去。职拟即率部赴上庄界防其窜入浏东，如探明匪踪所在，即跟追进剿。

根据上情为如左之处置：

一、令周团努力搜索匪情，以疾风迅雷之势，出敌意外施行猛攻。

二、令易团长率第三营及第三团唐营，即经张坊赴赣境截击，但须努力搜索匪情，并与周团长密切连系。

彭匪七日抵万载之小源，将该市焚烧，向大桥前进。周团八日晚抵排埠，九日正午抵小源，探知匪在大桥停止。午后一时分三路前进，以第二团李金荣营任右路，本团丁振之营任左路，自率孙营暨第三营刘、魏两连任中路，五时到达大桥附近，同时猛烈冲锋，并在市上实行巷战，匪猝不及防，激战两小时，分数路向四面丛山中溃走。共计毙匪八十人，生擒五十七人，夺获步枪五十六枝，印信三颗，旗帜两面，马八头，弹药行李及卫生药品甚多。李营伤排长张开诚、李镖二员，阵亡班长两名，阵亡列兵八名，伤十二名。

大桥商店约三百余家，商务极盛，彭匪在该市勒款三万元，并在各街堆积柴草，满泼洋油，限是日午后五时三十分将款交齐，即举火向万载窜走，不料周团适于是时到达，化险为夷，诚大大幸也。

十日，周团长探知白良三百兴有散匪，派孙、丁两营分途搜剿，夺获步枪十六枝，梭镖数杆。

九月十一日易团亦经小源进抵大桥，探知附近散匪尚多，周、易两团长会商，派刘营向高村，唐营向船市，李营向清水井之线沿路清剿。十三日，探知击溃之匪，又经集合千余人，流窜至铜鼓县城，实行烧杀。易团乃令刘营由高村唐营由船市，自率李营经排埠均向铜鼓围剿，周团则率所部经篁竹向铜鼓前进，及抵铜鼓，匪已由短坑向幽居及青草尖等处窜走。当由周、易两团会商分数路向短坑幽居等处努力搜剿，始行开回浏东原防。

本师是时通信设备，非常简旧，以致周易两团运动于湘、赣边境山地中，连系极感不便。如是易团不能努力机动，以参加大桥之战斗，殊属失去好机。倘能适切连系，而前方之搜索机关又极灵活，以周团任正面，以易团由右翼迂回，其侧背并遮断其退路，且两团同时发挥极大之机动力，则大桥之役，可将彭匪一再战败之残部尽数歼灭。独惜是时赣西万、铜诸县亦无驻军足资协力，致令漏网之残余，终酿燎原之大祸，诚失着也。

第六节　平南浏北第二次围剿

平南浏北之匪，虽叠经搜剿，然万山崇亘，道路崎岖，且又民匪不分，仍不免此剿彼窜之虞。故自经部队返回原防后，匪徒仍啸聚如故，仍四出烧杀如故。兹特约同平、浏驻军分途进剿，并规定平江六营（至少五个整营），请陈副师长指挥，浏阳四营由易团长指挥，各部行军路线及按时到达地点如左：

第一日

一、平江军队，于献钟、马嘶坑、坳头山等处，各位置一营，安定桥位置两营。但马嘶坑、坳头山两处匪氛甚炽，该处部队应先期到达，预将附近之匪予以清剿。

二、浏阳部队，于达浒、沿溪桥、古港、社港市等处，各位置一营（达浒之营由周团派出余属易团部队）。

第二日

一、献钟部队，向辜家洞进剿，马嘶坑部队经沙瑕、爽源向双坑瑕进剿，坳头山部队，经宝峰向北山进剿。

二、安定桥之部队，以一营向思村、双桥进剿，以一营经杨家坊、献宝台、大屋场、洞口一带进剿。

三、浏东达浒部队，以主力经茶亭坳、火子坳，一部经东瓜漕向辜家洞进剿，均与献钟部队会合。

四、沿溪桥刘营经上下源湖向石坳进剿，与祖师岩李营取连络，古港李营将大光洞之匪清剿后，即经祖师岩将天子岗、大小湖坪一带之匪清剿，社港市之谢营向芦洞、白水一带搜剿，并注意与双桥部队连络。

第三日

一、辜家洞会合之各部队，应向三叉坳、高照殿、前韩源洞一带地区清剿。

二、祖师岩与石坳一带之部队，应在高山一带梭巡，并扼要堵截，以免匪众登高致搜剿困难，并须严防窜入浏东。

三、双坑瑕部队，应向韩源、莺石嘴地区清剿。

四、北山部队，向桃林、尚山瑕一带之匪清剿(此地居民多与赤匪妥协注意)。

五、双桥部队，向毛坪清剿，与洞口部队会合后，协同向百福洞清剿。洞口部队，经抄场至毛坪与双桥部队连络，向百福洞清剿。以上两部，经路左右高地匪屋甚多，务须彻底搜索。

第四日

一、是日，各部队各在原地附近地区切取连络，严密搜剿。对于高地、森林、房屋等，须不避辛苦严密搜索，森林之能焚烧者即焚烧之，勿使一匪漏网为要。

二、肃清后回防日期另以命令行之。

上项计划，电商陈副师长同意后，即约定于十一月十三日开始动作，各营按照计划沿路搜剿。浏阳各部并率同守望队一同前进。计此役，浏阳部队击毙之匪，约五十余人，俘匪百二十八人，并击毙匪党代表唐剑魂及队长一名、搜获赤匪计划议决案及往来函件甚多。其计划对浏阳方面注重打通东南乡，以便与朱、毛联合。此后周、易两团即按照此册所载之机关及赤匪姓名陆续破获甚多，如是浏阳赤匪焰稍杀矣。

第七节　平江匪区之搜剿〔略〕

第八节　各役所得之教训〔略〕

〔国民政府军事机关档案〕

6. 湖南长沙总商会左学谦等报告关于红军攻克平江及请援军往来电

（1930年5月）

一、左学谦电（5月8日）

长沙。特急。南京国民政府主席蒋、总司令蒋、行政院长谭、汉口行营主任何钧鉴：共匪祸湘，惨无人道。以前历劫之深，计邀洞鉴。马日变后，幸赖现兼第四路何总指挥努力剷除，毅然以肃清为己任，虽边隅有暴动，而腹部巩若金汤，连年苟安，实由于此。迩者共匪彭德怀等，乘大局多故，由赣侵入，平、浏党徒数万，枪约五六千支，益以枪标，凶悍异常，军团步锋多被摧折。平城既陷，浏阳复危，难民群集省恒，惨不堪言状。推原其故，并非攻守之不力，实因众寡之悬殊。以前吾湘兵力雄厚，共匪人枪单薄，军团驰剿逐北为易。乃去冬野心家派人入湘，运动军队，吴、周两师变叛，张、陈、阎旅诸部先后发生分化，而李蕴珩、李云杰两旅又奉调离湘，以视前军队之数量几减去五分之二。以上况援桂之师未班，迄犹调兵前进长沙，为三十七万民众身家性命财产所系，政治中心精神在此，不权轻重缓急，任其空虚，谋堵剿不支，而他方潜伏共党，同时动作，势必全湘糜烂。况鄂属石监、沔阳久成共化。闻彭匪计划拟窜岳、临，与鄂匪打成一气，截断交通，扰乱讨逆后方。果不幸而成事实，湘、鄂动摇，非中央福利。顷呈总指挥何请将讨桂军队暂调回湘，俟戡定平、浏，巩固后方，再谋讨桂。比以未奉明令，竟未邀准。祸致眉睫，命若釜鱼。兹垂涕迫切恳求数项于此：

（一）请严电何总指挥迅将讨桂军队酌调回湘，痛剿彭匪；

（二）迅由鄂境抽调国军两师以上兵力，火速会剿平、浏，以解目前危急；

（三）如襄、樊重要，抽调为事势所不许，而朱、毛拇猖赣境，紧接湘边，断非一时所能解决，应请速令何总指挥补充军队，由中央拨给弹械，限期根本肃清匪共，俾讨逆早日成功。

上三项，应请统筹全局，当机立断，核准施行，不胜惶悚待命之至。湖南长沙总商会左学谦、王尹衡、吴延绩、长沙工会梁国栋、冯颇陶、甘子宪、湖南救济院罗先闿、皮宗让、慈善委员会史谧、萧恩震、周培均、郑家倜、俞芳午、刘经瓒、粤汉铁路促成会湖南分会文裴、袁德宣暨公民代表彭允彝、沈克刚、龙绂瑞、曹孟其、粟戡时叩。庚。印。

二、古应芬抄送谭常恺致蒋介石密电（5月10日）

蒋主席钧鉴：由果夫先生交来谭常恺虞电云：总座钧鉴：密。共匪彭、黄两部，领枪匪四千余、及贫民万余，鱼日攻陷平江。据报有进扰长沙，驻军单薄，人心惊恐。何芸公进攻桂林步队业已离全猛进，不能撤回，故对付共匪颇为棘手。职意拟请迅饬谢彬步队即日离湘，以便将彭旅克日调回，并将已批准之枪弹等速饬照发，以利戎机，而壮士气。职谭常恺叩。虞。印。

三、蒋介石由徐州复古密电（5月12日）

徐州。急。南京古文官长勋鉴：O密。真电转谭常恺电悉。请复准照办可也。蒋中正。文机。印。

〔国民政府档案〕

7. 国民党政府战史会编：关于红军攻克长沙经过情形的史稿

(1930年7月)①

湖南地当南北之冲，易受世局影响。民国十九年夏，陇海战起，牵及全局。长沙因而会遭一度失陷，虽旋行克复，而主力部队，则经此多戎湖南，所留于长沙者仅戴斗垣之一旅，且尚任附近之防务，致省垣防务空虚异常，而为彭德怀、黄公略两匪所侦知。该两匪在平江、浏阳、铜鼓一带，对于长沙伺隙而动者已非一日，特以其势尚不甚著，且尝时为之备，故迄难幸逞。至七月下旬，湘主席兼第四路总指挥何健，为应付世局，巩固边防计，远出湘南，亲自指挥留长部队，因亦甚薄。彭、黄两匪，遂认为有隙可乘，由平、浏疾趋长沙施行猛袭，单薄防军，自难抵御。至二十七日即被攻陷，大肆杀掠，其惨状不下广州之暴动。约计财产损失当在四五百万元，人民之被杀者尤众，所有重要机关莫不尽付一炬，诚空前浩劫也。后经汉口行营令调公秉藩、罗霖等师及军舰入湘，协同何健原有部队合力围剿，始于八月五日收复。但彭、黄两匪甚狡，肆杀饱掠后，即已预作退窜平、浏之计，大部匪军早已离长，在长被歼者甚少，其实力犹存也。故窜回平、浏后，复与朱、毛两股再举犯长，环攻多日。盖初则在掠物资，此〔比〕则在夺枪械及图据城邑也。所幸我军防守殊力，复行转移攻势，卒将匪军击退，并毙匪无算焉。惟匪虽败退，势仍甚张，且每藉此号招匪中，鼓其攻城掠地之心。故此后赤匪之屡犯重要城邑者，实因犯长之得手，而国人对于赤匪共起注意者，亦自长沙被陷始。

〔国民政府军事机关档案〕

---

① 本编无时间，故以事件发生的时间为时间。

8. 国民党军第十五师四十五旅王东原部与红军在长沙战斗详报

（1930年8月5日）

战斗前匪我之形势

共匪于七月二十七日袭陷长沙后，以主力配置湖迹渡、杨家山、黄土岭、猴子石等处构筑工事，防我规复，并将新河铁桥破坏，阻止我军南进，其余部队及裹胁农民，及则在城内大肆烧杀尽情劫掠。本旅奉命暂在湘阴集结待命反攻，当即淬励士气，拣选精锐，组成奋勇五队候命进剿。八月一日，奉命向长沙推进，故于八月二日拂晓，全旅乘轮由湘阴出发，当日午后七时到达三汊矶，因刘、罗各师尚未到达指定地点，直至八月四日仍奉命暂停该地，准备待命。

匪我兵力

赤匪彭德怀、黄公略、李实行、孔荷宠等率伪第三、第五、第八、第十六等军，及裹胁之湘赣边区农民人四万余，枪两万余枝，麕集长沙近郊施行赤化。当时我军主力，因讨逆入桂，长沙失陷时我军兵力总计不足四团。逮后飞调入桂之师，及远戍湘西之军，于八月三日，我第十九师（六团）始到达易家湾，我第十六师（六团）始到达湘潭，我新编第三十一师陈渥旅（二团）始到达岳麓山，本旅及剿匪第二大队，则在三汊矶待命，合计兵力约十八团左右。当时本旅仅第八九团及第九十团第一营，与旅直属特务连一连、机关枪连一连，任长沙城北之攻击。

攻击前之部署

奉师长陶于明（五）日拂晓反攻之命令，旅乃下命令如左：

第四十五旅司令部命令八月四日午后三时于三汊矶亚细亚煤油池旅部。

一、奉师长陶、付师长周命令如左：

1. 匪军主力在小吴门、浏阳门一带构筑工事，意图盘据长沙，其一部有向易家湾、株州方向运动模样。我刘、罗两师及陈光中旅，由湘潭渌口渡河，正向该匪猛力进剿中。

2. 本军以协同军军进取长沙剿灭匪军之目的，以主力由捞刀河南岸及大沅州向长沙之匪攻击前进。

3. 着王旅长东原率部于本(四)日午后十一时，向大沅州渡河经北门向南门黄土岭攻击前进，占领黄土岭后，向猴子石、石马铺方向警戒。

4. 着朱大队长兴曙率部于本(四)日晚十二时，向大沅州渡河经北门外向五十标四十九标一带之匪攻击前进，占领该处高地，对东屯渡方向严密警戒。

5. 着王副旅长育英率第一旅(缺一营)及第五团陈营，于本(四)日午后八时，由三汊矶亚细亚煤油池渡过捞刀河北岸，捷径经罗汉庄渡河至白茅铺，以一团向湖迹渡之匪猛攻，其余为预备队，位置于白茅铺附近警戒左后方。

6. 着陈旅长渥率部随第一旅后行，进经罗汉庄、白茅铺、过东屯渡，向二里牌、乌梅岭之匪猛攻。

7. 着刘团长翼经率部于本晚十二时跟同第一旅渡河，占领雷公岭，相机抄击匪之右翼。

8. 周旅曹团由三汊矶渡过捞刀河南岸，经新河向湖迹渡攻击前进。

9. 着第十五师雷团及军官教导队朱队长所部与宁益团队，于本日黄昏时，在荣湾市及猴子石对岸作佯攻取渡河姿势，相机渡河。

10. 本军伤兵收容所设在捞刀河口附近。

11. 余在陈旅后行进，开始攻击时在白茅铺。

二、本旅奉令反攻长沙，于本(四)日夜十二时开始动作，由长沙北门强迫登陆，不顾一切向黄土岭攻击前进。

三、着奋勇第一队，由长沙北门强迫登陆后，沿河街搜剿前进，至黄土岭集合。着第二队由长沙北门强迫登陆后，经北正街直通南正街搜剿前进，至黄土岭集合。着第三队由北门强迫登陆后，迅速跑步至三分校韭菜园，扑灭彭匪军部，生擒彭匪德怀，再经浏阳门外一带搜剿前进，至黄土岭集合。着欧大队长率领第四队为预备队，沿第三队行进路前进，至黄土岭集合所部后，侦踪追剿，详速具报。着第五队搜剿女青年会、军械局、四十九标、五十标、浏阳门正街匪指挥部，天心阁、妙高峰及城内共匪各机关后，至北门码头集合，听候另行派遣。着机关枪连陈连长士伯率所部一排乘轮沿河施行扫射，掩护本军强迫登陆。

四、着徐团长督率所部在奋勇大队，后由长沙北门附近强迫登陆，沿环城马路经四十九标、小吴门、浏阳门韭菜园一带攻击前进，迅速至黄土岭集合后，侦踪追剿，详速具报。

五、第九十团周营及机关枪连(缺一排)为总预备队，位置于北门马路附近待命。

六、攻击时，余在预备队位置。

右六项令。　　　　旅长王东原

战斗经过

午前二时，我奋勇大队于北门粪码头、日本领事府及光华电灯厂附近强迫登陆，匪军哨兵向我猛烈射击，阵伤我士兵十余名，轮船之大夫二夫各一，我奋勇大队直通河岸强迫登陆，将匪哨击退后，分途突击入城。机枪连之一排驾驶轮船，沿河施行扫射，我海军同时亦施行炮击，掩护我军登陆。徐团沿环城马路经经武门分兵两连，向四十九标、五十标之匪搜剿前进，甫抵浏阳门，遇匪总指挥部号称三纵队数约二三千，经我徐团四围抄击，鏖战约一小时，击毙匪数百余名，缴枪三百余枝，匪势溃乱，大部向南门逃窜，余皆纷纷四散。其时，该团长深恐匪众脱逃，除留兵一连搜剿余匪外，仍督率所部尾追前进，枪械遗弃不顾。又一处匪遗光洋数十担狼藉于途,士兵有欲捡拾者,徐团长立毙一名,麾兵前进,其一营韩营长率所部奋勇前驱,直向黄土岭杀奔前去。当是时也,我奋勇第一队冲抵草潮门,为匪众约一营顽强抵抗,几经冲突,相持不下,乃饬周营迅即增援,匪乃溃败。计毙匪数十名,缴枪百数枝,尾匪后追击前进。第二队由北门经清泰街过府正街遇匪二百余,迎头痛击,巷战约二小时之久,毙匪数十名,缴枪十余枝。第三、第四队,由欧大队长督率,冲至小吴门军官讲习所,毙匪数十名,缴枪数十枝,遂折而直奔韭菜园,适匪军领袖某率领重要人员,拟乘汽车逃遁。当由该大队长冲锋到达,就地格毙数名,及匪主席余耀南一名,匪众数十名。该匪尚敢以手机关枪向我猛射,我方死伤十余,复经该队冒弹直前,卒被击溃。时方拂晓,光照旷野,百步见人,枪声忽疏忽密,各整部武先后追至黄土岭。我徐团到达黄土岭后,集合奋勇各队,正拟分途追击,讵知天明时匪复啸聚施行反攻,将我徐团及奋勇各队重重围困核心,该团长指挥所部及奋勇各队奋勇当先,左冲右击,突出重围,占据乌梅岭,节节追剿。该匪散而复聚,追奔前来,前后左右复为匪所重围,孤军深入,远无应援,弹尽道穷,危困万状,幸得我奋勇第五队搜剿共匪各机关后,格毙甚多,缴获尤多,直出南门,经书院门,摧破匪师部,跟踪追击,不期会合,从旁侧击,该团长乘此振臂一呼,劳军奋起,集注一点,冲出重围,后占领黄土岭与匪横冲直杀,奈匪众我寡,死伤甚大,几濒于险。飞报前来,随调周营跑步增援,该营击溃草潮门之匪后,除令奋勇第一队尾随追杀外,直到五里牌胁匪侧背,匪知我援军到达,恐断后路,势乃大乱,纷纷溃窜,遂解徐团长之危。至午前八时,匪之一部向东屯渡,大部向东山榔梨方向逃窜。同时我友军陆续增援,阎旅到达杜家园,陈旅到达东屯渡,雷团、曹团到达黄土岭,协力追剿,声势益振,向东屯渡逃窜之匪,复为我陈旅截击,多所斩获。五日午前十时完全克复长沙,战斗乃告结局。

〔国民政府军事机关档案〕

9. 蒋介石等关于发表何应钦为“湘鄂赣三省剿匪总指挥”往来密电

（1930年8月5日）

1. 蒋介石致古应芬密电（八月五日）

柳河来电

要急。南京古文官长勋鉴：□密。顷复谭院长一电文曰：请即由政府发表敬之为鄂湘赣三省剿匪总指挥。泰安克复后，可抽调一师兵力回汉也。等语。请查洽为荷。中正。歌申。印。

2. 何应钦致古应芬密电（八月七日）

汉口来电

南京文官处勋鉴：鱼电奉悉。□密。湘鄂赣剿匪事宜，即由行营主任负责处理，似无庸另设名义，与机关反滋分歧。昨奉主座由前方来电，已以此意电复矣，请转呈谭主席鉴核为盼。何应钦叩。阳。印。

〔国民政府档案〕

10. 何应钦呈送湘鄂赣“绥靖”会议议决案

（1930年9月5日）

呈

呈为赍呈湘鄂赣绥靖会议各决议案，仰祈鉴核备案事：窃职奉令办理湘鄂赣剿匪事宜，当以职责重大，特召集湘鄂赣三省绥靖会议，经三省党政军最高机关各派代表，于八月二十七日开会，二十九日闭会，所有该会议各决议案，除分呈暨分别亟令各该管机关查照遵行外，理合检同绥靖会议各决议案全份，备文赍呈，伏乞鉴核备案，实为公便。谨呈

国民政府

附呈绥靖会议议决案三份

陆海空军总司令武汉行营主任何应钦

中华民国十九年九月五日

湘鄂赣三省绥靖会议第一次记录

时间　十九年八月廿七日上午八时

地点　行营

出席人　何应钦　谭常恺　谢亮宇　萧若虚　欧阳新　王尹西　路孝忱　叶蓬　钱大钧　吕汉劲代　左铎　尹敬让　余湘三　彭启彪　王纶　周维纲　周绍金　袁竹樵　刘文岛　吴醒亚

主席　何应钦　纪录　陈南鹍

开会如仪

报告事项

（一）主席报告略谓：此次国府命行营办理剿灭三省匪共事宜，此种责任非常重大，行营之设，本系指导前方讨逆作战，近因各省匪共日愈猖獗，烧杀掳掠，攻城夺地，充满赤色恐怖。各省从前剿匪，大都不免省境观念，能将匪共驱出省界，即为了事，他省如何不欲过问。故匪等东击西窜，不能根株净绝，反而愈延愈广。国府因见及此，特命行营负此专责，统筹兼顾，谋根本解决，以矫正前此之流弊。十六年，武汉伪政府时期，汪精卫想满足其领袖欲，事事不择手段，俯首听命于鲍罗廷，致酿成遍地赤化，三省匪势大炽。及武汉伪政府倒后，匪共失其护符，遂分散各处乡村，度其流寇生活，至今湘鄂赣三省内及边界，几于无地无匪，此皆武汉伪政府所种祸根。据大概调查三省匪共，约共十几军，每军人数多寡不一，有一千人左右，亦成为一军者。总共各股之枪枝，约有一二万。而赤卫队，则匪占之各县皆有，其内部亦有相当组织。苏俄复暗中接济，实为党国隐患。故目前要图，非厚集三省兵力合围兜剿，彻底消灭不可。彼等罪大恶极，咎由自取，实不能再事姑容。现总司令以津浦线讨逆战事胜利，济南克复，特抽调大兵南旋协同剿办。教导三师已先到达，大部随后即陆续调来。惟此事关系三省休戚，行营指导清剿尚系治标，办法仍须三省政治党务双方相辅并行，共筹良策，收效乃大。民众多属无知，易为匪共麻醉，此当由党务方面努力宣传，唤醒民众，勿为所惑。政治方面，极力改进，扶助民众自为能力，补助军队之不逮。党政军三方面对此均有同一重大责任，亟须合力以赴。故今日特请诸同志至此开会，共商根本办法，用收集思广益之效，望尽量提出意见，俾作精密之讨论云。

（二）江西省府代表王尹西报告，略谓：赣省自清党后，一般共党，即分散各乡村潜伏盘踞，故蔓延至今。除南昌附近十余县外，其余几遍地皆匪，而莲花等县尤为其根据地。去岁曾剿匪计划，因张、桂叛变，种种牵制，未克实行。惟从前其势散处，出没无常，不易清剿。朱、毛等既大股集合，只须调集大兵会同兜剿，一纲〔网〕打尽，当非难事。消灭后，再以赣为中心，将各股肃清云。

（三）第九路总指挥部代表路孝忱报告，略谓：匪共作战行动极其飘忽，乘虚即入，其组织有红军少年先锋队、赤卫队等，惟内部专制残酷至极，逃亡亦多。今后剿办，对于留守部队如何布置，出击部队如何抽调，须切实筹划云。

（四）第四路总指挥部代表余湘三报告，略谓：何总指挥对于长沙惨劫及平浏糜烂，深为痛心，此次誓以全力剿灭匪共，无论如何牺牲均所不计云。

（五）湖北省政府代表吴醒亚报告，略谓：鄂省自清党后，共匪势力已较散漫。惟因张、桂、阎、冯等逆叛变，鄂为军事中心，军队他调，不敷分布，各地共党或由湘、赣各处窜来，乘机复出，致成今日之现象，然已非如从前之根深蒂固。其赤卫军多由胁迫而来，每至一处，即强迫民众接受其条件，否则烧杀，民众多不得已而相从。且在各村各区活动之共党，又多系失业青年及退伍失业军人，受其首领麻醉而盲从，应研究一精密办法，使党政军联合一致，以收彻底澄清之效。

（六）新编二十二师代表欧阳新报告，二十二师剿匪经过情形。

提议事项：汉口市政府代表刘文岛提议，各同志有何意见，请拟具方案，明日提出会议讨论表决（通过）。

第二次会议记录

时间　八月廿八日　地点　行营　出席人　何应钦　谭常恺　谢亮宇　萧若虚　欧阳新　王尹西　路孝忱　叶蓬　余湘三　刘文岛　尹敬让　曾扩情　吴醒亚　钱大钧吕汉劲代　屠尚史　王纶　周维纲　彭启彪　周绍金　袁竹樵

主席　何应钦　记录　陈南鹍

开会如仪

甲　报告事项　无

乙　讨论事项

（一）讨论湘鄂赣三省剿匪实施大纲案，附大纲十五条：

一、本大纲除遵照国军剿匪暂行条例外，专为剿灭湘鄂赣三省大股匪共（如朱、毛、彭、黄、贺各股匪之类），并辅助各该省易于清乡，而临时特定之。

二、湘鄂赣三省现有驻军，关于三省剿匪事宜，应悉听本行营主任之指挥（以下节称本行营）。

三、被命担任剿匪之部队，应不分珍域，力剿穷追，无论如何，非达到歼灭目的不止，会剿时尤为紧要。

四、湘鄂赣现有驻军，除担任各本省清乡（搜剿余匪）之部队外，应各指定若干部队（师或旅为单位）专备剿灭股匪之用。如遇强大股匪，此时兵力确系不足（但不得由清乡部队抽调以防股匪乘虚窜入），得由本行营临时呈请中央加派军队协剿。

五、某省发生股匪时，一面应即派队往剿，一面呈报本行营，并通知邻省，其剿办计划，仍由本行营临时规定，以命令行之，如须二三省会剿时亦然。

六、被命担任剿匪之部队，应绝对遵守命令及剿灭期限，决不准藉故规避或迟滞，致匪蔓延。

七、剿匪时，如有藉故规避迟滞以及违抗命令致匪蔓延窜扰者，应按情节轻重，分别从严惩处，不稍宽恕，其该管长官也该受连带处分。

八、剿匪部队，如能遵令依限剿灭某一大股匪共时，其异常出力官兵，得由该管长官随时呈请本行营转呈中央核奖。

九、剿匪时，其伤亡官兵，事后应由各部队最高长官分别查明轻重，专案呈请本行营核转中央依照军政部所订战时伤亡抚恤条例，从优恤偿。

十、被命担任剿匪之部队，无论何时何地，均应轻装，其所需剿匪临时军费，由本行营以命令规定之。

十一、剿匪部队所获匪共遗弃物品时，应由各部队长官查明详呈本行营核示处分，不准私行没收。

十二、各省举行剿匪时，同时应使民众努力剷共，此种工作，应请中央党部明订规章颁布各省各级党部负宣传指导之责，俾人民明瞭剷共之旨。

十三、各省举行剿匪时，同时各省政府应即责成县政府商同县党部及担任绥靖之部队，一致努力剿办余匪，励行清乡，以谋地方之安定，盗匪之剷除。

十四、关于湘鄂赣三省清乡事宜，应由各该省政府遵照中央颁布清乡条例迅速举办，并由行营督促之。

十五、本大纲自经会议议决，即发生效力，俟湘鄂赣三省大股匪共肃清后，以本行营命令废止之。

决议：通过

（二）何主任应钦提案：

1. 各省党部应实际注意下层宣传案。说明共匪政略为夺取乡村、组织民众，其政治宣传力量极为扩大，军事行动不过是一种单传之掩护耳。故每至一处，辄利用农工及无产阶级实施赤化，因彼等思想简单，易于麻醉，胁从者居其半，诱惑者又居其半。本党有领导民众去恶迁善之责，凡属被匪区域，应由党务人员注意下层工作，加紧宣传，善为抚慰，俾痴迷者促其及早觉悟，狡黠者不敢再入歧途，则事半功倍，不难于最短期间刬除赤痕矣。其实施方法，须由各省党部加派匪区工作人员，协同军民分赴乡村，加紧工作，如贴标语、发传单、露天讲演、实地调查，历数赤化之祸害，劝以善言，宣传本党主义，务使民众对于本党有深切之认识及信仰，并与本党合作，不惟离乱人民实受其福，抑亦党国之幸也。

决议：原则通过

2. 各县应即限期成立保卫团。

说明保卫团之说，系集民众原有之武力，其办法业由内部清乡条例详细规定，无须复赘。如能组织健全，人民足资自卫，各县应即限期成立，统限于本年九月底一律成立。各县政府对于办理保卫团之人选，须慎择确有身家持躬端正及勇于任事者，不可稍令豪势据以自利，并时加指导督策，俾得发挥本能。其所有枪械，更宜切实为之保障而裕实力。

决议：原则通过。

3. 各县县长人选及其保障。

说明　查县长原为亲民之吏，负有守土保民之责，苟非贤能鲜不溺职，匪独敷政难期，适足为害地方。况方今官吏多属夤缘幸进，素乏政治经验，以之秉正一县，期其刷新政治、纳民轨物、努力建设，不啻缘木求鱼。是以各县县长之任用，不得不加以慎选，既重人选，又不得不加以保障，侥幸尽除，治理可望。故任用县长，其资格除按照内部规定严格慎选外，并须勇于任事兼长治匪者，如果确能称职，功绩昭著者，应即予以保障，不得轻于更换，以免五日京兆，视县府如传舍，致政治而日棼。

决议：通过

（三）江西省党部代表尹敬让提案：

1. 湘鄂赣三省应如何办理联防，并合力兜剿，以资彻底肃清匪共案。

决议：交行营参谋处参考。

2. 对于剿匪部队及各省警察队等之经费应如何确定，并设法筹措以利剿匪案。

决议：(一)剿匪部队经费，照国军剿匪经费章程办理，各省警察队经费，由各省政府规定之。(二)各省政府应暂将各厅处及各机关范围极力缩小，所有骈枝机关，一律裁撤，以便集中财力剿匪清乡。

3. 值此共匪潜伏，农村灾民流离失所，各县政府应如何举办清乡，安辑流亡，提倡实业，以裕民生，而绝共匪根株案(附办法六项)。

办法：

一、严惩贪污土劣及遇匪潜逃之官吏，委派有政治经验能为本党奋斗者，担任各县县长。

二、匪共肃清之后，应限期严格清查户口，办理联结。

三、招集灾民从事建筑道路、开水利，以收寓赈于工之利。

四、创办小规模工厂，救济失业工人。

五、励行合作社之推广，以活动农村经济。

六、励行减租运动。

决议：交湘鄂赣三省党政军各机关参考。

4. 各省政府应切实整顿各省警察队、靖卫团，以树立人民自卫武力案(附办法五项)。

办法：

一、各省政府依照中央颁布警察队、靖卫团之组织法令，各县县长切实统一其组织与指挥。

二、由各省党部令各县党部，派重要人员担任政治训练。

三、确定其经费，按月由政府发给。

四、由各县地方推举三人，经县长保送，由民政厅圈委。

五、由省政府划分全省若干区域，切实办理联防。

决议：归并入何主任提第二案。

5. 共匪攻陷一县，即行焚烧契约，分配田地，使土地所有权根本推翻，应如何设法救济案。

决议：由各省政府呈请国民政府规定办法颁布。

6. 各省党部应领导各下级党部集中剿匪宣传案。

决议：归并何主任提第一案。

7. 各剿匪部队不准就地筹款案。

决议：由行营以命令代之。

第三次会议记录

时间 廿九日 地点 行营 出席人 何应钦 谭常恺 谢亮宇 肖若虚 吴醒亚 刘文岛 曾扩情 余湘三 叶蓬 路孝忱 王尹西 尹敬让 屠义尚 彭启彪 王纶 周维纲 周绍金 袁竹樵 欧阳新

主席 何应钦 记录 陈南鹍

开会如仪

(甲)报告事项

主席报告上次决议案

(乙)讨论事项

(一) 独立第十四旅旅长彭启彪提案：

1. 剿匪期间请确定电报免费办法，并拨军用无线电信队，以利军机案。

2. 剿匪期内，可否预先添雇长伕，以免临时拉伕扰民案。

3. 剿匪期内，拨请每月增加卫生材料费四百元，以重治疗案。

4. 剿匪经费拨请每月月初发给，以免缓不济急案。

决议：以上四案均交由行营斟酌办理。

二、关于查缉及检举共党分子案。

1. 湖北省党务临时整理委员会提，清查城市学校、工厂反动份子及其办法，请公决案(附办法五项)。

办法：

一、须不时择派武装同一时间严密检查全市各学校或工厂(但若不同一时检查,或分别按次检查,恐难收效,如专检查甲处,则乙处必防范之,所以必须按其不择同一时举行之利大也)。

二、检查学校工厂时,须注意信中、书中夹物及最不要紧之处或物件。

三、检查学校或工厂,无论任何职员,须同一检查,不得有轻重之分。

四、检查学校或工厂时,须暗知党部派员若干,会同检查。

五、检查时,无论是否有疑者,均不得毁坏其物件,或检查人私藏情事,倘发觉时则以军法从事。

2. 湖北省党务临时整理委员会提,侦缉曾任反革命或叛逆者之官吏,以清□例案(附办法三项)。

办法:

一、凡知前曾任叛逆或反革命之官吏,当局得派干员随时暗探之。

二、当局对于此等人,如稍有疑时,须随时派员往该关系处或住宅严密检查(检查尤宜注意来往信件。)

三、当局若欲实行检查该可疑之人时,须由党部及政府各派干员一人或二人会同检查,以昭慎重。

3. 武汉警备司令部代表叶蓬提,共产党冒牌本党—(国民党)深入党政军秘密工作,拟请通饬严重检举法办,失察或庇共、通共者依法连坐,以资清党而消隐祸请公决案。

决议:三案原则通过,由行营函湘鄂赣三省党政军最高机关严厉执行。

三、武汉警备司令部代表叶蓬提,拟请呈请国府及司法院,准予改令各地军政机关,对于共案有受审决权,并得采用重典,以清共祸案。

决议:原则通过,由行营呈请国府,所有湘鄂赣三省在剿匪期间，对于共匪案件，军政机关有审决权，并请修改惩治共匪命令。

（四）汉口特别市党部临时整理委员会提，在清剿共匪期间，三省党政军负责人员，应绝对防止罢工、怠工、罢课等举动之发生，以维持社会秩序之安定，而杜共党潜入参加活动之机会案。

决议：由行营亟湘鄂赣三省党政军最高机关照办。

（五）湖北省党务临时整理委员会提，严防匪共在武汉密购枪弹案（附办法五项）。

办法：

一、凡非军事机关或军队之军佐，无论任何机关之人，平时出外，不得携带枪弹及军用可伤人之物品。

二、应与租界当局严重交涉，引渡贩卖枪弹及伤人之军物。

三、多派干练密探藏匿于租界中，严密侦知其贩卖处所后，务注意出进之人之行动，倘遇出时必随至华界时，加以严密搜查。

四、凡中外火轮中，须派干练暗探随船上下侦查，但须注意抵某停泊处，上下客人尤须注意，搭客上岸完时以后之船中行动。

五、凡轮船抵岸，上下客人行李，设专任队伍严密检查，检查时无论男女老少须注意全身搜查。

决议：由行营令警备司令部照办。

（六）湖北省党务临时整理委员会提，湖北各县共匪如毛，若匪大军清剿，实难消灭，虽各县有保卫团，其力量单薄，不足抵御。现本省已有保安队四团，但无枪械，请行营发给枪械，以助剿匪共之力量，而固省防及治安案。

决议：由行营呈请总司令部核示。

（七）江西省政府代表王尹西提，歼灭大股匪共后，将六师以上兵力分驻镇摄，以掩护各省举行清乡、组织自卫、办理善后案（附办法三项及附记二项）。

办法：

1. 遵照中央清乡条例，切实清查户口，办理连结检查枪械。

2. 组织省警察(或保安队或省防军),组织县警察队，完成保卫团,修补城濠,并令各乡村修筑碉楼土城。

3. 由中央拨款救济灾民,筹设农民银行,兴办工厂,收抚流氓,提倡各种合作社。

以上各项详细办法,中央未有规定者，由地方斟酌情形行之,其未列举及不能通行各省者,均由各省自行办理。

附记

一、会剿大股匪共之际,即由各警备部队,于可能范围内，肃清省内之小股匪共。

二、会剿大股匪共及清乡之时,各省党部同时进行宣传工作。

决议：归并剿匪大纲。

(八) 第九路总指挥部代表路孝忱提，拟将九路军归还建制,痛剿匪共案。

决议：由行营亟湘鄂两省政府斟酌办理。

(九) 汉口特别市党部临时整理委员会提,关于匪区域内安辑流亡、蠲减租税案。

决议：由行营函湘鄂赣三省政府斟酌办理。

(丙)临时提议

(一) 第九路总指挥部代表路孝忱提,拟由本会通电声讨北平伪扩大会议案。

决议：通过推举萧同志若须起草。

〔国民政府档案〕

三、阻击闽境红军东征

1. 福建省防军第二混成旅卢新铭等部报告与红军在闽境战斗情形文电

(1929年7—12月)

(1) 卢新铭敬电(7月24日)

急。南京国民政府主席蒋钧鉴：漾电计呈。查共匪自陷龙岩以来，缴获枪弹甚多，实力骤涨。且因驻军无力克复，被匪之占，至勾结各地土匪不下万人，由龙岩以达蛟洋，均入匪区。现据探报：朱匪仍据新泉，林匪窜扰官庄，傅匪则盘据〔踞〕蛟洋，设厂缴枪，成立苏维埃政府，利用电杆架设电话。最近复主张不攻城池，以避外间注意，专在各乡煽惑农工，从事下层工作。今汀、杭，连各属赤焰遍地，交通断绝。职旅因防区辽阔，均需分兵镇守，故力量薄弱，难期扑灭。若将全旅兵力调集进剿，势必顾此失彼，若回杭孤城待援，则又断绝接济。虽荷钧府迭饬各军会剿，类皆空雷无雨，以至孤军转战，半载于兹，士兵疲敝，饷弹俱缺，处此危局，已达绝境。设再不蒙迅予饬拨接济，则粮尽援绝之日，即职殉城以报党国之时。除电呈省府及金总指挥并饬属严密防堵外，如已准予所请，职当率属前驱势灭丑虏。临电不胜迫切待命之至。福建省防军第二混成旅代旅长卢新铭叩。敬。印。

(2) 卢新铭俭电(7月28日)

急。南京国民政府主席蒋钧鉴：敬电讯悉。宥日共匪分三路大兴攻杭，一由官庄林概〔彪〕匪部，沿河直下，攻杭之前；一由白沙袁冠贞匪部出草地，趋中都、袭杭之背，一由蛟洋傅柏翠匪部，绕白沙至兴县袭杭之侧。职忖与其孤军困守，曷若背城借一，即饬第一团长黄月波率一团三营、三团二营，由千家村进攻官庄，一团一营、三团一营，分头防剿举县及中都。旋据三团一营报称：感早进攻举县，匪即负隅抵抗，约战三小时，始将举县克复，匪众纷向新坊溃退。迨午后二时，傅匪又率众三千余，复窜举县，相持约二时许，因众寡悬忧〔殊〕，乃退厦黄与苙连会合，乘傍晚分二路反攻，匪因觉黑夜交兵，不知虚寤，中经我军猛冲，遂仓皇夺路，复向擒坊逃窜。计是役，经三次剧战，毙匪百余人，获匪三名。职营亦死伤三十余。又据黄团长飞报称：感日拂晓，进至九华山，适遇林匪人率众四千余人，向我急进，双方接触，由晨至午，激战半日，半暴人多将我躬四面包围，虽猛冲数次，坏以短兵津接，卒以彼众我寡，乃率队冲出重围，退守涧头渡。计是役，我三团赖营长增华身中数弹，伤势颇重，又阵亡连长一员，排长四员，士兵百余名。匪亦死长官兵七八十名。各等语。伏查职旅现止四队参敌，兴县之匪雒〔虽〕经一再击溃，而各路匪势尚极猖獗，处此危局，弹尽粮绝，职旅牺牲固不足惜，其如全城糜烂，何追区电。恳钧座迅派大队兼程协剿，以解倒悬。叩切祷切。福建省防军第二混成旅旅长卢新铭叩。俭。印。

(3) 卢新铭江电(8月3日)

南京国民政府主席蒋钧鉴：共匪林棼窜扰回龙、官庄，及派黄团进剿各情，迭经电呈。冬日复令职旅黄团及机炮各一连反攻正面，钟营由武平袭匪后方，相持三时许，经我前后夹击，匪始溃窜才溪、蛟洋至大洋坝，我军即于冬申进驻回龙，恢复汀、杭交通。又职旅驻汀第二团长罗廷辉电称：世晨王、马两营克复连城，匪退古田、龙岩等语。除饬阨要严防候各军到达并力会兜外，万恳迅定三省会剿大计，克日实行，以免匪势蔓延。惟三省会剿，使用海陆空军总部所定之口令号财，职旅未蒙颁发，请迅电知，以便遵照，为祷。福建省防军第二混成旅代旅长卢新铭叩。江。印。

(4) 卢新铭佳电(8月9日)

急。限即刻到。南京国民政府主席蒋钧鉴：江电计呈。顷据职旅在白沚战役被匪俘去之司书范炳南由大洋坝逃回面称：朱、毛匪众共四纵队，连合各属土匪约二万以上，一纵队林标〔彪〕、四纵队傅柏翠，由毛匪泽东率带，现驻距杭城八十里之大洋坝，复分一部窜至距杭三十里之卢丰，二、三纵队，由匪首朱德率带盘据〔踞〕龙岩、古田。匪背均缠红布袖章，旗帜假借上杭或永定赤卫队某纵队名称，以避会剿各军之注意。日前各匪首秘密议决，如三省大队实行会剿，即由朱匪率二、三纵队佯为战，暗诱团军就追，另由毛匪率一、四纵队，与各处土匪化装农民，埋伏各乡及深山中，俟大队追过，即在后方突起袭击。傅匪担任逼勒各乡粮饷，运往蛟洋等语。查朱、毛狡狯异常，避实就虚，是其惯技。该司书所称匪情，尚属实在，伏乞转知会剿各部队，勿中该匪之谋。惟职旅转战半载，饷弹悉极缺，况且孤军待援，甚于大旱望雨，万恳迅饬各军兼程入闽，约期兜剿，俾免此剿彼窜，贻祸邻疆，并请电闽省拨弹款，俾资会剿，而壮军心。临电无任徬徨待命之至。福建省防军第二混成旅代旅长卢新铭叩。佳。印。

(5) 张贞密电(8月25日)

漳州。限即到。南京分送国民政府主席蒋、行政院长谭、海陆空军总司令蒋钧鉴：〇密。兹综合最近剿共军事情况报告如下：(一) 李旅、陈旅分抵汀、永，职师沿漳平、龙岩界线推进。朱、毛即将一、二、三、四各纵队划分两部，冀免聚歼，一部由朱匪统率，窜扰漳平、宁洋，一部由毛匪统率，分散岩、永、杭、连交界活动。(二)陈旅删日克复困永定后，次第进剿湖雷陈、东坑，职师第四团及省军萧团同时进取苦端、高项一带，与陈旅连络协清永属金丰里之共匪老巢。(三)职部第一旅哿日克复漳平，向宁洋追击，朱匪率部退大田，似有窜扰泉永或闽北模样。已电省府迅令卢兴〔邦〕、林寿国堵截。(四)职部第二旅有午克龙岩，现岩属东南西北已告肃清，唯西南北与汀、连、杭、永毘连，多属匪薮，正饬严密搜索。(五)此次各部会合，共匪扑灭可期，职部叠承杨主席令促，并不忍坐视闽西沉沦，因约陈旅先行克复岩、永，俾各部迫近，易于包围。讵值赣军调防，金总指挥因公进京，全盘计划不无顿挫，共匪狡诈，乘虚蹈隙赣南。汀属防务，在部队调防期间，伏乞预为筹划。顷奉总座筱电，指定各部匪区域，职师任务既在闽南漳平，自应遵命移防。唯漳平、龙岩甫经克复，疮痍满目，急藉抚绥，仓卒抽调，诚恐影响秩序，恳饬金师克期前来填防，俾所部得回漳稍加整理，至深企祷，并乞察核示遵。职张贞叩。有戌。印。

(6) 谢仰麒代电(9月5日)

万急。南京国民政府钧鉴：闽西不幸，自朱、毛南窜，赤氛遍地，杀人盈野，匪迹所至，闾里为虚，被祸惨状，难以言罄。适中地当汀、漳要冲，为共匪所必争之地，职自去秋率部入永剿共，戍守经年。今夏奉命回防适中，尚未逾日。朱、毛突以二千余众，于六月廿九日四面围攻，幸队兵奋不顾身，竭力拒守，始行击退。闽西各县陷于赤色恐怖底者，垂三阅月，仅适中一隅，获保偏安。嗣幸李旅长文彬收复汀、杭，陈旅长维远收复永定，匪氛得以少戢。暂编一师一旅攻取漳平，二旅克复龙岩，民众群庆来苏，方谓肃清有日。讵一旅在漳平失利，二旅全部撤退南靖，漳平、龙岩两县遂相继失陷，适中仍陷于四面包围之中。而道路哄传，有谓三省剿共军队各退原防之说，风声所播，遐迩震惊。职部驻防适中，守土有责，誓以死守以待援军。惟械少兵单，势孤力弱，一有疏失，全局动摇，则前途将愈不可收拾。不得不电请钧府迅派大军入闽会剿，务期早日肃清，藉苏民困。否则再延迟时日，一任共匪之烧杀淫掠，不仅赤地千里，将来克复祗余剩水残山，而坐误戎机，将见胁迫逾多，诛锄愈感困难。钧府痌瘝在抱，断不忍坐视闽西数百万民众陷于水深火热之中也。临电悚惶，无任迫切待命之至。福建省剿匪司令部保安第一支队队长谢仰麒谨叩。微。

（7）卢新铭鱼电（9月6日）

南京国民政府主席蒋钧鉴：顷据职旅第三团团长钟铭清急报称：武平匪首钟绍葵、钟开抚等，集合农匪千余人，胆敢勾结共逆傅柏翠，于微日围攻武平，经职团汤营全营及梁营一连与匪激战，现日当报将匪首钟开文击毙。惟匪势浩大，卒以众寡不敌，至鱼日全城被陷，汤营长失踪。恳立派大队痛剿，阵亡官兵容职明续报等情。查该匪魁平时杀人越货，罪大恶极，极早拟歼灭以靖地方，只以会剿朱、毛未暇顾及。此次胆敢加入共党，围缴驻军枪械，武平一隅，尽罹赤祸，糜烂桑梓，万死不足蔽其辜。除飞调大队围剿外，乞饬前线各友军会同职旅平陈匪，以免逆据为窠穴，无任叩祷。福建省防军第二混成旅代旅长卢新铭叩。鱼。印。

(8) 卢新铭呈(9月15日)

呈为呈报事：窃于本月十一日夜四时，共匪第四纵队傅柏翠、袁冠豪及第一纵队林彪之一部，并永定匪首张鼎丞等五千余人，由白沙、卢丰方面来袭杭城，经我军东北两门步哨发觉，仓卒应战，因该匪来势甚猛，职旅驻杭部队无多，暂退城内严密防守。该匪四面围攻，十数次冲锋，相持两昼夜，城下匪尸枕藉，终不得逞，匪势稍懈。遂于十三日拂晓，令罗、梁、赖各营及特务连，由东西北三门分头出击，经各路猛烈冲锋，激战数小时，匪始不支，纷向白沙、卢丰原路溃窜。是役，计毙匪二百余，渡河溺死者百余，擒获伪支队长万逢春一名，俘匪八十四人，夺获步枪七十一支，及红军第四纵队暨各支队旗帜三十六面，竹梯四十七架，洋号五把，匪军命令及口号宣传品多种。我军亦伤兵官兵二十二名。复查当该匪败退时，并将东城外五里许之美华园洋楼一座及民房一处焚毁。除派队跟踪追剿暨分电长汀、永定驻军派队兜击，并将伤亡官兵及俘虏匪犯分别慰恤处决外，理合将此次剿匪情形，具文呈报钧座鉴核，实为公便。谨呈

国民主席蒋。

福建省防军第二混成旅代旅长卢新铭

(9) 罗廷辉电(9月22日)

机。最急。即刻不留。南京国民政府蒋主席钧鉴：接水口黄团长电话，据特务连长杨薛辉由杭逃回面称：此次朱、毛于㴱丑以全力围攻杭城，人数万余，来势汹涌。我部坚城守御，激战竟日，并用迫击炮轰击，敌逆死伤亦夥。瞬间，敌以竹梯扒城，我以刀刺虽杀数百人，奈刺不胜刺，竟被涌进。各部队仍奋力死战，一面开城冲击，彼众我寡，卒至不敌，旅长率队由西门冲出，不知去向，杭城遂陷。损失死伤甚巨，所有奉颁肃密电本、口令、旗帜、信号、计划书概行遗失，合亟电呈鉴察，应请改颁，免泄机宜。再职旅第一团现驻三洲，职团一、二营驻连城，均取攻势防堵，敬乞迅赐机宜为

叩。福建省防军第二混成旅第二团长罗廷辉叩。养午。印。

(10) 卢新铭代电(10月11日)

南京国民政府蒋主席钧鉴：窃自共逆倡乱，迭扰闽西，新铭督队防守上杭，因共匪猛猂，众寡悬殊，弹尽援绝，以致失陷。铭冲出重围后，由南门渡河，至中都绕道回龙到连城，沿途三昼夜，经数十次之接触，始得脱险。随从士卒，伤亡极巨，在城同志半被俘虏。抵连后，将散失队伍收集，尚有步枪两千杆，大炮二门，迫击炮七门，刻正着手编制，择地休养补充饷弹，再图反攻。除一面呈报福建省主席杨主席，迅调邻近队伍火速援救外，理合将上杭不守情形呈明钧府察核，伏乞迅饬省府拨济饷弹，以维军食，而强士气。临电不胜迫切待命之至。福建省防军第二混成旅代旅长卢新铭

(11) 卢新铭代电(11月24日)

万急。南京国民政府主席蒋、福州省政府主席杨钧鉴：顷据驻汀马营长急报，朱、毛共逆于马日率匪八千余人，进袭长汀，分扰连城，经职旅马、俞、易、吴各营，节节痛击，计毙匪七八十人。职旅官兵伤亡二十余人。卒以众寡不敌，已于梗日退守汀辖馆前。克即整理反攻，恳速电金总指挥暨刘、卢、张、蒋师长派队星夜驰援，彻底肃清，以除民害。福建省防军第二混成旅代旅长卢新铭叩。敬。印。

(12) 卢新铭代电(12月4日)

国民政府主席蒋钧鉴：敬、俭两电计呈。朱、毛共匪窜扰汀州时，经职旅一团二营俞营长志，在三洲地方径路侧击，激战数小时，卒以众寡不敌，于养日退驻刘源乡一带。刻据该营长飞报，朱、毛窜汀后，备极蹂躏，苦不堪言。复分一部进扰汀辖童坊，妄杀无辜，焚掠民房，荼毒尤甚，并派匪前进连城，谨此报告等语。前来。查该匪骚扰童坊甚于他处，且该地为汀、连往来孔道，亟应先行袭取，冀断共匪咽喉。除由职飞令俞营从林田侧击外，并于支晨亲率易、吴、梁各营，由彭坊绕道与俞营会合夹攻，一俟童坊共匪扑灭，即令原驻连辖一团钟、谢两营，相机会击汀、连。惟职旅兵单力疲，弹罄

饷缺，应恳迅派大队围剿，以歼丑类，而苏民困，谨此驰报。再宁化附近无电可通，只得改用快邮，合并申明。福建省防军第二混成代旅长卢新铭叩。支。

（13）卢新铭代电（12月6日）

国民政府主席蒋钧鉴：支日代电，谅已呈阅。职于支晨亲率易、吴、梁各营，由宁出发彭坊，并会合俞营从林田夹攻，于本支日下午一时行抵童坊，与匪接触，剧战二小时之久，匪势不支，即分两路溃退，一向南山坝，一向河田、涂坊。我军于微日午刻进占长汀，同时六十九团萧团长亦到达汀城，职即亲率本部各营，向附近各乡搜剿残余共匪，一俟肃清，即日向连城进攻。刻已令饬驻连辖之钟、谢两营，准备侧击，并令驻宁之马营，向连城方面切实防御堵截，以期扑灭。是役，计毙匪支队长一名，共匪数十人，俘虏十余人，缴得枪枝二十三杆。惟职旅经此一役，弹款销耗甚巨，恳请电饬福建省政府从速发给补充，以利军用，是所待命，谨此电呈。福建省防军第二混成旅代旅长卢新铭叩。鱼。

〔行政院档案〕

2. 福建省防军第二混成旅卢新铭报告红军攻克上杭情形呈

（1929年11月5日）

呈为呈报事：窃共匪朱、毛窜扰汀属，职部奉令兜剿，大小百余战，逾时九阅月，终日孤军单薄，接济无门，未能根本肃清，当引为憾。不料，八月筱日以来，共匪大举攻杭，职部在城队伍不满两千，时或坚城守御，时或开城冲击，血战月余，曾无休日。旋求援而援军不至，再战而饷弹两绝，循至战事陷于孤危。九月皓早，共匪全部猛攻上杭，闻知孤城累卵，犹复鼓励士卒以一当十，无如匪势逾来逾凶，入晚用竹梯扒城，我以刀刺，虽当场歼匪数百，奈此仆彼继，不胜刺杀，苛卯竟被涌进城内，士卒乃开城死战，彼众我寡，卒至不敌。职率亲随数十由南门冲出重围，历三昼夜始抵三洲，旋由连城而驻宁化。查是役，阵亡团长以下军官佐二十余人，阵亡士兵二百余人，军官佐家眷属被掳殉难者九十余人，士兵被掳并冲散者五六百人。似此诸将士志切剿共，毕命疆场，为党为国可谓鞠躬尽瘁。除中职部就地追悼表扬外，恳请钧府援例抚恤，以慰忠烈，而励后死。伏思此次上杭失守，咎由职部防守不周，实缘兵力单薄，呼吁援军救援而援军畏缩不前，迭请省府接济饷弹，而饷弹迟迟不发，实为主要原因。士兵枵腹从战，已属难能，赤手空拳，何以制胜。省府志切剿共，而令剿共军队自生自灭，殊难索解。若以职部不良，尽可明令解散，职部绝对服从，似不宜故厄饷弹，坐令孤城不守，予共匪以猖獗之资。理合将上杭失陷阵亡军官佐眷属殉难（士兵阵亡实数调查明晰再列表补报）经过各缘由，备文呈报钧府察核。再职部队伍分驻长汀、宁化、清流、连城一带。究竟如何善后之处，并恳指令祇遵。实为公便。谨呈

国民政府主席蒋

附呈阵亡军官佐及眷属殉难报告表一份　〔缺〕

福建省防军第二混成旅代旅长卢新铭

十八、十一、五

〔行政院档案〕

（二）对中央革命根据地的第一次"围剿"

1. 国民党政府战史会编：关于第一次赣南"围剿"经过史稿

（1930年12月—1931年1月）①

赤匪自民国十六年，于南昌、广州相继暴动后，因世局多故，其

① 此件无时间，兹以事件发生时间为序。

势渐张，蔓延益广。虽经中央严予筹剿，终以力有所牵，未将扑灭。至十九年秋，且尝乘虚袭长沙、迫南昌、陷吉安、占湖口，图夺湘、赣，出扰长江，而窥武汉，以期建立匪党所谓苏维埃伪政权。其企图之狂妄，虽不足论，而此际之匪势则已极披猖矣。使不亟除，必成巨患。故是年月陇海战事甫行告终，即由中央斟酌匪情，再划区域，配置兵力，令派各绥靖督办及剿匪总指挥负责进剿，并以匪军主力时已集踞赣南，遂由蒋总司令中正，于十二月亲赴南昌召开剿匪会议，决定围剿赣南匪巢之方案，并令调集第六及第十九两路军入赣协剿。而中央党部亦委托蒋总司令指导剿匪各省党务，以便通力合作，期将匪军主力一鼓荡平。如匪主力经将剿除，则其他股匪不难摧陷廓清，盖即擒贼先擒王之法也。会议毕，即就南昌设立总司令行营，以鲁涤平兼行营主任，指挥在赣各军积极准备围剿。其作战计划大旨如左：

一、军队区分

第六路军总指挥朱绍良

第八师师长毛炳文

第二十四师师长许克祥

第四十九师师长张贞

第五十六师师长刘和鼎

第九路军总指挥鲁涤平

第十八师师长张辉瓒

第五十师师长谭道源

第七十七师师长罗霖

新编第五师师长公秉藩

新编第十三师师长路孝忱

独立第十四旅旅长刘夷

第十九路军总指挥蒋光鼐

第六十师师长蔡廷锴

第六十一师师长戴戟

第十二师第三十四旅旅长马崑

二、匪情概况

朱、毛、彭各匪部，退窜赣南之招携、藤田、沙溪、东固、泰和、石安一带，黄匪一部退窜永丰、安福一带，匪于东固有构筑工事，企图顽抗之势。

三、进剿方略

我军以根绝各匪之目的，决于吉安、泰和、赣州以东，永丰、乐安、南丰以南地区，向东固匪巢包围而聚歼之。

四、各路军进展地区及到达日期

（一）第六路军之第八师集中黄陂后，限二十日推进至宁都，限二十五日前，推进至雩都。第二十四师限十五日到达东诏，推进至宁都。第四十九师、第五十六师及周旅，由闽省限二十五日推进至石城、瑞金、会昌之线。

（二）第九路军之第十八师，集中永丰。第五十师集中乐安，肃清招携、沙溪、藤田之匪后，限二十日到达东固附近。第七十七师及新编第五师，留一部于吉安、吉水，向泰和进剿，限二十日到达。第十二师第三十四旅任赣州城防。

（三）第十九路军由萍乡以第六十师向万安、第六十一师向泰和，限二十日到达。第十二师第三十四旅任赣州城防。

匪党伪中央时正由李匪立三所主持，力倡发动群暴，彭匪德怀为附和其说最著者，故有速占南浔路夺取九江会师武汉之狂论。惟是时之国军已将全力从事剿匪，赤匪企图发展，断难倖逞，遂于我军计划围剿间，依毛匪泽东之主张全部渡江而东，先行建立根据，除将吉安所掠物资输入东固匪巢外，复于新淦、永丰、乐安等处，饱括粮食，以资负固，并于赣东及西北诸方向分布匪军，俾成犄角，互相遥应。原踞豫鄂皖方面之匪军，则令益事活动，而便牵制我军围剿之处置。其一般情形已详于前章各节，兹不复赘。我军依据匪情，一面部署围剿，一面肃清散匪。所有吉安附近之残匪，旋经各部剿除殆尽，安福、泰和等县亦即次第收复。至本月十四日，初期作战计划即已完成，爰作如左之第二期作战计划。

一、匪情：

朱德匪部，有由宁都窜广昌、南丰讯，伪第三军一部，仍踞西岸，彭德怀匪部之第五军，分踞陂头、白水镇一带，第八军分踞龙岗、良村、小布、南坑一带，毛匪泽东踞东固，直辖第二十军分踞沙溪、潭头一带。

二、处置：

（一）自乐安以东之固冈墟起，经荫水、石门脑、黄陂至宁都西北安福墟，本线及以左地区作战，归第六路军担任，线以右赣河东岸地区作战，归第九路军担任。

（二）第十九路军迅向泰和前进。

三、进剿要旨：

（一）以捣破东固匪巢、肃清各处股匪为目的，各师统限二十日开始运动。

（二）第五十师，以大部经增田、招携，肃清黄石溪、南坑一带散匪后，即由小村寨下至龙冈，以一部经龙冈、藤田、沙溪至表湖，会攻东固。

（三）第十八师，以大部经古县、荷田、火风坑、野猪坑，以一部经水南、荒田、牛栏坑、熊村，会攻东固。

（四）新编第五师，以一部经葛山、施边、作埠至富田，以一部经直下新安墟至富田，会合后经白石、因富，进攻东固。

（五）第七十七师，以大部控制吉安，清剿附近残匪，以一部搜剿安福之残匪。

（六）新编第十三师维持后方交通。

（七）独立第十四旅，援剿武宁之匪，并规复修水县城。

（八）空军全部，向匪区随时侦察助战。

基上规画：十六日，公师先头部队，即推进至陂头。张师推进至古县冠、小白水之线，谭师之罗旅，推进至增田、牛田之线。同日第六军之许师达蛟湖，毛师之一旅由南丰前进，一旅向黄陂集结中。第十九路军之蔡师，亦已过永新向泰和前进中。由是各部节节前进，第九路军进展尤速，沿途匪军迭将击溃，斩获甚多。至十九日拂晓，公师已进抵东固附近之九寸岭，该处有匪两千余，依山凭险，顽抗甚力。旋由该师另派一营，攀越山岭，绕攻匪之左翼，匪始不支，退据东固山之要隘，藉工事再图抵抗。复经该师以一团袭击匪右侧背，激战数小时，毙匪师长赵志雄及匪官兵三百余名，残匪遂向龙冈溃退。于午前，遂将东固克复，俘获亦多。蒋总司令以公师是役战绩颇著，特赏洋万元，并改番号为第二十八师鼓励之。是日，张师亦进至东固附近之火风坑、九斗湾、上下坊等处，将各该处之匪军完全击溃后，即以一部追剿残匪，大部原地停止，策应右翼军之进展。翌晨，全部正向东固猛进中，忽与公师互相射击，迨闻号音始各明为友军。盖分进合击于峻岭绵亘间，联络殊难，致有此误会也。公、张两师会合后，即在东固待命，监视当面之匪。因谭师在招携待运给养，第六路军尚在新丰市、草台冈之线，第十九路军之蔡师，亦因给养暂停泰和，戴师则在万安准备渡河，自未便遽行突进。为待两翼友军之协同乃暂做如左之处置：

一、公师，担任肃清东固西南方之因富、城冈、富陂墟、戴家坊、柳溪等处之残匪，以主力集结富田，策应各方。

二、担任肃清东固东南方之分水坳、石门、下固、龙冈、表湖、约溪、谭头等处残匪，以主力集结东固。

三、谭师，以主力由招携担任肃清村前、黄石溪、大金竹、南坑等处之匪后，进至下阳磜，以一部肃清滕田、沙溪、头陂各处之匪，进据君埠，左翼应与第六路军许师切取联络。

自东固匪巢为我攻破后，似足予匪极大之打击，然赤匪也殊狡黠，此盖匪之所以诱我深入预定诡计也。当我各师前进之时，即派匪党多人伪饰乡愚，刺探军情，我方行动，屡为所悉。且屡战辄退骄我兵心，期于适当地区，突向我军猛袭，是以公、张两师进攻东固之际，大部匪军正潜伏于黄陂小布间，伺隙突击也。因而公、张两师迄未遇匪主力，后悉谭师已到达源头，与匪对抗，许师亦已进据洛口，毛师进据广昌。乃于二十八日，公师准备向约溪，张师准备向龙冈移动，以期与左翼军协同，求匪主力而击之。虽此时十九路军尚在赣州、泰和间，闽省各部行动亦未明瞭，殊不易遽达合力围剿之本旨。然按当时情况，实觉时机极急，且谭、许两师与匪迫近，更有一触即发之势。故惟有速将第六路之毛、许两师，与第九路之公、张、谭三师，先行集结，准备进剿。其准备位置及处置大致规定如左：

一、谭师，在下阳磜、源头，许师在洛口，各加筑工事严密戒备。

二、毛师，限三十以前，确实占领头田、吴家坊之线，准备进击。

三、张师经龙冈、表湖占领五门岭，公师经约溪占领南坑墟，限三十日到达，准备进击。

四、空军，随时准备助战。

二十九日，公师先头一旅，向约溪前进，余向富田续进。张师以朱旅留守东固，由张自率戴、王两旅向龙冈前进。依据时间地形，次日各师均可进入攻击准备位置，对黄坡、小布、麻田之匪，成东西北三面包围形势。爰即决定攻击部署下达如左命令：

一、逃窜宁都以北地区之匪，似盘踞黄坡、肖埠、麻田一带，并构有工事。罗炳辉之匪部，在东山坝、胡岭嘴一带。小布附近亦有匪之一部。以上各匪均有顽抗企图。

二、第六、第九路军，以协同迅歼该匪，收复宁都之目的，各师统限于元旦拂晓，各向当面之匪攻击前进。

三、各师攻击部署如左：

（一）张师以两团向胡岭嘴，两团向东关寨，夹击罗匪所部，奏效后，除以一部追击至石上向宁都警戒外，其余应相机援剿黄坡、麻田之匪，另两团应控制适宜地区，以策应许师为主要目的。

（二）许师，除以一部联络向东关寨攻击之部队外，着由现地前进，堵剿麻田之匪。

（三）谭师，着由现地以部左协同许师，攻击麻田之匪，以主力右协同张师，向萧埠黄坡之匪攻击前进。

（四）公师，着即扫除小布之匪，并应以相当兵力，进至蔡江迳樟，对南警戒。

（五）空军，以一机任南、吉联络外，其余集中匪区轰炸，应以一机环绕匪区及宁都四周，专任侦察。

匪区民众，久受赤化，所得我方消息，即行转告匪军。张师自东固向龙冈前进之行动，赤匪固已预得报告，遂自黄坡、小布星夜撤退，疾趋龙冈，隐匿附近山中，以图突施袭击。盖逼近之许、谭两师俱已占据阵地，构有工事。赤匪既难力事攻坚，复虑坐受包围，因而利用熟悉之地形，而作飘忽之行动，伺我行经隘路，即行出而突袭也。是以三十日拂晓，张师向五门岭前进，甫抵龙冈，即遭遇匪之伪第四、第五、第八、第十二等军，四面来袭，势极凶猛。比即奋勇迎击，激战多时，继以肉搏，前后毙匪已在千余。自晨至申。我军各阵地均尚稳固，且尝缴获匪枪甚多。但未几，天候骤变，咫尺之间，阴沉莫辨，四面匪军，复来猛扑，洪副旅长汉杰、朱团长先志同时阵亡，双方死伤枕藉。虽经张氏率直属部队振臂力战，终以匪众我寡，四面被围，地势险峻，粮弹罄尽，既难突围而出，复无坚守之资，致张师长辉瓒、王旅长捷俊、周代参谋长纬黄、李团长月峰，皆身陷匪密〔?〕，旋因抗节就义焉。中央以张等为国捐躯，死事忠烈，亦褒恤有加。张师失利后，因一时电讯中断，情况不明，乃判断匪军必乘势转扑谭师，因作如左之处置：

一、公师迅速撤回东固、因富之线，张师之朱旅移至富田，严密布防阻匪军前进。

二、谭师暂隶第六路军，速向洛口与许师一致行动。

三、第六路军，迅以威力搜索当面匪情，不失时进剿。

四、第十九路军，迅速集结兴国，向东北进剿。

赤匪因藉地势，袭击张师倖逞后，果于二十年一月一日，由龙冈复向东韶星夜疾走，图再突袭我谭师。是以谭师奉到上项处置命令后，于二日晚，进至东韶，其后卫周翰团，即在中途迭遇多匪，虽经将其击退，并有斩获，然时值天黑，地势不利，未能确保成果，乃节战节进，方达东韶。但距洛口许师尚有半日行程，翌晨继续东移，正行进间，巨万匪众，突由白水、罗冈、源头、麻田等处，漫山遍野而来。当即由谭师长迅命各部就地迎击，以一部占领严村、龙坛、幡龙山高地堵击，一面电请许师分兵驰援。血战至午，毙匪无算。但四面匪军，前仆后继，仍不稍退，而许师增援亦久未到，以孤军而莅当倍之匪，官兵之死伤，固亦甚多，除团长黄敬、团附谭济康阵亡外，复伤亡营长以下官长三十余员。坚持至申后，幡龙山、严村等阵地已以次陷落，伤亡愈众，致枪枝无人收运，先后委弃一千余枝，机枪四十多挺。匪势愈张，来扑愈猛，我军虽仍奋战，无如精力已疲，断难再持。谭乃不得已而令各部向廖村突围而出，一部向南丰，一部向洛口，一部经南城向抚州撤退。但张、谭两师，虽因孤军深入，先后被挫，而经此两役，匪军主力，亦损失极巨，故旋即退至匪巢从事整顿矣。是时我军各部，又因兴国方面，仅到第十九路军之一部，既未能及时由南而作有力之进击。闽境各部，更无迅速入赣之可能，欲行挽回战局，势难遽达要求。且赣河西岸孔、李诸股匪，与伪第三军之一部，乘机肆扰益亟，期以牵制我军，予朱、毛以整顿余略，而便联络北犯，是以即令公师移守直夏岭下之线，监视东岸之匪。令张师之朱旅，移至吉安，收复前线部队。令谭师集结抚州待命。其余第六路军，则置主力于南丰，一部驻宜黄，分别布防。第十九路军，则全部集结兴国。围剿之局遂即暂归停顿也。

综观此围剿经过，在兵力与部置上言，本无不足及欠善之缺憾，而作战奋勇，尤有足多，故能攻战匪巢多处，斩获匪军无算也。然张、谭两部，卒均遭挫者，虽因匪区组织綦严，不易探悉匪情，匪以坚壁清野，使我行动迟滞，且各部队或因给养而停前进，或因地形而失联络，致一部遇匪他部莫援，遂为各个击破。但公、张两师进克东固时，初未遭大部匪军之顽抗，东固为匪巢中心，我竟轻易任我占据，则匪之另有企图，已可判明。则我由东固再进，期求匪军主力而击之，固为进剿之本旨，然两翼各师，时尚远离，已为孤军深入，而前进路径势极险，更觉行动困难，此所以猝遭匪袭无术制胜也。而谭师之失利，则在匪方得势之余，而受全力并袭，虽经奋战，终难久持，固亦当然之结果也。然而其他各师，使能切实按照计画，迅速向匪进剿，在始固不致有张、谭两师之遭挫，即或匪军企图突袭我军一点，亦可及时策应加以夹击也。当张、谭两师失利后，经连日之激战，匪方损失必大，乘其疲劳击之，则匪军虽悍，当亦难再挣扎，灭之必矣。惜不出此，是以无功焉。

〔国民政府军事机关档案〕

2. 国民党军第五十师谭道源部与中央苏区红军在东韶街战斗详报

（1931年1月3日）

职师自讨伐冯、阎削平诸逆后，即奉令由豫入赣剿共，于十月十五日，全师开抵南昌附近待命，十月二十六日奉总指挥鲁命令于左："据报股匪大部似有进犯高安企图，第五十师全部着于明（二十七日）开赴万寿宫待命"。遵即由南昌出发，经生米街，二十九日集中完毕，对高安方向扼要警戒。十一月三日奉到总指挥鲁命令如左："顷奉总司令蒋，十月二十八日午后三时命令如左：(1)以歼灭朱、毛、彭、黄及方志敏各股匪之目的，集结第四、第十九各路军及行营直属各部，在赣境四周包剿各股匪于赣西地区及景德镇附近而歼灭之。(2)所有在赣之第五、第八、第十八、第二十、第五十、新五、新十三师及独十四旅，其他团队暂编为第九路军，统归该总指挥指挥。等因。十一月三日，于万寿宫奉到总指挥鲁命令于左："兹遵照总司令剿匪计划，为指挥便利，以谭道源为第二纵队司令，指挥部队为第五十师、独立第十四旅。各纵队着于本月五日以前在集中地准备完毕。"十月五日午前八时三十分，于万寿宫由飞机送到总指挥鲁命令如左："综合最近匪情，伪第一集团军朱匪德所部之第三、第四、第十二等军，似尚盘踞新喻水北至分宜一带，伪第二集团军彭匪德怀所部之第五、第八两军，现在清江、大平街、黄土街、罗坊至新喻一带。着第二纵队左沿赣水西岸，经独城、柘湖至吉安以西，右经高安、长沙铺、大阳、圩槎、江圩、新喻、石坡、梅元塘、东大桥、固江以东地区，第一日杨塘、大有圩、英冈之线，第二日柘湖、黄土街、罗坊至新喻之线。第三日朱家坊、黄石岭、樟树下至白沙之线。第四日商溪、历坑至下前坑之线。第五日村前圩、阜田井村至塘东之线。第六日湖家店、桐树坪至固江之线。第七日吉安至固江之线。"当即令第一四八旅，由田南镇、泸西、新圩、刘公庙、东岳庙、琵琶桥向罗坊之匪进剿。第一百五十旅，经松湖街、独城、双港向黄土街之匪进剿。独立十四旅，由高邮市、朱江河、三皇圩、傅家圩、刘公庙、石屋向水西街之匪进剿。一四九旅为总预备队，跟一四八旅行进。纵队司令部，本晚进至仙人渡。午后十时，由无线电奉到总指挥鲁歌戌电于左："顷奉总司令支日命令规定，十日以前集中完毕，十六日开始总攻击，其命令明晨航送。汉行营歌电亦云：我军不宜单独先进，其理在待各路军合围后，一举聚歼。本路军各部到达第一日位置后，着暂停止待命，不得继进"。逾时奉到歌西电于左："顷奉总司令命令，刘旅须进驻靖安、武宁之线，就本日位置停止，另候令开拔"。十一月七日午前五时，于仙人渡奉到总指挥鲁麻巳电于左："顷奉总司令由奉化来电，限本路军胥日以前收复吉安。等因。刘旅着仍归第二纵队，限本日到达第一日位置"。午前十一时，由飞机送到鲁总指挥亲笔手书："读首都总部命令雪竹兄电报，须待友军集中，方同时出击。而今晨奉朱总长转总座由奉化来电，不问湘、鄂军迟速，限九路军胥日前克吉安，限皖军三日前克复景德镇，不得延误等语。贵师务于本日完成第一日任务，明日拟齐头并进，先确实占领袁水以北之线，再以一部越袁水以南占领阵地，明日全般动作。另电规定，刘旅当仍饬归尊处指挥。遵即令第一四八旅，于本日到达水口、庵塘一带，明(七)日进至刘公庙附近占领阵地。第一五〇旅，于本日进至界山、刘公庙附近，明(七)日到羊塘附近占领阵地。刘旅于本日进至田南镇，明(七)日到达泸村占领阵地。师部及一四九旅本日进至榻头、陈家一带，明(七)日进至傅家渡"。十一月七日午后六时，于傅家渡命令于左："综据各匪情，彭匪德怀所部第五、八两军，似在袁水以南有顽抗之模样，袁水以北，时有小股匪出没。本纵队拟于明(八)日肃清罗坊以东、袁水以北之匪。各部之部署于左：独立第十四旅，明(八)日午前，以一部接替清江防务，以主力向楚罗攻击前进，务肃清袁水以北口朱以东一带之匪，占领楚罗至河口朱之线，并派一小部过袁水南岸，占领阵地，向峡江方面警戒。第一四八旅，着于明(八)日，由现地经湛溪、吴平圩向罗方攻击前进，务肃清袁水以北、罗坊以东、并由河以西一带之匪。并派一小部渡过袁水南岸，占领阵地，向吉安方面警戒。第一四九旅为总预备队，经湛溪至吴平圩集结待命。师部进至吴平圩、欧里，尔后随匪情而定，另行下达。十一月八日午后八时，奉总指挥鲁阳电节开：彭、黄两匪，枪约八千，人约两万，已由峡江渡河，集中泰和、永丰。朱、毛枪约四千余，仍有北犯模样。除令第一纵队及邓师之一旅迎头痛击外，先着第五十师之两旅渡河，进至樟树，归罗旅长指挥，协同第一纵队歼灭之。其余一旅及刘独立旅归岳副师长指挥，肃清三湖、楚罗、黄上至罗坊以东之匪。即遵照总指挥电令，命令各部队之任务于次：罗、成两旅，着由现地，于明(九)日晨取捷径至樟树对岸渡河，进至樟树，归罗旅长指挥，协同第一纵队作战。刘旅着迅遵昨令，肃清三湖、楚罗、河口朱以东之匪，凭袁水北岸布置警戒。岳旅着于明(九日)肃清河口朱、黄土街、罗坊以东一带之匪，布置警戒，与第三纵队联络。十一月九日，于黄土街奉总指挥鲁庚亥电节开："盼贵纵队五十师之成、罗旅，兼程樟树，岳旅一并开赴樟树，现任警戒，即由独立十四旅担任。当令岳旅着于明(十)日继续开赴樟树、黄土街沿岸之警戒，着刘旅立即派兵接替。十月十一日，奉到总指挥鲁真未电节开："综合连日匪情如次：朱匪德之伪第四、第十二军，彭匪之伪第五、第八军，已由峡江仁和圩渡过东岸，经七琴、蜜峰圩、乐安、崇仁，有分犯抚州之企图。第二纵队，以谭师经桥东、秀才埠、成坊西馆向抚州方向攻击前进"。当即令一五〇旅即一四八旅，依现在位置之次序，着于明(十二)日拂晓，各由现地出发，经桥东、秀才埠、成坊西馆向抚州方向攻击前进，右与十八师取联络。第一四九旅俟朱团到达樟树后，再行跟进。十一月十二日，令罗旅经陶沙圩、同源圩至抚城附近，同邓师巩固抚城，成旅十四日进驻潘桥以南，向崇仁、马岭警戒，岳旅着以周团驻潘桥以东，向东来圩警戒，朱团驻潘桥以北地区。十四日，于潘桥奉总指挥鲁元电节开："崇仁匪极少，宜黄有大股，南城电报不通，许师拟相机协同第三纵队攻取吉安"。当令成旅由茶背岭经东来圩、招石进驻孙坊街以南地区，向崇仁、宜黄方面警戒待命。岳旅着经东来圩，招石至孙坊街，以周团驻孙街东北，朱团驻孙坊街以西警戒待命。十一月十六日，于孙坊街，综合各方探报，潭坊、茅排、伏牛山等处，俱有股匪盘踞。当即决定，于本日进至秋溪一带待命进剿，着成旅以一团进驻黄山铺附近，以一团进驻五金吴附近，并派一部进驻秋溪，对宜黄、南城方面警戒。岳旅即以一团进驻石塘许、上城吴，对南城方面布置警戒。以一团随师部后出发，进至湖川杨附近。十一月十六日，于罗田许奉到总指挥鲁删亥电令节开："张师着于筱日向永丰进剿，先行协同第三纵队收复吉安。谭、邓两师及向旅均归谭司令指挥，巩固抚州、崇仁防务，不失时机向宜黄、南城之匪进剿。本日午后九时，规定各部之任务如次：第八师向旅，着于明(十七)日午后前，进驻抚州，接第五十师罗旅防务，向南城、宜黄布置警戒。第五十师全部，着于明(十七)日拂晓，开驻崇仁待命"。十一月十七日，奉到总指挥鲁筱晨电节开："匪之惯技在发动民众，以扰乱为目的，希酌指派部队分途向南城、宜黄、乐安方面及抚州附近清剿"。本纵队之布置于次："我新十三师派兵一团，清剿南城方面之匪，第八师二十二旅清剿抚州方面之匪，第五十师一五〇旅着于明(十九)日向乐安方面相机进剿，俾我第十八师进攻永丰凑效容易。第一四八旅着派兵一团，即向宜黄方面清剿，一团担任崇仁县城警戒。第一四九旅，着担任崇仁县城南岸之警戒。十一月十九日，奉到总司令鲁巧亥电节开："本日战斗结局，第一纵队张师逼近永丰，许师越八都占领双村，我第三纵队之公师占领吉安，将当面之匪击溃，匪向南窜。第二纵队谭师，应以一旅趋取乐安，以一旅攻占宜黄，以一旅控置崇仁，邓师及向旅在原地肃清残匪"。当即令成旅全部攻占宜黄，罗旅攻取乐安，岳旅担任崇仁警戒。十一月二十日，接罗旅长报告：哿午收复乐安。又接成旅长报告：进占宜黄。二十三日接罗旅报告：该旅张团杨营清剿增田附近之匪，被匪数千包围，激战数小时，匪尸满谷。卒因众寡悬殊，救援未及，该营长杨克勤被俘，伤亡损失甚巨，等情。当经呈报在案。十一月二十三日，于崇仁奉总指挥鲁漾戌电节开：被我军在吉水永丰击溃之朱德、毛泽东、彭德怀之股匪，已窜至藤田、招携一带。我谭师全部着集结于乐安附近，移〔遗〕宜黄、崇仁防务，着由向旅率部前往接替，抚州防务仍由邓师负责。本师遵即开赴乐安集结待命出击。十一月二十八日，于乐安奉到总指挥鲁感申电开：被我击溃之匪，其大股已节节南窜。但其小股时与我有接触。我军为准备第二期决战，拟先彻底肃清各小股匪，各作战部队着以师或旅，现驻地为中心，将四周一日行程内之小股匪，完全肃清。遵将本师各部队之清剿区域，划分于此：第一四八旅，由乐安至增田之线以东地区，再向大平圩、南村方面进剿。第一四九旅，由乐安至牛田、小河以北地区。第一五〇旅，由乐安至增田以西，由乐安至牛田小河以东地区，再向刘坑方面进剿。各部队限日将附近各该区域所有伪农协一律解散，股匪完全肃清。十二月九日，奉到总指挥鲁佳午电于次："综合各方情报，现朱、毛、彭各匪部，退窜招携、藤田、沙溪、东固、泰和、万安一带，黄匪退窜永新、安福一带，企图顽抗。我军以歼灭各匪之目地，着第五十师集中乐安，肃清招携、藤田、沙溪之匪后，续向东固进剿"。翌日到达东固附近，又奉到总指挥鲁盐午电令节开："第五十师以大部经增田街、望仙街、招携街、黄石溪、大金竹一带，肃清股匪后，即经中村寨、下头陂至龙岗圩，会合进攻东固"。本师拟遵令先肃清招携、藤田一带之匪，再行进剿。其部署命令于次：第一四八旅，着于明(十七)日，进至望仙街附近，派队向湛元、招携及梅岭、艮口各方搜剿。第一四九旅，于明(十七)日，以一部进至潺陂街，派队向善和方面搜剿，以一部进驻大湖圩，相机向万崇圩、罗背街方向搜剿。各部队所经各地区附近股匪，务须一律肃清。是日奉到总司令电令：本师改为乙种师，当即遵照先改为两旅六团制。十二月十八日，进驻望仙街，着成旅率兵两团向招携推进，留兵一团暂驻望仙街，岳旅推进至善和、大湖向藤田、沙溪搜剿。二十一日，成旅推进至南坑，并搜索大金竹一带之匪。二十五日，师部及成旅大部，并岳旅周团，由石马圩、童家湾进至中村，成旅黄团进至源头，对小浦、黄陂警戒。二十六日，令岳旅缺一团向上固进剿，周团着进至云驻亭、油榨陂一带布置警戒。成旅进至源头以南，在冠领下、下朝鸦、抒脑之线占领阵地，布置警戒，师部进至源头。综合各团派遣侦探得知，彭匪盘踞蔴田，朱、毛、黄各匪，均在黄陂、小浦一带，并向我前哨部队时有冲击。当以孤军深入，地形险要，给养困难，左右各友军未取得联系，即令岳旅向源头集中待命，并飞电总指挥鲁令张、公各师及六路军迅速前进会剿，以期一鼓而围歼之。三十一日接到公师电，得知张师长率戴、王两旅由东固进至龙冈，被匪包围失利。同时奉总指挥鲁电令，向六路军靠拢，归第六路军指挥。遂于二十年一月二日全部东移东韶，令张、彭两团由下朝经南团师部，及朱、黄两团由鹅抒脑经南团，文、周两团由云驻亭、坳子领、陂头均向东韶移动。讵料共匪攻破张师后，比即向职师围攻。周团经过中村时，队尾被其截击，损失颇巨，并追至坳子领附近。午后六时，全部到达东韶，当令朱团在土地坛、杀尾嘴一带占领阵地，黄团在坑头占领阵地，彭团在林池占领阵地，文团以一部在朱、黄两团间之高山占领阵地，严密警戒，其余全部集结东韶附近（附图），并电乐口街许师请其准备，如匪来攻，随时援助。三日午前七时，乃朱、毛、彭、黄率匪众五六万余人，全力向我围攻，初向我黄团阵地猛扑，经黄团竭力抵御，匪未得逞。乃飞电许师，请其全部增援，以期一鼓歼灭。并令张团向前增加，黄团长即亲率所部出击，毙匪数千，缴获亦多。讵料匪众分向左右来犯，朱、文、彭各团战斗均为激烈，令周团向彭团左翼增援，预备队使用已尽，而匪众向我左右两翼围攻猛扑，许师增援未到，职师伤亡甚巨，苦战终日，精疲力竭，势难再支，不得已只得突围而出，令黄、彭、张各团向永乐方面撤退，其余向廖村方向撤退。其时匪之包围部队先头已到达廖村附近，且战且退，以致受创甚深。七日全部到达抚州，奉总指挥鲁电令，开赴樟树。于十七日全部集中丰城、樟树之间，从事整理。计此役人马伤亡及损失武器、弹药、装具并通讯卫生材料，分别列具报外，谨将此次战斗经过情形缮呈鉴核。

〔国民党政府军事机关档案〕

(三)对中央革命根据地的第二次"围剿"

1. 国民党政府战史会编:关于第二次赣南"围剿"经过史稿

(1931年3月)①

自民国十九年十二月至二十年一月间,对赣南匪巢施行围剿,因匪利用地形转将我张、谭两部各个击破后,匪势狓猖,视前益甚,广昌、石城、宁都、瑞金诸县,相继被陷。于是中央除即派第五十二师驰赣警备外,复特派军政部何部长应钦赴赣督剿,代行总司令职权,主持一切事宜。于二十年二月初抵南昌,即重组总司令南昌行营,以贺国光为参谋长,王伦为副参谋长、旋行综核匪情,征调部队,而作二次围剿之计画。并设党政委员会,期收集思广益之效。为欲早将匪军肃清计,原定三月中旬集中兵力开始总攻。惟所调各部队,为王金钰之第五路,及孙连仲之第二十六路。虽王部原驻湘东南一带,相继甚近,入赣殊便,然须沿途清剿,运动亦复迟缓。而孙部则由鲁之济宁开来,相隔数省,固有轮轨利用,实觉运输需时,延至三月下旬,始各完全集中。是以各部开始向匪前进,乃在四月一日矣。但当我军尚未开始前进之先,赤匪早感大军云集,将遭压迫,攻坚既不可能,久持又乏粮食,其内部之恐慌,匪众之动摇,亦较前而愈甚。故匪首中有主张化整为零分股逃窜者,有主张预窜川黔另图苟延者,卒依毛匪泽东之意,仍作据地抗战之计,以图再获倖逞。意谓新增国军俱属来自远地,地形不熟,行动自困,或不难出故技将我各个击破,且以如许大军决难长期围剿。于是积极搜刮附近粮食、加强匪巢工事、训练匪军、组织民众,尤为加紧施行,并于匪区外周,广布侦探,窥我军情。而对赣东及西北各方,则使原据其间之匪军极力肆扰,以图牵制,尤于闽西一带亟图扩大新匪区,以作他日逃窜地。凡此种种匪情,固已悉为行营所洞察,于

① 此件未标明时间,兹以事件发生时间为序。

赣之东南一隅，早经电知闽粤两省，各于边境派军严堵，以防匪军之溃窜。于赣东及西北各方，亦经控置有力之部队，以制当地之匪军，且行断绝匪区之交通，防止物资输入。各军行动，更定稳扎稳打、步步为营之原则，使匪故技不易复施。以此精密计划、雄厚兵力，原不难将匪主力而聚歼之。但各部队自向匪开始进攻后，虽尝迭将重要匪巢如广昌、善和、头陂、东韶、洛口、招携、富田藤田、城冈圩等处，先后攻破，毙匪获枪，为数俱多，因间有种种关系，终未能遽奏肤功也。兹将当日匪军情况、我军处置及围剿经过分述于次：

（一）匪军情况：二十年一月，匪军于龙冈、黄陂，利用地形，将我张、谭两部各个击破后，即乘势突占广昌，并将得械扩编匪军，利用张部所失之交通器材，而与各方匪军互通消息。未几复将石城、宁都、瑞金诸县相继攻陷。知我军之必继续围剿，乃以罗炳辉之匪部，出扰闽西之宁化，以原踞闽境各地之匪军，肆扰于龙岩、永定、上杭、长汀、武平一带，而图扩大新匪区，以作他日溃退之地步。于匪区附近之乡村粮食，则派匪四出搜刮，尽输匪巢，以供久持之资。而加筑匪巢工事，组织匪军民众及训练匪军，计划抗战诸举，更益积极进行。计报匪军当时预定战略，有如左列：

一、要诱敌深入赤色区域，一鼓而消灭敌人，争取一省胜利。

二、要使广大群众起来，造成极大赤区，使敌进入时无术行动。

三、坚壁清野，断绝敌人就地购办给养，即零星物件亦须完全藏匿，不为敌用。

四、截断敌人交通，捕捉敌人通信传令兵，破坏敌人电线。

五、敌人大部进行间，即派小部队骚扰，收缴其落伍兵之枪械，遇敌小部队通过赤区时，即应出而截击，如敌驻宿于赤区时，即派极多之小部队，四处放枪，使难眠息，并捉其步哨。

六、敌人向我前进时，群众不宜退走，应待其通过后，绕道其侧背而扰之。

七、捕获敌探，如非本地人，不可杀之，须加优待，俟相当时期释放，俾资宣传。

八、对于捉获之白军(即指国军)士兵及下级官长，应极优待，亦相当时期释放之。

九、街头巷尾，遍写宣传白军士兵之标语，或派老少妇女口头宣传打土豪、分田地，及红军生活平等之好处。

十、实行赤色清乡，将内奸悉行肃清，使赤区内无一人为敌充侦探送信、带路、采办等工作。

十一、须唤起每个农工革命群众，俱有绝对进攻斗争到底之精神，不妥协、不投降。

十二、对各区赤卫队，加以有系统之整顿与组织，期成广泛而健强之武装群众，于与敌人进迫中，表现伟大之作用。

观于上列所谓匪军之战略，虽多出于夸张，藉以鼓动匪部，然亦不可谓非诡谋之精也。且属赤匪淫威之下各民众，又俱不敢稍违其驱使，而竟为之用，尤于第十之所谓实行赤色清乡一项，施之更为严厉。于我军前次围剿时，即已于富田、黄陂等处，匪军官兵被指为AB团而遭杀者在五六千人。至是而匪区民众，藉此被杀者，更不知凡几。赤匪心情之毒辣，防闲之严密，足见一斑。故我军进入匪区之内，既不啻而到化外之地，凡所行动悉感困难矣。此匪军所以久踞匪巢，迄未就歼，且获蔓延日广施剿愈难也。迨我军将行进攻时，复于三月七日于伪总司令部，召开紧急会议，而有如左之决定：

一、两手散开。

二、坚壁清野。

三、东固、龙冈一带，敌人必注全力。我军应遁迹藏形，不留一人一枪，使敌疏于防卫，获以从中举事。

四、第四、第五、第八等军，分驻宁都、兴国、广昌、永丰、宜黄、乐安各深山中，藏匿枪弹，化装百姓。

五、多派间谍刺探敌人情形，以便设计包围。

六、派青年妇女赴敌军运动勾引。

七、第九、第十两军，由泰和桃花洞进达万安、遂川一带。

八、第七军及第八军之一部，伺隙渡河，进达分宜、新喻一带。

九、第十二、第二十两军，进达吉安、泰和、吉水、永丰一带。

十、第二十二军及第五、六、九各纵队，渡河达永新、宁冈、莲花与攸县、醴陵连络。

十一、各部行动均须避实就虚，乘机进攻，分散密布，随时变动，使敌无可捉摸，艰于防范。

十二、苦肉投降，以懈敌军。

十三、各军均限十日早悉按指定地进攻。

匪军行动依此决定后，其每日出没之所，俱不限于一定，而我军前进所得匪情亦自随地而不同，致难判定当面匪军之为何部矣。赤匪之狡有如此，至此际匪军现有之实力，及原地之地区则已详于前章，兹不复赘焉。

（二）我军处置：鉴于前次之失利，虽因兵力之不足，包围之未严，而部队急进，亦一主因也。故此次围剿方针，乃以厚集兵力，严密包围，及取缓进为要旨。一面增调部队，及电闽粤协堵，以图包围之严密；一面断绝物质输入匪区，而使匪军坐困。确定稳打稳扎，步步为营之原则，令各部队确实遵行。复按各路划定作战地区，推进时期，分进合击，互相策应。兹将围剿部署列举于次：

一、以第五路军王金钰部，辖公秉藩之第二十八师、郭华宗之第四十三师、上官云相之第四十七师、郝梦龄之第五十四师，集结集安永丰，即向东固、藤田等处进攻，并以该路指挥之第七十七罗霖师，及第四十七师一旅，控置吉安及河东一带，巩固后方之安全，及维持两岸之交通。

二、以第二十六路军孙连仲部，辖孙连仲兼领之第二十五师，及高树勋之第二十七师，集结宜黄、乐安后即向东韶小布等处进攻，并以该路所辖之关树人骑兵第一师，控置于樟树、宜黄、担任该路后方之维持。

三、以第六军朱绍良部，辖毛炳文之第八师、许克祥之第二十四师、胡祖玉之第五师一部，由南丰、崇仁向广昌、黄陂等处进攻，并以该路所辖之路孝忱新第十三师，分布南丰、南城间，维持该路后方之交通。

四、以第十九路军蒋光鼐部，辖蔡廷锴第六十师、戴戟之第六十一师，由兴国向龙冈宁都进攻，并以该路之一团驻赣县，协同第十二师之马崑旅，清剿赣县、兴国一带之散匪。

五、电令闽省以刘和鼎之五十六师出建宁，周志群独立旅出宁化，卢兴邦一旅出连城、长汀，张贞之第四十九师出上杭、武平等处，并电令粤省以香翰屏之第六十二师出焦岭，以防匪军向东南溃窜。

六、以阮肇昌之第五十五师、及第四师之汤恩伯旅，与浙军之赵团，分布赣东一带，进剿方、邵两股匪。

七、以谭道源之第五十师，及第十八师之朱耀华旅，分布赣西北一带，进剿孔、李两股匪。

八、以韩德勤之五十二师，分布新淦、峡江、清江、阜田一带，以维赣江之要道，及剿附近之散匪。

九、航空第一、第三、第五等队，则分驻南昌、樟树、吉安各机场，随时侦炸各地匪军。

部署完毕后，即由各部队先行清剿各地散匪，以除前进障碍。并于三月二十七日，命令各部队限于四月一日按照围剿计划开始向匪前进。惟因匪区粮食经匪搜刮殆尽，我军进入匪区后，自未能就地采购给养。故各部队进抵一地，即须预储多日粮食，进入愈深，输粮愈艰，而随处俱有农匪扰乱，更须派兵防护。致运动日缓，兵力递减，匪乃转得于此中从容布置，应付我军之进剿。

（三）围剿经过：

一、第五路军进剿之情况。该路所辖部队，除罗霖、公秉藩两师，原驻吉安、泰和防剿外，其郭华宗、上官云相、郝梦龄等师，则均由湘东调来。郭师在吉水、上官在吉安、郝师在永丰，分别集中。因沿途清剿致滞行程，于三月中旬，始各集中完毕，随即清剿附近匪军，预除障碍，候命进攻。迨奉到四月一日开始前进之命，即将各部分三路进攻，以公师及上官师之王旅为右路，进攻东固匪巢，公师由泰和经沿溪渡向固陂、新安、富田攻击前进，并相机协同右路，攻取东固。以郝师为中路，进攻潭头匪巢，由吉水经施家边向水南、官田攻击前进，并相机协同右路，攻取东固。以郝师为左路，进攻沙溪匪巢，由永丰经古田向藤田、严坊攻击前进，以罗师及上官师之一部，分布吉安及河东一带，随时游击，巩固后方，及维持交通。各路出发后，即依照稳进原则，步步为营，节节进剿，沿途匪军迭被击溃。七日，右路即将富田匪巢攻破，确实占领，斩获甚多。据俘匪供称，踞守该处之匪，为伪第四军之一部，数约八九百，被击后已向东固逃去云。此时本可即于追击，直迫东固。惟据探报，罗匪炳辉时正率匪三千余，压迫农民万余，携锅甚多，潜伏于固陂东方约四十里之紫阳峰山中，有所企图。且揆以稳扎稳打之旨，又未便急进，因就富田坚构工事，搜剿散匪防匪抄袭。但中路亦于七日将焦源、丁江等处之匪击溃后，即继续前进，于十七日占领水南，毙匪百余，俘匪数十。右中两路，至是已联络，而左路自永丰出发，迭将沿途散匪击溃，进据藤田后，复于八日占领严防〔坊〕，毙匪数十，俘匪排长一，匪兵十余名。中左两路，亦得确实联络矣。于是右路在富田坚构工事，及储备粮食后，即将东固附近之北圮、木虎山、大坑一带匪军，继续击溃，并于五月三日协同第十九路军，会剿紫阳山峰西南之楼梯岭，当将该处匪军击溃。大湖之匪，亦旋经击溃，毙匪二十八名，俘匪十余名。七八等日，游击会乐亭、小背岭等处，遇匪千余，比即将之击溃，共毙匪六十余名。十三日，攻占东固西端之九寸岭，及大湖以南十余里各地区，斩获颇多，缴获匪枪百余枝，余匪纷纷向东固退窜。因待中左两路之推进，故未急行直追。而中左两路，由水南、严坊分别继进，于鞍轮山、尤溪间，遇匪甚众，将其击溃，并先后肃清南坪、百富、峡江、坪土以北一带枪匪后，中路急于十日进攻大源坑之匪，至源头遇枪匪千余，据山顽抗，经我猛击，将匪击溃，毙获共百余名，及缴得土枪旗帜宣传品等甚多，大源坑遂为中路占领。左路则于十三日将百富、安石、大安鱼等处之匪军猛施剿击后，即进攻沙溪匪巢，先是由二千余枪匪踞守该处，凭险顽抗，经左路派队绕匪侧翼猛攻，复由正面奋勇冲击，匪始不支，遂于是日正午完全占领。毙匪百余，并捣毁伪乡政府，搜获宣传品多件。十五日中左两路会攻潭头匪巢，匪依坚固工事，抗战极烈，经我夹击猛攻，历三小时，匪始向龙冈溃窜。是时东固方面之匪军，亦出一部由东固岭北向我进犯，意在牵制我军进攻潭头，当经我军迎击，将其击溃。故是役斩获极众，并夺得战利品颇多。旋将该处占领，并派兵向匪追击。此役中左右三路俱入匪区中心，各距东固甚近，因即协同向东固进攻，乃右路于十五日将箨龙坑、中洞等处匪军先后击溃。十六日，进至东固附近时，忽遇大部匪军四面袭来，势极凶猛，并由匪之一部，先行围击我留守富田之部队，将是地粮食、械弹、无线电等完全夺去，致我后路截断，不能与各方通讯，顿失策应。虽公师师部有随带之无线电，而当弹如雨注之间，势难工作。故右路之公师，及上官师之一部，独当巨万匪军之包围，虽经极力应战，奋勇冲杀，卒因援绝弹尽，肉搏力竭，且值天候不良，空军无术侦炸未能助战遂遭大挫。此本匪军诱我深入伺机包围之预定计划，是以行营当公师由泰和出发前，即令该师务与第十九路军在崇贤之部队，时取联络，免遭匪算。后据该师电告，将行进东固时，复令第十九路军在崇贤之部队，迅出桥头，以作公师策应之准备。但公师一经遭遇大股匪军，即因战斗激烈，伤亡甚众，不克久持。致十九路军未能明瞭公师之状况及当前之匪情，迨十七日进抵城冈墟时，匪已于击破公师后，转趋潭头，围击中路之郭师矣。郭师猝受多匪围击，旋亦未能支持，而向水南撤退，因匪猛追，水南不能立足，复欲退至河之北岸据守。但河深不能徒涉，而所搭临时桥梁，则早被附近农匪折断，正事设法架桥，匪军即已追至，虽经就地极力迎击，终因背水作战，无险可据，既乏置死后生之信念，复受公师被挫之宣传，遂致部队紊乱，军心摇动，旋遭巨损。中右两路，既俱受挫，龙冈之匪军亦即向沙溪包围左路之郝师。初时闻右翼枪声极烈，知郭师遇匪，正欲派兵策应，而龙冈之匪军已向正面扑来，数且甚众故将全力迎击当面之匪军。未几，匪于水南败我郭师后，复向郝师右侧后突击，致郝师渐形四面被围，并因中右两路久无消息，知俱有失，势难独持，乃不得已且战且退，而向藤田背进，但沿途时遭伏匪截击，故亦略遭损失焉。

二、第二十六路军进剿之情形。该路所辖之第二十五孙连仲师，及第二十七高树勋师，于三月间，先后集中宜黄、乐安完毕后，即从事清剿附近匪军，准备进攻。迨接奉四月一日开始前进之命时，旋将所部分两路，孙师为左路，由宜黄经东坡墟向横石、萧田、洛口攻击前进。以高师为右路，由乐安经望仙街向招携、南坪、大金竹攻击前进。以关树人之骑兵师，分布宜黄、樟树间，维持后方之交通。孙、高两师出发后，因沿途散匪农匪在在俱出扰乱，阻我前进。至二十一日，高师始占据招携、湛元等处。二十三日孙师始占据横石、界上等处，将各该处之匪军，分别击溃。但在招携被我高师击溃之匪军，复退踞附近之青里、善和一带，依险图抗。旋于二十六日，经高师猛烈进击，毙获共百余，缴枪百余枝，匪乃不支，虽于当晚更行环山来袭，终未能逞，青里善和遂即收复。二十八、二十九等日，孙师亦进至垄上，将该村及踞守甑盖岭之匪军，先后击溃，毙匪甚多，并俘匪约百名。五月二日，该师进抵平石时，突有农匪五百余人，向我袭击，比即迎头痛击，激战二小时，毙匪三十余名，匪始逃窜。爰即派兵追击，并事清扫附近散匪，于十日即进攻踞守萧田之匪，该处地形极险，枪匪千余，抗战殊力，经我派队侧击，匪乃受创而退，我军当将萧田占领。而高师于肃清善和、青里散匪后，即于五月六日继续向荫水、南坪一带进剿，匪据高山顽抗，经我另派一部绕攻，匪腹背受敌，被创甚巨，始行狼狈溃退。旋即直追，于十日复将盘踞南北坑、黄沙一带之伪独立团，约六百余人，完全击溃，并对大金竹之彭德怀所属之一部匪军，人枪约五百余，猛烈进击，激战逾时，匪势不支，遂向东韶逃窜，当将大金竹、黄沙、南北坑之匪军，完全占领。缴获粤造步枪七七枝，毙获匪军亦在百余名。十二日，复将踞守石马之伪警卫团约六七百击溃，毙匪八十余名，生擒三十余名，并获梭标数十杆。该师占据石马后，于十五日，复向小树岭进攻，该岭险阻异常，匪踞其间，顽抗实甚。经即派兵分途包围，犹历半月之久，始将该匪击溃。获枪二十余枝，子弹数千发，并旗帜数十面。至是，该方匪军迭次受创，已退据于小布、东韶各匪巢，而该路亦已进迫甚近矣。孙师则于十日占领萧田后，即节节继进。十六日遂将东韶、水口匪巢猛力攻破，毙匪无算，残匪向洛口逃窜。十七日，追击至洛口，匪虽顽抗，仍被我军击溃，复将该处占领。十八日即乘胜向南团、球田一带进击，此处匪军甚众，抗战尤力，经过派兵向匪侧翼猛击，历一时余，匪遂不支，向西溃窜。连日毙获匪军，约在四五百名，正拟向西再进，期与高师会攻小布。但当高师于十五日占领小树岭续进至南团附近时，正我第五路军之各师，先后遭匪包围之期间，忽奉行营电令，以匪主力刻均集注于我右翼，着即驰向沙溪增援。遂即折向西北转进，以第八十二旅二团之朱营长连清率部为前卫，乃进抵中村西端时，突遇匪军万余，向我猛冲，而是时高师大部尚在中村南端，势难即时策应，幸该营占据要点，奋勇迎击，血战肉搏，历六七时，始将正面匪军击溃。然另有匪军七八千乃又向我右翼抄袭，为势尤猛，时朱营弹尽力竭，几将不支。旋得所派之第八十二旅二团周营长中云率部驰及，出匪不意，向其侧背猛攻，匪乃不支，而我大部亦藉朱、周两营之力战，得以安然过山，从容布置矣。该两营长之奋勇，殊堪嘉尚。惟此际之匪军，将我第五路军各个击破后，已以全力东移，复欲对我第二十六路军包围，故于沙溪将我郝师迫退后，即星夜转赴中村，而击我高师，虽经朱、周两营将匪先头一股痛予迎击，及高师全部布置完毕后，匪乃愈紧愈众，将高师环施猛攻，亘两昼夜，虽经我军奋力冲杀，肉搏多次，毙匪数千，然左路孙师既为他股匪军所牵制，未能为之策应，而匪军又复倍众于我，不特久战力疲，死伤渐多，如再坚持，粮弹亦将俱尽，遂即将匪之一部，猛力突破，而向石马撤退。是役，乃此次围剿战事最烈者，匪军虽遭重创，高师亦受损甚巨。高师撤退后，孙师亦即顿感势孤，不得已由南团向东坡撤退矣。

三、第六路军进剿之情形。该路原辖第八毛炳文师，第二十四许克祥师，原驻南丰、黎川一带，清剿附近散匪。于前进命令将行颁到时，毛师即已集中于康都、沙田一带，闽境集中于八都、石渠一带，而拨归该路指挥之第五师胡祖玉之一部，亦已集中于瑶湖、仙市一带，闽境第五十六师刘和鼎之主力，亦已由建宁向安远汎集中，准备进攻。迨接奉四月一日开始前进之命后，即将所部分三路，以毛师为中路，由康都、沙田经傅坊向石嘴、千善攻击前进。以胡师由仙市、瑶湖经三溪、三坑分向白舍、洽村、甘竹、苦竹攻击前进。以许师为总预队，由石渠八都经荷田向白舍、罗坊前进，作该两路之策应。以闽境之刘师，由安远汎相机会攻广昌。以路孝忱之新第十三师，分布南丰、抚州、黎川一带，清剿各地之散匪，维持后方之安全。各师奉命后，即分别前进，迭将沿途匪军次第击溃。六日，胡师即进据白舍。七日复将洽村之匪击破，同日，毛师亦击破踞守千善之匪军，洽村、千善均为我军所占领，毙获甚多。是时匪军大股，已渐移于宁都北方之黄陂、龙冈间，隐匿深山之中，仅于我第六路军前进地区各布散匪，滞迟我军之前进。即广昌县城，亦于物质掠尽后，不复置大股匪军踞守其间，以免被我之围歼，故未几广昌即为毛师克复。踞城残匪分向头陂街、白水镇逃窜。二十六日，毛、胡两师，复分向白水、头陂进剿，而刘师亦即由闽境入赣协击，比将各该处之匪军完全击溃。匪军初虽凭险顽抗，坚守不退，终因我军猛烈围击，匪军死伤累累，势遂不支而溃退。尤以踞守头陂之匪军，被我完全缴械，无一幸免焉。时我右翼第二十六路军，尚在横石、善和一带，故该路未即继进，乃于白水、头陂间，力事搜剿散匪，以便此后协同第二十六路军，再向黄陂匪巢围剿。迨第二十六路孙师进据东韶、洛口后，我第五路军方面之战况，即形不利。第二十六路之高师旋亦受挫，致孙师遂因而撤退。该路顿觉地位突出，不得已，于五月下旬，将所部分向广昌、南丰撤回，以胡师守广昌。二十七日，匪军万余，忽乘拂晓向我广昌进犯，比经胡师长督率所部奋勇迎击，继因匪数倍众，其势甚锐，胡师长乃亲莅前线指挥冲杀，虽身中两弹，伤势甚重，仍不稍息，故卒将匪军全部击溃，且毙匪军无算。但该匪军因遭巨创，而胡师长亦旋因伤重，于六月三日殁于南昌医院，殊堪痛悼。是以国府念其忠勇壮烈，颁令从优议恤焉。

四、第十九路军进剿之情形。该路军于第一次围剿时，即已集中于兴国，清剿附近散匪，先后收复雩都、万安等县。但该处交通梗塞，附近人民既受匪化，所有粮食均被藏匿，每行采买或送信，俱非派兵随往不可。是以数月来，时生给养缺乏，行动困难之感。而行营亦深悉此中实情。关于此次围剿，规定该路任务，亦特较简。除令其对于崇贤墟、老营盘等处匪军，务先肃清，以便再向北进，策应第五路军之右翼，及防匪军被我猛攻向闽逃窜外，悉由该路蒋总指挥自行相度地形，不失时机向匪军进剿。因前此邻接兴国之宁都、雩都两县，均遭大股匪军攻陷，兴国孤处其间，深恐匪军对此进犯，曾令该路各就驻地坚筑工事，俾资待援。故初不能遽令向北进剿，并予详为规定也。迨继悉匪之主力已窜至宁都以北地区后，对于该出动时间之规定，仍依第五路军进展情形为标准，此盖为适应匪情地形计也。该路于三月二十七日，奉行营电知，既悉第五路定于四月一日开始前进后，原可即按计画，先行肃清崇善街、老营盘一带匪军，以除将来出动之障碍，并作五路右翼之策应。但因积储粮食及其他关系，延至五月上旬始行派兵，分向崇贤、上头庄等处进剿。于十一日将各该匪军完全击溃，毙匪约共百名，缴获梭标土枪亦多，残匪即向东固、城冈逃窜，我军占领该两处后，复行逐步追剿。十六日，又分两路向城冈墟攻击前进，匪势不支，节节败退，沿途俱有斩获，并缴获步枪百余枝。但是时，行营以第五路之公师，已于东固附近遭遇大股匪军，战局极紧，电令该路迅即驰往增援。奉令后，即迳电公师询问情况，乃无线电久呼不应，既觉有异，后经探进，始知公师已不及待援而失利矣。遂即撤回而向兴国撤退，二次围剿之局，亦即由此结束也。

综计此次围剿，用以进攻之部队，已有十一个师，就兵力言，已足以将匪一举而摧陷廓清之。而事前顾虑之周，各路部署之密，更觉算无遗策，灭匪可期。顾何以仍然未能奏功，公、郭、郝、高诸师，转遭损失耶？此中关系，后之览者，似难瞭然。但一加推究原委，则症结所在，可立明也。盖军事原属政治之一部，政局安定与否，即军事胜败系焉。当四月一日各路开始前进后，广东方面，即对中央因政治之意见，起极大之纠纷，中央虽持镇静，政局既形杌陧，影响剿匪，已非浅鲜。故匪军正感国军压迫，闻此转形气壮，反之，我进剿部队，则不免有所怀虑矣。此心理上之关系一也。此次增调第五、第二十六两路军，俱系新近入赣，地形未熟，而兵皆北籍，山地作战，更非素习，一入匪区，动感困难，且必携带充分粮秣行动益难敏捷，而丛山峻岭，鸟道羊肠，各军联络不易，行进多阻，尤予我军绝大之不利。匪乃久踞其间，星夜俱能行动，致形成匪逸我劳，主客悬殊，此地形上关系二也。有此两大关自觉胜利公算少矣。然行营初非计不及此也，所定稳扎稳打，逐步缓进各原则，盖即预防其弊，俾便互相联络，免受匪军所乘也。无如各军因受政局影响，而生怀虑，而欲速将匪军扑灭，竟取急进，致变步骤，已失各部之联络，复难相机而策应，卒致各部一经脱离工事即遭匪军包袭相继挫败也。且处外线作战地区，进攻补充，本极困难，在寻常地区，犹未易以急进，况深入险恶匪区，更不能不节节构筑工事，俾做据点，以资坚持待援，及各部俱未能依此要旨而行也。假使公师向东固进攻时，仍如前此缓进，节构工事，纵遇匪袭，亦易久持，而得第十九路军之增援，不难趁此将匪夹击而悉歼之。又如郭师之在潭头，使亦预筑工事构成遽〔据〕点，虽不能进援公师，亦可就地固守，而待郝师之策应，一俟援军到达，即行并之猛击，则当此匪军力疲之际，固不难将之击溃，挽回战局也。惜旨不出此，此所以终遭各个击破也。故按此围剿结果，虽各部作战奋勇，毙匪甚多，并将重要匪区迭行占领，足使匪军失色，几难复持。然在此最后一月，竟因急进而失利，致亏一篑之功，良用慨惜。兹将当日匪我兵力概况，分别列表于左，〔表略〕。

〔国民政府军事机关档案〕

2. 国民党军第四十三师郭华宗部关于与中央苏区红军在白沙东固战败情形的报告①

（1931年5月）

白沙东固之役

民国二十年五月，本师奉令进攻东固，于十三日，由吉水分两路，出水南、白沙向东固前进。迨左路进至潭头、右路进至东固北之九寸岭附近，我右翼军四七师作战失利，匪跷到我师右侧后，当时为与左路取得联络，即向白沙转进。惟东固、白沙之间，崇山峻岭，山径曲折，地形复杂，指挥既感不便，连络尤为困难，部队未及集中，而股匪已到白水，截断后方，虽极力抗战，以众寡悬殊，致蒙极大损失，向永丰撤退。

〔国民政府军事机关档案〕

---

① 此件摘自国民党军第四十三师“白沙东固之役”战斗详报。

（四）对中央革命根据地的第三次“围剿”及红军的发展

1. 国民党政府战史会编：关于第三次赣南“围剿”经过史稿

（1931年7—9月）

当民国二十年春夏间，施行二次围剿，未能奏效后，匪势益见披猖，匪区逐渐扩大，北陷赣之广昌，东袭闽之建宁，赣、闽边境各地悉遭匪军蹂躏，几有不易剿除之势。是以蒋总司令中正深虑匪势滋蔓，久益难图，并鉴于既往合围之缺点，非特兵力有所不逮，抑且地势辽阔，连络不易。遂于六月间来赣策划，厚集兵力，分路围剿，期将匪军主力先行击破，然后逐渐清剿，庶克有济。因令何部长应钦为剿匪前敌总司令官兼左翼集团军总司令官，率第五、六、八、九、十一、十四、二十四各师，及闽西北各部，从左翼南丰方面攻匪主力。陈主席铭枢为右翼集团军总司令官，率第二十五、二十七、四十七、五十四、六十、六十一各师，从右翼吉安方面，深入匪区进剿。第十师、第七十九师及攻城旅，为总预备军。第二十八师、第七十七师及第十二师之三十四旅，为吉、泰、万、赣四县守备军。部署完成，即行分路围剿。但当时匪方以我此后围剿，当在半年以外，趁此后顾无虑之际，得以倾巢出犯，而图发展匪区，搜刮粮秣，准备顽抗我第三次之围剿。于是六月一日，陷我建宁，六日陷我黎川，饱掠资财。复向南城、南丰进扰时，朱、毛股匪麕集康都、傅坊，彭、黄股匪麕集新丰、洽村，猛烈挺进，逼近城下，均为路孝忱师先后击退，毙匪无算，计不得逞。复出乡村四扰，惨毒无比。嗣因我蒋总司令于念一日亲莅南昌督剿，令第十九路军蒋光鼐部，会合第十一、十四两师，直向东固、龙冈、小布、黄陂前进，捣其巢穴。第五十四师及第四十七师祝旅，由永丰向沙溪前进。第二十五师、第二十七师，向招携、黄石前进。第八师、第二十四师，向新丰、东陂前进，防其北窜。进击甚锐，匪乃惊恐，窜回瑞金。然匪性桀骜，野心不已，复昼夜兼行，窜往兴国，意图经沙村，分犯富田、固陂。此时兴国有赵观涛师，崇贤有十九路军，富田、固陂有第十一、十四两师扼驻，知不可犯。复以一部伪第三、四、八、十二、三十五等五军，及独立第四师，共约五万余人，经老营盘、高兴圩窜莲塘，犯我上官云相部之郝梦龄师，及第四十七师祝旅。突如其来，调援不及，卒以众寡悬殊，致陷重围，遭挫甚大。匪陷莲塘，凶焰愈炽，续向龙冈周浑元师进扰，稍触受创，复舍龙冈而犯黄陂。斯时毛炳文师，于八月一日起进驻黄陂，奉令清剿宁都以北中村、石马、南林、君埠一带残匪。伪三、四、五、七、八、十、十二各军，忽于十日晨，经南林、小布向我黄陂进犯，激战两日，卒以众寡不敌，伤亡极夥。至九月初，始为我赵、卫两师击溃，毙匪无数。匪乃星夜西窜，潜伏于上下淮以西山地，未几，侦知我军东进，匪仍怒不畏死，拟俟我十八军通过君埠时，施行截击。待之两日，十八军虽到君埠，而十九路军亦达君埠以南之南北坑，匪陷两军之间，相距只五六里耳，因山岭丛蔽，匪情不明，未能加以夹击，殊为遗憾。匪兔脱后，复经蕉坑、厚村窜匿于枫边、方大等处，恐慌万分。适粤变紧急，剿匪部队将分途撤退，为匪所探悉，遂决窜往兴国以西之均村，拟俟国军撤动时，乘机截击。到达均村后，探知我十九路军将由兴国退赣州，蒋鼎文师将由老营盘退富田，即以伪一军团之第三军黄公略股，疾趋老营盘截击蒋师，另以一部往兴国牵制韩师，并集合朱、毛、彭、罗、林等股主力，于九月七日，窜犯兴国西北之高兴圩，比经我十九路军迎头痛击，激战两昼夜，肉搏数十次，遂将该匪击败，伏尸遍野，伤毙匪军七八千人，缴枪五六千支，残匪狼狈鼠窜。不数日，国军次第撤完，韩师亦由兴国北还，行抵方石岭，突遭伏匪截击，激战甚烈，虽匪军死伤枕藉，我亦损失极巨，三次围剿遂于中止。此次围剿，虽未将匪歼灭，而以兴国、宁都、广昌各匪巢，均为我军占领，匪已极度恐慌，使无粤变之发生，能继续以围剿，则不出一月，匪即难再挣扎，当可为我完全荡平矣。除附图表以明梗概外，并将当日匪我情况，及各战役经过分述于次：

一、匪情概况：朱、毛、彭、黄、罗、林各股匪，于我二次围剿未克歼灭以后，极感给养困难。意我以后围剿，为期需时得以倾巢出犯，乘隙窜踞建宁、黎川一带，饱掠资财，复向南丰、南城窜扰，企图与赣东方、邵股匪连络，劫夺物资，扩大赤匪，希以应付三次围剿，持久顽抗。嗣因国军进击甚锐，深虑捣其老巢，复昼夜兼行，窜回瑞金集中。旋以朱、毛主力伪一、三两军团之三、四、五、六、七、八、十二、三十五各军，及独立第四师，暨新十三军、随营学校干部、学员等六七万人，疾趋兴国，窜往泰和之沙村，意图向北进犯，期将收先发之利。

二、我军方略：赣省匪区辽阔，交通梗阻，若图以合围方法，需兵过大，运动需时，虽有剿匪军队二十余师，而各县城及重要镇市，均需分兵扼守，防匪侵袭。一经分散殊觉兵力不敷，加之匪性狡悍，避实扰虚，为其惯技，稍一薄弱，反予以各个击破之弊，所以屡次合围，不克奏效者职是故也。此次乃厚集兵力，分路围剿，以何部长应钦任左翼集团军总司令官，指挥第五、六、八、九、十一、十四、二十四各师，及闽西北各部，从左翼南丰方面攻匪主力。陈主席铭枢任右翼集团军总司令官，指挥第二十五、二十七、四十七、五十二、五十四、六十、六十一各师，从右翼方面深入匪区进剿。第十师、第七十九师及攻城旅，为总预备军。第二十八师、第七十七师及第十二师之三四旅，为吉、泰、万、赣四县守备军。依上部署，分路围剿，务期先将匪军主力击破，捣其匪巢，然后逐渐清剿，再图根本肃清。

三、各战役经过：

莲塘之役。赤匪自我军进占兴国捣其匪巢后，惊慌万分，即由赣边境，昼夜兼行，窜回赣南，疾趋泰和之沙村，意图北犯，分扰固陂、富田，进占泰和吉安之线，以牵制我军。不料我十八军，早已进驻富田、固陂，知不可犯，旋即撤回兴国附近，以伪三、四、八、十二、三十五各军，及独立第四师，共约五万余人，于八月八日，经老营盘、高兴圩窜莲塘，犯我上官云相部之郝梦龄师及四十七师祝旅，适值上官云相部分防六处，相距过远，且以四昼夜前进四百五十里，深入匪区，突破该匪进犯，致陷重围，虽经各官兵奋勇冲击，毙匪甚多，卒以调援不及，众寡悬殊，不得已退驻沙溪。魏副师长、刘参谋长及张、谭各旅长，力战阵亡损失甚重。

黄陂之役。匪陷莲塘后，即续向龙冈第五师进扰。但稍接触，匪即受创，深夜退去，转犯我黄陂毛炳文师，斯时该师正奉令清剿宁都以北中村、石马、南林、君埠一带残匪，各部相距八九十里至四五十里不等。及闻莲塘失利，龙冈亦被匪扰，伪三、四、五、七、八、十、十二各军有东犯黄陂之势，即飞令各部集结，准备迎击。但集结未完，匪忽于十四晨，经南林、小布向我黄陂进犯，激战竟日，反复肉搏，双方死伤枕藉，陈肇璜团损失尤甚。十一日午，彭匪大部，复由蜈蚣段，向我抄袭。当派杨团增援，忽被李明瑞股绕钓聋洋衣侧击，时值暴雨如注，工事冲毁，黄陂小港不能交通，致我阵地划成两部。至午后五时，卒被该匪突破，遂于巨万匪军重叠包围之中，猛烈冲击，突围而出。团长陈肇璜、杨茂材因伤被俘，营长萧中立等十二员，奋勇阵亡，受损甚大。至九月初，始为我赵观涛、卫立煌两师击退，毙匪无数，匪乃星夜西窜。

高兴墟之役。九月三日沈师占领崇贤附近之侃石丈，韩师进驻南龙附近之枫边，沿途顽抗之匪军，均被我所击溃，获匪伤兵二百余名，匪乃惊慌，窜匿于兴国以西之均村。于后侦知粤变紧急，我十九路军将由兴国退赣州，蒋鼎文师将由老营盘退富田，遂迅以伪一军团之第三军黄公略股，疾趋老营盘，截击蒋师，另以一部往兴国牵制韩师，并集合朱、毛、彭、罗、林等股主力，及伪军官队学员等六万余众，于是月七日，窜犯兴国西北之高兴圩，当经过十九路军迎头痛击，激战两昼夜，肉搏数十次，将该匪击溃，伏尸遍野，伤毙匪七八千人，缴枪五六千枝，残匪狼狈鼠窜。是役也，实为剿匪以来最胜利最激烈之血战，我军均能如是力剿，赤匪虽悍，亦不难彻底肃清矣。

方石岭之役。九月十五日，韩德勤师由兴国经崇贤，向富田北返，行抵方石岭，突遭伏匪截击，激战甚烈，反复肉搏，卒以匪众我寡，伤亡极夥，阵亡旅团长三员，营长六员，损失甚巨。此虽猝然遇伏，应战困难之所致。然亦该师于匪区行军，搜索警戒俱欠精密之结果也。

此次围剿，虽有郝、毛、韩、祝各部之牺牲，而兴国、宁都、广昌各匪巢，均被我军所占领，既予匪以极大打击，复将匪军精锐歼灭过半，最悍匪首黄公略，亦遭我击毙。赤匪经此大创，决无挣扎可能，稍经时日，当可为我完全荡平矣。惟因粤变突起，致此三次围剿半途中止，大憝未歼，殊为可惜。然由此围剿之后，匪势即行大杀，闽西北与赣东西各区，亦差告敉平，又未始非显著之效也。〔表略〕

〔国民政府军事机关档案〕

2. 国民党军第五十三师李韬珩部配备东固移防赣东情形的报告①

（1931年8月17日）

江西东固（即今平赤县）之役　二十年八月十七日

甲、匪情：赤匪朱、毛、彭、黄所部三个军团，及其杂牌军师匪队，号称十余万人，盘踞赣南。该匪之苏维埃伪中央政府，设立吉安以南之东固（即今平赤县）其主力部队麕集东固以南约二十五里

① 此件摘选自国民党《陆军第十六军第五十三师剿匪纪实》。

之枫边，所有赣南之南丰、石城、广昌、宁都、兴国、瑞金、会昌等县，悉被匪化，即抚州、吉安一带，均已动摇。其势焰蔓延闽、浙、湘、粤、皖、豫等省，扰害殊甚，此固举国皆知，人人痛恨者也。

乙、友军：中央政府简派大军入赣，实施围剿计划。我进剿军一路，沿抚河上游经临川、南城之线，向南丰方面进剿，一路沿赣江上游经新淦、吉安之线向兴国方面进剿。

丙、任务：本军第五十三师于七月初，由河南开抵南昌，即奉令由南昌经吉安向富田、东固(即平赤县)挺进，捣其巢穴而会剿之。

丁、部署：本军第五十三师原有步兵两旅六团，连同师直属部队，统计兵力不过七团，当在南昌开拔之先，又奉令派步兵两团开赴安庆剿匪，其余担任进剿东固匪巢。其部署如左：本师先派步兵一团，沿赣江东岸南下，搜剿沿河散匪，维护新淦至吉安一带水上交通，其余各部队一律轻装跟开吉安，准备向东固匪巢进剿，以期一鼓而荡平之。

戊、经过：本军第五十三师到达吉水，其东南之水南附近有枪匪千余，当即派队往剿。该匪行动飘忽，略有接触，即向宁都方向退窜。水南既定，即回吉水，继开吉安，准备经富田向东固挺进。是时，吉安以南地区匪化甚深，地方至为糜烂，该匪复行坚壁清野，封锁消息，我军前进甚感不便。因此，筹备米粮食盐，官兵自行携带，轻装远探，节节推进，经直夏、新安进驻富田，向东固挺进。至该处一带地方，被匪蹂躏，其荒凉焚杀之惨状，难以形容。本师到此，一面设法招抚当地匪民，并星夜构筑天马山、木虎山堡垒而守备之，再向东固挺进。至八月十七日本部采用交番跃进之法，先派步兵一团占领富田东固间之九寸岭，其余部队交番跃进。是日下午三时，到达东固，即以步兵三团布置东固周围高山，分别扼守，师部率步兵一团及直属部队进驻东固本村，并构筑土城一座，每日派队四出游击。又令我直属部队，修筑东固至富田道路，维护后方交通。驻守兼旬，其麕集枫边之大股匪，亦不敢进犯。旋奉层峰电令，以东固匪巢人民匪化已深，无法挽救，着以东固为中心点，纵横二十五里一律平毁净尽，格杀无余。本师遵即妥为计划，切实奉行。然而东固附近早经赤匪焚毁殆尽，个中情形，已极人世之惨，非因剿办而罹此浩劫也。本师平毁匪巢之任务既已完成。奉令开出富田，策应进剿兴国之匪。至冬月间，奉令开赴赣西安福，从事清剿矣。其进剿东固兵力、配备如附图第一〔图略〕。二十一年二月间，本师奉令由赣西安福移防赣东余江、余干、万年、贵溪、弋阳等县，以第一五九旅分驻贵溪、弋阳，第一五七旅分驻余干、万年，师部率直属部队驻余江指挥。

〔国民政府军事机关档案〕

3. 欧阳苹报告红军攻克会昌情形及请派兵"进剿"呈文

（1931年12月）

呈为呈报县城失陷，匪势披猖，恳请发兵进剿，并发枪弹，以规恢复而杜蔓延事：窃会民不幸，横罹浩劫，十月二十五日，赤匪朱、彭、黄、李各残部，约万余人，由西岗、洛口、鹅庄埠、珠墟、高排六区入寇，四面包围县城，昼则枪声闲作，夜辄猛攻达旦。职会督队拒守，敌不得逞，旋经放兵出城冲锋四五次，毙匪甚夥，匪稍却，未几复合，日夕锣鼓喧天，在西角楼外一里许，掘地深至一丈五尺有奇，穿开隧道，直达西角楼，以木棺载硝药窟穴其下，十一月七日拂晓，轰然一声，炮台城墙炸坍三四丈，该匪乘隙拥入，幸职队极力抵塞，毙敌数百，击杀伪指挥彭振于城上，城不失守。至二十三日夜半，西角楼、高山脑、南薰门三处隧道，同时暴发，炸坍城垣，宽者五六丈，狭者二三丈，该匪蜂拥由缺口登阵，职队出死力抗拒，讫不得入。迨二十六日黄昏，弹罄援绝，火油燃尽，危在倾刻。苹以为与其骈首就屠，不如突围脱险，再图收复。于是通令各部队冲锋出走，随身仅带得健儿百数，凫水溯绵江纡道而去。斯时机枪火力太猛，前锋虽锐，而后劲不继，翌晨城陷，县长、法官、公法团职员暨莘之家属二十余口，捕杀殆尽。除总指挥欧阳淋阵亡，第二大队长池玉琳自戕外，所有第五大队长张宽、第二、四、五、六、七大队分队长池闰琴、王学良、李飞、张友华、何祖林、林有祥、曾广胜、康竹徽、四甲民团分队长曾虎山、民团总欧阳畲、池上枢、李绍云、委员李会英、代表刘傅经、会计科员欧阳升俱被逮捕，临刑莫不神色自若，高呼国民党万岁，可谓惨且烈矣。且该匪绑票甚及老弱，在城达四五千人之多，而四乡难民逃往平蕉、兴梅、武抗等县者，奚翅巨万，襁负扶携，状至狼狈，赤匪为祸至于此极。本月五日，莘奔头式平之溪头市，收集所部，编成第一第二两大队，又驻防谢坊村、上下坝，郭文清所领二分队，死守土围，历七十余日之久，毙匪两三百名。亦以弹尽援绝，寅夜出奔溪头，编为第三大队，每队一百六十名，陆续与职队及钟支队长文才部会合，所需米食菜钱及毛毯等项，俱承钟支队长免筹供给，加入前经呈报会安武临时联合剿匪委员会，协同防堵。惟是职队出亡以来，弹药已空，枪枝又损失不少，非亟设法补充，决无以扫寇氛而夷大难。况匪祸蔓延，大有闯入粤、闽边之势，失此不图，则裹胁日多，流毒宁有涯涘。莘县亡家破，仅以身免。为主义计，为职责计，只得将县城失陷匪焰披猖情形泣呈钧座，伏恳俯念灾黎不弃在远，迅发大兵入赣兜剿，藉除滋蔓，而解倒悬。并恳补充武器，接济军需，俾我会民破釜沉舟，克日反攻，得以复我邦家，忠我党国，如天之幸，无任啣结。原用钤记已失，今启用钤记，合并声明。谨呈

南京国民政府

江西会昌县党务整理委员会常委兼维持会主席

欧阳莘印

〔行政院档案〕

4. 杨家泽等报告瑞金地方反共武装被红军摧毁情形呈

(1932年1月7日)

呈为报告请愿事：

（一）属县江西瑞金，自民国十六年以来，惨遭赤祸，为时五载，赤化全县。空防无政，亦经两年。焚烧房屋六千余栋，杀人一万五千余，白骨载途，庐舍为墟，田地荒芜，哀鸿遍野。

（二）十九年九月间，经钟子衡、杨家泽等组织民众自卫团，一致反共，与匪激战三十余次，缴获匪枪三百余枝，恢复全县秩序，维持六月。不意，本年三月间，复被股匪邓毅刚、罗炳辉部攻陷，县城迭经呼吁，未蒙派兵援助进剿，卒因民团众寡悬殊，弹尽援绝，使我热烈反共之三十万民众，重被匪陷。

（三）瑞金各区民团统有枪五百余支，自县城失陷，退守西南两区，联络会昌民团，困守边隅待援。迨至本年九月间，败自兴国各股残匪，窜集瑞金，化整为零，分据各乡，逼民为匪，更乘机窜据闽边，赤化兴、雩、瑞、会、寻、安六县。

（四）瑞金东西南北各区民团，被匪围困深山，缴械三百余支，残杀难民团兵二千余人，民众自卫前总团总钟子冲、民团指挥杨集英、钟子先，东区团总钟腾炜，均因剿匪先后阵亡。

（五）瑞金靖卫队所剩枪支，一百五十余支，转战年余，因守粤、赣边境寻邬吉潭一带，弹尽饷绝，接济无从，狼狈万状。

（六）反共难民逃达闽、粤、赣边境各县，约一万余人，无衣无食，饥寒交困，颠沛流离，势成饿殍。

（七）统计朱、毛、彭、黄各匪势力，不过二万余人，重要匪共机关，均已集中瑞金，伪中央苏维埃政府，驻在距城十五里之洋溪村，伪省苏维埃政府，驻在距城十五里之叶坪村，各驻匪地均于屋侧树林中挖掘地孔，以防我空军轰炸。

（八）各反共民众家小，未及逃出者，均被匪共封闭房屋，驱逐出境，或被各伪乡政府幽禁，威逼自由，妇人自尽者达数百人，被认为反动派秘密残杀者，不计其数，种种惨状，罄竹难书。

（九）综上各情，瑞金匪灾实为全省冠，江西省赈务会前所发给赈款，民众未沾一粟之赐。十九年春间，十二师荐任县长鲍育章领去赈款八百元，十九年冬间彭为贤县长到任，不满十天，领去赈款八百元，均未发给民间，赈救灾黎。恳请迅予追集鲍、彭两县长任内赈款，并恳添拨大宗急赈，以济流离灾民。

（十）避居闽、粤边境各县无家可归之流离灾民，泣恳迅予电令闽、粤军政当局，护送回省安辑，以免饿殍载途，死亡沟壑。

（十一）困守粤、赣边境之瑞金、会昌靖卫队一千余名，俱系民众自卫武力，现已弹尽援绝，被匪进逼，接济无从，进退维谷，泣恳迅予电令闽、粤军政当局，准予接济饷弹，以资守御，俾便协助国军进剿匪共。

（十二）万恶共匪，牺牲兴国数十万群众后，复乘我国难当前，窜据会昌、寻邬、福建长汀、上杭各县，散布匪种，勒抽壮丁，充当匪兵，蔓延所及，均陷水火。恳请迅予分令进剿，以免匪势蔓延。家泽等深受民众依畀重托，过去组织民众进剿赤匪，恢复秩序，维持半载。罗掘供应，购枪弹款项达二十余万元。不意重遭匪陷，家破庐墟，流离广东蕉岭，为时两月。俯念灾黎，不禁痛哭流涕。为此不避风波，途经数千里，奔叩钧府，泣恳迅予派兵进剿，并恳设法安辑流亡，拨给大宗急赈，以救灾黎，实为德便。谨呈

中央国民政府主席林

江西瑞金民众自卫团总团总　杨家泽

中国国民党江西瑞金县执行委员
瑞金县教育局局长　杨衍经

中华民国二十一年一月七日

〔行政院档案〕

5. 国民党军第三十四旅马崑等报告红军围攻赣州情形电

（1932年2月24日）

南京、洛阳国府各院部会各省府各总指挥各军师旅长钧鉴：各报馆、赣南旅省同乡会钧鉴：赤匪三军团等七军、二十二军等各股匪，自支日起围攻赣城，东西南三门先后爆破，兼旬以来，匪众迭次登城，均被击退，乃漾晨八时，东门城垣又被爆破，匪以炮火机枪乘势掩护，悉其精锐向我猛攻，同时西南两门亦鏖战甚烈。崑等分头督杀，初以机枪佯示威，而匪众蜂拥扒城，我乃施行快放者，匪亦前仆后继，来势愈凶，我方弹药用罄，继以肉搏。呐喊之声，震动天地，匪尸骸垒集，并有授首城垣而坠尸城外。而我方伤亡亦重，战斗之烈，为近日来所未。存亡之机，间不容发。深幸官兵用命奋死肉搏，卒将该匪杀退。据匪呼称，倘再三日不能攻进赣州，当永佩汝州四旅为铁军等语。其气馁已可概见。务乞迅催援军星夜迈进，即不难夹击而聚歼之也。旅长马崑、副旅长寸性奇、团长尹隆举、杨映智。敬辰。印。

中华民国二十一年二月十九日

〔行政院档案〕

6. 江西贵溪县县长龙赞等报告国民党军第六师两团兵力被红十军歼灭代电

（1932年4月7日）

洛阳国民政府主席林钧鉴：顷准戈阳县张县长抡元通报略开：国军第六师三四、三五两团，由信河北岸开动行抵上徐村，适遇方、邵股匪，激战四小时，我军不支，被匪缴去快枪四五百支，机枪七架，一、二营长均被掳去。等因，准此。读之不寒而栗。查方、邵股匪，蔓延赣东北数十县，为祸之惨，亘古未闻。虽经派军清剿，迄无成绩。此次遽增偌大实力，更何以堪。环请钧座轸念群黎恹恹欲毙。对于抗日剿赤，同时兼顾，迅予抽调劲旅，限期肃清。盖剿赤即所以救民，救民即所以救国。况剿此地之匪，直接等于抗日。否则赣东北之民，必无噍类，即运兵抗日，亦无路可通。涕泣陈情，毋任迫切待命之至。贵溪县县长龙赞、保卫副总团长孔时、警察中队长王典、党务整委会常委曾纪煌、代第一区区长张桂林、教育局长邹宗智、财政经理处长徐慕陵、第一小学校长熊其光、女子小学校长王江金、县商会主席胡秉文、县工会理事员姜辅文同叩。阳。印。

中华民国廿一年四月　日

〔行政院档案〕

(五)对中央革命根据地的第四次“围剿”

1. 国民党军第一军余汉谋部与中央苏区红军在大庾等地作战详报

(1932年6—8月)

战斗前彼我之形势

朱、毛、彭、李等赤匪，乘我李、叶两师进剿横石井、社溪等处股匪之际，倾其全力合犯庾雄，企图转窥粤北、湘东。

六月二十八日匪情

六月二十七日，崇义到有由营前窜来彭匪约五千，二十八日已分三千人到长龙墟，其余窜稳下，有压迫铅厂模样。又在王母渡渡河之匪千余人，向王龙庙、王富、南康前进，均有夹击南康企图。

六月二十九日匪情

朱、毛匪部由闽窜赣，已到安远约万余人，其一部已窜至信丰南之极富墟附近，有窜扰南雄之模样。又赣江东岸赤匪，分路渡河，一由小坌渡河之匪千余，一由下游大屋、下游镇、良富、大湖江分路强渡，东西往来船只如梭，人数未详。

基上匪情决定剿击方略如次：乘各股赤匪尚未会合以前，先行剿灭其一部后，集结兵力歼匪全部，于康庾雄信地区。部署：檄第一师全部、附第二师第五团、军属第二教导团疾趋南康兜击，第二师（欠一团）守赣城，相机出击，第四师全部控置信丰，牵制朱匪，并相机出击，第二独立旅全部扼守南雄，相机抄击。同时电请何总司令亟檄陈诚军，分兵出犹、赣协击。

六月二十八日午后四时，电给李、叶两师命令如左：

特急。李师长、叶师长、黄副师长并转王团长、彭团长钧鉴：密。一、据确报，东岸赤匪分路渡河，一由小坌渡河之匪千余，感西进占王母渡。一由下游大屋、下游镇、良富、大湖江分路强渡，东西往来船只如梭，人数未详。感日崇义城到有匪约两千，有窜扰扬眉寺模样。二、本军有先稳固赣州、信丰、大庾诸据点，再决进击朱、毛、彭各股匪之目的。部署如左。三、叶师长率邓、叶两团接防赣州，应努力巩固城防，储备足支一月粮食。黄副师长率宋、李两团，应即集结于塘江，对十八塘方面，仅施以最轻装富机动之游击，掩护粮道。王、彭两团，着即克日由塘江渡河，开扬眉寺，并储十日粮食，对上犹、王沙伯、崇义方面匪情，须特加侦察。四、赵濂、李振两团，合力由赣出沙石埠经潭口到南康，掩护第一师辎重行李，由河道通过。到达南康后，赵团驻大庾，李团暂驻南康，候陈克华团开出赣州到南康，再归还建制。并对当面匪情特加注意为要。军长余。俭申。

同日午后六时，电给李、赵两团命令如左：

限即到。李赵团长鉴：密。据报王母渡之匪千余人，向王富及龙迴前进，扬眉寺及赤土亦发现彭匪，有急占南康模样。希李赵两团长，星夜率队即行进出南康，限艳日到达，务使南康北廓桥梁免匪占据。到达后，相机肃清渡河之匪。一师辎重，俟该匪肃清后，再行通过。军长余。俭酉。

同日午后八时，电给李、叶两师命令如左：

急。即到不得停。李师长并转叶师长黄副师长均鉴：密。一、据报感日彭匪五千窜到崇义，其三千本俭日到长龙墟。二、俭酉电令李振、赵濂两团星夜开南康．彭、王两团开扬眉寺。现观察匪情，似志在夹击南康。三、兹着李师长率李、赵、陈三团，仍照俭酉电星夜开南康，会合后，观察匪情，再定进剿计划。四、黄副师长率李、宋两团，在塘江相机撤回赣城。五、各部动作盼即电复。军长余。俭戌。

二十九日下午二时匪情

迭据确报，彭匪部五千人，由扬眉寺窜横江墟，随窜新城，有与龙迴股匪会合，急犯大庾模样。

二十九日午后四时，电给各部命令如左：

不准片刻停留。信丰张师长鉴：一、据确报彭匪部约五千，本日由扬眉寺窜到新城。二、我李、陈、赵三团，本日未刻已由赣开到南康，李师长率王、彭、李三团，明全日由塘江开南康，即进击新城，陈章旅两团在南雄。三、该师在九渡水、正平，罗、蒋两团，即着集结于信丰附近，准备一切，为要。军长余。艳申。

急。即到不得停。信丰张师长鉴：密。该师全部，限本艳晚星夜集中信丰城完毕，准备迎击新城彭匪，防匪星夜急袭信丰，为要。军长余。艳申二。

特急。急到。李师长、叶师长均鉴：密。一、据确报，彭匪部约五千，本日已由扬眉寺经横江墟窜到新城。二、赵、李、陈三团，本未刻均已到达南康，陈章旅两团在南雄。三、已令张师巫、孔两团守信丰，将正平九渡水蒋、罗两团集结于信丰附近，准备迎击。四、李师长于全日即率王道、彭林生、李崇纲三团，赶开南康会合，即将新城彭匪进击而歼灭之。五、宋团着即撤回赣州，归还建制。军长余。艳申。

急。南康赵团长并转李、陈两团长钧鉴：密。一、新城已发现彭匪部约五千。二、陈章旅两团在南雄，已令张师巫、孔两团守信丰城，并将正平九渡水蒋、罗两团，集结于信丰附近，准备迎击彭匪。三、李师长明全日即率王、彭、李三团，由塘江赶开南康会合，即进击新城彭匪而歼之。四、该团长等应努力侦察匪情，在李师长未到南康以前，即归赵团长指挥。军长余。艳申。

六月三十日匪情

一、林彪匪部五六千，本日已到达李村、排村、下贤、女埠，有进剿南康之势，彭匪全部似已在扬眉寺附近，极富、罗塘亦已发现匪踪。

二、赤匪先头部队二十九日下午已抵界址，并无停留，即向乌迳而去。其后续部队，由小河属之石人岭下出坑向界址跟进，迄三十日晨，尚络绎不绝。该匪枪械齐备，惟子弹则不堪充足，步炮、机枪、马匹颇多。

三、南雄属之平田、南亩、邓坊、乌迳等处，已被匪侵入，乌迳之警卫队，已于昨夜二时退回黄坑。

六月三十日，电给各部命令如左：

特急。不得片刻停留。李师长鉴：密。一、据确报，赤匪先头部队，艳日下午已抵界址墟，并无停留，即向乌迳而去，迄今三十晨，尚络绎不绝。该匪枪械齐全，步炮、机枪、马匹颇多，人数确实不少，惟子弹不甚充足。察匪企图有围困我信丰、大庾、南康、赣州各点，觑我弱点，施以各个击破之模样。二、我军以保有机动力，得以策应赣、信两点之目的，应以主力部队集中大庾附近，相机出击。三、该师附李、赵两团，着以迅速动作，扫除贤女埠股匪，明东日，由南康开到青黄龙集结待命。又三日内，陈诚部队可到赣州附近策应，并闻。军长余。全亥。

急。张师长、叶师长鉴：密。一、…………二、我李师附李、赵两团，在南康拟先歼灭扬眉寺附近彭匪，会合陈旅策应信丰。三、已由敬之抽调一师，于两三日内到赣，暂替城防半月，即抽出叶师，共数十团与朱、毛大部在信丰附近决战。四、宋团着即由塘江撤回赣州。军长余。全亥。

急。南雄陈旅长鉴：密。一、………………二、……………三、……………该旅即派梁团，东日开大庾候命，旅部及社团俟邱团冬日到达南雄接防，再开大庾。军长余。全戌。

池江青黄龙之役

七月一日第一师附军属第二教导团，第二师第五团，由南康开拔攻击前进，其出发命令如左：

命令　七月一日午前二时于南康城师司令部

一、据报，朱德股匪大部渡过王母渡西岸，现散聚于信丰附近，并与彭匪联络，似有进犯大庾、南雄之模样。林彪股匪数百人于昨（三十）日午前十时，窜抵李村、排树下、贤女埠附近一带。

二、本师（附第五团及军属第二教导团）由南康出发，经新城开赴池江、青黄龙一带候命。

三、各部队出发顺序及时间规定如左：

1. 王团午前六时。
2. 李团（第五团）午前六时四十分。
3. 陈团午前七时二十分。
4. 师部及直属队无线电站午前八时。
5. 赵团午前八时三十分。
6. 李振团午前九时。
7. 彭团午前九时四十分。

四、王团、赵团通过贤女埠时，应各派出兵力两连，对黄眉寺及黄尼排方面停止、警戒。王团警戒部队，俟师部通过之后，撤收赵团警戒部队，俟彭团通过后撤收。

五、行进时彭团应任后卫掩护之责。

六、王团、第五团、陈团及师部到达新旧青龙一带宿营。赵团、李振团、彭团统归彭团长指挥，到达新旧池江一带宿营，各部队宿营务须严密警戒，并注意互相联络。

七、各部队行李，跟随各部队行进(但彭团行李应在该团先头行进)。

八、行进时，余在师部先头。

师长　李振球

副师长　莫希德

同日午后二时三十分，第二团先头部队，行抵池江墟，发现彭匪部之伪五军二师五团所属约二百余人，在池江设营。当即将该敌击溃，敌向扬眉寺方面逃窜。当场击毙匪参谋长，并搜获伪命令及电码密本等件。各部队以次到达池江、青、黄龙一带宿营。

七月二日匪情

捡获伪军长邓萍六月二十五日伪命令，证实伪一、五两军团及伪独二、三、五各师，由信丰向南雄西进，约六月二十七、二十八两日，可到乌迳、坪林、新田之线，以彭德怀、林彪两匪部牵制截击我在南康以北之部队。又据确报，朱、毛匪部先头已到南雄东三十里之湖口，自乌迳至九渡水，匪部麕集。

七月二日，电给各部命令如次：

电话转李师长鉴：密。一、朱、毛匪部已到南雄东三十里之湖口、乌迳至九渡水一带，匪部麕集。二、我陈旅现在南雄固守。三、该师附赵、李两团，着于冬日即派出一团，位置于梅关，对南雄方面联络，严密对匪警戒，并扼守梅关孔道，俾将来本军进出容易。其余五团，着以两团控置黄龙，以三团控置黄龙、大庾城之间。军长余。冬子。

急。叶师长、张师长钧鉴：密。一、李师附赵、李两团，东日已到达池江、青黄龙，王道团于池江与匪独五师遭遇，当被我击溃，毙匪参谋长一，并捡获伪军长邓萍五月有日命令，其大意以一、五两军及独二、三、五各师，由信丰向南雄西进，约感俭两日可到乌迳、坪林、新田之线。以彭德怀、林彪两部牵制截击我在南康以北之主力等语。与弟判断适相符合,故陷夜令李师长放弃南康,提师控置于大庾附近,先保我有力之机动,相机出击。二、李师长汉魂率邱、廖、陈三团及军士教导队,支日可集中始兴策应南雄,如匪全力攻雄,当以两团守大庾,以五团向南雄夹击,肃清南雄匪部后,再全力策应信丰。三、已电敬之、辞修,速派队出赣州、上犹,赣城坚固,当可无虑。第二师、第四师须先坚壁清野,匪如攻城,坚守待援,为要。军长余。冬子二。

七月二日午前二时,第一师李师长得军长冬子电令,即下达命令如左:

命令　七月二日午前三时于青龙师司令部

一、彭德怀股匪三师,本一日午后一时,由扬眉寺开到池江墟,先头部队约一团,与我王团略为接触,即向扬眉寺方向逃窜。朱德部主力到达湖口,有进犯南雄之势。

二、本师为集结兵力巩固大庾起见,决向黄龙墟至梅关之间推进。

三、第五团应于明(二)日午前六时,由现在驻地开赴梅关,择要警戒。

四、王团及师部,应于午前六时三十分出发,移驻雷公塘。

五、第一团应于午前七时出发,移驻合江口、双牌一带。

六、陈团应于午前七时出发,移驻鸭子头墟。

七、彭团、赵团归彭团长指挥,应于午前出发,开赴青黄龙驻扎,并派出部队向青龙方面严密警戒。

八、余随师部行进。

附1. 各部队起居动作,应改用哨音,非在战场或行军之际,互有对答时,不可使用号音。2. 每到达驻地后,各团应派出传令兵两名来师部住宿。

师长　李振球

副师长　莫希德

第一师全部附李、赵两团正接受命令完毕准备开动时，而彭匪所部数千来犯池江，李师长之部署如左：

1. 着第五团仍照原令，依时开赴梅关。

2. 驻池江各团，由彭团长指挥，各就警戒线附近，选择阵地与匪决战。

3. 王团控置青龙为预备队，并着派出兵力一营，占领青龙西北端高地，向扬眉寺方向严密警戒。

4. 陈团除派出一营(詹营)接王团右翼担任警戒外，其余即令随师部进出凤凰城北端高地，策应我赵团左翼。

各团战斗经过情形

1. 第一团(李团)战斗经过：二日上午四时，第三营阵地前端小山一带，有匪数百人开枪，向该营步哨线射击，是时枪声尚稀。李团长即令第三营沉著，向该敌严密监视，其余部队即集结待命。同时赵团驻地附近亦发现有匪二三千人，向该团进迫。李团长即派何营长率部前往增援，于时彭团长亦经派陈营长率部来池江墟任警戒及掩护任务，旋该团正面敌约三千余人，向池江墟压迫，其一部已进至墟口数百密达处之田基，及第三营阵地前面之村庄。李团长即商请彭团长，率部由池江墟右翼前进，向该敌截击，期包围而歼灭之。是时，敌我搏战甚烈，彭团已到达池江墟右翼小山，将敌堵截，李团长即令温营长率兵三连，水机关枪一挺及彭团陈营，向该敌冲锋，敌仍顽强抵抗，约一时余，李团长另派钟营长率兵两连，向该敌侧击，敌势不支，即狼狈向扬眉寺方向高山溃窜。第一、三营即跟踪追击，至九时许，始收队回池江墟。是役，毙伤匪在五六百名以上。

2. 第三团(彭团)战斗经过：

一、彭团长派第一营营长陈醴泉率领所部，由小溪城前赴老池江，归李团长指挥，参加作战。彭团长自率第二、三两营斜出刘家，压迫敌侧，敌势不支，纷纷败窜。旋彭团长复率二、三两营，趋抵池江，即参与作战，任正面之阵地，右与第一团之第一营，左与第一团第三营之一连连成一线后，攻击谢家南端正面之敌，战约二小时，将敌击败后，彭团长复率所部(欠第一营)驰赴教导第二团之阵地，参加与匪激战，比该团任后卫，复将追蹑之匪击溃。

3. 军属第二教导团(赵团)战斗经过：

该团之开进

一、该团于六月二十九日晨二时，会同李、陈两团，由赣州开拔，经潭口墟向南康前进。是日午后三时许，完全到达南康宿营，并担任南康城西南一带之警戒，其左右两方与李(振)团及陈(克华)团确取联络。六月三十日，李师长亲率王、彭、李三团，由塘江赶开南康，同日下午二时许，完全到达南康城附近一带宿营，并准备于明(一)日早进击新城一带股匪。七月一日午前六时，该团接李师长(振球)命令，其要旨如左：

一、敌情如贵官所知。

二、本军第一师(附赵团及第五团)奉军长电谕，由南康经新城开赴池江青龙一带候命。该团即遵照李师长行军命令要旨，转下所属部队命令如下：

命令　七月一日午前七时于南康城内团本部

一、(一二两项同前)。

二、本团所属各部队应于本(一)日午前七时三十分，到南康西门外西华山庙附近空地集合完毕，待命出发。

三、行军序列，按第二营、第一营(欠一连)、团本部、通迅排、机关枪连、步兵炮连、卫生队、大行李(第一连)第三营之次序行进。

四、第三营通过贤女埠时，应派出第七连位置于该墟以北一带高地停止，对扬眉寺、黄尼排方向施行严密警戒，俟彭团通过后撤收，归彭团指挥跟进。

五、本团及第一团彭团统归彭团长指挥，到达新老池江一带宿营，各部队宿营务须严密警戒，并应注意互相联络。

六、行进时余在团部先头。

注意：各部队应派出官兵，归团设营官指挥，在第二营先头行进，前往老池江设营。

本日下午三时完全到达老池江，该团长同时迭接土人报告，共匪数百时出没于该墟西北端数里之森林村庄间，该团长遂集合全团再行前往凤凰山下墟一带宿营，其宿营分配及警戒如左：

A 第一营（欠二、三两连）在凤凰城宿营。

B 第二营在沙坳附近（即在大路坳路店），并由第六连派出排哨一，位置于沙坳向萧家坛口、背山升、降岑谢一带施行严密警戒，第五连派出排哨一，位置于大路坳以东附近）向杨家、土藤王、韩家方向施行严密警戒，第四连就原地派出警戒部队，位置于该坳来往路口严密警戒。

C 第三营位置于高屋，就原驻地警戒。

D 团部及直属连队（第二连）驻下墟徐附近一带。

同日下午七时下达紧急命令如左：

命令　七月一日下午七时于下墟徐团本部

一、本团驻地密迩匪区，各部队应各在原驻地严密警戒，如共匪进犯，应就原驻地抵抗。

二、各部队一律于明（二）日上午五时以前食饭完毕，即到第二营驻地，通南康大路坳附近集合待命。

三、余在下墟徐团部。〔完〕

团长　赵　濂

七月二日上午三时许，该团驻地东北角遥闻枪声，时起时息，似与我第一团步哨前线接触模样。

是日上午四时三十分，该团第二营六连排哨，在沙坳附近已与敌人尖兵接触，我第六连长即率领所部占领沙坳阵地，极力向该匪抵抗后，赤匪前卫用密集队形向该团阵地猛冲。是时，各部队均于是日早依时到达该地(即大路坳)集合,匪虽猛袭,但我兵力齐集迅速,匪终不得逞。该团闻枪声,即亲率传达数名,先往第二营部附近高地观察情况,同时命吴团附军凯指挥团直属部队及大行李继续向第二营驻地附近集合待命,同时敌又从该团左侧包来,该团七、八两连即于是时向第二营六连左翼增加,向敌猛冲,阵地因之稳固。该团第一营在凤凰城闻第二营步哨发现枪声甚密,遂率领队伍占领第二营左翼高山,施行侧射,并行掩护第七、八两连进入左侧高地之突出部,此时敌死伤甚多,不敢再进。该团攻击部署,决心以迅速之手段,从左翼以主力抄击敌侧背,期一股而歼灭之,即下达命令如下:

命令　七月二日上午五时卅分于大路坳高地

一、第二营(欠第五连)应固守原有阵地向当面之敌极力抵抗,俟主力向左翼进击后,即行攻击前进。

二、第三营(欠第九连及机枪排)仍位置于第二营左翼,固守原有阵地,归第一营伍营长暂行指挥。

三、第一营(欠第二、三连)应即撤回为预备队,位置于第七连后高地,俟第一团第二营(何营)由我左翼进出施行包围敌人后,即将预备队接替第七连火线,同时第七连即为预备队,准备冲锋前进。

四、第三营机枪排及机枪连高射机枪,位置于第二营右翼侧射第二营正面森林内一带敌人。

五、步兵炮连应将各炮在第二营散兵后头高地放列,向正前方六百米突处一带高地树林内之敌轰击,集中火力阻止敌人前进增援。

六、机关枪连(欠高射机关枪排)位置于第二营左翼,相机扫射当面之敌。

七、第二营五连位置于大路坳东南端约二百米突高地森林内,担任东南角及后方连络线之警戒。

八、第三营第九连为预备队，位置于大路坳右侧一百米山腹间(即步炮连阵地后)。

九、卫生队位置于大路坳路店，并在该店开设伤兵收容所及绷带所。

十、大行李在大路坳路店后，停止待命(弹药补充位置同)。

十一、余在追击炮连阵地后。

右十一项。〔完〕

团长　赵　濂

战斗之经过：该团部署既妥，各官兵沉着应战，赤匪虽以主力用密集队形向该团阵地猛冲，均为我机枪火力扫射死伤枕藉。剧战至午前九时，赤匪死伤过多，阵线似有动摇模样。该团长即派吴团附命第一团第二营(何营)，从第一营左翼山麓向敌人包抄，同时前线各部队用猛烈火力向敌压迫，赤匪经此一击，阵线因之动摇。该团长即传令准备冲锋，准备既毕，即饬号兵吹奏全团冲锋号音，即行前进冲锋，一冲而攻破敌线。决战及追及时之状况：共匪既败退，该团长即命各部占领沙坳西北一带高地，猛烈向溃退之赤匪施行射击。事后共匪大部仍向坛口、背山一带增加，并收容败退之匪，其后尾部队尚有陆续增加，有顽抗模样。该团即停止追击，一面固守阵地，严密抵抗。同日下午二时许，该团奉李师长命令要旨如左：

一、仰该团长迅即设法与右翼彭团联络，俟联络确实后，即通知一并向左翼陈团方面移动。

二、俟左右翼联络后，设法与匪避战，沿攻击方向青龙集中，勿延误为要。〔完〕

是日下午二时许，彭(霖生)、李(振)两团方面之匪，经已完全解决，彭团长亲率所部到大路坳附近集中，至下午三时李团又率所部(缺第二营)由老池江到大路坳集中，并接该团第五连向石背刘、程家、老池江、狮头山、杨家、韩家各方施行严密警戒。同时该团奉李师长命，将前线阵地交彭团接替向敌抵抗，并应迅速脱离战线集合，沿青龙墟大道开回青龙墟集中待命。该团遵即于下午三时四十分开回青龙集中。

4. 李师教导团(陈团)战斗经过：匪约千余人，向该团左翼迂回，剧战约一小时，匪势不支，遂大败溃。战斗结局，彭匪主力之五七两军精锐尽丧，该师缴匪枪三百余杆。

梅关之役

第二师第五团，于七月二日午后七时，到达梅关，即派第一营扼守梅关山坳，其余屯山麓一带村庄，准备匪来犯关与之决战。同时对小梅岭、仙人岭各方严密警戒。三日，即择要构筑工事。比午后二时，因情况变化，该团奉命撤回庾城，李团长即饬各部行李及机炮连第三营卫生队等先行出发，并令第三营回至约离大庾十余里之地区择要警戒，掩护撤退。适此时朱匪大部即向梅关猛攻，李团长以各部尚未远离警戒部队，不能过早撤收，乃令第一营在梅关山巅之第一、四两连就原地用最猛火力阻敌接近，其余二、三两连在山坳应战，并饬第二营在就原阵地备战。该匪迭次用集团兵力向一四两连阵地冲锋，均被击退，匪死伤枕藉。但此时一、四两连亦无法脱离，激战至午后五时，匪大部已将该团阵地包抄后方及左右翼山麓，并向五、七两连阵地猛冲，李团长乃先令第一营撤退。惟山势峻急降落甚难，而匪众又紧蹑在后，该团遂且战且退，及至山麓又被匪四面包围，猛烈来冲，第三连即向匪最猛烈之部拼力反攻，匪势大挫，全团安全撤回庾城。是役伤毙匪三百余名。

七月三日匪情

一、朱匪大部已移至南雄属邓坊一带，中站、梅关约有匪数千，彭、林匪部万余人，迫近大庾城，占领青黄龙后，沿青龙北方高地逐渐向我左翼压迫。

二、湖口长甫桥之伪第一方面军独立第三师及第三军第七师约二千人，被我陈旅击溃后，向黄坑新田溃窜。

部署：

一、第一师全部、第二师第五团、军直属团队集结大庾城，以庾城为核心，准备迎击。

二、第二师(欠一团)扼守赣城待机出击。

三、陈旅全部附邱团扼守南雄城。

四、第四师全部控置信丰。

五、空军派飞机侦炸。

七月四日匪情

一、朱、季匪大部仍在邓坊、褁东一带，乌迳、黄坑、大塘各处均有匪千余人。

二、匪据南雄东门五里山高地，与我陈章旅对峙。

三、匪别一部五六千，仍徘徊于南雄属乌迳、新田、黄坑、大塘、邓坊、中站、褁东及界址、大坊、南亩等处。

四、彭匪全部、林匪大部合犯庾城。

是日奉总座支巳电令要旨，李师长汉魂率五团兵力七日可到南雄助战，并决令第四师放弃信丰，以全部开南雄会合各部后向中站、大庾合攻。等因。

部署：

一、第一师全部、第二师第五团、军属团队仍集结庾城，第三师(欠一团)仍扼守赣城，准备出击。

二、陈旅全部附邱团仍扼守雄城，准备出击。

三、第四师全部准备开雄。

四、电广韶部队第五师独立第三师兼程开雄。

五、空军多派飞机侦炸各处共匪。

电给各部命令如左：

限三十分到。南雄陈旅长并转邱团长：密。朱、季、彭、林各匪部，迄今晨尚未攻庾，判匪决不打硬仗，似另有企图。邱桂兴团着由南雄赶开始兴归还建制，使机动力增大。戎光旅暂固守南雄，待机出击。军长余。支巳。

万急。信丰张师长、韶关李参谋、即速转李师长汉魂、南雄陈旅长钧鉴：密。一、彭、林仍在大庾北高池与我相峙，朱、季匪本午仍在梅关北鬣集，并已进至我阵地前千米突。今晚当决战。二、陈诚军两师，计程虞可到青龙附近。三、总座支巳电，伯豪率五团虞可到南雄，并决定第四师放弃信丰，以全部经乌迳会合南雄部队，向中站、大庾前进。四、第四师留一团会合民团固守信丰，以三团轻装微日向乌迳前进。鱼日陈旅长率两团到邓坊，与张师会合，归张师长指挥，即向杨梅、沙江堤、大庾前进。李师长汉魂率部回南雄后，以邱团固守雄城，虞日率陈、廖、张师两团军教导队共五团，由中站出小梅关、大庾夹击，沿途务以迅速方法扫除障碍。五、留守雄信部队，应努力固守城防，并希将开动情形随时电报，为要。军长余。支申。

限三十分钟到。南雄陈旅长、邱团长鉴：密。邱团暂勿移动，着暂在雄候命可也。军长余。支未。

大庾城之役

是日综合情报：赤匪朱德、季振同两匪部，于是日午后已由梅关分两路向我大庚东南端攻击前进，午后五时在东山与我教导第二团接触，彭德怀、林彪两匪部，在大庾东北端与我对峙中。

基上情况，于是日午后八时，给庾城各部命令要旨如左：

一、………………

二、本军以待机目的，应坚守大庾城及东山宝珠山阵地，俟各方部队到达攻击地区，即行出击夹歼匪部。

三、各部队之部署如左：

1. 第一师(欠第三团)担任大庾老城东门外村缘之阵线，并保护中山桥要点。

2. 第一师第三团、军属第二教导团担任守御东山亘东山至新城东门外之阵地，自明五日上午九时起，归彭团长指挥。

3. 军属第一教导团(附小加农炮两连，以谢团少校团附指挥),担任守御宝珠山亘河北岸老城西南角之阵线，夜间须注意河南岸匪部强渡攻河北岸。

4. 军属特务营、工兵营(附颜连)第二师特务营两连，担任大庾之新城防务,概归新城城防指挥官卜汉池指挥。

5. 炮兵两连,即在东山及老城两阵地放列，以能集中火力射击锡母岭、宝珠山之线为宜。

6. 第五团为总预备队,位置于新城东端，准备策应东山阵地。

四、军医处在新城东门及老城西门开设伤兵收容所。

五、予在吉安会馆军部。

战 斗

赤匪彭德怀全部约一万人,攻老城北门及宝珠山,林彪部约四五千人,自七月四日起攻新城东南西门及东山,亘六昼夜，经我军沉着应战,匪死伤枕藉,卒不得逞,以东山、宝珠山两点之战斗为最剧烈。

七月五日匪情

一、朱、季约万人,鹰集里东附近一带地区。

二、信丰属大小窝及犀牛牛颈等处，发现伪独六师约千六七百人,企图牵制信丰,以便朱、彭匪部攻雄庾。

三、信丰属黄泥排,驻有伪江西区总指挥部,伪总指挥陈毅指挥江西八个独立师及赤卫队。

四、朱、季匪别一部约万余人,犯雄城败退。

部署变更计划

一、以第四师全部,六日由信丰开乌迳,七日开南雄，会合第五师、独立第三师,于八日经里东、中站、邓坊向大庾夹击朱、毛匪部。

二、以第一师全部、第二师第五团、军直属团队,仍集结大庾,第三师(欠一团)仍扼守赣城准备出击。

电给各部命令如次：

特急。张师长、李师长伯豪均鉴：密。一、据报朱、季匪约万人，现麕集里东、中站一带，匪一部在邓坊。又彭、林匪部在大庾东北地区，朱、季匪一部在大庾东南地区。察匪企图，有以彭、林两匪部监视大庾，以朱、季两匪主力埋伏于里东、中站觑我弱点，截击我由雄出庾部队后，再图攻庾之形势。二、陈诚部两师，约齐日后方能到达扬眉寺附近。三、我军应集中全力先行扑灭里东、中站、邓坊一带朱、季两匪主力，再歼大庾东北地区彭、林两匪部。四、第四师着将信丰城交民团防守后，全部于鱼日开到乌迳，阳日开到南雄集中，齐日会合第五师、独三师，由南雄出里东、中站、邓坊向大庾夹击朱、季匪部。五、第五师、独三师，鱼日到雄，阳日由雄派兵三团，出湖口、黄坑间接第四师。六、储信丰弹药官兵各携带三百发，笨重行李及储粮交民团看守，并酌发子弹与民团守城。军长余。微申。

七月六日至九日匪情

一、朱、季匪大部，八日起由里东、邓坊经新田向水口墟扑攻我第四师。

二　彭匪大股似有转中站一带之模样。

部署

一、以第一师全部、第二师大部、军直属团队，仍集结庾城准备出击。

二、李、张两师及陈旅集结雄城，九日午前，以六团兵力出援水口张枚新师。

三、我中央周、李两师先头部队，到达青龙附近。

四、电空军多派飞机炸雄庾间赤匪。

电给各部命令如左：

特急。限三十分钟到。张师长、陈旅长均鉴：密。枚新师鱼到乌迳，应严密布防，阳日应努力取敏捷手段，向南雄急进。戎光旅及廖、邱两团，阳日午后，应以两团守城，以两团由城东出击，向东前进十里地区内接应张师，并另电伯豪兄阳日集结陈、骆，吴、张四团及教导队，亦向南雄急进，夹击季匪部。军长余。鱼子。

限急到。张师长鉴：密。鱼晨四时二十分电，只收一半，第二项以下未收到。戎光鱼辰电称：本辰雄城东北面匪未逼城，惟河南岸高地一带，与邱团在对峙中。判朱、毛、彭、季、林等大部均在南雄附近。据俘虏供称，匪以十三军警戒我信丰。又雄始电报、电话已被遮断等语。匪已拟围雄城，并有压迫古录形势。兄师本晚到九渡水山下、迳口附近，明晨在迳口会合后，沿途以避战目的，预防匪腰击，应避开邓坊，取道南雄河南岸水口墟、江头墟、白石坑先夹歼河南街附近股匪，古录方面，如受匪压迫，则相机夹击之。古录方面如无匪情，则控置于河南街，候伯豪预达部队集中后，再计划夹击，兵力务要集结，毋忽视，并应切实与伯豪预达联络。又戎光部，固守雄城，阳日不出雄东接应兄师。军长余。鱼午。

限即到。韶州李参谋长立转伯豪、预达两兄、南雄陈旅长钧鉴：密。戎光鱼辰电悉。一、雄始电报、电话已断，判断朱、季、彭、林匪大部袭攻雄城，如一面攻城，一面压迫我古录部队，戎光及廖、邱两团应固守雄城，古录部队应撤回马子坳候预兄部，吴、张两团集中马子坳，再约同枚新师夹歼南雄附近之匪。二、枚新师本晚到九渡水迳口附近，已令其阳日沿途以避战目的，取道河南岸水口墟、江头墟、白石坑，先夹歼河南岸附近股匪，并相机出古录援应伯、预兄部，如古菉无匪情，别集结于河南街，候集中后再进出。三、戎光部队，阳日不必出南雄东接应枚新师。四、各部务要集结，万勿疏虞。余汉谋。鱼巳。

限即到。叶师长鉴：密。一、朱、毛、季、彭、林匪全部，向梅关以南集中南雄城河南高地及城北，阳日子丑卯均有接触。二、伯豪、预达部五团，本辰可抵雄，夹击南门匪，枚新师鱼晚抵九渡水，本日经迳口、水口墟、江头墟，庚日可与雄城部队会合。三、大庾部队，拟佳日以六团兵力，向南雄挺进夹击赤匪。四、该师在赣部队，应留宋团及郭海珊营，着由萧副师长主持，固守赣城。兄即率领叶、邓两团，携四日份粮，于明庚日驰赴大庾增防。五、已电中央陈军长，即令出上犹部队，先调一团到赣增防，兄部出动时，希即电复。军长余。阳已。

急张师长枚新、伯豪、预达两兄，陈旅长抄送李师长、叶师长均鉴：密。兹拟定灰日以后全盘计划如下：一、中站、邓坊一带匪情无变化，青黄龙已无匪踪，大小梅一带高山，匪正在构筑工事中。二、伯豪、预达部各三团、戎光部之梁团编成第一纵队，归伯豪指挥。以枚新师为第二纵队，归枚新指挥，以杜团及教导队归戎光指挥固守雄城。齐、佳两日，第一、二两纵队，先肃清河南岸赤匪，并相机肃清南雄北廓附近赤匪，灰日以雄城为轴心，第一纵队即向长迳桥、均平坪、中站攻击前进，并对上龙墟方面警戒。第二纵队即向湖口、邓坊攻击前进，并对黄坑方面警戒，作战境地，由伯豪兄区分之。三、以李、叶师各三团，附赵濂团，编为第三纵队，归李师长指挥，灰日避开梅关隘路，由庚急经沙江坝、杨梅向邓坊攻击前进，并注意右侧受匪腰击，与枚新夹击邓坊附近赤匪后，即转向里东、中站、小岭与第一纵队夹歼赤匪。四、陈诚部如能佳日到达新城附近，拟请以一部协防大庾，或佯攻梅关，以主力由新城出板棚下策应我军。五、雄城附近弹药补充，已令柱石设法运雄接济各部携不动粮食三日份。六、余率谢、陈两团及军直属营，固守大庾。军长余。虞未。

特急。陈旅长、李师长并转预达兄、张师长均鉴：密。戎光虞辰电悉。一、赤匪全部麕集于邓坊、中站、大小梅关一带。二、为合全力夹歼计，已令叶师长宋团等四营守赣城，并电何总司令、陈军长迅派一团到赣增防，叶师长率叶、邓两团，齐日由赣经康赶佳日到庾附近，灰日即合李、叶两师由庾而雄夹歼赤匪。关于计划另达。

军长余。虞午。

限急到。张师长、陈旅长、伯豪兄并转预达兄：密。枚新师本日晚集结新田、乌迳两地，因判断敌情不明，电请指示向南雄进路，经阳酉电令，仍经水口墟、江头墟、白石坑向南雄前进，并电伯豪、预达兄派队，由河南岸往水口墟方面接应。现陈旅长已率四团，本晚到湖口墟，陈团在长径桥警戒。湖口、新田相距仅约三十里，仰枚新、戎光明齐晨各努力向黄坑前进。如黄坑方面有匪，则扑灭之，奏功后即撤回，控置雄城北端附近，并复为要。余汉谋。虞亥。

限三十分钟到。南雄李委员伯豪、陈旅长戎光均鉴：密。兹取消余所发之阳酉电，戎光四团着仍在湖口，齐晨努力向黄坑接应张师，由新田来，余详虞亥电。余汉谋。虞亥二。

特急。限一小时到。张师长枚新鉴：密。庚戌电悉。已令预达率戎光等六团，本晚星夜由雄河南岸赶到水口墟策应，努夹歼赤匪，并多携米粮，仰努力支持待援。汉谋。佳子。

急。限一小时到。南雄李委员伯豪兄并转预达、戎光两兄鉴：密。顷接枚新庚戌电称：职师本庚午由南亩向水口前进，匪第五、第十五两师埋伏十余里，中途将我袭击，激战六小时，始全数到达水口布防，并毙匪数百，获枪数十。我亦伤亡十余名。现仍在支持中，并佳晨无米等语。兹仰预达兄率六团，星夜由南雄河南岸赶到水口墟，应努力夹歼赤匪，并注意江头墟有无赤匪埋伏，并多携米粮接济，请伯豪兄率两团及教导队固守雄城，为要。并盼复。汉谋。佳子二。

限二小时到。韶关航空站谭大队长鉴：密。我张枚新师齐晚到达水口墟布防，与匪相持中。我张达师长佳寅率兵六团，由南雄出发，经江头墟向水口墟策应枚新师，并夹歼赤匪，希兄率全队空军，明晨沿南雄河南岸经江头墟侦炸，并所得情况盼速复。汉谋。佳子。参。

特急。南雄李委员鉴：密。佳子电计达。预达兄率六团，由雄河南岸赶赴水口墟援应枚新师，预料狡匪或于江头墟附近亦埋伏匪部潜袭我军，希注意，并努力迈进，歼灭赤匪奏功后，即合枚新师撤回雄城中为要。佳子三。

特急。李师长文献兄并转周师长至柔兄勋鉴：密。奉总司令何佳巳参电开：余军长译转周师长、李师长鉴：兹为我剿匪军作战便利起见，以后周、李两师改归余军长就近指挥，协剿合犯庾雄之朱、毛、彭、林、季各匪，而聚歼之。但以集团使用为宜。等因，特达。嗣后关于会剿赤匪计划，敬祈协商实施，无任盼祷。弟余汉谋叩。佳申。

急。限急到。张师长、李师长、张师长预达、陈旅长均鉴：密。伯、预佳午佳未两电、枚新佳申电均悉。诸兄部共拾团已会合，判断赤匪必集主力搏攻，而以彭匪潜伏于义安袭大庾，诸兄务必集结部队，节约弹药，与匪撑持数日，而抑留主力于水口附近，并相机反攻。现叶师叶、邓两团，已赶到大庾，拟候周至柔、李明两师，灰日集中青龙后，以旋空率七团，真日由大庾经沙江坝、狮公坪、蓝田向大塘邓坊、水口，以李明率四团，协防大庾，以至柔率拾团，在旋空后续进策应，合全力而聚歼赤匪，或以一部佯攻梅关。特闻。汉谋。佳亥。

特急。限急到。李委员、张师长预达并转戎光鉴：密。顷接枚新佳午电称：自当固守水口待援，请饬预达兼程会合等语。判断赤匪主力，今明两日必移水口攻我枚新师及断南雄水口联系。现李明师佳巳到青龙，周至柔师可到扬眉寺，我李、叶两师七团，灰日即由庾经沙江坝、蓝田、大塘向水口夹歼赤匪。周、李两师除以三团协防大庾，其余十一团已令兼程赶开大小梅关、中站、里东、邓坊向水口聚歼赤匪。盼预达、戎光两兄，努力向水口与枚新会合，并坚忍待大庾部队及周、李两师到达，夹歼赤匪，为要。汉谋。佳申。

特急。即到。张师长枚新鉴：密。佳午电悉。一、判断赤匪今明两日，必将主力移至水口墟附近，猛攻兄师及在中途截断水口、南雄间联系，并邀击我赴水口援应部队，而以一部在梅关一带牵制我大庾部队。二、我预达率戎光等六团，本午已由河南岸赶赴水口增援，并夹击赤匪，我李、叶两师七月灰日，由庾经蓝田、大塘向水口墟夹击赤匪。三、我陈诚部李明师，佳日已到青龙，周至柔师可到杨眉寺附近，以一部协防大庾，并对潜伏大庾西北地区彭匪加以压迫，以主力赶出大小梅关、中站、里东、邓坊，与我军在水口城附近聚歼赤匪。四、兄师应竭力搜集粮食，并可自行割禾炒谷，坚忍对敌，俟我军合围聚歼赤匪，为要。汉谋。佳申。

限三十分钟到。南雄李委员伯豪兄鉴：密。佳子电谅达。援应水口墟之部队，何时出发，沿途情况如何，盼复。汉谋。佳申。参。

水口之役

先是朱、毛、季、董等股匪，于六月二、三两日分途窜扰大庾、南雄，自被我军击溃后，遂麕集中站、邓坊、乌迳、黄坑一带。其企图除彭、林两股牵制大庾外，另以一小部仍在乌迳、新田一带，阻止我第四师向南雄前进，其大部则犯南雄城，围攻两昼夜，匪不能逞，卒于七日拂晓，分向黄坑、水口、中站溃退。我军为会合友军以最迅速期间歼灭该匪起见，第四师由信丰出九渡水经乌迳、新田向水口前进，独立第二旅由南雄出发，向水口前进。

甲、张师作战经过概况

七月八日晚，第四师在水口附近，将匪十三军大部击溃后，匪仍有小部在北岸窥伺，佳晨正拟向江头墟续进，匪忽增加第三军及独立第六、八两师，向该师防线右翼抄击，蒋团适当其冲，正面战况亦烈，该师进占防线前小高地，失而复得者数次，所有押伕士兵一律加入火线，更派驳壳两连向敌力冲，至中始得转危为安。酉刻陈旅及骆团加入，蒋团之右匪，避实就虚，黄昏及灰日拂晓，再三向该师全线反攻，卒不得逞，水口北岸，忽又增加伪十二军向罗团阵地猛攻，我增加廖团，敌势遂挫，该师部队完全撤出南雄。

乙、陈旅作战经过概况

独立第二旅附骆团，于七月九日前六时，由南雄出发，向水口前进策应第四师，即令各团在午前七时在东门外五里山附近集合完毕，候命出发。兹将该旅出发命令及是日战况节录如左：

一、由南雄退窜水口之匪，刻与我张枚新师于水口附近接触，其在黄坑、邓坊之匪，昨已向水口移动增援。

二、本旅及骆团以最迅速之手段，进出大坪策应张师，夹击该匪。

三、杜风飞团为先遣部队，取道南石洞、童眼头、黄水塘、板背向大坪搜索前进，该团行至桥背时，派左侧卫一连掩护本队前进。

四、行军序列，按杜团、旅部、直属营连、骆团、梁团之次序前进。

五、各部之伙食担大小行李（最轻装），按行军序列之次序，在梁团之后跟进，由梁团派兵一营掩护前进，并派本部副官何壁一为大行李队长。

六、各部携带二日粮食。

七、行进时予在旅部先头。

注意　杜团须与张师确取联络。

是日午前七时三十分，该旅各团按次序出发，向水口方向前进，并命前头部队沿途搜索匪踪，迨进至大坪墟时，得探报共匪与我张师在水口、大坑、古龙径之线，与匪剧战中，并闻水口附近枪炮声甚密，当即令饬杜、骆两团在大坪东南端约一里之地，迅速渡河，向大坑、古龙径之匪攻击前进，旅部及梁团则在骆团之后继续渡河跟进、策应杜、骆两团。该旅各团作战情形如左：

杜、骆两团，在正午十二时渡河完毕，旋即探悉共匪第三军全部及独立第六师约七八千人，已在大坑及古龙径附近高山占领阵地。即令杜团向大坑、古龙径之线展开攻击前进，用最迅速之手段，痛击该匪，并切实与第四师蒋团连络。其时该匪占领良好阵地，顽强抵抗，该旅为迅速与张师会合及夹击该匪起见，复令饬骆团进出杜团之右翼，侧击该匪，旅直属队及梁团则位置于杜、骆两团之后。是日激战五小时，节节胜利，至黄昏时在大坑、古龙径之共匪第三军及独立第六师完全击溃，骆团俘获伪第三军作战科长一员，携带地图、命令、通报多件。杜团亦有俘获。是日午后七时三十分，即下令停止攻击前进，各在原阵地澈夜警戒，其警戒命令抄录如左：

一、我当面之敌，刻尚未完全撤退，正与我阵地部队对峙中。

二、杜、骆两团今夜应固守原阵地候命出击。

三、梁团为总预备队，应控置于山塘高地后面洼地。

四、杜团之左翼，须与张师确取连络，右翼与骆团取联络，对当面之匪严密警戒。

五、骆团之左翼，与杜团之右翼，确取联络，惟右翼无我友军，须特别注意，并警戒当面之匪。

六、各部大小行李，今夜应设置于大平墟内。

七、予在山塘高地指挥。

是晚共匪虽为我军击溃，仍乘夜屡向杜团阵地袭击，该团官兵沉着应战，待其麕集火线时，即齐用手榴弹投掷，共匪死伤枕藉，至夜三时后，共匪知无力再攻，乃相率向弱过村方面溃退。

七月十日战况

共匪以九日之战完全崩溃，乘夜将阵地之匪军撤退。十日早该旅即令杜、骆两团，一面派队向战地前面搜索，一面集结三团兵力，在离水口西南约五里处大坑村、背松林中。是日午前九时，陈旅长并与张枚新师长约定，北岸之匪，由张师长派队肃清，至弱过村停止。南岸之匪，由该旅担任，肃清至田疔下停止，与张师派出之团齐头连络。即令梁团由右翼进出，向田疔下搜索前进，至午前十时抵田疔下村附近，即发现共匪第八师约千余人，该团即向该匪攻击前进，同时又令骆秀礼团向梁团左翼之匪攻击，并令该团右翼与梁团左翼与蒋团各取联络，旅直属营连及杜团则位置于杜骆两团后山塘附近策应。

是日激战至十二时，连破共匪两度防线，俘获共匪及枪械甚多。共匪再增加伪十五军全部，意图抵抗，当时我军士气甚旺，仍节节进攻，至午后二时左右，我军最左翼及水口河北一带枪声甚密，及至午后二时三十分，该旅奉李师长汉魂令，以匪军大部有向我左翼袭击模样，迅派兵一团向左翼增加。该旅奉命后，即将杜团留步兵三连为旅预备队，其余由杜团率领向最左翼增援，掩护张师撤入雄城，诱匪攻坚。是役战斗结局，伤毙匪在三千以上，获匪枪数百，匪溃退。我军亦伤亡甚多，必须撤回南雄整顿补充，以备追击(是役战斗详报由该第四师独立第二旅另呈第一集团军总司令部)。

截至七月十三日，军长亲到黄龙与中央周、李两师长会商后，原拟以李、叶两师，十四日即出中站、邓坊，诱匪搏攻后，再以中央周李两师，经板棚下及与南雄部队同时夹击。适奉总司令陈文戌电略开：缪师十三日到韶，桂军王赞斌师十八日到韶，第三军黄质文师二十日到韶集中，归香军长指挥。以整个计划会歼赤匪等因。遵檄李、叶两师仍暂控置大庾，周、李两师暂控置于新城、青龙、黄龙待命出剿。截至七月十八日，赤匪大部麕聚信丰，以该处为根据，企图伺隙威胁粤东北两江。是日奉总司令陈尔后进剿赣南共匪计划案如下，(甲)匪情据报，匪约数千，由九渡水向西进，似有再图来犯之模样。(乙)方针：第一军以一部留守庾、雄，以主力推进弱过村、乌迳之线，先行肃清该地附近之匪，相机进出信丰，探索匪之主力而歼灭之。(丙)军队区分：1. 空军司令黄光锐，飞机第一、第二、第三、第四共四队。2. 第一纵队长余汉谋，第一军(欠在赣州宋、陈两团)、第十四师、第五十二师。3. 第二纵队香翰屏，第二军(欠第二教导团及第十三团)、独立第三师、独立第二旅、第四十四师。4. 总预备队，第一教导师。(丁)指导要领第一期：1. 第一纵队以四团留守大庾，其余由余纵队长率领，于本月十九日起，开赴乌迳、新田、黄坑、邓坊一带，先肃清各该处土共，如匪来犯，即在乌迳附近协同第二纵队与匪决战。2. 第二纵队以两团固守南雄，其余由香纵队长率领，于本月二十日开赴弱过村、水口、大坪、湖口一带，先肃清各该处土共，如匪来犯，即协同第一纵队与匪决战。3. 第四十四师，于二十五日集中古录附近。4. 第一教导师在韶关附近集中后，暂任掩护雄、韶间连络。5. 空军应酌派飞机数部，侦察匪之主力，并爆击之，匪如来犯应协同陆军参加作战。第二期：1. 第一纵队于本月二十五日，经九渡水向信丰前进，如匪向新城、南康北窜时，则以第十四师及第五十二师向新城截击，其余仍向信丰前进。2. 第二纵队于本月二十五日起，经界址向信丰前进。3. 占领信丰后，留第四十四师固守信丰，如匪主力向北窜时，则以第一军跟踪，会合第十四、第五十二两师追击。第二纵队以肃清信丰附近之匪，如匪主力向安远方向退窜时，则第一、二两纵队均应蹑踪追击，此时，我在兴梅附近第三军，应进出寻乌筠门岭截击。在上杭、武平、永定之独立第一师，应移至兴宁五华附近策应。4. 总预备队，依情况另定行动。5. 空军应侦察敌之退路，并爆击之，如匪北窜时应以一部份置于南雄，如匪窜至安远时，应以一队位置于梅县。(卯)其运输、通讯、交通等，计划从略。基上计划，本军初次部署如次：

李、叶两师俟第四十四师(王赞斌师)集中及南雄部队补充完毕，再约期由庾出动，并先将李、叶两部向新田乌迳出动，诱匪来攻，而以中央周、李两师暂控置于南康、新城间，伺机出动，而夹歼赤匪，并于李、叶两部由庾出动时，由中央李师抽出两团到庾增防。截至七月二十日匪情变化如左：

一、伪军第一、第五两军团在信丰南之潭口、小河一带，其一部在大塘铺。

二、伪第三军团在正平，伪第五军在九渡水，又黄泥排、骑岭、王母渡各有匪数百。匪之企图以犯雄、庾失败后，转以信丰为据点，而有分扰三南模样。基上情况，电给各部命令如左：

特急。周师长至柔、李师长文献抄送李师长叶师长、赵团长均鉴：密。一、我军以聚歼赣匪全部于信丰迤南之目的，雄庾、新康部队，拟即向九渡水、正平、潭口、小河之匪攻击前进。本纵队之部：1. 以李、叶两师各三团附赵团归李师长振球指挥，漾日由庾出动，经中站、邓坊、新田、乌迳向九渡水、正平之匪攻击前进，并诱匪全力来犯，务使在受匪全部主力围犯之下，能撑持三日，候周、李两师及第二纵队到达而夹歼之。2. 周师仍控置南康，李师仍控置新城，均应准备随时出动，伺机夹歼信丰附近赤匪。四、第二纵队(张枚新、张达、李汉魂、王赞斌等师及陈章旅)以一部守雄城，以主力有日由雄出动，经水口墟、新老界址墟，在李、叶两师右侧后向潭口小河攻击前进。五、出动部队，应携四日份粮食。李、叶两部到达新田、乌迳附近，应补充四日份粮食，再前进。六、予在大庾。纵队余。养午。

上项计划，因第二纵队缺乏伕役，且其军实须二十七日始能到达之关系，暂缓施行。

截至七月二十五日匪情变化如下：

赤匪大部现退集信丰河东岸一带地区，其一部仍分踞信丰城、大小窝、九渡水、万隆、小河一带，新田、乌迳有匪警戒部队千余。基上情况电达各部出击如次：

特急。南雄香纵队长、南康周师长、新城李师长勋鉴：本部抄送李师长、叶师长、赵团长均鉴：密。一、我军以先攻占信丰城，再进击信河东岸赤匪主力之目的，部署如下：三、〔二、〕李、叶两师各三团附赵濂团，归李师长振球指挥，于感日由大庾出动，经中站、邓坊、新田、乌迳、九渡水、正平、义冈向信丰攻击前进，对左侧大小窝方面应加注意，防匪侧袭。四、〔三、〕第二纵队以陈章旅及张戚团守南雄，以张枚新、张达、李汉魂各师，于艳日由南雄出动，经新田、新老界址墟、万隆墟向小河墟攻击前进，到达小河墟后，暂控置于小河墟策应李、叶两师攻击信丰，匪如来犯，即夹歼之。王赞斌师，艳日由古菉开动，经南雄、新田向九渡水前进，暂控置于九渡水，候我军到达信丰及小河附近，再向小河墟续进。五、〔四、〕周师于李、叶两师到达九渡水后，即由南康向龙回推进，李师除以两团控置于新城，必要时移至大庾；其余五团同时由新城移驻南康，相机夹击信丰附近赤匪。六、〔五、〕请翰屏兄转缪师，以一团位置于始兴，保护韶、雄交通。七、〔六、〕各出动部队，应携四日份粮食。八、〔七、〕弟为搜集情况计暂在大庾。余汉谋宥午。

限即到。南雄香纵队长、自抄送李师长、叶师长：密。宥午电计达。据报平田界址一带驻匪大部，兹为探求匪之主力，我一二两纵队得收夹击之效，特于宥午电外再补规定，一、二两纵队出动日期及进出时互为策应之法如下：1. 二纵队李、叶师共七团，仍于感日由大庾出动，晚宿邓坊、中站一带，俭续进，是晚到达新田、乌迳暂行停驻，对匪方取严密警戒。2. 张、张、李、王各部，于俭日照宥午电原定计划出动，到达寺前、大坝后，速行侦察平田界址匪情，如匪来攻，任何纵队均应切实联络夹击之。3. 第二纵队到寺前、大坝后，如匪情无变化，应即与第一纵队之李、叶两师，约期各自向目的地推进，中途如有匪情，仍应联合夹击。4. 一、二两纵队到达小河、正平后，第二纵队应在小河、大坪墟之线，对信丰河东岸之匪严密警戒，并与李、叶师确取联络王师之两团，仍跟随第二纵队运动，不再驻九渡水，同时第一纵队之李、叶两师，即向信丰攻击前进。5. 中央军周、李两师，俟我一纵队李、叶师由新田之线推进时，仍照宥午电原定进路推进。6. 缪师之一团，已电请总座饬令进出始兴，以维韶、雄交通。余汉谋。宥戌。

我军自八月一日至复信丰后，共匪第一、第三、第五军团，概由安息、古陂及韩坊、月岭向鄠都方面北窜，其先头匪部于八月四日已抵兴国。适奉何部长支戌电略开：匪伪一、三、五军团，支日先头退抵兴国。又鄠都江南岸有匪二千余，准备渡河北进，似此确有北犯，请速令周、李两师兼程回防。等因。

基上理由，电给各部命令如次：

机急。二十九站翰屏、九站旋空、四站伯芹、韶州李师长：密。(一)共匪一、三、五军团由俭至东日止，已陆续由安息、古陂及韩坊、月岭向鄂都方面北窜，其先头支抵兴国。(二)判断匪以伤亡、给养关系，必化整为零，谋整理补充，或北窜伺中央军之薄弱部，谋夺取械弹。我为巩固粤北，一、二纵队之处置下：(1)中央军为策应万安，已另令鱼日起，周师由塘江返驻遂川，李师经赣州进出沙地。(2)李、叶师及赵团鱼日起，由王师接防信丰，李师四团即开赴塘江，全部集中经黄石、井寺下向营前思顺清剿残匪，叶师之两团及赵团，暂控置于南康待命，宋李团守赣州。(3)二纵队请翰兄分令王师鱼日接防信丰，伯豪师以二团控置于九渡水附近清剿残匪，以一团移驻始兴，在始兴之梁团归回韶州，二军之七团即移驻三南，担任清剿及组织民众武力，陈旅仍守雄城。(三)三项均限于鱼日开始移动，其移动及到达日期，务望随时报告。余汉谋。微未。

特急。即到。十四站周师长至柔兄、康南李师文献兄勋鉴：密。顷接辞修兄微子电略开：匪北窜其先头支抵兴国，此间已令罗卓英师集结吉安附近，吴奇伟师集结永丰、吉水，张英师杨旅主力集结安福，王懋德师集结万安、刘绍先师集结遂川、泰和。现拟即令周至柔师回防遂川，李文献师回沙地候命，俾不失时机策应万安。等因。即希至柔兄师遵照回防遂川，文献兄师回沙地，候辞修兄命令。共匪未灭，我辈协力之处正多，兄处情况仍希随时电示，为祷。弟余汉谋叩。微午。

〔国民政府军事机关档案〕

2. 国民党军第九十师吴奇伟部与中央苏区红军在宜黄南丰等地战斗详报①

（1932年8—9月）

一、集　　中

共匪之第一、三、五军团，在粤边南雄水口之役，受粤军重创后，即率其疲败之众，于八月间倾巢北犯，宜乐一带，均被骚扰，复有犯我抚州进窥南昌之模样。本师初以总预备队之任务，奉命于八月二十一日集中新淦，相机策应，于是分令第二六八旅由永丰、二七〇旅由吉水、师部则由樟树咸集新淦，及集中后，据报匪向东北窜扰，遂于翌（二二）晨全师遵命开向樟树集中候命。

二、推　　进

至八月二十四日奉命协同友军进剿向南城溃窜之匪，遂决于二十五日拂晓，由樟树出发推进至店下街附近，复逐日续经铁路头、蒋家楼、白陂、航桥街、公陂、莲塘等地，至三十日到达黍山桥一带。

三、港下附近之任务

八月三十日抵达黍山桥时，综据各方情报，知匪之主力仍滞留于新丰街、棠荫、南丰间。我第二路军，本歼灭该匪于东华山地区之任务，遂决以主力先行夺取宜黄、二都，相机猛进，本师以掩护我主力军右侧之任务，遂于三十一日午前七时三十分，在黍山桥下达如左之命令：

1. 综合各方情报匪主力仍滞留新丰街、棠荫、南丰间，宜黄、二都间仅有匪之小部。

2. 我第二路军以协同南城友军，歼灭该匪于东华山地区之

① 此件原标题为：《陆军第四军第九十师廿一年八九月间江西剿匪经过详报》。

目的，决以主力夺取宜黄、二都，相机猛进。我友军罗师今(三一)日已占领二都，周师已攻取宜黄。

3. 本师以掩护我主力军右侧之任务，拟部署如下：

甲、第二六八旅欧旅长，应率部于今(三一)日午前八时出发，经凤冈圩—砚上—河陂—东陂坳—河口排进至港下附近宿营，须随时作能迅速进出宜黄、二都之准备。

乙、第二七〇旅韩旅长，应即派一团进驻凤冈，对乐安方向严密警戒，并率领一团进至河排附近，以作前后方之联络。

丙、本部及直属队，于午前十时三十分出发，随欧旅进驻港下。

4. 余随本部前进。

(下达法：油印分发)

命令下达后，各部即依时出发，并依照命令所示，韩旅长派五三九团进驻凤冈，亲率五四。团进至河排，其余各部亦均于是日午后四时许到达预定之宿营地点，分别履行其搜索或警戒之任务。

四、港下雾山战役

师部到达港下后，接我十一师黄旅长之通报及便衣侦探之报告，其概要如左：

1. 在二都、宜黄附近，被我友军罗、周两师击溃之匪，隐匿东坑、高排一带大山中。

2. 我友军罗、周两师，现仍向该匪包围搜剿中等语。

旋奉总指挥陈世西电令：着本师明(一)日推进至二都及其以东地区，并向当面之匪威力侦察，相机游击。

基于以上之情况及电令，遂决心于明(一)日拂晓分头向二都搜索前进，以驻凤冈之沈团，经罗坊桥—沈坊桥—东坑—高排—鹿塘等地至二都，并派在港下之一团经雾山—双坑—高排里—太源—鹿塘至二都，其余各部则经甘坑—庙下—下高—云峰—上官—高桥至二都。根据此决心，于九月一日午前二时下达命令，其要旨如左：

一、匪第三军团之第一、第二、第二十一等师，连日被我罗、周两师击溃后，现逃匿东坑、高排一带大山中。我罗师本(一)日向河口附近推进，其一部仍在解决该溃匿残匪。我周师本(一)日，以一部推进至清源、扬桥，以一部配置于东坑夹击该匪。

二、本师以协同友军搜剿该匪之目的，决于本(一)日分头向二都搜索前进。

三、各部队之出发时间及前进经路如下：

甲、第五三九团午前八时，由凤冈经罗坊桥、沈坊桥一东坑一高排一鹿塘一向二都前进。

乙、第五三五团午前八时，由港下经雾山一双坑一高排里一太源一鹿塘一向二都前进。

丙、第二六八旅(缺五三五团)午前九时，由港下经甘坑一庙下一下高一云峰一上官一高桥一向二都前进。

丁、本部及直属队，午前十一时准二六八旅经路跟进。

戊、第二七〇旅(缺五三九团)午前十一时，由河排到达港下后，即准二六八旅经路在本部直属队后跟进。

四、各团大行李应由各该旅部指挥，并派队掩护随各该旅部前进。

(下达法：先以电话通知再油印补发)

是(一)日，经路均为层叠峻岭，山路崎岖，而大雨滂沱，山洪暴涨，行军诸多困难，兼为慎密搜索起见，均取缓进姿势，故军行速率特别迟缓，延至下午七时，我中路之先头部队(二六八旅旅部及五三六团)，始到达二都，而师部及直属队，竟延至下午九时许始得完全到达。而中间至各旅大行李，行径甚为纵长，前进更缓，遂致后续之掩护部队(二七〇旅旅部及五四〇团)，仍滞留于山上，不能依时到达二都。至十一时许，乃接得二七〇旅韩旅长汉英报告节称：职旅因天色暗黑，行进甚难，现除旅部及一部行李到达上官山外，余仍在缓进中，今夜能否完全下山，尚难预料。故决令职旅(缺五三九团)今晚暂在上官山附近宿营。惟五三九团到达何处,现尚未得报告等语。得此报告后,乃令通信队星夜架设至上官山段电线,以便联络,并复令该旅长搜剿上官山附近丛山中之散匪。

延至夜午尚未见五三五及五三九两团到达,料必遇匪作战迟延,正拟派员查察联络间,始接得该二六八旅旅长欧震转来该五三五团团长陈佩午后十时发于双坑之报告如下:

一、职团奉命本(一)日上午八时,由港下出发,向二都搜索前进,于十时许到达离港下东北方约十里许之雾山附近,即与匪之伪三军团第二师遇,当即以主力迎头痛击,以一部向其左翼迂回,匪依山险顽强抵抗,剧战一小时,余预计我迂回部队亦将到达,遂率部于浓雾隐蔽下,白刃冲击,复经我迂回部队威胁其左侧,匪遂狼狈溃散,仍有一小部向乐安方面溃窜。

二、战斗配备如略图(如附图第一)。

三、是役,毙匪数十名,生俘五百余名(如附表第三),夺获步枪约二百余支,水机关枪三挺,手提机关枪一支,旗帜、子弹甚多(如附表第四)。

四、我方除弹药消耗外,人员略有损伤(如附表第五)。

五、是夜经过详情,容另具战斗详报(如附表第一)。

六、职团今(一)晚决在双坑宿营,明(二)日拂晓再向二都前进。

得此报告后,知该团遇匪不能如命达到。同时五三九团团长沈久成午后七时发于高排之报告亦送达,据云:该团因路途较远,沿途搜索丛山深林,而又遇山路泥泞,故在高排宿营,明(二)日拂晓再向二都前进等语。是时全师如命到达二都者,除师部直属队及二六八旅(缺五三五团)外,均滞留途中。

五、二都搜剿

随于是(一日)晚十二时许,奉总指挥陈东酉参一电令如下:

命令

一、宜黄附近之匪第三军团被我军击破后，已狼狈南窜。又据刘师长绍先世午电称：匪之第一军团有窜至水南、白沙之说。

二、我军以歼灭该匪并乘机收复南丰之目的，明(冬)日部署如下：

1. 李军长指挥左纵队，应推进占领里塔迁之线，相机收复南丰。

2. 陈军长指挥右纵队部署如下：

A、罗副军长卓英指挥第十一、第十四(欠李旅长之二团)两师为第一路，十一师全部推进至黄陂，并派一部至东陂，威力侦察。十四师酌留一团在二都，余均推进至河，威胁南丰匪之侧背，并对乐安之匪特别注意。

B、吴代军长奇伟指挥第五、第九十两师为第二路，向东南推进，周师占领棠荫，九十师占领见贤桥之线，积极向南丰压迫，使左纵队之反攻容易。

3. 第二十五师集结宜黄附近待命，并派有力之一部，至官仑前警戒。

4. 宜黄城防务着第十四师李旅(欠一团)担任。

三、余冬日在宜黄城内。

接奉上项命令后，因本师本晚尚未能完全到达二都，明(二)日恐不能遵命向见贤桥推进，遂将本(一)日所遇障碍及搜剿各情，于参一东亥及参一冬巳等电呈达。总指挥旋奉电话复谕：着本师明(二)日暂在二都待命，并派队进驻四都附近，搜剿警戒。奉谕后，遂即派五三六团于二日拂晓进驻四都附近，余在二都待命。至是(一)日午各旅团均陆续到达二都，并分头搜剿附近残匪。

二日晚接奉总指挥陈冬酉参一电令如下：

命令

一、宜黄城南附近之匪，经我右翼军痛击后，纷向西南溃退。据报尚有一部麕集永兴桥、南丰、东陂一带地区。

二、我军以聚歼该匪之目的，明(江)日各部均在原驻地搜剿残匪，并努力肃清之。支日部署如下：

1. 左纵队以主力向南丰猛进而占领之，以一部由里塔圩向绕坊前进兜剿，占领南丰后，即以主力向西南截击。

2. 右纵队第一路罗师，推进至东陂附近，以有力之一部，向龙上方面截断匪之退路，十四师跟进黄陂附近。第二路第五师，由棠荫向永兴桥、见贤桥进剿。

3. 第二十五师仍集结宜黄、官仑前一带。

4. 宜黄城防仍由李旅担任。

5. 各部队须设法确取联络。

三、余明日仍在宜黄城内。

六、进剿五都

接奉前项命令后，本师因今(二)日滞留二都，尚未履行。昨(一)日晚所奉之东酉参一电令，故为贯彻占领见贤桥，积极向南丰压迫，使左纵队反攻容易之任务起见，决计明(三)日，向见贤桥推进，遂于下午九时下达命令其要旨如左：

一、宜黄附近匪之第三军团，被我军击溃后，狼狈南窜，其主力现似有　集南丰附近模样。我第五师明(三)日可推进至永兴桥以北地区。我罗师周师本(二)日已推进至黄陂、东陂一带。我左纵队现向里塔圩急进中。

二、师有威胁南丰匪之侧背，使我左纵队反攻易于收效之任务，拟于明(三)日拂晓，由现地出发，经西都—前坊—曾家—小边—桥头—阳坊—山庄—鹿源—刁家山等地，向见贤桥、永兴桥一带推进。

三、行军序列如左：

前卫　五三六团。

本队　二六八旅(缺五三六团)。

　　　本部及直属队。

二七〇旅(缺一团)。

后卫　二七〇旅之一团。

四、二六八旅应到达见贤桥附近宿营，并对神冈一南丰一南城方向,严密警戒。

五、二七〇旅应随本部进驻永兴桥附近，并对余家一鹿源方向警戒。

命令下达后,旋又奉总指挥陈冬亥电令如下：

一、顷据吴师长报称,被俘孙连仲部排长回报,彭匪德怀率伪第三军团主力，已向新丰市退窜。又绕坊附近之伪军第五军团及伪三五军团各一部,已向东陂溃退。

二、本师除第五军仍在棠荫附近清剿待命,第九十师经四都、五都、六都再向东陂进剿外，其余各部明(江)着令照冬酉参一电令,支日行动为要。

因此决计改向六都、东陂推进,遂星夜以电话向各部口授命令如左：

一、据报匪之第三军团主力已向新丰市退窜,饶坊附近之匪,亦纷向东陂溃退。

我左纵队明(三)日以主力向南丰猛进，以一部由里塔圩向饶坊兜剿,我罗、周两师明(三)日进至东陂、黄陂附近。

我第五师仍在棠荫附近清剿。

二、本师以协同友军进剿之任务,奉命改向五都、东陂推进。

明(三)日各部应参照本(二)日下午九时之命令，依行军序列及出发时间,经四都向五都搜索前进,如无别命，本晚即在五都宿营。

三日拂晓,各部均依口授命令之所示,由二都出发。惟五三六团驻在四都,故本队将到达四都时，该团始加入行军序列为前卫。午前十时左右,据土民称：前坊、曾家附近大山,匿有散匪。遂着二七〇旅韩旅长派兵一营前往搜索，旋据报称，已派五三九团第一营，由四都经曾家向附近之大山搜索，已至桥头，均未发现匪踪等语。沿途地形复杂，为求搜索慎密计，遂着该旅长随时派兵向侧方搜索，至下午二时许，该旅长之五三九团及五四〇团均在途中缴获散匪步枪两支（如附表第七），俘虏匪兵二十余名（如附表第八）。

七、五都七都之夜

一、及到达五都时，据土民称述，五都连日均有大队匪军，由神冈方向窜来，旋向八都退去。

二、五都、六都附近高山，现尚有散匪藏匿等语。

据此情况，遂决令前卫部队，进至六都宿营。并派一部向七都一带高山搜索，其余部队均在五都宿营，并着二六八旅欧旅长，派兵向陶坑方向之高山严密搜索，二七〇旅韩旅长派兵向黄陂方向之高山严密搜索。

各部受命分途搜索后，至黄昏时，据二七〇旅韩旅长电话报告称：遵命派队向黄陂方向搜索之部队，顷已搜索完毕，撤回宿营地。据报并无发现散匪等语。同时又据二六八旅欧旅长报告，概要如下：

一、据五三五团团长陈佩电话报告：职团奉命派队向陶坑方搜剿，及搜至五都以东附近高山，发现匪军之收容部队百余名之潜匿山上，我搜剿部队迅即散开包围前进，略以火力压迫，匪亦略有抵抗，卒以力竭纷纷溃窜，除少数逃脱外，全被缴械。计毙匪兵二名，伤数名，俘虏连排长及医官各一员，匪兵百余名（如附表第十）。并缴获长短枪二十余支，团旗一面，子弹甚多（如附表第九）。我方弹药略有消耗（如附表第十一），人员并无损伤等语。

二、又据五三六团陈团长荣机电话报告称：职团派队向七都搜剿，行抵七都附近高山时，发现残匪百余名，我搜剿部队即以迅速动作将之包围，匪受胁迫，不敢抵抗，遂将之缴械，计获长短枪三十余支，手提机关枪二支，子弹甚多（如附表第九），并俘虏匪兵数十名（如附表第十），我方并无损伤等语。

三、现各该搜剿部队均已撤回宿营地。

四、是役经过详情，容另具战斗详报(如附表第二)。

该旅旋将俘获之武器人员押送来部，遂派员审讯结果，综合俘虏口供大概如左：

一、匪军闻我军节节进逼，即星夜经五都向东陂按第一、第五、第三军团之次序总退却。

二、今日被俘之散匪，均属于第五军团，并负有掩护退却之任务者。

三、现尚有匪之一团，匿在五都通黄陂之间。

基于以上之情况，即分电各友军并电总指挥报告，且因五都、黄陂间尚有匪部潜匿，拟派队进剿，因即电请十四师周师长派队堵截后，以时已入夜，而又奉总指挥陈江申电令，故须作推进水南及新丰市之准备，卒未派队进剿。

八、协攻新丰市

兹录总指挥陈江申电令如下：

一、匪大部已南窜，有无其他企图，尚难意测。兹规定各军师支日起以后行动如下：

1. 第九十师协助第十一、十四两师攻取新丰市，第十四仍归罗副军长指挥，占领后，十一、九十两师即作进取招携之准备，第十四师即作进取乐安之准备。

2. 第五师推进至见贤桥、饶坊间，但主力须至饶坊附近，策应我十一、十四两师攻取新丰市，并作进驻黄陂、东陂之准备。

3. 左纵队占领南丰后，即努力肃清南丰西南之残匪，并与第五师取联络为要。

旋又接十一师罗师长江亥电，知情况概要如下：

一、综合俘匪口供，匪确于冬日起总退却，三军团之一军团之一部，冬日在崇五都、黄陂、东陂、新丰市一带，江日退萧田、东韶一带，嗣后退宁都、东固。但另一说，有一部向西北绕走，拟抄袭我军侧背等语。

二、东陂以南已入匪区，本日莫旅迂回之不能奏效，即无人向导之故。

三、故准此情况，明日十一十四两师决仍在黄陂、东陂间搜抚散匪，并作西进准备。

四、十一师派一部进至候坊侦察，十四师派一部，向蛟湖、西源两处游击，并派一小部开驻九都警戒。

五、九十师似以进驻源头、水南为佳。

基于上项之电令及友军之情报，本师乃负有协助友军攻取新丰市之任务，现我十一、十四两师明(四)日既仍在东陂、黄陂之线搜剿，则我师亟应向水南、源头方面推进。遂于下午十一时下达前进命令，其要旨如下：

一、匪之大部已南窜。

我罗、周两师，现已进至东陂、黄陂之线，准备南进攻取新丰市。

二、师有协助友军收复新丰市之任务，并作尔后进出招携之准备，拟于明(四)日由五都经六都、七都向八都水南一带推进。

三、二七〇旅应派一团为前卫，明(四日)晨五时三十分出发，向八都搜前进。

二七〇旅(缺一团)与本部及直属队，并二六八旅(缺一团)为本队，应于午前六时三分出发，随前卫前进。

二六八旅派一团为后卫，应于午前九时出发，在本队后跟进。

四、如无别命，二七〇旅应在八都附近宿营，本部及直属队并二六八旅，则在上下管坊一带宿营。

旋于四日晨又奉总指挥支辰电令如下：

一、左纵队江日占领南丰，残匪纷向西南方向退窜。

右纵队罗师已占领东陂，残匪向新丰市溃窜。

又据吴师长江戌电称：匪经五都按一、五、三军团之次序溃退云。

二、基于上述情况，伪第一军团或在新丰市收容伪三、五军团之退却，并乘机反攻。

三、我各部应即如下行动：

1. 罗、周、吴三师努力击破新丰之匪，务期一举歼灭之。

2. 左纵队以有力之一部，进出三溪圩向新丰市攻击。

3. 第五师到达饶坊后，速向新丰推进，仍策应我左右纵队之进剿。

因与昨(三日)晚所得之情况无异，遂令各部仍遵昨下午十一时之命令，依次出发，因沿途搜剿残匪均取缓进姿势前进，约至下午五时许到达八都，二七〇旅与本部及直属部队均在当地附近宿营。惟山路崎岖，且八都地方狭小，不敷全师驻扎，遂令二六八旅改在半途之梅家湾地方宿营。

是(四)日先头部队及二七〇旅，沿途计共缴获长短枪十余支(如附表第七)，俘虏散匪二十余名(如附表第八)。讯据俘虏供述结果，与昨(三)日所得之情况无甚差别。

下午九时许接奉总指挥支申酉参一电如下：

罗师因东坡附近残匪匿藏甚众，且响导无人，本支日暂在东坡、侯坊附近肃清残匪，兄部请集结水南、源头间地区搜剿待命可也。

旋又接奉支酉参电令如下：

一、赤匪大部经我击溃，已向宁都、广昌方向退窜，其残部仍散匿南丰、黄陂、东陂、饶坊一带大山中。

二、微日右纵队之十一、十四两师，着在黄陂、东陂、新丰附近。

吴师着集结水南、源头间地区。

第五师着在饶坊西南地区。

第二十五师着以一部进驻丰陂桥、天宝山一带。

左纵队仍驻南丰附近。

三、各部均取联络，努力搜剿各驻地附近残匪，多派游击部队，在日行程范围内游击。

四、余微仍在宜黄城内。

因此，遂决于明(五)日暂在原驻地待命，同时并命令各旅酌派部，就近分途搜剿水南—大马坳—朱坊—镇阳寨—南山—乌溪—奎星—狮坪—长坪—乌家障—梅家湾等地附近高山散匿之残匪。翌(五)日晨，各旅均遵命派队分途搜剿，至下午四五时许，陆续搜索完毕，并无匪情，归还原地。

九、准备进取招携

因昨(四)日晚接得十一师罗师长据俘匪口供，于四日午后六时发于东陂之通报有云：

一、前月三十一日，我军攻克宜黄二都，同时南城守城部队又启城进击，匪恐被我东西夹击，即下令总退却。

二、现大部已退至萧田附近，新丰市已无匪踪。

三、此次总退却，意欲诱我军深入匪区，再与我军决战等语。

基此情况可知，新丰市已无须多用兵力，亦不须本师协助便可克复。为贯彻总指挥江申电令，而作进取招携之准备起见，遂决令各部于明(六)日拂晓，由现地出发，经东陂—黄陂—安槎—向蛟湖水口之线推进。六日晨，各部遵命出发后，约于下午五时许，均到达蛟湖口、水口一带宿营。七日拂晓，分令驻蛟湖口之部队，经大龙坪—登仙桥—湾里等处推进至大坪圩宿营，并令驻水口之部队，经坪坑—分水岭—东源推进至南村宿营。六、七两日沿途搜索，均未遇匪，并无新情况得到。

十、接防乐安

七日下午三时到大平圩后，接奉总指挥陈虞申参一电令，概要如下：

一、我十四师今虞已克复乐安。

二、明(齐)日罗师推进牛田圩附近。

吴师以一旅进驻增田街，师部及其余部队开至乐安接防。周师养牛坑之一旅不动，师部及其余部队，除留一部候吴师接防乐安外，着推进至潭港圩。

三、余明(齐)日仍在乐安城。

因此，八日拂晓遂令二六八旅欧旅长率部进驻增田，并令二七〇旅韩旅长率部随本部接防乐安，约于下午二时许到达乐安城，韩旅长便即率队接替周师所负乐安警戒勤务之东北方部份，至九日晨复接西南方部分。

〔国民政府军事机关档案〕

3. 熊式辉报告红军攻克赣省乐安等县情形密电

(1932年8月29日)

特急。南京行政院、军事委员会钧鉴：内政部、参谋本部、军政部赐鉴：结密。此次赤匪朱德所部伪一、三、五赤军，倾巢来犯，攻陷乐安、宜黄二城，南丰驻军因战略关系，退守临川暨抽调各军进剿各情形，赣、粤、闽边区剿匪总司令部当已详报。惟自股赤匪北窜以来，凶焰嚣张，省垣几为震动。对于城防工事，业已加紧增修，勉资保障。同时各路军复挺进夹攻，若能聚而歼之，犁庭扫穴，自属易易。第念赣东各县政治设施甫经就绪，而乐安、宜黄、南丰三县忽被摧毁，临川、崇仁、南城、黎川各县，旋入战区，半多停顿。贵溪一带清剿正称得手，因部队他调，残匪复张，即其他各县亦不免受多少间接之影响，地方收入因此更形短歀。是以往之疮痍未复，而残余之元气又伤，兴念及此，曷胜痛惜。除仍秉军政合作之旨，督饬各县随时协助国军厉行清剿力图恢复外，谨将此次被匪扰害县城情形，电陈鉴察，伏乞轸念赣民于军事则求能彻底清剿，于财政则请予酌量救济，俾得早消赤祸，立解倒悬，不胜惶悚待命之至。江西省政府主席熊式辉。艳酉。印。

〔行政院档案〕

4. 国民党政府战史会编：关于“围剿”赣西南红军经过史稿

（1932年11—12月）

（一）

一、清剿茅店及绵坳香岭匪巢。十月廿六日，余军叶肇师邓团赴赣州以东地区清剿，甫至茅店附近，即与匪遇，毙匪三十余名，俘匪廿余名，获枪三十余枝，救出肉票十余人，余匪向江口方向东窜。李振球师彭团徐团附，于二十八日拂晓率兵五连，进剿上犹属营前附近残匪，在营前北端，将石人剑大山背之绵坳香岭匪巢攻破，斩获赤匪百余名，伤匪数十名。获步枪四十三枝，伪县苏维埃政府主席朱礼坤及委员秘书等十余人，均被生擒。又安远县属上魏圩、流下寨之土共约数百名，企图进窥上魏圩，该县防军派兵一营围剿，将匪击溃，毙三十余名。

二、会剿东坑思顺鹅形赤匪。盘踞营前思顺一带之伪军第十二师，自叶肇师派队痛剿后，其残部乃窜踞竹坑附近，并时出没于遂川、上犹间，大肆滋扰。十一月十二日辰，我第五团陈营，由赣州渡河经储潭，并由第六团张团附率兵两连，由五云桥分途向东坑进剿，与伪独立团接触，毙匪三十余名，俘匪二十余名，获步枪二十六枝；余匪狼狈窜去。十一日突向思顺驻军袭击之伪十二师残部约千余人，与彭团陈营激战多时，后经该团李营由上寨统出思顺击匪侧背，张营及李团何营，潜赴鹅形择要设伏，截其归路。十二日被彭团击溃之匪，果向鹅形逃窜，经我伏兵出击，毙匪二十余名，俘百余名，获机关枪一挺，步枪百余枝。

三、收复寻邬。寻邬县远在赣南，民国二十年冬以后，即被赤匪窜陷，至民国二十一年春，陈诚军第十一、第十四两师，解赣州之围后，赣南防务，遂由第十二师第三十四旅马崑部交余汉谋军范德星旅接替，延至是年冬，始经余军谢团协同该县县长谢海筹督率团队，向盘踞县城之伪独立第三师之枪匪约五百余名进剿，当将该匪击溃，向澄江三标逃窜，我军及团队遂将县城收复。查该县久沦匪手，社会组织被匪破坏无遗，一切善后统由谢县长妥为办理，安辑流亡。

四、收复崇义之经过。崇义县城介于大庾、遂川之间，与南康、上犹为赣州之西南屏障。民国十九年至二十一年，常被赤匪窜踞。二十一年九月二十九日，余军派队搜剿营前、思顺、过埠等处残匪并饬该县县长吕伯悫随军前往办理善后。遂于三十日率该县团队先赴铅厂，筹备后方运输，以便进剿。十月一日我搜剿军独立第二旅第一团，并该县团队，分路进攻崇义县城，时占据县城之匪，为独立第十二营及伪崇义游击队，共枪三百余枝，闻风而逃，仅第王营捕获匪兵一名，枪一枝。二三两日，分队搜索附近残匪。四日，第三营林营附率兵两连、吕县长率团队三小队，同赴距县城北三十里之茶潭圩驻剿，并赴各乡宣抚。各该地被匪赤化，时经三年，屡次征剿，均无结果。此次因我搜剿部队，纪律严明，仅三日之宣抚，各地协从民众，皆欣然来归，计自首者数百人，携枪来投者十余人，并有捆缚匪首报官法办者，且反共团体纷纷成立，数年不通之崇义、上犹间大道，至是遂得畅行勿阻。九日第一、三两营及团队两小队，赴过埠各乡宣抚胁从，安辑流亡，三日之间，携枪投诚者计有三十余人，当即组织常备队。十七日，我军第一师第一、二、三等团，及独立第二旅第一团，奉命集中上犹、大庾，于是长潭、杰坝、过埠、金坑、思顺、茶潭一带难民及携枪来归者共数千人，麕集县城，人心惶惶。迨二十一日余军长派兴国常备队陈大祥部到达，人心乃安。未几，我独立第二旅第一团，亦回防过埠、杰坝。二十六日，吕县长率团队一小队进出过埠。二十七日偕温营长率兵两连，进剿麟潭残匪，并以驻文英之常备队黎宗荩部进攻古亭，关田之常备队张胜部，向麟潭会剿，匪向河北逃窜。二十八日，我团队进至上堡，并与湘省保安团长胡凤璋共商联防，适胡团长正督令湘边人民，割取收复地之稻禾，流弊百出，致协从者不敢归来，逃难者归而无食，经吕县长严重交涉，乃允停止。时温营长搜剿至果木一带，即回过埠，遂于十月二十日由上堡回麟潭，四日至古田，六日至官田，八日回崇义城。沿途安抚人民，搜索残匪，先后获枪二百余枝，捣毁伪县政府一所，捕获要匪多人。缴获之枪，即编为常备队，计已编成者，有茶潭、长潭、杰坝、过埠、金坑、思顺、古亭、官田等处八小队，各有枪二三十枝，崇义县全境赤匪，至此始告肃清焉。

(二)

一、麻溪之进剿。啸聚万安县属窑头、金湖、麻溪、武索、良口一带之伪万安、泰和警卫连、游击队、模范营等，人约五百余名，枪约二百余枝，时出滋扰。十一月十七日，万安保卫团向该匪进剿，在麻溪附近毙匪甚众，缴获步枪二十七枝，驳壳枪一枝，搜获伪旗文件及宣传品多件，余匪远窜。

二、安福县境赤匪猖獗概况。伪独立第七营邓正大部、伪警卫营周之胜部，及特务连周明大部，共枪五百余枝，窜踞禾田村、朱村桥、小红边等处杀人越货，为所欲为。十月二十七日，驻军及该县团队，曾一度将匪击溃，旋于十一月内，匪军又增到分宜中心县委少年先锋队，共枪千余枝。同月十五日，伪独立第六营，枪二百余枝。窜踞赤谷，其伪第七军团之一部，枪七八百枝，未窜书山时，以一部约七八十人，乘夜窜入第八区之伍家坑，大肆抢劫，并绑去该地人民戴荣秀等二十余人。十七日黎明伪分宜中心县少年先锋队，及伪渺溪青年团、独立团等，枪四百余枝，图围我驻青溪之县保卫团第三队，卒被该队击溃。十八日复窜至第四区之浮田村，绑去男妇十余人。十九日，山水、田心、郭陂头等处，窜到伪第三军团之一部，及匪军学兵团第一、二两连及警卫营，共枪千余枝。

三、虹桥、三板桥、分水坳及武索等处之搜剿。陈诚军李明师傅旅席团孙营，十一月二日，游击万安属之大社村一带，于虹桥附近与人千余枪百余枝之匪战，毙匪十余名，获枪二枝，手榴弹数枚。孙营士兵略有伤亡。而吉安、安福、永新三县交界天河、西南永新属三板桥附近，伪第八军之一部、分水坳、梅花一带之吉安伪赤色警卫营，二百余名，枪百余枝，九日辰经滕旅第四团及保安团搜剿，毙匪十余名，俘匪六名，余向毛田方面溃窜。又啸聚万安县东南乡武索、石塘之伪第五师萧克部第二团，枪约四百枝，机关枪二挺，万泰伪警卫连、游击队、模范营等共枪二百余枝，经该县保卫团警卫队等，于十一月七日向武索搜剿，获枪二十六枝，俘匪九名，九日向石塘搜剿，获枪五枝。

四、高坪、杨梅塭等处赤匪之击溃及会剿大汾。窜扰赣湘边境之李明瑞残部李宗海、裴天才等股，共步枪千余枝，机关枪四挺，被我余军于横河附近缴枪百余枝，机关枪两挺后，复窜扰上犹属高坪、杨梅塭等处。十一月十三日，又被刘军王东原师张旅王团李、刘两营痛击，匪由间道向东北方向大汾逃窜。至十九日第二十八师董团与余、刘两军会剿，刘军王师陈团占七岭，余军之派出部队占大汾，王师董团占九渡坳，匪窜板桥以北，回窜永宁，余军遂回营前，董团回驻藻林。

（三）

陈军第五十九师杨振，以一团分驻永和、白沙、新圩江边一带，对河东岸警戒，并与泰和王懋清师切取连络。另以一团驻横江、高塘圩，与举州附近李明师滕旅切取连络，余一团及旅部，即回驻吉安马缆塔一带，维持吉安市治安，马旅驻丁田阜、田峡江一带清剿。第五十二师全部，以安福金田举州为进剿中心区域，各部务互相连络，勿过远出，第十四师夏旅李、方两团，以一团分驻吉水、枫坪一带，以一团驻吉安、水东、墨潭岭一带，维持河道交通。第二十八师由泰和抽派步兵一营，进至三都圩警戒。

（四）

一、犯上下利田赤匪之受创。赤匪伪第一、第三、第八等独立师，各部约枪两千余枝，机关枪四挺，迫击炮二门，侦知安福西乡上下利田之驻军，仅第五十二师李明部之吴团两营。十一月二十一日午，遂由永新分两路向我上下利田阵地猛攻，该团中校团附杨祖征率队迎击，毙匪百余名，俘匪数名。吴团伤官长二员，士兵十余名，阵亡士兵三名。匪以安福以西横大路至上下利田，已配有相当兵力，乃向严田以西地区溃窜。当令进驻天河敖城之滕旅，廿六日起，以举州为进出中心，并与金田傅旅切取连络，兜剿该匪，以安闾阎。

二、路口山赤匪之肆扰。吉安、吉水、峡江、安福、新喻、分宜等县之伪独立团、警卫队、游击队等，共枪五六百枝，近由西路窜到股匪枪千余枝。及十二月十七日，自丁江经河东富口村渡河，窜来赤匪三百余人，枪百余枝，沿途大肆抢掠后，即盘踞于六县交界之路口山内，企图于山外扩大赤化区域。继以各地保甲先后成立，各匪首乃相继入山，恃险抗拒。去年二月虽经第五十二师李明部张旅一度进剿，匪势稍杀，但匪等以驻军多固守防地，未能出击，地方迭次请求进剿，间有以未命令为辞者，致各该股匪益肆凶残，离防军数里或十数里，杀人越货，时有所闻。

三、马蹄州之游击。十二月六日，永丰县境，由七都圩方面窜到伪独立师约七百余名，第四十三师师长刘绍先乃派第二、五两团驰剿，至马蹄州将该股匪击溃，毙匪二十余名，俘匪伪特务长张林生一名。

四、沙村之痛剿。窜抚泰和县东岸之伪苏维埃政府保卫团及游击队等，约共千余人，枪五百余枝。十二月十三日，该县县长苏庄率全县团队渡河进剿，十四日上午一时，进占小团州后，即由保卫团副团长率领，上午六时到达冠朝圩东南之沙村，即将盘踞该村之伪万安、泰和县苏维政府保卫团及游击队击溃，毙匪百余名，获枪七十二枝，骡马十二匹，救出肉票二十余人，并将伪县苏维埃政府捣毁，搜获伪旗帜图记反动宣传品多件。我团队负伤数名，共消耗枪弹二千五百余颗。

五、衙前潞一带之清剿。赤匪伪独立十三营胡嘉俞部、伪十二师魏桓部、伪一师谭维俞部及伪八师等股，共约二千余人，枪千余枝，机关枪两挺，十二月十七日窜遂川县属之衙前、桥头一带盘踞，其游击队，时出没于万安县西北之潞田沙塘一带，大肆滋扰。二十二日，第二十八师张团奉命围剿，是日午后三时，在白土街附近与李匪天柱部千余人接触，旋被我军击退，匪南窜上横。二十三日该团续向潞田上横之伪第廿二、廿三、廿四等师进剿，毙伪第二十三师连长戴兴发一名，匪兵百余名，余向永兴回窜。

六、匪犯万安之击溃。十二月廿五日，由兴国窜来枪匪千余名，围犯万安，是日晨已由东南北城外各山占据，并向城内猛攻。该县驻军原系第二十八师董万有团，遂分三路由北门出击，激战四小时，毙匪六十余名，获枪四枝。据俘匪供称，犯万安之匪，系伪兴国县特务团、独立团、万泰瑞游击队及警卫连，并模范师之一部云。

〔国民政府军事机关档案〕

5. 国民党政府战史会编：关于“围剿”福建红军经过史稿

（1932年8—12月）

（一）

一、赣闽两方防剿之商榷。闽省赤匪潜布各地实繁有徒，省军早感清剿不易，疲于应付。八月以来，而赣东匪息，逐渐于西北及其西南，尤以北部为最甚。于时驻闽绥靖主任蒋光鼐及总指挥蔡廷锴，乃于是月之廿六日，分项电陈赣闽粤剿匪总司令乞示机宜。

（一）日来迭接刘师长、周旅长等电称；宜黄、南丰相继失陷，各军分退建昌，黎川之民团亦退闽边杉关，万一赤匪来犯，闽北兵单，抗守俱难，请示方略，并求增援。

（二）闽边幅员辽阔，平时仅有卢、刘两师，周、黄两旅，择要分防，而可用之兵又只有刘师周旅，如果赤匪以大部东侵，抗守自属为难，而十九路军分向闽西推进，亦难抽调闽北增援，诸此情形，当在洞鉴中。应如何部署抗守之处，敬乞示遵。

（三）职意赤匪如在最近期间，来犯闽北，赣东部队策应不及时，周旅孤悬光、邵，刘师分防延、建，均恐各个击破，以械资敌。故拟定周旅于万不得已时放弃光、邵，结集将乐附近，刘师刻集结于顺昌、洞口、建瓯一带，择要扼守。此外则令现驻浦城黄旅，以大部进驻建阳，以为右翼声援，再令卢兴邦师向沙县集结，以策应将乐。其省防军陈军辉旅，则令填防尤溪、永安，而延年至福州沿江防务，则拟以现驻福州十九路军之谭启秀旅及省防军萧叔宣部担任，并预备策应刘师。但按此项计划，如果大部赤匪东犯，仍恐无济。惟我兵力既已用尽，余则利用闽北山地之形胜，或可稍事抵抗，以待增援。

（四）此后赣东匪情及军队调动，亦乞电示为祷。

廿八日，即由总部电复以部署意见甚妥。但于大股匪尚未进犯，闽西北边境各县及要点，仍须酌派部队驻守，以保卫地方，且可迟滞匪之前进。至不得已时，即向预定地点集结，希统筹酌行之。现赤匪大股因南城阵地坚固不敢硬攻，其大部已渐由新丰街向南丰方向退窜。惟尚有一部在南城对我警戒，此间业令该处驻军即行出击，向匪猛追，并令第十八军之一部，于今日到达宜黄、二都之线，向匪侧击矣。

刘师长和鼎亦于艳日电陈总部称：项奉蔡总指挥转奉总司令何宥巳电节开：恐赤匪退窜闽北，令闽北驻军集结兵力，扼要防守等因。查职师及周旅防地辽阔，交通梗阻，匪徒凭峙山险，出没无常。为维持地方计，故驻军分防以连营为单位，势难团结，若此时结集过早，而闽北各匪势必乘虚蠢动，且一旦与赣匪相连，则南城友军恐被威胁。拟暂守原防，严为准备，果有一部赤匪窜扰，将近接触时，再行逐步攻击。兹预定办法如下：

1. 周旅除以一部控置邵光外，大部集结泰宁，第一百六十七旅集结建阳、建瓯，第一百六十八旅及马鸿兴部，集结将乐、顺昌。

2. 如赤匪大部来犯，则周旋撤离将、昌，一六八旅及马部，集结顺昌、洋口，一六七旅集中建瓯，一六六旅集中延平，以建瓯、延平、洋口为最后之据点。此后则应情况之转移、运用主力于一翼，扼要截击。

上述部署，比经总部电复许可，并于九月六日特电蔡总指挥略云：此次赤匪北犯不逞，虽暂时退回赣南老巢。但其企图出路，掠取物资，势必于最近期间乘虚回窜。现在闽北卢师及周旅之防区，兵力较单，且邻匪区，诚恐乘虚窜入闽北，则赤祸蔓延，至为可虑。务盼妥为措置预筹防堵。当据蔡复以已分饬卢师及周旅，妥为结集兵力，以备防堵，并饬刘师长速将防区内敌匪肃清，结集后方兵力，以便相机增援。至万不得已时，亦可将驻省谭旅推进延平，以厚兵力而便协剿，俾使匪势不致蔓延。总部以处置甚妥，并饬令各部扼要构筑强固工事，作持久固守之准备。谭旅以控置于能适时应援闽北各处之地点为宜，如有准备将来放弃之地点，则将其地之物资先行移出，取缔民间不准于其地屯积物资，致为匪所采取。此为八九月防剿预商之概略也。

二、崇、浦方面防剿之经过。先是窜扰浙属二十八都之匪，于九月七日，由刘和鼎师长分饬建瓯刘旅、浦城黄旅聂团协力派队兜剿，实则先经聂团孔营堵击。但以兵力未齐，匪仍在浦属盘亭负固增兵，复由黄旅派队增援，以形夹击。十日，据黄旅聂团电称：鱼午抵盘亭，与匪接触，仅一小时毙伤匪数十，不支向二渡关窜去。据探报二十八都之匪亦窜退广丰，已令各部队搜剿，分布各要隘防守。但就总司令部十三日之电知及王师长锦文之通报，方、邵匪部七团，枪约三千余枝。又广丰之匪枪约千余枝，人倍之，在杨村集合，似仍将困扰闽北，刘师因饬崇安王团严为堵剿。十五日，刘旅据驻赤石桥街之李团寒电称：伪独立团已到杨庄，并向各区强派粮米。又据李团长删申电称：赤匪先头千余人，今晚已到赤石北五里之新阳。铣辰电称：本晨已于赤石、星村等处与匪接触，当时电话即断绝，现赤星两点，均在激战中。当由刘旅长令驻建阳甘团，相机连络增援。十七日午据李团长报告：赤匪方、邵先头匪部，约二千余人，于丑突向我星村、赤石两处奇袭。当令驻赤石罗营及星村王营，同时迎击，自率李营由武夷山抄袭赤匪之侧背，激战至午前十时，毙匪约二百人，匪溃退二十余里。午后二时匪增援约六千余人，枪四千余枝，我星赤两点遂同时被围，并以一部牵制我武夷山阵地，激战至五时，罗营始由赤石冲出，进入武夷山阵地，匪又将武夷阵地包围。同时得王营长报告：星村甚为危急，遂率罗、李两营冲出重围，向星村急援出。王营终以匪众我寡，援兵又难立至，因暂退集崇属山前。刘师长因饬令在原地待命，令旅长率甘团向前增援，以便痛剿。廿日，据刘师电称：赤匪方、邵部，仍盘踞赤石、星村等处。我甘、李两团，在建属之仙店、兴田一带，严密布防，一俟兵力结集完毕，即行进攻。廿六日，刘师转据刘旅敬电云：今由李团长率该团一营进攻星村、仙店之匪。又据李团第八连颜连长由匪区逃回建阳报称：此次攻赤石之匪，为方匪亲率之伪第八十一、第八十二、第八十三等团，攻星村之匪，为第八十四团，枪约三千余，机枪十余挺，尚有兵为两团在铅南之杨村。又据聂团刘营由石板电话报告：浦城之匪已窜去，方向不明云。

三、浦城之被陷及以后之经过。九月十八日，赤匪由蹄溪窜浦城西乡，人约两千余，枪七八百枝。驻城兵少，登城抵御，情势危急，当时松溪政和部队，俱奉令进援，刘旅亦派队驰救，均以应援不及，于二十日被陷。二十三日午蒋主任特电总部略称：闽北兵单，请饬赣边部队入闽兜剿，谅达钧鉴。顷复据陈副师长万泰养午电称：职团刘营长由石坡电告，匪已攻陷浦城，请代达黄旅长，请示退路等语。查浦城既陷,今后情势当以建阳为重,除饬先将两城兵力结集侦明匪情后,视兵力所及,予以痛击。并电黄旅长迅饬该旅赴援部队,会同刘旅速复浦城外,恳迅请浙赣边部队入闽兜剿等情。现崇、浦既失,除抽调部队驰援外,但道远恐救援不及,恳迅饬驻浙赣边部队入闽兜剿为祷,仍乞电示遵。总部复以匪陷崇、浦,至为系念,饬浙赣边部队入闽兜剿,自当照办。惟浙边兵力有限,难以远出,赣中正由铅山派队进剿,因须经过石塘、杨村、车盘,全系匪区,恐沿途剿击,尚需时日,缓不济急。应一面由闽调队赶援,双方并进,收效较易。

二十六日据戴岳敬亥电称:

(1) 方、邵、周各匪,于漾日向崇安逃窜,浦城已收复。

(2) 拟督率在廿八都之保安队三、七两团,协同赵师丁旅及王锦文师,肃清广丰、浦、崇一带之匪。

(3) 职旅练、陈两团,尚在德兴属之白沙关、青板桥一带清剿中。

二十七日,玉山赵观涛司令宥电,亦报称浦城于漾日收复,匪向浦、崇溃窜,方、邵大股由闽窜集铅山以南之石垄。已令王锦文师主力经紫溪,周浑元之一旅向杨村方向协同进剿,希饬闽北部队,速以全力恢复崇安,向匪跟进,以便与此间前进部队合歼此匪于铅、崇边境。

三十日据王锦文艳未电称:

(1) 方、邵匪众六七千人,枪四千余枝,本日在铅南紫溪与我激战中,车盘、石垄情况不明。

(2) 此间已令周浑元师之一旅,归本师指挥,由杨村附近向紫溪夹击,六师丁旅由广丰转向上饶南之四十八都前进协击,希饬闽北部队及刘和鼎师向崇北分水堵截。

十月二日,据赵观涛东巳电称:据报铅南紫溪之匪,经王锦文率部进剿,昨晚由车盘附近向东北方溃窜。本日拂晓王师长亲率各部跟踪追击，六师丁旅本晨进至炉坂兜剿，请饬大西坑驻军向温林关、寮竹关各处严堵，杜其窜闽，并派队堵剿，以期歼灭。

六日总部电示，方、邵股匪已由闽窜铅南，经王师于紫溪、港口一再击溃后，经杨村小道北窜，在青纱湾偷渡，又被我周师段团截击，伤亡极众，现其大部已强渡信河，窜回横峰以北老巢。据匪供，仅有独立团及辎重尚在铅南杨村附近崇山中，是闽北现无大股股匪。因饬五十六师刘旅，迅向大湾前进，俾与六师丁旅连络，肃清分水岭一带残匪。

（二）

九月十二日，蔡总指挥电陈总部略称：(1)业经遵照前月军委会宥午战电，转令刘师及周旅集结延平。(2)闽南部署如下：

甲、沈师主力在和溪，邓旅守适中。

乙、张师杨旅在抚市，必要时退永溪与和溪犄角，其余集山城为漳州之屏。

丙、区师以一团在华安，主力在水潮、金山，必要时推进和溪。

丁、毛师以两团守安溪、全州，主力集长泰，为总预备队。

戊、特务二团、各师教导队集漳为警备队。

己、各地均经构坚固工事、贮备粮弹及卫生材料，以资久战。

按上述所定部署后，自十五日至二十一日一周间，迭据各部队报告情如左：

十五日，据沈师长光泽寒酉电称：

1. 杨旅报称：虎冈到伪第五军团独立师及伪十二军团第三十四、第三十五两师。

2. 刘旅报称：龙岩城系伪独立团窜据，大池墟专池墟及龙门一带，到孙连仲叛部二千余。

十六日，据张师杨旅寒午电称：

1. 坎示现到赤匪前锋五六人，高坡桥一带驻伪第一、第三十四、第三十五两师及伪独立师约五千余人。

2. 据土民称，连日赤匪在高坡、虎冈两处集中，并勒民众输运。

同日又据张师杨旅删电称：据坎市坐探报告：

1. 伪十二军约四五千人，现集中埵上、洋北山、西坡一带，今晨有千余开孔关。

2. 伪第五军团即孙连仲叛部，约六七千人，现在白沙大小池等处，先头已到龙门。

3. 坎市现有匪七八人，大排千余人，大部在西坡岭一带。

4. 又据龙岩保卫团报称：龙岩城到赤匪一大队，大部在长毡续进中。

廿日，据沈师电称：

1. 龙岩伪第十二军，约千六百人，每日派一小部向白土圩窜扰，龙门为伪四军之一部，其大部在汀州。

2. 汀州至龙岩每日沿途有匪运伤病匪兵向汀州行进，中田有匪二百余人，枪百余枝。

廿一日，蒋主任光鼐又电总部云：迭接各部皓智两日电报匪情，除直接报告钧部外，兹汇报如下：

1. 浦城孙县长皓电称：昨有匪数千，枪八百余枝，侵入蹄溪尾，本日进攻西乡街，现达城边攻城，乞援。

2. 蔡总指挥号电：

(甲)赤匪独立第八师两团，人枪匪各约六七百，驻孔关，伪第三十四师人枪约八百余，驻龙门，伪第三十五师人枪约九百余，驻富岭头。

(乙)坎市共匪三四百人。

(丙)罗匪炳辉伪卫队约三百人，在永定属之合溪。

3. 陈副师长万泰智午电称：据浦城聂团长皓电，匪团攻浦城，现尚在激战中。又智巳电，匪势浩大，众寡莫敌，请就近派队增援各等语。

总合各方情报，赤匪大有窜闽企图，闽南有十九路主力在，尚堪堵剿。惟闽北兵力单薄，防区空虚，除饬驻闽北各部队集结兵力固守，并酌调部队增援外，请饬驻赣边部队相机入闽兜剿，以收夹击之效。当否，乞示。漾日总部电复如下：

一、闽西之匪，系罗炳辉部伪十二军之第三十四、第三十五两师及独立第八师，约七千人，枪四五千枝。现该匪兼任福建军区总指挥，原在闽西一带之第二、第三、第四等独立旅，均归指挥。浦城之匪，系胡公冕、周元煌之股，窜扰于闽之廿八都庆元及赣之广丰者。崇安之匪，系方、邵一部及邹琦独立团，常窜扰于赣东及铅山以南者。

二、朱、毛大股，尚在雩都、马鞍石、兴国一带，据由匪军逃回之第二十六路军官报称：匪对闽境，因言语民情及沿海外舰、贵军兵力雄厚之故，尚不敢深入。其进取目的，仍在吉、赣，企图打通赣河两岸，完成赣南赤匪，俾与湘鄂边境各股连成一片。惟闽北防军力薄，或竟乘隙窜犯，扩大赤匪，掠取物资，亦未可知，除饬赣东部队速清铅、广以南之匪，以便进出闽边兜剿外，务希集结闽北部队，先将崇浦之匪击破，以便协同夹击为盼。

（三）

一、匪情及处置。十六日据南丰县长凌坚白寒电称如左：

（1）伪第五军团、第十四军于文日窜广昌，第十三、第十五两军仍盘踞甘竹。

（2）伪第七军，由洽村窜往长桥水南。

十八日，总部据报：近日赤匪由广昌东向建、泰方面转移，一部正过建宁，其余尚在建宁以西渠村重心客坊之线，继续前进，企图进袭建、泰。特电询闽方对进犯闽北赤匪之如何防剿，及能使用之兵实有几何，着迅复以便统筹。当复以第十九路军正向闽西南推进，对闽北势难兼顾。此外更无部队可抽调，如果大部来犯，即令周志诚旅节节抵抗，至万不得已时，则集结将乐力堵。可否饬赣东部队，跟踪会剿。同日总部又电云：匪如窜建、泰，驻南丰李云杰军，可抽出约一师兵力出动，但须福建方面有部队与之会剿，否则恕不能单独进击也。

十九日总部据李云杰电云：据伪三军投诚之司书供称：彭匪德怀率匪万余人，筱晚在康都宿营，其先头部队已过樟村、横村，巧午可达占黎川。伪五军团由康庄向闽之建、泰方面前进。伪一军团不明，铣日见伪命令中，有第一方面军，以夺取泰安为目的。又据孙连仲巧酉电：黎城刻已被陷，闻后续之匪，尚有万余人各等语。是伪第一、第五两军团，窜向闽北，伪第三军团进犯黎川，已极明瞭。总部因令在南丰之李云杰部，以主力向黎川进剿，以资威胁。并调许克祥师三团及孙连仲部池旅，固守南城，而以一部防守硝石。并以上述情况电达福州蒋主任及延平蔡总指挥，并嘱随时电告闽北各部防剿情形。

二、闽北各军之部署。总部十九日，据蒋主任光鼐电告十九路军筱日已进龙岩、坎市之线，而在泰宁之周志群旅，则以匪众我寡，将乐退路又被匪截断，遂退守邵武。闽北兵力，除分防外，更无调用者。现拟以周旅守邵武，刘师一旅守将乐，一旅布防两建及警备崇、浦，一旅结集延平，一俟李云杰军东进，则以刘师周旅出击。至卢兴邦师，因战斗力太弱，故令固守沙永之线。但崇、浦空虚，不无可虑。恳饬赵军一部南进，以为声援等语。当复以部署尚妥，惟建、泰失守，邵武、将乐为重要门户，应各置重兵防守，方有把握，且可限制匪之行动。闽北兵单，又非增派不易肃清，请斟酌行之。现李军已派兵两旅，向黎川南之西城桥出动。至崇安空虚，业令赵观涛军将兵力重点移置铅山附近，并派出一部南进声援矣。

三、建、泰撤退情形，先是据南丰凌县长报告，有赤匪八千余人，一由千善经南隘，一由康都径百尺隘，一由董家店径甘家隘，分三路进窜建宁。十八日，刘师长和鼎，复据周旅筱日转据胡团长报告，由广昌窜建宁之匪约有三万，匪首为朱德。黄土铺之匪，计在三千，本晨向均口官铺转动，黄土铺续到匪约二千，里心亦到匪三千，朱德驻在尖锋。本日由石咀分一部移窜康都、渠村等处。均口、黄土、里心，各距建城不过三四十里，其趋势似在围攻建、泰。又据由匪区逃回之兵报告，匪在广昌开军事会议，企图窜闽北，并议绕道清流、归化、将乐，取大包围形势。巧晨据确报，均口、官铺之匪，现在继续前进，距弋口仅二十余里，已经超过泰安。杨岳斌所部匪众，距章村只二十余里。在此情形中，胡团孤立建宁，实嫌突出太远，刘师因依筱电所拟计划，撤至泰宁、西乡、大田市一带扼堵。且匪以三万之众来犯建泰，周旅兵力单弱，势难与抗，因令于不得已时，撤退将乐扼堵，并电恳总部由赣派相当兵力跟踪入闽夹击。旋于皓日电复云：窜闽之匪闻系伪一、五两军团及伪十二军一部，其伪第三军团现窜黎川，已于巧未陷黎城。赣方部队现可调动者，仅南丰方面之李云杰军，可抽出入团兵力。但已令其向黎川进剿，闽北方面，可商承蒋主任速筹防堵，俟李军驱逐黎川之匪后，当令向闽进剿也。十九日据刘师长和鼎转据顺昌桂旅长皓晨电称：昨晚周旅在泰宁西十余里之处，与匪激战，今早泰宁电话不通，似已因众寡不敌，向邵武方面撤退。已饬驻将乐之邱团派兵一连向泰宁方面侦察一切矣。二十日，据桂旅电话报告：匪至泰宁后，尚未猛进。周旅现在龙胡集合部队，本日可到邵武，将乐之马岭，现发现少数赤匪，我邱团仍在将乐扼守云。

四、放弃邵武撤退两建之原因。二十一日据周志群电称：巧日与弋口渡河之匪激战颇久，自度众寡悬殊，无倖胜理，决定黄昏后节节抵抗撤退将乐。皓日拂晓，匪复增大部并力猛攻，只得令全部预备增援，极力暂时抵御，而将乐方面右翼之匪部尤众，火力更烈，将通将乐之大道全被遮断，迫不获已折退邵武。是役激战两昼夜，所受损失计在三分之一以上，现正设法收容。但匪仍有向我追击之模样，将乐方面顾虑尤大，乞示处置。总部以周旅苦战两昼夜，并大受损失，特令迅速收容整理，仍在原地与刘师固守待援。并云已电蒋主任、刘师长速即派队策应。另电李云杰军，派两旅向东进击。盖以邵武为闽北重要门户，关系至为重要也。二十三日，刘师桂旅养戌电报：赤匪于马夜在泰宁属之梅口澈夜渡河，本日先头已达到邵武属之大埠冈，进扰邵武企图已证实。养日刘和鼎特电总部略称：前奉蒋主任转奉钧部电饬，于将乐、邵武各置重兵。咿日电饬职部以主力协同周旅固守邵武、将乐之线，惟本师兵力，除一六七旅布防两建外，可活用者为一六八旅及一六六旅。现一六八旅之三三六团，前因建阳协防，已调向将、顺集中，一六六旅回防延平。惟原驻泗溪接防之省军陈旅，刻尚未到达。但查将乐形势无险可守，现在此间兵力不及两营，中隔河流，与后方连络困难，无异背水作阵，匪军惯用抄袭，如果进犯，势必超越将乐，直趋顺昌、洋口，届时将乐后路被截，顺昌、洋口与延平之连络，即为中断。又据周旅马酉电称：犯邵匪众，本部力弱单竭，无力抵御等语。总顾当前之兵力，及悍匪之企图、原定固守将乐、邵武之线之计划，如有变更必要拟至万不得已时，令周旅会合一六七旅固守两建，一六八旅固守顺昌、洋口，一六六旅兼顾延防，相机策应，姑俟赣部队到闽，再行出击。当奉复以退守两建、顺昌，乃为不得已之举，务须激励官兵，具死守之决心，谋固守之处置，以待增援，不得再行后退。廿四日据周志群报告：泰宁、黎川之匪，养晨分路来攻邵武，比经派队增援抵抗。但部属经新挫之余，处匪众我寡之势，弹尽援绝，抗战无术，不得已乃拟撤退洋顺。而洋塘、拿叟大道，又被遮断，更须三渡大河，于万不〔得〕已之中，始撤退建阳待命，已于本日到达矣。追我之匪之巨〔距〕邵城四十里界首，即停止未进。惟方匪现在崇安，可与邵、泰之匪互相连络，雇〔顾〕虑实大云。

五、固守建阳之处置。二十六日刘师长和鼎电称：

(1) 周旅已在建阳收容整理，弹药亦由本师酌予补给，惟给养苦无办法。

(2) 本师桂旅二三五团，现仍扼守将乐，向泰宁、青流、归化警备，刘旅三三三团及周旅，已饬扼守建阳警戒，遇小敌则进剿，非至万不得已时，始终集结建瓯、延平两点坚守待援。

同日总部电令建阳务须固守，并电蒋主任将后方部队向前增加，并核发周部给养。时蒋主任亦电称闽北仅刘师一师，自嫌单薄，十九路军除六十一师正在泉州各县清剿外，余已越过龙岩不能分兵北来。现令刘师集中延平以上，周旅固守两建、顺昌。省防第四旅除仅留少数分防松溪、政和外，其大部增防浦城与浦城建安之间。省防第三旅调驻湾口，接收延平、水口间闽江两岸防务。省防第二旅调据水口，接收水口、福州闽江两岸防务。海军陆战队抽调两团，开赴古田布防。惟省防军及陆战队，素少作战经验，战斗力弱，能否达到任务，均不敢必。赣方如有一纵队入闽，比较稳妥。又浦城重要，请饬浙边部队进驻等语。总部复以闽北兵单防广，不如结集兵力，择要固守，两建延平均属重要，如建阳不守，则闽北胥沦于匪矣。省防旅似可酌量向前线增加，浦城方面已饬赵观涛军酌办，赣方部队只可抽调李云杰军八团作机动。但因现在正与伪三军团全部及伪一军团之一部，在横桥、康庄一带相持中，实觉不能一时单独入闽，且俟赵军围剿方、邵匪军大体解决后，即令转趋闽北，届时闽方能编一有力之纵队与之会剿，则该匪不难聚歼矣。

（三）

一、筹划防剿声中之匪情。十月三日，刘师长和鼎据将乐邱团长电：将属新光、马岭，邵属陈家桥、昌屯波等处，发现赤匪四百余人，有向建阳进犯模样。又建属黄坑有伪独立团，林彪、罗炳辉两匪首在邵武城，刻正赶做棉衣，归化艳日到匪一师，卅日又增匪千余，伪十二军到泉下。同日奉蒋主任艳电：以闽北兵单防阔，拟调十九路军一师以上兵力协剿，已饬毛师张旅由泉开拔，因船少到达需时，必要时可先调驻省之邹团，因调邹团先开延属下道，俾蒋旅得随时向前策应，并请调毛师向延平转进顺昌、将乐，本师则移集两建，如此，闽北防务，益增巩固，尔后会剿大计决定，即可逐步进剿矣。旋奉电开：邹团明晨向下道开驶，张先发可于东日在秀涂装载到省，即令转赴延平集中。至该师将来使用于两建、抑将乐方面，俟会剿计划颁到再定。

十一月四日，刘和鼎称：奉蒋主任江电令集中兵力，相机前进，收复失地，拟俟张炎由省到延，即率蒋桂西旅集中将顺，相机向建、泰、宁进剿。五日，据报邵武之匪，已有一部向泰宁退去，邵属之磨口、麻沙、杨塘有匪警戒部队二三百名，该县食盐多被匪搜去，运往他处。

八日蒋主任光鼐，电告建阳现在兵力已有三团以上。今由闽南抽调十九路军五团，张炎旅已到福州，余两团尚在输送中，即日推进延平，静候总剿命令。惟十九路军已处处分散，俟后任何方面，欲使用主力，均感困难，应请总部统筹指示。

九日刘师长和鼎阳戌电称：邵武城仍有伪廿二军三四千人，界首到匪一团。同日南城刘县长庚午电称：

(1) 新丰街已被我第二十三师收复，匪退上塘，是处共有匪千余人。

(2) 硝石之匪，为伪一军团第四军林彪部，曹家亭为伪十二师，洪门有匪一连放哨。

(3) 资溪有匪进扰，离城仅二十里。

(4) 田上、塘圩至黎川间，为伪三军团部。

十一日刘和鼎电称：遵蒋主任青电，对总部计划未颁到以前，拟定本师及毛师张旅协同进剿，部署如下：

一、以本师桂旅三三五团附张旅，经将乐向泰宁进剿，三三六团留守延平。

二、刘旅固守两建，兼防崇匪。

三、蒋旅文日由延平集中，师长俟张旅长炎到延平后，即赴建阳督率蒋、周西〔两〕旅，向邵武进剿。十五日，总部电示刘师及蒋主任云：据报匪之大部似尚在黎川及南丰以南地区，巨〔距〕泰宁不远。又据投诚之彭德怀参谋长供：匪将以建、泰为根据。如向泰宁进剿，兵力须及十二团以上，进剿邵武，须在六团以上，如不足，不若仍以两旅固守两建、将乐，以张旅及刘师主力进窥邵、光，以断东窜之路，彼时赣省进剿部队，亦可集中完毕，然后合剿较为稳妥云。同日又电云：据邵属难民电称：陷邵赤匪，确已饱掠回窜，余孽勾结地痞为害更甚，恳饬闽军星夜进剿收复勿延。又据江电称：彭匪在邵者有一千人左右，只在近城洋堂一带设置哨兵。我军可分三路进剿，一由吕口、上书坊经米坊、拿口绕出寺前乡，截其向泰退路，一由界首、邵武四都经翠霞、新渠、一都、金山越洋过渡，绕城西登高山，邵武团丁均集此间，可作向导各等语。希查核办或作参考。十八日总部电示：伪一、三、五等军团，仍分驻两建、光、邵及黎川一带，其罗匪之部向资溪窜扰，似有与赣东方、邵匪取连络，胁威信河企图。此间正在部署进剿中。

二、恢复邵武部署及赣东军进剿情形。十一月十八日蒋主任光鼐电陈总部如下：

（一）目下闽北兵力，除刘师及周旅外，六一师张副师长炎所率四团，刻已全部到达延平，至七八师二三二旅两团，现在延平以下清剿沿江股匪，俟肃清后，亦可向前推进。兹为闽北指挥统一计，特令张副师长归刘师长和鼎指挥。

（二）在总部计划未颁定以前，为将来总攻容易起见，拟先恢复邵武，所规定之部署如次：

甲、以新四旅（周旅）及五六师刘旅，向邵武进剿，相机收复之，两建防务由五六师蒋旅接替。

乙、桂旅即在顺昌、将乐原位置，但须派出一部游击泰宁以东地区，肃清小匪，保护农民收获。

丙、张炎所率四团，结集于延平附近，派出一团推进顺昌，担任肃清大干、拿口间之间之匪，并为攻邵队部声援。

当否乞示遵，并请转赣东部队知照。比于皓电复，部署甚妥。

现在罗炳辉部转窜资溪，近复进犯金谿，似有连合方、邵企图。光、邵之匪，现必不多，然为制匪东窜及协剿资溪、黎川一带之匪起见，则进窥邵武之部队，须以比较有力而能取坚决神速之动作者，收复邵、光为要，似应于周、刘两部外，另加生力部队，由刘和鼎师长指挥，即向邵武进剿，勿延为盼。并电刘师长令与蒋主任迳商协剿勿延。

二十一日，蒋光鼐复称：我闽北部队，共有十一团，以之分布将、顺、延平、两建已嫌薄弱，若以大部出邵、光，万一匪以主力由将、顺抄袭延平，福州空虚，至为可虑。故以张炎旅大部置延平，以固根本。巧申所陈，规复邵武兵力部署情形，实嫌薄弱，刻遵钧旨饬张炎旅增派有力一部，由顺昌向拿口增加。至七八师两团，尚在沿江搜剿，任务完毕，再开顺昌，加入前方。

二十二日据刘和鼎皓未电称：遵蒋主任令，留延平指挥两路，派副师长率周、蒋两旅相机规复邵武。总部当电示以赤犯全部麕集金谿、资溪，及其以南之杉关一带，我军务乘其离巢之时，迅予歼灭。现赣方已编三个纵队进剿，并令赵观涛军长集结兵力于贵溪、铅山迎击。闽方须编一有力之纵队，于本月三十日以前进出邵武，会同进剿。

二十四日刘和鼎电陈云：奉养已电饬编一纵队，遵于漾午报陈。奉蒋主任马申电：增派六一师教导团(欠一营)一团，定有日由延开赴顺昌，合一七三旅之三六六团，由拿口向邵武策应。本师各旅任务，已迭陈在案矣。比陈蒋主任所拟定之各部署如下：

一、周旅及本师蒋旅，并马鸿兴部，沁日由建阳向邵武，六一师之一旅及教导团有日由延平，沁日由顺昌向邵武同时进剿，统限三十日以前达到邵武。张旅长有日由延平出发，经建阳赴前方指挥。

二、接罗卓英敬酉电及吴奇伟有辰电：罗师经戴房、龚坊、公坡，感日全部可集中崇仁，吴师欧旅宥日可到崇仁，其余交防后，宥日可完全出发，向崇仁跟进。

二十五日总部电示，据报金谿之匪，向资溪退窜，进犯浒湾之匪，亦向清水桥南窜。我军一部已进至金谿，孙连仲之一部，已出浒湾，并令两南部队侧截追剿。

同日刘师长和鼎电询我赣方纵队进展情形，乞随时见示，以便与之连络。比于宥已电复如次：

一、伪一、三、五、军团，及伪二十三军，以秘密敏捷之行动，向我从未驻军之金谿、资溪地区侵犯，经我孙、李、许各部，在浒湾、东冈岭、南城北韩婆岭、清水桥等处迎击，于马日激战两昼夜，匪伤亡达三千余人，缴获匪械约两团，复经我军一部，由北方上清宫向其侧背胁威，匪始不支，于漾日下午，向资溪、杉关、黎川退却。我周师李团进入金谿县，部队先头进出浒湾以东地区。

二、我军以歼灭此匪于匪区以外之目的，部署大要如次：

1. 以第二十七师进入金谿，以第十一及第九十两师向匪追剿。

2. 第二十三、第二十四两师，即由南城派队向硝石、资溪相机截击。

三、贵部按照原定计划，于三十日以前，恢复邵武，北进堵击。

二十八日，蒋主任电称：今日抵延平，经饬刘师蒋旅及周旅于感日由建阳莒口，张炎旅由顺昌大干，于明晨向邵武前进。惟两路中隔大河流，占邵武后不易连络，请饬赣方部队，勿使与匪脱离接触。

二十九日，蔡总指挥电告：以后刘师周志群及本部统由蒋主任主持，向邵武北进。刘师于艳日进驻莒口，张炎到大干对岸北十里之富屯附近宿营，明晨续向卫闽前进，先头部队，明晚可到拿口，蒋、周、马各旅亦到达莒口，明日继续进剿。

十二月一日，据张炎电称：陷未到洋塘、洒子桥附近，天晚不能渡河，决明晨渡河，向邵武前进。同日又据刘和鼎电称：三十日率部进驻界首，蒋、马两部艳日到麻沙，周旅到叶坊，先头到太白，本日一八七旅附邹团，已到洋溪桥、洋塘，马部进邵武城，匪三百余人向水白街逃窜，马部进四都进剿，各部拟明日进驻邵城。

二日刘和鼎电称：本日率部收复邵武，伪二十二军已于效日向光泽退窜，伪十军独立第一师王立贵股数百人，向西北退窜，与我右侧支队马鸿兴部遭遇，经痛击，仍北向光泽方向逃窜。惟据报彭匪德怀，现由金谿向资溪退窜，林彪股由珀玕向黎川以北之大小竹退窜。我陈指挥所率各军闻自冬日起，向金谿及其东南地区进剿。

四、收复邵武后之匪情汇报。当邵武收复匪窜光泽之先，总部即令刘师长于到达邵武后，须步步为营，不时变更我军队之队号及驻防地点，使匪不易侦察，或出其不意，予以痛击，常使我军处于主动地位。并令陈总指挥到达资溪后，即与刘师确实连络。盖以匪势蔓延，如窜抚失败，必转而图南，再犯闽北也。五日晨刘师派马支队向光泽前进，据报匪情如左：

1. 光泽城内，新由赣边窜来赤匪千余人，携机枪甚多，合旧有之匪约两千人，其城垣布有机关枪及迫击炮多架，距城五里之建潭，有匪前哨约三百人。

2. 伪一、三、五等军团，群集黎川，北窜邵武、建阳企图，尚未明确等语。

九日，据刘师长和鼎鱼电略称：各处败退赤匪，现均窜集黎川，约二万人，有死守黎川，顽抗国军之企图。似此，则我于此方进剿兵力，应具相对之优势。请示如何增加兵力，迅歼此匪，以便遵行。

十一日由总部电复如下：

1. 据报黎川匪仅万余人，枪半数，子弹甚多。

2. 伪廿六军六四师，被马支队击溃后，向杉关及黎川方向退窜，前哨现在水口，大部在上马一带。伪廿二军政治部在黎川东北四十里之湖坊，毛泽东亦在此。

3. 泰宁有赤匪及土共千余人，建宁有赤匪千余。

自是，连日各方匪情报告，极为繁杂。然以于防剿上无足重轻，故从省略。至十五日，据刘和鼎盐电所报匪情，似较扼要，其概略如左：

1. 泰宁城前日增匪千余人，大田已由黎川等处窜来二三千人，黎川属中村站有匪千余。

2. 硝石已无匪踪，伪三军团现驻黎川，五军团在黎城附近，伪一军团在黎川，至建宁道路沿线一带。

3. 黎川城内之匪，文晚有大队由南门外而去，企图未明。又有化整为零以三五十人，或八九十人为一股，分伏山林之样。

4. 光泽西之大庙高盐晨到匪一股，人数未详。邵武西南亦到匪千余人，元晨有匪千余，经金坑、上关进犯汀口光泽硝石之匪，亦东移胡坊、枧原一带，企图不明。

十六日，据刘师长电称：赤匪万余，分三路犯邵，其大部于元日经金坑东进，其先头千余，机枪十六架，盐未到达洄山街。申刻我一八三旅阵地前方，发现匪徒约数百，同时廖家排有匪数百，向莲花山、拿口急进。龙首亦到赤匪五百余人，其对岸有匪二千余。我马部因恐被匪截断，先于其晚之十时，绕道河左岸撤回邵城，经龙首时，匪已达到河之对岸。因有一连尚未到达，除令各部进入阵地，相机出击外，乞饬赣方部队速向黎川、资溪以东地区推进，俾收夹击之效。

同日总部即电陈总指挥向黎川推进夹击，并派航空队每日施行侦炸。

复据刘和鼎铣电，据投城匪兵供称如左：

1. 在黎川之伪一、七、四等军团，约三万人，悉数由黎川分三路两日到达邵武。因恐飞机侦炸，均于夜间一时出发，至次日上午巳刻，即停止休息。出发时，由朱德训话等语。查匪此次东犯，夜行晓宿，其计甚巧，其行甚远。今虽处我于四面包围中，但终不接近我。察其目的，不外三种：（甲）诱我出击；（乙）以小部扰乱使我疲乏，再以大部豕突；（丙）邵武存粮匪已运磬，城中存米无几，多作长久围困之计。恳饬赣方各部，急向黎川以东地区急进，免为所算。

十八日，总部电告：据报匪主力，似盘踞建宁、黎川附近，而以建宁为其根据，向我作顽抗企图。我陈指挥所部抚河方面部队，拟即结集金谿以南，及西南附近地区，以后即向该匪进剿。现闽边邵光相继收复，该师主力及张旅，可转向西南压迫，俟陈指挥与黎川方面之匪决战时，即将机夹击，不难一鼓而歼灭之也。

是日，据刘和鼎、张炎等铣未电称：本日上午十时，我飞机到邵，匪之枪声即刻停止，当令阵地各部同时出击，退至二三里始回原地。据报匪大部份向古山大埠冈退窜，又据伪三军团及伪廿二军投诚匪兵所供亦同。

二十二日，得马日刘和鼎电称：黎川北门外及东门至熊村，共驻有赤匪约三万人，番号不明，有枪者十分之六，坏枪占五分之一，水旱机关枪约三四十挺，迫击炮数十尊，子弹每人平均十余排，机枪弹极少，以现洋盛于箱中，伪称子弹。咸日赤匪犯邵，朱、毛均在古山，伪三军军长及伪第七师参谋长，有被击毙之说。匪以我邵武工事坚固，彼方子弹缺乏，恐受重大损失，故隔日即退，现匪大部又退至黎川属之丰坪、熊村一带，金坑有匪千余。

二十六日，刘和鼎宥电称据探报如左：

1. 匪之大部，均窜黎川之西南横村、樟村等处，有窜建宁模样。

2. 光泽属之西南五都地方，有伪九军第二十四师，约二千余人，枪半数，将窜泰宁。

3. 泰宁城外有匪五六百人，城内有伪五军团一部，约千七八百人，枪约千枝。

兹于宥日派马鸿兴部规复光泽，向光泽之匪进剿。建阳西北之竹溪垅一带，有土赤数百盘据滋扰，已令一六六旅派兵一营，会同一六七旅之麻沙驻军进剿。

二十九日，刘和鼎俭未电转据马鸿兴电话云：由黎川窜来赤匪三千余人，已到水口、五都一带，有侵入光泽企图。当令以主力进驻光泽东南四十里之龙湖，以一部进驻和顺一带待命。本晨又据电话，匪已窜陷光泽。

三十一日，据刘张〔师〕长电报如左：

1. 邵西古山一带，时有赤匪出没，金牛、丰坪常有赤匪及土共三四百人往来窜扰。

2. 沁日由黎城经中站窜往光泽之匪，约三千人，步枪全，机枪九挺，中途分千余人向熊村窜去。

3. 赤匪伪三、五两军团十二及伪三十六等军，在樟村、横村、熊村一带，黎川城内有匪约五六千人。

（四）

十一月蔡廷锴总指挥为清剿闽西方面之匪，特令第六十师沈光汉派所部两团，并张贞师杨逢年旅之两团，分向大小池、古田、蛟阳暨大洋坝，及其以西地区之赤匪进剿，当由沈师长饬令本师张旅及张师杨旅，于是月二十八日同时开始清剿，一趋大池、小池、古田、蛟阳，一趋虎冈、大洋坝一带，然后会攻灌阳匪区。复于十二月三日，以恢复杭、永交通之目的，令张、杨二旅，于五日分由大池、虎岗，开始粤军黄任寰部合向白沙会剿。兹将两旅游击情形，及会剿经过，辑次于后：

甲、张旅游击情形及会剿经过。

（1）搜剿小池赤匪情形

十一月廿八日上午七时，由张旅长亲率该旅第三百五十五团及第三百五十六团各两营，并附无线电第六站及保安队民团一部，由龙门出发，经考塘、石牌前向小池之残匪搜剿，另令驻铜砵之第三百五十七团黄汉廷率所属两营，由铜砵于是早六时出发，经山后退出小池、京园后，即占领阵地，并迅派有力之一部，占领小池西北白水寨山及后龙山，担任截击。两路均于是日上午十一时前进抵小池，讵小池残匪无多，未经接触，即溃走大池。是晚因在小池宿营，当派一部向大池追击，行抵隘岑，匪稍抵抗，即狼狈逃窜。

(2) 搜剿大池赤匪情形

二十九日，以龙岩保卫团第廿二队邓烈所部留守小池，以其余分两路向大池之残匪搜剿，右路为第三百三十五团梁营长天荣所属步兵三连，于早七时半出发，经贝畲隘岑向大池前进。至十时许，我左路前卫谭营，进抵大池、老圩附近，发现赤匪伪独立第八师四百余人，占领大池、老圩附近高地抵抗，当经谭营击溃，向巫坑方面逃窜。另有各伪区乡政府人员，及伪赤卫队等三百余人，由大池向古田方面逃窜，适与我右路梁营遭遇，即被梁营之猛烈射击，当伤毙匪四名，伤匪二十余名，夺获伪游击第四大队红旗一面，并公文宣传品甚多，残匪向古田方面大山狼狈逃窜。

(3) 会剿灌洋赤匪及回驻大池情形

三十日，以陈团及保安队民团留守大池，余由张旅率领，于早七时由大池出发，经水竹、洋河、厝紫山前赤高坪，与杨旅协剿灌阳之匪，沿途严密搜索前进。因山高崎岖，程途较远，至下午一时，始进抵灌阳。而杨旅之第二百九十团，已由虎岗截击灌阳，到达在先矣。后据土人云，是处残匪数十，闻风已逃大洋坝。杨旅陈团，即晚回防虎岗，张旅则在灌阳之中村、下村警戒宿营，至十二月一日上午七时，复取原道回大池原防。次日，由各部分派一部及保安队，分赴九曲岭、石铭、外贝畲、平高庄、吊钟岩、郭车游击，只石铭一路，有百余土共稍抗即遁，余路均无匪情。其余各部，则集结大池，构筑工事。

(4) 搜剿古田赤匪情形

十二月三日，以四营留守大池，并办理地方善后事宜，派陈团长率所属两营及黄团梁营，并附杭岩、杭连边界保安队全部，于是日早七时，由大池经水东坑、天池塘、吉当山向古田之残匪搜剿，沿途并无匪情。十一时进抵古田，梁营先行回防，并派保安队进占蛟洋，陈团以四日开回原防。

(5) 搜剿梅子坝赤匪情形

十二月五日，黄团长汉庭率所部及龙岩保卫团二十三队，留守大池，并督饬办理地方善后，其余各部于是早七时出发，经郭车岭上下郭车平坪里向梅子坝、丰年桥沿途搜索前进。下午二时，前卫谭营进至梅子坝，并构有各种强固工事及壁堡，大有占据该地作为穴巢之企图，当被我谭营猛烈冲击，匪亦藉其工事节节抵抗，至下午三时，始被我完全击溃。伤毙匪十余名，获匪数名，并公文宣传品行李多件。谭营亦伤士兵二名。匪分向华家亭、大和康逃窜，又被我岩、杭、连保安队进出邱坊截击，亦伤毙匪数十名，遂狼狈向华家亭方面窜去。

(6) 搜剿华家亭、猫头寨赤匪情形

十二月六日上午七时，各部由梅子坝出发，经小和坑、丰年桥、秋竹坪沿途向白沙搜索前进。上午九时，前卫陈团陈营进至华家亭附近，发见西猫头寨山赤匪三百余人，经陈营进击，伤毙匪十余名，遂向西大山逃窜。十一时半，我军进至巨[距]白沙五里之岭背附近，见其西北高地，有伪福建军区总指挥部，伪八师、伪闽西政府及其模范营、特务营、游击队等，数约八九百人，占据高地工事，猛烈向我射击。当令陈团进击，匪亦顽强抵抗，激战至下午三时，经我军数次冲锋，始将该匪一一击溃，向早坑、旧县方面逃窜。计是役伤毙匪百余，我陈团亦略有损伤。因追击及搜索残匪，是晚各部即在岭背警戒宿营，并派谭营到白沙与杨旅会合，取得连络。是日粤军黄师，尚未到达白沙。

(7) 与粤军会合及回防小池情形

十二月七日，为求澈底肃清岭背、白沙附近残匪起见，即会同杨旅各仍驻原地，从事搜剿附近散匪，并各派队赴茶地、早坑、华家亭各方游击。仅早坑附近发见匪哨十余名被击，向旧县方面逃窜，其余各路无匪情。只招集难民数名，各自回家，加以宣传抚慰。同日下午二时，粤军黄师曾团，始由将军桥开抵白沙，因与会合。次日上午八时，各部由岭背出发，经华家亭、丰年桥、小和坑沿途搜索回防，下午抵大和康，遇匪数十向大洋坝逃窜，即派队追击，获匪公文印信宣传品甚多，并土造枪五，红旗一，号兵一名，晚在该处宿营。九日上午七时半，经韶岭、藻溪到大池，即令原驻大池之黄团两营，同日开回小池，结集待命，十日仍驻小池。

(8) 游击下隔附近散匪及回防情形

十一日上午，派贝畬黄团谷营一连，会合大池民团，前赴下陶一带游击。上午七时许，我游击队进至大池、老圩附近，遇匪百余名阻我前进，当施猛烈射击，达一小时，将匪击退。讵九时左右，谷营、贝畬西南高地，又有灌阳窜来赤匪百余，向谷营侵扰，当被击退。至十三日，因奉令遂率出发游击之各队，由小池开回龙岩。

乙　杨旅清剿及会剿经过情形

(1) 清剿虎岗、大洋坝、灌洋等处赤匪情形

十一月二十八日，旅长杨逢年率所部之二团，由原地出发，于本月下午四时到达虎岗，即占领之。因该处匪约五六百人未敢与抗，即向大洋坝、灌洋等处溃窜。随于三十日派陈团长崑，率所部于是日早七时，由虎冈经灌洋岭向灌洋会剿，其余部队，仍在虎冈清剿附近之匪及构筑工事。十二月二日，派第二百八十九团及第二百九十二团，向大洋坝搜索盘踞该处之匪。于是日下午三时，接陈团长林茶报告，该团未到达前，仅发现赤匪百余名，向我射击，经前卫攻击后，乃溃退燕子岩会合匪众，约四五百名，据险顽抗，经我军分路猛攻，毙匪数十人，遂溃向白沙方面逃窜。是设〔役〕该团第五连，因冲破燕子岭左侧顽抗之敌，阵亡特务长一员，下士二名，虎冈保卫团丁一名受伤。

(2) 清剿大洋坝及会剿白沙赤匪情形

十二月三、四、五等日，该旅均在大洋坝、虎冈一带清剿，并奉电令除留一部驻剿虎冈附近散匪外，大部于五日进至大洋坝。六日向白沙会剿。六日上午七时，由大洋坝出发，向白沙搜索前进，于上午十一时到达坑口乡前下高地，即发现赤匪四五百名，分据各山险隘顽抗。是处山深林密、进攻困难，遂令各团分路围攻，迨匪略形动摇，我军即施猛烈冲击，并趁匪溃走，加以猛追。但匪则仍恃险逐次抵抗，至下午一时，始将匪全部击溃，计毙匪二十余名。下午二时，到达白沙高地，复见被我刘旅压迫退却之匪，约四百余名，在白沙市高山与我军抵抗，及至下午三时，匪始向旧方向逃窜，我军遂占领白沙，与刘旅确实连络。

(3) 清剿茫荡洋高山集赤匪情形

十二月十四日，据密探告，茫荡洋高山集有赤匪二百余人，企图扰乱虎冈，经派队协同虎冈保卫团，于是日晨驰往兜剿，匪据险顽抗战约一小时，不支，向茫荡洋高山后面窜去。当场毙匪八人，生擒伪虎冈上乡主席赖金照一名，获枪三支，我方并无损失。

〔国民政府军事机关档案〕

6. 国民党军第七十九师王锦文部与红军第十军在江西铅山一带作战详报

(1932年9月)

一　赤匪军窜扰之状况

方、邵此次亲率伪第十军之八二、八三、八四各团，于九月十一日，由青山湾附近偷渡，经新丰、杨村入闽，次第陷崇安、赤石、星村、蒲城等地。九月二十三日据报该匪陷落蒲城后，仍向崇安移动，其先头部队已达铅南之石垅、车盘一带，似有返窜北岸老巢之企图。

二　进剿经过之概要

九月二十六日奉军长赵有电：王师仍有一部扼守河口、石溪附近，该师长亲率主力向铅山、南杨村、紫溪以南地区展转追剿。如浦崇股匪向北回窜，应奋勇击破之，务勿任回渡河北。同日，又奉宥电：贵师应照径电，速以主力向紫溪、石垅进剿，毋失机宜。铅山另派少数兵力接防可也。等因。遵于九月二十七日，令张旅留一营兵力驻守铅山县城，率其余各部及独立团，向紫溪推进，并于九月二十八日，亲率师部、一部无线电、一部通讯连一排及特务连、骑兵连、第四七〇团第一营，由河口出发，当日到达紫溪，此后即遵照电令展转追剿，其逐日位置及情形如后：

九月二十九日在紫溪。因紫溪居民被匪胁逃一空，匪情不明，于上午派第四七三团（欠一营）向石垅游击，派独立团向车盘游击，该团行抵紫溪岭即与匪遇，至下午六时将其击溃，仍回紫溪。其战斗详情如第一次。

三十日在紫溪。本日据报匪在紫溪岭受我军重大打击，且探知周旅已抵杨村，现向岑源、下渠移动，拟取道石塘经上饶属之上炉坂北窜。本晚十二时，匪之赤警团、独立团，以掩护方匪东窜，且乘我连日疲劳，由紫溪岭方面向我阵地猛攻，我官兵沉着应战，至拂晓将其击溃。计毙匪百余名，生擒六名，并缴步枪六枝，闽北军事政治学校证章一枚。

十月一日向石塘前进。本日周旅到达紫溪接防。据探报方匪原拟经石塘窜退，今悉我军跟踪截击，仍逗留车盘一带，匪众惶惶进退失据。本日下午十时电，军长请饬丁旅移驻上炉坂策应，并电周旅派大部由紫溪经祝公桥向车盘会剿。

二日向车盘进剿。本日行抵巷口附近，即与方匪主力接触，战斗甚烈，详情如第二次。

三日回石塘。本日在石塘补充子弹，预备继续向车盘、分水关进剿。

四日回铅山。本日接彭县长报称：据新丰农民梭标队，捉获伪第十军修械所学徒刘辉供称：方匪残部于三日辰时窜高店经石垅、杨村，在黄沙港附近渡河，被我五师部队截击，颇有斩获等语。本日下午四时，率各部向铅山追剿，并电周旅兼程向杨村追剿。

五日回河口。本日留张旅仍驻铅山县城，向各方清剿余匪，率独立团及直属各部回河口，处理沿河兜剿事宜。

此次方、邵大股在闽北掳掠满载，意在急归老巢。故本军到达紫溪后，即本展转追剿之旨，第一次在紫溪岭即与该匪主力接触，予以重大打击，第二次巷口附近之役，原约周旅会剿，乃以他种牵制，该旅竟未能如约，致被乘机脱逃，殊可惜也。不然，虽不能完全歼灭，其生还者当亦无几矣。兹将各战役详情分述如后：

第一次：紫溪岭附近之役

日　期　九月二十九日

参加部队　独立团、第四七零团第一营、第四七四团、骑兵连。

甲、战斗前一般之情况。九月二十八日到达紫溪时，因该处附近居民被匪胁逃一空，匪情不明，我军为觅方、邵匪部主力所在，遂暂在紫溪集结，决派第四七三团向石垅，独立团向车盘分别实行威力侦察。二十九日，各部按照命令分途出发，石垅方面仅有赤警团之一部，略事抵抗，即向车盘方向退窜。我第四七三团稍事追击，仍奉命回紫溪。我独立团之向车盘者，当过紫溪岭时，即发现大股赤匪，此战斗前一般情况也。

乙、战斗之经过。上午十一时，接独立团李团长报称：上午九时行抵紫溪岭，即发现匪之瞭望哨两名，向祝公桥方向后退。我前卫先头部队，比跟踪追至祝公桥附近，发现匪之工事，遂与匪之正面接触，我前卫展开后向该匪攻击，其时，我左翼又发现大股赤匪，次第向我左翼运动。现以第一营向前卫第三营右翼增加，第二营为团预备队，控置我阵地左侧高山，防敌包抄之计，我正面已连夺敌人阵地两层，刻在五里峰之线，我官兵杀出杀进，已成混战状态等语。

据报后判断敌之主力在是，一面调石垅游击之第四七三团回队，一面令张旅长率第四七四团在紫溪街固守原阵地，候第四七三团到达接管后，即率第四七四团至紫溪岭候命，当亲率第四七零团第一营及骑兵连先行赴紫溪岭观察。零时三十分，行抵紫溪岭见层山壁立，运动甚难，独事正面攻击殊难得手，且见左翼之敌有加无已，若正面猛进反觉首尾堪虞。于是令正面攻击部队坚守原阵地，以团预备队之第二营向左翼延伸增加，并将第四七零团第一营控置最左翼高山，严行监视敌右翼部队之行动，拟候第四七四团到达，取迂回之势以歼灭之。此后敌计已穷，虽增几次来冲，但限于地势均被击退。至四时，张旅长率四七四团到达，当令该团由左翼迂回包抄敌之右翼，同时并令知正面各部，候我包抄部队到达，即行猛攻，以期一鼓击破之。五时十分，我四七四团业到达相当地点，我正面部队一致向敌猛攻，敌初犹顽强抵抗，继以我官兵奋不顾身，且受我包抄部队之侧击压迫，遂纷向车盘、乌石方面溃退，我军乘胜追击数里，嗣以天黑山道崎岖，未便深追，于七时三十分仍向紫溪，此战斗经过之情形也。

丙、战后之调查。查此次与我激战之匪，确系方匪主力与伪独立团等，由闽北窜来，拟向紫溪北窜，经我截击，仍逗留车盘附近。是役我军人员伤亡及子弹销耗并战斗略图附后。〔图略〕

第二次　港口附近之役

日期　十月二日

参加部队：第二三七旅、独立团、第四七零团第一营、骑兵连、特务连。

甲、战斗前一般之情况。十月一日抵石塘后，据侦探报称，方匪原拟取石塘退窜，后知我军跟踪截击，伊〔依〕然退回车盘一带，匪众惶惶进退失据等语。当电周旅于二日拂晓，由紫溪经祝公桥向车盘进剿，本军则于二日上午四时，由石塘向车盘会剿，以期一鼓歼灭，此战斗前一般情况也。

乙、战斗之经过。上午十时三十分，方过下渠约五里许处，适接前卫报称：行抵岑源附近(距港口三里许)，即遇匪之前进部队向我射击，刻占领岑源西北一带小高地抵抗中等语。据报后，即速赴前方至姚家山窥察情形，见我前卫第四七四团第二营处境危迫，且右翼西洋湾左翼岑源一带高山，均发现多数匪军向我取大包围形势前进。当令前卫第四七四团本队两营占领姚家山西洋湾之间正面阵地，并掩护第二营撤归本阵地，令独立团第二营攻击右翼西洋湾山上之敌，与第四七四团连络，令独立团一三两营占领姚家山，迎击岑源方面之敌，以第四七三团第二营控置于独立团第二营右后方，以第四七零团第一营控置姚家山最左翼之山上，其余为总预备队，位置于鸡公湾。斯时我独立团第二营，因抢占西洋湾高山伤亡枕藉，由第四七三团第二营增加兵力一连，方将该山占领，而正面之匪攻击尤烈，幸我阵地已妥，卒未动摇，右翼岑源方面之匪，遂向左移以姚家山最左之高峰，为我先占，敌包抄之计，亦难奏功，此后匪之各部陆续向我冲锋肉搏数次，斯时敌之伤亡已达千余，而我军伤亡亦逾百数。至下午五时，我左翼岑源方面之敌伪八十三团，因前进过猛，地势不良均蜎集于姚家山之前坡，在我瞰制之下，进退两难 。当以预谋全线之进展，须先从歼灭该敌着手，乃令骑兵连、特务连持短枪大刀向该敌杀入，当下枪杀刀砍，该匪见来势凶猛，仓皇失措，纷向后退，我全线亦乘机出击，遂将其击溃，跟追数里。因天暗仍返原阵地固守，此战斗经过之情形也。

丙、战后之调查。查本日与我激战之匪，据俘供称：确系方匪之伪第十军八二、八三、八四各团，并薛子正之伪独立第一团，赤警团、少年先锋队等，总计有枪四千余枝，机枪十余挺，迫炮数门，人数在一万左右。是役我官兵尚能耐战，尤以骑兵连、特务连之枪杀刀砍冲锋陷阵奏效最大，斩获尤多。其人员伤亡及子弹消耗并战斗略图附后。

右报告

赣粤闽边区剿匪总司令何

附要图二份　弹药消耗表一份　人员伤亡表一份〔表略〕

职 王锦文 王芗庭

〔国民党政府军事机关档案〕

编者注：原件标题为"陆军第七十九师进剿铅南赤匪战斗详报"。文中各节标题为原有的，选用时未加改动。

7. 国民党政府战史会编：关于"围剿"赣东南红军经过史稿

（1932年11—12月）

（一）匪情概况：民国二十一年冬朱、毛、彭、林、董、罗各股匪，窜陷闽北建宁、泰宁、邵武、光泽等地后，乘我总攻部署未竣以前，复以伪一、三、五军团及伪二十二军，约三万余人，以秘密迅捷之行动，窜回赣闽边境，意图袭我两南，直犯临川，连合方、邵打破封锁，以遂其劫掠之狡谋。突于十月三十一日伪一军团由建宁、康都窜集黎川以南西成桥、芦坑之线，伪三军团由樟村、横村窜集坪、上梅、源路、头岭之间，伪五军团由泰宁、建宁窜集河桥、樟村附近，毛匪泽东亲诣指挥，于十一月一日伪一、五两军团进至南丰附廓，犯我石沟圩阵地，经我陶峙岳师痛击溃退。二日乘虚东窜，十七日陷资溪，十九日金谿亦相继失守。虽经周浑元师李弥团苦战数日，卒以众寡悬殊，被迫退却。金资为赣东重镇，金资不保，则贵溪与南城截为两段，不特与赣东方、邵股匪打成一片，即进抚临川，亦自易易。关系全局，至为綦重，是则收复金谿当为首图也。

（二）我军处置：金资既陷，临川堪虞。我军为迅速恢复金谿及遮断朱、毛、方、邵联络计，特将各部分路向匪主力进剿。其处置如下：

（甲）第一步，令孙连仲率五团兵力，协同南城许克祥师三团，分由浒湾、清水桥向金谿进剿，限二十一日克复金谿城。毛炳文师以主力固守南丰，一部防守新丰里塔，巩固南北交通。李云杰师，由南丰务于二十一日迅集南城待命。

（乙）第二步，俟收复金谿后：

（1）以孙连仲部为一路，进出金谿东南地区进剿。

（2）以李云杰、许克祥两师为一路，进出金谿东南地区进剿。

（3）抽调陈诚部之一师或两师及吴奇伟师为一路，进出南丰东南地区，截击匪之侧背。

（4）毛炳文师，固守南丰南城。

（5）周浑元师为一路，先由贵溪协同李韫珩师，将周坊附近方匪主力击溃后，即向金资北犯之匪进剿、并饬李弥团即由孔坊南进，施行侧击。

（6）赣东各部对于铅山、河口、黄沙港间，沿信河南岸，严密防堵赤匪北犯，及方匪南窜。

（7）同时令闽方刘和鼎师及第十九路军一部，以主力进取邵武、光泽，并推进赣东夹击。由是各部遵照前进，期将先行收复金谿。

抚州方面：二十日晨，孙军长连仲，亲率五团，由浒湾分三路向金谿进攻，中路进至八角亭，右路进至大仙岭，左路进至琉璃冈，与伪一军团第三、第四等军及伪二十二军，激战两昼夜，经过孙部奋勇猛击，伤毙匪军三千以上，俘匪千余，夺获匪枪数百杆，战况极佳。正追击间，忽闻南城部队撤退，匪又以大部由青泥渡偷渡抚河，绕袭临川。孙部侧背受胁，增援需时，在战略上，不能不遽令撤回，遂于二十二日深夜回守抚州。

南城方面：同时许克祥师由南城向金谿进剿，行抵南城东北寒婆岭一带，与伪三军团全部及伪五军团主力接触，自二十日战至二十一日申，经我许师攻占磨刀山东北端，毙匪颇多，伪三军团总政委袁国平负重伤，伪军长、参谋长几被擒。讵匪以一部由清水桥东方向我侧击，激战竟夜，不逞，匪复以数千乘夜向我后方迂回，翌晨磨刀山正面之匪，增至万余，猛力反攻，并向我左翼抄袭，虽经李云杰师李旅赶到，对我许师后方之匪加以猛攻，俾许师得以专力应付正面。但匪乃另以一部回向李师后方，截断后路，调遣联络遂均困难，因而各自力战冲击肉搏无间片刻，卒以众寡悬殊，伤亡甚多，并伤团长一、营长三，而阵地亦被匪突破矣。许师不得已撤回南城，李师亦撤回万年桥。然匪于此役受创亦大，乃于二十三日午后，分向硝后、大竹、小竹、资溪、桐埠、乌石等地退窜。我第五师李弥团取游击方式，于二十四日进占金谿城。二十六日复为匪陷，李弥团兵单，退金谿以北双塘冈。我军为集结各路兵力统一围剿计，特规划各部暂时行动如下：

一、孙部回守抚州，李、许两师回守南城，第五师集结东乡各为据点，第十一、第九十两师，调集崇仁待命，第十四师由吉水赶集梁家渡，向抚州推进，刘夷旅由修水速开南昌，并令九江陈司令抽调一团，及第五十师由武宁抽调一旅，填防临川，限三十日各部集中完毕，向匪进剿。另调汉方卫立煌军李默庵师来赣策应。

二、赣东方面：第六、第七十九两师，集结铅山、河口，取机动。

三、闽方刘和鼎师及第十九路军张炎旅，限三十日规复邵武，推进光泽堵截夹击。

四、令陈诚为抚河方面进剿军前敌总指挥，其兵力之编成如左：

第五师周浑元师。

第八师毛炳文师（陶副师长峙岳代）。

第十一师罗卓英师。

第十四师周至柔师。

第二十三师李云杰师。

第二十四师许克祥师。

第二十七师高树勋师。

第九十师吴奇伟师。

新编第三十七师郭炳生师。

以上各部均归其统一指挥。

陈军应援。斯时匪之伪一军团，尚在金谿以南珀玕后车黄狮渡一带，伪三军团盘踞南城以东硝石、大小竹及黎川以北地区，伪五军团分窜黎川以南康都、西城桥、弋阳隘及建宁各地，伪二十二军窜踞资溪、杉关、桐埠、乌石及光泽等处，并时分小股，向我临川东水浒湾及金谿、东乡边境扰乱，似有北连方、邵扩张赤区之企图。于是我陈总指挥诚，以歼灭该匪之目的，下达如左之电令：

一、赤匪伪一、三两军团仍滞留金谿、珀玕、大小竹、硝石、黎川一带，其主力似在金谿以南地区，其伪五军团及伪二十二军，分窜康都、建宁、资溪、光泽各地。我十九路军之刘师蒋旅及周旅，由建阳、莒口、张炎旅由顺昌、大干，于二十八日晨，已向邵武前进。

二、我军以迅速追剿，协同闽友军聚歼匪主力于赣闽边境之任务。部署如下：

(1) 第二十七师，于十二月一日以前，先行收复浒湾之线，掩护我第十四、第九十两师之开进。

(2) 吴军长奇伟指挥第十四师(欠两团)、第九十师，限于十二月四日攻取金谿，第十四师经八角亭、长冈铺、荷树铺为攻略部队，以第九十师经茅店、琅琚、进出左坊墟、朱家村之线，截断金谿、资溪间匪之连络，主力务保持于右翼。

(3) 第二十三、第二十四两师，以一部固守南城，以主力于十二月三日进出后车附近，威胁匪之侧背，第五师主力集结贵溪，以一部于十二月三日进出上清宫，使我攻取金谿容易。

(4) 第八师固守南丰，务努力侦察黎川方面匪情。

（5）第十一师，仍集结宜黄附近待命。

（6）总指挥部于十二月一日，进驻临川城。

收复金谿。由是各部积极进剿，十二月三日吴奇伟师到达琅琚，周至柔师进至金谿，匪闻大军云集，先向大小竹、枫林、资溪南窜，其主力仍滞留于硝石、黎川及南丰间。我军为聚歼该匪起见，拟即追剿进规黎川，改令第五师以一部速接防金谿，另以大部进取资溪，使我向临川追剿容易。第十四、第九十两师，编为第一纵队，归吴军长奇伟率领，于五日经清水桥、南城，先收复硝石及资溪镇，再向临川进取。第二十三师编为第二纵队，归李军长云杰率领，于五日先进出新丰、里塔圩，俟第一纵队收复硝石、资溪镇后，经由东坪、钟贤会攻黎川。第八师固守南丰，第二十四师固守南城，并各派有力部队搜剿附近散匪，策应第一、二两纵队攻取黎川便利。是周浑元师李团，亦于五日到达金谿接防，金谿遂告完全收复。

尔后部署：但当时匪虽南窜，而其伪一、三、五军团主力，约三万余人，仍麕集于黎川附近，滞迟逗留，度其用意，实欲诱我深入，予我各个击破之计。故我陈总指挥电呈蒋委员长，大意所谓歼灭该匪，自非从新部署，恐伤锐气。现我第十一师尚在宜黄及其以南地区，李军长云杰抱病南昌，许克祥师损失未复，陶峙岳师仅能固守南丰，卫军长李默庵师尚未到抚，第十四师之两团，正由吉安、吉水开拔中。则进攻部队，仅有第十四师之四团及第九十师全部可用，如孤军深入，后防可虞。且赣江流域及滥西安福、永新一带，仅有李明及陈时骥两师，战守均感不足。与其随匪行综为进退，争一地得失，牵动全局，究非根本至计，似非从新计划，将进剿防守部队，于年内区别展开，则不足以言进剿也。因是我陈总指挥为慎重计，于二十一日，遂令各部稍事变更，第八、第二十四师，回守南丰，归还建制。第二十三师移防南城，酌留一部新丰，保持两南交通。第十四师移防南城藤桥一带，第九十师移防临川以南龙骨渡，以便左右兼顾,防匪迂回。此即为我军对资溪、临川暂时防堵,从新充分部署,再求匪主力而歼灭之也。惟当新定部属间,崇仁县忽于二十三日,被伪独立第五师窜陷,幸旋我第九十师克复,损失尚小也。至收复资溪、临川各匪情形,将于次篇分述之。

附恢复金谿匪我情况表一〔略〕。

〔国民政府军事机关档案〕

8. 熊式辉报告赣省反共失败情形及请速调部队赴援致蒋介石等密电

(1933年4月1日)

特急。南京国民政府林主席、军事委员会蒋委员长、行政院汪院长钧鉴:行密。江西剿匪前有第五、第廿七、第九廿〔等〕师之损失。最近一月以来,有第五十九、第五十二、第十一各师之挫败。一切情形,想已洞察。计师长死伤四员,旅长六员,团长十六员。步枪损失当以万计,前次损失尚不在内。现在匪势益张,昨复扰及新淦,赣东、赣西小股逐渐蔓延,坐视其大,而莫能制。资谿、黎川为赣、闽、浙间要地,失陷数月,迄不能收复。近且进扰南城、金谿,赤化民众,如火潦原。赣南大股攻城略城〔地〕,更无可奈何。此种情形,因对日本及恐影响士气关系,从未尽情宣布,情势严重,外间或不尽知。务请中央速筹办法,加调得力部队,并力派大员来此督剿。现在各军士气已馁,若再敷衍,将全局崩溃,不可收拾矣。职拟即赴京面陈详情可否。乞核示遵。职熊式辉叩。东未。印。

〔行政院档案〕

（六）对鄂豫皖边区革命根据地的围攻

一、鄂豫皖边区革命根据地的发展

1. 李显诒等报告红军第三十二师在笔架山一带组织劳农政府等情电

（1929年6月30日）

国民政府主席蒋钧鉴：万急。窃共匪周维炯等约两千余人，枪千余支，窃踞属区皂靴河一带，焚掠之惨，莫可言喻。业经电请钧座恳饬皖、豫附近驻军派队往剿，并代电报告各在案。兹查该匪已在笔架山组织劳农政府，自称中国红军第十一军第三十二师师长周维炯，奉军长贺虎命令，乘国家多故豫局未定之际，由鄂境窜踞豫边，希图大举。查该地山深林密，皖豫鄂三省毗连，地势险要，该匪因利乘便分遣党徒掳架殷实商民住户，搜括金钱，以充军饷，更招集地痞流氓及无业游民四出宣传，以厚实力。而被其威逼利诱者，几乎到处归服，人数愈聚愈众。粘贴反动标语，有联合农工兵，打倒国民党，拥护共产党等等语句。现已蔓延属区西南一带，所有万家集、青峰岭、窑沟、殷家集、熊家河、石关各市乡任意出入，莫□敢抗，范围愈扩愈大。近又招收前驻潢十二军任部修械匠二百余人，均系河南巩县兵工厂工人，艺术精良。现在笔架山设炉造枪，日成十余支，实力愈集愈厚。若不及时扑灭，任其蔓延，势将牵动全局，危及党国。查国军刘和鼎师桂旅第一营全部，现住皖属叶家集，距属区仅一河之隔，距该匪扰固部队，仅四五十里。其第三营现住皖属金家寨，距该匪驻商境老巢仅二三里，如分道进攻，不难一鼓擒灭。为此吁恳钧座俯念豫民日处水深火热之中，电饬刘师不分畛域，迅令驻叶集暨金寨各部队分头进剿，务绝根株，以安地方而重党国，不胜迫切待命之至。河南固始县远东南区区长李显诒暨民众全体祝劲之等同叩。陷。印。

中华民国十八年六月三十日

〔国民政府档案〕

2. 国民党国民政府文官处转报关于韩复榘划区分剿豫省红军往来函电

（1929 年 7—8 月）

一、文官处致总司令部公函（8 月 1 日）

公函　第六九一〇号

迳启者：奉主席发下韩复榘电陈豫省匪况，恳主持明令划区分剿，或指定专员担负全责，乞裁定迅赐施行一案。奉谕送总司令部等因。相应抄同原件，函达查照。此致

总司令部

计抄送原电一件

中华民国十八年八月一日

南京。国府蒋主席钧鉴：豫省向称多匪，西南一带万山重叠，窟藏出没，搜缉维艰。频年已来，蝗旱灾祲，饥寒驱使，既迫之以为匪之势。而本年口洛一役，人心震动，军士逃亡，落荒成群，挺而走险。加以不逞之徒，所在崛聚股众，勾结乘机肆扰，蔓延所及区域，日益加宽，若不图剿办之法，诚恐养痈贻患，一方之痛及于全身。复榘职责所在，何敢稍有推诿，而区广兵单，势难兼顾。自非借军客军同心协力，合谋宪剿，不足以收聚歼之效。方今国军四集豫境，兵力似可敷用。合应仰恳钧座主持，明令颁发，或令划区分剿，或指定专员担负全责，指挥发纵，以责成功，威令雷行，万众自能振奋而起。殄灭丑类，保全地方，可以期之指顾。复榘身负疆圻重寄，更值天属哀吩之际，环顾辖境状况，忧虑万分。不敢安于缄默，迫切

上陈，企乞钧座鉴察裁定，迅赐施行，不胜屏营待命之至。韩复榘叩。宥。印。

二、国民革命军总司令部致文官处复函

（8月7日）

国民革命军总司令部公函　参字第一四六二号

迳启者：准贵处六九一〇号公函内开：迳启者：奉主席发下韩复榘电陈豫省匪况，恳主持明令划区分剿，或指定专员担负全责，乞裁定迅赐施行一案。奉谕送总司令部。等因。相应抄同原件函达查照等由。准此。查豫省剿匪事宜已划分区域，指定各部队负责剿办矣。相应函复。即希查照为荷。此致

国民政府文官处

中华民国十八年八月七日

〔国民政府档案〕

3. 国民党国民政府文官处转报韩复榘关于调集军队进犯鄂豫皖革命根据地函电

（1929年7—8月）

一、文官处致总司令部函（8月2日）

公函　第六九四二号

迳启者：奉主席交下韩总指挥复榘电，为奉漾电饬即派队会同皖鄂各军围剿共匪，现拟派张万庆率骑兵师及民团谷旅长所部前往剿办等语一案，奉谕送总司令部等因。相应抄同原电函达查照。此致

总司令部

计抄送原电一件

万急。南京。主席蒋钧鉴：密。奉漾电饬即派队会同皖鄂各军围剿七里坪、新集共匪暨豫东三太等因。敬悉。自当遵照办理。现拟办张万庆率骑兵师及民团谷旅长所部前往剿办。除剿办情形

容当随时报告外，谨先电复。韩复榘叩。感。印。

二、韩复榘致蒋介石密电（7月27日）

万急。南京。主席蒋钧鉴：密。奉敬申电，第四十四师、四十五师、骑二师即日调驻安徽担任剿匪，该师等所遗豫省剿匪区域由唐总指挥派队接防。等因。敬悉。谨电禀复。韩复榘叩。沁。印。

三、文官处致总司令部公函（8月2日）

公函　第六九五九号

迳启者：奉主席交下韩总指挥复榘沁电，为奉敬申电，第四十四师、四十五师、骑二师即日调驻安徽担任剿匪，该师等所遗豫省剿匪区域，由唐总指挥派队驻防。等因。敬悉。谨电禀复等语一案。奉谕送总司令部等因。相应函达查照。此致

总司令部

中华民国十八年八月二日

〔国民政府档案〕

4. 韩复榘报告红军第三十二师解放商城电

（1930年1月19日）

国急。南京。国民政府主席蒋钧鉴：顷据商城县派汴同乡会寒代电称：据商城急报，共匪首领周维炯等乘宋县长带队会同七县民团堵御李克邦之机，假装柴贩混攻入城，打破监狱，焚烧粮册，放火烧县政府、教育局、财务局及民宅数百家，城内财产抢劫一空，掳男女票千余人，悉送往商南老巢穴，杀人无算，现仍盘踞县城继续烧杀等语。用特飞电，请火速派兵施剿。并据商城县府区第七联队队副陈力夫呈同前情。据此。谨电陈钧座，伏乞鉴核。职韩复榘叩。皓。印。

〔国民政府档案〕

5. 安徽霍山区长何浩明报告伍淑和等在霍西组织苏维埃政府情形代电

（1930年1月30日）

快邮代电

国民政府蒋主席勋鉴：霍山西南六十余保，惨于上年十一月浩日夜被县党〔部〕指委兼初中党义教员伍淑和暨共派分子徐育三、汪维裕、卫衍郊、刘仁辅、王胜策、周远大、胡昌槐、王胜楷、潘少岳、李光华、戚大怀、王祥钖、程葆贞等连络，屡拿未获之帮匪黄本心、高天远勾引豫商丁家埠股匪，号称共产红军，突入西镇围劫自卫枪支，乘机集合，设苏维埃政府于燕子河学校，以刘仁辅为总司令，徐育三为总指挥，旋于各保成立赤卫队，沿乡逼入该党，奸掠焚杀，无恶不为，西南两区竟成陆海丰之惨状。曾经江元两电迫叩钧座，迅派重兵驰剿各在案。嗣奉军部代电内开：据情已分电石、韩两主席及驻六陈旅长会剿矣。讵时值石部溃变，陈旅防范六东，未克西剿，韩师迄无兵到。共匪肆毒日深，人民死亡枕藉，地方尽成焦土。遗黎请命，若大旱之望云霓。该匪近复结连商境丁家埠匪众进窜霍城，而驻霍陈旅姚营忽于本月洽日悉数调六，人心更为慌乱，城防益见孤危。区长忝负一区之责，目击情形，镇民既受重灾，县民又危在旦夕，曷敢退避不言。遂奔省府泣请设法救济，迄无指示，惶悚莫名。刻见霍民扶老携幼赴省避难者络绎不绝，皆云匪势浩大，霍城难保。且潜山享堂河、汤池畈一带之恶化分子受其联合，日贴标语，夜行抢劫，舒、桐一路非得商团维护，不得进行，是霍民已逃无逃处，逃无逃路也。查共匪荼毒六四及霍西南等区，已阅两月，惨不忍言。县府、省府均束手无策，坐视全霍沦亡。区长职小权轻，何敢多渎。惟念吾霍数十万生灵陷于水火，原属定数。但小丑蔓延，是遗党国之羞。恳以不揣冒昧，再行泣叩钧座，迅赐电令皖、豫、鄂三省驻兵并各近县民团克日会剿，以靖匪患，至根本剷除。据恳转咨中央党部令行省党部即将霍山党员从新登记，使共产党徒无所隐庇，庶可彻底肃清。并恳迅令中央赈务会随军散放急赈，以救流离沟壑饥寒交迫无数之难民。临电悽怆，伏乞指令只遵。霍山县第四区区长何治明谨叩。

中华民国十九年一月三十日　由安庆同庆栈发

〔国民政府档案〕

6. 张钫等报告红军攻克河南商城围攻潢川请速派兵救援等情致蒋介石密电

（1930年3月14日）

南京。国府蒋主席钧鉴：迭据潢、光、固、商等县人士电称：共于去岁十二月有日攻陷商城，组织苏维埃政府，红军政治部、党部、军部、师部、机关林立，扩大宣传……近复蔓延潢、固、光、罗等县，声势浩大，潢川县城早陷重围，东南各乡尽成赤域，孤城无备，危在顷刻。吁恳派兵救援等语。查潢州滨临淮河，地处冲要，倘该县失守，则淮南十余县富庶之区，将尽陷于永劫不复之地。该匪始终盘踞于鄂豫皖边境，以该地方山深林密，易为渊薮，近则希图大举，窥伺名城。若不及早扑灭，诚恐滋蔓难图。钫等为党国计，碍难坐视。是以据实电陈，伏恳钧座俯念豫南各县之浩劫，即国家前途之险患，转电武汉行营何主任火速派军会同兜剿，期绝根株，以固邦本，不胜感激待命之至。河南建设厅长张钫、教育厅长张鸿烈同叩。寒。印。

〔国民政府档案〕

7. 国民政府文官处关于调派军队"会剿"商城复杨佩璋函

（1930年3月22日）

迳启者：奉主席交下来电，呈为共匪闯陷商城，杀人数千，迭电呼吁，迄为蒙复，恳请迅予电令军队剿灭一案。奉谕查案函复等因。查此案前据寒、沁、江等日电陈均悉，奉交总司令部及河南省政府。去后，旋准总司令部先后函复，业经电饬信阳第六师就近办理及第二十五师戴师长派队驰剿。又准河南省政府函复，已分别电请武汉何总监、刘总指挥暨电鄂皖两省政府派兵会剿。并准鄂省政府电复，业电请刘总指挥核办，及皖省政府电复，已令各县会剿等由。各在案。兹奉前因，相应函复查照。此致

杨佩璋君①

国民政府文官处

中华民国十九年三月二十二日

〔国民政府档案〕

8. 刘峙报告调派兵力驻守南阳一带致蒋介石密电

(1930年3月22日)

南京。国民政府主席蒋钧鉴：密。顷奉筱未参电，以据张钫真电转据南阳代表张嘉谋请派李正韬赴宛令核办等因。查关于民团事宜，现正由保安处在通盘规划中。南阳各属毘连鄂境，共匪蓄谋窥伺，势甚危急，非有一师强力军队驻防不能维持治安，若仅恃民团恐无剿办廓清能力，昨已另电呈请核办在案。伏乞速予派往不胜翘盼。谨复。职刘峙呈。养。印。

〔国民政府档案〕

---

① 杨佩璋系国民党商城县七区联队游击大队长，曾上呈蒋介石，请求派兵剿共，此件是国民政府文官处的复函。

9. 安徽霍山县长甘达用报告红军攻克霍山县城情形代电

（1930年4月14日）

快邮代电

南京国民政府蒋主席钧鉴：文日上午六时，有红匪数千，快枪约六七百，围攻县城，激战约五小时，匪未得逞。职见子弹将尽，若久守空城，势必弹尽全亡，非得派队出城将匪击退不可。故于十二时，职亲率士兵三十名，由北门冲出，约激战二十分钟，随将北门匪众击退，即向西门方面土匪进攻，不料，城内预藏匪共，见势不佳，即起暴动，遂先将西门守兵击毙数名，接应西门外土匪入城，城内士兵遂相巷战，约十分钟，无奈弹尽，迫得由东门退出。职见团队退走，遂率冲锋部队，复由北门反攻，无奈前后受敌，迫得退却，集合部队再行分东北两路反攻，只因众寡悬殊，兼之弹尽，不能克复，只得暂退六安候援。查城陷事出意外，县府人员多不及走，监印员已阵亡，县印省密私章均失，库款存洋四千余元亦失，枪械损失未明。刻下电报不通，故只得用快邮代电呈鉴，并请处分。霍山县县长甘达用叩。寒。印。

〔国民政府档案〕

10. 国民党军第二十军郭汝栋等关于拟具鄂东反共计划及蒋介石指令

（1930年6月）

一、郭汝栋致蒋介石呈

呈为呈报。奉令担任鄂东剿匪事宜，拟具办法并附详图具文仰祈鉴核事：窃职前奉令接替鄂东北岸八县防务，嗣复节奉明令，增划黄陂西北区及鄂城、大冶各县，付以剿办匪共之责。查鄂东襟带长江，屏藩武汉，大局无事，江流亦应谋安全，前方有警，后防尤急当巩固。职忝在戎行,念切讨逆。前此晋谒钧座,请缨前方,适承温谕以剿办鄂东匪共事,殷殷勖勉,后防前敌,地异责同。念匪共狂焰之披猖,懔军人服从之素志。禀命奋袂,励精图维。谨按匪共之患,为时自非一朝,杜敌抗命,益令抵瑕肆毒。居今日而剿匪共,如医者之疗沉疴,病源不可不明,治疗不可不速,而固本培元,是尤不可不对症而用药也。查职到防之始,连日奉钧座电令,并据鄂东各县县长民众等纷纷呼吁,均以匪焰猖炽,促以剿除文电雪飞,积寸盈尺。虽匪情尚未能大明,而稽迟则匪将坐大故,立将广济、黄梅、蕲春划为剿匪第一分区,以职军第一混成旅旅长王靖澄充任指挥,计指挥步兵三团。以黄安、麻城、罗田及黄陂西北部为剿匪第二分区。以第三混成旅旅长肖毅肃充任指挥,计指挥步兵三团,以黄冈、蕲水、鄂城及大冶为剿匪第三分区。由职督同第二混成旅旅长刘公笃及独立旅朱旅长宗憝、花副旅长茂如任之,指挥步兵两团、工兵一营及各特科部队,各督所部将当地匪共择其大股分头痛击,俾先有所惩创挫其凶锋。所有击杀匪共情形,曾经迭电呈报,此殆如急病治疗不可不速者也。职又以寇虐虽逼,匪情应明,而人民对匪共之心理及关于地方之自卫不有考查,方案何立。然非咨询各县亲民长吏及地方人士岂易明其真情,故一面由军中派员分道调查,一面电明行营主任召集鄂东绥靖会议,以各县县长及每县党部举一代表,各法团机关举一代表齐集黄冈,于五月十六日开会,十八日闭会,计时三日,以深感匪共痛苦之人聚于一堂,而道其因果起伏,切近情事如指诸掌。综其大要约有数端:其一,鄂东边境与皖豫赣各省连界,而与皖豫连界处尤为大山绵亘,奸宄易滋;其二,土匪属小数,共匪属多数,然匪共混合已如狼狈,故其狂氛日大;其三,鄂东各县田土硗瘠,出产非裕,天灾人祸,纷至沓乘,民生困穷,挺而走险;其四,匪共除少数首要甘心肆扰外,其余则胁从者小半,诱惑者大半,而被诱惑者,即上所言生计困穷之人,但已麻醉甚深,唤醒不易;其五,人民倚赖军队成性,不谋增加自卫力量及防止匪共办法，军至则安，军去则危，不灭星火，徒悲燎源，宁不可叹。是皆于会议席中征询得之，而据各路调查者呈报亦同，此所谓欲治疾病宜明病情者也。职以为匪共原因既如上述，分头痛击，不过救急之方，将永消其乱源，须标本之并治。现在治标之图。自惟大张挞伐，职业经督令各分区积极进剿匪事宜，只以地区广袤，咄嗟难办，故计划以第一、二分区分为三步，第三分区分为两步，每一步骤，将划定区域内匪共扑灭，逐次推进，然不过以此为主，有时仍用游击或雕剿之法，至邻省会剿，则俟内地肃清，即便实行。又以鄂东近年屡呈荒象，产米地段又沦匪区，匪共则因粮于民，职军则辇金而不能购米，故对于给养之采购，运输亦曾有所规划，俾充军食。复以匪共顽强，枪械锋利，思谋歼剿，布置宜周。故规划通信以灵消息，规划宣传以唤迷盲，规划谍查以侦查匪情，规划医务以收容伤兵，种种皆属要图，不可或存忽视，然此皆作战之常，而作战又剿除匪共治标之法也。今请言其治本，职窃谓鄂东匪共固难于消灭，而尤难于消灭后永无匪共之复滋。鄂东民众不难于痛憾匪共，而难于速谋自卫及消弭匪共之道。因此思得二义，第一，图治，不仅在军事，须有政治之进行；第二，责任不专在军队，须得民众之努力。本于二义，则整顿团务以谋自卫，扶助党务昌明本党党义，以痛斥共匪之罪恶。整理学校，注重党义教育，以免青年之恶化；清查户口，实行连坐法，以绝藏垢纳污之地所。且匪共裹胁日众，实缘流亡日多，故对流民生计更当切实筹济，俾无生者得生，免其浮动，而予匪共以诱惑之机会。至于剿办匪共，专戮渠魁，招回胁从，予以宽宥，此又许人自新，哀矜勿喜之义。凡此诸端，庶为治本，以言设施，则政治之进行为重，以言责任，则民众之自奋为先，倘不此之是图，将徒劳而无济。故职对政治之与消灭匪共有关系者，于计划中亦曾妄有论列。标本兼治，狂焰定销，鄂东平宁庶其有豸，此殆所谓医者之对症用药培本固元者也。唯是党务，则属于党部，团务教育、清查户口及流民生计，又属于民政，虽立言切于绥靖，而权限不容混淆，敢冒干政之嫌，只当刍荛之献。所有关于计划中之政治事项，应请钧座分别咨令省党部及湖北省政府查核办理。至奉令分驻桃镇及汉川之第六团，系就第一分区王旅长所指挥部队中抽出，即以该处为特别区，而第一分区则由王旅长就现有部队两团指挥剿办，并恳鉴核。伏念职以梼昧之质识浅虑，疏蠡测管窥自知阙漏，只此为民除患，欲图长治，前方多故，冀恐后方之意，兢兢惕奋，不敢或渝，庶副钧座。视民如伤之怀，聊尽军人服从之义。倘使敷衍从事，头痛医头，将何以登民众于康庄，即无以答殷期于万一。职虽庸愚，不敢为此。兹谨以就鄂东剿匪计划并附详图二纸，理合具文呈请钧座俯赐鉴核，指令祇遵。临呈不胜惶恐待命之至。谨呈

陆海空军总司令蒋

计呈鄂东剿匪计划一份，详图二张。

国民革命军第二十军军长郭汝栋

中华民国十九年六月

国民革命军第二十军鄂东剿匪计划书

第一 总纲

（一）本剿匪区接壤豫皖赣边境，形势既殊，民情复异，奸人视为策源，盗匪资为渊薮，出没无常，此剿彼窜。加以连年天灾水旱，民不聊生，共匪乘机煽惑，遂致披猖难制。欲求绥靖之方，先明各县情况。兹将区属各县匪共团务、党务及民众趋向各情确实调查，列表于左。〔表略〕

（二）本军以遵照政府命令，解救鄂东民众，完成绥靖地方之目的，拟用七团（除派遣襄河方面之一团）之兵力分布区属各要，尽力兜剿，务使匪共及其他潜伏之恶势力悉数铲锄，并督饬地方行政官吏协助绥靖，努力建设，为正本清源之方，作一劳永逸之计。

（三）依据第一项表列调查情形与第二次之方针，特将区属各县分为左列各分区，分头清剿，用收一鼓歼灭澈底澄清之效。

第一分区广济、黄梅、蕲春一带。

第二分区罗田、麻城、黄安及黄陂西北部一带。

第三分区黄冈、蕲水、鄂城、大冶一带。

特别区仙桃镇、汉川一带，兼管应城、京山、天门一带。

（四）关于各分区应行计划之事项如左：

1. 政治计划
2. 用兵计划
3. 给养计划
4. 通信计划
5. 谍查计划
6. 宣传计划
7. 医务计划

第二　计划要纲

（五）政治计划：

政治方面之计划，属于地方行政事宜，本军职在剿匪实无过问之理。惟查区属十一县之政治工作，虽高级机关发下规章完备无缺，而实行者诚属寥寥。似此情形若只言剿匪，纵股匪一时消灭，而行政方面组织不严，进行不力，潜伏地方之恶势力依然存在，一旦军队他调，难免不再演今日之情状。现当剿匪之际，应从治标治本并行不悖，乃可期于久远，否则兵去匪来，徒劳无益。兹特对政治方面提出兴革事项如左：

（1）团务：查各县团务多有名无实，镇压土匪已属无力，况继以匪共之煽惑，民众几经摧残，则精神上物质上均将根本推翻，长此以往，不但不能抵抗匪共，即以之为军队协助，亦恐任务难胜。欲期其收效迅速，则对于左列各项，势非严厉进行不可。

甲、遴选精明谙练之才主持团务，尤其对于中、分队长，须择本地宗旨纯正之退伍军官或团练学生充任，乃能期其剿匪有功。

乙、团练编组务求团结，不能分散，各地现在本区所属各县多数即中此病，股匪一至召集不易，难于应机，一部摧破，则全部瓦解，而指挥上之感觉不灵，尤属不言而喻。今拟每县设大队部一，辖中队若干，分驻要点，以便指挥统一，使用便利。

丙、训练方法要与军队同一，对于演习，特别重视教练，则时间务求短少，倘训练人材缺乏，宜设团练干部学校，以多储人材。

丁、联团事务亦属必要，按各县毗连情形，以二县或三县实行联络，每旬会哨一次，互通本县地方情形。但须拟联防条例，饬各县遵守。一遇大股匪徒，所有联防各县，应其请求即拨兵尽量援助，即尽互助之天职，复维地方之治安，事半功倍，无逾乎此。

戊、区属各县实力缺乏，虽政府有大中小县，枪数之规定然仍保守原力，毫无扩充揆厥所由。在无枪弹可买，而经费则次之，拟饬各县向省府请领，如能以坏枪加以修理给与办团，或酌定价自准其购买，则团练有力，地方之恶势力自可逐渐肃清。

但请领请购须由各县长及地方正绅担负全责，保存之方尤须县长拟定办法，期其永久存诸正绅之手，不至落入共匪方面为要。

己、团练务随时督饬，乃不至堕阳奉阴违之弊。拟饬各县照省府定章克期成立，并给予训练教育表，认真训练。在训练期成，即派员前往检阅成绩，加以赏罚，期其进步迅速。

庚、剿匪间给团练如左之任务：

A、维持地方治安。

B、剿办地方小匪，协助军队剿办大股匪徒。

C、保护军队后方之运输人员。

D、保护电气通信之材料。

E、作军队有利方面之引导。

F、宣传本党之主义。

G、谍查所得重要匪情，报请就近军队长官处理。

H、搜索地方潜伏匪徒，送请县署处办。

辛、民众私有枪弹之处理，为团务上应注意事项。查广济、黄梅等处民众私枪过多，难免不为共匪所利用，且散居各家，团结力小，终为匪徒所蚕食。拟饬各该县府转令各地方不准私藏枪枝，一律缴呈县署拨作编练团队之用。但须择取和平而周密之办法，使民众安心缴纳，不至发生反感。

(2) 党务：查区属各县党务非常废弛，甚至有无党之组织者。本党既不健全，民众已失重心，共匪乘机加以煽惑，无怪其盲从为乱，而不可收拾也。兹将党务之整理意见，条举如左：

甲、各县已有党部基础者，应扩大组织，区党部与区分部应增设。完全无党部组织者，从速成立之。

乙、各县办理党务人员，应遵照上级党部之规章，从严清理，不许恶化腐化黑化各分子参杂其中，并应随时派员切实调查各地方党务工作之情况，免贻有名无实之诮徒糜国币。

丙、党员训练务遵高级党部指示要纲努力进行，期造成明瞭主义百折不回之多数忠实党员。

丁、宣传工作为党务人员之重要业务，军队驱逐共党推进一地带时，党员应即随同团防在其后方就地宣传，其宣传方法则采取书面、口头、化装各种，有时则分个别群集行之。

戊、宣传大纲以深究民众痛苦之所在，及共党之根本弱点，张贴标语或沉痛演说，以呼醒群众。

(3) 教育：从表面观察此项事务于剿匪似漠不相关，但就里面着眼，则影响极大。试查共党信徒大半均从学校中来，假令军队向前剿办共匪，即使绝灭根株，而后方之学校分子不纯洁，又从而诱惑青年，是去其枝叶而根株仍蔓延未已。绝其显著者于外，而隐患仍伏于内，诛之不可胜诛，将成不可收拾之僵局，此教育上之不能不从根本注意者也。

甲、教员之份子，务彻底清查各县学校内教育之履历，应随时具报教育厅，非本党忠实同志及品学纯正者，不得委充教务。

乙、学生分子中，由校长负责清查淘汰。

丙、教员、学生中所看之书籍、杂志及来往信件务不时检查。

丁、私塾学校或为共党藏匿之薮，应由县教育机关负澈查取缔之责。

戊、校内严行党化教育，不许敷衍从事。

(4) 清查户口及编联保甲为地方正本清源之良法。惟区属各县对此两事均未澈底，过去以共党盘踞乡村，事不易举，现在军队既经驱逐共匪，则各地应从速着手户口之清查与保甲之编联。兹将注意事项列左：

甲、户口须澈底清查，给予门牌并随时复查，以免奸人乘机藏入其中。

乙、各县设密告箱，但须注意倾害善良，得告后当多方调查，其真假所在，乃予究办。

丙、各县照政府颁发之新编联法，从速进行，倘军队推进一地带，县长即率团防以随其后，择当地正绅从事编联务，使团体坚牢，共匪不敢再行侵入。

丁、保甲既经编联，应实行连坐法，使户口不敢容留匪人，地方始得安静。

戊、非常地带应给予当地民众通行证，无证者不准通行，此在民国三四年间四川剿匪曾经实行，不三月而匪盗肃清，是其明证。

(5) 流民生计问题。〔略〕

(六) 用兵计划(详附图第二)〔图略〕

根据本计划第一项所调查各县匪状，拟定左列之用兵方案：

1. 军队区分：

甲、第一分区所配之部队：

指挥官第一混成旅长王靖澄。

步兵第一团(附谍查队一)

步兵第二团(同右)

机关枪一排

无线电信队一

电话队一

宣传队一

输送队一

卫生队一

乙、第二分区所配之部队

指挥官第三混成旅长肖毅肃

步兵第四团(附谍查队一)

步兵第五团(同右)

机关枪一排

电话队一

宣传队一

输送队一

卫生队一

丙、第三分区所配之部队

指挥官军长自兼

第二混成旅(欠第四团)(团附谍查队一)

独立旅(欠第一团)(同右)

工兵营

特务连

机关枪连(欠六挺原系四排制)

电话队一

无线电信队一

输送队一

军医院一

丁、特别区所配之部队

第六团团长刘家驹

第三混成旅之第六团

机关枪排一

电话、宣传、卫生各一部(由第三分区派出)及谍查队一。

2. 给予各分区部队之任务：

甲、第一分区分三步肃清匪共，第一步黄梅、广济、蕲春各县城以南一带之地境；第二步推进以北之地境；第三步协同皖赣两省剿匪部队，肃清皖赣鄂边境一带之匪共。

乙、第二分区分三步肃清匪共，第一步麻城西北境、黄安县南境、罗田全境、黄陂之西北部；第二步各县全境肃清；第三步联合豫南剿匪军肃清豫鄂边境之匪徒。

丙、第三分区分两步肃清匪共，第一步澄清黄冈、蕲水、鄂城一带之地境；第二步肃清大冶全境。

丁、特别区肃清汉川、仙桃镇一带之匪共，并随时游击应城、京山、天门一带。

3. 各分区现在兵力之配备：

甲、第一分区：第一团团部同所属一三营住九江分配兵力于该处要点严密警戒(此系剿匪区外临时奉令协助之部署，一俟任务完毕，再决定使用方面)。

第二团团部同一团二营及所属之二营七八两连住武穴，余分配大金铺、龙坪、胡世柏、田家镇一带清剿匪共。

乙、第二分区：第四团以一小部镇摄麻城，主力向县之西北谢店、料棚、顺台集一带推进。第五团以小部住黄安城，主力分住七里坪、桃花区一带剿匪。

独立旅之一团分驻宋埠、八里湾一带。

丙、第三分区：第三团一营住仓子埠、李家集一带，二营在蕲水、蕲春一带，余第三营同上兵营及机关枪一排留黄冈，独立旅之第二团在鄂城、大冶一带。

丁、特别区主力在仙桃镇，一部在汉川县附近。

（七）给养计划〔略〕

二、蒋介石复电稿

全衔指令　参字第七二六号

令第二军军长郭汝栋

呈一件为呈报奉令担任鄂东剿匪事宜。拟具办法并附详图具文仰祈鉴核由

呈悉。所陈剿匪计划及附呈详图，洵属当务之急，顾虑周详，有条不紊。准即按照切实施行，不特造福鄂东，抑亦巩固党国，本总司令有厚望焉。仰即知照。附件存。此令。

总司令蒋〇〇

〔国民军事机关档案〕

11. 南阳守备司令姚丹峰报告红军攻克唐河县城电

（1930年12月6日）

急。南京。蒋主席钧鉴：曩以阎冯叛变，第十七路杨总指挥奉命讨逆，所有驻宛琿精锐均赴前方工作，留宛部队除职第三补充旅外，其余均系各部营底。嗣以潼西次第克复，杨总指挥为肃清陕乱计，电调各部留宛官兵开赴陕西。职恐留守部队兵力太单，不敌凶布，曾电呈开封刘主席、郑州何主席并加派劲旅填防，藉资镇摄。奉刘主席来电，准派第二军团来宛协助，乃进境枣阳。共匪千余人乘接防军未到之际，突于十一月陷日早袭入唐河县城，大肆抢掠。职除派兵赶速堵剿外，一面电刘主席派队痛击，以免滋蔓，肃电奉

闻。职南阳守备司令姚丹峰叩。鱼。印。

〔国民国民政府档案〕

二、国民党军对边区革命根据地三次围攻的失败

1. 国民党军第四十四师肖之楚部与红四方面军在鄂东战斗详报

（1930—1931年）

第二章　鄂东区剿匪经过

第一节　匪情概述

鄂东赤匪初以黄安为根据地，黄陂——孝感为最赤区，罗田——黄冈为次赤区，蕲春——蕲水为潜赤区，连合豫南皖西之赤区打成一片，于是有鄂豫皖边区苏维埃政府之伪组织，而造成一整个势力矣。赤区重心在鄂为黄安之七里坪，在豫为光山之新集，在皖为六安之金家寨。伪红军第四方面军总指挥为邝继勋，计辖第一、四两军，伪第一军军长为许继慎，伪四军军长邝匪自兼。最初实力人枪均不过万数，嗣后渐增至匪众十余万，枪亦至五六万支以上。盖因进剿各军时告失利，其整连整营整团甚至整旅整师之被匪缴械，数见不鲜，此鄂东匪势所以日益披猖也。（参看附图第一）〔图略〕

第二节　本师由豫西调鄂参加剿匪

民国十九年冬，讨逆战役告终，本师集结陕州——渑池一带，有策应杨虎城入陕之任务。旋奉第三军团总指挥何转奉总司令蒋谕：着第四十四师调鄂剿匪，归何总指挥成濬指挥等因。本师遵即徒步至洛阳乘车陆续输送来鄂，集结于黄陂——横店——谌家矶——江岸一带。嗣奉总司令蒋十一月二十七日命令，要旨如左：

1. 据探报黄麻一带之匪共，似有南窜之模样。

2. 驻八里湾之第四十八师韩昌峻旅，着即前往黄安——宋

埠接十三师卢本棠旅之任务。

3. 第十三师卢旅及补充第一、第二两团将防务移交四十八师韩旅接替后,即移驻麻城剿匪,对三河口——黄土岗方面警戒,相机进剿,并酌派一部赴罗田防剿。

4. 第四十四师全部集中黄陂整理,五日后,即派一部赴八里湾驻剿,并与友军连络。

5. 第二十六师王副旅长莱山所部,俟接防部队到达后归还建制。

本师基于右令,当改定各部驻地如次:(参看附图第二)〔图略〕

1. 第一三零旅陈永部驻谌家矶及其附近。

2. 第一三一旅辛明利部驻广水及其附近。

3. 第一三二旅王金镛部驻黄陂——长轩岭——研子岗——柏子岗一带。

4. 师部及工特两营驻刘家庙扶轮学校及其附近街市。

5. 骑、炮两团及补充团预定调驻安陆县训练。

十一月二十九日,接十三军夏军长通报如次:

1. 红军第二十军约万余人,枪三四千支,于本月二十四向谢店之第十三师卅八旅攻击中。

2. 郭汝栋军约三团现已撤至尹家河——水口寺——宋埠——长岭岗一带扼守。

3. 三十八旅卢旅所部之补一团,现固守料棚——李花——尹家河——桃花等处,待该旅七五团到达后,即向谢店进剿。

同日,接王旅长金镛报告:赤匪第四军邝继勋股约两万余人,枪七八千支,机枪迫炮各若干,现盘踞姚家集——河口镇——夏店——蔡店——四姑墩——黄安一带。

十二月一日,奉第十军军长徐命令,要旨如左:

1. 查鄂东黄——麻北乡,匪共猖獗,现已侵至黄安——谢店——料棚一带，有进犯麻城模样。

2. 我十三师卢本棠旅及其补充一、二两团，现在麻城——料棚——尹家河——宋埠一带与匪对战中。

3. 着第四十四师除在长轩岭堵防之一部外，应再派一旅星夜推进至黄陂东北之八里湾及其附近，以与宋埠韩昌峻旅连络，相继协剿，并着该师速向黄陂集中完毕，以便全力进剿。

4. 第四十八师韩旅在四十四师未接防以前，应进至宋埠——尹家河一带，接替十三师卢旅之防，且会同我王、卢各部努力堵剿侵扰麻——宋之匪，务消灭之，俟四十四师到达宋埠接防后，即回至汉口，准备西上。

本师基于右令，当拟定部署如次：

1. 王旅应于明(二)日由现住地推进至黄陂东北之八里湾，与我驻宋埠之韩旅连络，相机进剿。

2. 辛旅应即由广水乘车输送至横店下车，向黄陂推进，其主力暂集结于黄陂附近，并酌派一部进驻长轩岭防剿，与我王旅切取连络。

3. 陈旅暂驻原地集结待命。

4. 师部及工特两营着于四日由刘家庙进驻黄陂县。

5. 余在刘家庙。

同日，接四十八师韩旅长通报：(一)伪红军第一军军长许继慎所属计三师，每师三团，每团九连，约万余人，枪五六千支，机枪迫炮各若干，多残毁不堪使用。(二)敝旅王团到桃花后，谢店附近之匪一部向七里坪窜去，一部窜向东北，有进窥麻城之势。现骆家堰以南之地区发现破坏电线情况，卢旅正在堵击中。(三)敝旅现分驻尹家河——李花——宋埠——桃花——八里湾等处。(四)匪军大部经麻城——中馆驿间向东南方向移动，似有迂回我后方之样。(五)一日晨，由骆家堰——梅花脑南窜之匪约万人，枪支齐全，现盘踞潘家塘——余铁岗附近各村庄。

我王旅于二、三两日先后移至八里湾——中和司附近。辛旅亦于同时到达黄陂——长轩岭——长堰一带集结，师部及直属部队于四日进驻黄陂县城内。

第三节　协剿新洲之匪

先是黄——麻之匪以我铁道线一带陆续增兵，逐渐向匪区进剿，该匪为避实击虚计，乃由麻城以西转向南窜，企图遮断长江水运，以牵制进剿部队。本月二日奉第十军军长徐命令如左：

1. 据确报鄂东黄——麻一带赤匪陆续南侵，昨早一时到新洲者约万余人，并续向团风一阳逻两方南窜，似有企图过江之模样。我郭汝栋师驻新洲之一部诈变，向团风窜去，我十三师之卢本棠旅现在麻城集结，准备向该匪追剿。

2. 本军奉令再派两旅协剿鄂东之匪，务歼灭之。

3. 第四十八师之第一四二旅全部轻装，于今晨七时到招商码头乘船出发，赴阳逻登陆，侦察新洲方面匪情，须不失时机向新洲方面之匪痛击，并设法与宋埠之韩旅连络为要。

4. 第四十四师即派驻谌家矶之陈旅全部轻装，于今晨八时到招商码头乘船出发，赴团风登陆，侦察新洲方面匪情，协同一四二旅向新洲之匪进剿。

5. 第四十八师之一四四旅暂在宋埠附近集结，俟宋埠——麻城以北之匪大部通过宋埠之线后，协同十三师卢旅向南追剿，倘新洲之匪回窜，则堵击而歼灭之。

6. 第四十四师之王旅，务速进至八里湾与宋埠之韩旅连络，尔后策应韩旅向南窜之匪追剿。

7. 第四十四师辛旅应速至黄陂集结。

注意事项：

一、赤匪诡诈，我军行动务须慎密，无论何时须严行戒备，勿忽为要。

二、各部无论到达何地，应即构筑工事，以防匪共抄袭。对于匪区人民，应注意其行动，在特别情况下，须断绝其交通。

三、该匪南窜新洲，企图过江，但已入我军包围之中，陷于绝境。我各部队务须痛击，勿任漏网，是为至要。

师基于右令，当下达第一三零旅之命令，其要旨如次：

1. 一般情况，如军命令所示(原令另纸抄发)。

2. 第一三零旅全部，应于本(二)日晨八时在招商码头乘船出发，开赴团风登陆，侦察新洲方面匪情，速行痛击，并设法与宋埠之韩旅连络为要。

3. 该旅在陈旅长永未销假以前，着暂由华副师长文选指挥之。

4. 余在黄陂县。

据华副师长文选报称：职率陈永旅于三日到达团风登陆，正拟协同四十八师张旅向新洲进剿，乃该匪狡诈，闻风即星夜转向仓序窜去等语。当令该旅在团风附近停止待命。

第四节　克复黄安

十二月五日，奉第十军军长徐转奉行营主任何命令节开：第四十四师应以一部由长轩岭进占姚家集，并相机进取河口镇，另以主力由八里湾进攻黄安。其在团风附近之陈旅，着即调集宋埠，协攻黄安等因。当下达各部队命令如左：

1. 本师奉命协同四十八师张、韩两旅进剿鄂东黄——麻一带之赤匪，并相机进占黄安县及河口镇。

2. 陈旅全部着即日由团风经新洲转至宋埠附近集结待命。

3. 辛旅先以一部进取姚家集，得手后，对河口镇严密警戒，其余仍在长堰——长轩岭一带扼堵，候令进剿。

4. 王旅应酌派少数部队向中和司以北地区探进，并选派干探入黄安城内侦察，俟陈旅到达后，再候令进攻。

5. 师部行营准于明(六)日晨七时由黄陂出发，随带各处必要人员经围棋寺——凤凰寨进驻八里湾。

6. 特务营第一、二两连及工兵营第四连、无线电队，着于明日随师部行营进驻八里湾，其余各连留驻黄陂负守城之任务。

7. 留守黄陂县之部队，统归陈参谋处长康黎指挥之。

8. 余在黄陂，明日进驻八里湾。

注意事项：

1. 各部队一律轻装，不准携带笨重物品。

2. 鄂东遍地匪共潜伏，各部队行军时应集结前进，不准离队或落伍。

综合连日所得各方情报节录如左：

1. 据王旅长金镛转据黄安姚县长面称：十二月二日八里湾北之栗林店附近，到有赤匪千余人，枪数百支，似有南窜之样。马埠头——杜家凉亭——占家岗一带，均有匪军盘踞。

自黄安城失陷后，该县姚县长即退至八里湾办公。

2. 据黄陂任县长东代电称：(一)红军第一、二、三师及卅一军之混成团共约万余人，枪七千余支，刻在黄陂县属之河口镇——夏店——蔡店——姚家集——塔耳岗，黄安县属之四姑墩——七里坪——高桥河一带。(二)八里湾——长岭岗附近有红色补充军两团，匪众三千余人，枪八九百支。

3. 接十三师夏师长通报：红军第一军军长许继慎、副军长祁开洪，所属三师伪第一师师长刘子英，所属三团，伪第二师师长孙任山、伪第三师师长周维炯，所属各两团。

4. 据侦探报告：现盘踞黄安县及附近者，为红军第一军第一师全部，共约三四千人，枪两千余支，机枪数挺，弹药缺乏。

5. 据王旅长报告：马埠头——中和司——杜家凉亭——占家岗之线以北地区纯为匪区。匪众于四日上午六时南犯至河库湾，与我二六三团第二营接触，激战一小时，匪仍北窜。

七日，陈旅到达李家集附近，当令陈旅之于团协助王旅进攻黄安，并下达命令要旨如左：

一、盘踞黄安县城及其以南桃花——栗林店——大金山——鹰爪山一带之赤匪，系伪第一师全部及游击队、赤卫队等，共约五六千人，枪两三千支。

二、本师现以主力向该匪进击，并相机收复黄安县城，兹规定进剿部署如次：

1. 王旅巩长香团明（八）晨先以主力向大金山——鹰爪山之匪进击，得手后，即向桃花侧进，以策应张团。

2. 张池团明晨迳向栗林店——桃花之匪进攻，得手后，即暂在桃花扼守，俟我巩团到达后，再向黄安进剿，相机收复县城。

3. 陈旅于兆龙团明（八）晨以主力向大金山——鹰爪山之匪夹击，以策应巩团。另一部田熊家田向胡家田搜剿，以保我王旅左翼之安全，得手后，该团即进至中和司，策应王旅收复黄安。

该旅张虎臣团明（八）日进至八里湾附近集结待命。

4. 辛旅即以主力向姚家集进攻，占领后，扼要固守待命。

三、余在八里湾师部行营。

注意事项：

查八里湾经桃花至黄安，沿途居民久已赤化。崇山峻岭，地形复杂，各进部队务须步步为营，稳扎稳打，免为匪乘。

八日晨，王旅巩团先向大金山——鹰爪山之匪进击，该匪踞险顽抗，激战至午，我于团由左翼夹击，毙匪数百名，余匪纷向桃花——五云山方面溃窜，巩、于两团乃续向桃花——中和司侧进，以策应张池团。

张池团于八日晨由八里湾向栗林店之匪进击，匪稍抵抗，即退据桃花，张团跟踪追击，该匪凭险顽抗，激战极烈，适我巩团赶到，两面夹击，匪知大金山已失，持至薄暮，乃向黄安退去，巩、张两团当晚暂在桃花扼守。

九日晨，王旅张池团由桃花续向黄安进攻，巩团随后跟进策应。查桃花至黄安三四十里，两侧高山，中间一道，林木复杂，百米外不能通视。该团乃改由两侧沿山进攻，午刻至周家坝与匪接触，匪据险顽抗，经我张团猛攻，激战两小时，毙匪三百余，匪退守十里铺，我张团跟踪猛追，匪无暇回抗。下午九时，追抵黄安，该县城垣倾塌，我官兵奋勇争先，由东南两门抢入，巷战肉搏，毙匪甚众，余匪纷向七里坪——紫云区窜去。失陷经年之黄安县城，遂为我完全占领矣。(参看附图第三)〔图略〕

查匪踞黄安计时经年，附近居民赤化较深，初经收复，乃一面令王旅肃清附近残匪，一面令姚县长移回黄安，赶办清乡善后事宜。

我辛旅李团于同日将姚家集之匪击溃占领该处。

第五节　肃清高桥河区

八里湾以北地区之匪，经我王旅痛击后，当有一部窜至高桥河附近，同时河口镇——冯秀驿方面之匪亦向东南移动，企图扰我左侧，牵制进攻黄安。现黄安既经收复，为彻底肃清高桥河区共匪起见，应取四面兜剿，以免漏网。当下达各部队命令，其要旨如左：

1. 陈旅长永督率于团将红茅凿——傅家凿——台云山一带之匪肃清后，即续向高桥河搜剿而占领之。该旅张虎臣团派一营于十日晨进驻杜家凉亭，维持后方交通。

2. 王旅以张池团守备黄安城，该旅长亲率巩长香团务于十日晨转向西南协剿高桥河区之匪。

3. 辛旅以李团暂在桃花集扼守，对于河口镇及梅店方向严密警戒，该旅长即率杨团由柿子店进剿高桥河——笼灯桥中间地区之匪，俟陈旅于团进占高桥河后，再会合李团向河口镇进剿而占领之。

4. 余在八里湾行营。

注意事项：

1. 匪区内之道旁耕地农民多系化装匪探，各进剿部队务须注意搜查或格杀之。

2. 无论昼夜，对于警戒区域内一律断绝交通，任何人不准通过。

3. 已令姚县长转饬保卫团进驻中和司——桃花一带，维持交通。

综合各部连日情报如左：

1. 据陈旅长永报告：职率于团于十日晨开始沿杜家凉亭——庙咀湾之线向红茅砦——高桥河进剿，沿途迭有激战，午刻占领红茅砦，未时收复高桥河，续向笼灯桥一带搜剿中。

2. 据王旅长金镛报告：职率巩团于十日晨由黄安转向高桥河夹击，申刻至高桥河，则我于团已先占领该地，巩团现在高桥河以北附近村庄停止。

3. 据辛旅长明利报告：职率杨团于十日晨由长轩岭——姚家集分向柿子店——笼灯桥——高桥河一带搜剿，沿途数遇匪军，均经击溃。刻已与我于团取得连络，并侦察河口镇匪情准备进剿。

第六节　克复河口镇

据确报，黄安附近及高桥河一带之匪，迭经我各部队痛击后，该匪现窜集河口镇附近，共约五千余人，枪三千余支，并有伪省苏维埃政府及红军补充第一军军部均设河口镇，其附近居民多已赤化等语。当令辛旅遵照前令，于十二日向河口镇进剿。

十二日午后五时，据辛旅长明利报告：职率杨团于本(十二)日晨由柿子店向河口镇进剿，同时并令李团由姚家集向河口镇夹击，辰刻至柏木岗附近与匪接触，匪且战且退，我杨、李两团跟踪紧追，至河口镇附近，匪众三千余人突出反攻，经我痛击，斩杀甚众，余匪分向蔡店——夏店——四姑墩方向窜去。职旅遂于本日午刻完全占领河口镇等语。(参看附图第四)〔图略〕

第七节　分区清剿

本师收复黄安——高桥河——河口镇各役，先后计毙匪约千余名，生擒伪总指挥王昌、伪大队长金国棵、焦柏岭及匪徒数十名，均予就地斩决。并夺获土造枪数十支，戈矛多件。我官兵亦伤百五十名，时黄安——河口之线以南已无大股匪军，乃令各部队各就防区分任搜剿，以期彻底肃清。于十四日下达命令，要旨如左：(参看附图第五)〔图略〕

1. 王旅长率所属张池团驻守黄安县城，其巩长香团驻凉亭岗——东刘家一带，与河口镇之李团切取连络。

2. 辛旅长率所属杨鑫团驻姚家集，其李印臣团驻河口镇。

3. 陈旅长率所属张虎臣团分驻杜家凉亭——八里湾，其于兆龙团驻梅家湾——高桥河一带。

4. 各该部就驻在防区内分别搜剿，务将防区内残匪彻底肃清，以期早日完成任务。

5. 余在八里湾行营。

十六日，据辛旅长报告：今(十六)晨实有赤匪及赤卫队万余人围袭河口镇，来势极猛，幸我李团预筑工事，沉着应战，待匪接近外壕时予以排枪并机枪之扫射，匪伤亡枕藉，匪势稍馁。李团长复亲率一部出西街侧击，当场毙匪无算，并生擒数十名，立予斩决。该匪始向河口以北撤退。现巩团已由凉亭岗西进夹击，李团亦抽队出击，该股残匪不难消灭等语。

十八日，师部行营及直属部队，由八里湾回驻黄陂县城。

二十日，奉第十军军长徐皓　电令：四十八师之韩旅急须西进，所遗防务着四十四师派队接替等因。当给与陈旅长命令要旨如次：

1. 陈旅务于明(廿一)日将韩旅之防务接替完毕，即以于团移驻谢店——叶方河附近，该旅长率张虎臣团两营移驻宋埠，其一营酌置于李化或尹家河。

2. 该旅到达新位置后，应与麻城夏师连络，并可利用电报电话与师部连络。

3. 宋埠至黄安原有电报线,仰速饬工兵修理完竣,以便与王旅连络。

4. 余在黄陂县。

陈旅于二十一日遵令到达目的地,仍各就防区分别搜剿。二十三日本师补充第一团由德安开至黄陂,当令分驻城关担任守备。

第八节　进剿夏店大小悟山之匪

二十四日,奉总司令蒋电令要旨如左:

甲、赤匪大部在七里坪——华家河——四姑墩——夏店一带据为巢穴。

乙、以根绝该匪之目的,部署如下:

1. 张印相师以一部至吕王城,一部至彭城店向华家河——四姑墩——河口镇进剿。

2. 李定五旅以主力进至毛家集向白童寺——夏店进剿。

3. 岳维峻师大部分两路进至拱板庵——大杨湾向东进剿。

4. 肖之楚师除留一部驻防黄安外,主力应推进至河口镇——梅店向夏店——大小悟山进剿。

5. 吉鸿昌部速将七里坪之匪肃清后,扼守黄安西北之线,堵匪东窜。

丙、各进剿部队务切实连络,取包围形势,毋使匪共漏网为要。

师基于右令,当下达命令,要旨如左:

1. 陈旅长永率张虎臣团,着于明(廿五)日由宋埠出发,限三日行程,经八里湾——笼灯桥——姚家集进至杨家河(在梅店西六里)附近集结。该旅于团同日由夏店出发,限三日行程,经桃花——凉亭岗——柿子店——姚家集进至梅店集结。该旅到达后,酌以一部留守梅店,以主力于二十八日沿蔡店——郭家岗——常家田——薛家楼——黄草山之线进剿,并实行肃清该匪,占领大小悟山附近要点。右翼与我辛旅进剿夏店之部队切取连络,左翼与岳师进剿大杨湾之部队设法连络。但在该部未到达大杨家湾以前，对左翼应特别戒备。

2. 辛旅酌留一部防守河口镇——姚家集外，其主力应于二十八日沿鸡鸣潭——沙河店——刘家集——廖家坂之线进剿，以根绝该匪之目的，实行占领夏店，右翼与张师进剿四姑墩之部队设法连络，左翼与我陈旅进剿大小悟山之部队切取连络。

3. 王旅仍在黄安——东刘家一带严密防守，并注意堵击南窜之匪，巩团应与辛旅河口镇部队时取连络，张池团应向七里坪——华家河方向严密警戒。

4. 余在黄陂。

二十七日，我陈旅全部于本(廿七)日到达梅店，张印相师亦有一部到达七里坪——华家河附近，当即电令各旅遵照前令实施进剿(参看附图第六)。〔图略〕

综据连日各旅长报告节录如左：

1. 陈旅长廿八日午后五时报告：职旅于兆龙团今早由梅店开始进剿大小悟山之匪，行至蔡店——陈家厂附近，有赤卫队千余人盘踞该处各山口向我射击，当经该团进剿，毙匪百余人，俘获四十余人，夺获杂枪、戈矛、红旗、标语无算，匪势不支，向大悟山逃窜。该团遂占领蔡店，现在跟踪向大小悟山搜剿中。

2. 辛旅长廿八日午后六时报告：职今晨八时亲率杨团及李团之一营，由河口镇向夏店开始进剿，至沙河店附近，探悉有由黄陂站窜回之赤匪二三千人盘踞该处。当令杨团急进痛剿，该匪初犹顽抗，旋因我军火力强大，匪死伤过多，始四散逃窜，刻正率队搜剿中。

3. 王旅长艳(廿九)辰电报告：俭(廿八)日有赤匪大部自华家河方向被张印相师压迫，窜踞从良岗——大成砦——观音堂一带高地，窥我冯秀驿——东刘家阵地兵力单薄，乃于俭(廿八)戌乘月色昏暗，蜂拥来扑，希图突破我阵地，直冲高桥河，幸我官兵早有准备，俟该匪接近战壕，猛烈射击，匪前仆后继，势极凶猛，历三小时卒未得逞，乃向佛塔山——六合庵等处退去。我巩团现正会同河口镇李团向该匪夹击中。

4. 辛旅长卅午电报告：杨团俭(廿八)日将沙河店之匪击溃，残匪向四姑墩窜去，该团遂占领沙河店，艳(廿九)日绝向夏店进剿。时四姑墩之匪啸聚万余人，于艳亥分三路来袭，与我杨团在夏店附近激战澈夜，我杨团陷于重围。职据报告后，乃于今(卅)晨亲率李团之一部于拂晓前由河口镇进至沙河店，抄袭该匪侧背，匪始向四姑墩——毛家集分窜，我杨团乘势追剿，遂占领夏店及附近村庄。是役，毙匪五百余名，夺获杂枪刀矛无算。我亦伤亡官兵廿余员名。

5. 据陈旅长报告：职旅于团俭(廿八)日占领蔡店，艳(廿九)申进占常家田——薛家楼一带，卅日占领汪家河。张虎臣团艳日占领黄草山——小悟山，卅日与大悟山之匪激战终日，当晚占领大悟山，残匪向西北窜去。连日计毙匪六七百名，夺获甚多。我亦伤亡官兵三十余员名。

各旅连日分别进剿，业将夏店——大小悟山先后克复，当令一面各督所部肃清残匪，一面与各友军连络会剿，以期根绝。

第九节　奉调鄂西担任绥靖

奉总司令蒋十二月廿三日命令，要旨如左：

1. 湘——鄂——赣——川边区共匪，现由各部分别击溃，不难次第肃清。

2. 兹为迅速肃清各边区共匪起见，特派精干部队划区清剿，并任王金钰为湘鄂赣边区剿匪清乡督办，徐源泉为湘鄂川边区剿匪清乡督办，以专责成。

3. 剿匪部队及担任区域加附表所示，仰各遵照，详细规定依限到达，负责清剿并将办理情形具报为要。

师基于奉右令遵即转饬各部知照，因限于情况，未能即时开动，嗣复迭奉武汉行营主任何及湘鄂川边区剿匪清乡督办徐电令，着于最短时间肃清夏店——四姑墩一带之匪共，以便张、葛两师接防后，即向鄂西移动，实行第七区剿匪新任务等因。爰于二十年一月二日下达命令，要旨如左：

1. 陈旅迅将大小悟山及蔡店一带之匪设法肃清后，即在蔡店附近集结待命。该旅于团长兆龙着率兵两营，即日进驻夏店附近，协助辛旅进剿四姑墩之匪，并暂归辛旅长明利指挥。

湘鄂川边区绥靖区域暨绥靖部队一览表

区别	绥靖区域	司令官	担任绥靖部队
第七区	公安 石首 监利 沔阳 洪湖 新堤 郝穴 松滋 枝江 宜都 华容 澧县 津市 石门 临津 常德等处均属之	肖之楚	第四十四师全部 新三十四师陈渠珍部 新二旅刘培绪部 湖北警备队容景芳部
第八区	宜昌 巴东 长阳 利川 咸丰 龙山 来凤 恩施 鹤峰等处均属之	徐源泉	第四十八师 新三旅徐德佐部 暂编十九旅罗启疆部 第二十军郭勋部

2. 辛旅酌留一部防守河口镇——姚家集，其主力俟于团到夏店即相机向四姑墩进剿，肃清后，俟岳师进至拱极庵时，即在夏店集结待命。

3. 王旅迅将黄安——东刘家——冯秀驿附近之匪肃清，俟张印相师接防后，该旅即移驻高桥河——柿子店一带待命。

4. 余在黄陂。

三日，于团长兆龙率兵两营到达夏店，四日辛旅主力即向四姑墩进剿。

据辛旅长报告节录如左：

1. 职于四日率李印臣团由河口向四姑墩进剿，同时并令杨鑫团由夏店向陈大湾进击匪之右侧背，以收夹击之效。

2. 我先头部队于午前八时进至沙河店附近，与匪接触，当经我李团迎头猛击，讵当面之匪愈集愈众，适我杨团已攻占陈大湾，两面夹击，匪受重创，乃向红花山溃窜。我杨、李两团合力追击，遂于午后四时占领四姑墩。是役，毙匪七八百，俘虏百五十余名，获杂枪百余支。我官兵亦伤亡卅余员名。

查该军为伪红军第四军之第四、第六两师，伪县苏维埃政府设四姑墩，伪主席兼鄂豫皖边区特委曹大骏亦驻于此。

六日，据王旅长报告：本(六)日张印湘师到达黄安一团等语。当令该旅长将城防交替后，即率张池团回驻高桥河待命西移。

十一日，奉行营主任何真戌电令：四姑墩之匪已溃窜深山，贵部宜乘其新败，跟踪痛剿，一鼓歼灭。此间已电张印湘师在黄陂店部队严行堵剿，并电岳维峻师及李定五旅速至夏店——蔡店，与贵部协剿等因。当令辛旅续向彭陈店进剿，令陈旅迅速肃清夏店——蔡店一带散匪，并与岳、李两部切取连络。

十三日，辛旅杨团将彭陈店之匪击溃，斩获颇多。

十八日，李定五旅到达夏店，我杨团已与该旅取得连络。

二十日，岳维峻师已进至大杨家湾，我陈旅亦与该师取得连络。

第十节　抽队驻防汉川

一月十五日，奉武汉行营主任何及第十军军长徐先后电令：以刁汊湖匪共四伏，时出扰乱，汉川县长迭电告急。希贵师酌抽一团驻防汉川，以资镇慑，并协同当地民团相机清剿各等因。遵即令补二团傅团长佩亮即率全团由汉口乘轮驰赴汉川驻剿，该团于一月十九日到达汉川后，即在系马口——走马岭——新集——叶家集——蔡甸——南河渡——杨林沟——小里潭——横堤一带努力清剿，历时四阅月，计经数十战，斩获甚众，匪渐匿迹。至五月十四日，该团奉命将汉川防务交湖北警备旅容景芳部接替后，始调回八里湾归还建制。

第十一节 驰援麻城

一月二十四日，奉第十军军长徐梗(廿三)申电节开：着四十四师速抽调一部开往岳口——仙桃，接替四十八师韩旅长之防等因。遵依当时情况，遂抽调驻蔡店——梅店之陈永旅，经横店至汉口集结，待轮西运。

二十九日，陈永旅到达梅店附近，适奉武汉行营主任何俭(廿八)亥电令，要旨如左：

顷据麻城第十三师朱副师长怀冰俭巳电称：据万旅长耀煌报告：围攻磨家楼——江树等处之匪共二万余人，经职率兵一团由骑龙埠——杨家坳进击，激战数小时，匪分途冲扑，未能得手。加入补一团向严家大湾进击，于俭寅将磨家楼以南之匪击退，与磨家楼之部队连系。是役，我死伤官兵三百余名。匪仍盘踞龙潭山——豹子山等处，重层密布，似有重大计划，且有一部向我左后方运动。现各部子弹告尽，给养亦极困难，请示机宜。又据控制于普安堂以西之补一团第三营黄营长报告：琢木山——谢家岗一带，昨(廿七)夜亦发现匪共数千人，向南进扰各等情。查匪集全力扰乱麻城，麻家大道处处皆有截断之虞，其势未可轻视。除令各部加筑工事相机进剿外，拟恳火速增加兵力一部来麻协助，以制其猖獗蔓延之祸。乞即示遵等语。除复令坚守现地，不得放弃，待援出击，并令吉、张各部协助外，希贵师迅以一部星夜接防麻城，协同十三师相机进剿，并电复为盼等因。

师基于右令，当飞调开拔在途之陈永旅，由横店撤回驰援麻城，并给予该旅命令，要旨如左：

1. 匪众二万余，现与我十三师部队在麻城附近恶战，迭接朱副师长电告粮弹将尽，形势异常危急。

2. 着该旅长即率全部由横店轻装折回，经黄陂——李家集

——宋埠——中馆驿，星夜兼程驰赴麻城援剿。

3. 该旅到达麻城后，即接替城防，并协助我十三师相机防剿，并将驰援情形随时具报为要。

4. 余在黄陂。

本日当将陈旅驰援麻城情形，电呈主任何及军长徐，并通令辛、王两旅严密防范，堵匪西窜。

三十日，奉第十军军长徐手令：太平桥——石屋区一带有匪共出没，企图进扰李家集。着派兵一部进驻该处防剿等因。当会补充第一团第一营即日开驻李家集防剿。

三十一日，陈旅先头一团赶到麻城，二月一日完全到达。朱副师长见我援军赶到，乃集结兵力激励士气大举猛攻，当面之匪相率引退。旋接朱副师长冬(二日)电，对我驰援部队行动神速，极致谢忱。并告以此次进攻麻城之匪为红军第一军许继慎、第四军邝继勋、第二十五军蔡申西三部，共有四万余人，现向麻城西北之乘马岗——张店一带窜去。

第十二节 移防鄂西

二月三日，奉行营主任何及第十军军长徐电令：以本师援麻任务完毕，仍应克日调赴鄂西，遵照前令指定区域担任绥靖事宜等因。遵即决定移防部署，并下达命令，要旨如左：

1. 本师奉命克日调赴鄂西担任绥靖。

2. 进犯麻城之匪刻已被我十三师击退。第三十三师葛云龙部现在由信阳向黄陂移动，准备接替本师防务，其先头部兵一团、机枪一营昨(二)日已开到黄陂。

3. 陈永旅应于明(四)日由麻城开回黄陂东之普安寨——六指店——新集一带集结整顿，并限三日行程到达目的地。

4. 辛明利旅俟葛师接防后，即开至研子岗及其迤南地区集结整理。

5. 王金镛旅俟葛师接防后，即在长堰附近集结整理。

6. 补充一团第一营着即由李家集开回黄陂，归还建制。

7. 余在黄陂。

补充一团第一营于四日开回黄陂，陈旅于六日到达指定集结地区，惟辛、王两旅仍在河口镇——姚家集——高桥河一带原防，协同民团协剿零匪。

二月廿四日，奉行营主任何敬午参电节开：

1. 该师主力即日移驻襄河沿岸之仙桃镇——岳口一带。

2. 着该师之一部，暂配备于黄陂附近，并指调一部即日开驻武昌，接替十四师所遗之城防。

同日，又奉第十军军长徐梗(廿三)电，着本师先开一部至岳口——仙桃——潜江一带，接替四十八师韩旅之防。

师基奉右二令，乃决定部署，并下达命令，要旨如左：

1. 王旅于廿四日将防务交葛师接替，二十五日由现地出发，当晚至横店宿营，翌(廿六)日进至汉口西之桥口待船输送至岳口——仙桃——潜江一带，接替四十八师韩旅之防，到达后，如防区附近发现匪共，即随时痛剿。

2. 陈旅长率张虎臣团即日移驻黄陂，担任城防。该旅于兆龙团着于廿八日由现在出发，限两日行程，到达武昌接替十四师所遗之城防任务，尔后该团暂归武汉警备司令夏斗寅指挥之。

3. 辛旅俟葛师接防后，即日进至汉口待船输送至仙桃——沔阳接防。

4. 补一团俟辛旅开拔后，即由黄陂移至汉口，待船输送至脉旺镇——分水咀接防。

5. 师部各处及工特两营，随辛旅后乘船进驻仙桃镇。

6. 补二团仍驻汉川，骑炮两团仍驻德安原防。

7. 余在黄陂。

于兆龙团于三月一日到达武昌接防妥毕，王旅于七日完全到达仙桃——岳口一带。(参看附图第七)〔图略〕。辛旅交防后，于九日移至汉口待船西运。

第十三节　花园小河溪援岳之役

甲、岳师激战情形

鄂豫皖边区赤匪，以我商——潢方面部队进剿得力，伪总指挥邝继勋乃率伪第四军全部及第廿五军之一部，共约二万余人，又复西窜合麻、黄一股，企图遮断平汉交通。时我三十四师分防孝感——苍园——小河溪一带，岳师长维峻闻讯，即亲率三团由小河溪向二郎畈——大新店进剿，三月九日，在双桥镇附近与匪接触，激战甚烈，双方伤亡甚众。岳师乃以深入匪区，地势不明，入夜又复与匪主力拚战无数次，牺牲极巨。

乙、本师赴援经过

三月十日，奉行营主任何电令：花园东北地区匪共甚为猖獗，岳师兵力单弱，进剿失利，岳师长被俘。着四十四师速派步兵三团，即日开赴花园——小溪河一带相机援剿等因。遵即决定部署并下达命令，要旨如左：

1. 陈旅之张虎臣团速将黄陂城防交补一团接替，该团于明(十一)晨轻装出发，至横店乘车进至花园待命。

2. 师部各处必要人员及特务营、工兵第三连、无线电第一队，均于明日至横店乘车转赴花园。

3. 辛旅全部明(十一)晨即由汉口乘车至花园待命。

4. 所有留守黄陂部队，统归焦参谋长其凤指挥之。

5. 余在黄陂，明日进驻花园。

十一日，我各赴援部队陆续齐集花园，十二日推进至小河溪，该匪仍盘踞双桥镇——大新店一带，与我对峙，声势颇大，未可轻视。当即电呈行营主任何及第十军军长徐，拟请将本师驻仙桃之王金镛旅及武昌之于兆龙团调回，集中兵力，迅予痛剿。旋奉电示照准，并增调十一师之一部至平汉南段协防。

十五日，于兆龙团将武昌防务交替后，渡江由汉口乘车到达花

园，并分一营进驻松林岗，任花园——小河溪间之连系。（参看附图第八）〔图略〕

查邝匪此次大举西犯，企图出我不意，遮断平汉交通。幸本师驰援迅速，该匪盘踞双桥镇——大新店一带，未敢轻进，且探悉我调集兵力准备克日大举进剿，乃于十八日相率东窜。

第十四节　担任平汉南段孝感至花园一带之警戒

二十二日，奉行营主任何电令：四十四师着即移驻平汉南段担任孝感至花园一带之警戒，该师现在仙桃之王旅着归还建制，遗仙桃防务，由现驻孝感之卅四师何代师长镇藩部接替等因。遵即下达命令，要旨如左：（参看附图第九）〔图略〕

1. 黄陂师部及工兵营、无线电四十一分队等，均于廿六日出发，至横店宿营，二十七日晨乘车进驻孝感城内。

小河溪师行营及特务营、无线电第一队，均于廿七日回驻孝感。

2. 补充第一团着于廿六日由现驻地出发，经杨店——祁家湾，限两日行程，进驻孝感接守城防，并分一营驻守车站，维护交通。

3. 王旅俟卅四师到达，将防务交替后，即经汉川徒步开回花园，集结待命。

4. 辛旅全部及张虎臣团仍在小河溪防守，并相机清剿附近零匪。张团应以一部分驻松林岗，维持交通，尔后该团暂归辛旅长指挥之。

5. 陈旅长率于团仍驻花园，维护交通，该团驻松林岗之一营，立即归还建制。

6. 余在小河溪，廿七日回驻孝感。

四月四日，奉李督办江辰电转奉总司令蒋冬戌电开：查李韫珩、肖之楚、赵观涛三师所担任区域，均在豫——鄂——皖边合围线内，为将来进剿部队前进时便利起见，着赵、肖、李各师均归李督办鸣钟指挥，以期统一。希即转饬所属遵照等因。除电复遵照外，并通令所属知照。

第十五节　转移鄂东原防

甲、接防部署

四月五日，奉行营主任何寘（四日）电令，要旨如左：

1. 第十一师应遵前令，迅速以两个旅接替黄梅——广济——圻水——蕲春一带防务，以一旅驻花园——松林岗——小河溪一带。

2. 潘善斋旅俟十一师接防后，应速向新堤——岸口——螺山一带开拔。

3. 第十四师应以一旅驻祁家湾——孝感等处，以一旅驻桥口附近，以一旅驻武昌。

4. 第四十四师应接黄安——河口——宋埠——八里湾防务，以一旅控置于黄陂。

5. 罗田——麻城之防务，仍由十三师担任之。

师基于右令，当下达命令，要旨如左：

1. 辛旅俟将小河溪防务交十一师接替后，即由花园乘车至横店转赴黄陂北之长堰附近集结，归该旅指挥之张虎臣团着即归还建制。

2. 陈旅俟交防后，即日乘车至横店转赴长轩岭——河口镇一带，分别接替十一师及卅三师之防，并须将旧有工事增筑坚固，严密防堵。该旅驻河口镇之部队，须与我驻黄安之王旅互相连络。

3. 王旅交防后，即经汉川——孝感——黄陂——八里湾开驻黄安，接替卅三师之防，并斟酌情形妥密部署，右与谢店——料棚之十三师、左与我河口镇之陈旅切取连络。

4. 补一团俟将孝感之防交十四师接替后，即日乘车之横店，转赴宋埠接防，并以一部分驻李化。

5. 补二团俟将汉川之防交警备旅接替后，即经孝感——黄陂进驻八里湾。

6. 师部各处及工特两营，预定本月六日由孝感乘车经横店移驻黄陂县。

7. 骑、炮两团仍留原防整理。

8. 余在孝感。

六日，奉行营主任何歌(五日)午电令，要旨如左：

1. 据报宋埠西南约五十里李家集顷被赤匪占据，企图未明。

2. 第四十四师应速派一部即日向李家集进剿。

3. 葛师驻宋埠之部队，应以一部速向李家集协同肖师夹击，先将该处肃清后，再向八里湾进剿。

师基于右令，当改令辛旅先向李家集探进，速与各友军清剿李家集之匪任务完毕，仍开回长堰附近集结。

辛旅于六日到达横店即转向李家集进剿。七日上午九时，到达李家集该处之匪已闻风窜去。查该匪为赤匪李青牙股，约五六百人，枪二百余支，于五日晨化装农民，混入李家集，肆行抢劫，闻我军进剿，即向紫潭河——太平铺——八里湾一带窜去。

师部各处及工特两营，于七日午刻到达黄陂。陈旅于八日到达长轩岭——河口镇接防完毕。

附注：当我辛、陈两旅驰援岳师之际，我王旅正在仙桃——沔阳一带，清剿襄河两岸之匪。查仙、沔北临刁汊湖，南通洪湖，港河交错，林木繁茂，地势极为复杂。洪湖为赤匪老巢所在，往来襄河，南北交窜无常，而仙、沔适当其冲，几尽成赤化之区。经我王旅驻剿月余，匪势稍敛。就中以沔阳——府场——彭家场——隔垱湖——郑道湖诸役，尤为激烈，毙匪特多，获枪数十支。迨三十四师西调，该旅将防务交替妥毕，即徒步经汉川——孝感，于四月九日到达八里湾集结整理。

乙、清剿紫潭河道人山一带之匪

宋埠葛师部队急待本师接防，我补一团在孝感，以十四师接防部队未到，一时不能东调。且据确报，八里湾——李家集等处之匪，两千余人，现窜踞紫潭河——道人山一带，四出滋扰。兹为肃清该匪及迅速接防起见，当给辛、陈两旅命令，要旨如左：

1. 辛旅即以杨团两营由王家河经凤凰寨进至望仙桥——刘大畈之线，以李团两营由长堰经任湾进至艾家店——三记巷之线，协同王旅向紫潭河——道人山之匪进剿，肃清后，应以刘团李营留驻李家集，维护宋黄交通，余即开回长堰附近集结。

2. 王旅着以张池团先至宋埠接替葛师防务，以巩长香团由八里湾沿河两岸会同辛旅向紫潭河——道人山之匪进剿，肃清后，巩团可进桃花，俾便接替葛师黄安之防。该旅驻宋埠之张池团，俟补一团到达即将防务交该团接守。

3. 各进剿部队，统限十一日出动，十二日晨开始进剿，务期四面围击，一鼓聚歼。

4. 余在黄陂。

王旅张池团十一日到达宋埠，并派一营至李化，分接葛师之防。十二日辛、王两旅将紫潭河——道人山之匪击溃，斩获特多，残匪向高桥河窜去。十三日巩长香团进至桃花，分一营驻尹家河。辛旅除留李团刘营驻守李家集外，余部开回长堰附近。

十五日，补一团由孝感开至宋埠，接替张池团之防务。

丙、王旅接黄安之防

四月十八日，奉督办李铣(十六)辰电饬催本师迅接黄安葛师之防，以便葛师向北进剿等因。当给与王旅之命令，要旨如左：

1. 该旅长即率张池团，由宋埠经尹家河——桃花进驻黄安接替葛师之防务。该旅巩长香团可暂在桃花，对乘马岗——顺河集方向严密防堵，俟葛师北进后，再开至黄安待命。

2. 该旅到达黄安后，应乘葛师未北进以前，迅速将黄安附近潜匪肃清，并将旧有工事加筑强固。

3. 该旅长应协助县政府扶持人民组织，俾产生有力之团队，以为我军消匪之助。

4. 余在黄陂。

王旅长率张池团于廿一日到达黄安，二十二日将葛师之防接替完毕，葛师预定廿八日北进。

丁、清剿黄安河口线迤南地区之匪

本师将黄陂——河口镇——宋埠——黄安一带十四师及卅三师之防务次第接替后，惟该地区内匪共潜伏，乘我防军交替之际纷起滋扰。又赤匪伪警卫师戴克敏股五六千人，亦乘隙由黄安东北窜入高桥河区。兹为根本肃清该匪计，乃于四月二十三日规定会剿部署，并下达命令，要旨如左：（参看附图第七）〔图略〕

1. 陈旅酌于姚家集——河口镇留兵扼守外，以主力由河口向东刘家——冯秀驿之线兜剿，与我黄安——凉亭岗王旅之部队切取连络，严堵残匪南北交窜。另以一部由姚家集向高桥河——柿子店——铁匠岗一带搜剿，与我辛旅进剿高桥河之部队连络，务将该区内之匪根本肃清，以除后患。该旅任务完毕后，即在河口镇——姚家集附近集结待命。

2. 辛旅酌于李家集——八里湾留兵驻守外，应以主力由长堰沿塔耳岗——篾灯桥之线，另以一部由八里湾沿红茅寨——杜家凉亭——分水岭之线，同时向高桥河区搜剿，与我陈、王两旅进剿部队连络兜剿。该旅完成任务后，即在高桥河——八里湾一带集结待命。

3. 王旅应以一团驻守黄安，策应葛师进展，以一团移驻凉亭岗，并由驻凉亭岗之一团，酌派部队沿河西岸向南搜剿，与我辛旅进剿部队取连络，并应防残匪渡河东窜或北窜。该旅完成任务后，即在黄安——凉亭岗之线，集结待命。

4. 补一团仍在宋埠——李化之线驻守，但须酌派一部协同李家集——八里湾李团之部队肃清紫潭河——道人山一带之散匪。

5. 补二团俟将汉川防务交容旅接替后，即徒步经孝感进驻八里湾，接辛旅李团之防。

6. 各清剿部队务各互相连络，以免漏网，清剿情形，随时具报。

7. 余在黄陂。

各部队于廿四日开始会剿，兹据先后报告如左：

1. 据陈旅长报告：于团廿四日向高桥河进剿，毙匪百余名，生擒十余名，获步枪十一支。该团伤亡官兵十四员名。

2. 据辛旅长报告：杨团第二营廿四日在长岭岗击溃赤匪千余人，获杂枪刀矛二十余件，当给黄陂民团应用。

3. 据王旅长报告：张池团于廿四日由黄安沿凉亭岗——冯秀驿之线搜剿，该处之匪闻风北窜，张团现在该处防堵中。

4. 据补一团陈团长旭报告：赤匪百余名，敬(廿四日)晚侵犯李化，被我马营击退。

5. 据陈旅长报告：于团廿六日与王旅会剿龙王山之匪，行至王家畈，遇匪两千余，当予击溃，获枪数支，该团伤士兵五名。

6. 据王旅长报告：观音寨之匪两千余，廿六日拂晓向冯秀驿张池团第三营阵地猛攻，当经该团击退，乘势跟追，午后占领龙王山，毙匪二百余。该团伤亡官兵十余员名。

7. 据辛旅长报告：杨团廿九日会剿红茅寨——高桥河一带之匪，捕获伪宣传员雷绍学、事务员方俊臣二名，据供称占店东北之雀店附近深山中有赤匪造弹厂，每日可造子弹三百排，其造法系在四乡收买弹壳改装等语。除饬该旅派队向雀店搜剿外，并电请主任何通令各剿匪部队保存弹壳，勿为匪利用。

8. 据陈团长旭报告：赤匪两千余人，于虞(五月七日)夜二时分两路向宋埠进犯，经职派队迎击，激战竟日，匪未得逞，乃向北方退去，我乘胜追击十余里，毙敌甚众。

9. 据辛旅李团驻李家集之刘营长光报告：五月十三日职派营附李坦斋带兵两连向东北李家湾一带游击，行至张家湾西北山林中，遇匪四五百名，枪半数，突向我军袭击，来势凶猛，激战三小时，幸我官兵沉着奋勇猛击，当场毙匪五六十名。前犯李家集之匪首李青牙亦被击毙，并于该匪尸身上搜出符号，可证无疑。又生擒匪首谢大块一名，获手枪一支，杂枪刀矛数十件。我亦伤亡士兵七名，残匪向东北山中溃窜，现仍继续搜剿中。

第十六节　奉命在李华以西河口镇之线扼堵剿

甲、豫鄂皖边区第一期剿匪计划暨附图〔图略〕

A、情况

赤匪许继慎、周维炯、邝继勋等啸聚匪徒数万人，以宣化店——七里坪——金家寨——南溪集等处为巢穴，煽惑民众，肆行窜扰。

迭据各方报告：赤匪大部现到七里坪——夏店——料棚一带，有进窜黄麻之势。

鸡鸣河——蔡家河——黄梅——两蕲一带有我十八军之部队驻守。

广水一带有我李定五旅护路，——小河溪有□师之一旅驻守。

B、方略

遵奉总司令蒋养未电，以先积极消灭豫鄂边境赤匪主力，拟定追剿堵击兼施方法，逐渐缩小匪区而歼灭之。

C、追剿部队之部署及任务

一、部署(如附图)〔图略〕

追剿总指挥吉鸿昌

第三十师(欠一混成旅)

第三十一师(欠一混成旅)

第三十三师(全部)

二、第一期任务

1. 第三十师(欠一混成旅)吉鸿昌部应集结于光山附近，以打通光黄交通，与葛师会合之目的，即向新集进剿，占领后，相继会剿七里坪之匪。

2. 第三十一师(欠一混成旅)张印湘部应集结于龙开镇附近，即向宣化店进剿，占领后，相机会剿七里坪之匪。

3. 第三十三葛云龙部应俟肖之楚师接防后，即速集中黄安附近向七里坪进剿。

三、第二期任务

追剿各部第一期任务终了后，由本署另定计划通饬施行。

四、追剿部队到达某防区时，该防区之部队得受追剿总指挥之指挥。

D、堵剿部队之防区及任务(附图)〔图略〕

1. 岳盛宣部附宋世科旅，应在叶家集以南六安——霍山——英山之线构筑坚固工事，扼要固守，以防赤匪东窜，左与十八军部队设法连络。

2. 夏斗寅部应在滕家堡、麻城至李化(不在内)之线扼要堵剿，左与肖之楚部连络。

3. 肖之楚师应迅速开驻黄安——河口镇——宋埠——黄陂一带，接替葛云龙部防务，应在李化以西河口镇之线扼要堵剿，左与十八军小河溪之部队设法连络。

4. 赵观涛师除担任武信间护路外，应速派一部分驻五里店——罗山，并维护罗信交通。

5. 李韫珩师应迅速集中罗山以东竹杆铺——寨河集一带，俟吉鸿昌部前进后，即以主力进驻光山，左与商城之部队设法连络。

6. 戴民权部应担任商城以东方家集至叶家集(在内)之线扼要堵剿，左与岳盛宣部设法连络。

E、其余部队

1. 张印湘部之一混成旅，应担任潢川附近防务。

2. 吉鸿昌部之一混成旅，担任商城之防务，左与戴民权部设法连络。

3. 追剿各部之重炮,应集结潢川训练,潢川——商城部队归本署直接指挥。

F、期限

各部队须于四月十日以前准备妥当,候令动作。

G、医院之设置

1. 各部医院自行择地开设。

2. 信阳——宋埠——合肥各设后方医院一处,潢川由信阳派野战病院一部。

H、督办署之位置

督办署俟接防部队开动后,即移驻潢川督剿。

1. 注意事项

1. 各堵剿部队切须于防地构筑强固工事,肃清附近零匪,逐渐缩小匪区。

2. 各堵剿部队无论何时必须留有活动部队,以备进剿。

3. 各堵剿部队长官,应竭力肃清防区附近零匪,并督饬县长民团办理清乡及民众组织各项事务。

4. 各部队须特别注意赤匪混入宣传,被赤匪俘虏放回之官兵,须与队伍隔离或资遣回籍。

5. 合围线内所有赤域人民,须断其往来,其一切食料或应用物品概禁输入。

6. 各堵剿部队须于紧要地点集结兵力防守,其他地点常派队游击。

7. 赤匪行为诡诈,善用逆袭突击及欺骗方法,各部宜审慎沉着。

8. 各部须准备充足粮秣,进占某地后,须将该占领地所有粮食运至后方,不能运输时,赶速焚烧。

9. 无论行军驻军,须严密警戒搜索。

10. 不准民众向赤匪赎票。

乙、豫鄂皖边区第二期剿匪计划暨附图〔图略〕

A、情况

一、赤匪经我部队占领新集——七里坪——宣化店各匪巢穴后，损失伤亡甚众，备极狼狈，余股均窜据金家寨——南溪集——蕨埠——独山镇一带，已有瓦解之样。

二、友军情况同前(第一期计划)

B、方略

本署以积极歼灭该匪之目的，仍以追堵兼施方法，施行第二期任务，向金家寨——蕨埠一带进剿。

C、追剿及堵剿各部队之任务(如附图)〔图略〕

一、追剿总指挥吉鸿昌率所部三师(除留一混成旅驻潢川)速集中潢川——江家集——商城等处，以占领南溪集——金家寨——蕨埠——独山镇为目的，妥定追剿部署及计划，即向各该处赤匪追剿。

二、李韫珩师以防止赤匪西窜为目的，应在光山——泼皮河——新集——中途店(在内)之线，构筑坚固工事。但主力须驻新集，并负责肃清附近零匪，右与夏斗寅部及七里坪肖之楚部切取连络。

三、夏斗寅部应进至中途店——张店——福田河——滕家堡之线扼要堵剿，右与十一师部队设法连络。

四、岳盛宣部(附宋世科旅)应在洪家集——六安——霍山——英山之线构筑坚固工事，以不使赤匪东窜为目的，俟吉鸿昌追剿部队占领金家寨后，相机夹击蕨埠——独山镇一带之赤。

五、戴民权部应在郭陆滩——黎家集至叶家集之线扼要堵剿，但须以主力进驻黎家集，以防赤匪北窜。

六、肖之楚师应迅速肃清宋埠——黄安——七里坪——河口镇等处零匪，但须有一团以上兵力进驻七里坪构筑强固工事，并与夏斗寅、李韫珩部切取连络。

七、赵观涛师应迅速肃清武胜关——罗山——宣化店——龙升镇等处附近零匪，但王云山旅(除龙升镇酌留部队)须驻防宣化店，设法与七里坪萧之楚部、新集李韫珩部切取连络。

D、注意事项

一、各堵剿区域内之赤匪，限于五月底完全肃清。

二、吉部占领宣化店后，宣化店防务即由王云山旅担任，吉部应速到潢商集中，其七里坪——新集部队，俟李、肖各部接防后，回潢商集中。

三、赤匪经我痛剿，如有大部悔过缴械投诚者，准由各该师长酌量情形宽宥，但须事先呈报。

四、其余注意事项，均参照第一期计划办理。

本师将黄安——河口线以南地区之匪次第肃清完成第一期任务后：五月一日奉督办李感(四月廿七日)已参电令节开：肖之楚师俟葛云龙师占领七里坪后，应即遵照前定计划，酌派部队接替七里坪之防，并须构筑坚固工事等因。旋接葛师长通报，已于四月卅日占领七里坪，当即决定部署并下达命令，要旨如左：

1. 王旅着以巩团扼守黄安，以张团进驻七里坪接替葛师之防，并须构筑坚固工事。

2. 辛旅即以杨团之两营进至冯秀驿——东刘家之线，接替王旅张团遗防，其一营分驻高桥河担任清剿。

3. 余在黄陂。

杨鑫团于五月三日到达冯秀驿接防，同日张池团回黄安集结，准备进接七里坪之防。嗣因连日霪雨，山洪暴涨，黄安西北沙河水深数丈，无法渡过。旋据探报，葛师于卅日至七里坪，翌(卅一)日即会合吉师向潢川北进，该地临河依山，形势险恶，附近居民赤化已深，给养缺乏等语。乃据情电呈行营主任何，准令张团暂驻黄安北之沙河南岸，尽力搜剿附近残匪，并协同地方办理善后，召聚民众组织人民铲共团及守望队，以资自卫。

丙、清剿黄安河口线迤北地区之匪

补充第二团将汉川之防交警备旅容景芳部接替后，即徒步开拔，于五月十四日到达八里湾，接替李团之防。李团同日即移塔耳岗——长堰集结，时黄安——河口线以南之地区，经本师各部先后搜剿，已无大股匪踪。惟该线以北七里坪——华家河——四姑墩——王家店一带，仍有大部匪共滋扰。弟为完成第二期任务，乃于五月十五日决定清剿部署，并下达命令，要旨如左：（参看附图第十一）〔图略〕

1. 陈旅酌留一部于河口镇——姚家集搜剿零匪，另以主力与驻冯秀驿之杨团，约期会剿华家河之匪，击溃后，该旅主力即转向王家店——四姑墩——夏店——刘家集一带进剿，至会剿部署，由该旅长妥慎计划之。

2. 辛旅杨团（欠边营）应会同陈旅先将华家河之匪击溃，尔后该团即在冯秀驿迤北地负责搜剿零匪，并与黄安——河镇部队时取连络。该旅李团（欠刘营）及高桥河之杨团边营，应负责搜剿黄安——河口镇线以南、河口镇——长轩岭以东、桃花——八里湾以西地区内之残余散匪，不分昼夜跟踪猛追，使匪无喘息余地，务于最短期间根本肃清。搜剿计划由辛旅长妥筹之。李团刘营着仍驻李家集。

3. 王旅着以一团驻守黄安，分一营移驻桃花严堵残匪东窜，并维护黄、宋之交通，另以一团向黄安以东以北地区进剿，并与冯秀驿之杨团时取连络。

4. 补充第一团仍在宋埠——李化防剿，但须酌派部队时向尹家河——马埠头一带施行游击，以与我桃花——八里湾——李家集之部队切取连络。

5. 补充第二团仍驻八里湾，应与李家集之刘营连络，肃清中和司——红毛寨以南地区之线残余散匪。

6. 驻李家集之刘光营，应不时派队沿鄂东汽车道游击，以维护陂宋交通。

7. 各部队进剿情形,应随时具报为要。

8. 余在黄陂。

各进剿部队务于五月十六日开始搜剿。兹综据连日情报如左:

一、据陈旅长报告:

1. 于团长率两混成营,今(十六)晨由河口镇向王家店进剿,午刻在王家店附近遇匪数百名,经予猛击,匪势不支,纷向王家店以北深山窜去。

2. 张团高宇清营,今(十六)午进至韩家岗正在构筑工事,突来赤匪三四百人,向我高营猛攻,当经击溃,毙匪二十余名,获杂枪刀矛十余件。

3. 在匪尸上捡获红色臂章中书一红字,周围书有拥护第三国际实行社会革命等字样,其番号为鄂豫皖特区之警卫团。

二、据王旅长报告:张池团铣(十六)日进剿余家边之匪,在游仙山附近遇匪四五百人,经该团第二营猛击,毙匪数十名,余匪向东北溃去,该营伤士兵五名。

三、据辛旅长报告:

1. 职率边泽深营,十六日由高桥河向笼灯桥进剿,午刻至朱家咀附近,正值匪与我李团抗战,当即集中炮火,与以夹击,毙匪二十余名,生擒伪经济副官詹焕斋一名,余匪向马口寨——骆驼寨方向窜去。

2. 李团长印臣率兵两营,十六日由长堰进剿,午刻至朱家咀——詹家寨,适遇赤匪二百余,正在该处开会,经我高营进击,匪初顽抗,迨我边营夹击,匪势不支,向东北窜去。斩获十一名,并获七九子弹二百五十粒。

四、据补二团傅团长报告:职于十六日率兵两营,由八里湾向分水岭进剿,午刻至马口寨遇匪六七百名,占据马鞍山凭险顽抗,经我猛攻,激战至午后一时,适我李团朱营由朱家咀闻枪声赶来抄击，该匪始向北窜。计毙匪数十名，夺获杂枪刀矛二十余件，子弹百余粒。我伤连长一员，伤亡士兵七名。

五、据陈旅长报告：赤匪千余盘据四姑墩，我于团于十七日由吴子墩店向该匪进剿，同时以第二营由王家店侧击，该匪猝不及备，稍行抵抗，即向东北深山狼狈窜去。于团占领四姑墩后，仍继续搜剿中。

六、据王旅长报告：油榨河湾——三角山有赤匪千余，枪数百支。当令巩、张两团长各率两营于二十日分途进剿，将该匪击溃。又沙河之匪被我击溃后，该地人民多以反正，现正派员协助组织铲共团，俾资自卫。

七、据陈旅长报告：

1. 据高营长宇清报称：二十一日赤匪数百在小河村——王家畈开会宣传，经我率兵两连协同团队驰剿，毙匪卅余名，获杂枪刀矛数十件。残匪向高家山窜去。

2. 据探报赤匪警卫师两团，二十一日在沙河店附近之台李家大举开会，经派王瑞治营由河口镇驰剿，匪初顽强，激战三小时，适我高营游击至沙河店就便夹击，毙匪百余名，获俄造子弹四百余粒，杂枪数十件，残匪向羊角山窜去。我王营伤亡士兵六名。

八、据王旅长报告：黄安城北及西北龙王山一带，本(廿二)日发现赤匪千余名。职拟令巩团明(廿三)日进剿。又沙河一带有赤匪埋藏稻谷甚多，兹应黄安绅民之请，拟派兵协助难民取食。

九、据辛旅长转据李团长印臣报告：该团第一营廿六日由高桥河回驻塔耳岗，行至洪山寺附近，遇匪四五百名，突出猛袭，该营仓卒遇战，当即占领阵地，迎头痛击，激战四小时，毙匪五十余名，生擒十余名，匪向木兰山溃散。我官兵负伤八员名，炸毁迫击炮一门。

十、据补一团陈团长旭报告：赤匪大部近日向西移动，企图莫明。二十六日李化迤北发现赤匪百余，经职团石营派队驰剿，该匪向黄安方向窜去。

十一、据王旅长报告：三角山一带近有赤匪两三千人。职于二十六日派张团长池率该团一、三两营及巩团之一营，由黄安进剿，至峨家寨遇匪千余，踞山抗战，经该团分兵抄袭，恶斗两小时，毙匪百余，残匪向东逃窜。我亦伤亡士兵十一名。

第十七节　桃花之役

甲、匪情严重

五月二十四日，奉何主任养未电令：据报大部赤匪约两万余人，枪支齐全，于寒(十四)日由商城向西南窜去等因。旋据宋埠陈团长旭报告：近日大股赤匪由麻城以北向西运动，李化以北已发现匪踪。二十七日据王旅长报告：三角山一带新到赤匪两三千人，枪支齐全，企图莫明各等语。依情判断，匪之主力却以西窜，或图犯黄安、或图犯宋埠，以遮断黄、麻交通。当即通知宋、黄驻军，严密防范。乃时仅隔宿，而桃花被围之讯果已传来。当王旅接防黄安之初，所有后方接济均取道宋埠，因令巩团徐世敬营驻守桃花，维护黄、宋交通。本月二十八日拂晓，实有三团以上枪支齐全之匪猛犯桃花，势极严重，幸我徐营预有准备，以两连控置于桃花镇，以两连分布附近山头，据壕扼守，互成犄角，匪受瞰射，莫能接近。瞬息之间，匪尸枕藉。我徐营长乃更激励士气，誓死抵抗，赤匪倾其全力更番冲杀，亦未得逞。我徐营虽处四面合围之中，誓与匪拚，激战四昼夜，仅阵亡连长二员，排长各一员，士兵三十余人，亦云幸矣。

乙、援剿经过

五月二十八日，据王旅长俭辰电报称：赤匪万余今晨围攻桃花，我徐营现在固守待援中等语。当令王旅以一部固守黄安，以主力迅解桃花之围，并调驻冯秀驿杨鑫团之两营即日移至黄安，归王旅长指挥，以厚兵力。

旋据王旅长俭申电称：本早八时令巩团长率所部两营及张团

王营由黄安驰援桃花，行至十里铺附近，山道崎岖，地势险凹，林木丛杂，百步外莫能通视，适遇伏匪四起，巩团腹背受敌，进退失据，官兵奋勇激战终日，卒以众寡不敌，突围退守黄安。除巩团第九连经团附张文蔚率领乘势冲入桃花助守外，计巩团长长香、王营长汉民均负重伤，团附郭天祐、连长张云山、宣传队长李雄超、队员李阳初均阵亡，王营长鹤山、谢营长绍武被俘，其余官兵伤亡甚众，损失亦巨。此时二六四团第三连连长孙子晓尚率所部困踞山头，抗战竟日，卒以弹尽援绝，连长自戕，全连殉难。查该匪为红军第四军，计有伪第十、十一、十二等师、警卫两团，约两万余人，枪支齐全。伪总指挥邝继勋亲在军中指挥，现以一部围攻桃花，以主力逼近黄安东南两面，企图攻城。我杨团驻冯秀驿之两营已调至黄安协防，请速调大兵增援等情。

据报后，当以匪势严重，未可轻视，乃一面集中兵力，即赴援剿，一面电呈行营主任何请兵增援。并饬十三师速接宋埠——李化之防，以便抽出陈团赴援。另电饬王旅长率部坚守黄安，并利用飞机向桃花徐世敬营投掷坚守待援之命令。

二十九日，决定援剿部署并下达命令，要旨如左：

1. 赤匪约有两万之众，于二十八日拂晓向我桃花之徐世敬营围攻，我徐营现仍固守待援中。

我巩团长是日率兵三营由黄安向桃花增援，行至十里铺附近，遇匪伏兵，激战终日，巩团稍有损失，现已撤回黄安整理。

2. 王旅酌以一部固守黄安，以主力于卅一日相继夹击，迅解桃花之围。辛旅杨团(欠边营)着即调至黄安，协守城防，归王旅长指挥之。

3. 辛旅即率李团及杨团之边营，务于卅日以前在八里湾集中完毕，待命进剿。该旅李团驻李家集之刘戈营，着即归还建制。

4. 陈旅长率张虎臣团固守河口镇，其驻姚家集王瑞治营，着即调至黄陂附近，巩固城防。该旅朱团(欠王营)着于卅日以前至八里湾集中，归辛旅长指挥之。

5. 补一、二两团，各在宋埠——八里湾原防集结待命。

6. 师部各处必要人员及工兵营、通讯班、无线电六九分队，均于卅日随华副师长进驻八里湾。

7. 各增援部队统归华副师长文选指挥之。援剿部署由华副师长与辛旅长妥筹办理。

8. 援剿情况，随时且报为要。

9. 余在黄陂。

注意事项

1. 行营已派飞机逐日赴黄安——桃花一带侦炸，各援剿部队应携带陆空连络符号，随时铺设。

2. 前方给养困难，各援剿部队均随带十日以上之食粮。

连日大雨，山洪暴涨，各处河流水深丈余，我援剿部队冒雨强行，泅水渡河，均于卅日赶至八里湾集中。同时十三师七五团亦赶至宋埠接替补一团之防。五月卅日，据华副师长于八里湾报告：决定援剿部署并下达命令，要旨如左：(参看附图第十三)〔图略〕

1. 围攻桃花之匪尚未撤退，徐营仍在死守待援中。本(卅)日午后，八里湾西北大小金山发现赤卫队，谅系牵制我增援桃花。

2. 补二团全部务于今(卅)日晚渡河进至中和司以北地区，明(卅一)午前五，右翼沿黑漆岗——李家湾——甘店、左翼沿长山——寒山头之线，向栗林店——徐门寨之匪进攻，占领后，速与桃花徐营连络，并构筑坚固工事严守待命。该团进攻时，右与李团连络，左与大小金山须严加戒备。

3. 辛旅李团全部于今(卅)晚渡河进至卓望山以东地区，明(卅一)日午前五时，右翼沿马埠头——春水店——董店——李家边、左翼沿黑漆岗——徐家铺——杨子石——土砖头之线，向小山寨——小峰山之匪进攻，占领后，速与桃花徐营连络，并构筑坚固工事，严守待命。该团进攻时，右与补一团左与补二团切取连络。

4. 补一团将宋埠防务交十三师七五团接替后，即于明(卅一)午前五时，沿鄢家河——大屋店——胡氏祠之线，向尹家河——大峰山——龙头桥——三里桥之匪进攻，占领后，速与桃花徐营连络，并构筑工事，严守待命。该团进攻时，左与李团连络，右对谢店——李化方面，须严加戒备。

5. 于团(欠王营)今晚渡河进至社山附近，为总预备队，明(卅一)日进攻时，在李团后推进。

6. 边泽深营着固守八里湾，维护后方交通。

7. 师部行营本晚在八里湾，明早在于团先头推进。

是日以匪情严重，三团兵力恐难奏效，而陈旅张团派守河口镇，倘有缓急，不便策应。乃电呈行营准将该团调集长堰，以增厚我预备队之兵力，并令驻八里湾之边营，移至李家集固守。

三十一日，我援剿部队开始进攻，午前李、傅两团先将柿林铺以北各山赤卫队驱逐，继向小峰山——徐门寨之伪第十、十一两师猛击，该匪踞山顽抗，恶战三小时，我军奋勇仰攻，前仆后继，下午四时始将该匪击溃，匪向东北窜逃，又被我陈团在龙头桥附近侧击，匪死伤特多，桃花之围乃解。计先后击毙伪团营连长十余人，匪兵千余，获枪百余支。我徐营阵亡连长二员，以下伤亡官兵卅余名，我援剿部队伤亡官兵百余名。本晚我各部队在桃花附近宿营。当据探报，匪退去不远，其一部刻在黄安东北，佯作攻城之势，其主力预伏于黄桃途中，构筑工事，似有阻我进援黄安之企图。据华副师长自桃花报告，拟定进援黄安部署，并给与各部队命令，要旨如左：

1. 围攻桃花之匪，虽被我击退，但其主力仍在桃花以北周家坝——十里铺及黄安东北一带。

2. 我王旅及杨团之两营，刻仍在黄安城附近与匪对战中。

3. 补二团、傅团全团明(六月一日)晨由桃花出发，在沙河以东汽车道以西地区，沿山林向黄安西南方面进攻，右与我中路陈团及徐营连络，左与沙河西岸特别戒备。

4. 李团全部明(六月一日)晨由现地出发，在汽车道以东五里内外，沿山林向黄安东南方面进攻，右对五云山——归元山——净瓶山特别戒备，左与我中路陈团及徐营连络进展。

5. 于团(欠王营)随李团后跟进策应。

6. 补一团陈团全部及巩团徐营，明(六月一日)晨由桃花出发，沿汽车道直向黄安进攻，右与李、于两团、左与傅团切取连络。

7. 王旅酌以一部固守黄安，以主力向十里铺南进夹击，期收速效。

8. 师部行营及辛旅旅部，明晨在陈团后跟进。

9. 所有负伤官兵，均随军运至黄安，由徐营负责掩护之。

10. 各部进攻时，应互相连络，保持齐头并进。

六月一日，我援剿部队续向黄安进攻，崇山绵亘，林木丛杂，各部队慎密搜剿，至十里铺附近，遇匪骑兵突来袭击，我军分途应战，至午适王旅由黄安抽队夹击，匪势不支，大部向黄安东北紫云区窜去，一部向高桥河溃窜，我进援部队于本日午后四时完全到达黄安。是日毙匪数百名，获枪八十余支。我官兵伤亡六十余名。

六月二日，据华副师长报告：邝匪主力现仍盘踞紫云区——三角山一带，其一部已窜高桥河。伪警卫师之一部约两千人，现在黄安西北之龙王山——楼子李家一带。黄安给养异常缺乏等情。查邝匪既未远去，而我军聚集一处，军食采买不易，运送亦感困难。乃电令华副师长率三团以上兵力，先将邝匪主力击溃，再回黄安待命。旋据华副师长江戌电节称：本(三)日职率陈、傅两团及王旅之一部向三角山进剿，激战终日，毙匪甚众，邝匪大部已向麻城东北窜去。我谢、王两营长亦于是日由匪军中乘机逃回黄安等语。据报后，乃下达命令，要旨如左：

1. 王旅全部仍驻守黄安，从速整理，并负责搜剿附近残匪。桃花山路险恶，非重兵莫守，尔后该旅接济应改由长堰——塔耳岗

——高桥河之线护送。

2. 补充第二团暂驻黄安以西凉亭岗一带，担任搜剿，归王旅长指挥之。

3. 辛旅(欠边营)着分驻冯秀驿——高桥河——塔耳岗一带，其边泽深营俟陈旭团接防后，即归还建制。无线电六九分队拨归该旅应用。

4. 陈旅于团(欠王营)着即开驻八里湾，其王瑞治营着至八里湾归还建制。该旅张虎臣团暂驻长堰。

5. 华副师长即率补充陈团及师部各处必要人员开回黄陂，陈团并应酌派一营分驻李家集，接替杨团边营之防。

6. 所有负伤官兵，着即护送至黄陂转送汉口医治。

7. 各部队到达目的地后，应积极搜剿附近之匪。

8. 余在黄陂。

四日，于团(欠王营)护送负伤官兵至长堰，王旅长鹤龄营亦随于团至长堰，接护该旅给养。五日华副师长率陈团及师部各处必要人员至长堰，预定翌(六)晨回黄陂，杨团(欠边营)亦随陈团至长堰，接护该旅给养及弹药。

本日电令辛旅长转饬李团于明(六)日移驻高桥河，维持交通，藉便就近补充。

丙、李团于峡山寨遇匪激战

六月六日，辛旅李印臣团正准备由冯秀驿向高林河移防时，适有赤匪八九百人由龙王山窜来突袭，该团高营阵地势极凶恶，高营长挥兵应战，李团长亦率刘营增援，激战至午，匪受巨创，向西北退去，李团仍遵令向高桥河移动。午后二时，行至峡山寨南三四里，山林丛杂，道路狭隘，正行进间突有赤匪六七千人，由西北山林内蓦地冲出，该团仓卒遇战，李团长一面督兵迎击，一面占领峡山寨，依为据点与匪死拚，往返冲杀，激战极烈，李团长胸部受伤，犹裹创督战。时将入暮，该匪左右延伸，将我李团形成包围。我辛旅长在黄安闻讯，即率傅团驰援，在下徐家附近与围攻李团之匪激战至晚。该匪复由河口镇陆续增加，枪声浓密，彻夜不绝。此时确知匪情严重，非增调厚兵援剿，难解李团之围。乃决定部署，下达命令，要旨如左：

1. 赤匪约六七千人，现将我李印臣团困于峡山寨，该匪后续部队由河口逐渐增加，李团尚在固守待援中。

2. 王旅仍在黄安驻守，并搜剿附近潜匪。

3. 辛旅长即率傅团于七日晨由下徐家向峡山寨方向进攻，并设法与陈旅援剿部队联络夹击，迅解李团之围。

4. 陈旅长即率张虎臣团及张鹤龄、边泽深两营，于七日晨由塔耳岗经高桥河向峡山寨兼程进援，并与傅团设法联络，迅解李团之围。

5. 杨团长鑫即率所部(欠边营)掩护给养弹药，于七日由长堰出发，随陈旅后推进策应。

6. 于兆龙团于七日由八里湾开至长堰，以厚兵力，并负护运给养之责。

7. 陈团仍分驻黄陂——李家集，但须酌派一营于七日进至长堰，协助于团护送给养，俟任务完毕，即开回黄陂，归还建制。

8. 各部援剿情形随时具报为要。

9. 余在黄陂。

各援剿部队于七日晨开始动作，兹据先后报告如左：

1. 据陈旅长报告：职率队本(七)日晨由塔耳岗出发，至翁集遇匪数百，由我侧卫随时驱逐，继进至高桥河附近，遇匪千余占据山头顽抗，经我猛攻，激战二小时，毙匪无算，匪向北窜，乃于申刻占领高桥河，当留张、边两营扼守，职率张团续向峡山寨进攻，将该寨以南各山头之匪击溃，遂与我李团打通。匪现退踞峡山寨西北各山头，与我对峙。职俟杨团到达，再相机进剿。

2. 据辛旅长报告：职率傅团本(七)晨由下徐家向中徐家之匪

进攻，该匪据险顽抗，我仰攻不易，激战一小时，未能得手。职当令傅团抽兵一营由左绕袭，出其不意，攻占铁山。同时我陈旅到峡山寨以南施行夹击，李团亦乘势向外冲杀，匪受巨创，乃向西退，现仍与我对峙中。职于酉刻至峡山寨与陈旅长、李团长会商尔后追剿部署。是役，毙匪五百名，获枪六七十支。我官兵伤亡共计百余名。又据俘匪供称：该匪为伪十三师及警卫师、游击队等，共约万余，枪六七千支，系由桃花及龙王山窜来，暂以河口镇为根据地。

第十八节　再克河口镇

六月八日，据陈旅庚（八）辰电报告：与我军对抗之匪知我大兵集援，已于昨（七日）夜潜向东刘家撤退，职已抽兵轻装猛追中。又据辛旅长庚申电报称：昨（七日）夜撤退之匪现在大成寨——同安寨——河口镇一带。我追击部队已将冯秀驿东西地区零匪击溃各等情。

桃花被围、黄安吃紧之际，曾以匪情严重，电请行营增兵援剿。旋奉主任何复电，已调第四师之一旅进至横店策应，并令第三军团曹特务团及第十军幹部教导团驰赴黄陂，归该师长指挥等因。第四师甘旅之二十二团，已于九日到达横店，军团部曹特务团及第十军幹部教导团，亦于十日到达黄陂，乃决心规复河口镇，并于六月十日下达命令，要旨如左：

1. 第三军团部曹特务团及第十军幹部教导团，暂归华副师长文选指挥，于明（十一）日由黄陂进至长轩岭，翌（十二）日经姚家集向河口镇前进，协同我陈旅攻占河口镇。

2. 陈旅长即率张虎臣、杨鑫两团，于十二日由高桥河——峡山寨向河口镇之匪进攻，并确实占领之。

3. 辛旅长即率李印臣、傅佩亮两团，以一部扼守上下徐家——冯秀驿原阵地，以主力于十二日向大成寨——同安寨一带之匪进剿，并酌派一部以掩护我陈旅之右侧背。

4. 于兆龙团应自十一起，逐日派一部由塔耳岗向狮子店

——铁匠岗一带施行游击，清扫残匪。

5. 王旅应在黄安原防，严密防范，并有随时策应我上下徐家——冯秀驿之任务。

6. 陈团仍在黄陂——李家集原防。

7. 余在黄陂。

华副师长率部于十一日进至研子岗，十二日向姚家集以北推进。我辛、陈两旅亦遵令于十二日分向大成寨——同安寨——河口镇开始进攻。兹据各该旅长先后报告如左：(参看附图第十三)〔图略〕

1. 据陈旅长报告：职率队于十二日晨开始向河口镇进攻，辰刻至上下新集附近，遇匪伪十三师约三四千人，据险顽抗，经我猛攻，往返冲杀，激战至午，我李印臣团由左侧抄袭，匪始不支，纷向西北溃去。此时河口镇之匪，见我大军三面进攻，知难支持，仅留置少数掩护部队略事抵抗，即行溃窜，我遂于午后四时占领河口镇。是役，计毙匪四五百人，获枪数十支，刀矛多件。我官兵伤亡三十余员名。

2. 据辛旅长报告：十二日职以李团一部策应陈旅，职率傅团主力向大成寨——同安寨之伪警卫师进剿，午刻至大赵家与匪接战，初极顽强，经我分兵抄袭，匪受重创，纷向华家河窜去。

3. 据华副师长报告：职率军团特务团及十军教导团，于十二日向姚家集以北搜剿，午刻在姚家集附近遇赤卫队三百余人，当予驱逐。申刻至百里港，据报我陈旅已占领河口镇，遂率部在姚家集停止，搜剿零匪。

4. 据于团长报告：职率兵一混成营，连日向柿子店——铁匠岗施行游击，数遇残匪，均经击溃。

河口镇虽经克复，残匪仍潜伏各地，乃拟定防剿部署，于六月十三日下达命令，要旨如左：

1. 华副师长即率军团特务团及十军干部教导团，开回黄陂待命。

2. 陈旅长俟河口工事修复，即率张团回驻塔耳岗——长堰，其于团移驻八里湾，各自负责搜剿零匪。

3. 辛旅长即率李团回驻高桥河搜剿，其杨团留驻河口镇扼守。

4. 王旅仍在黄安，酌以一部分驻上下徐家，与李、傅两团连系。

5. 陈团仍在黄陂——李家集附近。

6. 傅团移驻冯秀驿，扼要防剿，归王旅长就近指挥。

7. 余在黄陂。

十七日，奉行营电令：以军团曹特务团及十军教导团之增援任务完毕，着各回武汉原防。本师各部队亦遵令于十八、十九等日先后到达指定地，分别防剿。

第十九节　转移平汉南段护路

六月十八日，奉行营主任何筱申参电令，要旨如左：

1. 五三师担任武胜关至确山间沿线防务。

2. 第三师担任确山至许昌、第二师担任许昌至郑州沿线防务。

3. 第六师担任广水至孝感沿线防务，并派一部接小河溪——松林岗之防。

4. 孝感至汉口沿平汉铁路南段防务由肖师担任。

5. 麻黄防务由张印湘师于养(二十二)日到达接替。

6. 夏师主力集驻黄陂，并于黄麻以南重要地点派队扼守。

7. 李定五旅俟接防部队到花园后，即乘车至广水接替由广水至武胜关间防务。

查张印湘师、夏斗寅师接防部队未能克期到达，故本师乃在原防，未能到达。

七月十一日，奉行营主任何阳申参电令，重行分配平汉南段及鄂东防务，其原电要旨如左：

1. 张印湘师应速徒步往接确山以南至武胜关隧道（隧道在内）之防务。

2. 万展尊师应速徒步接替武胜关隧道以南至花园以北之防务。

3. 肖之楚师应担任花园——小河溪——松林岗——孝感——横店至汉口之护路任务，并以一部驻黄陂，师部移驻孝感。

4. 赵冠英师应速接替黄安至高桥河一带之防。

5. 李定五旅应即移驻河口镇。

6. 各部队统限于七月十五日以前交替完毕。

师基于右令，乃下达命令，要旨如左：

1. 陈旅应于十四日至横店集结，翌（十五）日乘车至花园下车，接替赵冠英师之防，并以一团分驻小河溪——松林岗。

2. 傅团着十三日移驻长堰，接替陈旅长之防，尔后该团仍归王旅长指挥。

3. 王旅俟赵冠英师接防后，即移驻黄陂，并以一部分驻八里湾——李家集。

4. 陈团俟王旅到达黄陂后，即进驻花园协防，归陈旅长指挥。

5. 辛旅俟李定五旅接防后，即进驻孝感附近。

6. 师部各处队及工兵营、特务营，于廿一日由黄陂移驻孝感。

傅团于十三日到长堰，陈旅十五日至花园，其于团十六日进接小河溪——松林岗之防，师部于廿一日到达孝感。

廿二日，奉行营主任何智申电令：广水之防着由肖师派队接替，肖师黄陂之防由四八师韩旅接替等因。乃改定各部队防次：

1. 陈旅及陈团仍驻花园——小河溪——松林岗等处。

2. 王旅俟交防后，即移驻孝感，并以一团分驻朋六店附近。

3. 辛旅长先率李团于廿七日由横店乘车输送至广水，接李定五旅防务。该旅杨团暂在河口镇固守，俟李定五接防后，再开至广水归还建制。

4. 傅团应于廿八日由横店乘车输送至广水协防，归辛旅长指挥。

5. 师部仍驻孝感。

6. 骑、炮两团仍在德安原防训练。

7. 余在孝感。

陈团于廿三日到花园，辛旅李团及傅团于廿七、廿八两日先后到达广水接防。王旅交防后，于卅日到达孝感及朋六店。李定五旅于八月八日到河口镇接防。杨团于十日开至广水归还建制。

八月十四日，奉行营主任何文未电令节开：鄂东匪情严重，拟调驻黄陂之韩昌峻旅驰援两圻，所遗黄陂防务，着由肖师派队接替等因。遵即令王旅于本(十四)日乘车至横店，转赴黄陂接防。

十六日，据王旅长报告：职旅于十五日到达黄陂接防完毕，职率张团驻城内，巩团分驻长堰——王家河。

第二十节　陈旅驰援圻春

九月五日，奉行营主任何江未电令：据徐军长冬申电，以丁、徐两旅于东(一日)拂晓在洗马畈——连城庙一带与匪接触后，该匪大部经蔡家河向此方增加，计有万余人。我丁、徐两旅被匪包围，鏖战甚烈。洗马畈——圻春交通已断，而蔡家店复发现匪之大部，有进扰圻水之势，圻水仅有徐旅一团，万难抽调。除令该团固守圻水，并电调张师长振汉即率武昌之一团星夜来圻春及漕河镇，击匪之侧背，以解此围外，恳再令肖师抽调一部迅来圻春，以便并力进剿等语。除电复外，查鄂东匪情实为严重，该师应迅筹四团兵力驰赴圻春，并力进剿该匪而歼灭之等因。又奉第十军军长徐支午电同前因。

师基奉右令，当下达命令，要旨如左：

1. 陈旅长即率所部由花园乘车至汉口，转乘轮船急赴圻春登陆，迳受军长徐指挥，援解丁、徐两旅之围。

2. 花园之防由陈旭团担任，小河溪之防由傅佩亮团担任，着均归辛旅长指挥。

3. 其余各部队均在原防。

4. 余在孝感。

陈旅长率张团于五日晚先行至汉，翌(六日)午乘轮东驶，午后五时到达圻春，奉军长徐令：以匪已远窜，着陈旅中止赴援，仍回原防等因。该旅长遵率张团乘原轮于八日晨离圻回汉。该旅于团在汉待轮乃亦中止。九月十一日，该旅全部由汉北运，暂在花园集结。

第二十一节　陈旅转移随枣

九月十八日，奉行营主任何电令，据随县县长筱电报称：赤匪段德昌率众三团及特种兵进攻枣阳西南璩家湾，声势浩大。枣阳仅有两寨未破，县城危急万分，请速派兵驰剿。又据报，段匪大股进至枣阳——平林店，所有该店以西地区，均为匪占各等情。着该师迅派一旅即日沿襄花路进驻随枣，与驻枣曹特务团协商进剿，该师驻黄陂之王旅，俟徐继武旅接防后，即归还建制等因。

师基奉右令，当下达命令，要旨如左：

1. 陈旅长即率所部及陈旭团，附山炮两门骑兵一排，即日由花园沿襄花路向随枣一带相机进剿。但陈旭团应俟王旅巩团到达花园接防后，方可开拔。

2. 王旅长先率张团开至花园填防，其巩团俟交防后，再归还建制。

3. 花园以北沿平汉路各站防务，由辛旅酌派部队驻守。

4. 余在孝感。

王旅长率张团于廿日到花园，陈旅同日由花园出发，于廿六日先后到达枣阳附近协同曹特务团将随枣以南地区之赤匪驱逐远窜，尔后该旅即分驻随枣历时半年，盘踞豫边桐信一带之肖六少、古大申、马国钧、崔二旦等股匪迭次南犯，流窜于应山、随枣、锺、宜

等县境，均经随时予以剿击，于是襄花交通赖以维护，而地方人民亦幸庆安枕矣！（参看附图第十四）〔图略〕

〔国民政府军事机关档案〕

2. 国民党军第三十三师冯兴贤部与红军在河口镇等地区战斗详报

（1931年2—4月）

绪　言〔略〕

第一章　进剿邝继勋股匪战斗

第一节　进剿前匪我之一般

甲、邝匪之起源及其滋蔓

查匪首邝继勋初系革命青年，嗣受共产麻醉，误入歧途。藉崇山险阻僻塞边境之区为屏障，始而宣传赤化，煽惑良民，继而收编哗变部队，袭劫国军枪支，羽翼日丰，实力渐厚。厥后复攻陷商城、黄安两城，声势大振，赤氛日炽，竟成星火燎原之势。适至民国十九年，猖獗尤甚，此可称为邝匪全盛时代。

乙、邝匪之实力

本师于民国二十年二月移驻鄂东之黄、麻一带，密尔匪区，搜集情报，得悉邝匪之实力如左表邝继勋股匪概况表〔表略〕

第二节　进剿前本师之概况

甲、部队之动员暨部署

本师于民国十九年十二月二十五日奉命参加讨赤，归豫鄂皖边区督办李鸣钟指挥，由豫省许昌、信阳一带调驻鄂东北之黄安、麻城一带。本师遵令动员于二月十日输送完毕，到达指定地点。当以集结兵力之目的，配置如左：

师司令部驻宋埠。

工兵营配置于岐亭、中和司之线。

第九十七旅配置于永佳河、闵家集之线。

第九十九旅配置于河口镇、冯秀驿之线。

乙、进剿时之兵力

进剿邝匪时之兵力，除有三十一师在麻城附近及三十三师在豫南共同连络协剿外，本师进剿之兵力如左表。〔表略〕

第三节 战斗事实

甲、邝匪向我两度之袭击

邝匪盘踞豫、鄂边区，根深蒂固，诡计百出，每值驻军交接防务之时，乘我不备施行猛袭。我九十九旅于一月二日到达河口镇时，该匪突以大部围攻，经我官兵沉着应战，激战竟日，匪未得逞而退。

九十七旅于一月二十六日宿营于栗子园时，该匪以五百之众夜半向我袭击，大声呐喊，以壮声势，幸我有备，战约二小时，匪始溃窜。

乙、本师应合邝匪所采取之对策

1. 严警远探，无论驻止与行军休息，均须选择地势构筑工事。

2. 夜间及风雨雪雾之时，警戒亦须严密，时时刻刻防匪袭击。

3. 进剿部队步步为营，稳扎猛打，注重纵深配备。

4. 利用便衣队游击侦察地形。

5. 制印各种宣传品发散匪区，使民众群起反共。

6. 连络当地人民及团队协〔同〕进剿。

丙、本师与匪之格斗

当本师甫至黄麻也，要隘之区均为匪据，经本师两月之痛剿，与匪血战数十次，其最激烈者为河口镇、大峰山、桃花、冯秀驿、王家冲、宋米畈、七里坳等役，毙匪合约四五百人，救出肉票百余，获枪二百余支，生擒匪徒百二十余名，获炸弹子弹六千余粒。至是黄安迤西迤南始无匪踪，前匪盘踞之地，均次第为我收复焉！

丁、部队推进及七里坪匪巢之克复

邝匪经我两月之痛剿，受创颇巨，遂渐次北窜。当令各旅乘胜追剿，师司令部于四月七日进驻黄安。嗣复奉到督办李命令：着本师为追剿部队，向七里坪匪之老巢进剿等因。当警令部队北进，沿途山岭均有匪之工事，见我到达顽强抵抗。本师计于四月二十日占领刘世科，二十三日占领龙潭店，二十七日占领古风岭。本师官兵抱定牺牲之志，节节进逼，卒于四月三十日将七里坪匪多年之老巢完全克复，捣破伪省苏府一所，生擒匪犯十余名。本师乘胜直追，沿途复将黄陂站、宣化店克复，于五月五日到达尧山县矣。

附战斗要图〔图略〕

〔国民政府军事机关档案〕

3. 国民党军第四十一师张振汉部在鄂东洗马畈一带与红军战斗详报

（1931年8—9月）

民国二十年八月至九月陆军第四十一师鄂东剿赤战斗详报

第二篇　鄂东剿赤战役

第一章　收复圻水县战役

第一节　匪　　情

本军于二十年春，在鄂中、鄂西各区清剿赤匪，长江北岸由岳口、潜江、沔阳、监利、沙洋、郝穴、沙市、江陵，迤至江南岸公安、石首、调弦、华容、塔市驿等各重要地区，先后将匪患肃清，举办清乡，地方粗告安谧。适时局影响，本军奉令移驻湘省，是年秋鄂省大水，鄂东空虚，而豫鄂皖边区之赤匪邝继勋、徐向前两股匪众，约两万余人，甚形猖獗，由金家寨、英山一带老巢向鄂东滋扰，连陷重要城镇，人心惶惶。本军奉令回鄂东剿赤，本师由长沙、岳州、咸宁、云溪一带正向武昌、汉阳输送间，而邝、徐匪逆凶焰日炽，于八月中旬陷圻水县。凡圻水、罗田、广济以迄英山悉沦赤化。本军为积极清剿该匪计，遂令本师丁治磐旅于输送途中不得在武汉停留，星夜兼程开赴团风，会同第四十八师之徐继武旅收复圻水县城。该旅会同徐继武旅即将圻水之匪击退而克复之。

圻水之匪被我击退，乃分向罗田、广济各县之区域内盘踞滋扰，一股窜至蔡家河、长岭岗、鸡鸣河一带，一股窜至广济县城、株林河、漕河镇一带，连络地痞流氓，组织乡农会，宣传赤化，强割民谷，向英山老巢运送。本军为剿除该匪计，遂令丁旅会同徐旅向该匪进剿。

（一）陆军第四十一师第一百二十一旅，进剿徐向前股匪联合纵队区分：

联合纵队指挥官陆军少将第一二一旅旅长丁治磐。

第二百四十一团李德惠团

步兵第一营

步兵第二营

步兵第三营

机关枪连

步兵炮连

第二百四十二团依介卿团

步兵第一营

步兵第二营

步兵第三营

机关枪连

步兵炮连

第四十八师第二百八十四团魏秀山团

步兵第一营

步兵第二营

步兵第三营

机关枪连

步兵炮连

第四十八师第二百八十五团张习崇团

步兵第一营

步兵第二营

步兵第三营

机关枪连

步兵炮连

无线电第五分队

（二）增援队洗马畈剿匪军队区分：

总指挥官陆军中将第四十一师师长张振汉。

左纵队长步兵上校第二八八团团长赵景武。

左纵队赵景武团全部编成之。

步兵第一营

步兵第二营

步兵第三营

机关枪连

步兵炮连

右纵队长步兵上校第二八三团团长牛乐亭

右纵队第二八三团两营、第二四五团一营、师属机关枪一连编成之。

二八三团步兵第一营

二八三团步兵第二营

二四五团步兵第一营

师属机关枪连系二四五团之机枪连暂调师用俟剿匪毕归还建制

中央纵队长陆军少将第一二三旅旅长黄新。

中央前卫司令官步兵上校第二四六团团长孟棠宜。

中央纵队第二四六团全部及师属特务连编成之。

步兵第一营

步兵第二营

步兵第三营

机关枪连

步兵炮连

师特务连

第二节 剿匪前之准备

本师七月五日,由湖南长沙移驻岳州、咸宁、云溪一带地区(师部驻岳州)。十八日奉令移驻武汉,本师第一二一旅(丁治磐旅)于运输途中奉到军长巧日电令,要旨如左:

邝、徐逆匪陷圻水县城,着丁旅治磐率该旅迳开赴团风,会同四八师徐继武旅向圻水之匪进剿而收复之为要。

第三节 剿匪纵队之编组

剿匪联合纵队之编组,如军队区分。

第四节 收复圻水县城经过

遵奉巧电,即令丁治磐旅长率领该旅全部不在武汉下船兼程开赴团风,到达后,即会同四八师徐继武旅长商定进剿部署。

八月二十一日,据丁旅长治磐由团风报告如左:

报告 八月二十日午后八时
于团风一二一旅旅部呈

一、职旅奉令会同四八师第一四二旅即向圻水之匪进剿。

二、职旅及第一四二旅定于明(二十一)日上午二时,由团风启仍用原船输送至兰溪下船,尔后之攻击部署另行报告。

八月二十三日,据丁旅长治磐养戌电报告如下:

职旅遵奉巧日电令到达团风,即商同徐旅长继武妥定部署,于养中到达兰溪宿营。顷据确报，盘踞圻水之匪已于马(二十一)日向罗田、广济方面窜去。职等拟明(二十三)日进驻圻水。谨禀。职丁治磐、徐继武叩。养戌。印。

又据丁旅长治磐敬(二十四)日电报称：

职旅及第一四二旅全部漾日进驻圻水县城，即招抚流亡，整理地方秩序，肃清地方散匪，以期地方秩序早日恢复。谨电禀陈。职丁治磐叩。敬。印。

第二章　洗马畈剿匪之经过(附图第一)〔图略〕

第一节　匪　　情

我军到圻水后，匪向罗田、广济方面窜去。我军为歼除该匪计，奉军长徐电令：以四八师徐继武旅长率该旅之牛乐亭团守圻水县城，第一二一旅丁旅长治磐率该旅全部及徐旅长之张、魏两团，经圻水之关口、韩家河向窜匪进剿。于是圻水克复，附近已告肃清，而洗马畈战役于以起焉。

第二节　进剿之准备

八月二十四日，据丁旅长治磐报称：顷奉军长徐八月二十四日命令，要旨如左：

一、由圻水东窜之匪，经蔡家河、株林河一带向广济方面窜扰。根报该匪有向圻春、武穴等处滋扰之企图。但匪逆究系沿江岸窜扰，或逃回英山、太湖一带老巢，尚待侦察。

我新八旅王光宗部前于漕河镇受挫后，向广济以东移动，现地点不明。

暂备旅容景芳部驻武穴，刻有一部直达圻春。

二、本军以肃清鄂东匪患之宗旨，拟分两路向英山、广济方向跟踪追剿，寻匪主力而剿灭之。

三、徐旅酌留一部于圻水，协助地方办理善后，以主力集结于蔡家河、长岭岗一带，相机向英山进剿，并掩护丁旅之侧后背。

四、丁旅着由圻水出发，经赤土坡、城角桥、洗马畈、株林河、新铺向漕河镇前进，到达后，相机向广济进而占领之。

五、二旅着于本月二十八日早，同时由圻水出发，并由该县着各派保安团一部随同该旅前进，以便与地方沿途接洽。

六、原附属徐旅之无线电，着拨归丁旅服务，俟本军无线电第三队到圻，即配属徐旅。

七、两旅开始运动后，务以通信确实连络，并丁旅相机与容景芳部连络之。

注意

1. 每日行军路程须缩短，俾当宿营时，有筑工事之余裕。

2. 无论行军或宿营时，对于前后及侧方均须注意，勿稍疏忽为要。

附追剿圻东赤匪指导要领

1. 匪情及追剿部署业于本月二十四日下午一时之命令在案。兹为规定各部之细部动作，特订指导要领如左：

2. 徐、丁各旅须充分准备，并对于交通及匪情详细调查，着于二十八日晨由圻水县城开始运动。

3. 为两连络确实，并能即时应援起见，丁旅向漕河镇进剿时，徐旅须逐次跟进。并规定如左：

甲、丁旅到洗马畈时，徐旅须以两团到蔡家河及长岭岗。

乙、丁旅由洗马畈前进时，徐旅须以一团至长岭岗，一团进至洗马畈。

丙、丁旅由株林河前进时，徐旅须将两团分别推进至洗马畈。

丁、待丁旅到漕河镇后，如无应援之必要时，徐旅进至洗马畈及株林河之两团，可相机由城角桥、赤土坡、新铺及刘家铺、毛张院之道路向圻水集结。

4. 逐次推进之地点及时日，由该两旅自行规定通报，总期连络确实为要。

5. 丁旅到达漕河镇后，如情况许可，务相机进占广济，俾巩固鄂东要点。

6. 对于王光宗部，可随时调查，相机予以收容。但务须审慎考察，恐该部受挫后，赤匪冒用其符号旗帜，以行欺骗主义。为要。

7. 如遇匪袭扰时，无论何团均应互相策应为要。

职奉令后，遵即以四八师徐继武旅之牛乐亭团留守圻水县城，四一师第一二一旅旅长丁治磐率领该旅全部会同徐旅之张、魏 两团定经圻水之关口、韩家河向匪进剿等情。

八月二十七日，据丁旅长治磐报称：顷奉军长徐八月二十七日电令略开：

丁、徐两旅进剿赤匪之一切部署，由丁旅长指挥之等情。

第三节　剿匪纵队之编组

据丁旅长治磐报称：职奉军长命令后，即与徐旅长继武商酌两旅合组追剿纵队，其组织如军队区分。又因各团之给养代金尚未领到，改定二十九日出发，并将职所下之命令，特抄一分呈阅（附二十八日下午一时一二一旅命令一件）。

命令　二十年八月二十八日下午一时
于圻水县四一师一二一旅旅部

一、由圻水东窜之匪，其主力（约六团）现在广济附近及广济西南大金铺、界牌岭并江边之扎营港一带。据土民报告，该匪前日向黄梅窜扰，因被黄梅保卫团扼阻于黄梅，匪未得逞。罗田少数之匪现已退去。

英山系匪之十二师及教导团，并有伤病匪甚多。长岭岗、株林河一带尚有少数之匪，监督乡农会收获民间谷稻。

我容景芳现以一部驻防圻春，主力集结于武穴附近。

二、本联合纵队以肃清长岭岗、株林河一带残匪，尔后攻广济之目的，应即经长岭岗、株林河、新铺、西河驿一带追剿前进。

三、各团行动之基准，详如计划表，于明（二十九）日开始施行。

四、予现在沂水县城，明(二十九)日随李团前进，宿营时在旅部位置。

附前进计划表

第一百二/四十二旅剿匪联络纵队由沂水向西河驿附近前进计划表

日期 \ 部别	李团	依团	张团	魏团	旅部
第一日（八月廿九日）	经新铺至桃树窝余家堰一带	经新铺至赤土坡药王庙一带	经关口至快活岭附近	至关口附近	赤土坡
第二日（八月三十日）	经城角桥至洗马畈	经城角桥至羊角桥	经蔡家河至长岭岗	经眠牛山脚至蔡家河	洗马畈
第三日（八月卅一日）	经蔡家河至株林河	经万家典至长塘角	经艾家坳至洗马畈	经长岭岗艾家坳至羊角桥	株林河
第四日（九月一日）	经王家咀至高家新铺	经乌石桥至西河驿	经蔡家河至株林河	经洗马畈万家典至长塘角	新铺或西河驿

附记

一、本表系按十万分一图计划，与实地或有不合，各团长到达宿营地后应即预为侦察，次日之行进路如有阻碍，应酌量情形改道。

二、每日行程至多不过四十里，须在黎明以后出发，正午以前到达。到达后，对于宿营附近须赶筑工事，以防匪袭。

三、无论行进或停止，与接近之团须确取连络，遇有情况，须互相策应。

四、每日宿营，各团应自为警戒，即用团展开之方式，凡主要道路及两侧比较重要之村落及可为据点之地物，均须酌量占领严密警戒。但警备圈之中，径不得过六里，以免兵力分散。

五、每日宿营地之配备，应绘图报告旅部，并互相通报邻近之团。

六、本表如旅部认为有变更之必要时，当于先一日以命令变更之。

八月三十日，据丁旅长报告如左：

报告　八月三十日午后三时
于洗马畈一二一旅部呈

一、八月二十九日至三十日，旅部及各团均已于午前到达原计划各地点。

二、据张团长报告：职团于本日午前十时到达长岭岗，原踞该地赤匪之教导团已向鸡鸣河退去。

三、据李团长报告：职团本日午前十一时到达洗马畈，原踞该地之匪已向株林河退去。

四、据土人云：株林河有匪之游击队，约有手枪匪二三百人。

五、职据以上各情况，是我军已与赤匪接近。为策应便利起见，拟改定此后之行程，改定命令谨呈一分，请鉴察（附呈一二一旅命令一件）。

命　令　二十年八月三十日下午三时
于洗马畈四一师一二一旅旅部

一、赤匪大部情施同前。

洗马畈赤匪百余人，枪数十支，于昨（二十九）日向达城庙退去。闻株林河地方尚有少数赤匪肆扰。

二、本旅为接近赤匪策应便利起见，兹改定各部行进路径如左：

1. 八月三十一日

李团仍按原定行进路进至株林河。

依团随李团后五里，经洗马畈、华家河进至株林河以北各村落。

2. 九月一日

李团仍按原定行进路进至新铺。

依团随李团后五里，经株林河、王家咀沿河两岸进至西河驿。

张团按原定行进路进至株林河。

魏团随张团五里，经洗马畈、华家河进至株林河以北各村落。

三、各团由宿营地出发，仍于早六时开始。

四、旅部仍按原定表逐日行进宿营。

第四节　丁旅长在洗马畈应战之经过

（一）匪情之变化

因沿途观察地形，并防匪情之变化，特颁定剿匪指导要领。

剿匪指导要领

一、我军以大部剿匪，匪尚盘踞广济，未见逃窜，其企图如何，尚不可知。

二、查匪之惯技不外三端：1. 闻我大军到来不待接近，即行逃窜，以保其实力。2. 乘我宿营初定，举全力猛冲。3. 于我将到时让开其占据之地点，以懈我军心，而匪则于一日内乘我之懈大举反攻。

三、基于前两条之顾虑，我剿匪各团无论如何疲劳，无论匪情缓急，凡到达一地点，应立刻构筑工事，将阵地构成，并要集结兵力。

四、阵地选定及工事构筑之注意：

1. 我军所到之处，山地为多，山上又多树木，防碍射击，如我占山头打不倒匪，匪如占山头也打不倒我，故各团应选定村落为本阵地，而以山头为警戒哨地点。

2. 本阵地之构筑，即利用村缘或河坎墙壁构成，村落堡要口均须闭塞。

3. 如村落过大兵力不敷守备时，应将村落区分为若干段，各照闭锁堡构筑法，在必要时得放弃村落之一段或数段，以与匪对峙，待我外援到来，匪不能与我持久也。

4. 凡构筑工事之重要部分，均应采用里翻土法，如河南筑寨然，以前之向外积土法，不足以障阻敌人，勿采用。

5. 里翻土工程较大，兹为掘土迅速起见，可征发民间牛犁若干张一层一层的耕掘，并可征发民夫帮同积土。

6. 湾子内村落往往背靠小山，山上不易做工，可在屋墙穿掘枪眼，或在两侧筑一高墙，以侧防消灭死角，使匪虽至，屋后亦站不住。为要。

7. 此后接近匪区，对于民田民房为我工事上必须耕掘时，亦不必顾惜。

五、对阵地人民之处置：

1. 必要时禁闭于一处，禁止其出入。

2. 平常时每日黄昏后，断绝各村之交通。

六、各团每到一村落，应立即详为搜查，以防匪人设伏，乘我危急时施行扰害，此条万勿疏忽为要。

七、夜间如遇匪袭时，各村落自行固守，切勿自乱，至天明再相机互为策应，因夜间队伍活动甚易自相混乱也。

八月三十日午后八时，据李团长报告：在达成庙路上截获赤匪一名，于其身畔搜出重要文件，此信件系鸡鸣河匪之最高级机关军政委员曾中圣致其政治委员送向株林者。其要点如左：

1. 匪之教导团已集合于鸡鸣河。

2. 匪之十二师正由英山向鸡鸣河集结中。

3. 嘱株林河之匪俟徐匪向前到来，即会合北进。

4. 已另函在广济之匪伪军长徐向前，速率第十、第十一两师向北夹击。

又据捕获之匪探供称如左：

1. 株林河、漕河镇等处，有匪之伪十一师少数残匪。

2. 匪之编制系以三连成营，三营成团，三团成师，师之内另有特务大队。

综合以上各情况，即决心先集中兵力，暂缓前进。遂下命令如左：

命　令　八月三十日午后十时
于洗马畈四一师一二一旅部

一、顷据我李团长之便衣队俘获赤匪送信人供称情节，并搜得所携文件之内容，综合匪情如左：

1. 原在蔡家河、长岭岗一带之匪，约千余人（似即匪军第四军教导团），现退至鸡鸣河。

2. 原驻英山之匪军十二师，现向鸡鸣河集中，有会合教导团夹击我张、魏两团之逆图。

3. 广济方面之匪，有集结大部出莲花庵、刘公河、分路街、株林河、达成庙之线，夹击我李、张两团之逆图。

4. 现在广济、英山两方面之匪，系以刘公河、分路街、达成庙、蒋家桥、查儿山、鸡鸣河之线为连络。

二、本旅为集结兵力应付两方面之匪扰起见，拟先遮断匪之连系，然后向广济方面之匪进击。兹定部署如左：

1. 李团明日在洗马畈停止，并将洗马畈附近阵地加紧构筑。

2. 依团明日俟魏团到羊角桥后，即经洗马畈进驻达成庙附近，以遮断匪之连系，一面构筑工事，一面多派便衣侦探，远出于南北两路口，以查拿匪探及匪送信人。

3. 张团到达洗马畈东西各村庄，停止待命。

4. 魏团到达羊角桥接替依团之警戒，并加强工事，对长岭岗、鸡鸣河之匪情，特加注意。

三、俟我四个团集结完毕，再定前进计划。

四、旅部现在洗马畈西门。

注意

1. 由鸡鸣河派出之匪探系装卖油条者，望饬属切实查拿。

2. 如遇赤匪来扰时，总以少放枪，节省子弹为要。在夜间放枪由易混乱。赤匪夜袭时，可以大刀刺刀击之。

前项命令下达同时呈报报告如左：

报　告　八月三十日午后十时
　　　　于洗马畈一二一旅旅部

(附图第二)〔图略〕

一、本(三十)日午后八时，据李团长德惠报告：在达成庙路上截获赤匪一名，搜出鸡鸣河匪之最高机关军政委员曾中圣送向株林河匪政治委员之要函一件，综其要点如左：

1. 原在蔡家河、长岭岗一带之匪，约千余人(似即匪军第四军教导团)，现退至鸡鸣河。

2. 原驻英山之匪军十二师，现向鸡鸣河集中，有会合教导团夹击我张、魏两团之逆图。

3. 广济方面之匪有集结大部出莲花庵、刘公河、分路街、株林河、达成庙之线，夹击我李、张两团之逆图。

4. 现时广济、英山两方面之匪，系以刘公河、分路街、达成庙、蒋家桥、查儿山、鸡鸣河之线为连络。

二、本旅为集结兵力应付两方面之赤匪计，拟先遮断匪之连系，然后向广济方面之匪进击。兹定部署如左：

1. 李团明日在洗马畈停止，并将洗马畈附近阵地加紧构筑。

2. 依团明日俟魏团到羊角桥后，即经洗马畈进驻达成庙附近，以遮断匪之连系，一面构筑工事；一面多派便衣侦察，远出于南北两路口，以查拿匪探及匪送信人。

3. 张团到达洗马畈东北各村庄，停止待命。

4. 魏团到达羊角桥接替依团之警戒，并加强工事，对长岭岗、鸡鸣河之匪情，特加注意。

三、职俟我四十团集结完毕，再定前进部署。

右报告

军长徐

职丁治磐谨呈

(二) 洗马畈之激战(附图第三)〔图略〕

八月三十一日，自昨晚至今晨匪情均无变化，早九时余张团已到洗马畈河东之叶家湾。魏团因向导错误，导至圻阳坪，即令在圻阳坪宿营。依团已由羊角桥进至达成庙，李团及旅部仍在洗马畈，其分驻地点如集结位置要图。本日午前九时四十分，招集各团长、团附会议进剿方略，决对英山之匪以一团殿后支撑，而阻止之。对株河一带之匪先行驱逐，以追击广济方面匪之侧背，借可完成进占广济之任务。即下如左之命令：

命　令　八月三十一日午后四时
于洗马畈一二一旅旅部

一、匪情如前命令，所记无大变化。

株林河、陈家坝一带有少数之匪，并在该地构筑工事。

二、本旅以收复广济之目的，明日(九月一日)拟先驱逐株林河、陈家坝一带之匪，而占领之。

三、各团行动之基准如左：

1. 李团明早六时由洗马畈出发，沿河西岸进至株林河，驱逐散匪，构筑工事。

2. 依团明早五时由达城庙出发，沿河东岸进至旭祖附近，沿途驱逐散匪，并在旭祖附近构筑工事。对分路街、刘公河方向侦察匪情，并要严密警戒。

3. 张团明日五时由洗马畈东街出发，随依团后五里行进，进至陈家坝附近构筑工事，并相机策应依团。

4. 魏团明早五时由圻阳坪出发，至洗马畈即刻进入阵地，对英山方面之匪特别警戒，如匪果来袭，应固守洗马畈，以掩护南进各团之安全。如无匪情，该团于明日午后四时出时〔发〕，沿河西岸进至华家河、许家河一带，构筑工事，严密警戒。

行进间后卫务要周密。

四、各团到达宿营地，务要立刻构筑工事，严密警戒。

五、旅部明(一)日早六时随李团行进，拟进至株林河。

九月一日午前五时，依介卿团于达城庙、窝塘铺一带正准备出发，其派出于百树铺(图上百担铺)之停止侦察，一排忽与匪接触，同时洗马畈方面之李德惠团，派出于周家湾之停止侦察，亦与匪接触，并侦知洗马畈以西及西北方向发现大部匪队，有围攻洗马畈之样。是时，李、依两团即就原阵地准备迎击。

五时三十分，匪行拂晓攻击，我停止侦探逐渐撤回。李、依两团形成被包围之势，战斗甚为激烈。六时天色微明，洗马畈南侧之匪，受我火力之压迫，微形动摇。我李团第五连潘连长乘势出击，匪即向南溃退附近山沟，遗匪尸数百具。并夺获步枪五十余支，机关枪一架。是时洗马畈西北方向战斗转为激烈，南退之匪复增加千余人向我猛烈反攻。斯时我张习崇团已在叶家湾附近停止，魏秀山团已由圻阳坪进至李大河附近。发给魏、张两团长命令如左：

命　令　九月一日午前六时十分
于洗马畈天主堂

一、今早五时以来，匪大部分向我李团之洗马畈、依团之达城庙猛攻，现我李、依两团仍在原阵地与匪激战中。

二、为兼顾鸡鸣河方面之匪向我夹击起见，该两团速依左之要旨部署之：

1. 张团即在叶家湾停止，并占领要点，对鸡鸣河之匪备战。

2. 魏团留置一营于李大河附近，占领要点，协助张团对鸡鸣河方面之匪备战，其余进至洗马畈西街待命。

3. 余在洗马畈西街。

九月一日午前六时三十分许，匪以密集队从洗马畈南西两侧猛冲，并用冲锋手提机枪前导，第五连官长全数伤亡，士兵亦伤亡大半，机关枪李连长同时阵亡，洗马畈南端遂被突破，直扑旅司令部，李团二、三两营受匪压迫，与第一营已失连系。当给李团长命令，要旨如左：（口述）

一、该团长速集结兵力振作士气，固守洗马畈东街，候令反攻。

二、予赴叶家湾张团部部署一切。

至午前八时许，张团长习崇因闻洗马畈街市内枪声甚激，魏团在李大河方向亦已接触，乃亲率其第二营及第九连向洗马畈东侧小庄策应，职旅遂受其掩护，移至叶家湾。接得依团长报告，大意如左：

1. 今早五时以来，匪以大队向我阵地猛攻，已形成包围之势。

2. 匪向我冲锋三次，均被击退，刻下职团仍在原阵地与匪激战中。

3. 窝铺塘至叶家湾间空隙甚大，拟请令张团与职团确取连络，以免为匪隔断。

同时接得魏团长秀山报告，大意如左：

1. 李团以众寡不敌，已放弃洗马畈，现撤至李大河之滩内整理。

2. 职团现在李大河及以西高地与匪激战中。

又接张团长习崇报告如左：

1. 洗马畈追击我李团之匪队，已经职部击退，毙匪甚众，并夺获机关枪两架，迫击炮两门。

2. 我李团现撤至李大河附近集合。

因给李团长命令如左：

1. 该团长即率所有之部队经叶家湾至许家大山，占领要点固守之，任依、张两团之连络。

2. 予决心在叶家湾与匪坚持，以取得最后胜利。

3. 各阵地被匪隔断时，应各自努力坚持，勿自惊扰。

又给依团长命令如左：

命　令　九月一日午前九时
　　　　于叶家湾旅部

一、李团现已放弃洗马畈。

兹令李团长亲率其第一营移驻许家大山，占领要点，任该团与张团间之连络。

二、魏、张两团在李大河、洗马畈东侧一带村落，迎击匪队，颇予匪以重创，现仍在对战中。

三、为兼顾鸡鸣河方面之匪向我夹击起见，已令魏、张两团之主力，对蒋家桥道路及要点，确实占领。

四、该团如被匪隔断时，应各自坚持，勿自惊扰。

五、予在叶家湾决心与匪坚持，乘其复而出击之。

九月一日午前九时，李团长率所部到达叶家湾，口述报告如左：

1. 职团第二、三营受匪压迫，似已撤退，闻旅部杨参谋长亦随行。

2. 职率第一营三个连即赴许家大山布防。

九月一日午前十时许，匪继以大部向我猛攻，随时蒋家湾方向土堂湾以北东湾以东，均发现匪队甚众，分路向我土堂湾及迹西高地之魏团刘营阵地、东湾之张团孙营、叶小庄张团宋营各阵地猛烈冲击，我叶小庄宋营、土堂湾刘营，均以地形失利，伤亡过甚，宋营撤至叶家下湾，刘营撤至许家大山东湾，孙营之两连与匪互相冲击至数十次，匪尸满山，卒以匪众我寡，撤至叶家湾，匪跟踪追蹑，战况极为混乱，是时已陷重重包围，许家大山之李团亦退至窝铺高地，于是叶家湾、达城庙之依团连络亦断。旅长乃对官兵表示坚决之心，暂以叶家湾为主要之支撑点，以待战局之变化。

十一时，匪从土堂、东湾、许家大山、洗马畈各方面并力向叶家湾合攻，追至围墙，并有三四十人跃进西院，被我官兵沉着奋勇冲击，并由张团长习崇亲率兵一排，出庄抄袭。又第九连唐连长见匪纷乱，该连从叶家下湾出击，毙匪百余人。叶家湾东侧之匪，亦被我机关枪宋连施行扫射，毙匪二百余人。时忽大雨，匪之活动困难，至午后一时，匪乃停止进攻。是时达城庙方面枪炮声仍甚激烈。

至午后三时，接得刘营长庆海由李大河送来报告，大意如左：

1. 本(一)日午前十一时，匪约千余人，从蒋家湾方向来攻。又沙河西岸匪数百人，向我李大河猛攻，幸我工事坚固，匪未得逞，卒被击退，毙匪百有余人，获步枪三十余支。

2. 职营仍在李大河与匪对峙中。

当令刘营长在原阵地加强工事，防匪夜间来攻，并令张、魏两团长，严督各阵地加强工事，严密警戒。

本(一)日午后十时，匪果忽然四面围攻叶家湾及各阵地，我各官兵以工事坚固，士气振发，待匪进至百米达内外，施行齐放，并投掷炸弹，毙匪甚多，匪受巨创，乃不敢进。惟达城庙方面枪炮声彻夜未息。

九月二日午前七时，派兵一连向许家大山附近威力侦探，并对李团长、依团长下如左之命令：

命　令　九月二日午前七时
于叶家湾旅部

一、昨(一)日午前十时以来，此间战斗甚烈，但匪均被我击退。

我张、魏两团现在李大河、叶家湾、南叶庄、叶下湾一带，与匪对峙中。

二、本旅决在现阵地固守，待匪情变化而出击之。

三、各团长应严督加强工事，节省子弹，并征集粮秣，以便与匪坚持。

四、各团之被围，原在计划之中，应鼓励士气，勿以被围而气馁为要。

五、予在叶家湾，本欲赴该团视察，因巩固此间士气起见，暂不移动。

六、昨日以来，战况如何？望详报交传令带回。

九月二日午前十一时，侦察连归回叶家湾，据报叶家大山之匪昨晚似撤退，与达城庙之交通刻已恢复，并携回李团长、依团长之报告如左：

1. 昨夜匪数次向我阵地猛攻，幸我官兵沉着射击，均被击退，匪伤亡甚巨，至本(二)日上午三时，匪之枪声沉寂。

2. 我阵地东侧之匪完全退尽，已派队将山林村庄搜索一遍，我南侧西侧之匪尚未退去。

3. 叶家湾附近阵地如兵力不敷，分配时可调职团(李团)前往协助。

又据各团报告，围我之匪似有撤退模样。

乃命李团暂在窝铺塘待命，并令各团派出征发队向附近各村征发粮秣。本(二)日匪未攻我，夜间亦甚沉寂。讯问俘掳及就夺获匪旗，得知匪情如左：

1. 攻我李团者，系匪伪第四军第十师；攻我依团者，系匪第十一师，此两师均由广济调来；攻我魏、张两团者，系匪第十二师及第四军教导团，从鸡鸣河调来。

2. 匪军长徐向前现在洗马畈三里许之小庄，洗马畈现驻一师及军政治委员曾中圣。

3. 匪第四军共四个师，第十三师系新编，尚在英山。每师三团，每团三营，每营三连，又机关枪一连，每连八九十人，枪弹全。

4. 最近赤匪奉的中央(江西)命令扩充第四军为第　集团军，师为路，团为师，营为团，连以下仍就。

5. 第十师现已撤去,闻将进圻水。

6. 匪连日来伤亡约二千以上。

7. 匪从广济出发,伪军长讲话谓：洗马畈有某师之一团冒充四十八师,因率我等往缴其械云云。

8. 广、圻一带匪定九月二日一律开会,从事民众组织,因一日即开火,故政治上尚未着手进行。

昨(一)日以旅部受匪猛烈攻扑,无线电队未及撤退,与军长遂失连络,乃以军赏觅得土人混出匪围送呈报告,大要如左：

1. 昨(一)日以来匪以三个师又一个团从株林河、鸡鸣河两方面向我各团夹击,我李团以伤亡过甚,不得已于昨午前八时放弃洗马畈,现我各团占领之阵地如附图。〔图略〕

2. 今早以来,我阵地东侧之匪已撤去,匪对我各团有以一部监视之样,其大部有转攻圻水之企图,请饬徐旅长严防。

3. 此间以伤亡过多,担架缺乏,活动力为之减少。

4. 现在工事已加强,士气甚巩固,拟相机出击,以自求出路,将来出发拟取道广济方面。

5. 现在征集粮秣,准备与敌持久战。

6. 职决心固守现阵地,不将匪击退决不移动。

九月三日,是日四围枪声甚稀薄,夜来惟依团方面有三小时之激烈枪声。午前八时接得依团长之报告如左：

1. 围我阵地之匪,于昨(二)日下午十时许,向我阵地猛攻数次,被我击退,尔后区分为若干小部,开始撤退,一向正西方向,一向株林河方向,至本日拂晓前匪已撤尽。

2. 已令各营派探四出搜索,西至洗马畈,南至五里以外各村庄,据归报均无匪踪。

3. 据土民报称：达城庙以南之匪,均向株林河窜去。

4. 在达城庙南端夺获匪旗一面,系匪第十一师第三十三团番号。

但洗马畈附近各村有匪机关枪数架，迫击炮数门，不断向我叶家湾射击。午后三时，匪伪军长徐向前及其军政治委员曾中圣遣回我受伤被俘之兵送来一函，大要说明援军之不易，至与剿匪军不能协同动作，谓我各团凭藉村落之非久计，并述彼匪优待俘虏之种种。意在威胁，我官兵均深明国家治乱之本，均为愤怒，士气益增。

九月四日午前八时，送报之土人归还带回军长之手令，要旨如左：

一、应固守现阵地，相机出击，以予匪以重创。

二、已调黄旅、韩旅来圻水，将来由张师长指挥，分三路，一由关口、蔡家河，一由赤土坡，一由赤土坡山向东夹击匪队，并令容旅进驻广济策应。

三、尔后行动依张师长命令施行。

四、伤亡已由圻水筹备担架，俟交通恢复，即往迎运。

五、李团之二、三两营，已由杨参谋长树藩率回圻水。

是日匪情无变化，惟洗马畈附近村落匪队逐渐增加，依此判断，匪队似有撤退之样，或因侦知我援队将到达，有集结匪众以行抵抗之逆图，然以未向我阵地攻击，拟即乘势予以夹击，以期一鼓而灭之，因给各团命令大要如左：

命　令　九月四日午后一时
于叶家湾旅部

一、匪似有全部撤退或集结抵抗之模样，洗马畈为匪退必经之路。

二、本纵队拟乘我援队到着或匪退之时，予以要击。

三、各团务须固守各阵地，以待我援队到达时施行反攻，予匪以重创一鼓而剿灭之，并须严密防匪乘机攻我。

四、予在叶家湾。

本日匪未向我阵地攻击。

九月五日,我援队仍未到着,至夜间十二时,匪向叶家湾及达城庙各阵地以机枪迫炮不断攻击,卒以我官兵沉着固守,匪未得逞,均被我击退。

九月七日午后一时,即闻洗马畈西方枪炮声不绝,当判断是我援队到达与匪接触也。顷刻即见洗马畈附近之匪队动摇,枪声愈浓,并匪队有紊乱之模样。此际我达城庙之依团及职率张团均行出击,适牛团亦由达城庙方向向匪猛击,魏团亦由李大河出击,是时匪腹背受创,无力抵抗,乃沿山麓溃窜。

是日匪退后,即奉令在原阵地宿营。

以上系丁旅长治磐所报在洗马畈战斗之经过。

第三章 增援队于洗马畈战役经过(附图第四)〔图略〕

第一节 增援之准备

九月二日,奉军长由圻水发之冬未电令如左:

一、我李团昨已在洗马畈南端与匪接触,因地形限制,稍受挫折,嗣经依、张、魏各团增加,遂占领洗马畈、达城庙一带,与匪激战。惟以匪众我寡,已被包围,至现在仍在洗马畈东端高地与匪激战中。

二、圻水、洗马畈间之交通已经断绝,并据报蔡家河方面发现匪情,系由英山窜来者,有企图袭我圻水之模样。

三、查欲解斯图,须以迅速手段击匪侧后,并已电请行营抽调肖师来圻春,经漕河登岸北进。

四、张师长亲率黄旅现驻武汉之部队克日出发,乘船至圻春转经漕河北进,击匪侧背。

五、余明日赴圻春。

命　令　九月二日午后八时三十分
于汉阳四一师司令部发

一、本师丁旅又四八师张、魏两团,于一日晨在圻春东(约六十里)之洗马畈、达城庙一带,与多数之匪接触,现仍在激战中。

徐旅部及牛团仍在圻水。

一、我军以收复广济进击洗马畈匪人侧背之目的，本师驻在武昌之孟团全部与驻在汉阳之芮团之张营、师属特务连、机枪连、无线电第八十一分队、工兵营、通信之一班，于江(三)日晨乘船向圻春集中，我肖师及第四十八师韩旅，亦同向该处集中。

三、各部队除携带三日给养外，另带十日代金。

四、师医院在汉阳开设。

五、余于明(三)日随队到圻春。

注意

1. 船只分配及登轮时间，由副官处通知之。

2. 尔后输送利用江轮至圻春到汉阳。

3. 各部队轻装出发，病兵等均留守后方。

九月三日，师长于本日上午十时自汉阳率队出发，午后五时三十分船行抵黄州附近，奉军部赵参谋口述军长命令如左：

张师长率来之各部，迳开赴六神港转赴圻水待命。

受命后，即转轮经兰溪迳到六神港，于午后九时三十分到达六神港，乃下达如左之命令：

命　令　九月三日午后十时
于六神港师司令部

一、本师长率来之部队，均由六神港登岸，向圻水县城集中，各部队于明(四)日上午五时由六神港出发，部署如左：

1. 张明鼎营为前卫，师属之特务连、无线电八十一分队、孟团全部为本队(但师属之特务连、机枪连、无线电八十一分队。师属各处，由中校参谋康朝宗率领在张营后孟团前跟进)。

2. 孟团由兰溪改乘小轮，务于明(四)日上午五时到达六神港勿误出发时间为要。

二、各部队到圻水后，向师部请领新命令。

三、余即到圻水。

九月四日午前九时，各部队到达圻水县，即令孟团全部送到圻水县城北五里许之河东街、聂家湾之线集结，并构筑坚固工事，防匪之侵袭。

张明鼎营进驻于圻水南门外之云路口附近待命。

本日午后三时，即召集团营长及独立连长等会议进剿各事宜，并示进剿策略。

第二节　增援队之编组

九月四日午后十时三十分，奉军长命令如左：

命　令　九月四日午后六时
于圻水县城

一、我丁旅及徐旅张、魏等团，自一日以来，在洗马畈附近与匪激战，迄至现下仍在激战中。据报匪已动摇，有向北逃之样。我部仍守原阵地，匪我位置如附图〔图略〕。洗马畈西方之桃树窝、毛张院一带前有小匪，今日以来已消灭。

我容景芳旅于二日到广济，今约可到达刘公河以北地区。

我肖师已抽调四团，日内可到圻春。

二、本军拟以迅速手段，先解洗马畈之围，尔后再依情况合力解决此股匪逆。

三、韩旅赵经武团全部、徐旅牛乐亭团之两营、黄旅孟团全部、芮团之张明鼎营及圻水保卫团均归张师长振汉指挥，于六日由圻水出发，向围洗马畈之匪进剿，以解我被围之部队，并依当时情况之变化，得由该师长应机适宜指导之。

四、圻水皮县长着派保安团队于五日出发，沿关口、蔡家河路上侦察匪情，并酌抽团丁随队出发，以便沿途与地方人民接洽。

五、圻水防务着由徐旅长继武担任，所有丁旅驻圻之部队及工兵营，均归指挥。

六、予拟赴圻春候肖师部队到达，即指挥该部经漕河镇向洗马畈进剿。

注意

一、出发时刻由张师长规定，令各部遵照。

二、在部队出发前，应派骑兵及便衣队远出搜索，俾情况明瞭。该部骑兵及便衣队之组织及应搜索道路方向等，由张师长规定之。

三、因匪情之变化及将匪击退后之处置，由张师长依当时状况相机办理。

奉到命令后，因韩旅赵景武团尚未到圻水，故将各部队区分三纵队，分三路拟于六日拂晓出发。

九月五日下达如左之命令：

命　令　九月五日上午二时
于圻水第十军剿匪总指挥部

一、奉军长徐九月四日下午六时命令各项详细命令(附军命令)。

二、本部遵照命令之意旨，各部队迅速准备候赵景武团到达圻水即行出发。兹定部署如左：

1. 赵景武团为左纵队，于六日上午五时自圻水出发，经关口、蔡家河相机占领长岭岗、鸡鸣河等处，以断匪归路。

2. 牛乐亭团之两营及芮团张明鼎营、师属机枪连合编一团为右纵队，于六日上午五时由圻水出发，经药王庙、陀背柳、毛张院向达城庙、洗马畈挺进，以击匪之侧背，并对长塘角严加警戒，以防株林河之匪绕袭我后，及掩护中央纵队右侧之安全。

3. 黄旅之孟团及师属特务连为中央纵队，于六日上午五时候牛团队尾通过药王庙，中央纵队再由药王庙出发，经赤土坡、桃树窝、羊角桥，进击围犯洗马畈、叶家湾一带之匪，以解我丁旅及徐旅部队之围。

三、行军序列(同军队区分)。

四、军师医院设武昌，伤者转运所设圻水，担架可随各部队前进。

五、余尔后随中央纵队前进。

注意

一、各部队弹药务在圻水补充充足携带之。

二、各部队务带三日给养,余带代金。

三、各部队前进时,要广行搜索,要时刻防匪袭击,尤要防匪包围迂回等惯技。

四、要时刻防备匪袭时之猛扑使我无法应付,并无论在何时何地切勿得稍忽。

五、本部此次作战之宗旨,系速解我被围部队,以左纵队系留匪人阻匪退路,中央及右纵队以迅速之手段,以解我部队之被匪围也。

六、长岭岗、蔡家河有匪,左纵队应注意之;刘家铺、株林河有匪,右纵队应注意之。

七、徐旅及圻水县保卫团队长陈六师率便衣队约八九十名,今日进驻关口,继续向蔡家河前进,其识别号即以白布系于左臂,应注意连络。

九月五日午后六时,接韩旅赵团长景武报告于左:

1. 职率队于本(五)日上午五时自李家集登轮回六神港,开行于午后二时到达六神港即登岸,向圻水县城前进。

2. 职团于午后五时三十分到达圻水县城,现分驻县政府附近及得胜街一带待命。

是日无何情报。即于午后八时召集黄旅长及牛、孟各团长等会议进剿方法:(一)出发前后官兵应注意之事项;(二)官兵一律轻装;(三)搜索警戒连络等事要周密;(四)作战勿违背我之目的;(五)防敌之猛冲迂回等之惯技。

第三节 洗马畈战役及解围

九月六日上午五时,各纵队按指定之顺序自圻水县出发,师长随中央纵队经药王庙、赤土坡、桃树窝等处，沿途均未得左右纵队报告及匪情之变化。迄至正午十二时余，我中央纵队之先头行抵羊角桥西端，即发现匪数百余阻我前进，与我孟团之钮营接触。此时孟团长率第二营绕至羊角桥之右侧，予匪以侧击，匪力不支，被我击溃，向洗马畈方向溃窜矣。

此际除我中央纵队跟进至洗马畈西端，匪即抵抗，同时我丁旅之依团于达城庙阵地亦极力反攻，适我右纵队亦到达，即予匪以夹击，匪力不支，始沿山麓经查儿山、开水冲溃窜。此时我被围各部亦均出击尾追之。是役，除我部炮兵第二连连长李志忠因派赴步兵炮连担任指挥并士兵数名同时阵亡外，赤匪死甚夥，而我丁旅各部之围完全解脱矣。午后二时三十分，我各部尾追至开水冲一带，不见匪踪矣。当饬各部暂行停止，同时并接得左纵队队长赵景武报告如左：

1. 职率队由圻水出发后，至正午时到达蔡家河，沿途并无匪情。

2. 据土人云：匪自微日向英山撤退，并伤匪甚多，自前两日起，即向各处觅夫抬运伤匪回英山。

据以上情况判知，匪已侦悉我援队到达，不敢顽强抵抗，故自五日起即见动摇之势。本日被我击退之匪已狼狈不堪，似无再犯之力。惟匪性狡猾，仍须特为戒备，故即决心在洗马畈一带宿营，严守原阵地，并令左纵队在长岭岗宿营，构筑工事。

第四节　扫 清 战 场

匪既远窜，遂决心在洗马畈一带宿营，将丁旅长所率各部掩护撤回圻水，并将战场清扫后，再率增援队撤回，即下如左之命令：

命　令　九月六日午后二时
于洗马畈四一师司令部发

一、被我击溃之匪，已向英山方面窜逃。

二、本部今(六)日即在洗马畈一带宿营。

三、师部及中央纵队本(六)日即在洗马畈西街宿营，右纵队即在洗马畈东街宿营，各纵队须将前有工事补修坚固，严密戒备。

左纵队本(六)日即在长岭岗宿营，并须迅速构筑坚固工事，严为警备。

丁旅及魏、张两团仍在原阵地宿营。

四、本日若无情况发生时，各部受伤官兵则于明(七)日上午六时由李团长德惠率所部掩护送回圻水。

五、予在洗马畈西街师部。

是役，我各部队在洗马畈一带，计毙匪六百余名，搜获杂枪二百余支，俘获匪重要工作人员叶得胜等二十三名，均当场枭首。是夜并无匪情，尚称安静。

九月七日上午六时，我部受伤官兵即由李团长德惠率所部运送回圻。午前九时接圻水县保卫团便衣队队长陈六师报告如左：

职率便衣队于昨(六)日午后六时到达查儿山以东之地，据土人言，近日红军被军队打败，抬回伤匪甚多，今(六日)天下后两三点钟以后，红军由洗马畈败回三五成群百八十不等，枪械不齐，形容仓悴，迳未停留向英山退去。

同时在查儿山民房内搜获一名，系腿部带伤，据云系作政治工作者，本日在洗马畈东端受伤。并云：此次其伪第四军损失甚重，死亡及半，匪首徐向前因侦知我援队到圻水，被包围之部队又在坚守，无隙可乘，企图无望，故于前(四)日即暗调各匪队退英山，以第十二师殿后，该匪正拟本(六)日撤回时，不意我增援队到达，予以重创，故不敢抵抗也。

九月七日午前十一时，奉军长徐命令之要旨如左：

命　令　九月六日午后七时
于圻水县总指挥部发

一、洗马畈一带之匪已被我击退，窜回英山老巢。

二、我军以撤回整理之目的，各部队由现阵地撤回圻水，其部署由张师长指定之。

三、各部队撤回后之位置如左：

1. 张师长率黄旅及师属部队由圻水运回武汉整理。

2. 丁旅由圻水运至黄州整理补充。

3. 韩旅赵景武团由圻水运回李家集归还建制。

4. 徐旅牛、张、魏各团迳回圻水归还建制。

四、徐旅仍驻圻水整理，并任圻水城防事宜。

五、予明(七)日登轮回汉。

为从容撤回起见，即决定于明(八)日将各部队仍分三路撤回圻水，乃下达如左之命令：

命　令　九月七日午后一时
于洗马畈四一师司令部

一、顷奉军长徐九月六日午后七时命令之要旨如左：

1. 洗马畈一带之匪已被我击退，窜回英山。

2. 我军以撤回整理之目的，各部队由现阵地撤回圻水，其部署由张师长指定之。

3. 各部队撤回之位置如左：

(1) 张师长率黄旅及师属部队由圻水运回武汉整理。

(2) 丁旅由圻水运至黄州整理补充。

(3) 韩旅赵团由圻水运至李家集归还建制。

(4) 徐旅牛、张、魏各团迳回圻水归还建制。

4. 徐旅仍驻圻水整理，并任圻水城防事宜。

二、本部遵照军命令之意旨，各部队应迅速准备于明(八)日先撤回圻水。

三、各部队撤回之部署如左：

1. 丁旅长于明(八)日上午六时率依、张、牛各团由现阵地经梅家畈、毛张湾、土坡山、药王庙等处，至圻水依团即在圻水至六神港大道附近村庄宿营，俟赵团运完进至六神港，由丁旅长率李、依各团登轮运黄州整理补充。牛、张两团至圻水,即归还建制。

附牛团之张明鼎营及师属机枪连到达河东街，交黄旅长指挥之。

2. 韩旅赵团于明(八)日上午八时由长岭岗经蔡家河、关口、圻水至六神港登轮回至李家集,归还建制。

3. 黄旅之孟团及徐旅之魏团，于明(八)日上午八时按魏团、孟团之次序由现阵地出发,经羊角桥、赤土坡、药王庙、河东街至圻水,魏团即归还建制,黄旅长率孟团即在河东街宿营，俟丁旅运完推进至六神港登轮运回武昌、汉阳整理。

四、予明(八)日随从至圻水,俟丁旅运至黄州后,即回汉阳。

注　意

输送所需之轮船，军部已筹备充足，并有负责者在六神港指挥。

九月八日,各部队于正午十时由圻水出发,由六神港登轮经黄州,于十二日午前四时到达汉阳。(图第　附表一、二、三)〔图表略〕

〔国民政府军事机关档案〕

4. 国民党军第三十三师冯兴贤部关于解黄安之围的战斗详报①

(1931年11月)

第一节　解围前之一瞥

甲、解围前本师之进剿

本师于民二十年八月，由豫南光、潢一带再渡入鄂,驻剿麻、陂两县境之匪,师司令部驻扎黄陂县城，各部划分区域努力清剿,未及一月,已将黄陂县境残匪扑灭,遂饬各部队进至永佳河、圣人

① 此件摘自国民党军第三十三师与红军在湖北的战斗详报第二章。

川、岐亭之线。师司令部为指挥便利计，遂于九月二十七日进驻商城县之岐亭焉。

乙、六十九师之被围

当本师正在清剿麻境残匪也，驻黄安城之六十九师突被匪围困，孤军无援，水泄不通。复有匪众分据于桃花、周家坳等处，防我应援，当时该师情形极称恶险。

第二节　奉命解围及部署

本师闻赵师被围后，即令各部队准备前往解围，正遵办间，奉汉口总司令行营主任何电令，饬即驰往黄安解围，并以三十师九十旅归本师指挥。师长奉命急部署如左：

1. 鹿旅长文彬率九十七旅全部为右翼支队，即经永佳河向黄安挺进，早解赵师之围。

2. 徐旅长华荣率九十旅全部为左翼支队，克日由岐亭出发，经桃花镇与九十七师连合，向黄安解围。

3. 冯旅长兴贤率九十九旅为总预备队，但须先以有力之一部，进攻大小峰山之匪，务将该山占领。

第三节　解围任务之达成

本师各部队均依照部署指示，于十一月十二日向黄安挺进。综合各旅长之报告，匪军见我解围，调动匪部向我迎击，我军与匪在桃花、徐十二西、张园、大小峰山、周家坳等处，均有激烈之战斗，幸经士兵血战肉搏，奋勇猛冲，毙匪无算。复经死守黄安之六十九师突而出击，双方夹击，匪势崩溃，卒将赵师之围完全解除，本师与赵师相会于黄安城下各情。

第四节　解围后之遗憾

围困黄安六十九师之匪，经我痛击状颇狼狈，正拟会同六十九师将该匪彻底剿灭，以绝根株。乃奉主任何命令：饬本师克日开赴鄂东圻水、圻春之防务。当即遵照东开。执意本师离黄之后，匪复纠聚股众，卷土重来，未几日竟将六十九师解决，英烈勇为之赵观英师长卒以身殉；回忆前事，可胜慨叹！

附黄安解围战斗要图 〔图略〕

〔国民政府军事机关档案〕

5. 刘峙转报汤恩伯师在豫南与红军作战情形电

(1932年1月)

一．刘峙一月二十日电

南京。国民政府主席林、参谋本部朱总长孟公、军政部何部长敬公：据潢川汤师长恩伯巧午电称：据郑旅长洞国转据朱团长炳南报称：职奉命率兵三营于铣日午前七时向南司渠、上石桥游击，抵黄山头附近，匪即向我猛烈射击，经我迂回夹击，匪势不支，向南司渠逃窜，跟追至南司渠，赤匪五百余名又凭寨顽抗，经我猛击，复向上石桥窜去。职以孤军深入，恐中匪计，未加穷追。是役，毙匪五十余名，抄获宣传品甚多。又据王旅长仲廉报称：于铣日派第九团前往双柳树游击，赤匪三四百名顽强抵抗，经我猛烈攻击，匪势不支，纷向仁和集溃窜。当场毙匪十余名，俘获赤匪宣传员桂德成等四名，并打落肉票十余名，又抄获伪苏维埃政府匾额二面及印刷品甚多各等语。又据桐柏丁旅长德隆巧戌电称：(1)职部于本日拂晓向回龙观寨之洪匪进剿，忽因天降大雪，士兵衣服透湿，且匪山之中田野荒芜，无民房可避，即令各部在七里井、曹庄、王宽店、刘湾一带停止，除警戒外，大部可集结休养，以免疲劳；(2)本日拂晓进剿时，匪之大部数次来袭，均经击退，其伤亡之数约在二百余名；(3)匪之旗帜均系红色，其来袭时多取包围之势。惟因我方加以痛击受创退避等语。除电令迅速进剿务期扑灭外，谨闻。刘峙。哿午。印。

中华民国二十一年一月

二、刘峙一月二十日电

急。南京国民政府主席林、参谋本部朱总长益公、军政部何部长敬公：顷据江家集汤师长恩伯皓戌电称：据第四旅王旅长仲廉报称：本日午后四时，赤匪五六千人窜据下亚港南端之周寨、茶店、米陂店、上亚港、双柳树一带，其大部集结仁和集，似有进犯潢川截断潢商交通之企图。本师拟于明日将第四旅集结杜付店；第六旅集结江家集；独立旅集结双椿铺，准备近头痛击等语。除电令豫南各部一致迎击外，谨闻。刘峙。哿未。印。

中华民国二十一年一月

三、刘峙一月二十三电

急。南京国民政府主席林、参谋本部朱总长益公、军政部何部长敬公：哿未代电谅呈钧察。顷据江家集汤师长恩伯马辰马戌各电略称：(一)赤匪约五六千人，于皓日午后四时抵下亚港南端之周寨、朱寨、茶店、朱陂店、上亚港、双柳树一带，其大部集于仁和集，似有进犯潢川之企图。拟明哿日令第四旅集结社付店，第六旅集结江家集，独立旅集结双椿铺，准备迎击。(二)赤匪三四千人，于皓晚由朱寨、茶店一带破坏下亚港、潢川间交通。号晨职派第四旅两团会同曾师熊团将该匪驱逐，修复电线。当晚匪又复来，并以二千余人占据十里头，围攻下亚港我曾师熊团。其上亚港、双柳树、仁和集到有大部红军。职现与曾师约定马辰合力先围攻下亚港之匪，肃清后，再向仁和集进剿。(三)马晨双方向下亚港夹击，职师第四旅及曾师驻下亚港熊团本晨在朱寨、周寨一带与匪血战终日，毙匪甚多。我军伤亡亦达四百余名，并阵亡连长五员，失踪二员。目下本师第八团及曾师熊团固守下亚港，第七、九两团集结傅流店附近，拟养辰以全力再向朱寨附近痛剿。双柳树、仁和集亦大部赤匪出动，想匪已倾巢来犯，恳迅电各友军同时兜剿等语。除电复并分电外，谨闻。刘峙。养未。印。

中华民国二十年一月二十三日

〔国民政府档案〕

6. 刘峙报告红军在豫南商潢一带袭击"进剿"部队情形密电

(1932年1月23日)

特急。南京国民政府主席林、军政部何部长敬公、参谋本部朱总长益公：密。此次豫南赤匪大举进犯潢、商及我豫南各部队连日剿办情形，业于皓未、养未代电分别呈报在案。顷据潢川曾师长养电称：(1)北区：赤匪计四师，每师四团，以一部对我第二师，一部截断千里头、传流店，大部在柏树店、南庙、茶店一带，有诱我离开阵地攻我之势。马晨第十二师与第二师，各与兵力二团打通围下亚港之匪，未能奏效。第二师胡团、第十二师熊团受挫，损失较重，该两团今晨四时乘大雾突围抵潢川，其梁、蒋两团刻正与柏树店之匪激战中。除电第二师、汤师集结兵力乘机歼剿外，仍请饬廿路军星夜开潢应援。惟近因雨雪逾尺，连日苦战，给养无钱购买，士兵不无怨言，难以维持，仍请设法接济。且第二师重要官长更换过多，深为可虑等语。除电复并电令第七六师已到潢川部队即进驻和风桥，暂归汤师长指挥协剿当面之匪。即请速定剿赤计划，并定整顿军队办法，迅予赐遵，否则赤匪逾张，祸将大发。谨此电陈，伏乞核示。刘峙。梗未。印。

〔国民政府档案〕

7. 刘峙报告红军围击潢川下亚港"进剿"部队密电

(1932年1月24日)

特急。南京国民政府主席林、军政部何部长、参谋部朱总长：密。顷据潢川曾师长万钟漾晨电称：此次北犯赤匪系 四 制 共 四师。我第二师及职师连日进剿,卒以众寡悬殊,致二师胡团及职师熊团竟被围于下亚港,掳劫枪支。现已派兵三团援救出险,均有损失。惟近日雨雪甚多,迅剿困难。除将十二师集结潢川附近、二师集结江家集附近外,俟天候较好,日内廿路到达即行进剿等语。除令廿路速驰援外,谨闻。刘峙。敬申二。印。

〔国民政府档案〕

8. 国民党军第五十八师师长陈耀汉报告豫南红军猛攻凤桥等防线请速驰援密电

(1932年1月26日)

万急。限即到。南京国民政府主席林钧鉴:密。据职部赵旅报称:今早六点余家集方面之匪突来数千,分向我和凤桥、龚头桥防线猛扑,凶悍异常,正分头抵御间,三里坪方面复来大股攻我侧背,我军伤亡甚众。恳速派大军来援等语。经即加派兆旅附炮营驰援。惟匪势浩大,通报汤师乃已弃防而去。除悉力拚战外,谨闻。师长陈耀汉叩。宥辰。

〔国民政府档案〕

9. 刘峙报告豫南红军猛攻潢川商城等地情形密电

(1932年1月29日)

机急。南京国民政府主席林、参谋本部朱总长益公、军政部何部长敬公:密。此次豫南赤匪以全力进犯潢、商情形,业经先后呈报在案。兹得匪情分呈于后:(一)曾师长万钟寝戌电称:据报潢川以南仁和集、白树店、双柳树一带赤匪,于有、寝两日纷纷向东移动,或围二师或围商城,企图未明。恳电第廿路七六师火速前来协剿。(二)据陈师长耀汉感酉电称:自第二师空防北去,赤匪以全力向商城和凤桥、龙头桥防线猛攻，拚战竟日，伤亡甚众。感寅又续到大部赤匪向我防线猛扑，前仆后继，锐不可当。我军不得已退守十里头待援反攻。而赤匪凶悍异常，继续猛攻，我军伤亡连排长六员，士兵无数，城南余家集及城东南两方亦均到有赤匪数千，正接触中。总计匪数约在三万以上，恳速加派劲旅兼程来剿。（三）据唐旅长云山宥戌电称：宥辰第二师由原阵地向潢川东之伞平寺移动，若二师有失，豫南赤匪不可收拾等语。查赤匪近以全力猛攻潢、商，第二师北退以致第五十八师孤立被围，除电令廿路部队星夜兼程赴援，并严饬汤、曾、唐各部合力出击，藉解商围，汤师仍回原防外，谨闻。刘峙。艳辰。印。

〔国民政府档案〕

10. 陆军第五十八师陈耀汉等报告与红军在豫南作战及红军攻克商城情形密电

（1932年1—2月）

（1）陈耀汉密冬电（1月2日）

十万火急。限即刻到。南京分送国府主席林、军政部长何、参谋总长朱钧鉴：□密。据赵旅报称：今晨匪又大举来犯，众约三四千，刻在鹰咀山附近正与激战中。匪势浩大，恳速增援等语。当经电话和凤桥第二师长称，已奉令接防，定明晨开拔云云。查潢、商路线，商城军民倚为命脉。惟两侧皆匪，近驻兵一师，尚多抢劫，即或放弃一段，商城亦断不能守，本师又无力兼顾，早经迭电禀明。兹准前情，究竟本师系奉何项命令。本师处此困难地位，应如何办理，乞速示遵。师长陈耀汉叩。冬。印。

（2）陈耀汉密佳申电（1月9日）

特急。南京国府主席林钧鉴：□密。顷据赵旅电报，鹰咀山北之匪，连日相持，今晨有乘雾来犯，势极凶猛，正据险痛击。探报苏仙石方面又窜来千余，意图袭我后路。当经电调张旅之李团，在古镇山迎击，两处激战，至午匪始退走。共毙匪五十余名，我兵阵亡二名，伤七名，民团伤四名等语。谨闻。师长陈耀汉叩。佳申。印。

(3) 陈耀汉密个戌电(1月21日)

特急。南京国府主席林钧鉴：皓酉电计达。□密。顷民团报称：皓晨余家集南，突来红军二千余，装械齐备，将职团十六七两队包围，血战三时，幸得冲出。被掳去官兵四员名，伤十五名。暂退汤家庙待援。闻此股系由黄安窜来，有进攻商城企图，尚有大部在后等语。查潢来匪势与前迥异，其扰我城防各股，亦均凶悍非常。据报前情匪之主力，确有大举北扰情势。城内食粮缺乏，已达极点，连日雨雪交加，多有断炊者。除尽力严防外，谨闻。师长陈耀汉叩。个戌。印。

(4) 陈耀汉密漾酉电(1月23日)

万急。限即刻到。南京国府主席林钧鉴。个戌电计达。□密。接汤师长电话：匪以四万余众，分布杜甫店、江家集周围，仅相距四五里，接触在即，决与拚战等语。查匪势浩大，职等两师防线过长，又值机疲之余，倘被各个击破，豫南全局愈难收拾。万恳迅派大军星夜来援，所派何部何日可到，乞速电示为祷。师长陈耀汉叩。漾酉。印。

(5) 陈耀汉密敬电(1月24日)

特急。限即到。南京国民政府主席林钧鉴：□密。接汤师长梗申电：匪以全力包围敝师，现有截断江、商交通企图，今我两师速准备连合作战，免为所乘。又接戴师长养未电：匪约四五千众，有分三路犯固模样，正分别防剿中。又据各方探报，匪令五区各村连夜各造铁锥三百把，大木炮若干尊，限五日缴齐各等语。查匪以数倍之众，断我交通，绝我粮路，四方长围，猛攻软困。曾、戴两师，羁于城防，未能大举出援。李、苑两旅，即日全到，仍恐众寡不敌，万恳加派大军兼程前来,以期一鼓歼绝此匪,至为企祷。师长陈耀汉叩。敬申。印。

(6) 刘峙密电(1月24日)

特急。南京国民政府主席林、军政部何部长敬公、参谋本部朱总长孟公:政密。豫南赤匪大举进犯潢、商情形,迭经电陈。顷据第二师曾万钟由潢川漾午电称:据确报,此次来犯赤匪二万余人,枪约数千支,已将潢川以南之下亚港、傅流店隔断。胡、熊两团突围时,各损失机枪一二挺,步枪百余支。匪欲利用损失旗帜、符号图我江家集之第二师。除电汤师长注意集结兵力乘机出剿外,查赤匪实力较前倍增,第二师又因更换官长,人民逃入赤匪者不少,并有回队引诱者,深为可虑。而职师剿办已久,颇有损失,亦不易与第二师联络。此外各师亦无力应援,请严饬第廿路星夜驰援等语。职已飞令第二十路火速驰援第二师,并令各师切实连络,合力痛剿,以期解第二师之危。惟查豫鄂皖边区,赤匪实力较前倍增,我军因防剿以〔已〕久,以种种困难,非惟无功,每多失利,官兵志气衰惫,又不愿剿办,似此情形,极为焦灼。深恐一旦溃决,不可收拾。拟请速增精锐部队,充分接济,迅速扑灭,否则后患将不堪设想矣。如何?乞示。刘峙。敬申。印。

(7) 河南省政府密电(2月23日)

洛阳行政院钧鉴:政密。据商城县长郝宇新元寒两电称:一月梗日,忽由鄂边窜来赤匪十万余众,屯驻潢、商交界地之江家集一带,截断商城之咽喉,复以主力大举攻商,将县城重重包围,日夜猛扑。县长督饬民团帮同驻军防守。惟时经两旬,粮草断绝,驻军五十八师以援军未至,于十日午刻全师向南开拔,挽留不获。当仍拚命死守。惟人民纷纷逃散,赤匪猛攻益烈,血战五时,民团弹尽不支,城遂被陷,乃即督饬民团掩护十万灾民退至城南亲区。文日集合所部民团反攻,企图恢复,奈匪势浩大,我军仰攻猝难得手,又以子弹缺乏,不敢久驻。坚城不下,不得已仍退守亲区待援。请加派劲旅进剿等语。除已由驻豫特派绥靖主任公署饬第二十路张总指挥督饬所部克日恢复外,谨电鉴核。河南省政府叩。漾。印。

〔行政院档案〕

11. 张钫报告红军围困商城及守军弃城逃遁密电

(1932年2月13日)

万急。洛阳主席林、院长汪钧鉴:密。商城被赤匪包围历时已久,粮源断绝,军民交困,饿毙者日有所闻。援兵困于雨雪中途,搜剿不克驰往。刘主任轸念民瘼,不得已令五十八师放弃商城。据报该师保护难民完全出城,现到湖北麻城之枣树间,商城城防交由保卫团顾团长敬之暂为维持。诚恐远道传闻失事,谨此电陈。再本路七十五路正在开拔,一俟到达,即督令各部与商城之保卫团合力猛攻,以收夹击之效。并以附闻。张钫叩。元参。印。

〔国民国民政府档案〕

12. 刘峙报告豫南红军在潢川固始一带战斗情形电

(1932年3月15日)

洛阳国民政府主席林、军委会、南京军委会委员长蒋、朱参谋总长、何军政部长钧鉴:查赤匪围攻固始,并乘虚攻占三河尖及我驻军防剿各节,曾于微酉代电呈报在案。兹将我军克复三河尖并固始、潢川方面各驻军与民团防剿赤匪及航空一、七两队飞往潢川、固始侦炸各情形汇呈如次:一、据戴师长民权微申、阳午、齐辰、庚辰、佳午、佳戌各电节称:(甲)盘踞三河尖之赤匪,经四五师陈凤鸣营由阜阳中村岗南进,协同由固城派去之董青山营及民团围剿,于文日向南溃退,沿曲河向商城回窜,现固始城北已无匪踪。(乙)草庙集驻军被匪围困月余,阳戌赤匪又总攻,毁我民房,给养断绝,不得已突围而出，经广度店、胡族铺、万家沟，现退至西北祖家园，炮弹枪枝完全无损。（丙）汪家棚驻军被赤匪于阳戍总攻，职当晚不得已由固城抽选大刀队、手枪队共四百人驰援，于大皮店附近与匪接战终夜，天明遂率队返城，拟于文日就城防兵力抽选两队，分路向汪家棚驰援。（丁）郭陆滩驻军自微日起被匪围攻三昼夜，幸虞午飞机到来乘势出击，追击六七里，不料大部赤匪增援，遂退原防，齐晨又进围郭陆滩及杨楼，待援甚急。二、据退至麻城之商城民团总团长顾莹鱼电节称：职部自上月寒日退守五里山后，匪仍连日进攻未逞，职于江日反攻，并分兵煤河袭其后，匪始向盛店溃退，当占领打船店，新建坳阵地，再图进展。三、据张总指挥钫虞申参电及宋师长天才灰酉参电节称：（甲）援固部队于灰早已过春和集，向迈和集、官渡方面进攻中；（乙）第七十五师韩文英旅于灰早进占徐寨；（丙）史克勤旅自进占白庙后，于灰日早即向下亚港进攻中。四、据晏队长玉琮报称：阳齐两日派机赴汪家棚、徐家河一带轰炸，效力甚大。又据张队长有谷齐电称：于齐早派机至毛家庙、泗洲庙、高庙集、万家岗等处轰炸，甚为有效各等语。除电张总指挥迅饬援固部队急进，援助戴师各相机夹击，并饬晏、张二队长逐日派机前往轰炸助剿外，谨闻。刘峙叩。删午。印。

〔国民政府档案〕

13. 张钫陈述鄂豫皖三省边区反共办法代电

（1932年3月21日）

洛阳国民政府钧鉴：赤匪窜扰于豫鄂皖边区者，已历数年。其人数枪数仅抵三省剿赤四分之一，然而愈剿愈炽者，原因固多，而要以无整个计划为其主因。谨将管见所及，拟定办法如下：（一）三省剿赤军分防剿两种任务，防者以攻为守，剿者各编游击队，向共同目标齐集，不期而至，匪猝不及防，可乘机冲破匪区，截其连络，遇小匪则击，遇大匪则走，以飘忽无定之奇兵横行于赤区，务使匪众惊扰，胁从渐次脱离；(二)此间可抽调精锐万人与鄂军相会于光山之新集附近，与皖军相会于商城东之金家寨附近，与麻城驻军民团相会于商城余家集或亲区，若纵横隔其交通，择险坚守，诱其来攻。防军远偪内外夹击，匪自然溃败；(三)三省均组织民众武力及宣传队，对于给养子弹充量予之，并予以名义，以收民心，而化匪势，则民兵一体，收效更易；(四)请派统一指挥官，不分畛域协力清剿，不然，甲剿乙视，丙进丁退，则匪以整个力量应付涣散之官兵，势必归于各个击破。总之，剿赤不应存防守心。盖我防地，而匪窜彼，乘隙捣虚，防不胜防。往者各军均驻守城寨，匪乘懈攻击，故部队多受损失。今若以游击部队跟踪追击，其小股严阵诱击，其大股遇匪则作工事，匪去则复前进，三省大兵四面齐至，并组织民众使荷戈相从，则士气大壮，而匪焰日消。钫不揣愚陋，谨陈管见，是否可以推行皖鄂两省，伏乞鉴核示遵。张钫叩。马。

中华民国二十一年三月二十一日

〔国民政府档案〕

14. 张钫报告关于豫南红军大部移皖围攻六安霍邱等地密电

(1932年4月3日)

急。洛阳国民政府主席林钧鉴：〇密。本路与赤匪血战十数次，并派队痛击数十次，稍获胜利。匪亦屡向我猛攻，均未得逞，故其大部移皖围攻六安、霍邱一带，其势甚急。本应抽兵往援，惟相距过远，光、商境赤匪尚在顽抗，已令各队分头进剿，以分匪势。并将管见数事分录如次：(一)请饬剿赤部队不许撤退一步；(二)如陷绝境时，枪宁毁勿缚缴；(三)以攻为守，不可专守，步步为营，节节进剿，逼近赤匪，作工事以迎之，另派游击队以抗之，遇小匪则击，遇大股则守；(四)匪弹甚缺，利在急战，官军应严阵以待，匪必无持久之力。前固始被围，戴师誓死抵抗，此间仅派八千人往援，三战而匪退三十里，可为明证；(五)连合民众尽力宣传，俾内部分裂。现邝逆急择根据地，以抢粮弹为目的，必无所获。以上所呈，是否有当，敬祈按择施行为祷。张钫叩。江。秘。印。

〔国民政府档案〕

15. 张钫报告关于进攻豫南苏区计划密电

(1932年5月5日)

万急。洛阳国民政府主席林、行政院院长汪钧鉴：密。钫自到潢以来，即抱定以急进不进〔退〕，步步为营，节节进剿及与匪争民之主义，行之两月，颇著微效……是以日前赴汉晤何主任商定由鄂派兵剿匪，进攻光、潢各部队向南推进，拟请令皖军向西进击，十五路部队进攻宣化店，四面齐进，使匪首尾不能相顾，民众即可乘机来归。旋届秋麦，民得食而心安，一两月后，三省边区可以大定。窃谓攘外须先安内，剿赤即所抗日，赤匪不除，则国日危，而外侮日益重。故剿赤工作实全国存亡所系，日人观望亦复为此。现当民心向化之期，不能顺从民意，乘匪方弹尽粮缺势穷力蹙痛击而消灭之，坐视其滋蔓，重苦斯民，于钫心实觉不安。是以愿为前驱，期早肃清，谨陈管见，伏候钧裁。张钫叩。俭。印。歌日重拍。

〔国民政府档案〕

16. 安徽霍邱李淞泉报告关于红军攻占正阳关霍邱等地情形代电

(1932年5月18日)

快邮代电

国民政府主席林钧鉴：正阳关突于本月文日被大股赤匪袭据，驻霍国军独立第四十旅宋士科全部于寒日上午抢掠退防后，我县常备团团长孙培基亦于是日下午随率全部弃城出走，县长査世翰被胁去无踪，县监狱及拘留所男女罪犯全数开放，城防无人，咸日曾电呈在案。咸日赤匪已乘虚入城，掳人劫财，惨无人道，散扰关外十余里。澧河东岸亦被设岗占据，属区居澧河以西与匪隔河相持，形势更较紧急，亦有巧电呈报。査孙团长培基统驭全县军权，计步枪七百余支，盒枪百余架，迫炮三门，皆系地方集资筹备，实力不为不厚。当赤匪陷据正阳时，距霍城尚有七十余里，并无犯霍形势。独立四十旅蓄具野心，另有他图，姑不敢论。而团长孙培基为地方武力领首，应如何督饬部属筹备城防，如至万不得已时，尽可坚持待援，纵令赤匪万分强悍，绝无不费一兵不折一矢而得之理。况赤匪陷据正阳，系由六安窜来残部，霍邱驻军退防后三日，方敢犯城，其力量已可想见。若非孙团长先期逃走，故意予匪以隙，决无陷城之虞。属区位居县西，远隔澧河，南线龙潭寺一带，尚与匪相持，兵力单薄，万难分顾城防，区团长一面督饬部属坚守澧河；一面饬探县长査世翰下落，筹备恢复。万恳钧座迅派劲旅星夜来剿，早期克复，俾救民命。迫切电陈，伏维垂察。安徽霍邱西二区保卫团区团长李淞泉叩。巧。

中华民国二十一年五月十八日

〔行政院档案〕

三、国民党军对鄂豫皖边区的第四次围攻

1. 国民党“豫鄂皖三省剿赤中路军第二纵队”陈继承部与红军作战详报

（1932年6—8月）

第一章　战斗前赤匪及我军情势之概要

一、赤匪之起因及进剿时之概况

查豫鄂皖边区赤匪，导源于民国十四年胡景翼入豫，河南党务公开组织。比值容共时期，国共不分，中国共产党派遣党徒各县活动。十五年北伐军入豫，豫、鄂各县青年，纷纷赴武昌入中央军事政治学校、农民运动讲习所肄业，其教官为鲍罗廷、毛泽东、恽代英、高汝罕、邓演达、董用威〔武〕、李汉俊之辈，受其赤匪熏陶。民十六年，国共分裂，跨党分子不能立足，即回各县做下层工作，或隐身学界，麻醉青年，或混迹民团，窃取武力。际此国家不宁，频年内战，共产党徒潜滋暗长，燎原之势，已基于此。驯至九一八事变，外侮侵陵，日甚一日，对于内忧，无暇顾及。乃共匪首领张国焘、邝继勋、徐向前，丧心病狂，竟乘危利，大肆毒焰。如豫南之商城、固始、潢川、光山、罗山、信阳，鄂东之黄安、孝感、黄陂、麻城、罗田，皖西之英山、霍邱、六安、潜山、太湖等十余县，先后陷落，或仅存孤城。所占地域，东西约九百余里，南北约四百余里。计有枪枝不下四万，红军人数几及十万。其重心在商城为金家寨，光山为新集，固始为朱家寨，罗山为宣化店，鄂东为黄安，皖西为英山。企图打破光、潢路线，夺取潢、固城市，东占正阳关，西逼平汉路，东南由英山截断长江，西南由黄安直趋武汉。其最后大计，更沿伏牛山脉，经南阳出陕西、甘肃、新疆，以通苏俄。其时武汉、信阳、蚌埠危如累卵，风鹤频惊，猖獗之势，炙手可热，狡计之毒，危及民族。然溯厥其由，并非共产主义深得人心，实乃政治败坏，环境造成。一因国共未分，青年误入歧途，早种恶果；二因办理民团不加识别，养虎贻患；三因土豪劣绅，助军阀为虐，予共党以藉口；四因官吏贪污，民心已失；五因时局多故，不暇兼顾；六因民众毫无组织，一盘散沙。坐此六因，故造成赤匪现有之局势。

二、国军进剿之策定

奉（七月十九日始奉到）总部颁发进剿方案开：

一、进剿目的：先肃清平汉路以东、潢川、麻城之线以西地区。

二、兵力使用：以中路第一、二、三纵队为主攻，右路军及左路军第四、五、六纵队为助攻。

三、前进目标：以黄安、七里坪、新集为进剿目标。

四、兵团部署：以第三师、第八十师为第一线，以第二师、第五十八师为第二线，以骑兵第十三旅、骑兵第十五旅为第三线，各为进剿部队。以第二十路为左侧掩护队，会攻新集。以第十五路为后方清剿队，兼作预备队。

五、友军动作：俟进剿部队将与赤匪接触时，第十四军、第十三军、第八十九师，应一齐向黄安、七里坪一带匪巢进攻，使其腹背受敌。如被大股赤匪攻击时，应坚守防地，牵制赤匪，以便进剿部队痛击其背。

六、给养方法：大部队进剿，给养最感困难。进剿部队均令轻装，酌量携带子弹、粮食、咸菜、食盐。第二线兵团，设法补充第一线兵团。第三线骑兵，设法补充第二线。查由罗山至黄安，最多不过三日行程。

七、成功以后：进剿部队达到目的后，暂在潢川、麻城、罗田之线集结整理。以两师兵力，由水路移至安庆上陆，大举东西夹击，将赤匪压迫至长江北岸，聚而歼之。

甲、本纵队防剿及进剿之部署

六月二十五日，奉总座径午电开：豫南赤匪窜扰靡常，为求统一指挥起见，兹将豫南剿赤部队，从新区分如左：

一、以第四十五师、第二十路为左翼军，担任固、光、潢三县之防务，归总指挥总锜指挥。

二、第三师、第八十师、骑兵第十三旅之大部为中央军，担任光山以西及罗山潘新店以东地区之防务，归陈军长继承指挥。

三、第十五路为右翼军，担任光山、潘新店以西及武胜关、信阳间地区之防务，以马总指挥鸿逵指挥。

四、第二师及五十八师之一部，集结明港、长台关附近，为总预备队。以上各部，均由刘峙指挥。

六月二十六日，奉主任刘宥未电节开：

一、赤匪伪二十五军第七十三、第七十五两师，又独立一团，现窜到朱堂店，其先头部队，已到马蹄店，一部本日正向李家寨、新店进犯，似有牵引我军，再图进犯信阳五里店之企图。

二、我军以缩居赤区，便于进剿之目的，拟先驱逐该匪于涩港店、潘新店、龙升镇以南地区，并占领涩港店、潘新店、龙升镇、马家畈、文殊寺等处，相机进剿。

三、中央军第八十师，应以大部经槐店、莽张向龙升镇、潘新店进剿，一部经子路河、升隆店以东地区前进，夹击朱堂店、涩港店赤匪之退路，第三师应速向五里店附近集结。

乙、本纵队之组成及集中

六月二十九日，职部及第三师由洛阳出发，并令该师集中罗山，七月一日到达信阳。旋奉总座艳申电开：最近策定计划之军队，区分属于中路军者，列示如左：

队号	职别		姓名	备注
中路军	司令官		蒋中正	
	副司令		刘峙	
	第一纵队	指挥官	张钫	
		第四十五师师长	戴民权	
		第七十五师师长	宋天才	
		第七十六师师长	张钫	
	第二纵队	指挥官	陈继承	
		第二师师长	黄杰	
		第三师师长	李玉堂	

（续表）

队号	职别		姓名	备注
中路军	第二纵队	第八十师师长 第五十八师师长 骑兵第十三旅旅长 骑兵第十五旅旅长	李思愬 陈耀汉 刘凤岐 章鸿春	
	第三纵队	指挥官 第三十五师师长 骑兵第三旅旅长	马鸿逵 马鸿逵	
	第四纵队	指挥官 第三十师师长 第三十一师师长 第二十二路特务旅	张印相 彭振山 张印相	
	第五纵队	指挥官 第四十七师师长	上官云相 上官云相	
	第六纵队	指挥官 第十师师长 第八十三师师长	卫立煌 李默庵 蒋伏生	
	预备纵队	指挥官	钱大钧	
		第八十八师师长	俞济时	
		第八十九师师长	汤恩伯	

七月二日，本纵队为集结待命进剿，拟先肃清匪化未深之匪，逐渐推进，然后迫近巢穴，一鼓歼灭起见，下达各部队命令要旨如左：

一、赤匪由西转锋豫南，拟掠取潢川，截断平汉路南段，以扩大其毒焰。近虽由第十五路、第二十路迭经痛击，而其巢穴安然，主力尚无损失。

二、第三师即速推进至五里店以东，金钢铺、栏杆铺之间，对朱堂店、涩港店、曾家店方面之赤匪，严密警戒，右翼与十五路、左翼与八十师切取连络。

三、第八十师集结于罗山及其附近西南之杨老湾、罗桥、槐店一带，对于潘新店、龙升镇方面之赤匪，严密警戒，右翼与第三师、左翼与第二十路切取连络。

四、骑兵第十三旅，到达罗山之一部，在本指挥官未到罗山以前，归八十师李师长指挥，对于潘新店、龙升镇，应时常派遣骑兵绵密搜索，以防窜扰。

五、骑兵第十五旅驻郑州。

六、警戒区域：

第十五路
第三师间双桥镇——涩港店之线，线上属第三师，但对于双桥镇须特别注意。

第三师
第八十师间子路河——仙桥镇——潘新店之线，线上属第八十师，但对于老猪店须特别注意。

丙、本纵队之任务及行动

七月三日，本部由信阳出发，进驻罗山，在五里店途中，奉总座卅己电开：

一、骑兵第十五旅全旅担任郑州(不含)至漯河(含)护路任务。

二、骑兵第十三旅，担任漯河以南至信阳(不含)护路任务。

三、第五十八师护路任务交替后，即集结明港、长台关待命。

七月四日，职率指挥部人员，由信阳到达罗山，为使严密警戒，下达各部队命令要旨如下：

一、第三师主力集结丁金纲铺、栏杆铺之间，以双桥镇至豪利头为第一警戒线，子路河镇(含)为第二警戒线。

二、第八十师主力集结于罗山附近，师部驻罗山，以兴隆店至段家相为第一警戒线，子路河(含)至十里墩为第二警戒线。

三、在第一警戒线区域内，应常派有力部队，时出游击，搜索匪情。在第二警戒线区域内，构筑工事，配置一旅兵力，严密监视。

七月六日，奉副司令刘支巳申节开：我军未开始进剿以前，各部队应即分别推进于适当地点集结，并迅速肃清各该集结地附近之散匪，俾为后进剿便利。兹将第一、二、三纵队所属各部队之集结地点，及清剿散匪区域，分别规定如次：(其他纵队从略)

一、第二纵队除骑兵第十三、第十五旅另有护路任务外，第二师应即以一部集结罗山，以一部推进至槐店。第三师应向涩港店、潘新店、岳城店等处推进，迅即肃清各该地附近散匪。第八十师应向龙升镇推进，迅速肃清该处散匪，并协助民团易本应部，固守马家畈。第五十八师，应即推进至罗山以西之栏杆铺、子路河、邦家店等处集结待命。

七月七日，遵照上项命令要旨，令各部队推进地点如左：

一、第三师七月九日应推进至青山店、兴隆店，七月十一日应推进至涩港店、曾家店、岳城店一带。

二、第八师七月九日应推进至槐店、魏家店，七月十一日应推进至莽张、龙升镇、潘新店。

三、第二师七月九日应推进至罗山、双店、胡乡一带。

四、第五十八师七月九日应推进至栏杆铺、子路河、鄷家店一带。

五. 作战地境

第三师
第八师间兴隆店——方湾——罗家凹——段家冲之线，线上属第三师。

七月九日，奉总座齐戌电开：该纵队应将泼皮河、杨家店、三里城以北地区之匪，逐渐肃清等因。查泼皮河相距本纵队甚远，应请划归第一纵队肃清。当分呈总副司令佳电，概意如左。

查泼皮河在文殊寺之东南，与职部前进区域，相距约八十里以上，如划归职部，则第二线部队，势须向东移转。且文殊寺方面，已派第一纵队担任肃清，应否仍请划归第一纵队，乞电示遵。

第二章　战斗经过概要

甲、攻击前之部署

七月十一日，据第三师之报告：曾家店、潘新店一带之匪，闻我军前进，似有东窜之模样。宣化店以北地区，有红军二万余，盘踞于杨家店、万家店、彭新店一带，并筑有工事，将附近劫掠之粮食，向南搬运。

红军六七千，于八日进犯潢川，经我第一纵队击退，文殊寺已由新二十师派队协同易本应民团固守。本纵队为向龙兴镇、涩港店之线推进后，拟即肃清南向店、仪家店、张堆附近地区之散匪，其部署如左：

一、第三师与确实占领曾家店、涩港店之线后，对于杨家店、张堆附近地区，不时派队搜剿。

二、第八十师与确实占领龙升镇、潘新店之线后，对于仪家店及其以西地区，不时派队搜剿。南向店方面，亦应酌派部队协同民团肃清。第三师、第八十师，以罗家凹、段家冲、万家店之线为搜剿地境，线上属第三师。

三、第二师应以一旅之一部，进驻子路河、双店，一旅驻胡乡，一旅驻罗山，派一小部至十里墩任警戒。

四、第五十八师，应以主力集结于鄷家店，一部集结于兴隆店，策应第三师。另派一营驻扎栏杆铺，担任护路。

七月十二日，据土人报告：曾家店南七八里之倒座湾，尚被赤匪包围。即令第三师到达曾家店，即派队前往解围。下午五时，接第三师李师长电告：第八旅于本日正午十二时，在曾家店北约十三四里处，与赤匪千余名接触，现仍在激战中，第十五团团长李华植负伤等语。当令第八十师与该旅连络策应，当将散匪驱逐。是日该师即在原阵地固守，第八十师将潘新店附近零匪驱逐占领。

七月十五日，本纵队以肃清南向店、易家店（即仪家店）、杨家店之线以北散匪之目的，拟以第一线（第三师、第八十师）部队，由龙升镇、涩港店之线，逐渐推进。南向店方面，应派出民团担任肃清。第二线部队（第二师、第五十八师）随同进展，以资策应。拟定第二期推进计划如左：

一、第一步，第一线部队，应将现已占领各地区完成强固之工事，一面协助地方领袖组织自卫团体，训导内部民众，一体就范，然后及于占领地以南，易家店、杨家店以北地区，而为绥抚清剿之工作。

二、第二步，第一线部队之各师，应酌量一部固守原有阵地，以主力推进至周党畈、彭新店（即新新店）之线，肃清易家店、杨家店、张堆以北地区之散匪，并乘机占领之。

三、南向店方面，由位于左翼之第八十师派遣一部，协同散居油盐罐（周党畈东约十里）、马家畈、茶千岗（文殊寺、马家畈之间）一带民团，担任肃清。

四、第二线部队，视第一线推进时之情况，再行实切规定而策应之。

五、对于第一纵队派往泼皮河之部队，及第三纵队派往三里城之部队，互相连络，协力清剿。（第一、二纵队，以孙铁铺、北向店、文殊寺、晏家河为清剿境界线，线上属第一纵队，二、三纵队以朱堂店、九里关、三里城为清剿境界线，线上属第三纵队）。同时奉总座文未电令开：该纵队应将南向店、易家店（即仪家店）、杨家店之线以北散匪肃清等因。即令各部队向南推进。

一、第三师应先向姚家湾、彭新店、陈家坟之线推进，并确实占领杨家店、张堆之线，左与第八十师取连络。

二、第八十师应以一部协同第三师，先向曾家凹、周党畈之线推进，并确实占领仪家店、七里凸之线，主力应位置于龙升镇东南地区，并派一部协同民团肃清南向店以北之散匪，潘新店、龙升镇酌留一小部留守。

三、第五十八师应以一部向涩港店及其以北之大塘阁，其主力向曾家店、岳城店一带推进，肃清后方散匪，策应第三师，并对西南方严密警戒。

四、第二师主力，应集结罗山城、胡乡等处，其一部由槐店推进至莽张，对于南方严密警戒，并与八十师切实连络。

第三八十师以陈寨、崔家楼、唐家冲、何家店之线为清剿地境线，线上属八十师。

本纵队与第一纵队间，以孙铁铺、北向店、文殊寺、晏家河为清剿地境线，线上属第一纵队。

本纵队与第三纵队，以朱堂店、九里关、三里城为清剿地境线，线上属第三纵队。

七月十九日，奉副司令刘巧酉电要旨如下：兹遵照总座所颁进剿方案及谏酉二十三电意旨规定，第一、二、三纵队进展日程及作战地境：

一、漾日以前，第一纵队须占领杨树店、杨藩桥之线。第二纵队须占领南向店、易家店之线。第三纵队须占领九里关附近，完成该线以北地区之清剿任务。

二、漾日起，第一纵队应向草庙集、杜付店、双轮河、泼皮河之线进剿。第二纵队，应向新张湾、宣化店、姚家畈之线进剿。第三纵队，应向大新店进剿。均限有日以前占领该线。

三、宥日起，第一纵队在草庙集、杜付店、双轮河一带部署，应相机进逼商城，并以一部占领白雀园，其主力向新集进剿。第二纵队应向麻布街、黄陂站、王家店之线进剿。第三纵队应协十四军，向汪洋店进剿。均限勘日以前占领该线。

四、艳日起，第一纵队主力，应向七里坪、黄安及其以东附近匪区猛攻。第二纵队除以一部会攻七里坪，主力应向黄安、河口镇一带匪区猛攻。第三纵队努力肃清占领地附近残匪，兼为总预备队。

五、各纵队间之作战地，第一、二纵队间为文殊寺、晏家河、新集、七里坪、黄安东门之连结线，线上属第一纵队。第二、三纵队间为朱堂店、九里关、三里城、大新店、汪洋店、毛家集之连结线，线上属第三纵队。

职遵照副司令刘巧酉电，决定以八十师为左翼队，第二师为中央队，第五十八师为右翼队，第三师并为预备队。规定各部队进展程序如左：

一、七月二十三日，第八十、第二、第五十八师，应进展至殷家棚、七里、万家店、王家湾之线。二十四日，应进展至界牌崇、墨斗关、白缸、对马沿、侄戴凹之线。二十五日，应进展至新张湾、张家湾、宣化店、姚家畈之线。二十六日，应进展至徒沙河、王家岗、刘家湾、柳庄店之线。二十七日，应进展至槐树店、杨家口、靠山店、大树桥之线。二十八日，应进展至麻布街、河家田、黄陂站、丰家店、王家店之线。第三师主力一部于易家店、崔家楼一带，余另令定之。

二、各师间之作战地境

第一纵队/八十师间文殊寺、晏家河、新集、七里坪东端、黄安东门之连络线，线上属第一纵队。

第八十/二师间殷家棚、墨斗关、张家湾、王家岗、郑家冲、何家田、老君山西麓之线，线上属第八十师。

第二/五十八师间崔家楼、唐家冲、胡家湾、杨家湾、查家湾、唐家湾、吕王城之线，线上属第二师。

第五十八师三纵队间朱堂店、九里关、三里城、大新店、汪洋店、毛家集之线，线上属第三纵队。

七月二十日，奉总座号申电开：据张总指挥钫转据部师长铣申电称：文殊寺方面赤匪增加四五千人，并筑有坚固工事，防御甚严等语。希慎重出击，以免疏虞等因。当转令各师仍在原位置待命，第二、第八十师对文殊寺方面特别戒备。并将部署情形电呈总座如下：如第一纵队未将泼皮河以北地区赤匪肃清以前，职部第一线仍拟在易家店、杨家店、张堆之线，第二线仍在罗山、龙升镇间及岳城店附近集结，以作出击之准备。

七月二十三日，本部因感第一纵队进展甚缓，即派夏参谋日长至潢川张总指挥官钫连络。据回报称：养丑有赤匪一部攻击潢川南之白树店甚猛，至今晨尚在对峙中。泼皮河方面，并未派队进剿。七十五师缺乏子弹，病兵过多，不易行动等语。据此本纵队左翼顾虑甚大，当令左右翼队，对于东西方面，严密注意。第五十八师，除留一部驻涩港店外，速将主力集结于岳城店、曾家店、仙树镇一带，以便尔后之进击。第二、第八十师须首尾相顾，预为准备。

七月二十七日，奉副司令刘有午电节开：

一、文殊寺尚有赤匪数千盘踞，阻碍我军进展。奉总司令敬申电，催促迅速核办等因。

二、第一纵队应以有力之部队，由光山向文殊寺进剿，并由第二纵队派兵一部约两团，由龙升镇附近东进，均限感日到达文殊寺附近夹击，将该匪剿除后，即以易本应民团固守之。

三、第三纵队应极力巩固大新店、三里城一带，协同广水友军防匪西窜，俟我第二纵队占领宣化店时，仍按前令向双桥镇、汪洋店一带搜剿。骑兵旅迅即移驻栏杆铺待命。

四、第二纵队除以一部协攻文殊寺外，主力应相机规复宣化店，右翼与第三纵队切取连络。

五、第一纵队主力应迅速攻占泼皮河，俟文殊寺解决后，继续进剿。

本部遵令当转令第二师派兵一团，向文殊寺方面游击。旋据报称：盘踞文殊寺之匪，当于是晚向南退窜，该地现由易本应部民团驻守。又据报：第三纵队马英才旅，已到达九里关、三里城一带。当令本纵队各师继续向南进展。

一、第三师应以主力向杨树园、彭家湾，派小部进占万家店，一部向棠家庙进展，对西南一带大山，须严密搜剿，左翼与第八十师切取连络。

二、第八十师应向草塘角、罗家凹一带进展，对东南大山，须严密搜剿，右翼与第三师切取连络，但竹竿河到处可徒涉，应注意。

三、第二师应以主力向龙升镇、南楼、上太平镇，一部向周党畈以北地区推进，对东南特别注意。在接替罗山城防部队未到达以前，暂留一团继续担任之。

四、第五十八师主力，向杨家店、陈家畈，一部向宋家湾推进，对西南大山须严密搜剿，并于彭新店方面，酌派警戒部队。

第一纵队/八十师间文殊寺、晏家河、新集、七里坪之连络线，线上属第一纵队。

第八十/三师间童家墩、麻天河、石河之线，线上属第八十师。

第三师/三纵队间朱堂店、九里关、大新店、汪洋店之连络线，线上属第三纵队。

七月二十八日，奉总座感申电节开：

一、深虑赤匪避强击弱，向第一纵队进攻，希酌量。万一第一纵队不能与第二纵队齐头并进，可令其扼要固守。但为掩护第二纵队前进安稳，宜择其有力之一师，在后方跟进，如何？盼酌行。

二、第一线部队仍以二师为宜，正面不宜过大等因。

职当呈复总座意见如左：

一、第一纵队由潢、光分道南下，迄今多日，因少数赤匪阻止，尚停滞于文殊寺、花山集、草鞋店之线，潢川南白树店、亚港店一带，仍与匪对峙中。现大部赤匪似集结新集、七里坪以东地区。职纵队如进至宣化店以南地区，万一赤匪避强击弱，由新集、泼皮河进扰光、潢，则本纵队翼侧之空虚，势形交换，恐将牵动全局。职之愚见，第一纵队无论如何，须以主力先将泼皮河、新集占领，俾职纵队得以推进猛攻黄安，如仅以一师兵力在左右后方跟进，则更易受匪所制，于事无补。如能另派有力部队协助第一纵队推进，则达成任务，必较易易也。

七月二十九日，奉副司令刘转奉总司令勘电要旨如左：

第二纵队应不俟第一纵队占领泼皮河，即占领宣化店、新张湾之线，并将控制龙升镇大道以西之第二线兵力，酌移大道以东跟进等因。同时又奉总座感戌电节开：据部师长子举报告：已占领文殊寺、花山集、陈家棚，现向杨潘〔旛〕桥进攻等语。职遵照勘电，为补救本纵队左侧顾虑起见，决将杨家店以北之第五十八师，移至仪家店东南约十余里地区，即位于第一线部队之左后方，担任东南方面之戒备。同时令第一线向定远店以南地区推进搜剿，并乘机进占宣化店。集结龙升镇、周党畈之第二师，在第一纵队未确实占泼皮河以前，仍控制该处，以应缓急。

七月三十日

一、据第三师报告：在张家楼、罗湾一带，与匪数百人激战三小时，匪不支，向万家店退窜，夺获土枪十余支，毙匪数十名，并将万家店以西至棠家庙之线确实占领。

二、第八十师之四七七团，在麻天河西北地区，与匪五六百激战两小时，匪向宣化店方面溃窜。午后即将毕家店、七里及其东之罗家凹之线占领。

三、第五十八师已到达杨家店以北地区。

四、第二师已到达周党畈、龙升镇、太平镇一带。

奉副司令刘转奉总司令俭申电节开：兹将一、二、三纵队进剿任务重行规定如左：

一、第一纵队迅速进攻泼皮河，占领后，即在泼皮河及光、潢以南各要点，构筑工事，担任警戒，协助第二纵队之左后方进展。

二、第二纵队应同时进占宣化店、新张湾一带，即以泼皮河为轴心，将兵力逐渐左旋向黄安、七里坪、新集之线攻击前进。

三、第三纵队应按照前进计划，随第二纵队之进展，占领双桥镇、汪洋店，搜剿残匪。

七月三十一日，总座卅巳电节开：查商城赤匪，有猛攻第一纵队之势，曾电刘副司令转饬第一纵队于攻占泼皮河后，筑工扼守，以掩护第二纵队左翼，可不必与之齐头并进，倘令再向新集，不唯过于突出，且兵力分散，易为匪乘，致有疏虞，牵动全局。且豫主攻，在第二纵队如能与第六纵队互相呼应，则成功不难，希勉之等因。当电复副司令刘意见如下：现第一纵队当未将泼皮河攻下，旋回轴心，尚未坚定。将来攻取新集，又仅能分兵四团，自应由职纵队派出一师兵力，协助进展。但同时不得不顾虑职纵队对七里坪、黄安方面之主作战，拟将现在杨家店以北之第五十八师，令经周党畈至文殊寺，暂归张总指挥钫指挥，俾可协攻泼皮河之敌后，继向新集进展，使职纵队之左翼可以安全。职当督率其余各师进出宣化店，前进猛攻。

八月二日，职率指挥部人员，进驻龙升镇，当下达各部队继续向南进展，命令如左：

一、奉副司令刘世酉电节开：令五十八师经周党畈至文殊寺，暂归张总指挥钫指挥，协攻泼皮河后，续向新集进展等因。赤匪大部仍在七里坪、新集一带，小部在宣花〔化〕店、泼皮河以北地区，与我对峙中。第一纵队之一部，正围攻泼皮河，约明(三)日即可占领。

新二十师在杨旛桥向晏家河进攻中。

二、第五十八师应于八月四日经周党畈、马家畈、茶耳岗向南向店转进，务于大日到达。到达指定地点后，即听张总指挥官指挥，左翼与杨旛桥向晏家河前进之新二十师及易本应民团取连络，右翼与本纵队连络。

三、本纵队应于上午六时继续推进，规定进展地点如下：

1. 第八十师向墨斗关、白缸之线进展，右翼与第三师取连络，对东南特别注意。

2. 第三师向何家店、陶家关、方家湾之线进展，左翼与第八十师取连络，并对西南大山严密警戒。第八十、第三师各以半数以下之兵力，备置于第一线，以竹竿河为作战地境，河属第八师。

3. 第二师仍在原地集结待命，但对龙升镇之戒备，务须周密，对东南西南各方，应严密警戒。

八月四日，奉总座江未二十一电节开：剿赤战术，不能与正式作战同视。剿赤行动，惟有秘密与迅速，方能完成。此时赤匪化整为零之狡计已显明，我军应分区划线，依次进剿，压迫其至最后巢穴，以一网打尽之计。如此则宣化店、河口镇及七里坪、黄安县与其以西地区，应大胆快进，出赤匪不意而扫除之。先就此线占领后，乃可一面运粮整顿，只数小部队搜索此线以西地区之残匪，逐次清乡；一面再以主力与伯英部兜剿新集与泼皮河之赤匪，如此第一期清剿计划，方能完成也。又接到罗山副司令刘参谋长电话：泼皮河业已攻下，第五十八师应向界牌祟前进，归张总指挥伯英节制，各等因。当令各师以迅速占领宣化店捣匪巢穴之目的，其部署如左：

一、第八十师于五日上午六时，应向宣化店南方高地及张家湾之线进展，右翼与第三师取连络。

二、第三师应向吴家湾、杨家湾之线进展，以一部协助第八十师攻取宣化店，并对西南严密搜剿。

三、第二师应以一旅进至辉星店、陈家凹附近，向西南方警戒，以一旅进至周党畈，并派一部进驻仪家店。

四、第五十八师应进至界牌崇、新张湾一带，对新集严密警戒，掩护本纵队左侧翼。

五、第八十师、第三师沿竹竿河经宣化店至张家冲为作战地境线，线上属八十师。

乙、战斗经过

1. 宣化店之役

八月五日，职率指挥部人员，及第二师之第七团，由龙升镇进至易家店，令各部队肃清附近散匪后，即向七里坪、黄安攻击前进。其部署如左：

一、第三师即在现在位置，肃清姚家畈及大道附近与查家湾一带散匪。

二、第八十师即在现在位置，肃清张家湾、胡家河及本道上之刘家湾一带附近散匪。

三、第二师于明(六)日上午六时，应以一旅向定远店及西南窑缸、葛家湾一带推进，担任西南之警戒。余在辉星店集结。

本日下午十时，据各师报告如左：

1. 第八十师与赤匪五千余人，枪支齐全，并附有机枪，在宣化店及其以北大胜关、杨树一带激战，该匪顽强抵抗，经我二三九旅猛攻，于本日未刻，将宣化店占领，匪向东南溃退。

2. 第三师午刻在张家河(南缸西约十里)与匪独立团千余人，枪七八百支，机枪数挺接触，经派队向南侧击，始向南溃窜。宣化店、肖家河附近，有匪约百余人，亦经击溃，并以一部协攻宣化店，申刻进占杨家湾、吴家湾之线。是役伤亡士兵十余名，匪死伤数十名。

八月六日，职率指挥部人员及第二师之第七团，由易家店进驻定远店，惟进占匪区，所有人民均被匪裹胁而逃，十室十空，各部队给养最感困难。特电请副司令刘：(一)在三日内拟集结七日粮秣，以供进剿之需，请饬钧部所有汽车，在信阳、龙升镇间补助运输。

(二)前方伤病兵日多，请饬罗山医院进至龙升镇，信阳医院进至罗山。

八月七日，奉总座江戌七十电节开：

一、查豫南、鄂东一带赤匪，为避免牺牲，已成化整为零之势。我军应乘时进剿，用迅疾秘密之手段，深入匪区，逼迫散匪于一隅，直捣其巢穴而歼灭之。

二、兹规定中路军任务如左：

1. 第一纵队应就现在位置增筑工事，巩固光、潢、固一带防线，掩护第二纵队之左侧，对商城县白雀园一带之匪，严行监视。

2. 第二纵队为主攻部队，努力占领宣化店后，应不避艰险，详搜奋进，以七里坪、黄安县为目标，直趋猛攻。

3. 第三纵队应先占领双桥镇、东新店之线，相机向王家店、何家店前进。

4. 第六纵队及汤恩伯师，以河口镇、吕王城为目标，努力向前搜剿，切实占领之。惟十四军仍应酌留相当兵力，防护铁路。

5. 第五纵队负责抗拒侵犯麻宋、八里湾、河口、新集一带之匪，切实保持黄、麻交通，而以五十四师策应之。

6. 第四纵队应与第五、六纵队相呼应，巩固广圻一带，监视英、罗之匪。

7. 第二、第三、第六各纵队，向前搜剿时，须利用夜袭及轻装行军，尤应动作迅速，多派便衣侦探，前后左右不失连络。

八月八日，据报赤匪在新集方面约有两师之众，徒沙河附近亦有大部赤匪。独立第五团现在黄陂站附近丰家店、王家店及宣化店东南地区，尚有赤匪游击队。

本纵队拟先以一部击溃徒沙河之匪，再以主力进击黄陂站，会攻七里坪、黄安。其部署如左：

一、第八十师应于明(九)日拂晓，由现在地出发，向徒沙河攻击前进，务于十一月以前将该处之匪肃清，则以一部位置于莲花岸

(即莲花石)附近,担任游击,掩护其主力仍由宣、黄人道经黄陂站前进。

二、第三师于明(九)日拂晓,由现在地出发,向黄家冲、朱家田、土门、新店及其东之高地一带推进,对黄陂站、丰家店方面警戒,与第三纵队切实连络。

三、第二师应于明(九)日拂晓前,派第六旅经宣化店向东南之王家岗附近推进,占领史必冲、傅家安及其以东高地一带,担任东南方面之警戒,并不时派遣游击队。第三师与第二师之第六旅,应互取连络,并以十三河、东家凹、黄金屯之线为境界线,线上属第三师。第二师主力同时向杨桥、大胜关、宣化店及杨家楼、三里店、家族湾、杨家湾一带推进,对东南及西南严行警戒,如第三纵队已到姚家畈,与之切取连络。

八月九日,职率指挥部人员及第二师之第七团,由定远店进驻宣化店,令各部队在原位置附近肃清残匪,然后攻击前进。

2. 黄陂站之役

八月十日,接各友军通报:第一纵队已占领晏家河,第三纵队已于九日由双桥镇向丰家店、姚家畈之线前进,第六纵队现向夏店、蔡店及其东南地区前进中。

本纵队以向黄陂站以南地区搜剿前进。其部署如左:

一、第三师应向黄陂站及其东南刘家河、熊家畈一带进剿,对东南严密警戒。

二、第二师主力向界牌冈、郳子铺及其以南地区推进,第七团应在宣化店附近担任警戒。

三、第八十师应在原地集结待命。

八月十一日,接第六纵队通报:河口镇之匪,约六七千人,已于昨(十)日将其击溃,正向黄安追击中。

本纵队为便协同第六纵队进攻七里坪、黄安之匪巢,决继续向刘家河(吕王城东南十余里)东北及其西南地区推进。其部署如左:

一、第三师到达熊家畈、刘家河后,应即续向刘家河及其东北家贺河之线推进。

二、第二师(欠第七团)到达界牌冈后,应即速经熊家畈向刘家河及其西南老屋罗家之线推进。第二、三两师应切取连络,第三师对东北地区须严密警戒,第二师须与第六纵队之第十师互取连络。

三、第八十师留一旅于王家冈附近,对东南担任游击搜剿,其主力即向黄陂站、界牌冈一带推进,担任东北及西南之警戒。

3. 吕王城之役

职率指挥部人员及第二师之第七团,于本日上午九时,由宣化店向黄陂站前进,在途中接第三师午后一时报告:本日正午已将黄陂站占领,匪稍事抵抗,即向黄陂站东南西南一带高山退窜,现正搜剿中等语。本部到达目的地后,视匪节节退窜,保持实力,似向七里坪匪巢集中。本纵队即拟协同第六纵队向七里坪附近进攻。其部署如左:

一、第三师应于明(十二)日上午七时,到达刘家河(在吕王城东南约十余里)及其东北贺家河之线,就攻击准备位置,右翼与第二师确取连络,向七里坪北端大道以北地区攻击前进。

二、第二师(欠第七团)应于明(十二)日上午七时前,到达刘家河、老屋秦家之线,就攻击准备位置,左翼与第三师确取连络,向七里坪(含)及其以南地区攻击前进,右翼须与第六纵队之第十师确实连络。

第二、三两师作战地境,为刘家河、夹小尖王家、席家冈、周家冲、戴士英之线,线上属第三师。

三、第八十师为总预备队,应于明日上午八时前,派二三八旅到达七里冈,攻击前进时,随第三师左后方跟进。但对东北方面,应派左侧卫搜剿,严行警戒。二三九旅于明日到达黄陂站后,暂留一团掩护后方,其余各部应同时进驻吕王城、伍家冈附近集结待命，并对西南地区警戒。

4. 郭家凹之役

八月十二日，接第三师报告：(一)第八旅本日拂晓，进占贺家河、平头岭之线。午后二时，伪独立团以全力向该旅冲击，激战一小时，不支，向七里坪溃退，跟踪追击至佛德桥。(二)第九旅午前十时，在郭家凹附近与敌接触，匪占领迎驾山，居高临下，因右翼与第二师尚未连络，旅遂占领阵地，与敌相持四小时。午后二时，匪之国际团增援，冲击甚烈，连冲三次，均将匪击溃，死伤甚多，遂分向七里坪方向溃窜，第十八团跟踪追至雨台山、小尖山之线等情。同时奉总座寝午参电开：现第六纵队在黄安县西与匪激战中，令该指挥官率第二纵队，限十四日以前占领七里坪，并一面协助黄安县，如有违误，当予以最严励〔厉〕之处分。此令。等因。职即率指挥部人员及第二师之第七团，由黄陂站进驻吕王城，即限令各师于十三日拂晓，向七里坪攻击前进。其部署如左：

一、第二师、第三师仍由现在位置，于明(十三)日拂晓，同时向七里坪猛攻，互相连系。七里坪改属为第三师攻击目标，第二师攻击目标改为七里坪以南地区，并以一部协助第六纵队会攻黄安。

二、第二师之第七团，已令其于明(十三)辰五时出发，向邓家桥前进，归还建制。

三、第八十师即派二三九旅飞经华家河、十里铺、观音堂，协助第六纵队向黄安县西北地区进攻，占领黄安县后，即速归还建制。二三八旅暂归第三师李师长指挥，其余随指挥部前进。

5. 七里坪之役

八月十三日，职率指挥部人员及第八十师主力，由吕王城进驻邓家桥，先后据各部队报告如左：

一、第三师今晨向七里坪节节进攻，午后五时先后占领回门河。在旗山之线，敌向七里坪西北高地退却，明晨继续进攻。

二、第二师占领笔架山一带。

三、第八十师之二三九旅，于今日午后五时，在华家河东南之车店与敌接触，现在进占十里铺向观音堂以北地区之匪进击。

八月十四日，奉总座十二日命令开：第六纵队现在黄安附近，与大部赤匪激战中，该纵队着即派一部飞速南下，向华家河方面协攻等因。职部所派协攻黄安之第八十师二三九旅，此时业已到达西北附近，旋据各师先后报告如左：

一、第三师第九旅，本(十四)日午前四时三十分，将当面之敌击溃后，遂乘机占领七里坪。同时我第八旅亦将香炉山完全占领，匪退酒醉山及悟仙山之线，因悟仙山过于高竣〔峻〕，由正面攀登，甚感困难。现已派兵先将悟仙山麓占领，拟明(十五)晨拂晓，会同第二师由东南两面进攻。计是役伤亡士兵二十六名，俘敌官兵四十余人，死伤甚夥，并俘获粮食无算。

二、第二师占领白马斯河市、张家湾之线，向张明府、雷家店进剿中。

本纵队为尔后进出便利，及确实保持安全起见，令各师迅速占领阵地，肃清散匪。其部署如左：

一、第六纵队于元未占领黄安县，现正搜剿中。

二、第二师应即占领古风岭、张明府、悟仙山之线，对于团树冈以南地区，严密警戒，左翼与第三师，右翼与第六纵队切实连络。

三、第三师应即占领酒醉山(道路含)、香炉山、在旗山之线，对团树岗西北地区严密警戒，右翼与第二师切取连络。

四、第八十师另令定之。

五、各部队到达位置后，应即派队搜山游击，以免潜匪窜扰。

本日下午六时，接第二师报告：退守白马斯河市东北东南一带高地之匪，黄昏时一再向我包围，均经击溃。据俘匪供：该匪系麻城开来之红十二师，武器精良，战斗力颇强等语。

八月十五日，职率指挥部人员及第八十师主力，由邓家桥进驻院墙，据各师先后报告如左：

一、第二师据俘匪供称：现我当面之匪，为红四军及七十三师、国际团、独立团等，现伪第十师在悟仙山，伪七十二师在悟仙山南端，伪十一、十二两师在酒醉山一带策应各方，悟仙山上有一大寨，旁有天洞，伪军师长均在此指挥。

二、今晨以第五旅由周田渡过柳林河东岸，向张明府、悟仙山之匪攻击，以第六旅由小明家、双河口渡河，协助第六纵队进攻古风岭之匪。至下午一时，第五旅攻至悟仙山，匪即以伪第十一、第十二、第七十三等师，以全力向该旅右翼包围，当时第九团团长负伤，即令第八团向该旅延伸，同时令第六旅由周田侧击。至下午五时许，第八团正面被匪突破，与匪肉搏两小时，第六旅第十一团团长阵亡，现正向匪猛力堵击中。

三、第三师第九旅午后二时，协同第五旅进攻悟仙山，匪以全力向第五旅右翼包围，不支，匪即以伪第十师乘势向我十七团猛攻，其余向我两翼迂回，冲击甚烈，现仍激战中。

职即令第八十师二三九旅火速向白马斯河市增援堵击，一面令第二师占领第二阵线，死力抵抗，第三师向右翼延伸，并以炽甚火力，向当面之敌进攻，巩固七里坪正面。同时职星夜率参谋人员至第三师阵地督战。是夜二、三两师，肉搏十余次，卒将全部击溃，恢复原有阵地。是役第二师伤亡官兵千余人，第三师伤亡官兵五十余人。匪伤伪师长王鸿坤一员，二十九团团长一员，共计官兵伤亡三千余人。

八月十六日，指挥部移驻回门河，令第二师在白马斯河市附近集结整理。

八月十七日

一、黄安方面溃匪伪第十、第十一、第十二及第七十三师、国际团、独立团等约二三万人，仍盘踞古风岭、悟仙山、酒醉山一带附近，凭险固守，拒止我军东进。第六纵队于筱晨，以第八十九师经夏家湾、向虎山、古风岭进攻。第八十三师拂晓，到达游仙山下与汤师连系，向游仙山、凉亭进攻，将古风岭攻下后，续向悟仙山进攻。

二、本纵队为进出便利，决连系第六纵队续向该匪攻击，将古风岭、悟仙山、酒醉山之敌围剿而歼灭之。其部署如左：

1. 第八十师之一部，应于今（十七）日到达白马斯河市，就准备攻击位置，相机经周田、柳林河连系汤师，即向悟仙山攻击，奏效后，续向酒醉山南麓压迫，协同第三师围攻酒醉山，右翼务与汤师取连络。

2. 第三师应于第八十师进攻前，先向悟仙山佯攻，协助第八十师，如悟仙山攻击奏效后，由马家畈东进，同时向酒醉山西麓夹击，但须留一部守备原阵地。

3. 第二师仍以一部在原阵地担任守备，暂归第八十师李师长指挥，以主力转移至院墙、佛家桥、席家冈一带，对东北西南严密警戒。

4. 攻击奏效后，第八十师应即占领悟仙山，第三师应即占领酒醉山，以周家冲、戴士英之东西道为第三、第八十师之作战境地，道路属第八十师，第二师在白马斯河市之一部，应即推进至柳林河、张明府，在佛德桥之主力，应推进至席家冈、香炉山一带地区，对团树冈方向严密警戒。

八月十八日，据第三、第八十师先后报称：今晨已将悟仙山、酒醉山完全占领，匪稍事抵抗，即向麻城、团树冈、泼皮河分窜等语。本纵队为巩固防线肃清附近散匪待命追剿便利起见，决推进至香炉山、酒醉山、悟仙山、柳林河之线，而占领之。其部署如左：

一、第三师应于明（十九）日拂晓，推进至香炉山、七里棚、酒醉山、牛车畈（含）之线，对东北团树冈方向及其以北匪区，严密警戒，左翼与第二师，右翼与第八十师切取连络。

二 第八十师应即推进至牛车畈（不含）、悟仙山、柳林河、周田、白马斯河市之线，左翼与第三师，右翼与第二师之一部切取连络，对东南麻城方向严密警戒。

三、第二师应即向左翼延伸至在旗山与第三师左翼衔接，对以北之陡沙河方向严密警戒。

各师作战地境如另图所示。

本纵队因与第六纵队始终未得同一意旨，第六纵队尚环城布防，彼此连络，尚未确实，不得不将右翼成一弧形，以免为匪所乘，并分电总副司令请令第六纵队会攻新集，以完成第一步计划。

八月二十日，奉副司令刘皓未电转奉总座皓行电令节开：弟速率第三纵队主力进驻黄陂站，直接指挥第二、第六两纵队，在弟未到以前，该两纵队暂归陈指挥官指挥等因。弟将后方交通、通信及党政事项处理后，即向黄陂站推进等因。旋奉总座皓戌四一电：第二、六两纵队连络后，仍毫无进步，应速整顿后，照原定计划向匪左侧进攻。我军剿匪战术往往陷于被动地位，其弊在单位太大。以后各部队动作，有时应以排、班为单位，轻装或便装远出搜索袭击，时时不忘秘密行动、轻装急进、小部夜袭、便装远探诸要诀。要以猫捕鼠之法迅剿，不要以牛捕鼠之法，反被鼠来咬破牛背也。等因。当令各部队进入阵地后，应即酌量地区匪情，组织兵力大小不同之游击队，迅速秘密或远出搜剿、或夜间抄袭，出没无常，如猫捕鼠，以清散匪。

查此次豫鄂皖赤匪主力，在十八日以前完全集结在七里坪以东地区，与我顽抗，经击溃后，一部窜回麻城，一部援助新集，余仍扼守团树、龙王山、大佛山一带。

〔国民政府军事机关档案〕

2. 国民党军第二师黄杰部与红军在豫鄂边境战斗详报

（1932 年 6—10 月）

一、战斗前匪我之概要 〔略〕

二、剿赤经过之概要

其一　本师自集中至与匪接触前之经过

六月二十八日，奉驻豫绥靖主任刘感辰电开：顷奉总司令蒋径午汉参电开，豫南赤匪窜据靡常，为求统一指挥起见，兹将豫南剿匪部队从新区分左：(一)以第四十五师、第二十路军、新二十师为左翼军，担任固、光、潢之防剿，归张总指挥钫指挥。(二)第三、第八十师、骑十三旅之一部为中央军，担任光山以西及罗山、潘新店以东地区之防剿，归陈军长继承指挥。(三)第十五路为右翼军，担任罗山、潘新店以西及武胜关、信阳间地区之防剿，归马总指挥鸿逵指挥。(四)第二师、第五十八师之一部，集结信阳、明港、长台关附近为总预备队。以上各部均归刘主任峙指挥。等因。至七月二日复奉绥靖主任刘东辰电开：奉总司令蒋艳申汉参电开：兹将最近策定之军队，区分属于中路军者列示于后：中路军司令官总司令兼副司令官刘主任峙，第一纵队指挥官张钫，第四十五、第七十五、第七十六、新二十师属之。第二纵队指挥官陈继承，第二、第三、第八十、第五十八师及骑兵第十三、十五两旅属之。第三纵队指挥官马鸿逵，第十五路、骑兵第二旅属之。第四纵队指挥官张印相，第三十一师、二十二路特务旅属之。第五纵队指挥官上官云相，第四十七师属之。第六纵队指挥官卫立煌，第十、第八十三师属之。预备队指挥官钱大钧，第八十八、第八十九师属之。仰即饬属知照等因。特闻。等因。当即密饬各部知照。至七月九日奉纵队指挥官陈，七月七日于罗山之命令要旨如左：

一、据探报龙升镇、潘新镇、曾家店、涩港店一带，现有小部赤匪盘踞，并在附近劫掠粮食，时出骚扰。

第一纵队仍在潢川、光山一带固守原防。

第三纵队除巩固武信间之铁道线外，其一部即向朱堂店推进。

二、本纵队于未开始进剿前，拟先向龙升镇、涩港店之线推进，并肃清附近散匪。

三、第二师应于七月九日到达罗山、双店、胡乡，担任双店以东及通潢川大道之警戒，并接替罗山第八十师之城防。

师遵照右令，至七月十日各部队已先后到达罗山，当令第六旅进驻胡乡，第五旅进驻双店，师部直属部队及第四旅进驻罗山，担任肃清散匪，并接替八十师之城防。此时我第三师已由青山店、兴隆店向涩港店、岳城店、曾家店一带逐渐向南压迫，第八十师亦由槐店、魏家店向莽张、龙升镇、潘新店一带南进。匪共二十五军盘踞杨家店、万家店、彭新店一带，筑有工事，因受我军节节压迫，连日将粮食南运，至七月十三日，占据龙升镇、潘新店、曾家店、万家店之匪，已被我军第三、第八十各师击溃，我军乘胜跟追，匪众节节败退。本师为策应各方便利计，乃逐渐向龙升镇、周党畈、仪家店、大胜关、宣化店一带推进，至八月十日，我第三师、第八十师已过宣化店，正向黄陂站及刘家河、熊家畈一带追剿中。斯时本师已进至邬子铺、熊家畈附近。

其二　邓家桥佛德桥各役

八月十一日，奉纵队指挥官陈命令如左：

命令　八月十一日午后七时
于黄陂站

一、匪情无变化。

河口镇方面之匪，约六七千人，已于昨（十）日被我第六纵队击溃，现正向黄安追击中。

二、本纵队拟即协同第六纵队向七里坪附近进攻（攻击开始时间另令定之）。

三、第三师应于明（十二）日上午七时，到达刘家河及其东北贺家河之线，就攻击准备位置，右翼与第二师确取连络，向七里坪北端大道以北地区攻击前进。

四、第二师（欠第七团）应于明（十二）日上午七时前到达刘家河、老屋罗家之线，就攻击准备位置，左翼与第三师确取连络，向七里坪（含）及其以南地区攻击前进，右翼须与第六纵队之第十师确取连络为要。

第二第三师之作战地境为刘家河、小尖王家、席家冈、周家冲、戴士英之线，线上属第三师。

五、第八十师为总预备队，应于明(十二)日上午八时前，派二三八旅到达七里冈对东北警戒，攻击前进时，随第三师左后方跟进。但对东北方向，应派左侧卫搜剿，严行警戒。二三九旅于明(十二)日到达黄陂站后，暂留一团掩护后方，其余各部应同时进至吕王城、伍家冈附近集结待命，并对西南地区警戒。

六、余明(十二)日上午六时，带同第七团进驻吕王城。

——完——

师基于右令，当即下达各部命令如左：

命令　八月十一日午后十时
　　　于熊家畈师部

一、匪情及友军情况，如军命令所示。

二、师于明(十二)日向刘家河、老屋罗家之线搜剿前进。

第五旅于明(十二)日午前五时，由原地出发，经祝家河、三里棚向华家河搜索前进，到达后，派出一部于李家坂及老屋罗家之线，对东南严密警戒，左与第三师刘家河部队切取连络，右与第六纵队设法连络。第六旅于明(十二)日午前五时，由原地出发，经伍家冈、吕王城、黄家桥、钱家畈向钱家楼、银山寨之线搜索前进，到达后，即派出一部于银山寨西南之祝家河，对西南及河口方向严密警戒，并与第五旅切取连络。第四旅(欠第七团)于明(十二)日午前六时，由原地出发，在师部后跟进，进驻黄家楼。师部及师直属部队，明(十二)日午前五时，由原地出发，沿第六旅经路进驻钱家畈。

三、各部队前进时，应派出侧卫，严密警戒。

四、余现在熊家畈，明日进驻钱家畈。

右令

至十二日午前四时，复奉纵队指挥官陈命令，要旨如左：

一、本纵队即向七里坪攻击前进。

二、本日午前七时卅分,第二、三两师应即遵照指定目标及区域,互相连系,开始攻击前进。

三、第二师于攻击奏效后,即向七里坪以东周家冲、大佛山、河店、袁英河南方高地之线追击前进,并确实占领之。对团树冈以南地区严密警戒,右与第三师右与第六纵队确取连络为要。

四、第三师于攻击奏效后,即占领七里坪北之酒醉山、七里棚、香炉山、在旗山之线,对团树冈西北地区严密警戒,右与第二师切取连络。

又接第六纵队卫指挥官真巳电称:本日已向黄安西之铁山东岳庙、汉津庙之线进击,文日拂晓继续向黄安城进攻。师基于右令,当下达诸队命令要旨如左:

一、师于本(十二)日午前四时,即向七里坪攻击前进。

二、第五旅(附第八团)到达华家河后,即转向七里坪攻击前进,奏效后,即占领大佛山、河店、袁英河南方高地之线,对团树冈以南地区严密警戒,左与第三师,右与第六纵队确取连络。第四旅旅部随师部跟进。第六旅暂在钱家楼、银山寨停止,俟师部通过后,即随师部向华家河前进。师部及师直属部队,俟第五旅前进后,即进驻华家河。

三、师卫生队,俟师攻击开始时,即在华家河开设绷带所。

至午后三时,接第五旅郑旅长洞国报告节称:赤匪约二千余人,占领狗头山、老君山一带高地,持险顽抗,经我第十团猛攻后,匪势不支,纷向佛德桥方向逃窜。至午后五时,我第十团已占领佛德桥南方高地,第九团已占领大尖山迤左一带高地,与第十团相接,与匪对峙中。斯时第五旅旅部及第八团已进至佛德桥西北约二里之大道附近,第六旅亦到达七宝山、牌楼附近高地停止。当以天色已晚,遂令各部即在原阵地对匪严密警戒。是日毙匪四五十人,我师亦伤亡十余人。

十三日午前二时，奉纵队指挥官陈，八月十二日午后九时于吕王城命令，要旨如左：

一、奉总司令蒋电谕：第六纵队现与匪激战中，限本纵队于明(十三)日拂晓，迅速占领七里坪，如有迟误，当予以最严厉之处分等因。本纵队限明(十三)日拂晓向七里坪攻击前进。

二、第二、第三师仍由现在位置，于明(十三)日拂晓同时向七里坪猛烈进攻，互相连系，七里坪改属为第三师攻击目标，第二师攻击目标改为七里坪以南地区，再以一部协助第六纵队会攻黄安。

三、第二师之第七团，已令其于明晨五时出发，向邓家桥前进，归还建制。

四、第八十师之二三八旅，暂归第三师李师长指挥，其主力随本纵队部前进。

师基于右令当下达各部命令，要旨如左：

一、第五旅(附第八团)于明晨拂晓，以主力由佛德桥向白马斯河市、张明府一带攻击前进，以一部由白马斯河市向雷家店搜索前进。

二、第六旅随师部于明日向吴家湾前进。第七团到达后，即在第六旅后跟进，并归还第四旅建制。

三、师卫生队于攻击开始时，即在下屋秦家开设绷带所。

四、余现在邓家桥，攻击前进时，即进至吴家湾指挥。

至十三日十一时三十分，接邓旅长报告节称：有匪约七八千人，占领笔架山、灯龙山一带高山，拒止我军，经我第八九两团攻击后，匪势不支，纷向白马斯河市方向逃窜等语。至午后三时，我第九团先头已通过河东湾，正向白马斯河市攻击前进，第八团亦正向张家湾攻击前进。至午后五时，我第五旅已攻占白马斯河迄张家湾一带，匪退据柏木湾、鲁王家一带高地，与我对峙中。是日，我第三师亦占领席家岗、在旗山、回门河一带。统计连日我军伤亡六七十员名，当场毙匪百余名。

其三　白马斯河市悟仙山之役

十四日午前二时，综合各方情报如左：

一、赤匪约二三万人，与我第六纵队在观音堂、罗家寨、东岳庙一带激战甚烈。

二、我第八十师二三九旅已由华家河向十里铺前进，进攻观音堂北方之匪。

三、斯时我第三师仍在在旗山、回门河一带与匪对峙中。

我第五旅亦在白马斯河市、张家湾一带与匪对峙中，并接得第三师李师长通报节开：奉指挥官陈电话转奉总司令蒋电令，限第二、第三两师于十四日以前攻下七里坪后，第二、第八十师会攻黄安，第三师巩固七里坪各等因。特达。等因。

四、又航四队飞机投下通报节称：匪主力已由河口向东北方向逃窜等语。同时并据俘匪供称，我当面之匪系红廿五军及第四军之一部，约有三师之众等语。

师基于上项情报，于十四日午前六时下达各部命令如左：

命令　八月十四日午前六时
于吴家湾

一、匪情无变化。

二、本师决以一部协助第三师攻击七里坪，一部协助第六纵队会攻黄安。

三、第五旅于午前七时，向王家凹、周田、芦湾之线进攻，而确实占领之，并协助第三师相机进攻七里坪以南之匪。

四、第六旅（附第八团）于本（十四）日午前七时，进占土库店，相机占领雷家店、永安寺、高庙岗之线，协助第六纵队会攻黄安。

五、第四旅（欠第八团）于本十四日午前七时，随师部进驻白马斯河市。

各部遵照前令行动，至午前十一时，我第五旅已攻占王家凹、周田之线，第六旅亦攻占小朋家、柏木湾之线，匪退据河东柳林河、张明府一带，与我对峙中。至午后一时，接第三师李师长通报节：一、七里坪已于午前四时被我占领，匪退据酒醉山、悟仙山，刻正进剿中。二、我第六纵队已于昨(十三)日午后三时攻克黄安，溃匪窜据古风岭、游仙山、悟仙山一带。三、贵师部队请稍向左移，以便连系等语。师为协同友军夹歼悟仙山及黄安溃匪，以巩固七里坪安全之目的，当令第五旅即向张明府、柳林河进攻，协助第三师夹击悟仙山之匪。第六旅向双河口、张成之线推进，策应第五旅，并以一部占领永安寺附近，对东南严密警戒。是时师部率第四旅(欠第八团)及直属部队，已由邓家桥进驻白马斯河市。旋奉指挥官陈命令，要旨如左：

一、第二师应即占领古风岭、张明府、悟仙山之线，左与第三师、右与第六纵队切取连络。

二、第三师应即占领酒醉山、香炉山、在旗山之线，左与第二师切取连络。

三、贵师与第六纵队连络后，应即速转向东方，与第三师切取连络，因依情况判断，东北方甚堪注意也。

至十四日午后六时，综合各方情况如左：

黄安之匪经我第六纵队击溃后，已窜至虎山、古风岭、悟仙山之线，恃险顽抗。

我第三师仍在七里坪、香炉山之线。

斯时，我第五旅已占领周田以东柳林河以西一带高地，与占据悟仙山迄以南地区之匪对峙中。我第六旅已占领祝家田亘双河口西北一带高地迄张成之线。

师基于上项情况，至十五日午前八时下达各部命令如左：

命令　八月十五日午前八时
于白马斯河市

一、匪情及友军位置，如贵官所知。

二、第五旅着即向张明府、悟仙山攻击前进。

第六旅即向虎山、古风岭之敌攻击前进。

三、作战地境如左：

第五六旅以柳林河为界，河属第五旅。

四、炮兵连即推进至周田，归第五旅郑旅长指挥。

五、余在白马斯河市。

旋奉指挥官陈寒酉参电：准卫立煌寒未电开：一、已令蒋师即派队与由东店南下黄杰师连络。二、弟决亲率蒋师二四七旅、汤师二六七旅删晨向黄安北古风岭前进，协助贵师夹击该匪。等由特达。希与蒋师连络，以免疏虞。当令第六旅派兵一部与蒋师切取连络。

战斗经过

至十五日午后一时，第五旅第十团及第九团之一部，攻至悟仙山、大砦附近，正当爬砦肉搏之际，匪以伪七三师全部向我第五旅右翼包围，当由第六旅第十一团在柳林河西岸占领阵地，并派一部渡河策应。致午后四时，匪复以其十一、十二两师，倾全力由悟仙山南麓向我第五旅两翼包围。斯时，我第五旅与匪血战四五小时，伤亡甚大，我第九团团长刘启雄负伤。当令第四旅之第八团增加第五旅之右翼，但此时左右翼友军均未出动，致使匪共得倾全力向我猛冲，卒以匪众我寡，虽赖我官兵用命猛勇苦战，然因伤亡过大，至午后五时，第八团正面被匪突破。斯时，我第六旅十一团占领周田南端高地，向匪侧击，血战至剧，虽匪尸狼藉横陈阵前，然匪势浩众，仍继续猛扑，我第十一团至是已伤亡甚重，团长周良阵亡。此时我第十二团即在柏木湾迄小明家东端高地一带占领阵地，以猛火拒止匪军，并由师长亲率第七团及特务连、工兵营，占领白马斯河市东北高地第二阵线阵地拒止匪军，斯时匪共已冲至我第二线阵地前，幸赖我官兵猛勇接战，前仆后继，血战彻夜，肉搏十余次，卒将匪众击退。当令各部固守原地坚筑工事。是役，本师伤亡官兵一千五百余员名，但匪共伪第四军及二十五军七五师全部伤亡过我数倍，精锐殆尽，业已溃不成军矣。

附战斗经过要图〔略〕

其四　席家冈警备并肃清散匪之经过

八月十六日，本师各部队仍在原阵地与匪对峙中。

十七日午后二时，奉指挥官陈午前十一时于回门河命令，要旨如左：

一、黄安溃匪现仍占据古风岭、悟仙山、酒醉山一带凭险固守，拒止我军东进。第六纵队于筱晨以汤师经夏家湾向古风岭、虎山进攻，蒋师拂晓到达游仙山后，与汤师连系，向游仙、凉亭进剿，如古风岭下后续向悟仙山进攻。

二、第八十师之一部，应于本(十七)日到达白马斯河市，准备攻击位置，相机经周田、柳林河连系汤恩伯师，向悟仙山进攻，奏效后，续向酒醉山南麓压迫，协同第三师围攻酒醉山。

三、第三师应于八十师进攻前，先向悟仙山佯攻，协助第八十师，如悟仙山攻击奏效后，由马家畈东进，同时向酒醉山西麓攻击，但须留一部守备原阵地。

四、第二师应以一部在原阵地担任守备，暂归八十师指挥，以主力转移院墙、席家冈、佛德桥一带，对东北——西南警戒。

师基于右令，当令第六旅(欠第十一团)及第七团即在原阵地固守，俟第八十师部队于明(十八)日接替阵地后，即由罗旅长率领，开驻席家冈，第五旅移驻佛德桥，师部及师直属师队及第十一团即移驻席家冈，并命令各部队到达指定地后，即派队肃清附近散匪(附席家冈各部队警戒配备要图)〔图略〕

十九日，占据古风岭、悟仙山、酒醉山一带之匪，经我各友军继续猛攻后，已分向麻城、泼皮河、新集逃窜。

廿日，奉指挥官陈八月廿日命令，要旨如左：

一、赤匪大部尚盘据七里坪东又东北山中附近，散匪亦不时出没。

二、本纵队为肃清附近散匪，待命追剿便利起见，兹特规定各师搜剿区域如另图所示(附图)。〔图略〕

师基于右令，当即下达各部队命令要旨及规定各部队搜剿警戒区域(附席家冈附近警戒区分要图)〔略〕如左：

一、第五旅应由第九团派兵四连，并配以适当之机枪，专任该团区域之游击，逐日搜剿其区域，北至龙王河，西至吕王城，西南至华家河。

二、其余各部应就警戒线以外十五里以内之地区，组织兵力不同之游击队，随时搜剿，以清散匪。

三、各游击部队须行踪诡密，出没无常，并须于先头多派便衣队，以防不虞。

其五　由席家冈移驻黄安至驰援八十三师之概要

八月二十三日，指挥官陈命令，要旨如左：

一、溃匪主力已窜集新集一带。

二、本纵队为连合第一纵队，将新集附近之匪击破而歼灭之。第三、第八十、第八十三各师，应即由华家河向黄陂站前进，绕道宣化店会攻新集。

三、第二师应以一部在七里坪以西及周田附近占领阵地，掩护本纵队转进之安全，其主力集结高店与第六纵队切取连络以后，即归卫指挥官指挥。

当令第六旅占领山凹、小明家之线，俟第三、第八十师最后部队通过后，即回驻高店。第五旅以第十团占领大山、在旗山一带原阵地，至午后三时移驻高店。其余各部队应即随师部移驻高店，第四旅第七团应即占领雷家店、永安寺一带，俟第六旅撤退后，即归还高店该旅建制。

八月二十三日午后三时，奉第六纵队指挥官卫作命第十一号命令如左：

第六纵队命令　八月二十三日十二时
于黄安城指挥部

一、匪情如贵官所知。

我第二纵队于昨(廿二)日绕道宣化店,拟经徒沙河间地区,向新集进攻。

二、本纵队(附第二师,欠第八三师)有固守黄安附近现有阵地,待机策应第二纵队攻占新集之目的。

三、第八十三师着于明(廿四)日,经华家河、黄陂站向宣化店前进,归第二纵队陈指挥官指挥。

四、第二师着于明(廿四)日拂晓,移接八十三师原阵地之守备,并将工事坚固之(第八十三师位置大风、术冈、鸟贯咀附近,右与第十师连络,一部占领五里桥、烟墩山亘凉亭冈之线)。

五、第十师及第八十九师,着将阵地益加坚固,并交互侧防之。

六、余在黄安城指挥部。

右令

第二师师长黄杰

纵队指挥官卫立煌

至廿四日拂晓,各部队已遵令将八十三师警戒接替完毕(附望城冈、鸟贯咀一带警戒配备要图)。〔图略〕

廿五日午前三时,奉指挥官卫电话谕:第八十三师在华家河被匪截击。本纵队拟即出击援助八三师夹击该匪,遂即下达各部命令,要旨如左:

一、赤匪大部现在老贯寨一带,我八十三师现在银山寨与该匪激战中。

第六纵队拟即兼程向华家河前进,夹击该匪。

二、第六旅占领凤山店、望城岗、凉水、林店各要点,构筑强固工事,对东北严密警戒。

第四、第五两旅及师直属部队，于午前六时出发，到达汉津庙停止待命。

至午前十时各部队遵令行动，先后到达指定地，旋奉指挥官卫令，贵师着在指定地点严密警戒。至午后一时，奉指挥官卫命令节开：

一、据蒋师长伏生有巳电称：刻匪未向我攻击，职师拟乘机与八十师连络，向黄陂站前进，祈钧座勿来援等语。

二、第二、第八十九师着开回黄安原防，但第二师移动，须于八十九师开回后行之。

至午后五时，本师各部队已遵令先后回驻鸟贯咀、凤山店一带原防。

其六　高庙冈附近之役

八月廿七日，综合各方情报如左：

一、据报柳林河、七里坪、团树冈一带，似为匪复占，古风岭附近亦有散匪出没。

二、我第二纵队于廿七日晨，由宣化店开始东进，与第一纵队会攻新集。

同日午后四时，奉指挥官卫命令，要旨如左：

一、纵队拟一部固守黄安，以主力先取七里坪附近之匪，准备尔后之进剿。

二、第二师着于廿八日六时三十分，先头由凤山店出发，十时占领小明家、土库店之线后，即向白马斯河市东南地区亘山凹附近，迄天二三一带高地之线攻击前进，左与八十九师连系。

三、第八十九师着先派一旅，于廿八日六时三十分，先头由望城冈出发，与第二师连系，经梅朝小道，十时占领雨台山后，即向灯龙山攻击前进，与第二师天二三部队连络。

其余主力于廿八日九时，在第二师后跟进，先集结土库店、雷家店附近停止待命。

四、第二师、第八九师作战地境，为席家冈、天二三、吴家湾、张家湾、高庙冈、王家伯、张家堰之线，线上属第二师。

五、第十师着派一旅(附通讯队、卫生队各一大部)归纵队部直辖，于廿八日十二时左右，由黄安城出发，在纵队部后跟进。

师基于右令及各方情报，遂下达各部队命令，要旨如左：

本师拟于廿八日午前六时三十分出发，向白马斯河市东南地区亘山凹迄天二三一带高地之线，攻击前进。

第五旅于廿八日拂晓，由现地经凤山店出发，于午前十时占领小明家、土库店之线后，即向白马斯河市东南地区亘山凹迄天二三一带高地之线，攻击前进，到达白马斯河市后，应即占领东北——正北——西北一带高地，对悟仙山、七里坪、席家冈、院墙各方严密警戒。

师部直属部队第六旅及第七团，在第五旅后跟进。但第六旅到达土库店、鲁家王一带，如无特别情况，即进驻柏木湾附近，对东北东南占领阵地，严密警戒，左与第五旅切取连络。

二 战斗经过

廿八日，各部队遵照右令行动，我先头第五旅到达凤山店北端，即与匪接触，匪据高店一带高地顽强抵抗，经我第九团攻击后，匪势不支，纷向高庙冈逃窜。至九时三十分，我第九团乘胜追击，已到达高庙冈南方高地，与匪激战中。当令第十一团派兵一营，进驻高店西北端高地，相机策应第五旅。并据第五旅郑旅长报称：匪之大部刻向我右后方移动等语。当令第六旅严密注意。是时得知第八十九师之主力已到竹林附近，第二六五旅已到梅朝附近一带高地，与匪对峙中。至午后一时，占据高庙冈之匪，已被我击退，现我第九团已占陈庄、高庙冈之线，与匪对峙中。但匪约一师之众，乘我第九团甫占高庙冈一带立足未定时，倾全力向我反攻，猛扑甚烈，幸我官兵沉着应战，肉搏数次，再予以猛火之压迫，始将匪众击溃。是时，我八十九师先遣旅已攻占梅朝北端小高地，与我取得连络。计此役击毙匪众四百余人。我第五旅亦阵亡五十余员名。至午后六时，奉指挥官卫谕：现在天色已晚，如尚在上下陈升、高庙冈附近，应即确实占领阵地，先行整齐战线，待明廿九日再行进剿，左翼须与八九师之二六五旅切取连络等因。当以天色已晚，即令第五旅在上下陈升、高庙冈之线确实占领阵地，第六旅集结黄魏家附近待命，第四旅集结大马畈附近，师部及师直属部队驻毛屋下家及其附近。至卅一日据报，与我对抗之匪，已于昨夜向新集逃窜。

其七　白马斯河团树冈至董店进剿之概要

自匪共乘夜窜向新集后，我第六纵队为使第二纵队攻击新集容易之目的，本师奉令进占白马斯河市东北高地，并以主力集结土库店、鲁王家附近地区。至九月四日，我第二纵队已与匪在新集附近激战，我纵队为夹击围歼该匪之目的，拟即进攻团树冈。本师奉令进占梧仙山、酒醉山一带，遂令我第六旅于五日拂晓前派兵一营，向梧仙山之匪袭击。至六时，被我袭击部队完全占领。是时，我第十师已攻占龙王山、大佛山一带。本日奉令即在附近搜剿散匪。九月六日，据报新集之匪，被我第二纵队压迫后，似已向东南逃窜。我纵队为截歼该匪之目的，拟即向鲤鱼山、箭厂河搜剿前进，本师奉令向白雅山、鲤鱼山前进。我第六旅于七日拂晓向指定地搜剿前进，至十时许，第六旅先头进至戴士英附近，发现匪约五六百人，据守马鞍山。当令我第十二团猛烈攻击，激战一小时，匪势不支，退据马鞍山以东高地，节节抵抗。当令第五旅向高家冲、柳林河店前威胁匪之侧背，并向卢凤山攻击前进。至午后三时许，我先头进占至长冲附近，发现鸡冠山、光裕山一带均有匪之大部据守，并有一部向西南转移。当令各部占领莲花背西端高地亘长冲、郑家唐、马鞍山之线，对匪严密警戒。计本日毙匪百余。我师亦伤亡廿余人。至八日午前八时，光裕山、白雅山、鸡冠山一带高地，已被我占领，残匪向东南逃窜。本师奉令经箭厂河、中途店向新集搜剿前进。至午后二时，进至箭厂河时，得知新集已于今晨被我第二纵队占领，匪共似向商城、安徽六安逃窜。本师遂奉令进驻董店、柳树棚迄中途店一带，是时我八九师已进驻新集西北——西南一带高地，第十师已进驻花房集、下家畈、艾家畈、公家湾、于家其湾一带。

十日七时，奉指挥官卫九月十日廿时于新集之命令，要旨如左：

一、据报新集附近迤北一带散匪已向沙窝逃窜，但新集周围尚有散匪藏匿，及残匪机关甚多。

二、着各师于明(十一)日七时起，各派一部严密搜剿各该师警戒线当面廿里左右地区及山林之散匪，并捣毁及残余机关。

三、各师搜剿区域境界如左：

第二师 第十师	董家湾—何家龙—南崇—上畈—刘家畈—公家湾相连之线，线上属第十师。
第十师 第八九师	新集通晏补岗大道之线，线上属第八九师。
第八九师 第二师	箭厂河—意成卡—阮家凹通新集大道相连之线，线上属第二师。

师基于右令，当令第五旅派兵一部至箭厂河一带搜剿，第六旅派兵一部至警戒线外东方约十五里左右附近搜剿，第七团派兵一部向南十五里路以内搜剿。至午后四时，先后据各游击队报称：箭河厂及其东南附近均无匪踪，惟东南一带高山有少数农匪，见我军到达，即行远窜。十一、十二连日仍驻董店，并搜剿附近散匪。

其八　由董店复归第二纵队至郑家河南冲战役之概要

十三日午后一时，奉指挥官卫命令如左：

命令　九月十三日十一时
于新集纵队部

一、奉总司令蒋真申十五参电节开：第六纵队拨第二师归第二纵队指挥，一俟新店占领后，归还建制等因。

二、着贵师于明(十四)日由新集经八里畈附近，向白雀园急进，暂归第二纵队陈指挥官指挥之，俟新店攻下后，归还本纵队建制。

右令

第二师师长黄杰

指挥官卫立煌

奉令后，当即电第二纵队指挥官陈请示一切，其原电如下：（衔略）。密。本师奉命于寒晨由新集经八里畈向白雀园急进。钧部现在位置及情况如何，乞电示。职黄杰叩。元酉。印。

同时下达各部队命令，要旨如左：

一、本师奉令暂归第二纵队指挥，俟新店攻下后，即归还第六纵队建制。

二、各部于明（十四）日，即经新集、八里畈向白雀园急进。

各部遵照前令，于十四日午前五时，由董店出发，因天雨路滑，行动困难，至午后五时始到八里畈，至十五日向余家集前进。于途中奉指挥官陈手令如左：

一、奉总座删丑二参电节开：第二纵队率三师由汤家汇向金家寨挺进等因。

二、已令第三、第八十师即时出发，该师为总预备队，立即向余家集前进为要。

至午后二时，各部队先后到达余家集、夏家湾、史家湾、董家湾一带宿营。至十六日午前一时三十分，奉指挥官陈命令如左：

命令 九月十五日午后十二时卅分
于余家集

一、据探报溃匪主力窜集汤家汇、南溪、金家寨一带，飞蚁山（即灰旗山）似筑有工事，苏山石亦有匪盘据。第六纵队经李家集、丁家埠沿顺根河向金家寨挺进。

第一纵队任搜剿商城附近东南地区一带残匪，其有力之一部，位置于苏山石、樟柏岭，四十五师推进至郭陆滩、周家冲之线，左与楼子湾徐庭瑶师连络。

二、本纵队应由汤家汇、平竹园向金家寨兜剿，荡平其老巢。

三、本纵队明(十六)日上午六时继续推进，其各部队应到达之位置如左：

1. 第三师待第二师齐头后，应即向黄河——唐家湾——徐家堰(不含)之线推进，左翼与第二师、右翼与第六纵队切取连络，对飞蚁山及东南严密警戒。

2. 第二师由第三师之左翼王家湾连接至斗岗之线后，续向徐家堰(含)、古井之线推进，右翼与第三师切取连络，对飞蚁山及苏山石方向警戒。

3. 第五十八师为预备队，应以一团随指挥部前进，其主力应向吴家祠、邱山推进，对东及东南警戒，随前线之进展，继续推进至田大庙、汪家岗、柏松树一带策应，第一线部队对西及东北方向警戒。

4. 第八十师归右纵(即第六纵队)队指挥，向畈溪以南集结待命。

四、予现在余家集，明(十六)日向葛庙、畈溪并随第一线之进展，逐渐向亮家山前进。

右令

师基于右令，当即下达如左之命令：

命令　九月十六日午前一时
　　　于余家集

一、我第三师现已进占长冲口、蓝家店之线，刻正与匪对峙中。

二、本师拟于十六日，向田大庙、王家湾之线搜剿前进。

三、第六旅应于十六日午前六时，由原地出发，经葛庙、吴家河向斗岗、田大庙、王家湾之线搜剿前进。

四、师部师直属部队第七团及第五旅，于十六日上午七时出发，在第六旅后向砖桥前进。

五、余现在余家集，前进时在师部先头。

右令

各旅团旋又奉指挥官卫寒戌电如左：

（衔略）。顷奉总座寒巳午电令：贵师仍归还本纵队，经新店轻装急进，袭取金家寨等因。贵师删日晨，应即转进至沙窝待命，余率第十师删日赶到沙窝。并闻。等因。

同时复奉指挥官卫手令如左：

一、本日令廿八旅送上电报计达。

二、关于贵师行动，弟拟明（十六）晨九时到达余家集，与武鸣兄面商决定。但请兄对于由余家集经盛家店、打船店至新店大道，须预为调查，俾决定后，得以迅速出动也。

奉上令后，当即将本师到达余家集经过及奉令情形转报卫指挥官，因刻奉陈指挥官命令，饬于铣晨向田大庙、王家湾之线前进，拟即遵令推进。十六日各部遵照本日午前一时命令，向王家湾、田大庙之线攻击前进，沿途稍有散匪，至午后三时到达目的地。十七日进驻汪家湾、罗家湾、马家畈之线。

十八日，奉令向鲍家冲、南冲、常堂庄之线攻击前进，至午前六时，我第六旅到达凉水亭、斗岗、古井之线，与匪激战约二小时，经我第六旅猛攻后，匪势不支，纷向东南逃窜。至九时卅分，我第六旅已攻占杨家大尖、郑家河之线，匪据孙店（实地余子店）迄成因石山、里罗城一带高地，坚筑工事，顽强抵抗。并由我第十一团派兵一营向成因石山西端匪之堡垒猛攻，但因山势险峻，工事坚固，攻击约三小时，迄未得手。当令该团停止攻击，兼以右翼与第三师尚未取得连络，故饬第六旅即在南冲以东迄郑家河之线占领阵地，俟与第三队确取连络后，即续向七里山进攻。斯时，我第五旅集结长岭岗附近。是役，我第十一团阵亡排长一员，士兵伤亡二十余名，当击毙匪四十余名。

十九日，据报匪共已于昨夜乘夜逸去，本师奉令即向里罗城、七里山、煤子河、高家冲、罗星河追击前进，沿途稍有接触，至廿日到达岗山、笔架山、斗莲寺一带。同时奉卫指挥官号未电节开：本纵队已于号日克复金家寨，沿途伪第十、第十二师各一部屡图抵抗，均经击溃，向东逃窜，沿途遗弃伤病之匪及裹胁民众、肉票、军械、军装遍野，狼狈不堪等因。是日奉令即在附近地区搜剿散匪。

二十二日，综合各方匪情及友军情况如左：

一、溃匪由金家寨、南溪向南逃窜，其一部已向铜罗关一带移动，企图西窜麻城，南窜英山、罗田。

二、右纵队卫指挥官部驻金家寨，八十师驻南溪。

第一纵队已攻占苏山石向狗集岭前进。

张军长印相部之卅师，现在宋埠、中馆驿、顺河集、张家口等处，其卅一师已于巧午占领藤家堡、木樨河之线。本师奉命协同友军继续向溃匪追击，于廿二经南溪大道向李家集、班竹园、吴家店、松子关进剿，至廿三日到达班竹园、燕子岩、王家湾、刘家河一带，奉命即在原驻地派队搜剿附近散匪，至廿五日本师已进至吴家店附近，并于廿六日派队至东葛山、长岭关一带游击。

同日，据我第六旅派往藤家堡、松子关一带连络部队报称：一、藤家堡有我卅一师之九三旅。二、松子关西南张家湾有商城保卫团驻扎等语。

其九　罗家畈僧塔寺青苔关之役

廿七日综合各方情报如左：

一、金家寨南窜之匪伪第四、第九、第廿五军残部，人约二万，枪约万枝，现分别南窜至看花墩、马家畈、燕子河、七里冲一带，其一部约二千人，到西界岭附近，另一部约千余，现由马家畈至青苔关，似有南犯模样。

二、我右纵队卫指挥官部，预定感日到达马家畈、燕子河之线，勘到西界岭附近迤北之线。

我卅一师仍在藤家堡、木子店一带。

本师奉令续向果子关、僧塔寺一带搜剿前进，至廿八日奉命以主力占领罗家畈西南高地亘东北高地之线，掩护军主力之展开。当令我第六旅于午前八时，进占上述地带，至午前八时，我第六旅先头部队到达罗家畈北端时，即遇匪约四五百人，占领罗家畈东北一带高地，拒止我军南进。当令该旅速将当面之匪驱逐而占领之，激战两小时，经我各面围攻，匪势不支，纷向青苔关方向逃窜。同时并由第六旅派兵一部，驱逐僧塔寺之匪，而确实占领。至卅日午后一时，奉指挥官陈命令节开：贵师着派有力队伍一部向瓮门关，一部向青苔关之线，行威力搜索，相机驱逐该处附近零匪而占领之。等因。当令第五旅派兵一营向青苔关、第六旅派兵一营向瓮门关搜剿前进，相机占领之。至午后四时，先后接第五、六两旅报称：瓮、青两关均已被我占领，匪众经我击溃，现已东窜。

附攻击经过要图 〔略〕

十月一日二时，奉指挥官陈命令，要旨如左：

一、据报溃匪在张坂咀一带，经我卫纵队痛击，全部由英山大道南窜。

二、第二师即推进石柱山、黄石河一带，占领石柱山亘罗田大道、圣人卦北麓柳术湾至狮子砦之南麓，对金家铺、英山方向严密警戒，与由张坂咀南进之卫纵队及白庙河、龚家铺方面之郝、张两师取连络。

当令各部遵照前令要旨，于午后一时已先后到达黄石河、柳术湾、狮子岩之线。

同日，奉指挥部通报，接上官指挥官东丑电开：伪第四军、第廿五军之一部，已沿英、霍大道向我四七师竭力压迫，其大部则沿大部岗、张家山、鹰咀岩、吴家山南窜，并有一部经濛濛山已至大罗岩、观音山、小河市一带。除由四七师抽调李旅星夜赴石桥铺、小河市防堵外，我三一师、五四师仍在雷家山、肖家坳、五里墩、龚家铺之线，严阵以待。请贵部火速南进，以收夹击之效。等由，特达。

本师以协同友军迅歼窜匪之目的，于二日奉令向白马坳推进，至九时许，师部到达跨马墩附近。接五四师一六一旅旅长郭子权十月一日于邓家山通报开：一、匪之大部已到虎田寨、骆驼坳一带，其先头约二千已窜到团陂附近。二、敝师奉令追击该匪，汪旅已在大迎山与匪对峙中。三、敝旅于明(二)早开大河岸等语。

师基于上项情况，当即转报指挥官陈，同时并决心即令先头第五旅转向肖家坳前进。至十月五日，匪共大部已经团陂，新洲窜至但店，其先头已过八里湾，似有乘间回窜七里坪老巢之模样。斯时，本师为协同友军围歼北窜溃匪之目的，已经罗田向李婆墩、黄麻坳到达望花街、南岗附近。至六日本师以截击溃匪北窜之目的，仍续向中绾驿、料棚前进，至午后五时，前卫第五旅到达晏家寨附近，有匪约五六百人，占领四方岩迄以西笔架山一带高地，拒止我军西进。当以天色已晚，兼以匪情不明，遂令各部队即在晏家寨迄以东一带占领阵地，严密警戒。至七日本师奉令肃清当面散匪，续向黄安前进。当于午前六时出发，我前卫第五旅续向邓家竹园、西阳镇、四方寨一带之匪进攻，经我猛攻后，纷向彭家湾逃窜，我军跟踪追击，并另派一部经桥脚、高庙高地、李家畈向百罗邱搜索前进。至午后二时三十分，我第五旅到达杨二河附近，有匪四五百人，占据周户、白马过岗一带，迟滞我军西进，经我第九团及第十一团各一部协攻后，午后五时许，始将该匪驱逐，计当伤毙匪数十人。当以天色已晚，遂令各部即在黄安东北一带高地宿营，并令第五旅进驻乌贯咀。此时黄安驻有我第十三师部队，业已确取连络。

本(七)日晚，接第一师胡师长宗南阳亥参电节开：窜据新洲之匪，微日向河口北窜。弟率步兵四团及八十八师冯旅二团，向匪追击，鱼夜经长堰、塔家岗续进等语。

其十　仙人洞小河之役

十月八日上午六时，接十三师万师长电话：赤匪大股已由高桥河正向冯秀驲北窜中，华家河方面已令敝师潘旅前往该处堵截布置等由。

师为协同友军截击该匪之目的，乃决心即时向十里铺前进，当下达如左之命令：

命令 十月八日上午九时三十分
于黄安城师长

一、据报匪大部现正经冯秀驲北窜中。我第十三师之潘旅，已向华家河前进中。我第一师已到达河口镇。

二、师以堵截该匪之目的，于本(八)日即向十里铺前进。

三、第五旅为前卫，即时出发，经凉水、林店、汉津庙，向十里铺前进，截击该匪。

四、第六旅即时由现地出发，向望城岗、戴家林之线前进，到达后，即占领阵地。

五、师部即由黄安向戴家林前进。

各部遵照前令，即时出发，向十里铺前进。至十二时许，前卫第五旅已占领汉津庙一带高地，并令第九团之一营向十里铺前进。至午后三时，除第十团第三营曾在高庙田遇匪二百余人被我击溃，复向西南逃窜外，匪情无所得。旋奉指挥官陈命令，要旨如左：

一、综合各方报告，匪主力尚未北窜。我第二师第七团，现在冯秀驲东北高地，第三师补充团，在东岳庙各占领阵地堵截中。

二、贵师应相机将当面之匪向南压迫。

至午后五时卅分，师乃决心即在王贵贤亘汉津庙一带高地宿营，对西北西南严密警戒。

九日午前四时，奉指挥官陈命令，要旨如左：

一、综合各方情报，北窜之匪，被我各军堵击向南窜回。

我第一、第八八师已商请其于明日协同，将匪向东南压迫。

我第十三师十里铺之一旅，已商请其向冯秀驲及其以南推进。

二、第三师(欠补充团)于明晨八时到达拷山店、胡家河之线，逐渐向高桥河及其以南地区推进，将匪压迫而包围之，须控置有力之预备队于左翼后。

三、第二师(欠第七团)于明晨八时以前位置于流通寨、半边店、丁徐家之线，连络第三师，努力向夹寨门、七湾之线推进，重点置于左翼。

四、王仲廉部(即第三师补充团及第二师第七团)归黄师长指挥，协同向南追剿。

师基于右令，当即规定各部队之任务如下：

1. 王仲廉部于上午七时，展开于冯秀驲、半边店、流通寨之线，至八时，协同第六旅向王家店门、七里湾、高桥河之线搜剿前进。

2. 第六旅于上午天时出发，经冯秀驲以西周海驿、大王家田一带地区，向高桥河搜剿前进。但八时以前须到冯秀驲之线。

各部遵照前令，于午前六时先后出发，至九时三十分，于徐家畈途中复奉指挥官陈命令如左：

命令 十月九日午前九时
于黄店

一、匪已经河口北窜，其先头已到四姑墩一带。

二、贵师速经河口以北地区，向吕王城方向跟踪追击，阻其东窜，今晚即在吕王城宿营。

三、余俟八十师令晚到达黄安后，明日向河口推进。

右令

注意第三师经河口跟踪追击。

指挥官陈继承

师基于右令，遂即下达各部命令如左：

命令 十月九日午前九时卅分
于徐家畈途中

一、师奉令向观音堂、冯秀驲之线推进，到达该线后，即向河口方向攻击前进，视匪之主力方向跟踪追击之。

二、第六旅为前卫，经冯秀驷向好汉坡(即龙王山西南)及其以南高地搜索前进。

三、第五旅派兵一团为右侧卫，经观音堂向好汉坡以北地区搜索前进。

四、第七团即归还建制，暂在冯秀驷待命。

五、余即向冯秀驷前进。

各部遵照前令，至十时发现龙王山、观音堂一带土民牵牛、挑担者络绎不绝，纷向西北逃窜，并发现散匪向我射击。当令第五旅即向观音堂搜索前进，旋即与匪接触，经我猛烈攻击，匪势不支，纷向西北逃窜。至四时，我第五旅已占领龙王山亘大城寨西北高地，其第十团已占领雪成坳北端高地。斯时我第六旅第十一团亦占领小河、大屋畈之线，匪共大部退据仙人洞、马家坳、邹家集、两河口之线，顽强抵抗。至五时我第十团已由雪成坳渡河，向仙人洞攻击前进。第十一团已攻占王家田西南高地，与匪对峙中。惟第十团因匪据山死守，我将士虽前仆后继猛冲，肉搏七八次，卒被匪之手榴弹击回，迄未得手。至是我第十、第十一两团伤亡颇众。六时三十分，匪突以大部向我第十、第十一两团中央雪成坳及左翼猛烈反攻，虽经我猛火压迫，死亡枕藉，但匪共仍涌如潮水，前仆后继，当令第七团出击，并幸我第七团及第十二团将士沉着应战，猛勇杀敌，与匪肉搏数次，血战数小时，始将匪众击败。是晚本师即在登台庵、雪成坳亘小河附近高地，与匪彻夜对峙中。计此役，我副师柏天民、师附王仲廉负伤，其余官兵伤亡约四百余员名。匪共因受我猛火之扫射，伤亡过我数倍。

此次本师以急进截敌，阻其回窜七里坪老巢，故未待左军齐头即行，栏腰横击，致使匪众无法脱离我之紧追，不能不向我作困兽之恶斗，兼以匪之主力伪第四、第九、第廿五各军均集于此，匪势浩大，幸赖我将士用命，卒将匪众击退，固守原地。

附战经过要图〔略〕

十月十日，据报匪之大部已向西北逃窜，其一部正在双河口、邹家集、马家坳、平心寨之线构筑工事，与我对峙中。

我第十三师第十六团，已渡河占领王家田及其东北高地，与匪对峙中。

师基于上项情况，当即令各部仍在原阵地加坚工事，俟友军到达后，再行协同出击。

是日，我第一师第四团已占领韭菜园亘三里桥西北高地之线，其第二团主力集结北岗，第三师集结上新集、姚凹，第十三师之卅七旅，已占领高家山、佛塔山、龙王山一带高地。

至十一日午前五时，据各方报告，匪共全部已于昨日向西北逃窜矣。当即转报指挥官陈，午后十一时，奉指挥官陈命令，要旨如左：

一、匪大部已经四姑墩、夏店向西北窜去，附近仅有零匪独立团、游击队等出没。

二、本纵队及第一师，以向窜匪追击之目的，拟于明(十二)日以主力向四姑墩、夏店之线搜索前进，以一部经吕王城向黄陂站前进。

三、第二师为总预备队，于明日经河口镇、苏家田向刘家河之线，在本部后前进，并派有力之一部，向王家畈、溜山坡、廖家畈一带搜索，明晚一部在沙河店、邓家祠主力在刘家集一带宿营。

十二日，本师遵照前令，于八时在原地出发，三时到达刘家集，廖家坂、高庙附近宿营。至十五日据报，匪大部已经夏店向汪洋店、二郎畈窜过铁路西向应山方向逃窜。

师为协同友军跟追之目的，已于日前经夏店、新街、徐家店、汪洋店、二郎畈向金家桥前进。十五日午后三时，到达绿珠咀、泉水湾、周家湾、驼子冈、龙陈家湾一带宿营。同日午后五时三十分，奉指挥官陈删申代电开：顷奉总座寒申五五电开：黄杰师应速调开封整理，勿得延误为要。等因。特达。

本师遵照右令，于十六日由广水开始输送，至十八日先后到达开封，剿匪任务至此告一段落。

战后之我见〔略〕

〔国民政府军事机关档案〕

3. 国民党军第三十师彭振山部关于与围攻麻城的红四方面军战斗详报

（1932年7月7—16日）

陆军第三十师战斗详报

第一次援麻战役

共匪为祸，扰乱地方，溯自奉令剿除，转战豫、鄂边区，时经周年有余。于民国二十一年夏，七月戍守黄陂各部队分驻黄陂县城及其以北之长轩岭、黄岗属之李家集、黄安属之八里湾、麻城属之岐亭等处。斯时赤匪企图西犯，横断平汉线路，妨害南北交通，与鄂中赤匪确取连络，扰乱武汉秩序。故当时赤匪焰中有打到武至中央之口号，明攻暗袭，狡展百施。我官兵痛战严防，倍极努力，以故狂寇虽无所不用其极，而终未得逞。此援麻战斗前彼我形势之大要也。

七月七日之情况

午前十时张军长节莅黄陂，面述第三十一师王副师长之报告情况如左：

1. 赤匪大部截断黄麻交通，包围武家河及黄土岗。我章旅刻已退防七里桥，损失殆尽，仍与该匪激战中。

2. 长岭岗已被匪占领，其后方尚有大部正在颜家河渡河。

3. 骑龙铺西方何家寨，尚有匪一部，确数未详。

奉到军长面授之情况后，当即召集所部克日出发，应援麻城。

同时奉蒋总司令虞申汉参电如左：

1. 顷接麻城张军长虞辰白两电称：赤匪大股南犯，麻防紧急，除饬属迎战外，恳速增援。

2. 现令第八十九师集中祁家湾附近，以图策应。

3. 仰该师迅调得力部队向麻城方向推进，相机应援为要。

基于以后之情况判断，知赤匪大部围攻麻城，势甚危急，遵总座□□□□□□力部队驰往应援，其余各部着在现地集结，防匪窜扰，并待命增援。此时给与各部队之命令如左：

第三十师命令　七月七日午后二时　分
于黄陂师司令部发

一、赤匪围攻麻城甚急，我三十一师章旅已退七里桥附近，长岭岗、骑龙铺均有赤匪发现。

二、本师以解麻城之围为目的，拟以一部向麻城推进。

三、师直属部队(欠辎重营一连)暨九十旅(欠智团)归张旅长恩贤率领，即向岐亭集结。

四、第八十八旅即在八里湾、龙田一带集结待命。

五、八十九旅(两连)着在岐亭原阵地，严防残匪窜扰，并掩护本师部队集结与某地开进。

六、第八十八旅刘副旅长率迫击炮、机关枪各一连，固守李家集。

七、辎重营第三连担任黄陂本师留守处警戒，着归特务旅刘旅长指挥。

八、本师各部应留守人员、物品即在黄陂城内(八十九旅在外)，统归师部刘副官指挥。

九、师医院仍在黄陂开设，第九十旅智团在长轩岭原防，俟有友军接替后，即向岐亭追进，归还建制。

十、予率师部开赴宋埠。

午后二时给与驻岐亭各部队之各个要旨命令如左：

一、第八十九旅任团长率领本团务于明(九)日上午十二时前达□□□□□□待命,城防着归工辎营、九螺山归蔡团分别接替(当面口述),□□□□□□。

二、第八十九旅蔡团长率领本团除担任宋埠城防、大圣山防务外,须抽派一营接替任团九螺山防务(电话)。

三、第九十旅袁副旅长着率工兵营、辎重营(欠一连)担任岐亭城防与接任团长防务(口述)。

四、工兵营、辎重营两营长率所部到达岐亭时,着归第九十旅袁副旅长有德指挥,担任岐亭城防。

七月九日之情况

上午八时,职率师部全体官佐士兵进抵宋埠,同时晋谒军长报告所有处置之大要。本日下午一时三十分,接到任团长之报告如左:

一、职奉命于今日由岐亭向宋埠出发,因连日阴雨,宋埠西门外河水暴涨,桥梁冲塌,水深数尺,不能徒涉。

二、职团选定两处渡口,用舟摆渡,凡五小时,讫至正午十二时始完全渡河完毕。

三、职团现今完全到达宋埠北关外露营,集结待命。

据以上报告,当令该团在现地卸装休息。同时接得第九十旅张旅长思贤报告如左:

一、职旅(欠一团)及附属师直属部队,因道路泥泞,及系冒雨夜行,适至本(九)日上午六时三十分始抵岐亭。

二、职旅副旅长率工兵营、辎重营已将岐亭城防接替,其余□□□□□□关,集结待命。

据此报告,遂命该旅(欠一团)在现地暂行休息,继续向宋埠前进,本日午后五时已完全到达宋埠,即在东门外何家铺宿营。

七月十日之情况

午后一时三十分,奉军长面授如左之任务:

一、赤匪大部围攻麻城益急，我军章旅损失殆尽。

二、驻中馆驿之第九十二旅，亦已被匪围攻，正在激战中。

三、零匪回窜，到处杀掠，宋埠附近时闻枪声。

四、该师即先遣一部向中馆驿推进，击破围攻中馆驿之匪，以解我第九十二旅之围困为要。

基右情况，当召集张旅长、任团长下达如左之命令：

第三十师命令　七月十日午后三时　分
于宋埠师司令部发

一、匪情与友军之情况如左：

共匪大部围攻麻城，我三十一师王副师长率兵两旅占据城内外，正与该匪激战中，匪之一部刻又围攻我中馆驿三十一师之九十二旅。

二、师以解麻城之围为目的，决先将围攻中馆驿之匪扑灭。

三、第九十旅(欠一团)附八十九旅任团，着于明(十一)日早三时三十分，由宋埠沿汽车路向中馆驿急进。

四、出发部队携带三日给养，尔后由宋埠追送补充之。

五、部队一律轻装，留守处着在宋埠。

六、予现在宋埠，俟后方各部队到来，即率向中馆驿前进。

七月十一日之情况

午前四时，奉总司令蒋蒸申汶参电如左：

一、该师着以全力援麻，黄陂防务即由汤师填防，希与汤师妥洽办理，仰将办理情形迅速具报。

二、该师现时抵何处？情况应速报告，并望随时续报为要。遵此电令，其处置如左：

一、电令第八十八旅张旅长：

1. 奉总座蒋蒸申汉参电，着本师援麻。

2. 该旅即率所部兼程向宋埠集结。

二、电令驻长轩岭智团长：

1. 本师奉命着以全力援麻。

2. 该团俟汤师接长轩岭防务后，兼程向宋埠追进。

3. 本师已派员与汤师妥洽接防事宜。

是役午后四时，接九十旅张旅长报告如左：

一、职旅(欠一团)附属八十九旅一团奉令应援三十一师之李旅，于本(十一)早三时三十分率部向中馆驿搜索前进。

二、于午前六时进至东岳庙附近，接得前卫司令官之报告如左：

1. 据前兵长报告：有枪支齐全约四五千名之赤匪，占领朱家山、店脚庙附近之各村落，向我猛烈射击。职连正向该匪攻击，□□□□□□方向枪声甚激烈。

2. 当令前兵全部驱逐该匪，并占领店脚庙一带村落，掩护本队通过。

3. 职据报告，计算距中馆驿约四里许，遂令前卫占领店脚庙，朱家山之线，掩护前进。

4. 午前九时许，开进将行完毕，长岭岗方向约匪七八百人，向我猛攻，当经我李国信团(欠一营)迎头痛剿，并以任团向中馆驿东北地区进剿。围攻城池之匪，此时我李旅除在城内集中炮火射击外，并以有力部队由东门出击，与任团连络，并力协攻。该匪初意恃众抵抗，嗣因我节节进逼，该匪即分向北及东北窜飏。是役，计匪伤亡甚多，我军伤官一员，士兵二名，消耗各种弹药甚多。

5. 据俘匪供称：与我抗战之匪系黄麻伪游击队、赤卫队等三千人，枪支齐全，并有机枪两架，自动步枪数支。

6. 职旅两团现在中馆驿东门外汽车站及其以北地区构筑阵地，严密戒备。我三十一师之李旅仍驻城内。

据右报告，即时据情报告军长，并与驻中馆驿之李旅星夜输送面粉五百袋，以充军食。

七月十二日之情况

午前十时先后接据报告，所得之匪情如左：

一、共匪约六师之众，除围麻城匪外，其主力占领霸王山、麻姑洞一带约一师，余分驻红石咀，有截击我麻城出击之企图。

二、白果以东地区，有匪约三千余人，正在组织赤匪工作中。

三、草鞋店、白堂铺、麻溪河等处，约有匪千数百名，散在三处，筑有据点工事。

四、散匪另有一部绕麻城向东南移动，进击苏水，以窥武汉之模样。本日下午四时三十分，据由岐亭第八十八旅电话报告：

一、职旅由八里湾出发，因紫擅河水涨不能通过，故绕道李家集汽车路。

二、职旅全部到达岐亭东关集结，官兵因连日兼程急进，烈日炎威，晕倒者甚多，死亡者亦不少。拟在岐亭大休息，以便恢复，俟日落后即向宋埠续进。

本日下午五时许，接得智团长报告如左：

一、职团轩岭防务由汤师部队接替后，即出发向宋埠前进。

二、刻已到达李家集，因天热沿途晕倒者，拟在现地宿营，翌晨即向宋埠续进。

本日午后六时，谒见军长报告本日所得情况，并请示机宜。当军长授以笔记命令如左：

命　令　七月十二日午后一时　分
于宋埠第三十军司令部发

一、敌情如贵官所知。

二、本军有速解麻城之围，并拟歼灭麻城附近赤匪之任务。

三、第三十师全部(欠智团)附属第三十一师张团全部，于明(十三)日午前六时由现驻地轻装出发，沿汽车道经中馆驿、大小陡坡山、麻溪河前进，速解麻城围，并相机歼灭该匪。

四、弹药给养，由该师长自行规划之。

五、如遇应援友军，务须设法取得连络，以免发生误会。

六、余在宋埠司令部。

奉令后，综合所得情况，即有左列之决心与处置：

一、决以主力由白果向麻城之匪痛剿，以一部由中馆驿道上佯攻，防匪西窜，且出其不意，而一鼓击破之。

二、命各部队在宋埠城内设留守处，将不能行动病兵及笨重物品悉数留置宋埠。并同时召集各部队长到师部集合，说明匪我一般状况及规定攻击一切详细事宜，遂下达如左之命令：

第三十师命令　七月十二日午后八时　分
于宋埠师司令部发

一、匪情及友军情况如贵官所知。(匪情即十二日午后十时情况)

二、本师(欠智团)附属第三十一师张团全部，以应援麻城歼灭该匪之目的，即以主力向白果方向前进。

三、第八十八旅附属第三十一师张团全部为主力纵队，于今(十二)日午后七时三十分，由马家凉亭、走马岗、毕家岗大道向白果方向前进，务于明(十三)早将白果及其以北之麻溪河占领。

四、第一七七团任团长率领全团为左侧支队，由马家凉亭、金铁岗、迎河集、闵家集大道前进，务于明(十三)日早占领白堂铺。

五．第九十旅(欠智团)附属师特务营及第八十九旅直属□□□□□□主力纵队后约三千米达跟进。

六、予现在宋埠师司令部，行进时在总预备队先头。

七月十三日之情况

今晨职率总预备队到达白果附近时，禀呈蒋总司令之电文，大要如左：

(一) 敌情判断：据确报共匪六师之众，除围麻城兵力外，以主力占领霸王山、麻姑洞一带，以一部约一师有余之兵力占据红石咀，有截麻城我军出击之企图，更以约三千之众，占领白果镇，以千数百人占领草鞋店、白堂铺、麻溪河等据点。

（二）任务判断：职师奉钧座之命，有解围之任务。本以上之敌情及任务，预定下列之二案：第一案，以一师之主力，与霸王山、麻姑洞一带之匪求决。但以少击众，胜败之数不卜可知，其害一也。共匪人数虽众，枪支虽多，但弹药缺乏，利在速战。我若由中馆驿向麻城方向攻击，适中其计划，其害二也。如在麻姑洞一带对峙，则麻城之围即不能迅速解除，迟延数日，则城内我军必因弹尽粮绝，致陷悲境，其害三也。第二案，以师主力由宋埠渡河，速向麻溪河、红石咀及白果一带之匪歼灭之，以一部河北之匪主力行佯攻，而牵制之。据职意此案则有四利：（一）有河险可凭，我军处于优胜之地；（二）易于优兵；（三）避实就虚；（四）一日间即可与麻城之我军互通声气，粮弹均可补充。有此三害四利，以故决心依据第二方案。今晨已进至白果镇附近。事前所以未报告者，惟万一泄漏军机也。

本日各部队到达任务地，于上午十时后，接得各部队报告经过情形如左：

一、第八十八旅张旅长报告：

（一）职旅（附三十一师张团）于本日拂晓到达毕 家 岗□□□□□□□□□□□□□盘踞，白果约三四千名之匪，以猛烈攻击，匪顽强抵抗，激战二小时，匪势不支，纷向杨家铺东北方向逃窜，于上午七时完全占领白果镇。

（二）除留步兵一营固守白果镇，于上午九时，以主力向麻溪河千余人之匪攻击前进，该匪不支，遂向方家河逃窜，吴明林团刻将麻溪河占领。

二、第一七七团任团长报告：

（一）职团于本（十三）日上午六时许，行抵白堂铺处，有匪四五百名。职当其攻击前进，该匪初尚恃险抗战，继闻白果方向枪炮声激烈，遂退据草鞋店，该处亦有匪之大股盘据。

（二）职团刻已完全将白堂铺占领。

接以右各部队报告后，即率总预备队进抵白果。遂令第九十旅张旅长(欠智团)担任白果城防,构筑坚固工事,为以后攻击前进之根据地,并令该旅将令白果之一营归还建制。基此情况,其处置如左：

一、决以占据现地确实侦察匪情。理由：匪情未详，不能冒进。以该匪狡诈异常,非抱定步步为营，稳扎稳打之主义，不胜操得胜券也。

二、下达防御命令于各部队。

三、分派侦探多方搜索,着便衣队分驻宋埠、白果之间，保护交通。于正午十二时所得情况如左：

1. 赤匪大股仍盘踞覇王山、麻姑洞一带，其一部在麻城北之七里桥,与我三十一师对峙中。

2. 草鞋店、魏家咀、红石咀一带确有赤匪。

四、令后方运输粮秣至白果,给各部队补充给养。

五、将现在我军情况分别报告各级长官，并通报麻城王副师长基右之情况之决心,即向草鞋店一带之匪攻击,期与我第三十一师切取连络。为攻击施行之部署如左：

(一) 以八十八旅张旅长及任、吴各团固守原阵线，防匪截断后路,并策应友军之攻击。

(二) 师司令部仍在白果。

(三) 通知第三十一师王副师长,并约其派队务于今晚将麻南第一道河桥梁占领,以资连络。

本日午后二时,第八十八旅张旅长,率领李、张两团,与占据草鞋店之匪激战,约二小时,遂占领之。继令该旅长积极进攻，与匪复激战良久,卒于下午六时与我军第三十一师确实取得连络。

是役,毙匪甚众,俘伪小学校长一员,赤化颇深,经讯供称：专作下层宣传工作,并担任煽惑军队等语。当将该校长就近斩决。(如附图)〔图略〕

午后七时接得智团长由宋埠送来报告称：职团刻已完全抵达宋埠，现在北门外露营待命。当令于明日速到白果归还建制。

七月十四日之情况

上午四时奉军长元电如左：该师连日攻战，溽暑遄征，倍极辛劳，既与第三十一取得连络，着在现地补充休息□□□□□□□□□□麻城之交通，以便与麻城部队运送粮弹□□□□□□□□□□□白交通。并谕令各部队迅速补充。本日下午三时，各部队正在补充中，接得任团长由白堂铺送来报告，大要如左：

一、于本(十四)日下午三时余，共匪约一师之众，由魏家咀、红石咀方向向职团阵地攻击，刻正在对战中。

二、草鞋店方向亦时闻枪声。

同时接得第八十八旅张旅长报告如左：

一、魏家咀、红石咀之匪现正在与我第一七七团在白堂铺激战中。

二、匪约百余名向职阵地进犯，已被李团派队击退，计毙匪五名，我军伤兵一名。

三、据王副师长通报，麻姑洞方向之匪，有向西运动之模样。

据此报告，遂令新到白果之智团，向白堂铺增援麻溪河，直向该匪左侧背威胁。本日下午八时三十分，接得任团长之报告：匪我于下午四时三十分，正在激战之际，适我智团由我右翼攻来，职当整队出击，并力冲杀，鏖战约三小时，匪势不支，全线后退。我两团乘势追击约八里许，斩杀甚众，击伤无数，我官兵亦有伤亡。现在职团已经归还白堂铺原阵地。

同时接得智团长之报告：职团于下午四时到达麻溪河，即径方家河以北高地向北推进，五小时许，与匪接触，当经击溃，遂占领余家寨附近一带山地，自始职团全部方行占领阵地，我任团即由白堂铺出击，战甚激烈。职即率属协同猛力冲杀，匪遂远窜，刻已占领蔡家坡附近各小村落，刻正在构筑阵地中。是役，毙匪甚众。职团伤排长一员，士兵四名。□□□□□□□□□□□本日各部队战斗结局，遂即补充。同时□□匪□□□□□□□□□□□□□现在仍盘踞麻城附近。

七月十五日之情况

今晨拂晓，即令任团仍在白堂铺担任维护后方连络线。职率第八十八及九十两旅并附第三十一师张团，由草鞋店、魏家咀之线向盘踞阎家河、沈庄、七里岗一带约五千余之匪攻击前进，激战连五小时，匪节节抗战。至上午九时，遂次第攻克，该匪溃向东北远逃。此时麻城之围，遂完全解决。但我第三十一师之第九十三旅已早在七里桥被围，全旅覆没矣。(如附图)〔图略〕

据报匪有两师之众，依然在霸王山、麻姑洞、五脑山、梅花脑、张家院子、闵家集、邹家咀、普兴集一带固守顽抗。

基以右之情况，职决心督率所部协同我第三十一师奋力痛剿，而歼灭之。

本夜十一时召集第八十八旅、第九十旅两旅长、第三十一师王副师长，说明赤匪顽抗之情形，随下达口述之要旨，命令如左：

一、王副师长(三十一师)率贵部为右纵队，于明(十六)日早三时，由麻城以北经三里桥向霸王山、麻姑洞一带攻击前进。

二、第八十八旅张旅长率所属附李国信团为左纵队，于明(十六)日早三时，由麻城以南经十里铺向张院子、闵家集、邹家咀、普兴集一带攻击前进。

三、第九十旅张旅长率所部(欠李国信团)为总预备队，在右纵队后跟进。

四、麻城及附近之防务部署，由王副师长负责，严密布置一切。

五、攻击前进时，予率师之直属部队在□大队后□□□□□□□□□□□□□□□将以右之决心及计划之大要，分电报告并通知宋□□□□□□□□□□□□□

七月十六日之情况

上午三时，各纵队等均遵照命令分进，于上午五时许，各纵队先后与匪接触，激战终日，卒于下午四时匪以伤亡过众，经梅家脑、夏大湾纷纷向西北逃窜。是时遂令各部队占据现地，构筑强固工事，严密防范，并同时搜剿肃清麻中间之零星残匪。此刻宋埠至麻城交通始已完全恢复矣。是役，与我接战之匪，系伪四军徐向前部及黄麻游击队、赤卫队等约二万余人，伤亡者奇众。我军伤亡官兵亦甚众，及消耗各种弹药均详附表。(如附图)〔图表略〕

结论

是役，七月七日动员，至十六日结局，前后凡十日，大小战六次。以远来疲敝之师，而击以逸待劳之敌。且我第三十一师之章方被缴械，匪甚猖獗之日。而鏖战于烈日炎威之下，卒赖官兵奋不顾身，尤复坚苦卓绝，而获得最后之胜利。此种精神固由训练有素而得来，然连年剿匪，深悉匪情，亦不无密切之关系也。

兹将此次剿匪获胜之点概述如左：

一、匪新胜之下气骄心弛。

二、匪虽众而不精。

三、匪善攻而不善守。

四、匪乏持久战之能力。

五、匪之大炮少，虽有机关枪而弹少。

此五点匪之短也。

一、我步步为营，稳扎稳打。

二、我军久经训练，有独立战斗之能力。

三、多攻而少守。

四、守则深沟高垒，以持久防御之目的，不因小利而妄动。

五、火炮多而又有空军协助，此则我之五长也。以我五之长攻敌之短，安有不胜乎。惟此北人南地，水土不服者甚多，更以夏季为甚，十之八九染患疟痢。每一行军死病颇众，尽土人病者甚少，此不得不逊敌一筹也。

奉总司令蒋微戌三九电如左：

此次在靠山店剿匪战役，以连长陈玉振、一等兵何景亮异常奋勇，并各夺步枪两支，着各赏洋二十元，该连长记功一次，一等兵何景亮提升一级，以示鼓励。

第二次援麻战役

七月二十四日之情况

一、靠山店、棠铺之役击溃红四方面军后，迭奉总司令电令，着分驻八里湾、三角井并搜剿新洲、柳子岗等处之匪，遵即计划逐日分途搜剿。

二、是日奉总司令蒋东戌四二参电如左：

据麻城县长及第三十一师联络参谋报告：赤匪大部进攻麻城，并分兵攻我宋埠、拜效城等处，着第三十师相机应援，第五十四师并须派一部扼守分水岭、八里湾之线为要。

奉令后，即令第八十八旅附九十旅一团，经岐亭、宋埠应援麻城，于八月五日集结岐亭附近。惟以该部在靠山店战役受创后，未及整顿，即分往八里湾及柳子岗、新洲等处追击搜剿，兵力疲劳已甚，故改令八十九旅前往应援，其余部队分别填防，藉资休养，恢复疲劳。即下达如左之命令：

第三十师命令　八月六日午后七时
于张家洲师司令部发

一、匪情与友军情况（同总司令东戌电故述略）

二、师以应援麻城并清剿李家集至岐亭一带零匪之目的，拟以一部即向麻城前进。

三、第八十九旅务于明（七）日上午四时，由岐亭沿车路向中馆驿兼程前进。但到达中馆驿时，即归第三十一师王副师长之指挥，应援麻城。

四、其余各部队之部署及任务如左：

1. 第八十八旅旅部驻张家洲，并分兵两营驻宋埠及新洲，担任城防。

2. 第九十旅旅部附属辎重营驻岐亭，于大亟山、丫头山、九螺山、八里湾、左家田、刘溪畈各分兵一营，严防匪窜。

3. 师部及直属部队(欠工兵、辎重两营)驻张家洲。

4. 工兵营担任修复李家集至岐亭及通新洲分支两汽车路被匪烧毁之桥梁，并架设岐亭、宋埠间及张家洲、岐亭间岐亭、李家集间之电话。

5. 后方医院移驻张家洲。

五、各部队均限于明(七)日上午四时，即于指定之地点开始动作。但第九十旅须在第八十九旅出发前，将岐亭之防务接收完毕。

六、予在张家洲师司令部。

同时利用无线电信，将派赴中馆驿之部队，通知第三十一师王副师长归其指挥。

八月七日之情况

一、先后接到各部队之报告，闻已遵令到达指定地。

二、午后三时，接八十九旅彭旅长电报，得悉情况如左：

1. 麻城王团现被赤匪包围至急，惟东与阎河顾部尚未失却连络，大陡坡山牛团亦已被匪围。

2. 据伪匪军第一师及独立团占据王家岗、朱家寨一带，红四方面军大部占据闵家集、普兴集、迎河集等处，白果、潘家堂亦有匪之小部，似有企图进犯宋埠之样，乞饬两张旅注意。

3. 职旅全部已于今早七时进驻中馆驿附近及桃源、东岳庙一带。王副师长、李旅长、康旅长、张参谋长等，虽经一度会商，亦无具体策略，只有饬属各团构筑工事，严阵警备。当经电复该旅长务须与第三十一师协同一致，早解围团。进剿情况随时具报。并与第八十八、第九十两旅要旨命令如左：

一、据八十九旅彭旅长虞未电称：（择录该原电）

二、各该旅严饬所属加紧防范，勿使匪乘。

三、匪情如何，多来报告。

八月八日之情况

一、奉总司令蒋齐已十六参电如左：

新洲、八里湾由郝师长派兵开驻，该师不必顾虑，应速以全力进援麻城。盖兵过分散，恐于事无济也。

二、奉军长齐午电如左：

速率所部及抽派第三十一师相当部队合力于一、二日打通中馆驿至麻城通路为要。

八月九日之情况

一、接彭旅长佳申紧急电之报告如左：

大陡坡山已于昨晚七时失陷，牛团长被掳，生死未明。围城之匪已准备梯子甚多，势甚危急。第三十一师士气不振，王副师长经再三催促，仍未进援，究竟如何处置，乞电示遵行。

二、接第三十一师王副师长佳酉电报告如左：

陡坡山陷后，势甚益急。此间队伍仅抽一旅，以两旅援麻，实力单薄，而麻待援至急，乞再酌派队来，以增厚势力。

三、是日新洲及八里湾之防务，已由郝师派队接替，宋埠防务由第九十旅接替，第八十八旅全部，已于午后三时集结，并同时下达如左之命令：

第三十师命令　八月九日下午五时　分
由张家洲师司令部发

一、匪围麻城甚急，我第三十一师牛团已在大陡坡山失陷，其驻中馆驿之部队及本师第八十九旅，现在中馆驿与匪对峙中。

二、师以急援麻城、中馆驿歼灭该匪之目的，即向中馆驿前进。

三、第八十旅于本(九)日夜十二时，由现地沿汽车路向中馆驿急进。

四、第九十旅张旅长思贤率所部附师直属部队(欠工兵营),担任宋埠、岐亭、张家洲防务,着仍按现在部署不动。

五、工兵营仍赴速修复李家集至岐亭之汽车路桥梁。

六、师部仍在张家洲。

七、予率师部重要职员数员,于明(十)日上午六时乘汽车赴中馆驿。

八月十日之情况

一、上午八时,由张家洲达中馆驿,即到第三十一师司令部,遂召集各旅旅长、参谋长询悉前方匪我情况,即决心以驱逐当面之匪,分为两路向麻城推进,其推进命令如左:

第三十师命令　八月十日午后三时
由中馆驿师司令部

一、匪围麻城甚急,大小陡坡山已为匪占领,闵家集、迎河集等处均有红四方面军大部,白果、潘家堂亦发现匪警。

二、本师以应援麻城之目的,决先驱逐当面之匪,以两路向麻城之匪围攻前进。

三、各部队之任务及部署如左:

1. 王副师长率所部(欠一团)为第一纵队,于明(十一)上午四时,由现在沿汽车路击破大小陡坡山之匪,即向麻城推进。

2. 第八十九旅彭旅长率领所部附属吴团为第二纵队,于明(十一)日上午六时,由现地经长林冈、谕家畈协助第一纵队歼灭大小陡坡山之匪,再沿五脑山岭迳向麻城推进,但今晚须进至长林冈附近。

3. 第八十八旅(欠吴团)为总预备队,于明(十一)日早随第一纵队前进。

4. 第三十一师之一团固守中馆驿,担任城防。

四、第三十一师医院,即在中馆驿城内开设。

五、前进部队各携二日粮秣。

六、予现在中馆驿东门外汽车站，行进时，在总预备队先头。

注意

一、各纵队外翼，须特别注意，并须派必要警戒部队。

二、第二纵队须向第一纵队确取连络。

于下午七时，接得彭旅长之报告如左：

一、匪约千余名仍在大小陡坡山一带盘踞，长林冈有匪百余名。

二、职旅及吴团于下午五时三十分，由东岳庙进抵长林冈，当将该匪击溃而占领之。

三、计毙匪十一名，俘伤匪二名，小卜郎宁手枪一支。

据情即报告军长，并通知各部队。

一、今夜十一时三十分接得报告如左：

1. 职部与匪正在激战中，该匪闻西南炮声隆隆，当现恐惶之状态。

2. 于下午十时左右，城外毫无枪声，据探该匪闻我大军到来，已向西北逃窜。

本此情况，即令第二纵队即向大小陡坡山之匪猛烈攻击，该匪即续向麻城挺进。

八月十一日之情况

一、午前七时三十分，接得彭旅长电报如左：

1. 职率第二纵队灰亥由长林冈向大小陡坡山约千余名之匪攻击前进，该匪略抗，即向东北一带山内逃窜。职即率队直向麻城挺进，于今晨卯刻抵麻西约十里许一带地区，沿途零匪均经击溃，刻已与麻城王团取得连络。

2. 据俘获伤匪李颜如供称：因国军黄安围攻甚急，徐向前拟先攻陷麻城、中馆驿，然后进占岐亭、宋埠，以达其别一屋之妄想。嗣因麻城、中馆驿日久未下，黄安行将不保，闻援麻大军已到，故于昨夜留小部在大小陡坡山一带掩护，大部已向黄安增援云云。至此次麻城之围已解，仍令第三十一师驻守麻城、中馆驿，第三十师援麻军队即日向宋埠、岐亭原防复员，以便协同北路军各纵队围攻黄安，而收聚歼之效。

现值剿匪告一段落，奉令建筑鄂东、黄安一带公路。兹将二十一年筑路经过情形概述列左：

一、黄安县属

1. 黄安至十里铺段，长径约三十五里，宽度六米达。民国二十一年九月八日开始，至九月十七日完成。

2. 尹家河至桃花段，长径约二十里，宽度六米达。民国二十一年九月十一日开始，至九月二十日完成。

3. 桃花至黄安段，长径三十五里，宽度六米达。于民国二十一年十月十三日开始，至十月三十日完成。

二、麻城县属

1. 李化至铁匠岗段，长径约十五里，宽度六米达。于民国二十一年四月五日开始，至四月十五日完成。

2. 宋埠至桃花段，长径约三十三里，宽度六米达。于民国二十一年四月十日开始，至五月十日完成。

3. 铁匠岗至料棚段，长径约二十里，宽度六米达。于民国二十一年四月二十五开始，至五月十五日完成。

4. 李化至谢店段，长径约十八里，宽度六米达。于民国二十一年五月一日开始，至五月二十日完成。

〔国民政府军事机关档案〕

4. 国民党军第三十师彭振山部与红四方面军在麻城靠山店战斗详报

（1932年7月）

靠山店之役

自七月七日奉命由黄陂县应援第三十一师至解麻城之围，前后凡旬日，大小战六次。溽暑炎威，攻防于烈日之下，硝烟弹雨，出入于生死之间。幸赖官兵坚苦奋战，卒挫凶顽。十六日至宋埠面谒军长，报告一切，并请示机宜。当奉面授命令，其要旨如左：

一、赤匪大股已被我击溃，现麻城至岐亭之线附近各地区，残匪依然潜扰，乘机蠢动。

二、我特务旅韩团，即日开驻李家集附近，保持黄麻之间交通，并搜剿残匪。

三、该师担任宋埠、岐亭城防，并清剿附近散匪之任务。

奉令后，即将师司令部移驻宋埠城内，各部在宋埠、岐亭间扼要驻防。对于附近各区之零星残匪彻底搜剿，以期斩根绝株，肃清祸源。并组织民众施以相当训练，增进其自卫能力，以图分工合作之效。

七月十八日之情况

正午十二时，接由李家集第八十八旅之留守副旅长刘景辉发来第一号(十七日午后九时)之报告如左：

一、据民团报称：驻幸老岔之生〔主〕力赤匪约一千余名，枪四五百支，正向李家集东北十余里之姚八斗、古井一带进犯，当地民团无地〔力〕抵抗。

二、盘踞八里湾西南一带地区之赤匪，约三四千余名，枪五六百支，均向八里湾以南进扰，该处民团已被缴械，良区民众万余人，正纷向仓子埠一带逃难。

三、由中铺驿方向逃来赤匪千余人，现在削木冈、太平桥一带骚扰，至普安寨约三十余里之线，均被匪占，蜂拥南进中。

四、刘溪畈已发现赤匪，并有骑匪一部袭击。

五、职已将各部留守军佐兵夫约五十余人，编为两队，必要时加入战线。除严令驻李家集部队加紧警戒，并出入人等详察深究外，并在城上构筑工事，且派侦探四出搜索匪情。

六、此间民众惊惶异常，谣言甚盛，请速派队增援为祷。

据右述之报告，处置如左：

一、复令该副旅长严加确探，并将匪情变化随时报告。

二、将所得之情况及处置大要报告军长，并通报岐亭袁副旅长及黄陂驻军特务旅旅长。

三、令宋埠、中铺驿日前进剿各部队，对于粮秣弹药，迅速补充。

是日午后三时，复接刘副旅长发来之第二号(本日午前七时)紧急报告如左：

一、据三十五保卫团报称：昨(十七日)夜十一时，离李家集西方约八里许，有紧急枪声，据查八甲区三十六保卫团之地点。又望店、靠山店、叶家店，自西北至西南与仓子埠相近三地，现红军大股大举进攻，枪声紧急，渐迫李家集。

二、罗处长带兵十余名，已前往侦察，并相机进剿。

三、职昨夜闻枪声甚烈，当令守兵加紧防范。因匪不详，未便出动。

四、本(十八)日早五时，有服装整齐之赤匪，约百余名，将李家集汽车路大桥焚毁，并桥两端之堡垒占领。

五、第八区保卫团，于十七日夜晚已被匪冲散。

六、于今(十八)日午前五时，职令留守军兵□□□□□□□□□□□□□□扑灭大桥之火。现赤 匪 数 百 名，□□□围□□□□□□□□□□□□□战即撤入寨内，伤上士一名。

七、昨(十七)晚特务旅已达李家集，但未出击。

八、刻赤匪大部已向李家集进攻中，周围具系红旗，形势至为紧张，迅速派队增援，以解李家集之围。此时即据情报告军长，并陈述亟应迅速应援及向该匪攻剿之意见。遂以如左之口述，要旨命令。

一、匪情如刘副旅长之报告。

二、该师长即率所部赴李家集应援，并相机向该匪攻剿而歼灭之。

三、进剿情形随时报告。

奉令后，基于同下之情况判断。

一、匪情

盘踞鄂东之赤匪红四方面军，约计不足三万余人，窜扰三省边区之内，连年蒙害之国军甚多。日前围攻麻城又缴我第三十一师一旅之众，势甚猖獗，匪焰日张。方在东北溃击，霎忽又聚西南，并在削木冈、太平桥至靠山店、普安寨之线，大肆凶狂，一日夜间搜缴民团及保卫团枪支数处，焚毁桥梁，破坏交通，且节节南犯，西扰甘堂铺、东园、李家集，势有截断黄麻交通，占领仓子埠、横陈，其间陷麻宋一带之国军于绝境，使鄂东之赤匪以扩大，然后西犯黄陂，腰断平汉铁路，勾连鄂中赤匪，合力佯谋，直取武汉，以大遂其攫得全鄂之逆图。似此若非相机攻破予以重创，其势若成，则后患不堪设想矣。

二、任务

现受之任务，为解李家集之围，并须相机歼灭该匪云云。按任务则含有刻不容缓之。然以匪众我寡，我固方胜，士气旺盛。但匪别具企图，必须善筹缓算，方能达成任务也。

一、决心

以一部经汽车路西南进为阳攻，以主力由岐亭取道谕家大湾、林家集、望仙桥，阴劫其后。

二、处置

一、令各部队着在现地补充粮秣弹药。

二、予李家集刘副旅长景辉以即派队应援，着固守苦撑之分别命令，并通报特务旅刘旅长及该旅已达李家集之韩团。

三、令各部(蔡团在外)务于十九日由现地到达岐亭东门外汽车路上集结，伤病官兵就近分留宋埠、岐亭。

四、师司令部即向岐亭出发。

七月十九日各部到达岐亭，于下午五时召集各队队长下达翌日命令如左。

第三十师命令　七月十九日下午七时　分
于岐亭城内师司令部发

一、赤匪红四方面军被我击溃后，现已窜聚削木冈、太平桥、望仙桥、靠山店、普安寨一带，向南犯扰中，其一部约五六百人围攻李家集，我李家集第八十八旅刘副旅长率该旅留守官兵正与该匪激战中，我特务旅之韩团已于昨（十七）晚到达李家集。

二、师以解围李家集歼灭该匪之目的，□□□□□□□□□□

三、第九十旅旅长率领所部附山炮兵一营（欠一连）为主力纵队，务于明（二十）日早五时由现地经谕家大湾、林家集、望仙桥向靠山店方向推进，行进时，左侧须特别警戒。

四、第一七七团任团长率领所部附属骑兵连山炮两门，为左纵队，务于明（二十）日早五时由现地沿汽车路向李家集前进。

五、第八十九旅彭旅长率领所部（欠任团）并附属工兵、辎重两营（欠辎重一连），担任岐亭、宋埠城防及大圣山、九螺山、丫头山之防务，该旅部着驻岐亭。

六、前方医院除留守宋埠一部外，余在岐亭城内开设。

七、前进部队须携带二日粮秣，尔后由宋埠补充。

八、予率师特务营、第八十八旅山炮连（欠二门）于明早六时由岐亭随主力纵队跟进。

九、予现在宋埠，遂向岐亭前进。

七月二十日之情况

二十日早，各部队遵照命令，分别向指示的方向由岐亭出发前进。是日适当夏历六月中旬，烈日当头，酷热非常，昏绝晕倒，丹药失灵，溽暑行军之难，由斯尽见之矣。但沿途行军未遇匪踪，但大小村落之百姓，逃避一空，户牖器皿，毁坏殆尽，老弱妇孺未逃脱者，亦皆被杀死。迨至下午四时行抵望仙桥附近，接航空第四队由空投下通报云云：赤匪大部进犯仓子埠，我五十四师已由水路开到仓子埠附近，正在上陆中，贵师努力协助大军即将围剿。下午七时，我右纵队已抵李家集河北约三里许，遂将汽车路两侧占领□□□□□□□□□余名，匪向我军射击数发，立即逃窜□□□□□□□□□□□□□□□□□据刘副旅长面称：匪我激战竟日，几经猛扑，卒赖我官兵沉着，终未得逞。于今（十九）日上午七时许，撤围而窜。职以彼众我寡，且已天晚未予追击。即与现地构筑阵地，严加戒备。是夜九时余，忽于第一七七团阵地前靠山店以东之小村内，突然发现赤匪约百余名，向该团猛烈射击，任团长以天色黑暗，严令部下不准还击，以察虚实。为时不久，匪即停止射击。惟隐闻东南方向人声吵杂，渐向西来，并有一极大电灯向周围四射，似行侦察之模样。人声愈益逼近，陆续而行，且闻其后方声音极长，约有数里之势。当此之时，该团长一面将此情况报告；一面密令所部闻号一齐向前冲杀。继之吹奏号音猛力冲杀，在此黑暗之夜，将匪横断两段，杀伤甚夥，纷纷逃窜。其西窜之匪，概分为两股，一股适撞入第八十八旅阵线，经该旅猛烈射击，死伤颇多；一股回窜，按其行动声音判断，似由李家集以南绕向北窜矣。

关于此役战斗经过情形，均经分别电报，并通报特务旅及职师彭旅长知照，并令其余宋埠、岐亭一带驻防部队注意，防匪窜扰。

七月二十一日之情况

一、各部队原阵严防待命，除令以一团为单位，各抽派相当兵力搜剿，各该防地附近村落及各荫蔽地区潜伏之残匪外，另派混成营向仓子埠威力搜剿，并通报仓子埠友军藉通声气。

二、奉总司令蒋两电略谓：令职师仍进驻八里湾维护黄陂、麻城交通。

三、据侦探报告：匪已己北窜李家集附近，□□□□□□□□□□□形，彼时即令各部队加力围剿。

七月二十三日之情况

一、据望仙桥逃出之难民称：昨被国军在李家集击退之红四方面军，当晚退过望仙桥，在兴隆集以西南地区，并未远走。据闻有经甘棠铺发现赤匪甚多，已将汽车路桥梁已破坏云云。

二、据此情况，当令第九十旅由现地经靠山店向甘棠铺攻击，任团固守李家集，第八十旅在李家集西北之刘溪畈集结，准备策应。

七月二十四日之情况

一、拂晓第九十旅偕特务旅之韩团正向甘棠铺前进中，遇匪全部由三角井之大道仓埠前进中。当经该旅以全力向该匪猛冲，韩团亦协同冲杀，将匪切为两段，该匪势众，旋将该旅包围，正在酣战之际，我八十八旅由望仙桥方面协力夹击，激战终日，该匪卒因腹背受敌，死伤过众，纷纷逃窜。一小部南窜，其大部向西北溃窜。计是役匪伤亡约达千余名，我亦因受创甚巨，未能远追。韩团伤亡约在三分之一以上。是日除令任团开回岐亭归还建制外，着八十八、九十两旅集结李家集附近，整顿补充，准备进剿。

〔国民政府军事机关档案〕

四、红四方面军西征后红廿五军与红廿八军坚持根据地的斗争

1. 国民党军第一军陈继承部与红军第廿五军等部在豫南鄂东地区作战详报①

（1932年12月—1933年5月）

第一章　清剿前赤匪及我军情形之概要

一、清剿前赤匪之概况

① 原标题为：《豫南鄂东商罗区清剿详报》。

豫鄂皖边区赤匪徐向前、邝继勋股，自民国二十一年经我剿赤中路军迭次围剿后，其残匪大部经河口、夏店越平汉铁路广水以南之王家店西窜，其一部人枪约千余，自劫掠新店后，分股经八里湾、桃花叶、方河、料棚回窜豫鄂边界，趁我各区收复未久，民众组织清乡善后尚未举办之际，而我军主力正在追剿西窜之匪，无暇顾及，致赤匪乘机啸聚，各地散匪及游击队残部，又在麦园、胭脂拗附近起掘藏枪，裹胁民众，潜滋暗长。自三十五师等部失利后，气焰复炽。综计伪二十五、二十七、二十八各军，廖玉坤、唐荣乾、刘士奇部人枪不下四余余，据豫鄂边境之苦剑山、悬剑山、老猫洞，宣化店东南之老君山、郭家河及七里坪以东之龙王山一带，丛山峻岭，为其巢穴。其余分窜胭脂坳、班竹园、大木口、关王庙、皂靴河等处，沿大鼻山脉南北流窜，散聚飘忽，劫杀裹胁，掠取资源，集合残余，企图贯通鄂南与孔匪荷宠会合，俟机再逞。

二、我军清剿之策定

本部自二十一年十月十七日移驻孝感，担任清剿。十二月七日，复奉总司令蒋鱼午十六参电命令开：

1. 第三师推进接第八十师防地。

2. 第八十师派兵三团，由华家河、七里坪经团树冈、余家集，派兵两团由黄陂站经光山集中商城整理。

3. 第八十三师留两团或一团在随县，其余接第三师沿铁路及其小河溪等处防地。

4. 第三、第十三、第五十八、第八十三各师，归卫军长立煌指挥，卫军长进驻河口镇切实进剿。

5. 第四十五、第五十四、第七十五、第八十、第八十九各师，归豫南特区善后委员会正副委员长张督办钫、陈军长继承指挥之，仰即遵照办理，并随时具报备核。

十二月九日，奉总座齐电，准调第三师补充团随往豫南。当令该团于本日分两列车开赴信阳转潢川待命。

十二月十四日，奉总司令蒋文亥五八参电开：鄂东豫南清剿部署：

A．为求于最短期内彻底肃清鄂东豫南各地残匪，计决分为进剿部队与驻剿部队，以专责成，而利清剿。

B．特划定鄂东豫南为二大清剿区。

1. 为商(商城)、罗(罗田)清剿区。

2. 为经(经扶)、黄(黄安)清剿区。

两区之境界配定为光山——豆付店——杨桃岭——佘黄寺——骑龙寺——双关庙——三河口——周家冲——南太村相连之线，线上属商罗清剿区。

C．商罗清剿区内，以第五十四师及第八十师为进剿部队，以第四十七、第十二、第七十五师为驻剿部队，统归陈军长继承指挥。各驻剿部队对于左列各地，必须派兵驻扎。

1. 第四十七师应驻兵之要地为独杨树街——僧塔寺——滕家堡——罗田——英山等处，必要时，应派队进驻吴家店。

2. 第十二师应驻兵之要地为金家寨——丁家埠——钓鱼台——南庄畈等处，必要时，应派队进驻李家集。

3. 第七十五师应驻兵之要地为南溪——汤家汇——三河口——孔店等处，必要时，应派队进驻班竹园。

D．经黄清剿区内，以第三师全部、第三十师之两旅与第八十九师之一旅为进剿部队，以第十三、第五十八、第三十一、第八十三师各全部及第三十师之一旅及第八十九师(欠一旅)为驻剿部队，统归卫总指挥立煌指挥。

1. 第三十师应派队进驻团树冈——张店。

2. 第三十一师应派队进驻两路口——福田河——黄土岗——顺河集——尹家河——宋埠——麻城等处。

3. 第十三师应派队进驻七里坪——华家河——黄安

——桃花——袁英河，必要时，应派队进驻杜家、凉亭附近。

4. 第八十九师应派队驻扎泼皮河——新集——郭家河，必要时，应派队进驻中途店——八里畈。

5. 第五十八师应派队驻扎吕王城——黄陂站——新府集——宣化店——三里城，必要时，应派队进驻黎子沟附近。

6. 第八十三师除须一团驻扎随县外，以一旅任武胜关以南至汉口间之护路，并分兵驻守双桥镇——小河溪——青山口等处，以一旅分驻河口镇——夏店——蔡店一带。

E. 以上商罗、经黄两清剿区，统限于明年一月月底止，将残匪完全肃清，仰即遵照，切实剿办为要。

军队区分		主官姓名	备考
商罗清剿区	指挥官	陈继承	
	第十二师师长	唐淮源	
	第四十五师师长	戴民权	
	第四十七师师长	上官云相	
	第五十四师师长	郝梦龄	
	第七十五师师长	宋天才	
	第八十师师长	李思愬	
经黄清剿区	指挥官	卫立煌	
	第三师师长	李玉堂	

（续表）

军队区分		主官姓名	备考
经黄清剿区	第十三师师长	万耀煌	
	第三十师师长	彭振山	
	第三十一师师长	张印相	
	第五十八师师长	张耀汉	
	第八十三师师长	蒋伏生	
	第八十九师师长	汤恩伯	

第二章　十二月分清剿经过概要

十二月十四日，本部遵照上项电令，电请潢川张督办钫督促各师迅速协剿，上午九时率全部职员由孝感出发，午后七时到达信阳，十五日下午三时三十分到达潢川县城。准张督办钫寒申代电开：奉总司令鱼午十六参电，当即规定部署及日期如下：

1. 五四师以一部维持后方交通，一部由长岭关抄袭匪之侧背外，余由平顶山、班竹园向胭脂坳、麦园进剿，并与唐师切取连络。

2. 唐师长派有力之一部，左与郝师右与宋师连络，经丁家埠、李家集至小河口向胭脂坳、麦园进攻。

3. 七五师之两旅连合四五师之一旅，除派一团以上兵力移驻银山畈、关王庙一带，协助顾畚民团负西南防堵之责外，余部即由汤家汇左与唐部连络，向胭脂坳、麦园进剿。

4. 进剿各部，统限于元日拂晓，齐向目的地搜索前进。

以上各项，已于灰日电令各部进剿等由。

十二月十六日，本部遵照总司令蒋文亥五八参电，规定各师部署及任务，其要旨如左：

甲、进剿部署

1. 第五十四师由平顶山、班竹园、长岭关一带，分向胭脂坳东南进剿。

2. 第八十师速向商城集中，应以一团留驻商城担任城防，其余各部由枫香树、银山沟、关王庙向胭脂坳之西进剿。

乙、驻剿部队

1. 第四十七师应驻杨树街、僧塔寺、滕家堡、罗田、英山等处，必要时，派队进驻吴家店。

2. 第十二师应驻金家寨、丁家埠、钓鱼台、南庄畈等处，必要时，派队驻李家集。

3. 第七十五师应驻南溪、汤家汇，三河口、孙店等处，必要时，派队驻班竹园。但在第八十师未到商城以前，应留一团担任商城防守，待八十师到达商城，即归还建制。

丙、各部统限于十八日开始向指定地点移动完毕，但八十师限二十日集中商城后，即向胭脂坳进剿。

丁、进剿部队，不论匪向何方逃窜，应协同努力追剿。

戊、驻剿部队应于驻地各要点构筑工事，严密堵剿，并须酌派部队协助进剿。

己、进剿驻剿各部队，应互相通报，时时不失连络。

庚、各部进剿情形，随时具报为要。

十二月十九日，据五十四师郝师长巧未电称：胭脂坳已于寒午占领，毙匪数十名，生擒百余名，并捣毁伪赤城县政府及列宁学校三所，伪二十七军刘士奇残部及莫独立团等纷向望灯山、大木口、关玉庙溃窜。等情。当即电令各师，其要旨如左：

1. 驻剿部队仍遵照铣午电令（十二月十六日），均限号日以前到达指定地点，协同堵剿，并须切取连络。

2. 第五十四师速向大木口、关王庙方向跟踪紧追，并留一部驻守胭脂坳，肃清附近残匪。第八十师集中商城后，留兵一团驻守商城，其余即向枫香树、银山沟、仓房之线向东南进剿，须与五十四师切取连络。

十二月二十日，据第七十五师宋师长删亥电称：职师今晨向门坎山之匪二千余猛烈进攻，激战数小时，匪向银山畈西南逃窜。是役毙匪五十余名。

十月二十三日，据八十九师汤师长马已电称：职师五三四团进剿白山关、青云寨，遇匪枪约六七百支，当被我击溃，获步枪十余支，机枪三挺，生擒五十余名。

第八十师于本日先后到达集中地，本部下达命令，其要旨如左：

1. 第八十师应以主力开驻商城，以一旅驻潢川东南之江家集附近，并派一团担任潢川南城城防。

2. 第八十九师派一团接收光山防务后，应以一营驻泼皮河，余驻光山。

十二月二十六日，据报胭脂坳股匪一部，已窜李家集、牛食畈一带。当即分电各师进剿，其要旨如左：

1. 第五十四师应以有力之一部，由吴家店、班竹园一带进剿。

2. 第七十五师应以驻南溪之部队，抽派一部推进至黄泥店、夹河、观音堂一带堵剿。

3. 第十二师应派一部在丁家埠堵剿。

十二月二十八日，据五十四师郝师长感已电称：

1. 职师三二三团于宥晨由班竹园向桥口游击，遇匪百余，当经包围，毙匪五十余名，生擒十四名，获枪二十三支。

2. 职师仍分在平顶山、班竹园、燕子崖、东葛山等处清剿，收容难民已达千余，搜取匪粮供其食用。

第三章　二十二年度一月份清剿经过概要

一月一日，据第七十五师宋师长卅申电称：职师四四九团已于艳午占领夹河，四五零团亦同时占领观音堂，现正搜剿中。

据第八十九师汤师长陷酉东酉等电称：

1. 职师五三三、五三四团，在杜家、凉亭、骆驼岭将匪游击队击溃，毙匪三十余名，生擒十余名，获步枪七支，马一匹。

2. 五三三团于东日，将陆家边、蟒王山之匪击溃，毙十余名，获匪粮六七十石。

一月三日，据第十二师唐师长卅一未电称：由狗迹岭东窜至杨家滩之赤匪千余，枪七八百支，经职师会同独立第四十旅会剿后，现向望北尖、狗迹岭附近回窜。职拟令六九团由麻埠出发，经杨家滩、石灰岭、悬剑山向望北尖进剿。三十五旅派一团，经胡家店向悬剑山堵截会剿。驻双河之团，派一部经悬剑山以西地域会剿。驻叶家集之独立四十旅，派兵进驻莲二塘堵截，防匪北窜。第七师驻石婆之部队，派一部进驻杨家滩，防匪东窜。以上各部限微日到达指定地点，鱼日会剿，拟恳令饬驻皂靴河之部队，进驻狗迹岭，相机会剿等语。当于汇申电令第四五师派队进驻狗迹岭，相机堵截，并通报各师。

一月四日，据报东窜残匪经我唐师围剿后，已向皂靴河、狗迹岭等处溃窜。为求一鼓歼灭起见，特重定清剿部署，其要旨如左：

1. 第五十四师专为进剿部队，其余各师为防剿部队，分区清剿。但各抽出一旅为与邻区梭巡会剿之用，务于删日以前肃清区内散匪。

2. 各师清剿区域及必须驻兵之要点如左：

A、第四十五师击破苏仙石、皂靴河、狗迹岭之匪后，即扼守上列各地，向两侧梭剿，西与宋师以孤山，陈家山、豹子岩、落星河为界。

B、第十二师协同第四十五师击破狗迹岭、双河山之匪后，进驻王家河、双河山、钓鱼台三处，向悬剑山中心梭剿，北与四十五师以笔架山、椿树店、鸡冠山、馒头砦为界，西与五十四、七十五师以金龙山、老龙湾、静慈寺为界。

C、第七十五师分驻南溪、汤家汇、四道河各处，向西侧梭剿。

D、第五十四师，除一部驻守班竹园、李家集外，主力为进剿部队，剿匪主力连合友军而扑灭之。

E、邻区以界线为中心，彼此约期会梭，各防剿部队务按会哨规则实施。

一月五日，奉总司令蒋微酉二十五参电开：第七十六师可先移确山附近整理。等因。当即分电各师接替七十六师，重行分配防务如左：

1. 光山驻兵一营，砖桥驻兵一营，由第八十九师派队担任。

2. 白雀园、双轮河、双柳树分驻兵一旅，江家集驻兵一团，商城驻兵一团，由八十师担任。但双柳树在二三九旅未开援前，仍由该旅驻守。

据第八十九师汤师长江亥电称：职师五三四团于冬日击溃胡家田之匪，俘伪六九团团长黄福生一名，乡县委及妇女执委十余名，匪兵二十余名，获步枪七支。

一月七日，综合各方情报，本区残匪其主力现已麕集新集、泼皮河以东地区，胭脂坳、汤家汇附近，亦仍有散匪未靖。本部为早日肃清计，分电各师，其要旨如左：

1. 第八十师应以三团担任商城、杜付店、双柳树、双轮河、豆付店、杨桃岭、泼皮河、熊家河、沙窝、余家集间地区之清剿，以一团驻商城，补充团驻潢川南城，但须派一营驻杜付店。

2. 第八十九师驻光山、泼皮河、新集，各部仍担任附近清剿，其二六七旅撤回后，即开驻秦家河、常如河一带，担任新集以东地区之清剿。

3. 第五十四师担任班竹园、吴家店、李家集、胭脂坳、关丁庙间地区之清剿，但胭脂坳务必派队驻扎。

4. 第四十七师仍驻原地担任清剿。

5. 第十二师除在原地担任清剿外，应将杨家滩附近散匪克日肃清。

6. 第四十五师应以一部协助第十二师清剿杨家滩附近散匪，其余仍驻原地清剿。

7. 第七十五师仍驻原地担任清剿，但须注意豹子岩、金刚台、灰旗山一带散匪之肃清。

8. 各部应自本月九日起，开始清剿，并遵照总座限期将区内残匪扫数肃清。

一月九日，据四十五师戴师长齐酉电称：望北尖之匪，人约千余，枪半数，于阳日经狗迹岭窜至二道河，经我痛击后，向东岳庙、东冲一带逃窜，刻正与该处民团激战，现令杨、阎两团分两路向该匪进剿。等情。当电七十五师驻苏仙石部队相机堵截。

一月十日，据确报，由麻城方面窜来伪二十五军残部，约四五千人，佳日已到双庙关、王家山、银山畈一带，彻夜枪声不绝等语。本部为防匪东窜起见，当即电令各师如左：

第五十四师除一部仍驻李家集、班竹园担任堵剿，应以主力由胭脂坳速向西进剿。第七十五师速调一旅兵力，向银山畈进剿，并与五十四师切取连络。第八十师除一部仍驻原防外，应派有力之四营，向沙窝一带堵剿。

据四十五师戴师长佳戌电称：职师杨、高两团于佳晨攻占吴家上楼、石门岭等处，毙匪五十余名，获枪十余支，打落肉票二十余名，牲蓄〔畜〕粮食甚多。我阵亡连长一员，士兵数名。

一月十五日，据第十二师唐师长元电称：职师六九团于灰午在三桂堂与匪激战，我七二团抄袭匪之侧背，匪不支，纷向狗迹岭方面逃窜。是役，毙匪数十名，埋雪坠崖而死者甚多。

据报由麻城窜来之匪，约二三千人，已由双庙关经三河口到达汤家汇、四道河一带，与我七十五师激战甚烈，灰旗山亦已阻滞不通等语。当令七十五师以有力之一部，由汤家汇、四道河之线向匪猛攻。五四师派至胭脂坳之部，速由三河口向汤家汇、四道河之匪夹击。第八十师驻商城之一团，暂归宋师长指挥，协同进剿。四五师之一部，由皂靴河经豹子岩向汤家汇方面围剿，防匪北窜。

一月十六日，据七十五师宋师寒酉电：赤匪三千余，于元晨向我驻四道河部队猛攻，激战竟日，猛冲数次，幸我官兵沉着应战，卒未得逞。寒日我四四六团赶至，向该匪猛攻，内外夹击，匪不支，向银山畈逃窜。是役，毙匪百余名。我四四六团焦团长克功受伤，士兵亦有伤亡。

一月十九日，据五十四师郝师长巧酉电称：职师杜团于巧日向关王庙进剿，遇匪人枪四五百，据险顽抗，我猛攻数次，匪即逃窜，当追击至胭脂坳，忽又发现枪匪千余，双方激战数小时，匪向西窜。是役，生擒三十余名，毙匪无算，获枪三十二支，我伤亡亦众。

一月二十二日，本部综合各方情报，残匪自经我痛剿后，似已化整为零，隐匿目标，我军苟不乘时肃清，深恐四处滋蔓，死灰复燃。特将各部重行部署如下：

1. 各驻剿部队，应在现驻地仍驻相当兵力，担任堵剿。第五十四师以一旅清剿平顶山、胭脂坳一带散匪，其主力担任虎头坳、燕子崖、吴家店、东葛山一带搜剿任务。第七十五师注意清剿狗迹岭、笔架山、灰旗山、金刚台一带残匪。第八十师应以三团兵力，清剿商城以南枫香树、银新店以北一带之散匪，并注意沙窝、熊家河散匪之肃清。

2. 进剿部队，应觅匪主力猛打穷追，使匪无顷刻喘息之机会。驻剿部队应不分畛域，协力进剿，各部队务将残匪于短期内根本肃清。

一月二十四日，据七十五师宋师长养酉电称：职师史旅于智日在苏仙石附近，与匪人枪五六百激战，毙匪二十余名，匪向狗迹岭方向逃窜。我阵亡营长一员，士兵二名。

据五十四师郝师长养午电称：郭旅王团养日拂晓，向盘踞白沙河之伪第八军及伪独立团施行袭击，匪恃险顽抗，激战数时，当派汪旅一部分由两翼绕攻，毙匪无算，匪向关王庙方向狼狈溃窜，现正追击中。

一月二十五日，据五十四师郝师长有午电称：职师刘旅昨由银山畈向南溪追击白沙河逃窜之匪，匪节节抵抗，赖我官兵用命，努力跟追，毙匪盈途，匪已四散，余一小部向狗迹岭窜去。

一月二十六日，据第十二师唐师长敬亥电称：职师朱旅李团敬晨在邓家沟与千余人枪炮齐全之匪遭遇，激战数小时，匪不支，向悬剑山溃窜。是役，毙匪百余名，我伤官兵二十余员名。

本部以郝师月来冒雪征剿，官兵用命，斩获颇多，于宥午军参电呈请总座明令嘉奖，以资鼓励。

一月二十八日，据五十四师郝师长宥午电称：职师刘旅王团剿盘据曾家山(在南溪西)之伪二十八军残部，人枪约四五百，激战三小时，毙匪数十名，匪向大木口溃窜，我伤亡官兵二十余名。

一月三十日，据第十二师唐师长俭亥电节称：东窜立煌县境之匪，现在柳树店者约二千人，八里滩约千人，与我四十团激战中等语。本部以此匪东窜，企图在抢掠叶家集、杨家滩所储存之军米，正宜乘其饥寒交迫之际，压迫至狗迹岭附近而歼灭之。当下达各部命令，并呈报总部，其要旨如左：

1. 第十二师应以主力由开顺街、杨家滩之线向西进剿，其重点置于左翼，并商请王军治平就近派队协助。

2. 第五十四师速抽一旅，由李家集经钓鱼台、上店之线，与七十五师连络进剿。

3. 第七十五师速抽一旅，由麻河岗、笔架山之线，向椿树店、九房店之线，与五十四师连络，相机进剿。

4. 第四十五师速抽派一旅，由皂靴河、武庙集进占狗迹岭、义园寺之线，向东协剿。

5. 作战地境如下列各线，线上属右方部队，第十二师与第五十四师为桃树岭及鸡冠石之线，第五十四师与七十五师为东大山、黄雀寺、老庙台、小儿田冲之线，第七十五师与四五师为菽园坳、陈八家湾、狗迹岭之线，四十五师与十二师为朱家寨、王桂堂之线。

6. 各师抽派之进剿队，统归郝师长梦龄指挥之。

第四章 二月份清剿经过概要

二月一日，据四十五师戴师长陷亥电称：今晨有匪约一千五百余名，枪千余，将黄瓜山占领。我驻王楼部队乘机出击，并由武庙集部队派出一营，抄袭匪之侧背，内外夹击，匪不支，向义园寺溃窜，我跟踪尾追，匪滑冰跌死崖者无算。是役，毙匪数百名，获枪二十余支，我亦略有伤亡。

二月二日，据十二师唐师长卅一戌电称：该师马旅于卅日已将小南金之匪击溃，迎水寺、大湾、九个湾等已完全占领，毙匪无算。拟明(东)日跟踪追剿。当电各师遵照本部卅日命令迅速围剿，旋奉绥靖主任刘冬绥电开：奉总司令蒋董辰行机电略开：第三十五师着调新集接替第八十九师防地，抽第八十九师为鄂东进剿部队等因。特电遵照。至第三十五师所遗驻马店至信阳间护路任务，即希第二十路迅速派队接替，以便第三十五师即日开赴新集。惟骑兵第二旅，仍着暂驻信阳等因。当即转令各师旅克日分别接替。

二月三日，据八十九师汤师长江酉电称：职师奉命为鄂东追剿部队，今江日三十五师部队已到达，支日可将防务交替完毕，职部拟微日开拔。

二月四日，据五十四师郝师长卅酉电称：职师五团于今晨在北石塘、大院子一带游击，与伪二十八军残部人枪约五六百之匪遭遇，我乘机猛扑，毙匪连长一名，匪兵百余名，生擒伪官兵数名。我伤亡官兵二十余名。

二月五日，据七十五师宋师长江辰电节称：职师卢旅冬日进抵双河，遇匪千余，经猛击后，向狗迹岭、悬剑山窜去，正在侦察，向狗迹岭进剿等语。当即电令各师进剿部队速向狗迹岭、皂靴河进剿，其要旨如左：

1. 戴师应以一旅即向皂靴河、狗迹岭进剿，另派一部向苏仙石夹击占领之。

2. 唐师马旅、宋师卢旅向狗迹岭夹击，务于虞日占领之。

3. 第八十师陈副师长督率何团及宋师到商之团，即向四顾墩进剿。

4. 指挥部于本（微）辰移驻商城。

据第十二师唐师长微午电称：职师七十、七一两团于今晨在叨门、悬剑山一带遇匪，人枪六七百，激战两小时，匪不支，纷纷逃窜。是役，毙匪无算，俘匪十余名，获枪六支，马五匹。

二月六日，据郝师长支戌歌未等电称：刘旅王团将小河附近枪匪二百余击溃，生擒数名，获枪十余支。又辎重营于支日在虎头坳附近遇匪百余人，激战彻夜，毙匪二十余，获长短枪十余支。

据戴师长支辰电称：职师进剿部队在狮子头、邓家楼将匪击溃，已于支辰占领皂靴河，当将该地乡苏维埃捣毁，俘匪十余名，获枪五支。

二月九日，本部因总座文亥五八参电令肃清限期已届，而本区残匪尚未完全肃清。为早日完成清剿起见，于本日晨全部进驻商城，督促各师努力进剿。

二月十二日，奉主任刘佳未绥参电开：第三十五师已令归陈军长指挥等因。当即转令该师遵照。旋据第十二师唐师长真子电称：职师马旅已将石门口之匪击溃，毙匪甚众。我伤亡官兵四十余。

二月十四日，据戴师长元酉电称：本午职师两路均到狗迹岭搜索，附近已无匪踪，该匪似又化整为零，向南分窜。

二月十七日，据戴师长铣申电称：伪二十八军二四、一二两团，人枪约七八百，窜至悬剑山，拟乘夜经皮坊、狗迹岭向西南逃窜。本(铣)晨我高团奋勇迎击，激战五小时，匪始分途溃窜。是役，匪伤亡百余名，我获枪五支。我军亦有伤亡。

二月十九日，据唐师长洽戌铣戌等电称：逃窜白塔之匪，经我六九团痛击后，被我三十九团截剿，铣未渡河西窜，又遇尹团截击，旋由王家河窜去，复被我哭剑山之部队拦腰截击，斩获甚多。匪纷向迎水寺逃窜，现正追剿中。

二月二十日，本部现因东部股匪业经扑灭，应即分区严密梭剿西区白沙河、大木口一带，现有鄂东窜来小股约千余，亟应进剿，重定部署，电令各师其要旨如左：

1. 唐、戴两师以朱家寨、徐家高山、皮坊、椿树店、麻河岗之线为界，线上以东属唐师、唐师以四团为防剿部队，分驻胡家店、金家寨、南石塘、丁家埠、双河山各处，以两团为搜剿部队，任该师区内之进剿。但王家以北地区，商请王军长治平派队担任。

2. 戴师东以舒家湾、笔架山、麻河岗之线，与宋师为界，以两团及直属部队分驻王家河附近及皂靴河、苏仙石等处防剿，以两团为搜剿部队，位置于狗迹岭，任该区之梭剿。

3. 宋师以三团分驻于火炮岭、汤家汇、四道河各处，榆子店附近，由该师直属部队担任，以三团为进剿部队，位置于银河畈附近向东南进剿。

4. 郝师以三团分驻南溪、李家集、班竹园一带，以三团为进剿部队，位置于班竹园附近，向东北进剿。

5. 第八十师以一团进驻枫香店，任大木厂以北之交通。

6. 上官师应以一部向徐家坳、松子关推进，维持郝师之交通。

7. 各师统限于电到日开始。

另电王军长，请派曾师一部任王家河、徐家高山一带之清剿，独立四十旅任长河以北之清剿，并将本部部署分呈总司令蒋、绥靖主任刘，并通报各友军。

二月二十二日，据宋师长巧酉皓戌号酉等电称：匪大部人三千余，枪二千支，与我四四九、二二三、二二五等团，连日在大集、窑沟、皮家冲等处激战，我官兵奋勇猛攻，匪迭受重创，相持至马夜，始向东逃窜。是役，毙匪无算，我亦伤亡官兵数十名。

据戴师长巧申皓酉等电称：扰窜窑沟股匪，经职部及宋师各部迭次猛攻后，伤亡枕藉，仅余小股向三桂堂方向溃窜。是役，获枪二十余支，我军亦有伤亡。

二月二十四日，据郝师长敬戌电称：职部于本日在桥口、班竹园、史寨等处，将匪人枪五四百余击溃，毙匪五十余，生擒十余名。

二月二十五日，据第三师李师长敬午电称：顷奉委座漾申电令：着第三师克日集中郑州，准备北开等因。恳饬职师补充团即开信阳待命输送等语。当令补充团樊团长宥日开信阳待命，并电第八十师李师长转饬该师补充团星夜开赴潢川接替城防。

第五章　三月份清剿经过概要

三月三日，据戴师长冬酉参电称：潜伏韭菜岩、断官岭、极岭一带之匪，人约六七百，枪四五百支，于东午与我谭旅在断官岭激战，我冒死攀登猛攻，至下午五时，始将各极岭占领，匪向笔架山溃窜，我分三路尾追，毙匪四百余名，受伤者百余名，坠山谷而死者无算，现正追剿中。

据郝师长东酉电称：扰窜独杨树之匪，人约三千，枪千余，于今晨与我民团激战，我郭旅闻讯，分向该匪抄袭，激战三小时，毙匪无算，匪向三河口方面逃窜，现正追剿中。

三月四日，据戴师长冬戌电称：窜据韭菜岩、断官岭之匪，经我谭旅击溃后，退据笔架山，恃险顽抗。该处四面峭壁悬崖，仰攻不易，激战数时，职部伤亡甚众。幸我官兵奋勇冒死攀登，肉搏数次，卒将匪击溃，匪残余仅三百余人，分股向汤家汇以北地区逃窜。是役，毙匪二百余名，俘匪二十五名，获枪三十六支，我伤亡官长十一员，士兵四十一名。

三月七日，奉总司令蒋鱼戌行电开：第八十师速派两团到息县驻防，并派一团到潢川，限灰日前到达等因。当即电李师长速派二三八旅进驻息县，补充团全部驻潢川，工兵营驻江家集。旋据宋师长电话报称：溃匪二十五军窜据大小门坎山，有包围汤家汇、四道河之势。当即分电各师如左：

1. 宋师驻汤家汇、四道河之部队，应固守原地堵剿，其驻银山畈之部，速向大小门坎山进剿。

2. 郝师应以有力之一部，向大小门坎门山急进夹击。

3. 戴师应抽一部，速向汤家汇协助宋师堵剿。

三月九日，奉总司令蒋庚行电开：马腾蛟部在新集被围，八十师应先联络八十九师及五十八师扑灭此股，再调息县等因。当飞令八十师二三八旅迅赴新集应援，并与八十九师连络进剿，并通报卫指挥官、汤师长。旋据确报，赤匪伪二十八、十八军，人约四千余，枪约二三千，仍潜伏大小门坎山、余富山一带，并未东窜。特重规定各师负责兜剿办法如左：

1. 第七十五师在瓦屋基，四道河、汤家汇各师，应对该股潜匪严加戒备，相机夹击。另以三团兵力由枫香树向南转东，依次梭剿，沿途务将大木厂、查子河、银山畈各附近散匪肃清，会同五四师花园河方向进剿部队，向门坎山之匪努力攻击前进。

2. 五四师迅以相当之兵力，由现地前进至花园河、三道河、大木口之线，协同七五师银山畈方面攻击部队，向门坎山、余富山之匪努力攻击前进。

3. 十二师速派有力部队，由南溪向火炮岭挺进，协同汤家汇方面七五师史旅努力堵截。

4. 各师限电到日开始运动。

三月十九日，本部以经、商两区残匪自清剿以来，此剿彼窜，迄未根本肃清。迭电与卫指挥官协商统筹办法，兹接电复：已亲率八

十九、三十、三十一等师各一部，向杨泗岩、龙兴岸以东之线，拟号日续向东进等由。当规定本区各师协同堵剿任务如左：

1. 七十五师以有力之一部，进驻大木厂、卧牛岭、银山畈、关王庙之线堵截，并派兵两团搜剿附近残匪。

2. 第五十四师以主力由现地向关王庙、西河桥、铁关、尖隘门、关长岭关以西以南地区堵剿，对于胭脂坳一带潜伏散匪，须派队肃清，左翼之滕家堡、李店集方向特加注意。

3. 第十二师派兵两团，搜清丁家埠、南溪残匪，与四十五师切取连络。

4. 第四十五师派一部由现地进驻灰旗山、豹子岩、笔架山之线，唐、宋两师连络搜剿。

据戴师长皓辰电称：该师苏团于筱晚在金刚台、铁瓦寺内将匪首伪皖西北道执委会委员长易千甫捕获，当电复将该犯易千甫就地正法示众。

三月二十六日，据宋师长敬戌电称：伪游击师张德山部，人枪四五百，今午悉力来犯椿树坳。我郭旅奋勇迎击，毙匪无算，匪向小河桥口四散溃逃。是役，我获机枪一挺，步枪五支，生擒匪众十余名。我军亦有伤亡。

三月二十七日，据宋师长感午电：职师史旅于寝辰在门坎山与伪二十八军残部，人千余，枪七八百支接触，激战六时，匪始向石人洞方向溃退，匪伤亡数百名，遗弃军用品甚多。我亦伤亡士兵十余名。

又据郝师长感午电称：本日职师郭旅及刘旅王团，已将黄五寨、东岳庙之匪击溃，匪向西南逃窜。

三月二十八日，据宋师长俭午电称：职师史旅今辰向关王庙前进，行抵东山，与匪伪二十八、二十五军主力遇战，激战异烈，刻仍在银山畈山顶与匪激战中等语。当即飞电五四师派兵向门坎山方向堵截。

三月二十九日，综合各方情报，赤匪伪二十五、二十八军及伪独立师，于感、俭两日东岳庙、西河桥、关王庙、银山沟经郝、宋两师击溃后，分向四道河、余富山、长岭关方向逃窜，仍有继续东窜之企图。本部为扑灭该匪起见，分电各师其要旨如左：

1. 第十二师就近派兵两团固守金龙山、钓鱼台之线，努力堵截，相机围剿。

2. 第五十四师将附近之匪击溃后，即派一旅取捷经〔径〕到达李家集、丁家埠、南溪之线，其余部队向门坎山、余富山搜剿前进。

3. 第七十五师将附近之匪击溃后，即以主力经石人洞、大佛山向四道河、汤家汇、红石岩搜剿前进，其余部队仍在原地清剿残匪。

4. 第四十五师以主力进驻豹子岩、笔架山、麻河岗之线，努力堵剿。

奉总司令蒋马巳二电令：八十师二三八旅从速开赴息县。当即转令知照，并限陷日开拔。旋据郝师长俭申电称：职师郭旅及刘旅王团，今晨续向西河桥之匪进攻，激战四时，卒将西河桥占领，匪向西南逃窜。是役，毙匪甚众，获枪二十余支。我亦伤亡十余名。

三月三十一日，据宋师长三十日电称：职师史旅于艳日已将银山畈山顶占领，匪节节抵抗，激战九小时，卒将该匪击溃。是役，计毙匪五百余名，被迫坠岩而死者无算，为状极惨，夺获步手枪数十支。我官兵伤亡二百余员名。匪受创后，纷向门坎山、四道河一带逃窜等语。当电宋、郝两师联合跟踪尾追。

第六章　四月份清剿经过概要

四月三日，综合各方情报，伪二十五、二十八军残匪，累经我军击溃后，渐次窜向叶家集西南富金山、石门口、刘家、松林庙、高寺、三桂堂、武庙集一带。本部以扑灭该股窜匪起见，特规定各师围剿任务，其要旨如左：

1. 第十二师派有力之大部，沿史河自金家寨至叶家集扼要防堵，相机出击。

2. 第四十五师戴师带兵一旅，顺史河西岸地区向叶家集、黄瓜山之线搜剿，在笔架山、豹子岩之岳团，俟宋师到达后，即撤至皂靴河。

3. 第七十五师由韩副师长率兵三团，经狗迹岭向叶家集方向沿途搜剿前进。

4. 第五十四师派兵两团，进驻张家湾、钱家楼之防堵，相机进剿。

据郝师长冬戌电称：汪旅郭团在余富山附近击溃枪匪三百余，毙匪甚众，俘匪十余名，获枪五支，匪向北溃散。

四月七日，据宋师长江电：职师史旅于寝日经门坎山西进会剿，遇匪二十五、二十八军残部，人枪约千余，该旅派兵迂回夹击，毙匪百余名。我亦伤亡数十名。该匪始向石人洞方向逃窜。史旅续向花园河方向前进。俭早即与匪主力二千余激战，肉搏六七次，激战竟日，始将匪击溃。是役，毙匪达五百余，并击毙伪八十二师师长一名，匪向东逃窜。已令各旅经豹子岩、狗迹岭、叶家集方向进剿。

四月九日，顷据确报，伪二十五、二十八军残部，人约二千余，枪约千余，现向西回窜至西河桥、两河口一带，零星小匪仍潜伏本区各山中，希图再逞。本部以扑灭该匪彻底肃清潜伏起见，重行规定各部清剿区域如左：

1. 第七十五师自枫香树、银山畈、关王庙、汤家汇、瓦屋集、四顾墩之线，线上均属之。第五十四师，长岭关、隘门关、铁关尖、西河桥、关王庙、大木口、火炮岭、李家集之线，线上除关王庙外，均属之。第十二师，麻河岗、南溪、丁家埠、金家寨、胡家店、杨家滩、皮坊之线，线上除皮坊外，均属之。第四十五师，四顾墩、豹子岩、笔架山、奶奶庙、狗迹岭、皮坊、杨家咀沟、黎家集之线，线上除四顾墩外，均属之。

2. 各师在本清剿区内，扼要驻守，与邻接部队随时商定会哨地点，并派有力部队，由东向西来回搜剿，彻底肃清潜伏。但五十四师应以主力推进至隘门关、铁关尖、西河桥、关王庙之线。第七十五师以主力推进至关王庙、花园河、银山畈、卧牛岭之线，协力堵剿，相机扑灭。

四月十九日，据宋师长皓电称：职师韩旅于今晨率部游击行抵汤家汇，午后二小时，实由东方窜来赤匪五六百名，向我阵地猛攻，经我派兵迎击，激战数小时，匪向东南逃窜。是役，毙匪甚多，我亦有伤亡。

四月二十四日，据郝师长东酉电称：据探报伪二十八军一部，人枪约六七百，昨由九歇山窜抵漆下店，当令刘旅杜团于今晨进剿，匪据险顽抗，我冒死登山，毙匪无算，并毙营长一员，我伤亡二十余名。

四月二十五日，奉总司令蒋皓戌电开：为便利剿匪起见，任命卫立煌为豫鄂皖边区清剿总指挥，凡经、黄与商、罗各区部队概归其节制。

四月二十六日，迭据报称：光山以南近由经、黄区窜来残匪千余，枪六七百支，在南向店、文殊寺一带与光山民团激战，当令八十师四七六团前往援助。

四月二十七日，据第八十师四七六团陈团长报告称：匪已击溃，退窜徒沙河等语。

第七章　五月份清剿经过概要

五月六日，据宋师长微电称：南溪西之火炮岭发现匪二三千人，当派队进剿，激战三时，匪向西南溃窜。是役，毙匪数十名，我亦略有伤亡。

五月十二日，据报赤匪约三千人，枪千余，窜扰汤家汇一带，有企图进扰金家寨模样。本部为围剿该匪起见，下达各部命令如下：

1. 第五十四师以主力向汤家汇进剿。

2. 第四十五师以主力集结于李家桥，再以二团以上之兵力，由李家桥西南地区向汤家汇进剿。

3. 第七十五师驻四道河各部，应向汤家汇搜剿进击。

4. 第八十师二三九旅，由砖桥向八里畈推进。

5. 第十二师对金家寨严密固守，并派队在金家寨以西以南地区游击协剿。

6. 各部限删日开始进剿。

五月十三日，据宋师长元申电称：职师韩旅文亥派队搜剿，在王家凹附近遇匪七百人，激战终日，匪向八里畈一带逃窜。是役，毙匪五十余名，生擒十余名。

五月十九日，奉总座皓戌电令：本军开赴鄂南督剿等因。旋于感日奉总座宥机电开：暂待刘茂恩到豫南后，再离潢赴鄂南督剿等因。

六月六日，本部全体职员由潢川起程，经信阳抵汉口转赴鄂南，驻扎大冶，担任赣、粤、闽、湘、鄂剿匪军西路第三纵队剿匪任务，豫南清剿遂告一段落。

〔国民政府军事机关档案〕

2. 国民党军第三十师彭振山部与红廿五军在鄂东杨泗寨战斗详报

(1933年3月18日)

杨泗寨之役

二十二年三月十七日之情况

午后七时三十分，据侦探报告：有枪支齐全之匪，约四千五百余名，刻盘踞于杨泗寨及其以西槐树坳、曹家冲等处，企图不明云云。基此报告，遂给与第八十九旅以迅速扑灭杨泗寨一带之匪为目的之要旨，命令该旅即于十八日早六时，由余家河出发，经八字门楼、槐树坳即遇匪之大部，开始激战，匪恃险抗战，我用强大火力制止敌人，掩护我步兵占领杨泗寨西北一带各山顶。是令第一七七团由该寨西端向该匪进攻；令第一七八团除警戒原阵地外，并抽派一营由该寨以东之大山抄袭匪之后。血战四小时，该团第三营营长杨秉辰奋不顾身率领部队勇猛冲登山顶，匪顽强抵抗，返往肉搏三四次，杨营长秉辰冒弹阵亡，匪以死伤过众，纷向彭家大湾方向溃窜。该旅因天色已晚，未便穷追，仍回余家大湾宿营。（如附图第六）〔图略〕

一、敌之兵力及队号：

1. 是役与我抗战之匪，系伪军长吴焕先所率领之伪二十五军及二十八军，共计匪约四五千之众。

2. 匪军装具被服器械损坏不堪，尤其生活状况极为惨苦。

3. 训练虽无特殊优点，但其行军力及爬山越岭，是优于我军也。

二、虏获及匪我损伤概数

1. 俘匪连长一名、排长三名、士兵五十余名。

2. 匪军遗弃战场之死伤者，足达三百余名。

3. 得获七九步枪三十余支，旗帜四面。

4. 阵亡营长一员，下级官长及士兵六员名，受伤官长五员，士兵十六名。

三、弹药消耗之数目。〔略〕

现值剿匪告以段落，奉令建筑鄂东黄麻一带公路。兹将二十二年筑路经过情形概述列左：

一、黄安方面

1. 尹家河至李化段，长径约二十里，宽度六米达，民国二十二年五月十五日开始五月三十日完成。

料棚至杜店段，长径约二十里，宽度六米达，于民国二十二年三月十五日开始至三月二十日完成。

2. 宋埠至李化段，长径约二十五里，宽度六米达，于民国二十二年四月五日开始至四月二十日完成。

3. 料棚至谢店段，长径约十九里，宽度六米达，于民国二十二年五月五日开始至五月二十日完成。

〔国民政府军事机关档案〕

3. 国民党“豫鄂皖边区剿匪军总司令部”关于进犯鄂豫皖革命根据地周报

(1933年7月—1934年3月)

一、第二周周报 （一九三三年七月廿四日—卅日）

豫鄂皖边区剿匪军总司令部第二周周报自七月二十四日至七月卅日

七月二十四日

一、匪情

1. 双门山附近之匪大部东窜，各小股仍盘踞太平寨，企图牵制我兵力。（据刘茂恩本日报告）

2. 匪大部窜乘马冈、大河铺，该匪经我郭家河、王家湾、任店等处驻军痛剿后，似有东窜之势。（据孙连仲敬电）

二、部队位置动作

1. 五四师汪、刘两旅敬早向王复店、石河迎击，俟占领后，即向张店、四店前进。（据郝梦龄敬戌电）

三、指挥

1. 敬未电令戴民权派队搜剿狗迹岭之匪，并与　　连络。

2. 敬巳电令各部对于匪区居屋、田禾已另订办法，暂勿毁坏。

四、剿匪经过

1. 刘茂恩敬巳电，据王家湾阮副师长、双山门徐副师长报告：昨夜十二时赤匪向我王家湾、金家湾阵地袭击两次，激战至拂晓前，匪不支向西南逃窜。

2. 侦探报告：三十一师杨团长带兵四营向三张家、料棚搜剿，遇匪数百名，当击毙数十名，得枪十余支，我伤兵士五名。

3. 侦探报告：三二师王旅李团在汪家河遇匪二三百名，经我进击后，即退白马山，与该处匪五六百名合力抵抗，激战数小时，匪向南溃窜。是役，毙匪数十名，我伤士兵十余名。

五、其他事项

侦探报告：三二师时旅派游击队在石门口附近搜剿，捞得带轮机枪三挺完整。

七月二十五日

一、匪情

1. 俘匪供称：有匪千余人，刻窜据太平寨，匪中每人每日给面一斤，困苦非常，故愿降者甚多。

2. 俘匪供伪二五军主力退张家店附近，医院亦在该处，太平寨仅游击队五六百人。（据彭振山有酉电）

3. 侦探报告：(1)大河品以东地区已无匪哨，亦无居民。莲花山之农民会约十余人，在包角山、红树一带肆掠。（据刘茂恩报告）

二、部队位置动作

三二师王旅本日午后五时到达张葛、仙天台、后沟附近。（据梁冠英感午电）

三、指挥

1. 有辰电令宋天才、顾莹，对于福田河至小界岭各处严密防堵，免匪东窜。

2. 有巳电令韩文英，如由八里畈进攻白石岸，困难时可由小界岭或沙窝之路进攻。

3. 有辰电令孙连仲转饬三一师增兵黄土冈、福田河堵匪东窜。

4. 有午电令立煌县长派员协助四七师办理清乡事宜。

5. 有午电发梁冠英、刘茂恩、彭振山、万耀煌、郝梦龄、陈耀汉、陈永各部命令如左：

(1) 赤匪迭被痛击，势已穷蹙，失去老巢，大股窜箭河东南及其东北，分股及零匪仍潜伏各高山密林中。

(2) 三二、六四、三十、十三各师应分区搜剿，并限于一星期内肃清。

(3) 各师之分区如下：(一)老君山、杨术冲、汪家冲、白果术、店周八家、虎山以南及线上属十三师，以北属三二师。(二)虎山、戴家、毛屋、戴士英、吴家坳以西及线上属十三师，以东属三十师。(三)虎山、唐家边、刘家园、郭家冲、后分水、金家湾(北)地食物以东及线上(虎山不含)属六四师，以西属三一师。(四)虎山、龙潭冲、王家大屋、何家畈以上及线上(虎山不含)属六四师，以南属三十师。

(4) 各师应就所管区内紧要地点坚筑工事，防匪反攻奇袭，妥定搜剿办法，逐日将搜剿地点部署通报，并将搜剿后情形电告。

(5) 必要时，各区相连地点，应由该管各师协商会同搜剿。

(6) 五四师到达四店附近，应助三十师搜剿。又六五师应防堵赤匪大股窜扰白石崖附近。

(7) 五八师应照剿匪计划所定区域努力清剿。四四师陈旅应向枣林畈、邓家桥搜剿，并与十三师、五八师连络。

(8) 以上七项除分别呈报通告外，务各切实遵照办理为要。

四、剿匪经过

1. 万耀煌有电：三八旅刘团在佛德桥附近遇匪警卫营及八路游击队，当场毙匪数十名，俘匪数名，匪向老君山逃窜。

2. 郝梦龄有戌电：职师刘、汪两旅本（有）日拂晓，由王复店攻击西北两方高地之匪，刘旅抄袭匪之侧背，激战三小时，匪不支退石河，复经痛击，又退茶明山，我刘、汪两旅遂进占石河。

3. 刘茂恩有日电：据六四师杨旅长由金家湾敬电称：本早一时匪约数百，向我右翼赵团阵地袭击，激战至六时，该团派队由右翼绕敌侧背始将该敌击溃，毙匪二十余名，获枪六支。

七月二十六日

一、匪情

1. 降匪供称：伪二十八军现仅一团兵力，在福田河与国军激战后，向皖境窜去。伪二五军前在郑家塘与国军接触，退至光裕山附近，旋又窜往太平寨，匪医院移至麻城之吴家冲，有伤病千余名。（据万耀煌宥午电）

2. 又俘匪供，今早在茶明山被我击溃之匪，现退丁家畈及三角山一带，企图牵制阻我前进，其伪二五军大部，现由张店窜至顺河集东寥坡岗以南地区，拟以全力向我进犯。另一部约二千余人，窜琢术山附近，以图断我后方交通。（据郝梦龄宥戌电）

3. 据乜旅长报称：赤匪规定新防地伪二三军在郭家河、七里坪一带；伪二八军在三河口、胭脂坝一带；伪二五军在乘马冈、顺河集、张店、张一店、王复店一带。匪之给养在西高山、履福砦，该处并有匪之苏维埃政府。伪二五军现均在乘马冈、大河铺一带，有东窜之势。匪游击队三、五百人不等，时向骑龙铺、黄土冈防地侵扰，出没无定。（据李敬明宥午电）

4. 据获匪供：伪二五军全部被我痛击后，即溃退至祖德程东南及石门口以北各山中。又被我军击溃之匪共四团，均潜伏各山中，人约六七千，枪支齐全，惟缺粮弹。（据刘茂恩报告转报二五路张代旅长通报）

二、部队位置动作

刘茂恩宥戌代电：奉有午行参电，遵即规定搜剿办法如下：

(1) 以一旅搜剿刘家园、李家凹、郭家冲及其附近地零匪。

(2) 以一旅搜剿王家湾以北地区。另以一团搜剿双山门附近麻城凹、李家湾、龙潭冲、王家大屋一带。

(3) 易本应游击队搜剿董店至中途店左右十五里内之零匪。

三、赤匪情形〔略〕

四、其他事项：

1. 宥亥电：令罗山、光山、潢川、商城、立煌、黄安、麻城、礼山、固始各县对于匪区难民，不得骚扰及无辜杀掠情事。

2. 戴民权径巳电：将煤炭窑、青风岭民众组织清查户口并节食施赈。

3. 戴民权径戌电：杨团在罗道冲缴立煌县叛逃民团步枪二十一支，手枪一支，并一律给资遣回原籍。

七月二十七日

一、匪情

1. 降匪供称：伪独立第六师十八团三营，在大悟山内保护医院，余两营在前方，朱家湾共有枪四百余支，二一团在东堵、夏店有枪二百余支，特务营随师部在山小河一带，有枪百余支，手提三架，全师共有千余人，子弹缺乏。将军寨昼夜有人把守。(据陈耀汉感辰电)

2. 据降匪供：匪大部在张店及顺河集、廖坡冈一带，与被我军击追之匪连合，现在侦剿中。(据郝梦龄感巳电)

3. 李华以东有枪匪二百余人盘踞。(据彭振山感巳电)

二、部队位置动作

刘茂恩二十七日报告：据阮副师长二十七日报告：早六时杨旅由金家湾出发，向后分水进剿，当令马旅毛团以一部推进至金家湾，接杨旅赵团阵地，令吕团一部推进至王家湾西南端，接杨旅朱团阵地，并饬坚筑工事，明日向王家湾、观音山附近搜剿。

三、剿匪经过

1. 梁冠英感申电：据王旅长宥亥电称：曹团葛营于本早四时率兵三连赴响水潭游击，遇匪四百余名，当令夏连长绕敌侧背，栾连长率队由正面猛攻，匪不支溃窜。是役，毙匪三余名，俘男女赤匪四十六名，获步枪五支，宣传品多件。

2. 郝梦龄感申电：汪、刘两旅今早向当面之匪进攻，激战数小时，已将丁家畈之匪击溃，匪窜三角山顽抗，企图与平头岭、毛屋冲之伪二五军七三师合力向我进犯。刻汪旅向三角山刘旅向平头岭全线进剿，正在对战中。

3. 彭振山感酉电，李团长称：窜谢店附近之匪约二千余人，向我三十一师驻宴家寨之王团攻击，激战约两小时，仍在对峙中。

4. 刘茂恩廿七日报告：邢旅张团今早由双门向王家大屋、太平寨之匪进攻，激战数小时，随即占领王家大屋及太平寨。

5. 上官云相感未电：二七七团王营遇匪四百余名，由燕子屋各山向我射击，经我对击后，匪增加百余名，向我左翼猛扑，经派骆营长率兵两连追至大河口以南，匪即逃窜。因天晚未穷追。是役，毙匪二十余名，我伤兵士三名。

四、赤匪情形〔略〕

七月二十八日

一、匪情

1. 俘匪供称：在鞭马台与我对击之匪系伪独立师之独立团，人约六百余，枪约四百余，并附有打粮队二百余人。（据宋天才俭午电）

2. 三角山、平顶山、廖坡冈匪甚少，似有向东逃窜之势。（据飞机报告）

3. 匪约四五千，枪三千，马甚多，刻窜至胡家墩一带。（据李

敬明俭午电)

二、指挥

俭早派飞机侦炸三角山、平头岭一带之匪。

三、剿匪经过

1. 宋天才俭午电：匪连日窜扰粉壁渡、八里冈一带，经史旅派兵两营，由枫香树西进邀击匪之侧背，职就近督城防部队迎头痛击后，匪分向长冲口、银山畈方向窜去。是役，毙匪三十余名，俘六名，我伤亡数名。

2. 易本应二十八日报告：二七日早四时，第六大队在方家畈、传家山遇匪数百，职督队包剿，激战数小时，匪不支，向南窜溃。是役，毙匪数名，伤十余名，我伤士兵一名。

四、其他事项〔略〕

七月二十九日

一、匪情

1. 张一店以东黄土冲、张家团、畈河一带，有匪大部正在吃饭，另有匪一部约千余人在鲤鱼山、仙人山山顶休息。(据飞机报告)

二、部队位置动作

1. 刘茂恩廿九日报告：据杨旅天民报告：据报大张冈南方高地之匪千余，已向龙王山、土地寨移动。职现与梁部张参谋长约定明(廿九)早五时梁部以主力袭击龙王山之匪，同时职旅亦派相当兵力向三步湾南方潜伏之匪进剿，并请饬一九五旅一部于明早进至金家湾策应。

2. 孙连仲艳亥电：出一师部及一八一团进驻麻城，九二旅进驻黄土冈、福田河一带。

三、指导

1. 艳亥电顾莹部，在福田河、两路口一带建筑碉楼，防匪东窜。

2. 艳戌电令万耀煌在七里坪等处督促民众迅筑碉楼，以固防务。

四、剿匪经过

1. 梁冠英艳午电：曹团游击队在冉家冈遇匪，经痛击后，毙匪四名，俘三名，并俘伪政委黄建川一名，伪输送卒十三名，难民五十余名，步枪四支，子弹卅粒，梭标六杆。阎团行至夏家凹遇匪数十，经我击毙二名，俘二十六名，得枪二支。

2. 刘茂恩报告：二十九日朱团长率该团一、二两营及赵团第二营，向刘家园、郭家冲一带进剿，该处股匪约五六百人，稍事抗拒，即向龙王山、土地寨方向窜去。

七月三十日

一、匪情

匪五六千人有向中馆驿、宋埠间窜扰模样。（据孙连仲卅酉电）

二、指导

1. 卅申电发梁冠英、孙连仲、刘茂恩、彭振山、郝梦龄、万耀煌、李敬明、宋天才、顾莹各部命令如左：

(1) 迭据飞机侦察及各方报告，被我在郭家河、王家湾、塔耳冈击退之匪大部现窜踞四店以南张一店以东及其东南张店及顺河集以西各地区及各山头，有向东窜逃企图。又杨泗寨为赤匪老巢，并有一部窜踞白石崖、韩家老屋一带，时常窜扰。

(2) 现值搜剿期满，着卅师、五四师、六四师及五七师韩旅分途进剿，务将该匪主力击破，期早歼灭。

(3) 四店、黄土冈(北)至两路口线上(含)以北属六四师及韩旅，先剿白石崖一带之匪，再向东南进剿。以南属卅师、五四师、会剿张一店、张店、顺河集一带之匪，该两师务须设法妥取连络，协力进剿。

(4) 六四师现住之王家湾、金家湾、双山门等处，着卅二师接防，卅师现住之塔耳冈、团树冈等处，着十三师接防，该师师部应推进至七里坪。

（5）前划定之卅二师、六四师搜剿区域，着卅二师完全担任，并将主力移至双山门及其以南地区，防匪回窜。十三师、卅师搜剿区域着十三师完全担任，仍遂逐日派队搜剿零匪，安辑民众，防匪回窜。并由该两师时常派队到箭厂河游击会哨，以便连络。

（6）六五师（欠一旅）应派一部进驻中途店，防匪北窜。

（7）卅师、七五师及顾莹部驻小界岭、两路口、福田河、黄土冈，各部队应严加堵截，防匪东窜。

（8）以上各部统限于八月支日以前预备完竣，歌日开始动作。

2. 艳酉电发陈耀汉、陈永两部命令如左：

（一）赤匪大股迭被击溃，现窜四店东南各山中，我追剿部队正跟踪追剿。

（二）大小悟山、拱极庵一带，现仍有赤匪小股，应由五八师及四四师陈旅协同肃清之。

（三）五八师应抽一团以上兵力，陈旅抽一团（欠一营）蒋县长督饬地方团队统归陈师长子杰指挥，妥为部署，俟有午电令之任务终了，即行开始进剿。

（四）进剿前部署，进剿后情形随时具报。

三、剿匪经过

1. 梁冠英廿〔卅〕日电：王营长率兵一连李家东南地区搜剿，遇匪数十名，经我击毙三名，俘五名，获枪一支，行李三件。陈营赴丁家湾、杨家楼搜剿，遇匪数十名，被我击溃四散，获枪一支。杨营赴白马山一带搜剿，在公坳地方遇匪十数名，被我击毙二名，俘四名，获枪一支，子弹卅粒。

2. 梁冠英世戌电：卅日姚营在罗家当搜剿，遇匪八十余名，经我猛击，匪向白马山逃窜。

3. 顾莹陷未电：东窜之匪本午折回西窜，现在三条街与我激战中。

四、赤匪情形〔略〕

五、其他事项〔略〕

二、第三周周报（一九三三年七月卅一日—八月六日）

豫鄂皖边区剿匪军总司令部第三周周报自七月卅一日起至八月六日止

七月卅一日

一、匪情

1. 连络员陈安济世辰电：东窜之匪，复联合伪二十八军，由双庙关、四柱岭窜第三条街、汪家河、杜家河一带。

2. 飞机世午报告：三张家、和尚潭、胡家墩有匪大部盘踞，顺和集以东，匪人来往甚众，料棚至聂家河道上有零匪行动，张一店东北各村仍有匪部盘踞，琢木山附近之小道有三五匪人行动。

3. 郝梦龄世电：据俘匪供与我对战之匪独立师，因其医院在顺河集，并掩护其大部南窜，故死力与我敌〔抵〕抗。

4. 李敬明世戌电，据王团长报告：晏家砦北百丈街附近，发现赤匪千余烧杀。又杨团长报告：伪独立团四百余窜蔡家冈附近各村枪劫。

5. 麻城郑县长报告：昨日拂晓两路口发现匪约千人，枪半数，午时窜至福田河，经团队堵剿，匪狼狈退杜家河、纯阳山一带。

6. 宋天才世亥电：东窜之匪号称两师，卅日到关王庙、银山畈一带，本日匪先头进至大木厂、大佛山、瓦屋集，逼近余子店、枫香树，有企图窜扰商城模样。

7. 万耀煌世酉电：据潘旅长世电，据报伪独立第七师、十九、二十两团，窜踞鹅公山附近之李家湾、灯笼畈一带。

二、部队位置动作

1. 李敬明世电：职师师部艳早移麻城，九一旅部及一八一团移驻麻城附近，九二旅部由麻移驻黄土冈，一八四团今晨向福田河前进。

2. 陈耀汉世申电，奉艳申电遵照部署如次：

A、驻礼山三四七团派两营向白马寺一带进剿。B、驻四姑墩一七二旅，派两营向步马岭一带进剿。C、四四师宁团向大悟山、步马岭、滚子河一带进剿。D、礼山蒋县长以三个保安队进占五斗田，工兵营亦于今日进驻陈家河防堵。

3. 宋天才世亥电：职部现仅史旅两团在余子店、枫香树一带布防，直属四营担任城防，兵力单薄，拟令卢旅取捷径向东遄返商城协助防剿。

4. 连络员李明伦世酉电：郝师师部昨日进驻石河。

三、指挥

1. 世电令孙连仲饬部与郝师协剿琢木山、料棚、顺河集之匪。

2. 世巳电令梁冠英迅将防地零匪肃清。

3. 世未电令郝梦龄连络卅一师兜剿胡家墩之匪。

4. 世申电令顾莹福田防务交卅一师接替，该部防线向北缩短，但仍与卅一师保持连络。

5. 世酉电令麻城郑县长派团队与顾部会剿三条街之匪。

四、剿匪经过

1. 连络员卅辰电：三条街、杜家河一带之匪，经顾莹部第三大队痛剿，激战一日，匪冲围西窜纯阳山一带。除电宋部卢旅援助外，顾司令已饬队扼要堵剿。

2. 万耀煌世午电：据三十八旅刘副旅长电称：今晨率队向老山、仰天窝一带搜剿，进至娄子冲、洪家冈遇匪二百余，战一小时，毙匪二十余，获枪十余支，俘匪五名，余匪向黄毛尖东北逃窜。

3. 万耀煌世申电：本日拂晓派佟团长率兵两营及七八团之一部，向灯笼畈、李家湾之匪进剿，匪据险顽抗，经我猛扑，匪不支，向东南溃窜。

4. 郝梦龄世未电：今晨督令汪、刘两旅续向当面之匪进剿，连攻占平头岭、李福石、履福寨一带十余山头，匪退据履福寨、三角山顶。我军猛攻，激战过午，遇雨渐停。是役，毙匪甚多，我伤排长一，亡士兵十余名。

5. 孙连仲世未电：琢木山、料棚之匪，令李师长率五团进驻麻城，令康旅向该匪截击，现当面之匪已向北窜。

五、其他事项〔略〕

八月一日

一、匪情

1. 飞机东日报告：赵店、刘家河大道上有少数匪人来往。料棚、顺河集至张店大道上有匪百余，向北行进，琢木山发现零匪。

2. 陈永东电，据宁团长报称：佛塔山附近有伪河口县保卫局约二三百人，枪数十支。综合报告匪势穷蹙，多欲投诚。

3. 彭振山东辰电：据拿获匪探一名供称：系为伪廿五军派来侦察国军给养与马匹多寡，并云国军如有三日给养，匪则准备五日，国军如有五日给养，匪则准备七日，以资抵抗。

4. 万耀煌东巳电：接郝师长卅亥电，匪大部仍在张店、顺河集一带，匪如西窜，则黄安、桃花、尹家河、古风岭间适当其冲，各该处兵力似嫌单薄。

5. 顾莹东巳电：东窜之匪感日与职部接触，现仍在高家寨一带激战中。

6. 宋天才东午电：据报赤匪六七千，咋由福田河方面向天王庙、银山畈一带窜扰，匪之独立团已进抵大木厂，并向汉家冲一带肆扰，有企图进扰商城之势。

7. 顾莹东申电：伪廿五军现在纯阳山、高家寨盘踞，并搭置草棚，有长时盘踞模样。

二、部队位置动作

1. 万耀煌东巳电：遵令潘旅长祖信率七四、七六两团搜剿后，准于支日开往团树冈、塔儿冈接防，师部同时进驻七里坪，其余仍分驻桃花、黄安、古风岭、七里坪、灯笼寺等处。

2. 梁冠英东酉电：遵卅申电令布置如下：A、九四旅准于支日进驻双门山，并派队向箭厂河游击与万师会哨；B、独立旅（欠二营）支日进驻绵枣山上下博岩，担任后分水至高家湾、鸡公山一带搜剿；C、九六旅及林团（欠一营）担任熊家畈、郭家河、宣化店、白马山一带，并以一团驻郭家河；D、戴副师长率九五旅及手枪营，支日进驻王家湾策应各部；E、以一团驻白山关。

3. 宋天才东戌电：对商城当面之匪仍饬韩、卢两旅及直属部队严加防堵，暂不进剿。俟将白雀园以南以西各地区肃清后，再酌调回卢旅协剿。

三、指挥

1. 东巳电令宋天才卢旅酌留一部协助韩旅，其余可调回商城防剿。

四、剿匪经过

1. 万耀煌东申电：据刘旅长东电称：昨晨率部向鸡公山、周八家、白果术搜剿，均无匪情，明晨续向龙王寨、戴士英搜剿。

五、其他事项

1. 顾莹东巳电：防内寨堡刻正会同麻城县长加工赶筑。

2. 万耀煌东电：黄安自去岁收复后，即于县城成立小学两所，七里坪、桃花各一所，今夏并施珍〔诊〕施药注射防疫，应再设法推广。

八月二日

一、匪情

1. 宋天才冬午电：(1)踞大木厂之伪独立团，已向银山畈退去，大木厂尚有余匪。(2)由西窜银山畈、关王庙一带之匪，约七千余人，有窜扰金家寨企图。

2. 宋天才冬申电：据卢旅长报称：顾部民团张旭东队在小界岭南四里许被人约二千、手枪千余之匪包围，正在激战中。

3. 宋天才冬戌电：据韩、卢两旅长卅世电报称：匪约万余，卅日上午由四桂〔柱〕岭西窜，经顾部民团截击，经三条街窜纯阳山、高家寨、齐头山一带盘踞，有北窜企图。又毛家铺及骑虎寺附近均发现匪情。现商城当面之匪，尚无何行动。

4. 连络员李明伦冬未电：据报乘马冈一带之匪化整为零，一股向料棚窜扰；一股向纯阳山、九歇山等处奔窜。

5. 陈耀汉冬戌电：据俘匪供称：我是在伪七四师当兵，红军在郭家河被击散，由老山窜来，意图西去。

二、部队位置动作

1. 李敬明冬申电：奉令堵剿胡家墩、琢木山之匪，即令九三旅全部及一八一团附山炮两门，由职率领于江早出发，向夏大湾以北地区前进。

2. 李敬明冬电：世辰电奉悉。各部详情如下：

师部及直属部队驻麻城，九一旅部驻三里桥，一八一团驻沙河、七里桥一带，一八二团驻骑龙铺。九二旅及一八三团驻黄土冈，一八四团驻福田河。九三旅部驻中馆驿，一八五团驻晏家寨，一八六团驻夏家湾、五脑山一带。

3. 郝梦龄冬酉电：本日派一六一旅先向琢木山、胡家墩一带之匪搜剿前进，并连络卅一师部队兜剿。刘、汪两旅俟将当面之匪压迫远窜，即转向胡家墩一带进剿，而后再与彭师夹击顺河集之匪。

三、指挥

1. 冬巳电令彭振山仍按卅申电令歌日动作。

2. 冬酉电令宋天才严防大佛山、银山畈之匪。

四、剿匪经过

1. 陈耀汉冬戌电：据四姑墩李旅长报称：今晨有匪百余

名，窜至五圣山寨东白衣寺等处，经派蒋营长率兵两连、丁团长率兵两连往剿，匪顽抗，经我夹击，毙匪三十余名，俘匪七名，得枪九支。匪向东窜逃，跟追至龙王寨，匪散无踪。

五、其他事项〔略〕

八月三日

一、匪情

1. 孙连仲江申电：据郑县长报告：据俘匪供伪廿五军在黄土冈作战损失一师，现只两师，伪廿八军只一师窜皖境。

2. 李敬明江电：据探报邓家竹园附近有匪独立团约五六百人，枪约三百余支，金家河、李冈有匪独立第七师，约二千余人，枪支齐全。

又据乜旅长报称：（一）匪据天宝山、大界岭一带，与七五师及顾部在两路口以南激战。（二）匪组运输队预备劫粮。

3. 郝梦龄江亥电：据报匪大部约二三千人，现仍在料棚、邓家竹园一带，一部约四五百今在琢木山附近，经职部击溃后，复西窜胡家墩、谢家冈一带。

4. 宋天才江电：商城当面之匪本已南退，转向西窜，此间形势缓和。

又江未电：据顾部张队长报告：匪约万余在纯阳山、四角尖等处搭草棚千余，东距两路口约五里，南距福田河十五里，北距小界岭七八里。

5. 又江电：(1)据降匪供称：小界岭一带现有伪廿五军七四、七五两师，七三师因损失甚大，已并入伪七五师，现距高家寨、齐头山等处，拟休养数日，抢粮他窜。(2)顾莹部张队长昨在两路口与匪激战，因匪众我寡，不得已退守东河，刻仍在激战中。

6. 刘茂恩江午报告：据徐副长报告：职昨饬邢旅三八一团三营向太平寨以东搜剿，据报该营十时到达太平寨，并无匪踪，营附张清和率四、五两连向鲁家凹、吴家湾等处搜剿，均无匪情。

二、部队位置动作

1. 李敬明江未电：今早率一八一、一八六两团到达卓玄山、胡家墩一带，并无匪情，明晨向料棚推进。

2. 郝梦龄江亥电：职督部跟剿胡家墩一带之匪，并协同卅一师部队分向料棚、王家冈攻剿猛进，堵截南窜。

3. 孙连仲支午电：据李师长电：郝师江晨进抵郑铺、江家冲一带，师部到达宝珠岩、磨角楼附近。

4. 刘茂恩三日报告：奉卅申电遵即部署如次：

(1) 姚旅长北辰率兵一团及戴安伯游击一大队，由该地经米流河向熊家湾、陈家湾攻击前进。

(2) 阮副师长率马旅由董店以西地区经彭家河、石竹岭、彭家大湾向韩家老屋攻击前进。杨旅于歌日拂晓由新集经戴家集、近子寨向白岸攻击前进。易司令率所部两大队歌早由董店附近出发，经彭家河向姚子岸攻击前进。

(3) 徐副师长率邢旅及武团，以一团位置于中途店，以一旅控置于彭家河附近，以资策应。

(4) 武旅长指挥所部(缺一团)并王文材团及六四、六五两补充营为驻剿部队，维护交通，搜剿零匪，另派一部驻董店，维护中经间交通。

三、指挥

1. 江酉电令唐淮源、戴民权防剿银山畈、齐头山等处窜匪。

2. 肴戌电令韩文英旅，支日进至把家门楼，歌日拂晓向下西河、紫尤潭会攻白石岸。

3. 绛亥电发孙连仲、梁冠英、刘茂恩、彭振山、郝梦龄、万耀煌、宋天才命令如左：

(1) 顷据宋师长、顾司令迭电报称：伪廿五军在三条街、两路口等处，与顾部接触后，现窜聚齐头山、高家寨、纯阳山一带，由宋师进剿。另一股在白石岸、沙河、银山畈一带，由宋师堵击。

（2）六四师应于歌日早会同韩旅向白石岸、韩家老屋之匪进攻，肃清后，并向齐头山、高家寨之匪进攻。

（3）卅师应于歌日早向四店以南至余家河地区前进，即在该地区严防伪廿五军西窜。并与六四师确取连络。该师给养如缺乏，暂由经扶补充。

（4）五四师应连合卅一师速将胡家墩、琢木山之匪肃清，以便北进，免受牵制。

（5）明日续派飞机至齐头山、高家寨、胡家墩、琢木山等处侦炸。

（6）各部队情形，应随时具报。

四、剿匪经过

1. 顾莹江酉电：伪廿五军全部连日围攻两路口，职部血战七日，弹尽粮绝，不得已退守大小界岭，死力撑持。现匪攻风坡山，仍急祈饬队飞援。

五、其他事项〔略〕

八月四日

一、匪情

1. 李敬明支午电：据乜旅长报称：杜家河以北之天山寨、狮子脑、两路口等处，有匪大部盘踞，四处劫粮。我两路口友军已退至骑龙寺。

2. 连络员李明伦、张书绅支午电：福田以东之匪，仅有数百名，常在九歇山、隘门关窜扰，立煌县白沙河、斑竹园、胭脂坳一带，为该匪常据之地。又据卅一师乜旅长称：纯阳山一带，刻窜集赤匪七八千，枪约三千，极狼狈。

3. 孙连仲支午电：据乜旅长报称：赤匪七八千，现盘踞天宝山、大界岭、枣树坪一带，冬日与我顾部在两路口南激战。匪组运输队，准备劫粮。

二、部队位置动作

1. 刘茂恩支戌电：据徐副师长鹏云报告:(一)据武团长报称：职部由双山门四时抵中途店。(二)职本晚率邢清忠旅宿营彭家河。

2. 彭振山支巳电：准歌早率全部向四店以南至余家河地区进剿,并防匪西窜。

3. 梁冠英支申电：时、刘两旅已于支申到达双山门、王家湾。

4. 孙连仲支巳电：据李师长报告：该部已于江日进抵豖木山一带,正在清剿中。

三、指挥

1. 支辰电令饬卅一师一八四团协助顾部民团堵剿。

2. 支亥电令郝梦龄迅将料棚之匪剿灭,速向顺河集、乘马冈进剿,与卅师连络。

3. 支亥电令宋天才、韩文英速调卢旅或韩旅一部飞援顾部。

4. 支亥电令顾莹部竭力抵御。

四、剿匪经过

1. 郝梦龄支申电：职督部今早由江湾、琢木山继向胡家墩、谢家冈一带进剿,刘旅进至胡家墩北之飞龙山遇匪五六百，被我击溃西窜。一六一旅在谢家冈西方高地,正与匪对战中,现左翼已与卅一师部队取得连络,明日续攻。

2. 孙连仲支未电：据卅一师李师长报告:职率一八一及一八六两团于支早十时到达邓家竹园东三里许之山岭一带，与伪独立七师及伪独立团、游击队约二三千人遭遇,激战终日，我夺获山头数座,毙匪百余,刻对峙中。我一八五团支早由晏家寨向北推进,刻已占领卧牛山。五四师刻在琢木山,俟微日五四师前进,即协同攻击该匪。

3. 上官云相支巳电：据杜旅长江酉电称：盐田畈一带,有匪千余，当派李团长率兵两营向该处游击，在曹家畈遇匪百余，当经猛攻，旋增枪匪四五百名，复派骆营向匪夹击，匪始狼狈，向西北溃窜。是役，毙匪廿余名，获枪三支。我伤士兵数名。

4. 顾莹文午电：今晨凤坡山被匪占据，我彷一大队退小界岭，与卢旅连络，一、三两队仍阻于福田河。

八月五日

一、匪情

1. 连络员杨秉彝微午电：凤坡山刻为匪据，顾部退大小界岭。宋师长刻拟由商城抽队往援。

2. 飞机歌午报告：(一)两路口有匪向福田河方向前进。(二)两路口西边大山高家寨、齐头山均有匪人行动，两路口至东河大道上有匪东进。

3. 孙连仲歌巳电：据康旅长转降匪供称：伪独立七师兵二团，每团约七八百人，枪六七百支，外附一独立团，只有两连，每连枪六七十支。总计人不过二千，枪千五百支，刻据邓家竹园西南地区。给养缺乏，匪无斗志。

二、指挥

尾戌电令宋天才派队驰援顾部，并设法接济。

三、剿匪经过

1. 刘茂恩五日报告：据邢旅长报称：(1)菜子尖之匪，上午八时经派胡营长率队猛攻，至九时许占领该地，匪向张家寨溃窜。职复派武团长率第三营向张家寨进攻，并以山炮射击，至十一时将该寨占领，并占领东傅家山。(2)据易司令八时报告：职率部至彭家河，匪踞菜子尖，职会同邢旅长进攻，当将菜子尖及张家寨占领。

2. 李敬明微未电：邓家竹园附近之匪，约二三千人，经职部痛剿，匪向西北窜去。职部现在卧牛山、邓家竹园一带补充给养中。是役，毙匪二百余，获枪数十支。我伤亡官兵卅余名。

3. 刘茂恩报告：据七五师韩旅李团长金来微申微亥电称：

职率部于微早进抵毛家铺，占领大福寨，即向九龙山进展。

4. 上官云相微电：职部杜旅连日派队向柳林河、盐田畈一带游击，一再与匪遭遇，均经击溃。前后毙匪四十余名，获步枪三支，并将吴家店西、王家祠以东一带散匪肃清。

5. 连络员杨秉彝歌电：(一)凤坡山顾部支日退大界岭(在凤坡山西北约十里)。(二)攻击大界岭之匪现退凤坡山。宋师长派卢旅一营协助防剿，相机反攻。(三)韩旅于本早取道下西河向白石岸进剿。

四、其他事项〔略〕

八月六日

一、匪情

1. 上官云相鱼辰电：据三河口、阎家河坐探报告：(一)匪约三千经两路口向商城逃窜。(二)西河桥有匪三四百名，伏儿山有匪五百余名。

2. 梁冠英鱼电：(一)据拿获匪团长胡明铨供：红廿五军大部在团树冈东南约十余里鸡冠山长冲及长冲店附近，伪十六团现在团树冈、北虎山附近。

3. 飞机鱼午报告：两路口、三条街、东河、凤坡山一带之匪，现仍集结退集两路口西南卅里之处，企图不明。

4. 飞机鱼日报告：(一)下西河西南之匪一股，经小把家岭、何家龙向韩家老屋前进，一股经柳家河向龙兴岸方向前进。(二)韩家老屋有大股赤匪正在休息，西高山、姚子岸一带山顶上有匪五六处，每处约三四十名，向君万河口行进。

5. 卅师杨参议鱼午电话报告：伪廿五军由项家河东北向张店方向西窜。

二、部队位置动作

1. 刘茂恩鱼未报告：职部姚旅先头已抵熊家湾。杨旅鱼午占领唐家冲。马旅取道彭家河向韩家老屋攻击前进。

2. 彭振山微申电：准鱼早四时向四店以南余家河推进，祈饬中途店驻军连络。

3. 万耀煌鱼申电：据潘旅长电称：职旅进驻团树冈附近，已与卅二师九四旅取得连络。

三、指挥

1. 鱼子电发孙连仲、梁冠英、刘茂恩、彭振山、郝梦龄、李敬明命令如下：

（一）综合各方报告及飞机侦察，匪之大部已集结两路口、纯阳山、高家寨、齐头山一带，窥其用意非折回西窜，即企图以主力突破我一点。我各部宜集结兵力，切实连络，以资应付。匪兵力丧失现已无多，再受一二次重创，必至消灭。（二）五四师应速协卅一师将料棚之匪消灭，迅速北进，与卅师切取连络。（三）卅师与六四师互相连系，协同东进。（四）卅一师应注意黄土冈、福田河，严加防堵。（五）各部到达一地，虽仅一宿，亦须坚筑工事。（六）以上各节，希切实照办。

四、剿匪经过

1. 刘茂恩报告：据易本应六日报告：（一）职今早六时由枫香坳率部前进，有零星股匪在水家榜一带山头抵抗，经职部痛剿，激战一小时，匪向东北溃退。是役，毙匪数名，伤匪数名，我伤士兵一名。

2. 潢川电话：鱼日我顾莹部及七五师一部，已占领两路口、三条街等处。

3. 孙连仲鱼电：据郝军长歌电：职今晨全线进攻，刘旅及一八一旅在李家楼、和尚潭一带高地激战至午，职一部约千人向西北鸡公山窜退，职师已攻占顺和集东南之白果术、赵家凹一带，仍与匪隔河对峙中。

4. 郝梦龄鱼申电：职师当面之匪，经击溃后，大部窜顺河集以西，有窜杨真山、光裕山模样。职师刻正渡河进剿，并补充给养以便北进。

5. 刘茂恩鱼戌代电：据阮副师长鱼电称：杨旅昨午击退唐家冲零匪，进据西唐家冲，今日续向白石岸攻击，马旅、邢旅近据王家河及其附近地区。

6. 连络员陈安济阳电：顾部一、三两大队麻晨进占纯阳山，匪微夜向西南逃窜，现今各队分驻四柱岭、杜家河、管家墩等。

7. 刘茂恩鱼辰电：据徐副师长鹏云报告：莱子尖之匪经邢旅痛击后，向高家凹铺方向逃窜。彭家河零匪已由张团驱逐，彭家河以北山头之匪已饬邢旅剿办。又电午后八时将东傅家山完全占领。

8. 刘茂恩报告：(一)据姚旅长鱼申电，午后二时，王团陈营将熊家湾、陈家湾占领。(二)据杨旅长鱼电，午前十时我占领姜家寨，匪退草头冈。

五、其他事项〔略〕

三、第四周周报(一九三三年八月七日——十三日)

豫鄂皖边区剿匪军总司令部第四周周报自八月七日至八月十三日

八月七日

一、匪情

1. 宋天才阳电：据卢旅长报告：匪今日仍回至齐头山、高家寨。

2. 飞机阳日报告：下四河之匪一股经小把家岭、何家龙向韩家老屋前进；一股经柳家河、磨果元、姚家河向龙兴岸方向前进。韩家老屋有大股匪人正在休息。其南方西高山姚子岸一带山顶上，有匪二百余人分据五六处。

3. 郝梦龄阳辰电：职师当面之匪大部经击溃四窜，刻敞棚口各高山寨尚有匪部千余未退。职部已渡河围剿。

4. 孙连仲阳巳电：据李师长报称：料棚之匪已向西北逃

窜。

5. 彭振山阳酉电：今申项家河以东发现匪情，刻正派队侦查。

6. 上官云相虞戌电：据探报大木口附近支晚到匪约两千，枪半数，三道河微日窜来赤匪千余，并闻阎王庙同日由双庙关窜来伪廿五军约二千余人，枪半数。

二、部队位置动作

1. 顾莹虞午电：麻晨第二大队抵风坡山，一、三两大队由杜家河占领纯阳山阵地，所有两路口、三条街防线完全恢复。一、三两队刻已分驻杜家河、四柱岭、管家墩与两路口、福田河均得连络，刻正向纯阳山西南方搜索中。

2. 宋天才阳午电：据李团长电：职于今早派队将九龙山占领，俟将附近零匪肃清，即向下西河前进。

3. 连络员张书绅虞午电：五四师在琢木山，卅一师在邓家竹园之线，与伪独立七师及独立团约两千余之匪对峙中。

三、指挥

1. 阳巳电令：郝梦龄迅速追剿顺和集之匪。并令梁冠英、刘茂恩、彭振山注意防剿。

2. 阳午电令：孙连仲转饬郝、李两师协剿料棚一带之匪。

四、剿匪经过

1. 刘茂恩报告：据阮副师长阳申电：今早率队东进，在韩家凹、石竹岭遇匪七八百，激战一小时，匪退神仙洞、高山寨内，明日继续进攻。又据杨旅长本日下午报告：今晨派队向草头冈、熊家高山之匪进攻，因山坡太陡，刻正与匪对峙中。我姚旅王团已占领熊家湾、羊山一带，取得连络。

2. 宋天才阳戌电：据卢旅长报告：顾部微拂晓向匪猛攻，职派兵一营助战，激战一小时，赤匪击退，当将大界岭克复，顾部追至两路口，匪主力仍据齐头山、纯阳山、高家寨等处，风坡山仍有少数匪人。

3. 郝梦龄阳亥电：职部各旅渡河围剿料棚西北之匪，激战四小时，毙匪数十，俘二十余，匪不支，向鹅公山西黄安方面窜去。

五、其他

1. 梁冠英鱼酉电：据张参谋长报告：职部虞日捞得步枪数十支，李团捞得机枪架数座。

八月八日

一、匪情

1. 飞机庚午报告：匪大部仍在高极尖山、磨果元一带，均密集树林中，毛家铺等处有匪人二三百。

2. 彭振山庚未电：今晨九时伪廿五军全部约三千余人，经张店西逃，比及职率部攻至张店附近，该匪惊窜紫云区团树冈方向。

3. 又齐酉电：窜经张店之伪廿五军，经职部堵击后，匪经光裕山向团树冈方向逃窜。

4. 上官云相齐电：据探报二河口东北之陈家山有股匪二千，枪千余支，向西移动。又百站坪以东有伪廿八军约五百余，西河桥有伪游击队全部，约八百余，枪约五百余。

二、指挥

1. 齐电令：李敬明师负责清剿料棚、顺河集一带零匪。郝梦龄师迅速北进，协同彭、刘两部兜剿。

2. 齐辰电令：彭振山探明项家河以东之匪情，并防剿何家龙、磨果元等处之匪。

3. 齐午电令：梁冠英、万耀煌、郝梦龄防剿由项家河东北向张家店窜逃之匪。

4. 齐酉电令：万耀煌派队协剿窜向团树冈方向之匪。

三、剿匪经过

1. 刘茂恩八日报告：阮副师长本日拂晓派队向神仙洞之匪猛攻，匪不支，向东南逃窜，遂将神仙洞及其附近占领，现正向韩家老屋追剿中。杨旅今晨续向草头冈、熊家高山之匪进剿，激战三小时，毙匪数十，我伤亡十余名，匪向韩家老屋方向溃退。上午九时将白石岸、曹家乐、熊家高山、草头冈完全占领。

2. 宋天才庚未电：据李团长电：虞早派队由毛家铺出发，九时进占九龙山，向下河之匪进剿，匪凭险顽抗，经我猛攻，匪不支，向白石岸、纯阳山一带溃退。

八月九日

一、匪情

1. 宋天才佳电：据卢旅长报告：高家寨附近只有零匪，其大部亦他窜。

2. 郝梦龄佳午电：据降匪供：伪廿五军原有三师，因七三师损失奇重，已编入七四、七五两师。前日该军大部尚在项家河东北王家楼一带，伪七五师一部，约七八百，在乘马冈北数里。职已令汪旅驰向奉道山进剿。又降匪供：伪廿五军全部虞夜由王家楼至张店河西杨真山一带，向料棚一带劫粮。又奉道山附近有伪独立第三师及独立团。

3. 彭振山佳酉电：据报伪廿五军庚午窜据莲花背、郑家塘，旋于当夜抵来家湾向顺河集逃窜。

二、部队位置动作

彭振山佳电：职部九十旅现驻张店防匪回窜，职仍在四店。

三、剿匪经过

1. 刘茂恩九日报告：据阮副师长佳申电：今晨率马旅由神仙洞向韩家老屋进攻，匪约八九百阨险顽抗，我乘势猛攻，卒将韩家老屋及其附近高山攻占，匪向东南方溃退。

2. 宋天才佳电：职部韩旅李团已向下西河之匪进攻，匪据险顽抗，迭经绕攻，激战二小时，毙匪数十，匪向纯阳山方向溃退，午刻占领下西河。

3. 郝梦龄佳戌电：今日琢木山发现枪匪二三百劫职师给

养，经掩护队及民团击溃。汪旅张团本日赴李福石以南搜剿，遇匪百余，经击溃向履福寨逃窜。

四、其他

张连三佳电：职定于灰日率第二、第三两团由南漳出发，第二团由房县出发。

八月十日

一、匪情

1. 连络员张书绅灰巳电：今早二时有赤匪千余人，枪五六百支，到拜郊城抢粮，并围攻该寨民团，附近村落多被烧杀，孙总指挥已派队往剿。

2. 飞机蒸午报告：杨真山之南冲发现匪数百，杨真山北之张家湾及以南高地有匪千余，分道向光裕山方向前进。

3. 连络员陈安济灰午电：据探报匪于齐晨由纯阳山向西南窜去，庚日有大股匪折回北窜，两路口至福田河之线无匪踪。

4. 唐淮源庚午电：伪廿八军及一独立师，微晚于冷水湾劫粮后，势甚猖獗，连日一部扰我金家寨侧背，大部仍在熊家河附近与廿五旅对峙。

5. 彭振山灰午电：项家河附近之匪窜至隆冲、刘家寨后，庚夜经来家湾向顺和集逃窜。

6. 又灰戌电：据侯参谋长灰电，佳晚匪之游击师约千人，枪数百支，窜拜郊城附近打粮，今早至何家畈与我卅一师张团激战数小时，互有伤亡，现在对峙中。

二、指挥

1. 蒸午电发孙连仲、郝梦龄、彭振山、万耀煌、李敬明命令如左：

（一）据彭军长佳酉电：伪廿五军庚午窜莲花背、郑家塘，当夜抵来家湾向顺和集逃窜。

（二）该匪既经回窜，应协同围剿之。

（三）卅师着由张店南进，向该匪跟踪追剿。五四师由现地迅向顺河集方向北进，与卅师夹击会剿，卅一师应派有力部队迅到张店方面堵剿。十三师应集结一部有力部队在团树冈方面扼要堵截，防匪西窜。

（四）统限电到即时分别出动布防，并设法连络，协力兜剿，务将该匪聚歼情形随报。

2. 灰申电令，郝梦龄仍按蒸午电令迅速北进，与卅师连络夹击。

三、剿匪经过

1. 唐淮源灰巳电：据报伪战斗营及伪廿五之一部，共约千余人，枪八百余支，微日由南溪窜至南庄畈附近，分向三道河、杨桥一带劫掠。当派队进剿，战二小时，匪不支，狼狈向丁家埠方向逃窜。是役毙匪百余名，我无损伤。

2. 孙连仲蒸午电：围攻拜郊城之匪，当派吴团于早三时出发进剿，并令驻中馆驿之康旅同时派队夹击。据吴团长报告：该团抵何家畈遇匪接战二小时，匪仍恃险顽抗，我孙营长凤祥奋勇直冲，卒将红石咀、黄家大湾占领，匪向铁匠冈、苏家冲、料棚一带窜退。是役，毙匪百余，我孙营长受伤，并伤兵士十余名。等语。已令该团进驻拜郊城以北地区坚守。

3. 彭振山灰戌电：灰日拂晓派队分向来家湾、王家楼两处游击，旋据报该处有伪廿五军一部，约二百余，经我痛击，匪纷向杨泗寨窜避，职当将其医院捣毁，掳男女匪六十余名。

4. 郝梦龄蒸戌电：今未职师汪旅攻占奉道山、八卦山，将伪独立师击溃，一六一旅刻正与紫云方面之匪对战中。

八月十一日

一、匪情

1. 飞机真巳报告：白牙石山西南一带山顶有匪约二千余，鲤鱼山、鸡冠山、卢凤山一带高地有匪千余，杨真山、紫云山均有匪甚多。

2. 唐淮源真未电：据朱旅长报称：今日拂晓冷水塘湾之匪千余，渡河将电线破坏，向大沽店民团围攻。又据程团长报告：大沽店今早到匪千余，民夫数百，围攻民团。

3. 万耀煌真申电：据驻桃花张团长报称：叶方河已到有伪廿五军之两团，其大部已向宋埠、中馆驿方面窜去。又据报土门坳附近山中有伪七师残匪六七百。

4. 飞机真未报告：白牙石山以南杨泗寨以西以北山顶上有匪大部，正在休息。槐树坳亦有赤匪行动，光裕山、杨真山亦有散匪休息。

5. 郝梦龄真酉电：伪独立师被击溃后，经紫云山南窜。据报伪军部尚在南冲，其大部正在南窜中。

二、部队位置动作

彭振山、郝梦龄真巳电：职等两师已在八卦山及来家湾一带相会。伪廿五军溃经鹅公山向西南窜去。卅师现因伤病兵甚多，拟明日先向后方运送伤兵。五四师尔后行动待命。

三、指挥

1. 真酉电令：梁冠英在双山门、王家湾两处准备一旅兵力备活用。

2. 真酉电发孙连仲、梁冠英、刘茂恩、彭振山、郝梦龄、万耀煌、李敬明、韩文英、顾莹命令如左；

（一）据飞机真巳真未报告：伪廿五军全部盘踞白牙石山西南山顶及齐头山西头一带，有向西北窜扰模样，鲤鱼山、光裕山、杨真山、鸡冠山等处有匪数百，往来窜匿，想系伪独立七师。

（二）拟乘此新稻未熟匪粮断绝之际，将股匪分途协剿而歼灭之。

（三）五四师应进至张店，卅师进至四店，取得连络后，各以一部分驻张店、四店，维护交通。五四师会同十三师搜剿鲤鱼山、光裕山、杨真山、鸡冠山一带之匪，五四师由东南向西进剿，十三师在团树冈以东扼要堵剿。卅师会同六十四师协剿白牙石山、齐头山之匪，但六四师须留一部清剿白石岸、韩家老屋一带零匪。

（四）卅一师应派有力部队分驻顺河集、谢店，维护五四师、卅师后方交通，并防匪南窜。

（五）七五师韩旅在六四师左翼进剿齐头山之匪。

（六）卅二师除准备一旅在双山门附近以便策应缓急外，其余部队应在原地清剿，防匪窜回老巢。

（七）顾莹部应连络小界岭、福田河部队扼要堵截，防匪东窜。

（八）卅师酌派一部护送病兵运回宋埠，其大部同五四师于文日进至张店、四店。

（九）以上各部队统限于寒日开始，进剿情形随报。

四、剿匪经过

1. 彭振山真午电：职部于今日沿汽车路南进，行抵来家湾遇匪四百余向我射击，当经我前卫击溃，同时我郝师北进业经确取连络。

2. 郝梦龄真酉电：我部今晨由奉道山、朝阳店北进，已与卅一师在八卦山、来家湾以北相会，伪廿五军被突击绕纯阳山、鸡公山南窜。

五、其他

1. 连络员李世存真酉电：梁部刘旅灰日在胡子石附近掳护步枪一百一十余支。又王旅游击队搜得大小枪廿余支。

2. 真戌电令宋天才、李敬明、顾莹、麻城县长郑重，将福田河至小界岭间碉楼迅速分段建筑，限本月有日完成。

八月十二日

一、匪情

1. 孙连仲文巳电：据各方情报，伪廿五军之两师及独立七师，独立团、游击队等，人约五六千，分布谢店附近及料棚以西以南地区。卅一师康旅刻由料棚向邱家塘、营山进剿中。又据报匪之一部，刻窜尹家河附近抢劫。

2. 飞机文午报告：白牙石山西南山顶上有匪两三千名，向杨泗寨方向窜退。光裕山西北至卢凤山有匪余部三四百，在树林中休息。

3. 连络员李世存文午电：据时旅俘匪供伪十六、廿两团千余人，枪全，现由双山门南卅余里附近保护伤匪。

4. 连络员张书绅文未电：抢劫天王庙等处之伪廿八军约千余人，窜磨盘山一带。又伪廿五、廿八军各一部，约千余人，在纯阳山筑寨，有固守模样。

5. 万耀煌文酉电：据俘匪供伪廿五军自箭厂河失败后，即经顺河集向紫云区逃窜，蒸日向宋埠方向打粮。

二、部队位置动作

1. 彭振山文电：职部刻正在运送病兵、补充给养，一部进驻四店，以主力两旅准于寒日到达杨泗寨以南地区，协同六四师向白牙石山、齐头山之匪进剿。

2. 梁冠英文辰电：奉真酉电，已饬双山门时旅严防杨泗寨之匪，并令驻王家湾刘旅准备妥当，待命策应。

3. 彭振山文申电：职部正运病兵及补充中，俟补充毕，令任旅(欠一团)进驻四店，职率两旅遵于寒日到达杨泗寨以南地区，向白牙石山、齐头山之匪进剿。

4. 又文酉电：奉孙总指挥电令，职师向料棚、谢店围剿。当派李旅往剿，约一二日竣事，仍遵照真酉电令施行。

三、指挥

1. 文申电令彭振山速按真酉电令，与六四师切实连络，进剿白牙石山、齐头山之匪。

四、其他

文午电令边区各部勿妄报匪情。

八月十三日

一、匪情

1. 飞机元巳报告：白牙石山西南一带山顶之匪，现向北移动，马匹甚多，人数不明。杨泗寨山顶上有匪二三百，并有防御工事。杨真山、紫云界、材石山有匪三四百，筑有工事。

2. 彭振山元申电：据侯参谋长电：伪廿五军及独七师主力集结龙王尖、古城山一带，向附近地区打粮。

3. 孙连仲元酉电：窜据龙王尖一带之匪，经剿窜熊家畈一带。

4. 万耀煌元酉电：综合匪供，伪廿五军、伪独立七师及独立团及伪各机关，现确盘踞光裕山、杨真山以西各地区。

又据称：姚楼河附近有伪机关，已令卅七旅派队往剿，并令七七团向郑必高方面堵截。

又据俘匪供：田畈河东北约三里许之戴王龙，有伪廿五军之一部盘踞甚多。

二、部队位置动作

1. 刘茂恩元未代电：职为进展迅速，并期与卅师协同作战起见，特改订进攻办法：(一)徐副师长率兵两旅于寒日集结于张家田铺、龙兴岸一带。十五日拂晓先向杨泗寨之匪进攻，俟将杨泗寨之匪肃清，再与卅师协剿白牙石山、齐头山之匪进剿。(二)阮副师长指挥一旅，在韩家老屋附近清剿东南方面零匪。(三)姚北辰旅进抵白石岸清剿附近零匪。(四)易本应部维持后方交通。(五)中途站之一团仍驻原处，防匪西窜。

2. 彭振山元巳电：职部鱼日由塔耳冈进驻四店、六河一带防堵匪窜。齐日以主力由项家河向张店截击。佳日耿团进剿王家楼之匪，蒸晨全部向顺河集进剿。张旅耿团行抵河头店，击溃当面之匪约二百余名。文晨李旅由盘龙集向谢店推进，与卅一师及四四旅吴团夹击扰宋之匪，正在围剿中，刻我主力正在河头店附近。

三、指挥

1. 元已电令李敬明、韩文英、顾莹，饬福田河、两路口一带部队防匪东窜。

2. 元戌电令七五师韩文英旅，清剿下四河、紫龙潭、彭家湾、柳树棚及其以东以北地区之零匪，限三日内肃清。

四、剿匪经过

1. 郝梦龄元已电：职师刘旅杜团昨进剿林家山之匪，激战三小时，已将该匪击溃西窜，并俘匪七八名。

2. 彭振山元午电：据谢李团长电：红土山之匪二千余，于今晨九时被卅一师及四四旅赵团双方夹击，匪不支，现退叶方河一带山上。

五、其他

1. 刘茂恩元代电：据易司令本应报告：职部第五大队在阮家河小水塘内捞获步枪二百廿支，有枪闩者六十支，余均无闩。

四、第五周周报(一九三三年八月十四日—二十日)

豫鄂皖边区剿匪军总司令部第五周周报自八月十四日至八月廿日

八月十四日

一、匪情

1. 万耀煌寒子电：据余团长报告：伪七四师在狮子口、郑家塄一带，七五师在三角山及以东地区，我铄子山阵地警戒部队已与匪接触。

2. 彭振山寒巳电：谢店、料棚之匪，经我李师及宋埠、谢店驻军夹击，向叶方河方面窜去。

3. 飞机寒午报告：杨泗寨及宋家湾均有匪人行动，王家楼、杨家河亦有匪行动，光头山、蒋家山、大石岭、杨真山、紫云山，均有匪发见。

4. 上官云相寒未电：据探报，牛食畈有匪赤卫队二百余人，太极坪有匪千余名，枪半数。

5. 郝梦龄寒申电：据确报，伪二十五军七四、七五两师，现确在包家冲、三角山、狮子口一带。

6. 万耀煌寒酉电：刻伪七四师窜扰黄安劫粮，旋于未刻北窜。复有伪独七师扰我阵地未逞。据俘匪供，伪二十五军有扰黄安及截断后方交通企图。

二、部队位置动作

1. 刘茂恩报告：兹规定职部清剿零匪办法：(一)徐副师长督率邢旅及武团与易本应部游击队清剿彭家河、四人沟、姚子岸、西高山、张家田铺连线区域内之匪。(二)阮副师长率杨、马两旅清剿彭家湾、家宏龙、下西河、彭大湾、石竹岭、四人沟、姚子岸、彭家河连线区域内之匪。(三)姚北辰旅(欠一团)及戴安伯部，清剿下西河、古墓冲、唐家冲、仙台山、米流河、大河边连线区域内之匪。

2. 郝梦龄寒巳电：职师以一部留奉道山掩护后方交通，并搜剿林家山附近之匪，职率主力于寒晨进至张店，即遵向光裕山、杨真山一带搜剿。

3. 彭振山寒巳电：职师张旅元晚已抵张店、四店之线，职即日率所部向杨泗寨前进，与我六四师会剿白牙石山、齐头山之匪。

又盐午电：职部准于删晨，驱逐王家楼、杨家河之匪，续向杨泗寨进剿。

4. 李敬明寒酉电：职部九三旅全部准于删早三时，由中馆驿向料棚出发，防匪南窜，并维护五四师后方交通。

三、剿匪经过

1. 唐淮源寒巳电：伪二十五军一部，鱼日经我马旅击溃，真日又窜南庄畈，旋窜丁家埠方向。

2. 孙连仲寒未电：伪二十五军及独立团约三千人，日前窜黄家大湾、红石咀、拜郊城附近地区抢割民稻，经我康旅及四四旅吴团双方夹击，匪窜踞营山、龙王尖一带。复经我军追剿，匪分两股窜集熊家河、叶方河附近，势仍猖獗，刻拟积极肃清。

3. 上官云相寒申电：据杜旅长报称：本早派兵两营向班竹园方向游击，行抵大河口，遇匪三百余，经痛击，匪向西北逃窜。是役，毙匪数十名，获枪二支，手榴弹二十余。我伤士兵二名。

八月十五日

一、匪情

1. 万耀煌删辰电：伪独七师及七四师一部，寒晚逼近我苏子山阵地，经剿窜徐家畈等处。许家边一带熟谷均被割尽。

2. 飞机删午报告：杨泗寨西南首之山窝，发见赤匪二三千人，并有茅棚百余座。王家楼、杨家河、毛屋家、大阿铺各村均有匪盘踞，高家冲有少数匪人活动。

3. 彭振山删午电：据俘匪供伪廿五军失败后，将重要机器如机枪等均埋于杨真山西南一带村内，近日匪大部常在南冲集合，并声言俟稻熟再抗国军等语。又据谢店李团长报，匪约六七百，由红山以东向中馆驿前进。

4. 梁冠英删申电：据探报，四店至张店时有散匪出没，杨泗寨有匪伤病兵千余，由伪独立团掩护。伪二十五军大部仍在白牙石山盘踞。又据杨泗寨逃回挑夫供称：伪七五师全部驻于杨泗寨附近各山头，道委会及医院均在山下村内，伪军长率七四师在吴家凹附近。

二、部队位置动作

1. 飞机删午报告：由顺河集北进之我军，已达张店，一部经九口塘东进，似向乘马冈前进中。

三、剿匪经过

1. 彭振山删午电：职部李旅于文日拂晓向谢店之匪夹击，抵往陈铺以东，遇由宋打粮回窜之匪，约三千余人，枪千余，经向该匪猛冲，截匪为二，同时我谢店驻军乘机出击，该匪以打粮过多，稍行抵抗，遂向紫云山、竹叶尖等处纷窜。

2. 郝梦龄删午电：职部一六一旅由张店经独山寨向光裕山

一带进剿，遇伪二十五军人枪约七八百，激战四时，匪大部向杨真山、一部向鲤鱼山分窜。又汪旅张团今早赴乘马冈一带搜剿，将该处伪机关击散，俘匪数人，已与第十三师取得连络。

3. 万耀煌删酉电：据潘旅长电：寒日派队经小佛山向戴士英方面游击，遇伪游击队三十余，向袁英河方面窜去，当经急追，俘获匪十余，得枪八支。本日复派队向莲花背游击，在搭耳冈南端俘匪两名，获枪二支。

4. 郝梦龄删戌电：职师一六一旅今经独山寨向光裕山一带进剿，遇匪七八百，激战甚久，匪始溃窜。

四、其他事项

1. 彭振山删未电：现一面组织民众，将边区及新复匪区禾稻尽量抢收。

2. 万耀煌删酉电：七四团在戴士英附近搜获马克沁机枪身两个，迫炮身一尊。

八月十六日

一、匪情

1. 上官云相铣申电：据探报：牛食畈原驻有赤卫队二百余名，昨又窜来赤匪三四百名，枪支齐全。又盘踞李家集、黄泥庄、马鞍山及南溪一带之匪，共约二千余人，枪千余支，系伪二十八军一部，时常窜扰丁家埠等处。

2. 郝梦龄铣酉电：据俘匪供：伪二十五军大部仍在杨真山、光裕山西端地区，一部正赴黄安东南打粮。杨泗寨有伪七五师特务营，枪约二百余。又在河南三里许，今日窜来伪战斗营。

4. 连络员张书绅铣亥电：据报伪二十五军约千余，经阎家河窜向麻城以北地区。又易家畈附近高山发现散匪约三百余，该地民团现已往剿。

5. 宋天才铣酉电：据探报：(一)大木厂仍系伪游击队盘踞。(二)银山畈十二日由东窜来赤卫队二三百名。(三)梓树坪之伪医院已向大界岭移去。（四）四道河一带之匪，大部于十日窜关王庙一带。（五）皂靴河附近亦发现赤匪扰乱。

二、剿匪经过

1. 刘茂恩铣日报告：据杨旅长电称：职部删日集结张家田铺向杨泗寨方面进剿，在黄毛尖附近发现匪二三百人向我进扰，当经赵团痛剿，激战数小时，匪向小山寨东北溃窜。是役，毙匪数十名，俘十余名。职于当晚到达张家田铺。

2. 陈耀汉铣酉电：据礼山陈团长报告：车营长率队向新街、朱家湾、将军寨一带游击，突遇匪约二百余名向我射击，当用机炮协助，步兵猛攻，占领山头两座，毙匪十数名，匪不支，向大马尖山内窜去。

三、其他事项〔略〕

八月十七日

一、匪情

1. 飞机筱日报告：(1)杨泗寨东金家楼以南发现赤匪千余名。(2)李家坡堰有匪数百。(3)光裕山、杨真山、界材石山、鹅公山一带山顶有茅棚数百，附近有匪甚多。(4)紫云山有匪数百名。

2. 又筱午报告：杨真山、紫云山一带山顶上有大股匪人盘踞。张家冲、包家冲各村内与路上有匪人来往。

3. 梁冠英筱午电：据报太平山、黄石崖等处均发现小股残匪，五六十人不等，均经我军击散。

4. 孙连仲筱酉电：铣晚有五六百人窜扰黄家边、夏家大湾、五脑山一带，乘夜抢粮，旋向西北方向逃去。

5. 郝梦龄筱亥电：职部今日占领光裕山后，匪大部已退据杨真山西端及南冲一带，一部回窜仙人石、鲤鱼山一带。

二、部队位置动作

陈耀汉筱申电：现已保护民众秋收计，由驻吕王城之三四三团抽派一营进驻桥店，原驻桥店之一营进驻夏店，由丰家店三四八团抽派一营进驻新街，礼山县保安队进驻将军寨。收稻之前则四出游击，防匪窜扰；收稻时一面掩护，一面剿匪。

三、指挥

1. 筱辰电令郝梦龄会商万师协剿光裕山、杨真山等处之匪。

2. 筱巳电令上官云相派队进剿牛食畈、李家集等处之匪。

3. 筱巳电令孙连仲派队进剿窜向熊家河、王家冲、尹家河之匪。

4. 筱申电发孙连仲、梁冠英、郝梦龄、彭振山、万耀煌、李敬明、陈永命令如左：

（一）据崔参议由郝、彭两军长处转回中途店电话报告：匪大部约三千人，枪二千余支，在光裕山、杨真山、张一店一带盘踞。

（二）郝、彭两师务于巧早会同向该匪围剿，期早歼灭。

（三）三十一师（四四）旅各派有力部队分驻料棚、谢店一带堵剿，防匪南窜。

（四）十三师在团树冈、七里坪、古风岭等处堵剿，防匪西窜。

（五）三十二师着派有力部队迅至王家大屋、太平寨一带扼要堵击，防匪回窜老巢，南与搭耳冈、团树冈十三师部队确取连络。

（六）陈副师长所部在原地准备堵截，相机返击，防匪远窜。

（七）以上防剿部队，统限于巧日上午十时以前开到指定地点。

（八）进剿及防剿情形随时具报。

四、剿匪经过

1. 彭振山筱辰电：铣辰由杨家河向杨泗寨进剿，该寨有匪四五十名，枪约半数，裹胁难民三四百名，经剿向东南逃窜。

2. 连络员张书绅筱未电：据郝军长铣戌电，该部一六一旅今早向鲤鱼山搜剿，遇匪五六百，激战二小时，匪向西逃窜。

3. 郝梦龄筱亥电：职部一六一旅、汪旅一团，今午向光裕山进剿，匪约二千余人，据险顽抗，当以机枪迫炮掩护猛攻，激战数小时，毙获甚众，匪仓皇溃窜南冲、杨真山一带，遂将光裕山完全占领，拟于即日以主力续向该匪进剿。

五、其他事项

梁冠英筱酉电：李团游击队在刘家园搜获飞机发动机一部，刘旅在胡子石破墙内搜获列宁第四号飞机一个。

八月十八日

一、匪情

1. 飞机巧午报告：杨真山、紫云山之匪经击溃后，由张一店分两股逃窜，一股向刘子河、谢家咀过河窜小佛山；一股经赵店、土门、周家等处南窜。

二、部队位置动作

1. 飞机巧午报告：杨真山、紫云山刻均为我军占领。

2. 郝梦龄巧电：职师一六一旅明日向张一店进攻，汪旅一部向团树冈搜剿与万师连络；一部搜剿鲤鱼山以北，并防匪绕经四店东窜，刘旅由紫云山向西截击南窜之匪。

三、指挥

巧未电令：各部队注意飞机侦察状况及轰炸效力具报。

四、剿匪经过

1. 郝梦龄巧巳电：今早三时汪旅及一六一旅，由光裕山向杨真山、南冲，刘旅由河头店、西山向紫云山分别进攻，激战数小时，毙匪甚多，匪不支，分向张一店、七家畈及大小坳山、竹叶尖一带溃窜，当将杨真山、紫云山占领。

2. 上官云相巧申电：据杜旅长电称：据报昨日拂晓由牛食畈窜来股匪六七百，其先头已超过东葛山，企图南窜。当派队堵剿，行抵麻河冲与匪接触，该匪据险顽抗，经我机枪扫射，匪伤甚众，遂向东葛山溃退。

3. 李敬明巧戌电：据乜旅长报称：巧午有匪千余人，枪三四百支，将黄土冈西之黄家堰民团包围，经派赵团率队剿击，激战二小时，匪不支，向西北大山中窜去。

4. 郝梦龄巧亥电：杨真山一带之匪，被我击溃后，已分股向张一店、团树冈、三角山逃窜。职部杨真山、光头〔裕〕山阵地之西各山，尚有匪七八百盘踞。

5. 刘茂恩巧亥报告：据徐副师长巧电：今日午后一时，杨旅向白牙石山之匪攻击，激战二小时，匪不支，向南溃退，遂将白牙石山完全占领。是役，毙匪数十名。职拟明日率邢旅向杨泗寨进剿，并饬杨旅一面固守白牙石山；一面协助邢旅进剿。

八月十九日

一、匪情

1. 刘茂恩皓日报告：据徐副师长皓电：转据由白牙石山东南冯家寨伪医院逃回被俘士兵供称：伪医院现有伤匪四百余人，匪中医药子弹均甚缺乏。伪二十五军大部向西南逃窜，伪独立师之一团约三百余，筱日窜马家寨西南地区。

二、部队位置动作

1. 彭振山皓电：职今日率所部冒雨抵盘龙集，俟雨稍息，即向鹅公山、龙王尖等处之匪进剿。

2. 刘茂恩皓日报告：据徐副师长皓电：职率邢旅于午前十时将杨泗寨及其附近观音寨、七里冈等处占领，杨旅巧日占领何家冲及其附近各山。

3. 郝梦龄皓未电：职今晨督令一六一旅、一六二旅分向杨真山、光裕山以西续剿，匪向张一店、郑家塘一带溃窜。又一六二旅大部在紫云山；一部在奉道山掩护运输。

三、剿匪经过

1. 孙连仲皓申电：据彭军长巧酉电：职部张旅长率队接运给养，行抵龙王尖附近，与伪七四师约千余人，枪支齐全，机枪数挺之匪遭遇，激战数小时，该匪死力抗拒，赖我官兵奋力猛攻，适我驻料棚部队赶来，合力冲杀，毙匪甚众，匪始稍退。我部队以接运给养任务，又以众寡悬殊，未能穷追。

2. 万耀煌皓申电：据三十七旅潘旅长巧电称：本日派七四团出发搜剿，行至光裕山附近，发现匪约千余，向南溃逃，当即跟击至卢凤山附近，毙匪十余，获枪七支。又昨今两日七七团派队至袁英河、小佛山，七六团派队至游仙山方向分别游击，仅发现零匪，均经剿散。

3. 郝梦龄皓戌电：（一）职师一六零旅今早进剿向张一店逃窜之匪，至郑家塘附近，毙匪百余名，俘伤匪二十余。一六一旅追匪至丁家畈附近，毙匪三十余，获匪旗三面及军用物品等。（二）杨真山之匪，被我击溃后，一部乘雨复回窜该山西方高地山寨。当令一六一旅王团于午后往剿。我伤排长一员，兵十余名。现正在对峙中。拟明日令一六二旅由紫云山、一六一旅由杨真山北端，向该匪夹击。

4. 彭振山皓亥电：职师于皓晨开始分向鹅公山、龙王尖之匪攻击，上冲以南黄麻分界各山岭上盘踞之匪约千余人，见我攻击势猛，略事抵抗，即分向包家冲、三角山两方向逃窜。

5. 刘茂恩皓日报告：据徐师长报告，皓早职率邢旅全部向杨泗寨猛攻，该匪据寨顽抗，激战数小时，匪不支，向东南溃窜，当将杨泗寨完全占领。据俘匪供，与我作战之匪，系伪独立团，现窜杨泗寨东南段河铺等处。最近又由伪独立师开来一团增加该处，人枪共约千余，拟即由邢、杨两旅派队分向该匪夹击。

八月二十日

一、部队位置动作

郝梦龄哿亥电：据刘旅长报称：三十师师部现在顺河集之材店，其大部在叶方河。职师全部在仙人石、光裕山一带，分向莲花背、郑家塘、张一店各处搜剿，并与万师连络。但该地潜匪尚未肃清，而紫云山界、林石山一带，与河头店及顺河集以南中间，空虚太大，刻已电商彭军长俾确实协防。

二、指挥

1. 号申电发孙连仲、梁冠英、刘茂恩、郝梦龄、彭振山、万耀煌、李敬明，命令如左：

（一）杨真山一带之匪，于筱、巧等日经五四师痛剿，即分向刘子河、土门、周家等处流窜，五四师现占领杨真山一带，正向该山西南之高地回窜之匪围剿。三十师一部在龙王尖与伪七四师接触，其主力于皓日达盘龙集，向龙王尖、鹁公山追剿，将匪击溃。皓晚达叶方河，仍向窜往包家冲、三角山之匪跟追。

（二）三十二师应派一旅以上之兵力，进驻团树冈，接替十三师防务，堵匪北窜。

（三）十三师应将团树冈部队撤回，以全师在袁英河、大小坳山、狮子口线上，防匪西窜，并派有力部队进入匪区搜剿。

（四）三十一师之一部及四四旅，应斟酌情形在料棚、谢店等处防匪南窜。

（五）三十师、五四师应互相协力，对被我四面包围之匪联合跟追，以期歼灭。至如何防匪东窜，亦应商妥。

（六）六四师应占领杨泗寨，向东南搜剿残匪，派一部进驻四店，搜剿该处附近零匪，防匪回窜。

（七）各部队于必要时，应协助五四师、三十师迎剿窜匪，以收夹击之效。

（八）各部队统限于马日照上列各项开始动作。

2. 号戌电令徐副师长，迅派队进剿马家寨之匪，并利用民众严搜藏枪。

三、剿匪经过

1. 郝梦龄哿午电：今晨职师一六一旅五团由杨真山北端、一六二旅杜团由杨真山南端，夹击回窜山寨之匪，该匪据险顽抗，激战三小时，匪势不支，向西溃窜，刻正追击搜剿中。一六〇旅今日在卢凤山搜获伪七四师伤兵廿余名。

2. 万耀煌号申电：(一)卅七旅派队由黄安向三角山方面侦剿，在百罗邱及其以北地区发现匪哨。据报伪廿五军大股仍盘踞三角山及其以东地区，七七团派队由七里河向袁英河方面游击，仅遇有零匪。

3. 郝梦龄哿戌电：今日职师张团在郑家塘西南搜剿，当经痛击，匪向西南逃窜。

4. 彭振山号戌电：今晨以任旅(六一团)由叶方河先向三角山之匪进剿，俟击破后，即续向鹅公山之匪进剿，以主力部队向紫云山方向北进。午前十时许，该地区之匪经职师与郝师夹击，纷向盘龙集方向逃窜，被我手枪营附步兵两连迎头痛击，遂又折退至鹅公山、三角山，与原踞该处之匪会合顽抗。自未至戌，激战数小时，刻仍在酣战中。已令任旅努力由西南猛攻，并令手枪营由右翼扒山绕攻，情形续报。

5. 刘茂恩哿亥报告：据徐副师长哿电，邢旅派队向杨泗寨东南一带游击，至宋河凹西南遇匪六七十名，激战一小时，匪向马家寨迤西逃窜。杨旅派队游击，至马家寨西北，遇匪十余向我射击。其正南大山有匪甚多，当以迫炮轰击，该匪分向西南两方溃窜。

五、第卅六周周报(一九三四年三月十九日—廿五日)

豫鄂皖边区剿匪军总司令部第卅六周周报自三月十九日至廿五日

三月十九日

一、部队位置动作

东区

裴昌会皓申电：匪主力仍在东大山，拟令杜副师长率一三九旅及一六一旅李团明日拂晓向东大山进剿。

二、剿匪经过

东区

宋天才皓电：与我对峙之匪，昨夜一时向我陈家高山阵地进犯，经痛击后，向金刚台窜去。是役，俘毙各五名，我伤亡官兵十余名。

又皓酉电：由陈家高山北窜之匪，约千余，刻窜豹子岩，拟明晨进剿。

三月廿日

一、部队位置动作

东区

刘茂恩号未电：(1)刻令宋师长派兵三团，由汤家汇向豹子岩一带协剿。(2)令杨旅长率兵两团向望北尖以西地区至同山湾下扼要布置，相机与友军协剿，并防匪东窜。(3)令邢旅长率所部于号日在节头寨附近集结，准备截击。(4)令徐旅长中岳饬部侦察堵剿，与戴师谭旅抽队在朱家桥西南地区集结，向匪压迫截击。

二、剿匪经过

东区

宋天才号电：豹子岩之匪昨夜向东大山、双河、熊家河窜去，经职部追剿，毙匪十余，俘匪三。

三月廿一日

一、剿匪经过

西区

1. 肖之楚马未电：据报匪约八九百人，号日在北马堡等处与团队对峙中，当派边营驰剿，匪向新府店窜去。又据边营长报告，该匪经何家店等处向大悟山方向逃窜。

2. 梁冠英马酉电：王旅今日赴仰天窝搜剿，遇匪击溃，得枪十四支，残匪向闪围子方向窜去。

三月二十二日

一、匪情

东区

宋天才养午电：伪第三路游击师及区乡苏，人约千余，枪四五百，回窜乱泥壶。

西区

罗山县长报告：共匪千余，今早占据潘新店，现又窜扰周堂畈。

二、部队位置动作

东区

刘茂恩养申电：据杨旅长养电，该旅马日进至悬剑山、赵家院子一带。

三、指挥

东区

养巳电令顾主任莹饬银山畈、关王庙驻队，注意防范西窜之匪。

三月二十三日

一、指挥

西区

漾午电令梁子超派队清剿潘新店、周堂畈之匪。

三月二十四日

一、剿匪经过

东区

1. 宋天才敬午电：今晨率兵一旅向葛藤山、乱泥壶之匪进剿，至火炮岭以南遇匪千余，经率队痛击，匪复增加袭我左侧，当令卢旅长率兵两营迎击，激战甚烈，匪我伤亡均甚众，刻仍在激战中。

2. 又敬酉电：午后二时我抽兵一营绕匪左侧进击，适遇匪以一部袭我右翼，当遭遇激战，我军前仆后继，奋勇猛击，卒未得手，刻在对峙中。是役，毙匪二百余，伤匪无算，夺获步枪四十余支。我亦伤亡官兵百余。

3. 郝梦龄敬戌电：据杜副师长报称：占领红石岩之匪，经我乘势猛扑，匪不支向八道河、银山沟方向溃退，刻已追过葛藤山，毙匪无算。

三月二十五日

一、剿匪经过

东区

七五师有日电话，踞火炮岭之匪系伪廿八军，人约两千，枪约千七八百支，经宋师卢、石两旅以三团兵力进剿，毙匪数百，得支卅余支。我官兵伤亡百余，匪向桃树坳窜去，刻正追剿中。

〔国民政府军事机关档案〕

4. 国民党军第三十师彭振山部与红廿五军在黄安杨真山战斗详报

(1933年10月)

杨真山之役

十月十一日之情况

十月初，匪首吴焕先率全部约五千余名，由皖境复窜回黄安，占领紫云寨、杨真山、奉道山一带，似在企图整顿休养中。

十月十一日，奉总指挥真电令：着乘该匪整顿未完之际，痛剿而肃清之。基此遂下达翌日之军命令如左：

命　令　二十二年十月十二日午后二时
于福田河军司令部发

一、据各方情报，西窜之匪系伪二十五军，约二千余人，其小股现据乘马冈、吴家院、履福寨一带，其大部踞杨真山、紫云寨地区一带，正在整顿休养中。

二、本军为乘该匪整顿未完之际，而痛剿肃清之。

三、第八十九旅任旅长泮兰率所部，务于明(十三)早出发，经福田河向翁亭冈前进，并须于十四日进抵翁家冈待命。

四、第三十一师李师长所部，着抽派一旅务于十三日到达王复店待命。

五、第九十旅李旅长俊荣所部即在谕林店、顺河集、李福石之线修筑碉楼，严密堵截。

六、其余（八十八旅及三十一师之两旅）三旅则分驻麻城、武家河、黄土冈、福田河、两路口之线筑碉堵截，由三十一师李师长敬明指挥，并在黄土冈、福田河间控置一旅兵力，以为策应，并须派队游击协助进剿。

七、进剿部队，以坚壁清野办法为主，其办法如左规定：

1. 在大路上各村落构筑碉楼。

2. 移民。

3. 匪区内小岭间匪房之焚除。

4. 移稻及耕牛。

5. 搜查枪弹与稻谷。

八、对于各友军联络要注意。

九、予在福田河三十军司令部。

十月十三日之情况

是日即率第八十九旅及第三十一师之第九十二旅向翁家冈前进，十四日抵翁家冈附近。此时翁家冈以南已无匪踪，但匪之小部仍潜伏乘马岗、履福寨、洪家寨一带。为使进剿容易起见，当令各旅于日内将残匪小股先行歼灭，然后再举西剿，中经七日，乘马冈、履福寨、洪家寨一带潜匪已完全肃清。十月二十一日决定西剿计划如左：

一、匪况

据飞机报告：杨真山之匪向紫云山、明月寺一带前进。近日以来，匪骤增加现约三千余人。据此判断，匪二十五军主力确在紫云山区整顿中。

二、本军为图达成任务计，决乘该匪整顿未完之际而痛剿肃清之。基此遂有如左之部署：

1. 以第八十九旅（欠第一七七团）及第三十一师之第九十

二旅并三十师之直属部队为进剿部队，由奉道山方面向西进剿。

2. 第九十旅(欠两营)位置于毛屋咀(林店西)，俟主力西剿开始时，该旅即开始北攻，以使主力奏功容易，尔后即参加进剿。

十月二十二日，即率第八十九旅及第三十一师之第九十二旅及三十师直属部队，由翁家冈出发向白凤咀、朝阳店一带进剿。午后三时，进抵朝阳店遇匪三、四百名，当被我击散，分向西及西南逃窜。二十四日，率部向杨真山、紫云寨之匪进攻，九时抵该山附近，遇匪主力伪二十五军及伪二十八军之第八十二师，并游击队、道委会等，共约二千余人。当派一八八团向该匪进攻，激战时许，匪退据大小坳山，当令第九十二旅占领闵家河及其以南地区，将匪四面包围，猛烈进攻。午后一时，大小坳山亦被我攻下，匪退据姚家寨一带，作顽强之抵抗，激战三小时，匪以伤亡过众，渐渐不支，乘夜纷向梅英寨、灯笼冲方向溃窜。是役，毙匪甚多，俘匪四十余名，获步枪五十余支。我军受伤十余名。二十四日早，率九十旅(欠两营)及第八十九旅(欠第一七七团)及师直属部队向灯笼冲追剿，令第九十二旅转大小坳山防匪东窜，并搜剿该地区散匪。十时抵灯笼冲，此时接得万师长通报：匪首吴焕先率伪二十五军残余约千人之匪，经灯笼冲向西北逃窜，经敝师截击，一股向老君山方向窜去，其游击队、道委会向东北分窜云云。据此情报，遂即率部向团畈河、七家畈一带搜剿，到达后，及已无匪踪矣。此时西区之匪方告一段落。(附图第七)〔图略〕

一、是役斩获及人员、马匹伤亡及弹药消耗概况（附各表如后)〔表略〕

1. 毙匪四百余名。

2. 俘匪一百五十余名，生擒匪少校医官一人，医院秘书一人，乡苏委江得江一人。

3. 获匪枪五十余支，匪首吴焕先之乘马一匹，医院器具两箱，伪二十五军司令部游击总司令部旗帜各一面，并伪七十三师及战斗营旗帜各一面，焚毁匪之修械所一所。

4. 我军伤亡统计五十余名。

5. 消耗步弹一万五千发，机枪弹一万发，迫击炮三百五十门。

二、残匪现在情况：

匪经我军痛击后，除击毙逃窜不计外，现在尚有千余名，其大部在老君山，其小部在团畈河、七里畈分窜，已无战斗能力矣。

兹将职师于民国二十二年秋初，在鄂东黄麻县属地区筑碉经过略述列左：

一、黄安县属

1. 研子冈、西张源、桃花、谢店、色家冲、莲花背、闵家山、袁英河等八处，共建筑碉堡八十二座。

二、麻城县属

1. 德陈铺、顺和集、火家山、柏树咀、河头店、土门坳、木腰石、张店、顷家河等九处，共建碉堡四十四座。

2. 翁家冈、大路边、罗家畈、下泌河、毛屋咀、丁家畈、白凤集、叶家冈、盘龙镇等九处、共建碉堡二十二座。

民国二十三年鄂东残匪逐渐肃清，三月本师奉命移赣，二十日即开始移动，至四月十日所属各部队均已次第到达赣南藤田，担任永丰、藤田、拈携间守备任务，故虽不时与散匪接触，然均无大战役。兹将本师守备区内筑路修碉经过情形概况述左：

一、筑路

永丰县属

1. 藤田至湖西段，长径约九里，宽度六米达，于民国二十三年六月十日开始，至六月二十五日完成。

2. 都溪坳至罗背街段，长径约十七里，宽度六米达，于民国二十三年六月十五日开始，至七月十日完成。

3. 湖西至都溪坳段，长径约七里，宽度六米达，于民国二十三年六月二十五日开始，至七月十日完成。

4. 罗背街至善和段，长径约二十里，宽度六米达，于民国二十三年十一月五日开始，至十一月十八日完成。

关于赣南永丰县属藤田、石马、招携、冠山、白水等处筑碉情形列左：

1. 中沙、谢坊、梅田、层山、凤岭山、石马、中华山、老圩等八处，共筑碉十九座。

2. 招携附近孤山、葫芦岭、下湾、太湖坪、罗背街、小岭坳、甑盖岭、麻塘等九处，共建碉十三座。

3. 古县冠山、白水等建碉十四座。

〔国民政府军事机关档案〕

5. 国民党军第六十九师副师长王怡群报告关于红军攻克黄安该师被歼经过情形电

（1933年12月28日）

南京。国民政府主席林、军政部部长何、参谋本部部长朱钧鉴：黄安僻处边陲，山林丛错。民十六即沦为匪区，防军谈虎色变，视为畏途。职师奉命进剿，即日冒雨前进，攻破塔儿冈、贾山寨、马秀驿之敌，始完到达接防。阅月，无日不战，无战不烈。迨至十月中旬，桃花天险，三三师被阻不来河口，羊角暂编三旅空防自去。瓜代愆期，交通封锁，危城绝地，孤军挣扎，坚守三月之久。地冻天寒，人尽夏衣，困处重围，粮弹俱绝，犹复淬厉士气，互勉公忠，抱城亡与亡之决心，俱成仁取义之勇气。明知弱木重担，其势必败，不过受命之余不敢计及利害耳。最后一月之内，二十余战，死亡枕藉，呻吟满城。至十二月养日，援军失利，匪更以全力猛扑。此时城内颗粒无存，民间烟火尽绝。白刃应战，血肉横飞，枵腹歼敌，呻吟自毙，悲惨之状，非笔墨所能形容。众寡悬殊，主客异势，天明城破，赵师长力战重伤，生死不明。突围生还者仅千余人，其余大部踪迹不明。职在黄陂城北五里墩一面收容；一面设法整理。连日来聚集溃散官兵约三千人，稍加整理，即当请缨驱策，以竟赵师长未竟之功，而雪全部官兵之义愤。自知兵败城失，愧怍交集，虽尽力之所能，但此心终觉耿耿耳。尚望钧座为奖励人心，激劝将来计，于生者稍予抚慰，死者伤者给以抚恤。职收容部众，待罪黄陂。谨电报请，恭候明令指示。陆军第六十九师副师长王怡群叩。俭。印。

〔国民政府档案〕

6. 国民党军第一百零六师与红廿八军在鄂豫边区战斗详报

（1934年6月—1935年8月）

豫鄂皖边区剿匪经过

六月二十一日，奉豫鄂皖三省剿匪总部电令职师开赴豫鄂皖边区协剿赤匪。遵由亳县出发，经阜阳、正阳关、六安一带，三十日分别到达霍山县、诸佛庵、流波疃、青阳会馆、南庄畈（立煌县南二十五里）等处。斯时匪氛日炽，遂决定师之清剿策略如次：

一、为稳扎稳打起见，着各部队即在霍山、诸佛庵、流波疃、青阳会馆、南庄畈之线赶筑碉堡，严密布防。（参阅附图第一）〔图略〕

二、对新防区内匪情严密侦察，以便进剿。所得防区附近匪情如左：

1. 据地方绅民报称：霍山县属之诸佛庵、流波疃及立煌县属之南庄畈等处，自民国十九年以后，共匪因该处山峻道险，尝依为根据地，诸佛庵前曾设有伪苏维埃县政府，流波疃设有伪指挥部，虽经国军数度收复，然军去匪来，出没无常。自职师接防进剿以来，匪将巢穴潜移东西莲花山，仅在龙门冲附近派有特务队，以掩护其大股之活动。

2. 据探报：伪二十八军以东西莲花山为根据，辖伪第三路游击师及伪八十三师，计共四千余人，枪三千余支，匪首为吴宝才、江其顺等。其伪特务队人约千数百名(枪全)，匪首系周老六，盘踞龙门冲一带。其伪游击第一师，人约二千余，枪约千五百余支，向以现花山附近小村为根据。统计莲花山及龙门冲各处之匪，约七千余人，枪五千余支。(参阅附图第二)〔图略〕

三、师基于以上情况，决以全力围剿，以期于最短期间肃清之。将职师在豫鄂皖边区剿匪经过详情，叙述于后：

南庄畈战役　七月十一日

一、据报：盘踞莲花山之伪二十八军，约二千余人，乘我六一七团增援英山之际，遂于十一日十九时进犯南庄畈，猛扑我阵地。

二、师得情报后之处置

1. 着六一七团留守南庄畈之老弱病兵与地方民众，协力固守，沉着应战。

2. 着青阳会馆六一六团刘统全营星夜驰援，以期歼灭该匪。

三、我南庄畈守兵沉着应战，该匪乘夜向我数度猛攻，终未得逞。十二日零时二十分，我六一六团刘统全营已进至南庄畈迤东地区，作包围势，遂与该匪接触，内外夹攻，激战五小时，至拂晓，匪不支向西逃窜。(参阅附图第三)〔图略〕

南庄畈二次之役

一、赤匪惯技，乃零整互化，赴虚避实。师深感畈防空虚，致为敌乘。故令援英山之六一七团星夜回防，以策安全。

二、伪八十二师约二千余人，仍乘我六一七团援英之隙，复于十八日十九时，以全力向我碉堡线猛扑，被我守兵集中火力迎头痛击，匪伤枕藉，仍顽强不退。适我六一七团飞奔回防，十九日拂晓抵南庄畈附近，即选拔精锐分头应援，于是该匪腹背受敌，其势不支，遂向现花山一带狼狈逃窜。(参阅附图第四)〔图略〕

三、是役我六一七团以寡敌众，击溃顽匪，掳获战利品甚夥，毙匪尤多，俘匪中队长蔡月恒等二十七名，我军仅伤亡十一名。

龙门冲附近战役　七月十九日至二十一日

一、据报：伪二十八军吴宝才部，约二千余人，于十八、九两日窜抵龙门冲一带之罗圈岭、潘家岭各地，似有向诸佛庵进犯模样。

二、师决抽调精锐，出其不意一鼓而歼之。当饬我驻诸佛庵之六一八团三营协同霍山县第三区项子孚之壮丁队二百余名，经杨四岭东向罗圈岭之匪进剿，该匪被我官兵猛冲数次，匪渐动摇，即向潘家岭溃窜，我军跟追至潘家岭，激战甚烈，天至黄昏，匪逃无踪。翌晨我派张营复向青菜冲搜剿，讵伏匪乘我行进四起反攻，激战之烈，从来罕见。该营前卫奋勇前驱，占领山阜掩护本队得以从容展开，混战数小时，继以肉搏，匪仍顽抗。我张营复抽调精锐攻其右侧，匪势不支，纷向九仙观以北逃窜，及追至杨家涧，另有股匪威胁我左侧，当即变更战略，向匪兜剿，匪伤亡过半，始向北狼狈逃窜。(参阅附图第五)[图略]

三、是役以一营兵力，连战两日夜，击溃匪众二千，毙匪二百五十余，伤匪三四百名，我亦伤亡十九名。

杨宗岭战役　七月三十一日至八月一日

一、据密探报称：杨家湾、杨宗岭一带山地，有匪二千余名盘踞，枪支齐全，连日拉畜绑票，势甚猖獗。

二、基于以上情况，处置如左：

1. 着六一六团中校团附王特愚率领该团（欠一营）附迫炮二门，务于三十一日五时出动，向杨宗岭一带之匪相机进剿。

2. 查杨宗岭一带山岭错杂，易于中伏，令其确遵步步为营、稳扎稳打之原则，谨慎行动，免为匪乘。

三、六一六团受命后，即于世日拂晓秘密行动，本日七时行抵何思店附近，遭遇匪众五百余名，经我前卫部队猛烈攻击，该匪即退据杨宗岭、杨家湾一带。同时又发现匪二千余名，负隅顽强抵抗，我亦就山筑阵，相与对峙。并猛攻数次，终未稍退。乃派四、八两连分路包剿，威胁侧背，且集中炮火向匪压迫。是时我正面主力部队奋不顾身，勇猛冲锋，匪受重创，即分两股狼狈西窜，我军追至上谷园，匪已逃逸无踪。遂在杨宗岭露营。（参阅附图第六）〔图略〕

四、是役斩获均多，我亦伤亡士兵十一名。

帅家河附近战役　八月二日

一、据报：吴宝才匪部迭经我师围剿，伤亡过半。近又强迫编练民众，收容小股散匪，复聚有三千人左右，忽于八月二日二时许，窜扰仙人冲、帅家河一带，且赶筑工事，似有在此常久盘踞之企图。

二、师以歼灭该匪之目的，将进剿部队部署如左：

1. 着诸佛庵之六一八团第三营张心德部，务于本日五时出动，向帅家河一带进剿。

2. 着流波疃之六一六团王在堂部，抽调精锐一部，经桃源河向匪方急进，以作张营之声援。

三、我张营于己刻到达仙人冲，遇匪五百余人，被我击退，搜索前进。九时许，到达帅家河北端山岭附近，与匪方接触，迭经猛攻，仍顽抗，且向我两度猛烈反攻，幸我官兵知匪惯技，各自为战，沉着应战，自巳至未，激战三小时，胜负未分。适我王团应援，绕至左侧，出其不意，突予袭击，匪始向帅家河迤北溃窜。该团追至帅家河，因山险日暮，遂转至桃源河宿营。（参阅附图第七）〔图略〕

四、是役斩获颇多，我亦伤亡二十余名。

景方集战役　八月十日

一、据报：盘踞下杨河、景方集一带之匪，五百余名，整日掳人劫粮，势颇猖獗，该处人民扶老携幼纷纷逃避。

二、当饬流波疃之六一六团派队往剿。该团即令第八连连长刘金榜率部驰抵杨河涧，分两路向匪包围。比至景方集匪正造饭，乘其无备，被我六七两班占据山岭，猛烈射击，匪乃伏据山险，向我

还击，经我张排长率四五两班由左翼向匪包围，并以机枪扫射，匪伤亡过半，遂向东山逃窜。（参阅附图第八）〔图略〕

三、是役毙匪二十一名，内有伪六霍特务大队长一名，绰号机关枪，俘匪号兵杨玉成一名，击落肉票十四名，获枪二十一支，我无伤亡。

蔡家畈战役　八月十四日

一、据报：赤匪约二千八百余人，于本月十三日二十一时，忽窜至蔡家畈附近，掳人拉畜，四出骚扰中。

二、我王在堂团适向碰头石一带游击，十四日二时三十分闻信后，该团长处置大要如左：

1. 第一营营长唐景宽、第二营营长张成德各率所部分东西两路向匪包剿，以期歼灭之。

2. 占领蔡家畈以北一带山地后，即停止待命。

三、十四日十七时王团（欠一营）驰至蔡家畈附近，与匪接触，该匪化整为零，分据山险，顽强抵抗。我王团长督饬官兵冒弹冲锋，激战三小时，匪势不支，经龙门石向北逃窜。以天暮阴雨，未便穷追，遂至蔡家畈宿营。（参阅附图第九）〔图略〕

四、是役我六一六团毙伤悍匪颇多，击落肉票十八名，我亦伤亡士兵五名。

石家河战役　八月二十九日

一、据报：龙门冲潜伏之残匪，约四五百人，正进伪组织，并对民众大事〔肆〕宣传，于本晚又进扰石家河一带。

二、师当令驻流波疃、诸佛庵部队，抽调精锐，向匪兜战。并令王团长率部由蔡家畈回防，以资策应。

三、本月二十三日中午十二时，我军行抵石家河以北地区与匪遭遇，激战四小时，匪势不支，纷纷向正北方向逃窜。

固始县以南地区剿匪经过

二十三年九月五日，奉豫鄂皖三省边区剿匪总部命令，其要旨：(一) 着该师移驻固始以南地区，扼要布防，筑碉围剿。(二) 所遣霍山一带防务，已着第十一路军接替。师奉令后，即移固始县以南之方集、殷集、武庙集、二道河、苏山石、皂靴河、李家桥、狗脊岭、双山河等处，将各部妥为部署，构筑碉堡，多方侦察，严行搜剿。(参阅附图第十)〔图略〕

红石坳战役　九月十七日

一、据探报：赤匪伪第一路游击师、特务大队约六百余人，刻在红石坳(立煌县西北三十五里)盘踞，正四出劫掠中。

二、师当令六一七团驻双河山之韩灼普营派队痛剿，该营令营附郭宝禄率兵一连于本月十九日六时出动，八时抵红石坳附近，发现伪前哨十余人，经我猛袭，当将匪哨击毙八名，继向其主力进攻。该匪见我枪火压迫甚急，遂向深山内狼狈逃窜。

红石坳二次战役　十月四日

一、我驻双河山之六一七团二营，本日七时派机枪连长万清和带兵一连、迫炮二门，会同地方保安第十一中队，迳赴猪头冲一带搜剿，到达红石坳遇匪四百五十余人，激战三小时，匪势不支，化整为零，四散溃窜。

二、是役击毙赤匪二十七名，俘匪伪乡苏执委兼主席曹天寿一名。我军伤亡士兵五名。

文昌宫战役　十月十四日

一、据报：文昌宫、双山河一带，时有散匪出没，扰害地方，居民逃避，十室九空。

二、我六一七团一营韩灼普部，本日七时，第一连向文昌宫、双山河一带游击，相机痛剿。八时许，行抵文昌宫附近，遇匪二百余人，激战时许，被我击溃。连日将双山河、文昌宫各地所有潜匪次第肃清。逃避乡民，相继归里。不旬日间，闾阎皆安，农耕恢复矣。

窑沟战役　十一月一日

一、据报：窑沟夙为赤匪老巢，沟内雷家店现有匪八百余人盘踞，并有伪苏维埃县政府亦设于沟内之东湾附近。

二、师以肃清该匪之目的，于本月一日二时，命令意旨如左：

1. 着六一六团(欠第二营)务于本月五时，由现地(皂靴河)出发，向窑沟之匪进剿。

2. 查窑沟地形复杂，对左右高山须特别注意，免中匪伪狡计。

三、该团受命后，遵时出发，至苏山石附近，遂以一部由山门岭占领窑沟右侧高山，以收瞰制之利，以主力沿窑沟大道搜索前进。七时许，我前卫甫抵雷家店附近，突遇便衣队二百余人与我接触，激战时许，匪继将大部增加，顽强抵抗，并向我左翼绕攻，幸我第一营由石门岭迂回雷店之后，官兵奋不顾身，猛烈进攻，前扑后继，当将雷家店占领。是时匪虽受我前后夹击，但犹据险抗拒，自巳至午，混战四时，匪不稍退。于是更督率官兵一鼓作气，勇猛冲锋，挥刃肉搏，匪势不支，终向五尖山一带逃窜。我扫清战场，安抚居民，申刻整队返防。

四、是役毙匪二百五十余名，伤匪无算，夺获利品甚多。我官兵亦伤三十七员名。此次战役，匪伪受创极巨，其胆已寒。

青峰岭湾东冲战役　十一月十四日

一、据报：青峰岭、湾东冲一带，忽于十二日早八时窜到赤匪五百余名，似有盘踞该处窜扰我交通线之企图。

二、当令第六一六团派队痛剿，该团即派唐、刘二营于十二日六时向青峰岭、湾东冲两地分路进剿，七时半到达青峰岭附近，与匪接触，激战半小时，匪尚顽抗，嗣我击毙匪雷云江、女政治员等二员，并匪兵十八名，生擒伪队长吕大一名，其余残匪尽向裴家岭一带溃窜。

三、是役我无伤亡。

前营及大寨战役　十一月十八日

一、本月十六日六时，派六一六团中校团附王特愚率兵两营，附迫炮一连，由皂靴河出动，沿叶皂大道东向前营及大寨等处游击，七时进抵前营西端，突遇匪百余人，向我猛烈射击，我前卫部队即迎头痛击，该匪顽抗异常，至死不退。嗣因我大部赶到，分由两翼包剿，并用迫炮轰击，毙匪十七名，生擒匪兵昝万发等十八名，匪始向大寨溃窜。八时我将前营完全占领。一等兵邓仙龙等六名，饮弹阵亡。九时分路向大寨追击，十时距大寨里许，遥望匪正强占要隘，构筑工事，约有六百余人，企图恃险顽抗。

二、该团鉴于当前情况，亟有夺取大寨山歼灭该匪之必要。其要点处置如下：(一) 机步两连控置前营，为预备队，掩护后方交通安全，急筑工事以为据点。(二) 其余部队分别向匪猛烈进攻。

三、攻击部队集中火力猛烈压迫，战况异常激烈。至未刻我第四连将大寨西北之险要、第八连将大寨西南之鸡冠山头先后占领，我五、六两连亦攻进大寨山麓，伏尸纵横，毙匪满山，匪气已馁，有约二百余之一股向火院寺退窜，希图牵制兵力，大股均退大寨山上，负隅顽抗，死守不去。当令第四连监视北窜之匪，第八连警戒南小涧之匪，以堵匪援并防包围。复经选拔奋勇，用机枪迫炮掩护我军即向大寨山猛烈攻击。战至十七时，匪势不支，向羊桃岭溃退，即将大寨占领，扫清战场，遂令各部队严密扼要防守。

四、是役毙匪三十余名，伤匪无算，生擒伪童子团团长许年之、土地主席王大生两员，匪兵杨明轩、许守法等二十九名。我阵亡徐振海等十四名。毙驮骡乘马六匹，虏获稻米百余石，分发贫民，欢声雷动。

稻草沟战役　十二月十五日

一、据探报：盘踞稻草沟之匪，约千五百余名，每日拂晓设卫哨于各山头，专司瞭望，黄昏设步哨于各要道，由女匪担任之。

二、当派第六一六团进剿该匪。十四日四时，王团附特愚率第一、二两营附迫炮一连进剿，及至匪巢附近，该团即分派四、八两连占据东南西南各山，掩护进攻。迨至南小涧仅见匪少数哨兵，余皆酣睡。当将匪哨击毙，并擒获女匪，续向南小涧、松山涧等处搜剿，匪多惊起，仓皇失措，凭借茅庵对我抵抗。我一面尽行举火焚毁，使匪无法再据；一面严密设伏，以资堵截。惟逃窜之股匪，复聚于米家祠（闻该祠内设有伪乡苏合作社、疗养院等组织），拼死抵抗，我军更将该祠层层包围，布置火器于四周。逃出之伤匪约三四百人，亦被我击毙者不少，搜索附近已无匪踪，遂扫清战场，掩埋积尸，率队回皂靴河原防。

三、是役毙匪三百五十余名，我亦伤亡官兵十七员名。

二十四年度

王营子南长江河战役　一月十八日

一、据报：伪二十八军新编七十二师，约千三四百人，近因石皂交通封锁严密，乃南窜王家河一带盘踞，连夜经大坳、小南金至王营子附近劫掠，势极猖獗等情。

二、师以肃清该匪之决心，处置如左：

1. 骑兵（徒步）、山炮、迫炮三连，归骑兵连长周和仲指挥，为主攻部队，务将长江河一带伪匪一举而歼灭之。

2. 六一八团之第一营，位置于固圩子附近，为主攻部队之预备队。

3. 六一六及六一七两团，各抽调精锐一部，潜伏于院墙冈附近，以策我主攻方面之安全。

三、我主攻部队由陈林子向匪进剿。十六日十八时至长江河，匪正半渡，与我遭遇，立即猛攻，匪退河南高地顽抗，各官兵奋勇徒涉，冒弹前进，更以轻机枪山炮等猛烈射击，激战三小时，我伏兵亦同时向匪作包围形势挺进，匪势不支，即乘黄昏向大坝、王家河方面逃逸。

四、是役毙匪三四十人，伤匪无算。我军亦伤亡七名。

石门口及陈家林附近战役二月十九日

一、据报：熊家河残匪迭经我军搜剿，现窜至迎水寺及和平一带，有越长江河北窜模样。

二、当派第六一六团第三营兼程追击，本月十七日晚，该匪果窜抵长江河南岸。旋据我驻石门口之第六一八团电告：该匪共约千四百余人，系伪第二路游击师，师长徐得先，企图率河北窜等语。当令该团暂勿截击，俟匪渡河后赶将第三营预伏石门口西南上桥、下纸棚附近，第二营布置于中桥、周家圩子，第二营位置于下桥、姜家油房、王家营子等处，六一六团刘营停止于院墙冈附近，各据荫蔽地形，俟匪回窜，严密包围，三面进击，以期悉数歼灭。亥刻该匪行至陈家林，由我预以骑兵、山炮、特务军士各连，编成一支队，出匪不意，迎头痛击，匪受重创，狼狈溃窜，子刻退至院墙冈，被我刘营突出截击，匪向中桥急窜，又被我一营迎头痛击，即分向上下桥逃窜，复经二、三两营同时包围，该匪豕突狼奔，终不获逞。盖以刘营复跟踪追剿，前后夹击，先后激战三小时，匪伤亡枕藉，全股溃灭，少数残匪亦四散逃窜，伪师长伤左臂，几被生擒。

三、是役当场擒获二百七十五名，又续在民家搜出匿匪八十九名，共获步枪三百五十一支，手提七支，并发给徐寨等处民团八十四支，作地方自卫之用。俘获匪粮菜甚夥，并伪师长乘马九匹，击落肉票二十五名。我伤亡官兵三十八员名。

王家山打茶铺战役　三月二十五日

一、据六一七团代团长陈同杰报称：据探报伪二路游击师之一部及散据窑沟残匪，共七百余人，现盘踞王家山、打茶铺一带。

二、该团于二十三日七时，抽调各营精锐，分路向匪围剿，巳刻我第三营至棋盘山，见匪在打茶铺休息，适我第一营由殷集赶到，并力猛攻，匪凭险抵抗，激战数时，我官兵奋勇百倍，向前猛冲，匪势不支，退守王家山，仍复顽抗。卒经我一、三两营节节进攻，申刻将王家山占领，匪向窑沟溃窜。复经我第二营近道设伏，伺匪迎击，残匪受挫，惊向大佛山丛林溃散无踪。

三、是役鏖战八小时，毙匪百余名，击落肉票二十一名。我伤亡士兵夫十三名。

长岭附近战役　四月六日

一、据六一六团王团附特愚报称：伪赤城县委石玉田率伪各机关人员及伪游击师特务队等八百余人，由熊家河窜至长岭一带盘踞。职于六日早六时率队分路进剿，我第一营甫抵长岭，匪已据险向我射击，见我兵力单薄，向我猛冲，唐营长景宽督率所属，沉着应战。激战时许，适我第二营及第三营之一部，经鸡冠石绕至匪右侧背，猛力袭击，匪受威胁，伤亡甚多，始向东南溃退。

二、是役毙匪三十四名，俘匪十九名及匪民三十八人。

观音庙冈战役　四月二十六日

一、据六一七团陈代团长同杰报称：本月二十六日六时，派第一连袁连长率部三十余人，由段集向北游击，抵观音庙冈遇匪二百五十余人，即行迎击。惟匪众我寡，势颇危急。闻报后，赶派营附吴一星率兵一连驰往增援，分路向匪猛攻，激战三小时，匪始不支，纷向东北逃窜，即以日暮失其所往。

二、是役毙匪三十一名，受伤甚多，我方安全无恙。

柳林萝葡山战役　五月三日

一、据报：打茶铺一带，本月二日窜到赤匪三百余人。

二、当令六一七团第一、二两营各抽兵力两连，于三日六时分由方集、段集向该匪进剿，并令六一八团张心德营在裴家冲扼要截击。巳刻到打茶铺，匪正西窜，当经跟追至柳林附近，匪即占据萝葡山各要点，顽强抵抗，经我六一七团第三营第八、九两连及第一营分路进攻，并以炮火掩护，激战四小时，匪始不支，纷向窑沟溃窜，跟追无踪，遂各回防。

三、是役毙匪二十四名，伤匪颇多。我阵亡排长一员，士兵伤亡五名。

罗冈楼大街战役　五月十三日

一、据探报：赤匪伪二十八军高敬亭部，一千八百余人，连日经大固店、三元店，有续向西北窜扰之企图。

二、本师为截击该匪以防窜扰固始以南地区起见，处置如左：

1. 令六一八团派兵二营，在陈家林、石门口、五营子之线严密布防。

2. 令六一七团王团长淦尘率兵一营附山炮二门，星夜驰至黎集，向匪侧击，并防范该匪偷渡史河西窜。

三、据王团长电称：文夜高匪经鲁店以北，暗由传圈子、龙潭寺偷渡史河，正向西南逃窜中。当急率部在黎集渡河追击，元辰追至罗冈以南楼大街附近，与匪侧卫接触，该匪见我兵单，以主力千余人向我猛冲，我以机枪扫射，激战三小时，匪伤亡奇重，向上面头方向逃窜，现仍督队追击中。

四、是役毙匪五十八名，内有伪第二营营长一名及伪连排长士兵等，受伤无算。

窑沟战役　五月十五日

一、师为迅求歼灭高匪残部起见，于本月十五日令各团抽调有力部队会同阎、宋各友军，向窑沟一带威力搜索，均未发现大股。惟韩营遇小股匪百余人，即被击溃。

二、据报：高匪残部因连日在五尖山一带迭经痛剿，伤亡奇重。十五日八时，暗由煤炭窑西窜，十二时窜抵上石桥以西，三百余人尚有续向西窜模样等语。当经我六一七团三营星夜进剿，且被各友军联合截击，遂将该匪聚歼于商城以北地区。

三、是役前后俘匪兵十三名，获步枪二十五支，手枪五支(种类码号已另表呈报)。

王家湾战役　五月三十一日

一、据探报：三十日王家寨附近窜来残匪三百余名，三十一日七时复窜至煤炭窑以北王家湾山中潜伏。

二、当派六一七团第二、三两营分路向匪搜剿，二时在王家湾接触，激战两小时，匪不支，经驻马冲向宴家冲逃窜。

三、是役毙匪二十一名，俘匪九名。

杨树湾战役　六月十六日

一、据探报:有匪约三百余人,本日七时窜皂靴河西南杨树湾附近。

二、当派六一六团第一营第二连驰剿,十二时与匪接触,激战一小时,匪势不支,遂向豹子岩方面溃窜。

三、是役毙匪八名,生擒匪兵陈恩一名。

松山洞战役　七月十四日

一、据我第六一六团中校团附王特愚报称:寒晚派职团便衣队长赵春良率兵二十名,同驻石家河之立煌保卫第二大队长周香波官兵三十余名,乘月明经毛家冲、鸡冠石袭击盘踞松山洞之残匪,至则该匪二十余名正在造饭,当即向匪猛袭,击毙二名,俘重伤匪宋义江一名,余向东西高山逃散。

二、据俘匪供称:此股系伪赤城县女常委王治卿、特务队长娄傻子率领,共二十余人,枪约二十支等语。该匪伤重,旋即毙命。

三、师拟彻底肃清该匪,即令各团抽队继续搜剿,以期完全歼灭之。

枣树湾战役　七月十八日

一、据我第六一六团中校团附王特愚报称:窑沟、枣树湾啸聚五六十人,匪眷居半,枪约二十余支。当派第八连及便衣队于巧丑分向该匪围剿,甫经到达,向匪进袭,讵料该匪早经发觉,稍行抵抗,急向西北羊山方面丛林逃窜无踪。

是役伤匪数名,计获米六袋,麦二斗,破衣十余件等语。

二、当责令该团附督率所部,限期肃清,以靖地方。

萝葡山战役　八月六日

一、据我六一六团中校团附王特愚报称:据投诚匪周士青声称:有男女匪二十九人,大枪三支,在南小洞之萝葡山盘踞等语。当派我四连连长刘文卿带队往剿,至则与匪接触,我官兵奋勇猛攻,匪不支向东逃窜,因林密失踪,未便寻追。此役计毙匪三名,俘获男女匪五名，当经严信，该匪内无重要分子，系多胁从等语。

二、师以予匪自新之机，即令该团附查察轻重分别羁释。

黑山冲与石门岭之战役　八月七日

一、据我六一六团中校团附王特愚报告：

1. 职于世日派少校团附马驷骏率队协同我六一七团及六一八团部队会剿匪巢，以六一八团及便衣队，分路搜剿窑沟、五尖山各地，仅搜获锅盆脸盆等物。

2. 申刻据我刘营长统全报告：匪约三十余人，正在东冲附近之黑山冲休息，即令马团附、刘营长各率所部向匪夹击，至黑山冲附近与匪接触，经我猛攻，匪纷向丛林逃窜。此役毙匪四名，伤匪十数名，搜获标语赈本零物等，并将各匪首级带至皂靴河示众。因日已薄暮，未便穷追，即扼各路口设伏堵截。

3. 残匪于戌刻果由东冲、石门岭向五尖山逃窜，至石门岭附近被我伏兵迎头痛击，匪伤甚夥，虽未尽灭，余匪无几。翌晨复搜获散匪一名，据供云：匪被国军连日痛击，伤亡极大，余匪胆寒，恐将由此溃散等语。

二、师以肃清残匪之目的，严令所属各部队淬励官兵鼓勇精神，努力扫荡，以靖地方。

小枣树战役　八月十六日

一、据我六一六团中校团附王特愚报称：寒夜派马团附驷骏率兵两连向五尖山一带残匪扼要设伏，防匪流窜。五时有匪二十余人，由小枣树湾（图无）向羊山方向前进，当乘月色暗淡对匪迎头痛击，匪惊回窜。嗣后搜查毙匪三名，俘获伤匪二名。据伤匪张九侠称：现匪分两股，一系后路男女匪二十余名，盘踞五尖山附近，一股三十余人，专任游击劫粮，常出没于羊山、煤炭窑一带，现被国军痛剿，困难万分，曾向高匪求援数次，约于日内（即四日）匪队来援等语。

二、师令该团附一面派队扼要堵匪增援；一面督队尽夜探剿残余，以免与新匪合股，滋蔓难图。

〔国民政府军事机关档案〕

7. 国民党军第六十七军王以哲部与鄂豫皖边区红军游击队战斗报告书

（1934年12月）

剿匪工作军事报告书　二十三年十二月分

（一）作战命令

一、开始清剿命令

陆军第六十七军参作令第　号　十二月一日上午十一时于潢川北城军司令部

1. 伪二五军主力已经伏牛山脉向西远窜。

2. 各部队（除百十八、百十七、百二十九，已由电话告知）应按参作命令四八号令，即在各区内开始续剿散匪。

骑六师仍驻明港一带。

骑三师仍驻息县一带。

3. 百零七师除六一九团应驻商城附近外，余准按该师原拟部署。

4. 百零八师部队准驻罗山城内。

第六二三团将仁和集、双轮河间防地交六二九团后，即日出发该师指定地区。

5. 各部队将到达开始清剿日期分别具报。

6. 仰将清剿计划并清剿情形具报为要。

7. 余在潢川北城。

下达法：先以电话告知后，印刷专派传令送达。

二、令极力搜剿潜伏零匪广掘窖枪训令。

训令

案奉总司令蒋、副司令张冬午参一电开：

查赤匪主力业经西窜，但各处散匪化零潜伏，所在多有，且系当地土着，窖枪待机，乘隙再举。星火燎原，滋蔓难灭。前曾迭令各地驻军注意清剿，并严搜窖，勿以散匪，轻易忽视，贻患将来。兹再重申前令，仰各清剿部队、各保安团队、壮丁队等，极力搜剿，广掘窖枪，务期绝其凭藉，早日肃清，以安地方，是为至要。等因。奉此。除公布外，合亟令仰该　长转饬所属遵照办理为要。

此　令

三、令骑六师限期清剿之责。参潢电令：

白师长鉴：据电话报告：该师已到原防，仰即担任信潢大道以北长陵、铜钟一带散匪清剿，并限于一月一日以前肃清。除附一般命令一份外，主力驻地及清剿计划，分别具报为要。

四、为变更清剿地境限期肃清残匪命令：

陆军第六十七军参作命第　号命令 十二月十三日下午五时于潢川北城军司令部

一、军基于总部真巳电，兹将前之清剿计划，变为八个清剿区，各区之紧张工作，务须限完成肃清残匪任务为要。

二、第百十师（欠第六二九团及骑兵连）附工兵一排，任第一清剿区残匪之肃清，并限本月底以前完成该师余汤未成之公路。

三、第百零七师（欠骑兵连）附山炮兵一连、工兵一连，任第二清剿区残匪之肃清，并限令到一月内完成商新公路。

四、第百二十九师附第六二九团及山炮第二连，任第三清剿区之肃清，并应协同地方完成保甲清乡等工作。

五、第百十七师任第四清剿区残匪之肃清，并协同地方完成清乡工作。

六、第百零八师任第五清剿区残匪之肃清，并协同地方完成清乡工作。

七、骑兵第三师附军特务营（欠骑兵连）、山炮第三连，任第六清剿区残匪之肃清及潢川县城防。

八、工兵第六营(欠一连及一排)附军特务营、骑兵连、百零七师骑兵连、百十师骑兵连，任第七清剿区残匪之肃清及光山县城防。

九、骑兵第六师在信潢大道以北息县、长陵、铜钟一带，任第八清剿区残匪之肃清。

十、各区(除骑兵第六师)肃清地境,如附要图。〔图略〕

十一、各区限于令到后,即日将防地分别交接具报为要。

十二、各区应协同地方武装清乡，使特务队之谍员□□□□□。

十三、各区应饬政训人员及各级官长向民众随时随地□□□□□□□□□□□□□□□□□□□□□□□□□□。

十四、各区对于电话线路,应按各区区域分段保修检查,只准以一部电话机向军连络,各区应自成一通信系。对于已成公路,应协同地方随时保修,其未成公路,按必要尽力增筑。

十五、各区应将每日清剿情形,指令专员负责电话报军。

十六、余在潢川北城。

下达法:派专传令送到。(限十四日送到)

二、军队调遣

一、令附属骑三师之骑兵二十二旅仍回原防之支参潢电如左:

王师长鉴:查匪已西窜,骑兵第二十二旅无再集结息县一带之必要。当经电请现奉总部江未参一电开:已电檀师长转饬李旅,仍回原防矣。等因。特电知照。

二、奉三省剿匪总部齐午参一电如左:

一一二师除护路部队外，着集结信阳附近候命。一一五师开至孝感花园候命。骑兵第六师及一零五师之骑兵团着开回原防。铁道炮第三队着即归还建制。仰各遵照具报为要。

三、逐月匪情

一、十二月五日，匪约二三百名，枪二百余支，在石家湾、灵云寺一带流窜。

二、十二月十日，匪约二三百名，系伪十六团在学田冈、邱家寨一带流窜。

三、十二月十四日，经扶东之付田寺有匪二三百名窜扰中。

四、十二月十五日，匪约二三百名，由付田寺向马鞍山方向窜去。

五、十二月十五日，孟家山东北之石岩口，窜来匪约百余名向西窜去。

六、十二月十七日，匪约二百余名，由金兰山向莲山窜去。

七、十二月十八日，伪独立团由学田冈经王家畈窜往灵云寺。

八、十二月二十日，匪约二百余名，在关王庙、槐树坪一带窜扰。

九、十二月二十五日，匪约百余名，在银山畈、查子冈盘踞中。

十、十二月二十九日，匪约五百余名，窜经沙子冈，掳去电话局架线工人二十余名，系红第一集团军第三军游击队，向东逃窜中。

四、剿匪战斗经过

一、金兰山附近剿匪战斗经过

十二月十七日，第六五零团第二营搜剿至金兰山附近，与约二百余名之匪接触，匪不支，窜向正北，与六四八团第一营在六里坡遭遇(上午十一时)经与六五零团夹击，匪即东窜，盘转大山而去。

二、十二月二十一日，第六二八团第三营搜剿至笔架山，与百余名之匪遭遇，激战数小时，匪溃窜。计毙匪十余名，俘虏一名，人票二名，获步枪四支。

三、十二月二十七日，第六四八团第一营，于樊山沟(凌云寺西约七八里)、何家田附近,与匪罗及孝独立团三百余名接触,激战二小时,匪伤亡甚重,即向关家楼(凌云寺西约十余里)方面逃窜。

五、剿匪宣传 〔图略〕

六、碉堡设施

一、二十三年十月十七日,奉豫鄂皖三省剿匪总司令部计划之规定,令于上石桥至汤家汇线上构成碉堡,当时即如左之区分构筑:

1. 百零七百构筑由上石桥至高水田(不含)线上之碉堡,于十月二十二时至十一月十五日完成,共筑碉堡一百十三座,所用经费二千四百四十三元,系由该师暂行垫办。

2. 百十师构筑高水田(含)至汤家汇线上之碉堡,于二十三年十月廿五日开工,至十一月八日完成,共筑碉堡七十五座,所用经费一千七百八十八元,系由该师暂时垫办。

二、复基于豫鄂皖三省剿匪总部西区碉寨路线略图之指示,对于潢川至沙窝线上之碉堡,当时即如左区分构筑:

1. 骑兵第三师任由潢川至仁和集(含)之碉堡线构筑,十一月八日开工,十一月十五日完成,共筑碉堡五十八座,用款五百三十元,系该师自行向总部请领者。

2. 第百二十九师,任由仁和集(不含)至沙窝之碉堡线构筑,十月二十三日开工,至十一月五日完成,共筑碉堡一百二十三座,用款一千七百元,系该师由总部自行请领者。

3. 奉三省剿匪总部电:令三十军特务旅暂归王军长指挥,任潢川至白雀园间碉堡任务。该部于十月十五日到达潢川,当令第二团分布于骑三师防区内,任潢川至上亚港地区之母子碉构筑。第三团分布百二十九师防区内,任上亚港以南至徐山口之母碉构筑。该部竣工后,于十一月二十一日奉令归还原建制。

三、二十三年十月廿一日,奉豫鄂皖三省剿匪总部训令:令构筑由罗山至定远店间之碉堡,军即令第百零八师构筑由定远店至龙升镇(不含)线上之碉堡，百零五师骑兵团构筑由罗山至龙升镇(含)线上之碉堡。后以百零八师剿匪方殷，无力构筑，当电请总部准由地方构筑。复奉电准由罗山县负责构筑，归百零五师骑兵团指挥。后该团归还建制，遂由罗山县自行构筑。

四、指导地方构筑之碉堡

1. 由春和铺经潢川、普他集至光山线上之碉堡，由潢川及光山县政府负责构筑，令工兵第六营指导之，九月三十一日开工，十二月二十日完成，共筑碉堡十九座。

2. 十二月间，由百十师骑兵连指导林铁铺地方筑碉堡四座。

五、以上之碉堡系本军在潢、商、罗、经、光各县清剿时所构筑者。

七、封锁设施

一、各清剿区，在清剿残匪时期，因股匪远窜，封锁致未设施。

二、为防宵小潜伏思逞起见，规定如左：

1. 凡遇有形迹可疑之人，无论何时何地，纠查队随时检查。

2. 闲杂人等之逗留及徘徊观望者，即行捕获讯惩。

3. 城垣附近及城上，除任守备之部队，及军属官佐准予攀登接近外，其他人等概行禁止。

四、对于既设工事及修筑中之工事，有意窥探及毁坏者，即行逮捕。

五、清查户口。

〔国民政府军事机关档案〕

8. 国民党军第十一路军刘茂恩部与红军第二十八军在鄂豫皖边区战斗详报

(1934年12月—1935年6月)

二十三年十二月

情况

边区残匪自徐海东率领伪二十五、二十八两军所改编之伪二十五军西窜后，其残留东区之匪，尚有伪二十八军之八二师、伪二十五军七三师之二七七团，伪游击一、二、三、四、五等路及皖西北道委会乡苏区苏等，合计约三千余人，枪千余支，分窜班竹园、乱泥壶、东大山、熊家河、莲花山、龙门冲及潜、太、霍、舒各县边境。

本军自邢、刘两旅长各率兵三团编为第四、第五两支队，统归上官总指挥指挥，从事追剿徐海东股及独立旅，与三八五团于十一月下旬开驻皖南，归刘主席指挥进剿赤匪外，现在皖西部队，计有十五军独立团、六四师一九零旅、六五师一九四旅(缺三八八团)及两师直属部队，并暂归指挥之徐中岳旅。

十二月三日，邢、刘两支队追至豫西陕灵一带，奉令东开，归还建制。

十二月十四日，又奉刘主席转奉委座文申京电：着刘支队酌开一部赴皖南剿匪等因。当遵即电刘旅长率三八三及三八六团，由新安登车经汉转轮开赴安庆待命，至所率之三八八团，着即由明港下车开回六安。

处置

本军为肃清残匪勿使滋蔓计，遂给各部队如左之命令：

命令　十二月一日
于霍山总指挥部

一、东区残匪伪二十八军之八二师、伪二十五军七三师之二七七团、伪游击一、二、三、四、五等路及皖西北道委会乡苏区苏等，合计约三千余人，分窜于班竹园、乱泥壶、东大山、熊家河、莲花山、龙门冲等处及潜、太、霍、舒各县边境。

本军独立旅及三八五团，业经奉命开驻皖南。我邢、刘两支队仍随同上官总指挥担任追剿中。

二、本军以肃清该匪之目的，爰将现在边区各部队区分任务，从事清剿，企图于最短期间扑灭之。

三、独立团驻诸佛庵，担任霍山至流波疃碉堡线，一九零旅驻立煌及胡店，担任立煌至关山河之碉堡线，六四工兵营驻麻埠，六五辎重营驻独山及苏家埠，徐中岳旅驻杨家滩，担任关山河、开顺街之碉堡线。以上各部为驻剿部队，应搜剿各该处附近零匪，并严守各碉堡线，防匪流窜。一九四旅（缺三八八团）为追剿部队，应在本军防区以内寻匪追剿，并应相机协助友军从事协剿。

四、予在霍山总指挥部。

代总指挥刘茂恩

传达法：电报拍发

命令下达后，旋复令六五工兵营孙营长率领该营并指挥三七九团第二营，开驻大小马店，担任清剿史河东岸一带零匪。

剿匪经过

十二月三日，一九四旅三八七团，围击伪七三师之二七七团及伪三路游击师、皖西北道委会等于长山冲西方之石院墙附近，毙伪游击师师长高克文一名，匪二百余名，俘三十四名，获步马枪五十四支，手枪二支，手提一支，伪三路游击师师旗一面，营连旗四面，残匪向前坂溃退。（附图一）〔图略〕

十二月九日，三八七团寻剿至烈士店附近，遇匪五百余人，当即施行攻击，匪不支，向哭剑山、傅家堂一带逃窜。至十日，该团复会同郑旅分途夹击，匪向悬剑山一带逃窜。是役，擒伪乡主席彭东良一名，毙匪十二名，获步马枪四支，匪民四十余名。（附图二）〔图略〕

十三日，三八七团赴青菜冲一带清剿，与伪二十五军、伪二路游击师及伪八二师等约千余人遭遇，当由该团长令第一营攻击匪之正面，自率二、三两营迂回匪之侧背，向匪猛攻，激战约三小时，毙匪三十二名，获手枪一支，我方官兵伤亡二十余名。匪分窜油房店、莲花山、桃园河、潘山等处。（附图三）〔图略〕经我三八七团及孙营长所率两营分途追剿，在帅家河、大坳山、九仙观、团山、流坡疃、看花台等处，迭有接触，彼我均略有损伤。后追至青菜冲附近，该匪复行合股，向五猖庙、南岳庙方向逃窜。其一股约四五百人，于十九日经乳香召附近渡过史河，向西窜去。被我徐旅截击，获战利品颇多。其一股为伪二十五军及七三师残部，人约千余，枪六七百支，于二十日窜至大固店以西地区，当即电令孙营长率部在油房店布防堵匪南窜，并清剿附近零匪。是时，邢旅已由固始东开，即着其就近确查匪踪，派队进剿，三八七团仍寻踪追剿。

二十四日，六五工兵营孙营长率部搜剿至沙岗店附近，探悉匪百余名，盘据东冲一带。当与三七九团第二营韩营长分途协击，匪狼狈向苏家畈方向溃窜，所掳食物尽行抛弃。该营长率队跟追，至二十八日复截击该匪于苏家畈附近，俘匪二名，毙匪数十名，获枪一支，得粮食三百余袋。三八七团杨团附率领该团追剿九棵树附近之伪二十五军及七三师等，于二十六日围击该匪于白塔畈附近，毙匪连长一名，匪三十余名，伤匪甚多，获步枪五支，匪粮二百余袋。我阵亡连附一员，伤兵三名。该团附率队尾追，经利刀岭、闻家岭，至二十九日进至傅门冲附近，匪由关山河渡河向西远窜。(附图四)〔图略〕

二十四年一月

情况

残留东区之匪，经上月各军分区清剿后，其大股窜扰于熊家河、皮坊、悬剑山、三桂堂一带，其小股流窜于平顶山、班竹园、胭脂坳及英北中界岭一带，霍山以南，潜、太、英边境以北，如燕子河、黄石河、前后畈、陶家河一带地区，时有零星小股，枪或数十支，或数百支以上，聚散无常，到处滋扰。

本军邢、刘两支队，除刘旅长率三八三团、三八六团开驻皖南外，其余各部均陆续到达防地。

处置

督饬各部努力清剿史河东岸散匪，严守碉堡线，三八七团仍行寻匪追剿，并连络友军相机协击，以免匪之大股复行东窜。令一九二旅（缺三八三团）开驻太湖，清剿潜、太一带零匪。旋奉总副座齐巳参一电略开：着二十五路抽兵三团、第十一路抽兵两团及第一零八师，统归梁总指挥之指挥，务于最短期内，负责肃清东区散匪，仰即遵照具报等因。遵于元月十二日令行各部，重新部署，命令如左：

命令 元月十二日
于霍山总指挥部

一、奉总副座齐巳参一电略开：着第二十五路抽兵三团，第十一路抽兵两团，及第一零八师统归梁总指挥之指挥，于最短期内负责肃清东区散匪，仰即遵照具报等因。我一九二旅（缺三八三团）已开驻太湖清剿该处零匪。

二、姚旅长北辰，着即率领该旅之三八七团及一九零旅之三七九团，归梁总指挥指挥，务即速行准备，候令开动。

三、三八八团着即开驻霍山，接替独立团霍山至流波疃（含）之防务，并担任霍山城防。

四、独立团候防务交替后，即开驻汤店担任流波疃（不含）至立煌之碉堡线，并以一营驻立煌，协同一九零旅之一营担任城防。

五、一九零旅（欠三九七团）仍担任立煌至关山河之防务，并以一营驻立煌担任城防。

六、徐中岳旅仍担任关山河（不含）至开顺街一带防务。

七、六四、六五两工兵营，暂为活动部队，负责清剿龙门冲一带零匪。

八、一九一旅着即接替六四工兵营麻埠及大小马店一带之防务。

九、六五辎重营仍驻独山、苏家埠各处担任堵剿。

十、予在霍山总指挥部。

代总指挥刘茂恩

传达法：电报拍发

剿匪经过

元月十七日，匪约三四百人，窜扰沙家湾、杜家岭等处，正由我邢旅长派队进剿中。旋据梁总指挥筱午电略称：刻已派时旅长率兵两团，由李家集、丁家埠之线向皮坊、熊家河进剿。一零六师在石门口、连二塘、徐家高山、莲花岩、皂靴河、苏仙石之线，一零八师在斗山河、西河桥、关王庙、蒋家湾、石人洞之线，分别堵剿。请饬姚旅务于本月俭日以前，进至迎水寺、王家河、哭剑山、石灰岭之线，堵匪东窜等语。元月二十四日，复据武旅长报告：伪二十八师四百余人，于梗亥由狮子口渡河东窜莲花山一带，该匪等闻我军围剿，及分遣小股窜扰史河东岸，企图牵制我军兵力，阴与其盘据皮坊、熊家河一带之大股相呼应。兹为迅速扑灭史河东岸之零匪，俾我进剿部队容易奏功起见，当即电令姚旅长迅率所部，先将莲花山一带之匪扑灭，或驱逐后，即遵照梁总指挥筱午电，于俭日前到达指定地点候命，并电邢旅长及六四、六五工兵营、辎重营各营长，所有本军防区史河东岸及立、霍碉堡线以北地区，所驻各部统由邢旅长指挥，负责清剿零匪。元月二十五日，据邢旅长电称：窜莲花山之匪，昨晚窜至大小马店北方之易家楼一带，与前窜杜家岭之匪合股，约六七百人。已派任团长率李营及六五工兵营由杨家店、六五辎重营及三八一团路营由石婆店分路向该匪进剿等语。该匪经各部进剿后，即向白塔畈、龚店子逃窜。至二十七日，复经我军各部会剿于江店子、傅家冲各处，匪乃乘夜由八里滩渡河西窜，经我徐中岳旅截击，俘匪七名，并获什物若干。我三八一团李营，遂即开驻石婆店，路营开驻油房店，工、辎两营开驻杨家店，清剿各该处散匪。

元月十三日，一九二旅杨旅长率三八四团到腾云庙，以该团之一部随旅部进驻太湖，三八四团即在腾云庙、水吼岭一带搜剿散匪。当即一面召集各区长及联保主任讨论清乡事宜，一面派探侦察匪踪。二十六日，有匪四五百名，由石门山窜至来榜河附近，经三八四团朱团长率队追剿,二十八日追击至西家束一带,匪复向石门山、包家河一带逃窜。匪经之处焚掠一空,给养无法购办,乃率队到达衙前镇,候给养补充后继续搜剿。

二十四年二月分

情况

熊家河一带之匪,经大军进剿后,分股逃窜,其主力约千余名,向燕子河一带逃窜,一股约五百余名,复窜东西莲花山一带,残留于熊家河者约有三百余名。

处置

饬令各部迅速肃清散匪,并加派部队会同友军协剿匪之主力。

命令　二　月　三　日
于六安总指挥部

一、据报熊家河一带之匪,其主力约千余人,已窜至燕子河附近,正由我二十五路时旅追剿中。其一股约五六百名,窜至东西莲花山一带,残留于熊家河者尚有三百余名,亦正由我一零六师清剿中。

我姚北辰旅奉梁总指挥令,开驻南庄畈、丁家埠之线,担任堵剿。

二、本军拟即协助友军会击该匪,企图于英、罗、霍、立边区地带歼灭之。

三、三八四团应即将石门山一带残匪迅为扑灭,协剿东窜之匪。

四、邢旅长清忠着即抽率两营,限支日到达毛滩河、六五工兵营、六五辎重营,限微日开抵道士冲,防匪向东北逃窜,并相机协剿,工、辎两营仍归邢旅长指挥。

五、一九一旅武团长永禄,应即负责清剿莲花山一带之匪。

六、霍——立及立煌——关山河与关山河——开顺街各碉堡线所驻部队,务严密守碉堵匪流窜。

七、予在六安总指挥部。

代总指挥刘茂恩

传达法：电报拍发。

剿匪经过

二月三日，匪主力千余人，窜至多诸尖一带，我二十五路时旅分路由漫水河、黄栗抄跟匪追击，我姚旅在南庄畈、丁家埠之线，邢旅长亦率领各营于五日到达毛滩河、黄泥坳一带，我三八四团追剿石门山之匪，在王家屋、分水岭一带与匪激战，约五小时，将分水岭占领，匪向西北方向逃窜。八日，该匪被我时旅迎击，复折向东窜，经我时旅与三八四团协力追剿，在翁家岭、长岭庵等处迭予重创，至十三日追至洪家畈、辉阳河一带，复予匪以痛击，毙匪三百余名，伤无算。残匪一股一百余名，向辉阳河东北逃窜，一股向松山寨逃窜。当即电令邢旅长率所部两营及五六工兵营、辎重营，妥与时旅连络，协力追剿。十七日，朱团进至关庄(图上开庄)，时旅长率潘、符两团到达王家楼，王团已到大驼岭附近。邢旅长率工、辎两营向晓天镇前进，并令任团长率部向大驼岭一带协剿，匪复由香炉冲折向王部园、梅岭沟西窜。十八日，我邢旅长率部截击该匪于沈家桥附近，匪复乘夜向界岭、黄景河方向逃窜，一股复回窜王部园一带。当即电令朱团长负责清剿王部园一带之匪，邢旅长仍率所部协同时旅向西窜之匪跟踪追剿。二十三日，西窜之匪，经抱儿岭、陈家湾进犯我姚旅父子岭阵地，被我三八七团陈营迎头痛击，复折向古路岭、宋家河、千笠坪逃窜。我邢旅已到八道河，当即率部经水竹坪向匪进击，并令工、辎两营进至赶钟山相机策应。二十四日，朱团击匪于枫树坳附近，跟追至余公尖，将匪所掠衣物全部打落，残匪向绝星坪鼠窜。二十五日，邢旅长率部经赶钟山向匪进击，追至枣树岭附近，与匪发生激战，毙匪七名，生擒一名，匪势不支，一股约四五十人，向东窜去，一股约三百余，向千家坪逃窜(附图五)，至东葛山一带，复被我二十五路部队截击，残匪经虎头坝、黄泥塝、桥口等处狼狈西窜。前窜张波咀一带之匪，经我时旅跟踪追击，复折向东窜，至二十五日，流窜至多珠尖一带，又行啸聚约千余人，向包家河方向逃窜。当即电令邢旅长率队转向漫水河东进，协同时旅夹击该匪。二十七日，时旅击匪于青天畈附近，匪即经黄叶坪北窜舞旗河、洛儿岭一带，至二十八日复被我工、辎两营截击于团山东北和尚岭附近，激战约三小时，毙匪二十余名，生擒四名，残匪分向东南两方逃窜。（附图六）〔图略〕

情况（其二）

二月十七日，据定远周县长电告：合肥北境古城集、广兴集一带，啸聚匪人二千余人，声势颇大等语。

处置

奉刘主席电：已派葛云龙为皖中清剿指挥官，指挥六五补充营及保安队、祖团第三营与合肥、定远各县地方团队负责清剿，并拟调皖南之三八五团及驻龙门冲之六四工兵营开赴合肥，会同协剿等因。遵饬各部遵照。

剿匪经过

二月二十五日，葛总指挥官率补充营、工兵营进驻店埠，并电滁、全、寿、定各县长，各派团队扼要防堵。该匪等闻我大军进剿，即由石塘桥向王子城、大魏村、小龙山一带逃窜。二十八日，我三八五团由闻集经三官集、南唐集向该匪围剿，其一股约千余人，由匪首傅家法、袁家凯等率领，向陈集北窜，该团跟踪追击，在王善头、杨马庄等处迭予重创，斩毙甚多，余匪四散逃窜。同时我工兵营剿击共匪靳守先股于刘兴集、南杨庄等处，毙伪营长张步高一名，匪数十名，获枪十四支。该匪经此重创，尽行崩溃，四散逃匿。当即电令三八五团赵团长负责清剿，期绝根株。莲花山之匪经我武团派队进剿后，即四散潜匿。二十日，武团长派队搜剿石人冲一带，遇匪百余名，跟追至青云桥附近，毙匪三名，伤数名，残匪向苏家畈方向逃窜。二十日，大小马店附近复发现匪百余名，经部营进剿后，复向莲花山一带散逃无踪，刻正由驻剿各部搜剿中。

二十四年三月分

情况

窜扰东区之匪，经我时、邢两旅及朱团跟踪追剿，势极穷蹙，乃化整为零，到处流窜，其主力约五六百人，往复逃窜于总包河、杨家河、燕子河、水竹坪、长山冲，王家大湾一带。伪四五路游击师，约二百余名，枪百余支，流窜主步园、河口寺、来榜河一带。立、英边境有伪二路游击师，约百八十余名，枪百四十支。多珠尖附近有伪八二师残匪五十余名，枪约四十支。团山一带有匪之摸瓜队，三十余名，枪约二十支，在该处山林隐匿，出没无定。

处置

电令邢旅长、朱团长仍行协同时旅努力追剿，并令各驻剿部队注意防堵。

剿匪经过

三月一日，残匪三百余名，窜架沟铺一带，我时旅跟匪追剿，邢旅在漫水河、龙门石等处截击，匪向中界岭逃窜后，我军追击紧迫，乃复分两股，一股约百余人，向西北逃窜，一股二百余，向东窜去。至四日，该匪等复行合股，约五六百人，由王家屋向陈家屋一带逃窜。时旅王团跟匪追击，我邢旅及朱团并时旅符团由包家河前进夹击，匪复向野溪河逃窜。八日该匪窜至龙畈冲一带，经我时旅追剿，复折向河头铺方向逃窜，又被我邢旅在分水岭截击，遂转向总包河方向逃窜。斯时，二十五路郑旅已接替时旅任务，郑旅长已派曹团跟踪追击，自率康团及特务营等截击。邢旅长接朱团长报告：匪二百余名，六日晚窜抵黄河，被我部攻击，向来榜河方向逃窜等语。当即转向河口寺追击，该匪十日行抵白果树、黄叶坪附近，该匪复经杨家河西窜。十一日，朱团向龙王垳、大绝岭搜剿，遇匪百余名，毙匪十余名，余匪向平田方向逃窜。打落衣服食物颇多。十二日，匪之大股经漫水河、燕子河向水竹坪方向西窜，我郑旅、邢旅分经长山冲、燕子河、道士冲、千笠寺等处向匪追剿。至十五日，匪经王家大湾向西远窜。当与梁总指挥电商，西窜之匪由郑旅追剿至英、太、潜、立间，零匪由邢旅长负责清剿。自十六日以后，我邢旅与朱团在松林尖、长冲河、猪头尖、分水岭、傅家岭、周家岭、多珠尖、燕子河等处往复搜剿，迭有斩获。其一股约二百余人，于十六日经西界岭向西逃窜，其一股约二百余人，于二十二日经赶钟山、和尚坪西窜。二十七日，燕子河西方观音堂附近窜来匪三百余名，经我邢旅长派遣李营雨夜袭击，匪向西南方向狼狈逃窜。二十九日，我朱团长率该团二三两营，分由总包河、多珠尖向界岭之匪围剿，正在酣战之际，突由河口寺方向窜来匪徒二百余名，向我第二营猛烈袭击，战斗异常激烈，当场毙匪伪营长王凤鸣一名，匪三十余名，伤匪四十余，获枪七支，余匪向老鸦冲、西溪河逃窜。我第二营损失颇重，调太湖整理，另调驻太湖之第一营担任追剿。三十日，该匪复窜多珠尖附近，我军仍在进剿中。（附图七）〔图略〕

三月七日，六安属之椿树岗发现股匪百余名，当令三九零团宋团附率该团第二营往剿，于当日午后二点钟到达该处，遂协同民团将该匪包围于成家屋一带，除生擒十九名外，余匪全被击毙，获步枪十七支，手枪一支，余枪由民团收缴。我方阵亡士兵二名，伤十九名。

三月八日，有伪游击师约百余名，由苏家畈经傅门冲向傅家河方向逃窜，九日夜窜至杨家店附近，被我驻军截击，打落大米数袋，该匪复向大马店西北之郑家堂子逃窜。

三月十一日，伪游击师人约三百余名，枪二百余支，由河西窜至莲花山附近，经我一九零旅张团长肃率兵一营，协同三八二团之部营，分路进剿，匪向南水田方向逃窜，复被我三七九团史团附率队截击，该匪极力挣扎，向简水冲方向逃脱。计先后毙匪五十余名，伤匪尤多，生擒伪游击第三师师长潘定国一名，获稻二十余袋，我伤士兵三名。

三月二十九日，有匪二百余人，窜八道河附近，经我一九五旅三八九团第三营王营附率兵两连，附机枪两挺，追击至老林沟附近，与匪接战，匪势不支，分向水竹坪、赶钟山逃窜。计毙匪五名，伤匪十余名，并击毙伪游击师特务连连长肖宜道一名。

伪二十八军主力，自十五日经我十五路郑旅跟踪追剿，复窜至熊家河、悬剑山一带，迭被围剿受创极重。二十三日，复东窜迎水寺附近，当令一九零旅抽调守碉部队，向烈士店、杨家滩以北地区严密布置堵匪东窜，并令一九四旅之三八七团杨团附率兵两营，由杨柳店向匪进剿，至二十五日，我杨团附所率部队及郑旅李团与百零六师之一部，将匪包围痛击，残匪百余名经上罗丝向王家河逃窜。

部队调遣

三月五日，徐中岳旅奉令移汴，当电陈委座，准予电令前归姚旅长指挥之三七九团接替该旅江店子、八里滩、开顺街等处防务。

三月十日，奉委座灰未行李战电令：一、骑十师着即移防新蔡、汝南、上蔡等处。二、百零六师接替固始城及其附近防务。三、十一路接替霍邱、乌龙庙两处防务。仰即遵办具报等因。遵于十八日电令姚旅长，由所部三八七团先派一营迅开叶集，接替沈师遗防，其余部队候令开动。二十二日，令担任六安城防之三九〇团，抽派两连暂行接替霍邱、乌龙庙两处防务，候三八七团到达叶集，再令派队往接，所有三九零团之两连仍调六安。

三月二十日，调六五师工辎营开回六安，准备受校。

三月二十一日，调随葛指挥官剿匪之六五骑兵连开回六安。

三月二十二日，调六四工兵营返六，三八五团集中合肥，三八七团集中叶集，准备校阅。

二十四年四月分

情况(其一)

1. 伪二十八军自上月下旬在迎水寺附近受重创后，将伪游击二三路及二十八军残部共编一团，号称二十八军，由高匪俊亭率领，在熊家河召集会议，当众宣布，决向英、霍、潜、太一带流窜，企图另造新区，史河以西尚留有霍邱县赤卫队及各乡苏等零匪。

2. 上月二十九日，在界岭附近之匪，被我朱团击溃后，即分股逃窜，其大股约三百余，向晓天镇方向逃窜，一股约二百余，向太湖境之土门方向逃窜。该匪现改为伪二十五军七十三师一二八团及伪二十八军八二师二四四团，均归伪皖西北道委高俊亭指挥。

处置

电令姚、武、马各旅长注意堵剿东窜之匪，并令邢旅长、朱团长向晓天镇之匪侦察进剿，复令三八八团之张营进至黄景河，注意迎击。

剿匪经过

四月一日，邢旅由漫水河向包家河前进，朱团已到达来榜河，三八八团张营由黄景河进至头桶河，晓天镇之匪被该处保安队进击后，即向该镇南方之平田一带逃窜。四月四日，该匪复行啸聚八九百人，窜据北汤池以东之界岭附近，朱团长率领该团之一、三两营及步炮连，向该匪进剿，于下午一时接触，激战四小时，毙匪二十余名，伤无算，余匪向上方冲附近之高山逃窜。(附图八)〔图略〕

四月五日，该匪复北窜纪家河附近，经我邢旅迎头痛击，乃折向东南大山窜匿，该旅跟踪追剿，在下南田、上南田(均在纪家河东南十余里图上无)两处，迭经激战，毙匪二十余名，伤匪尤众，并击毙匪官一名，获枪两支，我方亦伤亡士兵七名。朱团长率队向上方冲方向搜剿，探悉王部园西北约十里之张家湾附近，有匪百余名，当即派杨团附率兵两连，迅向该匪进剿。午后二时，与匪激战，毙匪十四名，伤匪甚众，余匪沿高山向西逃窜。本晚邢旅长宿营南田附近，朱团宿营蒋家庄附近。四月六日，邢旅长追至黄洋店，朱团追至黄洋店北方四里之地形岗，匪向老鸦冲方向逃窜。本日接梁总指挥歌酉电：据王旅长支电称：伪二十八军及第二路游击师，已经草坝地、柳林关向陶家河方向逃窜。歌晚蒋团可到架沟铺，阎团可到盛家河，或率曹团及特务营可到鱼大潭等语。本指挥部于本日进驻英山指挥王旅进剿等语。当即电令邢旅长及朱团长努力进剿老鸦冲之匪，并与梁部王旅连络。四月七日，邢旅追至河口寺，朱团追至界岭，匪经青田畈向多珠尖南之宝德河逃窜。四月八日，梁部王旅在多珠尖一带与匪激战，匪复合股向陈家河、河头铺方向逃窜。我邢旅及朱团向宝德河、杨家河前进，准备堵截。四月十一日，邢旅及朱团进至衙前镇一带堵剿，匪由寺前河、合水涧、黄土坡向刘家畈逃窜，王旅已追至上河南及合水涧等处。四月十三日，据梁总指挥支酉电：匪主力千余名，现窜至宿松境朱家坳、梅家河（弥阮南四十里）附近，蒋、阎两团正追击中，王旅长率曹团及特务营正向三河滩、店前河前进等语。当即电令邢旅长及朱团长暂在原地搜剿附近零匪，并督促地方建筑碉堡，以防匪人来往流窜。该匪在宿松西北之马上屋、王家湾附近被我梁部蒋团击后，即纷向西南铜铃桥、南屏庙方向溃窜，旋复折向张家榜、白水畈方向急窜，复被我蒋团截击于毛家咀、王裕冲（黄梅北六十里）附近，至十五日，该匪由张家榜东北十五里之两河口渡河北窜。当于铣午电令邢旅长、朱团长：迅向分水岭、王家河、上下五河一带前进，连络友军，堵匪回窜。邢旅于十六日夜到达分水岭，王家河之线，朱团正在多珠尖附近搜剿零匪，十七日即可到达上下五河之线。四月十六日，该匪被王旅曹团截击于细竹河、横山头附近，匪向燕子岩（两河口东南）大山逃窜。当令邢旅及朱团向薛义河、龙湾方向急进协击。四月十八日，匪经太湖西北紫金河、寺前河附近向青风岭逃窜，曹、阎两团仍跟追中。我邢旅及朱团复改向撞钟河、五庙截击。十九日，匪向袁家渡方向逃窜，我邢旅及朱团即向该匪急进截击，戌刻到达白莽浑，匪复向天赐堂方向逃窜。二十日，邢旅及朱团向水吼岭方向前进，到达该处探悉匪已窜汤池畈附近，我王旅仍跟追中，乃急向北进，于酉刻到达衙前镇。本军为协同友军迅将该匪扑灭计，乃电令驻合肥之三八五团赵团长清海率兵两营(其第三营暂留合肥担任城防，俟接防部队到达后，再行归还建制)，马日出发，经过舒、桐至潜山之源潭铺集结，寻匪进剿。四月十九日，据驻流波疃之三八九团牛团长报告：匪约五六百人，由西北窜，已经方家坪、马家畈向流波疃东南之黄土岭逃窜。当即电令该团长及霍山三八八团各抽兵一营前往剿办，匪复向漫水河方向逃窜。二十日，接驻陶家河一带二十五路高旅长电：漫水河之匪已由多珠尖以北向胡乡、腾云庙窜去，本日晚我王旅蒋团行抵汤池畈以北与该匪伪二十八军及四五两路游击师约千余人相遇，发生激战后，经曹团增援，将匪击溃，向松山寨方向逃窜。

四月二十一日，匪复折经汤池畈附近，向东逃窜，我邢旅长率部由衙前镇取道路子河后冲向匪截击，至下午四时，痛击该匪于黄白河附近，匪复向东南大山捉虎岭、龙井关方向逃窜。二十二日，经油房街、波罗至龙潭河渡河南窜茶庄，我邢旅及朱团仍跟追中。二十三日，匪向响潭河西窜胡乡附近，我邢旅已追至响潭河，我赵清海团已到吕亭驿。当即电令该团向源头铺集结候令追剿。二十四日，邢旅及朱团追至胡乡，匪复向来榜河、界岭方向逃窜。

四月二十五日，据舒城报告：匪约三百余人，由晓天镇窜至七里河，晚五时，复向主部园逃窜等语。

处置

电令赵团长清海率部转向主部园之匪进剿。

剿匪经过

赵团长接命后，即率队向匪进剿，于二十七日到达二姑尖附近，探悉匪约三四百人，与舒城保安队在卢镇关附近接触后，复向龙骨冲、程和道方向窜去。二十八日，该团复经卢镇关向乌纱街前进，探悉匪约二百余人，在枫香树附近潜匿，一部约五六十人，窜至程和道附近。是时，赵团周营已由合肥开抵舒城，赵团长遂令周营长率部由枫香树向南进剿，自率一我王旅正经上方冲、腾云庙分途进剿中，今日可到北汤池附近。赵青海团本日到达张家坂，当即电令该团向腾云庙前进，随同邢旅努力协剿。二十五日，该匪窜至金桂坂附近，被王旅截击，复折经乌罗坤、松山寨东窜，王旅尾匪跟追，邢旅及朱团向衙前镇一带前进截击。至四月三十日，邢旅及朱团到达后冲附近，探悉二十八军主力八九百名，盘踞三步两桥一带，邢旅长随令朱团长率部进攻，自率任团随后策应，至昆嵛寨与匪接触，任团进出左侧高地，向匪猛攻，激战三小时，匪势不支，分向夫子岭、大吴寺、杨四方各处溃窜，我部追至油房街、搓水畈一带。是役毙匪二十余名，伤匪尤多（附图九）〔图略〕

情况（其二）

四月二十五日，据舒城报告：匪约三百余人，由晓天镇窜至七里河，晚五时，复向主部园逃窜等语。

处置

电令赵团长清海率部转向主部园之匪进剿。

剿匪经过

赵团长接命后，即率队向匪进剿，于二十七日到达二姑尖附近，探悉匪约三四百人，与舒城保安队在卢镇关附近接触后，复向龙骨冲、程和道方向窜去。二十八日，该团复经卢镇关向乌纱街前进，探悉匪约二百余人，在枫香树附近潜匿，一部约五六十人，窜至程和道附近。是时，赵团周营已由合肥开抵舒城，赵团长遂令周营长率部由枫香树向南进剿，自率一二两营及步炮连由乌纱街向东进剿。二十九日早，与匪接触，匪复向枫香树西北陈家胡村逃窜，经我赵团追及，将匪包围，激战甚烈，匪乃突围北窜，复被我部截击于闵家店北灵台山附近，匪势不支，狼狈向春秋山方向窜去。是役毙匪二十余名，伤匪甚夥，夺获步马枪七支，宣传品数捆（附图十）〔图略〕。该股匪系匪首伪西北游击队队长徐亚东及政委吴建民率领。本晚赵团长接到中梅河保安队报告晓天镇电话，不过有赤匪千余，业将该镇包围，请求驰援等语。该团长即率部经中梅河、胡家河向围攻晓天镇之匪进剿，至三十日午刻到达七里河附近，据报匪已向潜山方向逃窜。

部队调遣

四月二十四日，令第六四工兵营有日由六安出发，开往合肥，接替三八五团第三营所遗防务，限宥到达。并令三八五团第三营周营长候工兵营到合，即率所部(欠第九连)速经舒桐归还建制，其第九连仍归葛指挥官指挥。

二十四年五月份

情况

高匪俊亭所率之伪二十八军等约千余人，自被我邢旅在崑崙寨痛击后，即向夫子岭、吴大寺等处分窜，刻我部仍在追击中。

伪西游击总队长陈亚东、政委吴建民所率之匪二三百名，在枫香树一带被我赵清海团予以重创后，即分股窜匿，现仍在舒桐一带不时出没。

上月二十五日，奉到委座敬酉行参仲电：划分防区，规定驻剿追剿部队，限期肃清残匪等因。

处置

本部自奉到委座电令后，除一面督饬各部暂行继续进剿外，并于五月三日，给各部电令如左：

一、奉委座敬酉行参仲电开：查豫鄂皖边区残匪，迭令剿办，迄未肃清，现高俊亭匪流窜如故，日见猖獗，若不迅予扑灭，贻患无穷。兹为彻底肃清永绝后患计，从新划分防区，规定部署如下：甲、防区划分：(一)第一区与二、三区剿匪地境为汤关铺、瓦庙集、汤家汇、大木口、碾石、乌石岩、新湾、蛮头石、鸡公石、槐树岭、余家咀、观音阁、七里岗、泗巴河、余店相连之线，以西为第一区，以东为第二、三区，线上属第一区。(二)第二区与第三区之剿匪地境为大木口、七里冲、四季尖、夹河、丁家埠、界岭、南庄畈、流波疃、诸佛庵、霍山相连之线，以北为第二区，以南为第三区，线上属第二区。

乙、兵力部署：(一)何军长柱国指挥一〇八D、一〇九D、一一五D、一二〇D、一一一D、一一二D各师，骑兵第三、第六、第十各军与六十七及百〇五师留守部队为第一区驻剿部队，对于鄷家集、余子店、汤家汇、新店、大木口等重要地点，须派有力部队。(二)刘代总指挥茂恩统率所部两师，并指挥第百零六师为第二区驻剿部队，对于熊家河、悬剑山、笔架山、火炮岭、南溪、丁家埠、立煌、南庄畈等重要地点，须派有力部队。(三)各区驻剿部队，须切实负责肃清各该区各处零星散匪，并组民建碉防匪窜扰，尤须控制有力机动部队(最少两团)，以资活用。(四)梁总指挥冠英率第二十五路，除酌派一部为第三区驻守部队扼要驻剿外，以大部优势之兵力，编数追剿队，不分畛域，跟踪穷追，必要时，随时指挥其他各驻剿部队(但指挥后须通知该部队最高长官)，期能追堵并用，早歼高匪为止。丙、其他事项：(一)各区股匪散匪，限本年六月终完全肃清。(二)负责追剿堵剿各部队，如追击不力，致匪窜逸，防堵不严，使匪窜过，致不能依限肃清，各区负责部队长官，均以纵匪论罪，以重军令。负责追剿部队所需输卒、侦探等费，另行饬知。以上各项，除分电外，仰即遵办。并将追剿部署分防驻剿情形，附图详确具报等因。二、遵令拟定部署如下：(1)一〇六师仍按现在防地，妥为配备，对于三桂堂、皮坊、狗脊岭、笔架山一带，应不时派队搜剿，切实肃清散匪。(2)一九〇旅担任立煌经胡店、开顺街至叶集之线，并着六五骑兵连即日开驻叶家集，归武旅长指挥。(3)一九一旅之三八二R担任麻埠、独山、大小马店、石婆店、苏家埠一带防务。(4)一九二旅旅部及三八四R之一营，仍驻太湖及衙前镇。(5)一九四旅担任青阳会馆(不含)经南庄畈、下畈、南石塘、界岭、丁家埠、南溪、火炮岭一带防务，驻叶集之一营，俟一九〇旅接防后，即调归建制，以三八八R担任守碉，以三八七R控置于南庄畈或界岭，希即分别接防，倘中间碉堡缺少，应速星夜加造。(6)一九五旅担任霍山(不含)经诸佛庵、流波疃至青阳会馆(含)沿线之防务。三八九R应酌抽活动部队，控置于青阳会馆，三九〇R应抽两营兵力控置于诸佛庵，往来游击，严密匪人越碉堡线北窜。(7)六五辎重营即开驻龙门冲清剿零匪，兼护茶市。(8)六四炮兵营开驻霍山，担任城防。(9)麻河岗、桃树岭、悬剑山、熊家，由武专员饬令保安队筑碉驻守。(10)为积极搜剿残匪，以期一劳永逸计，一九一旅邢旅长清忠，仍率三八一R(欠一营)并指挥三八四R，暂在潜、太、霍、舒边区协剿高匪。三、各堵剿部队到达防地后，如碉堡不完整，竟协同民众星夜筑构，连成一线，防匪乘隙逃窜。四、布置情形绘图具报，以备汇呈。(附图十一)〔图略〕

剿匪经过

伪二十八军主力在崑崙寨受创后，经夫子岭、大吴寺向方山逃窜。五月一日，我邢旅长率部追至龙潭河迤北一带。我二十五路王旅已到龙潭河，赵清海团到达晓天镇，即令该团肃清该镇附近零匪，并探察陈亚东股踪迹，妥筹剿办。五月二日，匪主力经胡乡北山向蜜蜂岩、余家荡方向逃窜，王旅正跟追中，邢旅及朱团追至衙前镇一带。五月三日，匪主力向三合滩方向逃窜，王旅仍跟追中，邢旅长率部南进截匪东窜。五月四日，窜三合滩之匪，复经徐良桥、野溪河、白杨柳湾窜去，王旅跟踪追击，邢旅及牛团进抵白莽潭、袁家渡一带，赵海清团赴源潭铺搜剿匿匪。五月五日，匪复由杨柳湾折向陶家河方向逃窜，邢旅长当即率部急进，寻匪截击。五月六日，邢旅长率任、朱两团到达来榜河，即派探向界岭、河口一带侦察匪情，并令赵团向石井口急进，准备截击。接总指挥鱼电：微日高旅潘团与王旅阎团夹击高匪于土门河、陈家河(陶家河西)附近，匪受创极大，乘日暮分向正北东北两方面逃窜。五月七日，匪由河口寺向松山寨方向逃窜，邢旅长率任、朱两团进抵汤池畈附近，赵团到石开口附近。五月八日，邢旅长令赵清海团进驻主部园(石开口北方)，朱团推进至石开口，自率任团在汤池畈分途截剿，匪复由地形岗折向色树牌、白果树方向逃窜。五月九日，匪主力经管驾渡窜向霍山东北三十里之段家庙、长冲岭、舒家庙、毫猪岭一带。五月十日，匪复由青山镇渡河，经砚瓦池、林家湾、黄家窑向独山镇北之查八岭、枫杨店急窜。我二十五路阎团仍尾匪跟追中，王旅长率蒋、曹两团到达磨子潭，我赵清海已进抵霍山，邢旅长率任、朱两团到达晓天镇。本日令三九〇团宋团附率兵一营，附六五工兵营及三八二团胡坚营，分途截击，并电沈师长、霍邱韦县长注意防堵。五月十一日，匪在杨柳店与民团接触，我二十五路阎团由苏家埠渡河，寻匪追剿。我六五工兵营由六安西进，宋团附率队由黑石渡取道独山，胡坚营由马店取道塔畈，分途协击，晚五时，我工兵营到达杨柳店，匪复大固店、徐家、高庄逃窜。五月十二日，该匪复由三元店、沙塘埂一带，经四里棚及该处以南六里之唐树店窜至鲁店附近，我三九〇团宋团附及六五工兵营，于本酉追至三元店，仍行跟匪追剿，当夜追至鲁店附近，该匪毫不抵抗，即经刘集向西急窜。当即严令宋团附率队猛追，并令沈师及武、姚两旅侦察堵截，防匪向老巢回窜。五月十三日，匪窜由龙潭寺渡河，经吴家楼、李家棚向上面头西方之芦大街逃窜，宋团附乃率队追击中，沈师王团已到周家楼、罗岗一带，二十五路阎团正由黎集渡河向芦大街急进中。五月十四日，该匪复窜至武庙集西南裴家冲一带，我沈师长本午进驻段家集，会同阎团长、宋团附及该师王团会剿高匪于五尖山附近，匪受创颇重，乃分股向雁岭、黄土岭一带逃窜。（附图十二）〔图略〕

本日接梁总指挥电：（一）令郑旅长廷珍率该旅全部，附阎团及特务一营追剿高匪主力。（二）命戴付师长率时旅全部并特二营，进剿燕子河、七里冲、黄石河一带之匪，并准备邀击西窜之匪。（三）王旅长率蒋、曹两团向分水岭、河头铺、陶家冲一带之匪进剿。（四）令高旅进剿前畈、僧塔寺之匪等语。除电令各部知照连络协剿外，并令一九〇旅派张团长肃率兵两营，在悬剑山附近侦察截击，一九四旅于丁家埠、大前门、南庄畈，一九五旅于汤店、流波疃、诸佛庵、霍山、段家庙等处，各行集结有力部队严密防堵，以防高匪复行回窜陶家河一带老巢。十五日高匪经我追剿各部迭次协击，仅余四五百人，经上石桥向双椿铺窜去。沈师长到达方家集，当令王团派兵两营协同阎团担任追剿，宋团附所率各部暂在方家集停止，防匪回窜。十六日，该匪残部已窜抵双椿铺北之七里亭(在五里堆附近)，我沈师葛、孔两营及二十五路郑旅骑兵第三师、一一五师正分途追剿中。十九日，令三九〇团宋团附率队开回笔架山、东大山一带搜剿零匪，并选择重要地点筑碉扼守，以防西窜之匪复行东窜，其归该团附指挥之三八二团胡坚营，着即由方家集开回白塔畈一带搜剿该处零匪。

查潜、太、英、霍各处潜匿零匪，乘我追剿部队追击伪二十八军主力之际，复行蠢动，且时变番号，企图妨碍我军追击，其在燕子河、七里冲、马家畈、黄石一带者，有伪一路游击师及赤南特委一、二两营等约六百余人，枪百余支，由伪师长高屏率领。在陶家河、分水岭、多珠尖、河头铺一带流窜者，有伪四路游击师，约二百余人，枪百余支，刻正由我二十五路时，王各旅分途清剿中。前在汤池畈附近被我三八五团击溃之伪皖西北游击总队，现尚潜匿舒、潜交界一带，经我邢旅长率队连日搜剿，并无匪踪。诚以该处人民多数匪化，国军对于匪情不易明瞭。至五月十九日，邢旅长率任团到达主部园，乃召集朱团长、赵团长会商搜剿区域，令朱团长进驻胡乡清剿上下五河等处零匪，赵团长率一营驻晓天镇，其余分驻开庄等处，搜剿各该处一带零匪。任团驻主部园，搜剿马家畈、界岭、石门口等处一带之匪，各部均须商同地方区保长等组织壮丁队，严密搜查匿匪，以期彻底肃清。二十日，赵团长召集舒县三、四两区联保主任及保长等二百余人会商清剿办法，严饬认真考查。二十一日，朱团长派队搜剿腾云庙、胡乡、上畈一带，据报早五时有匪三百余，枪百余支，在五河集合，被该处壮丁队击溃，向沙林逃窜。当即派探潜入沙林侦察匪情，并派队到该处附近严密搜察，自二十二日以后，我邢旅任团在腰儿坪、大间冲、北沙林、头桶河、黄洋店、来榜河、河口寺等处往复搜剿，并未发现匪踪。朱团在杨家河、余家荡、马园、牌楼、向家山、北沙林、蜜蜂岩等处搜剿。二十七日在蜜蜂岩发现匪约五六十名，当经围击，击毙匪首黄宪勤一名，匪徒九名，俘匪三名，获步枪二支，手枪一支，并擒获重要反动分子韩斌一名。现该处已无匪踪，惟各处之保甲长早已畏匪远遁，地方情形异常涣散、赵团长连日在分路口、沈家桥、中梅河、七里河、春秋山、枫香树等处搜剿，据投诚匪共伪皖西北特委会常委李德保供称：伪皖西北特委会常委兼书记刘继明(代名老黄方利民)，系六安尚官亭人，现在合肥密谋活动，舒城之春秋山为根据地，界河、鹭鸶庙一带有农协(及光蛋会)三四百人等语。当即派遣田营赴春秋山一带严为搜剿，扑获著匪彭众江、王皋玉二名，余均逃匿无踪。

笔架山、三桂堂、悬剑山、大小尤寨、皮坊、黄鹄山等处零匪，经该处团队及张肃团进剿后，均已次第肃清，惟伪第三乡苏匪五名，枪四支，第一区枪二支、特务营枪十八支、特务队枪十支，共约匪四十余人，散匿于深山密林中，刻正由我张团及地方团队搜剿中。至于南溪、丁家埠一带零匪，亦已肃清。一九四旅姚旅长刻驻丁家埠，正督饬三八七团修筑丁家埠至南溪间之碉堡，三八八团修筑笔架山至七里冲间之碉堡，当于二十三日电令六五工兵营开回霍青线，归还建制。

部队调遣

五月二十八日令六四工兵营开回六安，担任城防。令六五工兵营开回合肥，接替六四工兵营防务。

情况(其一)

伪二十八军经高匪俊亭率领西窜后，其残留东区之匪，在史河西岸者有伪商北大队及伪赤城县保卫连等，合计约二三百人，由伪赤城县委石玉田率领，现改编为游击第二路，流窜于窑沟、煤炭窑、王家湾、笔架山等处。其潜伏于潜、太、舒、桐各处之匪，有十名或数十名不等，出没无常。

奉委座东行宏冲电：据报高匪经固县以南方向逃窜，有越平汉铁道回窜三省边区模样等语。除电饬何军长柱军督饬所属严密堵截，所希即严令所属迅速肃清散匪，以绝高匪回窜策应等因。

处置

电令各部迅速肃清零匪，并速修筑碉堡，组织民众，以期巩固地方，防匪流窜。

剿匪经过

我沈师六一七团，自上月三十日至本月一日，在煤炭窑、王家湾等处搜剿匿匪，前后毙匪十余名，伤匪二十三名，俘匪三名，得步马枪各一支。六月一日，据武旅长庭麟报告：上月三十一日，张肃团已将黄龙口、皮坊之碉构筑完成，业令立煌县府派队驻守，该团移至马鞍山、谢家畈继续修筑。赵团长清海业将沈家桥壮丁队编组成立，刻正架设晓天镇至沈家桥之电话。

奉刘主席东午电：为举办潜、太、舒、桐、霍等县清乡善后，特组织皖西保安司令部办事处，设潜属衙前街，任保安副处长王锡钧兼主任，今日由省出发开始工作，请饬属知照并随时连络，协力剿办等因。遵饬各部遵照。六月二日武旅张团连日搜索，未获匪踪，已将工作团调至双河，同便衣队继续搜索。六月三日，据武旅长转报张团长报告：关门口之碉已竣工，即续修洋桃岭等处之碉。六月四日，伪游击队第二路约百余人，窜抵红旗山附近，经我一九四旅三八七团陈营长率队进剿，匪向子母河方向溃窜，当即跟踪追击，至中岐岭一带，匪复向南远窜，我二十五路仍尾追中。（附图十三）〔图略〕

据姚旅长报告：职部防区新筑碉堡十五座，荫障山等处正在继续兴筑中。磨子潭、河头铺至店前河之碉堡，正由邢旅长督饬任、朱各团修筑中。六月六日，据邢旅长转任团长报告：路营侯连附率便衣队赴土神岭一带游击，在滥泥坳遇匪十余名，毙匪二名，余匪向多珠尖方向逃窜，仍继续搜索中。六月七日，沈师王团在皂靴河西南杨树河发现匪三四十名，当经派队驰剿，毙匪数名，擒一名，获枪一支，余匪四散逃匿。六月八日，接沈师长报告：窑沟潜匪业经次第击溃，所余仅三四十人，仍抽队严搜中。刻我六一六团在青峰岭、福字岭（皂靴河北）东等处。六一七团煤炭窑、田家冲、打茶铺各地。六一八团在王楼、王新寨、秦家湾、杨冲、冷冲一带，协助民众分别赶筑碉寨，并招集流亡编组保甲，均约月内完成等语。当即电复该师长饬属努力修筑碉堡、训练民众。据姚旅长报告：有匪十余名藏匿红旗山附近，经我三八七团第九连连长王金印率兵三十名乘夜往剿，毙匪二名，获步枪二支，余匪向密林中溃散。

六月十一日，我朱团向横牌南十五里之向家山搜剿，遇伪潜山游击大队十余名，经我尖兵攻击，毙匪二名，获土造一响、手枪一支，余匪向山林中逃匿。六月十二日，伪游击一、四两路及伪潜山游击大队，共约二百七十余名，枪约二百支，分窜于龙升庵（四望山脚下）、六合寨等处。十二日早，我朱团长率部由上河南分途进剿，匪复向黄岗窜去，当即跟踪尾追，十三日追至黄岗附近，该匪乃分股向龙疃冲、蔡家畈东窜。十四日，我部进抵五庙东十里地区，匪又折向乔麦塞方向逃窜，仍在追剿中。六月十五日，接邢旅长删未电报告：赵团所筑磨子潭至河口寺之碉堡，已完成者十一座，任团所筑河口寺至黄河之碉堡，已完成二十一座，朱团所筑黄河至店前河之碉堡，已完成者七座，其较稀之处，正在星夜增筑中。

情况（其二）

据报高匪俊亭所率之伪二十八军，于六月八日由东篁店南二十里越平汉路东窜，十一日窜至大小鸡笼山，十三日窜至胡山铺、云雾山一带。我二十五路郑旅及五十七军各部队，正在追剿堵击中。

处置

本军为防堵高匪东窜计，于寒参电令沈师长及本军各部命令如下：(一)伪二十八军高俊亭股，北窜至云雾山、胡山铺、双柳树一带，仍有继续东窜之势。我二十五路郑旅及五十七军各部队，正在追击堵剿中。(二)本军为严密堵剿，协同友军早歼该匪勿任东窜计，特拟定部署如下：1.六四工兵营及一九一旅之胡坚营，即刻推进叶家集，详侦匪踪，严密堵击。2.沈师应于笔架山以北之苏仙石、方家集、樟柏岭、新集子、汪家柳之线，准备有力部队防匪东窜，并抽活用部队两营，控置于段家集策应，各方匪如东窜，应即跟踪追剿。3.姚北辰旅除原担任清剿外，务于笔架山、火炮岭、七里冲之线，妥为布置，防匪东窜，并抽活用部队两营，控置火炮岭策应，各方匪如东窜，即跟踪紧追。4.武庭麟旅除固守史河碉堡线外，另抽活用部队两营，控置于熊家河、悬剑山，随匪情变化策应沈师及姚旅。5.马祺臻旅除固守原任碉堡线外，应抽活动部队六连以上兵力，视匪情变化援应各方。

剿匪经过

六月十六日，高匪向长岭关方向逃窜，十九日窜至九资河，被二十五路郑旅追及，予以重创，复向黄石河方向逃窜。我二十五路高旅在亟子河、王旅在张坡咀一带截击，我姚旅王汉杰团，由火炮岭开至南庄畈，武旅张肃团亦由南溪开至该处，协力防堵。本晚电令邢旅长着三八四团、三八一团，共抽兵七连，担任磨子潭至店前河之新筑碉堡线，其余为活动部队，并以三八五团全部集结磨子潭准备迎击。

二十日奉委座胥申行宏仲电：据报高匪昨晚在洗儿岭经梁部陈营截击，窜至僧塔寺西北二十五里之毛家山附近，今早经救命沟、滥泥畈向僧塔寺东南之兰草沟逃窜。现潘、李两团正跟追中等情。希饬属严防，以免北窜等因。遵于马辰电令各部遵照，并令驻叶集之胡坚营及六四工兵营，由胡营长坚率领即行集结诸佛庵，并暂归三九零团宋团附指挥，从事堵剿。复令驻合肥之六五工兵营孙营长喜堂,负责清剿合、舒境内散匿残匪,以免与高匪呼应,再事滋扰。

高匪自二十日午后在兰草沟被梁部击溃后，即经五显庙向五峰山急窜,我梁部跟踪追击,匪复经红石咀、包家河于二十三日窜抵大化坪附近,当即电令邢旅长务饬各守碉部队严密防守,并令三八二团胡坚营及六四工兵营,星夜由诸佛庵进驻管家渡侦踪截击。二十五日，高匪复由太阳河折向包家河回窜。当于有申电令各部如下：(一)高匪刻流窜于包家河、杨家河、大化坪一带地区，我梁部王旅正跟追中，我胡坚营及六四工兵营刻已进驻管家渡一带防堵。(二)本军拟即协同友军歼灭该匪于霍山以南地区。(三)姚旅活动部队应即进驻庄畈,武旅活动部队应即进驻流波疃,该两活动部队务与友军连络，相机夹击。(四)邢旅长所部除赵团应不分昼夜追剿外,其碉堡线之活动部队,应即设法相机截击。(五)马、姚各旅所担任之碉堡线,务严密防守堵匪流窜。

六月二十七日,接梁总指挥电：高匪主力已向江家河、余家河方向逃窜,王旅追至红花咀、小界岭一带。又接舒城电话，上七里河发现股匪二三百名，春秋山亦发现赤匪三百余名。我六五工兵之两连,于二十八日到达上七里河，匪复向西南曹家河方向窜去,当即电令邢旅长转令朱团准备截击,赵团除以少数部队守碉外,其余部队应昼夜活动游击,以免该匪窜越滋扰。又接邢旅长俭酉电：高匪主力已窜麻滩河，并将该处东北四里保安队担任构筑未成之碉堡折毁两座,刻正与我牛角岭守碉部队对峙中等语。当饬迅调赵清海团向匪迎击，并电太湖杨专员转饬保安团队注意截击。二十九日,高匪向四望山一带逃窜,我梁部仍跟追中，我邢旅长已令朱团向项家山、横牌一带、赵团向界岭、石井口一带截击，至三十日匪向熊家尖方向逃窜，我梁部仍跟追中。本日令六四辎重营马营长星云率领该营及桐城团队，并指挥现在舒境之六五工兵营之两连,进剿春秋山、曹家河、七里河、枫香树一带之匪。

〔国民政府军事机关档案〕

9. 国民党军第二十五路军梁冠英部与红军第二十八军在鄂豫皖边区作战详报

（1934年12月—1935年12月）

甲、二十三年十二月份

一、作战命令

本路奉总司令蒋、副总司令张十一月效申电令：饬将立煌一带防务交十一路接替，以重点移置本区西方边界等因。独立第五旅将立煌防务交十一路后，即移驻于南溪，火炮岭一带。本部以防区变更，特下达分区清剿命令如左：

命令　十二月二十日下午九时
于罗田总指挥部

一、伪二十五军西窜后，迭经我追剿队痛击，损失甚重，现徘徊豫西卢氏县境内。残留于边区之伪二十八军及零星土著散匪，约千余名，到处流窜。最近伪二十八军之残存主力，约三四百名，在长冲山被我十一路痛击后，伤亡甚多，昨日复被我时、高两旅搜剿部队重创于婆寨婆、横溪山、界岭等处，情形极为狼狈。

伪道委会、伪一、二路游击师、县区乡苏等各土共，约五百名，枪半数，窜往熊家河、叶家集一带掠食。

伪三路游击师，约百余名，流窜于班竹园、胭脂坳等处。

二、本路军决将盘踞本清剿区内之匪彻底肃清，永绝根株，特就本部现在部署划分清剿分区，以清剿之。

三、各部队应担任清剿区域如下：

1. 百零六师担任由乌龙庙亘林店、陈店、孙家沟、冯家湾、石灰岭（均不含）以西凉、水井子、郑家沟、冈上（均含）至汤家汇（不含）之线以北区域。

2. 独立旅担任由石灰岭亘金家院子、洪家坳（均不含）、白龙庵、包家冲，滴水寨、盛家山、太极坪、三河口(均含)至关王庙、汤家汇(不含)之线以内区域。

3. 九四旅担任由洪家坳亘水围子、白畈、南庄畈(均不含)、水竹坪、马宗岭、龙潭、十八盘、曾棚老、东葛山、茶棚(均含)至盛家山(不含)之线以内区域。

4. 九五旅担任由十八盘亘青苔关、瓮门关、栗子关、同罗关、松子关、长岭关(均不含)、黄毛尖、望灯山(均含)至麦园(不含)之线以内区域。(驻陈家湾之九六旅部队仍负原任务)

5. 九六旅(附工兵营、骑兵连)担任由瓮门关亘僧塔寺、野鸡冲、白庙河、牌形地、平湖(均含)至黄土岭、撞岭、香草园、白果树湾、关王庙(均不含)之线以内区域。

6. 特务团(附山炮营)担任由白庙河(不含)亘步兵河、七里横牌、十里铺、尤河咀(均含)至土岭之线以内区域。

7. 辎重营担任英山城防。

四、各部队务要认真清剿，不许敷衍塞责，统限于本月底将担任区域内之匪一律肃清。

五、余在罗田总指挥部。

注意

1. 各该区内之民众组织及团队，应切实编练，并协助之。

2. 对于自首之匪民，应优待之，并多方宣传促匪自新。

3. 各部队进剿时，应切取连络，互为策应。

二、军队调遣

一、独立旅(欠六一四团)于本月一、二日将立煌防交十一路接替，先后移驻南溪、火炮岭、曾家山，其六一四团由三河尖向立煌押运粮秣。

二、辎重营由松子关出发，于本月十日到达英山，五日早接替四七师工兵营遗防。

三、九六旅一九一团第一营，于本月一日接替松子关辎重营遗防。

三、逐日匪情

一日，伪游击约三百余名，枪半数，窜汤家汇西（匪幼童供称），伪战斗营及区苏约二百余名（营长廖耀亭上月铣日被我击毙），窜踞郑家河、何家畈、盖马冲一带。

二日，伪战斗营二百余名，窜麦园西周家楼。（高旅长国钧江戌电）

三日，被我一九〇团会同一九二团第二营在周家楼房击溃之匪，经胭脂坳向黄贵园一带回窜。（王旅长修身支戌电）

四日，伪二十八军一部三百余名，枪二百支，窜熊家河。（郑旅长廷珍微申电）

五日，伪二八军八二师二二四团三百余人，枪二百支，窜婆婆寨。（高旅长国钧鱼戌电）

六日，伪二八军八二师二二四团，窜红旗山。（时旅长德学鱼亥电）

八日，伪二八军八二师二二四团，经东西莲花山与由流坡疃方向窜来伪二八军之大部合股，共约一千五六百名，窜至关山河，被我击退。（李团长继程齐午电）

本日上午九时，与我激战之匪现退踞杨家滩西南黄毛尖、老鹰崖，与我对峙中。（李团长继程齐戌电）

九日，伪二八军由剑山复分两股，一股约八百余名，经苏家畈向河路集逃窜，一股约六百余名，经滴水寨向大固店东南下罗田逃窜。（郑旅长廷珍灰酉电）

十日，红旗山潜藏匪四十余名，番号不明。（时旅长德学元戌电）

十四日，匪五六十名，番号不明，窜油寨附近。（郑旅长廷珍铣酉电）

十五日，伪游击师等约六七百名，枪四五百支，窜窑沟一带。熊

家河、三桂堂一带潜伏番号不明之匪约五六百名,枪四五百支。(沈师长克筱戌电)

十六日,伪战斗营、乡苏百余名,窜何家畈。(王旅长修身巧午电)

复据探报称:平顶山有匪百余,时出抢粮。

十八日,据探报称:伪战斗营百余名,经徐家坳向桥口以西窜去。

十九日,伪三乡苏百余人,枪三十支,窜椿树坳以北。(俘匪供)

二十日,伪三乡苏窜刘家祠堂。(高旅长国钧智未电)

二十一日,匪六七百名,窜狐狸尖、傅家冲一带。(李团长继程马戌电)

二十二日,伪四乡苏窜万家湾,经我一九二团第一营击溃后,分两股向椿树坳以北麦园方向窜去。(高旅长国钧漾戌电)

二十四日,伪三乡苏窜土门坳,主席赵祖文被我俘获。(高旅长国钧宥未电)

四、剿匪战斗经过

一、独五旅六一四团,关山河附近战斗经过:

八日辰九时,由三河尖押运粮韡至立煌东北之关山河北四十里,遇匪一千五六百名,企图抢粮,经该团迎击,激战甚烈,肉搏四次,卒将匪击退,匪退黄毛尖、老鹰崖与该团对峙。是役毙匪甚多,我亦阵亡连长一员,受伤连长、连附各一员,士兵二十余名。

二、独五旅六一三团增援六一四团哭剑山战斗经过:

九日,郑旅长廷珍据报后,即于齐夜率六一三团全部兼程驰援,本午到达鸡冠石,与六一四团取得连络,匪仍在鸡冠石西六里之哭剑山盘踞,与我步哨接触中。

十日寅,郑旅长率六一三团及六一四团第三营进剿哭剑冲之匪,进至傅家堂遇匪百名,经痛击向悬剑山窜去,当即继续前进搜剿，在哭剑冲附近俘匪民十一名，据供匪昨夜分两股逃窜，一股约八百余名，经苏家畈窜往何路集，一股约六百名，经滴水寨窜向大固店东南下罗田。

三、九四旅一八八团红旗山、界岭战斗经过：

六日辰，红旗山一带搜剿，午时到达红旗山，遇匪百名，枪半数，当被我击溃，跟踪至七里湾，匪逃无踪，至界岭后，遇匪三百余名，枪二百支，时天已薄暮，该团第一营即时猛攻，匪抛物乱窜。是役毙匪甚多，俘匪三名，获步枪二支。

四、九五旅一八九团婆婆寨、桥口、盛家山、麦园、万家湾、土门坝战斗经过：

六日，该团长率第一营向婆婆寨搜剿，匪闻风逃窜，十一时追至齐家山（后冲西端），匪被迫凭险顽抗，激战一小时，匪不支，向红旗山方向逃窜。是役毙匪二十一名，伤匪甚夥，并毙匪营长郑侯恒一名，获步枪六支，号两支。

十九日，该团向桥口、小河一带搜匪，到桥口时，遇匪五十名，当被击散，毙匪二名，俘匪十五名。

二十日，该团向椿树坳以北地区搜剿，十一时到达刘家祠堂，遇匪三区苏百余人，向东北逃窜，经跟踪猛追到刘家山，毙匪三名，俘四乡苏女执委孙玉香、伪组长金得淑二名，获步枪二支，击落肉票二名。

二十二日，由翟家河向麦园一带搜剿，十一时至麦园南端，遇匪三乡苏五六十人，当被我击溃，毙匪三名，俘匪二名，获步枪三支。同时该团第一营，由翟家河向太极坪游击至刘家山北端，遇匪战斗营及匪四乡苏五十余人，当击毙匪排长李慎榜、乡主席女匪一名、匪八名，俘匪八名、土地委员一名，获步枪一支。我阵亡士兵二名。

二十三日早，由翟家河分两路向椿树坳以北地区搜匪，到达万家湾东北十里深山时，遇匪四乡苏六十余人，当将匪包围，毙匪七名，俘匪主席汪桂田、女执委冯法敏各一名，匪十二名，获步枪四支。

二十四日早，由翟家河向椿树坳、吴家湾、班竹园一带搜剿至土门坳时，遇匪三十余名，当被击溃，俘匪三乡主席赵祖文一名，特务长一名，匪八名，获步枪三支，牛一头。

五、九五旅一九〇团平顶山、李家坪、阮家湾、马家坳战斗经过：

一日辰，该团由吴家店出发，经平顶山、黄贵园、土门坳、王家湾向班竹园一带搜剿，九时至平顶山，遇匪五乡苏赤卫队，人枪二十余，经我先头部队痛击后，匪向三道河方向逃窜，俘匪女先锋队长、队员各一名，匪兵十余名，牛一头。

二日，向盖马冲搜剿，十时至李家坪，遇匪百名，经痛击后，纷向麦园方向逃窜，俘匪民五十余名。

三日，向麦园以西搜剿至周家楼房附近，遇匪百余名，经痛击后，纷向葛家湾逃窜。

十七日，由吴家店向平顶山搜剿，遇匪十余名，当毙匪二名，获步枪二支。

十八日，该团第二营由吴家店向平顶山搜剿，十时到达，遇匪人枪四十余，经我击溃，毙匪二名，伤匪数名，我亦伤亡士兵二名。

六、九六旅一九二团第二营盖马冲、黄贵园，第一营漆家店、万家湾战斗经过：

二日，第二营今早六时出发，向盖马冲一带搜剿至李家坪，遇匪百余名，痛击后，匪四散逃窜。

四日，今早由万家湾向黄贵园一带搜剿，遇匪三十余名，当击毙一名，获步枪二支。

十七日，第一营乘雪由香堡岭经脂胭坳向麦园、万家湾一带搜剿，到达万家湾，遇匪百余名，经我猛击后，即向何畈窜去。俘匪四名，获步枪及机枪筒各一，行军锅一口。

二十二日，向班竹园、万家湾一带搜剿，遇匪五十余名，当被我击溃，俘匪十一名，获步枪二支。

乙　二十四年一月份

一、作战命令

查本军自一月九日暨十二日，迭奉总司令蒋、副司令张齐巳参一及真申参一两电节开：着由二十五路抽兵三团专任追剿，并拨十一路之两团及一〇八师全部归梁总指挥冠英指挥，分担堵剿、驻剿之责，务于三个月内将东区残匪负责肃清等因。遵于一月二十日早七时拟具清剿计划如左：

豫鄂皖边区东区残匪清剿计划

一、匪情

1. 匪自伪二十五军西窜后，残留于东区者现共约三千余人，枪半数，时流窜于平顶山、黄贯园、熊家河、悬剑山、冲岐岭一带。

二、方针

2. 为迅速歼灭伪二十八军及游击师等于开顺街、叶家集、武庙集、皂靴河、苏山石以南地区，决追堵兼施，合围兜剿，以追剿部队将匪压迫于堵剿或驻剿部队防线附近，一鼓而歼灭之。

三、兵力部署

3. 追剿部队由九四旅全部(附小无线电两架)及九五旅之一八九团并特务团第二营担任之，归时旅长德学指挥之。

4. 堵剿部队在指定线上扼要堵截，制止匪之活动范围，使追剿部队进剿容易，并协同邻接驻剿友军肃清残余潜匪。

(一) 第一〇八师以主力进至斗山河、西河桥、关王庙、蒋家湾、石人洞之线，以一部置于新店、高家畈、煤河附近，拒止匪之西窜，尔后依匪情之变化而转移位置。

(二) 第十一路姚旅进至迎水寺、王家河、哭剑山、石灰岭之线，拒止匪之东窜，尔后依匪情之变化而转移位置。

5. 驻剿部队

（一）第一〇六师除担任原防务外，应在石门口、连二堂、徐家高山、莲花岩、皂靴河、苏山石之线妥为布置，拒止匪之北窜。

（二）独立第五旅除担任原任务（按客岁十二月七日下午九时命令）拒止匪之南窜外，并应控制一团兵力，准备策应追剿部队。

（三）九六旅接替九四旅全部遗防及九五旅苗家冲、草家湾以北地区防务，除拒止匪之流窜外，并担任由洪家坳亘水围子、白畈、南庄畈（均不含）、水竹坪、马宗岭、龙潭、十八盘、曾棚老、苗家冲、班竹园、望灯山、七里冲（均含）至斗山河、关王庙、三河口（均不含）之线以内地区清剿。

（四）九五旅（欠一八九团）除派一部接替九六旅陈家湾遗防拒止匪之流窜外，并担任由十八盘亘青苔关、瓮门关、栗子关、同罗关、松子关、长岭关、隘门关（均含）至斗山河（不含）以内地区清剿。

（五）特务团（欠第二营）附山炮营、工兵营、骑兵连，除接九六旅松子关、木子店集、滕家堡遗防，拒止匪之南窜外，并担任由瓮门关亘僧塔寺、野鸡冲、白庙河、步兵河、七里横牌、十里铺、尤河咀（均含）至黄土岭、撞岭、香草园、白果树湾、隘门关（均不含）之线以内地区清剿。罗田城防，须由特务团第一营及山炮营共同负责。

（六）辎重营担任英山城防。

四、指导要领

6. 追剿队先集结于桃树岭、双河山东西之线，基于匪情及地形，酌分为两个纵队，对于现盘踞悬剑山、皮坊、熊家河一带地区伪二十八军游击师等，务须由西南两方面向东北两方面竭力压迫，期与姚旅及沈师部队迅收夹击之效，而聚歼之。

7. 追剿队之编成，务须轻装，须具有极大之韧强运动性，遇匪主力逃窜时，应不分区域，不拘地形，不分昼夜，跟踪穷追，使匪无喘息余暇，冀收全灭之功。

8. 堵剿及驻剿部队，应不分昼夜极力活动，一面肃清潜匪；一面制限匪之流窜；一面协力于追剿部队将匪歼灭。

9. 追剿部队应于二月一日由现地开始移动，追剿期限暂以一个月为限。但视匪之情形如何，得延长之。第二期由郑旅长廷珍率独五旅全部及特务团第三营，第三期由王旅长修身率九六旅全部及九五旅一九〇团，并特务团第一营轮流任之。务于此三个月内完成任务，以竟全功，并按追剿成绩而定赏罚。

10. 驻剿部队接防期限，九六旅按两日行程，务于元月三十日到达新防地接替完毕。特务团按两日行程，务于二十七日到达新防地接替完毕。陈家湾防务，九五旅须于二十九日接替。

11. 堵剿部队应于元月二十八日以前，各就指定位置部署完毕。

12. 追剿、堵剿、驻剿各部队，应确实互相连络之。

13. 本部为连络便利及考查军纪起见，派参谋、军法各一员，带探兵若干名，随追剿部队行动。

五、通信〔略〕

六、补充及卫生〔略〕

二、军队调遣

1. 特务团(欠第二营)于本月二十四日由罗田出发，二十七日分别接替九六旅松子关、木子店集、滕家堡一带遗防。

2. 九六旅于本月二十七日，将松子关、木子店集、滕家堡一带防务交特务团接替，并将陈家湾防务交九五旅接替后，于本月三十日接替九五旅一八九团苗家湾、草家冲以北地区遗防，并接替九四旅茶棚、李家集、丁家埠、五桂台一带遗防。

3. 九五旅一九〇团第一营，于本月二十九日接替九六旅陈家湾防务。

4. 十一路姚旅，本月二十八日到达王家河、迎水寺一带堵剿，一〇八师本月二十八日到达新店、黑河之线堵剿。

三、逐日匪情

六日，伪战斗营约百余人，枪七八十支，窜大木口，另有大部在

新店一带打粮。〔高旅长国钧虞巳电）

九日，匪三百余人，枪二百余支，窜皮坊。（郑旅长廷珍灰酉电）

本晚由关王庙以西窜来伪战斗营及伪三、四、五乡苏合股之匪，约四百余人，枪半数，分向望灯山、黄贵园窜逃。（高旅长国钧灰戌电）

十一日，伪战斗营及三、四、五乡苏，约四百余人，枪半数，由黄家榜窜平顶山、黑崖一带。（高旅长国钧真戌电）

十二日，伪英罗光独立团，约五六百人，枪三四百支，轻机枪三架，窜平顶山、黑崖一带。（匪供）

十六日，伪六霍独立团，约二百余人，枪百余支，本日早由燕子河窜红旗山之杨家湾。（时旅长德学铣戌电）。伪独立团周世觉股，约五百余人，本日窜至僧塔寺、青苔关一带。（高旅长国钧铣酉电）

十七日，熊家河一带有伪二路游击师，约五百余人，枪半数，及赤城县游击团人枪不详。关王庙西六里有伪赤南县〔游击大队〕二百余人，枪百余支，伪六区苏及二、三乡苏，人约七十余，枪十余支，窜红旗山。（时旅长德学筱戌电）

伪独立团约五六百余人，向东界岭逃窜。（王旅长修身筱午电）

十八日，伪独立团约三四百人，本日窜中界岭，晚向燕子河逃窜。（夏营长雅清报告）

二十日，伪二十八军八二师约千余人，枪百支，轻机枪四挺。伪第二路游击师席焕先股，人约三百余，枪二百余支，手枪三十支。伪三路游击师约百余人，枪五六十支，盘踞悬剑山、熊家河、王家河一带。商北大队盘踞窑沟一带，约百余人，枪六七十支。各股共计人枪二千余，由伪西北道委高俊亭负责指挥。（伪投诚秘书詹玉生供称）

二十一日，约五百余之匪，番号不明，本日经立煌西六里向赵

家院子、雷鼓尖逃窜。(郑旅长廷珍马未电)

二十五日,盘踞熊家河、王家河一带伪二十八军,其主力若千余名,本日由匪首高俊亭率领,窜至燕子河一带。一部约五百余名,本日窜至东西莲花山一带,残留于熊家河者仅一二百名。(综合各方电报)

三十日,伪二十八军窜至红花咀、陶家一带。(各方电报)

四、剿匪战斗经过

一、九四旅一八八团第一营红旗山战斗经过:

十七日拂晓,该营袭击红旗山、杨家湾之伪六区及二、三乡苏,俘男女匪九名,牛一头,衣物甚多。

二、九五旅一九〇团大木口、黄家榜战争经过:

七日向大木口搜剿,遇匪战斗营约百余人,枪七八十支,当被该团击溃,计毙匪十三名,击落肉票罗有三一名。

十一日向盐田畈搜剿,午至黄家榜遇伪战斗营及三、四、五乡苏,共约五六百名,枪半数,当被击溃,向平顶山、黑石崖逃窜,计毙匪十余名。(高旅长国钧真戌电)

三、辎重营后花园战斗经过:

十八日由九资河、僧塔寺东窜之匪,约三百余人,枪半数,经该营痛击,向中界岭、古佛堂一带窜去。

丙 二十四年度二月份

一、作战命令

时旅长德学率九四旅全部及九五旅一八九团、特务团第二营,自本月一日遵照一月二十日本部清剿计划,追剿以来,时已匝月,追剿期间因雨雪连绵,官兵逐日爬山越岭,病号日增。为增进追剿效能计,当于本月二十六日下午六时,给予接续追剿命令如左:

命令 二月二十六日下午六时
于罗田总指挥部

一、伪二十八军主力,自被我追剿队于翁家岭、洪家畈、五金庙、王家屋迭次痛击后，伤亡奇重，即分股流窜，一股约五百名，现流窜于英、霍、潜三县边界，被我追剿队尾追中。其一股约二百余名，现与游击团合股，约三四百名，流窜于流坡𤀹、青阳会馆西南东葛山附近地区。

伪战斗营约二三百名，现流窜于平顶山、斑竹园一带。伪第二路游击师约四五百名，一股盘踞于熊家河、三桂堂附近，一股在笔架山、将军岭、黄贵园、长岭关一带流窜。

二、本路以依限肃清残匪，决乘匪分股流窜之际，迅将各该匪各个扑灭之。

三、独立第五旅附特务团第三营，由郑旅长廷珍指挥，为第二期追剿队，应于三月四日由茶棚开始向匪主力寻踪追剿，应不顾任何牺牲，务于最短期间以猛追痛剿之手段，将匪主力悉数歼灭之。

四、时旅长德学指挥之第一期追剿队，应俟第二期追剿队与匪确实接触后，即开始英山集结待命。至一八九团应于集结后之第二日，取捷径进驻吴家店，特务团第二营进驻滕家堡，各归还建制。

五、九五旅俟一八九团归还建制后，仍负原任务，应即派队接替九六旅茶棚（含）以南防务。

六、九六旅除负原任务外，着派一九二团全部（欠两连）应于三月二日将第五旅南溪一带全部遗防接替完毕，该团留驻僧塔寺两连，着派一营附指挥之，即在该地候命。

七、特务团驻罗田之第一营，除留第一连在罗仍负总部守卫任务外，该营应于三月二日将滕家堡之第三营遗防接替完毕，第三营应于三月三日到达茶棚，受郑旅长指挥，任第二期之追剿。

八、辎重营仍负英山城防。

九、工兵营、骑兵连仍负原任务，并归曾团长继瑞指挥。

十、山炮营应于本月二十七日，将特务团第一营罗田城遗防接替完毕，所有驻罗部队及城防，统归该营长负责指挥。

十一、追剿、驻剿各部队与匪遭遇时，应断然出于猛烈果敢之攻击，尤应着重于夜袭截击，以期早清匪患。至追剿队应准备事件，仍照一月二十日命令办理。

十二、余在罗田总指挥部。

二、军队调遣

一、九四旅附一八九团及特务团第二营，于本月一日由李家集开始寻匪主力追剿。

二、九六旅一九二团，本月十日由李家集、丁家埠向僧塔寺以南石柱山、肖家坳伪赤南县游击大队搜剿，十二日驻僧塔寺一带搜剿。

三、逐日匪情

一日，匪二三十名，番号不明，窜周家湾。

二日，匪二三十名，番号不明，窜平顶山。（高旅长国钧东未冬巳电）

三日，伪二十八军千余名，枪七八百支，江日窜多蛛尖。（时旅长德学江戌电）

四日，伪二十八军主力约千余人，枪七八百支，手枪八十余支，轻机枪两挺，窜陶家河东十里之深村。（时旅长德学微午电）

六日，伪二十八军窜王家河、分水岭一带。（时旅长德学鱼亥电）

七日，伪二十八军窜石门山、包家河东界岭附近。（时旅长德学虞申电）

八日，伪第四路游击师，约百余名，窜上下古坊东之要家冲附近。

伪二十八军窜翁家岭（图无，多蛛尖东北十五里）。（时旅长德学齐亥电）

九日，伪二十八军由翁家岭窜包家河东之高家湾。（时旅长德学佳申电）

十日，伪赤南游击大队，约六七百名，枪四百支，窜僧塔寺南之

石柱山、白庙河、肖家坳一带。(据探报)

伪二十八军约千余名,枪七八百支,窜至黄叶坪、青风岭、辉阳河一带。(时旅长德学真亥电)

匪约六七百名,枪四百余支,窜克成河附近。(阎团长宗屿真寅电)

十二日,伪二十八军分两股逃窜,一股沿青风岭向北逃窜,一股沿甄家山向南逃窜。(时旅长德学文酉电)

十三日,伪二十八军在堆谷山、马家河集合,约四五百人,向河口寺窜去,一股数十人向多蛛尖窜。(时旅长德学元戌电)

十四日,伪二十八军六七百人,枪约四百支,向黄洋店窜去。(时旅长德学寒亥电)

匪约百余人,番号不明,经史家湾、小岐岭向王家大湾窜去。(王旅长修身寒戌电)

十六日,伪二十八军窜浪家山、上龙山一带。(时旅长德学铣丑电)

十七日,伪二十八军窜关庄、五金庙附近。(时旅长德学筱卯电)

十八日,伪二十八军窜香炉冲。(时旅长德学巧子电)

黄家榜向阮湾等处,各盘踞匪约百余名。(高旅长国钧巧辰电)

十九日,伪二十八军窜包家河附近。(时旅长德学皓酉电)

匪百余名,番号不明,由黄家榜向黄贵园窜去。(高旅长国钧皓申电)

二十日,伪二十八军主力,经太平坂窜至架沟铺。(时旅长德学号戌电)

二十一日,伪二十八军现窜黄毛山一带。(时旅长德学马酉电)

匪主力由黄毛山分两股逃窜,一股约二百人向燕子河,一股约五百余人向陶家河。(时旅长德学养戌电)

二十三日，伪二十八军主力窜陶家河。(时旅长德学敬寅电)

二十五日，股匪四五百人，枪半数，由炉棚向黄贵园逃窜。(高旅长国钧有午电)

伪二十八军主力由陶家河向分水岭窜去。(时旅长德学有丑电)

二十六日，伪二十八军窜多蛛尖、青天畈。(时旅长德学宥申电)

二十七日，伪二十八军主力窜至黄叶坪附近。(时旅长德学感丑电)

伪二十八军主力只余三百余人，窜鹿吐铺、洛儿岭一带。(时旅长德学感戌电)

四、剿匪战斗经过

一、九十四旅深村(在陶家河东十五里)、要家冲(在深村西约五里)、翁家岭、洪家坂、五金庙战斗经过：

六日，据报盘踞深村一带之匪，约二百余名，经一八七团第一营于本日酉时痛击，激战约半小时，匪不支，经河尖铺会合伪二十八军主力，当夜向分水岭、王家河方向逃窜，击落米物甚多。

八日，据报匪约二百余名，枪半数，在要家冲(在陶家河东南约八里)盘踞。当派符团长率兵五连驰往痛剿，下午三时到达该处，遂分两路向匪包抄，激战半小时，匪不支，向西南大山逃窜。是役毙匪七名，伤匪三十余名，获手枪一支。

九日，伪二十八军约千余名，枪七八百支，昨日被迫窜至翁家岭、文家岭一带盘踞。本早我追剿部队一八七团及特二营，由宝德岭(分水岭二十里)出发，向该匪进剿，下午二时到达翁家岭正南端与匪接触，该团长当令第三营及特二营向匪猛烈攻击，同时令一、二两营由左翼向匪侧击，匪凭险顽抗，激战三小时，匪伤亡枕籍，遂向东北土地岭、青天畈方向溃窜，该团当跟踪尾追。六时至青天畈南五里处，匪复据险抗战，经猛冲，匪遂向河口寺北之迎朱河溃窜。

是役毙匪五十余，伤匪百余名，俘匪十名，得步枪五支，击落米物甚多。我受伤士兵五名。

十二日，伪二十八军连日被我痛击后，有由黄叶坪西窜模样。本晨时旅长率一八八、一八九两团，经长岭庵向洪家畈方面截击，下午二时到达该处，适匪先头部队亦窜到，当乘匪不意，以一八八团由右翼、一八九团由左翼，分两路向匪包围猛攻，该匪仓惶应战，节节退窜，下午三时，被我追迫至辉阳河附近凹地后，企图向黄叶坪逃窜。同时我一八七团进至鲇鱼梯（堆谷山南五里），闻前方枪声甚烈，即向黄叶坪猛进，下午三时到达甄家山北端，适匪被我一八八团痛击正向东窜中，该团长当饬一、二两营拦腰截击，匪至此被我前后夹击，乃蝟集于西南大山谷中，经我三面围击，激战四小时，匪伤亡枕藉，遂尽弃所掠衣物食品，冒雪爬山，分股逃窜，一股沿青风岭向东北溃窜，一股沿甄家山向南溃窜。是役毙匪三百余，伤匪尤夥。我一八八团俘匪五十余名，获米盐九百余袋，衣物甚多。一八七团获米三百余袋，锅百余口，肉五百余块，大油三十余桶，得步枪三十二支。一八八团阵亡士兵三名，受伤五名。下午六时，时旅长复令一八八团星夜回包家河埋伏，截匪回窜。令一八七团扫清战场，当夜即在甄家山、黄叶坪一带露营。翌日拂晓，经马家河向匪尾追。该旅长率一八九团当晚在杖康岭露营，翌晨向包家河前进。

十六日，据俘匪供称：匪十二日被我在洪家畈痛击后，伤亡奇重，复经我连日尾追，惊恐异常，昨日已向关庄方面窜去。本日午后四时，又被我一八八团在五金庙追及，当分路向匪包围，激战两时许，匪乘黄昏向东北溃窜。是役毙匪二十余名，伤匪甚多，得手枪一支，帐一架。我阵亡中士一名，受伤连附一员，士兵七名。

二、九十五旅一九〇团周家湾、钟家湾、方家湾（图无，在平顶山以北）、黄家榜、阮家湾、炉棚、漆家店战斗经过：

一日，该团派李连附率游击队前赴平顶山一带游击，至周家湾遇匪二三十名，经痛击，毙匪二名，伤匪六名，得步枪一支，匪四散无踪。

二日，该团第一营乜营长率兵两连赴平顶山北钟家湾、方家湾搜剿，夜十二时，该营到达该处，遇匪三十余名，经击毙匪六名，俘男女匪十七名，得步枪一支。

十八日，该团(欠第一营)辰由吴家店出发，未刻至黄家榜，遇匪百余名，激战两小时，毙匪三名，匪不支，向黄贵园溃窜。

该团第一营拂晓向阮家湾盘踞约百名之匪袭击，战半小时，匪分两股向东北西北两方面逃散，毙匪十数名，获米物甚多。

二十四日，第一营进至炉栅时，遇由南窜来之匪四五十名，枪半数，经该营痛击向西逃窜，跟至漆家店，匪又凭险顽抗，经战多时，匪向黄贵园方向逃窜。计毙匪八名，俘匪一名，击落肉票一名，获步枪一支，牛四头，得油盐锅等物甚多。

三、九十六旅一九二团克成河战斗经过：

十一日辰，该团由祠堂铺出发，午后四时到达僧塔寺，据云有匪六七百名，枪四百余支，在滥泥畈、白庙河盘踞。遂率二、三两营向该处急进，到后，匪又窜徐屋冲、白石尖(滥泥畈东南八里)一带盘踞，该团长即令第二营乘雪向该匪夜袭，至时据报匪又窜往克成河，该营长率部于夜二时进至克成河，分路向匪猛袭，混战三小时，匪不支，向东南溃窜。是役毙匪三十余名，伤匪甚众，获牛五头，我亦受伤班长一名。

丁　二十四年三月份

一、作战命令

本月份作战命令，业于上月二十六日颁发，录在二月份报告书内，兹不再录。

二、军队调遣

一、独立第五旅全部及特务团第三营，于本月三日由茶棚出发，寻匪主力追剿。

二、九十六旅一九二团，于本月三日由丁家埠开赴南溪，接替独立五旅遗防。

三、特务团第一营，于本月一日开赴滕家堡，接替该团第三营遗防。

四、九十四旅及一八九团特二营，于本月十日将追剿任务交独立第五旅后，即开驻英山。

五、一九八团及特二营，于本月十二日分别开赴吴家店及滕家堡。

六、九十四旅全部，于本月十六日由英山开驻丁家埠、李家集一带。

三、逐日匪情

一日，匪约四十名，向平顶山、龙潭冲溃窜。（高旅长国钧东戍电）

二日，匪约七八十名，番号不明，窜黄贵园。（高旅长国钧冬戍电）

伪二十八军约三四百名，窜架沟铺。（时旅德学冬戌电）

四日，伪二十八军在分水岭会合伪四路游击师，共五百余人，窜陈家河、凉亭坳附近。（时旅长德学微子电）

五日，伪二十八军主力，约四百人，窜野溪河一带。另一股约二百人，在老龙尖盘踞。（时旅长德学鱼子电）

六日，伪二十八军乘夜经上五河回窜分水岭（时旅长德学虞子电）。窜分水岭之匪，系一小股，其大部窜太湖西北龙疃冲、黄岗一带。（时旅长德学虞亥电）

八日，匪约六七百人，窜总包河。（郑旅长廷珍佳酉电）

伪二十八军窜河头铺。（时旅长德学佳子电）

匪约五六百人，番号不明，窜长岭关。（高旅长国钧佳戌电）

九日，据投诚匪周发成供称：伪第一路游击师约三四百人，枪三百支，在倒马河盘踞。（高旅长国钧灰电）

十日，伪二十八军窜燕子河。（郑旅长廷珍真酉电）

伪第一路游击师及伪二十八军一部，共约三百余人，枪约二百支，轻机关枪五架，由龙潭冲向西北西南两方面分窜。（高旅长国钧真酉电）

十二日，伪二十八军约六百名，枪半数，窜水竹坪。（郑旅长廷珍文戌电）

匪约四五百名，由平顶山窜彭家寨。（高旅长国钧文戌电）

匪约四五百名，由小岐岭向西逃窜。（王旅长修身元午电）

十三日，伪二十八军主力窜王家大湾（图上王家湾）。（郑旅长廷珍元戌电）

十四日，伪二十八军主力，经土地庙向西逃窜。（高旅长国钧寒辰电）

十五日，匪约百余名，在千家坪盘踞。又匪二十名窜和尚坪。（郑旅长廷珍删亥电）

十六日，伪二十八军主力窜椿树坳、万家湾（郑旅长廷珍铣酉电）。

十七日，伪二十八军主力分两逃窜，一股向胭脂坳窜去，一股不明。又匪四十余名，窜漆家湾（郑旅长廷珍筱戌电）。

十九日，伪二十八军窜大佛山、菽元坳（郑旅长廷珍皓戌电）。

二十日，伪二十八军约三百余，窜皮坊、熊家河（郑旅长廷珍号酉电）。

二十一日，伪二十八军主力，约七八百人，枪半数，及伪留守医院等机关，在熊家河附近盘踞。另一股约四百人，枪三百余支，在悬剑山一带流窜（郑旅长廷珍马电）。

二十二日，伪第二路游击师约四百人及伪二十八军约八百人，经西鸡冠山（图在皮坊北）往马黄岭、莲花岩窜去（郑旅长廷珍养戌电）。

二十三日，伪二十八军主力，由马黄岭回窜熊家河（图无，在徐家高山、团山湾之间)(郑旅长廷珍梗酉电)。

二十四日,匪约二百名,枪百余支(系后方医院等机关)在孤山(在三桂堂、皮坊之间)盘踞(郑旅长廷珍敬亥电)。

伪二十八军主力,在王家河、西开盘踞(郑旅长廷珍敬亥电)。

二十五日,伪二十八军窜王家河(郑旅长廷珍有戌电)。

二十六日,伪第二路游击师,约三百余,窜望灯山、东下湾一带(高旅长国钧宥戌电)。

二十七日,伪二十八军约二百余,窜豹子岩(郑旅长廷珍俭酉电)。

二十八日,伪二十八军第二营及伪第三路游击师、商北大队等,人枪约四五百,由高俊亭率领,窜槐树坳(郑旅长廷珍艳戌电)。

三十日,伪二十八军及伪第二路游击师等窜麦园附近(郑旅长廷珍卅酉电)。

四、战斗经过

一、独立第五旅千家坪、麦园、漆家店、悬剑山、西鸡冠、石孤山、全军、迎水寺战斗经过:

十五日,该旅六一五团第一营李营长率兵六连,分两路兜剿千家坪之匪,至时,遇匪约百名,当督队猛攻,激战一时,匪不支,向龙潭西南散窜。是役,毙匪十七名,伤匪三十余名。我阵亡连长李永海一员,士兵三名。又六一四团本日行抵和尚坪,遇匪二十余名,当经先头队痛击,毙匪一名,得步枪一支,余匪逃散。

十七日,六一三团本午追抵麦园,遇伪二十八军游击队三十余人,枪二十余支,当被先头部队猛击,毙匪五名,并俘匪民四十余名,获子弹六十余粒,余向西北逃散。据俘匪供称:伪二十八军现分两股,一股三百余人,枪二百余支,现在胭脂坳一带,一股逃窜不明

二十二日,六一五团本已行抵悬剑山,遇伪第二路游击师,经痛击,纷向皮坊北之西鸡冠石方向逃窜,旋与二十八军会合,人约

八百余，枪约七百余支，势极凶顽。适该旅旅长率六一三团及特三营由皮坊方面赶到，迎头痛击，匪犹恃险顽抗，我官兵奋勇猛攻，踏雪爬山，前仆后继，肉搏数次，激战约五小时，匪始不支，纷向马黄岭、莲花岩方向溃窜。当场毙匪八十余名，俘匪四十余名，伤匪尤多，获枪二十余支。我上尉军械员杨东孝阵亡(该员率旅编组之奋勇队充队长)，六一三团七连连长高登云及连附等均受伤，共伤亡官兵二十余名。

二十四日，该旅本日分路向回窜熊家河(图无、在徐家高山、团山湾之间)之匪兜剿，午刻六一五团曹团长率队抵西鸡冠石，据报孤山(图无，皮坊、三桂堂之间)有匪二百余，枪百余支，系匪后方医院及伪各主要机关等。当即分路向匪兜剿，激战三小时，将该匪完全包围于山谷中，擒获伪军长徐海东之妻夏国兴及伪经理吴宪元等，并重要男女匪犯二百零三名，骡二匹，牛一头，步枪八十九支，手枪四支，八音手枪两支，一响三支，步枪零件及医药品、跳舞衣等甚多。

二十五日，六一五团本午追匪主力至全军、迎水寺一带，与匪接触，匪凭险顽抗，激战二小时，匪不支，纷向哭剑山北王家河、西开逃窜。是役，击毙伪连长二名，匪兵三十余名，俘匪二十余名，获步马枪十五支，匪首高俊亭乘马一匹。我亦受伤士兵数名。

二、九十四旅一八八团架沟铺战斗经过

二日，伪二十八军于本日午刻窜至架沟铺，适该团亦赶到，当即率队猛攻，匪被击即沿大道以北山头向中界岭逃窜，该团即分由大道及山顶上猛烈追堵，将匪冲截为两股，一股约百余，向西逃窜，一股约二百余，至过脚岭以北乘日暮向东南逃窜。计毙匪三十余名，内有连长二名，并击落匪之册籍一捆及米谷衣物甚多。

三、九十五旅漆家店、黄家榜、龙潭冲、土地庙、望灯山、东下湾战斗经过

一日，该旅一九〇团第二营，本早进至漆家店，遇匪四十名，经

痛击，匪向平顶山、龙潭冲方向溃窜。毙匪五名，获步枪一支。

二日，该团第二营本早由廖家湾出发，向黄家榜、漆家店一带搜剿散匪，至黄家榜遇匪七八十名，当即向该匪猛攻，激战约一小时，匪纷向黄贵园西北大山逃窜。计俘伪粮食委员一名，女少年先锋队员一名，匪民八名，折把枪一支。

十一日，该团于寅刻行抵龙家冲(图无，在周磨坪附近)，遇伪第一路游击师及伪二十八军之一部，共约三百余人，枪约二百支，轻机关枪五架，激战时许，匪不支，向西北西南两方面逃窜。计毙匪五名，伤匪十余名，俘匪十二名。

十四日，该团第二营苏营长，于匪将到之先，即率兵一连预伏于土地庙(吴家店四里)碉楼附近，将至早四时，伪二十八军主力果由该地西窜，当迎头痛击。同时该团长亦带兵一营，附迫炮二门赶到，激战两小时，匪被冲为两股，一股三百余人，向班竹园方面逃窜，一股五百余人，向石平庵、野猪坳一带回窜，即令第一营乜营长带兵两连，附机枪二架，及旅部游击队，向该匪尾追。是役，毙匪十五名，伤匪五十余名，得步枪七支，米四十余袋，锅数口，我伤士兵一名。

二十七日，该旅一八九团第一营，于本日辰赴望灯山(在班竹园西十五里)一带搜剿散匪，午刻行抵望灯山东下湾附近，遇伪第二路游击师，约三百余，枪半数。该营即向匪猛攻，激战三小时，匪不支，向望灯山西北方向溃窜。是役，毙匪二十余名，伤匪四十余名。我亦阵亡士兵三名，受伤官兵七员名。

四、九十六旅一九一团第三营白坳战斗经过

十四日，匪约五六百人，企图经龙潭冲向西逃窜，其先头七八十人，行至白坳(在虎头坝西北六里)，被该营伏兵邀击，毙匪七名，伤匪十余名，得手枪一支及伪二十五军七三师宣传品多件，匪即折回东窜。

甲　二十四年四月份

一、作战命令

一、本月九六旅附九五旅之一九零团及特务团第一营，接替独立第五旅追剿伪二十八军之命令，系上月下旬下达，兹不录。

二、四日令驻剿部队与追剿部队夹击伪二十八军下达命令如左：

据各方情报，残匪主力似在东西界岭附近，八道河、柳林关各有其一部，并有东窜模样。为依限肃清起见，另有部署。兹将各部队任务分别于下：（一）追剿队仍按原任务继续穷追兜剿，务将该匪歼灭。（二）九四旅除抽兵一团进至赶钟山、王家附近埋伏准备迎击外，余仍任李家集及其以东原防。（三）九五旅（欠一九零团及驻僧塔寺张营之两连）进至三省老后坂中间之黄石河附近埋伏，准备迎击回窜之匪。（四）特务团第二营务于五日出发，按两日行程，进至英山县以北约四十里之金家铺待命，第一连随本部行进。（五）独立旅除仍担任南溪一带原防外，并派队接替九四旅茶棚、牛食畈防务及九五旅全部防务，务于四日接替完毕，并肃清吴家店以西地区散匪。旅部宜移驻茶棚。（六）九五旅及九四旅之一团，均于六日出发，分别开赴指定地点。（七）以上六条，仰即分别办理，并将遵办情形具报。（八）余五日赴英山，以后依情况进驻石头咀或黄栗秒。

三、四月二十五日，奉令本军防区改为第三区，丁家埠、流坂疃、诸佛庵相连线以南，李家集、吴家店、松子关相连线以东为第三区，线上属第一、二区，以一部为第三区驻守部队扼要驻剿，以大部优势兵力编数追剿队，不分畛域，跟踪穷追等因。遵即拟定清剿残匪计划，于四月三十日颁发之清剿残匪计划如左：

甲、匪情

匪首高俊亭率伪二十八军及二、三、四、五各路游击师，共约千余名，枪约七八百支，月来流窜于英、霍、潜、太、宿、黄等县边界，企图另造新匪区，其新编伪二十五军之七十三师，约五百人，枪二百支,尚在黄栗秒以北地区,伪第六游击师约二百人,枪约百支,尚在陶家河以东以北地区流窜。

乙、方针

为彻底肃清该匪于舒城、霍山、流坂疃以南地区,决抽调五团以上兵力,不分畛域,继续穷追兜剿,其余部队扼要驻剿,务于本年六月终将匪罄数歼灭,完成任务。

丙、兵力部署

一、追剿部队由独立第五旅全部及九四旅全部(附特务团第二营)担任之,统归戴副师长藩周指挥。

二、驻剿部队由第九五旅及第九六旅并特务团(欠一、二营)担任之。

三、城防及护运部队,由炮兵团及特务团之第一营、山炮营、工兵营、辎重营、骑兵连分别担任之。

丁、指导要领

一、追剿队宜以四营兵力编为一队,独立第五旅编为两队,第九四旅编为两队(戴副师长应基于匪情之变化,可将各队兵力随时编拨)。俟十一路军及百零八师部队将丁家埠、南溪、李家集、吴家店、松子关一带防务接替毕,即分别集结于牛食畈、茶棚、李家集、丁家埠,待民伕到齐,依匪主力之行动,即取捷路迅速东路,务由西北两方向东南两方竭力压迫,期将匪驱逐于匪区以外而聚歼之。

二、追剿部队须轻装,其有极大之韧强运动性,应不分区域,不拘地形,不论昼夜,跟踪穷追兜剿,务立主动地位,使匪无喘息余暇,冀收全灭之功。

三、驻剿部队九六旅,俟独立第五旅及九四旅到达,确实与匪主力接触后,除令特务团之第一营开回罗田,一九零团开往架沟铺各归还建制外,余即开往英山及陶家河。

四、驻剿部队除准备截击匪主力不使西窜外,九六旅并肃清陶家河、鸡落坪、金桂畈,九五旅并肃清枣林坳、两河口,特务团并肃清青苔关、栗子关各一带地区之小股潜匪。

五、城防及护运部队,对于各该地之警备及沿途运输,须严加注意,信阳由炮兵团负责,罗田由特务团之第一营及山炮营共同负责,英山由工兵营负责,石头咀、架沟铺、平湖各兵站,由辎重营、骑兵连分别负责,并担任护运。

六、追剿驻剿各部队,应确实互相联络之。

戊、通讯

一、独立第五旅带大电台一架,小电台二架,九四旅带小电台二架,与本部之连络以无线电为主。

二、石头咀至架沟铺、英山至陶家河之电话线，须即日架通，由工兵营负责。

己、补给及卫生

一、追剿队官兵除本身带三日馍乾外，并用挑伕携带十月份粮秣。但跟踪穷追情况特殊时，得用现金就地购买之(须预带现款)。

二、追剿队随带之粮秣,均由吴家店兵站补给,如不足时，九四旅再由丁家埠兵站补给。

三、石头咀兵站,须迅移架沟铺屯给数目，至少两千袋(面粉)。

四、追剿队之伤病官兵,得就近送于驻剿部队之病院治疗,该驻剿部队并代递关罗田总医院。

五、追剿部队宜充分携带暑药。

庚、其他事项

一、如追剿迟滞、致失匪踪、截击不力、使匪窜过、作战失机、误报匪情,各该负责官长,即以纵匪抗命论罪。

二、与匪接触时,须严防匪众来扑捉指挥官,并须挑选精良射手,专射击其匪首及指导员。

三、团营连长除带手枪外,并带大刀。

四、穷追时，午后四五小时以后，如与匪接触必须审慎，以免匪乘我疲劳猛烈反噬。

五、多派编便衣队如在匪区内行动时，宜利用时机伪扮为匪，以诱骗之。

六、对向导及民众，务须优待爱护。

七、携带对空连络符号及太湖、桐城、宿松、黄梅、广济、浠春一带十万分一地图。

八、输卒等费，另表规定之。

二 军队调遣

一、独立第五旅(附特务团第三营)将追剿伪二十八军主力之任务交九六旅接替后，即开往南溪一带担任原防。但附属该旅之特务团第三营，则开赴滕家堡，该旅于本月四日接替九四旅之茶棚、牛食畈及九五旅之虎头坝、吴家店、松子关全部防务。二十八日将李家集、虎头坝、吴家店、松子关防务交一零八师接替。

二、九四旅一八七团，于本月一日接替南溪九六旅遗防，旋于三日将南溪一带防务交独立第五旅，于六日开赴王家赶、钟山，十九日进驻架沟铺，二十三日移驻黄栗秒。九四旅部及一八八团，于二十九日将丁家埠以东防务交十一路军接替，集结于丁家埠附近。

三、九五旅一九零团，于本月一日附属九六旅接替追剿，开始向伪二十八军主力追剿，旅部及一八九团于本月四日将吴家店、松子关交独立第五旅接替，六日进驻三省、老后坂中间之黄石河，十九日进驻陶家河，二十日移驻架沟铺。

四、九六旅附九五旅一九零团，于本月一日将南溪一带防务交九四旅一八七团接替，追剿于二日开始，向伪二十八军主力追剿。

五、特务团第二营，七日由滕家堡进驻金家铺。

六、工兵营于本月上旬，先后由松子关移驻英山。

七、辎重营于本月上旬，由英山移驻石头咀。

三　逐日匪情

三日，伪二十八军约六七百人，窜东西界岭中间胡家山，另一股约二百余人，窜踞英霍大道雷家店东北柳林关附近（英山夏营长雅清电话）。

四日，伪二十八军及伪第二路游击师，经柳林关向陶家河方向窜去（王旅长修身支酉电）。

六日，伪二十八军及伪第二路游击师、商南大队等，近会合伪一、四、五各游击师，人约千五六百，枪约千支，刻盘踞分水岭、河头铺、陶家河、闵家畈、陈家河、上下古房一带（王旅长修身鱼戌电）。

七日，伪二十八军窜集小河一带（王旅长修身佳辰电）。

八日，伪二十八军由小河经响水沟、妙道山向闵家畈窜去，笔架山匪十余名，被我悉数解决（郑旅长廷珍佳巳电）。

九日，伪二十八军由唐下经张家河向撞钟河逃窜（王旅长修身佳亥电）。

十一日，伪二十八军由五庙折经青枫岭、紫金河、太湖河向合水涧、龙湾方向逃窜（王旅长修身真午电）。

十二日，伪二十八军窜至宿松境内马上屋、王家湾附近（王旅长修身元丑电）。

十四日，伪二十八军窜毛家咀、王裕冲，被我军追剿队痛击后，狼狈向红花尖以南大山逃窜（王旅长修身寒亥电）。

十五日，伪二十八军向张家榜东北十五里两河口北窜（王旅长修身铣午电）。

十六日，伪二十八军窜至两河口东北八里之细竹河、横山头，被我追剿队痛击后，向燕子崖大山中溃窜（王旅长修身铣午电）。

十七日，本午伪二十八军窜至罗汉塘、竹马尖间，被我蒋团截击后，经将军山、向家坪向太湖方面急窜，本晚窜至向家坪东十里之朱家河附近，匪五六百名，枪半数，队号不明，由漫水河方向，筱早窜至马虎湾附近（陶家河北三十里），旋经多蛛尖、双峰尖以北胡乡、腾云庙方向窜去(高旅长国钧巧未电)。

十八日,伪二十八军经寺前河、青风岭向五庙方向急窜(王旅长修身巧亥电)。

十九日,伪二十八军本午经下火曹向胡乡方向逃窜(王旅长修身皓亥电)。

二十日,伪二十八军窜踞汤池畈北七里桃树岭,与我一九零团激烈战斗后,向松山寨方向逃窜(王旅长修身马子电)。

二十一日,伪二十八军本夜经色树牌、石开口、上方冲、后冲、上黄河向龙井关、杨坂寨方向急窜(王旅长修身马亥电)。

二十二日,伪二十八军经槎水畈、油房街向茶庄、方山方向西窜(王旅长修身养亥电)。

二十三日,伪二十八军由方山经响潭河、胡乡向沙林水、河口(腾云庙西二十里)方向急窜(王旅长修身敬午电)。

二十五日,伪二十八军本早由沙林经余家荡向金桂畈(仙峰岸分水岭间)方向急窜(王旅长修身有亥电)。

二十六日,本早二十八军由金桂畈经鸟罗坤向地形岗方向急窜(王旅长修身感午电)。

二十八日,本早伪二十八军由地形岗经梅岭沟、大绝岭向香炉冲方向急窜(王旅长修身俭亥电)。

二十九日,伪二十八军由香炉冲经平田、大驼岭向开庄方向急窜(王旅长修身艳戌电)。

三十日,伪二十八军由开庄经中龙山、上黄河向油房街逃窜(王旅长修身卅亥电)。

四　剿匪战斗经过

一、九五旅一九零团马上屋、王家湾战斗经过:

十二日本未,我一九零团追剿伪二十八军至马上屋、王家湾(宿松西北二十里)与匪遭遇,激战约四小时,肉搏三次,匪不支,纷向西南铜铃桥、南屏庙方向急窜。是役,毙匪四十余,伤匪甚多,我亦受伤官兵九、失踪四。

二、九五旅一九零团罗汉塘、竹马尖战斗经过：

十七日本午，一九零团追剿伪二十八军至罗汉塘、竹马尖间，与匪遭遇，该团当即向匪猛烈攻击，激战一小时，适值浓雾，匪遂乘隙经将家山向太湖方向急窜。是役，毙匪二十余，俘匪七，获步枪十支。

三、九五旅一九零团桃树岭战斗经过：

二十日，一九零团追剿伪二十八军至汤祀坂北七里之桃树岭，与伪二十八军及第四、五两路游击师，共约千余，枪七百余支遭遇，该团当以第一、二两营向匪猛攻，匪凭险顽抗，复以全力向我反攻，该团又以第三营增加，血战两小时，肉搏十余次，旋我一九二团赶到增援，协力猛攻，匪始不支，向西北松山寨方向溃窜。是役，毙匪六十余，俘匪四，伤匪尤多。我失踪营长乜士信一，士兵二，受伤营长苏桂攀一，连长一，连附四，特务长二，士兵四十四，阵亡连长三，连附一，士兵三十四。获步枪二十二支，手枪一支。遗失步枪三十三支，手枪二支，大刀三十七把。

四、九六旅一九二团总包河战斗经过：

八日，伪二十八军窜集小河(河头铺北十五里)一带，我追剿队分踞驰往兜剿，匪复经响水沟，妙道山向闻家坳(上五河五里)急窜，另一股自金桂畈(陶家河东北三十里)向北逃窜。本日午刻一九二团追至总包河，与伪第一路游击师二百余遭遇，经该团猛击，匪狼狈四散。是役，毙匪七名，俘匪三名，获步枪二支，击落肉票七名，牛二头及油米等物甚多。

五、九六旅一九二团毛家咀、王裕冲战斗经过：

十四日，伪二十八军经桐铃桥、亭前驿向张家榜、白水畈急窜，一九二团乘夜冒雨由广福寺渡河，经太平塞截击。本午进至毛家咀、王裕冲，与匪遭遇，当令第一、二两营向匪正面猛攻，同时以第三营由右向匪左翼围攻，激战四小时，匪狼狈向红花尖以南大山溃溃。是役，毙匪二百余，伤匪甚多，俘匪二十三，击落肉票十五，获轻机枪一挺，马步枪三十七支。我阵亡士兵二名，受伤连长一员，士兵十四名，遗失步枪二支。

乙　五月份

一、作战命令

一、本月份之追剿清剿计划已录于四月份，兹不再述。

二、伪二十八军被我追剿队压迫，已经黄家窑、南岳庙及东岳庙附近西窜。本部当于十一日下达变更追剿清剿部署之电令如左：

（一）伪二十八军连日被我各部追剿压迫，已由南岳庙及东岳庙附近西窜，现仍继续西窜中。伪第一路游击师师长与赤南县六区特务第一、二两营营长汪昨生等股匪，共约五百余名，枪二三百支，现流窜于马家畈、燕子河一带，亟宜分别剿灭，以绝乱源。（二）独立旅全部，应对伪二十八军跟踪穷追，务歼该匪。（三）戴副师长除仍遥为指挥郑旅外，即率九四旅迅将流窜马家畈、燕子河等处之匪，用猛烈迅速之手段，澈底歼灭之，以免蔓延。（四）九五旅应即派队会剿燕子河、马家畈一带流窜之匪，并由戴副师长指挥之。（五）九六旅除一九二团及特务营，在独立旅未与匪确实接触前，仍须穷追，不得失匪踪外，应即开往陶家河一带肃清潜匪，但附属该旅之一九零团，应即开往架沟铺，归还建制。

二　军队调遣

一、独立第五旅于本月四日将南溪一带防务交十一路军接替，于六日由茶棚、吴家店开始向伪二十八军追剿，二十二日越平汉路，向应山、信阳、桐柏交界追剿。

二、九四旅于本月六日由丁家埠开始，向伪二十八军追剿，十二日由洛儿岭向燕子河、马家畈一带之伪第一路游击师及散匪进剿。其一八八团于二十日向潜、太、英交界追剿伪第一路游击师。旅部及一八七团于二十七日开夹铺一带准备校阅。

三、九五旅之一八九团（欠一营）于十二日由架沟铺向涣大潭、黄石河、马家畈、龙潭一带搜剿伪赤南县苏及散匪。附属九六旅之一九零团，于十四日开至架沟铺归还建制。

四、九六旅(欠一九二团)于五月十五日追剿伪二十八军任务终了，开赴陶家河清剿散匪。一九二团于三十日追剿任务终了，由礼山县开到英山准备校阅。

五、特务团第一营由礼山县于二十九日开回罗田，准备校阅。第二营于二十八日开至滕安堡，准备校阅。

三　逐日匪情

一日，伪二十八军经茶庄、方山、响潭河向胡乡窜逃(王旅长修身东亥电)。

二日，伪二十八军由胡乡经闵家坳、下五河向上五河方向急窜(王旅长修身冬午电)。

三日，伪二十八军由上五河经分水岭、河头铺、徐良桥、刘龙湾向野溪河、横河岭急窜(王旅长修身江亥电)。

四日，伪二十八军经杨柳湾向雷家店方向逃窜(王旅长修身微丑电)。

五日，伪二十八军窜至土门河、陶家河附近(王旅长修身微戌电)。

六日，伪二十八军自陶家河分股北窜，一股约五六百，由金桂畈经大岗岭(黄河、多蛛间)向宝德岭(包家河东南十五里)方向逃窜，一股约三百，经生背岭向霍山界逃窜(王旅长修身鱼亥电)。

八日，伪二十八军主力，约七八百，今早由地形岗经白果树向磨子潭方向逃窜(王旅长修身齐戌电)。

九日，伪二十八军主力，由磨子潭经龙共冲、扫帚河、三庙岭、段家庙向舒家庙(霍山东北三十里)方向逃窜(戴副师长藩周灰午电)。

十日，伪二十八军约七八百，由青山镇渡过磾河经林家湾向黄家窑方向逃窜(戴副师长藩周灰亥电)。

十一日，伪二十八军主力，约七八百，经杨柳店经三元店逃窜，似有经叶家集西窜之模样，伪第一路游击师并伪赤南县之特务第一、二营等，共约六百，枪三百，由伪师长高屏率领，现流窜于燕子河、七里冲、黄石河一带，有南犯僧塔寺企图（高旅长国钧真亥电）。

伪第四路游击师约二百余，枪百余支，现在陶家河、分水岭、河头铺一带流窜（工兵营长马汝骧由英山电话报告）。

十二日，伪二十八军主力，由三元店经乌龙庙、鲁店向黎家集以北急窜（王旅长修身文亥电）。

十三日，伪二十八军主力，窜至近河集后，又折经婆婆山向武庙集方向逃窜（戴师长藩周寒子电）。

十四日，伪二十八军主力，窜向玉尖山（武庙集西南十里）、王家山一带（阎团长宗屿寒亥电）。

伪第一路游击师及赤南县苏特务第一、二营，今早由渔大潭向赶钟山逃窜（戴副师长藩周寒戌电）。

十五日，伪第一路游击师及特务营等，窜至抱儿山西侧，被九五旅一八九团痛击，向黄石河方向南窜（戴副师长藩周铣子电）。

伪二十八军主力，由大佛岭折经煤炭窑、樟柏岭、上石桥向双椿铺方向逃窜（郑旅长廷珍删亥电）。

十六日，伪二十八军主力，由双椿铺经双柳树向光山东南十里赵家围子逃窜（郑旅长廷珍铣酉电）。

十七日，伪第一路游击师约三百，由杨家湾向西大山逃散（戴副师长藩周筱酉电）。

伪二十八军主力，由赵家围子经光山北五里店向罗陈店方向逃窜（郑旅长廷珍筱亥电）。

十八日，伪二十八军主力，由罗陈店向龙升镇方向急窜（郑旅长廷珍巧午电）。

匪约三四百名，在五峰岭盘踞，经一八八团痛击，向东北永佛寺方向逃窜（戴副师长藩周皓酉电）。

十九日，伪二十八军主力，经潘新店、杨家店窜至鸡笼山、铁铺集以北附近地区（郑旅长廷珍皓亥电）。

伪第一路游击师，向永佛寺方向逃窜（戴副师长藩周皓酉电）。

二十日，伪二十八军主力，向万家店、杨家店以西地区逃窜（郑旅长廷珍马子电）。

1. 第一路游击师，经两河口、瓦店向黄石河逃窜（郑旅长廷珍马子电）。

2. 伪赤南县苏百余名，盘踞龙潭南大筒河附近（戴副师长藩周号亥电）。

二十一日，伪二十八军主力，经三里城东新店向毛家集以西地区逃窜（郑旅长廷珍马戌电）。

二十二日，伪二十八军主力，经杨平口、金桥镇越平汉路向应山方向逃窜（郑旅长廷珍养戌电）。

松林尖（燕子河西北十里）有匪百余名盘踞，经痛剿后，向七冲方向逃窜（戴副师长藩周养酉电）。

伪第一路游击师，由黄叶坪经东流河向头桶河方向急窜。伪赤南县六区苏约百五十人，枪七八十支，窜至千家坪（赶钟山东北十里）。

二十三日，伪二十八军主力，经黄土关、新店附近向花山、新店方向逃窜（王旅长修身梗酉电）。

伪第四路游击师百余，窜至鸡落坪、桃花冲一带盘踞（王旅长修身梗酉电）。

伪第一路游击师，窜至头桶河，经九四旅一八八团痛击后，经松山寨向西南方向逃窜（时旅长德学梗电）。

伪第四路游击师约百名，在道士坪盘踞，经一九一团痛击，向来榜河方向逃窜（王旅长修身敬戌电）。

二十四日，伪二十八军主力，在河家湾被追剿队痛击后，纷向岳子河市溃窜（郑旅长廷珍有子电）。

二十五日，伪二十八军主力，由砦子河市经白庙寺、殷家店向江头店西北方向逃窜（郑旅长廷珍有戌电）。

二十六日，伪二十八军窜至人和集，被六一五团痛击后，向吴山店方向北窜（郑旅长廷珍宥戌电）。

伪第一路游击师，由黄河经上五河、张家冲向上南逃窜（时旅长德学宥亥电）。

二十七日，伪二十八军由吴山店经三合店向晃山、新集以北逃窜（郑旅长廷珍感亥电）。

伪赤南县特务营约百余，枪半数，向桃花冲（太平坂东南十里）逃窜（高旅长国钧感酉电）。

伪第一路游击师，窜至上河南附近，与伪四路游击师会合，约二三百人，继续向南逃窜（时旅长德学俭丑电）。

二十八日，伪二十八军由晃山、新集经界牌口、歇马岭、竹元街（尚店东北四十里）向东北方逃窜（郑旅长廷珍俭戌电）。

二十九日，伪二十八军由楼房肥经堡子（沁阳东南四十里）五道岭向王店方向逃窜（郑旅长廷珍艳戌电）。

三十日，匪十九名在龙门石被一八九团完全解决（高旅长国钧卅酉电）。

伪赤南县第六区苏约百二十人，枪七八十支，在白沙岭盘踞（据探报）。

三十一日，伪二十八军主力，由固县经淮河店、大金脑向上子城市（桐柏东南四十里）以南逃窜（郑旅长廷珍世亥电）。

四　剿匪战斗经过

一、独立第五旅六一五团（附傅秉岐营）何家湾战斗经过：二十四日本午，六一五团附傅秉岐营追剿伪二十八军至何家湾（吴家店南三里）与匪接触，匪恃险顽抗，激战两小时，匪不支，纷向岩子河市方向溃窜。计毙匪十一，伤匪尤多。我伤连附二员，士兵四名。

二、独立第五旅六一五团(附傅秉岐营)堡子、五道岭战斗经过：二十九日早三时,六一五团由楼房肥经堡子、五道岭追剿伪二十八军,匪沿途节节抵抗,直至午后九时,匪乘暮向王店(沁阳东北三十里)方向逃窜。计毙匪十六,伤匪三十余,击落高匪乘马一匹。

三、九四旅一八七团柳林关附近战斗经过：五日、昨日被一九一团击溃之匪,本早六时突窜柳林关西南附近地区,经一八七团迎头痛击,激战一小时,毙匪十余,俘匪五,获步枪三支,匪狼狈向土门河、陶家河方向逃窜。

四、九四旅一八八团五峰岭战斗经过：十八日午后六时,一八八团搜剿至五峰岭(七里冲西),遇匪三百,经痛剿后,向东北永佛寺方向逃窜。计毙匪十二,击落大米三十余袋。我亦受伤士兵二。

五、九四旅一八八团附特务团第二营头桶河、龚家尖战斗经过：二十三日早,一八八团附特二营追剿伪第一路游击师,至头桶河与匪遭遇,经痛击后,匪狼狈经松山寨向西南逃窜。该团跟踪追击,沿途毙匪五,俘匪六,击落肉票十。下午六时,追至龚家尖西北附近地区,复与我十一路任团双方夹击,匪受创极大,仅一股百余向西南多蛛尖方向窜去,余均散匿于附近山中。计毙匪四十余,我受伤连附一,士兵四,阵亡探兵一。

六、九四旅一八八团黄岗附近战斗经过：二十七日,伪第一路游击师与伪第四路游击师会合,约二三百人,由上河南继续向南逃窜。一八八团本日下午四时,追至黄树河、黄岗(太湖西北六十里)附近,与匪接触,激战一小时,匪向龙湾(英山大道距太湖六十里)方向逃窜。计毙匪七,获骡一头。

七、九五旅一八九团抱儿山战斗经过：十五日下午五时,一八九团至艳儿山,与伪第一路游击师遭遇,激战一小时,匪乘暮向黄石河方向南窜,击落米盐四十余袋。

八、九五旅一八九团白沙岭战斗经过：三十日,伪赤南县第六区苏，约百二十，枪六七十支，在白沙岭（燕子河北二十里）盘踞，本早八时，一八九团（欠第二营）经长岭岗（南庄畈东南十二里）向该匪进剿，至时，匪稍事抵抗，即逃散。计毙匪五，伤匪七，俘匪特务长以下九，获步枪两支，马枪一支。

九、九五旅一八九团（欠第二营）龙门石战斗经过：三十日午，一八九团将隐于龙门石（燕子河西北二十里）之匪十九名，完全包围解决。计毙伪排长一，匪七，俘男女匪十一，获步枪六支，子弹百粒。

十、九六旅一九一团羊角尖战斗经过：四日，伪二十八军经杨柳湾向雷家店（英山东北四十五里）方向逃窜，一九一团下午四时追至羊角尖（雷家店西五里）与匪尾三百余遭遇，激战一小时，匪旋向北溃窜。计毙匪十余，获步枪四支。

十一、九六旅一九一团道士坪战斗经过：二十三日，一九一团搜剿至道士坪（乌罗坪、多蛛尖间），遇伪第四路游击师，约百名，当经痛击，计毙伪连长一，匪三十余，获步枪二支马枪一支，手枪一支，大米三十袋，油盐无算，余匪乘暮向来榜河方向逃散。

十二、九六旅一九二团陶家河附近战斗经过：五日，本日下午二时，伪二十八军由柳林关窜至土门河、陶家河附近。一九二团下午四时追至陶家河，即与该匪遭遇，激战两小时，毙匪二十余，获步枪三支。我伤连附一，士兵六。匪狼狈向金桂畈（分水岭、仙峰之间）、詹家河（陶家河北十五里）方向分窜。

十三、九六旅一九二团五尖山、王家山战斗经过：十四日，伪二十八军窜至五尖山、王家山一带。一九二团午前十时追至钱家集，连合一零六师第一、三两团，向匪猛攻，激战四小时，匪始不支，狼狈向西南大佛山溃窜。是役，毙匪十余，俘匪三名。我亦伤连附一，士兵四。

丙　六月份

一　作战命令

伪二十八军越平汉铁路东窜后，本路军为严密堵截该匪东窜，期与追剿队协力聚歼之，特于本月十五日晨下达电令如左：

（一）伪二十八军已窜至经扶东北之八里畈以东附近地区，有回窜英、霍、潜、太边境之企图。（二）本路军为严密堵截期与追剿队夹击聚歼该匪，计兹部署如次：(1)独立旅仍不分昼夜跟踪追剿。(2)九五旅务于铣日以前在马家畈、燕子河附近集结。(3)九四旅铣日前推进至西界岭附近，并暂归王旅长修身指挥。但一八八团仍负追剿伪游击师特务大队等任务。(4)九六旅铣日前进至石头咀、张坂咀附近，并令一九一团酌留一营，以一连固守陶家河碉堡，以三连任分水岭、黄河、枫树坳一带搜剿，其余准备妥当待命移动。(5)辎重营以一连固守石头咀碉堡，保护兵站，其余进至架沟铺，限铣日拂晓前到达。(6)工兵营担任英山城防，并掩护运输。（三）各部到达位置后，务多派便装及武装远探，侦踪迎击。（四）各部队务确切连络，协力追堵。尔后依匪之行踪得适宜移动其位置。（五）如追堵不力，任匪窜过，即以各主管官长是问。以上各条，仰即分别遵照办理，并将遵办情形具报。

二十日匪越英、霍大道东窜后，下达电令如左：

（一）高匪主力约千名左右，本申已由石头咀、五显庙间越英、霍大道东窜。（二）本路军部署如次：(1)九五旅以一团兵力折回燕子河以西地区，寻剿伪各路游击师，并肃清该方面散匪，旅部及一团控置架沟铺策应各方，并截击匪主力回窜。(2)九六六旅（附一八八团）迅尾追高匪主力，俟追剿队全部与匪接近后，另令规定尔后任务。(3)独立旅（附一八七团及范支队）仍负追剿任务，兼程疾进，在旅部未到以前，一八七团、六一四团任务与王旅协进。(4)一八七团应不待后续追剿队到来，即协同王旅尾匪追截。(5)一八八团应速由黄石河东进，加入王旅并力追剿。(6)一八九团应由石头咀移于架沟铺。（三）统于马日分别移动，各按任务进行。（四）有关系之各部队，务速由电台迳行连络。（五）以上四条，仰分别遵照办理，并将遵办情形具报。

二　军队调遣

一、独立第五旅于上月二十二日越平汉路向随枣桐柏追剿伪二十八军，旋于本月九日复越平汉路向英、霍、潜、太边界追剿伪二十八军。

二、九四旅一八七团，于本月十七日由夹铺进至后畈、九资河一带截击伪二十八军，尔后附属于独五旅追剿伪二十八军。一八八团追剿伪第一路游击师于英、霍、潜、太边境，于本月二十二日附属于九六旅追剿伪二十八军。

三、九五旅一八九团，在燕子河一带搜剿伪赤南县苏及伪特务第一、二营，旋于本月十七日进至后畈截击伪二十八军，二十一日位置于架沟铺策应各方。一九零团本月十六日由架沟铺进至燕子河截击伪二十八军，十九日以后，搜剿燕子河以西伪赤南县苏及伪特务第一、二营，二十六日以后，该旅全部进至陶家河一带，协剿伪二十八军。

四、九六旅十九日分别由英山、陶家河进至张坡咀、石头咀间截击伪二十八军，二十日并附一八八团协剿伪二十八军，二十八日位置于陶家河，防匪西窜与北窜。

五、特务团第一营，十七日赴蚂蚁坳防匪东窜，二十日回罗田。

六、辎重营(欠一连)本月十五日由石头咀移架沟铺，二十六日仍回石头咀。

三　逐日匪情

一日，伪二十八军窜踞分水岭(桐柏正南三十里)，与我追剿队六一四团搏战竟日，下午六时纷向天河口市(随县北八十里)方向溃窜(郑旅长廷珍东西、冬辰电)。伪赤南县苏五十余人，本早由凉水井窜抵看花台东二里之梅花岭，经九五旅一八九团痛击后，向袁家坳(燕子河西北六里)方向逃窜(高旅长国钧东戌电)。

二日，本晨伪二十八军，由范家山（天河口市，东北十里）经关儿口、龙王沟向沙河店（桐柏西南约六十里）方向逃窜（郑旅长廷珍冬戌电）。

三日，伪二十八军，本午经新城向晃山、新集（桐柏西北七十里）方向逃窜（郑旅长廷珍江亥电）。

四日，伪二十八军，经滴水崖向玉皇顶（晃山新集西北六七里）逃窜，被我追剿队六一五团及范支队协力痛击后，乘暮由玉皇顶最高峰向东北方向逃窜（郑旅长廷珍支亥电）。

五日，伪二十八军，经大腹山、摩云垛、玉皇顶（桐柏西南四十里）向东北逃窜（郑旅长廷珍微亥电）。

六日，伪二十八军，本午经九龙山以西附近地区转向天河口市（桐柏西南七十里）方向逃窜（郑旅长廷珍鱼亥电）。

七日，伪二十八军，本早由天河口市经殷家店向英家店（应山西北八十里）方向逃窜（郑旅长廷珍虞戌电）。

伪第四路游击师百余人，在鸡落坪（陶家河东北二十里）被九六旅一九一团杨营痛击后，向来榜河逃窜（郑旅长廷珍虞巳电）。

伪赤南县及伪特务营，共约百三十人，枪七十支，本晨由王家东北二十里之黄竹牌方向东窜，在马家畈西二十里之桃树坪，被我九五旅一八九团痛击后，向马家畈西三十里乌桑坪方向逃窜（高旅长国钧齐丑电）。

八日，伪二十八军，本早经花山、新集向小河市（武胜关西五十里）方向逃窜（郑旅长廷珍齐戌电）。

匪五十余窜至老龙尖（分水岭东二十里），被我九六旅一九一团派兵痛击，向上五河方向逃窜（王旅长修身齐未电）。

伪新编第二路游击师，六七十人，枪半数，由熊家河窜出，本日至黄石河东观音岩，被九五旅一八九团痛击后，溃散丛林中（高旅长国钧佳子电）。

伪第五路游击师，改编为二十八军二四六团，人约三百，枪二百支，本日由石盆窜至戴家河，被我九四旅一八八团痛击后，纷经大绝岭向胡家园（香炉冲北二十里）方向溃窜（时旅长德学佳巳电）。

九日，伪二十八军，本早五时经东篁店南二十里越平汉路东窜（郑旅长廷珍佳戌电）。

十日，伪二十八军，本早经吴冲、牛头圩向同安寨、许家蟹方向逃窜（郑旅长廷珍灰亥电）。

十一日，伪二十八军，本早经朝天山、大小鸡笼山向万家店逃窜（郑旅长廷珍真亥电）。

十二日，伪二十八军，本日经六一三团在万家店痛击后，向杨家店转经殷家湾、韩家楼向青龙寨（文殊寺西南三十里）方向逃窜，沿途复经六一三团尾击（郑旅长廷珍文戌电）。

十三日，伪二十八军，本日午后窜至高梅店（光山西二十二里），经一零九师截击后，转向东北逃窜（郑旅长廷珍元亥电）。

匪二百余，番号不明，本日在七里河（晓天镇东北二十五里）被十一路截击后，向黄沙冲（晓天镇西北十里）方向逃窜。另一股约六七十人，窜往猪头尖（关庄西北十里）附近（时旅长德学寒辰电）。

十四日，伪二十八军，向胡山铺、凉亭以南六里之赛山寨逃窜，在赛山寨经独五旅猛烈攻击后，向上崇、曹家庄方向溃窜（郑旅长廷珍寨亥电）。

十五日，伪二十八军，本日经沙窝西南约三十里之紫龙潭向沙口河方向逃窜（郑旅长廷珍删午电）。

十六日，伪二十八军，本日经王家湾向石畈（三河口西北二十里）方向逃窜（郑旅长廷珍铣亥电）。

十七日，伪二十八军，本早由三河口经周家山向坳家河（三河口东北三十里）逃窜，旋经桃李冲、鸡公石向李家店集西南窜逃（郑旅长廷珍筱戌电）。

伪二十八军二四六团（伪游击师等新合编），约三百人，枪二百余支，经大化坪，鐏旗河、王家寨、晴沟铺、董家河窜至曹家河（燕子河西北十五里）王团长德宏筱戌电（高旅长国钧皓午电）。

十八日，伪二十八军，本午在滕家堡西十五里英家园被独五旅六一三团、六一五团协力痛击后，连夜经黄土坳，又被特务团曾团长率陈营截击，该匪即向石佛老、栗子关、三省老方向窜去（郑旅长皓戌电）（曾团长继瑞皓午电）。

十九日，伪二十八军，本夜窜至罗家畈、王家山（僧塔寺西北二十里）附近。

二十日，伪二十八军，本日在天堂寨、平山、兰草沟一带被一八七团、一八九团击溃后，纷向东北曹家畈、刘家咀逃窜，复被王旅截击，又折经后花园、五显庙越英、霍大道，向五峰山以东逃窜（各方情报）。

二十一日，伪二十八军，本早经红花咀（东界岭东十五里）、何稍岭向东急窜，经一八七团痛击，向包家河方向溃窜（各方情报）。

二十二日，伪二十八军，今早由包家河经大川岭（11500 高地）向黄叶坪（磨子潭西南二十五里）方向逃窜（郑旅长廷珍养亥电）。

二十三日，伪二十八军主力，今晨由马家河东窜，向蔡家畈（黄景河西十里）窜去（各方情报）。

二十四日，伪二十八军，由龙共冲于本日上午十时，窜至柳林关、槐树坪（架沟铺东南约五里）附近（各方情报）。

二十五日，伪二十八军，由槐树坪、过路滩（雷家店东北二十里）附近渡河，向东南下古房、白帽方向逃窜（各方情报）。

二十六日，匪数十名，在堆谷山西南附近盘踞，被一九二团先行部队痛击，毙匪数名，余匪溃窜附近山林内（王旅长修身宥亥电）。

二十七日，伪二十八军，由朱紫关经麻滩河向英河（熊家尖东南十里）逃窜（各方情报）。

二十八日，伪二十八军，由江家河经土基河、麻滩河窜向母子山附近，经九五旅追及痛击后，复转向英河逃窜（各方情报）。

二十九日，伪二十八军，本早由英河折经叶家山（母子山东南十里）、妙道山向上下河南方向逃窜（郑旅长廷珍艳酉电）。

三十日，伪二十八军，由上河南、川心庵、王老屋、白头坂向菖蒲潭、撞钟河方向逃窜（郑旅长廷珍卅戍电）。

四 剿匪战斗经过

一、独立第五旅赛山寨战斗经过：

十四日，伪二十八军在高梅店被五十七军截击后，折回胡山铺、凉亭南约六里之赛山寨逃窜，康团跟踪尾追，郑旅长率曹、李两团在康团之右向匪邀击，于巳时先后追至赛山寨，与匪接触，匪凭险顽抗，激战四小时，匪不支，纷向上崇（曹家庄北八里）、曹家庄方向溃窜。是役，毙匪四十余，伤匪甚多，获步枪五十一支。我伤士兵三名，热晕官兵一百四十员名。

二、独立第五旅六一三团殷家湾、韩家楼战斗经过：

十二日，伪二十八军由杨家店转殷家湾、韩家楼向青龙寨（文殊寺西南约三十里）方向逃窜，沿途经康团迭次痛击，狼狈万分。本日计毙二十余，俘匪二，获骡一头，我伤士兵三。

三、独立第五旅六一四团团附李业昌营分水岭战斗经过：

一日辰，伪二十八军窜至分水岭（桐柏正南三十五里）盘踞。本日拂晓，我六一四团由淮河店南约十里，向该匪进剿，上午十时至分水岭，与匪遭遇，当以各营向匪猛攻，匪凭藉山险顽强抵抗，激战七小时，几经肉搏，至下午五时，卒将该匪击溃，纷向天河口市（随县北约八十里）方向溃窜。是役，毙匪百余，伤匪二百余，获步枪二十余支，手提四支。我受伤营附一，连长三，连附六，士兵九十七，阵亡连长二，士兵二十四，失踪士兵二十一，遗失步枪三十余支。

四、独立第五旅六一五团附靳德明营玉皇顶战斗经过：

四日，本早伪二十八军经滴水岩向玉皇顶（晃县新集西北六七里）逃窜，六一五团附靳营跟踪尾追，匪节节据险顽抗，同时我范支队由远家堂经邢家川(晃县新集西南十五里)向匪夹击，激战四小时，匪不支，溃踞玉皇顶最高峰，延至晚九时，匪乘暮向东北方向逃窜。是役，毙匪二十余，伤匪甚多。我阵亡士兵四，受伤十一。

五、独立第五旅六一三团紫龙潭战斗经过：

十五日，六一三团尾追伪二十八军，本午至沙窝西南经三十里之紫龙潭途中，与匪之掩护队百名接触一小时，获冲锋步枪一支，步枪二支，俘匪五，余匪向沙河口方向逃窜。

六、独立第五旅(欠六一四团)英家园战斗经过：

十八日，伪二十八军经杨梅慭向两河口方向急窜.六一四团向匪尾追，六一三团、六一五团向滕家堡急进截击，申刻抵英家园(滕家堡西北十五里)与匪遭遇，匪预于各山巅及密林，配置轻机关枪，顽强抗战，经我六一三团、六一五团并力猛攻，激战六小时，肉搏数次，复经郑旅长廷珍亲率六一三团之王营迂回匪之右侧突袭之，并攻夺制高点，匪始不支，纷向黄毛尖溃窜。是役，匪共弃尸六十余具，伤匪尤多，俘匪十八，内伪营长一，获步枪七支。我团长曹兴文、营长李子纯、傅秉岐、参谋刘长荣及连长以下官兵受伤五十九员名，阵亡连长以下三十一员名，遗失步枪十三支。

七、九四旅一八八团戴家河战斗经过：

八日，一八八团向窜踞戴家河(纪家河北十五里)之伪第五路游击师进剿，午时至戴家河与匪接触，激战三小时，匪不支，纷向大绝岭方向溃窜。计毙匪十五，俘匪五。据俘匪供称，该匪现改编为伪二十八军二四六团，人约三百，枪二百余支。

八、九五旅一八九团姚营看花台附近战斗经过：

一日辰，伪赤南县苏五十余人，由凉水井向看花台逃窜(燕子河西北十里)。一八九团姚营预于看花台东二里之梅花岭埋伏，匪窜至该处，经伏兵猛击，纷向袁家坳方向逃窜。计毙匪六，俘匪三，伤匪三，获步枪四支，卜郎宁一支，折把枪一支。

九、九五旅一八九团陈营姚树坪战斗经过：

七日早，伪赤南县苏特务营，约百三十人，枪七十支，由王家东北二十里之黄竹牌方向东窜。一八九团陈营往剿，巳刻至马家畈西二十里之姚树坪与匪相遇，经该营猛攻，匪不支，向乌桑坪（马家畈西三十里）方向逃窜。计毙匪十八名，我阵亡士兵四，受伤三。

十、九五旅一八九团姚营观音岩战斗经过：

八日早，一八九团姚营向黄石河东之观音岩搜剿，至时，适伪新编第二路游击师六七十人正在山巅休息，该营即向匪右侧背掩袭，激战两小时，匪溃散于丛林中。计毙匪师长王信南一，伪县主席一，伪连长一，匪三十余，俘匪六，获步枪八支，自来得一支，卜郎宁一支，我受伤连附一。

十一、九六旅一九一团杨营鹞落坪战斗经过：

七日，伪四路游击师约百余，窜至鹞落坪（陶家河东北二十里）被一九一团杨营痛击，毙匪二十余，匪向来榜河方向逃窜。

十二、特务团黄土坳（滕家堡北十六里）战斗经过：

十九日早拂晓，伪二十八军在英家园被郑旅击溃后，即潜经黄土坳企图东窜，曾团长即率陈营向匪邀击，激战时许，该匪被迫转向东北石佛老（松子关南二十里）窜去。是役，毙匪七名，伤匪二十余名，俘匪三名，得获手步枪共五支，骡两匹。我受伤士兵四名。

十三、九六旅一九二团堆谷山战斗经过：

二十六日，本日王旅长修身率一九二团追剿伪二十八军，午后五时行抵堆谷山西南附近，遇匪数十名，被该团先头部队痛击，毙匪十余名，获步枪二支。

一　作战命令

三十日申令：驻剿各部队与追剿部队，夹击伪二十八军，下达电令如左：

（一）据报高匪主力本午已窜至汪家坝、严鱼池（张家榜西约四十里）一带地区，有北窜或西窜之企图。（二）本路决以全力追截兼施而聚歼之。（三）郑旅长廷珍应即严饬追剿各部队排除万难兼程疾追，勿使该匪兔脱。(四)九五旅应即由夹铺迅向步兵河前进探踪迎击，并加入追剿。(五)九六旅(欠一九二团)应即由杨柳湾经英山向石桥铺急进探踪迎击。(六)六一三团即在鸡鸣河附近埋伏截击。(七)各部队应以机敏独断之手段，互相协力，妥取连络，聚歼该匪。

二　军队调遣

一、独立第五旅附九四旅一八七团，追剿伪二十八军于鄂、皖边界，其六一三团二十五日开至鸡鸣河整顿。

二、九五旅于二日由架沟铺移至陶家河、上下古坊截击北窜，四日由陶家河移至架沟铺、黄栗秒截匪西窜。十九日由架沟铺移至鸡鸣河防匪西窜，二十四日由鸡鸣河移至夹铺防匪北窜，三十日夜由夹铺移至步兵河，协同各追截部队围剿窜踞匡家河之伪二十八军，尔后，即继续担任追剿。

三、九六旅附一八八团，十二日由陶家河移至杨柳湾一带防匪北窜与西窜，同日该旅夏副旅长文章率一九二团加入追剿，归郑旅长指挥。旅部、一九一团及一八八团，三十日夜由杨柳湾移至石桥铺，协同追堵各部队围剿窜踞匡家河之伪二十八军，三十一日进至观音山、匡家河。

四、特务团、炮兵团、炮兵营、辎重营、骑兵连驻地仍同上月。

三　逐日匪情

一日，伪二十八军，本早由菖蒲潭经五庙折经青风岭向寺前方向逃窜(郑旅长廷珍东戌电)。

二日，伪二十八军，本早由寺前河折经陈家岭、小池驿向齐家大屋(小池驿北十里)方向逃窜(郑旅长廷珍冬亥电)。

三日，伪二十八军，本早由王家牌楼经野寨窜至天柱山附近，沿途裹胁贫民二百余名(郑旅长廷珍江亥电)。

四日，伪二十八军，由天柱山经夫子岭、槎水畈向狮子山方向逃窜(郑旅长廷珍歌支电)。

五日，伪二十八军，由狮子山窜轿子坳，沿途被潘支队节节痛击，至晚犹在对战中(郑旅长廷珍鱼子电)。

六日，伪二十八军，本早经二姑尖、卢镇关、沈家山向西北方向逃窜(郑旅长廷珍鱼亥电)。

七日，伪二十八军，本日被潘支队于七里河、乌沙街、姚家河迭次痛击，入晚犹在对战中(郑旅长廷珍齐丑电)。

八日，伪二十八军，本早由姚家河经西汤池畈、沈家祠沿胡燕窝地以东山岭向鲁昆山逃窜，经潘支队尾蹑压迫于农民山下，顽强抗战，入夜仍在对战中(郑旅长廷珍佳丑电)。

九日，伪二十八军，早夜数次向我潘旅逆袭，均未获逞，遂向卢镇关以东逃窜(郑旅长廷珍佳亥电)。

十日，伪二十八军，窜至卢镇关后，折经唐家湾方向南窜(郑旅长廷珍灰酉电)。

团山有匪四十余(高旅长国钧灰未电)。

十一日，伪二十八军，本早经叶家河下黄白河向西南逃窜(郑旅长廷珍真亥电)。本午窜至下袁家河以西高地抗战，经潘支队痛击后向西逃窜(郑旅长廷珍真午电)。

十二日，伪二十八军，本早由上下板舍窜至和尚庄1150高地，经潘支队痛击，入夜犹在对战中(郑旅长廷珍文亥电)。

十三日，伪二十八军，经汤池畈、腾云庙向西逃窜，午窜至西水岭、急龙尖，经潘支队、范支队夹击后，向上下五河方向逃窜(郑旅长廷珍元戍电)。

十四日，伪二十八军，本早在大牌夫经潘支队尾击后，即经上河南、傅家岭、周家岭，晚窜北冲，渡河后东南一带高地抗战，入夜犹在对战中(郑旅长廷珍删丑电)。

十五日，伪二十八军，本早由前后河经杨家河、魏家河、薛义河窜踞蛉螟石、龙湾一带抗战，入夜犹在对战中(郑旅长删戍铣丑电)。

十六日，伪二十八军，本早由龙湾经南阳河、刘家河、酸枣岭、桑树堰向吴家河、水陆庵方向逃窜（郑旅长廷珍筱子电）。

十七日，伪二十八军，本早由吴家河、水陆庵经凉亭河、凤凰岭，未刻窜至二郎河镇抢掠后，向长溪山、铜铃桥西南逃窜（郑旅长廷珍巧子皓子电）。

十八日，伪二十八军，本辰窜至大河铺、双城驵一带（郑旅长廷珍皓子电）。

十九日，伪二十八军，本午窜至桐梓河，当晚被曹支队及一九二团协力夹击（郑旅长廷珍号辰电）。

二十日，伪二十八军，本丑经曹、夏两支队夹击后，折经弋尖向大洋庙方向逃窜，其一部约百余，向西溃窜，午窜至成皇山，当晚窜至永乐寨（郑旅长廷珍号未电及陈区长电话）。

二十一日，伪二十八军，本辰经亭前驿向二郎河镇方向窜去，未刻在花凉亭被范支队痛击，分三股向紫金冲、枫树村、凉亭河方向狼狈溃窜（郑旅长廷珍马亥电）。

二十二日，伪二十八军，经趾凤河、龙须冲本午窜至紫金河附近，经十一路邢旅截击后，向青风岭方向逃窜（郑旅长廷珍养亥电）。

二十三日，伪二十八军，本巳经菖蒲潭向白头畈方向逃窜（郑旅长廷珍敬子电）。

二十四日，伪二十八军，本早由白头畈折经上柳畈、黄村河向蔡家河方向逃窜（郑旅长廷珍有丑电）。

二十五日，伪二十八军，本早由蔡家河经上罗溪河、刘家河、界岭、沈家河，申刻折向王家牌楼方向逃窜（郑旅长廷珍有亥电）。

二十六日，伪二十八军，本辰由界岭经王家山、铜罗尖至王家牌楼折向高桥岭，连夜经五庙、菖蒲潭向上下柳畈方向逃窜（郑旅长廷珍感未电）。

二十七日，伪二十八军，本午窜至上下柳（郑旅长廷珍俭丑电)。

二十八日,伪二十八军,向杨家河方向逃窜(郑旅长廷珍俭亥电)。

二十九日,伪二十八军,由杨家河经百里墩、弥陀寺、两河口向张家榜西逃窜(郑旅长廷珍卅子电)。

三十日,伪二十八军,本午窜至汪家坝、严鱼池、鸡鸣河(康团长应宽电话)。

三十一日,伪二十八军,本日窜至周家河、匡家河、观音山一带,被我追堵各部队围击后,向东南回窜(潘支队长陶万世戍电)。

四　剿匪战斗经过

一、潘支队(九四旅一八七团及独立第五旅六一四团编成)狮子山刘老屋战斗经过:

五日,潘支队午刻追至狮子坳与匪掩护队接触,当经痛击,遂即溃退,节节据险顽抗。酉时掩护队与匪主力合股,据轿子坳以南山地,潘支队追至刘老屋与匪遭遇,激战三小时,匪乘夜向北退窜。

二、潘支队黄巢尖战斗经过:

七日,本早四时,伪二十八军窜踞七里河(晓天镇东北二十里)附近,被潘支队击溃后,向东北逃窜,经跟追,午刻至乌纱街(舒城西南六十里)以东之黄巢尖,匪据险顽抗,经奋勇猛攻,激战三小时,匪不支,退据陶家河东岸复行顽抗,入夜犹在对战中。是役,毙匪伤匪约百三十名,获马一匹。

三、潘支队鲁昆山(桐城北二十里)胡燕窝地战斗经过:

八日,伪二十八军,本早由姚家河溃退,经西汤池畈、沈家祠向南逃窜,潘支队跟踪追蹑,午刻至总尖(桐城西北三十里)东飘云庵附近与匪接触,经痛击后,匪复沿胡燕窝地以东山岭向鲁昆山(桐城北二十里)溃退,该支队复尾追猛击,遂将匪全部压迫于农民山下(鲁昆山南端)激战至夜,犹在对战中,夜半匪数次逆袭,经我官兵沉着应战,卒未得逞,此时适该支队之六一团赶到,向匪右翼包围攻击，匪遂不支，狼狈向西北溃窜。九日午刻，该匪溃至胡燕窝地收容，复经六一四团追及痛击，遂向卢镇关以东逃窜。是役，计毙伤匪约百余，我伤亡官兵十六名。

四、潘支队袁家河（衙前镇东三十五里）战斗经过：

十一日，伪二十八军窜踞袁家河以西高地，经潘支队猛攻，匪凭险顽抗，激战两小时，匪不支，向西逃窜。

五、潘支队高公庙（衙前镇东北十里）战斗经过：

十二日午，伪二十八军，由上下板舍1150高地凭险顽抗，经潘支队数次猛攻，至夜，经汤池畈、腾云庙向西逃窜。十三日午，匪窜至西水岭、急龙尖（腾云庙西十里）一带，复经该支队追及痛击，匪退踞旋风岭（胡乡西北1280高地），仍行顽抗，适范支队亦由衙前镇赶到，双方夹击，狼狈向上下五河方向溃窜。是役，计伤毙匪三十余，我亦受伤连附一，士兵三。

六、范支队唐团汤池畈南三里土地庙战斗经过：

十二日，本晚伪二十八军，由和尚庄经汤池畈南三里之土地庙西窜时，唐团伊营适在汤池畈掩护给养，当挑奋勇官兵六十余名，向匪后尾掩袭，以地形不熟，又值夜暗，被匪包围，虽经数次突击，终以众寡悬殊，该营长仅率数兵冲出，其余全部被俘。是役，毙匪十余名，我伤亡官兵十余员名，损失步枪四十八枝，六轮手枪二支，轻机关枪两挺。

七、曹支队（独五旅六一三团六一五团编组）及一九二团桐梓河战斗经过：

十九日午，伪二十八军窜踞桐梓河，曹支队由渡河桥向该匪追剿，当晚追至东岳庙，将匪一部击溃后，续向桐梓河之匪攻击，夏支队乘夜由白水畈向匪夹击，激战三小时，匪不支，号早经弋尖向大洋庙方向溃窜。是役，计毙匪二十余名，俘匪三名，伤匪七十余名，获步枪五支，其他物品甚多。

八、范支队花凉亭（宿松北三十五里）战斗经过：

二十一日，伪二十八军本辰经亭前驿向二郎河镇方向窜逃，范支队午后一时，由陈汉沟向花凉亭疾进截击，未刻抵花凉亭以西附近，与匪遭遇，匪凭藉村落与碉楼顽抗，经该支队勇猛攻击，匪节节抵抗，退据凤凰岭以北高地，复行顽抗，经范支队长身先士卒，督队数次猛攻，激战四小时，卒将该匪击溃，分三股向紫金冲、枫树村、凉亭河方向狼狈逃溃。时值天晚，当夜该支队在凤凰岭以北地区露营。是役，计毙匪二十余名，伤匪约四五十余名，击落物品甚多。我受伤连附一员。激战时匪掩护队二百余名，在二郎河镇以北高地被我切断，复经曹支队追击，向陈汉沟方向窜去。

九、夏支队蔡家河战斗经过：

二十四日，伪二十八军由白头畈折经上下柳畈、黄树河向蔡家河（太湖西北四十里）逃窜，夏支队本申追及蔡家河，与匪之一部三百名接触，经痛击后，会合其主力向寺前河方向溃窜。是役，计毙匪六七名。

十、周家河毛家河一带战斗经过：

三十日，据报伪二十八军本午窜至汪家坝、严鱼池一带地区。当令九五旅星夜由夹铺向步兵河前进，九六旅（欠一九二团）由杨柳湾星夜向石桥铺前进截击，并令六一三团于鸡鸣河附近埋伏截击，以期聚歼该匪。三十一日辰，该匪窜至安仁山、周家河附近，企图北窜。巳刻九六旅由石桥铺经九口塘向安仁山，九五旅由步兵河经李辛街向周家河分途迎击，夏支队本晚抵安仁山以南附近，潘支队本晚抵杨术坳，康团在莲花山合围兜剿，匪乘夜向东南回窜。

一、作战命令

九日亥时，给予九四旅时旅长九六旅王旅长电令如下：

（一）高匪主力本日未刻经汪家畈、三合滩向店前河逃窜。符支队（一八九团及一九二团）刻抵曹家河，仍继续跟追中，高旅长率潘支队（一八七团六一四团）抵王家老屋，现向桥埠滩疾进截击中。（二）判断该匪不经陶家冲、耿家岭向西南逃窜，即经桥埠滩、薛义河向南逃窜。(三)九四旅(欠一八七团)九六旅(欠一九二团)应即由现在迅向陶家冲、耿家岭方面探踪迎击,并机动追截为要。

十一日申时,给予九五旅、独五旅电令如左:

(一)匪主力经土门河向闵家畈、走马坪方向窜去。曹支队(六一五团)正尾追中。(二)高旅长率一八七团现至陶家河,一九二团现至詹家河。(三)九四旅时旅长及九六旅(欠一九二团)进至朱紫关后,即向土门河方向疾进。(四)判断该匪不经草坝地、架沟铺、石头咀间西窜,即经包家河向东北逃窜,各部务迅予寻踪追截,并互连络,一九七团及一九二团即设法归还建制。(五)余在杨柳湾。

十二日亥时,给予九四旅、九五旅、九六旅电令如左:

(一)高匪主力本晨已经黄栗杪向西北逃窜,曹支队本午追至黄栗杪,现到何处,尚未接其报告,已饬回黄栗杪待命。(二)九六旅即寻踪穷追,勿失匪踪。(三)九四旅即在九五旅右后方,取捷径向燕子河方面追截。(四)兄率九五旅及特一营元早由草坝地、饶家畈向架沟堡前进。

十三日亥时,给九四旅、九五旅、九六旅六一五团电令如左:

(一)高匪主力本日午后四时,经燕子河向罗家河(燕子河东北十二里)逃窜,六一五团继续跟踪穷追。(二)九六旅务兼程急进,与六一五团合力向匪痛剿。(三)九四旅务与六一五团、九六旅确切连络,机动邀击,协力聚歼该匪。(四)九五旅暂在架沟铺待命,出动截击。(五)余率特一营暂在黄栗杪。

十五日子时,给九四旅、九五旅、九六旅及六一五团电令如左:

(一)高匪主力在方家坪以北花凉亭附近,被十一路邢团截击后,折经看花台、万福桥向马家畈方向逃窜。(二)九六旅务兼程寻踪穷追。(三)六一五团在九六旅后十里外跟进,相机截击,并与九六旅协办痛剿该匪。(四)九四旅速由董家河经燕子河、渔大潭向大岩前龙井河、龙潭方面探踪邀截。(五)九五旅务于早五时前,由架沟铺出发,经西界岭、前畈向后畈、黄石河方面探踪迎击。(六)

余率特一营早六时，由黄栗杪经西界岭向前坂前进。

十五日午时，给予各部队电令如左：

(一) 高匪主力刻占据石河山(前坂西北十二里)一带，正与我九六旅正战中。(二)九五旅火速急进夹击，并依匪情变化机动截击。(三)六一五团依匪情地形，火速由匪翼侧绕攻，或加入正面。(四)九四旅速折向石河山匪之右侧猛攻。(五)刻下已成包围形势，务各奋勇协力歼灭该匪为要。(六)余率特一营现在长山冲，即经大坳岭向前坂急进。

十六日子时，给予各部队电令如左：

(一) 高匪主力在石河山、黄石河被我痛击后，于十五日申刻向土地岭、肖家畈方向逃窜。(二)九六旅务兼程穷追。(三)九五旅在九六旅后十里外跟进，并依匪情变化机动截击。(四)九四旅暂在前坂停止待命。(五)六一五团即由后坂经西界岭开往石头咀待命。(六)余率特一营早六时由长山冲向前坂前进。

十八日丑时，给予各部队电令如左：

(一) 高匪主力确由肖家坳向罗田方向急窜。(二)九四旅即兼程急追，勿使该匪脱离。(三)九六旅即由石头咀兼程向英山急进。(四)六一五团即由柳树坳取捷径兼程，在九四旅后跟进。(五)独五旅(欠六一五团)到步兵河后，如罗田城无虞，可往保护面簰，六一五团着归还建制。(六)九五旅到枫树铺后，停止待命。(七)余李寅向白庙河前进。

十九日丑时，给予各部队电令如下：

(一) 高匪主力仍在项家畈、方家冲附近。(二)九五旅即由李家楼、大雾山方面迅速向该匪进攻，严防其向东北逃窜。(三)九四旅即由劝家冲(罗田北二十里)、长塘坳方面迅速向该匪进攻，并严防匪向西南逃窜。(四)九六旅依匪情变化，即由肖家坳相机策应九四旅及九五旅，并探踪机动追截。(五)余率特一营现在南岳庙。

二十日丑时，给予各部队电令如左：

（一）高匪主力昨申被九五旅在木墀河、傅家山两次痛击后，当晚经袁家冲、王家湾向杨梅愁、木子店集方向逃窜。（二）九五旅务跟踪急追，勿令匪脱离。（三）九四旅在九五旅后十里外跟进，协力聚歼该匪，并机动追截。（四）九六旅即由牌形地向滕家堡急进，限号日到达，并机动追截。（五）余率特一营号子抵平湖。

二十日亥时，给予各部队电令如左：

（一）高匪主力刻占据磨针山、鲤鱼寨一带，正与我九五旅对战中。（二）九五旅即由甘家河、王家河向匪进攻而抑留之，勿令脱离。（三）九四旅迅由三里岗经求孙埠由九五旅右向匪绕攻。协歼该匪，并依匪情变化机动追截。（四）九六旅暂在滕家堡待命邀截。（五）查匪节节抵抗，行动迟滞，正予我以聚歼良机，九四旅、九五旅务以敏捷手段机动动作，以全力勇猛扑灭之。余率特一营暂在平湖。

二十二日子时，给予各部队电令如左：

（一）高匪主力似在周家大湾、南太村、唐建庙附近。（二）九五旅即由大坳寻匪跟追，保持接触，勿令脱离，并严防其北窜。（三）九四旅即由马家岗、蔡家畈火速经杨家铺、王家山，限养午进至盐田河及其以西地区，截匪向西南窜。（四）九六旅即由蚂蚁坳、河铺火速经程家湾、新桥、九里冲探踪迎击，并严防匪向东北逃窜。（五）查南太村、唐建庙一带山高路少，实聚歼该匪良机，务各淬励所部奋勇图功。（六）各部相距已近，如某部与匪接触，他部闻得枪声，即迅予夹击，协力歼匪，倘有藉故迟延，致匪逃窜，定按军法议处。（七）余率特一营由平湖经黄岗庙、七里岗向东界岭前进。

二十三日亥时，给予各部队电令如左：

（一）高匪主力本日未刻在木墀河东花石岩、杨旗寨被我九五旅痛击后，经蚂蚁坳、冯家凉亭间东窜，其掩护队酉刻尚在龙王殿附近。（二）判断该匪不经牌形地东窜，即经牌形地向东北逃窜。（三）九六旅即由蚂蚁坳迅予寻匪穷追，勿令脱离。（四）九四旅在九六旅后十里左右跟进，如地形许可，或有机可乘，即应齐头并进。(五)独立旅务于敬子到达肖家坳向牌形地、清水塘方面多派侦探，不失时机机动追截，期与九四旅、九六旅协歼该匪。(六)九五旅暂在冯家凉亭、蚂蚁坳等处停止，处理伤亡。(七)余在平湖，依匪情变化，即率九五旅及特一营相机截击。

二十五日子时，给予各部队电令如左：

(一)高匪主力已经九资河向圣人堂、兰草沟方向逃窜。(二)九六旅即由毛家河店、救命沟迅予寻踪穷追，勿令脱离。(三)独五旅火速由黄石河探踪追截，务与九六协歼该匪。(四)九四旅速由龚家铺经谢家冲、卷棚桥向石头咀方面前进，并机动追截。九五旅即由冯家凉亭经牌形地进至白庙河、南岳庙、江家铺一带待命。(六)江支队即由吴家店经肖家畈向黄石河、后坂方面前进。(七)余率特一营即由平湖向肖家坳前进。

二十五日戌时，给予各部队电令如左：

(一)高匪主力今晨占据笔架山(僧塔寺东北十里)，被我九六旅痛击后，午刻经杨家山、大坳岭向长山冲方向逃窜。(二)九六旅即由杨家山、土地岭尾匪跟追，勿令脱离。(三)江支队即由黄石河、后坂经渔大潭向燕子河方面截击。(四)九四旅迅由石头咀经黄栗杪、楼房向盛家河、麒麟河方面探踪截击，并机动追截，务与九六旅协歼该匪。(五)独立旅即在张坡咀、刘家咀一带探踪邀击该匪，并机动追截。(六)九五旅即由白庙河进至黄石河待命。(七)查匪踪飘忽，方向不定，各部队务依匪情变化，机动追截，勿拘泥所示之道路及方向。(八)余现在肖家坳，宥午率特一营到枫树铺。

二十七日子时，给予各部队电令如左：

(一)高匪主力于宥日午后二时，经漫水河向黄石河、大坪、千笠寺方向逃窜。十一路杨旅赵团闻已跟进中，其马旅已由诸佛庵经鹿吐石铺向其以南地区截击。(二)九六旅迅经漫水河兼程寻匪跟追，勿令脱离。(三)九四旅即由现地取捷径迅向千笠寺以南以东地区寻匪痛剿，并机动追截，期与九六旅及友军聚歼该匪。（四）独五旅迅由张坡咀取捷径进至包家河、乌罗坤一带埋伏截击，并机动追截，勿令该匪南窜，限感午到达指定地点。（五）九五旅迅由黄石河经张坡咀速开至何稍岭、红花咀、太平坂一带埋伏截击，并探踪迎击，勿令该匪南窜，限感日未刻以前到达。（六）江支队速至黄粟杪、上土市一带待命。（七）余率特一营即向石头咀前进。

二十八日丑时，给予各部队电令如左：

（一）高匪主力感日黄昏窜至堆谷山，似有南窜西窜模样。我九四旅当晚追抵扫帚窝（堆谷山北附近），十一路杨旅已绕向青风岭东南方向截击，马旅由舞旗河正向南推进中。（二）霍山经管驾渡、磨子潭、河口寺、来榜河、何头铺一带碉堡线，守碉部队已严密防堵。刻下我军咸集，匪流窜区域甚小，各旅务以机动能力不失时机，迅予追截，定可将匪聚歼。（三）九四旅仍跟踪穷追，勿令匪脱离。（四）九六旅即由洪家畈探踪迎击，勿令该匪向西及西北逃窜。（五）独五旅迅以一团兵力，由黄梨园经土地岭探踪迎击，以一团兵力控置黄梨园、甘露庵之间策应，勿令该匪南窜及向西南逃窜。（六）九五旅速由何稍岭、太平坂分经包家河、西河向甘露庵、长岭庵方面探踪迎击，勿令该匪向西及向西南逃窜。（七）各部队互相连络，某部与匪接触，他部闻得枪声、即应迅往兜剿合围，倘有动作迟缓，致匪逃脱，即以其旅长是问。（八）本夜匪情如有变化，各旅即断然处置，无须待令，总以歼匪为原则，希本此意旨办理。（九）江支队另有任务，即开回吴家店。（十）余在石头咀。

二十九日丑时，给予各部队电令如左：

（一）高匪主力经我九四旅痛击，状极狼狈，俭日申刻由黄景河越碉堡线，向石盆方向逃窜。十一路马旅已由大化坪经管家渡向三里店，杨旅向白果树分别追截。（二）九四旅仍兼程跟追，勿令脱离。（三）九六旅迅取捷径向汤化畈、腾云庙、蛛屋庙方面疾进截击，并机动与九四旅协歼该匪。（四）九五旅迅取捷径，向上下五河方面疾进截击。(五)独立旅以六一四团全部,即经架沟堡、前后坂前往吴家店接替江师防务外,余由该旅长率领，迅移陶家河待命。现银营已由英山开往杨柳湾。六一五团部队可斟酌调动，以厚兵力。(六)余率特一营在石头咀。

三十一日丑时,给予各部队电令如左:

(一) 高匪主力陷申窜至卢镇关西南若七里之簿江附近。(二)判断该匪仍将绕潜山以北地区，向西南逃窜。(三)九四旅仍跟踪穷追,勿令匪脱离。(四)九六旅迅由汤池畈、腾云庙向槎水畈、油房街方面疾进截击，并探踪迎击。(五)九五旅迅由上下五河向逆水畈、下板舍方面疾进截击，并探踪迎击。(六)独五旅在陶家河、杨柳湾分别准备妥当,待命出动。(七)各旅要互相连络,以机动能力协歼该匪。(八)余在陶家河。

三十一日午时,给各部队电令如左:

(一) 据报高匪于陷日未刻经二姑尖以东向唐家湾逃窜,似有继续向西南逃窜模样。(二)查由水吼岭经衙前镇、来榜河、河头铺、店前河、合水涧至太湖之碉堡线,十一路已筑成,其由太湖至水吼岭一段,尚未修筑,与其大范围追堵,似不如小范围之包剿,应设法将匪压迫于太湖以西、河头铺、合水涧碉堡线以东地区，然后以数支队在此小范围内分途进剿，或能将该匪歼灭。(三)九六旅即在现到地点停止,如匪已向西南我预定之范围内逃窜,应即不失时机,将水吼岭至太湖之线扼要封锁,严密堵其再向东北逃窜。(四)九五旅即在现地停止,严防匪北窜。(五)九四旅仍尾匪跟追,竭力将匪压迫于水吼岭、太湖之线以西地区。(六)独五旅(欠六一四团)限世晚在麻滩河、徐良桥附近集结待命，固守由薛义河经合水涧至太湖之碉堡线。(七)特团(欠王营)准备妥当，待命固守由三河滩经店前河、桥埠滩至薛义河之碉堡线。(八)除通报刘代总指挥饬部协击外,仰即分别遵照办理。(九)余在陶家河。

二、军队调遣

一、本月各旅概任追剿高匪，逐日移动。

二、特务团之第一营，于八日随总指挥赴前方追剿，特务团团部及第二营，于十月由滕家堡移驻罗田，二十五日由罗田开赴前方，随总指挥追剿。

三、逐日匪情

一日，伪二十八军，本未在瓦屋前以东地区凭险顽抗，经潘支队猛攻后，经金家沟向大虎冲方向逃窜（高旅长国钧冬丑电）。

二日，伪二十八军，本早由大虎冲经何家铺窜踞茅草岭，经潘支队痛击后，晚向东南石牛山方向溃窜（潘支队长陶万冬亥电）。

三日，伪二十八军，本早由朱家冲经横山头、上下界岭，午后五时窜踞毛家岭附近，凭险顽抗，经潘支队痛击后，乘夜向密峰尖方向逃窜（高旅长国钧支子电）。

四日，伪二十八军，本早由密峰尖经曹天畈折向耿家岭逃窜（高旅长国钧支亥电）。

五日，伪二十八军，昨晚被潘支队痛击后，本日窜踞焦家山一带，凭险顽抗，经潘支队痛击后，纷向前河、后河方向逃窜（高旅长国钧鱼子电）。

六日，伪二十八军，本日由前河、后河经上五河向腾云庙方向逃窜（高旅长国钧鱼丑电）。

七日，伪二十八军，本早由旋风岭经胡乡、杨家河向白云寨逃窜，其掩护队约三百余名，在大猪尖经符支队痛击后，于已刻亦向白云寨窜去（高旅长国钧　亥电）。

八日，伪二十八军，本早由白云寨向铁路滩以南逃窜，经潘支队肖、赵两营在水车畈、比鸣岭一带迎头痛击后，折经上下河南又转向前河、后河方向逃窜（高旅长国钧佳午电）。

九日，伪二十八军，本早由后河经三合滩、马玉坳、野溪河沿大崎岗北窜。

十日，伪二十八军，本午窜至宋家榜东北六里妖魔畈，本未经九六旅一九一团乘雨猛击后，向朱紫关方向逃窜。

十一日，伪二十八军，本早由朱紫关经新开岭、土门河向闵家畈逃窜，经独五旅曹团痛击后，乘夜经草坂地向东界岭逃窜。

十二日，伪二十八军，本晨经黄栗杪向燕子河方向逃窜。

十三日，伪二十八军，本早窜踞孙家坳(黄栗杪北二十里)附近，经曹支队拂晓猛攻后，经楼房、盛家河、燕子河向董家河逃窜(曹团长元申电)。

十四日，伪二十八军，本早夜由董家河经方家坪向东北花凉亭(燕子河东北三十里)逃窜，被十一路邢团截击，九六旅尾追，本辰折经大夫门、万福桥、马家畈、大寨前连夜南窜(王旅长修身删戌电)。

十五日，伪二十八军，本午窜踞石河山(前坂西北十二里)附近高地，经九六旅、九五旅夹击后，经后坂向黄石河逃窜，在黄石河复经九六旅猛攻后，经土地岭、三省志向西北肖家畈、徐家坳方向逃窜(王旅长修身删戌电)。

十六日，伪二十八军，本晨经土地岭、十八盘，巳刻窜踞瓦屋基、望花尖一带，经一九二团攻击后，向龙潭河逃窜，旋折经臭泥冲、李家湾、赵家坂向祁河场、罗家坂方向逃窜(王旅长修身铣戌电)。

十七日，伪二十八军，本子经黄石河向兰草沟、腰公畈东窜，被六一五团截击，本巳折经黄龙山、黄氏祠、白庙河、肖家坳向西南逃窜，当晚窜至方家冲、大雾山一带(罗田探报)。

十八日，伪二十八军，本日盘踞大雾山、方家冲，黄昏后尚盘踞该处(骑兵大连电话报称)。

十九日，伪二十八军，本丑由方家冲经河铺向木樨河逃窜，本申经九五旅一九零团于二里河、傅家榜迭次痛击，酉时经袁家冲、王家湾向杨梅愁、木子店集方向窜去(高旅长国钧皓亥电)。

二十日，伪二十八军，本晨经大河边、杨梅愁折经撞岭、三里岗向西南逃窜，晚窜踞磨针山、鲤鱼寨一带，经九五里痛击后，乘夜向西南逃窜（高旅长国钧哿戌电）。

二十一日，伪二十八军，本早夜经王母尖、牛占鼻、卢家河向大坳逃窜，申刻复经鸣山折向周家大湾方向逃窜（高旅长国钧马戌电）。

二十二日，伪二十八军，本早夜由周家大湾经曹家河、盐田河向东界岭方向逃窜，本午窜至戴家山，经九五旅追至，略事抵抗，即沿丁家山向木塀河方向逃窜（高旅长国钧梗戌电）。

二十三日，伪二十八军本早窜踞木塀河东花石岩、杨旗寨，未刻被九五旅追至痛击，纷经冯家凉亭、蚂蚁坳间向东北逃窜，复经特三营便衣队在肖家湾截击，向牌形地方向逃窜，其一部入夜尚在龙王殿与一九零团对峙中（高旅长国钧梗戌电）。

二十四日，伪二十八军，本早夜窜至牌形地，经清水塘、龚家铺、毛家河店、九资河折向东南圣人堂、兰草沟方向窜去（王旅长修身敬戌电）。

二十五日，伪二十八军，今早窜踞笔架山凭险顽抗，经九六旅痛击后，经杨家山向长山冲方向窜去（王旅长修身有戌电）。

二十六日，伪二十八军，本早由长山冲、渔大潭折由燕子河以南大渭河、两河口，午后二时经漫水河向黄石河、大坪、千笠寺方向逃窜（王旅长修身宥戌电）。

二十七日，伪二十八军，本晨由黄石河经杨家河、太阳河向长岭庵逃窜，本午经九四旅一八七团及十一路杨旅痛击后，复经黄家畈、黄叶坪折向堆谷山窜去（时旅长德学感亥电）。

二十八日，伪二十八军，本早由堆谷山午刻窜至黄景河，被守碉部队及九四旅夹击后，越碉堡线向石盆方向逃窜（时旅长德学俭戌电）。

二十九日，伪二十八军，本早由头桶河经沈家桥东窜，未刻窜至香炉冲，被九四旅一八七团痛击后，向铁炉冲逃窜（时旅长德学艳戍电)。

三十日,伪二十八军,本早夜由铁炉冲经平田、大岗岭、二姑尖折经唐家河、挂车河沿桐城、潜山大道向西南逃窜(时旅长德学世戌电)。

三十一日,伪二十八军,本申窜至陶中驿。

四、剿匪战斗经过

一、潘支队(一八七团及六一四团编成)茅草岭、毛家岭、耿家岭、焦家山等处战斗经过:

二日早高匪主力由大虎冲经何家铺,当晚窜踞茅家岭(张家榜北二十里),凭险顽抗,经潘支队猛攻后,乘夜向东南石牛山方向溃窜。三日早,该匪复由朱家冲、横山头、上下界岭午后五时窜踞毛家岭(弥陀寺西三四里)附近,复经该支队追及猛攻,激战至夜,匪经蜜蜂尖、曹天畈,四日窜踞耿家岭(弥陀寺北三十里),又经该支队追及猛攻,遂即溃窜。五日该匪窜踞焦家山(店前河东南十五里),又经该支队追及猛攻,激战两小时,匪不支,向前河、后河(店前河东二十里)方向溃窜。计先后俘匪三名,获步枪二支,马一匹。我阵亡士兵五名。

二、符支队(一八九团及一九二团编成)大猪尖附近战斗经过:

七日早,高匪主力经胡乡、杨家河向白云寨(腾云庙西二十里)逃窜,其掩护队约三百余名,在大猪尖(腾云西二十里)凭险顽抗,经符支队追至痛击,于巳刻已向白云寨窜去。是役,毙伤匪二十余名。我阵亡士兵五名,伤士兵四名。

三、潘支队水车畈、比鸣岭附近战斗经过:

八日早,高匪主力由白云寨向铁路滩(白云寨西南八九里)以南逃窜,经潘支队肖、赵两营在水车畈、比鸣岭一带迎头痛击,激战两小时,匪狼狈折经溪埠滩、上下河南,又转向前河、后河方向逃窜。是役,计毙匪四名,伤匪三十余名。我受伤士兵四名。

四、九六旅(欠一九二团)及九四旅一八八团妖魔畈附近战斗经过：

八日夜，高匪主力由后河经三合滩、马玉坳、野溪河沿大崎岗北窜，十日午窜至宋家榜东北六里妖魔畈附近，总指挥适率特务团第一营抵铁炉坳(英山东四十里)，当即占领阵地堵击，九六旅(欠一九二团)及九四旅一八八团由马溪铺、横河岭(英山东五十里)方面寻踪追蹑未刻至妖魔畈，该匪适在造饭，当以一九一团乘雨猛扑，激战一小时，匪狼狈向朱紫关(杨柳湾东北八里)方向逃窜。是役，计毙匪数名，伤匪颇多，获步枪一支，马一匹，给养四十余箱。

五、独五旅六一五团闵家畈及孙家坳附近战斗经过：

十日夜，高匪主力经朱紫关、新开岭、土门河向闵家畈(陶家河北十里)逃窜，十一日申时，独五旅曹团长兴文率驻剿部队四营追及痛击，该匪乘夜经草坝地、东界岭，十一日晨通过黄栗杪，是夜窜踞孙家坳附近，企图抗战，复经曹团长十三日早率队追及，向匪猛战。约三十分钟，匪不支，经楼房、盛家河、燕子河向董家河方面逃窜。是役，计毙匪三名。我阵亡士兵一名。

六、九六旅石河山、黄石河附近战斗经过：

十四日，高匪主力经大夫门、万福桥、马家坂、大寨前南窜，十五日午窜至石河山(前坂西北十二里)附近高地，九六旅追至猛攻，同时九五旅由架沟堡经界岭到达前坂，双方夹击，激战半小时，匪不支，沿大山经后坂窜踞黄石河，复经九六旅猛烈追击，匪凭险顽抗，当以一九一团由正面攻击，一九二团由右翼绕攻，激战二小时，匪又狼狈经三省老向西北肖家坡、徐家坳方向逃窜。是役，计毙匪十余名，伤匪三十余名。我阵亡士兵二名，伤官长一员，士兵七名。获步枪二支，捷克式轻机枪筒一支，枪零件一箱。

七、九六旅瓦屋基、望花尖附近战斗经过：

十六日晨，高匪主力经土地岭、十八盘巳刻窜至瓦屋基，九六旅跟踪追至，当以一九二团向匪进攻，匪稍行抵抗，即向龙潭河(松子关东二十里)逃窜,经尾追,匪折经臭泥冲、李家湾、赵家畈(僧塔寺北二十里)向祁河场、罗家坂方向逃窜。本日沿途山岭险峻,匪节节凭险抵抗,卒以官兵奋勇,匪不克脱离。计获枪十支。

八、九五旅木墀河、傅家榜战斗经过:

十八日夜,高匪主力由方家冲、河铺窜至木墀河(滕家堡西南三十五里),九五旅跟踪追击,十九日申刻追至木墀河附近,与匪接触,经一九零团猛攻,匪且战且走,其另一部占据傅家榜(木墀河北十里)高地,顽强抵抗,经猛烈攻击,酉刻遂将该地占领,匪狼狈经袁家冲、王家湾向杨梅愁、木子店集逃窜。是役,匪弃尸五具,伤匪七名。我阵亡士兵一名,受伤连长马秉直一员,士兵三名。

九、九五旅磨针山、鲤鱼岩附近战斗经过:

二十日晨,高匪主力经大河边、杨梅愁(木子店集西南七里)折经撞岭、三里岗向西南逃窜,经九五旅尾击,匪节节抵抗,当晚窜踞磨针山、鲤鱼岩(麻城东南四十里)一带,复经九五旅由甘家河、王家河之线向匪猛攻,匪乘夜向鸡笼山折向周家大湾(麻城东南五十里)方向逃窜。是役,计毙匪二十余名,伤匪三十余名。我阵亡士兵五名,受伤连附一员,士兵八名。

十、九五旅花石岩、杨旗寨附近战斗经过:

二十一日,高匪主力由周家大湾(麻城东南五十里)经曹家河、盐田河,二十二日早窜至东界岭附近,九五旅本午追至东界岭、戴家山附近,匪稍行抵抗,即沿丁家山、邓家山向木墀河方向逃窜。二十三日,该匪窜踞木樨河东花石岩、杨旗寨,九五旅未刻追至该处,与匪接触,当以一九零团向花石岩、一八九团向杨旗寨分路进攻,匪顽强抵抗,经我官兵奋勇猛攻,激战一小时,匪不支,纷经冯家凉亭、蚂蚁坳间向东北逃窜,被驻滕家堡之特务团第三营便衣队在肖家湾截击后转向牌形地(滕家堡东南四十里)方向逃窜,其一部被截击窜龙王殿后,被一九零团击溃。是役,毙匪二十余名,伤匪四十余名。我阵亡士兵六名,失踪一名,受伤营长胡自勤一员,士兵十九名，特务营受伤士兵四名。

十一、九六旅笔架山附近战斗经过：

二十四日，高匪主力向圣人堂（九资河东南十里）逃窜，被一九一团便衣队截击，折向北逃窜，二十五日晨窜踞笔架山（僧塔寺东北八里）凭险顽抗，经九六旅以四营兵力猛攻，激战四小时，匪始不支，经杨家山向长山冲方向逃窜。是役，计毙匪十余名，伤匪二十余名。我阵亡士兵二名。

十二、九四旅黄景河附近战斗经过：

二十八日午，高匪主力窜至黄景河南端，被守碉部队阻击，经九四旅追及猛攻，希图回窜，被该旅一八七团及一八八团王营冲为数段，终以碉堡稀少，匪纷经黄景河、河口寺一带越碉堡线向石盆（磨子潭南二十里）方向逃窜。是役，计毙匪十三名，伤匪四十余名，击落物品甚多。

十三、九四旅香炉冲附近战斗经过：

二十九日晨，高匪主力由头桶河经沈家桥东窜，未刻窜到香炉冲（晓天镇南二十里）附近，被九四旅一八七团追及，匪凭险顽抗，激战一小时，匪不支，向铁炉冲（香炉冲北七里）逃窜。是役，我阵亡士兵一名，受伤连长薛飞云一员，士兵二名。

（一）作战命令

电致王、高两旅长　九月一日十七点十五分
于陶家河

据报高匪主力今早三时，由青草塥折向十路口、下河山逃窜，午前十一时，我王团在马鞍寨与匪之掩护队二百余接触，战二小时，匪向东家冲、龙井关方向逃窜，刻仍跟追中等语。希即注意截击，勿令该匪北窜西窜为要。

电致时、高、王、郑四旅长暨曾团长　九月三日四时半

（一）高匪主力冬晚窜至马家畈（石井口北三里），其掩护队在石井口北里许正与时旅便衣队对峙中。（二）兹规定各部任务如

下：1.时旅尾匪跟追，勿令脱离。2.高旅由汤池畈火速向地形岗、纪家河以东地区探踪绕截，勿令该匪西窜北窜。3.王旅即暂在逆水畈附近停止，并机动截击匪之东窜。4.郑旅及曾团对于原有工事加意修筑。(三)余在陶家河。

电致时、高、王、郑四旅长暨曾团长　九月四日四时

(一) 高匪主力江早八时，由马家畈折经小绝岭、纪家河向头桶河方向逃窜，时旅王团酉刻追抵头桶河附近，正与该匪对战中。(二)兹处置如下：1.时旅迅以全力向匪猛攻，如匪已他窜，仍跟踪尾追不得脱离。2.高旅火速协同时旅猛攻该匪，如匪向西北逃窜，应迅经石盆、白果树向黄景河绕击，截匪北窜与西窜，如匪向北或东逃窜时，应协同时旅分途跟追。3.王旅迅向汤池畈疾进，如匪向南折窜，应截击之，并机动跟追。4.郑旅仍在原地修筑碉堡。5.曾团即日开回陶家河待命，滥泥坳至魏家河防务，仍交保安团接替，其由魏家河至薛义河段，着由郑旅派队接替。(三)依现在情况，将匪向南压迫，勿使西窜最善，望时、高两旅注意。(四)余在陶家河。

电致时、高、王、郑四旅长　九月五日七时半

(一) 高匪主力支早由东流河折向东溪、西溪，午刻窜至塔儿岭，被民团阻击后，复向南逃窜，刻窜至跃落坪、梅岭沟附近，似有向西逃窜之样，时旅正跟追中。(二)兹处置如下：1.时旅仍跟踪穷追，务竭力将匪向南压迫。2.王旅迅由汤池畈向匪疾进截击，严防匪向西逃窜，并机动追截。3.高旅火速折向石盆方面探踪截击，严防该匪北窜及西北逃窜，并机动追截。4.郑旅仍在原地增修工事。(三)各部动作务须敏捷，要互相通报，妥为连络，尤应机动。(四)各部夜间报告，务在十二时以前报来。(五)按现在情形，万勿使匪北窜或西窜，以期协同十一路部队早日歼灭该匪。(六)余在陶家河。

电致王、时、高、郑四旅长暨团长　九月七日一时

(一) 高匪主力鱼早经汪家楼窜抵上龙山、昆仑寨，被王旅痛

击，狼狈经油房街、搓水畈、屋堂向十二牌岭方向逃窜，另一股约百余人，向东西逃窜。（二）王旅仍兼程跟踪穷追，勿令匪脱离。时旅长在王旅长之左疾进，寻匪痛击，高旅进至衙前镇，防匪北窜西窜，并探踪迎击。郑旅仍在碉堡线照原计划严防匪之南窜，曾团准备妥当待命。又据报土共约三百名，由寺前河于鱼早九时向上罗溪河（太湖北二十里）窜去，希注意。（三）已通报刘总指挥迅饬杨、马两旅，由东北两方协力夹击。（四）余在陶家河。

电致王、高、时、郑四旅长及曾团长　九月八日零二十分

（一）据报高匪主力，本日午后一时在陈家岭（太湖北约三十里）被王旅痛击后，即退踞西北大山，该旅现与匪对战中。（二）十一路马旅已到上黄河，杨旅本晚可到小池驿北二十里附近地区。（三）兹处理如下：1.王旅仍跟踪穷追痛击，勿令匪脱离。2.高旅火速寻匪兜剿。3.时旅即进至高桥岭（水吼岭南约二十里），严密防匪东窜，并妥与十一路杨旅及水吼岭张团互相连络。4.郑、曾两部仍在碉堡线严密防匪突窜。（四）现匪既入我预定圈内，聚歼良机万不可失，各旅团应不顾牺牲，拚命穷追堵击，倘有进击迟延，截堵不力，致匪突围他窜，定以各该旅团长是问。（五）余本日即进驻店前河指挥。

电令王、高、时、郑各旅长及曾团长　九月二日二时

（一）高匪主力被王旅穷追，本日经王家山、黄岗（太湖北约五十里）向上下柳畈一带逃窜。（二）查该匪既入预定圈内，为彻底歼灭计，决心先将碉堡线增加强度，完成严密封锁工事后，再实行纵横穷追痛剿。兹处置如下：1.王旅应跟踪监视，勿失匪踪。2.高旅应由安阳河、菖蒲潭一带，将该匪向店前河东南方向压迫，但勿令接近碉堡线，以免突窜。3.时旅仍在原地严密防匪东窜，并与杨、马两旅及张奇团妥取连络。4.郑旅及曾团应星夜增筑堡垒，破坏通匪方一切交通路，并多设鹿柴。（三）余在佳日十七时到达店前河。

电令时、王、高、郑各旅及曾团长　九月十一日四时五十分

(一) 高匪主力现窜据焦家山附近地区，有偷渡碉堡线之企图。(二)为歼匪计，决心将匪向赵家河、薛义河、杨窝寨之线以南地区压迫，利用太湖河、合水涧、薛义河三角式之强固堡线，将匪彻底歼灭之。(三)处置如下：1.王旅仍遵照蒸二十三时手令，星夜向匪进击，由北向南压迫。2.高旅仍向王家河、黄树河、白药画一带地区寻匪堵截，并防匪东窜北窜。3.时旅迅速进至赵家河附近探踪截击，严防东窜。4.郑旅及曾团仍在碉堡线严密封锁，火速将通匪道路一律破坏，防匪突窜，并运用活动兵力随时夹击。(四)各官兵务抱最大决心及最大牺牲精神，奋勇猛扑，以歼灭该匪。(五)余在店前河。

电令高、王、时、郑各旅长及曾团长　九月十四日三时半

(一) 高匪主力元日经妙道山向傅家岭逃窜，被高旅追及，该匪乃折窜妙道山，复被高旅痛创后，即向上五河狼狈窜逃，高旅仍跟追中。(二)1.高旅仍跟踪穷追，勿使匪脱离，并须淬励所部，乘匪受创之余，排除万难，设法歼灭之。2.王旅即向白云寨、胡乡方面寻匪截击。3.时旅主力位置于后河北冲附近地区，以一部置于曹家河、王家畈一带，如匪南窜，即迎头痛击，并机动策应徐良桥、三合滩、店前河、店花村一带守碉部队。4.郑旅及曾团任务同前，但须沿线积极增筑堡垒，破坏通匪方交通。(三)各部注意事件：1.现匪之游击队到处活动，各部大接济，须注意保护。2.各部每日晚间报告，务于二十四时前后报来，以便命令早时下达。(四)余在店前河。

电令郑、王、时、高四旅长、曾团长　九月十四日九时

(一) 据捕获匪探二名供称：高匪共约千余人，连日被围痛击，不得突窜，刻已派出密探三百余人，沿封锁圈侦察突窜地点，如不能突窜时，即化零散窜。又在分水岭东北之黄河，亦捕获匪探一名，所供略同。仰即饬属严密查获，并断绝来往行人为要。

电令王、时、高三旅长　九月十六日一时

（一）据太湖杨专员电话报告：匪主力于删二十一时，由银珠塔（王家牌楼南约五里）附近乘雨向东突窜。（二）兹处置如下：1.王旅遵照删二十时手令，火速寻匪跟追，勿使匪脱离。2.时旅迅探踪穷追。3.高旅即进至三合滩待命。（三）余在店前河。

电令时、王、高、郑各旅长　九月十七日二十三时

（一）高匪主力本日经沙河铺、三湾铺向花果园、土地岭（牛楠铺西二十里）方向窜去。（二）十一路杨、马两旅协同王旅正跟追中。（三）处置如下：1.王旅迅由杨、马两旅左翼兼程疾进，务与匪接触。2.时旅迅由晓天镇方面寻匪截击。高旅速向汤池畈、王郜园前进堵截。4.郑旅向合水涧以北寺前河、龙潭河一带之股匪搜剿。（四）注意事项：1.王、时两旅须妥与杨、马两旅连络。2.与匪接触时，应以小部系留匪之掩护队，以全力消灭匪之主力。（五）余在陶家河。

电令王、时、高、郑各旅长　九月十八日零点三十分

（一）高匪主力昨经黄家镇、唐家湾（卢镇关南二十里），巧十六时，窜抵张家楼被我王旅及杨旅夹击后，即向水渍（开庄东约十五里）方向逃窜，我王旅及杨旅仍跟追中。（二）处置如下：王旅应兼程穷追，予匪重创。2.时旅火速寻匪猛烈追截而痛击之。3.高旅暂在王郜园待命，如匪西窜，即机动迎击之。4.郑旅任务同前。（三）各旅注意互相连络。（四）余率曾团及九四九、五九六各旅，已愈官兵于本日进驻宝德河指挥。

电令时、高、王、郑各旅长　九月十九日二十四时

（一）高匪主力本日经平田，十五时窜抵香炉冲（王郜园东约二十里）东北端，被时旅追及痛击后，向黄毛园方向溃窜，时旅仍跟追中。（二）杨旅本晚在平田宿营。（三）处置如下：1.时旅应乘匪残败之余，不顾一切勇猛向匪穷追而扑灭之。2.王旅迅向中竟山、上黄河一带寻匪追截。3.高旅限明午到达石开口，并在朝王尖附近

埋伏截击,尤要在王郃园、高公庙两处用便衣队虚张声势,阻匪西窜北窜。4.郑旅任务同前。(四)各旅即与匪接触后,不准再失匪踪。(五)余率曾团及各已愈官兵明日进驻衙前镇指挥。

电令王、时、高各旅长　九月二十一日四时

(一)高匪主力号日十五时被王团追击,经12500高地向魏岭(图无,汪家楼北约十里)方向逃窜,王团仍跟追中,匪一部约二百名,号日十六时在大驼岭被王旅截击,即向西、西南、西北分三股溃窜,另一股约百余名,号十九时在涧道河被高旅截击,向北岩寨溃逃。(二)根据以上情况判断,高匪主力似已化零,但仍在黄毛园、汪家楼、北岩寨一带地区。兹处置如下:时旅由12500高地经魏岭、汪家楼、北岩寨、观音庵、马援牌一带向顺西河追剿。1.王旅于时旅左翼取连络,经中竟山、上黄河向槎水畈堵截。2.高旅于时旅右翼取连络,经上方冲、下方冲向逆水畈堵截。(三)务作严密之包围而聚歼之,各旅更依匪情之变化机动处理。(四)余在衙前镇。

电令王、时、高各旅长　九月二十二日四时

(一)高匪主力被各部连日追击,忽现忽隐,逞其狡计,避免追剿目标。各旅长务不顾劳苦,详侦痛剿,其一股约二百人,马午在浪家山被高旅急追后,即散匿于该处附近山林内。(二)十一路马旅在王郃园、石开口一带,高旅须妥与连络。(三)兹处置如下:1.高旅即经下板舍、花壁岭、和尚庄向高公庙、汤池畈方面寻剿。2.王旅暂在槎水畈搜剿该处附近潜匪。3.时旅即进至衙前镇以北附近地区待命。(四)余在衙前镇。

电令王、时、高、郑四旅长及曾团长　九月二十三日二十四时

(一)据潜山江县长报告:土共约三百余,今日由小池驿向西北方向窜去。又据十一路通报:匪约三百余,昨日由王郃园向纪家河方向逃窜,另一般约三百余,养夜由涧道河向开庄方向逃窜。(二)十一路杨、马两旅正在开庄、王郃园以北地区搜剿中。(三)兹处置如下:1.王旅迅向高楼岭、沈家河一带寻剿。2.高旅向开庄、

土地岭、龙井关一带寻剿。3.时旅向磨子潭西南之黄景河方面寻剿。郑旅除留少数部队固守碉线外，余向下柳坂、菖蒲潭、安阳河一带地区寻剿。(四)余率曾团敬日进驻潜山。

电令高、时、王、郑各旅长　九月二十四日二十四时

(一) 接十一路通报：长岭、唐家湾一带今日由开庄方面窜来股匪约四百名，似为高匪主力等语。又土共约三百余，今日在陈家岭一带盘踞，另一股约四百名，昨日由上下柳坂窜高山岭附近。(二)十一路杨、马两旅，仍在开庄、王部园以北地区搜剿。(三)兹处置如下：1.高旅迅向长岭、唐家湾方面疾进，寻匪追剿。2.时旅折向晓天镇、卢镇关方面疾进，寻匪截击。3.王旅即向盘踞陈家岭之匪进剿。4.郑旅主力仍向高山岭之匪痛剿。(四)余在潜山。

电令高、时、王、郑各旅长　九月二十五日二十四时

(一) 高匪主力窜至晓街(图无，在卢镇关西南十五里)后，复折向西南窜去。昨日盘踞陈家岭之土共，已向张家寨(陈家岭西北)以西逃窜，十一路杨旅正尾高匪跟进中，马旅已到平田附近。(二)兹处置如下：1.高旅速由杨旅左侧向匪疾进，设法予匪以重创。2.时旅仍向卢镇关方面疾进截击，并防匪北窜。3.王旅即折向开庄前进。4.郑旅即向张家寨以西地区寻剿。(三)余在潜山。

电令时、高、王、郑四旅长　九月二十六日二十四时

(一) 高匪主力本日在卢镇关西北程和道附近，被时旅痛击，毙匪三四十名，俘匪三十余名，残匪约二百余人，狼狈向凤凰尖(卢镇关东北)方向窜去，王团仍跟追中。(二)据俘匪供称：该匪系伪二十八军二四四团一、三两营，由黄宪率领，高匪现率第二营在上河南附近潜匿。(三)兹处置如下：1.时旅兼程穷追痛剿，勿使匪脱离。2.高旅速向安草山取捷径寻匪截击。3.王旅仍向开庄前进。4.郑旅一面肃清土共，一面向上河南方面搜剿高匪。(四)余在潜山。

电令时、高、王、郑四旅长　九月二十七日二十三时半

(一) 股匪本午经五岭河北约十里，又折向五家院与西来之匪数十名合股后，复经王家河向西北逃窜，时旅仍跟追中。(二)兹处置如下：1.时旅仍跟踪穷追痛剿。2.高旅速取捷径，寻匪截击。3. 王旅在开庄、平田一带搜剿散匪，并探踪迎击股匪。4.郑旅仍继续搜剿碉线内各匪。(三)余在潜山。

电令时、高、王三旅长　九月二十八日二十四时

(一) 匪约三百余经七里河、黄沙冲，午后三时越九垭树西窜，时旅已抵九垭树以南附近及小河口一带地区。(二)兹处置如下：1.时旅仍兼程跟追，勿令该匪脱离。2.高旅暂在七里河附近停止，多与各部通报，以不失时机，机动截击匪之北窜南窜东窜。3.王旅即由平田火速探踪截击，不得令该匪由霍山、石盆之线西窜。(三)余在潜山。

电令时、王、高、郑各旅长　九月二十九日二十二时半

(一) 匪主力由青山镇渡河，经九龙关以东向西北方向逃窜。(二)兹处置如下：1.时旅仍疾进穷追，勿令残匪脱离。2.王旅即由磨子潭取捷径向金家寨方面疾进截击，每日行程须在百里以上，尤要按规定时间与时旅通报连络。3.高旅即由七里河取捷径移于倪家河、王家楼附近搜剿该处周围五十里以内地区之股匪、散匪。4.郑旅仍继续寻剿原追击之股匪。(三)余在潜山。

电令时、王、高、郑四旅长　九月三十日三十分

(一) 匪主力已经大冈(独山西北二十里)向西逃窜，另一股约三百余，经店前河现窜至杨柳湾以东附近。(二)各部任务如下：1.时旅仍疾进穷追，勿令匪脱离。2.王旅由诸佛庵仍向金家寨疾进绕截。3.高旅由开庄经衙前镇向杨柳湾方面之匪进剿。4.郑旅仍与十一路朱团取连络，继续搜剿。(三)余在潜山。

(二) 军队调遣

A. 本月九十四、九十五、九十六三旅编为三个追剿支队，分任追剿高匪之责。

B．独立第五旅(欠六一四团)驻于鄂、皖交界之薛义河、合水涧、太湖河、李杜店一带，建筑碉堡，搜剿散匪。

C．独立第五旅之六一四团，本月五日由英山到达吴家店，接替百零八师李家集、吴家店、松子关一带防区。

D．特务团(欠第三营)随总指挥部追剿，其第三营仍驻滕家堡。

E．师直属部队之炮兵营驻罗田，工兵营驻英山，辎重营驻石头咀，骑兵连驻平湖，炮兵团(欠第一营)驻信阳，其第一营驻武昌金口镇。

(二) 逐日匪情

一日，据时旅长德学东午电，高匪主力向龙井关方向窜去。

二日，据时旅长德学冬午电，匪主力向逆水畈方向窜去。

三日，据时旅长德学江子电，匪主力向马家畈窜去，其掩护队在石开口北里许，正与我便衣队对峙中。

四日，据时旅长德学文酉电，匪主力今早由西溪、东溪折向南窜。

五日，据时旅长德学微酉电，匪经痛击仅剩七八百人，向大马坳窜去，似有向龙山逃窜模样，其掩护队百余名，向王郃园西南窜去。

六日，据时旅长德学鱼酉电，匪经中龙山、上黄河向南逃窜。

七日，据王旅长修身鱼戌电，匪主力退据昆仑寨，顽强抗战约三小时，匪不支，向油房街、槎水畈方向溃窜。

八日，据王旅长修身齐戌电，匪窜踞陈家岭一带大山，经蒋团猛攻，战二小时，匪顽抗不退，经一再猛冲，始被击退。

九日，据王旅长修身佳戌电，匪主力向上下柳畈窜去。

十日，据王旅长修身蒸戌电，匪主力与我特务团第三营在寺前河激战后，向东南焦家山窜去，似有偷越碉堡线之企图。

十一日，据王旅长修身真亥电，匪经溪埠滩、铁路滩向上下火曹窜去。

十二日，据王旅长修身文戌电，匪主力在上下火曹一带被我痛击后，向胡乡逃窜，被十一路截击，复折向西南窜去。

十三日，据王旅长修身元午电，匪窜妙道山，有向上下五河逃窜之样。

又据高旅长国钧元亥电，匪主力六七百人，其掩护队在合斗尖，主力在妙道山一带，当令葛团进攻，匪狼狈向上下五河窜去。

十四日，据高旅长国钧寒午电，高匪主力约五百余人，向溪埠滩方向窜去。据俘匪供称，高匪现有224团、226团、五路游击师等番号。

十五日，据高旅长国钧寒子电，高匪掩护队百余人，在张宗河附近之夫子岭停止。

十六日，据太湖杨专员电话，匪主力删亥由银珠塔(王家牌楼南)附近乘雨向东窜去。

十七日，据王旅长修身筱午电，匪四五百人，经源潭铺向沙河铺、土地岭窜去。

十八日，据王旅长修身巧亥电，匪主力窜踞张家楼，经夹击向水渍窜去。

十九日，据王旅长修身皓亥电，匪向香炉冲方向窜去。

二十日，据时旅长德学号巳电，刻在黄毛园正与匪对战中。

二十一日，据时旅长德学马子电，匪主力向石开口逃窜，掩护队五十余名向丛毛尖窜去。

二十二日，据郑旅长廷珍养子电，据报土共三百人，枪约百二十支，向汪家岭逃窜，经六一五团前往痛击，战约三小时，匪向小池驿溃散。

二十三日，据高旅长国钧梗戌电，据土民云，高匪主力被我军击溃后，分三股逃窜。

二十四日，1.匪约四百人，经开庄向长岭、唐家湾一带窜去。

2.土共约三百余，在陈家岭一带盘踞。3.另一股约四百名，作经上下柳畈窜高山岭附近。

二十五日，匪主力窜至晓街(图无，在卢镇关西南十五里)后，复折向西南窜去。

二十六日，据时旅长德学宥午电，匪主力经卢镇关向西北逃窜，在5200高地被我王团击毙甚多，残匪向东北新开岭方向溃窜。

二十七日，据时旅长德学感巳电，被我击溃之匪在大化坪收容后，向桐城方向窜去。

二十八日，据时旅长德学俭午电，匪经马鞍山、七里河向九垭树西窜。

二十九日，匪经九龙关以东向西北逃窜。

三十日，匪主力经大冈向西逃窜，另一股约三百余，经店前河窜至杨柳湾以东附近。

（四）剿匪战斗经过

1. 九十四旅及九十六旅一九二团马鞍寨、董家冲、龙井关附近战斗经过：

九月一日晨，高匪主力由十路口企图向龙井关西北逃窜，未刻在马鞍寨、董家冲、龙井关附近被时旅及王旅蒋团前后夹击，激战时许，该匪折向白岩寨、龙岩河方向溃窜，时、王旅正分途跟追中。是役，毙匪二十余名，伤匪甚多，得步枪两支，骡马各一匹，留声机一个，击落肉票七名。时旅受伤连长两员，士兵四名，王旅受伤士兵一名。

2.九十六旅一九二团骆驼岭战斗经过：

九月二日早，高匪主力由龙潭河窜至骆驼岭附近，被王旅阎团追及邀击，战约时许，匪狼狈经逆水畈、中方冲向西北石开口方向溃窜，该旅仍跟追中。是役，生擒匪一名，得步枪一支，骡一匹。

3. 九十四旅一八八团石盆附近战斗经过：

九月三日早二时，高匪主力由马家畈乘夜绕经小绝岭、纪家河，酉刻窜至石盆附近，经王团追及痛击，即向东流河方向窜去。是役，我受伤连附一员，士兵三名。

4. 九十六旅一九一团龙山、昆仑寨战斗经过：

九月六日早，高匪主力经汪家楼窜踞龙山，经蒋团追及痛击后，复窜踞昆仑寨一带大山，顽强抵抗，嗣经蒋团分途猛攻，匪不支，纷经油房街、屋堂向十二牌岭方向溃窜。计毙匪十余名，我受伤士兵二名。

5. 九十六旅陈家岭附近战斗经过：

九月八日早，高匪主力窜至小池驿，被十一路驻兵截击，即折经吴家冲窜踞陈家岭，企图抵抗，午后一时，王旅长率部追及猛攻，匪不支，狼狈向西北方向窜去。是役，计毙匪二十余名，我伤亡官兵七员名。

6. 特务团二营七连寺前河战斗经过：

九月十日午前九时，高匪先头部队行抵寺前河（店前河东南八里）附近，被驻该处第七连之前进哨发现，当由该哨长魏连附率两班向匪迎头痛击，适该连马连附亦率巡查兵一班赶到，加入战斗，激战时许，继以肉搏，终因众寡悬殊，连附马鸣勋、魏良臣相继阵亡，并阵亡士兵十三名，失踪一名，受伤一名。适王旅赶到，匪即向焦家山逃窜。是役，计失去手枪五支，冲锋枪二支，手提五支，步枪五支，大刀九把。匪亦遗弃尸身十一具，伤约三十余名。

7. 九十五旅妙道山战斗经过：

九月十三日早，高匪主力由枫树坳经上河南窜至傅家岭折向北窜，午后窜踞妙道山，企图抵抗，当令葛团分路向匪猛攻，高旅长亲率符团在合斗尖策应，激战约三小时，匪犹凭险顽抗，遂令符团第二营向匪右翼绕袭，匪始不支，狼狈向上五河方向溃窜，其一部约百余，溃散于深山中。是役，毙匪二十余名，伤伪卫队营长一名，匪三十余名，俘匪五名，得自来得手枪一支，击落高匪乘轿一顶，米物约二百余担。我阵亡士兵四名，受伤营长苏桂攀、特务长郑金贵等二员，士兵五名。

8. 九十四旅香炉冲附近战斗经过：

九月十九日午刻，时旅长率队到达平田，适高匪主力方由此向香炉冲逃窜，当即率队猛追，未刻抵香炉冲东北端，与匪接触，该匪凭险顽抗，遂令王团第二营由左翼绕袭，匪始不支，纷向黄毛园（香炉冲南三十里，图无）方向溃窜。是役，计毙匪五名，得步枪二支，子弹六十余粒。

9. 九十四旅黄毛园附近战斗经过：

九月二十日，高匪主力卯刻在黄毛园（香炉冲南三十里）被时旅追及痛击，未刻绕经12500高地，向魏岭（图无，在汪家楼北十里）方向窜去，经王团跟踪尾追，沿途又接触五次，匪即分股逃窜。我受伤连附一员，士兵三名。

10. 九十五旅一九零团涧道河战斗经过：

九月二十日酉刻，高旅长率部行抵涧道河（图无，在鱼板冲附近）西靖，遇匪约百余名，当被葛团迎头痛击，匪稍抵抗，即向北岩寨方向（鱼板冲南）窜去。计毙匪五名，伤匪二十余名。

11. 九十六旅大驼岭附近战斗经过：

九月二十日午后四时，王旅长率部行抵中龙山以北地区，遇匪约二百余，正由大驼岭越山东窜，当饬蒋、阎两团分路向匪猛攻，匪稍抵抗，即分三股向西西北西南各方逃散。

12. 九十五旅一八九团花壁岭战斗经过：

九月二十一日午后三时，该团行抵花壁岭北端与匪一部接触，匪稍抵抗，即向西南逃窜。计毙匪二名，俘匪一名，得步枪一支。我伤连附一员，士兵二名。

13. 独立第五旅六一五团汪家岭战斗经过：

九月二十二日，匪约二百余人，枪约百支，昨由小池驿方向窜至汪家岭盘踞，当饬曹团长兴文率兵一营前往痛剿，于午后二时到达汪家岭，与匪接触，战约两小时，匪不支，向小池驿方向回窜。是役，匪遗弃尸身十七具，并获油盐布疋甚多。我阵亡士兵一名。

14. 九十四旅程和道战斗经过：

九月二十六日午刻，时旅长率队行抵程和道东端(卢镇关西北十里)，与伪二十八军约四百余接触，该匪凭险抵抗，经王团奋勇猛扑，激战六小时，匪损失奇重，仅剩二百余人，向朱横店方向逃窜，沿途且战且奔，经王团跟踪疾追，潘团由左翼绕击，始终未令匪脱我财界。至酉刻，在朱横店附近，复被十一路杨旅之一营截击，即折向卢镇关东南柳林窜去。是役，毙匪七十余名，俘匪三十三名，得手步枪十二支，衣物大米等物甚多。我阵亡士兵五名，受伤官长四员，士兵十一名。

15. 独立第五旅六一三团泥潭附近战斗经过：

九月二十七日辰刻，康团长率部抵白头坂，探知昨窜宁家河之匪，当晚折经纱帽尖，向西南之泥潭逃窜，当向泥潭疾进，未刻到达该处，即饬各营在附近搜剿。其第三营搜至泥潭西南约二里之山林内，突遇匪约三百余人，向该营猛犯，战斗极为激烈，迨各营赶到时，匪已向魏家河方向窜去。是役，计毙匪十余名，伤匪三十余，得步枪两支。我阵亡士兵八名，受伤十一名，失踪连长王万忠一员，士兵七名，遗失步枪二十二支，手枪一支。

16. 九十四旅一八八团横大路附近战斗经过：

九月三十日晨，残匪主力窜至横大路附近，被王团追及，稍行抵抗，复经骆家庵、大冈龚店向东西莲花山方向逃窜。是役，俘匪兵刘鸿起一名，得骡一匹。

一、作战命令

电令王、时、高、郑四旅长　十月三日上午一时
于潜山县

(一) 匪主力现向西莲花山方向逃窜。盘踞胡家坳一带之伪英罗游击第五路，据报经过路滩似有窜向肖氏祠、蔡家河(石头咀

东南十二里)方面之样。又土共百名,向泥潭(店前河东南十五里)方向窜去。(二)兹处置如下:(1)王旅仍跟踪穷追,勿令脱离。(2)时旅务与王旅通报连络,并多派侦探远侦匪踪,机动截击。(3)高旅即由黄梨园向伪游击第五路机动寻剿。(4)郑旅仍继续向泥潭方面搜剿。(三)余在潜山。

电令王、时、高、郑四旅长　十月四日上午零点三十分

(一)匪主力本日在龚店以东附近被杨振亚营进击后,分向白塔寺、齐家岭方向逃窜。伪英罗游击第五大队现在五显庙以东地区。伪霍山游击队,由上柳畈向青风岭方向窜去,另一股二百余,窜至杨柳湾东南十五里宋家塝附近。(二)兹处置如下:(1)王旅仍向匪主力穷追痛剿。(2)时旅与王旅通报连络,远侦匪踪,机动截击,务予匪以痛剿(3)高旅迅速歼灭伪英罗游击队,并多派干探向宋家塝方面侦察。(4)郑旅迅速扑灭伪霍山游击队。(三)余在潜山。

电令王、高、时、郑四旅长　十月五日上午零点三十分

(一)本日报告各情均悉。兹处置如下:(1)王旅由八里滩(苏家埠东南七里)向段家岭、八字岗方向逃窜之匪主力穷追痛剿,勿令脱离。(2)时旅由独山镇取捷径向管家渡方面疾进,并机动截击。(3)高旅由瓦城坳(张坡咀西二十里)、红花尖,续向伪英罗游击队进剿,限三日内消灭该匪。(4)郑旅仍继续向四望山方面之匪搜剿。(二)余在潜山。

电令王、时、高、郑四旅长　十月六日上午零点三十分

(一)本日报告各情均悉。兹处置如下:(1)王旅由两河口(毛坦厂北二十里)向下五显(毛坦厂东五里)方向南窜之匪主力穷追痛剿,勿令脱离。(2)时旅由霍山经管家渡、磨子潭向南疾进,并机动截击。(3)高旅由栗子关续向徐家坳方向逃窜之匪兜剿,限两日内消灭之。(4)郑旅仍继续向焦家山方面之匪搜剿,限三日内肃清。(二)余在潜山。

电令王、时、高三旅长　十月六日下午十二时

(一) 本日报告各情均悉。兹处置如下：(1)王旅由上花石河(毛坦厂东南二十里,图无)向七里河、三石寺方向逃窜之匪主力穷追痛剿,勿令脱离。(2)时旅由龙共冲经磨子潭、头桶河南进,并机动截击。(3)高旅即由鸡鸣尖附近，迅向肖家坳方向逃窜之匪兜剿,务聚歼之。(二)余在潜山。

电令王、高、郑、时四旅长暨戴副师长　十月十四日上午二时

(甲)匪情:1.伪东路游击师之一股,约二百人，元(十三)午经洪家坂、长岭庵向杨家河方向逃窜。2.伪第五路游击师,元午窜至宋家榜以东附近,有折向野溪河逃窜之样。3.番号不明之一股,约二百人,文日窜踞九资河附近。4.青风岭、乔麦寨一带仅有散匪。(乙)处置:1.王旅即由长岭庵、向家园(磨子潭西南十五里)向杨家河方面逃窜之匪,分途穷追兜剿。2.高旅即由马蹊铺、十二岭向宋家塝以东逃窜之匪，分途穷追兜剿。3.戴副师长仍饬六一四团之一营及特务团刘连,向九资河方面之匪继续追剿,并速饬各地驻防部队严密警戒,相机堵截各股流窜之匪。4.郑旅仍在黄冈(薛义河东北二十五里)一带继续搜剿,并相机截击伪第五路游击师，尤要饬守碉部队严密堵截。5.时旅到达衙前镇、汤池坂后,向关庄、龙井关、搓水畈方面派探侦察,相机进剿。(四)注意：1.查匪往折流窜,方向无定,应随时随地严密戒备，尤要严禁落伍。2.虽非所追之股匪,如接近时,或探知所在，应立即分队机动追截。3.各部务按原规定之时间互相通报。(丁)余在潜山。

电令高、王两旅长,蒋、葛两团长　十月十六日上午二时十分

现在罗田东北许家畈、鸡鸣尖、九资河、栗子关一带地区流窜之匪,约三百人,证以各方情报判断，该匪为伪二十八师之第二营及原有土共陈德松股相聚而成,高匪俊亭似亦在内,系本月虞日在和尚脑被葛团痛击后,而匿留此地,其企图不外暂避我之穷追，及伺机袭击我追击队与接济。查伪第二营为匪最有战斗力之一部,近虽有六一四团之一营及特务团之一连往剿,恐亦难期将其消灭,

仰时加注意,以免疏虞,并相机剿办为要。

电令高、王两旅长　十月十八日下午十二时

查高匪经我数月穷追痛剿,狡计已穷,为避免追剿,故分股流窜,企图挣扎,亟应益加努力设法聚歼,免再死灰复燃。乃两日来,既未予匪重创,而所报匪情亦多含糊,殊为焦虑。仰即严督所属以最后五分钟之精神,分途追截,务于短期内消灭各匪,完成任务,勿贻后患,重劳部伍,至要至嘱。

电令蒋团长、时、高、王三旅长　十月二十一日上午二时

(一) 匪情:(1)伪八十二师之一部,现向赶冲山方向窜去。(2)伪第五路游击师,现向蹭门脑(九资河东十二里)方向南窜。(3)番号不明之匪,约二百人,皓午窜至漫水河,将该处一带碉堡焚毁六个。号午复窜至白杨坳(漫水河西北,图无)附近,闻高匪俊亭在内。(二)处置:(1)蒋团即由龙潭冲仍向赶冲山方面逃窜之匪穷追痛剿,负责消灭该股。该团嗣后归余直接指挥。(2)王旅长修身率一九二团,即由黄石河向白杨坳方面兼程疾进寻剿,并负责消灭该番号不明之匪。(3)高旅向伪第五路游击师继续穷追兜剿,务于短期内将该匪聚歼之。(4)时旅仍在亭子岭、土门河准备,以一团迎击,以一团埋伏截击。(三)各股匪行踪飘忽,务特加注意,并要互相通报。(四)为指挥便利计,余本早率特务团(欠第三营)由潜山经太湖、薛义河向杨柳湾前进。

电令郑、时、高、王四旅长及蒋团长　十月二十三日上午二时半

(一) 报告各情均悉。(二)处置:1.郑旅即由安吴河(弥陀寺北十里)迅向赵家铺、野溪畈方面探踪迎击,并与时旅取连络,机动追截。2.时旅即以一团向新开岭(羊角尖东北十里)、孙家山(土门河东南五里)方面之伪东路游击师穷追兜剿,以其余部队在土门河、五里牌、亭子岭一带截击伪东路游击师北窜及伪第五路游击师南窜,并机动夹击,以期与郑、高两旅协歼各匪。3.高旅即由团山河(过路滩北五里)、八迪河分向朱家山、草坝地、廖家畈各方向逃

窜之匪继续追剿。4. 王旅(欠蒋团)即由毛滩河(燕子河东北二十五里)向大坳(燕子河西南二十里)方向逃窜之匪寻剿。5. 蒋团由王家湾(栗子关东五里)继向栗子关西南逃窜之伪东路游击师一部追剿,并机动截击被姚团所追之匪。(三)连日匪分股流窜,我军亦分团追截,如匪再合股时,各部亦应随时合力协剿,不必拘于建制。(四)查东区之匪,现均窜于本军区域内,综计已达千人,而限期将届,懔念职责,殊深焦急。务希排除万难,益加努力。(五)本日处置,不过指示大要,各部应依匪情变化机动办理。(六)余即率特务团(欠第三营)向罗家铺、横河岭、马蹊铺前进。

电令时、高、王、郑四旅长、蒋团长　十月二十四日上午二时

(一) 各部梗电报告各情均悉。(二)处置:1.时旅迅饬王团由马蹊铺经赵家冲向北逃窜之伪东路游击师穷追兜剿。2.高旅、王旅及蒋团仍各向尾追之匪痛剿。3.郑旅暂在野溪河、赵家铺停止,多派干探详侦东路游击师所在,并与时旅王团连络,不失时机机动追截该匪。4.特务团(一、二两营)暂在马蹊铺附近机动截击王团所追之匪。(三)余即率特一营向英山前进。

电令郑、王两旅长,王、潘、姚、蒋各团长　十月二十六日下午八时

查前因追剿大部股匪,曾规定于每日午间通报报告,现匪既分股流窜,如再以前办理,往往予匪以脱逸失踪之机会。着自感日起,各部如无特别事情,午间不必架设电台,一律于夜间宿营后,报告通报。除分令外,仰即遵照为要。

二、军队调遣

(一) 伪二十八军高俊亭股匪,因迭受重创,本月仍化整为零,期图避我追剿目标。本军仍以九十四、九十五、九十六三旅为追剿部队。为适合匪情变化起见,每旅分为两个追击队,以团为追剿单位,分途追堵迎截,以期早歼残匪。

(二) 独立第五旅(欠六一四团)驻守薛义河、合水涧、太湖河、

李杜店一带碉堡线，并建筑碉堡，搜剿残匪，机动追截各流窜股匪。

（三）独立第五旅之六一四团，上月五日由英山到达吴家店，接替百零八师李家集、吴家店、松子关一带防务，并负责搜剿附近散匪。

（四）特务团（欠第三营）随总指挥部追剿，其第三营仍驻滕家堡。

（五）师直属之炮兵营仍驻罗田，工兵营仍驻英山，辎重营仍驻石头咀，骑兵连仍驻平湖，炮兵团（第一营驻武昌金口镇）仍驻信阳。

三、逐日匪情

一日，据王旅长修身东电，高匪主力经蒋、王两团夹击后，狼狈向寨基山、洪道人尖逃窜。

二日，据时旅长德学冬电，高匪主力今早向东莲花山方向窜去。

三日，据王旅长修身江电，高匪主力经大马店向大岗方向窜去。

据高旅长国钧江电，匪约二百余人，枪百余支，窜至叶家山一带。

据时旅长德学江电，据俘匪刘洪起供称：第八路游击师由高俊亭率领，东路游击师由方德高、丁少卿率领。

四日，伪英罗游击大队，经火炮寨向毛家河店方向窜去。

伪霍山独立游击队，由上柳畈经东山河向四望山方向窜去。

五日，据时旅长德学微电，高匪主力窜至东黄家榜盘踞，捉甲长数人，又向东南窜去。

六日，王旅长修身鱼电，匪主力三百余人，向梅红庵（晓天镇东北三十里）逃窜，经十一路马旅截击，折向九丫树、梅开岭窜去。

高旅长国钧鱼电，匪约百余人，经陈家山向肖家坳方向窜去。

七日，伪英罗游击第八路，由李家楼经大雾山沿槐树店向以东地区溃窜。

八日，据高旅长国钧齐电，匪在鸡鸣尖集合，向白庙河方向窜去，有向僧塔寺、张坡咀逃窜之样。

九日，据高旅长国钧佳电，高匪残部向土门潭方向窜去，有向榆林关逃窜之样。

据时旅长德学佳电，王郤园附近有匪百余，有赴上下南田与各小股会合之样。

十日，据高旅长灰电，高匪主力本日窜至陶家河东南之王家河一带。

据王旅长修身蒸电，匪约二百余，由九龙庙向晓天镇方向窜去。

十一日，据王旅长修身真电，匪约三百名，经詹家湾向桃李河窜去。

十二日，据王旅长修身文电，窜踞么儿坪之匪，约二百余，被我猛击，复经石盆向梓树坪方向窜去。

据高旅长国钧文电，伪英罗第五路游击师，向金家沟西北之四个寨方向窜去。

十三日，据王旅长修身元电，蒋团追截之匪约二百人，经洪家坂向杨家河方向窜去。

据高旅长国钧元电，葛团所追之匪，今年窜至宋家榜、东北顶，有回窜野溪河之样。

十四日，据王旅长寒电，蒋团所追之匪，经太平坂、何家坊向草圾地以西地区窜去。

十五日，据王旅长修身删电，伪第八路游击师，约二百人，由包家河窜大青尖折向何家坊西南窜去。

十六日，据高旅长国钧铣电，姚团所追之匪，在卢子石被痛击后，向羊角尖方向窜去。

十七日，伪东路游击师之一部，由槐树店、八迪河经官亭山向肖家坳方向窜去。

十八日，高旅长国钧巧电，葛团所追之匪，由鸡鸣尖经牌形地渡河，有窜毛家河店之样。

十九日，据高旅长国钧皓电，葛团所追之匪，由大孤坪、漆树湾窜青苔关，有向前后坂逃窜之样。

二十日，戴副师长藩周号电，匪约二百余人，经漫水河、大小回头岭向白杨坳方向窜去，闻高匪在内。

二十一日，据王旅长修身马电，番号不明之匪百余人，昨由白杨坳今早向渔夫潭方向窜去。

二十二日，伪东路游击师，本早由耿家岭折经隘口岭、铁炉坳向土门河窜去，经王团痛击后，溃散于上下古坊、江家山附近大山中。

伪第八路游击师，窜至朱家坳，经潘团赵营猛扑，一股约百余人，溃散于附近山中，一股向西北草圾地方向窜去。

伪东路游击师一部，由青苔关经土地岭、唐家坂向漆树湾方向窜去。

二十三日，高旅长国钧梗电，匪约百七八十人，经长岭岗向桃花冲方向窜去。

二十四日，伪东路游击师之一部，由三省老、僧塔寺窜至黄华寺，被蒋团进击，折向青苔关、黄石河一带大山溃散。

二十五日，番号不明之匪，约百七八十人，由闵家坂经朱家坳窜至黄栗树，被姚团猛击，狼狈向西北鸡子山方向溃窜。

二十六日，据王旅长修身宥电，被阎团击溃之匪二百余人，分向洪家坂、馒头食方向逃窜。

二十七日，据潘团长陶万感电，匪在何家坊被击溃，被分向杨家山、黄石河方向逃窜。

二十八日，据潘团长陶万俭电，窜踞龙潭河之匪，被肖营击溃后，分向玉皇尖、杨家山方向逃窜。

二十九日，伪二十八军手枪团，窜至马鞍腰被潘团第二营痛击，向毛家河店方向窜去。

伪东路游击师，由朱紫关经土门河向草圾地方向窜去。

三十日，据王旅长修身卅电，匪约百余人，由桃花冲经大旗岭向东南方向窜去。

三十一日，据潘团长世电，匪主力今早由牌形地向盐田河方向窜去。

四、剿匪战斗经过

（一）九十六旅一九一团及九十四旅一八八团

王家岗战斗经过：

十月一日下午四时，高匪主力窜至王家岗（流坡疃西二十里）附近，企图南窜，被王旅蒋团及时旅王团前后夹击，残匪狼狈向寨基山、洪道人尖方向溃窜。是役，毙匪十四名，获骡马各三匹，步枪一支。蒋团受伤列兵一名。

（二）九十五旅一九零团火炮寨战斗经过：

十月四日上午八时，伪英罗游击大队，由后花园西窜，下午四时窜踞火炮寨，经葛团追及，战半小时，残匪向毛家河店方向窜去。

（三）独立第五旅六一三团东山河战斗经过：

十月四日早七时，伪霍山独立游击队，由上柳坂东南深山回窜，至东山河被康团追及，战半小时，该匪即经后河向四望山（河头铺东南十五里）方向逃窜。是役，毙残匪二名，伤匪五六名，击落物品甚多。

（四）九十五旅一九零团和尚脑附近战斗经过：

十月七日，伪英罗游击第八路乘夜由李家楼折经大雾山向和尚脑逃窜，上午十时三十分，葛团追及，匪凭险顽抗，战约三小时，经猛冲，遂狼狈沿槐树店高地溃窜。是役，毙匪十余名，伤匪三十余名，获骡一匹。我受伤连附一员，士兵三名，阵亡列兵一名。

（五）九十六旅一九二团包家河、大青尖附近战斗经过：

十月十五日上午十一时，阎团行抵包家河、河稍岭间，突遇伪第八路游击师，约二百人，当即迎头痛击，匪转向大青尖，复经追及猛击，匪且战且逃，战约五小时，遂折经太平坂、何家坊向西南逃窜。计毙匪十余名，击落食物甚多。我受伤列兵六名。

（六）九十六旅一九一团官亭山战斗经过：

伪东路游击师之一部，本（十七日）上午七时三十分，由槐树店折经八迪河，午后三时，窜踞官亭山，被蒋团追及猛攻，匪稍抗即向肖家坳方向逃窜。计毙匪四名，伤匪十余名，击落物品甚多。

（七）九十四旅一八八团铁炉坳、土门河战斗经过：

十月二十二日上午七时，伪东路游击师，由耿家岭折经隘口岭企图北窜，经王团在铁炉坳迎头痛击，一股约四五十人向西逃散，余经朱紫关、新开岭向东北逃窜。下午二时至土门河附近，复经王团追及痛击，匪受创颇巨；一股约五十人，向陶家河以南上下古坊方向窜去。余约百余人，溃散于江家山附近大山中。是役，毙伤匪五十余名，击落物品甚多。我阵亡中士一名，受伤列兵三名。

（八）九十四旅一八七团朱家坳战斗经过：

十月二十二日下午五时，潘团行抵土门河，探知被高旅追击之伪第八路游击师窜至朱家坳，当令赵凤传营向匪猛攻，即分两股逃窜，一股约百余人，溃散于附近山中；一股约五十人，向西北草坝地方向窜去。计毙匪十余名，获米物十余担。

（九）九十六旅一九一团唐家畈战斗经过：

十月二十二日上午七时，伪东路游击师之一部，约百二十人，由青苔关经土地岭折向唐家畈逃窜，经蒋团杨振亚营追及痛击，狼狈向漆家湾方向窜去。计毙伤匪七名，俘匪张义起一名。

（十）九十六旅一九一团黄华寺战斗经过：

十月二十四日拂晓，伪东路游击师之一部，由三省老经僧塔寺南窜，上午十一时，在黄华寺附近被蒋团追及进击，匪复折向青苔关、黄石河一带大山溃散。是役，毙匪三名，俘匪一名。

（十一）九十五旅一八九团黄栗树附近战斗经过：

十月二十五日上午七时，番号不明之匪，约百七八十人，由冈家坂折经朱家坳，下午二时，窜至黄栗树西北大山，被姚团追及猛击，战约时许，匪狼狈向鸡子山方向逃窜。是役，毙匪五名，伤匪十余名。我受伤连附一员，列兵一名。

（十二）九十四旅一八七团何家坊战斗经过：

十月二十七日，番号不明之匪，本早窜至中界岭附近，复分两股，一股约四五十人，乘夜经中界岭向西界岭方向窜去，其主力向何家坊逃窜，本日上午七时，被潘团肖光灿营追及进击，匪稍抗，即经太平坂、杨家河向黄石河方向逃窜。计毙匪四名，击落大米七担。我受伤列兵一名。

（十三）九十四旅一八七团马鞍腰附近战斗经过：

十月二十九日下午五时，伪二十八军手枪团窜至刘家咀西马鞍腰附近，被潘团肖光灿营追及痛击，匪乘夜经老师庙、野鸡冲向毛家河店方向窜去。是役，毙匪五名。我受伤连长张学义一员，列兵二名。

（十四）九十四旅一八八团朱紫关战斗经过：

十月二十九日上午七时，伪东路游击师窜至朱紫关附近，被王团孙广厚营追及进击，匪即经土门河、朱家坳、金家湾向草坝地方向逃窜。计俘匪一名，得机枪零件一箱。

一、作战命令

电令姚、王、蒋三团长　十一月十七日下午十二时

（一）高匪主力约五六百人，本早四时由歇马台经下埠河向东南彭家岭、下东河、杨家河方向逃窜。（二）判断该匪不经长岭庵、包家河向东南逃窜，即经蔡家河、太平坂向西南逃窜。兹处置如下：（1）姚团勿再向金桂畈东南大岗岭、道土坪方面之溃匪搜剿，迅率全部向包家河、镇口山方面探踪截击高匪。（2）王团迅经红花咀向

太平畈、蔡家河方面探踪迎击高匪。(3)蒋团即由歇马台兼程寻高匪踪迹疾追,不得失却匪踪。(三)各团务机动处理,奋勇猛击,勿令高匪南窜西窜。(四)某团与匪接触,其他各团闻得枪声,即不顾一切,火速协力夹击或包剿。(五)各团目标均以高匪为转移,如其他窜时相近之团即穷追之,不得迟滞。(六)已令曹团即由后畈经僧塔寺开往滕家堡。

电令蒋、王、姚三团长　十一月十九日上午一时半

(一)证以各团报告,高匪主力巧晚尚在火烧岭、马家店附近,如探东北南三方面均有我军,定乘夜经小界岭、红花咀向南逃窜,或经太平坂、草盘地向叶家山方面逃窜。(二)处置如下:蒋团迅由包家河向火烧岭、马家店进剿,限本早六时以前到达,匪经击他窜时,即机动穷追之,如匪已于本夜向西南远窜,该部即暂在小界岭、太平畈一带停止,探踪截击匪之回窜。(2)王团务于拂晓前,由蔡家河向太平畈、草盘地方面寻踪穷追痛剿。(3)姚团务于拂晓前,由牛背岭向红花咀、草盘地以南地区寻踪穷追痛剿。(三)匪迹飘忽不定,判断处置诸感困难,能否歼灭此匪,全在各团机动能力如何。(四)各团相距颇近,某团如确遇高匪时,应以迫击炮声连络,他团闻得炮声,立即合围。(五)本日午间各团可互相通报。

电令王、蒋、姚三团长　十一月二十日上午二时半

(一)皓晚报告均悉。(二)孙、陈两营奋勇击匪,深堪嘉许。(三)高匪主力三百余人,皓晚尚在雷家店西北附近地区,与民团对峙。除饬葛团在大枫树、夹铺一带准备截击,肖营长光灿率兵两连,由杨柳湾向雷家店方面之匪进击外,兹处置如下:(1)王团仍兼程向高匪主力穷追痛剿,不准失匪踪。(2)蒋团迅至草盘地、红花咀一带探踪迎击,并机动追截。(3)姚团暂在闵家畈附近停止,探踪截击匪主力,并机动追剿其他股匪。(四)各团每晚务互通报,报告时亦要提明。

电令蒋、王、姚三团长　十一月二十日下午十二时

(一) 高匪主力本早在夹铺被葛团击溃后，即分两股，一股约百人，经十里岗向枫树铺、白庙河方向逃窜；一股约三百人（高俊亭在内）经土地岗往东北向天马坪、杨家庄、李家湾方向逃窜。(二)昨日在红花咀被王团击散匪之一部，约二百人，本日经漫水河向黄家山、永佛寺方向窜去。(三)兹处置如下：(1)蒋团即照下午六时电呈所拟，迳行努力寻剿。(2)姚团仍在原地探匪截击，如侦知高匪时，即机动进击，务歼高匪。(3)王团即经捲棚桥向枫树铺、白庙河一带寻踪追剿，并注意永佛寺方向之匪西南窜时，应不失时机机动迎击。

电令高、王两旅长　十一月二十二日上午一时

(一) 匪约百余人，马日下午四时，尚在大坳沟（图无，在冷家山北端）潜匿，已令姚团由闵家畈分经槐树坪、太平桥向冷家山、马鞍山，蒋团由红花咀、草盘地分向叶家山、大坳沟、冷家山、马鞍山一带地区围剿。(二)高旅速饬葛团速在原地准备迎击，并于本早七时派一部进至叶家山、海螺、吉林沟（详五万分一图）等处埋伏截击。(三)王旅即在原地准备截击，并于本早七时派一部进至陶家冲（看五万分一图）东南附近地区埋伏截击。(四)各旅派遣之埋伏队，如匪不西窜，当晚即可撤回，并嘱其莫与姚、蒋两团误会。

电令郑旅长　十一月二十三日上午零点三十分

(一) 高匪主力约三百余人，养日黄昏经同罗关向徐家坳、古佛堂方向窜去。(二) 王团昨晚宿营烂石河寺，本晨继续跟追。(三)希火速饬部堵截，曹团亦可随意调动。

电令王、姚、蒋三团长　十一月二十三日上午零点三十分

(一) 王团即由烂石河市迅经同罗关寻追痛剿向徐家坳方向逃窜之高匪主力。(二)姚团即由蔡家畈经石头咀，补充给养后向西界岭方面疾进，探踪追截。(三)蒋团仍继续严密搜剿叶家山、班竹园、龙潭冲一带地区潜匪，如确无匪情，即向太平坂、小界岭、马家店方面移动，此后即机动寻剿其他股匪散匪。

电令王、姚、曹、蒋四团长　十一月二十六日下午十一时三十分

（一）高匪主力约三百人，现向阎家河（麻城东十五里）方向逃窜，有向东南及东续窜模样，另一股七十人，现经栗子关向土地岭（青苔关西北十二里）窜去。其伪八十二师第四连数十人，现潜匿鹞鸽坪一带深山，另一股约百人，本日由牌形地方面午后五时窜至郑家坳（龚家铺东南十里）附近。（二）兹处置如下：(1)王团即由细河家田（三河口西十里）仍向高匪主力疾追，如匪果向罗滕汽车路方面逃窜时，更要兼程疾追，以期与埋伏蚂蚁坳一带之银、李两营协力夹击。(2)姚团明早不要向土地岭方面之匪搜剿，只派探跟踪监视，即由漆树湾（栗子关西南十里，图无）分向龚家铺、郑家坳、枫树铺、白庙河方面之匪寻剿，并机动穷追之。(3)曹团即在牌形地照郑旅长所给之命令办理，并探踪截击高匪主力。(4)蒋团除令杨营继续搜剿鹞鸽坪一带之匪外，主力仍在太平畈，并机动剿办附近股匪。（三）各团每晚仍要互相通报。（四）肖家坳驻有壮丁队数十人，莫要误会。

二、军队调遣

甲、伪二十八军高俊亭股匪，自十月份化整为零后，本月份因受追剿压迫，仍未纠合。本军为求早歼该匪计，即以九十四旅之一八八团（上旬为一八七团）、九十五旅之一八九团、九十六旅之一九一团、独立第五旅之六一五团等四团兵力为追剿部队，分途穷追痛剿。

乙、九十四旅（欠一八八团）驻杨柳湾、陶家河、土门河一带。

丙、九十五旅（欠一八九团）驻架沟铺、张坡咀、上吐市、黄栗秒一带。

丁、九十六旅（一九一团）之一九二团（欠第一营）驻薛义河、合水涧、太湖河、李杜店一带碉堡线，旅部及一九二团之第一营驻石头咀。

戊、独立第五旅(欠六一五团缺六一三团)由太湖河移驻滕家堡、牌形地一带,其六一四团仍驻吴家店、李家集一带。

己、师直属之炮兵团(欠第一营缺第二营)仍驻信阳,其第一营驻武昌金口镇。

庚、师直属之特务团,本月份已全部缩编外,余如炮兵营仍驻罗田,工兵营仍驻英山,骑兵连仍驻平湖,至辎重营及特务连,则由石头调驻罗田。

三、逐日匪情

一日,据潘团长陶万东电,伪二十八军手枪团及第八路游击师,共约三百余人,昨晚在馆阳河西包家楼经袭后,即折经九里冲向八叠冲方冲逃窜。

据曹团长兴文东电,伪东路游击师之一部,本早经铁笠岩、横山头向打虎厂方向窜去。

二日,据潘团长冬电,伪二十八军手枪团及伪第八路游击师,共约二百七八十人,本早由傅家塝折经冯家凉亭、江家冲向鸡鸣尖方向逃窜。

据曹团长冬电,伪东路游击师之一部,约百余人,本早由打虎厂经夹州畈向横河岭方向窜去。

三日,据潘团长江电,伪二十八军手枪团及伪第八路游击师,冬申在鸡鸣尖南狗耳尖附近,经痛击后,即狼狈四散。

据曹团长江电,伪东路游击师之一部,本早由横河岭经宋家塝申刻窜至辛家寨复向东北窜去。

四日,据潘团长支电,被击溃之伪第八路游击师,复纠合约七八十名,窜至枫树铺折经盛家冲向西南逃窜。

据曹团长高支电,伪东路游击师之一部,约百名,本日窜至土门河,被康团第三营截击,向西北草坂地窜去。

五日,据潘团长微电,伪第八路游击师百余人,本早窜至兰草沟,复纠合该地潜匪七八十人,向大虎山窜去。

据曹团长微电，伪东路游击师之一部，约百人，连夜经五显庙向后花园逃窜，本日复经西界岭向前后畈方向窜去。

六日，据潘团长鱼电，伪第八路游击师，约二百人，经乌龙岩向渔夫潭方向窜去。

据曹团长鱼电，伪东路游击师之一部，本日由前坂向渔夫潭窜去。

七日，据潘团长虞电，伪东路游击师窜至胡家店，被追及进击，即分股向马宗岭、龙潭方向窜去。

据曹团长虞电，伪东路游击师之一部，约七八十人，已与伪第八路游击师合股逃窜。

八日，据潘团长齐电，伪第八路游击师及东路游击师之一部，共约二百余人，经龙潭、四望岭、渔夫潭、石佛寺向长山冲方向逃窜。

九日，据潘团长佳电，伪第八路游击师及伪东路游击师之一部，共约二百余人，昨经长山冲窜至大坳岭，今被追及痛击后，匪即散于附近深山。

十日，据潘团长蒸电，作被击溃之匪，本日纠合百余人，经恒栗坳、大虎冲向天堂寨、兰草沟方向窜去。

据姚代团长成林灰电，昨向闵家畈逃窜之匪，本午窜至鹞落坪，与该处潜匪百余人合股。

十一日，据蒋团长修仁真电，兰草沟方面之匪，于昨夜经七娘山、枫树铺本日经郑家坳向鸡鸣尖窜去。

据姚团长真电，昨窜鹞落坪之匪，约百五六十人，乘夜经黄栗园、土地岭向冷亭畈窜去。

据曹团长真电，匪约二百名，本午在龟峰山与麻城保安队对战，该团赶到猛击，其主力向傅家塝、袁家冲窜去。

十二日，据姚团文电，昨窜凉亭坂之匪，乘夜回窜烂米场，经驰剿痛击，即溃散于将军寨附近深山。

据蒋团长文电，匪约二百人，由鸡鸣尖窜至牌形地，经痛击，其主力向丁家山、鼓儿灯窜去。

据曹团文电，匪约二百名，本早由袁敬冲经两河口向牌形地窜去。

十三日，据姚团长元戌电，匪约百余人，在毛坪河被痛击后，即溃散于附近深山。

据曹团长元电，职团追击之匪与蒋团尾追之匪，在滥泥畈合股，共约四百余人，未刻沿火炮寨向圣人堂方向窜去。

十四日，据姚团长寒电，伪游击第六路，本日复纠合约百余人，向堆谷山方向窜去。

据蒋团长寒电，昨在滥泥畈合肥之匪，约四五百人，乘夜经笔架山本早经黄石河向马家畈窜去。

十五日，据姚团长删电，伪第二路游击师，昨晚在深沟被击后，即向叶家坪方向溃散。

据曹团长删电，匪约四百余人，在土门岭附近追及进击，旋向龙门石方向窜去。

十六日，据姚团长铣电，伪第四、六两路游击师，共约二百人，在桃花冲集合，被该团二、三两营围攻后，向金桂畈窜去。

据曹团长铣电，匪约四五百人，向燕子河方向窜去。

十七日，据蒋团长筱电，匪约四五百人，本日拂晓由永佛寺经歇马台向团山岭方向窜去。

十八日，据蒋团巧电，匪约四百人，本早经包家河、鹞落坪折向何稍岭西北方向窜去。

据王团长巧电，匪约百人，现窜至花坪保附近，经该团第二营往剿，向大青尖以南溃窜。

十九日，据王团长德宏皓电，高匪主力约五百人，本早在太平畈遭遇痛击后，分股向草圾地方向逃窜。

二十日，据葛团长哿电，匪主力约三百人，本日拂晓由土地岗窜至夹铺，经痛击向十里岗、白庙河窜去。

二十一日，据王团长马电，昨日十里岗西窜之匪，经东安河与该地潜匪百余合股，向牌形地窜去。

据姚团长马电，昨窜鸡子山之匪，约二百人，刻窜至杉树冲山中藏匿。

二十二日，据王团长养电，高匪主力约二百六七十人，本早由牌形地、鼓儿灯经烂石河市向石佛老、檀香山窜去。

二十三日，据蒋团长梗电，本日午刻在太平坂附近与匪八九十名遭遇，战半小时，匪即溃散于附近山林内。

据王团长梗电，高匪主力约二百六七十人，由石佛老经祠堂铺向张家河方向窜去。

二十四日，据王团长敬电，高匪主力本早由张家河经石家铺向新店窜去。

据姚团长敬电，据报匪约二百人，番号不明，昨晚经大术汉向九资河方向窜去。

二十五日，据王团长有电，高匪主力本早由新店、漫水河窜至照子埠，被痛击经凤坂山折向杨家河、上么石街回窜。

据姚团长有电，匪约二百人，酉刻由毛家河店西北方向窜去。

据蒋团长有电，伪八十二师二四四团第四连，复纠合四五十名，向鹞落坪方向窜去。

二十六日，据王团长宥电，高匪主力本日经天平寨、小菜园、细河家田向国家河方向窜去。

据姚团长宥电，昨由毛家河店向西北逃窜之匪，本午在大弧坪，经痛击分向土地岭、果子关溃散。另一股约百余人，由牌形地窜抵郑家坳附近。

二十七日，据王团长感电，高匪主力由凤凰山经王母尖向鸡笼山、铺头坳窜去。

据姚团长感电，昨窜郑家坳之匪，约二百人，经石柱山向红花尖窜去。

二十八日，据王团长俭电，高匪主力本早由铺头坳经九里冲、盐田河，午后经沙府庙、烟灯岗方向窜去。

据姚团长俭电，昨窜红花尖之匪，系八十二师二四六团，在圣人堂被击后，分股向黄土墩、肖家畈逃窜。

二十九日，据王团长艳电，高匪主力由沈家庄经闰家河、尹家畈向祖功山逃窜。

据姚团长艳电，伪八十二师二四六团在三省老附近纠合后，经大歧岭向南庄畈方向窜去。

三十日，据王团长卅电，高匪主力连夜经高家冲、细河家田，本早经洗儿岭申刻窜至陆家河，被第一营痛击，向黄毛尖、木子店集溃窜。

据姚团长卅电，伪二十二师二四六团，本早由王家湾经赶冲山窜至万福桥，旋经双喜岭向前后畈南窜。

四、剿匪战斗经过

一、九十四旅之一八七团，本月一日在余家河，二日在狗耳尖，七日在胡家店，九日在大坳岭等处与匪接战四次，计得获步马枪四支，骡马二匹，炸弹十五枚，刺刀二把，子弹一百粒，毙匪十八名。我伤官长一员，士兵六名。

二、九十四旅之一八八团，本月十八日在花坪保，十九日在太平畈，二十五日在照子埠等处与匪接战三次，计毙匪二十二名，伤匪约三十名。我受伤士兵七名，阵亡四名。

三、九十五旅之一八九团，本月九日在肖氏祠，十二日在烂木场，十三日在毛坪河，十五日在桃花冲等处与匪接战四次，计俘匪二名，得步马枪十二支，手枪一支，米盐等物十八担，毙匪六十名，伤匪约五十名。

四、九十五旅之一九零团，本月二十日在夹铺附近与匪激战一次，计毙匪九名，伤匪二十余名，夺获刺刀二把，子弹五十粒，米盐等物十担。我受伤士兵二名。

五、九十六旅之一九一团，本月十二日在牌形地，二十三日在太平畈等处与匪接战两次，计俘匪三名，得获步马枪五支，米盐等物六担，子弹三十六粒，毙匪二十名。

六、独立第五旅六一三团，驻土门岭之守碉部队与匪接触一次，计毙匪三名。我伤士兵一名，阵亡一名，十一月四日事也。

七、独立第五旅之六一五团，本月十三日在大炮寨，十五日在土门岭等处与匪接战两次，计毙匪五名，伤匪六名。

总计各团与匪共接战十七次，俘获匪兵五名，骡马两匹，得步马枪二十一支，手枪一支，米物三十四担，子弹一百八十六粒，刺刀四把，炸弹十五枚，毙匪一百三十七名，伤匪一百余名。我受伤官长一员，士兵十六名，阵亡士兵五名。此本月剿匪战斗经过简略情形也。

一、作战命令

电令王、曹、姚、蒋四团长　十二月三日上午一时

(一) 弟等冬晚报告各情均悉。(二)高匪主力约三百余，冬申由同罗关以东献鸡岭(僧塔寺西北三十里)以南方向逃窜，伪二四六团之一部七八十人，向前畈窜去。(三)以先消灭高匪为目的，兹处置如下：(1)王团迅由漆树湾兼程寻踪疾追，不准迟滞，以免我修碉部队吃亏。(2)曹团迅以全力由牌形地探踪迎击，不使高匪南窜。(3)姚团勿向前畈之匪追击，即率全部由西界岭、包家畈迅向后花园、腰么畈(张坡咀十里)一带探踪迎击，并机动追剿。(4)蒋团勿令杨营向总包河之匪寻剿，即率全部由太平畈经槐树坪兼程向大枫树、夹铺(石头咀南十五里)方面疾进，探踪迎击，并机动穷追高匪。(四)姚、蒋两团如时间及匪情许可，即补充棉衣，可与各该旅长直接商办，但不得因此而误所给之任务。

电令王、蒋、曹、姚四团长　十二月四日上午零点四十分

(一) 江晚所报各情均悉。(二)高匪主力被王团陈营在火炮寨

附近痛击后，于江申经半山向天堂寨方向窜去。(三)兹处置如下：(1)王团仍兼程疾追，负责消灭高匪。(2)蒋团迅经石头咀向五显庙、张坡咀一带探踪截击，并机动追剿高匪。(3)姚团如高匪确已由天堂寨北窜，即经张坡咀、中界岭迅回深沟铺归还建制，如高匪仍在天堂寨附近盘踞或向东逃窜，即机动追剿并截击之。(4)曹团仍遵郑旅长原给之任务办理。(四)王、蒋二团要互相通报，以期协歼高匪。

电令曹、王、蒋三团长　十二月六日上午一时半

(一)微晚报告均悉。(二)高匪主力约五六百人，在板桥附近被曹团痛击后，经鼓儿灯向西南方向逃窜。顷接郑旅长电话，据探报有股匪人数不详，夜半窜至歇场坳以东地区等语。(三)判断高匪似在龙王店、羊角尖、姚家山一带，不越罗滕汽车路西窜，即由八迪河以西绕大雾山、李家楼向傅家庙、肖家坳方向东窜。除已饬银营在河铺、蚂蚁坳、冯家凉亭一带竭力活动堵截外，兹规定各部任务如下：(1)曹团迅以全力由牌形地探踪追截。(2)王团即由板桥兼程寻匪穷追痛剿，负责消灭高匪。(3)蒋团向白庙河、肖家坳、傅家庙方面多派侦探，不失时机在英霍大道上机动截击之。(四)曹、王两团动作要迅速，以免修碉部队吃亏为要。

电令曹、蒋、王、葛四团长　十二月七日上午一时

(一)鱼日各团报告均悉。曹团奋勇杀贼，至堪嘉慰。(二)高匪主力约六七百人，鱼日黄昏前经大雾山向李家楼(罗田北三十里)方向逃窜。(三)判断该匪不经傅家庙、肖家坳、白庙河向枫树铺、黄石河方面逃窜，即由肖家坳、白庙河向东安河、火龙尖(白庙河东二十里)方向逃窜。兹规定各部队任务如下：(1)曹团迅以全力由牌形地取捷径，向白庙河、周氏祠、枫树铺方面探踪截击。(2)蒋团迅由张坡咀、五显庙经捲棚桥向东安河、白庙河及其以南地区探踪迎击，并机动追剿。(3)王团即由小蒜寨(李家楼西十里)兼程向高匪穷追痛剿，负责击散之。(4)葛团限本午在深沟铺准备完毕，

待命出发。(四)已令工兵马营长率工、辎两营各一部，十时前到濛濛山、步兵河一带堵匪南窜。(五)肖家坳、大河岸两处各驻有团队一部。(六)一部遇匪，他部闻得枪声，应立即协击，以期将匪聚歼，不准迟滞。

电令王、葛、曹、蒋、阎五团长　十二月七日午后九时半

(一) 高匪主力约六七百人，本午经步兵河、叶家河间之深水河向李辛衔、夫子河(鸡鸣河西北三十里)方向窜去。(二)处置如下：(1)王团务兼程疾追，勿令肆扰。再广济、浠水两县无城，仅各有保安一中队驻守，尤须注意。(2)葛团即由张坡咀向英山疾进，限明晚到达。(3)曹团迅肃清枫树铺、白庙河、肖家坳、黄石河、鸡鸣尖一带散匪，并加紧催促民众修碉。(4)蒋团暂在夹铺、大枫树一带，机动进剿天堂寨、叶家山、鹞落坪等处散匪。(5)阎团饬守碉部队严加注意，并向弥陀寺、横河岭方面派探为要。

电令王、葛、阎三团长　十二月九日下午十一时五十分

(一)各团本日报告均悉。(二)高匪主力向雷溪冲(广济西北二十五里)方向逃窜。顷据蕲春陈专员电话，高匪于黄昏时已窜至刘公河对岸之大河铺附近。又伪八十二师，百七八十人，枪支齐全，多着军衣，并佩带本军及十一路符号，齐夜经横河岭向玉珠畈(英山东南三十余里)方向窜去。(三)处置于下：(1)王团由陈家畈仍继续向高匪穷追痛剿。(2)葛团由杨树坳附近向汪家坝、张家榜、白水畈方面探踪截击高匪，并机动消灭伪八十二师。(3)阎团严密守碉，仍继续多派探侦察。(四)王、葛两团每晚要互相通报。

电令王、葛、阎三团长　十二月十日下午十一时

(一)各团本日报告各情均悉。(二)高匪主力未刻经东坊铺向双城驿(黄梅西北三十五里)方向窜去。伪八十二师本午经葛团在滥石壳(鸡鸣河南四十里)附近冲散后，分两股向东向南分窜，另一股番号不明，约二百人，由河铺方向本晚窜至羊角尖(杨柳湾东北二十里)附近。(三)判断高匪不经渡河桥、亭前驿向二郎河镇方

向逃窜，即由双城驿以东折向张家塝东南地区北窜。(四)兹规定各部任务于下：(1)王团即由东坊铺向高匪兼程疾追。(2)葛团即由张家塝经长和卡、陈汉沟向二郎河镇、铜铃桥、花凉亭方面探踪追截，但行动务要秘密。(3)阎团对于龙湾以东之碉防，严密警戒。(五)明日上午九时至十时半之时间，王团务向葛团通报，但不要再候葛团回报。(六)无必要时，各追剿之团以后午间勿须报告，以免迟滞行程为要。

电令葛、王、潘三团长　十二月十一日下午十一时半

(一)真晚报告各情均悉。(二)高匪主力约七百人，本早由大洋庙(黄梅西北四十里)折经油铺街、大吉岭、紫云山，刻向大尖、火头咀(张家塝南三十里)方向逃窜。伪八十二师之一部，约百人，刻窜至鸡鸣河西南之长岭岗、蔡家河一带。(三)除饬杨营长久存率兵两连，明早向蔡家河方面探剿外，兹处置如下：(1)葛团即由张家大湾(张家塝东南三十里)迅向高匪探踪追截，负责歼灭之。(2)王团即由大古岭附近兼程疾追痛剿，期与葛团协歼高匪，勿令其西窜。(3)潘团即向杨柳湾取捷径向松杉铺(英山南三十五里)疾进，机动截击高匪，务向弥陀寺、张家榜、汪家坝、鸡鸣河各方面派探侦查。

电令葛、潘、王、阎四团长　十二月十三日下午十一时半

(一)本日报告各情均悉。葛团奋勇夜袭，奏此奇功，深堪嘉慰，已转报通传矣。(二)高匪主力在蒋家山附近被葛团夜袭后，一股约百余人，向桑树堰方向逃窜，其余溃散于蒋家山、霸王庙(桑树堰西南三十里)一带地区。(三)兹处置于下：(1)葛团即乘胜迅予搜剿，勿令匪再行合股。(2)潘团迅向张家塝、两河口(张家塝东北二十里)方面前进探踪，分队追截，负责不令高匪向英山、黄梅之线以西逃窜。(3)王团即由弥陀寺取捷径开回杨柳湾。限明晚到达。(4)阎团对于碉防严密戒备。(四)葛、潘两团每晚要互相通报。

电令曹团长兴文　十二月十五日下午十时

(一)各匪合股又集至四百余人，深为焦虑。(二)该匪虽经大术汉北窜，实有伺隙回窜可能，且距黄土墩、前畈、后畈、栗子关一带之掩护修碉部队甚近。为防其回窜及免修碉堡部队吃亏起见，该团应即继续寻剿，务将各匪在黄土墩、栗子关以北之线歼灭之。(三)杨营长世禄率兵三连，铣晨由门河经夹铺、白庙河前往肖家坳掩护筑碉，筱晚可到，望转饬枫树铺傅营知照。

电令潘、葛两团长　十二月十六日上午一时十分

(一)高匪主力已向株林河方向逃窜，另一股约百人，在沙河(将家山北，图无)附近出没。(二)为迅予扑灭高匪计，极应格外努力。兹处置如下：(1)潘团务兼程疾追痛剿，不令高匪脱离。(2)葛团即由两河口经张家塝向广济以东以北地区探踪追截。(三)本早九时至十时，潘团务向葛团通报告以匪窜方向，但不得因通报而迟滞行程。(四)务将匪向北或向罗浠汽车站以西地区压迫为要。

电令蒋团长修仁　十二月十六日下午四时

(一)伪八十二师及英罗霍游击队合股后，共约四百余人，本早由后畈经四望岭向北窜去。曹团(五连人)现抵后畈。(二)除饬曹团暂在反畈停止，机动截击匪之南窜外，仰弟率部(欠三连)筱晨由现在地出发，取道黄栗杪向该匪寻剿，务将其击散或歼灭之，以便民众修碉。

电令潘、葛两团长　十二月十七日上午一时半

(一)高匪主力约五百余人，已经桐梓河向老鼠坡(桐梓河南十八里，图无)方向逃窜。(二)广济无城，仅有团队数十人，黄梅亦只团队数十人，深堪顾虑。兹处置如下：(1)潘团由桐梓河立即出发，兼程疾追，倘广济、黄梅两县城有失，即以该团长是问。(2)葛团暂在白水畈停止，匪窜方向明瞭后，即迅速机动截击。(三)葛团着派营长一员，率兵两连，取捷径迅进广济县，到达后，再分一连进驻黄梅县。但途中要特别小心，此后该营长即由此间直接指挥，并告其对军风纪注意，尤要在队伍先头预派人到广济与县长接头，以

免其惊惶误会。所派之营长及部队番号并人数火速具报。

电令潘、葛两团长　十二月十七日上午三时

(一)此间直接指挥,往往以匪情及地形关系，不免失却机会,收效颇鲜。为适应机宜,指挥统一计,自筱晚起，葛团振铎暂归潘团长陶万指挥。(二)该团长等作战素均美誉,此次得合力追剿,定奏伟功,务各益加努力,于最短期内将高匪扑灭。(三)务将匪向东北压迫,勿令其西窜南窜。(四)一团穷追,一团邀截,或并力追击,统由潘团长适宜处置之，此间不再指示。(五)潘团长务每晚将匪窜方向、两团到达位置及当日经过情形与拟定翌日动作，详为具报,以凭转报。以上五条,希即分别懔遵,并分别电复为要。

电令潘、葛两团长　十二月十七日下午十一时

(一) 高匪主力约五百余人,已经后湖寨、考用镇、小溪镇、紫云山向纱帽尖(桐梓河东二十里)方向窜去。(二)潘团刻在眉须山(纱帽尖南八里),葛团在桐梓河。着潘团长妥筹计划，统一指挥,早歼高匪。葛团如本晚奉不到潘团长命令时,即机动向高匪追截。(三)赵营长及张连已到罗田，张连已另派任务。(四)胡营已到广济,巧早董连即赴黄梅。(五)陈永灿营现在鸡鸣河,杨久存营在罗田、浠水间之胡家河，分别准备截击。(六)伪八十二师约四百人,本日由长山冲经黄土墩向天堂寨西南窜去，陈登朝营及曹兴文团在黄土墩附近,与匪激战两小时,毙伤匪甚多。但曹团长及陈营长均受重伤,官兵伤亡二十余人。查其原因,系官长服装与士兵不同,惹匪注意,以致干部每多伤亡,希饬属注意改正为要。

电令潘、葛两团长　十二月二十日下午十二时

(一) 查高匪巧日被创后,即化零四窜。为适应匪情计，葛团自即日起,仍归总部直接指挥。(二)据报洗马畈东南之连城庙,昨夜二时确有匪百余名在此盘踞。又弥陀寺东南约二十里之洪家河、刘家畈一带，本日午后二时窜到匪二百余名。(三)着葛团迅向洗马畈、狮子口一带寻高匪主力穷追痛剿,潘团速向洪家河、刘家畈

一带股匪寻踪猛击而歼灭之。(四)每晚该两团应互相通报，以便联络协击。

电令蒋、高两团长　十二月二十一日下午十二时

(甲)伪八十二师及伪游击队,约四百名,本日经笔架山、后花园向兰草沟(枫树铺东北约三十里)方向逃窜。(1)该匪连日在天堂寨附近旋磨打圈,必有企图,各部务须注意。(2)该匪如西窜,一经黄石河、石柱山,一经白庙河、江家铺。(乙)(1)蒋团仍跟踪穷追痛剿,早歼该匪。(2)高团除留掩护修碉部队外，即由枫树铺探踪截击,并堵匪西窜南窜。

电令蒋团长修仁　十二月二十二日下午八时

(一)据胡家岩(步兵河西五里)掩护修碉潘团之张连长报告：股匪约四百名,本日下午六时，由汤河窜抵范家冲(胡家寨东北八里),有经步兵河、濛濛山向南逃窜企图,刻下胡家寨至英山电话线已被匪破坏等情。(二)已饬陈永灿营本日下午三时由鸡鸣河经匡家河、石桥铺向步兵河、濛濛山一带截击，杨久存营亦于本日下午三时由胡家河经骆驼坳向叶家河、深水河一带截击,堵匪南窜，统限于本晚十时以前到达。(三)着该团星夜兼程疾进，限于明早六时以前到达步兵河、濛濛山一带,用收夹击之效,但须注意联络,以免误会。

电令潘团长陶万　十二月二十三日上午五时

(一)伪八十二师及伪游击队,约四百名,昨夜十时半在濛濛山被陈永灿营截击后,该匪乘夜向观音山逃窜。(二)判断该匪经观音山,一向东南到鸡鸣河,一向西南到胡家河、蔡家河方向逃窜。(三)已饬陈永灿营归杨营长久存指挥,即由步兵河尾匪兼程疾追。(四)该团即本昨日下午十二时，命令向鸡鸣河迎匪痛击，如匪向蔡家河、胡家河方面逃窜时,即机动探踪追截,并负责消灭此匪。

电令王旅长修身　十二月二十八日上午九时半

(一)高匪主力现时究有若干人?(二)伪八十二虽不满四百

人，但内有二百余人，枪支齐全，莫可忽视，一时舍而不剿，恐裹胁日众，有扩大之虑。杨、陈两营押护全军给养，本晨由蔡家河向百里险前进，倘遇伪八十二师，衹能防御，无力进击，且此间毫无活动部队抽派应援。(三)伪八十二师逃窜方向地点，仍应多派干探追查，每晚须有报告，以便转饬他部注意。

(二) 军队调遣

一、九十五旅本月仍驻夹沟铺。

1. 本月四日电令：一八九团由张坡咀经中界岭开回夹沟铺，归还建制。

2. 本月七日电令：该旅一九零团即由张坡咀向英山疾进，加入追剿。

二、独立第五旅本月仍驻滕家堡。

1. 该旅六一四团本月仍驻吴家店。

2. 本月六日电令：该旅六一五团由牌形地出发，向白庙河、周氏祠、枫树铺一带截击高匪，并肃清附近散匪。

至十五日又电令：该团长曹兴文率兵五连，向伪八十二师及伪英罗霍游击队追剿。

三、九十四旅本月仍驻杨柳湾。

1. 本月十一日电令，该旅一八七团由杨柳湾出发，接替一八八团追剿。

2. 本月十三日电令：一八八团由弥陀寺取捷径开回杨柳湾。

四、九十六旅本月原驻石头咀，至十五日电令该旅长王修身率一九一团之一、三两营经英山出发，并指挥九十四旅之一八七团及九十旅之一九零团，努力追剿高匪。

1. 本月七日电令：该旅一九一团即在夹沟铺、大枫树、土门河一带机动追剿天堂寨、叶家山、鸥落坪等处散匪。

2. 该旅一九二团，本月仍驻薛义河、合水洞、太湖河一带碉堡线，堵匪流窜。

五、本部直辖之炮兵团(缺第二营)仍驻信阳，其第一营驻武昌金口镇，炮兵营、辎重营均驻罗田，工兵营驻英山，骑兵连驻平湖，特务连驻罗田。

（三）逐日匪情

一日，高匪主力本早由黄毛尖经杨梅愁、英家园、平斗山，申刻复经檀树店向石佛老方向东窜。

伪八十二师二四六团，本早由后畈潜行北窜，旋折经长冲河、竹鞋岭向东南急窜。

二日，高匪主力由石佛志经道人石、姜家湾东北漆树湾折向献鸡岭以南方向逃窜。

三日，高匪主力连夜经王家山、王家湾、滥泥畈，午刻窜至火炮寨，被一八八团第二营追及，战时许，纷经红花尖向天堂寨方向逃窜。

四日，高匪主力本早由天堂寨西北之蹭门脑折经笔架山与伪二四六团合股，共约五百名，经乐极庵、上周家湾向赵家畈西北逃窜。

五日，高匪主力本早由李家湾、王家山、大弧坪，酉刻窜至板桥附近，被六一五团截击后，向西南方向溃窜。

六日，高匪主力窜至龙王殿附近，被六一三团追及痛击，战时许，匪经新开岭向大雾山东南方向逃窜。

七日，高匪主力约六百余人，乘夜窜至大河岸附近，被守碉保安队截击，向深水河、李辛街转向夫子河方向逃窜。

八日，高匪主力由夫子河窜至关口，旋经朝阳庵向洗马畈以南方向逃窜。

九日，高匪主力本早由郭家咀经新铺、陈家畈向雷溪冲东北方向逃窜。

十日，高匪主力本早由雷溪冲经姚皮岭、车坊铺向双城驿方向逃窜。

伪八十二师约百五六十人，经滥石谷向狮子口、葛场山两方溃窜。

伪英罗霍游击师，约百余人，昨晚窜至半山，被一九二团第一营驰剿，即向天堂寨西北深山逃散。

十一日，高匪主力本早由大洋庙经油铺街窜至大古岭，被一八八团第三营追及痛击，经紫云山向大尖、火头咀方向逃窜。

十二日，高匪主力本早由江家河经望家山、罗汉尖向陈汉沟东北窜去。

伪八十二师约二百人，经步兵河、叶家河之间，向大河岸方向窜去。

十三日，高匪主力约六百余人，昨夜窜至蒋家山，被一九零团乘夜猛袭，大部当即溃散于附近大山中，一股约百余人，向桑树堰方向逃窜。

伪八十二师约二百人，经许家畈分股向东北西北两方窜去。

十四日，高匪连夜纠合约五百余人，经石牛山西窜，在寿眉寨与一八七团遭遇，激战二小时，匪不支，分三股溃窜。

伪八十二师约二百人，由郑家坳经石柱山向天堂寨窜去。伪英罗霍游击队约百余人，由平头岭、九资河亦向该处窜去。

十五日，高匪主力由汪家坝以北经大王山、冷水井、胡塘角折向朱林河南窜。

伪八十二师与伪英罗霍游击队，在天堂寨合股，共约四百人。

十六日，高匪主力本早在董家冲附近，与汪家坝窜来之匪合股，共约五百余人，经焦藤树、桐梓河向老鼠坡逃窜。

伪八十二师及伪英罗霍游击队，共约四百人，本日经后畈向龙潭窜去。

十七日，高匪主力本早由老鼠坡经仰天窝、高山寺向纱帽尖逃窜。

伪八十二师及伪英罗霍游击队，共四百余人，本午窜至黄土墩、大黄土、树岭，将该处掩护修碉之一八九团第一营(欠一连)包围，曹团兴文率兵五连追及，向匪猛冲，激战三小时，匪纷向余家湾、天堂寨方向溃窜。

十八日，高匪主力约五百余人，本早窜至白水畈，被一九零团追及痛击，激战两小时，遂狼狈分股溃窜。

伪八十二师及伪英罗霍游击队方德高部，共约四百人，仍在天堂寨西南黄柏山附近盘踞。

十九日，高匪自在白水畈被一九零团痛击溃散后，其主力约百六七十人，本日由杨树坳经冷水井窜至朱杨河，复被该团追及痛击，又向鸡鸣河南逃窜。

伪八十二师及伪英罗霍游击队，被一九一团在余家湾追及猛击，纷经兰草沟、林家坳、盛家冲向北逃窜。

二十日，高匪约百六七十人，本早由范家冲窜至班竹山，被一九零团第二营追及痛击，即溃散于附近山中。

另据探报，狮子口、达城庙一带有匪约百余人，洪家河、刘家畈一带，有股匪约二百人。

伪八十二师及英罗霍游击队，由救命沟经僧塔寺、瓮门关向前后畈窜去。

二十一日，伪八十二师本日由前后畈向麻老坪、笔架山折窜，被一九一团追及痛击，纷经大虎冲、后花园向兰草沟溃窜。

高匪残部由班竹山乘夜窜至达城庙，复纠合约二百余名，经三角山折向严鱼地方向逃窜。

二十二日，高匪残部约二百人，本早由牛皮寨经袁敬冲向女人寨窜去。

伪八十二师及伪英罗霍游击队，共约四百人，由林家坳经汤河、范家冲，有经濛濛山南窜之企图。

二十三日，高匪残部连日在达城庙、女人寨一带复纠合散匪共约三百余人，窜至瓦寺前被潘团迎头痛击，匪狼狈向龙井河方向溃窜。

伪八十二师方德高部，乘夜经濛濛山、匡家河、鸡鸣河向东南急窜。

二十四日，高匪残部窜至玉珠畈、十二岭，与被一八八团击散之零匪合股后向南庄(杨柳湾东十八里)方向逃窜。

伪八十二师及伪英罗霍游击队，由瓦寺前向汪家坝窜去。

二十五日，伪八十二师及伪英罗霍游击队，由汪家坝经两河口、上下界岭向弥陀寺方向窜去。

高匪残部约三百余人，由西平畈经马蹈山、大笠山向沙河逃窜。

二十六日，伪八十二师及伪英罗霍游击队，约四百人，由弥陀寺折经檀林河、九潭冲、长河卡向罗汉尖逃窜。

二十七日，高匪主力由刘家河经三面尖向陈汉沟窜去。

伪八十二师及伪英罗霍游击队，由罗汉尖经白水畈向汪家坝逃窜。

二十八日，高匪主力由陈汉沟经三面尖、大水坳向刘家畈逃窜。

伪八十二师及伪英罗霍游击队，由汪家坝向冬三冲窜去。

二十九日，伪二十八军高俊亭股，约四百人，由刘家畈经南阳河、叶家冲向野溪河溃窜。

伪八十二师方德高股，由冬三冲经汪家坝向袁敬冲窜去。

三十日，高俊亭股约四百人，由野溪河以南折经沙河、铜螺旋、大树坳向龙井河，打虎厂方向溃窜。

伪八十二师方德高股，约三百人，由袁敬冲窜至偏头寨，复经仙人台向河家铺方向窜去。

三十一日，伪二十八军高俊亭股，由打虎厂以北经四安寨窜至仙人台，被一八七团先头部队追及进击，折向西北逃窜。

伪八十二师方德高股，由何家铺东之茅草岭经将军山，申刻窜至马鞍山、玉珠畈，被一九零团追及猛击，纷向横河岭方向溃窜。

（四）剿匪战斗经过

一、九十四旅一八七团，本月十四日在寿眉寨，十七日在高山寺，二十三日在瓦寺前，二十九日在叶家冲，三十日在大树坳等处，与匪作战五次，计毙匪二十二名，伤匪四十五名。我受伤官长四名，士兵二名，阵亡一名。获米物甚多。

二、九十四旅一八八团，本月一日在杏子岗，二日在漆树湾，三日在火炮寨，十一日在大古岭等处，与匪作战四次，计毙匪十四名，伤匪约十余名。我受伤列兵一名。获骡马二匹，步马枪五支。

三、九十五旅一八九团，本月二日在竹鞋岭，十七日在黄土墩、大黄土、树岭等处，与匪作战二次，计竹鞋岭之役，毙匪五名，伤匪十余名。我阵亡列兵一名，获步枪一支。至黄土墩、大黄土、树岭战役，除陈营长登朝阵亡外，其余伤亡、得获，均合计于六一五团栏内。

四、九十五旅一九零团，本月十日在滥石谷，十三日在将军山，十八日在白水畈等处，与匪激战三次，计毙匪四十二名，伤匪约一百一十七名。我受伤士兵十七名，阵亡士兵五名，失踪一名。得获子弹一千粒，担架三个，米物甚多。

五、九十六旅一九一团，本月二十一日在笔架山，与匪作战一次，计毙匪二十二名，获步枪子弹二百粒。

六、独立第五旅六一五团，本月五日在板桥，六日在龙王殿，十五日在余家湾，十七日在黄土墩等处，与匪作战四次，计毙匪四十六名，伤匪约六十五名，俘匪一名，获步马枪四支。我受伤官长三员，阵亡团长曹兴文（黄土墩之役）及营长陈登朝（九十五旅一八九团第一营）二员，受伤士兵二十二名，阵亡士兵十六名，失踪官长一名，兵一名，损失步马枪十三支，手枪及手提机枪各一支。

总计本月毙匪一百五十一名（内有伪连长、队长各一员），伤匪约二百四十七名(数目不详者只计整数,例如十余名，只计十名),俘匪一名,获骡马二匹,步马枪十支,子弹一千二百粒，担架三个,米盐衣物甚多。我受伤官长七员,阵亡二员，受伤士兵四十二名,阵亡二十三名,失踪官长一员,士兵二名,损失步马枪十三支,手枪及手提机枪各一支,此本月剿匪战斗经过及伤亡、得获之实情。

〔国民政府军事机关档案〕

10. 国民党军何柱国部进犯鄂豫皖革命根据地的工作报告书

(1935年1月)

民国二十四年一月份剿匪工作报告书

一、作战命令

一月八日,奉蒋、张总副司令齐巳参一电：

梁总指挥子超兄、刘代总指挥书霖兄、第六十七军王军长、第五十七军何军长：命令：(甲)着王军长以哲即率所部及一二九师进驻宜汉汽车路沿线及其北侧地区,接替徐源泉部江北所遗防务,将重点保持于宜昌、沙市附近地区，并酌派一部进驻监利及秭归、兴山一带,前附该军之第一零八师,暂归梁总指挥冠英指挥，其余骑三师、骑六师及其他附属部队,统归何军长柱国指挥。(乙)着何军长柱国统率所部及新拨指挥之各部队统归部署，接替第六十七军所遗防务,继续清剿任务,第一一五师准暂归还建制。(丙)着第二十五路抽出兵力三团、第十一路派兵两团及第一零八师,统归梁总指挥冠英指挥,务于最短期内负责肃清东区散匪。以上各项仰即遵办具报为要。蒋中正、张学良。齐巳。参一。

一月九日，孝感115D熊师长：Δ密。奉总副座齐巳参一电节开：王军奉命西开,骑三、骑六两师拨归本军指挥，一一五师准暂归还建制,并令统筹计划,接替王军遗防。等因。着该师即行准备出发接替商城防务。除电请总部发给车皮由孝感到信阳备用外，特电准备为要。何柱国。佳戌。参。喻建章代。

一月十日，限即刻到。七里坪111D董师长、福田河109D牛师长、林店120D常师长、孝感115D熊师长：Δ密。奉总副座齐巳参一电节开：王军西开，着本军接替王军遗防等因。兹规定本军部署如次：(1)熊师用火车即日输送至信阳下车，经罗山、潢川向商城前进，师部率直属各连驻商城所属两团，分驻上石桥、邓家集、竹坡店、汤家汇之线，接何、刘两师各一部之防务。以邓家集为分界点扼要据守。笨重物品，用明港、潢川小铁路输送。商城驻有山炮第一连，暂归该师指挥。(2)牛师师部移驻沙窝，田团仍驻新店，其余两团即日接替周师防务，移驻两路口、双轮河间。白雀园驻有山炮第二连，暂归该师指挥。(3)常师师部移驻经扶。对现在防区内约留一团，其余两团即日接替吴师泼皮河、八里畈、陡沙河防务，但须对金兰山、凌云寺注意为要。(4)董师除现在防区外，应向北延伸至胡家河、凌云寺之线。(5)原属董、刘两师之炮兵，仍旧配属该两师。(6)着各该师将新防区内电话网及汽车路等之交通网克日完成，并将新部署及出发接防日期具报为要。军长何柱国。灰未。参。喻建章代。

一月十二日，109D牛师长、111D董师长均鉴：顷接刘师长电奉总副座电，令山炮第一、二两连，着归孝感原防等因。仰各该师分别转饬遵照为要。何柱国。文申。参。喻建章代。

一月十四日，急。111D董师长、109D牛师长、120D常师长、115D熊师长：Δ密。顷准王军长以哲阮午参潢电称：哲军各部已准备完了，急待开拔，拟于智日开始出动，请饬各部务于下列各日期接防(107D养日、117D皓日、129D养日、110D漾日，完了，以便遵总部令如期出动为祷。仰各该师遵照灰未参电部署，按上列各日分别接防具报为要。何柱国。寒午。参一。喻建章代。

一月十八日，总部巧酉参一电，该军军部位置仍准设在宋埠可也。

命令　一月十九日午后四时卅分
于黄安军司令部

一、军以清剿西区散匪之目的，为指挥便利起见，本部及直属各部拟于本月二十三日朝向宋埠前进。

二、出发部队之行军部署及出发时刻规定如左：

1. 特务营须先遣步兵一连，于明(二十)日早七时由黄安出发，沿黄宋汽车路向宋埠前进，先行接替该地之防务。

2. 通信第十五分队于明(二十)日早七时由现地出发，用汽车输送到着宋埠后，即开始架设。

3. 特务营(欠步兵一连)、通信各队及本部各处徒步行军之官兵，于二十二日早六时卅分在黄安南门外操场集合后，按特务营、通信第一八分队及军部之顺序，沿黄宋汽车路向宋埠前进。

以上各部统归本部副官处长指挥区处之。

自行车队随该指挥官行动，担任行军途中之连络。

各部大休息地点在桃花附近，小休息地点及次数，由该指挥官适宜规定之。

三、物品之运输及汽车之分配(如附表)，着各处(队)派妥员与副官处接洽办理之。并将应运物品堆积于军部门前集合场为要。副官处须派专员指导运输，务按各部须要情形妥为分配之。

四、各部官兵务确守军纪风纪，对于民众尤应谦和，以维军誉。

五、予现在黄安，二十二日到着宋埠。

右令

传达法：油印分发。

军长何柱国

喻建章代

一月二十一日，董师长、牛师长、常师长、熊师长、骑兵王师长并转潢川炮兵申营长、骑兵白师长：Δ密。本军部奉命于养日全部移驻宋埠，特闻。何柱国。养子。参。喻建章代。

一月二十四日，109D牛师长：Δ密。养巳参电悉。上下百站坪附近之匪已逃匿无踪。磨盘山、官盖岭等处，既经数日游击，均无匪踪。仰即饬田团归还原防整顿可也。除呈报外，特电遵照为要。何柱国、喻建章代。敬未。参。

一月二十七日，109D牛师长、120D常师长：△密。八里畈、砖桥、凉亭，归常师长，毛家铺、大河边、胡山铺、彭店，归牛师长抽派兵力分别驻守，具报为要。何柱国。感未。参。喻建章代。

二、军队调遣

一、第百零八师，原系本军建制之师，后奉命归六十七军指挥。一月八日奉总副司令齐巳参一电，令归梁军指挥。据其一月二十九日艳申电称，已达新店、黑河之线矣。

二、第百零九师，自六十七军西开，本军奉命填防后，即于一月十日令该师师部由福田河移驻沙窝，除其六二五团仍在新店附近外，其六二六团移驻两路口、骑龙寺、福田河之线，六二七团驻双轮河、白雀园、沙窝之线。

三、第百十一师，自本军奉命接六十七军防地后，当于一月十日令该师除现在防区外，向北延伸胡家河、凌云寺之线。

四、第百十五师，一月十日命该师由孝感移驻商城一带，其师部驻商城，所属两团即日接替六十七军何、刘两师各一部上石桥、邓家集、竹坡店、汤家汇一带防务。

五、第百廿师，一月十日命该师师部由林店移驻经扶，对于原防区约留一团，其余两团即日接替六十七军泼皮河、八里畈、陡沙河一带所遗之防务。

六、骑兵第三师，自六十七军奉命西移后，该师即配属本军主力，在潢川及其以南地区，一部驻光山。

七、骑兵第六师，六十七军西移奉命配属本军后，现仍驻息县，以一部分驻于铜钟镇及包信集。

八、山炮第十五团第一营，该营除配属各师外，营部驻潢川。

九、军部，十八日奉总部电令，由黄安移驻宋埠。

一月十日，本军变更部署后，各师清剿境界如附图第一。〔图略〕

三、本月份匪情及剿匪战斗经过

一、东区上下百站坪、温泉池附近之匪情及剿匪经过：

二日接百零九师牛师长东午电称：转据625田团长报告：接一〇七师通报，有残匪约四百名，枪半数，现在温泉池附近盘踞，正由该师之一团追剿中。

牛师长除令田团长负责堵击，并协助友军相机歼灭外，并令626石团王营（欠机枪连）推进新店，归田团长指挥，627李团王营推进双庙关，以防该匪之西窜。

七日接牛师长阳辰参电：

1. 约四百余名之匪，枪半数，由仙桃冲窜抵上下百站坪，田团长处置如下：（一）以杜营换门坎山张营防务，兼任往返游击。（二）李团王营守备新店，亲率两营向上下百站坪方向探踪追击。

2. 田团长六日下午六时率队抵上下百坪，探悉匪与该地民团接触后，即向法眼寺逃窜，现正跟追中。

二十二日，据牛师长电称：上下百站坪附近之匪，经田团长率队数日追剿，该匪已化整为零，逃匿无踪，其附近各要地搜索已无匪情。

军除呈报外，当令该师长转令田团回新店原防。

二、东区汤家汇、断石岭、韭菜岩一带匪情及剿办经过：

二十八日，第百十五师六四四贺团防区之断石岭东北六七里之赵家坟发现匪二三百名，枪百余支，向我碉楼袭击，经守兵击退。

二十九日，熊师长报告：本午韭菜岩（在西道河北十五里）发现匪五百余，枪二百余支，闻系伪三路军游击师之一部。

当由军令该师努力搜剿。

三十日，据熊师长电报：贺团探报彭家畈、汤家汇东北有伪赤南县，其道委住大东沟（四道河东二十余里），有枪三十余支。第七乡苏驻小东沟（大东沟西北三里），有枪百余支，彭家畈有伪赤南县。

军已令该师派队搜剿。

〔国民政府军事机关档案〕

11. 国民党军第一零八师戎纪五部与鄂豫皖边区红二十八军战斗详报

（1935年3月）

一、进剿之动机

三月三日晚，奉师长江电略称：隘门关有匪三四百名盘踞中，已令第六二二团派兵两营进剿，着该团赴关王庙南侦察，并确与唐团连络，以便相机堵击，以防北窜等语。奉电后，即着第三营于四日早派所要之兵力，向关王庙以南游击。该营长刘清昶于翌（四）日早七时三十分，率步兵六排（七连六〇人、八连四〇人、九连五〇人）由银山畈向关王庙前进，于午前十时三十分到达，休息半小时后，乃分三路向前搜索。当时部署如附图第一。〔图略〕

二、战斗之经过及结果

正午十二时到达同善桥，稍事休息，乃又继续向南搜索，迨午后二时到达梓树坪北约二里许，瞥见右前方山凹中炊烟突起，营长乃令第七连尖兵曹排长率步兵两班前往搜索，及尖兵到达起烟处，见匪约三四百名，正向我前进中，该尖兵长遂一面报告，并同时占据要隘，开始射击，斯时营长闻枪声起时，即令第八连占领左侧山地开始射击，掩护第九连跃进，包围匪之左翼，营长正亲率第七连之主力(四〇)向尖兵处抢山增援。此时尖兵已为匪包围，实行白刃战，经该营长增援后，几次肉搏，始将该面之匪冲退，救出尖兵一部。而该连隋排长因奋勇激战，头部中弹当场阵亡，士兵亦伤亡七八名。斯时复由山之西南窜出赤匪二百余名，对我七连主力施行包围，刘营长身先士卒，率部迭次冲锋，混战一小时，始脱险，占领河(白沙河)之西岸高地，扼险据守。而该营长所率之随从号兵、传达等相继伤亡，第七连赵连长亦告战死，士兵伤亡约三十余名。此时我官兵虽占有要点，而该匪等仍一再冲突，均被我八、九连之侧射瞰制。追战至午后五时许，匪一部(约五十余名)由我右翼绕攻，经我第九连猛烈射击，卒未得逞，其右翼之一股(约七八十名)向我第八连方面猛烈急进，该连用集中火力沉着应战，该匪仍反复冲锋，卒至伤亡枕藉，营长乘机命第九连徐排长率部由右翼出击，匪被冲散，退据西山松林中。而徐排长克师腿部负伤。其所余之匪因受溃散股匪之影响，亦逐次窜入丛林中。时既黄昏，而我部伤亡须待整理，故未便冒险穷追，该营长乃集合所部并搜索战场遗弃者后，于夜十二时到达银山畈防地。

当时战斗状态如附图第二，伤亡官兵如附表第一，损耗武器弹药如附表第二，卤获如附表第三。〔图表略〕

三、当日与我交战之匪首及其队号

与我交战之匪为伪二十八军(约三百余名，枪二百余支，轻机枪两挺)及立煌游击师(约二百余名，枪百余支，手枪二十余支)，其匪首为高俊亭。

四、赤匪伤亡数目

是役据俘虏匪云，击毙政委一、营长一、匪兵三十余名，负伤数目未详。

〔国民政府军事机关档案〕

12. 国民党军第一零九师牛元峰部与鄂豫皖边区红二十八军在彭店战斗详报

（1935年5月）

第六二七团第三营在彭店剿匪战斗详报

一、战斗前之匪情及我军兵力部署情形

1. 高匪俊亭率领伪二十八军之残余部队，经我二十五路及十一路军之追剿，自五月上旬以来，其主力由立煌以北经叶家集、迎河集等处西窜。

2. 五月中旬第六二五团驻商城以东丰家集一带，第六二六团驻沙窝以南及新店一带，第六二七团第一营驻黎树铺，各以一连驻余家集、七龙山，第二营驻白雀园，第三营驻双轮河，以一连驻胡山铺。

3. 五月十五日，据各方情报，高匪主力约七八百人，于本早由商城以北继续西窜，企图越过潢麻线。当日师之部署如下：

A. 令第六二七团第三营（欠一连）推进齐山口、仁和集一带，第二营推进九里冈，第一营以一连推进白雀园相机协助，骑兵王师防匪西窜。

B. 另以第六二六团驻沙窝之王营派兵一连，游击于沙窝、余家集、黎树铺间。

4. 第六二七团第三营（鲍营）于十六日上午十一时由齐山口到达仁和集，该处驻有骑三师二团第四连。据该连通报：匪于今早七时在双郑树北十里许之朱皮店与该师徐团接触一小时，于九时许由上亚港北约一里附近越过汽车路向西逃窜等情。当即安抚当地民众，并派便衣队长王金刚赴上亚港以北侦察。匪经过之情形后，遂率队向彭店一带前进，藉以侦察匪踪，相机追剿。

二、彭店附近战斗经过

五月十六日午后一时，鲍营长率队由仁和集向彭店前进，于午后三时许行抵彭店东南端郑湾附近，接便衣侦探报告：该匪正在彭店休息中。当令第八、九两连八连在左、九连在右急行分进，第七连为预备队，距抵彭店南端约四百米达之山冈时，发现匪之警戒哨，鸣枪向我射击，经我第九连立将匪哨击退，遂与匪之大部接触，激战约一时余，匪渐动摇。当令第七连增加于八、九连之间，猛烈攻击，匪不支，纷向西北逃窜，当即克复彭店。是役，伤毙匪约八九名，获匪步枪身及零件等甚多。我第七连连长李盛山腰部受伤，其余士兵并无伤亡。

三、战斗后之处置〔略〕

〔国民政府军事机关档案〕

13. 国民党军第一零九师牛元峰部与鄂豫皖边区红二十八军在斛山铺附近战斗详报

（1935年6月）

第六二七团在斛山铺附近剿匪战斗详报

战斗前本师各部队之防务配备

一、第六二五团归熊师长指挥，驻商城东丰家集、竹坡店、上石桥一带。

二、第六二六团团部及直属连驻两路口，第一营驻新店、关王庙、银山畈一带，第二营驻沙窝及周家河、熊家河、毛家铺、吊桥湾等处，第三营驻双庙关一带，担任筑路。

三、第六二七团团部及第二营驻白雀园，平射炮连驻陀畈冲，第一营驻梨树棚，以两连分驻余家集，七龙山，第三营驻双轮河，以一连驻斛山铺。

军部电令及本师部署

六月十一日奉军长灰午参战电令如左：

据张师长佳未参电称：据守东篁店赵营长报告：高匪约五六百名，于佳早四时许，由东篁店、广水间横越铁路后，经百花冲、三里河向大新店方向逃窜等情。本军为层层配备，严密堵截务歼该匪之目的，部署如下：(1)(2)(3)(4)(5)从略。(6)着牛师速集结一团(欠一营)之兵力于白雀园以北地区，准备迎击，该师并须注意潢麻线之警戒。(7)判断该匪东窜之路，一经姚家畈、宣化店、凌云寺、文殊寺、泼皮河；一经铁铺集或姚家畈、龙地、长冈、万家店、龙升镇、文殊寺而东窜。(8)着各该师务探匪踪严行堵击，勿任该匪流窜，致干究惩，并具报为要。

师根据军令部署如左：

（一）第六二七团对于潢麻线之警戒，由团营之特种连担任，并进入碉楼准备固守，其余步兵连除驻七龙山、余家集、斛山铺各连外，均集结于双轮河附近。

（二）第六二六团之赵营，除留机关枪连守备沙窝外，其余集结于黎树棚附近，准备出动，其熊家河、毛家铺等处残留官兵，均固守碉楼。

（三）以上部队均于十二日午后二时前动作完毕。

（四）必要时师长率特务连及重迫击炮连之步枪兵推进白雀园。

匪情之获得及各部之推进

六月十三日上午以前，综合各方情报，高匪已由杨藩桥以北向草鞋店一带逃窜。除令驻斛山铺之六二七团第九连竭力与驻砖桥百二十师之部队确实连系，并搜索匪情外，师长为应付情况便于指挥计，当率时、重两连并饬石团赵营推进白雀园。午后一时许，郑团长接第九连连长李鸿德报告：据斛山铺第十九保保长郭冠称：有大股共匪(数目未详)于本日上午十二时在斛山铺以西六里许之米大岗、于家畈、郑家庄、叶家寨等处盘踞，现正午餐中。又据便衣队长王金刚报据砖桥逃难百姓云：砖桥后沟发现少数共匪，似有向斛山寨、陀畈冲窜扰之样。根据以上情报，匪情极为明瞭。郑团长乃一面用电话报师，一面率队向斛山方面急进，师长亦率特重连及赵营推进双轮河。赵营出发后，复令其向斛山铺推进。

郑团在斛山铺以西与匪战斗经过

（一）郑团长所率部队为二、三营（二、三、五、七、八各连）、迫击炮连（炮二门）、通信排、卫生队一部，及各营小行李到斛山铺后，复将第九连加入。

（二）六月十三日午后五时到达斛山铺询及土人，知匪仍在米大冈等处盘踞。当即出击攻击该匪，西行四里许，即发现匪之潜伏侦探，遂下如左之团展开命令：

1. 大股共匪在正前方米大冈等处盘踞，本团拟攻击该匪。

2. 第三营（欠机三连）附迫击炮一门，向王家园附近右翼展开。

3. 第二、五两连附迫击炮一门，归马营长指挥，接第三营左翼向右翼展开，两营战斗地境为王家园至光山大道之线，线上属右方营。

4. 第三连附迫击炮一门为团预备队，位置于徐家湾。

5. 各营展开完了，即开始攻击。

6. 小行李在堰口停止。

7. 卫生队暂在何新店开设绷带所。

8. 余随第二营后进至黄大庄附近。

（三）攻击开始后六时，我方透视，见匪占据高地，我方有受瞰制之不利，乃用迫击炮猛烈射击，压迫该匪。我官兵精神异常旺盛，前仆后继，奋勇前进。此时匪我伤亡均甚众，匪以不得逞，乃以精锐向我左翼取包围形势。本团为临机应变计，亦遂次向左移动，并以预备队增加于左翼，复令迫击炮行大速度之射击，弹落处匪死亡枕籍，但其势仍不稍减，更以密集队用冲锋枪及手枪向我猛烈突击，第五、八连尤为激烈，各官兵死力抵抗，多次击退敌人进攻，战斗之惨烈,为从未所罕见。彼时该匪复派便衣队向我右翼迂回,希图扰乱后方,经我便衣队长王金刚奋力战斗,毙匪甚多,卒以众寡不敌,当时阵亡。斯时也,为午后九时许,复阴云四布,该匪以伤亡甚众,遂利用昏暗之夜,脱离我之接触向南退去。我方因暗夜追击困难,又恐误中匪计,乃令各营连迅速集结整顿。

(四)我第六二六团赵营午后九时到达斛山铺,即令该营向匪退走之方向施行威力侦察,并派队扫荡战场,其余各部队仍回斛山铺整顿待命。

(五)斯役计得获匪人损坏枪身三十六支及机枪五个,俘伪二十八军八十二师特务营营政委俞朝竹等四名。

(六)当与匪战斗最激烈时,我第八连正面匪势异常凶猛,双方肉搏数次,至死不退一步,卒至该连连长以下官兵被数倍之匪掳去甚多。

(七)斛山铺附近战斗经过,如附图第一。〔图略〕

人马死伤数目,如附场第一。〔表略〕

卤获人马及武器数目,如附表第二第三。〔表略〕

损耗械弹数目,如附表第四。〔表略〕

〔国民党政府军事机关档案〕

中華民國史檔案資料滙編

第五輯 第一編

軍事（四）

中國第二歷史檔案館編

鳳凰出版傳媒集團 鳳凰出版社

目　录

(七)对中央革命根据地第五次“围剿”

(八)对中国工农红军长征的“追堵”

(七)对中央革命根据地第五次"围剿"

一、北 路

1. 国民党军第六师周嵒部与红军在江西黎川洵口战斗详报

(1933年10月)

(一) 战前一般状况

四日下午，军部余参谋长奉军长面谕来师转达：

(1) 据报洵口、石磜附近有匪千余，枪约半数。

(2) 六师派兵三团前往扑击。

当时本师除守备阵地外，仅有两团可抽，故附以五师之二十七团，又以三十团新兵较多，乃派三十四团、三十一团及五师二十七团，令十八旅旅长葛钟山率赴洵口游击，即召集葛旅长及各该团长会议，轻装不带锅灶，定当(四日)夜十二时出发，五日回防。师下如下要旨之命令：

1. 洵口、石磜附近有匪千余，枪约半数。

2. 师以袭扑该匪之目的，派十八旅旅长葛钟山率三十一、三十四两团及第五师之二十七团、黎川保卫团两分队、五瓦特无线电一班，今夜十二时出发，经株林陂——何家庄向洵口搜索前进。

3. 对潮坊方面应加注意。

(二) 作战经过

午后十一时三十分，该旅以三十四团附黎川保卫团为前卫，二十七团、三十一团(欠一营)为本队，三十一团之一营为后卫，向目的地前进。

五日上午六时三十分，该旅先头到达洵口及石硖，将小匪驱逐。师于上午十时接该旅长微辰电如下：

职率所部先头队，晨六时半到洵口及石硖，据土民云：匪大部于江晚向牛田塔下方向窜去。一俟派赴莲塘、飞鸢方向侦探归还，如无匪情，职拟经畲上归回。

师接电后，当即报告军长，接余参谋长电话，遵原意发该旅微午电如下：

（一）据报得胜关有枪匪三、四百，东山百余，伪省府在樟村匪不多。

（二）该部着向中站极高游击，今晚在硃庵庵、熊村附近宿营，再向得胜关游击，鱼日回防。

（三）侦探要远，戒备要严。

十一时，又接葛旅长微已电如下(尚未接上电)：

职率所部，于上午十一时三十分归回。

十一时十分，又接葛旅长微午电如下：

各团炊事具均未带，给养为难，可否今微日回防，明(六)日再至得胜关游击，候电示。

师接上二电后，当复微午二电如下：

微午电悉：(一)锅灶准十二时出发，护送至司前，希派队接护。(二)该部仍照午电行动，明日回防。

午后四时，顷接葛旅长微申电如下：

“微午二电奉到。已下午二时许，自洵口至湖坊亦有廿五里，四周均系丛山单道，通行时已不及，决今微晚在洵口宿营，锅灶请送至洵口。乞电示，俾派兵来接。”

以上各电先后转报。续奉余参谋长电话，该旅不必往中站，饬还原防。当发微申电如下：

“该部不必向中站游击，明日撤回黎川可也。”

是夜未接续电。六日晨，师发鱼辰电如下：该部现在位置及行动着立刻电告。

六日上午九时，接葛旅长鱼卯电如下：

“据俘匪胡孝成供称：伪二十师黄匪克相三团，人三千，枪二千，弹每人七八排，机枪六挺。该师东由中站磜隘至砚原到湖坊，冬至洵口休息一天，江至资溪桥，一部到飞鸢。又伪十九师之一营，枪三百余，人约五百，伪黎川独立团及游击队三百人，枪约二百枝，亦在飞鸢、磜源一带。闻伪第三军团在洋口，有否已到此方，尚未明瞭。本旅今鱼辰决心向飞鸢之匪攻击，以第三十四团为主攻，由洵口之大道进向飞鸢攻击，三十一团为左侧支队，经砦坑（十万分图桐源）绕攻飞鸢，左侧为助攻，二十七团为预备队，位置仍在洵口。”

上电报军长后，当奉指示，匪情即发，鱼已电告该旅。“军部探明湖坊之匪昨（五）日一部窜砚源，有回窜湖坊模样，该部队对右方应特加注意。”

后至下午三时，尚未接该旅来电，复发鱼申电。

“鱼已电计达。该部向飞鸢进攻后，情况若何，至念盼复。”

上电译发后，同时接葛旅长鱼未电如下：

“微申鱼已电均悉。昨本归防，适发生匪情，故决心于今鱼辰将该匪扑灭后归还。职派何翁两团外，亲率段团之一营，于今晨向飞鸢攻击，翁团先头队于上午九时到达飞鸢，仅见散匪五六十名被击后，向杉关方向窜去。因山势险恶，未便远追，职即令各团交换掩护撤回。适职回洵口后，得翁团报告，在飞鸢东山中忽发现伏匪五六百向我猛射，何团长受伤，已令蒋团附代理，现三十四团、三十一团正与匪对战中，已令段团之一营至前方策应，但匪主力仍未明瞭。”

同时又接鱼申二及鱼申电：

“匪另有一部，由资溪桥向我前进，其先头已到达洵口附近，其后方人数未详，请速增援。”

“鱼申电敬悉。据俘匪供，匪约三团以上，与何、翁两团激战中，其后方似尚有增援部队。段团已派兵占领通飞鸢之要点，以便日没后撤回洵口。但掩护阵地甚劣，本旅今鱼晚在洵口宿营，担架、油烛、食盐请派队护来洵口。何团长伤腹及臂部。”

上电随时报告军长，奉示派姚师即刻出发赴援，当令各团准备食盐、油烛及师担架，派兵一连（三十三团）随姚师护送至洵口，并复葛旅长鱼戌电如下：

“（一）姚兼一已出发。（二）该部位置及现情如何盼立复。（三）饭盐烛担架均送出。（四）资溪桥方面顾虑少，对湖坊方面应特别注意。”

续又发鱼戌二电：“（一）据报本日上午十时半匪千余，枪三四百，向湖坊前进，并无后续部队。（二）无线电希不断连络。（三）兼一前进中。”

续又发该旅鱼戌三电：

“两戌电计达。（一）兼一到后，该部归其指挥。（二）姚带无线电第九班，饬十二班与之连络。”

下午十一时，接该旅鱼亥电如下：

“酉戌电悉。何、翁团现已撤回洵口，何团蒋营长伤，蒋团附及陈营第九连及机枪一挺未到，阵伤官兵两团百余，其余查明再报。”

上电转报后，当禀承军长发亥电如下：

“亥电悉。（一）该旅今晚在洵口集结固守。（二）姚师九时出发，主力到何家庄，派一部向洵口连络，该旅归其指挥。（三）匪情如何，仍盼查复。”

续发鱼亥二电：

“（一）该部今晚在洵口集结，严密警戒，对湖坊尤须注意。（二）姚师九时由黎川出发，主力子刻可到何家庄，一部向洵口连络，并向资溪桥、湖坊各派一部袭击。（三）与姚师连络后，归谢副师长指挥，准备明拂晓受姚师掩护经何家庄回防，伤亡设法收容。(四）奉军座令，以上各情，通知谢副师长。”

七日上午一时许，又发该旅虞子电：

“(一）对战之匪，系何队号，现情如何？(二）何、蒋伤势如何？甚念。(三）姚师约子刻可到何家庄，当已取得连络。”

夜十二时起，因天电甚大，鱼亥、鱼亥二、虞子共三电，当夜一再押发，均未拍出。据通信员报告，仅听到对方之音甚微，但不能收发电报。令其继续连络，至晨七时，始能通电。接葛旅长虞子电如下：

“鱼戌、亥奉悉。翁团俘到伪二十师兵，除所供与晨电相同外，又资溪桥还有一部，但本日观其轻重机关枪手榴弹甚多，弹带长花冲，力甚强，且兵力在四千以上。恐非但二十师一部，惟队号尚查不出。继续又收得葛旅长致姚师长鱼辰电知，本早又与匪激战。

续奉军长电示，已令姚师前进。当发该旅虞辰电如下：

“(一）与匪激战已悉，军长已令姚师前进增援，并电请派飞机侦炸。(二）情况希时时电告。”

九时余，又发虞巳电如下：

“(一）姚师长九时再率一团增援。(二）当面之匪，如不能击破，可相机西撤，并与姚师确取连络。”

续接该旅虞巳电如下：

“(一）本旅拟今虞辰俟阵伤官兵运完后，即行撤回。(二）晨六时，匪发现于洵口西南各高地现正与匪激战中，本旅决心固守洵口，以待姚师增援夹击。”

师复虞巳电如下：

“虞巳电悉。(一）姚师已向前夹击，贵部不必恋战，归姚师长指挥，迅即相机西撤。(二）士气须极力提振，匪处境困难较我百倍也。”

上午十一时十分起，电报不通，仅由军部方面得知姚师战况极为激烈，午后八时许，三十一团及二十七团受姚师之掩护，陆续回黎川。惟三十四团回黎川者官兵仅十余人，葛旅长以下及三十四团均无消息，虽经连日先后派探向各方探索，亦无确息。

九日上午七时，三十四团排长关占魁率士兵武举海、余承忠乘黑夜潜出匪围，送翁团长报告要旨如下：

报告

十月八日下午七时于洵口阵地

（一）职团与五师之一部现仍困守洵口东端村庄，其西端房屋被匪焚烧净尽，伤亡官兵(除在阵地不计外，在村内者已达二百员名左右。)

（二）此报告到达后，请于明(九)日用飞机投信与职，或冲或守，务请明示。

（三）匪军包围甚紧，如奋勇冲出，则伤兵及械弹人员恐全失矣，如守，亦请明示期限，因弹药食盐刻不容缓。

（四）如须困守若干日，除请明示外，并祁速着飞机送弹药食盐前来。

（五）本团飞机符号铺于屋顶及地上两处铺(六师三十四团乞援)。

师接报告后，至为惊异。盖两日来，均未得该团消息也。当即报告军长，挑选奋勇队，师长晓以大义，示以机宜，官兵均慷慨激昂，誓达成任务，于当日下午出发，并于上午电请派机援救。

十日上午一时，又派三十一团第一营赴何家庄附近接应，该营为匪所阻，于未刻回黎。

下午四时，翁团偕奋勇队脱险回黎，惟受伤者未能救出，经派官兵乔装潜往，出重资雇土民陆续抬回数十。至战斗详情，见各该团战斗详报，查对战之匪，系伪三军团之第四、五两师及伪七军团全部。

此次战役之教训〔略〕

〔国民党政府军事机关档案〕

2. 国民党军第二十四师黄子咸部与红军在江西南城硝石战斗详报

（1933年10月9—13日）

一、战斗前一般之状况

本师奉令于九月二十九日，由南城进驻硝石，归第八纵队指挥后，即将硝石东西北三面高地选择阵地，妥为部署，并以一部驻石下堡，担任九岗铺、八都圩、熊家圩方向警戒，以一营驻洪门警戒，维护南硝交通，一面派队分途清剿附近散匪，破坏匪组织，一面构筑野战工事，征集材料，构筑碉楼。于十月三日奉令进袭湖坊中站之匪，于当晚在西村与匪遭遇，相持一夜，至四日奉令回防硝石，而湖坊中站之匪已窜洵口，正与我第八纵队之第五、第六师各一部激战于洵口附近，至八日据各方情报，洵口之匪已被我第六师击退，窜集资溪桥、潭头市各处。同日奉纵队指挥官周庚己电，据工民报称，目见洵口之匪向集资桥、窜进何家庄之匪，亦有窜百顺模样。当即令各部队严密戒备，并下达防御命令如下：

1．综合各方情报，资溪桥、潭头市等处，由洵口、桐埠方向窜到之匪甚多，何家庄之匪，有窜百顺模样，似有进犯硝石企图。

2．本师基于固守硝石之任务，决集结兵力迎头痛击。

3．各部队任务区分如下：

（一）第七十二旅担任第一线之阵地守备，自硝石西南河边起，经硝石市西南端及第二十堡、第二十二堡至硝石东南东南河边止（资溪桥将军岭南城大道及桥头村属之，应将各团营连守备区域，分别划清妥为部署，对于各碉堡间隙地，须互相支援，构成浓密之火网。

（二）第七十旅之一四〇团（缺第一营，附工兵一二两连，担任硝石市以南沿河一线各阵地之守备，东西两侧须与七十二旅阵地守备部队确实衔接，该团驻洪门之第二营，着即调回硝石，归还建制。第七十旅之一三九团为预备队，除以一部迅速构筑各未完成之工事外，余均以待机姿势控置于第二线预备阵地带。

4. 炮兵第二连、特务连分任硝石街之巡查及各部处之监护。

5. 无线电队仍在原地架设，照常通讯。通讯连除照常通讯外，应派得力士兵，将各碉楼、各指挥官位置电话，迅速架设构成严密之通讯网，限本日午后二时以前完成。

6. 军医院仍在原地开设，并迅速完成绷带所之设备。

7. 大行李各在原地停止。

8. 余现在师部，战斗开始时，在师部后高地碉楼（完）。

本晚据各方便衣坐探先后报称，竹油村、资溪桥之匪，已节节向硝石进逼，洪门附近高地有匪探出没。至十月九日午前七时许，复据各方侦探报告，资溪桥之匪约二千余，已经严和市向硝石急进中，其后续部队为匪三军团之第四、第六等师，下桐早、韩公桥两处到匪约三千，竹油之匪为伪五军团第十三师，均向硝石急进，其先头已达崔坊、谢坊之线。洪门附近到匪甚多，南城、硝石间电话线，于午前十时被截断，交通从此断绝。九岗铺亦有匪出没。当即令各守备部队遵照昨日命令所示进入阵地，以备迎头痛击，至十一时，目见硝石以北约四里许之华灵峰、将军岭等处，有匪部队及旗帜甚多，且硝石东北之匪，向洪门方向移动，午后一时，由竹油方向窜来之匪，已与我一四三团警戒部队接触，并见匪之密集部队，由华灵峰向我阵地两翼运动，节节进逼，同时硝石以东之永寿桥及其附近，与硝石以南之石下堡后高地一带，均为匪占领。

二、战斗地之形状

硝石资水东来、黎水南来，汇合于硝石之西南端，而西北流入盱市，长约一千五百米，靠资水北岸成一弓形，市以东约半里为桥头村，村前乃平坦开阔地，市后小山起伏，地形复杂，依其棱线策定防御地区，有一线二线之分，以硝石桥头村延伸之东北及西北一带高地至两翼河边止，为第一线，计长约三千米。以硝石街及其街背一线高地为第二线，计长约二千米。第一线阵地除以野堡碉楼编为据点外，并构有副防御物。第二线阵地除碉堡外，则构成连系工事。硝石街则以工事完全封锁，而以桥头村为独立守备区，与第一线之第二堡、二十堡、二十二堡形成支撑要点。硝石以北约四里许，为华灵峰，标高约八百米，屏障于西北，匪可借为掩护运动部队。资水河幅约百米，黎水河幅约二百米，滩干水浅，可以徒涉。资水南岸为石下堡，有一线岩石地，悬崖峭壁，距我二线阵地约千米，匪可利用向我背射，但其地进出不甚便利，地多平坦开阔，在我第二线阵地瞰视之下，兵力大时，可用为守，而攻者据之，无多利益，黎水西岸为章家店，其高山高出我第二线阵地约四百米，距我阵地约一千四百米，匪如有炮兵，则大可利用，瞰射我硝石街至硝石交通线。以东至潭头市、通资溪桥、洵口、飞鸢，东北至大竹、小竹、竹油村、通桐埠，东南至湖坊、中站，以南至九岗铺、通百顺、黎川，即黎南大道，又可至八都圩通黄源圳以西，经下湾、包坊至上杭圩，通新丰及东坪圩、西坪圩，西北至洪门，通南城为南硝大道。

三、战斗经过（自十月九日起至十月十三日止共五日）

十月九日　晴

本日午后三时许，硝石以东永寿桥附近及硝石以北华灵峰之匪，开始向我第一四三团阵地及桥头村与一四四团阵地之第二十堡、第二十二堡猛烈冲击，并以迫击炮向我猛射，我守兵凭据工事沉着应战，毙匪五十余名，卒不得逞。至黄昏后，匪复挑选其干部及中下士等携带手枪、手榴弹，利用黑夜在轻机关枪火力掩护之下，向我桥头村及二十二堡各处猛烈冲击，回复四次，肉搏二次，卒以我方沉着，匪死伤过多，且我以汽油棉絮制成之火球照明，仍不得逞。但我一四四团第一连连长颜芝云于二十二堡阵亡，其余连附士兵于肉搏之际共伤亡十余名。

十月十日　晴

天明后，战况沉寂，我阵地前，匪尸百余具，内有匪官长十余名，并俘匪十一名，夺获手枪一枝，七九步枪九枝。据俘匪供称，来犯硝石之匪系匪三军团之第四、第六及匪五军团新编第十三，匪一军之第二等师，匪七军团之十九师，现已占领洪门，其余主力在九岗铺附近。昨晚系挑选干部及中下士与资深兵卒，携带手枪、手榴弹冲犯阵地，死伤共约三百余名等语。至午前九时，因我空军飞来轰炸，故匪仅留小部警戒，其余大股均潜伏华灵峰、永寿桥附近各山谷凹地间，以手机关枪及迫击炮向我轰击，至薄暮后，又冲击如昨，并选派湘籍资深士兵多名，来我各阵地前喊叫宣传，希图扰乱我军心，诱惑我士兵，幸我方沉着应付，虽又经几度向我桥头村及二十二堡等处猛扑，均予以痛击，匪伤亡百余，我方亦略有伤亡。

十月十一日　晴

拂晓以后，战况仍沉寂，我空军仍来轰炸，匪似有退窜模样，当即派遣小部队在我空军掩护下，向华灵峰、永寿桥、资溪大道分途搜索，旋据该部队先后报称：永寿桥之匪，仍隐匿于桥之东南高地，华灵峰之匪，仍潜伏于该峰凹地及山谷，似另有企图。据俘匪供，华灵峰附近为匪三军团之第四、第六等师，其四师师部在该峰顶庙内，永寿桥之匪，为五军团之第十三及新编第三等师，洪门为匪七军团之十九师，七军团主力现在九岗铺附近，监视黎川部队，并有出动准备。匪连日因攻硝石不逞，朱德、彭德怀、董振堂等召集各主要军官及政治人员，并每连派士兵代表二名，在距硝石约十八里之处会议，以各军团比赛截援军攻硝石之胜，并以硝石工事坚强，攻击不易奏效而牺牲过大，决改用围困战术，以主力潜匿各要处，先截击黎南援军，再夺取硝石等语。至午夜十二时许，匪复于华灵峰举火光焰烛天，并以精锐部队在浓密火力掩护之下，分途向我阵地猛扑，四处喊叫，杀声震天，其前线已达我碉堡附近，肉搏相持，卒将凶悍之匪击退，未已，复续冲击至再至三，终不得逞。我方伤连附五员，士兵二十余名，匪共伤亡二百余名。

十月十二日　晴

本日我空军轰炸效果颇大，据俘匪供，被炸死伤者约二三百名，日间战况仍寂，入夜复一面仍以湘籍士兵喊叫宣传，一面仍冲锋突击，激战如昨。

十月十三日　晴

午前八时许，目击华灵峰及其附近之匪大举火光，似有退窜模样，同时据空军通报“约有一千余之匪向硝石东北退窜”。当即由七十二旅派兵一营，分向永寿桥、华灵峰方向相机追击，并由七十旅一四〇团派队向石下堡搜索，一三九团派兵一营，沿华灵峰麓相机出击。旋据各搜索部队先后报称：石下堡已无匪踪，华灵峰仍有匪之大股，凭险顽强抵抗，相持约三小时，我方伤连长一员，士兵共七名，永寿桥仅有匪一股，被我追击部队压迫，已向谢坊方向稍退，毙匪二三十名，俘匪十九名，缴获步枪十七枝。我方士兵亦略有伤亡，因为时已晚，深恐中匪诡计，各部队故未穷追。于午后五时以前，均各仍归还原阵地。且本日我九四师已达到包坊、章家店之线，其五五九团，于午后二时许，已与我取得联络，故[illegible]声威益振，匪胆更寒，入夜虽仍有断续之枪声，则不似前之激烈矣。

十月十四日　晴

拂晓以前，匪全部分途向大竹、小竹、竹油村、潭头市等处退窜，当即派兵分途搜索，清扫战场，硝石当面已全无匪踪。同日洪门之匪十九师向徐田庄上横沙之线退窜，硝石南城间交通逐渐恢复，即派通讯连将电线修复。

四结论〔略〕

五战斗经验〔略〕

中华民国二十三年三月三十日

代师长：黄子咸

〔国民党政府军事机关档案〕

3. 国民党军第八师陶广部与中央苏区红军在大雄神冈一带战斗详报

（1933年11月）

一、战前一般之概况

十一月九日，我第七纵队第三、第九、第九十等师，在大雄关、神冈之线与匪第一、第五两军团激战终日，击溃匪军，占领大雄关、神冈两处。是夜十二时，奉师长电话，略谓土匪现向我第七纵神冈、大雄关阵地反攻，本师迅以一旅进至沙冈上占领阵地，构筑工事，即以主力向熊坊方向活动，威胁匪军侧背，如匪向南溃窜，则施行截击云云。

二、战斗地之形状

沙冈上四围均系山岭重叠，形如锅底，军峰在其西南，自南丰至党口道路至此分而为二，一、由右手向西北经张坊、唐山、汤坊、大头山至党口，二、由左手向正西经河岭、上磜上、大头山至党口，其自北而南则自熊坊经唐山、沙冈上大山口以至三溪，其西北至西南则有军峰山盘峙其间，至沙冈上附近地势如逐渐低下。

三、战斗经过

十九日夜十二时，奉师长电话，当即令第四十五团（缺驻庵前之第三营）、第四十六团立刻在天心堂大堡前集合，并令第四十六团在潭下桥之第一营即时向沙冈上搜索前进。一时三十分集合完毕，即以第四十六团任前卫，向沙冈上前进至潭下桥，当令四十五团留兵一连，向南坑方面警戒，二十日午前五时，进至淘田，接四十六团李团长留传令兵面报，略谓沙冈上似有匪出没，已令第一营搜索前进，旅部及四十五团请在淘田暂停等语。六时二十分接李团长报告：

1．职率部于午前五时五十分到达沙冈上，已派第一营占领西面山顶阵地，对神冈、党口方面警戒，第二营占领西北山顶阵地，对熊坊方面警戒。

2．据土民云，本日午前一时许，有由熊坊窜来之匪百余人，在沙冈上停止约一小时之久，即向党口方面窜去。

职接报告即率四十五团继续前进，至沙冈上接李团长报告：

1．据便衣侦察报称，张坊、唐山到匪甚多；

2．张坊之匪现已与我第二营接触中。

职于六时三十分到达沙冈上，当令李团派兵驱逐张坊之匪。是时，匪已占领自西北至河岭上一带高山，向我射击，掩护其主力沿山腹向南逃窜，我第四十六团第一、第二两营，遂由原阵地开始向匪攻击，激战约一小时余，因我军所占阵地地势较低，仰攻不易，其时张坊之匪复向我第四十六团第二营阵地猛冲，职见匪部已占领高山，我军仰攻不易，为欲达到任务解决匪部计，乃令第四十五团派第一营由左翼向匪部去路施行截击，令第四十六团派第三营由右翼向匪攻击，以冀压迫匪之掩护队于阵地前面较低之处，以期奏功。午后一时，接徐团长报告：

一、第一连全部已占领沙冈上西北高山右之次高地区，但山系悬岩，被匪瞰射，仰攻不易。

二、第二连派兵一部，欲夺高山左翼之小山，亦被匪占领高处，仰攻不易。

三、匪大部向南溃窜，其掩护队仍占据高山。

职见徐团左翼侧击既未奏功，迭奉钧谕严催务将该匪截击，以求解决，适四十七团成营已到，遂再令四十五团以全部加入左翼，以期夺取河岭上截匪去路，该团迭次猛攻，至午后二时，始将河岭上占领，匪向军溪源方面逃窜。我当令该团第二营跟踪追击，至午后三时，因与友军尚未取得连络，而左翼唐山方面情况亦不明瞭，遂不敢加抽部队分头尾追，又因时间关系，急于就原阵地构筑工事，以防匪之反攻，当令两团就原阵地构筑工事。午后四时，以四十六团第三营及第四十七团第三营集合于沙冈上村落待命，其余部队均原阵地警戒。二十一日午前六时，奉令率第四十五团及第四十七团第三营开回南丰，四十六团仍留沙冈上担任游击。此次战役所有伤亡损耗如附表第一、第二所载。〔表略〕

〔国民党政府军事机关档案〕

4．国民党北路军顾祝同部与中央苏区红军作战情形报告书

（1933年11—12月）

洪门之役二二·十一·六——七

（一）战前匪我形势

匪伪第三军团四、五、六等师踞硝石东北之竺源、曹家边、竹油一带，有窜扰黎川企图，时我二十四师彭旅及七十九师全部驻硝石，八十七师二五九、二六一两旅驻洪门岭、何家边一带，并担任碉堡构筑及守备任务。

（二）匪我战斗经过

十一月六日午前七时，我八七师二五九旅陈团派轻装兵一连，向廖坑、徐田附近游击，侦察匪情，并掩护构筑碉堡。十时三十分，踞徐田方向之匪，忽与我驻硝石之七九师游击队激战，该团游击之一连即占领廖坑附近高地应援七九师之游击队与匪接战，旋徐田附近有大股匪向我占领廖坑之游击队攻击，十二时左右，匪之主力并已与我拱桥、将军岭、毛岭一带二五九旅警戒部队接

近，同时战事骤呈猛烈，匪并占据何家边北端高地，向我军中严阵地侧射，左翼有匪兵一团猛攻。午后一时，匪又以一部向右运动，侵我八七师二六一旅阵地，并有肩膀岭附近激战，我军并以炮兵掩护，在中严部队向匪突击，同时派兵一部猛击匪之右侧，另一部在火烧山以重火力压迫匪之右翼，经二小时之猛战，匪始分向黄狮渡方向溃窜，我军遂占领上严北面附近各山峰。此次匪我战斗冲突、肉搏达数十次，历一昼夜匪之损伤奇重。

（三）匪我伤亡及卤获 〔略〕

浒湾之役二二·十一·十二——十三

（一）战前匪我形势

匪伪七军团十九、二十两师，原踞珀 黄狮渡一带，伪三军团全部原踞桐埠、大竹一带至十一月九日，伪十九、二十两师，即向枫山铺、琉璃岗一带前进，并占据大仙岭，有向浒湾进攻模样。浒湾镇、琅琚及左坊营，我军筑有工事，浒湾镇之工事，由我八十五师步兵一营担任守备，因匪有向浒湾进攻企图，乃令三十六师派兵一团进驻该镇，协同八十五师之一营继续增强工事，严密防守，在左坊营及琅琚之工事，由我驻金谿之第四师各派兵一团担任守备。至十一月十一日，伪七军团向我守浒湾部队猛攻，乃檄调第四师（欠两团）驰往夹击，该师于奉令后，于十二日拂晓即循左坊营、琅琚、毛店向浒湾前进。

（二）匪之诡谋

匪以伪十九、二十及三十四三师兵力，由大仙岭向浒湾猛烈进攻，逆料我第四师必由金谿经金抚公路来援，乃以伪三军团全部潜伏于金谿西方公路两侧，意在俟我第四师经过该路时乘其不备而要击之，固不料我第四师绕道琅琚，致未遭其所算也。

（三）匪我战斗经过

匪伪七军团于十一月十一日上午十一时，向我浒湾守兵攻击时，我浒湾方面三十六师之李团（欠一营）八十五师之周营据守浒湾附近预先构成之工事，同时李团并向枫山铺方面古竹街、王家岭一带派出警戒部队。未几，受匪压迫由预备阵地退回主阵地，而匪复由汽车站后隐蔽地向我浒湾进攻，亘一昼夜卒未得逞。

我第四师奉命夹击大仙岭一带之匪，以第十九团担任前卫先头部队，于十一月十二日正午到达大仙岭以东吴家岗高地，即占领阵地，向踞大仙岭之匪猛烈攻击，因受匪军瞰射，未能得手。午后三时，该师之十二旅二十三、二十四两团先后到达吴家岗，复向占领大仙镇之匪猛攻，激战约二时许，因损伤过大，乃即在吴家岗原地增筑工事，并构成一周围连锁之土堡。迨至午后七时，潜伏金谿西方之伪三军团四、五两师全部，突由吴家岗西方及南方向我第四师包围，以连排密集队向我第四师阵地更番猛冲，自十二日午后七时起，迄十三日午前五时止，未稍间断，我第四师以优势之火力，沉着应战，阵地前被击毙之匪尸几如山积。午前七时，我南昌、南城两航空队复向占踞大仙岭匪之主力阵地施以猛烈轰炸，匪乃不支，分向大仙岭北方及琅琚、枫山铺方向溃散，我空军复跟踪轰击，匪之伪三、七军团遂溃不成军矣。

（四）匪我伤亡及卤获　〔略〕

连家源之役　　二二·十一·十四——十五

（一）战前匪我形势

匪伪五军团主力盘踞于黎川以北一带地区，并常出没于百顺、白石头点山上蓝、连家源、周家圩、武家坊、东门前一带滋扰，其时我第八纵队各师，由石硝经石下堡、洋墩一带向黎川推进筑碉，十一月十四日，我第五师进至界牌前九岗铺、观音阁、黄虎潭、莲花山庄上吴家源、杨家边，第六师经白石头，九六师经周家圩一带，向连家源推进，并对匪侦察搜索，逐步推进筑碉。

（二）匪我战斗经过

十一月十四日午前十一时，我第五师先头部队，进至连家源东北约三里处，忽有船山之匪向我射击，同时左侧方东门前北端小高地森林内亦发现大股匪军向我军猛烈攻击，其时我九六师主力已抵连家源，第六师亦在白石头方面均先后与匪接触，匪遂逐次向我军左翼移动。午前十一时，我第五师一部，行抵九岗铺南端高地，匪乃左冲右突，战事激烈。据报后，当派空军前往助战，并施行猛烈轰炸，匪一部顿受压迫，乃稍退。我九六师一部遂将船山占领，至午后零时三十分左右，我军同时向连家源攻击前进，匪受重大压力，遂分向点山、资溪桥方向退窜，我九六师跟踪追击至武家坊时天已昏黑，乃还连家源宿营，战斗告终。

（三）匪我伤亡及卤获 〔略〕

大雄关之役二二·十一·十九——二十

一战前匪我形势

匪伪三、七军团于十一月十一日迄十三日，由珀玕黄狮渡一带窜至大仙岭及吴家冈西南方向，我浒湾驻军三十六师之一团及在吴家冈之第四师猛烈攻击，同时以伪一团在抚州南城间破坏我电话，扰乱我交通。迨十三日，伪三、七军团在大仙岭一带溃退后，在神冈、党口之伪一五军团固未之知也。乃于十五日午前四时，窜至水兴桥、见贤桥间，以一部监视我碉堡，其主力遂闯入我封锁线，窜向子规附近深山，企图为三、七军团声援，以扰我临南，至午前十时，方通过完毕。据目睹之守兵称，约有六、七千人。时我据守棠阴、见贤桥者为孔令恂师之一部，我五、七两纵队已推进至上杭东坪、西坪、石沟圩一带，乃令第五纵队撤至徐蓝、里塔附近，拟将该匪于封锁线内消灭之。我第九师及九十九师于十九日到达里塔附近，匪伪一、五军团即于是夜复由见贤桥、永兴桥间向神冈、党口退窜。

二匪我战斗经过

十一月十九日，匪伪一、五军团集结党口附近，我第九师跟踪追击，于同日占领神冈及大雄关一带，匪伪一、二两师及十四师由乌坊、东湾方面向我大雄关之第九师猛烈攻击，经我各部官兵迎头痛击，双方肉搏达十数次，直至二十日晨，残匪始向沙冈上一带窜去，复被我驻南丰之第八师部队中途截击，匪乃狼奔豕突，分向三溪圩、新丰市、东黄陂一带逃窜。我军第九师及九十师，遂将大雄关、党口一带地区完全占领。

三匪我伤亡及卤获 〔略〕

五都之役二二·十二·十一——十二

(一)战前匪我形势

匪伪一军团第一、二两师及独立团，原踞于东黄陂七九都一带，十二月十一日，有向崇五都方面移动模样。据报后，即令在五都一带构筑碉堡之第四军部队，严密堵截，取攻势防御。

(二)匪我战斗经过

匪伪一军团第一、二两师及独立团，于十二月十一日，由东黄陂一带向我崇五都防地进扰，企图占据五都以西桂家坳、石前坑一带高地，向我石前坑、苏溪瑕之线袭击，我军预有准备，即严阵以待，石前坑高地经数次冲突，匪卒未得逞，旋又有大股匪由六都、四都西南思封山方向抄袭而来，一时石前坑一带火力骤转猛烈，喊杀之声撼动山岳，肉搏冲锋数十次，匪尸山积，我军官兵仍奋勇无前，剧战经一昼夜，匪乃不支，于十二日午后分向东黄陂一带退窜。

(三)匪我伤亡及卤获 〔略〕

团村之役二二·十二·十二——十三

(一)战前匪我形势

匪伪三军团残部及伪七军团之三十四师自经浒湾溃败后，即与伪五军团主力联合盘踞于点山、青山、东山、下村、熊村、中站等处，十二月十日，复由以上地区窜集团村、德胜关一带，熊村仍有其一部，伪三师及十五师亦盘踞于龙安镇、沙湾等处。我第八纵队各师于十二月十一日在黎川集结完毕，十二日开始向团村推进，第六师经余庆亭、谢家排、五都围向李家洲一带前进，第九六师经鲤潭桥、大芸瑕、新嶂三都团向东山前进，第五师在第六师后行进至余家岭后，经芦陂三都在九六师后行进，我第五纵队之十一师、六十七师，除以一部由黎川向第八纵队前进部队两侧游击外，其主力及九四师均集于黎川取待机姿势。

(二)匪我战斗经过

十二月十二日，我第六师前卫行抵万古亭附近，即遭遇占踞溪山各石寨之匪（五六百）遂展开于万古亭南方山地向匪攻击，我空军亦来助战，并施以猛烈轰炸，毙匪数十，匪不支，分向饶家湾、黎家瑕一带窜退。我六师前卫部队遂于午前十时三十分左右，次第将和尚岭、溪山各石寨占领，我第八纵队为取得有利地形与匪决战计，乃变换阵地，以六师主力展开于和尚岭、溪山寨之线，向排下西侧高地、排下及五都围攻击，以九六师展开于木杓山、撮斗寨、五里峰、贯前山之线，向团村及其东南高地攻击，以第五师由贯前山向我九六师五七一团左侧背迂回之匪攻击。配备甫毕，而匪伪三军团全部、伪五军团之十三师、伪七军团之三十四师，以优势兵力向我阵地猛攻，战斗极为激烈，匪我肉搏冲锋达数十次，卒以我官兵奋勇争先，将匪所踞优势之华盖山占领，匪始不支，于十三日午前二时左右溃败，其大部向德胜关溃逃，另一部向樟横村方面窜去。

(三)匪我伤亡及战场卤获〔略〕

德胜关之役二二·十二·十五——十六

(一)战前匪我形势

匪伪三、五军团及伪七军团之三十四师，自十二月十三日在华盖山为我第八纵队击溃后，即将其精锐麇聚于德胜关南北侧高山一带时，我第五纵队之六十七师、第八纵队之第五、第六、第九六等师，分驻东山、德胜关间一带，另一部并已占领新店，对德胜关之匪已取得三面包围形势。

(二)匪我战斗经过

东山、德胜关一带匪之阵地，山高林菁，仰攻不易。十二月十五日，微雨大雾，认为我军施行攻击之良好机会，乃以第五、第六七、第九六等师分向德胜关南北侧高山匪阵地猛烈攻击，午后二时左右，即将德胜关北高山占领，同时我六师亦将德胜关附近之牛头山占领。经一日之剧战，至午后十时左右，我六十七等师即确实将德胜关占领。是役，匪方损伤最大，尤以伪三军团及十三师、三十四师为甚，四散逃窜，狼狈不堪言状。

（三）匪我伤亡及卤获

是役毙匪伪六师长、伪十三师参谋长、伪三十九团政治委员各一名，毙匪千余，夺获步枪八百余支，机枪数十挺，我军亦伤亡官兵数百名。

资溪之役二二·十二·五——十四

（一）战前匪我形势

匪伪七军团自浒湾被我击溃后，所余伪十九、二十两师残匪即窜踞嵩市坳上资溪城一带，并破坏道路。我七九师南城后车间碉堡已构筑完成，第四师在黄狮渡、珀玕一带担任守备并补筑该地碉堡，自十二月二日起，第七十九、第四两师，分由黄狮渡、珀玕、金世桥及南堡龙阴向嵩市资溪前进。

（二）匪我战斗经过

我七九师于十二月五日到达嵩市附近，与匪接触战斗数十分钟，匪以屡经挫败，志气已馁，当时略受伤亡，即弃嵩市向资溪道路一带逃窜。我七九师遂于五日下午将嵩市占领，同时我第四师于通过龙阴间之石磐附近一带，隐蔽地区有伪七军团之十九、二十两师各一部，由两侧高地压迫我侧卫，向我后续部队截击，企图截夺行李。当由该师后卫出击，匪不支，纷向该处高地逃窜。五日，我四师亦先后到达嵩市，并协同增强嵩市附近一带碉堡工事。十二月十日，我第四、第七九两师继续向资溪攻击前进，于溪南岭、白果树、港口等处与匪接战，匪以战斗力薄弱未敢顽强，约一小时，即向资溪城方向退窜，并将沿途道路破坏，至十四日晨，我军完全到达资溪城时，匪犹企图凭城固守，我军乃取包围形势，猛烈进攻，匪不支，分向光泽及其以北一带地区溃窜，资溪县城遂为我军克复。

光泽之役二二·十二·十七日

(一)战前匪我形势

匪伪七军团残部，自我军收复资溪城后，即向光泽方面退窜，并将小禾山及花桥西南高山及光泽城占踞，我第五路军第十、第八十三两师，准备协同第四、第七九两师，于十二月十六日自资溪城附近向光泽攻击前进。

(二)匪我战斗经过

我第五路军先头第十、第八十三师于十二月十七日到达上杭小禾山一带，第四师于同日到达沿台及西南一带，并对牛田方面严密警戒。我第十师前卫行抵小禾山及花桥西南地区时与匪略有接触，匪未顽抗，即行后退。自此我向光泽前进各部队，遂逐步与匪战斗，并同日我第十师之补充团占领光泽附近之吴村桥一带阵地，并掩护全师侦探队及轻装兵一营夜袭光泽县城。时光泽城内有匪千余，凭城图抗，经我军乘夜猛攻，匪不支，纷向光泽城外西南方向败窜，光泽城遂于十二月十七日夜十二时，为我军占领。我第四师于十八日到达花桥大禾山一带，十九日到光泽，同时，我七十九师亦先后到达黄石、铁牛关、横排、牛田等处，并肃清各该地残匪。

(三)匪我伤亡及卤获 〔略〕

〔国民党政府军事机关档案〕

5. 国民党北路军顾祝同部与中央苏区红军作战情形报告书

(1934年1—11月)

一、一——三月份军事报告书

第一作战命令及部队调遣

二十三年一月份

(一)肃清永乐以北残匪各项电令

1．本(一)月一日，给戴坊第四军军长吴奇伟、永丰刘代总指挥及十三师万师长之东酉电令一件如下：

(1) 永乐以北之残匪一股窜蜜蜂圩附近，约一千余人，另一股窜曾家陂、洪源一带，人约二千，枪半数，并有机枪二挺。

(2) 已令刘代总指挥派兵一团到永丰以北地区堵截该匪南窜。

(3) 着第四军及现驻龚坊之十三师三十七旅(欠一团)，牛家坪、七琴、中洲一带之三十八旅为清剿部队，统归吴军长指挥，务于最短期间，将永乐以北残匪迅速肃清，并将清剿部署妥为规划具报。

2．本月二日吴军长奇伟，呈报肃清永乐以北残匪围剿计划之东戌电如下：

(1) 三十八旅驻七琴之一团暂不移动，牛家坪之一团，于支日进至中洲，中洲之一团进至燕田、姚庄、海源、傅庄附近，三十七旅(欠一团)于江日进至河元附近，五十九师附九十师之一团，于江日进至水东、白富庙之线，九十师(欠一团)除派一营进至竹山坑外，余总预备队位置于戴坊。

(2) 各部队到达目的地构筑据点后，以三十七旅向曾家陂，五十九师向流源方向探明匪踪，向其搜剿。

(3) 匪若北窜，三十七旅跟踪追击，竹山坑部队及五十九师向曾家陂、拿埠、马埠之线前进，海源、傅庄部队，相机南进围剿，若流窜则以三十七、三十八旅跟踪追击，五十九师一面防堵，一面派队截其退路。

3．本月七日给永丰刘代总指挥、戴坊吴军长及新淦朱厅长之虞酉电如下：

(1) 据报永乐以北之匪一部，已窜赣江西岸，另一股约千余人，枪六七百枝，尚伏匿于七琴东背蜜蜂以南北山背大杯山一带。

(2) 兹着第三十七旅（欠一团）附三十八旅之一团，归潘旅长指挥搜剿，并由朱厅长指挥地方团队于蒋家楼、铁炉头、荷湖及其以西至新淦之线，选择要口，派队堵截之。

(3) 第三十七旅（欠一团）附三十八旅之一团，应以一部位置于牛家坪，并在焦坑、航桥、大沙坑、马岭一带选择要口，派队堵截，主力即由七琴间北山背、大杯山一带之匪跟踪搜剿，务于最短期间肃清之，第三十八旅（欠一团）着即集结于流源附近待命。

(附注)此役战斗经过详第四章

(二)重新规定黎川、光泽、资溪各县守备地区

本（一）月七日给黎川陈总指挥、薛总指挥、周指挥官浑元、南城毛指挥官、光泽樊指挥官、金谿邢指挥官、资溪谢师长、硝石黄师长、抚州万师长之虞戌电如下：

(甲)黎、光、资封锁线，即将构筑完成，兹特重行规定如下：

1．谢师金谿、嵩市、资溪县之线。

2．樊师资溪县（不含)、员岱、光泽、黄金桥、纸马之线。

3．黄二十四师五都（不含）李家坊、纸马、杉关、飞鸢、洵口、石峡、资溪桥之线，并于硝石——资溪桥间硝石——南城间硝石——黎川间配备必要之少数守兵，以维交通。

4．姚师五都、金坑、熊村、德胜关（不含）之线。

5．德胜关、东山、团村、永兴桥、龙安镇、钟贤、东坪（不含）之线，由第五、第六两师酌派部队担任。

(乙)资溪县城、岭村、纸马之线，线上及其以东地区之散匪，着由樊师抽出部队负责肃清，以西地区之散匪，着由夏九十八师抽出部队负责肃清。

(丙)三十七旅之张团交防后，着即集结金谿待命。

（丁）五八两纵队（除姚师及五六两师担任守备部队）各师集结地点，候另令饬遵。

（三）令第四军及九二、九三、九九各师向沙溪、龙冈进展。

1．本月九日，给戴坊第四军军长吴奇伟申电如下：

第四军全部着于明（十）日集结公陂圩附近，仰遵照具报。

2．本（一）月二十三日，给九十九师郭师长、四十三师邹师长漾午电如下：

第九十九师着于即日移动，集结永丰附近待命，未完成之工事，着由第四十三师相机继续完成之。

3．同日给崇仁第四军吴军长之漾酉电如下：

第四军全部着即日到永丰附近待命，其经路及逐日到达位置，希即电告。

4．同日给永丰刘代总指挥漾戌电如下：

奉委座电令节开：闽乱即告肃清，北路军应即开始前进。兹以第四军全部及九十二、九十三、九十九各师编为一路，由薛伯卢指挥，向沙溪、龙冈进展，并先派一部占领沙溪，一面互筑藤田至沙溪之公路。等因。除已令第四军及九十九师即日向永丰集结外，希令梁（九十二）、唐（九十三）两师准备前进为要。

（四）令第五纵队及七十九师准备向建宁、泰宁进展及光泽、资溪间守备之交替。

1．本(一)月十日，给黎川陈总指挥、第八纵队周指挥官、南城毛指挥官、金谿邢指挥官、光泽樊指挥官、硝石黄师长、资溪谢师长蒸午电如下：

(1) 第七十九师全部着即集结于光泽待命。

(2) 光泽至资溪县（不含）一带守备，由第二十四师接替，师部及主力移光泽县城。

(3) 黄泥桥、纸马、杉关、李家坊一带及第二十四师原担任之守备，由第八纵队派兵接替之，仰即分别交替具报。

2．本(一)十九日，给陈总指挥郊酉电如下：

顷奉委座巧酉瓯参电开：筱亥参战电悉。剿匪为今日生死关头，不可爱惜兵力，避怕苦差，错过机会，匪情如此，闽北告急，何可坐视，希即遵照迅速实施。第三路军（欠三十六军）约何时可以出动，其目标以何处为重，请计议、详告。等因。除电复外，希即转饬第五纵队及樊师，迅速由现地经黄土关、金坑间出泰宁，俾可协攻扰我将乐、沙县一带伪三、七军团之匪，并将详细部署及开拔日期具报凭转。

3．同日给陈总指挥效戌电如下：

效酉电计达。第七十九师应即随同第五纵队经金坑、黄土关向泰宁前进，归该总指挥直接指挥除分电外，希转饬遵照，并将该师出动日期及经路，分别规定具报。

4．同时给樊指挥官效戌电如下：

顷奉委座巧酉瓯参电节开：匪伪三、七军团纷向闽境将乐、永安、沙县、尤溪、顺昌等处窜扰，剿匪为今日生死关头，不可爱惜兵力，避怕苦差，错过机会，希照前电迅行实施。等因。该师应即遵照由现地经金坑、黄土关随同第五纵队向泰宁前进，归陈总指挥直接指挥。关于出动日期及到达金坑之经路，统由陈总指挥迳电饬遵。

5．本月二十四日给陈总指挥敬亥电如下：

委座巧午瓯机电谅达，希即指挥第五纵队及樊师即日经樟村、横村向建宁进展，并将逐日进展情形随时具报。

6．本月二十六日给陈总指挥宥午电如下：

前奉委座巧午瓯机电，经于漾午电呈请以陈诚任北路前敌总指挥兼第五纵队及樊师遵向建宁进展，另以第四军及九十九师为一纵队，归吴奇伟指挥。九十二及九十三为一纵队，由唐云山指挥，共编为第六路，归薛岳指挥，向沙溪龙冈进展。第三十六军俟建宁进展后，再向康都推进，协同第三路主力，完成南城、康都建宁封锁线。第四十六师正抽动集结中，第十三师俟七琴、蜜蜂之匪肃清后，即集崇、宜一带，为总预备队各在案。兹奉委座径战电节开：以第四军第九二、第九三、第九九各师编为第六路，由薛岳指挥，以陈诚任前敌总指挥兼第三路，其进剿目标均照办。其余预定三十六军及四十六师、十三师将来之进展计划，均照所拟办理，等因。特达。

7. 本月二十七日给唐师长云山感戌电如下：

前电请以第四军及九十九师编为一纵队，以吴奇伟指挥，以九十二、九十三两师编为一纵队，归唐云山指挥，此两纵队合编为第六路，以薛岳指挥，经藤田向沙溪进展。昨奉委座复电，已蒙照准，薛岳卅日可到永丰，希即于世日以前准备完毕。

（五）令八十五师接替黄二十四师在资溪光泽间防务

本（一）月二十九日，给陈总指挥、毛指挥官、资溪谢师长、光泽黄师长艳亥电如下：

黄师资溪、光泽间之守备任务，着由谢师派队接替，限下月东日以前接替完毕。黄师交防后之部队，即集结光泽附近，准备接替第五师杉关、资溪桥、硝石一带之守备，第三路其它守备部队，交接日期，由陈总指挥迳行规定转饬遵照并具报。

（六）令江西保卫第三师开南城归毛指挥官指挥。

本月三十日，给毛指挥官保卫第三师史师长卅戌电如下：

保卫第三师在黎溪防务，已令补充旅派队接替，该师交防后，即开南城毛指挥官指挥。

（七）令第六路于下月冬日，由永丰、古县、藤田向沙溪龙冈进展。

本月三十一日，给薛总指挥世午电如下：

1. 伪一、五、九军团全部，现麇集邱家隘以南寨头隘、樟村以东附近地区，与我第五纵队及樊师对峙中。在沙尤之伪三、七军团，亦有西窜模样。赣西方向，伪十七、十八两师窜永新及其南北一带地区。我西路彭王两师向安福、永新进剿中。

2．第六路军着于冬日，由永丰、古县、藤田向沙溪龙冈进展。

3．第四军全部及九十九师编为第七纵队，归吴奇伟指挥，第九十二师、九十三师着归唐云山指挥，希遵照并将部署情形具报。

（八）电复第六路，准予先铺永新、永藤路面。

本月三十一日，给薛总指挥及刘代总指挥世戌电如下：

1．刘代总指挥陷亥电及薛总指挥卅酉世午世申各电均悉。

2．所请以第六路各部队分段先铺永新、永藤路面，除电委座请示外，可先行照办。惟九十九师亦应加入工作，以期缩短完成时间，其工作分配及完成日期，仍希妥拟具报。

3．交通汽车及屯积粮秣拨派工人、工具各节，已分别转知省府及运输处公路局办理。

4．由丁毛山至藤田守备，可由税警团及部纵队互相延伸，兵力不敷时，再由唐师酌留一部补助之，仍商酌电告

二十三年二月份

（一）令黄二十四师先肃清龙湖附近之匪、再接替资溪、光泽之守备

1．本（二）月一日电复二十四师黄师长东亥电如下：

世酉电悉。龙湖坪溪一带之匪，准予先行肃清后，再行接防。惟光硝间碉堡，必须在虞日以前接替完毕，不可再延。除电周师长于支日拂晓派队向该匪进剿，并转知陈总指挥知照外，希即日（支日）拂晓派队前往会剿，并具报。

2．同日电邵武周师长派队会剿之东亥电如下：

据黄子咸世酉电节称：伪十军独立师全部枪约五六百，人约千余，尚徘徊于龙湖附近，坪溪、笞山一带，有枪匪百余。拟派兵一旅，先将龙湖附近股匪围剿，并分途肃清坪溪、笞山之匪等语。除电令于支日拂晓派队前往清剿外，希即于支日拂晓派队前

往会剿，具报。

3．同日电陈总指挥、毛指挥官知照之东亥电如下：

据黄子咸世酉电节称：本师交防部队，江日始可集结光泽。伪十军独立全部枪约五六百，人约千余，徘徊于龙湖附近，肆意窜扰，在坪溪、笞山各有枪匪百余，拟即乘交防部队回县之便，派兵一旅，先将龙湖附近股匪围剿，并分途肃清坪溪、笞山后再接受光硝间碉堡，约虞日可接替完毕等语。经已电令于支日派队向该匪进剿，并电周志群，同时派队前往会剿，希即知照。

(二)令轰炸队派机协攻沙溪

本(二)月八日，给南城轰炸队庚午电如下：

据薛岳虞戌电，佳日集中藤田即向沙溪推进，恳饬派空军派机四架，自佳日至铣日逐日赴藤田、沙溪东南一带地区侦察，掩护我军行动等语。又齐辰电，据藤田政治局报告，古县西南九十里到有匪军二万人，复据侦探报称，沙溪到有伪三军团等语。希即自明(佳)日起逐日派机前往侦察匪情具报，并掩护该军行动为要。

(三)令十三师三十七旅(欠一团)开南城集结

本(二)月十日午后三时，给十三师万师长命令如下：

该师第三十七旅(欠一团)着于明(十一)日，由崇仁开往南城集结待命具报。

(四)令黄二十四师延伸接替洪门守备。

本(二)月十二日，给陈总指挥、周指挥官、毛指挥官、光泽黄师长之文亥电如下：

1．第二十四师除遵照前令接替第五师杉关至硝石守备外，应再由硝石延伸至洪门，接替夏九十八师五八四团所担任之守备。

2．五八四团交防后，即归还该师建制。

(五)凤岗涪、漳山谢一带守备之交换。

本(二)月十九日，给永丰刘代总指挥、乐安二十七师冯师长、凤冈四十六师戴师长、抚州万师长之皓午电如下：

1．十三师三十八旅（欠驻牛家坪一团），应即开赴凤冈，以一团接替山谢（不含）凤冈、林溪、港下一带守备，余一团集结凤冈。

2．由涪漳至山谢（含）一带守备，着由二十七师延伸接替。

3．四十六师俟守备任务交替后，全部集结凤冈待命。

4．以上各部队，均限漾日以前分别交接完毕具报。

（六）令四十六师交防后，由凤冈集结黎川。

本月二十二日，给四十六师戴师长养申电如下：

该师交防后，着即经宜黄里塔圩到黎川集结待命，限三月冬日以前到达，仰即遵照具报。

（七）令余江李五十三师开驻抚州。

本月二十四日，给李师长敬未电如下：

案奉委座删午行战一电开：五十三师交防后，着即开驻抚州待命，限俭日以前到达，希即遵照，并将开拔日期逐日到达地点具报。

二十三年三月份

（一）神冈、党口、凤冈、山谢一带守备之交换。

本（三）月二日，给南丰陈总指挥、南城毛指挥官、抚州十三师万师长冬戌电如左：

1．九十七师麻坑、神冈、党口及其线上以东之守备，着由第八师派队接替，限鱼日以前接替完毕。

2．四十三师宜黄、二都、河口及其线上以东之守备，着由九十七师派队接替，限庚日前交接完毕。

3．第十三师三十八旅（欠一团），凤冈、山谢及其线上以东之守备，着由四十三师派队接替，限蒸日以前交接完毕。

4．第十三师三十八旅（欠一团）交防后，着于尤日集结凤冈待命，以上各项经转饬遵照具报。

（二）肃清资溪县境内残匪。

本月二日给资溪谢师长、光泽黄师长及别动队康总队长萧戌电如下：

1．据报伪资溪游击队人约百余，枪数十枝，常窜扰资南之清凉山下株溪以及资、黎边境一带，并与架上姚坊、厚坊、桐埠以北一带之伪建杭游击队互相呼应等情。

2．兹着黄师驻资溪桥之一团派兵一连，于微日进驻檀风，另由驻乌石谢师之杨营派兵一连，以下株溪为目标，务于鱼日上午各由驻地出发，向下株溪游击会剿肃清之。

3．驻大小竹一带之别动第一中队，应于微、鱼两日派队向姚坊架上一带游击，并与桐埠杨营之一连取连络，仰即遵照，并将会剿情形具报。

（三）令五十三师向永丰集中。

本月二日给李师长东戌电如下：

奉委座冬午行战一电，第五十三师限虞日以前集中永丰等因，该师着克日由余江开拔，经抚州迅向永丰集中，其逐日到达位置仍希电复。

（四）令四十六师接替三十六军防务，三十六军交防部队集中黎川。

本月二日给陈总指挥、谢指挥官、四十六师戴师长冬戌电如下：

四十六师全部，着于支日起开始，接替三十六军之三团防务，三十六军交防部队，着即集结黎川待命，希即遵照具报。

（五）令第六路克日向招携进展。

1．伪五军团仍盘踞将军殿、黄家隘、五通桥一带，伪九军团现窜踞古田冈、双田圩以南地区，企图阻我南进。伪一、三军团似仍在五、九军团后方，伪七军团现尚在闽。我第三路军，拟即日进占白舍、罗坊。

2．奉委员长电谕：第六路军除留必要之兵力守备藤田间封锁线外，应即克日由藤田迅向招携进展，构成藤田招携间横缀封锁线，仍将进展计划具报。

3．第六路向招携进展之期，准延至十一日开始，本部于五日给薛总指挥微戌电如下：

现已呈准委座，贵路军由藤田向招携开始前进，时期应延至尤（十一）日，在此时期内，须将滕沙间工事及公路备筑完好，并做一切前进准备。

（六）令第五、第九十六两师集中黎川，准备协助东路军恢复建宁。

本月五日，给南丰陈总指挥、南城毛指挥官、黎川周指挥官之歌亥电如下：

顷奉委座支亥行战一手令开：（1）独立第四十三旅到达南昌后，着开南城接替第十三师部队防务，限本月删日以前接防完毕。（2）第十三师驻防南城硝石部队交防后，着接第五师黎川龙安镇、德胜关、九冈铺等处防务，限本月智日以前接防完毕。（3）江机赣电令第四十六师接九十六师防务谅达，着令第五、第九十六两师集中黎川附近，预备协助东路军恢复建宁。等因。除分令万师外，特电遵照，并将遵办情形具报。

（七）见贤桥、山谢间守备之交换。

1．本（六）日午后三时，给五十三师李师长命令如下：

第五十三师着接替九十七师、四十三师及十三师三十八旅（欠一团）现在所担任见贤桥（不含）以西山谢以东一带守备任务，限灰日以前接替完毕。

2．同日，给陈总指挥、毛指挥官及万师长歌未电如下：

（1）已令第五十三师归入第三路军战斗序列，即日前往接替九十七师、四十三师及三十八旅（欠一团）之守备任务。

（2）第八师本日接替见贤桥、神冈、党口以东之守备后，第九十七师毋庸再向西接替，所有见贤桥、神冈、党口（均不含）以西之守备，及四十三师所担任宜黄之守备，及三十八旅(欠一团)所担任凤冈、山谢以东之守备，着即交由第五十三师担任，限本月十日以前交接完毕。

(3) 各部队交防后，九十七师集结二都附近待命，四十三师集结二都、河口一带待命，三十八旅（欠一团）集结宜黄附近待命，均限尤日集结完毕，仰即转饬遵照并具报。

(八)构筑藤田、招携、东陂、黄陂间横缀封锁线。

本月七日午后十时，给第六路薛总指挥及四十三师师长邹洪之命令如下：

1. 伪五军团仍盘踞将军殿、黄家隘、五通桥一带，伪九军团似已由古城冈、双田圩以南地区向西移动，伪一三军团似已窜至广昌、白水、头陂一带，伪七军团已由建泰宁西窜。

2. 本路军以积极向南进展之目的，拟即构成五都、黄陂、东坝、徐坊、金竹、招携、藤田之横缀封锁线。

3. 担任之部队：

(1) 第四十三师、第九十七师、第十三师之三十八旅，统归第三路军，由邹师长洪指挥，在本月十一日以前，集结于宜黄、二都、河口一带，于十二日开始向黄陂、东陂、金竹一带逐步筑工前进。

(2) 第六路，除留必要之部队守备沙藤间封锁线外，主力应于本月十一日开始，由藤田附近向招携、金竹一带逐步筑工前进。

4. 筑工计划如另表所示 （略）

5. 关于推进后之通信主用电话，由本部供给材料各部队自行架设——完

(九)令第五师于本月十三日以前交防后集结南丰。

本月十一日，给南丰陈总指挥、黎川周指挥官、南城毛指挥官及万师长尤申电如下：

第五师所担任之黎川德胜关间及黎川樟村(不含)间之守备，

着由十三师三十七旅前往接替，限元日以前接替完毕，第五师交防后，着即集结南丰附近待命，希即转饬遵照并具报。

(十)第三路守备部队之调动。

本月十八日，给陈总指挥、毛指挥官、谢、万两师长、独立四十三旅刘旅长补充旅王旅长巧酉电如下：

1. 第十三师三十八旅（欠一团），应于号日到达南城，接替独立第四十三旅防务，限马日交接完毕。

2. 独立四十三旅交防后，着于养日由南城出发，经嵩市开赴资溪，限敬日到达，有日开始接替第八十五师嵩市(含)资溪光泽(不含)一带防务，限感日以前交接完毕。

3. 第八十五师交防后，艳日集中资溪，三十日由资溪出发，经贵溪开赴河口集结待命，限江日到达。

4. 补充旅应派兵一团，担任嵩市（不含）金谿、浒湾一带防务，其金溪、嵩市（不含）间第八十五师防务，限有日以前交接完毕，希即分别遵照具报。

(十一)令第三路樊纵队出德胜关向新桥进展。

本月十九日，给陈总指挥皓戌电如下：

据飞机报告，我东路军已于本日午后三时半，占领泰宁城，匪约二千人向建宁大道退窜等语。着第三路军即以樊纵队主力出德胜关，经盐隘向新桥进展，以与东路军确实连接，构成德胜关泰宁间封锁线，仍将部署情形具报。

(十二)改定一、三两路守备区域

本月二十日，给永丰刘代总指挥、陈总指挥号酉电如下：

兹改第一、三两路守备区域如下：凤冈山、谢固冈（均含）之线以东，属第三路，以西属第一路，仰即遵照。

(十三)令周浑元纵队出德胜关与樊纵队连系前进。

本月二十四日，给周、樊两指挥官及泰宁汤指挥官敬亥电如下：

1. 第八纵队周浑元部，应于感日以前到达德胜关，与樊纵队连系，向泰宁前进。

2. 樊纵队丁旅，已于本日午前占领大湾，应相机迅与汤纵队切取连系，并构成工事，如匪情严重，仍以稳进，候周纵队到达后，再向泰宁前进。

（十四）规定本路军推进部署，于本月廿四日，令各总指挥及廿六路孙总指挥遵照实施，北路军推进方法及部署预定表如下。（略）

（十五）令第二十六路第三十军彭振山部接替永丰、鹿岗、藤田、招携一带守备。

本月二十五日，给第三十军彭军长、永丰刘代总指挥及藤田薛总指挥有午电如下：

第二十六路第三十军彭振山部，应即由南昌向永丰开拔，到达后，即接替永丰、鹿岗间及永丰、藤田、招携一带守备任务，换出税警总团及第九十二、第九十三两师均作为第六路进剿部队，特电遵照。

（十六）令第六路进占招携。

本月二十五日，给薛总指挥有午电如下：

连日迭据我第三路前线各部队，及泰宁汤指挥官报告，匪主力一、三、五各军团确已窜集建宁、泰宁之间，我六路队正可乘机迅速进占招携，构成善招间封锁线。

（十七）令周纵队集结樟村。

本月二十五日，给周指挥官有午电如下：

第八纵队着于宥日以前集结樟村附近待命。

（十八）令四十六师接替德胜关守备。

本月二十五日，给陈总指挥、毛、樊、汤各指挥官有戌电如下：

1. 我樊纵队已占盐隘、巫寮、大湾各地，汤纵队之第四师已占新桥。

2．四十六师，除留置一团担任现在各防地之守备外，其余部队着于感日以前集结德胜关附近，俭日接替德胜关、新桥(含)间之守备，限当日交接完毕。

3．汤、樊两纵队，守备德胜关、新桥之部队，在未交防以前，仍应尽力构筑工事。以上各项，希转饬遵照具报。

(十九)令周、樊两纵队由德胜关向泰宁进展，协同东路军作战。

1．本月二十六日，给第八纵队周指挥官宥已电如下：

(1) 伪一、三、五各军团，现麇集泰宁附近及邱家排、新桥一带，我第四师主力刻在新桥附近与匪对峙中。

(2) 我樊纵队主力，现在德胜关、盐隘、大湾一带，并已派队向新桥威胁该匪侧背。

(3) 该纵队应于明感日迅向德胜关、茅店附近前进，到达后，即会同樊纵队歼灭新桥之匪，再向邱家排、泰宁前进，与汤纵队夹击该匪而痛剿之。

(4) 樊纵队归该指挥官指挥，部署情形仍仰具报。

2．同日给樊指挥宥已电如下：

(1) 叠据汤指挥官电称：匪主力现麇集泰宁附近及邱家排、新桥附近一带，我八十八师及第四师连日与匪激战，毙匪甚多，但我伤亡亦重。

(2) 着该纵队迅与第四师确实连接，合力歼灭当前之匪，第四师暂归该指挥官指挥。

(3) 周纵队今晚到达横村附近，已令明感日出德胜关南进，与该纵队合力向新桥、邱家排之匪夹击而痛剿之。

3．同日复汤指挥官宥午电如下：

有未电悉。顷令樊纵队迅与新桥第四师确实连络，合力歼灭当面之匪，第四师即暂归樊崧甫指挥。当令樊指挥官就近迅由该部设法尽量抽出轻重机枪弹各五万发，步枪弹五万发，派队送交第四师收用矣。

4．本月二十九日，给周、樊两指挥官艳亥电如下：

周指挥官感戌电悉。新桥附近既仍有匪盘踞，仰即迅予驱逐之，并即构成盐隘附近至新桥间之封锁线，然后会同汤纵队夹击新桥、泰宁间之匪而歼灭之。新桥以南至泰宁道上十五里左右之沿途工事，仍由该两纵队派兵担任，以期与汤纵队迅速衔接为要。

5．本月三十日，给汤、樊、周三指挥官卅午电如下：

(1) 新桥附近之匪驱逐后，周、樊两纵队应即迅速构筑盐隘、新桥、薄溪地（不含）间封锁线，由周指挥官妥为规划，限四月支日完成。

(2) 薄溪地、邱家排至泰宁间封锁线，应由汤纵队迅速构筑，限四月支日完成，并须注意多筑碉楼，仰各遵办具报。

(二十)令二十四师抽兵两团接替资溪防务。

本月三十日，给南丰陈总指挥、南城毛指挥官、资溪谢师长、抚州万师长、补充旅王旅长艳未电如下：

奉委座俭亥电开：兹着二十四师抽调两团接替八十五师资溪防务，该八十五师交防后，集中金谿待命等因。第八十五师资溪县（含）及其以南防务，着即由二十四师抽调两团接替，其金谿(含)资溪(不含)间防务，着由补充旅驻金谿之一团派队接替，统限四月冬日以前交接完毕，第八十五师交防后，限微日以前集结金谿待命。

(廿一)令四十六师准备接替德胜关、新桥至薄溪地一带守备。

本月三十日，给四十六师戴师长、十三师万师长卅亥电如下：

1．德胜关(含)、新桥至薄溪地(不含)一带封锁线，已令周、樊两纵队构筑，限四月支日完成，该封锁线工事完成后，着四十六师全部担任守备，并仰随时逐段接替。

2. 十三师三十七旅(附第七十五团),着于明(卅一)日起，开始接替四十六师现在担任之金坑、五都、李家坊、熊村、黄土关一带守备，限江日以前接替完毕，希各遵照并具报。

第二、逐月匪情。二十三年一月至三月

赤匪武力可分为两种，一为中央军专任突击或主力战，如我北路当面之伪一、三、五、七、九各军团是也。其实力当二十二年底伪一、五军团尚各有万余人，而后叠经痛剿，至本年三月后，第一军团仅得六千余人，第三军团约七、八千人，第五军团约四千余人，第七军团合新编入之二十四师、三十四师约九千余人，第九军团约三千余人，尚系经过多次补充，方有此数。其伤亡之巨，可以想见。二伪独立师团及地方团队，专任游击扰乱及保护各地方伪政治机关，如匪化区域之赤卫队、游击队、农民军及各地方团营，南广独立团、永乐独立团、宁都独立团等，名目繁多，此项乌合匪众，约八千余人，枪约六千余支，流窜于宜黄、乐安、永丰及藤田、凤冈一带，倏散倏聚，伺隙扰乱。自我军厉行碉堡战术后，已无所施其技，兹编所列，专就我北路军当面及闽西匪军主力之伪一、三、五、七、九各军团情况，按月摘叙大要，以明梗概。至其他杂色匪股，其行动既飘忽无常，其性质复等于鼠窃狗偷，无关宏旨，故不列叙。

一月份

伪一军团。本月初，伪一军团主力，由永丰属七都一带，东窜招携、善和，继复东窜入闽，至将永后，因闽逆已败，乃折回泰宁，企图袭击我三路军，嗣知我军改道，经樟横村取建宁，遂折至寨头隘附近，与伪五、九军团衔接，阻我南进，感已被我樊师击溃，同伪九军团，向溪口圩退窜。伪五、九军团。本月初，伪五军团之十三师，在德胜关东南之巫山，十五师由西成桥回窜横村，伪军团之第三师在樟横村，第十四师在新丰市西面之肖田一带，至灰日后伪五、九军团，均麇聚黎川东南沿赣闽边界一带，牵制我军。既而伪一军团由将乐折回，感已伪九军团，遂联合一军团，犯我寨头隘、王坊、毛坊、樊师阵地，经我击溃，向溪口圩退窜。其伪五军团十五师及第十三师之一部，先于有日在樟横村，被我李师击破。俭日起伪十三、十五师，复向我邱家隘断续攻击，至艳午我军分三路出击，匪向建宁方向溃退，我军跟追至勾桥镇即撤回，匪仍又与我保持接触。伪三、七军团。伪三、七军团于去年（二十二年）十二月间，即窜入闽境，虞日前由建宁方面经泰宁将乐窜集夏茂，一部于庚辰在沙县与我虞师接触，寻陷沙县，而以一部向尤溪前进，其伪三十四师，则在闽赣边境朱阳、下蓝一带盘踞，迤本月底止，该两军团仍徘徊沙县尤溪间待机。

综合本月匪情，伪一军团于本月初由永丰附近东窜，企图策应闽逆，嗣因我三路军沿赣闽边界，逐渐南进，乃中途折回至泰宁、新桥等处，与退踞该方面之五、九军团联合，向樟村方面回窜，以图负隅顽强。

二月份

伪一、五、九军团。伪一、五、九各军团，自上月下旬由泰宁、新桥逐次向樟村回窜，于有俭、艳诸日受创后，至本月东子，扼踞王坊、大田线之伪一、九两军团，复倾全力向我樊、霍两师平寮寨、头隘、西城桥一带阵地猛扑，激战甚烈，嗣经空军活动出击，始向以南溃退。是役，匪死伤千余，以伪一军团之第二师损失最大，匪溃败后，依托伪五军团扼踞溪口、坊河桥、将军殿一带地区，阻我南进。其伪九军团续在鸡公山构筑工事，复于佳日被我霍、李两师击破，向康都方向退窜。我军遂占领鸡公山阵地。灰子伪一军团及三军团之一部，复向我阵地反攻，亦未得逞，伤亡均重。尔后匪军形势，伪五军团主力及伪三军团之第四师，在我西城桥阵地以南亘黄家隘之间，伪第四师在我当面，伪五军团主力，在其迤南之河桥、五通桥一带，伪一军团在我西成桥右侧杭山圩以北地区，不时向北扰乱。伪九军团鸡公山战败后，在杭山圩、康都间整理，匪军并将建宁邱家隘间各道路，全行闭寨，于黄家隘、西成桥间构筑坚固工事，而潜移其主力至西成桥以西，企图顽强。删日左右，伪一军团及第四师西窜至饶村、杨家牌、司令岩、凤翔峰一带地区，伪一军团在左，伪四师在右，欲扰我右翼，经樊师于删午向凤翔峰之伪军团攻击，至酉刻将其击溃。同日至铣日，我军复向司令岩之伪四师攻击，匪部均向西南杭山圩、太和圩方向退窜。至本月底止，伪五军团仍盘踞五通桥东西溪口坊、黄家隘、将军殿、河桥、杭山圩一带地区，伪九军团在其左翼，宜古坳、司令岩以南地区，逐层筑工，阻我南进。伪一、三军团宥日起，由里源、太平墟、康都墟一带逐渐向新丰市、广昌方向移动。伪三军团。该伪军团之第四师，于上月底即由沙县西窜杭山圩、溪口坊一带，与一、五、九军团联合，其五、六两师本月上旬，尚与伪七军团徘徊于沙县、尤溪之间，中旬起，伪五师先自沙县西窜赣境，伪六师继之，其行动见上节。伪七军团。本月上中旬，仍盘踞闽西沙尤附近一带，敬日在沙县东北之渔溪湾、高砂铺被我冷师击破，沙县遂于有日为我收复，匪分向泰宁、归化方面退窜，以一部在富口、夏茂一带阻我追剿。

综上匪情，自东、佳等日，伪一、五、九诸军团，叠次受创后，第三军团亦陆续由闽窜回增援，迨删、铣等日复经我在司令岩、凤翔峰将一、三军团击溃，匪军左翼形势，遂渐向西南方退蹙。闽西方面，自闽逆肃清，我东路军得并力剿匪，故匪势渐杀，沙县为我收复后，伪七军团大部向西退窜，有与赣边匪军互为犄角之势。

三月份

伪一、三、五、九军团。本月上旬，伪一、三、九军团，均窜集康都、太和圩、殿前圩、洽村一带地区，伪五军团仍盘踞平寮、溪口坊、河桥、杭山圩亘我司令岩阵地前一带地区。支日伪五军团攻我樊师古城岗阵地，被击退。至佳日，伪一、三军团集结东华山、五都寨西南一带，企图大举向我进犯。其时匪军形势，伪一、三军团在最左翼，伪九军团居其右，伪五军团又在其右。真日起，匪左翼之伪一、三军团开始向我五都寨、东华山阵地猛攻，我军迎头痛击，至元日匪势不支，分向广昌、新丰市一带溃窜，损失最巨，尤过于二月初平寮一役。伪五、九军团主力，同时由杨林渡窜集瑶陂、白舍，亦被我军击溃，分窜平寮、康都迄广昌以北石咀、千善麻子坑一带地区。号日后，伪一、三军团与五军团之一部，复由广昌、新丰市方面，陆续东窜闽边建宁及其东北大田市一带，与自泰宁西窜之伪七军团衔接。伪九军团及五军团之一部，则仍盘踞东自平寮、康都，西迄广昌以北一带地区。迄本月底止，伪一、三军团与五军团之一部，仍在泰宁西北之邱家排、新桥、峨嵋山、大田市一带地区，与建宁方面之伪七军团相犄角。

伪七军团。伪七军团鱼日由夏阳窜漠布，被我孙师击溃，窜泰宁。我军即于是日收复将乐，匪军退踞归化、泰宁。经我继续进剿，于皓日收复泰宁，归化亦于漾日经我攻克。伪七军团大部向建宁溃窜，一部窜清流。伪三十四师仍在泰宁西北之新桥、大田市一带，与东窜之伪一、三、五军团衔接。

综上匪情，自真、文等日，伪一、三军团在东华山、五都寨向我进攻被击溃后，损失甚巨，退至广昌附近整顿补充，而以平寮、溪口、河桥一带之五、九军团向西延伸迄广昌以北地区，抵抗我军，适闽西之伪七军团经我东路军进剿，泰宁、归化均被克复，逐渐向西退蹙。伪一、三军团及五军团之一部，乃复东窜赣闽边黎川建泰宁之间，与伪七军团联系，以图负隅，其伪九军团及五军团之一部，则在原地，向我三路军警戒，此本月匪情之大要也。

第三、战斗经过。肃清永乐以北残匪战斗经过。

(一)战前匪我形态　二十三、一、二

伪一军团于去岁十二月下旬，窜踞永乐以南地区，企图扰我永乐永藤纵横封锁线，同时伪独立十一团及伪新淦独立团、伪西方军等，在永乐以北地区七琴、中洲、曾家陂一带扰乱我后方，我为强固永乐封锁线及肃清永乐以北地区残匪起见，乃于十二月二十三日，令在永丰之梁师两团、税警团之一团、新淦之骑兵旅及在抚州之万师之三十八旅，同时进剿，并商由朱厅长派地方团队在各扼要地点堵剿。本年一月一日，复命第四军全部到戴坊负责清剿。五日，伪西方军千余人，枪六、七百支，乘夜由岐渡河西窜，一部窜流源，经五十九师击散嗣因第四军另有任务，乃于十二日，命十三师全部，在三十日以前，构成焦坑、牛家坪、航桥、大沙坑、龚坊、马岭、洪乐桥、七琴之封锁线后，再以主力向该匪进剿，期于短时间内肃清之。

(二)战斗经过及卤获

一月十四日夜，匪独立十一团，人枪七八百，窜偏背岭，企图偷越封锁线，经我冯安邦师守兵击退，该匪状极狼狈，窜至杨家山附近，又经驻龚坊之潘旅、驻凤冈之戴师、乐安之冯师派队兜剿痛击，先后毙匪数百名，获枪百余支，诸匪乃四散逃奔。迄二月下旬，匪携械向我各队投诚者达两百余人，伪团长李兴发、欧阳忠亦率部来归，永乐以北之残匪，至此已告肃清。

寨头隘之役　二三·一·二五

(一)战前匪我势态

自闽变发生后，伪三军团则窜扰沙县附近，伪一、九军团则窜扰宜乐一带，并向永丰方向移动。伪五军团之十五师及十三师，则盘踞樟横村、寨头隘、邱家隘各地区，牵制我军南进。迄闽变敉平，我军积极进剿，乃令第三路军十一师、十四师、六十七师、九十四师，由黎川德胜关、熊村、团村、金坑一带向建宁、泰宁方面进展，先进占樟横村、寨头隘等处，以截断匪之后援。同时令第七十九师，由光泽经水口、长源庵、严坑、飞鸢至黎川，复由黎川经横店、周舍之线，协同第三路军各师进占樟横村，旋该地为我十八军所部占领，即令第十一及六十七两师进占邱家隘，第十四及九十四两师派队向溪口圩、西成桥游击，第七十九师经樟横村以东地区进占寨头隘。

（二）战斗经过

第七十九师得到命令后，即饬所属部队于一月二十六日午前六时，经社平冈、平阳、杨家祠、孔家田、樟村等处，向寨头隘前进，另以一部向李岭下前进，以为策应。时踞寨头隘之匪，为伪五军团之十三师，我军以该处高山丛林，地势隐蔽，各道路又为伏匪瞰制，行动颇为困难、乃将部队分为三路，向寨头隘取包围形势，攻击前进，旋即与匪接战，火力极为激烈，冲锋肉搏十余次，匪乃顽强抵抗，同时七十九师之侦探队绕出该寨后面，匪始慌乱不支，分头溃窜，激战约三小时，寨头隘遂为我军完全占领。

（三）匪之伤亡及卤获 〔略〕

邱家隘之役 二三·一·二六

（一）战前匪我势态

踞于樟横村一带之伪五军团，自经我军击溃后，即向邱家隘及建宁方向溃退。其邱家隘附近，尚留有少数残匪，凭险据守，以为窜退匪之掩护。我军为彻底肃清计，乃令第十一师及第六十七师，迅速消灭该匪，协同占领邱家隘，以扫除我进剿军之障碍。

（二）战斗经过

一月二十六日正午，我第六十七师即进逼邱家隘北端一带高地，午后二时许，我第十一师亦到达邱家隘附近之大坪，遂即将部队展开，位置于我六十七师之左翼，同时与六十七师部队向邱家隘最高点攻击，约历二小时，匪受炮火重压，始行退窜，我六十七师即将邱家隘占领。二十七日，我军以匪有袭攻黎川企图，乃将六十七师撤至樟村，以十一师之六十一团据守邱家隘北端高地，瞰制匪军，部署将毕，即有匪军大股向我阵地攻击，因我戒备严密，匪曾数次猛冲，但有伤亡，迄未得逞。至二十九拂晓，匪又蜂涌向我阵地猛烈攻击，同时，黄家隘方向亦有匪部向我军右翼移动，经我官兵奋勇应战，炮火之余，继之肉搏，时我空军亦赶来助战．施行猛烈轰炸，匪以不堪火力压迫及伤亡过重，始纷纷窜退。据俘匪称，此次犯我阵地之匪，系伪一、五两军团所部，人约两三师云。

(三)匪之伤亡及卤获　(略)

王坊之役　二三·一·二七

(一)战前匪我势态

据报伪九军团第三师之第八团及伪十四师之四十一团，由罗炳辉率领，从福建将乐开至毛坊、王坊附近一带，将连合盘踞溪口圩附近一带之伪一军团匪部侵犯我寨头隘、平寮附近一带之阵地，我军自占领寨头隘后，即令七十九师以一部任该寨守备，其余部队及主力则令于一月二十七日推进至毛坊、王坊构筑封锁线，并对通建泰宁道上各要口严密警戒。

(二)战斗经过

一月二十七日午后二时许，我七十九师部队，将到达毛坊、王坊匪之伪第三师之第八团及十四师之四十一团，经由溪口圩、王坊道上向我阵地急行推进，同时即与我军守兵接战，我军即将到达王坊、毛坊部队分为左右两翼，勇猛迎击，匪据高顽抗，并纵火阻碍我军进展，激战约二小时许，忽匪伪一军团大股由溪口圩方向进袭我寨头隘阵地，我军官兵以匪诡诈百出，愤恨异常，即勇猛奋战，重以炮火压制，诡谋即未得逞，反致死伤损失，遂纷纷向溪口圩方向深山奔窜，战事乃告终结。

(三)匪之伤亡及卤获　〔略〕

平寮之役　二三·二·一。

(一)战前匪我势态

平寮高山重叠，形势险要，与寨头隘形成犄角，我军既占领寨头隘及樟村，为顾虑为匪瞰制，故须进占平寮，乃即令第七十九师派队占领之。匪以我军得着该地，处处感受不能展脱，乃以伪一军团一、二两师轮流向我军攻击，复以伪五、九军团在后重叠集结，以为应援。

(二)战斗经过

二月一日午前四时许，匪以伪一军团之第二师在前，第一师在后，用密集队形向我平寮阵地猛攻，我七十九师之罗营长亲率所部沉着应战，而匪之来势殊为涌猛，经我官兵奋勇冲杀，激战约二小时，匪始为我击退，时为午前六时许。迨至七时许，匪又蜂涌而至，约有三四千之众，猛力向我进攻，我军亦向匪猛烈还击，同时匪又另以一部向我寨头隘攻击，以为牵制，此系匪之狡谋，我早识透，乃令第六师丁旅由横村开至岩前，威胁匪之右翼，并协同七十九师部队，以为夹击，又令第九十四师戴团开赴李岑下，以为控制，时为上午八时许，部署甫毕，匪复倾巢来犯，势如潮水，我七十九师官兵奋勇力战，始而炮火，继而肉搏，同时我空军亦赶至助战，猛烈轰炸，匪始不支，狼狈奔窜，我增援部队尚未参加，而平寮战事已告一段落矣。此次战事，极为激烈，为从来所无，战场匪尸堆如山积，其余残匪均逃窜平寮东南深山中，已溃不成军。

(三)匪之伤亡及卤获　〔略〕

乾昌桥凤翔峰之役　二三·二·一五。

(一)战前匪我势态

据报伪五、九两军团踞于溪口圩、河桥、五通桥以西之线，与我第六、第十一、第九十四各师对峙。伪一军团踞于宜古坳以西之司令岩暨乾昌桥西南之凤翔峰一带，筑工顽抗。我军为消灭该各地区之匪，以完成南黎间封锁线，乃令第七十九师将宜古坳至乾昌桥、凤翔峰一带之匪迅速肃清，并构筑碉堡，同时令六十七师派队由乾昌桥以南向凤翔峰进攻，税警团迫炮连占领乾昌桥东南高地，协助七十九师攻击。

(二)战斗经过

二月十五日午前十时许，我军已部署完毕，七十九师部队即开始向踞于该地区一带之匪猛攻，同时我税警团迫炮连亦由乾昌桥东南高地，以重炮火力向匪侧击，匪以骤受压迫，惊惶失措，皆纷纷窜往高山寨中，而凤翔峰左右两侧高地，遂均为我军占领。方激战间，忽匪之伪一军团之第二师蜂涌而至，倾全力反攻，伪第二师亦由我军右翼前来包围，我军官兵以匪重叠夹攻，非誓死冲杀不能突破匪围，乃舍弃炮火，肉搏冲锋，再接再励，约历十数次之久，我空军亦已赶至猛烈轰炸，匪骤遇重大压力，死伤累累，惶恐不支，分头溃窜，乾昌桥、凤翔峰及其附近一带遂为我军确实占领。

(三)匪之伤亡及卤获 〔略〕

杨林渡乌牛山之役 二三·三·八——十一。

(一)战前匪我势态

伪五军团之十三师全部盘踞于杨林渡东南乌牛山一带，凭险据守，阻碍我军南进。我军乃令第十八军所部进占枫林圩，令七十九师派兵一旅进占乌牛山及杨林渡，并随时筑碉，以完成凤翔峰至杨林渡间之封锁线，同时并派空军协助进攻。

(二)战斗经过

三月八日上午十一时许，我七十九师之二三七旅全部到达杨林渡，部署阵容毕，约午后一时许，我空军飞机五架亦到，随即实行轰炸，同时我炮兵及迫炮亦集中火力，向乌牛山两侧匪寨猛烈射击，约经四五十分钟，匪以不堪我之火力压迫，即纷向乌牛山东南一带溃窜，乌牛山及其南北端之匪寨，并东北一带高地，遂为我完全占领，我军即构筑碉堡，严密防守。迨至十一日午前十时许，匪伪五军团第十三师之三七、三九两团及三八团之一部忽向我乌牛山阵地猛烈进攻，经我官兵沉着迎战，匪虽屡次冲锋，均未得逞，旋该旅四七三团赶到增援，我空军亦来轰炸助战，士气益振，勇猛冲击，匪之阵容骤为动摇，同时我二三七旅之四七四团亦迂回向左翼出击，匪以三面受制，志气颓丧，无应战能力，遂为我完全击溃。除死伤而外，余均纷向胡家寨一带逃窜，战事遂告终结。

（三）匪之伤亡及卤获 （略）

五都寨东华山之役 二三·三·一一——一四

（一）战前匪我态势

分踞杨林渡、溪口圩、宜古坳一带之一、三、五、九军团，自经我军先后击溃后，我第三路军即分别向广昌方面推进，同时第十八军全部移至河西，先占领三坑、枫林之线，构筑碉堡，而匪之第一、三、五、九军团及十二军与警卫师等，亦于此时跟至河西，企图阻我前进。我军即抽调兵力于南丰西南地区，将匪主力聚歼。惟匪认广昌为其生命，如我军长驱占领，则匪只有坐待灭亡，故在我军部署集中尚未完毕前，即不顾牺牲而倾巢来犯。

（二）战斗经过

三月十一日，匪以伪一、三两军团攻我右侧五都寨东华山九十四师之警戒阵地，其时守此阵地者，仅九十四师之五六一团及五六四团之一营，自午前五时开始接触，至下午五时，该团团长负伤后，以匪我实力众寡悬殊，不得不暂时将两处阵地放弃，而匪以为有机可乘，复于十三日午时，以其主力向我杨梅寨东南九十八师阵地猛攻，并向我右翼迂回，当即一面令该师固守阵地，相击出击，一面令第九十六、九十七、七十九、四十三、第八各师及十八军全部于暴风骤雨之下昼夜兼程推进，一时战事骤转激烈，各阵地炮火之猛，为剿匪以来所未有，冲锋肉搏，死伤狼藉，卒将顽匪击溃。我九十八师即于十三日未申左右，先后占领安贞亭、杨梅寨一带地区，我第十一师于十三日酉刻恢复五都寨一带高地，匪向北溃退，我九十四师及九十七师一部于十三日申刻恢复东华山一带阵地，匪均纷纷逃窜，我军即随时构筑封锁线，对匪严密警戒，此次战事可谓第五次围剿第一次最大战役，匪之伤亡损耗极为重大，精华实力已损折殆尽。

（三）匪之伤亡及卤获 〔略〕

甘坊之役 二三·三·一六

（一）战前匪我势态

据报伪三军团踞于里罗坊附近，伪四师踞于甘坊西侧高地一带，伪一军团残部潜伏其左翼，均有待机袭击我进剿部队企图。我军据报，乃令第九十六师由三溪圩经塔岭、鸡原岭向甘坊前进，又令第九十八师驻止于庙前、塔岭鸡原岭一带，掩护右翼部队推进，并令以上各部乘机消灭甘坊一带之匪。

（二）战斗经过

三月十六日午前七时许，我九十六师先头部队进至甘坊东侧一带高地，即派队向附近之元头寨和老嵊、石下寨、金家寨、马鞍寨一带搜索，遂即将和老嵊附近高地占领。下午一时许；该师主力进至石谷背附近一带山地时，我九十七师前卫部队，已到达井源北侧高地，我九十六师遂将所属部队展开于各阵地，向该地盘踞之匪猛力攻击，同时，我空军亦赶到助战施行轰炸，士气更为之一振，马鞍寨遂为我一举占领；时已入暮，其他附近之匪，犹然凭险顽抗；我军以一时尚难得手，即固守原阵地，对匪严密警戒。迨至翌日午前四时三十分左右，复又向匪大举攻击，并以重火力压迫集中密击，激战至午前八时余，匪我肉搏冲锋，前仆后继，嗣经我空军轰炸，匪终不支，纷向新丰市方向溃窜，而甘坊及其附近之元头寨、石下寨、金家寨、琉璃寨、里乐寨等地区，遂为我军完全占领，至午后四时战事方告终结。

（三）匪之伤亡及卤获 〔略〕

四——六月份军事报告书

第一章　作战命令及部队调遣

二十三年四月份

(第一)令第三路军向甘竹广昌进展

(一) 本月六日,给陈总指挥麻午电如下:

现在黎泰封锁线业经构成，已令樊纵队调回枫林圩附近，庚日可以到达，仰该路军即以罗樊两纵队及九十八师于本月佳日开始，向甘竹广昌进展，并遇机诱致该匪主力而痛剿之。除令空军准备联系协剿外，仰即遵照，并将进剿部署具报。

(二) 本月九日，据陈总指挥齐戌电报告佳日部署。

遵钧座麻午电明佳日部署如下:

(1) 霍、李两师归霍师长指挥,集结辽陂、王防圳一带地区。

(2) 樊纵队先以丁旅沿河西岸至白舍过河集结河东。

(3) 夏师全部集结白舍。

(4) 以后进展计划另报。

(三) 同时，据陈总指挥佳未电报告灰日部署。

本路军明灰日部署如下:

(1) 霍、李两师(附迫炮一连)，于晨六时由辽陂进至大徐、包坪、牛鼻寨以西山地及饶家陂附近之线，占领阵地,构筑工事，准备做碉。

(2) 夏师附山炮一连，于早六时由白舍进至罗坊圩，进占紫灵山，构筑阵地，掩护霍、李两师，尔后做碉。

(3) 樊纵队附山炮一连，以一部由河东进至罗家堡，并相机进展平山，先构成阵地，主力经杨林渡、白舍推进至河东附近,并准备做碉。

(4) 傅师仍在原地，黄师集结王防圳前一带，策应各方。

(5) 樊师二营在白舍、罗坊间，夏师工营在罗坊架设桥梁。

(四) 本月十二日给第八纵队周指挥官文戌电如下:

该纵队着即集结龙安镇附近待命。

（五）同日给第九十七师孔师长文亥电如下：

该师着于明元日集结荷田冈附近待命。

（六）同日据陈总指挥真申电报告进展情形及位置。

（1）樊师丁旅今晨以一部推进胡岭，并派队驱逐罗家堡东南方高地之匪，适遇伪五师全部占领车前村、白叶堡、延福庵一带阵地，顽强抗战。现丁旅主力与该匪对峙中，樊师全部已到达河东。

（2）夏师之吴旅，本晨攻占庙岭之匪碉堡后，已确实占领宋稻山、庙竹山嵊紫灵山一带阵地，其余推进罗坊圩。

（3）霍师驱逐当面少数之匪，已确实占领饶家陂、吴家山、长岩石、牛鼻寨之线，李师确占包坪大徐以西一带高地。

（4）黄师推进丹坊、王坊、熊家排一带，傅师里陈、凤冈、白舍一带。

（5）本部已到达白舍。

(附注)灰、真两日，樊师丁旅在白叶堡延福庵战斗经过详第三章。

（七）本月十三日，据陈总指挥文亥电报告元日部署。

本路军拟利用河水暴涨，匪难转移兵力，乘机向甘竹推展，明元日部署如下：

（1）黄师进占坊坑、咸水岩之线。

（2）傅师进占仙山嵊、万福亭、刘家堡、将军渡之线，并相机派队进占甘竹。

（3）夏师控制罗坊圩、紫灵山、庙岑一带策应，黄、傅两师并须于紫灵山以南河边地区，派队游击，掩护傅师。

（4）霍、李两师继续筑碉。

（5）樊纵队牵制河东岸之匪，并积极向大罗山筑碉。

(附注)元、寒两日，黄、傅两师攻占有子岭、咸水岩、仙山嵊、罗家堡、将军渡及甘竹市之战斗经过详第三章。

（八）本月十四日，据陈总指挥寒午电报告寒日部署。

（1）黄师即将有子庆交霍师接防，先构成咸水岩至吴家山间野战工事，明删日开始筑碉，限筱日完成。

（2）傅师先利用匪之仙山嵊、刘家堡、将军渡间碉堡工事，加以改造坚强，适合我用，并派队向甘竹市以南地区游击及封锁河边各渡口，明删日编成甘竹市村落防御，相机进占雷公嵊、杨梅塘、竹篙上、朱溪堡之线筑工。

（九）本月十四日，给陈总指挥、樊指挥官、孔师长寒未电如下：

第九十七师着暂归樊纵队指挥，向广昌进展。

（十）本月十五日，给周指挥官删亥电如下：

第三十六军应于筱日集结荷田冈待命。

（十一）同日据陈总指挥寒申电报告周、孔两师位置。

（1）周六师（欠丁旅）昨到达泪港附近，本寒日开至石虎口附近与樊师衔接。

（2）孔师昨到达梅源，本寒日开至双田圩附近。

（十二）本月十六日，据陈总指挥删戌电报告孔师在里陈圳前待命。

遵谕令孔师明铣日开至里陈圳前一带待命。

（十三）本月十七日，据陈总指挥铣酉电报告筱日部署。

（1）夏师进占雷公嵊、茶里、杨梅塘以南高地至竹篙上之线构成野战工事，巧日开始筑碉，限智日完成。

（2）傅师主力控制甘竹市附近策应，夏师以一部进占株溪堡，对河东岸严密警戒。

（3）李师控制罗坊圩、紫灵山、鄱阳堡及其附近地区。

（4）其余各部仍旧。

（附注）筱日夏师攻占雷公嵊、慧眼岩、朱华山、竹篙上、株溪堡各战斗经过详第三章。

（十四）本月十九日，据陈总指挥巧戌电报告皓日部署。

以樊纵队明皓日攻占饶家堡、大罗山之线，部署如下：

（1）第六师由河东过桥，经白舍、罗坊碉楼，再过桥至胡岭上，攻取大罗山、如意亭、锅铁坑前排之线后，与七九师连系，构筑纵缀碉堡封锁线。

（2）七十九师以二三五旅攻占延福嶂，并以二三七旅派一部佯攻，使我攻击部队奏效容易，孔师仍集结里陈圳前待命。

（附注）皓日周六师攻占大罗山，樊、孔两师攻占锅铁坑前排及延福嶂各战斗经过，详第三章。

（第二）令第三路军进取广昌。

（一）本月十八日，给陈总指挥、周指挥官巧亥电如下：

（1）第三路军着即由甘竹附近进取广昌。

（2）部署如下：

A．以罗纵队附第九十八师于号日开始，由河西岸向长生桥、广昌进展。

B．以周、樊两纵队，即日由甘竹东岸附近地区，向高洲瑕、广昌进展，该两纵队归周浑元统一指挥。

C．第九十七师仍归还周纵队。

（3）除令飞机逐日向甘竹、广昌间沿河两岸附近地区匪碉侦炸外，仰即遵照，并将部署情形具报。

（二）本月二十日，据陈总指挥效申电报告砌日部署。

本路军以占领广昌之目的，明砌日起，先向高洲瑕、长生桥之线进展部署如下：

（1）樊纵队除留一部守备延福嶂、白叶堡、平山、大罗山一带碉楼外，主力进占饶家堡附近地区，增筑大罗山、如意亭、树德亭之纵线碉楼，尔后与周纵队连系，进占沙坪上、樟树下之线，构筑适当据点。

（2）周纵队明砌日，先以孔师随樊师进至饶家堡、洙渡附近，策应樊师主力推进至石虎河东间地区，尔后以高洲瑕、饶家堡逐次进占狗头坳、六三七零官府岭、窠里一带高地，构筑碉楼。

（3）罗纵队构筑白舍至甘竹公路，夏师沿朱华山、砖头岭、沙家陂、伞盖尖一带高地，逐段筑碉前进，并占长生桥，与樊纵队取得连络。

（4）以上各部队任务，统限敬日前完成。樊、周两纵队俱归周指挥官统一指挥。

（5）甘竹市附近之碉楼，仍由邹师抽派部队守备。

（附注）马日夏师攻占砖头岭、小塘城、沙家陂，黄师攻占刘家堡、长生桥，萧师攻占狗头坳，各战斗经过详第三章。

（三）同日据陈总指挥马亥电报告马日各部进展位置。

（1）周纵队之萧师，围攻云际寨之匪，现在对峙中。

谢师在饶家堡附近。

孔师在锅铁坑、树德亭之线。

（2）樊纵队以七九师之李旅，进展苦竹坑附近，余在饶家堡附近。

（3）罗纵队令傅师进占赤觇山。

黄师主力进占长生桥、刘家堡一带。

夏师进占砖头岭、小塘城、沙家陂之线。

（附注）哿日攻占饶家堡、大坪嘴山各战斗经过详第三章。

（四）本月二十一日，据陈总指挥马辰电报告马日追击部署。

（1）周纵队向官府岭、青山、凤凰坳、沙坪上一带进展。

（2）樊纵队向泥马迹、黄泥排、樟树下一带进展。

（3）罗纵队以傅师由甘竹过河，沿河东岸陈家堡、白田、赤坝山进展，与樊纵队连系，黄师沿河西攻占长生桥附近，断匪归路。

（4）夏师除以小部守碉留待邹师接防外，先以一部占领龙背冈，掩护进展，以主力向砖头岭、小塘城、沙家陂进展。

（5）李师在原地准备，候令推进，霍师仍旧。

李师推进甘竹市，控制策应。

（五）本月二十二日，据陈总指挥养酉电报告养日各部进展位置。

（1）周纵队之萧师，已攻占云际寨、官府岭、杨家岭一带。

谢师已攻占高洲瑕、香炉峰一带。

(附注)此两役战斗经过详第三章。

孔师仍控制饶家堡附近。

（2）罗纵队夏师在原阵地筑碉。

黄师掩护夏师筑碉，并完成长生桥村落防御，并其以西三公段附近阵地，傅师将赤坝山交防于樊师后，控制于甘竹。

李师开回罗坊圩继续筑路。

（3）樊纵队推进陂竹坑、泥马迹、赤坝山一带。

（4）余在原地筑碉。

（六）本月二十三日，据陈总指挥养亥电报告梗日行动。

（1）周纵队在慕坑、云际寨、杨家岭、高洲瑕、香炉峰之线开始筑碉。

（2）樊纵队周六师在大罗山、墓坑间筑碉。

樊师在泥马迹、苦竹坑、赤坝山构筑据点工事。

（3）罗纵队黄师攻占伞盖尖。

夏师除在原地筑碉外，并派队协同黄师进占沙家陂、伞盖尖间地区，傅、李、霍等师继续筑路。

(附注)本日黄、夏两师攻占三仙庙、伞盖尖之线，战斗经过详第三章。

(附注)敬有宥等日各部构筑碉堡，其构筑情形详第四章。

（七）本月二十七日，据陈总指挥宥(24)时半电报告进攻广昌计划。

本路军明感晨决向广昌攻击前进，其计划部署如下：

（1）罗纵队以夏师进击华盖尖，攻占新人坪、黄泥坝，以霍师攻清水塘以西地区，傅师攻占清水塘附近，黄师控制长生桥，李师控制甘竹市、罗家堡一带，如情况许可，则各部进占大仙山、新亭、卖竹坪、焦坑、三官殿一带，围攻广昌城。

（2）周纵队以主力攻占乌溪、藕塘下、栽碑洲之线，如情况许可，进占南头坚、岭中坊、河东一带，围攻广昌城。

（3）樊纵队控制长生桥、樟树下一带，为总预备队。

（4）本部进至甘竹市。

（八）同时据陈总指挥宥电报告各部队集结完毕。

（1）周纵队在凤凰坳、沙坪上、苦竹一带。

（2）樊纵队在长生桥、樟树下、饶家堡一带。

（3）罗纵队在甘竹市、长生桥一带。

（4）各部队已集结完毕，明晨六时，周、罗两纵队照计划开始攻击，樊纵队为总预备队。

（附注）感日傅师攻占清水塘，黄师攻占巴掌形山及新人坪，夏师攻占朱华山、排山下，谢师攻占乌溪，孔师攻占黄泥排及俭晨，傅师占领广昌城，孔师占领顺化坞，各战斗经过均详第三章。

（第三）令第六路军向龙冈进展。

（一）本月四日给薛总指挥支戌电如下：

该路军俟第二十六路军接防后，即转移兵力，由沙溪向龙冈进展。

（二）本月八日，据薛总指挥齐已电报告集中日期。

查二十六路先头到达永丰者，仅一团，其主力及高级官，须五日后方可到达，计算接防，须八日后方能实现。职拟率第六纵队，于灰日开始向沙溪集中，一俟集中完毕，即向龙冈逐步建碉筑路进展，梁、唐两师俟交防后，集中沙溪跟进。

（三）本月十二日，据薛总指挥真酉电报告沙溪、龙冈封锁线构筑计划。

（1）职及吴军长真未到沙溪，郭师文日可到沙溪。

（2）潭头、上下固、上下溪之线均有匪工事。

（3）沙溪至龙冈纵封锁线及公路分三段构筑，如天候无故障，预定四月底完成。

（4）元日起开始第一段工作，俟唐、梁两师交防后，继续推进，做第二段工作。

（四）本月十六日，据薛总指挥删申电报告占领韶源。

（1）第四军删辰占领韶源。

（2）韶源至沙溪段碉路，删日开始作业。

（五）本月二十日，据薛总指挥帑己电报告进展部署。

（1）马日以欧、韩两师进占缺家坪、破口坑，构筑上固、韶源段碉楼。

（2）养日以郭、梁两师推进上固，构筑石头坑至上固段碉楼。

（3）唐师暂为预备队。

（附注）马日欧、韩两师攻占缺家坪、破口坑战斗经过详第三章。

（六）本月二十七日，据薛总指挥宥午电报告碉路守备及进展情形。

（1）石头坑、上固、韶源碉楼守备，交温总团接替。

（2）石头坑、上固、韶源公路，宥日开始构筑，俟工作完成，即进取龙冈。

（七）五月一日，据薛总指挥东酉电报告攻占龙冈。

（1）我郭师于东申攻占龙冈。

（2）龙冈附近碉楼及龙冈石头段公路，预定鱼日完成。

（附注）东日第六路军攻占龙冈战斗经过，详第三章。

（第四）规定本路军推进方法及其部署。

本月二十四日，令各路军总指挥，遵照北路军推进方法及其部署逐步推进。其原表（见插页）如下（派飞机投送）：

（第五）永丰、藤田、招携间及永丰、乐安、宜黄、河口间各封锁线守备部队之更替。

（一）本月一日，给南昌二十六路军孙总指挥东戌及东酉电如下：

（1）该路军开赣后，应即担任永丰、藤田、招携间及永丰、乐安、宜黄、河口间各封锁线之守备任务。

（2）第二十七师（原在赣）着归还该路建制。

（二）本月八日给刘、薛两总指挥及第七十五旅张旅长庚亥电如下：

（1）暂作第七十五旅尽量接替税警团永丰、江口间及永丰、古县间守备，限真日以前接替完毕。

（2）税警团交防后，即行接替九十三师瑶田至沙溪一带守备，限元日以前接替完毕，七十五旅及税警团仍归刘代总指挥指挥。

（3）第九十三师交防后，集中沙溪，随同第六纵队跟进。

（4）第九十二师藤招间守备，七十五旅永江间及永古间守备，统俟第二十六路军到达后再行派队接替之。

（三）本月十九日，据孙总指挥巧亥电报告接防情形。

（1）职本日午后四时抵永丰。

（2）独立四四旅明日可接永丰、乐安防务。

（3）永丰城由二十七师之补充团接替。

（4）三十师已将永丰、藤田、招携全线防务接替完毕。惟该师六团接收永、藤、招全线，不敷分配，且藤、招尤重要，非控置相当兵力不能应付，拟请将永、古间防务由七十五旅担任。

（5）三十一师在输送中，俟该师到达宜黄后，拟令先筑碉路后接防，五十三师可否缓调。

（四）本月二十二日，据孙总指挥马酉电报告三十一师接防情形。

三十一师以一团兵力进驻宜黄、凤冈之线，以两营兵力维护

北路军推进方法及其部署 四月二十四日

指挥系统	北路军总司令顾祝同										
	第三路军 总指挥：陈诚兼　副总指挥：罗卓英				第六路军 总指挥：薛岳　副总指挥：吴奇伟			第一路军 总指挥：顾祝同 副总指挥：刘兴化	第二十六路军 总指挥：孙连仲	第二十路军 总指挥：张钫	总预备队
	第三纵队指挥官 樊崧甫	第五纵队指挥官 罗卓英	预备队指挥官 万耀煌	守备队指挥官 毛秉文	第六纵队指挥官刘绍先	第七纵队指挥官 吴奇伟兼	预备队	守备队指挥官 刘兴兼	守备队	守备队	
部队	第六师 第七十九师	第十一师 第六十七师 第十四师 第九十四师	第八师 第十三师	第二十四师 第四十六师 补充第二旅	第四十三师 第九十七师 第九十二师 第九十三师	第五十九师 第九十师 第九十九师	第一支队	部纵队 税警总团 骑兵第一旅	第二十七师 第三十师 第三十一师 独立第四十四旅	第七十五师 第七十六师	第五十三师
兵力	十团	十二团	十二团	七团	十二团	十团	四团	共十团	共十九团	共十一团	六团
	活动兵力三十四团				活动兵力共二十六团						
	共四十一团										
推进方法及部署	一、第三、五两纵队进取广昌，构筑碉堡，巩固广昌根据地及后方连络线后，再向宁都逐步推进。 二、第八师、第十三师交防后第三、五纵队左后方前进，巩固其后方与第五路军取连络。			一、第四十六师防线南移至新桥、泰宁之线，遗防由二十路接替。 二、第二十四师仍在资溪、光泽及杉关之线，并派一部驻防冷水坑。	一、照原计划，由沙溪经龙岗圩向古龙岗挺进，但到达龙岗圩后，须将后方碉堡及公路构筑完成，并掩护与协助后方守备队构筑沙溪至富田间之横缀碉堡线，然后再行推进。 二、第四十三师、九十七师，俟第三路军进占广昌后，即归还第六路。			一、协助五十三师构筑沙溪至富田之碉堡，完成后，部纵队即前进接该碉堡线之防，并右与二十三师部队连络，而后随第六路军之进展逐段跃进。	一、担任永丰、藤田以东及南丰、广昌（不含）以西中间地区之横纵缀线，与乐招纵缀线之构筑及守备，并构筑公路及肃清残匪。	一、以第七十五师接第八十师之防，七十六师接十三师及二十四师洪门、飞鸢之防，令其注意该防线外周碉堡线之守备，而节约其内部之守兵，且须派一团接盐隘至新桥（不含）之防，以便第四十六师南移至泰宁也。	一、交防后，即西移至沙溪向富田构筑横纵封锁线碉堡，如兵力不足则以第一支队及部纵队协助之，第六路军并须就近掩护。 二、该线完成后，即交给部纵队守备，该师候令调遣。
时期	四月底攻取广昌，五月初十间由广昌向宁都推进，预定六月十日前占领宁都。第八师、第十三师四月底将防务交第二十路后，即行推进。				四月底进占龙岗圩、五月初十日由龙岗圩向古龙岗挺进。 五月底占领古龙岗。			五月初十间，部纵队接防沙溪至富田之线。	招携至新丰市横缀碉堡约五月半间完成后再东与三路军至南广纵缀碉堡线衔接，五月廿间，可与第三路完全闭锁。	限五月五日前，将八师十三师之防务接替完毕。	约五月初五日以前到达沙溪，五月中旬完成富田、沙溪碉堡线。
备考								手令取富田至龙冈之线，因该线须经过东固港口，地形复杂，守备不易，故变更为富田至沙溪之线，且东可与将来之推进线大金竹连成一气也。		其详细部署，应由顾总司令妥为规定。	

附记　表内未载之各部队，均按照以前之规定。

宜黄、棠阴交通，其余部队，悉数由二都经河口逐渐修筑碉路，向新丰市推进。

（五）本月二十三日，给孙、刘两总指挥漾酉电如下：

（1）第二十六路四四旅兵力单薄，只能接受乐鹿间守备，其永鹿间守备已无力再接，着由七十五旅派兵一团暂行担任，俟乐招间纵缀封锁线构成后再为抽调。

（2）七十五旅担任永鹿守备之一团，为剿匪指挥便利计，着归二十六路军指挥。

（第六）令第二七师向招携进展，并构成乐招封锁线。

（一）本月一日，给孙总指挥东戌电如下：

该路军抽出二十七师主力，由乐安向增田、招携逐步筑工前进，构成乐安、招携间纵封锁线，并构筑该段公路，限本月删日以前完成。

（二）本月二十二日，据孙总指挥转据冯师长号申电报告进展步骤。

（1）本师号日方交防完毕。

（2）定养日亲率步兵三团及直属部队推进。

（3）第一步进至曾田，修筑曾田至乐安间碉路，第二步进至望仙，修筑望仙至曾田碉路，第三步进至招携，修筑招携、望仙间碉路，完成纵缀封锁线。

（4）乐安城防及其附近碉楼，归炮兵团担任守备。

（三）本月二十四日，据孙总指挥有申电报告冯师占领曾田。

据冯师长养申、有申两电略称：该师养日上午十时占领曾田，略有俘获。乐安、曾田间碉路大致完成，于宥辰续向石陂、土背岭筑工前进。

（附注）乐招封锁线完成，在五月份内续叙。

（第七）令第二十六路军于藤招线控置预备队。

（一）本月十九日，给孙总指挥皓午电如下：

据报第三十师接防藤田、招携一带守备，因兵力不足，仅于碉楼配备守兵，其招携、善和、藤田各重要地点，均无预备队等情。查藤招封锁线左翼尚未封闭，有控置预备队之必要，希查明令张华棠旅由永丰向古县一带尽量延伸，俾彭师抽出一团，控置招携、善和一带为预备队。

(二)本月二十一日，据孙总指挥号午电报告困难情形。

四四旅只有步兵五营，担任永鹿守碉，实觉不敷，自无余力他调。三十师分守永藤、招间碉堡五百余座，兵力六团，编制又小，只能勉强守碉，无力控置预备队，拟请调七十五旅接永古碉堡，俾三十师抽相当兵力为预备队。

(三)本月二十一日，给孙总指挥马申电如下：

第七十五旅仍宜活用，不必担任守备，目前最好迅速完成乐招封锁线，与藤招线衔接。彭师自可无虑，已令冯师暂缓筑路，专力构筑乐招封锁线，限五月冬日完成，希就近督促为盼。

(四)本月二十七日，据孙总指挥感已电。

乐招间封锁线展至微日完成。

(第八)德胜关、盐隘、新桥、邱家排、泰宁一带封锁线之守备部队之交换。

(一)本月四日，给陈总指挥及周、樊两指挥官申电如下：

(1) 德胜关、盐隘、新桥、薄溪地（不含）一带封锁构成后，交由第四十六师接替。

(2) 周纵队暂在原地策应并增强工事。

(3) 樊纵队即集结南丰以南枫林圩附近候命，限庚日以前到达。

(二)本月二十一日，给汤指挥官及十三师万师长、四十六师戴师长马申电如下：

(1) 第四十六师德胜关至盐隘（含）守备任务，着由第十三师派队接替，限马日以前接替完毕。

（2）第八十九师薄溪地至邱家排（不含）守备任务，着由第四十六师派队接替，限敬日以前接替完毕。

（三）本月二十一日，据汤指挥官马亥电。

邱家排至梅桥间约十里之守备，拟请归四十六师负责，以免减少进剿兵力。

（四）本月二十二日，复汤指挥官养未电如下：

（1）邱家排至梅桥间守备，该纵队酌留一部暂行担任，俟四十六师接替薄溪地、邱家排段守备后，视兵力配备情形如何，再令向前延伸。

（五）本月二十九日，给汤指挥官及四十六师戴师长、二百二十八旅范旅长艳己电如下：

（1）二百二十八旅着于明三十日由南城出发，限五月冬日到达黎川，即先派一部接替四十六师盐隘（不含）新桥（不含）间之守备，限江日以前接替完毕。

（2）四十六师交防后，即抽出部队向南延伸，接替八十九师邱家排、泰宁（不含）间守备，限微日以前接替完毕。

（六）本月三十日，给汤指挥官及四十六师戴师长、十三师三十八旅潘旅长、二百二十八旅范旅长卅午电如下：

（1）四十六师盐隘、新桥（不含）守备，改由十三师派队接替，限冬日以前接替完毕。

（2）二百二十八旅暂在黎川集结待命。

（3）四十六师支日以前接替八十九师邱家排、泰宁（不含）守备。

（第九）规定黎川至金坑、黎川至德胜关、黎川至邱家隘各封锁线守备部署。

（一）本月六日给十三师万师长麻未电如下：

（1）该师应即抽派两团，接替第六师樟村、邱家隘、平寮一带守备，限蒸日以前接替完毕。

(2) 该师所担任各封锁线守备，从新部署如下：

A．南城守备一团。

B．黎川城守备一团。

C．黎川、东山、德胜关（不含）、永兴桥、龙安镇、横村共一团。

D．李公岭、熊村、金坑、五都共一团。

E．樟村、邱家隘、平寮共两团。

(二)同日给樊指挥官麻未电如下：

已令第十三师派队接替樟村、邱家隘、平寮一带守备，限蒸日前交接完毕，翁旅交防后，应即归还建制。

(第十)第八十五师移防情形。

(一)本月五日给谢师长微酉电如下：

奉委座支亥行战一电开：第八十五师即日由金溪开赴峡江集中待命等因，希遵照。

(二)本月六日给谢师长麻未电如下：

奉委座电谕：第八十五师到达金谿后，着在原地集中待命等因，希遵照。

(三)本月十日奉委座佳戌行战一电如下：

第八十五师兜剿陈坊之匪后，即向上饶开拔，归赵司令指挥可也。并将遵办情形具报。(附注）此电委座已直接致谢师长，本部未转。

(四)本月十五日，奉委座寒未行战一电如下：

查陈坊之匪，现踞饶源、茶山、长坪一带，无须八十五师全部进剿，着该师酌留一部剿办该匪主力，应即开临江湖，进剿头北之匪，希遵办具报。(附注）此电委座已直接致谢师长，本部未转。

(五)本月二十日，给谢师长号已电如下：

奉委座电谕：第八十五师开赴南城待命等因，希遵照。

(六)本月二十八日给谢师长俭戌电如下：

奉委座令，第八十五师归东路序列，着即开泰宁，准备接替泰宁以东至将乐城守备等因。该师到达南城后，即经黎川、德胜关向泰宁前进，限五月支日以前到达。

(第十一)令第二十四师防堵窜扰陈坊之匪。

本月六日，给黄师长鱼戌电如下：

据陈总指挥转据该师江西电，方志敏部枪匪二千余，冬日窜至距光泽司前四十五里之陈坊，并在杉田、余家搜掳，势甚猖獗，请派队堵剿等语。查八十五师奉令另有任务，不能派队协剿，着仍由该师详查匪情，协助地方团队扼要防堵可也。

(第十二)令第五十三师侦剿汤山、固冈散匪。

本月十九日，给李师长皓亥电如下：

奉委座筱亥行战一电，据报崇仁伪独立营与游击队，现盘踞汤山、固冈等处，希派队侦剿等因。希该师派队侦剿，并将剿办情形具报。

(第十三)令第八、第十三两师编为进剿部队。

本月十五日，给陶师长、万师长删亥电如下：

奉委座文亥行战一电节开：张钫部第七十五、第七十六两师到赣后，应即接替第八、第十三两师防务，以第八、第十三两师编为进剿部队等因。除交防日期另令规定外，希即预为准备一切为要。

(第十四)令第五十三师集结沙溪。

本月二十五日，给李师长径电如下：

该师交防后，着即经崇仁、永丰到沙溪集结待命，限五月庚日以前到达。

(第十五)令第八纵队向康都转进，协助汤纵队进取建宁。

(一)本月二十八日，给陈总指挥、周指挥官俭戌电如下：

奉委座令，第八纵队以第五、第九十六、第九十八各师编成之，该纵队俟我军确实占领广昌后，即向康都转进，与汤纵队协同进取建宁等因。希遵照。

（二）本月二十九日，给周指挥官艳午电如下：

着该纵队于五月江日由广昌附近出发，限支日到达荷田冈附近，微日向康都筑工前进，限虞日以前构成荷田冈、康都间碉堡线。

二十三年五月份

（第一）令第八纵队协同东路军汤纵队进取建宁。

（一）本月二日，给陈总指挥、周指挥官冬戌电如下：

奉委座东申行战一电开：查东路军汤纵队已越过磨洲岭，周纵队若经康都筑碉前进，颇费时日，恐不能适时协同动作，兹为汤、周两纵队连络容易起见，应令周纵队改由邱家隘向建宁前进等因。希遵照。

（二）本月二日据周指挥官东已电。

本纵队奉命转移东路进剿，第十三师既归入本纵队，乞明令发表，以便规划行动。

（三）本月三日，给十三师万师长江亥电如下：

第十三师现担任之防务，俟交二十路军接替后，即集结樟村附近，归周纵队指挥。

（四）本月七日，据周指挥官鱼戌电。

本纵队鱼日先头谢师到达樟村，萧、夏两师到达横村，明日向邱家隘集中。

（五）本月八日，据周指挥官阳戌电。

谢、夏两师本日已到邱家隘，萧师到达樟村附近，明庚日以谢、夏两师进占将军殿，萧师推进勾桥附近策应。

（六）本月九日，据周指挥官庚酉电。

（1）我谢、夏两师已攻占将军殿及该地西南之香炉峰。

（附注）此役战斗经过详第三章。

(2) 尔后拟直向建宁城筑碉前进。

(3) 乞饬十三师已交防部队，即日加入进展。

(七)本月十二日，据周指挥官文申电。

(1) 邱家隘至将军殿间碉寨已完成，以夏师一部守备。

(2) 本晨我夏、萧两师已攻占笠乏寨及其东西一带，匪人数不多，稍抗即退。

(3) 马元桥已在瞰制下，据报同元桥驻马寨有匪大部。

(八)本月十三日，据十三师万师长文酉电。

师部及直属部队已于文日到樟村，三十七旅寒日集中横村，三十八旅除七七团已进至将军殿外，其余尚未交防，接防之二二四旅，本日可到黎川。

(九)本月十七日，据周指挥官铣已电。

本日拂晓占领驻马寨，正追击前进中。

(附注)删、铣两日，谢、萧、夏各师攻占驻马寨之战斗经过，详第三章。

(十)同日据周指挥官铣午电。

本日午前十时，攻占建宁城北门，同时东路汤纵队亦到建宁。

(附注)汤、周两纵队攻占建宁后，构筑建宁、水南、泰宁碉堡封锁线，详第四章。

(附注)建宁至泰宁封锁线完成后，构筑南丰至建宁公路，详第五章。

(第二)搜剿崇乐边境散匪。

(一)四月二十五日，给孙总指挥有亥电如下：

据报前窜戴坊之农匪，现已窜至崇仁西方之牛家坪附近，希派兵一营跟踪追剿，务在短期内肃清之。

(二)四月三十日，给刘总指挥卅申电如下：

据李家鼎报称：樟树东之店下街东南约二十里地方，发现枪匪百余，系由焦坑窜来，有续向西窜模样等语。查此匪前由丰乐交界窜至牛家坪，今复西窜，若不及早扑灭，恐将蔓延，现二十六路已无兵可派，即希设法抽调一营兵力跟踪追剿，务于短期内肃清之。

（三）本月二日，给孙、刘两总指挥及三十一师李师长冬电亥如下：

据崇仁邹县长东电略称：澧陂桥有枪匪百余，现与团队激战中等语。查澧陂桥与宜黄、凤冈相距甚近，宜凤驻军应速派队负责肃清，勿任蔓延，仍将搜剿情形具报。

（四）同日电令丰城、新淦、永丰、乐安、崇仁各县县长，加派团队协同堵剿，并令别动队派队跟剿，各电原文不录。

（五）本月三日，据三十一师李师长江戌电。

澧陂桥之匪，已遵饬驻凤冈朱团派队搜剿矣。

（六）同日给保卫第二师张师长转保安第三团吴团长江亥电如下：

此次丰乐边境残匪窜扰，该团于石城庵附近毙匪甚多，获枪三十余支，足见官兵均奋勇努力，着传令嘉奖，但余匪仍仰设法肃清为要。

（七）本月七日，给孙、刘两总指挥虞申电如下：

据丰城林专员元酉电略称：丰乐边境之匪一部，沿杯山西窜，一部窜杯山之早湖、灌压一带，现有由白沙山背向崇属十都窜聚之势。现十都、杨家山等处约有匪二百余人等语。希转饬分途追剿。

（八）本月九日，给三十一师李师长佳午电。

据别动队齐已电略称：据报大路口、马口一带有散匪百余人，枪八、九十支，本日已令第十中队由澧陂桥、第十一中队由马鞍坪向该匪进剿，恳转饬三十一师驻凤冈之朱团派队堵剿等语，希转饬遵办，并与别动队第四大队随时连络为要。

（第三）完成乐招封锁线及搜剿永乐招藤区内残匪。

（附注）此节系接四月份（第六）节续叙。

（一）本月六日，据二十七师冯师长微申电略称：

我黄旅微辰攻占望仙，俘获甚多，现正向招携我驻军耿团连络中。

（二）本月十日，给孙总指挥灰戌电。

乐安、招携间封锁线即将完成，所有永乐封锁线以南之残匪，着即速派队肃清，并准备将永乐线守备部队向前推进。

（三）本月十三日，据孙总指挥元午电。

乐招间纵碉堡线将次完成，永乐、招藤区内残匪，刻已计划清剿，拟删日开始。惟该区内之匪，多系地方之农匪，须将地方团队进入搜剿，方易奏功，已令保二师酌派永乐团进抵牛田、七都搜剿。

（四）本月十六日，给孙总指挥铣午电。

令保二师派队协助清剿永乐、招藤区内残匪，已电康总队长知照，希即按照计划实施，限本月底肃清。

（五）本月十六日，据二十七师冯师长删申电。

乐招间纵缀封锁线，刻已大致完成，现正抽队清剿该线内外各地散匪。

（六）本月十七日，据二十七师冯师长筱已电。

自四月养日起至五月铣日，乐招封锁线及二米达宽之军路，同时完成。

（七）本月二十一日，给孙、刘两总指挥马亥电。

（1）乐招间纵缀封锁线已经完成，永乐以南散匪亦将肃清，独立四四旅，着即准备接替乐招封锁线之守备。

（2）所有永乐线上各碉堡存储粮弹，着运交就近仓库。

（3）第七十五旅守备永鹿线之一团，着即准备归还建制。

（八）本月二十二日，据二十七师冯师长马子电。

永乐、招藤区内残匪，经各部兜剿，现聚集上中元、坪背一带伺隙逃窜，兹为剪草除根计，定帮夜予以急袭，以歼灭之，其部署如下：

（1）以有力之一部，由胭脂岭直趋上中元，以主力由冈背、乌泥坑向坪背包围。

（2）已令乐安团队以主力占领水坊、胡家岭一带高地，断匪西窜。

（3）大湖坪团队，进占万崇圩扼要堵截。

（4）以上各部，均于马日拂晓前到达位置，以发炮为号，实行围剿。

（九）六月四日，给孙、刘两总指挥及惠支队指挥官支午电如下：

现永乐、招藤地区内散匪已告肃清，永乐封锁线上碉堡，应择重要者交地方团队派兵守备，原任永鹿段守备之四四旅，着推进接替乐招间冯师防务，冯师交防后，全部集结乐安、增田一带，准备策应各方，原住永鹿段守备之七十五旅交防后，集结永丰待命。

（附注一）二十七师四月养日攻占曾田，五月微日攻占望仙，以及搜剿永乐、招藤区内残匪各战斗经过，详第三章。

（附注二）关于乐招碉堡线设施情形，详第四章。

（第四）南黎资光纵横各封锁线守备部队之交换。

（一）四月三十日，给第二十路军张总指挥卅戌电如下：

第二十四师所担任之资溪、光泽、飞鸢、杉关、硝石一带防务及第十三师七十七团所担任之南城城防，着由该路军七十六师接替，在该师全部未到达以前，其先头之二百二十八旅，着先接南城、硝石、杉关、飞鸢至黄金桥一带防务。

（二）同日给二十四师黄师长、十三师万师长卅申电如下：

（1）第二十四师所担任之全部防务及十三师所担任之南城防

务，已令张钫部之七十六师前往接替，其先头之二二八旅之两团，本（卅）日已达南城、硝石一带，其余部队现在南昌点验，俟点验后，即行开拔。

（2）第二十四师所担任之洪间杉、关纸马至黄金桥之防务，及十三师七十七团所担任之南城防务，着先交由二二八旅接替，限江日以前接替完毕。

（3）第二十四师全部交防后，着即开至南丰，接替见贤桥、神冈、党口、宝石、甘坊、长生桥一带防务。

（4）第十三师之七十七团交防后，应即集结黎川待命。

（三）本月二日，给张总指挥、毛指挥官冬申电如下：

已令七十六师之二二七旅到达南城后，即经后车、黄狮渡、蒿市到资溪、光泽，接替二十四师所担任之高埠、资溪、光泽、和顺及牛田、乌石一带防务，限虞日以前接替完毕，七十六师师部以驻光泽为宜。

（四）本月三日，给陈、张两总指挥、毛指挥官及十三师万师长、第八师陶师长江亥电如下：

（1）第十三师现在所担任之金坑、黎川、德胜关、新桥（不含）及横村、邱家隘一带防务，并第八师现在所担任之西成桥、南丰、大头山、麻坑、党口及古城冈、杨林渡、劳山（不含）一带防务，统由七十五师接替，担任该师先头之二二三旅，应尽先接替第十三师防务，后续部队随到随接。

（2）第十三师交防后，集结樟村附近，归周纵队指挥。

（3）第八师交防后，集结广昌附近，归罗纵队指挥。

（五）本月七日，据张总指挥鱼午电报告接防部署。

（1）七五师直属部队及二二五旅，担任南丰山、下沙冈、上大头山及古城冈、荷田冈、杨林渡与麻坑、神冈、党口各处防务，师部及旅部均驻南丰。

（2）七五师之二二三旅，担任黎川、金坑、黄土关、德胜关与盐隘一带防务，旅部驻黎川。

（3）七五师之二二四旅，担任龙安镇、横村．樟村、邱家隘、西成桥、沧浪各处防务，旅部驻龙安镇。

（4）七六师师部及二二七旅旅部均驻资溪。

（5）该师直属之工兵营及二二七旅，担任硝石、大竹、东山、高埠、资溪、大乐山及乌石、桐埠、资溪桥、潭头市各处防务。

（6）七六师二二八旅，担任资溪桥（不含）、乌石（不含）牛田、花桥、光泽、和顺及水口珠、朱窑、江米门各处防务，旅部驻光泽。

（7）七六师之特务团，担任南城城防及洪门、硝石（不含）、黄沙各处防务。

（第五）新桥、泰宁（不含）间邱家隘、建宁（不含）间纵封锁线，及泰宁、建宁（不含）间横封锁线，守备部队之交换。

本月十六日，给陈、张两总指挥、毛、汤、周各指挥官及四十六师戴师长铣未电如下：

（1）第四六师，新桥至泰宁（不含）间守备及第九八师邱家隘至建宁（不含）间守备，着由第七十五师派队接替，新桥、泰宁（不含）段，限马日以前，邱家隘、建宁（不含）段，限皓日以前接替完毕。

（2）樟村以西及南丰附近之守备，仍由第八师担任。

（3）第四六师交防后，着即接替泰宁、建宁（不含）间之守备。

（4）九八师守备部队交防后，着即归还建制。

（第六）宝石、甘坊及白舍、长生桥一带守备部队之交换。

（一）本月八日，给二十四师黄师长庚亥电如下：

（1）已严令第七六师之二二八旅之一部，明佳日由南城开往光泽，接替该师防务，限元日以前接替完毕。

（2）该师交防后，即开白舍附近，接替四三师宝石、甘坊、甘竹市、长生桥及白舍河东岸、劳山以南至狗头坳一带防务。

(3) 麻坑、神冈、党口一带防务，前令该师接替，现已由七五师派队接替，希并遵照。

(二)本月九日，给二十四师黄师长佳午电如下：

该师已经交防之部队，着即开至白舍，接替四三师所担任之宝石、甘坊、白舍一带防务限删日以前接替完毕，其余部队俟交防后，即继续到白舍接替苛山至云际寨、白舍至长生桥一带防务。

(三)本月二十日，据二十四师黄师长号辰电。

本师各部位置如下：

(1) 师部及直属部队驻白舍。

(2) 第七十旅旅部驻池埠，其一三九团在甘坊，准备逐渐接收新丰市防务，一四零团担任油埠、宝石之线。

(3) 第七十二旅旅部驻白舍，其一四三团担任白舍附近至油埠（不含）之线，一四四团担任毛坪、罗坊、甘竹、长生桥之线。

(第七)广建间封锁线之守备及该线以北残匪之搜剿。

(一)本月二十七日，给陈总指挥、毛指挥官感酉电。

广昌、水南、建宁封锁线即将完成，第八师着先抽出三团，于六月江日以前到达广昌，准备接替广昌至水南封锁线之守备，建宁至水南（不含）守备，暂仍由汤纵队派兵守备，俟新丰市、黄陂间封锁线构成后，即将第八师完全抽出，前往接替。

(二)同日给陈总指挥、汤指挥官感申电。

广昌至建宁封锁线即将完成，所有该线以北之残匪，属于赣境者，着由第三路军派队搜剿，属于闽境者，着由汤纵队派队搜剿，并于最短期内肃清具报。

(第八)令第四旅肃清永吉、永沙、沙富地区内残匪。

本月十四日，给刘代总指挥及惠指挥官、郑旅长寒巳电如下：

第四旅协剿安福边境之匪任务终了后，着即开至永丰、归刘代总指挥指挥，担任肃清永吉、永沙、沙富地区内之残匪。

（附注）沙溪、富田、江边横封锁线，已构筑完成，详第四章。

（第九）令第四三、第九七两师集中待命。

（一）本月三十日，给孙总指挥卅戌电。

（1）据报匪一、三军团，似已窜踞东陂、白竹附近。

（2）邹、孔两师，着由邹洪指挥，克日由现地经党口、神冈到宜黄南之河口附近集结待命。

（3）所遗防务，由第八师抽队接替。

（二）本月三十一日，给陈、孙两总指挥世未电。

（1）邹、孔两师，着改在宜黄二都附近集结待命。

（2）孔师限江日午前到达，邹师限微日以前到达。

二十三年六月份

（第一）完成九都、新丰市间封锁线及守备部队之交换。

（一）本月四日，给陈、孙两总指挥、周指挥官及九八师夏师长、三十一师李师长、四三师邹师长、九七师孔师长、十三师万师长、第八师陶师长支亥电如下：

（1）前窜新丰市、东陂一带之伪三军团，已向东韶、洛口方向退窜。

（2）邹、孔两师到达宜黄、二都一带后，着即进至崇九都沿河东岸阴山寨，向摇篮寨筑碉前进，三十六军及十三师，着于虞日以前集结新丰市附近，庚日起，沿河东岸三角寨向摇篮寨筑碉前进，统限真日以前构成崇九都、摇篮寨、新丰市间之纵封锁线。

（3）邹、孔两师所构成之封锁线，着由三十一师随时派队接替，三十六军及万师所构成之封锁线，着由陶师随时派队接替。

（4）九八师着于庚日以前集结南丰附近待命。

（二）本月六日，给陈总指挥麻酉电如下：

第三十一师兵力，现在不敷分配，新丰市、摇篮寨间封锁线，暂以陶师守备，俟崇九都、新丰市间封锁线构成后，三十一师抽出宜黄、棠阴一带守备部队，再行接替可也。

(三)本月九日，给陈、孙两总指挥、周指挥官及十三师万师长、九八师夏师长、三十一师李师长、四三师邹师长、九七师孔师长佳已电如下：

(1) 匪主力有西窜模样。

(2) 三十六军及万、夏两师，毋庸构成新丰市、摇篮寨间封锁线，着开宜黄附近集结待命，三十六军限尤日以前到达，万、夏两师限元日午前到达。

(3) 邹、孔两师仍照前令，向摇篮寨筑工前进。

(四)本月十七日，给陈、孙两总指挥、毛指挥官及三十一师李师长筱未电如下：

(1) 九都、新丰市间封锁线，即将全部完成，除九都至摇篮寨已完成之碉堡，业由三十一师陆续派队接替外，其摇篮寨至新丰市（不含）之碉堡守备，着三十一师延伸接替。

(2) 三十一师棠阴、四都、五都一带之碉堡守备，着即斟酌实地情形，择要交由地方团队担任。

(3) 第八师南丰附近及见贤桥、神冈、党口一带之碉堡守备，着即择要交由地方团队担任。

(4) 第八师全部交防后，着即集结南丰附近，协同构筑南建公路。

(五)本月十八日，给陈、孙两总指挥、毛指挥官及第八师陶师长、三十一师李师长、四十三师邹师长、九七师孔师长巧亥电如下：

(1) 第八师构筑之摇篮寨（不含）至新丰市（不含）间封锁线完成后，暂交由九七师派队守备，第八师全部，着于敬日以前集结南丰附近，准备铺筑南丰至荷田冈之路面。

(2) 邹、孔两师构筑之九都摇篮寨间封锁线完成后，应由三十一师派队守备。

（3）第九七师，除暂行担任摇篮寨至新丰市（不含）间之守备部队，应俟三十一师派队接替后，再行交防外，其余部队应即肃清新丰市以北九都以东残匪。

（4）第四三师暂行在宜黄附近候命。

（5）第三十一师，应尽量节约封锁线后方之守备兵力，从速抽调部队接替摇篮寨至新丰市（不含）间九七师之守备，并将后方不重要之碉堡内弹粮食盐等项，运存新丰市（不含）、九都间之新封锁线各碉堡。

（六）本月二十日，给陈总指挥及三十一师李师长智亥电如下：

兹规定以河为界，新丰市及河以南杨丘、嶂排、上管坊一带，由黄二十四师派队守备，新丰市（不含）以西河以北，由三十一师派队接替守备。

（七）本月二十日，呈委座号亥电如下：

九都至三角寨（不含）封锁线，已于皓日完成，并已由三十一师派队守备，三角寨至新丰市（不含）陶八师构筑之一段，本号日已暂由孔师派队守备，养日由三十一师抽调一团前来接替。

（八）本月二十四日，给陈、刘两总指挥敬午电如下：

孔师交防并肃清残匪后，着即集结宜黄附近待命。

（九）本月二十日，据三十一师李师长皓午电报告守备部署。

（1）棠阴、永兴桥、演口一带碉堡守备任务，交宜黄团队担任。

（2）演溪、五都、西华山一带碉堡，由一八五团酌留一营担任守备，余两营开至河口，接替一八六团河口至十都之防务。

（3）一八六团推进十都，接替一八二团黄陂、十都、九都秀山一带防务。

（4）一八一团接替邹、孔两师由秀山至摇篮寨新成之碉堡。

（5）一八二团即延伸接替陶八师由新丰市以北所成之碉堡。

（第二）第六路军向银龙坳进展。

本月三日，据薛总指挥冬戌电。

江日以郭、梁两师掩护第四军进占大坪、水西之线，虞日以第四军掩护郭、梁两师进占银龙坳，唐师为总预备队暂在龙冈。

（附注）该路韩师江日攻占笔架山，郭师齐日攻占银龙下，梁师寒日攻占坪头山，各战役战斗经过，均详第三章。

（第三）令第八纵队集中泰和。

（一）本月十三日，给周指挥官及十三师万师长、九八师夏师长文戌电如下：

奉委座令，第五、第十三、第二十八、第九六、第九八各师，编为第八纵队，归周浑元指挥，除第二十八师交防后，就近集中泰和外，余由现地经公陂、永丰、吉水渡江，限六月有日以前集中泰和附近。

（二）本月十四日，据周指挥官元亥电。

（1）本纵队寒日由宜黄向永丰前进，因道路关系，四师共取一路行进。

（2）萧、谢两师寒日，夏、万两师删日到贯桥、张家岭，萧、谢两师删日，夏、万两师铣日到罗家圩、罗背冈，萧、谢两师铣日，夏、万两师筱日到龚坊下田，萧、谢两师筱日，夏、万两师巧日到水东、竹山坑，萧、谢两师巧日，夏、万两师皓日到永丰江口。

（3）指挥部随萧师向永丰前进。

（三）本月二十二日，给周指挥官及九九师郭师长马未电如下：

奉委座哿午电，第九十九师暂归周指挥官浑元指挥，即由原地经潭头、富田、新安圩至江边之对岸渡河，限俭日以前集结泰和，归入第八纵队序列等因特达。

（四）本月三十日，据周指挥官陷申电。

职率萧师本午到达泰和，谢师本晚亦可到达，夏师本日到早保，明日午前亦可到泰和，万师本日到吉安集结，明日亦可到泰和。

(第四)肃清永吉、沙富区内残匪。

(一)本月二十六日，给刘代总指挥宥午电如下：

惠支队永鹿间防务，已交永丰团接替，该支队着由兄直接指挥，务在最短期内，将永吉以南残匪肃清。又部纵队及郑旅并九十九师之周团，现在潭富以北清剿残匪，原由部司令指挥，查该司令现在庐山军官团任职，各该部队着由兄一并指挥，希拟具整个清剿计划，具报为要。

(二)本月卅日，据刘代总指挥艳午电。

清剿永吉以南残匪，遵拟定计划，令饬各部分途进剿，限期肃清如下：

(1) 着部纵队第三支队宋司令涛指挥周、魏两团，先歼灭水南附近之伪独立第二团及公略县独立营，再相机分途向潭头、螺田之线清剿，但须随时择要构筑碉堡。

(2) 着郑旅长洞国指挥该旅，派驻江口、施家边之部队，并二十五师张团兜剿白水、双橹、井头一带之匪，务获歼灭，但张团务于七月一日由永丰开到查口。

(3) 境界线为直夏、白纹、上下寮原大水街之线 线上属郑旅。

(4) 限于七月十日以前，各将指定地点内之匪完全肃清。

(5) 螺田、大水街、冠山、东坑、唐家边、直夏等处堵剿部队，仍在原线堵剿。

(第五)规定北路与东路推进方法及部署。

本月七日，奉委座颁定北路与东路推进方法及部署表，印发各路军总指挥及周指挥官遵照(附表见插页)。

东北路军推进方法及部署表

二十三年六月七日

指挥系统 区分	北路军总司令顾祝同						第八纵队 指挥官：周浑元	东路军总司令蒋鼎文				
	第三路军总指挥：陈诚兼 副总指挥：罗卓英			第六路军总指挥：薛岳 副总指挥：吴奇伟				第二路军总指挥：蒋鼎文兼		第五路军总指挥：卫立煌		预备队
	第三纵队指挥官 樊松甫	第五纵队指挥官 罗卓英	预备队	第六纵队指挥官　刘绍先	第七纵队指挥官　吴奇伟	预备队		第四纵队指挥官 李延年	预备队	第九纵队指挥官 刘和鼎	第十纵队指挥官 汤恩伯	
部队	第六师 第七十九师	第十一师 第十四师 第六十七师 第九十四师	第四十三师 第九十七师	第九十二师 第九十三师	第五十九师 第九十师 第九十九师	第一支队	第五师 第十三师 第二十八师 第九十六师 第九十八师	第三师 第九师 第八十三师	第三十六师	第五十二师 第五十六师 第八十五师 新十一师 独立第四十五旅	第四师 第十师 第九十八师 第九十九师	第八十师
兵力	十团	十二团	六团	六团	十团	四团	活动兵力二十团	十五团	四团	约共二十团	活动兵力十二团	四团
	共二十八团			共二十团				共十九团			共十九团	
推进方法及部署	一、樊纵队先协同汤纵队完成南丰建宁间公路。 二、樊、汤两纵队完成南建间公路后，共由建宁前进，先行收复安远，然后进占宁化。 三、樊纵队占领宁化后，主力西移再会同罗纵队收复宁都。	一、罗纵队占领头陂后，暂行缓进，俟樊纵队主力西移，会同进取宁都。	一、第四十三、第九十七两师，协助第三十一师构筑新丰市、黄陂间碉堡后，即归第三路军为预备队。	一、薛路在周纵队未渡泰和东岸以前，不求急进，应派一部协助郑洞国旅及部纵队，务于短期肃清吉水、富田间股匪，俾郑旅即可加入该路进剿。 二、俟周纵队渡泰和东岸以后，该路可以策应周纵队略取兴国之目的，逐步向古龙岗前进。			一、周纵队及第十三师应陆续由现地移动，经南丰、棠荫、宜黄、公陂、载昉、永丰、吉水渡江集中泰和附近。 二、第二十八师交防后，该师防务由罗霖师接替，罗师现在站前至嵩阳之江防，由二十三师延伸守备之，其遂川、潞田、马家洲等处之防由五十三师抽两团担任之、集中泰和。 三、该纵队应限占领兴国，然后依情况相机向南进展以诱导南路军之前进。	一、该纵队应即由连城向清流逐步进展。 二、该路连城及后方守备，须由第三十六师推进，担任递遣后方防务，则由第八十、第八十五、新十一、第七十六师依次递推接替		一、节约后方守兵，增强前线，确实巩固沙、永连络，而利后方交通。	该纵队会同樊纵队收复安远后，再与李纵队会取清流。	加入闽南守备
时期	六月半以前完成南丰、建宁间公路。六月十六日，由建宁前进。六月二十五日占领安远，七月十日占领宁化，七月二十日西移，八月二十日占领宁都	八月二十日占领宁都		七月五日，占领雄岭下。 七月三十日，占领古龙岗。			六月十日开始移动 六月二十五日集中泰和 七月二十日占领兴国	七月十日占领清流。			六月二十五日占领安远，七月十日占领清流。	
备考	完成南丰、建宁间公路，俾建宁给养可由南丰运输，以减困难。						该纵队西移时，逐段指示前进目标使匪莫知究竟。由顾总司令逐段下令遵照。	后方部队交接，应先由第七十六师推进，由东北两路总司令妥为规定				

附记

一、周纵队到达兴国，则南路军应取雩都、会昌，以求与第六路连络。

二、周纵队调泰和，取兴国，须将目的及行动通知南路军（此条已由行营令知南路）。

三、凡前进目标及预定占领地点，于下令时，均须逐段指示，免匪先知。

四、各守备队由各路军总司令规定之。

五、表内未载之各部队，均按照以前之规定。

六、原拟构筑招携至新丰市之封锁线，因地形复杂或改筑龙岗圩经君埠、黄陂至头陂之封锁线，应由顾总司令酌情规定施行。

七、建、广、泰、黎一带封锁，已经完成，应由北路军酌抽中间安全地区守碉部队，推进守备，并酌留部队分驻各要点，限期肃清区内散匪。

（第六）令第七五师接替西成桥防务。

本月三日，给七五师宋师长江午电如下：

陶八师已向新丰市前进，所遗西成桥防务权令黎川保卫团看守，希转令驻横村部队派兵前往接收具报。

（第七）黄狮渡、珀圩一带守备部队之交换。

本月六日，给陈、张两总指挥、别动队康总队长鱼戌电如下：

保三师广团在黄狮渡、珀圩一带之守备任务，由七六师派队接替，限庚日以前交接完毕。广团交防后，即由史师长率领连同驻南城之部队，齐开南丰附近待命。

（第八）将乐、泰、宁间守备部队之交换。

本月十五日，给张总指挥及七五师宋师长删午电如下：

奉委座文酉电，派七五师接替八五师守备任务等因。着七五师尽量节约后方守备兵力，抽出三团前往泰宁接替八五师将乐（含）泰宁（不含）间防务，限马日以前接替完毕。

（第九）令第四三、第九七两师集结南丰。

本月二十七日，给陈、刘两总指挥感午电如下：

四三及九七两师，着即集结南丰附近待命，四三师俭日移动，九七师艳日移动，均限三天到达。

（第十）令第三路军向白水石城进展。

本月二十八日，给陈总指挥、东路军卫总指挥、汤指挥官俭亥电如下：

（甲）奉委座感戌电开：兹斟酌各方情况，改定推进计划如下：

（1）樊纵队仍协助汤纵队构筑南建公路，罗纵队占领头陂后，加强沿线工事，并修筑广昌、新安间公路，统限七月歌日以前完成。

（2）罗、樊两纵队及汤纵队主力，先取石城，预定七月佳日开始动作，但汤纵队西移后，应受顾总司令、陈总指挥之指挥。

(3) 李纵队俟罗、樊、汤各部占领石城后，会取长汀。

(4) 薛路及周纵队任务同前，但周纵队务于七月冬日开始推进等因。

(乙)兹遵委座感戌电要旨，规定部署如下：

(1) 罗纵队着于七月冬日集结广昌附近，冬日开始向头陂、新安筑工前进。构成广昌、头陂、新安间封锁线，限元日以前完成。

(2) 陶、樊两师，候南建公路筑成后，陶师着于冬日前，樊师着于江日前，均集结广昌附近，暂归樊师长指挥，构筑广昌飞机场，限文日以前完成。元日陶师接替周六师守备任务，并东展至船顶隘（含）限寒日以前接替完毕，抽出周六师归还樊纵队序列。

(3) 邹、孔两师到达南丰后，仍暂归刘指挥官指挥，限江日以前集结广昌附近，协同罗纵队占领头陂、新安。

(4) 汤纵队南建公路完成后，除留一师担任建宁至船顶隘（不含）守备外，其余部队着于虞日以前集结广昌附近，归陈总指挥指挥，庚日开始构筑广昌至新安间公路，限元日以前完成。

(5) 罗、樊、汤各纵队，上项任务完成后，准备于删日开始向白水石城进展。

(附注)该路军进展情形在下（七）月份内续叙。

(第十一)令第八纵队向兴国进展。

(一)本月二十九日，给周指挥官艳未电如下：

奉委座感戌电，第八纵队于七月冬日由泰和推进等因。希将渡河部署具报。

(二)七月一日，据周指挥官陷申电：

明早以保卫一师直属团先行渡江，为掩护队，萧、谢两师，由溪头塘、怀仁古渡两渡口同时渡江，若时间许可，并拟以夏师一部继续渡过。

（附注）该纵队进展情形在下（七）月份内续叙。

第二章　逐月匪情

四月份

伪一三军团主力及五军团之一部，自上月号日后，由广昌、新丰市方面窜至闽边建宁、泰宁以北峨嵋峰、大田市、溪口坊一带地区，与盘踞将乐、归化附近之伪七军团联系，以图负隅顽抗。其伪九军团主力，自上月俭日由长生桥退至甘竹后，本月上旬尚徘徊仙山嵊、千善、长生桥一带，伪五军团主力，则分布于平寮、黄家隘、将军殿、康都一带，向我营警戒。至本月初间，各该伪军团仍盘踞原地，至佳日伪一、三军团窜至太和圩、傅坊、石嘴、千善及甘竹附近一带地区，企图阻我南进。同时伪五军团之一部，窜至大田市、峨嵋峰、溪口坊一带，其主力仍盘踞平寮迄康都之线。伪九军团于元日经我在甘竹附近击溃后，大部窜至长生桥及其西北一带地区。伪一、三军团连日在甘竹以南一带，经我第三路军节节痛剿，受创甚钜，复于号日溃窜千善、长生桥、徐村以南一带地区，有坚守广昌阻我南进之企图。其时匪军形势，伪一、三军团在正面，踞千善、长生桥、徐村之线，伪九军团在其左翼，踞长生桥西北一带地区，伪五军团在其右翼，踞大田市、平寮、康都迄延福庵一带之线，企图联合抵抗，固守广昌。感晚我三路军乘风雨之夜分路向当面之匪攻击前进，伪一、三军团伤亡枕籍，狼狈向头陂街、新安、白水镇一带溃窜，伪九军团亦溃窜新田、尧山、苦竹附近一带，我三路军遂于俭日巳刻占领广昌城。伪七军团十九师，上月艳日由水口渡河，窜至将乐、泰宁间之光明、万安后，至本月上旬，仍在该处附近及黄家地马岭一带，其一部在归化附近，删日有一部窜扰永安。

综上匪情，自广昌惨败后，损失甚大，迄本月底止，伪一、三军团仍盘踞头陂、新安、白水一带整理补充，企图最后挣扎。伪五军团仍踞峨嵋峰、大田市、平寮、康都及其西南一带地区，伪九军团仍在新田、尧山、苦竹一带，伪七军团仍在将乐、归化、永安一带。

五月份

伪一、三军团，本月初仍盘踞广昌以南郎君桥、头陂街、新安、白水镇一带，伪五军团主力，东日向建宁、将军殿、溪口坊一带退窜。伪九军团，自广昌惨败后，人员武器损失奇重，无法补充，即行解散。其伪十四师即拨补各军团，伪三师亦编入伪一军团补充。佳日伪一、三军团主力窜至建宁及其东北附近一带地区，一部仍在郎君桥、巴口桥、头陂街、新安、白水镇一带。其时匪军形势，伪一、三、五军团，除一部盘踞广昌以南巴口桥、郎君桥、头陂街、新安、白水镇一带外，其主力均窜集建宁及其东北一带地区。伪七军团一部，亦于文日窜至建宁以东附近，有联合固守建宁阻我南进之企图。但连日经我军痛剿，节节溃败，元日我军遂攻占建宁东北之双峰山，建宁失其屏障，我第八、第十两纵队，复乘胜追剿，遂于铣日占领建宁城，伪一、三、五军团纷向建宁西南江家桥、安远泛一带溃窜，皓日伪三、五军团复窜踞广昌以南巴口桥、头陂街、新安、白水镇一带地区。有日伪三军团及伪一军团之一部，复联合西窜洽村、苦竹、萧田、梅寨庙、前琅上一带，有伺隙进扰我新丰市附近封锁线模样，伪七军团本月上旬，仍盘踞归化、永安附近，其一部文日分窜建宁以东附近，自建宁惨败后，仍回窜归化、永安一带，俭日复以一部窜至永安、沙县间之三元附近。

综上匪情，匪自经广昌、建宁两役惨败后，迭受重创，溃不成军，辗转逃窜，已如惊弓之鸟，迄本月底止，伪三军团及伪一军团之一部，仍徘徊苦竹、洽村、长陂、萧田、侯坊、白竹一带，有虚张声势、扬言北犯、牵制我军南进之企图。伪五军团及伪一军团，大部仍踞巴口桥以南头陂、新安、白水一带，伪七军团仍踞归化、永安以西地区及永沙间之三元附近。

六月份

伪三军团及伪一军团之一部，于冬日由苦竹、洽村、长陂、侯坊一带向东韶、洛口移窜，伪五军团及伪一军团一部仍盘踞巴口桥以南头陂、新安、白水一带企图。

第三章 战斗经过

(第一)南丰大罗山附近之役 第六师

二三·四·十九——二十

(一)战前匪我势态

匪伪三军团，于四月十一日白叫堡附近战役被我击溃后，其伪六师尚盘踞大罗山及其以南一带高地之寨堡,企图阻我前进时,伪一军团及新三师踞于河西一带,伪四、五两师踞广昌附近，均与伪六师遥为策应。四月十四日，我第六师已由驻地樟村推进至杨林渡、桥口、石虎一带，我为消灭该匪积极南进计,即令该师(欠工兵营)附九十八师炮兵第一连及六十七师炮兵两连，于十九日晨，由现地出发，经河东、白舍、罗坊圩、胡岑、二军桥推进至大罗山、如意亭、锅铁坑、前排之线，并构成强固封锁线，对匪警戒，并相机歼灭之。

(二)战斗经过

四月十九日上午十一时二十分，据报延福嶂亘开井围至大罗山及其以南各高地，均有匪部盘踞。是时，我第六师及附属各部队，均已先后到达预定地点，即以十八旅为第一线，开展于平山西南高地，准备对大罗山及其西南各高地之匪攻击，补充团位置于胡岭上以南地区，炮兵第一连即在平山选定阵地，准备对大罗山、天井围延福嶂各方向之匪，施以重火力之压迫，第十七旅为预备队，亦位置于胡岑上，并派便衣队向大罗山、如意亭、连家瑕一带侦察，部署完毕，第十八旅即于同日下午零时十分开始攻击前进，目的则先夺取大罗山制高点，以后向西压迫，以便进击饶家堡。当时大罗山踞匪约有一团，工事颇为坚固，乃令炮兵先向匪堡射击，第三十六团第一、四两连，乘势仰攻，而空军亦来助战，猛烈轰炸，并于大罗山东方林内投一烧夷弹，焚毙匪约三十余名，匪乃不支，纷向东南墓坑一带溃窜，战至下午一时三十分，第三十六团遂占领大罗山。其时我右翼如意亭以北高地之匪，仍据高抵抗，乃令六十七师炮兵由将军渡隔河射击，第三十四团即在空军及炮兵火力掩护之下一涌攻下，匪遂狼狈向树德亭方向溃窜，至下午二时三十分，如意亭以北高地为我占领。同时闻我七九师亦攻占延福嶂，迄下午七时，匪之伪一军团一、二两师及新三师之一部，并伪三军团之第四、五两师，亦窜至我阵地附近后，向我大罗山及大罗山至四前排之线各阵地反攻，炮火极为激烈，双方死伤亦极奇重，至下午七时四十分，匪曾反复冲锋肉搏，我军沉着奋勇血战竟夜，迨二十日上午三时五十分，始将各匪击溃，匪均狼奔豕突，向我阵地东南方向逃窜，而大罗山附近各阵地遂为我完全占领。此次战斗时间竟达十五小时之久，为可谓作战以来仅有之剧烈斗争矣。

（三）匪之死伤及卤获 （略）

（第二）缺家坪破坑口之役　第四军·第五九·九十两师

二三·四·二十一。

（一）战前匪我势态

伪二十三师及独立第一、二、三团并游击队等，盘踞龙风、潭头、上固含下一带，不时扰我封锁线，抗拒我军，以牵制前进，我第六路军第四军所部，时方驻于沙溪附近一带，乃于四月二十一日午前六时，即令该军按照第九十四师及五十九师之行军序列，由沙溪、拱江背经韶源向破坑口、缺家坪之线前进，如遇股匪即歼灭之。

（二）战斗经过

四月二十一日午前八时，第四军之先头部队第九十师，进至韶源附近，即发现韶源东南之外破坑东端施公坪亘上固一带高地，有匪盘踞，当令第五三七团分向该匪攻击前进，其余仍续向缺家坪推进，同时第五十九师亦开进韶源附近待命。午前九时，即与盘踞该地带之匪接触，匪凭险顽抗，激战颇烈，第五十九师亦派兵力一团协助攻击，至午前十一时许，经我官兵奋战，前仆后继，匪始不支，狼狈向含下方向溃退，而施公坪亘上固一带高地，遂于当日正午十二时为我完全占领矣。

（三）匪之伤亡及卤获 （略）

（第三）饶家堡前排云际寨高洲瑕之役

第七九·九六·九七及第五各师

二三·四·二十一——二十二

（一）战前匪我势态

伪一、三、五军团各匪之大部，自四月十九二十等日为我第六师在大罗山附近一带击溃后，残余股匪仍窜于官府岭、云际寨、马鞍寨一带潜伏山林中，企图反攻阻我前进，时我第七九、九六、九七及第五各师正在饶家堡、狗头坳之线推进，我尚未及进占阵地，匪即先于四月二十一日占领饶家堡东南高地亘枫林亭、官府岭、云际寨、灵峰山、马鞍寨之线，准备与我抵抗，我乃令七九、九七两师向饶家堡，九六师向官府岭、云际寨，第五师向高洲瑕一带匪阵地攻击前进，并乘机将各该地此匪歼灭之。

（二）战斗经过

四月二十日下午四时许，我七九、九七两师已到达指定地带，即先后进占姚上瑕前排附近一带阵地，并分向如意亭、太平咀山锅铁坑之线，对狗头坳、云际寨一带之匪开始攻击时，当面之匪约有二千之众，据险顽抗，我官兵奋勇冲击，激战数小时，匪不支窜退，太平咀山乃为我占领。至下午八时二十分左右，踞太平咀山以东地区之伪三军团四、五两师，匪众约三、四千人，复向我侵犯，并以大部向我太平咀山猛攻，冲锋肉搏，战斗至为激烈，迄二十一日拂晓，经一夜之久，匪始渐呈摇动之象，我复变更攻势，施行冲击，匪不支，节节溃退，我遂占领锅铁坑、树德亭及其以东，左至如意亭一带高地。同日下午一时，我九六师亦进占胡家嵊一带阵地，并即向灵峰山、云际寨、万福亭、山羊门、官府岭一带之匪攻击，匪凭寨顽抗，我当未能得手，嗣用重炮火向匪压迫，空军亦实行猛烈轰炸，匪渐惶恐不支，我遂攻占山羊门北端山顶。至二十二日午前一时，我第五师亦进至饶家堡，同时即占领阵地，为九六师右翼策应，并向高洲瑕方向之匪攻击前进，匪节节溃退，我即逐步进展，至午后一时，高洲瑕一带阵地，遂为我占领。午后六时，我九六师亦占领灵峰山、云际寨、官府岭。此次战斗，匪以全力抵抗，伪一、三、五军团几全参加，历时两昼夜，匪之损伤不可数计，而我官兵之奋勇，殊堪嘉尚也。

（三）匪之死伤及卤获　〔略〕

（第四）广昌附近沙坪、上李源、大神岩、尖盖伞之役　第九十八师

二三·四·二十一——二十二

（一）战前匪我势态

我军向广昌攻击前进，伪各军团为我节节击溃，其伪九军团之十四师及三师残部，仍窜踞沙家陂、大神岩、砖头岭、伞盖尖一带高地，有凭藉险要，策应其他匪部，阻我南进之企图。我为攻占广昌迅速计，乃令各部分头前进，以期一举肃清，故于四月二十一日，令第九十八师，由雷公嵊鹅、龙瑕附近地区向沙家陂、砖头岭、大神岩、伞盖尖一带进攻，并相机占领之。

（二）战斗经过

四月二十一日上午八时，我第九十八师各部，即开始向匪攻击前进，吴旅之孙团，进出高莴、源长、江上、坪上之线，于上午十时许，进抵危家堡时，即与伪三师第八团接触，激战至为猛烈，匪被迫节节溃退，该团即继向沙家陂进攻，同时陈团亦进出坪上，匪以处处受制，纷向李源、伞盖尖溃窜，沙家陂以北，亘李河西南一带高地，遂为吴旅及孙、陈两团确实占领。至正午十二时，该师方旅

之罗团，亦将沙坪上、老营、乌沙冈一带伪三师第九团匪众击溃而占领之。吴旅仍协同炮兵，向退窜大神岩、伞盖尖、砖头岭一带之匪攻击推进，匪受重大威迫，仓惶退窜，砖头岭附近一带，遂亦为我占领。于是我军即就原地筑工警戒。四月二十三日，我九十八师为协助并掩护其他部进取广昌起见，乃令吴旅一部向窜踞伞盖尖之匪攻击，方旅一部附山炮一连，向窜踞大神冈之匪攻击，均先后将匪驱逐，占领阵地，而匪以损伤过重，已无斗志矣。

(三)匪之伤亡及卤获〔略〕

(第五)长生桥、伞盖尖附近之役　第十一师

二三·四·二十一——二十三

(一)战前匪我势态

伪一、三两军团，自饶家堡附近一带战役为我击溃后，即有经长生桥向广昌退窜之说，其伪九军团之第三师，则踞于朱华山、大神庙及其以东高地，伪五军团之十四师，则踞于长生桥、张家脑、潭家垅之线，抗阻我军前进，我为迅速攻取广昌计，乃于四月二十一日，令驻鄱阳堡之第十一师经甘竹市、龙陂冈、长郎下向长生桥之线攻击前进，并乘机占领之，以断绝匪之归路。

(二)战斗经过

四月二十一日晨七时，第十一师即由驻地出发，于前卫到达龙陂冈时，即与匪发生激战，匪在我重火力压迫之下未能得逞并节节溃败，至零时三十分，长生桥、张家脑之线，遂为我确实占领，匪则纷向三仙庙、华盖尖方向退窜。时已午后一时三十分，我乃就地增强工事，对匪严密警戒。至二十三日午前八时，复由长岗上附近阵地，协同税警团迫炮连向三仙庙南北一带高地之匪攻击前进，约一小时，匪受炮火摧损，伤亡颇多，纷向三仙庙西南溃退，而三仙庙及其以南高地遂为我占领。同时，即移向伞盖尖猛攻，盘踞该地之匪，以无力抗拒，极为仓皇，遂向广昌方向溃退，约午前十时左右，三仙庙、伞盖尖及其西南一带各高地，完全为我

占领，战斗亦告终了。

(三)匪之伤亡及卤获 〔略〕

(第六)广昌长阴之役 第十四师

二三·四·二七

伪各军团连日在大罗山及饶家堡诸役为我痛击溃败后，知我军将由河西一带地区推进，进取广昌，乃急转移其主力于广昌以北迄以西地区，并于长阴一带构筑工事，以伪三军团之四、五两师及九军团十四师之一部，对我抗拒，企图阻我进展。四月二十七日，我以攻取广昌之目的，除令周纵队沿河东岸，六十七师沿河西岸，以清水塘为目标攻击前进外，复令第十四师协同六十七师向清水塘以西地区攻击前进，并令九十八师进出伞盖尖，攻取新人坪、黄泥坝，第十一师则居中策应，予匪以三面包围之形势。

(二)战斗经过

四月二十七日午前六时三十分，我十四师前卫到达大田以南高地后，即向下南长阴方面攻击前进，七时三十分，占领下南附近各村庄，其他各团亦同时向前攻击，至九时许，杨家堡南端高地迄莲花山，长阴西北端高地之线为我占领，战斗至此，渐趋激烈。十一时许，大仙山、长阴方面之匪，以集团兵力向我更番攻击，我官兵沉着应战，不为稍动，冲锋肉搏，状至惨烈，当面之匪，解决在即，而徐田方面复到援匪数百，匪势转优，我乃令炮兵集中向匪密击，直至午后三时左右，我十一师已到达长阴附近，九四师亦抵下南，六十七师已到清水塘西南地区，匪以处处受制，损伤颇重，被俘亦夥，迨七时左右，匪不支，始纷纷逃窜，战斗遂告休止。

(三)匪之伤亡及卤获 〔略〕

(第七)广昌附近芭掌形山及新人坪之役

第十一师·二三·四·二七

(一)战前匪我势态

伪一、三、五各军团之大部盘踞大仙山、清水塘一带，抗拒我军前进，其一部伪六师之十七、十八两团及伪四师之十一、十二两团，则分踞芭掌形山及仙人坪一带，遥为策应，以牵制我军，时我三路军各师，均分向广昌攻击前进中，乃以第十一师担任消灭芭掌山及仙人坪一带之匪，并即于四月二十七日攻占之。

（二）战斗经过

四月二十七日拂晓，第十一师之靳团，分三路兵力向芭掌形山攻击，匪凭险顽抗，战约二小时，我军三路同时向匪阵地最高点之堡垒突击，冲锋十余次，匪死伤颇多，乃即退窜，会合该山南端之匪，企图顽拒，我官兵奋勇继斗，激战又两小时，连破匪堡十余座，占领该山最南阵地，匪复集结重兵力，向我猛烈反攻，我乃运用机炮火力压迫，匪始不支，向西南山中溃窜，时上午九时三十分，芭掌形山一带匪阵地，已为我完全占领。上午十时三十分左右，我军以芭掌形山已为我第十一师攻占，除即留靳团守备该阵地外，其主力即经下南向仙人坪方面攻击前进，上午十一时余，该师之周团已行抵磜下一带，匪即乘我阵地未曾占领前，即猛烈攻击，时我后续部队已先后到达，即同时向匪迎击，并抛掷手榴弹猛烈轰炸，战斗至为激烈，匪以受我火力压迫，死伤枕藉，遂狼狈奔窜，而新人坪一带，亦遂为我确实占领。

（三）匪之伤亡及卤获 〔略〕

（第八）乌溪之役 第五师

二三·四·二七

（一）战前匪我势态

伪各军团连日经我军分路痛剿，其大部似已窜集长桥方面，另一股伪十三师全部及伪九军团第三师之大部，似窜踞于乌溪、麒麟山之线，牵制我军南进。我第五师此时正在高洲瑕、凤凰坳筑碉堡，为协同盱河西岸各部队进取广昌计，乃即令该师由现驻地于四月二十七日午前七时开始向小坳、溪岭上、麒麟山、乌溪之线攻击前进，并相机消灭该地一带之匪。

（二）战斗经过

四月二十七日午前七时，我第五师二七七团由肥鱼塘一带高地向麒麟山之匪攻击，匪约一团之众，踞堡顽抗。同时第二十五团亦由香炉峰西南一带高地向西岭上北端及花家寨北端高地一带之匪攻击，战约两小时，匪受我步炮火之威胁，势渐不支，麒麟山之匪，退向清凉山、中华山方面，同时即并力援助花家寨一带之匪而向我反攻，伪九军团之第三师亦由科头方面向我左侧延伸逆袭，并以密集火力猛攻，我虽一时未能得手，但匪以冲锋肉搏死伤甚重，被我俘获者颇多，时我五师之三十团，已到双港一带，为二十七、二十五两团左侧背之掩护，至下午四时后，战斗始渐沉寂，并即从此终了矣。

（三）匪之伤亡及卤获 〔略〕

（第九）朱华山、排山下之役 第九十八师

二三·四·二七

（一）战前匪我势态

伪十四师及伪三师连日被我进剿军击溃后，其残部仍徘徊于朱华山、慧眼岩、大炉、头排山下、竹篙上一带，凭藉工事，企图阻我前进。时我第九十八师集结于鄱阳堡附近一带，为歼灭该匪完成进取广昌计，乃令该师于四月二十七日，附山炮一连，重迫击炮两连向雷公嵊、竹篙上、珠溪堡以西一带之匪攻击前进，并相机占领各该阵地。

（二）战斗经过

四月二十七日午前六时，第九十八师方旅以罗团第一营，向斜门寨、长岭山，以第二营向慧眼岩、朱华山攻击前进，即将雷公嵊阵地占领，匪向慧眼岩方面增援，终以我步炮火力将其击溃，匪乃纷向西南方逃窜。同时，吴旅之陈团，亦经风雨亭之线，向齐家尾一带之匪猛攻，并以山炮轰射，匪不支，向坪上方面退窜，战事遂告休止。

（三）匪之伤亡及卤获〔略〕

（第十）黄泥排、顺化渡之役　第九十七师

二三·四·二七——二八

（一）战前匪我势态

匪部连日为我痛剿后，其伪一、三军团则麇集广昌附近一带，其伪五军团之十三师，则踞岭山、东华山、板马陂、马坊寨之线。时我第九十七师驻于饶家堡，乃于四月二十六日，令其集结苦竹坑、黄泥排附近，并于二十七日向藕塘下、桃花洲之线攻击前进。

（二）战斗经过

四月二十七日上午七时，第九十七师之五七七团向板马陂攻击前进，五八二团向马坊寨攻击前进，七时三十分，五八二团攻占马坊寨以北及其以西各高地，五七七团亦进逼板马陂，乃即集中炮火力量，向匪寨攻击，并令一部绕攻匪之翼侧，匪恃险顽抗，战约三小时，匪以受我炮火压迫，势渐不支，我官兵乃奋勇迈进，板桥陂、马坊寨遂为我占领，毙匪二、三百名，残匪纷向广昌方向溃窜。十一时三十分，各部仍继续向藕塘下、桃排洲攻击前进。下午一时十分左右，五七九团进至赤岸，五八二团进至藕塘下附近，匪稍抵抗，即向中坊、顺化渡方向退窜，下午三时三十分，藕塘下、桃排洲遂为我军完全占领。至下午十一时许，据报被击溃之匪伪十三师，已窜向长桥方面，现当面之匪，似为伪一军团之第二师所部，我九七师据报后，即于二十八日午前六时，附同九八师之炮兵连，向中坊、顺化渡攻击前进，五八二团即攻占中坊东北一带高地，五七九团攻占该地以西及以北高地，至六时三十分左右，即向匪取包剿攻击，逐次将中坊之匪驱逐。七时十分，五七七团进至桃排洲附近，七时三十分，向盘踞中坊以南各高地之匪寨猛攻，并集中炮兵火力射击，同时以一部包抄匪之侧翼，迄八时十分左右，盘踞该地之匪（伪二师六团）势乃不支，纷向白水方面窜去。八时三十分，五八二团进至郭峰山麓，即向盘踞该山之匪攻击，战约一小时，匪见大势已失，渐至不支，斯时五七九团已占领顺化渡、东排之线，匪阵瓦解，死伤亦多，遂纷向白水长桥逃窜，我乃即时渡河，进占广昌，战斗遂暂告终了矣。

（三）匪之伤亡及卤获 〔略〕

（第十一）广昌附近之役　第九十六师

二三·四·二七——二八

（一）战前匪我势态

伪一、三、五、九各军团，自被我连日击溃后，均退窜于广昌城北侧地区及盱江东西两岸，企图阻我前进，然其主力似在河之西岸。时我第五纵队所部正向河西岸前进，第三纵队以一部守备饶家堡、高洲瑕一带碉堡，主力则位置长生桥、李家堡一带，随时为各方策应，第八纵队则由黄泥排、高洲瑕附近，沿盱江东岸向河东坚岭（广昌对岸）之线攻击前进，其第九七、第五两师位置于第一线，向桃牌洲、藕塘下、乌溪之线及向河东中坊、坚岭之线攻击前进，第九六师预备队由饶家堡经黄泥排向大坑、马坊推进，此四月二十七日之部署也。

（二）战斗经过

四月二十七日午前八时，第九六师由饶家堡一带到达黄泥排、猪古岭附近，十一时进至麒麟山附近，为第一线两师之策应。二十八日午前六时三十分，复协同九七师由太子庙、马坊附近向藕塘下、中坊攻击前进，当面之匪即节节南退，午前九时，我第九六师之第一线，已进至藕塘下及其东侧地区。斯时伪十三师之主力，乃集结于马坊赛南侧太老嵊、百花山一带，伪一师亦在其后方，利用侧击抗阻前进。午前十一时十分，第九七师已进至中坊正面，似不必需求南进，第九六师乃决心攻击百花山之匪，至午后零时二十分，迫击百花山匪阵地，匪顽强抵抗，经三、四次反复冲锋，均未得逞，迄午后一时三十分左右，匪始不支，向长桥方向溃退，一部退向里峰寨，经跟踪追击，匪乃四处溃散，迨午后三时，我遂将各阵地完全占领。

（三）匪之伤亡及卤获 〔略〕

（第十二）龙冈之役 第九九师 二三·四·三十·五一·

（一）战前匪我势态

伪二十三师及独立第一、二团盘踞龙冈西南一带，并构筑坚固工事，阻我前进。时我第九十九师已进至石头坑附近，即于四月三十日派队向盘踞龙冈一带之匪攻击。

（二）战斗经过

四月三十日上午，第九十九师之二九五旅派队一部，向龙冈一西南一带高地及大脑岭一带之匪攻击，匪凭险顽抗，激战至五月一日拂晓，同时第二九五旅全部，由石头坑方向攻击，激战竟日，匪不支，纷纷溃退，龙冈遂为我占领。

（三）匪之伤亡及卤获 〔略〕

（第十三）建宁附近之役 第九十六师 二三·五·十五——十六

（一）战前匪我势态

伪一军团所部，近日以来，盘踞建宁城北十五里之驻马寨及其迤西一带山地森林内，企图阻我进取建宁。时我第十纵队，由东路向建宁进取，已于五月十四日占领距建宁东约十里之双峰，第八纵队亦由北路于五月十二日进占建宁城北方之安寅南侧一带高地。四月十五日早，第九十六师即展开于洋背东侧地区，向徐家西南侧高地之匪攻击，同时第五师亦展开于下家湾东侧地区，向驻马寨及其以西之匪攻击，第九十八师展开于马元桥东北侧地区，向驻马寨及其以东之匪攻击，并各预定时间为午前八时开始。

（二）战斗经过

四月十五日午前八时，第九十六师开始向徐家一带之匪攻击前进，当即与匪接触，战事旋即激烈，经反复冲锋，于午前十时占领芝麻山及其东侧一带高地，伪二师之第五团，伪三师之第七团各一部，为我歼灭，同时我一部又将鸭子窠高地占领，匪虽一再顽抗，冲锋肉搏，仍未得逞，纷纷退至鸭子窠东南，亘驻马寨一带，凭险据守。我以匪寨险要工事坚固，徒事牺牲，于战略上毫无所得，乃即就原阵地于午后六时后增强工事，准备明晨再攻，而匪亦以受我火力摧损，死伤甚重，遂于十五日夜晚乘雷雨交加之际，向南潜窜。十六日晨，我第五师即将驻马店占领，我第九十六师即由现地沿温和桥、梁坑、半沅之线，向溪口街追击，午前十时到达溪口街附近，即与伪二师之残匪相遇，战约一小时，匪不支，向西南溃窜，至正午十二时溪口街遂亦占领，九十六师即驻于建宁城北附近一带，斯时，我第十纵队之八十八师已到达建宁县城矣。

(三)匪之伤亡及卤获 〔略〕

(第十四)建宁驻马寨之役 第五师 二三·五·十五——十六。

(一)战前匪我势态

伪一军团之第一、二两师潜伏于驻马寨西南森林中及半茅山附近一带，阻我南进，我乃于五月十五日午前八时令到达半茅山一带之第九十六师由洋西附近地区向横坊、徐家一带高地之线攻击前进，第九十八师由笠宝寨以东地区向康岭及其以东之线攻击前进，第五师由半茅山西北地区向驻马寨及其西方高地之线攻击前进，务将该匪消灭，占领各该阵地，以完成南广封锁线。

(二)战斗经过

五月十五日午前八时，第五师之二十七及三十两团，即向皮子岭、驻马寨一带高地之匪仰攻，同时，飞机亦到猛烈轰炸，山炮亦测准攻击，战约三十分钟，匪之皮子岭第一线阵地，为我二十七团突破，我即向匪猛攻，并以一部潜至匪阵地附近突击，遂将匪之第二阵线突破，匪不支，退至主阵地，并有一部逃窜者，时我三十团一部，已攻至驻马寨山腰一带，至午前十时十分左右，我以全力向匪主阵地猛攻，匪利用其工事顽强抵抗，激战半小时，我已迫近匪之主阵地，正拟一鼓突破，而匪之增援部队忽然突击，向我反攻，并以有力之大部绕道向我二十七团右翼冲出，企图包围，我乃稍退，未堕诡谋。其时皮子岭东端之匪已被我三十团以白刃迫退，我复以二十五团增厚二十七团力量，继续攻击，原阵地又为夺回。午前十一时许，复又全力向匪攻击，火力极为激烈，冲锋肉搏，至为惨痛，匪被我手榴弹炸毙者不知已，匪因伤亡过重，狼狈不堪，遂纷纷向南溃窜，驻马寨以西高地，乃为我占领。我以驻马寨西端及皮子岭一带，业经为我击溃，即就原地增强工事，对驻马寨中之匪，严密警戒。迨十六日午前四时，天将黎明之时适值大雾弥漫，我军官兵即利用时机潜至驻马寨、鹿砦附近，用手榴弹，炸弹向寨内猛掷，同时即攀登而入，匪以出其不意，匪伤甚多，各部队亦乘机向同元桥方向追击，匪以大势已去，纷经建宁向西南逃窜。久沦匪手之建宁城，遂于四月十六日午刻为我克复矣。

（三）匪之伤亡及卤获 〔略〕

（第十五）郎君桥附近之役

二三·六·三·第九十四师·

（一）战前匪我势态

伪五军团新辖之三十四师全部约三千人，日前由建宁窜踞郎君桥附近之白云山、白梅山、马鞍山、王山嵊、笠箬寨一带高山构筑工事，企图阻我前进，时我九十四师集结下湾附近，乃令于六月三日由驻地附税警团迫击炮一连及十四师之八十一团，向新岸马鞍山之线进抵郎君桥附近待命攻击。

（二）战斗经过

六月三日午前四时三十分，第九十四师暨附属部队，由下湾出发，于九时左右先后到达郎君桥附近，而西南端各高山及白云山、王山嵊、笠箬寨、新岸、马鞍山一带，不但地形复杂，且匪亦甚活跃，兼之下有小河环绕，予我以种种障碍，乃决心以五九九团、五六一团分向白云山、马鞍山攻击，以五六四团控置河之北岸，以机枪一连及迫炮一连，于河北岸占领阵地，向南岸白云山之匪射击。自上午十一时开始攻击，至下午一时余，相继将白云山、马鞍山攻占，而匪复以密集部队向我新占领之白云山反攻突击，经我官兵沉着应战，匪未得逞，遂向王山嵊溃窜。马鞍山之匪亦溃窜其南端，至此匪又恃险顽抗，我以重火力对匪压迫，加以官兵奋勇，迨午后三时，马鞍山南端匪堡及王山嵊之匪亦先后为我击溃退集笠箬寨，仍有抗拒企图。我以进展颇为顺利，乃令各部分向白梅山、笠箬寨，用步炮协同火力猛烈攻击，至下午六时许，白梅山、笠箬寨亦为我占领，所有残匪，则纷向上下湖、五稜山一带逃窜，郎君桥附近战斗，即于此告一段落。

(三)匪之伤亡及卤获 〔略〕

(第十六)笔架山之役 二三·六·三

第五十九师·第九十师

(一)战前匪我势态

伪二十三师经我在龙冈一带击溃后，残部即退窜笔架山附近阻绕我之进展。时我第五十九、第九十两师，驻于潭头、下固等处，乃基于进占大坪、伯公脑及下章、表湖一带地区之任务，于六月三日，分由各该驻地出发，经石头坑、龙冈、水西等处大坪表湖之线攻击前进。

(二)战斗经过

六月三日，我第五十九师正向表湖大坪之线攻击前进。行抵笔架山时，即与伪二十三师接触，匪先尚顽抗，嗣经我官兵奋战，将其驱逐，继续前进，而大坪、白公脑、下章、表湖一带，亦为我五九、九七两师占领矣。

(三)匪之伤亡及卤获 〔略〕

(第十七)银龙下之役 二三·六·八

第九十九师

(一)战前匪我势态

伪三军团及第二十三师之一部，独立第一、二、三团等匪，盘踞杨公山一带高地阻我前进，时我第九十九师正由龙冈一带向银龙下进展，并筑碉修路，以完成银龙封锁线，直趋兴国。

(二)战斗经过

六月八日上午八时，第九十九师由龙冈出发，其先头部队于上午十时即将银龙下占领，同时第五九三团向银龙下南岸杨公山之匪攻击，遂即与匪接战，匪凭险顽抗，激战至午，杨公山制高点为我占领。旋踞该地之伪三军团约三千余之匪众，向我反攻，冲锋肉搏，历十余次之多，战况异常紧张，匪之死伤极重，而我一时亦未能得手，遂即据守银龙下及其附近一带村落，赶筑工事，战斗亦暂告休止矣。

(三)匪之伤亡及卤获 〔略〕

三·七——九月份军事报告书

第一章 作战命令及部队调遣

二十三年七月份

(第一)第三路军向头陂、白水及大寨脑进展。

(附注) 此节系接上(六)月份(第十)节续叙

(一)本月二日，据陈总指挥东亥电报告部署。

兹遵俭亥电（本部俭亥电见六月份第十节）要旨部署如下：

(1) 第五纵队着暂归霍师长指挥，冬日霍师推进至竹桥，李师郎君桥、万师茗坑、黄师广昌附近各地区，江日向头陂攻击前进，占领头陂，但黄师应控置为总预备队。

(2) 陶师着归樊指挥官指挥，冬日陶师进至河东、白舍，樊师罗家堡各附近地区，江日陶师位置于广昌以北清水塘、卖竹坪一带，樊师广昌以南下湾、小港一带策应，第五纵队确实占领头陂后，开始构筑飞机场。

（3）江日邹师移驻市山街、瑶浦庵前，孔师移驻鹞里塘、望月堂、枫林圩一带地区待命。

（4）总指挥部冬日进驻广昌。

（二）本月三日，据陈总指挥冬戌电报告江日部署。

（1）本（二）日罗纵队到达竹桥、郎君桥、广昌一带，陶师到达白舍附近，樊师到达罗家堡、高洲瑕一带。

（2）明江日罗纵队向头陂攻进，其部署以霍师于拂晓前展开于笠箬寨、大坑之线，向五陵山匪阵地攻击，俟确实占领后，李、霍两师进占锡坊，相机占领头陂，傅师于八时前，位置于杨家源策应，并对新安、陈坊警戒，黄师九时前集结郎君桥、新岸附近待命。

（3）陶、樊两师明（三）日可到达广昌附近。

（附注）霍师江日攻占五陵山、锡坊，李师攻占头陂各战斗经过，均详第三章。

（三）本月四日，据陈总指挥支未电报告进展计划。

（1）汤纵队虞日集中广昌城东李家堡、河东间地区，佳日开始由巴口、文会向白水筑碉前进，限元日完成文会白水间封锁线。

（2）罗纵队庚日完成竹桥、头陂、陈坊间封锁线后，继筑陈坊、新安间封锁线，限元日完成。

（3）寒日起，罗、汤两纵队，对筑白水、新安封锁线，限铣日完成，筱日起，汤纵队构筑白水、新安间公路，罗纵队构筑新安、头陂间公路，均限漾日前完成。

（4）樊、陶两师，文日完成广昌飞机场后，即构筑广昌、新安间公路，哿日完成，尔后以陶师接替竹桥、头陂、新安、白水、文会、巴口河一带碉楼守备。

（四）本月八日，据陈总指挥齐申电报告佳日部署。

（1）罗纵队霍、傅两师进占新安以南岩子岭、下坪之线，黄师控置于新安附近，李师一部已于本庚日暂时接替竹桥、头陂、陈坊、鹭鹚间碉楼守备外，主力仍控置于头陂附近，并派队分向株树铺村前游击。

（2）汤纵队主力，由文会、巴口间地区进占刘田白水之线。

（附注）佳日我傅师攻占鹭鹚、下堡以南高地，霍师攻占下坪、天府山各战斗经过，均详第三章。

（五）本月十日，据陈总指挥佳亥电报告灰日部署。

（1）罗纵队各师固守原阵地，诱匪决战相机出击。

（2）汤纵队务于午前攻占白水镇，并派一部相机向中司方向威胁匪之侧背。

（3）樊纵队（附陶师欠周师）除以樊师之一旅，于本佳亥前控置新安附近，对东南方警戒外，主力于午前控置豆坑、天子嵊间地区策应各方。

（附注）灰日汤纵队王师攻占白水镇战斗经过详第三章。

（六）本月十四日，据陈总指挥寒午电报告变更部署。

（1）第三纵队樊师构筑广昌、黄沙间公路，陶师构筑广昌飞机场。

（2）第五纵队，除以李师担任竹桥、头陂亘新安、下坪、回新堡、严坊之线碉楼守备外，主力构筑黄沙经新安、下坪、回新堡至白水镇之公路。

（3）第十纵队一部，守备文会至白水之碉楼，主力沿石城大道向大寨脑攻进，确占领，构筑白水、大寨脑间之纵缀封锁线。以上各部，均自铣日开始，马日完成。

（七）本月十七日，据陈总指挥谏戌电，报告先派孙师占领大寨脑，本铣戌已令孙师集中回新堡、下坪间地区，明筱日拂晓，孙师即向占领合港口附近高地之匪攻击前进。

（附注）筱日孙师攻占甑敢峰、天子岭一带高地，战斗经过，详第三章。

（八）本月二十日，据陈总指挥哿申电，报告向大寨脑攻进。

汤纵队马日拂晓，以主力经大禾山东方向大寨脑攻击前进。

（附注）马日因雨停攻，养日汤四师攻占斧头山、大寨脑，王师攻占下岭、桂凤台一带高地战斗经过，详第三章。

（第二）第八纵队由泰和渡江，向冠朝圩、沙村进展。

（附注）此节系接上（六）月份（第十一）节续叙。

（一）本月一日，据周指挥官东未电，报告渡江情形及部署。

（1）保卫师本晨四时开始渡江，拂晓完毕，正向冠朝圩搜索前进中。

（2）谢、萧两师拂晓开始渡江，均于午刻完毕，萧师向大瑞，谢师向大桥前进中。本日就大瑞、大桥之线，构筑野战工事，以求渡江后初步稳妥。

（3）夏师午刻开始渡江，黄昏前可完毕，本晚集结小塘洲一带策应。

（4）万师本日可到泰和，明晨渡江。

（附注）该纵队渡江后，构筑碉堡及公路情形，详第四第五两章。

（二）本月六日，据周指挥官歌申电。

本纵队拟明鱼日推进冠朝圩、柴园港背之线筑碉，预计佳日完成。

（三）本月十日，据周指挥官蒸酉电。

萧、夏两师，本午已进至访贤港、红富、猪坑之线筑碉，谢师在冠朝为预备队、万、郭两师在泰和冠朝间筑路。

（四）本月二十四日，据周指挥官梗申电。

（1）以夏、萧两师先头推进河背岭、睦江、交村倪地之线，以为第一步收复沙村之准备，该两部已于养午达到任务。

（2）谢师除以一团为萧师预备队，其余继续修筑冠朝至社下公路。

（3）万师除以一团推进油江，为夏师预备队外，其余继续构筑冠朝村落防御及碉堡。

（4）郭师除以一旅推进社下、溪口公路外，其余增修铜锣丘附近，强固路面。

以上工作，除社下、溪口公路限宥日完成外，其余均限敬日完成。

（五）本月二十五日，据周指挥官回酉电。

我萧、万、夏各师，经筑碉路均已完成，为期一步占领沙村起见，拟明有日，以郭师进驻红富，以万师之一部推进油江，谢师推进溪口附近，准备感日进攻沙村。

（附注）寝日萧、夏、谢各师攻占沙村，及勘日，夏、郭、萧各师攻占鹅公山、白马田各战斗经过详第三章。

（第三）令第四三、第七两师集结宜黄。

本月二日，给陈总指挥、刘指挥官冬戌电如下：

奉委座令，四十三、九十七两师，着即集结宜乐附近，策应各方，等因。兹着四十三师于江日出发，限微日到达宜黄待命，九十七师支日出发，限鱼日到达宜黄待命。

（第四）调卢丰年旅归三路军指挥。

本月十八日，奉委座筱戌电如下：

卢丰年旅密归第三路军统辖，寒日由南昌开拔，预定敬日全旅到达广昌。

（附注）比电委座已直接致陈总指挥本部未转。

（第五）令第三十七军军部进驻南丰。

本月二日，给陈总指挥、毛指挥官冬已电如下：

三十七军军部，于明江日进驻南丰，所有担任南丰城防之第八师部队，统归指挥。

（第六）富田、罗家圩间守备部队之转换，及富潭以北残匪清剿。

（一）本月十三日，给刘、薛两总指挥及二十三师李军长元申电如下：

为指挥便利起见，第二十三师富田、罗家圩间之守备任务，着由第一路派兵接替，限篠日以前接替完毕。

潭头、富田、罗家圩以北散匪，着由第六加派一团协同肃清，仍归刘代总指挥指挥。

（二）本月十五日，据薛总指挥删晨电如下：

已遵令派欧师陈侃团铣日开往水南，归刘代总指挥指挥。

（三）本月十六日，据刘代总指挥删午电如下：

据宋司令涛报告，昨日林团主力已将匪击溃于王竹坪、天龙山，令其跟踪穷追，高营已两昼夜潜伏水富线各道，及林团之一连，潜伏水北，务使匪不再流窜。

（附注）参阅上（六）月份（第四）节。

二十三年八月份

（第一）令第四三、第九七两师修筑南建公路。

（一）本月一日，给陈总指挥及四十三师邹师长、九十七师孔师长东亥电如下：

第四十三、九十七两师，着即集结南丰附近，准备修筑南建公路，九十七师限鱼日到达，四十三师限虞日到达。

（二）本月六日，给邹、孔两师长鱼戌电如下：

南建公路，甘家隘、里心、大南、巧洋、杨林各段，倾斜过急，须重行修筑。孔师着于虞日由南丰出发，担任修筑里心（不含）至杨林段，邹师着于庚日由南丰出发，担任修筑甘家隘至里心段，均限巧日完成，归孔师长统一指挥。

（三）本月二十六日，给陈总指挥及邹、孔两师长宥午电。

四十三师修路任务完成后，着集结广昌附近待命。

（附注）邹师担任修筑之甘家隘、里心段已完成，孔师担任之里心、杨林段工程过巨，至下（八）月中旬交陶八师继续完成之。

（第二）第五十一师接防情形。

(一)本月一日奉委座世卯电如下：

第五十一师克日由南昌开拔，接惠支队永丰、吉水等处防务，仍归刘代总指挥指挥，惠支队暂控置永丰，为北路总预备队。

(二)本月四日奉委座江酉电如下：

补充第一旅所担任之抚州、金谿一带防务，着由五一师派兵一旅开往接替，并限歌日到达。

(附注)该师派第一五二旅由南昌迳往抚州候令接防。

(三)本月八日，给毛指挥官庚戌电如下：

第一五二旅先派曹团接替补充旅第二团金谿、蒿市防务，其旅部及张团暂在抚州整顿候命。

(四)本月十二日，给毛指挥官及补充旅王旅长、一五二旅陈旅长文戌电如下：

补充旅第三团所担任之抚州、崇仁、龙骨渡防务，着由一五二旅张团接替，限寒日以前交接完毕，补充旅第二、三两团交防后，着在抚州集结待命。

(第三)补充第一旅移防情形。

(一)本月七日，奉委座麻午电如下：

补充第一旅着分集南城、抚州待命。

(二)本月二十八日，奉委座感午电如下：

补充第一旅（除南城第一团）着由现地经上饶开赴浦城。

(三)本月三十日，奉委座艳午电如下：

补充第一旅（除第一团）即日出发，经光泽开赴浦城集结，限九月铣日以前到达，归卫总指挥指挥。

(四)本月三十一日，奉委座卅酉电如下：

补充旅着提前于九月蒸日前赶到浦城。

(附注）该旅于九月东日由抚州开拔，取道上饶，蒸日到浦城，归东路卫总指挥指挥。

(第四)惠支队交防后任务。

本月十日，给刘、薛两总指挥及惠指挥官灰辰电如下：

五一师真日接替惠支队永丰、吉水防务、惠支队交防后，着以一旅清剿永吉以南残匪，以一旅加入六路军进剿。

（附注）以第四旅担任清剿残匪，第七十五旅加入六路进至龙冈，接替唐师守碉任务。

（第五）水南至建宁守备部队之交换。

本月三日奉委座冬戌电如下：

着第十师即调延平，其主力限庚日到达延平，所遗水南（不含）至建宁防务，着以第八师接替。

（附注）第八师于微鱼等日接防完毕。

（第六）令第一路派队接替吉安、河东、张家渡以北防务。

本月四日，给刘代总指挥支戌电如下：

奉委座江酉电节开：二十三师急待抽兵接替敖城至永杨及沿溪渡至老虎坑各段防务，其富田、新安圩间东日交防后，仅可抽出一营，不敷分配，除已电李军长先酌抽吉安、河东、张家渡以北之守碉部队外，希酌派部队克日接替，等因。希抽调部队接替二十三师所任吉安，河东、张家渡以北之防务，并具报。

（第七）古县、藤田、上固、潭头、印霞江各守备部队之交换。

本月三十一日，给孙、刘两总指挥及五一师范师长、税警总团温团长、部纵队司令，世已电如下：

奉委座宥午电，二十三师奉令接替莲花坪至敖城段碉防，希另派队接替新安圩、印霞江封锁线守备，等因。兹着五一师由九龙排延伸，接替至古县（不含）一带守备，第三十师由藤田推至马鞍石，税警总团即抽出一部，接替潭头、上固间守备，部纵队交防后，即由新安圩延伸接替至印霞江，互为延展，俾二十三师将此段兵力转移莲花坪方面使用。

（第八）搜剿永乐以北残匪。

本月八日，给孙总指挥庚午电。

查永乐以北残匪，虽迭经搜剿，仍未肃清，希召集负责部队官长及有关系各县县长，切实拟具围剿计划，务须彻底肃清，并将所拟计划具报。

（第九）调卜福斯山炮助战。

（一）本月八日，奉委座虞亥电如下：

着由京调卜福斯山炮一营，择其操练娴熟便于作战者，速开广昌，归北路军第三路指挥。

（二）本月十六日，奉委座删亥电如下：

兹令炮兵第一旅五团一营，携卜福斯山炮十二门，由该营孙营长率领，克日由南昌开赴广昌，归北路军第三路指挥。

（第十）第三路军向驿前进展。

（附注）此节系接上（七）月份（第一）节续叙。

（一）本月三日，据陈总指挥冬亥代电，呈报该路军向石城推进计划如下：

（甲）总方略。本路军业已完成广昌至白水、头陂间碉堡公路兹以进占石城，与东路军会取长汀之目的，拟即由白水附近向石城逐次筑碉前进，并准备随时与匪主力决战，以达成任务。

推进计划分为三期，第一期进占驿前，第二期进占小松市，第三期进占石城。

（乙）第一期推进计划。

（1）匪情判断。伪一军团踞头陂东南之湛田、案山坝一带，伪三军团四、五两师，踞白水西南之西坑、中司、驿前一带，伪五军团之十三、三十四两师，仍分踞我头陂、大寨脑阵地前，对我警戒。

判断匪以伪五军团分布于我阵地前，为钳制队，与我保持接触，集中主力于其后方，为突击队，希图伺机突击，与我作运动战，并在驿前附近西亘胡岭咀一带，增筑工事，以迟滞本路军之前进。

其它方面匪情从略。

（2）军队区分及部署。左纵队指挥官汤恩伯，所属第四、第八八、第八九三师，兵力十四团，附山炮迫炮各一连，于三、四两日集中白水至大寨脑大道以东地区。

右纵队指挥官樊崧甫，所属第八、第六七、第七九三师，兵力十四团，附山炮迫炮各一连，于三、四两日分别由广昌、黄沙经新安、下坪回新堡到达白水至大寨脑大道以西地区集中。

十一师为总预备队，初期位置于白水镇附近。尔后随作战之进展相机推进。

第六、第十四、第九四各师，仍继续筑碉，但六师在广昌，九四师在头陂，十四师在白水，各须控置相当兵力。

左、右两纵队，八月五日开始推进，经七里坑、良田两侧地区，进占南岭脑附近，为第二步，再进占驿前南方一带地区为第三步，逐步推进筑成封锁线。

在七里坑、良田、贯桥、大岭格、黄土门大道以东为左纵队，前进地区，以西为右纵队前进地区，道路属左纵队。

（3）指导要领。本路军除守碉部队外，全部以准备随时与匪主力决战之态势，由大寨脑附近经白水至驿前之大道两侧地区，逐步向驿前推进，构筑封锁线，俟占领驿前完成封锁线后，再开始构筑白水驿前段公路。

左纵队经白水驿前间大道及其以东地区（含大道），右纵队经大道以西地区，互相连系，同时并进，如左纵队遇匪主力决战时，则右纵队方面应取守势，而以优势之兵力，不失时机，攻匪侧翼，以策应之，在右纵队遇匪主力决战时，左纵队亦如之。

各部队到达目的地后，须迅速先构野战工事，防匪突击。

左右两纵队，须取相当纵深配备，并各于外翼侧，特别注意。碉楼于预定公路线之两侧构筑之，（公路线由两指挥官依实地会同决战）东侧碉楼由左纵队担任，西侧白右纵队担任。

东西两侧碉楼线之位置及座数，两指挥官按实际地形决定之，但两线碉楼，须均能以火力互相策应，掩护公路之安全为原则。

山炮迫炮之使用，以在连以下，不分割为原则，且能适合战术上有甚大价值之时机，并勿浪费弹药为要。

各师工兵营，除留一连随师跟进，以备作战时之应用外，其余悉各担任广、白段公路桥梁之架设。

各纵队于碉楼位置及数目决定后，应即附图具报完成后，各自酌留部队守备，候令接替。

驿前之占领及大寨脑至驿前间碉楼，限于八月十四日以前完成。

由大寨脑向驿前推进，分为三步(详前项)，第一步目的地，确实占领完成野战工事后，除酌留部队筑碉外，即继续向第二步目的地推进，如情况不许可，则完成第一步碉楼后，再进第二步，推进时亦然。

电话网及卫生补给各事项详表（表略）

(二)本月五日，据陈总指挥微午电报告微日进展部署。

(1) 汤纵队以第四师攻占王家山，以王师随四师之进展，向七里坑及其东南高地进攻，孙师为预备队，主力控置于牛排集，并以一团于拂晓前占领桂风台西方高地，掩护第四师左侧。

(2) 樊纵队傅师以主力向西坑，一部向西坑西南高地，樊师率二三七旅附补充团向下寺、来禾嵊、白石庵一带高地进攻，二三五旅推进惠风亭附近。

(3) 黄十一师控置回新堡、上坪一带，策应樊纵队。

(附注一)微日汤四师攻占王家山，三师攻占贯桥以东高地，樊师攻占双司台、来禾嵊，傅师攻占下司、西坑各战斗经过，均详第三章。

(附注二)麻日汤纵队王师在贯桥东南地区，与匪激战甚烈，其战斗经过详第三章。

（附注三）虞日汤纵队孙师、樊纵队樊师攻占贯桥东南西南各高地，战斗经过，详第三章。

（三）本月九日，据陈总指挥庚戌电报缓进。

此次贯桥之役，匪构成数线强固阵地，并以比较精锐之向称突击部队顽强固守，似有因运动战机可寻，转而采取阵地战之势，现本路军拟先完成大寨脑至贯桥间之两侧碉楼后，再行进展，并研究对于攻击匪强固阵地之对策，以利作战。

（四）本月十二日，据陈总指挥真酉电，报告文日进展部署。

大寨脑至贯桥碉楼大致完成，明文日傅师及黄主力向贯桥西南一带高地进展筑碉，汤纵队向左翼高地进展筑碉。

（附注）文日汤四师攻占麻坑东北高地，黄师攻占鹅形山、香炉台各战斗经过，详第三章。

（五）本月十四日，据陈指挥元申电，报告进攻驿前部署。

（1）匪三、五军团残部，现退踞刘季尖、鸡笼山间一带高地，构筑数线，强固碉堡，企图以阵地战之方式，阻我前进。

（2）本路军将汤、樊两纵队，改用梯次配备，由贯桥附近经麻坑、庄下至驿前大道，取狭小正面突破匪阵地，一部夺取要点，继续向驿前交互攻击前进，部署如下：

（A）寒日樊纵队，以樊师向刘季尖佯攻，牵引匪主力于该方面，黄、傅两师主力，秘密集结贯桥附近，汤纵队秘密完成攻击诸准备，并派队向函坑东南各匪阵地威力侦察。

（B）删日拂晓，汤纵队沿麻坑至驿前道路以东地区，攻占麻坑及其东南之老窠鸡公山匪主堡，樊纵队先以傅、黄两师进出贯桥东南高地，掩护汤纵队右翼，并策应之，樊师于拂晓前密移贯桥附近控置，俟汤纵队奏功后，如情况许可，樊纵队即乘机攻占大岭格、豹子山一带地区匪阵地，汤纵队一部由金鸡寨掩护之。

（C）铣日以后，两纵队仍交互掩护策应，向驿前进攻，详细部署视情况另定之。

（附注一）元日黄师攻占香炉峰战斗经过，详第三章。

（附注二）寒日我傅、樊、汤各师，在大岭格、刘季尖、株树坪附近，与匪四、五两师激战甚烈，战斗经过详第三章。

（六）本月十五日，据陈总指挥删卯电，报告在敌火下筑堡推进。

当前之匪，由刘季尖、大岭格、豹子山、老寨之线，除筑主堡外，其四周更筑多数小堡垒，错杂其间，互相侧防，其预备队控置后方，以备由匪堡两翼向我逆袭，我如仍行强攻，损失必不多。现决定，筑堡稳进，用罗筐、麻袋装土堆列，上复掩盖，逐步向匪堡中间地区推进，一面由后方高地炮兵掩护，一面控置部队，于工作区后方备匪逆袭，以便逐渐将匪力量较弱之小堡攻下，占领后，对匪主堡渐成包围其侧防，消灭主堡，纵坚自不难摧破。本日除饬汤纵队一部，向老寨匪堡佯攻外，各部均在准备材料，从事筑堡中。

（附注）由删日至俭日，各部队踞匪堡四百米前，筑成多数前进堡，一面由京调卜福斯山炮营及南昌重迫击营，加入作战。

（七）本月二十八日，据陈总指挥感午代电，报告俭日攻击部署。

（1）大岭格、豹子山、洛寨一带之匪，仍为伪四、五两师踞守，刘季尖之匪，系伪十三师。

（2）本路军决于俭日拂晓，向洛寨、豹子山、大岭格、牛屎台一带之匪阵地攻击。

（3）第十纵队（除八九师）为左翼队，以洛寨为主目标，向洛寨及至豹子山之中间地区攻击，并派一部由洛寨以东向匪之右侧翼威胁。

（4）第五纵队之十一、六十七两师为中央队，归傅师长指挥，以豹子山为主目标，向豹子山及至大岭格之中间地区攻击。

（5）第三纵队（欠七九师附十八旅）为右翼队，以大岭格为主目标，向大岭格及至牛屎台一带地区攻击，并另派一部占领我香炉峰阵地前之匪警戒阵地，后向匪之左侧翼威胁。

(6) 攻击准备位置，如攻击部署要图所示（图略），各部队攻击部署，须于感日准备完妥，感晚秘密就攻击准备位置，务于俭日拂晓以前完毕。

(7) 卜福斯山炮营之规定〔略〕。

(8) 重迫击炮营之规定〔略〕。

(9) 山炮营之第八、九两连统归樊指挥官指挥，位置于右翼队方面，其阵地由樊指挥官决定之。

(10) 十四师为总预备队，位置于贯桥东南地区。

(11) 陆空及步炮联络事项，如另纸规定〔略〕

(12) 规定通信及卫生事项〔略〕。

(附注)俭日樊师攻占牛屎台，黄师攻占豹子山，汤师攻占洛寨，孙师攻占金鸡窠及附近匪堡，黄、樊两师连合攻占大岭格，傅、樊两师连合攻占南岭脑、黄土门，艳日傅、霍两师攻占驿前以北地区，各战斗经过，均详第三章。

(八)本月三十一日，据陈总指挥卅午电，报世日部署。

本路军明世晨，以傅师及翁旅向驿前西南匪阵地进攻，以霍师向驿前东南之鼓楼峰进攻，黄师控置南岭格附近。

(附注)世日傅师攻占驿前圩，翁旅攻占石马台，黄、霍两师攻占鼓楼峰、驿前村落，防御封锁线亦告完成，其战斗经过，均详第三章。

(第十一)第六路军继续向雄口进展。

(附注)此节系接前（六）月份（第二）节续叙。

(一)本月十一日，据薛总指挥真午电报告元日进展。

本路军文晚在银龙下附近集结兵力，元日拂晓向银龙下以南地区之匪进攻。

(附注)该路军韩、欧、梁各师，元日攻占银龙下东西两侧高地匪堡，寒日攻占雄口，战斗经过，详第三章。

(第十二)第八纵队继续向老营盘进展。

(附注)此节系接上(七)月份(第二)节续叙。

(一)本月二日，据周指挥官先亥电。

东日夏师攻占回龙寺西南高地，郭师攻占回龙寺亘鸦嘴栋之线，萧师接郭师左翼，亦进至鸦嘴栋。

(二)本月四日，据周指挥官江酉电。

江辰郭师攻占上圮。

(三)本月五日，据周指挥官支戌电。

支已夏师攻占玛脑山，郭师攻占拱桥排，萧师攻占野鸡崃，抗战之匪，系伪三军团第六师附六十一、六十二两团。

(附注)此役战斗经过，详第三章。

(四)本月九日，据周指挥官齐戌电。

虞日谢师进占油榨坑亘下社田之线，郭师进至上社田。

(五)本月十一日，据周指挥官灰戌电。

灰晨谢师攻占鸡毛岭、大庄，郭师进至丝毛坪，斩获甚多。

(附注)此役战斗经过，详第三章。

(六)本月十五日，据周指挥官寒戌电。

寒日谢师击溃占踞北坑西南一带高山之匪。

(七)本月十七日，据周指挥官铣戌电。

铣日郭师攻占盆形，谢师攻占姚坑东南一带高地。

(八)本月二十一日，据周指挥官帮戌电。

帮辰谢、郭两师进占盆形以南及大庄东南一带高地。

(九)本月二十四日，据周指挥官梗亥电。

梗日谢、萧、郭各师，攻占小庄、毛草岭各匪阵地。

(十)本月二十七日，据周指挥官宥巳电，报告有日攻占老营盘部署。

(1) 敬日黄昏，各部分别移就攻击准备位置，有辰开始攻击。

(2) 以谢、夏、郭三师任正面，谢师在右，夏师居中，郭师在左，沿泰兴大道向老营盘攻击前进。

(3) 萧师一部为右侧支队，威胁匪之左侧，万师一部相机占领小庄东北约五里之牛牯崃，以策我左翼之安全。

(4) 炮兵统一使用，位置莘庄东端高地。

(5) 万师主力集结盆形，萧师主力集结小庄，为预备队。

(附注)有日攻占老营盘战斗经过，详第三章。

二十三年九月份

(第一)规定本路军预定九月份进剿到达之线。

(一)八月二十九日，给陈、薛两总指挥及周指挥官艳亥电如下：

奉委座感酉电手令：东北两路军预定九月份进剿到达之线，东路军到达长汀城，北路军到达石城、古龙冈、兴国之线，为要。进剿日程详报，等因。该路应遵照此旨建碉筑路前进，务于九月底分别占领上列之线，希妥拟进剿计划及日程具报。

(二)本月八日，呈复委座庚亥代电，并附呈本路军推进部署及日程预定表。

前奉八月感酉机牯手令电节开，预定九月份，北路军进剿，应到达石城、古龙冈与兴国之线，其部署与日程盼详告，等因。当以前方地形复杂，无详细地图，且匪情时有变化。为切合实地情形与实施便利起见，经分电各总指挥遵照钧旨，妥拟进剿计划及日程，限本月微日前具报。嗣复奉钧座江酉机牯电催报，已于支巳参机电呈复在案，兹谨将陈、薛两总指挥及周指挥官先后电呈，简略报告，汇编本路军推进部署及日程预定表一份，随电呈核。

(三)同日，给陈、薛两总指挥及周指挥官代电，并印发推进部署日程预定表各一份，饬遵照实施(原电不录)。

北路军推进部署及日程预定表

二十三年九月八日

<table>
<tr><td rowspan="2">区分 \ 指挥系统</td><td colspan="3">第三路军总指挥：陈诚兼
副总指挥：罗卓英</td><td colspan="3">第六路军总指挥：薛岳
副总指挥：吴奇伟</td><td rowspan="2">第八纵队指挥官：周浑元
副指挥官：万耀煌</td><td rowspan="2">附记</td></tr>
<tr><td>第三纵队指挥官 樊崧甫</td><td>第五纵队指挥官 罗卓英</td><td>第十纵队指挥官 汤恩伯</td><td>第七纵队指挥官 吴奇伟</td><td rowspan="2">第九十二师
第九十三师</td><td>预备队</td></tr>
<tr><td>部队</td><td>第六师
第七十九师</td><td>第十一师
第十四师
第六十七师
第九十四师</td><td>第四师
第八十八师
第八十九师</td><td>第五十九师
第九十师</td><td>惠支队</td><td>第五师 第十三师
第二十八师 第九十六师
第九十八师 第九十九师</td><td rowspan="5">一、本表系据各总指挥、纵队指挥官电报、简略报告编造。
二、各路推进后，逐渐完成之碉堡守备部队，由各该路总指挥、纵队指挥官指定之。
三、本路军总预备队，第四十三师，现担任广昌附近守备，第九十七师补筑由里心至杨林之南建公路，约月底完成，于必要时，仍可抽出使用。</td></tr>
<tr><td>兵力</td><td colspan="3">共三十六团</td><td colspan="3">共十六团</td><td>共二十四团</td></tr>
<tr><td>推进部署</td><td colspan="3">一、驿前附近碉楼全部完成后，罗纵队构筑白水、贯桥间公路，汤纵队构筑贯桥、驿前间公路，樊纵队沿驿前、小松市大道扩展筑碉，逐渐推进。
二、自九月十六日起，沿驿前、石城大道两侧地区，以各纵队重叠配置，划分为三步，交互筑碉推进，并随碉堡之进展，先筑二米达军路，以利交通。
第一步，由驿前经分水坳下、桐岗进占小松市。
第二步，由小松市经新桥头、礤下排进占长乐。
第三步，由长乐附近进占李塔石、西华山一带，向石城县城总攻击，约九月底左右占领石城。</td><td colspan="3">渡溪、雄口间碉楼及公路土方桥梁完成后，酌派一小部，延展公路至雄岭下，一面自九月十一日起，由雄口至雄下、胡家瑕、石板、牛婆瑕逐渐筑碉前进，概暂不筑路（牛婆瑕至古龙岗仅数里，已在我威力控置之下），约十月初旬，占领古龙岗。</td><td>七斗、老莒盘、黄土垇间碉路完成后，于九月十六日起，逐渐筑碉推进，二十日前，进占高兴圩，二十四日前，进占蒙山墩，二十八日前，进占文陂，九月底占领兴国城。</td></tr>
<tr><td>时期</td><td colspan="3">一、九月六日以前完成驿前附近碉楼，九月十五日以前，完成白水驿前间公路。
二、九月二十二日以前，完成驿前、小松市间碉楼与二米达军路。九月二十八日以前完成小松市、长乐间碉楼与二米达军路。九月底左右占领石城。</td><td colspan="3">九月九日以前完成渡溪、雄口间碉楼及该段公路土方及桥梁，渡溪附近有石山三处，另催开山工人凿开。九月十一日起至十五日止，筑碉至雄岭下。二十一日筑碉至胡家瑕，二十九日筑碉至石板，十月二日筑碉至牛婆瑕。</td><td>九月九日以前，完成七斗以西之公路。十五日以前完成七斗、老营盘、黄土垇间公路。二十日以前完成墩丘、高兴圩间碉楼。二十四日前完成高兴圩、蒙山墩间碉楼，二十八日前完成蒙山瑕、文陂间碉楼，三十日以前，进占兴国城。</td></tr>
<tr><td>备考</td><td colspan="3">一、俟石城占领后再改筑驿前、石城间公路。
二、地名参照第三路呈送宁、广、石间路线里程图。
三、驿前至小松市三十里，中间陈古岑、分水坳、桐岗一带高山，便于扼守，过小松市至石城三十里，地势稍平，以石城附近李塔石、西华山等处为险要。</td><td colspan="3">一、雄口至古龙岗六十四里，沿途仍多石山。
二、地名参照永乐、兴宁间交通里程图。</td><td>一、俟兴国占领后，再补筑黄土垇、兴国间公路。
二、二十八师除一团已在河东担任守备外，其余仍在泰河尚未加入该纵队。
三、黄土垇至兴国约五十五里大道两侧虽甚平坦稍远，仍属山脉绵亘复杂隐蔽。</td></tr>
</table>

（四）本月二十二日，奉委座皓戌电如下：

庚亥代电暨附表均悉。所拟北路军推进部署及日程尚不合，惟稍有应行改正之点，分条指示如下：

（1）樊纵队不宜单独向小松市进展，应令会同各纵队前进，免为匪乘。

（2）薛路应策应周纵队规复兴国，应提前于九月底占领古龙冈，其所属第九十二、第九十三两师，应列入第七纵队，归吴指挥官指挥。

（3）第四十三、第九十七两师，原为第三路预备队，现列为北路总预备队，对使用上无甚关系，准予照办。惟应编为第六纵队，仍暂归总预备队序列。

其余如拟办理，希饬属遵照实施，如限完成。

（第二）令第四三师接第六师防务。

本月三日，给陈总指挥江午电如下：

第四十三师冬日可到达广昌附近，令其接替第六师防务，俾第六师抽出归还樊纵队建制，以便前进。

（附注）四三师支日将广昌城防及长生桥至竹桥防务，接替完毕，第六师鱼日推进驿前附近。

（第三）令第八师继续修建南建公路，九十七师调资溪。

本月十五日，给陈总指挥、毛指挥官及九十七师孔师长删未电如下：

奉委座寒酉电，兹将九十七师暂调资溪，该师所筑南建公路未完之工，令第八师担任完成之，等因。第八师应即派兵一团，继续完成第九七师路工，第九七师除留筑路部队候第八师接替再行开拔外，全部着克日开至资溪桥待命。

（第四）南城城防及藤桥岳口防务之交接。

本月二十二日，给九七师孔师长及补充旅第一团刘团长号已电如下：

补充旅第一团所担任之南城城防及藤桥、岳口防务，着由第九十七师派兵一团接替，其余部队，着开往资溪城，协同第七十六师构筑资溪、冷水坑间碉堡。补充第一团交防后，即向广丰开拔，限俭日到达，归还建制。

（附注）补一旅进至弋阳附近，奉令转开上饶归赵司令指挥。

（第五）增筑贵资间封锁线。

（一）本月十二日，奉委座尤酉电如下：

贵溪，资溪之间，须赶筑工事，连成一封锁线，使东南之匪，不能由此西窜。

（二）本月十七日，呈委座巧戌电如下：

贵、资间封锁线，已转饬第七六师派队赶筑，惟该师驻资兵力不敷，拟俟第九七师哿日到达资溪桥，即派一团协同构筑。

（三）本月二十四日，据九十七师孔师长漾酉电。

本师（欠董团）漾酉到达资溪城，明日进驻高埠，遵守协同七六师构筑资、贵封锁线。

（四）本月二十四日，给二十路张总指挥及九十七师孔师长敬酉电如下：

奉委座漾酉电，贵、资碉堡线，由贵溪至塘湾段，已由赵司令饬唐师构筑，其塘湾至资溪段，应由第七六、第九七两师担任构筑。

（附注）孔师构筑冷水坑至塘湾段碉线，于十月巧日完成，由唐十二师派兵守备。

（第六）令第四旅开至藤田、上固间，归还建制。

（一）本月十五日，给刘代总指挥删午电。

郑旅应即开至藤田、上固间待命，准暂留一团协同地方搜剿残匪，限哿日前完全肃清。

（二）本月二十二日，据刘代总指挥马申电。

沙、富、罗以北地区之匪，均已肃清，惟水南一带赤化最深，收复未久，人心不定。除令五一师抽出一、二营进驻水、南直夏，以资镇摄外，已饬郑洞国旅，开藤、固间，归还建制。

(三)本月二十六日，据第四旅郑旅长有已电。

遵于养日率兵一团，经白沙开赴中塘坡，余一团宥日在水南集中，感日向龙冈开拔。

(第七)以第四三、第九七两师，编为第六纵队。

(一)本月二十日，奉委座皓戌电如下：

邹、孔两师列入北路总预备队，应编为第六纵队。

(二)本月二十三日，据陈总指挥养酉电。

已令刘指挥官绍先，将第六纵队指挥部设广昌，统率四十三九十七两师，请备案。

(第八)令第二十八师及二十三师，抽三团增加第八纵队。

本月十日，给周指挥官及二十三师李师长真辰电如下：

奉委座灰辰电节开：着二十三师抽调三团增加周纵队，接守泰和、老营盘间防务，限有日前接替完毕。

二十八师应即一并东渡，归入八纵队序列，等因。

(第九)第三路军续向小松市进展。

(附注)此节系接上(八)月份(第十)节续叙。

(一)本月二日，据陈总指挥冬巳电，报告东日推进部署。

(1) 罗纵队黄师推进至坪背西南一带高地筑工，傅师驱逐当面之散匪后，推进至牛田排、大脑嵊一带高地筑工。霍师以主力向田上东南一带推进。

(2) 樊纵队以樊师一部推进至岳坑，构筑中司至刘季尖碉楼，余在原地筑碉，翁旅在尖山、石马台之线筑工。

(3) 汤纵队以孙师之一部，向东南延伸筑工警戒，与霍师衔接，余在原地筑碉。

(附注)东已伪四师十一团向我罗纵队进犯，当即击退。

(二)本月四日，据陈总指挥江酉电报告，自鱼日起，筑路建碉部署。

(1) 罗纵队(欠九四师)以黄师守备驿前东南古楼峰、田南一带碉楼，霍、傅两师构筑白水、贯桥段公路。

(2) 汤纵队(欠八九师)以两团守备洛桑、金鸡寨一带东线碉楼，其余构筑贯桥、驿前段公路。

(3) 罗、汤两部筑路，统限删日完成。

(4) 樊纵队以两团守备刘季尖及驿前西南一带西线碉楼，其余沿驿前、小松市大道扩展筑碉，逐渐推进。

(5) 山迫两炮营集结驿前。

(附注一)鱼日樊师攻占仙人寨至中罗山西南姚坊以北线上各高地，庚日樊师攻占坪背至湖洋东北一带高地，周师攻占大墓前以东及小坑西北一带高地。

(附注二)元日周师丁旅攻占狮形山、虎形山各高地匪堡，寒日樊师攻占福林寨亘姚坊西南各匪堡。

(附注三)养日樊师攻占钟子寨西北高地，宥日汤师攻占中华山、小排岭，孙、周两师攻占黄泥寨，傅、樊两师攻占钟子寨，周师攻占陈古岭。

以上各役战斗经过，均详第三章。

(三)本月二十七日，据陈总指挥宥亥电，报告感日部署。

(1) 汤纵队攻击目标，大排岭、分水坳、桐岗。

(2) 霍师由陈古岭向分水坳、小松市攻击。

(3) 周师先攻击马山(陈古岭东方)，嗣后进出陈古岭东侧，掩护霍师前进。

(4) 樊师在钟子寨新占领地区筑碉，派一部向马头、长胜岭佯攻。

(5) 傅师为总预备队。

(6) 黄师派队向木兰方面游击。

(附注)感日汤、孙两师攻占大排岭，孙师攻占罗家峰，霍师攻占分水坳及其东南匪堡，周师攻占马山各战斗经过，均详第三章。

（四）本月二十八日，据陈总指挥感亥电，报告俭日部署。

（1）傅师及周师之翁旅及孙师之张团，统归傅师长指挥，于俭辰向桐岗攻进。

（2）其余各部在原地筑碉。

（附注）俭日傅、周、孙各师攻占桐岗后，距小松市仅七里，卅辰续向小松市猛进，于巳刻占领小松市，其战斗经过，详第三章。

（第十）第三路各守备部队重行部署。

本月十九日，据陈总指挥巧戌电。

本路军守备任务重行部署如下：

（1）第二十四师即将宝石至甘坊、饶陂至白舍之守碉部队撤收，接替第四三师伞盖尖向南延伸一营之碉楼线。

（2）第四三师由竹桥起，接替竹桥至头陂（不含）第九四师守备之碉楼线。

（3）第九四师派队接替管盖峰迤南至刘季尖（不含）第八九师守备之碉楼线。

（4）第八九师派队接替洛桑至金鸡寨及鼓楼峰（不含）第四师守备之碉楼线。

（5）第十一师派队接替刘季尖至驿前、油前上第七九师守备之碉楼线。

（6）各部均限皓马等日交接完毕。

（第十一）第六路军续向雄岭下及其以南地区进展。

（附注）此节系接上（八）月份（第十一）节续叙。

（一）本月十日，据薛总指挥佳戌电，报告真日开始进展。

本路军拟不待渡溪雄坪间公路石山及桥梁完成，决先以第九十、第九十二两师与炮兵协同，于真晨开始向雄口、雄岭下间匪碉堡地，逐步扫荡前进，限删日以前占领雄岭下，并构成碉楼线，其余各师暂任预备队。

(二)本月十一日，据薛总指挥真巳电，报告真日部署。

以九二师附炮兵一连为右翼队，九十师主附炮兵二连为左翼队，九十师之一部为预备队，向雄口、雄岭下间匪土堡地区攻击。

(附注)真日，韩、梁两师攻占中洲及雄岭下以西高地，战斗经过详第三章。

(三)本月二十四日，据薛总指挥漾午电。

本日以唐师在右，欧师在左，韩师任中央，拟一举攻占雄岭下。

(附注)该路军漾日攻占雄岭下，敬日攻占梁迳（在雄岭南四里），有日攻占范石头及上下流，俭日攻占大树排、禾冈嵊及分金瑕各匪堡，其战斗经过，均详第三章。

(第十二)第八纵队继续向高兴圩进展。

(附注)此节系接上（八）月份（第十二）节续叙。

(一)本月三日，据周指挥官冬酉电。

萧、夏两师冬日进至黄土坳。

(二)本月四日，据周指挥官江酉支亥两电。

萧、夏两师于江、支两日已攻占蓝天圩、墩丘以北一带高地。

(附注)江、支等日，萧、夏两师与伪六师、伪三十四师激战情形，详第三章。

(三)本月十二日，据周指挥官佳戌、真酉两电。

夏师佳日攻占蓝天圩东北高地，真日夺取吴背东南阵地。

(四)本月二十三日，据周指挥官养亥、漾巳两电。

万、萧、夏各师，已于养巳攻占蓝天圩、象形山、新田之线，伪二师养晚至漾晨彻夜反攻，被万、夏两师击溃。

(附注)此后战斗经过，详第三章。

(五)本月二十七日，据周指挥官有酉电。

萧师驱逐狮形山之匪。

（六）本月三十日，据周指挥官陷午电。

万师攻占狮形山、竹篙山、尖尾崃一带匪阵地。

（七）本月三十一日，据周指挥官卅亥电，报告向高兴圩进攻部署。

卅晨以萧师附二十七团攻击高兴圩以西一带高地，万师攻高兴圩及其北端狮形山，郭师一部攻击狮形山一带村落，夏师一部位置蓝天圩东端原阵地警戒，我左翼师主力集结蓝天圩，郭师主力集结万师左后，夏师主力集结蓝天圩东北地区为预备队。

（附注一）此后万师攻占高兴圩，萧师攻占狮形山以西各村落及高兴圩以西一带匪堡，郭师攻占狮形山以东各村落，其战斗经过，均详第三章。

（附注二）十月东日，伪一、二师向我高兴圩西端竹篙山东南谢师阵地反攻甚烈，肉搏多次，俘获甚众。

第二章　逐月匪情

七月份

自广昌、建宁两次战役后，匪部伤亡极重，乃尽量驱集伪苏区民众，于瑞金、兴国、宁都三处成立三个补充师，略予训练，即开赴前方分别补充，在我第三路军当面之伪一、三、五军团及三十四师（匪方向以一、三、五军团为中间部队，恒集结运用于主要方向，七、九军团则担负钳制游击之任务为多），并在兴国、石城与广昌建宁之间，依据天险，节节筑工，企图顽抗。本月佳日，我军南进，击溃伪一、五军团所部，遂于真日占领白水镇、下坪一带，伪一、三、五军团及三十四师退踞白水、头陂以南良田、贯桥（即半桥）西坑、中司、驿前及湛田、胡岭咀一带地区，并以小部在我阵地前不时扰乱，阻我前进，至本月底止，仍在原地负隅。

伪七军团，本月上旬，尚在闽西清流、安远汛一带，嗣由匪首罗炳辉率领乘虚东窜，侵扰永安、尤溪、大田等县，一路搜刮物资，纠合土共，于月底窜至闽江沿岸樟湖坂一带。

伪九军团本月份均在闽西。

我一、六两路军方面之匪，为伪二十三师各伪独立团及伪江西军区司令部所属地方团营暨农工少先队等杂色匪股，本月间仍在宜、崇、永、乐边隙出没，时有偷越碉堡线企图，因我封锁严密，卒难如愿。

综上匪情，自我克广昌、建宁后，苏区渐缩，赤焰日衰，匪中生活之困苦，壮丁缺乏，驱迫之严厉，徵诸络绎来归之匪方官兵口述，已可知其大概，罗匪之突围东窜，固为欲分散我剿匪军力量，亦因水尽山穷，自求出路，匪区行将崩溃，此即一种征候也。

八月份

本月初，伪一军团东窜入闽，其盘踞良田、贯桥、中司等处之伪三、五军团，经我层层扫荡，逐渐退蹙，麻、虞两日，血战后，我军确实占领贯桥，伪三、五军团及三十四师退踞贯桥以南至驿前一带地区，仍图负固。是役，伪三军团受创最钜，伤亡达二千人左右，此后匪我双方均从事补充，准备相持，至俭日，我军再度攻击，迭占贯桥、驿前间之金鸡寨、洛寨、豹子山、大岭格一带阵地，至世日，遂完全占领驿前，伪三、五军团向小松市、石城方向退窜。闽西方面伪一、九军团，本月正与我东路军拼命挣扎中。

伪七军团罗部，约六、七千人，本月初沿闽江东窜至水口、闽清、大湖一带，经我迎击受创后，始则徘徊于福州近郊，继则东北窜攻陷罗源，复北窜闽浙边境，至月底止，在寿宁、龙泉间之松洋、泗洲桥一带，有西窜江山浦城模样。

综上匪情，自本月贯桥、驿前两役，将伪三、五军团击破后，匪军受创之钜更甚于广昌战役，此后，匪虽仍拟作困兽之斗，亦不过苟延残喘而已。

九月份

伪三、五军团，自上月底驿前被我攻下后，即退踞驿前以南小松市一带，构筑工事，继续顽抗，并调伪一军团第三师（原为伪五军团十五师）由闽境赶来增援。当时 匪方态势，伪三军团及第三师踞驿前、小松市间，伪五军团则踞高兴圩附近，继而，伪一军团一、二两师亦自闽境西窜高兴圩方面。养日起，我军由驿前继续前进，匪节节败退，至月底止，当面之匪向小松市、石城一带溃窜，伪五军团及一军团主力亦在高兴圩被我击溃，向兴国方面溃窜，各伪部均伤亡甚钜，伪第四师师长张翼亦于是役向我投诚。

伪九军团，本月均在闽境，至月底止，仍于朋口以西中屋村附近，向我东路军支撑中。

伪七军团罗部及闽北方部，于本月中旬由江山、浦城间西窜赣浙边界，与赣东北伪十军相呼应，经我分别围堵，至月底止，罗匪由浙边开化、遂安县境西窜皖赣边屯溪、祁门、浮梁、德兴一带，沿途损失甚众，所余人枪不满二千。

赣东北伪十军，于本月上旬，北窥皖属祁门，复东扰浙边，均被击溃，窜匿老巢。

综上匪情，自我军攻占小松市、高兴圩后，已逼近石城、兴国县，东路军亦逐渐向西合围，匪军节节溃败，丁壮伤亡殆尽，物资无处补充，已如釜内之鱼，瓮中之鳖，扫穴犁庭，仅时间上问题耳。

第三章 战斗经过

一、头陂之役 二三·七·三·

第十四师第九十四师第六十七师第十一师

（一）战前匪我势态

伪五军团之一部及广昌游击队等，盘踞头陂一带地区，伪三十四师之一部，盘踞头陂附近之锡坊一带，阻止我军前进，我为迅速攻取石城，乃令第五纵队于七月二日由广昌附近向头陂、新安筑工前进，七月三日拂晓，第十四师即展开于箬笠寨、大坑之线，向五陵山一带高地之匪攻击前进，第九十四师、六十七师、十一师亦先后到达杨家湾、郎君桥、新岸附近一带，以为策应。

(二)战斗经过

七月三日拂晓，第十四师以杨团、阙团由箬笠寨、大坑之线，向当面伪三十四师之匪攻击，旋即追出于五陵山高地，同时并伸展至锡坊之线，上午六时三十分左右，各该阵地即为我完全占领，同日午前十时，第九十四师亦将盘踞头陂之伪五军团十三师之小部及广昌游击队驱逐而占领之，匪均纷纷他窜，时我第六十七师、第十一师已先后进至杨家源、郎君桥矣。

(三)匪之伤亡及卤获 〔略〕

二、白水之役 二三·七·九——十

第十纵队及第五纵队之大部

(一)战前匪我势态

伪十三师及三十四师，自头陂之役为我击溃后，残部即退踞下坪附近一带，与踞白水附近一带之伪一、三、七等军团取得联系，企图阻我前进，惟我军因进取石城之目的，不得先取白水，以去匪之重心，故令第五纵队之六十七师，由杨家源攻占岩子岭高地，十四师由锡坊攻占下坪，十一师控置于新安，第十纵队之第八、第八十八、第八十九等师，以主力由文会附近经刘田、白水进攻，以一部由巴口桥经新开岭会攻白水，同时两纵队于占领目的地后第五纵队向东，第十纵队向西，对筑碉堡构成封锁，此七月九日推进部署之大要也。

(二)战斗经过

七月九日，我六七师由杨家源出发，于午刻攻占鹭鹚、下堡以南高地，十一师亦于该时到达新安附近，十四师于未刻攻占下坪附近，午后五时，伪一、三、七等军团之大部主力，复向我六七及十四两师阵地反攻，战斗之猛烈为近数日所无，时我第十纵队第四师已攻占大兴港、沈坊之线，八九师攻占石田附近，八八师亦到达巴口桥附近，迄十月十日午前四时，与我六七、十四两师对抗之匪，始纷纷向驿前溃退，至午刻，我第四师进至刘田、虾蟆台间，八八师进至虾蟆台、巴口桥间，八九师将盘踞白水东方高地之匪千余驱逐，而确实占领白水矣。战斗至此，遂暂告休止。

(三)匪之伤亡及卤获〔略〕

三、大寨脑之役 二三·七·十六——二十二

第十纵队

(一)战前匪我势态

伪五军团及三十四师，并一军团之一部，自白水一带被我击溃后，即窜踞白水西南十余里之桂风台及大寨脑一带高地，阻我进展，我以该处为通驿前、中司之要隘，且为白水之屏障，进攻驿前，收复石城，必先占领桂风台、大寨脑，始能迅速进展，乃令第十纵队除留一部守备新筑碉堡及白水警备外，其余主力于七月十六日，由白水沿石城大道，向大寨脑、桂风台攻击前进。

(二)战斗经过

七月十六日，我第十纵队出发后，先头部队即将大寨脑西北高地占领，第八八师即集中回新堡、下坪间地区筑工。十七日辰刻，该师复向盘踞甑敢峰、天子岭一带高地之伪三十四师攻击，旋即占领阵地，残匪向西退窜。我八八师乃在该地构筑碉路，迨二十一日拂晓，我第十纵队主力乃经大禾东方向大寨脑攻击前进。迄二十二日辰刻，该纵队之主力第四师始将斧头山、大寨脑匪阵地攻占，同时我八九师在我第四师火力掩护之下，向下岭、桂风台一带高地攻击，而踞守该阵地之伪一、五军团及伪三十四师，犹凭险顽抗，几经肉搏，该匪始为我击溃，而该阵地亦为我占领。至午后一时，伪三军团全部，由古龙冈方面赶至，向我八九师阵地反攻，战斗骤转激烈，卒因我步炮协同飞机轰炸，匪受重大威

胁，终未得逞，然匪已损耗甚钜，四散奔窜矣。

(三)匪之伤亡及卤获 〔略〕

四、沙村之役 二三·七·二十六

第九六、九八两师及第五师一部

(一)战前匪我势态

伪三军团之四、六两师及新安独立团、补充第六一、六二两团盘踞沙村及其附近一带，阻挠我军东进，我于七月二十六日，令第八纵队之九十六、九十八两师，由河背岭、睦江、交村，倪地之线，第五师一部由冠潮、社下一带向匪阵地攻击前进。

(二)战斗经过

七月二十六日拂晓，我第八纵队之九十六、九十八两师及第五师之第三十团，均各由现地出发，向盘踞沙村一带之匪攻击前进，同时，并用重炮火向匪猛烈压迫，匪初顽强抵抗，继受我步炮协同之火力之摧损威胁，逐渐不支，向沙村以东溃退，至巳刻沙村为我九十八师占领。未刻，我九十六师亦占领沙村东北碉楼及附近一带高地，约至酉刻，匪曾一度反攻，经我迎头痛击，始不复逞。

(三)匪之伤亡及卤获 〔略〕

五、上圮玛瑙山之役 二三·八·三——四

第九六·九八·九九三师

(一)战前匪我势态

伪三军团之大部及六一、六二两团并补充独立团等匪部，自沙村之役被我击溃后，伪六师及六一、六二两团，窜踞上圮、玛瑙山及其附近一带地区，仍有阻我东进企图，我于八月三日令第八纵队之九十九师，由回龙寺向踞上圮之匪攻击，占领后，再向该地东北之拱桥排攻进，同时并令第九十八师攻占玛瑙山，第九十六师除留一部于现地筑工外，另派一部攻击野鸡栋东南高地，以为第九十九师之策应。

（二）战斗经过

八月三日拂晓，我第九十九师先头部队，由回龙寺现阵地向上圮攻击前进，匪约二千余，凭坚固之堡垒，顽强抵抗，我以步炮协同猛烈进攻，匪始不支，纷向上圮东方大山中溃窜，上午九时三十分，我即占领上圮村落。八月四日，我第九十八师进攻上圮东南之玛瑙山，九十九师进攻上圮东北之拱桥排，九十六师之一部进攻野鸡栋东南高地，同时步炮空协同动作，匪虽抵抗，终以我火力之压迫，不支溃窜。午前十时，我九十八师即占领玛瑙山，九十六师之一部同时将野鸡栋东南高地占领，至十二时左右，我九十九师亦攻占拱桥排附近一带高地，本日，我军各部即就原阵地构筑工事，待命前进。

（三）匪之伤亡及卤获 〔略〕

六、贯桥附近之役 二三·八·五——七日

第三第十两纵队

（一）战前匪我势态

伪各军团，自上月头陂、白水、大寨脑诸役为我军击溃后，一军团窜踞头陂东南之湛田、案山坝一带，三军团四、五两师窜踞白水西南之西坑、中司、驿前一带，五军团之十三及三十四两师，仍分踞我头陂、大寨脑阵地，阻我进展，并有伺机图逞模样。我军以收复石城之目的，决先分左右两纵队进取贯桥，左纵队以汤恩伯之第十纵队第四、第八八、第八九三师，附山迫炮各一连，由白水、大寨脑一带现阵地经七里坑、良田两侧地区进占贯桥，右纵队以樊崧甫之第三纵队第八、第六七、第七九三师，附山迫炮各一连，分由广昌、黄沙经新安、下坪回新堡、白水、大寨脑、七里坑、良田逼进贯桥，此八月四日攻击进展之部署也。

（二）战斗经过

八月五日拂晓，我第三纵队之左翼队二三七旅补充团及山迫炮各一连，以主力经郭凤坳攻击双司台、来禾嵊，以一部经合江口攻击浪溪、白舍庵，右翼队六十七师附山迫炮一连，向下司、西坑东南高地攻击推进惠亭附近，十一师集结回新堡、上坪一带，以为策应，同时第十纵队以第四师向桂风台南之良田、王里、王家山之匪阵地攻击，八九师集结下岭、桂风台一带，随同第四师进展，八八师控置牛集排为预备队。上午八时，第三纵队之左翼队，将伪三十四师之匪千余击溃，同时我第十纵队方面战斗亦甚激烈，伪三军团之匪，初尚顽强，嗣经我步炮火力压迫，始向南溃退，午前十时左右，我第三纵队将来禾嵊占领，第十纵队亦将王家山一带阵地占领，匪之损失伤亡极重。下午三时，匪复集中力量，以大部向我来禾嵊阵地猛扑，以一部潜伏良田以东森林中，企图反攻，经我密集炮火之轰击，匪即节节溃败。午后三时余，我第十纵队八九师占领贯桥东端高地，第三纵队左翼队占领来禾嵊东南山寨及白舍庵，下午七时，复进至西坑、下司一带，至此贯桥已在我军控置下矣。八月六日辰刻，我第十纵队复向贯桥东南高山攻击，第三纵队除留一部就原地筑碉筑路外，另派一部协助第十纵队进攻，午前即刻将该高山先后占领。惟以伪四师凭险顽抗，激战终日，我八九师冲锋肉搏，反复数次，对于进取贯桥，卒未得手，然匪已损伤不堪矣。八月七日辰刻，我第十纵队八八师，续向贯桥东南匪阵地攻击，同时，空军协同步炮猛烈轰击，激战半日，当面之匪伪四、五两师残余始纷纷向驿前方向溃窜，至正午十二时左右，贯桥乃为我完全占领，我第三纵队所部亦将贯桥附近各匪驱逐，战斗遂告休止。

（三）匪之伤亡及卤获　〔略〕

七、香炉峰一带之役　二三·八·十三——十四

第六十七·七十九·十一等三师

（一）战前匪我势态

伪各军团，自贯桥之役为我军节节击溃后，伪三十四师窜踞香炉峰、大岭格、刘季尖、案山坝、虾蟆咀一带，阻我前进。我

为迅速收复石城起见，决定于八月十三日，先令第三纵队攻占香炉峰、大岭格一带之线，以扫除夺取驿前规复石城之障碍。

(二)战斗经过

八月十三日晨，我第三纵队以六十七师一部，向大岭格方向，七十九师一部，向刘季尖方向佯攻，以第十一师向香炉峰西侧匪堡攻击前进，该地守碉之匪约有一团，初尚顽抗，嗣经我第十一师官兵奋勇冲击，匪始不支，向驿前方向逃窜。至辰刻，我第十一师即将香炉峰各匪堡攻占，同时并以一部跟踪追击，旋匪以一股约四、五百之众，向我反攻，经我以机枪扫射，匪始未逞，纷纷溃退，我乃即就原阵地增强工事。八月十四日晨，我第三纵队以第七十九师之二三七旅主力，由牛司分向刘季尖方向佯攻，以二三五旅一部，向虾蟆咀佯攻，以六十七师由贯桥向株树坪西南匪堡攻击前进，二三七旅至案山坝附近，二三五旅一部至虾蟆咀一带，即与伪三十四师匪部接触，激战至烈，匪旅不支，溃退，死伤甚重，第六十七师约在辰刻即将株树一带匪堡及高地完全占领，继续向匪堡鹿砦冲击，并以一部抄袭匪之左侧背，匪乃倾巢而出，猛冲突击，我官兵沉着应战，往返肉搏，匪损伤颇钜，至中午时，我以刘季尖、大岭格一带匪之工事极为坚固，大小错杂，互为侧防，非强行进攻所能得手，爰即停止前进，逐步撤回原阵地筑工，战事乃暂休止。

(三)匪之伤亡及卤获〔略〕

八、北坑附近之役　二三·八·十四。

第八纵队第五师九六师九九师。

(一)战前匪我势态

伪六师及伪六一、六二两团，自上圮、玛瑙山诸役，被我击溃后，其残余匪部仍盘踞北坑及其以西一带，与我前进部队对峙，有阻我进展之企图。时我第五师已进至大庄附近，九六师在下石田一带，九八师在上圮以东，九九师在丝茅坪地区。八月十四日，乃令第五师、九九师各以一部，向匪攻击，九六师则位于丝茅坪以为策应，迅速将匪歼灭，以利进展。

(二)战斗经过

八月十四日，我第八纵队以第九十九师及第五师各一部，由下湖东南之上郢地区，向盘踞北坑附近一带之匪攻击，同时，以第九十六师派队警戒丝茅坪北侧高地，防制该匪窜逸。辰刻向匪开始进攻，匪顽强抵抗，经我步炮空协同动作，以最猛烈之炮火，与匪以重大之压迫，激战数小时，自巳至未，始将匪击溃，我九十九师遂一举将北坑最高地占领，匪即纷向老营盘方面逃窜。

(三)匪之伤亡及卤获 〔略〕

九、雄口之役 二三·八·十四

第六路军第九十二师

(一) 战前匪我势态

伪二十三师及伪永丰独立团，窜踞白毛山雄口一带，阻我第六路军前进。我于八月十四日，令该路军之第九十二师，由渡溪出发，将该匪驱逐，以完成银龙下、雄口间之碉堡封锁线，以便继续进展。

(二)战斗经过

八月十四日拂晓，我第九十二师即由渡溪现阵地，分向白毛山、雄口一带匪堡攻击前进，同时飞机亦赶到轰炸助战。盘踞该地区之伪二十三师等匪部，因受我陆空协同火力之压迫，即分头逃窜，约于巳刻，大焦、坑下、坑口、走马岸、雄口一带匪地，遂为我完全占领，该师乃即停止行进，构筑碉堡，对匪警戒。

(三)匪之伤亡及卤获 〔略〕

十、老营盘之役 二三·八·二十五日

第八纵队

(一)战前匪我势态

伪六师及六一、六二两团，自北坑之役为我击溃后，其残余匪部，复盘踞老营盘及其附近之雷公嵊一带，企图做最后挣扎，阻我前进。时我第八纵队所属之第五师、九十八师，即由小庄附近分途向匪攻击，匪凭工事顽抗，尤以正面雷公嵊之匪为甚，而其工事尤为坚固，猛攻数次，未能得手，嗣经我步炮空协同动作，官兵奋勇进击，激战两小时，匪因受我重炮火压迫，始不支，向高兴圩、崇贤圩一带溃窜，至正午十二时，老营盘及其附近一带高地，乃为我第五、第九十八两师确实占领。是日，各该师即就现地停止，筑工筑路。

（三）匪之伤亡及卤获〔略〕

十一、驿前及其附近之役　二三·八·二八——卅一

第三第五第十各纵队

（一）战前匪我势态

伪各军团连日被我击溃后，其四、五两师，则窜踞大岭格、豹子山、洛寨一带，十三、十五两师，则窜踞黄土门、南岭脑、刘季尖一带，阻挠我军前进。我为迅速收复石城起见，决先夺取驿前及其附近一带匪阵地，以扫除障碍，乃于八月二十六日，令第十纵队（欠八九师）为左翼队，向洛寨及豹子山之中间地区攻击，并派一部由洛寨以东向匪之右侧翼威胁。第五纵队之十一、六十七两师，向豹子山之中间地区攻击，第三纵队（七九队附十八旅）为右翼队，向大岭格至牛屎台一带地区攻击，并派一部占领香炉峰我阵地前匪之警戒线，向匪之左侧翼攻击，第十四师位于贯桥东南地区为预备队，卜福斯山炮选择阵地，对匪主堡施行破坏射击，税警团迫炮营，遇必要时，集中火力向匪轰击，山炮第三营，位于右翼方面掩护。各部前进部署完妥后，即于八月二十八日实行攻击。

（二）战斗经过

八月二十八日拂晓，我左翼队以第四师及八八师之一部，向洛寨及其以西一带匪堡攻击前进，中央队亦同时进展，右翼队以第十八旅之一部攻略刘季尖西北匪阵地，以七十九师主力攻略牛

屎台、大岭格，同时步炮空协同动作，各地踞匪骤受重火力之压迫，均纷纷溃退。午前七时半左右，我左翼队占领洛寨及其以西一带地区，中央队攻占豹子山至大岭格之中间一带地区，右翼队攻占大岭格、黄土门、南岭脑一带地区。我飞机及卜福斯山炮能发挥最大效力，匪之伤亡极大。二十九日晨，我左纵队第八十八师继续向驿前东方高地攻击前进，中央队第六十七及十四两师，沿大道左、右侧向驿前攻击前进，右翼队以十八旅经黄土门向南岭脑、驿前西侧高地进展。本日午前七时许，我左翼队占领驿前东北一带，中央队占领驿前北端及东北端高地，右翼队占领南岭脑以西各主要匪堡，同时并将刘季尖占领，匪受我步炮空火力摧损，死伤极大，均分头溃窜。八月三十日晨，我第三纵队以七十九师之一部，自刘季尖向其西南之荣华峰匪堡进攻，十八旅向南岭脑西南高地匪堡进攻，战约一小时，即分别占领各该阵地。本日即就原地构筑工事。八月三十一日拂晓，我第六十七师向驿前圩，第十八旅向驿前西北之石马台一带高地匪堡攻击。第十四师一部向驿前以东之鼓楼峰佯攻，第十一师集结窑下附近，为预备队，卜福斯山炮在三仙庙占领阵地，午前六时开始攻击，匪凭堡顽抗，经我炮兵破坏轰击，步兵奋勇猛进，约至巳刻，匪一部向湛田、马头方向溃窜，一部向驿前以东溃退。我以步炮协同追击，至午刻，我六十七师即确实占领驿前，十八旅亦占领石马台，第十一、十四两师同时协攻鼓楼峰一带，空军亦轰炸助战，至未刻，鼓楼峰为我占领，匪大部向小松市方向逃窜，已溃不成军矣。

（三）匪之伤亡及卤获〔略〕

十二、蓝天圩附近之役二三·九·三——二十三·第八纵队十三师九六师九八师

（一）战前匪我势态

伪六师及六一、六二两团，自老营盘之役，为我击溃后，伪六师则盘踞高兴圩、墩丘及其附近一带，与新田、胡岭咀窜来之

伪三十四师连系一处，伪六一、六二两团，则分踞泰兴大道两侧，均有伺机反攻企图。我依据以上情况，乃于九月三日，令第八纵队之九十六师为主力队，进取蓝天圩暨墩丘一带匪阵地，同时以九十八师为侧翼队攻击墩丘西北侧高地，占领后，即由墩丘东南向蓝天圩东北一带匪阵地进攻，以为九十六师之策应。

（二）战斗经过

九月三日晨，我第九六师分向蓝天圩、墩丘一带攻击前进，旋将蓝天圩、墩丘一带西北高地占领，即构筑工事，对匪警戒，至午，匪以大股乘我初占领阵地部队稍突出之际，向我猛烈反攻，另以一部迂回于我陈岭栋阵地西方，希图抄袭，为反攻之匪之策应。复经我官兵及步炮之协同向匪轰击，匪不支，纷向东南方向溃窜，我即就原地筑工警戒。九月四日拂晓，我九十六师复向蓝天圩西北侧匪阵地进攻，我九十八师亦同时向墩丘西侧高地匪堡攻击，匪虽顽抗，终以我步炮火力压迫，经六小时之激战，卒乃纷纷向其蓝天圩预构之工事内溃窜，我九六师于十一时左右，即占领匪堡八座，我九八师亦于午后三时许，占领墩丘西北侧一带高地。我以匪仍节节抗拒，非急切所可收功乃即停止挺进，即就各师新占领地区筑碉筑路，待期歼灭。九月九日，我九十八师于拂晓前，由墩丘东南端现阵地向蓝天圩东北一带之匪进攻，激战至午后四时左右，踞该地带之伪三十四师之匪始不支，向蓝天圩本阵地溃退，蓝天圩东北一带高地，遂为我占领。至此，踞蓝天圩之匪，已受我瞰制矣。我于此时即调第八纵队各师及炮兵，分向蓝天圩前进，准备一举歼灭，计划已成，即于九月二十二日拂晓，令第九十六师为主力，向蓝天圩匪之主阵地攻击，第十三师为侧翼队，向蓝天圩以东新田、后坍及象形山一带攻击。匪我接触后，激战颇烈，经数小时之猛冲及炮火之轰击，我九六师当面之匪，始渐不支，纷向狮子凹方面溃退，该师即于辰刻，将蓝天圩确实占领。同时，我第十三师亦领新田、后坍、象形山等处。本日黄昏时，匪复以其新从长汀窜来之伪第二师及伪中央教导第三团等，向我蓝天圩迤东一带夜袭时，该地系我第十三师及九八两师之阵地，见匪来袭，官兵即奋勇冲杀，战斗极为猛烈，同时我以匪部来势颇盛，即令以重炮火轰击，迄二十三日辰刻，始不支溃散逃窜。据俘匪供，此次与我第八纵队抗拒之匪为伪六师六一、六二两团，伪十三师、三十四师一零一、一零二两团，补充团及伪第二师、伪中央教导第三团等部云。

（三）匪之伤亡及卤获　〔略〕

十三、高兴圩之役　二三·九·三十

第八纵队第十三师第九六师九九师

（一）战前匪我势态

九月二十二日，蓝天圩之役，伪一军团之一、二两师及伪五军团之十三、十五两师为我击溃后，其残余匪部则退窜高兴圩一带，仍有阻我前进企图，时我第八纵队之三十三、九六、九九各师，均驻于蓝天圩附近一带筑碉筑路，遂即令各该师由现地于九月三十日晨向高兴圩地区攻击前进，并将该地之匪消灭而占领之。

（二）战斗经过

九月三十日晨，我第十三师由蓝天圩以东一带，第九十九师由墩丘附近，向高兴圩攻击前进，以第十三师为主力队，九六、九九两师为侧翼队，至巳刻，我九六师即将狮子山以西一带村落攻占，九九师一部亦攻占狮形山以东一带匪阵地，时我第十三师已攻至狮形山麓，同时，飞机亦赶到助战，炮兵亦猛烈轰击，该地踞匪至为顽抗，激战颇为剧烈，但我十三师官兵非常奋勇，冲锋肉搏，前仆后继，在飞机炮火掩护之下，攻破匪之主要堡垒十余座，匪以失却凭藉，即节节败退。斯时，我九六师已由狮形山进至高兴圩以西一带，并连破匪堡二十余座，将狮子坳、竹篙山、牛犍嵘一带高地占领。匪以大势已去，且死伤损失甚大，不敢再事顽抗，纷纷向高兴圩以南一带地区逃窜。我第十三师复乘胜追击，遂于当日午刻，将高兴圩确实占领，至此久陷匪手之兴国收复之期，仅指顾间耳。

(三)匪之伤亡及卤获〔略〕

十四、进占小松市之役　二三·九·二——三十

第三、第五、第十各纵队

(一)战前匪我势态

伪各军团自上月驿前之役为我击溃后，其伪三军团四、五两师，则窜踞驿前东南一带，伪五军团之一部，则窜踞刘季尖西南一带，并与伪三军团及其它匪部连合固守小松市，阻挠我军前进。我为急于收复石城，依据以上情况，须夺取小松市，以取匪之屏障，乃于九月二日起，令第三路军之第三、第五、第十各纵队，分由现驻地向小松市推进，并逐段扫灭残匪、构筑碉堡封锁线。

(三)战斗经过

九月二日拂晓，我第三纵队以第十一、第十四、第六十七三师，分由玉坪背、牛田排、大脑嵊附近一带，向田南、田上东南一带之匪攻击，至巳刻，匪以附有迫炮之四、五百人，由油田上西南方面向我反攻，并以一部向我鼓楼峰阵地进犯，均为我击溃。同时，我第五纵队之一部，将盘踞坪背以南之湖坪一带伪十二师之匪一部击溃，继续向姚坊东北之凉伞树下拖树湾、大田一带进展，一部向田上、大墓前及小坑以西攻击，旋即先后占领。九月十三日拂晓，我第五纵队以七十九师之一部，由现地向福林寨、姚坊西北一带匪堡攻击，另以第六师一部，由油田上、大墓前向西山下及虎形山之匪进攻，盘踞该地之伪四师十二团，犹顽强抵抗，经我官兵奋勇冲击，战至午刻，匪不支，向坪坊以南高山溃窜，而温坊东南及阜坊以北狮形山一带高地，并虎形山各匪堡，遂为我完全占领。九月二十五日拂晓，我第十纵队以第四师向盘踞中华山之匪伪三军团之第十三团攻击，以第八十八师向盘踞黄土寨之伪十五团攻击，激战数小时，匪不支，纷向小排岭东南逃窜。午

前八时，我第四师即将中华山及小排岭占领，第八十八师亦将黄土寨占领，匪以连日挫败，惊惶万状，我即乘胜于九月二十六日以第六十七师、第七十九师协同攻击钟子寨，以第六师一部，向木兰方向攻击，一部协同第八十八师攻击黄泥寨。战斗开始，匪乃节节抗拒，午前七时左右，我空军亦加入战斗，炮兵同时猛烈轰击，各该师官兵在炮空掩护下，奋勇进攻，匪以四面受敌，始纷纷溃窜，至是钟子寨之东西两寨及黄泥寨以东一带匪堡，并陈古岭小坑西南高地，遂为我完全占领。匪死伤损失极多。九月二十七日拂晓，我第十纵队复向郭下窝、大排岭、分水坳西南高山一带匪阵地攻击，午前六时四十分，该纵队之第四师，即将郭下窝、大排岭占领。第八十八师亦攻占分水坳西南一带高山，盘踞该两处之伪五师，经击溃后，其残余即纷向小松市逃窜。同时，我第五纵队之第十四师，亦沿陈古岭，将分水坳东南北匪堡攻破，第六师并进至马山腹。至是匪之残部，均麇集于小松市，仍有固守该地区，阻我进展企图，我以匪势已去，即令各部队暂就原阵地筑碉筑路，待机夺取该市。九月三十日辰刻，乃令第六师之第十八旅及第六十七师之一部，并配合炮兵，向小松市进攻，同时又令第六师之侦探队，协同赖月华之义勇队，向匪侧翼袭击，匪以骤受压迫，即仓惶向小松市东南方向逃窜，午前十时许，小松市即为我确实占领，石城屏障既失，则收复之期直指顾间耳。

(三)匪之伤亡及卤获　〔略〕

十五、雄岭下之役　二三·九·十一——二十四

第六路军第九十第九二第九三各师

(一)战前匪我势态

伪二十三师自雄口之役为我击溃后，其残余匪部即窜踞雄口、雄岭下之间一带，构筑强固工事，阻我前进。我于九月十一日，令第六路军分路将该匪歼灭，迅速进展，以完成该线封锁。

(二)战斗经过

九月十一日午前五时，我第六路军以第九十二师附炮兵一连为右翼队，以第九十三师附炮兵二连为左翼队，以第九十师之一部为预备队，分路向雄口、雄岭下间一带匪堡攻击。七时许，我右翼队之九十三师所部，即占领中州以东高地，左翼队之九十二师，亦将中州以西高地占领，同时即协同向雄岭下以北高地攻击匪以我军来势甚盛，遂弃阵逃窜。八时三十分，我乃占领雄岭下以北高地，以地形复杂，未便迅速挺进，即就地筑工防御。至九月二十四日晨，复以第九十二师任右翼队,第九十师任中央队,第九十三师任预备队，向鱼梁口迳(雄岭下以南四里)攻击，进展至午后一时许，该地匪堡二十余座,乃为我占领,匪当损伤甚众云。

(三)匪之伤亡及卤获 〔略〕

四·十——十一月份军事报告书

第一章作战命令及部队调遣

二十三年十月份

(第一) 第三路军向石城进展

(附注) 此节系接上(九)月份(第九)节续叙。

(一)本月三日，据陈总指挥冬酉电，报告向磜头进展。

(1) 本路军驿前以南至小松市附近东西两线碉楼已完成，并已令樊师接替守备。

(2) 明江日，以汤纵队由小松市附近向磜头攻击前进，以霍师推进江东坳附近策应，归汤指挥官指挥。

(附注) 江日汤、孙两师攻占新桥头、磜头及鹅境坳、石榴斧寨一带匪阵地。支日继续占领长乐、坝口及长乐以北高地。

(二)本月六日，据陈总指挥微未电，报告六七两日部署。

(1) 明六日以黄、霍两师归霍师长指挥，向长乐以南李塔石一带高地攻击，周师为预备队，控置长乐附近，汤纵队及傅师在原地筑碉。

(2) 七日，周师由长乐附近经李塔石大道进占石城县城，黄、霍两师控置原阵地策应，汤纵队除以一部守备即成碉楼，并续筑未成碉楼外，主力集结长乐西北地区待命，傅师集结小松市待命。

（附注）鱼日黄、霍两师攻占石城战斗经过，详第三章。

（第二）第六路军向古龙冈进展。

（附注）此节系接上（九）月份（第十一）节续叙。

（一）本月六日，据薛总指挥鱼巳电。

本路军决于明虞日午前九时，向胡家瑕西南之天子嵊最高峰及其东西两侧地区匪阵地攻击，请多派飞机助战。

（附注）鱼日该路军攻占天子嵊、风车坳、分水坳、莲花山各匪阵地，俘获甚多，其战斗经过，详第三章。

（二）本月九日，据薛总指挥佳辰电。

（1）伪八军团之匪，自天子嵊一带溃败后，现退踞古龙冈一带地区。

（2）分水坳、天子嵊一带碉线，已于齐晚完成。

（3）淮明灰日攻略古龙冈，请饬空军协助。

（附注）灰日第四军攻占古龙冈。

（第三）第八纵队向兴国进展。

（附注）此节系接上（九）月份（第十二）节续叙。

（一）本月六日，据周指挥官支戌电。

蓝天圩附近碉线，上月寝日完成，高兴圩附近碉线，微日可完成，拟令由上十八师派队守备。

（二）本月七日，据周指挥官鱼申电。

鱼晨以谢、郭、万三师为第一线，萧、夏两师为预备队，由高兴圩南端攻击前进，巳刻先后占领殷富、城隍之线。

（附注）此役战斗经过，详第三章。

（三）本月十一日，据周指挥官灰戌电。

本辰以郭师在城隍原阵地待命出击，以万师在中央为主攻，以夏师为左翼，向樟树潭、狗子脑攻击前进，以萧、谢两师集结两翼后，为预备队。

(附注）此役万师攻占樟树潭、狗子脑及刘屋崃、石富各高地，郭、夏两师同时攻占鄢屋、吴口、洋冈之线,各战斗经过,详第三章。

(四)本月十三日，据周指挥官文酉电。

本日拂晓，以郭、万、萧三师为第一线，谢、夏两师为预备队，向文陂攻击前进，巳刻第一线部队完全占领文陂及其东西两侧河江背、罗屋背之线。

(附注）此役战斗经过，详第三章。

(五)本月十五日，据周指挥官寒戌电。

本辰以郭、万、萧三师为第一线，夏师一旅位置于文陂河东岸之塘石策应我左侧安全，其余及谢师为预备队，向兴国城攻击前进，于上午九时三十分，确实占领兴国城。

(附注）此役战斗经过详第三章。

(第四)沙溪、古龙冈间及上固、罗家圩间各封锁线守备部队之交换。

(一)本月七日，给孙、刘、薛三总指挥阳午电如下：

奉委座江申电开：李汉章师到赣后，孙连仲部抽兵两团，同李师接税警总团及部纵队之防，税警总团及部纵队交防后，即南移接龙冈至雄岭下之防,何日可调动完毕,盼复，等因。查李师之一旅，鱼日由南昌向永丰开拔，其余一旅，随到随开，即希遵照调动具报。

(附注)第七十四师李汉章部到赣后,归入第二十六路军序列。

(二)本月九日，据孙总指挥佳未电。

本路为维持建制指挥便利计，已令二十七师真日派队接守乐安招携(含)间碉线，其原驻之四四旅接受马鞍石以南防务，其余接替税警总团及部纵队防务，一俟七四师到达后，再派队前往接替。

（三）本月十九日，据孙总指挥巧酉电。

奉令着七十四师等部，提前于敬日前将部纵队防务接替完毕。遵饬七四师已到永丰部队，于皓日起开拔，前往接替部纵队防务，其余续到续开。

（四）本月二十日，据孙总指挥皓亥电。

（1）三十师抽调一营，巧日起接马鞍石至鸳鸯岭（含）间防务。

（2）四四旅亦自巧日起，接鸳鸯岭上固（含）至下固间防务。

（3）七四师在永丰部队，自部日起，开拔接替下固（含）至罗家圩间防务。

（4）统限敬日前一律接替完毕。

（五）本月二十四日，给刘、薛两总指挥敬亥电。

（1）惠支队龙冈、风车坳间之守备，着改以税警总团接替。

（2）惠支队换出后，着接替唐师风车坳、黄塘间守备。

（3）部纵队肃清富家菜附近股匪后，着构筑麾坪、风车坳段公路，并准备继续接替惠支队向前担任之守备。

（六）本月二十七日，据孙总指挥宥未电。

（1）三十师八九旅一七八团第一、二两营（欠两连），于马日将马鞍石、鸳鸯岭间防务接替完毕。

（2）七四师将下固至罗家圩西五里印霞江沿江间防务，有日接替完毕。

（七）本月二十七日，给刘、薛两总指挥感未电。

（1）水南东南富家菜附近之匪，候另筹派队肃清。部纵队交防后，着兼程前往雄岭下、风车坳间接替惠支队一部，与风车坳、古龙冈、黄塘间唐师全部之防。

（2）惠支队唐师交防后，着与欧、韩、梁等师一并迅即集结龙冈附近候命。

（八）本月二十八日，据刘代总指挥俭未电。

奉令以部、温两部担任上固、龙冈、雄岭下、古龙冈、黄塘间守备，税警总团上固以北防务，艳日可交待完毕。部纵队防务本日可交待完毕。已令部纵队交防后，兼程开往古龙冈一带防务矣。

(第五)令第八师派队接替南城防务。

本月十七日，给第八师陶师长、九七师孔师长筱戌电。

着第八师派兵一团(欠一营)，于养日前到达南城接替九七师董团所担任之南城防务，董团交防后，即开广昌附近待命。

(第六)第三路军进取宁都。

(一)本月二十一日，据陈总指挥箇申代电，呈送攻击秀岭隘、马迹隘匪阵地计划表。

(甲)匪情 (略)

(乙)军队区分，右翼队指挥官刘绍先，指挥第四三、第九四两师(附宋炮营)，左翼队指挥官樊崧甫，指挥第六、第七九两师(附周炮营)，第十四、第六七两师(附孙炮营李炮连)为预备队。

(丙)方针，本路军以进取宁都之目的，拟先击灭秀岭隘、马迹隘当面之匪，以一部向鸡公脑、秀岭隘、马迹隘之线匪堡佯攻，以主力经下西、上西向胡岭咀攻击匪之侧背，一举截击匪之归路而歼灭之。

(丁)开进及准备。

(1) 二十日，宋炮营开头陂，到达后，各以一连附属邹、李两师，广昌至头陂之电话专线，于本日架设完毕。

(2) 二十二日，第五纵队率孙炮营李炮连开头陂，并派员侦察秀岭隘、马迹隘一带之匪阵地，调制要图呈阅。周炮营移驻新安，即归樊纵队指挥。总指挥部通信排，开设十门总机通信所于鹭鹚。第二患者输送队，以一部位置于新安，大部仍在驿前附近转送伤兵。

(3) 二十三日总指挥部进驻头陂。

十四师开进至头陂附近。第六师开进于新安上下堡间地区。七十九师开进于下坪、白水间地区。孙炮营本日以秀岭隘、马迹隘一带匪堡为主要目标，以彭村西南匪堡为次要目标，完成射击诸准备。

(戊)二十四日开始攻击，其部署如下：

(1) 右翼队自拂晓起，以秀岭隘、马迹隘为目标，向匪堡攻略，奏功后，如情况许可，则乘胜进占胡岭咀。

(2) 左翼队(附周炮营)于本日拂晓前，就攻击准备位置，以主力由岩子岭附近于拂晓经下西、油榨下进出于上西以南地区，务求能截断马迹隘、秀岭隘匪之归路，如情况许可，则一举进占胡岭咀。

(3) 预备队十四师位置于头陂附近，六七师位置于陈坊附近。

(4) 左翼队应准备设通信所于下西，并架设下西至上鹭鹚之电话线。

(5) 伤官兵之后送及补给地点，右翼队为头陂，左翼队为新安。

(6) 陆空步炮协同应注意事项，如另纸。〔略〕

(附注)敬日邹、李两师攻占秀岭隘、马迹隘、胡岭咀、池布各匪阵地，周、樊两师攻占上西以南各地区，战斗经过详第三章。

(二)本月二十五日，据陈总指挥有未电。

邹、李两师昨辰攻占秀岭隘、马迹隘一带匪堡后，即晚李师进至池布、邹师进至胡岭咀。本日周师进至招江以南，樊师进至株树铺以南，傅师进占石上，邹、李、霍三师仍续筑池布经胡岭咀、秀岭隘、马迹隘至头陂碉楼，明宥日，周师推进至牛角脑以南，樊师进至湖花桥，余均照旧。感日樊崧甫指挥周、傅、樊三师，以周师及樊师主力至大路口策应，傅师附樊师一部，袭取宁都，俟占领宁都后，再回筑宁都至池布碉楼及新安、头陂、宁都公路。

(三)本月二十七日，据陈总指挥宥酉电。

（1）我第六师一部，已于本申刻进占宁都，残匪闻风逃窜，樊、傅两师明晨进驻宁都城。

（2）本路军决迅速完成头陂、宁都、古龙冈间碉线，已令各部加紧赶筑，预期宁都、头陂间于月底完成，宁都、古龙冈间，于下月鱼日完成。

（附注）攻占宁都战斗经过详第三章。

（第七）令第六路集中龙冈、第八纵队集中泰和。

（一）本月二十四日，给各总指挥周指挥官有己电。

奉委座漾辰电节开：伪一、三、五军团窜扰南路军，以伪一军团任右翼，伪三军团任中路，伪五军团任左翼，马日攻我韩坊，马午新田之廖团被围古陂，与匪接战甚烈。由会昌经高排、大坑至龙布一带，有匪万余，安远西北十里亦发现股匪，该匪此次南犯，是否主力，或先以一部渡河，虽难断定，而第二纵线及遂汾横线关系重要，除已令罗霖师先行南移，接替储潭、良富防线及令李生达部即日开拔外，应由西路速派队守护上述两线，及集结十五、十六两师于郴州，再看情形东移、五十三师应速设法抽集于遂川以南为要，等因。希知照。

（二）本月二十五日，奉行营有巳电。

查匪徒此次南犯，系全力他窜，抑仍折回老巢，或在赣南另图挣扎，刻下尚难断定。惟歼匪于第一线以东地区，已不可能自应歼匪于第二纵线及万、遂、汾横线中间地区之目的，另外机动之部署，经详商拟定。

（1）先电云樵迅就上述纵横两线加强工事，严密布防。

（2）令李云杰集结遂川援助罗霖，巩固赣州以北江防。

（3）周纵队抽调十六个团集结太和，薛路抽集十二个团集结龙冈。

（4）匪如他窜，即以薛、周会两李进剿，如回窜，即以周纵队会罗、李由赣州东进，薛路仍服原来任务。

（5）东路及辞修应加速向长汀、宁都分进。

（三）本月二十五日，奉委座敬己电手令：

无论匪情如何，应规定部署如下：

（1）李云杰部，限五日内接兴国之防，周纵队主力抽出十五团以上兵力，先行集中高兴圩与泰和之间。

（2）薛纵队应即抽出十二团至十五团兵力，限五日内集中于雄岭下与永丰之间，而令永丰与龙冈一带守备部队，推进于龙冈与古龙冈之间，如恐时间不及，则薛部可一面集中，一面酌留少数部队于古龙冈与龙冈之间，以待接防。等因。

（四）本月二十五日，给薛总指挥、周指挥官有己电。

委座敬己电手令谅达。周纵队无庸候李部接防，奉电后，即抽出十六个团，集结兴泰之间候命，薛路应先集结十二团兵力于雄岭下龙冈之间候命。

（五）本月二十七日，给薛总指挥感己电。

奉委座宥亥电开：薛路应准备十六团速在龙冈集结待命，抽调何部，希与伯灵商酌办理具报，等因。

该路除韩、欧、梁、唐四师外，加入惠支队全部,兄意如何，希决定遵办具报。

（六）本月三十一日，奉委座世亥电节开：

周纵队限江日以前先行集中遂川、大汾线上，薛路即速分由现地出发，经龙冈、吉安、安福、莲花、茶陵、安仁、耒阳、常宁向永州附近集中，限下月敬日以前完全到达，所遗防地，着派队星夜填驻，等因。

（附注）薛、周两部入湘后，即归西路指挥该两部，以后追剿情形，本书不叙。

（第八）规定兴国至泰和守备部队。

本月三十一日，给第九八师夏师长、二十八师王师长、独四六旅鲍旅长世戌电。

奉委座卅辰电开：兹着第二八、第九八两师及独立第四六旅，均归九八师夏师长楚中指挥，担任兴国、泰和沿线守备任务，等因。希遵照。

二十三年十一月份

(第一)泰宁、建宁、广昌间封锁线守备部队之交换。

本月三日，给二十路张总指挥、第四六师戴师长、第八师陶师长江午电如下：

第七五师着尽量节约黎川附近及黎泰黎建间之守备部队，抽出两团以上兵力，推进泰宁、建宁间(不含)接替四六师之守备，限鱼日以前接替完毕。四六师交防后，着开建宁、广昌(不含)间接替第八师全部之守备，师部驻建宁，限庚日以前接替完毕。第八师交防后，着集结广昌附近待命。

(第二)南城城防及藤桥岳口守备部队之交换。

本月三日，给二十路军张总指挥及第八师陶师长江午电如下：

第八师四六团第三营(附五、六两连)，在南城所担任之城防及藤桥岳口守备任务，着由第七六师派兵接替，限鱼日以前接替完毕。第八师四六团第三营(附五、六两连)交防后，即开广昌归还该师建制，限蒸日以前到达。

(第三)新丰市、白舍、广昌及广昌、头陂、秀岭隘各封锁线守备部队之交换。

(一)本月一日，给二十六路孙总指挥东已电如下：

该路军着抽出第二十七师全部以一旅于佳日前接替二十四师新丰市、甘坊、白舍至广昌(不含)之守备，另以一旅于尤日前接替第十一师广昌、头陂至秀岭隘之守备，师部驻广昌。

(附注)十一师交防后，集结头陂，二十四师交防后，集结广昌待命。

(二)本月六日，据孙总指挥微亥电称：

第二十七师拟分三纵队虞日次第出发。七九旅为第一纵队，至广昌即接替十一师广、头、秀间防务，八十旅为第二纵队，至新丰即接替二十四师新、甘、白、广间防务，师部及直属部队(欠炮补两团)为第三纵队至广昌担任城防，其余补充团，任乐望间碉防，炮兵团任乐安城防。

(第四)望仙、招携间及山谢、乐安间马鞍石、鸳鸯岭间各封锁线守备部队之交换。

本月七日，据孙总指挥麻申电称：

第二十七师所遗新望仙、招携间防务，由三十师抽队接替，山谢至乐安东关间防务，由三十一师延伸接替，三十师之马鞍石、鸳鸯岭间防务，由四四旅抽队接替，并令于鱼日以前接替完毕。

(第五)令第一五二旅抽调一团开赴永丰待命。

本月一日，给刘代总指挥、第五一师范师长及一五二旅陈旅长东戌电如下：

第一五二旅，着尽量节约抚州、金溪一带守备部队，抽出兵力一团，经崇仁、公陂、戴坊到永丰，归还五一师建制待命，限文日以前到达。

(附注)该旅将抚州至金溪(均不含)守备任务交地方团队接守，抽去第三零四团开赴永丰，到达后，即转开水南，担任清剿潭福罗线以北等处残匪。

(第六)令第一百十八旅归第三路军指挥。

(一)本月十四日，奉委座寒午电开：

刘月亭旅，着即开驻南城，归陈总指挥指挥，等因。

(二)本月十六日，据陈总指挥删戌电。

刘月亭旅俟到达南城后，拟令开来宁都，担任筑路。

(第七)各部队推进筑碉部署及进展情形。

(一)本月一日，奉委座艳午电节开：

北路军除进剿部队外，所有守备各部队，应尽力推进筑碉，以便于与前线部队切取连络。

(二)本月一日，据陈总指挥世戌电称：

兴国至宁都碉线，改以第六、第七九、第四三、第九七等四师，由宁都向西延伸赶筑，限文日完成。

(三)本月一日，给九八师夏师长东戌电如下：

第三路军刘、樊两纵队，现由宁都向西筑碉前进，拟于文日前构成宁都、古龙冈至兴国封锁线，该师着由兴国向古龙冈对向筑碉前进，关于碉堡线之选择及任务之分配，应受陈总指挥之指挥，又筑碉时，可在道路两旁选择要点，交错构筑，不必如以往之稠密也。

(四)本月三日，据陈总指挥冬已电称：

宁古线碉楼，鱼日可完成，由九四师派队暂行守备，兴古线碉楼，已令第六、第四三、第九七等三师构筑，古龙冈江背洞(含)段，文日可完成，第九八师构筑兴国、江背洞(不含)段，佳日可完成。

(五)本月四日，给陈总指挥支辰电如下：

汤纵队(除孙师担任白水、驿前、石城外)着即到宁都，担任构筑宁都至瑞金间碉路，罗纵队附第八师交防后，着构筑新安至宁都公路，樊、刘两纵队，宁都、江背洞间封锁线构成后，交由九八师守备，着即收复雩都，构筑兴国雩都间碉路。

(六)本月九日，据陈总指挥庚酉电称：

本路军各部最近位置行动如下：

(1) 李师守备宁都、古龙冈间碉楼。

(2) 邹师微日进至寨头坳、钟田一带，虞日开始构筑古龙冈、钟田线碉楼，佳日可完成。

(3) 樊纵队阳日推进至营前、樟木山、大坑一带地区，开始构筑钟田，江背洞间碉楼，文日可完成。

(4) 汤纵队(欠孙师)阳日到达新圩、固口一带，本日开始构筑石城、新圩、固口、琴坑间碉楼，真日可完成。

(5) 孔师构筑宁都、赖坊、琴坑间碉楼，灰日可完成。

(6) 二十四师汤团，江日接替十一师广昌城防,孙师接替汤、王两师白水、石城间守备，十一师守备茗坑、头陂、秀岭隘间碉楼，霍师守备秀岭隘、石下互大路口之线碉楼，傅师仍担任宁都城及其附近碉楼守备，卢旅已令真日集中头陂附近，准备筑路。

(七)本月九日，据陈总指挥庚辰电称：

兴古线完成后，先以邹师附属樊纵队，由兴国向雩都筑碉前进。

(八)本月十二日，据陈总指挥轸酉电称：

本日构筑碉路部署。

(1) 邹师元日由古龙冈、良田推进江背洞附近，寒日到达兴国附近，删日起，构筑兴国、赉口、社富(不含)间碉楼，限智日完成。

(2) 孔师元日进至长胜圩，构筑长胜圩(含)、赖坊间碉楼,铣日完成，宁长间由孔师暂派队守备，赖坊、固口(均不含)间，由宁都保安团守备。

(3) 陶峙岳、黄子咸两师交防后，开驻新安头陂、胡岭咀一带，构筑新安、胡岭咀(含)间公路。

(4) 卢丰年旅到头陂后，即移驻招江、大路背等处，构筑胡岭咀、大路背(含)段公路，统限迳日完成。

(九)本月十二日，据陈总指挥侵戌电称：

本路军樊、汤两纵队(欠孙师),向雩都、瑞金筑碉前进,其部署如下：

(1) 樊纵队铣日由兴国附近至社富及其以南地区，筱日进占黄冈及其以南地区，巧日以有力一部，收复雩都城,即构筑社、雩间碉楼及雩都城防工事，限感日完成。

(2) 汤纵队(欠孙师)着于寒日由固口、新圩迳至长胜圩、葛藤坳之线，删日开始构筑长胜圩、大柏地段碉楼，完成后，即向瑞金筑碉，与东路李纵队衔接，限敬日完成。

（十）本月十六日，据陈总指挥删戌电称：

宁都至石城及古龙冈至兴国两碉楼线，均限于寒日前完成，宁都、赖坊间暂由孔师派队守备，赖坊、固口（均不含）间及赖坊、长胜圩间，由宁都保卫团守备，固口、石城间，由孙师派队守备，古龙冈、兴国间，由夏师守备，均限于寒日前接替完毕。

（十一）本月十七日，据陈总指挥谏午电略称：

为各部队运输便利计，拟以第八、第二十四、第九七等三师及卢旅并十八军之一部，尽先构筑新安、头陂、石上段公路，邹师暂仍协同樊纵队构筑兴、雩线碉楼，俟该段公路完成后，再以第八、第二十四两师及十八军之一部，肃清宁古线以北地区散匪，以第四三、第九七两师续筑石上、宁都段公路。

（十二）本月十八日，据陈总指挥铣酉电称：

（1）邹师附樊师一部，删日进占社富圩，即开始构筑兴、社间碉楼。

（2）樊纵队周师铣日至社富，筱日一部构筑社富、黄冈间碉楼，主力黄冈、石灰桥，巧日主力五龙圩沿线筑碉，樊师铣日主力稠村、遮山，一部五龙圩，筱日主力五龙圩，一部仓前，巧日雩都附近沿线筑碉。

（3）汤纵队汤师，删日到达九栋瑕、严坑一带，铣日开始筑碉，王师删日长胜圩附近，铣日向大柏地推进筑碉。

（十三）本月十八日，据樊指挥官筱酉电称：

本纵队七九师二三五旅（附补充团），筱已由五龙圩前进，沿途节节击破残匪，申刻收复雩都城。

（十四）本月二十日，据汤指挥官皓午电称：

第四师构筑长胜圩至郭亭坳间碉楼，已于皓日完成，第八九师构筑郭亭坳至大柏地间碉楼，哿日可完成。除由该两师各留一团担任守备外，第四师主力哿日推进大柏地至灵觉山间筑碉，八九师主力马日推进灵觉山至瑞金筑碉，均限敬日前完成。

（十五）本月二十九日，据陈总指挥宥酉电称：

（1）宁都至瑞金碉线及兴国至雩都碉线，均于有日先后完成。

（2）宁都（不含）经赖坊固口（不含）至长胜圩，由宁都保卫团守备，长胜圩以南至瑞金（不含），由汤纵队派队守备。兴国至社富圩，夏师派一团守备，社富圩以南至雩都，樊纵队派队守备，雩都附近碉楼，拟推广区域，东者至黄金潭、大阴洋、田土障之线，由周师构筑，西南至土障、高塘、盂口之线，由樊师构筑，均于宥日开始。

（第八）本路军改定任务及指挥系统。

本月九日，奉委座齐戌电开：

兹改定西北两路任务境界及指挥系统如下：

（1）西路总部移驻衡阳，注重追剿。

（2）北路总部移驻吉安，注重清剿。

（3）西北两路，改以湘赣省界为界线，但现在鄂、赣境内之西路第三纵队及所属各部，仍归西路指挥，其区域仍旧。

（4）西路第一、二两纵队之部队，其在赣境者，如第十八、第五十、第七七各师，均改归北路指挥。以上四项，希遵办具报，并饬所属遵照，但未交防前，照旧负责，等因。

（附注）本部于马日遵令移驻吉安。

（第九）本路军战斗序列，奉令取销。

本月二十二日，奉委座皓已电开：

现在赣南残匪西窜，原有匪区散匪无几，亟应另定部署，分别追堵清剿，期早肃清。除已任命何健为剿匪军追剿总司令，率领在湘各部队暨薛、周两部及各省担任追剿之部队，分别追堵，以期聚歼该匪于湘、漓两水以东地区外，其赣、湘尚未收复之各县，统限于十一月底以前一律收复，并完成碉线。所有从前赣、粤、闽、湘、鄂五省剿匪东南西北各路军暨预备军等战斗序列，着即于十一月三十日取销，自十二月一日起，另行划区绥靖，限期肃清残匪，完成公路、组织地方、训练民众，处理匪区善后事宜，除呈请国府明令暨另订定绥靖区域及指挥系统图表令行知照外，特电遵照。

（附注）本部于十一月三十日，遵令结束所有未完工作，交由驻赣绥靖公署继续办理。

第二章　逐月匪情

自贯桥、驿前诸役后，匪军最后挣扎已告失败，知赣南无可立足，除以一部兵力迟滞我东北两路军前进外，其余各伪军团主力，自十月初旬起，接踵西窜，沿赣、粤省界，窜越南路军封锁线入湘，似有循萧克故道，西趋黔、蜀企图。赣南伪苏区各县，遂先后收复，多年不见天日之匪区民众，始庆来苏。惟出没收复各县乡间之散匪，如独立团游击队等，此窜彼伏，为数犹多，尚有待于绥靖之力耳。兹将十、十一两月匪情分述于后：

十月份，伪一、三军团，自叠经痛击后，于十月微日退出石城，在坪山、固原、长胜圩、黄石贯一带地区，略事整顿，即继续西窜，由曲阳南经雩都、王母渡、龙布，于养日窜至安远县西北之固陂、安息一带，与我南路军接触，受挫折由大唐铺、小河口西北窜新城、小溪池、江青龙、黄龙等处，与兴国、会昌两方窜来之五、九军团会合，并以一部掩护主力由左侧窜扰乌迳、中站及大庾附近地区。宥日后，各伪军团联合自新城、池江、青龙、黄龙等处，北经横江、杨眉寺折而西窜，至世日陷上犹、崇义，续窜湘边汝城一带。伪五军团大部，在本月筱日以前，尚踞头陂西南之胡岭咀、湛田、石上砍、柴冈一带。筱日后，经曲阳、银坑、雩都、王母渡、合兴国方面窜来之一部，渡河西窜至新城、池江一带，与一、三军团合股，另一部于有日陷南康，复北窜塘江墟骚扰。伪八军团原踞兴国以东胡家瑕、古龙冈、樟木山一带地区，寒日复由王母渡附近西渡，与一、三军团会合。伪九军团自河田战后，即西窜，于删日抵会昌县之珠兰铺，号日复续向西窜，分经王母渡、龙布会合各伪军团。赣、浙、皖边之伪七军团寻匪淮州部，本月初，由开化之左溪枫岭一带西窜祁门，佳辰由祁属查湾分窜浮梁属之流口及新桥，被我李五十五师击退，元日又在储田桥受创，北窜浮梁、秋甫间之磻村，桃墅店、黎痕、马郎口、观音阁、养风镇、北坑一带地区，敬日匪主力二、三两师附独立团计三千余人，由桃墅店回窜磻村，经李旅击溃，南窜沧溪、查村，有日复经始源、儒林、流口南窜陈家山、小源，宥日由小源南窜至府前、张家井附近，被俞部浙江保安队击败，一部向小源岭溃退，主力绕张家井东南方，仍向南窜，经内外钱村，于感日抵浮梁县东之大小花桥一带，俭晚续窜至董门、黄沙，至月底止，仍在向赣东老巢南窜中。

十一月份，伪一、三、五、八、九各军团，于上月底，由赣、粤、湘边界西窜湘属汝城后，即以一部续向西窜，经延寿圩、文明司达良田，一部于江日由汝城南窜城口，图犯仁化，经南路军堵击，改犯乐昌、九峰，亦被击退，于八日北窜赤石、司塘村一带、删日我西路王东原师克良田，匪一部由宜章窜临武，一部由清和市、两路口窜嘉禾，巧日犯嘉禾之匪，经川南之新村，向宁远前进，犯临武之匪，续窜蓝山。号晨匪一部围攻宁远，大部屯宁远蓝山间，养日续向道县窜走。至本月有日止，匪主力已窜抵道县江华、永明一带。本月长汀、宁都、瑞金、雩都、会昌相继收复，残余之匪，为伪江西军区所属之地方团队及各独立团，仍出没洽村、苦竹、黄陂、棠阴、金竹、南坑一带，及收复各县乡间，图延残喘。伪七军团寻匪淮州部主力，本月份窜匿赣边德兴、乐平一带，避我搜剿，其潜伏秋甫县属之挺进师，支日窜吴村、吴家山，鱼日窜西原，灰日由黎痕向姚家埠窜去，哿日在德兴以南之黄柏塘发现，被我王旅击溃南窜。赣东北伪十一军方匪志敏部，人约二千，枪半数，于巧皓两日，由姜李村经石人殿、九郎庙、叶家桥、苏村、必姆山东犯玉山，经我击溃后折回，复于翌日进窥常山，在球川、草萍附近，被我击破，仍向原地退窜。

综上匪情，伪一、三、五、八、九军团，弃老巢西窜，似有经黔入蜀企图。至赣南方面，则多年匪窟，一朝收复，五次围剿，可云告一段落。此后军事工作，只在绥靖地方与清剿散匪矣。

第三章　剿匪战斗经过

一、松山圩及其附近之役　二三·十

第八纵队

匪伪第一、二两师及伪第十三师等，自高兴圩之役为我军击溃后，其残部即退踞高兴圩西北端之竹篙山及其西南殷富，并沿河松山圩一带村落，构筑工事，企图抵抗。时我第八纵队之第五师，已进至竹篙山东南一带，第九十八师已渡过高兴圩河东，正协同第十三师向老圩、殷富之线推进。十月一日，并已全部到达，即向沿河及松山圩一带匪堡施行攻击。

(二)战斗经过

十月一日午前十时许，我第五师竹篙山东南一带阵地前，即有匪大部猛烈来攻，该师官兵以久经战斗，即沉着接战，勇猛迎击，始则反复冲锋，继则互相肉搏，历一小时之久，匪未得逞，毙伤擒获匪部甚多。与我抗拒之伪第一、二两师，已狼狈不堪矣。同日，我第十三师已进至老圩、殷富之线，而我第九十八师，复由高兴圩渡过河东，协同该师攻击该线东端山岗踞匪，并构筑碉堡，乃盘踞该地区一带伪十三师之匪，始犹顽抗，继见我军勇猛，始纷纷退去，该线及其以西沿河一带村落，均为我先后占领。我第十三师复乘胜向松山圩及其以东一带高地匪堡攻击，匪乃节节抵抗，战约一小时之久，匪卒不支，狼狈向文陂方向逃窜，本日午前松山圩及其以东一带高地，遂为我军完全占领矣。

(三)匪之伤亡及卤获　〔略〕

二、石榴花寨及其附近之役　二三·十·三

第十纵队

（一）战前匪我势态

伪三军团之四、五、六各师及伪五军团之一部，自小松市之役被我击溃后，其大部仍窜踞小松市以南约十里之石榴花寨、鹅头坳、聂岗、磜脑等处，暨其东南一带高地，企图顽抗，作最后挣扎。我为迅速收复石城计，乃于十月三日，令第十纵队所属第四、第八八两师，分向各该匪阵地攻击前进。

（二）战斗经过

十月三日拂晓，我第十纵队之第四、第八八两师，由小松市分向南方约十里丈夫岭、升平寨、石榴花寨、鹅头坳、磜脑、聂岗一带之匪攻击，我第四师一举而将磜头、磜下排附近一带匪阵地占领，并击毙、俘获五、六两师匪部甚多，我第八十八师亦于当日午前九时至十一时，先后将新桥头西端高地，小松市南端高地及石榴花寨、月光寨、聂岗等处攻占，毙获伪第四、第六两师匪部颇多，残余匪众，均纷向石城溃窜。

（三）匪之伤亡及卤获　（略）

三、克复石城之役　二三·十·四——六

第四第八十八第十一第十四各师

（一）战前匪我势态

伪三军团全部及伪五军团之一部，自石榴花寨、鹅头坳一带之役为我击溃后，即纷纷向石城方向逃窜。我为迅速克复石城县城计，即乘匪部溃败气馁之余，积极进攻，乃于十月四日，令第十纵队之第四、第八十八两师，由石榴花寨、鹅头坳一带各向其南方之坝口、泥沙垅暨长乐西北之流水寨、炎寨一带攻击进展，并于十月六日，令第五纵队之第十一、第十四两师，并第六师之侦察队，由长乐一带迳取石城。

（二）战斗经过

十月四日午前十时左右，我第十纵队之第四师，由石榴花寨附近一带向石城东北约十里之坝口、泥沙垅一带进攻，踞于该地之匪未及抵抗，我即将该处一带匪阵地占领，同时我第八十八师亦由鹅头坳一带进至长乐附近，匪以我来势甚猛，不敢抗战，纷纷奔溃，我遂将长乐及其西北之流水寨、炎寨一带匪阵地占领，一部进至李塔石附近。时适阴雨，各该师遂就地停止筑工。十月六日，我第五纵队之第十一、第十四两师，亦由刘季尖附近一带进抵长乐附近，遂即向该处附近之匪攻击，战约三小时，于午前十时左右，即将李塔石一带高地占领。踞该地之伪十五师全部为我击溃后，乃向石城西南逃窜。我第十一、第十四师之各一部及第六师侦察队，复跟踪追击，至正午十二时，而久沦匪手之石城，遂为我克复矣。

(三)匪之伤亡及卤获〔略〕

四、城隍之役二三·十·六

第八纵队

(一)战前匪我势态

伪一、二两师及伪十三师，自殷富之役遭我重大攻击后，乃复窜踞殷富、城隍之线附近，犹思逞其狡谋，乘隙反攻。我已逆料匪部有此企图，乃令第八纵队之第五、第十三、第九六、九八、九九等师，于十月六日晨，向殷富城隍之线攻击前进。

(二)战斗经过

十月六日晨，我第八纵队以第五、第十三、第九十九等师为第一线，以第九十六、第九十八等师为预备队，由高兴圩南端向殷富、城隍之线攻击前进，激战至巳刻，先后将该线占领，旋我第九十九师进至城隍正构筑工事间，伪第二师即乘我阵地尚未固定之际，蜂涌而至，猛烈反攻，激战数小时，卒因我步炮火力之压迫，与飞机轰炸之威胁，诡谋未逞，不支而退。是日，我进剿各师即在殷富、城隍之线停止前进，构筑碉堡。

（三）匪之伤亡及卤获〔略〕

五、天子嵊一带之役　二三·十·七

第六路军

（一）战前匪我势态

伪第二十一、第二十三两师，自上月经我节节击败后，大部仍退踞天子嵊、风平坳、分水坳、莲花山一带高地，企图顽抗。时我第六路军正向该线攻击前进。十月七日，该路军之第五十九、第九十、第九十二、九十三等师，已先后到达该线附近一带，并决定即于是日向匪阵地攻略。

（二）战斗经过

十月七日辰刻，我第六路军之第五十九、第九十、第九十二、第九十三各师，分向天子嵊、风平坳、分水坳、莲花山一带高地伪第二十一、第二十三两师匪阵地猛烈攻击，步炮协同动作，战斗至为激烈，同时飞机亦赶到力战，我乃发挥步炮空连系效力，将匪一股击溃，至正午十二时，天子嵊、风平坳、分水坳、莲花山一带匪阵地，遂为我完全占领，残匪均分向青塘山、古龙冈方向逃窜。

（三）匪之伤亡及卤获〔略〕

六、克复兴国之役　二三·十·十——十四

第八纵队

（一）战前匪我势态

伪十三师自殷富、城隍等役为我击溃后，即窜踞樟树潭、狗子脑、文陂一带与前在老营盘、蓝天圩等役为我击溃之伪三十四师匪部连系，企图拒我前进。我为积极收复兴国计，乃于十月十日起，令第八纵队向兴国县城攻击前进。

（二）战斗经过

十月十日辰刻，我第八纵队以第十三师为中央队，以第九十六师为左翼队，以第九十八、九十九两师为预备队，向樟树潭、狗子脑一带伪十三师匪阵地攻击，我第十三师官兵奋勇异常，加以步炮协同效力，一举而将匪之各高地占领，旋复延伸至刘屋岽、石富一带。午前十时许，我第九十八、九十九两师、亦占领鄢屋、吴口、洋冈之线，匪死伤损失甚重，残余均纷向文陂方向逃窜。十月十三日拂晓，复令第十三师、第九十六、第九十九任第一线，第五师、第九十六师为预备队，向文陂攻击前进。时我第十三师九十八师均在河东岸，而第十三师推进尤为迅速，当面之匪，略遭攻击，即行溃败，向东北方向逃窜。适我空军赶到轰炸，第九十六师复跟踪追击，匪乃狼狈四窜，约至巳刻，我第一线部队已将文陂及其东西两侧河江背、罗屋背之线完全占领。十月十四日辰刻，我第八纵队仍以第十三、第九十六、九十九等师任第一线，以第九十八师之一旅，位置文陂河东岸之塘石，为左侧卫。其余及第五师为预备队。部署已定，即利用炮空掩护，向兴国县城攻击前进。我第十三及九十六两师官兵奋勇一举而将兴国城北七里之佛子山高地匪堡三十余座占领，匪以增援不及，均纷向兴国城内败退。我第十三、九十六两师复跟踪追击，同时我左翼部队利用超越截击，匪以退路受我威胁，即弃城向兴国城之东南方向及河南岸溃窜。至午前九时三十分左右，我第十三师、第九十六、九十九两师遂将久沦匪手之兴国县城确实克复矣。

（三）匪之伤亡及卤获〔略〕

七、克复宁都之役　二三·十·二十四——二十六

第三路军第六、十四、四三、六七、七九等师

（一）战前匪我势态

伪一、三、五、九各军团，自驿前、小松市、石城诸役为我击败后，已溃不及军，伪一、三军团一部，则窜踞长胜圩，一部则窜向宁都方面，而胡岭咀、秀岭隘、阻窦隘等处及通宁都大道暨其左右侧，则为各伪独立团游击队等杂匪盘踞，企图顽抗，阻我前进。我为积极收复宁都计，乃于十月二十四日，令第三路军第六、第七十九两师为左翼队，经上下西向胡岭咀攻击，第四十三、第九

十四两师为右翼队，向秀岭隘、阻窦隘攻击，第十四、第六十七两师为预备队，位置于锡坊、头陂、汉里一带，以资策应，同时并令各该部乘机略取宁都。

（二）战斗经过

十月二十四日拂晓，我第三路军以第四十三、第九十四两师，由头陂附近一带，向秀岭隘、马迹隘一带匪堡攻击，约至巳刻，即将该地各匪堡占领，正午十二时左右，该两师之先头部队，已越过胡岭咀，及至申刻，该处附近之池布匪阵地，亦为我占领，残匪节节溃败，纷向宁都县城方向退窜。时我第六、第七十九两师，已经上下西到达该处，正当匪之侧背，匪以受我威胁，慄惶万状，我即乘胜进展至上西以南地区，惟以前进地形复杂，山路崎岖，乃即停止，构筑碉路，迄十月二十六日，我第六、第六十七、第七十九各师，仍继续向宁都城进展，匪以溃败之余，毫无斗志，至午后四时左右，我第六师之一部，即将宁都县城确实占领矣。

（三）匪之伤亡及卤获〔略〕

八、克复雩都之役二三·十二·十七

第七十九师

伪各军团，自为我军围剿击溃，全部西窜，故雩都仅有少数残匪盘踞，我第三路军收复宁都后，即令第七十九师向雩都攻击前进，匪以力量薄弱，未敢抵抗，十一月十七日午后四时左右，我第七十九师之二三五旅及补充团，即将雩都克复，久经匪化之区，至此始重现青天白日。

〔国民党政府军事机关档案〕

〔编者注〕原件标题为“赣粤闽湘鄂剿匪军北路总司令部剿匪军事报告书”。文中各节标题选用时未改动。

二、东 路

1. 国民党东路军蒋鼎文部与红军在闽赣境内战斗详报

（1934年2—11月）

一、二月份报告

匪三、五、七等军团日前犯我沙溪县，卢师部不备，以致失守。系延平陈师长明仁东参电。大干匪向高滩窜去，元坑、漠布仍为匪据。又宥日探报，青州至泯县沿河一带，集匪万余，高桥附近到匪二千余，枪约千五百支，机枪三挺，窜往青州、乾山（下芹西南四十余里）到匪四、五百。系延平刘军长和鼎感巳电。综合最近匪情，伪三、七军团确仍盘踞沙尤一带，余均窜回建、泰、宁附近。又延平刘和鼎军长东电。大干、元坑、漠布经游击已无匪踪，将乐有匪数百，泰宁有匪四、五千。又据俭日探报，伪三、五、七等军团，分抗沙尤、青州附近，有匪数千，构筑工事。高桥、郑坊各有匪千余，枪六、七百支，机枪五挺，有日窜沙县。又夏花有匪，枪四、五百。延平刘军长和鼎艳未电。

据讯报伪三、七军团仍潜伏渔溪湾、高沙铺及沙属四都之间。又据汤旅长世巳电，大干昨有匪二百余，乘虚窜入。本晨已调往游击部队，折向大干转移高沙，仍为匪据。又世日探报，朱地之匪，已窜沙县。延平刘和鼎军长东巳电。据俘匪供：伪七军团十九师在我正面，伪三军主力在高沙，又一部向七都窜，俟我军前进即袭击。延平刘军长和鼎东未电。

据江日探报：渔沙溪有匪五、六百，机枪三挺。陈家楼赤匪已窜高沙、三都一带，据由匪中逃出人民云，闻匪现以少数匪部，扼守要隘，大部将陆续退窜将归方面。刘军长和鼎支未电。

据俘匪供称，伪三军团第六师十七团，江夜复窜涌溪塘，其十六、十八两团，在伪七军团之后，自经我击溃后，即暂分向荣溪湾、马埠窜。又三军团之四、五两师，现仍盘踞于上述地区及沙县附近。冷欣歌巳电。

俭由黄坑窜侠坪距（邵城四十里）赤匪千余，匪为伪独立师。方贞、萧家坊距（禾坪十里）附近山中，有匪四、五百，杜潭（黄坑、麻湾之间）俭由崇墅窜到匪千余，本晨和须有匪三、四百，与我驻该处廿师之一营接触。又围尤赤匪约二千余，悉于宥夜窜集沙属之三都。青洲附近有匪约二、三千，枪全，机枪十五挺。系刘指挥官和鼎世巳电。

沙县城内外有匪二、三千，渔溪湾、露沙一带，有匪数千，沙属七都匪约四千余，枪半数。又卅六师陈营长报告，尤溪赤匪，昨早与卢师激战三小时，刻已向沙属四都窜（距尤溪六十里）刘和鼎世午电。

捕获匪探傅永谦供称：前由沙县押运粮物窜夏阳之伪三军团第五师，于支晚仍窜回琅口，伪三军团部及彭德怀亦在琅口，伪第四、六两师，仍盘踞渔溪湾、高沙铺一带，并有一部在员当溪附近，有向我左翼移动模样等语。（二）伪七军团似仍在沙县附近。冷欣虞戌电。

据支日探报，沙县城内有伪政治部主任王家墙及匪五百余，分守各城门。高砂铺附近山上，有匪七、八百，机枪六、七挺，渔溪湾仅有匪百余。据由匪区逃出难民云，高砂、渔溪湾只有匪千余。刘和鼎微未电。

岚谷有枪匪八、九百，上海有匪千余，枪七百余，黄土澄、浒默源一带，有匪二千余，枪半数，出没无常。刘和鼎阳已电。

据周师长冬亥电，赤匪伪独立师，约千余，世晚犯模口，经朱营击溃，退踞距模口十余里之上下坪，又向龙湖、永漈溃窜。刘和鼎江亥电。

据张有谷艳电，本日派机赴沙县侦炸，沙县已为匪占，南门附近房屋焚毁甚多，沙县至沙溪口一带，搭有浮桥四、五处等语。

连日所得各方报告，大致相同，沙县失守，已无疑义。南昌委座世亥行战一电。

据虞日探报，沙县之匪，系伪三军团之第五师，伪师长为李金祥，匪约七、八百，枪约六百支。伪四师已于冬日窜将乐，伪六师在沙县西劄富口一带，伪师长为谢明华，匪约八、九百，枪六、七百支。高砂铺有匪四、五百，有向渔溪湾增加模样。七都匪仅二、三百，行踪飘忽。又伪军旗上白下青两色方形。伪师旗为上白下青两色方形。伪团旗为左上方至右下方对角线，上白下青，两三角合成方形。伪营旗为上红下绿两色方形。为识别旗与团旗同较小，分单双日，将上青下白颠倒使用。刘和鼎庚午电。

据本日伪七军团十九师五十五团携械投诚匪兵赵春华供，伪五五、五七两团，于前日午前四时，由沙县复窜向高砂铺、渔溪湾一带，前盘踞该地区之伪三军团，于昨日窜回沙县附近，并闻有向七都东窜。冷欣寒酉电。

闽西方面，伪三、七两军团，现尚在沙县附近，伪三军团第四师，俭日在樟村东之崖前被我击退，向九坊逃窜，以后行动不明，有窜伏黄家隘以南地区说。南昌行营第一厅灰酉行战二电。

真日探报，沙县城内外，有匪千余，山炮四门（卢师所失），系伪三军团第五师，西门及小水门外，各架浮桥一座。琅口有匪二百余，机枪二挺。高砂铺、渔溪湾一带，有匪千余。当匪围城时，其攻击暗号，系纸鸢下悬一红色灯笼，退却时，即悬一黑色灯笼。刘和鼎贾巳电。

铣日探报，沙城有匪六、七百，元、寒两日，陆续向归化窜。渔溪湾有匪四、五百，潜伏附近山上。夏茂有土赤三、四百。刘和鼎巧巳电。

据佟旅虞午电称：犁密窜至沙七都之匪，三百余人，仍在七都盘踞。本日匪数十人，于七都附近山上构筑工事，对于交通断绝。卢兴邦虞酉电。

据卢师长号辰电:(一)沙城有匪之三、四百，高砂、渔溪湾一带之匪，系伪七军团，约二千余，伪三军团窜夏茂、富口一带。

(二)铣日明溪到匪七、八百，机枪十二挺，富口匪之修械机件亦运往明溪，似有西窜模样。

(三)沙属七都现有匪三百余，巧夜向我罗崖岭阵地扰乱，经击退。又据皓日探报，高砂、七都一带，有匪千余，潜伏附近山上，枪约七百，手机枪五挺，子弹颇足。渔溪湾有匪四百余，机枪三挺。刘和鼎马酉电。

(四)闽西方面，伪三、七两军团，大部尚在沙县附近之渔溪湾、高砂铺及夏茂，伪七军团近有向黎川方面回窜说，尚待证。南昌行营第一厅箓酉行战一电。

(一)据孙师长马酉电称：前次犯沙之匪，系伪五、七军团，于上月梗日到沙县，有日经夏茂、将乐、万安窜泰宁，四六师亦拟窜去。彭匪德怀预定随伪四师走将乐，匪军无几。漠源距将乐南卅里，有匪千余，于巧日在将乐城内开会，抽去壮丁七十余人。沙县之匪，于本月灰真、文元四日内，共窜去六千名，分二路，经将乐向建宁者二千余人，向归化者三千余人，将乐至顺昌沿途，人民逃避一空。汤恩伯梗未电。

(二)据冷师长欣养申电称：沙城附近仅有匪数百人，朱墩、大洋、小洋、冲厚、渔溪湾等处，有匪数千人。卢师何旅及教导团在尤溪，漈头、罗崖岭之匪，广前一带高地，尚有散匪与我抵抗，匪之大部，仍在渔溪湾一带高地潜伏。汤恩伯梗未电。

职师本日到达顺昌待命，据伪三军团五师携械投诚之伪排长李炳南供称：下将乐只有残匪数百，沙县匪大部，经夏茂、将乐、万安窜泰宁。孙元良号酉电。

(1) 据伪三军团五师投诚排长李炳南报称：此次据沙县者，为五、七军团伪五师，于上月梗日到沙县，宥日经夏茂、将乐、万安窜泰宁，伪四六师亦拟窜去，彭匪预定随伪四师走。该伪排长系上月俭日经过将乐城内，匪军无几等语。

（2）据探报，漠源圩（距将乐南卅里）有匪二百余，匪于巧日在将乐城内开会，抽去壮丁七十余人。沙县之匪于本月灰、真、文、元四天，计窜去六千名，分二路，经将乐向建宁二千余，向归化（明溪）者三千余。在沙县俘五二师士兵四、五百，带往归化。

（3）据本日由将乐逃出难民报称：将乐城内匪赤卫队三百余名，由将乐至顺昌沿途人民逃避一空，给养困难。匪军服装为蓝灰色，内杂便衣甚多。孙元良马酉电。

闽西方面伪三军团，大部号日尚在夏茂及富口，有经将乐窜至泰宁模样。伪七军团大部号日尚在高砂铺及渔溪湾，其一部经康都窜至店前圩。南昌行营第一厅敬酉行战电。

据报，距城村廿里大主村，有匪四、五百，枪半数。澄浒有伪独立团，企图不明。又汤旅长文辰电，将乐有匪数百，时有小股出没三涧渡。刘和鼎敬酉电。

综合情报，占据沙县之伪七军团主力，养漾等日，分向将乐、将溪逃窜。数日我四师进占高砂铺、马铺时，尚有匪千余人顽抗。有辰沙城之匪数百，向明溪窜去。有午，我第四师攻城，只有匪之掩护部队百余人，稍抵抗，即退去。夏茂、高砂之匪，有伪游击队，伪第三军团窜向不明。汤恩伯宥申参电。

据罗旅长沁午电报称：（一）闻杉口附近尚有散匪，已派一连前往搜剿。

（二）据胡坊探报，有日经明溪匪八百余人，系由沙城搬运物品而来，旋向瑞金窜去。

（三）明溪城内仍有匪六百余人。

又据佟旅长感电报称：职有日遣派一部，协同当地义勇队到富口搜剿匪踪等语。查匪踞沙属既久，各地民心附匪者，多组伪赤卫队。卢兴邦感参电。

匪大股经富口、清流方向窜退。龙溪卢兴邦感辰尤参电。

据报，岚谷有伪赤警营、少先队等匪六百余，枪二百 余 支伪县苏区均在该处。刘和鼎先巳电(三月三日到)。

二、三月份

距城村、大主村有匪四、五百，枪半数，澄浒有伪独立团，企图不明。

将乐有匪数百，时有小股出没三涧渡之间。以上两项，系刘和鼎敬酉电告。

据沙县伪七军团主力，养、漾等日，分向将乐、将溪逃窜，我四师进占高砂、马铺时，尚有匪千余人顽抗。有辰，沙城之匪数百，向明溪窜去。有午，我第四师攻城时，只有匪之掩护部队数百余人，稍抵抗即退。夏茂、高砂之匪均为伪游击队，伪三军团窜向不明。以上系汤恩伯宥申电告。

闻杉口附近有散匪。

有日经明溪匪八百余人，系由沙城搬运物品而来，旋向瑞金窜去。

匪大股经富口、清流方向窜退。

明溪城内仍有匪六百余人。以上四项，系卢兴邦感参电告。

岚谷有伪赤警营、少先队等匪六百余，枪二百余支，伪苏区均在该处，与我张旅贺游击部队激战二小时，匪即向大安方向逃窜。是役，毙匪二十余，我伤官一兵二。以上系刘和鼎先巳电告。

富口北博缒之荷山，有匪千余人，又富口一带亦有匪数百人，距沙城十里，有匪之警戒部队。

将乐、澄浒匪情无变化。以上两项系卢兴邦东亥电告。

地尾、夏阳一带，有匪二千余人。

富口、白溪口，尚有伪赤卫队五、六百。

赖坊由连城窜到匪千余人，清流有匪增加数未详。以上三项，系刘和鼎歌午电告。

伪七军团十九师五七团四连鄂匪鲁若发供称：伪七军团十九

师全部计五五、五六、五七三团，昨晚在漠源宿营，本日向漠布前进，行至距漠布西端约八、九里之高地，即与八九师尾之补充团遭遇，现仍盘踞该处一带等语。以上系汤恩伯鱼酉电告。

建宁城墙已拆毁，内伪闽、赣政府匪兵仅千余，子弹每人二、三排，队号未悉。系陈诚阳午电告。

焦坑岭至夏茂之线，已无匪踪。

富口仍有少数匪出没其间。

荷嶓有匪数百人，盘踞附近山中，其排哨在富溪源一带。以上三项系卢头邦虞电告。

将乐北大路口发现土匪三、四百名，并在五福停构筑工事。西北之富溪坑亦到匪五、六十名，均经派队追逐。积善西北有服装整齐之匪千余人，向东窜去。

汉源有伪七军团六、七百人。以上三项，系汤恩伯佳电告。

据汤旅长阳戌电称：第四师本日由元坑赴漠布，有伪七军团十九师全部，约千余尾跟，未刻至蛟溪与我三三一团二营袭击，经孔团长率部增援，将该匪击溃，向先地窜去。刘和鼎佳未电告。

据报，卜荷山附近，仍有匪数百。(2)姑田（连城属）鱼日到匪三、四百，虞日复窜小陶，有向沙安前进模样。又溪何（距下梅五里）有伪独立团及警营。刘和鼎佳酉电告。

崇安、建阳境内，近有伪独立团、赤警营及独立师等，窜扰会定。刘和鼎蒸巳电告。

荷山之匪，齐日窜富口。刘和鼎真辰电告。

据报，小陶之匪，六、七百，齐未进迫距洪田三十里，似有犯永模样。又永安南百余里之宁洋灰到匪千余，企图不明。

又真未电，漠源有匪六、七百，荷山、夏茂两处，均有匪窜到，数目不详。刘和鼎文酉电告。

据我师佟旅佳电称：卜荷山之匪，齐日窜距富口西四十里之宁溪。卢兴邦灰午电告。

闽西、闽北匪军主力为第七军团。

伪十九师仍在漠源、蚊溪一带活动。

据报，归化有匪伪七师七、八百人及伪七军团之一部，光明有匪约千余人，泰宁、建宁间有匪数万等语。以上三项，系汤恩伯灰酉电告。

梓口坊有匪四、五百人，夏阳、坊尾各数百人。

距湖坊前三十里之西洋，到匪六、七百人。

归化城内有匪八、九百人，南门外十五里雪山，有匪五、六百人。

荷山仍有匪数百人盘踞。

富口西之富溪源亦有匪六、七百人。

夏茂文日到匪千余人，并分一小部到延溪及焦坑岭下游。以上六项，系卢兴邦寒辰、寒午、文辰电告。

孙师删日与伪新编第十二军团三十四师之独立营，约二百余，在将乐至泰宁间之光明激战半小时，匪不支，西窜。孙元良删电告。

梓口坊有匪四、五百，夏阳、地尾各数百盘踞。

湖坊前三十里之西洋，到匪六、七百。

归化城有匪八、九百，其西门外之雪山，有匪五、六百盘踞。以上三项，系刘和鼎删未电告。

泰宁尚有伪七军团混合之匪五、六千名，附近山头均构有坚固堡垒。汤恩伯皓午电告。

伪七军团只有十九师之三团困斗，我沙县方面有部队进攻城，故漠源附近之匪南窜，潜伏沿途大山中，企图扰乱。(2)前由将乐退出之伪六一团，似已编入十二军团三十四师，该师现集万安一带。孙元良寒申电告。

伪师共有一〇〇、一〇一、一〇二新编团等四团及直属工警连，约千人，于六日前，由新桥开来，其一〇〇团仍留新桥，泰宁有伪军团部及留守处，匪数不多。孙元良铣戌电告。

查归化城附近高地，有伪三、五军团七师、伪独立团等计五千余人，轻重机枪甚多。卢兴邦巧辰电告。

探报，龙芙本午到匪甚多，闻由夏阳、廉地各方窜来。卢兴邦巧巳电告。

据报，龙湖之匪，于昨夜四时退窜归城。据俘匪供称：在归城附近之匪，为伪军团之十九师及各处游击队，约四千余人，以主力向胡坊集结，铣晚七时到达胡坊等语。卢兴邦筱午电告。

据周师长删电，朱口到匪二连，又由泰宁到匪五、六百，合原有匪千余，万安、泽坊有匪三百余，匪首为毛泽东。二十都、新桥、上下岚仍有匪踞等语。刘和鼎铣巳电告。

近日匪游击队，时至坎市大洋坝采办盐米。

微口匪六百余人，窜攻古田，经华瑞庭民团击退。虞日窜宁洋，经俞永潮击退。该匪部灰日退驻永安、小陶等语。以上二项，系李延年铣亥电告。

泰宁沿途之匪，均节节顽抗，铣日占领万安，筱日占领马岭，巧日占领八里桥，皓日申刻克复泰宁，现大部已向建宁方面逃窜。据俘匪供称：与我抵抗之匪，系伪十二军团三十四师，由将乐退回一团，筱日由新桥增援，该师全部于巧日由外田圩开来，第九军团四十八师两团，本皓日各到，由张村前坂调来之第五军团第十三师之两团，共约七团，人数五千左右。以上系王仲廉皓戌电告。

万岭、白莲有匪二千余，铜铁岭有匪约五、六百，扼要防守。汤恩伯马辰电告。

大洋坝、白沙、南洋一带，匪化甚深，有匪千余，枪半数流窜，有说为伪第八团或警卫师或伪东南作战军者，石铭有东南作战军者，石铭有其警戒部队约百余。

莒溪、新泉、庙前一带有匪共千余，枪七百余支。

莒溪、姑田一带，有伪新编十二军一〇一团约五、六百人，枪半数，均系土民。

永安方面，伪三军团击溃，窜宁化。以上五项，系李玉堂歌戌参谋电告。

宁化匪千余人，经清流，巧夜窜到嵩口坪，番号不明。卢兴邦皓午电告。

俘匪供称：前踞泰宁之匪，为伪十二军团之三十四师及伪军团之十三师及泰宁伪独立师等部，共约五、六千人，皓临溃退时，尚有匪一团赶到增援，未及进入阵地，即被击破。汤恩伯皓午电告。

匪四百余，退经吴源，窜距吴源约五里之赤坑、村下、张原、林少、康村一带。孙元良皓午电告。

自东坑岭至归化，沿途道路被匪破坏。

隔头、白莲有匪二百余，铜岭、铁岭一带有匪五、六百扼守。以上两项，系李默庵号酉电告。

据报，养晚，匪三百余，分攻灌洋、虎冈。养日九旅进剿白砂、大坂之匪，稍抵抗，即分向西北两方面窜，敬日九旅进驻大洋坝。李玉堂敬申电告。

据卢兴邦皓午电，宁化匪千余，巧夜经清流窜嵩口坪，企图不明。刘和鼎马戌电告。

据卢兴邦皓申电，御帘、夏阳之匪，四、五百，清流到匪伪七师千余，嵩口坪有六、七百，嵩溪有匪千余。(2)综合归城附近之匪，约七、八千散匿山上。又李师长默庵号酉电，头岭、白莲有匪二百余，铜铁岭有匪五、六百。刘和鼎养巳电告。

据报，占据邱家排之匪，为伪五军团十三师三十七团，皓日由广昌窜来，伪三军团亦同来，又伪一、三、五、七军团，均已窜到泰宁，礽坊一带山地。(2) 梅口有伪三、五两军团之一部等语。汤恩伯梗申电告。

据梅口、戈口土民称：该处有伪五军团之一部等语。孙元良马戌参电告。

本师在黄家地一带遇匪五、六百，匪不支，溃退，闻该匪系伪七军团之十二师。孙元良巧戌电告。

泰宁西之李家坊，遇匪六、七百，与我游击队激战三小时，现该匪仍在李家坊附近。孙元良养戌电告。

据宁洋县长报称：灰土匪罗炳辉股千余人，佳晨攻陷县城，巷战六小时，值新桥援兵赶到，匪不支，向员当、西溪溃退。陈仪有电告。据卢兴邦巧午电称：龙湖筱午到匪甚众，闻由夏阳、御帘窜来。

归化城附近有匪伪三、五、七军团各一部，及伪独立师匪众五千余，我罗、佟两旅仍在胡坊与匪相持中。以上两项，系刘和鼎效申电告。

周志群电称：夏茂号到匪千余，枪约八成，盘踞附近山中，距郑坊八里之昭杉乡、马晨到匪三百余。刘和鼎养酉电告。

昨与我五二九团激战之匪，为伪五军团之大部及十二军，现仍在邱家排附近。汤恩伯有辰电告。

伪三军团系新由南丰开到，伪军团部在鹅眉山上，伪五七及十二军团在邱家排附近。

现有番号不明之大股匪，由建宁到，一部至鹅眉峰，一部向新桥大道前进。

据第十师在铁岭捉去之连长逃回报称：第七军团主力，由归化到泰宁以西及大田市附近。以上三项，系汤恩伯宥酉电告。

邱家排我八十九师阵地前之伪五军团及十二军，匪似有向西移动模样。

据归化民团报告，伪第一军在宁化东方庙前附近等语，确否待证。以上两项，系汤恩伯感酉电告。

据桂旅长酉辰电，夏茂已无匪踪，夏茂三四十里之罗坊、花坪、罗坊坪一带，有伪七军团残部三百余，枪半数等语。刘和鼎寝酉电告。

据桂旅长俭辰电，郑坊、元坑一带无匪踪，夏茂时有小匪出没。又匪探乔装鸡鸭小贩，混入我方侦察。刘和鼎艳电告。

据探报，开善本日到有伪七军团十九师，匪六七百人。孙元良艳酉电告。

白沙匪向南阳窜去，该处仅有少数土匪盘踞。李玉堂艳申电告。

归化附近有匪两万余，番号不明，现离水南二三处，我军与匪激战中。刘和鼎艳申电告。

龙湖到匪百余，归城北十里之龙坑，有匪四五百，林畲、嵩溪一带有共匪二千余，吉祥岭有匪二三百，归城南四十里之黄沙坑，有匪千余，向我警戒。又匪便衣队数十，在大岭头、归城附近尚有匪三四千，似别有企图。卢兴邦俭午电告。

伪第三军团在狮子山一带，与我八十九师接触后，即退到大田市附近，现仍在该处。第七军团在建、泰间地区，一军团亦到达，但位置不明。孙元良俭申电告。

据报伪五军团全部，在建太间地区，开善本日由戈口开到匪六七百名，番号不明。汤恩伯俭酉电告。

林畲匪约二千人，今晨分千余向归化西之盖洋移动，嵩溪增匪二三百，龙湖匪似向西北窜去，白莲到匪六七百，南口到匪三四千，番号不明。综合在归属附近之匪，约万余。卢兴邦三十电告。

现各地股匪渐近归化，似有围攻之企图。卢兴邦世申电告。

据报白莲、开善之匪，三四千人，陷日窜集将乐附近，光明黄家地各到匪二千余，万安、望源、余坊亦到匪二三千人，似有围攻将乐，并截断我将乐、泰宁之企图。汤恩伯世酉电告。

匪伪三七军团，于俭日在下村、南口附近，与我第十师游击队稍有接触，并闻匪大部已窜光明、万全一带。汤恩伯世亥电告。

三、四月份报告

(一)作战命令

本月间进剿步骤，遵委座迭电之指示，豫定第四纵队占领新泉，肃清新泉附近及其以东地区之匪，第十纵队开始向建宁推进，击破当面之匪。惟匪踪飘忽无常，情况变化靡定。关于各部队作战部署与进展步骤为适时到达，皆以电达要旨命令，俾前方指挥官，得以酌量情况，敏治〔活〕运用。兹将本月间电达作战命令，分举于次：

(一)第四纵队，遵委座上月马(二十一日)电，“第四纵队务迅速占领连城”之指示，于本月东(一日)电令李指挥官如下：

贵纵队四月上旬，须占领旧县、新泉之线，中旬须占领莒溪、明口，下旬须确实占领连城，所有进展地区散匪，务须同时肃清。

微(五)日，该纵队第八十三师进至白沙，与匪相持数日，为期确照预定计划进展。于鱼未(六日下午二时)电令李指挥官如下：

白沙之匪，务须迅速歼灭，以免扩〔旷〕日持久。

白沙收复，各部队因匪情严重，与筑路进展迟滞，未遵限进取新泉。巧酉(十八日下午六时)复电令李指挥如下：

(一)伪一、三、五军团尚滞留广昌以南地区。(二)希迅照原定计划，向新泉、连城进展，至少亦须于本月内占领新泉、旧县，勿得迟误。

(二)第十纵队，该纵队进攻建宁，除奉委座直接电令外，本部于微戌(五日下午八时)陷未(三十日下午二时)转委座电令如下：

A．微戌(五日)电，汤纵队俟完成将乐、泰宁间碉堡线后，再向建宁推进。

B．陷未(三十日)电，第十纵队先后活动兵力十二团，由泰宁向建宁逐步推进，预定五月初旬占领建宁。

(三)第九纵队，佳(九日)起伪七军团围攻永安，本部据报后，于佳(九日)亥急电五十二师固守及八十师驰援。令文如次：

(A)电五十二师：匪犯永安，务须赶储粮弹，竭力固守，已电陈明仁师就近派队驰援，并电恳委座派机助战矣。

(B)电十八师：(一)据报匪数千于佳(九日)晨开始围攻永安，卢师留永部队，就近相机驰援，并须详侦远探，随时与卢师连络，以明情况。

八十师主力文晚到达沙县，奉委座真(十一日)酉行战一电令，已令卢师往归化，卢兴柴旅回援永安，第八十师只派队南进遥作声援，等因。即遵令陈明仁遵照。

军队调遣

闽西方面

第四纵队各部队，已于上月底，集结大小池、大洋坝、坎市、龙崖一带地区(第九师补充团分防樟州及樟龙间护路)。东(一日)本部电令，限该纵队于本月上旬进至旧县、新泉之线，江(三)日又转委座电令，第四纵队方面，务须如期进展，切勿延误。该指挥官即决心于本月五日开始推进，并于江(三日)午电报告部署进展如下：

"微(五日)以八十三师推进旧县、南阳之线，以第三师推进庙前、古田、蛟洋，九师一部推进大池，主力暂留龙崖担任城防。"

微(五)日照预定推进，讵盘踞白沙之伪廿四师等匪，顽强抗战。我八十三师除二四七旅到达新泉外，主力滞阻于白沙南数里之路地区，为应付白沙战况，于是又将已抵新泉之二四七旅，于鱼(六日)午撤回华家亭待命，第三师前进之一旅，亦移至石铭，以便就近策应。虞(七日)向白沙围攻至未，始行占领。时伪一、三军团探报确已南窜。为站稳脚步，得以集结力量，迎头痛击，于是以八十三师集结白沙，第三师仅由大小池间进至大池、郭车间，第九师推进之廿五旅，亦仅进至小池，其余主力，仍暂驻龙崖、坎市及樟龙公路沿途各要点。

十八日奉委座谏(十六日)机赣电：饬迅照预定计划，向新泉、连城前进。至少也要占领新泉。各等因。经先后转电遵办。去后，据李指挥官筱(十七日)午参一电报称：本纵队除留一部(一团)任龙崖城防外，主力预定号(二十日)日左右，开始向新泉、旧县、矶头之线推进等语。

漳龙间护路之九师补充团，于号(二十日)移龙岩，接替龙岩城防。第九师主力及第三师遂于养(二十二日)移动，梗(二十三日)第三师占领新泉，第九师进至庙前、苧园一带地区。有(二十五日)第八十三师由白沙开始移动，宥(二十六日)辰占领旧县、矶头一带，预定各部队分段完成旧县至新泉之封锁线及新泉、龙崖间公路沿途碉堡后，留少数部队担任守备，主力仍撤回筑路。

第四纵队逐渐推进，关于后方守备及右侧背之依托，亟须兼筹并顾，乃策定后方部署，呈奉委座阳(七日)戌行战复电开：所拟部署尚妥，可即照办遵即分别饬遵其要旨如下：

(一)我三十六师主力，仍位置南区：(福建省划分之保安处)应即派一旅进至漳龙线，暂归本部直接指挥。该旅务于四月十日前到达漳州待命，在该旅未到以前，第四纵队应酌留一部兵力暂驻龙崖。

(二)西区保安部队马鸿兴团(即第三团)，应即开驻龙崖，归第四纵队李指挥官指挥，其余第八、第十、第十二等团，应分驻宁洋、漳平、华安三县，务于四月十日前达。

(三)德化、大田、桃源圩方面及同安、长泰方面，均应配置保安部队及三十六师一部之协助，其余各处由宋兼分处长酌量部署之。

福建省政府陈主席以后方民军点编未竣，请留马鸿兴团协助点编及搜剿漳浦散匪，派西区保安分处饶副处长率保安第八、第十、第十二团进驻华安、漳平、宁洋一带，于铣(十六)、筱(十七)两日，由漳州出发，指定第八团主力驻漳平，一营分驻华安，第十团驻漳平，第十二团驻宁洋，各该团均于有(二十五日)以前先后到达指定地点。

第三十六师奉令后，先派一〇八旅之二一五团进驻漳州，并分一部至长泰、南靖，支(四)日到达一营，当令协同本部直属补充第三团接受漳州城防。齐(八)日午，得该师长电称：遵钧令派一〇八旅全部进驻漳、龙间等语。该旅于删(十五)日到达漳州，即令以二一五团于铣(十六)日进驻漳、龙各要点，接替九师补充团护路任务，并以一营驻坎市，归李指挥官指挥，以二一六团驻漳州，协同补充第三团任漳州城防，均于号(二十)日前接收完毕。

闽北方面：

第十纵队，该指挥官东(一日)酉电称：本纵队八十九师任张性地至邱家排守备，八十八师任泰宁城防，第四师暂集泰宁整理。第十师集结将乐等语。至齐(八)日遵委座支(四日)未行战一电，率第四、第八十八师由泰宁向将乐，第十师由将乐向泰宁续筑将、泰间碉堡线，其部署如次：

"第八十九师任张性地至泰宁间碉堡线守备及泰宁城防，第四、第八十八及十师，齐日开始构筑将乐间碉堡。"

五十六师驻高滩之一营，撤回漠布。奉委座佳(九日)戌行战一电令，由第十师于将乐碉堡完成后，派一旅驻高滩，并构筑将、高间碉堡等因。皓(十九日)将泰间碉堡全部完成。该指挥官即遵上项要旨，更定部署如次：

第八十九师仍任张性地至泰宁守备及泰宁城防，第四师任将泰间碉堡守备，第十师派一旅任将乐城防，主力向高滩筑碉，第八十八师为总预备队，控置泰宁。

"第四师(欠廿三团)接收泰宁城防及泰宁至光明碉堡线守备，第八十九师(欠二六七旅)接收将乐城防及将乐至光明(含)将乐至高滩(不含)碉堡线守备，均于梗(二十三)日前交接完毕。第十、第八十八两师及八十九之二六七旅、第四师之廿三团，于敬(二十四)日前集结泰宁完毕。待命推进。"

有(二十五)日起，开始向泰宁向建宁逐步筑碉前进，宥(二十六)日，第十、第八十八师到达梅口、弋口之线，感(二十七)日，第十师主力占挽舟岭南端高地，八十八师占梅口西方一带高地，第二六七旅及二十三团跟进至梅口。俭(二十八)日，十师补充团占挽舟岭，陷日，八十八师主力进至十师先头，占茅店西约五里之元庄及其西南各高地。

第九纵队第五十六师分防两建及延顺一带，本月无更调。其驻高滩汤旅之一部，因感兵力分割，曾撤回漠布，旋以第十师向建宁推进，不能兼顾高滩防务，仍派孔团一营，回驻高滩。

第五十二师分防归化、永安，并以一部驻大田，颇感兵力分散，本部为集结该部力量，于上月艳(二十九)日电饬将驻大田集结永安，并请省府抽派保安部队一团接防大田。佳(九日)辰起匪犯永安，奉委座寒(十四日)戌行战一电令，该师驻归化卢旅回援永安，第八十师只佯作声援等因。该部即撤回永安，抵沙溪洋，永城即告失陷，遂全部集结该处待命。

第八十师，委座上月世(三十一日)酉行战一电令，八十师主力着移驻沙县。又奉敬(二十四日)戌行手令，在匪情未明瞭以前，各部队仍驻守原防各等因。以故迟至真(十一日)，该师长始率主力着(两团又两营)由延平出发，文(十二日)晚到达沙县，准备遵令进援永安。适奉委座真(十一日)酉行战一电令：仅由沙城酌派部队南进，佯作驰援，以牵制攻永匪军等因。该师除留一团守备沙县外，其余一团两营派旅长何文鼎于元午率领南进，铣(十六日)进抵三元，时匪势益炽，永城沦陷。为兼顾延、沙，遵委座皓(十九日)行战一电，将援永部队撤回沙县，号(二十日)到达，即以何旅分驻琅口、沙溪口间，王旅驻沙县、琅口间赶筑碉堡。

新编十一师，遵委座上月有(二十五日)戌行战一电，调将乐间之周团，移驻邵、泰间之大阜冈，于东(一日)到达。

独立十一师遵委座上月有(二十五日)戌行战一电，调将乐间之周团，移驻邵泰间之大阜冈，于东(一日)到达。

独立四十五旅，遵委座真(十一日)戌行战一电，旅七三五团徐万全部，接替浦城浙保安团防务，于筱(十七日)午接替完毕。

赣粤闽湘鄂剿匪军东路军逐日匪情报告。

四月一日

建泰方面：

(一)自上月有(二十五)、宥(二十六)两日，伪一军团第一、二两师，伪三军团第四、五两师，伪五军团第十三师及三十四师，约三万余人，向我新桥(泰宁以北)第四师阵地邱家排之八十九师第五二九团阵地突行猛攻，我官兵奋勇应战，激战一昼两夜，方将其击溃，匪退窜峨嵋峰、大田市一带。此役匪伤亡在一二千以上，干部伤亡尤多。

(二)伪五军团第十五师，三月艳(二十九日)以来，仍盘踞建宁以北闽赣边境之邱家隘、黄家隘、康都一带。

(三)伪第七军团及伪第三军团补充师，原在建宁、泰宁之间，有截断我将乐泰之联络企图。三月艳(二十九日)伪第七军团第十九师窜将乐西南之南口、白莲一带，其大部由水口渡河窜泰宁东南之光明、黄家地、万安、马岑一带。

(四)伪独立第七师，三月三十日以前，仍盘踞归化属之林畲、嵩溪、吉祥岑、罗地一带，有进犯归城企图。

(五)高滩一带有匪之游击队出没。

汀连方面：

(一)连城有张鼎丞统率之土共五百余人。

(二)盘踞上坑东北之白沙匪为伪二十二师大部，已向南阳窜去，一部尚在该处盘踞。

(三)小陶于三月三十一日由宁洋窜来伪清连独立团千余人，枪半数。

福安方面：

福安、霞浦边境有上共数千人，枪四百余支，匪首为马立峰、邓瑞康、任铁、连法成、范铁民等，常窜扰福霞边境一带。

四月二日

建泰方面：

（一）伪一军团全部尚在峨嵋峰及其附近，伪三军团在大田市附近，其一部在大田市附近之高山赶筑工事。匪方粮食极其恐慌，其补充师在将乐泰宁之间。

（二）伪五军团之第十五师，仍盘踞赣闽边境之康都、黄家隘、邱家隘一带。

（三）归化城西冬（二）日午后，有伪独立第七师六百余人，由吉祥岭向我五十二师佟旅樟树垄阵地猛冲，经我击溃，仍向吉祥岭逃窜。

汀连方面：

冬（二）日盘踞白沙之匪，系伪二十二师第六十四团团部及第一营，白沙以北三十里有伪工农师之一团。

四月五日

建泰方面：

（一）伪一、三军团主力尚潜伏峨嵋峰、大田市、溪口一带。

（二）伪五军团主力，仍分布康都、黄家隘及将军殿东北地区，似为牵制我军，并守护伪苏区边境模样。

（三）伪七军团十九师江（三）日尚在泰宁以东光明、万安、黄家地、马岭地区。

（四）李默庵微电，伪三十四师之一部出没于光明附近。

四月六日

建泰方面：

（一）伪三军团补充师鱼晨由光明窜万安。

（二）伪七军团十九师，鱼（六）日由将溪以北地区，退窜南口、白莲一带。

(三)盘踞新桥西南之溪口一带伪一、三军团，鱼日向建宁方面窜去，由溪口至新桥仍有少数散匪，峨嵋峰仍有匪之一部。

汀连方面：

上杭东北之白沙匪系伪二十二师，兵力约三团，在白沙附近高地筑有坚固工事及碉堡，微(五)日至鱼(六)日，与我八十三师陈旅在相持中。

四月八日

建泰方面：

(一)伪七军团十九师，由南口白莲于齐(八日)晨窜抵归化东之梓口坊及崖前三十里之紫云台一带，申刻大部侵入贡川。

(二)伪一三军团主力，于庚(八)日前后，由大田市方面潜窜广昌之千善寺、石咀一带，新桥、溪口一带有伪五军团接防。

(三)北路陈诚庚（八日）电报，据伪五军团第十三师三十七团投诚匪供称：伪第十三、第十四两师均在峨嵋峰附近，第十五师编入伪第七军团云云。

(四)伪三十四师一部千余人，由大田市窜周家山。

汀连方面：

(一)伪十二军部五六百人，鱼(六日)未窜至宁洋，与该县保卫团林维邦部激战，至虞(七日)申城被陷，匪劫掠终日，庚（八日）申分窜香寮、大梧地。

四月九日

建泰方面：

孙元良佳(九日)电，据俘伪三十四师一〇二团司务长供称：该师原为赣匪游击队，去年三月合建宁游击队，成立独立师，九月间扩大伪三十四师，暂归伪五军团指挥。由泰宁退出后，窜往大田、梅口一带。现伪一〇一团在梅口，其余在大田、弋口。

沙永方面：

伪七军团第十九师约二三千人，佳(九)日拂晓围攻永安城甚急，北门外小堡被匪占据。

汀连方面：

李延年佳(九)日电，连城有匪千余名，枪半数，城周围筑有沟垒颇为坚固，各地要隘暗埋竹箭，用以阻我军前进。

四月十日

建泰方面：

(一)伪第七军团第十九师，计第五十五、第五十六、第五十七三团，每团约七百人，附机关枪四挺或五挺，每连有自动步枪一挺，炸弹三四十枚，子弹每枪至多十一二排，另附有工兵，计人数二千余人。鱼(六)日由将属之南口、白莲经崖前，庚(八)日窜入贡川，连夜来犯永城。佳(九日)午攻占北门炮垒之匪，系由宁洋窜来，增加约五六百人，现与我五十二师尚在相持中，归永沙交通为之断绝。

(二)汤恩伯灰(十日)电，据俘匪供称：伪三十四师现在光明、半岭一带。

汀连方面：

李延年灰(十日)电，伪新编第二十四师有机枪四挺，附模范两大队，现踞旧县。伪独立第八团二三百人，前踞大洋坝，现窜旧县。伪独立第九团在连城，有机枪五挺，长汀有警卫团。

四月十一日

汀连方面：

李延年真(十一日)电，据俘匪供：盘踞百沙之匪，系伪二十四师三团，每团九连，机关枪一连，每枪子弹二三十发。

四月十二日

建泰方面：

(一)陈诚文(十二日)电，黄家隘、将军殿等处，有伪五军之一部。

(二)伪三十四师文(十二日)在吴源附近，被我八十八师击溃，毙匪二十余名，俘二名。

（三）汤恩伯文（十二日）电，本申刻构筑碉堡时，突有伪三十四师匪二千余人，由黄家地窜光明袭击，经我掩护队迎头痛击两小时，始将匪击退，毙匪数十名，现仍相持中。开善附近亦到有番号不明之匪二千余人。

四月十三日

建泰方面：

（一）元（十三日）据伪五军团第十三师投诚匪供称：现该伪师在峨嵋、平寮、大田市、溪口一带，拟死守该地，保障建宁。

（二）汤恩伯元（十三日）电，光明、黄家地仍有伪三十四师匪数千人。

（三）刘和鼎元（十三日）电，伪独立第七师三千余人，连日向我归化城之第五十二师佟旅攻击，均经击退。

汀连方面：

刘戡寒（十四日）电，元（十三日）旧县到匪七八千余人，为伪二十师、二十四师及东方作战军，分布旧县以南将军桥以北地区。

四月十四日

建泰方面：

（一）李默庵寒（十四日）电，伪三十四师一〇一团在光明西半里许高山中，一〇三团在光明西里许以南山中，其伪师部及一〇二团在台上山头一带。

（二）顾祝同寒（十四日）电，伪十三师在峨嵋峰、溪口、大田市一带，伪十五师在平寮、将军殿、黄家隘一带，有向西移动说。

（三）孙元良寒（十四日）电，本日探报黄家地及其附近山头已无匪踪，半岭、虎狼山两处尚有杂匪盘踞，约千余人。

（四）卢兴邦寒（十四日）电，伪七军第十九师围永之匪，驻永城东三里之新桥头，其主力亦在附近南门外。唐王庙有匪六七百人，北门外龟山庙有匪四五百人，四郊高地各堡匪数不明。昨（元）

（十三日）夜匪携梯攀城，激战终宵，匪不得逞。

汀连方面：

李延年寒（十四日）电，今酉白沙西端我阵地前方高地，有匪二十四师之一营占领，向我警戒。

四月十七日

建泰方面：

（一）汤恩伯筱（十七日）电，伪三十四师已窜往泰宁、归化间黄潭、将溪、白莲一带，将乐泰宁间经光明之道路附近，残匪已肃清。惟万安、马岭一带尚有独立团及闽中游击队盘踞。

卢兴邦铣（十六日）电，由宁洋窜来永安增加之匪，闻系独立团，约八九百人，枪五六百支。

（二）刘和鼎筱（十七日）电，据探报，夏阳之匪六七百人，已窜归化西北之盖洋，清流之匪四五千，亦窜盖洋，现盖洋集匪六七千名。

四月十八日

建泰方面：

陈明仁巧（十八日）电，永安城于巧（十八日）晨失陷，伪独立第七师由归化窜夏阳方面，我五十二师已由归化移沙溪洋一带，贡川有匪，人数未详，紫云台有匪千余人。

四月十九日

建泰方面：

（一）汤恩伯号（二十日）电，据探报分水隘、溪口一带之匪，皓（十九日）退驻离溪口十里之谢家瑕，坪寮、周家山等处之匪，窜退障官坑边（距大田约十里）。

（二）伪十九师之一部，皓晚由永安窜杉口。我五十二师之一团已返防至三元。

崇安方面：

伪独立师黄立贵部，皓（十九日）由火烧关窜大安，企图不明，伪闽北政治总部黄道亦在该处。伪闽北军事区司令兼伪独立团长李得胜，率匪七百，枪五百，及伪独立营匪四百，枪二百，向赣境窜扰。

四月二十一日

建泰方面：

陈明仁马（二十一日）电，归化东到匪三千，梓口、坊吉口到匪二千余。

汀连方面：

李延年马（二十一日）电，据连城逃出难民称：该地土民自十五岁以上、四十岁以下，均被匪捉去当红军，并迫做工事，自坡头、朋口沿汀州各处，现均在赶筑工事中。

四月二十二日

崇安方面：

养（二十二日）午，闽北伪独立师黄立贵部，人约二千余，枪千余支，由赣境窜崇安西乡一带。

四月二十五日

建泰方面：

（一）汤恩伯有（二十五日）电，据报归化附近有匪大部，白莲有匪千余，其附近小村落时有化装匪探出没，并到处采办给养。铜铁岭仍有匪据守。

（二）孙元良有（二十五日）报称，据俘匪供称：伪三十四师自泰宁退后，复留一营在李家坊附近，余悉退往河北岸，旋窜黄家地、半岭一带。本月皓（十九日）窜归化，马日窜建宁，梗（二十三日）由建宁出发，伪一〇〇团经磨洲岭至李家坊，伪师部及一〇一团、一〇二团，向大田方向前进，现磨洲岭有该伪师独立营，正在构筑碉堡，已完成五六座。又归化城内有该伪师独立团据守，建宁城内有伪五军团部队，人数不详。又据本日派往梅口游击之侦探队报称：匪全部退河西岸，浮桥撤去等语。

四月二十六日

汀连方面：

盘踞旧县之伪第二十四师，宥（二十六日）经我八十三师击溃，当将旧县占领，匪向南阳方面窜去。是役，毙匪营长一、伤亡七百余，俘匪数名，获枪十余支。

四月二十七日

建泰方面：

（一）感（二十七日），我第十师主力，由弋口及八十八师之一部由梅口，向河西岸之伪七军团第十九师及伪三十四师截击，激战后，该匪不支，退踞磨洲岭，经我第十师二十八旅奋勇仰攻，于午后五时许，占领该山南端，一部残匪仍在该山与我相持中。此役毙匪三四百名，俘数十名。

（二）卢兴邦感（二十七日）电：（1）永安匪经大湖向归化窜去，轻装股匪六百余退窜安砂。（2）曹远一带及永安附近各有匪千余。（3）归化附近有匪约二千余。

汀连方面：

李延年感（二十七日）电据报：（1）连城周围匪均筑有防御工事，尤以大小西门东门各处最为坚固，并且挖有地窖，用以躲避飞机。盘踞该处之匪，为伪十二军一〇一团、一〇二团及赤卫队别动队等，合计约三千人，枪千余支。漾辰一〇一团一部，经姑田开往永安，闻系挑运军品。（2）距连城西七十里童坊附近，有伪暂编第一师，师长张鼎丞部。

四月二十九日

建泰方面：

（一）汤恩伯艳（二十九日）电，据土民报称：茅店西方约十里之张家坊一带，到匪颇多，番号数目不详。

（二）据探报：大田市南方约十里之西坑，匪已窜去。据土民云：峨眉山及大田一带之匪，因我已占领挽洲岭（即磨洲岭）恐被包围，亦已窜去等语。确否待证。明陷（三十日）拟将八八师主力，推进至第十师先头占领挽洲岭西方茅店附近。

（三）据投诚伪五军团十五师四十三团匪供称：伪十三师与原驻将军殿一带之伪十五师，均于上月二十九日移驻建宁城附近，刻正构筑碉堡，多置鹿砦，现将军殿、黄家隘等处均无匪踪。

建泰方面：

四月三十日

汤恩伯卅电，我八十八师主力本（卅）日已占领茅店西约五里之元庄，及其西南方高地与匪对峙中，元庄以西道路均被破坏，元庄西各山顶之匪系在做工，朱家凹有匪二三千人。

崇安方面：

张銮基冬（二日）电，大安有伪独立师之匪，约四百人，枪半数，陷窜退吴屯附近。星村时有伪游击队窜扰，崇城附近，时有小股匪扰乱。据报浦境近由赣窜来股匪千余，有攻占浦属龙头之企图。

综合四月份一般匪情提要。

建泰方面：

（一）伪一、三军团及伪五军团第十三师与伪三十四师，自上月有（二十五）宥（二十六）两日，连合凶猛犯我汤纵队之新桥、邱家排阵地，被我击溃后，退窜大田市、峨眉峰一带，伪一、三军团旋于本月八日前后相继向广昌方面窜去。

（二）伪五军团十三师在大田市、峨眉峰、溪口一带，似于十五日前亦窜广昌方面，其十五师在将军殿、黄家隘及闽赣边之康都一带，宥（二十六）日，该伪军主力移窜建宁城一带。

（三）伪七军团十九师，自上月二十九日由水口渡河窜将泰间之光明、万安一带，六日退窜南口、白莲，八日侵入贡川，九日犯我永安城，现一部窜踞杉口。感（二十七）日盘踞泰宁河西岸一带之十九师，在泰宁河西岸，经我汤纵队击溃后，退踞磨洲岭，旋退窜建宁以西之朱家圳一带。

(四)伪三十四师江(三)冬(二)等日，由大田市窜光明、马岭附近，文(十二)日，在吴源被我第八十八师在吴源击溃，寒(十四)日窜匿光明、马岭台上各大山中，删(十五日)窜将溪、白莲、黄潭附近，感(二十七)日在梅口以西河岸，经我汤纵队击溃后，退踞磨洲岭，宥(二十六)日窜建宁东之朱家圳一带。

(五)伪独立第七师，原在清流、归化之林畲嵩溪间，冬(二日)午，由吉祥岭向我归化城之五十二师佟旅樟树垄阵地猛冲，经击溃，在对峙中，铣(十六)日左右，我五十二师佟旅，由归化移沙溪洋一带后，该匪即进踞归城。

汀连方面：

(一)伪二十二师盘踞一带，微(五)日至鱼(六)日与我八十师陈旅对峙中，嗣窜�门岭方面。

(二)伪二十四师上旬由汀洲窜旧县，宥(二十六)日被我八十三师击溃后，向南阳方面逃窜。

(三)暂编第一师主力在童坊附近。

(四)清连独立团盘踞小陶附近。

(五)伪十二军独立团在连城附近，鱼(六)日窜宁洋城，虞(七)日城被陷，庚(八)日退窜香寮。

崇安方面：

闽北独立师，号(二十)日由火烧关窜大安，梗(二十三)日窜崇安西乡一带。

福安方面：

福安与霞浦边境有土共数千人，枪四百余支，匪首马立峰、范铁民，常窜扰福安霞浦边境。

(三)剿匪战斗经过

本月份剿匪战斗，除各部队游击散匪，时有接触不计外，其荦荦大者，有第四纵队白沙之役、旧县之役、第九纵队五十二师永安之役、第十纵队进取建宁诸役。兹分举于下：

白沙之役：白沙之匪系伪第廿、第廿四两师及独立第八团，在白沙与邹坑之间，占领绵亘三四十里之数线阵地。第四纵队八十三师奉令进剿，微午二四九旅即与该匪接触，激战至夕，卒未得手。鱼（六日）辰刘师长率补充团由丰年桥驰援，并令已抵泉之二四七旅，兼程撤至华家亭待命。第三师之一旅，亦进至石铭策应。因匪阵坚固，正面进攻，不易奏功，乃更定部署，以补充团攻匪左翼，以二四九旅之一团控置为预备队，其余固守左翼阵地，俟主力进展时，相机出击，二四七旅由华家亭经邹坑向新坊迂回。鱼（六日）夜，匪退守第二线阵地，乃于虞（七日）辰乘其阵地转移未固之际施行攻击，经数度冲锋，并由左右夹攻，混战数小时，右翼阵地完全我占领，匪始不支，窜向新坊、邹坑，仍图继续挣扎，乃喘息未宁，又被我迂回之二四七旅击破，始全线崩溃，纷向旧县方向退窜，状至狼狈。白沙遂完全我占领。是役，毙伪团长、伪参谋长各一员，以次官兵伤亡极重，并被我俘获数名。我方亦阵亡连长二员，伤连排长数员，伤亡士兵数十人。

旧县之役：伪二十四师周建屏残部及其他杂色匪，共约五千人，四千余枪，并有自动步枪十余支。自白沙惨败后，退踞旧县附近，以主力控置于旧县正面之九曲岭，并于阵前遍布地雷，阻我进剿。有（二十五日）我四纵队八十三师，由白沙轻装出发，以主力经扁岭崃间道抄袭匪之左翼，以全师侦探队，向正面佯攻，另派一小部占领矶头掩护我右侧。未刻到达扁岭崃，该处为上杭最高峰，形势险要，有匪营哨。是日浓雾弥漫，我先头部队迫近匪阵，即以手榴弹猛掷，毙伪营长颜友先一员，匪兵甚众，匪猝不及防，仓卒溃退，我主力乘胜追击，匪无力抗战，全线撤至河右，破坏浮桥，凭河对抗，我即占领旧县左岸。因时已薄暮，且水深流急，不能徒涉、即乘黑夜架设浮桥，翌晨以二四七旅强迫渡河，不顾牺牲，奋勇前进。残部匪节节撤退，退踞稍后高地，仍负隅顽抗，经我几度猛攻，始向南阳方向窜去。我主力完全占领旧县后，令二四七旅跟踪追击，进抵双溪田附近，田埂间伏匪全部跃出，分为数十队，前来冲击，该旅沉着应付，即以纵队姿态，用猛烈火力，向两侧扫射，伤亡遍野，残匪计不得逞，始向岭头窜去，我二四七旅仍跟踪追击，是役，伤亡匪营长以下官兵七百余，俘匪数名，缴获步枪十余支，我亦伤亡官兵百余员名。

永安之役：伪七军团十九师附工兵一部，约二千余人，庚（八）日由将属白莲窜入贡川，同时宁洋方面，亦到匪六七百，企图分途进犯永安。我五十二师主力，已进至归化，守永城者仅数百人，匪于佳（九）日拂晓，开始围攻，一面占领附廓各高地构筑据点工事，一面以匪百余携梯冲至城下，同时遮断沙归尤三面交通。我守城部队率同城内保安团壮丁队等沉着应战，除北门外高山上两营小堡垒被匪占领外，余匪均被击退。匪以攻击未逞，乃转移主力于东南方面挖掘地道，迨至薄暮，其后续部队到达，又复四面围攻，扶梯攀城，激战终宵。我军除于城内开掘断壕及构筑二道防线，以备万一外，灰（十）日拂晓，以便衣队冲出，掳匪二名，获枪三支。午刻宁洋方面之匪五六百，窜踞西门外高山，势益猖炽，于是西门外据点工事，亦被攻破。自是每日黄昏，匪必四面围攻，迄昼仍退踞堡垒中。本部据报后，即令陈明仁兼程驰援，旋奉委座寒（十四日）戌行战一电，已令驻归化之卢兴荣部回援永安，八十师只派队南进，遥作声援等因。陈师何旅遂停止，三元卢兴荣部回援永安，进至岭后，被匪堵截，激战数小时，至黄昏仍在相持中，卒不得进。直至筱（十七）日，匪又续增千余，围攻永安，城垣工事，多被炸药破坏，遂于巧（十八日）辰失陷。

进取建宁诸役：第十纵队遵委座之指示，先抽活动兵力十二团，向建宁逐步进展。即以第十、第八十八两师及八十九师之二六七旅、第四师之廿三团等部队集结泰宁，自日起开始进展，宥（二十六日）占领梅口、弋口之线。当面之匪，为伪七军团十九师及廿四师等匪。感（二十七日）第十师主力由弋口、第八十八师之一部由梅口向该匪截击，激战数小时，始行溃退。我八十八师五二七团遂占领梅口西方一带高地，第十师乘胜追击，匪逐步抗战，逐步退守挽舟岭据堡顽抗。该山形势险峻，经我二十八旅奋勇仰攻，激战至午后五时，始行占领该山南端，残匪仍占踞该山北部，与我对峙。是日毙匪三四百，俘匪数十名。我十师亦伤亡营长以下官兵八九十人，八十八师伤亡官兵二十余人。

俭（二十八日），我主力仍固守原阵地，令十师补充团出击，于午前十时击溃挽舟岭北部残匪，确实占领挽舟岭北部，陷（三十日）第八十八师主力推进至十师先头，逐步攻击前进，至午刻攻占茅店西约五里之元庄及其西南方各高地，仍与匪对峙。

四、五月份报告

（一）作战命令

（A）第十纵队仍遵上（四）月电，续向建宁攻击前进，第八纵队亦遵委座四月寝申行战一电，归入东路序列，协取建宁，为该两纵队协同确实。卫总指挥当规定会攻建宁作战方案，令饬遵照，其要旨如下：

（一）第八纵队应于齐（八）日，续由邱家隘推进至将军殿迤东附近，与第十纵队确取连系，尔后应于汤纵队之前进间，同时向建宁城西北方面协攻匪之侧背。

（二）第十纵队俟与八纵队取得连系后，保持重点于左翼方面，于佳（九）日起向建宁城进攻而占领之，尔后速完成建泰间碉堡公路，待命向宁化推进。

（三）占领建宁后，第八纵队即暂在建宁城西北附近集结待命。

（四）如匪乘第十纵队攻击前进，而在建宁东南及苦竹山方面出而顽抗，致该纵队攻击困难时，则第八纵队应不失时机与之连系，急攻建宁城而占领之。

（B）第九纵队遵委座电令规复永安，于阳（七日）午电达攻击命令，要旨如下：

着八十师派二三九旅全部，协助五十二师主力克复永安，限齐（八日）开始攻击前进，蒸（十）日占领之。

(C)俭（二十八）日据八十师师长陈明仁感（二十七）日辰参战电称：梅烈、三元等处到匪甚多等语。当于俭(二十八)日电令该师须集结力量，迎头痛击，同时电卫总指挥,就近特别注意。

(D)迭奉委座电令，第四纵队须速收复连城等因。遵策定进攻计划，令饬李指挥官遵照。该指挥官即秉承所示要旨,下达命令，其要旨如下：

(一)匪情　(略)

(二)本纵队以肃清闽西残匪之目的，定五月廿九日开始向连城攻击前进，并完成新泉、朋口、莒溪、连城线封锁工事。

(三)除留第三师补充团任新泉矶头线，八十三师补充团任矶头(含)旧县线碉堡守备外，其余各部队于五月二十八日，先行集中下列地区，以利尔后行动。

第九师古田附近

第三师新泉附近

第八三师主力庙前一部新泉

(四)攻击部署与目标：

1．第九师由古田经庙前、儒畲、莒溪，限卅一日占领席湖营附近。

2．第三师由新泉经梁福山,限卅日占领朋口，翌日以一部占领火烧炉，掩护第九师左侧背。

3．第八十三师由庙前经新泉,限廿九日以主力到达梁福山，一部进占上装店，策应第三师。

(五)给养,各师均携带盐米四日份。（完）

世（三十一）日各部队遵令到达预期地点，至下月东(一日)即由第九师一举收复连城。

（二）军队调遣

闽西方面：

第四纵队：上（四）月梗（二十三）、宥（二十六）等日，先后占领新泉、旧县之线，构成新旧间封锁碉堡后，遵委座东（一日）午机牯电，迅速构筑龙新间公路等因。除以第三师（欠一团驻庙前筑路）附八十三师二四九旅任新旧线碉堡守备外，东（一日）九师主力，由庙前撤驻古田，第廿五旅撤至郭车大池间，鱼（六日）第八十三师（欠二四九旅）主力移驻苧园，一团移驻桃坪，均积极构筑公路。有（二十五）日，新龙间碉堡守备及龙岩城防，由第三十六师一〇八旅接收，前任龙崖城防之九师补充团，开古田归还该师建制。俭（二十八日），奉委座感（二十七日）已机赣电，限第四纵队于一星期内克复连城勿误等因。该纵队除留第三、第八十三两师补充团于感（二十七日）接收新旧线碉堡守备外，即于俭（二十八日）以第三师（欠补充团）集结新泉，第八十三师（欠补充团）主力集结庙前，一部新泉，第九师全部集结古田。艳（二十九）日开始出动，第三师主力占领杨屋坊，一部黄石潭，第八十三师主力梁福山，一部上装店，九师庙前。陷（三十日）除第八十三师位置原地筑碉外，第三师到达朋口，第九师主力莒溪，一部夹口。世（三十一日）第三师主力留朋口筑碉，一部推进火烧炉，九师一部莒溪，主力进至席湖营，下（六）月东（一）日即规复连城。

第三十六师，上（四）月奉委座寝（二十六日）申行战一电，预备队之三十六师，应督同保安团队构筑龙崖、漳平、宁洋间碉堡，由保安团及义勇队守备之等因。时三十六师除一〇八旅分驻漳州及龙潭间外，主力尚远在泉州。当于上月俭（二十八）日电令驻福州八十七师派一旅至泉州一带，本部直属第一补充团速开漳州，分别接收宋师所遗防务。宋师交防务后，即全部开集龙崖。鱼（六）日八十七师沈旅达到泉州，以五一七团接防永春、德化、安溪、五一八团接防泉州、惠安、仙游，铣（十六日）本部第一补充团到漳接收漳州防务，宋师即先后由泉州、漳州分途出发来崖，巧（十八日）师部及直属队一〇八旅（欠二一六团）到达龙崖，第一〇六旅到达漳平附近，养(二十二)日第二一六团到达龙崖。本部当下达命令如下：

命令：五月二十一日

兹为第二路军进剿容易，后方输送安全起见，该师应位置龙崖附近及其西北地区，其任务概要如次：

(一)龙崖城防及龙崖、新泉（不含）间之守备，限该师到达迅即接替，并以一部位置坎市，对大洋坝、永定方面警戒。

(二)以一旅任基泰(不含)西浦营、白沙、苏邦、大吉、雁石至龙崖间封锁碉堡及公路之构筑，并对连城、朋口方面警戒。

该师奉命后，以二一一团主力驻溪口，分一营驻白沙，一营驻梅村，二一二团驻雁石，分一营驻大吉，二一五团驻龙崖任城防（分一营驻坎市)，二一六团驻龙新间任碉堡守备，均于有日(二十五）以前部署完毕。

本部直属补充第一、三两团，第一团遵委座上月俭（二十八日）申行战一电，由浔开闽，于散（十七）日到漳，即令接收漳州城防。驻漳补充第三团（奉委座令改称第二团）移驻漳龙公路各要点担任护路。

保安部队：第十、第十二两团，仍分驻漳平、宁洋，第八团令于本月下旬移驻宁漳间之南洋间筑碉。

闽北方面：

第十纵队：第十、第八十八两师，各占领茅店至李家山西南一带地区后，奉委座冬（二日）申行战一电开：第十纵队不必急求进展，须俟八纵队到邱家隘后，再协取建宁等因。该纵队即暂固守原防，一面待第八纵队来到，一面待该纵队后方守备部队推进。佳（九）日奉令继续推进，第八十九师进接泰宁城防及泰宁梅口守备。第四师推进至挽舟岭附近。第八十八师攻占火烧山、象山一带。灰日第十师攻占江家店、武镇岭东方约五里地区。元(十三日)第八十九师移驻泰宁(不含)至挽舟岭碉堡守备(泰宁城防交四十六接替)。第四师进至挽舟岭东南地区。第十师移至江家店西南地区。第八十八师攻占武镇岭。寒(十四日)八十八师派黄旅进占武镇岭北方各高地。删(十五)日第十师攻占双峰西约五里之郭家源、廖家源一带。铣(十六)日八十八师占领建宁。第十师进至建宁城东。第八十九师延接泰宁至茅店。第四师任茅店至建宁碉堡守备。养(二十二)日奉令协同第八纵队构筑建宁至水南间碉堡,留第八十九师任建泰间守备。八十八师任建宁城防。其余第四师于本日到达枫门岭西方十五里之猪古岭。第十师到枫门岭东方十里之龙舌嘴。宥(二十六)日第八十九师将建泰碉堡守备交四十六师延伸接替,集结建宁城以北地区待命。第四、第十两师推进至水南、葵洋间筑碉,至艳(二十九日)建宁、水南间碉堡全部完成,留第四师主力任该线守备,一旅肃清以北地区散匪,其余第十师开回建宁。卅日,第八十九师移草鞋岭、巧洋间,第十师移建宁、草鞋岭间,协同第八纵队完成建南公路。

第八纵队:奉委座寝申行战一电,第八纵队收复广昌后,归入东路序列。又奉冬申行战一电,周纵队须速向邱家隘前进,协同汤纵队收复建宁,各等因。该纵队遵令向建宁前进,鱼(六)日,第五师抵樟村,第九十六、九十八师抵横村,虞(七)日集中邱家隘,庚(八)日占将军殿,删(十五)日占笠宝寨东西地区,铣日占建宁城以北地区。马(二十一)日遵委座筱(十七)日申行战一电,协同第十纵队构筑建宁至水南间碉堡,以谢(五)师位置建宁以北至社院下,萧(九十六)师位置社下至枧头,夏(九十八)师位置枧头以北,分段筑碉、梗(二十三)日完成后,以萧(九十六)、夏(九十八)两师推进至里心,谢(五)师推进至戴家,筑里心至靖安段碉堡,宥(二十六)日,谢师推进靖安,夏师毛坪，萧师夏家山，计靖安、夏家山段碉堡，至艳（二十九）日全线完成，即于三十日开回康都，遵委座庚亥行战一电，建筑南建公路。

第九纵队：上月奉委座寝（二十六）日申行战一电开：第九纵队所属除加八十五师外，余仍旧着八十师主力协同五十二师于五月十日以前规复永安，第八十师于五月五日接泰宁以东守备完毕等因。该指挥官率五十六师之工特两营，于东（一）日进驻沙县，策定该纵队部署如下：

（一）第八十五师接泰宁以东至将乐碉堡守备及将乐城防。

（二）第五十六师汤旅以宋团分驻漠布、高雄，孔团延接顺昌城防，桂旅以丁团开延沙间，接八十师守备，田团主力守延平，一部守洋口、峡阳、王台碉堡。

（三）第八十师除留一团协助五十六师工炮营任沙县守备外，主力协同五十二师主力规复永安。

虞（七）日第八十五师遵令接防完毕，以五〇五、五〇七两团任将泰全线碉堡守备，五〇一团任将乐城防。时第五十二、第八十师出动部队，均经集结完毕，该指挥官当下达规复永安命令如下：

"着八十师派二三九旅全部，协同五十二师主力规复永安，限于齐（八日）午开始推进，蒸（十）日占领之。"

佳（九）日第五十二师占领永安，第八十师二三九旅到达贡川，当以五十二师筑永安、贡川间碉堡，八十师驻贡川、陈家楼间碉堡。有（二十五）日起，伪五、七军团东窜，刘指挥官以情况严重，令二三九旅迂回返沙，俭（二十八）日抵长坑西北之剑洋寨，艳（二十九）日取道湖源，陷（三十）日到达沙县。

赣粤闽湘鄂匪军东路军逐日匪情报告

五月一日

建宁方面：

（一）我汤纵队先头部队已占领建宁东二十里之李家山一带。

据伪三十四师一〇二团俘匪供称：感(二十七)、俭(二十八)等日，在挽舟岭与我抵抗之匪，为伪三十四师全部及伪十九师之两营，建宁附近筑有坚固工事甚多，并在建城附近埋有竹尖及三角钉等障碍物。日前由后方送到建宁新兵数百，但匪军恐惧异常，尤以新兵为甚等语。

(二)据飞机侦察，东(一)、(卅)两日，有匪千余由广昌向建宁移动。

五月二日

建宁方面：

(冬)二日，我八十八师冯旅推进至李家山，与踞冯家山之伪七军团部千余人激战五小时，当将冯家山附近高地占领，毙匪百余名。

五月三日

建宁方面：

(一)江(三)、东(一)、支(四)等日，伪一、三、九军团大股向广昌方面窜建宁。

(二)伪五军团在建宁赶筑工事，准备顽抗，希图阻我前进。

五月五日

建宁方面：

孙元良微(五)日电，横岭下、朱家垇一带，有匪千余及无线电一架，大院口，杜树下亦有匪千余，系四、五日由建宁窜来。

五月七日

宁洋漳平方面：

萧(二)敬(二十四)、虞(七)等日电，香寮之匪已向连城移动。

五月八日

建泰方面：

庚(八)日，我周纵队夏、谢两师占领将军殿，而盘踞该地西南之香炉峰大股匪，除以四五百匪向我将军殿西端进犯被我击退外，其余即向建宁退窜，至午后四时止，尚未退完，该峰山顶山腰各小山头有匪工事，仍有匪把守，据俘匪供称：系第三师由广昌窜建宁附近，昨日窜至此处，伪五、九军团亦在其后。

汀连方面：

李延年庚（八日）电，据探报：(1)连城所属一带，共有匪约二千余人，八九百枪，城内驻有伪独立第九团。(2)张鼎丞为伪福建省主席兼伪福建军区总指挥，所部匪兵在童坊、南岭一带。(3)据投诚及俘匪供称：伪二十四师辖七十、七一、七二三团，约共三四千人枪，现驻通贤、茶树下一带。

五月九日

建宁方面：

(一)孙元良佳（九）日电，盘踞象山之匪，为伪第七军团及伪十二军之一部，被我刺毙及炸伤数十人。

(二)佳（九）日晨，黄立贵股匪之一股，向我光、邵间之沙溪桥袭击，被我击溃。我五十二师三〇八、三一一两团于佳(九)日申收复永城，伪独七师，匪千余分向洪田、安砂方向窜退。

五月十日

建宁方面：

我第十师灰（十）日午前推进至江家店及武镇岭东方约五里附近，击溃盘踞江家店西南一带高地之匪，确实占领，该地之伪三、五、七军团向我十师阵地反攻，现在激战中。

五月十一日

建宁方面：

(一)我十师当面之匪，灰（十日）晚向我十师江家店西南方阵地反攻之匪，激战终夜，经增队被我击溃在阵地前，毙匪八九百名。据俘匪供称：在武镇岭方面者，为伪一军团一、二两师，在正面赴建宁者，为五、七军团，在我十师左翼白石山东北策应者，为伪三军团。

(二)汤恩伯真(十一)日电，据伪一军团第一师投诚排长供称：伪一、三军团由广昌败后，即到建宁途中走三天，目下在你们当面者，系伪一、三、七军团，在将军殿附近者，为伪五军团，彭匪德怀在建宁指挥，伪一师每连仅有士兵三四十名，子弹每枪约六七排，都是土造，连续射击不得超过五发以上，则炸裂等语。

五月十二日

建宁方面：

陈诚删(十五日)电，伪一、三、九军团主力于真(十一)、文(十二)等日，由建宁经甘竹隘向尖峰窜去，似有放弃建宁模样。

汀连方面：

李玉堂文(十二)日电，据投诚匪供称：

二、东路南洋有伪二十四师师部，南岭有伪新泉县政府，汀州有伪军区指挥部，连城有伪第二军区指挥部。

五月十三日

建宁方面：

(一)我八十八师已于元(十三日)午前，将盘踞建宁双峰(距建宁七八里)武镇岭之伪一军团第二师、伪三军团第五师、伪七军团第十九师共五千余人击溃，确实占领武镇岭，匪尸遍地狼藉，计有九百余具，伤千余人，俘二十余人，缴步枪四五十支，其它军用品无算，匪向建宁逃窜。

(二)汤恩伯元(十三)日电，顷据伪七军团投诚匪供称：伪三、七军团在建宁东南地区，伪一、五军团在建宁东北地区，夜入村庄，日匿森林中。建宁北门外五六里通黎川大道，左旁森林内，有匪甚多等语。顷据俘匪供称：本日与我八十八师激战之匪为伪一、七军团，其第三军团仍在白石附近，伪五军团及一、七军团溃败后，散在宁城四周，建宁城四周有坚固工事。

(三)卢兴邦元(十三日)电，明溪附近有匪千余，其一股二百余窜踞湖坊，洪田有匪五六百名，安砂附近有匪千余名。

汀连方面：

李玉堂元（十三日）电，盘踞朋口一带之匪六七百人，系独立第九团，属伪东方军福建军区第一作战分区。

五月十四日

建宁方面：

孙元良寒（十四日）电，本拂晓我黄旅攻占武镇岭北方各高地，距城只八里，建宁已在俯瞰中。毙匪六十余，内三十余系公略步兵学校学员符号，余属伪三军团，伤匪二百余。据俘匪供称：彭匪德怀在建宁，文（十二）日曾到武镇岭看地形。

汀连方面：

伪十二军张鼎丞部五六百人枪，十四日窜陷岐岭、陈东坑一带，现盘踞永定金丰里及岩、永交界，该匪部系由闽西土共改编。

五月十五日

建宁方面：

（一）汤恩伯删（十五日）电，综据伪二师及三十四师投诚匪供称：（1）伪二师所属四五六团全部约二千余人，每人子弹平均六七排，每团有重机枪十挺，弹甚缺。（2）归化方面有邵匪式平所部之伪六军团。（3）伪三十四师有一〇〇、一〇一、一〇二三团，全部约二三千，每营重机枪二挺，每连轻机枪一挺，系由梅口、磨洲岭战败后窜踞建宁附近。（4）匪军实力，以伪三军团人数械弹较多，其他战斗力均微弱等语。

崇安方面：

刘和鼎删（十五日）电：（1）大安原有黄匪之五十八团，刻又增陈天民一团，压迫民众赶办木梯竹筏甚多。（2）下海溪洲有伪崇安独立团，上梅有伪赤卫队营约千余，枪半数。

汀连方面：

伪二十四师一部千余人，删（十五日）晚六时至八时，向石坳下天后宫水东南进，似企图扰我后方。

五月十六日

建宁方面：

（一）孙元良铣（十六日）电，据俘获伪五军团十五师通信排长供称：(1)自元（十三日）武镇岭被我攻下后，匪即开始退走，以伪十五师为后卫，现伪一军团窜建宁西南二十五里之双溪口，三军团在白石山南端，五军团十五师在建南约三十里之黄泥铺，七、九军团在建区约四十里之里心。迄铣（十六）日始行退尽，彭匪德怀在建宁退走时，声言待国军进城后再行包围。

（二）伪五军团原有十三、十四、十五等三师十三、十四师前系孙连仲旧部，十五师系由雩都、兴国、瑞金等处民众组织成立，现在十四师已编散。

（三）此次，与我作战者，三、七军团在我正面，一、九军团及五军团在我左翼。寒（十四）日，见有伤匪五百余，由武镇岭运至黄家铺。食盐虽缺乏，尚不至断绝，其办法由匪合作社工作人员化装商贩，将米运赣，再贩食盐等语。据俘一军团二师看护兵供称：一军团现将十四师编散补充于一、二两师内，故人数较充足。自广昌失利后，即经尖峰、里心窜至建宁，曾一度至挽舟岭附近犯袭我张团阵地，不遂，又连犯窜至建宁北地区，旋与我九十六师接触，损失甚重，运回伤兵仅第二师部有四百余名之多。元（十三日）晚全部向里心窜去，目见七军团大行李亦在后跟进。

汀连方面：

（一）李玉堂铣（十六日）电，综合删（十五），铣（十六）二日探报，伪二十四师附小无线电一架，驻茶树下，其主力在茶树下、黄坑、罗坑一带，伪七十团第三营及政治保卫队、模范营在南岭。

（二）伪独九团八九百步枪，机枪三挺，于铣（十六）日自连城窜移朋口，深福山有其一部，连城近有童坊窜到匪数百，及由永安方面窜来之伪一〇一团及伪教导师盘踞。

五月十七日

建宁方面：

（一）李默庵筱（十七日）电：(1)匪大部向均口逃窜。(2)伪一、三军团之一部窜至兰溪、余家湾一带：

（二）据俘伪三十四师匪兵供称：此次建宁之役，死伤极大，并毙伪团长一名，伪参谋长亦伤等语。

（三）卢兴邦筱（十七日）电：安砂匪大股已窜清流，现残留约四五百。

（四）伪七军团巧（十八日）由均口向宁化、归化窜去。

五月二十一日

汀连方面：

伪八团仍在岐大溪一带。

永安方面：

卢兴邦马（二十一日）电，明溪为伪独立第七师约千人，昨分一部四百余窜至岭后一带，与我便衣队接触。同时有匪百余，由梓口坊窜星桥，我便衣队即撤至大湖附近，向冲村方面活动。

汀连方面：

伪一〇一团约五六百人枪马，戌由小陶窜陷郭地。

五月二十四日

建宁方面：

汤恩伯敬（二十四日）电，据伪十九师五十七团投诚匪供称：(1) 在江家店、武镇岭、双峰与我抵抗之匪为伪一、三、七军团，彭匪德怀亲在指挥，并在建宁开会，决定采取避实击虚战法，伺隙袭扰我后方。(2)三、七军团现窜集石城属唐坊构筑堡垒，五军团窜宁化，伤匪三千余，由唐坊向瑞金输送中。(3)九军团原拟绕出建宁，扰乱我后方，后因变更计划，窜黄泥铺一带，赶筑工事中云。

汀连方面：

李玉堂敬（二十四）日电，伪二十四师刻仍在南岭、茶树下一带，一〇一团由永安方面窜南阳，约千人枪，连城有匪二千余，朋口有伪第独九团。

五月二十四日

汀连方面：

三十六师二一五团刘英有（二十五）日报告，查盘踞歧岭之匪，系伪独立第八团，人约三百，枪二百余支，声言占领金丰赤化南靖云。

五月二十六日

建宁方面：

（一）汤恩伯宥（二十六日）电，据俘匪文书供称：伪第一、第五军团，现向石城、广昌方面窜去，伪七军团巧（十日），由均口向宁化、归化窜去，九军团在双溪口东南约二十里地区，三日前双溪口尚有少数匪盘踞，本日该处并有匪游击队出没。又据民团敬（二十四日）午报称：闻匪大部仍盘踞均口及其附近等语。

（二）卢兴邦宥（二十六日）电：（1）归化境匪势增加，连日派探均不能出入。（2）胡坊有匪数百，岭后有匪约千人，并有伪团部。（3）冲村、洋梅头有匪数百，中山约二百余。（4）踞安沙附近之匪数百，本日经我游击队痛击，俘伪连长一，匪十余，重伤伪政治委员一名。

沙县方面：

陈明仁宥（二十六日）电：（1）三元匪约二百。于宥（二十六日）十一时，经我二三九旅击退，窜河西岸，现河西岸有匪约三团。（2）我四七九团李营，于本日午前五时到达梅烈，匪当时掩护强渡，当将渡船击沉。嗣后，因匪绕道向李营背击，愈战愈多，不得已除荆东留一连守备碉堡外，余均撤回杉口集结应变。（3）据俘匪供称：匪为伪十九师全部。（4）宥（二十六）日黄昏，梅烈东西两岸由归化方面窜到匪千余，并在附近架有浮桥，同时紫云台亦到匪甚多，确数不详。

五月二十七日

建宁方面：

孙元良感（二十七日）电：（1）据俘伪十九师匪供称：武镇岭之役，该师死伤三百余人，现每连仅四十余人，枪二十余支，自动步枪一支，前来攻永安时每枪子弹五排，攻陷永安后，补充至二十六排。此次在建宁后，每枪子弹仍有五排，其余已缴。匪之作战以机枪为主，步枪专用冲锋。通常步枪在四五百公尺概不射击。（2）搜获匪探文件，伪闽赣省府及党会在伪彭湃县（安远司）、宁化、归化、清流划归闽赣，现匪方力唱加紧赤化工作，创立新根据地，图扰乱闽中。

沙县方面：

（一）宥（二十六日）伪十九师已在三元一带渡河，其先头部队感刻在三元以南地区，与我八十师二三九旅之一连激战后，一部向槐树移动。

（二）贡川西十余里之中村，感刻发现枪匪数百。据俘匪供称：此匪系由建宁窜来，窜梅烈附近之匪，系伪第五军团。

五月二十八日

沙永方面：

（一）卢兴邦俭（二十八日）电：（1）安砂感（二十七日）晚增匪千余，共有二千余，岭后增匪数百，共有二千余，瑶田昨日到匪数百，均甚整齐，番号不明。（2）据由小陶逃来难民云，小陶有匪数百，并有续到之说。

（二）刘和鼎勘（二十八日）电，梅烈方面之伪五军团等匪，昨晚以一部向尤溪方面；一部向三元方面移窜。我杉口方面陈平裘旅被隔断，因给养缺乏，已令相机向尤溪方面转移兵力。查四窜沙永一带之匪，为数似觉不少，窥其发展闽中新根据地之荒谬口号，或系因我广昌、建宁方面压迫甚紧，故而东窜。

(三)陈明仁俭（二十八日）电，伪五军团驻梅烈、碧溪一带，伪七军团除十九师驻梅烈外，余当集结紫云台、岩前等处。

汀连方面：

肖（二）、敬（二十四）、沁（二十七）日报告：伪独立第八团及一〇一团等，人约千余，枪约八百余，自动枪数支，寒（十四）日窜陈东坑继窜歧岭、大溪一带。

五月二十九日

沙永方面：

(一)刘和鼎艳（二十九日）电：(1) 伪七军团二十师约两营在洋溪。(2) 伪七军团匪千余，由三元、梅烈经草洋（三元东三十里）窜集湖源（距草洋五十里此路通大田尤溪）。

(二)卢兴邦艳（二十九日）电：(1) 瑶田之匪俭（二十八日）晚窜贡川之火烧桥。(2) 梅烈一带之匪确有窜尤溪模样。

汀连方面：

我第九师于陷（三十日）进展至莒溪时，在莒溪南约五里高地，遇伪二十四师全部，与我顽抗激战三小时，该匪纷向席湖营及东方溃窜，俘匪数十人。同日，我第三师进展朋口、南洋城一带，遇伪独立第九团，激战二小时，匪向西北溃窜。

五月三十日

汀连方面：

艳（三十日）窜香寮之匪，本日窜向洪田，现香寮约有两营匪众，洪田之匪为伪独九团及一〇一团。

沙永方面：

刘和鼎（卅）日电：(1) 综合近日各方情报，此次犯梅烈、三元之匪，确系伪七军团全部及伪五军团，匪约五千余。(2) 艳（二十九日）探报，该匪于俭（二十八日）晚窜集草洋附近山上，枪均系比造及三八式，子弹每匪兵约五六排，并有无线电一架，有窜尤溪企图。(3) 尤溪俭（二十八日）戌电话：大岭（距尤四十里）发

现匪数十　新桥（距尤七十里）管前一带亦有匪发现。

五月三十一日

沙永方面：

（一）卫立煌东（一日）电，伪五、七军团大股匪约四五千人，卅世（三十一日）等日窜大田、尤溪，永安毗境一、三保附近，一部约二三千人，在官前附近贡川东西一带，陆续到匪千人以上，归化城增匪数千。

（二）陈明化东（一日）电，梅烈附近由归化窜到匪数百，官庄之匪世（三十一）日亦窜该处附近洋子口，本晨到七八百，声称犯沙。

（三）卢兴邦东（一日）电，胡坊一带之匪，约二三千，窜杉口、小松洋一带，洪田之匪千余，昨晚经林田窜西洋。

汀连方面：

（一）世（三十一日），我第九师进占席湖营之际，昨日惨败之伪二十四师，仍踞夹口以北诸高地，与碉堡逐步抵抗，经我九师二十六旅迂回抄击，血战四小时，遂将各该处次第占领，匪向连城方向溃窜。此役毙匪数十名，获枪数支。

（二）匪方在汀州，于五月间勒派壮丁五千名充军役，五月底交二千七百名，七月底交二千三百名，各县均照样派遣，大埔上设立战斗员训练所。

综合五月份一般匪情提要

建宁方面：

（一）伪第一、第三军团江（三）、冬（二）、支（四）等日，由广昌方面陆续经新安里心窜建宁东北地区，希图准备顽抗，阻我前进，保障其伪苏区根据地。灰（十）日连合盘踞该方面之伪第七军团，在茅店西之江家店附近，与我第十师激战一昼夜，经我官兵奋勇将其击溃。此役毙匪八九百名，向建宁方向逃窜。元（十三日）午前，我八十八师又将其盘踞建宁东七八里之双峰、武镇岭一带之伪第一军团第二师、伪三军团第五师、伪七军团第十九师击溃之，毙匪九百余名，俘匪二十余名，缴步枪四五十支。即于元晚起，伪第一、第三、第九军团陆续由建宁经甘竹隘向江西之尖峰窜去。

（二）伪五军团原有十三、十四、十五等三师，自在广昌惨败后，伪十四师已编并于伪一、三军团，其伪第十五师灰（十）日犯我第十师江家店阵地，被我击溃后窜武镇岭，该伪师担任后卫，窜建宁南约三十里之黄泥铺。有（二十五日）以来，经归化窜梅烈、碧溪一带，宥（二十六日）曾与我八十师二三九旅之一部接触，感（廿七日）晚向尤溪方面；一部向三元方面移窜，艳（二十九日）经草洋窜湖源，卅、世（三十一日）等日，一股窜大田、尤溪、永安毗境一、三保附近；一股窜官前附近。

（三）伪第七军团十九师冬（二）日，在建宁东二十里之李家山、冯家山被我八十八师击溃，毙匪百余名，灰（十）、元（十三）两日，又在江家店、武镇岭一带先后被我第十师、第八十八师击溃，死伤甚重，向建宁西四十里之里心退窜。巧（十八日）由均口向归化窜去，宥（二十六日）前后，窜三元、崖前、紫云台等处。在三元河东岸一带，曾与我八十师二三九旅之一部接触，俭晚窜集三元以东之草洋、湖源附近，卅、世（三十一日）等日，大部续窜大田、尤溪、永安、毗境一、三保附近，一部官前附近连合伪五军团有扰乱我后方，发展闽中新根据地之谬想。

（四）伪第九军团支（四）日以来，由白水、尖峰向建宁东窜，庚（八）日在将军殿西之香炉峰被我周纵队所驱逐，退向建宁。自武镇岭被我攻占后，元晚起窜建宁西四十里之里心，旋窜黄泥铺一带，赶筑工事。

（五）伪三十四师自在梅口、磨洲岭溃败后，即窜踞建宁附近，尔后似在均口、归化一带流窜中。

（六）伪独立第九师，佳（九）日在永安城经我第五十二师进剿，该匪弃城分向安砂、洪田逃窜，旋窜归化，哿（二十）日有一部约四百余人窜至岭后一带，感日似全部窜集安砂一带，声援伪五、七军团进犯尤沙，防我军之侧击企图。

（七）闽北独立师仍在崇安附近窜集中。

汀连方面：

（一）伪二十四师及伪独立第九团、卅、世（三十一）等日，在莒溪、席湖营、朋口一带，先后为我第四纵队击溃，向连城方向逃窜。

（二）伪暂编第一师张鼎丞部，仍在童坊、南岭一带。

（三）伪独立第八团，仍在永定属之金丰里、歧岭及大拨等处一带流窜中。

（四）伪一〇一团于删（十五）日前后，由永安方面窜向连城马（二十一）日又由小陶窜陷郭地，旋向洪田方向窜去。

（五）匪方在汀洲于五月间勒派壮丁五千名，充任军役，限五月底交二千七百名，七月底交二千三百名，在大埔上设立战斗员训练所，匪首朱德在汀演说，要扩大红军五万，为全苏区生死存亡决斗云。

（三）剿匪战斗经过

本月第八、第十两纵队收复建宁，第九纵队五十二师收复永安，八十师湖源遇匪及第四纵队进取连城，均经与匪决战，其各役战斗经过如次：

（一）收复建宁诸役：自上月陷（三十）日占领茅店西之元庄后，我第十、第八十八两师均固守原阵，待后方守备部队推进及第八纵队来到。冬（二）日午后李家山附近发现匪数千，向我八十八师二六二旅阵地袭击，当令五二四团出击，激战数时，毙匪连长以下官兵数百名，缴获步枪十余支，残匪始退窜李家山西南方高地。是役，我八十八师伤连长一员、排长三员，士兵四十余名。自是匪我相持直至佳（九）日辰，令八十八师乘浓雾攻击，该师接近匪阵，以手榴弹、刺刀等短兵相接，毙匪数十名，占领火烧山、象山一带高地。灰（十）日令第十师攻击，激战至下午占领江家店及迤南各高地后，伪一三军团及七、九军团一部向我猛扑，我官兵奋勇应战，肉搏数十次，激战一昼夜，毙匪九百余，直至真（十一日）夜，残匪仍不断向我袭击，均经击退。是役，我十师伤亡官兵三百余人。

元（十三日）令八十八师推进至十师先头，向武镇岭攻击前进，与伪一军团第二师、伪三军团第五师、伪七军团十九师等匪五千余人激战数小时，毙匪九百余，伤匪千余，俘匪二千余，缴获步枪五十余支，残匪纷纷退窜，遂于午后占领武镇岭。寒（十四）日晨黄旅进击当面之匪，又毙匪六十余，伤匪二百余。是役，我八十八师伤亡官兵百数十人。

时第八纵队已进至铜元桥（建宁之北）附近，与汤纵队取得连络，删（十五日）晨展开于笠宝寨东西地区，向驻马寨之匪攻击前进，以肖师任右翼，谢师任中央，夏师任左翼，万师之三十七旅为预备队。匪利用驻马寨及其以西一带稠密森林，节节抵抗，经我谢师由中央突击、肖师猛攻其左翼，至午刻始占领马寨以西一带高地。是役，匪方伤亡盈千，并经我军缴得重机枪三挺、轻机枪四挺、步枪七十支，俘匪数十人，我军亦伤亡连长以下官兵四百余人。残匪连日惨败，状至狼狈，我第八、第十纵队乘胜于铣（十六）日分途进取建宁，至巳刻为我八十八师占领，残匪向安远方面退窜。

（二）收复永安之役：盘踞永安之匪，为伪七军团残匪千余人，佳（九）日辰，我五十二师由贡川向该匪攻击前进，匪节节抵抗均经击退。十时许，我主力占领永安城外各高地，一部残匪仍凭城顽抗，激战至未，毙匪百余，俘匪十余，缴获步枪十二支。城内残匪，始纷纷向吉山方向溃窜，永城遂为我确实占领。是役，我五十二师伤亡三十七员名。

（三）第八十师湖源之役：本月有日（二十五）晚有匪千余，

（并附轻重机枪）窜抵梅烈。第八十师拟歼该匪于梅烈附近地区，当令驻杉口二三九旅旅长陈平裘率该旅主力、驻沙县工兵营营长谭心率工炮营于感（二十七日）分途向梅烈之匪夹击。感（二十七日）第二三九旅因三元、中村等处均发现枪匪甚多，处处牵制，不能遵令出动，而工炮营已于午刻到达华孟附近，至午后一时，开始向当面之匪施行攻击，激战二小时，占领碧湖，至四时许，匪愈战愈众，我工炮营损伤甚重，几乎全部陷入重围，乃于四时五十分撤回佯口仔，于是三元、梅烈完全为匪盘踞。刘指挥官以情况严重，沙县防务堪虞，且杉口碉堡未备固守粮弹，恐为匪困，乃令二三九旅暂行放弃杉口，迂回来沙，该旅以避战目的，绕道疾走。俭（二十八日）未抵长坑西北之剑洋寨，艳（二十九日）取道湖源，巳刻四七九团前卫与不明番号之匪，在湖源西端接触，当令四七九团担任正面阵地，四七八团分任左右阵地守备，至十二时，匪向我正面佯攻，以约两团兵力分击我左右翼，另以一部袭我右方，势极凶猛，奈官兵皆具死里求生决心，沉着应战，匪前仆后继，猛冲十余次，伤亡奇重，卒不得逞，鏖战至九小时，始终未突破我阵地一点，我二三九旅因孤军悬绝，粮弹将罄，而观察全线战况，一时难收战果，遂于午后九时三十分，向目的地撤回，于卅日戌到达沙县。

（四）第四纵队进取连城诸役：卅日该纵队照预定计划，向连城推进，第九师到达莒溪南约五里之高地，遇廿四师全部（三团）二千余人，占领该高地顽强抵抗，经我奋勇攻击，激战三小时，俘匪数十人，毙匪甚多，残匪始不支，向席湖营及其东方溃退，当即跟踪追击，于午前十时到达朋口附近，该匪会合伪独立团游击队等共八九百人，占领朋口西侧高地诸堡垒，顽强抵抗，我九旅猛烈攻击，激战二小时，匪卒不支，向寨竹隔中屋村方向溃退，我三师遂确占朋口。

世（三十一）日第九师向席湖营残匪追击前进，匪仍踞夹口以北高地与碉堡，节节抵抗，顽强异常，我第九师廿六旅迂回抄击，激战四小时，毙匪数十名，获枪二支，始次第占领席湖营。是役，我九师阵亡连长一员，伤连长一员，兵数人。

五、六月份报告

(一)作战命令

本月第四纵队遵上月电令续取连城外，其余各部队或在修碉筑路，或在调遣中，未有进展，作战命令一项，故付缺如。

(二)军队调遣

本路军第四纵队于本月东(一)日确实占领连城，第八、第十两纵队亦正构筑南建公路。关于尔后推进部署，奉委座阳(七日)酉行战一电规定如下：

(一)周浑元纵队西移，另有任务。(二)兹令樊纵队先协同汤纵队删（十五）日前完成南建公路，铣（十六）日，同由建宁南进，限有（二十五）日占领安远汛，与李纵队对向前进，于七月蒸（十）日占领清流。(三)李延年纵队暂于连新间修碉筑路，尔后由连城逐步推进，与汤纵队对向筑碉，于七月蒸（十）日会占清流。所有连城及后方守备，由第三十六师担任，遽遗之防，由第八十师担任，该第八十师遗防，由第八十五师、新十一师、七十六师，依次遽接，其接防顺序，须由第七十六师先行推进，接新十一师之防，再依次遽（递）推。

又奉文（十二日）酉行战一电，改定闽北守备部队之部署如次：

兹改定第七十五师接替第八五师防务，新十一师不动，抽出八五师由卫总指挥分配防地。第八十师交防后，仍开闽南，担任后防任务。

卫总指挥遵委座先后两电，策定各部队防务交接之顺序如次：

(一)第七五师到达接八五师防务后，以八十五师改任高滩（含)、顺昌、洋口、峡阳、青州、琅口（不含)、河川沿线守备。

（二）第五十六师除仍任延平、建瓯、建阳守备外，其余悉数集结沙县，继续向永安筑碉。

（三）第八十师俟五十六师主力集结沙县，即开闽南。第七十五师遵令派副师长韩文英率兵三团于梗（二十三日）由黎川东出发，接替八十五师防务，时值大雨，军行迟滞，至感(二十七)日始行到达。以四四九团接八里桥至五里牌守备，四四六团接五里牌至当溪，以四四五团接当溪至积善守备及将乐城防。第八十五师交防后，即移驻顺昌，至艳（二十九日）午刻接受高滩、顺昌、青州沿河防务完毕，第五十六师交防部队，即兼程转开沙县。惟须至下月二日始可赶到，以故第八十师未能于本月内南调。

进取清流之汤纵队，因天雨多阻，南建公路不能遵限完成，当呈奉委座铣（十六日）机京电开：推进日期准予展缓等因。于是该纵队仍继续构筑公路，第四纵队亦从事修筑新泉、连城间碉路，均未推进。

赣粤闽湘鄂剿匪军东路军逐日匪情报告

六月一日

建宁方面：

（一）东(一)日黄泥铺有伪独立团匪三百余，枪半数。

（二）兰溪及其附近有番号不明之匪数百及无线电一架，伪闽赣省主席邵式平亦在该处，匪内部人心至为动摇，其口号为恢复赤色建宁及广昌。

（三）戈口东(一)日发现匪万余。

汀连方面：

我第九师世陷两日，在席湖营附近与伪廿四师等逐次接战，将该匪击溃后，侦悉踞连城匪仅有伪教导团及工人师等二三千人，故于世（三十一）日晚令各部秘密向连城攻击前进，于东(一)日早举行晓袭，匪踞连城西南，初向与我顽抗，嗣经派一部向东门包抄，匪纷向西北高地逃窜，遂于上午七时三十分，确实占领连城。

六月二日

沙永方面：

（一）八十七师沈旅长冬（二日）电，现有匪约四五千人，由尤溪方面侵入大田县境五都地方，势甚汹涌。

汀连方面：

（一）伪独九团冬（二）日，由连城窜至大陶洋岭后一带，有进犯宁洋之样。

六月三日

建宁方面：

（一）汤恩伯冬（二日）电，据伪七军团二十师六十一团携械投诚班长率士兵六名等供称：(1)安远即伪澎湃县，构有堡垒等工事，现该处驻伪闽赣省苏伪政治保卫局及裁判部、医院、游击队、独立团等。(2)伪七军团计十九、二十两师，共四团人，每团人枪不到一千，子弹每人多至五、六排，其中土造者，占十之八。(3)匪物质缺乏，米每元五斤，盐每元一两五钱，柴每斤二角，均用伪钞无现金。

沙永方面：

（一）沙溪洋东（一）日增匪约万余人，江（三）日晨向三元移动，现沙溪洋尚有数千。

（二）刘和鼎鱼（六日）电，据俘十九师匪兵供：此次犯我之匪为伪七军团及伪游击队，约四五千人，由建宁经泉上、归化、紫云台至梅烈窜河东岸一带，企图扰乱我后方。刻因瑞金危急，奉令江（三）日由杉口退归化，向汀州集合。匪军暗号，伪十九师为亚细亚，政治部为欧罗巴，保卫局为美利坚，五五团为蒙古，五六团为新疆，五七团为西藏，政治部主任为王稼穑，伪十九师中，此次伤伪参谋长、营长各一，伤亡伪连长排长甚多，士兵六百余人。

汀连方面：

（一）李延年江（三日）电：(1)东（一）日在连城被我击溃

之匪，现潜伏连城西北深山中。(2)汀城凡十六岁以上男女，均须服务匪军。现汀城守望均是女人,不愿者,每天罚大洋二角。(3)连城西北五十里之四保,晚到匪数百,清连交界处之田口有匪千余。

六月四日

汀连方面：

(一)踞连城西之冈头、罗坊一带伪二十四师匪千余名，支(四)日在连城西二十余里与我第九师五十团游击部队击战二小时，击伤十余名，即向西窜去。

(三)据长汀逃出难民称：童坊有伪暂编第一师匪七百余人，匪方最近在瑞金、长汀等处，派壮丁充红军者,有三千余人之多，民怨沸腾，望我军进剿。如云霓、汀东民众并有粮食藏匿不给匪军，以便我军攻汀时之接济。

沙永方面：

(一)刘和鼎支（四日）电，归化城及铁岭一带，由清宁方面窜到匪二三千，番号企图不明。

(二)伪一零一团窜踞桃源之匪千余，其数百支（四）日窜清水池。

(三)伪七军团支（四）日，由黄沙口分两路，一经星桥、胡坊，一经岩前、梓口，均向归化窜去。

六月五日

一般匪情：

委座歌（五日）电，据俘匪书记供：(1)伪三军团以第四、第五两师战斗力较强，当任游击队，第六师较弱，任钳制队。(2)最近各苏区地方武装组织，已全调前方补充，另由伪政府抽集土民重组地方武装。(3)匪军现组织粮秣，并由兵工厂赶制炸弹及俄式刺刀，拟与我军作最后决战。(4)伪政治部最近训令各机关，凡宣传品及口号标语不贴显著场所，皆令藏于稻草、晒谷席、厕所等处，以免我方涂毁，并使我士兵发觉等语。又电：(1)今匪方组织瓦解破坏部长，为留俄学生李翔梧，每师设一破坏干事，计各军派来我方工作者有八人，今年四五月间，派来者有百余人。其破坏方法为错放路标，使我军迷途，向落伍兵及伤病兵宣传、晚间装病兵宣传，故意发声或作梦呓，以扰乱军心，暗中并破坏我方兵器。(2)伪苏维埃总机关在瑞金西门外地洞内，地面盖有厕所式矮屋，以作掩蔽。(3)匪方近来派出交通侦探甚多，以小路每无我方哨兵，该项人员均由小路进出。(4)现匪研究所获南昌行营剿匪文件，以定对策，其军团主力之配备北线，仍在东线以上。

建宁方面：

(一)鱼（六）日向我四十六师戴师投诚之伪九军团第三师匪供：伪第三师部及第七团踞均口，其八、九两团踞均口附近之南桥，该师辖三团二营三连，刻在西南整理训练中。

六月六日

汀连方面：

(一)李延年鱼（六）日电据探报：(1)长坑石有匪百余名，牛尾山半寺中有匪一营一连，虎忙岭有匪千余名，在该处构筑工事。(2) 连北山下以西之石落，昨晚到匪八九百人，今晨与我山下保卫团接触中，朋口西北之吴家坊窜到匪七百余人。

龙岩方面：

(一)六日龙潭由永定方向窜来伪独八团三百余人，缴去民间存枪五十余支，现仍盘踞该处。

清流方面：

(一)鱼（六）日伪七军团十九师匪三四千，由归化窜至嵩溪，王匪稼穑率匪千余窜清流西南之安乐。

六月七日

汀连方面：

(一)李延年虞（七日）电：(1)据探报，马罗围、张地井、崖头三处共有匪三千余人，附近房屋均已宿满，冈头及童坊一带，沿途驻有匪千余人，上坪有匪千余。(2)据土民云：匪在汀州开会，并由宁化调来匪二千余人，谓决要恢复连城等语。

建宁方面：

汤恩伯虞（七日）电，据千善、西坑、黎南各游击队投诚匪供称：广昌建宁以北地区，有千善、黎南、西坑等三个游击队及伪闽赣少共队，人枪三百余，先后经我军缴械及向我投诚外，现仅余人枪数十，窜甘竹隘附近山中等语。

沙永方面：

八十七师沈旅长虞（七日）电，进扰大田之匪，被我击溃一部，约千余人，到达三堡后即向大田东北窜去。

六月八日

汀连方面：

(一)据匪方逃出士兵报称：龙岩、上杭等处划为若干军区，闽西军区设在长汀，下设若干分区。

(二)刘戡齐（八日）电：(1)据长汀逃回之难民报称：清连、长宁被迫民众万余，在大埔上训练，并要扩大红军五万人。现匪区男女满十五岁以上者，概被征调，壮丁逃避甚多，并有自杀者。匪首朱德在汀演说，此次扩大红军，系为全苏区生死存亡之决斗云。(2)据探报，本午五磜到匪千余。马罗围、张地井之匪，因给养缺乏，四出抢掠。

(三)李延年蒸（十日）电，据探报，长坑、石上坪、肖坑有匪五六千人集结，齐（八日）由汀运来子弹数十箱。又马罗围附近之匪五六百人，现在编束竹筏，似有准备攻连企图。

沙永方面：

卢兴邦庚（八日）电：(1)沙大交界之东西坑，有匪千余，保卫队已退出大田城。(2)伪一零一团窜桃源之匪千余，虞(七日)早有数百复窜回西洋。(3)安砂岭后大湖一带仍有匪千余。

六月十日

汀连方面：

(一)李延年真（十一日）电，据探报灰（十日）未，突由宁化、清流窜来大股匪数千人，申刻窜抵上堡，该匪机枪颇多，闻系五、七军团，刻在架设浮桥，声言来犯连城。

沙永方面：

(一)卢兴邦灰（十日）电：(1)贡川广楼前附近有匪三百余，中山有匪千余，有重机枪二挺，轻机枪数挺，岩前有匪二三千，并有伪军团部。

六月十一日

汀连方面：

(一)李延年真（十一日）电，伪七军团全部约六七千人，由清连方面窜连城北之雾阁附近，其一部窜五磜、板寮一带，于真（十一日）下午，向马屋、汀州大道窜去，闻匪首朱德现在河田说。

六月十二日

建宁方面：

(一)第四师文（十二日）电：(1)容坊到有匪千余。(2)我第八师防地前陈（水南西二十里）到有伪五军团及伪三军团之一部，并有少数匪扰乱我封锁线。

永安方面：

(一)卢兴邦文（十二日）电，(1)岩前、中山、星桥一带尚有伪闽赣边区独立团匪数百名。(2)岭后、安砂一带有伪七师一部，约三四百名。(3)在西洋之伪一零一团，其一部昨日窜至桂口附近，被我击溃后，匪向林田窜去。(4)现在盘踞清流西南之安东馆前及宁化一带约有匪万余。

汀连方面：

文（十二日）伪三军团经过清流有开长汀说。

六月十三日

汀连方面：

(一)李延年元（十三日）电据探报：(1)马罗围、张地井仍为匪盘踞。(2)罗坊、冈头之匪，系伪二十四师七二团，约三四百人枪，每日拂晓，即潜匿附近森林。(3)闻匪首朱德现率伪五军团已抵河田云。(4)匪首朱德于元（十三日）化装伙伕到河田，并在该处开民众大会，声言因受经封锁，生计困难，匪区民众每人须捐米三升。

六月十四日

汀连方面：

(一)李延年寒（十四日）电，据探报伪七军团，前经雾阁窜至童坊，即转伏于板案、上坪、长坑石一带、五际、吴家坊各有其一部，河田、童坊各有枪匪三千余，番号不明。元(十三日)匪由汀向河田、童坊输送食米，现汀城到有工人师约千余，担任守备等语。查连汀相距百四十里，尽系崇山峻岭，虎忙岭尤为险要，连城收复，恐我即取长汀，故集中匪主力于连汀间，似有凭险与我一并企图。

六月十五日

永安方面：

卢兴邦删（十五日）电，大田城并未被匪袭占。惟前匪窜县境，守城团队移驻城外。

泰宁方面：

孙元良删（十五日）电，据伪九军团第三师第八团投诚匪供：(1)伪九军团十四师已编散，现仅有第三师之七、八两团，第八团现在尹家湾，其七团则向沙县方面窜。

六月十六日

汀连方面：

(一)铣（十六日）晨，伪二十四师及伪七军团之一部，共三千余人，犯我连城附郭，与我九师二十五旅五十团接触，来势甚猛，经派队增援，奋力进袭，当将该匪击溃，现尚有一部踞野狐陇以西高山，与我对峙中。是役，匪伤亡在三百以上。综合连城西北自营前经长坑石至五际一带，时有股匪流窜，确属伪二十四师及伪七军团与其他地方团队，童坊、河田均有匪大部，新泉附近之下车，亦不时有匪图扰，各该股匪南窜北射，时出时没，似有企图混乱我耳目，阻碍我筑路。

(二)据伪二十四师七二团投诚匪供：现在野狐陇向我警戒者，为伪二十四师七一、七二两团及另有教导团两团在罗坊一带，伪师部亦在该处。上杭有伪独立第八团，为欲恢复旧县、新泉、连城等处，铣（十六日）七一、七二及教导团在野狐陇向我进攻，损失甚巨。

六月十八日

汀连方面：

(一)巧（十八日）晚，张地井到匪三千余人，在该处开会，并雇有敢死队，声言三日内攻击连城。

六月二十日

归化方面：

刘和鼎号（二十日）电，归化城现有伪独立第七师，匪三四千，枪约半数，重机枪六挺，迫击炮三门，并在西门外高地构筑堡垒。

永安方面：

(一)李延年号（二十日）电：(1)据伪二十四师投诚匪供：该师分驻坪上、五际、罗坊、笔架山等处，并设有无线电，童坊附近有匪大股到达，四堡有匪四千余。

建宁方面：

汤恩伯哿（二十日）电，据伪建宁警备司令卫队携械投诚匪供：(1)前据建境之伪一、三、五军团，日前经黄泥铺向瑞金方向窜去。现匪在建宁之主力，伪七军团千余人，仍留驻罗源（黄泥铺东南二十五里)、都上及安远等处，都上并驻有伪建宁警备司令叶剑英及其二分区卫队一连，约百余人。(2)伪九军团仅三营驻广昌白水间，其侦察连五六十人担任容坊、尖峰间之警戒。

六月二十二日

汀连方面：

(一)李玉堂养（二十二日）电，据获伪二十四师侦探供：(1)哿（二十日）前伪师部及七二团驻罗坊，七十团驻冈头，七一团在萧坑、冈头附近。(2)前数日攻连城附近之匪，即该师之七十、七二团云。

(二)前窜吴家坊之匪，确系伪二十四师之一部，约六七百人，已于养（二十二日）撤退，窜向未明。

六月二十五日

建宁方面：

伪七军团于有（二十五日）前后，由宁化、安远方面窜抵余家湾、黄泥铺、都上一带，声称向建宁城、里心进展。

六月二十六日

永安方面：

宥（二十六日）安砂窜到伪独第九团数百人。

汀连方面：

李延年有（二十五日）电，据伪七军团投诚匪供：伪七军团十九师五五、五六、五七三团无师长，只有军团长，每团步兵九连，机枪一连，每连步枪三十余支，轻机枪一支，每枪子弹百发，系打永安时获得者。

六月二十八日

龙岩方面：

(一)据报周力行匪部约三四百人，在郎车、中甲及东黄境内一带流窜。

汀连方面：

(一)伪独立第九团七八百人，感（二十七日）晚由安砂窜姑田东北七十里之半村，俭日窜离姑田四十里之左坑。

六月二十九日

汀连方面：

(一)李延年艳（二十九日）电，岩头增加匪约三千余人，并手枪连人枪约百余，轻重机枪皆有。

(二)伪独立第九团艳（二十九日）下午窜姑田一带，旋向小陶窜去。

六月三十日

建宁方面：

(一)孙元良卅日电，都上、兰溪确有匪二千余人，属伪七军团，昨有一股窜至合水口。

汀连方面：

伪二十四师陷（三十日）犯我连城西北之隔川附近，被我第九师击溃。

综合六月份一般匪情提要

汀连方面：

(一)我第四纵队于东(一)日，拂晓向连城攻击，盘踞该城之伪教导团及工人师初尚顽抗，经我迂回包抄，匪纷向西北高地逃窜，遂于上午七时占领连城。

(二)伪七军团及伪五军团十五师窜尤溪方面，侵入大田之五都，企图扰乱我闽中，嗣因我第四纵队克复连城，后方大受威胁，于江（三）日起，由杉口方面陆续窜回归化，拟向汀州集合。鱼(六)日，伪七军团由归化窜清流西南之安乐，灰(十)日前后窜抵连城北之雾阁附近，即转伏于板寮、长坑石一带，伪五军团十五师于真（十一日）似向汀州方向窜去，防我攻取长汀。铣(十六)日，伪七军团连合伪二十四师，犯我连城附郭，被我第九师奋勇击溃，毙匪三百余名，退踞野狐陇以西高地，有（二十五日）前后，伪七军团由宁化、安远方面窜抵建宁南之余家湾、黄泥铺、都上一带。

(三)伪二十四师陷(三十)日,又犯我连城西北之隔川附近,被我第九师击溃,仍退踞野狐陇、冈头、长坑石一带,与我对峙中。

(四)伪独立团第七师在归化、安砂一带流窜中。

(五)伪一零一团支(四)日,由永安之桃源窜清水池,虞(七)日窜西洋泛,真(十一)日由西洋泛窜桂口附近,被我五十二师攻击后,向林田窜去。

(六)伪独立第九团冬(二)日,由连城窜大陶洋,宥(二十六日)窜安砂,感(二十七日)由安砂窜姑田东北之半村,陷(三十日)窜小陶。

(七)伪暂编第一师仍在童坊附近。

建宁方面:

(一)安远为伪彭湃县构有工事,经有伪闽赣省苏政治保卫局、医院、游击队、独立团等。

(二)伪九军团第三师删(十五日)前后,尚在余家湾,哿日左右,有窜往江西之尖峰白水说。

龙岩方面:

(一)伪独立第八团,鱼(六)日由永定方面窜踞龙潭及前十九路军残部周力行股匪,约三四百人,在郎车、中甲一带流窜。

(三)剿匪战斗经过

本月闽北各部队,均从事建碉筑路,未有进展,仅不时派小部队向匪方作短距离游击。闽西方面,亦仅有东(一)日收复连城之一役,及铣(十六)日匪犯我连城西方前哨之后,其经过如次:

A.收复连城之役:探报上月陷(三十日)世(三十一日)两日在莒溪、席湖营附近与我激战之伪廿四师等匪残部确已西窜,现踞连城者,为伪教导团、工人师等匪二三千人,我九师决于冬(二)辰施行攻击,世(三十一日)晚令各部队秘向连城推进，东（一）日拂晓开始接触，匪踞西南高地顽强抵抗，经我派一部向东门施行包抄，始不支向西北高山溃窜，我九师遂于午前七时三十分占领连城。

B．匪犯连城西方连哨之役：伪廿四师及七军团之一部，共三千余人，铣（十六）日拂晓由野狐陇向我五十团前哨袭击，我五十团当即全部增援，奋勇迎击，毙匪甚多．残匪始行溃退。是役，我五十团伤连长一员，伤亡士兵二十余人。

六、七月份报告

作战命令

遵委座上月感(二十七)日戌行战一电，授予本路军之进剿任务，应俟北路方面占领石城后，再由东北两路会师长汀。惟本月内，我北路军尚在贯桥以北地区，预定八月底占领石城。本路军进展之期，时颇余裕，当令各部队肃清后方散匪，先后电达，命令如下：

(一)皓（十九）日午电三十六师，据确报，大洋坝、坑口附近、日内窜来散匪千余，该师于龙岩附近防务交替后，着派兵一旅，驰往围剿，限本月底肃清，仰即遵办具报。

(二)感（二十七日）午电李指挥官延年：(一)近日连城东南地区及龙岩北部一带，散匪颇形活动，似有扰我后方企图。(二)贵纵队应克日开始清剿，务于两周内肃清之。

李指挥官奉令后，于俭(二十八日)辰下达清剿命令要旨如下：

1．第八十三师即日移驻莒溪、梅村一带，清剿席湖营、曲溪峰、头郭地、黄地之线以南及龙岩以北地区之匪。

2．第九师集结连城，其补充团及三师十七团仍驻姑田，分别清剿上线以北地区之匪，连姑田之匪，以曲溪、大洋地为界。

3．第三师集结朋口，清剿朋口附近及其南北地区之匪。

4．各部队集中指定地点后，即日开始清剿。

军队调遣

奉委座上月感(二十七日)戌行战一电节开：汤纵队俟南建公

路完成后，归入北路序列，会同罗、樊两纵队先取石城等因。又准熊主任式辉电：汤纵队只以主力协取石城，原任陈庄、建宁间碉堡守备，仍由该纵队酌留部队任之等语。该指挥官遵令第十师于冬（二）日接收建宁、陈庄间守备，第四、第八十八、第八十九各师，支（四）日向广昌附近及长桥一带地区集中，归入北路序列。其第十师接收建宁、陈庄间守备后，于支（四）日报告配备情形如下：

本师师部驻建宁地内，第廿八旅任建宁城防及附近碉堡之守备，第三十旅及补充团任建宁（不含）至陈庄间碉堡守备。

第五十六师汤旅遵卫总指挥上月元（十三日）申参电之规定，移防将高滩、顺昌间守备任务于艳（二十九日）交八十五师接替后，即向沙县集中，至本月东（一）日全部到达，即于冬(二)日接收八十师所遗防务，其配置如下：

第三三二团任沙县城防及附近碉堡守备，第三三一团接收梅烈附近守备，并派一营驻城头，于江（三日）到达。

第八十师交防后，于微（五）日由沙县南进，虞（七）日到达永安，遵本部电令，取道宁洋以东地区，遂由永安经西洋泛、赐福亭、武陵湾、杨美圩、漳平，于删（十五）日到达龙岩附近。即令自筱（十七）日起接收三十六师所遗全部防务，至皓(十九)日接收完毕，其配置如下：

第四七六团分驻龙新公路沿途一带，其主力驻古田。第四七七团驻龙岩担任城防。第四七八团驻坎市，分一营驻雁石。第四七九团驻王庄，派一营驻合溪。

第三十六师交防后，预定以该师全部即日移接旧县经新泉至连城封锁线之守备。惟该时散匪出没于大洋坝、坑口一带，颇形活动。为巩固后方计，当令该师主力开新泉，于漾（二十三）日开始接收旧、连封锁线之旧、朋（不含）段守备，留一〇八旅围剿大洋坝之匪，限本月底肃清，再推进接收连朋段守备任务。暂

(二十日)该师遵令分别出动,有(二十五)宥(二十六)两日,第一〇六旅接收新旧间守备完毕,感(二十七)日第一〇八旅在大洋坝附近任务完毕。俭(二十八)日接进朋间,于卅日接替该段守备,其全线部署如次:

师部及直属部队控置新泉,第二一一团任旧县、矶头段守备,第二一二团任矶头、新泉段守备,第二一五团任梁福山至龙冈间守备(朋口仍由第三师守备),第二一六团任连城城防及其附近碉堡守备。

第三十六师未推进接收旧连线守备任务以前,第四纵队仍以第三师及八十三师之补充团守备新旧段,第八十三师主力位置新泉、上装店间,第三师主力位置上装店、火烧炉间,第九师全部分驻火烧炉、连城间,担任各该地段之碉堡守备及公路构筑。是时,伪一〇一团及独第九团等匪,流窜于龙岩以北之梅村一带地区,经本部电令该纵队酌派一部驰往剿办。即于支(四)日派第三师十七团进驻梅村,至庚(八)日复令该团推进驻姑田,并增派第九师补充团,亦于同日进至姑田,统归第十七团团长指挥,积极从事清剿。乃匪踪飘忽,卒未能彻底肃清。该纵队遵本部迭电要旨,于本月底旧连线守备任务交替后,即集中于下列地区,分区清剿。

第三师主力集中朋口,第十七团姑田,第九师主力连城补充团姑田。第八十三师主力莒溪,一旅梅村,均于本月底集中完毕。

赣粤闽湘鄂匪军东路军七月份逐日匪情

七月一日:

小陶岭后一带,六月陷(三十)日窜到伪一〇一团,并原踞该处之伪独立第九团共约三千余人,有进扰姑田模样。东(一)日连城以东二十里之迪坑,亦发现伪独立第九团匪数百人。

七月二日

建宁方面:

汤恩伯冬（二）日电，余家湾现有伪七军团匪万余，枪半数，弹每人五六排，并附有无线电及伤兵病员。

七月三日

汀连方面：

伪独立第九团及一〇一团由小陶于江（三）日辰窜抵赖源附近，并以一部约八九十名，扰梅村东之竹贯，随即向赖源窜去。

七月四日：

一般匪情：

委座支（四日）电据报：(1)自国军用碉堡前进以来，匪军决定新战不攻坚，专引诱国军运动起来，虽在极短距离即遇我一营一连之部队，亦施行猛力之突击。(2)匪首朱德、周恩来及一俄人均在南坑附近之伪野战总司令部。(3)伪三军团部政委系杨尚昆，伪四师长洪超．其政委彭雪枫调瑞金，由黄克俊继充伪师长，洪超在约口讲话，谓匪军生死存亡，即在本年六、七、八三个月。(4)匪方密派党员忠实分子散至各地，假装投诚，实则专作密探投毒及兵运暗杀等工作。

七月五日

汀连方面：

江(三)日由小陶窜踞赖源一带之匪，经我第三师侦察队协同民团于鱼（六）日前往搜剿。查该匪系伪一〇一团，有七百余人，四百余枪，每枪弹约五排，并有机枪一挺，已于微（五）日午大部窜大河祠。又一部二百余人窜吴地。同日，伪二十四师七十一团，由李家（连城东北）经小堂前窜高地，与姑田保卫团相持中。

七月六日

汀连方面：

溪口东北二十里之堂子坑，于鱼（六）日上午，由大河祠窜到伪一〇一团匪五六百名，在该处掳去良民百余，即窜往溪口、白沙间，各距三十里之小溪地方。

清流方面：

清流及嵩口坪，六日下午窜到伪九军团匪三四千人，七日早，由嵩口坪向砂芜塘、安砂窜去，其中徒手半数，辎重担甚多，该匪似有窜永安企图。

七月七日

汀连方面：

(一)窜踞大洋坝、坑口之伪独八团及伪七十团等约千人，虞(七)日经我八十三师二一五团派队击溃，向永定之金砂窜去。

(二)阳(七)日据伪二十四师七十团携械投诚匪兵五名先后供称：伪七军团前二三天他窜，地点不明，伪教导团在童坊，伪二十四师师部及七十一、七十二二团盘踞罗坊村内，飞机来时罗坊大桥东边森林躲藏三连，其余躲藏在西山煤炭洞口上，盖有柴草。伪师新兵甚多，卅、东(一)两日在隔川、隔口田作战伤亡颇重，伪七一团二营长、伪七十团二营长，均负伤，四面国军分途进剿，内部极为恐慌，人人思逃云。

七月八日

汀连方面：

李延年灰(十)日电，(1)据下坪土民报称：近数日内，有匪约千余人，陆续向小陶、古竹方向窜去，并将上下坪桥梁破坏，该匪计有枪七百余支，机枪三挺。(2)小陶西五里之下版有匪二百余，系伪独九团之一部，于齐(八)日由下坪方向窜来云。

七月九日

永安方面：

(一)伪九军团部数千，由清流方面于庚(八日)晚窜到安砂、三保，在该处稍息，即向小陶窜去，该匪枪仅半数，伤病者甚多。

(二)肖敬真(十一)日电，佳(九)日晚十二时许，小陶到有匪五六千人，并在小陶筑防御工事，按似系伪九军团所部及伪二十四师之七十一团。

崇安方面：

佳（九）日晚有黄立贵部匪七百余人，枪五六百支，犯我界首，当被新十一师守兵痛击，战二小时，匪不支，向二都方面溃窜。

七月十日

永安方面：

（一）宋希濂报告：十日下午有匪二千余，窜至同林、林后、小陶等处。

（二）灰（十日）午伪二十四师七十一团二营全部，由小陶来犯姑田，经我九师袁团、三师胡团击溃，仍向小陶窜去，并将伪营长击毙，毙匪二名，伤二名，俘二名，获获一支。据投诚及俘匪供，伪七十一团全部于佳（九日）晚到达小陶云。

崇安方面：

周志群真（十一日）电，（1）赣东伪十军匪二千余，枪七八百，现窜踞黄坑。（2）昨有伪闽北独立师匪五百余，枪四百余，化装我军，袭占莒口，刻正在构筑工事中。

七月十一日

一般匪情：

委座真（十一日）电据报：（1）伪中央因我五次围剿胜利，根本动摇，为图最后挣扎，已严令全苏区总动员，限于五、六、七三个月内扩大伪军五万。又匪军因干部缺乏，通令各机关，凡曾受军事训练人员，一律限期填表报到以便分派各战区工作。（2）匪区民众畏匪屠杀，现各伪县区均募队慰问班、看水班、牵牛班等组织。（3）投诚匪均称，不知我中央对携械投诚者给赏优待，如知之，均将争先恐后来归等语。

七月十二日

汀连方面：

（一）据探报，永定之金丰一带，有伪独立第八团四百余人，肖坑、古木一带，有伪一〇一团千余人，均归伪第二分区指挥。

（二）李延年文电，据伪九军团兵站部匪探供：江（三）日由安远随军出发，微（五）日到清流，又由清流至沙芜塘，庚（八）日到安砂，有千余人，枪五百余支，机枪三挺，徒手兵三百余，挑夫二百余等语。

（三）据伪太拔区苏秘书丘其善投诚称：（1）匪方通信社在杭东，原有路线二条，一为横冈，一为太拔，现横冈难于通过，概取道太拔。现为匪方杭代永埔交通运输必经路线，实为匪杭东必争之地（按匪在上杭辖内设伪县苏维埃两处，一处在旧县，为伪上杭县苏，一在太白乡，为伪代英县苏，现称杭代永埔，当系指旧县、太拔、永定、大埔而言）。（2）最近曾由中央派二十四师一营，有机枪连及自动步枪三支，驳壳枪五六十支，前来接货，一面会合独立营共攻太拔，被我三十六师击溃，现伪二十四师接货复回南阳。（3）匪之通信运输，每三十里为一站，每站有主任一名，通讯员二人，或四人，由伪中央委派做过团营长人员充任，概带驳壳枪。（4）伪二十四师及独立营在太拔失败后，由通讯员负责于三日由湖梓里动身，兼程到河田电话报告失败情形，要求伪中央派一师正式红军，最低限度派一团前来帮助夺回太拔，恢复伪代英县藉维杭代永埔交通线。

永安方面：

据宁洋保安十二团团长文（十二日）报告：太陶、小陶陆续到匪九千余人，香寮已发现匪八百余人云。

建宁方面：

李默庵文（十二日）电，黄泥铺有伪党政府，安远有伪警备司令。

七月十三日

一般匪情：

委座元（十三日）电：（1）最近匪方计划，如欲犯我某一路，即集中伪一、三、五、七、九军团，突破我一点后，以二十三或二十四师为牵制部队，其主力则又犯他路。(2)匪军重要辎重一在石城之古江固村，一在雩都之桥头马鞍陂。(3)伪军团原辖三师，近因补充困难，缩编为两师三团，团三营，营三连，附机枪一排，每连九班，班十人。(4)伪中央政府在离瑞金十余里之大松林内，伪兵工厂在瑞属之瑞林寨各等语。

永安方面：

(一)李延年元(十三日)电，小陶北十里之洪沙口附近，于灰(十日)下午，由安砂方面窜到匪四五千名，于真(十一日)有匪一部，约二千人，窜至湖口，其余仍在洪沙口附近，合计原有匪众约四千余人。文(十二日)有匪之一部，自白叶夹(距姑田二十里)向姑田推进，向我警戒中。

(二)伪独九团文(十二日)尚在小陶至陈地一带，元(十三日)辰由小陶经余地窜扰赖源。

七月十四日

永安方面：

(一)伪七军团部三千余人，于元(十三日)自清流方面窜到赖坊、官坊，寒日经小堂前达回坑，其先头便衣队，窜至李屋冈。

(二)饶崇诗寒(十四日)电，据报，香寮之匪伪一〇一团向陈地坑退去，大小吴地之匪，已向小陶退去，惟小陶仍未移动云。

连城方面：

李延年寒(十四日)电，连城附近之匪，昨向童坊窜去，今晨复行窜回。

七月十五日

永安方面：

李延年铣(十六日)电，据报元(十三日)下午，窜抵上琴、小堂前等处之伪七军团，系从安乐方向窜来，人数一万左右，机关枪及自动枪四十架，驳壳枪二百余支，步枪三千余支，余皆马刀、梭标，并有无线电数架，经田口驻宿时，其最高级军官营舍周围，用机枪防备，该匪昨向石炭岭、黄沙窖陆续窜去。

汀连方面：

李延年删（十五日）电：（1）南岭昨到匪七八百名，中屋村到匪三千余。（2）李家小堂前附近之匪千余，仍在该处盘踞系伪二十四师之一部。

七月十六日

永安方面：

（一）据第三师十七团胡团长铣（十六日）电：（1）据报小堂前、上琴一带之匪，约五六千人，枪千余支，余则仅携带刀矛或肩挑竹箩或系徒手，于删（十五日）窜至余家畲山桐林附近，铣（十六日）窜至上坪附近。（2）小陶有匪数百，并有伪中国工农红军政治部主任住小陶街内，其政治部主任名李舲湖。（3）岭后有匪千余人，洪沙口有匪二千余，下湖口有匪千余。（4）白叶夹把隘附近，仍有匪哨。（5）据小堂前土民云：寒（十四日）到小陶前之匪，系由四堡窜来，约有万人，闻该匪内部云因江西历年作战困苦异常，决计放弃，向福建寻谋根据地。且福建较江西富裕，而剿匪军较别路为少，闻日内即有十余万匪军进入福建，现匪首朱德、毛泽东已到宁化部署一切等语。

（二）伪一〇一团约四五百人，由小陶窜陈地坑后即设伪苏府，并筑有工事，似有久踞意。十六日由陈地坑窜入溪口，劫民物甚多，旋即退驻长仔坑乡。

七月十七日

汀连方面：

李延年篠（十七日）电，据投诚匪供：盘踞中屋村之匪，系伪二十四师，由坪上下坊窜来，铣（十六日）在温坊之一部二百余，当经我特务队击溃，仍向中屋村方向窜去。

永安方面：

(一)李延年筱（十七日）电：(1)前踞陈地坑之伪一〇一团及大河畲（距溪口四十五里）之伪独九团，共约五百余人，有犯溪口模样。(2)麟厚有二十四师所部三百余人，寒（十四）日窜犯后溪，与奇河之匪连络，该处一带未熟田禾均被割弃。(3)小陶、上下湖口、麟后、陈地坑、沙口、张家山、漈溪、孔党、大河祠等处共计匪约六七千人，枪不及半数，子弹甚缺。

(二)卢兴邦筱(十七日)电，梦溪由连城方面窜来匪二千余人。

(三)李延年马（二十一日）电，前据陈地坑、松洋、大河畲之伪一〇一团及独九团共千余，铣犯溪口，劫去油米盐布甚多，筱辰犯梅村、竹贯，午刻回赖源，旋窜踞松洋、大河畲、长坪一带。

(四)据第三师十七团报称：(1)岭后大吴地、小陶东十余里有匪数千，于筱（十七日）向宁洋方面窜去。(2)上石、洪田、小陶东三十里，有匪千余，枪半数，于筱(十七日)向永安方面窜去。

(五)李延年回（二十四日）电，元（十三日）自安乐方面窜上琴、小堂前等处之匪，与筱（十七日）分向宁洋永安方面窜去之匪，据传系伪九军团及七军团之一部，该匪系六月间自清流开至瑞金麻川整理后，经古城、童坊、李田、河坑，于元(十三日)窜至上琴、小堂前，嗣经黄沙窑窜小陶、上下湖口。

七月十八日

永安方面：

(一)李延年巧（十八日）电：(1)伪十二军二十四师一部、独九团、一〇一团独立营、闽西模范营等五六千人，枪半数，机枪二十余挺，除伪一〇一团已窜溪口抢劫米盐外，其余匪在小陶附近，计小陶、岭后各二千余，上下湖口千余，红沙口六七百，桐林百余，黄沙窑二百余，张家山百余。匪首罗炳辉日前驻小陶指挥，近日因飞机轰炸，已移驻岭后附近之深山中。查该匪企图似不敢攻坚，亦非集结小陶附近，无非乘虚扰乱而已。(2)该匪多冒充八十师，企图混乱耳目，并即入警戒线。

（二）小陶、红沙口一带之匪，于筱（十七）日下午向宁洋方面窜去，由溪口方面掳劫米盐油北返之伪一〇一团，巧日经竹贯窜扰黄土墩。

（三）巧（十八）日午，复有匪千余，由安沙经北坑向湖坊退窜（卢智电），伪一〇一团十八日分二路，一到黄土橄乡抢谷米送入陈地坑；一到环坑入竹贯，该乡被劫一空。

（四）曹振皓（十九日）电，永安属之西洋汛，巧（十八日）到匪四千余。

七月十九日

汀连方面：

宋希濂皓（十九日）报告：(1)坑口、宫下之匪，确系伪廿四师第七十团、南洋游击队、岩永游击队，国家政治保卫队及伪代英县工作人员等，共约八百人，枪约六百余支，声称进占合甲图扰大池。(2)据大洋坝保卫团报告，伪独八团、独立营、警卫连，共约人四百，枪二百余，有由宫下进扰大洋坝企图。

永安方面：

（一）据保安十二团皓（十九日）报称：窜香寮之匪伪七军团，附有无线电一架，于皓（十九日）晨全退窜永安边境上石、林田、隔头墩及西洋汛一带而去。

（二）曹振智（二十日）电，西洋汛之匪，共约四千余人，已于皓（十九日）窜至大田县之桃源地方。

七月二十日

一般匪情：

委座智（二十日）电，据伪补给部主任张志祥供：（甲）匪军最近战术：(1)不攻坚，专行夜战。(2)抽选精壮组成挺进部队，夜袭国军后方。(3)夜间配置便衣队于第一线，专扰国军守备部队，并防匪逃兵。

(4)引诱国军离开碉堡线，施行猛烈攻击。(5)五百米外，不准放枪。(乙)匪军最近口号：(1)攻击六路围剿军之一部。(2)各个击破敌人。(3)生死存亡在本年六、七、八三个月等语。

永安方面：

(一)据俘匪探供：哿（二十日）自清流窜至石坊凹头匪约二千余人，闻系伪七军团所部十九师。

(二) 伪七军团约四千人，巧日窜西洋汛，伪九军团约四千余人，皓（十九日）窜桃源，均于哿（二十日）分向大田、尤溪方面窜去。

(三)伪七军团部（十七团报）乘我大田防务薄弱，于哿（二十日）晚九时，窜陷大田城。

七月二十一日

汀连方面：

(一)李延年马（二十一日）电：(1)盘踞中屋村之伪二十四师（二团有重机枪十二挺，轻机枪每连一挺。)配合赤卫队共约三千人，时向温坊、马浦头、曹坊等处进扰抢劫，均经派队协助民团，将其击溃。(2)汀城设有伪福建省苏政府及兆征县苏有匪二三百人，惟其东门外十里东坑墩有匪二三千人，大浦区有匪三千，枪仅一二千支，其余均刀矛，番号不明。

(二)保安第十四团钟团长马（二十一日）电：(1)据伪茶地模范团长赖瑞球，哿（二十日）携械投诚云：匪在党员会议中报告，伪二十四师七十团将全部开来杭东，保护秋收，现已到达二连等语。(2)据蓝家渡匪军投诚供：匪积货约二万，藏永定境内山中，待机接运。

永安方面：

(一)伪一〇一团二十一日窜到赖源。

(二)李延年漾(二十三日）电：(1)罗炳辉匪部于马（二十一日）辰由宁洋窜永安，其司令部在永安东四十里之西洋汛，一股约五千余，踞上石，一股约一二千人，有经大田、德化边境窜至白门冈（距永春三十里）。(2)伪一〇一团及独九团现仍盘踞大河畲、长坪一带。

（三）卢兴邦梗（二十三日）电巧（十八日）由姑田窜到西洋汛桃源一带匪约五六千余人，枪四千多枝，子弹缺乏，于马（二十一日）分一部三千余人窜清水池，分一部四五百人窜鹭鹚丘对面之大盂头地方。

七月二十三日

永安方面：

（一）窜清水池之伪九军团三千余人，经大田、三九都之桃州，于漾（二十三日）窜尤溪之新桥，似有犯尤之模样。

（二）尤溪詹县长漾（二十三日）电：马（二十一日）有匪二三千人，由永安属清水池窜白西霞坡及大田属三十九都，漾（二十三日）又窜大属四十六都及尤之四十九都、五十都等处，梗（二十三日）又窜尤五十都新桥、四十九都石龟坎兜等处。

（三）李延年敬（二十四日）电，伪一〇一团及独九团所部之匪七八百人，漾（二十三日）晨由竹贯经隘上窜下庄（席湖营东南），现已饬八十三师就近派队剿办。

七月二十四日

一般匪情：

委座敬（二十四日）电，据报最近匪由泰和西南方面放回我军被俘士兵二百余名，其他已被匪收买为暗探者多名，企图混入我军，扰我阵地等语。

尤溪方面：

窜尤辖南涧桥（即新桥）之匪伪九军团，于敬（二十四日）午由南涧桥绕道蓬莱山方面，似有进犯尤溪之企图，窜扰大田之伪七军团，亦向尤移动，其先头数百人，已抵尤大交界之青州。

七月二十五日

汀连方面：

(一)窜扰隘上附近之伪一〇一团，于有（二十五日）晨在梅村劫去食盐十余包，经吴地向地村窜去。

(二)赖洪林有(二十五日)报告，张家山、磜溪、孔党、陈地坑一带，尚有匪三四百人，番号为伪一〇一团，连日分向各乡骚扰。

(三)李延年有(二十五日)电，伪二十四师缺一团约四五千人，现在洋屋尾至中屋村一带，并于猪棕岭山上构筑工事，有(二十五日)我特务队在羊屋尾附近与匪激战，毙伪连长以下匪二十余。

尤溪方面：

(一)卢兴邦有(二十五日)电：(1)本午三时窜蓬莱山坂面之匪，已向蒋坑、小璜岭亭离城十里之连哨接触。(2)据探报，巧(十八日)经西洋之匪，约有八九千，枪六千余，附重机枪十余挺，自动枪三四十支，子弹每人五六排，机弹颇足，系伪独立第七、八、九三团，均系连清汀赤卫队编成，窜至桃源时，分一部四五千人，由清永池向尤溪进犯，其一部于号(二十日)到大田。

(二)伪七军团窜陷大田，其目的在掳劫粮盐，于漾（二十三日)辰全数向北移动，有(二十五日)窜抵尤溪板面集结，仍向尤城推进中。

七月二十六日

汀连方面：

伪一〇一团宥(二十六日)在马家坪为我三十六师李团跟踪搜剿，毙匪八十余名，获枪十支，向隘上溃窜。

尤溪方面：

犯尤之匪约八九千人，于宥(二十六日)辰向我西门外利见桥攻击，被我五十二师守备部队击退，毙匪十余名，匪现仍踞水南一带筑工事。

七月二十七日

一般匪情：

委座感(二十七日)电，据索获匪训令内称：现在决定各分区应即设立游击小组，布置在分区附近，实行劫掠捣乱，并以白军在各地种种不法行为，向群众尽情揭破，以引起阶级战争各等语。又据搜获匪方密件、组织侦探问题：(1)侦探组织以依靠革命的工农群众，挑选得力干部，协同地方党团政府，负责指导进行，其工作地区内，支配全体人数四分之一至三人以上之侦查员。(2)建立侦查网，对群众务分析其对革命与反革命的认识，尤应对地主团匪的关系，熟识地痞流氓，务投其所好而利用之，果能凭信即可委为坐探，惟须令保持秘密。(3)侦查员应随时随地预想对敌方法，如遇刀团匪部队，或隐匿或尾随，或到高处侦察而后回报，或虚张声势，或伪装逃跑土豪等。(4)侦察刀团匪内部，若单人途遇匪探，即假装伪敌探或日军的侦探，先询其情况，在其短时间内，能识破时，见机即行毙之，或假装被捕日探逃跑回家等语。

尤溪方面：

(一)窜集板面之伪第七军团一部，约二三千，向北斗坑窜至台溪洋，沁(二十七日)绕道八脚亭经云潭进犯九都、义和一带。

(二)我八十七师之一部及保安第五团之一营，于感(二十七日)午入大田城。查此次窜大田之匪，为伪七军团，约六百人，内有挑夫二千，其目的在掳盐劫粮，系由汀城经连城边境永安、西洋汛、桃源入大田，现窜尤溪为伪九军团，似有同样的举动，由三堡窜尤溪。

永安方面：

伪独立第七师于感(二十七日)由归化窜胡坊，分一部四百余人窜星桥。

七月二十八日

汀连方面：

柏天民俭(二十八日)电，南阳、南岭二处有伪二十四师之一部及地方游击队，约三四百人，企图抢割禾稻，已派队往剿并掩护割禾。

尤溪方面：

（一）围尤之伪九军团于俭（二十八日）辰向云潭、九都坂一带集结，似有他窜企图，现尤城西南各处只有少数匪徒。

（二）云潭、九都坂之匪，分一部千余人，于俭（二十八日）午向峰崖岭，有窜扰尤溪口截阻河道企图。

七月二十九日

崇安方面：

周志群艳（二十九日）电，方志敏、黄立贵股匪约七八百人，枪五六百支，艳（二十九日）晚犯我站上，被我李团击退，向二都桥窜去。同时另一部，企图扰我麻沙不果，向黄坑口窜去。

尤溪方面：

卢兴邦艳（二十九日）电，据伪三师七团投诚匪供：此次该师与伪十九师均隶九军团罗炳辉率领，由建宁、清流窜来，每团附机枪六挺，每连轻机枪一挺，犯尤之匪，确有九千余，为伪三师全部等语。

汀连方面：

（一）伪一〇一团宥日在马家坪，被我八十三师李团击溃后，现复窜至马家坪东南青石坑、贴长等处。

（二）李延年艳（二十九日）电，据探报，伪独九团仍踞松洋、大河畲、长坪等处。

龙崖方面：

据探报，龙崖、上杭边境之大洋坝，永定之金丰岐岭，有匪约千余，枪八百余，分扰龙岩之白土、龙潭等处，并有抢劫汽车企图，专任捣乱我后方交通之责。

七月三十日

尤溪方面：

伪七军团匪，艳（二十九日）由尤溪口袭击樟湖坂，向溪口趋窜，卅晨窜抵三都口。

七月三十一日

尤溪方面：

（一）卫立煌世（三十一日）电，据伪七军团投诚匪供：该军团此次东窜共三个团，约五千余人，该匪等原在汀州附近与伪九军团集议，由罗匪炳辉统领，以九军团之大部四千余人，取道小陶沿永安、沙县以东地区北犯延平，以七军团全部取道大田、尤溪出樟湖坂，偷渡后西进合犯延平。现伪七军于艳（二十九日）晚袭占樟湖坂，卅晚由樟湖坂附近偷渡，于本日陆续过河北岸，现仍盘踞步武塘、三都口、黄田一带，现伪九军团行动不详等语。

（二）伪七军团世（三十一）日窜抵黄田、谷口。

龙岩方面：

伪独立第八团人约七百，枪约四百左右，前月由永定陈东坑一带窜龙岩，担任扰乱我后方，妨碍我交通，于世（三十一日）晨八时，突在王庄附近四内发现，该部便衣三百名，拦劫车辆，被毁交通车三辆，商运车二辆，即向溪口方向窜去。

综合七月份一般匪情提要

一、伪七军团于元（十三日）左右，由安乐方面窜连城东北之小堂前、上琴、黄沙窑一带，旋经小陶附近窜向宁洋之香寮，巧（十八日）经西洋桃源，于号晚窜陷大田，掳劫粮盐后，漾（二十三日）经青州、三斗坑、台溪洋向尤溪之云潭窜去，于艳（二十九日）晚袭占樟湖坂渡河，卅日窜踞武步塘、三都口、黄田一带。

二、伪九军团似由闽赣唐坊方面，于六日窜清流之嵩口坪，七日经沙芜塘、安砂窜集小陶附近，于巧（十八日）前后经西洋桃源南涧桥坂面，宥辰犯我尤溪城，与我五十二师对峙中。沁（二十七日）窜集云潭、九都、世（三十一日）窜尤溪口、樟湖坂一带。

三、伪二十四师齐（八日）前后，仍在连城西北之冈头、罗坊一带。鱼（六日）伪七十一团由连城东北李家经小堂前窜郭地灰，犯我姑田，被我第四纵队守备部队击溃。铣（十六日）将伪师大部移窜中屋村一带，一部在温坊被我第三师游击队击溃，窜回中屋村，其伪七十团窜上杭方面，抢劫秋收。

四、伪独立第八团原在上杭永定边境大洋坝、坑口一带流窜，自经我三十六师击溃后，向金丰歧岭窜去，于本月下旬窜龙崖属之白土、龙潭一带，扰乱我后方交通之企图。

五、伪独立第九团，在赖源、大河祠、松洋一带流窜中。

六、伪一〇一团元(十三日)由小陶方面窜陈地坑，筱日进犯溪口，抢劫米盐，宥(二十六日)在马家坪被我三十六师李团击溃，向隘上溃窜，现仍在该处一带流窜中。

七、伪第七师仍盘踞归化一带。

八、伪闽北独立师仍在崇安、建阳间边境流窜，佳(九日)一部曾犯我界首，被我新十一师守兵击溃，向二都窜去。

九、福安方面仍有土共任马等股窜扰，我新十师正在搜剿中。

围剿战斗经过

本路军在闽北方面，任进剿之第十纵队，已奉令归北路指挥，闽南方面之第四纵队，尚从事于构筑公路与肃清封锁线后方散匪，本月内无激战。

七、八月份报告

作战命令

伪七军团东窜后，于本月七日逼近福州北郊，我八十七师奉令堵剿，先令守备福州之五一八团竭力固守，俟主力于八日由白沙赶到后，下达作战命令如下：

一、匪情(略)

二、本师以确保福州之目的，以一部占领模兜、金鸡楼至象园楼之线，以主力控置于寄想楼、白水塘至五凤山一带，俟匪主力进入我阵地时，即由镇海楼以北地区出击，压迫于东门外闽江河岸扑灭之。

三、二五九旅五一八团自洪水桥经金牛山、象山、北坛、龙腰、槐兜、金鸡楼至康山楼一带，占领主阵地构筑强固工事，其警戒阵地，应推进至大腹山、五凤山、新店、上溪口、茶园之线，以主力位置于北门楼附近。

四、新兵训练总队，着派兵一连，自通鼓楼至象园楼，占领主阵地，构筑强固工事。其警戒阵地，应推进凤板附近。

五、五一八团与新兵训练总队之一连战斗地境为泮洋、后屿之线，线上属五一八团。

六、五二二团着归二五九旅旅长沈发藻指挥，在湖前主辅附近，停止待命。

七、炮兵训练处第一、二两营，统归第二营长何凝指挥，以第一营在镇海楼，第二营在大梦楼至黄布楼附近占领阵地。

第四师炮兵营，在东湖附近占领阵地。

八、工兵营构筑北坛附近之阵地，限本(八)日正午十二时以前完成，即全部移驻东门外，左自金鸡楼，右至康山楼，接替五一八团一部之阵地，并对通鼓楼岭大道构筑强固工事。

九、二五九旅旅部及五一七团，位置于北门楼附近。

十、特务连新兵训练总队为总预备队，位置东湖附近。

十一、各部队进入阵地后，应即构成通信网并步炮，各官长应即协商步炮作战事项。

十二、各部队应准备七月份给养及水料。

十三、予在东街司令部，必要时在镇海楼指挥。

该匪经我连日痛击，损伤惨重，于十一日向潘渡方向退窜。我八十七师以歼匪目的，即下达追击命令要旨如下：

一、匪情 （略）

二、着二五九旅旅长沈发藻率领五一七团及五二二团，即刻由现地出发，跟踪穷追。

三、予在福州司令部。

伪一、九军团盘踞苦竹附近地区，妨我第四纵队构筑碉堡，该纵队拟先行攻占隘岭，哿(二十日)下达攻击命令之要旨如下：

一、第九师着于明(廿一)日拂晓，向大陶口东北隘岭之线攻击前进。

二、第八十三师(欠一旅)以一部接收湖口、小陶、大陶口、坚村等处守备，主力集结小陶，策应第九师之攻击，对东南方面须特别注意。

军队调遣

本路军控置后方之八十七师，原以一旅分防泉属，一团分驻闽东，其余任省会治安。上月底，伪七军团匪三千余人，乘虚东窜，经樟湖坂渡闽江，黄田、水口相继沦陷。为巩固省防，急令该师全部集中福州，并电请委座派队增防。当奉江(三日)戌手令，派四十九师及七十八师之一团，由海道运闽，限十月内集中完毕等因。

第八十七师遵令集中福州后，以五一八团控置福州，任省城近郊守备。主力应闽江进剿。支(四)日抵白沙，派五二一团进剿大湖。不料匪以主力于庚(八日)绕道潜抵福州附近，当急调该部驰返福州应变，连日激战，匪卒不逞，率残部于真(十一日)溃窜。该师随派五一七团及五二二团跟踪追击，至十三日越潘渡占领台市。是时四十九师及七十八师之四六五团已集中福州。陈主席为巩固省防，以八十七师主力任省防治安，一部进驻水口、闽清、永泰一带，以四十九师及七十八师四六五团追击残匪。以后四十九师跟踪追击转入浙境，第四六五团分防霞属。

当水口沦陷时，龙岩附近伏匪颇形活动，似与伪七军团遥相呼应，以遂行其扰乱后方之企图，即于东(一)日电令第四纵队派兵一旅，星夜集结龙岩，藉资防范。该纵队遵令派八十三师二四七旅兼程开岩，冬(二)日由梅村出发，经溪口、雁石于江(三)日午后七时到达龙岩。同时为防堵伪七军团回窜匪区，策定堵剿部署如下：

一、第五十六师汤旅迅即集结沙城，会同王劲修部(闽省保安团)相机兜剿。

二、第四纵队第九师及八十三师(欠驻龙崖之二四七旅)，即由李指挥官率领，兼程集结宁漳间，准备堵击。

三、连日封锁线由第三、第三十六师负责守备。

各部队奉令后，遵令处置如下：

一、五十六师汤旅之三三一团集结梅烈，余集沙县。

二、第九师于江(三)日由连城出发，经姑田限歌(五)日到达宁洋，第八十三师主力于江(三)日由莒溪出发，经梅村限同日到达漳平。

三、旧、连线守备仍由三十六师全部担任，第三师主力集结朋口附近策应，其第十七团仍控置于姑田。支(四)日第四纵队向宁漳集结，其第九师到达岭后(小陶东南五里)，奉委座冬(二)日申手令，调第十师即开延平，其主力限八月庚(八)日到，所遗建宁、陈庄间守备由第八师接替。又奉江(三)日亥行战一电，应令李纵队先筑永连封锁线，并令卫总指挥抽队赶筑沙永封锁线等因。遵令李纵队中止集中宁漳，即开始构筑连永段封锁线，并电卫总指挥饬五十二及五十六师相对修补永沙段碉堡。

卫总指挥奉电后，令第十师推进沙县接收五十六师沙县附近防务，以汤旅全部推进补修沙县、贡川间碉堡，五十二师派三一一团筑贡川、永安间碉堡。第四纵队奉令后，其处置如下：

一、第九师于微(五)日开赴小陶，先向洪田开始筑碉，并派补充团于微(五日)开驻湖穴，构筑把隘(小陶姑田之中点)小陶段碉堡。

二、八十三师(欠驻龙岩一旅)于微日开抵小陶，尔后即协同第九师向洪田筑碉前进。

三、第三师主力仍控置朋口附近，策应三十六师守备旧连线，第九旅于微(五)日移驻连城、把隘间碉堡。

连永段碉堡尔后守备任务，预定抽驻宁漳之闽保安部队两团担任。适奉委座鱼（六日）未机牯电开：已令河南保安第一支队（三团）来闽，归该总司令指挥等因。即更定永连段守备部署如下：

一、沙永段由五十六师派队担任，第五十二师除留一部任永尤城防外，主力延接永安、小陶段守备。

二、连城小陶段守备，由本部直属第一、二两补充团任之，递遗漳州城防及龙漳间护路任务，由河南保安第一支队接替。

该支队于篠（十七）巧（十八）两日先后到达漳州，即令先到之第一团接漳州城防，续到之第二团接漳龙间守备，后到之第四团集结龙岩。第一、二两补充团交防后，亦推进龙岩待命。部署既毕，又奉委座巧（十八）日申手令开：以豫保安团用为保安后方之预备队，不如用于龙连间守碉为妥等因。遵令该支队全部推进任连陶段守备，漳龙间防务仍由第一、二两补充团担任，该支队奉令后，除集中龙岩之第四团于感（二十七）日出发先行接收连城、姑田段守备外，其一、二两团，至下月初交替漳龙防务后，始行推进。

有日第四纵队所任连永封锁线，已筑至苦竹，奉委座漾（二十三）日亥机牯电令：李纵队应即进取长汀，派第十师进驻永安，监视永安小陶以西之匪等因。当承委座意旨，即日停止筑碉，集中朋口，惟苦竹至永安，相距九十里，仅以十师位置永安，不足以蔽塞闽西封锁，且接防连陶段之保安支队，亦尚须若干时日始能到达，当为如下之部署：

一、第十师进至永安后，以一部接收永安城防，主力督同五十二师向苦竹推进，构筑永苦段碉堡线，完成后，永安（不含）苦竹、小陶段守备，均由五十二师任之。

二、第四纵队主力即日集中朋口，准备进取长汀连苦段，已成碉堡，暂由该纵队留两团兵力守备之，待保安支队及五十二师之一部接防后，归还建制。其驻龙岩八十三师之一旅，应即归还建制。第十师将沙县附近防务，艳(二十九日)交五十六师派队接替，卅日开始向永安推进。第四纵队留第三师十八团任连把段守备，八十三师补充团任苦把段守备，主力于宥(二十六日)开始移动。艳(二十九日)第三师集中朋口，第九师集中龙冈，第八十三师集中莒溪完毕，预定下月支(四日)开始进展。

赣粤闽湘鄂剿匪军东路军八月份逐日匪情

八月一日

闽江方面：

伪七军团自世(三十一日)占黄田、谷口后，东(一)日窜陷水口。方、邵股匪有窜扰政和模样及与福宁旧五属之马烈风、任铁民等股匪连络，有威胁福州之企图。

八月二日

闽江方面：

卢兴邦冬(二日)电，据俘匪供：匪方闻国军将攻长汀，故令罗炳辉率部扰国军后方。

八月三日

崇建方面：

黄立贵部伪五八团由崇安方面窜建瓯北徐墩、新桥一带，冬晨向吉阳移窜。

八月四日

闽江方面：

卫立煌阳(七日)电，支(四日)八都、坑底、上潭、廿五都一带，台溪、洋尾屋一带，由九都樟湖坂方面窜到匪二三千人，溪口支(四日)到匪二千余，马数十匹，在该处渡河，过小松洋，歌到大田之四十五都，本晨抵三堡，似有窜尤企图。

汀连方面：

李玉堂支(四日)电，江(三日)在温坊以西地区，俘获伪一军团二师四团匪兵供：伪一军团一、二两师于七月铣(十六日)由赣黄陂经石城窜汀州，宥(二十六日)窜河田，感(二十七日)窜大田湖(中屋村西十余里)，伏匿该处未动。江(三日)晨，伪二师来温坊增援，伪一师仍在大田湖云。

八月五日

闽江方面：

水口微(五日)申收复，我八十七师二六一旅进驻水口。

八月六日

汀连方面：

鱼(六日)由雾阁窜向小堂前匪千余。

八月七日

闽江方面：

一、卫立煌虞(七日)电，两建交通恢复，阳城仍由周师两营守备。黄立贵部仍出没于徐市、莒口一带。据匪方逃回土民称，水口匪三四千，枪二千余，经大小箬、白沙、歌至闽清、四都、六都。

二、饶崇诗灰(十日)电，前由尤溪攻水口之匪，于虞(七日)未退，回大田人约万余，枪四千余。

永安方面：

一、李延年佳(九日)电：(1) 伪十五师三千余人，二千余枪，于虞(七日)到达洪田。又番号不明匪万余，虞(七日)由嵩口坪经砂芜塘窜来，潜伏洪沙口东北地区，闻该部纪律甚好，或为伪一军团，连日在苦竹附近与我游击队接触。(2) 伪一〇一团齐(八日)亦由张家山方面窜至洪田。

二、虞(七日)未，苦竹、洪田有匪窜到，我第九师二十五旅在苦竹与匪接触，匪不支，向洪田以北窜去。据俘匪供：系十五师三千余人，二千余枪，在白水被我北路军战败，退石城经宁化、清流、安沙开来苦竹。

八月八日：

汀连方面：

一、卅六师齐(八日)电:(1)据确报，匪约万人，分两股，一股四千余，虞(七日)晚由四堡经北里林地漏夜向罗坊方面窜去;另一股约五千，齐(八日)辰由四堡经北里林地向牛家方面窜去，番号企图不明。(2)据北地保卫团报称:前日有匪由嵩口坪向沙芫塘窜去。(3)伪一军团主力及杂色匪约三万人，星夜向嵩口坪、沙芫塘、余家畲方面移动。已渐证实其企图不外三种:(一)攻击李纵队。(二)攻击连城。(三)联合伪七军团突击腹地。

二、小堂前之匪二千，齐(八日)晚向小陶方向窜去。

八月九日

永安方面:

一、窜尤溪伪九军团主力，佳(九日)晨由山兜西格向南涧桥移动，回窜永安方面。

八月十日

永安方面:

伪九军团匪约四五千人，灰(十日)下午到达太保宫、下洋坑一带，踞洪田之伪十五师灰(十日)晨向大炼进扰。

八月十一日

汀连方面:

一、中屋村之伪一军团，约千人，真(十一日)与我三师在松毛岭激战后，即退窜小陶附近之洪沙口。

二、伪二十四师主力集结于中屋村一带。

八月十二日

永安方面:

一、卢兴邦文(十二日)电:(1)佳(九日)由山兜坂面回窜之伪九军团，开到太保宫一带停止二日，本晨其先头又向西华堡进窜。(2)由安砂窜洪田、苦竹之匪，仍在该处盘踞，似有牵制我第九师进剿之企图。

二、文(十二日)晨，我第九师各旅及补充团各派兵一营，各就阵地，前方向洪沙口以北地区及苦竹方面施行威力侦察，自上午六时起，先后与匪接触，坚村前面之匪，即向苦竹以东地区窜去，洪沙口西北之匪，经补充团及廿六旅部队攻击，即向东北窜扰，我廿五旅梁营左翼激战至午，梁营以众寡悬殊，即行撤回。是役伤匪近千，获步枪七支。查洪沙口以北之匪为伪一军团，苦竹之匪为伪十五师。近来匪方口号“为消灭东南战线敌人”并自称为北上抗日先遣队。

八月十三日

永安方面：

一、卢兴邦元(十三日)电，窜洪田、苦竹之伪十五师，于真(十一日)晚，一部千余人到生乡(通林田宁洋大道)，枪弹缺乏，匪兵多持镖枪扁担。

二、李延年寒(十四日)电，伪一军团元(十三日)向际溪以北移动，扬言往攻水口，苦竹匪增加五六千或即该股之一部。

闽东方面：

伪七军团自退窜连江、丹阳后，联合当地土共窜扰罗源，该县仅驻有保安第十一团之一营及特务连，兵力单薄，县城遂于元(十三日)夜十二时失陷，县长徐震方殉难。该匪于陷城后，似已退窜乡间。我四十九师主力铣晨已达王满后路(罗源城西南廿里)，向该匪进攻中。

八月十四日

永安方面：

伪九军团寒(十四日)午后，由三保方面向清水池窜去，似有与伪一军团连络企图。

八月十五日

崇安方面：

卫立煌删(十五日)电，两建及崇安附近以西地区之方、黄两股匪，时仍出没于麻沙以北迄黄坑、大安间地区一带，则扰将乐以西之徐市、茶市等处。

永安方面：

窜清水池之伪九军团，于删（十五日）分一部数千人，向桃源、西洋汛流窜，其一部二千余人，同日由芹菜洋窜至桂口、桂溪一带。

八月十六日

永安方面：

一、伪九军团铣（十六日）晨，由桃源西洋一带陆续向桂口集结，并在该地拉夫搬运盐品，罗匪炳辉亦到桂溪口，其先头部队数百人，到永城南廿余里之皇历及吉峰头一带向我五十二师警戒。

二、李延年铣（十六日）电：（1）洪田附近有匪大部。（2）苦竹有伪一军团补充师（即伪十五师改编），本日在该处附近割稻，输往洪田。（3）洪沙口以北仍有匪三四千。

闽东方面：

伪七军团千余人，自动枪三十余支，机枪廿余挺，删（十五日）晚八时，向宁德西南门猛攻，并用竹梯十余架，企图登城，一夜连登五六次，为我新十师之于、徐两营奋勇击退，毙匪甚多。铣（十六日）拂晓，我军乘机出击，俘匪数名，获枪数支，匪分向白鹤岭方向退窜。

八月十七日

永安方面：

李延年筱（十七日）电：（1）盘踞洪田、苦竹之匪，系伪一军团第一师与十五师。（2）洪沙口以北之匪，为伪第一师。（3）小陶北十里之苏地，有匪近千，在左右山上构筑工事。

闽东方面：

一、我四十九师于筱（十七日）先头部队进抵宁德城，后续部队在距城南廿余里之半亭附近，与伪七军团接触，激战甚烈，双方死伤均重，卒经我击溃后，已向后晃、霍童方向窜去。

二、陈齐煊筱（十七日）电，据俘匪供：伪七军团部为五五、五

六、五七三团，每团九连。此次由汀州、连城、大田、水口、福州西方罗源而来。当出发时，有六千余人，因避飞机，昼伏夜行。每团机枪五挺，自动枪十余支，此次突来扰乱我后方，使中央军开到后方应援。口号为打下东方，便有办法。并谓过宁德尚有四五个县的几个独立团。综观以上情形，与闽东土共确有连络。

八月十八日

永安方面：

一、卢兴邦巧(十八日)电，据探报：(1) 窜桃源西洋汛之伪九军团，连日搬运盐粮，经桂口向西移窜，似有回窜洪田、安砂模样。桂溪有该匪数千，主力仍在皇历、吉峰头向我警戒。(2) 洪田之匪数百人，昨日进犯大炼，焚毁民房十余座。

二、窜桂口、桂溪之伪九军团，于巧(十八日)续向洪田西北地区窜去，与洪沙口之伪一军团联成一气。

八月十九日

永安方面：

一、李延年皓(十九日)电：(1) 本日我飞机在坚村东之牛皮隔投弹七枚，匪即窜退，嗣察该处鲜血甚多。(2) 综合本日情报，匪之主力约万余人，渐移大陶口东南坚村南之坑尾东坑、土乡一带。

二、卢兴邦皓(十九日)电，在皇历、吉峰头一带之伪九军团警戒部队，于巧(十八日)晚向桂口撤退，大炼之匪数百，巧(十八日)申在热水口。

三、李延年皓(十九日)电：(1) 本日石坊附近之匪，曾与苦竹匪换防，石坊仍有匪二三千。(2) 据土民传说，昨日马畲有匪万余，向安砂窜去。(3)大陶洋东里许之半岭，有匪百余，企图阻我在该处附近筑碉，曾冲至山腹，与我八三师之二连及九师之一排接战，当被我击毙数十，获枪十余支。

四、卢兴邦皓(十九日)电，据报明溪城有伪新兵师约三千人，枪千余，分一部在画桥、盖洋等处。清流城有伪工作团，约二三百人，枪百余支，分一部在嵩溪，并设有兵站。林畲有伪输送队数百人，专任在该处搬运粮食及拦抢物件任务，庚（八日）有匪二千余，由安乐经清流向田口移窜。现匪番号概用号问答，如问黄河，答长江等，所以侦察深感困难等语。

八月二十日

永安方面：

一、哿（二十日）由桂口方面窜到洪田之伪九军团六七千，向安砂窜去。原在洪田、苦竹之伪一军团，未有移动。

闽东方面：

哿（二十日）晨伪七军团窜陷福安四十里之穆洋。

八月二十一日

马（二十一日）伪一军团一部，在坚村以东被我第三师痛击，伤亡甚重，向洪田、安砂方面窜去。

八月二十二日

永安方面：

一、李延年养（二十二日）电，苏地、苦竹已无匪踪，伪一军团似已窜清流方面。

八月二十三日

闽东方面：

一、陈齐煊漾（二十三日）电，方匪志敏在宁德为我痛击后，养（二十二日）早窜入穆洋。我四十九师梗（二十三日）晨向官岭、蟠溪追剿，我师即由福安派遣一部向社口跟踪，并为防止溪北土共与溪东土共联合起见，又派出一部至福安、赛岐、白沙等处游击。

二、梗（二十三日）我四十九师攻占穆洋，伪七军团据河抵抗，被我奋勇冲击，经三小时，即将该匪击溃，俘获甚多，驳壳枪数十支，现向福安以北追击中。

汀连方面：

一、李玉堂回(二十四日)电，漾(二十三日)有匪四千余，窜至赖坊、小堂前一带。

二、卅六师钟旅长宥(二十六日)电，哿(二十日)赖坊到匪约四千，即向田口方向窜去。梗(二十三日)又有匪三四千，由赖坊经上坪退沙芜塘，均由大陶洋败退者，故伤亡甚多。

三、据探报，伪一军团于马(二十一日)养(二十二)、梗(二十三)三日，由小陶经四堡向李田方向窜去，计万余人。

八月二十四日

闽东方面：

伪七军团自在穆洋被我四十九师击溃后，敬(二十四日)复退窜距穆洋五十里之南溪，查南溪可通寿宁、政和两县。

八月二十五日

永安方面：

李延年艳(二十九日)电，据报罗炳辉部于敬(二十四日)、有(二十五)两日，昼夜向清流方向奔窜后。现湖口、沙芜塘之线以东地区，已无匪踪，伪一〇一团仍盘踞张家山以南陈地坑、箐潭、际溪一带。

八月二十六日

崇安方面：

卫立煌宥(二十六日)电，伪五十八团及六十团盘踞澄浒一带，南树下及上下梅村一带，突增匪三四千。

闽东方面：

一、伍诚仁宥(二十六日)电，伪七军团连合土共三千余人，自经我师追剿向寿宁属之平溪、南溪逃后，又向泗洲桥窜去。

汀连方面：

卫立煌世(三十一日)电，有番号不明之匪二三万人，于敬(二十四)、有(二十五)、宥(二十六)三日夜窜踞清流属之曹坊、滑口、黄坊、水东、夏坊，汀属之馆前、童坊，连亘六七十里，男女匪均有枪占三分之一，伤病兵甚多。

八月二十七日

闽东方面：

陈齐煊感（二十七日）电，伪七军团有西窜南屏、政和模样。

八月二十八日

汀连方面：

李延年俭（二十八日）电，据报伪一军团现已窜集曹坊附近，该处为进出清流、石城、长汀要点。

闽东方面：

伪七军团十九师俭（二十八日）晚窜陷浙属庆元。

八月二十九日

龙岩方面：

肖敬艳（二十九日）电，伪独立第九团，计八百余人，现踞宁洋辖之孔党、邹家山一带。

八月三十日

闽东方面：

一、陈齐煊卅电，我顾团艳（二十九日）进剿柏柱土共匪巢，激战四小时而攻占之。搜获函件甚多，其大要如下：（1）方匪到宁德时，任匪确与勾结，图扰福安。（2）方匪病伤兵五百余人，要求任匪照料，愈后即在闽东工作。（3）方匪给任匪款一千元，并枪廿支，弹一千发。（4）罗源一带缴获民团枪支，方匪允拨闽东土共应用。（5）方匪告任匪决窜回赣边老巢。（6）任匪要求方匪发自动枪、轻重机枪、无线电线，拟设立交通站等语。

二、伍诚仁卅电，本师追剿伪七军团，刻抵寿宁、纪团，陷申到北溪、明溪续进中。查该匪有沿途诱结土共，号称三千，枪半数，无线电、碾米机具全，分先后队二部，先遣部队攻城，后队防阻我追击。

汀连方面：

据俘伪二十四师七十二团匪兵供：艳（二十九日）前，该团在猪棕岭一带警戒，于卅日全师三团增加白衣、洋岭、猪棕岭一带高山。伪团长训话，话时伪一军团现在又增加此间来了等语。

八月三十一日

一般匪情：

顾祝同世（三十一日）电，据俘伪四师政治部组织科长李坚供：(1) 匪近因我军步步进迫，其伪苏区逐渐缩小，鉴危亡之将至，故提出誓死保卫基本苏区之新口号。又鉴攻坚之伤亡过大，已改为守堡垒战术，步步坚抗，希图消耗我之兵力。(2) 伪三军团任保卫驿前、石城之责。

汀连方面：

一、世（三十一日）我第三师便探，由吴家坊至板寮晚抵举人坪时，遇有伪一军团二三千人，由童坊窜往中屋村，因仓卒遇战，被匪冲散逃回。

龙岩方面：

伪独立第八团世（三十一日）晚由老鼠山经李坑、九埒（距城廿里）窜踞科松林。

综合八月份一般匪情提要

一、伪一军团由石城方面经清流以南地区，鱼（六日）前后窜永安以西之苦竹、洪田、红砂口一带，其伪第二师似虽一度窜至中屋村。察其企图，似拟乘我闽江吃紧之际，希望我主力向东移动，乘虚袭占连城，并接援伪军团西回之企图。其口号为消灭东南战线之敌人。虞（七日）在苦竹与我第九师廿五旅接触一次，文（十二）日晨，我第九师向洪沙口以北地施行威力侦察，毙匪甚多。马（二十一日）在坚村以东高地被我第三师痛击，伤亡亦甚重。即窜向沙芜塘、赖坊中间地区，于俭（二十八日）窜集曹坊、夏坊、馆前附近，其伪三师即伪十五师改编，即窜驿前方面，于世（三十一日）窜集中屋村一带。

二、伪九军团江（三日）前后，在闽江之樟湖坂、溪口方面掩护伪七军团渡河后，即行回窜尤溪以南地区，佳（九日）由山兜西格向南涧桥移动，寒（十四日）由三保窜向清水池，删（十五日）窜西洋汛桂口一带，一部数百人在皇历吉峰头向我五十二师警戒；一面与伪一军团取得连络；一面将护劫米盐向安砂方面搬移，巧（十八日）向洪田西北窜去。其在皇历吉峰头之警戒部队，亦于巧（十八日）晚向安砂窜去，于敬（廿四）有（廿五）二昼夜向清流之更坊、曹坊、滑石馆一带窜去。

三、伪七军团自世（三十一日）窜黄田、谷口后，东（一日）陷水口，旋经大小箬白沙有迫近福州企图。在琯洋被我击溃，伤亡甚多，退窜连江、丹阳，联合各地土共，于元（十三日）晚窜罗源。删（十五日）晚犯宁德，铣（十六日）晨被我新十师之两营击溃，向北鹤岭方向退窜。筱（十七日）在宁德城南廿余里之半亭，被我四十九师击溃，死伤甚重，向后晃霍童方向窜去。经我四十九师跟踪追剿，在穆洋被我击溃，俘获甚多，逃窜南溪、泗州桥一带。俭（二十八日）晚窜陷浙江之庆元，我四十九师在紧跟追剿中。

四、伪二十四师于艳（二十九日）左右，集踞朋口以西之中屋村、猪棕岭、白衣羊岭一带高山。

五、伪闽北独立师黄立贵部，仍盘踞于两建之崇安附近以西地区，其伪五十八团、六十团宥（二十六日）前后盘踞澄浒一带，方匪志敏匪有窜崇安东之上下梅村说。

六、伪第七师仍在归化一带。

七、伪独立第八团仍在龙岩境内流窜中。

八、伪独立第九团现盘踞宁洋辖之孔党、邹家山一带。

九、伪一〇一团齐（八）日由张家山窜洪田方面说。

剿匪战斗经过

本月上旬伪七军团乘虚东窜，窥向福州。为巩固后方，派八十七师迎头痛击。中旬，伪一、九军团麇集坚村、苦竹一带地区，阻我永连封锁线之构筑。为期歼灭丑类，先后令第九师进剿，其各役战斗经过如下：

福州附近之役，伪七军团陷水口后，我八十七师主力即推进于白沙附近堵剿，留五一八团任福州近郊守备。匪忽以大部绕道来袭省垣，于七日逼近福州北郊，当令五一八团固守，俟白沙主力到达后，再行相机出击。八日午前一时许，匪以一部占领玄沙寺高地，向我大夫岭阵地佯攻，以主力向隐土山坡及沿新店通镇海楼马路攻击前进，我守备部队沉着应战，相持三小时，匪不支，纷向叶洋前洋岭头一带溃窜。午后我八十七师主力由沙赶到，即令进入阵地，至九日午前以步炮空军协同攻击，匪死伤甚多，纷向东北桃源潘渡方向溃窜。午后以五二二团经官溪、降虎向窜桃源之匪行侧面追击，十日午前四时许，进抵汤岭附近，匪以一团以上兵力，向我猛攻，激战一小时，匪伤亡数百人，卒不得逞，乃以主力移向我右翼包围，战斗尤为惨烈，历二小时，匪死伤又四百余人。

匪屡攻不逞，至午后三小时，乃以密集部队向我五二二团阵地中央一点猛攻，企图中央突破。接近至三十米时，我空军猛力轰炸，即以一部出击肉搏半小时，毙匪数百人，始行溃退。至晚五一七团赶到，于十一日午前七时出击，残匪纷纷溃退，当即跟踪追击，至晚占领岩角东溪、芦溪之线，翌日继续向潘渡追击，残匪向丹阳溃窜，遂令四十九师由连江兜剿，八十七师追击部队撤回福州。

洪沙口附近之役：伪一、二、三各师，窃踞洪沙口以北地区，伪十五师出没于苦竹附近。文（十二日晨）辰我九师因匪情不明，令各旅及补充团各派兵一营，附旅团部侦探队，由该旅团守备阵地前方，分向洪沙口以北地区以及苦竹方向行威力侦察。自上午六时起，均先后与匪接触，坚村前面之匪，经我攻击后，即向苦竹以东地区溃退，洪沙口西北之匪，经我补充团及二十六旅部队攻击后亦不支，窜向东北迂回我二十五旅梁营之左翼，激战至午，匪伤亡近千人，我梁营亦略有伤亡，仍撤回原阵地。

隘岭之役：伪一、九军团，窃踞大小陶附近后，步步向我九师阵地紧迫，似有伺机扰我企图。号（二十日）我九师察知该匪有换防模样，判断必有一部他窜。为歼灭该匪计，将碉堡守备任务，交八十三师接替，于马（二十一日）晨以全部向匪主阵地隘岭（该岭扼永陶交通山岭重叠形势极险）施行晓攻，自午前六时开始攻击，当面之匪为伪九军团，凭藉工事，步步顽抗，相持九小时，肉搏六七次，始行占领该岭，残匪纷纷向苦竹、苏地溃窜。是役毙匪三百余，伤匪七百余，俘匪二十余，缴获步枪七十六支，轻机枪二挺，我九师亦伤亡官兵八十余人。

八、九月份报告

作战命令

本路军进取长汀，正向朋口集结间，九月一日第三师第八旅在温坊遭匪袭击，损失颇重，三日第四纵队先头第九师攻击前进亦未成功。为整理补充，至有（二十五日）始令第四纵队继续向长汀攻击，其命令要旨如下：

一、匪情及友军情况如贵官所知。

二、贵纵队以进占长汀之目的，先攻略温坊以西高山之匪主阵地。

三、有（二十五日）晨以第三师（欠第八旅）及第十师之一部，加强紧接匪阵温坊南北之碉堡工事，当日完成后，即由第三师守备之。三十六师由新泉向朋口集结，第九师及十师主力运动至洋屋尾附近，宥（二十六日）拂晓前，均推进至温坊附近。

四、宥（二十六日）拂晓开始攻击，先以第九师攻略温坊以西匪之前进阵地，如情况许可，一举即攻略匪之主阵地锁钥之白衣洋岭，否则即在该阵地构筑工事一天，先站稳脚跟，同时第十、第卅六师集结温坊附近，与第九师阵地衔接，如匪由温坊南北高地来袭，除第三师依碉堡工事牵制匪外，余即准备以全力决战。

五、感（二十七日）攻略匪之主阵地，主攻击点为白衣洋岭。

六、卜炮兵第二营于攻略匪前进阵地，其阵地选于温坊东南高地，距匪主阵地约四千五百米处。至攻击匪主阵地时，即推进温坊西方高地我步兵阵后，距匪阵地约二千米处。

七、飞机自攻击开始起，每日拂晓起，即飞往阵地协同战斗。完。

白衣洋岭一带之匪，经我击破后，纷向中屋村退窜。于俭（二十八日）电李指挥官，务于一二日内略取中屋村，该指挥官遵于艳（二十九日）攻击前进，下达命令要旨如下：

一、三十六师着于明（廿九）日上午七时前，接收白衣洋岭亘猪棕岭、金华山之线全阵地之守备，并须有随时策应九十两师之准备。

二、第三师之一旅，着于明（廿九）日上午六时前，接收白石脑、石头坑岭线九师碉堡之守备，并努力增筑通中屋村大道两侧之碉堡。

三、第九师着于明（廿九）日上午由现地出发，向中屋村搜索前进，到达后，应速占领阵地，赶筑野战工事。

四、第十师着紧随第九师后，向中屋村推进，到达后，应速占领阵地，（临时指定）构筑野战工事。该师于九师未出发以前，应派队分向中屋村大道南北侧地区，游击搜索。完。

军队调遣

闽北方面：

奉委座上月宥（二十六日）酉行战电开：第八五师应抽为预备队，其防务由第四十六师及七十五师延伸接替。嗣由奉电令着八十五师即调建瓯，堵剿伪七军团残匪各等因。卫总指挥即更定闽北封锁线之守备部署如下：

一、第八十五师留一团暂任王台、沙溪口、青州、马铺一带守备，主力由顺昌迳开建瓯，所遗高滩、顺昌、洋口、峡阳、王台（不含）之守备任务，由第七十五师韩旅延伸接替。

二、七十五师现任八里桥、乌鸦塞、上乾、五里牌、当溪一带守备任务，着由四十六师向东延伸接替。

三、第五十六师应接收贡川、永安（不含）段守备。

第五十六师遵以桂旅任沙县至梅烈（不含）守备，汤旅任梅烈、贡川至永安（不含）守备。第四十六师及七十五师韩旅亦于庚（八日）照规定地区移防完毕。第八十五师交顺漠间防务后，留五〇七团任王台、青州一带守备，主力于佳（九日）向建瓯推进，文（十二日）到达，删（十五日）以五〇五团开政和，五一〇团开松溪，哿（二十日）又向浦城转进。后奉委座有（二十五日）申参海电手令，八十五师即全部开沙县，参加进剿等因。该师遂于本月底由浦城向沙县出动，预计于十月佳（九日）到达。

闽西方面：

第四纵队主力，于上月艳（二十九日）向朋口、龙冈及莒溪一带地区集中完毕后，奉委座世（三十一日）午电令，我第三路军已占领驿前，第四纵队须照原定计划克日向长汀推进等因。当决定于支（四日）开始进展，但第四纵队为进展容易计，于东（一）日先遣第三师八旅进至温坊筑碉。乃是晚伪一九军团猝来袭击，该师主力应援不及，遂为所破。冬（二）日第九师进至洋屋尾、马山前一带地区，决于江（三）日以如下之部署，进占温坊。

第九师推进温坊附近，第三师控置洋屋尾附近，任明温间两侧警戒，八十三师推进朋口及其以东地区，以便策应。

江（三）日晨，第九师向温坊推进，伪一、九军团凭险顽抗，激战竟日，卒未得手，仍撤回洋屋尾附近抵抗。自是窥知匪阵坚强，非步炮空协同攻击，难期奏效。遂遵委座鱼（六日）晨辰机牯电，暂行固守原地，一面从事整理，一面待卜福斯炮来到。其部署如下：

第九师驻朋口、莒溪间整理，八十三师（欠三团内一团任把苦段守备）任朋口附近阵地之守备，第三师附八十三师之一旅，任朋口至洋屋尾守备，并以极短距离，逐步向温坊推进筑碉。

上月卅日由沙县南进之第十师，冬（二）日到达永安，支（四）日留补充团接收永安城防，主力推进永安大练间，五十二师（欠驻尤三〇八团）推进大练、热水口间，构筑碉堡，庚（八）日完成后，十师派一团守备，以主力于佳（九）日推进大练、常顺间，五十二师推进常顺、苦竹间，并遵本部电令，派三一一团接收小陶、苦竹间防务，俾八十三师补充团归还建制。是时奉委座齐（八日）参牯电开：限第十师删（十五日）前完成永苦间碉堡，即开朋口加入李延年纵队担任进剿，永安至苦竹守备，归五十二师担任，苦竹至小陶段，归保安第一支队延伸接替等因。遵分别转饬遵照。

保安第一支队于元（十三日）始接收连陶段守备完毕，奉令后仍以第一团任连城城防，而以二、四两团于删（十五日）向东延接苦陶段守备。第五十二师苦陶段守备交替后，于铣（十六日）移接永苦段守备，以三〇七团任永安城防，三一一及三一二团任永苦间碉堡守备。第十师俟五十二师接防完毕，于巧（十八日）开始向朋口前进，预定号（二十日）到达姑田附近。是时伪一军团行踪不明，奉委座元（十三日）申参海电令，由第四纵队派有力之一部北移，为第十师声援。遵令李指挥官率第九师，限皓（十九日）到达姑田，俟第十师到达后，再行集中朋口。

嗣又奉委座谏（十六日）机海电令，第三十六师士气较盛，应用于前方到漳之卜福斯炮应速开一营至前方。当从新规定进剿与守备兵团之部署如下：

一、第四纵队以第九、第十、第三十师及第三师（欠八旅）、卜福斯炮第三营组成之，限廿三日集中朋口附近。

二、河南保安第一支队仍任苦竹连城段守备，以第三师第八旅任连城（不含）梁福山间守备。

三、八十三师以一部任梁福山、新泉、旧县守备，限廿三日前接替完毕，其余控置于新泉附近。

四、八十师以一团任龙岩城防，一团任坎市、抚市、雁石等处守备，一团协助补充第二团增筑漳龙公路碉堡后，即与该团分任守备。

各部队照规定部署完毕，有（二十五日）开始进展，以第三师守备温坊南北地区，第九、第十两师进至洋屋尾附近。宥（二十六日）拂晓第九师任主攻，占领大头坑岭、白石脑、龙胸岭之线，感（二十七日）拂晓第三十六师任主攻，占领白衣洋岭为是役之主要会战，俭（二十八日）第十师一部任主攻，占领猪棕岭、金华山一带高地。艳（二十九日）除三师及三十六师任温坊至白衣洋岭、猪棕岭一带守备外，第九、第十两师占领中屋村及以西之金河嵊、黄义嵊一带高地，尔后即构筑温坊、中屋村间碉堡，至下月江（三日）始续向南山坝推进。

俭（二十八日）奉委座感（二十七日）亥机海电节开：恐匪从永安、连城线碉堡突窜，该段封锁线须加紧严密等因。时保安第一支队所任连苦段守备，以一团任连城城防，二、四两团分布于连苦碉堡线，颇感单薄，遂令八十三师派补充团接收连城城防，限卅日接替完毕。抽出该支队任连城防之第一团，增加于连苦线担任守备，限下月冬（二日）移动完毕。其部署据该司令陷（三十日）戌电报告如下：

支队司令部驻姑田，第四团守连城、姑田段（均不含），第一团守姑田、小陶段，第二团守小陶、苦竹段（均含）。

赣粤闽湘鄂剿匪军东路军九月份逐日匪情

九月二日

汀连方面：

一、伪一军团及伪廿四师东（一日）晚，乘我第三师许旅在朋口以西之温坊未确实占领阵地之际，突行猛烈袭击，激战至冬（二日）晨辰后，该匪一部退窜曹坊、傅孙瑕、唐坑一带，余向温坊上莒溪退窜。

宁洋方面：

伪独立第九团仍盘踞邹家山一带老巢，东日有一部百余窜到中村、长坂洋（讵宁洋城卅里通漳平大道）一带，割断话线，冬（二日）窜陷漳平属之新桥。

九月三日

汀连方面：

一、江（三）日我第九师向温坊之匪攻击，上午九时占其东南北三高山，伪一、九军团及伪廿四师等潜伏温坊南北，企图断我后方，皆被我击退，其主力转向我西北两方猛攻，反复冲击，战极惨酷，我军因地形及伤亡关系，撤退洋屋尾，匪伤亡三倍于我，现该匪尚在温坊以西高山与我对峙中。

闽东方面：

伪七军团江（三日）丑，由八都向浦城逃窜，我四十九师江申到八都，星夜跟追，有窜仙阳、渔梁企图。

九月四日

汀连方面：

一、李玉堂支（四日）电，伪廿四师仍盘踞上莒溪、官畲、林家埠一带，吴家坊、城溪一带，支（四日）有匪千余，头戴树、叶帽窜踞。

龙岩方面：

据探称：（1）伪独立第九团约有千人，枪八百，伪独立第八团人约千五百，枪千二百余，机枪迫炮数门，分窜龙岩、永定边界。（2）匪划龙岩、永定为第二分区，伪独八团任之，其最大任务为筹款、掳人勒赎、运输货物接济匪区。（3）匪内部现金缺乏，设立工农红军消费合作社及共和国经济建设公债券，搜刮人民现金，故长汀一带民众，望我军如云霓。(4) 接济匪区物质路线，伪独九团担任一路，由永定之金丰经龙岩境内，走上杭、大和坑、过枣坑、南阳，独八团担任一路，由永定之调虞、汤湖子、里祟、下坑尾、新竹坝、登龙岭、扶竹岭、银坑岩下、才溪直达长汀。

宁洋方面：

江（三日）窜陷新桥之伪独九团，支（四日）午被漳平团队反攻，退窜大田，属城日新桥商店被烧一部，掳去男女十余人。

九月五日

汀连方面：

李延年微（五日）电据探报：(1) 温坊西十里之黄坑、中田一带，有匪三四千人，枪三分之二。(2) 吴坊、曹坊、城溪、朋口西北驻有伪军团部及师部，有匪万余，其番号为一、九军团，似有突破我连朋间封锁线模样，八仙亭、南巢、上莒溪（温坊西南十里）一带，有伪廿四师固守工事等语。

九月六日

汀连方面：

李延年鱼（六日）电据探报：(1) 曹坊、关家坊、城溪等处，仍有大股匪盘踞，其前哨向龙冈寨、竹隔方向警戒。(2) 曹坊、羊贝以东地区，均筑有强固工事。(3) 温坊至南巢、八仙亭间亦有工事，其周围筑有竹棚甚多，为伪九军团及其他匪部据守。(4) 中田、黄坑以西山上有匪之大部等语。

闽东方面：

行营庚(八日)电，伪七军团自经我四十九师迭次痛击后，损失颇重。鱼(六日)由庆元属之八都逃窜浦属之仙阳街后，经我四十九师连合当地驻军夹击，现又向江山以南地区逃窜，仍在追剿中。

九月七日

汀连方面：

一、李延年虞（七日）电：(1) 盘踞城溪、吴家坊之匪，为伪九军团及伪廿四师，本日午前有匪四千向曹坊推进，并于上下塘、五礤各高山派有警戒。（2）马埔头（在马山前十里）西北矮山亦有匪之警戒部队，本日曾与我八十三师游击队接触半小时，匪不支，旋向羊贝退去。（3）温坊西端地区，为伪一军团守备，其西南端有高地均筑有工事，通猪棕岭大小道均埋有地雷。

九月八日

汀连方面：

一、李延年庚（八日）电：（1）据探报，伪九军团主力仍在吴家坊，近日在五礤、上下塘坊间赶筑工事。本日上午我飞机至曹坊轰炸，伤匪甚多。（2）温坊之匪，本日向我场屋坊以西筑碉部队以迫炮轰击，妨害我筑碉，似其主力，仍潜伏温坊西北高地一带。

九月九日

汀连方面：

一、李延年佳（九日）电据探报：（1）吴家坊、曹坊之匪，其大部于昨庚（八日）下午四时向大田吴方向窜去，本日曹坊已无匪踪。（2）温坊西南高地之匪，亦于本晨向西撤退，惟温坊正西高山尚有匪盘踞，本日未向我筑碉部队骚扰。（3）上莒溪、黄地之线，匪均筑有工事，并有匪踞，兵力番号不明云。

二、李延年文（十二日）电，吴家坊附近之匪，庚（八）、佳（九）两日西窜时，行动急急，似别有企图。

九月十日

汀连方面：

李延年灰（十日）电，综合最近情报：（1）吴家坊以西之匪，现尚潜伏连屋冈、太平岭（在连屋冈以东五里）肖坊及其以南一带高山，五礤附近有匪小股，构筑工事。（2）上莒溪、黄地、小鱼潭一带，仍有少数散匪窜扰。（3）温坊附近之匪一部于佳（九日）转向太平岭、白庵寺（吴家坊以西十里）方向行动。

九月十一日

汀连方面：

李延年文（十二日）电，黄地、上莒溪尚有匪一营盘踞，该处原有匪大股，于真（十一日）下午向中屋村窜去。

宁洋方面：

(一)伪一零一团真日由宁洋之张家山窜至桐林南二十五里之竹溪附近。

(二)盘踞邹家山之伪独九团，于真（十一日）一部四百余人窜宁洋属之苏一田，一部二百余人窜孔党、陈地坑，并在苏一田设立伪苏政府，构筑防御工事，企图持久。

九月十二日

汀连方面：

(一)李延年文（十二日）电，综合各方探报，吴家坊以西连屋村、肖坊、邓坊一带，尚有枪匪六七百盘踞，时向吴家坊附近掳劫。(2) 温坊以西高山尚有匪，枪七百盘踞，闻系伪二十四师之七十二团。

(二)文（十二日）晨，我第三师特务队向温坊游击，俘二十四师数人，据供，匪大部向中屋村以西退去，仅留少数固守猪棕岭一带工事。

(三)李延年元（十三日）电，盘踞植树岭一带之伪九军团，约有二三千人，于文（十二日）向大田吴方向移动。

(四)卅六师文（十二日）报称，据投诚匪供：汀城之匪不多，现在集中朋口方面馆前、滑石、李田等处，有伪一军团约万人。

(五)行营庚（八日）电，伪一军团一部，文（十二日）移向长汀东之李田，铣（十六日）窜江西宁都方面。

九月十三日

汀连方面：

一、李延年元（十三日）电，据俘匪供：伪廿四师七十二团，现在温坊西南高山担任警戒，七十、七十一两团均在中屋村。又据我第三师由匪方逃回之士兵供，伪一军团八日尚在河田等语。

闽东方面：

陈齐煊敬（二十四日）电，连日派队搜剿福安属各股匪，真（十一日）在后楼击溃匪百余名，毙匪数名，在溪柄击溃匪二百余，向柏柱逃窜。元（十三日）有匪千余，枪三百余，自动枪三，冲锋枪六，向我徐营坑边宿营地三面围攻，势甚凶猛，经我沉着应战，冲破匪之包围阵线，并分路向后山坑口冲杀，相持至午刻，匪势不支，纷向柏柱、柳溪及霞福交界逃窜，毙匪三四十名。

九月十四日

汀连方面：

一、宋希濂删（十五日）电，伪廿四师之一部，确于寒（十四日）到达才溪，其任务闻系迎接新近由俄归国之匪首李立三，李系经由汕头、永定、丰稔市、茶地之岩下附近渡河，前往瑞金云。

九月十五日

汀连方面：

删（十五日）午后，由南阳将军桥方面窜上杭属之白沙方面伪二十四师七十团五六百人，有机枪数挺，无线电等，向驻该地之保安十四团之两连进袭。

宁洋方面：

伪独九团部五六百人，删（十五日）由邹家山、中村方面窜踞白沙十里之宁辖罗畲，声言欲攻白沙。

龙岩方面：

删（十五日）探报，匪方因不胜我主力军压迫，拟以十六个游击队由连城方面来龙岩、永定，分布四周捣乱，以减少我军进攻力量，并阻碍我军运。

九月十六日

龙岩方面：

一、铣（十六日）伪独立第八团，由船巷向白土方面窜去，并在曹溪、王庄、南洋一带公路散发反动标语，砍断电线。

汀连方面：

李延年铣（十六日）电，吴家坊、曹坊昨窜回匪三四百人，温坊西南高地，现已调为伪廿四师之七十一团防守，其伪师部仍驻中屋村。

宋希濂筱（十七日）电，伪廿四师之七十团一部及独立营游击队等约千余人，铣（十六日）晚在茶地西北廿余里地方，与我保安十四团部激战终夜。

九月十七日

一、李玉堂筱（十七日）电，据投诚匪供：(1) 中屋村附近驻有伪九军团之第三师及伪廿四师踞守中屋村以东高地大道，以南属伪廿四师，以北属伪第三师，归伪九军团罗匪炳辉指挥，刻正构筑工事。(2) 中屋村之匪刻无逃窜消息，寒（十四日）每连补充新兵廿名。

九月十八日

汀连方面：

一、宋希濂巧（十八日）电，南阳有匪新兵一团约三百余人，枪二百余支，河田有匪，番号不明之匪万余人，才溪前有伪廿四师千余人，于筱（十七日）他窜，茶树下（南阳西北十五里）有伪二十四师七百余人，重机枪六挺，中屋村匪筑堡很多。

龙岩方面：

据探报，伪独八团已窜永定讯。

宁洋方面：

十八日拂晓，伪独九团六百余人，由宁洋之中村向我岩北之白沙第十二团二营围攻，该匪并派一部百余人，占领棕坑（踞白沙八里），企图断绝我白沙、漳平交通，经我击退，向白沙东北十余里之罗畲窜去。

汀连方面：

上杭县长巧（十八日）报告，据投诚匪供，匪方宣称中央军五次围剿计划，在九月可以冲破，我方决以一、三、五、七、九各军团合抽五万人，并八月一日扩大之红军五万人，以大部向福州猛攻，以小部向连城牵制，若福州攻陷，东路军势必动摇。匪方虽不能长驻福州，亦可取得大部分之经济，同时牵制连城之一部，可将失地恢复，纵攻福州不下，亦可向闽东开展新苏区，以图浙江，最低限度大田，永春之县务须占领，藉以窜扰闽南，若闽东闽南暴动后，则闽西之敌不击自退矣。(2) 自坑口驻兵后，伪福建军区第一分区指挥部代英县苏等退驻永定联四乡（即上姓村等处）将永定各武装统改为永定游击大队，有枪二百余支，以联四乡为根据地，向丰稔河下游捣乱，夺取经济。代英县苏，除将所辖大洋、茶地两区苏保留外，其余太拔、蓝家渡、立民、卢丰四苏区一律取消，另成立工作委员会，其委员由代英县苏派一人，四区各派一人充任之，以指挥四区军事、政治，并将该四区原有武装改编为代英县游击大队，有枪四十余支。前月九日，与独立第一连曾到南风凹向大洋、太拔各处游击等语。

九月二十日

汀连方面：

李玉堂哿（二十日）电，中田、桥下两处仍有伪九军团之大部盘踞，驻守猪棕岭、中屋村之伪廿四师，已有一部移驻畲塘、背南岭等处。

九月二十一日

闽东方面：

伪第五八团五百余人，马（二十一日）由松溪以西之山表、外屯等处西窜，经坪州焚毁桥梁及马岚汽车站后，回窜外屯并在该处组织伪苏府。

九月二十二日

汀连方面：

李玉堂养（二十二日）电，曹坊西约十一里之富家墙有匪连哨，城溪、南山、中田等处各驻匪三四百名，均系伪九军团，桥下有匪千余，上莒溪之上庄有匪数百，番号不详。

闽东方面：

陈齐煊宥（二十六日）电，我顾团马（二十一日）晨，进攻柏柱匪约千余，被我击溃，向金山、松罗方向逃窜，毙匪五六十名，救出肉票九人，获西药数件。养（二十二日）晨，由柏柱向松罗搜剿该处，有匪数百踞险构筑工事顽抗，被我分路击破，格杀十余名。在柳溪丛林中搜捕江西负伤匪卅余名，据供尚有五六百分散连江等处。

九月二十三日

宁洋方面：

伪一〇一团二十三日，由宁洋境内向永安之西洋汛移窜。

汀连方面：

黄任寰宥（二十六日）电，伪廿四师七十团及独八团复窜回调虞汤湖一带，经派队分路进搜，该匪于梗（二十三日）向大拔窜去。

九月二十四日

龙岩方面：

敬（二十四日）拂晓，伪独立第九团窜白沙、雁石之间，并向白沙为正面之进攻，我驻白沙保安营相与对抗中。

宁洋方面：

保安十二团李敬慎敬（二十四日）报告：（1）伪新编第九团团长罗铭德，人约二千余，枪千五百以上，机枪五挺，自动枪三支。（2）该匪常窜扰白沙、南洋一带，根据地在邹家山，派有一部布陈坑、中村一带。（3）该匪专任扰我后方与发展新苏区。（4）该匪番号时时改换，且设有政治部向民众宣传，且由政治部直辖有独立连三个，故其人数统计有二千余名。

汀连方面：

钟绍葵敬（二十四日）电，伪廿四师七十团将会合伪独立第八团及伪独立营，约二千人，不日护送匪首李立三及重要货物回窜才溪。

九月二十五日

汀连方面：

一、钟绍葵径（二十五日）电，本日南窜之伪七十团大部，约五百人，护送货物二百余担，向扶竹岭前进，当派队预伏截击，激战数小时后，遂向将军桥方向溃退，俘匪二名，获枪六支。据俘匪供，其残部拟今晚渡旧县河，并有马三匹，谅李匪立三在内。尚有一股会合伪独八团及独立营，约七八百人，在永属汤湖出没。

二、薛蔚英径（二十五日）电，伪一〇一团有（二十四日）进扰赖源陈、东坑等处。

建宁方面：

卢兴荣有(二十五日)电：(1)伪第七师已窜往水茜庙前一带，明溪城只有匪二百余人。(2) 安远有大股匪，番号、人数未详。

七月二十六日

宥（二十六日）拂晓前，我第四纵队向匪攻击前进，我第九师于午前四时确实占领大头坑、白石脑、龙胸岭之线匪前进阵地，俘伪第三师七团匪数名，获枪数支，匪死伤甚多，残匪向猪棕岭退窜。据俘匪供，现伪第三师随九军团，此间匪军甚多，但番号不明。现我第九师一面强固工事，一面向匪主阵地左翼之白衣洋岭续进中。

九月二十七日

汀连方面：

感（二十七日）我第九师坚固即得阵地后，我第十一师一部向猪棕岭以北佯攻，主力控置为预备队，我卅六师于午前八时向匪之白衣羊岭主阵地开始攻击，九时顷，匪以千余密集部队向我卅六师左翼猛烈出击，反复肉搏，经我增队反攻及飞机炮兵之协同，始将该匪击溃。十时许，占领七里、横岭，十一时许完全占领上古楼岭及白衣洋岭匪主阵地。是役，匪死伤千余名，多系飞机炮兵所命中，俘匪百余，获枪二百余支。据俘匪书记供，当前之匪系伪廿四师及伪九军团全部，伪军委会曾严令死守该阵地，现该残匪向中屋村方面窜去。惟北翼之太平岭、金华山、猪棕岭诸高地匪仍顽抗死守，并藉树林隐蔽，不时向我骚扰，企图反攻，我因坚固即得阵地，致为时已迟，不便续攻，拟明日继续攻击。

九月二十九日

汀连方面：

一、艳（二十九日）晨，我第四纵队以卅六师任白衣洋岭亘猪棕岭、金华山之守备，并增加封锁工事，以九、十两师向中屋村推进，九师在先。巳刻匪乘我前卫旅向西北高地攻击间，以潜伏西北密林间之大部向我猛冲，当以后续部队展开于右翼，后用轻重机枪猛烈扫射，当被击退，我前卫旅同时在飞机掩护下，逐段进攻，至下午未刻占领中屋村西方金河崠、黄泥崠之线，匪有一部退守杀人凹，与我对峙中。与我抗战之匪，仍为伪九军团及二十四师。是役毙匪甚多，俘数十名，获枪十余支，自动枪二支。

二、独八团二十九日由水东渡河窜至才溪。

宁洋方面：

卢兴荣艳（二十九日）电，原在宁洋之伪一〇一团，人枪七百余，潜伏宁辖之黄山头（距宁洋四十里），时向邻村骚扰。

九月二十三日

汀连方面：

一、李玉堂卅电，顷获伪新编师侦探队长供：（1）新编师有步兵九连，师长王茂岳，各连有兵百卅余名，枪四五十支，每兵子弹百余发。（2）此次派出侦探数百名，皆冒三师八旅被俘士兵名义，到有各处混补名字，一作兵运，二探虚实，分配于新泉、朋口、连城者达四五十名，多经连城南岭到新泉。(3) 侦探符号为剪刀上有红色，并做破坏电线之用。

二、李延年卅电，南山坝东端小山上有匪警戒部队，似有匪之大部，大田吴以东有伪九军团之一部在该处筑工事甚忙，连屋冈有伪廿四师部。

综合九月份一股匪情提要

一、伪一军团东（一）江（三）等日，在温坊附近与我第四纵队先后激战后，尚在温坊以西高地，庚（八）佳（九）等日，向西移窜河田，旋窜馆前、滑石、李田等处，铣（十六日）窜抵宁都方面。

二、伪九军团及伪廿四师东（一）江（三）等日，在温坊附近与我第四纵队先后激战后，仍在温坊以西一带高地，宥（二十六日）在白石脑、龙胸岭之线前进阵地，被我第四纵队击溃，毙匪甚多。感（二十七日）在白衣洋岭之线坚固主阵地，经我李纵队及空炮兵之协同攻克之。是役，激战甚烈，反复肉搏，毙匪千余，俘百余，获枪二百余支，退踞中屋村以西黄泥崃之线。艳（二十九日）我李纵队继续向中屋村推进之时，该匪以潜伏西北高山密林中之大部，向我猛冲，卒被我击溃，占领黄泥崃，匪主力向南山坝逃窜，一部在杀人凹与我对峙。是役毙匪甚多，俘数十名，获枪数十支。

三、伪七军团自经我四十九师迭次痛击后，损失颇重，鱼（六）日由庆元属之八都逃窜浦城属之仙阳街后，经我四十九师连合当地驻军夹击，又向江山以南地区逃窜。

四、伪第七师有（二十五日）以前，由归化方面窜安远西之水茜庙前一带。

五、伪闽北独立师，仍在崇安、大安一带流窜，其伪五十八团，马（二十一日）在松溪以西之山表、外屯骚扰。

六、伪廿四师之七十团寒（十四日）前后由南阳经才溪窜向茶地，铣（十六日）晚，在茶地西北十余里外，与我十四团部激战一夜，其目的在连合由龙岩窜永定之伪独八团，迎接匪首李立三及重要货物回窜才溪。有（二十五日）护送货物二百余担，在扶竹岭附近，经我保安十四团预伏截击，遂向将军桥溃退渡河回窜才溪，伪独八团尚在上杭、永定边境流窜中。

七、伪独立第九团冬（二日），由宁洋辖之邹家山匪巢窜陷漳平属之新桥，江（三）日被我漳平团队反攻，窜大田属之城口，删（十五日）又由邹家山方面窜白沙十里之罗畲、巧（十八日）犯白沙被我保安十二团所部击溃，窜回罗畲，现仍在邹家山、中村一带流窜中。

八、伪一〇一团阳（七）日，由上石窜宁洋之香寮，真（十一日）由宁洋之张家山窜相林南十里之竹溪，有（二十五日）窜扰赖源陈、东坑一带

九、福安属之任马土共，经我新十师先后在柏柱溪、柄柳溪、坑边等处搜剿后，毙匪数十名。

剿匪战斗经过

本月我第四纵队开始向长汀进展，在温坊及其以西一带，先后与匪激战，其经过概要如下：

东（一）日第四纵队先遣之第三师第八旅，推进温坊筑碉，以第十五团任温坊西北亘东北方向之警戒，第十六团任西南至东南方向之警戒。伪二十四师等匪即退踞温坊以西高地阵地中，迨至黄昏时，分途向我袭击，最初犯我十五团左翼阵地（平沙亨），旋被击退，嗣犯我十六团右翼之警戒部队，该处阵地一度被匪占领，旋即恢复。八时以后，匪以一、九军团约万余人，由中屋村及温坊以北之曹坊，向该旅迂回，后方交通完全断绝，反复肉搏，激战至二日午前一时，我十六团第一营营长负伤，该营阵地即被匪突破冲入温坊，因黑夜匪我莫辨，掌握不易，遂由各地区部队困

守阵地，混战至二时许，卒以匪我众寡悬殊，第一线官兵，多与阵地同尽，遂全线崩溃。是役，我第八旅伤亡近千人。

江（三）日，该纵队先头第九师继向温坊前进，以第三师任温坊、朋口间两侧警戒，第八十三师控置为预备队，自拂晓开始攻击，至上午九时，占领温坊东南北三面各高山，伪一、九军团及伪廿四师等匪潜伏温坊南北地区，企图断我后方，均经我奋勇击退，匪乃转移主力，向我西北两方猛攻，反复突击，我阵地始终未稍动摇，卒因干部伤亡过大，与地形不利，而同时第三及八十三两师之一部，于朋口以西之洋屋尾、张家营各处，均与匪接触，前后受敌，未便恋战，遂令第九师各部于午后四时三十分彼此掩护撤回洋屋尾附近抵抗。是役，俘匪三十余，获枪三十五支，我第九师伤亡亦多。

第九师攻击受挫后，整理补充，至宥（二十六日）仍续向长汀攻击前进，预定本日略取温坊以西匪前进阵地，自午前四时起，以步炮空协同攻击，该匪凭藉工事，顽强抗战，经我奋勇冲击，即确实占领大头坑岭、白石脑、龙胸岭线匪之前进阵地，匪死伤甚多，续向白衣洋岭之主阵地溃退。

感（二十七日）拂晓，以三十六师全部展开白衣洋岭东南地区任主攻，以第九师主力布于白衣洋岭以北，至石头坑岭之线，对盘踞猪棕岭、金华山之匪，严密监视，其一部集结于白石脑附近为助攻，第十师控置于温坊东北端为总预备队，并以一部向金华山方面佯攻。于七时二十分由空炮军连合对匪主阵地之白衣洋岭袭击，掩护三十六师攻击前进，该师第一〇八旅钟彬部为前锋。该匪主阵堡垒鳞次，异常坚固，我军仰攻，激战至九时二十分，匪以二千余密集部队向我三十六师左翼猛烈出击，反复肉搏，该处兵力较薄，致一时被匪突破。当以预备队增加反攻，及飞机炮兵之协同，随将该匪击退。战至十时三十分，七里横岭匪堡十余座为我占领，至十一时，上古楼岭及白衣洋岭匪主阵地，均完全为我第一〇八旅占领，残匪向中屋村方向溃退。是役，伤毙匪千余，俘匪百余，获枪二百余支。第三十六师宋师长希濂弹伤腿部，营长以下官兵亦伤亡二百人。

白衣洋岭经我占领后，猪棕岭、金华山一带匪阵，仍扼险顽抗。俭（二十八日）以三十六师固守白衣洋岭阵地，第九、十两师主力控置原阵地，任右侧掩护。午前八时，令十师之一旅，由白衣洋岭山腹，向猪棕岭、金华山一带匪阵行侧面攻击，第九师一部由正面助攻，残匪初尚顽强抵抗，经我奋勇冲击，至午前十时始确实占领猪棕岭及其以北各高山。

艳（二十九日）以三十六师任白衣洋岭亘猪棕岭、金华山之守备，于午前七时，以第九、第十两师开始向中屋村攻击前进，九师在先头，第十师紧靠九师跟进。十时我前卫旅向中屋村西北高山攻击时，匪以潜伏西北密林中之主力（廿四师）向我猛冲，幸九师本队及第十师动作灵活，均适时赶到，当即展开于右翼，用轻重机枪以猛烈火力扫射，匪不支溃退，我前卫仍逐段攻击前进，至午后三时，遂确实占领中屋村西方之金河崃一带高地，残匪退踞杀人凹与我对峙。是役，毙匪甚多，俘匪数十名，获步枪十余支，自动步枪一支。我九师亦伤亡官兵二十余名。当即构筑阵地，并沿途碉堡，至下月四日完成后，始续行前进。

九、十月份报告

作战命令

本月廿九日，给第四纵队及航空队兼本部有关各处兹制定规复长汀计划一份，随令颁发，仰该指挥官按照各项规定适切实施之，并将兵团部署及进展情形，随时具报为要。

附计划概要

其一　匪情判断

匪主力西窜业经证实，今后回窜与否，固未可知。惟长汀及其附近，现只有伪廿四师及伪游击队等部负隅，其企图无论为掩护其主力西窜或为卷土重来之根据。但长汀为闽西重镇，伪闽省府所在，目前乘虚规复，于战略政略两方均感必要也。

其二　方针

以强袭之目的东路军之一纵队，于十一月一日自河田一举而下长汀。

其三　指导要领

一、河朋间第一期筑路，务于十月卅日前赶筑完成。

二、第四纵队各师务于十月卅一日全部集中河田，并完成前进诸准备。

三、飞行队自十月二十九日起，逐日侦察河田、长汀及瑞金、会昌、宁化间之匪情，至前进开始，以主力协同前进部队攻略长汀，遇匪来袭或匪顽抗时，尽量爆击之。

四、前进间，对当前之匪猛烈打击之，对两侧特宜戒备。

五、遇匪据阵地抵抗时，应注意包围及迂回，以期歼灭之。

六、克复长汀时，立即完成所要之阵地工事。

其四　兵团部署

一、前进兵团以第四纵队之三个师组成，并附第三师之山炮兵。

二、前进间以两师为第一线，一师于第一线后跟进，切取连系。

三、占领长汀后，第一线之两师立即构筑长汀附郭所要兵力（二至三团）之野战工事后，以一师守备之及加筑必要之碉堡工事，并构筑长宽千米达之飞机场。

四、第一线之一师（完成上述长汀附郭野战工事后）即与第二线之一部，赶筑河汀间之碉堡后，再筑其间之公路。

五、控置河田之一师，除留警戒必要之兵力外，均向赶筑河朋第二期公路。

其五　交通通信

一、交通处于十月卅一日前，将延伸长汀之电线材料及人员等运至河田，随前进部队架设电线。

二、交通事项除按照其四三、四五两项外，交通处应督促建设厅工程人员，同时构成所要之石方及桥梁涵洞等工程。

其六　补给

一、弹药，长汀及河田间约需五团一月之碉堡弹药，应于十一月一日前，由运输处自新泉仓库运至河田，并准备部队补给之弹药。

二、粮食，自河田以西以因粮于地为原则，但运输处应按照前令迅速屯积食米于河田，并派员前进采办。

其七　卫生事项

军医处应于攻击开始前，在河田设立能收容五百人之野战医院一个，以收容伤病员兵。

其八　宣传及其他事项

一、党政处速拟印多量对匪军及匪区民众之宣传品，届时由飞机及部队散布。

二、第八区行政督察专员应速作推进长汀之准备，并派员前进抚辑匪区民众。

军队调遣

闽西方面：

甲、李纵队

二日上午八时，九、十两师各派一部，向黄义崃以西延伸筑碉。

四日上午九时，该纵队开始向南山坝攻击前进，下午二时第九师将南山坝占领之。

五日筑南山坝以东至黄义崃间碉堡，七日完成。

八日电令李延年，北路已占石城，达到第一期目的，我东路距第一期目的地之河田尚差五里。就目前形势，伪一、三军团颇有转向东路之可能性，固应慎重。但侦察明瞭知匪全力尚未集向本路，应即稳步前进。总之，不宜大意轻敌，亦不宜迟滞失机。

同日本部拟定该纵队攻击河田及构筑碉路计划电报委员长，并电令该纵队遵行其要旨如下：

一、河田村落甚大（四五千户）切勿利用以行村落防御，亦不许匪近接潜伏于其附近各要点及江岸，应构筑所要之碉堡，以监视河田，并封锁汀江。其守备兵力可用一旅，该守备部队之旅团营连部，约须住碉内，不宿民房。

二、河田附近碉堡完成后，除派一旅驻守外，主力至撤至中屋村西之黄义崃、金河崃阵地，分向东西筑路，一部撤至温坊西之金华山、猪棕岭阵地，向东筑路。

三、筑路时，除远探外，日间以一部警戒本阵地，大部均出发筑路，夜间均归回本阵地，遇优势匪袭击时，立即进入阵地抵抗。

九日上午七时，向河田攻击前进，十时将河田占领之，即在河田东北筑碉，并派队维持市街秩序，民众甚表欢迎，现状安谧。本晚，九、十两师均在河田东北部露营，三十六师主力控置于湖洋背碉堡线内。

十日，第九、第十、第卅六各师，各以一部构筑河田村围碉堡，其余控置于相当地点，随时准备应战，该处碉堡工事于十一日完成。

十二日奉委员长真（十一日）亥行战一复电开：不利用河田村落以行防御及守兵不住民房甚妥，但仍宜注意集结勿过分散为要。等因。

十三日接李延年文（十二日）亥电报告，筑路部署如次：

一、以二十六旅固守河田，以第三师（欠第八旅）担任五里冈全线碉楼之守备，均限元（十三日）接收完毕。

二、以第十、第三十六师归李默庵指挥，驻中屋村担任猪棕岭至上水口一带公路构筑，第九师（欠第廿六旅）及第八旅驻温坊，担任洋屋尾至猪棕岭段公路构筑，均限梗（二十三日）完成。

三、明日各师开赴后方,由师派队在凹头崃、黄义崃、猪棕岭之线交互掩护,并在筑路期内,拟派队固守黄义崃、猪棕岭,以资掩护。

十五日接李延年寒(十四日)戌电报告:该纵队各师位置,当于删(十五日)转报委员长,其要旨如次:本纵队遵令以第二十六旅固守河田,其余均于元(十三日)开回中屋村、温坊一带准备,铣(十六日)开始筑路。第三十六师现驻中屋村西部,第十师东路指挥部及第九师(欠第二十六旅)温坊,第三师之第八旅在杨屋尾,其余任朋口、五里冈间碉堡守备。

十六日,自本月鱼(六)阳(七)等日起,迭据各方情报,宁化、凤凰山等处到匪二三万,刘园(河田东北十五里)到匪两万余,蔡坊(河田西北十里)到匪万余,均有无线电,三洲(河田南二十里)到匪一部,数目未详。截至本日止,虽经派机派探侦察其情况,仍未证实。为严密防范起见,特急函李延年指示办法,其要旨如下:剿匪已到最后阶段,我东路兵力较为单薄,确系一大弱点,亦为剿匪以来最危险时期,偶一不慎,即易为所乘。以现在贵纵队正面延长五六十里,部队分散四五处之状况,指挥不便,有事至觉可虑。目下最要者,除以必要兵力任白衣洋岭、猪棕岭、金华山、黄义崃一带高地之守备,不为匪占外,应在相当地点(最好中屋村)先行赶筑三四团用之坚固野战阵地后,方可开始筑路。筑路间毋宁稍延进度,而不可将部队分离过远,如遇匪全力来袭,各筑路部队可藉碉堡线之掩护,速往叠予抵抗,与匪作殊死战,则匪虽狡,必不至为其所算。该阵地内尤须多储粮弹,以期万全。

十七日接李延年铣(十六日)酉复电报告,处置大要,以中屋村附近为纵队本阵地,自筱(十七日)起即极力增强其南北两部之阵地工事,同时对于金华山、白衣洋岭、金河崃、黄义崃四处增筑各一团之野战阵地,每阵地派兵一营常以驻守之,遇有匪警,即集结纵队主力至中屋村阵地,作韧强抵抗。

同日，接该纵队部电话称：我第十、第三十六师阵地构筑完成，明日开始筑路，第九师明日继筑阵地，下午开始筑路。

廿一日电李延年，谢师于号（二十日）到达营溪，已令于梗（二十三日）推进朋口，接替朋河（不含）段第三师所担任封锁线各碉堡之守备任务，第三师交防后，即加入筑路。

廿五、六日接李延年敬（二十四日晨）辰，有（二十五日）酉两电报告，该纵队筑路情形，其要旨如下：

一、筑路拟分两期，第一期杨屋尾至上水口段，第二期上水口至河田段。

二、第一期筑路，因猪棕岭上下坡约廿里，除积土过大，第三、第十师工程十分困难，现竭纵队全力协助，预计月底可以完成。

三、第二期上水口至凹头崃，以第十、第二十六师担任，均驻南山坝、凹头崃至河田，以第三、第九师担任，第三师驻湖洋背，第九师驻河田。

四、各师除分区派遣远探及自任警戒外，并令卅六师于黄义崃、第十师于凹头崃、高山之线，特别派队占领。

五、第二期筑路预计下月庚（八日）可完成。

廿七日奉委员长宥（二十六日）酉行战一电开：匪大部确实已南移，希饬加速完成河朋公路，以筑碉向长汀进展等因。廿九日奉委员长俭（二十八日）酉行战一电开：希饬李纵队防匪西窜，速取长汀，具报等因。当于俭（二十八日）戌艳午两电，复报委员长，乘匪主力西窜，拟令李纵队于本月底赶速朋河间第一期公路，下月一日，以一师在河田，并向东构筑第二期公路，以该纵队主力乘机一举而下长汀，然后构成其以东之碉路。同日将委员长宥（二十六日）酉、俭（廿八日）两电转令该纵队，严饬各部对第一期公路务于卅日完成，并限下月一日占领长汀。

同日接李延年艳（二十九日）辰电略称：第一期筑路定艳（二十九日）卅两日先后完工，第九师定卅日推进河田，其余各师约定世（三十一日）推进湖洋背及南山坝一带，依照前电所陈计划，即于东（一日）开始第二期筑路，限微（五日）完成。

同日，电复李延年，查第二期上水口至河田公路，长仅卅里，地形平坦，构筑较易，四师分担，每师不过八里。现决遵委员长令于下月东（一日）开始进占长汀。为一劳永逸计，希明卅日起，每师分筑一段，于世（三十一日）内赶成第二期公路，则前进时补给联络均便，如万一不能完成，则五里冈（或湖洋背）以东务希于世（三十一日）赶成，并希妥为部署，激励士气，努力实现为盼。

乙、第八十五师

上月卅日，接该师长谢彬艳（二十九日）电称：本师遵令集中沙县，定艳（二十九）日、陷（三十）两日分别开拔，预计佳（九）灰（十）前后可到达目的地。

一日电复该师长盼兼程前来，以资分担任务。

十日接该师长佳（九日）酉电略称：本师今日到达沙县，因输卒患病过半，明日拟令五一〇团先开，主力陆续移进等语。当于灰（十日）亥电，规定其前来经路及应注意者数事如下：

查伪一〇一团人枪五六百，常窜扰永安、宁洋、小陶一带，清流、宁化方面日来有大股匪窜扰，亦未可稍忽。贵师须沿沙永连碉堡线前进，至姑田经曲溪席湖营至朋口待命。在行进中，须时存戒心，兵力尤须集结，千万不可分散。（应集结全师前进，五一〇团如已先开，应即在相当地点停止，俟主力到后方可续进。）每日出发宜早，至下午二时必须到达宿营地，得以从容构筑防御工事，行动间如遇匪袭，可进入碉堡线，以行抵抗，必要时，此间当派机前来掩护。逐日行动及宿营位置，务须预先电告为要。

十四日，接该师长寒（十四日）未电略称：本师主力今午抵永安，五〇七团亦可抵贡川宿营，拟铣（十六日）集结全部，继续向小陶、姑田前进。

十六日下午三时，该师全部到洪田，十七日小陶、十八日姑田、十九日席湖营、二十日莒溪。

二十一日，本部电令该师须于梗（二十三日）推进朋口，接收朋口至河田（不含）第三师所担任封锁线各碉之守备任务，以便第三师抽出守碉部队筑路，如该师一时全力不敷，可先接朋口至中屋村段，将工事加强后，再接中河段。以上统限敬（二十四日）接收完毕具报。

二十二日，接该师长复电称：本师拟自梗（二十三日晨）辰起，以五〇五、五〇七两团先行出发，接收朋口至中屋村间防务，五一〇团暂留莒溪，俟该两团接收完毕后，接收情形如何，再以五一〇向河田延伸。

二十三日，本部电复该师，接朋中一段后应速准备接中河段，并派员沿线侦察，如遇碉堡稀少之处，即计划增筑，以期封锁严密。

二十五日，接该师长敬（二十四日）酉电称：朋口至猪棕岭间碉堡已由五〇五团，猪棕岭至中屋村间碉堡已由五〇七团，均于昨今两日接收完毕。职准明日率五一〇团及直属队推进温坊、中屋村一带，拟先接收中屋村至南山坝间碉堡。

同日电复该师长，朋河公路急待完成，希于俭（二十八日）前接收至河田（不含），以便抽出河田第九旅筑碉。

二十九日，接该师长俭午电报告：该师已于感日将朋口至河田（不含）一带碉堡接收完竣。

丙、薛支队

接该支队司令薛蔚英世（三十一日）电称：(一)连城城防准明东（一）日开始交替，职拟于冬(二)辰率卢团开连苦线增防。(二)各团守备区域区分如下：第四团连城（不含）至姑田(不含)，第一团姑田至小陶(不含)，第二团小陶至苦竹(不含)，支队部驻姑田。(三)各团部署完妥后，即星夜增筑各空隙碉堡，以固封锁。

闽北方面：

第四十五师

六日接该师长戴民权支(四日)戌电略称：职师奉开驻延、沙、永三县，准备微（五）日由莲塘出动。

本部鱼（六日）戌电，该师长沙永线为闽北封锁线之主要部份，得贵部防可以无虑，盼早日来到，以固后防。

十一日接该师长灰（十日）未电称：职于微（五日）率部由南昌之莲塘，计分三批出动，第一批已于今午到达南昌，第二批到达岳溪，第三批到达东馆，定明日向目的地续进。职师初到赣境，水土不服，官兵患病颇多，故行动稍觉迟滞。但敌忾心切，士气旺盛，无论如何艰苦，决于最短期间到达新防地。

本部文(十二日)辰复电，贵师已抵南城，甚慰。希早日前来，以固闽防，途中行军宿营，兵力须集结，搜索警戒尤宜周密为要。

十三日接该师长文（十二日）酉电告，第一批于文(十二日)午到歇川，明早仍续向目的地前进，二、三两批均在跟进中。

十六日接该师长删（十五日）戌电告，第一批已于寒（十四日）晚抵光泽，第二、三两批可续到。本部篠（十七日）未复电，希兼程前进，以固闽防。

卅日接卫立煌艳(二十九日)电略称：四五师已到沙县、青州一带，正逐次接替五六师沙永防务中，已令刘师交防后，即开松政。

赣粤闽湘鄂剿匪军东路军十月份逐日匪情

十月一日

龙岩方面：

探报，漳龙汽车公路及白土附近，自经派队驻防后，龙岩城附近之伪独立八团及周力行股匪等，一部窜永福四邦一带，一部窜龙永交界之肖坑、孔夫、长流、田地等处。

十月三日

建宁方面：

江（三日）宁化属泉上江（三日）到匪二千余名。

十月四日

汀连方面：

支（四日）晨九时，我李纵队开始向南山坝攻击前进，伪九军团占领该处西北及以西高地，伪二十四师在其后阵地等地雷甚多，该匪凭踞工事顽强抵抗，至午后二时，卒被我先后攻克，俘匪十余名，获枪十余支，死伤约二百余，向河田方向退窜。

十月六日

汀连方面：

鱼（六日）午我第四纵队进占五里冈，下午三时，第九师之一营，藉飞机掩护，进入河田，嗣因地形复杂，扼守困难，至晚撤回本阵地。据俘匪供：伪九军团现在河田东北一带高地埋伏，伪二十四师在河田西南一带埋伏，企图袭我进入河田，实行短促突击。

宁化方面：

卢兴荣鱼（六日）电：(1)据由宁化逃出难民称：禾口、凤凰山至宁化一带到匪数千。(2)明溪城之匪，于东（一）日晨向清流方向退窜，现该处保卫团已回驻城内。

十月七日

宁化方面：

虞（七日）空军报称：宁化附近有匪工事甚多，并有匪据守在该处，城内见有匪约千余人，宁化至长汀道上有散匪往来。

汀连方面：

李延年虞（七日）电，据报：(1)刘园附近有匪二万余，并有无线电一架及政治部。(2)游坊有伪二十四师盘踞。(3)蔡坊修坊存匪大股（兵力不详）。(4)四都有匪伤兵万余。

十月八日

汀连方面：

一、薛蔚英庚（八日）电：(1)伪一〇一团于阳（七日）下午窜扰郭地余地一带，庚（八日）午与湖口之铲共义勇队，在百子岭接触，旋向郭地一带窜去。

二、据李延年删（十五日）电，据难民报告：庚（八日）在汀目见罗匪炳辉率匪有二三千，轻重机枪二十余挺，向西窜去，现城内空虚云。

十月九日

汀连方面：

一、李延年佳（九）电，据伪补充团投诚匪供：五天前汀州城内有匪二千余，新兵甚多，下生坑有伏匪二连，刘园有匪二千余，正构筑工事，且有伪装。又据探报蔡坊有赤卫军五六百人，刘园有伪九军团及二十四师盘踞，匪伤兵三千左右，现运往四都一带。

二、空军佳（九日）报称，长汀至宁化道上，时有散匪行进，刘园有匪潜伏村之西端，有匪简单工事，蔡坊森林内，亦筑有工事及匪潜伏。

三、李延年删（十五日）电，据谍报员由长汀回报：佳日亲见罗炳辉率匪二三千，轻重机枪二十余挺，由汀西去，现汀城内仅有保卫局、警察局等匪兵数十名，昼伏夜来，恐慌异常，且该方土匪现将食米散给民众食用云，

闽东方面：

陈齐煊佳（九日）电：(1)顾团跟踪任匪，庚（八日）晚抵拓洋南八里之东源，该匪在拓洋溪坪一带联合当地土共，计六七百人，枪三四百支，已分别派队围剿，拟于真（十一日）聚歼之。(2)庚（八日）第二团陈营进剿番溪之匪百余，经我猛攻，毁坏土堡七座，该匪纷向宁德之赤溪方向散窜。

李延年灰（十日）电，据报长汀各伪机关均移瑞金，商店亦行关闭，人民不堪其扰，俱逃往他方等语。

闽东方面：

盘踞柘洋之任匪，闻我军进剿，于灰（十日）分向富溪、黄

柏等处逃窜。

十月十一日

闽东方面：

陈齐煊元（十三日）电，据顾、刘两团长报告：柘洋之任匪，分窜富溪、黄柏，经顾团及刘营压迫后，回窜源坪，适刘团部队于蒸（十日）集中上白石，真（十一日）推进源坪附近，遇匪千余，枪四五百支，占领道旁高地，经刘团分头仰攻，激战三小时，匪向霞安交界溃窜。是役毙匪五六十名，获步枪自动枪各一支，并伪政府旗帜及军装等，格杀伪连排长各一、俘伪连长一、匪五名。

十月十二日

汀连方面：

李玉堂文（十二日）电，据探报连城北二十里之山下，灰（十日）有匪千余名，姑田东山仍有匪数百名。

行营感（二十七日）电，伪九军团文（十二日）由长汀方面窜至会昌西之珠兰铺。

十月十四日

汀连方面：

空军寒（十四日）报告：(1)水口东方有匪约二三百名，投弹六枚，均爆发命中，匪向南逃窜，当以机枪扫射，毙匪甚多。(2)长汀至石城大道上往来之匪甚多。

宁洋方面：

刘戡寒（十四日）电，据探报，伪独九团在大河祠、陈地坑一带，设伪政府于西坑、官坑洋等处宣传赤化，并时向附近乡村掠夺民食云。

十月十五日

汀连方面：

李延年删（十五日）电，据土民报称：涂坑有匪一二千向水口移动，刘园、南堠两处均有伪二十四师之一团。

龙岩方面：

删（十五日）据探报，伪独八团邱金生部六百余人，在十八乡、洋坑、黄田、新祠、竹仔坂、四邦等处流窜。

十月十六日

宁化方面：

卢兴荣铣（十六日）电，据探报：(1)日前窜至宁化泉上之匪数千人，复向石城南之横江窜去，其伤兵尚在宁化。(2) 现在清流、宁化一带仅有当地赤卫队、游击队数百人等语。

闽东方面：

刘和鼎铣（十六日）电，陈师亮股匪潜匿寿宁边境，连络当地土共扰乱掳劫。

十月十八日

龙岩方面：

补充第二团巧（十八日）报告，周力行匪部四五百人，潜匿中甲郎东一带，有扰乱我漳龙公路之模样。

汀连方面：

李延年巧(十八日)电，据报：(1)罗坊、长坑、石童坊等处均有匪百余盘踞。(2)涂坊、塘背有伪中央保卫队一连，枪六七十支。(3)南岭以北牛坑附近，有伪廿四师之一团，枪匪四百余。(4)刘园到伪游击司令许声洪部六七百人。

十月十九日

汀连方面：

李延年皓（十九日）电，综合各方情报：(1)涂坑有匪五六百，水口、刘坑一带均有匪盘踞，人数不详。(2) 童坊有匪数千，在该处构筑工事，番号亦不明。(3)涂坊、南岭附近有赤卫队及游击队四百余人，枪二百余支。

十月二十日

汀连方面：

李延年帑（二十四日）电：(1)童坊、罗坊、冈头之匪，昨日向刘园方面窜去。(2)塘背、南岭一带之匪，仍有伪二十四师之一部。(3)伪二十四师主力，仍据刘园、南堠一带。(4)伪九军团已向长汀、瑞金窜去。(5)长汀城内守备兵稀少，人民极为恐慌。

龙岩方面：

伪一〇一团部三百余人，帑(二十日)由涂潭上车窜铜钵方面。

十月二十一日

宁化方面：

空军马（二十一日）报告，宁化至石城道上有匪往来甚多。

十月二十二日

汀连方面：

一、李延年马（二十二日）电，据报：(1)涂坊、河铺、南岭之独立营、游击队、赤卫队确已改为新编二十四师。(2)长坑、石罗坊一带均无匪踪。

二、李延年梗（二十三日）电，据伪九军团教导队文书投诚供：伪九军团于十五日窜到会昌西之珠兰铺，声言目前两大任务：(1)抗日。(2)消灭国军。二十日向赣州移动。

龙岩方面：

据报古田东三十里寿山附近，有伪一〇一团五六百名，由涂潭上车于二十二日晚窜畲背寿山间。

十月二十四日

汀连方面：

李延年敬（二十四日）电：(1)伪二十四及福建游击司令沈胜洪部，共约二千七八百人，枪不满二千，南堠、饶坑等处下车，上王坑一带时有伪二十四师之游击队窜扰。(2)匪军近来逃兵甚多，并时有携械向我投诚，其内部甚形恐慌。(3)四都匪军医院有伤病兵约二三千，水口附近有当地赤卫队盘踞。

龙岩方面：

敬（二十四日）探报，前数日由永定金丰窜铜钵等处之伪独八团，约千人，同伪一〇一团捣乱我后方交通。

十月二十五日

宁化方面：

卢兴荣有（二十五日）电，宁化、清流一带，现在只有数百残匪分窜各乡，惟在宁化城尚有伤病匪数百名。

十月二十六日

龙岩方面：

窜踞铜钵之伪独八团约三四百名，宥（二十六日）经我八十师派队搜剿及空军之轰炸，死伤甚多，向西北方面逃窜，我部队于下午三时许进占铜钵。

十月二十八日

汀连方面：

李延年沁（二十七日）电：(1)刘园为伪福建游击司令沈胜洪部及苏区游击队，约四百余人，枪三百左右。(2)饶坑附近为伪二十四师师部及七十一团之一营，南堠为七十团。

十月三十日

闽东方面：

卫立煌卅电，浦城、松溪、政和西部一带及建瓯北境，有伪五十八团、五十九团，人约三千余，枪六七百支，时出肆掠。

龙岩方面：

探报，窜踞铜钵之匪，自经我八十师搜剿后，该匪尚在新田、山头两村盘踞，并时向铜钵扰乱，并在南洋坝乡之赤坑设有伪军区第二分区指挥部。

综合十月份一般匪情提要

一、伪九军团及伪二十四师支（四日）在南山坝及以西高地经我第四纵队击溃，死伤二百余，向河田方向逃窜。鱼（六日）

我第四纵队进占河田附近之五里冈，该匪退窜河田以北刘园、蔡坊一带。佳（九日）左右伪九军团由长汀西窜，于文(十二日)窜抵会昌西之珠兰铺，汀城空虚，匪方恐惧异常，匪兵携械投诚甚多。伪二十四师之七十团，拟已于中旬由南岭、涂坊经水口窜回南坝，而刘园方面到有伪游击队许声洪六七百人。

二、伪第七师拟于铣（十六日）以前，由宁化方面窜石城南之横江、宁清等处，现仅有当地赤卫队、游击队数百人。

三、伪独立第八团在龙永交界之肖坑、孔夫田、地长流等处流窜，周力行股匪窜永福四邦。删（十五日）伪独立第八团流窜竹仔坂、四邦一带，与周匪连络，有扰乱龙漳公路企图。宥（二十六日）在铜钵经我八十师派队搜剿后，死伤甚多，窜踞新田山头等处。

四、伪独立第九团在宁洋之大河祠、陈地坑一带流窜。

五、伪一〇一团阳(七日)窜扰郭地，哿(二十日)由涂潭上车窜铜钵方面，于养（二十二日）窜古田以东三十里之畲背一带。

六、伪闽北独立师黄立贵部五十八团、五十九团，现在浦城、松溪、政和西部及建瓯北境骚扰。陈师亮股匪潜匿寿宁边境，连络当地土共，时出掳劫。福安属之任匪，连合土共数百人扰乱，先后在柘洋、磻溪、黄柏、流坪等处，经我新十师派队搜剿，毙匪数十名，向霞安交界溃窜。

剿匪战斗经过

甲、李纵队

南山坝之役：四日上午九时，该纵队开始向南山坝攻击前进，当时云雾甚浓，伪九军团占领该处西北及以西高地，伪二十四师在其后凭高筑垒阵地前埋地雷甚多，午前十一时激战甚烈，至午后二时，先后将高地一带逐次占领。是役俘匪十余，获枪十余，匪死伤约二百余，我第九师被触地雷及枪火伤连长一、排长二，伤亡士兵四五十人。匪向河田西北方向溃退。

乙、新编第十师

流坪之役：据该师长陈齐煊元（十三日）电略称：任匪分窜富溪、黄柏、经顾团及刘团压迫后回窜流坪，适刘团于蒸（十日）集中上白石，真（十一日）辰推进流坪附近，遇匪千余，枪四五百，占领道旁高地，经该团分头应战，约三小时，匪势不支，向霞安交界散窜。是役毙匪伪连排长各一，匪兵五六十，获步枪自动步枪各一，俘伪连长一、兵五。我阵亡连排长各一，伤亡士兵十余。明日仍沿溪跟踪追剿。

十、十一月份报告

作战命令

赤匪主力西窜后，先后奉委座上月世（三十一日）未机平及本月皓（十九日）已行战一电令：着速抽队进取闽西赣南未经收复各县，限于本月底一律占领等因。遵令第四纵队派第十、第三十六师进取瑞金，第三师进取会昌，第五十二师进取归、清、宁三县。先后电达命令要旨如下：

一、鱼（六日）已电李指挥官延年，着该纵队副指挥官李默庵率第十、第三十六两师进取瑞金，于庚（八日）集结长汀，即以一举占领瑞金之目的，于佳（九日）晨开始攻击前进，限当日占领古城，蒸（十日）占领瑞金，仰遵办具报。

三、筱（十七日）未电，第三师李师长：一、奉委座电令，速规复会昌等因。二、该师河田防务，巧（十八日）交八十五师接替后，即于号（二十日）集结瑞金，限马（二十一）养（二十二）两日收复会昌，希迅速遵照具报。

三、鱼（六日）巳电，五十二师卢师长：该师俟永安防务交替后，即进取归、清，现匪主力已远，应一举占领归化，构筑相当附郭碉堡后，即续取清流，希即遵照具报。

第五十二师于铣（十六日）收复归化，宥(二十六日)占领清流。闽西匪区，尚有宁化一县未经收复，当于俭(二十八日)辰电令该师抽队继续进取，以竟全功。电文如下：

希速抽队进取宁化，务于本月底奏功为要。

军队调遣

前奉委座九月有（二十五日）申参海电手令节开：现令第四十五师开延平，填延平以南经沙县至永安防等因。该师遵令开拔，于上月三十日到沙，至本月冬（二日）止接收第五十六师自王台经沙溪口至永安以北之西洋坂一带守备任务完毕。又奉本月冬（二日）酉行战一电开：第七十五师黎泰、黎建之守备部队，限鱼（六日）推进建泰间接收四十六师防务，第四十六师交防后，着开建广间接收第八师守备任务，限庚（八日）前接替完毕等因。各该部均经遵限接防，自是闽北封锁线之守备部署如下：

建宁水南段，由第四十六师守备师部驻建宁。

建宁经泰宁将顺至王台段，由第七十五师守备师部驻泰宁。

王台经沙溪口，沙县至西洋坂段，由第四十五师守备师部驻沙县。

第五十六师驻沙永间主力，于冬（二日）将守备任务交替后，遵令集建瓯搜剿浦瓯松政间散匪，除以一六六旅(欠三三一团)守备延平外，第一六七旅及一六八旅（欠三三五团）于歌(五)日集中建瓯，佳（九日）一六七旅向水吉临江推进，一六八旅（欠三三五团）经东游东坪向山表推进，从事清剿。其余第三三一团及三三五团于庚(八)佳(九)两日由延平出发，蒸(十日)到达建瓯。

闽西方面任进剿之第四纵队，于上月世（三十一日）集中河田，东（一日）遵令进取长汀。其部署：第九、第三十六两师为第一线，第九师于上午九时由河经分水凹向长汀攻击前进，至午后一时占领长汀，第卅六师紧随九师后跟进，于午后三时到达长汀附近。

第三、第十两师为第二线，第十师紧随三十六师后跟进至分水凹占领阵地，准备策应第一线，第三师一部固守河田，主力向分水凹逐步筑碉推进。

该纵队微（五日）构成长汀附近城围工事及长汀河田间碉堡，后以九师一旅守备长汀，主力构筑长汀飞机场。第三十六师筑长汀黄管段公路，第十师筑黄管河田段公路，第三师主力移筑河田以东公路。时奉委座世（三十一日）未机平电节开：匪主力即已过河西窜，则闽西与赣南各县城之收复，应从新规定，不必再筑封锁线，与步步为营之方式也。又奉东参平电节开：着李纵队主力由长汀进取瑞金，东北两路后方守备部队应尽力推进各等因。遵策定本路军今后部署，呈奉委座江（三日）午行战一电准照办，其要旨如下：

一、李纵队第三师仍筑河田以东公路，第九师仍守长汀及构筑长汀飞机场，第十、第三十六两师于庚（八日）集结长汀附近。以一举占领瑞金之目的，佳（九日）近至古城，蒸（十日）收复瑞金。

二、第四十五师延接永安城防，保安第一支队延接永苦间守备，限即日接替完毕。

三、第五十二师交防后，即以全力一举规复归化，再续取清流。

四、第八十及八十三师各抽兵一团，清剿龙新路南北地区散匪。

各部队遵上列部署办理，其经过分举于下：

第十、第三十六师，庚（八日）集中长汀附近，佳（九日）向瑞金进展，第十师在先头，第三十六师跟进。至午后四时，十师占领隘岭、古城一带地区，三十六师到达花桥、青山铺一带。灰（十日）除三十六师之一旅构筑古城附近碉堡外，其第十师于巳刻占领瑞金，第三十六师（欠一旅）于未刻占领乌头嘴及瑞金城南粜米街一带，即赶筑城围工事。至删（十五日）以十师主力守备瑞金城廓，一旅移瑞金隘岭间构筑碉路，第三十六师移古城、青山铺、牛岭间构筑碉路，均限本月底完成。

第八十三师更定旧连线守备部署，以二四九旅（欠四九八团）附补充团守备连城、杨家坊段，第二四七旅(欠二九三团)守备新泉旧县段（其二九四团于有（二十五日）留一部守旧县，主力进驻南阳清剿)。第四九八团守备庙前、古田、大池段，抽出四九三团于微(五日)，集中芷溪，鱼(六日)开始搜剿龙新路以北地区之匪，同时第八十师亦遵令抽出四七六团于微五日由龙岩出发，搜剿龙岩附近之匪。

保安第一支队，更定守备部署，以第四团任连城（不含）把隘段守备，第一团移接把隘、苦竹段守备，第二团移接苦竹、永安（不含）段守备，于文（十二日）全部移接完毕。

第四十五师，遵令派二六五团（欠一营）于真（十一日）接收永安城防完毕。

第五十二师交防后，于寒（十四日）向归化推进，铣（十六日）第一五四旅占领归化城，主力停止胡坊，至养（二十二日）进至归化，敬（二十四日）留一团守备归城，主力进取清流，当日占领林畲，有（二十五日）占领嵩溪，宥（二十六日）申占领清流城，卅晨续取宁化，于当日午后四时占领。

本路军占领瑞金后，奉委座删（十五日）酉行战一电令，抽队规复会昌等因。遵令第三师担任，遗防由八十五师延伸接替。

第八十五师遵于巧（十八日）延接第三师河田守备任务，其部署以五〇五团守备朋口至上水口段，五〇七团守备上水口至河田(不含)段，五□□团之一营及师直属队守备河田至中华山段，以两营构筑河田上水口间公路，师部移驻河田。

第三师交防后，于皓（十九日）由河田出动，号(二十日)到达瑞金附近，养（二十二日）先头十八团第一营师部特务队，于未刻占领会昌。主力因与伪二十四师等匪遭遇，集结江塘坊附近占领阵地准备决战。梗（二十三日）留补充团构筑江塘坊附近碉堡，主力进至会昌，至俭（二十八日）完成会昌城围工事后，派十五团驻谢坊筑碉，以维后方交通。

自是剿匪告一段落，守备杭、永、武平一带之南路部队撤回蕉岭，遗防奉令由本路派队接替，遵令八十三师派一部接防上杭，八十师派一营驻永定，闽省保安部队派一团驻武平，预计至下月上旬可分别接防完毕。

赣粤闽湘鄂剿匪军东路军逐日匪情报告

十一月一日

汀连方面：

一、我第四纵队于东（一日）克复长汀，伪游击队、独立营、保卫团共约千余，枪半数，东（一日）经汀城西半天崃、东坡岗向四都窜去：

十一月二日

龙岩方面：

刘戡冬（二日）电，伪一〇一团有步枪四百余支，盘踞梅村附近，伪独九团有步枪四百余支，轻重机枪三挺，自在上下车附近被我四九八团击溃后，盘踞涂潭以北铁山、罗山一带。

十一月三日

龙岩方面

薛蔚英江（三日）电，伪一〇一团近在龙岩、宁洋、连城三县交界之苏一田设立伪政府，在赖源成立伪连城县政府，迫令农民充当赤卫队。

十一月四日

一、李延年支（四日）电：(1)伪二十四师七十团约一营，冬(二日)以来流窜于半天崃、牛岭一带。(2)瑞金四周高地有匪扼守。(3)古城有匪三百余。

二、杨逢年报告：周力行股匪约三百人，四日晚由白土方面窜至大水坑。

十一月六日

龙岩方面：

一、据探，伪独八团及伪九团在船巷、南阳、赤水、白土等处满贴伪工农红军政治部之标语。

二、杨逢年报告，伪独八团六日窜白石、屈盂一带。

十一月八日

汀连方面：

李延年庚（八日）电，牛岭以西一带有伪游击队二三百人，枪弹缺乏，青山铺有伪独立营二百余人，枪百余支，机枪数挺。

十一月九日

汀连方面：

佳（九日）我第十、第三十六两师向古城前进，我第十师先头部队与盘踞古城之伪独立团人枪约三百余，在牛岭接触，匪扼险抗拒，将其击溃，匪分向蓝山、隘岭方向逃窜，于下午四时进占隘岭、古城一带。

十一月十日

瑞金方面：

灰（十日），我第十、第三十六两师，由古城进占瑞金，与伪独立营、游击队等略有接触，即分向会昌雩都逃窜。据土民报称：十月十九日，伪中央迁雩都，本月八日晚伪区政府宰猪羊犒驻桃源边区伪二十四师。

十一月十一日

会昌方面：

陈诚文电，真（十一日）据伪二十四师匪兵在银坑向我邹师投诚供，会昌附近尚留有该伪师之一团，现正向银坑方向窜来等语。

十一月十二日

瑞金方面：

李默庵文（十二日）电，据土民云：武阳围有匪千余，枪七百余支，行踪飘忽。伪游击队约二百余人，枪七八十支，佳（九日）晚向瑞金西三十里之九堡逃窜，瑞金南之石水湾附近有匪哨兵等语。

汀连方面：

三十六师陈旅长文（十二日）电：(1)童坊有由长汀窜来之伪十七团四五百人，枪三百余支，机枪二挺。(2)馆前先后由长汀窜到匪千余，似有他窜模样。

十一月十二日

汀连方面：

李延年元（十三日）电：(1)东坡岗有番号不明之匪二千左右，枪千余支，机枪二挺，向四都移动。(2)童坊之匪四五百，枪三百余支，昨向馆前窜去，与散匪会合。

瑞金方面：

李默庵元（十三日）电：(1)瑞金西北之官仓、下旬日前窜到匪千余，枪六七百支，分两个游击队，今晨八时窜瑞城北之黄柏市。(2)瑞金西之田心圩，有匪三百余，西江有匪约千余，均服装整齐，枪支齐全。(3)武阳围有匪千余，石水湾有伪独立十一团。

十一月十五日

瑞金方面：

李默庵删（十五日）电，九堡有伪瑞金独立营及九堡游击队约五六百人，枪半数。

十一月十六日

瑞金方面：

李默庵铣（十六日）电，九堡之匪前日经本师游击队击溃后，昨日窜武阳围。

十一月十七日

宁清方面：

卢兴荣篠（十七日）电，清流城有伪闽赣边区游击队数百人，其一部在蒿口坪一带出没。

闽北方面：

刘和鼎洽（十七日）电，伪五八、五九两团仍盘踞松溪西北之山表外屯一带。

十一月十八日

宁洋方面：

据报，伪独立第九团仍在宁洋、邹家山一带。

十一月十九日

宁洋方面：

漳平县长巧电：伪独八团窜永福圩附近，伪独九团大部今在松洋，一部仍在孔党、邹家山一带。

闽北方面：

刘和鼎皓（十九日）电，我甘团巧（十八日）抵龙安，遇伪游击队顽抗，不支始向东溃窜。李团抵王西坑，正遇匪二百余与义勇队抗战，当派队猛冲，匪向南窜。据匪探供：(1)伪五十八团六百余人，枪四百余支，重机枪二挺，轻机枪六挺。(2)盘踞岚谷之伪五十九团，改编为伪独立团，五百余人，枪三百余支，伪团长薛子正。(3)大安现有伪新兵师，人枪七百余。

十一月二十日

宁清方面：

卢兴荣智（二十日）电，泉上有枪匪五 六百，筱（十七日）又增百余。

十一月二十一日

汀连方面：

李延年回（二十四日）电，派往沿冈清剿散匪部队，于马（二十一日）午前在洋地（距沿冈十里）与匪独立营及游击队三四百接战二小时，匪向石城南之横江溃退。

闽北方面：

张銮基马（二十一日）电：(1)伪五十八团匪一部，马（二十一日）窜崇安西南之前篮。(2)伪五十九团及崇东独立营八百余人，六百余枪，窜崇安西南之下梅、田头、浦城西南之溪洲铺等处。

十一月二十三日

会昌方面：

我第三师于梗（二十三日）克复会昌，与伪游击队稍接即溃窜。

十一月二十四日

宁清方面：

卢兴荣敬（二十四日）电，据俘匪供：泉上一带原有匪五六百名，前日由宁化又来四百余名，泉上有伪指挥部，清流城有伪模范营及赤卫队等。

十一月二十五日

闽北方面：

刘和鼎有（二十五日）电，临江、松溪等处，经我李团之李营先后游击，现均肃清，刻向路下桥一带搜剿中。

十一月二十六日

建宁方面：

戴嗣夏宥（二十六日）电，探报前踞均口都上之匪为伪独十二团，五百余人，二百余枪，数日前移窜黄泥铺、客坊等处骚扰。

宁清方面：

我五十二师于宥（二十六日）击溃闽赣游击支队，于申刻收复清流城。

十一月二十八日

宁清方面：

卢兴荣俭（二十八日）电：(1)据俘匪供及探报，泉上一带有伪十八团及游击队千余人，枪八九百支，宁化有匪四五百名，枪三百余支。

闽北方面：

张銮基俭（二十八日）电，感（二十七日）我七三四团两营在溪洲铺与伪独立团激战三小时，将该匪击溃。

十一月三十日

宁清方面：

我五十二师三十日续向宁化前进，下午二时在上垄遇匪四百余，据险顽抗，旋由泉上方面增来匪三百余人，卒被我击溃，分向中沙窜去，确实占领宁化城。

综合十一月一般匪情提要

一、我第四纵队于东（一）日克复长汀，伪独立营、游击队等向汀西之半天崃、东坡冈、四都窜去。

二、我第十、第三十六师于佳（九日）经古城，灰（十日）克复瑞金，伪独立营游击队即向会昌方面窜去。

三、我第三师于梗（二十三日）克复会昌，残匪初尚顽抗，卒被我击溃，分向西北逃溃。

四、我五十二师于宥（二十六日）击溃闽赣游击支队，于申刻收复清流城，三十日续向宁化前进，在上垄遇匪数百，将其击溃，分向中砂窜去，遂进克宁化城。

五、伪二十四师之一部，冬（二日）以前似尚在汀州以西半天崃一带，真（十一日）左右由会昌窜银坑方向。

六、伪一〇一团、独立第八、第九团及周力行股匪，仍在龙岩、漳平、宁洋一带流窜中。

七、伪闽北独立师黄立贵部及游击队等，仍窜扰崇安、两建松溪、浦城各边区。

八、闽东土共任马等股匪，流窜于福安、霞浦、宁德边境。

剿匪战斗经过

赤匪主力即经突围西窜，残留匪区者，本为强弩之末，但仍逞其跳梁故技于我军进展间，节节抵抗。谨将逐次抗战经过，分举于下：

东（一日），我九师向长汀进展时，伪游击队等匪与我抗战，略经接触，即行溃退，我九师当场俘匪三十余名，缴获步枪数支。

佳（九日），第十师向瑞金进展时，伪古城独立团枪匪三百余，占领牛岭，凭险抗战，旋被我先头部队击破，分向隘岭方向溃窜。

养（二十二日），我第三师进取瑞金，午后二时，占领江塘坊附近地区，伪二十四师及游击队独立团等匪共五千余人，向我阵地猛冲，激战三小时，当将十七团增加，又激战一小时后，匪始退踞西南方高地，与我对峙至梗（二十三日）拂晓，以补充团由右翼大山出击，匪始向西北方向溃退。

宥（二十六日）我五十二师进取清流，伪游击队三百余人凭城顽抗，同时由下窠窜来增援之匪百余，当分头痛击，先将该匪击溃，然后由三一一团渡河冲入城内，匪仍顽抗巷战至申刻，毙匪司令政委各一，残匪始行溃退。是役斩获颇多。卅日第五十二师进至宁化附郭，与伪第七团等激战，至十二月东（一日）晨收复宁化，残匪西窜，自是令闽陷匪各县均已收复。

〔国民党政府军事机关档案〕

2．国民党东路军第十纵队汤恩伯部与中央苏区红军在闽北一带战斗详报

（1934年2—5月）

沙县之役

甲、战斗前匪我之概况

匪伪三、七军团攻占沙县后，伪三军团回窜闽赣边境，留伪七军团占据沙县，夏茂、将乐一带有伪游击队，匪各数百名。

我军自讨平闽变后，奉命集结延平待命，于二月十七日全部到达，旋奉委员长蒋蒸戌行战一电规定东路军战斗序列，以汤恩伯为第十纵队指挥官，隶属于第五路军，所属部队为第四、第十、第八十八、第八十九各师，除分电外，特电遵照。等因。遵于延平军次成立纵队指挥部。

乙、我军之部署：

二月十八日奉委员长蒋筱已行战一电开：刘指挥官波鸣兄并转汤指挥官恩伯兄：密。八十八师与八十九各师谅已集中延平，攻沙计划其主力(甲)由青州直攻沙县，或先占将乐、归化，然后再与青州方面第四师等部会攻沙县，望两兄就近审度情势，从速断行。但无论如何，将乐应派队先行占领，俾得相机截击匪部西窜之路。(乙)倘主力用于将乐，则八十八师与八十九两师，应先进展，不必待第十师到达也。如主力仍用于青州方面，则驻顺昌汤旅之主力，应速进占将乐，以待第十师之接防，惟望速断决行。闽北前方各部队，于卫总指挥未到之前，概归刘指挥官波鸣负责，而以汤指挥官为闽北前敌指挥官，希即遵照。中正手令。遵于第九纵队刘指挥官协商后，拟呈委座巧电如下：特急。南昌委员长蒋：筱已行战一电奉悉。第四号密。职等为顾虑给养追送之方便，威胁匪之侧背及尔后与陈总指挥部队确实连络会剿起见，曾议决以主力使用于将乐方面，其布置如下：(一)以八八、八九、第四等三师于漾日集中顺昌进取将乐。(2)以八十师之两团暂驻青州、沙溪口一带，担任游击，俟沙县收复后，据请准予整训。(3)第十师到达后，经青州进取沙县。(4)令顺昌汤旅即抽兵力一团进驻元坑、郑坊，掩护各师集中。(5)请钧座电令卢师相机会取沙县。当否乞示。刘和鼎、汤恩伯。巧。印。

二月十九日基于上项之协定，下达如下之命令：

命令二月十九日午后一时　参战字第三号

于延平指挥部

一、匪情如贵官所知。我第三路陈总指挥所部，现在新城南方西成桥司令岩附近，与匪交战中。我五十六师汤旅现驻顺昌，并派一部进占郑坊、元坊，掩护纵队集中。

二、本纵队奉命于二十三日前集中顺昌待命，我八十八师明(二十)日已到顺昌，八十九师明后(二十一日)由延平出发向顺昌前进。

三、第四师将青州防务交替后，二十三日由驻地出发向顺昌前进，限二十四日到达顺昌待命。

四、余现在延平流芳中学指挥部，明后二十一日由延平出发到达峡阳，二十二日到达顺昌。

指挥官汤恩伯

二月二十二日，纵队(缺第四、第十两师)均已到达顺昌，接刘军长通报：匪伪七军团仍盘踞沙县高沙、鱼溪湾一带，夏茂、富口、漠源并窜到伪三军团主力万余人。似此若照协商计划，单取将乐，则两侧均受威胁。故决先收复沙县，再取将乐，较为确实。当即作如下之部署：以八十八、八十九两师进占夏茂、高沙之线，对将乐警戒，派一部南下策应第四师攻取沙县，以第四师附八十师何旅由青州直取沙县，并令五十二师由尤溪向沙县前进，以协助之。二十二日午后四时给与第四师之电令如下：特急。第四师冷师长蓉庵兄：密(一)弟本午已到顺昌，第八八、八九两师已完全到达。(二)接刘军长通报，沙县、高沙、渔溪湾一带为伪七军团之一部，夏茂、富口、漠源窜到伪第三军团主力等语。(三)弟拟先肃清沙县之匪，再图西进。(四)贵师附八十师何旅将任攻略沙县，希在原地准备待命。(五)八八、八九两师明漾日推进元坑、郑坊之线，预定敬日进占夏茂、高沙之线，对将乐警戒，并以一部经高沙南下策应贵师。(六)届时当令五十二师由尤溪向沙县前进，协助贵师之攻击。弟汤恩伯。养酉。参。同时下达各师之命令如下：

二月二十二日午后四时命令于顺昌指挥部。参战字第四号。

一、匪情如贵官所知。

二、第八十八师明(二十三日)由顺昌出发，经元坑向郑坊前进，主力位置于郑坊附近警戒待命，以一部相机占领山墟，努力侦察夏茂、沙县方面之匪情。

三、第八十九师明(二十三日)以一旅进驻元坑，与八十八师确取连络，对将乐、夏茂方向严密警戒。

四、第五十六师汤旅之一团，俟八十八师到达郑坊后，即移驻漠布，对将乐方向严密警戒。

五、各师到达驻地后，务须迅速占领阵地，构筑工事。

六、八十八、八十九两师通讯营，协同架设顺昌通元坑、郑坊之有线电话，务于明(二十三日)午后五时以前完成之。

七、余现在顺昌指挥部。

指挥官汤恩伯

二月二十三日午后六时，复给与各师之电令，原文如下：特急。第四师冷师长，八十八师孙师长、八十九师王代师长:密。命令:(一)据报沙县有伪七军团约二团，夏茂、将乐一带均系伪游击队各数百名。伪三军团主力窜向未明。(二)本纵队拟先收复沙县后，进取将乐。(三)第四师附八十师何旅,着明敬日开始向沙县进剿，主力应用于河西岸，限有日占领沙县城。(四)第八十八师明敬日以主力占领中堡、高桥附近，策应我第四师攻取沙县，该师之一部,仍在郑坊附近原阵地警戒待命。(五)第八十九师(缺一旅)于敬日经郑坊向夏茂前进，到达玉坊子、夏茂附近,占领阵地,对将乐、夏阳方向警戒,掩护我孙师协取沙县。(六)八十九师二六七旅为总预备队，位置于元坑，与驻漠布之汤旅孔团连络，对将乐警戒。七、通信第四师用无线电，第八八、八九两师主用电话。(八)余敬日进驻郑坊。指挥官汤恩伯。漾申。参。

丙、战斗经过

二月二十四日，指挥部于午后三时到达郑坊,第八十九师(缺二六七旅)本日午后四时到达玉坊子、夏茂附近占领阵地，对夏阳、将乐方向警戒，掩护我孙师协取沙县。我八十八师本日进驻中堡、高桥，策应我第四师攻取沙县，一部仍驻郑坊原阵地，总预备队位置于元坑，与驻漠布之五十二师汤旅孔团连络，对将乐方向警戒。我第四师附八十师何旅，本晨由渔溪湾、高沙铺河西岸之马埠向沙县攻击前进。

二月二十五日，我第四师由高沙铺渡河，该师先头于午前五时三十分由底甲全甲一带，趋沙县之东，六时经壬口、天子墓、古县等处，向沙县攻击前进，其前卫二十团将到达养天峰麓，与匪激战后，匪向沙县溃窜。午后一时三十分，遂将养天峰占领，沙县亦在我瞰制之下，如是鼓其余勇，继续前进。一时五十分，在敌火下开始徒涉，藉养天峰我机枪及小炮之掩护，一跃而战五里亭东北小高地，二时三十分，县城东南各高地，相继占领，城内之匪，犹复踞城固守，乃令第十九团向北门外一带高地延伸，取包围形势，并以一部由北门左端爬城。斯时第四师十二旅先头亦由河之南岸，到达南门附近，匪遂由西门外逃窜，六时许，沙县城遂告克复。是役，前后计毙匪数百，俘匪八名，我亦伤官兵二二四员名，阵亡官兵八员名。据俘匪供，与我抗战之匪，系伪七军团之十九师云。

附战斗经过要图 〔略〕

丁、战后之处置

纵队为巩固防务及按照原定计划进取将乐计，于二十六日午后六时，下达如下之电令：特急。第四师冷师长、第八十八师孙师长、第八十九师王代师长：密。命令:(一) 伪七军团残部已向明溪方向逃窜。(二)本纵队暂在夏茂、沙县间整理待命。(三)第四师集中沙县整理，派出一部于焦坑岭对明溪方向警戒。(四)第八十八师以一部位置于官庄、大溪头，维护交通，主力在高桥、中堡间集结待命。(五)第八十九师仍集结夏茂附近，对将乐、明溪方向警戒。(六)余现在中堡，明感日到达沙县。指挥官汤恩伯。宥。酉。

戊、弹药消耗虏获并伤亡数详后附表 〔表略〕

高滩及将乐之役

甲、战斗前匪我之概况

匪伪七军团之六十一团，盘踞将乐县城，万安、光明各有伪一军团之一部窜踞。伪七军团十九师经纵队于沙县击溃后，鱼日窜到漠布西约十里之王享口附近，企图阻止我军西进。纵队自克复沙县后，为巩固防务计，一面搜剿附近之残匪，一面修筑沙县城防，三日完成之。

乙、我军之部署

纵队决按原定计划，以一部驻守沙县，主力进取将乐。

丙、战斗经过

三月五日，我第四师为策应八八、八九两师进取将乐容易计，于三月四日开始向将乐移动，五日到达下堡至玉坊子一带，第八十八师到达高滩常口附近，并将三涧渡匪之警戒部队驱逐，第八十九师到达元坑附近，准备翌日向将乐攻击前进。

三月六日，我第四师继续向元坑、漠布推进，我八十八师本日驱逐将溪、积善、漠俚、下村等处之匪，于午后三时先后占领塔山、黑山、蔗厂水南之线，第八十九师本日由元坑经漠布、赖口，继续向高滩渡河，相机协取将乐。

高滩之遭遇

是日午后二时许，我八十九师之本队已到达高滩，而大行李将近高滩附近，道路左侧高山忽发现大股枪匪，蜂涌而来，行李伕担即呈混乱状态。各高山棱线亦发现重大匪情，乃令本队之二六五旅在高滩东南端高地占领阵地，掩护大行李通过，并以一部即于道路之两侧占领阵地，向来匪猛击激战，约一小时，匪不得逞，向东南山谷溃窜，我乃跟踪追击至高滩东南地区，匪乃顽强抵抗，并向我阵地作数度之反攻，均经击溃。斯时我八十九师后卫部队补充团适行抵濑口附近之隘口，该处左侧乃崇山大岭，右侧乃将顺大河，此时尚有一部分行李拥塞行进路，该团乃以一小部封锁路口，以主力迅速夺取左侧高山，经猛烈之冲击，白刃相搏，战况极为惨烈，匪复集其全力，再度冲锋，经派队增援，遂将匪之主阵地占领，激战至黄昏，残匪不支，向南方山谷溃窜。该团亦与其本队取得连络，遂停止追击，各在原阵地警戒。是役，计毙匪五百余，俘匪四五十名，获枪二十七支，重机枪一挺。我亦伤官佐二员，士兵五十九名，阵亡官佐二员，士兵三十七名。据俘匪供：向我窜扰之匪，系伪七军团之十九师，计五五、五六、五七三团。五日晚在漠源附近，本日开到此间。等语。(弹药消耗虏获并伤亡数详后附表)〔表略〕

丁、战后之处置

我八十九师将窜扰高滩之匪击溃后，于当日午后致孙、王两师长如下之电令：

（一）致王师长鱼申电：

限即刻到。密。报告悉。弟率第四师王旅顷已到达漠布，兄务速率主力渡河，在孙师后跟进，相机策应，不得违误。着留一旅在高滩占领阵地，对漠源、夏茂方向警戒，立盼电复。汤恩伯。鱼申。

（二）致孙师长鱼申电：

限即刻到。密。弟率第四师王旅顷已到达漠布，明虞日推进至高滩，顷令王师长率主力渡河策应，贵师进展情形，望速电告。如本晚未能入城，务望占领阵地构筑工事，待明日再行攻击为要。又鱼酉参电：(一)漠布西方约十里之黄暮口附近，发现伪七军团袭击八九师队尾行李。(二)伪一、三军团位置不明。据弟判断，恐在将乐、建泰附近。(三)本晚兄部务占领山头构筑强固工事，严防伪七军团来袭为盼。汤恩伯。鱼酉。参。

戊、攻城部署

我八十八师自占领黑山蔗厂后，将乐城垣已在我瞰制之下。本日午后四时许，该师之二六二旅开始攻击，我占领水南之五二七团同时亦向将乐南门施行猛烈射击，其五二四团及工兵营，则集结于黑山附近，策应五二三团之攻击，该团之一部，乃取道文曲坡上绕往五福亭堵截，其余则由蔗厂大道进占狮子山，遮断匪向光明退路。斯时我攻城部队，亦已逼近城下，并以一小部开始爬城，匪仍依据工事顽强抵抗，经我火力猛烈威胁，匪乃利用黑夜于九时许突出东门逆袭，希图侥幸一逞，被我迎头痛击后，匪不支，仍向城中回窜。经我跟踪紧追匪措手不及，我乃乘机由东门冲入城中。在黑暗中，历二时余之巷战。匪死伤奇重，军用品遗弃颇多。至十一时许，匪乃由西门向光明方向狼狈溃窜。综计是役毙匪五十余，伤匪百余。我亦阵亡士兵十九名，伤士兵三十名。俘匪二十八名，获步枪七支。

庚、战斗经过如附图〔图略〕

辛、战后之处置

纵队即已收复将乐，为求后方连络及将乐城防巩固计，于七日午后，电令各师作以下之处置：

（一）致八十八师孙师长阳午参电：

鱼亥电悉。密。吾兄指挥有方，将士用命，克复名城，至为欣慰。贵师着即担任将乐城防。水南廖团，务须构筑工事，对归化、漠源方向严密警戒，并须迅速架设浮桥。将乐给养困难，兹以八九、第四两师配置于将乐、漠布间掩护运输粮秣，俟集积相当数量后，再行进取建泰宁。弟顷已到达高滩，特复。汤恩伯。阳午。参。

（二）致第四、第八八、第八九各师阳申参电：

密。命令：一、伪一、三军团窜向未明，伪七军团鱼日被我八十九师击溃后，现向夏茂方向窜去。我八十八师已于鱼夜确实占领将乐城。二、本纵队遵令先完成顺昌、将乐间之碉堡。三、第四师应构筑漠布（含）经濑口至高滩（含）间之碉堡。四、八十九师应构筑常口（含）经三涧渡至积善（含）间之碉堡。五、第八十八师着担任将乐城防，城防附近之碉堡，由该师构筑修理。六、以上碉堡均限灰日前完成，绘图具报，候派员查验。七、各部队应迅速储存十日以上之粮食（豆谷米面）。余在高滩。指挥官汤恩伯。阳申。参。

壬、战后之所见

此次我八十九师与匪在高滩附近遭遇，匪系侦知我向将乐攻击前进，必须由高滩渡河，故由濑口向我袭击。而该师以隘路行军未派侧卫，前未搜索亦不严密，侧翼埋伏土匪，尚不能发觉，以致部队不易展开，若非我官兵奋勇沉着，则易陷入危险。故我军在匪区之行止，务须远为侦察，通过隘路时，隘路旁之高山，应派一部占领之掩护本队通过后，方可撤收，绝不可因山道险阻而稍事疏忽，致为匪所乘。

泰宁之役

甲、战斗前匪我之概况

匪一、三、五、九、十二等军团及警卫师，由广昌窜抵南丰、枫林附近，与我北路之第三路军激战中。泰宁城有匪五六百人，开善、戴家坊一带驻有伪独立师残匪数百人，西成桥阵地前仍有伪某军团之一部，光明曹地有匪伪三十四师人枪千余，万安有匪千余。纵队自完成将顺碉堡及将乐城防工事飞机场后，奉命将顺间之防务，交与五十六师接替，各部集结将乐附近，并准备食粮，待命进剿。三月十二日午后六时，下达如下关于集中之电令：

特急。第四师汤兼师长、第十师李师长、第八十八师孙师长、第八十九师王代师长、密。命令：（一）本纵队奉命集中将乐附近待命。（二）第四师将高滩、漠布防务交替后，寒日前集中将乐水南一带。（三）第十师将沙县防务交五十二师接替后，限删日前经夏茂到达漠源集结，警戒待命。途中应注意伪七军团十九师之扰乱。寒日由第四师派兵一旅进驻漠源，掩护该师前进。（四）第八十九师主力寒辰集结高滩，接替第四师防务，以一部分驻常口懿安维护交通。（五）第八十八师仍集结将乐。以一部对光明、万安警戒，掩护纵队集中。(六)余明元日率第四师第十二旅进驻将乐。指挥官汤恩伯。文酉。参。

三月十四日午前奉委员长蒋元午行战一电开：现匪主力与北路军主力在南丰县前方枫林一带对抗激战，已成持久之局。若兄路不速前进占领建宁县，则战局不得发展，望即兼程前进，不得再误。如能直进建宁县更好，否则先到泰宁县后，一面与黎川县打通，一面速占建宁县为要。中正手令。

乙、我军之部署

纵队奉到上项之电令后，即于十四日午后六时，下达关于前进之电令如下：

特急。第四师汤兼师长、第十师李师长、第八十八师孙师长、第八十九师王代师长：密。命令:(一)匪主力与我第三路军在南丰、枫林附近激战中，泰宁城有匪五六百人，开善、戴家坊一带驻有伪独立师残部数百人，西成桥阵地前仍有伪某军团之一部。(二)本纵队以一部由光明主力由万安进取泰宁，明删日开始运动。(三)第四师明删日以一团接替将乐城防，以一旅进驻塘上附近，对万安方向警戒。余在将乐待命。(四)第八十八师将将乐城防交第四师接替后，明删日由将乐出发，向光明搜索前进。到达后占领阵地，对泰宁方面匪情努力侦察。(五)第八十九师主力明删日由高滩出发，经将乐向万安搜索前进，到达后右与邵武之新十一师设法连络，对泰宁方向警戒待命。(六)第十师为总预备队，限铣日前集中将乐待命。(七)各师应携带五日份粮秣。(八)余现在将乐指挥部。指挥官汤恩伯。寒酉。

丙、沿途战斗经过

三月十五日，我八十八师将盘踞光明之匪驱逐后，匪向西退窜。该师于午后四时，全部到达光明附近。策八十九师本日主力移驻将乐附近。第四师之第十二旅进驻上塘，其主力仍集结将乐附近。第十师除驻琅口之补充团开赴沙县担任城防外，其驻青州、马埠、官田、高沙等处之二十八旅，亦已集结沙县。

三月十六日，第八十八师为搜索匪情计，派一部经界源、曹地向万安游击，一部经求水苦郎向黄瓜地游击，其向万安游击之五二三团，九时卅分行抵西溪东北端高地，与匪伪卅四师遭遇，匪约千余，一面赶筑杨厝源附近之工事，一部向我猛烈冲击，经我迎头痛击，匪伤亡过半，匪气沮丧，我游击队遂乘势出击，午后三时，将匪全部击溃，残匪向杨厝源以北各高山逃窜。是役伤毙匪五百余。我亦伤排长以下三十九员名，阵亡士兵十七名。俘匪四十余，获枪三十余支。至午后五时，我游击队遂撤回光明。据俘匪供：本日与我遭遇之匪，系伪卅四师所属为一〇〇、一〇一、一〇二及新编等四团，该匪于六日前由新桥窜集于光明以北大山中，本日原拟偷袭光明等语。向黄瓜地游击之五二八团回报，此去黄瓜地沿线均无匪踪，惟右翼杨源有散匪百余，经驱逐后，即向牛岭台上高山逃窜。据土民云：曹地台上一带大山中，有大股匪潜伏等语。

第八十九师将盘踞挠坑高地阻我前进之匪驱逐后，匪向万安溃窜，经派五三四团跟踪尾追后，于午后五时确实占领万安。该师即于回溪西北及万安北端高地占领阵地，警戒宿营。

第十师(欠补充团)本日到达高桥附近，因夏茂、漠源方面情况不明，故十七日改经元坑向漠布前进。第四师之十二旅，本日派队向诺口方向搜索，并将叉口、南利附近之匪四五百名驱逐，本部率该师主力于午后四时到达挠坑。于六时电令第八十八师孙师长其要旨如下：

衔略。密。明十七日第八十九师、第四师续向万安以西推进，第八十八师以光明为根据，肃清曹地张北山一带残匪，并以一部向黄瓜地游击，努力搜索泰宁匪情。

三月十七日，第八十八师本日以五二三团之一部，经求水、杨源、王南右旋，攻击曹地之西侧。五二七团之一营，经界源、苦郎、练坑左旋，攻击曹地之东侧。辎重营经界源循万安大道向曹地南侧佯攻。十七日九时三十分，我五二三团先头搜索至王南西北高地，有匪二三百名据守，并筑有工事。又据被匪俘去逃回之土民称：台上有匪数百人。当即以一部在王南、杨源西端高地占领阵地，向大磜上台上警戒，其余由王南右侧小径登山。十时二十分该团全部登山完毕，匪即向我射击。斯时，该师直属部队，亦已到达杨源附近，工兵营乃占领杨源西端高地，对黄瓜地方向警戒，师特务连则占领附近高地，向西北方警戒，以巩固后方。第五二三团主力即开始向曹地攻击前进，一部由小径向大磜上迂回，相机截击台上曹地之要路。我五二七团之一营及辎重营，亦于是时到达预定位置，向曹地进逼。匪顾此失彼，四面受袭，伤亡无算。十一时四十分，目睹曹地后山道路上匪伤兵及辎重纷纷向西运送，同时曹地后山东端小高地上，仍有匪数百，机关枪数挺，向我猛烈射击。依情况判断，知匪大部已退却，在曹地后山顽抗之匪，系其掩护部队。第五二三团乘机以第一营向匪攻击前进；并以榴弹炮在曹地南端高地占领阵地，猛烈射击。斯时指挥官亦行抵寡妇桥前五里处，闻曹地方向枪声甚激，当令八九师之五三零团附第四师十九团一营，前往策应，该师五二七团之一营及辎重营，亦跟踪追击。匪受我三面夹击，至午后一时四十分，乃不支，纷向卢安边溃窜，曹地当被我八十八师之五二三团确实占领。匪伤亡遍野。伪师长庞德元右臂负重伤，几被我所执。其向黄瓜地游击之五二八团第二营，午前十时亦搜索至黄瓜地沿途无匪情，各部就占领地域详细搜索后，至午后九时，乃撤回光明。我前往策应之各部队，亦已归还建制。综计是役，伤毙匪三百余，俘匪五十二名，获步枪十九支，我亦阵亡士兵二十三名，伤三十一名。

第八十九师本日续向万安前进。据报：(一)占领马岭附近各山上之匪，系伪二十一师，约千余人，经我三面围剿后，匪纷向泰宁方向溃窜，马岭已为我确实占领。该师各部队，本晚即在马岭西北各山头占领阵地露营。(二)本日毙匪数十名，我五三三团伤连长二员，伤亡士兵五名。

第十师已到达漠布附近。

本部及第四师于午后进驻万安。

丁、攻击泰宁之部署

纵队以进取泰宁城及黎川之北路军取得连络之目的。当即下达如下之命令：

衔略。密。命令：(一)当面之匪为伪五军团之三十四师及七军团之一部约千余人，经我击溃后向泰宁窜去，泰宁有匪七八百。(二)纵队续向泰宁进剿。(三)第八十九师明十八日续向泰宁搜索前进，相机占领泰宁。(四)第八十八师明日由光明经苦郎进占黄瓜地，与马岭附近之第四师连络警戒待命，前进间对左侧应注意掩护。(五)第四师明日以第十二旅沿光明以北山脉向马岭、黄瓜地之间搜索前进。并确实策应第八十八师之推进。(六)余现在万安，明日率第四师主力向马岭前进。

三月十八日，第八十九师本日继续向泰宁攻击前进，到达瓜溪附近，与匪接触，经击溃后，匪向泰宁方向溃窜。沿途因地形复杂，故未急进。午后四时到达八里桥附近，已逼近匪阵，乃以补充团向匪阵攻击，至午后六时完全占领八里桥，匪纷纷退踞泰宁城。因天色已晚，乃在八里桥附近高地占领阵地，构筑工事，警戒宿营。

第八十八师之二六四旅，本日沿葛布上求水苦郎一带向黄瓜地推进，其前卫五二八团搜索至五里排岭，与匪哨冲突，当即驱逐之。十一时到达黄瓜地，发现匪约四百余据守西端山麓，经猛烈攻击后，匪向泰宁窜去。毙匪十余人，伤数十人，获步枪八支，我亦阵亡士兵三名，伤七名。即于苦郎、黄瓜地间山头构筑工事。对泰宁及开善方向警戒，其余仍集结光明附近。据伤匪供：本午与我抗战之匪，系伪七军团十二师之一团，昨始由建宁经泰宁开来此间，该匪服装均整齐，人数六百余等语。似此判断，匪似有不愿放弃泰宁之企图。

第十师到达将乐集结待命。

本部及第四师于午后进驻瓜溪附近。

戊、攻占泰宁城之经过

昨于八里桥附近被我八十九师击溃之匪约七八百人，并光明、万安马岭等处先后被我击溃之匪，均窜集泰宁城垣及其东南各高地。三月十九日，我主攻部队八十九师之二六七旅及佯攻部队之补充团，于午前八时，推进至神间桥以西高地。我五三四团，将匪哨驱逐后，占领攻击准备位置。惟正面之匪，凭藉天险及其坚强之工事，顽强抵抗，我军接近极感困难。斯时左侧匪之一部向该团左翼移动，似有迂回我侧翼之企图。更因地形隐蔽，以主力用于左翼高山，节节进击。迨至正午，尚无若何进展，乃以五三三团之一部，由正面向主匪堡攻击，以使我左翼五三四团进展容易，然仍无效果，乃决以五三三团为主攻部队，由正面攻击前进，更以重火器掩护之。是时指挥官亦已赶至八里桥西北高地，亲临指挥。各匪堡因受我炮火及空军猛烈轰炸，渐形不支，似有动摇模样。我攻击部队，遂乘机向匪突击，经数度之冲锋肉搏，卒将各匪主堡占领。同时我左翼之五三四团，右翼之补充团，亦相继攻占各匪主阵地，匪向西北一带溃窜。斯时乃令八十八师以二六四旅集结八里桥前二里之朱家滨附近待命，主力即向西北进迫，以遮断匪之主力退路。午后五时，我八十九师遂确实占领泰宁城。是役毙匪三百余，俘匪官兵二一六名，获步枪九十三支，重机枪三挺，轻机枪两挺，手马枪各一支，土造枪十四支。我亦伤官长六员，士兵六十一名，阵亡士兵九名。据俘匪供：前日在万安马岭屡次被我击溃之匪，均沿马岭先后窜集宁附近。本日与我抗战之匪，系伪十二军团之三十四师及本月十七日由江西开来增援伪三军团之一部，兵力合计约五千人，经击溃后，向建宁新桥方向分窜。

战斗经过如附图第一〔图略〕

己、战后之处置

当日我第四师于八里桥西南，第八十八师于八里桥西北各高地，警戒宿营。第八十九师除以一部占领原阵地警戒宿营外，主力集结于泰宁城。三月二十日午前十一时下达之命令如下：

三月二十日午前十一时命令于泰宁指挥部战字第六号。

一、前据泰宁之匪为伪十二军团之三十四师及伪三军团之一部，昨被我八十九师击破后，已狼狈向建宁方向窜去。

我第三路军第七十九师及第六师丁旅，二十一日由德胜关出盐隘与我连络。

二、纵队暂集结泰宁附近，整理待命。

三、第四师应占领泰宁城附近东西北三面高山，对东西北各方向警戒，并肃清附近之残匪。

四、为八十八师应占领泰宁水南一带高山，对西南方向警戒，并肃清附近之残匪。

五、第八十九师以一团担任城防，其余集结城内整理待命。

六、各师警戒地域之境界如附图。〔略〕

七、各师应迅速征购五日份给养。

八、各师通讯营应迅速向本部构成通信网。

九、余现在泰宁指挥部。

指挥官汤恩伯

附泰宁附近各师警戒地域境界图如附图第二〔略〕

庚、历次弹药消耗虏获并伤亡详数参后附表〔略〕

辛、战后之所见

一、对倾斜急峻之山头匪堡攻击，即难避敌火之损害，且遮蔽敌目亦甚不易。而我军此次卒能克匪主堡者，乃我炮火之命中精确，使匪不敢抬头，故匪虽有坚强之工事，及瞰制之利不足恃也。

二、连络确实为作战之要诀，此次陆空连络，在将达战果时，甚为有效。此次我主攻部队，准备冲锋时，匪用机枪手榴弹连续向我投击，适有我飞机一架得知我符号所标之情况，当即前来协助掷弹数枚，均命中匪堡附近，致匪焰顿挫，我乃乘机冲击而占领之。

归化之役——铜铁岭之役

甲、战斗前之概况

纵队自克复泰宁后，即集结泰宁附近整理待命。我第十师亦已集中将乐附近。三月十九日正午十二时，奉委员长蒋皓辰参电开：据卢兴邦铣申参电转据罗旅长铣未电称：匪约二三千余人，分三路于删夜包围大岭头，以众寡悬殊，不得已撤退湖坊等地，该匪跟踪至湖坊西十里之地。现我军暂时扼守，一俟联络佟旅，再图进展。查匪集结归城附近，为数甚众，恳饬友军推进。等情。仰即派队策援进占归城为要。等因。同时复奉委座巧午行战一电：前虑卢师兵力不足收复归化，故令第十师协同进取，今该师果受挫折，第十师即已向将乐集中可即由将乐或漠源策应归化，与卢师切实连系进剿，克日收复归城为盼。

乙、我军之部署

纵队基于上项之电令，除将原电转达李师长外，并于皓未电令该师着先占白莲，协同五十二师收复归化。

该师受命后，遵即转向归化推进，本月二十日到达南口，二十一日抵白莲，白莲西约五里之小王坊、大俚等处，有匪百余，经其先头部队击溃后，匪向沙洲、盖竹桥一带溃窜。当据卢师罗旅长通报："（一）本旅业已撤回湖坊扼守。（二）距归化城二十里之龙湖有伪七军团一部八九百名，归城东门之南山西门之猴子山均伏匪甚伙等语。"查湖坊距归化城六十里，距白莲一百二十里。复据探报：铁岭关有匪约三连，构有坚固工事，破坏道路，据险扼守。龙湖及归化城，有匪约三千。三月二十二日，该师拟先铜岭附近准备展开，以防匪袭击，尔后以攻击敌人之目的，一面整顿战备，一面向铁岭关跃进，更向龙湖、归化前进。当以第三十旅为前卫，师直属部队及第二十八旅为本队，先头于六时出发，经大俚、盖竹桥、铜铁岭等地向龙湖、归化城攻击前进。

丙、战斗经过

据报据守铜岭附近各堡垒之匪，于三月二十二日午前九时三十分，经我前卫旅击溃后，残匪沿进路左侧高山，向铁岭口溃窜。该旅即以五十九团主力，由铜岭左翼，一部由铜岭右翼高地，并以五十八团之一部，由正面向铁岭口攻击前进。斯时接到我飞机报告：一、正面铁岭隘有匪数百驻守于山隘工事中。二、归化南方我五十二师亦已协同进取。十时四十分，该师以二十八旅之一部占领铜岭通沙洲道路高地，停止警戒，掩护全师辎重行李之通过，并令前卫旅沿两翼高地，迅速攻占铁岭关以为据点。十一时，据前卫旅长报告：（一）当面之匪盘踞铁岭口堡垒及左右高地。顽强抵抗，左翼高地似有匪千余。（二）据俘获伪十九师五十七团传令兵供：铜铁岭附近森林埋伏伪十九师三团，伪五十七团在正面，其余在铜岭与葛岭沙洲之间，并由归化开来一昼夜，归化城内仅有后方医院与独立师驻守，其兵站亦已移走。依据上项之情况判断，以敌之显露于我者，惟左翼高地之匪，意图诱我主力向左移动，匪主力得以从我右翼袭击我铜岭右翼。埋伏之匪，企图袭击我行李辎重，乃以决战之目的。一面迅速夺取铁岭关，一面整顿战斗，准备击破匪之埋伏。当令第三十旅迅速沿两翼高地，努力攻占铁岭关，第二十八旅迅以有力之一部，重新搜索铜岭右翼密林，并占领该线一带高地，严密警戒，掩护辎重行李之通过，主力及辎重行李均向铁岭关北端集结。十二时四十分，我左翼队五十九团之一部，已占领天上冈，右翼队五十八团之一部，亦已确占大森林南端高地之堡垒。当以铁岭关正面之匪经一小时激战后，匪渐不支，纷向龙湖、天一亭方向溃窜。斯时潜伏我右后方之匪，复乘机向我五十六团于铜岭及五十九团原停止于铜岭右翼森林一带高地之警戒部队猛袭，经令第五十七团派一营至山麓扼守道路，对该匪迎头痛击，另以该团第三营由左翼包围。自葛岭方向抄来之伏匪，经激战一小时，始将该匪击溃。然密林中之伏匪，仍向道路不断射击，致行李无法通过，复经我在右翼山麓放火，一时风紧火急，再加上我五十七团第三营并五十九团之一营从山上夹击，匪乃溃败。匪死于火者不下二百余，甚至纷向葛岭方向逃窜。其向我后尾冲击之匪，是时亦被我掩护部队击溃，匪纷向沙洲方向逃窜，是役毙匪五百余，俘匪数十名。我亦伤官长二员，士兵一五三名，阵亡官长二员，士兵一〇〇名。获步枪五十三支。据俘匪供：据守正面堡垒与我三十旅抗战之匪，系伪十九师五十七团。埋伏山林，与我二十八旅接触意图截击者，为伪五五、五六两团。

战斗经过如附图一〔略〕

当日午后四时，全部战斗结局，各方均甚沉寂，即令各部队归还建制后，警备宿营。

三月二十三日，我第十师仍遵原令，向归化城攻击前进，其先头之五十七团，将据守归化附廓堡垒之匪驱逐后，于正午十二时卅分收复归化城，我五十二师之先头罗旅，亦于未刻到达归城东门外万春桥一带。其佟旅驻归城东约十里之大岭头附近，各部当即占领阵地，赶筑工事，并努力侦察附近匪情。

三月二十五日正午奉委员长蒋有已机赣电令开：匪主力已东移，泰宁附近我军应速设法集中，应即令五十二师防守归化城，而抽第十师仍回将乐与泰宁连成一气为要。等因。当于有申电转令第十师遵照。同时我第十师亦奉委座径已机赣电其要旨如下：

衔略。密。如匪情明瞭后，归化与将乐间果无大股匪，则归化城可交五十二师守备，第十师即可逐步向将乐移动，与泰宁部队连成一气。但行动时仍须严密警戒，步步为营，务要远探广搜，中途或宿营勿受匪袭为要。

丁、战斗经过

该师受命后，当于二十六日午前五时，将归化城防交五十二师接替，即向白莲前进，并以有力之一部，先于铜铁岭一带配备警戒。午刻我先头之卅旅行抵大俚时，匪伪七军团十九师，仍从铜铁岭林草茂密处，企图邀击。经我猛烈火力之射击，继之以冲锋肉搏，激战至申刻，卒将该匪击溃，残匪纷向沙洲、葛岭方向逃窜。是役毙匪三百余，俘匪十余，获战旗一方，步枪六支。我亦伤官佐二员，士兵四十二名，阵亡士兵三十二名。据俘匪供：本日埋伏之匪，系伪七军团十九师全部。该匪于廿五日傍晚，即先知我行动，故连夜赶到铜岭附近埋伏，企图迟滞我军之行动，以待其后续主力之一、三军团赶到等语。

战斗经过如附图二〔略〕

戊、战后之处置

我第十师于廿六日午后八时到达白莲塘后，即续向将乐推进，二十七日午前八时通过南口。当时据后尾便探及江口难民先后报称，南口西南十余里地区，到匪万余，匿伏深山中，幸该师见机夜行，否则，匪之主力先我半日程赶到南口附近，我则受其暗算矣。

已、先后弹药消耗虏获并伤亡详数参后附表〔表略〕

庚、战后之所见

军事行动，严守秘密，为军人必具之条件。此次我第十师攻克归化后，续向将乐推进时，其行动即已为匪侦知，故匪准备以主力埋伏我必经之地，以遂其截击之企图。幸该师行动迅速，在匪部署未妥以前，已安全通过，不然鲜有不遭其暗算者。年来国军剿匪迭受挫折，亦无非泄露军事行动所致。先哲有言，知己知彼，百战百胜。若我之行动如为敌所侦知，则我处于被动地位。反之，我能严守秘密，使彼捉摸不定，则赤匪虽狡，亦无所施其伎俩矣。

邱家排新桥之役

甲、战斗前匪我之概况

芦坑、五通桥、河桥等处之匪，于二十一日窜据建宁。又建宁昨由康都窜来番号不明之枪匪二千余，当晚九时向泰宁路上前进，新桥有匪二三百，并筑有工事，邱家排有匪二三百盘踞。

我第十师刻已由南口经白莲向归化攻击前进。

纵队为巩固泰宁城之安全，一面赶筑城防工事，一面派队肃清城厢附近之残匪，主力则集结泰宁城区，整理待命。

三月二十二日午后七时，奉委员长蒋祃申机赣电节开：我六师与第七十九师已由德胜关、盐隘向新桥前进，贵路军须派队到新桥连络，新桥防地并须由贵路派队担任，切勿延误。等因。

乙、我军之部署

纵队奉命后，当于午后四时，下达战字第十号之命令如下：

三月廿二日午后四时命令于泰宁指挥部，战字第十号。

一、据报芦坑、五通桥、河桥之匪，廿一日窜建宁。又据土人传说：广昌之匪大部向建宁逃窜。新桥有匪二三百人，邱家排有匪二百余，附机关枪一挺，筑有工事。

我第三纵队七十九师及第六师之丁旅，明二十三日先占盐隘向新桥游击。

二、本纵队于三日内，构成泰宁间之碉堡，与我第三路军确取连络。

三、第四师主力（三团），明二十三日午前七时三十分以前，将现阵地交第八十八师接替完毕，由泰宁出发经梅桥、际下、上青墟向新桥搜索前进。驱逐新桥之匪后，一面与樊师连络，一面构筑新桥（含）至张姓地（含）间之碉堡，限二十六日前完成之。

四、第八十八师担任泰宁城防及城区四周碉堡之守备，并修理之，限于明二十三日午前七时卅分以前接替完毕。

五、第八十九师将城防交第八十八师接替后，主力集结泰宁待命，应派一旅明二十三日午前六时三十分由泰宁出发，经梅桥向邱家排搜索前进，驱逐邱家排调村之匪后构筑邱家排（含）至调村（含）间之碉堡，限二十六日前完成之。

六、各师粮秣应充分征购，弹药应注意节约。

七、通讯本部与第四师间用无线电，与八八、八九两师间用有线电话。

八、余在泰宁指挥部。

指挥官汤恩伯

丙、沿途之作战经过

三月二十三日

第八十九师主力，除集结泰宁外，其二六五旅于午前九时三十分由驻地出发，经梅桥向邱家排搜索前进。据报：其先头行抵邱家排南端高地，有匪百余阻我前进，经前卫猛烈攻击，激战一小时，匪不支，由邱家排北端退至狮子山，并据守隘路顽强抵抗，经派队分向正面及右翼攻击，该匪稍事抗战后，即向西北窜去，我先头营乃占领狮子山右侧小高地警戒宿营。

第四师之第十旅及二十四团，于午后五时到达上青圩附近高地警戒宿营。

三月二十四日，大洋漳之战斗经过：

我第八十九师之五二九团，本日继续向大洋漳搜索前进。盘踞该山最高峰之匪伪三军团之一部，经我前卫第一营进抵岭处山腹与其接触后，激战约两小时，当即连克两山头，匪复啸聚于最高山顶之坚强工事内，凭险死守。是时我第三营亦均攀登而上，展开于第一营于左翼，迫击炮连亦即占领阵地，掩护我前进部队之攻击。然该处山势极为险峻，仅正面有一小道可以攀登，各官兵处之危难之下，毫不退缩，奋勇攀登，卒以仰攻不易，而敌火是时更为猛烈，第三营营长贾志超阵亡，第一营营长李名著身受重创，连排长亦伤亡多员。各部即就既占阵地，构筑工事，另以第二营继续攻击，已逼近最高山顶之斜面。激战至午后五时，经多次之肉搏冲锋，战斗极为惨烈，我第二营营长蔡泽延亦相继续阵亡。斯时适风雨大作，雾瘴满布，几咫尺不能辨物，我乃节节撤回原阵地，致匪乘间逸去。是役匪伤亡甚众，我亦阵亡官长五员，士兵五十六名，伤官佐十二员，士兵一二六名。

我第四师之一部，将张姓地东北高地之匪驱逐后，即在该处停止警戒，掩护主力向新桥进剿。主力前进抵三仙岭时，因天雨浓雾弥漫，百米附近互不相见，遂乘匪不备，冒雨登山，与匪哨稍事接触后，匪部向西溃窜，遂于当日午后六时，确实占领新桥东南之三仙岭一带高地及其西北高地。星夜构筑工事，警戒露营。

三月廿五日新桥之战斗经过：

本日我第四师以歼灭窑排岭之匪，进占新桥之目的，以第十九团为攻击部队，于拂晓前，在我佯攻部队及重火器火力掩护之下，逐次构成纵深火网，向匪阵地压迫。至午前九时三十分，遂确实占领窑排岭之第一峰。此时匪部在窑排岭第二峰，仍顽强抵抗。该部即在原地做据点工事，除以一小部在窑排岭森林丛密高地掩护我右翼之安全外，其余乃进至窑排岭之第一峰，主力则向窑排岭匪阵地攻击。我各级侦探队及保卫团，亦于此时迂回至敌左侧背，我步炮兵亦集中一点对窑排岭第二峰匪主阵地带施行歼灭射击，此时攻击部队相距第三峰山顶匪主阵地仅十余米达，匪已呈现动摇之状。正准备冲锋之际，不幸我最前线之部队，被匪迫炮命中数弹，一时伤亡枕藉，因此功亏一篑。是时匪遂乘机出击，向我猛扑，经该团第三营极力反攻，仍恢复最前线原占领之位置。同时第二十四团复派兵一部，由窑排岭之左翼向匪佯攻，以分匪势。伪一军团之一、二两师，伪三军团之四、五两师及模范师之两团，伪五军团十三师并三十四师之一部，均陆续赶到，于是匪以密集部队不断向我各团阵地猛冲，我军亦集中轻重机枪对匪扫射，匪前仆后继，霎时间我阵地前之匪尸遍地。至午后二时，令二十四团增援，我十九团士气为之一振，经再度之激战后，卒因我十九、二十四两团团长及以下各营连排长伤亡过半，且匪众我寡，乃令攻击部队逐次互相掩护撤回原阵地。斯时我担任警戒之第二十团及二十四团之一部，亦集中炮火及轻重机枪，对匪猛烈射击，以掩护我由小河以西撤回之部队；我第十九团遂安全撤至新桥东南高地，第二十四团亦撤至三仙岭一带高地后，即各就原阵地构筑工事，防匪反攻。当晚匪复以全力向我西南一带阵地猛冲数十次，并以迫击炮向我轰击，希图一逞。幸我各官兵沉着应战，白刃相搏，激战终宵，至拂晓时，我乃以临时挑选之大刀队出击，斩首无算，尸横遍野，匪不得逞，乃纷纷溃败。随即派少数部队施行追击，获枪十余支，俘匪数十名。至二十六日晚九时，匪复以全力向我阵地猛攻十余次，均被我击退，遗尸遍野，并俘枪匪十数名，匪主力即向水源方向溃窜。至三月二十七日，我北路军第三纵队七十九师一部，由水湖向新桥前进，而盘踞窑排岭西端残匪伪五军团十三师二十七团，仍据险顽抗，我令第二十团派兵一部迂回敌之侧背，即对该匪猛烈袭击，伪三十七团团长当场毙命，匪部遂分向西南鹅眉峰水元方向溃窜。综计是役共获步枪三十六支，俘匪官兵五十二名。我亦伤团长二员、营长一员、又连长以下各官长二十一员、士兵一百八十四名，阵亡营长二员、连长以下各官长六员、士兵一一〇名。据俘匪供：与我抗战之匪，系伪一军团第一、二两师，伪三军团四、五两师及模范师之两团，伪五军团十三师，伪十二军团三十四师之一部，伪一军团长林彪、第一师师长李登魁、第二师师长陈光。伪三军团长彭德怀、第四师师长洪超、第五师师长寻淮洲。伪五军团军团长董振堂、十三师师长陈伯坚、伪十二军团三十四师师长周永安等部，自南丰受挫后，即先后窜此等语。

战斗经过如附图第一第二〔略〕

丁、战斗结局

我第四师自三月二十七日协助我第三纵队攻溃窑排岭之匪后，遂与我北路军由德胜关、盐隘向新桥前进之七十九师取得连络，我第四、第八九两师即于泰宁至新桥间构筑封锁碉堡。

戊、各师弹药消耗虏获并伤亡详数参后附表〔表略〕

庚、战后之所见〔略〕

挽舟岭及其沿途各战役

甲、战斗前匪我之概况

一、盘踞大田市、峨嵋峰、平寮一带之匪主力，因我第三路军进逼广昌，于四月二十日．纷纷西移至甘竹附近，仅留伪十五师据守大田市、峨嵋峰一带。伪三十四师亦于二十日先后密集梅口、李家坊附近，建宁仅有伪五军团病院及警戒部队千余人。二、匪伪一、三、五军团主力与我第三路军于广昌北方甘竹附近对峙中。

纵队自与北路军在新桥取得连络，并于四月四日将泰新间之碉堡完成后，奉委员长蒋江辰电令：将泰新间封锁线碉堡交与樊纵队接替后，即率主力向东搜剿，与将乐之第十师会筑将泰间碉堡，限蒸日完成。纵队遵即以第四师主力修筑泰宁飞机场，该师之一部及八十八师，逐段向将乐与第十师对筑碉堡，并一面肃清将泰间之残匪。第八十九师仍担任邱家排与泰宁间之防务，将泰间碉堡亦告完成。

乙、我军之部署

纵队依原定之进剿计划，向建宁逐步推进，于四月二十日正午十二时下达如下之电令：

特急。第四师汤兼师长、第十师李师长、第八十八师孙师长、第八十九师王代师长：最机密命令：(一)伪一、三、五军团主力与我第三路军与广昌北方甘竹附近对峙中。(二)本纵队奉命以一部担任将泰间防务，主力逐步向建宁推进，限漾日准备完毕。(三)第四师(缺二十三团)担任泰宁城防及泰宁至求水(不含)

间碉堡之守备，限养日接替完毕具报。(四)第十师为进剿部队，明马日主力由将乐出发，经光明限养日到达泰宁，一部暂在将乐及将乐、光明间碉堡之守备，待八十九师到达接防后，即开泰宁归还建制。(五)第八十八师为进剿部队，将碉堡守备及泰宁城防交第四师接替后，即集结泰宁待命。(六)第八十九师(缺二六七旅)本号日将泰宁城防交八十八师接替后，明马日由泰宁出发，经光明限养日到达将乐，接替将乐城防及求水(含)经将乐至高滩间碉堡之守备。(七)第四师二十三团、第八十九师二六七旅为总预备队，将防务交替后，集结泰宁待命。(八)余在泰宁指挥部。指挥官汤恩伯。号午。

四月二十三日，各部均已准备完毕，当日午后四时，纵队乃下达关于前进之命令如下：

四月二十三日午后四时命令于泰宁指挥部。战字第二十三号。

一、匪之一、三、五军团主力，经我第三路军击溃后，窜集广昌附近，备极狼狈。大田、障官、西溪、挽舟岭、梅口、弋口、李家坊等处，为伪第十五师分据，建宁城内有伪五军团之医院及警戒部队千余人。东北各门均有堡垒，并埋有竹钉，企图顽抗。

二、纵队主力奉命经李家坊、梅口逐步向建宁作工前进，明(二十四)日开始运动。

三、第八十八师明二十四日午前七时，先头由泰宁出发，经水南、白土向李家坊搜索前进，到达后，占领阵地，构筑工事，对梅口、弋口、开善方向警戒，以一部构筑由泰宁至李家坊沿途碉堡，限二十六日完成。

四、第十师明二十四日集中泰宁及水南待命。

五、第四师二十三团，明日午前派轻装一营，向西溪周家山方向游击，当晚归还泰宁。

六、第八十九师之二六七旅，明日将防务交四十六师接替后，集结梅桥附近待命。

七、通信主用有线电话，各部到达后，迅速与本部总机构成通信网。

八、各师给养应准备三日份，以后继续向泰宁挑运。弹药按规定携带数充分补充。

九、余在泰宁指挥部。

指挥官汤恩伯

丙、沿途各战役之战斗经过

四月二十四日，我第四师仍集结泰宁附近。第十师均已到达泰宁集中。第八十九师之一部，本日集结梅桥附近待命，其余担任将泰间碉堡之守备。

李家坊战斗经过：我八十八师于午前七时由泰宁出发，先头二六四旅之五二七团行抵李家坊附近，即于据守该处各高地堡之匪五百余接触，至午前九时十分，李家坊东北高地堡垒内，突跃出匪众百余人，向我突击，经激战后，至十时许，将顽匪击溃。遂确实占领李家坊村落及其附近高地，残匪向油店溃窜，我乃乘胜追击，占领油店东南一带高地，当令五二八团继续向油店街前进，我五二七团则以一部向李家坊附近即占阵地筑工警戒，其余向李家坊西南一带高地之匪攻击。李家坊以西山岭重叠，森林茂密，残匪仍在油店街及其南端负隅顽抗。十二时我五二八团到达油店东端，即以第一营向匪阵进逼，激战至〇时五十分，油店街完全被我占领。同时该处南端高地之匪，亦于一时三十分被我击溃，匪向梅口、弋口方向溃窜。是役毙匪伪连长陈阳才等三十余名，伤匪五六十名，俘匪三名，缴获步枪十支。我亦阵亡排长一员、士兵三名，伤士兵二十余名。据俘匪供：在白土、李家坊、油店一带与我接触之匪，系伪三十四师一〇〇团，人枪共约六七百等语。

四月二十五日，纵队继续向建宁逐步做工前进，本日午前八时下达战字第二十五号命令如下：

四月二十五日午前八时命令于泰宁指挥部战字第二十五号。

一、与我第三路军于广昌东北附近对峙之匪，主力逐渐南窜，并有一部向建宁移动。李家坊附近之匪伪三十四师五六百人，经我八十八师击溃后，已向梅口方向窜去，我八十八师已确实占领油店及其西南方高地。万全、开善一带到有伪七军团匪四五百人。

二、纵队继续向建宁逐步做工前进。

三、第十师明（廿六）日午前七时，先头由泰宁出发，经白土、李家坊、油店向店上、弋口沿河东岸之线搜索前进，到达后占领阵地，准备材料，于梅口、弋口两处架设浮桥，努力侦察梅口、建宁之匪情，并做渡河之准备。以一部构筑油店、店上间之碉堡，东与八十八师衔接，限二十八日完成。

四、第八十八师继续完成油店至泰宁间之碉堡，并修筑军路。

五、第二六七旅明（廿六）日集中水南待命，并派一部向开善方向游击，当日归还水南。

六、第二十三团明（廿六）日派兵一营，向西溪、周家山方向游击，当日归还泰宁。

七、通信主用有线电话，与第十师并用无线电信。

八、余暂在泰宁指挥部。

指挥官汤恩伯

当日午后，复电令第十、第八八两师有戌参电其要旨如下：

衔略。密。(一)开善之匪已窜化坑。(二)第十师明宥日向弋口前进，到达后，为渡河之准备，右与八十八师确取连络。(三)第八十八师抽派一团占领店上沿河警戒，与第十师确取连络，作佯渡姿态。

四月二十六日弋口之战斗经过：

本日拂晓我第十师分两纵队先后由泰宁出发，其二十八旅附工兵一连为左纵队，经大金、小金、新田坑进占邓家坊，并掩护其主力左侧背之安全。第三十旅（欠一团）及工兵营（欠一连）为右纵队，其三十旅之一团与补充团师部及其直属部队为本队，经步洞、蒋坑、大湖、黄地在右纵队后跟进，右纵队先头将王溪坑、谢家坪、新坑之匪警戒部队驱逐后，继续沿马坑向邓家坊搜索前进。午后二时我左纵队之二十八旅，将河东岸之匪驱逐后，匪向弋口逃窜，我遂完全占领邓家坊东北近河东岸各高地，与盘踞弋口附近各高地之匪对峙中。第三十旅是时亦已到达邓家坊东北附近地区，弋口在河之西岸，河流自北而南，略向西岸弯曲，故水深流急，且在匪瞰制之下，徒涉极感困难。后我侦察上流方面河面，虽阔然不深，且多死角。至午四时我三十旅即在上流附近施行强渡，至五时该旅已全部渡河完毕，即向弋口攻击前进。经激战后，至午后六时乃确占弋口，及其西北一带高地，因天黑未便穷追，即占领阵地警戒宿营。

我八十八师佯攻部队之五二七团，于午前七时三十分由油店出发，十时到达旦上，即占领旦上东端高地，向梅口佯攻。榴弹炮亦在旦上西北高地向梅口之匪堡射击，至午后六时，即停止攻击，各部乃撤回原阵地警戒宿营，该师主力构筑油店泰宁间沿途碉堡。

四月二十七日梅口之战斗经过：

我八十八师前卫之五二七团，向梅口东岸搜索前进，上午八时三十分先头行抵旦上东端，复遭据守梅口附近高地之匪射击，即以两营展开于旦上南北高地之线，以一营为预备队，位置于旦上附近，工兵营征集架桥材料，正午十二时完了诸准备，遂以步兵一连为渡河部队，炮兵及轻重机关枪开始向梅口之匪射击，掩护我渡河部队前进。至〇时三十分，匪在我猛烈炮火压制下，渐现动摇之象。梅口北端高地之匪纷纷向南移动，同时我渡河部队，亦已渡河完毕，遂乘机向梅口西端一带高地及其附近各匪堡施行突击，匪措手不及，纷纷向西北方溃窜。至午后三时，我遂完全占领梅口及其附近高地。是役，伤毙匪七十余，俘匪十三名，获步枪十七支。我亦阵亡士兵十二名，溺毙九名，伤士兵二十二名，该师主力亦已推进至油店。

我第十师主力本辰继续向弋口强行渡河，逐渐将梅弋口沿途残匪驱逐后，于午后四时左右全部到达梅口附近。

四月二十八日挽舟岭之战斗经过：

本辰我第十师由驻地出发，开始向挽舟岭之匪攻击前进，匪伪三十四师之一部，扼守挽舟岭高峰，顽强抵抗，当以正面为地形所限，且受其瞰制。决以一部佯攻匪阵地正面，主力绕出河沿，迫匪左侧，至午前六时二十八旅先头到达挽舟岭之左侧高地，与匪对峙。该旅之一部亦到达下西源东端附近，匪见我迂回其后，即呈摇动模样，我遂乘机出击，经冲锋肉搏后，至七时三十分，匪不支，向建宁方向逃窜，我遂确实占领挽舟岭及其南北各高地。综计该师各战役伤、毙匪约千余，俘匪十余名，获枪十余支。我亦阵亡官佐二员，士兵五十九名，溺毙士兵十余名，伤官佐一〇员、士兵八十名。据俘匪供称：一、昨二十六日与我在弋口对战之匪，为伪十九师五五团之两营，挫败后即固守各堡垒待援，伪三十四师全部昨夜由梅口开来增援，本日正准备反攻部署未竣，即被冲破，致死伤数百人，大部向挽舟岭，小部向建宁方向逃窜。二、本日在挽舟岭与我对抗之匪，系伪三十四师一〇二团，人枪约千余等语。

丁、战后之处置

纵队为稳扎稳打，决计先完成茅店至泰宁间碉堡，并详侦匪情，再向建宁前进，于二十九日给与各部之电令如下：

第十师李师长、第八十八师孙师长、第二六七旅龙旅长：(一)匪大部东窜后行动未明。据报，朱家凹、大岔、江家店、杜树下一带，均到匪甚多，番号不明。(二)纵队拟先完成茅店至泰宁间之碉堡，详侦匪情再向建宁推进。(三)第十师明陷日速构成茅店至梅口间之碉堡，并与八十八师密切连络。(四)第八十八师明陷日将油店（含）以东之碉堡交二六七旅接替，迅速修理梅口浮桥，以一旅进占挽舟岭左前方高地，与第十师衔接占领阵地，构筑强固工事，对建宁及南北方向警戒，并努力侦察建宁方面之匪情具报。其余继续完成油店（不含）至店上间之碉堡。(五)第二六七旅明陷日以一部推进至李家坊、油店间，接替八十八师油店(含)以东之碉堡，并修筑油店以东之军路。

汤恩伯。艳戌。参。

戊、战斗经过如附图第一、第二、第三〔图略〕

己、弹药消耗虏获并伤亡详数参后附表。〔表略〕

庚、战后之所见

本战役以弋口附近地形论，土匪占绝对优势，以兵力论虽较弱于我，然亦有三团二营之众，如能巧用地形，隔河相距，亦能支撑相当时间。况我军加入战斗者，亘战斗之全局，仅使用三十旅之一部与匪兵力相等，乃竟能涉水逾山，一举而摧破之，诚非意料所及。是役胜利实出匪之无能，该匪战前无详密计划。当二十八旅发现于邓家坊南方，误认我军主力所在，将匪部悉集结于弋口西南端，而置廖家东北端沿河各高地于不顾，及睹三十旅出现邓家坊北方，遂骤呈慌乱状态，及至该匪以一部北移，阻我渡河时，而我先头部队已安全徒涉。以彼气馁之匪，当我旺盛之士，故维一再反攻，无法挽回战况，只有一挫再挫，而终至全部溃窜。惜限于地形，未克将其全部包围而歼灭之也。根据本战之经验，愈信出敌不意，确为致胜之要诀。而我佯攻之部队，能先于主攻部发动吸引敌人主力，而我主攻部队，亦能迅速部署，得收全效，诚得实者虚之虚者实之妙用矣。

磨洲岭为泰宁、建宁间唯一要隘，如自梅口正面向上仰攻则必死伤甚大，颇不易奏效。兹因我二十八旅由左侧方占领青草山以为据点，再以补充团由右方侧击匪于弋口，败窜之后，不及稳固布置，遂将天险要地，一旦失守，此乃本师决心迅速不使战机逸失，而攻击方向及攻击点之选定亦颇失当也。

江家店之役

甲、战斗前匪我之概况

匪伪七军团自经我节节击溃后，窜集江家店附近，与由广昌败窜建宁之匪主力会合，有企图凭险与我决战之企图。纵队自四月二十八日攻克挽舟岭后，一面侦察匪情，一面构筑茅店至泰宁间碉堡，并修筑油店以东之军路。至五月一日，奉委员长蒋东申行战一电开：贵纵队已越过挽舟岭，兹为使周纵队能适时协同动作起见，特改令该纵队由邱家隘前进与贵纵队协攻建宁，希与确取连络。在周纵队未到邱家隘以前，切勿单独急进，总须稳扎稳打为要。纵队奉命后，当即转达各师各就原阵地加强工作，并肃清鸡搜山、梨树窠、元庄、下磜坑、禾达坝、西源峰、何坑寨、段寨坳、象山等处及其附近残匪。于午后六时给与各部之电令如下：

第十师李师长、第八十八师孙师长、第二六七旅龙旅长：密。(一)据飞机报告，陷日有匪一股由广昌向建宁运动。又据探报，横路下有匪千余，饶山（距弋口三十里）由均口窜到匪数千，盘踞附近各山，枫树坑(元庄东南高地)、大园、王坑、李家山一带之匪正在做工中。我周纵队江日由广昌出发，经白舍、荷田、樟村出邱家隘向建宁前进。(二)纵队先肃清元庄、李家山一带之匪，再俟周纵队到达邱家隘后，进取建宁。(三)第八十八师二六二旅明冬日归还建制。该师占领枫树坑（元店东南高地)、大园、王坑、李家山之线后，构筑碉堡，待命前进，并修筑自二十八旅五十六团阵地西端起至李家山北侧间之军路。(三)第十师明冬日主力仍继续完成梅口至挽舟岭间之碉堡，并修筑由梅口经朱家际至二十八旅五十六团阵地西端之军路，与八十八师修筑之军路衔接，另派一团修筑油店至店上间碉堡，限于明冬日午前七时前渡河完毕，开始工作，限当日完成，将碉堡守备交二六七旅接替后归还梅口。(四)第二六七旅明冬日午前继续修筑李家坊至油店间之碉堡，明日午后三时前派队接替油店至店上间碉堡之守备。(五)余在梅口。汤恩伯。东酉。参。

同时给与第十师之冬申电令如下：第十师李师长默庵兄：梅口浮桥关系军事交通，至为重要。近日雨水甚多，时虞损坏，由贵师工兵营负责守护。兹由本部发给材料费贰佰元，希饬准备多量架桥材料备用为要。汤恩伯。冬申。参。

五月六日奉总指挥卫鱼参电令开：甲、综合连日各方情报，伪五军团主力及伪十四师等匪，似盘踞建宁东南方地区，有阻我进占建宁之模样。乙、本路以第八、第十两纵队协力击灭该匪进占建宁之目的，及为两纵队协同确实计，拟定会攻方案如下：一、周纵队应于本月八日由邱家隘、将军殿推进至马源桥以东地区，与汤纵队确取连络。尔后随汤纵队之进展，应向建宁之匪努力由西北方夹击，俾汤纵队作战容易。二、汤纵队与周纵队确取连络，保持重点于右翼方面，于本月九日由现地向建宁城攻击而占领之。该纵队之八十九师，俟八十五师接防后，赶速向前方推进。三、占领建宁后，第八纵队即暂在建宁西北附近集结待命。第十纵队速先完成泰建间碉堡公路，待命向宁化推进。四、若匪主力乘我第十纵队攻击前进，而由建宁东南苦竹山方面出而顽抗，以致我汤纵队攻击困难时，则第八纵队应不失时机与汤纵队连系，攻击建宁城而占领之为要。

乙、我军之部署

纵队基于上项之电令及委座东申行战之一电，决俟周纵队到达邱家隘时，再向建宁推进。至五月九日，下达战字第三十号命令如下：

五月九日午后三时命令于梅口指挥部。战字第三十号。

一、综合最近情报，匪之主力均已窜集广昌东南地区及建宁附近，其在我阵地前者，似为伪五、七军团之一部及伪十二军团之三十四师，正在构筑工事中。

二、我八十八师本日已击溃当面之匪，确实占领禾达垇上山之线。我第八纵队已到达将军殿附近。

三、纵队明（十）日续向建宁以东地区前进。

四、第十师（缺工兵营之一连）明（十）日午前七时将现阵地交第四师接替后，经茅店、元庄逐步向江家边、磜山攻击前进，占领后，与八十八师连系构筑工事，并努力侦察建宁及其东南之匪情。

五、第八十八师明（十）日派一部占领河北岸重要地点，掩护第十师通过，主力仍在原阵地策应第十师左侧背之安全，并迅速完成禾达垇上山一带之碉堡。

六、第四师明十日午前七时前，以主力接替第十师现阵地，其余集结梅口继续第十师修筑公路。

七、第八十九师担任泰宁城防及泰宁至梅口间碉堡之守备。

八、通信主用有线电话，必要时并用无线电连络。

九、给养各师应准备五日份。

十、余现在梅口指挥部，明日午前十时推进至挽舟岭。

指 挥 官汤恩伯
副指挥官冷　欣

五月十日，我第四师之十二旅，本日午前七时接替周家集一带第十师之防务，其余仍集结梅口，继续第十师修筑未成之公路。第八十九师遵将将乐至泰宁间防务交与八十五师接替后，本日已推进至泰宁及梅口间担任碉堡守备。

丙、战斗经过

本日午前，我八十八师派五二八团之一部至河北岸占领要点，掩护第十师之攻击。我第十师之二十八旅将上山元庄之等处匪驱逐后，于十二时占领江家店东南各高地，并与五十九团取得连络。我第十师之五十九团于午后一时继续向南山洞攻击前进，匪坚固工事顽强抵抗，经我猛烈袭击后，匪势不支，向西方杜树下溃窜。我第十师遂全部进占江家店，当晚即在江家店、南山洞、元庄、杜树下及其河北岸之火烧山等处占领阵地，构筑工事，警戒宿营。至黄昏后匪复以全力向我反攻，袭击我江家店十师各阵地，自昏达旦，激战终宵，匪向我阵地冲击数次，幸我官兵沉着奋勇，白刃相搏，匪终不得逞。至次日拂晓，匪仍续向我阵地攻击，我十师之二十八旅主力，仍由杜树下出击吉坑磜之匪，遂为我所截击，匪受重创，乃不支向西山逃窜。是役匪死于我阵地前及吉树磜者数以千计，俘匪数十人。我亦阵亡官长五员，士兵一五九名，伤官长十三员，士兵一五八名。据俘匪供：伪一、三军团全部及伪五军团一部，于前日由广昌失败后开到建宁。（一）昨向我右翼偷袭之匪即伪一军团之第一、二两师。（二）昨夜向我正面袭击为埋伏我左翼高山之伪三军团全部及伪九军团之一部，匪首彭德怀亦亲在武镇岭指挥。伪十三师现在担任建宁城防。（三）伪第五军团（缺十三师）现在宁化等语。

丁、战后之处置

我北路第三路军第八纵队出邱家隘向建宁协攻，刻已至将军殿以北继续前进中，纵队决以主力在现阵地与匪决战，而待机再行出击。乃于午后七时下达战字第三十一号命令如下：

五月十日午后七时命令于挽舟岭指挥部。战字第三十一号。

一、建宁东方地区武岭镇一带，有一、三、五、七各军团之匪据险顽抗，经我第十师击毙八百余人，尚在对峙中。据报有匪一部向我左翼迂回，我第十师本日已确实占领江家店西南方高地，我周纵队本日在将军殿附近，明十一日向建宁攻击前进。

二、纵队明十一日以主力在现阵地与匪决战，待机出击而歼灭之。

三、第十师明日主力固守原阵地，以一部向建宁方向施行威力侦察。

四、第八十八师（附二十团）明日派一部以二六二旅阵地为根据，向第十师阵地延伸构筑碉堡，主力仍在原阵地待命。

五、第四师第十旅(缺廿团)，明日将梅口附近防务交八十九师补充团接替后，集结挽舟岭附近为预备队，其余仍在原阵地待命。

六、第八十九师明日午前派补充团接替梅口附近第十旅防务，暂归本部直接指挥，其余仍续行前任务。

七、余暂在挽舟岭指挥部。

指挥官汤恩伯

副指挥官冷欣

五月十一日我第十师将向我偷袭之匪击溃后，乃令各部队归还原阵地加强工事，至本日午后四时，各阵地前之野战工事均已先后完成。自此，阵地更形坚固。我八十八师本日以一部向第十师阵地延伸构筑碉堡，主力仍集结于冯家磜一带。第四师之第十旅将梅口防务交替八十九师之补充团后，其补充团担任挽舟岭之守备，主力则集结挽舟岭为预备队。

本日午后三时复奉委座蒸午行战一电：泰宁防务着交四十六师接替。等因。除电知戴师长外，当即转令八十九师遵照。

戊、弹药消耗虏获并伤亡数详后附表(表略)

双峰、武镇岭之役

甲、战斗前匪我之概况

匪伪一、三、五、七军团经我第十师在江家店击溃后，窜踞双峰、武镇岭、白石山一带，构筑工事，凭险顽强，企图阻止我军西进。伪十三师现盘踞建宁城垣。纵队自克复江家店后，即在原阵地加强工事，并以一部向当面之匪施行威力搜索。

乙、我军之部署

纵队以协同我周纵队迅速攻占建宁之目的，决先向双峰、武镇岭之匪攻击。于五月十二日午后五时下达战字第三十二号之命令如下：

五月十二日午后五时命令于挽舟岭指挥部战字第三十二号。

一、匪伪一、三、七各军团仍在武镇岭、双峰、北石山一带，据险顽抗。我周纵队尚在将军殿、马原桥附近，明十三日向建宁攻击前进。

二、纵队明十三日，拟对占领双峰、武镇岭之匪攻击，一举而夺取之。

三、第八十八师限本十二日黄昏前将防务交第四师接替后，集结于茅店、元庄一带，明十三日拂晓到达攻击准备位置，俟飞机来到，即与第十师连络向武镇岭、双峰攻击前进。对右翼应特别注意，占领双峰、武镇岭后，迅速构筑工事，对建宁白石山方向警戒，并努力侦察建宁方面之匪情。

四、第十师主力仍在现阵地，于本十二日应先派兵一团占领河北岸猪林及其以北一带山地，掩护明十三日我八十八师右侧背之安全。明十三日拂晓，并应派有力之一部，向杜树下及双峰南端佯攻，协助我八十八师之进展。

五、第四师除补充团仍在挽舟岭原阵地警戒外，主力即接替八十八师茅店、上山禾、达垇及其西南各阵地之警戒，并限本十二日午后接替完毕。

六、第八十九师将泰宁防务交第四十六师接替后，以一部担任泰宁、梅口间碉堡之守备，主力集结于梅口、挽舟岭待命。

七、通讯主用有线电话，明日上午七时前，各师向东山第十师总机构成通讯网。

八、余暂在挽舟岭指挥部，明日午前九时到达东山第十师阵地。

指 挥 官汤恩伯

副指挥官冷　欣

为使八十八师准备翌日之攻击，先行集结部队起见，于五月十二日午后一时，电话令第四师接替八十八师茅店、上山禾、元庄、达垇一带阵地之警戒。我八十八师遵将防务交与戴师接替后，已推进至挽舟岭。

丙、战斗经过

五月十三日上午六时，我攻击部队之八十八师，分向茅店、元庄一带开始运动，七时许均到达攻击准备位置，同时榴弹炮亦由猪头形阵地开始向武镇岭西山各匪堡施行制压射击，我八十八师与空军协同开始攻击前进，五二八团由廖家坊东北端山麓攀登，同时我五二七团向廖家坊西南端高地之匪攻击。经激战后，至午前八时三十分，匪不支，纷纷溃退。当即将匪之第一线阵地完全占领，匪复退守第二线阵地，其增援部队，亦于是到达，战斗顿形惨烈。匪之第二线阵地，削立如壁，异常险峻。匪堡有强厚之掩盖，其四周并设有副防御工事，步兵前进至感困难。乃集中小炮重机枪及榴弹炮之火力，向各匪堡施行破坏射击，同时我空军亦于此时在各匪堡上空盘旋，战局愈趋紧张，匪死伤枕藉，尤作困兽之斗。激战至午前九时，匪有动摇之模样，乃令我各攻击部队，乘机冲锋，经反复肉搏后，卒将该匪击溃，至午前十一时，遂完全占领武镇岭。同时，我佯攻部队之第十师，亦向西山攻击，残匪在我追击火力下，死伤尤众，众匪一部窜据西山之最高峰大部向建宁方向窜去。

五月十四日仍继续向西山之匪攻击，午前七时三十分即开始运动，以五二八团攻击西山正面，以五二七团进出于五八团之右侧，相机堵截，榴弹炮亦变换阵地，于武镇岭支援我五八团之攻击。午前四时三十分，攻击部队即开始运动，进至西山山麓，逼近匪阵，同时我榴弹炮、小炮，对匪阵地施行射击。经激战后，于六时三十分遂完全占领西山，残匪向建宁窜去，战斗至此告一段落。是役计毙匪千余，俘匪三十名，获枪四十支，机枪二挺。我亦阵亡连长以下六十余员名，伤百余员名。战斗经过如图（略）

丁、战斗后之处置

纵队为使尔后之攻击容易起见，午后四时于江家店下达战字第三十三号命令如下：

五月十四日午后四时命令于江家店指挥部战字第三十 三号。

一、伪一、五军团窜据建宁及其东北地区，伪三、七军团盘踞建宁东南之白石山一带，建宁城附近筑有坚固工事。我周纵队已到达马原附近，尔后逐步向建宁前进。

二、纵队明十五日先占领双峰西方之武镇岭、西端段家源、廖家源之线，准备尔后之攻击。

三、第十师明十五日午前，将现阵地交第四师接替后，推进至武镇岭西麓段家源及廖家源西南方一带青山，构筑工事，对西南北三面警戒，并努力侦察当面之匪情。

四、第四师明十五日上午七时前，将上山禾、达㘰、李家店、茅店一带阵地交八十九师接替后，推进至江家店附近，接替第十四师元庄、江家店南方之东山及河北高山一带阵地，与八十九师上山禾衔接，对南方严密注意，其余集结江家店附近待命。

五、第八十八师暂在原阵地待命，并努力构筑碉堡。

六、第八十九师除仍担任朱家磜附近及挽舟岭至泰宁间碉堡之守备外，明十五日以一部接替第四师上山禾、达㘰、李家山、茅店一带阵地，限上午七时前接替完毕。

七、通信主用有线电话，各师应向江家店本部总机构成通信网，必要时并用无线电信。

八、余暂在江家店指挥部。

指 挥 官汤恩伯

副指挥官冷　欣

戊、弹药消耗虏获并伤亡数详后附表(表略)

建宁之役

甲、战斗前匪我之概况

匪一、三、五、七军团经纵队在双峰、武镇岭击溃后，残部窜踞白石山、黄州堡、百仙庄、东山堡一带，筑有强固工事，企图死守建宁城。我周纵队已进占马原桥附近。纵队除八十九师仍担任朱家磜附近及挽舟岭至泰宁间之碉堡，及上山禾、达垇、李家山、茅店一带阵地之守备，第四师担任元庄、江家店之守备外，我第十师在武镇岭西麓段家源、廖家源西南方一带担任警戒，我八十八师在武镇岭西山一带筑碉。

乙、我军之部署

纵队有迅速协同周纵队攻占建宁之任务，于五月十五日午后八时下达战字第三十四号之命令如下：

五月十五日午后八时命令于江家店指挥部战字第三十四号

一、伪一、五军团仍在建宁东北地区，伪三、七军团仍在建宁东南地区及白石山附近，其河东之塔下山、黄州堡、百仙庄、东山堡一带阵地，均有强固之工事，本日尚在增强工作中。我第十师本(十五)日已确实占领安全岭、邓家源、廖家源一带高山。我航空第三队明十六日全部出动，协助本纵队之战斗。我第八纵队现已占领马原桥附近。

二、纵队明十六日攻击塔下山、黄州堡、百仙庄、东山堡之匪攻击前进，相机进占建宁。攻击重点，保持于左翼方面。

四、第十师以一部留守安全岭、邓家源、廖家源之线，增强工事，主力控置于邓家源、廖家源中间地区为预备队，尔后随攻击之进展，推进至黄州堡附近，构筑工事，对白石山、胡公桥方向严密戒备，掩护八十八师左翼之安全。

五、第四师明十六日，除担任现阵地之守备外，以一旅接替八十八师武镇岭、双峰西山之阵地，限午前七时接替完毕，对南北方向严密戒备，并增强碉堡之工事。

六、第八十九师仍担任现阵地之守备，并维护建泰交通。

七、通讯主用有线电话，必要时并用无线电信。本部明十六日午前七时半，于双峰设情报收集所。

八、第四患者输送大队，明十六日推进至江家店待命。

九、余暂在江家店，明十六日午前八时到达双峰指挥部。

指挥官汤恩伯

副指挥官冷　欣

丙、战斗经过

五月十六日午前六时，我攻击部队八十八师开始运动，七时第二六四旅集结廖家源，第二六二旅集结邓家源。是晨濛雾郁结，展望不易。七时十分，第二六四旅在廖家源西端展开，以五二八团在右，第五二七团在左，乘雾向建宁攻击前进。以胡公桥建宁东门道路为两团攻击地域之境界，并派一部向右侧方面搜索掩护侧翼之安全。午前七时三十分进抵黄州堡东端，第五二七团右翼及第五二八团左翼与匪接触，同时塔下山，百仙庄，东山坝下一带匪堡内之匪，亦开始向我射击。惟我军行动敏捷，第一线部队已利用浓雾进至匪阵前约百公尺处，匪仍坚持不退，激战一小时，我官兵奋勇冲锋，一鼓作气，直逼匪阵前鹿柴附近，匪至此乃狼狈溃退，一部退入建宁城内，大部向宁化大道窜去。时雾散天霁，我攻击部队乘胜追击，将建宁东门外一带高地及水南完全占领，空军亦于是时到达协力轰炸。八时四十分该旅以五二七团在河东至水南间警戒，以五二八团开始攻城。建宁城垣虽大部已被匪折毁，但东南之河水深流急，不能徒涉。西北临山有大道可通宁化，东山坝、东山堡一带高地，即被我占领，建宁城已完全在瞰制中。匪知不能守，遂纷纷向宁化退窜，以一部(有轻重机枪七八挺)在东门外附近掩护。九时许，我五二团之一部，由东门外大石桥向城内猛冲，匪惊惶失措，出西门向宁化窜去。午前九时三十分，我确实占领建宁城，战斗至此遂告一段落。

丁、战后之处置。

我军占领建宁后，即给与八十八师之手令，该师着在建宁城担任城防，各部仍在原阵地构筑碉堡。至五月二十日午后一时，于建宁指挥部下达战字第三十五号之命令如下：

五月二十日午后一时命令于建宁指挥部战字第三十五号。

一、匪之主力已分向宁化、安远、均口逃窜，里心、三坑、兰溪、黄岭一带尚有匪之小部队出没。

二、纵队奉命以一部留守建宁，主力向水南墟构成封锁碉堡。

三、第八十八师担任城防及双峰至建宁间碉堡之守备，明(二十一日)午前七时前，先派一部接替双峰至建宁间之碉堡，其余城防限明二十一日午后四时前接替完毕。

四、第四师明(二十一日)将双峰、武镇岭防务交八十八师接替后，集结建宁北门外待命，城防附近之碉堡限明(二十一日)完成之。

五、第十师(二十一日)将防务交八十八师接替后，集结水东、水南及建宁城东半部待命，城防附近之碉堡限二十一日完成之。

六、第八十九师仍暂任江家店至泰宁间碉堡之守备，俟四十六师到达将防务交替后，集结建宁待命。

七、各部队给养，务利用地方物资，设法充分征购。

八、各部到达后，应迅速与本部构成通讯网。

九、余暂在建宁天主堂指挥部。

指 挥 官汤恩伯

副指挥官冷　欣

丁、弹药消耗虏获并伤亡数详后附表(表略)

附录第一

总指挥卫四月卅已参电，转奉委座寝申电，规定北东两路军推进方法及部署要旨如下：

甲、北路：(一)第三路所属第三、第五纵队，限四日底攻取广昌，五月初十日间由广昌向宁都推进，预定六月灰日前，充该路总预备队。万耀煌所属第八、第十三两师，随第三、第五纵队左后方前进，与东路第五路军取连络。(二)第六路四月底进占龙冈，五月初十向龙冈推进，预定五月底占领。(三)各守备队除第二十六路军接替南丰、南城、黎川及第二十六路军担任永以南广以西中间地区外，余仍旧。（四）各部均以逐步建筑碉路方法推进。乙、东路：（一）第二路：1．第四纵队限五月二十日占领连城及坚固后方连络，五月底与第五路军连络，对向构成连城、宁化之封锁线，即于六月底进取长汀，再与南路军协攻瑞金。预备队之三十六师，应督同保安团队构筑龙岩、漳平、宁洋之封锁线，以保安团队义勇队守备之。（二）第五路：1．第十纵队以活动兵力十二团，由泰宁向建宁逐步推进，预定五月初旬占领建宁，然后会合第八纵队由建宁南进，预定五月二十五日前到达宁化，六月初与第四纵队对向构成宁连封锁线，六月中旬再向石城推进。2．第八纵队周浑元所属第五、第九六、第九八师协同第三路军进取广昌后，改属第五路军，于五月初十以前转进石咀至康都，与第十纵队夹击建宁之后，预定五月中旬到达建宁，五月二十五日前协同进取宁化。并该纵队由石咀、康都转进时，以第三路军预备队为其策用。3．第九纵队所属除加派第八十五师外，余仍旧。第八十师主力策应第五十二师于五月初十以前规复永安后，由第五十二师于五月二十日间构成沙永封锁线碉堡，再由永安向宁洋构成碉堡线。其守备由刘指挥官妥为规定。又第八十五师于五月五日以前接替泰宁以东至将乐（含）之防，但将乐以东应由第五十六师推进守备。等因。除刘指挥官应仍遵照委座申电，率陈、卢两师主力及五十六师一部先行克复归化，与构筑归沙公路及碉堡线，预定五月十日到达归化。并第八十五师到达后，归第九纵队序列，仍接由（不含）经将乐至高滩（不含）守备。暨分电外，特电遵照。

附录第二

委员长五月冬戌行电战一电令原文如下：

衔略。密。兹将前日改定北东两路军推行之方法及其部署，关于该纵队者指示如下：（一）第十纵队先以活动兵力十二团，由泰宁向建宁逐步推进，预定五月初旬占领建宁，然后会合第八纵队由建宁南进至宁化，预定五月二十五日前到达，六月初与第四纵队对向构成宁连封锁线，六月中旬再向石城挺进。(二)第八纵队周浑元所属第五、第九十六、第九十八各师，协同第三路军进取广昌后，改属第五路军，由康都协取建宁，此系以前之计划。最近改定周纵队于虞日以前转进至邱家隘，与第十纵队夹击建宁之匪，预定五月中旬到达建宁后，再筑广建横缀封锁线。但第十纵队在周纵队未到邱家隘以前，不可单独急进，须俟周纵队到达邱家隘确实连络后，再行协同进取建宁，并予周纵队转进时以第三路军预备队之第十三师为其策用。除分电外，特电遵照。

〔国民党政府军事机关档案〕

3. 国民党东路军第十纵队汤恩伯部与中央苏区红军在赣南一带战斗详报

(1934年7—9月)

虾蟆台白水镇之役

(甲) 战斗前匪我之概况

匪伪五军团十五师之一、二、三各团及伪卅四师之一〇一、一〇二两团及伪广昌尖峰保卫队二百余，均盘踞白水镇附近，伪五军团之一部，则出没于巴口桥、文会、虾蟆台、刘田一带。

纵队六月卅日奉总司令顾检亥电调赣，暂归三路总部指挥，乃令第十师留建宁，担任建宁至船顶隘间之守备。第四、第八八、第八九各师为进剿部队。七月六、七两日各师先后由建宁到达广昌。七日奉总指挥陈阳申代电，附发由广昌向石城进展，第一期推进方法部署表(详附录第一)，令本纵队主力由文会附近经刘田进占白水镇，即就该线构筑纵缀封锁线，一部由巴口桥经新开岭会取白水镇，再由白水镇西向经回新堡向玄帝庙(含)与第五纵队对筑横缀封锁线。并令碉堡筑成后，以一部担任守备，其余构筑白水、回新堡、下坪、新安(不含)间之公路。

(乙) 我军之部署

纵队奉令后，即于八日午前八时下达关于前进命令如下：

七月八日午前八时命令于广昌指挥部，战字第四十五号。

一、当面匪情如附图。本路军第一期头陂、新安、白水之线，先完成此线之碉堡与公路，我罗纵队由头陂继续新安玄帝庙筑碉前进。

二、纵队以一部经巴口桥、牧童湾、大兴港，主力经文会、沈坊、刘田逐段向白水攻击前进。

三、第四师（缺补充团）明九日午前四时，先头由集中地出发，经状元项、杨梅、文会、虾蟆台、沈坊向刘田攻击前进，到达后先占领阵地，完成野战工事，再构筑沈坊（不含）、刘田间之碉堡，限十一日完成，对东西南三面应严密警戒。

四、第八十九师明九日午前五时由李家堡出发，先集结广昌东方地区，在第四师后跟进，经文会到达虾蟆台附近，对东方严密警戒，北与杨梅之第六师南与沈坊第四师衔接，先占领阵地，完成野战工事后，再构筑文会、沈坊（含）间之碉堡，限十一日完成。另派轻装步兵一团为右侧支队，午前四时出发，经河东、新陂、巴口桥向牧童湾、陈坑、梓州、大兴港攻击前进。到达后沿河向西警戒，掩护纵队之右侧，俟八八师到达后，归还建制。

五、第八八师明九日午前四时由长桥出发，经茶亭庵、西岭到达广昌东方之中坊附近后，稍事集结，俟八九师通过后，经河东新陂、巴口桥到达牧童湾、梓州一带集结待命，并派一部占领大兴港、新开岭接替八九师之一团，对白水方向及沿河向西之警戒。

六、通信主用有线电话，各师通信营到达后，应向虾蟆台附近本部总机构成通信网，必要时并用无线电信。

七、前进后，各师给养向广昌及白舍仓库领运，务准备三日以上之粮秣。

八、余现在广昌指挥部，明九日午前在八九师先头，到达虾蟆台附近。

下达法，先以电话通知要旨后，缮写送达。

指 挥 官汤恩伯

副指挥官冷　欣

（丙）战斗经过

七月九日午前七时，第四师前卫之十二旅到达巴口桥南端高地，即与匪接触，当经猛烈冲锋，匪遂不支。同时通白水大道左侧高地，发现匪数十名向我射击，并附近各山头均有匪之工事。该师得此情况，乃令第十旅之先头部队之第十九团相机占领虾蟆台北端高地，以策应第十二旅之进展，第十二旅之二十三团驱逐当面之匪，继续前进。午前十时占领文会，第十旅十九团正午十二时占领虾蟆台，午后一时进至新坊北端一带高地，匪纷向尖峰白水溃窜，该师亦停止攻击，开始构筑战工事。第八八、八九两师均先后到达目的地。据俘匪供：当面之匪为伪五军团十五师之第一团，其二、三两团在白水及其南方一带。纵队遂决心明十日继续向白水攻击前进，下午四时下达如下之命令：

七月九日午后四时命令于虾蟆台指挥部战字第四十六号。

一、据俘匪供称：当面之匪为伪五军团十五师之第一团，其二、三两团在白水及其南方一带。我第四师本日驱逐虾蟆台、沈坊一带之匪，占领刘田、新开岭中间一带高地。我罗纵队已占领新安、正向新安东南地区进剿中。

二、纵队明十日继续向白水攻击前进。

三、第八九师（附八十八师榴弹炮二连）明十日午前五时前，将巴口桥南方阵地交第八十八师接替后，由现地出发，经牧童湾、梓州、新开岭向白水攻击前进。

四、第四师明十日以一部固守现阵地，构筑碉堡，主力协助八九师攻取白水，该师二十团阵地交八八师接替。

五、第八八师明十日午前五时前，接替八九师巴口桥南方阵地及第四师二十团阵地，构筑碉堡，该师之榴弹炮二连配属八九师攻取白水。

六、通信主用有线电话。本部明十日午前十时，在梓州开设情报收集所，各师通讯营应与本部梓州通信所构成通信网，必要时并用无线电信。

七、余明十日午前八九师后跟进，到达新开岭附近。

指 挥 官汤恩伯

副指挥官冷　欣

我八十九师奉令后，将现阵地交八八师接替，即向白水攻击前进，其二六七旅为前卫，于十日午前五时开始动作。午前七时该旅之五三四团先头部队到达新开岭以南地区，即与匪警戒部队接触，同时我航空第三队亦派机前来轰炸，该团以第三营占领新开岭右侧高地，掩护右侧之安全，主力继续向鹅嵋台攻击前进，其五三三团则逐次占领左侧一带高地，匪纷向白水镇逃窜。该团遂占领鹅嵋台一带匪堡，而五三四团即直趋白水镇，匪不能立足，乃向贵凤台、中司驿前各处退却，我遂完全占领白水镇。是役毙匪数十名，俘二十名，缴枪十二支，我仅伤士兵数名。

丁、弹药消耗虏获并伤亡数详后附表〔表略〕

戊、战后之心得

一、匪作战多藉坚固工事及隐蔽森林顽强抵抗，故与匪作战，搜索务须严密。

二、匪军近因处处失利，且物质缺乏，已呈崩溃之象，第以监视綦严，无隙可逃。每遇作战多欲投诚者，故对俘匪及投诚匪，宜特别优容，并以飞机多散传单以广招徕。

三、战役终局，往往匪军顽强不退，至短兵相接，使用手榴弹及白刃争取最后之胜利。故我军对此种技术应特别训练。

四、匪之行动有似狡兔遇隙即钻，故在战斗时，各部队之连络务宜切实。

附匪情图〔图略〕

天子岭之役

（甲）战斗前匪我概况

匪十二军团占领右自甑敢峰西方高地起，亘甑敢峰、天子岭、雷子岭、定心寺、将军庵、大寨脑至贵凤台东端一带阵地，增强工事。其主力伪一军团集结中司，伪三军团集结驿前附近。纵队自占领白水后，即构筑白水附近碉楼，完成后，奉总指挥陈寒（十四日）午电令：本纵队除留一部守碉及警备白水镇外，主力应于铣（十六日）开始由白水沿石城大道向大寨脑攻击前进，确实占领后，即构筑白水、大寨脑间纵线封锁碉堡。

（乙）我军之部署

纵队自奉命后，为攻占大寨脑容易奏功计，决先攻取天子岭，即于十六日午后十一时下达如下之命令：

七月十六日午前十一时午命令于白水指挥部。

一、当面之匪伪十二军团，占领右自甑敢峰西方高地起，经甑敢峰、天子岭、雷子岭、定心寺、将军庵、大寨脑至贵凤台东端一带阵地，增强工事中，其主力伪一军团集结中司，伪三军团集结驿前附近。

二、纵队明（十七日）以一部守备白水附近现阵地，强增碉堡，主力逐段向当面之匪进剿。第一步由鸡笼岗、上坪夺取甑敢峰西方高地及甑敢峰，进出至天子岭之线。

三、第八十八师（缺五二七团）本十六日日没后，开始运动，将主力集结鸡笼岗附近，明十七日拂晓由上坪向甑敢峰攻击前进，到达天子岭后，先完成野战工事，再构筑该线之碉堡，限二十日完成之。

四、第四师明十七日，以一部担任白水至峨眉山间之守备，主力明十七日拂晓前到达虎尾附近，为预备队，并以一部展开于虎尾西南一带高地，对甑敢峰施行佯攻，使八十八师进展容易。

五、第八九师明十七日仍担任白水附近之守备及增强白水西南一带之碉堡，并集结一部于白水南方地区，准备不时之策应。

六、各师通信营（连）明十七日拂晓前，与虎尾指挥所构成通信网。

七、患者输送大队，明十七日主力推进至巴口桥，一部推进至白水附近。

八、余现在白水指挥部，明十七日午前六时前到达虎尾指挥部。

指 挥 官汤恩伯

副指挥官冷　欣

（丙）战斗经过

十七日午前五时三十分，我第四师之廿团（缺第三营），展开于虎尾以南寨台外线一带高地，以火力威胁甑敢峰之匪，六时我八十八师已攻占鸡笼岗，匪向甑敢峰退窜。我佯攻之第四师一部，施以猛烈之射击，匪受创甚钜。六时卅分，该师廿团第二营推进至第一线，而第一线之第一营迅即进至天子岭山腹，六时四十分先头部队与匪警戒部队接触，将其驱逐后，即向天子岭攻击前进。斯时我八十八师已占领甑敢峰，而第四师二十团之第二营已占领天子岭东北端高地，匪以制高点全失，处处受瞰制，遂向中司方向逃窜。七时我第四师完全占领天子岭，右与甑敢峰之八十八师取得连络，乃各就原阵地构筑野战工事。是役于天子岭、甑敢峰各处毙匪数十名，俘获八名。我第四、第八十八两师亦略有伤亡（俘获及伤亡数详各该师战斗详报附表）〔表略〕

（丁）战后匪之情况与我之处置

盘踞天子岭、甑敢峰各处之匪，被我击溃后，即向中司方向逃窜，势颇沉寂。我须逐段筑碉，故未予穷追，乃令第四师将天子岭阵地。于七时卅分交第八十八师接替后，撤回原阵地，增强野战工事，第八十八师沿甑敢峰、天子岭一带高地构筑碉堡。

附攻击天子岭战斗经过要图　〔图略〕

贵凤台之役

(甲)战斗前匪我态势

占领斧头山亘大寨脑、下岭、凤台、王家山一带山地之匪，为伪一军团之第三师、伪五军团之十五师及三十四师、伪三军团一小部。阵地工事极为坚固，其主力似在斧头山之东端。纵队自占领天子岭、鸡笼岗之匪阵后，第四师即撤回原阵地增强野战工事，第八十八师沿甑敢峰、天子岭一带构筑碉堡。为求尔后之进展容易计，曾于十八日午后三时，令第八九师于完成白水西南一带之碉堡后，除留一部担任白水附近守备外，主力应向大寨脑逐步筑碉前进。

(乙)我军之部署

纵队以各处碉堡均已于廿日完成，乃决于廿一日拂晓，向斧头山、大寨脑、贵凤台之匪攻击前进。于廿日午后五时下达如下之命令：

七月二十日午后五时命令于白水指挥部。战字第五十一号。

一、占领斧头山亘大寨脑、下岭、贵凤台、王家山一带阵地之匪，为伪五军团及伪卅四师之一部。

二、纵队拟明二十一日拂晓以一部向斧头山，主力向大寨脑、贵凤台之匪阵攻击进，出自大寨脑、贵凤台南端之线。

三、第八十九师本廿日将现阵地交八八师接替，明二十一日拂晓以前一团占领东排，高藤排一带高地对、东南严密警戒主力集结于杨坊港以西地区，俟第四师占领斧头山后，经斧头山左侧地区，开始向下岭、贵凤台攻击前进，占领后，先构筑坚固土堡，对东南方向严密警戒，尔后改筑碉楼，限廿四日完成之。另以一小部由左翼向王家山施行佯攻，使主攻方面攻击之进展容易。

四、第四师本廿日将虎尾南方及峨眉山、白水间之碉堡交八十八师接替，明廿一日拂晓，以一旅经红土山左侧向斧头山攻击前进，占领后，构筑工事，对西南方向严密警戒，掩护八九师对下岭、贵凤台之攻击。其余为总预备队，位置于红土山附近。

五、第八八师主力担任白水附近之警戒，以一团守备甑敢峰、天子岭、小坑一带之碉堡，限廿日黄昏前接替完毕。明廿一日拂晓，另以一团占领斧头山西北高地，掩护攻击部队左侧之安全。

六、第八八师各团之榴弹炮连为炮兵队，归五二八团榴弹炮连王连长指挥，于杨坊港西南方地区占领阵地，明廿一日拂晓前完了射击之准备，拂晓先集中火力于斧头山，协助我第四师十二旅之攻击。其次集中火力于下岭、贵凤台，协助我八九师之攻击。

七、各师通信营（连）明廿一日拂晓前与杨坊港西方高地本部指挥所构成通信网。

八、患者输送大队，应以一部推进至白水。

九、余现在白水指挥部，明廿一日拂晓到达杨坊港西方高地指挥部。

(丙)战斗经过

七月廿一日，因大雨倾盆，登山不易，因改明廿二日开始攻击。廿二日午前五时，我第四师十二旅以廿四团为第一线，廿三团为预备队。在红土山左前方展开后，我炮兵即对斧头山各匪堡开始试射，旋即侦探队担任最左翼之搜索与警戒，旅及二十三团侦探队担任斧头山右翼之警戒，并驱逐右翼之匪，相击占领匪阵地。另以二十三团之第二营潜伏斧头山右翼山脚，准备向匪阵地右翼突击，以期与廿四团夹击斧头山最高峰之匪堡。其旅部及二十三团（缺第二营）在廿四团后跟进。午前七时，二十四团之第一线部队攻占匪之前进阵地，左翼之佯攻部队，已于主攻部队会合，右翼之侦探队，已攻占第一个匪堡，廿三团第二营随侦探队后潏进，实行突击。当令二四团迅速前进，并集中预备队火力，支援我右翼之突击。午前七时卅分，廿四团第三营之七八两连、第二营六连与廿三团二营四连与匪肉搏数次，卒将斧头山最高峰两主堡攻占，匪向来禾嵊森林内溃窜。当由二十四团以一营准备追击，主力就已占领地区构筑工事，防匪反攻。二十三团之二、三两营即占领斧头山右侧匪阵地，对大寨脑警戒，并集中火力掩护我第八十九师之攻击。二十三团第一营随旅部前进，至斧头山阵地附近停止，并担任左侧之警戒。午前八时，匪伪三军团之一部，用密集队向我反攻，我廿四团第一营沉着射击，左右翼部队同时加以侧射，匪伤亡甚重，狼狈逃窜。当由该团第三营施行战场追击，卤获颇多。第八十九师于午前十时以二六七旅向贵凤台西端攻击前进，匪凭藉坚固工事顽强抵抗，该师五三〇团即沿贵凤台右侧之匪堡冲击，匪因受我炮火轰击，损伤重大，渐呈动摇。该师二六七旅即乘机奋勇冲锋，遂突破下岭之匪主堡。此时接航空队第三队通报，匪尚潜伏贵凤台东端高山（王家山）一带，该师五三〇团向贵凤台正面猛攻，经二次肉搏，始将贵凤台匪堡完全占领。当击毙伪卅四师一零二团团长董某一名，伪土地委员一名，尸骸遍山，俘获甚夥，残匪向南方溃窜。旋伪三军团之第四、五等师由龙岗经驿前赶到，匪胆大壮，复集合二千余人向我五三四团之右翼及五三三团下子岭一带阵地猛烈反攻，前仆后继，其势殊凶。赖我官兵奋勇杀敌，再接再励，经数十次之反冲，卒将匪击溃，生还者甚少，匪见不逞，乃退踞王家山一带高地。至大寨脑之匪，复受我右侧斧头山第四师火力之侧击，无法支持，我八十九师于正午十二时遂将全线占领。是役综合斧头山、下子岭、贵凤台各处，计击毙伪卅四师一〇二团团长董某一名，伪土地委员一名，匪伤亡数百，俘匪五十余名，缴获步枪八十余支。我八十九师伤五三三团团长赵琳、五三四团一营营长李金各一员，第四师阵亡廿四团二营营长孙莫杰一员，其余伤亡上尉以下官佐二十员，士兵共计伤亡二百卅八名。

（丁）战后匪我之状态

被我击溃之匪，仍盘踞来禾嵊及王家山一带，踞我阵地约七八百米之高山，企图第二步固守。我各师即就原阵地开始构筑白水至大寨脑之碉堡。

(戊)战后之所见

一、匪以坚固堡垒居高临下之势，藉图顽强抵抗，终以我火力优越，官兵攻击精神旺盛，不顾牺牲，勇往前进，始以一部佯攻，继以主力猝袭，出匪不意，致匪在我左右夹攻中，狼狈溃窜。

二、是役我攻击部队之运动，即秘匿而迅速，使匪对我企图无从捉摸，待其知我主攻所在，则已逼近匪阵一举而占领之，致匪之强大预备队，应援不及，其后虽再倾全力反攻，然我已站稳足步，官兵余勇可贾，匪终不得逞。

附步炮协定要领及攻击要图如下〔图略〕

A、步炮兵协同动作之要领。

1. 第一期（午前五时前）步兵到达攻击准备位置，炮兵即开始向斧头山试射及效力射。

2. 第二期（午前五时以后）步兵攻击前进，炮兵即施行掩护射击，特别注意敌自动火器之破坏与制压。

3. 第三期（步兵接近匪主阵地二百米左右时）炮兵即行对匪之阵地，集中火力施行破坏射击，俟我步兵进至百米以内地区时，即行延伸射程，遮断匪之援队及匪出击部队（是时迫击炮可随伴第二线攻击部队运动）。

4. 第四期（攻击奏效以后）炮兵即开始追击射击，并适时转移新射击目标。

5. 攻击部队之先头占领某一地段时，即以白布方旗左右摇动三次，表示其位置。

B、附攻击大寨脑、贵凤台之役战斗经过要图。〔图略〕

王家山之役

(甲) 战斗前匪我之态势

匪伪一、三、五军团自贵凤台、斧头山经我击溃后，窜踞王家山、王里、长排山、七里坑一带，其主力似隐匿于中司、良田、贯桥附近。纵队于廿七日将白水至大寨脑之碉堡线完成后，各部队即就原阵地稍事整理，七月卅一日，奉陈总指挥卅午战一电令：本纵队所筑由刘田经白水附近亘大寨脑、贵凤台至天子岭(含)之线碉楼之守备，交由十四师派队接替，天子岭(含)经甑敢峰、鸡笼岗至下坪之线碉楼，交由九十四师接替，限冬日接替完毕。本纵队遵将防务交替后，第四师集结于白水附近，第八十八师集结大湖、小坑一带，第八十九师集结葛行排附近整理待命。八月二日复奉总指挥陈冬午战电，以向驿前推进之目的，令本纵队附山炮迫炮各一连，在白水、大寨脑之大道以东地区集中(含大道)，樊纵队(欠第六师)及陶、傅两师并山炮迫炮各一连，在白水、大寨脑之大道以西地区集中，黄十一师在新安下坪一带集中，均限支日集中完毕。

(乙) 我军之部署

纵队遵令集中后，奉总指挥部八月二日午后七时战字第三〇六一号命令，规定向石城推进计划(详附录第二)，以本纵队为左纵队，第三纵队为右纵队，由八月五日开始动作。(一)经七里坑、良田两侧地区进占贯桥附近为第一步，经株树坑、大岭格进占南岭脑附近为第二步，再进占驿前南方一带地区为第三步，逐步推进筑成封锁线。(二)在七里坑、良田、贯桥、大岭格、黄土门大道以东属左纵队前进地区，以西属右纵队前进地区，道路属左纵队。

纵队基于总部上项之命令，乃于八月四日午后一时下达如下之命令：

八月四日午后一时命令于白水指挥部。战字第五十七号。

一、占领王家山、王里、长排山、七里坑一带阵地之匪，为伪第三军团之第四师及伪五军团之卅四师，其主力隐匿于中司、良田、贯桥附近。

二、我第三纵队明五日，由广石大道以西地区向白沙山及其以南高地攻击前进。

三、纵队明五日先以一部攻占王家山，主力控置于大寨脑、贵凤台之线，由广石大道以东地区逐段向贯桥攻击前进。纵队与第三纵队作战地域之境界为广石大道，线上属本纵队。

四、第四师明五日拂晓前到达下岭及贵凤台东方高地，完了攻击之准备，拂晓开始向下里南方石寨及王家山东西之线攻击前进，到达后迅速完成野战工事，对东西方向严密警戒。

五、第八九师明五日午前五时前集结于下岭、贵凤台附近，随第四师攻击之进展，向七里坑及其以东高地攻击前进。但攻击前进之时机另待命令。

六、第八八师为总预备队，主力控置于牛集排附近，以一团拂晓前占领贵凤台南方高地，以火力掩护第四师第十旅之攻击及第四师左侧之安全。

七、山炮连于下岭左端高地，迫击炮连于贵凤台附近占领阵地，本四日下午四时后开始运动，明五日拂晓前完了射击之准备，拂晓后以火力协助第四师之攻击。

八、通信主用有线电话，各师通信营（连）明五日拂晓前与本部贵凤台总机构成通信网。

九、余现在白水指挥部，明五日拂晓前到达贵凤台指挥所。

指 挥 官汤恩伯

副指挥官冷　欣

(丙)战斗之经过

八月五日午前五时，左右各纵队均已部署就绪。我攻击部队之第四师亦已完了攻击之准备，其十二旅廿三团以第三营向石寨之匪攻击，主力向王里东南端高地之匪攻击，该旅廿四团第二营在下岭前方高地集结火力压迫石寨之匪，掩护二十三团之攻击。我八十八师除以主力控置于牛集排附近为预备队外，并以一团占领贵凤台西端高地，掩护第四师之攻击及左侧之安全。斯时第四师第十旅之廿团乃由贵凤台西方向王家山攻击前进，其十九团则以一营占领大腰前东南小山头，向王家山匪之左侧射击。各匪阵地因受我炮火威胁，其预备队又在我空军瞰制下，不能增援，六时十分匪不支，纷向贯桥方面溃窜，六时廿分遂完全占领石寨、王里及王家山一带高地。伪三军团之匪约三千余人，隐匿于中舍排西方之森林中，企图乘我进攻贯桥时出而袭击，经我集中山迫炮火力向该森林中轰击，匪遂狼狈溃窜，我八十九师乘机出击，于午刻占领贯桥东方七里坑西方高地。是役毙匪二百余，我第四师略有伤亡。

(丁)战斗后我军之处置及匪之行动

我军自占王家山、石寨、王里、七里坑一带阵地后，即配合警戒停止前进，拟俟右纵队进展与我齐头后再进。匪则退踞贯桥北方一带即设阵地。

(戊)战后之所见

匪虽有坚强之堡垒，然甚畏我飞机及炮火之轰炸，非我第一线攻击部队接近，其堡垒外壕大都隐匿于堡垒后方及两侧，故我飞机炮兵以轰炸其堡垒之侧背为最有效，向匪堡周围之鹿砦尤有破坏之必要。

附攻击王家山之役战斗经过要图 〔图略〕

贯桥之役

(甲)战斗前匪我概况

伪三军团四五两师及昨在王家山被我击溃之伪卅四师，现窜集贯桥以东中舍排、羊角咀及其东南中舍、东排之中华台、太平、后廖坑、东排岭、虾蟆台、高脑寨等处之线，凭藉强固工事阻我南进。纵队以第四师固守王家山一带阵地，第八十九师于八月五日进占贯桥北方七里坑等处待命，第八八师位置于牛集排亘贵凤台以西地区。我右纵队于昨五日已进占来禾嵊及其南山寨与白舍庵之线。

(乙)我军之部署

纵队自第四师昨五日将王家山、王里、石寨、长排山、七里坑各阵地占领后，决于六日继续攻击贯桥附近之匪，乃于八月五日午后八时下达如下之命令：

八月五日午后八时命令于贵凤台指挥所。

一、匪伪三军团四、五两师及本五日在王家山被我第四师击溃之伪卅四师，现窜集贯桥以东中舍排、羊角咀及其东南中舍、东排之中华台、太平、后廖坑、东排岭、虾蟆寨、高脑峰之线，凭藉强固工事阻我南进。我樊纵队于本五日已进占来禾嵊及其南山寨，明六日继续向良田及其西南地区攻击前进。

二、纵队拟于明六日拂晓继续向贯桥附近之匪攻击前进，到达贯桥东南高地之线。

三、第八十九师为攻击部队，明六日拂晓前一部展开于良田东方附近高地，拂晓向贯桥以北之虾蟆寨匪阵地攻击前进，主力明六日拂晓前展开于白沙岭以南地区，拂晓向太平、后廖坑、东排岭各高地之匪阵地攻击前进，到达后即占领各该线开始先构筑野战工事。

四、第八十八师控置于大寨脑、贵凤台一带为预备队。

五、第四师守备王家山，对东方警戒，并以一部控置于王里南方高地，准备不时之策应。

六、山炮连明六日拂晓前于王里东北方高地进入阵地，税警团、迫炮连明六日拂晓前于石寨进入阵地，对贯桥东南高地准备火力，协助八十九师之攻击。

七、第二患者输送队，明六日位置于葛行排，各师负伤官兵送至葛行排交患者输送队，接运至白水野战临时医院。

八、各师通信营（连）应与本部贵凤台总机构成通信网。

九、余明六日早六时前在石寨指挥所。

指 挥 官汤恩伯

副指挥官冷　欣

（丙）战斗经过

八月六日午前六时，各部均已部署就绪，我攻击部队第八十九师之各部，亦已到达攻击准备位置。六时十分开始向匪阵地攻击前进，在我空军及炮火之掩护之下，午前八时匪之前线阵地，已为我占领，尔后即开始向匪主阵地带猛攻。斯时匪虽经我轻重自动火及炮火制压，仍盘踞于坚强工事中，顽强抵抗．我攻击部队冲锋数次，伤亡甚重，然仍前仆后继，猛烈冲击，二六七旅卒将该匪右翼之主阵地带全部占领，同时匪主力以数层密集部队向我猛烈反攻，复有匪一部向我左翼和田排迂回，企图侧击该师，乃令补充团之第三营赴排和田排堵击，其一、二两营增加于五三三团之阵地。纵队以情势紧张，乃令八十八师之二六四旅集结于良田东北端各高地及中舍排附近，第八十九师师部附之后方，以资策应。斯时我全线攻击部队与匪肉搏反复十数次，战况极形惨烈，幸赖官兵奋勇，牺牲之精神始终无懈，卒将匪各阵地确实占领。惟该师右翼之二六五旅占领贯桥以北各高地后，攻击虾蟆台及高脑寨匪主堡，时因右纵队是日未能协同攻击，致受匪之猛烈侧射，团长以下伤亡甚重。且时近黄昏，陆空不易协同，致匪控置方之部队得以从容活动，匪阵亦加坚强，我军未便贸然深入，遂令各就原阵地停止攻击。是役毙匪千余，伤匪无算，俘匪四十九名，获枪七十九支。我亦伤团长杨再华、赖汝雄等二员，伤营长张树瑜、张志、吴家琳等三员，阵亡营长胡啸寰、李德光、杨醒民等三员，伤连长隆桂铨等十三员，阵亡连长潘华嵩等七员，伤排长朱国卿等四十二员，阵亡排长王镇球等十三员，士兵伤亡胡子庆等九百余名。当晚复奉总指挥陈鱼戌战电开：

一、明虞晨，汤、樊两纵队务以新锐部队继续向贯桥及其东南高地攻击，樊纵队应确实占领贯桥西南高地。二、左右两纵队务须确取连系协同动作。三、攻击部队当飞机来时，应迅速接近敌人，利用轰炸奏效之瞬间，乘机猛烈突进为要。等因。

纵队基于总部电令，乃于八月七日午前二时下达如下的命令：

八月七日午前二时命令于王里西方高地之指挥所。

一、昨日与我激战之匪，为伪三军团之四、五、六师及伪五军团之一部。我樊纵队本七日午前向贯桥西南地区攻击前进。

二、纵队本七日仍继续向当面之匪阵地攻击，到达贯桥东南高地之线。

三、第八十八师为攻击部队，本七日以一部攻击贯桥北方虾蟆寨,(光山）主力攻击贯桥东南之高脑寨。午前七时前到达攻击准备位置，俟飞机到达后，利用轰炸之成果，一举而夺取之。到达后，即占领该线，开始构筑堡垒。

四、第八九师本七日主力在原阵地修筑堡垒，并以火力协助八八师之攻击。

五、第四师为总预备队，先控置一部于王里南方高地，其余仍在现地继续做碉，对左翼应严密注意。

六、第八十八师榴弹炮大队于王里西端高地，税警总团迫击炮连于王里南方高地,(八九师师部附近）山炮连于下岭南端占领阵地，对贯桥东南高地准备火力协助第八八师之攻击。

七、通信主用有线电话，各师通信营（连),应与本部贵凤台总机构成通信网。

八、余在王里西南方石寨指挥所。

指挥官汤恩伯
副指挥官冷　欣

(丙)战斗经过

各部奉令后，部署就绪，我第八十八师之各部，于前日午前六时均先后到达攻击准备位置，该师各团之榴弹炮连，亦已进入阵地，射击准备完了。午前十时廿分开始攻击前进，其二六二旅（五二四团）向虾蟆寨攻击，二六四旅向高脑寨、羊角咀攻击，五二四团为预备队。该攻击部队士气旺盛，动作迅速。攻击后，五二八团占领高脑寨东方高地，向高脑寨右侧背包围，而五二七团遂一举冲入高脑寨而夺取之，五二三团亦乘势攻占虾蟆寨。据守堡垒之匪不及退去，在掩蔽部内仍图顽抗，悉被斩获。至正午十二时，遂完全将高脑寨、虾蟆寨一带匪阵地及贯桥村落确实占领，残匪纷向驿前溃窜，状甚狼狈。是役毙匪千余，俘匪五十余，获枪五十余支。我亦阵亡团长胡世贤一员，伤亡营长罗杰等二员，连长以下百余名。我右纵队亦已进占贯桥西北端鹅形山高地之线。

（丁）战后匪我之状态

被我击溃之匪窜集于香炉寨，刘季尖、大岭格、保积山、金鸡山、洛寨、老窠一带，赶筑工事，企图节节顽抗。本纵队各师奉命就原阵地，构筑大寨脑至贯桥间道路左侧地区之碉楼。

（戊）战后之所见

一、对于匪阵地之侧防机关务须侦察明白，匪多选定数个之据点，做成坚固工事，放列多数之自动火器构成十字火，为全阵地之支撑。此次我八九师二六五旅之攻击进展困难及遭重大之伤亡，即因鹅形砦、高脑寨、虾蟆寨各方之侧射。故在攻击开始之前，务必将匪阵地之侧防机关侦察明白，努力破坏之。

二、用包围方法攻匪之侧背，现匪军所构筑之堡垒，多注重正面，其后方射击设备甚少，故攻击部队以攻其侧背较易成功，此次八十八师攻击高脑寨则其一例。

三、部署务求秘密，攻击准备位置须安全。匪军因装备不全，且惧我飞机之轰炸，山上守备部队极少，其大部非但夜间至村庄宿营，即白昼常山麓或山腰密林中潜伏不敢抬头。故我攻击部队，能利用夜间或凹地森林中运动，出匪不意猝行袭击，则匪增援不及，必易得手。此次我军攻占虾蟆寨、高脑寨时，匪后续部队不及增援，向后撤退，是即明证。又我步兵进入攻击准备位置时，不可迫击匪前，亦不能久停匪堡附近，更不能蝟集于一处，致受无谓之牺牲也。

四、攻击经过时间不可过久，部队不宜过少，在飞机及炮火掩护之下，可用密集部队，迅速猛进夺取匪堡。我八十八师建宁武镇岭之役，及此次高脑寨之役，即其一例。密集部队虽较损伤重大，但对匪之劣势火器，以迅速勇猛之动作一举占领，死伤并不大，如以小部队一排一连反复试攻，非但有伤士气，结果反遭多数之伤亡。

五、我官兵均不善利用地形死角等，部队多在棱线上行动，致遭无谓之牺牲。

六、攻击时未能协同动作，为我军最大缺点。如我军攻击甲阵地时，乙、丙阵地未进攻，则匪可将控置部队全数应援或反攻甲阵地，攻乙阵地而甲、丙阵地未攻击，则匪可用全力对付乙阵地，若我军能协同动作，全线进攻，则匪不能应付矣。

七、与炮连络不确实，非特浪费弹药且失时机，以后步炮协同事前应绵密规定。

八、飞机应多带重量炸弹及烧夷弹，匪以少数之兵力及重火器固守坚强之工事，普通之炸弹不能破坏。又匪多将其主力藏匿其两侧或后方森林中或躲避在鹿砦附近，故应以烧夷弹将附近之森林及匪堡之鹿砦等尽量烧毁之。

九、空军之轰炸时间须与步兵之进展时间一致，在步兵未攻略匪阵地之前，不可中断，应分批出发飞翔，使匪军无法运动。此次飞机与步兵之动作颇不一致，因之匪乃利用我飞机中断之时，抬头与我步兵周旋。又如此次我军将匪堡占领后，飞机即飞去，以致匪得安全窜退。以后我步兵虽已占领匪堡，飞机仍不失时机实行追击轰炸。

十、选择优良之射手，用数挺机关枪对匪堡枪眼射击，以致堡垒之匪不敢抬头。

附贯桥之役攻击经过要图二 〔图略〕

麻坑之役

(甲)战斗前匪我之态势

伪三军团之匪七日在贯桥附近经我痛击后，现窜踞香炉寨、刘季尖、大岭格、牛屎台、保积山、障背砦、洛寨、老窠、金鸡山之线，构筑工事中，其警戒部队派出至杜树坑及其东北方之高地。纵队自占领贯桥后，即构筑贯桥至大寨脑间道路左侧地区之碉楼，至昨十日开始次第完成。我樊纵队亦已完成贯桥西北高地之碉堡线。

(乙)我军之部署

我军为而后进剿容易之目的，于八月十二日先以一部向麻坑东方障背砦、老窠之匪攻击后，构筑碉堡，十一日午后一时本部乃下达如下之命令：

八月十一日午后一时命令于王里指挥部战字第五十九号。

一、被我击溃之伪三军团，现窜集香炉寨、刘季尖、大岭格、保积山、洛寨、障背砦、老窠一带，构筑工事，其警戒部队派出至杜树坑、麻坑及其东北方高地。我右纵队明十二日进出至半桥西南香炉寨附近。

二、纵队明十二日以一部进占麻坑东方之障背砦、老窠，主力仍控置现阵地，准备尔后之攻击。

三、第四师本十一日午后，将王家山一带碉堡交八十九师接替后，集结现阵地附近，明十二日拂晓后，向麻坑东方障背砦、老窠之匪攻击，占领后，即在该地构筑堡垒，与八八师确取连络，对洛寨及麻坑方向严密警戒。

四、第八十九师本十一日午后派一部接替第四师王家山及王里南方一带碉堡之守备，主力仍在现阵地做碉，并对东南方向严密警戒。

五、第八十八师明十二日仍控置现阵地待命，但应抽集一团以上之兵力，位置于高脑寨东南地区（五二四团阵地附近），策应第四师之攻击。

六、独立山炮连及迫击炮连，明十二时于中司埭附近占领阵地，务于拂晓前完了射击之准备，先协助第四师第十二旅对障背砦之攻击，其次协助第十旅对老窠之攻击。

七、无线电第九分队仍于现在地开设通信所，担任与各上高司令部及友军之连络。第四师通信营，明十二日午前五时前，在高脑寨北端附近开设通讯所，担任本部与各师及炮兵队之连络，但王里之总机暂缓撤收。

八、各师弹药粮秣，自明十二日起，在白水粮秣仓库补给一部，各师可具印领请白水第三路总指挥部批发。

九、余现在王里指挥部，明十二日午前五时前到达中司嵊指挥所。

指 挥 官汤恩伯

副指挥官冷　欣

（丙）战斗经过

八月十二日午前五时，各部均已到达攻击准备位置，第四师第十旅之二十团于中舍北方高地，十二旅于高脑寨东南方高地展开后，即开始向老窠西南方高地及障背砦之匪攻击前进。斯时我八十八师之一团，即于高脑寨东南地区以火力策应我第四师之攻击，匪在我猛烈炮火之下，稍抵抗后不支，向后溃退。午前六时五十分，该师十二旅之二十三团遂完全占领麻坑东北之障背砦，至七时卅分，该师第十旅之二十团亦已完全占领古寨、老窠之线。是役因匪未顽抗，仅毙匪十余名，我阵亡官长一员，士兵二名。

（丁）战后友军之位置

我右纵队之第十一师及六十七师，亦于十二日午前七时占领贯桥以南香炉寨一带匪堡，正在筑工中。

（戊）战后我军之处置及匪之行动

我军占领古脑寨、障背砦、麻坑东北端各高地后，即开始构筑碉堡，匪则退踞洛寨附近，并不时派出其小部队至冰山附近扰乱。

（己）参与战斗之匪军番号及匪首姓名

当面之匪为伪三军团彭德怀部之伪四师师长洪超所部。

附攻击麻坑之役战斗经过要图〔图略〕

洛寨之役

(甲)战斗前匪我之概况

匪伪三军团之四、五两师及伪三十四师，盘踞大岭格、豹子山、洛寨、刘季尖之线。我军之克复贯桥后因匪阵地之工事构筑日益强固。为减少损伤及尔后进剿、后方输送便利计，一面请调卜福斯山炮参加作战，藉其猛烈之火力以破坏匪之强固工事，一面除以一部守备即占阵地外，主力赶筑白水至贯桥之公路，以利运输。

匪我形势如附图第一〔图略〕

八月二十七日午前三时，奉总指挥陈八月二十六日午后九时之命令，其要旨如下：

第十纵队(欠八九师)为左翼队，以洛寨为主攻击目标。第五纵队之十一、六七两师为中央队，以豹子山为攻击目标。第三纵队为右翼队，以大岭格为主攻击目标。各部攻击部署须于感(二十七日)准备完毕，感晚秘密就攻击准备位置，俭日拂晓开始总攻。

(详附录第一)

乙、我军之部署

纵队基于上项之命令，为尔后攻击容易计，令第四师本(二十七日)派一部先将冰山匪之警戒部队驱逐而占领之。于二十七日午前九时下达如下之命令：

八月二十七日午前九时命令于羊角咀指挥部。战字第六十三号。

一、据守大岭格、豹子山、洛寨一带之匪，仍为伪三军团之四、五两师，刘季尖之匪系伪三十四师。第三路军于俭日拂晓，向洛寨、豹子山、大岭格、牛屎台一带之匪阵攻击。我第五纵队(十一、六七两师)为中央队，明(二十八日)拂晓向豹子山，我第三纵队为右翼队明(二十八日)拂晓向大岭格之匪阵攻击。

二、本纵队(缺八九师)明二十八日拂晓向洛寨之匪攻击，进出至洛寨南方山麓之线，攻击重点指向洛寨右侧，本纵队与中央队作战地域之境界，为麻坑、庄下之线，线上属中央队。

三、第四师明（二十八日）拂晓前于麻坑东侧障背山南麓冰山之线展开，拂晓向洛寨之匪阵地攻击前进，占领后，进出至洛寨南麓附近，构筑野战工事，右与第五纵队连络，对东南方向严密警戒。

四、第八八师明（二十八日）拂晓，以一部由洛寨东方地区向洛寨佯攻，主力集结于障背砦、高脑峰间地区为预备队。

五、第八八师各团榴弹炮连为炮兵队，归五二八团榴弹炮连王连长指挥，于障背砦附近占领阵地，本（二十七日）日没后进入阵地，明（二十八日）拂晓前完了射击之准备，拂晓后，集中火力于洛寨附近协助步兵队之攻击。

六、步炮空连络信号之规定如另纸。

七、第二患者输送队位置贯桥，各师负伤官兵由各师运送至贯桥，交患者输送队接运至白水临时野战医院。

八、第四师通信营明（二十八日）拂晓前，应向高脑峰总指挥部指挥所及各师与本部障背砦指挥所构成通信网。

九、第四、第八八两师之给养，尔后向白水仓库请求补充。

十、余现在羊角咀，本（二十七日）六时后到达障背砦指挥所。上令

指 挥 官汤恩伯

副指挥官冷　欣

(丙)战斗经过

八月二十八日午前四时，我右翼各纵队均已部署就绪，我攻击部队第四师亦已完了攻击之准备，我八八师除以一部向洛寨东方佯攻外，其主力集结障背砦为预备队。午前四时二十分，我卜福斯山炮营开始炮击后，我第四师开始攻击前进，二十团于午前

五时接近至洛寨东北端凹地，同时二十四团迫近洛寨北端山麓，二十三团之一部亦接近至麻坑南方洛寨西端山麓，完了突击之准备。我卜福斯山炮由麻坑北方阵地向洛寨各匪堡施行破坏射击，我飞机在匪堡上空轰炸。此时匪以轻重火器向我攻击部队猛烈射击，战斗极形壮烈。至午前六时三十分，经我步炮空协同猛烈攻击，匪阵遂形动摇，我左翼之二十团即利用炮火飞机轰炸之成果，向洛寨东端我右翼二十四团沿洛寨西端山脉利用隐蔽及死角跃进，逼进匪堡，开辟突击路，勇猛突击。该师二十三团亦于是时进占洛寨西端高地，施行佯攻，经激战后，终因我攻击精神旺盛，火力猛烈，匪乃纷向金鸡砦、鸡笼山、庄下方向溃窜，于午前七时三十分，将洛寨各匪堡完全占领，开始战场追击。我右翼中央队之十一师，亦先后占领大岭格、宝积山。我八八师之二六二旅，亦于是时占领庄下。此时乃命八八师派兵一部乘胜向金鸡砦溃退之匪跟踪追击，于午后四时占领金鸡砦。是役，综计于洛寨、庄下、金鸡砦各处毙匪数百，俘匪三十五名，获轻机关枪自动步枪各一挺，步马枪八十三支。我第四师伤中校团附盛少陵、少校营长杨超二员，又上尉以下官长邓楚良等十六员，士兵一百三十七名，阵亡上尉连长宁可等五员，士兵六十四名。第八八师伤少尉排长舒子静一员，士兵一十五名，阵亡少校连长廖士瑛一员、士兵八名。（我军伤亡及弹药消耗详各师战斗详报）

（丁）战后匪我之状态

被我击溃之匪，窜踞驿前东北一带高地，不时向我阵地袭击。为求尔后进展之容易，乃于八月二十九日，我第五纵队攻击驿前之际，令八八师派兵一团将下沙湾之匪驱逐而占领之，掩护第五纵队左翼之安全，并令各师即就原阵地开始构筑碉堡，及修筑由贯桥至驿前之公路。

（戊）战后之感言

此次洛寨各战役，我军能于两三小时之内将匪之坚强阵地击破，固赖我官兵之奋勇及攻击精神之充实，运动敏捷有以致之。而步炮空协同动作之适切，友军连络之确实，亦为获得战果之要因。此后对于步炮空之协同动作，如能事前绵密规定，则必收效更大也。

战斗攻击经过如附图第二〔图略〕

(己)我军伤亡官兵消耗弹药及俘获等表详各师战斗详报略。

附录第一

八月二十六日下午九时命令于良田总部

一、大岭格、豹子山、洛寨一带之匪，仍第伪四、五两师踞守，刘季尖之匪系伪十三师。

二、本路军决于俭日拂晓，向洛寨、豹子山、大岭格、牛屎台一带之匪阵地攻击。

三、第十纵队（欠八九师）为左翼队，以洛寨为自主目标，向洛寨及至豹子山之中间地区攻击，并派一部由洛寨以东向匪之右侧翼威胁。

四、第五纵队之十一、六十七两师为中央队，归傅师长指挥，以豹子山为主目标，向豹子山及大岭格之中间地区攻击。

五、第三纵队（七十九师附十八旅）为右翼队，以大岭格为主目标，向大岭格及至牛屎台一带地区攻击，并另派一部占领我香炉寨阵地前之匪警戒阵地后，向匪之左侧翼威胁。

六、攻击准备位置如攻击部署要图所示，各部攻击部署须于感日准备完妥，感晚秘密就攻击准备位置，务于俭日拂晓以前完毕。

七、卜福斯山炮营之规定：

1．该营阵地位置如图所示。

2．该营进入阵地，并弹药之搬运、电话之架设、观测所之设置、射击目标及距离之测定等，均须于感晚以前完毕。

3．俭日拂晓我步兵开始攻击前进时，该营应即对于匪主堡之枪眼及其侧防工事施行破坏射击，如发现（或接信号）敌人向我逆袭时，即对该匪部施行歼灭射击以制压之，如我步兵夺占匪阵地时，即施行封锁射击，使匪之后方部队不得前进反攻。

八、税警团迫炮营之规定：

1．该营阵地之位置另有指示。

2．进入阵地及一切射击准备，均须于感晚完毕。

3．该营任务以发扬杀伤效力，使我步兵攻击前进容易为主。如发现匪之密集部队向我逆袭时，即须集中火力以歼灭之。

九、山炮第三营之第八、第九两连，统归樊指挥官指挥，位置于右翼队方面，其阵地由樊指挥官决定之。

十、第五纵队之十四师为总预备队，位置于贯桥东南地区。

十一、陆空及步炮连络及注意事项，如另纸规定附发。

十二、各师负伤官兵，须由本师担架队运送至贯桥第二患者输送队，即由贯桥接运至白水临时医院。

十三、本部指挥所在高峰脑东南高地，我左右两翼队、中央队及孙、周两炮营，均须向指挥所架设电话。

上令

第十纵队指挥官汤恩伯

附发附件及要图各一份。

总 指 挥陈　诚

副总指挥罗卓英

附件

一、飞机对陆地部队之连络：

1．土匪增援及反攻时，连放红色弹二枪并以对向我方飞行方向表示之增援及反攻方向。

2．土匪退却，放绿色弹一枪，并以向匪方飞行方向表示匪之退却方向。

二、陆地部队对飞机之连络：

1．指示匪之大部队所在地，或匪向我反攻时，放红色弹二枪，并以射击之方向，表示匪之大部队所在及反攻方向。

2．夺占匪阵地时，或表示我部队到达位置，放绿色弹一枪（如无绿色弹则用白色弹）。

3．布板通信仍照旧使用。

三、步兵对炮兵之连络：

同二之1、2两项。

四、攻击部队应用轻装并带饭一餐。

中华山黄泥寨小排岭牛角山大排岭各战役

一、中华山黄泥寨小排岭之役

甲、战斗前匪我之概况

匪伪三军团之四、五、六三个师及伪十五师，经洛寨驿前重创后，残部窜踞钟子寨、中华山、黄泥寨、陈古岭、仙山嵊一带，构筑强固工事，凭险顽抗，企图阻止我军进取石城。

纵队自克复洛寨驿前后，奉命以一部担任驿前至贯桥间碉堡之守备，主力即修筑贯桥至驿前间公路，至九月十五日公路完成。十九日奉总指挥陈巧申参战电令：本纵队将甑盖峰迤南八十九师守备之碉楼，交由第九十四师接替。洛寨、金鸡寨、鼓楼峰第四、第八十八两师守备之碉楼，交八十九师接替，并限马日接替完毕。纵队遵将防务交替后，第四、第八十八两师即于现驻地集结整理待命。

乙、我军之部署

九月二十五日午后一时，奉总指挥陈九月二十五日午前十一时之命令（详附录第一），其要旨如下：

本路军基于八月二日计划之决心，继续向石城推进。樊纵队于二十六日拂晓由雷拨岭、狗屎坑攻取钟子寨。汤纵队于二十六日拂晓攻取中华山及其西侧匪堡，奏功后，以一部固守占领地区，向小排岭之匪监视，以主力左旋侧击黄泥寨匪堡而占领之。第六师二十六日以一部向陈古岭及其以东之匪阵地极力佯攻。纵队（缺八十九师）基于上项命令后，令第四师推进至油田上、西山、温坊一带集结，八十八师推进至驿前附近集结，指挥部即向油田上推进。午后三时下达如下之笔记命令：

九月二十五日午后三时命令于油田上指挥部。战字第六十八号。

一、伪三军团四、五两师及伪十五师，由钟子寨亘中华山、黄泥寨、陈古岭至仙山嵊一带，筑有数线坚固阵地，企图阻止我军前进，伪一军团行踪未明。我军明二十六日继续向石城推进。第三纵队明二十六日拂晓，由雷拨岭、狗屎坑攻取钟子寨，奏功后，以主力向左进出至钟子寨东南地区掩护本纵队右侧之安全。我第六师明二十六日，以一部向陈古岭及其以东之匪阵佯攻。卜福斯山炮营于安子塘、猴形山附近占领阵地，明二十六日协助本纵队之攻击。航空队明二十六日朝飞翔于驿前上空，协助地上部队之攻击。

二、纵队（欠八十九师附税警团迫击炮一连）明二十六日，先以主力占领中华山，与樊纵队确取连络后，向黄泥寨攻击而占领之。纵队与樊纵队及第六师作战地域之境界如下：

大燕山东麓、广石亭、温坊岭东麓，道路线上属樊纵队。

万福亭、辛坊东端、连坑东端、陈古岭西麓，线上属本纵队。

三、第四师明二十六日拂晓前于温坊南端一带展开，拂晓向中华山及其西南匪阵攻击前进，奏功后，与樊纵队确取连络。以一部固守占领地区，对小排岭之匪监视，以主力向黄泥寨攻击而占领之。

四、第八十八师为预备队，明二十六日拂晓前集结于油田上附近。

五、税警团、迫击炮第二连，明二十六日拂晓前，于刘田形山附近进入阵地，拂晓后对中华山及其西南匪阵准备火力，尔后对黄泥寨准备火力，协助第四师之攻击。

六、东路患者输送大队，明二十六日主力推进至油田上，控收各师伤官兵。

七、各师应补充之弹药，务于本二十五日补充完毕。

八、余现在油田上指挥部，明二十六日拂晓后在刘田形指挥所。上令

指挥官汤恩伯

附步炮空连络信号之规定如下：

一、飞机对陆地部队之连络：

1．土匪增援及反攻时，连放红色弹二枪，并以对向我方飞行方向表示匪之增援及反攻方向。

2．土匪退却，放绿色弹一枪，并以向匪方飞行方向表示匪之退却方向。

二、陆地部队对飞机之连络：

1．指示匪之大部队所在地或匪向我反攻时，放红色弹二枪，并对射击之方向，表示匪之大部队所在及反攻方向。

2．夺占匪阵地时，或表示我部队到达位置，放绿色弹一枪（如无绿色弹则用白色弹）。

3．布板通信仍照旧使用。

三、步兵对炮兵之连络：

同二之1、2两项。

四、攻击部队应用轻装并带饭一餐。

丙、战斗经过

八月二十六日各部已到达指定地点。我攻击部队第四师分两路向中华山及其西侧匪堡攻击。午前五时，我卜福斯山炮已由安子塘阵地向中华山、黄泥寨开始射击，同时我航空队亦到达飞翔于匪堡上空轰炸。我攻击部队在炮火及空军掩护下，向匪猛攻进，至匪堡之鹿砦边，匪用密集部队向左右两侧反攻，均被我沉着击退。至午前六时四十分卒将该匪击溃，我二十三团遂完全占领中华山。我十九团亦同时中华山西端各匪堡，残匪窜集大小排岭，仍

向我中华山部队还击。第四师十旅派兵一部，乘胜向小排岭之匪攻击，至午前七时三十分，该部亦占领小排岭。同时第十二旅以一部固守中华山既占阵地，主力即左旋向黄泥寨之匪攻击前进。同时令八十八师派兵一部由黄泥寨北端协助第四师之攻击。各部奉命后，即开始动作，中华山与黄泥寨比高相等，中间有平坦之鞍部连接，匪因受我中华山第四师之侧射。同时八十八师又由正面攻击，匪遂顾此失彼，至午前八时三十分，匪死伤甚众，呈现动摇。我八十八师一鼓猛扑，匪不支，分向西南乱窜，黄泥寨遂被我八十八师占领。是役综计毙匪二百余，伤匪无算。我第四师俘匪十二名，获步枪十一支，拨壳枪二支。伤官兵三员，士兵六十二名，阵亡官长三员，士兵二十六名。我八十八师俘匪五十二名，获步枪十二支，伤官长一员，士兵二十八名，阵亡官长一员，士兵十名。据俘匪供称：本日与我抗战之匪，为伪三军团四、五两师之十三、十四、十五各团，其伪十五师在钟子寨方向等语。

丁、战后我军之处置及友军之位置

纵队占领中华山、黄泥寨、小排岭后，为稳固起见，一面令各部赶筑工事；一面准备翌日继续攻击。我樊纵队亦于本日午前占领钟子寨及其东南一带小高地，我第六师亦进至陈古岭北方高地。

戊、本日战斗经过如附图第一〔图略〕

二、牛角山、大排岭之役

甲、战斗前匪我之概况

匪伪三军团之四、五、六三个师及伪十五师，经我在中华山、黄泥寨、小排岭击溃后，退守牛角山、大排岭、源远寨一带堡垒内，企图最后之挣扎。纵队自昨（二十六日）攻略中华山、黄泥寨、小排岭后，一面构筑工事；一面准备翌日拂晓继续攻击。当时匪我之态势如图第二〔图略〕

乙、我军之部署

九月二十六日午后七时，奉总指挥陈以电话将明感日部署先行谕知如下：

第十纵队继续向大排岭攻击，占领后，即向分水坳、桐冈之线挺进。但前进时对右侧特别注意，十四师沿陈古岭大道向分水坳桐冈攻击前进。卜福斯山炮营主力在虎形山附近占领阵地，一部位置于中华山，各攻击部队均于拂晓开始。

纵队奉到上项电话之命令要旨后，即以电话将翌日之攻击部署先行通知各部，至午后九时下达如下之笔记命令：

九月二十六日午后九时命令于温坊指挥部。战字第六十九号。

一、钟子寨、中华山、黄泥寨一带之伪五师及十五师之一部，经我击溃后，窜踞大排岭、郭下窝、源远砦一带阵地。我樊纵队已确实占领钟子寨，我第四师已确实占领中华山、小排岭，我八十八师已确实占领黄泥寨之线，与匪对峙中。我第五纵队明（二十七）日拂晓向陈古岭、分水坳攻击前进。我卜福斯山炮营一部于中华山，主力于虎形山占领阵地，明二十七日协助纵队之攻击。

二、纵队明（二十七日）拂晓继续向大排岭、郭下窝、源远砦之匪阵攻击前进，进出至大排岭南端之线，攻击重点指向大排岭。

三、第四师（缺十九团）明（二十七）日以一部固守既占阵地，主力拂晓前于小排岭、中华山南端之线完了攻击之准备，拂晓向大排岭西南端攻击前进，到达后，与八十八师确取连络，构筑工事。

四、第八十八师明（二十七日）之一部，接替中华山第四师阵地，并固守黄泥寨既占阵地，主力拂晓前于黄泥寨南端完了攻击之准备，拂晓向源远砦、郭下窝、大排岭攻击前进，到达后，与第四师确取连络，构筑工事。

五、两师作战地域之境界，为中华山西端经郭下窝至大排岭西端道路之线，线上属第八十八师。

六、第四师十九团为预备队，位置于原阵地附近待命。

七、通信主用有线电话，各师通信营务于明（二十七日）拂晓前，与本部中华山总机构成通信网。

八、患者输送大队，明（二十七）日午前八时推进至温坊，接收各师患者。

九、余现在温坊指挥部，明（二十七）日拂晓到达中华山指挥所。上令

指挥官汤恩伯

上项命令下达后，于午后十一时奉到总指挥陈宥戌驿参战电（详附录第二）

丙、战斗经过

九月二十七日午前五时，各部均已于指定地点，完了攻击之准备。我卜福斯山炮已由虎形山及中华山各阵地，开始向当面之各匪堡施行破坏射击，此时空军亦在匪阵上空翱翔，猛烈轰炸，我攻击部队第四师之十二旅及八十八师二六四旅即在炮空掩护之下，利用地形开始攻击前进。此时匪见我军前进，各匪堡均向我开始射击。我攻击各部，即利用飞机炮兵轰炸之瞬间，逐次跃进，至午前五时三十分，我十二旅到达大排岭西北端山麓，二六四旅亦到达牛角山北端山麓，与匪激战。至六时十五分，我五二七团即将牛角山北端稍低各匪堡完全占领。残匪乃退集牛角山最高峰仍图顽抗，至六时三十分，我二十四团亦占领大排岭西北端之匪堡，同时我二十三团亦占领大排岭东北小高地之匪堡，至此战斗极形猛烈，残匪以各种火器向我射击。我攻击各部，仍奋不顾身，前仆后继，至午前七时卒将该匪击溃，我第四师完全占领大排岭，八十八师亦同时占领牛角山。各部即在既占之阵地，对逃窜之残匪施行追击射击。至午前七时二十分，我第四师遂乘胜占领二里路，八十八师占领源远寨，残匪向小松方向逃窜。是役计毙匪三百余名，我第四师俘匪十余名，获步枪二十三支，重机枪一挺。伤官长三员，士兵四十名，阵亡中校团附王友斌一员，士兵十八名。我八十八师俘匪七十余名，获枪五十二支，重机枪一挺。伤官长

二员，士兵七十五名，阵亡官长一员，士兵六十六名。据俘匪供称：本日被我击溃之匪，为伪三军团之第五、六两师，该匪经贯桥、驿前及最近诸役受创甚重，伤亡殆尽，大部均系最近补充之新兵，士气极为涣散等语。

丁、本日战斗经过如附图第三 〔图略〕

戊、战后我军之处置

本（九月二十七日）午后十一时奉总指挥陈感酉参驿代电命令节开：

第十纵队自明（二十八日）起，构筑中华山、黄泥寨、大排岭及分水坳西南方高地间之碉堡，期于两日内完成之。

等因。遵即令第四师本（二十八日）于中华山、大排岭间选定要点构筑碉堡，限两日完成，并以一部修筑辛坊至陈古岭、凉亭间之军路。八十八师本（二十八日）于黄泥寨、分水坳西南方高地既占阵地间选定要点，构筑碉堡，限两日完成之。并以一团暂归六十七师傅师长指挥，协助攻取桐岗西南高地。

己、战后所得之教训

一、攻击奏效后，我应乘战胜之余威，立即跟踪追击，使匪无再占阵地之余暇。盖退却之匪各级匪首势必失却掌握，指挥不灵，士气沮丧。此时我倘能以大部固守既占阵地，而兼以火力掩护小部穷追，其收效必大，我大排岭之役即其一例。

二、突击点之选定，应宜避开正面，盖匪通常以少数兵力配置于正面堡垒守备，将主力控置于支点后方或侧方，待我攻击部队逼近其正面时，即以各种火器同时发射，然后出而向我猛袭，此匪所谓短促突击。倘我选定其正面突击，则正中其技俩矣。故此后我突击点之选定，应宜避开正面，而以有力部队由两翼迂回至其后方，此非特我不为匪所乘，反使匪为我所乘也。

附录第一

九月二十五日上午十一时命令于驿前第三路军总指挥部。

一、匪伪三军团四、五两师与伪十五师沿钟子寨、中华山、黄泥寨、陈古岭、仙山嵊一带，筑有数线坚固阵地，企图阻止我军前进，伪一军团行踪未明。

二、本路军基于八月二日计划之决心，继续向石城推进，明(二十六)日以主力向陈古岭以西地区匪之侧翼阵地攻击，而后绕攻陈古岭之匪阵地，逐次进占小松市。

三、第三纵队（欠第六师）附第六十七师，于二十六日拂晓，由雷拨岭、狗屎坑攻取钟子寨，奏功后，除以一部固守钟子寨及向西南游击警戒外，主力即行左旋进出钟子寨东南地区，掩护第十纵队之右侧安全，并适时策应协援之。

四、第十纵队(欠八十九师)以中华山及其西侧匪堡为目标，于廿六日拂晓前在温坊南端附近就攻击准备位置完毕，拂晓分两路攻取中华山及其西侧之匪阵地，奏功后，以一部固守占领地区向小排岭之匪监视，以主力左旋侧击黄泥寨匪堡而占领之。

五、第六师明（二十六）日除固守原阵地部队外，应以一部向陈古岭及其以东之匪阵地极力佯攻，牵制正面之匪，以主力集结虎形山、万福亭附近，俟第十纵队攻击黄泥寨时，应不失时机协同攻击，相机占领陈古岭一带之匪堡。

六、第十四师为总预备队，于明（二十六）日上午七时到达驿前、南岭脑一带，机动待命。

七、孙山炮营于本（二十五日）日没后，进入安子塘、猴形山阵地，完毕诸种准备，廿六日拂晓开始射击，以中华山、黄泥寨为主要目标，钟子寨、陈古岭为次要目标，协同我攻击部队猛击匪堡。

八、李重迫炮连于本（二十五）日日没后，进入虎形山阵地，归周六师长指挥。

九、周迫击炮营第一、二两连，分属樊、汤两纵队，第三连位置于田南北端，归本总指挥指挥。

十、航空队于廿六日早飞驿前助战，各攻击部队，应藉空军之掩护，不失时机向匪突进，于陆空连络，尤应注意确实。

十一、各部应补充之弹药，应于二十五日补充完毕。

十二、攻击开始时，余在安子塘炮兵阵地，各纵队各师应于廿五晚向该处架妥电话。上令

第十纵队指挥官汤恩伯

总 指 挥陈　诚

副总指挥罗卓英

附记：陆空及步炮兵连络符号及信号枪之使用，均照上月大岭格、豹子山、驿前各战役之规定。

附录第二

限即到。樊指挥官、汤指挥官、周师长、霍师长、傅师长：训密。本路军明感日部署：1. 第十纵队攻占大排岭一带匪阵后，即向分水桐岗之线挺进攻击而占领之。但前进时对右侧特别注意。2. 第十四师沿陈古岭大道，向分水桐岗攻击前进，右翼与汤纵队应妥取连络。3. 第六师攻占马山后，相机续攻马山东南一带高地，掩护我霍师前进。4. 第七十九师除构筑占领地区碉堡之部队外，应分向马头、长胜岭方向佯进。5. 第六十七师为总预备队，集结于辛坊附近待命。6. 孙炮营除二连归汤指挥官指挥外，应于今夜在虎形山附近占领阵地，明日拂晓以大排岭至马山之线匪阵地为目标射击。7. 宋炮营第九连着归周六师长指挥。8. 各攻击部队均于拂晓开始。9. 攻击开始时，余在虎形山指挥所。陈诚、罗卓英。宥戌。驿参战。

〔国民党政府军事机关档案〕

4. 国民党军第三师李玉堂部与中央苏区红军在闽西赣南一带战斗详报

（1934年4—11月）

一、绪言〔略〕

二、匪我当时形势之概要

赣匪经黎川资溪镇、许湾、大雄关诸役惨败而后，固已成强弩之末，不复振矣。中以闽变发生国军抽师戡乱，匪得乘机苟延，复极力向闽发展，希扩大其匪区组织。当闽变初敉时，匪主力曾一度东犯，谋袭延平，不得逞。伪一、三、九军团又经我北路军击溃于南丰西南地区，复东窜大田市、溪口一带。三月中旬，伪三军团全部潜伏于大田市附近，伪第十三师窜扰新桥，伪第十师潜伏于邱家隘、康都一带。伪九军团主力退窜甘竺广昌之间，一部潜伏于千善、石嘴附近。伪七军团主力潜伏于建宁、泰宁间，一部流窜于宁洋附近，伪第廿四师盘踞于新泉、旧县一带，伪独立第八团流窜于大洋地、茶地一带。是时也，我剿匪之师，除罗纵队赶筑南丰、白舍段公路，汤、樊、周三纵队赶筑泰宁、德胜关之封锁线，刘纵队守备归化、永安及第六路军极力向古龙岗机动外，本师与第九师、第八三师、第三六师奉令编为第四纵队，亦于三月中旬，先后到达龙岩而向汀、连方向推进矣。

三、战役经过

甲、新泉之役

一、进剿前匪我概况

伪东方作战军及伪廿四师兵约四五千人，盘踞于南阳、旧县一带，其一部流窜于新泉、机头岩、下茶地、大板等处，伪十三军团之一部，流窜于宁洋、连城附近。师以梯次完成新泉、大池段公路碉堡之目的，以第八旅进驻古田、枣树，第九旅限令完成郭车、吊钟岩段公路碉堡。于四月廿日午后九时，奉到指挥官李命令如下：

四月二十日上午九时命令于龙岩指挥部

一、据报，盘踞南阳、旧县一带匪之东方作战军及伪廿四师，共约四千人，其一部现流窜于新泉、机头岩、下茶地、大板各处，宁洋、连城附近有伪十二军团之一部。我保安处第八、十、十二团，约号日前后可到达漳平、宁洋一带。

二、本纵队以缩小匪区，继续筑路之目的，拟先以主力进占新泉、机头、旧县之线，肃清附近残匪，完成工事，然后继续筑路。

三、各部队任务如下：

1．第三师应于本月二十二日占领庙前，二十三日占领新泉，限二十八日前完成新泉、机头含线河东岸之碉堡，并对旧县、南岭、朋口诸方向严密警戒。

2．第八三师应以主力位置白沙附近，掩护纵队左侧背之安全，努力肃清附近散匪，相机占领旧县。

3．第九师应以主力于廿二日推进大池，廿三日推进庙前、芷溪附近，策应各方，以一部担任龙岩、郭车间之护路，对于芷溪、梅村、白沙、大地诸方向，须严密警戒。

4．第六一五团驻坎市部队，应连络地方民团，肃清大洋坝、大地、溪口一带之散匪。

四、各部队对于诸方要点，应派坐探，广事搜索，每日分区游击为要。其实施注意事项，参照本纵队剿匪计划。

五、兵站、仓库，应将后方粮食，尽量追送小池，第二步送至古田囤积。各部队非至就地购办食米无法时，不得向仓库请领。

六、关于交通事项，除饬交通兵团电话干线，于廿四日前架至庙前外，各部队应携带无线电，每日正午连络一次。

七、指挥部廿二日到达大池，廿三日到达庙前。

二、进剿部署

师奉令后，廿一日将各部队集中古田，准备推进，并以特务队进驻油鱼坝，极力向庙前、新泉方向侦察匪情。于廿二日下达各部命令如下：

四月廿日命令于古田

一、综据情报，连城、宁洋附近有匪十二军团之一部，新泉、庙前一带，有伪南阳游击队，吕坊有赤卫队约二百余人，伪东方作战军二三百人，似窜到中村、扁山、邹坑一带，南阳有伪模范营三十余人，伪二十四师三四千人在旧县，并有土共在大板、茶地、大洋坝一带流窜。我闽保安处第八、十、十二各团，约号日前后到达漳平、宁洋一带。

我八三师仍在白沙附近，相机占领旧县，我第九师主力明（二十二日）经蛟洋推进至庙前、芷溪，一部任龙岩、郭车间护路。

二、本师明（二十三）日拟经油鱼坝、庙前，向新泉推进，部署如下：

第八旅（附特务队）应于明（二十三）日午前四时出发，经本师行进路向庙前、新泉搜索前进，到达后，即位置于新泉西北地区，构筑蓝屋、新泉（均含）沿河东岸野战工事，并对中屋村、塘背、香塔严密警戒。师特务队位置于杨屋坊、对夹口、朋口、中屋村诸方向警戒，并努力侦察匪情。

师部直属部队（行军序列如另纸）补充团于明（二十三）日午前五时卅分钟出发，在第八旅后尾行进，到达新泉后，补充团与工兵营，仍构筑新泉附近野战工事碉堡，并担任新泉警备。

第九旅应于明(二十三日)午前六时卅分出发，在补充团后尾行进，到达新泉西南地区构筑新泉(不含)铁笼山(含)沿河野战工事，及铁帽山碉堡，并对香塔、南阳、机头、华家亭诸方向严密警戒。

卫生第一连，应向新泉推进。

输送营驻古田，担任守护仓库，并由小池运军米至古田屯积。

三、各部队侦探游击区域如下：

第八旅侦探分布于曹屋、赤坑、上下罗地，并向芷溪、香塔一带游击。第九旅侦探分布于下车、马羊崃、铁帽山以南地区，并向南阳机关、华家亭游击。补充团侦探分布于官庄、凉坑、丰田，并向凉坑、岭下游击。师特务队对凉坑、岭下、瓦铺、黄石潭等处，应派坐探，并向连城方向警戒游击。

四、通讯

1. 通讯营应向庙前纵队部架设电话，其余各部队，向新泉总机架设。

2. 无线电应时与纵队部连络，每日正午须确实连络一次。

五、给养

各部队就地购食，不得已时，可向古田仓库领用军米。

六、予随师部行动。

师长李玉堂

三、战斗经过及匪之行动

四月二十三日午前四时，各部队按其任务之区分，先后由古田、枣庄、油鱼坝向新泉逐步推进。第八旅以师特务队为前卫，各部侦探队，为左翼之机动部队。于是日十时，占领庙前，当以一部乘势占领芷溪，向新泉威胁，以掩护该旅主力经官庄攻击，使其左侧背之安全。而师特务队，绕道凉坑，占领杨屋坊后，以一部向新泉西北地区机动，使第八旅主力攻击奏效之容易，以是新泉之敌，感四面楚歌，不得已以有力之一部，凭该地东南坚固工事，逐步顽抗。午后一时，向南岭方向进窜，而新泉之战，遂告终止矣。

四、战后之处置

本师占领新泉后，以第八旅位置于新泉西北地区，对南岭、南阳、长汀、连城方向警戒，第九旅位置于新泉西南地区，对南阳、机头华家亭警戒，师特务队，位置于杨屋坊，向长汀、连城方向警戒，并各赶筑驻地之野战工事，限期完成新（新泉）旧(旧县)间之封锁线，相机协助八三师占领白沙之奏效。

朋口之战役

一、战斗前匪我概况

五月二十四日，综合俘匪及投诚匪供称：伪二十四师盘踞于南岭、茶树下一带，伪廿二师主力在涂坊，一部在南岭，伪十三军之卅四师，由永安窜南阳附近，伪独立第一团、福建军区、政治保安队伙同地方武装，共约千余人，盘踞朋口。其一部守备羊城，并不时向黄石潭、梁福山一带滋扰。是时也，我二四九旅（八三师）守备旧县、坝口、思坑、碗窑、下高地（不含）封锁线，并向白沙、石圳潭、才溪、通贤、南阳游击。第九旅守备高地（含）下车、新泉（不含）封锁线，并向通贤、茶树下、香塔、米田、华家亭游击。第八旅（附特务队）守备新泉、莲屋间附近工事，以一部构筑新泉、芷溪段公路，一营警备新泉，并向香塔、南岭、才溪、磜头、深福山、大鱼溪游击。补充团（附工兵营）构筑芷溪、桃坪段公路。于五月二十七日奉第四纵队指挥部命令如下：

五月二十七日上午十一时命令于古田指挥部

一、匪之一、三、五、七、九军团主力，在广昌、建宁一带惨败后，现向石城、宁化、归化附近逃窜，其教导三十四师独九团及徒手工人师约三四千人，现在连城及四乡一带窜扰，第二十四师及警卫旅之独立团，现流窜于新泉、上杭对岸地区。我三十六师已抵龙岩，克日接收龙岩、新泉一带防务。我保安团周焕文、华仰乔部，现在连城以东地区向匪活动中。

二、本纵队奉令推进连城，并担任新泉、朋口、莒溪、连城线封锁工事之构筑及守备。

三、各师应遵照本纵队向连城附近推进计划表，于五月二十八日集中完毕，开始行动。

四、新泉高地线封锁工事，归八三师补充团守备。着第三师补充团团长兼新泉旧县全线指挥，统限廿七日前接替完毕。

五、部队间连络，除应用电话外，师以上机关用十五瓦特无线电，以下机关用五瓦特无线电（小无线电用“某密”电本）。嗣后，随战况进步莒溪、席湖营、连城间电话基线，归第九师架设，所需材料应预向总部具领。

六、各部队前进间，应携带四日份盐米，新泉（主）、梅村（补助）二处为纵队兵站末地。

七、关于侦察、搜索、警戒、游击、掩护、连络诸注意悉遵委座所示要领实施，其余参照总座所颁《向连城推进计划概要》。

八、行进时，予在第九师师部。

上令

第三师师长李玉堂

指挥官李延年

二、我军之部署

师奉令后，即下达各部队命令如次：

五月二十七日上午九时命令于新泉

一、顷奉指挥官李宥戌电节开〔略〕

二、着补充团担任新泉至高地（含）封锁线碉堡守备，即日以主力移驻新泉，一部接替新泉至高地（不含）之碉堡守备，并限本（廿七）晚接替完毕，新泉附近之碉堡限明（廿八）日接替完毕。

三、着第九旅将防务移交后，于明（廿八）日午前移至杨屋坊附近集结待命。

上令

第九旅旅长

补充团团长

师长李玉堂

同日又下达特务队命令如次：

着该队于明（廿八日）移驻瓦铺待命，仰即遵照。此令

特务队队长

师长李玉堂

廿八日各部均到达指定地点，而补充团亦分别将新泉高地线之守备及新泉附近之防务，接替完毕，乃下达各部队命令如下：

五月廿八日午前九时命令于新泉师部。

一、匪之一、三、五、七、九军主力在广昌、建宁一带惨败后，现向石城、宁化、归化附近逃窜，其教导第二十四师、独九团及徒手工人师约三四千人，现在连城及四乡一带窜扰，第二十

四师及警卫独立团约三四千人，现流窜于新泉、上杭对岸地区。我三十六师已抵龙岩，克日接收龙岩、新泉一带防务，我保卫团周焕文、华仰乔部，现在连城、龙岩以东地区对匪活动中。

我纵队向连城推进计划表附发。

二、本师奉令于明（廿九）日开始向连城附近推进（推进计划如附表），并担任新泉至高地（不含）封锁碉堡之守备，及遵昨令兼任新泉、旧县全线之指挥。

三、补充团（附小无线队）担任新泉至高地（不含）封锁碉堡之守备，并遵昨令兼任新泉、旧县全线之指挥。

四、通讯营到宿营地后，应即完成各部队间通讯网。师以下连络以有线电为主，无线电为辅。（小无线电用某密电本）

五、各部队前进间，应携带四日份粮秣，其粮秣供给，新泉部队应向古田仓库领取，朋口部队应向新泉仓库领取，兵站（骑兵连）随纵队兵站推进新泉，并在朋口设仓库。

六、行进时，余在师部先头。

师　长李玉堂

副师长杨挺亚

附记：注意事项

一、关于侦察、搜索、警戒、游击、掩护、连络，悉遵照委座所示（侦察警戒、严密搜索、掩护周到、连络确实、观察精敏之原则及稳扎猛打之要领（凡到一处，必须构筑适当野战阵地）实施。

二、作业部队，须有掩护控制之区分，掩护部队应构筑有适当之掩护阵地，并派遣所要之四周警戒，务使匪警发生时，作业部队不致停止为要。

三、输送营之输送，应以船只及人伕随时地之所宜而运用之，在新泉、朋口，应搜集民船备用。

四、各部队工作器具，除筑碉应用外，余存新泉仓库。

附本师连城附近推进计划表

第三师连城附近推进计划

	部队	出发时间	到达地点	警戒事项	谍报事项	碉堡事项
第一日 五月廿九日	第八旅（附小无线电队）	午后一时	黄石潭附近	对磜头方向警戒		驻止间应构筑所要之野战工事，以防匪袭。
	师部直属部队	同上	杨屋坊附近			
	第九旅（附小无线电队）	同上	同上	在杨屋坊周围构筑相当工事，对上下罗地、赤坑、梅村方向。		
第二日 五月卅日	第九旅附小无线电队及特务队	午前四时卅分	朋口西北地区特务队杨屋尾	黄地、朋口、席湖营之西线北地区之警戒，对黄地、中屋村、连城、席湖营注意。	侦探队应分向李村、桥下、曹坊、寨竹隔、石狮等地；特务队应向中屋村侦察。	构筑朋口西北之野战工事。
	师直属部队第八旅（附小无线电队）	师部午前六时第八旅七时	第八旅担任黄地、朋口、席湖营之线东南地区之警戒，对莒溪儒番注意。	侦探队分向竹子下、小莒夹口等处侦察。	朋口附近	第八旅应构筑朋口东南地区之野战工事。
第三日 五月卅一日	第九旅	自行规定	一部位置于寨竹隔	驻寨竹隔之部队向吴家坊、连城警戒，并与席湖营之第九师切取连络。		
	师直属部队 第八旅（附小无线电队）		原地			第八旅（附工兵营）除以一部分任警戒外，余则构筑莒溪、朋口线（含）碉堡，须能容一营兵力，限二日完成。

1. 廿九日之行军序列,按第八旅——师侦探队——师部——特务连——通讯营——无线电队——卫生队一、二连——输送营——各部大行李——工兵营之次序。

2. 三十日之行军序列:按第九旅——师侦探队——师部——特务连——通讯营无线电队——卫生一、二连——输送营——工兵营——师部大行李第八旅之次序。

3. 明(廿九)日第九旅,俟八三师后尾通过后,再行出发。

4. 六月一日以后行动,随情况变化,另以命令规定之。

5. 本表实施时间,如情况变化,得随时以命令变更之。

同时又给予特务队徐队长命令如下:

五月廿八日命令于新泉

一、本师奉令于明(廿九)日起,开始向连城推进。

二、着该队于卅日午前五时,由现地出发(归第九旅旅长指挥)进驻杨屋尾,对中屋村方向努力侦察。

三、予卅日随师部行进。

师长李玉堂

三、战斗经过

五月廿九日,各部队到达指定位置,并准备向朋口推进,卅日以第九旅为前卫,第八旅之一营为右侧卫,师特务队为前卫之别动队分途向朋口方向搜索前进。我先头部队甫经上装店,即发现羊城南端高地及其西岸高地,各有匪三百余人,占领阵地向我射击,我前卫即以一部强渡朋口之小溪而攻击西岸之匪,一部占领羊城南端阵地,监视当面之匪,以主力从羊城右侧高地抄袭匪之侧背,猛力攻击,匪不支,即向朋口方向逃窜。我前卫跟踪乘胜占领朋口东南一带阵地,匪尚凭据朋口之防御工事,极力抵抗。我军乃以一部袭击匪之右侧背,激战约两小时,匪卒不支,纷向长江方向逃窜。

占领朋口后,即以第八旅位置于朋口东南地区,构筑附近碉堡，严向东南方向警戒。其第十五团则驻壁州，构筑朋口、莒溪间之封锁线，第九旅位置于朋口西北地区，任汀连方向之警戒。其第十七团，则进驻马山前，时向马铺头、吴家坊之线游击。师特务队驻杨屋尾，向中屋村严密警戒，并不时出没于曹坊、温坊、上莒溪之线。

猪棕岭之战役

一、战斗前匪我概况

伪第一军团之第一二两师，潜伏于大田湖、河田一带，伪廿四师盘踞中屋村，一部于七月二十九日窜往岩头、罗坊一带。其窜扰城溪、平沙亨、上莒溪等处之散匪，均于六月一日分别窜回猪棕岭、白依洋岭一带高地，并以有力之一部（伪七二团）进驻温坊西端高地，构筑工事，以阻我军之前进。本师补充团于六月廿五日，将新泉防务移交第三六师接收完毕，廿六日回驻朋口，廿七日进驻张家营集结待命。第八旅守备朋口、马山前、寨竹隔、火烧炉之封锁线，我第九旅守备朋口，师特务队守备杨屋尾，均不时向温坊以西地区游击。于七月二十九日上午十时，接温坊联保办事处报告：一、昨（廿八）晚职乡保卫队，袭击温坊西端高山之匪，以扰乱其安宁。二、据探报南科、黄沙亭、城溪等处之匪无变化。三、难民载道、菜色愁容，无处凭依，恳即派兵进剿，以保残黎等语。

二、我军之部署

师据上项报告及李指挥官宥戌电令，于八月二日午后下达各部命令如下：

八月一日命令于朋口师部

一、盘踞中屋村之匪，大部已于艳日窜往罗坊、岩头一带，尚有一部约七八百人，现仍分踞猪棕岭及文坊以西地区。

二、本师遵照指挥官命令，于明（三）日分向朋口以西地区游击，清剿吴家坊、中田、八仙亭、南科、上莒溪线内散匪，掩护农民秋收。

三、游击部署如后：

（一）游击地域

第八旅 补充团 第十八团 特务队	马埔头——洋贝——平沙亭——中田之线上属第八旅

（二）各部队任务之区分：

1．补充团于明（三）晨四时以前进至文坊附近，以一部向文坊西端施行佯攻，以系留之。以一部绕道罗背坑岌以夹击当面之匪，其余集结于温坊附近策应。

2．特务队（附第九旅侦探队）于明晨四时卅分前秘密接近白石璃向八仙亭活动，以截击温坊匪之归路。

3．第十八团于明（三）日午前四时以前进驻上莒溪，即进占南科龙钩岭，以一部向中屋村警戒，以主力进占八仙亭断敌归路，并策应特务队。

4．游击部队一律轻装并携带午餐。

5．通信营于明（三）日晨，由杨屋尾向温坊架设电话。

6．予明（三）日午前五时后进至温坊附近。

四、战斗经过

八月三日午前四时，各游击部队均到达指定地点，并分途向当面之匪。于五时前后分别占领吴家坊、黄坑、中田、八仙亭、南科、上莒溪之线，匪即分途退窜猪棕岭、白石脑，强固工事，以阻我军之前进。但我第十八团占领南科龙钩岭后，即向白石脑之匪猛力攻击，接连破坏堡垒六个，匪阵地几全线摇动，而第八旅亦午前四时以前占领吴家坊、曹坊一带，即以第十六团之一部占领吴家坊，对罗坊施行警戒。其主力则清剿城溪、黄坑一带散匪，并于上午九时进占平沙亭、中田之线。当以威力侦察匪情之目的，于上午九时卅分，派兵两连，逐步向猪棕岭搜索，讵匪凭工事之掩护顽强抵抗，复经陶营策应，对战约经三小时，终以游击任务，均于午后一时分别撤退。当我各游击部队循背进路行进时，伪第一军之第二师及伪廿四师一部，忽向我各掩护部队分途袭击，旋经反攻，匪仍向中屋村方向窜去。是役毙匪数十，俘匪三，获枪三。我阵亡排长一员，伤二员，士兵伤亡二十余人。

五、战后之处置

九月七日，本师为使防务巩固，随时能策应各方起见，下达各部命令如次：

八月七日命令于朋口师部

一、本月三日与我抗战之匪，系伪一军团第二师、廿四师之一部，现仍退踞金华山、猪棕岭、白衣洋一带，其伪一师仍在大田湖，企图不明。

二、本师为使防务巩固，随时能策应各方起见，从新分配任务，并逐日派队向朋口以西地区游击，清剿散匪，掩护农民秋收。

三、各部队任务分配如次：

1．第八旅担任火烧炉（含）至官听背（含）阵地工事之守备，并逐日派队向吴家坊、曹坊、洋背一带游击，其侦探队分驻马埔头、传孙瑕、红门隘等处，逐日向平沙亨、中田、黄坑、黎地凹、五磜山坑一带活动。

2．补充团担任朋口至杨屋尾之碉堡构筑，其侦探队驻杨屋尾，逐日向八仙亭、南科一带游击活动。

3．特务队担任温坊以西地区游击，及大田湖、中屋村匪情之侦察。

4．第九旅（欠十七团）担任官听背（不含）、洋城（含）间阵地工事之守备，并逐日向李家坊、上莒溪游击，其侦探队分驻竹子下、壁州等处，逐日向上莒溪、小鱼潭、峡下、大岭岭下一带活动。

5．各部队游击及侦探地境：

第八旅
补充团 } 大磜——原溪——马埔头——平沙亨——中田之线，

线上以北地区属第八旅。

特务队
第九旅 } 大磜——朋口——上莒溪——之线，线上以南地区

属第九旅。

6．工兵营除派一部协助三六师担任朋口河东之碉堡守备外，其余部队应补修公路。

四、各部队于担任区域内，自行配留守备之，如遇匪袭时，总以能彼此迅速策应为要。

五、各守留部队，应时加强阵地工事及副防御，夜间应远派潜伏侦探，以防匪袭。

六、各部队应派出盘查哨，严密盘诘出入军民，以防匪探混入。

七、师直属部队（欠工兵营）在朋口集结训练。

师长李玉堂

温坊战役

一、战斗前匪我形势

1．匪情：

伪一、三、九军团等匪部、约两万余人，于八月二十四日，由苦竹、沙田芜退窜宁属曹坊一带，企图不明。温坊以西之猪棕岭、金华山、松毛岭一带高地，有匪坚固阵地，仍系伪廿四师踞守。

九月一日据探回报，伪一军团三千余人，于八月卅一日，经廖坊向中屋村窜去，曹坊之匪，似有南窜模样。

2．我军位置：

我第九、八三两师，于八月二十七日向连城、席湖营一带集中。第八旅担任洋城、寨竹隔间碉堡守备。

第九旅（欠第十八团）在南坑集结待命，其第十八团仍留连把间碉堡守备，补充团于张家营担任构筑朋口、杨屋尾间封锁碉堡与守备，特务队位置于杨屋尾，担任曹坊、中屋村、上莒溪方

向之警戒，师直属部队集结于朋口。

二、本师奉令后之部署

八月卅一日，奉指挥官李电话：着第三师派兵一旅进驻温坊构筑碉堡工事。奉令后，其部署如下：

1. 第八旅将防务交三十六师后，于明（一）日，进驻温坊，构筑碉堡，调查户口，组织民众，并派队向温坊西北西南游击。

2. 第九旅（欠第十八团）即转驻朋口，并于寨竹隔、洋城各驻兵一营，担任警戒，其第十八团将防务交替后，即移驻寨竹隔集结待命。

三、师增援战斗之前后

第八旅于九月一日上午八时，向温坊推进，是日适总司令蒋来朋，师长遂未得亲往温坊视察该旅防务。午后四时，接得该旅许旅长电话称：十五团就温坊东北西北，十六团就温坊西南东南一带占领阵地，配留警戒，构筑野战工事，本日可完成，明日即开始构筑碉堡。并云当面之匪，仍系伪廿四师，并无其他匪情。师长当即告以本日所得匪情，伪一军团南窜中屋村，令其转饬所属严密戒备。午后六时许，接得特务队徐队长电话报称：温坊枪声时闻等语。当即电话询问第八旅情况，而电话已不通，未得真相。想系第八旅之游击部队与匪冲突，乃令特务队就近派兵修理电话线。至八时许，前方枪声逾趋激烈，电话亦仍不通，复令特务队派兵与第八旅连络以询真相。至十时许，据该队报称：派往与第八旅之连络兵回报：到达温坊东端时，被第八旅步哨拒止，不准进入等语。枪声仍未绝，而该旅亦无报告，乃复令补充团派兵一连，沿小河以南高地，特务队派兵一连沿小河以北高地，分途向温坊与第八旅连络。至十二时许，接得联络部队回报称，距温坊东端二里许，已有部队踞守，阻我前进。但不知是否我军等语。旋由温坊逃出之负伤官兵三人报称：温坊村内已有匪冲入，而我部队仍在山上，与匪抗战等语。此时，枪声追击炮声手榴弹声轰炸声仍相杂颇烈，迄未稍止。虽未得该旅之报告，但综合以上情况判断，第八旅确已被围，其部队定登山踞守阵地，与匪作殊死战矣。如夜深派队往援，匪情既不明瞭，且与第八旅易生误会，致生恐慌而动摇，殊为不利。且朋口附近亦无部队，而第八旅以两团之众，踞守温坊附近阵地，一夜定能支持，匪虽冲入村中，亦无大害。惟匪于终夜攻击不下，定能拂晓前以全力图我，师长乃决心于拂晓前率队往援，乘匪强弩之末，内外夹击，定获歼兹匪类。乃一面令第十七团将洋城寨竹隔之部队，限四时前到达朋口集中候命，补充团除留一部驻守张家营、杨屋尾碉堡外，余于三时前到达杨屋尾集结，并在杨屋尾以西占领阵地掩护援军进出；一面用电话向总司令蒋报告温坊情况与情况处置，并请派队于明日拂晓以至前进至朋口，以实后防。当即奉总司令蒋电话谕，该师拂晓增援时，如匪未退，定系大股来犯，切不可急进猛攻。旋奉指挥官李电话谕：第九师二六旅于明日拂晓前可到达朋口。至二时后，枪声乃忽断忽续，较为和缓。二日午前四时，师长率十七团由朋口出发向温坊前进，此时前方枪声又起。至张家营接第八旅由后方递送报告一件，略称：本日与我激战之匪，系伪一军团及三、九军团各部，数约二万余，昨（一）日午后五时许，即向我全线攻击，因工事未筑完成，虽经我官兵奋勇反复肉搏，卒以众寡悬殊，于二日午前二时左右，被匪冲破我阵地数次，刻已退出温坊，撤至马浦头收容中，十六团情况尚不明瞭等语。始知第八旅一部退至马浦头，而温坊已失矣。当以电话询问前方情况，据补充团赵团长报称：该团已于三时到达杨屋尾西端高地，已有匪千余人踞守，乃以迫击炮、重机枪火力掩护步兵突击，一举遂将匪阵地攻破，匪已向温坊退窜，已将该阵地确实占领。现匪有一部向上莒溪我左翼移动，似有进窥朋口之模样。但十六团之位置，仍未发现等语。此时第八旅既已退出温坊，无急进增援之必要，乃令补充团在杨屋尾西端占领阵地，监视匪军，并相机向温坊之匪军压迫，搜索十六团消息。又令第十七团在张家营附近集结，并派队增守张家营附近工事，并向上莒溪警戒，令工兵营在第九师部队以前，派一部增加朋口之守备。部署完毕，乃返朋口，将情况报告总司令蒋。回抵师部时，第八旅旅长许永相偕十五团团长杜德孚，已只身先在。午前八时许，接得赵团长电话报称：温坊之匪已被击退，现踞守温坊西端高地，职团已占领温坊东南高地，将十六团救出，而向左迂回之匪，亦被击退云。未几总司令蒋指挥官李到达朋口，并派二十六旅进驻杨屋尾，遂令各部队撤至张家营、坝下、朋口一带休养整理。

四、第八旅战斗经过

本旅奉令于九月一日推进温坊筑碉，于是日午前五时许到达，第十五团在温坊东北及西北，十六团在温坊西南及东南一带高地，占领阵地，构筑工事。午后五时许，突有匪数千人，乘我正构筑工事之际，分向我十五团右翼及十六团左翼攻击，旅长即令各部队在原阵地抗战，经我官兵沉着应战，将匪击退。时近黄昏，战斗渐由和缓状态而转入剧烈。遂令各团将预备队增加，以期一举歼灭，并报告师长，然终以电话不通，唯有派兵修理电线，旅长即登温坊东北旅预备队之位置，用电话指示各团机宜。其时我军士气异常旺盛，曾数次与匪肉搏，毙匪于阵地前者不知凡已。八时许，天色黑暗，大雨倾盆，旅团电话又不通，派往查修设旅电线及送呈师部报告之官长，亦被匪阻回。而此时匪复以大部兵力向我全线阵地猛烈攻击，并以照明弹向我阵地侦察，我官兵亦能奋勇还击，匪不得逞。激战十二时许，匪复增加部队，将我四面重叠包围，攻击更烈。旅长当令各部队固守阵地与匪作殊死战，终以众寡悬殊，匪势顽强，兼以我军伤亡过重，预备队使用净尽，兵力异常单薄，又以夜间黑暗，连络困难，掌握不易，于二日午前二时许，遂被匪突破我阵地数处，深入温坊。而第十六团东南阵地，亦相继被匪突破，此时战局陷入混乱状态矣。

五、战斗结果

是役与第八旅对战之匪，据俘匪供称：系伪一军团及三、九军团各一部，伪廿四师全部，匪首朱德亲临指挥。此役毙匪甚夥，我伤亡及损失如附表。〔表略〕

六、此役所得教训

1．各级官长轻敌之心太甚，阵地不能慎密布置，工事不能迅速完成，以致猝遇匪袭，噬脐莫及。

2．阵地选择过大，预备队控制太少（或竟无之），兵力分散，处处单薄，以致战斗激烈时，顾此失彼，无法策应，坐令各个击破。

3．不知利用现成地形，以发扬火力，掩护身体，每感离开堡垒，更无应战之法。

4．各级指挥官，事前多不能侦察，妥密布置，以致战斗入夜，则失却掌握。

5．连络不确实，报告亦不设法送出，以致上级指挥官情况不明，无从处置。

会昌之役

一、战斗前匪我形势

1．匪情

赣闽之匪，经各路击溃后，集结残余，悉数西窜，而遗留闽西赣南掩护其主力西窜之残匪与地方农匪，经大军进展后，皆向会昌附近窜集。

2．我军位置

第九、十、三十六等师，次第克复长汀、瑞金。

本师驻防河田、南山坝一带，赶筑封锁碉堡及公路。

二、本师奉令后之行动

十一月七日，奉总司令蒋筱未龙参电令节开：第三师李师长辰密奉委座电令，速即收复会昌等因。兹规定第三师担任收复，其河田防务交八十五师延伸，限巧日拂晓前交接完毕。预定巧日抵长汀，皓日抵瑞金，马养两日收复会昌。同时第十师派兵一部，相机跟进策应。筑成附近工事后，即与第十师对筑会、瑞间碉堡。除分电李默庵、谢彬两师外，希即遵照，迅速具报。同日奉总司令蒋筱戌龙参电令开：本日电贵师速取会昌计达。现交接防务关系，可于明（巧）日准备完毕，皓日前进。本师遵于十九日由河田出发，经长汀、瑞金向会昌前进。十一月二十日到达瑞金后，得到第十师通报告如下：据土民报告，石水湾、武阳围间，有伪游击队约五百余人，枪二百余支，石水湾对河处，亦有伪游击队二百余人，枪百余支、机枪两挺等语。师据以上匪情，决定行进路线及部署，下达命令要旨如下：

1．据报：会昌情况不明，推石水湾、武阳围间沿河两岸，有伪游击队百余人，枪二百余支，机枪两挺，在该地一带流窜。

2．本师于明（廿一）日推进至武阳围宿营，其行军序列按第九旅、师部及直属部队、补充团、第八旅之顺序行进。

3．本师明（廿一）日行进路线，决定由河西岸小道前进（因大河桥梁被匪破坏），但河东岸须由前卫部队派兵一营（附特务队）与西岸部队齐头并进，切进连络，并备船只数艘，以便两岸策应。

4．工兵营派兵一连，附前卫部队，以便修理沿途桥梁及道路。

5．兹规定各部队明（廿一）日出发时间如下：第九旅上午九时卅分，师部及直属部队上午十时卅分，补充团上午十一时，第八旅上午十一时卅分。

师长李玉堂

十一月二十一日上午十一时，前卫行抵石水湾，遇匪百余人，当被击溃，是日到达武阳围宿营。十一月二十二日命令各部队，仍遵照二十一日行抵部署，向会昌搜索前进。

三、湾塘岗战役之前后

十一月二十二日，师部行抵谢坊约二里许，忽闻前面枪声甚紧，师长即率师部直属部队增加速度，向第九旅靠拢，同时令补充团及第八旅缩短距离，紧随师部连跟进。师部行抵湾塘岗约四里许，此刻枪声手榴弹轰炸声，更行激烈。当时因不明前方情况，后方部队尚未赶到，师长乃令直属部队向第九旅靠拢，令特务连、侦察队占领第九旅后方附近高地，并派参谋向前探询，及待第九旅报告。又令师主力集结，以便策应。移时第九旅陈旅长派参谋朱鹤鸣报称：第十八团（欠第一营充左侧前卫）行抵湾塘岗西南二里许，遭遇四五千之匪突击，全部被围，第十八团与第十七团之间，亦被截断，匪势汹涌等语。师长据报后，为巩固阵地起见，即令补充团占领西方一带高地，掩护第八旅主力开进，并令第九旅固守阵地，相机出击。下午三时三十分，师长率领第八旅赶到湾塘岗时，当面之匪已被第九旅击溃，退踞湾塘岗西北大山，与第九旅对峙。本日因天将黄昏，未便穷追，全师均于湾塘岗宿营，连夜赶筑野战工事，并令补充团第二营占领匪方左侧高山，监视其行动，当晚第九旅所派左侧卫第一营及特务队，已攻占会昌城。二十二日拂晓，令补充团向匪窜之高山攻击，第九旅沿会昌大道威胁匪正面及右侧背，匪势不支，纷向西江逃窜，于上午七时四十分，将匪阵地全部占领。除以一部担任清剿附近散匪外，师主力即进驻会昌城。

第九旅战斗经过概要

本旅于十一月二十二日午前五时三十分，由武阳围出发，按第十八团、旅部、第十七团次序，向会昌前进。于午后一时二十分，旅部行抵湾塘岗西南端，忽闻前兵枪声颇烈，当即向右侧高地视察，见数千之匪，分向我前兵前卫及本队间猛冲，一部向我本队右侧卫袭击，势甚凶猛，迅速异常，分三路来袭，竟将前卫与本队冲断，转向本队左翼包围攻击，势甚危急。此时即令第十七团第二营向右前方高山之匪猛攻，与第十八团靠拢，同时令第十七团第一营迎击包围我左翼之匪，一面将情况报告师长。斯时匪我互相攻击，激烈异常，杀声轰击声，震撼山岳，而我第十七团一二两营与匪肉搏数次，前仆后继，夺占右前方高山包围我左翼之匪，亦被击退，得与我第十八团连接，当面之匪渐形动摇。即令各团乘机出击，同时我河东岸左侧卫亦渡河抄击匪右侧背，匪势不支，纷向西北一带大山溃窜，当令各团派队分途追击，我左侧卫即向会昌跟踪追击，于当日午后六时，占领会昌城。主力随师部在湾塘岗附近宿营。

五、战斗结束

是役与我第九旅对战之匪，系伪廿四师全部（共三团）及独立十六团，游击队三队，共五千余人，该匪于廿二日窜集湾塘岗一带潜伏，候第九旅行抵该处，突行出击，该旅仓猝应战，加之众寡悬殊，势甚危急。幸赖我官兵用命，死战苦斗，经数次肉搏，战历数小时，卒将匪击溃。此役匪伤亡枕藉，我方伤亡及损失俘获如附表。〔表略〕

六、此役所得教训

1．各部行进时，当时情况，欠缺连系，以致距离过大，前卫遇匪，不能即时增援，致被截为数段。

2．前卫与侧卫，不能切取连络，齐头并进，以致前卫遇匪，即遭匪侧击，而仓猝应战，顾此失彼，掌握不易，指挥困难。

〔国民党政府军事机关档案〕

三、西路

1．国民党军第十五师王东原部与红军萧克部在江西宁冈下水湾战斗详报

（1933年9月1—2日）

甲、战斗前匪我状态

一、匪首蔡会文、肖克率领伪十七师全部，自八月十八日进犯我十六师雪花坳阵地不遂，后旋复回窜高坑、沙市、石头车、古塘、梅花山一带，纠合新由湘鄂赣边区窜来伪十八师之五二团，

共计人约四千余，枪约三千余，并有少数重机关枪、迫击炮及无线电队等，于八月二十六日午刻分由西坑、蔡家田窜至下水湾、七团庙一带。同时另一小部在砻古间之新沃亭附近，毁断电线杆，旋经我驻古城之四十四旅派兵驱逐，复窜回下水湾，申刻其大部到达桥头、大夫坪、坳背一带宿营。

二十七日，该匪主力在坳背、大夫坪、虎爪坪附近构筑工事，以一部在下水湾对古砻方向任警戒。又一部在河桥附近阻绝鄠砻间交通，对沔渡方向任警戒。

二十八日早在大夫坪之匪，派一股经睦村向沔渡抢夺食盐，同时烧毁沔渡浮桥，并破坏电线杆数里，翌日申刻该匪仍折回睦村。

二十九日早新城发现枪匪三四百，犯我曲石阵地，旋经我守备部队击退。新城东南之半岑，亦到有枪匪约六七百名。大夫坪、坳背之匪，仍在构筑工事，并搜索附近之粮食及耕牛，向下水湾方向输送。三十、三十一两日其位置无甚更动。

迭据报告判断匪之企图如下：

（1）不进犯国军阵地，集结其主力于坳背、大夫坪、虎爪坪一带，一面构筑工事；一面诱我出击，然后以优势匪众制压。

（2）以一部位置于睦村附近，阻断鄠宁交通，劫夺食盐、谷米、耕牛，并牵制沔渡方向国军后续部队之来到。

二、 当时本师在宁冈部队有师部一、四四、四五两旅部、八七、八八、九三步兵团及师直属连队，分驻新城、古城、砻市各据点，至四十三旅八五、八六两团驻茶陵东境石垅，四十五旅之第八十九团分驻鄠县东南境，非有四日行程不能全部集中。先是师长因参加八五公祭赴长沙，职务暂由四十五旅旅长汪子斌代理。汪旅长自探知上项匪情后，认为在宁兵力单薄，谬然出击，难操胜算，一面将兵力集结于砻市、古城两点；一面电请增调部队来宁协剿。是时师长经已来到石垅，巡视四十三旅防地，闻报即率该旅全部及驻鄠之八十九团（缺一营留鄠）兼程开拔，于三十一日申刻到达沔渡附近，得知睦村有匪遮断，当夜取迂道向砦市前进，于次日未刻到达。于是四十三、四十五两旅集中完毕，四十四旅亦于是日放弃新城集中古城。各旅准备休息一日，即向大夫坪、坳背之匪进剿。盖四十三旅及八十九团已行军两昼夜，官兵均感疲顿矣。

三、九月一日以前，匪我一般之态势如要图第一〔图略〕

乙、战斗经过

一、九月一日午后一时，师长为征集进剿方案计，遂召集在砦市营长以上将校会议，乃决定如下之方针：仅留必要兵力守备砦市、古城，以主力经桥头洲、浆口、浆山、桥头北端向大夫坪、坳背匪主力阵地包围，截断匪之退路，以一部向大夫坪、治坪之线牵制匪之正面。依据上述方针，师遂于申刻下达如下之命令：

九月一日十七时命令于砦市师司令部。

(一)伪十七师及伪十八师之五二团，其主力刻在大夫坪、坳背、虎爪坪一带，坳背附近似有匪之简单工事，其一部在睦村附近。

(二)师拟以一部位置于大夫坪、合坪之线，牵制匪之正面，以主力经浆口、浆山向大夫坪、坳背西北方包围匪之侧背。

(三)第四十五旅汪旅长之斌，率所部（欠八十九团之一营留守鄫县）附卫生队一部为前卫，于明(二)日六时由现驻地出发，经浆口、浆山、桥头北端向坳背、大夫坪匪主阵地侧背攻击前进。

(四)第四十四旅张旅长彀中，率所部（缺一营留守古城）于明(二)日六时由驻地出发，经桥头洲、浆口在四十五旅后续进。

(五)第四十三旅侯旅长鹏飞派兵一团，向大夫坪、治坪之线攻击前进，务须牵制多数匪众于治坪附近。又一团由该旅长率领，位置于浆口南端待命。

(六)迫击炮队陈大队长奇乳指挥师直属连队，固守砦市阵地。

师长王东原

下达法，笔记送达。

二、九月二日六时左右，我砻市古城部队正在集合准备出发间，得义勇队及携械投诚匪兵先后报告，盘踞大夫坪、坳背之匪，昨晚侦知砻市到有强大部队，即于戌刻开始向下水湾、西坑方向逃窜，现已退尽。同时忽接古城张旅长电告，古城北岸已发现匪约千余人。当即决定全部出动，分两纵队向匪追剿。下命令如下：

命　令　九月二日六时四十分

于砻市师司令部

（一）盘踞大夫坪一带之匪已向下水湾、西坑方向退窜。

（二）第四十四旅张旅长毂中，除留兵一营守备古城外，余由该旅长率领为右追击队，即向下水湾、七团庙追剿，同时须与左追击队切取连络。

（三）第四十五旅汪旅长之斌率所部（欠八十九团之一营）附追击炮二门为前卫，经桥头洲即向下水湾追击前进。

（四）第四十三旅侯旅长鹏飞率所部为左追击队，准前卫行进路续进。

（五）砻市守备仍照前令。

（六）余现在砻市，尔后向下水湾前进。

师长王东原

下达法，张旅长先电达命令要旨，后补发笔记命令，余概抄送。

三、午前十时，我左追击队前卫李团到达桥头洲附近，将匪后卫击溃后，得知匪之大部已通过下水湾，其一部约千余人，占领下水湾西端鸡溪岭一带高地。当即展开向匪攻击，激战约二小时，匪因死伤颇多，退至下水湾北端最高山地，其主力仍潜在北岸高地森林之内，凭险顽抗，相持约三小时。是时我右追击队张旅亦因驱逐古城北岸森林及田头铺、村背绵亘高地之匪，战局进展迟滞，尚未取得连系。午后四时三十分，我李团以大部用火力掩护，以一部向匪冲击，午后五时，始夺得下水湾北端最高据点，匪势不支，即向田心方向逃窜。

四、我四十四旅王团，于午前十一时占领田头铺后，即沿村背绵亘高地继续攻击，夺得匪之第一线高地后，复以一部佯攻匪之右翼，以主力向匪左翼阵地冲击，并与江旅取得连络。午后四时，始占领匪之第二线高地。此时，匪凭最高据点，以重机关枪手榴弹炽盛火力向我攻击部队猛烈射击，我官兵沉着应战，利用隐蔽死角，奋勇攀登，反复冲锋，卒将最高据点占领，匪遂披靡向小江（羊坑元树下田心等处均属小江）方向退窜。

五、午后五时三十分，张、汪两旅长报告，匪大部沿西坑方向一带复杂山地退走，预料将经田心窜回永新。是时天已薄暮，跟踪追剿，势有未能，乃决定汪、张、侯三部分别撤回砻市、古城阵地，另策尔后行动。讵该匪深夜乘虚窜入新城，因此复有大拢新城之役。

丙、匪我优劣之所见〔略〕

丁、匪我伤亡及夺获械弹概数〔略〕

〔国民党政府军事机关档案〕

2．国民党军第十五师王东原部与红军萧克部在江西大龙新城战斗详报①

（1933年9月11—13日）

甲、战斗前匪我状态

一、伪总指挥蔡会文及伪十七师师长萧克，率伪十七师所属之四九、五十、五十一等三团及伪十八师之五十二团，枪约三千余，并附有重机关枪迫击炮，企图窜踞宁冈，进扰酃茶边境。自九月二日在下水湾、七团庙之线被本师截击后，即星夜乘虚退窜新城附近及新老七溪岭一带高地，小股常出没大龙、葛田、茅坪等处，时与我驻大龙之龙震营及游击冲突。九月十日，扬言开赴里

①此件原标题为：《陆军第十五师大龙——新城之役战斗详报》。

田，实则将主力潜伏于大龙、葛田以东一带高地。

二、本师第四十四旅驻古城第四三、四五两旅（欠二营）驻砻市（第四十五旅第八十九团第二营驻守酃县，第四十三旅第八十六团第一营驻大龙为诱匪控置）。

乙、战斗经过

一、九月十一日午后二时，接驻大龙第八十六团之第一营营长龙震报告：该营刻已被匪包围，战斗甚烈，匪后方有强大部队控置等语。

二、据此判断，该匪似有一部围攻我龙营，以主力密置于后方，截击我增援部队之企图。因遂决心以四十三旅攻击大龙、葛田之匪，解龙营之围。以四十四旅直抄葛田东北匪之侧背，第九十团为预备队，居中策应，第八十九团（欠一营）守砻市阵地。同时下如下之命令：

命　令九月十一日午后二时

于砻市师司令部

一、伪十七师全部及伪十八师之五十二团，于本日以一部围攻我驻大龙之龙营，其大部控置于大龙、葛田东北一带高地，似有截击我增援部队之企图。

二、本师拟进击该匪。

三、第四十三旅旅长侯鹏飞率所部（欠一营）即刻由现驻地出发，经树背由大龙、葛田之匪攻击前进。

四、第四十四旅旅长张毂中率所部（欠一营）即刻由古城经东源抄截葛田东北端匪之侧背。

五、第四十五旅旅长汪之斌率所部（缺第八十九团）准四十三旅行进路跟进。

六、第八十九团（缺一营）留守砻市阵地。

七、第四十四旅派兵一营留守古城。

八、行进时，予在四十五旅先头。

注意官兵一律轻装。

师长王东原

传达法，张旅长电转录，均先用电话告知命令要旨，再行抄送。

一、第四十三旅于九月十一日午后二时三十分，由砻市出发，到达树背东端分兵二路，第八十六团在右，辗转冲锋，夺得大龙西南端高山，与我龙震营取得连络。第八十五团在左，占领葛田西端山地，暂取待机态势。旋匪以伪四十九团牵制我右翼八十六团，以伪五一、五二两团主力，向我八五团猛冲，我官兵沉着应战，不为所动。此时侯旅长率领预备队适时加入阵地，以炽盛火力予匪以重大打击，第八十六团又由右翼高山侧击。是时匪死伤枕藉，前仆后继，最后一大部冲至我八五团阵地线前，当彼气喘力竭之际，我即以全力施行逆袭，匪于斜面上无法抗战，向后崩溃，乘势猛击，匪遂全线瓦解。是时我预备队（九十团）适亦赶到，加入追击，匪以五十二团一部占据茅坪西端高地掩护退却，时已黄昏，乃停止前进。张旅因取迂回行动，于午后六时三十分始则到来，匪已溃退，故未能将全力使用。

二、午后七时，师长进至葛田北端，据携械投诚人供称：得知当面之匪全部确已向新城退窜。其时大雨如注，遂决心当夜以原姿态宿营，拟于明（十二日）早继续向新城追剿。午后九时下达命令如下：

命　令九月十一日午后九时
于葛田师部行营

一、为我击溃之匪全部已经茅坪、金源向新城溃窜。

二、师拟明（十二）日亘续向新城追剿。

三、第四十四旅旅长张毅中率所部（缺一营），于明（十二日）午前五时，由现驻地出发，经东源、杨源、枫梓向新城曲石搜索前进，对于行进路之右侧须特别注意。

四、第四十三旅旅长侯鹏飞率所部于明（十二日）午前六时由现驻地出发，准张旅行进路前进，到达枫梓后，即取道张旅右侧，经瓦岗向新城之匪取包围态势。

五、第四十五旅旅长汪之斌率所部(缺八十九团)，准张旅行进路行进，到达枫梓后，在张旅后尾跟进。

六、行进时，余在四十三旅先头，到枫梓后，在四十五旅先头。

七、给养各自携带。

师长王东原

下达法，集合各旅长口授，并使之笔记。

三、正午十二时行抵枫梓，接张旅长报告：匪扼守其山、梅杨山及新城、曲石一带碉堡阵地，准备与我抗战等语。当即登枫梓北端高地侦察，判断匪右翼必凭藉曲石河南碉堡工事，左翼以其山为支撑点。遂决心先取其山，奏功后，以一部包围曲石碉堡内之匪，更以大部渡河向茶亭追剿，即调追击炮四门向其山及曲石碉堡分别轰击，以张旅陈团佯攻碉堡，以王团向其山突击，猛冲数次，夺下其山，匪受瞰制，全线摇动。除一部扼守碉堡外，其主力则退踞新城及上下茶亭一带山地，阻我前进。此时侯旅由右翼迂回亦到其山右侧高地之线。因与茶亭间横有纵长田垅，不易迫近，且天色已晚，不得不转为宿营部署。

四、晚九时集合各旅长讨论翌日拂晓攻击方案，结果仍以张旅长任正面，以侯旅从右翼包围，于晚(十三日)午前四时渡河袭取新城。午夜十二时，据侦探报告，匪有退却模样。旋派小部威力侦察，匪扰扼要抵抗，占领碉堡工事，匪众仍不时向我射击。黎明我第八十八团直攻新城，始知匪主力确于午前二时仓皇越七溪岭向永新方向逃去，零星散匪亦窜匿深山，战事于是告终。

丙、关于匪方之所见〔略〕

丁、个人及部队特殊勋劳之记载。〔略〕

戊、匪我伤亡及损获械弹概数。

一、大龙之役，匪死伤确有七八百名，战后清扫战场，共埋踵尸二百余具，其他沿途抛弃者甚多。据投诚人与土民称，匪退至新城一大祠堂内，伤兵有四百余，伪五十一团尽抬伤兵云云。新城附近亦伤亡数十名。

二、大龙之役，我军阵亡营长一员，连排长三员，士兵五十五名，阵伤官长七员，士兵六十五名，夺获步枪九十四支，机枪两挺，伪五十团团旗及特务队旗各一面。计消耗七九步弹八万一千七百三十四发，机枪弹三万五千六百十二发，手榴弹九百五十一枚，驳壳枪弹二千二百零八发，追击炮弹八枚。

三、新城附近我军阵伤中校团附一员，士兵六名，阵亡士兵四名。计消耗七九步弹三万五千三百七十发，机枪弹一万一千一百七十一发，手榴弹二百四十三发，追击炮弹五十四发。

〔国民党政府军事机关档案〕

3. 国民党军第十五师王东原部与红军萧克部在江西永新毛坪白石战斗详报①

（1933年9月16—28日）

甲、战斗前匪我之状态

匪首蔡会文、萧克率伪十七师全部及十八师之五十二团，自九月中旬在大龙、葛田、新城等处，迭遭挫败后，即退窜永新老巢，积极整理，以不甘屈辱。且见我茶东莲花部队多取守势，为欲保全其唯一中心区域，并谋阻碍我进取永新，故不惜孤注一掷，冀图再逞。乃复麇集伪独立团营及各地农匪，人共近万，枪约四千，于九月二十一日，窜踞新城东南焦陂白石上坊一带，构筑工事，不时派队向毛坪、大垅一带进扰，妨碍秋收。本师为诱匪深入，聚而围剿计，决先将主力集中古城，于砻市、新城两处，控置相当守备部队，并以一部进驻大垅附近，俟匪进犯毛坪、大垅

①此件原标题为《陆军第十五师毛坪——白石之役战斗详报》。

时，我主力即出新城，由东南抄袭其后，使匪进退失据，聚而歼灭之。讵我主力尚未集中古城，该匪已于二十四日午后，以伪独立团营及农匪固守白石塘南阵地，其余均窜集于毛坪、葛田附近，利用该处天然险峻地形，以遂其所谓野战之特技，与我师作一殊死战。职见匪已深入，乃根据原定围歼计划，于二十五日午后，下达如下命令：

命　令九月二十五日十八时

于砻市司令部

一、萧匪主力似在葛田、大垅、毛坪一带，白石塘南附近，有小股匪众守驻。

二、师以各个击破该匪之目的，拟先向毛坪、大垅进剿。

三、四十三旅侯旅长鹏飞，率所部（以一营留守新城）为前卫，于明（二十六日）七时三十分，由古城出发，经西源、山田、分水坳向毛坪搜索前进。

四、其余为本队，按辎重连、师部及无线电队、骑兵连、迫炮大队、四十四旅（以步兵一连及机枪一排留守古城）、四十五旅（以一营留守砻市另派一营由砻市经葛田牵制该匪）之顺序，于二十六日六时三十分，由砻市出发，经古城准侯旅行进路跟进。

五、余在师部先头行进。

注意：各出发官兵，须一律轻装，并携带一二天粮秣。

中将师长王东原

下达法，侯旅电达命令意旨后，补笔记命令，余均用笔记传达。

乙、战斗经过

二十六日十一时到达山田附近，据当地土民报告：该匪主力在毛坪附近一带高山，其一部在白湾、赤坑之间，对通古城、新城方向警戒等语。依此判断，与匪当在毛坪一带遭遇，因之下达攻击前进命令，其要旨如下：

一、据报匪主力，似在毛坪附近，其一部在白湾、赤坑之间。

二、师拟以主力向匪右翼包围。

三、侯旅长鹏飞率所部向毛坪当面之匪攻击前进。

四、张旅长毂中即率所部由山田前进，将赤坑之匪驱逐后，转向毛坪之匪右翼包围攻击。

五、余率汪旅，在张旅后跟进。

十二时三十分，张旅到达赤坑，匪已闻风窜依毛坪大股，该旅乃由右转直进，向毛坪之匪进攻，十三时抵分水坳，见股匪依据毛坪北端及西端高地，似有顽强抵抗与我决战之企图。同时接到侯旅长报告如下：

一、股匪在上虎岭对面约三里之一线高山，占领阵地。

二、本旅已在上虎岭集结，并派兵一部，向前威力搜索。

三、匪之正面阵地，山势太高，仰攻不易奏功，我主力由左翼迅速向匪压迫，似为有利。遂令侯旅猛攻匪之正面，张旅由左迂回，向匪右翼侧击，汪旅控置于毛坪北端高山山麓，为预备队。匪见张旅向彼包围，亦以枪匪千余，由其阵地右翼，跑步向我左侧迂回。十五时许，该匪即与我张旅八十七团第一营接触，彼此反复冲锋，战斗非常激烈，因众寡悬殊，该营于顷刻间，即陷于匪之包围状态。而该团第二、三营复以受优势之匪牵制，难期策应，张旅长乃飞令第八十八团跑步前进，该团第一营首先到达，即奋勇参加肉搏，双方死伤枕藉。正苦战间，我八十七团第三营，已将牵制之匪击退，由右侧山腹冲到，予匪侧击。同时该团第二九两连官兵竟能不顾一切，于最猛烈敌火之中，向匪猛扑肉搏格斗，凡十余次，干部伤亡殆尽。但匪仍顽抗，不断向我左后围攻，经我八十八团大部赶至，击溃左翼之匪，并强迫占领匪右翼高山，匪气殆馁。嗣经再度猛攻，匪始全线崩溃，纷向牛亚陂逃窜。毛坪正面之匪，因据有险峻地势，虽经我侯旅奋勇攻击，奈冲至距匪百米达时，倾斜过峻，难以攀登，不得不变更攻击方法。斯时侯旅长一面令八五及八六两团，继续施行佯攻，一面令各挑选夜袭队两连，于午后十时开始潜向匪阵地袭击，出匪不意，匪仓皇失措，纷向阴阳山溃窜。我夜袭队，遂于十一时完全占领匪阵地及毛坪街市。二十七日一时许，侦知匪全部，已经阴阳山有向柏路白石半岭一带退窜之模样。乃决以主力于拂晓攻捷径，向白石截击，并下达如下之命令：

命　令九月二十七日一时

于毛坪北端高山

一、我侯旅已占领毛坪街市及其附近西北一带高地之匪阵地，匪似已向阴阳山经柏路向白石、永新逃窜。

二、师拟主力取捷径，向白石前进，截断匪之归路。

三、汪旅长之斌率所部(缺两营)为前卫，于本日拂晓，由赤坑经桥上向白石前进，到达白石后，侦匪截击。

四、其余为本队，按骑兵连、师部、无线电队、轻重连、迫炮大队、四十四旅(缺一营)、四十三旅(缺一营)之顺序，随前卫行进路跟进。

五、第四十四旅留八十七团第三营，清扫战场，并护送伤员兵归砻市。

六、行进时，余在本队先头。

师长王东原

下达法，笔记命令送达。

十二时到达焦陂附近，探悉匪因不及退窜，复占据白石，自七溪岭亘早禾田背山左至平峰寨左后高山一带，固有阵地，企图与我顽抗，其一部窜扰新城，牵制我守备部队。同时接到前卫司令官汪之斌报告：谓白石股匪，向我射击，刻我第八十九团团长李选青已率二三两营，向白石攻击前进。该团第一营及九十团梁营，业已占领右前方两高地，白石东北方一带高地，似亦有匪占领等语。因令张旅长彀中即刻率部由焦陂东北高地，向白石匪之右翼绕攻，并与我八十九团取连络，以收协剿之效。并令侯旅长鹏飞率部，强迫占领平峰寨左后方高山，向平峰寨左后方高地之匪压迫。是时我八十九团，以最敏捷动作，已将平峰寨之匪击溃，并占领其阵地，遂成中央突破形势。旋匪复增加劲股，猛力反攻，经该团官兵奋勇冲击，再接再励，匪即不支，纷向早禾田背山退窜。午后二时许，我侯张两旅先后将平峰寨左前方及右后一带高山之匪击溃，并与我四十五旅取得连络。适因天雾，展望不清，而该匪复凭恃七溪岭山麓之线沿早禾田背山以南一带强固工事，顽强抵抗，且中隔宽纵田垅，遂成双方对峙状态。二十八日上午，匪我仍在激战中，但战况无大扩展。至午后三时，匪忽以一团兵力向我左翼八十八团阵地猛冲，经该团迎头痛击，并各营机枪集中火力之压制，匪受重创，溃走。职见匪有所凭依，日攻难以奏效，遂令八十七、八十八、八十九各团，各挑选敢死队三队，于二十一时分三路向当面之匪，施行猛烈袭击。匪畏我截断归路，遂全部溃散，纷经绥源向永新老巢退窜。以天候昏黑，未便穷追，战局遂告终结。

丙、匪我优劣之所见

匪政治人员，能为党牺牲，不避艰险，躬亲督战，领导冲锋，且部队运动及爬山，均敏捷灵活，此为土匪之特点。但匪兵究系乌合，人心涣散，其冲击之猛，不过逼于督战者严，一但脱离指挥官掌握，一摧即溃。

我军官兵能坚苦耐战，增援部队，能适应机宜，施行逆袭。作战部队，能纵横连络，互相策应。惟爬山技能，尚不能逮匪之迅敏耳。

丁、我军个人及部队特别勋劳之纪载。〔略〕

戊、匪我伤亡及夺获械弹概数。〔略〕

〔国民党政府军事机关档案〕

4. 国民党军第七十七师罗霖部与红军萧克部在江西遂川潞田战斗详报

(1933年12月15—16日)

一、战前之匪情及军队部署

本师自峡江、安福移防遂川后，其主要任务在担任沿嵩阳迄站前一带江防，并清剿遂川等地股匪，以阻截土匪渡江之目的。对军队部署，侧重江防，除于沿江戍守外，更于马家洲、高陂、雩田圩等地控置相当部队，作纵深配备，冀于赤匪东窜或西渡时，得能适当应付，并维护泰和、遂川间之交通，此战前部署情形也。

十二日午后七时，据报："伪万泰独立团及伪五斗江游击队、少年先锋队等，人千余，枪七八百支，由车坳窜抵五斗江正与团队相持，正危急中！"等语。当派驻遂川之四六二团柳玉琪营于十三日午前四时出发，向五斗江驰援。

十四日午前十时，据高陂二百卅旅旅长胡良玉电称："萧匪近派代表赴东岸，寒子有匪二千余人，枪千余支，窜抵桥头东垓一带。同时，东岸上白嘉坪一带，亦有枪匪数百向我射击。寒辰桥头东垓之匪来犯高陂，比经痛击，乃向潞田窜逃"等语。

十四日午后七时，据遂川县长苏庄转第五区长报告："伪十七师除窜抵潞田者外，尚有一部留踞桥头。又犯五斗江之伪万泰独立团，因柳营驰剿，亦窜桥头会合，共计枪约千支，有进犯衙前逆图"等语。

综合以上情报，判断萧匪东犯，其为护送伪代表团过江开会，要无疑义。揣其企图，无非欲四出声扰，以牵制我兵力，然后集中主力向我防线空隙间以强袭，冀达成其渡江目的。初不料系萧匪亲率伪十七、十八两师全部及伪万泰独立团、伪独立第四团、伪游击队、先锋队等，总计步枪五千余支，匪众七八千，机枪迫炮齐全，并携带无线电队之大股，倾巢侵犯。因决心会剿，给予各部队命令之要旨如下：

一、本日犯高陂之匪今晚窜踞潞田，又一部窜抵留口西南约十五里处，有乘夜护送伪代表东渡企图。

二、着四五九团以大部寅夜在河干梭巡截击，着四六〇团及四六一团于明晨三时早餐四时各以两营向潞田对进夹剿。

三、着二百卅一旅旅长席秉钧率兵一营于明(十五)日轻装由遂川出发向衙前前进，史团柳营着于明日午前八时由五斗江向衙前会合后，即由该旅长率领以潞田为目标夹击或尾追，务求歼灭。同时，电话万安王师长派兵一团，接防罗塘湾画山一带江防，将原驻罗塘湾画山两地之部队，调赴留口，以厚兵力，后王师长一团，于十五日午后到达罗塘湾。

二、战役经过

十五日，第四六〇团团长陈有朋，率步兵五连、机枪一连，由高陂出发，行抵太平西端，即遇优势之匪，抗战竟日，皆凭据工作，踞高临下，仰击竟不得手。午后一时，高陂方面，亦到枪匪数百来攻。同时留口画山等地，枪声隆隆，东岸之匪，亦遥相射击，并屡以木筏撑至中流，企图迎接伪代表，渡登彼岸。此时江防吃紧，匪虽屡图强渡，均被击退。午后五时许，匪见逆图不逞，我四六一团又蹑其背，乃以一部牵制我画山、留口之兵，其一部则回窜潞田。我李团正与匪相持中，突遇大部赤匪回窜，右翼顿成包围之势，而壮烈牺牲之潞田战役，即肇端于此矣。

十五日，四六一团团长李春光，率兵两营，于午前四时由雩田圩出发，经珊田向潞田搜索前进。其前卫行抵黄陂西南端，捕获匪探一名，据供："枪匪约五六百人，现在潞田停止。"该团长得报，判断其为护送代表东渡，故以一部踞潞田，以阻我进剿之路。以为区区小匪不难一鼓歼擒，必能达到与四六零团实行会剿目的，因命第一营营长李耀章攻击前进，命第二营长张鲲率领所部，由左翼策应。李营展开后，即施攻击，时匪在潞田西北，占据高地，李营仰攻，已遭困难。该团长以匪右翼工事坚固，骤难得手，乃令张营由左侧突击，欲出匪之侧背，适遇匪之大部来援，顽强抗战，匪迭次反攻均被我以猛烈火力压制，伤亡数百，然后方时有增加，自辰至酉，陷于对峙之势。

十五日午后九时，由韶口方面窜来之匪，达到潞田，即向李团之右翼包围，右翼营之损伤甚重，该营长李耀璋以匪势凶猛，欲施行反攻，以挽回战局，正在挥兵前进之际，适中弹毙命。该团长见匪势即凶，战局变化。此时欲将当面之匪，一鼓摧破，已属不能，欲脱其羁绊，势又不可。因即缩短战线，死力抗战，以待友军增援。是晚匪冲击十余次，均被击退。

十六日午前五时，原踞桥头之匪，忽蜂拥至潞田，将李团重层包围，自辰至申，官兵伤亡枕藉，弹层援绝。该团长以形势险恶，方令所部，拼命突围，乃身被数弹，重伤在地，部队已失指挥。该团第二营营长张鲲，乃集合残部，拼命冲出，时死伤之多已过半数，该团长负伤后，被兵舁至山下，不幸舁送之兵，亦中弹覆命。此时节节收容，驰救不及，刻犹不明下落。该营长张鲲收集各部后，当夜撤回零田整理，而席旅长所率之两营十六日由衙前出发，以道路迢遥，沿途又遇小匪抗战，迨到潞田时，已入黄昏，四六〇团及四五九团之各一部，将当面之匪击溃后尾匪跟追，亦同时到达潞田。斯时适四六一团之战斗结局，因合力围剿，匪众于夜十时许，始向潞田西北窜。

综计是役，匪众数倍于我，扰高陂，阻潞田，侵扰韶口画山，处处牵制我之兵力，企图达成渡江之目的。而本师遵奉上令，不顾牺牲，计匪众伤亡近两千名，其遗弃阵地尸骸，约八百具，本师虽伤损不赀，然得达成阻截任务，斯亦幸矣。

三、战后调整　如附表〔略〕

四、战役中之缺点

1．四六一团初行展开时，所部两营使用于一线，并无预备队之控置，一遇正面扩张，敌情变化，既无使用之兵力，以致局部失利，全线动摇，陷入包围，牺牲极重，皆使用于一线之失也。

2．当四五九团在画山、韶口战斗时，匪部以渡江不遂，乃将主力回窜潞田。该团指挥官未能及时窥破好机，予以痛击，误认牵制之匪，仍有渡江之图，而发觉匪部回窜之时间已迟，致潞田作战之四六一团，蒙一重大之打击。

3．四六〇团行抵太平时，虽遇优势之匪未能努力突破，以完成潞田会剿之任务，亦属大错。

五、匪之优点

1．萧克自伪十七、八师全部，倾巢东犯，其枪枝在五千以上，且又处于自动地位。

2．匪之自动火器，如手机关、花机关、驳壳枪等甚多火力炽盛，致我之伤亡亦多。

3．匪之便衣侦探极多，通讯灵活，遇我部队行动，即能得知概数，预为计划之资料。

〔国民党政府军事机关档案〕

5．国民党西路军第一纵队刘建绪部与红军萧克等部在湘赣边区作战报告书①

（1934年1—7月）

（1）一月份军事报告书

本纵队剿匪工作军事：截至上年十二月份止，除第二十三李云杰、第二十八王懋德、第七十七罗霖三师，仍由赣江防守指挥官李云杰直接指挥，主堵匪军渡窜，及第六十二师之王育瑛旅驻防安福，亦由李指挥官就近指挥外，其第十五师王东原、第十六

①此件原标题为：《赣粤湘鄂剿匪军西路第一纵队剿匪工作报告书》。其中每月军事报告书小标题系编者整理时所加。

师彭位仁、第六十三师陈光中三师；自上年肃清湘边——攸、茶、酃、桂、汝——五县，并规复宁冈全境及莲花城区与西南乡后，本月份内，仍以伪湘赣省匪巢（永新）之伪十七、八师……等股为进剿对象。

本月份内，计：规复莲花东北各乡，与萍乡连成一片；攻占永西梅花山一带要隘，使匪巢失其屏障；同时构成右起大汾、黄坳，左沿宁冈东北梅花山、将军山、牛形岭、良芳、暖水、扁担坳以达高天岩一带封锁工事，并准备攻取永新。

匪自失去永新要害，其伪十七师萧匪克部，枪约二千，逐步窜经安福，北渡袁水、瑞河，成为流寇；我彭位仁师，亦逐步赶由安福、袁水、瑞河，跟踪追剿，目下仍在穷追猛剿中。其留在永新巢内各股，枪约三千，正饬王、陈两师，分途剿办。

兹将本月份重要工作军事，摘汇如下：

（一）作战命令

元月十一日电令。R·莲花彭师长、陈师长、汪旅长、砻市王师长：密。命令：一、据报：伪十七、八师，现在安南小江边架设浮桥，有回窜永新模样；梅花山有伪独立团驻守。二、为迎剿伪十七、八师并收复永新计：拟即向永新进剿。三、着彭师长位仁率领所部，于明文日午前，由现地（莲花）经田南路江沙市，向永新觅匪攻剿。注意：一、应向桥头架设电话。二、分兵肃清梅花山并筑田南碉堡。上命令三项，注意二项。兼司令刘〇〇。真申。参机。

元月十三日电令。M·莲花陈师长、汪旅长、李县长：密。命令：一、据报：瑶坊龙上尚有残匪一百八十余名。二、着驻神泉李团之一营，指挥神泉义勇队并联合南村驻军，即将该匪扑灭之。上二项。兼司令刘〇〇。元申。参机。

元月十七日电令。R·梅花彭师长、汪旅长、砻市王师长、莲花陈师长、王团长：密。命令：一、据报：萧匪主力，仍在安南小江边一带，其一部，窜扰楼背竹江津以西，尚无移走模样。二、着彭师长位仁交清防务于皓日率所部由现地(梅花)出发,自取捷径,前往安福夹剿肖匪，务期予以歼灭。三、着汪旅长之斌率李、韩两团，接收梅花田南一带防务，并固守年陂、桥头、九度冲、城隍界、石陇以迄小田一带碉堡。四、着王团长志刚担任龙山口、牛形岭、上下南湾一带防务。上四项。兼司令刘〇〇。筱午。参机。

元月十八日电令：R·梅花彭师长、汪旅长、莲花陈师长、砻市王师长：密。命令：一、据报:伪十八师现窜抵路江附近,伪十七师仍在小江边，有回窜永新模样。又龙上、蔡家坪，有匪一小部。二、决乘匪未全部集结以前，予以各个击破，乘势进占永新。三、着彭师长位仁即率所部、先将高坑、夏岭、路江之匪歼灭后，即行渡河，肃清木港、南木桥、龙上、赤面峰、黄石窠一带地区，再向沙市、澧田、永新进剿。四、着汪旅长之斌，酌派兵连络彭师长，肃清田南附近散匪。五、着王师长东原，相机派兵，向三湾寒江附近，与汪旅及彭师连络。六、着陈师长光中，俟彭师长占领龙上后，即派兵进占蔡家坪，堵匪北窜。上六项。兼司令刘〇〇。巧亥。参机。

元月二十日电令。R·路江彭师长：密。一、奉总座何巧戌皓未电节开：安福四周交通断绝、盐、米仅能坚持数日，希速令彭师取捷径驰往安福援剿等因。二、着该师长即率所部，自取捷径、兼程开赴安福援剿。上二项。兼司令刘〇〇。号戌。参机。

元月二十五日电令。R·吉安李指挥官、安福彭师长、王旅长：有酉参机电计达。密。一、据彭师长有巳、王旅长敬酉、有申各电，萧匪仍在清山、丁田、油田一带。查该匪徘徊于吉、峡之西，似系守待匪代表，欲于吉峡江间护其西渡。察其特为散布进犯分宜之说，益足证明。二、彭师长位仁应向该匪主力努力进剿，并希李指挥官速派有力部队,进出阜田西北,堵匪东窜。三、王旅长应火速协同固江部队、将安吉交通切实恢复，并设法多储盐米为要。上三项。兼司令刘〇〇。有戌。参机。

元月二十九日电令。R·砻市王师长、梅花汪旅长、莲花王团长：密。命令：一、自我彭师追剿萧匪远出袁水以北后，据报永新境内，枪匪不满二千，其新编之伪十八师，枪约千余，现窜赤面峰附近。伪湘赣省府，已由永城移至城东石灰桥。二、牛形岭、龙山口，有我陈师派兵驻守。三、着王师长东原即率侯、张两旅，除留兵镇剿宁冈外，首先进占七溪岭、龙原口、乘势袭取永新。四、着汪旅长之斌，除酌留部扼守梅花要点外，逐步向高坑、路江建碉复民，并堵匪西窜，掩护砻宁侧背。五、着王团长志刚，即取捷径开赴宁冈，归还建制，限江日到达。注意：一、逐段建碉，保护交通。二、储屯盐、米，以备缓急。三、已令段司令派兵接收十都圩防务。上命令五项。注意三项。兼司令刘〇〇。艳戌。参机。

(二)军队调遣

元月二日电话电令：着汪旅长之斌率王、李、韩三团，于本月三日开来莲花待命。

元月五日歌酉电令：一、着韩亮宇团开赴石陇，接收章亮基旅防务。二、着陈师长光中以该师一部，分任连城附近迄桐木坳、南村、田东、良芳防务，其余进至洋桥、西云山、泣马坳、愁猿岭、庙前之线，建碉复民，堵匪西窜。三、着彭师长位仁将莲东北防务交陈师后，集中全师在莲城待命。四、着汪旅长之斌率李、王两团，暂在大沙洲、莲城附近待命。

元月十一日真酉电令：着彭师长位仁率领所部，于文日午前，由莲花经田南、路江、沙市向永新觅匪攻剿。

元月十二日文辰电令。一、着八十八团驻上下南湾之一营，除留兵一连仍驻该地，并酌派兵力，分接永新保卫团及莲花江口义勇队防务外，其余开回莲城。二、着驻神泉八十九团之一营交防后，即开回莲城。

元月十五日删未电令：着汪之斌旅(欠李选青团蒋营)于铣晨

经桐木坳、九度冲、石陇，开赴梅花待命。

元月十六日铣晨电令。一、着李选青团之蒋营，由瑶坊开赴梅花归还建制。二、着王团长志刚派兵一连，开赴瑶坊，肃清散匪。

元月十七日筱午电令：一、着彭师长位仁于皓日率所部，自取捷径，前往安福夹剿萧匪。二、着汪旅长之斌率李、韩两团，接收彭师梅花田南一带防务，并固守年陂、桥头、九度冲、城隍界、石陇以迄小田一带碉堡。（彭师于元月二十四日全部到达安福城附近）

元月二十七日感戌遵转总司令感未电令：着彭师长位仁即率所部，兼程开赴袁水以北，追剿萧匪，暂归第二纵队刘司令指挥。

（三）本月匪情

一、吉、福、新、分方面：

伪十七师萧匪克部，枪约二千，自十二月下旬，护送匪代表东渡赣江后，即散布于泰、万属之站前圩、韶口、布江圩一带。本月一日，该匪转向吉安、三都圩移动。二日，渡泸水、经永阳镇、窜踞安福、寮塘桥、小江边、竹江津一带，围攻各该处碉堡，并在其附近各处抢劫烧杀。六日，匪之一部窜抵安南约里许高地，另一部在安东黄牛岭、太极阁、宝塔山一带，构筑工事，大股向蒙冈岭运动。八日，该匪复围攻枫田、花车、横大路、洲湖等处碉堡。九日，该匪以小部监视安城附近碉堡，主力徘徊于竹江津、拓湖、小江边、寮塘桥一带。二十一日，该匪因我彭师开安，一部由小江边南窜举州、官田，另一部窜永阳镇西之龙陂桥，并以伪独立第二师第三团扰犯阜田碉堡，同时声扬回窜永新。二十二日，匪之主力渐向安福东北移动。二十三日，全部窜集观音阁、东洲上一带，其伪游击队，仍活动于湛田塘东及蒙冈岭东南地区。二十四日，该匪窜吉北丁田、油田等处。二十六日，渡袁水，北窜分宜、新喻间之双林，企图与高匪联合。

二、莲、永方面：

1. 伪警卫师、茶陵团、游击队等，枪约八九百，本月上旬，不时分向墨庄、田东、东坑、小田一带扰乱。自我彭师本月十三日攻占毛竹坳、更鼓寨、五佛庵、梅花山、将军山各险隘后，该匪一部窜匿陇上、婆婆坳，大部窜入和山(永、安、莲交界之大山)。

2．伪十八师原有之五二团，枪约七八百，本月上旬，盘踞莲东良坊以东高地。十四日，回窜永西沙市一带。自伪十七师远窜袁水以北后，匪以伪独立团、茶陵团等，扩编为五三、五四两团，改委龙匪云为伪十八师长，共枪约二千，窜踞澧田、沙市一带。

3．伪莲花团及各伪区游击队等，共枪约四五百支，自我彭、陈两师于本月上旬收复良坊、乙田、泣马坳、洋桥、田东等处后，窜伏于高天岩以东观音形、石子陂、扁担坳一带。

三、遂、桂方面：

伪独立第四团李匪宗侯部，枪约三四百。本月五日，潜窜酃南江村、白源等处，经击溃后，散匿遂西上下元一带山中。

(四)剿匪战斗经过

元月五日王师长懋德支戌电：一、伪独立营，人三百余，枪半数，东日窜百嘉，经派董团于支日拂晓，驰往包围，接战二小时，将其击溃。二、是役毙匪百余，俘匪六十余，获枪五十一枝，董团阵亡士兵一名，伤三名。

元月六日彭师长位仁鱼酉电：一、伪警卫师、伪莲花团及伪游击队等，枪六百余，人倍之，窜集于暖水，并在西云山东北端之黄茅岭构筑工事。二、职于本日午前三时，亲率杜旅及刘旅胡团，由右翼江田后山进剿。我杜旅戴团，利用黑夜，攀登黄茅岭南端，当将匪警戒部队驱逐，即沿山北攻。该匪大部，踞北端各高峰顽抗，经我戴、唐两团奋勇猛攻，激战二小时，匪势不支，纷向愁猿岭方向窜去。现西云山全部及泣马坳各要点，均已占领，正择要构筑封锁工事中。三、是役，毙匪数十名。

元月十四日彭师长位仁元申电：职于文日进至桥头、朱岭坳后，探悉田南附近之将军山、梅花山一带，匪碉林立，踞有匪之伪模范师、警卫师、红军学校、茶陵团暨其它独立团等，共枪千余支，有阻我东进并侧击职师之企图。当于元寅乘雪雾浓密之际分途猛攻，激战半日，毙匪三百余，节节进占将军山、更鼓寨、五佛庵及梅花山脉，夺取匪碉二十余座。匪一部向永新方面溃窜，一部向东南深山纷逃。

元月二十二日彭师长位仁智酉电：伪十八师五二团，伪警卫师及伪游击队等残部，枪千余支，机枪十余挺，窜踞路江、夏岭、大崦、高坑一带。号晨遵向该匪攻剿，并令章旅绕出五马山，攻其侧背，激战三小时，匪向青山林、沙市、澧田方向溃窜，当追至路江以东之五公亭高地宿营。是役，毙匪二百余，获枪五十二支，伪游击队长谭光哉率全体枪兵投诚。

元月二十四日彭师长位仁梗酉电：职师梗晨由良坊出发，沿途均有小匪接触，到洋溪时，该处有伪河东警卫团，枪约二百余，人倍之，经先头杜旅击溃，毙匪数十，俘匪四名，夺获步枪十余支。

（2）二月份军事报告书

一、作战命令

二月一日电令。R·砻市王师长：密。萧匪已窜宜丰同安市，望速排除万难，乘时进占永新，勿延。兼司令刘建绪。东酉。参机。

二、军队调遣

二月十一日真酉电令：着李选青团协助黄、袁两团，构筑严密工事后，即控制于梅花附近。

二月十八日感戌电令：着文副旅长九德，派营长一员，率兵四连，于东日由茶开莲花，担任花塘防。

三、本月匪情

永宁方面：

一、伪十七师，已离巢北窜。

二、伪十八师龙云匪部，枪约一千五六百支，前在路江被我彭位仁师击溃后，流窜永西北及安西一带，江日复窜路江东山附近，麻日该匪一部仍留路江附近，其主力窜龙源口与我王东原师激战，经击溃后，踞盐江、山陂、水尾、东山桥、黄竹岭一带构筑工事。巧日经王师击溃，纷窜永东石灰桥附近。

三、匪军校三连、伪河东独立团及伪警卫营等，枪约八百支，踞七溪岭龙源口，经王师击溃后，随伪十八师行动。

万泰方面：

一、伪兴国、赣县、万泰三独立营，共枪六七百支，编为独立十二团，窜大廖、枫树下一带。

遂鄗方面：

一、李匪宗保，迭受重创，现已化整为零，窜集遂西上下元一带。

四、剿匪战斗经过

二月九日王师长东原阳申庚子电：职于歌夜，率一部由宁冈绕攻七溪岭，山行迂回近百里，麻申占领龙源口，即以一部夜攀七溪岭东南高峰，占据要点，阳寅加派李团，集用迫炮，专向匪碉强攻。我宁冈之徐团李营，亦乘势向岭西之唯一隘路，节节进逼，均以手榴弹三面追攻。踞守重层碉堡工事之枪匪，约七八百，步步顽抗，自卯至申，始将匪碉十三座全部夺得。讵当阳辰以后接战正激之时，龙源口之东北各方，先后忽到枪匪二千余，分三路向我龙源口赶筑工事之韩团及王团一部猛烈围攻，至未刻，正酣战间，动天坳、雷鼓坳、夜窝方面又忽加到枪匪数百，扑我左背，我官兵四面肉搏，气势愈刚，匪尸纵横，首趾丛错。忽我岭上李团，追匪赶到，猛击匪背，匪势渐摇，职亦接抽韩团，南出东扫，匪遂全部溃散，纷向横路黄泥窝各处逃窜，我韩团进至秋溪入夜而止。是役，岭上岭下，苦战十二小时，毙匪近千，俘匪亦近二百，获枪一百四十余支。职部伤亡官兵七十余员名。

二月十九日王师长东原巧亥电：一、永新之匪以主力在盐江以南之黄竹岭，占领侧面阵地。永城东南之东华岭，匪亦构有坚固工事，企图扼保永城。二、职遵钧令，亲率侯、张两旅（欠四营）于筱夜进就厚塘附近之攻击准备位置，即于拂晓令侯旅长指挥徐洞团，由沿江山陂进攻黄竹岭，职率张旅进出水尾东山桥，绕击匪之侧背，我徐团奋勇薄阵，因匪之工事强固，两次未能奏功。徐团长洞亲率第三营于匪我激战间，突入匪阵，纵横强扫，适我张旅亦已迫近匪背，集炮猛攻，其据守之伪十八师、伪河东独立团，遂不能支，于巧午纷由黄竹岭向南华山溃退，当由徐团追击。职则乘势以张旅直趋东华岭，伪吉安独立营、伪警卫三连、伪红校枪七八百支，由蔡匪会文指挥，踞险扼守。我张旅长指挥敏捷，各官兵亦奋勇登先，卒一鼓而下东华岭。其经南华山溃退之匪，原企图至东华岭会合，我徐团复趋至泉上横截之，两处之匪遂纷向东南溃窜。职部于巧酉完全占领永新城，计捣毁伪湘赣省苏、伪省委会、伪军区总部、伪政治保卫局、伪工农省银行、伪赤色总工会、伪邮政总局、伪红四分校各一。三、是役，毙伪河东独立团长李超、伪五二团营长刘任之、魏立平及匪兵数百名，蔡匪会文，仅以身免，俘匪百余名，夺获机枪一挺、步枪八十余支，军用品甚多。职部伤营长王亚军，伤亡连排长十余员，士兵百余名。

（3）三月份军事报告书

一、作战命令

三月十一日电令。R·呼号王师长、王旅长、陈师长、成主任：命令。密。一、着王师长东原痛剿伪十八师后，即肃清澧田、沙市之线散匪，打通永莲交通，建碉复民。二、着成主任铁侠即派兵推进潞江建碉固守。三、着陈师长光中，即派兵肃清潞口洋溪沿途散匪，建碉筑路，限一月完成。四、着王旅长育瑛即派兵逐步向严田推进，建碉筑路，限一月完成。五、各部开始日期，及实施情形，仰随时具报。上五项。兼司令刘建绪。真午。参机。

三月十九日电令。限半小时到，莲花陈师长桂山兄：密。命令：一、萧、高两匪，枪约二千，巧夜由官渡附近，向蒋埠江急走，有经萍境南窜之势。二、着该师长迅以主力，控置于洋桥陆公陂之线，以备迎剿，并务堵截该匪，无任经莲南窜，勿误为要。三、除将堵剿情形，电呈委座、总座外，希即遵照办理具报。上三项。兼司令刘建绪。皓酉。参机。

三月十九日电令。R·呼号王师长东原兄、张旅长：密。命令：皓日迭电计达。伪十八师现又由高坑再向夏岑进犯，着张毂中部兼程应援，勿延误，此令。兼司令刘建绪。皓酉。参机三。

三月十九电令。R·李指挥官俊三兄、罗师长子雯兄、王师长旭斋兄、王师长东原兄、陈师长桂三兄、王旅长：密。一、倾奉委座蒋筱酉行战一电开："现在袁水以南，只剩伪十八师及他零匪，应积极早日扑灭，筑碉筑路，组织民众，从根本肃清，以断绝伪十七师及他区股匪之窥伺勾结窜扰，而免牵制我数师兵力，其利害甚大，务请悉心筹划，迅速进行。此时罗霖师防线较僻，可抽兵一、两团，二十三师亦可酌抽部队，机动协同王、陈两师。(地方守备及筑碉部队除外)编成数个纵队，专事袭剿，并分途堵截迎击，预计四月中旬以前，当可将该匪扑灭也，请速查照办理具报为盼！"等因。二、兹为迅速扑灭并根本肃清该匪计，部署如次：甲、请俊三兄迅由廿三、七七两师，抽兵三团，派一旅长指挥，为第一支队，于梗日以前，集中永新城，归王师长东原指挥。着王师长东原抽兵三团，派一旅长指挥，为第二支队。乙、第一、第二两支队为索剿部队，统归王师长指挥，务以机敏手段，觅匪主力痛剿，于四月中旬以前歼灭之。丙、着陈师长光中指挥所部并王育瑛旅为堵剿部队，务就安莲线上，一面堵匪北窜，一面赶筑公路。丁、除电复委座外，希即遵照，并将各支队旅团衔名队号，及无线电呼号，迅速报查！上二项。兼刘司令建绪。皓申。参机。

三月十九日电令。成主任铁侠并转张旅长毂中：密。着该旅长，协同该主任于明号晨开始在高坑附近地区围剿伪十八师，迅予扑灭具报！兼司令刘建绪。皓戌。参机。

三月二十日电令。限一小时到。莲花陈师长、茶陵段司令、唐支队长、张旅长：密。命令！一、萧、高两匪，叠经友军围剿，所余残部，枪约二千，子弹已尽，巧窜浏东官渡附近，皓窜孙家瑕有继续南下之势。二、本部为乘该匪疲困，迎头堵剿歼灭计，其部署如下：三、着陈师长光中以大部位置陆公陂洋桥之线，妥为部署，务阻匪经莲北南窜。连络第二纵队追剿部队，协同张彀中旅所部，协力夹击而歼灭之。四、着张旅长彀中即率所部兼程经桥头莲花南村隔山到达柏树下，并指挥唐伯寅妥为部署。萧、高两匪，如由萍西、醴东、攸东南窜，务须协同陈师及第二纵队追击部队，歼灭该匪于萍、醴边区。五、着段司令珩迅即部署茶、攸防务，抽派唐伯寅团开赴官田，归张旅长彀中指挥。六、各部统限养日以前到达目的地。七、当面匪情，随时电告。上命令七项。兼司令刘建绪。号辰。参机。

三月二十一日电令。R·王师长并转永新、宁冈各县长、王旅长并转安福黎县长、胡指挥、张旅长、茶陵段司令并转攸、茶、酃、桂、汝各县长、莲花陈师长、李县长、李专员、夏岑成主任、吉安李指挥官并转温县长及泰和苏县长、万安万师长并转徐县长、遂川罗师长并转潘县长：密。命令：一、赣西股匪，自经我军剿办捣其巢穴后，遂成流寇，连月以来，被我军追堵围击，更形穷蹙。现伪十八师及伪十六、七师，虽剩有残枪两、三千支，均缺子弹，时整时零。现在督令穷追猛剿，势必狂奔乱窜，避实乘虚，务须处处堵截，以期一致聚歼。二、现除严令各地守备军团，坚筑碉堡，多储米、盐，以待匪来与我追剿各军合围歼匪外，着奉令各县，赶在七天以内，实行坚壁清野，如违重处。三、坚壁清野之法，前经通令并布告有案，重在一方面督饬民众结寨，筑堡储粮，团结义勇，努力抗匪，以待军团之夹击；一方面谕知住户，各将余粮秘密窖藏，遇有匪境，住民携粮躲避，不任匪有所裹胁。四、着各该县长督同保甲绅民，实施上项办法，毋稍延误，至干查究。五、着各军团长官，随时监督协助分别报核。上五项。兼司令刘建绪。马午。参机。

三月廿二日电令。限即刻到。莲花陈师长、茶陵段司令、唐支队长、张旅长、王旅长、王师长：命令。密。一、萧匪主力，马午由洪田折窜小洞，其一部向东南逃窜，有从袁水上游回窜永新企图。我陶、钟两支队，继续尾追中。我王育瑛团及萍保团，一部控置芦溪宣风之线，李湘琳团控置赤山桥，准备堵截。二、着陈师长于本（养）日迅以主力移置于洋桥附近。三、着张彀中旅限于漾午开到南村待命。四、着王旅长育瑛酌抽部队相机向安西北迎剿。五、着唐伯寅团仍在富田待命。上五项。兼司令刘建绪。养午。参机。

三月廿三日电令。R·抄送莲花陈师长、张旅长、王师长、王旅长、茶陵段司令并转唐支队长、夏岑成主任：密。命令：一、据报萧克匪率其残枪千余，于养晨急窜芦宣间之珠亭山附近。渡过袁水向沂源方向窜走。我彭师养由万载、我钟旅、李旅由萍、宜边地，正在分途南进急追中。二、着陈师长光中迅以主力进出潞口、洋溪截剿该匪。三、着王旅长育瑛迅派轻装部队，向严田方向袭阻该匪。四、着张旅长彀中率部迅开文竹待命。五、着唐支队仍在段司令珩直接指挥之下，肃清内地并巩固茶东防务。上五项。兼司令刘建绪。漾辰。参机。

三月二十三日电令。R·吉安李指挥官俊三兄、遂川罗师长子雯兄、万安王师长旭斋兄、永新王师长东原兄、安福王旅长李雄兄、莲花陈师长桂山兄、夏岑成主任：密。据报：萧克率其匪枪一千余，马夜急窜袁水上流，于养晨在芦溪、宣风间珠亭山附近渡过袁水，向沂源方向窜去等情。查萧匪既已南窜，安福、永新将更蒙其扰害。此间已另令部署，迅速围剿，务请俊三兄，迅就江防部队内，统筹抽兵三团，在第二防线上机动堵剿。至盼。兼司令刘建绪。梗巳。参机。

三月二十九日电令。R·限六小时到。吉安李指挥官、遂川罗师长、万安王师长、安源陶师长、夏岑成主任、本部抄送莲花彭师长、陈师长、永新王师长：命令。密。一、伪十七、八师经本纵队及第二纵队叠次痛剿后，残枪不满三千，子弹缺乏，给养困难，匪心尤极涣散，现其主力窜伏和山、黄江、花溪一带。二、本纵队为其根本扑灭该匪计，决于永新河以北，袁水以南地区，迅速攻剿该匪而歼灭之。三、着彭位仁师，即开赴宁冈、永新接收王东原师守备任务，建筑永新至澧田(含)及永新至夏阳(含)之线碉堡，组织民众、连络沙市王师部队，及莲花坪之江防部队，将澧田、永城、夏阳沿河之线，切实封锁，堵匪南北串窜。四、着王东原师，除留一部在沙市建筑潞江至澧田之线碉堡，堵匪南北串窜，并逐步建筑甘露寺、黄江、花溪之线碉堡外，其主力为攻剿第一支队，专觅伪十七、八师主力，追穷猛剿。五、着陶广师(缺李旅)即移安福，以所部三团为攻剿第二支队，派一旅长统率，归王师长指挥，专觅伪十七、八师攻剿，或截击之。其余守备安福，肃清散匪，督修由安福至田里(含)公路，建碉复民，并筑安分直线碉堡。六、着陈光中师以一部守备莲花，大部在路口、洋溪、田里之线督修莲花至田里公路，建碉复民，并建筑铜坑、蔡家坪碉堡，与甘露寺碉堡连络。又逐段肃清洋溪以北散匪，打通宜萍交通。七、着江防部队抽出于第二线之三团，以大部自夏阳沿河以东建碉复民，切实封锁，堵匪南北串窜。以一部位置适当地点，策应堵剿。八、着成铁侠部除守原防外，以一部建筑潞江(含)至砦山口之线碉堡，沿河切实封锁，堵匪南北串窜，并肃清高坑、田南、油坑、大巃等处散匪，建碉复民。九、各部队统限于冬日到达目的地，攻剿支队，着歌日开始攻剿。上九项。兼司令刘建绪。俭酉。参机。

二、军队调遣

三月十日电令：着唐团长伯寅，即派兵三连，接住爱婆坳、虾螟坳、狮子山、更鼓寨、五佛庵之线黄新团防务。

三月十一日电令：一、着王师长东原，痛剿伪十八师后，即肃清澧田、沙市之线。二、着成主任铁侠，即派队推进潞江固守。三、着陈师长光中，即派兵肃清路口、洋溪之线。四、着王旅长育瑛，即派兵逐向严田推进。着步兵炮连，派得力排长一员，率步兵炮两门，于寒日开往永新，归王师长指挥。

三月十九日，遵委座筱酉行战一电令：一、请李指挥官，迅由第二十三、第七十七两师抽兵三团，派一旅长指挥，为第一支队，于梗日以前，集中永新城，归王师长东原指挥。二、着王师长抽兵三团，派一旅长指挥为第二支队。三、第一、第二两支队，统归王师长指挥。四、着陈师长光中指挥所部并王育瑛旅，为堵剿部队。

三月二十电令：一、着陈师长光中，以大部位置陆公陂、洋桥之线。二、着张旅长毂中即率所部，兼程经桥头莲花、南村、隔山到达柏树下。三、着段司令珩，抽派唐伯寅团开赴官田，归张旅长指挥。

三月二十三日电令：一、着陈师长光中，迅以主力进出路口、洋溪。二、着王旅长育瑛，迅派轻装部队进出严田。三、着张旅长毂中，迅开文竹待命。

三月二十八日电令：一、着彭位仁师，即开宁冈、永新，接收王东原师防务。二、着王东原师，除留一部在沙市、澧田之线外，其主力专觅伪十七、八师攻剿。三、着陶广师(缺李旅)即移安福，以所部为攻剿第二支队，派一旅长指挥，专觅伪十七、八师攻剿，其余守备并肃清散匪。四、着陈光中师以一部守备莲花，大部在路口、洋溪之线，建碉筑路。五、着江防部队抽出于第二线之三团，自夏阳沿河以东，建碉堵匪。六、着成铁侠部，除守原防外，以一部建筑潞江至砻山口之碉堡，并肃清高坑、田南等处散匪。

三、本月匪情

永新方面：

(一)匪军主力企图与行动

伪湘赣军区匪首蔡会文，以企图恢复已失之中心匪区（永新城）为目的，本(三)月份指使匪军行动概略情形如后：

本月上旬，伪十八师大部流动于永乐，企图袭我永城附近各守备部队。一部窜伏永南黄竹岭一带，专图截击我永宁交通。另以红军学校及一独立团坚守永西高坑、潞江一带碉堡，企图阻我梅花桥头部队向东进剿。

本月中旬铣、筱等日，伪十八师大部窜踞永北，经我张毂中旅在高石岭附近痛击，斩获甚多。皓日又犯潞江附近之五马山，复经我袁建谋团猛烈击溃，该匪狼狈逃入禾山。

本月下旬，伪十七师由修、平、浏、萍南窜，养日经宜风、芦溪间之珠亭山强渡袁水，有日在洋溪与伪十八师会合，旋即窜入禾山、花溪、黄江一带，啸聚杂股，凭藉天险，整编补充，以图再逞。

(二)萧匪回永后改编情形

据投诚人陈富元供述：萧匪率伪十七师，自所谓"北上"后，流窜数千里，经国军四面重重围剿，损失极多。其第五十团团长李崇、政委胡福堂在桐木之役，均阵亡，全团遂致消灭。萧匪于本月下旬，逃到永北时，即将各补充团、营等杂股编并、抵补为第五十团，故该伪师现仍辖四九、五十、五一三团，全师约有步枪三千支，机枪三十余挺，迫炮四、五门。

(三)匪军防空方法

(1) 匪在行军时，均备斗笠一面，外扎丛草如茵，见飞机来，即时顶笠立定。

(2) 匪巢附近，分掘地洞甚多，随时入避。

(3) 飞机散下传单，绝对禁止拾阅，违者处死。

泰、万、遂方面

（一）小股枪匪窜扰情形

伪独立团，人约六百，枪三百余，东日犯泰西白土街，经泰和保卫团击溃，匪向早禾市逃窜。冬日有番号不明之枪匪百余，窜抵遂境之锡村，经罗师史团派队击溃，残匪散窜南江口及左安一带深山中。

本月上旬，李匪宗保大部在下爪寮构筑工事，一部窜左安阳湖，掠抢盐谷，经我胡凤璋部派队搜剿。该匪因被我压迫，于中旬潜向酃、桂、资、汝边境丛山逃窜，企图苟延残喘。

号日有枪匪百余，由万南窜扰良碧洲，经我王、罗两师驻军派队围剿击散。

吉峡安方面

（一）小股枪匪窜扰情形

伪独立营及纠合各游击队，共枪四、五百支，常出没于吉安河东之鸡公岭、华盖山、孙家坊、蓝桥等处，佳日经我二十三师邓团驱逐，匪逃孙家坊以东。

伪安吉峡边区游击一、二、三、六、七等队，枪约三百余，本月中旬已合编为伪河北独立团，踞桐源附近，经我王旅袁亚初团，先后击溃，匪向塘东窜逃。

四、剿匪战斗经过

三月八日王师长东原阳亥电：一、本阳辰我侯旅大部由龙源口向雷源推进，至四达亭附近，与伪十八师接触，职在木鱼岑闻枪声激烈，即抽派王团（缺一营）向周胡抄击，匪势不支，纷向南华山真君庙溃窜。是役毙匪数十，获枪数支，俘虏数人。我阵伤营长李湫卿一员，阵亡连长姚彝一员，伤官兵十余名，弹药消耗，清查另报。

三月九日彭师长位仁阳戌电：一、职师本（阳）日由铜北水洋坪经罗坊、棋坪坳向幽居进剿、申刻行抵小黄附近，遇匪伪独立二师，枪约三百余支，红校枪约三百余支，恃险抗战，经我杜旅击溃，向噪头窜去。毙匪数十名，获枪十一枝。

三月十二日王旅长育瑛灰酉电：一、佳酉据探报，庚早被我击溃之伪北路独立团及四个游击大队，共约枪四百余，人七八百，机枪两挺，佳申窜集离枫田约四十里塘东之南陂。职遂令方营长率兵六连及第二队，亥刻由北田出发向该匪进剿，本(灰)日拂晓到达南陂，与匪接触，经我第三、七、八各连猛冲，激战两小时，将匪击溃，比即猛追，匪且战且逃，直追至塘东附近始止。

二、是役夺获匪枪八支，伤毙匪约六七十名，俘匪四名。我无伤亡。

三、弹药消耗，正清查中。第三机连，损坏机枪一挺。

三月十七日王师长懋德删辰电：伪杨殷县游击队，及小廖地方各伪苏府，共约枪匪二百余，盘踞小廖。当派一六四团卫团长率队于文夜由万安出发，拂晓达到，即将该匪包围痛击。初尚顽抗，交战一时许，因山地崎岖，匪众散漫不支，纷向四处逃窜，计毙匪十余名，俘匪七名，获枪六支。

三月廿日王师长东原巧午电：据张旅长毅中筱酉电称：奉令率部觅剿伪十八师，筱晨在月岑北端侦悉高石岑附近，踞有枪匪千余。当以一部由正面进击，战斗甚烈，职率主力以跑步绕越幡竿岭西北端，抄袭匪之侧背，匪势不支，向澧田方向且战且退，追我追至西梅附近，匪一部向黄江方向溃窜，一部被我王团追至河边，以机枪扫射，匪死伤枕藉。当缴获机枪三挺，追炮四门，步枪一百二十八支，俘虏数十名。我伤亡官兵三十余员名，消耗另报。

三月廿日成主任铁侠皓午电：职率袁团之一部，于巧晚进至潞江，皓辰窜到伪十八师，以大股由潞江以东地区、小股由龙田分向我军进犯，比饬袁团以一部就工事迎战，大部控为预备队。该匪以我示弱，来势更凶，将我阵地三面包围。职以良机已至，督令预备队猛烈出击，匪仍顽抗，经我三次冲锋，专用肉搏，匪始败向洛沟、茶子山溃窜。此役毙匪约二百，俘匪排长一，士兵二十余名，夺获步枪二十五支。我军阵亡排长一，伤亡士兵三十余名。详情及子弹消耗正饬查报。

三月廿七日陈师长光中宥午电：职派骑兵连，与三七八团(缺一营)于本宥日拂晓向洋溪之伪十七、八师袭击，我骑兵连于卯刻驰抵洋溪附近之横山，与匪连哨接触，正剧战时，我谭团亦赶到，将匪连哨击溃，骑兵连即猛向洋溪市之匪攻击，谭团亦节节策山，匪一面抵抗，一面纷向永新之禾山溃窜，我骑连与谭团遂于宥辰确实占领洋溪。是役毙匪甚多，俘匪十余名。

(4) 四月份军事报告书

一、作战命令

四月十五电令。限半小时到。陶师长、王旅长、陈师长：密。据桂三兄电话，田里东方枪声甚急，王季雄部已有一团，到达田里以西三里之本师阵地附地，其余似在楠木桥田里间激战等语。刻下情况若何？迅希电告。并请桂三兄火速抽队，协同已到田里之一团，向楠木桥连络夹剿为要。兼司令刘建绪。感午。参机。

四月十六日电令。R·沙市王师长、永新彭师长、安福陶师长、莲花陈师长、潞江成主任：密。极秘。命令：一、综合情报，伪十七、八师，利用和山、秋山、泥壁陵、天龙山、公公山之天险，屯粮筑碉，踞为巢穴。近复时向永莲、永安、安莲各大道，偷袭窜扰。二、为封锁该匪巢穴，迫匪困溃起见，决战匪巢四周交通要点，建碉封塞，逼其外出而歼灭之。三、彭师长位仁所部，除守备宁冈、永新及宁永道上一带碉堡外，应派兵一部，扼守永新至漕田、沙市、潞江（不含）沿线碉堡，并须在此线以北地区，逐渐建筑外线碉堡，收复民众，堵匪南窜。四、王师长东原所部，应先逐段构筑黄江、花溪附近据点，再向象形、合东、梅塘之线，构筑据点，收复民众，机动歼匪。五、陶师长广所部，除守备安福外，应速将安城至田里（不含）之沿线碉堡，于七日内，赶筑完成，务须坚强周密，截匪南北窜扰。但王育瑛所部之三团，于碉堡完成后，应在楠木桥附近集结待命。六、陈师长光中所部，除守备莲花外，应于三日内，将洋溪至田里(含)之沿线碉堡构筑完成，并须由莲花、良坊、潞口、洋溪分兵南移，备筑下陇、罗人坳、蔡家坪、石门山、严塘、横岭界附近一带碉堡，堵匪北窜。七、成主任铁侠所部，除守备梅花、桥头外，应即肃清高坑、寒江一带散匪，并守备龙山口至潞江(含)沿河之线，堵匪南窜。八、卫生、交通、补给，遵照总部规定处理。上八项。兼刘司令建绪。铣酉。参机。

四月三十日电令。限两小时到。陶师长、并转王旅长、王师长、彭师长、莲花陈师长、潞江成主任：密。极秘。命令：一、着王旅长育瑛即率该旅汤、袁两团，由楠木桥经洋溪、潞口、莲花、砻山口，开赴龙田，向木港、五梅州、南林桥等处建碉清剿，其原附该旅之钟团，着仍归陶师长指挥，限冬日到达龙田。二、田里（不含）楠木桥、严田以达安城封锁防务，着陶师长妥为部署具报。三、着陈师长派队先向罗人坳、龙上，建碉清剿，以与王旅呼应。四、其余各部队仍遵铣酉参机电令办理。上四项。兼司令刘建绪。卅午。参机。

二、军队调遣

四月十二日电令：着王育瑛旅，即由安福开赴楠木桥沿严田至田里之线。

四月三十日电令：着王育瑛旅，即由楠木桥开赴龙田。

三、本月匪情

(甲)匪军主力行动情形：

本月上旬，伪十七、八师自冬日后，即在澧田、沙市以北潜伏，企图截我交通。微晨我王东原师，由永城向沙市前进，前卫侯旅之徐本桢团，与该匪全部遭遇于二王庙附近，雨雾弥漫，混战甚烈，经王师长亲率汪、张两旅，抄匪侧背，彭师杜旅，亦由澄田自动增援，将匪节节击溃，追至高汶，岭上屋以北匪向和山溃窜。是役，斩获极众，我军亦伤亡五六百员名。

本月中旬，伪十七八师自歌日与我王师激战败退后，窜黄江、花溪一带，凭藉禾山（该山脉绵亘永、莲、安三县边境，周绕五百余里）天险，密筑碉堡，预储巨粮，裹胁匪民，及地方武装，一面固守山巢，一面伺隙抢永北安西各乡镇。删未我王育瑛旅，在洋溪以东之田里，与伪十七师枪匪二千余，激战六小时，毙匪五百余，匪退公公山。

本月下旬，伪十七、八师一部踞安福西南乡之洋陂、江南、里坊、牛路一带，挖空山道，构筑工事，阻我王旅南进。其大部仍在源头、黄江、花溪附近，并常梭窜于高汶、台岭上、隔步、溶溪、钱市之线以北地区，纠合杂股，赶筑工事，企图死守禾山巢穴。据投诚人供：黄江匪巢，另有余枪二千余杆，机枪二十余挺。

（乙）小股枪匪窜扰情形

本月上旬，伪茶陵团及四县边区游击大队，共枪四五百支，盘踞于永西、文竹岭南之高坑。伪红校枪三百余，流窜于永东三月坪、石灰桥一带。

本月中旬，伪独立团及新淦独立营又三游击队，枪约六百余，灰窜峡江西北及新喻边境。伪独立师第十二团，枪约四百余支，机枪数挺，盘踞万南均村、良口、武索等处。

本月下旬，我成铁侠部，俭日攻克永西高坑、毁匪碉四座，毙匪百余，获枪十三支，盘踞该处之伪茶陵团及四县边区游击大队，受创后，纷纷向东逃走。伪永新南阳苏府，感夜经我彭师蓝团完全扑灭。伪独十师第三十四团，枪匪四百余，窜扰遂南良碧洲，经我罗霖、王懋德两师，派队协剿击溃。伪兴国独立团，养日犯万属百嘉，经该县保卫团痛击，毙匪数十，获枪三四十支。

四月六日王师长东原微戌电：本日拂晓，奉命由永城向沙市前进，侯旅为前卫，巳刻达二王庙附近，与伪十七八师全部遭遇，激战至烈，因大雨浓雾，入于混战状态。职当率张、汪两旅，由五里亭抄袭其侧背，一面我澧田杜道周旅自动策应。匪见我主力抄袭，即向西北方向移动，经我杜旅及张、汪两旅，节节击溃，纷向和山方向逃窜。是役，毙获极众。我军亦伤侯旅长以下五六百员名，战斗极为惨烈。详情另报。

四月七日彭师长位仁鱼未电：据杜旅长歌酉由台岭上报称：一、职部歌辰到达澧田东端三里之高地，与匪三百余接触，击溃后，即占领澧田，构筑工事。二、九时三十分，侯旅在澧西六七里处与匪接触，职即率部向侯旅右翼增援，匪以大部与我抗战，赖我官兵奋勇，将其击溃，跟踪至高汶附近，申刻奉令于台岭上西端高地警戒，全部露营。三、是役，职部夺获步枪廿余支，伤亡官兵约五六十员名。毙匪约数百。

四月十四日王师长东原阳亥代电：此次职师奉令构筑沙市、澧田沿线碉堡，遵于微辰由永城向沙市前进。前卫侯旅之徐本桢团，于微巳行经三团附近，突有股匪四五千，乘大雨浓雾，利用两侧起伏隐蔽，猛向该团截击。此时侯旅长，因该团不及展开，即亲身督同以行军队形冲杀，一时入于混战状态。我驻澧田之杜道周旅，即自动策应。职飞令张、汪两旅，右出五里亭，绕击该匪侧背。该匪一面顽抗，一面向秋山移动，经我张、汪、杜各旅节节跟剿，于申刻进抵山麓，匪各部即退山之上层早已利用天险筑成坚固阵地。职正侦察部署，准备继续攻剿时，该匪竟以一部，向我李团猛冲而下，经我迎头击溃，并以一部进至白马陂，讵复被匪冲下，我官兵愤无可泄，复予反冲，将下山之匪百余，概予歼灭，余匪又复退入阵地。此时已近黄昏，因令各旅原地警戒待命。迨至鱼午，匪不下山，攻击未能奏效。乃一面分兵建筑沙市、澧田碉堡，一面构成据点，准备继续向秋山进剿。综计微日前后战斗，毙匪千余，俘匪七十四名，夺获步枪张、汪两旅共六十七支。职师伤亡官兵五百余人，旅长侯鹏飞、团长徐本桢失踪，徐本桢团，并损失步枪三百八十二支，机关枪三挺，手机枪五杆，驳壳枪七支，全师消耗步弹五九七七五发，机弹三六五九发，手榴弹一三六八颗，驳壳弹四一一八粒，迫炮弹七五发。

四月十六日陶师长广删酉电：据王师长由田里删未电称：伪十七、八师，于职行抵田里时，恰与遭遇，当即占领阵地，开始战斗，拟诱该匪仰攻，即行出击。又该旅长删申电称：我汤团一、三两营及方营出击，经激烈之猛冲，将匪击溃。刻该匪已向公公山窜去。此役，毙匪四五百，我亦伤亡二百余员名。

四月十八日陶师长广铣酉电：顷据王旅长育瑛电话报称：职率汤、袁、钟三团，删辰到达楠木桥，因该处人烟稀少，且无房屋给养，不能宿营，乃进至田里。肖匪伪十七、八师全部向我侧击，激战六小时，将匪击溃。是役，当伤毙匪二百余，伤匪二三百名，我军伤亡连排长十余员，士兵二百余名。

四月二十九日成主任铁侠俭未电：伪四县边区指挥部，及伪茶陵团，与各伪游击队等，人枪共约五六百，盘踞于永西高坑，据碉抗守。职率袁、黄两团各一部，于俭子出发，向该匪攻击前进。该匪凭藉碉堡四座，及坚固工事，顽强抵抗，经袁、黄两团长督部逼进，继以肉搏，匪不支，向夏幽方向溃窜，于巳刻完全占领高坑。是役，毙匪百余，我伤士兵六名。

（5）五月份军事报告书

一、本月匪情　（略）

二、作战命令

五月三日电令。M·安福陶师长、澧田王师长、永新彭师长、潞江成主任、莲花陈师长、王旅长；密。一、据王师长东未电：据投诚匪兵刘更生报称：甲、伪十七、八师全部于陷日拂晓，由三团窜集沙堤、刘家屋一带，企图伺击我游击部队。乙、艳日，伪十七、八师在三团开会，声言进攻澧田夺回永新，二、据彭师长冬午转杜旅长东酉电：伪十七师仍在三团、高汶一带，伪十八师仍在岭上屋、刘家屋一带。宥、感等日，匪将伪北路独立团枪二百余支，由象形调来并合各游击队，分补伪十七、八师各编足三团，各等语。三、查伪十七、八师前由北窜袁河附近之说，兹据各方情报，证实该匪确实未离巢，希即迅速努力剿办，早靖匪氛为要。兼司令刘建绪。江申。参机。

五月四日电令。R·澧田王师长、莲花陈师长、王旅长、潞江成主任、永新彭师长、安福陶师长：极密。命令：一、总合最近情报：伪十七、八师主力窜动于沙堤、三团、岭上屋、高汶之线，企图截我莲澧交通，并阻我澧田之军向北进剿。又黄江、源头、花溪、象形及九重门以北里坊、牛路、江南、洋陂一带各有匪之一部守护巢穴。二、为先击破匪之主力，再行焚巢扫穴计，决以攻剿部队采取机敏轻便姿势，觅取匪之主力围剿而歼灭之。三、着王师长东原率领该师（欠八五团）并指挥王育瑛旅，为攻剿部队，迅觅匪之主力机动进剿。四、着王旅长育瑛迅率所部秘密集结于潞江以西之五马山后方，尔后归王师长直接指挥。五、其余各部队，着固守原任封锁线，并派队多行游剿，以断匪之流窜，并着各留活动兵力，以备运用。上五项。兼司令刘建绪。支午。参机。

五月五日电令。M·安福陶师长，莲花陈师长：密。奉委座蒋支午行战一电开：据报有股匪现盘踞安福北之黄岑、赤谷一带。兹令第二师第四旅郑旅长率部并指挥独立第四十六旅，克日由峡江追剿，希速派队连络，努力堵剿具报。等因。着陶师长迅即派队向安北连络堵剿，着陈师长向安西北严密戒备，相机堵击，防匪内窜。均仍具报为要。兼司令刘建绪。歌申。参机。

五月十三日电令。R·澧田王师长、永新彭师长、潞江王旅长、成主任：极密。命令：一、着彭位仁师增筑永新城至澧田沿河封锁碉堡，务须堵匪川窜。二、着王东原师并指挥王育瑛旅增筑澧田至潞江沿河封锁碉堡，堵匪川窜，并打通寒江、三湾至宁冈、古城之线扼要建碉，肃清伪茶陵团游击队等匪。三、上项任务，统限一星期完成具报。兼司令刘建绪。元未。参机。

五月二十四日电令。R·限五小时到。澧田王师长、并转王旅长、永新彭师长、安福陶师长、莲花陈师长、潞江成主任：密。命令：一、查本纵队李韫珩、鲍刚部队接防永新、安福尚未定期，在未大举围剿以前，亟应按照原定计划，加紧封锁，迫匪内窜。二、石灰桥、夏阳等处现为肖匪东南经济枢纽，着彭位仁师即将永新（不含）至潞江沿河防务移交王东原师派队担任，并仍守备永宁外，即派部队承王师之策援，逐由永新向石灰桥、夏阳、莲花坪之线，沿河筑碉封锁迅速完成，阻匪川窜。匪如主力来犯，彭、王两师应赶离巢机会，协同努力，就地歼灭之。三、着王师长东原指挥所部及王育瑛旅，除接任永新（不含）至潞江（不含)沿河守备，阻匪南窜外，并商派一部策援彭师向石灰桥之线筑碉。四、着成主任铁侠派队沿潞江至砻山口之线扼要筑碉，堵匪川窜。五、着陈师长光中由砻山口沿良坊、潞江、洋溪、田里之线，增筑碉堡，须成墙壁式，火力目力互相交叉。并于上线东南（罗人坳、铁冠岭、陈山、蔡家坪附近）选择地点，增筑前进碉堡，成为两层封锁线，堵匪西北川窜。六、着陶师长增筑田里至安福大道碉堡，须成墙壁式火力目力互相交叉，堵匪川窜。七、各部队筑碉情形，随时具报。上七项。兼司令刘建绪。敬申。参机。

五月二十七日电令。限即到，不准片刻停留。永新彭师长：密。萧、龙股匪，即窜钱市，势必渡越禾水，南窜泰遂。希迅驱逐全华山三峰之匪，机敏占领石灰桥，建碉堵截，毋稍延误为要。兼司令刘建绪。感申。参机。

三、军队调遣 （略）

四、剿匪战斗经过

五月三日彭师长位仁艳未电：据章旅长报告节称："有步枪约

六十支，机枪一挺之匪，在永北壳子岭构碉，经令魏团李营长，于感晨率部将其击溃。当场毙匪八名，俘一名，夺获伪符号文件甚多，并将该匪碉挖毁。我伤兵二名。又派赴游击之钟团第五连之一排，亦于同日将踞马岭构碉之匪击溃，并毁其碉。”

五月十日王师长东原齐辰电：阳日八十七团胡振新营向隔步游击，午前十时到达得胜山北端，有枪匪约数名，潜伏坳上垄森林内一带。该营即以机枪四门隐蔽放列。得胜山北端一线，以第八连进占螺黎岭，施行威力侦察。该连先头排将达螺黎岭，即有枪匪数百，由前方森林内蜂拥而出，用花机关枪向该连猛冲，该营长乃将七九两连散开，向匪射击，并预行放列之机枪向匪扫射，第八连亦乘势反冲，匪死伤枕藉，余匪即向三团退窜。是役，由该营长目见毙匪确在二百以上，俘数名，夺获步马枪五支。我亦伤少尉排长张汉斌一员，士兵三名，阵亡一名。

五月十一日陶师长广灰酉电：峡、吉、安、分边境有匪一股，枪约三百支，人四百余，佳酉窜对港，灰辰窜抵蠡湖。当令朱团袁营，由枫田向该匪进剿，令黄营由莲岭向蠡湖匪侧背抄袭。激战一小时，匪不支，纷向板溪方向溃窜。是役，毙匪三十余名。袁营伤亡官兵六员名。

五月二十六日彭师长位仁电：顷据刘旅长敬辰电称：据报枪匪百余，窜扰水口，当派蓝团戴营长养日率兵一部驰剿，在口湖与匪接触，击毙匪兵数名，救出茶陵难民十四名。

五、剿匪宣传

1．办理民众学校——感化民众，实赖推广教育，派宣传第三队赴莲花各乡宣传，整理原有之民校，于停办者，则督促恢复，并令宣传第一队在永新、澧田设立中山民众学校，共有学生一百三十七人。

2．派员筹办永西保甲长及义勇队干部训练班——为使各保甲长明瞭保甲之意义，及充实义勇队自卫力量起见，曾派本部宣传第一队队长协同永新党政人员筹办永西保甲长义勇队干部训练班，现正进行中。

3．宣抚难民——迩来由匪区逃出之难民日多，特派宣传第一队队员张君穆协助永新县清乡善后委员会，在永属澧田设立难民收容所，以免劫后灾黎，流为饿莩。

4．努力新生活运动——除通令各县切实奉行新生活运动外，并派员督促莲花党政军人员，合组新生活运动促进会。凡属防军官佐，及莲邑各机关负责人员，均由该会请其一律加入，期收风行草偃之效。

5．深入乡村宣传——曩因离城市较远之地，间有散匪发现，致政治工作人员，未能深入乡村。迩来莲邑各地散匪渐告荡平，特派本部三四两宣传队分赴莲花四乡，努力文字及口头之宣传。

6．派机散发传单——本部印刷告匪军官兵书，及告匪区工农书，说明匪党愚弄手段，欺骗政策，劝诱匪军携械投诚，鼓励工农自动反共。又令已投诚之戈勇、郭文斌等，草拟告匪军指挥员战斗员书，宣示我方优待情形，揭破匪首猜嫉残杀事实，使匪军相约投诚，自行瓦解。所有各项宣传品，均由飞机载往永新匪区散发。

六、碉堡设施

一、督筑外层封锁线，划定南北封锁干线。

万、遂、汝、桂外层封锁线，先由本部全责督构。本月十二日奉总司令何真电划湘南酃、桂、汝等廿三县，为湘南特别警戒区，所有封锁建碉训民各事宜，统归湖南保安总司令部办理等因。本部遵即于愿午参机电划定属万、遂县境者，仍归罗师长负责办理，属酃、桂、汝县境者，归湖南保安司令部办理。

迄五月二十二日奉委员长蒋马未行战六电“派陈、王、袁三参议前来，分段督构”等因。本部爰于敬午参机电规定，南自广东桥经集龙圩、上下樟、寒口、长义、烟筒隘、七岭、江西坳、京竹山、大坑、砻市、□水、蔡家田至梅花山，为南北封锁干线。将属于汝、桂方面广东桥至烟筒隘，酃东方面江西坳段、京竹山两段，划清湖南保安司令部办理。赶筑衔接，属于大汾特区辖境，自烟筒隘至江西坳一段，派由胡指挥凤璋督同大汾罗局长。属于宁、永、茶辖境，自京竹山至梅花山之线，则派由彭师长督同宁、永、茶三县长，饬各以军民团义全力，漏夜赶筑，统限六月三日以前完成。并同时分派本部参谋喻治五、熊镇湘，分往实地考查督筑。

据罗、彭两师长及胡指挥先后电告：各段均先分派部队，督同团队义勇、积极兴筑。除最少数路段人烟稀少，征工征料俱极困难者外，大部均可如限完成。

二、兴筑各纵横封锁线

本月二十五日奉总座漾辰电转奉委座皓申电饬，绵密增筑莲安吉、宁永吉、莲萍各纵横封锁线。遵于有戌参机电，划分线路段落，规定负责部队长官如下：

甲、莲安吉横线：莲花至含田里归陈师长负责，田里至洋口归陶师长负责，含洋口至吉安归李指挥官负责。分别督同莲、安、吉各县长、洋溪政治局长，严密补筑，并妥为防守。

乙、宁永吉横线：砻市至白堡，归彭师长、王师长负责，含白堡至吉安归李指挥官负责。分别督同宁、永、吉各县长，严密修补兴筑，并妥为防守。

丙、萍莲直线之陆莲段与梅花山衔接：陆公陂至（含）牛形岭归陈师长负责，牛形岭至（含）梅花山归成主任负责。分别督同莲、永、茶各县长严密补筑，并妥为防守。

三、构筑其他各处之碉堡封锁线

被困在和山之匪，有急求免脱，赤化泰万遂酃，打通湘粤边境各步计划。本部为打破该匪流窜计划，绵密防剿，予以歼灭起见，于感戌参机电分别规定，增筑各线碉堡及负责部队长官如下：

甲、饬李指挥官扑灭踞津洞、双港口、碧溪一带之伪独立团，酌在津洞、牛田等处扼要建碉。

乙、饬罗、王、彭三师长督同万、遂、永各县长，迅将接高陂经东垓、高家湖、大旺市、坳头、小洞、五雷山、拿山、白沙塘至永新城之线，建碉封锁。

丙、将由遂川、大坑、流坑、黄坳、行州、茨坪、小井、汪洋界、川峰坳、钓鱼台、七溪岭至寒江、潞江各地，联成一封锁线，除各地原有碉堡外，饬罗、彭两师长及胡指挥分督宁、永两县长、大汾政治局长，切实补筑坚密。

丁、饬胡指挥凤璋督同大汾罗局长，以军民全力，迅将烟筒隘经石狮、大汾、寨里、文坳、堆前、下七上七接黄坳之线，切实补筑坚密。

四、各县已成碉堡概况总报告 〔略〕

（6）六月份军事报告书

一、本月匪情

本纵队管区内，本（六）月份匪情，综合情报如次：

一、盘踞永东茶子山、马岭一带之枪匪七八百，江日经彭位仁师将其击溃，旋萧匪克从石灰桥方向，率大部赶来反攻，均经击溃，向东溃退。是役，伤毙匪近千，夺匪枪三十余支。

二、伪十七、八师，自茶子山、马岭之役受创后，退集石灰桥附近，坚垒死守。另以一部纠合杂股，向遂永宁边区力图活动。敬（廿四）日经我彭位仁师及王育瑛旅，在仰山、古岭、马岭背（钱市西南）虚皇山及李家背、月岭之线匪碉工事内，次第击溃。是役，捣毁匪主碉六座，伤毙匪众约百余名，俘匪三十余，夺获匪枪十三支。

三、铣筱等日，伪独立团窜永南拿山及小行洲一带，巧（十八）辰枪匪六百余窜集万年山，巧皓两日，枪匪千余，围攻宁东钓鱼台，又茨坪汪洋界，同时窜到枪匪数百，均经我十五师张旅分别击溃，残匪仍向拿山窜去。另一股枪匪六七百，逃踞井岗山。

四、伪军遂新编独立团，枪约三百余杆，马日经我湖南保安第十七团廖营在酃东乌石下击溃，毙匪数十名，夺获匪枪十四支，并俘获伪板溪区委兼文化委员李国泰据供述匪情如下：

1．伪湘赣省委多人，已到酃、宁、遂边境，最近开一扩大会议，决将大小五井（即井岗山）开辟为省苏新根据地。

2．伪十八师现有一团窜酃边鸡公岩以南，伪独立团现在拿山、五雷山、及小行洲一带，赶筑工事碉堡。

3．永、遂、酃边区境内，现共有枪匪近千，伪十七、八师不久将由永东向西南窜扰遂、万、泰及酃、宁、遂各边区，企图一面与赣东伪中央打成一片，一面或西窜湘南等语。

五、盘踞洋溪北钱山、黄狗岭等处之匪，伪一分区枪约七八百支，巧午经我陈光中师汤、谭两团击溃，狼狈逃入武功山。是役，捣毁匪碉三座，斩获亦多。

六、吉安河东之伪西方军，铣日袭攻我廿三师驻王田之黄团阵地，当经守兵击溃，仍向固陂窜去。又踞吉水河西丁田油田之伪独二团，经我廿三师于删、铣等日派队搜剿击散，窜匿无踪。

二、作战命令

十一日电令。限即到。莲花陈师长、洋溪柏局长：命令：(一)着陈师长光中迅即酌抽部队规复钱山。(二)钱山规复筑碉后，着柏局长式诺负责守备。上二项，兼司令刘建诸。真辰。参机。

十二日电令。限三小时到。澧田王师长并转王旅长、永新彭师长、潞江成主任、莲花刘副旅长：密。命令：(一)查李、鲍两部接防需时。又奉委座阳电，限本纵队七月初以前，将伪十七八师歼灭之，等因。(二)着王师长东原指挥本师及王育瑛旅，担任潞江（不含）至永新（含）及彭位仁师所任永新宁冈全部防务与建碉封锁任务，统限删日以前接替完竣，并控制兵力三团在永新为总预备队。(三)着彭师长位仁交防后，即率全师限马日以前进占石灰桥，迅速建碉，觅匪攻剿。(四)着八十五团于元晨归还建制。

（五）各部接替及彭师进剿情形，随时具报。上五项。兼司令刘建绪。文酉。参机。

二十三日电令。限二小时到。永新彭师长：据报：伪十八师五二、五四两团，枪约二千，已南窜茨坪、小井一带等语。徽诸王师长东原马戌电亦称：伪十七师确有一部窜到汪洋界建碉是匪之大部，似已南窜，着该师长迅督所部攻取石灰桥，毋稍延误为要。兼司令刘建绪。漾午。参机。

二十三日电令：即到。永新王师长：马戌电悉。窜踞汪洋界等处之匪，既有恢复井岗山巢穴企图，着迅统筹抽兵，乘匪喘息未定之时痛予袭剿，毋顾任何困难，机敏进占汪洋界、茨坪，建碉完成黄坳之封锁线，并督饬胡凤璋、张湘汉、王云隆之部剿灭此线以西散匪，兼顾湘防。至汪洋界之匪，究系何部，仰侦确迅报为要。兼司令刘建绪。养申。参机。

二十六日电令：限一小时到。永新彭师长、王旅长：密。据彭师长转来电话称：匪正由浮桥渡、永新河向北岸转移中等语。除即派机前进觅炸外，着彭师长并指挥王旅长所部务于月岭虚、皇山以北地区，与匪决战而歼灭之。同时南岸之杜旅，并应乘虚即占石灰桥，筑碉固守，切勿延误为要。兼司令刘建绪。宥午。参机。

二十七日电令。R·永新王师长、彭师长、潞江成主任、汝城、桂东胡指挥并转大汾罗局长：极密。命令：(一)综合各方情报，伪十七八师及红校自渡永新河南后，已有一部窜动于泰、万、遂边区，并向汪洋界、茨坪、行洲、黄坳之线积极进扰。(二)为限制股匪西窜，以便聚歼计，决将汪洋界、黄坳至里寨之线先为最严密之封锁。(三)着成主任铁侠，即抽兵五连，接收五师沙市附近十三碉（狮子坳在内约需兵力一营），及澧田西北五碉（螺黎岭、视田北、狮子岭、东岭下左三堡五碉，共需两连）之守备任务，于勘晚接收完毕。其原任潞江、梅花、高坑、三田桥头等处防务，仍着该主任节用兵力固守。(四)着王师长东原迅令徐洞团于交防后开赴宁冈，归张旅长毂中指挥，担任宁冈各处守备，于卅晚接收完毕。抽出张旅全部，迅将七溪岭、汪洋界至黄坳之封锁线，坚密构成，仍督同大汾军团义勇，肃清大汾全区散匪，限七月灰日办竣。另令李选青团以一部固守澧田（左一二堡及东南各碉在内）至洋埠、毛洲一带碉堡，以主力控置澧田附近，策应沙市至洋埠全线防务。(五)着胡指挥凤璋督同大汾罗局长元镇漏夜迅将黄坳至寨里、烟筒隘之封锁线，于七月歌日以前，坚密构成，仍协同张旅长肃清大汾全区散匪，并负责赶速完成大汾、石门岭至江西坳之封锁干线。上五项，仰即遵照办理具报，勿延为要。兼司令刘建绪。感巳。参机。

二十八日电令。莲花陈师长：极密。命令：(一)据报伪十七、八师现以两团在石灰桥西南三四里之金华山、铜锣坪、五马回槽等处，固守匪碉，其余或伏匿于永安大道附近，或以南窜，尚未明瞭。(二)我彭师占领月岭、虚皇山一带高地后，现仍向东清剿。(三)我第五十三师，正由金田向永新筑碉前进，同时完成永安封锁。(四)我陶师(欠李旅)现正移交安防，日内即协同彭师分向禾山会剿。(五)贵师应即抽兵两团，在良坊、洋溪一带，集结待命，准备会剿禾山匪巢，仍将集结日期及部队队号具报此令。兼司令刘建绪。俭酉。参机。

三、军队调遣〔略〕

四、剿匪战斗经过

五日彭师长位仁江亥支酉电：

(一)职遵令以东进建碉封锁之目的，于江丑以章旅钟团为前卫，职自率章(欠钟团)、杜两旅为本队向茶子山、马岭、金华山一带高地进剿，另请王旅于拂晓在东华岭策应。(二)江拂晓时，我前卫沿茶子山仰攻，匪七八百据工事顽抗，我军节节猛攻。激战至午前八时许，连占匪茶子山、马岭阵地四线工事，追攻至马岭东第三线高地，萧匪率伪十七、八师猛冲反攻，异常激烈，适大雨倾盆，匪利用较高地势，逐步重叠冲锋，我官兵均极奋勇鏖战，约三小时，将匪击溃。其一部窜踞金华山、铜锣坪一带匪堡，其大部潜伏金华山以东山中，企图侧袭。(三) 是役伤毙匪近千，俘匪三十余，获步枪三十余支。我军伤副旅长李国强、团长唐肃、中校团附代团长职务邱与川各一员，营长周益城、李济才二员及连排长士兵一百六七十人，阵亡官兵六七十人，王旅亦阵亡二十余人。颇有夺获。

六日陶师长广支申电：据王旅长育瑛电称：职旅率江日会同彭师攻击金华山匪碉，午前五时即于伪十七、八师(共六团)遇战，彭师将赤山东北端高地占领，战事异常惨烈。本旅派袁团王营向向西南端匪高地攻击，几经突击，始获占领。是役毙匪百余名。我王营伤排长士兵二十余人，阵亡五人，夺获匪枪三支。

十三日陈师长光中真巳电：据汤团长宏怀报称：职于佳巳率三七两连，游击桐坑、南村间一带，午刻抵桐坑附近，与枪约数十支、人约百余之匪相遇，当经我先头第七连击溃，纷向茅岭及石门山窜去。是役，毙匪数人。

十九日陈师长光中巧辰申电：据汤团长宏怀铣戌筱酉电称：据匪伙夫逃回供称，伪独立营及伪游击队等枪约三百余支，由安福经大山窜入钱山，会合原踞之匪，共枪约六七百支，机枪一挺，企图死守钱山。当请谭团派兵一营，设法牵制黄狗岭之匪，职亲率第二营由活子坳向钱山攻剿。自铣辰在钱山南端高地接触，至未刻夺得匪方二层工作，筱辰连合谭团一部，继向该匪猛攻，匪先犹恃碉顽抗，后经我再三冲锋，至午正攻破钱山南端匪碉，同时占领钱山村，匪退守曾家桥、黄狗岭之线。是役毙匪数十名，俘匪一名。我阵伤排长李福春、周加延二员，士兵十余人，阵亡兵士一人。

十九日李指挥官云杰筱酉号巳电：(一) 据新安圩(赣江东岸)

黄团长篆辰电称：伪西方军昨晚一时许，向我鹅背垄、王田一带碉堡线来袭，我守兵沉着应战，于拂晓时，将匪击溃，仍向固陂方向窜去，是役毙匪十余名。（二）盘踞丁田油田之伪独立第四团，枪约三百，人倍之，昨经固江、黄江窜至奶奶庙附近。职于筱日派一三八团一营经桐树坪兜剿，该匪闻悉绕道回窜，该营返追至桃树坪之龙冈附近痛击，匪不支，向龙冈西北方散窜。是役击毙匪十一名，伤匪数十名。我营阵亡兵士二名。

二十一日陈师长光中皓酉电：据汤团长宏怀皓未电称：职于皓寅率兵两营分途向黄狗岭、高园等处匪碉猛攻，踞守该线之匪，枪约五六百，机枪数挺，初犹凭碉顽抗，经督部数度冲锋，于午刻夺得黄狗岭匪军阵地，乘势进占钱山，残匪纷向武功山麓溃窜。现正扼要建碉。所有伤亡消耗，查明另报。

二十三日彭师长位仁马戌电：（一）职师本（马）日东进，占领天心岭（在金华山西北）张家山之线。（二）踞天心岭之匪，伪十七师五一团一部，经击溃窜入金华山匪碉。（三）是役毙匪十余名，获枪三支。

二十五日陈师长光中敬巳电：顷据汤团长宏怀报称：养日派第一连游击洞背附近，与伪游击队等，枪约百支，人百余之匪接触，激战一小时，匪不支，纷向武功山窜逃。是役，毙匪数名。

二十五日彭师长位仁敬戌电：（一）据报萧匪率伪十七、八师约五团踞金华山、石灰桥一带地区，凭藉永新河南铜锣坪、金华山、长岭、五马回槽等处（均位于石灰桥西南约三四里）山险碉堡，阻我东进。其伪五十团一部，人约五百余，枪约二百余支，机枪二挺。伪安边独立第三团，人约三百余，枪约二百支，机枪二挺，分踞永河北岸仰山古岭、三门岭、马岭背、李家背、月岭、高车岭、虚皇山之山险碉堡，阻我进剿，企图妨碍我军永安交通之打通。（二）职为东进容易迅速完成封锁计，以声东击西避实就虚之法，于本（敬）日拂晓前转移我军主力于北岸东进。（三）本日拂晓，职师除留杜旅固守天心岭、张家山、马岭、多木岭之碉(均在石灰桥西南约四五里)并向匪佯攻外，职率章、刘两旅，沿牛嘶山向仰山、古岭、马岭背、虚皇山一带匪碉进攻。并商请王育瑛旅，沿幡杆岭山脉向李家背、月岭匪碉协同进攻。迄午后四时，将凭碉顽抗之匪次第攻溃，职师章旅迭将仰山古岭山门前、马岭背(在钱市西南虚皇岭附近)、月岭、虚皇山等处匪之碉堡占领，汪旅将李家背、月岭匪碉占领。被击溃之匪，纷向东北窜逃。职师主力现抵溶江、菱山、汶水、虚皇山之线附近，建碉复民中。(四)是役伤毙匪百余名，俘三十余，获枪十三支，攻占主碉六座。我军伤亡官兵二十余人，王旅亦颇有斩获。

三十日陶师长广感戌电：据王旅长育瑛敬酉电称：奉彭师长命令派兵四营向李家背、豺狗坡之匪碉攻击等因。当即派汤团长所部并指挥袁团之第二营于午前六时，经牛嘴山向李家背之匪碉进攻。匪凭险顽抗，经三次猛冲，始将匪碉占领，续向豺狗坡之匪碉进攻。李家背之匪退集该处，拼死抵抗，汤团长督部猛冲，激战甚烈。不幸于占领豺狗坡匪碉时，我汤团长万堃、副官周达饮弹殒命。而匪亦以力不能支，纷向钱市方向溃窜。是役伤毙匪数十名，夺获步枪二支。我阵亡团长汤万堃、副官周达二员，伤士兵二十余名。

(7) 七月份军事报告书

一、本月匪情

本纵队管区内本月份匪情综合情报如后：

(一) 伪十七、八师大部，自东日起，据守永安大道之官山、松山一带匪碉工事，阻我五三师西进。经该师连日激烈攻剿，将其击溃，匪退石灰桥、金华山附近。又经我彭师江、支两日，先后痛剿，尽毁其坚固壁垒。匪迭受重创，支日午后经三峰、鹿石角，逃往牛田、小湾、津洞一带，真日该匪窜泰和西乡之路店、谌口，以一部扰早禾市，旋即西窜宁、鄗、遂边境，另图开展新根据地。萧匪亲率匪兵四团，巧皓围攻五斗江，经我王东原师张旅督同当地团义击溃。梗辰有该匪一部约二千人，围攻衙前，亦不得手，退集坳头、新江口、桥头一带。感日后其主力复窜横石、上镜、南北坑等处。

(二)、禾山老巢，自萧匪受创南窜后，尚有伪永新独立团，及四个警备大队，并各游击队等杂股，共计枪约四五百，分守各处匪碉，企图保守巢穴。佳日起经令彭、陈两师，各派相当兵力，分区搜剿，敬日后，已将匪巢重地之花溪、源头、黄江、蔡家坪、陈山、横龙界、象形等处，次第肃清占领。即由六十三师派兵两团，负责搜剿各山巅密林余匪，并督办地方善后，及完成电话交通。

(三)、李宗保匪部，铣日在桂东附近，被我军团击溃北窜红水江，马未连合酃遂独立团，共枪约五百，犯酃东大院，经驻军黄营击溃，窜灯盏窝，养日犯斗未湖，未逞，梗日复攻大院，均受重创，向东南逃窜，宥经牛冈圩窜左安，险扰藻林圳口，陷晚由巴坑、长隆北窜石仁洲，当令王东原师抽兵驰剿。

(四)、据报盘踞武功山脉之伪独立三团及游击队等，最近号称第十九师，枪约三百余，窜扰莲、攸、萍边之欧公山一带，经我莲花团义，连络邻境军团，穷剿夹击，该处已告肃清。

二、作战命令

四日电令：(一)、永新王师长、彭师长，并转王旅长、潞江成主任、茶陵段司令，转酃县王支队长、桂东胡指挥，并转大汾罗局长、王师长：东午电告，已令张旅协同胡罗两部肃清大汾全区散匪，陈团冬开小井、茨坪、下庄，王团开驻行州、黄坳等情，甚慰。顷奉总座何冬申西参电节开：伪独立团及伪十八师一部各匪，窜桃源洞、京竹山等处，企图盘踞大小井为根据地。务须督饬王师在宁冈附近部队，将井岗及大小井一带之匪铲除，以免蔓延内部。此间已令陈子贤旅，开赴酃县负责建碉等因。着王师长严饬剿办，一面坚密封锁，堵匪内窜；一面将大汾区内散匪，切实剔清为要。刘建绪。支巳。参机。

(二)、限一小时到。永新彭师长：据报现在石灰桥、夏阳已无重大股匪，更进一步，即可攻下等语。请迅以一部夺取石灰桥、夏阳等村落，捣毁伪机关，监视渡河点，破坏匪军交通，并相机营救羽钦兄(现禁夏阳村)更以主力向茶园铺猛袭匪军侧背，策援李师，毋得延误。刘建绪。支已。参机。

五日电令：

限即到。永新汪代师长、宁冈张旅长：顷据李专员正谊微代电称，顷据遂川县长穆国琛江午电称：昨据下七电告本晨有枪匪数百，围攻行洲碉堡，职一、二两分队坚守。夜十时复电告行州战事激烈，且弹粮两乏，势难持久，乞转救援各等语。查七七师奉令换防，未予抽调，恳商永新军队赴援，以解重围等情。理合电恳核办等情。请迅抽兵一部夹击行州匪军，并乘势先完成汪行段封锁勿误为要。刘建绪。微戌。参机。

七日电令：

(一)、极密。专送安福陶师长、永新彭师长、王师长、莲花陈师长、潞江成主任：命令：一、伪十七、八师自东支两日，经我李、彭两师迭创于松山、金华山等处后，其残部狼狈不堪，已分向永南溃窜。现永北象形、源头、黄江，仅各有伪游击队枪约三十余支，蔡家坪有伪游击大队，枪约六十余支，踞守工事。其盘踞于帝主坳之伪永安独立营，枪约八十余支，已于冬日被洋溪团击溃，正在该处筑碉中。二、为制压残匪，免其穿窜，以备集中进剿计，决暂以主力控置于石灰桥、莲花坪附近，同时以一部肃清禾山，并完成遂宁边区封锁。三、着陶广师(欠李旅及钟团留守安南之一营)以主力集中莲花坪、茶园铺之线。另选精锐一团，于佳辰进出合东，专任金永大道(不含)以西安莲大道(不含)以南，及牛泥垴、高坪、公公山、象形、马夹屋、曹家(均含)之线以东，吴郎、固塘、李塘(均含)接曹家之线以北地区清剿。四、着彭位仁师，以主力集接石灰桥、钱市之线，抽选精锐一团，于佳辰进出长桥，专任东接陶师西南两线及高坪(不含)夏里、官田、陈山、铁镜山(均含)之线以南，十里坳、甘露寺、岭上屋、寒山(均含)之线以东，永沙之线以北地区清剿。五、着陈光中师，除担任原防外，抽选精锐一团，于佳辰进出蔡家坪，专任东接牛泥岭、高坪、夏里、陈山至甘露寺(不含)之线以西、安莲大道以南，甘露寺(不含)、黄石窠、七一峰、龙上(均含)之线以北地区清剿。六、着成铁侠部，除担任原防外，抽选精锐一营，专任寒山、岭上屋、甘露寺、黄石窠、七一峰、龙上(均不含)之线以南及沙潞排下以北地区清剿。七、王东原师于庚日，将永新及永龙防务移交后，除以小部担任宁防务，留一营暂担任永、澧线现地防务外，着迅以主力于删日以前，完成七溪岭经汪洋界至黄坳封锁，尔后即以主力集结于宁冈、黄坳线上，为向东推进准备。八、各部搜剿禾山，统限删日以前将所担任区内之残匪，切实肃清具报，不得延误。注意：1．各部搜剿禾山，应遵虞秘电，督同县局长处理匪区民众。2．各区匪碉，除溶溪、花溪、源头及象形、桃花岭、横龙界、夏里、雷公坳至洋溪之线，留以保护永洋交通外，余可斟酌销毁。3．各部应努力搜剿，当面匪情，随时具报。4．王育瑛旅，应在何处归还建制，由陶师长命令之。上命令八项，注意四项。刘建绪。阳申。参机。

(二)、R·永新彭师长、周县长、安福陶师长、黎县长、洋溪柏局长、莲花陈师长、李县长、李专员、潞江成主任：查肖匪窜出禾山，尚留一部散匪分守碉堡，图保巢穴。亟应分途肃清，兼办地方善后，以除后患。除另令派队搜剿外，各该县局长须即督率干员及相当团队，随军前进，就清剿管区登记民众，依法切实组织，加以宣抚，并令移散就整，结寨建碉，实行自卫。各该师长主任专员，亦应一面督办，并饬属随时协助，俾收军政齐进之效，均限极短期内切实完成具报为要。刘建绪。虞午。参机。

十日电令

一、限即到。陶师长、王师长、永新彭师长、潞江成主任、莲花陈师长、汝城胡指挥：佳亥参机电转总司令佳申命令七项计达。兹为便于指挥迅速完成任务计，规定各师任务如下：一、陶广师（欠李旅及钟团一部）着将禾山搜剿任务交由彭师兼理，于真日起，迅于全力由莲花坪（不含）向天河、敖城、指阳渡永阳镇，沿河筑碉构成坚固封锁线，与二十三师碉堡绵密衔接，限筱日全部完成，候令交由五十三师、二十三师派兵守备。二、彭位仁师，着以一部搜剿该师及陶师所任禾山地区，如限完竣。主力限筱日以前绵密构成永新至莲花坪（含）沿河封锁碉堡线，并随时与陶师连络而策应之。该线构成后，候令交五十三师派队守备。三、王东原师迅遵前令，火速绵密完成七溪岭、钓鱼台、汪洋界至黄坳之封锁碉线后，限筱日以前延伸碉线至息锣，以主力控置江黄线上，协同五十三师，堵匪向西或西南逃窜。并督同大汾军团，肃清大汾全区散匪，仍兼顾宁冈全境防务。四、其余各部，仍遵前令，迅速完成任务。五、各封锁碉线及禾山清剿任务完成后，另令大举进剿。注意：1．各封锁线，除军事经济要点，主用排班两型构成碉群外，余主多筑班碉。2．筑碉须能随地取材，除烧砖外，得采编条纠草被覆板筑各法，利用当地竹木草壤板墙等等，如法坚筑，并注意持久，及一般强度。上五项，注意二项。除呈报外，仰即遵照办理，随时具报。刘建绪。蒸辰。参机。

十四日电令

一、吉安李指挥官、泰和王师长旭兄：文巳电告。据泰和黄区长报称：肖匪率伪十七、八师，于灰日窜扰湛口，声言文日进攻马家洲。俊兄文申电告，据泰和李团长文辰文未电称：肖匪于尤日拂晓，包围路店团义，并将路店浮桥架好，于尤晨渡河南下。各情均悉。请李指挥官严督江防各部，迅将第二、第三线，切实巩固，随时督同团义，防匪穿窜。尔后匪情如何？并希时告。又第三线封锁程度如何？经过若何地段？并希查告。刘建绪。元申。参机。

二十三日电令

（一）、R·莲花陈师长、潞江成主任、永新彭师长、陶师长、王师长：极机密。命令：一、迭据确报肖匪除以五十、五四两团，留守牛田匪穴外，亲率主力四团，于巧日围攻五斗江未逞，现仍退踞心田、横石一带。其禾山老巢，自经陈、成、彭部先后将禾港、高汶、蔡家坪、石门山、黄江、源头、花溪、象形、研屋、横龙界各处分别收复后，尚有各区警备游击队等枪匪四五百，散伏于铁镜官田棱线附近一带。又潞江东南三十六坳、蜈蚣坛一带，尚有伪茶陵团及其他散匪枪三百余。二、为安定后防，以备专力进剿计，特将永北、永西，指定专任部队，分区负责，迅速根本肃清之。三、着陈师长光中，除节约兵力，固守现防外，即日抽兵两团，专任莲安大道以南，莲永大道（不含）以北，及金永大道以西一带地区之全部进剿。此项清剿部队，除黄源头、花源、象形、蔡家坪、十里坳、官田各重要地点，分兵筑碉驻守，并完成路口、蔡家坪、黄江、澧田及洋溪、黄江、花溪、永新各线电话外，特应督同永新、洋溪、安福各团队义勇队，将区内各山丛林密之处，一一设法剔清，仍协同该管县局办理善后，使能实行自卫，限八月号日以前切实完成任务。并限七月宥日以前，将彭师收复禾山各地防务，接收完毕具报。四、着成主任铁侠，除以兵力四营，分守莲永（不含）碉堡维护交通，并担任梅花山至三湾、田心防务外，即日抽兵两营，专任永西宁永大道（不含）以北，莲永大道以南一带地区之全部清剿，务觅区内散匪，跟剿而净歼之。仍协同永新县政府，办理地方善后，使能实行自卫，限八月删日以前切实完成，随时具报。五、彭师除以一旅漏夜继续完成指定永河下游封锁外，余交防后，迅速集结虚皇山、钱市之线待命。六、陶、王两师，着将现任封锁碉线，漏夜完成，仍一面随时集结主力待命。上六项。除呈报外，仰将出动队号及主力集结日期具报备转。刘建绪。漾戌。参机。

二十六日电令

(一)、R·万安罗师长、遂川胡旅长：据遂川穆县长梗西电称：今晨有匪二千余围攻衙前碉堡，虽经团队及各义勇队与之抗御，因子弹缺乏，终难持久。恳飞派部队星夜驰援，以解重围等语。希迅派部队驰往剿办，仍希电告为要。刘建绪。宥午。参机。

(二)、R·茶陵王副司令并转保安独立第二营余营长、潞江成主任：一、据报潞江东南三湖大岭上下凿坑一带，现有枪匪数百，在该处构筑工事盘踞间扰。二、着成主任迅即派队先将三湖大岭上下凿坑一带之匪歼灭后，仍遵漾戌参机电令所示，专任永西宁永大道（不含）以北，莲永大道以南一带地区之全部清剿，务觅区内散匪，设法根本剔清之。三、着余营长除以小部固守五佛庵、更鼓寨等地碉堡外，迅以主力推进右自分水坳、将军岭，左至石罗后山一线碉堡，接收成部防务，以便成部抽出进剿。上三项。仰即遵照具报为要。刘建绪。有戌。参机。

(三)、限即到，砻市王师长、永新彭师长、敖城陶师长、莲花陈师长：极秘。命令：一、据报肖匪主力，现由坳头、大旺、新江口进攻衙前甚急，其一部已由五斗江上镜窜到长隆，有乘虚窜过黄坳、遂川间，继续西窜之势。我黄遂线上及其西南广大地区，仅有少数团义分守，我遂城至雩田线上罗师之一团，现无出剿之力，我鲍刚旅敬日，方由安福首途，取道吉泰，正向遂川前进中。二、为紧急侧制肖匪西窜，首先巩固湘防，再行围剿计，在马衙、息锣封锁南线，友军尚未完成以前，决为如下之部署。三、着彭师长位仁，除留一旅，以主力火速完成莲花坪至天河（不含）碉线，各守备所筑沿河各碉，以一部留守所占禾山各要点，均限艳日完成交防外，迅率两旅驰赴宁冈，接收王师行州（含）以北，沿汪洋界、七溪岭、寒江及沿砻市北至下倒坪南至爪寮、源头各线防务，限卅日接收完竣。四、王师长东原，一面将行州以北防务，交由彭师接替；一面集结全师于黄坳、息锣附近，相机侧剿，阻止肖匪越过黄遂线西窜，切实巩固湘防为要。五、着陈师长光中，迅遵漾戌电令，继续抽剿禾山全部，并首先打通蔡家坪至黄江之线，于艳日以前将彭师留守禾山各点防务接替完竣。六、着陶师长广，火速完成天河至永阳碉线，一面集结主力待命交防。上六项。除呈报外，仰即遵照具报。勿得延误。刘建绪。宥酉。参机。

二十八日电令

(一)、限即到。王师长、陶师长、彭师长、莲花陈师长：一、奉总座何俭巳酉参机电开：综合各方情报，伪十七、八师及独立团，急图向遂川西南方向窜扰，本路军原定对该匪之包围封锁计划，除遂衙五息之线，已令二十八师及鲍旅两部进驻赶筑碉堡外，陶、彭两师，在禾水下游沿岸筑碉以来，已成多座，全部即可完成。陶师并沿州湖、梅溪、举州、官田、江背、淡边、牛田、敖城之纵线，并增筑碉堡三十余座。本部为抽调彭、陶两师，迅速西移进剿肖匪计，特重申前令如下：一、禾水下游碉堡封锁线，自永新至敖城(含)段，着五三师敖城(不含)至永阳镇段，着二十三师，克日分别接守，均限本月底以前交接完毕具报，不得延误。二、陶、彭两师，在未交防以前，漏夜增筑，益使严密，已交防者即由刘司令统筹部署，随令西移，上二项等因，二、着陶师长迅速完成天永碉线，准备交防，并于交防后，迅速开赴龙源口、峨岭仙之线集中待命。三、彭师留守石莲禾山之一旅，交防后迅速归还建制。该师除担任宥戌参机电所规定各防务外，以主力集结川峰、茨坪之线待命。上三项。刘建绪。勘酉。参机。

(二)、彭师长并译转永新周县长及保卫团第一队朱队长、莲花陈师长、潞江成主任：命令：原属彭师指挥之永新保卫团第一队及现在禾山全境内之团义，统暂改归陈师长指挥，协助搜剿禾山。此令。刘建绪。俭酉。参机。

三、军队调遣〔略〕

四、剿匪战斗经过

四日彭师长位仁江亥电：

（一）、江子职以章旅分别守禾水两岸各工事，以其大部及王旅位于虚皇山附近策应，以杜、刘两旅，由山门前埠前，向吴郎高地及钱市、拓溪之匪进剿。迄寅刻，我刘旅及杜旅，利用天夜，分多处徒涉，渡过高川（即滘江小河）即猛勇仰攻踞守吴郎高地之灯心岭、凤形两处匪阵匪碉，该处匪系伪五十团一营、伪五十一团一部及伪永新独立团，顽强抵抗，经我刘旅九五团一部，潜绕匪后，袭占其制高点，匪势动摇，大部向石灰桥北岸金竹洞、野猪岭匪碉溃退，一部向茶园铺、象形方向逃窜。迨午前八时许，将吴郎高地逐次占领，当留刘旅九五团驻守构筑工事，防匪反攻并派队追击向茶园铺溃退之匪。与李师连络，以九六团追击向石灰桥北岸溃退之匪，该匪节节抵抗，退入匪碉，我九六团跟踪猛攻，旋我九四团及王旅继续增加围剿，官兵奋勇，我九六团复将石灰桥北岸金竹洞、野猪岭一带匪碉及村落占领，匪向莲花坪方向窜去。

（二）、是役伤毙匪百余名，俘匪十余名，获枪十一支。我军伤二十余人。

五日彭师长位仁支酉电：

职为迅速消灭肖匪、肃清匪巢计，敬日攻占仰山、虚皇山后，限一星期完成该山脉及禾水北岸各守备工事，冬日工竣。江日复乘夜渡高川，攻占吴郎附近高地，当乘胜攻取夏阳石灰桥北岸之野猪岭、金竹洞接灯心岭一带匪阵地。江晚，据俘匪供：肖匪率四九、五十、五一、五二、五三，共五团，集踞石灰桥、金华山、珊田，各集团坚固工事间地区。本师遂决乘夜徒涉石灰桥附近河流，向其进攻。支丑以杜旅为先头，刘、章两旅各抽一部及陶师王旅为预备队，自丑刻渡河。我杜旅一鼓攻占河南岸虎山匪碉，即乘胜跟追达石灰桥，并向迤江一带高地匪工事，（并有砖碉数座）节节进攻，达到第三高地时，肖匪亲率伪四九、五一两团进入该高地，余五十、五二、五三各团占该山两侧，战事极烈，幸官兵努力，兼手榴弹效力甚大，至午刻，我戴团将该高山夺取。同时我唐团一部，占领石灰桥，复乘势令全部围攻金华山、铜锣坪匪方各最强固(有鹿砦三层竹钉一层外壕砖碉等)匪阵。匪以主力受挫，稍战即退，遂为魏团一部，先行占领，匪部纷攀森林丛密之山峰鹿石角大山脉巅窜走。职除派队分追外，酉刻即就连日攻占纵横数十里之匪碉整理，并加强其工事，防匪反攻。本役伤毙匪数百名，俘匪三十余，获步枪二十五支，驳壳枪二支。我军伤亡官兵约百员名。

十日陈师长光中虞辰电：

据汤团长宏怀报称：职本日率兵两连，游击莲东暖水江一带，午前七时，行抵暖水江附近，先头第七连与伪莲花独立营(人百余，枪七十余只)接触，匪初恃山险顽抗，旋经派兵侧击，匪不支，向高天崖方向窜走。是役，毙匪数名。

十六日成主任铁侠删酉电：

一、据袁团黄营长报告称：一、职率部于元卯由五马山出发，经龙田向楠木桥、高汶、布上等处搜剿，到达楠木桥，据报布上有伪永新团一部及伪作述区游击队枪匪，共约二百余。比派一部抄袭，经高汶向正面进攻，激战一小时，匪不支，向楼源溃窜。是役，毙匪十余，夺获步枪一支。

同日陈师长光中删酉电：

据李团长伯蛟报告称：一、职于寒晨率部向蔡家坪推进，午后七时行抵陈山附近，与匪伪独立第三团及清唐区会官郭两游击队人数百，枪二百余支遭遇，相持约数十分钟，被我击溃，向蔡家坪溃退。二、删日拂晓，职复率部向蔡家坪进剿，午前击退占领鹅公坪附近之匪，后仍继续前进。该匪复凭蔡家坪附近各要隘工事，施行顽抗，职当以第二营由正面攻剿，以第二营占左侧一带高地，节节进逼，反复冲杀，激战约一小时之久，午前十一时，完成占领蔡家坪，匪纷向凤毛岭、打狗坪一带退窜。是役，毙匪颇多，职团伤下士一名。

十八日陈师长光中篠巳电：

一、汤团长宏怀报称：寒日据报有伪学生队人四五百，枪百余只，窜集暖水江边村一带，召集民众开会等语。比派第九连觅匪扑灭。旋据该连长许建元报称：职率队于本寒日午后十一时抵郭家桥，闻匪已向暖水江方向退走，及追抵暖水江，匪又退往荆柴陂，职复向该地搜剿前进，匪又闻风远飏。职乃率部潜伏于附近深处以待。删卯，匪竟仍回荆柴陂，当予以猛扑，该匪据险顽抗，用驳壳枪向我冲锋，职派队向匪左翼绕攻，一面由正面冲杀，相持颇久。匪因子弹缺乏，向高天崖高山退窜。是役，毙匪三名，伤匪甚多。

同日彭师长位仁来电：

据文副旅长九德删戌称：一、据探报及捕获土民供伪湘赣军区第六分区所辖独立一、三两团及伪警备第三六模范连等部，枪约六七百支，人数倍之，分踞永北象形、桥头、源头、黄江、甘露寺一带碉堡工事，负隅挣扎等语。二、本旅拟打通黄江至澧田之线，以便尔后清剿。于今晨向源头、黄江之匪进攻，先头部队抵源头附近，碉匪向我猛烈射击，当令第九二团迎攻该处匪碉，并令第九一团进攻黄江诸匪碉，各激战约三小时，匪不支，纷向横龙界、禾山溃窜。我军先头将源头、黄江各处匪碉及村落完全占领。计伤毙匪数十名，俘匪十余名，获步枪十二支，并捣毁伪乡区政府及伪机关数所。

二十一日陈师长光中巧申电：

据李团长伯蛟报称：一、职于铣晨率部由蔡家坪向东搜剿，午前七时行抵潭口以西地区，与伪独立三团及杂色匪众人约四百，枪半数之匪接触，该匪凭藉天险顽强抵抗，复以潭口道路崎岖，两侧削壁，沿途又埋地雷，地势之险，大有一夫当关，万夫莫开之势，旋经督饬各部，分途攀藤附葛，逐段以火力掩护前进，始于午后二时，将该匪驱逐，向东退走。是役毙匪十余名，起获地雷五枚。

二十二日彭师长位仁养晨电：

据文代旅长马酉电称：本旅于今日午前七时卅分，到达马夹，逐次将象形、研屋、桃花山、盂兰岭、茶亭岭、横龙界等处收复，毙颇多，我亦稍有负伤。

二十五日陈师长光中漾酉电

据李团长伯蛟报称：一、职于漾晨率部向东搜剿，午前八时，行抵十里坳，派第一营向铁镜山前进，职率大部进剿甘露寺。十时完全占领甘露寺，并未发现散匪。惟搜剿铁镜之第一营，于午前九时，与伪警备区枪匪二十余名，颇有接触，毙匪八名，获枪三支。

三十日罗师长霖艳电

一、据史团长俭电称：感晨有伪新独立营，人枪三百余，占领武索东南端高山，掩护农区，在棠梓一带割禾，经我第九连率同兴国义勇队进击，战约一小时，向涧田方向溃窜，毙匪数名，我伤士兵一名。

〔国民党政府军事机关档案〕

6. 国民党西路军第二纵队陈继承部与红军萧克等部在赣西一带战斗详报

（1934年1—4月）

一、一月份战报

（一）一般概况

窃本纵队所辖部队，为第二十二军（该军辖第十八、第五十两师）及第六十二师（附补充总队三团），奉令暂归本部指挥者，计第十六师及第十九师之第五十六、第五十七两旅，此本纵队兵力之概况。

前奉总座命令：划赣西十二县为本纵队清剿地区，本部当即划萍乡、万载、宜春三县为第六十二师清剿区，上高，分宜、高安、新喻、清江五县为第十八师清剿区，铜鼓、修水、奉新三县为第五十师清剿区。此本纵队防区之概况。

肖匪盘踞于本纵队清剿区域之南，叶匪滋扰于本纵队清剿区域之北，孔匪则以本纵队清剿区内之小源、高村为巢穴，时向各方蠢动，企图互相呼啸，以遂其赤化赣西之毒计。此本纵队清剿地区内匪情之概况。

(二)作战命令

(1) 十二月二十九日，下达各部命令如左：

命令第一号：

一、案奉总座艳未电开：顷奉委员长蒋俭子行战一电开："查赣西之伪第十七、第十八两师，近已东窜，亟欲与东岸伪二军团打成一片，罗师虽努力剿办，殊觉防广兵单，而高匪伪十六师，又东窜清江及万寿宫等处，情况已详。前次通电中，似匪之主力均以东窜，西路军力向东移，务将该匪于匪区以外设法歼灭。第一二两纵队，希速向东推进，并对窜踞黄土街附近之伪十七、八两师，另抽集兵力六团，编两纵队，与李、罗两师协同围剿。对伪十六师，除由南昌派兵二团编一纵队跟踪追剿外，应以现任追剿之汤、张、唐三团，再抽一团编二纵队，对该匪穷追猛剿，并堵截其回窜老巢，勿使逃脱。所有追剿纵队之编成，负责指挥之人员，围剿之计划，统请迅速筹定电告"等因。仰该各纵队司令，速就各该纵队情形，决定进剿计划，限五小时内举报，以凭核办！为要。

二、据钟旅长艳午电节称："奉朱师长电话：高匪现由奉新之伍家桥窜至高宜边界之凤凰颈附近等语"。判断该匪，经我朱陶两师派队连日穷追痛剿，迭于重创后，实力消灭甚巨，似仍有由宜上以北地区西窜高村老巢企图。

三、兹为趁之狼狈喘息未定之际，一鼓歼灭之计，着朱师长派兵二团编为一支队，以易旅长为支队长，尾蹑高匪踪迹，穷追痛剿，着陶师钟旅长光仁率所部四营及岳师驻芦家洲之张团编为第二支队，以钟旅长为支队长，于芳塘、黄冈口之线，扼要堵剿，毋使漏网，务期歼灭，并相机进捣高村老巢，收复后，即时构筑碉堡工事，并将附近散匪肃清。

四、所有第一、二两支队，着归朱师长统一指挥。

五、着何主任所部欧阳烈团，迅即进驻万载策应钟支队，以一部填驻芦家洲。

六、着岳师彭旅以一旅即推进至西坑之围攻阵地带之第二线构筑工事碉堡，以声援钟支队。

七、着陶旅长柳即派一团以上兵力进驻排埠附近构筑工事碉堡，与彭旅切取连络，防匪北窜。

八、排埠、高村、西坑三处构筑碉堡，由本部各发津贴洋壹千元，仰即派员来萍具领。并将遵照情形，随时具报！此令。

（2）元月一日，下达各部命令如下：

命令第二号

一、据朱师长世酉电称：

“高匪窜集逍遥山，恃险困守。今午后我军进攻，激战四五小时，因系仰攻，兼飞机枪火力猛烈，我军伤亡五十余员名，仍未得手”等语。判断高匪，必多方疲惫我军，乘隙反窜高村老巢。

二、我军为乘匪主力他窜，高村老巢空虚之际，先行夺其险要根据，以壮我军声威。俾歼灭容易计，应采断然手段，乘虚捣其高村巢窟而破碎之。

三、着朱师长饬易支队率兵两团，移于潭山市西北地区，岳师之李炎林团移于早桥西南地区，与易支队互取连络，务扼要选择阵地，构筑坚固工事，严密监视高匪。该团着暂归易支队统一指挥。

四、着钟支队长率原有支队兵力，另由朱师就近加拨一团配属之，随带无线电，侦取捷径，强袭高村。夺取后，为须赶筑工事碉堡，严密戒备。

五、所有各支队，仍归朱师长统一指挥，其详细部署，应由该师长妥为计划指示。

六、此电到达时，钟支队长俟所部调集整备休息一日后，应即开始动作，毋得延误。此令。

（3）元月十三日，下达各部命令如下：

命令第三号

一、综据各方情报，孔匪主力高咏生股，现窜扰甘坊、横桥一带地区。本部已令朱师易旅务将该匪压迫窜回小源老剿，其困踞小源茭湖等处者，尚有匪众大部。

二、本纵队以剿灭孔匪之目的，拟乘该匪喘息未定之际，大举清剿，进捣小源、白水、茭湖等处老巢，以期彻底肃清。

三、着第十九师五十七旅为第一支队，以该旅长陶柳为支队长，应即日集结于张家坊附近待命。所遗浏阳防务，着由邓旅长南骥派团长一，率兵两营前往接替，并由陶旅长统筹配备指挥之。

四、着第六十二师抽兵两团为第二支队，以钟旅长光仁为支队长，应即日集结于潭埠附近待命。所遗防务，其萍北、万西各处碉堡守备任务，着由何主任平所部之欧阳烈及谭有恩两团接防统筹配备。其高村一带防务，着交由岳师之张有恒团接替。着第十八师抽兵两团为第三支队，以易旅长振湘为支队长，应即日集结于三百兴附近待命。所遗防务，由朱师长统筹配备。以上两支队，着归第十八师朱师长耀华统一指挥。

五、着第五十师抽兵三团为第四支队，以彭旅长璋为支队长，应即日集结于黄冈口、土地坳等处待命。西坑、井头之线，应由该师另派一团固守碉堡。

六、着第六十二师第一八五旅李东昇、姚继虞两团为第五支队，以该旅李旅长国钧为支队长，应俟刘建文团来萍接防后，即推进至万载城附近待命。

七、着第十九师刘建文团应如期完成新大两里碉堡，一俟工竣，即开回萍城接防。所遗新大两里防务，着陶师长饬钟涤松团、危专员饬保安团，各派一营前往协商接替，并继续办理清乡善后。

八、着航空第一队(飞行机四架)于元月二十二日进驻万载待命。

九、各支队统限元月二十二日以前一律集结完毕具报。

十、本部与朱师长及各支队指挥官间之联络，在集结前及集结间，均用国有有线电话及传令，必要时，可利用无线电通信。

十一、弹药补充，着各支队长切实筹划充实之，粮秣，各部队自行携带三日份，并准备伙食费一月，各支队每月由本部各发给特别临时费洋一千元。

十二、着本部野战医院于元月二十二日以前，由宜春以一部推进至万载开设医务所，并准备于白良大桥两处开设患者转运所。

十三、各师党政工作人员及军医院大部，应随同各该师所遣支队前往工作。

十四、本部于十四日，先遣一部进驻万载。此令。

注意：1. 攻击开始，另以命令行之。

2. 各支队长，应将计划内所示各项注意，严令所属切实遵行。

(4) 元月二十四日，下达各部命令如下：

命令第四号

一、土匪高咏生部及周光裕独立师，仍窜踞于彭源、太子庙、阴洞、南洞等处，其余匪情，尚无变化。

二、着岳师文副旅长率所部两团，位置于早桥上、石桥、潭山市、藤桥一带，严密监视高、周二匪行动，如匪转窜，应跟踪追剿。

三、着朱师长即率易支队全部，改由潭山市经黄冈口集结于西坑附近，限宥日以前达到。

四、着钟支队长光仁即率所部，改赴大桥附近集结，限宥日以前达到，但希留兵一营驻防高村、黄洲一带。

五、着李支队长国钧即以所部之一团推进至白良附近，对茭湖方面严密警戒，其余之一团，仍位置于万城附近整装待命。

六、着何主任平于有日丑前，按照计划，将各处防务一律接收完毕。

七、第一、第二、第三各支队，统限于俭日拂晓一律开始各由集结地出发，第一支队应由突石、下界岭道，第二支队应由分水坳、白杨店、清水塘道，第三支队应由富财洲、大西坑、阴功岭道，共以小源为目标，攻击前进。但第二、第三两支队仍归朱师长统一指挥。此电到后，应即具报。此令。

注意事项：1．各支队官兵，应一律携带三日份粮食，进入匪区后，日需米粮，可向大桥堆积所采运。

2．所获俘虏，应严密监视，非经本部派员审讯后，不得释放。

3．虏获匪区米粮，应分给难民，以资赈济。

4．所获战利品，应呈缴本部，以凭给奖。

5．匪区收复后，各支队应协同搜剿两星期。

6．匪区内构有多数地洞，并埋藏多数武器，应注意搜索。

7．进入匪区，对于饮料宜特别注意检查。

(5) 元月二十九日，下达各部命令如下：

命令第五号

一、据钟支队长俭未电节称：

"职部俭寅由大桥出发，经清水塘，沿途稍有接触，俭午完全占领小源。陶支队旋亦达到。伪四七团、独立师、学生军等，枪约千余支，闻风由东江向东北方向窜逸。"

又据萧副师长勘未电节称：

"探报：萧匪十七师难民师，现已转窜高上以南之鹄山、罗家田、水北、英冈岭一带。"

又据文副旅长俭电节称：

"高匪感子转窜早桥观前一带"各等语。查孔、萧二匪，迭经我军追剿，实力销失，已成强弩之末，现即将窜合，正好乘机聚歼，以绝根株。

二、我彭师已于艳晨达到分东之江口，稍事休息，即北进追剿萧匪。我李支队已于艳晨由万城经白良向茭湖前进，搜剿散匪。

三、着陶支队长柳率所部在小源附近肃清散匪，办理善后。对高标、西坑、排埠、茭湖、大桥、白水、花桥、黄茅、潭埠等处，架设电话，并对于小源、株木桥、清水塘、上亭地、东江、打铁坳、船市、大西坑、富财洲、绞车岭、店塘下、界岭等处修筑碉堡。

四、着朱师长率易、钟两支队，迅将西坑、东江、船市一带散匪在二三日内肃清后，即经黄冈口、土地坳等处东移，并指挥文副旅长所部两团，觅孔匪主力，不分昼夜畛域，猛力追剿。

五、着彭师长位仁所部，编成两支部，即日分途北进，觅萧匪猛力进剿。并将编组情形具报。

六、着喻旅长镜渊所部，除以极少数部队驻守分新碉堡严密固守外，其余应编成一支队，归彭师长指挥，协剿萧匪。

七、着彭旅长璋督饬所部，仍在原地肃清散匪，并完成各处碉堡，组织民众。

八、着李支队长国钧，迅将茭湖附近散匪肃清后，暂留一营协助五区杨区长完成茭湖附近碉堡，余应于世日开回万城候令进剿萧匪。

九、注意：此次匪情既已明瞭，巢穴被我占领，且在我安全区域行动不易。所有担任追剿部队，应不兼顾地方，不分昼夜畛域紧追，使匪无喘息余地，则歼灭可期，共成不朽奇功。如能迅达任务，当于转请特别奖赏，如观望不前，坐失良机，亦应转请议处。仰各遵照毋忽！并将遵办情形，随时具报，为要。此令。

(三)剿匪战斗经过

本部为减缩孔匪活动区域，并断绝其接济，以便歼灭计，故于二十二年十二月上旬令各部赶建高村、小源匪巢围攻阵地碉堡工事。孔匪深悉我军围攻阵地完成后，必陷彼于绝境，乃乘我碉堡工事正在建筑尚未完成之候，除留一部死守老巢外，令高匪率伪十六师东扰，企图破坏我军建碉计划并掳掠粮食。本部为扑灭该匪起见，乃令朱师抽兵二团，陶师抽兵一团，统归朱师长指挥，负责追剿，并令各县团队，扼要堵击。计先后在龙窟、黄沙等处，均予该匪重创，并斩获甚多，此本月以前追剿概况也。

本月一日据朱师长耀华世酉电称：

“高匪辗转窜踞逍遥山，因该处地势险峻，且系仰攻，故我军围攻四五小时，尚未得手”等语。本部为减少无谓损伤，并乘机捣毁高村老巢计，乃下命令如次。

（参看第二号作战命令）

二日据钟支队长光仁冬辰电称：

“高匪现由逍遥山分股，一向旱桥方向逃窜，一仍踞逍遥以西，我军在逍遥龙冈扼堵”等语。本部除仍饬支队迅强袭高村外，并同时分令朱师长饬易支队、岳师长饬驻铜部队，各严密堵剿。

三日据钟支队长江电称：

“职遵即集所部，复奉朱师长电令：岳师张团约东日到达东岸，该支队应于微日拂晓率部直捣高村，并另令易支队于是日追夺逍遥山。等因。职现率张团扼芳塘，朱团张营及欧阳团杨营扼东岸堵截”等语。本部当即电复饬该支队长遵照朱师长所示办理。

四日据岳师长江申电称：

“据彭旅长本日午后三时由大堰电话报称：‘高匪先头已向土地坳窜来，刻与我唐营接触，已飞饬黄冈口驻军抽兵一连扼守哨前，由大堰抽兵三连用跑步向土地坳急进中’”等语。本部判断该匪，必仍企图经土地坳窜返高村老巢。当令朱师长饬易支队由潭山市取捷径进至黄冈口，向土地坳方向侧击该匪，并相机策应钟支队，岳师饬彭副旅长率部向该匪跟踪痛剿，钟支队应以极敏捷动作，不失时机，进捣高村匪巢。

五日据钟支队长歌未电称：

“职率部于本晨向高村前进，高村仅踞伪独立团，枪约二百余，经击溃，即于午后一时占领高村，刻正令各部赶筑工事”等语。本部当即复电：饬严密警戒，并赶筑该处工事碉堡，免为匪乘，并同时分电各部知照矣。

六日据岳师长微巳电称：

据彭旅长支未电称：“（一）江晚在土地坳与我唐营对抗之匪，枪约五百支，旋有一部由大槽口附近于支午窜抵马家，现与我牛子岭之李连正对峙中。业已令尹营长率兵三连由铜鼓经上源洞口向马家进剿，唐营长率所部由土地坳取捷径向马家会剿。（二）管团长江晚二时已抵土地坳，萧营大部支未到土地坳。（三）高匪主力，似尚在逍遥、土地坳、黄冈口之线”等语。本部除电复饬严密防剿，并续侦匪踪随时具报外，同时电令朱师酌派部队北向协剿，以期歼灭。

七日据朱师长鱼巳电称：

“前准岳师长电：似高匪全向西窜，昨据彭旅长易支队长电：西窜只一部，而逍逍迄无动静，惟侦探不能深入。查逍遥西北一带高山，深广险峻，森林茂盛，素为贼寇利用。前清曾封禁不许人住，故称封禁山。迩因我方部队东进西来，匪首不明真相，或暂伺该处，以观动静，亦意中事”等语。本部当即电复饬设法侦明匪踪具报。

九日据岳师长阳电称：

“据确报：高匪大部，人千余，支日由逍遥回窜茜槽、阴洞、大埠桥一带，有窜扰甘坊模样”等语。本部当即分令朱、岳两师各派部队协同侦踪进剿矣。

十一日据谭军长灰午电称：

“据报：高部率部由逍遥窜抵甘坊附近，刻对上富与石溪两路警戒，并构筑工事，其便衣匪，出没于焦州、横桥一带采买粮食，除饬上富保卫团如意防剿，易支队速向东剿外，谨闻。”

又据岳师长灰未电称：

“据探报：高匪残部，人枪约二千，于齐由逍遥回窜黄沙街、山枣坳、上村等处，其匪哨在甘坊以北牛子石，有进犯上富模样”各等语。本部当即电令谭军长转饬朱师易旅岳师李炎林团协同进剿，并责成务将该匪驱回老巢，以期聚而灭之。

十二日据萧副师长真酉电称：

“甘坊之匪，系伪十六师四十六团，枪约七八百，人千余，昨召集民众开会时，因我军开到同安，匪即内部惊扰，向山上逃窜，现复向早桥方向窜走”等语。本部当令朱、岳两师长迅饬所派之部队，跟踪追剿驱回老巢。

十三日，本部为彻底肃清孔匪，完成使命起见，决取断然手段，进捣小源、白水、茭湖等处匪巢。除策定本纵队进剿小源、茭湖、白水等处孔匪老巢计划案（见附件第一）颁发各部切实遵照外，并同时下命令如次。（参看第三号作战命令）

十四日：据谭军长元午电称：

“高匪现由甘坊窜抵茜槽附近，已令岳师派兵一团暂归朱师易旅长指挥，克日向该匪进剿”等语。本部当即复电饬将进剿情形，临时电告。

十五日，据朱师长删电称：

“据易旅长寒戌电称：‘伪十六师全部及伪独立师，于今晨陆续窜抵藤桥附近，并有一部向我潭山阵地射击，经守兵击退。匪大部今晚在会市南端及藤桥一带高地搭有哨棚颇多。职拟调集唐团两营，并恳饬周营来宜集结，准备进剿’等语。除饬上高周营即开宜丰，并令该旅长即率【队】进剿外，谨闻”等语。本部当即电令朱师长加厚兵力，予以痛剿，岳师长饬该师会剿部队推进到潭山策应，钟支队长饬属注意堵剿矣。

十六日：据朱师长咸申电称：

“据易旅长电话称：‘高匪全部，确在藤桥以北至潭山一带，其伪独立师在宜丰城北之丰桥附近，现已将宜潭之电话线截断’等语。除饬易旅长于明晨率唐团两营及周、杨两营相机进剿外，恳迅催岳师派兵一团进驻早桥策应”等语。本部当即电令岳师长于遵照计划之便，迅派兵二团，责成得力指挥官一员率领，迅经早桥向潭山市推进策应痛剿，并同时分电朱师长知照矣。

十八日，据朱师长谏亥电称：

“据易旅长铣酉电：‘职令唐团长率兵两营，王团长率兵一营，今晨由宜城出发，向丰桥、藤桥之匪攻击前进，已刻在丰桥与伪独立师稍有接触，该匪即经龙王庙向太子庙溃退，盘踞藤桥之伪十六师闻丰桥接触，即狼狈向黄沙窜去，我进剿部队沿途搜剿，刻到达潭山’。”

又据岳师长筱申电称：

“已令文副旅长修信率李炎林、李邦藩两团（缺一营）赶赴早桥向高匪进剿”等语。本部当即分别电复饬朱师长俟岳师文副旅长所率之两团到达早桥后，即暂归朱师长指挥，妥为部署，迅予痛剿。饬岳师长转令文副旅长迅向早桥进展，俟到达后，即听候朱师长指挥，协同易旅迅予进剿矣。

十九日，职率本部一部分职员进驻万载督剿。

二十日，据文副旅长皓酉电称：

“职部皓到山口，计智日可抵早桥附近。以后行动，请指示”等语。本部当即电令朱师长立即饬易支队与文部予高匪以痛击后，再按照计划部署，各开赴指定地点集结待命。

二十一日，据朱师长智酉电称：

“伪独立师现在彭源附近，高匪所部在黄沙坳、茜槽一带，闻将有窜九仙汤之说。职拟俟岳师文部到达早桥后，如匪尚未他窜，即合易、文两部向该匪夹击”等语。本部当即电复，所拟甚妥。仰迳电文副旅长促其速进，以便早日会剿。

二十二日，据补充第四团团长欧阳烈报称：

“（一）职奉谕进剿峰顶山之匪，遵于二十一日午前二时由万载出发，以第三营经高城、谷源向观前正面攻击。自率第一、二两营经洞口、牛通岭、碑石坳向观前侧背进剿。午前八时先后与匪接触，激战二小时，我军向高山仰攻，连击破三道工事，匪势不支，分向杨公洞方向溃窜。（二）据俘匪供称：该匪系伪独立二师，枪约四百，人约七八百。（三）计此役毙匪四五十名，我军亦伤亡十二员名”等语。本部当即令该团继续努力搜剿，并扼要建碉堡焚山，以期彻底肃清。

二十三日，据朱师长养酉电称：

“伪独立师周光裕，枪约三百，人两倍以上，现踞彭源，伪十六师高咏生现踞阴洞南洞一带深山，并无西窜意。职已令易支队长先派数营分向彭源、太子庙，准明日围攻伪独立师，敬日即与文支队会剿高匪”等语。本部当即电复饬迅予该匪打击后，如匪仍不西窜，即留岳师一团监视，其余应分饬准备遵照集结，以赴事机。

二十四日，本部根据进剿计划，决先捣毁小源匪巢，以便彻底肃清土匪计，特下命令如次。（参看第四号作战命令）

二十五日，据朱师长敬酉电称：

“太子庙之匪东北窜，彭源之匪由丰桥西窜，伪十六师已分窜石溪，有东犯上富说。茜槽只一小部。职拟以喻旅张、周两营，除留一连在宜丰外，其余分驻同安、潭山与文部联络，牵制高匪。易支队明日搜剿茜槽、阴洞、南洞一带，宥日即西进，以便会剿小源”等语。本部当即电复饬遵照本部命令迅速西移，以赴新给任务。至对高、周二匪，希严饬文部及张、周两营负责监视。

二十六日，据萧副师长宥申电称：

“匪难民师及独立团，人约三千，枪约千余，本部由萧公庙渡河转窜骝巢双林一带，似有窜援小源企图”等语。本部当即电令岳师长饬张有恒团以一部星夜兼程接防潭山、藤桥等处，归文副旅长指挥。朱师驻潭山等处之部队，俟张团接防后，即抽出应付该匪，并同时令喻旅长钟团长转饬所部及地方团队严密防堵，并相机予以打击，挫其锐气。

二十七日，据朱师长宥申电称：

“职率易支队准感日到西坑，敬恳电知陶、钟两支队遵照计划于俭日会合小源”等语。本部除电复告知陶钟两部业已集结完毕，准能如时进剿外，并分电陶钟两部知照矣。

据萧副师长宥酉戌亥各电节称：

伪十七师全部及独立团，人约四千余，枪约二千，机枪迫炮俱全，宥晨由分宜以东萧公庙渡河，转窜界首骚巢双林一带。

同时又据飞机侦察回报：

“双林附近，有匪四五千人，现向西北行动中”等语。本部为先后剿灭孔、萧二匪计，除令萧副师长抽调部队严密堵剿外，并电恳委座迅即饬派部队推进至新喻、上高一带协剿。总座及刘司令饬彭师立即北渡，星夜兼程紧蹑萧匪追剿。

二十八日，据朱师长俭酉电称：

“踞小源之匪，经我各支队于俭午击溃，残匪向东江方向逃窜，现小源已完全占领”等语。查小源为孔匪巢穴，地势极形险峻。兹赖各将士忠勇用命，卒将捣毁。除饬李支队长国钧率部赶向茭湖、东江一带截剿外，当即复电嘉慰，并令继续努力搜剿残匪，以期彻底肃清，而遏乱萌。

奉总座感未电令：

“着第十六师彭师长位仁率部星夜赶赴袁水以北地区，觅萧匪进击，并归刘司令膺古指挥”等因。本部当即转电各部知照，并电令彭师迅北向紧蹑萧匪猛剿矣。

二十九日，本部为乘机歼灭萧、孔二股匪，以便完成使命，而除民害起见，特下命令如次。（参看第五号作战命令）

三十日，据萧副师长艳午电称：

“萧克股匪，已由傅家圩、城陂一带转窜高上间之界埠、华阳等处，正由华阳渡河北窜中，高匪忽于艳日由早桥、甘坊一带，积极东窜，有犯奉新模样”等语。本部判断孔、萧二匪，因小源巢穴被捣，势将窜合作最后挣扎。为乘机进剿，一举而歼灭计，除令各部仍遵前令追剿外，并再电请委座即派大兵西进奉新、高安一带堵剿，防匪东窜。

三十一日，据文副旅长世巳电称：

“高匪连日被我军追剿，于艳晚退窜沙窝里，陷晨又由沙窝里经胡洞竹咀向石溪窜去。”

又据萧副师长卅酉电称：

“华阳北方河面，架有浮桥，萧匪大部已渡河北窜”各等语。本部当即分别电令文副旅长率部迅跟剿高匪，彭师长迅率部跟剿萧匪，并派飞机分途侦炸矣。

二、二月份战报

（一）一般概况

窃本纵队所辖部队，为第二十二军（该军辖第十八、第五十两师）及第六十二师（附补充总队三团），奉令暂归本部指挥者，计第十六、第十九、第二十六三师及暂编第四独立、第四十三、第三十六三旅。此本纵队兵力之概况。

赣西十二县，为本纵队清剿地区。属第十八师者，为上高、分宜、高安、新喻，清江五县。属第五十师者，为铜鼓、修水、奉新三县。属第六十二师者，为萍乡、万载、宜春三县。此外，尚有第十九师第五六旅负责清剿之平江，第五七旅负责清剿之浏阳两县，亦暂归本部兼顾。此本纵队防区之概况。

伪十六师高咏生部及伪十七师萧克部，共枪约五六千，人约千余，因驰救小源巢穴不及，且被我朱（耀华）彭（位仁）各部紧蹑痛剿，乃辗转逃窜于奉、靖、武、修各县。伪司令员徐彦刚率伪独立师及十六师四七团、红军学校、游击队等，自小源巢穴颠覆后，即率残部逃窜幽居、靖林、台庄等处，与潜伏各处之散匪，互相呼啸，企图最后挣扎，苟延残喘，此本纵队清剿地区内匪情之概况。

（二）作战命令

（1）二月三日，下达李支队长（国钧）命令如下：

命令第六号

一、据上高萧副师长电话称：

"朱师长率钟、易两支队本晨由潭山市向同安前进，于上梅附近与匪接触，交战颇烈。据投诚匪供称：'系萧、高两匪全部'。现正奋力相持中。"

二、我彭师长率所部，现经张坊向花桥、同安急进协剿中。文副旅长率所部两团，即由早桥经上石桥向上梅、同安出匪侧背围剿。

三、着李支队长国钧率该部两团（缺一营）附无线电机，即于支晨由万载、茭湖两地分途出发，兼程向宜丰城会合后，听朱师长指挥，会剿该匪。除电朱师长知照外，仰即遵照！此令。

注意：1．宜丰至潭山市，可通电话，到宜丰后，应即用电话与朱师长联络。

2．该支队应留得力营长一员，率领该营驻茭湖掩护筑碉，严为戒备。

（2）二月四日，下达各部命令如下：

命令第七号

一、孔、萧二匪，共约枪三千余支，弹少粮绝，现已确实会合，并占领上梅、凤凰山亘黄沙坳之线之一带高地，恃险固守，冀延残喘。

二、我朱师长江晨指挥易、钟两支队由潭山市至上梅，与该匪遭遇，冲锋十数次，卒以匪阵坚固险要，友军尚未取得连络，致未得手。

三、现我军兵力数倍于匪，应及时将匪歼灭，以策殊勋，共膺懋赏。

四、兹为指挥统一，协同容易确实，以免处置失时起见，所有进剿各师暨各支队，着统归朱师长指挥，迅速策划围剿。

五、在进剿期间内，凡各交通要点，均应切实堵塞，断匪接济。

六、在进剿作战区域，所有山林应四面纵火焚烧，除匪屏障，并仰将遵办情形，随时具报。此令。

(3) 二月五日，下达各部命令如下：

命令第八号

一、孔、萧两匪，尚合力占领上梅、凤凰山亘黄沙坳之线之一带高地，恃险固守中。

二、本纵队以迅速歼灭该匪之目的，着朱师长耀华指挥，彭师暨各支队，就现地限于鱼日拂晓开始向上梅、凤凰山、黄沙一带之匪施行总攻击。至攻击方法，由朱彭两师长便宜酌情处置，总宜秉风雨同舟之精神，妥切连络，藉收协同动作之效。克奏肤功，共膺懋赏。再每日至少应用电告一、二次。并收到此令，应即具报，为要。此令。

(4) 二月九日，下达朱师长(耀华)钟支队长(光仁)命令如下：

命令第九号

一、迭奉委座转据修水曹专员祖彬鱼亥电：并转岳师文副旅长报称："萧、高股匪，现已窜至石门楼接近之葛港里、脑上一带。"计其行程，已距我追击部队一日半以上，如以大部队尾追，行动迟滞，有失机宜。

二、兹为毋使该匪远飏起见，着钟支队为挺进支队，务须轻装紧蹑匪踪，痛予追剿，匪势已挫，纵不能将其全部歼灭，亦可使其崩溃，无休整之余暇，并希朱师长激励各部分途尾随策应追剿，俾竟全功。为要。此令。

(5) 二月十三日，下达陶支队长(柳)、欧阳团长(烈)命令如下：

命令第十号

一、着补充团第四团团长欧阳烈率一营以上兵力，于本日筱日开始进驻排江附近、肃清分水坳、折桥、花桥、白水、烟包桥、同门坳一带散匪，择要构筑碉堡，统限一星期完成。

二、着陶支队长柳派兵一营于箓日以前进驻长桥附近，归欧阳团长指挥协力清剿，并架设小源至大桥之线之电线，建碉毋误。此令。

（6）二月十四日，下达朱（耀华）、彭（位仁）两师长命令如下：

命令第十一号

一、据报，"萧、高二匪，复由横路铺向夏家桥东窜。

二、近搜获匪方重要文件，其伪中央有令萧匪北窜，会合高匪及红三师等以全力东向南浔路一带发展之计划。

三、我陈司令（继承）已派郭师长率兵两师，由龙港附近东南向横路铺、琶蕉一带驰剿中。

四、判断该匪，如被我军压迫，必遵照伪计划东窜，或回渡修河南窜。

五、本纵队以防匪南窜之目的，着朱师长迅派一师兵力星夜兼程进占箬溪，防匪偷渡，并接护饷糈。查箬溪素为匪众偷渡要点，务须转饬严密防范，以免疏虞。并此后总以由西南向东北兜剿为主，毋使回窜西南。为要。此令。

（7）二月十九日，下达岳师长（森）、王旅长（镇东）、李团长（邦藩）命令如下：

命令第十二号

一、着第五十师三百团李团长邦藩率所部于明（二十）进驻横路铺附近，对王家铺方向警戒，严密防匪西窜。

二、着第二十六师王旅长镇东所部驻辽田之部队，即日以全部移驻箬溪附近，对王家铺、小坳方向警戒，并择要构筑强固工事，严密防匪南窜，尤须督同地方团队将沿河船只调集南岸，泊于避匿地点。对于附近各渡河要点，须分别派置坐探。

三、王旅所遗辽田防务，着第五十师岳师长森即日派兵一营前往接替。

此令。

（8）二月二十二日，下达各部命令如下：

命令第十三号

一、萧匪全部，确于马酉由柘林渡河南窜官由、岩下、下瑕一带。判断该匪必回永新老巢。高匪大部，尚窜扰瓜坑一带。我朱、彭两部，刻已进抵柘林。惟长期尾追，终非善策，亟应采取抄截夹击方法，庶能收歼灭之效。

二、着朱师长率领钟、李、易各支队继续跟匪猛追，不使脱离。

三、着彭师长即率所部，即赴永修车站，乘火车运至牛行车站，转由牛萍公路西进高安附近，侦匪截击，毋得有误。

四、着郭师长、张旅长互相连络，继续向瓜坑之匪猛力进剿。

此令。

（三）剿匪战斗经过

据萧副师长文铎世酉电称：

“据报：‘萧匪克率伪十七师，卅晚渡瑞河，世日窜抵村前、花桥一带，声言与高匪会合，再围攻奉新、高安。’我朱师长率易支队世晚在黄冈口，东日可抵潭山市。”

一日，据文副旅长修信东辰电称：

据报：“高匪咏生率伪十六师，确于世日回窜石溪，伪师部驻石溪以西之东庄谢家祠。”

据彭师长位仁东酉电称：

“职师已于本日到达大成、傅家圩一带”各等情。本部当即电令彭师长（位仁）迅率所部北进，并将各方情况，互相传知，令各部妥为连络，蹑匪痛剿矣。

二日，据朱师长耀华冬辰电称：

"职率。易支队昨到潭山市，钟支队昨到宜丰，今日开潭山。据报：'萧匪主力，尚在村前、花桥一带，有进犯同安模样。'昨夜同安电话已断，高匪现踞桃源、五德乡，距甘坊卅里。"

据萧副师长文铎东辰电称：

"彭师顷到界埠，现正渡河北进中。计本晚可抵泗溪、杨公圩等处"各等情。本部为先歼萧匪，再剿高匪，以期各个击破。并顾虑朱师勿受萧匪侧击起见，当即改令朱师长(耀华)迅率部进驻同安，彭师长迅率部向北急进，夹击萧匪。

三日，据朱师长耀华江已电称：

职率易、钟两支队于本日午前六时卅分由潭山市出发，八时到达上梅附近，与萧匪全部接触，现正激战中。据降匪供称："高匪亦将来此"等情。本部为迅率消灭该匪计，当即电令彭师长率所部经张坊向同安方向急进，向该匪夹击。文副旅长率所部两团，由早桥经上石桥向上梅同安方向攻匪侧背。李支队于支晨由万赶赴宜丰，归朱师长指挥，协同进剿，并令派飞机前往侦炸矣。

四日，据萧副师长文铎电话称：

"萧、孔两匪，现已确实会合，并占领上梅、凤凰山亘黄沙坳之一线之一带高地，恃险固守"等情。本部为谋指挥统一，以免处置失时，以期及时将高、萧二股土匪歼灭起见，特下命令如次。

(参看第七号作战命令)

五日，综合各方报告：萧、高两股匪，尚合力占领上梅、凤凰山亘黄沙坳一带高地，恃险固守中。本部以迅速歼灭该匪之目的，特下总攻命令如次。

(参看第八号命令)

六日，据朱师长耀华鱼午电称：

"本日拂晓施行总攻击以后，已将凤凰山占领，萧匪闻风，向九仙汤，高匪亦继续向甘坊一带溃窜。职已会同彭师并督饬各部定虞晨分途前进，蹑匪痛剿"等情。查九仙汤地势险要，高匪踞为巢穴者，已有年余，并构有强固工事。本部判断萧、高两匪，必扼守九仙汤附近各要点，以作最后挣扎。兹为使匪无休整余暇，并乘其喘息未遑之际，一举而歼灭计，特令朱、彭各部，迅即尾匪追剿，并电请郭师长汝栋派队协同岳(森)师严为堵剿矣。

七日，奉委座冬戌行战一电开：

“兹派独立四十三旅刘旅长震清率领该旅及独立卅六旅之七零七团，冬开奉新，截堵萧、高股匪。特闻。”等因。本部当即转电各部知照，并饬朱、彭各部与该旅切取连络。协同进剿矣。

据李支队长国钧虞申电称：

“职率部随同朱师长追剿股匪，已于本日午后七时抵甘坊市，彭师亦到”等情。本部当即电复饬协助朱师长奋力追剿，并分电朱、彭两师长，令迅率部北进，跟踪痛剿。

八日，据朱师长耀华齐酉电称：

“职率易、钟、李各支队及彭师，虞抵甘坊，沿途击溃掩护之匪，稍有斩获。本晨继续尾追，申抵上富及北路口、湖口岭、石溪之线。据探报：‘萧、高两股，现窜九仙汤、东源、龙头坳、塘埠方向，声言窜修水职拟佳日率部向九仙汤、东源一带追剿’等情。本部当即电令朱、彭两师向该匪紧追，并饬岳师协同郭师之一部，严密堵剿矣。

九日，奉委座庚酉行战一电开：

“据修水曹专员鱼亥电称：‘萧、高股匪，现已窜至石门楼接近之葛港里、脑上一带。’”等因。同时又据朱师长齐亥电称：

“因石溪道路险峻，职拟以全部由上富向九仙汤进攻”等情，本部以朱师长所拟以全部取一条道路前进，长径必大，队头尾相距相隔二日行程，一旦与匪接触，则有首尾难顾之虑。除将委座所示匪情转告各部外，当即电令朱师长仍以分为数纵队取数道行进为宜。

又为紧蹑匪踪，毋使土匪远飏起见，特命钟支队为挺进队，轻装追剿。其命令如次。

（参看第九号作战命令）

十日，据朱师长佳戌电称：

“萧、高股匪，齐晚全部窜塘埠，各支队本晚在东源一带宿营，拟灰日向塘埠、大溪洞侦剿。”

准总部徐参谋处长电话称：

“据陈纵队司令电告：‘萧、高两股匪，有北窜武宁模样。现已集结所部于修河北岸扼要堵击’等语。希饬属向北压迫，以收夹击之效”各等情。本部以该匪即节节北窜，鄂南又准备堵击，正是聚歼良机。当即电令朱、彭两师长及各支队长，激励所部，奋勇追剿，毋使免脱。并所有情形，均授权于朱、彭两师长负责相机处理，以免失时矣。

十一日，据岳师长森真午电称：

“据报，‘萧、高二股匪，真日拂晓以前，已由石口渡渡过修河，向莆田桥前进。’又据辽田陈团长真辰电话：‘本晨匪一部已到莆田桥，并闻匪有分三路进攻武宁之说。’查武修电报电话现均不通。”

又据朱耀华、彭位仁两师长真巳酉各电称：

“职等正率部由哨前经坪坑向罗溪、武宁西南地区前进夹击中”各等情。本部期于修河以北、富水以南狭小地域协力将该匪尽歼起见，当即将上项情报电告第三纵队陈司令，并请厚集兵力，扼要堵击，同时令朱、彭两师长率所部，不分畛域，昼夜兼程跟踪追剿矣。

十二日，据郭师长汝栋真亥电称：

“萧、高两股匪全部，人约万余，枪半数，灰申由莆田桥附近渡河，灰亥全部渡毕，真晨东窜，真酉窜距武城约八里之处，有进犯武宁企图。当由王旅长派队迎击，现仍西窜莆田桥附近”等情。本部以匪情既明，自应奋力进剿，尽歼丑类，当令朱、彭两师长跟踪痛剿。文副旅长所部两团，酌留一部清剿石门楼、沙窝里两处之匪，其余应即协同郭师王旅分布修河南岸，以防堵萧、高股匪回窜。

十三日，据朱师长耀华真戌文申各电称：

“职率各部真酉至平坑、葛家湾一带，文申抵石口渡附近。据探报：‘萧、高两股匪，真日窜踞莆田桥、澧溪等处，现有继续北窜模样’等语。刻职已再派探分途侦察，并令易、钟两支队，布置河北高地，李支队与彭师暂停驻石口渡至盘山咀之间。”

又准总部徐参谋处长电话称：

“顷据郭师长电称：‘萧、高两股匪，现已转窜武宁以北之芭蕉、横路铺一带’”各等情。本部当令朱师侦悉匪踪，仍即赓续追剿。岳师长饬文副旅长即率所部两团完全协同郭师王旅布置修河南岸堵剿回窜。

又本部为肃清排江、拆桥等处散匪并建碉计，当予陶支队长（柳）欧阳团长（烈）命令一件如下。

（参看第十号作战命令）

十四日，据朱师长耀华元巳电称：

“昨闻匪大部在横大路，正拟与彭师分由莆田桥、武宁两路前进攻剿。本晨忽闻匪已移动，一说东窜，一说西窜，深为焦灼。现以易、钟两部暂驻田桥，李支队驻茶坪坳，彭师驻武宁附近。”

据岳师长森元午电称：

“现王旅修江南岸，并无部队，已令文副旅长以一部在沙窝里与石门楼附近与朱师部队切取连络，肃清残匪；以一部驻梁口，沿修江扼要防堵，并向该地以东以南不断游击，免匪回窜”各等情。本部接到以上各情报后，除电复岳师长仍遵照该师所拟部署实施外，为防匪南窜之目的，当即下达朱、彭两师命令如下。

（参看第十一号作战命令）

又据朱师长耀华寒未电称：

“据王旅长昨云：‘匪确由横路铺窜芭蕉’。职等正准备由武宁、莆田桥全路向西北追剿中。适又接王旅长及县署报称：‘匪由横路铺经双坑源有窜瑞昌模样’。今拂晓又报：‘匪由双坑源拆回，将向北窜。职现以彭师进至大河桥附近，详侦匪情。易、钟、李各部亦进至武城东北地区，拟于删日分途进剿’。”

又据彭师长位仁寒酉电称：

“据报：‘萧、高股匪，现在洞口源、西洱巷至王家铺、马家垄一带，大桥、河邱由另股匪小部据守。职部本日进抵碧田河、津口等处”各等情。本部当即据情转报并通报请委座饬派飞机不断侦炸，并饬驻奉刘旅移至修河南岸扼要部署，防匪南窜。请陈司令继承转令郭师长汝栋克日督率所部进至横路铺、坳下一带，会同朱、彭各部猛力痛剿，以收夹击之效。并电复朱、彭两师长迅率觅匪主力协同友军猛力进剿矣。

十五日，据朱师长耀华删子电称：

“萧、高二匪，节节退窜，殊难追赶。今幸该匪占踞王家铺、上庄一带高山构筑工事。职等兵力较优，原不难攻剿，独是一方面进击结果，仍是逃窜。拟恳令郭师进至芭蕉以东之横路铺、坳下一带，向东南进剿，职等由箬溪、巾口一带，向北进剿，同时以飞机侦炸。又奉新刘旅，请移至修河附近，防匪南窜。岳师文旅、郭师王旅，请令对修水沿河堵截，有关系各县驻军民团，届时一致动员，庶有围歼希望。以上各节，如蒙允许，即恳通令遵行。”

十六日，据朱师长删酉电称：

“顷闻萧、高二匪全窜瑞昌边境之王家铺，除再侦察外，职与彭师明铣日拂晓分由箬溪、陂田河出发，急向王家铺侦进猛剿，匪如再他窜，亦必跟追。恳电各县驻军团队积极堵截为祷”等情。本部当即电请陈司令转饬郭师迅即前进会同朱、彭两师猛力协剿，并同特电令朱、彭两师与各友军协力进剿，期竟全功矣。

十七日，据朱师长耀华铣申电称：

“职今拂晓各支队由陂田河经大桥河，彭师同时由箬溪经下头桥，各向王家铺方面进剿，午未已陆续到达。匪于本丑由王家铺北窜卫田家庄北端高山，职正拟向该处搜剿，因拿获匪探及保卫团丁供称：'匪逃窜方向不一。'现以各部布置王家铺、上庄以北一带高地，并派队分向各方搜剿中。"

又据该师长筱子电称：

"据钟支队长由马家塘报告：'伪十七师删日由王家铺东窜至小坳，半夜忽折回王家铺，会同伪十六师本铣晨经马家塘西窜'等语。职等深恐武宁有失，或匪即速南窜，故不敢稍延，决于本晨西向追剿。"

又据该师长筱午电称：

"职部顷行抵西流巷，据地方士绅报称：'匪众尚停止横路东北约廿余里之北崖山西北一带高地。'职已派队前往搜索，并令彭师暂停大桥河附近"各等情。本部当即电复饬详侦匪情，并与第三纵队友军互相连络，协力进剿，期收夹击之效，并同时通报陈纵队司令知照矣。

据邓旅长南骥寒戌电称：

"据周团长先后电告：'元午派兵一连向羊角脑侦剿，未见匪踪。询诸土民云：今晨已向汤塘窜去。'该连探至小坳、大坳而回。比饬于寒辰再派兵一营向汤塘侦剿，讵达该处，匪已于先时窜走，仅俘匪四名，据供称：'窜踞汤塘、羊角脑之匪，系伪区联队、游击大队、独立团等。综合山鸡坳之匪，有枪约八百余，人倍之，原拟乘阴历年关劫掠粮食，因长寿工事太好，不敢进犯，终向上杉、下杉窜去'等语。又传闻山鸡坳仍有股匪，是否伪十九师或伪十八师，不详。该营当即拆回。各等情。"

又据岳师长森删戌电称：

"迭据铜鼓彭旅长渣津杨团长连日报告：伪独立一、二两师，伪十六师四七团，伪游击队、小源伪学生队，综合人约三千，步枪千余，机枪十余挺，各股现盘踞幽居靖林、港口、西凤岭一带，四出窜扰，东、冬、江各日，进犯铜属罗坊、修属沙溪各地。

佳、灰各日，进犯石坳、黄坊各地，曾将修平路工冲散，虽经铜鼓彭旅长渣津杨团长派兵击溃，因兵力甚薄，分布又广，不便远剿。现铜南及修水西北高地，该匪仍不时肆扰，急待清剿。查萧，高二匪，远在武宁东北，暂难回窜，拟抽调文副旅长所率之李邦藩团经山口向西进剿，另令渣津、铜鼓各抽兵扼堵，并恳饬龙门厂驻军东进协剿，以期一鼓肃清，是否可行，乞迅电饬遵”各等情。本部当即电复岳师长，所拟甚妥，饬即照办。并告邓旅所报情况，同时将岳师所报转告邓旅，并饬该旅增派部队由龙门厂东进协剿。

十八日，奉总座筱亥酉参机电开：

(一)着刘纵队司令膺古克日驰往武宁督饬前线各部队努力进剿萧、高二匪，随时与陈纵队司令协商处置。

(二)着郭副司令率所部暂归刘司令统一指挥。

(三)着岳师文旅克日开往武宁，归刘司令直接指挥，限智日以前到达。

(四)着在武宁、辽田一带之郭师王旅，暂归刘司令指挥。

等因。本部除转令各部遵照外，职遵即率一部分职员于本(十八日)上午六时由万载首途经南昌，迄午后六时到达武宁。

十九日，奉委座皓子行战一电开：

“据陈雷巧电称：‘(一)股匪万余人，现由横港、范家铺、乌石街、唐山等处，向瑞昌北围分窜中，我张旅已集中瑞昌扼要堵击。(二)筱未有股匪甚多，由贺家垅窜金家塘，在青龙坂宿营，并于老黄敦铺安北廿里河东山头发现人喧及多数火光，已饬德安、乌石街，至沙河沿铁路部队严密防堵’各等情。希速率部分途向各该匪猛力追剿，并将现到地点具报”等因。本部当即转令各部遵照，并饬朱(耀华)、彭(位仁)、郭(汝栋)各部向以瑞昌为目标，侦踪猛剿，刘(震清)旅应侦明匪踪，严密防堵股匪向东南窜逸矣。

又本部为防匪西南逃窜起见，当下令岳师长森。李团长邦藩、王旅长镇东命令如下。

（参看第十二号作战命令）

二十日，奉委员长蒋筱亥行战一电开：

（一）综合各报告：萧、高股匪主力，铣日窜至瑞昌西南廿里之范家铺及其以南王家洲、南田铺一带，扬言进扰南浔路。

（二）匪北阻大江，我军务尽力将该匪合围于狭小区域猛烈聚歼之。

（三）着陈司令雷统率卅六旅并指挥独立四十三旅及张旅在瑞昌附近之部队，即在瑞昌、岷山、德安、永修之线，严密堵匪东窜，赶速构筑工事、坚固防御，并相机出击。一方多派小组游击部队，远出活动，并编遣团队及义勇队，多方阻挠匪之行动以牵制之。

（四）刘司令膺古酌量在岳师或朱、彭两师中，抽调两团，沿修河由武宁至永修一带，严密堵截，绝对防止其渡过修河以南，最要者为箬溪至白槎一带。

（五）朱、彭两师，应分进不失联络，探匪方主力猛烈追剿。

（六）郭师长所部，应兼程向范家铺方向前进，以广正面由西向东搜剿，严堵该匪西窜，并与朱、彭两师连络，分途兜剿，将该匪聚歼之。

（七）以上各部，统归刘司令膺古指挥，该司令应速驰赴武宁。

（八）各部队务竭力达到任务，不得稍有疏忽，对于消灭此匪，论为剿匪前途之最大关键，期各努力，并随时具报。

又奉委座皓戌行战一电开：

“兹为防匪窜渡修河南岸起见，现令独卅六旅第七零八团邱团长卓云速率兵一营驰往永修，连同驻涂家埠沥修之一营守备涂家埠，并沿修河南岸自永修经津街、白槎至柘林市一带布防，其自柘林（不含）经箬溪至武宁沿修河警戒，应由贵部经武宁部队派队担任，并多派干探往西北两方详密侦察，沿河船只，应搜集南岸。但箬溪部队，应对西北方面特别警戒，除饬邱团长与武宁派出附近部队确实连络外，希转饬遵照具报”各等因，本部遵即转令永修、武宁、修水各县县长于修河沿岸及沿汽车道以北卅里地方，迅饬团队分组扼要分驻各山上，以阻碍匪之行动，并将北岸船只悉数搜集南岸且多派侦探侦察匪情具报，并令朱师派康团驻守上河区，防匪南窜。

据郭师长汝栋皓戌电称：

“职部铣日已到横路铺，本皓日业由柯乐源道上黄土岸东进至杨坑前，正与朱、彭两师电约连络会剿中。”

又据探报：“萧、高股匪大部有向瑞昌方面窜扰模样，一部现已窜至黄敦铺”各等语。本部判断该匪必进而破坏德安至马回岭间之铁路，断我南昌增援。除电令德安刘旅长培绪派兵严防土匪破坏铁道，并电朱、彭、郭三师切取连络，合力追剿，如侦得匪踪，应不择手段，极力猛扑。

据永修汤县长电话称：

“皓酉白槎以北之泡桐树附近，窜来枪匪数名，恐吓当地民众，不许声张，旋又窜去。号日泡桐树北约二十里之狮子山附近，发现土匪人约二千余，枪约半数”等情。本部为防匪偷渡修河南窜起见，特令刘旅长饬驻懒人厂部队抽调一部推进于使君山一带，与上河区朱师之部切取连络，侦察匪踪，严密防堵矣。

二十一日，据朱师长耀华号午电称：

“彭师今晨由杨树港以东十余里之余家泉向东北行进，职率钟支队由杨树港出发，顷抵冯家铺，易、李两支队同时赶到。顷闻东南方向发生枪声、炸弹声，想彭（位仁）师已与伪十七师接触，已令易、钟两支队急向匪方搜剿矣。”

又据该师长号酉电称：

“萧匪现踞范家铺以南之金盆山、轿顶山一带，与我师对抗。彭位仁师现占领茶园山亘李家湾后山之线。职请彭师力向石前延伸，今钟、李两支队及易支队一部接彭师左翼，向左延伸包匪前，另以易支队一部位置冯家铺北端，对高匪警戒”各等情。本部因匪既被我军包围，应即乘机合围聚歼，以除大患。当令朱、彭两师继续猛力围剿，张旅长率所部向乌石街、范家铺方向前进，猛力兜剿，刘旅长即率所部经王家洲、夏家坪北方猛力协剿，郭师长应督饬所部兼程东进，与朱师长协商，猛力会剿。陈司令以直属部队维持铁路由九江至德安之段，以护交通，并饬各部务必协商动作，将匪尽歼。

据彭师长位仁智亥电称：

（一）职师本智晨由余家桥向九渡源进剿，午刻抵尖山李，有匪数十名，当经驱逐。未刻抵白溪坂东遇匪约千人，枪五六百支，系伪十七师五十团，踞金盆山、轿顶山顽抗，经职师刘旅猛攻，节节进逼，于申刻乘我飞机轰炸之际，将金盆山占领，匪退盘子境山上，适天夜且大雨雾，当令各部在原阵地警戒，准备明马晨续攻。是役，毙匪数十名，获匪数名，步枪十余支，我亦稍有伤亡。

（二）据俘匪刘兴南供称：“伪十七师全部，系昨夜由金家塘方向窜来，分踞九渡源、六房、张家大屋一带。”恐我机炸，多夜行动，准明晨续向该匪进剿。

又据朱师长耀华马巳电称：

“职与彭师昨夜午后正拟分途向九渡源伪十七师进剿，忽据瑞昌李县长电话报告：‘有伪十二师两千余人，皓晚由西向东，其先头号晨窜抵瑞昌以西四十余里之瓜坑’等语。判断此必高匪，因派两团部队于今拂晓前向瓜坑进剿，其余各部今晨仍向九渡源搜进”各等情。本部当令各部不分昼夜，猛力追剿，并须与匪保持接触，夜间尤须特别注意，匪如分窜，则我军亦应分途追剿，并须采用抄击方法，苟任其脱离，应负纵匪责任。

二十二日，据朱师长耀华马申电称：“萧匪经我压迫，已由九渡源经秦山向德安方向逃窜。高匪经我易、李两部在横港以西击溃后，昨窜瓜坑，职派易支队今拂晓进剿，该匪又北窜。据瓜坑民众报称：'人近两千，步枪六百六十八杆，机枪十余挺，甚形恐惧"等情。本部当令郭师及张旅专对高匪追剿，朱、彭两师专对萧匪追剿。

据曹专员祖彬电话报称："萧（克）匪全部，确于马酉由柘林附近渡河，南窜官田、岩下、下瑕一带"等情。本部判断该匪，必图回窜永新老巢。为采取抄截夹击方法，易收聚歼之效起见，除电请委座转饬德安刘旅取捷径驰赴奉新、上富之线堵击，并令第二十六师王旅长镇东率所部两营，并指挥第五十师李邦藩，即刻由武城进驻箬溪、河浒一带，阻匪偷渡南窜外，当下令陈司令（雷）、张旅长（连三）、朱（耀华）、彭（位仁）、郭（汝栋）三师长命令如次。

（参看第十三号作战命令）

二十三日，据武宁县保卫团张副团长二月二十三日午后三时报称："顷据箬溪余区长电话报称：'本日上午九时，萧匪先头到达扬州西端约三十余里之双坑坳、杨家庄、上墅源一带'等语。"等情。本部当将上项情报转电朱师长耀华，并严令迅率所部跟踪猛剿。

又为乘匪疲惫之际，以期歼灭于袁水以北地区起见，特令萧副师长（文铎）陶旅长（柳）分饬所部，严密堵截矣。

二十四日，奉总座养辰电节开："陶旅庄（文枢）汤（新昭）及唐（伯寅）、刘（建文）各团，应即日集中万载迎击萧匪"等因。本部当即转电各部知照。又职为指挥便利起见，于本日率一部分职员由武宁乘车经南昌转赴上高督剿。

据岳师长森敬午电称："顷据彭旅长漾戌电节称：'（一）管团本午在石街附近与伪独立师接触，战约一小时，匪不支，经塘子里，纷向龙门岭窜走，因天雨泥泞，未及穷追。（二）该团二、三营及尹营已到古家桥，尹营已令于本日开回山口、何家嘴原防。（二）伪司令徐彦刚率伪四七团乘隙于养晚由大丘塍偷渡北窜，已令管团长率文萧两营蹑匪追剿'等语。除令该团长率所部侦剿该匪，并会同平江邓旅将幽居、靖林一带残匪肃清，以绝根株外，谨闻。等情。本部当即电复令督饬严密侦剿，并将幽居、靖林等处散匪肃清，以靖地方，而安良善矣。

二十五日，据朱师长耀华敬亥电节称："钟支队本日经罗坑下、猴子崖，下午七时抵庙前，易、李两部尚未到达，萧匪今午前由该处渡河，申初渡毕，闻系经棠埠南窜，已令钟支队为挺进队紧追，大部明晨急进。"

又据探报："萧匪敬午窜至中港附近，正在渡河中"各等情。本部当令岳师长（森）饬黄冈口张团详侦匪踪，严密堵击，并另派李邦藩团或有力之部，克日移驻山口、大塅，与张团合堵该匪西窜。李（觉）师以一团进驻徐家渡，其余由李师长率领星速集中上高，朱师务于土匪保持接触，勿任脱离矣。

二十六日，据师长耀华有戌电称："伪十七师枪千余，人二千余，有晨由桃源、高湖向西头逃窜；另一股番号人枪未详，由庙前向塘埠逃窜。我先头部队有申抵高湖，侦知匪由高湖折回经麻田、林村转窜来堡，现我钟支队向来堡方向跟追，职率易支队抵上桃源，李支队因昨夜错路，相距尚远。"

据彭师长位仁有戌电称："（一）职师漾晨遵令由柘林出发，戌刻到达永修，敬子开始向牛行车站输送，有午输送完毕，有酉到达高安祥符观、大城、万寿宫一带，宥未可集中高安。（二）据报："萧匪已由中港渡河，有向九仙汤方向逃窜模样。"

又据该师长有亥电称："（一）刻据奉新王县长电话报称：'萧匪全部本有日午后三时过观前，黄昏时到仰山。我友军已到九仙汤，匪必由上富南窜'等语。（二）已饬上富团队死守碉楼，并速集中，职师迎击一切机宜，恳随示遵。"

据侦探报告："萧匪径日黄昏，已窜至上富附近"各等情。本部接得以上各项情报后，当即电令朱师长饬所部区分为两路，猛力向南压迫。彭师长所部，限本（廿六）日午后三时以前，以三团进驻村前附近，准备腰截，其余集结龙潭桥附近，并派少数部队与高安联络。谭军长严饬高安团队由高安至芦家圩段沿瑞河南岸绵密警戒，阻匪南窜。李师部队大部，迅推进至东桥，余在上高，以期夹击该匪。

二十七日，据投诚匪供称：

“南窜之匪，确系萧克伪十七师之四九、五十、五十一共三团，人五千余，枪约两千余，机枪二十余挺，刻由观下窜抵石溪、黄沙一带，闻其企图有二：(1)回窜永新老巢。(2)如不能回窜时，即乘我军弱点，拼命一战，再作计较。至土匪战法，常以大部队控置两侧，先用极少部队在正面与我接触，旋即徐徐撤退，以诱我军逼进。一俟深入，即以控置两侧之大部队合围夹击，困扼我军”等情。本部因该匪所供，征诸往事，历历不爽，故特电各部，并饬严加注意，勿为所欺。

据岳师长森宥巳电称：

“已饬彭旅管相恒团担任葡萄津及其以南地区，文旅所部，除以一营进驻九仙汤附近之白沙坪构筑工事外，余部担任葡萄津以北地区至修水之线，各沿铜鼓河严密防堵。张有恒团仍在黄岗口，并以小部进驻该处以北之禅寺堵剿。”

据钟支队长光仁宥巳电节称：

“匪部连日以来，被我军日夜尾追，至昨日只相距十余里。职部原拟今晨拂晓继续前进，因朱师长以我李、易两支队尚未赶到，今暂在来堡停止，俟各部到达后，再继续猛力南进。”

据宜丰梁参谋长本晨电话报称：

“萧匪大部，现已窜至同安、潭山市之间”各等情。本部接到上项情报后，当令朱师长饬所部先头支队本晚务赶到甘坊以南地区。李师长饬所部仍暂集结于上高徐家渡等处，待机迎击。彭师长饬在村前之部，着仍在原地侦匪主力，相机迎击，其在龙潭桥之部，着即推进至土地庙王、冷水坑等处，侦匪相机迎击兜剿。

又为防匪避战西窜计，特令岳师长将铜东方面部队稍为集结，控置要点，相机使用，并饬预先择要构筑坚固阵地，藉资屏障。

又本部因闻宜春亘清江之段，有石桥数座，可通南岸。为免土匪利用计，特令袁河沿岸各县驻军及县长会同于各桥头构筑简单桥头堡，限三日完成，并派兵驻守，以备万一。

准陈司令继承宥巳电：

“高匪仍流窜大德山一带，连日经我郭、刘、李三部分途围剿，颇有斩获”等由。本部当即电复佩慰，并将萧匪窜扰及朱（耀华）、彭（位仁）、李（觉）各部部署情形矣。

奉总座宥酉酉参机电开：

“顷据郭师长汝栋由横路铺有辰节称：‘本晚高匪由洪下源向小坳、洋段移动，似有南窜会合萧匪企图。职师以追击无效，拟以所属本师部队经天葬坟向望日台，李旅赴夏家桥，刘旅驰金水铺，分途抄截，匪果南窜经王家铺时，即予迎头痛击，如向东南窜，亦决携干粮轻装急追’等语。除电复沿河白槎、柘林各处，应由该师派武宁、辽田部队设法截击，并责成该师如匪实行南窜，务须尾蹑南下，以防我朱师侧背被匪夹击等语。并电呈委座请以刘震清旅转移永修策应截剿外，特电注意为要。”等因。本部遵即转电各部特别注意防范矣。

二十八日，据岳师长森感戌电称：

顷据白沙坪邓营长电话称：“萧匪人枪约二千余，昨天经九仙汤以南约十里之地向甘坊窜去。”

据钟支队长光仁俭巳电称：

“职部挺进队于本日拂晓进抵甘坊，其余亦于巳刻全部到达。据报：股匪尚未经过甘坊，似仍在石溪、桐木石一带。除令各部占领甘坊以南地区严密堵剿外，谨呈。”

据朱师长耀华俭酉电称：

“（一）职部昨抵罗家坳宿营，先头部队抵澡庙。

（二）职部原拟经石溪南进，因钧座电告萧匪已到潭山、同安之间，故各部本日取捷径赴甘坊，先头部队昨夜出发，今早抵甘坊。

（三）据横桥、甘坊一带民众报称：'匪未经此南窜，大部拟窜早桥方向，一部尚在桐木附近'等语。

（四）除派员向各方侦察外，钧座如得早桥、潭山一带消息，恳即电示。"

据侦探报称：

"萧匪大部，尚在九仙汤以南地区石溪附近"各等情。本部因朱师长所部系担任追剿任务，且迭次电令该部侦匪踪，紧蹑尾追在卷。乃竟失匪踪，殊属疏忽，当复电申斥。并令该部星夜绕道上富以北，转经九仙汤、石溪觅匪向南压迫，岳师长饬驻九仙汤部队严密防堵矣。

据郭师长汝栋宥申电称：

"高匪现在端阳，职自当禀承钧谕，担任清剿，遏其南渡，俾友军奏功容易。职以高匪连日打圈，追击失效。昨因该匪由洪下源窜至小坳，有南窜之样。为谋抄袭截击之计，职部于本晚进至王家铺，刘、李两旅进至夏家桥、金水铺，今宥令李、刘两旅进至大桥河，职则位置于坳背、大坑，探明匪窜方向，跟即长追。并已电请委座于白槎、柘林增兵截堵，杜其南窜"等情。本部因该师长所陈部署，尚合机宜，当即电复嘉慰。并将萧匪窜扰情形及朱彭两师追剿概况报告知矣。

三、三月份战报

（一）一般概况

窃本纵队本（三）月份所辖及暂归指挥部队，除增加独立第三十二旅（缺两营）一部外，其余仍与二月份所报同。

本纵队本月份清剿地域，仍为赣西十二县及湘东之平（江）、浏（阳）两县。其区分情形，在灰日以前，与二月份同。嗣因萧、高股匪北窜，岳（森）师奉总座佳申电令归第三纵队陈司令指挥，北向协剿。该师所遗之修水、铜鼓防务，交由彭（位仁）、朱（耀华）两师分别接替。但其余部署，则仍未变更，旋萧、高股匪折回南窜，陶（广）师奉总座有午电令南移归第一纵队刘司令指挥，彭（位仁）、岳（森）两师亦均奉令归还建制。本部因各师任务变更之故，特将清剿地域从新部署：划（一）萍乡为江西第二区保安团清剿地区。（二）宜春、分宜、新喻、清江、上高、宜丰等六县为第十八师清剿地区。（三）修水、奉新、高安等三县为第十师清剿地区。（四）万载为第四路军补充总队清剿地区。（五）平江、浏阳、铜鼓等三县为第十九师清剿地区。（其详细部署，参看第十九号作战命令）此本纵队本月份防区之概况。

萧（克）、高咏生两股匪，因避我军长期追剿，以图苟延残喘，辗转纷窜于修、铜、平、浏、宜、萍各县间。旋该两匪因迭受重创，遂分股窜逸，萧匪乘间南窜永新老巢，高匪窜匿黄金洞附近。综计该两股匪实力，先后损失已达半数，此本纵队本月份匪情之概况。

（二）作战命令

（1）三月一日，午后一时下达李觉、彭位仁、岳森、朱耀华四师长命令如次：

命令第十四号

一、据飞机本日午后五时报告：

萧匪大部，人约数千，尚隐匿石溪西之港尾里、东专湖村直至西梅岭下一带山谷中，其小部在十八峰、七里山等处与我朱师抵抗中。岳师已集结兵力于葡萄津、大塅、黄岗口一带堵剿。

二、着朱师长率所部将该匪设法抑留，并严密防其北窜。

三、着彭师长率所部于明冬晨由现地出发，经花桥、同安、甘坊侦匪兜剿。

四、着李师长率所部于冬晨由现地出发，经宜丰、藤桥、潭山市侦匪兜剿，并留兵两连暂驻上高，担任本部警卫。

五、各部队逐日所到地点及匪我情况，应随时电告。

（2）三月二日午前十一时，下达岳师长（森）命令如次：

命令第十五号

一、据确报：股匪大部人约数千，当潜伏西溪西北之西梅岭山腹一带，其小部人约千余，在七里山附近据险与我朱师相持中。

二、着该师先将驻九仙汤及沙窝里两处之部队全数即刻集结于上郑湾西侧亘山头铺东侧一带（五万分一图），限本晚到达，构筑坚固阵地，堵匪北窜。但须用两团以上兵力，如不足时，应星夜由他处抽调，毋得稍有延误，并将移调情形，就近告知朱师为要。

此令。

（3）三月四日午后十时，下达郭副司令（汝栋）及朱（耀华）、彭（位仁）、李（觉）、岳（森）各师长命令如次：

命令第十六号

一、据李师长支未电及综合各方情报：萧匪江晚窜幽居，高匪已至马坳南窜，靖林有伪新一师、古市岭有伪独立师，各匪似会合幽居休整后，有企图与我抗战或北窜崇、通模样。

二、我军拟于修、平、铜边区聚歼该匪之目的，特部署如次：

三、着李师长率所部由铜鼓经石桥、雷打坳集结于高岭、高桥之线，其在平江邓旅之部，应在龙门厂亘长寿之线间堵匪西窜，并兼顾平境安全。

四、着彭师长率所部由早桥经大堠、西厢船洞坳集结于水羊坪、新铺里之线。

五、着朱师长率钟易、李各部由石街市经山口、漫江集结于港口、双港之线。

六、着岳师长迅即集结两李团及管团、杨团位置于程坊、渣津，各选择阵地，构筑工事，防匪北窜。

七、着郭副司令率刘、李两旅及所部之两团，由辽田取捷径兼程进至马坳、古市岭、朱溪厂之线，置重点于朱溪厂附近，协力岳师及邓旅防匪西北窜逸。

八、着郭、岳两部及邓旅之部为堵剿部队，余为攻剿部队。

九、各部队统限于鱼日黄昏前一律到达指定地点（上示各地点，均系十万分一图）。虞拂晓各由其集结地，开始向幽居觅萧、高股匪会剿，但各部须互相连络！为要。

此令。

（4）三月六日午后一时，下达郭（汝栋）、朱（耀华）、彭（位仁）、李（觉）、岳（森）各师长命令如次：

命令第十七号

一、综合各方报告："萧、高股匪及伪红三师、独立师等均窜至幽居、靖林一带，有会合与我决战模样"等语。

二、我军以一劳永逸计，应不惜一时辛苦，乘此合围之势，一鼓将该匪歼灭之。

三、着岳师长即将前集结于渣津、程坊等处之两李团及杨、管两团全部于本晚推进至靖林附近，与朱师连络，防匪向东北逃窜。

四、所遗程坊、渣津防务，由郭副司令以集结马坳、古市岭之部队分别推进按次接替，并限本晚一律达到。其集结朱溪厂之部队，仍遵本部支戌电令（即十六号作战命令）处理，防匪北窜。

五、此次围剿，乃本路军剿匪最大关键，务各格外努力，勿失良机。除此大患，共策殊勋，不得违误干咎。郭、岳两师长收到此电后，应互相通知，以免贻误。

六、土匪惯技，每乘暗夜逃窜，应特别注意防堵。我军进攻时，如确知匪主力所在或闻激烈枪声，无论防剿部队，应不失时机，互相通报连络，协同四面围剿。并将办理情形，随时具报为要。又朱、彭、李各部仍照支戌电令（即第十六号作战命令）办理，并达。

此令。

（5）三月十日午后六时，下达各部命令如次：

命令第十八号

一、总座佳申西参机电令计达。

二、本纵队为防匪南北流窜及肃清各处散匪，构筑碉堡，组织民众起见，特遵令详细部署如次：

三、岳师长率领该师全部、李师以现任追剿之四团，由陶支队长率领，遵照总座命令，均归陈纵队司令指挥，继续追剿萧匪。但陶支队应兼顾湘鄂路之安全，至岳师所遗各处防务，应交由朱、彭两师分别接替。但朱师长应驻宜丰，彭师长应驻修水。

四、自龙门厂（不含）经朱溪厂、渣津、马坳、杭口、修城、清江、石口渡至武宁（城不含）之线（线上属彭师）归彭师担任，即沿修河南北两岸择要构筑工事碉堡，防匪南北流窜，并将委座歌申行战一电给予岳师沿修河筑碉及维护修平筑路等任务，均由该师长继续负责办理完成之。

（委座歌申行战一电另转）

五、自龙门厂经朱溪厂、渣津、马坳、杭口、修城、清江、石口渡相连之线（线上不含）以南地区，归朱师长指挥，各支队分别担任应以钟支队驻铜鼓城，分别构筑麦苏、山口、大塅、漫江、东流港、港口、程坊、水羊坪、靖林、台庄、幽居、棋盘坳、汤塘、胆坑、高桥、上庄等处碉堡，架设电话，并肃清残匪、组织民众。应以易支队长驻甘坊，分别构筑石街市、郭城、何家嘴、沙窝铺、石门楼、九仙汤、石溪、横桥市、甘坊、上梅、彭源、早桥等处碉堡，架设电话，并肃清残匪，组织民众。但须将石门楼、九仙汤、石溪、甘坊、早桥、沙窝铺等处碉堡，先期完成。应以李支队长驻高村肃清西坑、黄岗口、库前、芳塘、徐家渡、三百兴、白良、茭湖、船市等处散匪，组织民众，择要增筑碉堡，并架设电话。应以喻旅之部即回防分、清、新各县，并任袁水自彬江（不含）起，东亘清江至赣水西岸之南北两岸防务。至各支队地域区分，及岳师所遗该地区内防务，统由该师长详细计划，分别令饬派队接替。

六、由万载城经柏木、洋江亘袁水彬江之线（万城及线上皆含）之西北及萍乡全境地区仍归陶师长率领钟团及指挥何主任全部，依照现在态势，继续办理。

七、邓旅长应派兵一部与钟支队切取连络，构筑黄金洞、官舍、山枣岭等处碉堡，并肃清散匪，组织民众。

八、朱、彭两部所有任务及应构筑之碉堡，务督同各当地县长政治局长迅速兴工，统限令到后半月内完成，并各将办理情形随时具报！为要。

此令。

(6) 三月二十七日午后一时，下达谭军长(道源)、朱(耀华)、岳（森)、李（觉)、陶（广）四师长，王（镇东)、陶（柳)、邓（南骥)、李（国钧）四旅长，何主任平、危专员（宿钟)、李（湘淋)、刘（建文）两团长命令如次：

命令第十九号

一、总座有午长行参电，本部业于感辰电转令计达。

二、本纵队为彻底肃清辖境残匪，永绝根株。同时建碉筑路清乡善后，以期一劳永逸计，兹定分区清剿部署如次：

三、朱师长率所部并指挥李国钧旅，应担任由宜春经嘲坑、田心、徐家渡、宜丰、双峰、逍遥至早桥附近之线（含）以东、及由早桥经甘坊、横桥市、富楼、高安之高邮市之线（不含）以南，再由宜春经分宜、新喻、清江（即袁水）之线（含）以北地区，东至赣江附近，为该师清剿地域，并积极清剿逍遥、天宝一带之匪。

四、岳师长率所部并指挥郭师之王旅，应担任自朱溪厂经渣津、程坊、港口、水羊坪、三都、黄岗口至双峰附近之线(含)以东，及由双峰至早桥附近之线（不含）亘由早桥经甘坊、横桥市、富楼、高安至高邮市之线（含）以北，再由渣津至修水至武宁(即修河）之线（武宁城不含）以南地区，为该师清剿地域，并积极清剿石溪市、九仙汤一带之匪。

五、陶旅长率所部并指挥现驻平、浏部队及保安团等，应担任自朱溪厂经渣津、程坊、港口、水羊坪、三都至黄岗口之线（不含）以西，及由黄岗口附近经上坪、西坑、梅洞、陈家坊、严坪、铁岩关至文家市之线（含）以北地区。南北两方与友军连络，为该部清剿地域，并应即以主力积极进剿匿踞黄金洞、台庄、幽居、靖林、山鸡坳一带之高匪，应由西向东清剿，该旅部应即日进驻铜鼓。

六、何主任所部，应担任由嘲坑经田心、徐家渡、宜丰、双峰至黄岗口之线（不含）以西，及由嘲坑附近经土岭、山田、株潭、黄茅至铁岩关之线（含）以北，再由铁岩关经严坪、陈家坊、西坑至黄岗口之线（不含）以南地区，为该部清剿地域，并肃清船市、东江一带之散匪。

七、刘建文团应担任由嘲坑经土岭、山田至株潭之线（不含）以南，及由株潭附近经获富、鱼龙、坑西、观前、芦溪至市上之线（含）以东地区，东南两方与友军连络，为该团清剿地域，置重点于新大两里、宜风、芦溪、金瑞等处，积极清剿散匪。

八、危专员所部保安团队，应担任由市上经芦溪、坑西、获富、株潭、黄茅、铁岩关至文家市之线（不含）以西地区之清剿任务。萍乡警备及由安源至醴陵铁道之维护，仍由李湘淋团之两营担任。

九、各部须努力肃清散匪，积极构筑碉堡，其应构筑地点，即按照前电规定办理，并督促地方组织民众，均限一个月内完成。

十、修平公路，仍由岳师及邓旅分段负责完成。浏方公路，着改归何主任负责督促完成。袁水沿岸建碉，着改归朱师负责督饬完成。其余锦江、修河沿岸建碉及新喻、高安至武宁间之直线碉堡，均按以前规定进行。

十一、在陶旅未接铜鼓城防及王旅未回驻渣马以前，所有铜鼓及渣马防务，仍暂由岳师负责。

十二、关于防务交替接收，均应妥为协商办理，切勿疏忽。并限世日以前部署完毕具报！为要。此令。

三月世日，下达谭（道源）军长、朱（耀华）、岳（森）、李（觉）三师长，何（平）主任、陶（柳）、邓（南骥）、李（国钧）三旅长，刘建文团长世申参行电令如次：

（第二十号）

一、感午参机电（即第十九号作战命令）计达。希各按照计划，如期完成部署，积极清剿。

二、岳师应于该清剿区内之程坊、港口、东流港、水羊坪、漫江、麦苏、山口、大塅、石街市、郭城、何家咀、沙窝铺、石门楼、九仙汤、石溪等处构筑碉堡。

三、朱师应于该清剿区内之上梅、彭源、找桥、逍遥山等处构筑碉堡。但属于岳师线上之横桥市、甘坊两处碉堡，应由该师负责督建。

四、陶旅应于该清剿区内之台庄、靖林、幽居、棋坪坳、汤塘、胆坑、高桥、官舍、山枣岭、黄金洞、上庄等处构筑碉堡。但陶旅未接防铜鼓以前，所有铜属境内碉堡，仍由岳师负责继续构筑。

五、何主任应将该清剿区内各处未成碉堡，继续完成。

六、刘团应于新大两里及茅店附近各处未成碉堡，继续完成。

七、所有各处碉堡，统限于四月删日以前构筑完成，并应各架设电话网、肃清散匪，组织民众，俾靖地方。

八、凡在半匪区内未成碉堡，每座由本部发给补助费洋伍拾元，希各妥为计划，绘图造册具领！为要。

上八项。

（三） 剿匪战斗经过

一日，据岳师长森俭未电称：

"感未戌两电奉悉。顾虑周详，谨遵意旨部署如下：

一、两李团除白沙坪、沙窝里、山口、何家咀留驻一小部外，其主力集结于晏公殿、葡萄津之线，管团除以一小部留驻观前、带溪外，其主力集结于大堰，扼要选定阵地，构筑据点，随时互相策应。

二、白沙坪、沙窝里、观前、带溪驻军，不断向东南各地威力侦察匪情。

三、山口沿铜鼓河以南，不断派队巡逻，并断绝东西交通，免除匪与萧匪会合。

四、两李团均归文副旅长指挥。谨复。”

据朱师长耀华东未电称：

“职率各支队本午正抵石溪，闻匪（萧克股伪十七师）已向旱桥方向逃窜，即令各支队向西搜剿。现钟支队在七里与匪接触，战斗颇烈，恳钧座即派飞机来此协助为祷”。各等情。本部接到以上情报后，当即下达李觉、彭位仁、岳森、朱耀华四师长命令如次：

（参看第十四号作战命令）

又据朱师长耀华东酉电称：

一、东未电计呈阅。据钟支队长报告：“顷与我部接触之匪，业经击溃，纷向八洞方向逃窜。毙匪百余，俘九名，夺枪卅余杆，粮食行李五十余担。职部伤亡十余员名”。又据俘匪供称：“匪大股昨晚窜小洞，此间只七八百枪。又云：伪十六师大部在此，并各处游击队均来集合。昨闻国军追抵罗家坳、澡面铺，乃由石溪移伏七里山、山东、庄溪、沙坪各处等语。除易支队当以一部增援钟旅外，其余尚向两侧远远搜索中”等语。本部当即电复嘉慰，并饬继续搜剿，严密防匪北窜矣。

二日，本部为防匪北窜计，特下达岳师长（森）命令如次：

（参看第十五号作战命令）

据岳师长森东午电称：

“顷据辽田电称：‘高匪人约二千，枪约八百支，本日经辽田附近之温汤向黄沙西窜’等语。此间无兵派往堵剿，已令渣津、马坳驻军严防。谨闻。”等语。本部当即分电郭师长汝栋，并饬该师长督部猛力剿办具报。

又据岳师长森冬辰电称：

“高匪全部，东由温汤窜抵南茶、小流，萧匪东经朱师在七里山击溃后，尽夜西窜。午日午前八时，据何家嘴电话报告：‘郭城已发现萧匪部队约二营向何家咀前进，现距何家咀仅八里’等语。恳饬朱师迅速尾追，谨先电呈”等语。本部为防萧、高两匪乘隙会合西扰平（江）、浏（阳），北犯崇（阳）、通（城），并期觅匪主力合围夹击，毋任脱逃计，除电请总座饬湘鄂边境驻军预为集结通城、通山之间，以资屏捍外，同时严令岳师长迅集结兵力，妥为部署，防匪北窜。如匪西奔，应乘机腰击，以迟滞其行动。朱师长率所部侦踪继续追剿。李师长率所部应变换目标，经黄岗口向铜鼓以东地区相机侦匪攻剿，并防匪向平（江）、浏（阳）窜扰。彭师长率所部转向找桥、观前方向侦匪攻剿矣。

三日，据岳师长森冬午电称：

顷据彭旅长东戌电称：“一、顷管团长报称：‘祥云山到有枪匪五百，其前哨离观前三里。又甘坊有枪匪两团。’二、卢县长报告：‘幽居方面，匪仍盘踞未动，前窜往靖林之伪独立团，枪匪百余，俭申已窜回港口。’三、除令管团严防并各继续侦察外，谨闻”等语。除饬详加侦察相机剿办外，谨闻。”

又据该师长冬未二电称：

据文副旅长电话报称：“今晨由郭城方向窜来股匪千人，午前十时已与我何家咀守碉部队接触，现尚在相持中。该处仅兵一连，已由山口抽兵一连往援，未刻可到。查本师兵力已集结于黄岗口、大段、葡萄津之线，修南空虚，无兵堵剿，恳饬追击部队速进，以免该匪漏网。谨呈”。

又据该师长冬未四电称：

“一、综合各方报告：萧匪主力似在甘坊，一部已至麻洞、郭城附近，以图牵制。刻正由文副旅长派兵侦剿该两处之匪，主力仍扼大段、山口、黄岗口一带防堵。二、沙窝里、铁门栈、白沙坪至九仙汤之线，均扼要筑有工事。现朱师即到石溪，防止该匪北窜。则沙窝里诚宜注意，已令九仙汤附近白沙坪之邓营移驻沙窝里，加强工事，严密防堵，并时向茅竹山、清凉山、石坳方面威力搜索。谨闻”。

又据该师长冬酉电称：

“顷据彭旅长冬电称：‘萧匪西窜，势有可能，本旅管团已撤归文副旅长指挥，彭、张两团分防星散，绵亘达二百里，有警固无法调集，配备到处薄弱。又山口、土地坳、坪界、哨前街为铜黄交通要点，实匪西窜所必经之道，刻无一兵，深为顾虑。拟请转恳将徐家渡、芳塘、芦家洲、黄岗口等处防务，另派部队接替，以便抽出张团集结于土地坳附近，以资应付，可否？乞示’等语。谨电呈核”。

据彭师长位仁冬酉电称：

“职部今酉抵同安。甘坊、黄沙坳无匪情，彭源亦仅有零匪出没”。

据朱师长耀华冬酉一电称：

据钟部拿获匪探供称：“匪大部昨伏百丈山，因我昨晚未跟追，已开往大竹坪。”据李部游击队报称：“潜伏温沙坪之匪千余人，今拂晓前退去。”据带匪赴大竹坪之土人云：“大竹坪之西出黄沙港，亦有小路经上安出九仙汤以北”等语。查九仙汤无驻军，职深恐匪再窜，本拂晓特派易支队星夜赴九仙汤以北扼守上安去路，其余仍留石溪，候消息再动。惟兵力分散，不便作事，恳令别师迅派队进驻九仙汤，俾易部速还建制”。

又据该师长冬酉二电称：

“顷据文副旅长电话：‘围攻何家咀之匪，因山口及沙窝里所派增援部队到达，分向该匪夹击，已向南窜’等语”。

据岳师长森冬亥电称：

本辰萧匪一股约千余，由郭城进犯何家咀，围攻碉堡，经彭旅由山口抽派罗营长率兵往援，至午后六时，始将该匪击退向东窜逸。据沙窝里邓营长电话报称："该匪现踞沙窝里仅五里"。又据上杭探报："本日午后五时，高匪一股，枪约二百余，由南茶窜踞，距上杭六七里之处" 各等语。现本师主力均集结于金鸡桥至大段之线，其余各地仅留团队或少数军队，防剿均无力量。恳饬各友军急进，以免萧高再度会合。除严饬各尽力防堵并侦确匪之主力，以便进剿外，谨闻。

又据该师长江辰电称：

"一、萧匪江寅由郭城、何家咀一带向山口进攻，大部由麦苏以北偷渡铜鼓河西窜，详情续报。现文副旅长率李邦藩团及李炎林团之一营跟追，刻在漫江与该匪激战中。除调大段管团急进援助外，恳即派飞机轰炸，并饬李、彭、朱各师速进。二、高匪已窜抵蒲口。刻据马坳电话报告：雅雀尖附近已发现匪踪。正发电间，又据渣津电话报称：大港弦有枪匪千余，现正集合中，企图不明等语。谨闻"。

又据该师长江午电称：

"一、萧匪渡过铜鼓河后，已与徐匪彦刚会合，刻与我三百团全部及二九八团之一营在漫江之铁毛尖、洞下、沙溪苦战中。匪众约四千，将文部四面包围，我文副旅长与李团之连络被匪截断，已飞催大段管团向漫江急进，本申可达。文部阵地尚佳，已令努力抵御，抑留该匪。二、高匪一部，顷围攻马坳北端之雅雀尖，该处有兵一连及团队一部，已抽调沙窝里邓营前往援助。该处工事甚坚，兵虽少，尚能固守。三、赣西北之匪，现均聚集于修铜中间地区，恳迅催朱、彭、李各师急进，并电陈纵队司令派兵会剿，以期聚歼。"

据李师长觉江午电称：

“一、职率部本午到达黄岗口，据岳师张团长报称：‘萧匪本晨四时由修属附近渡河西窜，高匪昨晚窜抵修属上坑’等语。二、职正设法向岳师连络，确侦匪情，拟明日率部向铜鼓觅匪截击。朱、彭各师追剿情形如何？乞电示。”各等语。本部除将各方所报情况，互相电知，并电请总座饬第三纵队迅即集结兵力于崇通一带防匪北窜外，当令李师长（觉）率所部到达铜鼓后，一面侦匪兜剿；一面屏障平、浏。彭师长位仁率所部到达找桥后，迅即转经带溪、大塅进至铜鼓以北地区，堵匪南窜。朱师长（耀华）率所部猛力跟剿，岳师长（森）督饬所部奋力攻剿。又岳师长所请将驻芳塘、芦家洲之部队调集团结一节，令由该师长视情况如何，相机处理矣。

奉委座冬酉行战一电开：

“两感未参电均悉。追匪要领：一、迅速勇猛，到处予以痛击，使匪无喘息余暇。二、秘密行动，出其不意，加以袭击。三、度匪必经之地点，先行秘密部署，适时兜剿之。四、一部与之接触，同时令一部速迂回堵截其去路，各级官兵，先宜知晓。今尾追部，既已距敌甚近，理应急进痛剿，何得遽行停止。似此永远与匪保持相当距离，追亦何用。着即督励该师勇往前进，并查明不得力人员呈报前来，当予严办。”等因。除呈复外，当即转令各部遵照毋忽。

四日，据岳师长森江戌电称：

据文副旅长江西派李训练员仲凡由山口电话报称：“管团于午后三时赶到山口，即赴漫江向该萧匪夹击。至午后五时，将匪阵地突破，匪之一部向沙溪移动，其余仍顽强抵抗，截止现在止，尚在相持中。毙匪甚多，获械亦甚多。但我军亦伤亡近百”等语。余情续报。

据彭师长江戌电称：

“一、职师本日进至白云寺、双填、甘坊一带，沿途经过沙石、脑里、陈家坳各处，均有伪独立团及伪补充营枪约三百余，人倍之，抵抗均被击溃，稍有斩获。我阵亡特务长张鸿吾一员。二、据报：天平坳、大埠桥、仰天窝、黄沙一带山中，均匿有匪部，综合枪械八百余支。三、明晨遵令经早桥向大塅前进。”

据岳师长森支丑电称：

“江日所呈各电计达，萧匪与两李团、管团在漫江激战一日，我军因占领铁毛尖高地，得地形之利，匪虽四面包围，仰攻不易，死伤甚多。自管团赶到加入战线后，匪一部即向沙溪移动，余仍顽抗。据文副旅长支子电话报称：‘黄昏后，战况尚烈，干时后，枪声已稀，战况渐趋沉寂’等语。判断该匪必经沙溪、檀树坳，西窜港口、幽居。当即令以管团为追击队，于支日拂晓以前，向该匪尾追。以两李团在管团后跟进，务于两翼以小部极力活动，迟滞匪之行动，多方抑留该匪，俾友军赶到会合歼灭之。并已电约十九师支日由黄岗口、江头、罗坊、港口，向该匪夹击。”

又据该师长支午电称：

“顷据文副旅长本支晨电称：‘萧匪经西峰岭西窜，高匪又窜至渣马附近。职以横截两匪会合之目的，本日由漫江经程坊、东渡港进抵靖林、台庄之线。俟友军到达相当地点，即协同向匪围剿’等语。谨闻。”

据李师长觉支未电称：

“一、职本未率部到达铜鼓，由电话与岳师长连络。据云：萧匪尚在港口及以西北一带，高匪现窜到渣津、马坳一带。又据一四八旅派出侦探回报：萧匪昨晚由港口向阴朝上、上坑、幽居窜走等语。二、我朱师昨晚已到观前，职正设法确侦匪情，拟明日经石桥向铜鼓西北地区觅匪截击，并兼顾平、岳。彭师情形如何？希即电示。”各等语。本部期于修、平、铜边境聚歼该匪起见，特下达郭副司令（汝栋）、朱（耀华）、彭（位仁）、李（觉）、岳(森)各师长命令如次：

(参看第十六号作战命令)

五日，据岳师长微未电称：

据文副旅长支酉电称："萧匪经我在漫江击溃后，经西峰岭向靖林逃窜，本旅今晚进抵桥头宿营，明日拟经程坊、东渡港向靖林侦剿"等语。

据朱师长耀华歌申电称：

职与各支队昨宿营石街以西之胡家庄、南洲、古家桥一带。今午未陆续抵山口。综合各方情报：萧匪似在靖林附近，伪四七团已窜幽居。但港口、箬溪仍各有匪小部，萧、高二匪，此时或已会合。闻彭师已到大塅，职拟明拂晓向靖林前进。

据彭师长位仁歌戌电称：

"据报：萧匪江夜由漫江窜港口。支巳已与幽居徐匪彦刚会合，现踞港口、幽居一带，高匪现经七里山、靖林南窜，与萧徐两匪会合。职师本日进抵三都一带，明晨遵令向目的地前进"。

据郭副司令汝栋微戌电称：

支戌参电令奉悉。(即第十六号作战命令)谨当遵办。惟职今微日率李旅由留咀桥出发，于申到辽田。王旅今日在蒲口街，刘旅在浓溪。复查由辽田经三都、修水、马坳、渣津以至朱溪厂，路途百八十余里，而钧令又系今申始到，以时间路途计之，恐难如限达到。事实可按，非有诿饰，惟有兼程迈进耳。

据李师长觉微亥电称：

职率部于本日抵白沙及东门市，即拟经高岭或高桥进至长寿。因据询该处山岭重叠，允沦匪化，人烟稀绝，物资缺乏，其道路多被挖断，军行给养，均极困难，始改经梓茶坪、上庄、东门市转长寿街。讵梓茶坪、上庄一带，房屋倒塌，道路桥梁，均被拆毁，经先头部队收复，始克通过，故迟至午后九时始达目的地。职为兼顾平防计，拟虞日由东门出发，经长寿、山枣岭、万寿宫直捣幽居。查上庄为匪南窜要道，拟派兵一营在该处构筑坚固工事凭险堵剿，以免窜逸。各等语。本部当即分别电复矣。

又本部为防萧（克）、高（咏生）股匪被迫四出逃窜，并期于修、平、铜边区狭小地区内将该匪聚歼计，特再电令各部务遵照本部支戌电令(即第十六号作战命令)，于虞日拂晓各按任务施行，并令朱（耀华)、彭（位仁）两师极力防止土匪向东南窜逸。李觉师极力防止其向西南窜逸，并兼顾平（江）境安全。郭（汝栋)、岳（森）两师防堵其向东北及西北窜。并令各部如匪万一逃窜时，应即跟踪追剿，毋使兔脱矣。

六日，据郭副司令汝栋鱼寅电称：

微戌电谅达。职部王旅率一五一、一五二两团，今拂晓出发，限今晚赶到马坳。同时职率李旅由辽田出发，兼程前进，拟今晚赶到修水西之杭口。刘旅今晨系由澧溪出发，晚间可赶到修水城。时间路程，难于如限，非有诿饰，当蒙垂察。除王旅能遵限到达外，职率余部可尽明午前赶到指定地点。是否？乞示。等语。本部当即电复告知朱、彭、李各师均已到达指定地点，希饬属速赶至程坊、渣津之线并置主力于朱溪厂附近，防匪北窜。

又本部综合昨今两日情报，为一劳永逸计，特下达郭汝栋、朱耀华、彭位仁、李觉、岳森各师长命令如次：

(参看第十七号作战命令)

据邓旅长南骥江未电称：

“据投诚匪张偬云、蒋得甫等供称：‘幽居踞有伪五六军总司令部、军政治部及给养特务大队、伪四七团。子庄坪踞有伪湘赣省苏及男女学生队共三连，枪约三百、兵工厂、医院、两独立师，每师枪约三百余，又有平、修、铜游击队并特务两队，共枪千余’等语。”

又据该旅长鱼未电称：

“据探报：‘一、山鸡坳、上下杉、子庄、幽居等处之匪，昨开军民大会，准备向我进攻，但方向不明。二、上下杉、幽居之匪为伪红三师、萧克十七师。子庄之匪为高咏生十六师。三、沙磅里之匪已退去，幽居之匪未见踪迹。闻黄金洞到匪约二千。四、匪之大部在修水之大龙山、角罗山一带。其机关部队及匪区居民均畏我飞机轰炸’。各等语。”本部当即转电各师知照。并令详侦匪踪，遵照本部鱼午（即第十七号作战命令）支戌（即第十六号作战命令）各电令猛力围剿矣。

据李代保安司令觉鱼未电称：

“查萧、高股匪经我军围剿，已于支江两日先后窜集于马坳、渣津、幽居、靖林一带。顷据邓旅长电话报称：‘微晚黄金洞发现枪匪约四千’等语。是该匪大有西犯模样。职为预防计，已分别处置如下：一、令平岳军团严密戒备。二、令罗区司令督饬所属将岳临碉堡工事星夜加工完成。三、令驻湘东桥之警备团蒋营迅速回省待命，所遗防务由贺团长石生斟酌派队接替。四、令曹团长明晨亲率该团驻宁乡之一营开省待命。五、令刘区司令将集中常德之两营兼程开省待命。六、职微日到东门市指挥。”

据朱师长耀华鱼申电称：

“职遵于今晨率各支队经沙溪、檀树坳、瓦窑坪进到港口，另以一部派赴双港与许洋坪彭师取连络。二、昨闻匪集港口，顷抵港口闻匪于昨向幽居方向窜去。三、自檀树坳至港口，均系破瓦颓垣，无人民无食物，闻幽居更甚。四、拟明晓向幽居进攻。”

据岳师长森鱼中电称：

“据文副旅长歌电称：‘职率部本晨由桥头出发经程坊、黔原、燕窝岭向东渡港侦剿前进。午后二时，管团占领东渡港附近之故家岭、冷家一带高地，与靖林窜来之匪游击队稍有接触，旋即向东源方向窜走。二、据杨团长报告：‘高匪支晚经塔头南窜，高、萧两匪已经会合’等语。本旅行动，拟俟各友军到达相当地点，再行会剿”等语。查该旅李邦藩团此次漫江之役，伤亡甚多，尚须整理，已令与杨团交换任务矣。

据彭师长位仁鱼戌电称：

一、"据报萧、徐、高股匪仍踞幽居、靖林一带。一部枪约二百余，本日由港口窜扰罗坊，现踞何家榨。二、职师本日遵命进至指定地点集中，已于朱师取得连络，明晨向幽居进剿。"各等语。本部当即分别电复令各遵照前定计划努力围剿矣。

七日，据岳师长森阳午电称：

"一、文副旅长所部已遵支戌电令于鱼日部署完毕，曾于鱼戌电具报。二、郭师阳午始抵子坳，已由电话商定接替渣、马、程坊防务。三、已令文副旅长所部将渣、马线防务交由郭师接替，酌留两营分驻杭口、山口、何家咀各地外，其余均限于本日集中东渡港附近，联络朱师向靖林进剿矣。谨闻。"

据郭师长汝栋虞申电称：

"职以王旅长率两团及左营驰朱溪厂，复询得历次匪窜多由塔台，故以李旅四营驰塔台，至刘旅则三营驻程坊，一营驻马坳，余两营随职驻渣津。"

据朱师长耀华虞酉电称：

"职率各支队今晨由港口出发，至上下坪即与萧匪之一部及独立团接触，节节抵抗，均被击退。所经各处，山势险峻，道路崎岖，酉初始抵幽居，匪向山溪坳、毛岭方向窜去。职拟明早继续侦剿。李、彭两师尚未来此，想系另有匪情。"

据邓旅长南骥虞酉电称：

"一、奉钧座支戌电令饬职部应在龙门暨长寿之间堵匪西窜，并兼顾平境安全。等因。遵即于龙门、长寿之线扼要配备，并集结周昆源团于长寿、嘉义之线应付各方，保护平境安全。二、长寿、龙门工事均极巩固，暂保无虞，乞释钧念。"

据彭师长位仁阳戌电称：

"一、职师本日由水洋坪经罗坊，棋坪坳向幽居进剿，申刻行至小黄附近，遇伪独立二师及伪红校，枪约六百余支，恃险抗战，经我杜旅击溃，向噪头窜去。是役毙匪数十名，获枪十一支。二、据报：幽居股匪，本晨他窜。洞上、金鸡、噪坑一带大山中匿有匪部，刻正搜剿中。三、职部本日进至塘湾、棠坪坳一带，明晨续行进剿。”

据李师长觉虞戌电称：

职率部转道经黄金洞搜剿，沿途均有延搁，本酉到达胡田、官舍一带，拟明早继续侦剿，各等语。本部当即分别复令详侦匪情，互取连络，继续搜剿，务期歼灭。并令郭副司令特别注意朱溪厂，防匪向西北窜逸，朱师与岳师靖林部队切取连络，防匪向东窜逸矣。

八日，据邓旅长南骥虞亥电称：

据报：“高咏生伪师部现驻台庄，伪六十六团与六十七团驻上下杉，枪约一千余支。伪湘鄂赣省苏驻芦葫口，县苏在石灰洞。又夏家洞与黄金洞间之大树雷有匪千余，枪约六七百，杨为尖有匪二百，枪六十余”等语。本部当即转电各部知照并饬严密侦剿矣。

据岳师长森庚辰参电称：

据文副旅长阳电称：“职于本日午后一时由渣津出发，午后四时到达东渡港附近，即令杨团占领黄桎山及以南一带高地，管团占领田家及以南一带高地。两李团刻尚未到达，拟控置于东渡港以北之故家岭一带高地，旅部在东渡港北端，即以北部署彻夜，明晨午由现在地向靖林侦剿前进”等语。谨闻。

据郭师长汝栋庚巳电称：“虞申电谅达。顷据王旅长庚辰电告：‘职自昨抵朱溪厂后，因虑匪由朱溪厂、塔台向北窜，故不断派队游击。晚十二时，果在塔头遇高、萧股匪由靖林经塔台向古市岭北窜，当饬一五一团迎击，该匪一面抗战，一面冲过，其在后者为伪十七师，此刻正与一五一团激战中，职立率一五二团赶赴增援’等语。职刻在渣津，闻枪声极浓密，以方向判断，在塔台与古市岭之大桥附近，职已令在渣津新七旅之一团由李旅长率领向枪声浓密处飞速增援。余续报。”

据岳师长森庚未电称："据文付旅长庚午电称：'一、职率所部于阳晨进占洋许源之线'，拟本晨遵令向靖林侦剿，本早四时忽闻塔台方向步机枪声甚烈，即率所部驰赴塔台方向追击。午前六时开始移动，八时许，我先头抵长田湾附近时，匪已经太平岭北窜，我郭师两团先向该匪追击中。二、据萧匪投诚枪匪兵两名供称：'北窜之匪，系萧匪之四九、五十、五一三团，经塔台我军截击，计被击溃逃散约一营，高匪经我军截断，仍折回向南狂窜'等语。顷间，长田湾以南我飞机轰炸声甚多，殆系轰高匪，该机已越长田湾向北侦炸中。三、本旅现在长田湾附近停止，向南或向北跟追，抑由朱溪厂渣津间诸剿，乞迅电示遵。'又接郭师长电话：属本部即接替渣津、马坳、程坊一带防务，其主力仍集结于长田湾附近，严防高匪北窜。谨闻。"

据彭师长位仁庚戌电称："职部刻抵铜鼓、排埠间之丰田。据排埠陈团长电话：今早白沙东门达浒一带尚无情况，惟张坊电话不通。职部决于青晨向排埠、上洪、张坊急进。一切机宜，恳时示知。"

据朱师长耀华齐戌电称："一、昨闻匪窜山溪坳，职本晨率各支队由幽居向山溪坳进剿。旋进抵山溪坳，俘伤匪三名，据称伪十七师独立师昨晚确由山溪坳向长寿方向窜去。此令各部追进，刻抵汤塘、苦竹坳一带，李师亦在此间，并未遇匪，想系匪过三溪坳。因李师在官舍附近，即窜入山谷中，亦未可知，正派队分途侦察。但各部所携粮食，昨日已尽，匪区无从采买，只得各派员兵赶赴长寿附近购足三日。二、部队连夜露宿，师旅部亦然，且匪区居民尽被匪胁迫，匪情尤难侦察。三、彭师未能连络，钧部所得各情况，乞即示知。"

据岳师长森庚亥电称："据文付旅长庚酉电称：一、据俘匪供称：'萧、高二匪，因我军由东西南三方围剿，又以本师逼靖林，阳晚由靖林经台庄、上下杉北窜，并在上杉附近休息用餐，以本师集中南进，塔台、朱溪之间决无我军。不料餐毕出动，即遇我军迎头堵击，萧匪狼狈狂窜，大股已窜过，尚有小股截断折回南窜。’又据另一俘匪供称：‘由上杉餐毕出动北窜时，系高匪在前，萧匪在后，高匪已完全北窜，被我截断折回之小股，系萧匪约一团’各等语。二、北窜之匪分两股，一由塔台经古市岭，一经大桥。郭师王旅跟大桥一股追击，郭师由渣津派兵三营向古市岭截击。本旅派李炎林团协同追剿，刻在汪坪山附近激战中。三、杨团在朱溪、塔台间，管团在塔台、沙窝街间，并派一营向沙窝街以东防堵，李邦藩团接替渣马防务’等语。谨闻。”各等语。本部除据情转报委座暨总座外，当即分别复令彭师长迅率部北进侦匪协剿，朱、李、郭、岳各师应互取连络，详侦匪踪，协同继续跟踪猛剿矣。

九日，奉委座佳子行战一电开：“流匪追剿之法，应改用扼要埋伏，不宜布置阵地，明张旗鼓，正式堵截。至于扼要埋伏之法，当预料匪必奔窜方向，先行其进入阵地，待其本队到达，然后起而夹击之。若我军先将重兵防守，则匪必他窜，而我又须穷追。因流匪惟一策略，乃在寻无防之境乘隙而窜，故我军此时防剿流寇，应与前剿匪战术略加更动，当用暗中埋伏，使其不意以为我无防兵，则彼必放肆急进，乃可一网打尽，希多用此法！为要”等因。本部当即转令各部切实遵行，杜匪流窜矣。

据郭师长汝栋佳午电称：“昨晚今晨，连据李、王电告：一五一团驰与匪战时，匪一面抗战，一面冲过，大股初窜朱溪东之河坪，经阻截击，匪乃转北窜古市岭，王跟追，李亦到，匪亦用机枪十余，扼险顽强抵抗，经我李、王联络猛击，匪始向画坪逃窜。是日激战约六七时，毙匪六七百，王获枪廿四支，俘匪十八名。但该旅亦伤官五，伤亡士兵廿余名，李斩获特多，计获机枪一，花机关三，步枪一百九十三支，俘匪百余。但该旅亦炸伤营长一员，负伤连排长廿余员，伤亡士兵百余，余乃努力追剿中。正译间，又据前线电：昨夜我军已追至画坪，匪主力退古源，尾队居桃花尖、牛牙山顽抗。职今已对五十师取得连络，拟三路进剿。窃职在防匪北窜，部署未坚，匪得乘隙。虽情势、兵力所限，究竟实难辞咎，并请钧座加以惩处。除誓向该匪猛追痛剿外，谨闻。”

又据该师长佳申电称：“佳午电谅达。萧高匪主力仍在古源，一部在桃花尖、牛牙山。我与匪绵密保持接触，一面已商得岳师文旅同意，拟三路进剿。一、文旅率两团到古市岭，以一部在上中下画坪之线展开作佯攻，以二九八团控置大港弦，策应刘旅。二、调分宜刘旅赶到大港弦即经杨津向古源进剿，有激战，请二九八团增援。三、王旅由牛心尖附近前进，先驱逐牛牙山匪后，向古源进剿，右翼设法与刘旅连络。四、李旅为总预备队。五、俟各部迅运队毕，即下令进攻。谨闻。”各等语。本部因该师所拟进剿部署尚合机宜，当即电复嘉慰并转报矣。

十日，奉委座歌申行战一电开：独立第四十三旅即调南昌，永修至柘林间沿修河防务，着归独立六旅邱卓云团延伸担任。自柘林（不含）以西经武宁至三都（不含）着廿六师第七十八旅派队承任。自三都（含）经修水、坑口、马坳至津渣（含）间，着归第五十师派队承任。自永修经武宁、修水至渣津沿修河南岸所有渡点及重镇，应各速修碉堡，由所在地之军队或地方团队防守。次要者，修土堡，由团队或义勇队防守，应归地方修筑，并归军队负责设计指导督促，统限本月底完成，沿修河两岸，如有残匪，应将各防守部队切实游击清剿，遵办情形随时具报。

又奉总座佳申西参机电开：

“命令：(一)综合各方情况，萧、高两匪在幽居靖林一带，被我军节节围剿击溃后，于齐辰窜至朱溪厂、塔台之间，企图北窜。当经我郭师王旅堵击，激战颇久，毙匪甚多。旋萧匪得突围北窜，高匪仍折回南窜。二、本部为分别歼灭各该匪计，特部署如下：(1)着岳师全部、郭师长所部及李师之四四团由陶支队长率领迅速尾匪北进，归陈纵队司令指挥，协同三纵队进剿萧匪及鄂南残匪。但陶支队须竭力防匪西窜，而兼顾湘鄂路之安全。(2) 着彭师自龙门厂（不含）起至武宁（不含）止，在修河沿岸择要布防，绵密构筑碉堡及工事，堵截萧、高两匪南北流窜。(3) 着朱师长所部以一部接收岳师修河以南防务，以大部搜剿高匪及其他散匪。(4)修河（不含）以北之匪归陈司令，修河（含）以南之匪归刘纵队司令分区负责统筹布置进剿，均系于最短其间将其歼灭。上四项，仰即分别遵办具报。此令。”各等因。本部为遵令防匪南北流窜及肃清各处散匪，构筑碉堡，组织民众计，特下达朱（耀华）、彭（位仁）、李（觉）、岳（森）、陶（广）各师长及何（平）主任命令如次。

（参看第十八号作战命令）

据彭师长位仁灰卯电称：“一、土地岭至胆坑山道，破坏甚大，竟夜修筑，奏功大半。职师青晚在土地岭、石桥宿营。”

二、奉总座佳申西参电节开：

“着彭师自龙门厂（不含）起至武宁（不含）止，在修河沿岸择要布防，绵密构堡及工事堵匪南北流窜等因。三、职部准灰卯兼程向修水前进，沿河友军原防，是否接替？并一切布防建碉堵截机宜，恳乞电知，俾有遵循。等语。本部当即电复令按照本部灰申行参电令（即第十八号作战命令）所示办理矣。”

据岳师长森灰辰电称：

“顷据文付旅长佳申于古市岭电称：‘桃花尖、汪坪山一带之匪，经我二九八团及郭师部队击溃后，佳晨经画坪继续向枯源、杨津一带北窜。现饬部均已集结追剿，本旅决以管、杨、李各部于灰日拂晓以前经狮毛岭、大港弦、溪口向九曲岭以西截击。等语。谨闻。”等语。本部当即电复饬依照本部灰申行参电所示（即第十八号作战命令）率全部迅赴事机，侦踪北追。

十一日，据彭师长位仁灰戌电称：

“一、职部本晚抵葡萄津、鹤孔一带宿营，其真晨向修水前进。二、接岳师长电话：‘股匪尚窜匿大源，距马坳五十里。我郭刘岳等部正攻剿中’等语。”

据陶旅长柳真辰电称：

师长(即李觉)已于本晨返长，部队交职指挥，拟文日由长寿沿平、岳边境北进，以后追剿情形，当随时电报，恳钧座随示机宜。朱师本日仍在胡田岭上等处待命。谨闻。各等语。本部当即分别电复希依照灰申行参电令（即第十八号作战命令)迅赴事机，以期早日完成使命。

又本部因灰申行参电所指定各部之筑碉地点，多系半匪区，征集材料，雇用工人，不无困难。特规定每碉准暂津贴五十元，以期速效，当即分电各部遵照矣。

十二日，据彭师长位仁真亥电称：

“一、接岳师长电话：‘萧高股匪及伪独立第一、二、三、九等师已由古源窜芦市，有向尊村东窜模样。’二、职师本晚到达征幡、杭口一带宿营，准明文晨先派章旅全部及三都杜旅一团向渣、马前进，余暂向修水城附近集中。三、修河沿岸防务及建碉肃清散匪一切计划，候职到修时，详拟另呈。”

据郭师长汝栋文辰电称：

“职督刘、李、王各旅昨真向大源、芦坊搜剿前进，栋率王旅宿横桥巷，李旅宿大源，刘旅宿岳口，侦得萧匪窜四都港，真又回窜港口。职昨奉纵队司令陈灰酉参机电，遵奉总座佳中酉参机电后，拟出新的剿匪部署，因岳、陶、冯各友军须得新的位置，合剿始成，免匪横窜，变更部署。故拟令文暂就原地待友军，一面已嘱辽田、横石潭部队向西侦察匪情；一面寻附近之匪搜剿。谨闻。”

据彭师长位仁文戌电称：

“一、据报：股匪等仍窜踞大源、芦市一带。二、职师章旅本未到达山都，杜旅戴团明晨可抵渣津、马坳等处，其余各部均集结修城南岸，正侦察各处地势，计划部署筑碉中。”各等语，本部当即分别电复饬努力剿除残寇，绥靖地方，完成使命。

据陶师长广文申电称：

“据安福王旅长育瑛灰酉电称：昨佳酉据探报：‘庚早被我击溃之伪北路独立团及游击队，枪约四百，人约八百，机枪两挺，佳申窜集离枫田约四十里之南陂’。职遂令方营长率兵六连及第二队亥刻由枫田出发，向该匪进剿，今未据方营长归回枫田电话报告：‘黎明到达南陂，与匪接触，经我第三、七、八、九连猛冲，激战两小时，将匪击溃，比即猛追，匪且战且逃，职追至塘东附近始止。是役，夺获匪枪八支，毙匪约六七十名，生获四名’等语。谨闻。等语。本部当即电复嘉奖。并饬继续搜剿，以竟全功。

十三日，据岳师长森元辰电称：

“据彭旅长文申电称：‘据大瑕王代营长报称：本晨有伪独立一师号称四团，人枪五六百，由逍遥窜抵双坑。原驻该处守碉之区义勇队闻风逃匿，致该碉楼工事被匪破坏。当由营长由大瑕抽兵一排，并派铜鼓保卫团第三分队增援，现正对峙中。又葡萄津以南之三箕岭同时亦发现枪匪数十，人约二百，现盘踞未动。’等情。谨闻。”等语。本部当即电复岳师长令将弃碉逃匿之义勇队长解部核办。其现在该处对峙之匪，应饬极力剿办，俟告一段落，即交由朱师清剿。同时电知朱师长并饬派兵搜剿踞三箕岭之匪矣。

据岳师长森元电称：

“据文付旅长本申由港口电称：‘萧高股匪，真窜纾龙港口之线，职率部于文晨向该匪围剿，以杨团由香炉山向纾笼、李管两团经鸳鸯坑向港口，本日均到达目的地，匪于寅刻已窜石桥铺。职旅现奉郭师长电令暂在港口，童家桥一带停止待命’等语。谨闻。”

据朱师长耀华元戌电称：

“职率各支队昨由湖田、汤塘一带向铜鼓前进，先头康团行抵噪头，遇前由小源窜来之伪红军学校及零星队伍，共三百余人，枪百余支。当予击毙匪数十，擒匪十余，夺获步枪七支，卅节机枪一挺，枪弹两箱，并油印机、军号、马刀等件，残匪向港口窜去。

因击匪故，昨夜亥刻始抵罗坊、棋坪坳一带宿营，今酉抵铜鼓，已令钟、李两部明晨分向西坑、黄岗口、山口大瑕等处接替岳师防务。职明日经黄岗口赴宜丰，易支队经黄岗口赴潭山。”各等语。本部当即分别电复矣。

十四日，据彭师长位仁寒午电称：

“职师奉令担任修河沿岸防务及建碉护路各事宜，并限于三月底完成任务。等因。兹规定由武宁（城不含）至三都一段，着第四十六旅旅长章亮基负责设计指导督促。由三都（不含）至马坳（不含）着第四十八旅旅长刘济人负责设计指导督促。由马坳至龙门厂（不含）一段，着第四十七旅旅长杜道周负责设计指导督促。统限本月十六日开工，卅一日全部完成。并饬各部限三月智日以前各将各段设计图案绘具赍呈。谨闻。”

据朱师长耀华由黄岗口寒戌电称：

“元戌电计邀钧览。何家咀、观前接防部队，今晨在铜鼓已令易支队派去，其他各处明日可接替完毕。岳师可于巧日集中修水，钟旅元日行抵山枣岭以东，遇携枪投诚匪三名，带引张团两营夜间赴幽居以南某山冲袭击徐彦刚所率匪五六百，枪约三百，今日归还铜鼓。据报：毙匪近百，获步枪二十三支，马克沁机枪二，与康团前日所获，共为步枪卅，机枪三挺。职明日经芳塘赴宜丰，唐团经双峰赴潭山。”各等语。本部当即分别电复嘉慰矣。

十五日，接陈纵队司令继承删巳电令：

“顷据郭付司令寒电：‘萧匪经我军围剿，复于元晚回窜至通城东四十里之上下高枝一带’，恐其复向南窜，请兄对古市岭方面派队设法堵击为盼。”

据李师长觉删巳电称：

“顷据陶支队长柳由龙门厂电话：‘职遵令率部于昨抵龙门厂，本晨率部东北进约三里地，即与萧匪遭遇，现正激战中，已夺获机枪一挺，步枪约百支’等语。除令陶支队长务将该匪歼灭并令驻长寿周团集结所部相机应援外，乞飞令各部猛进围剿，以除凶顽为祷。”

据彭师长位仁删巳电称：

“一、据戴团长鼎甲辰刻由渣津电话：‘刻朱溪厂西北方突发现兵力不明之匪部与我陶支队接触，枪声甚烈，已饬驻朱溪厂之萧营驰往协剿’等语。二、连日所得友军通告：股匪尚窜匿修、崇、通间之四都、石桥铺、金家边附近大山中。惟匪性狡猾，已饬戴团全部推进朱溪厂，并饬本晨由修出发在途之唐、萧团兼程赶赴渣津，另饬胡团即由修出发赶往马坳，统归杜旅长道周指挥。先向渣津、朱溪厂、龙门间西北地区堵截。并令章旅长亮基全部即由三都开修城集结，必要时，职即亲率该旅出发督剿。三、修城至三都之线，已饬刘旅长济人指挥蓝慰援团负责防剿，三都至武宁，已饬澧溪甫田等处团队严密监视。”各等语。本部当即分别电复令遵照总座删午西参机电令所示(总座删午西参机电令附后)努力以赴事机，以期协同而歼灭之。

附录，总座删午西参机电令下如：

限即到。刘司令、陈司令、郭付司令并转文旅长、陶旅长、岳师长、彭师长、朱师长、钟旅长、李旅长、刘司令、何主任、李师长：密。(一)据李师长转陶旅长电话称：萧、高匪部五、六团于寒申返窜龙门厂附近，经该队迎头痛击，激战一昼夜，毙匪数百，获枪二百余支，机枪数挺，迄至今午仍在该处对峙中。幽居山鸡坳一带散匪颇多，判断该匪或有南窜企图。(二)本部为歼灭该匪于朱溪厂、龙门厂附近，并防止其向各处逃窜计，特部署如下：(1)着陶支队及彭师渣马、朱溪厂部队，速对龙门厂附近之匪夹击，协同而歼灭之。万一匪得幸逃南窜，则彭师出动部队，仍扼守原防，防匪北窜。陶支队及邓旅竭力固守平浏边境，防匪西窜。陶支队将须注意东门、白沙，应不失时机向该方面移动。(2)着朱师以钟支队控置于铜鼓至上庄之线，特须注意上庄堵匪南窜。以李支队酌留一部于高村，大部控置于三都附近。以易支队控置于潭山、宜丰之线，分别防匪向南逃窜。(3)着彭师于修水及其以东抽出兵力三团，控置于山口、麦苏之线。着岳师以文旅三团星夜南下，控置于郭城、沙窝铺之线。以彭旅三团控置于金鸡桥、大段港口之线。彼此妥为协同，防匪东窜。(4) 着郭付司令所部侦明匪踪，迅速向朱溪厂、龙门厂南进，尾匪追剿。(三) 各堵剿部队应以一部占领阵地，多派侦探，对各要点构筑坚固工事，处处制匪行动，以主力集结于其直后适当位置，司机出动，予匪主力以猛烈之奇袭。尤须彼此援应，勿失聚歼良机。追剿部队应尾匪紧蹑，勿使稍得喘息。以上各项，仰即分别赶速遵办具报。此令。何键。删午。西参机。

据李师长觉删午电称：

“删巳电计达。陶支队现仍与该匪激战中。恐该匪溃散后，经幽居、虎坳南窜，恳我公飞饬李、钟两支队扼要相机应战为祷。”

据邓旅长南骥删午电称：

“顷接龙门电话：我陶支队今晨在龙门东北方约三里之处于萧高股匪接触，激战至午，获枪二百余支，俘匪数十名，现正对峙中。职已抽调二营由周团长昆源率往增援矣。”

据彭师长位仁删未电称：

“删巳电计达。顷据戴团长由朱溪厂电话：‘据萧营长报称：职部先头连驰抵水原附近时，我陶支队正与萧、高等股匪激战，因即协攻，匪经陶支队击破，纷向北方高山溃窜，陶支队缴获匪枪二百余’等语。除饬杜旅长指挥戴、唐、胡三团务速集中朱溪厂渣津线上向西北地区堵匪南窜外，一俟匪窜方向侦明，即亲率该旅全部出发督剿。”

据钟旅长光仁删酉电称：

“职旅奉令集中铜鼓上庄，扼匪南窜，探该匪现在龙门厂将来难免不经萍北方面逃回老巢，职意如钧座能于湘东萍北调集重兵，俟其驱过时，即予拦腰痛击，则不难一鼓歼灭矣。谨呈。”

据李师长觉删酉电称：

“一、顷据邓旅长转陶支队长电话：‘股匪经我各团猛烈痛击，已于申刻向龙门厂西北之卢沅溃退，其一部人枪四五百窜抵虹桥，职已率部向卢沅之匪主力追歼”等语。

二、据此情况：匪向西窜或北窜，尚难判断。请武公迅饬各部，邦公转令彭师迅即出动向该匪围剿，务乘败溃之余，一鼓围歼，永绝后患。”

据陶支队长柳删酉电称：

一、寒晚报称：匪二三千窜抵水源、距龙门廿里。

二、职部删晨由龙门向水源前进，扼距龙门十里与匪遭遇，拾匪命令，始悉为萧匪率部三团、高匪部二团，向上下杉、台庄、幽居一带逃窜。

三、自晨至午，肉搏冲击，始将该匪击溃向卢沅、南岭、大坪方向逃窜。

四、是役，毙匪伪五十团团长及官兵五六百，夺步枪数百，机枪数挺，详数正在清查中，俘匪百余，溃散甚多。

五、匪踞高临下，我伤汤团长（新昭）及张营长（盛沅）并各下级干部士兵共二百余员名。

六、除派挺进队跟匪穷追外，本部本晚在浆市宿营。明晨率部尾追。各等语。本部当即分电各部并令迅遵总座删亥酉参机电令（总座删亥酉参机电令附后）所示，努力以赴事机，以期歼此穷寇，共策殊勋。

附录总座删亥酉参机电如下：

限一小时到。刘司令、陈司令、郭付司令并转文旅长、陶旅长、岳师长、彭师长、朱师长、钟旅长并转李旅长、刘司令、何主任、李代保安司令、李师长：密。命令：(一)据陶支队长删酉电话报称：萧高两匪部经我击溃后，刻下其主力退至卢沅附近，一部窜至虹桥。本支队今晚追抵浆市，正觅匪追剿中等语。查匪原欲南窜，不期遇我痛击，判断今后必乘虚乱窜。(二)着郭付司令所部岳师全部及陶支队，仍归陈司令指挥，觅匪主力穷追痛剿，岳师长应率彭旅星夜追击。但陶支队应仍沿湘边行动。(三)着彭师应遵佳申电，在修河沿岸赶筑碉堡工事，堵匪南北流窜，特须注意修水至龙门厂之线。(四)朱师长所率各支队，仍照本部删午电部署办理。但李支队仍应在高村、黄岗口一带驻剿。(五)平岳临防务，着李司令迅速统筹部署，必要时须集结相当兵力于岳阳附近堵击。上五项，仰分别遵办具报。此令。何键。删亥。西参机。

十六日，据邓旅长南骥铣辰电称：

一、删申周团长抵龙门，因闻匪亦于同时陷虹桥。职为巩固平城计，乃令周团星夜折回长寿待命。

二、昨夜有匪携花机关一支向平江三区义勇队投诚。据称：昨匪之四五、四六、四七、四八等四团与我军正面作战，以伪四九团由虹桥包龙门，夜半四时四九团向大坪窜去。又称：匪部计划说经台庄窜铜万等语。

三、陶支队今晨出发向虹桥追击，除向各方努力侦报外，谨闻。等语。本部当即电复严密戒备，毋使该匪东南逃窜矣。

据朱师长耀华铣未电称：

“职昨晨抵宣丰，据报：伪独立师原仅有枪二百余支，嗣因萧高两匪部伤亡过多，遂将其余枪借给该部，故现有枪四百支正乘我部队远出，乃盘踞黄沙、彭源等处，时出滋扰。职拟令康团进剿黄沙，易旅一部同时进剿彭源。因此匪不剿除，则甘坊找桥与宜交通均被断绝，高上路附近亦不安全故也”等语。本部因该师长所拟尚妥，故当即复电饬如拟办理，并严督各部努力剿办，以靖地方。

十七日，据陶支队长柳铣酉电称：

“萧、高股匪，删日经本支队在沙湾、墨田击溃后，即向太坪、毛湾、虹桥一带窜走，经职跟踪猛追，夜未停留。本日拂晓匪向平江内大方山黄沙尖深山穷谷中溃走，职率全部跟追，沿途接触，毙匪甚多，枪枝军用品均有夺获，追至距献钟方向廿里内之高山，匪已四处溃散，正在连夜追剿中。以职迭获匪方命令，均系窜回台庄苏区，刻已疲乏不堪，请邓旅长即令各处义勇队及团队努力围剿枪支，职已跟踪追来。”

据李师长觉筱辰电称：

“萧、高股匪全部，计五六团之众昨在水平尖大方门一带经我陶支队击溃后，匪约一团，现潜匿水平尖内山中，其余约四五团，于铣晚星夜南窜，于筱日拂晓由献钟渡河，现正围攻我高瑕碉堡，似有南窜浏阳模样。除饬陶支队跟踪追击，并令在浏各部严密配备，互相策应外，谨电呈报。”

据钟旅长光仁筱辰电称：

“总座删午参机电奉悉。职旅除以两营分别接替岳师彭旅防务，并以一营集中于上庄附近之梓茶坪严密防堵。”

据邓旅长南骥筱巳电称：

“一、顷据渤头电：据投诚匪称：十六、十七两师计五团，被我军击散一团，尚在内山，现有四团在钟献渡河，有向高瑕窜走模样。又据钟献义勇队长在渤头电报：匪枪三千，人四千余，刻在高瑕吃饭攻碉，并要献钟送猪。各等语。

二、已饬周团派大部兼程赴献钟截击，并告知龙门各友军设法招抚内山溃匪。

三、请朱团长设法告知陶支队长并龙门各友军。各等语。本部当即转情转报并分电各部令迅速遵照总座筱午西参机电令（总座筱午西参机电附后）所示，努力以赴事机，早歼丑类矣。

附录　总座筱午西参机电令如下：

限一小时到。刘司令、陈司令、郭付司令并转文付旅长、陶旅长、岳师长、彭师长、朱师长、钟旅长并转李旅长、刘司令、何主任、李师长：密。命令：(一)据李师长转平江电话称：萧、高两匪部在洞口再经我陶支队痛击后，于删晚由嘉义、献钟间渡河汨水，向高段、徐家洞方向逃窜，似有窜黄金洞、白沙或南窜企图。我陶支队已尾匪东进，郭师删晨到浆市，文到南江等语。（二）本部为扼截予匪痛击起见，特部署如下：(1)着郭付司令率所部及文旅迅速控置于渣马至龙门厂（不含）之线，置重点于朱溪厂，酌以一部兼顾修水。(2)着彭师迅速移置于潭山、宜丰之线。(3)着岳师彭旅全部克日移守大段山口、黄岗口、铜鼓。(4)着朱师以三团兵力克日集结万载附近，着何主任以谭团之小部接守该团原驻防地，以大部移接欧阳团防务，即以欧阳团全部控置排埠附近。(5)着李旅留一营守高村外，余均协同钟旅克日集结于千秋坳附近，在彭旅未到前，钟旅应酌留小部驻守铜鼓。所有李旅欧阳团及排埠附近团队，均归钟旅长指挥，相机觅匪主力迎击。(6)着陶支队沿匪窜方向之右侧前进先截，并相机协同钟支队对匪夹击之。(7)着李师长设法抽兵力三团，车运至老关附近，控置萍乡一营，即可开至老关。(三)各部均须力保集团，详侦匪情，于看破好机时，应始全力放胆予以痛击，不得稍有迟疑，尤须应匪情变化，相机独断处置，免失时机，应始终于匪保持接触，不失机动。上各项仰即分别迅速遵办，克日到达指定位置为要。此令，何键。筱午。西参机。

据陶旅长柳筱午于高珉电称：

一、萧、高两股匪，经职昼夜穷追，节节痛击后，现已窜入平浏交界之徐家洞，有向黄金洞溃窜幽居、台庄之样，职率部仍在尾追中。

二、萧匪之五十团已消灭，余四团沿途溃散甚多，已告邓旅长派队到平江内山收缴枪械。

三、匪已残疲不堪，如窜幽居、台庄等处，恳令铜鼓、万载部队迅速合剿。

四、该匪在平境经过，因狼狈溃窜，又系在山洞偷走，无片刻停留，故地方毫无惊损。

据邓旅长南骥筱午电称：

一、据陶旅长筱已由献钟电话云：萧、高股匪共计五团，昨由虹桥经晒口窜至内山之大方门黄沙尖，节节抵抗，均被我支队击溃，俘获甚多。伪五十团溃散，余四团狼狈不堪，经献钟向高瑕窜走，已派两营跟踪挺追，我支队主力，今晚拟在国湾宿营，明晨即向九岭观音塘截击等语。

二、据伪四六团上士胡彬昨在三眼桥投诚云：'伪十六师辖四六、四七、四八三团，其四七团已去阳新接红三师，伪十七师辖四九、五十、五十一三团，前日沙湾之役，共计五团，伪五十团团长及四八团三营营长阵亡，伪十七师参谋长负伤，伤亡匪兵总在数百，落伍之匪到处均有，现在每连不到五十人，匪之计划，准备到黄金洞整理改编'等语。

三、职旅各部已获枪十余支，刻令嘉义、长寿、恩溪、三眼桥各派一部向内山搜剿散匪，又令周团大部一面扼守汨水各渡河点截击散匪，一面向内山招抚。

据彭师长位仁筱未电称：

一、据各方情报，萧高股匪，铣日在水平尖附近与我陶支队激战，其部窜至平江腹地之大方门、恩溪一带。

二、已飞饬集中渣朱之杜旅今晨由龙门厂向木瓜急进，与陶支队连络追剿。

三、兹因杜旅蹑匪追剿，所有修河沿岸筑碉任务，改定由武宁(城不含)至三都（不含）至龙门厂（不含）统归第四十八旅刘旅长济人负责，并饬分段督促日夜进行，务于本月底完成。

据钟旅长光仁筱申电称：

"岳师全部现已集结修水向渣马前进。职部除以一团集结于上庄堵匪南窜外，其余各部均已分出接管岳师彭旅防务，行程两日，调集非易，但匪如经过此间时，当即迎头痛也”各等语。本部因该匪即已势穷力蹙，亟应乘机歼灭，除令各部仍遵照总座筱午西参机电办理外，并令朱师长迅饬钟支队即率所部及李支队长何主任所部之各一团，由千秋坳向张家坊觅匪主力兜剿，并防止该匪南窜矣。

十八日，据张旅长连三筱酉电称：

“自萧高股匪北窜，各部抽调驰剿，嗣后红三师及伪十六师之一部，在阳瑞边区大肆窜扰。职部已令分驻黄桥、木石港、双下桥、乌石街、瑞昌一带部队分途驰剿。该匪以职旅主力在木石港附近跟剿中，竟乘虚集合红三师全部及伪十六师一部，人枪约在二千以上，企图先消灭我下桥部队，随即袭取瑞昌，再向东南发展，竟于删日上午九时进至双下桥，幸我黄桥、乌石街、瑞昌各部驰援迅速，与该匪在下桥、西山激战一昼夜，毙匪数百，获枪五十余支。该匪依山顽抗，战至铣晨，我木石港阎团未到，该匪始向何家祠方面溃窜。是役俘获重要匪首代理师长侯亚云一名。据称：叶匪因改组被押，此来计步兵四团，机枪七挺，其企图在夺取瑞昌，向东南发展。复据各俘匪供称：侯匪系红三师政委兼代师长，并指挥全部，等语，当令阎团向横立大德山脉追剿，该匪飘忽靡定，复于今午以一部窜乌石街，大部于下午三时窜达范家铺。顷搜得伪令一纸，其计划在消灭双下桥、乌石街国军后，攻取瑞昌。除伪令另寄抄呈，并饬阎团长率部向范家铺跟进突击，职亲率驻瑞城部队分途由乌石街、范家铺两点夹击。并以后情形随时续呈外，谨呈。”

据钟支队长光仁筱亥电称：

“总座筱午参电令奉悉。一、职部分途山口、大段、观前、带溪、牛子岭等处各部队，准巧亥集中铜鼓，决皓日全部向千秋坳推进。二、但匪性狡黠，必乘虚沿浏东南醴东萍北之线逃回老巢。”

据岳师长森巧午电称：

“顷奉总座筱午电令：以郭付司令所部及文旅速控置于渣马至龙门厂之线，置重点于朱溪厂，酌以一部兼顾修水，以彭旅克日移守山口、大段、铜鼓、黄岗口之线。等因。已令彭旅彭、张两团星夜由修水山口赶回大段、铜鼓、黄岗口接防，并令管团自取捷径开回铜鼓矣。谨复。”

据朱师长耀华巧酉电称：

“一、总座筱午电奉到，已由电话转钟旅遵办。据称：皓晨向千秋坳开拔，再侦匪进剿。二、易支队今晚可集合宜丰，皓晨开芦家洲，拟到三百兴百良一带相机出动。”

据彭师长位仁巧酉电称：

“(1)顷据杜旅长道周巧巳由九岭电称：一、邓旅长电话：巧辰匪经徐家洞、沙皮坳、分水坳向黄金洞逃窜。二、我陶支队长示布置九岭以北地区等语。(2)又接钟旅长由铜鼓巧午电话：萧、高股匪，已窜抵东门市、张家坊一带。(3)职部渣马、三都防务，本日可以移交完毕，准皓日拂晓取道山口、找桥遵照总座筱午西参机电令向潭山、宜丰之线急进，至在九岭之杜旅，则饬自取捷径向潭山跟进。上三项。”各等语。本部当即电令钟支队长(光仁)率所部并指挥李支队之一团迅取捷径星夜南移小源、株木桥，欧阳烈团星夜南移白水、黄茅，分别侦匪截击。易支队星夜兼程西移三百兴、白良，侦匪驰剿，陶支队仍应继续觅匪星夜猛追。岳师长迅饬所部按原定部署接防铜鼓、郭城、山口、大瑕、黄岗口、芳塘之原有各处防务，并相机协力堵击，彭师迅取捷径南移万载附近矣。

据何主任平本（十八日）报称：

“据本队第四团团长欧阳烈报称：‘据密报：有枪匪约二百余人约五六百，窜踞大庄寨下烟竹山一带。职于十二日派第三营营长刘壥浩率步兵三连前往搜剿，遇伪军区司令部特务排游击大队及警卫营等，先后接触，激战约二小时，将匪完全击溃。是役击毙伪军区司令部宣传部长及伪连长等六十余名，据掳伪游击大队队长指挥员等四十余名，夺获步枪六十六支，子弹一百卅发，手榴弹七颗，大刀三把，旗帜关防一捆，并救出肉票二十余名。我军阵亡士兵二名，负伤四名。又职营第八连连长齐星辉，第九连连长马占标，第七连排长萧珍山作战勇敢，第八连二等兵虞兰桂与匪肉搏，当场刺毙匪兵三名，勇尤可嘉。所有游击经过情形，理合呈请鉴核'等情。除将俘匪另文解呈钧部外，理合呈报鉴核！"等情。本部当即据情转呈总部鉴核，并于指令嘉奖矣。

十九日，据郭副司令汝栋皓卯电称：

"职昨薄暮率王旅部抵渣津，李旅同时到塔台，一五二团到沙窝街，左营到马坳。惟岳师文旅电机失灵，命令系派差传递。预计今皓午前十时始能抵朱溪厂、龙门厂之线，职当力励属严防，杜匪北窜。"

据陶支队长柳皓辰电称：

一、萧、高股匪被我穷追后，人枪约千余，已于巧分由达浒官渡之间渡河，有向蒋埠江方向逃窜之样，其余多在沿途溃窜。

二、我龙营及达浒萧营，业已跟追，职率庄团及汤团一部本晨由东门向兵马桥方向跟追。

三、刘冯团本辰已令火速由分水坳、观音塘继续跟追。

据李代保安司令觉皓辰巳两电称：

"顷据浏阳周副旅长电话：'萧、高股匪，枪二千余，巧晚由达浒、官渡间偷渡，向蒋埠江方向急窜。我陶支队已到达浒附近，向该匪跟踪追击中'等语。除令长沙警备部队一团，常澧警备团两营本日车运至老关，协同贺保安团两营，统归王副旅长指挥在老关湘东一带堵截外，谨闻。"

据上栗市本（十九）日正午电话：

"萧、高匪众，昨十八日晚在达浒官渡附近偷渡浏河，经蒋埠江刻已窜至孙家琅附近，我陶支队已追至官渡市南之兵马桥，仍在继续猛追中。”各等语。本部为乘匪疲惫之余，合力一鼓而歼灭计，当令陶支队仍继续星夜向南猛追，易支队以株潭为目标，钟支队及欧阳烈团以黄茅慈化为目标，各取捷径，星夜兼程前进，侦匪猛击，彭师迅向万载南进矣。

二十日，据陶支队长柳皓酉电称：

据俘匪排长称：“萧高两匪，巧日在浏阳坳分窜，高匪窜黄金洞”等语。萧匪本日已窜到孙家瑕一带，职率部已抵蒋埠江，前卫与匪稍有接触。”

据彭师长位仁皓酉电称：

职部遵命向潭山、宜丰之线急进，本酉除杜旅已饬其由九岭自取捷径向目的地前进外，余均到达晏公店、金鸡桥、山口一带宿营，拟明晋晨续进。

据陶支队长柳皓戌电称：

据俘匪称：“萧匪命令，本晚须到黄茅附近，明日通过袁水窜回老巢”等语。谨闻。

据周付旅长宗翰晋巳电称：

“一、顷旸谷瑕张区长电话：匪由孙家瑕经旸谷瑕、黄沙冲行进，枪千余，马十余匹，队伍甚整齐，已过一点多钟，尚未过完，匪主力似有向澄潭窜走模样。二、又据上白溪侦探报称：匪一部由豆田向旱塘缺运动中，多少不明。三、除令该区长派人向蒋埠方向报告陶支队长并用电话报告萍万各军外。谨闻。”

又据该副旅长号电称：

“一、顷据达浒傅团长电话：‘高匪咏生枪约六七百，人约七八百，刻分窜匿在瓜源上下源湖一带’。二、又据古港李团附电话：‘山口段突窜来伪长浏平独立团，枪约二百余支，人数倍之，现正围攻山口段碉堡，与我驻碉部队激战甚烈’。三、除令傅团长酌抽部队前往剿办外，谨闻。”

据李师长觉号电称：

“本晨接邓旅长电话：高匪全部，人千余，枪数百，昨皓日午后五时在义江洞与周团一部附保安第二团一营接触，至黄昏后，始分向九岭、徐家洞退窜，现水平及大方门一带，仍有枪匪数百盘踞骚扰。”

据岳师长森智未电称：

“职师彭旅已赶接铜宜各地原有防务，并以一部兼顾山口向西侦剿，文旅以两团控置于朱溪龙门之线，以一团驻渣津，该旅业已于皓日布置完毕。”

据朱师长耀华智酉电称：

“职顷抵小关岭，闻匪已通过桐木大路，觉西进无益，拟明拂晓改向鱼龙方面侦剿”各等语。本部当令陶支队继续跟踪猛追，朱师长率钟易两支队及欧阳烈团分途向西南急进截击，王旅扼要严密堵剿矣。

据陶师长广本（廿）日报称：

“据补充总队训练主任何平报称：‘顷据本队第四团团长欧阳烈报称：本月三日令第二营营长何竹筠，率部前往白水一带搜剿。七日回防报称：职营奉令三日午后八时由小源出发，行抵羊古脑，即与伪宜丰独立营相遇接触后，匪即向深山窜去，当场生擒匪兵六名，夺获马枪一支，步枪二支。至四日午正，在半山下搜缴伪游击队步枪七支，毙匪十余名。五日午前六时抵长窝里，与伪宜萍独立营相遇，当将该匪左右合围，截堵去路，当场击毙伪省苏裁判长兼工作代表团主任黄延厚一名，伪独立营第一连连长一名，匪兵数十名，生擒伪特务大队长叶奎一名，匪兵二十名，夺获马枪二十支，白郎手枪一支，土枪三支，手榴弹二枚，子弹一百六十发，伪连旗一面，印三颗。六日午正在南江与伪游击队相遇，当场毙匪十余名，生擒七名，夺获步枪一支，其残匪向浏阳境界大山溃窜。计此次游击四日，合计夺获步马枪三十六支，鸟枪三支，手榴弹二枚，子弹一百六十发，毙匪甚多。职营阵亡二等兵二名，伤五名，消耗步弹一千九百八十三发，机弹一千七百二十六发，手枪弹八百九十五发，手榴弹三十枚。等情。据此。除俘匪另文呈解外，理合将该营进剿情形，呈请鉴核。'又据该团长本月十五日电话报称：该团刘勋浩营于十三日，复向白水进剿，夺获匪枪六十余支，详情另呈。等情。据此。理合据情转呈，伏乞鉴核。等情。理合报请鉴核"等语。本部当予指令嘉慰矣。

二十一日，据何主任平号亥电称：

"职于本号日午后四时抵株潭，顷据欧阳团长由桐木报称：匪大部窜抵湖塘，小部在马岭与职团接触，其企图似有经崇德桥南窜小洞之样。钟（光仁）部已到黄茅，明晨向桐木前进。"

据彭师长位仁号亥电称：

"职遵命于本号日率章刘两旅由山口、晏公殿向万载急进，刻已到达黄泥坳、三都一带宿营。据杜旅长皓电：该旅昨晚在金坪宿营，已饬向万载兼程前进。"

据何主任平马巳电称：

"顷据欧团由桐木报称：'马晨五时有匪约千余人来犯，激战三小时，经猛力冲击，卒将该匪击溃，纷纷向小洞窜走。是役毙匪二百余，获枪六十余，俘匪百余。据俘匪称：萧匪迭经我军截击，现仅有枪约二千，急图南窜老巢休息整理'等语。除令欧阳跟踪猛追并饬归钟旅长指挥外，谨闻。"

据飞机本（廿一）日正午侦察回报：

"股匪现由小洞继续南窜，钟支队业已到达桐木，协同欧团向小洞方向跟追。朱师先头部队已到鱼龙，其余陆续跟进中。"各等语。本部基于上述情况，判断该匪残败之余，势必绕经萍、宜间南窜，以图苟延残喘。当令钟、李、陶各支队及欧阳团应不惜辛苦，分途兼程猛追。朱师长率所部向坑西山口急进，侦匪猛力堵击。王副旅长（育三）速率所部由老关车运萍乡推进，在芦溪宣风并饬以一营预伏株亭山。另令钟团派一营进至宜丰策应堵剿矣。

二十二日，据王付旅长育三本（二十二）晨电话称：

“萧匪全部，枪约千余，人约二千，本日乘天未拂晓之际，希图偷过芦、宣间之株亭山附近，向南逃走，比经该处预伏部队严行堵剿，芦溪宣风之部闻讯驰往夹击，淮以该处河道水线，到处均可徒涉。且匪因后有大兵紧追，情势急迫，乃分数路用散兵线徒涉向南拼命乱窜。我军奋勇激战，斩获甚多，王团亦有伤亡。残匪约千余，纷向沂源溃窜，其一部因被截断折回竹坪观前等处散窜。”

据朱师长耀华本（二十二）日已电话称：

“职部及钟、陶、李各支队欧阳团星夜兼程跟追，已于本巳陆续到达株亭山、芦溪、宣风一带。”各等语。本部当即令王副旅长督率所部向沂源方向跟踪追剿，钟支队长率所部并指挥欧阳烈团沿河堵截，朱师长率所部喻旅及陶支队积极肃清竹坪观前等处之匪，彭师长率所部迅经宜春向南窜残匪追剿矣。

据周副旅长翰宗养电称：

“据冯团长电话：‘据黄金洞逃出之匪二名供称：高匪原辖四六、四七、四八三团，自龙门厂虹桥惨败，四七团被冲散，经匪掩护，得窜匿黄金洞，乃合编为四六团，枪约七八百支，军心涣散，人怀异心。惟受高匪宣传，谓落伍及投诚者均被我军惨杀，以图维系军心。近更将赤卫队改编，极力补充，意图再逞’等语。拟恳军座趁匪心未固，派飞机散发传单，宣传德意，并派队围剿，以图根株为祷”等语。本部当即令本部秘书处多检查宣言传单交由航空队派机前往散发，同时饬郭（汝栋）、岳（森）两师长派队会同前往剿办矣。

据郭旅长南骧马戌电称：

“据周团长昆源号申电称：‘一、高匪咏生部四六、四八两团，人约千余，枪约六七百，机枪十二挺，皓未在义江洞与我王营接触，激战约三小时，匪大部向九岭，小部向徐家洞分窜，因黑夜未予穷追。号辰职率全部向徐家洞、义江洞追剿。据土民报称：匪大部向吏洛（黄金洞附近）小部向西岸内山逃窜，号申仍回嘉义。皓未义江之役，毙匪营长一名，匪兵卅余名，伤匪四十余名，夺获步枪十余支，子弹手榴弹甚多。’各等语。本部当即分别电复嘉慰矣。”

二十三日，据陶师长广养辰电称：

“据王旅长育瑛皓未电称：‘据探报：股匪近由莲花方面窜到古云山。职比即饬寮塘桥袁团三七两连于筱夜刃刻出发，迄到窑下，该匪纷窜往他处。归回中途，恰值匪打劫回窜，两相遭遇，激战二小时，击毙匪第一连连长曾岩一名，匪兵十余名，当夺获匪旗一面，步枪七支，救出肉票卅余人，牛四头，并搜获匪劫布匹廿余匹，零星物品甚多，详情并弹药消耗续报。”

据王旅长育瑛养酉电称：

“职于本晚集结兵力一团于横大路，现已派出干探侦察，无论萧匪向南向东逃窜，均令预先埋伏要点堵截痛剿矣。”

二十四日，据彭师长位仁漾戌电称：

“职率章刘两旅本晨由万载出发，刻先头队已到达宜春，因天雨泥泞，后续队约戌刻方能到齐。杜旅因所携之无线电机连日未能叫通，现不知进抵何处，俟得报续呈。”

据邓旅长南骥梗电称：

“据伪十六师师部司书余亚豪携带伪师长关防及私章投诚供述匪情甚详，摘要如下：（一）伪十六师原辖四六、四七、四八三团，除四七团只两营，有机枪二挺，步枪二百余，现由伪司令员徐彦刚带往湖北。余两团每团三营，每营三连，每连枪五十支不等。又每营一机连，机枪二挺，步枪十余支。伪十七师辖四九、五十、五一三团，每连原有枪八九十支，因历次作战，死伤颇多，存余枪支，寄修（水）铜（鼓）宜（丰）各伪县苏，在宜丰天宝附近。伪十六师亦于该处置存三百余支。（二）此次被我军跟踪围剿于修铜边境，乘间北窜至通山附近之洞上，接伪中央部令，责以长途撤退，为重大错误，拆回企图窜台庄修整。删日于龙门附近突遇我军痛击，伪五十团打散两营，团长阵亡，伪五一团政委负伤，其余死伤甚多。伪四六、四八两团，只剩七百余支，合编为四六团。编余官佐，另组教导队，以伪师部参谋长李萼任团长，原四六团团长罗俊任伪参谋，原四八团团长谭凤鸣充伪教导队。此次我军追击，狼狈不堪，愿投诚者甚多，因监视过严，苦无机会，若再跟追，使无休息，定必溃散。（三）孔荷宠确系撤职，原因未宣布，现留伪中央。近匪方会议，孔荷宠黄志竟前伪湘鄂赣军区斗争及其所部，由徐彦刚指挥。”各等语。本部当将伪司书余亚豪所供分电各部知照，并饬郭岳两师迅予侦剿矣。

据岳师长森敬午电称：

“一、萧、高股匪，迭经击溃后，溃散甚多。兹为防止该匪休息生聚，以求根本肃清残匪消弭隐患计，策定清剿部署如次：（甲）以一四八旅一小部驻守铜、宜、万各地原防，其主力分向铜鼓以北港口、双港、黄泥坳、罗坊、西坑、山鸡坳各地清剿。以一四九旅一小部驻守渣马，其主力分向上下杉、台庄、靖林、幽居各地清剿。（乙）肃清各地残匪后，确实收复各该匪区，设法招抚流亡、构筑碉堡、恢复春耕、组织民众、编练保甲，以免复沦匪化。（丙）修铜各县党政人员，全力协助办理善后，限该两旅于宥日同时开始动，已于本日分别电令遵照矣，清剿情形续呈”等语。本部因该师长所拟尚妥，当即电复饬督率所部如拟办理具报，并分电陶邓两旅长协同会剿矣。

奉总座敬酉西参机电开：

“李师长漾申参机电请调陶旅全部回浏清剿，应照办。但因抽兵南下之故，刘建文团须暂留此间待命，特复。”等因。本部遵即转令陶支队长柳除令刘建文团在现地停止待命外，其余由该支队长率领即经赤山桥、桐木开回浏阳，并饬便道肃清窜湖塘之散匪矣。

二十五日，据彭师长位仁敬酉电称：

“职率章刘两旅本日进抵螺江桥、沙田埠一带宿营，拟明晨经宣风芦溪向莲花前进，杜旅本晚可抵三阳桥，已令其兼程跟进矣。”

据郭副司令汝栋敬亥电称：

“顷奉司令陈敬亥参机电开：顷奉委座漾申行战一电开：萧、高二匪已南窜，郭师可商报何总司令调回，应由其就使由南向北进至瑞昌之匪为要。等因。即希遵率王旅开拔具报。又吾兄马已电称：奉总座电令：以主力肃清幽居、山鸡坳一带散匪，此间未奉到此令，吾兄回防时，应将情形迳呈总座。修水、渣马防务，交五十师接替可也。等因。计陈司令对钧座处已有专电，日来瑞昌匪炽，后防多虞。兹奉前因，职谨遵调回防，准明日取道马坳、南茶之线行进。除通报岳师长外，谨呈。”

据陶旅长柳有午电称：

“已令刘建文团停止芦溪待命，庄文枢团于宥日经桐木探明湖塘附近匪情进剿后，经蒋埠江至永和附近整理待命。汤新昭团同日经赤山桥、上栗市取捷径至达浒附近整理待命，职部随汤团行进路暂回浏城”等语。本部当即分别电复，并令陶旅饬庄团对湖塘之匪，严密侦剿具报。

二十六日，据陶师长广寝辰电称：

“据王旅长敬未电称：‘顷据严田袁团长转据坐探报告：洋溪昨日及今日尚有伪独一师盘踞，此股系红军学校与两独立营一工人营编成，枪共四五百，人七八百’等语。查萧匪既越袁河南窜，该匪复盘踞洋溪，似有牵制我军筑碉修路企图。除电饬严田部队严密戒备派探详侦外，谨闻。”等语。本部当即电复令转饬严密侦剿矣。

据陶师长广本（廿六）日报称：

“据补充总队主任何平报称：据本队第三团团长谭有恩报称：（一）职团第五连于本月十日游击至铁仙界附近，与伪独立营遭遇，激战约数小时，匪不支向深山散窜。是役计获步枪五杆，子弹四十发，马刀一把，伪宣传品多种，毙匪约五十余名，俘匪八名，救出肉票十余名。除将肉票俘匪交第三区区所发落外，理合将进剿情形，暨缴获匪枪五支，子弹四十发缴呈钧部鉴核。（二）职团第二连，于本月十三日晚进剿窜踞抄箕冲一带之伪独立营，翌晨在改江即与匪接触，当予猛冲追击至北斗岭，匪即奔溃。是役夺获步枪二支，子弹十七发，毙匪六名，俘匪一名。理合将缴获枪弹及进剿情形缴呈鉴核。上二项。等情。据此。理合转据转呈鉴核”等情。据此。除令继续搜剿残匪，务绝根株外，理合转呈钧座鉴核等语。本部当即指令嘉慰矣。

二十七日，奉总座有午长行参电开：

命令：（一）萧、高两匪部，自我军长追痛剿以来，受创甚重。高匪残部，人枪七八百，刻窜至幽居黄金洞一带深山潜伏。萧匪残部，人枪约千余，于马日在株亭山突围窜至袁水之南区，我一纵队正觅其进剿中。其被截断返窜之一部，刻在宣风东北地区流窜，其余伪十八师伪三师及各杂色散匪，仍在各未经收复地区滋扰。以上各匪，现均狼狈异常，战斗力已失。

（二）本部为乘机彻底消灭各该匪，并将残余匪区完全收复，公路碉堡线迅速完成起见，特部署如下：

（三）第一纵队应以主力速将伪十七八师残部消灭，并速将各碉堡线及莲安公路完成，同时以一部消灭各地散匪，将残余匪区逐次收复。陶师缺李旅着暂归该司令指挥。彭师仍旧归原指挥系统，由该司令酌斟劳逸，另行统筹部署。特于赣江及遂河沿岸碉堡线，尤须特别注意。

（四）第二纵队应以主力速将高匪残部及平、浏、铜边区散匪肃清。同时以一部将其他各地散匪消灭，残余地区一律收复，并将各碉堡线及修、平、浏、万公路迅速完成。十九师缺唐团及郭师王旅着暂归该司令指挥，即由酌斟情形为另行统筹部署，所有修河（含）以南，袁水（含）以北及平浏两县，均为该纵队之清剿区域。关于袁水及修河之碉堡线，尤须特别注意。

（五）第三纵队应以主力速将伪三师残部歼灭，并将各残余匪区收复各公路各碉堡线迅速完成，并于瑞昌及蒲圻方面窜扰之匪，必须于最近将其肃清。

(六)李代理司令应以相当兵力协同蒲圻驻军对湘鄂边区之散匪迅速铲除，以维湘鄂交通，随时将湘南之匪歼灭。

(七)各纵队区域残匪均少，匪区亦无多，各该司令应督饬所部特别努力从事，以清堵剿之手段并用，务期遵照委座意旨，于短期间完成使命，不得稍延为要。此令。上七项。等因。本部遵即转电各部知照矣。

又本部遵照总座有午长行参电令，为彻底肃清辖境残匪，永绝根株，同时建碉筑路清乡善后，以期一劳永逸计，特下命令如次：

（参看第十九号作战命令）

据岳师长森宥辰电称：

“据彭旅长有辰电：据报：‘敬戌西厢到有枪匪三百余’此令管团冯营由鹤吼，彭团尹营向三都前往剿办”等语。除饬努力清剿，以靖地方外，谨闻”等语。本部当即复令将剿办情形随时具报。

二十八日，据陶师长广感午电称：

“据安福王旅长宥午电称：‘伪十七十八两师刻均会合于洋溪，企图不明。’等情。如果确实，此正夹击之良机，如何？乞裁夺电示！又据宥酉电称：‘据伪十七师四九团贺文书上士投诚供称：‘萧匪所部，现仅有枪一千一二百支，改编四九、五十两团，敬日到钱山，有日在靖市与伪十八师会合，今早向永新窜去，合共伪十八师有枪二千余支，晚宿花溪’等语。详情续报’等情。除电复袁团严密防剿随时侦报外，谨闻。”等语。本部当即据情转报并分电第一、三两纵队及本纵所属各军师知照矣。

二十九日，本部为先剿灭高匪计，特令岳师长先以主力按照原定方针积极进剿高匪肃清后，再行回剿石溪、九仙汤之散匪，并令陶、邓两旅长及时协同岳师会剿具报。

三十日，据彭师长位仁俭酉电称：

“职师于俭未全部到达莲花城附近。”

四、四月份战报

(一)一般概况

窃本纵队本(四)月份所辖部队及清剿地域并部署，仍于三月份所报同。惟第六十二师（缺第一八五旅）南移安福暂归第一纵队指挥，至暂归本纵队指挥者，除第十九师（缺第一一〇团）及补充总队之第三四两团外，其余各部均先后归还建制。此本纵队本月份兵力及防区之概况。

伪十六师高咏生部前窜匿黄金洞附近，经我岳（森）师及邓(南骥)旅分途派队搜剿，迭予重创后，乃辗转北窜鄂南。现本纵队清剿区域内，仅有零星散匪。此本纵队本月份匪情之概况。

(二)作战命令及剿匪战斗经过（续三月份）

一日，据岳师长森世未电称：

“(1) 本师文付旅长所率两团，本月已令折回马坳，一四八旅彭付旅长所率四营，现在港口清剿。(2) 查高匪残部及独立师游击队之类，枪约二三千支，均窜集台庄、幽居、小鸡坳一带，欲求根本肃清，非围剿不为功。(3) 本部拟分两路向该匪进剿，以文付旅长率兵两团，由渣津经靖林、黄荆坑、上下杉向台庄、上鸡坳。以彭付旅长率兵五营由港口罗坊向幽居。(4) 恳令龙门、长寿驻军以相当兵力东进。惟白沙、铜鼓间空隙太大，诚恐该匪受我三面压迫，乘虚南进，恳派有力支队由该方面北进会剿，以免该匪逃逸。(5) 会剿日期，请钧部酌定，分别饬遵。上五项。是否有当？乞电示遵行”等语。本部当即电复该师长会剿之期，俟与李师长（觉）商决后，再行电告，同时转电李师长饬迅策定会剿部署具报，以便核办。

据何主任平世申电称：

“感午陷戌电均敬悉。(一) 职队遵即以第三团担任黄茅、株潭、排江、柏树街、大桥、清水塘等处之清剿与万载之城防。以第四团接替高村、茭湖防务与小源清剿，并令该团第三营进驻白水督建碉堡。至东江船市，亦准备前往收复。(二)自萧匪南窜时，慈化属之三管坑附近，时有匪徒窜扰，近经谭团搜剿，多已远飏。对该处散匪，拟仍令谭团随时协同清剿。是否有当？敬候电示祇遵”等语。本部因该主任所拟部署尚妥，当即电复饬除应令迅速完成东江船市白水等处碉堡外，其余准照如拟办理。

二日，据朱师长耀华东酉电称：

“(1) 据李旅长国钧电话报告：‘旅部午前到宜丰，部队明午后可到。(2) 伪独立师近窜扰村前、张坊一带，已令易旅派兵两营明拂晓前往剿办’等语。本部当即电复该师长，饬将剿办情形随时电告。”

据邓旅长南骥冬晨电称：

“据朱团长东电称：‘据龙门许营长电告：高匪全部刻已窜至泸源，其企图不明，泸源距虹桥约二十里，等语。(2) 东亥据虹桥义勇特务队梁队长电话报告：该处到有股匪正在询商详情时，电话忽然不通。(3) 本晨已令南江、三墩、木瓜、龙门等处驻军各派兵一排向虹桥侦察，俟匪情明确，再定进剿计划。谨闻。”等语。本部当即电复该旅长饬即调集一团以上兵力蹑匪进剿，并电令岳师长转饬文付旅长所部两团速由渣马西进夹击矣。

三日，据邓旅长南骥冬未电称：

“冬晨电谅邀钧察。本晨一面令南江、三墩、木瓜、龙门等处各派兵一排向虹桥侦察匪情；一面令周团集中长寿向虹桥进剿。旋据义勇特务队长梁彪由虹桥电话报称：东晚窜入虹桥之匪系高咏生全股，有枪八百余支，机枪六挺。今晨一小股，枪约五十，窜入大方门、水平尖一带，其大股向天岳关窜去。有虹桥籍匪兵一名投诚，据供称：匪部此来，专为劫掠粮食，招收散匪等语。兹以该匪既向天岳关窜去，追赶不及，且亦未便出境长途追剿，拟令周团仍回原防，除饬平(江)北驻军派探跟踪侦察外，谨闻。”

等语。本部当即转电岳师长令乘高匪北窜，迅以全力肃清幽居、靖林、台庄一带残匪，并建筑碉堡。邓旅长饬属严防该匪回窜，并相机协助岳师清剿残匪。

据陶旅长柳江电称：

“谨将最近浏阳匪情报告如次：(1) 伪平、浏、长独立团，枪约百二十支，人二百余，潜伏于平（江）浏（阳）交界各山洞，常出没浏（阳）北平（江）南滋扰。(2) 伪浏醴游击队，枪约八九十支，人二百余，常出没于浏（阳）醴（陵）交界之观音阁、蔡家冲、花帽田、纱帽山等处滋扰。(3) 伪独立营，枪约百二十支，人数倍之，常在龙王排、玉蕉、毛田等处滋扰。以上各匪除平浏长独立团外，余均系最近窜入，正在派队围剿中。”

又据该旅长江晨电称：

“冬晨奉悉。(1) 职旅正在补充兵额弹药及办理战后一切事宜，十号可以出剿。(2) 长寿龙门方面，已加派邓旅在浏之傅团回平与岳师会剿，本日已由浏城开动。(3) 在一星期后，如岳师进剿台庄、幽居时，白沙、铜鼓间之空隙，职当派队堵剿。(4) 详细进剿部署及再后清剿计划，即当续呈。”各等语。本部当即将该旅长江晨电转电岳师长知照，同时电复该旅长饬迅将尔后详细进剿部署及计划，早日策定具报，并饬属彻底肃清潜伏浏阳各处散匪。

四日，据找桥朱局长东日报告：

“1. 三月二十七日派保卫团第一中队及第二中队之一部驰赴上梅、下梅地方掩护搬运民谷，集中安全区。在上梅地方遇匪独立团，枪约二百余支，激战二小时，将匪击退。消耗子弹四百九十发。匪军伤亡十余名，我伤挑夫一名。(2) 据报：山田地方，被伪游击队枪数十支及伪逍遥区苏盘踞甚久，实行分田勒民加入等语。当于三月三十日午前三时令保安团第一中队全部连同第二中队之大刀兵三十名、义勇队六十名及十八师防军之一连驰往围剿，该匪占据高山，顽强抵抗。战经二小时，我团兵义勇队奋勇冲锋短兵相接，匪势不支，溃向逍遥大山逃窜。是役夺获步枪三支，子弹二十余发，手榴弹一枚，马刀三柄，梭标五支，宣传品一束，旗帜伪印多件，当场击毙匪徒十余名，俘获匪班长一名，匪兵八名，女匪一名，救出肉票十三名。消耗子弹七百一十六发等语。本部当即指令嘉慰，并饬督率所部继续搜剿余匪期绝根株。

据岳师长森支午电称：

（1）"据彭付旅长诗圭江戌由港口报告称：'职于冬夜以营长唐启林率兵五连，向港口以西一带袭击，卯刻该营在阴洲附近与伪独立师第二团一部之匪、枪约百余接触，激战至辰刻，毙匪二十余名，擒伪军团指挥部财政部长张俊一名、女匪一兵、匪兵七名，获快枪七支，起出肉票多名，匪旋向靖林方向逃窜。该营追至马面咀，因天黑折回港口"等语。除饬将枪支及要匪解部转解并择匪共一二名以恩遇放回，俾宣传我方宽大，以涣散匪之组织，并饬努力穷搜痛剿，如期肃清残匪。

（2）据文付旅长修信支午由渣津报称："已令李邦藩团由黄坊经靖林搜剿残匪，已令杨炼团遵令由朱溪厂西进向泸沅会剿高匪余部，清剿情形续呈"等情，谨闻，等语，本部当即电复该师长转饬继续搜剿，并分电陶（柳）邓（南骥）两旅长知照矣。

五日，据邓旅长南骥支电称：

"江申电奉悉，昨据虹桥义勇队长梁彪转据侦探报称：伪十六师步枪八百余支，机枪六挺，已经天岳关向麦市窜去。又据长寿朱团长报称：山鸡坳、台庄等处到有枪匪，人枪数目未详，当再设法侦确具报！等语。合并呈闻。"等语。本部当即转电第三纵队陈司令及岳师长知照矣。

据朱师长耀华支戌电称：

"据易旅长转百零三团代团长袁南山江申电称：'职率袁、罗两营冬酉抵花桥，侦悉伪独立师人六七百，枪三百余，机枪二挺，已于本日由村前向山田桥方向窜去。职比派彭营长率部由同安向怀德侦进，职率部由花桥向山田桥前进，同时到达。乃该匪已先占野鸡腮、骆将岭一带高地，经令彭营向匪侧击，职部向匪正面进攻，激战二小时，匪不支，纷向甘坊窜去。夺获步枪二支，刀矛数十件，毙匪十余，伤匪二三十，俘匪二名。我第二连连长徐维岳负伤，彭营伤排长一，士兵二'等语。谨转呈鉴核！"等语。本部当即电复该师长转饬继续努力剿办，并转电岳师长派队协同清剿，以期围歼矣。

据岳师长森微已电称：

"江申电敬悉。已转令彭旅长、文付旅长遵照本部敬午电所定清剿部署，从事积极清剿并建筑碉堡，协同地方切实办理善后，俾修、铜镜内早告肃清。清剿情形续呈。"等语。本部当即电复该师长转饬奋力迈进，如限完成矣。

六日，据朱师长耀华歌申电称：

"据喻旅长支晨电称：据百零七团团长康文岳冬电称：(1) 查新喻南乡之匪为伪红色独立团及伪红色一二四各大队，以百丈峰为根据，向袁河骚扰，以致新、峡、清、淦四县交界边境尽成匪区。

(2) 职团现拟彻底肃清该匪逐步收缩匪区计划，先向大道之横板坪、教山庙、小洲、上清溪、南坑建碉，再逐渐向匪区清剿。已令第一营进驻教山庙，二营进驻横板坪建筑土寨碉堡，并令组织民众。但峡江至新喻交界之砚陂、虹桥等处，拟恳钧座请转上峰迅饬驻峡部队逐次建筑碉堡，与我清溪连接。如此项任务完成，则峡江以北，新淦以西，新喻以南一带地区，凭赣袁两河之屏障，清剿较易，收复可期。

(3) 此地收复后，袁水下游以南各匪，必同受重大影响。盖该匪素以此处为经济交通路线，匪方一切物品，均取自樟树、三湘间之赣江民船，一旦此路断绝，则偷运无方，该匪必成坐毙矣。

(4) 新喻、高安直线碉堡，现正积极进行，已饬第三营营附萧金双率兵一排在水北开始督建中。等情。除饬迅速进行，并将进行情形随时具报外，谨呈。等语。查该项办法尚属妥善，兹据前情，除饬迅办外，谨电呈察。并恳令驻峡部队，迅速建筑碉堡，俾与清溪连接，以绝匪区一切输入”等语。本部因该师长所呈清剿计划尚合机宜，当即电复饬迅速实施，早奏肤功！同时电请总座转令驻峡部队推进至砚陂、彭陂、虹桥等处，俾与该师清剿部队衔接矣。

据岳师长森鱼辰电称：

“本师现遵钧座江申电令：由文付旅长率兵两团，彭付旅长率兵一团，分向幽居、台庄山、鸡坳一带清剿，刻正积极进行中。”

又据该师长鱼己电称：

“据彭付旅长歌午电称：‘本团移罗坊、黄泥坳、棋坪坳一带侦剿，本日派尹营先行前往侦察地形。铜鼓保卫团已调来港口，将来即令督促地方建碉’等语。谨闻。”各等语。本部当即电复该师长转饬努力推行，并分电陶旅长令从速派队逐渐向北推进，期与岳师部队连络协剿，俾竟全功矣。

七日，据陶师长广鱼酉电称：

“(1) 职率钟旅及直属营连暨钟团全部于冬晨由安源出发，本未抵安城。(2) 王旅所遗防务，已饬钟旅分别往接，王旅庚日集结安城，与补充第五团合编为第二支队，准佳日向永新以东出发，归王师长指挥攻剿”等语。本部当即电复矣。

据岳师长森鱼酉电称：

“鱼晨电计呈。顷据文付旅长鱼未电称：‘据确报：高匪全部，枪约千支，匪众甚多，现窜至塘城坳、桃树港。该匪流窜修北，必回窜台庄、幽居，宜先将该匪主力击溃，再向台庄、靖林清剿。职虞晨率七、十两团经古市岭、油桥铺，向塘城坳进剿。并恳电请第三纵队派一部会剿，俾奏夹击之效’等语。除饬该部先向高匪进剿外，谨闻。”等语。本部当即电复，并据情转呈总座，请令第三纵队派兵协同该旅会剿矣。

八日，据岳师长森阳午电称：

“鱼酉电计呈。顷据彭付旅长鱼申电节称：‘据报：伪独立师自江晨经我击溃后，刻窜集幽居以东上下坪，伪军区指挥部在高逢，伪十六师四十六团及省苏仍在祖庄，其伪兵工厂移靖林以南之侧脚洞，职拟阳移棋坪坳观田间，庚轻装向墀头铁路湾以北一带，佳向幽居清剿。’等语，谨闻。”等语，本部当即电复该师长令将清剿情形随时电报，并同时分电邓（南骥）陶（柳）两旅长知照矣。

据邓旅长南骥阳午电称：

（1）傅团长希颖淬蔚云营于微午回驻三眼桥，该团巫启斌营则留驻浏阳协剿。（2）据报：高匪大部，确顷窜至距麦市十余里之长湖。（3）查内山残匪，枪约数十支，人数倍之，近日极形猖獗。已令傅团派步兵四连由三眼桥，周团步兵两连由长寿、嘉义义勇队一队由恩溪，均于庚日向内山搜剿，限四日肃清，余情续报。”等语。本部当即电复该旅长俟将内山之匪肃清后，迅派兵收复黄金洞并建碉组民具报。

据陶旅长柳虞午电称：

（1）伪平长县苏独立团，浏东北各游击队，及新近派来伪省苏筹款游击队，共枪约二百支，仍盘踞平浏交界山脉，极力向浏北掳掠。又浏醴游击队，共枪百余，现窜浏醴交界之纱帽尖、黄冈岭一带，有向浏西醴北团队侦剿中。又伪浏阳独立营，枪约百四五十支，时出没白水、高平、石湾、观音塘一带掳杀。

（2）职遵照钧座感午电及师长李命令，拟第一步以主力进驻东门、白沙之线，东与岳师及与邓旅连接，逐段向东清剿，一部分驻浏境清剿散匪。策定部署如下：

一、以向团长嵩华并指挥晏卜营及陶支队担任浏城镇摄及浏南浏西之清剿，并维护交通。但应以卜志云营为活动进剿部队，设法迅速消灭浏醴游击队。

二、冯团长学海以主力移驻古港。卜支队协同浏北达浒驻军消灭伪平浏长之匪，一部分驻观音塘、官渡、永和等处，肃清高平、铁石山、观音塘一带散匪。

三、巫启斌营仍驻严坪、小河，王咏清营驻张坊、上洪、虎坳，胡海儒营驻排埠、铁树关等处，积极清剿。惟胡营应随时连络铜万友军，向梅洞西坑方向搜剿。

四、以庄团长文枢真日进驻白沙，一面协同岳师打通浏铜路线，断绝匪南北交通；一面协同汤团收复黄金洞。

五、汤团长新昭真日策划分途进剿伪平浏长匪后，以匡恒山营暂停浏北山田附近，指挥卜支队，一面整理民众组织；一面向东清剿。其余由该团长率领赴东门收复分水坳、观音塘，并截断匪东西交通，并会同庄团收复黄金洞。但以一连留驻达浒。

六、何兼义勇总队长，督率地方整理地方保甲，肃清潜匪。

（3）以上任务，拟一月内完成。

（4）职准文日进驻东门。

（5）长寿以东地区，奉师长李命已令邓旅派队清剿。

等语。本部当即分别电令李师长并陶旅长。陶旅部应迅遵前令进驻铜城，如旅部暂难移动，即于三日内先移一团部到铜城，饬邓（南骧）旅派兵一团进至黄金洞，先行打通平（江）浏(阳)铜（鼓）边境，筑碉清剿。岳师长所部六团，以两团担任由朱溪厂，经渣津、马坳、修水至三都附近之线布防，并兼顾靖林、台庄筑碉清剿。其余四团则仍按照本部感午分区命令（即第十九号作战命令）配备于九仙汤、石溪、山口、郭城、大瑕等处，肃清残匪，完成建碉筑路各项任务。并饬陶旅未接防铜鼓以前，仍须酌留兵力暂为担任矣。

九日，据岳师长森佳辰一电称：

“据彭付旅长庚未电称：‘(一)职率二三两营本日由港口移观田．于李溪坑途中据报，枪匪百余，于昨夜窜双港之凤林洲，当派朱营往剿。(二)职抵观田，复据报：有匪五六百，枪约二百支，窜至游源附近。职即率一、二两营轻装向该匪围剿，留兵一连据守观田阵地，巩固后方'等语。除饬努力进剿，务期歼灭，以靖地方外，谨闻。”

又据该师长佳辰二电称：

“据文付旅长虞戌电称：‘职率三百团本晨由渣津经古市岭路口王家岭，令二九七团由朱溪经张仙桥、道光尖分两路向塘城坳进剿，申刻均到达塘城坳附近。遥见该地密集股匪纷向惠水峰逃窜，二九七团猛勇冲击，因两山鞍部极深，相距甚远，隔山射击，威力不能达到，我三百团由王家岭直下跟匪挺追。惟距离甚远，仅击毙落伍匪数名，伤五名，俘一名，缴步枪一杆。据供，高匪率四六、四八两团，共四营，系在洪桥改编，每团两营，每连步枪三四十、五六十不等。四八团原有一营，迄由洪桥窜山鸡坳增编一营，该营有步兵三连，无机枪，四十七团在鄂南。据高匪声称，一俟与该匪会合后，仍回窜山鸡坳等语。另据他匪所供亦同，职以时近黄昏，惠水峰高耸云霄，未便仰攻，本晚职在道光尖露营，拟齐晨续向惠水峰进剿。谨呈。’等语。除饬努力进剿外，谨闻。”各等语。本部当即电复该师长嘉慰并分电各部知照矣。

十日，据朱师长耀华灰日报告称：

“据第五十二旅旅长易振湘报告称：(1) 据本旅百零四团团长王俊武报告称：据本团第三营营长杨春元三月廿八日于潭山市报告称：据昨廿七日午前六时派赴上下梅院前一带游击之第七连连长贺少春回报称：本连本日正午行抵院前，与伪独立师遭遇，奋勇冲锋，激战约二小时，匪不支，纷向南洞、石胸里方向分窜。追至南岭店附近，彼众我寡，地势复杂，未便穷追，午后三时卅分率部回潭。是役毙匪十余名。本连一等兵李淡仙负伤，消耗七九步弹五百发，损坏七九步枪二支等语。(2) 据本旅百零四团团长王俊武报称：据本团第三营营长杨春元三月廿九日于潭山市报称：(一)昨日黄昏时据探报：匪首赖实业率匪五十多人，枪约三十余支，窜集山田附近之罗家湾西坑等处，胁迫民众，加入匪党等语。(二)本日午前三时，第九连连长鲁谷雄率兵两排及七八连之各一班会同特区保卫团兵一部，由潭山出发，经袁家洲、滕家桥、山田绕道分途向罗家湾、西坑围剿。九时据鲁连长谷雄回报：本日午前三时遵令出发，五时到达罗家湾附近，分向该匪包围，因向导误引，经匪哨所，于包围妥时，被哨兵知觉，鸣枪警报。除当时毙匪十九名，生擒十四名，特区保卫团夺枪二支外，余均乘隙向深山逃窜。是役本连夺获刀矛十余件，已交义勇队。消耗步弹五百二十发，第七八两连各消耗步弹二百发，第八连列兵杨桂成负伤等语。(三)理合据情转呈鉴核！等情。理合备文转呈钧察”等语。本部当即指令嘉慰矣。

据陶旅长柳蒸晨电称：

“齐申参机电奉悉。准文日令庄(文枢)团出发，接替铜鼓防务。以何营留置黄泥坳附近，速完成浏(阳)铜(鼓)交通，架设电话，并于黄泥坳、上庄界、梓茶坪、金锡四处建碉。其余各部仍照虞午电呈部署办理。谨复。”等语。本部当即电复并分电岳师长知照矣。

据岳师长森灰辰电称：

“佳辰二电计呈。据文付旅长齐酉电节称：‘本晨率部向惠水峰进剿，高匪于本日丑刻向枯源窜去。我三百团在惠水峰与匪掩护队接触，当以机枪扫射，匪即向金家山逃窜，我二九七团经桃花山搜剿，沿途稍接触，毙匪数名，均系画坪游击队。查该处崇峰重叠，居民稠密，茶叶茶油，出产颇巨，素与政府无关。自十六年即为匪化后，居民匪化极深。高匪此次窜此，察其所构工事，似有盘踞之模样。为减轻匪患计，已令将房屋山林焚毁，免为匪匿。职以高匪北窜，无友军会剿，遵闻层峰电令肃清幽居、靖林之残匪，本日经铁树岭于申刻回抵古市岭，拟佳晨向台庄清剿’

等语。谨闻。”

又据该师长灰午电称：

“灰辰电计呈。顷据文付旅长佳申电称：‘职率部本晨由古市岭出发经沙坪街、上下杉，未刻到达谢家园及台庄附近宿营。竟日天雨，山洪澎湃，云雾遥布，行军颇难。明灰日若仍不霁，拟暂在现地清剿，俟放晴再进幽居。谨呈。’等语。谨闻。”各等语。本部当即电复该师长转饬努力搜剿，依限完成使命。同时分电陶(柳)邓（南骥）两旅长知照！并饬邓旅长迅派兵一团，限一星期内，前往收复黄金洞筑碉及办理善后具报。

十一日，据岳师长森灰申电称：

“灰午电计呈。顷据文付旅长灰己电称：‘高匪北窜。据报幽居、台庄等处尚有残匪盘踞，原拟先剿后计划，恐费时日，不能如限完成任务。兹定将台庄、靖林、东西源、上下杉各匪区完全收复筑碉组民诸工作完成，再进幽居清剿，约预定马日前后竣事。第虑砌工木工无多，地方协助不力，拟恳饬县长多派技工与善后人员来此工作，愈多愈好。又米油盐等均赖后方运送接济’等语。除饬如限完成，并令县府接济外，谨闻。”等语。本部为使各区同时并举，以便如限完成使命计，当即电复该师长所转文付旅长呈拟逐步清剿计划，尚合时宜，甚慰。但一俟陶旅庄团将铜城防务接替后，应迅遵前令分兵清剿九仙汤、石溪一带散匪，并构筑碉堡。

十二日，据岳师长森真巳电称：

“灰申电计呈。齐申电灰未始奉悉。遵即部署如次：(一)以一四八旅旅部现在部署，积极清剿程坊、港口、双港、水洋坪、观前、郭城、何家咀、黄岗口、双峰各地散匪。俟铜鼓交防后，即照本师艳未电令办理。以一四七旅李邦藩团及二九八团之一营即以主力进驻甘坊市，清剿九仙汤、石溪、麻洞一带散匪。并以辎重营曾拔群所部归李邦藩指挥，其余担任自朱溪、渣马经修水至三都一带防务，积极清剿靖林、台庄各地，统限本月巧日以前部署完毕。(二)各部应一面积极清剿，一面建筑碉堡,并督率地方，办理一切善后，确实收复匪区，彻底肃清散匪，以靖地方，已于本辰电令遵办矣。清剿情形续呈。”等语。本部因该师长所陈部署各项尚合机宜，为期早奏肤功，完成使命计，当即电复饬严督所部，切实施行，同时分电各部知照矣。

据邓旅长南骥真午电称：

“奉总座齐未参机电，岳师长于虞日率兵两团向塘城坳、桃树港高匪进剿，饬酌派部队向高匪跟进协剿，防其西窜。等因。遵即饬周团长昆源率兵两营于文日由长寿出发经龙门向匪前进协剿。谨闻。”等语。本部因高匪业已向北远窜，而岳师追剿部队刻已折回台庄、靖林一带清剿散匪，该团自毋庸北向之必要。当即电复该旅长转饬周团改移黄金洞清剿建碉并办理善后具报。

奉委座真申行战一电开：

“齐申参机电悉。三都以西，应由岳师担任。郭师王旅暂时不能归岳师指挥。肃清各匪限期，前已电令展至四月底,碍难再展。希转饬该师黾勉图功，早完使命为盼!”等因。本部当即转电各部遵照矣。

据李旅长国钧真戌电称：

“据李团长东昇由龙冈电话称:本晨有伪独立师及逍遥、找桥一带匪游击队，人千余，枪约八百余支，机枪四挺，向我上石桥张营猛攻，战斗激烈。职闻讯，亲率第三营驰往援助。匪据大姑岭南洞等处顽强抵抗，激战至午，经我军迭次冲锋,匪伤亡甚多，受创尤甚，始向甘坊附近溃窜。是役击毙匪徒三百余名。我军亦有伤亡，中校团附邹光远腹部受伤甚重，消耗弹药甚多。所有战斗详情，容续详报。等语。谨呈。”等语。本部当即电复该旅长嘉慰，并转饬继续努力搜剿矣。

据朱师长耀华真日报告称：

“(一)据第五十二旅旅长易振湘报告称:(1) 据百零三团团长

唐植成报告称：据本团第一营营长周奠民报称：A、本营奉令进驻彭源，遵于昨五日午前六时由荷舍出发，十一时到达彭源。斯时伪宜奉苏府及游击队，伪独立师留守后方部队，人约二百余，枪支六十余杆，已先占领高地，初尚凭险抵抗，经职派第一连由右翼迂回抄击，匪即狼狈向槽溪溃窜。因适大雾迷漫，未便穷追。是役匪死伤十余名。我军无损伤。B、彭源地势低洼，四面森林，掩护据点，极难选择。本营现以大部位置于莲花形，仅以小部占据彭源之一角，督率官兵不分日夜构筑工事碉堡，已兴工，一星期内即可完成。C、据本营便探报告：本五日被我军击溃之匪，均藏匿附近森林。据报后，即于是夜派第二连轻装出发向匪退方向严密搜剿。旋据该连长归回报称：职出发未五里，获一落伍病匪，询问伪苏府于本五日被国军击溃，现有一部匿居槽溪郭家。职当领该匪向导，将抵郭家，为匪哨发现，鸣枪警报。当以两排开往猛扑，匪仓皇逃窜，当场击毙数名，生擒两名，夺获步枪一支，梭标鸟枪十余杆，煤油三瓶，食盐二百余斤，其他军毯纸张文件甚多等语。(2)百零四团第三营营长杨春元报告：职奉令率所部(缺九连)暨柳营于本日午前六时由潭山出发，经坑桥至下梅与罗营会合，即向黄沙抄击前进，至午后一时三十分，已收复黄沙。盘踞此间之游击队，人枪约数十，被我先头百零四团七连部队击溃后，向西槽逃窜。刻正督饬各部建碉构筑工事及组织民众，搜剿附近残匪。等情。现合备文转呈钧察。”等语。本部当即指令该师长饬分别传令嘉奖矣。

十三日，据邓旅长南骥文晨电称：

“真午电计呈。原拟着周团长昆源率兵二营于文日开赴龙门厂协剿高匪，迨奉司令刘转岳师长佳辰电，知高匪已被岳师部队击溃向惠水窜走。又奉司令刘灰午电，饬即日派兵一部收复黄金洞建碉及办理善后。等因。遵即饬周团中止赴龙门，拟于寒日饬周团长率兵二营收复黄金洞，所有收复情形暨建碉地点，容续呈。”

等语。本部当即电复该旅长并分电岳师长及邓旅长知照矣。

据岳师长森文巳电称：

“据文付旅长真申电称：本晨令杨团长率兵三连、机枪三挺向靖林清剿，并选择筑碉地点，该部进抵台庄以东之千拓坑附近地区，遭遇匪之独立团，枪约百支，人倍之。因大雾弥天，不能通视，混战一小时，将匪击溃，向吉石窝高地逃窜。计毙匪十余名。我亦阵亡二名，伤四名。因雾迷途，不宜追击，即令该部停止谢家园等语。谨闻。”等语。本部为期将该匪尽歼，以绝根株计，当即电复该师长转饬继续奋力搜剿矣。

据李师长觉真日报告称：

“(一)顷奉钧部齐参机电令，派兵进驻铜鼓。除原有案不再赘录外，当将部署概况电呈在案。所有详细部署，合再分呈于次：(1)陶旅长指挥驻浏军团，以庄团即日进驻铜鼓，打通铜鼓、浏阳交通，余部肃清浏边及浏阳境内散匪，并援助邓旅收复黄金洞，再连络岳师东进清剿。(2)邓旅长指挥驻平军团，以一部收复黄金洞，打通平江、浏阳边境交通，余部分防平境清剿散匪。(3)刘建文团仍遵照前令办理。(4)各处应修碉堡，赶速策划绘图具报。(二)顷接陶旅长电称：庄团准于文日由浏进驻铜鼓，浏铜边境亦已开始清剿。平江方面，正准备连络陶旅进剿黄金洞股匪，合并声明，伏乞鉴核。”等语。本部因该师长所陈清剿部署尚妥，当即指令准予备案矣。

十四日，据岳师长森寒电称：

“据文付旅长元申电称：‘据朱溪厂李团长报告：高匪残部，人千余，枪六七百，刻窜桃树港太清胡家之线。本旅现在分驻清剿，无暇追剿。拟恳电告通平驻军派队围剿，该匪如南窜台庄，我杨团拦途截击，当可歼灭。”等语。查该旅现以第三百团驰往九仙汤、石溪、甘坊各地清剿，以二九八团担任朱溪厂渣津、马坳至三都之清剿，以二九七团任靖林黄金坑台庄各地之清剿。刻正从事建碉组民各项工作，恳分别电知驻平军派队围剿该匪，俾向朱台附近压迫而歼灭之”等语。本部当即电复该师长转饬李、杨两团注意堵剿，同时据情转报总座并分电李师长邓旅长知照矣。

据朱师长耀华寒日报告称：

“据第一八五旅长李国钧报告称：(一)职昨八日午前十时率部向逍遥推进。(二)李营分驻潭会二市，张营分驻上石桥、龙冈。(三)职率汤营经龙岗路边向毛市，彭营经鹅子岭、毛源洞向赵瑕前进。在陈仔、上坪、头岗一带与匪接触，战约二小时，毙匪七名，俘匪一名，匪不支，向槽溪三斗里方面溃退，职部追击至槽溪、柞树脑附近。消耗子弹二十余发。于午后二时许到达毛市、赵瑕，宿营坪头岗。(四)胡营于晚四时到坪头岗。(五)潭市通毛市电话已完成。(六)毛市地势，四周崇山峻岭连亘，扼守不易，建碉工事，恐多需时日等语。理合备文转报钧座察核。”等语。本部当即指令并据情转报总座鉴核矣。

十五日，据庄团长文枢删电称：

“职率兵两营，于元日由浏东进驻铜鼓，已将岳师驻铜防务接替完毕，一营驻铜鼓西坑附近之美西塘，一营现暂驻铜城，第三营现尚留驻白沙以东之黄泥坳附近，收复匪区，打通浏铜交通。(二)铜镜以内散匪尚多，职正督部积极搜剿中等语。本部当即电复该旅长饬严督所部与岳师部队切取连络，务将潜伏铜境内所有散匪彻底肃清。

据曹专员祖彬删电称：

“修水之靖林、台庄、上下杉等处业经驻军及团队次第收复，职正督促该县府办理善后，并已派员会同本籍士绅前往组织民众。李团长邦藩今晨出发搜剿修铜宜奉边界残匪，职已令知修铜奉靖找桥各县局随时派员协助，注意堵剿，以及办理一切善后。余情续呈。”等语。本部因台靖等处，久沦匪手，既经收复，自应从速扼要建碉筑堡，以期永绝根株。并为体恤地方计，所有建碉经费，准由本部从优津贴，当即电复令该专员转饬修水县府迅速遵照办理矣。

十六日，据陶旅长柳删申电称：

“据伪红军学校携械投诚兵吴睿南供称：伪军校学兵及暂编壮丁游击队等杂色名义，临时合编为警备司令部，共人七八百，枪四五百，由幽居经山案关，文日窜抵浏东属之十八盘大西洞一带，其企图系向浏北平南等语。所称尚属可靠。除设法侦确，当即派兵进剿外，谨闻。”等语。本部当即分别电令陶邓两旅长转饬所属严密侦剿，以遏乱萌，并饬将侦剿情形随时具报。

奉总座铣辰西参机电开：

“据第三纵队郭付司令元戌电称：‘据俘匪供：(1) 伪湘鄂赣军区司令员徐彦刚确驻伪三师部指挥，因迭受重创，知鄂南已难生存，真在青岭集议，拟由德安绕回修铜老巢。(2) 徐匪曾派得力代表设法偷渡赴铜通知回窜原地。(3) 该匪日来直接间接损失极大。(4) 检获伪湘鄂赣军区总参谋处最近通报谓所得战斗的教训，以注重游击动作，非正式的作战。因此，宜以突然袭击及隐蔽埋伏眼明手快的动作为主要方式’等语。特达。”等因。本部当即转电各部严密注意防剿矣。

十七日，奉总座筱巳西参机电开：

“顷奉委座文未行战一电开：‘据报：(1) 伪独立师喻行舟部，千余人，枪六百余支，现散布于上高之黄岗、逍遥一带，该匪利用老人妇女常在电话旁窃听我军情。(2) 伪独立师邓玉南部，千余人，枪半数，潜伏宜丰之黄沙等处。又万载之凤头里一带有匪突击队数百人，枪百余支，出没劫掠，希分别饬属注意侦剿。’等因。除电复外，希该司令督部切实进剿，并将朱师前后剿获情形呈部，以凭转报为要。”等因。本部当即转电各部严密侦剿具报矣。

又奉筱西参机电开：

“前据该司令虞午转朱师长歌申电：据该师康团长冬电：以

新喻南乡百丈峰一带土匪盘踞骚扰，转恳饬驻峡江部队推进砚陂、彭陂、虹桥等处，衔接该团建碉防剿。等情。当经电请委座核办。去后，顷奉元子复电开：查袁河南岸姚泗溪、仁和、长牌、廖三湖等处时有积匪窜扰，以致袁赣流域沿岸交通，常生阻碍。前为堵匪流窜，收复袁水下游南岸匪区计，曾规定自分宜东南水口起经鹊桥街、周围李、下黄府城、上下堤、张家啖江之线建筑碉堡，严密封锁，则上游之匪无从下窜。下游纵横百余里之地亦可一举收复。其自水口（含）至下黄府（不含）段归朱师康团担任，自下黄府（含）至峡江段归郑旅担任，并限删日前完成。曾于鱼申行战一电令朱师长、郑旅长遵照办理矣！等因。特达。”等因。本部当即转电朱师长饬迅遵办具报矣。

十八日，据朱团长邦藩巧电称：

“本团奉令清剿修铜宜奉边境，于铣未在牌石将伪独立第四团击溃后，即进驻九仙汤，近两日已将此间建碉组民及交通事宜布置稍有端倪。除酌留一部在此防剿外，决率主力于皓日经石溪向甘坊搜剿”等语。本部当即电复该团长饬努力搜剿残匪，迅速完成九仙汤、石溪、甘坊等处碉堡，组织民众，并同时分电朱师长知照矣。

据邓旅长南骥巧辰电称：

“周团于铣日向黄金洞进剿，刻无报告。筱申据芦洞义勇队报告：有匪一股，枪约四五百，由浏北窜来，番号不明，有围攻芦洞碉堡之企图等语。已令第一一二团萧营长蔚云率步兵四连机枪一连于巧晨由三眼桥出发前往进剿。余情续呈。”等语。查该股匪似即系陶旅长删辰电所报窜抵十八盘、大西洞之伪警备部队，本部为期彻底肃清该匪计，除电复邓旅长转饬详细侦明具报，努力进剿外，并分电陶旅长饬属严密堵剿。

据岳师长森巧辰电称：

“铣戌参机电奉悉。（一）本师现以文付旅长所部二九七团清剿靖林台庄，三百团于删经沙窝里积极清剿九仙汤、石溪各地之匪。(二)彭旅移防，已于铣日交替，谨复。”等语。本部当即电复该师长饬将尔后各部清剿情形随时具报。

十九日，据岳师长森皓辰电称：

“据文付旅长巧辰电称：‘综合此间军民报告：东渡港东南之永安桥附近，有匪伪独立师特务连、游击队，枪约三四百，人倍之。台庄以南之山鸡坳、祖庄等处，有伪省苏卫队、学生队、独立团，枪约六七百，人千余。高匪残部，盘踞划坪，枪约五六百，人千余，日来行动，似有啸聚破坏台庄、谢家园筑碉组民企图。本旅刻正分区清剿，不能移兵追击，俾匪有整理休息之余暇。行见各股啸聚，阻碍清剿，诚为可虑！管见，则值台庄、靖林收复之际，幽居、程坊各地应同时派队清剿，对高匪应派队跟追，俾匪无啸聚之可能，则清剿较易。等情。恳即饬陶旅进驻幽居、祖庄，并电第二纵队以到达麦市部队追剿高匪，本部以文部在朱溪厂至渣马之线堵剿，则匪不能南窜，使台庄各处筑碉组民任务，得以完成为祷。”等语。本部当即电复该师长饬严督所部努力清剿组民，期早完成使命。同时据情转报总座转饬第三纵队驻麦市部队向高匪追剿，并分电陶旅长饬逐步向北推进筑碉组民矣。

据谭军长道源皓辰电称：

“前奉委座寒酉行战一电开：闻匪在高安、宜丰间之棠浦地方，实行赤化。应由谭军长酌派部队驻防，并饬肃清附近散匪。等因。遵即转饬朱师遵办具报。旋奉钧座筱参机电令：同前由。兹据朱师长巧电称：删未电奉悉。当经转饬易旅长查明处理具报在案。兹据该旅长筱午电称：铣申电奉悉。查棠浦驻有保卫团，其附近月前有少数枪匪窜扰，嗣因花桥、新庄、彭源已派队驻剿，并不时在棠浦附近游击，该处已无匪踪等语。谨呈。”等语。本部当即电复该军长并转情转报李座暨总座矣。

据陶旅长柳皓辰电称：

“(1) 接邓旅长筱电称：枪匪一股，约四五百，有企图围攻芦洞碉堡之样。已派萧蔚云营巧日向该匪进剿等语。(2) 比派贺团龙营派兵二连向金坑侦剿。匡营向十八团侦剿，冯团派兵一营向三平黄县侦剿。去后，据龙营长报称：巧日在金坑遇匪四五百，毙匪十余名，夺枪一支，该匪向浏阳坳方向溃窜等语。(3) 查该匪似系日前幽居窜来之匪，该匪企图有返回幽居之样。皓晨已令东门吴营派队向浏阳坳截击矣”等语。本部为期尽歼该匪计，当即电复该旅长激励所属努力剿办，并分电岳师长、何主任饬属严密防剿矣。

二十日，据邓旅长南骥皓申电称：

“巧晨电奉悉。顷接周团长昆源巧晨电称：‘职率二三两营到达黄金洞、金矿局附近之白金站，刻正从事工作中。黄金洞刻无股匪，仅少数逃亡散匪，职拟昼夜抚剿，急谋收复。但黄金洞纵横七八十里，山势险恶复杂，但无中心市镇，究应如何建碉及办理善后事宜，乞明示祇遵。’等情。已遵钧座巧晨电示转饬先行扼要建碉，渐次组织民众。谨闻。”等语。本部当即电复该旅长饬将设计情形随时具报。

据岳师长森号辰电称：

“本师第三百团业已推进至九仙汤，该处据点，皓可完成。皓即向石溪、甘坊一带清剿，拟定均留兵分驻各地。查各该地所属找桥、政治局区域，收复后，一切善后，需人主持。而筑碉任务，亦须该局负责督修。恳电饬朱局长派员分赴各地切实负责，以免旷延时日为祷！”等语。本部当即电复该师长并分电朱局长兴曙查照办理矣。

二十一日，据邓旅长南骥哿午电称：

“据周团长皓申电称：(一)伪金矿局矿警队，有枪二十余，人百余，盘踞大地里。职派兵三连分途围剿，因匪狡猾，毫不抵抗，向高桥方向窜去。容探实匪踪，再行黑夜围捕。(二)职部暂以白金站（在金矿局附近）为清剿据点，星夜赶筑工事，刻已完成。本日午后三时召集匪区民众开会，宣传政府德意，但到者极少。各等情。除饬认真劝抚迅速选择建碉地点外，谨闻。”等语。本部为彻底肃清平浏散匪计，当即电复该旅长饬于收复黄金洞之后，应于官舍山、枣岭、打锣尖、分水坳、高桥、虾蟆墩等处构成碉堡群，与驻铜之石桥、梓茶坪、上庄筑碉之陶旅庄团打成一片，然后再行逐步向幽居、山鸡坳推进矣。

二十二日，据邓旅长南骥养申电称：

“号戌参机二电奉悉。查黄金洞全区辖四十八洞，地势险恶，民众匪化甚深。关于建碉组训民众计划，据周团长昆源、朱保安团长邦纪电呈意见，拟于八字坳、百斤站、横婆段、石燕上答均、冷水井、枫门岭、上沙铺、三尖峰等处，各建碉堡一座。俟完成后，将散居匪化之民众移置碉堡附近，搭棚聚居，从事耕种，淘洗金砂，以谋生活，藉便监视，并于组织训育，变其心理。该两团长于黄金洞情形熟悉，所呈不谋而合，似可采择施行，是否？乞示。”等语。本部因所陈黄金洞建碉组民计划，尚妥，当即电复该旅长转饬如拟办理矣。

二十三日，据岳师长森梗电称：

“查九仙汤、石溪、甘坊等处，现已由本师三百团分兵驻剿，刻正着手建碉组民。恳电饬朱政治局长派员即日携款前往各该处协助进行为祷！”等语。本部当即电复该师长并分电朱局长兴曙查照办理矣。

二十四日，据李师长觉漾申电称：

“前奉钧电饬陶旅派队接防幽居、罗坊、观前、台庄，当经转令遵照。兹据陶旅长养巳电称：职部分防辽阔，兵力单薄，无法遵派。等语。查该旅以一团进驻铜鼓，余部正于白沙东门一带建碉，所有困难情形，深属实在，而邓旅亦已以两团进驻黄金洞清剿筑碉，其余担任平防，清剿散匪，若予抽调，亦属困难。奉电前因，理合将上述各情电呈鉴核！”等语。本部为不更改原令计划起见，当即电复该师长转饬陶旅协同邓旅仍须积极向北逐段建碉清剿矣。

据岳师长森敬电称：

“号戌参机电奉悉。回窜幽居之匪，已饬属注意侦剿矣。谨复。”等语。本部当即转电李师长暨陶邓两旅长知照矣。

二十五日，据李师长觉有申电称：

“奉敬戌参机电：令陶旅协同邓旅向北逐段建碉清剿，已转饬遵照矣。”等语。本部当即电复该师长嘉慰矣。

据补充总队何主任平梗日报告：

“据本队第四团团长欧阳烈报称：‘据报：迭经职团击溃之伪湘鄂赣省作战军第三分区司令部、伪万铜丰独立营、伪万载独立营游击队等，现潜踞浏阳属之洞溪，枪约百五十余支，企图作最后挣扎。职于十七日令第三营长刘埙浩率所部向洞溪搜剿，于十九日据该营长报称：职奉命率部向洞溪官元山一带游击，先后遇匪遭遇于虾蟆窝、杨家坑等处，激战未久，匪即向深山逃窜，共计毙匪六十余名，俘虏伪万铜丰县县苏组织部长杨珍，妇女部长叶点山，县执委华玉，万载县伪工会巡视员李梦扬，区苏特派员钟海以下四十余名，夺获步枪二十五支，大刀三把，文件旗帜印戳三束。我军伤亡上等兵李志等五名，阵亡上等兵杨标等二名。等情。除将夺获匪枪及俘匪另行缮册呈解外，理合将搜剿情形呈报鉴核。’等情。除将俘匪另文呈解外，理合据情转呈钧核。”

又据该主任梗日报告：

“据本队第四团长欧阳烈报称：前奉钧谕派兵进驻白水筑碉组民并清剿附近散匪。等因。遵即令饬第三营营长刘埙浩率第八九两连及机关枪于三月二十八日移驻白水，积极搜剿散匪，组织民众，并限期完成碉堡，以资防卫。于四月十七日开回小源，据报称：‘职奉令率部（缺七连）进驻白水，半月以来，于大庄、新店、扬澄桥三处共建连碉一座，排碉两座。周境民众归来登记者约六千余，正在编制保甲中。投诚自首之匪，均分别组织反匪队，担任特务工作。历年盘踞白水一带之伪万载县苏独立营游击队等，职经日夜派队搜剿后，已向浏阳属之洞溪窜走。计前后数役，击毙伪万载县苏主席李文斌以下三十余名，俘掳伪裁判部长易成功等二十余名，夺获步枪五支，手枪三支，文件旗帜甚夥。所有移驻白水清剿建碉各情形，理合呈报钧核。'等情。理合转呈钧座鉴核。"等情。据此。理合据情转呈鉴核。各等语，本部当即据情转呈总座并电复嘉慰矣。

二十六日，据朱师长耀华宥电称：

"据易旅长有辰电称：'岳师三百团已于梗日到达甘坊。职为确实肃清宜城东北散匪及指挥统一计，业将各部防务从新调动如次：(一)王团担任黄沙、同安、白鹭堆之线，彭杨两营驻黄沙，归杨营长指挥，团部及袁营驻同安，分一连驻花桥，一连驻白鹭堆。(二)唐团团部驻宜城，柳营驻彭源，分一连驻新庄，一连驻荷舍，罗营驻宜城，分一连驻上高，一连驻芳塘，周营驻袁州。(三)除周营限感日到袁州外，各部均已于敬日移调完毕。(四)彭源、荷舍、白鹭堆各地碉堡，均已构筑完成，民众来归者日众。黄沙、花桥、新庄等地碉堡五日内亦可完成。'等语。谨电呈察。"等语。本部因所呈部署尚妥，当即电复该师长转饬迅将各处散匪肃清，从速完成未成碉堡，俾靖地方矣。

二十七日，据李师长觉感晨电称：

"据本师庄团长文枢有电称：铜境散匪素多。职团接防以来，迭经派团搜剿，乡民一闻本师部队，均各安心春耕。日来铜北自新自首民众约达千人。(二)职团驻美西塘之傅营刘连昨敬晚在万境杏花树下附近破获伪铜万县苏，当场击毙首犯数名，夺获梭标鸟枪甚多。除督饬继续努力清剿外，又据该团长有电续称：据营长刘阳生报称：谢排长樵初昨梗午率部在上庄界遇伪万载特务队护送委员由浏属窜往黄金洞，当经痛击，毙匪十余，生擒三名，夺获步枪三支，手榴弹两枚，步弹数十，等情。除饬将夺获匪枪就近呈缴旅部外，谨电呈闻。等语。谨闻。”等语。本部当即据报总座并电复该师长嘉慰矣。

据朱师长耀华感酉电称：

“自易、李两旅建碉组民依次推进后，前有方振平向易旅投诚，昨复有逍遥伪游击排长率枪兵十余名向李旅投诚，匪区民众，相继来归者日多。喻旅对安分新峡新上各线建碉，亦在积极进行中”等语。本部当即电复该师长转饬继续努力完成筑碉组民及清剿诸任务，俾竟全功。并令将向李旅投诚之伪游击排长姓名及枪支数目造册报部，以凭照章给奖矣。

二十八日，据李旅长国钧俭戌电称：

“职旅三七零团李团长东昇率兵两营于俭日午前六时由上石桥向找桥匪部进剿，顷接潭山电话：该团八时到达找桥，与匪部稍有接触，匪即溃逃，十一时，即将该处完全收复，岳师李团尚未到达等语。刻正令该团长积极清剿附近残匪，并协同朱局长组织民众矣。”等语。本部为彻底肃清残匪，以期永靖乱源起见，当即电复该旅长转饬李东昇团长与五十师李邦藩团切取连络，迅速筑碉组民，努力搜剿余匪，并同时分电李邦藩团长遵照矣。

二十九日，据朱师长耀华艳辰电称：

“据易旅长艳酉电节称：查黄沙、上下梅、太子庙、彭源一带，前以小部队通过，尚有顾虑，自经职旅昼夜清剿以来，现单人亦可通行，而自首者日多，民众异常欢悦等语。谨呈。”等语。本部当即电复该师长嘉慰并饬继续努力推行，期竟全功。

据邓旅长南骥艳电称：

“据周团长昆源感电称：‘职团本周自移驻黄金洞后，对于清剿组民，均在积极进行。伪矿局匪徒百余，枪二十余支，连日击毙十余名，夺获步枪二支，全洞民众约四千，来归者，已达六百余。

除用文字宣传外，间日召集训话，感化力量，日有起色。但善后事宜，以地方行政机关办理，以职团协剿进行，比较妥善。建碉拟从横岭、百斤站开始，正在准备砖木。惟石灰购运困难，补助费发下，即可兴工。'等情。谨呈。"等语。本部为期迅速完成黄金洞碉堡，以资防剿，而便彻底肃清残匪起见，当即电复该旅长饬迅速拟具建碉地点数目及种类，派员携带图表来部领建筑经费矣。

又据该旅长艳午电称：

"前由更鼓台附近被我萧营击溃之匪，枪约二百余支，经横槎、淡江、汤家洞一带，比以萧营继续跟剿，并饬长寿、嘉义一带部队扼要堵剿，俭日萧营回三眼桥。据称：该匪异常狡猾，连日追剿，计接触两次，毙匪四十余名，获枪二支，匪已乘夜经金坪向山鸡坳窜去等语。谨闻。"等语。本部电复该旅长饬遵照前令建碉封锁，免匪流窜矣。

三十日，据陶师长广艳电称：

"伪独立团颜文明部，枪约三四百，常窜扰洞富一带。萧克匪部现驻南边、里坊一带，无北窜企图。"

〔国民党政府军事机关档案〕

四、南路

1. 国民党南路军陈济棠部与中央苏区红军战斗报告书

（1933年5月—1934年3月）

一．作战计划

赣粤闽湘鄂剿匪南路军剿匪计划

其一、匪情及友军之状况

赤匪伪一、三、五军团仍在乐安以南之大湖坪、万崇圩、藤田一带，闻在整理中。

我北路军总司令刘峙所部，现集中抚州、宜黄、乐安之线，准备向匪区进攻。西路军总司令何健所属一部，现在莲花、永宁、永新一带清剿附近残匪，大部将由莲花、万载、修水分路向匪区推进。

其二、方针

本路军担任剿匪区域，由桂东、遂川、万安（以上线上属西路军）兴国、宁都、石城、建宁、邵武、建阳以南地区，现拟先行收复汀州、寻鄔、安远各属，再向瑞金、会昌、雩都等处进剿，以期会同友军消灭赤匪。

其三、军队区分

第一纵队

指挥官余汉谋

第一军

第二军第四师

第四集团军第四十四师及第四十五师之一三四团

独立第二旅

第二纵队：

指挥官李扬敬，在李军长扬敬未赴前方以前，该纵队暂由独立第一师师长黄任寰指挥。

第三军

独立第一师

第三纵队：

指挥官邓世增

第六十师

第七十八师

其四、指导要领

各纵队第一期作战计划如下，第二期计划另候颁发。

一、第一纵队以收复安远属为目的，主力于六月十日以前集中赣州、信丰间，以第四师、第四十四师及第四十五师之第一、三、四团于六月十日起，分向安远城及其以北之版石、重石一带地区前进。

二、第二纵队以收复寻邬全属为目的。于六月十日以第三军向寻邬前进，独立第一师除以一部暂留武平、上杭策应第三纵队外，其余集结于焦岭、平远一带，相机推进。

三、第三纵队以收复汀州为目的，于六月十日，以一部位置于连城、新泉间，以主力向汀州前进。

其五、通信

以有线电、无线电及电话行之。

其六、补给及卫生

补给由各纵队自理，各纵队后方均设有预备病院。

其七、注意事项

一、进剿时，不论前后部队，均应坚固占据要点，构筑工事，严密防堵股匪之逃窜，且须有机动策应之准备。

二、各部队向匪区前进时，须取缓进法，并多派干探侦察匪之虚实及其主力所在，然后相机进剿，以免中其诡谋。

三、入匪区后，不论前进及留守部队，均应一面肃清残匪，一面整理地方反赤团体。

四、入匪区后，积极注意后方之交通及与友军之连络，尤须注意开筑公路或施征工或以工代赈。

五、凡占领一地，必须储备约敷一个月之粮食，以备不虞，并对于匪区应严密封锁，以断其接济。

六、反赤民众整理后，应设递步哨，助交通上有无线电之不足。

七、各纵队指挥官在各该收复区域内，对于党务政治，应即切实整理，随时呈报核办。

八、其他关于剿匪着眼点已编成书另行印发，但该印行本比密码本尤为紧要，务须各级注意，不可遗失。

附作战命令

命　令 六月一日
于广州总司令部

一、赣粤闽湘剿匪军南路剿匪计划，合转发遵照“计划另纸附发”。

二、本部设立第一运输站，拨归南路军第一纵队指挥官余汉谋指挥，第二运输站拨归南路军第二纵队指挥官李扬敬指挥。

三、本部设立第一、二预备医院，仍归本部指挥（第一预备医院在韶关、第二预备医院在梅县）。

四、本部已发东江部队预备米粮费拾万元，由第三军部代购运入安远部队，预备米粮费，亦已发给伍万元，由第二军部代购运，第一军部队之预备米粮费，待推进时再行核发。

五、余暂在广州。

总司令陈济棠

二、军队调遣

廿二年五月第一师驻赣州，第二师驻南康，独二旅驻上犹，第四师驻信丰，第四十四师驻三南，第七师驻平远，独立第一师驻上杭、武平一带。

六月第二师由南康调驻信丰城、大小窝、九渡水、黄泥排、龙回等处，第四十四师由三南调驻安远，第四师由信丰调驻安远及其以北之重石、版石一带，第八师由兴宁、罗浮、留车向寻邬吉潭推进。

七月第一军教导团，由乌迳调驻大庾城，空军飞机第三队，由韶州移南雄，第五队由广州抵梅县。

八月赣南警备团，由崇义调驻赣州，第五师第十、三十四两团开抵兴宁、五华，空军飞机第二队第一分队，由广州赴南雄。

十月第二师由信丰调驻安远城及其以北之重石、版石，第四师由安远调驻信丰城及其附近之大小窝、九渡水、黄泥排、龙回，第七师第廿团由平远开抵吉潭，第十九团由吉潭调回大柘。

十一月独立第一师第二团，由永定调回焦岭之大坝，第五师第十三团由龙川调驻五华及罗浮、方塘肚、宝龙各地。

十二月第四师第十团，由信丰调驻上犹城，第十二团由信丰调驻大庾城，教导团由河源调驻兴宁、五华，独立第二旅由上犹调驻信丰城，第五师由惠州移驻兴宁，独立第四师由北江开抵惠州。

二十三年一月，独立第二旅由信丰调驻和平，复由和平开抵焦岭，第五师由惠州调驻上杭，独立第一师第一旅由上杭调驻永定，独立第四师由惠州向闽边推进。

二月独立第二旅由焦岭调驻武平岩前，独立第一师由焦岭开抵峰市，第一旅抵永定、湖雷，第二旅抵坎市附近。

三月独立第一师由峰市开回焦岭。

三、逐月匪情

廿二年五月

一、伪廿二军约二三千人，在信安属之石背、大桥头被我击退后，即窜冈头寨、迳口等处，其伪四团及特务营则在雩都，伪独三师、独立师匪共三四千，枪约二千余，则在石背、电水、大小礤石等处，旋窜安远城，并分一部窜往版石、冈头寨、隘高、热水一带。

二、官庄马日到有伪十九军、伪独立师，匪约三千余，旋窜帽村、永平，千家村养日到匪四百余。

三、旧县、石州潭一带之伪东南军二千余人，月初与伪十九军合扰水西渡，死伤三四百。旋伪十九军一部及杭永岩独立团、杭东警卫队，共约千余人，枪五六百，水机二挺，并便衣驳壳队二三十人，分三路犯安乡，经击退后，窜向芦丰、黄冈、将军第方面高山。

四、会昌马日到有伪第四军所属匪军一师，拟向乌鸦岭、门武平推进，筠门岭驻有模范团等杂军千余。

六月

一、伪二十二军与会安寻土共约三千余，窜踞筠门岭后，即退窜龙布、双茺、天心、百室、澄江等处。又伪安远北区游击匪约数百人，分窜版石、上杭附近。独立师四百余，由牛马岭窜往龙布。伪独立师自版石被我军击溃后，即窜集古秀寨大山，旋分一部窜牛皮寨、上濂等处。

二、吉潭原有伪独立第三师数百人，巧日经叶练两团进剿后，即退窜澄江。皓日又由筠门岭开来赤匪二十三军约二千余，以大部扰寻邬，小部犯吉潭，经痛击后，退窜榜溪。

三、灰日筠门岭驻有伪独三师约二千人，项山驻有伪武南游击队约五百人，寻城驻有各乡红色连、挺进队、游击队等共四百余人。

四、梅溪寨、石圳潭至旧县一带，有伪十九军五六、五七两师，并土共约三四千人，不时出没大乾头、白玉洞附近。

五、伪二十三军及独立二师所部共约八九百人，在东留附近之大阳桥、封侯、新坊一带四处捉人，搜索粮食，灰晨窜向罗塘而去。

六、杭河北岸近日到有红军数千，多属外地语言，枪械颇好。

七月

一、伪独三师、独立师及水东残共约六七千，枪约四五千，附有机炮及无线电站，分犯重石、新圩、筠门岭、仰山湖、沙含、龙布一带。伪十二军及新编二十二师由澄江窜扰清溪，并分一部在水东上濂搜索粮食。又红匪千余窜集天心东北约十余里之云雷地方。伪独三师、独立师枪匪千余，在官铺、长安、鸭子墓前龙布一带。伪三军团一部伪模范师、伪保卫队合约七八千人，窜踞迳背、高兴、增坑、牛犬山、沙含、上濂、蔡坊等处。

二、石罗坌、盘古隘有伪模范师四百余，枪三百余。又伪十二军新编廿二师约千余人，均有枪，并有水机枪五挺，艳日由澄江窜清溪。澄江及坝子街，有伪独立师，并伪十二军一部共千余人。磁溪有伪独立师一团，并红色连五百余人，枪三百余，水机枪一挺。三标有伪独三师及模范营约四百余人。

三、伪十九军及廿三军六七千人，微日窜抵南阳附近，佳日雷公灶到有赤匪二三百人。

八月

一、伪独三师据沙含。伪廿二师及模范第三师据筠门。伪廿一军匪约六七千枪约四千余，据安远。会昌交界附近，伪廿二军及土共工农等师，约千余人，分据五龙营、前村、大田、南坑等处。伪独立师则由增坑、龙布窜上下谢高排水东一带。

二、会昌东北五十里之武阳圩附近，前月世全等由闽开到匪万余。瑞金亦有匪万余，番号均不明。会昌城有工人师及模范师第三师匪二千余。山岭有匪四百余，枪三百余。澄江有政治保卫队及模范营匪三百余。又铣日陈村发现伪独立二师及武西游击队等部，人枪约七八百人，强迫各乡派担架队，企图不明。

三、旧县东日到匪七八千。芦丰、黄冈各有土共二三百。将军地七八十。白沙、黄潭各有匪数百。又伪十二军罗炳辉部二千余人，寒日窜抵蓝家渡、湖洋一带。

四、伪一军团之第三、第四两师，人枪二千，虞日犯山头乡，庚日攻平坑，佳日分攻大禾、邓坑等处。又伪第一师匪约千余，枪弹俱足，养日由龙布窜据招信。

九月

一、伪廿二军匪约三千余，枪二千余，机枪四挺，由筠门岭窜抵清溪。伪独立师独三师及土共人枪二千余，踞沙含附近，分扰官铺、蔡坊、河石等处。伪工人师六百余，枪五百余，窜踞会昌。伪廿四师之一团，则窜踞官铺、上下坝一带。

二、原驻剑溪之伪廿三军第五团，人枪约三百余，智晨犯项山，经七师叶团击退，匪向淡地大中逃窜。澄江驻有教导队、模范军、红色连约三百余人。门岭驻有游击队、保卫队等匪五百余人。清溪有匪军五十五、五十八两团，约千人。又伪第二师约千余，皓到盘古隘，养到冈背筑工事。

三、张匪鼎丞率七八百人，支日窜抵大乾头。微日伪一军团之一部，约二三千人，攻桃溪民团，伪独八师千余，齐晨进踞白沙，皓攻虎冈，均不得逞，筱日窜抵丰稔、汤湖。又大禾驻有伪一军团第三师第八团，帽村有匪校教育连一连。梁山有伪独立第十团匪，枪百余。

十月

一、伪廿二师、工人师匪，共数千，窜踞清溪、上濂、沙含。伪独立团窜下坪、大塘尾之洞头及铁山老鼠咀。伪模范师由瑞金窜会昌。伪独立团自出没于龙布、增坑、长沙一带后，旋向水东、礤坑方面窜去。同时伪廿三军、伪工人师及伪廿二师亦麇集筠门岭，并分一部窜扰江口、茅店等处。

二、伪廿三军第五团及武西游击队匪，共四百余人，枪三百余，附风机枪二挺，占领项山、村尾、乌坑一带，东日经七师击溃后，匪向尖峰顶逃窜。巧日澄江到有伪师约千余人。回日门岭有匪二百余人。

三、旧县匪二三千人，灰日勒令各乡筹粮食，并准备担架队。又永平寨有匪数十。梁山孔夏有伪独立团匪二百余。帽村有匪数十，在该处抢割田禾，经严旅派队进剿，匪向史坡逃窜。

十一月

一、伪十八军十一师及独立团，共约千余，由黄坑、百室向清溪、百屋场、塘坑一带分窜。伪学生军五六千人，盘踞雩都。伪十三、十八两团，仍盘踞安属之沙含及会昌高排圩等处。

二、伪第五独立团，东到磁溪抢割田禾，经七师练团派队进剿，匪向竹营子逃窜。江日有匪三百余，到项山骚扰，旋向寒地逃窜。大竹围驻红色连匪五六十。剑溪驻伪独立团匪三百余。澄江、汶村驻红色连匪五十余，该处江日到伪廿三师之一部，旋窜驻大湖墩。

三、会昌、乌鸦泊各驻匪一团，枪三百余。清溪、龙江驻有伪廿二师千余，枪七八百。另工人师匪四百余，时常出没于清溪、盘古隘、澄江一带骚扰。罗塘江日到工人师七百余，旋窜武平，微日窜集罗塘开纪念会。又驻守澄江之伪教导队全部，于灰日窜抵门岭，该处尚有游击队数十名。

四、武北微日有匪约三百余，由永平寨窜犯鸡麻窝，由当地后备队抵抗，匪即溃退。同日有由张芬窜来共匪七八百名，围攻犁袍山。

十二月

一、伪廿二师一部及独立团约七八百人，枪齐，水机三挺，手机五挺，啣由双莞经龙布移驻河石之桴槎地方。

二、清溪、龙冈一带有伪廿二师、工人师千一百人，有水机枪四挺，风机枪一挺。桂坑有伪模范团及游击队共百余人。

三、会昌城有伪独立师百余人。筠门岭有伪游击队百余人。美容寨及罗塘一带有匪四百余人，水机枪二挺。

廿三年一月

一、伪信南挺进队及斜岭有游击队共约百人，枪七八十，佳晚窜抵莞田、招屋排住宿一宵，即向附近深山逃窜。又伪信康游击队及政治保卫队匪百余，枪齐，由罗凤头窜到墉坑口之白田脑地方。

二、伪挺进队约六十余人，枪四十余支，佳日窜抵澄江。又门岭伪指挥部，感日接到会昌、麻洲、罗塘、乌鸦泊等处新兵六百余人，补充二十二师。

二月

一、赣雩交界之牛岭，有伪信康县府特务连、卫队、游击队等匪，共四五百人，枪半数。

二、伪廿二师之五五、五六两团，冬日由清溪开乌鸦泊增防。又乌平城北四十里之澮下，删日到有伪独立团及伪教育连匪兵，约四百余人，旋即向北窜去。

三月

一、伪独立第五团，人枪约八十余，东日窜到澄江。同日有由清溪窜到盘古隘之匪，人枪约三百余。

二、删日桂坑有匪卅余人，另有七八十名在该处附近出没。罗塘有匪七八十人，分三处驻扎。石罗坌有匪三百余人。门岭有匪之政治军事机关，有枪七八百支，旱机关六架，水机关四架，迫击炮一门，匪约二百余人。

三、门岭梗日由会昌开来伪廿二师，人数千余，土造五响步枪千二百支，每支配弹五十发，即到即开石罗坌、清溪等处。又门岭伪指挥部，原有千人，水机枪三支，并有新招训练班百余人。

四、剿匪战斗经过

水西渡之役

五月三日，独立第一师第一团一、三两营，进剿盘踞水西渡之伪工农红军东南作战军第十九军全部二千余人，战六小时，伤毙匪三百余，缴获枪械三杆。我方伤连长二，排长二、士兵卅一，阵亡排长一、士兵廿八名。

石灰岭、大乾头、将军桥之役

五月五日，独立第一师第一、三团各一营、第二团六连，合剿占踞石灰岭，大乾头、将军桥一带之伪独八师三四百人，战一小时，伤毙匪十余，俘匪一。我方伤连长一，阵亡排长一员。

枣坑、新坊之役

五月十日，独立第一师第二团共六连，进剿枣坑、新坊一带之土共数百，战半小时，毙匪五，伤匪十余。我方伤勤务兵一名。

中正之役

五月十五日，钟绍葵部钟营，进剿中正之伪十九军五六百人，战四小时，伤毙匪百余，俘匪五六名，获枪五六十杆。该部阵亡排长一、士兵二、伤十余名。

石背、高陂之役

五月十七日，第四师师长张枚新派队由安息至古陂向信属石背、高陂等处之匪约千余人进剿，匪不支，纷向冈头寨附近溃窜。是役毙匪六十余名，生擒数十名，获枪七十余支。

永平寨之役

五月廿四日，独立第一师第四团第一营及第二营第二连进剿永平寨之伪十九军独立二、三两师、模范团，约三千人，激战竟日，伤毙匪数百名，获枪一支。我方伤连长一，士兵伕十八，阵亡五十一名。

吉潭之役

六月十七日，第七师第十九、廿一两团，向盘踞吉潭之伪独立第三师约八九百人攻击，激战数小时，匪不支，向澄江溃退，当即占领吉潭。十九日拂晓，伪十四师全部袭击我十九团阵地，同时廿一团正面亦有土共猛烈来袭，我方沉着应战，廿一团以一营由陈屋坝抄击匪之侧背，匪不支溃退。是役，匪死伤百余人，获步枪数支，手榴弹数个。我方伤亡士兵廿余名。

寻邬之役

六月十八日，第八师廿三团由留车出发，到达老乌鸦桥遇匪二百余，当即抗战，约半小时，匪不支，向寻城溃退。至下午一时，我军追至寻城之近郊，寻城共匪负隅顽抗，经我猛烈冲击，遂占领寻城。翌日拂晓，伪廿二军两团约千余人，由澄江开来，向我阵地猛烈冲击，卒不得逞。是役，匪伤亡数十。我方伤官长一员，士兵十余名。

安远城之役

六月廿日，第四十四师师长王赞斌率莫、周两团，由石口攻击前进，安远城中残匪约数百名，不敢抵抗，闻风先遁，我军遂于是日占领安远城。

重石、版石之役

六月廿日，第四师李团自击破石背赤卫队后，即向版石进攻。伪独三师六七百人，联合石背溃退之赤卫队数百人 与我激战数小时，匪不支，当场毙匪三百余名，获枪数十杆，俘匪甚多，残匪纷向蔡坊、车头等处散窜，遂克复版石。同日，陈、蒋两团，由新田向重石搜索前进，至莲塘背附近，与伪二十三军之两团及雩都之模范营千余人，枪约千支，水机枪四挺，战数小时，匪不支，纷向天心、龙布溃窜，我军遂于是日克复天心。

大沽滩之役

六月廿七日，独立第一师第三团叶营两连，向大沽滩之土共七八十名攻击，战半小时，伤毙匪数十名。

鹅子湖之役

七月一日，第八师廿二团，由河角教导团会合上下四甲铲共团廿四团，由公平向鹅子湖之匪四百余进剿，该匪分向下坪、葫芦洞逃窜。其向葫芦洞溃窜之一股，被我由桃子园及河背派来之部队截击，散入山内。

仰湖之役

七月二日，第四师师长张枚新派张营驰往仰湖搜剿，遇匪千余，激战良久，匪不支溃退。是役毙匪十名，获枪百余支。

铜锣围之役

七月二日，第四十四师凌团向铜锣围攻击，匪据险顽抗，经凌团猛冲，遂将该围攻破，毙匪数十，生擒数十，获步枪数十支。

三标之役

七月四日，第八师教导团团长率兵两营及工兵营之一连，由寻城出发，向三标推进。到该处后，即与伪独立师及模范营三百余人接战，该匪纷向龙冈、澄江方面逃窜，遂占领三标，是役，伤毙匪数十名，获枪数支。

滋溪之役

七月八日，第七师第九团派兵一营，由吉潭出发，拂晓到达滋溪附近 即与伪独立第二师六七百人接触，激战六七小时，匪不支，分向剑溪、澄江逃窜。当场击毙伪师长刘道黎一员，毙匪五六十名，伤伪团长一员，匪百余名，俘伪主席刘之兴、刘森球及匪兵十余名，获枪数支，起出被护项山铲共团员卢兴章一名。我方亦伤政训员一员，士兵数名。

张背村之役

七月九日，第八师廿二团第六连，由龙冈出发，到张背村遇匪数十，当即迎头痛击，匪不支溃窜。是役毙匪二名，获枪一支。

梅溪寨之役

七月十二日，独立第一师第二团三连，向梅溪寨进剿，该处有匪百余，战半小时，匪向石圳潭方面逃窜。

乱罗嶂阳天嶂之役

七月廿四日，第八师廿四团派兵五连，协同第七师及独立第二师部队向乱罗嶂、阳天嶂进剿。五日，廿四团之三连搜至和尚崃，发现匪四十余人，即向其攻击，第二连亦由侧背协攻，匪不支溃窜，遂将该山匪巢焚毁。第九、第十、第十一各连亦分途搜剿，只见少数匪踪。

硫脑崃之役

七月廿九日，第四十四师莫团，向硫脑崃搜剿时，适匪周天柱部千余人，会合伪独三师、第六师、廿二师各部，约千余人，与我接触，战数小时，匪不支，向东地溃退。是役毙匪五十余名，获枪七十余杆。

二次滋溪之役

八月十二日，伪独立第二师残余匪部及地方赤卫队，共五百余人，时在滋溪附近出没。当由第七师十九团第一营及第二营之一部分，由下榜溪、成坑两路向滋溪围剿，战数小时，忽有由澄江方面前来增援之匪数百人加入，抗战愈烈，我军奋勇抄袭，匪不支，向剑溪、澄江方面逃窜。是役，毙匪廿余，伤匪五六十，我方伤士兵数名。

尊三围之役

八月十三日，第四十四师凌团，在尊三围已围剿四十余日，经数次搭梯冲击，空军炮兵轰炸，匪始终负隅顽抗，未能攻下。凌团乃征集稻草三万余斤，令士兵割篾捆扎，藉作掩体，由交通壕逐步推进，逼近匪围，至十四日午间，始将该围攻破，毙匪甚多，擒匪二百余人，缴机关枪四挺，步枪一百余支。

允叉小乐之役

八月廿日，第四师李、孔两团，分由版石及河西岸至仕湖会合后，向小乐、允叉进剿，午刻即与伪廿二师等部主力接触，匪用轻机枪手榴弹向我猛冲，肉搏一小时，经我两翼包抄，始将匪击破，匪纷向云雷、水东、高排溃窜。是役毙匪五百余人，俘匪四十余名，获枪二百余杆，机枪数挺。

上濂之役

八月廿九日，第四十四师凌团率部向上濂搜剿，到达该处时，即与伪中央警卫师等部约八百余人接触，激战数小时，该匪顽强抵抗，同时沙含残匪约五六百人，亦向上濂增加，经我猛烈冲击，匪不支，纷向天心、高排溃窜。是役，缴获步枪百余支，擒匪二十余名，毙匪二百余名，伤匪无算。

寒地剑溪之役

九月廿日，第七师第七团第二营由项山向寒地之匪进剿，并派第一营由吉潭进攻剑溪之匪，第二营到达寒地后，即与据守该处之伪廿二军第五团及武西游击队共五百余接触，旋即占领寒地，匪向大山逃窜。同日第一连亦到剑溪与伪红色连及伪廿二军第五团一部抗战甚烈，匪不支，向澄江逃窜。是役，伤毙匪百余，我方伤排长一员，士兵数名。

鸭子坞之役

九月廿一日，第八师教导团由三标出发，午前到达鸭子坞，遇匪数百，经我军猛烈冲击，匪不支溃窜。是役，伤毙匪廿余，俘匪五，获枪三支。

项山之役

九月卅日，项山村尾之乌石坑突被伪廿三军第五团全部及武西游击队土匪五百余人占踞，该处警队与战失利，我第七师第十九团派兵一营前往进剿，与匪接战甚烈，至午将匪完全击破，分向寒地淡地逃窜。是役毙匪颇多，伤匪数十，我方亦伤士兵一名。

磜下之役

十月三日，有匪数十窜至磜下，当由第八师教导团派兵一连，由鸭子坞出发进剿，匪据险顽抗，相持数十分钟，匪不支，向清溪溃窜。是役，毙匪数名。

永平寨之役

十月廿四日，独立第一师第二旅三营与盘踞永平寨之伪独立团、游击赤卫队五六百名接触，战半小时，毙匪廿余，获枪三杆，我伤士兵一名。

豪康之役

十一月五日，独立第一师第二特务营二连，向豪康搜剿，与占据该处之匪二百余接触，战一小时，毙匪数名，伤匪十余。

黄坑、李坑之役

十一月十四日，第四十四师莫团向沙含北之黄坑、李坑等处搜剿时，即与伪某苏委及保卫局匪四百人接触，经我猛击，匪向清溪、白屋场一带溃退。是役毙匪六十余名，生擒十余名，获枪四十余杆。

项山之役

十一月廿日，赤匪伪独立第五团，人枪约三四百，企图占领项山，破坏我方交通路线。当由驻吉潭之第七师廿一团派兵进剿，到达项山后，即与匪接触，战四小时，匪不支，向寮地逃窜。是役，毙匪排长一员，匪兵伤亡卅余名。

袁畲之役

十二月十六日，独立第一师第一团第三营，在袁畲地方与伪工人师四百余接触，战二小时，伤毙匪百余，俘匪七名，获枪十余支。

上坪之役

十二月卅日，第二师邓团率二、三两营向增坑附近之上坪地方搜剿，即与伪独立第六团五百余人遭遇，激战终日，匪不支，纷向双莞方面溃窜。是役，生擒伪团连长伍新发等三名，伤毙匪兵六十余名，获水机关三挺，步枪八十余支。

莞田之役

廿三年一月十三日，第四师曾营率领韩坊铲共团前往莞田、招屋排一带搜剿，与伪信南挺进队及斜岭游击队五六百人相遇，激战竟日，匪不支溃退。是役毙匪三百余人，俘匪百余人，获步枪二百余支。

龙冈之役

一月廿八日，第八师教导团吴营长率兵三连，向水源、龙冈游击，并派第一营附率兵两连协同进剿，遇匪数百，激战数小时，匪不支，向盘古隘逃窜。是役毙匪官长三员，匪兵十余名，获枪两支。

长安附近之役

二月一日，第八师第廿四团第二营营附率兵三连，前赴长安圩附近游击，遇匪四五百名，占踞该圩北端高地，当向该匪攻击，战约三十分钟，匪伤亡十余，向清溪方面溃窜。

下畲之役

二月十日，第八师教导团吴营长率三、六两连，向黄麻布搜剿，遇匪百余，战三小时，匪不支，向深山逃窜。是役毙匪七名，伤匪廿余名，获水机关枪弹二箱。

章塔之役

二月十七日，独立第一师第二团第二营长率兵五连，进剿盘踞章塔之溪南苏区游击队数十名，战一小时，伤匪一名。

竹子营之役

二月廿二日，第七师练团第二营长率兵四连，附迫击炮二门，向竹子营进剿，该处有伪红色连枪匪百名，据守坚固工事顽抗，同时，澄江亦有匪百余名来援，激战三小时，匪不支，向澄江逃窜。是役，毙匪官长三名，匪兵四十余名，俘匪排长一名，匪兵二十余名，夺获步枪廿五支，电话机一架，我军亦伤亡数名。

白田脑之役

二月廿六日，第二师曾营率队向白田脑地方游击，与伪信康游击队及政治保卫队二三百人接触，发生激战，相持终日，卒被我击溃，当场毙匪四五十人，俘匪十余，获步枪三十五支，手枪两支。

盘古隘之役

三月一日，第八师第廿二团由赵家向盘古隘推进。于该隘南端发现匪廿余，我军奋勇冲击，匪狼狈窜去，当即占领盘古隘。

三月十七日，第三团第一营进剿盘踞蓝家渡之伪杭东独立团百余名，战半小时，毙匪数名，俘匪一名，获枪一支。

帽村之役

三月廿一日，独立第一师第四团严团附率兵六连，与伪三分区所指挥伪独立团瑞金游击大队、会昌模范营匪百余人，激战一日，毙匪百余，俘匪六十余，枪五十八支。我方伤排长一，阵亡士兵四、伤十一名。

澄江之役

三月廿五日，第七师练团及黄团之一营，进攻澄江之匪，匪踞狮子崃、塔盖顶、花冈寨等处坚固堡垒顽抗，嗣经我军协力猛攻，遂占领澄江。是役毙匪廿余名，俘获匪兵一名、电话机一架、步枪十余支。

桂坑之役

三月廿四日，独立第一师第四团，进剿盘踞桂坑之伪门岭独立营、保卫队百余人，战二小时，伤毙匪七八十名，俘匪五十七名，获枪七十一支。

〔国民党政府军事机关档案〕

（八）对中国工农红军长征的“追堵”

一、阻击红军北上抗日先遣队

1．国民党军第八十七师王敬久部与红军北上抗日先遣队在福州附近战斗详报

（1934年8月）

一、匪与我军之态势

伪七军团罗炳辉部，自经大田、尤溪，于七月二十八日左右，窜陷黄田、谷口、水口后，其一部沿闽江北岸东窜，有扰乱我东路剿匪军后方之企图。其另一部，由水口渡河西窜，盘据于十四都及尤溪附近。

当伪军窜陷水口之际，本师之二五九旅，分驻泉属各县剿匪，其余全部，驻闽东之宁德、福安、霞浦三县，担任搜剿任铁峰、马烈峰等股匪，计距匪军窜扰各地遥隔数百里。于七月三十一日午后，奉福建省府电令，着本师急调部队前往闽江上游堵剿。奉令后，当即分电驻闽东泉属各部队迅速集中，利用船舶运输来省。迄八月八日止，已全部到达福州附近。所遗闽东及泉属各县防务，已派新十师及保安团分别接替矣。

二、闽江上游及福州附近之地形

闽江为福建省内最大之河流，横贯东西，水流颇速，河幅平均在三百米左右，南北两岸多系大山，溯江而上，险要甚多，由陆地行军及水上运输，均易受匪之威胁。其北岸自大湖、白沙之线，迤东迄福州东北西郊附近，纵横数百里，均系崇山峻岭，其中森林散布颇多，空中地上搜索，均极困难，反之于匪共潜伏运动，则甚便利。其次福州附近地形，东部系开阔地，无险可守，

西北两部，系绵亘地，匪共易于接近，西南部滨凭闽江，于我军防守较易。

三、战斗经过

(一)福州附近之防御配备及城内之警戒部署

当水口失守后，福州防务甚为单薄。本师于八月一日，即以先到省之五一八团，占领西北郊之五凤山、大夫岭、科蹄山、天峰顶一带阵地，五二二团右翼衔接五一八团，经榠兜、金鸡楼迄南台闽江北岸占领阵地，炮兵训练处第一、二两营，在镇海楼、象山、黄布楼，第四师炮兵营在汤边附近占领阵地，星夜构筑工事，以宪兵第四团担任南台警戒，海军陆战队第四团第二营，担任仓前山警戒，保安处干部训练及公安局担任城内警戒，其余新兵训练总队、模范营为总预备队，位置于东湖附近。

(二)安仁溪、水口之克复

八月四日午前奉福建省府电令：着本师派队进剿盘据安仁溪、水口一带匪共。即于午后率领师部直属部队及二六一旅出发，当晚到达白沙，五日克复安仁溪，同日指挥保安处特务团及第一团克复水口。惟该处匪共经我军进剿后，已经上（下）洋向大湖方向逃窜。至六日午后，接驻白沙之保安处暂编第三营电话报称："窜据大湖之匪，于今日午后向白沙前进，其先头部队距白沙仅十余里。"等情。当晚即将本部驻安仁溪部队，用船舶运至白沙，并令暂编第三营出击，匪见我增援部队到达，即狼狈逃窜。于七日派五二一团，向大湖方向跟踪追剿。该团奉令后，当以一部进驻大湖，其余全部在箬洋附近停止，继续搜索匪情。

(三)福州北郊之痛击

本师以主力向水口前进时，所有福州近郊防务，概着五一八团担任，该团奉令后，即为如下之警戒部署：

1．第一营位置于东门外水头附近，警戒凤坂、永宁下、上溪口、凤山西园、鼓石、浮村一带阵地。

2. 第二营（欠一连）担任右自隐士山坡（义井南端高地含马路）起，亘五凤山至大夫岭一带阵地警戒阵地，警戒阵地在新店。

3. 第三营（欠一连）担任右接大夫岭亘科蹄山、天峰顶至闽江边上，警戒阵地在浦口。

4. 团部及预备队（步兵两营）位置于铜盘，六日推进至粗芦店，指挥所设马坑北端高地。

5. 上下赤桥、奶奶坪、甘蔗等处，均派有便衣侦探。

七日午前据报，窜据大湖之匪，已于昨晚经江洋东窜。午后接五一八团罗代团长折东电话报称：该团派往赤桥之停止便衣侦探所得情况如下：

1. 岭头有匪约二百余人，叶洋有匪约六七百人，前洋有匪约六七百人，笔架山有匪约二百余人，匪之便衣队已在磨里附近活动。

2. 岭头通大湖道上，似有大部队续进。

根据上述情报，已证实匪之大部，已逼近福州北郊。当即率师直属部队，先乘船回省指挥，并令五一八团准备迎击。该团奉令后，以当面之匪似有占领玄沙寺、李峰、寨尾一带高地，威胁我五凤山、大夫岭、科蹄山、天峰顶一带阵地，以主力袭击我新店，直攻镇海楼、北门楼，夺取省垣之企图。即令团预备队第二营之一连，归还建制，增厚隐士山坡阵地之兵力，并饬新店之排哨，如匪大部来袭时，密撤至浮村高地，协同第一营固守该地。至七日午后十一时，匪之一部，驱逐我赤桥之便衣侦探，以大部约五、六百人，向新店前进。我驻该地之排哨，略事抵抗，即遵令撤至浮村高地。至十二时许，匪以一部牵制浮村守兵，以大部向义井猛袭。该代团长当饬第二营第五连长周博济率兵两排，驰往隐士山坡增援，并相机向新店逆袭，待该连抵义井时，即与匪遭遇，当即占领隐士山坡高地，与匪激战，匪受重创。至八日午前一时，匪复以一部占领玄沙寺高地，向我大夫岭阵地佯攻，以主力向隐士山坡及沿新店通镇海楼马路前进。我守阵地部队当即沉着应战，至三时许，匪不支，纷向叶洋前洋头岭一带溃窜。至八日午后，师直属部队五二二团及五一七团之一部，已全部开回省城。为击退窜据北郊匪军起见，当即下达如下之命令：

陆军第八十七师命令八月八日午后十一时三十分

一、据报伪七军团罗炳辉一部，人约二三千，枪千余支，弹药缺乏，于本（八）月六日，由大湖经江洋东窜，其先头部队约四、五百人，到达福州以北之白鹤亭前阳山一带，赤桥有伪探出没。我四十九师日内可到达福州，八十七师五二一团进驻大湖，堵截匪之退路，其余白沙、闽清、水口、古田等处，均有保安团扼守。

二、本师以确保福州之目的，以一部占领模兜、金鸡楼之线，以主力控置于寄想楼、白水塘至五凤山一带，俟伪主力进入我阵地时，即由镇海楼以北地区出击，压迫东门外闽江河岸扑灭之。

三、二五九旅五一八团，自洪山桥经金牛山、象山、北坛、龙腰、模兜、卷金鸡楼至康山楼一带，占领主阵地，构筑强固工事。其警戒阵地，应推进至大腹山、五凤山、新店、上溪口、茶园之线，以主力位置于北门楼附近。

四、新兵训练总队，着派兵一连，自通鼓楼至象园楼，占领主阵地，构筑强固工事，其警戒阵地，应推进凤坂附近。

五、五一八团与新兵训练总队之一连，战斗地境为泮洋后屿之线，线上属五一八团。

六、五二二团着归二五九旅旅长沈发藻指挥，在湖前、主辅附近停止待命。

七、福州近郊各碉堡，着骑兵连分驻之。

八、炮兵训练处第一、二两营，统归第二营长何凝指挥，以第一营在镇海楼，第二营在大梦楼至黄布楼附近占领阵地。

第四师炮兵营，着在东汤附近占领阵地。

以上各炮兵营须即进入阵地，射击准备完毕。

九、工兵营所构筑北坛附近之阵地，限本（八）日十二时以前完成，即全部移驻东门外，左自金鸡楼，右至康山楼，接替五一八团一部之阵地，并对通鼓楼岭大道，应即构筑强固工事，严密封锁。

十、福州城内警戒归保安处训练班，南台警戒归宪兵第四团，苍前山警戒归海军陆战队第四团第二营担任。

以上城内南台、苍前山各警戒部队，统归副师长陈琪指挥之。

十一、二五九旅部及五一七团之一部，位置于北门楼附近。

十二、特务连新兵训练总队，为总预备队，位置于东湖附近。

十三、各部队进入阵地后，应即构成通讯网，并步炮各官长应即协商步炮作战事项，其步炮作战连络法，另规定通报之。

十四、各部队应准备七日份给养及水料。

十五、余在东街师司令部，至必要时在镇海楼指挥部。

上令。

师　长王敬久

副师长陈　琪

传达法——先以电话通知后笔记补送。

四、降虎附近与匪主力之遭遇

八月九日午前，窜扰福州北郊之匪，经我军猛击，飞机轰炸后，死伤甚多，即纷向东北桃源潘渡方向溃窜，当即饬二五九旅长沈发藻派五二二团追击，并下达追击命令，其要旨如下：

1．据本（九）日正午十二时飞机侦察报告称："窜据福州北门外白鹤亭前阳山一带匪共，经我军压迫，飞机轰炸后，已于午前江南村后笼向东北潘渡、连江方向溃窜，其先头部队，已到达溪湾、桃源一带。"等情。

2．着五二二团即由现地轻装出发，经桥头、官溪、降虎向桃源、潘渡一带，行侧面追击，该团重火器除酌带一门小炮外，其余全部留在福州。

3．五一八团派向连江方面游击之一连，着改向岭头游击，到达该地后，应派兵搜索散匪。

4．仰即转饬遵照，并将出动追击情形，分别具报为要。

该旅长奉令后，即转饬五二二团于午后由湖前附近出发，经官溪、降虎向窜到桃源附近之匪共，行侧面追击，当日到达桥头宿营。

十日午前四时三十分，该团继续由桥头出发，当该团前卫第三营通过板桥时，据土人报称："茶亭、降虎之间，有匪探出没，其大部在汤岭森林内，惟人数不详"。等情。该团长据报后，除着前卫向茶亭、汤岭严密搜索外，并令第一营自降虎经吴座山出汤岭之左，以收夹击之效。至九时三十分，尖兵连进抵茶亭附近与匪接触，惟该处地形险要，匪之大部纷向左右移动，压迫我尖兵。即着前卫第三营占领降虎阵地，掩护本队展开，并令第一营停止前进，以策应午后战况之变化。至十时三十分，匪以一团以上兵力，利用复杂地形，向该团第三营阵地猛攻，其主力更指向我扼守左翼支点之第一营第一、二两连（该两连归第三营指挥）攻击，全线激战一小时，将匪击溃。但该处附近地形于我军颇不利，为求达到歼灭该匪之目的，即占领板桥山及其东北一带阵地，待部署完毕后，匪即以一部向该团第二营阵地猛攻，当毙匪数百，其大部向该团右翼包围，经激烈战斗后，匪卒未逞。至十二时许，匪又向该团全线阵地来犯，第一营阵地尤为吃紧，幸赖我官兵奋勇抵抗，历二小时，匪伤亡在四百以上，我亦伤亡不少。

十日午后一时，本部接五二二团在降虎与匪接触之报告后，即饬二五九旅长沈发藻率领部队前往指挥增援，当下达要旨如下之命令：

第八十七师命令　八月十日下午　时

一、据五二二团长安华本（十）日午前十时自降虎报称：该团于本日午前十时在降虎与匪遭遇，匪有迫击炮数门，现占领阵地，与匪激战中等情。

已着航空第五队派机前往轰炸。

二、着该旅长率领五一七团之一营及重火器训练班榴弹炮之一连，即由现地出发，经马桥、官溪前往降虎，指挥五二二团击灭该匪，并将击灭情形具报为要。此令。

同时令航空队派机前往轰炸，协同陆军作战，其命令要旨如下：

第八十七师命令　八月十日

一、据五二二团长易安华本（十）日午前十时自降虎报告称："该团于本日十时，在该地与匪遭遇，现在激战。"等情。

二、着该场长即派飞机前往降虎、桃源、溪湾一带协同陆军轰炸该匪，仰即转饬遵照，并将轰炸情形具报为要。此令。

又令五二二团，俟空军轰炸时，应利用其效果出击，其命令之要旨如下：

陆军第八十七师命令　八月十日

一、敌情如贵官所知，本（十）日午前十时，十时三十分，十一时十五分，与午后一时四报告均悉。

已令二五九旅沈旅长发藻率领五一七团之一营及五一八团、五二一团榴弹炮连，于本日午后四时，由福州出发，前往增援。

五一七团其余部队，已令移驻桥头附近。

据本日午后四时三十分飞机报告，盘据降虎与该团遭遇之匪，仅千余名，实力颇弱等情。

二、着该团接奉此命令后，应与飞机确实连络，利用轰炸所得效果，即以一部扼守阵地要点，以主力断然出击，如匪被击溃逃窜时，应以一营组织追击队，跟踪追击，仰即遵照。并将与匪接触经过情形，随时具报为要。此令。

至午后三时左右，匪以密集部队向五二二团中央阵地猛攻，意图中央突破，距阵地仅三十米。该团长即着第五连跃出阵地，作白刃战，令机枪第二连猛烈射击，肉搏半小时，匪伤亡数百余，不支溃退，当夺获匪军重机枪一挺。至午后四时，匪有一部约三、四百人，迂回至该阵地后方之板桥附近，该团长即着第六连出击，在飞机轰炸与机枪火力压迫之下，将匪击退，此时该团与后方之交通完全恢复矣。

二五九旅长沈发藻奉令后，即率领五一七团之一营及榴炮两连出发，于午后六时三十分抵梅岭，接五二二团请求增援之报告，该旅长为歼灭该匪计，拟以新到达之部队，由两翼夹击，截断匪之退路，当为如下之处置：

1．令五一七团第一营，由官溪经黄田、黄土冈、坑底山向溪湾迂回，限明（十一）日拂晓以前到达。

2．令五一七团蒋团附公敏率领该团（欠第一营）速至官溪，经尖峰弥、高君竹向茶亭、汤岭迂回，限明日拂晓以前到达。

3．令五一七团以第四连推进至板桥，策应五二二团，以第六连位置于宦溪，保护后方交通线。

4．令两榴炮连，在板桥附近侦察阵地。

5．令五二二团竭力抑留当面之匪，俟两翼迂回部队成功后，再待命出击。

6．旅部、特务排、侦察队及五一八团之第五连，着在现在地构筑阵地。

该旅长处置完毕后，即率榴炮连长亲至板桥五二二团阵地，指示一切，至午后十二时三十分，第五一七团第一营，即开始向指定路线运动。

十一日午前四时，匪一面向五二二团第一营阵地攻击，同时以密集部队，沿大道向该团其余各营阵地猛攻。该团长即令右翼归第一营指挥之五一七团第四连与正面之第五连，同时出击，至午前七时，二五九旅长沈发藻，复即至板桥五二二团阵地指导突击，匪经此次突击后，即向岩角、东溪、芦溪之线溃退。（参照八十七师二五九旅（欠五一八团）及五二二团在降虎附近与匪遭遇战斗经过要图）。

五、向东北连江潘渡方向之追击

十一日午前九时，本部接航空第三队谢队附廷藩报告称："昨日与我军接触之匪，现有向东北逃窜模样，其先头二、三百人，并有担架若干，已抵潘渡。"等情。当即令二五九旅长沈发藻率领部队追击，其追击命令之要旨如下：

一、匪情〔略〕

二、着该旅长率领五一七团及五二二团，即刻由现地出发，跟踪穷追。

三、余在福州司令部。

该旅长奉令后，即部署追击，其追击部署如下：

左纵队：五二二团

由龙潭山经芦溪、黄蜂里、吴厝顶之西侧，向潘渡追击前进。

右纵队：旅直属部队、炮兵两连及五一七团。

由瓶山经岩角，取大道向潘渡追击前进。

各部队奉令后，即迅速追击前进。当（十一日）晚占领岩角、东溪、芦溪、贵安之线。

十二日午前，左追击纵队第五二二团，自汤岭出发，由芦溪渡河经下保向潘渡追击前进。当前卫到达大湖里村，据报我左方南风渡河有匪数百，用民船数艘，向南岸涌渡。同时平岗山亦发现散匪。该团长据报到后，即着前卫停止，向潘渡警戒，另派兵一连前往南风侦察，并将所得匪情，报告二五九旅长。该旅长据报后，决心继续追击，同时作如下之处置：

1．令右纵队驱逐当面之匪。

2．令炮兵连在岩角附近占领阵地，援助右纵队前卫攻击。

3．令五一七团蒋团附公敏，迅率步兵一营，攻击风南渡河之匪。

4．令五二二团暂在现地停止，另派一部攻击由风南渡河之匪。

5．旅部直属部队，暂在岩角附近停止。

由风南向南岸窜渡之匪，经我军派队攻击后，旋复北窜，我军即跟踪追击。于十三日越潘渡占领台市，匪向丹阳溃窜。嗣因我四十九师到达，奉令将追剿任务交该师担任，本师追击部队，于十四日全部撤回福州原防。进剿罗匪战斗，至是遂告终结。

〔国民党政府军事机关档案〕

2．国民党军第四十九师伍诚仁部与红军抗日先遣队在福建梦龙战斗详报

（1934年8月17日）

二十三年八月十七日福建梦龙之役

甲、战斗前匪我形势概要

一、匪军

赤匪以我五次围剿，筑碉开路，着着进迫，知不可避免之崩溃即在目前，于是遣其素称枭猿之伪第七军团，由寻匪维洲率领，（冒称罗匪炳辉）伪称北上抗日先遣队，企图淆惑观听，突出重围，苟延残喘。自二十三年六月以来，由江西瑞金老巢，突窜闽北沙县、泰宁各地，凶焰所及，闾里为墟。八月，更乘虚陷古田，出水口，直犯福州。赖我八十七师奋勇抵御，匪未得逞。迨本师增援到闽，得知该匪转犯连江、丹阳一带，企图占领琯头，乃改由琯头登陆，匪闻我军骤至，星夜经潘渡折窜罗源。该地驻军仅闽保安队一部，众寡悬殊，城遂被陷，徐县长同时殉难。八月十五日，匪窜据宁德属之梦龙，企图凭险负隅，阻我前进。

二、我军

1．本师原集中武昌南湖整训，八月三日，奉委座电令援闽，由水道兼程开往福州待命。当饬二八九团除留一营押运辎重外，

余均于三日上船完毕，翌晨启椗东下，六日到沪，即换乘海轮向福州开进，不料行抵吴淞口外时，为飓风所阻，致迟至十二日始抵福州。旋又奉电暂归陈主席仪指挥，担任清剿闽东罗股残匪，当晚奉命以匪锋东移，改由琯头登陆，向连江、潘渡一带进剿，并以二八九团进驻水口，维持闽江交通，防匪回窜。

2．十三日，本师由琯头登陆，侦悉该匪主力尚盘据丹阳附近，企图进犯连江。师长以情势急迫，星夜驰赴连江，据王县长峰报告：“匪现向古田、罗源逃窜中”。师长以古田有我友军堵截，遂决心向罗源急进。十四日到达丹阳，该地驻军及地方人士，对匪情多不明晰。十五日晨，奉陈主席电，以匪已向罗源逃窜，罗源有失守说。希即侦踪进剿，同时据丹阳保安队由罗源逃出之士兵报告：“匪于十四日攻陷罗源，驻军均被缴械，县长殉难。”师长遂决向罗源之匪攻击前进，讵到达后，而匪又闻风向宁德逃窜，本师仍即夜跟踪追剿。

乙、前进部署

1．师长以宁德为滨海要地，深恐被匪窜扰，乃决心以一部留驻罗源，清剿散匪，主力于明（十七）日向宁德兼程急进，下达命令如次：

命令 八月十六日下午十时
于罗源师司令部

军队区行

搜索队

师侦探队

二九一团侦探队

二九四团侦探队

前卫

二九一团（欠一营）

工兵一排

本队（同行军序列）

师司令部

特务营

通讯连

工兵连（欠一排）

无线电队

二九四团（缺一营）

后卫

二九四团之一营

一、罗匪现向宁德方向逃窜。

我二八九团现经三都向宁德进剿中。

二、师以追剿该匪之目的，于明（十七）日经起步圣店向宁德附近前进。

三、各侦探队之任务如次：

1．师侦探队应于明日上午二时出发，向洪洋附近搜索前进。

2．二九一团侦探队应于明日上午二时出发，经洋尾塘、圣店向宁德搜索前进。

3．二九四团侦探队应于明日上午二时出发，经早岭、五岭、洪洋搜索前进，与师侦探队确取连络。

四、前卫于明日上午四时出发，沿师行进路向宁德附近搜索前进，并于左侧酌派侧卫。

五、本师统归二九四团团长李禹祥指挥，于明日上午四时三十分出发，在前卫后一五〇〇公尺跟进。

六、大小行李归本部少校副官刘池生指挥，在本队后二〇〇〇公尺跟进。

七、后卫在大小行李后一五〇〇公尺跟进。

八、各部队应携带米粮三日份。

九、行进时，余在本队先头。

2．师长于十七日上午十一时行抵半亭附近，接到前卫司令官张汉铎报告："匪约六七百名，隐匿我行进路左侧梦龙附近，其警戒部队，现与我左侧卫第八连接触中。"同时我特务营捕获匪伪装邮差侦探一名，据供："匪约七八百名，在梦龙及北星峰一带深山中。"师长判断为匪之一部，决心攻击之，当即下达口述命令要旨如下：

一、残匪人枪约七八百，现盘踞梦龙附近。我左侧卫二九一团第八连，已与匪之警戒部队接触中。

二、师即攻击该匪，相机占领宁德城。

三、二九四团中校团附顾葆裕率该团步兵一营及特务连，并指挥二九一团第八连向梦龙之匪攻击前进。

四、二九四团（缺一营及特务连）即集结于介首策应。

五、前卫二九一团（缺一连）及师直属部队向宁德急进，占领县城及白鹤岭之线，连合陆战队向匪进剿。

六、电话网迅速架设完成。

七、余尔后在白鹤岭。

丙、战斗经过

师长下达命令后，即率二九一团（缺一连）暨直属部队，向宁德急进，尔后据李团长转据顾团附葆裕报告梦龙战斗经过如次：

1．本日上午十一时三十分，行抵梦龙南端，发现匪一小部在梦龙西北高地，与我二九一团第八连接战，同时在梦龙河流西端，发现匪哨数名，当即判断匪之主力尚在北星峰及梦龙一带深山中，当面之匪系其警戒队部。即命二九一团第八连仍保现阵地，以优势火力将匪极力向西庄压迫，并防匪迂回我侧背，同时命第四连派兵一排，迅速通过河流，占领A点高地，掩护我主力展开。

2．追我搜索兵通过森林时，发现人枪约七八百之匪，并有轻重机关枪多挺，占领北星峰诸山头及附近村落，向我猛烈射击。当即命特务连中尉连附马允昌率兵一排，向A点之匪攻击前进。

命第二营营附何远明率兵两排，由右翼包围，并相机占领梦龙附近村落。未几，A点被我攻占，匪退守D点高地。

3．查D点为最高峰，瞰制战场全部，如为我所夺占，匪可不击自退。乃即增派四、五连各一排及特务连全部，向D点攻击前进，因地势低下，仰攻殊为不易，益以两侧山头敌之机关枪向我侧射，前进甚感困难。但我官兵奋勇冲杀，前仆后继。我第四连连长陈亮，竟于冲锋激烈之际，饮弹阵亡，特务连连长赵吉智、中尉连附马允昌先后负伤，团附乃改以第五连连长罗典章继续攻击，另以第六连连长叶鸣皋率兵两排，由左翼攻夺C点高地。下午二时许，率将CD各山头占领。

4．此时得悉梦龙亦被我攻占，匪退守B点，欲作困兽斗，团附遂令全线猛攻，匪势不支，全部向河洋方向溃窜，下午五时许，梦龙附近高地村落，完全被我占领。

5．团附以时近黄昏，地形生疏，未便穷追。除以一部扫清战场搜剿散匪外，余均就北星峰各山头及梦龙村庄一带配置警戒。是役除阵亡连长陈亮一员、伤连长赵吉智、连附马允昌二员外，士兵亦略有伤亡。

丁、匪之兵力及队号

本日与我作战之匪，为伪第七军团所编之抗日先遣队之一部，人枪约八百余。

〔国民党政府军事机关档案〕

3．国民党军第四十九师伍诚仁部与红军抗日先遣队在福建穆洋战斗详报

（1934年8月23日）

甲、战斗前匪我形势概要

一、匪军

罗匪炳辉残部（由寻维洲率领）自梦龙经我痛剿后，遂北窜

洋西、福源一带，与福安土共数百合股，以主力占据穆洋及其附近高地，企图负隅，一部向寿宁、屏南窜去，所过焚劫，十室十空，洵为亘古未有之浩劫。

二、我军

本师到达宁德后，恐复为匪窜扰，遂决心以二九四团（缺一营）留驻镇慑，清剿散匪及维持宁德、三都间交通，其余部队，仍继续循匪窜路追剿，经九都、赤溪前进。沿途居民因慑于赤匪毒焰，率皆逃匿一空，本师给养因而益感困难。

乙、前进部署

一、师长以匪众肆虐，荼毒生灵，迟一分钟，则我民众之生命财产，亦必多受一分钟之损失，遂决心侦迹穷追，期早歼灭，于二十三日下达前进命令如下：

命令　八月二十三日下午五时

于宁德师司令部

1. 匪之一部刻经潘溪、洋西向穆洋逃窜，潘溪附近尚有匪之残留部队。

2. 师以跟踪追剿之目的，决经十二洋官镇、洪墟、潘溪向穆洋前进。

3. 二八九团（缺一营）附二九四团之第三营及工兵一排为前卫，于明（二十四）日上午四时，沿师行进路向穆洋搜索前进，行进时对道路两侧酌派侧卫。

4. 其余为本队，归二九一团团长纪迺武指挥，于明日上午四时集合完毕，按师司令部、师侦探队、特务营、通讯连、无线电队、工兵连（欠一排）、炮兵连、卫生队、二九一团（欠一营），大小行李之序次在前卫后一五〇〇公尺跟进。

5. 大小行李归本部少校副官刘池生指挥，于明日四时三十分集合完毕，在本队后一五〇〇公尺跟进。

6. 二九一团之一营为后卫，在大小行李后二〇〇〇公尺跟进。

7. 行进时余在本队先头。

二、穆洋镇对岸之沙家板地势平坦，且纯属蔗林水田，道路窄狭，展望不易。河之北岸则山岭连绵栉次鳞比，其中之狮岩岗、虎任山、后山等处，尤为险峻。居高临下，匪之轻重机关枪能直射南岸，前进颇感困难，加之河深流急，强渡更属不易。

丙、渡河战斗经过

一、沿途所得之情况

正午十二时，前卫行抵潘村附近高山，发现枪匪有百余名，分据西坑大小山头及沙家坂附近，经我前卫驱逐后，似有渡河退据穆洋模样。下午二时三十分，接到二八九团余团长程万转来便衣侦探队长报告如下："匪一部向福安方向逃窜，其主力现仍盘据穆洋，沿河固守"等语。师长接得情况后，复详询土民，所称与报告略同。遂决心命前卫迅速前进，占领沙家坂、梧桐之线，并命其先以一部掩护渡河，其余部队继续跟进，于唐厝东南各高地配置警戒。

二、前卫攻击部署

下午五时前卫到达唐厝附近，司令官二八九团余团长程万下达攻击命令要旨如下：

1. 匪情如贵官所见，沿河岸亘梁山、桂林坂之线，似为匪之警戒阵地，狮岩山亘虎任山之线，似为匪之主阵地。

2. 前卫以迅速击破该匪占领穆洋之目的，即在穆洋河南岸展开，向穆洋河攻击前进。

3. 第二九四团第三营为右翼队，在右侧高地及河南岸附近构筑工事，掩护前卫主力渡河，尔后视情况之进展，相机渡河。

4. 第二营（附第一营第一连）为中央队，即在梧桐田亘苟尾潭之线展开，相机渡河攻击。

5. 汤团附建威率领第一营（欠一连）附重机关枪二挺，为左翼队，即渡河迂回匪之右侧背，予以威胁，俾我主力作战容易。

6．作战地境，依现地之指示。

7．追击炮连在河南岸高地，以大力掩护中央队及左翼队渡河。

8．其余为预备队，由特务连派出警戒，并搜捕附近散匪。

9．余在唐厝团部。

三、渡河战斗

1．右翼展开后，即在河沿构工事，以火力制压当面之匪。

2．中央队展开后，即将沙家坂阵地攻占，但因水深流急及受梁山之匪重机关枪侧射，进展不易，欲图渡河，非先将最有危害于我之匪重机关枪扑灭不可，团长乃命中央队将重点移置右翼，占领梁山对岸高地，以火力牵制梁山之匪。七时许，第四连连附马映洲率兵一排，侦察右翼渡河点，协助五连强渡，追进至河沿匪之重机关枪即向我扫射，我军不顾，冒弹徒涉。七时三十分，我第五连之一班，已涉登北岸，向梁山之匪侧击，并夺占其阵地，匪乃退据虎任山，是时梁山既被我占领，乃据置高地，对匪行猛烈射击，掩护我主力渡河，继而第四连又攻占虎任山、后门山等阵地，匪又退据狮岩岗，凭险顽抗，旋被我第六连奋勇夺占，直至下午九时五十分，始将穆洋完全占领。

3．左翼队于下午六时进至南山南端，匪据南山前进阵地向我射击，我军一面用重机关枪猛烈还击，一面以第三连上山驱逐，匪被我火力压迫，势始不支，利用森林西窜，于是左翼队仍能按照原定计划，在南山北麓藉轻重机关枪之掩护，强行渡河，讵正在半渡，复被后山之匪向之猛射，团长立命追击炮连向后山行制压射击，被我命中数弹，火力始渐沉默、各连在炮火掩护下，陆续渡河向后山进攻。后山高耸，倾斜极峻，匪居高临下，仰攻至难。赖我官兵用命，奋勇先登，至下午八时三十分，卒为我左翼队夺占。是时狮岩岗之匪，尚不知后山被我占领，仍向后山运动，被我迎头痛击，始狼狈向福安方向溃窜。

四、渡河后状况

团长指挥迫击炮掩护渡河射击，及指挥渡河后，继见中左两队已先后渡毕，遂命左翼队仍在河南岸警戒，亲率预备队渡河。

查匪之大小行李及其一部，于我军攻击前已先逃窜，其主力藉穆洋地势险要，企图顽抗，经我将其击溃，一部化整为零，分途逃窜，大部向福安大道狼狈窜去，即派第四连跟踪追击，同时已深夜，地势不熟，追至十余里，即行停止，对福安方向配置警戒。

是役，计俘匪二十四名，毙匪无算。

丁、匪之兵力及队号

本日与我作战之匪，为伪七军团编成之北上抗日先遣队，由寻匪维洲率领，约三千余人，枪半数。

戊、附记〔略〕

〔国民党政府军事机关档案〕

4. 国民党浙江保安纵队等部与红军北上抗日先遣队在浙赣边境作战详报

（1934年12月—1935年1月）

一、追剿队编成之原始及所受之任务

溯国军建碉筑路、封锁围剿策略收效以来，匪区日削，匪势日蹙，朱毛各匪首自知末路将至，覆窠之下，完卵难期，乃效流寇之惯技，作苟延残喘之计，故有放弃瑞金老窠，图窜川陕，妄冀与徐、贺股匪会合之决心。而孤处赣东之方匪志敏，不但感受封锁围剿之痛，且于朱、毛匪首西窜之后，失却重心，其惶恐可知。而国浙各军又步步进逼，葛源老窠，危如垒卵，欲不放弃，亦不可得。以上各种情形，早在我最高军事当局洞鉴之中，预作种种准备，俾能一网打尽，而达安内之旨。胜算既定，左券可操，而赤匪犹不知灭亡无日，乃朱、毛于放弃匪窠之先，尚欲作侥幸之谋，师伐魏救赵之故技，而为声东击西之计，竟敢于八月中旬，派其素称枭鸷强悍、善于游击之寻匪维洲所部伪第七军团，假北上抗日先遣军之名义，冒罗匪炳辉之伪名，斜出福州附近，来势甚猛，在无识者视之，以为心腹大患，然蠡测其用意所在，或不外下列数种：

（一）欲以迅雷不及掩耳之手段，突袭我后方策源地之福州，意在使我不得不抽撤前线围剿之国军回师应援，此计若售，则赤匪瑞金老窠之围得解，甚至打破我之封锁计划，是匪之最大痴想。岂知我最高军事当局，早已洞悉其隐，不但未受丝毫影响，反围剿益紧，而福州曾预留强有力之部队，严密守备，并已另调我四十九师伍诚仁部，由海道来闽，以厚实力，故寻匪于重创之余，知不得逞，迺速即北窜。其主要目的既失，他无论矣。

（二）朱、毛各匪首既知瑞金老窠岌岌不可终日，西窜四川之计已决，乃作声东击西之诡谋，着寻匪维洲所部为七军团，先东窜闽垣附近，意在淆惑我军观听，俾朱、毛主力得以藉此掩护，安然西窜。细按其伪军番号之命定，（北上抗日先遣军）与夫冒用罗匪炳辉假名，其用意多半在此。再以其宣传方案证之，更瞭如指掌，至其所谓抗日云云，不过为欺骗民众之惯技耳，岂知司马昭之心，路人皆知。民众受祸之深，恨之入骨，不但均未收丝毫效果，反自暴其奸，自翦其羽翼，为覆亡之先兆，弄巧成拙，此之谓也。

（三）推朱、毛各匪首派遣寻匪东窜之初，固抱有甚大希望，但亦自知无论主要企图达到与否，寻匪难以再回归老窠。故其最后之目的，不得不北窜闽赣浙皖各边区，盖一则可以扩大匪区，严密其组织，一则作为赣东方匪志敏之声援，希图保存各匪区之势力，苟延残喘，以为死灰复燃之计，并藉此以牵制国军之力量，俾免全力西追。斯等阴谋，虽见该匪等之自不量力，（行于方兴之时，未始不可收效，现到末路，同削手足而已。）其很毒处，亦正在此，未可轻忽。观其所到闽北皖南各处，均留有多少工作人员，或补给枪支，或酌留建制匪部，其用意深远可知，不料均成画饼，自速其亡耳。

以上管窥所及，虽未能尽是，大致或系如此。而我最高当局成竹在胸，统筹至计，早已分别令令，扼要堵截与追剿，永绝后患。而寻匪维洲乃以飘忽迅速之行动，星夜北窜，比探悉已窜至闽北福安、松溪之间。知我浙边行将波及，正在增调部队，准备迎头痛击之际，该匪果乘机来袭，当被我浙保第三团(欠一营)狙击于竹口附近，寻匪受创甚大，子弹消耗尤多，从此知我浙保各团战斗力强大，不敢轻犯，乃踟蹰于浙、闽边境，未敢再事深入，不得已，乃回窜浦广境内。我斯时，已集结相当兵力，准备会同友军进剿，免为边患。而该匪竟自投罗网，为各友军所迫，复窜至浙边江山境内，当即统率浙保各团及王耀武旅，分途截击与追剿，连败该匪于贺村、大陈、常山等处(见前战斗详报)。寻匪经此迭创，知入重围，乃星夜循山径，狼狈溃窜皖南。当即跟踪穷追，连战均多有斩获。寻匪以损耗过大，恐即归覆灭，乃逃窜赣东葛源老窠，与方匪志敏会合，藉以休着补充，此第一次追剿情形也(见各战役详报)。

寻匪窜归葛源老窠后，我军围剿封锁益紧，方、寻股匪自知劫运将终，葛源老窠不可久居，乃决心放弃赣东，另向皖南匪区发展，而于实行放弃葛源老窠之先，复效朱、毛故技，特先派寻匪维洲率所部伪七军团并附伪卅师全部突出封锁线，进袭玉山、常山，盖亦欲藉此掩护，俾方匪志敏得率残余之伪十七军团及直属各部队，并各伪机关工作人员从容退出赣东老窠，而入皖南，从新布置，用意不为不妙。岂知我浙保边防早有严密之准备，不但足以自固，而当玉山告惊时，且即分派部队往援，匪因不得稍逞，乃绕道袭我常山，我既早有准备，立即迎头痛击，并分派部队扼要堵截，惨败寻匪于常山、七里、回龙桥、白马市等处，该匪乃仍循旧路逃循皖南。当率各部不分昼夜，分途穷追，使其毫无喘息机会，每战皆多有斩获，寻匪精锐尽失，被困于休宁、歙县之间，亟望方匪之应援，而方匪虽知大势已去，陷于进退维谷之境，不得已，乃作孤注之一掷，由葛源倾窠北窜，道经婺源而窜至休、歙间之杨村、芳村一带，始得与寻匪会合，重新整顿伪军之建制，号称三师之众，约有八千余人，加以当地土共，势又复振。斯时我赣东赵司令曾派伍诚仁师跟踪，然距匪尚远，而皖境各友军虽多，然因无统一之指挥，故未能收协同聚歼之效。委座洞烛其隐，恐方、寻合股后，死灰复燃，乃下令分途追剿。当奉委座真亥电令，济时为追剿队指挥官，指挥伍师、王旅、李旅及浙保等部，从事追剿，限月底肃清，此为本队编成之原始及所受之任务之大概也（附委座真亥电原文于后）。

“衔略”方匪放弃葛源，倾窠东窜，与寻匪会合，志既不小，势尤猖獗，若任其立足稳定，即将来赤化不可收拾。我军应乘寻匪新败之机、方匪喘息未定之时，迅予痛剿，以免滋蔓，着以伍诚仁师，王耀武、李文彬等旅，并浙保安团之一部，编为剿匪队，以俞济时为指挥官，跟踪穷追，务予歼灭，该匪窜浙西或赣东，则由赵司令观涛负堵击之责，窜皖南则由刘司令镇华负堵击渍，限月底全部肃清。该指挥官应奖饬所属冒险犯难以赴戎机，并将追剿情形随时具报。

现以上电令，则知本队所受任务之重大，与委座除恶务尽之决心，故始终一本电令做去，幸得完成使命也。

二、追剿队追剿方寻股匪作战计划

（一）方针

本队以歼灭方、寻股匪之目的，遵委座真亥电所示之要旨，本独立作战之精神，冒险犯难，务各以匪为目标，分途追剿与堵截，协同一致，再接再励，务达歼灭目的而后已。

（二）指导要领

窃按赤匪行踪飘忽，动作诡秘，进退迅速，或声东击西，或以进为退，淆惑观听，是为赤匪之惯技，况以狡黠剽悍之寻匪，更无所不用其极，向日各友军多堕其狡计。此次吾侪忝膺重命，责任至大，深恐一误再误，不但有负委座望治之殷，寄托之重，而且无颜以对久共患难之袍泽，与夫水深火热中之民众，兹作战指导要领，举列于后，幸共勉旃。

一、无论担任追剿与堵截各部队，均应以匪为目标，找匪去打，倘遇匪众我寡，务本大无畏精神，稳扎稳打，与之抗战至相当期间，必派队来援，绝不致稍有疏误，此点尽可放心，切不可存保全实力之恶劣观念，任匪逃去，致失好机。

二、各追剿之部队，务紧迫穷追，勿使匪稍有喘息机会，得以重整部署。

三、各部应尽各种方法，广派侦探，一则不失匪之踪迹，一则可多得确实匪情。

四、逆料匪之必经道路，务各派伏兵狙击之，必收大效。

五、部队调动务求迅速，且必遵守限定之时间到达指定之地点，切勿稍有迟误，致失戎机。

六、各部队到达某地后，须先布置警戒，然后即赶筑工事。所谓稳扎稳打，先立于不败之地，切不可先即从事休息，致有疏虞。

七、匪情变幻无常，命令或有不能适时送到，务各审时度势，不可为匪所诱惑，致失好机，或受意外之损失，是为各最高级长官之责。

八、以不避艰险、再接再励之精神，与匪奋斗到底，务达歼灭目的而后已，此正所谓争最后五分钟之胜利者也。

（三）军队部署

本追剿队基于所受任务，以跟踪穷追务达歼灭目的为作战方针，目下方、寻两匪合股于歙西之杨村、芳村，有窥伺歙、屯之企图，而我李文彬旅现在太平，王耀武旅现在休、屯、歙县一带，伍师正由婺源向休宁急进中，应即不失时机南北夹击，如匪他窜，即行并进尾追。

一、指挥部率浙保第三团陈营，即日进驻歙县。

二、李文彬旅限文日前主力集结太平候令南进截堵夹击。

三、王耀武旅限文日前集结歙县安寺附近候令北进攻剿。

四、伍诚仁师应即兼程北进，准备向蓝田、子坑方向兜击堵匪西窜。

五、已电航校请派机侦炸，各部队应注意陆空连络。

附记

一、本作战计划，因匪情变幻无常，难以律定部队确定之行动，且正在征调集中之时，更感困难，故仅示其一般之方针与要领。

二、关于作战计划内应有之航空与防空，并搜索一项，因未附有空军，仅与航校临时商洽而已。且无骑兵，至对防空更不需要，故从略。特附于军队部署项内至各项记载事项，因事实如此，亦多与规定稍有不合。

三、各部最高级长官应本计划内所示要旨与精神，随机应变，此后当按匪情随时示以方针，固未可胶柱鼓瑟也。

三、谭家桥之役

甲、战斗前匪我形势之概要

方、寻股匪既会合于歙县之汤口、杨村、芳村后，即破坏各种交通网，宣扬将进攻歙县。惟斯时伍师尚远在林、婺境之途中，缓不济急，而李文彬旅亦远在太平。当以时机稍纵即逝，滋蔓难图，遂不顾一切，不待各军之集中完毕，即先以王旅向该匪进攻，并立电到保安司令饬李文彬旅即向谭家桥扼要堵截，于十二月十三日，亲率王旅及浙保第三团陈营向该进剿，当晚赶到汤口，该匪闻风越汤岭向焦村逃窜。是夜据李旅长报告，该匪窜至焦村后，即经白马岭、辅村转窜谭家桥，似有东窜或扰我军之企图等语。当即判断该匪势必利用乌泥关黄山之险，预设伏兵，诱我深入，而行腰击。乃以不入虎穴焉得虎子之决心，仍率王旅并附浙保第三团陈营，向谭家桥进剿，一面于乌泥关等沿途险要地势，均留兵占领掩护，果于谭家桥附近与该匪相遇，卒以乌泥关等险要既为我先占领，山后之伏匪意图夺占高地不得逞，该匪企图诱我军至谭家桥附近低地，然后以山后之伏兵对后续部队沿途腰击之计划完全打破，盖以我军果敢沈毅之精神，用能摧破该匪，得开战胜之端绪也。

乙、攻击部署及所下之命令

十月十四日上午九时，我王旅前卫第二团，附浙保陈营，进至谭家桥约三公里之处，即发现匪之潜伏侦探，该团长知将与匪接触，除广派侦探严密搜索外，并先以一部占领乌泥关东南一带高地，同时将敌情飞报来部。据报后，乃详察四周地形，判断匪之主力，当在谭家桥东端630高地附近，其在515高地之东北端一带，恐有匪之伏兵，将俟我进至谭家桥附近与其主力相遇时，即抄袭我之侧背。当命我前卫周团长占领现阵地，以待主力之协同进攻，并慎防该匪之反攻为要。随同时下达下之命令：

追剿队命令 十二月十四日午前十时（战字第一号）
于黄石塘南端高地司令部

一、被我击溃之方、寻股匪，现窜集于焦村、谭家桥之间，似有据险顽抗之企图。

我李文彬旅，已令向谭家桥急进堵剿。

我伍师正在休、婺途中，向该匪急进。

二、本追剿队以不失时机歼灭该匪之目的，拟不俟伍师、李旅之到达，即以果断之手段，向谭家桥附近之匪进剿，务求一鼓而歼之为要。

三、补充旅（王旅）附浙保陈营，应一团以上之兵力，占领乌泥关至谭家桥间汽车路东端一带高地，以防敌人袭我侧背，并相机抄袭匪之侧背，另以两营以上兵力，占领谭家桥西南及正南一带高地，向匪之正面攻击，并警戒我左侧，其余为预备队，应控置于 515 高地之西南端待命。

四、旅卫生队，应即在黄石塘北端开设救场所。

五、大小行李队，即在黄石塘南端大道上停止待命。

六、余此后在预备队之位置。

上令

补充第一旅旅长王耀武

指挥官俞济时

传达法：口授要旨，笔记补充。

丙、战斗经过及各团队之动作并决胜负时之景况与战斗之成绩

命令下达后，王旅长即令前卫第二团（附浙保陈营）展开于谭家桥西南端一带高地，同时以第三团占领 515 高地，及其西北亘东南一带高地之各重点，而以第一团为预备队，控置于黄石塘、乌泥关之间，以便策应。当我各团均以果敢迅速之动作分别占领高地时，埋伏于 515 高地东北森林内之匪，恐我占领各高地后，受瞰制之害，而其预定抄袭之狡计，又不得逞，于是乃猛向我王旅第三团进攻，而谭家桥附近正面之匪，亦同时向我王旅第三团猛扑，一时喊声震天，演成最激烈之战斗。该匪虽猛冲八九次，均被我军以炽盛之火力击退，该匪知难以正面攻击，而其埋伏于 630 高地南端森林内之匪计又不逞，乃逐渐移其兵力于 630 高地之南端，欲以全力夺取乌泥关一带高地，故战斗渐趋激烈，为追剿赤匪向所未有之恶战。当以 515 高地之得失，关系于全局之胜负，为我阵地之锁匙点，乃亲率王旅长赶到阵地督战，士气为之大振，并命王旅第三团奋勇夺取乌泥关东北端一带高地，连占数要点，敌势渐弱，而我之阵地愈以巩固。与该匪恶战经日，反复冲击，卒将寻匪维洲击毙，匪阵因而动摇。我乃乘势猛袭，匪乃纷纷溃退，狼狈向文雅街东北方逃窜。当命各部乘胜跟追，至文雅街附近因天已入暮，始令暂停追击。我军亦以苦战既久，亟需整

顿。斯役计击毙匪众约四五百名,伤匪约在一千以上,俘获匪众计百三十二名,缴获轻机关枪五挺,重机枪一挺,步枪七十二支,伪军旗一面,其他军用品甚夥。我军亦伤亡官兵一百九十七员名,王旅第二团团长周志道及团附程智均负伤,浙保陈营伤亡官兵亦多,然悍匪(寻匪维洲)既除,匪众瓦解,故斯役不仅开我军战胜之端绪,实为方匪灭亡之先兆,所有战斗经遇〔过〕情形,如附图(一),消耗卤获伤亡情形,如附表(一)(二)(三)(四)(五)。〔图表略〕

丁、斯役可供参考之意见

按剿匪应以匪为目标,倘我以果敢之手段,迅速之动作,与周密之计划,固不在乎兵力之多寡,决可摧破匪众而无疑,即以谭家桥之役证之,倘本追剿队必俟伍师、李旅之到达,吾恐机会一失,该匪如不远窜,亦必筑有较坚固之工事,难以攻取矣。故决心不待各部之到达,先率王旅及浙保陈营果敢进攻,得以卒点匪众,毙其素称枭鸷之匪首寻维洲,此后匪众即失其重心,举措诸多失当,故我军得以取聚歼之效。而斯役不仅开我战胜之端绪,实为匪我存亡之关键。至于匪军惯用之抄袭埋伏之伎俩,早为我军所窥破,况遇此险要地形,为指挥官者,自应特别注意,彼匪虽狡,计焉用之。迨后我将左右全局之制高点占领,胜券已操,而匪乃仍不知速退,妄想一逞,以致损其匪魁,宜乎一蹶不振也。

四、大谷用附近汪满田之役

甲、战斗前匪我形势之概要

方、寻股匪,经十四日谭家桥之役,不但受创过巨,而且因寻匪毙命,匪股已寒,故一意避战,企图与我军脱离,得以稍有休整机会,乃于当晚退至文雅街通谭家桥河东一带高地与我对峙。我亦因斯役苦战甚久,复以天色昏暗,暂在谭家桥附近整理。继于十五日拂晓,即亲率王旅及浙保陈营跟踪追击,得知该匪主力已连夜遁去,仅余少数掩护部队,尚故作顽强抵抗。是夜王旅追至庙首附近之下洋,匪之掩护队乃退窜孙村。十六日乃仍亲率王旅附浙保陈营向三溪、观音桥急追，并令李旅由太平向观音桥堵截，而李旅尚未到达该地，不意匪乃乘夜越过观音桥，向茂林逃窜。当即决定分途追剿，继于十七日亲率王旅主力附浙保陈营经术岭，以一部经高岭，而以李旅经黄华岭，分二路向茂林急追。是晚率同王旅到达茂林及凤林，李旅到达铜山徐，该匪乃于是日逃窜至水东翟、新丰村一带。因而判断该匪恐将向西南逃窜，希入皖南匪区（雷湖、葛冈、宏潭、柯村），俾资休整。故我于十八日令李文彬旅转赴石埭，相机迎击，亲率王旅附浙保陈营跟踪追击，不使其稍得喘息机会。当晚王旅越水东翟至新丰村一带，该匪果西南窜至陵阳镇、所村一带。李旅因山路崎岖，当晚仅到达甘棠镇。十九日仍亲率王旅跟追，至下午五时许，王旅前第三团到达南阳湾窜龙洞附近，而本队已过陵阳镇至所村（距陵阳镇西五里）附近。据土人报称：雍溪方面，正午右左，闻有枪声甚多〔急〕,至下午二时始息,莫明究竟。惟曾奉保安司令电示，阮旅十九日可到七都，因而判断或系阮旅与南窜之匪接触。当即令王旅饬第三团先派官长侦探，详细侦察实情，并注意与阮旅联络，相机夹击。是晚李旅已到达启田一带，以时机已迟，该匪一与阮旅相遇，即经河口向七都绕窜。我王旅第三团则兼程急进，奈以行程过远，到达已迟，且事先未与阮旅连络，终未收夹击之效。该匪窜七都后，即令李旅于二十日继续跟追，是晚越七都追抵华村，我伍师斯时已由汤口、焦村进抵郭村，待机截剿，该匪则于斯日续窜至柯村。当与李旅长协商部署围剿,乃于廿一日,以王旅推进至河口、岭脚，李旅推进至柯村、翠岭，伍师推进至宏潭、林村、湘口,各作攻击准备。当晚各部均到达上述指定地点，惟伍师仅以一团向余溪、宏潭搜剿，而匪则于是晚窜至美坑口一带，故于廿二日令李旅任大洪岭、葛冈至雷湖之线，扼要设伏截剿，而以阮旅推进到柯村、翠岭扼险防堵，另着伍师由林村、湘口之线，向美坑之匪北进兜剿，而以王旅一部由王家滩河东而以主力由河口、柳林塘向美坑口及美坑之匪攻击前进。是日下午伍师及王旅均同时到抵美坑口及美坑、南湖一带，而匪则于同日上午经湘口向东南逃窜，据报已至黟县附近之风口、苦竹一带，其一小部则系同日正午始闻风逃窜，并于美坑街上遗弃被覆线甚多，尚未及撤收，可见该匪确属狼狈惶恐之至。乃于二十三日着伍师兼程急进，于下午八时许到达渔亭，王旅随后跟进，亦于下午八时许到达黟县（因美坑至黟县仅有一条路），而李旅则经大坦兼程急进，于下午八时许，亦到达柏溪。当以匪既窜至黟县附近，休宁、屯溪至为可虑，故不顾士兵之疲劳，昏夜冒雨继续前进，而该匪亦于是晚续窜当金街一带，故令伍师于二十四日向当金街跟踪追剿，而以王旅向休宁蓝渡急进。至李旅本令扼守金子牌，防匪西窜，相机截剿，乃因电报未能适时收到，该旅长深恐赤匪扰及休、屯，故不顾官兵疲劳，星夜出发，向休宁急进，迨亲率王旅到达渔亭，据报李旅已大部通过渔亭矣。因拟截击该匪并防其东窜及北窜，当即令李旅转向休宁蓝渡急进，令王旅向东亭岩脚前进，当晚李、王两旅均到达指定地点。据报该匪则于二十四日夜间，急越蓝渡北窜，而至蓝田一带。为防匪东窜越出芜屯路起见，当于二十六日即令李旅开至灵溪雄路，伍师进至歙县，而以王旅进至安寺，巩固芜屯路线，并准备截剿，而该匪乃于二十六日窜至大谷用、石门附近，当于二十七日令李旅向杨溪桥、观音桥之线前进，亲率王旅向绩溪、临溪之线前进，相机截剿，并防匪东窜，另着伍师由歙县向大谷用进剿。该匪因四面无去路可逃，故我伍师前卫部队，于下午三时进抵大谷用附近之汪满田村，与匪之一部接触，而演成激烈之战斗，而我官兵以迭日追击，幸得与匪相遇，无不奋勇争先，得奏肤功，而获全胜，盖有由矣。

乙、我军部署及所下命令要旨

于二十六日接得确报，该匪已窜至大谷用、石门一带，当就图上审度情势，及询问熟悉该地地形之土人，判断该匪因我兼程穷追，十余日不稍休息，而堵剿部队势将合围，已陷进退维谷之境，必有东窜越出芜屯路以转移目标之企图。乃决定分头合围兜剿，俾达聚歼该匪之目的。当授各部以电令，其要旨如下：

一、据报该匪于本（二十六）日，窜至大谷用、石门一带，本追剿队为防匪越芜、屯路东窜及相机合围聚歼起见，特定部署如下：

二、李旅明（二十七）日,应向杨溪桥村、观音桥之线前进，相机截剿，但对杨溪桥村（合口）以北，须确实负责。

三、王旅明（二十七）日，应向绩溪、临溪之线前进，相机截剿，但对杨溪桥村以南，须确实负责。

四、伍师应于明（二十七）日，向大谷用之匪前进，跟踪追剿，如该匪顽抗，务以果敢之手段，与以重创,并与匪不失接触，俾便围剿为要。

五、予明（二十七）日，带浙保陈营随王旅前进。

各部奉令后，均向指定地点前进。于二十七日午后四时，接得伍师长电告：该师前卫队已在汪满田附近与匪接触。当即复电，授以如下之训令：

“衔略”。该匪于谭家桥之役,受创过巨，实力损失约三分之一以上，匪胆已寒。现其近来东窜西逃，一意避战，不敢再作顽强抵抗，可证明该匪已失战斗能力。贵师既与该匪接触，诚为难得之机会，务希鼓舞士气，努力歼剿。倘该匪图逃,应即穷迫猛追，不使稍有喘息余地，保持接触，以达歼灭目的而后已。详情更希随时电告，俾资处理。俞〇〇。感申。

丙、战斗经过及主要时机各部队之动作与战斗之成绩。

伍师长奉电后，当即以果敢之手段，向该匪猛攻，除以充前卫之二九四团向当面之匪进追外，另派二八九团及二九一团各一部，向该匪分进包围，企冀一鼓歼灭，讵该匪主力见势不佳，已行逃窜，仅留有五六百名之悍匪，占领汪满田西北端高地，与我军顽抗，以掩护匪之主力退却。我前卫二九四团之营前兵，甫行与匪接触，即以全力奋死夺取汪满田北端之高地，作为我后续部队发展之要点。该匪亦以利害所关，顽强抗战，且以一部猛烈反攻，枪声剑影，演成激烈之战斗。当据俘匪所供，知残留之匪为伪十九师第三团，在匪中称为最强悍之部队，而我官兵均奋不顾身，经半日之恶战，卒将该匪摧破，当场击毙伪团长王吉山及以下官兵百余名，缴获步枪数十支，残匪纷向金坑溃窜。我军亦阵亡连附黄震东一员，士兵亦略有伤亡。关于战斗经过情形，如附图（一），消耗伤亡及虏获如附表（一）（二）（三）〔图表略〕

丁、斯役可供参考之意见

俗语有云：行人赶行人，甚为困难。追剿赤匪亦然。故应分剿与堵截，但尤在各部队能确遵时限到达指定地点，力克收指臂之效，否则为天时、人事或地形所误，则虽孙武重生，亦无所用其谋矣。至匪之所以迭战皆败者，固因我军奋勇所致，然其每战辄伤其重要匪魁，以致匪众失其所依，因而溃散，斯见匪军组织与训练之毫无矣。于此亦可知，各高级指挥官固应奋勇当先，然对己身关系之重，亦不可不加审慎矣。

五、芳村江村之役

甲、战斗前匪我形势之概要

赤匪为十九师第三团在汪满田被我击溃后，续向金坑北窜，该匪之主力，于二十八日窜至金坑附近。我军防堵其远窜，包围聚歼计，早已分电各友军连络截剿，而刘惠心旅之一部，已先一日进抵白地扼堵（白地距金坑十五里），该匪闻讯，乃连夜窜经箬岭，折向谭家桥西窜，然我已曾电请刘保安司令，饬太平刘旅之一部，进至三口扼堵，及饬郭村阮旅全部，进至辅村、焦村扼堵，以防该匪向西北逃窜，此外乃令李旅之一营，车运至东亭，即星夜前进至蓝田附近扼堵，并亲率王旅（欠周团）附李旅尉迟团及浙保陈营，向芜屯路急进截剿，特着伍师跟踪穷追。该匪于二十九日窜至谭家桥附近，知我三口、辅村已有重兵扼堵，乃于三十日复折窜至汤口附近，并拟于三十一日企图窜经芳村、江村，而向黟县以西逃遁。该匪为秘密行踪计，均攀山越岭而行，未敢沿汽车路行进。追亲率王旅（欠周团）附李旅尉迟团，三十日进至陈坎、蓉溪、杨村一带，三十一日沿汽车路北进截剿，乃于上午九时许，王旅前卫第三团行抵芳村附近，与匪遭遇，当即判断必系之掩护部队，遂令李旅尉迟团速向江村截击，果亦与匪接触，而演成芳村与江村之恶战，使匪首尾难顾，受重大之损失，此后则我军势如破竹矣。

乙、军队部署及所下命令（电令）要旨

谨按该匪被我屡次截剿，损失奇重，而且毙其匪魁，匪胆已寒，一意效流寇之所为，希图苟延残喘。当该匪向谭家桥、汤口回窜时，我军合围之势已成，而该匪则利用当地土匪，施种种方法，以淆惑我军视听，倘不加详细判断，几失其目标。但我官兵远道久追，辛苦实已达于极点，目睹此种情形，知非有以策励，无由以振作士气。乃于二十九日，授各部以如下之电令：

"衔略"。本追剿队奉命以来，数旬于兹，追奔逐北，连战皆捷，或毙其匪首，或缴获人马械弹，良用欣慰。然每念及我忠勇将士，辛劳为国，辄深关切。须知战争之胜负，在于最后五分钟。况匪之处境及疲劳，实数倍于我，观其狼狈情形，知灭亡在即，尚希激励士众，共晓斯旨，努力奋斗，坚持到底，灭此朝食，以获最后之胜利，以表现我革命军人之真精神，幸勿稍存自馁，以致功亏一篑为盼。俞济时。艳辰。

各部接电后，当即晓谕官兵，鼓舞士气。忽于是夜据报，该匪已连夜经箬岭向谭家桥西窜。当即电令各部分途截击，其要旨如下：

一、据确报伪七、十两军团残余股匪，本日已折经箬岭向谭家桥西窜，已电请刘保安司令饬太平刘旅之一部推进至三口堵截，及饬郭村阮旅全部推进至辅村、焦村堵截。

二、李旅派兵一营速车运至东亭，星夜向蓝田附近前进扼堵。

三、伍师乃跟踪尾追，不失匪踪为要。

四、王旅（欠周团）附李旅尉迟团，向芜屯路截剿。

五、余率浙保陈营乃随王旅前进。

各部队受命后，均向目的地前进，于三十一日午前九时二十分，接王旅长报告，该旅前卫已在芳村附近与匪接触，并据探报，该匪主力昨晚似在汤口。当即判断与王旅接触者，系匪之掩护部队，其主力必由芳村经江村向西南逃窜，因授王旅以命令，饬暂归该旅指挥之李旅尉迟团，前往江村堵截，其命令要旨如下：

一、据各种判断，现与贵旅前卫第三团接触之匪，系匪之掩护部队无疑，其主力连日往复突窜，意图冲出我重围。据报昨日在汤口附近，本日必经芳村、江村向西南逃窜。

二、本追剿队为歼灭该匪计，着即派尉迟团前往江村附近据险伏击，务遏阻该匪于我围剿圈内，俾就歼灭为要。

丙、战斗经过及主要时期各团队之动作并战斗之成绩

王旅长受命后，立派尉迟团驰往江村堵截，乃亲同王旅长金竹坑附近侦察一般地形，即决定以该旅第三团展开于金竹坑北端亘南端高地之线，向该匪猛攻，而以该旅第一团为预备队（其第二团另有任务），控置于金竹坑东端汽车路旁。于午前十时三十分，我军开始攻击，该匪始则据险顽抗，我乃以轻重机关枪火力，掩护部队进攻，鏖战至正午十二时，我军全线已进至匪阵之山腹，该匪仍不稍退，嗣经我突击队数次猛冲，并以炽盛之火力制压射击，该匪损失奇重，始全线动摇，我军乘势冲锋，突入匪阵，该匪大败，秩序凌乱，纷向芳村逃窜，我军跟踪穷追。该匪以难脱险，乃复占据芳村东端之高地，奋死抗拒，战斗至为激烈。但我官兵以战胜之余威，对末路之残匪，皆早存歼灭之决

心，故攻击愈形猛烈，而将当面之匪摧破，纷向江村乱窜，我军跟踪紧追，适该匪江村附近，我前派遣之李旅尉迟团同时赶到江村，以生力部队奋勇猛冲，而将该匪截为数段，失却联络，纷向四山乱窜，战斗力完全消失，我军乃分途截获，计俘虏赤匪九十余名，获械三十八支，当场击毙者，在二百名以上，伤者尤夥，一时满山匪尸，惨不忍睹。我亦伤亡官兵四十余员名。所有战斗经过情形，如附图(一)(二)，伤亡虏获消耗情形，如附表(一)(二)(三)(四)(五)(六)(七)(八)(九)。〔图表略〕

丁、斯役可供参考之意见

典令云：士气不可不振，而于辛苦疲劳，或战况悲惨之际尤然。本追剿队长途穷追，已逾兼旬，屡经恶战，可谓疲劳已极，倘不有以振作士气之方，恐难再接再厉。故特已电令晓谕官兵，以资策励，得以终获全胜，一往无敌矣。

六、裔村溪头之役

甲、战斗前匪我形势之概要

自伪七军团长兼十九师师长寻维洲在谭家桥之役被我击毙后，残匪即由方匪志敏与刘匪畴西率领，举措失当，士气一蹶不振，迭经我军于汪满田村、芳村、江村等役，予以重创，更形狼狈，几全失其战斗能力。乃于二十四年元月一日，亲率王旅（欠周团）附李旅尉迟团及浙保陈营，追抵宏村，伍师亦追抵蓝田。该匪闻讯，连夜经三都、苦竹向黟县之官路下逃窜，有向金子牌南窜企图。当即以冬寅电着伍师跟踪紧追，勿使稍有喘息机会，而因王旅（欠周团）附李旅尉迟团屡经苦战，一切均须补充，特着在宏村附近，赶速补充继续追击该匪，于冬日乃续窜至枭溪口，我伍师已追抵金字牌，匪又于江日窜至沱川，我伍师乃追抵汪村、流口一带，该匪复于支（四）日窜至裔村，我伍师乃跟追至山坑。斯时亲率王旅（序列同前，追抵龙湾五城，当以该匪势穷力竭，企图窜回赣境，公算居多，以地形上观察，若不南窜江湾迳超赣东，则必西窜塔岭，绕浙西而入赣东。判断既确，乃决定夹击截剿之计划，遂演成裔村、溪头之役，以致使该匪走头无路，处处在我预料之中矣。

乙、我军追剿部署及所下命令之要旨

上项策定之计划既成，乃于元月四日分电各部，其要旨如下：

一、据确报，该匪于本日窜抵裔村附近，判断匪之企图，若不南窜江湾回赣，则必西越塔岭经桃林从浙西入赣。

二、本队为达歼灭之目的，应即分途追击与堵剿，勿任窜扰，收获最后之胜利。

三、伍师明（五）日应提前出发，跟踪穷追，保持与匪接触为要。

四、王旅（欠周团）附李旅尉迟团及浙保陈营，明（五日）应提前出发，经仙斗向塔岭、塔坑侦踪截剿，如匪南窜，则向江湾追击。

五、李旅第四二团王营，明（五）日应急向七十二湾堵剿，防匪北窜，并与王旅切取连络。

六、余明（五）日随王旅前进。

电令下达后，乃于一月五日拂晓，即率同王旅经仙斗向塔岭前进。是日天雨且雾大，正午左右行抵塔岭，利用长途电话塔线挂电机与江湾通话，得知伍师二九一团在裔村附近与匪接触。当即判断又系该匪之掩护队，其主力必果如所预料，东向塔坑、塔岭逃窜无疑。当派王旅驰往溪头（距塔坑十里，因该处有小道可绕塔坑之故）伏击，并授伍师、王旅以如下之电令：

（衔略）。残余溃匪迭被重创，实力损失过半，连日徒藉小部队之掩护，一意避战，企图脱逃，我军取穷追猛追之手段，奋勇歼灭，毋庸多所顾虑。伍师前卫既在裔村附近与匪接触，又系匪之掩护队无疑，应努力猛进追剿，勿使远飏。王旅应即驰往溪头设伏截击，俾无从漏网。仰分别遵照，并将追剿情形随时具报为要。俞济时。微午。

丙、战斗经过情形及主要时机各部队之动作并战斗之成绩

五日上午九时许，伍师前卫二九一团，与匪在裔村接触后，伍师长亦判断该匪系其掩护队无疑，故未用多数之兵力攻击，仅立令前卫二九一团展开于官坑之东端北高地，向裔村之匪猛扑，以一部展开于杨村西南端之高地，向下村及裔村间之匪截击，以期不失时机才留该匪，而师主力部队则传令迅速前往，控置于官坑之西南端待机使用，伍师长亦亲到前线督战。二九一团长纪遒武，以匪情地形均已明瞭，乃将该团部署如下：

(一)令前兵第二营(附侦探队)迅速驱逐匪之警戒部队，占领鞍部、凉亭左右两侧高地，掩护前卫本队展开，以侦探速向杨村搜索。

(二)着第三营以大部向左前方高地展开，以一部向右前方通杨村道路两侧高地展开。

(三)令迫击炮连(附第一营步兵一排)即在凉亭西边三叉路附近占领阵地，准备射击。

(四)其余为预备队，位置于官坑东南端，归第一营营长指挥。

(五)大小行李即暂在官坑停止待命。

该团各部队遵即分别展开于指定位置，同时即见匪之阵地守兵，从杨村西端亘一八一〇高地一带，向我猛烈射击，并在裔村通杨村、鞍部路上，发现匪之迫击炮阵地，亦向我射击。该团长当命各部开始猛攻，并命我迫击炮连速将匪之迫击炮阵地扑灭，免为我步兵前进时之危害，一时双方齐发，战斗渐趋激烈。旋该团右翼之第七连，已将匪之一部冲溃，夺得步枪数支，遂乘机鼓励官兵奋勇前进，匪仍凭险顽抗。该团长见仰攻之困难，当即改更攻击部署如下：

一、令第三营牵制当面之匪，并防其向我侧背之迂袭。

二、令预备队之第一营(欠一排)及第二营以重叠之配备

(第二营在前)从畲村南端高地向匪阵突击，务将匪截为两段，使其失却连络。

三、第七连应向杨村截断该匪东窜之路。

部署既定，各营连（迫击炮连仍在原位置）当即隐蔽 移 动，该团少校团附兼代第二营营长王瑞慷慨激昂，立率所部向畲村南端匪猛冲，果将该匪截为两段，达到任务，并连占之 第 二 线 阵地，而该营长亦因奋不顾身，饮弹阵亡。但该匪知势不妙，遂纷纷退窜，继见我追兵不多，该匪又复收集匪众企图反攻，该团长即令第二营之两连，占领杨村以南高山，攻其侧背。斯时匪以进退失据，腹背受敌，死亡甚多，乃又分为两股，向杨村以东高山及下村小径分途溃窜。该团长以雨迷雾朦，地形不熟，而各团部队尚未赶到，乃着第七连及侦探队追至下村而止，当即整顿部署。至下午三时三十分，该师二九四团到达，继续向该匪追击。斯役计毙匪约百余名，伤者约二百余名，俘匪十三名，获步枪十四支。我亦阵亡少校团附兼第二营营长王瑞一员，第四连连长罗汝钊一员，伤排长三员，士兵十六名。所有战斗经过情形如附图(一)〔图略〕。虏获伤亡消耗情形如附表(一)(二)(三)〔表略〕。王旅长在塔岭途中奉到速由塔坑折向溪头设伏截击由畲村西窜之匪之电令后，该旅长当即令前卫第三团向上下溪头前进。于下午一时许，前卫与匪之先头部队遭遇于金斗岭。王旅长观察地形后，决定如下之部署：

一、着第三团以一部牵制正面匪之主力，而以主力由官庄迂回匪之右侧背。

二、以第一团附浙保陈营，占领塔坑以西高地，向匪左翼猛攻。

三、以暂归该旅指挥之尉迟团控置塔岭，并以一部占领璜茅一带高地，防匪北窜。

部署既定，各部分别展开时，已午后二时许，战斗开始，我正面第三团之一部，以猛烈火力向匪阵地射击，并举行佯攻。我第一团即攀塔坑以西之高地，向匪猛攻。惟塔坑以西高地，连绵至金斗岭，愈上愈高，且斜面过急，加以天雨攀登，实属困难，然我勇敢官兵终于超越而过，擦伤与跌伤者甚多耳。该匪见势，业已不战胆寒，而第一团展开于金斗岭东北高地之后，即以重火器开始向匪阵地猛烈射击，援助我攻击部队容易前进。该匪始则猛烈还击，同时我第三团亦迂回成功，向匪侧面袭击，并占领上下溪头，截其归路，而该匪仍依险顽抗，并用其预备队向我第三团反攻，被我击退。黄昏后，我第一团已用全力将金斗岭攻下，匪之死伤枕藉，势已不支。下午十时许，始分头向金斗岭西北溃窜。我一二两团分头追击之，沿途斩获颇多，惟以天晚雾大，道路泥泞异常，旋即奉令停止追击。是役计毙匪二百余名，生擒数十名，获械数十支。我亦伤亡官兵二十九员名。关于战斗经过情形如附图(二)〔略〕。伤亡虏获情形如附表(四)(五)(六)〔图表略〕

丁、斯役可供参考之意见

方、寻股匪自寻匪维洲被我击毙后，走头无路，处处被我截击，斯可见高级指挥官之重要。俗语有云：一将无能，累死千军。诚然。而我官兵反愈战愈勇，竟忘其兼旬跋踄之劳，观其每战辄奋勇争先，攻坚破锐，无匪不克从亦知士气可用要在为指挥官者，因机利导耳。至于方匪之失计，既一意避战，乃不知采取破坏交通设置障碍物之处置，及设种种疑兵，以迟滞我大军之前进，既或不然，亦应突破一点，急速逃窜，乃左折右转，成蛇行形行进，以图混乱我之追击目标。而我以三路并进之策，使其左折则与左路遭遇，右转则与右路接触，故终未脱我范围，而匪军之行程倍于我，其匪兵之疲乏可知。又竟欲藉少数之掩护队之力量阻我前进，是不啻自翦其羽翼，而又不知避真面目之战斗，以图养精蓄锐，宜其日趋于末路，自掘坟墓。然则匪之失计，实亦足资吾人之借鉴矣。

七、大龙山之役

甲、战斗前匪我形势之概要

裔村溪头之役，因天雨大雾迷濛，溃匪得以脱出重围，但其一部已被我冲散，于元月六日有散匪一股，约四五百人，由塔坑溃窜至上溪口附近，被驻在该地六十五师赵团截击，该匪一日两次被击，进退失据，匪心恐慌已达极点。据俘匪供称：其辎重行李及文件，因登山不能挑运，均在溪头焚毁。残匪则攀山越岭乱窜，冲散者尤多，若非黑夜天雨，恐尽归消灭。该匪经此惨败后，漏夜攀山越岭逃窜，于六日经仙斗窜至上下横源一带，接报后，当即派尉迟团向仙斗截击，因时机稍迟，致未收效。当即电请刘保安司令，以阮旅刘旅南进防堵，并着伍师向上下横源跟踪追剿，而以王旅（欠周团）附李旅尉迟团及四十二团之王营，并浙保陈营，向桃林截击，该旅前卫第一团，于七日下午五时赶赴桃林，与匪稍一接触，该匪即又向龙门下、大麦坞一带逃窜，常以山路崎岖，小道羊肠，运动极感困难，故尉迟团及各部行李，均未能到达。及至八日王旅以一团追击至龙门下、大麦坞一带，则匪已经外山村向东逃窜。同日，我伍师亦追抵桃林，遂于九日以伍师暂在大麦坞、龙门下、齐溪衙口之线，防匪西南窜，乃亲率王旅经岭里、叶村向中洲绕堵，相机截剿。而尉迟团则因行李辎重及重火器，部队均未赶到，故运动稍迟，于九日未能到达指定之地点（岭里）。及亲率王旅（欠周团）附浙保陈营，抵中洲、余村、叶村一带，侦悉该匪于八日在章村宿营，于九日复经汰夏北窜，因石门有我刘旅部队防堵，乃于同日下午复窜回汰夏宿营。先是当该匪由皖南向浙赣边境回窜之际，经即电请赵司令派兵防堵，并令蒋副指挥由赣闽边境剿匪部队中抽调第四五两团北进，以第四团位置鲍家村，第五团位置马金镇，以资扼堵。除赵司令复电无法抽调外，蒋副指挥率第四第五两团均到达指定位置，至是遂令驻在鲍家村、陈家村之浙保第四团扼守莲岭，防匪东窜，而以伍师仍在原地，防匪西南窜。复于十日着王旅向汰夏进剿，而以尉迟团附四十二团王营，经岭里大龙山向章村前进，相机截剿。该匪适于十日上午二时星夜，经章村南窜，我王旅侦探队及步兵一连，在章村与匪之掩护队接触，当即以该旅第三团由余家急向章村应援，该匪向大龙山逃窜。于上午十一时，我尉迟团行抵大龙山腹，适与匪遭遇，遂演成最激烈之遭遇战。

乙、追剿队部署及所下命令要旨

于裔村、溪头之役，该匪利用雨雾迷濛之际，逃出重围，深引以为憾事，当再重定计划围剿。除电请刘保安司令派刘、阮两旅南进防堵外，乃下达如下之电令：

一、伪七、十两军团残匪昨被我伍师、王旅两次痛击，前后失据，连夜窜经仙斗，本晚似在上下横源一带，判断该匪此后必南窜桃林，或东窜石门，企图经浙西逃赣。

二、本追剿队以追迫该匪于浙边大小蓬岭、白际岭之间而歼灭之目的，拟继续向该匪分途截剿。

三、伍师明（七）日速向上中下横源一带跟踪追击。

四、王旅（欠周团）附李旅尉迟团，又四十二团王营及浙保陈营，于明（七）日由上下溪头取捷径速向桃林侦踪截剿。

五、李旅（欠尉迟团）附王旅周团，明（七）日速向威坪前进，务于八日午前到达该处，侦踪防剿。

六、余明（七）日随王旅前进。

各部分途前进，均到达上述电令所示目的地，该匪果如所料，南窜桃林，经王旅前卫追及，略行抵抗，即向汪夹岭方向北窜。伍师并于八日跟踪追蹑至桃林、齐溪一带。元月九日综合各方情报，当再以佳卯电令，指示各部队之行动，其要旨如下：

一、综合各方情报，伪七、十两军团残部，因汪尖岭道路被水冲毁，该匪已折经外山村，向遂境中洲方向逃窜。

二、王旅(欠周团)附尉迟团,又四十二团王营及浙保陈营,本(九)日务提前出发，经齐溪、排田、界亭向龙门里前进兜剿。但在龙门下之一团，应酌留警戒部队,俟伍师接防后,即归还建制。

三、伍师本（九）日应以主力仍暂驻桃林、齐溪一带，但速派一小部至龙门下、衙口接替王旅之警戒部队防务。

各部队到达上述电令所示位置后，继又侦悉该匪复向汰夏回窜，乃令王旅驰往截剿，当以佳（九）亥电指示，该旅之行动其要旨如下：

一、匪情如贵官所知。

二、我阮、刘两旅现在石门、榆村，已电刘保安司令请饬截堵，应与联络。

我伍师仍暂在大麦坞、龙门下、桃林、齐溪、衙口之线防堵，相机截剿，并派一部推进至章村防堵，应与连络。

三、贵旅应于明(十)日晨，向汰夏之匪进剿，如匪复他窜，应紧追跟追，毋使脱逃为要。

该旅长接电后，于元月十日向指定地点急进，并令尉迟团由岭里村经衙口、大龙山向章村进剿，该团行抵大龙山腹，与匪发生不预期之遭遇战。当据报告，即以灰未电令王旅，其原文如下：

“衔略”。赤匪日暮途穷，志向回窜赣东匪区，尉迟团附王营既与匪遭遇，决不可令其脱围，此时若任其漏网，无异纵虎归山。仰饬该团奋死截剿，务达歼灭之目的，永绝后患，是所至盼。俞济时。灰未。

丙、战斗经过情形及主要时机各部队之动作并战斗之成绩

当尉迟团行抵大龙山腹，既与赤匪发生不预期之遭遇战，乃互相夺取制高点，反复肉搏，该团前卫阵地得而复失者。再而匪所居之地形，系由高下降，而我则由下向上，处于仰攻之不利，且背河流，后退配备亦为地形及时间所不许，若不夺取有利之制高点，则受损过大，战况殊难逆料。同时右翼高地，亦发现匪之一部向我射击，战况渐紧。斯时我尉迟团长观察形势，非确实占有前卫阵地之制高点，不足以左右战局。乃着本队之一营，向前卫营之左翼展开，满期猛力仰攻，摧破该匪于大龙山中。正在部署之际，

我前卫营之左侧方，发现匪之一部，向我作包围之样。我尉迟团长知非先驱逐该包围之匪不可，立即以本队甫行展开之营中第一连，向该包围之匪努力阻止其前进，并着该营(欠第一连)急向该包围之匪右侧背转进，俾先解决该匪，同时并以步兵炮占领我前卫左后方谷地猛烈射击，援助我迂回营之成功，不料我前卫营阵地之一部稍形突出，致被匪攻入，其他匪部亦迫近我阵地之制高点，并掷手榴弹，作进攻之准备。当时战况甚为险恶，幸我官兵均沉着应战，阵线始终未乱。我尉迟团长为挽回战况计，乃将预备队中重火器集中使用，全部进入阵地，向突入之匪猛射，同时匪部之步兵炮(追炮)亦开始向我射击，战斗至为激烈，喊杀连天。我尉迟团长见已收重火器火力之效，乃着前卫营在我重火器炽盛火力掩护之下，乘机逆袭，勇猛突入匪阵，该匪受创过重，乃退伏于我阵地之前方。斯时我之阵线乃臻稳固。至向我前卫左侧包围之匪，被我重火器之射击及第一连之死力抵抗，已成对峙状态，继乃受我迂回营之侧背攻击，因而溃败，我第一连亦乘势夹击，该匪除少数逃亡外，余均就歼。斯时我前卫营亦同时在重火器火力掩护之下，向当面高地之匪冲锋，匪虽犹想顽抗，但因死伤枕藉，匪势不振，遂全线动摇。我尉迟团长乘机亲率预备队协同前卫营一举攻入匪阵，匪乃不支，全线溃败，向大龙山村方向逃窜，我当即紧追穷追，不意该匪复利用第二线阵地顽抗，我追击部队当以勇往直前之精神，猛烈之火力，向其攻击。尉迟团长见各追击部队均将到齐，乃令司号吹奏全团冲锋号，令前线向匪阵猛扑，杀声震山谷，该匪虽顽，终被我大无畏之精神所压倒，纷向青岭顶方向崩溃，当即跟踪尾追，匪复残留一部，掩护其主力逃窜，适我四二团王营赶到，即令其向残留之匪攻击前进，该匪突受我王营之猛攻，向山谷中回窜。因时已入暮，地形复杂，当令第一二两营，各以一部扫清战场，其余暂在原处待命。斯时我四九师之二八九团到来，即加入追击，惜为时已暗，又为地形所限，未能收歼灭之功。但匪之精锐伤亡消耗殆尽。是役计毙匪二百余名,俘获十五名，缴获步枪十六支，伪二十师师长柔当场击毙，伪副师长及十九师师长、政委等,均受伤甚重。我军亦阵亡连附一员,伤排长一员，士兵二十九名。关于战斗经过情形如附图(一),虏获伤亡消耗情形如附表(一)(二)(三)〔图表略〕

丁、斯役可供参考之意见

大龙山之役，我与匪为不预期之遭遇战，匪则居高临下，我则由下仰攻，而且匪众我寡，依据战术原则，匪之胜券可操，故其如蜂拥而来，或亦以此为难得之机会，然而卒被我摧破者，非关地形之得失、兵力之多寡，实繁于士气之盛衰也。兵法有云：全师为上，破师次之。又曰：强弩之末，不足以穿缟鲁。赤匪在大龙山之败，实开端于谭家桥、芳村等役之重创，士气不振，虽长城天险，不足恃矣。观于大龙山之役，深足为吾人之借鉴，窃又尝谓以总预备队作为第一线补充之用,诚属为不得已之下策,故典令有云：预备队不可使用过早。盖预备队使用适当与否，实关全战局之胜负。证诸斯役，我尉迟团长虽当战况险恶之计，我前卫营阵地之一部已被敌人突入，只要阵线能以维持，尤不肯轻意使用其预备队，仅集中重火器以制压敌人，而留预备队作最后冲锋之用。况当此匪众我寡，不预期之情况迭出,尤应掌握预备队,以便随时应付，斯可谓知兵者矣。惟我前卫营阵地一部凸出，致被敌人攻陷，虽能恢复已属费力不小，观此各级指挥官对于阵地之占领，岂可丝毫粗心，而违战术原则者乎。

八、徐家村之役

甲、战斗前匪我形势之概要

方匪于大龙山之役，受意外重创后，愈形狼狈,乃分为两股,取避道向东西两方逃窜。适正值阴雨，山洪暴发，加以山地绵亘鸟道羊肠，军队行动深感困难，以致瓮中之鳖，未能成擒。为军队行动迅速计，决于一月十一日分遣小支队分头追剿。令伍师及王旅各编成四营以上兵力之一支队，跟踪急追，搜索匪之主力所在，以便围剿，聚而歼之。并令浙保第四团，速由大小连岭回龙山街堵剿东窜，及电蒋副司令，如匪东窜白马，即以第五团东运赴龙游防堵，如匪西窜开边，则调第五团赴星口市截击。是日伍师追剿支队进抵高岭，王旅追剿支队进抵界亭。当晚接浙保纵队蒋副指挥官志英真申电报，知该匪于是日下午已窜至马金西南之中村、张村一带，第五团已移至星口市。当即电复，饬率该团扼险设伏，伺机截击。并于十二日，令伍师、王旅急向南进追剿。而该匪乃于是日继向南窜，于上午十一时，其先头匪部到达航头附近，经我浙保第五团迎头痛击，毙匪二十余名，缴获步枪九支，该匪乃复折窜潭头村、油溪口附近。下午五时，我王旅前卫部队追抵篁岸，该匪闻讯，乃复漏夜南窜至杨林，当恐该匪由浙赣边境，向闽逃窜，剿灭为难，特不顾官兵疲劳，即严令浙保第五团星夜轻装赶赴王坂、徐家村(计途程七十里)，限翌晨九时前到达，扼要截堵，并知伍师、王旅于十三日分向茗川口、上下庄、东坑口、杨林、潘口之线追击前进。又电赵司令请抽调赣东部队东进堵剿，以期消灭该匪于开化边境。伍、王两部均于是日上午二时，漏夜出发，以期一鼓歼灭，而免流窜赣边。迨该匪于十三日先头到抵徐家村附近时(徐家村有一条小路，可通广丰马江山，而入闽属浦城。)我浙保第五团已先期到达占领阵地，扼要设防。该匪以退路被阻，生机已绝，乃拚死猛冲，藉图免脱。我浙保第五团亦以为系匪之存亡关键，誓死堵击，作竟日之殊战，终能克制，悍匪归于消灭，为剿匪以来，最有价值之战斗。

乙、军队部署及所下命令之要旨

当方匪向徐家村南窜时，闽北残匪黄立贵等部，为响应方匪计，乃倾巢进犯江山、遂昌边境，企图吸我兵力于该方面，以解方匪之围，而方匪亦一意避战，企图与闽赣之匪会合，俾资休整。默察匪情，知徐家村为其必经之路，倘被窜出，乃如放虎归山，则后患无穷，而我官兵长久跋涉之苦，尽归乌有。故以文酉电，严厲蒋副指挥官督饬浙保第五团，誓以全力严密堵剿，其原文如下：

（衔略）。溃匪南窜，闽匪遥为响应，其企图联合无疑。连日闽匪犯我江、遂，乃为其伐魏救赵之计。我军为各个扑灭计，决先歼灭寻、方残匪，再及其他。刻据确报，该匪已窜抵上下庄附近，若使突围南窜，则如放虎归山，将来边患不可收拾，而徐家村为该匪南窜必经之路，务严密封锁，勿使窜越。仰饬高团立刻轻装驰往截堵，限元晨前到达，连络附近友军邀要击阻，勿使漏网，此关系全局，切勿稍有延误。俞济时。文酉参战。

蒋副指挥志英奉电后，当即督率第五团连夜驰往徐家村扼要严密防堵，并偕高团长详细察勘地形，面示意旨，该团长随下达如下之命令：

命令 元月十三日午前八时三十分
于徐家村团本部

一、方、寻残部以窜入赣闽边境会合黄匪立贵，企图死灰复燃，刻正由杨林附近向南溃窜中，我俞指挥官正率伍师、王旅、李旅等部分途跟踪穷追，现已到达油溪口、杨林外高坑等处。

二、本团奉命在徐家村扼要严堵，各营连应知此役关系全局，须抱有匪无我之精神，奋勇堵剿，勿使其稍越雷池一步，以待友军之追歼争得最后之胜利。

三、着第三营（附第一营第一连）占领南华山一带高地，向通东坑口之道路扼要设防，不得稍疏。第二营以一连占领徐家村东北端高地，向东北两方面设防，并以一连监视徐家村通王坂之大道。另以步机各一连，位置于徐家村之南端高地，待机使用及拱卫指挥部。第一营（欠第一连）应以一连占领徐家村北端高地，向北方警戒，其余两连随同团部为预备队，位置于徐家村内待命。

各部应互相连络，勿使稍涉疏虞为要。

四、通讯队应即架设通讯网。

五、大小行李卫生队等，既在徐家西南端停止待命。

六、余此后在第三营阵地。

上令

第一、二、三营营长

团长高致嵩

丙、战斗经过概况及主要时机各部队之动作

浙保第五团连夜转向徐家村堵匪南窜。去后，于十三日上午八时，前卫第三营即已到达徐家村，转向通杨林之道路前进。该团长随即下达上述之占领阵地命令，乃我各部占领阵地甫及三十分钟，而溃匪伪十九师之先头部队果即发现于我阵地之前，当以果敢之手段，奋勇迎头痛击，当此之时，匪以生路断绝，拚命冲击，希图免脱，因而战斗趋于激烈。然以徐家村北端高地丛山峻岭，号亘百里，而且山荒林密，道路羊肠，又无歧路，以致双方兵力运用均感困难，继经我第八连奋勇冲杀，第九连由右翼迂回，向匪侧击，而以第七连加入正面战斗，另以机枪连占领徐家村后端高地，以炽盛火力协同迎击，同时命我第一营协同第九连，占领右翼阵地，向匪侧包围攻击，我第三营亦在徐家村后山占领阵地，防匪万一突围。斯时部署既妥，我以集中火力猛力迎击，并且运用奇兵迂绕威胁，以致彼此肉搏数次之多。激战至六时之久，匪终因地形限制，兼受我军胁威侧击，势渐不支，乃退守第二线阵地及左翼高地，以相对峙。我亦严励所部准备再战。迨至下午四时，匪复以挑选精锐(约二千余人，遍山皆是)大举反攻，欲作孤注一掷，图最后之挣扎。而我官兵亦各振奋精神，沉勇应战。经我第一、三两营扼险还击，战斗之烈，达于极点。迨至下午八时，天黑如漆，匪以受创不逞，乃仍撤退至第二线阵地及左翼高地，于是渐入交绥状态，但双方戒备均严，彻夜枪声不绝。际此之时，我军以该匪一部，犹在左翼高地，居高临下，足以胁威我之侧翼，遂于当晚（十四日上午十一时）派遣一部，奋勇夜袭，连占两座山头，于是徐家村以北一带高地全为我有矣。匪以无险可据，乃全部溃守第二线。是日我伍、王、李各部，已到达东坑口、杨林、潘口之线，匪以后有追兵，前无去路，乃连夜攀越南华山，向王山村方向逃窜，而留其精锐之第十九师系掩护，与我第五团彻夜鏖战，以避我之察觉。迨至十四日晨，复效背城借一之故技，倾其全力来犯，一时遍山如野兽奔驰，其势颇猛，幸我将士深明大义，皆抱灭此朝食之决心，牺牲一切，奋勇迎击，以致演成最激烈之战斗，为剿匪以来所未有，彼此白刃交加，血肉齐飞，终以我将将士用命无不以一当百。激战至下午一时，匪遂弃甲曳兵，狼狈鼠窜，纷向菜刀岗、王山村方向攀崖越岭而逃。当即派两连由第三营营长邓朝彦率领，编成追击队，跟踪追击，迨追至我阵地前方七八里之下姜坞附近，所有道路桥梁均被破坏无遗，加之崇山峻岭，草长林茂，又无歧路可寻，而且侦知该匪已攀越终年无行人之高山，向西溃窜，未便穷追，斯役遂告停止，然已另令伍、王、李各部分途追截矣。是役计伤毙赤匪二百余人，遗有匪尸八十余具，生擒二十九名，卤获步枪二十四支，及其他匪军用品甚多。关于战斗经过情形，如附图(一)。匪我伤亡及卤获消耗情形，如附表(一)(二)(三)(四)〔图表略〕

丁、斯役可借参考之意见

窃尝考战斗之胜负，在于最后五分钟，而于久战师疲之际尤然。故为指挥官者，应蓄养此种锐气，以克强敌。又曰：军事当制机先。虽分秒必争，有时不顾官兵之疲劳者。观徐家村之役，我追击与堵剿部队，均于极度疲劳之余，披星带月，扫风沐雨，昼夜兼程前进。而我浙保第五团于苦战之后，竟能连夜急行，军先匪三十分钟占领阵地，得以达成任务，而致匪于死地，以收最后之胜利。此盖各官兵深明斯旨所致，诚非偶然。而方匪以屡败之余，既遇强敌在前，不思有以退避之方，而竟孤注一掷，须知强努之末，不足以穿鲁缟，卒致兵败南华，束手被擒，咎由自取，谓之何哉。

九、港头之役

甲、战斗前匪我形势之概要

方匪于徐家村之役，被我浙保第五团将其去路断绝，复受重创，以致南窜之计，根本推翻，不得已乃思窜越向无人行路之南华山，而图逃入化、德、婺匪区，以避我锋，而资整理，乃以伪十九师之一部，据险与高团对峙。其余匪众乘夜翻山越岭攀藤附葛，前后牵引摸索，行进至十四日晨，其先头始抵王山村（梅坑口南十五里，距徐家村约仅三十里），至该日晚尚未到齐，其一切行李辎重及骡马等，均行抛弃。而匪众落伍者尤夥，战斗力几全消失，以久惯山行之匪，而竟如此运动困难，可以想见一般。当时我伍师、王旅补充粮食后，于十四日推进至白沙关、杨林、桐村一带，并各编组有力之一追击支队（四营以上兵力），跟踪围剿。当日我伍师支队追抵炉口，王旅支队（二十一旅拨归指挥之尉迟团及王营）追抵风塘，因山深林茂，一时未能侦知匪踪，乃于十五日，该匪由王山村经港头向李宅（图上李村）逃窜，适我伍师支队李团遭遇，当被我迎头痛击，该匪竟如鸟兽散，与我聚歼之机会矣。

乙、军队部署及所下命令要旨

当方匪由徐家村转向王山村溃窜时，即知该匪自掘坟墓。惟其徒顾逃命南窜，既不可能必改向西北，希图窜入化、德、婺匪区，藉以苟延残喘，亦势所必然。判断既定，乃授各部以电令其要旨如下：

一、昨被我浙保第五团在徐家村击溃之匪，本日特向河南村方向逃窜，该匪粮弹俱缺，状更狼狈，已着该团于明（十五）日，随追击队向风塘推进协堵。

二、伍师明（十五）日，派一有力支队，经由中洲、坂大侦踪追剿，主力应随后跟进，勿失策应机会。

三、王旅（欠周团）附尉迟团，明（十五）日派一有力支队，继续向分水关前进，主力随后相机策应，并与我风塘之浙保第五团确取连络。

四、余明(十五)日暂在杨林指挥。

各部受命后，分别向目的地出动。我伍师长以匪踪飘忽窜向靡定，当命二八九团(缺一营)由方家田推进至梅坑口，防匪东窜，命二九一团由白沙关推进至方家田，策应二八九团，命二九四团(附二八九团俞营)向港头推进，相机截击。该团接到命令及判断情况之后，乃下达战备行军命令，其要旨如下：

一、方、刘残匪，似仍麇集分水关以北，河南村以东地区之间。我浙保第五团本日跟匪追击，并向风塘推进协剿。我王旅一部本日向分水关前进。又二十一师张团，本日由九都向十五都前进。

二、我师以侦剿之目的，本日以一部经炉口、中洲、港头向李宅侦剿。

师部及直属队仍在白沙头，二八九团(缺一营)在梅坑口，二九一团在方家田相机兜剿。

三、团(附二八九团俞营)以预期遭遇之目的，即由现地经傅家湾、港头向李宅进剿。

四、军队区分(行军序列同)

前卫　步兵第二营(附重机枪一挺，便探一部)

本队　侦探队(缺一部)——步兵第三营第八连——团本部——特务连——步兵第三营(第八连)——机关枪连(缺一挺)——迫击炮连——步兵第一营——通讯排——卫生队——大小行李。

后卫　步兵第二八九团第三营。

五、前卫应按右述路线绵密搜索前进，特为本队尔后展开容易起见，务须逐步占领要点，并注意友军联络。

六、后卫应逐步占领阵地掩护前进，特于通过傅家湾后，更须注意。

七、第三营第八连(附侦探队〔缺一部〕)于到达傅家湾后，绕向中洲搜索，折至港头归还建制。

八、余略。

丙、战斗经过及主要时期各部队之动作并所下命令要旨

命令下达后，该团即行前进搜剿，比至港头附近，我前卫营即与匪之先头部队相遇，伍师长接得李团与匪接触消息后，以港头战斗关系綦重，即于十五日漏夜以电话抽调二九一团步兵四连，命由营长黄善辉率领驰往增剿，归李团长指挥，未达港头而战况早已推移。兹将李团长所报经过如下：

本日下午零时三十分，接得前卫报告：匪主力尚未到达港头，其先头部队刻正在与我尖兵在港头附近接触中。团长基于情况，拟乘其主力未曾到达之先，予以急攻，以抑留匪之主力于港头、阴庄之间，俾易聚歼。乃一面命前卫占领港头西北高地，掩护本队之展开，同时对港头之匪予以迅雷不及掩耳之突击；一面命中校团附督饬本队就攻击准备位置，团长则驰至前线视察。至下午一时三十分，见我前卫营正与伪军之一部剧战于港头街内，节节胜利，乃下达攻击命令，其要旨如下：

一、目下与我前卫接触之匪，系伪军之一部，其伪十九师主力，刻由方匪率领，正在港头东南端，企图占领阵地与我对战，刘匪所率之伪二十、二十一师，刻仍续向港头前进中。

二、团拟乘该匪未占领阵地以前，迅速将其扑灭计，即展开于甲乙两高地之线，尔后观战况之进步，以全力进出于阴庄附近，向伪二十、二十一师再施以腰击，或抑留其主力于阴庄、分水关之间，以待聚歼。

三、第一营（缺一排附重机枪一挺）为右翼队，即就现在态势攻击当面之匪，务须一举攻占丙点高地，尔后随战况之进步，以一部向西监视，主力应向东席卷，将该匪压迫于阴庄路内而歼灭之。第三营（附第四连之一排重机枪一挺）为左翼队，应展开于乙丙之线，攻击正在占领东南方高地阵地之敌，务须一举攻夺丁点高地，压迫该方面之匪于山谷内而歼灭之。

两营战斗境地，以涧水为界线，上属第二营主攻方面在左翼。

四、第一营(附重机关枪一挺)应以一连占领通背岭、李宅、隘路口，及担任对中洲、傅家湾之警戒，主力应于港头南端占领阵地，相机策应前卫部队。

五、迫击炮连应于港头北端选定阵地,对东北高地之匪阵地，施以制压射击，使我步兵攻击前进容易。

六、攻击开始时期，在迫击炮射击后。

七、二八九团俞营，以一部警戒通大坂之小道，主力控置于港头附近为预备队。

八、卫生队即在港头开设绷带所。

九、余在港头右侧小高地。

当斯时也，伪十九师主力已到达港头东南。我各营连受命后，即开始活跃于匪弹之下，大战序幕于以开始，我向占领高地之匪仰攻时，战斗渐趋激烈。兹分述如次：

一、右翼队之战斗：下午二时许，右翼队首先向匪攻击，该队依托有利之地形，战况进展极速。下午四时三十分，已将丙点高地占领，并以一部向东压迫，侧击匪之背后，我右翼队当面之匪因而崩溃，散布于各山头，被我生俘甚多。

二、左翼队之战斗：丁点高地为匪阵地之锁钥，我欲席卷匪之各部阵地，非先占有丁点高地不可，于是遂形成争夺阵地之惨烈战，左翼初则受其猛烈火力之压迫，未能得手。团长乃命俞营之第九连攀登左侧高地，以瞰制之，该队以有机可乘，又奋起冲击，尤以第三营之第九连冲击为最猛勇，于是丁点高地即为我所占有，匪众乃退于山谷溪涧之间，击毙无算。

三、团长见丁点高地已被我攻占，乃急命各部队乘机扩张战果，席卷匪之其他阵地,一面令迫炮连向溃退之匪速行追击射击，此时匪被我截成数段，首尾不能连络，而伪二十、二十一师竟为我抑留于港头东南，徘徊于山谷中，纵欲向我打出一条生路窜入匪区，而我早占瞰制之利，遥以火力牵制，仍又向各山头狂窜。

四、继因时已昏黑，情况未能全般明瞭，枪声时作时息，复鉴于港头位置之重要，为确保原有阵线及抑留匪之溃散状态计，团长乃命一面扫除战场；一面整顿态势。匪乘夜分股越岭，向阴庄方向逃窜，战斗于以结束。是役毙匪百余名，缴获步马枪二十四支，手枪一支，轻机关枪一挺。我军官兵亦略伤亡。关于战斗经过情形，如附图(一)(二)。卤获伤亡消耗情形，如附表(一)(二)(三)〔图表略〕

丁、斯役可供参考之意见

窃尝考战守之道，若存必死之心反可不死，否则一意求生反无生望。兵法有云：置之死地而后生，置之亡地而后存。盖即斯旨。然亦有置之死地而后死者，斯诚运用之妙，存乎一心，神而明之，在乎其人，未可胶柱鼓瑟也。证以斯役，该匪在徐家村与我浙保高团相遇，一意求生，竟攀越向无人行之南华高山，希图逃入匪区，反自寻死路。当斯时也，该匪实力尚未大损，本堪一战，备而不知鼓舞匪众，各存必死之心，有以进战退避之方，而出此下策，其愚何甚，乃于港头附近，当匪众大败之后，饥疲之余，已无勇气可言，而复向我伍师二九四团妄思一逞，不知避免真面目之战斗，以致滞留终日，卒致溃败，而予我各追击队以聚歼机会，斯诚置之死地而后死也。方匪之失策可供吾人之殷鉴矣。

十、阴庄之役

甲、战斗前匪我形势之概要

方匪屡经惨败之余，复遭我伍师港头之拦击，愈形气息奄奄，加以弹尽粮绝，饥寒交迫，均有各自逃生之势，西窜之计既不得逞，遂陷于乱窜之状态。我追剿各军，则星罗密布，四面设伏，张网以待。于一月十四日，我王旅支队（李旅尉迟团及四十二团王营）已到达分水关，当即令巩固分水关、徐家村之线，防匪南窜，并相机进剿。而我追剿各支队，则均先到达华白路沿线以西地区。当即策定围剿部署如次：

一、李旅尉迟团与王旅周团各归还建制。

二、李旅由徐家村西进，构成风塘、分水关入际柴门之围堵线，伺机截剿。

三、伍师由港头西进，侦踪截剿，并以一部构筑宗儒、桂湖、暖水之围堵线。

四、王旅随伍师跟近侦剿，并以一部构成中洲、大坂头之围堵截剿。

五、浙保纵队第二、五两团担任浙边防务，构成白沙关、梅坑口、东坑口、杨林、徐家村之围堵线，并与原有封锁部队造成白沙关、山头、九都、海口、德兴、暖水之大围堵线。

六、各部对围堵线兵力，务求节约，各组有力搜剿队，进入困锁区内协同侦剿，以歼灭该匪，勿使漏窜。

王旅于十六日由东坑口、梅坑口、王山村向港头前进会剿。十六日伍师全部追宗儒，匪向南窜，与我尉迟团遭遇于阴庄附近，该匪经此番截击，益不能成军矣。

乙、军队部署及所下电令要旨

于一月十六日接得尉迟支队与匪主力在阴庄接触报告，当即立电李旅长转尉迟团长，其原文如下：

“衔略”。方、刘残匪南窜之计不逞，复一意西窜，其企图遁入赣河匪区无疑，阴庄距匪区近在咫尺，若被窜出，则我全盘围剿计划推翻，功败垂成，而此后之追剿必愈困难。尉迟团既与匪主力接触，应努力拦击，勿使漏网。务将阴庄至港头以及分水关之间，组成严密而机动之封锁线，以便友军合围聚歼，而完全功。机不可失，功在一篑，幸勿贻误为要。俞济时。铣已。参战。

丙、战斗经过概况及主要时期各部队之动作

李旅长接电后，当即转饬尉迟团长遵照努力截剿。而该团前卫既与匪遭遇，尉迟团长即一面作战斗诸项准备；一面亲率主力向阴庄前进。而该团前卫行抵阴庄东南，即与匪之本队接触，当即向之攻击，战斗颇烈，匪之先头及后尾部队忽向我前卫作包围之势。我尉迟团长驰往前线观察，即以第一营展开于前卫右翼，而期一举歼灭该匪于阴庄河畔。然斯时我第一线之一、六两连，已突入敌之包围线内，乃奋力猛冲，匪之一部已被我击溃，而缴其枪械，其两翼又复受我猛烈之攻击，匪阵顿呈混乱，纷向十八都方面逃窜，其一部则向港头方面溃去。当以第一营向港头溃匪追击，该团长亲率主力向十八都溃匪追剿，另以第三营长所率之两连，占领阴庄作战场之清扫。而我第一营追抵港头，始悉该地已有我四十九师部队防守，旋即折回阴庄待命。至尉迟团长所率之追击部队，追至距阴庄约十里之山谷中，因天已入暮，且本团兵力散置各地，当即率部回至阴庄整顿部署，准备再战。适四二团王营亦到阴庄，同时奉到本团附四二团王营应担任分水关、岭头村、风塘线上之防堵之电令，当即遵令，四二团王营回驻风塘，本团第一营暂在阴庄搜索散匪，尉迟团长亲率主力回分水村，以一部位置于分水关、岭头村，均各扼要占领阵地，防匪流窜计。是役毙匪二百余，俘匪百余名，获枪百支，骡马十余匹，辎重无算。我军损失甚微，亦可见该匪之无能为矣。关于战斗经过情形，如附图(一)。虏获伤亡消耗情形，如附表(一)(二)(三)(四)〔图表略〕

丁、是役可供参考之意见

夫用兵有谲正之不同，与分合之利害，观赤匪之方张也。飙发电掣，忽分忽合，或故作疑兵，或声东击西，无所不用其诡谲之能事。然至末路穷途，竟一筹莫展，而忘其诡谲之惯技，不知故作疑阵，指定集结地点，分途逃窜。徒想掌握伪部，妄求万全，结果乃无一可。全盖其自知用欺骗手段，骗得一般匪众，至此紧要关头，深恐一离掌握，即行各自逃散，故宁同归于尽之为愈也。而我则师直为壮，以节制之众，作堂堂正正之谋。当赤匪之方张也，则合力以歼之，及其衰也，则分兵以堵扼之。彼匪虽狡，终为我所制从，无一漏网，从此可知谲不敌，正分合各有其妙矣。

十一、怀玉山附近围剿诸役

甲、战斗前匪我形势之概要

方匪迭经惨败后，不但无攻坚破锐之能力，而举措诸多失当，一误再误，且乏突围脱险之方，只图一意逃命，分头乱窜，反无路可逃，妄想欲掌握伪部，作困兽之斗，反全部无形瓦解，加以雪地冰天之际，给养断绝，遂一双而为各自逃生之状态，至揆其势力。伪二十一师已缩成步六连机一连，伪二十师缩成两团（共步十二连机一连），余皆死伤俘逃于我。追击各役，且子弹告罄，每人平均不足五粒，残兵败卒，已全无战斗力量。故自大龙山之役以后，均以伪十九师任掩护之责，该伪师迭经痛创，除死伤俘获者外，所存已不足二千人，综计残匪现存实力，不过约四千人上下而已。是时我追剿各支队遵照围剿部署之命令，分途进行，浙保蒋附指挥以浙保二、五两团，巩固山头、白沙关、杨林之线，李旅布置于东坞、徐家村、分水关、怀玉山之线，与原有封锁部队连成白沙关、山头、九都、德兴、暖水、童家坊、分水关、徐家村、杨林、濠岭关之大围括线，伍师及王旅由港头、宗儒西进，构成中洲、港头、宗福、桂湖、暖水之围堵线，并各以主力准备于此围括线内，纵横扫荡而歼灭之。故于十七日以后，我伍、王跟踪追剿，李旅及浙保各团分头堵截，均迭有斩获。该匪回旋于我包围线中，无法突围，兼之粮弹皆缺，知如釜底游鱼，难以逃生。为苟延残喘计，乃始化整为零，各寻生路。当令我各部多组小支队分头搜剿，以竟全功。

乙、军队部署及作战命令要旨

于一月十六日洞观匪情，已成瓮中之鳖，知其确无抵抗能力。复据俘匪供称，各匪狼狈逃生之状态，乃决令各部大举搜剿。当以铣卯电指示各部搜剿方针，其原文如下：

“衔略”。方匪三番突围不成，知劫运已尽，狼狈鼠窜，各自逃生，大有匹夫一呼可以群数就缚之势。惟重要匪首必不肯束手待毙，必潜匿山林，伺隙图逃，或攀藤附葛越险求生。各部应多组小支队，不辞劳瘁，作有计划之严密搜剿，勿使有一漏网，猷馘书勋，功在指顾，希督属一致努力，而竟全功，实为至盼。俞济时。铣卯。

丙、战斗经过及主要时机各部队之动作

甲、王旅方面

各部受命后，分别进行，王旅长侦悉匪之一部踟蹰于黄龙山附近，乃决定围攻黄龙山之部署，其命令要旨如下：

一、第一团取黄龙山北半部，第二团取黄龙山南半部。

二、第三团俟第一团与匪接触，即迅速急进包围匪之侧背，协同歼灭之为要。

三、各团须特别注意，勿使匪脱逃，否则匪由某方面突破，即惟该方面主官是问。

(一)黄龙山之战绩

十七日午后零时，我第一团进至黄龙山北端，即与匪接触，匪因弹药缺乏，射击较少，我第一团各营当分别以火力掩护，逐次向匪阵地猛扑，匪亦用重机关枪连续向我射击，但以该高地死角颇大，我攻击部队即利用之向匪阵地接近，战至午后二时许，我第三团即由黄龙山东南正南西南三面围攻，匪腹背受敌，企图由正面向我第一团冲击，当被我第一团第三营击退，该匪乃作最后挣扎，反复冲锋，均被击退。斯时该匪困在核心，进退维谷，我一、三两团长见势已到，遂互用记号令全线冲锋，斯时匪众皆摇白巾大呼投降，并将枪置放地上，我军即向前收缴枪械，并集合该匪奏凯而回。斯役计毙匪百余名，伤者不计其数，俘获伪师长胡天陶一名，中下级匪官三十五名，匪兵三百二十七名，缴获轻重机关枪各三挺，步枪二百余杆。我军亦伤亡官兵二十五员名。关于伤亡虏获消耗情形如附表(一)(二)(三)〔表略〕

(二)怀玉山之战绩

伪师长胡天陶部在黄龙山解决后，伪军团长王如痴于二十四日率残部千余，欲乘暗夜偷过我步哨线，当被我警戒部队发觉击溃，遂窜据怀玉山。王旅长遂于二十五日派第二团前往搜剿，该团周团长乃令各营向怀玉山四面围攻，由该山东面搜剿之第一营，进至该山山腹森林内，即发现该匪踪迹，匪乃一面向山顶逃窜，一面向我射击，我军当即还击。我周团长见已发见匪踪，当即速令各部向山顶急追。斯时王匪如痴犹占据山顶，作困兽之斗，卒以我周团长亲率所部果敢冲锋，致王匪全部在山顶就擒。关于斯役之伤亡消耗并卤获等，如附表(一)(二)(三) 〔表略〕

乙、伍师方面

方、刘匪首率领残部，一被击于港头，再被击于阴庄，狼狈逃遁，欲窜经童暖封锁线而入赣东北老巢，伍师长率部尾追，于十八日，闻悉匪图窜未遂，回窜怀玉山中，即派各团前往围剿，所下命令要旨如下：

一、残匪约三千余人，于十七日由怀玉山、西坑岭方向，窜至龙首泊西北四五里之许坞，三次突窜，均被我守碉部队击退，仍向怀玉山方向窜去，我补充王旅由港头向怀玉山西北进剿。

二、师以根本肃清残匪之目的，本日纪、李两团同向怀玉山进剿。

三、二八九团应以营为单位，由该团自行分遣游击，分途向宗儒、源头各山谷搜剿。

二九一团(缺团直属部队)由现地自西向东，二九四团(缺一营)由现地自北向南，均向怀玉山之匪进剿。

二九一团自属部队及二九四团之一营，应在原地严密配备警戒，防匪回窜。

四、师直属部队，仍在原地相机兜剿。

命令下达后，各部遵即开始搜剿，兹将所得各部搜剿报告如下：

一、第二八九团余团长报告：本(二十一)日上午，团长亲督各营在怀玉山东北及源头各山头山谷搜剿，伪二十师团长王得海率残匪三百余名，四处觅隙狂窜，经我第一营围剿鏖战，战一小时，将该匪全部歼灭，并生擒伪团长王得海以下三百余名，第二、三两营分途清剿，亦颇有收获，其余逐日搜剿，均有所获，汇表另报等语。

二、第二九一团纪团长报告：本（二十一）日由暖水轻装出发，午后二时抵怀玉山附近，据报有匪二千余人，其先头约四五百人正抵达此间，被我二九四团之一部迎头截击，即向八磜逃窜。团长当判断匪之主力似窜三亩各山谷中，即转向怀玉山西背绕匪侧背，联络我二九四团之一部夹击。迨本团追抵冷水坑附近，即发现匪之步哨，随将该步哨捕获，询悉匪之主力仍在三亩深谷中，即命前卫第三营急进，以第九连占领冷水坑西南高山，以七八两连急攻，命第二营占马山东端高山，以一连埋伏马山、冷水坑间之深谷及沼涧一带，而以第一营为预备队。下午五时，即命七、八两连攻击前进，将匪主力包围。惟以该处依山带水，芽草丛密，致方、刘两匪乘隙漏网。即又命第二营星夜穷搜，因夜深未食，遂在三亩附近露营休息。二十一日拂晓，仍命各营分区搜剿，击毙匪众甚众，附近残匪次第肃清。只以给养困难，官兵两日未饱，乃于下午撤回，其余逐日搜剿。俘获如另表所载等语。

三、第二九四团李团长报告：于二十日上午六时，接得蒋营长报告：匪之主力于十九日麇集怀玉山东南各山头，经我连夜袭击，向八磜溃窜，我仍继续穷追中。团长基于情况，乃一面令蒋营勿失匪踪，继续急追；一面亲率陈营及直属部队跟进，到达怀玉山书院附近时，得知匪千余名经我连夜穷追，企图向八磜流窜。嗣经我防守八磜二十一旅拦击后，又折向玉邪峰西北溃窜，除将匪之一部截断剿灭缴械俘获外，当以匪之主力尚在玉邪峰各山头，一面令蒋营以最后之努力，不分昼夜向匪穷追，一面通报纪团速进，并亲率陈营在怀玉山东北地区相机进剿。二十一日上午八时，据报匪有向分水关突窜模样。蒋营又跟踪追至玉邪峰附近与匪接触，该匪据隘力抗，该处悬崖削壁，不能攀登，乃集中火力向隘路口射击，守匪尽被击毙。下午一时三十分，我第一连进占隘路口阵地，继续攻击前进，匪乃以密集队形向我反扑，我奋勇应战，以机枪猛烈扫射，匪伤亡枕藉，转向百亩溃窜。适我二九一团由怀玉山向百亩游击，迎头堵剿，方、刘两匪首几乎被擒等语。

自是以后匪即突围遁窜已不可能，于是四散匿伏，或伏山之巅，或匿谷之壑。惟是我各支队均分各分派小支队，纵横扫荡，搜索所及，无微不至。该匪等不特饥不得食，即渴思饮水亦不可得，饿毙甚众。匪每于夜间下山觅食，从二十六起天忽雨雪，大地皆白，遂会各部于雪中寻足迹而往搜索，果尽得匿匪所在，加以我军对俘匪极端优待，至即予以饮食，故散匪渐亦不复甚畏惧。经十余日之搜索，至月底遂已依限肃清。综合连日在怀玉山附近各役，大小战斗有九次，除当场击毙匪众不计外，并生擒伪保卫局长周群、伪参谋长陈信明、伪团长王得海、伪团政委赵清福、伪参谋姚得才等以下一千七百余名，步马枪七百余支，轻重机关枪及驳壳枪三十余支，无线电机一架，收音机一架，其余弹药及军需物品无算。关于战斗经过情形，如附图(一)。伤亡卤获消耗情形，如附表(一)(二)(三)〔图表略〕

丙、李旅方面

李旅长自奉令以所部布置徐家村、风塘、分水关、八磜、柴门之线，防匪南窜，协同截剿后，除尉迟团已先到达风塘、分水关之线外，即遂率张团及四十三王营，向分水关以西急进，以一部构成围堵线，主力集堵分水关，以便侦踪截剿。继以匪续西窜、八磜、柴门较为可虑，即令该旅严行注意，李旅遂将主力移至八磜。十七日匪因图窜越童暖封锁线不逞（粟裕率探进队三四百人窜过后，被守军独立四十三旅发觉堵截，故未得逞），而我伍师已布成港头以西宗儒、桂湖、暖水之围堵线，并以主力尾迫追剿，故逾怀玉山企图南窜。十九日至八磜附近，为李旅张团发见，当即以主力截剿。是时匪因数次被截剿，且后有伍师追迫甚紧，不得不力图挣扎，孤注一掷，以作困兽之斗。据李旅所报当时战斗经过情形如下：

十七日部队至达分水关、八磜、柴门之线，四十二团之一团位置于柴门，张团之一营位置于八磜，主力在分水关。十八日主力移置八磜，并派队搜剿，以便侦踪截剿。十九日下午八时许，匪十余人潜窜至八磜附近，企图乘夜偷窜。张团据报即率所部乘夜兜击，与该匪激战于八磜北十余里之山地，初匪犹猛力冲突，作最后之挣扎，以图突围逃窜，卒以我官兵之奋勇冲杀，及炽盛之火力所制压，渐呈动摇，张团官兵愈战愈奋，乘机猛扑，连夺数山头，将匪截为数段。月影剑光，杀声震谷。该匪伤亡甚众，被我缴械一百四十余支，俘获匪官兵二百六十余人，余众向怀玉山深山中回窜。张团以任务关系，仍整理八磜、柴门之围堵线加严紧密，以防稍有漏窜，并集结主力于八磜待机截剿。是役战斗经过要图、死伤损耗卤获详数如附表(一)(二)(三)〔图表略〕

丁、浙保纵队方面

方、刘股匪，自八磜图窜不逞，回匿怀玉山中，二十一日被伍师搜剿，包围歼剿，方、刘仅以身免，缴获匪械数百，无线电及辎重均行抛弃，至是已成溃散状态，化为若干小股，各自逃生。于是令伍、王、李各支队，除困堵线仍加紧严密以防偷窜外，各派小支队(初以营为单位，继则以连为单位)四出搜剿，纵横扫荡，以清余孽。二十五日残匪一股，约二百余人，回窜南华山附近。浙保第五团准悉后，该团长即率兵一营跟踪追截，下午一时与匪接触，是时之匪已如惊弓之鸟，本无战斗力可言，匪军官长已失统取指挥之力，稍争抗拒，即四散奔逃。幸事前高团长布置周密，该匪等除伤毙数十外，大部仍被擒缴械匪官兵百余人，其他逐日搜索，计俘匪官兵百余名，缴枪八十余杆，捕获零星散匪亦不少。第二团除巩固原任梅坑口、白沙关山头之封锁线外，是时亦集中一部向炉口、十五都等处游击搜索散匪，计前后捕获散匪百余，缴械三十余支。所有二、五两团死伤损耗卤获指数，如附表(一)(二)(三)。战斗经过要图。〔图表略〕

戊、斯役可供参考之意见

方、刘股匪于我四面包围封锁之中，始又化整为零，希图各个逃窜，岂知为计已迟，则瓮中之鳖，釜底游鱼，焉有生理。而我则因势利导使用兵力，多以营团为单位，或系围扑或系游击，或系设伏或系搜剿，匪以大股作战，则大股被我消灭，匪以小股抵抗，则小股被我缴械擒其匪魁，虏其匪众，无一漏网，从此可知匪之技俩不过如此。委座有言：我不怕匪，则匪必怕我。证以斯役，则匪众弃械俯首求降，其怕我又为何如。则战斗心理作用之大，于此可见。吾侪当谨遵训谕，以求战胜一切。

十二、分水关之役

甲、战斗前匪我形势之概要

方、刘残匪经我伍师及王旅等部，于一月十七日至二十三日之间，在黄龙山、怀玉山解决后，残匪所余无几，零星乱窜。我军虽四面围剿，因群山绵亘数十里，兵力仍感不敷，致匪之伪独立营得以窜匿于分水关以东之大山中。观察地形知巍峨嶙峋之群山中，仍不免有三五成群散匪，潜匿于草密林之内。因决定令各部暂住原地停止，将部队分为封锁及搜剿两部，再度严密清扫，且以匪首方志敏、刘畴西等尚未就擒，全功未竟，当以马电分饬各部再事搜剿。

乙、军队部署及所下电令要旨

“衔略”。溃匪虽已歼灭殆尽，然主要匪首尚未就擒。据报分水关以东大山中，尚有伪独立营潜匿其中，则其他深山穷谷之中亦不免有散匪潜匿，与恶未尽，障患堪虞。各将士既奏斩将搴旗之功，应再歼灭渠魁之志，复行严密搜剿，以收一网打尽之效，无任盼切。俞济时。马辰。参战一。

各部接电后，均就现在位置从事严密部署，分别派队搜剿与缜密之封锁，逐日均有斩获焉。

丙、战斗经过及主要时机各部队之动作

于二月一日我李旅侦知分水关东端之深山中，尚匿有伪独立营数百人，当即派第四十团驰往围剿，而以四十一团就近相机协助。该团长奉令后，遵于二日午前三时，率第一营之步兵三连及第二营之四、五两连，由分水关、分水村分两路出发，至五时许，即将该匪四面包围，黎明开始兜剿，战约一小时，即将该匪全部解决。计毙匪三十五名，生擒一百六十九名，缴获步枪五十二支，救出男女肉票十余人，夺获伪旗帜及伪物等数十件。关于战斗经过情形，如附图(一)。卤获消耗情形，如附表(一)(二)〔图表略〕。我军则因地势优良，官兵均未有伤亡。

丁、战斗后之情形

散匪经我军再度搜剿，与分水关之役可谓彻底肃清。惟方、刘两匪首最初即离开匪部，潜匿于封锁部及四十三旅之封锁线附近深山穷谷中，非我搜剿所能及。迨至匪部完全消灭，该匪首等以为警戒为较疏懈，乃于三十一日只身潜越我友军封锁线，意图逃窜入赣东北老窠，卒被哨兵捕获。从此大憝就擒，余众悉数被俘，追剿任务幸告完成。而我追剿各支队伍师、王旅、李旅亦各奉命他调，战事因以结束。

戊、是役可供参考之意见

往者赤匪挟其惯技，恒以百余名之匪扰我边围，袭我碉堡，其焰不可谓不炽。今竟以伪独立营之众，据有利之地形，不但不堪一击，乃接触未几即俯首就缚，何其今昔之回特哉。从此可知兵贵养气而全势，势衰则气馁，气馁则不可言战，所谓败军之将，不可以言勇矣。以赤匪乌合之众，焉能持久，更何能逃此例外。而吾将士则愈战愈奋，精神愈旺，真如疾风之振败絮所向无敌矣。

〔国民党政府军事机关档案〕

5. 国民党军新编第七旅李宗鉴部与红军北上抗日先遣队在浮梁一带作战详报

（1934年10月）

（一）流口战役

1. 战前匪我之位置

据探报，十月八日午后二时，青石滩东北之潭口（距青约十里）有力量未详之匪，向青石滩猛进。中午后五时，又据报该匪由潭口南进将袭彼之义勇队，击溃后仍继进中，六时十分到达流口及其以西地区盘踞未去。我第二团杨团于七日午后，由浮梁旧城出发，八日午前到达青石滩，午后二时即据探报，有力量未详之匪向我猛进中。我杨团以来详匪力，地势不明以前，当令增修工事坚壁，严阵以待。该匪于午后六时到达流口时，我杨团以系黑夜，仍就青石滩戒备，未予出去。

2. 战斗经过

十月九日，我杨团以拂晓攻击该匪之目的，当令第一营及迫炮排驻守青石滩，亲率二、三两营、重机关枪连轻机枪四挺，向流口搜索前进。五时我前卫先头到达该地，据报匪部正向儒林、柏林等处前进中。当时我杨团长昆源即决心分两路徒涉渡河，攻蹑其后。至六时，我第二营即与匪部接触激战，当令第三营杨营长中凯率所部（欠十、十一两连）攻击该匪之左翼，我杨团长昆源即率领预备队督攻前进，辗转肉搏，鏖战至十二时，该匪不支，分两路溃窜，各部乘胜追击约十里。当以山深林密，未便穷追，遂一面继续侦察匪踪，一面扫清残余，至午后四时战役全告终止。

（二）新桥战役

1. 战前匪我之位置

十月八日，我第一团第二营遵奉上命，于午后二时由旧城进驻新家源堵匪东窜，是晚宿营建溪港。九日午前七时出发，向新桥前进，十一时与被我第三团在流口击溃之匪部先头部队为第二师遭遇于东山，我钱营以占先制之利之决心，遂就本道展开，迎头痛击。

2.战斗经过

该营既与匪部遭遇后，我前卫第七连于迎击本道先头之匪，掩护营之展开，我第五连向右翼展开，占领阵地，迎击该匪，第六连为预备队，位置于本道后，当我钱营展开尚未就绪，而匪之大部亦陆续向我本道猛扑，激战一小时，以地形受制于敌，乃退守新桥沿河一线，撑持四小时之久，而匪又用重兵由上下河流徒涉，意在包围，幸官兵沉着死守不动。斯时敌欺我兵力有限，火力棉薄，以大部由左翼徒涉，抄我后方。当令第六连张连长率兵一排增加左翼，截堵敌之徒涉。鏖战至五时，而敌更增加伪第一师，向我本道猛扑，意夺我桥梁之据点，此时既无援兵，伤亡亦重，乃于万分危急中用预备队全连出击逆袭，而同时令各部陆续掩护撤退至查暾岭死守待援。抗战约一小时，敌又以大部迂回包围，兼有进窥旧城模样。钱营为顾虑后方起见，乃再撤退至白石岭死守收容，徐图反攻。此时以黑夜，展望困难，彼此相持未动。第二日，因我大部奉命折回侈滩、石鼓夹击该匪，即乘夜由新桥向储田桥方向引避。

(三)鸦桥北源之役

1.战前匪我位置

伪七军团罗炳辉全部人约四千余，枪半数，连日经我军痛击后，复窜伏于鸦桥、北源桥一带，欲与我以重创。我旅于十二日在储田与四十九师取得联络后，十三日即分途搜剿新家源一带残匪。是日午后四时，据报罗匪现仍窜据鸦桥、北源桥一带。当派便衣队前往密探，并于是晚在新家源商同友军决定将该匪歼灭之。

2.战斗经过

我王团于十四日拂晓，由新家源出发，午前十时到达鸦桥，虽经严密搜索，未见匪踪，知必有异。即令各部配置警戒，准备午膳，一面派出少数部队武力搜索之际，忽四面森林密茂处枪声突起，多我三倍之匪，大举围攻，势甚猖獗。我王团长子愚以敏捷之决心，果敢之手段，当令第一营营长罗田率一、二连在左翼山头向北源桥方向暂取守势，以为据点，同时令第二营营长钱月波率所部迎击右翼匪部，令第三营张营长绍良率所部扼守鸦桥本道。于布置就绪后，我王团长子愚亲率特务排及二、四两连由中央奋勇出击，当伤毙匪师长彭国魂一名，团长史齐南一名及匪数十名。是时我第三营方面忽被优势匪部猛烈压迫，屡进屡退，势几不守，幸赖该营长张绍良沉着奋勇，率第士连冒险逆袭。王团长子愚复督十一连乘势出击，我便衣队朱队长炳辉复率该队抄匪左翼，肉搏数次，匪左翼阵地卒被我便衣队占领。因此全线溃退，当场毙匪三十余名，而我便衣队长朱炳辉亦于争夺阵地时饮弹阵亡。是时已届午后二时，我钱、张两营方面之匪部，均被击溃，而我第一营罗营方面之匪仍居高临下，以机枪向我扫射，我亦以机炮还击，相持约一小时，匪仍不退，并有集中力量向我反攻模样。斯时我王团长子愚睹此情况，非先将一营正面之匪摧破不克操胜利左券。乃派第一连抄其左，亲率特务排及第十连抄其右，复令正面罗营先用猛烈火力压迫，俟左右两翼有进展时，即同时出击，相持约一小时，我右翼将匪压迫动摇，罗营乘势出击，匪遂不支，纷向北源桥败退，我第十一连乘胜追击，遂夺获三十节式机关枪一挺。此时已近黄昏，乃停止追击，扫清残匪，不意匪众二百余各持手枪，又由沧溪方向施行反击，幸我六九两连沉着勇敢，迎头痛击，相持约一小时，我军乘势冲锋，匪遂溃退。是时天已黑夜，地形又极复杂，不便穷追，乃扫清战场，就原地警戒，战斗遂就此告终。

〔国民党政府军事机关档案〕

二、对红军第六军团的“追堵”

1. 国民党西路军第一纵队刘建绪部关于追堵红六军团军事报告书

（1934年8月）

一、八月份军事报告书

一、本月匪情

（一）肖匪克因我层层封锁，节节攻剿，势难恃巢幸存，于本（八）月阳夜，率全部约四千余，人数倍之，由永遂边境之横石、上境、南北坑一带离巢出窜，歌午围攻衙前，庚晚抵藻林，围攻该处碉堡未逞，即向西南奔逃。适湘南军团分防各县筑碉，清剿兵力分散，调集费时，该匪以后卫破坏沿途交通，滞我王、彭两师追击部队，复冒称我军番号，欺骗民众，遇碉迂回，如水流隙，经桂东西南之增口、沙田，从汝北资南，篠日窜抵郴州东南之王仙岭、五盖山一带，以一部犯郴城，当经段旅刘团迎头痛击，斩获甚多。巧日拂晓以前，匪之大部于万会桥附近突过，郴宜公路出桂阳、新田，梗夜到达零陵东北端一带，即以一部攻犯零城（伪五二团团长在此向我投诚），企图以大部由蔡家埠渡湘江北窜，因我江防严密不逞，折入阳明山，我王师张旅有夜在分水坳侧击，毙匪数百，夺枪数十支。我章师（即十六师师长易人）宥、感等日，亦由常宁兼程赶向阳明山，仅截击匪之后卫，获枪二十余支，毙匪百余名。待我王师折回新田堵截，而该匪从上下营盘逃窜嘉禾、宁远以南地区，世日从道州南四十里之下茶园偷渡沱水，窜祥霖铺、新车渡向桂境灌阳、文村逃奔，我章师尾后赶到，即协同桂军周师在蒋家岭、文村与匪激战，毙匪七八百，夺获甚多，击散枪匪三四百，向界首渡河西窜城步。

（二）肖匪此次西窜经过湘南各县时，每多日夜强行百余里，被我节节追击截剿，及沿途溃散携械投诚者甚多，匪方实力损失计达三分之一。

（三）李宗保一股，枪约三百余，随肖匪窜抵郴州东南时（本月十七日），曾奉肖令率部护解伤病匪兵回赣边老巢，本（八）月下旬在汝城西南及资兴东北等处经我军兜剿击溃，窜入黄泥潭深山中。

（四）肖匪率伪十七师出巢西窜后，残留于牛田、津洞匪巢者，计有伪湘赣省区党军政最高负责匪首任弼时、陈洪时统率伪军区及省苏工兵、被服厂、后方医院等机关及独立第五团、政治保卫局、各游击队等股，约有匪枪五百余支，固守巢穴一带天险及碉堡工事，抗我进剿。

二、作战命令

二日电令

限即到。王师长东午电告各情敬悉。肖匪徘徊坳头、横石一带，或将乘隙突围西窜，请兄迅以主力移置息、黄线上，并注意息、遂间空隙匪情，机动堵剿。对于构筑息五碉堡部队，尤须确实掩护，免为匪袭为要。刘建绪。冬酉。参机。

六日电令

泰和王师长、鲍旅长：据罗师霖鱼午电称：顷据胡旅长电话：肖匪主力歌午围攻衙前团队，碉堡一个被陷，保安第三队颇有损失，情况紧急。现衙前团队粮弹均缺，不能持久，此间兵单，无法抽动，请火速派队救援等语。希旭、纪两兄就近派队驰往援剿，随时电告为盼。刘建绪。麻申。参机。

七日电令

一、即到。王师长东原、彭师长位仁、陶师长广：极密。命令：一、据报肖匪因我赶筑息马碉线，以其主力窜动于五斗江、上境、衙前一带，企图阻我筑碉，或更乘机南窜。我王懋德师三营及鲍旅五营虽在上横、高陂附近，正向百牛岭、衙前赶筑，然因病兵过多，实力减少，不易达成任务。二、兹遵奉上令，为迅速完成息马碉线阻匪南窜计，部署如下：三、着王东原师迅以全部推进息锣（不含）、五斗江之线，先迅速完成息五碉线，再继续向东延筑至含上镜为止。但须随时集结兵力，对筑碉部队切实掩护为要。四、着彭位仁师除以兵力三团主守息锣（含）至汪七碉线，仍任全宁及寒江原防外，其余推进黄坳、息锣之线，机动策应王师，并严督遂川穆县长火速绵密完成息锣至遂城封锁碉线。五、着陶广师暂在龙源口、峨岭仙之线策应各方。上命令五项，除呈报外，迅即遵照办理具报。刘建绪。阳巳。参机。

二、限即到。王师长东原：奉总司令何鱼戌酉参机电开：顷接罗师长鱼午电转遂川胡旅长电称：肖匪主力自昨午围攻衙前团队，碉堡一个被陷，保安第三队队长阵亡，颇有损失。匪势凶猛，情况紧急，此间兵单，无法救援等语。除飞电王师长懋德速抽兵两团及鲍旅全部星夜驰援外，即希转饬王东原师相机派兵应援，勿使衙前陷于匪手，至增尔后困难为要。等因。希即查照办理为要。刘建绪。虞酉。参机。

三、即刻。王师长东原、彭师长位仁：据罗师长鱼巳电节称：据胡旅长电话，围攻衙前之匪现尚未退，我保安团全力抵抗，因兵力过薄，已失陷碉堡五个，现粮弹已尽，危在旦夕，恳饬王东原师大坑、息锣部队火速驰援等语。请王师长侦明匪情，相机集结应援。但须切实堵匪，勿由遂、息间向西南穿窜，兼顾湘防，是为至要。请彭师长迅遵阳巳参机电令，接收息黄防线，切实机动，策应王师为要。刘建绪。阳酉。参机。

四、即到。罗师长、王师长、李指挥官：罗师长虞巳电告衙前紧急情形已悉。已电黄坳王东原师迅速设法驰援。惟王师长懋德由高陂至衙前筑碉部队，预计当已距衙前不远。希饬就近驰援，双方夹击，当易奏效，并请李指挥官派机侦炸，随时电告，至盼。刘建绪。阳酉。参机。

九日电令

限一小时到。王师长东原、彭师长位仁、陶师长广、段司令珩并转胡指挥凤璋、罗师长霖、李指挥官云杰并转王师长懋德、鲍旅长刚：极密。命令：一、综合罗师长齐午齐戌、王师长东原齐未齐戌齐亥各电，肖匪全部（枪四五千）由衙前向东南逃窜，现在溪口、下长隆、枫树坳、官坑、茶亭坳、藻林线上，其先头枪匪千余，正围攻藻林守碉团队，后尾尚在溪口。判断该匪确实离巢南窜，并有折入湘边模样。二、为应付紧急事机，侧击该匪，并严堵窜入湘边计，特定部署如下：三、着王东原师火速集结全部，采取机敏动作，对该匪痛予侧击，勿使匪西窜，是为至要。四、着彭位仁师以息黄集中之部队三团取捷径兼程星夜开赴大汾，限灰晚赶到，督同团队切实阻匪，并相机迎剿，随时连络王师，机敏动作为要。其余以极少兵力分守原防，并接收陶、王两师所遗碉堡。五、着陶广师火速取捷径兼程开赴黄坳集中，尔后着暂归彭师长位仁指挥。六、着段司令珩并指挥胡凤璋部，迅以湘东南军团全力火速布置桂东、酃县、汝城湘边防务，阻匪西窜。七、遂城以东至赣江西岸沿线防务。着罗师长霖并指挥二八师之一团及鲍旅统筹配备防务，勿令匪由此线穿窜。但遂、泰交通仍应切实维持。八、请李指挥官派机飞往匪窜线切实侦炸。上八项除呈报外，特电遵照。刘建绪。佳辰。参机。

十一日电令

即到。王师长、彭师长：据胡凤璋真辰电称：肖匪先头部队已于真日拂晓窜抵距桂东二十五里之寨圩，桂城兵力单薄，危急万分等语。除饬扼要坚守待援外，着该师长等火速驰剿至要。刘建绪。尤未。参机。

十二日电令

一、不准片延。彭师长、王师长：彭师长真酉电悉。贵各师由大汾取捷径火速向桂东、汝城驰剿，并连络该地军团，切实堵匪窜入湘境至要。刘建绪。文巳。参机。

二、限一小时到。王师长、彭师长、陶师长：据胡指挥真巳电称：肖匪真辰进犯寨前，汝城交通断绝等情。王、彭两师火速向桂、汝兼程驰剿，毋稍延误为要。刘建绪。文午。参机。

三、限一小时到。彭师长、王师长：一、着彭师长位仁指挥十五、十六两师，专觅肖匪主力截剿、堵剿，而歼灭之，并切实阻匪越汝、桂内窜。二、各该师对于肖匪主力务采出奇超径各手段，迎头拦腰实行堵剿，不得尾随追击，致令漏网。上二项。刘建绪。文亥。参机。

十三日电令

限一小时到。彭师长并转汪代师长、衡阳段司令：极密。命令：一、据报肖匪主力尚在遂、犹西部之高坪圩附近，其一部已于文申到达沙田，似有继续西窜之势。我南路军已派六团向上犹以西堵剿该匪。二、为防止该匪入湘北窜，并绝对阻其西窜计，决压迫该匪于桂、资以南地区，与南路军会剿而歼灭之。三、着彭师长位仁指挥十五、十六两师，暂以主力控制桂东附近，首先酌派兵一部驱逐沙田附近之匪，固守沙田，再觅该匪主力向南痛剿。四、着司令珩督率湘东南全部军团义勇，扼守彭公庙、青要圩、渡头司、涤口、文明司之线，严密堵匪西窜，并控置兵力四团于适当地点，以备觅机截剿。另须指派得力部队固守汝城。注意：一、沙田圩未占领以前，槽里、新坑洞、龙罩洞之线，均由彭师长酌情派兵扼堵，防匪北窜。二、须督同各县地方总动员，努力实行坚壁清野，并于封锁线前方后方分组行坐明秘各侦探组成严密侦探网。上命令四项，注意二项。刘建绪。元戌。参机。

十四日电令

一、彭师长：据报肖匪元午逼近汝城，一部窜黄草坪等语。希兄进占沙田后，侦明匪情，迅速进剿，以免蔓延切要。刘建绪。寒未。参机。

二、陶师长、王师长、彭师长并转胡指挥、莲花陈师长、茶陵成主任：密。奉总座灰午长行参电命令开：(衔略)。命令：一、综合情况，伪十七八师全部及其他部人约万余，枪四五千，机枪二三十挺，被我军压迫，于庚日倾巢南窜后，刻窜至桂东西南之沙田附近，有扰乱湘边及在湘粤赣边境之深山中，营谋新巢之企图。其残留老巢之匪，仅有少数杂部而已。我王、彭两师现已尾踪匪后，南路军派兵两团在上犹附近准备堵击，并请陈总司令继续派兵协剿中。二、本路军为迅歼该匪毋使蔓延计，拟即以大部转移于湘粤赣边，觅匪进击。以一部在赣西原区肃清残匪，并防止窜去，免匪回窜老窠。三、第一纵队以彭、王、陶三师及充补第一、二两团，转移于湘粤赣边区，由该司令统率，觅匪主力进剿，协同友军迅速将其歼灭。其原清剿区域内残匪，以其余部队分别负责肃清。四、袁水以南莲、安间大道（不含）以北，着归第二纵队负责。莲、安大道（含）以南砻、宁、永（不含）以北、金永线（不含）以西之地区，着归六十二师负责。金安线（不含）以东自莲花坪起至禾水下游（含）以北之地区，着归二十三师负责。安福、金田、永新、宁冈、茨坪、黄坳、息锣线及莲花坪至永新线，着五十三师负责。大汾至遂川碉堡线，由罗师长、大汾以西由胡指挥分派兵力负责固守。以上各部，均须努力将其区域内或其线之附近残匪肃清。二十八师及鲍旅尤须将衙前、五息之碉堡线星夜完成。五十三师须置重点于息、锣附近，协同严密防匪回窜老窠。五、第一纵队原区所筑之各碉堡线，均由现驻各指挥官分别负责督饬各县府广组义勇队看守，并各段指派部队轮流梭巡监视，毋得任意放弃，为匪破坏。六、湘东南自攸县起及湘南各县边境防务，仍由李代保安司令统筹负责办理。平、浏及他处大部保安队，与原归指挥之段珩旅、陈子贤旅严密部署，派员分段指挥，毋得任匪窜入湘境，在湘东及湘南之各防守部队、团队因缓急，刘纵队司令得随时指挥之。上六项，仰即分别妥为部署，切实施行，随时具报为要。等因。除分电并转请总座迅令五十三师接收成部防务外，特电遵照。再永西、梅花、寒江一带防务，并请陈师长遵令火速派队接替，均随时具报为要。刘建绪。愿未。参机。

十五日电令

限即到。彭师长、汪代师长、段司令：彭师长删辰电悉。一、在杜旅未到桂东以前，彭师长应派兵一团进占沙田、新坑洞、寒口之线而固守之，其余应即由彭师长率领尾匪猛追，杜旅迅速跟进。二、王师到达资兴后，如匪有窜郴、宜企图，应即取捷径于郴、宜方面，觅匪截击。三、王师尔后归予直接指挥。四、予准于明铣晨由茶经衡进驻郴县督剿。上四项。刘建绪。删酉。参机。

十六日电令

一、限三小时到。彭师长、汪代师长、衡阳段司令：删酉参机电计达。一、据胡凤璋电报，沙田、田庄、汝城一带，现均无匪踪。顷接郴州电话，东江删窜到匪千余，枪数百。本申有匪小部西窜，距郴城约十余里，其主力现窜何处不明。二、我段珩旅大部在郴城，一部在良田、宜章之线。唐季侯团本晚可达永兴，段人范团现在资兴县渡头司之线。欧冠、徐名淑团，现由桂东彭公庙向郴开拔。三、希彭师长速经汝境向郴、宜方面觅匪主力穷追猛剿，汪代师长速经资兴向郴、宜方面觅匪主力截击，毋得延误干咎。四、予本申抵衡。尔后匪情及各部逐日到达地点，盼逐日电告。上四项。刘建绪。铣申。参机。

二、限即到。衡阳段司令：命令：一、肖克匪部被我军迭在赣西痛剿，狼狈不堪，残余枪支不满二千，现已踪追穷剿，当易肃清。仰该司令迅即飞令所辖各文武机关部队，切实训练民众，毋匪诱，集中粮食，毋为匪用，多派侦探步哨，毋为匪袭。二、查湘东南地区广漠，际此残匪窜扰时，着该司令迅即统筹。对于所有城镇，指派得力军团分区负责严密守备，如有疏失，军法从事。并挑派得力兵力三团，专任截击，限十八日集中郴城待命。上二项。军长兼司令刘建绪。铣酉。参机。

十七日命令

一、查肖匪残部窜扰湘边，我十五、十六、六十二各师正在赶驷追剿，所有湘东南各保安团队任务，分别规定如后，仰各遵照，兼程移动，毋稍延误。但现有任务在接替部队尚未到达时，非有命令绝对不许轻擅空防。二、着蒋声团以二连守备零陵城，二连守备祁阳城，二连守备常宁城，二连守备新田城，二连守备阳明山。唐季侯团以二连守备道县城，一连守备永明城，二连守备江华城，三连守备蓝山城，三连守备嘉禾城。欧冠团派兵二连守备宁远城。所有以上十县，暂划定为保安第五区第一守备区，派蒋声为守备指挥，唐季侯为副指挥。三、着徐名淑团以三连守备郴县城，三连守备桂阳城，三连守备资兴城，一连守备永兴城，一连守备酃县城。欧冠团派兵二连守备宁远城，归蒋守备指挥声指挥外，余悉分守宜章、临武两城。所有以上七县，暂划定为保安第五区第二守备区，派欧冠为守备指挥。四、着胡凤璋指挥所部，除酌派兵分驻大汾、沙田外，余悉分驻桂东、汝城两城。所有以上两县，暂划定为保安第五区第三守备区，派胡凤璋为守备指挥。五、着王炽昌团分守茶陵、衡山、衡阳、耒阳四城。曹湘澜团酌派兵分守攸县、安仁两城。所有以上六县，暂划定为保安第五区第四守备区，派王炽昌为守备指挥。六、着段人范团集中郴县，王见龙团集中耒阳，为总预备队，归保安第五区段司令直接指挥。着朱邦纪团开茶，接替黄新团防务，归王副司令指挥。七、各县义勇队归守备指挥官指挥之。八、在股匪未犯境之时，各守备部队仍应四出乡间搜捕散匪，以维地方，不得坐守城内。九、各守备区情况及事态处置，尔后应逐日具报段司令请示办法，再由段司令汇报本部备查。右九项，令段司令、各团成主任。军长刘建绪。

二、限即刻到。茶陵彭参谋长飞转酃县陈旅长、桂东彭师长、汝城胡指挥、衡阳段司令：命令：一、肖匪主力铣日窜抵郴州附近，我大国正在围攻中。桂东、汝城、沙田、彭公庙、青要圩一带毫无匪踪。二、着陈旅长迅派相当兵力星夜开赴龙罩洞、温家洞之线，切实扼守，防匪流窜。三、着胡指挥所部切实扼守桂东、汝城两城，并派兵兼顾大汾、沙田，不得遗误。四、各部详细部署，统限电到两日内办妥，勿稍延误，并电复为要。军长兼司令刘建绪。篠辰。参机。

十九日电令

一、衡州段旅长、常宁、归阳探送袁团长建谋、衡州探送朱团长邦纪：命令：一、肖匪残部人约四五千，枪约二三千，巧日窜抵桂阳附近，有经新田向祁阳、零陵偷渡湘水西窜之样。我彭、王两师及湘南团队正跟踪穷追中。桂军一路由龙虎关出道州，一路由全州出零陵截击。二、本军以聚歼该匪于湘水右岸地区之目的，拟即派兵一部赶赴湘水上游防匪西窜。三、着朱邦纪团速沿老埠头、蔡家埠、木瓜埠、冷水滩、七里坪、高溪市、红木头等地湘水左岸之线，分派兵力布防，并以冷水滩、高溪市为重点。四、着王见龙团速沿窑头埠、黄阳司、曾家湾、滴水岩、牛皮州、老山湾、浯溪、祁阳城等地湘水左岸之线，分派兵力布防，并以黄阳司、祁阳城两地为重点。五、袁建谋团除一小部暂行固守常宁城，候蒋声团派兵接防再开外，余着速沿棠湾、观音滩、木埠头、石坝、白水河、埠塘、祁阳市、河州等地湘水左岸之线，分派兵力布防，并以祁阳附近白水两地为重点。六、着段珩旅即由郴州用汽车运至洪桥，开赴祁阳集中，策应各方。七、所有以上各部队，限马日到达，统归段旅长指挥统筹布置，并星夜构筑沿江要点碉堡，具报。八、予在衡州。注意：一、河中船只一律搜集我岸，阻绝交通。二、未驻兵地段，互相派兵游弋联络。三、沿江各地民众，应督促严密组训，匪来时应勒令迁避。四、各部应组织游击队，远出河右岸，迟滞匪之前进。上命令八项，注意四项。军长兼司令刘建绪。皓酉。参机。

二、限三小时到。彭师长：皓酉电悉。肖匪皓晨由桂阳附近向新田方向西窜，王师追剿本日可达桂阳，望兄部兼程取捷径直趋高亭司待命，至于汝城毋庸留兵。刘建绪。皓戌。参机。

三、限即到。祁阳王团长见龙：命令：一、据报匪有由新田向祁阳、零陵偷渡湘水西窜之样。我王、彭两师正跟追中，桂军一路即出道州，一路即出零陵截击。朱邦纪团已饬即开冷水滩至高溪市一带布防，袁建谋团已饬即开常宁至祁阳一带布防。二、着该团长即率所部星夜开赴祁阳城，黄阳司两地，速沿窑头埠、黄阳司、曾家湾、滴水岩、牛皮洲、老山湾、浯溪、祁阳城等地湘水左岸之线，分派兵力布防，并以祁阳、黄阳司两地为重要地点，紧要场所，星夜构筑碉堡为要。军长兼司令刘建绪。皓酉。参机。

二十日命令

命令：着段旅长珩迅即派兵一营兼程星夜赶赴零陵固守城池，并赏洋壹千元。此令。军长刘建绪。

二十一日电令

限二小时到。祁阳段司令：顷得零陵电话，肖匪先头已抵柏树坪。零、祁间江防极关重要，朱邦纪团尚未到齐，仅有王营布防冷水滩之线，必难胜任，请饬刘建文团飞向黄阳司、高溪、冷水滩、蔡家埠之线，迅速布防妥当，俟朱团接防守备后，再将刘团集结为要。刘建绪。马戌。参机。

二十二日电令

限即到。祁阳段司令并飞转危营长：一、桂军先头部队本晚可抵零城。二、范营迅将零陵防务移交桂军后，火速渡河，即在老埠头之蔡家坪严密布防扼堵，勿误。上二项。刘建绪。养巳。参衡。

二十三日电令

限三小时到。宝庆胡司令、晏区司令：一、肖匪主力本漾午已窜抵铲子坪，一部已达菱角塘或由零陵上游偷渡潇水，再越湘江西窜。二、请胡司令所部星夜兼程取捷径，开赴盘鸾圩、井头圩一带堵剿，限有晨赶到，并指挥晏司令所部何、谭两团，担任老埠头（不含）至渌埠头湘江左岸防务，限敬日布防完妥，兼顾东安、新宁两城守备。三、段司令所部五团，并指挥彭师之一团，仍担任老埠头至归阳湘江左岸及零、常、祁三城守备。上三项。刘建绪。漾申。参机。

二十五日电令

一、电话守拍常宁四八旅刘参谋长并飞转章旅长、郭付师长：一、匪敬反窜桐子坪，有由阳明山窜模样。我王师敬酉追达分水坳、铲子坪一带，将匪四九团击破，本日向零、祁间续进中。二、十六师（缺唐团）着星夜进扼肖家村、花延江防匪东窜，并派得力游击队深入吕公洞、白果市、咀山口、荒塘等地扼守，勿延为要。刘建绪。有未。参机。

二、即到。祁阳段区司令：一、王师敬亥电称：敬未追抵铲子坪，探知匪一部向永州，主力悉经分水坳窜罗家坪，因不能渡河，本日反窜桐子坪，并派伪四九团扼守分水坳，阻我进剿，当向该匪追击。我章旅酉刻到达分水坳，击退阻我之匪，颇有斩获。现匪主力仍向桐子坪，职俟部队到齐即行进剿。判断该匪如不窜赴祁阳以下企图偷渡，则将窜入阳明山。并据派驻王师特务员有晨电，匪在桐子坪，现以三团阻我正面进攻，另有三团向我左右翼活动。王师现在分水坳之线准备进剿各等语。二、已令章旅长率兵三团赶赴肖家村、花延江之线截剿，约于宥日可到。三、请兄派兵一营速赴祁、零大道以东蔡家田、邮亭圩附近，机动游剿。上三项。刘建绪。有午。参机。

二十六日电令

一、限三小时到。郴县欧副司令、零陵蒋团长、道县唐团长：极密。欧副司令宥午电、唐团长有电均悉。欧副司令派队堵剿警戒荒塘、百家坪，唐团长分防已妥派兵警戒扼守潇水，甚慰。肖匪有晨由庙门口、桐子坪向黄柏洞窜逃，已饬王师除留一小部扼守铲子坪外，余悉兼程赶赴百家坪、永安圩、新田之线堵截。彭师五团扼守花延江、雷公洞之线，觅匪攻剿。胡达指挥本旅及段珩旅一小部，搜剿庙门口一带散匪，其余集中大忠桥候命进剿。钟旅光仁指挥所部及十六师唐肃团，在耒阳待命。段司令指挥袁、王、朱三团，仍担任江口塘、祁阳、老埠头沿河守备。晏司令指挥何、谭两团，仍担任老埠头、石期站、渌埠头沿河守备，均星夜筑碉，并请桂军担任零陵、菱角塘及沿河至道州守备。粤军即进郴、宜堵截，着该副司令、该团长等，饬桂新、嘉、宁、道、零、祁、常七县团队义勇一律集合围剿，断绝交通，封锁粮食、禁止赎肥，并与王、彭、胡各部切取联络，共歼该匪，以树殊勋。刘建绪。宥戌。参机。

二、守拍。限三小时到。王师长、郭代师长、胡旅长并转晏司令、祁阳段司令、宝庆东安晏司令、安仁钟旅长：匪有晨由桐子坪、庙门口向阳明山之黄柏洞逃窜。二、着王师东原所部除留一小部扼守铲子坪外，余悉兼程转移于平田、永安圩、新田之线截堵，并选派一部到石家洞、荒塘咀、山口游剿。三、着郭代师长持平率所部五团扼堵花延江、吕公洞之线，觅匪攻剿。四、着胡旅长达指挥本旅及段珩旅，除派一小部搜剿桐子坪、庙门口一带散匪外，余悉限感日兼程赶赴大忠桥待命。六、着段司令珩指挥袁建谋、王见龙、朱邦纪三团，担任江口塘、祁阳至老埠头(含)湘江左岸守备，并赶筑沿河碉堡。着晏司令国涛指挥所部何、谭两团，担任老埠头、石期站、渌埠头湘江左岸守备，并沿河赶筑碉堡。七、着黄新团开赴冷水滩待命。上七项。刘建绪。宥午。参机。

二十七日电令

王师长、郭代师长、章旅长：一、章旅长率部感子由花延江向白果市进剿，甚慰。二、判断该匪向东南逃窜之公算较多。三、王师长应遵前电在新田、永安、平田之线向北堵剿，并须火速攻占石家洞，向白果市会剿，至铲子坪、大麻江一带，酌留小部游击足矣。四、郭代师长、章旅长应遵前电，除以一小部扼守花延江、吕公洞外，火速向南猛剿，此间已令胡达部由大忠桥策应，俭可到达。五、各进剿部队，特须注意防止匪向东窜，并遵前电查明匪向东窜出之道路要点，火速电告。六、钟旅长俭晚可到耒阳。上六项。刘建绪。感酉。参机。

二十八日电令

王师长、郭代师长、章师长、耒阳钟旅长并转唐团长、零陵胡旅长、晏区司令、祁阳段区司令并转刘代旅长：命令：一、据报肖匪急向南窜，其先头伪十七师已于俭寅窜到新田以南之石古圩、广发圩。二、为图与粤、桂军合围，并防该匪东西窜扰，以期迅速净灭计，决以一部控置耒、郴公路及零陵附近，以主力向南猛剿堵截该匪而歼灭之。三、着十五师跟匪主力踪匪穷剿，并注意压迫该匪，防止其向东折窜。四、着十六师迅出新田以南地区，连络十五师向南堵剿，如匪折向东窜，该师即向东截剿，如匪折向西窜，该师即向西截剿，着钟旅长光仁指挥所部及唐肃团，即日赶到高亭司、郴县之线待命。六、着刘代旅长建文指挥五五旅及黄新团，于卅日赶到耒阳待命。七、着胡旅长达率所部即开零陵防匪反窜，并派小部搜剿分水坳、桐子坪、庙门口、花延江一带散匪。八、着晏、段两区司令，仍妥布原任湘江左岸防务。上八项。刘建绪。俭。参机。

二十九日电令

限即日到。祁阳段司令、零陵胡旅长、蒋指挥、道县唐副指挥：匪窜嘉、蓝，桂军周师全部转移道县以南沿潇水至江华方面，由道县沿渭水至零陵，请胡旅长指挥本旅及蒋、唐两保安团布防堵截，部署情形盼告。刘建绪。艳午。参机。

三十日电令

即到。王师长、章师长：匪在楠木圩，有经下灌向道县江华西窜之样，王师应速跟剿，章师应向冷水铺、宁远方面觅匪截剿为要。刘建绪。卅午。郴参。

三十一日电令

限三小时到。宁远电局飞转郭代师长、章师长、王师长：匪有由四眼桥经永明、道县间西窜入桂，再转湘西之样。着王师长跟匪追剿，章师长竭尽全力迅出道县以西，会同桂军务须压迫该匪勿窜灌阳、全州，至为切要。刘建绪。世。

三、军队调查

本月份军队调遣如下表

西路军第一纵队所属及暂归指挥各部队团以上八月份调遣概况报告表

队别			原驻地	调遣概况	调驻地
纵队司令部			莲花	八月十六日由茶陵移衡阳	衡阳
第十五师	师部		砻市	八月十二日着该师开汝桂尾匪追剿	
第十五师	第四十三旅	旅部	古城		
第十五师	第四十三旅	第八十五团	古城		
第十五师	第四十三旅	第八十六团	七溪岭		
第十五师	第四十四旅	旅部	黄坳		
第十五师	第四十四旅	第八十七团	石围		
第十五师	第四十四旅	第八十八团	息锣		
第十五师	第四十五旅	旅部	砻市		
第十五师	第四十五旅	第八十九团	黄坳		
第十五师	第四十五旅	第九十团	茨坪		
第十六师	师部		莲花坪		
第十六师	第四十六旅	旅部	黄江		
第十六师	第四十六旅	第九十一团	花溪		
第十六师	第四十六旅	第九十二团	象形		
第十六师	第四十七旅	旅部	石灰桥		
第十六师	第四十七旅	第九十三团	梅田洞		
第十六师	第四十七旅	第九十四团	夏阳		

第十六师	第四十八旅	旅部	莲花坪		
		第九十五团	大小石		
		第九十六团	江口		
第二十三师		师部	吉安		
	第六十七旅	旅部	泰和		
		第一三三团	吉安		
		第一三四团	泰和		
	第六十八旅	旅部	吉安		
		第一三五团	泰和		
		第一三六团	吉安河东		
		第四六师二七四团	吉安		
第二十八师		师部	泰和		
		第一六三旅	马家洲		
		第一六四旅	衙前		
		第一六五旅	遂川		
		第一六六旅	泰和		
第六十二师		师部	敖城		者市
	第一八四旅	旅部	上栏		安仁
		第三六七团	上栏		古城
		第三六八团	天河		安仁
	第一八六旅	旅部	永阳镇		者市
		第三七一团	阜陂		元头
		第三七二团	敖城		安仁
		补充第五团	洲湖		高陇

第六十三师	师部		莲花		
	第一八七旅	旅部	洋溪		
		第三七三团	路口		大沙洲
		第三七四团	蔡家坪		
	第一八九旅	旅部	莲花		
		第三七七团	莲花		砦市口
		第三七八团	黄江		
第七十七师	师部		万安		虾蟆渡
	第二三〇旅	旅部	遂川		
		第四五九团	皂口		雩田
		第四六〇团	棉津		万安
	第二三一旅	旅部	嘉湖		棉津
		第四六一团	寨头		皂口
		第四六二团	万安		良富
补充总队	第一分处		路江		
	第一团		梅花		
	第二团		澧田		
附记	一、原归本纵队指挥之四十六师，除二七四团外，余调赣东。 二、暂归本纵队指挥之六十二师，缺第一八五旅。 三、第六十三师缺第一八八旅。				

四、剿匪战斗经过

六日，成主任铁侠东晨支酉电：东日职遵令抽兵两营，向路江东南源头、曾田、大岭一带搜剿，及抵曾田时已入夜，遇匪伪军事部长刘巍率伪茶陵第三营及伪游击大队，枪约二百余支，机枪一挺，人倍之。匪预伏曾田西南深山，乘我部队初到，即袭击我第八连阵地，幸我官兵奋勇应战，沉着射击，当场毙匪十余名，伤匪数十名，匪向凿坑（呈寨附近）老巢溃窜。时已半晚，未便穷追。职侦察地形，决心痛剿。支寅率部向凿坑围剿，拂晓右侧卫进至唐冲附近，匪即向我射击，同时左翼部队到达凿坑对面山腹。职分令各部取迅速手段接近匪阵地，猛烈冲锋，匪凭碉堡工事数处顽抗，用机枪扫射，因万山绵接，地势天险，苦战半日，肉搏数次，匪势不支，向凿坑西南丛山中溃窜，比追至卅六坳日暮而止。是役，捣毁匪碉一座、堡垒三，伪军事部、伪茶陵苏府、伪财判部多所，毙匪廿余，俘匪十余名，获步枪三支，子弹数百颗。我方伤亡士兵数名。

七日，陈师长光中鱼巳电：据汤团长宏怀支酉戌电称：一、职于支辰率第二营全部由驻地向暖水江、井窝游击，行抵石陂、井窝时，即遇伪十九师，枪匪三四百与我接触，初犹凭险顽抗，旋经分途夹击，匪不支，纷向高天崖方面溃窜。是役伤匪数名。二、江亥有伪军区指挥部、独立师、安福独立团及伪十七师残部，约共有步枪三四百支，机枪二挺，人数倍之，由官田、陈山、毛立岭经蔡上对冲分三路进攻横江桥碉及联保办公处、义勇队等，经职团第三连协同当地义勇队猛击，激战约二小时，匪不得逞，仍向原路退窜。是役毙匪四名，伤匪甚多。

二十四日，王师长东原养亥电：本师今拂晓由楼市经打鼓坳向新田进剿，我前卫汪旅先头养日午刻进抵打鼓坳时，发现枪匪约三四百人扼险顽抗，经我先头李团击溃，毙匪五十余，夺获匪步枪十余支。匪一面抵抗，一面向西方窜走，并烧毁桥梁阻我进击，我旅于酉刻到达新田县城，正派队追击中。

二十六日，王师长东原有酉电：本日拂晓令张旅向白泥坳之匪攻击，匪即分两路占据左右高地顽抗，激战数小时，匪犹死力抵御，经我张旅王团往返冲突，毙匪百余名，夺获枪三十二支。

二十八日，章师长亮基俭辰电：肖匪全部先头，于宥辰抵石家洞，其后续部队感午始到齐。经职率部兼程猛进，于感申与匪在分水岭、土地塘接触，约二小时，毙匪百余名，获枪四十五支。钟团负伤官兵二十四员名。匪全部向新田方向溃走。

一、本月匪情

本纵队管区本月份匪情综合情报如次：

甲、肖匪西窜情形

（一）肖匪自上月经过湘南境内被我军团堵截剿受创极钜，本月冬、江两日复经我章师及桂军周师在蒋家岭、文村一役，斩获六七百，其残部枪约二千，人数倍之，支夜于全州、兴安间界首附近过漓水，经洛江圩西延，企图北出梅溪口入新宁，经我胡达旅赶到迎击，章师何旅由全州向西北侧击，匪乃折逃车田，另图由城步绥宁西窜，文午被我何平、晏国涛两部在丹口痛击，匪狼狈向长安营、临口奔逃，铣过通道，何平部两团尾匪踪剿，巧日于黔边新厂山激战数小时，毙匪四五百，夺枪百余支，至斯匪已窜入平茶、潭溪。我李代保安司令觉指挥湘军十团左右，协同桂省廖军长所部，不分畛域，仍继续尾匪踪追，务期尽灭，以除后患。

（二）肖匪溃散于湘南各县之匪，枪数百，当令饬王东原师及湘南各保安团队分区负责清剿，截至本（九）月底止，已渐告肃清，正赶建衡宜公路封锁碉线。章师亦于本月中旬，由东安开驻祁阳，担任完成衡阳至东安湘河左岸封锁碉堡任务。

乙、清剿残匪情形〔略〕

二、作战命令

二日电令

一、限二小时到。东安胡旅长、晏司令并飞转何、谭两团长、零陵袁补充团长、祁阳、衡阳段司令并飞转朱、王两团长：命令：一、匪今（冬）晨有突过高明桥北窜之样，我王、章两师仍在继续追截中。二、着胡旅长达率所部星夜兼程开赴黄沙河，限江午以前到达，协同桂军乘其渡河机动截剿。三、着袁团长建谋星夜开赴东安，归胡司令达指挥，限江日到达。四、着晏区司令迅以何、谭两团在渌埠头（含）至石期站（含）沿河左岸之线，严密布防堵剿，并分兵守备东安城。五、着朱邦纪团即刻移至石期站至老头埠之线，严密布防，限江午到达。六、着王见龙团以一营进驻零城，以两营集结石期站策应，限支晨到达。上六项。刘建绪。冬酉。参。

二、限二小时到。东安胡司令、晏司令并飞转何、谭两团长、祁阳段司令并转朱、王两团长、零陵袁团长：冬酉参电令计达。胡司令冬申电悉。判断该匪在黄沙河上流渡河之公算为多，下流为少，不出东安之白沙、大庙口趋新宁，便出梅溪口趋城步。着胡司令集结该旅并袁团于黄沙河附近，乘机一举击破，建此殊勋，并指挥朱、王、何、谭各团向东安、庙头之线移动，予已电桂军在黄沙河至全州、兴安汽车大道及湘江沿河堵剿，并饬王、章两师跟踪飞追矣。刘建绪。冬戌。参。

三日电令

一、限即到。东安胡旅长：冬亥电悉。闻匪已窜文村（全州、灌阳间），由庙头至黄沙河之线渡河公算甚少，万不可沿河布防，望集结贵旅及袁建谋团于黄沙河附近，匪如向白沙、大庙口北窜，请即迎头痛剿，匪如向梅溪口逃窜，请从腰截剿，总以觅匪击破为主。周、章、王三师均尾匪跟追中，湘江防务桂军亦已布置晏区司令，江防已缩短石期站、渌埠头。刘建绪。江辰。参。

二、限即到。王师长、章师长：一、匪如确经文村向全州、兴安逃窜，王师长部即在现地停止，匪如经瓦子冈向黄沙河、零陵方向逃窜，王师长仍须继续跟追，望侦确匪情处理具报。二、章师长部应跟匪尾追进出全、兴，务须痛击该匪，勿向新宁、东安方向逃窜，协同桂军围歼之。三、胡司令指挥三团，限江午到达黄沙河附近堵剿，望与联络。上三项。刘建绪。江午。参机。

三、限即到。东安晏司令飞转胡旅长：今（江）晨匪窜文村，被桂军及章师击溃，毙匪五六百，分向全州、灌阳逃窜，黄沙河江面已无顾虑。目下全州告急，望即飞派一营进驻全州，并盼机动觅匪痛剿，即盼电复。刘建绪。江戌。参。

四、限即到。道县王师长、章师长：匪今(江)晨窜文村，被桂军及章师击溃后，分向全州、灌阳逃窜。望章师趁此时机，派兵沿湘桂边境堵剿散匪为要。刘建绪。江戌。参。

四日电令

一、守拍。限即到。道县王师长：匪窜文村，被桂军及章师击溃后，不能西窜，闻在湘边境之蒋家岭、清水关、永安关等处及萧湘两水河套内，为最好歼灭之良机，望该师火速继续进剿，以竟全功为要。盼速复。刘建绪。支展。参。

二、限即到。全州陈指挥官请飞令周师长、章师长：据报匪在兴、全边境，有渡湘江之势。着章师长亮基归周师长敬生指挥，截匪西渡，应速尾追猛剿。刘建绪。支辰。参。

三、限即到。东安胡旅长并转袁团长、东安飞送晏司令、零陵成主任、刘代旅长并转黄团长、章师长、王师长、零陵、祁阳、衡阳段司令、邵阳、武冈何主任：命令：一、据报肖匪已在兴、全间之界首、硷水附近渡河，正向西北逃窜。二、着章师长亮基迅遵支辰电，由周师长敬生指挥，踪匪追剿。三、着胡旅长达迅率该旅及袁建谋团，由黄沙河赶出新宁、梅溪口之线截剿。四、着晏区司令国涛指挥何、谭两团，除着留一部完成所任渌埠头至老埠头湘水左岸碉线外，迅率主力驰赴新宁、城步方面防剿。五、着成主任铁侠率黄新团，并指挥刘代旅长建文所部，驰赴新宁堵剿。六、着王东原师暂在道州附近清剿。七、着段司令珩指挥朱、王两团，完成所任老埠头(含)至江口塘湘水左岸碉线。八、着何主任平率部速赴武冈待命。注意：一、黄新、袁建谋两团到新宁会合后，应仍归成主任铁侠指挥。上八项。附注意一项。刘建绪。支巳。参。

五日电令

一、即到。道县王师长：命令：着该师长留兵一旅在道县肃清湘桂边境散匪，即率其余部队自取捷径开到郴县待命。此令。刘建绪。歌巳。参机。

六日电令

一、永新李军长、吉安李指挥官、太和王师长并转鲍旅长、砻市、郴县陶师长、钟旅长、莲花陈师长、道县、郴县王师长、全州章师长、衡阳段司令、汝城胡指挥、酃县陈旅长：歌午参电转总司令支午行长参电，命令六项计达。除五十三师仍守备原定各线，并请于各县附近尽量清剿，及二十八师完成马衙、五息与遂黄碉线待命外，规定部署如下：一、原定赣江防务，自良富(含)以迄仁和圩(含)全线仍请李指挥官指挥二十三、七七两师及独立第四十六旅督同各县团队、义勇队负责守备，并由二十三师派队督同地方团义队肃清安永线(不含)以东禾水下游以北地区散匪，由七十七师派队督同地方团义队完成，并守备大汾(不含)、遂川至吴坑(不含)封锁碉线。以独立第四十六旅之主力，督同地方团义队守备马衙、五息(息锣不含)及遂黄(两端均不含)封锁碉线。二、着陈师长光中以该师(欠陈旅)督同地方团义队，除守备陆公陂至梅花、分水坳之干线外，肃清袁水(不含)以南莲永线以北永安线(不含)以西及莲花全境以东地区散匪，特于莲安公路及莲永公路之交通维护最须注意。三、着陶师长广指挥该师(欠李旅)及陈子贤旅胡凤璋部，除留派一部督同地方团义队火速肃清牛田、津洞、坳头一带残匪，及砻永线(宁冈以东不含)

以北莲永线（不含）以南田心、三湾、高坑之线（含）以东地区，并大汾特别区全境散匪外，以大部督同各县局团义勇队火速周密完成分水坳（不含）经蔡家田、砦市、瓜寮、南流、牛屎坪、江西坳、大坳背、石门岭、大汾、烟筒隘、长义桥、头寒口、寨前、沙前寨、岭坳、集龙圩（与粤军上犹江碉线衔接）、热水坪、八丘田至新桥（与粤军仁化碉线含接）口之封锁碉线，并负责守备，特于汝、桂、汾、鄢段之补筑与守备，最须严密注意。四、着章师长亮基、王师长东原、段司令珩所部候追剿任务告终后，另分任湘东南清剿及兴筑纵横碉堡线与汝、安、耒、郴、资、祁、零各公路、衡、郴各机场。上四项。除呈报外，希即遵照，切实办理具报。刘建绪。鱼午。参。

二、道县、郴县王师长、全州章师长、衡阳段司令并转朱团长、王团长、武冈、新宁、宝庆晏司令：鱼午参电规定部署四项计达。致规定湘东南军团任务如下：一、着王师长东原一面肃清郴县、宜章、桂阳、临武各县残匪枪匪，一面督率衡阳、耒阳、永兴、郴县、宜章各县长完成沿衡宜公路之碉堡封锁线，必要时衡宜段沿线上之团队、义勇归王师长指挥调遣。二、着段司令珩一面督率湖南各保安团、义勇队肃清各县散匪、组训民众，一面指挥朱邦纪、王见龙两团及晏区司令所部现在东安之团队，火速完成衡、祁、零、东至渌埠头湘江上游之碉堡封锁线。以上衡、零、东沿河及衡宜公路之碉线完成后，概归段司令统筹守备。三、衡、郴两飞机场之修筑，仍着段司令督限完成。四、着章师长亮基仍遵前令，协同桂军追剿肖匪。上四项，除呈报外，仰即切实分别办理，并将部署进剿情形，随时具报。刘建绪。鱼未。参。

三、军队调遣 〔略〕

四、剿匪战斗经过

三日，章师长亮基江戌电：职师本（江）日协同桂军周师经永安关向灌阳属之文村前进，江未周师进抵文市，与肖匪接触，职师大部于申刻赶到，加入战斗，协同桂军将匪击溃。是役，毙匪及夺获甚多，我军亦伤亡不少。详情另报。

二十日，陶师长广治午电：李匪宗保枪匪六七千，盘踞酃南黄泥潭，业经袁、张两团于元、寒、删等日向黄泥潭、斗米湖、红水江等处夹剿，将其击溃，向遂边逃走。

二十四日，李指挥云杰文未电：据泰和李旅长必蕃转据一三四团团长李森报称：据第二连连长孙永堂报称：职连本月八日奉令派廖连附率兵一排，会同永阳义勇队向官田方向游击，在阳瓦村与匪遭遇，接触约一小时，匪不支，向栋头庙背退窜。是役，毙匪三名，伤匪一名，夺获步枪四支。

二十七日，陈师长光中宥巳宥午电：一、据李团长伯蛟报称：敬日令罗营长玉书率第九连附机关枪一排及路江义勇队一部，游击陈山、山草坪一带，巳刻到达陈山附近，遇伪游击队人百余，枪二十三支，当被我击溃，毙匪二名。二、据谭团长谟圣转该团第二营乐营长报称：敬戌伪独立一团人三百余，枪二百余支，由马夹屋进犯象形，比抽派第五连大部抄袭匪之左翼，以机枪扫射，并令附近各守碉兵相机截击，相持约一小时，匪因四周被我围击，旋退窜深山中。是役，毙匪三名，伤匪颇多。

三十日，陶师长广艳辰电：据王旅长感酉电称：永新南枫林坳匪碉，三七二团方、王两营自有晚秘密接匪包围，黎明后，乘大雾猛冲数次，终以四周断崖，竹钉遍地，未能奏功。午后大雾稍收，一面以枪火集中一点射击，一面令步四连拔刺攀崖向上，匪手榴弹投掷数十枚，驳壳齐放，我官兵奋不顾身，一拥先登，遂将匪碉攻破，夺获匪枪二十四支，驳壳两支，手榴弹一枚，俘匪特务员一、管理排长一、文书一、匪兵三十一名，并当场击毙伪大队长杨士贵一名。我方、王两营阵亡士兵十余名，阵伤连长黄秀涂、排长邓谘伯等二员，士兵二十一名。

〔国民党军事机关档案〕

2．国民党军独立第三十二旅胡达部关于追堵红六军团战斗详报

（1934年8—11月）

一、匪军编组实力及其企图

甲、编组

伪指挥官中国工农红军第六军团长肖克。

伪第十七师师长肖克自兼，辖四九、五〇、五一三团及警卫连、侦探连等，团辖步兵连三、机枪连一。（每连步枪七八十支不等，机枪连有机枪两挺至三挺。）

伪第十八师师长龙云，辖五二、五三、五四等团。

红军分校学生队及游击、赤卫队等杂色部队。

乙、实力

1．人数近万（因以欺骗手段裹胁民众）。

2．步枪约三四千，机枪约三十余挺，驳壳约二百，动枪、大刀、手榴弹均有。

3．大小无线电机两架。

丙、企图

该匪于八月中旬由赣西之遂川、永新等县倾巢西窜，图与湘川边境之贺龙匪部联络，苟延残喘，为害地方。

二、战前友军及匪军之行动

甲、匪军行动

该匪迭经我西路军围剿压迫，不能立足，由赣西窜抵湘南之桂阳，其大部向新田窜走，似有经新田、祁阳一带继续西窜模样。

乙、友军行动

我第十五师王东原部及第十六师章亮基部，由赣西跟踪追抵湘南。

丙、本旅行动

宝庆之集中

八月十九日，奉湖南保安司令部皓申参机电令，要旨如下：

1．肖匪经我军在郴南剿击后，刻已窜抵桂阳，其大部向新田窜去，似有经新田、祁阳一带继续西窜模样。

2．本部为阻止该匪西窜计，特为如下之调遣。

A．着省会胡警备司令达，迅将守要塞部队抽出一团，由长沙运至易家湾转湘潭集中宝庆待命。

B．现驻岳州之省会警备部之一营，着乘车开回长沙待命。

C．所遣各处防务，请教导组队派学员接替。此令。等因。

奉到上项命令后，于同日午后四时下命令如下：

1．匪情及友军情况同保安部皓申保参机电令。

2．着王副旅长率领六九四团第一营及六九五团第一、第三两营，于本日午后五时乘车开赴宝庆待命。

3．岳州之六九四团第三营，俟教导总队接防后，即开回长沙待命。

4．长沙市区警戒勤务，着六九四团第二营担任。

5．东西两岸要塞，着暂交教导总队接替。

上五项。此令。

八月二十日，复奉总司令何命令节开：着胡司令即率所部两团(缺一营)并指挥补充第一团，限即日集中宝庆待命。此令。等因。

本部奉令后，即令六九四团第三营及驻萍乡之六九五团第二营，于二十一日集中宝庆待命。八月二十一、二十二两日，各部队均陆续到达宝庆集中完毕。

飞沙界至老埠头之线布防。

八月二十三日，奉军长漾申电令如下：

1．肖匪主力本(漾)午已窜抵铲子坪，一部已达菱角塘，有由零陵上游偷渡潇水，再越湘江西窜之模样。

2．请范苏兄率所部星夜兼程，取捷径开赴盘童圩、并头圩一带堵剿，限有晨赶到，并指挥晏区司令所部何、谭两团，担任老埠头、渌埠头湘江左岸防务，限敬日布防完妥，兼顾东安、新宁西城守备。

3．楚尚兄所部两团，并指挥彭师之一团，仍担任老埠头至归阳湘江左岸防务及零、祁、常城守备。等因。本部在宝庆奉令后，于同日午后九时卅分，下达命令，要旨如下：

1．匪情及我军情况，同军长刘漾申电令。

2．请晏区司令所部何、谭两团，于明（二十四）日到达老埠头、渌埠头之线布防。我黄新团已电令由湘潭乘汽车开宝，集中后，即开芦洪司待命。

3．着王副旅长堉率领六九四团第一、第二两营及六九五团第二营，于明（二十四）晨出发，经五峰铺、茬桥、芦洪司开驻井头圩，到达后，须与晏部何、谭两团切取联络，并设法与段区司令联络，侦察敌情、地形，准备堵击。

4．余率六九五团（缺第二营）准六九四团行进路跟进。

注意行军时，须严守军纪，不准落伍，对民众务须秋毫无犯。

上命令四项，注意一项。此令。

八月二十四日到达五峰铺，下达如下之布防命令：

1．匪情本日尚无所得。

2．着六九四团担任右自飞沙界、渌埠头、大江口、梅花木，左至老埠头之线，沿河扼守，阻匪渡河之任务。

3．着六九四团担任右自飞沙界经渌头埠，左至大江口之线，沿河扼守，右与桂军联络，左与晏部何团联络。

4．请晏区司令将右翼河防务移交六九四团接替后，即缩短正面，右与六九四团联络，左与段区司令所部联络，但须控置有力预备队于相当位置。

5．着六九五团（缺一营）经芦洪司开驻永安桥、五里堆之线，为预备队，归王副旅长指挥。

6．着补充第一团黄团长新所部，经芦洪司、山口铺兼程开赴白芽市待命。

7．予率本部位置永安桥附近。

8．野战医院在东安县城永安桥附近开设。

9．各部队到达位置后，即速加设电话互相联络。

10．各部队到达指定地点后，均须侦察地形，构筑据点，多派便探渡河侦察，匪如来犯，抵死拒守，并将一切情形随时具报。为要。此令。（附图第一）〔略〕

八月二十五日到达指定地点布防。

集结零陵

八月二十六日，奉军长电令：以肖匪大部向蓝山、嘉禾方面回窜。着本部兼程推进至零陵集结，防匪返窜等因。

八月二十七日，全部赶到零陵，此时该匪大部向蓝山方面回窜，一部尚逗留阳明山。八月二十八、二十九等日，先后乃令六九四团第三营移驻铲子坪，搜剿该处附近散匪。六九五团第三营移驻桐子坪、庙门口一带搜剿散匪，并派队在马鞍岭、白泥坳、分水坳等处游击，其余集结零城待命。

八月卅日，奉军长刘艳午电开：匪窜嘉、蓝一带。桂军周师全部转移道县以南沿潇水至江华方面，由道县沿潇水至零陵之线。请范苏兄指挥该旅及唐、蒋两保安团布防，以便堵截等因。

奉到上项电令后，于同日午后七时下达如下之命令：

1．匪情及友军情况同军长电令。

2．由道县沿潇水至麻滩铺之线，仍由唐保安团布防扼守。

3．着六九四团第一营及六九五团第二营接替桂军防务，担任由零陵沿潇水左岸至麻滩铺之线布防，并须与唐团切取联络。

4．着六九五团第一营担任零陵城区警备任务。

5．仍将配备及所得匪情，随时具报为要。此令。

八月卅日各部队于午前均先后达到指定地点布防。

黄沙河至渌埠头之线布防

八月卅一日，复奉军长刘世西参电令要旨：肖匪由江华、道州之间偷渡沱江，有经广西全、兴、灌西窜之势。着胡部迅速开赴东安，就渌埠头至黄沙河之线沿河布防等因。

本部奉令后，即将徐、何两营由阳明山撤回零陵集中。

九月一日午前五时，由零陵折回东安，二日午后到达。是晚十时许，因情况甚急，比令六九五团第二营夜兼程进占全属之庙头沿湘江左岸布防，南至黄沙河起，北至渌埠头之线止。

九月三日晨，本旅全部赶到，防务更形巩固。

黄沙河之集中及梅溪口之防堵

九月四日晨，奉军长刘电令：以肖匪于二日午后二时在广西灌阳文村附近，经我十五、十六两师及刘建文部之一团将其击为两股，一股向桂阳逃窜，已为我击散一股，有向黄沙河或全州方面窜走之样。请范苏兄星夜兼程移驻黄沙河堵击等因。本部奉令后，即将沿河防务移交补充第二团接替，当日移驻黄沙河。是晚八时许，复奉军长刘电令：以肖匪已由兴安、全县间之械水、界首等处偷渡湘水直窜西延，并有向梅溪口方向急进模样。着本部并指挥补充第二团向梅溪口堵剿，限鱼日到达等因。

本部奉令后，即于四日午后九时下达命令，要旨如下：

一、匪情同军长刘电令。

二、本旅及补充第二团奉令六日赶到梅溪口，向该匪截击。

三、着李团长相琳率领该部于明（五）日午前四时，由现地出发，经歌陂渡——水口庙——长坪——夹口——枫木山——八十里山向梅溪口警戒前进。

四、着王团长率领该团准李团进路跟进。

五、着袁团长建谋于明（五）午前五时，在现驻地集结出发，在本部后跟进。

六、余率本部在王团后行进。

上六项。此令。

九月五日午后十时，到达枫木山宿营，得知匪情，并下达命令如下：

一、顷接兴安、全州两处电话，肖匪大部尚在楼田、鲁塘、洛江一带，一部已达大埠头，有向梅溪口窜走模样。我十六师及桂军周师现界首、咸水一带向匪追剿。

二、本部有占领梅溪口堵剿该匪之任务。

三、着六九五团为先头，于明（六）晨六时由现驻地出发，经八十里山向梅溪口搜索前进，但须先派一营挺进速占梅溪口，并由该团第三营派兵数小队，于进路两侧山上择要点驻止掩护，候本部后尾通过后，撤收跟进。

四、其余按六九四团、司令部、补充第二团之次序跟进，行军长径务须缩短，无论列兵及行李，一概不准落伍。

五、各部队均须携带午餐。

六、押解行李人员，务须约束佚役，即在枪林弹雨之下，不准有丝毫喧哗纷乱情事。

上六项，除分令外，仰即切实遵照为要。此令。

九月六日午后五时，先头部队已达梅溪口，匪部先头之一部仅隔二十余里，闻我军至退去。是日午后九、十时，我全部陆续到达梅溪口布防，并侦察匪情。

九月七日，全部在梅溪口侦察阵地、构筑工事、架设浮桥，并派探远侦匪情。本日午后五时，据探报，匪之主力仍在大埠头、合铺坪及油榨坪一带骚扰。

九月八日拂晓，遂以主力经资水右岸，以一部经资水左岸，齐头并进，向大埠头、合铺坪之匪进攻。是日午后一时卅分，达到合铺坪时，该匪已向车田方向窜去，遂与桂军周师会合，分途追剿。

九月九日宿营瓜里。

九月十日宿营车田。

九月十一日，本部及补充第二团，在蓬洞附近露营，其余六九四及六九五两团，因桂军将蓬洞附近村落占驻，毫无隙地，均在距蓬洞数里之附近山上露营。

九月十二日，一部已达城步县，其余宿营横水、青草圩一带。

九月十三日，全部到达城步县。近数日来，经由车田、七子田、蓬洞至城步一带，均被匪蹂躏洗劫一空，并惨杀民众，横尸遍地。且高山峻岭，居民极少，以致军食无从采买，赖瓜果藷粥充腹者凡两日。是晚奉代司令李电令：以肖匪有经通道窜黔之势，其一部在绥宁、通道间之龙塘、小水与何平部接触，受创甚大。我军获枪数十支，俘匪数十名。着该部即开绥宁转移靖县等因。

本部奉令后，即于九月十四日晨，由城步出发，到达梅溪口宿营。

九月十五日午后七时左右，全部到达绥宁宿营。

九月十六日，宿营乐安铺附近。

九月十七日午后六时，继续到达靖县宿营。是晚十一时，奉代司令李箓亥保行参机电令：1．奉总司令何铣酉长行参电令要旨：据报肖匪于删日由绥宁向通道西南地区急窜，判断其必经黔东北窜图与川匪会合无疑，该匪经我湘桂军追剿月余，逃散死亡甚巨，疲困已达极点。我军与桂军各部应即乘此时机穷追入黔，协同黔军设法将其歼灭。除电廖军长及王主席分途追堵击外，李代司令应查明当面情况，迅率全部或大部绕道入瓮洞、怀沅、三流进入黔边，觅匪主力截击，仍由李代司令统筹指挥进剿，毋得使匪向西北流窜等因。2．本军拟即经广平、远口进至锦屏截击。3．胡旅长应率所并指挥谢明强团，于明（十八）日进至广平．上三项。此令。等因。

九月十八日晨，遵令向广平推进，晚六时许达到该处。

九月十九日，仍宿营广平。午后六时奉李代司令命令要旨：1．肖匪后卫在马路口及新厂附近，与我何平部接触后，已向贵州平茶、黎平方向窜去。2．本部以堵剿该匪之任务，向贵州锦屏县推进，着本部先进。等因。奉此。本部遵令向贵锦屏推进。

入黔追剿战斗经过

九月二十日，进入黔属之远口、分县宿营。

九月二十一日午后四时，本部率剿匪第一团由远口出发，陆续到达锦屏县，沿清河防堵。

九月二十二日，仍在锦屏县构筑工事，并远派侦探侦察匪情。

九月二十三日午后三时，奉代司令李昨（二十二）晚十二时命令，要旨如下：

1．据报匪大部已窜抵瑶光，似有由南嘉堡渡河向镇远清溪方向窜走模样。

2．请兄率部于明（二十三）日向滥洞司推进，扼险堵击。

3．弟率五五旅及行营，拟明（二十三）日推进汉寨。

上三项。此令。等因。

本部奉令后，由锦屏出发，即于是晚八时赶至汉寨宿营，当下达命令，要旨如下：

1．匪情本日无所得。

我五五旅今晚宿营小江，桂军周师宿营锦屏。

2．本部以堵剿该匪之目的，明（二十四）晨向滥洞司推进。

3．着六九四团为先头，明晨二时出发，经埠盂休向滥洞司搜索前进，达到滥洞司后，即派兵一连向南嘉堡方向推进相当距离，侦察、警戒、隐匿、配备，其余就滥洞司附近对南嘉堡河岸侦察阵地，构筑工事。

着六九五团于明晨相继出发，达到滥洞司后，接六九四团右翼，对南嘉堡河岸侦察阵地、构筑工事，须多派侦探从右翼达到河岸，并须控制有力预备队于右翼后。

着剿匪第一团准六九五团进路跟进，达到滥洞司后，接六九四团左翼，对南嘉堡侦察阵地、构筑工事。

4．余率本部在六九五团之后跟进。

上四项。此令。

九月二十四日，按时出发，六九四团即于是日拂晓到达滥洞司，其余各团亦于午前陆续达到，侦察地形、构筑工事，严阵以待。

九月二十五日午前二时，接便探飞报，匪部以便衣队为先头，由八卦河向我前进等语。当电告李代司令，并饬各部注意。拂晓以前该匪果与我扼守凯寨之六九四团第三营第七连接触，当被击退。同时孟有方面又与我五五旅之一连接触，经李代司令派该部之一营增援，同时桂军由汉寨方面分途向八卦河匪后出击，遂被击溃，纷向剑河、巴野、梁上方面逃窜。是日本部即在滥洞司附近搜剿散匪。

九月二十六日午前十时，奉代司令李命令：以该匪被我军击溃后，即向瓦寨、三穗方面逃窜。着该部即经顺洞、瓦寨、三穗堵剿。等因。奉此。即遵令推进，除以王团随行营宿营顺洞外，其余于是晚十时陆续赶至瓦寨宿营。

九月二十七日，继续向王穗推进，午正到达三穗后，奉电令据报，该匪拟回窜汉寨、南洞司，饬本部率剿匪第一团于是日午后仍撤回瓦寨布防，五五旅及王团一部，亦开回顺洞，桂军回驻南洞司、汉寨之线堵剿。等因。遂于午餐后，仍开瓦寨布防。

九月二十八日午前一时二十分，奉代司令李命令：以该匪被击溃后，向巴野、梁上溃窜，极为狼狈。请兄先派兵一部取捷径直达矮子央、长吉之线防堵。等因。本部奉令后，即派六九五团之一营，限于是晨四时以前赶到矮子央，协同该处团队扼守，其余随本部于是日午前陆续到达矮子央布防，并选择阵地、构筑工事，王团全部亦于午后一时到达该处。

九月二十九日，匪仍避战，潜向岭松、黄平方向窜去，并有向镇远北窜模样。本部奉令向镇远推进，是日达到滚马宿营。

九月三十日晨，由滚马出发，午后四五时陆续达到镇远宿营。

是晚十一时二十五分，奉代司令李命令要旨：萧匪本（三十）午窜到新城，有继向西北窜之样。军长廖已到三穗，明（一）日可到镇远，覃师及成旅仍跟追中。着胡旅长达率所部并指挥谢明强团，明（一）日推进镇远、施秉间之刘家庄附近侦匪截击，本部明日进至镇远。此令。等因。

十月一日，本部遵令率六九四、六九五两团及剿匪第一团，经文德关、镇雄关，于午后二时左右达到刘家庄附近布防，并向施秉、新城方向侦察警戒。晚十时左右，接代司令李电话：匪部于本（二）日午后二时，在东坡附近与黔军稍有接触，即向施秉、黄平方向北窜。本部协同桂军拟由镇远向石阡县转进，请贵部由现地取捷径向石阡转进。等因。

十月二日，遵令转进，宿营羊肠附近。

十月三日，经路濑宿营大地方、小地方一带。

十月四日，本部两团经铁厂、马厂坪达到羊叉路、白岩河一带布防，谢明强团到达石阡布防。

十月五日午后九时，奉代司令李命令要旨：1．肖匪偷渡乌江未成，有回窜余庆、石阡模样。我驻军拟位置。2．大地方、铁厂、平贯之线堵剿。3．余率五旅拟一团位置羊叉路，一团进驻石阡。4．请贵部转移石阡县城及关口坪、二堂、三堂、白沙之线堵剿。此令。等因。

十月六日，本部遵令即以谢明强团移驻二堂至白沙之线，六九五团移驻关口坪至二堂之线，六九四团移驻石阡至关口坪之线，本部即移驻石阡县城。

十月七日，本部奉令进驻白沙、杨柳塘、戴家坝、本庄之线，阻匪北窜。是晚十时，复奉代司令李命令要旨：1．肖匪本（七）午在甘溪与我桂军遭遇，斩获甚多，并被我桂军冲作数段。2．请兄率部附谢团，本晚即刻折回白沙。王团限本晚到，李、谢两团限明（八）日拂晓前赶到。3．已令五五旅限明（八）日拂晓赶到走马坪，侦匪夹击。右三项。此令。等因。

本部在杨柳坪奉令后，即于是晚十二时率王团折回白沙，李、谢两团亦于翌（八）辰陆续赶到。

十月八日晨，复奉令进至走马坪，午后四时左右先后到达该处，被匪蹂躏后居民逃避一空，颇为凄惨。是晚八时，奉代司令李转廖军长来电：昨晚击溃之匪，已由马伏堰向大地方、铁厂方面窜走。周师本（八）未抵大地方，本早有溃匪百余通过，现后续发现大股。本部在铁厂准备截击，请速折回石阡，向石桥、闵家场截击。等因。弟明（九）晨率五五旅向石阡急进，请贵部及谢团在羊叉路停止。等因。

十月九日，奉令移驻羊叉路、白岩、平贯、铁厂之线防堵。

十月十日至十三日，各在原地防堵，并搜剿散匪。十三日晚十一时，据探报，肖匪主力于本（十三）午后窜抵走马坪、马伏堰一带，有经戴家坝、白沙及三堂、二堂之线北窜模样。本部奉令转移石阡、白岩、平贯之线堵剿。

十月十四日，遵令向石阡、白岩、平贯之线移动，搜剿附近散匪。

A．龙塘附近剿匪战斗之经过

十月十五日，本部以肖匪迭被击溃，到处流窜，一部窜入乌江河套，已达日暮途穷之境。本部奉令位置于羊叉路、石阡之线，于是日即以六九五团推进至四方井，并以该团第一营在长风坳附近占领阵地，对龙塘方向严密警戒。该团二三两营位置于四方井附近，分任对龙洞及石阡间之游击。午后九时，奉代司令李电话，肖匪主力本（十五）日午前由板桥附近向龙塘以北地区折窜，目下已到何处，尚无确报。着该部李团长相珺及龙洞第十九师唐团长向寅各派兵一营于明（十六）日拂晓出发向龙塘游击，等因。本部奉令后，用电话传谕六九五团于十六日晨派第二营，并附第一连协同第十九师之张营向龙塘游击，并以该团第三营推进至龙洞、填塘团阵地空隙，该团第一营向龙塘推进。是日午后一时，于途中接到该团第二营营长蒋本嵩由龙塘发来报告如下：

一、职率所部并附第一连，于本（十六）日午前六时，由四方井出发，当日达如下之命令：

1. 据报肖匪主力于昨（十五）日由板桥附近南窜，有折回白沙、甘溪之模样。我团及各友军仍在原阵地堵截，我唐团张是祥营于本晨由龙洞出发，向龙塘方面游击。

2. 本营附第一连奉令向龙塘游击，与张营会合后，觅匪协剿。

3. 着吴候差承孝率领本营各助教为便衣侦探队，在前卫前取相当距离，向龙塘探进。

4. 着第五连为前卫，即由此地出发，经长风坳向龙塘搜索前进，并注意与张营互相连络，勿相误会。

5. 其余为本队，按第六、第四机连及第一连次序，由欧阳营附吉昌率领，在前卫后约三百米达处跟进。

6. 战斗行李归谭副官指挥，在第一连后尾跟进。

7. 行进时，余在本队先头。

二、职营出发后，于午前八时达到龙塘，沿途无匪情。此时唐团张营已先我十分钟到达，即与会合。当据该市王区长面称：肖匪主力昨晚在朱家坝宿营（距龙塘约五里），目下正经十二里山岭、关口向燕家湾、白沙方面急窜中等语。职当与张营长商议，决心向该匪截击，张营以关口为目标，职营以核桃湾为目标，彼之右翼与我左翼，务以十二山相衔接。如是分途前进。职至核桃湾附近，即目击该匪行军纵队，正在十二山岭腹道向南行进，络绎不断。职即命令以第四、第五两连为第一线，第五连在左，右与张营连络，向匪展开攻击前进，命机关枪连在庙寨山选定制高点，超越射击，其余为预备队，在机关枪连附近停止待命。九时三十分开始射击，该匪当即停止〔前进〕，〔进行〕还击，愈战愈多，且其阵地较高，恃险顽抗。十时许，虽经我第五连数次冲锋，均未动摇。职乃令第六连由第四连右翼向核桃湾挺进，侧击匪之左翼，同时命机枪沉着射击，匪以伤亡甚大，相继势渐不支。迄十二时，职命第一线全体冲锋，张营同时突进，匪即纷纷溃窜，遂被击为两段，仍向白沙逃窜，后段则折窜川岩坝，职即派第一连向川岩坝方向跟踪追击，其余各连在十二山岭附近搜剿散匪。是役毙匪约二百，伤者倍之，俘匪百余，获枪二十余支。职营官兵尚无伤亡，所有卤获情形及消耗弹药另表详报。本部报告，即令六九五团派兵分途向白沙及川岩坝方向追剿。午后三时，据该部第一连连长贺才懋报称：职连一时二十分达到岩坝东端高地，目击散匪千余，当令一、二两排占领阵地，向匪射击，匪伤亡三十余，获枪四支。命第三排严防后方窜匪。又于午后四时三十分，据第三连连长杨纹成报称：职连于午后二时四十分达到蔡家湾，恰遇匪主力被黔军柏师中途截击，回窜燕家湾以南地区，又为职连迎头痛击，匪伤亡六七十名，折向葛容方面窜走。是役获枪八支，因天黑未及穷追，即在龙塘、桐子坪一带配置警戒。

B．马厂坪附近剿匪战斗经过

此时该匪既向葛容方面窜走，当晚十一时，即令六九四团第一营由石阡出发，经雁门关向葛容搜剿残匪，于十七日拂晓到达该处，此时匪已向平王乱窜，该营乃折回中坝防堵。六时许，闻匪抵甘河坝，乃由中坝开抵白岩，以一部对匪警戒，大部集结策应。六九四团第三营，亦于十六日晚由四方井移驻关口坳、白岩防堵。十七日午后二时四十分，由剿匪第一团谢团长明强指挥，协剿平王之匪，行至中途，因匪之踪迹不明，奉令停止前进。因谢团长率第二营即时开赴铁厂，该营于午后五时二十分，在凤香铺集合，准备各向平贯前进时，据土民飞报，肖匪已至甘河坝。即令该营用跑步向马厂坪急进中，行至马厂坪北端高山，天色将黑，此时匪已先占领马厂坪，该营各连即行展开攻击前进，匪势不支，向盘龙坳偷窜，及至六时四十分，遂将马厂坪完全占领。是时剿匪第一团第二营亦相继到达，即担任道路以左之阵地。占领马厂坪之后，天已入暮，地形观察难明，匪益顽抗，遂成相持之势。此时飞令六九五团除以一部担任羊叉路、关口坳警戒，其余集中白岩策应。午后九时许，六九四团第一营全部到达马厂坪，旋派该营第一、三两连及机枪两挺协同谢团驻平贯之一营，向马厂坪前进，两方夹击，将匪截为两段，一部经盘龙坳向东逃窜，一大部窜回甘河坝附近之高山。是役毙匪数十，俘匪六十余名，夺获步马枪数十余支，无线电机一架，机关枪身一，机枪管一，骡马三匹及各种军用品无算。我军负伤官兵数名。至消耗弹药等详另表。〔表略〕

十月八日拂晓，命六九五团第一营营长蒋鑫率领该营觅东窜之匪追剿。去后，据该营长报称：职营第二连在黄茅以北地区，毙匪二十余，俘匪三十余，夺获步枪四支，第三连夺获步枪十余支，其余各部搜剿大道以西地区附近散匪，颇有斩获。

最后肖匪窜存残部，人不满千，枪六七百，向印江方面窜走，与贺匪会合。我湘、桂、黔各军本拟一鼓荡平，以竟全功。惟因得赣南赤匪倾巢西窜之讯，桂军奉令回师入桂，我军亦奉总司令何电令回湘，肖、贺二匪交黔军搜剿，本部遵令回湘。于十月二十四日，由石阡开拔回湘，经花桥、闵家场、恺里、何家坝、地程、晃县、芷江、黔阳、洪江、宝庆、湘潭，于十一月十二日到达长沙。

〔国民党政府军事机关档案〕

三、对红二十五军北进的“追堵”

1．国民党军第四十军庞炳勋部在河南追堵红二十五军北上战斗详报

（1934年11月）

赤匪伪二十五军军长陈〔程〕之〔子〕华、付军长徐海东、政委吴焕先等率共匪数千名，因在豫、鄂交界被国军围剿后，尚余两千

余人，于二十三年十一月间意图经信阳境越过平汉路，藉桐柏山脉向西逃窜入四川之企图。

十一月十七日下午二时，职奉刘主任篠未、篠亥两电：十一月十六日，赤匪两千余人，由信阳县属柳林相距三十里处铁埠、九里关一带窜来，今日晚八时，由顺河店等处越铁道，窜至信阳县三十里处之青石桥一带，饬属注意堵剿。职奉电后，即令骑五师李师长福和在唐河、泌阳注意戒备及堵截，并令南阳一百十六旅李旅长运通、方城一百十五旅刘旅长世荣、瓦店补充团李团长振清、叶县骑兵团史团长振京，均饬所部准备协剿。

十八日，各部奉到电令后，均即准备一切，待令出发。

十九日，据桐柏杨县长文心报告：今晨匪已窜至距县城二十里之月河店、金桥镇，继又由该镇窜至距城八里处，与保安队、民团正接触。

职接到该报告后，立与各部出发命令，略开如下：

命令：(一)顷据桐柏杨县长皓未电称：赤匪现窜距县城约八里之地点，已与保安队接触。(二)骑五师第三团即日由泌阳出发，迎剿该匪，师长率师属部队跟进。(三)现驻独树之二三零团第一营全部于明（二十日）向赊旗店集结，所遗防地，交由骑兵团接替。(四)现驻赵河之二三零团第三营全部于明（二十日）向赊旗店集结，所遗防地，由驻方城之二三零团第二营派步兵一连前往接替。方城防务，由司营长元恺负责。(五)驻赊旗店之二二九团全部准备出发，所遗防地，届时由二三二团第一营前往接替。(六)通信营派十五瓦特及五瓦特无线电两台，即赴赊旗店，由一一五旅刘旅长世荣指挥。(七)刘旅长世荣率手枪队及二三零团直属部队，于明（二十日）移驻赊旗店，集结完毕，待命出发。(八)骑兵团派兵一连接独树遗防，务于明（二十日）上午十二时到达，对于保安驿随时派队游击。并电桐柏、唐河、泌阳各县令团队固守城寨，确侦匪踪，随时报告，以备令各部迎头截击。

二十日，各部遵照命令动作后，兹据骑五师李师长福和是日报告：职奉令后，当令步兵营、特务连、手枪连（即第一团机关枪连）各于十九日夜由原驻地出发，务于二十日早十时以前到达平氏镇集结待命，师长二十日早九时到达平氏。全师出发兵力七百人，马五百匹，迫击炮二门，三八式重机枪一挺。

是日又据桐柏县长报告：今早黎明赤匪经陈庄已向西逃窜，现到城西五十里红泥河一带。职遂又令骑五师李师长率队尽骑兵能力，星夜向该匪截击。旋又据李师长报告：师长到达平氏后，据报匪已于二十日晨，越桐柏县经红泥河西窜，至界牌口及太白岭附近，当令第三团进驻邓河，派兵一部进出界牌口侦察匪情，拟于夜间袭剿该匪，惟现据报匪已于黄昏时西窜矣。并据报该匪约有二千余人，迫炮六门，轻重机枪数十架。

二十一日，职以该匪西窜，似有逃川企图，故于是日又令一百十六旅李旅长远通率步兵四营，立即开赴新野县防截该匪西窜。

是日据唐河县长报告：匪将唐、枣电线割断，由枣阳属新寺一带西窜，现到距湖阳镇二十余里处之鹿头镇地方。职遂又令李师长率部速开祁仪镇截击。

旋据李师长报告：职率直属部队并第三团，于二十一日下午二时到达祁仪镇以南四十余里湖北境内之新寺、邢川、张庄一带，正向西运动中，判断该匪似有经湖阳镇、苍台西窜之模样。

职遂又令李师长注意对该匪跟踪追剿，务要迎头痛击，以收事半功倍之效，匪如西窜，即率部向苍台、新甸铺前进。

二十二日，据报匪由苍台南窜至枣阳境之双河镇，因枣阳东北有我四十一师部队堵截，遂又折向刘沟、响川及唐河东南八十里之大张庄一带逃窜，追窜至四望山东南保安寨时，与上官总指挥云相所属之刘支队激战数小时。

旋又据李师长报告：职今晨五时出发，向湖阳镇前进，午前十时到达，据报匪昨夜西窜至双河镇，复又折回，盖因再往西窜，已成平原，无所凭借之故，正在徬徨于张庄、邢川附近。我刘支队跟踪追到，遂在邢川、四望山接触，此时我邢支队亦到达马振抚。师长以追剿部队陆续到达，待至黄昏亦未见该匪西窜，入夜据报匪退四望山以东之石柱山、二郎冲。

二十三日，匪因被我各军截击，不得西窜，遂又折而东逃。职即又电令李师长福和，匪如东窜，即率部开回祁仪镇截击。

旋据李师长报告：电令敬悉。顷又接平氏电话，谓匪折向东窜。职遂于正午十二时，率部由湖阳直趋平氏，以防其北窜，扰乱泌阳、唐河。下午八时到达该镇，据报匪在平氏东南之歇马岭、栗园、新集一带，曾与裴支队稍有接触，该匪因被我各部压迫甚急，夜间据报匪已东窜至张官桥、石头坡一带。

二十四日，匪以西及南均不能逃窜，遂转向东北泌阳县属之高邑、铜山沟逃窜。

旋据李师长报告：今早七时，职率队由平氏出发，即由匪退方向跟追至竹园，得知匪又折而向北，刻在二郎庙附近盘据，遂又率部直趋二郎庙，是日经过道路，与刘、邢、裴三支队所取道路相同，故甚拥挤，追抵二郎庙后，匪已东窜马古田以东。

二十五日，据报匪由马古田经刘庄铺、贾楼逃至泌阳、舞阳之象河关、铁毛徐一带。职以该匪被各军截击，西窜企图未能实行，又折向东北，似有经象河关及叶县、方城间独树镇、保安砦西窜模样，仍为西窜企图。兹以方城以北，防务空虚，而匪又逃窜甚速，非大迂回不为功。当急令赊旗店一百十五旅刘旅长世荣，星夜率队开赴方城以北独树镇、保安砦截击。又令驻叶县骑兵团史团长振京率部火速开保安砦堵截，并归刘旅长指挥。又令骑五师李师长福和率部由泌阳经羊册、酒店、金汤砦向独树镇尾追。给与各部之电令如下：

一、电令刘旅长世荣。命令：(一)顷据报赤匪伪二十五军现窜象河关（赊旗店东约七十里），正向西北方向逃窜中。我友军部队仍在追剿。(二)我骑兵团(欠迫炮连)现令由叶县迅向保安砦出发，堵截该匪。(三)我骑五师李师长率直属部队(欠步兵营)及第二团，现令由泌阳出发，经羊册、酒店、金汤砦向独树镇前进，堵剿该匪，并防其西窜。(四)该旅长即率赊旗店驻部(欠一营)迅向独树镇、保安砦出发，随时侦察匪踪堵击之。(五)酌由二二九团留置步兵一营，负守赊旗店之责，并防该匪西窜。(六)骑兵团归该旅长指挥。(七)随时侦察匪踪具报。

二、电令史团长振京。命令：(一)顷据报告赤匪伪二十五军现窜抵象河关(保安砦南约七十里)，正向西北方向逃窜中。(二)我一一五旅现由赊旗店向独树、保安出发，迎堵该匪。(三)我骑五师李师长率直属部队(欠步营)及第三团，现由泌阳出发，经羊册、酒店、金汤砦向独树镇方向堵剿该匪，并截其西窜。(四)上官云相部仍在尾追中。(五)该团长即率骑兵迅向保安砦出发，堵剿该匪，到后归刘旅长指挥，并将迫炮连留置原防，协同保安队负守叶县城防之责。

三、电令骑五师李师长福和。顷据报匪现抵象河关(泌阳正北)，正向西北逃窜中。已令我一一五旅即由赊旗店向独树镇、保安砦前进。我骑兵团即由叶县向保安砦前进，仰即率直属部队(欠步兵营)及第三团经由羊册、酒店、金汤砦向独树镇方向前进堵剿，并截其西窜，与一一五旅、骑兵团确取连络。至于泌阳城防，留步兵营驻守。

是日命令下达后，各部即遵照出动。

旋据刘旅长世荣报告：职旅奉令在独树镇一带堵截，当即遵令命各部于十一月二十五日下午三时由赊旗店出发，分两路向独树镇以西前进。(1) 旅部及手枪队、无线电、第二二九团(欠第三营)，向招抚岗以西之十里堡前进。(2)第二三零团向招抚岗前进，均于是日下午十时到达。(3)出发人员共计官兵二千四百六十六员名，马三百零五匹，枪一千八百一十九支，重机枪二十二挺，迫炮十二门，子弹共三十万零九千三百零二粒。(4)今晚迭接各方报告，匪确经象河关北窜，并在象河关以北与裴支队曾一度接触。除派探继续侦察匪踪外，仍令各部向独树镇东西前进。

又据骑五师李师长福和报告：职奉电令后，即刻令步兵营留守泌阳，师长率直属连及第三团于夜十二时出发。

二十六日，据刘旅长报告：因昨夜风雨甚大，道路泥泞难行，故于今日上午十一时，各部始到达以下各地点：(1)第二三零团（欠二营）到砚山铺、七里岗附近。(2)旅部及直属部队、第二二九团（欠二、三营）到独树镇。(3)第二二九团第二营到扳倒井。(4)据杨楼区公所电称：谓匪已至草店之王福陈庄云云。职遂令各部即刻出发，骑兵团由保安砦向杨楼方向前进，第二三零团(欠第二营)向辛庄方向前进，旅部、直属部队及第二二九团第一营向金钱岭方向前进，第二二九团第二营向金汤砦方向前进，当时并令各部统限于到达各目的地后，如无匪踪，再向草店方向探进，以期分进合击，并均于下午一时三十分出发，旅部于二时三十分抵金钱岭后，于风雨中隐闻东北方枪炮声，谅我军业经与匪接触，遂率各部寻枪声折向东北，并令第二二九团第二营经金钱岭寻枪声亦向东北前进。旋接第二三零团第三营本日下午一时三十分于马庄报告：据杨吴岗（焦庄东约三里）焦庄逃难民众云：匪之大部已到杨吴岗南端，仍向北前进中。职营在段庄、马庄布置等语。职据报后，遂令各部向段庄方向前进，于三时三十分抵焦庄（此庄已先为二三零团第三营占领），旅部及第二二九团一营之二、三连进驻该村，并接该庄防地，余均向铁李砦园开进。至三时五十分，又接第二三零团由砚山铺转来电话报告：1. 本日下午一时三十分，令第一营及迫炮、通讯各连向辛庄前进，由砚山铺甫行出发，即据我谍报报告：匪约千余人，成行军纵队，沿七里岗向我前进中，其先头距我约四百公尺等语。旋匪即在岗上发现，当令第一营在砚山铺、七里岗之线展开，向该匪迎头痛击，冀匪十数名，内营附一员，并得获匪枪支及物品。2. 匪经我痛击后，即向东南溃窜，又遇骑兵团在三里河、屈庵堵击，遂又折回。至三时，匪每以数百名之密集队连向我砚山铺、七里岗阵地猛冲三次，均被我集中步、机、炮各种火力射击，又毙匪约二百余名，匪始不敢再冲。职据以上报告后，知匪大受挫折，遂令各部准备向该匪进攻，以期一鼓歼灭，不意天候已晚，且又降大雨，满地泥泞特甚，各部运用维艰，乃改令各部在砚山铺、七里岗、马庄、焦庄、铁李砦园前三里河、屈庵、小稻田之线，构筑阵地，防其突越。是夜匪屡拟突我防线北窜未得逞，卒藉风雨折向东南方向逃去，遂又令各部尾追。

综计是役，计共毙匪二百余名，内营附一，连指导员一，营书记一，此皆匪符号未及撕去者，余均赤体不易辨认，又俘匪三十八名，内有伪二百二十四团营长刘得勋一名。据该匪供称：此伪军原为西路军，后改二十五军，军长初为邝继勋，现为陈〔程〕之〔子〕华，副军长徐海东，政委吴焕先，军计步兵三团，即二二三、二二四、二二五各团，手枪一团，团辖三营，每营三连，每连六班或七班不等，每班七人，砚山铺之役，被国军围剿，曾乘夜猛冲数次，希图西窜，终未得逞。然伤亡足有数百，确知是役击毙有二百二十五团营长一名，二百二十四团营附一名，二百二十四团团长张少东因受重伤，未知是否潜匿，抑系活埋，以后未见等语。我军第二三零团阵亡下士一、兵二，受伤排附一、兵三，各部俘获匪步枪十支，手枪二支，七九枪弹五百粒。

职接到以上刘旅长报告后，遂又急令该旅长，对此击溃之匪，务须尽力跟踪穷追，虽在风雨中，亦勿稍停留，期将该匪一网打尽。

旋又接李师长报告：职奉令后，在风雨中尽一日一夜之力，经过官庄、羊册，始于今日午后六时到达酒店。当由电话告知匪在七里岗附近，被我一一五旅围剿，并令其向独树镇前进。后据李师长电话报告：于晚十时率部经二郎庙、金汤砦向独树镇出发。

二十七日，据刘旅长报告：本早五时，令骑兵团先行出发，寻匪踪追击，余按第二二九团、旅部、第二三零团之顺序跟进，经上曹屯、张庄、常岗，至七时骑兵团在小保安东北与匪接触，匪据山抵抗，八时令二二九团以一部协助骑兵团进击，遂占领杨连庄附近，而匪之一部仍在据山顽抗，其主力似有依山西窜模样。乃于上午十时，在小保安与各部队命令要旨如下：1. 匪主力有循山西窜模样。2. 骑兵团将防务交由第二二九团第一营接替后，即经夏李集向常村方向绕击该匪。3. 第二二九团第一营接替骑兵团防务后，即行击破当面之匪，尔后归还本队。4. 第二二九团第二营为前卫，经庙岗向三皇店方向前进，应竭力搜索匪情及其主力逃窜方向，第二三零团（欠二营）为本队，在前卫后跟进。5. 旅部在本队先头前进，嗣后杨连庄第二二九团第一营当面之匪，被该营数次进击，毙匪约三十余名，匪以受压迫甚急，一部向车见沟、大部向以西徐沟方向窜去，其窜车见沟者，因有友军由保安方面堵击，该营于下午五时撤回雁岭。是役，我骑兵团受伤中士一名，毙匪十六名，第二二九团毙匪三十余名，俘匪十三名，获步枪三支。后又据报昨日在砚山铺被职部击溃之匪，乘夜东绕，窜至保安以北山地，经我骑兵团及二二九团第一营进击，匪则节节掩护西窜。据与匪情路人云：匪声言窜独树。恐不确，据判断不无西窜之企图，已商请骑五师李师长在拐河堵击。职为防匪北窜，率二三零团及骑兵团，由魏岗铺经三皇店向以西绕击。本晚二二九团第二营在三皇店宿营，并与该团第一营连络。职及二三零团在夏李集，骑兵团进驻常村，与骑五师连络。下午七时据探报：匪仍在徐沟附近。除令各部严密防范其北窜外，并令其兵团于次早五时出发，向石滩方向前进堵击，并与拐河镇附近之骑兵第五师连络。余由各驻地于四时出发，沿骑兵团行进路前进，以期堵截该匪逃窜。

又据骑五师李师长报告：职与刘旅长商妥率部赴拐河截击。兹据该匪在拐河东二十余里之下里寨、徐沟搜抢粮食棉衣，其先头已到忠信乡以北，割断忠信至拐河之电线。我骑兵团宿营常村寨，刘旅是晚亦与匪接近。师长基于以上情况，当将军队部署于拐河北山两连，其系配备于拐河寨内，兵力重点在东南两面预备堵击，但是夜匪未向西窜。

二十八日，职据刘旅长世荣及李师长福和以上报告后，判匪定向西窜，遂令一百十六旅（此时因匪向保安、独树北窜，已将是旅由新野调回，在袁庄一带扼堵。）李旅长运通率部赶往南召、五里堡、铁牛庙、沙白店、北召一带防匪西窜。

旋又据刘旅长报告：今早四时，职率驻夏李店部队出发，向常村方向前进。六时行至常村时，接骑兵团长由石滩报告：该团已在古石滩以西与在下马附近渡河之匪激战，并将该匪腰击，截为两段，现仍对击中，请饬各部速行进击该匪等语。职据此，当令第二三零团急速向古石滩前进，协同骑兵团进击该匪，旅部及第二二九团跟进。继又令该团第二营由常村经枣园、靳庄向刘家庄、横山马方向前进，俾期截击，迨至上午八时，行抵古石滩以东。接第二三零团报告：1. 据骑兵团通报，被我截为两段之匪，其已渡河者占据上马砦及出南山岗，与我对峙，未渡河者亦绕道向西北窜逃。2. 已令第九连向当面之匪猛攻，小炮排向上马砦内之匪射击，匪不支，向西北逃窜，并令第三营尾追等语。职据报，当令各团跟踪经麦川向神林方向追击。后又据报：该匪未渡河者向西窜逃，因被我骑五师截击，折回西北神林方向，又合为一股，经龙王庙沟、水藏寺、半截沟、石盘逃窜。是晚第二二九团第二营到达张庄、田庄、杨庄附近，第二三零团到达钧张、火烧沟附近，骑兵团到聚河庄、小马庄、徐良庄附近，旅部及第二二九团第一营到横山马。计在古石滩、下马附近之役，被我骑兵团毙匪二十七名，第二三零团毙匪二十二名，共获步枪二支，手枪一支。

又据李师长报告：今日拂晓，闻拐河正东机枪声甚烈，据报我骑兵团正与匪激战。同时又据报匪已抵拐河东十里许之毛庄，早八时闻断续枪声，渐次向北移动，当令在拐河北山之第三团二、三两连注意堵截，未久匪果窜至，遂即与之接触。此时又接方城二二九团第二营长电话：谓一一五旅及骑兵团已与匪接触，匪全部由古石滩西方向西北山沟中逃窜，请堵截等语。职接电话后，遂率直属部队及第三团一、四、机、迫连，即刻向拐河北方出发，与第三团二、三连连络，在纸房沟、果木园附近与匪接触，惟因时机稍迟，未能迎头截击，但能击其侧面，以致匪一面抵抗，一面西窜。激战至十一时，毙匪二十余人，获枪二支。我伤马一匹。斯时我一一五旅已赶到，当与连络。我一一五旅仍跟踪追击，师长遂集合部队，由匪退道路左侧，经核桃园向神林急进，拟绕出匪前迎头截击，并将企图通报一一五旅长。至下午二时，我师先头到达核桃园西北交界岭，与匪掩护队遭遇，同时驻马沟方面我军步兵亦与匪接触，激战约二小时，毙匪约十余人，获枪七支。我师伤兵一名。匪续向西窜，职师跟踪追击至神林，匪已窜入龙王沟。因天气已晚，未便深追，遂在神林宿营，并将以上情形通报刘旅长。

二十九日，职据以上各报告，匪之企图终以西窜为目的，遂又令一一六旅李旅长云通由南召速率队开往马石坪、李青店西北一带堵截，防其向西南逃窜，并令该旅二三二团第二营仍在南召堵截（斯时此营已令由大石桥进驻南召县城），防其西窜。并给与刘旅长命令要旨如下：友军规定界线以横山马、麦川、金斗洞、交口、下汤、中汤、赵村、二郎庙之线，以北归友军裴支队，以南统归本军，循路线区追剿，如遇匪接触，即极力设法歼灭之。

据刘旅长报告：奉到命令后，除通报骑五师外，并令各部于早六时出发，跟寻匪踪，向交口方向追击，因山路崎岖，下午三时始抵交口。据报本日拂晓，匪由熊背街向西逃窜，并在下汤与鲁山团队接触，友军裴支队正由鲁山西进中。职遂令各部在以下地点停止：1. 旅部及第二二九团在交口及以北黄土岭、月明石一带。2. 第二百三十团在康庄、葛庄、均村一带。3. 骑兵团在横雨河、雁门、向堂沟一带。

又据李师长报告：职接到刘旅长通报转来军部命令，即向交口追击前进，到达交口南之交界四十里铺，据报匪已经熊背街窜向下汤方向。

三十日，据刘旅长报告：本日迭据鲁山方面电话报告：匪由该县团队及裴支队堵击追剿，已向中汤、二郎庙方向窜去。

职据报后，遂即令骑兵李师长经熊背街、菩萨街向下汤追击。

旋据李师长报告：职师奉令后，即于下午四时到达下汤，据报匪已西窜至赵村以西。是日裴支队宿营于中汤附近，继又据报匪已越二郎庙西窜。

十二月一日，职因匪已窜至鲁山以西，即入嵩县境，有上官总指挥云相所属各支队在后尾追，故令各部暂在原地待命。嗣后奉委座支戌电令停止追击命令后，职即命令各部由现地即行开回原防。

〔国民党政府军事机关档案〕

2. 国民党军第六十师陈沛部在豫陕边境追堵红二十五军北上作战详报

（1934年11—12月）

陆军第六十师余家河之役战斗详报

其一　堵剿前之情形

本师于十一月二十日深夜二时于开封防次，奉驻豫特派绥靖主任刘参字七三六号命令开：顷奉总司令蒋、副总司令张智午参电节开：现赤匪伪二十五军由信阳桐柏西窜，希即令第六十师全部即日用火车输送到灵宝下车，经卢氏前往朱阳关堵剿，毋任该匪窜陕等因。仰该师长即便遵照办理。该师所需车辆，本署已电陇海路钱局长照拨。至该师原任郑州警备及道口、五陵等处防务，本署已令第九十五师派兵一团前往分别接替。此令。等因。奉此。遵即全部动员，于十一月廿一日准备完毕，廿二日开始铁道输送，廿四日全部到达灵宝集中完毕，二十五日到达川口附近，廿六日因雨雪山高路滑，乃中途停驻于南朝坡附近，廿七日进至官道口，廿八日到达卢氏，廿九日在卢氏休息并侦察匪情，卅日进抵张家村，于十二月一日到达朱阳关，自卢、宝至朱阳关，共计行程二百二十里，时残匪伪二十五军已窜至鲁山县属之熊背、交口，似有西窜入陕之模样。

其二　堵剿部署（附要图）及经过〔图略〕

本师进抵朱阳关后，即实地侦察，扼要堵剿，选定耳城子——桐树上——祖师庙——汤坪——西建北沟——朱阳关——黄沙镇之线配备兵力，切实堵截，并颁发堵剿计划（另附）及下命令，其要旨如下：

一、顷奉豫绥署卅未电开：伪二十五军残匪已窜至鲁山以西之中汤、下汤一带，正向西继续逃窜中，确有经嵩伊以南地区窜卢入陕之企图。我第四十军及上官总指挥各部队正跟进中，郝军长部队正向嵩伊前进中。

二、师以堵剿残匪之目的，选定耳城子——祖师庙——汤坪——西建北沟——朱阳关——黄沙镇之线，扼要堵截，待机迎击，而歼灭之。

三、堵剿部署如下：

1．耳城子——桐树上——祖师庙——汤河（含）之线为左翼堵剿区，着三五五团担任，构筑据点工事，扼要堵剿，主力位置于黄坪（图上黄虎坪），以一营扼守桐树上、耳城子附近，左与卢氏县第四区壮丁队，右与我三六〇团切取连络。

2．汤河——两道义——卫王坪——卫王沟——西建北沟（不含)之线为中央堵剿区，着三六〇团担任，构筑据点工事，扼要堵剿，主力位置于卫王坪，左与三五五团右与三五七团切取连络。

3．西建北沟（含）——杜家店——朱阳关——黄沙镇之线为右翼堵剿区，着三五七团担任，构筑据点工事，扼要堵剿，主力位置于朱阳关，左与我三六〇团右与卢氏县第三区壮丁队及别廷芳部切取连络。

4．师直属队集结汤坪附近，为总预备队。

四、作战境界如下：

三五五团／葛里坪——竹林谷口——南山峪——耳城子
三五五团＼白花寺——州河——铁满沟——汤河——无名沟
三六〇团／
线上属三五五团
三六〇团＼
三五七团／西望沟——东建北沟——西建北沟——温6。
三五七团＼葡萄沟——黄沙镇——红茅慢——朱把沟——月子沟
线上属三五七团

五、侦探之派遣：各团务派便衣侦探协同地方团队在各该堵剿区之前面五十里搜索匪情具报，十二月二日部署完毕。各部队均遵令赴各堵剿区配备兵力，构筑据点工事，派遣远方侦探。本部为慎重堵剿起见，当日专电卢氏何县长，电文如下：

据确报，匪由鲁山以西地区继续西窜，确有经卢氏入陕企图。自老尖岭以南，本部妥为严密部署，惟自老尖岭至卢氏及以北地区及栾川通卢氏道路，请派得力团队切实扼守，并于百里以外探听匪情，随时报告本部为要。

三日接何县长匪情报告一件如下：

顷接本县第二区长报告：赤匪二千余人，王有股匪闻亦在内，现已窜至栾川正东方之一行树、厥村、下汤、二郎庙一带盘踞等情。祈请注意防范为荷。据此，当即转饬所属加意防范，及远出侦探匪情。比复一函如下：

来信收悉。已饬属注意防范矣。七寸沟至卢氏及卢氏至栾川、卢氏以北地区，请派队切实扼守，并将所得匪情，随时电告本部为要。寸沟以南已妥为配备。此复。

本师以严密阵线 防匪突窜。于三日复下命令，其要旨如下：

一、残匪于二十九日已窜至栾川以东一百里之一行树附近，预计今日或明日可到我堵剿线，各部务切实准备迎头痛击，一举而歼灭之。

二、师以严密阵线防匪突窜，限于本（三）日晚，增强据点工事及密为配备，以臻稳扎稳打之原则，勿得疏忽为要。

三、团营连各级兵力配备，务将主力集结，以作机动迎击之姿势。

四、警戒务须特别严密，各团营连之间，均须切实连络，毋留空隙，于夜间派出官长巡查警戒线为要。

五、各团务派出潜伏侦探若干组（按地形），于各堵剿线之前方搜索匪情。

四日所得各方匪情综合如下：

1. 何县长电话称：残匪已于昨（三）日午后四时许窜抵栾川，有向朱阳关逃窜模样。

2. 据黄沙镇探报，本日午后四时，匪已窜至陶湾。

3. 据探报，匪已绕过栾川，窜抵栾川以西之西河（图上伊河）。

4. 据本部官长侦探报告，栾川附近有匪二千余停止，警戒。

基以上情况，严令各部侦探匪情之窜向，以便迎击之。并遵绥署主任刘电令，派兵一连进驻卢氏县城，协同城内团队维持城防，以安民心，复令三五五团派驻耳城子之第三营，克日推进戴沟口附近，严密堵截及活动匪情。

五日所得各方匪情综合如下：

1. 上午十一时，据本官长坐探回称：昨晚匪之一部到叫河宿营。

2. 上午十一时十分，据三六〇团报称：卫王坪前面小河街之民众向我阵地逃避，云匪向朱阳关方向前进。

又据探报：叫河之匪于本日午前九时已回窜栾川附近。

3. 据土民云：匪三千余人，昨晚在叫河宿营，盘据两旁高山警戒。

基以上情况之出入，判断残匪知我方堵剿严密，未易逃窜，故徘徊于叫河附近，折向何方逃窜，不易判定。为确实明了匪情，以便迎击计，当于本日上午十一时三十分，分派师侦探连全部协同当地团警侦探，向叫河方面威力侦察匪情，限当晚回报，以便迎击。于本（五）日午后九时三十分，据侦探连回报，昨日盘据叫河之匪二千余人，确于本晨向东北文峪方向窜去。职基此情况判断，匪决向卢氏城北或卢氏城南地区逃窜。当即决心令左堵剿区三五五团全部向烟雾岭、戴家沟、龙潭沟轻装兼程前进截击，余集结汤河附近待命。当晚下达命令，其要旨下：

一、昨盘踞叫河之匪伪二十五军，今（五）晨由叫河向东北文峪方向移动，有向卢氏城北或城南地区窜逃模样。我上官总指挥各追剿纵队继续紧追中，欧阳专员所率团队正向卢氏东北地区前进中。

二、师以跟踪追剿该匪之目的，全部沿三五五团前进路跟进。

三、第三五七团（欠一营）于明（六）日拂晓出发，经祖师店——桐树上——耳城子——龙潭沟前进，与我追击先头三五五团取连络。

四、师直属部队及三六〇团跟三五七团前进。

五、三五五团务兼程猛追，以期一鼓扑灭之。

六日上午九时，据三五五团丘团长报告：匪昨日向大石坪、文峪乘夜经卢氏城南门外沿洛坪窜过，当即令三五五团兼程猛追，以免远飏。卢氏城团队固守城防，未敢出击，诚憾事也。

其三　追击经过

甲　行动

残匪阮乘隙经卢氏西窜，职为竟堵剿全功，决猛力急追而歼灭之。六日上午十时命令要旨如下：

一、匪情如贵官所知。

二、三五五团经青山岭根、马家窑跟踪追击前进。

三、师直属部队、三五七团循三五五团前进路跟进。

四、三六〇团今即在汤河待命。

六日午后九时，我三五五团追至旺涧，师直属部队抵马家窑，三五七团抵马庄河宿营。综合当日匪情如下：

残匪二千余，昨晚弥夜经卢氏城南沿洛河西窜，天明已退过完毕，甚为狼狈，惊惶不堪。本六日在龙驹休息弄饭，当晚在龙驹以西地区宿营。

六日午后十一时下达续行追击命令，其要旨下：

一、残匪伪二十五军二千余人，五日夜到达文峪小停，即彻夜经卢氏城南沿洛河向龙驹窜逃，至本日拂晓完全窜尽，状甚狼狈。

二、师以歼灭该匪之目的，拟于明（七）日续向龙驹、黑沟猛追前进。

三、三五五团为前卫，于七日午前六时由旺涧出发，经冠家湾、望雪庵、徐家湾、淤泥河口、龙驹、磨沟口追击前进，到达黑沟以西地区宿营，严密配备警戒。派出轻装一营及侦探队，由中校团附指挥，兼程猛进，以期追及、抑留残匪，以便主力赶到扑灭之。

四、师部直属队于午前六时卅分，由马家窑出发，经望雪庵循前卫道路跟进，到达后，即在该处附近宿营。三五七团午前六时，由马庄河出发，经青山岭根、马家窑在部直属队后跟进，到达龙驹宿营，严密配备警戒。

五、三六〇团午前六时由汤河出发，经熊直岭、龙潭沟、七寸沟，到达旺涧宿营，严密警戒。

七日晚各部队均追至目的地宿营。综合各方匪情如下：

1．三五五团报告：匪昨晚宿黑沟，今晨继向西窜。

2．据龙驹当地之土民报称：匪二千余人，枪八九百支，昨(六)日下午经此西窜，匪多青年，佩手枪，惟弹甚少，声称走四川去云云。

七日晚下达续行追击命令，其要旨如下：

一、残匪伪二十五军约二千余人，枪八九百，衣履破烂，于昨（六）晨由卢氏窜到龙驹，至午后三时复窜到黑沟附近，推测今日匪踪，必在官坡附近宿营。

二、师以追及该匪之目的，拟于明（八）日由龙驹经黑沟、官坡追击猛进。

三、追击部署如下：

1．三五五团于八日午前六时由黑沟出发，经徐家湾到达官坡宿营，并切实侦察匪之退向，该团到宿营地后，严密配备警戒。

2．师部直属部队、三五七团于午前六时三十分由龙驹出发，经黑沟到达徐家湾宿营，宿营地警戒由三五七团担任。

3．三六〇团于午前六时卅分由旺涧出发，经瓦翁沟、淤泥河、野鸟岭、龙驹到达黑沟宿营，自行配备警戒。

八日午后十时三十分，师部进抵黑沟，据土民报称：匪沿途怨声载道，脚多肿烂，且均无棉衣，形态精神均异常疲惫云云。

基以上情形判断，匪疲惫必信于我毫无疑义，尽一日猛追之力，必可追及残匪而歼灭之。乃在黑沟途中下命各部队兼程前进，命令要旨如下：

一、残匪被我连日追击，精疲力竭，疲惫不堪。师以猛追该匪而扑灭之目的，更定追击部署如下：

1．三五五团本（八）晚追至兰草，轻装之一部，以本(八)日追及残匪为目的，务星夜兼程猛追，并随时侦察匪情具报为要。

2．师部直属队、三五七团，本晚进至官坡宿营。

3．三六〇团本晚推进至徐家湾宿营。

本（八）日各部队均兼程猛追，到达目的地宿营，计行程一百一十里，沿途所得匪情报告如下：

1．残匪昨晚经官坡向兰草逃窜，昨晚似在兰草以西地区宿营。

2．午后四时三十分，三五五团报告：残匪本日经箭竿岭向鸡头关逃窜。据土民报称：现与杨虎臣部队发生激战中，结果未知。

职按上情况，决心猛追，期与陕友军共收前后夹击之效。故八日晚之追击命令之要旨如下：

一、残匪本晨由箭竿岭经鸡头关逃窜，在黄家村（即三要司）附近为我陕友军截击中。

二、师以急追歼灭该匪之目的，决明（九）日继续跟踪猛追，经箭竿岭、鸡头关、黄家村（三要司）向古城追击前进。

三、追击部署如下：

1．三五五团午前六时出发，按指定路线前进，到达寺坡街附近宿营，但该团轻装队务追至古城附近，并注意匪之退窜方向，务切实跟踪追击为要。

2．师部直属队、三五七团于午前六时出发，到达黄家村附近（三要司）宿营。

3．三六〇团午前六时由徐家湾出发，经木沟、兰草、下河到达鸡头关附近宿营，该团行进时，务搜索匪情，随时派员向师部联络。

九日午后一时，于鸡头关附近途中接得三五五团报告如下：

一、职团刻追抵黄家村（三要司）。

二、残匪昨（八）晚窜到黄家村，与驻军四二师二四八团接战，该团损失甚大，被匪缴械一营，余向古城退却，匪于本（九）晨折向西南大山逃窜。

当令该团继续切实侦确匪情，转向西南跟踪追击，毋任逃逸为要。惟查三要司西南崇山峻岭，重叠连绵，高耸云霄，且道路复杂，不易通过，百姓逃避一空，匪踪不明，故该团是晚乃追至距三要司西南十余里之河家村宿营，其余部队则均到达目的地宿营。

昨（八）日晚如友军堵截确实，稍能支持，今午职师赶到，即收夹攻之效，匪难脱逃，不料反壮匪之气，资匪以械，诚属可悲。但影响追击，莫此为甚，深觉惋惜耳。

乙 战斗（附要图三份）〔图略〕

九日晚职以匪既向西南逃窜，即详侦匪之去路，继续追击。综合各情况，断匪必取核桃坪、余家河向龙驹寨逃窜。乃决定部署取捷径追击，毋任逃逸。当晚命令之要旨如下：

一、残匪于今（九）日晨由三要司转向西南经雪家、泥岭、核桃坪、余家河逃窜。

二、师以跟踪追击歼灭该匪之目的，拟于明（十）日转向余家河追击前进。

1. 三六〇团为前卫，于十日午前七时由鸡头关出发，经北路头——核桃坪——龙古奶向余家河严密搜索追击前进，到达余家河宿营，严密警戒，并派轻装一部兼程前进。

2. 三五七团于午前七时由黄家村出发，经大石河、鸡头关，到达鸡头关后循前卫经路向余家河前进，到达余家河宿营。

3. 师部直属队于午前七时由黄家村出发，经大石河、鸡头关，到鸡头关后在三五七团直复前进，到达余家河宿营。

4. 三五五团于午前七时由何家川出发，经大石河至鸡头关，到达鸡头关后，在师部直属队后跟进，到达核桃坪宿营。

十日照部署向余家河前进，已令前卫严密搜索，预计是日决可追及残匪，沿途经过两侧山脊，均务派兵搜索，如遇险要峰隘，并派队警戒，互相交替前进，本部并派参谋一员随前卫团行进，以资连络。午后二时三十分，师部先头进抵北路头附近，忽得三五七团团长报告如下：

据派往接替三六〇团路侧高山之警戒兵报称：顷闻我三六〇团与匪接战，前方枪声甚密等语。据此情况，即令各部队加快行军速度赶进外，当即率参谋长等先行驰往，亲察情况，令师附率师部直属部队在三五七团后跟进，奈道路险阻，山岭纵横错杂，故奔驰一小时始超越三五七团到达核桃坪附近时，三六〇团之传达传递报告于途中：

一、午后二时报告称：职团本日向余家河搜索前进，于距余家河三里之北端南头山，匪企图欲向我腰击，现正激战中等语。

二、午后二时三十分报告称：1．同前。2．匪大部向左翼迂回，一部据山顽抗，并构筑阵地等语。

职得报告情况，乃一面令三六〇团沉着应战，并抑留当面之匪，待主力赶到而扑灭之；一面令师部直属部队、三五五团即在核桃坪集结待命，并令三五五团派一部向西北警戒，与三六〇团右翼相取连络，注意向三六〇团右翼迂回之匪，职乃于核桃坪亲率三五七团轻装赶到南头山脚，即令三五七团停止于山脚待命，职亲至三六〇团阵地观察匪我阵势，其时已午后〇三十分进抵龙古奶附近，即见土民扶老携幼纷纷逃避，叩以故，乃告以有匪约二三千现在余家河，并在两侧山上。同时前卫营长及便衣探均先后报告上情。当即妥为部署，严密搜索前进。迨午后一时三十分进抵余家河北端之南头山附近，与匪接触，并发现余家河西北高山一带险要，均有匪之大部占领，是时即占领阵地掩护后续部队之展开，令前卫（第一营）毅然攻击，时匪众施其惯技，摇旗呐喊，满山满谷，势声凶猛，经再三奋勇冲击，卒被我摧破占领，我第二营之一部亦同时占领左翼高地，予匪以交叉火力，我迫击炮亦集中轰击，于是匪众感火力之压迫，不复如昔时之凶猛矣。但仍狡计百出，一面向我正面反攻，复以一部向我右翼移动，又发现一部向左翼增加。斯时也，我官兵益加奋勇，再接再厉，忽战几一时，残匪卒不得逞，而匪众之精锐此时亦死伤累累矣。然终不惜孤注一掷，图最后之挣扎，现复以大部向我右翼迂回，其时该团知职已率三五七团赶到，士气益振，欲全力冲出而歼灭之。我睹此实情，即令三六〇团固守原阵地，抑留当面之敌，令三五七团越南头山东侧，取小道向匪之右侧抄袭（余家河东南），匪受巨创，其势难支，即纷向南头山以西狼狈溃窜，当令三五七团全力压逼前进，并令三六〇团阵线之各部乘势出击，尽夺其阵地，而斩获尤多。惟时已午后六时，天色黑暗，雨雪纷飞，故令三五七团相继追击至余家河西北地区，次日天明再计穷追。

当（十）日晚七时下达命令，其要旨如下：

一、残匪今（十）日午后一时占领余家河北端一带阵地顽强抵抗，经我猛击抄袭，于午后六时向南头山以西败窜，匪伤亡甚众，我三五七团正在猛追中。

二、师今（十）晚决在余家河东端原阵地严密警戒，俟明（十一）日即跟踪穷追，以扑灭之。

三、各部队位置：

1．三五七团相机追击至余家河以西地区即停止，占领阵地，严密警戒，务探明匪踪，以便明晨穷追而扑灭之。

2．三六〇团仍在原阵地警戒，并派员与三五七团取连络。

3．三五五团即在核桃坪宿营，该团派出对西北警戒之一部，务与三六〇团右翼切取连络。

4．师部直属队在核桃坪宿营。

四、三五七团、三六〇团两团阵地务严密警戒，防匪复回夜袭，并互相取连络及星夜清理战场，切实具报。

五、余在三六〇团阵地左翼山麓独立房屋。

十一日午前二时据各团清理战场检点伤亡、掳获及武器弹药损耗如（附表第乙至第三）及据俘匪供称：与我接战之匪系伪二十五军之二十五师，近由七四、七五两师合并而成，人数尚有二千余，惟弹药甚少。前日在黄家村与陕军接战，获枪械甚多（以我追击猛烈，步枪不及携运，乃焚毁之），故昨日始有子弹及手榴弹，再三反攻。匪首伪军长程之华、伪副军长徐海东、政委吴焕先均在余家河督战，并云：此次敢与中央军应战，因战胜四十二师二四八团之余气所致，不然，即向龙驹寨退去云云。

〔国民党政府军事机关档案〕

3．国民党军第四十二师冯钦哉部与红二十五军在陕西境内战斗军事报告书

（1935年1—3月）

一、一月份军事报告书

（一）匪情

一、陕南匪情：自去年十二月初，徐海东股窜陕西商雒以来，烧杀抢劫，到处流窜，扰害地方，不堪言状。兹将陕西各方匪情述之于下：

1．东日据商县电话称：徐匪业已到达商县东北，似有西窜出山之势。

2．西安绥署真申参电开，据安康唐旅长蒸未电称：赤匪于佳日午后到镇安，苏县长抵抗不支，退守该县西区。

3．据确报，养日以来，徐匪分两段逃窜，其大部向镇安方面窜扰，一小部分向柞水县属窜去。

4．据景建业团长陷日报称：徐匪现向蔡玉窑逃窜，一股分向柞水扰乱云。

5．据世日确报，匪大部刻在蔡玉窑逃窜南端高地有匪步哨发现，并有构筑工事之模样。

二、陕北匪情：陕北赤匪以陕甘边区为根据，常窜扰绥德、清涧、安塞、神术、府谷等县。兹略述于下：

1．奉绥署真电开：查陕西匪患，以绥德、安塞、神府为最烈，

而以南梁堡为根据地，常在陕甘宁交界一带出没。

2．据武旅长筱西电称：延川、永坪附近常有赤匪窜扰，鄜县西南之张村驿一带，亦有赤匪二百余人骚扰。

3．据武旅长回午电称：顷据王团长宏业电称：据延长县府函称：近来匪亦猖獗，民团高团长善亭带队赴乡游击，遇匪二百余人，以众寡不敌，被匪抢去枪支二十余支，高团长、刘队长同时被俘。继又有匪三四百猛攻延水关，经我任连长奋力堵击，激战六七小时，毙匪数十名，余匪溃窜至距该关十里之郭家窑，有反攻之企图，我驻延川之张连长已闻讯驰援。

4．奉绥署漾参电开：顷据淳化秦县长号代电称：该县通润镇接连匪区，为赤匪出没要冲，原有驻军他调，请派队镇摄。

5．奉绥署感午参电开：查刘子丹股匪，乘我陕甘边区长武一带防务空虚之际，骑匪百余名，竟于养晨攻占长武县城，幸该保卫团得力，于极短期间将匪击退，县城危而复安等因。

（二）作战命令

一、冬戌电令潼关薛团长如兰率部集中渭南待命，其要旨如下：

（一）顷接商县电话称：徐匪海东业窜至商县东北，似有西窜出山之势等语。（二）着该团长率所率第二、三两营及大荔展久哉营、骑兵连、工兵一连，均限江日开抵渭南集中待命。（三）各部到达后，均归该团长指挥，除令此间部队遵照外，仰即遵照为要。

二、寒巳电令肤施武旅长士敏及三原王团长克敬开赴省垣协防，要旨如下：

顷奉绥署真申电开：顷据安康唐旅长蒸未电称：赤匪于佳日午后到镇安，苏县长抵抗不支，退守该县西区等语。查该匪现已窜据镇安，省防兵力单薄，深堪顾虑。刻已电令孙团长铺臣，由邠县派兵两连接替栒邑防务，着吴仲华营开回三原接防，以便抽调王克敬团即日来省协防，并速饬武旅长士敏，即将肤施等三县防务留兵一营，准备向高师交防，即日将其余部队开回洛川，留王宏业团部署洛川一带防务，该旅长即率行团移驻三原待命为要。等因。仰该旅团长遵照为要。

三、□午电令洛川武旅长、三原王克敬团长，另行分配防务，要旨如下：

顷奉绥署感午电开：查刘子丹股匪，乘我陕甘边区长武一带防务空虚之际，骑匪百余名，竟于养晨攻占长武县城，幸该团保安团得力，于极短时间将匪击追，县城危而复安。除已令驻邠县特一团杨复震营派兵一连于当日开赴长武追剿该匪外，兹将该师驻渭北一带防务另行分配，俾资策应，而防意外。(一)武旅长士敏率王勤轩团，仍分防洛川一带，并以一部分驻鄜县之黑水寺。(二)行团长海亭即率所部开赴耀县一带，并担任宜君中部各县防务。(三)王克敬团仍驻三原，但应由该团派兵一营，担任淳化、栒邑各县防务，三原、耀县必须控制相当兵力，以资调用。(四)前由邠县杨复震营派往栒邑之部队，俟接防部队到达后，着仍开回邠县，归还建制。除分电孙团长铺丞知照外，仰即遵照具报为要。等因。仰该旅团遵照办理具报为要。

(三)军队调遣

一月份本师在陕南剿匪及陕北布防各部队调遣大概情形如次：

一、陕南剿匪部队计第一二六旅旅部及第二五一团第一营、第二五二团（缺第一营)、第二四八团（缺第一营)，在雒南、商县、山阳、镇安等县境内堵剿徐匪。

二、陕北驻防部队计洛川第一二四旅旅部、第二四七团第二营，中部宜君、宜川之第二四七团（缺第二营)，肤施、延川、甘泉、鄜县、安塞之第二四九团，三原、栒邑、耀县之第二五〇团。陕北部队原奉令集中三原、西安一带，后以防区辽阔，接防部队亦未到达，故稍南移后，仍留驻原防待命。

三、驻潼关之第二五一团（缺第一营）及驻大荔之第二五〇团第一营、骑兵连、工兵连，均于江日前后集中渭南待命。

四、其余各部分驻大荔、潼关两处，师部仍驻大荔，拟于蓝田设行营，俾便指挥陕南剿匪事宜。

(四)剿匪战斗经过

第一二四旅第二四九团第一营三连，于本月十三日在延水关剿匪经过详情如下：

据武旅长士敏报称：案据第二四九团团长王宏业转据第一营营长黄维华报称：本营第三连连长任滋润于本月十二日晚十二时，探悉距延水关三十里之郝家集村时有枪声，当于十三日拂晓派连附振邦带兵两排，向郝家集村一带游击，适有匪七八十名盘踞山头，苏连附率队向匪攻击，该匪顽强抵抗，激战四小时，始不支，狼狈逃窜。是役击毙伪队长刘郎一名，生擒伪队长郝成明一名，夺回肉票刘文义等数名。我方官兵约无伤亡，消耗弹药另报等情。谨闻。

二、二月份军事报告书

(一)匪情

一、陕西方面：徐匪海东部分股窜扰镇安、柞水、宁陕、山阳各县属村镇，残杀掳掠，无所不至。察其行动，似有待我军疲劳乘隙西进之模样。但中旬以后，复有南窜郧西之企图，旋又回窜，飘忽无定。兹将本月份窜扰情况，略述如下：

1．据柳旅长冬戌电称：职于今日傍晚到达凤凰咀，据景团伤兵面称：该团昨午行抵蔡家川与匪遭遇，猝未曾防，略有损失。职为重兵行李拖累，不能夜行，先命薛团长率步兵六连即行往援，职于明晨即向该匪进击不误。

2．据柳师长江酉电称：职于申刻抵蔡玉窑，张旅长飞生亦于昨日到此。据景团长报告：昨日巳刻战事结束，匪经曹家坪向红岩寺方向窜去。职团只死伤四五十人，我刘团损失较大，正在收容。匪死伤八九十名。查红岩寺地当要冲，南可通凤凰咀，镇安东可通商县，北可向蓝田。职拟明日向红岩寺跟踪追击，与张旅连络，刻张旅向凤凰咀截击矣。

3．据柳旅长支酉电称：职于傍晚率队追击曹家坪，张旅长今晚宿营凤凰咀。据探报匪已窜往葛牌镇，有攻打该地民团之企图，一小部窜红岩寺，似有向葛牌镇合股，并窜扰关中之企图。职决于明晨向葛牌追击该匪，请转饬曹团由蓝田方向截击。

4．微日据探报，匪主力确于支午窜至葛牌镇，并有百余人曾窜扰牧获关，因我曹团到达，始逸去。

5．据柳旅微未电闻：职今午追匪至葛牌镇之九间房附近，经我第一次攻击，匪已向文公岭北方退去，现匪调来大部，向我猛攻反攻多次，均被击退。时值天黑，我刻在文公岭、谢家河一带布防，决于明晨向匪猛攻。

6．据柳旅长鱼辰电开：职于昨晚在九间房与匪激战，迄晚大雪，遂暂时停止攻击。因双方死命相拼，故伤亡均大。刻大雪仍不停止，路滑，各据险死守，如能火速派兵夹击，当能于短期歼灭该匪。惟骑兵及重兵器不适，职部即为辎重及重兵器所累，拟于相当地点将骡马等安置后方，与匪相拚。请饬王克敬团轻装多带子弹炸弹，即开前方可也。

7．据报匪有由葛牌镇南窜之企图。

8．据柳旅长虞电称：此间雪厚尺许，刻仍与匪相持，张飞生拟今日赴凤凰咀截击。

9．据确报，匪于虞晨大部经东岳庙窜至杨家斜，现我柳旅长与张汉民团连络，拟佳日即向杨家斜前进。

10．据确报，真日匪窜至阎家坪一带，我军正在整顿，拟即继续穷追云。

11．据确报，皓日匪在米粮川、大新川一带，柳旅到达肖家台，张飞生旅在铁厂铺，张汉民部在汤家河，现正进击中。

12．据柳旅长号申电称：连日山行，诸多滞碍，昨在杜家沟西击散土共阮英臣股二百余人，当场击毙数名。今日大雨，行进困难，今晚宿营石王沟、霍家台一带。徐匪大部现一庶天门、鄜西一带。职决于明早向大坪前进，跟踪追击。

13．梗日据确报匪现在双河口、柞水一带，余部在大新川附近，有窜鄜西企图。

14．据柳旅长梗戌电称：据探报徐匪大部于马晚由四峡口经荚坪回窜，昨晚宿营草家川，现向小河方向窜去。又上下茅坪、坎子山一带，则为阮开科股匪数百人，诱惑扰乱云。

15．据柳旅长回巳电称：徐匪大部由峡口经草家川向小河口方向回窜，刻正部署堵剿。

16．据有日确报，匪已窜至两河关，其土共阮开科股数百人，扰乱上下茅坪。

17．据柳旅长宥亥电称：据探报徐匪已窜莱家坪、任河口各处。职部现在铁厂铺一带。

二、陕北方面：陕北赤匪因部队南移，防军兵单，常乘机骚动，日来更益猖獗，地方团队不足镇摄，各处请兵派队者日必有之。兹约略述于下：

1．据武旅长冬午电称：准宜川县长窦彤丞代电开：查现值匪共猖獗之际，驰突侵轶，在在堪虞。宜川地面辽阔，县城低矮，加之保卫团实力单薄，补苴罅漏，配备困难，设县城内再无正式部队驻防镇摄，殊觉危险至极。因之官绅等会商，佥谓在此情势之下，千钧一发，追悔莫及。为思患预防计，仍请大部酌派部队驻防，则受赐无穷矣。

2．据武旅长寝酉电称：驻防龙坊之王宏业团第五连突被匪包围，职饬马营长及刘团附两路赴援。顷据马营长由龙坊报称：今晨五时有赤匪三百余名，猛攻龙坊，激战二小时，匪向北逃窜，第五连阎连长炳甲派一二两排出击，复遭赤匪步兵八百余包围，激战三小时，杨、胡两排长均阵亡，士兵阵亡二十余名。等情。除已令该驰援部队跟踪追击外。谨闻。

3. 据武旅长删未电称：寒报匪数未确，顷据探报，昨至龙坊之匪，骑兵仅三四百名。刻马营长会同刘团附所率部队正跟踪追击中。

4. 奉绥署参铣电开：据确报陇东贾梁股有回窜陕西企图，仰即令饬陕北所属各部队注意预防为要。

5. 据武旅长皓午电称：顷据刘团附禹干报称：匪已由双柳树西南窜向耀县等情。职令该团附率部协同中部民团夏副团长赴焦家坪一带兜剿中。

6. 据武旅长巧巳电称：顷据马营长、刘团附报称：职等率队追击该匪至河寨，复至双柳树一带，匪闻风远飏，据土人云，刻已窜入甘境等情。

7. 奉绥署皓参电开：顷据井师长松生铣电称：顷据马师长寅寒电开：本师于文日动员，将庆阳、合水各贼即解决三分之一，王匪安良有击毙说，馀孽向东北逃窜，正在追击中等情。查该匪窜向东北定边、安、鄜、洛等县西边，不惟各该县横遭蹂躏，恐与刘、谢等股一旦联合，则匪势一张，陕北前途更要吃紧。除饬职师各部队并电高师一体严密堵截免窜陕境外，祈转饬武旅严防等情。仰即转该旅严密堵防为要。

8. 奉绥署参号电开：顷据中部瓮县长删代电称：寒日突由西山窜来共匪六七百名，扑至龙坊镇一带，焚掠后，退据河寨一带，属县西北双柳树、河寨一带，山深林密，为赤匪潜伏之区域，残杀焚掠，造成恐怖，请派大军彻底清剿，以靖匪源等情。

(二)作战命令

本月东日，郭附师长景唐奉命赴前方指挥南山本师剿匪各部队，因军长在蓝田行营代理主任督剿故也。南山剿匪部队为指挥便利起见，奉令编为三支队，除张志远、张汉民团两支队外，本师抽第二五〇团及第二五一团编为一支队，仍由柳旅长彦彪任支队长。自后兵力充实，指挥统一，不难于最短期间将南山赤匪一鼓歼灭。

一、虞日电令集中省垣之王克敬团，迅即开赴前方协剿。

二、筱未电令驻三原吴仲华营，即日开赴蓝田转进协剿。

三、铣西电令洛川武旅长集中三原，其要旨如下：

奉绥署删未电开：(一)查川北赤匪主力，现向西北窜扰，连陷我宁羌、沔县等县城，刻正与我军在长林、宜褒之线激战中。而徐海东股匪，又复流窜商雒一带，企图牵制我陕南后方。(二)我军为短期间内先行消灭徐海东股匪起见，拟将四十二师驻防陕北部队悉数南调，开往商雒协剿。(三)兹将陕北各县防务另行区分如下：甲、八十四师着克日将绥德、清涧、安定、吴堡四县防务，交八十六师接替后，即派队接替洛川、鄜县、宜君中部等县防务，师部驻肤施，清剿该地区赤匪。乙、四十二武士敏旅，俟将洛川、宜君、中部、鄜县等处防务交替后，着迅即集中三原待命等因。仰即遵照为要。

四、巧巳电令洛川武旅长，注意预防贾梁股匪回窜陕西，其要旨如下：

顷奉绥署参铣电开：据确报陇东贾梁股匪有回窜陕西企图，仰即令陕北部队注意预防等因。仰即饬属知照预防为要。

五、马电令武、柳旅长，嗣后派出游击部队，兵力不得过小，其要旨如下：

顷奉绥署巧参电开：查共匪行动飘忽无定，我军派出少数游击部队，常遭匪部大股袭击，尔后派出游击部队，兵力不得过小，并须多派干探详侦匪踪，以免疏虞。仰即饬属遵照。等因。仰即遵照为要。

六、养午电令武旅长，剿办中部属境赤匪要旨如下：

顷奉绥署参号电开：顷据中部瓮县长删代电报称：寒日突由西

山窜来共匪六七百名，扑至隆坊镇一带，焚掠后退据河寨一带，属县西北双柳树、河寨一带，山深林密，乃为赤匪潜伏之区，惨杀焚掠，造成恐怖，请派大军彻底清剿等情。仰即转饬县驻军严加剿办，以靖匪氛为要。仰即遵照为要。

（三）军队调遣

一、驻西安之王克敬团，于七日调往南山剿匪。

二、陕南剿匪部队，原在南山剿匪之第二四八及第二五二团，于十二日由葛牌镇调回蓝田整顿训练。

三、驻大荔之工兵营，于二十三日调驻蓝田。

四、陕北驻防之第一二四旅旅部及第二四七团、第二四九团担任鄜县以南三原以北各县防务，旅部及第二四九团团部驻洛川，第二四七团团部驻耀县。中旬以来，该旅虽奉命集中三原待命，惟接防部队俱未如期到达，以致月底尚未集中。

五、其余各部仍分驻大荔、潼关各处。

（四）剿匪战斗经过

一、二月一日，第二五二团在柞水县属之蔡玉窑剿匪战斗经过如下：

据第二五二团团长景建业报称：职率所部于一月三十一日行抵凤凰咀，据侦探报告，徐匪现分两股逃窜，其大部在蔡玉窑，一小部分向柞水窜去。正拟跟踪追击，适张旅长飞生亦率部抵此，职即与张旅长协商计划，分两路追击，双方互相策应。张旅长向柞水前进，职率部迳向蔡玉窑追击。于二月一日上午七时分途出发，第二营为前卫，经桑树坪、庙沟口向蔡玉窑方向搜索前进，其余按第一营、团部、步炮连、第三营、大行李之次序跟进。职于本日上午十二时，行抵庙沟口附近，据探报匪刻在蔡玉窑南端高地占领阵地等情。职即令前卫于马儿峡附近高地占领阵地，掩护本队展开。于二月一日下午零时三十分，在庙沟下达作战命令：（一）顷据探报匪之大部刻在蔡玉窑南端高地占领阵地中。（二）本团拟在庙沟口展开，攻击该敌。(三)前卫第二营即在马儿峡附近高山占领阵地，掩护本队展开后，即向敌之右翼攻击前进。(四)第一营即在马儿峡东端展开，向敌之正面攻击，与第二营互相策应。(五)第三营为预备队，暂在庙儿沟停止，并于后方各要处配备相当兵力，严防敌之迂回。(六)卫生队即在庙沟口东端开设，大行李均停止于庙沟口东端凹道内。(七)予在预备队。此后各部队均就攻击预备位置施行攻击前进，第二营旋将敌占领之左翼山头连夺数处，正拟向敌之主力攻击，而第一营因行动迟滞，忽受敌人右侧之奇袭，致与第二营失去联络，而官长已难掌握，士兵纷向后溃退，敌之大部即从第一营之正面猛扑，同时有三四百敌人向我后方迂回，而第三营因严防侧背，不能抽调增加前方，致二、三营均各陷于孤立地位。当时天晚雪大，敌我混乱，无法辨别，乃第二、第三营停止攻击，就各原阵地竭力防御。斯时匪分两股，一小股约六百余人，向第三营阵地猛攻，大部约千余人，则围攻第二营，双方火力极炽，幸我官兵均抱必死决心，沉着应战，匪一再猛攻，终未得逞。至翌(二)日午后二时，庙沟附近之匪受我第三营之猛攻，伤亡甚巨，陆续撤退，旋又集中全力攻我第二营阵地，企图将我各营各个击破。我第二营营长陈连城督同所部竭力抵抗，终以该匪顽强，且匪众我寡，势甚危急。职得知情形，即派团附余开纬率第三营之八、九两连，由马儿峡右翼高地增援，迂回至匪之后方，猛攻其侧背。同时我第二营向外夹击，血战二小时，匪不支，乃向曹家坪方向溃窜。时已傍晚，且我官兵激战两昼夜，疲劳过甚，后续部队尚未到达，不敢穷追，即于蔡玉窑稍时休息，藉资整顿。是役匪方伤亡伪营长二员，连排长数十员，匪众约二三百名。职团官长一员，士兵二十三名，受伤官长七员，士兵四十三名，失踪士兵四十八名。

二、二月五日，第二五一团在柞水县属之文公岭剿匪战斗经过如下：

据第二五一团薛如兰报告：二月四日在曹家坪据侦探报告：徐匪已窜至葛牌镇，有围攻该镇民团之企图。同时接到旅长命令要旨如下：(一)据捕获匪探及张旅侦探俱称：匪已窜至葛牌镇，并有攻打该镇民团之企图。我部于明（五）早仍继续向葛牌镇追击，务求歼灭该匪。(二)第二五一团为前卫，于明（五）早六时出发，经蔡谷河、河岭之庙台子、文公岭、沙马沟向葛牌镇前进。(三)经过九间房后，须严密搜索，进至距葛牌镇约十余里处，须稍停止，俟各团营整顿后，即分三路向该镇挺进。午后二时进至关帝庙，得便衣队报告，九间房左右之岭上发现匪探二十余名，向文公岭方向逃避。职即令前卫营沿左右山岭向前搜索，进至文公岭待命，第二营即时占领九间房北端高岭之阵地。于三时三十分，复据便衣队报告，匪探完全退至文公岭下之高地。同时据前卫营报称，文公岭已无匪踪，尖兵连搜索之第二高地，停止待命。旋据前卫营转据尖兵连连长万松林报称：前面二百公尺之高地，发现敌人百余名，在我军山头之下，正向我前进中。同时据沟内之土人云，葛牌镇之匪有窜杨家斜之模样。其时已闻尖兵连处枪声不息，当即报告旅长，一面依据尖兵连长报告，我踞上临下，匪低仰攻，地势甚为有利。遂下达命令如下：(一)敌情同前。(二)本团根据昨日旅长命令及当前情况，有攻击该匪之任务。(三)第三营营长宋鸣岐率七、八两连，附机关枪两挺，由现地沿文公岭东端直下攻击前进，第九连附机关枪两挺，占领文公岭西端之山头，掩护七、八连前进，第二营占领文公岭高岗阵地，步炮连连长带炮两门，在文公岭西端山头占领阵地，对文公岭东端山头之下松林射击，机枪第二连在文公岭左右占领阵地，对葛牌镇方向构成交叉火网，其余为预备队，归第一营营长指挥，位置于文公岭南山麓，大小行李在九间房附近停止。(四)予在第二营。

第三营营长宋鸣岐接到攻击命令后，即令该营附杨芳山率领第八连，沿文公岭东端山脊向该匪攻击前进，经数次猛烈射击，匪犹顽抗，该营长率第七连增加后，即行肉搏，毙匪近百名，匪势不支，向后溃退。该营长率领七、八两连乘胜追击，连占数岭。该匪以先头部队失利，继派奋勇队约两营，将我追击部队三面包围，我第三营官兵奋勇应战，第七连连长蔺振材阵亡，第八连连长万松林负重伤，官兵伤亡几半。职即令第二营营附蔺树功率五、六两连续进增援，而匪亦大增部队向我反攻，职又令第一营营长王光率领该营续进，与匪主力决战，时已薄暮，大雪纷飞，匪我相持原阵地。职以我第九连阵地过于突出，于傍晚令稍后撤至文公岭齐头西端高地，与刘营协守，并与我右翼阵地确实连络。是夜匪攻数次未逞，旋于拂晓时佯攻后，向葛牌镇、杨家斜分股逃窜。当时雪厚路滑，未便穷追，除派第一营营长指挥二、四、九三连驻守文公岭外，其余撤九间房整理。是役伤亡官兵约二百余名，匪之损失尤重云。

三、二月五日，第二四八团在柞水县属之九间房剿匪战斗经过如下：

据第二四八团团附王泽民报告：职率二、三两营随柳旅长于二月五日晨，由曹家坪向葛牌镇前进，第二五一团为前卫。职部为本部行至九间房时，前卫已发现匪情，当即展开，向匪攻击，连占数高地，旋匪大部增加，反攻甚猛，我薛团预备队全数增加前线，与匪肉搏。伊时职奉令警戒第二线，距九间房约二里许，于下午六时奉旅长命令，即时前进增加第一线文公岭阵地。职以当时情况紧急，即率二营四连先行驰援，其余部队第二营营长刘秉元率领续进，职抵九间房后，薛团长着增加于文公岭岭口右翼，职即率该连迅速进入阵地，并向两翼取连络。时因天晚昏黑，匪兵甚猛，左翼尚未取得连络，匪忽由岭口突进，分三路猛扑我阵，第四连尽被包围，职遂率四连连长张瑞符、连附白树德、士攻约一排、团部号长傅珍、随从、勤务兵、传令兵等戮力冲杀突围而出，则仅余士兵十余名。第四连连长张瑞符、连附白树德阵亡，号长傅珍、勤务兵秦海林等被俘。职率冲出士兵仍移右翼山岭负险固守，迄晚十时，匪始撤退，拂晓后匪始全部退去。是役伤亡官兵及失踪一百余员名。

四、二月十三日第一二四旅第二四九团五连在龙坊剿匪战斗经过如下：

据武旅长寒酉电称：驻龙坊之第二四九团第五连被匪包围，职已饬马营长汉林、刘团附禹干率兵分两路赴援。据马营长报称：元晨五时，有赤匪三百余猛攻龙坊，我阎连长炳甲率部与之激战二小时，匪向北逃窜，该连长派第一、二两排出击，复遇赤匪骑兵三四百名，向我五连一、二两排包围，激战三小时，杨、胡两连附阵亡，士兵阵亡二十余名，遗失手枪三支，步枪四十九支等情。除令马营长、刘团附会合兵跟踪追击务期根本歼灭外，谨闻。

三、三月份军事报告书

(一)匪情

一、陕南匪情：近自川北徐向前匪窜扰宁沔，企图攻占南郑，而商雒一带徐海东股匪更形猖獗，分合无常，到处杀掠，希造成红色恐怖，以牵制我部队之集结。兹将本月份商雒一带匪情述之于下：

1. 据柳旅长东日电称：徐匪由任河口向穆王坪一带窜扰，并有窜宁陕企图。职驻镇安铁厂铺防堵。

2. 据柳旅长冬电称：徐匪海东已由穆王坪经太山庙向关口镇窜扰，我张旅已到穆王坪，职在后跟踪追击。

3. 据柳旅长冬戌电称：据俞师铺富绅报告：昨由穆王坪窜来匪约二三百人，在距此正北三十里之大东沟、崇家沟一带，企图牵制我军追击。职本日申刻到达沙沟口、庙沟一带。

4. 据探报我部于冬日在关口子与匪接触，激战数小时，匪不支，有向石泉方向溃窜模样。匪骑约五十余人，已窜至银晞坝，距石泉北六七十里。

5．据张旅长江电称：徐匪在贾家营、勣胜两山据险设伏，我军猛攻，匪向关口镇溃窜，追击至草坝附近，该匪大部分布左右各山头，并以精锐五六百人反攻，均被击退，继续追击，草坝北方厘山、长胜寨，并分一部追击南方长山之匪，该匪不支，纷向关口镇溃窜，及我军追至关口，该匪大部向宁陕县城逃窜，其小部分向阳平街、石泉各方四散溃窜，当分队跟踪追至宁陕，该匪复向焦家沟逃窜。

6．绥署梗未参电开：综合各方情报，阮开科股匪约二百余人，阮英臣股匪约百余人，并有徐海东所派之共匪十余名从中引导赤化，鼓动游击战争。现在商县、山阳、镇安、柞水、蓝田各县边境之滑水河、大坪、小河子、海棠岭一带地区流窜中。

7．据世日探报称：徐匪以我各路进逼，有由桃江口、佛坪县北区之王家河回窜袁家庄之企图。

二、陕北匪情：陕北共匪因我军南调，防兵单薄，近复乘机蠢动，各县请兵电讯日必数起。兹将近来陕北匪情述之于下：

1．据宜君县长东代电称：现在匪情紧张，原驻军南调，隆坊、店头各驻军亦同开洛，赤匪遂猖獗，请派队接防等情。

2．据武长东巳电称：甘泉防务高师未接，前仅留第二四九团第六连驻守，以备交防。顷接该连刘连长电称：今晨三时有赤匪四五百人，突将城包围，运有云梯爬城，经连长率队勇猛拒匪，于上午六时匪未得逞，始西退五六里等语。

3．绥署巧申电开：顷据淳化县长秦养骥文代电称：昨晚十二时栒邑土桥镇被赤匪四五百名攻陷，烧杀抢掠，残酷异常。通润镇仅驻军两连，兵力仍薄弱，请派大军来淳痛剿等情。

4．绥署艳参电开：顷据军委会办公处有日通报，甘肃陇东正宁县共匪活动状况如次：(一)该匪最近集零为整，从事组织，每村组织会长一人，专事管理一村，如遇公务人员，即行报告会长，从事惨杀，倘隐瞒不报，即肇满门杀戮之祸，人民迫受淫威，均为该匪奔走，并保守秘密。此种组织，该县西南两区已整理完竣。(二)该县所属之湫头镇，距三河镇三十余里，原为该匪之巢穴。前六十一师罗营驻扎该镇，积极修筑碉楼，深掘战壕，致该镇金城汤池，巩固万分。近六十一师全部移防陇南，赤匪即以千余人驻守该镇，以为进攻退守之根据地。(三)宁县东北两区久为共匪盘踞，现赤匪又派大批便衣队向西区新庄、太昌和盛镇、蒸村等处大肆活动云。

5. 据武旅长艳午电称：顷据洛川邮局称：昨重班邮差向肤施前进，至鄜县以北六里庙地方，突来赤匪二百余人，将包裹尽行劫去等语。

(二)作战命令

一、微午电令武旅长派军迅速协同追剿赤匪，要旨如下：

顷奉绥署参一电开：据报赤匪围攻甘泉及击退等情，仰即转饬武旅派援，迅速协同追剿，早靖赤氛为要。等因。仰即遵照为要。

二、梗电令武旅长严令栒、淳驻军会同保卫团剿匪，要旨如左：

顷奉绥署巧申参电开：顷据淳化县长秦养骥文代电称：昨晚十二时栒邑土桥镇被赤匪四五百人攻陷，烧杀抢掠，残酷异常。通运镇仅驻军两连，兵力仍属薄弱，请速增大军来淳痛剿等情。仰即酌派军队增防，并严令淳、栒一带驻军会同各地保安团严剿该匪，勿得忽视为要。等因。仰即遵照办理为要。

三、宥电令武旅长就近剿办直罗寨一带赤匪，要旨于下：

顷据鄜县县长乔庭瑾寒代电称：自我黄营由县属西川开回县城后，逆匪不时攻打直罗镇子，另一股步骑数百人，进扰腹地，匪势日炽。当即会商驻军黄营，一面报请洛川武旅长计划肃清等情。仰该旅长就近剿办为要。

四、感电令商县景团长行及山阳吴营长仲华肃清各股散匪，规定围剿办法，要旨如下：

顷奉绥靖梗未参一电开：综合各方情报，阮开科股匪约二百余人及阮英臣股匪约百余人，并有徐匪所派之共匪十余名，从中指导赤化，鼓动游击战争。现在商县、山阳、镇安、柞水、蓝田各县边境之滑水河、大坪、小河子、海棠镇一带地区流窜中。本署为迅予肃清各股散匪计，兹规定围剿办法如次：(一)冯军长钦哉转饬商县驻军酌派一营，并由商县王县长选派得力团队会同军队合编一游击搜剿队，不分界域，寻匪痛击，该队即由所派之营长统一指挥之。(二)商县王县长另派团队进驻杨家斜、黑山街、下官房线扼要布防，严堵散匪东窜。(三)张旅长汉民酌派一营以上兵力，并由镇安苏县长选派得力团队，会同军队合编一游击搜剿队，不分界域，寻匪痛剿，该队即由所派之营长指挥之。(四)镇安苏县长另派团队进驻太平、米粮川、耳房街、陈家坪之线扼要堵剿，严防散匪西窜。(五)冯军长钦哉转饬山阳驻军酌派两连兵力，并由山阳惠县长选派得力团队，会同军队合编一游击搜剿队，不分界域，寻匪痛剿，该队即由所指定一连长统一指挥之。(六)山阳惠县长另派团队进驻色合辅、牛耳川、九里坪、下官房之线扼要防剿，严堵该匪向东南两方面逃窜。(七)蓝田郝县长选派得力团队进驻石门沟口、东岳庙、两河街各地扼要堵剿，严防散匪北窜。(八)柞水屈县长酌派有力团队进驻曹家坪、红岩寺、马家台各地扼要堵截，严防散匪向西北两方面逃窜。(九)以上所有各县军团，统由张旅长汉民全权指挥之。(十)各县堵剿团队布置虽指定如上，但必要时，仍应不分界域，适时协剿。(十一)注意事项：一、各军团严守剿匪纪律，违者重惩。二、确取连络，互相策应，应多派侦探，严防为匪所乘。三、各县军团剿办情形，随时就近报告张旅长，以便适时处置。四、张旅长汉民应将剿办情形每日电报本署一次。除分电外，仰即恪遵办理具报为要。等因。仰即遵照办理具报，以凭核转为要。

五、世电令洛川武旅长及耀县行团长，严防陇东共匪活动，相机剿办，要旨如下：

顷奉绥署艳参一电开：顷据军委会办公处有日通报，甘肃陇东正宁县共匪活动状况如次：一、该匪最近集零为整，从事组织，每村指派会长一人，专事管理一村，如遇公务人员即行报告会长，从事惨杀，倘隐瞒不报，即肇满门杀戮之祸，人民迫受淫威，均为该匪奔走，并保守秘密，此种组织该县西南两区已整理完竣。二、该县所属之湫头镇距三河镇三十余里，原为该匪之巢穴。前六十一师罗营驻扎该县，积极修筑碉堡，深掘战壕，致该镇金城汤池，巩固万分。近六十一师全部移防陇南，赤匪即以千余人驻守该镇，以为进攻退守之根据地。三、宁县东北两区久为共匪盘踞，现赤匪又派大批便衣队向西区新庄、太昌和盛镇、蒸村等处大肆活动等由，望即饬属注意防剿为要。等因。仰即遵照，并注意防剿为要。

（三）军队调遣

一、陕北防剿部队，本月份无甚调动。

二、陕南追剿部队，第一二六旅旅部及第二五〇团、第二五一团、第二五二团第二营，本月份进至柞水属石咀子一带，追剿徐匪。

三、第二四八团驻防商县一带。

四、师部及二五二团（缺第二营）由蓝田大荔移驻三原，其余分驻大荔、潼关、华阳一带。

（四）剿匪战斗经过

本月份陕南追剿部队与匪接触甚少，因该匪屡受重创，补充困难，极力避免战斗，到处流窜，专事赤化地方，威胁利诱民众，各处小股土匪亦乘机蠢动。

三月十一、二日，第二五〇团第二营，在山阳县属之小河口、袁家沟口剿阮英臣股匪，战斗经过如下：

一、据第二五〇团第二营营长吴仲华于三月十一、二日在山阳县属之小河口、袁家沟口剿阮英臣股匪经过报称：职营于上月奉命驻山阳县，抵防后，迭据侦探确报，山阳、柞水、镇安、商县交界地红岩寺、小河口一带发现股匪盘踞，匪首阮英臣系山阳庙沟人，聚众匪徒四百余名，枪二百余支，时在该地附近烧杀劫掠居民，近又受共匪煽惑，愈行猖獗。职闻报后，即于三月十日抽编精锐两连及该县民团一大队，统归邢连长士杰指挥，前往追剿。

二、据邢连长回报称：职奉命追剿阮匪，于十日午前七时，由山阳出发，下午一时行约六十里，距小河口十里之处，据报该匪已窜至小河口，职当派王营附分率一部，由左翼山头攻匪右侧，职率大部由沟道攻匪正面，以民团黄异烈部从右翼迂回，攻匪之背。至二时十分，与匪接触，激战二小时，匪势不支，纷向红岩寺一带逃窜，我军跟踪追击十余里，时已天晚，地形复杂，不便穷追，乃宿营该镇。是日计毙匪十余名。十一日拂晓，续向红岩寺追剿，比至袁家沟口，该匪适在该地集合匪徒，我军即行猛击，匪遂星散，窜往附近山林中。职当分向各山搜剿，据土民云，该匪受此创已鸟兽散矣。职因该处粮秣无法购买，乃率队回驻小河口，安抚民众，召集绅耆商办善后事宜，稍有头绪后，于十七日率队仍回山阳。

三、总计是役击毙伪政治员一名，伪队长一名，伪土地委员一名，匪徒四十余名，生擒四名，获得七九步枪四支，弹一百二十粒，手榴弹十七颗，以及军用品甚夥等语。

〔国民党政府军事机关档案〕

4. 国民党军第一百二十九师周福成部与红二十五军在于家河商洛镇等处战斗详报

（1935年5—6月）

五月二十九日以前本师驻防态势如附图第一。〔图略〕

五月二十九日　星期三

一、天气　晴

二、口令　失约

三、奉军艳申电令：顷奉杨主任俭戌电略开：现徐匪南窜，洛南无驻兵必要。贵军驻该县之一团，饬归还建制，防务交民团维持。等因。仰饬该团移驻灵关庙附近，清剿地方散匪，遵办具报。

四、师已决定令六八四团前往于家河、峦庄一带搜剿散匪，拟令该团前往。六八五团调回龙驹寨待命。当以电话示，复电照准。遂下达如下之命令：

命　令　五月二十九日下午六时
于龙驹寨师司令部

（一）奉军寝未电略开：徐匪海东留匪徒三十人，招商洛游民百余，枪百余支，手枪三十支，昝日袭清油河镇未遂，逃窜洛南境优岔河（图无，距峦庄约二十余里），广事宣传。仰贵师相机清剿，具报。复据师特务队探报，散敌三四百人，在峦庄亘上马石、于家河一带深山，流窜无定。

（二）贵官着率步兵两营，附师属特务队（二十名）及无线电第三分队，于本月三十一日须推进至油房街（灵官庙南十余里），会同洛南派来之保安队一分队，务于六月一日起，开始向于家河、峦庄一带地区探踪搜剿。

（三）给养尽力携带，临时可在油房街、灵官庙、留先坪、景村一带自行采购补充之。

（四）逐日到达位置、进剿情形，随时具报。

（五）予在龙驹寨师司令部。

上令

六八四团杭团长

传达法，传令送达。

师长　周福成

命　令 五月二十九日下午六时
于龙驹寨师司令部

(一)奉军艳申电：奉杨主任俭戌电略开：现徐匪南窜，洛南无驻兵必要。贵军驻该县之一团，饬归还建制，防务交民团维持，仰即遵照。

(二)贵团着遵令即日由洛南向龙驹寨前进。

(三)洛南防务即日移交保卫团接收。

(四)沿途给养采购困难，可尽量携带。

(五)行军、驻军，特别注意警戒。

(六)开拔日期、沿途宿营地点，缮具报告一份，交传令带回。

(七)予在龙驹寨师司令部。

上令

六八五团袁团长

传达法，联络员送达。

师长　周福成

五月三十日　星期四

一、天气　晴

二、口令　行为

三、据侦探报告：峦庄日前匪在该地集合约五百余人，枪械齐全，开会完毕即分散各处。峦庄亦贴匪布告，名伪豫陕游击队，司令为方声普，政委曾魁举。并在该地区宣传主义、招兵及搜缴民团枪械等事。

五月三十一日　星期五

一、天气　晴

二、口令　检恭

三、据杭团长世申电：本团世申抵油房街。据探报，匪三百人盘踞蔡川北山上，东晨即沿红同沟向蔡川进剿。

六月一日　星期六

一、天气　晴

二、口令　光明

三、奉军电令：六八五团以一营留洛南佳城防，以两营进驻三要司，防伪二十八军窜陕边。当转令遵照，并将到达时日具报。

四、据杭团长民杰东未电称：匪三四百人，世日晚东窜于家河一带。本团东午到蔡川北沟，将马龙岭匪之草棚数座烧毁。该处树木丛杂，道路崎岖，拟冬日准向于家河搜剿。当转报军。

六月二日　星期日

一、天气　晴

二、口令　忏悔

三、据杭团长冬亥电称：本团由马龙岭向于家河追剿，派特务队在本队先头前进，以资搜索，而利剿捕。于午后三时行抵于家河西南黄皮义沟内，突遇豫陕游击队约三四百名向我袭击，我特务队奋勇应战。激战二小时，我特务队长董汉卿当时阵亡，敌我伤亡奇重。复经李排长纯璞率侧卫赶到，占据山岭，奋勇援助，我尖兵第九连亦赶到围剿，匪不支，乃向东南方向马鬃岭逃去。因已日落，岭高树密，天又昏黑，展望至为困难，未便穷追。当即搜索战场。我特务队伤亡官兵十余名，匪伤亡数目约二十余名。消耗械弹数目另表呈报，战斗遂告结局。

四、师据报后，当将此役经过报军。人员伤亡械弹损失消耗(如附表第一第二)。〔表略〕

五、又据杭团长冬亥电称，与匪接触时，匪即向东南方向逃窜。又据探报，安君庙有匪数十名盘踞。明日拟向马鬃岭、九姑岩搜剿。

六月三日　星期一

一、天气　晴

二、口令　人生

三、奉军江酉电：据报，伪二十五军三千余人，冬酉窜七里峡、长沟口，江寅向东窜去。该匪系由大小新川经南宫坪窜来等情。希饬属严密戒备。杭团回至龙驹寨使用为要。

四、师遵令电杭团长，限支晚赶回龙驹寨待命。

五、据杭团长报称：匪以峦庄为中心点，共约五六百人，自动枪两挺，轻机枪九挺，手枪四五十支，步枪三四百支。东日前全数到峦庄，开会完毕后，约分三股，窜古城方面二三百人，向桃坪方面窜百余人，窜余家河之三百余人与我接触，当时毙匪队长杨廷秀等，旋分窜九姑岩、上马石一带。当据情转报。

六月四日　星期二

一、天气　晴

二、口令　成功

三、奉军支卯电开：匪二十五军主力江午至高坝店东黄土凸、洛浴街附近停止中。务严防为要。当转令注意，并派密探侦察具报。

四、奉军支辰电开：着刘师长即率619R、620R两团出发，经黑山街、山阳、高坝店追剿徐匪，微晚务抵山阳。周师长掌握两团，即推进武关附近。何师长即推进龙驹寨，互相增援，相机堵击。

五、除分令各团遵照外，即准备俟六八四团到达，何师接防，即出发推进武关。

六、本日下午六时，隐闻西方有枪声，正派探侦察时，适接何师长支申电开：支未行抵夜村东三里处与匪相遇，战斗激烈。匪约三千余人，似红二十五军，刻尚酣战中。

七、此时六八四团尚未到达，龙驹寨仅一团兵力。正准备令六八三团抽兵增援，适奉军支戌电令：何师支申于夜东村三里，与徐匪主力遭遇，贵师与联络，相机援助。等因。师基于以上各情况，遵决定由六八三团赵团长绍宗抽队往援。除以支亥电呈军部外，并下达如下之命令：

　　　　六月四日下午十二时
命　令
　　　　于龙驹寨师司令部

(一)我百十师刻在夜村东三里处，正与徐匪主力激战中。

(二)贵师着率步兵八连，即赴棣华镇以西寻匪，相机增援。

(三)行进时注意正面及侧方警戒，并与百十师设法联络。

(四)进展情形随时具报。

(五)予在龙驹寨师司令部。

上令

六八三团赵团长

传达法：传令送达。

师长　周福成

六月五日　星期三

一、天气　晴

二、口令　俯视

三、六八四团于上午二时到达龙驹寨。

午前六时，忽闻西方枪声甚紧。旋接六八三团赵团长报告，其要旨如下：

(一)职团于五日早六时，行抵商洛镇西方约千七百米达处，在王家协北侧高地之线，发现共匪约千四五百名，正在占领阵地中。

(二)我前卫通过王家协南端，受敌射击。职已将全部展开，向该匪攻击前进，拟先歼灭当面之匪，尔后再续向隶华镇前进。

四、师据报告后，除分报军部外，当令六八四团及师属各连队，准备出发，相机协剿。

五、午前八时，接李团附久绪报告：(一)团长督率全部猛烈冲击敌阵地，连被我占领数山头。我团长身先士卒，勇往直前，致肩窝负伤，仍在力疾指挥战斗中。(二)两翼之匪受我侧射，均行溃退。我全队乘胜猛射击，受重大损失，退至四方岭以北山地，敌之全线完全被我占领，仍在激战中(阵地配备如附图第二)。〔图附〕(三)是役我伤亡官兵，俟查明再报。

六、师据报告后，即转报军部，并令李团附久绪暂代团长职务。师并基于以上情况，即于八时四十分，率六八三团之第二营及六八四团（欠第二营）出发，协助六八三团围剿该匪，其命令要旨如下：

命　令　六月五日上午八时三十分
于龙驹寨师司令部

(一)我六八三团刻在商洛镇西北山，正与徐匪主力激战中。

(二)师拟抽率兵力前往追剿。

(三)六八三团第二营（欠机二连）于上午八时四十分，由龙驹寨出发，沿丹江向商洛镇前进。

(四)六八四团（欠第二营机二连）附带迫击炮一排，于上午八时四十分，由龙驹寨出发，沿通商洛右侧道路，向商洛镇前进，攻击敌左侧。

(五)龙驹寨防务，着由六八四团第二营及两团机枪连担任防守，统归王营长九华指挥之。

(六)师司令部附特务连、无线电队，随六八四团前进。

上令

六八四团杭团长、六八三团第二营阮营长、重迫击炮连刘连长、特务连姚连长、通讯连关连长、无线电队董队长

传达法：传令送达。

师长　周福成

师约于十二时到达商洛镇，令684R以一部接六八三团右翼占领阵地，包围敌人。旋正面战斗沉寂。经探报，徐匪主力已向留先坪逃窜，其四方岭仅留少数掩护。当以六八三团第三营进攻，匪即逃窜。遂实行战场内之搜剿遗留残匪，检查敌我伤亡。

七、于午后八时，奉军微酉电令，暂回龙驹寨整顿补充待命。遵即返龙驹寨。第百十师奉令为追击队，向留先坪追击。

八、查是役赵团长处置适当，受伤不退。复据报，第一营营长毛芝荃，奋勇杀敌，指挥有力，正全线战斗激烈之际，该营左翼受匪威胁，处置得法；其第一连连长韩鸣岐，能率全连猛袭匪之威胁部队，使匪不得逞；其第二连连长刘泉林，能攻取敌阵地时，奋勇肉搏；第二营营长王树屏，身先士卒，沉着应战；第七连连长关庆厚，率全连首先奋取敌人阵地，开战胜之机；机三连连长赵振庭、平射炮连连长潘君武，当右翼受敌迂回时，均能猛烈进攻，挽回战势，使我全般战斗，得以进展；第七连中尉排长刘三昆，负伤不退，继续在战；机三连中尉排长王根荣，奋不顾身，弹击头部殒命。是役我方伤亡官兵四十余员名。匪伤亡约二百名左右。其人员伤亡弹药消耗及掳获敌战利品（如附表第三、第四、第五）。〔图表略〕

六月六日　星期四

一、天气　晴

二、口令　清白

三、接一一〇师通报：与匪在苍龙岭激战中。匪被我痛击，有向蔡川于家河方面移动模样。

六月七日　星期五

一、天气　晴

二、口令　谋献

三、奉军虞未参电略开：着周师长率所部两团，齐卯向于家河方面寻匪追剿。110D 以一营于齐卯前龙驹寨防接完，主力在苍龙岭整顿，并防匪西窜。

四、师奉令后，下达如下之命令：

命　令　六月七日下午七时　于龙驹寨师司令部

（一）奉军虞未参电略开：周师长所部两团，齐卯向于家河方面寻匪追剿。一一〇师以一营午齐卯前将龙驹寨防接完，余主力在苍龙岭整顿，并防匪西窜。刘师长所部附六八四团之两营及龙凤山民团，齐卯由古城镇及三要司经鸡头关，向于家河进剿。六二〇团进驻要涧底。六二一团留山阳一营，余佳午进驻拉林子街，每连须有便衣向导。

（二）师（欠六八五团）遵令俟换防部队到达后，于明（八日）上午七时，由驻现地按六八四团、师司令部及直属连队、六八三团之顺序，经杨家厂、圪塔庙、秋树坪、界岭，向于家河方向前，寻匪追剿。当日宿营位置在秋树坪附近（先头之团，可按临时情况变更，即随时报告）。

（三）各团着携带迫击炮一排（多带炮带），其余之迫击炮两排及重机关枪连，均暂留于龙驹寨。

（四）师司令部赵军法处长为本师龙驹寨留守处长，各团亦各指定相当负责官长，统归赵处长指挥。

（五）师属通信连，除马匹及一部官兵留龙寨外，电话机、被覆线尽量携带。

（六）野战医院在洛南开设。

（七）士兵均携带二日份熟给养，生给养尽量携带。

（八）予在龙驹寨，行进时随师前进。

上令

六八三团张代团长文清、特务连姚连长、重迫击炮刘连长、六八四团杭团长民杰、通信连关连长、无线电队董队长

师长　周福成

六月八日　星期六

一、天气　晴

二、口令　尽忠

三、一一〇师派接防龙驹寨之一营，上午五时到达，当将寨防接收完了。

四、师率六八三、四两团及直属连队（重机枪连均留寨，迫

击炮各携带两门)，于上午七时，依次向于家河前进，当日到达位置秋树坪。

六月九日　星期日

一、天气　晴

二、口令　远大

三、上午六时由秋树坪出发，向于家河搜索前进。六八四团为前卫，于下午七时行抵界岭口北约七八里处，接前卫司令官报告要旨如下：

(一)据特务队报称，前面高山有匪约千余名。

(二)职派特务队威力搜索中。

(三)又据报，于家河北山，似有敌部队移动布置情形。

(四)师长基此情况，判断敌之大部尚盘踞于家河，当派探四出侦察。时以天暮，地形复杂，遂决心明(十日)拂晓，向于家河前进，当晚即在十里交附近宿营，严密警戒。

六月十日　星期一

一、天气　晴

二、口令　比赛

三、师令六八三团，以两营沿通于家河大道右侧山头，向于家河之南山前进，六八四团以两营沿大道左侧山头，向于家河西南各山前进。师率直属连队及六八三、四团之各一营，由大道向于家河前进。

四、追抵于家河南十里处，接六八四团转据侦探报告：匪已向大小石门、峦庄方向逃窜，其掩护队一部，亦于本日拂晓前退出。

五、师于五时进占于家河，复继向大石门急进，当日午后八时抵大石门。

六、据便衣侦探报告：徐匪全部约三千余人，枪两千余支，刻均盘踞峦庄。

六月十一日　星期二

一、天气　晴

二、口令　策略

三、上午五时，即按六八三团、师司令部及直属连队、六八四团之顺序，向峦庄前进。行抵马石峡口北约七里处，忽闻前方发现枪声，旋接六八三团团长张文清报告如下：

（一）马石峡口南山上发现匪二百余名，占领阵地。

（二）距马石峡口北约三里之处山上，有敌数十名向我射击。

（三）已令第一营展开登山攻击该匪，其余部队正集结中。

（四）师长基此情况，判断系属敌之掩护部队。当令六八三团连速驱逐当面之匪，以便寻击匪之主力，继开枪声甚紧，战约一小时始息。当接六八三团团长报告如下：

（一）当面之匪已向峦庄退走。

（二）第一营于午后二时，进占马石峡口匪阵地。

（三）已令第一营尾追，团继续跟进中。

五、复据张代团长文清报称：据探报，匪主力已于本日拂晓由峦庄经桃坪南窜。

六、师当日晚即进占峦庄，在该地宿营。此役消耗弹药（如附表第六）。〔表略〕

七、奉军真亥电开：着何师星夜赶至清油河或�厂附近地区，确实堵击，以便使刘师早日接触。107D 务跟踪急追，不得脱离。129D与107D 连络，沿峦庄至武关大路侧进，寻机由匪侧面横击。

六月十二日　星期三

一、天气　晴

二、口令　保障

三、于上午五时，师遵真亥电令，向武关急追，当日进抵立子坪南十里处空地露营，薄暮后，忽开〔闻〕炮声数响。旋奉军文申电开：据何师长文申电称：当面之匪红 25A 主力，于头道岭双方战斗极点〔烈〕等情。着 107D 务星夜兼程前进，施行夹击。129D 应火速增援110D，或由匪侧面痛击。

四、师奉令后，当令各部准备星夜前往增援。

六月十三日　星期四

一、天气　晴

二、口令　细密

三、上午三时由现地出发，向武关急进，于八时到达武关。据报匪已南窜，尚未判明。

四、师奉军元展令：寻给养方便地点停止、补充。

五、奉军元戌电略开：匪由商南有南或西窜之企图。着107D为第一追击队，沿清商路寻匪追击。129D为第二追击队，由武关至清油镇、何家湾、红关庙、长岗岭之路，就近截击。均于寒丑出发。

六、师遵令后，即令各部准备出发。

六月十四日　星期五

一、天气　晴

二、口令　强弱

三、师于上午五时出发，十一时行抵清油河时，得报匪攻商南未下，已窜抵富水关方向。又据一一〇师通报：我四十四师之一旅，由长岗岭向清油河前进。

四、师基于以上情况，匪既东窜，无赴长岗岭之必要。当电请示，旋奉军寒午令准开赴商南，补充待命。

五、于下午七时，行抵商南县城内约二里处，接六八三团团长张文清报告如下：

(一)商南县城北高山，发现匪约七八十名，在山头游动。

(二)职已令第二营即占领城西各山头，掩护后方各部队集结。

(三)我四十四师之一三〇旅先头，刻到商南东关外，职正派人联络中。

六、师长基此情况，即率直属连驰赴前方侦察，旋匪方即向我射击，同时并在东北谷各山头发现匪大部，沿山布防。当令六八四团急进，并下达如下之命令：

命　令　六月十四日下午七时三十分
于商南县西门外师司令部

（一）商南县城东北各山头，刻发现匪两千余名，正在占领阵地，我四十四师之一三〇旅，正由东门外向北山头前进中。

（二）师拟进攻该匪，以期一鼓歼灭之。

（三）六八三团（欠一营）应以一营接该第三营右翼，以迄北门外，就攻击准备位置，即时攻击。

（四）六八四团接六八三团左翼，以一营即先进攻西北最高山头，以一营进占西南各山，防匪迂回。

（五）两团战斗地境，为通土地岭、大沟之线，线上属六八三团。

（六）六八三团之第二营及师直属连，为师预备队，位置于西门外。

（七）无线电即时架设。

（八）通讯连即向各团构成通信网。

（九）临时野战医院设商南县城内。

（十）予在西门外师司令部。

上令

六八三团张团长文清、特务连姚连长、迫击炮刘连长、六八四团杭团长民杰、通信连关连长、无线电队董队长

传达法，交命令受领者

师长　周福成

各团奉命后，各团展开完了，开始进攻。当时双方火力战斗甚烈，我六八三团第三营，受敌高山火力射击，猛力进攻前山头，当时占领，以便与六八四团二营取得联络。进攻时阵亡士兵数名。我六八四团第二营官兵勇往直前，登山迅速，当时伤亡数名，该山即被我占领。我第三营为防匪迂回，并在西南面各山布置（如附

图第三)〔图略〕此时我右翼44D130B，亦正沿山进攻与匪战斗。斯时双方火力甚盛，我迫击炮亦进入阵地，开始射击。激战四小时，我方伤亡七名，匪方伤亡三十余名。战至夜半，枪声稍息，入对峙状态。人员伤亡消耗弹药（如附表第七、第八）。〔表略〕

六月十五日　星期六

一、天气　晴

二、口令　敏捷

三、本日拂晓前，正面敌已退，但稻田坪、两岔河及东北各山，有少数匪出没。130B仍遵原令向湘河街前进。于午前八时，当令六八三团经土地岭向稻田坪、两岔河之匪搜剿，师率六八四团续进。同时107D到达商南，亦沿天宾山搜剿匪之左侧。及到达两岔河、稻田坪之线后，始采〔探〕悉匪绕东北大山，经富水关西窜。

四、复与107D刘师长通报议定：107D向富水关前进，本师向三角池前进。

五、奉军删亥电：44D杨旅，在青山街与匪约一千余名发生战斗，仰遵与联络。

六月十六日　星期日

一、天气　晴

二、口令　言顺

三、奉军筱子电开：匪与44D在梳洗楼激战中。107D星夜前进至石梯子，相机增援。周师与刘师联络，相机自行处理。

四、师遵令即向梳洗楼方向前进，当日进抵小岭观，接107D通报：已到朱营（荆紫关西二里），据报徐匪已越荆紫关南窜，当日到南化附近。我44D跟追中。

五、师奉令暂停止前进。

六月十八日　星期二

一、天气　晴

二、口令　外患

三、师为补充给养便利，当日移驻梳洗楼。

四、奉军巧酉电令：107D 进至高坝店，129D 进驻竹林关补充，防匪北窜。

五、师遵令于十九日起向竹林关前进，二十一日下午四时到达竹林关。

〔国民党政府军事机关档案〕

5．国民党军第四十军庞炳勋部与红二十五军战斗报告书

（1935年6月）

一、匪情

1．徐匪海东股，自五月间复窜陕南以来，飘忽无定，于本月一日由一、二天门一带，经七里峡、长沟口、高坝店，至四日窜抵丹江两岸夜村及商雒镇一带，连日经六十七军之剿击，遂分向南北两方窜去。于六、七两日又与何师激战于留先坪、火神庙，匪伤亡甚多，乃溃走于家河、蔡川、清油镇，又经六十七军追剿，至十三日已窜抵商南攻围县城，其一部且向富水关窜扰。十六日，又寇荆紫关，并经赵家川、荒平河，于二十一日窜至罾川街，二十二日至两岔河，其一部且踞姚家湾，企图休养，宣布赤化。经我刘旅之痛击，匪伤亡甚众，乃向落峪、黑山街方向惊慌溃窜。匪首程子华腿臂均受伤，连日奔逃，至三十日即抵红岩子，其一部在万灯寺，且有继续西窜之模样。

2．方匪海泉股，于六月中旬复由四川境进扰平利县南区，继即东窜竹溪西南两区，当令我第三十九师第二三一团驰往匪区，相机进剿，匪首方海泉仅以身免，从间道向四川巫溪方向逃去。

3．土共毛匪义宾，于本月中旬在四峡口盘踞。

4．刘匪士让股，于月之中旬在龙家河、核桃园一带扰乱。

5．河南方面，南占县周家寨王匪立刚股，方城县独树、保安

间。王匪相海股及化亭举股，各有匪众数十，盘踞地方，扰害治安。

二、作战命令

1. 给第一一五旅刘旅长鱼亥电令：副总司令支午电：徐匪大部已窜至山阳以东，仍向东窜中。已令四十四师往漫川关跟踪尾追，六十七军驻龙驹寨部队迎头痛击。查该匪飘忽无常，两岔河、米粮川一带，仍有零匪窜扰。望即转饬刘旅派兵一团进驻两岔河，积极搜剿附近零匪，等因。可即令黄团全部移驻两岔河附近，旅部仍回青铜关至两河关，小河口仍令王营回驻，如冷水河无友军，派一部往驻，以便与黄团联络。又漫川关防务，奉杨副总司令电：现仍派补充团往接，至白河、冷水河街，仍由孟营接替，等因。仰即遵照办理。

2. 给第一一五旅刘旅庚未电令节开：(1)王军长鱼亥电，徐匪支辰经山阳东洛峪街北窜，即令何师长率两团由拉林子向棣华急进。周师赵团由龙驹寨向棣华前进，刘师长率两团由杨家斜、商县集结。申时，何师在夜村与匪遭遇于丹江两岸，激战两小时.匪冲两次未逞，当即夜袭，匪狼狈东窜。微辰在商县西王家村被赵团截击，激战五小时，经何、周两师长率队急驰援，匪始向北退逃。当令何师跟追，刘师向雒南向景村星夜堵截，周师严密防堵。计夜村一役，毙匪百余，获枪两支。我方赵团负伤官兵五十余。顷据何师报称：匪鱼申由留先坪回窜，我师方抵苍龙岭，即与匪激战，匪顽抵异常，曾以纵队向我冲击，我官兵沉着，与匪肉搏数次，刻仍酣战中。(2)杨主任虞申电：转委座鱼酉电：查徐匪数月以来，猖獗流窜，实属可虑，希速派队追剿，并将阮、黄、毛、蓝等小股分别剪除，以免牵制。等因。除电饬王、肖各追剿部队务将徐匪大部歼灭外，阮、黄、毛等小股，仰速饬属严密搜剿，分别剪除，以免牵制。等因。望在防地附近积极剿办为要。

3. 给第一一五旅刘旅长蒸午电：奉杨副总司令文戌蓝部参电节开：庞军长速饬刘旅长世荣率朱团即日进驻漫川关，黄团仍驻两岔河，除饬王军长转饬各师穷追外，仰各部队须切取联络，协同动作，不得徘徊迟误，一鼓聚歼徐匪，勿使漏网。等因。(1)该旅长将朱团迅速集结青铜关后，即行出发，经张家川、米粮川、花水河、唐家河、合河口、南宽坪，向漫川关急进，沿途须注意土共扰乱。(2)该旅长率朱团出发后，黄团暂由军部直接指挥。(3)该旅长到漫川关时，补充团归其直接指挥。(4)漫川关给养不困难，但沿途给养恐感缺乏，应由两河关尽量携带。(5)此次进剿徐匪，我军应在一切困难中奋斗努力，以期歼灭该匪为要。等因。即电黄团遵照。

4. 给第一一五旅刘旅长筱酉电：奉杨副总司令筱巳电开：据陈副师长电：徐匪铣午窜紫荆关，我追剿各部正围剿中。兹为策应进剿部队及防匪沿陕鄂边区西窜，已令赵纵队进驻漫川关，相机使用现驻漫川关刘旅及补充团，俟赵纵队到达后，即由刘旅长率领进驻上津，防匪西窜。等因。仰即遵照！俟赵旅接防后，即速进驻上津。

5. 给第一一五旅刘旅长有申电：奉杨副总司令有辰电开：徐匪大部敬酉窜至上官坊一带，似有向西南窜企图。除令王以哲军长位置商县杨家斜、黑山街、色河铺、山阳、高坝店、竹林关、三要司、雒南之间，线上属之。肖之楚位置于罩川街、漫川关、合河口之线。庞炳勋位置于青铜关、两河关、大坪镇、七里峡、一二天门之线，线上属之。赵寿山指挥张鸿远旅，位置于柞水、镇安、凤凰咀、九里坪、小河口、红岩子之间，线上属之。孙友仁控置于葛牌镇至蜀河口、上津之防，仍令原有部队担任之。(1)各区选择据点分派能固守之少数兵力固守之，加强工事，集中食粮永守之。(2)各部分编追击队，对匪之主力施行穷追。王以哲部酌编二队，肖之楚编一队，庞炳勋编一队，赵寿山编二队。每追击队兵力，以步兵两团为准。(3)各区除担任守备及追击队外，所有兵力派兵跟追，并赵寿山纵队经色河铺、牛耳川向凤凰咀截击外，请速饬刘旅长世荣率部进驻大坪镇，防匪南窜，并与凤凰咀部队切取联络为要。等因。可速率朱、李两团遵照电令于宥日出发，向大平镇前进。沿途情形，随时报告。并尽量携带给养，对右侧方切须注意。至于漫川关遗防，已电请杨副总司令派队接替。

6. 给第一一五旅刘旅长宥酉电：奉杨副总司令电开：(1)为根本肃清徐海东股匪及消灭当地零匪计，本外线作战及据点配备之作战方针。(2)以王以哲之九团，肖之楚四团、庞炳勋二团、赵寿山四团、张鸿远两团、孙友仁一团，共二十三团分配使用。(3)王以哲位置商县杨家斜、黑山街、色河铺、山阳、高坝店、竹林关、三要司、雒南之间，线上属之。肖之楚位置于箪川街、漫川关、合河口之线。庞炳勋位置于青铜关、两河关、大坪镇、七里峡、一、二天门之线，线上属之。赵寿山指挥张鸿远旅，位置于柞水、镇安、凤凰咀、九里坪、小河口、红岩子之间，线上属之。孙友仁控制于葛牌镇至蜀河口、上津之防，仍令原有部队担任之。(4)各区选择据点，分派能固守之少数兵力固守之，加强工事，集中食粮永守之。(5)各部队分编追击队，对匪之主力施行穷追。王以哲部编二队，肖之楚编一队，庞炳勋编一队，赵寿山编二队，每追击队兵力，以步兵两团为准。(6)各区除担任守备及追击队外，所有兵力编成堵防队，控置要点，机动迎击。(7)守备队及堵防队共负肃清零匪及清查户口、编组保甲，推进地方政治之责。(8)匪窜何区，即由该区以主力施行猛追。其他追击队相机协剿堵截。(9)两线中间地区之零匪，由邻区共同负责，商同会剿。(10)详细命令，另派员专送。(11)各部布置，以不失误现时任务为原则。等因。兹示办法如下：(1)刘旅长仍指挥补充团，同向大坪镇前进，俟到达后，再令补充团达驻一二天门附近，以逐步清剿散匪之步骤前进。如发现大股，届时再派蜀河之孙营向北夹击。(2)补充团到一、二天门附近后，由蜀河输送给养。(3)黄〔团〕暂在冷水河附近，清剿零匪，组织保甲，筹备给养，俟刘旅长率部到达大坪镇后，黄团酌派一营分驻两河关，担任联络输送，维系交通，并清剿附近零匪，组织保甲。(4)如大股窜入防区内，即由刘旅长率朱、黄两团各两营追剿，朱团留一营守大坪。(5)每到一地，即召集良民组甲编团、招抚流亡、清乡，并速作工事。

7. 给第一一六旅李旅长、平利县长命令如下：(1)据报：川匪方海泉、李龙学股千余人，枪支未详，于本月十四日窜抵平利南八仙街一带。(2)平利县长及毋营长速派干探前往八仙街一带侦察，该匪究竟有枪支若干？内容如何？有无共党操纵。(3)着第二三一团谷团附带刘树森营（欠步兵一连机枪一连）赴平利之毋营长前往剿办该匪（平利酌留守卫部队）。(4)平利给养困难，出发时多带给养，剿匪情形多来报告。(5)予在安康军司令部。军长庞炳勋。

8. 给第一一六旅李旅长命令如下：

命　令　六月二日上午四时
于军司令部

(1) 查徐匪大部连日以来自大小心川、米粮川一带，逐渐南窜，似有偷渡汉江之企图。

(2) 本军为巩固汉江防务起见，前已电请杨主任将漫川关之补充团调回白河、冷水河街一带，以厚兵力。顷奉复电准予所请，并已饬肖军酌派部队接替漫川关防务，等因。兹将各部应行移防地点如下：

①补充团于明（二日）由现地出发，移驻白河至乌江渡之线，沿江布防，以团及第一营驻白河，并派一连驻麻虎沟，第二营驻冷水河街，并派一部驻乌江渡（江南岸）。

②第一百一十六旅、第二百三十二团（欠第二营）全部移驻蜀河，团部及直属连于明（二日）即由现地出发，向蜀河前进。

③第二百三十二团第一营全部移驻蜀河，须俟接防部队到达，再行出发。该营原驻蜀河之第三连，明日不必移动，仍在该处候归建制。

④第二百三十二团第二营仍驻洵阳，第一百一十五旅留驻洵阳之部队，归赵营长指挥。

（3）各部到达防地后，即刻沿江严密布防，构筑工事，并在江之北岸多设便衣侦探，并派前进部队，均尤须注意构筑工事。江中船只木筏等，均须靠住南岸，防匪偷渡。如匪实行渡江，务须誓死抵抗，勿稍疏懈为要。

（4）余在安康军司令部。

军长　庞炳勋

命　令 六月二日下午六时 于军司令部

（1）第二百三十二团第一营营附率步兵一连，附小炮一排，于明（三日）开驻冷水河街，并督饬冷水河街之民团在乌江渡南岸布防，防匪偷渡，该连俟补充团接防后，归还建制，即由孟营长率同开赴蜀河。

（2）孟营未集结蜀河以前，如匪将联络切断，即在汉江南冷水河街以西右接补充团，迅速布防，堵匪渡江。

（3）如匪以主力围攻蜀河时，即令赵营由洵阳向蜀河急进，侧击该匪，所遗洵阳防务，再由此间接充。

（4）令孙团长设法利用土探侦察匪踪，督饬团队在边区扼要防堵，对冷水河街至洵阳之线，多派谍报便探 以期消息灵通，防匪偷渡。

（5）与补充团电话及无线电多通消息，遇事互相策应。

（6）余在安康军司令部。

军长　庞炳勋

9．十三日给第一一六旅命令要旨如下：

（1）据报毛义宾股匪五六百人，窜扰四峡沟、东川口一带。

（2）为迅速歼灭该匪起见，着孙团长率第三营（欠机枪连）及第二营之步兵两连，于十四日由蜀河出发，向东川口附近游击，务肃清该匪。

(3) 着第二营贾营附率兵两连，限十三日开抵蜀河。

三、军队调遣

1. 第一一五旅及补充团之调遣：九日第一一五旅欠一团及朱团之第四连移驻于青铜关，第二二九团分驻两岔河及张家川、木梨沟、范家河口等地。

十四日旅部进驻两岔河。自十五日起，该旅(欠二二九团)经米粮川、九甲湾，至十八日开抵漫川关，以赵纵队尚未赶到，未能接替。乃先令补充团于十九日移驻上津，防匪西窜。二十日，旅部及第二三〇团即移驻上津，该旅旋接杨副总司令号巳电令略开：徐匪西窜罩川街，刘旅仍回驻漫川关策应赵纵队，并扼守关北，防匪西窜。该旅(欠黄团)及补充团，即于二十一日回漫川关，第二百三十团于二十六日继续出发，经南宽坪向大坪镇前进，旅部及补充团则与二十七出跟进，至二十九日抵大坪镇。惟补充团于三十日在张家坪遇匪约三百余人，经驱逐后，即于四峡口、红岩子一带宿营。

2. 第一一六旅之调遣：第二三二团第一营，六日由白河到达蜀河，次日即复开原防，八日抵白河。其第三连留驻冷水河，第二营之第四、五两连，十三日开蜀河。十四日，第二三二团孙团长率其直属连无线电等，与第四、五两连由蜀河出发，连日经虎头岩、二天门、新开店，于十九日到达老林，次日仍回二天门，继回蜀河原防，其第四、五两连则回驻洵阳。第二三一团(欠第一营驻岚皋)，二十日由平利进至镇坪县，侦剿方匪海泉股，其旅部在安康兼任城防。

四、剿匪战斗经过

1. 第一一五旅旅长刘世荣，率第二百三十团第三营与第一营之第一连，沿土地岭、两岔河道路，并令补充团(欠第二营之一部)沿北山松树岭砭路，于二十二日十二时冒雨向该匪进剿。下午四时，与枪械齐全附轻机枪十数挺之匪约五百余人，在姚家湾接触，并令王营长率兵两连，与补充团分由姚家湾东西山头向该匪进击。激战二小时，匪不支，向北溃退，旋复占据花庙子两侧高山，顽强抵抗。适大雨滂沱，天色昏黑，即在石岭子附近暂停进攻，搜索匪部主力。是役毙匪甚多，其余乘夜冒雨狼狈窜去。我方阵亡排长冯栋岭一员，伤兵三名。旋于二十三日仍回漫川关。本月三十日，补充团由米粮川向一二天门前进时，于上午九时在张家坪以东发现土共三百余名，当即前往攻剿，匪不支，向安沟岭方向溃窜而去。

2. 第二三一团剿方海泉匪股之战斗经过：谷团附率领该团(欠第一营)于二十日下午到松树岭、沙河街。探之匪在红石河一带抢劫，二十一日即向该地急进，匪闻风南窜，至千山垭，复行焚劫屠杀良民。该团第三营于下午五时立即追击，匪乃不支，向水定坪溃逃。当令第九连猛追，第八连沿右侧高山向匪左后侧击，激战一小时许，匪即溃乱，纷向东南方向逃窜。此役毙匪百余名，尸体遗弃遍野，生俘百二十七名，及辎重马匹甚多。匪连夜逃窜，于二十七日已窜抵丰溪镇、迷魂阵一带，希图休息。二十九日，我第三营进至玉皇阁，第二营已抵西沟，谷团附进至千竹河。于是令第三营于三十日早五时，开始向迷魂阵进剿，第九连沿大路前进，第八连沿右侧山顶侧击，至十时与匪接触，激战二小时，匪退马家坝。三十日早，又令我第二营由普济寺方向向马家坝截击。至十一时，到达该地附近，探悉匪已沿山右侧南窜。遂令第五连潜伏百步梯，第四连潜伏马家坝，机枪连奋勇队潜伏于到沟。至下午二时，部署甫毕，匪即冲至，于是全线猛击，匪初顽强抵抗，企图冲出，旋即全部溃乱，惊慌窜逃。除少数散匪潜匿深林逃脱外，是役计毙匪六百余名，尸体遍山，生俘匪票三百余名，骡马二十余匹，其他辎重用具甚多。

3. 六月十四日，孙营第八连便衣队，在核桃园北山上与刘士让匪股之游击队遭遇，经该队击散，余匪向二天门逃去。真〔删〕日即向二天门搜剿，午刻进抵该地，与匪接触，匪众百余，且抗且退至二天门东方山顶，仍复顽抗，当令迫炮射击，复令第八、九连猛力仰攻，匪惊慌溃散。惟以山岭崎岖，匪隐匿各处，不时射击，遂暂停止前进，而严行搜山，并招抚流亡，以安民众。十七日早，复向二天门搜索前进，至大周山与刘士让股约一百余名之匪相遇，匪据险顽抗，经我孙营之便衣队痛剿后，匪退长城口，即以七、八两连向该匪包围，匪遂溃散，即行搜山，并于十九日早继续搜索前进。于十一时，行抵黑龙洞西十数里之山上，我第八连发现匪约三百余人，枪支齐全，且有自动步枪二支，匪首系伪团长张中鸿、治理员王增乾。激战四小时，互以手榴弹相击，孙营长率九连增援，官兵奋勇，卒将该匪击溃，向四峪河东方窜去。是役毙匪二十余名，伤匪甚众，获步枪二支，子弹五十粒，生俘一名。我第八连亦伤中士一名。

4．骑兵团团长史振京，于五月二十一日在河南方城县原防接方城县府报告：第三区之范沟有匪四十余名，枪支齐全。该团长即于六月一日率兵二百名，附迫炮二门，向陈庄一带搜剿，卒将该匪完全解决。当场击毙匪首化亭举、刘实太等七名，生擒三十七名，无一漏网者。并获自来得手枪五支、手提式一支、卜郎宁手枪一支、洋快枪一支、土造步马枪十九支、汉造步枪三支、曼利夏步枪二支、比思尼步枪一支，共掳获枪三十三支。我方阵亡一等兵一名。十日，该团奉李师长福和电令：保安寨一带有匪扰害，匪首王相海、刘耀奎聚众盘踞，着与叶县骑十四旅会剿。该团奉令立即出发，搜至独树、白秀沟及朱心庄，各地匪已溃逃无踪。十七日，该团三、四连附迫炮二门，驰往周家寨，至二十日包围该寨，匪首王立刚率众据险顽抗。史团长遂于二十三日带兵两连驰往援助。该处山岭崎岖，土寨连亘。经我官兵冒险攀登，匪中〔终〕不支，向东南逃窜，遂克复该寨。以后探该匪已溃散无踪。

五、剿匪宣传〔略〕

六、碉堡实施

1. 修筑原有碉堡及圩寨城墙，或并利用之。

2. 在各防地附近构筑碉堡。

3. 修设平利县城墙，并在县附近修筑主要碉堡四座，在岚皋修筑碉堡四座，并筑御防工事。

4. 在蜀河建筑石质碉堡二座。

七、封锁设施

1. 对运往匪区之货币、粮食食料、器材，均予制止。

2. 在各路口、渡河口及防地附近，均设稽查便探，防匪出入。

3. 协助地方编练保甲壮丁队，充实自卫力量，并力行清乡。

4. 驱逐游民。

5. 设侦探网、通讯网。

6. 必要时，断绝匪往来及汉江与各小河流之交通。

7. 清剿本地散匪，严防反动分子。

8. 防士兵与可疑分子接近。

9. 劝告民众与军队合作，实行清乡，并封锁匪区各口。

八、部队检阅与训练补充概况〔略〕

九、各种通信及交通概况〔略〕

十、卫生设施及治疗概况〔略〕

十一、水路交通及兵站概况

1. 水道：(1)河江且急，上行尤漫，惟尚有船只可资雇用。(2)乾祐河为由洵阳到两河关之要道，水浅滩多，可通小舟，上下行均须四五日。(3)甲河由甲河关至漫川关之水道，水涨时，小舟上行三四日可达。

2. (1)道路皆崎岖，汉江两岸，纤已修补，驮马可通行。(2)甲河关、漫川关间砭路极险峻，上津、六郎关间人行且难。(3)平利、镇坪各道路亦皆崎险，驮马通行困难。

3．兵站：以款项及各部分防各深山中之关系，未便设立。现均发代金，自行就地购办，或由鄂境采买，以补充本军购办之不足。

〔国民党政府军事机关档案〕

6．国民党军第四十军庞炳勋部与红二十五军战斗报告书

（1935年7月）

本军自今春奉命入陕，逐月剿匪，其六月份以前之工作情形，业经缮造报告书呈报在案。兹谨将七月份剿匪工作实在情形详报如下：查本月军部率第一百一十六旅（欠第二百三十二团），暨各直属营连（欠骑兵连，该连驻河南漯河）仍驻安康担任城防，并指挥各部进剿徐匪海东与安康区及附近各县土共与零星股匪，安抚地方，兴办建设。所属各部工作谨遵委员长蒋四月巧电之规定，分别详报如下：

一、作战命令及军队调遣

甲、关于第一百一十五旅及补充团者

本月初，第一百一十五旅（欠二二九团，驻大坪镇、老屋岩一带，第二二九团驻冷水河附近，补充团由四峡口、红岩山一带向一、二天门移动，各部均在截击徐匪海东与清剿土共中。命令与调遣实在情形如下：

1．一日，补充团由四峡口、红岩山向一、二天门前进，至庙川遇匪约二百余名，立即驱逐之。次日，进至一天门。三日，第二二九团由冷水河进至两岔河、张家川一带。四日抵米粮川。因两河水暴涨，七日抵七里峡。九日，第一营移小河口，在北坡布防，团及第三营移西岭坡布防。第二营移青铜关，十日移花水河附近，归还建制。十五日，团（欠第三营）移石板子、店垭子，第三营移黑龙洞、花水河附近。二十九日，团（一、三营）移七里峡，第三营移驻米粮川，第一营留于枣茨坪及店垭子等处。第二百三十团第二营，于九日由老屋岩移七里峡附近，二十九日移驻大坪。其第

一营移于凤凰咀。

2．给第一百一十五旅之电令：

（1）东申电令略开：奉杨副司令卅戌电略开：徐匪主力俭日下午在松树坪与张旅韩团接触，匪猛扑，战三小时向药王坪溃窜，连日向小河口窜去。已令张旅及六七军追击，希饬属严加堵击，附〔防〕其西窜。望将黄团（第二二九团）集结七里峡附近，准备截击。等因。仰即遵照。

（2）给第一一五旅江电略开：奉杨副司令江辰电略开：唐旅冬卯在袁沟口与徐匪战，颇受损失。速令第一一五旅在大坪、七里峡之线截击。等因。希速令二二九团进至七里峡。

（3）给第一一五旅微电略开：小河口、唐家河等处如有匪，应协同肖军及赵旅以歼灭之，而完我军之堵截任务。此时须先清土共，由近及远。

（4）给第一一五旅筱电略开：奉杨副司令筱丑电命令：

①徐匪主力现窜出山口，兹规定各部分区肃清零匪如下：A．葛牌镇、红岩寺、杏树坪之线东属六七军王鼎方部，线西属张鸿远旅。B．镇安县、凤凰咀、杏树坪之线，北属张鸿远旅，线南属四十军庞更陈部。C．杏树坪、山阳镇、竹林关、普峪河之线，北属六七军王鼎方部，南属二六军肖景湘。杏树坪、大坪、七里峡线属庞军。花水河、合河口、南宽坪、漫川关、上津、甲河关（线上属肖军）之线为界，以西以南为四十军清剿区。②各部仍应不分地域互相连络。③其余参照商雒剿匪计划。

（5）马戌电略开：杨副总司令号巳电开：以孙友仁为支队长，率其一团及呼延所部三团追剿。

（6）宥午、俭申两电略开：奉令派队接凤凰咀防，着酌派一营前往接替。

乙、关于第一百一十六旅者

本月，旅部在安康任城防，其第二百三十二团驻防蜀河，于十三日令移防沟阳，该团第二营调回安康。

丙、关于骑兵团者

本月，骑兵团移防河南省方城县，剿除零星股匪，安定地方。

二、逐日匪情

甲、关于徐海东股匪情

月初，徐匪踞陕南之袁沟口、红岩子、大沙河一带，共有步枪团二团，手枪团一团，交通队、保卫连各一，补充营二，又迫炮一连，其他有宣传队、军医队等。银元、烟土、辎重枪械二百余担，共约三千余人，且轻机枪数十挺。至月之九日，窜抵商县西刘家庙，连日经黄裕口、黑龙口、甘家坪、东岳庙、焦岱镇、沣峪、涝峪。至月之十八日，已抵盩厔县属之南集贤，其先头并抵店子头，至本月下旬，即窜于陕南西部，而渐向甘境扰乱。

乙、关于阮匪英成者

一日，阮英股匪约五百余人，盘踞宋家川一带。至六日，又窜扰天坑梁、韦家垭。月之下旬，已扰及磨沟及罗系凹一带。

丙、关于毛义宾股匪者

毛匪拥众四百余人，在月之二日，踞松涛岭。至六日，又窜扰瓦罐窑。月之下旬，复踞范家寨一带。

丁、关于陈光〔先〕瑞股匪者

陈匪光〔先〕瑞约二百余人，于二十日抢劫孙家坡，次日窜长冲口，经我胡营（第二二九团第一营）剿击，杀毙甚多，向东逃窜。于二十四日，又出现于胡坪东南之姚家沟。

戊、关于展又义股匪者

展匪率众约三百人，枪百余支，于月十四日踞大心川、张寨山一带抢劫。派队追剿，该匪遂连日惊窜程家川、西沟口、羊山、红岩子附近。于二十五日窜往草家川、红庙子。连日派队分头追剿堵击，匪于二十七日逃至公馆、大方沟一带。

已、关于刘士让股匪者

刘匪士让人数甚少。月之下旬，抢劫二天门、虎头岩等处。

关于刘匪茂和股者：刘匪率匪约二百余人，于本月中在槐树沟、大家沟一带扰乱，经我补充团剿击，将其父擒获。

庚、关于解匪吉山股者

月初在松树岭、杨家庙一带扰害，有匪二百余人。

辛、关于其他不详姓名之股匪者

我补充团在庙川于一日遇匪，激战一小时，毙匪数名，余均溃散。十日又在瓦罐窑、胡沱口遇匪百余，毙匪数十，获枪一支，救出肉票数名。又月之二十一日，陶家垭、谷竹园有匪百余，经我第二二九团第一营往剿，匪惊散。

壬、关于河南方城附近小股土匪者

本月中旬，据报方城县张庄、大寺一带，有汪相海股匪聚众盘踞。

三、剿匪战斗经过

甲、第一一五旅第二二九团

1．展又先股土共，先据大心川、张家山、寺沟一带，旋窜坎子山。我第二二九团（欠第三营留花水河，第五连留石板子）于十五日集结于石板子，十六日早五时分路向坎子山、四峡口匪区进剿，当日到十八盘、安沟岭。据报匪已窜向张家坪西南方向，连日分路向张家坪兜剿，至十八日，匪已惊窜，西沟口西无踪矣。即于十九日回大心川、枣茨坪、石板子。

2．第二二九团第一营，于二十日早四时出发，向盘踞孙家坪之陈光〔先〕瑞匪进剿。先头第三连，于八点三十分在长冲口将匪包围，毙匪六名，其余窜入老林无踪。三十日晚，探悉陈匪又踞柳树岩，意图宣传共产。令第一营进剿，到达后，匪已先逃。

乙、第一一五旅第二三〇团

1．第二营营长石元恺带兵两连，协剿展又先股土共。于十六日下午一时，行抵张家坪附近，发现匪约百名，据险向我射击，经我第四连猛向该匪进攻，至下午五时，匪向南溃窜无踪。

2．第一营营长史祝三带领第一连及第九连，进剿磨沟、罗系凹之土共阮英成股，该匪约二三百人，于二十四日下午五时，在宝兴寨与匪接触，战斗异常激烈。至七时四十分即攻至匪巢，罗系凹匪遂溃窜北去。因天色昏黑，大雨适至，山路崎岖，遂回防。

3．第一营王营附，率第一、二连之各一排，进剿匿踞范家寨之土共毛义宾股之伪连长范恢久、范恢发、范恢远、蒋光章等。于二十五日下午十一时在老虎沟出发，至二十六日拂晓包围该寨。匪觉，依寨顽抗。当经一部佯攻，另派第二连下士薛志伦、一等兵尚顺英等二名爬寨。当时击毙匪首范恢久、范恢远，余则越寨潜逃，此匪遂告肃清。获枪一支，安抚流亡，恢复秩序后，回大坪原防。

丙、补充团

补充团李团长振清派柳营长带兵二连，往剿刘士让股，于二十二日在深沟与匪激战，将匪首刘士让及要匪蔡乾顺擒获，又拿获毛义宾股匪之数名，得手枪一支、步枪一支，此股消灭。又于七月一日在庙川，有土共二百余名，在张家坪有土共三百余名，经李团长振清率部击散。

丁、骑兵团

十九日据报：方城县张庄、大寺一带，汪相海匪盘踞扰乱。团长史振京率兵两连，追炮二门，协同保安队驰往搜剿。至则匪已窜叶县境之双山寨、宝良寨。二十二日向该匪搜剿，而匪又窜舞阳境之老紫山．旋因大雨，河水暴涨阻路，乃暂回防。

四、剿匪宣传〔略〕

五、碉堡设施

甲、遵照陕南碉堡计划，派员协同县政府实施调查碉堡数目、位置及工料等。

乙、派副军长赴防区内各县，亲身巡视地方情形及查勘建设碉堡计划，并对民众及各官吏训话。

丙、在各防区或通匪区要隘建筑碉垒，并补修碉堡。

六、封锁设施

甲、在防地及附近密查。

乙、修筑或阻绝要路。

丙、组织侦探网。

丁、督促地方设通讯网。

戊、必要时渡船均停南岸，或暂断交通。

己、编保甲壮丁队，协同军队搜防匪共。

庚、匪区实行坚壁清野。

辛、清除散匪及游民，防反动者接近士兵。

七、部队检阅及各兵种训练补充状况〔略〕

八、各种通讯及交通概况

甲、通信：近距离用传令兵或电话，远者用电报无线电报或电话或递步哨，其次要者，由邮局寄递。

乙、交通：河路有民船，但上行甚慢。沿江以外，各处山路难行，经修筑后，始能通行乘马或驮马。

丙、本月大雨，江水大发，船行甚险，且时被阻绝。

九、卫生设施及治疗概况 〔略〕

十、水陆运输及兵站概况

甲、水陆运输：

1．汉江水流湍急多滩，安康至白河四百余里，须六七天，下行一二日。

2．其余小河交通均不甚便，但亦有船可用。

3．陆路由蜀河到大坪二百七十里，须四日。

4．由两河关至大坪二百二十里，须三日，惟为砭路。

5．赴各县多系陆路，但经修补，多可行马。

乙、兵站概况：

兵站未设，或发代金就地购买，或赴湖北老河口以下购买。总之，陕南受共匪之扰乱，民不聊生，粮食损弃，大军时集，给养已成最难解决之问题。然而本军数月来尚能维持，以预另筹划。

〔国民党政府军事机关档案〕

7．国民党军第四十军庞炳勋部与红二十五军战斗报告书

（1935年8月）

本月初各部驻扎地

军部及直属营连队	陕西安康
骑兵团	河南方城南占
第一百十五旅部及直属连队	大平镇
第二二九团团部及直属连队	七里峡
第一营	枣茨坪
第二营	七里峡附近
第三营	米粮川
第二三〇团团部及直属部队	大坪附近
第一营	凤凰咀
第二营	大坪附近
第三营	大坪附近
补充团	一天门
第一营	二天门
第二营	二天门附近
第一百一十六旅（欠第二三二团）	安康
第二三二团	洵阳蜀河一带
第二三一团第三营	平利

徐匪海东自七月西窜后，至月初继向甘肃省境逃窜。本军任务，除严防该匪回窜外，均在清剿土共，以安地方。计划建筑碉堡，以防川、甘方面之匪，并协力督率地方，办理自卫。其详细

情形，谨录如下：

一、作战命令

（一）给第一百十五旅之电令：

1．江戌电奉杨副总司令世午电命令：分配各剿匪部队任务，并指导要领，已另令专送。继又奉冬午电略开：清剿境界划分如次：

（1）保安镇、雒南、龙驹寨、商南、富水关之线以东地区，归唐师清剿。

（2）商县杨家斜、红岩子、上津、甲河关之线以东归陈副师长。

（3）红岩子、上津、甲河关之线以西之地区，归庞军清剿。

（4）甲区清剿，遇匪越过清剿线时，得越线追剿，俟乙区部队到达，始得归还。

（二）八月二日第六九号密令：

案奉杨副总司令世午部参一电开：

（1）匪情判断：综合最近情报，徐海东股匪主力已窜至留霸、佛坪间之江口镇、黄柏楼、二郎坝附近，有进犯汉中附近或向凤县、天水一带窜扰，以牵制我军侧〔策〕应朱、毛及徐向前各股之势。

（2）方针：本部为预防朱、毛、徐等股侵入陇南或汉中方面时，得以全力迎击起见，决于朱、毛、徐股匪未侵入陕甘地境之前，以最大努力与最短时间，先将徐海东股粉碎而歼灭之，以除后患。倘匪万一向东回窜或北窜时，则派队穷追，不灭不止。并派有力部队于陕甘边境及汉水流域各地严防固守。对于商、雒一带，则划区搜剿，以清散匪。

（3）兵力部署及其任务：①属于追堵策应者：a、赵寿山纵队附张飞生为追剿队，不论地形，不分天候，极力穷追，并与各堵剿友军联系夹攻，共歼该匪。b、王毅武旅（欠一团）由现地暂移驻西原公附近，详探匪踪，联系友军，相机协剿。并随时注意汉江以南防务。c、第十七师所余各部队，应分布于汉江沿岸沔阳、南郑、褒城、城固、洋县等处各重要城镇，扼要固守。非有命令，不得擅自放弃。d、第六十七军全部，应即速经盩、郿大道向宝鸡、凤县之线推进。惟于凤县、留坝之间，须以有力之一部严行警戒。如为一般所许，务尽力择其要点，构筑碉堡为要。e、孙友仁纵队暂控置于盩郿一带，防匪北窜。②属于清剿者：a、第九十五师唐俊德部，应酌派部队接替第六十七军所遗雒南三要司一带防务，并负责肃清区内散匪。对于峦庄、于家河一带特别注意。b、第四十四师，应派队接替第六十七军所遗商南、商县、山阳等县防务，并负责肃清区内残匪。对于杨家斜、曹家坪、袁沟口、小河口、红岩寺等处特别注意。c、第四十军应即接替凤凰咀附近防务，并负责肃清区内残匪。对于一、二天门、米粮川、九里坪一带特别注意。d、各区清剿地境，凡南北之线，线上属东区；东西之线，线上属南区。

（4）指导要领：①匪如向汉江沿岸进犯或向天水附近窜扰时，追剿部队应排除万难，不辞劳瘁，不避艰险，昼夜穷追。依匪情之变迁，与第十七师主力或第五十一军等切实联系而夹击之。匪如向东回窜时，赵纵队应即跟踪穷追，不令有喘息之暇，与各部清剿部队切实联系而夹击之。②汉江沿岸守备部队，应速修筑城堡，将附近数十里地存粮搬运城中，实行坚壁清野之策，以免资粮于匪而利固守。匪若前来攻城，则以炽盛火力予以痛击，并抑留匪之主力，使之与我决战，倘有机可乘，应毅然出击，以博最大之胜利。③清剿部队，应用百般方法极力搜剿，如能善用俘匪及投诚者，使作眼线及肃反工作，更为有效。尤须极力侦查破坏匪之潜伏组织，兼收釜底抽薪之功。一方协助地方官吏组织民众，整理团队，以重自卫。④关于通信及补给事项，另行规定之。

（5）除呈报并分令外，仰即分别遵办具报为要。等因。仰即遵照办理。至各县城或村镇及沿江附近之碉堡，凡有我驻军之处，即由驻军负责切实督修，如驻军力所能及者亦协助之。其他无我驻军之各县村镇，即由县负责修筑。

3．微戌电奉杨副司令江电：奉委座艳电：凡前线各军于搜获赤匪文件或侦得赤匪内容时，即应检一份，封寄行营参谋团，以备参考，希即传各部遵照。

4．寒酉电令略开：太白秋、他尔坪一带，聚有土共四五百名，枪约四百支，扰害地方，民不堪命。着派两营兵力，对该匪迅往剿办，并已电陈副师长由东面堵截。

5．巧戌电令略开：对该匪仍探踪追剿，勿使喘息，应迂回至其两面包剿，并就近通知肖军，由东堵截。

6．有戌电令略开：即令史司两营，在大沙河、张家坪一带酌留几日，督组保甲，清剿散匪。

7．世甲电：兹定清剿办法饬属遵行：(1)利用被迫新加入之红军及穷人会，使与老红军脱离关系或捕杀之。而自首改过反正者，一概宽宥，不咎既往之罪。(2)将大股匪击散后，照赣省匪区善后办法，招抚莠氓。如保甲长对此等人出具甘结保证，即发给良民证，宽其既往不罪。(3)用政治手段补助军事之不足，对匪首及怙恶不悛者，杀无赦。(4)部队外出时，令政训员随往宣传，到处播扬共匪之恶及本军爱民之诚意，并尽力招抚流亡逃散之民众，使之回家安业。(5)现由军拟就告民众书，不日即寄去散发。(6)土共诚心自新者、交枪自归者，由保甲长出具保结，即发良民证，枪留地方自卫使用。即传各部遵照(此电令通令全军各部)。

二、军队调遣

为堵剿股匪及督促地方充实自卫力量便利〔起〕见，令步团于七日移驻于四峡口及其附近，其在一、二天门留守者，八日移于关防铺，其余各虽不时清剿防区内及其附近各匪，但防地无变化，惟骑兵团驻河南省南召县之第三连，于本月二十五日，调驻方城东招抚岗。

三、逐月匪情

（一）河南方城东北乡，发现零匪，夜聚明散，依青纱帐而扰害闾阎。

（二）沩二十五军徐匪海东股已窜甘省。

（三）阮匪英成股人约三百余名，于四五月盘踞于尖山寨，经我第二三〇团第一营之剿匪，毙匪甚多。同时展匪又先股约三百余人，由黄龙塘经毛家沟、张家坪，于五日窜扰万家山。七日，石灰坪亦发现匪部八十余名。八日，将台东方二里之长冲口，又发现股匪八十余名，张家坪数十名，均经我补充团之痛剿，毙俘甚多，余均溃匿无踪。九日，在南沟东南王家山、柳树垭子、胡坪、电光山、枣茨坪西南方向之松树尖等处，发现匪约三股，多者约三百余人，均经击溃。十日，展匪又先股约百余人，又发现于松树尖，龙洞垭，经令我第二二九团第一营剿击，毙匪十数名，余均击溃。十二日，一天门北方之松树沟，忽被土共百余名枪约百余支占据山寨，意图宣布赤化。经我二二九团第一营派队进剿，毙匪十余名，余匪乃遁去。月之十三日，阮英成旧部忽与阮开选、陈鸿恩、陈家瑞、伊杨善等共约四百余人，合股窜扰太白秋、他尔坪一带，同时刘匪茂和股三十余人，抢劫魏家沟。展又先股残匪亦窜扰南阳山一带。当令第二三〇团朱团长家麟，指挥所部清剿各股。连日分别剿击，毙匪甚多。各该匪等多化整为零，逃匿山林。至十一日，曹家坪、北龙王庙地方，又发现伪游击第三路匪约二百余名，匪首名王体森。胡坪、南宽坪一带，又发现刘老四股匪三百余名。二十二日，在桐木沟、双沟脑一带，又发现阮英成旧部伪游击四路、伪山阳后方主席陈匪家声股三百余名，及由南阳山被击溃向北窜逃之展又先股约四五十名，均经我朱团及补充团第一营剿毙驱逐，至二十三日，溃窜于桃园沟、张家沟一带，复经该团派剿，已歼灭其大部。二十六日，镇安县苏县长函报：杏树坪东张氏沟，有吴化昌股匪二百余人。二十七日，刘老四股又发现于胡坪老林，当令第一一五旅迅速追剿，务歼各匪。

只以本月雨大，山河水涨，对于进剿工作稍受阻碍。

四、剿匪战斗经过

（一）第二二九团

1．六日，第二二九团向宋家川阮匪进剿，中途探悉，匪于本日晨间已遁去，故仅令第三营仍探踪搜剿，余仍回防。该营至八日亦回防。

2．龙洞垭之役。九日，第一营胡营长昌期据报：土共第五、六、八三路（展匪在内）共约百余人，枪支齐全，突窜踞枣茨坪西南二十里之松树夹。该营长遂于十日晨五点，率部（欠第三连及机枪连）进剿，并派第三连（欠一排）由石板子绕经龙洞垭一带堵击，防匪东窜。及进抵松树关附近，侦悉匪已于昨夜窜龙洞垭。乃探踪猛进至龙洞垭附近，果发现匪约百余，据山抵抗。遂令第一连之一排从两翼包剿，匪殊顽抗，终被击溃，仓皇东窜，又被我第三连猛烈堵截，匪乃折向东北溃逃。跟追数里，除毙匪十一名，俘获三名、枪一支外，伤匪甚多，均匿入深林，遍搜无踪，当日回防。

3．孙家坡之役。二十三日，第一营胡营长昌期据探报：土共陈光〔先〕瑞股二三百名，窜踞孙家坡，当派该营营附率第二连经新开岭、长冲，向匪堵击，该营长自带所部（欠机枪连及第二连），经鄢家沟向匪进剿。至十时进至孙沟附近，发现匪约三百名与我第一连接触。官兵奋勇激战，约半小时，匪已不支，向东方逃窜。我第二连适已赶到，迎头截击，双方夹攻，匪初尚顽抗，激战二三十分钟后，匪即转向东北溃逃。跟追十数里至枯竹园，匪已逃匿无踪，探悉已向胡坪以东窜去，安民毕回防。是役计毙匪二十，伤匪八九十名，生俘二，获枪十一支。

（二）第二三〇团

1．尖山寨之役。四日，驻凤凰咀之史营探悉：阮英成股匪三百余人，在野猪沟脑踞扰。遂令营附率第二、三两连及小炮排，驰赴该处搜剿。五日早六时，进抵野猪坪，而匪已于昨晚移窜于沟脑北五里之尖山寨，企图踞寨抵抗，并于寨西山顶密布警戒匪兵百余名，以行掩护其巢穴。我第三连官兵奋勇急进，冒险登山，至七时后，卒将该山攻克，匪则越山溃逃。而斯时寨中之匪仍踞寨顽抗，山峻且险，不易接近。遂令小炮向该寨射击，掩护步兵攀登，复以一部由山腰部乘雾向匪左侧迂回绕攻，进至距寨二百公尺处，步炮协同，猛烈攻击，匪初尚顽强抵抗，经我官兵奋勇猛扑，至十时攻进该寨。是役计毙匪十二，击伤者甚多，俘伤匪三，余均惊慌溃逃。追追至肖家台，匪皆窜入深山密林中，遍搜无踪矣。安民后，即晚回防。

2．大沙河之役。朱团长家麟率所部(欠第三营)于十七日由姑山沟出发，至罗家沟口，侦悉陈匪家声带匪四百余名，已窜踞内王沟。当派第二营司营长元恺所部(欠第四连机枪连)经张家坪向内王沟之匪进剿，并令第四连向大沙河、庙沟前进，以行截击；复令第一营营长史祝三率所部由磨沟经磨沟脑之线，向匪前进，以行堵剿。司营长部进抵张家坪，而匪之大部已向玉皇山方面逃去，其一部约四十余人，则循沟东窜，与我第四连堵击部队恰相遭遇，遂向该匪迎头痛击，匪惊慌溃窜，转向西北遁逃，追过山垭时，已均潜匿于深林而无踪矣。是役毙匪四名，击伤匪十数名，获枪二支，并夺回肉票一名。将匪击散后，一面遍山搜索，一面招抚流亡，安慰民众，并宣传共匪之罪恶及国军剿匪之意义，与我军爱护民众之真诚。当夜即在该处宿营。

3．谢河沟之役。十九日，朱团长家麟率所部(欠王营)经过风楼向九华山探剿陈匪家声股，进抵庙台子，得知陈匪家声股约百余，匪有枪五六十支，在九华庙盘踞。遂令第一营经石门沟，第二营经谢河沟，分途向该匪包剿。第二营先头部队第五连，行抵刘家屋场，得知有匪三四十名，在其附近做饭。遂立即攻入，匪惊慌弃饭，由后门向九华山逃遁。我官兵奋勇跟进至九华山下，匪大部又转向青岗槽逃窜。乃急令第二营追出九间房截击，进抵该处，匪已转窜红岩子。是役毙匪五名，获枪二支，夺回肉票一名，伤匪甚多。

4. 双沟脑之役。陈匪家声股经连日追剿，只余二百人，狼狈流窜，于二十一已窜抵桐木沟。贼胆既丧，不敢盘踞，似仍有西窜模样。乃令第一营史营长祝三率部进剿，务期尽歼丑类，以尽根株而安地方。该营于二十二日早五时三十分，由驻地红岩子出发，经姑子沟、双沟向桐木沟方面前进。七时四十分，抵姑子沟脑（即双沟脑），将匪追及。盖该匪全部正向西北逃窜耳。我前卫第二连，遂在该处猛烈向匪攻击，并以第二连之一排与第三连，分向两侧迂回，三面围剿，以期尽歼匪类。复令迫炮在双沟脑向匪炮击，乘其密集，阻其展开。步炮协同三面夹击，匪初尚欲图顽强抵抗，继而向后撤退，又图利用地形以行支撑。终以我官兵之奋勇，将匪击破，三五成群，惊慌溃逃，潜窜于森林之中。其他一部约三四十人，则窜入桃园沟，及我第三连跟踪追至，除击毙者外，亦均窜往深林之内。既经击散，遂令各部在遍山搜索散匪，并清理战场。是役计毙匪连长、队长及看护长及匪兵等共十三名，俘匪三名，伤匪不计其数，获枪九支、骡一匹。我第二连连长腿部受轻伤。

（三）补充团

八日，将台附近东方二里之长冲，有土共七八名盘踞。令补充团李团长振清，派第三连前往清剿，于八日早五时，向匪猛攻，击毙匪数名，其余漫散北山，遍搜无踪。该连于九日在王家山又遇匪数十名，当击毙四名，余均窜东北山中。以上共毙六名，俘一名，救出肉票一名。

五、剿匪宣传

按凤凰哨以北地区，受赤匪滋扰日久，赤化较深，现经多方绥抚，始渐归来。督促组甲编保甲队，渐已倾向国军。惟军队以剿匪而驻止无定，未能长期协助民众，故欲其〔自〕卫力量充实仍在政治上极谋妥善办法，其效益大。本月清剿以来，社会秩序较前更为安定，保甲队次第成立，协助剿匪，对小股匪亦可自卫。

…………

〔国民党政府军事机关档案〕

8．国民党军新编第十一旅刘宝堂部与红二十五军在甘肃静宁附近战斗详报

（1935年8月15—18日）

一、于八月十四日上午九时，有由秦安北窜来徐海东股匪约三千余人，至距静宁十五里处张家山、河上山沿山梁窜至静宁西八里铺及附郭之西河沿一带，向静宁城及祁家大山严密布置，该匪有机枪十余挺，迫击炮十余门，先头部均着便衣草帽，该匪负带甚重。迨至傍晚用机枪猛烈向我射击，掩护步兵扒城。

二、职遵照驻甘绥靖主任朱电令，固守沉着，应战四小时，匪未退，匪仍退至八里铺，本日拂晓以全力复来攻击，经我西南碉堡守兵侧击击退。

三、此役我消耗七九步弹四千七百余粒，自来得子弹八百余粒，手掷弹三百余颗。

四、职旅受伤兵七名，公安巡官一名，击毙魏镇长一员，民人受伤五名，掳去当地教员三人，壮丁十八名。

五、据探报，匪大部在单家集（距静宁四十里），先头部已窜至兴隆镇一带（距静宁五十里）。除令饬现驻隆德马营（第二团第一营）严密警戒，以防窜扰。余容续呈。

陆军新编第十一旅战斗详报　于二十四年八月十八日下午五时
由静宁县旅司令部　发

一、于八月十七日有前窜据静宁县属单家集徐海东股匪三千余人，由该集向东窜，于下午二时窜至隆德县南北两山，以高临

下，用机枪猛射扑城，我南北两山守御部队，以众寡悬殊，故被击溃，伤亡极重。

二、查隆德县城墙经久未修，墙垣倾颓，几如平地，不能掩蔽，且居民稀少，县城面积甚大，仅驻职旅一营，兵力薄弱，布防为艰。

三、职遵照前令，依旧依险固守待援。

四、第六师丁旅奉令乘汽车七十余辆驰援，中途被匪所阻，迨至下午五时未至。该营与匪激战四小时，每兵所带子弹不过十粒，且该匪攻击甚烈，城墙高不过三尺，行不并肩，无险可守。我军子弹已尽，匪蜂拥而至，于下午五时三十分，我官兵奋勇白刃肉搏，终以寡悬殊，援兵绝望，向庄浪县方面撤退。

五、此役我消耗七九步弹四千余粒，自来得弹一千二百余粒，手掷弹五百余粒，轻重被服均被匪分给贫民，公文均被焚烧无遗。

六、此役职旅第二团第一营官兵重伤二十二名，阵亡二十五名，被俘二十一名，损失七九步枪四十五支。

七、据探报，第六师丁旅于下午九时克复隆德，匪向东窜。职饬第二团第一营仍回隆德原防整理，听候丁旅长指挥，待命追剿。

附战斗详报表一纸〔略〕

〔国民党政府军事机关档案〕

9．国民党军第十五路军马鸿逵部与红军第十五军团在甘肃盐池预旺堡一带战斗详报

（1936年6—7月）

六月十四日午后二时，奉长安总司令蒋、副总司令张元酉电开如下：

（衔略）。探报股匪刻已窜抵同心城，其窜中宁之公算较少，而窜中卫、靖远间渡河后，南窜靖远、海原之公算较多。此时少云兄在中卫以北之河岸守备队，可酌调若干南移于中卫、五佛寺

间。一民兄可酌将中卫至靖远间之河西岸守备队加厚，并将靖远、海原、黑城之封锁线增加巩固。少云兄拟将三十五师移防王家园庄及李旺附近，以策应中宁及海原、靖远固善，但三十五师以一师孤立，恐无此机动力量，徒被匪所胁制，不如以该师增固黑城、海原、靖远之防。何军集结后，迅即向同心城、预旺追击。尤要者使用骑兵，分数纵队，到处袭击，使匪多所顾虑，如此将匪压迫于中宁、靖远、黑城间，何军加以猛烈之追击，而海原、黑城部队加以策应，则不难将匪集歼于黄河东岸也。请一民、少云兄斟酌速决，柱国兄部奋勇敏捷，共成伟业，有厚望焉。蒋中正、张学良。元酉。

同时接吴忠堡马司令腾蛟报告如下：

环县之匪刻已窜至朱邑山、马家堡各情，业经电告。顷据报告，文晚八时，有骑匪两股，窜至七营镇，被我驻军击退，又来步匪千余，正与我军对峙中等情。

集于本日各情报，本军决计改变以前防御计划，于午后七时发各部队命令如下：

命令 六月十四日午后七时
于宁夏十五路总指挥部发

一、连日盘踞王家庄、同心城一带之匪，于今（十四日）晨，一股约千馀窜至火草沟，其大部仍在同心城附近，似有进犯我中宁企图。

二、本军以堵击该匪之目的，在中宁至金积、灵武之线，占领坚固堡寨，防堵该匪西窜，相机出击，而歼该匪于中宁以南地区。

三、中宁二十一旅及特务团、警备第一大队，仍在原有阵地，对火草沟方面之匪严行戒备，俟匪接近，相机出而歼灭之。秦福成团归马司令腾蛟指挥，占领灵武、大寨子、吴忠堡、金积之线，重要堡寨配以相当兵力，与壮丁协同构筑坚固工事，俟匪至时，竭力固守，沉着应战，以之牵制股匪兵力。马光宗团即日进驻上下张恩堡待命。第二十旅号马全良部即日集结于金积待命。警备第二大队仍守原防。第十九旅三十七团马得贵全部，明日(十五)进驻王洪堡，嗣后归第二十旅马旅长全良指挥。骑兵第一团到达吴忠堡后，即归马旅长全良指挥。

四、各部队遵办及到达时间具报为要。

五、余在宁夏总指挥部。

总指挥马鸿逵

六月十五日午前八时，奉总副司令盐未机一电开如下：

(衔略)。据何军长元申电。密。奉令进剿，谨豫定三期完成任务，第一期拟进出曲子、三岔、小岔、固原之线，第二、三两期，依情再进出环县，毛屈井、七营之线，次及洪德城、预旺堡、李旺堡之线。兹谨先将第一期进剿计划分报如下：

甲、第一步兵力之集中，预定先日前完毕。(一)檀师主力推进三岔、小岔附近，掩护第二纵队集中。(二)牟师长在马渠镇以南地区，周师在青石咀、瓦亭附近集中，重点置瓦亭附近。(三)常师在新铺、三十里铺、庆阳附近，掩护第一纵队在板桥、庆阳、三十里铺附近地区集中。(四)骑六师以一部进毛固堆，原对野狐沟、阜城方向搜索匪情地形，并与檀师取连络，主力仍控制驿马关、安家寺一带。

乙、第一步各部队之会剿预定铣后开始。(一)沈纵队于三十里铺以北地区，沿庆环大道两侧向阜城、曲子之匪进剿。(二)白师以一部进出子房沟，威胁曲子，主力经毛固堆进出野狐沟，协助沈纵队侧击阜城之匪，俟第一纵队到达阜城时，应乎必要，再转移于沈纵队之右翼。(三)新铺方面之常师，于沈纵队向阜城推进时，须以有力一部推进土要岘、陈家原附近，掩护沈纵队右翼之安全。(四)牟师定于铣日，由集中地依情况开始向马渠、三岔间推进，策应第一纵队之进攻曲子，周师相机策应固原。(五)骑十师俟牟师到达三岔后，即向小岔、罗家寨一带转移，主力控制小岔等语。除电复尚属可行外，特闻。蒋中正、张学良。机一。盐未。印。

同时又接西峰镇何军长删午通报如下：

（衔略）。据飞机报告：（一）黑城镇似有匪盘踞。（二）七营寨内有我马师部队约两营固守，另匪一部由七营东山向毛居井方向运动中。（三）李旺堡为匪占踞，但黑家羊圈仍为我军与匪对峙中，该处之匪，亦有向东移动模样。（四）同心城及其西方一带未见匪踪。又据檀师长寒申电称：三岔之匪经我击退，现据陈家湾野露代（三岔北三十里）各等情。敬闻。何柱国。删午。参。

六月十六日午后七时，接盐池屈县长删亥报告如下：

据探报称：今晨定边到匪五六百名，将城包围，刻盐池已闻枪声甚急。除派探续向定边侦察外，谨闻。屈伸。铣子。

午前十一时，接预旺董县长天祥、营长孔庆福寒电报告如下：

徐匪海东率伪十五军团步骑五六千人，炮六门，机枪多挺，连日陆续西来，驻绕城西北十里之红城水及东十里之东滩各寨，意在攻占预城与大小罗山，作为进扰金灵、卫宁之根据地。因县境事先各地已励行清野，水井、食粮悉予封锁，其志未遂。佳午步骑两千断绝北地交通，逼夺城关，当将北关全部占领，断我水源。夜十时，连同续来匪部千人，开始围攻县城，赖我守御驻军凭城射击，壮丁沉着应战，匪伤亡甚多，举未得逞。灰夜匪复猛扑县城，我方用步枪、榴弹轰炸，与矛石刺击，激战三小时，匪受重创，始行退去。匪以城防严密，无计可施，但深知城内无水，驻军有限，除一面据险相困外，复在北关距城五十米处，遂藉民房掩护，挖掘坑道。经我一、四区壮丁守城，将临城民房悉数焚毁，并于城内沿城墙一带挖掘开壕，阻断坑道。匪知地道无效，旋即放弃。真日黄昏，匪众再四扑攻城，东南大寺内及城上守军壮丁猛烈攻退，匪部伤亡狼藉。文日我空军向城东南各地民房之匪攻后轰炸时，城内驻军及壮丁乘势出击，毙匪甚多，余则惊散溃走，是役我方夺获乘马十余匹。午夜红城水匪骑二千余，与围城匪部伪十八师吴怀玉股，携带云梯并力攻城，卒以我方士气旺盛，沉着应付，悉予击退。是夜杀声振天，闻十数里星火之下，匪军环城弃尸，伤毁无算，匪以野无食粮，围困不成，且此项大计无所逞，已于元晨悉数经白家滩、索家岔向县西南同心城、王家团庄一带逃窜。其一部主力有趋向王家团庄三十五师弹药库企图。现我方派探四十余名，分向各方日夜侦察，闻仍有匪军继续西来。据扰环县、曲子一带之匪，全部于文日向王家洼子、海原方面逃窜说。查预旺自有史以来，城内向无水井，居民食用仰北关山泉。此次县长以十一日之久，掘井十丈，非特涓滴未见，处处枯涸，且为坚梗阻碍，焦灼束手，徒唤奈何。被围期间，竟日无水，我军民饥渴，城上壮丁气喘，畜类因以渴毙者颇不在少，所幸重掘促深二十丈，始于文晚获得甘泉，虽系人力，诚亦福德所致。复计自佳日被匪围攻以来，共四日，我方阵亡班长一人，负伤五人。匪众经我射杀与飞机轰炸者，约达二百余人上下。我城军民欢腾，士气振奋。职等抱与城存亡之心，士卒有效命捐躯之志。匪虽远窜，依旧昼夜防守，未敢怠忽。今幸防务安固，仰赖庇荫，当益加努力也。谨电奉闻。职董天祥、孔庆福同叩。寒。

午前十一时，电令吴忠堡马司令腾蛟、金积马旅长全良、中宁马旅长英才如下：

吴忠堡马司令子云兄、金积马旅长全良弟、中宁马旅长英才弟均鉴：数日来，匪仍盘踞同心城一带，骑匪出没于火草沟、李家岗子附近，据报该匪搜集牛羊皮胎，似有企图渡河模样。各该司令、旅长应注意事项如下：(一)对匪情应逐日远派侦探详侦察。(二)饬所属官兵暇则坚固堡寨、碉楼，详查交通路线及碉堡地形，遇事联络，确实便于策应，至要切盼。马鸿逵。铣巳。总参一。

又电吴忠堡马司令腾蛟如下：

密。删午、感午电均悉。匪挑牛皮胎、煤油桶，想系准备渡河之用。刻下匪行踪若何？望详探确报为要。马鸿逵。铣巳。总参一。

正午十二时，发长安总司令蒋、副总司令张铣午电如下：

（衔略）。密。盐未机一电奉悉。何国进剿步骤均悉。已饬属妥适准备，俟何军到达目的地后，即行出击，以收夹击之效。谨复。职马鸿逵。铣午。总参一。

午后一时，接吴忠堡马司令腾蛟删午电报告如下：

秦福成团只留一营分驻大寨子、灵武两处，其余二、三两营及团部驻金积，今晨已到达吴忠堡，所有防守堡寨及兵力驻扎另呈，谨电奉闻。职马腾蛟。删午。参。（兵力驻扎表从略）

午后三时，接灵武赵县长牧寒电报告如下：

（衔略）。蒸、文各电均奉悉。（一）职县粮料已收二百余石，除发各部队外，尚存一百石。现在饬各区乡长严加催征，以期扫数。（二）清野事宜，已饬各区助理员及保甲长负责办理。据各该员报称：现值青黄不接之际，乡民家无颗粒，所有财物均已移入指定各寨，如匪来犯，当不战自毙矣。（三）壮丁队已配备妥当，并由马司令、马旅长亲自督察，均认为适宜。又由县府派员分赴各队训话，并教练射击及投炸弹等项。谨电禀报。职赵牧叩。寒。

午后四时，接盐池屈县长铣申报告如下：

刻城东窜来骑匪六七十名，稍停又折回东窜，似探盐城情形。城外别处安谧，至城防职当负全责，即无一兵，职有壮丁、警察，尚可支持，城存与存，城亡与亡，职早有此决心，钧座勿虑。惟恐因守城有违令者，应如何办理，祈电令遵照。职屈伸叩。铣申。

午后十一时，接吴忠堡马司令腾蛟铣戌电报告如下：

密。（一）铣巳电令奉悉。并已分别遵照。（二）惠安孙营于下午三时出发，兼程赴盐，驻石驿之一连，亦同时进至惠安堡。（三）

陈廷琳营（欠八连）明早三时出发、赴石沟驿。李得仓团因马匹过劳，暂缓出发，另待命令。谨闻。职马腾蛟叩。铣戌。

午后十二时，接吴忠堡骑兵第一团李团长得仓铣电报告如下：

密。本团于铣日晨到达吴忠堡，此次沿途行军，天气炎热，加之宿站过大，并马食甘草多致反油及汗风等症，已倒毙者共计六匹，患病者十余匹，已留吴堡治疗，以期早愈。又奉电谕，着本团进驻宣和堡，路途遥远，如此行军，恐马受极大影响，拟按平日行军前往，可否？祈速电示为祷。职李得仓叩。铣。

又接预旺董县长删午电报告如下：

密。匪约二千余，在王家团庄向人民逼索大宗粮款，现人民固守该地南北两堡寨。惟以寡悬殊，人民万分惶恐，务请钧座设法派机轰炸，并促南军速进，以救民命。职董天祥叩。删。

六月十七日午前十一时，接盐池屈县长筱卯电报告如下：

密。铣夜职防暗算，于城外放探极密，城中戒备极严。顷各探先后回报，骑匪东窜，盐境无匪踪矣。谨闻。职屈申叩。筿卯。

又接派往预旺、韦州侦炸并投送子弹四〇四飞机回报如下：

(一)韦州以南有匪出没。(二)预旺北之七里铺一带有工事颇多，并有步骑匪约四百卧伏工事内，投弹六枚均命中爆发，匪死人马颇多。预旺城南平地，匪亦作有工事，但未见匪踪。(三)韦州、预旺一带，均在降落大雨，不能详细侦察，白家滩、同心城无法前往。(四)子弹五包、通讯袋一个，均妥投预旺城内。

午前十一时，发金积马旅长全良电如下：

密。铣申电悉。所有被匪放回之士兵，统交该地政府收容，供给伙食可也。马鸿逵。筱巳。参。

正午十二时，发金积马旅长全良电令如下：

密。查何晓霆部担任之防务极为重要，未知该处工事、道路。水井、食粮、通信连络等准备情形如何？以及阵地位置周围之地形又如何？希即查明迅速绘图具报为要。马鸿逵。筱午。参。

午后一时，接盐池孙兆祥营长筱电报告如下：

密。职于今日九时率本营全部到达盐池，谨电报告。职孙兆祥叩。筱。

午后三时，奉长安代总司令张铣亥电如下：

密。综合删、铣两日飞机报告：甲、删日，(一)黑城镇内颇安定，未见我军符号及匪踪。(二)七营有我军驻守，七营以东山道有匪约二百，骡马数十匹，驮载辎重。(三)李王堡内甚沉寂，该堡西边独立寨内，有我军驻守，寨南有土匪工事，内有匪兵三四十名，正向我军攻击。(四)同心城颇安定，未见我军，亦未见匪踪。乙、铣日，(一)三岔有我骑兵驻守，七营至黑城镇沿途有我军驻守。(二)李王堡、陈家台七八百户一带村庄，均有匪盘踞，七八百户有匪向蔡家口子渡河往来。(三)同心城已被匪占领，同心城以南大道上，有匪用马驮载物品向南运。(四)固原南部有我军千余到达等语。希饬属注意。张学良。铣亥。机一。

午后六时，发长安杨主任虎臣筱申电如下：

(衔略)。密。铣午铣一电敬悉。窜宁之匪，于齐、佳两日连续围攻预旺、韦州，均被我守备部队及当地团队击退，匪以伤亡过众，计未得逞，乃向同心城、王家团庄一带窜去。近两日来，该匪仍在同心城一带盘踞，无新变化。弟即准备夹击。副座对窜甘宁之匪进剿统盘计划，有无所闻，祈便中电示为盼。弟马鸿逵。筱申。总参一。

午后八时，接中宁廿一旅马旅长英才筱电报告如下：

据探报，李家套子、火草沟、丁家塘等处之匪，于今晨退至同心城，并有向高崖子撤退模样。谨电禀闻。职马英才。筱申。

同时发预旺董县长天祥、孔营长庆福筱电如下：

密。寒、删三电均悉。此次徐匪犯预，幸赖弟等规划慎密，指挥有方，兵民用命，忠诚杀敌奋勇，卒将匪击退，地方赖以保，人民免遭蹂躏。功在地方，殊堪嘉奖。尚望长保荣誉，以竟全功，子弹容后即为补充，特复。马鸿逵。筱酉。参。

又发盐池屈县长筱电如下：

密。定边失陷，详情如何？或系匪我兵力悬殊所致，抑城内起其他变化故所致，究竟匪来围城时，守城团队曾抵抗与否？望详密探悉，即复为要。马鸿逵。筱酉。参。

午后九时，接盐池屈县伸、孙营长兆祥筱电报告如下：

密。据探报铣日守定边之团队，所有枪支被匪收去，今日该匪在城中挨家搜查，特报。职屈伸、孙兆祥。筱申。

午后十二时，接吴忠堡马司令腾蛟筱报告如下：

密。盐池电话已通。石沟驿之骑兵连于本日午前三时到达惠安堡接防，骑兵孙营长本日午前八时到达盐池增防，此间防务安谧，希勿系念为祷。职马腾蛟叩。筱申。

六月十八日午前五时，派飞机携带三十五磅炸弹六枚，往预旺侦炸围预之匪，并带步枪弹二千五百粒，投送预旺城内守城部队。

午前七时，奉长安张副司令谏酉电如下：

密。三岔有匪三百余。元辰命李参谋长率第三十团分两纵队进剿，该匪据险顽抗，乃以第二连威胁左侧背，激战一小时，匪不支，向北窜去。未刻将三岔完全占领。计毙匪三十余，获步枪三支。我伤亡士兵四名，阵毙军马三匹等语。除饬于三岔、马渠两地构筑工事严防以待主力集结进剿外，特达。张学良。谏酉。机一。

上午十一时，发中宁二十一旅马旅长英才巧电如下：

密。筱亥电悉，所捕之嫌疑犯人，统交由县政府收容，亟供给粮食，特复。马鸿逵。巧巳。参。

又发盐地屈县长巧电如下：

密。巧子电悉。望与孙营长和衷共济，小心防范。匪善用诈术，诱惑民兵，务严密侦察，固守盐池为要。特复。马鸿逵。巧巳。参。

午后七时，接西峰镇何军长柱国文电通报如下：

密。弟于文早派飞机两架，往预旺、韦州等处轰炸协战，十一时始退。据报预旺至红城水之道上，发现匪约二千余，向韦州窜扰，以骑兵四五百围预旺，匪指挥部似在红城水附近山林中。在红城水投弹四枚，红城水以南道上投弹四枚，预旺附近投弹十二枚，均命中，毙匪甚多，人马逃散。(二)预旺城门均闭，我军在城墙上与匪对抗，城内军民见我机至炸毙匪尸狼籍，均拍掌称贺。(三)韦州尚未见匪到，城门均开放，韦州以北无匪踪等情。据归来检查两机身均中匪枪弹数枚，侦察员张式群腿部受伤，并拟文未再派机前往预、韦两城轰炸。除分报总部外，特闻。弟何柱国。文未。峰。

午后八时，接盐池孙营长兆祥巧电报告如下：

密。据探报陷定共匪约五六百，近数日由安边陆续增来及胁从者已达千人。此间壮丁民团稍差，人数不足三百，兼之职防过大，必要时在质量双方均难分配，拟调第一连来盐增防，以充实力，俾竟全功。请电示祗遵。职孙兆祥叩。巧未。

又接吴忠堡马司令腾蛟巧电报告如下：

密。据惠安电话报告：匪山炮三四门，会同步匪正围攻预旺县城中，另有步骑匪各五六百已到韦州附近，声言今夜攻韦。陈廷琳带骑兵两连，于早三时出发，赴石沟驿送韦州之子弹，于午时起运。现因韦州发现匪情，已电石沟驿阻其前往矣。谨禀。职马腾蛟叩。巧申。

午后十二时，接吴忠堡马司令巧电报告如下：

密。韦电话报告：(一)匪此刻正攻预旺城中。(二)红城水现驻匪约千余，无甚动静。(三)韦州附近尚无匪踪等语。谨闻。职马腾蛟。巧戌。

六月十九日午前十时，接四〇四飞机回报如下：

(一)红城水有匪出没，投弹两枚，命中爆发。(二)韦州、预旺一带未发现匪军行动，预旺城附近有匪藏躲，投弹四枚，命中屋中爆发。(三)预旺城内写有“南大寺有我军，其余均系匪军”。通讯袋一枚、子弹四包，妥投预旺城内。(四)同心城、沙咀城甚沉寂，行人绝迹，亦未见匪军活动。(五)后座被匪击中一枪，损裂钢条二根。

午后一时，接吴忠堡马司令腾蛟皓电报告如下：

密。(一)顷据本部侦探报称：罗山附近发现匪骑，约五六百人，分向石墙子、惠安堡前进。行踪如何，容后续报。已通知二十旅及所属严加戒备矣。(二)韦州电话现又通，惠安无匪情。谨电奉闻。职马腾蛟叩。皓午。

午后四时，接曲阳陈总指挥诚筱电通报如下：

密。据八六师高师长删未电称：派赴三边密探回报，匪总部重要物件、伤兵等，均在宁条、梁、安边，仍在围攻中。又据张家畔（靖边北二十里）来人称：围安边之匪，已退安边之草山，梁镇仍被匪踞等语。陈诚。筱申。参谍。

午后七时，接韦州苏盛华皓电报告如下：

密。(一)此次围攻县城之匪，人数较少，而行动积极，日夜枪声不绝。(二)今晨循来路东下之匪，步骑数百人，掳去韦州羊户苏尚忠。(三)匪衣履褴褛，到处搜食。(四)匪探每夜频至韦关，以手电窥视。匪此次到处吓民逃避。职苏盛华。皓申。

午后十时，奉长安张副司令霰电如下：

密。据马鸿宾铣未电称：前奉朱总司令盐午电，奉副座元戌机一电，已令何军长抽一团兵力，往固原接马师防务，俟交替后，即移驻李旺堡、王家团庄一带布防等因。周师一团今晨抵固，我马旅长玉麟率部计期今晚到达，应在固整理补充后，即行出发，此间城防当即遵交百八十师接替。惟职部向李旺堡、王家团庄推进，所有三七营防务，一并交周师接替之处，伏祈示遵。除电朱总司令特此请示等语。查匪大部现拟窜至同心、宁道、上量、李旺堡、王家团庄一带，已无驻军必要。如何？布防徒陷孤立之势，而周师正集结兵力协同牟师寻匪进剿，若令进驻三七营既分兵力，又形突出，于事无补。此刻贵部应进至固原（不含）、黑城镇、海原间布防，连系新一军，防匪西南窜，并策应何军追剿部队，夹击该匪于李旺堡、同心城一带而聚歼之。除令马司令官遵照电朱、马、何外，希即饬属注意连络。张学良。皓申。机一。

同时发骑兵第一团李团长得仓皓电如下：

密。着该团陈营长廷琳，于明（二十日）晨三时即率该营（欠第八连）进驻惠安堡，到达后，即行报告，并韦州、大水坑方面特别注意警戒，多派侦探远侦为要。马鸿逵。皓戌。参。

又接盐池屈县长伸皓电报告如下：

密。谨将职所拟守城灯笼之准备电报祈传各县城寨照办，其法将杆条截为二尺长，中心顺长穿孔贯以铁丝，下端用铁钉横贯泡内麻油三斤，再用煤油棉花缠包，极紧要时将点着，丝一端系于城上，徐徐吊于城外，距地光力徐徐，风雨子弹不怕。谨上。职屈伸。皓。

午后十二时，接盐池屈县长伸、孙营长兆祥电报告如下：

密。城东南角三千米达独立庄子，到匪骑百人，请即刻派飞机轰炸，职已准备机至即出击。职屈伸、孙兆祥。皓午。

又接盐池屈县长伸皓电报告如下：

密。惠安堡电话报告：该堡东南李家大湾来匪百余人，赶去羊百余只，牛多头，并将该处刘万禄捉住，要现洋三百元赎回。谨报。职屈伸。皓。

六月二十日午前八时，接盐池屈县长伸、孙营长祥智电报告如下：

密。刻城东北二里杨庄有步匪五六百，城南有骑匪数百。请速饬飞机前来轰炸，切盼之至。职屈伸、孙兆祥叩。智辰。

午前九时，接盐池屈县长伸、孙营长兆祥眘电报告如下：

密。刻匪拉民骡驴千余运大行李，由城南五里外向西南行去，不知是何企图。请饬金灵、惠安堡驻军注意，以免受匪不意之袭击。职屈伸、孙兆祥叩。眘巳。

午前九时，接吴忠堡马司令腾蛟号电报告如下：

密。报告佳日据韦州苏队长盛华报称：(一)围攻预旺之匪均系乌合之众，服装乱杂，形极狼狈，皓日连攻县城三次，均未得逞。我方沉着射击，毙匪甚多。(二)红城水有步骑匪千余，连日骑匪向附近村落搜集米粮，并掠去牛羊甚多，其企图尚未明。(三)匪到之处，将妇女掳去蹂躏不堪。(四)二十一旅马旅长通报，据获匪探供称：围攻预旺匪首因攻城不下，会议结果，派少数人抬云梯佯攻城寨，前进数步即停止，伏地以诱我方发枪，消耗弹药，待我弹药缺乏，再行攻城，期得最后胜利等语。请由飞机通知守预军警团及民众，加意防守，勿滥发枪。(五)匪诱我消耗弹药方法，已令饬各县保安队查照矣。(六)据惠安堡电话报告：惠安堡东南之李家大湾一带，发现匪骑数十名，并掳去某财主一人，勒令以十担大烟赎身各等语。谨此奉闻。职马腾蛟叩。号辰。

午前十时，接盐池孙营长兆祥眘电报告如下：

密。此间团队毫无战斗力，闻枪声即逃避，幸赖我官兵四面奔驰抵御，否则城必陷，兼之城墙过大，人数尤少，部署困难。拟调驻惠第一连增防，以竟全功。再机枪弹及手枪弹消耗颇多，请予以相当补充，并所得敌之七九枪六五支，亦请发给子弹若干，俾资利用。职孙兆祥叩。眘辰。

午后二时，接惠安堡陈营长廷琳眘电报告如下：

密。职率于十时抵惠安，此间尚未发现匪情。据土民报称：韦州附近有匪军数百，预旺有匪二三千，该县城仍被包围。职营现时驻此或前进韦州，请即示知为盼。职陈廷琳叩。眘巳。

午后四时，发吴忠堡马司令腾蛟眘电如下：

密。哿午参电悉。已令陈廷琳（欠第八连）营由惠安堡相机进驻韦州，所有寨内团队，统由该营长指挥。本日飞机侦炸效力如何？探悉报告。马鸿逵。哿未。总参。

午后五时，接盐池屈县长伸、孙营长兆祥哿电报告如下：

密。哿辰电奉悉。攻城之匪，乃盘踞县城附近各村庄。又定边方面运来大批给养、辎重，企图未明，俟探续报，并请饬飞机送来各枪弹若干，以资补充。职孙兆祥、屈伸叩。哿午。

午后九时，接西峰镇何军长柱国通报如下：

密。深谋远虑，至深感佩。查近来匪已西窜，变为盘踞形势。近据报告：毛、彭主力似住在环县、曲子一带，而七营、黑城镇及三岔以北之匪不过其一小部，同心城附近则为徐海东之主力。弟拟先以主力沿庆环大道克复阜城、曲子，摧毁毛匪盘踞企图，然后再联合兄部及陈、汤两路军大举进剿。沈纵队皓日在庆阳集中毕，即令南合骑六师沿庆环大路两侧进剿。令第二纵队周、牟两师及骑十师在三岔、小岔、固原之线扼要防剿，并相机协助主力军之进剿。又副座仍在京未回，并以奉闻。弟何柱国叩。皓午。峰参。

午后十时，发南京委员长蒋、西安代总司令张号电如下：

密。赤匪主力现窜预旺，盐池，彻夜攻城，战极激烈。计围预旺之匪不下五千人，系由同心城、王家团庄窜来者。韦州之匪，系由洪德城窜来者，数约二千余。围盐池者约三千余，系由环县窜来。幸经我盐、预、韦守军拼死力战，未有疏虞。盐池方面尚获胜利，战况另备，祈积廑念。查职部防线过长，无力抽调部队前往助剿，恳祈钧座速饬剿匪大军何军挺进剿击，以免预、盐疏虞，张大匪势，不胜盼祷。职马鸿逵叩。号巳。参。

又发西峰镇何军长柱国哿电如下：

密。徐海东股匪连日围攻预旺，守城部队子弹甚缺，此间飞机油弹将尽，无法运送。祈兄由贵处派飞机与预旺城内送七九、六五步枪弹各二千粒，再与盐池守城部队送尖头七九机关枪弹一千五百粒，六五、七九步枪弹各一千粒，六九自来得手枪弹五百粒，以资急需，而便抗匪，至为盼切。运送时，多用棉花包裹，以免损坏，因弟派机运送时，裹扎稍薄，损坏甚多。弟马鸿逵。哿申。总参。

六月二十一日午前二时，接盐池屈县长伸、孙营长兆祥号亥报告如下：

匪现以大部向城西四面进攻，甚为猛烈，并有云梯多架，职等督饬军民沉着守御。职屈伸、孙兆祥。号。

旋又接盐池无线电电称城陷。

午前七时，派四〇四飞机带三十五磅炸弹八枚，往预旺、韦州侦炸匪情，并带子弹二千粒，投送预旺、韦州各一千粒，通讯袋三个，投送预旺、韦州、惠安堡三处。

午前七时，发预旺董县长、孔营长命令如下：

(一)徐匪现以全力进犯我预、盐各地，并以惯术到处宣传煽惑民心。(二)该县长、营长等本军民一体之精神，与地方团队团结一致，严密坚守预城，勿稍疏懈，以牵制股匪，俟我进剿部队北进时，本军即以有力部队南向夹击，以期一鼓而歼该匪于预、环地区。(三)子弹已投送千粒，并电何军长派机送弹。(四)匪攻城时，应沉着勿乱，发枪节省子弹，非有确实目标，绝不轻放。(五)余在宁垣总部。马鸿逵。

午前七时奉长安代总司令张号电如下：

密。据于总司令啸秘保电转报海原县长删戌电称：今日上午八时，突来骑匪百余，盘踞县北六十里之关桥堡，下午复来步骑百余，同住未动，似有进窜县城之势。县城人单枪少，恳即派队驰剿等语。除电复转饬该县长严督团队协同军队守城外，希一民、子寅两兄饬属援应，并希何军长督部进剿为要。此电计发朱总司令、马主席、马司令官、何军长。张学良。号。机一。

午前九时发各部队及各县长个电如下：

密。查我军与匪抗战迭遭意外之损伤，其最大原因，由于各驻军及守城塞团队，对清查工作不甚细密，匪人混入其内，一经激战，相为内应，致遭不测。今后凡各城塞乡堡驻军团队及各区村长、绅士、保甲长，对外省外县人新由匪区来者，绝决不准容留一人，即或本乡本村人，由陕北南山一带新来者，亦应详细考查扣留，欲出外者绝对不许，以防匪人潜入而生意外，万勿疏忽。至要至要。马鸿逵。个巳。总参。

午前十一时发金积廿旅马旅长全良个电：

密。转吴忠堡李团长得仓命令：甲（一）该团（欠陈廷琳营）即进驻灵武。（二）着该团一营派兵一连进驻洪水堡，第二营派兵一连分驻沙葱沟、磁窑子。（三）各部队彼此确实连络，对盐池方面及长城一带严密警戒，并远派侦探详细侦察，随时具报为要。乙、马光宗团暂缓移调，俟预、韦匪情侦察确实后，再行布署可也。马鸿逵。个午。总参。

午前十一时卅分，接四〇四飞机回报如下：

（一）预北停湾有匪骑约四十名向北进，投弹三枚，爆发一枚。（二）韦州附近有我少数骑兵活动。（三）盐地西南城外有云梯约五六处，城内已为匪侵据，投弹五枚，命中爆发三枚。（四）预旺、韦州子弹各二包，通讯袋各一件，已妥投城内，并写有“六五七九”字样，惠安堡通讯袋一件，按址妥为投到。

正午十二时，接韦州陈营长廷琳智报告如下：

密。职奉电令，于午后三时由惠安堡出发，六时到达韦州。西南两面有匪四五百名，正向东南关进行包围，该匪见职队已到，即发排枪，职队向匪猛烈攻击，当场毙匪二十余，因匪火力激烈，职率队冲至南关，又战一小时，始进韦城，幸人马均无恙，即协同团队将城防布妥，该匪仍在附近。现预旺之匪，约四五千，将县城四面包围，预旺连络已断。职陈廷琳叩。智亥。

又发韦州陈营长廷琳个电如下：

密。(一)哿戌亥电均悉。匪鬼诈多端，该营长等勿以窜去而稍疏懈，仍须远派侦探，严为戒备为要。(二)火速设法转知董县长、孔营长，城附近无匪时，即将南北各关房屋拆毁，以防被匪利用，而接近城根，便于攻城。马鸿逵。个。总参。

午后六时，接韦州陈营长廷琳马电报告如下：

密。(一)据探报称：韦州之匪由预旺匪掩护，于今二时退窜红城水一带。(二)又闻预旺匪闻国军开到，昨夜亦退数里。职选派干探正在侦察中。(三)韦州东南关地形复杂，房屋甚多，或拆或焚，即电示知。(四)职营轻机枪头昨日击坏，请由飞机送来机头一个。职陈廷琳叩。马午。

午后六时，接西峰镇何军长柱国哿电通报如下：

密。据常师长皓申电称：据马团长解来投诚匪尚卦山供称：(一)匪由陕北分两股西窜，徐海东率十五军团，经安寨、盐池窜宁夏边境，毛匪亲率伪第一军团，经元城镇窜曲子镇、阜城。(二)徐海东辖之师共六千余名，该匪到安边、定边、盐池、靖边时，先后围攻，当因伤亡过众，故各处留置匪共三团，徐率四团渡河西窜宁夏。(三)匪与国军抗战时，最怕用骑兵袭击，故避骑兵先头而后射击。如飞机助战时，匪力求向我肉搏，使飞机不能轰炸，每一军团炮十余门，但因炮弹甚缺，及不谙仰射术，故效力甚微。(四)环县有匪一团又一营，为夜战军，河莲湾有匪一连，木钵仅有匪伙马夫，曲子有匪军团部及林匪一师，阜城、马岭各有匪一团。(五)匪情各地工事已加修筑，并阜城道路用鹿柴闭塞，企阻止国军进剿等情。敬闻。何柱军。哿午。参峰。

午后十时，发各旅长及各区司令马电如下：

据报盐池于马丑失陷。查失陷原因，并非我孙营官兵应战不力，亦非匪之战斗力强，乃因城内居民与匪勾结，里应外合所致，故战仅三小时，即将城陷。安内始拒外，清民方能歼匪，仰各旅长、司令对于外来商旅及防地居民，须严密稽查，切实清理，以免变生肘腋也。至要。马鸿逵。马戌。参。

同时接韦州陈营长廷琳养电报告如下：

密。（一）昨夜职同团队派干探何方魁、薛学海二名赴预旺侦察，顷据报称：伊等被匪俘去，该匪派兵二名向红城水押送，行至途中将匪手枪二支夺获，匪被击死。并称预旺附近各庄均被匪占，警戒亦严，未能进城等语。请总座对该两探予以嘉奖，以励人心。（二）又据投诚匪温明堂供称：围韦州匪系伪十五军团，现在围攻甚急，在城外挖洞进攻。红城水驻匪一师三团十二连，每连四五十人。再红城水附近各庄均被匪劫。（三）昨日飞机送弹一千粒，将一半损坏。职陈廷琳。养。印。

午后十一时，发韦州陈营长廷琳马电如下：

密。养电悉。查何方魁、薛学海二人不辞劳苦，敢冒危险，深入匪地探索匪情，复能被匪俘后毙匪夺枪逃回，有智有勇，具胆具识，此种精神殊甚嘉许。除将所获匪枪二支归该二人私有外，特电嘉奖，以示鼓励，希即转饬知照为要，投诚之匪即押送来部。再对韦城居民须严密考查，以防奸宄潜滋。对外无论匪近匪远，均要特别戒备，多派干探。夜间或风雨之时，更要特别注意。预旺方面亦须派探联络。马鸿逵。养亥。参。

又发吴忠堡马司令腾蛟养电命令如下：

密。（一）骑兵第一团即日移驻灵武。（二）该团第一营进驻洪山堡，第三营分驻沙葱沟、磁窑子。（三）各部均于明（廿三）午到达各地，对盐池方面严密戒备，以防散匪窜扰。马鸿逵。养亥。

六月二十三日午后四时，接韦州苏盛华电如下：

密。（一）筱日乐利堡来匪百余人盘踞该堡，匪连日进攻东杨家寨，被居民以木石击毙不少，祈派机往炸。（二）红城水之匪，昨日东下二三百，踞韦东南各乡村，并拉运粮物。（三）预旺县城昨夜间有炮声不绝。（四）韦东七十里甜水堡之南到大股匪。职苏盛华。养辰。

午后七时，接吴忠堡马司令腾蛟养电报告如下：

密。报告：（一）骑一团于本日午前四时移驻灵武。（二）已遵令派该团一营进驻洪山堡，三营分驻沙葱沟、磁窑子，均于午前到达。（三）据盐县助理员张发祥报告：伊赴盐池距城五十里，闻城陷即返。确悉孙营长兆祥已战死，屈县长伸不知下落。该营营附率士兵卅余名携械逃出，约明日可到灵武等语。职马腾蛟。养申。

六月二十四日午前九时，接韦州陈营长廷琳梗电报告如下：

密。昨日下午六时，韦电线被匪在塘坊桥破坏数里，俘去人民二，将牲畜拉走，人今早逃回。现来匪四五十名，携杂枪，并带电话匣偷听电话，专用子码等情。晚十二时，匪至韦城扰乱，但未放枪。职协同团队沉着坚守，亦未还枪，拂晓匪退红城水，闻徐匪十五军团部驻红城水。职陈廷琳叩。梗巳。

午后一时，接吴忠堡马司令腾蛟敬电报告如下：

密。（一）惠安堡沙连长电话报告：查得骑匪约三四百名，刻正在荫城堡、于家井、刘家咀一带搜集粮秣中。（二）本部前派出侦探四名，均扮作贩粮驴客，分向同心城、预旺一带侦察匪情，时已数日，均未返部。本日据由同心城逃回侦探梁士英报称：我部侦探均被匪获，伊乘机逃回。同心城之匪系第一军团毛泽东部，现下赤匪到处屠杀牛羊，制作皮胎，闻匪决定先攻开韦州、预旺，俟麦黄烟收后，再攻金、灵等语。谨闻。职马腾蛟叩。敬酉。

六月二十五日午后二时，接韦州陈营长廷琳回电报告如下：

密。（一）韦州电线，由塘坊梁被匪窃去杆线十余里。（二）预旺县城附近该匪戒备极严，转董、孔电报甚难。职已派干探送去，不知可否送到。（三）今日午后六时，预旺南北关起火，不知是我方或匪焚，正派探侦察中。（四）天作堡系该地居民欢迎进寨。职陈廷琳叩。回戌。

午后五时，接四零四飞机报告如下：

(一)韦州有我军"三"字附号，并写有"匪在红城水一带村庄"。通信袋一个、枪械零件一包，妥投城内。(二)预旺有"人"字符号，并写有"请速接济七九、六五子弹为盼"。通信袋一个妥投城内。城北有匪活动，投弹二枚，命中屋中爆发。(三)王家团庄、同心城大道有散匪来往，投弹二枚，命中爆发。同心城至大红沟未发现匪情。(四)毛屈井因大雨云低，未往侦察。

六月二十八日午前九时，奉长安副司令张感电如下：

密。据高师长双成漾电称：(一)前窜鼻腰镇、青阳岔之伪廿八军千余，于元日向三边一带窜去，石湾张营拟感夜向青阳一带截击。(二)安边养日仍有匪约二千围攻梁镇，有匪二三百，匪之伤兵均运该处。特闻。张学良。感酉。机一。

午后三时派四零四飞机携炸弹八枚，往预旺侦炸并通信，旋即回报如下：

(一)惠安堡尚安靖。(二)韦州城内布有"人"字符号，并写有"匪在东北关油房内"，分投弹六枚，均命中东北关屋内爆发。通信袋一个妥投城内。(三)预旺北有散匪出没，当用机枪扫射，预旺城已为匪侵据，有匪散骑出没，当投弹二枚均命中城内屋中，一枚爆发。(四)红城水未发现匪军行动，王家团庄、同心城墙上有匪标语颇多，未发现匪之行动。(五)传单一包已在匪区散发矣。

午后六时，到得预旺城失陷之消息后，即电通知韦州陈营长廷琳如下：

密。闻预旺失陷，其原与盐池同，因城内壮丁有由同心城一带调来者，匪用利诱方法，人民识浅，竟被诱惑，因而失陷。韦州人民素有团结精神，但其间或不免有不明大义之徒，被匪利诱，务须严加考查，时时防范，勿蹈盐、预覆辙，望军民一体尽力坚守为要。马鸿逵。俭申。参。

又发各旅长及各区司令俭电命令如下：

密。证以盐、预失事原因，在于军队受民团之影响。兹为集中兵力，并使军队与民团分清任务起见，从新决定部署如下：（一）各县城寨全由民团担任守备之责，如有疏虞，即由该处负守备责任之最高人员是问。（二）着陈福成团艳日集结吴忠堡待命。（三）着何晓霆队（欠守备牛首山分队）余均于艳日集结于恩私堡，嗣后归谢团长修成指挥。（四）其余各部仍在原地集结，一概不负守备城塞之责，均准备届时出击。（五）在调动部队时，须向民间说明本军不久即行出击，令各民团及住民坚守城堡，决保无虞，以免住民惶恐。再各地如来小股匪窜扰，即由民团相机消灭，如来大股，俟侦察真确，再用以团为单位兵力出击，准操胜算。马鸿逵。俭申。参。

六月二十九日午前八时，接韦州绅苏廷瑞敬电报告如下：

密。县城俭晚失守，感日早共匪数百人来韦攻城，幸我陈营长督饬团队沉着防守，匪白日未敢出头，暮夜暗入东关路东及南关以西各民房，请派机轰炸，并祈掷发七九弹若干为祷。绅民苏廷瑞敬叩。

午前九时，接韦州陈营长廷琳俭未电报告如下：

密。（一）匪昨晚九时四面攻击，惟东面最烈。职率队沉着防范痛击，致匪伤亡甚多，天晓退至东关东北街口、南关西南街口民房内隐藏，火速派机向各该处投炸为盼。东南关房屋均已拆焚，但他物仍复杂。（二）匪连日写信请韦军民与其联络等情，职终以缓兵之计，敷衍答复。再职抱定决心，我即韦城，韦城即我固守韦城。（三）顷据孔营附马义龙由预旺逃出面称：预城失陷，其原因非董、孔防守不严，缘二区壮丁队通匪，内外应合，以致失陷。闻董县长、孔营长均逃出，不知确否？（四）预旺即失，人民恐惶，再该匪对韦定有积极攻击，韦州危急，祈速派队援助，或如何行动，示知为盼。（五）匪于攻韦时，所需子弹甚多，以该匪一昼夜进攻甚急，职以火力制压，故所余子弹无几，祈总座由机补充子弹若干，以备不时之需。职陈廷琳敬叩。

午前十时，派四零四飞机携炸弹六枚往预旺一带侦炸旋即报告如下：

(一)韦州东南尚有散匪，分投炸弹三枚，命中屋中爆发，韦州城内希有“井”字符号，通信袋一个妥投城内。(二)预旺未发现匪情。(三)红城水以南至预旺县之大道侧坑内，有匪骑百余名卧伏，投弹三枚，命中爆发。

午后一时，发骑兵一、二、三团命令如下：

密。(一)毛、徐股匪窜扰盐、预，人民饱受蹂躏，连日来盐、预次第失陷，该匪现已一面积极围攻韦州，一面分兵沿罗山，有进犯金、灵模样。(二)本军为防匪窜扰金、灵保护人民安全计，集给兵力于金、灵两县地区，相机出击，并解韦州之围，以期歼匪于金、灵以南地区。(三)骑兵第一团集结于大寨子，骑兵第二团集结于金积附近，骑兵第三团集结于吴忠堡。(四)其余各部队仍在原地集结。

同时由电话令知灵武县政府，连夜筹备一千骑五日之给养，限于三日内备妥。

午后九时，发韦州陈营长廷琳艳电如下：

密。俭未电悉。弟抱与韦州共存亡决心，殊堪嘉慰。所需子弹，将由机设法送去，望弟与团团队协力同心，沉着严密坚守，此间于最短期自有相当办法也。马鸿逵。艳巳。总参。

六月三十日午后二时，接吴忠堡马司令腾蛟卅电报告如下：

密。孔营长于今晨由预旺到此，腿伤甚重。据云：(一)预旺失陷原因，由于毛屈井一带之壮丁勾结赤匪，里应外合所致。该营官兵多数徒步携枪由城墙逃出，惟尚未集合一起。(二)彭匪德怀现抵红城水，感日匪骑数百由盐池窜至红城水。(三)匪方备有牛羊皮胎及筏子不少，并携带漆油番布船甚多等语。职马腾蛟。卅午。参。

午后六时，接韦州陈营长廷琳卅电报告如下：

密。今早拂晓，匪仍行四面进攻，并在西南城架云梯猛攻甚烈，而东北用机枪向城上猛烈射击。职协同团队奋勇痛击，坚守无妨。惟恐日久发生意外，现子弹缺乏，又派探无法出城，请总座速派部队可即来韦，早行解围。匪不过二千余骑，现在退踞东北角及西南角民房，祈派机向该各处轰炸为盼。谨电奉闻。职陈廷琳叩。卅寅。

午后六时三十分，接韦州陈营长廷琳艳电报告如下：

密。（一）昨晚八时预匪来三四百增加攻韦，仍由四面进攻，惟东南两面激烈，匪自动步枪制压城头，职率官兵及团队沉着固守，不幸轻机枪身炸烈，不能再用，并将一兵手炸伤。祈总座即速设法补充，以便应用。（二）攻城之匪未退后，拂晓退至东关北街口油房及南关西南各民宅隐居，祈速派机到该各处轰炸为要。（三）匪近日来，匪每日有信送来，表示如何亲爱之联络。职受总座栽培，国家鸿恩，抱定决心有我无匪，决以死守。（四）昨日飞机掷弹炸死匪十余名，匪势较前已减，韦民人心已安。谨闻。职陈廷琳叩。艳卯。

午后七时，接韦州陈营长廷琳艳电报告如下：

密。（一）韦州今上午由东南方又窜增匪数百，随时即在南面进攻甚烈。职同团队仍沉着坚守，匪伤亡甚众，我守城团队亦伤三名。（二）据探报红城水之匪与预旺之匪，今晨调防，想另有企图。谨闻。职陈廷琳叩。艳酉。

午后八时，发韦州陈营长廷琳卅电如下：

密。来电均悉。即派骑兵出击，最多不过五日即可到韦，务望撑持到底。匪诡计多端，惯用声东击西诈术，或以少数兵力佯攻，一方使我注意防堵，另以全力猛攻其他之一方，致我应不胜应，顾此失彼，而期获胜。弟应特别注意夜间及风雨将尤要特别注意小心。所需各物，俟飞机去韦时，当设法投送。马鸿逵。卅酉。总参。

七月一日正午十二时，接韦州陈营长廷琳卅电报告如下：

密。（一）据苏局长之子云：现围韦之匪首，系肖元礼、欧阳武均充伪军团长。职闻欧欲组回民政府，驻预匪约千骑，同心城约四五百，王家团庄有匪四百，红城水有匪七八百。(二)韦州已四面被围，派探通信已无法行走。(三)韦州附近之匪约二千余，谅再无增加能力，祈总座速派兵来援，以解韦围。谨电奉闻。职陈廷琳叩。卅申。

午后三时，发韦州陈营长廷琳东电如下：

密。卅申电悉。我援韦大军明后日决可到达，务祈严督军民死守，如韦城内部有不肖之徒不识大体，暗通匪类者，查明后，即按军法，勿稍徇情，致危大局。况韦州为该处人民祖宗坟墓及身家性命所在，弟速即详告民众，晓以利害，务使周知，勿得自误为要。马鸿逵。东未。

午后八时，发骑兵一、二、三团及廿旅命令如下：

密。命令:(一)毛、徐股匪窜扰宁东以来，人民被其残杀蹂躏者不可胜计，更以本省地处边陲，人民知识浅薄，胸胫简单，以致人民被匪利诱。盐、预相继失陷，连日来匪复以全力进攻韦州，幸我官兵坚决固守，匪未得逞。(二)本军以歼灭该匪于韦州附近地区，以解韦围之目的，即日集结骑兵于灵武，按三日行程，推进至韦州附近，向围韦之匪一鼓而歼灭之，并相机驱逐红城水一带之匪。(三)骑一团之一、二两营、骑三团之一营、骑四团之三营、保安处之骑兵一营，并附四十团之迫击炮二门，统归骑三团马团长光宗指挥。(四)对惠安堡之匪派骑兵一连以之牵制，并对甜水堡方面特别派队警戒，以防匪之袭击。(五)各部队应带五日份给养。马鸿逵。东酉。参。

七月二日午后五时，接韦州陈营长廷琳电报告如下：

密。今拂晓围韦之匪，由南门往返游动，再由西窜至徐家河湾约百余，匪伪总部现驻韦西拱拜。匪首欧阳武近给苏盛华来信云：因回教关系，让伊一路，着职率队远离，否则即以武力对待等情。职已决心与此城共存亡，现观匪之行动。王家团庄、预旺一带，不过五六千人，祈总座速派队前来，双方夹击，必歼此匪。诚恐日久，匪患漫延，难以消除。匪现将韦城西塔命石匠钻洞，如洞成，匪可以居高临下，城头即不能站人，实为可虑。并在城南北筑有工事，今午匪复猛射击，伤我城上守兵一名，祈速派飞机轰炸为祷。职陈延琳叩。东申。

同时接四零四机回报如下：

(一)惠安堡尚似安谧，但未见我军符号，马匹甚少。(二)韦州布有“人”字符号，并写“有围攻甚急，万份缺乏弹药，匪在东北关各院内，速送七九弹”等字。在东北关投弹四枚，均命中屋中爆发。通信袋一个，妥投城内。(三)红城水之匪均藏匿，投弹一枚，命中屋中爆发。其南大道上有匪马十余匹，匪众均匿坑内，投弹一枚，命中爆发。(四)预旺、同心城、王家团庄、红寺堡一带，均未发现匪军行动。

午后六时，接韦州陈营长廷琳冬电报告如下：

密。今早一时徐匪海东亲率督战，四面围攻，激战万分，匪连扒上城数次，均被击下，继以白刃战至五时方止，匪约伤亡二三百。职营官兵及团队亦伤亡廿余，获匪云梯十余架，枪弹正在调查中。祈即日送弹，并派兵来援，无弹即无法拒敌，并设法由机送药品若干，并将名词分明填明，以免误用。谨闻。职陈廷琳。冬卯。

本日午后二时，我马光宗团长率骑兵各部，向石沟驿前进，夜十时全部到达石沟驿。

七月三日午前十时，发鸣沙洲何团长晓霆江电如下：

密。江电悉。(一)该团长仍须远派侦探详察匪情。(二)对左右各部队中，务须特别考查，以防意外。(三)对驻在各地民情及区、乡长、保、甲长、绅董、壮丁亦多详密考查，如有形迹可疑者，即行呈报查办，或暂行看管为要。马鸿逵。江巳。总参。

午前十一时，接四零四飞机回报如下：

（一）韦州有我军“++”字符号，城之四周有匪众四五百，正在攻城，经我机分投炸弹八枚，命中爆发，毙匪甚多。（二）韦州至红城水之大道，未发现匪活动。（三）惠安堡已有少数匪占领，我军一部约百余骑，在惠安以北之方家圈附近。（四）我骑兵千余，现停止于韦州北之石沟驿休息中。

午后六时，接鸣沙洲何晓霆江电报告如下：

密。据侦探王福宗报告：（一）匪伪十五军团约六七千名，分驻同心城、红城水、预旺城等处。（二）韦州北廿余里之上下干沟、张伯旧庄、徐家河湾等各驻有匪四五十名。（三）罗山内除驻有难民外，并无匪踪。（四）匪首等在红城水会议，决限七日攻下韦州，故不惜牺牲，昼夜攻击。但因守城官兵射击精确，匪受创甚剧。又利用夜间攻击四次，终未得逞。匪近在韦州附近各村庄搜索工具，似有挖道模样，谨电奉闻。职何晓霆叩。江申。

午后九时，接吴忠堡马司令腾蛟江电报告如下：

密。兹据派往同心城一带侦探马旅龙回部报告：（一）同心城、王家团庄、红城水一带赤匪，积极向各地搜索粮秣、财物。（二）赤匪到处将居民鞭打刑烤甚烈。又据派赴盐池侦探阎多财报称：大水坑夏家兄弟三人均被匪用严刑烤死各等情。谨电奉闻。职马腾蛟叩。江戌。

午后十二时，电话令进至白塔水骑兵马光宗部，即时出发，务于拂晓前到达韦州附近地区。俟我飞机到时，陆空协同驱逐围韦之匪而就地歼灭之。

七月四日午前二时，马光宗团长率骑兵各部到达韦州北之徐家湾下达命令如下：

（一）徐匪海东亲率匪众约二千余围攻韦州甚急，城西南坟园尚有步匪阵地，其伪司令部在韦州南十五里之红城水。（二）我骑兵奉命急解韦围，以歼灭该匪于韦州附近之任务，即向韦围之匪前进。（三）骑二团三营田营长率所部至二里半河湾展开后，即向韦州东关之匪攻击前进。(四)骑一团一营马营长进锐率领该营在河湾以西地区展开后，接田营右翼向韦州城北及城西（古城）之匪攻击前进。(五)骑三团（欠何得良营）在马营右翼向红城水沿罗山一带至王虎子台方面严行警戒，掩护本队右翼安全。(六)何得良营及一团三营之第八连，在十八里滩与骑三团确实连络，向惠安堡、青山墩方向警戒，掩护本队后方。(七)骑一团二营马营长彦率该营在十八里滩以东沿东山一带，对萌城方面严行警戒掩护本队左翼。(八)骑二团一营一连及第二营为预备队，在二里半河湾集结待命。(九)步炮连随田营前进，射击东关之匪。(十)余在预备队前方。团长马光宗各部队完成任务后，应注意事项：(一)马彦营俟东南关之匪向南逃窜时，相机进出于东南关外之河沿以东猛烈射击逃窜之敌人。(二)马进锐营肃清城北及古城之匪后，沿古城南攻击坟园之匪，以防匪向南关增援。(三)田凤翔营肃清东南关之匪后，即向南严行警戒，防敌反攻。(四)骑三团（欠何营）俟南关及坟园之匪向红城水逃窜时，相机进出坟园西南高地，猛烈射击，歼灭逃窜之匪。

午前九时，接四〇四飞机回报如下：

(一)韦州之田家沙涡一带，我军骑兵数百继续向韦行进中，并布有“十”字符号，骑兵先头部队已抵韦州西北城下，一部在东北关之东与东北关之匪对峙中，投弹一枚，落东北关匪阵地爆发。(二)红城水至韦州一带均未见匪军活动，当在红城水各村庄投弹九枚，命中屋中爆发。(三)侦察情况，已用通信袋通知韦州陈营长及向韦前进中我骑兵。

午前七时，发马团长光宗命令由飞机投送如下：

(一)据飞机回报我军已逼近韦城，想解围即在目前。(二)如解围后，速将西南关及旧城一带择要速作工事，以防匪之反击。(三)对红城水之匪侦察确实后，设法攻击之。(四)速饬电话以架设电话，以期通讯迅速。(五)攻击情形及经过由电话报告为要。

（六）余在省垣总部。马鸿逵。

午后三时，接飞机回报如下：

(一)韦州之围已解。(二)我马团现均集韦州东北角休息。通信袋一件妥投该处。韦州东西各房屋均在放火焚烧中。韦西我军一部已撤至东河岸，严密布置哨兵。(三)韦州西南有散匪数十名藏匿屋内，投弹二枚，韦州西塔南有匪之工事及匪卧伏，投弹四枚，命中爆发。(四)红城水未见股匪活动，投弹四枚，均落村屋内爆发。

韦州战役之总评

徐匪海东至窜扰盐、预以来，因该地一带地广人稀，距有省远，更以守兵单薄，复以民众被匪利诱，以致盐、预相继失陷，匪以韦州为宁东之支撑点，据之进可以攻，退可以守，韦州一陷，金、灵有随时被窜扰之虑，故匪自陷预旺后，即连日调集精锐数度猛攻。但以我守城军民奋勇抵抗，决心与城共存亡，以致匪虽受极大损失，终未得逞，匪首徐海东以攻韦不克，返遭损失，乃老羞成怒，于七月三日集其全力精华于韦州附近，限期非将韦州攻下不罢。乃于本日早一时匪首徐海东亲率主力二千余，向我守韦州之骑兵陈廷琳营及团队四面猛攻，以云梯数十架扒城。我城内守城军民沉着射击，匪前仆后继，期不惜牺牲，决将韦城攻下，战至二时，攻击正烈，幸我赴援之骑兵团长马光宗率骑兵七营于黑夜由白塔水向韦前进，至距韦州北十余里处即闻枪声激烈，知系匪攻城，乃兼程前进，出其不意，将围韦之匪三面夹击，匪正在猛扑扒城之际，忽闻枪声四起，不知我军多寡，乃留一部占领东南两关抵抗，一部向红城水巢穴窜逃。双方战至八时，幸我陆空连络协力猛攻，始将残匪全部消灭。总计是役斩匪二百余，俘六十余，获枪弹无算。

匪我之优点及缺点

我军方面优点：(一)官兵富于牺牲精神，不顾伤亡，奋勇杀敌。(二)担任警戒各部队，能实行任务，确实掩护，使攻击部队无丝毫顾虑。(三)各部队行动迅速，出敌不意，使敌无应付余暇。(四)飞机轰炸精确，并能将情况随时通报进攻部队，协助部队进攻之效力甚大。缺点：(一)匪向南逃窜时，我左翼马营未按命令后注意之第四条任务实行，致使匪安全向预旺逃窜。(二)东南关之敌肃清后，各部队集合动作迟钝。

匪方面优点：(一)射击精确，顽强力大，死不缴枪。缺点(一)仅顾攻城，不顾外援，我军自扑东关，匪尚以为内部发生误会。(二)小孩多，如连续受数次打击，顽强力自消，即失其战斗力。

七月五日午前九时，接飞机报告如下：

(一)韦州周围甚安靖，未发现匪众活动，东及南门均闭。(二)韦州至红城水之大道，有我骑兵千余向红城水前进，其先头已到离红城水北二里许，其正东五六里之平地，有匪众五百余人，并架有新工事甚多，见我机至，均排成一字形伏于工事旁，当投弹六枚，均命中爆发，毙匪无数。已将匪情及位置用通信袋投告我最前线之部队。(三)匪似俟我部队入红城水后，断我归路而攻我之模样。

午后一时，接吴忠堡马司令腾蛟微电报告如下：

密。顷据探报：(一)大水坑有匪八九十，于冬日一律退至盐池，临行时拉票甚多。(二)盐池驻有匪军一部，约三四百余，于冬日向定边窜回百余，现盘踞盐池之匪与大水坑窜回者，共约数百余。(三)匪军子弹甚缺，每人约为十数粒，枪枝甚多。(四)大水坑以西已无匪踪。(五)匪将盐池已改为□□，并贴有徐匪海东布告各等情。谨闻。职马腾蛟。微。

午后一时半，接飞机回报如下：

(一)我骑兵主力已进至红城水以北各线，与匪正在对峙中。(二)红城水以南各寨内有匪七八百名，马约数十匹，分投弹八枚，命中匪众及屋中爆发。红城水以南约二里处，有匪工事一处，匪数十名，马廿余匹，投弹二枚，命中爆发。(三)红城水南至预旺西至罗山，均未发现匪之后续部队。(四)侦察情形已用通信袋通知前线我军。

午后四时，接飞机回报如下：

红城水北之土围，已被我骑兵占领，匪据该村南端，与我军对峙中，当投弹六枚，均命中匪房屋及其工事内爆发。又其西方约三十里地区，有我骑兵约四十余名游击。红城水至预旺之大道，未发现匪军运动。

午后五时，由飞机投送马团长光宗命令如下：

(一)据飞机报告：我军已攻入红城水，并将北园占领，匪仅据南园顽抗。(二)如于傍晚能将红城水全部占领，完成任务最好，否则恐匪于夜间抽调各方股匪增援反攻。(三)我骑兵作战务以敏活机动之运动力，在短时间内完成任务，如时间持久，或入夜则失，其效力恐被匪暗算，应特别注意防范。(四)该团长应事先多派侦探详细侦察，务于黄昏前设法派队掩护，向韦州转进，即在韦州宿营，但对警戒特别严密。(五)余在省垣。马鸿逵。

红城水战役之总评

韦州一役，徐匪主力损失大半，乃怆惶率残匪退守红城水，并连夜将各处盘踞之匪齐集增援，以作最后挣扎。匪料次日我军必向红城水进攻，乃于当夜积极布阵以待。五日早，我马团长光宗率各部由韦州即向红城水前进，四时三十分，我飞机飞往助战，机至红城水时，我骑兵已进至距红城水北二三里处，飞机当即侦察，得距红城水东十余里之通预旺大道处平坦地，有匪新筑工事及匪散兵六七百，乃投弹四枚，命中炸匪阵地，同时通知我团长告以匪之位置。至八时，我徒步兵攻入红城水，激战时许，始将北园占领，匪退南园顽抗，匪更以全力反攻数次，因我官兵奋勇激战，终被击退，将匪之司令部占领，并烧毁匪藏物粮无数。相持至晚，匪一再增援，匪之兵力已增至多我数倍，骑兵恐有运动不便，受匪袭击，乃于黄昏安全转进至韦州。是役虽未将红城水之匪击溃，但以数倍于我之兵力，死伤百余，被俘十余名。我军仅伤亡十余名，匪之锐气已挫，将来大军一至，不难根本肃清矣。

午前十时，接飞机回报如下：

(一)匪仍盘踞红城水。(二)我骑兵已转进至韦州休息中。(三)红城水及以南之工事有匪藏卧。分投弹十枚，均命中屋中及工事内爆发。(四)红城水以南及预旺一带，均未发现匪军活动。(五)侦察情况已用通信袋通知我军。

七月六日午前七时，发韦州马团长光宗命令由飞机投送如下：

(一)徐匪自窜宁以来，各处抢掠赃物，均集于红城水，匪调各方股匪增援固守，即可见势非死守不可，况匪之兵力已数倍于我。(二)我孤军深入，尤以后方接济困难，即饮水亦发生极大问题。本军为待我南路军进展至相当地，双方连络，期收夹击之效起见，除仍留一部协同民众固守韦州外，其余各部队转进吴忠堡，并留一部驻惠安堡、石沟驿，以维吴、韦交通。(三)该团率全部（欠陈廷琳、何得良两营）于今晚（六日）乘夜转进至惠安堡。(四)陈廷琳、何得良两营留驻韦州，协同民众严密防守，并将东南两关房屋拆毁，免被匪利用，更于城外四周深挖外壕。(五)转进时，务密匿我之行动，勿被匪侦知。(六)余在宁垣总部。总指挥马鸿逵。

午后十时，接韦州陈营长廷琳支电报告如下：

密。今明之危，蒙钧座派马团长率骑兵驰援韦州，军民得以庆生，如稍延迟，则全城复没矣。匪此次攻城，已在西南北三面均挖有地洞，并在古城塔上钻成枪眼，向城内射击，以我骑兵迅速急进，将匪击退。但匪经此次失败，绝不甘休，匪首集合匪众讲话云：自江西到现在，不知经过多少战争，未有如此之失败，真是红军的大耻，不料小小的一个韦州，竟然受了这样大的损失，决调集各处红军非攻下不可，如若攻下的时候，鸡犬都不留等语。民众闻之，惊惶异常。职与何营协同民众已严密防御矣。谨闻。职陈廷琳。支巳。

同时发韦州陈营长廷琳、何营长得良鱼电如下：

密。(一)匪盘踞红城水，如再来犯韦，望我守城官兵及团队仍沉着坚守，勿轻放枪，待其攀登城墙，即用砖石刀矛亦能击下。(二)守城部队，须将区域责任分清，以免彼此依赖，致误全局，(三)守城官兵团队，均应驻城根附近房屋及易于上城之处，于黄昏、拂晓、黑夜及风雨之际，尤须特别注意。(四)白日城门不可全闭，酌留一门，但须远派游动哨监视匪情及巡视电线，如发现匪情，即警报回城抵御为要。马鸿逵。鱼戌。总参。

同时发惠安堡马团长光宗鱼电如下：

密。此次徐匪以全力攻韦，幸我守城官兵及团队沉着坚守，匪虽猛攻数昼夜，终未得逞。更以出击之各部队官兵奋勇杀贼，匪虽顽强抵抗，终被我击溃，斩获颇多，深堪嘉许，特赏洋八千元，以资鼓励。希我弟妥为分配，对阵亡官兵及受伤官长尤须特别抚恤优厚，以之安慰为要。马鸿逵。鱼戌。

〔国民党政府军事机关档案〕

四、对红一方面军长征的“追堵”

1．国民党“赣粤闽湘鄂剿匪军西路军第二纵队”追堵红军长征报告书

(1934年10月)

赣粤闽湘鄂剿匪军西路军第二纵队二十三年十月份剿匪工作概况报告书

奉总司令何皓戌长西参谍电开：

查本路军区域内股匪，迭经各部进剿，将其先后击溃。匪区均经收复，匪首亦多擒毙。所余肖匪一股，已西窜深入黔境，刻

被我李代司令督率各部，协同黔桂友军追剿，迭予重创，实力损失过半，势穷力蹙，歼灭可期。惟赣西及鄂南各地区残匪，综计枪枝不过三千左右，仍啸聚窜扰，迄未肃清，且赣东主力被我东北西路军猛力攻破，石城、兴国先后收复。日暮途穷，势难再事挣扎。据报：该匪至万不得已时，即决心弃老巢西窜入川，企图苟延残喘。倘一旦实现，则我西路军适当其冲要，其责任之重，当更十倍于前，若不趁此时机，迅将残匪根本肃清，则届时必至处掣肘，而无活动余地。本总司令有见及此，故迭次电令各部努力清剿，以期将来克膺重任，而负巨艰。兹为迅速完成初步任务，特再摘示清剿要点于下：(一)本部江午电转委座手令，对于伏兵夜袭、兜剿、围剿等项剿匪方略，指示详尽，各部应遵照严切实行。(二)清剿散匪与围剿股匪方式不同，应注意游击战术，无分昼夜，不断检剿，城市村镇碉堡，仅留驻少数兵力足矣。(三)与友军切取联络，协同会剿，可免误会，并详细规划往来路线为要。(四)各游击部队，应多派便衣队，广侦匪踪，作时时接战之准备。(五)组织及训练民众，务使明了国军剿匪意义，乐为我用，不为匪助。庶几发奸摘伏，使匪无地可容，乃可收根本肃清之效。上五项，仰即遵照，并准各自规定最短限期分别施行，如逾期不能分别办到，致碍全局成功，则国有常刑，决不宽贷，仍将遵办情形随时具报为要！等因。本部当即转电各部遵照，并限于最短期内，务将各该清剿区域内残匪彻底肃清矣。

据罗区司令树甲俭日报称：

顷据保安第三团团长张伦麒元日报称：案据职团第二营第四连连长周伴藻由桃树坳报称：职于昨（十一）日午前七时率兵两排，及罗筐洞之义勇壮丁，由柳坪出发，经中嘴、上下坦分两路向五谷围剿，计九时三十分到达该地附近，该匪伙约四十人，依险顽抗。经我两路夹击，势渐不支，向三仙坦方面溃退。计此役毙匪二名，夺获包袱两个，被絮两床，食米半斗，熟饭一担，并焚毁匪棚三个。待职追至三仙坦时，日将西下，仍返原防。归查人员武器均无损伤，惟消耗子弹二百四十七发，理合呈请核发补充，以厚实力。等情前来。除指令仍仰认真清剿，以靖地方外，理合呈报钧座察核。又据该团长寒日报告：据职团第三营营长艾荣报称：据职营第七连连长谢文秀报称：(1)窃职奉令率领胡余两排及通城县保安队兵力两班，于昨(六)日午前六时，由驻地出发，经西冲、土硬向大港冲、界牌沟、牛头沟一带搜剿。(2)至八时四十分到达大港冲、牛头沟，发现伪湘北游击队，枪约五十余枝，人数倍之。职令胡、余两排分途抄击，幸得官兵奋勇直前，该匪借丛山深林，分途溃窜。只搜得匪徒吴育生、刘梅清二名，匪棚二座，匪医务所二处，均已焚毁。谨将该俘匪吴育生等，呈解钧部核办，等情。据此，除将该匪吴育生等讯明是匪，已送通城保安大队部，依法办法〔理〕外，对于大港方面之匪，即令各连分段清剿，务绝根株。理合呈报钧座察核，等情。除饬继续搜剿，务绝根株外，理合转报钧座鉴核。等语。本部当即指令该区令转饬继续搜剿，以靖地方矣。

二十一日，奉总司令哿未长西参电开：

皓戌电呈叶、徐二匪流窜修崇通边境，恳迅令陈司令统筹剿办，等情悉。已电陈司令迅即统筹会剿具报，并饬李旅所部与岳师李团切取联络矣。特复。等因。本部当即转电岳师长知照，并饬派朱旅全部会同鄂南友军协力将各该股匪彻底肃清矣。

二十二日，奉总司令何马酉长西参机电开：

顷奉委座哿戌行战一电开：伯南删午电，毛泽东现在雩都，伪中央政府现距雩都百六十里之西拥乡。雩都城附近及其西北二十余里之北斗山一带，新窜到匪三千余。薛岳铣戌巧午电：伪一、三军团世日由宁都向雩都方向移窜，并准备携带粮秣，有攻我赣州说。筱洗两日该匪到银坑、马安石、三贯、汾坑圩、石马口、东头圩一带者万余，二十一、二十三两师亦在银坑、马安石一带整理。蒋鼎文筱酉电：罗匪炳辉佳日率匪二千余，轻重机枪二十余挺西窜，长汀仅有杂色部队维持秩序，俱甚恐慌，宁化、白水上之匪数千，亦向石城南之横江窜去。涂联络参谋维藩电：小溪东北四十里之黎村，寒日到匪三师，西北三十里之新陂，删到由兴国移来医院二所，又我无线电侦匪红中社，已五日无有通报，亦可证匪在行动中。综合各电，判断匪之企图西窜，行将实现。我军方针，首在巩固赣、信、安、寻第一纵线，务期聚歼该匪于此线以东地区，至第二、第三各纵线，无非用作补助。兹规定：(一)南路军，应迅将第一纵线工事，尤以信、安间为重点，迭电所述连点成线，充分储备粮弹，俟罗霖师接良口、储潭防后，即将此部兵力增防信、安间。(二)李军长生达所部速提前赶接李云杰师及罗霖师一部防务，俾罗师一部移接良口至储潭及李师第一步集结遂川以南地区。(三)西路军，应将湘南碉堡线提前完成，迅将十五、十六两师集结赣江西岸遂川以南，并设法抽第十八、第五十两师中之一师，或另抽队接第五十三师防，俾该师亦集结遂川以南地区。(四)所有赣、信、安、寻、南、大、上崇、犹、南雄及湘南各县之城镇交通要点，均须赶筑据点，搪集物质，以更坚壁清野，并组训民众，必能担任侦察通信及自卫。(五)在战略之要点，应赶速多屯粮食，特达。希将遵办情形具报。等因。本部署命令，随即下达，特先电告。等因。本部当即转电各部矣。

二十三日，奉总司令何养未电开：

马酉电计达，查赣东主匪亟图西窜情况，如委座智戌行战一电所示：兹特部置如下：(一)第十五、六两师，着速提前完成湘南各碉堡线后，即向遂川西南推前，十五师集中藻林附近待命，十六师集中在〔左〕安附近待命。(二)二十三师与七七师一部之防务着速遵照委座删辰战一电，移交李军长生达所部七十二师及另一旅接替。(三)二十三师，将吉安、泰和一带原防移交后，着即向遂川以南移动，集中良碧洲附近。(四)七十七师着速遵委座前令移接自棉津至储潭江防，严密防堵。(五)第五十三师着即南移，向遂川附近集中，所遗永新、安福一带防务，着调五十师接替，师部驻永新，继续清剿该匪残匪。(六)五十师所遗修水一带原防，着调三十七旅接替，归二纵队刘司令指挥，并继续派队会剿冷水坪一带残匪。(七)独立三十七旅所遗阳新一带原防，由陈纵队司令统筹派队接替。(八)六十二师肃清牛田、津洞残匪后，即移至汝、桂之线，增强该线碉堡工事。(九)六十三师协同朱师肃清袁水以南武功山一带残匪，即以陈子贤旅担任自莲花经砻市至大汾一带防务，其余部队位置于大汾、桂东之线，增强该线工事。(十)保安司令着即遵前令抽调保安第八团，接替湘南各线碉堡防务并增加工事。(十一)各部奉到电令后即克日遵照办理，其所遗防务，应视各该处匪情之缓急，酌留少数兵力，或以各该县团队义勇队节约填驻暂维现状，俟接防部队到达交接妥为配备。上十一项，仰各遵照妥为配备，并将移防情形迅速具报。等因。本部奉令后，当即下达谭军长朱、岳两师长及刘旅长漾酉电令如次：

总座养未酉参机电计达。(一)第五十师除酌留少数部队协同地方团队在原防，候刘旅接防部队到达后，再行全部南移外，其大部希岳师长迅即率领取道铜鼓、万载集中宜春，候本师〔司〕令训话毕，再开赴永新、安福一带，接替五十三师防务。(二)希刘旅长迅将所部移接岳师修、铜一带防务，并继续协同鄂南友军及团队，清剿冷水坪附近徐、叶各股残匪。(三)以上各部防务交接及开拔情形，希随时电告本部备查。(四)朱师长所部，俟各处残匪搜剿告一段落后，再令随同二十二军军部南移袁水流域。上四项。

据岳师长森养辰电称：

据朱旅长刚伟转李团长邦藩马未电称：据杨营长智日报告，我一连东日，搜剿高检、西槽等处，破获伪县苏及伪医等机关，俘匪十二名，鱼日在七都、汴岭破获伪工作团机关，俘匪十五名，寒日在青洞、龙门、大竹坪、逍遥、双峰等处搜剿，破获伪工作、伪总医院、第四作战区后方各机关，俘获伪省苏农工会委员施济、男女重要匪犯十名，投诚匪二名，并夺获机枪一挺，步枪四枝，皓日回到甘坊。等语。谨电呈。等语，谨闻。本部当即电复该师长嘉慰矣。

据邓旅长南骥养午电称：

据周团长昆源马酉电称：据王营长报称，据报，伪钦旬区苏潜伏石灰洞，当饬机七连连附曾继生率长短枪兵十三名，梭标马刀手四名，前往捕拿。兹据报：当场毙匪五名、搜获步枪六枝，炮弹三十三发，伪文件多种，等情。据此，理合将搜获物件，如数缴呈钧部查收。等语，本部当即电复该旅长嘉慰矣。

据罗区司令树甲马日报称：

综合各方情报：蒲、崇、临、通边区之八丰山、战场山、桃花洞、药姑山等处，已无一百以上之整个枪匪，而湘、鄂铁路山蒲圻至羊楼司一段，自经伪铁路工作团负责人黄嘉富伏法后，行旅亦称安谧，惟八斗山之赶龙坑、大小茶坑各深山密林之处，以山地复杂，匪化太深之故，仍不免零星散匪，昼伏夜动，企图扰乱。职为决心根本铲除，以副钧望起见，爰于本月十九日分令指挥各部，分区搜剿（清剿区域及兵力配备详另表）〔表略〕。统限本月二十七日以前一律肃清。并申令嗣后各地区内，如再有散匪发现，即严惩其主管官，同时分令蒲崇通各县县长，即日派员随军深入招抚流亡，清查册口，组织保甲举办五家联结，成立民众铲共义勇队等。亦严令不准稍涉敷衍，预计八斗山等处之匪最短期内，可告肃清。等语。附清剿区域及兵力配备表一份。据此，本部当即据情转报总座鉴核，并指令该区司令督饬所部按照所拟努力搜剿，早完使命矣。

二十四日，据岳师长森漾午电称：

据朱旅长刚伟漾巳电称：据杨团长报称，窜踞冷水坪一带之匪，经我二九八团击溃后，经三角尖于养日窜至天岳关东北之盘石铺，似有南窜之企图。等情，谨闻。

又据该师长梗电称：

据朱旅转据杨团长由古市岭电话称：据确报，塘城坳西北仙人岐以南之石陂段，昨晚到有股匪八百余，枪约五、六百枝，本日午前该地附近枪声隆隆，不知是否与冯师部队接触。等语。除令督饬各部严密堵剿外，谨闻。等情。查该匪似系红三师残部由冷水坪回窜者，除饬严密侦剿外，谨闻。各等〔因〕。本部当即转电陈司令及邓旅长注意堵剿，毋使南窜，并电复该师长矣。

据邓旅长南骥梗亥电称：

据傅团长电话报告：梗午红三师一部，枪五百，人倍之，匪首赵干青，突由通域窜到南江，与我驻南江之苏连接触，战斗甚烈，当饬陈营长率兵三连前往增援，匪不支乘夜窜入内山。据俘匪称：匪有窜浏阳之企图。等语。现正饬傅团陈营跟追中。等语。本部当即转电陈司令陶旅长，并电复该旅长饬属严防该匪南窜矣。

奉总司令何漾亥酉参机电开：

命令：(一)赣东之匪，现已倾巢分数股，向赣江上游信丰东北地区西窜。其先头部队，已与我南路军之叶师，在信丰东南之韩坊、安息圩等处激战中。(二)本路军为拒止该匪西窜计，拟以主办协同粤、桂军，扼守赣江上游西岸及湘东南各碉堡线。以一部分守原有各防地，并协同东北两路军对匪夹击，将其歼灭于赣江沿岸，或以西地区。(三)着七十二(另一旅)及七十七师为赣江守备队，以李军长生达为指挥官。应以七十二师全部防守泰和(含)至棉津(含)之线，以所附另一旅守泰和至仁和圩之线，以七十七师防守棉津至储潭(含)之线，努力阻匪渡江，限下月江日以前到达。在未到以前，仍由李军长云杰负责指挥。二十三师于交防后，即集结大汾附近待命。(四)着五十三师及十八师，为永、宁、遂、莲、大守备队，令李军长韫珩为指挥官。应以五十三师主力控置于雩田圩附近，策应泰和至储潭部队，努力阻匪渡河。以一部防守遂川至大汾（含）之线，限艳日前到达。十八师以主力防守永新、宁冈至黄坳之线，堵匪北窜。以一部驻守莲（不含）、安（含），限三十日前到达。（五）着六十二师及六十三师全部，胡凤璋部为莲、汝、桂守备队，以陶广为指挥官。应以李国钧旅及莲、宁两保安团，防守莲、耆、大（不含）之线，置重点于耆市、大汾间，限下月江日以前到达。六十三师五团，防守大汾（不含）至桂东之线，限俭日以前到达。六十二师五团及胡凤璋部，防守桂东至广东桥（不含）之线，限险日到达，堵匪西窜。（六）着十五师附湖南保安团二团，为耒、安、茶界守备队，以王东原为指挥官，应以主力控置于来阳附近，赶筑耒、安、茶线各据点碉堡，堵匪北窜。（七）着十六师附湖南保安团二团，又机枪二十挺，为衡、零、东安守备队，以章亮基为指挥官。应以十六师扼守祁、衡线，保安团固守祁阳至黄沙河湘江西岸沿线。努力堵匪西窜。（八）着段区司令珩为湘南守备队指挥官，督率所属各保安团及各县义勇队，固守各防御线以外之各县场及衡宜线碉堡。（九）各部于电到后，不待接防部队到达，即以大部向新位置移动。如限到达，不得稍有贻误。其所余小部交防后，即行归建制。（十）以上各部，均归刘纵队司令建绪指挥。（十一）着五十师大部，附赣西袁水各县保安团、义勇队为袁水守备队，以岳森为指挥官，扼守袁水沿岸碉堡线，堵匪北窜，限世日以前到达。并以一部节约分守上庄、铜鼓、大段、找桥、甘坊、上富、奉新、石鼻街、牛行之线（不含）以南，袁水以北地区各要点。（十二）着独三十七旅全部及二十六师一部，为修、铜、武、奉守备队，以刘培绪为指挥官，分守修河以南及上庄、铜鼓、大段、找桥、奉新、石鼻街、牛行之线（含）以北地区。限下月东日以东〔前〕到达。（十三）着湖南保安第三、第六、第二十四各团，及十九师工兵营，为平、浏、岳守备队，以罗树甲为指挥官，负责维持各该县安全。（十四）以上各部，均归第二纵队刘司令膺古指挥。（十五）第三纵队（欠独立第三十七旅及二十六师之一部），应酌量该纵队匪情，另行妥为部署防剿，并特别注意湘、鄂铁路线之安全。（十六）着二十三师及二十九师（欠段旅）为总预备队，以李云杰为指挥官。应以二十三师暂置于大汾附近，以十九师（欠段旅）归段旅〔？〕长指挥，控置于长醴铁路线上。（十七）汝、桂守备队之补给，应由第一纵队刘司令及陶指挥官协商，在酃县、桂东、汝城各县城，分设军用仓库，预集必要粮秣弹药及被服。其他各守备队，应视当地物质现状预为准备。（十八）各碉堡内均须遵照行营规定，切实准备必要粮秣、燃料、蔬菜、食盐、饮水等项，俾能固守多日。（十九）各部队移动后，其未经指定接防部队之防地，均由各该原守部队，酌以各该地区团队及义勇队，暂行负责防守。上十九项，仰即遵照具报。等因。本部奉令后，当即下达谭军长，朱、岳两师长，邓、李、陶三旅长及危保安司令电令如次：

总座漾亥电令计达。（一）朱师长所部应迅遵总座电令。先派兵一团接替安福防务。其余应迅集中宜春后，星夜赶接永新、宁冈、黄坳等处防务，归第一纵队刘司令指挥，以应机宜。（二）岳师长所部，应迅派兵两团，接替宜丰李旅、万载朱师王团防务。其余亦应星夜集结宜春待命。（三）李旅长国钧所部，候岳师接防部队到达宜丰后，即应星夜开赴总座指定地点。（四）危保安司令，应星夜酌派一部，接替朱师唐团所遗安源、芦溪、宣风、上粟市、案山关一带防务。（五）其余各部，均遵总座漾亥电办理。（六）以上各部，应迅速遵照移动。毋稍延误。并将遵办情形具报。上六项。

二十五日，奉总司令何敬申长西参谍电开：

漾亥电令计达。顷接余指挥官汉谋梗申电称：查伪一、三、五军团自向雩都溃窜后，拟由匪首朱德亲率一、三军团全部及七、八军团各一部，人枪数万，附有机炮无线电等，于皓日窜扰信丰东北各地。均经我军先后将其击溃。但该匪计不逞，于是复倾全力围攻我安息部队，图突破封锁线。自皓日激战甚烈。匪方伤匪颇多，我方亦有损失。现尚在相持中。同时茅店及三门滩、罗家渡、黎村，亦有匪万余。近在王母渡、大坪、立赖间各处渡河者，约有数千人。此外，尚有不明队号之后续匪队约万余，正向我信丰东北前进中。等语。除电复外，希即遵照本部漾亥电令，到达指定地点，加紧设备，以便迎击为要。等因。本部当即转电各部知照，并饬迅速移动矣。

奉总司令何敬戌长西参电开：

（一）查赣东之匪西窜，本部已另统筹部署。前令设立湘鄂边区剿匪指挥名义，着即撤销。(二)所有在鄂南归罗区司令指挥之保安第三团与第五团之一营，及六十二师之李国鸿团，十九师工兵营所担任务，着移交三十二师，迅速分别接替，负责继续清剿，并由陈司令统筹部署，特别维护湘鄂路线之安全。(三)邓旅长应速由平江抽兵一团至长沙，接替保安第六团要塞防务。限艳日前交替完毕。(四)所有十九师及保〔安〕团移调防务，着罗区司令、邓旅长，克日妥商办理具报。上四项。等因。本部当即转电罗区司令、邓旅长遵照办理具报矣。

〔国民党政府军事机关档案〕

2．国民党军第十三师万耀煌部关于追堵中央红军长征军事报告书

（1934年10月—1935年5月）

第十三师剿匪工作军事报告书

（自江西兴国出发至金沙江止）

（一）本师自江西出发至二十三年底经过概况

朱毛残匪突围西窜，本师奉令追剿，于十月二十八日由江西兴国出发，经泰和于十一月一日集中遂川，五日继续出发，经藻林、左安，九日抵湖南桂东属之寨前，十三日到达资兴城，十六日抵郴州城，续经新田属之仙人桥、石鼓寨等处，二十二日抵宁

远城，本师到达宁远城时，得知伪一、三、五军团已窜踞宁远以南地区，其先头正向道县方面西窜中，下灌、百草坪、洪洞及沿河一带有匪主力，宁道大道上之下禾洞、五里桥、天堂圩、冷水铺等处均为匪踞。第八纵队之第五、九六、九九师于二十二日全部到达宁远城及其附近，二十三日即进占龙头山、天堂圩、梧溪洞之线，以向道县之匪追击之目的，二十四日继续向当面之匪攻击前进。

本师奉令于二十四日午前八时集合天堂圩相机策应，时我第九十六师即与天堂圩西北高地之匪接触，本师以向匪侧击之目的，当令便衣队及先头之三十八旅，由天堂圩绕经谢家、江口向广文铺前进，师部率三十七旅随后跟进。午后三时许，先头行抵江口徒涉渡河时，据便衣队报告：我九六、九九师现在河东岸把截附近，与西岸之匪对峙中。当派先渡河之第七十六团，迅向该匪侧击，匪伪一军团第一师千余人，凭藉高山，节节顽抗，经该团协同便衣队努力猛扑，匪始稍退。午后五时许，该团即占领柑子园西北一带高地，继续向匪攻击，匪以侧背受击，稍事抵抗，即向柑子园西南之九子山退去。午后六时，柑子园及其以西以北一带高地，均为我完全占领。以时近黄昏，地形复杂，我三十八旅全部即在柑子园以西以北一带高地布置警戒，便衣队仍令与匪保持接触，师部率三十七旅进至柑子园以东之朱家、黄家、梁家集结。是役计毙匪二十余名，俘匪三名。

二十五日午前四时，我便衣队及先头三十八旅再向当面之匪攻击，匪节节抵抗，我先头部队经由广文铺、白茫铺、瓶塘逐次跟击，匪受我压迫，乃退守县城内及沿河西岸，并将所有浮桥及渡船焚毁一空，企图阻我渡河。我先头便衣队及三十八旅以河深不能徒涉，即于河东岸水南街及沿河一带，与匪隔河对峙，师率三十七旅进至佛祖庵附近高地。是役，沿途毙匪十余名，生擒九名，获步枪九支，我阵伤士兵三名。匪因受伤及被我急追，不及窜逃，以致落伍者二十余名。

本师以进占道县城掩护纵队渡河安全之目的，当令三十八旅即在沿河东岸布置警戒监视匪之行动，并择良好目标 向河西岸之匪轰击，一面迅派部队向上游征集船只及渡河地点，三十七旅控置于佛祖庵附近，并派一部协同便衣队，在河上游白马渡附近征集船只，并斫伐树木，编制木筏，准备于二十六日在白马渡强行渡河。旋接便衣队报告，已于二十六日早二时许，由白马渡附近，乘夜偷渡过河，并于河西岸黄泥坳占领阵地，对匪警戒。斯时我三十七旅在白马渡担任征集船只之一营，亦已渡过河西岸，协同便衣队任渡河点之警戒。当令三十七旅即移至白马渡，于拂晓前开始渡河，师率三十八旅由水南街移至白马渡，随三十七旅后渡河，第三十七旅于二十六日拂晓前，全部即移至白马渡，该旅先头之七四团，亦于拂晓前开始渡河，至西岸谈家西北端占领阵地，掩护后续部队渡河，上午八时许，该旅全部渡毕。我便衣队及七四团，即由原阵地推进至蒋家山、白泥塘一带高地，时城内之匪见我部队已渡过河，乃以千余之众，在黄泥坳、望里亭一带高地占领阵地，向我先头部队迎击，并以一部向我左翼之便衣队压迫，经以机枪迫炮猛击，激战五小时，匪向我冲锋数次，嗣我七八团赶到增援，匪始动摇，第七四团即乘势猛攻，乃将黄泥坳、望里亭之匪击退而占领之，匪纷向城西南逃窜，复经该旅向道县城尾匪猛追。午后三时许，七四团进迫城垣北端，一面协同便衣队进迫城垣东北端，匪继续向西南溃退。是时城内尚有匪之一部滞留，企图最后之挣扎，经该旅爬城猛攻，匪势不支，乃弃城向西溃退。午后三时五十分，完全克复道县城，二十七日师率三十八旅进抵道县城。是役，毙匪百余名，俘匪十余名，获枪十余支。我亦阵伤官长四员，士兵二十九名，阵亡士兵十二名。

二十八日，本师由道县尾匪追剿，经蒋家岭，三十日进占广西灌阳属之文村，十二月一日向马鞍山追击，二日追抵全州，五日经黄沙河，六日抵湖南东安县，八日经新宁之白沙镇，十日抵武岗城，十三日进至洞口，经草寨、宝瑶、龙船塘，十八日抵洪江，二十二日续经黔阳，二十四日抵贵州天柱之蓝田，经执云、长吉，二十八日抵三穗县城，三十一日抵施秉属之施洞口。

（二）二十四年元月份

一日，据报匪约二万人，于上月感日，由新黄平向老黄平西窜，其一部约五百人，于二十九日由施洞口向施秉急窜中。

本师（欠一旅）由施洞口出发，经大冲、铜鼓塘进至斑鸠寨、平寨之线，第三十八旅随第八纵队指挥部在本师后，本日到达石洞口。

二日，匪大部分向余庆及老黄平溃窜，我第七纵队进至新黄平，师部率三十七旅经王坳、脚板坳进至翁谷龙、大寨之线，三十八旅随指挥部进至王坳、拐脚里之线。

三日，据报匪经旧州西窜，俭日陷瓮安，现向紫江、息烽逃窜，其主力已过猴场。我第五师江日由新黄平经野洞、洛朗向平越前进，本师拟向新黄平急进。师部率三十七旅经黄飘进抵新黄平，三十八旅到达黄飘附近。

四日，第三十八旅到达新黄平，归还建制。令第七十七团于五日由新黄平经施秉至镇远向玉屏道上迎接本师补充物品。

五日，据报匪主力已经紫江、息烽、修文间地区西窜，一部渡过乌江北窜，现余庆、瓮安一带，已无匪情。我吴纵队微日由炉山前进，虞日可到贵阳附近，第五、九六两师齐日可到贵定，九九师虞日可到龙里。本师奉令以继续追剿之目的，拟自鱼日起，由新黄平出发，经重安江、炉山向马场坪、平越前进，着三十八旅（欠一团）八日前进至平越城，师部率三十七旅八日进至马场坪，到达目的地后，应于五日内完成据点碉堡工事。

六日，师部率三十七旅抵重安江，三十八旅（欠一团）抵大风洞。

七日，师部及三十七旅到达炉山县，三十八旅（欠一团）抵羊老。

八日，三十八旅（欠一团）到达平越城，师部率三十七旅进至马场坪、羊老之线，本师奉令改向贵定、龙里之线集结待命，当令各部即于九日分由平越、马场坪向贵定前进，师部率三十七旅驻贵定，三十八旅进驻龙里。

九日，师部率三十七旅之一团由马场坪出发，经猫猫营黄丝进抵贵定城，三十七旅（欠一团）由羊老经马场坪、猫猫营进至黄丝附近，三十八旅（欠一团）由平越取捷径至猫猫营经黄丝进至沙坪附近。

十日，第三十八旅（欠一团）由沙坪经贵定进至原山堡附近，第三十七旅之两团由黄丝进至贵定城。

十一日，据报鱼日匪大部在桑木垭、枫落桥、刘家山等处，与侯之担部激战竟日，侯部已向鸭溪、板桥撤退，遵义城于七日失陷，并有匪数千窜扰紫江县，师部率三十七旅驻防贵定城，三十八旅（欠一团）进驻龙里县城。

十二日，据报匪大部陷遵义后，一部向桐梓窜去，踞湄潭、永兴之匪，有向正安北窜模样。

十三日，匪仍盘踞遵义城，并于茶山关、老君关构筑工事防守。

十四日，黔军犹国才、何知重部，已于六广河搭桥渡江北进。

十五日，据报匪大部现踞遵义、桐梓一带，其一部有向赤水逃窜模样。凤泉县城于十一日失陷，现有匪千余，湄潭仍为匪踞。

十六日，湄潭、永兴一带尚有匪数千，寒日有匪万余由遵义向桐梓进窜，声言攻取赤水，以入川南。

十七日，据报删日遵义之匪大部向娄山关移动，旋向赤水方面进窜。侯之担部现在新站附近与匪激战甚烈，已有川军一部到新站增援。

十八日，匪先头已抵茅台、仁怀附近。

十九日，遵义城被我犹部柏师克复。

二十一日，匪于铣日进陷松坎，其一部现踞花秋坝附近。

二十三日，第二十五军梗电：哿日匪一部尚在海龙坝扼险抗战，我魏师周团正在截击。我蒋指挥傅衡中旅，皓日克复绥阳，匪向桐梓溃窜，现在尾追中，匪有经鰼水窜赤水模样。

二十四日，王军长敬电，由遵义溃退之匪万余，号日起即通过李子关到达花秋坝、放牛坪，有向温水东皇殿之线进窜赤水企图。

二十五日，二十五军梗日在娄山关附近与匪接触，匪向桐梓溃退，当日攻克娄山，晚复收复桐梓，匪大部向赤水土城溃窜。

二十八日，伪一、三、五、九军团及伪中央，现分向古蔺、叙永、古宋逃窜。

二十九日，第三十八旅第七十七团，于本日由新黄平到达贵定，明三十日开赴龙里归还建制。

三十日，令三十七旅于贵定城附近，三十八旅于龙里城附近，各于扼要地点筑碉九座，限二月三日完成。

三十一日，据报朱、毛股匪被川军压迫，已由土城窜赤水河以南地区，仍向古蔺续进中，川军范旅及魏旅之顾团，均在古蔺向匪兜剿，刘旅亦向古蔺前进。

（三）二十四年二月份

二日，奉委座冬午电令：龙云为剿匪军第二路总司令、薛岳为剿〔匪〕军第二路军前敌总指挥，吴奇伟为一纵队司令官，周浑元为第二纵队司令官，由龙总司令选定一员为第三纵队司令官，并以王家烈为第四纵队司令官。

五日，奉总指挥薛歌申电：匪主力现在叙永、古蔺向古宋、兴文方向逃窜，其左侧街〔卫〕仍在古蔺东之大村、石宝寨一带。我第三纵队（滇军）现由毕节、昭通向盐津堵剿，我第一、第二追剿队，现由茅台向大村追剿，第三、第四追剿，已到达土城附近，第二纵队（原第八纵）（欠九九师）之肖、谢两师，于阳日由修文经六广、黔西、大定、瓢儿井向古蔺、叙永追剿。万师于阳日由龙里经贵阳、札佐、刀靶水、遵义、仁怀向古蔺、叙永进剿。第四纵(黔军九团至十二军)于阳日由遵、桐向土城集中完毕，即向古蔺、叙永追剿。第一纵队(原第七纵队)暂位置于黔贵线候令跟追,派第二纵队司令官周浑元兼代总指挥职务,所有第二路军前方追剿部队统归指挥。第二、第四纵队到达叙永后，候命继进。

又歌申贵参二代电:第九十九师为贵阳、贵定间守备队,务于鱼日开始配备,以一旅主力位置于贵定,一部位置于龙里,以师主力位置于贵阳。第十三师主力进至仁怀，一旅在遵义筑碉,候命续进。

六日，综合情报，匪主力经我川军堵剿，已由土城溃窜赤水以南地区向古蔺逃窜，似向叙永、古宋方面急窜中。本师奉令进至仁怀筑碉,自七日起经贵阳、札佐、息烽汽车道,先向遵义前进。

七日，师部率三十七旅由贵定出发，到达龙里。三十八旅由龙里进至贵阳城。前令在贵定、龙里各筑碉九座，嗣因部队奉令出动以故，仅在贵定完成两座、龙里一座。

八日,师部率三十七旅进至贵阳，先头三十八旅进至沙子哨。

九日，先头三十八旅到札佐，师部率三十七旅到班竹园、沙子哨之线。

十日，三十八旅进抵息烽城，师部及三十七旅到达札佐。

十一日，师部率三十七旅抵息烽城，三十八旅抵美竹箐。

十二日，三十八旅渡过乌江进抵刀靶水，师部及三十七旅进抵养龙站、美竹箐之线。

十三日，师部率三十七旅渡乌江，进至罗丝堰、刀靶水、新店之线，三十八旅到达榄板凳。

十四日,本师各部均先后到达遵义城。接刘总司令蒸未电:南岸之匪在大坝、建武、五村等处五六千人，连日经痛剿大部齐日由威信窜入滇境，一新经洛表、王场、三岔河向滇境之洛木连窜去。

十五日，总指挥薛删未贵参电：匪主力自鱼、虞等日，在五村、建威一带被川军压迫，分经长官司、洛表、王场、三岔河等地，向盐津、豆沙关逃窜，其大部先头佳、灰等日已抵牛街附近，孙纵队（滇军）真、元日到达大湾子、镇雄，续向牛街、筠连前进。周纵队寒日到大定后，即经毕节向威信前进。万师寒日到遵义后，即经古蔺营盘山向威信前进。

十六日，匪大部在古宋、长宁一带，被川军痛剿，一部已窜出高县、建武，一部于灰日窜抵云南之牛街，有向盐津、豆沙关、继续西窜之样，另一部三千人回窜营盘山，先头寒日在麻线堡东，与古蔺商团对战中。

十七日，本师拟巧日由遵义起出，经茅台、古蔺营盘山向威信急进，第三十八旅（欠一团）为前卫，师部率三十七旅及三十八旅之一团为本队，由遵义经中庄铺、鸭溪、长干山，于二十日进至茅台，继续前进。

十八日，伪一、三、五、七军团，筱午攻陷回龙场，刻正围攻夷人洞，其主力现向古蔺南之马蹄滩逃窜，其左侧卫向石宝寨推进。

师部率三十八旅到达鸭溪，三十七旅进至八里水、罗门城之线。

十九日，师部率三十八旅进至长干山、风香坝之线，三十七旅到达白腊坎接茅台电话报称：匪约六千余人，今早已由二郎滩渡河到达两河口、马桑坪，我黔军与该匪对峙中。

二十日，师部率三十八旅进至仁怀、坛厂之线，三十七旅进至长干山、桑树湾一带。

二十一日，三十八旅（欠一团）由仁怀城进至茅台，师部及三十八旅之六七团及三十七旅经两路口到达仁怀县城。

据仁怀刘县长报称：匪约数千已到二郎滩、太平渡等处，并在太平渡架桥，马桑坪对岸已发现匪踪，茅台对岸之石宝寨、镇龙山、铁厂等处均有匪盘踞，马桑坪现有我黔军刘旅所部。据报股匪于巧日由太平渡渡河经临江庙、蚂蚁沟、东皇殿北窜，并闻大部窜至土城附近，二郎滩有匪掩护部队，周司令率五、九六两师经赤水河、白沙、回龙场向铁厂、镇龙山追剿。本师以匪既回窜，拟养日向由仁怀、茅台出发，进至二合树、沙滩、二郎滩向东皇殿方向寻匪截击。

二十二日，先头三十八旅分由仁怀、茅台出发，进至二合树、羊子林之线，师部率三十七旅由仁怀城进至茅台。奉总指挥薛养午贵参一电，匪主力于巧、皓等日由二郎滩、太平渡偷渡，循临江庙、蚂蚁沟、东皇场之线北进，似有盘旋西窜，以脱重围之企图。川军廖、郭旅正向土城追剿中，周纵队之谢、肖两师应速经堖叉、铁厂向大村、二郎衙滩尾追剿，孙纵队之安旅应速经回龙场、镇龙山向太平渡、土城尾匪追剿，王纵队之何、李部，已于养日经胡市场向土城截击，其在遵、桐、绥之各部，应自梗日起，速向松坎、綦江截击。

二十三日，先头三十八旅继续进至马桑坪、沙滩之线，师部率三十七旅进至二合树、罐子口一带。

二十四日，三十八旅到达二郎滩，师部率三十七旅进抵马桑坪。

据报匪主力已经东皇殿向温水、松坎急窜，土城、二郎滩等处无匪踪。本师以向该匪急追之目的，拟有日由二郎滩渡河，经临江庙、蚂蚁沟向东皇殿追击前进。三十八旅二十五日经仙燕沟向临江庙前进，但该旅应酌派一部为挺进队，在该旅先头向东皇殿挺进，努力侦察匪情，师部率三十七旅二十五日由马桑坪渡河，经黄金坝向二郎滩前进。

二十五日，先头三十八旅进至临江庙附近，师部率三十七旅抵二郎滩。

东皇殿之匪万余人，养、漾两日向图书坝、良村、温水方面急窜。吴司令官率韩、唐两师向遵、桐（不含）之线推进策应，周纵队取捷径，兼程向桐梓追剿。川军三个旅已过良村跟追。

本师以协同友军向松坎方面跟追之目的，拟二十六日续向东皇殿前进，三十八旅经蚂蚁沟向东皇殿前进，其挺进队应向良村与川军取连络，师部及三十七旅在三十八旅后，经仙燕沟、临江庙、蚂蚁沟向东皇殿前进。

二十六日，三十八旅进至图书坝、东皇殿一带，师部率三十七旅进至东皇殿、蚂蚁沟之线。

奉总指挥薛宥未贵机电：残匪确于有辰陷桐梓，并有续犯娄山关、祖师观模样。本路军为聚歼该匪之目的，改以桐梓为追剿目标，王纵队主力应集结遵、桐线，制匪续窜，何、李、侯各部即取捷径兼程向桐梓进剿，吴纵队韩、唐两师兼程向遵、桐线推进，到达后，即加入会剿，孙纵队即向桐梓推进，策应周纵队谢、肖两师及万师，速分取捷径兼程向桐梓攻剿。

二十七日，三十八旅进抵吼滩坝、永兴场之线，师部及三十七旅到达梅溪、大安坝一带。

郭勋祺部（川军）十团于有日追抵温水、良村之线。本师奉令以向桐梓之匪围攻之目的，拟俭日先向双龙场搜索前进。

二十八日，先头三十八旅到达兴罗坝附近，师部率三十七旅经梅溪、吼滩坝进抵兴龙榜附近，川军廖旅现在双龙场与匪对峙中。

匪主力由桐梓感日进犯遵义，我友军正与该匪激战中，本师奉令转移仁怀集结，协同第五、九六师向遵义攻剿之目的，拟于三月一日先向东皇殿前进。

（四）二十四年三月份

一日，师部率三十七旅进至图书坝、官渡河之线，三十八旅为后卫，到达大安坝。

匪主力万余人，于感日由娄山关进犯遵义城，驻守遵义之黔军，于韩、唐两师甫到中庄铺附近阵地配置尚未完竣时，即于俭日子刻放弃遵城，向马鬃岭撤退，我韩、唐两师现奉令撤至美竹箐渡口集结，欧、梁两师可抵息烽附近，准备进攻。本师以会合第五、九六师固守仁怀相机出击之目的，于东日经东皇殿、蚂蚁沟、临江庙先向二郎滩前进。

二日，先头三十七旅进至二郎滩，师部率三十八旅到达临江庙、仙燕沟一带，周司令官率第五、九六师，于一日到达仁怀，本师奉令兼程前进，以一部到达茅台村与仁怀城间之马鞍山、新店子附近，其余全部驻茅台村，构筑强固工事，拟三日续经二郎滩、马桑坪、二合树向茅台村急进，三十八旅应派兵一团，三日在临江庙附近掩护本师渡河之安全，对回龙场方面严密戒备，该团尔后在该旅后尾随进。三十七旅（欠一团）拟三日进至桃风滩、罐子口，四日进至新店子、马鞍山。师部率三十七旅之一团，三日进至马桑坪，四日二合树，五日茅台村。

三日，三十七旅（欠一团）进至桃风滩、罐子口一带，师部率七四团进至马桑坪，三十八旅到达二郎滩附近。

奉委座宋参谕手令：1．据绥阳蒋在珍东午报称：匪与该部在绥阳附近激战中，桐梓已被犹部于东日克复，现判断匪情必向东图，与肖、贺联合。2．我第五、第十三、第九六师应于微日在仁怀与桐梓间地区之三元场、楠木场一带，或坛厂一带集中后，再向遵义进取。3．吴纵队以一部在新店、刀靶水一带，对遵义方面监视匪部行动，其余兵力仍照前电沿乌江南岸向水口急进，在水口附近，相机专渡乌江北岸随地截击，但须于鱼日前到达水口勿误。

四日，三十七旅（欠一团）到达茅台村，师部率七四团到达二合树，三十八旅到达桃枫滩、坛子口之线。

五日，三十七旅由茅台经两路口进至坛厂，师部率三十八旅经茅台进至仁怀县城。

六日，师部率三十八旅进至坛厂。

匪主力确窜到鸭溪场附近，风香坝、马要水一带有匪警戒部队。王纵队现在打鼓新场集中，川军郭勋祺部，七日可到娄山关集中，第五、九六师，现在坛厂以南以西各高地占领阵地，构筑工事。本师奉令即在坛厂附近，构筑强固工事，尔后再协同友军向鸭溪之匪进攻。着三十七旅担任自坛厂北端大道（不含）起，沿戴家山至青龙咀(不含)北端止一带高地工事之构筑，右与九六师取连络，对麻子埠、店子坝方面，布置警戒。三十八旅为总预备队，位置于坛厂西北地区，但派一部担任山上刘家（不含）沿坛厂西北高地至通仁怀大道（含）一带工事之构筑，右与三十七旅、左与九六师切取连络，限六日完成散兵濠及射击设备，七日完成各种副防御，另由三十八旅派兵一连，即日进驻鲁班场，向永安寺、岩孔方面侦察匪情。

七日，鸭溪方面之匪，本晨已进窜至石沟堋塘附近，枫香坝亦发见匪情。

本师各部在坛厂担任区域内之工事及副防御，均已完成。

八日，派驻鲁班场游击队报告鸭溪之匪，一部已窜至白腊坎、枫香坝、天宝山一带，原驻西安寨之黔军，已向打鼓新场撤去。

九日，匪约千余人，于本日窜长干山向二郎岩运动，其主力约万七千人，仍在鸭溪、枫香坝间地区，似有与我决战，再图西窜之企图。

十日，本师以协同友军在坛厂占领阵地，待机进攻之目的，拟在坛厂以东以北地区占领阵地。着三十七旅自青龙咀北端高地起，经何家、戴家山之线，担任阵地守备，对渔坝、楠木坝方面严密戒备，并酌留部队位置于坛厂东端为该旅预备队，右与第五师左与三十八旅均取连络。着三十八旅占领自坛厂北端大道水峒之线以一团担任阵地守备，对仁怀方面严密警戒，主力位置于坛厂附近为纵队预备队，左与九六师右与三十七旅切取连络。

十一日，派兵一连分向楠木坝、朱家港子等处搜索匪情。

十二日，另派兵一连经天心岸、未乾坪向回龙寺、六河沟、楠木坝等处努力侦察匪情。

据报朱、毛股匪先头伪三军团灰日西窜到平厂坝，真辰窜到平占坝附近,其主力似在后跟进,有经打鼓新场、黔西向西逃窜之样。

本师奉令派步兵两连即日出发，经鲁班场、三元洞、毛坝前进，到达九昌坝后，即以排为单位，分向清水塘、羊桃巷、黄泥坳、六竹山、煤洞城一带，扼要潜伏截击，如匪向黔西城以西南地区逃窜，即续经双树、两路口、白寨村、平上寨、两岔河、石菩萨、白狗场、黔西搜索前进。

十三日，据报匪主力已经鸭溪、白腊坎、打草坝、两路口、毛坝之线西窜，长干山、鱼孔一带仍有匪盘踞。吴纵队及川军郭师于文辰占领遵义，元日经浪头坝、于水井向鸭溪追剿前进。王纵队何师现在打鼓新场附近，本师以堵匪西窜之目的，奉令经鲁班场向三元洞搜索前进。

本师即日由坛厂出发,经鲁班场向三元洞搜索前进,至午后全部到达三元洞警戒待命。当晚奉司令官周命令，以匪并未向西南窜，并由井坝、永安市方面逐渐西移，有寻我决战之企图，绝无逃窜模样。纵队决集结兵力与匪决战，该师应由三元洞乘夜开回鲁班场。

十四日，本师于元日乘夜由三元洞开回鲁班场，至寒日下午始全部到达，当奉令占领鲁班场西南一带高地，并控置一旅为纵队预备队。我第三十八旅之七十五、七团在羊角岭甫经布置完竣，已届黄昏，乃令各团乘夜赶筑工事。

十五日，午刻匪以主力分向我鲁班场阵地猛攻,战斗颇烈,时我九十六师在鲁班场南端阵地工事尚未构筑完竣，本师奉令以七十六团接替该处阵地之守备，正构筑工事间，匪乘我阵地工事未成之际，乃以一部约百人，将我九六师便衣队压迫,撤回本阵地,该匪即将我阵地侧面之高山占领，我阵地工作部队致受敌火之瞰制，工作极为困难。当令派七三团之一部以火力压制阵地前之匪兵，以掩护第七十六团工作之容易，该团始克赶筑完成。黄昏后匪以伪三军团全部向我阵地猛攻，我七十三、六团阵地守兵沉着应战，以机枪扫射及投掷手榴弹，毙匪甚众，匪未得逞，继以密集部队向我连续突击，我阵地守兵与之往复反冲肉搏，匪伤亡枕藉，卒不得逞，乃乘黑夜撤退至阵地前一带高山。

是日毙匪三百余人，俘伪官长三员，士兵三十三名。我阵伤官长四员，士兵三十二名，阵亡官长一员，士兵六名，夺获步枪二十八支，轻机枪身一件。

据俘匪伪三军团第十三团八连排长韦济荣供称：本师当面之匪系伪三军团全部，现改伪为四个团，人枪约五六千。又云：此次伪一、三、五军团，于寒日由毛坝、永安寺窜来鲁班场附近，企图以全力击破本纵队，再回攻遵义，此计若成，则可赤化贵州，如一击不中，即迅速他窜等语。

十六日，删晚匪撤退至我阵地前一带高山后，仍不时向我冲击，以图最后之挣扎。本师乃令派第七十四团轻装于拂晓前出击，向匪猛冲，匪不支，始向通仁怀大道撤退，该团跟追，匪节节抵抗，返至观音场附近，匪掩护部队约千余人，已在观音场占领阵地拒阻，该团向观音场匪阵地冲锋数次，毙匪甚多，以将近黄昏，始令撤回鲁班场。

是役毙匪百数十人，俘匪兵十四名，夺获步枪十七支。我亦阵亡连附一员，士兵三名，阵伤官长三员，士兵十三名。

十七日，残匪自被我军于鲁班场击溃后，其大部经仁怀由茅台搭桥渡河西窜。吴纵队已由枫香坝向仁怀前进中，川军郭部已向两路口、茅台追剿中，本纵队奉令于鄢家渡附近渡河向匪截击，纵队部率第五、九六师由鲁班场进抵三元洞附近。

本师奉令以一部即日进至鄢家渡担任架桥，当令第七十四团进抵鄢家渡负责架设，师部率队由鲁班场出发，经三元洞进抵毛坝场。

十八日，据报朱、毛残匪主力，已分向仁怀、茅台逃窜，其先头于十六日晚窜到古蔺境之卢家坪、水口寺一带。

本师以侦察匪踪迅速截击之目的，拟有力之一部，在鄢家渡以北地区活动，其余在鄢家渡新渡占领阵地。三十七旅应以一团在鄢家渡北岸占领阵地，构筑强固工事，掩护后续部队渡河，并多派便衣队向古蔺迤东地区搜索，另派一部至新渡附近担任警戒，其余应在鄢家渡南岸构筑工事，以火力掩护我河北岸部队，鄢家渡桥梁亦由该旅架设。三十八旅以两团位置于鄢家渡至黎民镇间，以一团位置于黎民镇。

十九日，师部率三十八旅旅部及七十六团追至黎民镇，三十七旅之七三、七四团进至赤水河北岸梭家坪附近，该旅长部队七十八团位置于鄢家渡、新渡之线，三十八旅之七五七团位置于鄢家渡至大渡河间。据派赴宝寨侦探称：匪自巧午先头经石宝寨西窜，现尚继续经过官田坝有匪千余。又据派赴水口寺侦察称：匪由毛台渡河后，分两路西窜，一经两河口，一经水口寺、石宝寨，其一部由石宝寨经可贝、卡溪向镇龙山，主力经大村西窜。

本师奉令将鄢家渡浮桥及沿河警戒，交由柏师接替，于二十日经龙井场向九昌坝前进。

二十日，本师各部分由黎民镇、鄢家渡出发，经龙井场到达九昌坝。

二十一日，渡河西窜之匪，其先头于十九日午后窜到锅厂坝，主力在后跟进中。本师以防匪回窜之目的，奉令经筑大河口（不含）起，经鱼塘河、新渡、鄢家渡至赵家坝（含）之线各渡河点碉堡，并相机向匪截击。三十七旅着担任自赵家坝（含）经大渡口、鄢家渡至新渡（含）之线沿河南岸碉堡之构筑，该旅位置于黎民镇。三十八旅以两团任自新渡（不含）经鱼塘河至大河口（不含）沿河岸南岸碉堡之构筑，该旅部及控置之七十六团位置于九昌坝。旋奉司令官周马辰电，改定本师筑碉区域为左自大河口（不含）起，右至鄢家渡（含）止。当令三十七旅遵照，并着以一团控置黎民镇，派营长一员带步兵三连，向铁厂方面游击，并于鄢家渡、石宝寨间设置递步哨。

三十七旅率七三、七四团移至黎民镇，七八团由九昌坝至新渡，以七三团控置移民镇，七四团任鄢家渡(含)至段家河(不含)间之碉堡构筑，七八团任段家河(含)至新渡间之碉堡构筑，师部率三十八旅(欠两团)至九昌坝，七五团担任新渡(不含)至渔塘河(含)间之碉堡构筑，七七团进至清水塘。

二十二日，令七六团之一营于黎民镇、龙井场、大路、香鱼塘河、清水塘、二道河等处设置递步哨。

本师因筑碉区域之缩短，当令随驻九昌坝之三十八旅旅长率七六团(欠一营)进至清水塘，加入该旅筑碉，第七十六团任左自箐江坡(含)右至鱼塘河(不含)止，第七十七团任左自大河口(不含)至箐江坡(不含)止。

二十三日，据报马辰匪由太平渡、二郎滩过赤水河回窜。纵队部率肖师李团由清水塘至独堡，谢师由龙昌营至清水塘。本师奉令速经毛坝向坛厂急进，当令三十八旅于新渡(不含)、大河口间各渡口留兵一连，其余即日开九昌坝，三十七旅于黎民镇、新渡两处各留一连，另以断红河、白羊坪、两徒涉场共留兵一连，余经黎民镇进至毛坝。

二十四日，师部率三十七旅由毛坝经三元洞、鲁班场进抵坛厂占领阵地，警戒待命，纵队部率李团及三十八旅到达鲁班场，第五师到毛坝，吴纵队抵仁怀、两路口一带。

二十五日，由太平渡、二郎滩河东窜之匪，现由大坝场向平坝营东窜，其一部北窜，似有续犯遵、桐之企图。本师除在赤水河沿河防务，自大河口(不含)至鱼塘河已留七七团(欠一营)任警戒，自鱼塘河至新渡(不含)留七五团之两连警戒候交外，其余进至长干山。

高大坪之匪本日南窜，其先头已抵楠木坝。又大坝之匪已有一部窜至小坳、大坳，其仁怀东北之中村亦发现匪踪。本师(欠一团）以防匪回窜之目的，于长干山附近地区占领阵地，构筑工事，一面派队四出侦察匪情。

二十六日，本师派驻太阳坪、平家寨、花椒坪、明广寺等处之游击队，均与匪接触。楠木场之匪千余人南窜，与我游击队在坛厂北之未乾坪遇战，大部经花椒坪、太阳坪、家寨东窜。

二十七日，本师率派第七十四团担任自长干山、桑树湾间碉堡之构筑，限当日完成二座，后仍回长干山本阵地。

二十八日，据游击队报称：太阳坪之匪已向乾溪窜去，平家寨附近有匪千余，其一部五六百人，感夜分向天宝山、纸坊逃窜，倒流水、天宝山、青坑有匪千余人。又据土民云：匪于宥日先头到保海，俭日晨始全数通过约二万人，匪到保海后，续经纸坊、花苗田向鸭溪窜去。

二十九日，据报朱、毛残匪主力，二十七日经倒流水、马蹄石，由官村附近偷渡南窜，其先头已抵沙土。我吴纵队由仁怀经坛厂向井坝前进，纵队部率谢师向井坝前进，本师奉令留七七团之一营及七六团之一连守备长干山阵地，及自长干山至桑树湾间碉堡之守备，师部率队由长干山进至井坝、梯子岩间，另派七八团之一营，经西安寨向沙土游击。

本师奉令于三十日在九十师后，经禾麻沟向泮水前进。

三十日，本师由井坝附近出发，在九十师后，进至西安寨、波罗海之线。

残匪先头于二十九日窜到安底，其主力似仍在官村、老木孔、沙土一带，两路口、白竹庙、若茶园等处均有匪盘踞，息烽、黄沙渡、河尾坝中间地区，有匪数百南渡，与我唐、邓、黄团对战中。

三十一日，匪先头二三千人，三十日由后山附近偷渡乌江，窜到河尾坝附近，其主力继续渡河，息烽城被匪围攻，安底、太平场、长坝场等处均为匪踞。吴纵队梁师即由中果河向黄沙渡截击，其余由三重堰经中果河、五音寨向安底东进。纵队以协同友军向匪截击之目的，按第五师、纵队部、第十三师、第九十六师之顺序向安底方向急进。

（五）二十四年四月份

一日，由打鼓场出发，经杨柳湾、川主庙、红半壁到达甲都，并由第七十五团派兵三连，分向以已河、海马孔、周家院游击侦察匪情。

二日，据报匪主力仍盘踞乌江南岸之观音岩、九庄、菊坝场一带。当令七十六团担任沿乌江北岸由滥沟（不含）至对门寨间各渡河点之防守，并构筑工事，该团部驻坎坝，余着在甲都集结待命。

三日，据报匪主力二日已过息烽与札佐间之公路，向紫江东窜。我四十七师驻守遵义，何知重部由底坝经长坝场向刀把水推进，第五九六师，拟将沿江碉堡完成后再向东移。

本师奉令向老君关至榄板凳之线急进，筑碉防匪回窜。拟四日经安家桥、一碗井、长坝场、沙土、石鼓寨向刀把水前进。第七十六团仍担任自对门寨至滥沟之线防守，俟碉堡完成后再东移，暂归第五师谢师长指挥。

四日，由甲都出发，第三十八旅（欠七六团）经沙土、石鼓寨向十丫口前进，师部率三十七旅经沙土、干溪河进至袁村、黑神庙宿营。据报伪三军团一部约三千人，本日在袁村西二十里之湾子场与黔军魏金荣对战中。

五日，第三十八旅（欠一团）经十字口进抵刀把水，师部率三十七旅经大渡口、石板场、郭家坡，师部率第七十四团到达螺丝堰，三十七旅旅部及七十二团到达新店，第七十八团抵后坝场。

据报江日匪主力，分经两流泉、白马洞、板掌，由紫江以南地区东窜，江夜窜到新场、新铺一带之匪，系匪之右侧卫，伪三军团之一部，已于支日向百官、羊场东窜，似有向余庆附近渡江北窜之企图。

本师以防匪回窜之目的，遵令在榄板凳（不 含）至老 君关（不含)之线筑碉，并于团溪、尚稽场派队筑碉固守。着第七十七团派兵一营至团溪，均于六日出发，前往担任筑碉固守。第三十七旅(欠一营)应任自榄板凳(不含)至刀把水(不含)之线筑碉十八座，复兴场、新站、螺丝堰等处各筑三座，共计二十七座。第三十八旅(欠一团又两营)应担任自刀把水(含)至老君关(不含)之线筑碉五座，刀把水筑碉四座，共九座，限六日动工八日完成，尔后再增筑子碉。

六日，匪主力盘旋于瓮安、贵定间地区羊场、羊渡间，尚有匪一部。本师奉令接替碉堡守备，当令第七十五团，派兵一营接替乌江南岸唐师彭团防务，另派兵一营进驻养龙站、核桃青、黑神庙等处碉堡守备。茶山关渡口桥梁已派兵一连负责架设，限齐日完成。

七日，综合情报，匪主力鱼日起，分由棉花渡、新渡口、牛渡等处分途窜越清水江，似由瓮、平间地区向旧州东窜。

第七十六团仍任对门寨至滥沟之守备，原留守长干山之第七十七团第二营，本日到达刀把水，归还建制。

九日，奉委座电令，本师须以四团兵力即刻开息烽，另以两团续完成遵义至老君关碉堡线等因。遵令第三十七旅(欠一团)仍在榄板凳至乌江南岸之线增筑碉堡。原驻团溪、尚稽场部队仍任各该地之守备，师部率三十八旅(欠一营)及第七十四团即经汽车路向息烽急进。

十日，师部率三十八旅及七十四团，于本晨赶到息烽城，原留对门寨至滥沟守备之第七十六团，亦于本日到达息烽。

本晨奉令续向镇西卫前进，由息烽出发，沿汽车路前进，到达狗场附近宿营。

遵委座灰巳贵参电：饬三十七旅将乌江以北碉堡守备任务，交由第四十七师接替，即循息烽、修文、镇西卫之线归还建制。

十一日，飞侦报告：被击溃之匪真午主力窜至定番东北附近地区，一部向广顺逃窜。

师部率第三十八旅及第七十四团，经修文到达朱昌堡及其附近。

十二日，文申飞侦：匪大部已窜至广顺，一部窜至广顺西南地区。

师部率队到达镇西卫、牛场等处。当奉令应沿司拉寨、铁锁桥(不含)之线，司拉河北各渡口筑碉守备，并相机协同友军向匪进剿。其部署如次：(1) 第七十五团十三日应到司拉大寨、大渡口、三夹岩、三王坡、铁锁桥(不含)沿河北岸，配备守兵构筑碉堡，该团团部位置于大渡口。(2) 第三十八旅(欠一团)到达司拉大寨。(3) 师部率第七十四团进至猫场附近。

十三日，师部率第三十八旅(欠一团)及第七十四团，到达猫场及其附近，第七十五团到达大渡口、铁锁桥之线。

据报匪大部经镇宁东南地区向紫云方向，一部向江龙场方向逃窜。

奉委座元戌贵参电：万师应速西移至普定以北通织金道路之文村桥、龙场、平上、骨龙场一带兜剿，删日沿河北岸，向六支、龙场前进。

十四日，遵令由猫场出发，经老鼠坝、猴坝、捕狼向龙场、骨龙场前进，第三十八旅(欠一团)进至捕狼以西之小龙场，师部率第七十四团进至猴场，第七十五在大渡口集结，取捷径向龙场前进。

十五日，匪寒日向关岭县进窜，删日飞侦，匪大部似在紫云附近隐伏，其东南之宗地、龙场间，有匪数千向东南逃窜。

师部率第三十八旅及第七十四团，经捕狼、平上到达骂若及其附近。旋奉委座删辰贵参电：匪部尚在镇宁以南之江龙场附近，第十三师本日应进驻普定，防匪由双山场向北偷窜。

十六日，遵令师部率第三十八旅及第七十四团，由骂若转经平上在三岔河渡河，进至普定县城，第三十七旅(欠一团)进至猫场附近。

奉委座电令：本师应担任普定城、白旗堡、白岩场一带筑碉。当令第七十四团，十七日进至白岩场，第七十七团进至白旗堡，第三十八旅（欠一团）任普定城筑碉。旋又奉铣亥贵参电：万师十七日应向镇宁城及其以西地区推进。当令第七十七团第七十四团，各自取捷径向镇宁前进，师部率第三十八旅（欠一团）拟十七日由普定出发，向镇宁前进。

十七日，师部率第三十八旅进至镇宁城，第七十四团由白岩场经安顺循汽车道向镇宁前进，第三十七旅（欠一团）本日进抵普定城。

奉委座筱酉电，匪已偷渡百层河向贞丰逃窜，巧日第五、六、九六师应进至花贡，主力到达麒麟渡附近，十三师进至坡贡、郎岱间地区，皓日进至花贡以西地区，号日进至滥木桥、普安间地区。

十八日，遵令经黄果树，第三十八旅到达坡贡、安乐塘一带，第三十旅进抵黄果树。

十九日，师部率第三十八旅，续进至花贡、茅口之线，第三七旅进至郎岱。

飞侦：匪先头千余人已到兴仁以东之巴林、六官堡间地区。太平街之匪，一部窜到定头营、牛场有匪侧卫。

奉总指挥薛皓申电节开：第三十六军马日集结青山，万师皓到普安，马主力位置铁厂，又老纸厂、马坪地区各派一团，并于保全堡、狗场营设置伏兵。

二十日，第三十八旅（欠一团）到达普安城，师部率第七十五团到达罐子窑，第三十七旅进抵花贡附近。据报兴仁县城失陷，号辰匪一部向兴仁西北之猪场分窜。

二十一日，第三十八旅（欠一团）由普安到老纸厂、洗地寨一带扼要筑工，并派队向保全堡、狗场营道上活动，师部率第七十五团由罐子窑进至杨松，第三十七旅进至罐子窑西南之南京桥附近。

奉委座晋巳手令：第十三师以一旅由普安取捷径到老纸厂、洗地寨一带集结，并扼要筑工，该师主力限二十二日到达盘县城及其以南地区，次日即速进占燕塘，并与洗地寨部队连络，相机向保全堡推进。

二十二日，遵令第三十八旅(欠一团)由老纸厂、洗地寨向保全堡、狗场营急进，师部率第七十五团经盘县抵水塘附近，第七十五团之一连到达燕塘，第三十七旅到达盘县南之赵官屯，南板桥一带。

二十三日，师部率第三十七旅及第七十五团，经得胜营到达燕塘，第三十八旅(欠一团)在老纸厂、保全堡之线构筑工事。

据报，兴仁之匪被我击溃，分向龙场、兴义逃窜。又威舍之匪已向黄泥河、平彝溃窜。到达燕塘后，令第三十七旅即于附近占领阵地，一面派队分向乐民所、米勒、巴马河等处侦察匪情。

奉委座梗未电，本师应即率就地所部，由燕塘经分水岭至平彝堵剿。

二十四日，由燕塘出发经乐民所、分水岭，第三十七旅(欠一团)进抵分水岭、亦资孔之线，师部率第七十八团、第七十五团进抵分水岭、姊妹岗、乐民所之线，第三十八旅(欠一团)由老纸厂附近到达燕塘，有日可抵亦资孔附近。

二十五日，第三十七旅(欠一团)由亦资孔经平彝所向平彝城前进，师部率两团经分水岭、大石洞、平彝所进抵平彝城，第三十八旅到达平彝所、平彝城间地区。

二十六日，据报有日罗匪由盘县城窜至阿衣喏后，分向曲靖、沾益急追，朱、毛残匪先头有夜即窜抵曲靖东南之东山。

二十七日，本师向沾益之匪追剿，由平彝城出发，经腰站循汽车道进至白水，先头第三十七旅由白水经海子堡尾匪跟追。

奉总指挥薛电令：第五十三师应进占曲靖城待命，第十三师进占沾益城待命。当令第三十七旅务于二十八日拂晓前进占沾益城，师部率第三十八旅随后向沾益城前进。

二十八日，第三十七旅于感申由白水经海子堡尾匪跟追，沿途毙匪数十人，俘匪百余人。本日拂晓进抵沾益城时，适伪三军团一部三千人，于宥晚起即围攻沾益城，经我追击队第七十八团猛攻，匪不支，分经清水沟、青山、姚家屯三路西窜，城围始解，该匪似有向寻甸逃窜之样。

午刻全部到达沾益城，当令第七十八团即经天生坝，向清水沟跟踪追击，并令各旅集结沾益城附近警戒待命；一面分派游击队四出侦察匪情。

据报本日西窜之匪，系分三股均经姚家屯向王家庄逃窜。

二十九日，由沾益出发，经姚家屯、沙田口、老黄口向牛街前进，前卫第三十七旅进抵牛街、石寨等处，师部率第三十八旅进抵老黄口、小米冲之线。

据报匪先头俭午即窜至上坝，向寻甸逃窜。本师以向该匪追击之目的，拟三十日经大渡口向龙潭、大营、鲁冲向寻甸急进。

三十日，各部由宿营地出发，行抵大渡口时，据前卫报告，因天大雨，大渡河桥梁被山洪冲毁，乃改变路线，先头第三十七旅到达乌龙潭附近，师部率第三十八旅到达哨上、司马里、汤溪之线。据报伪第三军团艳日向寻甸逃窜，伪一、五军团窜杨松后，似向嵩明方向窜逃。

奉总指挥薛陷戌曲电，本师应经金所、三家村到梦郎、木龙之线截剿，尔后以武定、富民间地区为截剿目标。

（六）二十四年五月份（即渡过金沙江）

一日，乌龙潭、七里桥、寻甸，第三十七旅到达那郎，师部率三十八旅到达金所。

据俘匪供：伪一、五军团三十日由可郎经可渡西窜禄劝，伪三军团经罗郎、马街向富民逃窜。

二日，经三家村、石洞门、鲁士村，第三七旅到达可郎，师部及三十八旅到达木龙马附近。

据报寻甸艳日失陷，匪陷日向禄劝、武定窜去。

奉总指挥薛冬丑电，第十三师应向可郎及其以西地区截剿，午后以禄劝、武定间地区为截剿目标，务努力追匪不得向会泽、巧家方向逃窜。

三日，经可郎、向尾村、可渡街、大古城向鸡街前进，第三十七旅到达鸡街，师部及第三十八旅到达枯树龙、鲁洒配之线。

据报伪一、五军团及伪中央机关，于东日窜至可郎、可渡后，分三股西窜，一经马街，一经狗街，大部经鸡街，由铁锁桥渡过普渡河向武定、禄劝方面逃窜。伪一军团艳日陷嵩明，三十日向富民逃窜。三军团三十日由寻甸向禄劝逃窜。

四日，经鲁格里、铁锁桥、者括到达小仓、者括之线。

据报匪主力由铁锁桥渡河至小仓后，江日向团街窜去，有窜会理企图，并在团街构筑工事掩护北窜。

五日，经陆块、石灰窑、旧县，第三十七旅先头抵鼠街，并派一部追至武定城，师部及第三十八旅到达禄劝县城。

六日，由禄劝经鲁溪桥、沙松营、楚街，向团街攻击前进，先头第三十七旅进至龙海子、官庄一带，师部率第三十八旅到达团街。

据报，伪三军团支日窜至石板河，现仍麇集石板河、蛟西一带赶筑工事。当组派别动队向二道河方面活动侦剿。

奉总指挥薛鱼亥昆参电：鱼日飞侦，匪在元谋北金沙江架桥。虞日万师应即转向元谋金沙江地区急进，限齐日到达。

七日，遵令向元谋急进，由团街附近折经禄劝前进，先头第三十七旅进大小西村，师部及三十八旅到达禄劝城。

八日，奉总指挥薛虞亥安参电：据报匪现麇集石板河、蛟西、环州、金沙江一带，其主力在环州附近企图渡江。第三十六军齐日到达团街，会同万师向刘家村、石板河之线攻剿前进。

本师遵令又由禄劝转向石板河前进，先头第三十七旅进至红石寨，师部及第三十八旅进至楚街、沙松营一带。

据鱼日派向二道河方面侦剿之别动队报称：匪先头自三日起即经二道河向石板河窜去，其掩护队五日始行撤退，但石板河尚有匪部筑工。本队七日由二道河向石板河前进，抵土罗义即与匪接触。是役计伤官长一员，士兵三名，阵亡士兵一名，毙匪十余名。

九日，据报匪约万余人，于江日起即分由红门渡、绞平渡偷渡，迄齐日止已渡过三分之一。又石板河匪之掩护队亦已北窜。

本师经团街、龙海塘进至二道河以北地区。

十日，继续前进，到达绞西、长麦地一带。

据报匪大部已于佳日完全渡江，其掩护队因闻我追击队赶到，亦于佳晚悉数渡江，沿河船只被焚无遗。

十一日，先头别动队进抵金沙江边，部队分布绞平渡、车米店、杉罗树之线准备渡江。

十二日，奉总指挥薛灰戌富参电：匪自佳日起围攻会理，第十三师着在绞平、纳平、鲁车架桥，限文日完成待命。本师遵令派工兵带侦察渡河点，准备架桥，一面令派各部队征集架桥材料。惟沿河附近均系光山，毫无竹木，对岸匪之警戒部队又时向我射击，受伤士兵四名。

十三日，奉总指挥薛元戌昆参电：残匪现向会理以北逃窜，我川军刘文辉现固守会理、西昌一带，万师限寒日转攻巧家渡江，限铣日到达，筱日渡毕，巧日即向披沙、昭觉、西昌急进截剿。

十四日，分由绞平渡、车米店、杉罗树转向巧家前进，先头第三十八旅进至大松树，师部及第三十七旅进至粟树坪、杉罗树一带。

十五日，先头第三十八旅由大松树经倒马坎、普德、三马溪到达蒲德味，师部及第三十七旅进至三马溪、普德之线。

十六日，奉司令官周删酉电：小田坝以东巧家道路不通，第三十六军改经新坪子、落雪厂之线向蒙姑前进，计小田坝至蒙姑约三百二十余里，路险山多，给养困难，贵部务必在右侧另选道路等因。本师拟改经住基由江边渡普渡河向巧家前进。

本日各部分由蒲德味、三马溪、普德出发，先头第三十八旅经小猓左进至小田坝附近，师部及第三十七旅进至小猓左。

十七日，先头第三十八旅经大车、遥亭、住基、万德进至格址，师部及第三十七旅进至住基。

十八日，经羊漕、新田、猪姆河、织布、初基，先头第三十八旅到达三江口，师部及第三十七旅进至初基、织布等处。

十九日，筱未飞侦，会理已无大股匪，德昌已陷，并有匪一部北窜。各部由三江口渡普渡河，经大龙滩、则邑，先头第三十八旅到达三家村，师部及第三十七旅到达甸尾街。

二十日，第三十八旅由三家村经大板坡、法则、石头地、下坝塘到达新村街，师部率三十七旅由甸尾街经杨家湾、牛街进至松茅棚、花沟、秧田冲等处。

二十一日，第三十八旅由新村街向蒙姑前进，师部率三十七旅经新村街进至玉碑地、深沟一带。

二十二日，先头第三十八旅向巧家前进中，师部及第三十七旅进抵蒙姑、豆腐沟等处。

二十三日，先头第三十八旅到达巧家，师部及第三十七旅进至小河、青杠坡。

二十四日，第三十八旅由巧家渡过金沙江进抵洼乌街，师部及第三十七旅到达巧家城。

二十五日，先头第三十八旅由洼乌街经胡塘进至兴场，师部率第三十七旅之一部，开始由巧家渡江进至洼乌街，第三十七旅（欠一部）在巧家城准备续渡。

二十六日，先头第三十八旅由兴场经宁南（披沙）到达大村子、湾腰石，师部及第三十七旅进至宁南、兴场等处。

二十七日，第三十八旅进抵小松林坪，师部及第七十八团进至大松林坪，第三十七旅(欠一团)到达宁南城。据报匪一部已于有日逼近大渡河，其一部已向安佗坝农场间渡河。

二十八日，第三十八旅经大水塘、普格到达扯扯街，师部及第三十七旅进抵普格城、大松坪。

二十九日，第三十八旅进抵土木沟附近，师部及第三十七旅到达鱼水、普格一带。

三十日，第三十八旅进抵西昌城西南附近村落，师部及第三十七旅到达沙课马、鱼水等处。

三十一日，据报徐匪主力三十日仍在茂县及土地岭附近，并渡岷江向理番进窜。李家钰部向茂县、理番攻剿中，一部在汶川、灌县一带扼守，朱、毛股匪在大渡河上游，大部逼近泸定、康定，艳日围攻泸定，与刘文辉部激战中。

师部率两团由沙课马经大石板、古城、钢窑到达西昌，第三十七旅进至沙课马。

本师于六月一日全部在西昌集中完毕，整理待命。

〔国民党军事机关档案〕

3．国民党军第六十二师陶广部与中央红军在湘省桂东汝城战斗报告书

（1934年10—12月）

一、防守桂、汝南北封锁碉线堵剿主匪西窜战役经过：

十月二十六日，本师遵莲宁桂汝地区守备指挥官陶命令：接受防守桂汝南北封锁干线碉堡堵匪西窜任务后，即以第一八四旅锺光仁部防守由查坪（不含）经汝城至新桥一段碉线，补充第五团锺涤松部防守沙田（不含）经查坪至豪头圩一段碉线，第一八六旅王育瑛部防守沙田（含）经寨前至桂东城(不含）一段碉线，师部及直属营连进驻寨前督剿，至三十日布置完毕。此时匪大股已由上堡、丰州、文英等处分向集龙、热水、八丘田方面西窜，至

十一月一日正午，其先头已抵汝城东端之连珠岩、土桥一带高地。

十一月二日，伪三军团由连珠岩、土桥窜抵东岗岭、苏仙岭一带，直犯汝城。我锺旅即派兵四营出击，以机枪掩护，接近匪阵，除一面以手榴弹、大刀肉搏冲击；一面挑选奋勇队两连，向匪左右翼狙击，匪不支，向连珠岩方向退窜。是日伤毙匪六百余人，俘匪七名，夺获步马枪六十支，驳壳枪一支，轻机枪一挺。我伤亡营长以次一十二名，消耗步机弹一万三千六百四十二发，手榴弹五百三十二颗。

十一月三日，伪一、五两军团于拂晓时，由热水、东岭、八丘田等地窜犯腊岭、高排、太平碉线。我锺旅守兵奋勇出击，坚韧抗战，匪未得逞，旋以炮火向我碉堡猛射，至晚方息。同时伪三军团沿羊山港、连珠岩、南岭山构筑工事，与我新铺至官桥一带碉堡线对峙，亦以炮火向汝城猛射，幸我方飞机更番轰炸，守兵沉着抗战，对抗至夜，匪一部持火把向城口窜走。是役，伤毙匪约三百余，我方阵亡连长以下四十五名，消耗步机弹药一万四千三百二十四发，手榴弹八十四颗。

十一月四日，伪一、三、五军团大部仍以炮火向高排、大来、腊岭、汝城、新铺等处碉线猛攻，至未刻大来、腊岭两处碉堡被匪炮击毁，死守碉官兵五十八员名，余碉仍坚守无恙。其伪三军团之一部，已由大来圩向延寿窜走，而新铺碉堡适被匪炮毁碉顶，我官兵死守下层，匪未得逞。入夜我碉线守兵猛勇出击，匪仓促无备，撤退里许。我因寡众悬殊，仍回守碉线。是日伤毙匪四百余名，俘匪十八名，夺获步马枪三支，手榴弹八十四颗，大刀五十三把。我军伤亡官兵一百三十四人，消耗步机弹七千另四十发，手榴弹二百五十六颗。是日我锺团壕头圩碉堡被热水方面窜来之枪匪千余围攻，为势颇紧。

十一月五日，主匪以一部扼守羊山港、连珠岩一带工事，一部围攻汝城及太平碉堡。我官兵为阻滞该匪急进计划，昼则固守，夜则出击，匪大部则向城口、九峰急窜。其时锺团壕头圩碉堡亦被匪攻，我守兵坚守苦战一昼夜，匪仍未退，锺团长即由查坪选奋勇队两排，分向匪侧背攻袭，匪不支，遂沿连珠岩、土头渡向南逃窜。是日伤毙匪二百余，我军阵伤官兵二名，俘匪三名，夺获步马枪三支，重机枪身一个，消耗步机弹五千八百四十六发，手榴弹一百七十二颗。

十一月六日，主匪连日犯汝城未遂，除伪一、三、五、八军团之一部陆续由大来圩、五里墩向文明司、宜章窜走外，其大部及伪五、七、九军团则经热水、八丘田、城口、九峰向西窜。师长为达成堵剿任务起见，当饬锺旅及锺团抽兵截击。是日拂晓，锺团由查坪抽兵两营，锺旅由汝城抽兵四营，向杨家山、大来圩、五里墩、延寿截击，同时飞机侦炸甚力，匪节节抗战，向湘粤边境急窜，黄昏时业将碉线附近之匪驱逐殆尽。是日伤毙匪七百余，俘匪六十八名，夺获长短枪二百四十五支，轻机枪一挺。我军伤亡官兵七十九名，消耗步机弹一万八千四百二十八发，手榴弹三百五十二颗。斯时，本师适奉令集结汝城，尾匪追剿。遂令锺、王两旅守碉部队于灰日前集结汝城侦匪追剿。

二、汝城、八里坳、勾刀坳、水阳山、东山、百丈岭、文明司一带剿匪各役战斗经过：

十一月十二日，本师遵奉兼司令刘命令，以锺团协同胡保安团守桂汝碉线。师长率锺、王两旅于当日拂晓由汝城向文明司之匪攻击前进，我第一八四旅三六八团朱再生部为前卫，沿途节节将小股匪击溃，未刻抵勾刀坳附近，与盘踞该处伪八军团之廿一、廿二两师，人枪两千余接触，该匪顽强抵抗，经我锺旅猛击，至黄昏始将该匪击溃，匪向文明司溃逃，我军遂将八里坳、勾刀坳一带完全占领。但水阳山、东山、百丈岭之线，仍有匪一股构筑工事，与我对峙中。又粤军陈章旅亦于同日由太平圩向延寿攻剿，本师即由王旅抽兵一营与取连络，沿途将散匪驱逐，该营进至延寿附近，与粤军连络后，即还归原地。是日伤毙匪四百余，夺获步马枪三十二支。我军伤亡官兵八十三名，消耗步机弹八千另六十发，手榴弹一百八十颗。

十一月十三日，拂晓时，派钟旅向百丈岭、文明司之匪攻击前进，于午前八时行抵距百丈岭三里处，有匪伪五军团十三师全部，枪约一千五百余支，机关枪十余挺，占领我进路两翼之东山、水阳山高地一带，恃险顽抗，经我先头钟旅奋勇进击，并向匪左翼包围，肉搏激战五小时，匪受巨创后，即向两翼运动，退扼正面百丈岭碉堡企图，抗战时已下午，当令钟旅从右翼行大包围，王旅向正面冲击，复激战四小时，我钟旅迂至文明司西端抄匪后路，匪不支，向赤石狼狈逃窜，我军即占领百丈岭、文明司之线。是日伤毙匪六百余，俘匪四十九名。我军伤亡连长以次一百二十三人。

三、全县大帽岭、大埠头一带剿匪各役战斗经过：

十二月二日，本师奉令指挥章师之戴团占领大帽岭、大埠头，迎击主匪西窜。是晨由寨圩向大帽岭前进。午后二时，我前卫王旅及戴团抵大帽岭界上，即与伪第一军团警卫营，枪四百余之匪接触，匪不支，节节退窜上梁时已昏暮，匪复沿桐禾田山脉凭险顽抗。午夜后，见匪方灯光，陆续由大埠头向桐禾田前进，判断似有匪大部到达模样。

十二月三日，本师以王旅附戴团向桐禾田之匪攻击前进，师长率钟旅长跟进，拂晓由上梁出发，七时我先头王旅进至桐禾田时，即与该伪一军团人枪六千余之匪接触，经我先头王旅及戴团攀登悬岩，左右迂回攻击，激战二小时，匪不支，节节向大埠头退窜，我军更番前进，锺旅向两翼搜剿，飞机猛烈轰炸，匪受巨创，即分数路向五排方向逃窜，我军遂占领大埠头。是役，伤毙匪二百余，俘匪六名。我军伤亡官兵七名，消耗步机弹一万零三百二十七发，手榴弹三百二十四颗。

四、克复通道县之役战斗经过：

十二月十三日，朱、毛主匪已由广西兴安逾长安营向通道城急窜。本师奉令有截击该匪阻止其西窜之任务，遂令王旅于是晨由绥宁、东安铺经菁芜洲向通道城方向觅匪截击，师长率钟旅及直属部队居后策应。迨午后五时许，我先头王旅进至爪坪北端，即与伪一军团之后尾接触，激战两小时，将匪之第一线阵地占领，匪遂退据第二线阵地扼守，时已入夜，未便攻占，乃在该地彻夜。是日伤毙匪百二十余名，俘匪一十四名。我军伤亡官兵十六名，消耗步机弹三千零六发，手榴弹五十六发。

十二月十四日，本晨拂晓仍以王旅之袁团向匪阵地攻击，以马团迂回匪之右侧，钟旅在后策应，激战三小时，我军迂回奏功，匪阵地顿形动摇，我军趁机猛扑，匪不支，狼狈窜由高义渡向四乡方向遁去，遂于午前八时占领通道城。是役，伤毙匪二百八十余名，俘匪二十五名，我军夺获步马枪三十支。消耗步机弹四千零二十九发，手榴弹四十七颗，伤亡官兵四十一名。

附各役战斗报告表及战斗经过要图(共二十二份）〔表图略〕

〔国民党政府军事机关档案〕

4．国民党军第九十九师关于追堵红军长征实纪(节录)

(1934年10月—1935年11月)

陆军第九十九师剿匪实纪

一、北路军成立后进剿时期(略)

二、本师自赣追剿入黔时期(自民二十三、十、二十七至二十四、一、九止)

十月二十七日至二十九日

(一)本纵队(第八纵队)占领兴国后，我军六路军已先数日占领古龙冈，我第三路军占领石城。各路连克要隘，匪势日蹙。朱、毛倾巢窜至信丰方面,企图突破我封锁线大举西窜,打通国际路线。本师奉命于二十七日由原驻地出发，经溪口，于二十九日到达泰和。

十月三十日

（一）据飞机报告：匪大股由大庾北约二十余里之铁司山、龙王山一带，向西北移动，似有继续西窜模样。

（二）本（十）月三十日，奉命向遂川集中，经上横、珊田，于十一月一日全部到达遂川。

十一月四日至六日

（一）综合情报：西窜之匪，先头已抵汝城东之小左溪，其大部尚徘徊于桂、汝、崇之中央地区文英、集溪一带。营前尚有匪出没。杰坝（营前南四十里）有匪盘踞，企图以一部于营前、桂东间游窜牵制，以主力经桂、汝急窜模样。

（二）本师奉指挥官周命令：纵队以追剿之目的，拟于四日开始行动，向左安附近前进之要旨，于本（四）日起由遂川经藻林一排村，于六日进至左安附近之贡敦、白云宴一带。

十一月七日至十五日

（一）综合匪情：匪主力已突破我桂汝第二纵线封锁线，向西急窜。十二、十三两日，在文明司以东，从延寿圩与我陶广、叶肇两师接触中。

（二）本师奉命以平行截剿之目的，于七日由贡敦出发，经白沙——寨前——流源——龙爪洞——云头、彭公庙、资兴——东江，于十五日到达郴州待命。

十一月十七日至二十二日

（一）毛、朱股匪，已由宜章向西急窜，其先头已到临武县附近。

（二）本师基于指挥官周十一月十七日命令：纵队以追踪侧击，协同一纵队歼灭该匪于湘河以东地区之目的，拟明（十八）日继续行动，先向嘉禾前进之要旨，于十八日由郴州出发，经桂阳——洪家圩、石鼓寨——禾亭圩，于二十二日到达宁远城。

十一月二十三日至二十七日

(一)窜抵宁远方面之匪三、五两军团，已于前（二十）日，向天堂圩、下灌方向窜去。宁远城西七里冈及天堂圩一带，有伪一军团第一师盘踞，阻我前进。

(二)本师于二十三日，以二九七旅为攻击部队，其余为预备队，由宁远向七里冈攻击前进。匪约五百，被我五九四团击溃。进至天堂圩时，伪一师全部在该圩附近及其西北约二里之高山一带，顽强抵抗，激战三小时。我第五师由天堂圩左翼，九十六师由天堂圩右翼，向匪逼进，我五九四团奋勇冲击，匪不支，纷向双峰岭（天堂圩西七里）、把截方面溃窜。二九七旅遂确实占领天堂圩。俘匪兵五名，毙匪数十。我伤连附一员、士兵十余。二十四日拂晓，复以二九五旅为攻击部队，向双峰岭攻击前进。接战一小时，毙匪数十，俘匪四名。匪向道县方面溃窜。本纵队即向道县跟踪追击。于二十五日，我十三师占领道县。本纵队以渡河困难，至二十七日本师始渡河，进抵道县。二十八、二十九两日在道县停止待命。

十一月二十九日

(一)西窜之匪主力，先头已抵全州附近，文村、灌阳间有其大部。

(二)本师奉命以继续追剿之目的，于三十日由道县进至蒋家岭。拟明（十二月一日）向文村前进。

十二月二日

(一)匪大部已渡过湘、漓水，向西延窜去。

(二)本纵队为改道追剿之目的，本师奉命于十二月一日，由蒋家岭进至巨岩，二日进至全州附近待命。

十二月四日至十日

(一)本纵队为向武冈集中之目的，本师奉令于四日由全州开拔，经庙头——东安——花桥——坝头——新宁——新安铺，于十日进抵武冈待命。

十二月十二日至十八日

（一）据报伪一、三、五、八、九军团主力似仍在西延以西之雷霹州、苗儿山、土冈岭一带大山中。其一部现正向绥宁、通道以西地区逃窜。

我吴奇伟纵队现向洪江前进，其先头十一日可达到。我第一兵团（刘建绪部），分向城步、绥宁前进。

（二）本师为遵令向洪江前进之目的，于十二日由武冈出发，经高沙—洞口—青草湾—宝瑶，于十五日到达洪江待命。至十八日奉命进至黔阳，归总指挥薛直接指挥。

十二月二十二日至二十八日

（一）综合各方情报：匪右侧卫于本月十四日，由通道以南地区，窜往锦屏方面。其主力于十一日窜抵平茶、黎平一带，似有趋向镇远，转犯黔中之模样。

（二）本路军以追剿西窜赤匪之目的，决自二十三日起，向镇远、三穗、清溪一带地区进出。本师奉令为预备队，自二十二日起，由黔阳出发，经芷江—便水—晃县—玉屏—清溪，于二十八日进至蕉溪一带候命。

十二月三十日至二十四年一月九日

（一）朱毛股匪，于十二月二十七日，在镇远被我吴纵队击溃后，向施秉方向逃窜。其主力经施秉，黄平、向贵阳西北地区逃窜中。

（二）本路军以继续向西追剿，迅速达成任务之目的，本师奉命于十二月三十日，由蕉溪经镇远、施秉、黄平、重安江、炉山、马场坪、贵定一带地区追剿前进。于二十四年一月七日到达贵定、瓮成桥一带。匪经老黄平、瓮安向遵义、桐梓窜去。本师复奉命于九日进驻贵阳，从事整顿训练。追剿即告一段落附（追剿路线图）。（图略）

附：到贵阳后牛场、息烽、黄泥哨各处剿匪之役。

（一）匪于二月上旬渡金沙江不果，即折经古蔺、土城，向黔北回窜。月底复陷桐梓、遵义后，于三月中旬，经长干山、仁怀、茅台，窜渡赤水河。至下旬，复回窜仁怀东北地区之东皇场、大坝场一带，经由鸭溪、白腊坎中间地区，窜抵大渡口附近。我五八九团第三营，奉命于本月二十七日，由贵阳开拔。二十九日抵美竹箐。三十日赴息烽属之牛场，归五十九师黄团长道南指挥。当奉该团长令，赶赴乌江渡口防守。是时匪部已先我一日偷渡乌江南岸，而该营尚未得到任何方面情报，故遵命急开。讵出牛场数里，即与匪约一团遭遇。彼此反复冲击，混战五小时，匪我伤亡均大。该营随奉到九三师唐师长命令：向养龙站集结。行至黑神庙，又与匪一部遭遇。激战两小时，以众寡悬殊，遂撤至紫江待命。是役匪伤亡百余。我第三营伤连长一员，阵亡连附二员，负伤士兵二十余名。

（二）三月三十日，我五九〇团第二营，奉命由贵阳乘汽车赶赴息烽守备碉楼。于三十一日，匪约三四百，由牛场方向窜来，向我息烽碉楼猛扑。我官兵沉着应战，毙匪二十余，当即溃退。未几时，匪复以全力进犯，均被击退，毙匪六七十。匪不得逞，乃向芷江方向逃窜。是役我官兵伤亡五人。

（三）伪一军团约两团，沿芷江窜扰毛场（贵阳东北约四十里）附近。其一部窜抵黄泥哨，与我滇军之两连接触对峙。本师奉命派五九〇团中校团附黄鹤立，率领该团第九连及师工兵连为游击支队，于四月八日晚向黄泥哨前进，策应我滇军之战斗。于九日拂晓，在黄泥哨与匪激战，毙匪无算。匪向青岩方向溃窜。我方仅伤连长一员，阵亡士兵一名。

三、由黔追剿入川时期

朱毛股匪，由大渡口渡过乌江后，即沿息烽、芷江县郊野，经黄泥哨、青岩，向广顺窜走，有西窜云南企图。本师奉令以守备息烽、贵阳、龙里、贵定一带。另抽派二九五旅（欠五九〇团第二营），附五九四团第二营及师工兵连（以下简称二九五旅），于四月十日由贵阳出发，加入追剿序列。遂开由黔追剿入川之端。

四月十日至十六日

（一）匪大部由广顺西窜紫云后，复窜至关岭、贞丰间花江东岸地区。其先头已由百层坝分渡花江，向贞丰窜去。

（二）二九五旅于本月十日，由贵阳出发，经安顺、镇宁、关岭，于十六日进抵募役分县。奉令派五八九团（欠第一营），由募役分县开驻关岭县筑碉。以第一营扼守花江之铁索桥，另以两连控置于黄土塘一带，扼要赶筑工事。

十八日，奉令以五八九团第二营，接替第一营铁索桥防务。第一营推进至太平街，行抵中途，即与匪遭遇对峙。于十九晚，我第一营乘匪不备，突向太平街、定头营之匪施行夜袭。匪不支，向南溃窜。是役毙匪数十，俘匪数名，获枪三支。我亦伤亡士兵数名。

四月二十二日至二十六日

（一）综合情报：朱、毛股匪，由贞丰经兴仁县，向亦资孔西窜，有窜犯云南之模样。

（二）二九五旅奉令于二十二日，由募役分县向安南集中，复向盘县追剿。奉令即在盘县构筑碉堡工事。

四月二十七日至五月十九日

（一）罗炳辉股匪约二千，漾日在鸡场坪、杜湾、观音洞，敬〔日〕抵石多谷（盘县西北五十里），有日窜抵平彝北之阿依若，有与朱毛会合模样。

朱、毛股匪，宥日经曲靖，窜平彝，俭日窜马龙。其先头已到易隆。艳日先头窜抵嵩明东南之杨林间。有由昆明、嵩明中间地区窜渡金沙江之模样。

（二）尔后二九五旅随总部行动。于四月二十七日，由盘县经亦资孔一平彝，于五月七日，奉令以汽车三十辆输送五九〇团至楚雄布防。旅部及五八九团，由昆明进驻安宁县筑碉。八日五九〇团，乘汽车开回安宁待命。复奉令进驻马龙，构筑碉堡工事。

五月二十日至七月十一日

（一）朱、毛股匪窜渡金沙江后，因川军未能截击，致使从容逃窜。经会理、西昌、越隽，迄雅安以西之泸定、康安一带，直趋川北与徐匪会合。我军穷追其后，使无停留立足之余地。而匪军因以逃散及投诚者为数甚多，而沿途因伤病而遗弃道旁者，触目皆是。

（二）我二九五旅于五月二十日，由云南元谋渡金沙江，经江驿一会理一西昌一泸沽一越隽一海棠渡大渡河，经汉源一荥经一雅安一名山一邛崃一新津一双流，于十一日到达成都待命。

（三）该旅于六月二十一日，奉令在雅安附近构筑碉楼六座。并每日抽派一部，协助民工修筑飞机场。

七月七日，在邛崃县西南之羊场、高桥、火烧桥一带，构筑联络碉堡。

七月十四日至九月五日

（一）朱、毛股匪与徐匪会合后，经汶川、茂县、北川、江油、平武、松潘一带，向青甘边境北窜。

（二）我二九五旅，奉命于七月十三日由成都出发，经新都一广汉一德阳一罗江，于十六日进驻绵阳。奉令归九十师欧师长指挥。于十八日，由绵阳经青连场一江油一煽铁沟，于二十一日进抵旧州。当奉命于二十二日，以五九〇团担任黑水沟（含），旧州（不含）线防务。到达后，以一营位置于青道口，另派一连位置于榨河房，努力活动侦察匪情，余部位置于黑水沟。五八九团随旅部进驻碓窝梁、关平。以一营位置于椒盐铺，并派兵一连，配置于碓窝梁。二十四日进驻青川，以一连驻马北关。侦察队位置于唐家河，努力活动侦察匪情。八月三日，奉命以五九〇团移驻青道口、高平铺一带，旅部及五八九团（欠第三营）移驻白草，第三营暂留青川，担任防务。

八月七日，奉令以五八九团进至阔达坝，除留一营于阔达坝、鲜里堡外，余部于八日进驻水晶堡，并派两连位置于柏子羊、黄泥场之线，一连位置于筏子头。五九〇团七日进至阔达坝，八日水晶堡。到达后，即以一营（欠一连）位置于木瓜墩，余一连随团部位置于叶塘。以两营位置于水晶堡，并派一连位置于麻柳江，另一连位置于乾水塘。旅部及五八九团两侦察队归五九〇团黄团长指挥，分别位置于果子坝、小河口，努力活动侦察匪情。旅部七日阔达坝，八日水晶站，尔后即在水晶站待命。该旅驻防木瓜墩南亘阔达坝之线。逐日以一部筑碉守外，余部担任运送粮食。

（三）该旅在青川筑碉十二座，水晶堡、阔达坝、木瓜墩一带筑碉六座。

（四）九月五日该旅奉命开回绵阳待命。追剿任务于此结。旋于十月四日开抵蓬溪。奉委座电令于六日由蓬溪取道武胜、合川、重庆、綦江、遵义。于十一月七日到达贵阳，归还建制。

〔国民党政府军事机关档案〕

5. 国民党军第十五师王东原部关于追堵中央红军长征战斗详报

（1934年11—12月）

甲、追剿前一般匪情

赣东股匪自经我军第五次围剿，迭受重创，匪巢相继克复，复受严密经济封锁，自知黔驴技穷，已不能在赣东立足，乃实施其伪中央干部会议决议案，经湘入川向西发展，打通国际路线，以图最后挣扎。自十月上旬起，伪中央匪首率伪一、三、五、八、九各军团枪匪十余万倾巢西窜。二十三日，其主力由信丰、南雄间渡过赣江以西继经崇义、上犹直犯湘境。十一月二日，该匪一部到达汝城附近，与我第六十二师钟旅接触，其主力分向乐昌、文明司方向急窜。

乙、集中时期

本师于追剿肖匪以后，由桂边回师郴州，自十月二十六日以来，奉令移驻耒阳、安仁、茶陵之线，担任构筑封锁碉堡。十一月八日午前六时，奉到军长刘阳亥参机电令如下：

一、据报股匪有由文明司、乐昌方向有郴、宜窜走之样。

二、着王师长东原除留小部在耒安之线候陈师接防跟进外，即率主力沿耒郴汽车道兼程向郴县方向觅匪截击。上二项。

本师根据右令，给予各部命令，要旨如下：

一、匪情、任务同军长刘阳亥参机电令。

二、着九十团附工兵一连，于本(八)日由耒阳汽车输送赴郴，占领阵地，构筑强固据点，掩护本师集中，并为屯集粮秣之处置。

三、第四十五旅(缺第九十团)、师部工兵营、特务连、骑兵连、第四十四旅(同行军行列)，着于本(八)日午前十时先后，由耒阳出发，沿郴耒公路至高亭司、栖凤渡之线停止待命。第四十五旅应于栖凤渡向永兴、资兴方向布置警戒。

四、着工兵营派兵一连，汽车输送至郴，归韩团长指挥，构筑郴城工事，任务完毕后，归还建制。

五、第四十三旅除留小部在安仁候陈师接防外，其余即日经耒阳向郴州跟本师后尾行进。

六、余本日赴郴视察后在高亭司。

上六项。

陈旅无线电达，张、王两旅笔记传达。

是日师部率张、汪两旅（缺韩团）到达高亭司以北，陈旅到达观音阁，第九十团汽车（十三辆）输送，直至夜午方全部抵郴。据探报闻匪先头三千余，已过平和，当晚赤石、宜章，甚形恐慌等语。此令该团除派小部分向宜章方向游击广探匪情外，并限星夜完成据点工事。九日师部率张、汪两旅（缺韩团）推进至栖凤渡及其以北地区，陈旅进至耒城以东。奉到总司令何阳亥电、军长刘佳辰电，匪一股出九峰，一股庚午已窜宜东香花树、平和之线，饬本师向郴、宜觅匪截击。十日午后，师部率汪旅李团到达郴州，张旅抵栖凤渡，陈旅进至梧桥铺，探知良田、宜章昨晚先后失陷，今晨有匪一部向保和圩方向前进，万会桥到匪六百余，装备齐整，手机关、驳壳甚多，其主力行动尚不明瞭。比由韩团派丁营向万会桥挺进侦察，于山口塘附近遇便衣匪数十，当将其驱逐。晚间又于黄泥坳与匪遭遇，混战时许，匪向万会桥窜去。十一日，奉总司令何佳辰长电令，要旨如下：

一、伪一、三、五、九等军团，自窜抵汝城被我军痛击后，以一部分由城口、文明司向宜章、乐昌方向西窜，主力仍徘徊于汝城西南地区，伺隙流窜。周纵队先头已抵桂东，薛纵队现正由吉安向莲花前进中，粤军李师已于鲁达、九峰、乐昌，桂军一部已抵全州。

二、本路军以歼灭该匪于湘永以东地区之目的，应协同友军并用追堵防截各种手段，以达成其任务。兹特部署如下：

1、2、3、4各项略

5。着以五三、二三两师编为第一支队，李韫珩指挥，集结于郴州(不含)、桂阳之线。以六二、六三、十五各师为第二支队，归陶广指挥，集结于郴(含)、资、宜、汝中间地区，为追剿或腰击部队。以十九(欠两旅)、十六两师及补充总队与湘西南之各保安团为第三支队，归李觉指挥，与桂军切取连络，任湘江守备及尔后匪情变化之机动使用。

以上各支队，均归第一纵队司令刘建绪统一指挥，会同友军相机协剿。复奉军长刘庆申电令：股匪西窜宜、乐，着陶师主力兼程出郴州，会同王、陈各师，向匪截击等因。

连日竭尽各种手段搜索侦察匪之主力，行动仍不明瞭。但综合所得情况判断，匪之主力尚未越过衡宜公路以西，似均麇集赤石司、宜章、平和、良田一带。为侦确匪情起见，决先令汪旅继续派队沿公路向良田方向不断游剿，与匪保持接触，以待全师集中及各友军之会剿。本日韩团之丁营将黄泥坳之匪击溃后，追至万会桥，与匪短兵相接，毙匪甚多，我伤亡邓连长等数员名。十二日清晨，汪旅李团督同丁营向匪攻击，激战时许，匪向后撤走，李团跟追至万会桥，遇枪匪千余占领阵地，顽强抵抗。同时发见西南山谷尚有匪之大部陆续增援，相持至黄昏，仍撤回城前岭。韩团梁营游击保和圩，遇匪二三百人，略有接触，匪即向西撤走。据土民称，该匪声言系为第三军团打前站。同时迭据探报，良田、万会桥之匪，确在三千以上，良田至平和、擦岭沿途村落，皆为匪兵驻满，并声言尚有大队到达等语。

本日午后二时，我陈旅到达郴城，本师至此始全部集中完毕。入夜，据李团报告：长冲一带公路两侧之匪，陆续增加二千余人。同时据本部官长侦探周健由增湖、飞钟归报，目睹枪匪数十名，由黄泥坳通过，在该地徘徊，似有侦察地形模样，并向土民询问郴城道路及我方情况，声言进攻郴城等语。本部当晚给予命令如下：

命令 十一月十二日午后八时
于郴州

一、综合连日情报，赣匪主力刻麇集于赤石、平和、良田一带，尚未越过公路以西，万会桥陆续到有枪匪四五千人，其一部本日节节向我长冲、城前岭阵地逼近，另一小股本日在保和圩出没，似有进犯郴州之企图。

二、本师以先巩固郴防，待友军会齐进剿之目的，拟就现阵地取攻势防御，如匪来犯，即就罗仙岭、南塔岭阵地一带予以痛击后，一鼓而歼灭之。

三、着第四十四旅于明（十三）日拂晓进至罗仙铺附近，隐匿集结，派兵一部进出增湖、塘围侦匪具报，匪如向汪旅阵地进犯，该旅应予以有力之侧击，匪如西窜，该旅即不失时机向万会桥方向努力截剿。

四、着第四十五旅于明（十三）日，除仍以一部展开于城前岭、燕子坪一带高地与匪保持接触外，主力应集结于罗仙岭、营盘岭之线，待匪进犯，即就阵地附近予以痛击，匪如西窜，即沿公路协同张旅进出万会桥跟匪截剿。

五、着第四十三旅于明（十三）日，进至罗仙岭西北端上中蓪仙附近，集结待命。

六、师部及直属部队，明（十三）日进至七里洞。

七、余于战斗开始时，在罗仙岭阵地。

上七项。

十三日拂晓，各部按照上令分途开进，午前十一时，师部到达七里洞，得知前方尚无异状。据汪旅长电话报称：我李团于拂晓向长冲之匪袭击，在泉洞廖家附近与匪争夺碉堡，颇有激战，刻仍在相持中。午后接张旅长壳中电称：我肖团进抵塘围，遇匪数百，当将其击溃，因正面情况不明，暂在现地停止等语。比饬迅速协同李团努力击破正面之匪，继向万会桥搜剿前进。本日黄昏，我张旅攻占蛇形坪，李团攻占蜈蚣岭北端高地，毙匪百余，俘匪范中发等数名，供系伪第三军团之第三师所部。我亦伤亡十余名。但匪且战且走，入夜仍盘踞蜈蚣岭一带高地，与我相持。是日，我周指挥浑元所部肖、万两师到达郴城，我六十二师闻在文明司以东之八里坳附近，与匪第八团接触。

丙、追剿时期

赣匪西窜入湘，号称十余万众，自十一月八日以后，该匪主力陆续麇集于宜章、赤石、良田、万会桥一带，交通封锁，情况不明。本师由茶安耒线转移郴州，至十一月十二日午后，始全部集中完毕。以奉总司令何佳长参电令，编入第二支队，归陶师长指挥。在本支队未集中以前，未便单独攻击，且匪我实力比较，亦非一师兵力所能奏功。故仅能巩固郴州掩护集中之目的，四出游击，迟滞匪之行动，并努力侦察匪情，以待会剿。连日以来，张、汪各旅在塘围、长冲一带，虽不断与匪接触，而匪之番号与实在情况，仍不明瞭。截至十一月十四日午止，始悉我正面之匪确系第三军团，其先头已向保和圩、秀凤圩方面移动。同时据报，华塘铺亦发现枪匪三百余，判断匪已开始向西流窜。我正面之匪，必系其右侧掩护部队，决心不待友军之到达，单独向保和圩、良田之线截剿。

十一月十四日午后，授予各部命令如下：

命令 十一月十一日午后一时
于七里洞

一、据探报万会桥之匪，昨（十三）日黄昏起彻夜向秀凤圩、保和圩急窜。判断我正面之匪，必系其掩护部队。

二、本师遵照军长元午电令，拟即分向保和圩、良田之线截剿，并乘势向宜章攻击前进。

三、着第四十三旅，于明（十五）日拂晓，由上童新出发，经罗仙铺向保和圩方向追剿前进。

四、着第四十四旅，于明（十五）拂晓，协同汪旅先将万会桥之匪击破后，即沿公路向良田、宜章攻击前进。

五、第四十五旅，于明（十五）晨，协同张旅击破当面之匪后，即在万会桥附近停止待命。

六、各旅前方游击队，本晚应在原地极力活动，与匪保持接触。

七、余明日沿公路在江旅后跟进。

上七项。

A．万会桥良田之役 十一月十五日

一、战斗前匪我状态。匪自本月十日先后攻陷宜章、良田，一部人枪四五千进踞万会桥及其以北地区，凭踞郴宜公路两侧碉堡，对我郴州警戒，以掩护其主力西窜，连日与我张旅及汪旅李团于增湖、长冲、蛇形坪一带均有接触。十三日夜起，开始越公路西窜，其先头于十四日过保和圩西窜。十四日午后，飞钟、滩门一带续到匪众数千，一股二千余，分袭蛇形坪、蜈蚣岭北端阵地，与我张旅王团、汪旅李团激战竟夜。

二、战斗经过。十五日拂晓，我张旅令肖团从右翼迂回，协同王团出击，将匪击溃，一部向保和圩逃窜，大部向万会桥窜走。张旅督队猛进，毙匪极众。午后二时，直迫万会桥，匪不及抵抗，即向良田窜走。时我李团亦将正面之匪击破，同时追达良田附近，匪凭藉工事顽强抵抗，并以迫击炮、机枪向我猛烈射击，激战二小时，匪不支，向宜章方向溃窜，午后四时良田完全收复。我陈旅周团本日亦击溃滩门附近之匪，正向保和圩跟踪追击中。

三、战斗结果。此役共伤毙匪众数百，生俘六十余名，解送郴州县府收容，夺获马枪二十余支。我亦伤亡排长李邦定等二十余员名。夺获伤亡损耗如附表〔表略〕

四、据俘匪口供。据万余桥、良田之匪，系伪三、九军团，人枪万余，自昨日起分向保和圩、黄茅西窜，其余各军团均经樟桥市陆续向宜章窜走，另一股千余人，闻系李宗保部，窜逃五盖山等语。

十五日晚，我张旅进占良田后，除派一部追剿外，大部在良田停止警戒，陈旅本晚到达安和圩，师部及汪旅到达良田北端之枇杷江附近。奉总司令何元亥电令、军长刘寒戌删两电令，均饬本师分向保和圩、宜章跟踪追剿。遵授予各旅以如下之命令：

命令 十一月十五日午后九时 于枇杷江

一、被我击溃之匪为伪三、九军团，其主力似已经保和圩西窜，一部人枪千余，经廖家湾向宜章窜走。据报良田附近尚有残余散匪。

二、师于明（十六）日，继向宜章、保和圩追剿前进。

三、着陈旅长率部于铣（十六）拂晓，继向保和圩追剿，该旅通过保和圩后，应向曾家门、黄花岭觅匪截击。

四、着张旅长于明日肃清良田附近残匪后，派兵一部进驻两路司，对平和、赤石警戒，俟汪旅通过后，在本部后尾行进。

五、着汪旅长率部于十六日拂晓，沿公路向宜章追剿前进。

六、各旅沿途务远派便探严密搜索，并将追剿情形及到达位置随时详报。

七、明（十六）日，余在汪旅后行进。

上七项，无线电传达。

B．宜章近郊之役 十一月十六日

一、战斗前匪我一般状态。股匪自元夜起分三路，伪中央机关率伪一军团及伪中央各学校等经宜城，伪五、八军团经平和、廖家湾、黄茅，伪三、九军团经良田、万会桥、保和圩越公路西窜。其三、九两军团，昨（十五）于万会桥、良田，经我先后痛击，大部向保和圩退窜，一部分向廖家湾、两路司窜走，与伪第五军团会合。我张旅追击队与匪激战至黄昏，入于相持状态。另据探报，宜城尚有枪匪数千，行动不明。

我张旅本晨派王团李营向两路司搜剿，主力在良田。汪旅本日拂晓通过良田向宜章追击前进。陈旅击溃滩门之匪，昨晚进达安和圩。

二、战斗经过。十六日拂晓，汪旅将廖家湾之匪击溃后，跟踪猛追，于樟桥附近遇匪数百反攻，复经李团击退，匪一部窜黄茅，大部向宜章逃窜。除韩团一部向黄茅尾追外，我主力直趋宜章追剿。午后二时，残匪仍占据城北高地碉堡工事，顽强抵抗，我李团由正面攻击，该团蒋营奋勇先登，首将学堂岭占领，同时韩团由城西高地包围，匪受我两面夹击，匪不支，纷向高明铺、石子岭方向溃窜。是日申刻完全收复宜章。

三、战斗结果。此役毙匪千余，获步枪二十余支，俘匪四十余名，交宜章县府收容，我李团伤亡士兵数名。

四、据俘匪供称：宜城之匪系伪五军团第十三师，伪师长陈伯钧左臂负伤，率匪一部向梅田窜走等语。所有战斗经过要图、夺获、伤亡、损耗表附后。〔表略〕

本师既克宜章后，比饬汪旅沿宜临大道向梅田跟踪追剿，陈旅由保和圩经曾家门、安源向麻田觅匪追击，并与汪旅取连络。张旅肃清宜城附近残匪后，即随师部在汪旅后跟进，并派员与坪石粤军取连络。十七日拂晓，汪旅出发后，复奉总司令何删酉电令，本师归周指挥官浑元指挥。同时接粤通报，该军独立二、三两师，亦已由坪石向临武前进。本师为免与粤军混杂，并候周指挥官指示追击路线计，乃令各旅暂在现地停止候令。

本日午后奉到周指挥官铣戌电令如下：

一、本纵队向嘉禾前进，贵师筱日着在保和圩附近集结，十三师巧日由郴出发，在贵师后续进，贵师归万副指挥耀煌指挥等因。

是日，陈旅在曾家门、汪旅在梅田、师部及张旅在宜城停止，补给后即遵令向嘉禾方向转进。十八日全部到沙田坪、麻田之线，陈旅本日于黄花岭附近遇枪匪数百，经先头周团击溃，跟追至安源附近，截获步枪二十六支，俘匪二百余。战后询据俘匪称：该匪系五军团，派在后面掩护落伍病兵等语。十九日由沙田坪出发，沿途搜剿残匪，到达桃林铺、茅栗圩之线，复奉总座铣亥电如下：

一、匪先头已窜抵牛头粪、两路口、清和圩、华塘铺之线，主力在宜章、赤石司中间地区，似仍企图继续西窜。

二、本追剿军为协同粤、桂友军确取连络，使尔后会战容易歼灭该匪起见，决逐次截剿，不失时机随时予以打击，特酌规定部署如下：1．着李军长云杰仍遵前令，率二十三军配置于蓝山、嘉禾、桂阳之线，截击西窜之匪，并指挥王东原师，在郴州以南及蓝、嘉、桂地区协同追剿。2．着周指挥官浑元克日率部经桂阳向道县前进，限皓日到达，截击由嘉禾以南地区西窜之匪。3．着李军长韫珩率部克日进驻郴、桂之线，确实与李军长云杰所部连络，相机进剿，堵匪回窜。4．薛总指挥所部与陶、陈、章各师及李觉所部，均仍遵元亥电令办理等因。

同时询据土民称：股匪万余，于前日由长塘市经茅栗圩、华塘向嘉禾急窜，另一股数千，同日经河田、上地圩向临武窜去。本师为遵上令意旨，一面向李军长请示尔后行进方向，一面决心继续向嘉禾觅匪追剿。二十日晚到达上才胡家（虾塘圩附近）宿营。二十一日越过嘉禾，全部集结于井塘桥、石马之线，当奉李军长命令，饬本师向永乐圩、落山庙相机截剿等因。二十二日正午，遇神下李家得二十三师李旅长面告：落山庙仅有小部散匪，大部正向下灌窜走。除饬张旅派兵一团绕经祠堂圩向落山庙搜剿外，余即经神下向下灌截击，当晚到达神下，并授予各部命令如下：

命令 十一月二十二日午后二时 于神下

一、股匪三、四千，昨经神下向下灌西窜，另一股本日在落山庙、楠木圩一带与我二十三师接触中。

二、师明（二十三）日经冬村、胡家继向下灌侦匪截剿。

三、着第四十四旅为前卫，于明（二十三）晨六时十分，由现地出发，经花凉亭、冬村、胡家向下灌搜剿前进。

四、师部工兵营、第四十三旅、第四五旅（同行军序列）于明（二十三）晨七时起按序出发，准前卫行进路行进。

五、大行李在全师后尾跟进。

六、余在工兵营先头行进。

上六项笔记传达。

C. 下灌之役 十一月廿三日

一、战斗前匪我一般形势。股匪通过桂阳、临武大道以西后，伪三、九军团经嘉禾东北宁远以南地区，向道州西窜，本日似在天堂圩附近。伪一军团窜临武、蓝山后，受粤军压迫，大部向江华、一部向宁道北窜。伪五、八军团于嘉禾以南地区渡河西窜，其后卫连日在土桥圩、洪观圩与我二十三师接触，该匪主力昨晚似在落山庙、下灌之线宿营。

昨晚我周纵队到达宁远附近，第二十三师在永乐圩、落山庙之线，本师二十二日晚在神下附近宿营。今日拂晓由神下按四十四旅、师直属部队、四十三旅、四十五旅顺序向下灌西进。

二、战斗经过。二十三日午前九时，我前卫张旅先头行抵冬村、胡家西南端（下灌东北十余里），遇枪匪千余，正由大道左侧密林中向我前进，我王团侦悉，即先匪展开，占领树林北端黄土山，待匪逼近，骤以猛力火力迎头痛击，匪即以一部依林缘抵抗，大部退据下灌东北端高地，与我王团抗战。午前十时，接张旅长报告：下灌以南田地山谷匪队层层密密，约近万余，正向下灌运动，山口方向继续西进之匪尚络绎不绝，我左翼石山亦有小部枪匪向我射击，正饬肖团派队驱逐等语。

判断股匪经此西窜，以大界、洪洞一带隘路关系，拥塞不通，其主力现均在下灌附近。为达成截剿任务计，决心令张旅暂在原阵地抑留该匪，师主力即转移下灌河西岸，期在大界隘路口堵匪窜路，聚而歼之。因令陈旅迅派一部占领河西岸高地，掩护师主力之转移。

午前十一时，我陈旅先头徐团达到西岸球头岭高地，即遇匪千余来攻，匪利用树林荫蔽，节节跃进，势极凶猛，幸我阵地较匪方略高，得以充分发扬火力，毙匪极多，匪焰稍挫。午后一时许，匪之主力悉趋我右翼，与我陈旅鏖战于球头岭亘大岭山一带高地，匪企图夺占陈旅阵地，迭次施行短促突击，反复冲锋，几经肉搏，我陈旅官兵沉勇奋战，匪卒不逞。三时许，匪复以机枪迫炮掩护，集合悍匪二三千人，向我陈旅左翼徐团正面连贯突击，徐团即以机枪手榴弹炽盛火力压制，并举预备队反冲，一时呐喊声与枪炮声有如怒涛汹涌，耳目为昏，战斗惨烈如斯为最。至午后五时三十分，匪以死伤枕藉，始向南方狮子山撤退。同时我张旅亦已由左翼出击，除下灌街市北端之宝塔山尚有数百残匪死守掩护外，余均向下灌以西山地窜走。时近黄昏，匪凭藉高山节节抵抗，我陈、张两旅即在原地彻夜，当晚令汪旅派遣小部队多路分向狮子山之匪夜袭，匪众拥挤，互相践踏，乘夜狼狈向水打铺、四眼桥溃窜。

二十四日拂晓，我汪旅将当面之匪击破，即向大界跟踪追击前进，除陈、张两旅肃清下灌附近残匪后，在下灌停止整理。

三、战斗结果。此役毙匪千余，俘匪四百余名，夺获步马枪三百余支，轻机枪一挺，通讯枪一支。我伤亡连长罗简以次官兵百余名，俘匪分送道州、宁远县府收容。

四、俘匪供称：与我对战之匪，确系伪五、八军团全部及第一军团之一部，一军团系马日由蓝山经竹管寺、落山庙于昨日经下灌西窜，三、九军团经宁远西窜等语。

五、战斗经过要图以及伤亡、消耗、夺获表附后。〔表略〕

二十四日，汪旅追过大界要隘，匪掩护部队沿途节节抵抗。二十五日以后，陆续在水打铺、早禾洞、四眼桥等处截获残匪颇多。二十六日，本师全部到达九井渡、薛家厂之线时，匪先头已窜抵广西文市附近，其大部正由永安关、清水关向西急窜。本师渡过沱江后，经新车渡、寿佛圩出雷石关进出广西灌阳属之水车、大塘圩一带，十二月四日到达全州，奉令向西转进。五日由全州出发，历经新宁、武冈、绥宁、靖州，于十二月十八日先后到广平、会同之线，匪已全部窜入黔境。本师奉令除以一部进达黔东远口外，主力担任构筑靖会桥封锁线碉堡之责。

丁、结论

一、赣匪尔后行动之推测：

1．入黔以后，嗾使贺、肖两匪极力扰犯湘西，牵制我军西向，并乘我军跟追不及，窜踞黔西，从容整理休养。

2．继续窜踞四川西南地区，经营新巢穴，以与贺、肖、徐匪形成犄角，为赤化全川之初步。

二、追剿经过中感想：

1. 匪方组织严密，对情况封锁极严，使我方不易侦察其确实行动，一般对匪估量太大。

2. 我方战略上常处于被动，不能先匪集中优势兵力，迎头堵剿，致大部兵力均入于尾追状态，不能予匪以重大打击。

3. 追剿开始时，本师隶属系统再三更易，致行动上感觉(十二月十七日，已追抵梅田、宜章之线，忽奉令折回保和圩集中)迟滞。

4. 长期追剿，师以人力财力关系，常感运输补给之困难，每因粮弹不济，影响于军事进展。

5. 匪所经过地方，除湘省道县之蒋家岭附近、桂省之灌阳以外，一般清野实施未能彻底，坚壁更无论矣。故匪沿途宿营给养毫无困难，得以从容西窜。

6. 我军一切成分均较匪方为优，惟忍劳耐苦精神，尚不如匪。

〔国民政府军事机关档案〕

6. 国民党军第六十二师陶广部关于追堵红军长征军事工作报告书

（1934年12月）

陆军第六十二师二十三年十二月份剿匪军事工作报告书

作战命令

命令　12月1日午前五时于全州之全家村六二师师部

一、顷奉兼司令刘卅戌参机代电开命令：(一) 匪主力已过界首，向西延急窜中。伪三军团之一部，枪约五六千，在界首、石塘圩之间。其在觉山经我击溃之伪第一军团一部，已退踞朱兰铺、五里排附近，仍在顽抗中。又窜扰全城南端大肚岭、白沙之匪，已经陶师钟旅击溃，向界首窜走。我桂军主力已由新圩、古岭头，一部由光华铺，分向界首追剿中。我周纵队先头已达文市附近黄沙河、沙子街、大平铺之线。江防已请薛纵队梁师接替。(二) 着李代司令觉，率章亮基师，补充四团，陈子贤旅，仍遵前令续向咸水攻击前进。惟驻寨圩之戴鼎甲团，应由该司令迅饬经雪滩、大帽岭向西延截剿。（三）着陶广师（缺李旅），即由现地出发，随李司令后跟进。（四）着陈光中师（缺陈旅），即由现地出发，经四板桥限江日到达城步，迅速构筑城步，梅口、绥宁之线碉堡，堵匪西北窜。上四项。等因。

二、本师（缺钟团）为遵奉上令，即由现驻地经飞鸾桥、花红铺、路板铺，随李司令后跟进。

三、着第一八六旅王育英部，由现驻地经路板铺，随李司令后跟进。

四、师部及直属营连，按特务连、师部、工兵营（缺第一四两连），无线电第十九、二十五两分队，师行李、卫生队、骑兵连之次序，于本（一）日午前八时，由现地出发，经飞鸾桥、花红铺、路板铺，在王旅后跟进。

五、着第一八四旅钟光仁部，即由现地出发，经师部进路到达飞鸾桥后，随师部后跟进。但张空逸团应于本（一）日午前七时三十分，由现地出发，以两营在师部先头行进，另一营随师部后跟进，至路板铺后，即归还建制。

六、着钟涤松团仍归兼司令刘直接指挥。

七、行进时余在师部先头。

注意：

1．师部行李及无线电第十九、二十五两分队，由工〔兵〕营酌派枪兵护送。

2．各部应携带给养。

上命令七项，注意两项。

十二月一日午后一时，师长于路板铺南端里许，奉兼司令刘电令：饬即开赴寨圩待令。等因。当率所部向寨圩前进。于同日午后七时，到达该地，停止待令。

命令　十二月一日午后十一时于寨圩六二师师部

一、顷奉兼司令刘东电令开：东申电悉，请令戴团星夜向土地坳截剿，贵师速跟进。绪率钟团明开武冈、黔阳、云波就地围剿残匪。等因。

二、本师为遵奉上令意旨，拟于明(二)日，由现地出发(在戴团后)，经雪塘、底岭、大帽岭、桐禾田(即图上晏田)，开赴土地坳截剿窜匪。

三、着一八六旅王育瑛所部，于明(二)日午前七时三十分，由现地出发，在戴团后跟进。

四、师部暨特务连，无线电十九、二十五两分队，师行李、骑兵连、工兵营、卫生队(行军序列同)，于明(二)日午前八时，由现地出发，在一八六旅后尾跟进。

五、着一八四旅钟光仁所部，于明(二)日午前八时三十分，由现地出发，在师部后尾跟进。

六、各部须自行携带三日给养。

七、行进时予在师部先头。

注意：

1．宿营地由先头部队斟酌当地房屋，在午后五时以前，即行宿营。

2．无线电暨大行李，由工兵营派兵押运，副官处派官长一员指挥之。

上命令七项。注意两条。仰即遵照。此令。

十二月三日晨于寨圩，奉兼司令刘东酉参电开：据报：匪一部出西延，一部出龙胜，向西北窜。仍令一部在咸水、界首、鲁塘地区。我章师及桂军正围歼中。请思兄即率所部(缺李旅及钟团)，并指挥十六师戴鼎甲团，由寨圩经大帽岭，自土地坳截击，并于西延、车田、梅溪口地区堵匪北窜。后应迅速转移于绥宁、靖县地区协剿。等因。师长徐以冬巳参机代电，转饬戴团归本师王旅长育瑛指挥外，尔后行动即准此电所示。

十二月七日于梅口奉总司令何东申衡参机电节开：兹为便利指挥起见，特定军队区分如次：剿匪军追剿总司令，直辖追剿军第一、第二兵团，预备兵团，及湖南保安部所属团队。追剿军第一兵团，总指挥刘建绪，辖第一、第四、第五各路并直辖李觉师（缺邓、陶旅），并补充各团。第一路司令陶广，辖十六、六二（缺李旅）、六三各师。等因。师长遵即兼任第一路司令。以后本师作战行动，准第一路司令命令行之。不另叙述。

命令　十二月七日午后八时于梅口第一司令部

一、顷奉总指挥刘微申参机电令：节开：匪一部由车田向绥宁通道北窜，其主力或由龙胜北窜，或入黔省，企图不明。又奉鱼酉参电令：节开：千于余匪，微辰由车田经下沭水到天堑，距沙田铺约二十里，似系匪右侧卫。等因。

二、本路军以堵匪北窜、西窜之目的，于城步、梅口、绥宁之线，衔接布防，相机堵剿。一俟车田匪情明瞭后，再向靖县、通道推进。

三、着第六十三师（缺陈旅），位置于绥宁，即以岩脚田（不含）、小木坳、枫香、寨坡、十里铺、绥宁城、刘家坳、大石（在天塘界南）、新塘湾之大道，为主要堵剿线。以寨岩（不含）、木路口、临口、菁芜洲，为前进堵剿线。以主力位置于绥宁城附近，以一部分向木路口、临口及菁芜洲（寨头铺之南五六里处），向南觅匪，节节截剿。

四、着第六十二师位置于梅口，即以沙洲铺（含）、梅口、岩脚田（含）之大道，为主要堵剿线。以微州（不含）、大圳岩、寨岩（含），为前进堵剿线。其机动部队，控置于梅口附近，以一部分向大圳岩、寨岩，向南觅匪截剿。

五、着第十六师位置于城步，即以大平岩、五里湾、城步城、城江渡、沙洲铺（不含）之大道，为主要堵剿线。以牧牛坪、城江渡、丹口、微州、大圳岩(不含)为前进堵剿线。以主力位置于城步附近，以一部分向贺家寨、冒水井、城江渡、丹口，向南觅匪节节截匪。

六、各部队于主要堵剿线上，均须迅速构筑据点，加强工事，集结兵力，严密绪剿。并须于前进堵剿线之前方，远派便探侦察匪情，随时具报。

七、各师驻在地附近团队，由各该地驻军长官就地指挥之。

八、予在梅口司令部。

上八项，仰即遵照。详细部署，随时报部备查。此令。

十二月十日部署陈章陶各师在绥靖地区堵剿电令要旨：(衔略)密。顷准彭参谋长转奉总指挥刘谕如下：一、陈师长所部应固守靖县，左至城墙界(含)为主要堵剿线。以一部分守岩门铺至大笋坪(含)，为前进堵剿线。二、陶师长所部，应固守城墙界(不含)，左至寨牙、乐安铺、绥宁(不含)，为主要堵剿线。以一部分守大笋坪(不含)、地宅、杉木桥、小水(含)，为前进堵剿线。三、章师长所部，以主力固守绥宁城。一部分守小水(不含)、黄桑坪至矮木脚(含)，为前进堵剿线。四、各部队务于明真日拂晓，开始动作，迅速到达指定地点。布防完毕，具报。等因。特达。希即查照，迅速布防完毕，电告。俾使转报。弟陶广。灰戌。

十一日令陈师固守绥、靖封锁线，及陶、章两师分由临口、菁芜洲，觅匪截剿电要旨：(衔略)密。命令：一、顷奉总指挥刘真戌电：节开：匪伪一军团之一部，已由长安营、岩寨、木路口西窜。其先头灰抵临口、下乡、菁芜洲之线。匪主力似在龙胜、通道边境。等因。又据报：该匪先头已于昨午后八时，窜陷通道县城，即搜集木料，有预备架设浮桥渡河模样。我陈师李团，已抵红岩寨堵剿。二、本路军拟以一部固守靖、绥封锁干线，堵匪北窜。以主力分向临口、菁芜洲觅匪截剿。三、着陈师长所部固守靖县至寨牙之线，以一部进扼岩门铺、倒水界堵匪北窜。四、着陶师长所部于明(12)日，由东安铺经溪口、大平头、牯牛口、寨头铺，向菁芜洲之窜匪截剿前进。五、着章师长所部于明(12)日，由绥宁城经黄土桥、小水，向临口之匪截剿前进。六、予随六十二师行进。上六项、兼司令陶广。真亥参。

十四日部置陈、章、陶各师，以一部防守靖、通，大部向新厂、藕团方面，觅匪攻剿电令要旨：

(衔略)密。一、奉总指挥刘元戌参电节开：(一)据探报匪部约万余，窜集藕团、四乡所、新厂一带，有窜黔模样。(二)陶、章两师即经通道，陈师即由靖、通间，分向新厂方面觅匪攻剿。等因。又元晚被陶师袁团在瓜坪、多星口附近击溃之匪，已星夜由通道城渡河，向四乡所方面逃窜。二、本路军有攻剿该匪之任务，以一部防守靖、通，大部向新厂、藕团方面，觅匪攻剿。三、陶师长所部，应于明删日，由通道城经徐村、横坡、杆子溪、黄仓、杨家村(图名杨家冲)、银岩、花桥、谢家铺、四乡所，向藕团觅匪攻剿。四、章师长所部于明删日，由通道城经教场头，晒口、深渡、溶洞，向新厂觅匪攻剿。五、陈师长派兵一部，于明删日由靖县，经铺口、三岩桥，向藕团方面觅匪攻剿。该师李伯蛟团，暂在通道肃清通道南境散匪后，候令归还建制。余仍在原防堵匪内窜。六、各部队到达藕团、新厂之线后，应依情况进展，候命进剿。七、余随陶师行进。上七项。兼司令陶广。寒戌参。

十六日部署陈、章、陶各师，以主力清靖、通、绥地区散匪。一部对黔边警戒，堵匪回窜。其部署如下：一、自通道城(属陶师)、落沙口，至黔边沿河以北靖通地区(线上属之)，请陈师长所部担任。即以主力位置四乡所、马路口、平查所之线，向黔警戒，并肃清辖区散匪。二、自通道城、落河口河流以南地阳坪、牙屯堡之线(线上属之)以东通绥地区，归陶师长所部担任。即以两团以上兵力，位置于地阳坪、七字坡、牙屯堡之线，肃清牙屯堡、长安堡、双江口一带散匪。三、自通道城、落河口河流以南地阳坪、牙屯堡以西通靖地区，请章师长所部担任。即以两团以上兵力位置于晒口、黄土团、播阳所之线，肃清黄柏、播阳所、黄门口、上乡、破乡、黄垢、流团一带散匪。四、余于筱日移驻通道城。上四项。希即于筱日开始动作，于最短期内将境内散匪彻底肃清。并将部署情形具报、备转。陶广。铣申。

二十日饬章陶两师开赴沅陵，协剿肖贺股匪电令要旨：

（衔略）命令：一、奉总指挥刘号辰参机电开：本兵团奉令派陶司令广，指挥章、陶师，开赴沅陵，协剿肖贺股匪。该司令所属第六十三师陈师长所部，着暂归本部直接指挥。等因。二、本路军第十六、六十三两师，决于马养两日由靖县开拔，经淇江、安江、铜湾市、黄溪口、大江口、辰溪、筲箕湾，开赴沅陵。限九天内到达。三、第十六师章师长所部，应于明（马）晨由靖县，经附图指定路线，开赴沅陵待命进剿。四、第六十二师钟旅长所部，并指挥钟涤松团，应于明（马）午由靖依指定路线，开赴沅陵。五、现驻靖县之六十三师陈师长所部，即归总指挥刘直接指挥。六、余率其余部队，于养辰由靖县经规定路线，开赴沅陵。注意：一、各部队须将逐日到达地点，分报本部备查。二、先头部队应于贯堡渡、沙湾、大渡口等处架设浮桥。三、逐日行军宿营及中餐地点，参照附图所定。但钟旅及补充第五团宿营地，酌量自定。四、除重病官兵准雇船运外，其余人马、行李、械弹等，一律不准雇用船只。上命令六项。附发靖县至沅陵行军路线图一纸（略）。兼司令陶广。号戌参。

军队调遣

一、本月上中两旬，本师（缺第一八五旅）由全县金家村、五里牌、大平铺之线尾匪追剿。经寨圩、大帽岭抵大埠头，击溃伪一军团后，即取道上窑、新宁、武冈、城步、开赴绥宁、通、靖县一带截剿。十六师由咸水向西延追剿告一段落后，即取捷径抵新宁，经武冈、城步，随本师行动。六十三师（缺第一八八旅），由全县到达城步后，即在城步、梅口、绥宁、靖通之线，构筑封锁线，堵匪西北窜。

二、十六师九十四团戴鼎甲部，三日在寨圩奉令归本师指挥。五日随师抵上窑后，即饬开赴新宁，归还建制。补充第五团钟涤松部，原奉令归总指挥刘指挥，十日在绥宁归还建制。

三、下旬内除六十三师归总指挥刘直接指挥，推进黔境追剿外，十六师及本师于二十一、二十二两日，先后由靖县经洪江、安江、铜湾市、黄溪口、大江口、辰溪、筲箕湾，开赴沅陵。十六师及六二师钟旅钟团，于二十九日、三十等日，先后达到沅陵。本部及六二师之王旅，于三十日到筲箕湾。

四、本师第一八五旅李国钧部，归总司令指挥。六十三师第一八八旅陈子贤部，归李代保安司令觉指挥行动。此不赘述。

战斗经过

十二月二、三日，本师在全县大帽岭、大埠头一带击匪经过：

十二月二日，本师奉令指挥章师之戴团，占领大帽岭、大埠头，迎击主匪西窜。是晨，由寨圩向大帽岭前进。午后三时，我先头王旅及戴团行抵大帽岭界上，即与伪第一军团之警卫营枪四百余之匪接触。匪不支，节节退窜上梁。时已昏暮，匪复沿桐禾田山脉凭险抵抗。午夜，遥见匪方灯光，陆续由大埠头向桐禾田前进。判断似有匪到达模样。三日拂晓，师长以王旅附戴团，向桐禾田之匪攻击前进，自率钟旅跟进。七时，我先头王旅，即与该伪一军团人枪六千之匪接触。经我王旅及戴团攀登悬崖，左右迂回攻击，激战三小时，匪不支，节节向大埠头退窜。我军更番前进。钟旅向两翼抄击，飞机猛烈轰炸，匪受巨创，即分数路向五排方向逃窜。我军遂于午后一时占领大埠头。是役伤毙匪二百余，俘匪六名。我军伤亡七名。并于占领大埠头后，我军上大埠头东南附近高地警戒，被飞机误投炸弹三枚，炸死警戒兵二，伤四。

十二月九日本师钟旅钟连狙击绥南股匪经过：

据钟连长品人报称：职奉令率部于九日由黄桑坪出发，向老龙、木路口一带狙击股匪。等因。遵于是日午后一时到达老龙、潭山，据土民报称：匪之先头部已通过木脚，大部正在经过中。职即将全连区分两路，以聂易两排长率兵四班狙击老龙一带股匪，职自率其余狙击凉山坡一带，迟滞匪部前进。匪似知我企图，有向我包围模样。职乃将兵力集中，向蒿子坳方向行进。行抵润溪界与匪之搜索队遭遇。激战约三十分，职恐为匪所乘，即向小水猛冲，沿途遇匪之便衣队数起，当将击溃。职以任务完成，即于本日午后五时归还建制。是役夺获步枪一杆。等语。

十二月十四日本师克复通道县城经过：

朱毛主匪，已由广西兴安逾长安营，向通道城急窜。本师奉令有截击该匪西窜，进占通道城之任务。十三日晨，师长令王旅由绥宁、安乐铺，经菁芜洲向通道城方向觅匪截击，自率钟旅及直属部队居后策应。迨午后五时许，我先头王旅进至瓜坪北端，即与伪一军团之后尾接触，激战两小时，将匪之瓜坪北五里高山第一线阵地占领。匪遂退踞多里口(在通道南六七里)第二线阵地扼守。我王旅袁团全部跟追至该地，时已入夜，未便进攻，乃在该地彻夜。翌晨拂晓，仍以王旅之袁团，向匪阵地攻击，以马团迂回匪之右侧，钟旅在后策应。激战三小时，我军迂回奏功。匪阵地顿形动摇。我军趁机猛扑，匪不支，狼狈窜由高义渡向四乡所方向遁去，遂于午前八时，占领通道城。是役伤毙匪近四百，俘匪三十九名。我军伤亡官兵达三十余名。夺获步枪三十枝。

十二月十四日陈师击溃上水湾股匪经过：

据陈师长光中寨申参电称：据李团长伯蛟报告：上水湾昨夜与我对峙之匪，经职团于今晨拂晓猛烈攻击，将其击溃，匪向新厂方向纷纷逃窜。除派一部跟踪追剿外，职督率两营于本日午前八时许，到达通道县城。掳获匪兵十余名，夺获步枪二十余枝，毙匪无数。等语。

十二月十四日陈师击溃新厂股匪经过：

据陈师长光中寒戌删卯电节称：据王旅长德彰本(十四)日午后五时，由黄甫团报告：职于本日午前五时，由谢家铺督队向新厂压迫，进抵新厂附近，适匪军大部经过该地向马路口、藕团方向急窜。职比率队占领阵地，向该匪猛烈射击。匪即停止行进，亦占领高地，向我抵抗。匪来愈众，战斗愈烈，而已经过去之匪，亦已折转向我两翼包围。职即移至黄甫团附近，凭险堵剿，现正激战中。又据同日午后九时报告，与我激战之匪，系伪军军团第二师全部。经职猛力数次冲击，匪势不支，纷经板团，歌村，向马路口方向逃窜。职比即占领新厂。等语。

十二月十五日陈师在歌村，平查等处击溃股匪经过：

据陈师长光中删申电节称：据王旅长德彰本日午前十时报称：职率队于午前九时，尾追至歌村附近，与匪后卫接触。匪军约四百余人，向我反攻。经职督队冲锋前进，匪即纷纷向马路口方向溃窜。当夺获步枪三枝，掳俘匪兵三名，伤毙匪兵数十名。刻正追击中。又据删亥电称：据王旅长德彰本日午前二时报告：职本午前九时，在歌村击溃之匪，跟踪尾追，经马路口至黔属之平查所，该匪窜走不及，复又抵抗。职督队猛烈冲击，匪军混乱，狼狈不堪，争前恐后，分为两路，一向王寨，一大部向黎平大道窜走。是役俘匪官二名，匪兵十余名。各等语。

十二月十二日章师由绥宁出发至十六日止追剿经过：

据章师亮基筱酉代电节称：谨将本师文日由绥宁出发追剿经过电呈如下：(一)元未徐旅抵临口，据报匪千余，正由下乡向地连方向西窜。当令欧团驰剿。该旅长自率胡团大部策应。申刻欧团到下乡附近向匪截击，随将其击溃，分途向黄柏塘冲跟追。共毙匪二百余，俘匪五十七名，夺获步枪十五枝。胡团先头获步枪四枝。(二)删辰戴旅由菁芜洲向通道前进。沿途派队搜剿，毙匪百余，俘匪二十二名。获步枪四枝。申刻该旅唐团抵通道。据报通南黎家坪附近，有匪潜伏。当派陈营驰往围剿。战约一小时，毙匪百余，俘匪七十三名，获步枪三十枝。同日，徐旅由通道向新厂攻剿，抵溶洞附近时，前卫胡团与枪约二百之匪遭遇，比将击溃。毙匪数十，获步枪五枝。（三）铣日，唐团向地阳坪、茶溪、青山脚一带搜剿。匪约二千，据险抵抗。激战三小时，匪伤亡四百余，俘匪四百一十六名，夺获步枪一百四十三枝，匪残部向播阳所方向溃窜。同日，戴团李营由通道搜剿平湖、塘冲一带，俘匪七十二名，获步枪三十三枝，重机枪一挺。铣申，何旅魏团搜剿播阳所方面，毙匪百余，获步枪七枝。（四）以上综计毙匪约千，俘匪六百三十九名，夺获步枪二百四十一枝，重机枪一挺。等语。

十二月十七日，章师搜剿通道县之破乡、流团坳等处经过：

据章师长亮基巧巳电节称：据何旅长友松筱亥电称：据钟团长报告：职率丁陈两营，申抵上乡。即分派各连赴破乡、小独坡、牌楼等处搜剿。该地区残匪约三百，被我击溃，夺获步马枪一百二十四枝，毙匪百余，残匪向西南窜走，各部仍追剿中。又据魏团长报称：职率李陈两营，申抵流团坳，即派李营赴阳操，陈营一部赴转水、黄土坳搜剿，该处散匪百余，见我军到，向深山逃窜。当被缴获步枪五十六枝。俘匪二十八名。各等语。

本月匪情

一、朱毛股匪西窜情形：

奉兼司令刘卅戌参机代电节开：匪主力已过界首向西延急窜中。又奉东酉参电节开：匪一部出西延，一部出龙胜，向西北窜。奉总指挥刘微中参机电节开：匪一部由车田向绥宁、通道北窜，其主力或由龙胜北窜，或入黔省，企图不明。又奉鱼酉参电节开：匪千余微辰由车田经下沭水到天堑，距沙田铺约二十里，似系匪右侧卫。据城步方面鱼日探报：伪一军团残部，经车田窜蓬洞。其先头匪约二千人，于鱼午窜抵蓬洞以南之红沙洲，有向丹口西逃之样。又据城步电话：窜红沙州之匪约二三千，阳午西窜江头司。又据侦探庚巳：六甲、六马、石岩、良江、跟头等处，窜到匪二三千，其后似有后续大部。奉总指挥刘佳酉参电节开：匪大部庚日到达长安营。据章师长亮基蒸戌参电节称：有兵力未详之匪一股，由南山分三路（一经南头一经长安营一直达岩寨，均由山岭小道），于八日申刻窜抵岩寨。又据蒸电报称：昨窜六甲、六马之匪，已向临口前进。奉总指挥刘真戌电节开：匪伪一军团之一部，已由长安营、岩寨、木路口西窜。其先头灰抵临口、下乡、菁芜洲之线，匪主力似在龙胜、通道边境。又据探报：该匪先头已于十日午后八时，窜陷通道县城，即搜集木料，有预备架设浮桥渡河模样。奉总指挥刘元戌参电节开：据探报：匪部约万余，窜集藕团、四乡所、新厂一带，有窜黔之样。据陈师长文未电转，据由永从来靖商民报称：匪军大部，由龙胜出古宜，经富禄向黔属之大年河西北方向逃窜。又据删亥电节称：窜藕团、新厂之匪，删日经马路口抵平查所后，分两路：一向王寨，一大部向黎平窜走。据锦屏黔军王参谋长寒戌电称：赣匪已由通道分三路向敝省属之黎平逃窜。本日午后到达黎平近郊，与我周旅毕团激战。因寡众悬殊，黎平于申刻陷落。匪大部约在黎平附近。等语。

二、匪军实力

1. 据陈师长光中元戌电节称：据俘匪刘××供称：匪军每军团三师，每师三团，每团三营，每营三连，每连步二排，机一排，每连约枪七十枝。前次全州之役，打散一师，现一军团只有两师。等语。

2. 据陈师长光中删戌电称：据各俘匪供称：此次由瑞金窜来的匪，是伪一、三、五、七、九五个军团，与伪中央政府。朱毛在伪中央〔政〕府，伪一军团长是林彪，三军团长是彭德怀，伪九军团长是罗炳辉。惟五、七两军团长是谁，不明。每个军团辖三师，每师三团，每团三营，每营三连，一重机关枪排(机枪两挺，出发时随营部走)每连附轻机关枪一班(轻)机关枪一挺，每连步枪六七十枝不等。每团附重机关枪四挺，每师部轻机关枪各数挺不等，迫击炮两门，无线一架，军团司令部有特务员便衣队，人数多少不一(均背驳壳枪)。每步枪子弹多者十余排，每人炸弹两颗，还挑起有很多的炸弹，不过均系土造。伪三军团并有山炮两门，子弹数十颗。初出发时，每连有八九十人或百余人。瑞金的百姓，自十五岁以上五十岁以下的，均集中起来了。或编在连上，或编为担架兵。因为两月以来，总是昼夜赶路，且沿途的百姓都走了，买不到粮食，全靠打土豪米吃。有时一天一餐，都不得饱，饿死的、拖死的、跌死的很多。又被飞机炸死的，与逃走的亦不少。所以现在每连只有六七十人了。沿途在道州、全州与昨今两日在通道，和国军打的，均是伪一军团。故一军团的人，现在特别少，枪械的损失也特别多。一军团的老兵多半打死了，所剩无多。所以现在的战斗力，比不到以前。朱毛闻是跟伪中央走，但行踪很秘密。匪官对我们说是带我们赤化湖南。我们因为总是爬山，不知道走到何处。各等语。

〔国民党政府军事机关档案〕

7. 国民党军第九十师欧震部关于与红军在镇远附近两路口战斗报告书

(1934年12月)

陆军第九十师二十三年十二月份剿匪工作军事报告书

一、匪情

朱毛股匪自赣南突围后，经我各友军分途截击，本路军衔尾穷追，即沿赣、粤、湘、桂边境，争命逃窜到桂后，复因桂军之进逼，遂向黔边之黎平、剑河、三穗一带地区窜扰。本月二十五日，伪一军团进陷镇远城。二十七、二十八两日，伪三、五、八、九军团进陷施秉城、黄平城。继复向余庆、瓮安北窜。

二、追匪经过

本师以追剿残匪之目的，于十二月二日由湖南东安城出发，兼程西进，经新宁、武冈、黔阳、芷江、晃县及贵州之玉屏等县，二十五日到达清溪县。查知镇远电报线已破坏，不能通讯。知匪已到镇远附近。即以五九、九十两师侦探连队，组织追剿队，由清溪星夜兼程向镇远搜索前进，并与匪保持接触。二十六日得追剿队报告：两路口两侧高山，均被匪占据，阻我前进。现正搜索前进中。二十七日上午八时，本师到达两路口。其两路口西北及湘子岩一带高山，均被匪占据。匪并利用优势地形，构筑工事，抗拒不退。即命五四〇团向两路口西北高地之匪攻击前进。我军以追击数月，未与匪遇，将士愤激异常，无不争先恐后，奋勇杀贼。激战至午后二时，匪渐不支。复命五三五团向占据湘子岩之匪，攻击前进。战不逾时，匪即向后退窜。但因沿途地势险峻，匪复占领阵地，节节抵抗，交互掩护退却。五四〇团沿两路口西北高地，逐步攻夺敌阵。我五三五团，沿湘子岩通镇远大道尾匪向镇远城追击前进。午后六时，追至镇远城南岸。匪犹占领府后山及桥北，用机枪扫射，阻我渡河。我五三五团即派一部，利用掩护，绕道至上游渡河，抄袭镇远之后。府后山之匪，见我渡河部队断其退路，八时，匪即向镇雄关溃窜。九时，我五三五团即全部渡河，进占镇远城，并派一部追至镇雄关。查与我作战之匪，系伪一军团一二两师。斩获颇多。二十八日，复派追剿队追击前进。三十日，奉命继续追击西进。是晚，追抵施秉县属之乾溪。三十一日到施秉城，尚有匪之掩护部队约千人，阻我前进，即派五三七团驱逐。以我精锐之师，击破饥疲之匪，如摧枯拉朽，无不披靡。

三、碉堡建制无

四、剿匪宣传〔略〕

〔国民党政府军事机关档案〕

8. 国民党军第九十九师傅中芳部关于追堵红军长征报告书

（1934年12月）

陆军第九十九师二十三年十二月份剿匪工作报告书

一、作战命令

本师（归第八纵队序列）自二十三年在江西剿匪，于十月十四日占领兴国后，同时我第六路军已先数日占领古龙岗一带，我第三路军占领石城。匪势穷蹙，遂倾巢西窜，扬言到四川去。本师奉命于十月二十七日，由兴国经泰和一遂川一湘属桂东一资兴一宁远一道县跟踪追剿。至十一月三十日，进至蒋家岭一带。匪大部已渡过湘漓水，向西延窜去。本师奉纵队指挥官周十月三十日午后十时四十分参战字第九三号命令：纵队为追剿之目的，拟明（一）日继续西进之要旨，下如下之命令：

命令　十一月一日午前一时三十分于蒋家岭师部

（一）综合匪情，匪之大部已渡过湘漓水，向西延窜去。

我一路军由全州南下，其先头昨（三十）日已到咸水圩附近。

我桂军第十五军一部，昨（三十）日向石塘圩追击前进中。

我第五师、第十三师，着统归万副指挥官指挥。于本（一）日午前六时，以其先头由文村出发，经生木峠一冈上一石塘圩，向麻子渡附近搜索前进。

我第九六师，本（一）日午前九时三十分，以其先头由正伯出发，经巨岩一文村依十三师行进路，向石桥、冈上前进。

（二）本师拟于今（一）日，向罗板桥一生木峠附近前进。

（三）二五九旅于今（一）日上午十时三十分，由现驻地出发，经正伯一巨岩一路田一古岭头，向罗板田前进。

（四）师部及直属部队，于今（一）日上午十一时三十分，在蒋家岭西端空地集合出发。按师部各处一党部一特务营一通信连一无线电队一卫生队之顺序，在二九五旅后跟进。

（五）二九七旅于今(一)日上午十二时，由现驻地出发，在师部后跟进。

（六）大行李(同行军序列)归输送营洪营长指挥，在二九七旅五九四团后跟进。五九三团在大行李后行进，担任掩护。

（七）本师通信连，应担任架设由罗板田本部与冈上指挥部之电话线。

（八）行进时，余在师部。

本日军行至巨岩，复奉指挥官周由文村送下午后一时三十分手令开：因桂军二十四师在我十三师先头行进，我十三师已改在罗板田，生本崃宿营。本部拟同九十六师，在文村宿营。贵部在巨岩停驻可也。等因。本师二九五旅，本晚即在文村宿营。师部及二九七旅，即停驻巨岩。

本月二日午前一时，奉到指挥官周十二月一日午后十二时参战字第九四号命令：纵队为遵命改道西追之目的，拟明(二)日先向全州前进之要旨，下以下之命令：

命令　十二月二日午前一时三十分

于巨岩师部

（一）匪全部已渡湘漓河西窜。

我第五、第十三、第九十六各师，均于今(二)日，分由罗板田一生木崃一文村，在本师后向全州前进。

（二）本师拟于今(二)日向全州附近前进。

（三）二九五旅于今(二)日午前六时三十分，由现驻地出发，经文村一会湘桥一白茅洞一大源铺一大肚岭一邓家铺，向全州前进。

（四）师部直属部队及二九七旅，于今(二)日上午六时三十分，在巨岩、勒塘大道空地集合出发。按五九三团一特务营一师部各处一党部一通信连一无线电队一卫生队一二九七旅五九四团

(欠一营)一输送营大行李及五九四团之一营顺序，经勒塘一清溪一木老一大田一白茅洞一木源铺一大肚岭一邓家铺，向全州前进。大行李(同行军序列)归输送营洪营长指挥。

(五)设营人员随队前进。

(六)行进时余在师部。

本月二日，师部及二九七旅进驻邓家铺，二九五旅进驻全县。三日，师部及二九七旅移驻全县，二九五旅仍在全县待命。至午后十一时，奉指挥官周十二月三日午后十时参战字第九五号命令：纵队为遵命向新宁集中之目的，拟明(四)〔日〕开始，先向东安前进之要旨。下以下之命令。

命令　十二月三日午后十二时三十分于全州师部

(一)匪情如贵官所知。

(二)本师奉命于明(四)日向庙头前进。

(三)二九七旅于明(四)日上午七时，由现驻地出发，经由全永汽车路一黄沙河向庙头附近前进。

(四)师部直属部队，于明(四)日上午七时四十分，在全州东北汽车路上集合出发。按师部各处一特务营一通信连一无线电队一卫生队之顺序，在二九七旅后跟进。

(五)二九五旅(欠一营)，于明(四)日上午八时，由现驻地出发，在师部后跟进。

(六)大行李(同行军序列)归输送营洪营长指挥。二九五旅之一营，在大行李后行进担任掩护。

(七)设营人员随二九七旅先头行进。

(八)行进时余在师部。

本师于本(四)日，由全县出发，经黄沙河到达庙头一带宿营。于午后九时下达如下之命令：

命令　十二月四日午后九时于庙头师部

(一)匪大部经西延、车田，循肖匪故道，向西急窜中。一部似分向龙胜窜走。

（二）本师拟明（五）日续向花桥前进。

（三）二九五旅明（五）日晨六时三十分，由现驻地出发，经黄土井—东安县向花桥前进。

（四）师部及直属部队，明（五）晨七时三十分。在庙头北端空地集合出发。按师部各处—特务营—通信连—无线电队—卫生队之顺序，在二九五旅后跟进。

（五）二九七旅（欠一连）明（五）晨八时由现驻地出发，在师部后跟进。

（六）各部大行李（同行军序列）归输送营洪营长指挥，由二九七旅派兵一连掩护，在二九七旅后跟进。

（七）设营人员由师潘副官国权指挥，率领先行出发，分配驻地。

（八）行进时余在师部。

本（五）日全部到达花桥、双龙庵一带宿营。下达如下之命令。

命令　十二月五日午后六时三十分于花桥师部

（一）本师拟明（六）日续向坝头附近前进。

（二）二九五旅明（六）晨六时三十分，由现驻地出发，经搭水桥—长田洞—沙井—唐房边向坝头、水岭上前进。

（三）师部及直属部队，明（六）晨七时三十分，在花桥北端集合完毕，按师部各处—特务营—通信营—无线电队—卫生队之顺序出发。准温旅行进路前进。

（四）二九七旅（欠一连），明（六）晨七时三十分，由现驻地出发，在师部后跟进。

（五）各部大行李（同行军序列），归洪营长指挥。二九七旅之一连，在行李后行进，担任掩护。

（六）设营人员归师部潘副官国权率领，随温旅先头行进。

（七）行进时，余在师部。

本(六)日全部到达坝头一带。以驻地不敷分配。当饬二九五旅经雷霹岭,进驻小树脚,江平里一带。本晚八时,下如下之命令:

命令　十二月六日午后八时于坝头师部

(一) 本师拟明(七)日续向新宁附近前进。

(二) 二九五旅明(七)日晨七时, 由现驻地出发,经渡桥一白沙一石马街一官家渡向新宁前进。

(三) 二九七旅五九三团, 于明(七)晨六时三十分,由现驻地出发, 经雷霹岭准二九五旅行进路, 向新宁前进。

(四) 师部直属部队及二九七旅(欠五九三团),于明(七)晨七时,在坝头西端空地集合完毕,按师部各处一特务营一通信连一无线电队一卫生队一二九七旅(欠五九三团及一连)一输送营大行李及二九七旅之一连之顺序出发,在五九三团后跟进。

大行李(同行军序列)归输送营洪营长指挥。

(五) 设营人员(师部及二九七旅),归潘副官国权指挥, 随五九三团先头行进。

(六) 行进时, 余在师部。

十二月七日奉总指挥官周十二月七日午后八时参战字第九九号命令: 本纵队为遵令向武冈前进之目的, 拟明(八)日继续前进之要旨, 由九日出发, 十日到达武冈。附录指挥官周参战字第九九号命令如下:

命令　十二月七日午后八时于白沙指挥部

(一)本纵队为遵令向武冈前进之目的,拟明(六)日继续前进。

(二)第九十六师, 着明午前七时。由现驻地出发, 经新渡桥一官塘井, 到达古丁、匡家至东湾塘一带宿营。

(三) 第五师, 着明早由现驻地出发, 经白沙一新桥,到达官塘井附近宿营。

(四) 第九十九师, 着本(十二)月九日, 由新宁出发,经白马田一五里牌一岐塘铺, 限十日以前到达武冈。

（五）第十三师，着九日由白沙经新塘桥—虾蟆田--纸槽里—盐井，限十日以前到达武冈。

（六）各师行进时，应派工兵在先头修补沿途道路桥梁。

（七）各师每日抵宿营地后之通信联络，除着第九十六师向本部架设电话外，其余概用无线电信。

（八）予明日拟同九十六师前进，晚在古丁匡家。

本师遵奉上项命令，于本月九日由新宁出发，至五里牌、新安铺一带，十日到达武冈。奉指挥官周午后七时三十分参战字第一〇一号命令：于十二日由武冈出发，经龙田至高沙。十三日经茶铺子—洞口至坡上、肖家、古雷坳一带。十四日经雷打江—草寨，至宝瑶、水打坪一带。十五日经龙口江—沙坪—芭蕉垇到达湛江待命。附录指挥官周参战字第一〇一号命令：

命令　十二月十日午后七时五十分于武冈师部

（一）据报，伪一、三、五、八、九军团主力似仍在西延以西之雷霹州苗光山、土冈岭一带大山中。其一部现正向绥宁、通道以西地区逃窜。

我吴奇伟纵队现向洪江前进。其先头于明(十一)日可到达。我第一兵团现分向城步、绥宁前进。

（二）本纵队为遵令，自明(十一)日起，继续向洪江前进。其行军日程，应依附表所策定实施之。

（三）各师于行进间，应派工兵在先头，修补沿途道路桥梁。

（四）各师在行进间，每日抵宿营地后之联络，除着第五师向本部架设电话外，其余概用无线电信为主通信，以利用既设电信及徒步传令为副通信。

（五）本纵队以长沙、宝庆、桃花坪、洞口、草寨、龙船塘、洪江之线，为后方兵站线。嗣后关于粮秣弹药之补充，及前方伤病员器械之处理，即循该线追送、回送。

（六）各部队须携带给养三日份及必需之油盐。

（七）余现在武冈。每日行进时，率本部随第五师行进（附表从略）。

本月十七日奉指挥官周十二月十六日午后十二时五十分参战字第一〇二号命令：

本纵队奉令，以第五师进驻托口，九十九师进驻江西街警备。其余在洪江集中之要旨，下以下之命令：

命令　十二月十七日午后五时三十分于洪江师部

（一）综合各方情报：匪右侧卫于本月十日，由通道以南地区窜往锦屏方面。其主力于十一日窜抵平茶、黎平一带。似有趋向镇远，转犯黔中之模样。

我陈光中、陶广两师，分由靖县、绥宁县，向通道前进。我第七纵队韩、欧两师，于十五日进驻芷江城。梁、唐两师，于昨（十六）日由干溪坪向芷江前进中。我九六、第十三师，在洪江附近集中，警备待命。

（二）本师拟明（十八）日，续向灯笼桥、柳溪前进。

（三）二九五旅，于明（十八）晨六时三十分，由现驻地出，经王亭子一竹瓦溪一新店一白马田一牛尿塘，向柳溪前进。

（四）师部直属部队，于明（十八）日七时三十分，在洪江西北端通大湾塘道路旁空地集合。按师部各处一特务营一通信连一无线电队一卫生队一输送营大行李（同行军序列，归输送营洪营长指挥）之顺序，准二九五旅行进路前进。

（五）二九七旅于明（十八）晨八时，由现驻地出发，在师部后跟进。

（六）设营人员归潘副官国权指挥，于明早六时先行出发，分配驻地。

（七）行进时，余在师部。

附记：1．本师派服务员王元璋，在洪江留守，与总指挥部留守处集中办公。

2. 各部重病兵，着留洪江休养，由各团垫发本(十二)月底伙食，暂归洪江留守处王服务员元璋管理。俟陈处长赶到开院治疗。

本师二九五旅，于十八日到达柳溪。师部及二九七旅停驻黔阳。

复下如下之命令：

命令　十二月十八日午后八时于黔阳师部

(一) 据报，匪自窜陷黎平后，现分两路，以一路向剑河，另一路向老锦屏前进。

我第五师到达托口后，即编组一游击支队。先以主力位置于瓮洞，一部进至天柱。俟本师游击支队到达瓮洞时，再全部向天柱附近前进。

(二) 着二九五旅，于明(十九)日进驻江西街。

(三) 师部及二九七旅，暂驻黔阳。

(四) 着两旅侦探队(共四队)，编成一游击支队，归五九〇团中校团附黄鹤立指挥，于二十日早，进驻瓮洞。努力搜集锦屏—老锦屏—黎平各方面匪情具报，并与托口第五师及天柱第五师之游击支队，切取联络。

(五) 余仍在黔阳师部。

本师于二十一日奉总指挥薛十二月二十日午后二时命令：本路军以进剿西窜之匪之目的，决自本月二十二日起，向镇远、三穗、清溪一带地区进出。其进展日程，应依附表之策定实施之要旨(命令及附表从略)。本师为总预备队。于二十二日起，师部及二九七旅，由黔阳出发，经乾溪坪—上下村—古坡界，至莲花、楠木坪一带。二九五旅由江西街，经原神场—禾黎界至古坡界。二十三日，各由现驻地出发，全师到达芷江，二十四日至便水，二十五日至晃县，二十六日至玉屏，二十七日至清溪，二十八日至蕉溪待命。

二十九日奉总指挥薛十二月二十八日午后七时命令：本路军以继续向西追剿，迅速达成任务之目的，自本月二十九日起，向重安江、炉山、马场坪、贵定一带地区追剿前进。其进展日程，应依附表之策定实施之。之要旨(命令及附表从略)。本师自三十日起，由蕉溪至镇远，三十一日至施秉。

二、军队调遣

本师为追剿部队，所有各部行动，已如作战命令申叙。其中仅于三十日，由蕉溪到镇远时，奉命派五九四第三营暂留镇远，担任玉屏、清溪、镇远、施秉、黄平、重安江间之交通掩护，及通信联络。

三、匪情概况

本师于十月十四日克复兴国。伪一、三、五、八、九军团残部，向西延窜，扬言达到四川为目的。本师奉令兼程追剿，即经太和、遂川、左安、资兴、郴州、桂阳、宁远、通县等处，与匪节节痛击，至十二月东日，到达湘桂边界蒋家岭。是时，匪之大部已渡过湘漓水。该匪沿途约三路(或两路)窜扰。江日，其主力陆续经永安关、文市、窜至全州。复于鱼日，向西延、新宁一带逃窜。齐日，匪主力仍在西延以西之雷霹岭、苗儿山、土冈岭一带大山中。其一部向绥宁、通道以西地区逃窜。至真日，伪三、五、八军团窜至下江带，有转向镇远入黔中模样。伪一军团在平茶、黎平一带。是时，湘西肖贺残匪，亦窜扰湘属之永顺、大庸、辰州一带。寒日，伪一军团由平茶窜抵老屏附近，其余即向剑河方面逃窜。匪于篠日，由南嘉堡渡河，向镇远方面逃窜。而湘西肖贺匪部，遂窜扰我沅陵，忽乘虚进犯常、桃。巧日晨，伪三军团先头便衣队约千余人，渡过南嘉河，即占领清江北岸高地，以掩护其大部渡河北窜。皓日，窜抵剑河，仅留一部伪三军团，于回日停止北窜，另以一部即向黄平溃窜。有日，匪约一师兵力，于下午九时，攻陷镇远城。感日，匪除留一部据守镇远城外，其余遂往西窜。俭日，续向施秉方向逃窜。其主力似经施秉、黄平，有向贵阳西北地区逃窜之模样。窜踞施秉之匪，约二千余人，陷日，被我军击溃后，即纷向余庆、新旧黄平各方面逃窜中。

四、剿匪战斗经过

本师本月未与匪接触。

五、剿匪宣传（下略）

师长 傅仲芳

中华民国二十四年 月 日

〔国民党政府军事机关档案〕

9. 国民党军第九十三师甘丽初部在湘黔边境追堵长征红军军事报告书

（1934年12月—1935年3月）

（一）作战命令——无。

（二）军队调遣：朱、毛股匪自江西倾巢西窜后，本师即奉令追剿，十一月一日由江西古龙岗出发，至二十八日达湖南东安之渌埠头（距东安十五里），十二月二日，继续推进，五日到达新宁，七日到达武岗，十二日到洪江南之带子街（距洪江十里），十五日到达黔阳，十七日到达芷江，二十四日到达晃县，二十五日到达玉屏，二十六日到达清溪，二十八日到达镇远，三十一日到达柏寨（在重安江东约距九十里）。

（三）查匪情：伪一、三、五、八、九军团，自于全县南之沙子包附近被我湘、桂军兜剿后，即向绥宁、通道以西地区逃窜，十二月十日由通道窜锦屏，其主力十一日窜抵平茶、黎平一带。十三日分向锦屏、剑河方面逃窜，二十六日一军团攻陷镇远，其主力经施秉、黄平向贵阳西北地区逃窜。

（四）剿匪战斗经过：本月间除本师派出之游击部队于镇远以东之两路口（距镇远十五里）附近与匪游击警戒部队略有接触外，余无任何战斗。

二、一九三五年一月军事报告书

（一）作战命令——无。

（二）军队调遣：本师自上年十二月三十一日到达柏寨后，一日仍继续西进，二日到达重安江，三日到达钟山，六日到达贵定，七日到达龙里，八日到达贵阳。

（三）查匪情：一、匪之伪一、三、五、八、九军团，一月三四日由瓮安窜遵义，七日进陷遵义，并有一部由余庆窜湄潭，八日陷湄潭，九日陷绥阳，十一日陷桐梓后，即在遵桐一带抢掠粮食，招收当地土痞流氓希图组织伪地方机关，宣传赤化。二、毛泽东九日到遵城。三、匪大部进陷遵、桐后，稍事喘息，旋于十四、十五日开始，向温水、鳛水、赤水一带移动，其主力由遵义经东皇场、土城向叙永、古宋、兴文方面逃窜，一部由桐梓经松坎、温水、鳛水向叙永逃窜，一部由遵义经茅台西窜。三十日古蔺附近到有伪一军团第二师，其土城方面尚有伪九军团之一部为后卫。

（四）剿匪经过——无。

三、一九三五年二月军事报告书

（一）作战命令：

（甲）薛总指挥漾酉贵参电令如左：

1．回窜之匪约五千人，已到达马蚁沟、临池庙、东皇殿一带地区，土城已无匪踪。

2．周纵队之万师，梗日到二郎滩，速向马蚁沟、东皇殿截击，谢、肖两师照原令速向土城、东皇殿衔尾追剿。

3．孙纵队之安、龚、鲁三旅，经镇龙山速向土城、东皇殿尾追。

4．王纵队之何、李各部，梗日到葫市，速向马蚁沟、临池庙、东皇殿截击，至在桐梓之六团、遵义三团及绥阳蒋部，应于敬日速向松坎截击。

5．吴纵队之唐师，敬日向遵义推进，韩师敬日向刀靶水推进，为预备队。希各部努力急进，务在桐綦线以西地区歼灭回窜之匪为要——完。

（乙）吴纵队司令官，二月二十八日午前十时三十分攻击前进 命令如下：

1．匪情如贵官所知。

2．本军决向遵义之匪攻击前进之目的，着五十九师（附九三师之一团）即经桃溪寺、红花岗向遵义攻击前进。

3．王纵队俟五十九师攻击进展时，应协同向遵义攻击前进。

4．九十三师（缺一团）仍掌握现刻领有地区，尔后为总预备队。

5．战斗地境现地指示。

6．通讯连络，以忠庄铺为基点，使用电话为主，徒步传达补助之。

7．余位置于忠庄铺——完。

（二）军队调遣：本师二十三日奉到总指挥电令后，即于二十四日由贵阳出发，向遵义推进，至二十七日午后九时到达忠庄铺（遵义南十里）附近，与匪对峙。

（三）查匪情：朱、毛股匪自经古蔺向西北逃窜，到达金沙江附近，因被我滇、川各军堵剿计不得逞后，经土城回窜黔北，二十五攻陷桐梓，二十七日攻陷遵义。

（四）剿匪经过：本师自二十七日进占忠庄铺后，二十八日即遵照吴纵队司令官命令，以第五五八团归五九师韩师长指挥，余仍掌握忠庄铺附近，现刻领有地区。是日午后二时，我五九师正向红花岗（遵义城西南约五里）攻击之际，匪大部即向右移动，向二五军之八、九两团阵地冲击甚烈，当即派五五五团之一营跑步应援，讵未经到达而阵地已委匪手，同时并有匪大部进出公路附近（即忠庄铺附近）。是时本师各部已成包围形式，且因分割所占地区，纵长凡七里，预备队全无，乃严饬所部在原阵地死守。

斯时匪仍以雄厚之兵力豕突冲犯，愈追愈近，虽受重围之下，我官兵精神仍不稍逊，保持原有阵地，毙匪枕籍。午后四时，奉命于黄昏后撤至榄板凳（遵义南四十里），相机处理。黄昏后，即遵令逐步撤退，殊我部未到达而匪之伪一军团之四、五两团已尾追至榄板凳，即以特务营为掩护队，我各部始脱匪之羁绊，分向大渡口及茶山关（乌江河渡口）渡过乌江扼守。是役，毙匪甚多，我军亦伤亡官兵五百余名。

四、一九三五年三月军事报告书

（一）作战命令——无。

（二）军队调遣：本师自忠庄铺奉令撤返乌江南岸之养龙站后，即在该处担任茶山关至两河口之江防碉楼守备，并以一部构筑刀靶水至鸭溪场之线据点式碉楼。十二日第五五八团附属第一纵队部归吴纵队司令官直接指挥担任追剿。三十日本师（缺五五八团）除留一营担任乌江、茶山关至两河口江防外，余即夜开赴息烽。

（三）查匪情：朱、毛股匪自上月二十八日攻陷遵、桐后，即在该处大肆抢掠。本月六日复经鸭溪向长干山西窜，二十三日窜抵镇龙山、古蔺一带地区，二十五日回窜仁怀以北附近，二十六日窜抵鸭溪、枫香坝以北附近，二十九日到狗场，三十日陆续偷渡乌江，三十一日窜集牛场、息烽西南一带地区。

（四）剿匪战斗经过——无。

师　长　甘丽初

副师长　邓春华

中华民国二十四年六月　日

〔国民党军事机关档案〕

编者注：原件标题为“陆军第九十三师剿匪工作军事报告书”。文中按每一月份的标题为编者加的，其各段标题为原有的未改动。

10. 国民党军第四十七师裴昌会部关于追堵红军长征报告书

（1934年12月—1935年3月）

第四十七师剿匪工作报告书

第一项　作战命令及军队调遣

二十三年十月军事委员会任命上官云相为豫、鄂、皖边区追剿队总指挥，指挥四七、五四两师及第十一路之六个步兵团，担任剿灭该边区之残匪任务。职师在湖北黄山、金家铺一带，奉命以步兵三团编组为追剿第二支队，职为支队长，并以职师一三九旅（欠二七八团）合并五四师之第一六〇旅，编为第三支队，汪旅长为支队长。即于十月二十五日开始，追剿、穷追六十余日，激战五次。残匪仅余千人，由匪首徐海东、吴焕先、程子华等率领，远窜至陕西省之雒南、商南一带。职师奉命开驻河南陕县一带整理、补充。十二月二十九日奉上官总指挥艳战电令开：奉张副司令、何主任俭代电令：四七师即以主力推进潼关，防匪回窜。等因。遵即令一四一旅，进至潼关及其以南地区严密布防，堵匪回窜。二十四年一月上旬以来，徐海东股匪已深入陕境，追剿任务另由西安杨主任虎城派队担任。八日奉上官总指挥齐辰电开：豫、鄂、皖三省边区追剿队及各支队名义，着即取消，一三九旅（欠一团）归还建制。等因。同日奉汉口何主任微申电令开：四七师应即准备入川，担任万县防务。等因。十日奉上官总指挥青亥电令：规定职师入川输送序列，职师即由十二日起，开始输送。遵即按一四一旅、师部、各独立营连、一三九旅之顺序，先后出发，利用火车输送至汉口江岸，再转轮船至宜昌，另换浅江轮上驶入川。

二月一日，职师一四一旅全部集中万县。师部各独立营连及一三九旅，均在宜昌、汉口等处候轮输送。旋奉重庆行营参谋团贺主任电令开：四七师即以全部集中重庆，担任重庆江北县近郊一带之守备。等因。时值冬令，长江巴、宜水势过浅，迄本月十三日始得集中完备，即开始构筑重庆江北近郊一带工事。十七日，奉参谋团贺主任感代电开：四七师应以一旅兵力分防綦江，担任该地区之守备。等因。遵即令一四一旅向綦江推进。

二十日奉蒋委员长皓戌行参战电开：四七师裴昌会部以主力进驻綦江，分派一部进驻松坎防守。同时奉参谋团贺主任号代电开：四七师应留一团兵力驻海棠溪，担任修筑公路。各等因。当向各部队下达命令之要旨如下：

命令　二十四年二月二十日下午十时于江北师司令部

一、朱毛残部不足万人，经川滇军压迫，于十六日由营盘山、麻线堡向东南逃窜。刻已到白沙凹、铁厂锁、龙山等处。洛用有匪小股，似有回窜入黔模样。周代总指挥所部扼守马蹄滩清水塘。万师扼守郭家渡、仁怀。川军扼守古蔺、叙水。

滇军扼守威信、赤水。

黔军扼守二郎滩、土城。

以上各友军，均以主力准备向匪进击。

二、本师决即遵令进驻綦江，并以一部进驻松坎防守。

三、第二七七团为前卫，应于二十二日上午六时，由现地出发，经老厂—鹿角场—公平场—号房场，向綦江县前进。

四、师部及各直属部队，在二七七团后跟进。

五、一三九旅（欠二七七团）留驻海棠溪，修筑公路。

六、一四一旅应在现地积极修筑碉堡，并准备俟二七七团到达后，向松坎方面推进。

七、予现在重庆江北公园师部。

师　长　裴昌会

副师长　杜　淑

二十四日，职部到达綦江县城。

三月二日，奉上官总指挥东亥电开：准参谋团贺主任命令：着四七师即进至九盘子、松坎一带，侦察匪情，再定前进方向。等因。遵即令一四一旅开至东溪、赶水、九盘子、松坎一带布防，并令一三九旅（欠二七七团）即日向綦江前进。五日，奉上官总指挥转奉委员长蒋支申行参战电令开：四十七师应全部向桐梓推进。并限本月八日前到达。等因。当向各部队命令如下之要旨：

命令　三月六日上午十一时于綦江四七师司令部

一、案奉总指挥上官支酉参电开：遵奉委座支申行参战电开命令：(一)该部四七师应全部向桐梓推进，并限本月八日前完全到达桐梓。但其先头队仍须于鱼日以前到达。(二)所遗綦江防务，着五四师派兵一团填防。(三)该总指挥务于九日以前到达桐梓城。仰即遵办具报。等因。特达。等因。

二、本师决即遵令向桐梓急进。

三、一四一旅即由现地向桐梓城兼程急进。

四、工兵营、师部、各处队、二七七团（行军序列同），应于本月七日上午八时，由现地出发，经桥河厂一两路口一分水岭一东溪一赶水一松坎，向桐梓县城前进。

五、第二七八团应在现地停止，以待五四师接防部队到达后，即向桐梓跟进。

六、予现在綦江天主堂师部。

师　长　裴昌会

副师长　杜　淑

十日，职师先头部队进至桐梓时，松坎、新站、桐梓间，有川军郭勋祺之三个旅及张竭诚旅部队，过于拥挤。十二日奉委员长蒋文战电开：着四七师在桐梓、松坎、綦江之线，构筑碉堡。等因。

十四日，又奉委员长蒋元亥电开：四七师除留一团守桐梓外，其余主力限删日进驻遵义城多筑碉堡，坚固防守。当下达命令要旨如下：

命令　三月十四日下午　时　分

于松坎师司令部

一、顷奉委员长蒋元亥川行参战电开：四七师除留一团守桐梓外，其余主力限删日进驻遵义城，并须赶固城防工事，多筑碉堡，坚固防守为要。等因。

二、本师决即遵令向遵义前进。

三、二七七团于明日（十五）上午七时，由现地出发，经娄山关向遵义急进。

四、一四一旅明早七时半，由现地出发，经桐梓向遵义跟进。师部各处队，于明早八时半出发，在一四一旅后行进，但须由一四一旅派步兵一营在师部后尾掩护。

五、各部队大小行李，即随各该部行进。

六、一三九旅部及二七八团到达松坎后，随总指挥部继续向遵义前进。

七、工兵营暂驻松坎，尔后即随同总指挥部行动，待命归还建制。

八、余现在松坎师部。

师　长　裴昌会

副师长　杜　淑

十九日上午，职师（欠二七八团）全部到达遵义，即将城防接收，积极构筑碉堡。

二十日，奉委员长蒋皓酉电开：四七师之遵义城防，俟五三师到达后，即交该师接收。四七师应担任鸡喉关（不含）以北至綦江之防守任务，并在公路两侧，构筑碉堡封锁线。等因。迄二十三日，五三师已有一旅兵力到达。当日，又奉委员长蒋养申电令开：四七师即协同五三师固守遵义，暂不开桐梓。等因。二十四日下午二时，奉委员长蒋飞机投下手令节开：裴师全部速开回桐梓固守。途中多派有力别动队，步步为营，严密搜索为要。等因。遵即将防务交五十三师接替。并下达命令之要旨如下：

命令　三月二十四日午后十二时二十分于遵义师司令部

一、奉委员长蒋手令节开：裴师全部速开回桐梓固守。途中多派有力别动队，步步为营，严密搜索。等因。

二、本师决即向桐梓急进。

三、第二七七团为前卫，于明（二十五）日早二时，由现地出发，循汽车路，经十字铺—高坪—羊虎垭—四渡站，向桐梓前进，必要时须派左侧卫。

四、师部第一四一旅（欠一营），于明（二十五）日早二时三十分，由现地出发，在前卫后跟进（行军序列用）。

五、每团派兵一连，即刻出发（二八一团之连在左，二八二团之连在右，二七七团之连在中央）受前卫司令官之指挥，搜索进路两侧。进至四柱站时，集结待命。行进中，即归前卫司令官指挥。

六、各部大行李，须于明早四时，在古式街之一侧集结完毕。按师部大行李、第二七七团大行李、第一四一旅大行李、第二八二团之一营之次序，在一四一旅队尾跟进，统受该营长之指挥。

七、余在遵义师部。行进时在本队先头。

师　长　裴昌会

副师长　杜　淑

二十五日下午十时，全部到送桐梓县城，赶固城防工事，构筑碉堡。

二十七日奉委员长蒋感电开：该师不失时机，进占桐梓。殊堪嘉赏，着奖洋五千元，以照激劝。等因。当具领赏犒赏官兵矣。

第二项　逐月匪情（详附表第一第二）

第三项　战斗经过

二十四年三月二十五日上午二时，由遵义出发向桐梓急进。上午十时，职师左侧卫在四柱站西之大坝附近，与人枪约二百余人之匪遭遇。经该侧卫痛击，毙匪十余名。职师阵亡士兵一名，伤二名。该匪即向大长岗溃窜。据当时抓获之匪兵供称：该股匪约千人，系纠合共匪及各军溃兵，常盘踞遵义县属之李子关一带。等语。下午五时。得前卫司令官李团长报称：前卫进至娄山关南麓，关上发现有匪，据险向我射击。等情。当令前卫暂行停止。同时令两侧卫，沿山梁向关上搜索急进。以免多有伤亡。该匪因见我兵力甚众，复稍事抵抗，即纷向西北溃窜。职师任务在迅速进占桐梓县城，故对于进路附近小股散匪，仅予以驱逐，未便穷追也。

第四项　剿匪宣传（略）

〔国民党政府军事机关档案〕

11．国民党“剿匪军追剿总司令部”关于追堵红军长征军事报告书

（1935年1—2月）

剿匪军追剿总司令部二十四年元月东日起至二月宥日止剿匪工作军事报告

朱毛股匪，由赣东南方面经湘、桂境窜入黔中，经我追剿军节节痛剿，受创极巨，贺、肖两匪，窜扰湘西，亦被我军迭次击溃。所有剿办经过情形，业经呈报至二十三年底止在案。兹将二十四年元月东日至二月宥日，剿匪经过概况，继续汇报如下：

一、作战命令

元月歌酉电令：陶司令广、李司令觉、郭司令汝栋、陈师长渠珍：

（一）贺、肖股匪，刻仍肆扰慈、庸、桑、永各县中。

（二）我军以不使该匪流窜湘西，声援朱毛，宜急会合有军，分由沅、澧两水流域，将其合围聚歼于慈、桃、桑、永间地区之目的，决定进剿方略如次：(1)第六路李司令觉所部，除以刘区司令运乾部固守常城外，余经桃源、太平桥、李公港，先行肃清桃

源境内散匪后，进驻龙眼池附近，与友军切取联络，候命向大庸进剿。(2)第一路陶司令广所部，应以一部进驻四都坪，大部位置于王村、永顺之线，联络陈师，候命向大庸进剿。(3)陈师长渠珍，除以一部构筑麻阳、保靖线之碉堡外，余应推进于永顺、龙家寨之线，堵剿由大庸西窜之匪。(4)郭司令所部及罗旅长进剿任务、路线，应候徐总司令部署命令，沿澧水流域，分经石门、慈利、江垭、溪口向大庸进剿。(5)上四项，除电告徐总司令，请以津澧部队及郭、罗两部沿澧水流域西进，以原在鄂西部队南下进驻桑植，与我军齐向大庸会剿，并商定总攻日期外，特电遵照。总司令何键。歌酉邵参机。

元月鱼申电令：刘总指挥建绪、第四路李司令云杰、第五路李司令韫珩、第一路陶司令广、第二兵团薛总指挥岳、第二路吴司令奇伟、第三路周司令浑元、第六路李司令觉、李保安处长觉、陈师长光中：

命令：(一)据报匪大部窜瓮安、余庆，刻正在孙家渡附近，抢渡乌江。其一部窜抵石阡，似有循肖匪故道流窜之模样。目下桂军已进抵都匀。我第二兵团已过旧州，尾匪追剿中。(二)我追剿军以秉承委座所示方针，完成追剿任务之目的，拟以第一兵团大部转移于铜仁、松桃、江口地区堵剿。并以第一兵团之一部，维持后方交通联络线。第二兵团仍沿贵阳大道，尾匪追剿。(三)第一兵团除第一路陶、章两师，已开赴沅陵会剿贺、肖股匪外，着以第四路李云杰所部，由芷江经麻阳，或经龙溪口、亚鱼场，进驻铜仁、江口、松桃一带，担任督修该地区内之碉堡线，并详侦匪情，相机堵剿。第五路李韫珩所部，位置于镇远、玉屏、晃县、芷江一带，维护后方交通，择要督修该地区内之碉堡，并与第二兵团切取联络。第一路之陈光中师，即由镇远驻思县附近，右与第四路，左与第五路，密切联系，相机向石阡方面之匪搜剿。(四)第二兵团着仍沿贵阳大道，协同黔、桂友军，尾匪主力追剿，并堵其北窜或东窜。(五)本部即日移驻常德督剿。尔后随战况进展，向沅陵推进。上五项，特电遵照。总司令何键。鱼申邵参机。

元月佳申颁布之基于委座歌卯电令部署，策定本追剿军继续追剿计划如下：

第一，追剿方针：

(一) 本追剿军为贯彻中央肃清匪患至计，完成追剿任务之目的，拟以第二兵团协同黔、粤、桂友军，务期蹑匪穷追，将窜匪歼灭于乌江西北地区；以第一兵团主力，进出于铜、松、思、石、酉、秀沿乌江东岸地区，先行督筑坚固之碉堡线，封锁匪之东窜，并以一部维持镇远大道之后方联络交通线，应机策应第二兵团。

为肃清后方，先行消灭流窜湘西之贺、肖股匪，应由第一兵团另编一部，经由白河(酉水)沅水两流域，协同徐总司令原驻澧水流域及鄂西方面友军，协同围剿该股匪于湘、鄂边区而消灭之。

第二，指导要领：

(二) 窜匪如渡过乌江，北窜湄潭、遵义，有暂停喘息之企图，我追剿军之第二兵团，应亟与黔、粤、桂友军，协定追剿路线，蹑匪穷追。第一兵团应迅速转移于乌江东岸地区，与第二兵团呼吸相应，期将该匪于川江南岸地区而消灭之。

(三) 如窜匪有北窜綦江或赤水之企图，我第二兵团应迅速进出湄潭、遵义与黔、粤、桂友军紧密协同，觅匪蹑追。兼督修所在地区内之碉堡线，与第一兵团呼吸相应。

(四) 如贺、肖股匪，企图与窜匪联合，西窜乌江，我第一兵团务期先将该股匪消灭于川、鄂、湘边区，以便与第二兵团协力追剿。

我第二兵团，仍与黔、粤、桂友军，继续尾蹑窜匪追剿。

第三，兵力部署：

（五）追剿军之编组：

追剿总司令　何　键

追剿第一兵团总指挥　刘建绪

　直辖补充总队

　第一路追剿司令　陶　广

　第六十二师（缺李旅）陶　广（兼）

　第十六师　章亮基

　第三十四师　陈渠珍

第四路追剿司令　李云杰

　第二十三师　李云杰

　第十五师　王东原

第五路追剿司令　李韫珩

　第五十三师　李韫珩

　第六十三师（缺陈旅）陈光中

第六路追剿司令　李觉

　第十九师（缺三团）

　第六十三师之陈旅

　保安团队

追剿第二兵团总指挥　薛岳

第二路追剿司令　吴奇伟

　第九十师　欧震

　第九十二师　梁华盛

　第九十三师　唐云山

　第五十九师　韩汉英

第三路追剿司令　周浑元

　第五师　谢溥福

　第十三师　万耀煌

　第九十六师　肖致平

第九十九师　郭思演

（六）第一兵团之部署：

第一路所部，着集结于白河流域。即以一部经四都坪，以主力经永顺、王村，联合下游友军，向大庸围剿贺、肖股匪。并另以一部迅速构成永、保、龙、桑之碉堡封锁线，相机推进于秀山、酉阳，右与徐军，左与第四路，切取联络，务先完成所任地区之碉堡线。

第四路所部，着即由现在地，经芷江、麻阳或龙溪口先向铜仁、江口、松桃地区前进，步步督筑所要之碉堡线，逐渐推进于乌江沿岸，构成坚固之守势地带，右与第一路切取联络，左与第五路觅剿石阡方面之匪，先行肃清乌江以东匪患为要。

第五路所部，着以第五十三师，迅即跟随第二兵团前进，维持镇远大道之后方联络交通线。以第六十三师，暂位置于思县附近，联合第四路所部，搜匪石阡方面之匪。务于短时间内，肃清乌江以东地区为要。

（七）第二兵团之部署。

所部第二、第三两路，为本追剿军之主力。着该总指挥适应追剿情况，就近与黔、粤、桂友军，蹑匪穷追，右与乌江东岸地区之第一兵团呼吸相应。

关于与黔、粤、桂友军作战地境线，曾经李总司令、白副总司令阳申电征同意，拟以自榕江经炉山至绥阳之线，为作战境界线。该线以东，归何总司令所部，以西归黔、粤、桂军。俾后方交通，及前方作战，得以有条不紊，切实联络，不致发生变更及空隙。等语。但该方所拟定之地境线，于事实是否适宜？应由薛总指挥妥为协定。以能应情况之变化与后方之交通为要。

第四，追剿实施：

其一　乌江方面

（八）着以第二兵团全部及第一兵团之一部，节节尾匪穷追追剿，务使匪无喘息余暇，并阻断贺、肖股匪之联系。其第一兵团主力，应于乌江东岸地区，逐渐构成坚固之守势地带。

（九）本穷迫追剿及稳扎稳打之原则，一面跟匪所至，节节予以痛剿，逐渐消灭窜匪实力；一面于黔、川、湘边区，构成有力工事，以孤窜匪及、贺、肖声势，各个击灭之。

其二　白河方面（酉水方面）

（十）着第一兵团之第一、第六两路，迅即分由沅水、白河两流域，向大庸股匪围剿。务与澧水流域之徐总司令部妥为协定，迅向大庸同时并举。并请徐总司令以原驻鄂西部队，进出桑植截剿为要。

（十一）对于永、保、龙、桑，应责成第一路陶司令所部之新三十四师，限日构成坚固之碉堡线，封锁匪之退窜，阻断匪之联络为要。

（十二）白河流域匪患肃清后，即以该方面兵力推进至堡、永、秀、酉，右与徐总司令进黔、彭部队，左与第四路切取联络，围剿乌江以西地区窜匪。务于川江南岸地区而歼灭之。

第五，交通运输卫生：

计划另定之。

元月删午电令：刘总指挥建绪、陶司令广、李司令云杰、李司令韫珩、李司令觉、薛总指挥岳、吴司令奇伟、周司令浑元。

命令：（一）朱毛残部，自渡过乌江窜陷湄潭、遵义后，似有在该地区暂停喘息，继续北窜之企图。贺、肖股匪，自常、桃附近，被我军击退后，刻仍盘踞永庸一带，盛力宣传赤化中。（二）本追剿军为贯彻中央肃清匪患之至计，完成追剿任务之目的，秉承委座歌卯部署电令，及基于本部佳申颁布继续追剿计划，决定部署于下：（甲）第一兵团：（1）第一路以新三十四师，迅速构成永、保、龙、桑之碉堡封锁线，先行肃清大庸之匪，应梯次配署于第四路之右后方。右与进向黔、彭之徐部联络，并相机策应第四路，截剿乌江以西地区之窜匪。其第十六、第六十二师，着以一部经四都圩，主力经永顺、王村、联合沅澧下游左军，向大庸之匪围剿。(2)第六路着由龙潭河、李公港之线西进，与澧水流域之徐总司令所部、妥为协定，向大庸方面之匪围剿。(3)第四路着以一师进向秀山、龙潭、酉阳，一师位置铜仁、松桃，逐渐推进于乌江沿岸，构成坚固之守势地区。右与第一路联络，左与第五路协力，先行肃清乌江以东之匪，相机渡过乌江西岸地区，觅匪截击。(4)第五路除以第五十三师，随第二兵团前进，维持镇远大道之后方联络线外，第六十三师即向江口附近，协同第四路先行肃清乌江以东之匪，相机渡过乌江西岸地区，向湄潭方面之匪。(乙)第二兵团：(5)第三路着由息烽经镇南关渡河，与第二路协同向遵义、绥阳之线，蹑匪穷追。(6)第二路着由镇西街，经滥泥沟渡河，协同第三路，并联络各友军侧击由遵义北窜之匪。(7)关于该兵团追剿路线及兵力使用，得由薛总指挥适应情况，酌量变更，就近与粤、桂、黔友军，协定一切，并应与乌江东岸地区之第一兵团呼吸相应。(8)本部暂在常德。正准备驻沅陵督剿。(三)各部每到一处，应即督修所在地之碉堡工事，匪情及我军行动位置，应逐日电告。上三项，仰即遵照。总司令何键。删常参机。

元月巧午电令：刘总指挥建绪：

奉委座删未参京电开：据甫澄真午电节称：现因陈万仞师，调移池津，酉、彭防务空虚。请速令郭、罗、李师，克日出动接防酉、秀，并令滇军兼程到毕节增援，用达歼灭该匪于黔北之目的。等语。希志舟兄即饬所部，兼程开赴毕节堵剿。芸樵兄转催沅、白流域部队，迅速进至酉、秀。等因。特电知照。希查删午电部署，饬第四路迅以一师向酉、秀推进为要。总司令何键。巧午常参机。

元月马戌电令：刘总指挥建绪、薛总指挥岳：

命令：(甲)我军以秉承委座皓申围剿计划，继续蹑匪穷追，将其压迫于川江南岸地区而聚歼之目的。决定部署如下：(一)第一兵团，除第一、第四、第六各路，仍照本部删午部署电令实施外，第五路李韫珩部，着以五三师由镇远、石阡，进驻思南，六十三师由江口进驻印江，协同向德江、风泉、湄潭方面，觅匪截剿。但应右与第四路，左与第二兵团切取联络。(二)第二兵团除酌派一部，维持镇远大道之后方交通外，仍应继续向绥阳、桐梓、仁怀之线，蹑匪穷追。关于该兵团各路追剿路线及兵力部署，得由薛总指挥酌量规定。就近与黔、粤、桂友军协定。并与第一兵团呼吸相应。(乙)各部受领本命令后，应遵照委座皓申电令，如限达到。每到一处，应即构筑据点工事。匪情及我军行动位置，应随时电告。上二项，仰即遵照为要。总司令何键。马戌常参机。

元月漾申电令：刘总指挥建绪、陶司令广、李司令觉：

兹与徐总司令商定，协剿贺、肖计划如下：

（一）匪情及友军情况

贺、肖股匪，刻仍出没于岩口、大庸、四都坪间，往来肆扰，似有伺隙西窜之企图。我徐总司令所部，现以五八师、暂四旅编为第三纵队，二十六师、三十四旅编为第四纵队，由石门、慈利沿澧水向庸、永进剿。其第一、第二两纵队，除各以一部使用于石门东北地区，随同西进，藉厚湘西兵力外，余正准备入川协剿中。

（二）方针

我军为迅速肃清该匪，以策追剿部队之后方安全，得一意入川穷追朱毛起见，应一面驱逐岩口、断架山及四都坪附近之匪，一面择要构筑据点工事，逐步将该匪包围于大庸附近而歼灭之。

（三）兵力部署

（1）徐部之第三纵队应由澧县、石门通津铺，进驻江垭附近，肃清当面之匪，准备向大庸进剿。

（2）其第四纵队郭司令所部，应由慈利岩泊渡肃清溪口、岩口附近之匪，准备向大庸进剿。

(3) 第六路李司令所部，除以一部进驻龙潭水、曾家河、观音寺之线，构筑碉堡，以策左侧背之安全外，主力应即由龙潭河进向大浒附近，联络郭师，肃清断架山一带之匪，准备向大庸进剿。

(4) 第一路陶司令所部，应即以一部先行肃清四都坪附近之匪十六师主力，应即进驻松柏场附近，于施家溶、羊峰城、柳溪河、三脚岩、飞砂坡之线，构筑据点工事。新三十四师，应即推进永顺、龙家寨之线，准备齐向大庸进剿。

(5) 各部队到达指定地点后，一面肃清当面之匪，严密警戒，一面即构筑坚固工事，为一切攻击准备，并统限于三十日前准备完毕。

(6) 第六路与徐部第四纵队之作战地境，以景隆桥、洪家园、断架山、天门山、四都坪、石田溪、薄西坪、大坝之线划分之。线上各点，属第六路。但大庸为两方共同目标。上三项，除关友军各路任务，已由徐总司令皓午电令发表外，特电遵照。附注意：(1)据徐总司令马未电：略谓进剿日期敝部定在二月歌日。因后方部队调集需时。为求并进协剿，以免漏网计，贵各部于三十日准备完毕后，所有进剿时日，可否展〔暂〕缓，以便协同。等语。似应照办，但各部队如能相机先行收复大庸亦可。(2)我第六路李司令觉，仍应与郭司令汝栋，妥为商定，期能先行协同收复大庸为善。因进剿日期过于迟缓，恐匪情发生变化。总司令何键。漾申常参。

附：整理新三十四师，及昭苏湘西人民疾苦电令：

查湘西上游各县，素称瘠苦，近年部队复杂，捐税繁苛，匪盗横行，民不堪命。本主席兼总司令，于剿匪安民整军三者，务求并进。上以副中央及委座之寄托，下以昭苏湘西民众之痛苦。除剿匪军事部署。已另令饬遵外，托兹特颁布如下之命令：(一)新三十四师全部，已令开驻永、保、龙、桑之线，协剿贺、肖股匪，并负责构筑碉堡封锁线。着限于元月俭日以前到达。(二)着陈师长渠珍，于二月十日以前，将新三十四师，按本部颁发师编制表，整编一师。完竣具报，听候点验，直接发饷。其编余枪枝，一律缴销，不得再以任何名义私擅扩大。(三)该师所有造枪造弹各机关，着立时停止，并将机械缴销。(四)该师所提收各县团枪，着该师长负责归还。(五)湘西上游各县之非法关卡捐税，着由省委出巡办公处，会同陶司令、勒令一律撤销。嗣后不准任何人以任何名义，私擅设立或拟派。(六)湘西农村银行票币，着由陈师长渠珍兑现收销。(七)着陶司令即派兵填驻乾城、凤凰，便与松、铜、西、秀联络。其余陈师原防各县，除永、保、龙、桑外，均由陶司令负责分防。(八)保安第三区团队编制，及其整训方案，着由全省保安处规定实施。上八项，仰即分别遵照为要。何键。号戌常。

二、部队调遣情形

本部所辖部队，为第一、第二两兵团。第一兵团总指挥刘建绪，辖第一、第四、第五各路。第一路追剿司令陶广，辖第十六师(师长章亮基)，第六十二师(师长陶广兼，缺李国钧旅)，新编第三十四师(师长陈渠珍)。第四路追剿司令李云杰，辖第十五师(师长王东原)，第二十三师(师长李云杰兼)。第五路追剿司令李韫珩，辖第五十三师(师长李韫珩兼)，第六十三师(师长陈光中)。第二兵团总指挥薛岳，辖第二、第三两路。第二路追剿司令吴奇伟，辖第九十师(师长欧震)，第九十二师(师长梁华盛)，第九十三师(师长唐云山)，第五十九师(师长韩汉英)。第三路追剿司令周浑元，辖第五师(师长谢溥福)，第十三师(师长万耀煌)，第九十六师(师长肖致平)，第九十九师(师长郭思演)。第六路追剿司令李觉，辖第十九师(师长李觉兼；缺三团)，第六十三师之陈子贤旅及湖南保安各团。第七路追剿司令郭汝栋，辖第二十六师(师长郭汝栋兼)，及独立第三十四旅(旅长罗启疆)。第六、第七两路，归本部直接指挥。除第一、第六、第七，三路部队进剿贺、肖外，其余各路，专向朱毛股匪追剿。兹将部队调遣情形。分述如下：

（一）第一兵团

该兵团追剿朱毛主匪，至湘、黔边之会同、靖县、通道、远口、锦屏、黎平一带，适贺、肖两匪由川、黔边境，窜入湘西。本部于二十三年十二月养日，令第一路之第十六、第六十二两师，由会同、通道经洪江、黔阳开赴沅陵方面，协剿贺、肖。元月东日，到达沅陵一带。元月鱼日，本部令第四路之第十五、第二十三两师，由会同远口经芷江、麻阳，向铜仁、松桃推进，堵剿主匪与贺、肖联合，并先行肃清乌江以东之散匪。均于元月文寒等日，到达铜、松一带。令第五路之第五十三师，位置于镇远、玉屏、晃县、芷江一带，维护后方交通。令第六十三师，由黎平、锦屏、剑河之线，经三穗、镇远进驻思县附近，相机向石阡方面推进。均于元月中旬，先后到达指定位置。元月删日，本部令新编三十四师，构筑永顺、保靖、龙山、桑植之碉堡线，先行肃清大庸之匪。梯次配置于第四路之右后方，相机策应第四路，截剿乌江以西地区之窜匪。令第十五师向秀山、酉阳推进，并构筑据点碉堡线。令第二十三师，暂位置于铜仁、松桃。第十五师于元月有感等日，到达酉、秀地区。旋奉委座皓申电令，至少须派三个师，西渡乌江，协同第二兵团任追剿。等因。其时贺、肖两匪，尚未歼灭。我陈渠珍师正从事改编。陶广、章亮基两师，一面任堵剿之任务，一面监督陈师之改编，及湘西杂部之滋扰。李云杰师，为防贺、肖西窜与朱毛联合，扼守桃、铜，最为重要。王东原师，远驻酉、秀地区，筑碉防堵。李觉所部，分驻桃源、太平桥、李公港一带，准备待命，协同徐总司令所部，进剿贺、肖。郭、罗两部，奉徐总司令之命，亦已开往澧水流域慈利、溪口之线。通盘筹划，兵力实感不敷支配。只能勉抽在镇远一带之第五十三师，在石阡附近之第六十三师，两师兵力。且湘西黔东北及川南方面山路险峻，交通梗塞。地方天灾连年，收成歉薄，粮食缺乏异常。运输价目不资。各部士兵，多有食薯吃粥者。加之黔、川境内，一切钞票，不肯使用。给养困难达于极点。本部力事督促，设法排除种种困难。并激励士气，务期达成追剿之任务。乃于元月马日，令第五十三师，由镇远进驻思南。第六十三师，由石阡经江口进驻印江，协同德江、风泉、湄潭方面，觅匪截剿。嗣以第二兵团薛岳所部，改归第二路军龙总司令指挥。且朱毛西窜愈远。第五十三、第六十三两师，暂在乌江以东之地区堵剿。对于贺、肖之围剿，因徐部集中未毕，本军在湘西方面兵力单薄，拟将酉、秀十五师，松桃二十三师，抽调回湘协剿，以厚兵力。而以五三、六三两师，填防酉、秀及黔东。经奉委座二月齐未电核准在案。故先后开拔在途。旋以五三师仍须使用于镇远之线。朱、毛亦回窜黔北，有联合贺肖之企图。奉委座漾戌电令，十五、二十三两师，回驻酉、秀防堵。等因。本部当转饬遵照。现该两师星夜赶赴酉、秀布防中。

（二）第二兵团

该兵团追剿朱、毛主匪，自元月经镇远、施秉、黄平、贵定、贵阳、开阳、息峰、修文，以达乌江以北遵义、仁怀、古蔺、叙永之线。薛总指挥岳，旋奉令改任剿匪军第二路前敌总指挥，督部继续进剿。

（三）第二十六师及独立第三十四旅

该两部到达常德、桃源方面，进剿贺肖。本部奉委座武昌总部元月齐辰电令，改归徐总司令源泉指挥，随同徐部入川。等因。当转饬遵照。郭师及罗旅奉命，相继于元月佳日，至同月马日，分由常德、漆家河、黄石等处，开驻慈利、岩泊渡、热水坑、羊毛滩一带待命。旋又奉委座元月文未电令：郭、罗两部，着暂归徐总司令源泉指挥，俾得迅速打通湘、鄂、川路线，其主力安全入川之用。俟徐部到达黔江彭水后，该两部仍归何总司令指挥。等因。刻郭纵队司令汝栋，率所部二十六师及罗旅，现在慈利至溪口之线准备沿澧水向大庸前进，先行协剿贺、肖两匪。

三、碉堡建筑情形

本部前奉令，对于主匪西窜，选定碉堡四线于湘西新宁、城步、绥宁、通道、靖县、黔、阳、芷江方面。陆续据各部报告：在该四线上，所筑碉堡数目，业经本部汇呈至二十三年十二月底止在案。关于永、保、龙、桑方面，亦令新编三十四师，扼要筑碉，防堵匪东西窜扰。嗣以该师改编，据报正在着手兴筑中。兹将靖县、通道、绥宁、新宁各县，继续构筑完成之碉堡，汇列于下：

靖县　东自牙寨，西至太平界，砖排碉四座，土班碉十座共计十四座。

通道　城廓附近砖碉三座。

绥宁　小水土木碉四座，中团土木碉一座。下乡土碉一座，共计六座。

新宁　摩河岭砖排碉三座。狮蹲阁、校场坪砖排碉各一座。东河岸、南河岸砖排碉各一座。对河岭上土排碉三座。飞仙桥砖连碉一座，土排碉四座。龙潭桥土连碉一座。高桥土连碉一座，土排碉二座。石狮子土连碉土排碉各一座。窑上砖排碉、砖班碉各一座。肖家湾砖排砖〔碉〕一座。烟竹冲土排碉二座。深坳岭土排碉一座。安心观砖连碉一座，砖排碉二座。石门司砖连碉一座，砖排碉一座。赤竹铺砖排碉一座。漆树桥土排碉两座。李家湾土排碉一座。金家垈土排碉一座。潘家坳土排碉二座。共计四十六座。

四、剿匪战役经过

（甲）黔东南方面追剿朱毛经过

查朱毛股匪，自去年底，被我军吴奇伟部在镇远附近击溃后，窜向施秉、黄平一带。经薛总指挥督部跟追，迭在文德关、镇雄关、施秉、黄平、旧州、余庆、瓮安等处痛剿。共毙匪数千，俘匪千余。残部昼夜奔逃，喘息未遑。沿途散失，不下万余。因我乌江北岸，黔军防广兵单，致被匪主力偷渡，窜向湄潭、团溪一带，一部越清水江窜向紫江、息烽。我薛总指挥得报后，为迅速歼灭逃窜乌江南岸紫江、息烽之匪，及便利尔后进出于遵义、桐梓、重庆、泸州之线追剿计，令第二路吴奇伟部，虞日到达贵阳、息烽之线，第三路周浑元部，到达龙星、马场坪之线，协同友军进剿。虞灰等日，匪窜陷遵义、桐梓。我周路之谢、肖两师，已达息烽、札佐、修文之线。吴路之韩、欧两师，已达黔西、清镇之线。其余在贵阳附近。因远道长征，时值严冬，稍事补充，即向遵、桐方面追剿窜匪。斯时我刘总指挥建绪，率补充团，已抵天柱，继向玉屏、铜仁推进督剿。所部除陶、章两师，移开沅陵一带，协剿贺、肖外，陈光中师已到镇远。李韫珩师由会同西进，维护镇远大道之后方交通。李云杰、王东原两师，均经麻阳开赴铜仁、江口及松桃、秀山、酉阳地区堵剿。薛总指挥拟以吴路一部，循黔西、新场之线，联络黔军，向鸭溪、白腊坎方面截剿，并威胁老君关、刀靶水方面，以便周路之进出乌江北岸。以周路一部，循刀靶水、螺丝堰向遵义方面蹑剿。主力向乌江北岸跟进。并以郭师在贵阳附近，欧师在清镇、镇西街一带筑碉。自筿日起，吴路韩师、周路谢师，分由黔西、新场及刀靶水、螺丝堰各地、协同黔军犹、何等部，向遵义方面攻剿。皓日，克复遵城。惟匪主力，先已向赤水方面窜走，皓号等日，匪之先头，已到赤水附近。我薛总指挥当令吴司令派出第一追剿队，周司令派出第二追剿队，均于有日，分向仁怀、茅台。并请犹军长国才，派出第三、第四两追剿队，同日分由遵义、桐梓，向赤水、习水，急进追剿。斯时我第一兵团王东原师，到达秀山、龙潭筑碉。仍向酉阳推进。李云杰师，已到松、铜之线堵截。陈光中师赵旅，追到印江。王旅追到苗旺缠一带。第二兵团之第一、第二追剿队，俭日占领仁怀后，据俘匪供称：匪左侧卫宥日前经仁怀、茅台向古蔺急窜。主力宥日前循温水、东皇殿、二郎庙、土城，向叙永、古宋、兴文方向急窜。薛总指挥得报后，令第一、第二两追剿队，于陷日经茅台继向古蔺急进。第三、第四两追剿队，于世日经土城向叙永追剿，以期占领叙永、古蔺之线，协同川军合围聚歼。旋委座以匪窜川、黔、滇边境，但非追剿军一部兵力所能剿办，乃令滇省龙主席云为剿匪军第二路军总司令，薛岳为该路军前敌总指挥，督部继续进剿。本部于二月奉委座巧电：令何键为剿匪军第一路军总司令，刘建绪为第一路军前敌总指挥。陶广、李云杰、李韫珩、李觉，为第一至第四纵队司令官。原追剿军战斗序列着一律撤销。等因。遵于二月宥日，分别在常德、桃源、沅陵、麻阳、镇远就职。追剿军战斗序列同时撤销。由本部另定部署。对朱、毛、贺、肖诸匪分别剿办。

以上追剿经过要图如附图第一。〔图略〕

（乙）湘西方面围剿贺肖经过

贺、肖两匪，在川、黔边境合股。由龙山附近窜入湘西后，约有步枪六七千枝，机枪三十余挺，迫炮数门，攻陷龙家寨、塔卧、大庸、永顺等处，进犯桃源、常德。迭经本部派兵痛剿击溃，其主力现在大庸、永顺、塔卧、龙家寨一带，宣传赤化，构筑工事。并不时派出伪游击队，于溪口、大浒、断架山、老鸦口、江垭、四都坪、王村、军大坪等处，骚扰劫抢。似有以大庸、塔卧为盘踞根据地之模样。本部为早将该匪歼灭于沅、澧两水中间地区，不使与朱毛会合计，曾经详定部署，令郭汝栋师、李觉师及罗启疆旅，由常、桃方面，陶广、章亮基、陈渠珍三师，分由沅陵、古丈、保靖、龙山方面进剿，并电请徐总司令派兵向南堵截。旋奉委座由武昌总部元月齐辰电令：郭、罗两部，着暂归徐总司令源泉指挥。等因。本部遵照。屡经电商徐总司令，规定部署，约期会剿。而徐总司令以所部集中需时，请我方进剿各部，稍缓进攻，以免此剿彼窜。本部除饬前方部队严阵以待外，并令各部及保安团义勇队，派队游击，与匪时有接触激战。兹将其经过汇陈如下：

（一）元月号日，永顺义勇支队长彭月祥，奉命率队会合罗保安团之顾部，清剿猫子坪共匪。当击毙匪百余名。我方亦阵亡中队长彭润生一名，班长彭观五一名。

（二）龙山属猫村、坎西湖、卸甲寨一带之伪游击队，人枪百余，被我陈渠珍师驻龙吴团之便衣队袭击。该匪等顽强抵抗。激战数小时，经我增援部队抄出猛攻，始将该匪等击溃。是役击毙为队长一名，匪兵数十名。

（三）股匪数百人，窜踞石隄西附近，强迫民众，派米捐款。并限每甲运送十五岁以上二十岁以下之妇女，充女游击队及看护妇等。人民不堪其苦，群起反对。我张团长晋武闻报后，率部驰剿。激战数小时，毙匪十余名。该匪不支，纷向龙蛟溪方向逃窜。

（四）陶师钟旅徐营长孟溪，奉命于元月二十七日，率部向酸子界进剿。午后三时，到达酸子界附近。二十八日午前十一时三十分，即与肖匪所部之伪五十三团及伪特务团各全部，并附以大庸赤卫队等，开始接触。该营侦察匪之企图，系围攻我军。虽彼众我寡，又限于山地，然非决与死战，不足以张军威。乃一面应战，一面紧缩战线。以一半兵力固守据点，一半兵力伏于山腹。正面之匪约七、八百人，已由山洼向我猛攻中。同时我右翼大道口高地，发现匪约四百人，向我抄袭。我左翼高地大道口，为通四都坪咽喉，亦被匪约七百人占领。三面受敌，激战极形猛烈。当正面之匪冲至我阵地山麓，我伏兵突出，以手榴弹猛击。匪退山涯，仍行顽抗。激战约二小时，反复冲锋十余次，终以我士气壮盛，火力猛烈，地形地物，被我利用。匪因伤亡过多，始向鸡公脑高山退窜。我军乘势猛追，至彼山腹。限于山势陡峻，追赶不易。正停止中，而鸡公脑之匪数百，增加下山反攻。前后火力集中，相与死战，匪虽不逞，但仍未溃退。我军既不能进，又难于退，乃放火烧山，作驱逐抵抗计。适天助微风，少顷猛燃直上，火焰凶烈，匪乃奔山。忽左翼之匪，向我进攻。我追击部队，乃折转向该匪迎头痛击。匪不支，退归原山，沿巅向鸡公脑退窜。至午后三时，始告结束。毙匪约百余，伤匪二百余，俘匪五名。我军夺获步枪十三枝。阵亡兵四名，阵伤兵一名。

（五）永顺义勇队队长沈旦煊等，奉令前往濮枇链游击。宿营于差茶、杉木洲一带。元月三十日拂晓，肖匪第四十五团伪团长周某，率部及伪游击队约二百余人，向我义勇队扑击。沈队长当率队猛力抵抗，奋不顾身，激战相持。适我张团长晋武，率部赶到增援。匪始不支，向颗斫、吊井岩方面溃退。是役伪团长周某，右手负伤，击毙伪连长张青云伪队长尹元奎二名、匪兵二十余名。并生擒伪指导员、书记各一名，匪兵三十余名。夺获步枪十四枝，马枪三枝。我方伤亡官兵十余名。

（六）陈渠珍师之田团长少卿于二月三日，率所部及罗保安团一部，游击至松柏场。当据义勇队长姜庚堂等报称：杨士坡有匪四百余人，枪三百余枝，攻我碉堡。义勇队力不能支。等语。田团长即率一、三两营及罗团一部，驰往援剿。四日午前七时，到达该地，与匪接触。激战一小时，匪势不支，纷向龙爪关方向溃窜。被围碉内难民，完全救出。是役毙匪十余名。我亦伤士兵三名。

（七）永顺游击队顾簧臣、姜庚堂、向沅生等，于二月三日，率队游击至吊井岩。当与赤匪五六百人遭遇。双方激战甚烈。后我保安大队顾队长率队驰援。匪受夹击，势不支，遂向永城方面溃退。顾队长等督队乘势跟追，当分三面包围。匪复纠合城中土匪千余人，顽强抵抗。幸赖我军团奋勇猛攻冲锋十余次，匪因伤亡过大，遂乘夜向龙家寨，塔卧方向溃窜。

（八）田团长少卿，督同罗保安团，击溃杨土坡之匪后，继续于二月四日，向永属大青山，官塘湾、石堤西一带游击，当与匪数股约千余之众遭遇，激战至暮。匪因内部发生变化，遂向桑植方面溃窜。是股毙匪三十余名，俘匪三名。并夺获步马枪十三枝，马八匹，辎重甚多。救出三十余人。我罗团亦阵亡队附张安定一名，士兵刘克胜、徐胜全等五名，负伤二十余名。

（九）肖匪伪五十一团及大庸游击队等，枪千余，人倍之。二月江日由大庸城出发，经毛坪窜犯军大坪，企图截击军米及运送部队。支辰有匪一部，约四百余，飞窜北溶，将屯集军米千余石焚毁，掳去民运队长罗才雄、军需匡德隆及传令兵等。比经班竹溪、湖田向烂泥、高家一带窜去。陶司令据报后，旋令王、钟两旅部队，分由叶口、北溶联系向匪兜剿。王旅前卫袁团，经北溶虞申进抵军大坪。匪已预伏该地两侧高山麓森林内。我袁团甫到，匪即两面向该团猛击。经我军分途猛攻，连行冲锋数次，匪卒不支，纷纷向军大坪东北方向逃窜。因天黑未便追击。此役毙匪五十二名，伤匪百余名，俘匪八名，夺获匪枪三枝。我阵亡排长一员，士兵三名，阵伤士兵十名。

（十）罗保安团长致英督率所部，及义勇各队，分途搜剿永顺城附近散匪。二月佳日，新由庸窜来匪伪十四、十五两团，在距永城四十里之小竹湖地方，与我罗团顾大队长鼎升及向义勇队长沅生各部遭遇。激战甚烈。经罗团长复派队驰援，该匪顽强抵抗，并两次向我冲锋，嗣以机枪扫射，一面反攻。卒赖我官兵用命，奋勇向前，匪势不支，遂纷纷溃退。计是役毙匪三十余名，伤匪数十名，生擒张云相、胡景堂等十余名。夺获马枪十八枝，军用品甚多。我罗团阵亡兵三名，伤队长杨光福、宋生晚，队附田云丰、黄斌田、黄赞先，士兵李福胜、向胜文等十五员名。

伪十四、十五两团，于小竹湖被我罗团及义勇队击溃后，分股逃窜。一股溃至盐井，复经永顺义勇队追剿，匪仍据险顽抗至晚。我各义勇〔队〕乘夜奇袭包围，当将伪区政府冲破。毙匪二十余名。并夺获步马枪十余枝。

以上围剿形势要图如附图第二。〔图略〕

（丙）湘东茶、酃、桂、汝方面清剿经过

该方面毗连赣西，残匪不时出没窜扰。本部曾抽派第六十二师李国钧旅，督同各保安团，负责清剿。时有斩获。兹将其清剿经过，汇陈如下：

（一）伪独立营于元月寒日，窜抵洪水江附近。当经驻鄷县李国钧旅李团长东升，派彭营长率部驰往兜剿，与匪接触，激战约二小时。毙匪十余名，俘匪二十余名，夺获步枪二十九枝。次日，彭营在硫禾塘附近山上，搜获伪独立营修械机器等件。又筱巧等日，上水江地方窜来枪匪八十余。李团长当派营滕连夜袭击溃。毙匪十余名，俘匪十余名。夺获步枪三枝。

（二）伪十九师三、五两团，人枪千余，由赣西经攸县境，窜至黄巢，我李旅冯团长，令第三营于二月冬日，由茶城出发进剿。江日上午，到达黄巢附近，与匪接触。匪恃险顽抗。经该营猛烈攻击，激战四小时，匪不支，纷向莲花边境溃退。当尾追至东冲，因天黑停止。支日继续搜剿，匪已远扬。该营遂返原防。是役计毙匪连排长数员，匪兵数十名，生擒匪兵三名，夺获步枪四枝。

（三）冯团李营长运纲于二月文日，奉命率部由潞水经黄狗岭、茶山陇向关陇方面进剿窜匪。其先头部第四连，在关陇与匪人约五百余，枪约三百余，机枪二挺之伪独立第五团遭遇激战。该匪初据险顽抗，经我第四连向该匪猛烈攻击，同时我第二连亦占领右侧高山，向该匪侧击，我机枪连，亦于是时占领阵地，向该匪扫射。激战约二小时，匪势不支，始分向有州全坪方向窜走。我二四两连，追至山巅。以时已黄昏，未便穷追。即夜宿营于茶山陇。是役毙匪数十名，生擒匪兵一名。夺获步枪一枝。

五、卫生设施及治疗概况〔略〕

〔国民党政府军事机关档案〕

12．国民党川军“南岸剿匪军总指挥部”关于在川黔边境追堵中央红军长征军事报告书

（1935年1—3月）

（1）二十四年一月份“剿匪工作军事报告书”

窃职于一月十四日奉总司令刘委任为四川南岸剿匪军总指挥，遵即就职，并于泸县设立总指挥部。

南岸军军队区分

第一路

指挥范子英

教导师第一旅（章安平）

教导师第二旅（范子英）

第二路

指挥陈万仞

第五师十三旅（达凤岗）

第五师十四旅（袁如骏）

第三路

指挥廖泽

模范师第三旅（廖泽）

边防第二路司令（穆肃中）

忠酆石清乡司令（周化成）

总预备队

指挥郭勋祺

教导师第三旅（袁治）

独立第四旅（潘左）

左侧支队

长田钟毅

独立第二旅（田钟毅）

特遣支队

长徐国暄

第一师三旅第七团（徐国暄）

别动队

长顾家辉

边防第四路第二团(顾家辉)

本　部(直接指挥部队)

总指挥部(附独立第一、二两营及机炮营)

第一师第三旅(刘兆藜)(缺第七团,附警卫大队)

模范师第一旅(张竭诚)

边防第四路司令(魏楷)(缺第二团)

(一) 作战命令

命令 廿四年一月十七日 于泸县总指挥部

一、现匪仍在遵义附近。

我章旅已开赤水,范旅已开叙永。

二、该团除留龚营在宜宾督饬团队协助人民构筑工事外,其余两营着即率领开赴古宋,听受范指挥指挥,布署防御,构筑阵地。

三、该团务须奉电后,即行此令。

周团长瑞麟

传达法电报

总指挥潘文华

命令 二十四年一月二十一日 于泸县总指挥部

本军企图在联合中友大军于黔境乌江地带围歼朱、毛残匪,但用兵之道宜慎,而预剿匪虽在境外,后方险隘及大江北岸究应节节布置,为大规模的纵深配备,方策万全。兹本此方略,特授蒋旅长、魏司令任务如下:

一、蒋旅长尚朴所部负屏宜、南溪及南六各县水陆防守之责,该部到达宜宾时,即以一团附叙南精选队义勇队共十中队,开赴古宋择要布防,余两团一团位置于南溪,一团位置于宜宾,督同各县府指挥团队董率民夫,将大江北岸上起关河、下达木头灏碉堡工事限日完成。

驻古宋之团，除在古宋附近布防外，并就红桥附近选择南岸第一预备阵地，派官长会同该地县府督饬团民漏夜构筑，限时完成。

汉王山一线，为南岸第二预备阵地，由派旅长派员察勘规划，责成各当地县府专员督率团队征集民夫漏夜完成。

其余有关防务，如船只之收集、管理水路要隘、设哨盘查北岸沿江电话、各要地递步哨夫站、设备粮秣区处等要件，均须随时督同各县长认真办理，以臻严密为要。

二、魏司令楷所部，负泸、纳、江、安沿河防守之责，该部到泸后，即区划地段分派部队，并督同泸、纳、江、安县府各派团队董率民夫构筑大江北岸上起木头灏（与蒋旅部队衔接）下达弥阬岩碉堡工事，限日完成。

其余与江防有关如船只之收集管理、渡口之稽查及北岸沿江安设电话等事，均须随时督同各地县府认真办理，以臻严密为要。

三、工事完成后，应即分派团队分段防守，军队则位置于适当之紧要地区，以作骨干，而便督率。

四、总司令部正调遣兵舰，并配备装甲商船汽划武装，必要时即派来分段游弋江面。该旅长、司令应预为计算何地紧要，可容某种舰艇回旋使用具报。

五、除分令该各县遵照外，仰即遵办，并将办理情形图报考查。

六、余在泸县考棚。

蒋旅长尚朴

魏司令楷

传达法笔记。

总指挥潘文华

命令 二十四年一月二十三日
于泸县总指挥部

赤匪西窜，江防至为重要，防江要诀，首在区段分明，责任专一，其次则为技术之布置。兹本此意，规定如次：

甲、防江区段及责任

一、宜屏南段内分横江安边段、安边宜宾段、宜宾南溪段，三小段统归蒋旅长尚朴负责，分段派员会县督饬团队防守。

二、江纳泸段内分江、纳、泸三小段，统归魏司令楷负责，分段派员会县督饬团队防守。

三、合江、江津各自为一段，由驻在军队高级官长负责派员会县督饬团队防守。

乙、注意要点

一、洛河北岸碉堡工事，须加增强度漏夜完工。

二、紧要渡河点水流缓和处工事，宜特别坚厚，凡能登陆之处，务多设副防御，如鹿柴、竹签、木桩等，或掘深壕挖断进路。

三、多备罐子炮等，专备轰击匪船之用。

四、如遇匪抢渡，即以梆锣号火，促起邻近部队之注意。

五、各段联接部队，务须切实衔接。

六、沿江北岸务将电话、递步哨安设，有无情况随时通知。

七、团队沿江扼守军队，则控置要点，不可过于分散，临机使用方有力量。但军队之责任，位置衔接处，务须特别注意规定明白。

八、昼夜多派官长巡查。

九、沿河电线如有在南岸者，须改置北岸。

十、过河船只，须规定场所寄泊。

丙、江面防范

总部已派定炮艇并雇商船装甲分段游弋，到时再行通知。

丁、其他

一、分段防范，何段何人负责、军团各配若干、责任如何划分、布防情形如何、工事位置、碉堡位置、渡河场所、登陆地点，须绘图说明具报备查。

二、以上各项，统限二十六日办理完结。

三、无论何人不分职级，如有疏虞贻误，决军法从事。此令

蒋旅长尚朴

魏司令楷

徐团长国暄

宜屏南江纳泸津永各县县长

传达法笔记

总指挥潘文华

命　令 二十四年一月二十四日午后四时
于泸县总指挥部

一、匪主力正在东皇场附近与黔军侯汉佑部对战中，另一部在鳛水前方长阡沟与侯部林旅接触，其企图由鳛、赤向古蔺西窜甚明。

二、徐支队已令归贵官指挥。

三、贵部主要任务在固守合江，策应赤水，但部队应推进至能兼顾鳛、赤之适当地区，并迅速侦明最近匪情，相机侧击之，随时与赤水章旅及鳛、赤间黔军取连络。

四、为固合江计，应择要编成阵地，匪情极狡，凡部队所至皆当筑工。

五、遵办情形，随时报查。

此令

陈指挥万仞

传达法电报

总指挥潘文华

命　令 二十四年一月二十五日
于泸县总指挥部

一、鳛水之匪，系其掩护侧卫小部，不过数百人。

二、我陈指已由赤水向土城进攻。

三、该支队长务督同团队乘机驱逐鳛水之匪，恢复鳛城。

此令

徐支队长国暄

传达法电报

总指挥潘文华

命　令　二十四年一月二十五日
于泸县总指挥部

一、赤匪西窜，据报已到古蔺洛用镇、龙山等地。

二、我各路军现已令乘机分段截击。

陈指挥率达、章两旅协同黔军，明晨由赤水向土城横击。

郭指挥同潘旅向温水斜击。

廖指挥跟踪尾追。

三、该旅着赴叙永受范指挥子英之指挥。除分电外，此令

刘旅长兆藜

传达法笔记

总指挥潘文华

命　令　二十四年一月二十六日
于泸县总指挥部

一、顷据陈指挥万仞报称：犯赤之匪，其一路在重盘旺、龙场被章旅击溃，其一路在复兴场与达旅王团激战中，一部则在鳛水、猴子田与徐团激战中，黔军侯、林等部则退古蔺，匪之主力在温、鳛、赤水、土城间。

二、拟就现在匪我相持地区痛剿而破之。

三、范指已令向古蔺推进，协同黔军迎剿，郭、潘、廖、穆各部已催令蹑击。

四、贵旅明(二十七)日着开驻尧坝，以备策应赤、鳛、蔺叙各点。

此令

刘旅长兆藜

达法笔记

总指挥潘文华

命　令　二十四年一月二十七日
于泸县总指挥部

一、赤匪主力仍在土城、东皇殿一带回旋。范指挥已令向古蔺协同黔军寻匪痛剿。

二、贵旅着明(二十八)日进驻富家坳。

三、大石母、天皇桥、鄢家关等处，着仍多派探侦察。

此令

刘旅长兆藜

传达法笔记

总指挥潘文华

命　令　二十四年一月二十八日午后九时
于泸县总指挥部

一、匪主力确在土城一带，为我廖、郭、潘、达、章各旅围剿中。

二、该指挥着率所部星夜赴蔺督，同黔军向土城方面迎击截堵，期合我攻土城各部解决此匪。

三、在蔺黔军，已令暂受该指挥指挥。

此令

范指挥子英

传达法电报

总指挥潘文华

命　令　二十四年一月二十八日午后九时
于泸县总指挥部

一、匪主力在土城已为我郭、潘、廖、达、章等旅围剿，该方面兵力已厚，无增兵必要。

二、现匪甚动摇，恐乘隙西窜，南六已令范旅督同退蔺黔军由古蔺向土城迎击截堵。

三、贵官即率所部于明(二十九)晨出发，取道天星桥、天池镇向古蔺方向前进，在天池镇略为停止，对赤、蔺间通土城方面远派侦探监视，如匪西窜，即就地形便利尽力截击，勿任逃逸。右与范旅、左与陈师随师连络为要。

此令

刘旅长兆藜

传达法电报

总指挥潘文华

命　令　二十四年一月二十八日午后九时
于泸县总指挥部

一、匪主力确在土城一带。

二、除令廖、郭、潘分道猛攻，并令范旅亲率八营督同退蔺黔军由古蔺向土城方面迎击截堵外，仰贵指仍督达、章两旅及徐支队向土城猛剿，期于聚歼此匪。

三、匪现已动摇，恐必向南六间道逃窜，刘旅应使在蔺、赤间天星桥、天池镇等处断匪西窜之路，仰即知照。

此令

陈指挥万仞

刘旅长兆藜

传达法电报

总指挥潘文华

(二)军队调遣

一月十七日

一、章旅(缺周团)开赤水，协助黔军布防。

二、周团开古宋布防。

三、范旅开叙永布防。

四、徐支队向合赤道上之先市开进。

五、郭指挥率袁（治）旅向津温道上之李市坝推进。
六、潘旅向津綦道上之贾嗣桥推进。
七、陈指挥率达旅开合江待命。
八、袁（如骏）旅开南川待命。

十八日

一、魏司令开泸县布防。
二、潘旅向綦江前方九盘子前进，驰援廖旅。

十九日

一、蒋旅开宜宾布防。
二、徐支队向合鳛道上之蘑刀溪、长沙咀前进。
三、郭指挥率袁（治）旅向温水、九盘子间前进。

二十日

一、郭指开东胜场待命。

二十一日

一、顾别动队开古蔺布防。
二、潘旅开条台岗待命。

二十三日

一、郭指挥由温、鳛间侧击赤匪。

二十四日

一、周团开叙永，受范指挥指挥布防。
二、陈指挥率达旅开赤水，进击土城之匪。
三、郭指挥率袁、潘两旅，向东皇场方面追击。

二十五日

一、徐支队向鳛水前进，驱逐该处之匪，恢复鳛城。
二、刘旅开叙永，受范指挥指挥。
三、达、章两旅向土城方面攻击前进。
四、廖指挥率穆司令向温水方面追击。

二十六日

一、刘旅移驻尧坝策应。

二十七日

一、刘旅进驻富家坳待命。

二十八日

一、范指挥向古蔺方面前进迎击。

二、达、章两旅暨徐支队向土城攻击。

三、刘旅移转天池镇策应。

二十九日

一、郭指挥、廖指挥暨潘、达、章三旅围攻土城。

三十日

一、刘旅即开桂花场截堵。

三十一日

一、郭指挥、潘旅由土城渡河尾追。

二、达旅向叙、蔺方面跟追。

三、章旅转移鄢家关、天池镇方面截堵。

四、徐支队开江门截堵。

五、范指挥由古蔺迎击。

六、穆司令兼程经赤水到江门。

(三) 逐月匪情

一月十五日

一、湄潭之匪，其大部正向黔西、仁怀方面前进，正安当面之匪，约五团人枪二千余，为林彪所部。

二、朱、毛陷遵义、湄潭、桐梓后，已突过鸭溪，其先头已达仁怀附近，有西窜南六属之模样。

十六日

一、匪约七八团之众，昨(十五)日与廖旅及黔军侯部激战后，现已到松坎。

二、匪以大部猛扑我凉店垭廖旅阵地，现正激战中。

十七日

一、湄潭之匪，现进入绥阳城，桐梓之匪向新店进犯。

二、在九盘子前方观音桥附近与我廖旅对战之匪，现已退据羊角老山腹。

十八日

匪主力仍在遵义、绥阳、桐梓一带。

十九日

遵义、绥、湄已为我黔军收复，匪现已纷向仁怀、赤水各方面前进。

二十一日

一、匪陷温水后，其先头已到官店、二郎坝一带。

二、匪一路已到东皇场，正与黔军侯部正战中。

二十二日

匪仍在桐、鳛、温、赤之间，其先头在东皇场前方三十里地区，与黔军侯部相持中。

二十三日

一、匪主力约两万余人，在东皇场附近与黔军侯部对战中，另一部在鳛水前方长嵌山等地。

二、匪一部由土城上游沙滩渡过赤水河，向古蔺西窜，其先头已到二郎滩附近。

二十五日

一、匪大部在茅台、土城等地,其先头已到古蔺属之洛用镇、龙山一带。

二、鳛水附近尚有匪小部。

二十六日

一、匪主力在温、鳛、赤水、土城间，一部约二千余人，在重盘旺、龙场被我章旅击溃，另一部在复兴场与我达旅王团激战中。

二、古蔺属洛用镇、龙山等处有匪一股。

三、徐支队克复鳛水县城后，现在猴子田与匪激战中。

二十七日

一、匪主力仍在温、鳛、东皇店、土城一带，到古蔺边境者仅一小部。

二、匪已由五个军团缩编为三军团，在温水者为第五军团，在东皇殿及其以南地区为第三军团，每军团人枪约万余。

二十八日

匪主力在土城、胡市、猿猴场一带，纵横约一二百里，现正被我郭、潘、廖、达、章各部围攻中。

二十九日

一、匪主力仍在土城、猿猴场、丙滩一带与我军激战中。

二、在胡市被章旅击溃之匪，现有向背诏渡河模样。

三、匪以二三千人，在土城赶搭浮桥三座，有数百人已窜到古蔺。

三十日

一、匪主力在土城被我军击溃后，分两股逃窜，一股约万余人，由土城西北端九洞沟向血白坪逃窜，一股亦约万人，经马蹄坳向洛用、古蔺逃窜。

二、马蹄坳、洛用之匪数百人，已被我范旅陈团驱除，另一部约四五千人，向镇龙山西窜，有进犯古蔺企图。

三十一日

一、匪大部由桂花场窜叙永，小部由洛用窜古蔺，另一部尚在土城彼岸掩护。

二、匪一股约千余人，已窜抵镇龙山向对车坝挺进。

（四）剿匪战斗经过

一月十五日晨，第三路廖旅奉命连合黔军侯部向桐梓方面出击，当在松坎前方与匪主力(约七八团)接触，该旅与侯部奋力攻击，激战至午，当击毙匪约数百余名，该旅伤亡官兵百余，侯部伤亡二百余名。午后四时三十分，匪以大部由右翼距新站百里之郎嚅迂回包围，侯部警戒撤退，拟向温水退却，殊该路线被匪遮断，我廖旅即派曾、李两营掩护该部背进，而该两营复为被匪抄断，经一小时收容，损失较重，匪即进驻松坎。

十六日，匪以大部猛扑我酒店垭廖旅第一线阵地，该旅左翼地区队王、蔡两团，极力抵抗，迄未得逞，匪复以大部向我左右翼抄袭，前仆后继，反复肉搏，激战终日，该旅伤亡甚众，乃决心于本晚向九盘子第二线阵地转移。

十七日，匪由羊角老向我廖旅进攻，该旅刘营在九盘子前方观音桥与匪对战，我右翼蓝田即以一部向匪之左侧背攻击，匪遂不支，退据羊角老山腹。

二十一日，据报松坎之匪有向温水方面移动模样。我廖旅当令第一线部队深夜向酒店垭威力搜索前进，即与匪之尾队接触。

二十二日午前九时，廖旅始将酒店垭、松坎之匪驱逐后，当即占领。是役，毙匪数十名，夺获步枪七十二支。该旅即以一营维持该地秩序，一营位置于松坎前方二十里之七镇溪，一营据松坎右翼三十里之箭头山，并向温水、新站各方面严密戒备。

二十五日，我郭旅指挥在温水、吼滩一带，将伪第五军团(约万余人)击破，并已将匪截成数段，匪遂四散逃窜，当派第八团跟踪追击。

二十六日，我章旅(缺周团)由赤水向土城前进，以第一团陈、任两营为前卫，并令第三团周营为右侧卫，由复兴场取捷径到重盘附近马路，归还本队。午前九时，前卫陈营在三义店马路，即与伪一军团第一师南坪山东峡西约一千余之匪遭遇，该匪即用密集部队向我猛冲，我前卫沉着应战，迎头扫射，毙匪甚众，该匪仍猛攻不已。同时右侧卫周营亦进至杨提山、平桥附近，与伪一军团第二师山南、南乡、南广等匪部约千余人接触，该营即占领鸡公岩右翼高地，展开攻击，彼众我寡，往复冲突数次，匪我伤亡均大。激战约一小时许，始得与我前卫陈营连络。此时匪占黄皮洞高地，居高制下，向我施行猛烈瞰射，我前卫继续仰攻，伤亡甚众，几不能支，乃增加机炮各二门前进助战，该旅长即亲到前线视察，见匪向我左翼抄袭，即令潘营跑步抢占三块石高地，向抄我之匪攻击，至午后二时三十分，该匪在三块石高地死抗不退，并用密集部队向我潘营猛冲不已，该营极力抵抗，双方伤亡甚大，遂令机炮营占领月亮田高地，向匪轰击，匪我炮弹均势如雨下，我炮弹叠中匪密集部队，毙匪甚多。匪因抄击我左翼不能突破，复转而攻我右翼，用数层密集部队，采波状形式，向我右翼猛冲，势甚凶勇，即以任营增加于该方面，当向鸡公坳、黄皮洞高地之匪攻击，肉搏冲锋十余次，官兵前仆后继，奋勇激战，始将伪团长龙振文、政委邓华等击毙，匪遂不支，纷纷溃退。同时我左翼部队亦奋勇攻击，始将重盘、黄皮洞高地完全占领，当派第三团胡营为追击队，向匪跟追至七里坎北端山脚时，已入暮，该旅即就现地彻夜。当击毙匪约三四百名，俘虏四十余名，夺获步枪六十四支。该旅亦伤亡官兵二百余名。

同日午刻，达旅黄团在铁匠炉奉命增援章旅，当即驰往加入，与匪激战二小时，始将兴隆场高地占领。午后五时，该旅徐、何两团前进至复兴场附近，与约二千余之匪接触，时值天晚，双方均未进攻，当就地严密警戒。

同日午前八时，我徐支队向鳛水前进，在箭滩附近即与约千余名之匪接触，当沿左翼高山向匪攻击，该匪据险顽强抵抗，激战至午后，始将该匪击破，即继续追击前进，当晚占领鳛城后方一带高地。复据前卫李营报称：发现匪大部纷纷渡河，拥挤后退，乃令廖、刘两连乘夜追击，毙匪甚众，始将鳛水县城克复，并俘匪数名。

二十七日午前六时，我章旅派队将重盘两侧残匪肃清后，于午前十时即命第三团继续进攻当面七里坎之匪，第一团为本队跟进。午后二时，前卫胡营在七里坎前方与匪接触，当即展开，向匪猛烈攻击，并以第二营由玉皇顶侧击该匪，激战至午后四时，该匪不支，纷向旺隆场方面溃退，即以第二营为追击队跟踪追击，至兴隆场北端高地时，已入暮，即就现地以原队形彻夜。

同日晨，我达旅何团即向复兴场前方高地之匪攻击前进，该匪几度向我猛冲，我官兵沉着应战，均未得逞。嗣后经我官兵奋勇攻击，匪遂不支，节节败据通旺隆场高地红岩寺附近，该旅左翼始与章旅取得连络，乃集中火力向红岩寺附近之匪猛烈轰击，当将伪团长欧阳岷击毙，匪因伤亡过大，遂分数路向旺隆场、川风坳方面逃窜，当派何团向匪跟踪追击，至风溪口时，已午后二时，匪复新增二三千人，猛袭我之左翼，当令黄团向右侧击匪势稍挫时已入暮，即以战斗队形彻夜。

同日，我郭指挥部第八团追击至土城附近，匪以全力拒战，我郭指挥即派第七团凌营出占右翼高地，当与抄袭我八团右后方之匪遭遇，匪遂向该营猛扑，我官兵奋勇接战，卒不得逞，激战约一小时，始将来袭之匪压迫回原地土城。复据报，我左后方凤凰咀有匪约八九百人，即派袁团率兵两营前往，当与匪部接触，我官兵遂奋勇攻击前进，激战至晚，匪不能支，仍退回原线。午后六时，我潘旅到达距隆兴场五里之土城坎，遇匪约二三千人，据险向我猛烈射击，经该旅张团沉着应战，匪始不逞。

二十八日晨，章旅仍命第三团继续向当面之匪进攻，该匪约千余人，在旺隆场、柏杨坎一带高地扼要拒守，该团即在旺隆场北端马路附近与匪接触，当以第二营附机炮各二门，向匪攻击前进，匪恃工坚地险节节抵抗，激战约二小时，始将兴隆场占领，匪大部即退守柏杨坎，该营跟踪追击，至青杠堡马路附近，乃令第一营由我左翼抄至孙家砦，横击柏杨坎之匪，该匪受我侧射，势乃不支，纷向胡市场方面溃退。时已入暮，该团即以一部追击退匪，余部乃就原姿势彻夜。达旅亦于本晨向匪推进，匪据险节次抵抗，该旅官兵奋勇攻击，当将风溪口占领，匪势不支，退据丙滩，复经该旅派队向匪两翼抄袭，激战约两小时，匪受创颇重，始向川风坳方面溃窜，该旅即向狗狮子、川风坳方面尾追。

同日午前八时，我廖旅蓝、王两团到达土城附近之青岗坡，当与郭、潘两部将土城之匪合围，午刻匪一、三军团及五军团残部，向我郭、潘、廖各部正面猛攻，激战甚烈，郭部第八团阵地地形低下，受匪瞰射，该团官长伤亡过半，士兵伤亡更重，阵地几不能守，郭指即亲率九团丁营及特务营、机炮营前往增加，奋勇攻击，往复冲锋数十次，匪我伤亡甚大，始将该匪击退。我廖旅当面亦受匪猛烈攻击，并以大部向我左翼抄袭，蓝、王两团即跑步前往增加，奋勇还击，激战约数小时，始将该匪击退。同时我潘旅亦向土城之匪攻击前进，匪以大部向该旅猛扑，官兵死力抗战，匪终不逞，激战至晚，匪受创颇巨，当晚匪由陵滩渡河向古蔺方面逃窜，我郭、廖当面之匪，即仍与我相持中。

二十九日，土城匪之主力，自昨(二十八)日经我郭、潘、廖、达、章各旅奋勇围攻后，已被击破，除零星散走不计外，余分两股逃窜，一由土城西北端向血白坪溃窜，一由土城西南端经马蹄坳向洛用、古蔺方面窜走。我各部当于本晨分道向匪追击，该匪仍沿途据险节节抵抗，我官兵不顾疲劳，奋勇追击前进，沿途斩获甚众。章旅即于是日占领胡市场，我达旅亦于午前将川风坳之匪驱逐后，即于是晚占领猿猴场，我郭、潘、廖三部追击至土城河，匪即河向我发射，并将浮桥拆毁，现仍隔河相持中。土城一役，各路计击毙匪约二千余名，负伤之匪甚众，实约击破匪一军团，我郭部并夺获山炮一门，迫击炮二门，步枪无算。

三十日，我各部仍继续追击前进，章旅到达猿猴场时，与我达、廖两旅之一部会合，潘旅即由陵滩过河向洛用方面追击前进，郭指即在土城赶搭浮桥。同日午前五时三十分，我顾别动队即在洛用前方展开，向窜到洛用之匪攻击前进，激战约一小时，该匪不支，纷向马蹄坳方向退走，当于正午占领洛用。我范指陈团继该队之后，正向退匪跟踪追击中。同时匪一股约三四千人，数日前乘黔军西退之际，早已乘虚渡过赤水河，取道柑子坡、镇龙山向古蔺急窜，拊我范部侧背。范指挥当以蔺城为南六门户，非切实扼堵，难期屏障叙永，遂以顾别动队就占领洛用一线，向马蹄坳之匪监视，并以该部第五团占领司里岗阵地，第六团占领老山阵地，第四团为预备队，位置于两路口附近。午后十时，侦知匪确在镇龙山附近，即以第四团由右翼绕道新店子、胡家场，第六团由左翼取道水洛窝，各向镇龙山之匪攻击，第五团就原阵地堵匪西窜。

三十一日午前九时，镇龙山之匪约百余名，向第五团阵地攻击，经我守兵沉着应战，匪攻不逞。午后一时，我右翼第四团到达水边附近，即向占据遗金寨之匪攻击，当将匪击退，占领该寨。匪因避实就虚，不打硬仗，经我两翼包抄，即以小部拒战，掩护大部向丫叉荣压方向引退。午后五时，即将匪击溃，占领镇龙山，并派队跟追。同时香楠坝亦发现匪数百名，企图窜蔺，乃令第五团三营前往截堵，匪虽向我反复进攻数次，该营亦奋勇攻击，匪终不逞，遂尔溃退，当派队尾追中。

（五）剿匪宣传 〔略〕

（六）碉堡设施 〔略〕

（七）封锁设施 〔略〕

（八）部队检阅及士兵训练补充概况 〔略〕

（九）各种通信及交通概况 〔略〕

（十）卫生设施及治疗概况 〔略〕

（十一）水陆运输及兵站概况 〔略〕

（2）二十四年二月份“剿匪军事工作报告书”

（一）作战命令

命　令　二十四年二月二日午后四时
于泸县总指挥部

一、综合各方情况，除有匪约三千人，现在叙永城下与我周团激战外，其入山大股似已化整为零，三千两千，由香楠坝及其以南地区与太平渡过渡者分道窜突，企图侵入南六及一部则在桂花场以北，有向叙、宋上犯之样。

二、基此情形，目下亟应将任务从新分配如下：

1．范指挥指挥教导师第一、二两旅，速即回援叙永，将攻城之匪击破后，即在叙永以南地区如洛窝等处，制止匪徒西窜，届时周团即归还章旅建制。

2．陈指挥指挥达、刘两旅，在桂花场右延至江门一带地区，扼要截击堵剿屏蔽江纳，该师袁(如骏)旅着归还建制，即驰赴古宋布防，制匪西窜，并限微日以前到达。

徐支队仍受陈指挥指挥，先行星夜开赴古宋防守。

3．郭指挥所部，除廖旅拨一团驻赤水以顾运道外，即率袁、潘、廖三旅向古蔺锐进，在土、蔺、叙大道上断匪为南北二股，勿许交通，迫匪于蔺南地区或回窜黔边而歼灭之。

4．穆司令到达时，拟轮运大渡口登岸，直赴兴文布防。

三、中、黔军陷日分向古蔺、土城追击，郭指应与切取连络。

四、匪情变化无常，各指挥务须斟酌当时匪情相机处置，总以制匪不入南六县为主旨。此令。

范指挥子英

陈指挥万仞

郭指挥勋祺

传达法电报

总指挥潘文华

命　令　二十四年二月二日午后六时
于泸县总指挥部

一、叙永城现被约三千余之匪围困，匪首朱德亲自督攻。我周团刻正尽力与匪交战中。

二、各该旅务速前进，向匪扑击，遇匪后卫立予摧破，切勿坚持，致受牵制，碎匪残余在此时机，幸勿失之。

三、破匪解围后，须急截剿，勿任窜入南六为要。此令

章旅长安平

达旅长凤岗

刘旅长兆藜

传达法电报

总指挥潘文华

命　令　二十四年二月三日午后四时
于泸县总指挥部

一、犯叙之匪，今晨仍继续攻城，我朱团、周大队驰援，刻正与攻城之匪激战于西门外。

二、范指挥回援叙永，午刻到箭竹坪，据称匪之另一股数千人，先头已到猫儿关、双井一带。

三、贵指即率所部星夜相机截击猫儿关、双井之匪，万勿迟延为要。此令

郭指挥勋祺

传达法电报

总指挥潘文华

命　令　二十四年二月三日午后六时
于泸县总指挥部

一、综合情况，匪大股有二，一即攻叙之股，约三四千人，经我章旅及周大队夹击，已由双河口向西上窜；一为镇龙山之股，亦约数千人，已由坰叉西窜，先头已到猫儿关、双井等处。

二、基此情况，处置如下：

1. 陈指指挥达、袁（如骏）、刘三旅，除派一部（即周大队）由两河口跟踪追击勿任脱离匪踪外，其主力务尽力向古宋、兴文、长宁地区截堵，以制匪窜入南六为目的。

2. 范指指挥范、章两旅堵击双井、猫儿关一股，务必确实制止，不许与两河口一股会合。交通并设法击破之。

3. 郭指率所部袁(治)旅并指挥廖、潘两旅，除着留一部搜剿蔺境散匿之匪外，主力应迅速奋进，向猫儿关追击，期与范指夹击而歼灭之。

三、遵办情形报查。此令

陈指挥万仞

范指挥子英

郭指挥勋祺

传达法电报

总指挥潘文华

命　令 二十四年二月三日午后十时 于泸县总指挥部

一、攻叙之匪，一部已由两河口上窜，一股尚在近城。又匪之大部在双井、猫儿关、洛窝一带。

二、范旅应猛向双井、猫儿关当面之匪攻击。达旅应即取捷道，斜趋而下，直攻洛窝之匪，助范解决截止该匪西窜。

三、章旅应迅速扫清近城余匪，在叙城南端地区截堵，会同范、达等旅，务将猫儿关、站底一带之匪摧破，制止西窜。

四、刘旅应即向叙永取捷道向金鸡池前进，扼要堵截，制匪窜入南六。徐支队即归还建制，周大队暂留叙永，协同章旅先行扫清近城之匪后，即在叙待命。

五、各部情形务须随时具报，并注意连络为要。此令

范指挥子英

章旅长安平

刘旅长兆藜

达旅长凤岗

传达法电报

总指挥潘文华

命　令　二十四年二月四日午后一时
于泸县总指挥部

一、匪主力似已由麻线堡、洛窝、猫儿关经两河口、大坝、建武以趋高珙或横江，至在叙城以南与我范、刘两部作战之匪系其一部。

二、今决定追击布署如后：

1．陈指指挥达、袁(如骏)、刘三旅及徐、谢两团为追击队，依现在态势，自取顺序沿宋、兴、长、珙大道向高县追击，并以刘旅为左侧卫，沿叙永、金鹅池前进，如未发现匪情，则在高县待命，兴、长、珙各县，酌留一营驻防扼守。

2．郭指率袁(治)、潘两旅及顾团为左追击队，沿麻线堡、站底、两河口、大坝镇、建武向珙高或横江追击前进，并另派顾团为左侧卫，沿途蹑匪猛追。

3．范指指挥所部及章旅负责清剿古宋、叙永残匪，任务完后，即向右追击队前进。

4．廖旅负责清剿古蔺附近残匪，任务完后，随左追击队前进。

5．穆司令着星夜赴屏山，担任金沙江上游防务。

6．梁团(机关枪团)即率所部驰赴宜宾，受蒋旅指挥，担任河防。

三、除已令叙南各县严饬团队随时侦察匪情具报外，此令

陈指挥万仞

郭指挥勋祺

范指挥子英

廖旅长泽

穆司令肃中

蒋旅长尚模

梁团长国华

传达法电报

总指挥潘文华

二十四年二月八日

命　令

于宜宾总指挥部

一、据报匪已窜至洛表，有经屏山秉夷司、贡溪窜马边、峨边模样。

二、我指挥已达高县，拟在罗场、落润坎一带截剿。

三、该司令明(九)日务即率所部驰赴屏山秉夷司、贡溪一带，严密布署防堵，并至雷波河岸亦酌配兵力，所有船只须收集我岸为要。此令。

穆司令肃中

传达法笔记

总指挥潘文华

二十四年二月九日午后二时

命　令

于宜宾总指挥部

一、刻下匪踪不甚明瞭，兹暂定各部任务如下：

1. 陈指指挥达、袁(如骏)、刘、潘各旅及谢团，达、袁两旅分驻罗场、嘉罗场、高县城三点，以防匪窜滩头、庙口。刘旅推进至筠连县防堵，潘旅驻长宁，并派一部驻珙县，谢团驻兴文。

2. 郭指指挥范、袁(治)、廖三旅及顾团，在大坝、建武、洛表、两河口以南地区肃清余匪，跟踪追击，如匪确窜入滇，酌抽小部出境进击，大部则在边境扼要择堵，防匪回窜，该指宜多派侦探侦察匪踪。

3. 章旅受本部直接指挥，着由珙县往巡司场、来复渡到安边待命。

4. 穆司令已令开屏山，负布防金沙江上游责任。

5. 蒋旅及梁团已令负滩头至安边一带责任。

二、各部到达指定地点后，除远派侦探侦察匪踪具报外，并坚工严阵，勿稍忽延。

三、俘获及沿途伤毙之匪，与夺获之枪械匪物，均须汇集摄影留纪念，以凭汇报为要。此令

陈指挥万仞

郭指挥勋祺

范旅长子英

刘旅长兆藜

章旅长安平

潘旅长左

蒋旅长尚朴

穆司令肃中

传达法电报

总指挥潘文华

命　令 二十四年二月十日午后九时
于宜宾总指挥部

一、顷探确匪已全入滇境，先头已到牛街，后尾尚在黄永河附近。基此情况，特示要领如下：

1. 陈指速令刘旅由蒿坝向牛街推进，务在牛街通盐津道上向右斜出切实遮断，务使匪不能由盐津北窜雷屏为要。

2. 郭指着斟酌情况，以全力或一部向黄水河追截。其余全般部署，另令定之。此令

陈指挥万仞

陈指挥勋祺

传达法电报

总指挥潘文华

命　令 二十四年二月十日午后十一时
于宜宾总指挥部

一、顷奉总刘蒸午军电开：综合情报，军以不失匪踪彻底歼

灭之目的，特部署如下：

1．着郭指指挥袁(治)、廖、郭三旅，自建武、洛表、筠连各点，以全力分别向南窜之匪跟踪，进入滇境之威信、牛街、盐津一带，与滇军第三纵队切取连络，压迫匪部于横江东岸而歼灭之。

2．范指指挥范潘两旅，负责肃清叙、宋与长珙境内残匪，并维持后方路线，蔺境残匪仍由周司令肃清。

3．除章旅已向屏山前进外，以袁(如骏)旅暂驻高县，相机增援筠连、滩头或横江。陈指率达旅即向横江、屏山前进，并指挥章、穆两部担任安屏雷段金河防务，其备地境，由潘总指严为规定。

4．穆部俟章旅到屏后，即向雷波、井底坝推进，负责防守。等因。

二、遵奉上因，刘旅应即受郭指指挥，该旅明(十一)日如何行动，由郭指统筹分令。袁(如骏)旅暂驻高县，受本部指挥，策应各方。徐支队仍暂受袁旅指挥，即日进驻筠连，谢团即日就现在地取捷道到宜宾，另有任务。其余各部各遵总刘令办理。

三、电到时，匪情如有变化，陈指可暂缓一日出发，以待后命。到屏后，则以穆部上移，专负雷波、黄郎段责任。章、达两旅分负蛮夷司、绥江、屏山栖东段责任，但必集结主力于适当地点，相机合用为宜。如何配备，由陈指统筹分令报核为要。此令

陈指挥万仞

范指挥子英

郭指挥勋祺

章旅长安平

穆司令肃中

传达法电报

总指挥潘文华

命　令 二十四年二月十二日午后六时
于宜宾总指挥部

一、综合情报，匪在威信、镇雄间。

我郭指率袁(治)、廖、刘各旅正跟追中。

滇军以达盐津布防。

二、章旅即日到屏山，于金沙江北岸布防，以防匪窜屏马，该旅防务由楼东起沿屏山平夷司、秉夷司至冒水孔山，冒水孔归穆司令担任，但须衔接无间。

三、穆司令防务由冒水孔(在内)起，沿沙湾、撒水坝至雷波上游沿江北岸一带。

四、金沙江上游水流甚急，渡河点甚少，须通匪道路始可绵密配备，多多控置兵力。但平夷司、绥江须特别注意坚工严防为要。此令

章旅长安平

穆司令肃中

传达法电报

总指挥潘文华

命　令　二十四年二月十四日午后二时
于宜宾总指挥部

一、匪在扎西附近，经滇军压迫，又侦知我郭、廖旅分头围攻，遂乘间于昨午今晨回窜叙、蔺，现已到黄泥咀、分水岭、海坝、树坪、营盘山一带，正分攻该一带洞岩中。

二、基此情况，特处置如后：

1．郭指迅率袁(治)、廖两旅，由现地向黄泥咀、分水岭方面横扫，期与范、潘两旅夹击，刘旅已经令取道镇州、建武向叙永以南会师，并仍受郭指指挥。

2．潘旅星夜兼程回守叙永，范指率该部兼程由金鹅池向两河口截击，潘旅仍受范指指挥，到达指定地点后，仍督同向匪痛击，务必拒匪于叙、蔺大道以南，会同郭指歼灭之。

3．陈指率达旅着即向长宁、古宋转移，准备策应，袁(如骏)

旅着回筠连待命。

4．蒋旅仍回防横江、滩头、安边一带。

三、已报请总刘电古蔺薛军与我协力截堵，并会同歼灭之。

四、各部务须自取连络，并责成郭、范两指在叙、蔺以南地区歼灭此匪为要。此令

郭指挥勋祺

陈指挥万仞

范指挥子英

潘旅长左

蒋旅长尚朴

传达法电报

总指挥潘文华

命　令　二十四年二月十九日　于宜宾总指挥部

一、综合情报，匪确已窜至古蔺东南小水乡、白沙乡、镇龙山、铁厂一带地区，有窜黔北模样。

滇军安旅已到麻线堡。

我潘旅今午可到古蔺。

二、拟联合中、滇、黔各友军会剿于赤水河以西一带地区。

三、郭指指挥袁(治)、潘、廖三旅，联合友军负围剿该匪之责。

四、陈指指挥袁(如骏)、达、刘三旅，防匪西窜，刘旅相机推进至王场、黄水河等地，袁旅推进至蔺坝、盐津附近，达旅仍驻建武。

五、范指挥率所部驻金鹫池策应，并防匪回窜。此令

郭指挥勋祺

陈指挥万仞

范指挥子英

传达法电报

总指挥潘文华

命　令　二十四年二月二十日午后二时
于宜宾总指挥部

一、匪一部约二三千人，在土城与黔军正激战中，其势似有由二郎滩窜据黔北之样。

二、郭指即率袁(治)、廖、潘三旅，轻装急追，寻匪主力而痛击之。

三、范指速取捷道兼程赴合江，刘旅速取捷道兼程赴江津，田旅速兼程赴赤水布防。

四、谢、顾两团归还建制，由魏司〔令〕率领兼程赴古蔺，达旅兼程赴叙永扼守。为防匪西窜，第一固定扼守线，但达旅仍受陈指指挥。

五、陈指暂驻高县，指挥蒋、袁两旅分扼横江、滩头、盐津、筠连各点。为防匪西窜，第二固定扼守线，至周大队仍受该指挥指挥，开驻江门待命。

六、梁团着星夜开回渝城，穆、章两部仍负雷屏责任，为第三线，此三线均应坚筑工事，作永久之用，不可惑于现状，稍涉忽略。但章旅应酌派小部队清剿屏宜界上股匪。

七、各部出发及遵办情形报查。此令

陈指挥万仞

郭指挥勋祺

范指挥子英

田旅长钟毅

章旅长安平

蒋旅长尚朴

穆司令肃中

魏司令楷

传达法电报

总指挥潘文华

命　令　二十四年二月二十一日午后一时
于宜宾总指挥部

一、综合情况，匪皓午陷土城，现在猿猴场筑工。又一部有到东皇殿消息，尾队似尚在赤河、古蔺界上一带。

二、兹特规划各该部担任屏雷第三固定防守线如次：

1．由宜宾县城至蛮夷司归章旅负责。

2．由蛮夷司至雷波归穆司负责，须以一团布防蛮夷司至柑子林之线，以一团驻防柑子林至雷波之线，其余一团同该司令即驻蛮夷司。

三、各部所任防线工事，务择对岸有通路之处绵密布署，坚固构筑，以期永久，并须修造必要之交通路为要。此令

章旅长安平

穆司令肃中

传达法电报

总指挥潘文华

命　令　二十四年二月二十六日午前十二时
于泸县总指挥部

一、匪于漾日先头到温水，有转向桐梓、遵义模样。

我郭指敬电称，匪为中、黔军所阻，必重回西窜。

二、兹为策后防万全计，周大队宜驻江门不动。

达旅守叙永站底之线。

魏司以一营守古蔺城，其余大部守站底经营盘山、摩泥至赤水河镇，以与毕节滇军连络，均须坚筑工事，以资固守。周司则游击土城、太平渡、二郎滩一带，作前进部队，以资掩护，并负责将船只须收集我岸。

三、魏、周两司着即受陈指指挥，遵令迅速布防为要。此令

陈指挥万仞

魏司令楷

周司令化成

传达法电报

总指挥潘文华

（二）军队调遣

二月一日

一、潘、达两旅向古蔺方面追击。

二、范指挥及顾别动队在镇龙山、洛用一带迎击。

三、章旅转移鄢家关截击。

二日

一、刘旅开桂花场布署。

二、范指挥率章、范两旅回援叙永。

三、达旅在江门截堵。

四、袁(如骏)旅及徐支队开古宋布防。

五、郭指挥率袁、潘、廖三旅向古蔺急进。

六、周大队驰援叙永。

三日

一、陈指挥率达、袁(如骏)两旅驰赴古宋、兴文、长宁地区截堵。

二、范指挥所部向双井、猫儿关进攻。

三、郭指挥率袁(治)、潘、廖三旅向双井、猫儿关急进。

四、章旅在叙永城南端地区截击。

五、刘旅取捷道向金鹅池前进。

四日

一、范指挥及章旅清剿鹤公营、广木山余匪。

二、达、袁(如骏)两旅兼程开赴高县防堵。

五日

一、范指挥及章旅续向南六县前进。

二、陈指挥率袁(如骏)、达、刘三旅及徐、谢两团为右追击队，向高县前进。

三、郭指挥率袁(治)、潘、廖三旅为左追击队，向珙、高前进。

四、蒋旅王团移横江一带。

七日

总指挥部上移宜宾。

八日

穆司令开屏山㮚夷司一带布防。

九日

一、陈指挥率达、袁(如骏)两旅分驻罗场、嘉乐场、高县城三点布防。

二、刘旅推进至筠连县防堵。

三、潘旅移驻长宁布防。

四、谢团(魏司〔令〕部)在兴文布防。

五、郭指挥率范、袁(治)、廖三旅跟踪追击。

六、章旅开安边待命。

十日

一、郭指挥率袁(如骏)、廖、刘三旅向滇境威信、牛街一带跟追。

二、陈指挥率达旅向屏山、横江前进。

三、穆司令向雷波、井底坝推进。

四、徐支队进驻筠连。

五、谢团开回宜宾待命。

十一日

一、袁(如骏)旅向盐津推进。

二、郭指挥率袁(治)、刘、廖三旅仍向滇境威信、牛街、盐津一带前进截剿。

十二日

一、范指挥指挥范、潘两旅在建武、大坝镇、分水岭等处布防。

二、章旅开屏山，在金沙江北岸布防。

三、穆司令在冒水孔至雷波一带布防。

十三日

一、袁(如骏)旅进驻筠连策应滇边。

二、蒋旅严防滩头、普耳渡一带。

十四日

一、郭指挥率袁(治)、廖两旅向黄泥咀、分水岭方面进剿。

二、刘旅向建武方面转进。

三、潘旅兼程回守叙永。

四、范指挥所部由金鹅池向两河口截击。

五、陈指挥率达旅向长宁、古宋转进。

六、蒋旅回防横江、安边一带。

七、章旅开柏树溪待命。

八、穆司回防屏山。

十五日

一、田旅在隆昌停止待命。

二、徐支队开驻洛表。

十六日

一、范指挥在大坝、金鹅池堵截。

二、潘旅在海坝、站底堵剿。

十七日

一、田旅开泸县待命。

二、潘旅由洛窝向猫儿关截剿。

三、刘旅开洛表防匪西窜。

四、达旅开建武截堵。

五、郭指挥由两河口向猫儿关方向追击。

六、廖旅由黄泥咀向后山堡方向追击。

十八日

一、潘旅由猫儿关向麻线堡方面压迫。

二、范指挥在金鹅池防堵。

十九日

一、郭指挥率袁(治)、潘、廖三旅向土城方面追击。

二、范指挥兼程开赴合江防堵。

三、达旅回驻叙永，刘旅回驻古宋，周大队开江门待命。

二十日

一、郭指挥率袁(治)、潘、廖三旅仍向土城方面穷追。

二、刘旅开赴江津，田旅开赴赤水布防。

三、魏司令兼程赴古宋布防。

四、陈指挥指挥蒋、袁(如骏)两旅分扼横江、滩头、筠连各点。

五、章旅仍在屏山，魏司令在雷波布防。

六、梁团(机关枪团)兼程回渝。

二十一日

一、章旅防守宜宾县至蛮夷司一带。

二、穆司令防守蛮夷司至雷波一带。

二十二日

一、郭指率袁(治)、潘、廖三旅向东皇殿追击。

二、达旅防守叙永、洛窝一带。

二十三日

范、田两旅兼程开渝。

二十四日

总指挥部移驻泸县。

二十六日

一、周大队仍驻江门。

二、达旅守叙永至站底之线。

三、魏司令以一营守古蔺城，大部守营盘山、摩泥之线。

四、周司令游击土城、太平渡、沙滩一带。

五、郭指挥所部以小部尾匪追击，大部即就吼滩、良村、大楠坝筑工扼守。

二十八日

一、郭指挥率袁(治)、潘、廖三旅向桐梓追击。

二、刘旅移驻江津待命。

（三）逐月匪情

二月一日

一、赤水、土城之匪，经我军击溃后，分两股逃窜，一由土城渡河向古蔺、洛用溃窜，经范旅截击后，即斜窜印盒山、石夹口，一股经石梅子、九洞沟方面溃窜，兵力较大，约万余人，因系由胡市、丙滩、旺龙场、复兴场溃退会合者。

二、匪先头已到山岔河、丙滩西窜马鹿坝。

二日

一、匪约三千余人，现围攻叙永城，正与周团激战中。

二、匪大股万余人，窜入老山老林后，似已化整为零，三千两千，由香楠坝及其以南地区分道突窜，企图窜入南六，另一部则在桂花场以北有由叙、宋上犯之样。

三日

一、攻叙永之匪被击溃后，大部已由两河口上窜，一部尚在叙城附近。

二、匪一股约数千人，在猫儿关、站底、双井、洛宾一带。

四日

一、匪大部已由金鸷池窜入大坝。

二、犯叙之匪，本晨由沙包树向三家坝窜去，继又退向两河口。

三、匪残部一二千人，尚散匿三岔河、鹤公营、广木山一带。

五日

一、匪大部急窜南六，其先头已达大坝、五村一带。

二、兴文属之三官店附近，约有匪二千余人。

六日

一、匪一部在五村附近，经我徐支队击溃后，已向兴文溃退。

二、匪大部已向建武、大坝方面窜走。

七日

一、匪有数百人已到洛表，其大部正向建武续进。

二、匪约三千余人，在天堂坝与我范旅陈团激战后，已向大坝移窜。

九日

匪大部似已由王场、长官司窜入滇境，另一股约数千人，在树坪、分水岭、炭厂一带。

十日

匪已全入滇境，先头已到牛街，后尾尚在黄水河附近。

十一日

匪经三岔河、黄水河向镇雄方面窜去。

十二日

匪现在镇雄、威信之间。

十三日

匪现在滇境东北隅之扎西及大湾子一带。

十四日

匪在扎西附近经滇军压迫，已由分水岭回窜叙、蔺，现已到视槽沟、树坪、海坝、营山、黄泥咀一带。

十五日

匪现在叙、蔺以南一带地区。

十六日

匪主力在长官司、罗布坳等地，一部在叙永以南站底、麻线堡一带。

十七日

一、海坝、祝槽沟、黄泥咀、分水岭等处之匪约五千人。

二、麻线堡附近之匪约千余人。

十八日

一、匪约四五千人，尚在黄泥咀、分水岭一带。

二、由营盘山窜逃之匪约二千人，经麻线堡、马蹄滩有南窜模样。

十九日

匪大部已到太平渡、二郎滩等处，先头约三四千人，已窜到土城，正与黔激战中。

二十日

匪大部已过赤水河，有由茅台东窜之样，其一部约二三千，现已至猿猴场附近。

二十一日

匪已到东皇场，有趋温水之势，其尾队似尚在赤水河、古蔺界上一带。

二十二日

一、匪窜东皇场，先头已到良村。

二、太平渡对岸尚有少数匪人。

二十三日

匪大部现在温水、良村、三木了附近，有东窜之势。

二十四日

一、匪由大坝、良村向吼滩急窜。

二、匪经温水者约三千余人。

二十五日

一、匪大部约万余已陷桐梓。

二、在图书坝被我郭指挥所部击溃之匪，已向官店方向窜去。

二十六日

匪已占据娄山关，其大部万余人，现由桐梓向西南方行进。

二十七日

一、匪大部已向遵义方向前进。

二、吼滩之匪数百被廖旅击溃后，已向空树方向退去。

二十八日

匪大部已向遵义、绥阳方面前进，另一部尚在大坝寺附近。

（四）剿匪战斗经过

二月二日，我章旅周团奉命防守叙永城，当以刘营附第一营之刘连及剿赤义勇第一大队防守东城，龚营附剿赤义勇第二大队固守西城，苏营（缺刘连）为预备队，位于西城上下桥附近。午前十时，赤匪约三千余人，由三岔河、洛窝两路来犯，即在东城外真武山一带与我前哨连接触，该团长即亲赴珍珠山指挥，并收容东城外之居民，约经四十余分之久，始悉数入城，乃令前哨连逐渐退回，并令守城部队各就指定地区进入阵地。此时真武山、营盘山大部赤匪居高临下，向我猛攻，我官兵则沉着应战，将匪击退。午后三时，匪数百人各持手枪、马刀直冲北门前方碉堡，一面用竹梯十余架蜂拥扑城，我官兵死力抗拒，势甚危急，乃将预备队张连加入，奋勇激战，卒将匪击退。匪一部由上游渡河，向西城南门坡、红梁子高地移动，傍晚即向我龚营进攻，该匪不顾牺牲，用木梯奋勇登城，前仆后继，我官兵极力抵抗，并增加预备队一连，各以刀矛、手榴弹等猛烈还击，匪势稍杀，仍退回红梁子，南门城之线各部即就原姿势彻夜。

同日，我刘旅在三岔河附近与约千余之匪接触，当以王团向匪进攻，激战二小时，匪被抄袭，伤亡约二百余，其势不支，分向叙永城、桂花场溃窜。

三日拂晓后，匪复以全力四面围攻叙城，官兵誓死抗战，匪终不逞。我苏营即乘势由下桥出击，与匪肉搏十余次，匪部伤亡甚大，乃将碉楼夺回。正午十二时，我援叙之章旅朱团到达叙永东北尖山子附近，即向红岩之匪进攻，同时章旅彭团由头塘协同警卫周大队展开于老龙岩、五角山向红梁子、龙头山之匪进攻，守城之周团亦令龚营由小西门出击，匪经夹击，受创颇重。激战至午后五时，围城之匪遂纷纷溃退。朱团即占领红岩，周团占领滥田坝，龚营即占领打枪坝阵地，匪即向沙包树、大坝方面逃窜。

同日午后一时，我范旅到达箭竹坪附近，得悉灯盏坪、洛窝一带有匪千余，另一股匪亦约千名，占据双井、猫儿关一带。当以第四团向灯盏坪、洛窝之匪攻击前进，第六团由左侧向双井、猫儿关之匪攻击前进。午后三时，第六团到达魏家山，匪约数百名向我攻击，激战一小时，匪不支，狼狈向猫儿关方面溃退，该团即占领双井。午后四时，第四团在灯盏坪附近与约百余名之匪接触，经我压迫，该匪稍行抵抗，即向洛窝本阵地引退，该团即占领灯盏坪。时已入暮，进展困难，当挑选部队准备夜袭。午后十一时三十分，我夜袭部队由侧道抄入匪后，同时我正面各部亦向前推进，甫经接触，该匪即纷向两河口方面窜走，当占领洛窝，遂以一部跟踪追击，大部集结该处附近。

五日晚，我徐支队行抵五村东端之石门坎，与约三四千人之匪遭遇，因昏黑莫辨，不便进攻，当就现地停止，严密戒备。

六日拂晓后，我徐支队即向当面之匪进攻，匪以大部向我猛冲，激战数小时，匪我伤亡均重，我官兵仍奋勇攻击，该匪则顽强抵抗，我刘旅及周大队亦于是日晨达到五村附近，当即加入向匪夹击，匪经我各部围攻，伤亡甚大，遂不能支，即向兴文方向溃窜。

同日午前九时，我范旅第六团前卫先头行抵天堂坝，因山峙林密，搜索困难，被匪数百名向我侧面攻击，该团长当令一、三两营就现地展开，猛烈向匪射击，并督率冲锋，匪因地形良好，顽强抵抗，继经我一、三两营奋勇攻击前进，我预备队又迂回攻击。

匪势不支，即向长宁方向退走。殊甫经击退，突增匪约千余名，向我阵地猛扑，反复冲锋十余次，官兵伤亡甚大，该团因孤立无援，终以寡不敌众，受匪包围，遂转占四堰坪阵地。是时我廖旅龚团前卫已达杉木岭前方，当向匪压迫，殊匪大部乘该团转移之际，即以向大坝方面急窜，只掩护部队在该地支拒，当被击退，我龚团遂将天堂坝占领。

七日午前九时，范旅第五团行抵任湾，与匪后队接触，该匪即向我正面猛烈冲突，经我官兵奋勇攻击，激战约半小时，该旅后续部队亦均到达，当即占领阵地，猛烈进攻，匪乃不支，纷向云南长官司大山方面溃窜。

同日，我刘旅追击至周家沟，将匪击溃，俘虏数十名，获枪数十支。

二十二日，我潘旅追击至太平渡附近，与匪之后卫接触，我官兵奋勇攻击前进，激战数小时，匪伤亡百余名，争渡拥断浮桥，溺毙者无数，并俘虏二百余名，夺获步枪二百余支，匪即退过对岸，与我隔河相峙。

二十五日，我郭指挥所部袁(治)旅追击至图书坝、良村一带，当与匪伪五军团接触，激战一时许，夺获步枪十余支，俘虏二十余名，匪即向官店方向逃窜。

二十六日，我廖旅追击至吼滩，当与匪接触，该旅龚团遂奋勇攻击，匪不支，向双龙场、大坝寺方面溃窜，当夺获机关枪一挺，步枪十七支，女宣传员七名，工兵连长一名。

(五) 剿匪宣传 〔略〕

(六) 封锁设施 〔略〕

(七) 碉堡设施 〔略〕

(八) 部队检阅及士兵训练补充概况 〔略〕

(九) 各种通信及交通概况 〔略〕

(十) 卫生设施及治疗概况 〔略〕

（十一）水陆运输及兵站概况〔略〕

（3）二十四年三月份“剿匪工作军事报告书”

（一）作战命令

命　令 廿四年三月一日午前十一时 于泸县总指挥部

一、综合情报，赤匪似欲东窜，有与肖、贺合股之企图。

我达旅已在营盘山、站底、猫儿关、灯盏坪之线布防，周大队亦在三岔河一带布防。

二、贵司令率兵两连驻古蔺城镇摄。

谢团不必分割建制，即在黑泥哨、摩泥、风水桥、关脚、赤水河镇之线布防。

顾团以一营驻洛用，一营驻太平渡布防。

三、仰即遵照此令。

魏司令楷

传达法电报

总指挥潘文华

命　令 廿四年三月二日午前十二时 于泸县总指挥部

一、赤匪大部现在遵义附近，与中央军韩、唐两师交战中，其一部已到绥阳、蒲老场与黔军蒋部接触。

二、贵指挥所部担任江门、叙永、站底、赤水河镇一带工事，应加工赶筑，限日完成。

三、周司令负责将土城至二郎滩一带船只尽行搜集我岸，择要扼守。

四、仰即分别照办为要。此令

陈指挥万仞

传达法电报

总指挥潘文华

命　令　廿四年三月二日午前十二时
于泸县总指挥部

一、同前。

二、贵指挥率所部三旅有歼匪于乌江西岸及掩护綦、南、涪之目的，应即推进于桐梓、正安间，与中央军连络，相机进攻为要。此令

郭指挥勋祺

传达法电报

总指挥潘文华

命　令　廿四年三月十三日午前十二时
于泸县总指挥部

一、匪主力已过香枫坝以西，似有经打草坝、具马口渡赤水河西窜模样。

我中央军吴纵队以主力星夜向鸭西追击，周纵队即行出击与追剿，滇军孙纵队寻匪堵剿与截击，黔军王纵队即严行堵剿。

二、郭指挥率部攻下遵城后，即暂行停止，扼要待命。

三、叙、蔺、宜、屏、雷波各防守部队，务即加紧工作，并扼要筑碉，以期巩固为要。此令

郭指挥勋祺

陈指挥万仞

章旅长安平

蒋旅长尚朴

穆司令肃中

传达法电报

总指挥潘文华

命　令　廿四年三月十六日
于泸县总指挥部

一、据报匪陷仁怀，旋即放弃，有由毛坝向瓢儿井西窜模样。

二、贵指挥务速详侦匪情，匪如尚在仁怀，即绕到土城、仁怀大道，以赤水为后方，右与陈指挥连络，向匪进攻，如匪确已放弃仁怀，则取道坛厂，由石板滩等处入川境，与陈指〔挥〕连合准备西进，屏蔽南六县为要。此令

郭指挥勋祺

传达法电报

总指挥潘文华

命　令　廿四年三月廿一日
于泸县总指挥部

一、据确报匪徒涉过赤水东岸者仅数千人，其大部尚在太平渡、二郎滩等处觅材筑筏中。

二、除已令刘旅及周大队即日向天池移动，魏司令调赴桂花场，周司令暂驻古蔺外，田旅到合江，张旅到江津。

三、陈指挥所部仍守原防，与滇军联络制匪西窜。

四、贵指挥着斟酌当面情况，向太平渡、二郎滩乘匪半渡击之为要。此令

郭指挥勋祺

传达法电报

总指挥潘文华

命　令　廿四年三月廿六日午前十二时
于泸县总指挥部

一、匪在二郎坝合股后，大部向李子关窜去，一部由大坝向高大坪窜去，刻似在遵、桐、仁三角地区内。

二、郭指挥即在土城，廖旅防守沙滩至蚂蚁沟之线，潘旅防守蚂蚁沟至东皇场之线，袁旅在漏风椏。

魏司令布防沙滩至羊子林（不含）之线，周司令布防羊子林（含）至茅台之线，均须构筑碉堡工事为要。此令

郭指挥勋祺

传达法电报

总指挥潘文华

（二）军队调遣

三月一日

一、郭指挥率袁、潘、廖三旅向桐梓方面追击。

二、魏司令驻古蔺城镇摄。

三、周大队暂驻江门待命。

二日

一、郭指挥率部迅向桐梓、正安间推进。

二、周司令开赴土城、二郎滩一带择要扼守。

三日

一、郭指挥所部集结桐梓待命。

二、袁(如骏)旅速开叙永策应。

五日

一、郭指挥所部向娄山关进攻。

二、张旅速开桐梓，限佳日以前到达。

三、刘旅速开新店、石牛栏附近，限灰日以前到达。

四、田旅开赴南川待命，限日以前到达。

六日

袁(如骏)旅即在叙永一带布防，加紧作工。

七日

一、郭指挥率部相机向遵义进击。

二、张、刘两旅就现地停止待命。

九日

一、郭指挥率所部三旅向遵义城进攻。

二、陈指挥着调周司令防守水田寨，顾团扼守马蹄滩。

十日

一、郭指挥所部速向遵义进攻。

二、陈指挥所部周司、顾团暂守原防不动。

十一日

一、刘旅开回江津待命。

二、张旅开回渝、綦间龙岗场待命。

十三日

一、郭指挥所部暂在遵城附近扼要待命。

二、陈指挥所部袁(如骏)、达两旅加紧布署营盘山、站底亘赤水河镇之线。

三、魏司令部黄团开赴古蔺归还建制。

十四日

一、郭指挥所部集结遵义待命。

二、魏司令所部顾团速开鄢家渡布防。

三、刘旅开赴江门，限筱日以前到达。

十五日

一、郭指挥率所部向两河口追击前进。

二、刘旅开富家坳待命。

十六日

一、郭指挥所部速转移土城、仁怀大道上。

二、章旅朱团速赴长宁清剿土共，余两团在柏树溪、安边集结待命。

十七日

一、郭指挥所部向仁怀进攻。

二、刘旅开赴天池镇策应。

三、章旅朱团即在安边停止待命。

十八日

一、郭指挥率所部向茅台推进。

二、陈指挥所部达、袁(如骏)两旅坚守叙永、站底、赤水河镇之线。

魏、周两司集结于镇龙山、古蔺附近。

周大部驰赴三岔河待命。

二十日

一、郭指挥率所部速开古蔺追攻前进。

二、魏、周两司着集结三岔河兼顾桂花场。

二十一日

郭指挥所部向叙、蔺以南地区压迫。

二十二日

一、郭指挥所部向太平渡、二郎滩等地进击。

二、陈指挥所部袁(如骏)旅推进至得要关，达旅推进至麻线堡，刘旅推进至摩泥，准备围击。

三、周大队开天池待命。

四、魏司令开赴桂花场，周司令暂驻古蔺待命。

五、田旅到合江，张旅到江津防守。

二十三日

一、刘旅暨周大队开赤水、富家坳截堵。

二、张旅到温水，田旅到松坎防堵。

三、郭指挥率袁(治)、潘、廖三旅为追剿部队。

四、陈指挥率袁(如骏)、达两旅暨魏、周两司为防守部队。

二十四日

一、郭指挥率所部跟踪追击。

二、陈指挥派队防守太平渡、二郎滩一带。

二十五日

一、陈指挥所部仍守江叙防线。

二、章旅暨穆司令仍防守屏雷之线。

二十六日

一、郭指挥所部着在沙滩以下至土城及东皇场等地集结布防。

二、张旅暂扼守温水待命。

二十七日

一、潘旅扼守兴隆场，廖旅扼守蚂蚁沟，袁(治)旅扼守土城。

二、魏司令推进沙滩，周司令推进三合树，刘旅则推进太平渡、二郎滩，均筑碉防守。

二十八日

田旅推进至九埧，张旅推进至何村，筑工扼守。

二十九日

一、田旅推进至九埧、天池寺、兴隆场之线。

二、张旅以一部守何村，大部推进至周市坝、花秋坝。

三、郭指挥所部，以一旅在二里村附近扼守，以两旅推进至花秋坝、大坝之线。

三十日

一、郭指挥率所部袁(治)、潘、廖三旅兼程向鸭西前进。

二、田旅开东皇场，张旅开土城布防。

（三）逐月匪情

三月一日

匪之主力似有由湄绥东渡乌江进联肖、贺之样，其一部尚在石牛栏附近。

二日

匪大部在遵义附近被我中央军围攻中，其一部已窜到绥阳、蒲老场与黔军蒋部接触。

四日

匪大部尚在遵义附近，其娄山关之匪，已向板桥退却。

五日

匪大部万余人，已由遵义到鸭溪附近，其一部尚在娄山关前方黑神庙、板桥一带。

七日

一、匪大部在鸭溪场、白蜡坎一带地区，遵义城仅有少数匪人。

二、板桥之匪已移窜混子场。

九日

匪仍在遵义、鸭溪、枫香坝、白腊坎等处地区。

十日

一、匪主力仍在遵义附近，鸭溪之匪二千余人，已向遵义回窜。

二、板桥之匪二千余人，现退据观音阁附近。

十一日

一、遵义退出之匪，大部已到鸭溪，小部在中筏铺、黄泥、水马坎等处。

二、匪约二千余人，由白腊坎向长干山西进。

十二日

匪主力已过枫香坝以西，其后尾尚在长干山附近。

十三日

匪在打草坝、具马石、两河口、毛坝场等处地区。

十四日

匪大部已到仁怀、坛厂、茅台等处。

十五日

匪尚在仁怀、茅台附近。

十六日

匪似放弃仁怀，有由毛坝向瓢儿井西窜模样。

十七日

匪约万余人，由茅台、草堂溪渡河西窜，茅台附近尚有少数匪人，另一股则已到二合树附近。

十八日

一、匪大部在两河口、石宝寨、铁厂等处，其一小股已窜到镇龙山附近。

二、匪一部尚在茅台对岸警戒。

十九日

一、匪大部似已由川滇边境西窜，其一部仍在赤水河西岸与潘旅相持。

二、镇龙山之匪，已窜到古蔺。

二十日

一、匪主力由铁厂到坝乂，有向回龙场、马蹄滩南窜模样。

二、匪一部在草纸坝附近。

二十一日

一、匪主力已由黄华溪、石夹口、走马坝向太平渡窜去。

二、匪一部约数千人，已由淋滩、太平渡、二郎滩过河，先头距土城甚近。

二十二日

一、匪大部仍在太平渡、二郎滩、淋滩一带，其先头已到东皇场附近。

二、匪一部经兴隆场向风村坝方面前进。

二十三日

匪主力在火石岗、临江庄、蚂蚁沟等处,其先头已到仁怀,有回窜遵、桐之样。

二十四日

匪大部由兴隆场、二郎坝向桐、遵急窜，其先头已到娄山关附近。

二十五日

匪大部向李子关窜去，一部由大坝向高大坪窜去，另一股则已到松、桐间新站附近。

二十六日

一、匪大部现在茅台、马桑坳、李子关地区，其小部在四柱站、娄山关等处。

二、匪一部由官店、何村向桐梓窜去。

二十七日

匪主力在长干山附近，其一部在高大坪、芝麻坪等处。

二十八日

匪大部纷向花田、白腊坎、枫香坝中间地区南窜，先头已到沙土，其一部经由鸭溪场西方之四牙坝南窜。

二十九日

匪已窜过鸭溪以南，现在沙土、安底一带。

三十日

匪先头已渡过乌江，其大部尚在沙土、安底一带。

三十一日

匪全部已渡过乌江，其大部尚在沙土、安底一带。

（四）剿匪战斗经过

三月一日午前六时，我廖旅由官店向何村高地拒守之匪攻击前进，匪不支，节节败退，当于正午占领何村，复跟踪追击，于午后五时占领九坝，该匪即向桐梓方面退去，当令龚团向匪尾追。

九日午后二时，我廖旅奉命由娄山关向板桥、凉风坳之匪攻击前进。匪之警戒队二千余人，经我压迫即退至板桥前方观音阁高山顽强抵抗，迄至入暮，现仍然与我王团相持。

十日晨，我廖旅继续向当面之匪攻击前进，该匪即沿遵义大道上节节抵抗，至午后三时，匪即退守陶家山、老板桥一带据险抵抗，激战至晚。

十一日晨，我廖旅仍向当面之匪进攻，激战约半小时，匪遂不支，分两路溃退，一向遵义，一向海龙坝方向窜去。当即跟踪追击前进，于午后三时始将遵义城完全克复，匪即向鸭溪方面窜逃，当就附城扼要筑工警戒。是役，夺获匪之小钢炮一门。

十七日，我潘旅奉命向坛厂追击前进，当与匪之尾队接触，我前卫遂奋勇攻击前进，该匪稍行抵抗，即向仁怀方面逃窜。当俘匪二十余名，夺获步枪十余支。

十九日，我魏司谢团(缺一营)防守镇龙山至傅家乡之线，于午后二时，匪约四五千人向我阵地猛攻，激战约三小时，匪大部已将我后方抄断，该团因受匪包围，友军亦失连系，乃向匪右翼奋勇攻击，肉搏数次，始得突围，退守得要关阵地。

二十日拂晓，我廖旅龚团，由茅台强渡过河后，即在草纸坝与匪接触，激战约数小时，适潘旅陈团赶到，当即加入，该匪遂不能支，纷向古蔺方向溃退。

（五）剿匪宣传 〔略〕

（六）封锁设施 〔略〕

（七）碉堡设施 〔略〕

（八）部队检阅及士兵训练补充概况 〔略〕

（九）各种通信及交通概况 〔略〕

（十）卫生设施及治疗概况 〔略〕

（十一）各种运输及兵站概况 〔略〕

〔编者注〕原件标题为“四川南岸剿匪军总指挥部廿四年三月份剿匪工作军事报告书”，文件各节标题，选用时未改动。

〔国民党军事机关档案〕

13. 国民党川军第二十一军关于援黔阻击红军长征军事报告书

（1935年1月1日—3月31日）

第二十一军边防第二路二十四年一至三月剿匪军事工作报告书

作战命令

二十四年一月一日午后二时于津考棚路司令部

一、本路奉军长刘敬电援黔，受援黔指挥官廖泽指挥。等因。共匪在镇远附近兵力及其企图未明。我黔中友军犹国才部约三团，现集结安顺；侯之担部约三团，现驻瓮安、余庆，分驻乌江北岸；蒋丕绪部似在沿河德安；桂军约三师，正向窜入黔中之匪追击中。我第三国〔团〕正向黔边德隆场前进，掩护主力在南川万盛场集中；我第一团，已进至南川万盛场。

二、本路有进占黔北，助守乌江之任务。

三、第二团（缺四连）另派一连，受路司令部指挥。于三日午前六时，由现在地经高开铺，在荆紫寺午膳，到达五岔附近及贾嗣桥前端宿营。

四、手枪队、路司令部、大行李、弹药运输队、卫生队（行军序列同），于三日午前八时，由此地出发，沿第二团行进，在白漩子附近午膳，到达贾嗣桥宿营。

五、行进时，予在路司令部先头。

下令

第二团

副官处

手枪队

卫生队

24年1月7日于南川万盛场

一、共匪之一部，已将遵义攻陷。其余情况未明。

侯之担部正扼守板桥。

蒋丕绪部在正安附近。

模范师三旅，正向松坎前进中。

二、本路已于虞日集中完毕，有集结兵力，向正安扼险布防之任务。

三、第三团仍就水巷箐之线，配备数线阵地，构筑强固工事及交通设备。并须择前进阵地及警戒阵地，多设伪工事、伪阵地，限两日完成之。并须与正安之蒋丕绪部，时取联络。

四、第二团于明（八号）晨六时三十分早膳，七时由岭坝出发，携带冷食，在途中午膳，到达小河坝宿营。

五、第一团于明（八号）晨六时三十分早膳，七时由此地出发，到达领坝午膳，就该地前后两端宿营。

六、手枪队、路司令部、大行李弹药运输队、卫生队（同行军序列），于午前七时早膳，八时出发，到领坝午膳，就该场宿营。

七、各团自行准备粮秣。每兵携带食米一升以上为度，每日给养，仍就地购买。

八、行进时，余在路司令部先头。

24年1月9日于南川小河坝路司令部

一、攻陷遵义之匪，尚在板桥附近与侯部对峙，正安附近无匪踪。

二、本路拟向正安推进。

三、第三团于明（十日）晨六时早膳，三十分由德隆场出发，携带冷食，经河溪场途中午膳，新州宿营，向正安方向扼要警戒。

四、第二团（缺一连）另派一连，归司令部指挥，于明（十日）晨六时早膳，六时三十分出发，携带冷食，途中午膳，到德隆场宿营待命。其前方约十里水巷箐之线，由该团补修工事。

五、第一团于明（十日）晨六时早膳，六时三十分出发，携带冷食，途中午膳，经箐岭，到小河坝宿营待命。

六、依手枪队、路司令部、大行李之次序，于明（十日）晨七时出发，到达德隆场宿营。

七、行进时，余在路司令部先头。

作战命令

24年2月11日于屏山路司令部

一、匪之主力，刻在中街附近，其企图未明。

二、该团（附枪炮各一排）于十二日，由现驻地出发，经激发坝，滩眼头，在平夷司宿营。十三日续进到秉彝司，宿营待命。

三、到秉彝后，须向绥江方向配备警戒，择要筑工。

四、前方情形，须多派侦探侦察，随时具报。

五、除分令机炮连长遵照外，仰即遵照。

上令

第三团团长曾懋威

24年2月12日于屏山路司令部

一、兵力未详之匪，似在云南境内之威信、牛街一带，其窜扰方向及企图未明。

二、本路有担任金沙江上游雷波、黄螂之线，以主力防堵井底之任务。

三、第三团附机炮各一排为前卫，于十四日由秉彝司出发，经黄螂、雷波，限四日到达井底我沿岸扼要构筑强固工事，向井底严密警戒。敌袭时，尽量抵御待援。

四、第二团附机炮各一排，于十三日由屏山出发，经平夷司，秉彝，沿前卫行进，限五日到达黄螂司待命。向敌方警戒，与井底我岸之第三团联络。

五、予于十四日，率其余部队，由屏山出发，经秉彝、黄螂，预定五日内，进驻雷波。

24年2月15日

一、共匪大部，在镇雄、永宁边境，似有窜盐津模样。

二、本路奉命就原地停止待命。

三、第三团就骨水孔停止待命。

四、第二团就秉彝停止待命。

五、第一团、手枪队、路司令部、机炮连、大行李、卫生队，就平夷司停止待命。

六、予在平夷路司令部。

军队调遣

24年1月24日于南川德隆场

一、共匪大部，确向赤水、仁怀方向溃窜。松坎、桐梓一带，已无匪踪。廖指挥所部，在松坎石壕附近。

二、本路有协同廖部进击之任务，拟在松坎集中。

三、第一团为前卫，于明（二十五日）晨由小河坝出发，经司溪口到达水坝塘宿营。二十六（日）至木瓜庙宿营，二十七（日）至松坎宿营待命。

四、第三团于二十五日，由新州出发，经下坝至芭蕉坝宿营。二十六日经水坝塘，至羊不附近宿营，二十七日至木瓜庙前方向约二三十里之附近村落宿营，二十八日，至松坎宿营待命。

五、第二团于二十五日，由德隆场出发，经小河坝至司溪口宿营。二十六日至湾塘宿营，二十七日至木瓜庙宿营，二十八日至松坎宿营待命。

六、机炮连、手枪队、路司令部，于二十五日由德隆场出发，至小河坝宿营，二十六日至水坝塘宿营，二十七日至木瓜庙宿营，二十八日至松坎宿营。

七、各部队携带两日粮秣。每日出发时间，通常订六时三十分，并携带冷食午膳。

八、行进时，余在路司令部先头。停止时，在路司令部。

1月26日于桐梓水坝塘路司令部

一、共匪大部，确已西窜，其先头渡过二郎滩，正向古蔺窜扰中，赤水、习水间，有匪之小部窜扰。

我廖部已到温水前端及其附近。

二、本部遵照军长电令：以勇往迈进追击之目的，继续向温水前进。

三、赵团为前卫，于二十八日由松坎出发，经石壕向温水戒备前进，与前方之廖部联络，即在石壕附近宿营。二十九日继续向温水前进，到达该地，停止待命。该团行进、停止，对左侧均须警戒，有无情况，按日报查。

四、其余为本队。兹区分各部队行进日期，及宿营地点如下：

1．曾团于二十八日到达松坎后，继续沿前卫行进，跟进到石壕后端约二十里前后，自行选择道路附近村落宿营。二十九日，仍沿前沿跟进，距温水一二十里之道路附近，宿营待命。

2．杨团、路司令部、机炮连、卫生队，于二十九日，由松坎出发，到达石壕宿营。

五、各部队自行携带两日粮食。行军时携带冷食午膳。

六、行进时，余在路司令部。停止时，在路司令部。

1月29日于南川石壕路司令部

一、顷奉军长电令开：穆部取捷径，径津、合赴泸州，受潘文华指挥。

二、本日于（三十）日，由温水、石壕，改道经东胜场、龙洞，向目的地前进，兹区分各部队出发时间，及行军次序、宿营地点如下：

1．杨团于（三十）晨六时三十分，由石壕出发，到达柘坝前端十余里之道路附近村落宿营。

2．曾团于（三十）晨七时，由现驻地出发，到达柘坝后端及其附近村落宿营。

3．赵团于（三十）晨八时，由温水出发，到达大坡及其附近宿营。

4．手枪队、路司令部、机炮连、大行李、卫生队（同行军序列），于（三十）晨七时三十分由石壕出发，在柘坝后端约三十里之道路附近村落午膳，到达柘坝宿营。

三、行进时，余在路司令部先头。

军队调遣

24年1月31日于江津路司令部

一、本路于（一）日，仍继续向泸州前进。兹区分各部行进日期、宿营地点如下：

1．第一团于明（一）日，由傅家湾出发，经牛渡河、龙门场，到李市坝及其后端宿营。二日，继续前进，经白沙到稿子坝宿营。三日，经王场、合江，到茶稷林、文桥一带宿营。四日，到弥陀场宿营。五日，到蓝田坝宿营待命。

2．第三团于一日，由柏林出发，经太平埂到龙门场宿营。二日，到狮头河宿营。三日，到合江宿营。四日，到弥陀岩后端宿营。五日，到沙湾宿营待命。

3．赵团于一日，由金银石出发，到达牛渡河一带宿营。二日，到白沙宿营。三日，到王场宿营。四日，到大桥宿营。五日，到太安场宿营待命。

4．机炮连、手枪队、路司令部、大行李弹药队、卫生队（同行军序列），于一日由柏林场出发，鲁家桥午膳，蔡家岗宿营。二日，李市坝午膳，白沙宿营。三日，稿子坝午膳，王场宿营。四日，合江宿营。五日，新场午膳，弥陀场宿营。六日，大安场午膳，泸州城内宿营。

二、各团按日到达宿营地，架设电话，午膳地自酌之。

三、行进时，予在路司令部先头。

2月5日于泸州路司令部

一、匪之主力，似已由麻你堡、站底、洛窝、猫儿关附近，经两河口、大坝镇、建武、白高珙或横江溃窜中。军之右追击队陈指挥袁、达、刘三旅及徐、谢两团，沿宋兴、长珙大道，向高县追击中。

军之右追击队，郭指所部潘旅及颜团，沿两河口、大坝镇，向珙、高或横江追击中。

二、本路奉令兼程开宜宾待命。

三、兹区分各部队行进日期（行军序列同）、宿营地如下：

1．第二团于六日，由现驻出发，经况场、马岭，至水青铺及前端一带之道路附近村落宿营。七日，至李庄宿营。八日，到叙府宿营待命。

2．机炮连、手队枪、路司令部、大行李、卫生队，于六日，由泸州到南井宿营。七日，至罗龙场宿营。八日，至叙府城宿营待命。

3．第三团于六日，由蓝田坝出发，渡河经况场到南井宿营。七日，到南溪宿营。八日，到叙府宿营待命。

4．第一团于六日，待第三团渡河后，由蓝天坝出发，距第三团二千米达跟进，到南井宿营。七日，到南溪宿营。八日，到叙府宿营待命。

四、各部队按日指定地宿营。出发时间，通常订为午前六时。宿营时，架设电话。

五、行进时，余在路司令部先头。

2月8日于叙府文庙路司令部

一、共匪窜洛表附近。有经屏山，秉彝窜马边之样。

二、本路奉命，有驰赴屏山，秉彝、大螂司，防堵金河沿岸之任务。

三、第二团于九日，由叙府出发，经柏树溪到达安边宿营。十日，经罗东到屏山宿营待命。

四、第三团于九日，由叙府出发，经柏树溪至豆坝宿营。十日，经罗东至东元溪宿营。十一日，到屏山宿营待命。

五、第一团于九日，由叙府出发，经柏树溪及前端附近村落宿营。十日，经安边、罗东宿营。十一日，到屏山待命。

六、机炮连、手枪队、路司令部、弹药队、卫生队，九日，由叙府出发，柏树溪宿营。十日，经安边，罗东宿营。十一日，经福元溪到屏山宿营。

七、行进时，余在路司令部先头。

军队调遣

24年3月26日

一、奉总指挥潘电令开：该司负责清剿宜、犍、屏一带股匪。

等因。

二、第一团即日由雷波移动，团部率两营驻彝平夷司、秉一带；派出一营进驻中都。

三、第二团派兵一营，驻龙华寺，保持屏、沐交通；其余结集屏山城附近。

四、第三团由石角营移驻福源溪、罗东一带，与蒋旅联络，协剿陈匪。

五、各团派出之营，受司令部直接指挥。其余就驻地实施训练。仍将遵办情形报查。

六、路司令部、卫生队、大行李，于八日移驻屏山城。

七、余于八日率第三团之一营、机炮手各连，由石角营经中都，赴沐川指挥军团，清剿股匪。此令！

逐月匪情

24年1月1日

兵力不详之赣匪，刻在乌江之孙家渡、梅家渡强渡。

1月3日

奉军长支未电：据侯之担江未电称：匪于江日渡过乌江四五千，到达余庆司。

奉军长敬电：匪情数量不详之赣匪残部，自黔西、黎平、锦屏北犯。铣日，由剑河之南嘉堡，全部渡过清江。于巧夜向镇远南方六十五里之施洞口前进，有寻肖、贺故道者犯西、秀，进联徐、张、肖、贺模样。但是否西窜贵阳，或进渡乌江，其方向未明。

1月5日

黔匪正向湄潭、遵义前进中。

1月7日

匪之一部，已于本日陷遵义。

1月9日

瓮安、黄坪已失陷，匪到达遵义约三千，到湄潭约五六千。今夜已到桐属之板桥，永兴均已失陷。

1月11日

匪军于二日渡过乌江，全数约八万之众。湄潭、遵义、桐梓，先后失守。

1月12日

奉军长蒸午电：敌情判断：有枪两万，人三万余之赤匪残部，自冬日大部渡过乌江北岸，陷湄潭，阳陷遵义，齐攻桐梓，娄山关受挫。有以一部牵制我松坎之师，主力转袭赤水、古蔺，窜扰川南模样。同时，北道徐匪主力，自宣、绥方面左北山场沿山场、滩河一带，与朱毛南北呼应，西窜企图。又探报称：匪军主力，现集中遵义、桐梓、湄潭、永兴一带。匪军长林彪现在湄潭，正在遵义、湄潭二处，集中粮秣。

1月13日

匪之一部，已于十二日占领新站。傍晚时，复被我模范师三旅夺回。

1月15日

共匪一部，已于十四日晚，到达松坎千余人。

遵义城设立红军总机关，主任为毛氏。附城筑有工事备战。城内约有共匪三团，系伪军长李师所部。其余部队，概驻乡下。娄山关于十二日增加匪三团，向桐梓方向前进。风岗于十一日为匪占领。

1月16日

赤匪十四日占据后，派游击队四五十人到望草，其大部正推进中，有进取正安之势。

1月17日

匪之一部，已抄过新占〔站〕，与廖部激战中，大部向仁怀方向进展。湄潭方面红军已向遵义移动。

1月19日

赤匪主力，现在桐梓、松坎一带。遵义约有匪三团余，机关枪三四十挺。

1月20日

黔军犹国才部，于十九晨进占遵义。匪向仁怀、桐梓溃窜中。

1月23日

匪之主力在观音场，并分一部进占温水。

1月25日

匪以一部攻九盘子，以一部经石壕抄袭九盘子后方，其主力向赤水推进。

1月28日

奉潘总敬日转甫帅漾电如下：

"衔略。据确息：匪众不过三万，大都人疲足滥，以乌江正面老君关之天险，黔军六团。竟渡河而占遵义，其力已可想见。刻该匪正分向赤水方面西窜，昨已电郭、潘、唐、穆、范、章、徐各部，或分侧击或猛力跟追。在此极望大胆进攻，务将该匪残〔歼〕灭于大江南岸。一雪川军前仳之耻，与建剿匪不世之殊勋，本总司令有厚望焉。机不可失，望共努力。赏罚俱在，幸各勉之。仰将匪情迅速具报。等因。务望激励士气，用符上峰殷望，华亦与有荣。

逐月匪情

24年2月5日

据各方电讯情况综合如下：

匪之主力，似已由麻线堡、站底、洛窝、猫儿关附近，经两河口、大坝镇、建武，向高珙及横江溃窜。

2月12日

赤匪由五府退到建武，即分两路到周家沟。于八日，经我军周大队长击退，以大部进驻洛表。

2月14日

赤匪一股，由长宁窜至高县所属之罗星渡；一股由洛表窜至筠连县属之大巡检司；一股窜扎西。

2月15日

接总指挥部参谋处寒电开：本日情况统密。叙永先县长元申电转据箭竹坪镇长电话：本日灯盏山突来共匪二三千人，砚漕沟亦发展共匪，人民纷逃。刻正攻犯刘姓大洞。郭指元辰电称：窃镇雄之匪，因滇军援，回窜大湾子、坌土司塞。一部已到扎西，有窜叙、永模样。等语。特达。总指参寒印。

又侦探由盐津回部报称：共匪大部，窜入威信、镇雄之间，有图高坝，窜盐津、绥、江渡河之势。

2月20日

共匪窜洛表后，又窜王场，于十日与滇军在途中遭遇。受创后，即由两路口退入黔边。

又匪之一部，已窜入古蔺。

2月28日

赤匪伙土匪流氓将及二万人，某大部已到温水、良村、三木垭一带。温水约人枪三千，余残部尚在东皇殿。

又接总指挥部参谋处感电如下：

娄山关已被匪占。该匪万余人，刻向桐梓西南方行进。

逐月匪情

24年3月1日

匪之一股，窜到大坝一带，似有回窜贵阳企图。

3月2日

匪约万余人，尚在桐梓、娄山关。又讵〔距〕温水四十里之地，亦有匪三千人。

3月9日

总指挥部参谋处虞电称：遵义之匪万余人，已到鸭溪场。遵城及娄山关、板桥一带，仅有少数匪部。

3月13日

接总指挥部参谋处文电：匪部仍在遵义、鸭溪、白腊坎、枫香坝、板桥一带。

3月16日

接总指挥寒：

匪主力已过枫香坝,到打草坝、贝马口,似有渡赤水河西窜之样。

3月17日

匪大部已到仁怀、坛厂、茅台等处。

3月19日

共匪万余，已渡过赤水河，达两河口，分向石宝寨前进。

3月22日

匪于皓日陷日古蔺城。其大部在镇龙山一带。

3月23日

匪退出古蔺后，由走马坝向太平渡窜去。刻正在太平渡，二郎滩等处渡河，已过七八千人。

3月24日

匪先头部队，已到东皇殿、良村至沙滩等处。

3月26日

匪先头已到娄山关、马蚁沟。

3月30日

匪在娄山关、李子关、官店、何村、马桑场、大坝。

〔国民党政府军事机关档案〕

14. 国民党军第一路军总司令部关于追堵红军长征军事报告书

(1935年2月26日—3月31日)

剿匪军第一路军总司令部二十四年二月宥日以后至三月底止

剿匪工作报告

前奉委员长蒋二月巧电令：何键为剿匪军第一路总司令，刘建绪为第一路军前敌总指挥，陶广、李云杰、李韫珩、李觉为第一至第四纵队司令官。原追剿军战斗序列着一律撤销。等因。遵于二月宥日，分别在常德、桃源、沅陵、麻阳、镇远就职，追剿军战斗序列同时撤销。所有二月宥日以前本路军剿匪经过概况，业经汇报在案。兹将第一路军二十四年二月宥日以后至三月底，剿匪经过概况，继续分别汇报如下：

一、作战命令

二月宥辰电令：刘总指挥建绪、陶司令广、李司令云杰、李司令韫珩、李司令觉：

(一)贺萧股匪，仍出没于溪口、大庸、四都坪、大窝坪一带，连日以来，其大部进犯溪口、大浒未逞，复向大庸回窜。又据报：朱毛残部万余，回窜黔北赤水、土城、东皇殿等处，似有与贺肖会合之企图。(二)刻我徐总司令所部之第三纵队陈耀汉部，已集中新安、石门一带，正准备经过津铺、江垭，向桑植、龙山进剿。第四纵队郭汝栋部，已集中慈利岩泊渡、溪口一带，并准备沿澧水向大庸进剿。其第一、二两纵队，正陆续集中湘、鄂边境，准备向施南、来凤、咸丰、黔江等处，搜剿防堵中。(三)我军以先行肃清湘西，早日会合友军，扫荡朱毛残部之目的，除以第二、三两纵队，维持镇远大道之交通联络，及扼堵酉、秀、铜、松防匪窜逸外，主力即协同徐总司令所部，将贺肖包围于庸、沅、桑、永间地区而聚歼之。(四)李司令觉所部，应迅即肃清断架山附近之匪，一面乘匪之退窜，协同郭部（郭李战斗地境由两司令自行协定）由澧水南岸(道路狭小务排除万难前进)，向大庸方面进剿。但须以团队大部筑碉固守李公港亘龙潭水、观音寺、麻衣洑之线，与柳林汊陶司令所部切取联络。(五)陶司令广所部，除以一旅固守沅陵及沿沅水至柳林汊之河防，另编一支队（约兵力三团），由古丈进驻王村附近，协同陈师收复永顺并堵匪西窜外，主力即分由马安潭、军大坪，先行肃清当面之匪。逐次推进大场坪、四都坪之线，构筑据点工事，即向大庸方面进剿。(六)陈师长渠珍所部，除仍以一部构筑永保、龙山碉堡线，隔断匪之东西联络外，大部应即收复永顺。位置于永顺龙家寨之线，堵剿西窜，并截击由塔卧北窜之匪。(七)李司令云杰所部，由现地(麻阳辰溪)取捷径，应以一部进驻兴场(龙山西南)，主力仍扼驻西、秀一带，与黔军之蒋作均旅切实联系，防堵贺萧万一之漏网西窜，并朱毛残部之回窜。(八)李司令韫珩所部之第五三师，除以小部驻铜仁外，主力仍应进驻镇远一带，维护第二路薛部之后方交通线，并希与之切取联络。其第六三师，仍驻乌江东岸思、印等处，严防朱毛残部之回窜。(九)围剿贺肖各部，统限于俭日前准备完毕，三月一日一齐开始进剿。(十)刘总指挥建绪，暂驻沅陵，指挥各路之进剿。上十项，除呈报委座，并电请徐总司令饬郭、陈各部如期协同进剿外，特电遵照。总司令何键。宥辰常参机。

二月感电令李司令觉：

郭部王旅，漾日棉花山之战，我军团应援不及，各方均来电诘责。刻王旅仍在原地固守，而该司令所部，尚未与之切取联络。万一友军因阵地突出，为敌所乘，其将何辞以对？仰该司令迅即进驻李公港，督部推进大浒，遵照部署命令，完成攻剿准备，并与友军就近妥为协定，一是免误机宜为要。何键。感常参机。

二月感戌电令：刘总指挥建绪、陶司令广、李司令云杰、李司令韫珩、李司令觉、王师长东原、陈师长光中：

(一)奉委座宥亥参漾电开：匪陷桐梓东窜。着以王东原、李云杰、陈光中三师，配置于龚滩至水口一带，沿乌江东岸防守。限二月俭日以前，配置完毕。等因。(二)兹派李云杰为龚滩至水口江防指挥官，并着陈光中暂归其指挥，以专责成。仰该指挥官迅率所部，自取捷径，星夜开赴指定地区，妥筹部署，构筑工事、严密防堵为要。总司令何键。感戌常参机。

二月感午电令：郭司令汝栋、李司令觉：

命令：着该两部迅即协同前进，限三月一日，占领溪口。收复后，归李司令派兵驻守，再行按照前定部署，向大庸进剿。仰即遵照勿延。此令。何键。感午常参机。

二月感午电令：李司令觉：

查两军相约进剿，友军尚在棉花山。应即迅令高桥坪部队，立向大浒，狗子垭方面推进，以与王旅确取联络，攻击当前之匪，速复大庸，不能退后筑碉，取消极行动，免为各方责难。仰即遵照办理，为要。何键。感午常参机。

二月俭酉电令：郭司令汝栋、陶司令广、李司令觉：

查我军由断架山、四都坪之线进攻，山峦重叠，道路崎岖，匪若据此线凭险扼守，则我军进展不易。因此，陶、李两纵队，应仍以一部扼守大浒、四都坪之线，俾尔后进剿便利。又查溪口、大庸间澧水沿线渡河点，仅潭口、老鸦口、杨家溪、南庄坪等数处，河内船只甚少。因此，由澧水南岸进剿部队，应预行准备架桥材料，以便进攻时渡河之需。

但在溪口之匪未退窜以前，如松云兄部先进展至岩口附近，李纵队以一部绕至潭口，大部绕至老鸦口附近，扼堵其渡河点，则该匪必成瓮中鳖矣。特电遵照。何键。俭酉常参机。

三月江戌电令：刘总指挥建绪、李司令云杰、李司令韫珩：

奉委座冬戌参渝电开：中抵重庆。接蒋在珍东午电，与匪在绥阳附近战斗甚剧，并有一股已接近湄潭。等语。据此，匪已向东转进，其目的仍在乌江东岸，与肖贺合股。我五十三师，应即兼程向石阡及其以西急进。东自银溪口，与陈光中师衔接，西至余庆、水口，沿乌江扼要布防。务于微日以前，部署完毕详报。至溪口以东防务由芸樵兄派思南部队负责。余庆，水口以西防务，已由犹部负责防守。并望抱冰兄与之切实联络。酉秀印江方面各部署，已否就绪？请何总司令详复。等因。仍希遵照委座电令，俊兄与抱兄，就近秉承刘总指挥意志，妥为部署为要。何键。江戌常参机。

三月支酉电令：李司令韫珩：

据刘总指挥江戌电称：据报，匪已窜遵义，正向湄潭运动。判断：以由思南、水口渡间渡乌江，公算为多。现陈光中师担任该段江防，兵力薄弱，且未赶到，已催急进中。拟请飞电李抱公部，迅由镇远向石阡、水口渡推进，俾陈师堵守坚固。除电俊、东两兄随时向左推移外，谨呈。等语。除电复外，希饬部向该处推移策援为要。何键。支酉常参机。

三月歌午电令：刘总指挥建绪、陶司令广、李司令云杰、李司令韫珩、李司令觉：

命令：（一）贺萧股匪一部约二千，已西窜贾家寨、市客寨等处，其主力仍在庸、永附近。刻我徐总司令所部之第三、四两纵队，正各按预定目标，积极准备进剿中。（二）我军以乘该匪兵力分离，直捣其巢穴之目的，应根据本部宥辰电部署，联合友军，迅即开始总攻击，将其包围于庸、永间地区而聚歼之。（三）李司令觉所部，着由溪口沿澧水南岸，向大庸方面攻击。但仍须与由澧水北岸进剿之郭部密切协同，搜索前进。（四）陶司令广所部，除担任沅陵防务及沅水河防之一部外，着以十六师迅由王村向永顺方面攻击，占领永顺，堵匪西窜。六二师迅速推进火场坪、四都坪之线，向大庸方面攻击。（五）陈师长渠珍，除以一部协同章师收复永顺，位置于永顺（不含）、龙家寨之线，堵匪西窜及北窜外，大部着迅由永绥、吉洞坪、野猪坪、里耶等处，向由贾家寨、市客寨西窜之匪追剿，与第二纵队李、王两师，共收夹击之效。（六）李司令云杰所部，除以主力担任乌江东岸江防外，着以十五师及二十三师之各一部，扼守酉、秀、松、铜之线，阻匪西窜，与陈渠珍师协同夹击。（七）围剿庸永各部，统限于虞日开始总攻击。（八）本总司令即日赴沅陵督剿，行营仍设常德。上八项。除电徐总司令饬郭、陈各部如期协同进剿外，特电遵照办理为要。何键。歌午常参机。

三月微电转令刘总指挥建绪、李司令云杰、李司令韫珩：

顷奉委座江亥电如下：命令：（一）朱毛股匪于感日晚回窜遵义。据报：娄山关附近，现在尚有万余之匪盘踞。又俭日，已有一股窜至遵义、湄潭、道上、老蒲坛，与我军蒋在珍部激战。判断其企图，似拟经由湄风东渡乌江，希与肖贺合股。（二）国军以歼灭该匪于乌江以西，巴黔大道地区之目的，除已派队分途追剿，并于巴黔大道及其以西数线布防堵其回窜外，拟特于乌江沿岸严密守备，坚固防堵。（三）徐部新三旅及四十八师，除酌留一部守备黔江外，应以主力守备乌江下游自彭水至龚滩（含）之线。限齐日到达。（四）何部第十五师、二十三师与六十三师，除酌留一部守备松桃、酉阳、秀山线外，应以主力守备乌江沿岸自龚滩迄水口（不含）以东之线。对沿河至思南之段，尤须特别注意。五十三师着即由镇远移驻石阡，以为沿江守兵之策应。以上均限齐日以前到达。（五）薛部吴纵队，应以一部联合黔军之一部及民团，守备乌江上游自水口（含），经茶山乌江城至大渡口之线。限鱼日以前到达。（六）以上各守部队，均须构筑碉堡工事，严密封锁，阻匪窜渡。等因。仰即遵照。总司令何键。微常参机。

三月齐申电令湖南保安处：

顷准谭司令道源鱼酉电称：据朱师长支未微申两电节称：伪五团连日经王团徐、鲁两连追剿，刻已向桂东窜去。伪三团残部约四百人，支日复向萍属白竺西窜中村、东桥等处。康团准阳日令周营，由唐山里、分水坳，向白竺堵匪东窜。该团长率杨、陈两营。由柏树下向东桥追剿。恳通知萍、攸、醴各县友军及团队堵剿。等语。除电复外，仰即转饬该地驻军团队，协剿为要。何键。齐申常参机。

三月真未电令：李司令觉、陶司令广、章师长亮基、陈师长渠珍：

据李司令灰未电：已收复大庸。章师长佳亥电：刻正与匪之主力约五千，激战于王村附近。又准徐总司令佳戌电：郭纵队进达鱼浦。陈纵队之暂四旅已进抵三官市，本日正向百丈峡搜进中。除电徐总司令，请其速饬二、三两纵队迅速前进。郭纵队抵大庸后，以一部守大庸城。大部协同李部向永顺西进，陈纵队速由桑植、塔卧一带西进追剿外，我章师应以全力堵匪，迎头痛击，勿令得渡北河。我陶部除以一部搜剿四都坪及王村一带残匪外，应以一部取捷径策应王村章师。我李司令应率所部，由大庸经龙爪关、石田溪，扫除当面之匪，向永顺前进，并以一部由石田溪向羊峰城、松柏场，蹑匪夹击，策应章师。新三十四师陈师长，应速集结保靖，应援章师，并以一部迅出贾家寨市，堵匪西窜，希即遵照施行。何键。真未沅参机。

三月真申电令：刘总指挥建绪、陶司令广、李司令韫珩、李司令云杰：

顷奉委座蒸申川行参战电开：(一)现在遵义西南之匪一部，回窜遵义县城，似有东窜乌江之势。乌江上游箐口上下游(由余庆县至余庆司间之渡口)窜渡之公算最多。(二)抱冰兄应速赴箐口南岸附近部署。(三)原令五十三师暂行担任之思南至水口江防，现在六十三师既已陆续到达，即改归该师逐次接替。将五十三师部队逐次上移，最后守备水口(含)至回龙场(含)一段，并将主力控置于箐口南岸附近，用备策应。等因。仰即遵办为要。何键。真申沅参机。

三月真戌电令：陶司令广、章师长亮基：

云波部已于蒸晨克复大庸，匪向西北门退窜。郭汝栋部真午亦到达大庸附近。判断该匪仍由石田溪、永顺、贾家寨市西窜之公算为多。王村地区势虽不甚强，然择要构筑据点，兵力团集，即贺肖全数来犯，亦足破之有余。现陶司令拟以一旅推进施家溶附近，相机策应，似此侧背当无顾虑。除电令陈师长渠珍，遵照前令迅向永顺方面推进，仰章师长就近协同该师收复永顺，为要。何键。真戌沅参机。

三月真戌电令：陈师长渠珍：

据李司令觉报称：该部于蒸晨克复大庸，匪向西北门溃窜。郭汝栋部真午亦到大庸。又据章师长真辰电称：由大庸窜向青梁坪附近之匪被我击溃后，仍徘徊于石田溪、牛路河、倚窝坪一带。似企图伺隙袭我王村部队。各等语。希即遵照前令，协同章师收复永顺，似期围歼该匪于永顺东南地区为要。何键。真戌沅参机。

三月寒酉电令：刘总指挥建绪、陶司令广、李司令觉：

命令：(一)综合各方情报，贺肖股匪，仍麇集于羊峰城、石田溪、塔卧、龙家寨一带，往来窜扰中。刻我徐总司令所部之陈纵队，已到达江垭附近，正准备向桑植、龙山方面进剿。郭纵队已到大庸，正准备向塔卧、龙家寨方面进剿。(二)本军以分进合击，围歼该匪于庸、桑、永、龙间地区之目的，决定部署如下：(1)李司令觉所部，除酌留一部守备庸城，并择要构筑碉堡外，主力应经龙爪关向石田溪方面进剿。(2)陶司令广所部第六十二师，除以一部固守沅陵及搜剿沅庸间地区之散匪外，主力应取捷径，向羊峰城方面进剿。第十六师应向永顺方面进剿与李纵队及徐总司令所部，共收夹击之效。(3)陈师长渠珍所部，除以一部控置保靖东方地区，策应章师并截击窜匪外，大部应推进隆头、贾家寨一带，堵击西窜之匪，并与秀山王师、龙山友军呼吸相应。(4)各部队统限于筱日开始行动。先将庸、永大道线打通，肃清该线以南地区散匪。随即协同友军，聚歼该匪于永顺、洗车、龙山、上河溪、桑植、塔卧之包围圈内。上二项。除呈报并电达徐总司令，请饬部同时并进外，特电遵照。总司令何键。寒酉沅参机。

三月筱电令：十九师段旅长珩、邓旅长南骥：

此间围剿贺萧，正在节节推进，乌江防务亦已配备就绪。据报赣南之伪二十四师及叶、杨、赖诸匪，时向汝、桂边境窜扰。又徐匪彦刚由通城回窜黄金洞，删午向东门市进犯，已与我守兵接触。等情。楚尚历负湘南清剿之责，季良责在平浏方面。刻该两部兵力以数量计，殊不单薄，而一旦有警，每感不敷分配。其所以然之故：一因地方民众，组织训练尚欠严密；二因斥候不远，耳目不灵，易为小股散匪所眩惑；三因防线辽阔，守兵分散，未能掌握多数兵力，控制重点；四因邻接友军，联络甚欠确实，以致彼剿此窜。于是匪军乘机活动，到处狡逞，遂使我部伍疲于奔命，防不胜防，歼除之效，更无所望。尔后请楚尚〔历〕季良宜针对匪情，集结兵力，务立于主动地位，出以积极手段，反守为攻，反堵为剿，勿胶于守势地带。则必无处处单薄之虞。所贵在当机立断，则自有着着先制之利矣。仰即遵照。何键。筱沅参机。

三月巧巳电转令邓旅长南：

顷奉委座申行参战电开：查徐匪彦刚，已窜至铜、浏附近。兹特规定进剿部署于次：（一）着陈司令继承，以第八十五师及季定五旅，编为一追剿队寻匪追剿。余部仍归该司令指挥，清剿该区残匪。（二）顾主任祝同，抽兵力四团，位置于铜鼓、东门市之线堵剿。（三）何总司令键，务饬现驻平江之邓旅，派兵一团位置于献钟附近协剿。以上各部，统由顾主任统一指挥。务于最短期间，将该匪扑灭于铜、浏地区。希即遵办。等因。仰该旅长迅即按照涤电，将徐匪击破后，再遵委座铣申行参战办理，并与友军切实联络，以期围歼为要。何键。巧巳沅参机。

三月效午电令陶司令广、李司令云杰：

李司令巧戌电：据报，该部在鸡公埡附近，与匪激战，及我军伤亡情形均悉。匪经此次痛击，受创甚巨。据羊峰城义勇队报告，可见匪已陷于惨败之境，正宜蹑匪追剿，击其惰归。须知匪之惯技，每当欲退之先向我一度猛攻，然后乘机窜逸，并非有真正顽强之抵抗性也。且子弹缺乏，无有补充；给养困难，较我尤甚。我能稍为忍耐，遂已制敌死命，胜算在握，岂可纵逸。现陶司令率钟旅，于本日可抵王村。章师本日亦已开始向永顺方面进剿。仍仰李司令激励所部，乘匪喘息未定之际，与第一纵队东西夹击。先行打通永、庸大道之交通为要。何键。效午沅参机。

三月号申电令陶司令广、李司令觉：

查匪主力仍在塔卧、龙家寨、永顺、石田溪间，而石田溪系永、庸大道之咽喉部，为围剿要点所在。欲遂行我第一步打通庸、永之目的，应以石田溪为第一共同目标。兹特予以指导要领如次：(一)陶纵队应以一部，向永顺方面构筑据点，施行侧翼之阳攻，掩护以主力向石田溪方面节节进剿。如匪主力倾巢来犯，即飞电李纵队，由东夹击，期将该匪压迫于龙家寨方面而攻击之。(二)李纵队仍应与匪保持接触，以牵制匪之兵力。如匪主力在该方面，须与陶纵队先行协定出击时机，如当面之匪不过一部，宜相机击破，节节向石田溪进剿。右与郭纵队，左与陶纵队声气相通，期收合围之效。上二项。仰陶、李两司令妥定部署，互相通报。并呈报备查为要。何键。号申沅参机。

三月马未电令：刘总指挥建绪、陶司令广、李司令云杰、李司令韫珩、李司令觉：

命令：(一)朱毛残部，已由仁怀西窜川南。现黔边已无匪踪。贺肖两股，仍在塔卧、龙家寨、永顺、石田溪一带窜扰。我陶、李两纵队，正与友军郭、陈两纵队协同进剿中。(二)本路军为遵奉委座智午待参渝电手令：以配备乌江兵力，即转移湘西方面，将贺肖围歼于龙、桑、永顺间地区之目的，决定部署如次：(1)李司令觉所部，应暂在龙爪关附近，与匪保持接触，抑留匪众于该方面。一面择要构筑碉堡，一面搜剿大庸境内之散匪，并与友军郭、陈两纵队切取联络。(2)陶司令广所部之十六与六二两师，除以一部肃清沅陵以北地区散匪外，应在羊峰城、桐华溪、芷江坡、虎视坪、板榄寨之线，构筑据点工事，准备向石田溪、永顺方面进剿。其新三十四师，应位置于隆头、贾家寨市、洗东、招头寨之线，择要构筑防御工事，堵匪四窜，并与龙山友军切取联络。但驻保靖之一部，须俟二十三师接防部队到达后，再行向指定线北移。(3)李司令韫珩所部，除五三师暂在现地待命外，其六三师应经江口、铜仁、麻阳，集结于辰溪、浦市、泸溪一带，候命进剿。(4)李司令云杰所部之二十三师，应经松桃向永绥、保靖集结候命进剿。十五师全部，仍驻酉、秀，防堵贺肖漏窜。应多多派探，严密侦察。如匪万一乘隙西窜，勿逸歼匪良机为要。(5)移防各部，奉到电令，应即开始行动，以强行军速度，向目的地急进。并将每日到、开、位置具报备查。(6)刘总指挥建绪，率补充两团，移驻沅陵，指挥各部进剿。上二项。除呈报及电请徐总司令，饬部协同进剿外，特电遵照。总司令何键。马未沅参机。

三月漾申电令：刘总指挥建绪、陶司令广、李司令云杰、李司令韫珩、李司令觉：

倾奉委座养申参机渝电手令节开：朱匪昨已西窜无隙可乘，故又渡赤水河东岸，有回向东窜企图。对于乌江西岸警戒部队，暂勿撤退，且须严密赶筑工事，增强防务。等因。昨遵委座智午待参渝电手令所颁发马未部署命令，刻因情况变化，未便实施。其沿乌江守备各部队，应暂任截朱毛东窜之责，由刘总指挥妥筹部署，并加强防线工事，严密配备。其陶、章、陈三师，应仍照陶纵队司令广皓酉一参七项命令实施。其李纵队司令觉所部，应仍遵照本部号申电指导要领两项，与陶司令互相协定，并与友军郭、陈两纵队切取联络，期将贺肖两匪围歼于湘西境内为要。何键。漾申沅参机。

三月敬申电令：陶司令广、李司令觉、王师长东原、陈师长渠珍：

我友军陈耀汉纵队，已于养日进占桑植，匪向西溃窜。除饬陶、李两纵队协力攻占石田溪、打通庸、永交通外，新三十四师应以一旅，位置于保靖及其东北地区，向永顺方面构筑工事，遏匪漏窜。以两旅沿隆头、庆口、洗车、招头寨之线，构筑工事，并与龙山友军联络，堵匪西窜。第十五师应注意于里耶亘濯河坝方面之侦察。如匪乘隙窜走，务于以迎头截剿，毋使漏网为要。何键。敬午沅参机。

三月有申电令：刘总指挥建绪、陶司令广、李司令觉、章师长亮基、陈师长渠珍：

友军进剿贺肖情况：(一)郭纵队漾日有三团由温塘渡河，其余数日由仙街铺渡河，续向塔卧进剿。(二)陈纵队暂在桑植搜剿附近散匪，以一部协攻塔卧。(三)张纵队敬有日以一旅进至沙刀沟，以一旅进驻来龙。(四)潘旅即由龙山向龙家寨夹击。上四项。特电陶、李两纵队，迅即协力规复石田溪、永顺交通，随以李纵队协同友军，夹击塔卧、龙家寨之匪，并遏匪南窜。以陶纵队一面搜剿永顺附近之匪，一面向大农车方面觅匪截击，阻其西窜。其新三十四师，应限期完成保靖附近隆头、庆口、洗车、招头寨之堵匪工事为要。何键。有申沅陵机。

三月宥辰电令：十五师邓旅长南骥：

据报：徐匪彦刚已窜至萍属上埠。仰该旅长指挥所部，趁此时机，迅将平、浏方面散匪肃清净尽。内匪既除，外匪自不易侵入。即有匪窜扰，而我军不须处处设防。机动部队多，亦便于迎机堵剿。希迅遵照办理为要。何键。宥辰沅参机。

三月感申电令：刘总指挥建绪、陶司令广、李司令觉、章师长亮基、陈师长渠珍：

倾接徐总司令有申电开：贺肖迭经重创后，企图西窜。刻敝军四一师，已到沙刀沟附近。曾令兼程以一旅推进龙山，并令龙山之独三十八旅向东南茨岩坑、红岩溪、马皮寨堵剿，并夹击龙家寨一带之匪。至于马皮寨以南，至保靖间之空隙，希贵部抽队扼堵。期将该匪聚歼于龙保线以东地区。否则若任其乘隙西窜，则此后，贵、我两军，又将疲于奔命。敬希妥筹电复为祷。等因。除电复严令新三十四师，克日完成岩六场经保靖、隆头、庆口、洗军、招头寨线之防堵工事，并以主力位置于隆头、洗车，以闭寨龙、保间之空隙，并令陶、李两纵队，仍应遵照本部有申指导要领，迅即规复庸、永交通，尔后李纵队即协同友军，向塔卧、龙家寨之匪夹击；陶纵队一面搜剿永顺附近之匪，一面经小甘溪，向大农车方面，与马皮寨之友军衔接协剿，并堵匪西窜。等语外。特电仰各该部，遵照实施为要。何键。感申沅参机。

三月艳酉电令：刘总指挥建绪、陶司令广、李司令觉、章师长亮基、陈师长渠珍：

兹遵委座宥未侍参筑电手令：为期适应机宜及洽合事实，拟就湘西现有兵力位置，规定围剿贺肖部署，及碉堡封锁线设施要领，颁布于次：(一)李司令觉，于庸、永大道线打通后，应以一部守备庸城，构筑附近碉堡，主力推进石田溪附近。一面协同友军，经李家台、蒋家河、五官坪、东溪口之线，向塔卧方向搜剿；一面构筑衔接大庸已成碉堡、亘后坪、龙爪关、石田溪、羊雀垭、龙车坪，至自生桥（含）之碉堡封锁线。(二)陶司令广所部，除以一旅肃清沅陵以北、澧水南岸地区之散匪外，主力应即收复永顺。尔后一面经黎子坳、钓矶岩、北门冲之线，协同李纵队向龙家方向搜剿；一面衔接李部，构筑自生桥、十里铺、五里铺，经永顺、富坪、大井、官园、靛房，至劳车（含）；及自永顺、富平、大甘溪、小甘溪、大农车、马皮寨之碉堡封锁线。其新三十四师，除暂以一部位置于保靖及其东北地区，经岩穴场，节节向永顺筑碉外，主力应推进洗车附近，构筑自捞车（不含）、洗车、沙平、头沟、山阳洞、两义河、高桥至龙山之碉堡封锁线，堵匪漏窜。上二项。除呈报并电商徐总司令，请其担任自温塘、仙街铺。沿澧水东岸至桑植之各碉堡封锁线外，特电遵照办理。总司令何键。艳西沅参机。

二、部队调遣情形

本部自二月奉命改为剿匪军第一路军总司令部队以后，所辖各部为前敌总指挥部及四个纵队。前敌指挥刘建绪，直辖补充两团。第一纵队司令陶广（兼），辖第十六师（师长章亮基），第十二师（师长陶广），新编第三十四师（师长陈渠珍）；第二纵队司令李云杰（兼），辖第十五师（师长王东原），第二十三师（师长李云杰）；第三纵队司令李韫珩（兼），辖第五十三师（师长李韫珩），第六十三师（师长陈光中）；第四纵队司令李觉（兼），辖第十九师及保安各团。第一、四两纵队，专在湘西澧、沅两水方面，协同徐总司令源泉所部，围剿贺肖股匪。而第二、三两纵队，在黔东乌江及川属秀山、酉阳方面，防堵匪之东西窜扰。兹将二月宥日以后至三月底，各部队调遣情形，续报如下：

（一）第四纵队

该纵队在二月宥日以后，至三月底，其主要任务，在协同友军收复大庸，并打通大庸至永顺之交通。三月江日起，由桃源方面，沿澧水南岸，经溪口、大浒、五里垭、金岩山、老鸦口，联络北岸郭纵队，向大庸方面前进。至三月底，到达大庸、鸡公垭、龙爪关、九官坪、东溪口、杉木岭一带进剿，并构筑据点工事及碉堡。

（二）第一纵队

该纵队在二月宥日以来，至三月底，其主要任务，在收复永顺并联络龙山友军，堵匪西窜。三月冬日起，章师由沅陵方面，经古丈、王村、若溪之线，协同集结保靖方面之陈师，攻取永顺；陶师之钟、王两旅，在七里坪、过河洲、毛塔、大湖坪、叶口、军大坪、曹家溪、马尿水一带筑碉。完成后，推进桥头、火场坪、四都坪之线，堵匪南窜。

（三）第二、第三两纵队

在二月上旬，以朱毛西窜，由黔北至滇川边境；而贺肖久踞湘西，为患日深，非增兵围剿，不能早收歼灭之功。当时令调十五师及二十三师，由黔东回湘协剿。二月漾日以前，二十三师由松桃已开麻阳，辰溪之线，而十五师因在秀山、酉阳布阳〔防〕太宽，集中需时。适奉委座漾戌电：以朱毛回窜黔北，有偷渡乌江，企图与贺肖会合之样。饬十五师及二十三师，速开乌江防堵。又奉宥亥电：着以王东原、李云杰、陈光中等师，配置于龚滩至水口（含）一带，沿乌江东岸防守。各等因。当即转饬各该师遵办。本部并令李云杰为乌江江防指挥官。王东原师，大部仍固守秀山、龙潭、酉阳之线，防堵贺肖西窜，一部沿龚滩至沿河县西南小河北岸，构筑工事防守。李云杰于东、冬等日，分由麻阳向乌江急进，大部担任自沿河县西南小河南岸，至思南（不含）间之江防，并构筑工事；一部控置于松桃、合江口。陈光中师，同时由铜仁向思南至石阡西水口渡之线推进。均于三月上旬，先后到达指定位置防堵。嗣又奉委座电令：五十三师应兼程向石阡及其以西急进。东自银溪口，与陈光中师衔接；西至余庆、水口，沿乌江扼要布防。等因。当饬该师遵办。该师于三月冬日，分由镇远、晃县，向指定位置前进。于鱼、虞等日到达，布防完毕。后又奉委座删未电令：以朱毛由遵义方面向西南急窜，着五三师即由现地开至遵义，限养日以前到达，担任自遵义北鸡喉关（含）起，至遵义南镇南关止之线防务。线上各道路，均须筑碉，防匪回窜。等因。随即转饬遵办。据李师长韫珩先后来电报称：该师于号、马等日，赶到遵义，遵照筑碉防守。

三、剿匪战斗经过

(一)黔东乌江方面，防堵朱毛东窜经过

二月下旬，朱毛股匪，由黔、川边境之赤水河西岸回窜至黔北。攻陷桐梓后，以其大部于二月感未进陷遵义，一部窜到绥阳，有与贺肖在德江附近会合之企图。本部当时奉委座电令，遂令李司令云杰为乌江江防指挥官，并饬十五师以大部固守秀山、龙潭、酉阳之线，右与黔江之蒋作均旅联络，防堵贺肖西窜；一部沿龚滩至沿河县西南小河北岸，筑碉防守。二十三师大部衔接担任自沿河县西南小河南岸，至思南（不含）间之江防，并构防御工事；一部控置于松桃、合江口等处。六十三师担任自思南至石阡西水口渡之江防。均于三月上旬布防完毕。当匪窜至遵义及绥阳时，并有一部窜进湄潭，似有东窜乌江之势。以乌江上游箐口上下游（由余庆县至余庆司间之渡口）窜渡江公算为最多。奉令当饬五十三师，以主力控置于箐口南岸附近，用备策应；一部防守水口至回龙场，并与左翼黔军联络，严密堵剿窜匪。朱毛因我乌江防务坚固，兼受我川军郭勋祺部并桐梓黔军分向绥阳、遵义方面之压迫，大部遂于佳夜由遵义鸭溪，向黔西逃窜。连日窜至白腊坎、枫香坝、长干山、打草坝、两路口之线。遵义城经我川军廖旅于真酉收复后，余匪悉数跟向西窜。我委座以该匪急向西窜，周、关、郭、孙、王各部，正分途截击。为防匪回窜，令五三师由现地开至遵义，担任自遵义鸡喉关起，至遵义南镇南关止之线，筑调防守。当经转令该师遵办。号、马等日，全部赶到指定位置筑碉，并肃清附近散匪。所遗乌江防务，交由黔军特务团并各县团队接替。

（二）湘西方面围剿贺肖经过

贺肖股匪，自盘踞龙家寨、塔卧、永顺、大庸地区后，四处窜扰，赤化劫粮，人民陷于水深火热。本部为求早日歼灭计，令本军一、四两纵队，协同徐总司令源泉所部，合围进剿。第四纵队李觉部，由桃源方面，沿澧水南岸，联络北岸友军郭纵队，向大庸进剿。第一纵队陶广部，分由沅陵、保靖、王村，向永顺、石田溪进剿。兹将各部剿匪战斗经过汇报如下：

1．三月灰日收复大庸之役：李司令觉率部，由桃源方面推进李公港、陈家河、高桥坪一带后，令陈旅长子贤率唐何两团及王团之一营，经燕子岩、大浒等处，于三月江日，继续推进至溪口。一面构筑工事，防匪袭击；一面联络郭纵队，逐渐沿澧水向大庸攻剿。庚日，李部经断架山到达金岩山、南坪之线。先头谢团行抵金岩山附近，遇伪游击队人枪数百，当将其击溃，匪向西退窜。佳晨，继向闵家山，大庸攻击前进。灰日，我陈旅何沛霖团，到达大庸附近，与匪一部稍事接触，匪即由大庸城西北门退窜，我军遂将大庸城收复。李司令当以一部向匪追击，大部在庸城附近筑碉，再行进剿。

2．三月佳、灰两日膏梁坪、王村之役：第一纵队章师长亮基，奉命于江日率所部，由沅陵经乌宿、清水坪、草塘、古丈之线，鱼日到达王村。因米粮未到，虞日未能前进。拟令杜、徐二旅及永顺罗保安团，于庚日由牛路河、高峰坡，向永顺进剿。并令保安朱支队，由松柏场、羊峰城，同时向石田溪进攻。何旅担任永顺、王村、施溶溪沿途护运，并策应各方。但先已令魏团一部及唐肃团，在松柏场、牛路河等处，担任警戒。惟据朱支队长于高梁坪报告：石田溪虞辰被由大店窜来之匪数千进占。又羊峰城、松柏场，庚辰被匪占据。佳晨与我团队田、向两部接触，该两部不支，正与我魏团蒋营激战中，势甚危急。等语。章师长得报后，决于本晚米船到达，明灰率全部向该匪进剿。但恐蒋营不支，唐团侧背受敌，爰先令戴鼎甲团，携带现存粮秣，于佳午开往高梁坪，占领阵地，制匪蔓延，使该师主力尔后进出容易。未刻，戴团行抵枫香塘附近，团队纷纷溃退，戴团即协同蒋营，在枫香塘占领阵地，拒匪前进。不料匪分三路来攻，数在五千以上。该团以地形不利，众寡悬殊，遂乘黄昏，撤至王村附近。匪即乘势迫近王村，与我主力激战彻夜。次晨，我章师从王村北端龙山岭、油坊堡阵地，对当面之匪出击。战斗甚为激烈。至正午，始将五里牌至十里岩一带高地，逐段攻占。匪不支，向枫香塘、膏梁坪方面退却。计佳、灰两日，我军伤亡二百余员名。匪伤毙约四百余名，俘匪三四十名。嗣据俘匪及逃回士兵报称：此次贺肖进犯王村，贺龙率伪四十、十二两团，及伪十六师之十六、十七两团，肖克率伪十七师五一、五二两团，由大庸三日赶到膏梁坪，企图袭击王村。贺肖两匪演说谓：王村为酉水重镇，永顺门户，势所必争。经国军佳晚灰晨二次猛击，遂撤退至枫香塘、膏梁坪一带。真晨，始向羊峰城窜去，云云。

3．三月十八日鸡公垭之役：贺肖匪一部，自经李纵队于三月灰日，在大庸击退后，扼守鸡公垭。又以主力进犯王村不逞，乃盘踞石田溪、羊峰城一带。其一部约一团，于十三、四、五等日，时出没于后坪、龙爪关等处，十七日夜，忽将鸡公垭之警戒部队撤退。我李纵队先头陶旅长柳，率第一百一十四团及六百九十四团，筱日进至龙盘岗。以一部于大庸所占领阵地，掩护架桥；该纵队司令部及一百零九团，并陈旅长子贤率一百一十团及三百七十五团，同日均宿营于四坪附近；常、澧警备团留驻大庸城，担任城防及护解李司令。筱日午后十二时，据陶旅长柳报告称：本日午后六时左右，正我浮桥将完成之际，占据鸡公垭之匪，突然全部向我掩护部队袭击，随经击退。本晚十时许，我掩护队，派小部向鸡公垭袭击。据称，鸡公垭已无匪踪。等语。又令百十四团，派小部占领该处，作为前进据点，但无命令，不准轻进。巧日午前八时，李司令接到陶旅长柳午前七时三十分于鸡公垭报告称：职于六时三十分，令百十四团于大庸所展开，向后坪搜索前进，至黄泥岗附近占领阵地。六九四团随职循一一四团径路跟进。卯刻，讵一一四团第三营，向鸡公垭左翼高山搜索，突有匪向之射击，旋第一营亦与匪接触，枪声甚密，似非匪方少数部队。现天雾弥漫咫尺不能见人。而该团正与匪激战中。随又接到该旅长报告：一、匪约数千，占领我左翼高山，与我顽强抵抗中。二、职率唐王两团，在大道右翼高山。三、已饬三七五团，沿左翼一一四团后跟进。四、一一四团官兵负伤颇多，担架不敷，恳设法派遣运送。各等语。午前九时，我左翼之一一四团及三七五团，与匪激战，枪声极密。相持至午前十时，左右翼战斗较前更烈。匪居高临下，持地势优越，以主力向我左翼一一四团阵地猛冲。鏖战至十时许，我一一四团、三七五团之各一部，因迭次仰攻，伤亡颇重，致略受挫折。李司令乃一面令一〇九团，以一营沿崇山向匪右翼施行侧击；一面令右翼六九四团，固守阵地，对右翼占领中山之匪，严密警戒，并协助一一〇团，向匪左侧猛击。时我一一四团及三七五团之各一部，士气陡增，复向匪猛冲。两面夹击，匪死伤枕藉。知我右翼不易奏功，乃转移主力，向我左侧翼一一〇及六九四两团迭次猛冲。并以一部向中山运动，企图包围我。陶旅长柳当调一一四团及三七四团，在第二线整理之各一部，占领中山东端高地，拒匪前进。自午前十一时至午后三时，我右翼战况甚为激烈，一一〇团战斗尤为惨烈。李司令乃令一〇九团之第一营，向右翼增加。至午后四时，战事渐趋和缓。至午后五时，我郭军派胡团赶到。自后渐入休战状态。时天近黄昏，未便出击。李司令令一〇九团（欠一营），占领左翼高地，准备明晨出击。并令在原阵地彻夜警戒，及构筑工事防匪夜袭。匪因伤亡过多，受创甚巨，即于是夜远遁。计是役匪伤亡千余。夺获长短枪四十八枝。我军阵伤官兵二八九员名，阵亡官兵二〇七员名，损失长短枪一〇七枝，机枪三挺。

(三)湘东岳、平、浏方面防剿徐彦刚股匪

徐匪彦刚，啸聚湘、鄂、赣边区伪游击队、赤卫队，及杂色匪类，未及数月，匪众增加至六七千，枪三四千枝。以湘、赣交界之黄金洞为其老巢，四处流窜，势颇披猖。前奉委座电令：将平、浏划归为驻赣绥靖公署之清剿区域。曾转饬湖南保安处遵照，并饬驻平、浏方面部队，随时协剿。各在案。三月下旬，顾主任派遣邹参谋长来湘，商会剿徐匪计划甚洽。但以平、浏兵力单薄，均只能扼要防剿，遏匪蔓延云。

(四)湘东南茶、酃、桂、汝及来水上游方面

该方面毗连赣西南边境，伪二十四师、伪十九师、伪独立第四团及游击队等匪部，打圈窜扰。迭经令该方面驻军及保安团队，努力搜剿，时有斩获。而对于著匪李宗保，由湖南保安处设法收抚中。

四、碉堡建筑情形

本路军自本年二月，奉命改为第一路军以来，系采用积极进剿手段。在湘西、黔东及川东酉、秀方面，各部队或县政府，或堵匪流窜，或防匪窜扰，先后扼要筑碉。兹将三月份陆续据各部及县府报告，已筑成碉堡，汇列如下：

辰溪　城廓附近，砖排碉七座，浦市砖排碉一座。

泸溪　县城附近，砖排碉一座，并正增筑中。

武岗　县城附近，砖碉十一座；高沙市砖碉四座，土碉三座；花围砖碉二座，土碉一座；洞口砖碉四座；土碉二座；江口砖碉三座；山门砖碉一座，土碉三座；黄桥铺砖碉二座，土砖四座；白仓市砖碉二座，土碉三座；石下江砖碉三座，土碉二座。

以上八要镇与县城附近，碉堡共五十座。

又该县封锁线，计由安心观北之火烧营，南境经黄泥坳、龙溪铺，县城南西北清风亭、龙田、曹家坳、光远寺、田心铺、石

牛冲，再经古道达花园至杨柳溪，西北境之界牌岭，共筑班碉四十五座，排碉三十七座。

（下略）

〔国民党政府军事机关档案〕

15. 国民党军第九十三师唐云山部与中央长征红军在遵义忠庄铺战斗详报

（1935年2月28日）

陆军第九十三师忠庄铺之役战斗详报

一、战斗前彼我之形势概要

朱、毛股匪回窜黔北，于是遵、桐告紧。师以协同友军兜剿该匪之目的，奉命于二月二十四日由贵阳出发，兼程前进，拟定四日到达遵义城，然因连日下雨路滑，行军颇感迟钝，为欲依限到达目的地，遂以各团侦探队及军士队编为一先遣队，归中校团附王隆玑指挥，轻装急进，于二十七日午后四时到达忠庄铺时，纵队司令官吴及王司令均在该处。据王司令称：遵义城已受匪包围，但城内尚有兵力三团固守等语。奉司令官吴面谕：着先遣队先行恢复与城内联络，及到城南五里之枫落桥即与匪接触，当就地占领阵地。其时我二十五军之八、九两团（八团团长为石炯，九团团长为罗锡斌）亦在侦探队（即我先遣队）右方高地占领阵地。是日午后九时，师主力始陆续到达忠庄铺。

二、兵力部署

师主力于二月二十七日午后九时陆续赶达忠庄铺后，即奉司令官吴谕：该师先遣队仍应在原阵地严密警戒，余在忠庄铺集结，但应派遣部队在该处占领阵地，严密警戒。当即下达各部命令要旨如下：

一、据王司令官称：遵义城已受匪包围，但城内尚有兵力三团固守。

本师侦探大队本（二十七）日午后五时到达枫落桥附近与匪接触，现在该处占领阵地与匪对峙中。我二五军之第八、九两团，在侦探大队左右高地警戒。

二、本师今（二七）日晚奉命在忠庄铺附近集结待命。

三、侦探大队即在原阵地警戒，并应与右翼友军切取连络。

四、第五五三团着在忠庄铺以东高地（衔接二五军部队之右翼）占领阵地，严密警戒，并应与左翼友军切取连络。

五、第五五八团着派兵一部，在忠庄铺以西占领阵地，严密警戒，并应与右翼友军切取连络，余部集结忠庄铺。

六、第五五五团着派兵一部，在忠庄铺以南占领阵地，严密警戒，并策后方之安全，余部集结南端附近。

七、各部应星夜赶筑相当工事。

八、余在忠庄铺师部。

各部奉命后，即照上述意旨配备。是夜情况沉寂，正计划翌日向遵义城之匪攻剿，至二十八日上午五时，据二五军通报，谓城内部队已向西南撤退，新老城遂为匪所占。是日晨我五九师亦到忠庄铺集结，午后十时三十分，奉司令官吴命令如下：

一、匪情如贵官所知。

二、本路军决向遵义之匪攻击前进之目的，着五九师（附九三师之一团）即经桃溪寺、红花冈向遵义攻击前进。

三、王纵队俟五九师攻击进展时，应协同向遵义攻击前进。

四、九三师（缺一团）仍掌握现刻领有地区，尔后为总预备队。

五、战斗地境现地指示。

六、通讯连络以忠庄铺为基点，使用电话为主，徒步传达补助之。

七、余位置在忠庄铺。

三、战斗经过概要　（附战斗经过要图）〔图略〕

二月二八日午，据侦探大队王团附报告：匪大部向我阵地右侧移动（即二五军阵地前）。除饬注意防匪迂回外，并报告及通报友军注意。讵于午后二时，我五九师正向红花冈攻击之际，该匪即向二五军之八、九两团阵地袭击冲击甚烈，当派五五五团之一营跑步应援，在应援部队未到达而阵地已委匪手，同时并有匪大部进出公路附近，是时本师各部已成包围形势，我部队分割使用所占地区，纵长九七里，预备队全无，乃严饬各部在原阵地死守抗战，斯时匪仍豕突冲犯，愈迫愈近，虽受重围冲击之下，而我官兵精神仍不稍逊，保持原有阵地，毙匪甚多，然我卒因伤亡过巨，众寡悬殊。午后四时奉命于黄昏后撤至揽板凳，相机处理。仍饬各部在原地抵抗，俟到黄昏后逐步向揽板凳撤退，殊我部未经撤到，而匪之伪一军团之四、五两团已追抵揽板凳，即以特务营占领阵地阻匪追击，以资掩护。当时毙匪枕藉，我各部乃分向大渡口及茶山关逐步掩护渡江后，即奉命在乌江南岸扼要固守。是役伤亡损耗如附表第一、二。〔表略〕

四、战后所得经验

1．以寡敌众，预备使用无余，无法挽回战果。

2．友军久战饥疲，同置一线，以致波动全局。

3．在外线作战未行稳扎稳打，又未与各纵队确取连络，遭匪各个击破。

4．我军进取心太急，在敌况不明远来未定之际，遽行攻击，遭匪主力倾力冲击。

5．各部大行李跟进太迅，仓卒之际，混乱拥挤，以致影响前线士气。

〔国民党政府军事机关档案〕

16．国民党军第五十九师韩汉英部与长征红军在遵义附近战斗详报

（1935年2月）

国民革命军陆军第四军第五十九师二月二十八日起遵义附近地区战役战斗详报

甲、战前匪我之态势

一、匪情：残匪以偷渡金沙江未遂，复被我川、滇友军夹击，饥疲不堪，于二月二十二日，回窜至东皇殿、沙滩一带。二十五日陷我桐梓，二十六日，与我王纵队接战于遵义以北之娄山关、祖师殿附近地区，二十七日复南犯遵义，被我王纵队迎头痛击，相持至夜半，始陷我遵义新城，继陷我遵义老城。其一部仍滞留于桐梓以南地区，似有东窜模样。

二、二十六日以前，我王纵队杜旅，集结娄山关；蒋旅在松坎及其以南地区防堵。本路军以聚歼该匪之目的，以桐梓为攻剿目标。王纵队主力集结遵、桐线，制匪续窜；何、李、侯各部，即取捷径，兼程向桐梓攻剿，周纵队谢、肖两师及万师，分途兼程向遵义攻剿；孙纵队即向桐梓推进策应。本纵队以本师及唐师，兼程向遵桐线推进。二十七日晚，我唐师主力，已进至遵义城南端之忠庄铺附近，并与王纵队取得联络，拟即晚以一部进驻遵义城。是时，我王纵队仍留置一部（一、五、八团）于遵义老城，对匪严密监视，其大部则控置于忠庄铺两侧高地。

本师于二月二十三日，奉令向刀靶水集中。二十四日由黔西出发，推进至三重堰。二十五日至安底，二十六日至沙土。二十七日，原拟定进达刀靶水，旋奉令推进至新站及其附近宿营。

乙、战斗前之部署

二月二十七日午后七时三十分，到达新站。奉副总指挥吴电话指示如下：

一、犯我遵义城之匪，现正与我守城友军相持中。九三师应以一部进驻遵义城，主力推进至忠庄铺。

二、该师应漏夜兼程，向遵义前进，以便会剿该匪。

三、从略。

师基于上项指示，下达如下之命令：

命令　二月二十七日午后八时于新站师司令部

一、犯我遵城之匪，现正与我守城友军相持中。

我九三师主力，现已进至遵义城南端之忠庄铺，其一部已进入遵城。

二、本师以击攘该匪之目的，拟于明（二十八）日，全师沿新站通遵义公路，经揽板凳向遵义前进。

三、军队区分（行军序列同）如下：

前卫

司令官　张德能

三五一团

本队

师部

特务营

通讯连

无线电第十三班

卫生队

三四九团

四、各部应于明（二十八）日午前二时以前，在新站公路附近集合完毕（三四九团在驻地公路旁），后派员向师部报告，候命出发。

五、三五四团（欠两营），负护解全师大小行李之责，应于明（二十八）日午前三时，将各部大小行李集合完毕，在三四九团后跟进。

各部大小行李，应于明（二十八）日午前三时，在新站公路附近集合完毕，受黄团长道南之区处。

六、各团患病士兵，应由团部派员率领，随三五四团行进。

七、各部务须带足三日份粮食。

八、通讯联络以有线电话为主，徒步传达补助之。

九、行进时，余在本队先头。

上令

下达法，笔记。

师　长　韩汉英

副师长　沈久成

命令下达后，各部按照时间集合完毕。于二十八日午前二时十分，依顺序向遵义前进。于同日午前八时三十分，抵遵义南端十里许之忠庄铺，得知如下之情况：

遵义新、旧两城，于二十七日夜半，相继为匪攻陷。并占领遵义东南端之红花岗、老鸦山、桑子山一带高地，拒止我军前进。其匪为伪一、三两军团及侯之担叛部。

我守城部队第四纵队二十五军之第一、五、六团，彻夜相率向西撤退。

第二十五军第八团及第五团之一部，现尚固守忠庄铺北端公路及其右侧高地，与匪保持接触。

我柏、犹两师，撤守桃溪寺西南一带高地；我九十三师之一部，据守忠庄铺东北线高地警戒，其主力集结于忠庄铺。

午前九时三十分，奉到副总指挥吴命令如下：

一、匪情如贵官所知。

二、本路军决以向遵义之匪攻击前进之目的，着第五十九师（附第九三师之五五八团）即经桃溪寺，向红花岗、遵义攻击前进。

三、王纵队俟第五十九师攻击进展时，应即协同向遵义攻击前进。

四、第九十三师（欠一团），仍掌握现刻领有地区，尔后为总预备队。

五、战斗地境，现地指示。

六、通讯联络，以忠庄铺为基点，使用电话为主，徒步传达补助之。

七、余位置于忠庄铺。

师（欠三五四团附九三师之五五八团）依上令之指示，当即开进至桃溪寺附近停止。由三五一团派出一部，至冷家湾高地警戒；并召集各团长至右侧小高地侦察地形。下达如下之口述命令：

一、匪情如贵官所知。

本路军以九十三师、第四纵队之一部及本师为第一线。主攻方向选定为本师之正面。于午前十一时间开始攻击当面匪阵地，尔后进出于遵义，以击灭当地盘踞之匪。

我第四纵队之一部，现领有忠庄铺北端公路及其右侧高地，俟本师攻击进展时，协同向遵义攻击前进。

我第九十三师，仍掌握现刻领有地区（忠庄铺东北线高地），尔后为总预备队。

二、师（欠三五四团附九三师之五五八团）于午前十一时，开始攻击，一举略取匪之主阵地带，恢复遵城。尔后进出其以北地区。师之主攻方向为老鸦山（现地指示）。

师与二十五军之作战地境，为忠庄铺沿马路迄遵义老城之线，线上属二五军。

三、三五一团为右第一线。团由现时起开始运动，应于午前十一时以前，展开于蓝家堡及其东西地区，准备完毕，以便攻略老鸦山右侧高地，及红花岗匪阵地。而进出于遵义老城以北地区。

四、三四九团为左第一线团。应由现时起，开始运动。于午前十一时以前，展开于蓝坳北端东西地区，准备完毕，攻击老鸦山最高点桑子山间匪阵地。尔后进出于府后山及遵义老城以北地区。但须特派一连，接替三五一团在冷家湾警戒之连，掩护本师左侧之安全。而第一线团，战斗境界为冷家湾东端小高地，迄老鸦山最高点右侧五十米之线，线上属右第一线团。

五、攻击前进之时机，另行示知。

六、九三师之五五八团为预备队。即时开始运动，经桃溪寺，位置于桃溪寺右前方冷家湾谷地附近。视战斗进步，同时前进于左第一线团中央后。

七、师通讯连及各团通讯排，应于午前十一时以前，构成师团间通讯网，另以信号枪补助之。

八、卫生队即在桃溪寺开设绷带所。

九、余刻在现在地，正午十二时以后在蓝坳。

信号枪联络法

前进时　红绿色弹各一发

停止时　白色弹二发

占领某一线时　绿色弹三发

要求增加时　红色弹三发

丙、战斗经过（如附图）〔图略〕

午前十一时三十分，各部均已依照指示到达指定地点，部署完毕，准备攻击。师为主攻方面容易奏效起见，先令右第一线（三五一）团，即时开始攻击前进。

一、右第一线（三五一）团，以第一营附重机关枪两挺，为右第一线营，展开于蓝家堡以东地区，对老鸦山A高点之匪阵地攻击。第三营附重机枪两挺，为左第一线营，展开于蓝家堡以西地区，对老鸦山B高点之匪阵地攻击前进。迫击炮连位置于蓝家堡高地，以能射击老鸦山右侧AB高地。其余为预备队，随团部位置蓝家堡高地。于午前十一时三十分，开始攻击前进。第一三两营，接近匪阵地前端时，以山高倾斜，过于急峻，反复冲突，数度肉搏。我官兵虽奋勇有加，前仆后继，终难奏效。是时，已午后二时许矣。为避免无益损伤计，当令其停止攻击，固守既得地区。俟我左第一线（三四九团），夺取老鸦山最高点后，乘势一举而攻占当面之匪阵地及红花岗。午后六时，我左第一线（三四九）团，已将桑子山、老鸦山最高点占领。此际我右第一线团，即乘胜出击。匪虽恃其阵地坚固，顽强抵抗，终以我官兵锐气难当，且受我占领老鸦山最高地部队之侧射，匪部死亡枕藉，狼狈逃窜。其老鸦山左侧高地阵地及红花岗，次第被我完全占领。

二、左第一线（三四九）团，以第二营附重机枪两挺，为右第一线营，展开于老鸦山麓，对老鸦山最高点及其迄西高地之匪阵地攻击。第一营附重机枪两挺，为左第一线营，展开于桑子山麓，对桑子山匪阵地攻击。迫击炮连位置蓝坳。其余为预备队，随团部位置于蓝坳。在我右第一线（三五一）团，攻击进展困难时，即令其开始攻击，一举将匪桑子山之阵地占领。其攻击老鸦山最高点及其迄西高地匪阵地之右第一线（第二营）营，攀登仰攻，势甚猛烈。匪我往还冲突，白刃相交，血溅肉飞，状至惨烈。匪虽尽力顽抗，终以伤亡过大，及我攻击精神之旺盛，遂于午后六时许，放弃其老鸦山最高点及其迄西之阵地，而向遵义逃窜矣。是时，我右第一线（第一营）营之一部，亦进至遵义老城南门。匪部纷纷四窜，而占领府后山之匪，亦见势溃退。遵义新旧两城，指顾可下矣。

三、预备队（九十三师之五五八团）随战况之进展，于午后六时，推进至蓝坳附近。

当我与匪激战之际，不幸我扼守公路及其右侧高地之友军，于下午三时三十分时被匪突破，纷纷撤退。我师虽夺取匪部之全阵地，而我右第一线（三五一）团，遂处于被包围状态。是时为集结兵力，撑持战局，再图进取计，师长在三四九团占领阵地，作如下处置：

一、预备队应派出一部，占领蓝家堡右后方小高地及三道河北端小高地，掩护本师右侧背之安全，俟三五一团阵地巩固后，撤回土地坳、两口田间归还建制。其主力移置于土地坳、两口田间高地，含接三四九团，构筑阵地固守。

二、三四九、三五一两团，应迅速构筑工事，确实领有既得地区，相机进取遵城。其三四九团，进至遵义老城之一部，应即撤回。

三、师部即时移置于两口田。

我各部依上项指示运动时，已届薄暮，仅闻四处枪声频频，喊杀惊天。我九三师及第四纵队，以征候判断，似已向揽板凳方向撤退。此际奉到副总指挥吴命令如下：

一、本纵队拟撤退至揽板凳附近集结，待机转移攻势。

二、该师于薄暮后，视情况之变化，节节向揽板凳撤退。如情况不许可时，由该师长相机处理。

三、余率九三师之一部，沿马路向揽板凳行进。

本师虽处于被包围状况，尚企图撤退各友军，能在揽板凳附近占领阵地，于次日再图进取遵城。故决计确守既占领地区，彻夜与匪保持接触。匪虽彻夜向我红花岗、老鸦山，作不断猛袭，终以我官兵沉着应战，卒未得逞。直至三月一日午前一时三十分，据派往揽板凳与友军联络员兵回报，匪部已越过揽板凳。我第四纵队已向八牛水方向撤退，九三师已向乌江方面撤退。本师此际不得不忍痛放弃既得地区，以求战略之转变，而便于尔后转移攻势。乃决计向八流水方面转进，以期与我第二、四两纵队取得联络。乃下如下之命：

命令　三月一日午前一时

于两口田师司令部

一、匪情如贵官所知。

我第四纵队，刻正向八牛水，九三师向乌江撤退中。

二、我师为战略之转变，拟于本（一）日拂晓，转进于八牛水附近地区，占领阵地。

三、大小行李、三五四团(欠两营)，及卫生队、无线电班，已随副总指挥吴，向乌江方面撤退。

四、第五五八团应派一部，于本(一)日午前五时，占领两口田西南端高地，掩护师之撤退。其主力于本(一)日午前七时，向八牛水转进。

五、第三四九、三五一两团团长，应指挥所部保持现在之线，于本(一)日午前七时，先以红花岗起，逐次交互掩护，经两口田向八牛水转进。

六、通讯连应于本(一)日午前五时，撤收其通讯网。

但至三四九、三五一两团间之回线，须留置到午前七时。

七、给养应用自行携带粮秣。

八、卫生队应由现地向八牛水转移。

九、予于本(一)日午前七时以前，在两口田，七时以后，在五五八团后进行。

● 上令

下达法　笔记

师　长　韩汉英

副师长　沈久成

三月一日午前七时，各部均遵令运动，于午前八时三十分，完全通过两口田，向八牛水转进。我交互掩护部队及五五八团之一部，乃与匪保持接触。匪虽尾追，终以我机动性大，未受系留。至午前十时左右，到达八牛水之东端，得知如下情况：

一、先一日追我第四纵队之匪，约二千余人，在八牛水与我五五八团遭遇，刻正接战中。

二、第四纵队全部，已向打鼓新场撤退。

师斯时前后受击，入于被围状态。且匪利用侯之担叛部，以其地形熟识，四出侵袭。我三四九团全部被其截断，当即作如下之处置：

（一）师为迅速脱离与匪之接触计，拟经罗名城、鸭溪，向白腊坎方向转进。（二）五五八团应保持现在领有地区，掩护师之转移。

三、师特务营（欠一连），应于现时占领八牛水东北高地，掩护五五八团之撤退，尔后须交互掩护，向白腊坎撤退。

四、三四九团应取捷径，向白腊坎转进。

三五一团应即时向罗名城移动，到达鸭溪时，占领阵地，确实掩护师之转进。

五、余现在罗名城大道上，尔后在三五一团后行进。

处置下达后，匪虽合力夹击，我仍前攻后拒，且战且走，于午后八时许，到达白腊坎，始与匪脱离接触。为整理方便计，乃令各部经马蹄石、遇母洞、三重堰，向黔西集中。于三月四日到达。经奉令集中镇西卫，于六日出发，经滥泥沟、鸭池河，分两日行程。师部及直属队、三五一团、九三师之五五八团，于七日到达镇西卫。三四九团留驻滥泥沟、鸭池河地区间，筑工警备。三五四团仍随副总指挥吴驻息烽。此遵义附近地区战役及尔后转进之大概情形也。

〔国民党政府军事机关档案〕

17．国民党军第九十九师郭思演部关于堵截长征红军工作报告书

（1935年2月）

陆军第九十九师二十四年二月份剿匪工作报告书

一、作战命令

匪强渡金沙江，不果。遂经古蔺、叙永回窜黔北。于本月二十五日，窜陷桐梓，二十六日陷遵义城。本师奉前敌总指挥薛二月二十七日命令：贵阳市城防，应责成第九十九师师长郭思演统筹办理。凡在贵阳市附近机关、部队，关于城防事宜，均受郭师

长之指挥。等因。下达如下之命令：

命令　二月二十八日午前八时

于贵阳师部

（一）兹区分贵阳市城门警备任务于下：

1. 红边门—新东门—老东门—南门，归九十二师担任。

2. 次南门—大西门—威清门—天广门，归九十九师担任。

（二）以上城门，均配置兵力二班，乃至三班。限本（二十八）日正午配置完毕，为要。

命令　二月二十八日午后十时

于贵阳师部

（一）从明（一）日起，即进入碉楼。每碉分配一班。由五八九、五九〇两团，各派兵一营担任。但每碉应设备水缸两口，饭锅一口。

（二）明（一）日起，开始增加碉楼八个。威西门东山之线以南，归五九〇团，以北归五八九团，线上归五八九团。

（三）本日，九二师开往息烽，所遗红边门—新东门—老东门—南门各城门守兵，由二九五旅派兵接替。

二、军队调遣

本月六日奉命，以二九七旅开往贵定、龙里一带，接替第十三师防务。旅部及五九四团驻贵定，五九三团驻龙里。同日，派二九五旅侦探队三队（一律军服不穿便衣），归五八九团侦探队长潘厚章指挥，开驻扎佐，维持息烽、贵阳间马路之交通。

三、匪情概况

伪一军团第二师为右侧，自东日到达古蔺附近。其主力确经土城、叙永、古宋、兴文急窜中。另一部向赤水河方面窜扰，以掩护其大部通过之安全。支日，向镇龙山、元宝寺急窜。微日，匪一股约四五千，到达金鹅池，其主力似经建武，向筠连方向溃窜，有兼程西窜，抢渡横江及金沙江，图窜扰川边之企图。虞日，匪大部折向南窜，经大坝、建武、五村，齐日即由威信窜入滇境。另一部经洛表、王场、三岔河，向滇境之洛木连窜去。灰日，匪似有仍循川滇边界西窜盐津、大关，急渡横江、金沙江之势。元日，窜集横江南之匪，经我滇军压迫，有转向古蔺、叙永回窜之模样。寒日，匪因西窜目的不遂，似有回窜黔北东，与肖贺股匪谋取联络之趋势。删日，朱毛股匪似有确向黔境乌江以北地区窜扰之企图。匪主力于巧皓等日，已由太平渡渡河，即向临江场、蚂蚁沟、东皇场、温水方向窜去。以一部经土城、二郎滩、周家场为掩护部队，于哿马两日，似已窜至蚂蝗沟、东皇场一带地区。养日，匪一部窜抵温水，其大部由二郎滩，经花秋坝，抵高桥附近，于有晨窜陷桐梓，遂向板桥方向进窜。伪一军匪约万余，于寝日围攻遵义城，感日进陷。俭晨，经我军收复，匪撤向桐梓、绥阳方向，纷纷溃窜。陷日，遂往乌江以北地区逃窜。

四、剿匪战斗经过

本日未与匪作战。

〔国民党政府军事机关档案〕

18. 国民党军第一路军前敌总指挥部关于追堵长征红军军事报告书

（1935年3月）

剿匪军第一路军前敌指挥部二十四年度三月份剿匪工作军事报告书。

一、本月匪情

甲、朱毛股匪

朱毛残匪主力，于二月二十七、八等日，由娄山关、观音阁一带，窜抵遵义之董公寺，与王家烈部接触。二十九日，该匪窜踞遵义后，一部进窜绥阳蒲老场，与我蒋丕绪部接触。当经击溃，毙匪甚多。其大部于本月四日向湄潭急窜。旋因我乌江第二、第三两纵队堵守严密，不易东渡，五日复经遵义西南鸭溪场，向通打鼓新场之道西窜，企图南犯贵阳。十五、十六两日，经白腊坎、枫香坝、长干山、打草坝、贝马石、两河口、毛坝场一带，向古蔺方面西窜。十九日，经仁怀窜入川南。二十三日，复东渡赤水河，回窜东皇殿、二郎滩一带。二十六日，窜抵仁怀东北之楠木坝、中材、大坝等处，图再窜桐、遵。二十八日，由东皇殿、二郎滩，窜集桐、遵以西之观音寺附近。二十九、三十两日，窜抵黔西之安底，由黄沙渡、大塘河，偷渡乌江，窜踞息烽、开阳一带。

乙、贺萧股匪

贺匪三千余，二日由大庸王泉寺一带，窜踞龙山、贾家寨市、客寨等处。肖匪则盘踞大庸、断架山、金岩山之线。四日，贺肖残匪万余，窜抵桥头、谢家坳一带。五日由桥头，向孙家坪、桐油坪、白羊坪窜逃。七日复回窜桥头、平窝、青湾。八日窜羊峰城、松柏场、后坪、唐家湾。九日由羊峰城、松柏场进犯王村。经我章亮基师迎剿，该匪向枫香塘、高粱坪、松柏场方向逃窜。十一、十二两日，复经桐华溪向石田溪一带窜去。十八日，在大庸西后坪、鸡公脑附近，经我李觉纵队痛剿，激战一昼夜，将其击溃，仍向石田溪方面窜逃。该匪主力，仍盘踞龙爪关、石田溪一带，并在塔卧、龙家寨、牛栏坳、西库、沙泥、黄土界、白竹山、三家田等处，往来窜扰。

二、作战命令

三日江亥电令：

李司令官云杰，据报：匪已窜遵义，正向湄潭运动。思南、水口渡江防，首当冲要。已令陈光中师赶开该线，誓死堵守。惟该师兵力单薄，应着二十三师火速向江口急进，俾便策应。绪江到辰溪。刘建绪。江亥参。

四日支午参电令：

陶司令官、陈师长：据报：贺肖匪部二千余，东窜永顺以西之贾家寨市，先头已到客寨。着陈师长渠珍，飞调有力部队，一面在龙山保靖间碉堵，一面赶向客寨侦剿勿延为要！刘建绪。支午参。

四〔日〕支酉参电令：

李司令官云杰、王师长东原、李司令官韫珩、陈师长光中：

(一)综合各方情报，朱毛股匪一部攻陷遵义，正与吴奇伟纵队在城南对峙；一部在绥阳与蒋丕绪旅激战，大部向湄潭急窜中。贺肖股匪二千余，已窜龙山南之贾家寨市、客寨一带。朱贺等似有在德江附近合股之样。(二)着李司令云杰，速饬陈师向思南（含）、银溪口（不含），李师向思南（不含）至沿河，王师向龚滩（不含）至沿河（含），均沿乌江星夜赶到，严密布防。另由王师，抽兵一部担任酉、秀，李师一部，担任印、松，扼守据点，堵剿贺肖西窜。(三)着李司令韫珩，速趋石阡，赶在银溪口（含）至余庆以北水口江之线，严密布防。上三项，务望遵照上令，排除万难，奋勇迈进，分别固守乌江东南岸，及酉、秀、松、印之线，阻匪会合，完成使命。为要！刘建绪。支酉参。

六日鱼申参电令：

陈师长光中：该师先头部队，即抵石阡，应速遵令在思南、水口渡之线布防，筑碉扼守。其机动部队，应控置于思南附近为要！刘建绪。鱼申参。

六日鱼申参电令：

李司令官云杰：着该司令速令二十三师向夹石开进，联络王、陈两师，沿江堵匪东窜。刘建绪。鱼申参。

九日青申参电令：

李司令官云杰：据王师长庚未电节称：酉阳、龙潭、秀山等处，均极重要，地形复杂，至少需兵三团方资防守。因此，乌江方面，仅能分布三团。倘朱、毛、贺、肖同时并至，则龚、洪间腹背受敌，恐难达成堵剿之责。等语。除电复外，着二十三师，赶在沿河以南，淇滩至李家岩之线，以速布防，切取联络，免生空隙。并将沿江及松印部署具报，为要！刘建绪。青申参机。

十二日文巳参电令：

李司令云杰、王师长东原、李司令韫珩、陈师长光中：兹遵委座蒋燕申川行参战电，重将乌江防务指示如下：(一)自思南(不含)以北至龚滩之线，归李江防指挥官云杰负责指挥，李、王师，仍按原来配备扼堵。(二)自思南(含)以南，沿乌江东岸至回龙场之线，归李司令韫珩负责指挥。六三、五三两师，沿江扼堵，陈师由思南起，向银溪口、野毛溪以西延伸；李师(53D)右接陈师，左至回龙场之线止，并控制机动兵力于水口、回龙场之间。惟就图上判断，颇难确切，究竟由思南至回龙场，沿江计程若干里，着由李司令韫珩筹划部署。如有困难，即希飞报，以便转呈。(三)为施行任务方便计，已另电呈总座，饬陈师归还第三纵队原战斗序列。上三项。刘建绪。文巳参铜。

二十五日有戌电令：

王师长东原：贺肖被湘西军团压迫，有向酉秀西窜之样。着王师长东原，迅在酉、秀线上，竭力完成坚固防卫工事，严堵贺肖漏窜，为要！刘建绪。有戌参。

三、军队调遣

本月份军队调遣如下表。(略)

四、剿匪战斗经过

十二日章师长亮基佳亥文巳电：

佳午接朱支队长巳刻于青梁坪报告：羊峰城、松柏场之匪，约两千，于今晨与我团队田向两部接触，该两部不支，现正与我第九二团蒋营激战中。等语。职得报后，决于明晨率全部，向该匪进剿。但恐蒋营不支，爰先令戴鼎申团于佳午开赴青梁坪，占领阵地，制匪蔓延，使师主力尔后进出容易。未刻，戴团行抵枫香坪附近，团队纷纷撤退，戴团即协同蒋营，在枫香坪占领阵地，拒匪前进。不料匪分三路来攻，数在五千以上。该团以地形不利，众寡悬殊，遂撤至王村附近，该匪遂即乘夜迫近王村。职遂决于蒸晨侦察情况明了，即向该匪出击。激战竟日，当将该匪击溃，向膏梁坪溃退，真晨向羊峰城窜走。是役毙匪甚众，俘获颇多。

二十三日李师长觉报告：

贺肖匪一部，自经本纵队于三月十日在大庸击退后，扼守鸡公垭，又以主力进犯王村不逞，乃盘踞石田溪、羊峰城一带。其一部约一团，于十三、四、五等日，时出没于后坪、龙爪关等处。本纵队先头陶旅长柳，率第一一四团及第六九四团，十七日进至龙盘岗。以一部于大庸所占领阵地，掩护架设浮桥。纵队司令部及第一〇九团，并陈旅长子贤率第一百一十团，及第三七五团，同日均宿营于四坪附近。是日（十七）午后十二时，据陶旅长柳报告：本日午后六时，正我浮桥将完成之际，占据鸡公垭之匪，突全部向我掩护部队袭击，随经击退。本晚十时许，我掩护部队派小部向鸡公垭袭击。据称鸡公垭已无匪踪。等语。职又令第一一四团派小部，占领该处，作为前进据点。但无命令，不准轻进。迄十八日辰刻，本部在龙盘岗西方高地，接到陶旅长柳午前七时三十分于鸡公垭报告：职于六时三十分，令第一百一十四团，于大庸所展开，向后坪搜索前进，至黄泥岗附近，占领阵地。第六九四团随职部，循第一一四团经路跟进。午前七时，讵第一一四团第三营，向鸡公垭左翼高山搜索，突有匪向之射击，旋第一营亦与匪接触，枪声甚密，似非匪方少数部队。现天雾弥漫，咫尺不能见人，而该团正与匪激战中。随即又接到该旅长午前八时于鸡公垭报告：(一)匪约数千，占领我左翼高山，与我顽抗中。(二)职率唐、王两团，在大道右翼高山。(三)已饬三七五团，沿左翼第一一四团后跟进。(四)第一一四团官兵负伤颇多。等语。午前九时，我左翼之第一一四团及三七五团，与匪激战，枪声极密。相持至巳刻，战斗较前更烈。匪居高临下，恃地势优越，以主力向我左翼第一一四团阵地猛冲。鏖战至十时四十分，我第一一四团及三七五团之各一部，因迭次仰攻，伤亡颇重，致略受挫折。本部乃一面令第一〇九团，以一营沿崇山向匪右翼施行侧击；一面令右翼之第六九四团，固守阵地，对右翼占领中山之匪，严密警戒，并协助第一百一十团及三七五团之各一部，士气陡增。复向匪猛冲，两面夹击，匪死伤枕藉。知我左翼不易奏功，乃转移主力，向我右翼之第一百一十及六九四两团，迭次猛冲。并以一部向中山运动，企图包围。我陶旅长柳，当飞令第一百一十四团及三七五团，在第二线整理之各一部，占领中山东端高地，拒匪前进。自午前十一时，至午后三时，我右翼战况，至为激烈。第一百一十团，战况尤为惨烈。本部令第一〇九团之第一营，向右翼增加。至午后四时，战事渐趋和缓。至午后五时，我郭军派胡团赶到，尔后渐入休战状态。时天近黄昏，未便出击。本部因于午后六时十分，令第一〇九团(欠一营)占领左翼高地，准备明辰出击。并令在原阵地彻夜警戒，及构筑工事，防匪夜袭。匪因伤亡过多，受创甚巨，即于是夜宵遁。是役毙匪无算，夺获步枪四十八枝。我伤亡官兵四百八十五员名，损坏机枪三挺，长短枪一百零七枝。

五、剿匪宣传(略)

〔国民党政府军事机关档案〕

19．国民党军第九十六师萧致平部与长征红军在棋盘山一带战斗详报

(1935年3月)

甲、战斗前敌我形势之概要

一、朱毛股匪约两万余，自三月十三日窜至长干山(仁怀东六十里)、二郎岩一带后，随又散布于平家寨、打草坝、平广坝、马占坝及打鼓新场附近一带，企图经毛坝场、清水塘西窜。

二、纵队以堵匪西窜及截击之目的，于三月十二日，以一部散布于吴马口、岩孔、毛坝场、童塘、石革关、清水塘、六竹山等处；主力于十三日移驻鲁班场附近，取待机姿势，准备南向毛坝场、北向仁怀截剿。并一面在鲁班场、预筑防卫阵地。

师奉命担任自鲁班场东南端白果寺亘丁家山、棋盘山至通坛厂道路阵地之守备及警戒。当即指定地区，构筑防御工事，其防御配备如附图一。(附图略)

三、三月十四日早，得纵队部通报开：匪先头约三四千，已窜到吴马口、永安寺、坛厂等处；其主力似在后跟进，有向我进犯之企图。是日午后二时，大竹坝、枫树岭一带高山，均发现匪部队在各该处构筑工事，并时时向我射击。

四、十五日晨，接纵队部通报开：吴马口、永安寺、坛厂等处有匪甚多，现正向我前进中。

同时接本师侦探报告：永安寺之匪，以密集队形，向大竹坝、枫树岭及其以西地区前进。

乙、战斗之经过(参照附图二三)(附图略)

五、午前八时，师长由阵地上观察，见匪之大部由永安寺、坛厂、观音场而来，在本师及五师阵地前面分进。师长旋令右地区队五七三团，左地区队五七六团，进入阵地。五七一团集结于棋盘山西南端山麓，为师预备队。午前九时，匪开始向我五师阵地射击。同时我阵地前森林内，亦发现匪踪。午前十时，本师全阵地开始战斗。

六、午前十一时，匪向我棋盘山左侧五七六团第一营之阵地进犯，我官兵沉着应战，匪不得逞。午后一时，乃以优势兵力向我猛烈进攻，前仆后继，并以迫炮掩护，猛射不已。赖官兵奋勇，相互肉搏十余次，至午后三时，将该匪击溃。

七、午后四时，匪复以优势兵力，向我棋盘山右侧五七六团第二营阵地猛烈攻击，肉搏八次。至午后六时，我守兵伤亡甚多。

手榴弹亦用尽，匪进至堡垒附近，短兵相接之际，师长见其来势汹涌，急命预备队五七一团第三营向该匪逆袭。斯时，我堡垒内之官兵，亦猛烈向匪射击，匪死伤枕藉，生还者不及半数。该匪经此重大打击，不敢继续猛攻，至午后七时，退踞我阵地前森林内，与我对峙。

八、午后七时，奉纵队部命令，增派十三师七八团及第一追剿队附属本师。师长即令其在棋盘山西南端山麓集结，为师预备队。

师长以该匪白昼进犯不利，恐其乘夜来犯，乃从新整理战线，部署如下：

以五七三团为右地区队，仍守原阵地。

以五七一团（欠一营）附五七六团第二营，为中央地区队，固守棋盘山南端一带阵地。

以五七六（欠一营）附五七一团第一营，为左地区队，固守棋盘山东端阵地。

十三师七八团及第一追剿队，仍在原处，为师预备队。

九、午后十时十一时，匪迭向我冲击数次，均被击退，乃乘夜分向永安寺、坛厂、仁怀、茅台方向逃窜。

丙、与我对战之匪番号及兵力

是日，与我对战之匪，为伪一、三、五军团。本师方面为伪一军团第二师、伪五军团第十三师及伪三军团之一部。

丁、战后之成绩（略）

戊、战后所得教训

一、在地形复杂倾斜急峻之山地战，地形荫蔽，射界短小，敌人容易接近。火战时期甚短防者，最有利之战法，即为乘敌人攀登斜面疲惫之际，以强大兵力施行反突击，每可得局部消灭之利。本师此次战斗，施行此项战法，得有奇效。故在此种场合防者，应有此项准备及心理。

二、为施行反突击，故各级指挥官均应准备强大之机动部队，其预备队，并应接近第一线。

三、山地之防御配备，应努力注意减少及消灭死角。周密设备侧防。对于鞍部及山谷，应视其必要，配备适当兵力。

〔国民党政府军事机关档案〕

20. 国民党军第五师谢溥福部关于与长征红军在仁怀鲁班场战斗详报

(1935年3月)

甲、战斗前匪我之形势概要

一、自三月五日至十二日，匪我相持于长干山、坛厂之间。十二日，伪三军团窜抵泮水，有向西南窜逃模样。我军遂跟踪尾追，十三日追抵鲁班场，得悉伪一军团于十二日晚，由平家寨向井坝移窜，其主力并未他移，即在鲁班场停止，准备堵击。十三日晨，永安寺到匪约二千，距吴马口东约八里处，亦有匪部窜到，似有伺隙前来进犯之企图。

二、我十三师已追抵三元洞，十四日由三元洞移驻鲁班场。

三、师奉命担任鲁班场西北端之守备及警戒，并构筑工事。师长奉命后，当下达如下之命令：

1. 匪情略。

2. 师以歼灭朱毛残匪之目的，拟暂在鲁班场西北一带地区，构筑工事并守备。

3. 着二十七团担任由鲁班场至通坛厂大道（含）起，亘龙胜田北端高地至通草田溪大道（不含）止之警戒及守备。

4. 着二十五团担任由鲁班场至通草田溪道路（含）起，亘露明山至通三元洞大道(含)止之警戒及守备。

5. 着三十团为预备队，并派兵一营，构筑团标寺之据点并守备之。

6．二十五、二十七两团，在其守备区域内，立即构筑工事，并限本（十四）日晚完成射击设备。

7．其余略。

乙、战斗经过 （三月十五日）

一、午前九时，匪约三百余，由仁怀大道向我二十七团阵地前进。我二十七团筑工部队，当即起而应战，约半小时后，匪受重创，即向松林坡森林内移动；其后续部队约千余，亦陆续向松林坡运动。

二、午前十时，我九六师阵地前，亦有多数匪向其猛攻。

三、午前十一时，我第一追剿队由鲁班场出击，向松林坡之匪猛攻。激战甚烈，当以众寡悬殊，势甚不支。经我团标寺部队之火力掩护，遂由后灰田撤回鲁班场。

四、正午十二时，匪约千余，由松林坡经采山坪山麓，向雷家坡北端高地运动，似有以一部由草田溪道路，进犯我二十五团阵地之模样。同时，露明山南端高地，亦发现匪部六七百，向我佯攻。

五、午后三时，松林坡之匪，以猛烈火力向我团标寺阵地猛烈射击。其潜伏于采山坪山麓之匪七八百，当即由纸厂向我团标寺猛攻，势甚凶勇。经我猛烈射击，势稍顿挫，约半小时后，匪复以五百之众，由松林坡协同，向我团标寺攻击。当以山地复杂，匪利用死角匍匐前进，其先头约二百人，已到达距我团标寺阵地前约二百米之处，师长乃命二十七团，以猛烈火力向该匪侧击。匪伤亡奇重。旋我三十团亦派兵两连，向该匪施行逆袭。匪不支，即纷纷向松林坡及采山坪方向退窜。我逆袭部队，当因受匪掩护部队火力之射击，未克尾追。同时，由坛厂窜来之匪约千余，亦以五六百人、围攻我二十七团所守备未完成之碉楼。当以地形荫蔽，守碉部队未克十分发扬火力，且以守兵太少（官兵共八名），致被匪四面包围，势颇危急。

六、午后五时，师长以碉楼位置攸关全局，令二十七团派兵两连，由我九六师阵地向左出击。匪受我内外夹击，其势不支，即纷纷向后撤退。当毙匪数十余名，获枪二十余枝。

七、午后五时三十分，匪复以六七百人，向我团标寺阵地攻击。其先头约三百人，又冲至我阵地前约百余米处。时将近黄昏，师长乃电话令三十团派兵一营，在黄昏时由正面及两侧施行逆袭，并须秘密接近匪众，以白刃冲杀。

八、午后六时，我三十团逆击部队，已分三路接近匪部，一声杀喊，乃藉势以白刃冲杀，匪不及防，秩序大乱，当被我杀毙匪五六十名，获枪三十余枝。

丙、匪之兵力队号及退窜方向

一、与我二十七团接战之匪，为伪第二师全部。

二、与我三十团接战之匪，为伪第一师全部。

三、是役，我二十七团毙匪百余。我三十团毙伪营长、团政委、团参谋长各一名，毙匪三百余。

四、匪以全力攻我阵地，既不得逞，遂于十六日拂晓前，向仁怀、茅台方向逃窜。我追击部队发现琵琶堰、观音场两处，匪遗留伤兵达一千一百余名。

丁、战斗后之结果（略）

〔国民党政府军事机关档案〕

21. 国民党军第九十六师肖致平部与长征红军在鲁班场附近战斗详报

（1935年3月）

一、作战命令

本月份除行军宿营命令，因与作战无重大关系，未及备载外，兹谨将作战命令重要者，分述如下：

参字第八十二号　命令　三月十三日午后四时

于鲁班场师部

(一)据报：伪一军团于昨（十二）日晚，由平家寨向井坝移窜，匪主力似在后跟进。现永安寺于今(十三)日晨，到匪约两千。距吴马口东约八里处，并有匪窜到，似有伺机前来进犯之企图。

纵队拟在鲁班场及其附近阻匪西窜。

(二)师（欠五七一团)，奉命担任自鲁班场东南端白果寺亘丁家山、棋盘山至皮巴湾之线阵地守备及工事构筑。

师与第五师作战地境，为皮巴湾、鲁班场、白果坝相连之线。线上属第五师。第五七一团一部在吴马口，主力在鲁班场、吴马口之间扼要截击。

(三)着五七三团之一营为右地区队，担任自鲁班场东南端白果寺亘丁家山至艾山湾（含）止阵地守备及构筑。

(四)着第五七六团为左地区队，担任自艾山湾（不含）起亘棋盘山至皮巴湾（不含）止之阵地守备及构筑。

(五)第五七三团（欠一营）为预备队，位置于鲁班场东端。

(六)第五七三团便衣队，位置于天车，向岩孔方向搜索匪情。第五七六团便衣队，位置于分水坳，向永安寺方向搜索匪情。

(七)各团在阵地前，须严密配备警戒，构筑工事。限今晚完成立射散兵壕及其他必要工事。

(八)遇匪进扰时，应各固守阵地抵抗。

(九)予在鲁班场师部。

参战字第八三号　命令　三月十五日午前八时于棋盘山

(一)据探报：吴马口、永安寺、坛厂等处，到匪甚多。现正以密集队形向我前进中。

纵队拟在鲁班场附近占领阵地，俟匪进至阵地前，予以火力损害后，反攻歼灭之。

(二)师奉命占领自鲁班场东南端白果寺亘丁家山、棋盘山，至皮巴湾之线。

(三)着各地区队即刻进入阵地。

(四)着五七一团为预备队，集结于棋盘山西南端山麓。

(五)予在棋盘山西端高地。

参战字第八四号　命令　三月十五日午后六时

于鲁班场棋盘山

(一)匪以优势兵力，向我棋盘山右侧五七六团第二营阵地猛攻。

(二)着第五七一团第三营，急向该匪逆袭。

(三)予在棋盘山高地。

参战字第八五号　命令　三月十五日午后七时

于鲁班场棋盘山

(一)伪一军团第二师、伪五军团第十三师及伪三军团之一部，自被我击溃后，退踞我阵地前森林内对峙中。

(二)本师附第十三师七八团及第一追剿队，今（十五）日晚即在原阵地彻夜。

(三)着第五七三团为右地区队，仍守原阵地。

(四)着第五七一团（欠一营）附五七六团第二营，为中央地区队，固守棋盘山南端一带阵地。

(五)着第五七六团（欠一营）附第五七一团第一营，为左地区队，固守棋盘山东端阵地。

(六)第十三师第七八团及第一追剿队，集结于棋盘山西南端山麓，为预备队。

(七)予在棋盘山西端高地。

参战字第九十号　命令　三月二十四日午后六时

于枫香坝师部

一、匪于二十一日开始，由太平渡、二郎滩渡河，向东回窜。

纵队以制限匪向东南流窜之目的，拟即就坛厂、长干山、倒流水、枫香坝、白腊坎、鸭溪场之线，构筑碉堡。

二、师奉命担任构筑由枫香坝（含），经白腊坎至鸭溪场（含）间之线碉堡。

三、着五七三团开赴鸭溪场，构筑碉堡，并担任守备，阻匪南窜。并派兵一连进至花苗田，向附近游击。

四、着第五七六团第三营营长蔡春荣，率领所部及该团特务连、输送连，即开赴白腊坎，构筑一营用之碉堡。

五、第五七六团主力及工兵连、特务营第一连、输送营，统归第五七六团团附谢文蔚指挥，于明（二十五）日，在枫香坝南端狮子山构筑野堡。

六、第五七一团，担任枫香坝四周碉楼之构筑及工事之修补。

七、予在枫香坝师部。

二、军队调遣

本师于本月一日到达仁怀县，即在该县城周构筑碉楼。四日进至坛厂、长干山一带构筑碉楼。十二日以一部散布吴马口、岩孔、毛坝场、童塘、石革闹、清水塘、六竹山等处为伏兵，主力于十三日移驻鲁班场附近。十五日与匪激战一昼夜。十七日至三元洞。十八日，以五七三团开赴清水塘筑碉，其余由三元洞开返仁怀。二十二日开至毛坝场，二十三日，由仁怀复经永安寺，于二十四日至达遵义属之枫香坝。同时，第五七三团，亦由清水塘开抵鸭溪，筑碉守备。

三、匪　情

朱毛股匪，自窜抵遵义后，即从事改编。以伪一军团缩编为一、二、七、八四个团。伪三军团编为十、十一、十二、十三四个团。伪五军团编为二十七、二十八、二十九三个团。伪九军团编为一团。于四日起，向绥阳、湄潭方向逃窜。鸭溪、白腊坎附近，有匪约七八百人盘踞。六日，其主力窜集鸭溪、枫香坝间地区。九日，有匪一部窜占长干山、二郎岩一带，主力散窜平家寨、打草坝、平厂坝及打鼓新场一带，企图经毛坝场、清水塘西窜。因吴马口、岩孔、毛坝场、童塘、石革闹、清水塘、六竹山等处，被我军扼守，无法通过。并于十五日经我军在鲁班场痛击，匪于重大伤亡之下，于十六日起，狼狈经仁怀、茅台，向古蔺方面窜去。二十一日，复由太平渡、二郎滩渡河，向东回窜。至三十日，其先头已由后山附近偷渡乌江，窜到河尾坝附近，大部在安底、长坝场、沙土一带，有继续偷渡模样。

四、剿匪战斗经过

朱毛股匪约两万余，自三月十一日窜至长干山（仁怀东六十里）、二郎岩一带后，企图经毛坝场、清水塘西窜。师于本(三)月十三日，奉命占领鲁班场东南端白果寺亘丁家山、棋盘山至通坛厂道路阵地，堵匪西窜。十五日午前十一时，匪以伪一军团第二师、伪五军团第十三师及伪三军团之一部，向我棋盘山左侧阵地进犯。激战至午后三时，将匪击溃。午后四时，匪复以优势兵力，向我棋盘山右侧阵地猛烈攻击，肉搏八次。至午后六时，双方正在堡垒附近，短兵相接之际，急命预备队向该匪逆袭。斯时我堡垒内之官兵，亦猛烈向匪射击，匪死伤枕藉，生还者不及半数。该匪经此重大打击，遂退踞我阵地前森林内，与我对战。午后十时十一时，匪迭向我冲锋数次，均被击退。乃乘夜分向永安寺、坛厂、仁怀、茅台方向逃窜。是役毙匪五六百，伤匪千余，夺获步枪七十二枝，轻机枪一挺，俘获匪兵三十二名。我方伤亡营长以下官兵八十九员名。

五、剿匪宣传（略）

六、碉堡建设

本月份，本师在仁怀、坛厂、鲁班场、长干山、遵义之鸭溪、枫香坝、黔西之清水塘等处，先后建筑木排碉八座，木班碉二八座，土班碉一座。

七、封锁设施

朱毛残匪，自三月十七日起，由仁怀、茅台向古蔺、叙永逃窜后，纵队以堵匪向南回窜之目的，沿赤水河南岸构筑封锁线。师于十八日奉命，以五七三团在清水塘、蜡坡、鱼塘河各渡河点，构筑碉堡封锁线，主力集中仁怀筑碉。该匪复于二十一日，由太平渡、二郎滩渡河向东回窜。我纵队以制匪向西南流窜之目的，即就坛厂、长干山、倒流水、枫香坝、白腊坎、鸭溪场之线，构筑碉堡。师于二十六日，奉命在枫香坝、白腊坎、鸭溪场之线筑碉。

八、部队检阅及士兵训练补充概况（略）

〔国民党政府军事机关档案〕

22．国民党军第九十九师傅中芳部关于固守贵阳城防堵击长征红军报告书

（1935年3月）

陆军第九十九师二十四年三月份剿匪工作报告书

一、作战命令

本师自二月二十八日，担任贵阳市城防。关于各城门，由二九五旅派兵三连担任；贵阳市附近碉楼守备，以五八九团第一营担任；自东山以北，迄头桥之线，以五九〇团担任；自头桥以南，迄东山之线，线上属五八九团。部署妥定后，复为巩固贵阳防务，维持城内治安，以应付万一事变起见，下达命令如下：

命令　三月一日下午四时

于贵阳师部

（一）兹为巩固贵阳防务，维持城内治安，以应付万一事变起见，着迫击炮营，即派出军士哨（兵力五名至六名）五所，从本（一）日起，每晚六时派出，至天明六时撤收。其各哨位置如下：

1．小十字路口中央；

2．铜像台中央；

3．光明路西端十字路口中央；

4．大十字路口中央；

5．粮道巷西口十字路口中央。

(二)军士哨之任务：

1．随时监察市内情况，维持军队风纪。

2．如有意外事件，即妥为制止之，勿使扩大。

(三)军士哨可着童子军服装，值班时间两小时。

(四)各军士哨应与各城门口守兵，及由军警联合办事处派出之巡查队，切取联络。

本月一日，我川军郭部收复遵城后，匪窜向仁怀、茅台。复回向长干山、枫香坝东窜。于二十八日，由鸭溪、白腊坎中间地区南窜。本师奉命派队堵截。下如下之命令：

命令　三月二十九日午后六时

于贵阳师部

(一)综合情报：匪大部于明〔昨〕(二十八)日，由鸭溪、白腊坎中间地区南窜。其先头已抵大渡口（在大庙场东南十余里）(参照二十万分一地图)。有向黔西方向逃窜模样。

我九十六师现固守白腊坎——枫香坝——长干山之线。

我吴纵队（第九十、九十二两师)、周纵队（第五、第十三两师）主力，今（二十九）日由仁怀向井坝前进中。

我滇军孙纵队，现由赤水河向打鼓新场前进中。

我五十九师张德能团，固守店子场一带，其余在六广渡、息烽一带。

我九十三师，现在遵义以南至美竹箐一带，构筑碉堡。

我李抱冰师，现在遵义一带，构筑碉堡。我上官云相六个团，现在桐梓一带，构筑碉堡。

我川军郭师，现在东皇场，向仁怀前进中。

(二)着五八九团(欠第三营)到达六广后，即往朵朵坝——五里坝，进驻谷里，构筑工事，归五十九师张团长德能指挥。

(三)已令驻清镇之第六连，于明（三十）日由原地开赴六广，归还建制。

（四）到达谷里后，务迅速向张德能团架设电话，保持密切联络。

本月三十一日，据飞机侦察回报：息烽以北，乌江河面，发现匪部浮桥，似有南窜模样。本师为巩固贵阳城防计，于本（三十一）日午后八时，下如下之命令：

命令　三月三十一日午后八时

于贵阳师部

（一）匪情略。

（二）本部为巩固贵阳城防，阻匪南窜之目的，拟即开始配备兵力，严密防守。

（三）着二九七旅（欠五九三团新兵），专任贵阳城外四周各碉楼堡垒之守备，为防御外线。限明（一）日正午以前，配备完毕。对于守备区内各要路口、洼道，务派出监视哨。对贵阳东北方碉楼线外十里地带，务派遣侦探队，编成侦探，严密警戒。

（四）着二九五旅（欠五八九团及五九〇团第二营），专任贵阳城及各城门口（欠红边门、六广门、卫西门）及涵洞之守备，为防御内线。限（一）日正午以前，配备完毕。对于入城门军民人等，应妥为检查。

（五）着追击炮营炮兵，即先就贵阳城外东北方照壁山上，构筑工事，为炮兵第一阵地。卫西门南端城垣上，选择适宜地点，为炮兵第二阵地。各阵地务求射界广阔，以火力支援各碉堡，互取联络。但该营持枪兵，应控置于贵阳城内原驻营房。从明（一）日起，入晚六时以后，遵照前令，分配军士哨五个，于城内各十字街口中央，监视城内秩序，并与各城门守兵切取联络。如有意外骚乱，务立即制止之。

（六）总部方特务营，应即以一连，专任红边门、六广门、卫西门三个城门口及各涵洞之守备。其余位置于毛公馆附近，拱卫绥署，并以一部担任军警联合办事处巡查。

(七)九十二师新兵全部，着在原驻地候命。有警时，即专任贵阳城周围城垣上之守望、梭巡，协同各城门口守兵，严密防御。其重兵器，应控制于大南门外，通青岩道路之十字路口，与城南各碉楼守兵，切取联络。

(八)贵阳飞机场，由二九七旅五九三团第一营派兵一连，专任警戒。

(九)九十九师军士队，为城防总预备队。

(十)余现在讲武堂。必要时，司令部一部人员，移驻北门天主教堂内。附记：

(一)二九五旅五九〇团第一营，派往沙子哨之一连，于明(一)日午后开回贵阳，归还建制。

(二)贵阳城门(除大西门)，晚九时关闭，晨六时开门，并由军警联合办事处，布告城内外民众，一体周知。

(三)大西门无城门，应由二九五旅派队加筑双堡，并备拒马。

(四)每一城门守兵，应派足一排兵力。

二、军队调遣

(一)二九五旅侦探队三队，仍驻扎佐，维持息烽、贵阳间马路之交通。

(二)二九七旅(除五九三团担任贵定龙里防务外)，于本月二日开回贵阳。

(三)本月一日，派五八九团第六连，开赴清镇，监督飞机场工程，并负保管该处碉楼之责。于三十日，开赴六广，归还五八九团建制。

(四)本月九日，派五九四团第一营，开赴清镇，接替五八九团第六连。三十日，开回贵阳。

(五)五八九团第三营，于本月十八日，开赴美竹箐防堵。复奉九三师唐师长命开赴牛场，归五十九师黄团长道南指挥。

(六)本月三十日午后三时，奉命派五九〇团第二营，乘汽车赶赴息烽，归五十九师黄团长指挥，守备息烽碉楼。

（七）五八九团（欠第三营）行动，如作战命令内，三月二十九日午后六时命令所述。

（八）本月三十一日，派五九〇团中校团附黄鹤立，率兵一连，开赴扎佐，担任防守。

（九）本月二日，派五八九团第四连，及四日派师工兵连服务贵阳军警联合办事处，担任巡查任务。

三、匪情概况

朱毛股匪，江日仍在遵义附近及乌江以北一带地区。微日，匪约万余，向鸭溪西南方向移动。虞日已抵石沟、坳塘一带。时枫香坝亦有匪一部，白腊坎亦发现匪数百。齐日，匪由温母洞西窜。灰日，匪之主力似已窜抵长干山、枫香坝、石蹄洞、大关口、黄泥坝、二郎岩一带地区。真日，匪大部续向长干山以北地区移动。是时，湘西之肖贺股匪，由大庸、桑植向西移动，其一部已抵永顺西之贾家寨一带。文晚，朱毛股匪主力，由平家寨、长干山、马蹄石、太平塘，分途向西续窜。寒日，匪大部向仁怀、茅台方向逃窜，一部向鲁班场。铣日，匪一部已窜抵川属之水口寺。匪于筱日分途逃窜，一经两河口，一经水口寺、石宝寨，向西延窜。哿日，匪大部窜至古蔺。朱毛股匪，复于养日回窜仁怀，一部已窜至东北区之东皇场、大坝场等处。迥日，匪主力窜踞仁怀东之瑶坝、观音寺一带，其伪一军团，在楠木坝附近。寝日，匪大部在长干山、枫香坝、白腊坎以北地区，仍有向东移动模样。感日，匪大部即由鸭溪、白腊坎中间地区南窜，其先头已抵大渡口，有向黔西县逃窜模样。艳日，匪先头窜抵安底后山一带，其大部在沙土、干溪河一带。陷日，匪一部约千余人，由息烽以北罗家寨，偷渡乌江南岸。世辰，已窜抵息烽附近。

四、剿匪战斗经过

（一）牛场之役

我五八九团第三营，于本日三十日，由美竹箐，奉九十三师唐师长命，开赴息烽属之牛场，归五十九师黄团长道南指挥，赶赴乌江渡口防守。是时，匪一部已先我一日偷渡乌江南岸。而该营尚未得到任何方面情报，故遵命急开。讵出牛场数里，即与匪约一团接触。我官兵奋勇作战，反复冲击，混战约五小时，匪我伤亡均大。随奉到唐师长命令，向养龙站集结。行至里神庙，又与匪一部遭遇。激战两小时，该营以众寡悬殊，即撤至柴江。于四月八日，开回贵阳。是役计伤毙匪兵百余名。我第三营阵亡连附二员、士兵八名，负伤连长一员、士兵二十余名。

(二)息烽之役。

我五九〇团第二营，于本月三十日奉令乘汽车开到息烽，守备碉楼。于三十一日，匪约三四百人，向息烽西北碉楼之第六连以全力猛冲。经我守碉部队沉着接战，毙匪二三十名，匪即溃退。移时，匪约千余，复以四面包围，进抵我碉楼木栅附近。我官兵固守碉楼，枪弹齐发，伤毙匪六七十名。匪不得逞，向芷江方向溃退。是役我伤亡官兵五员名。

五、剿匪宣传（略）

中华民国二十四年　月　日

师长　傅仲芳

〔国民党政府军事机关档案〕

23．国民党军第九十六师萧致平部与长征红军在沙土附近战斗详报

（1935年4月）

陆军第九十六师二十四年四月份剿匪工作报告书

一、作战命令

本月份，除行军宿营命令因与作战无重大关系，未及备载外，兹将作战命令重要者，分述如下：

(甲)沙土附近之役（四月七日）

参战第一二〇号　命令　四月六日午后九时于黔西沙土师部

（一）据报罗炳辉部约千人枪齐全，在石板水一带骚扰。

（二）师以歼灭该匪之目的，着第五七一团（附五七六团之一营及便衣队即特务第一连），于明（七）日早由沙土出发，向石板水一带搜剿。

（三）予在沙土师部。

（乙）车榔、威舍之役（四月二十三、二十四两日）

参战字第一一七号　命令　四月二十三日午前十一时

于兴仁旧营北端高地

（一）匪伪三军团约三四千人，正经旧营西窜。其后面尚有大部后续部队。我第五师正由铁厂，经板戛、以勒、那照，向车榔前进。

（二）师以歼灭该匪之目的，拟即攻击该匪。

（三）着第五七三团展开于旧营北端高地，即向奋营附近之匪攻击。

（四）着第五七六团经以陇铁索桥，向车榔截击。

（五）第五七一团着为预备队，位置于旧营北端高地。

（六）予在旧营北端高地。

参战字第一一九号　命令　四月二十四日午前九时

于双桥河西南端高地

（一）伪三军团昨（二十三）日，在旧营、车榔，经我痛击后，星夜由新、旧品甸向猪场以西地区逃窜。现猪场一带，尚有匪之掩护部队。

（二）师以迅速迫追匪主力之目的，拟先击歼猪场及其附近之匪，再向威舍攻击前进。

（三）着第五七三团展开于寡妇桥东端高地，即向猪场右侧高地之匪攻击。于占领该高地后，续向威舍攻击前进。

（四）着第五七一团展开于猪场东北端高地，即向猪场之匪攻击。于占领猪场后，续向威舍攻击前进。

（五）第五七六团为预备队，位置于双桥河西南端，紧随五七三团，逐次推进。

（六）予在双桥河西南端高地。

二、军队调遣

本师于本月一日起，由贵州黔西县沙孔（打鼓新场西二十里），经川主庙、凹脚至店子场，旋由店子场经凹脚、长坝、狗场，于六日到达黔西县属之沙土。即在沙土以北之三元场、老母孔、石板水一带搜剿残匪。八日起，复由沙土经息烽、清镇、平坝、安顺、镇宁、郎岱、普安等县，于二十一日抵青山。除留第五七三团第一连在青山守备外，余于二十二日抵补马。二十三日至兴仁县属之车榔，与匪激战于旧营、车榔一带。二十四日，除留第五七六团第三营，在洪岩、车榔、旧营一带筑碉守备外，其余继续尾匪猛追。是日，在兴仁县属之猪场，威舍一带，与匪激战一昼夜。二十五日，奉命经盘县向沾益前进，于二十七日抵盘县，二十九日至云南平彝县青石桥，三十日到达沾益县。

三、匪情

朱毛残匪，自偷渡乌江河南岸，即由扎佐与息烽间之公路，分经两流泉、板掌，向开阳方向逃窜。一部向百官、羊场东窜，旋窜踞清水河东西岸之鸡场、羊场一带。自在龙里县附近被我军痛击后，即由定番、广顺等县，向紫云方向逃窜。二十三、二十四两日，复被我军在车榔、威舍一带痛击后，狼狈向黄泥河逃窜。于二十六日窜抵云南白水及其以西地区。二十七日，分窜沾益、曲靖。三十日，其主力已窜到昆明东北约百里之杨林。其伪九军团于四月初被截在黔西属石板水、三岔河一带大山中，至十七、十八等日，窜抵大定西南之猫场、岔河、苏麻地一带。旋经威宁、宣威，向西逃窜，企图与朱毛股匪会合。

四、剿匪战斗经过

（甲）沙土附近之役

本月七日，派五七一团（附第五七六团之一营及便衣队师特务营第一连）向石板水一带搜剿罗炳辉残匪。该团于午后一时到达牛路口（石板水东约二十里）附近。匪以一部占领牛路口西北一带高地，向我射击；一部由牛路口街向右侧前进，该团长当令第一营向匪猛烈攻击；第二营占领牛路口南端高地，向牛路口街之匪攻击；第三营迂回牛路口西北侧高地，将匪包围。激战二小时，匪不支，向陈家湾、老母孔方向四散逃窜。是役，毙匪二十余名，俘匪十七名，夺获步枪十九枝，自来得一枝。我方伤亡官兵四员名。

（乙）车榔、威舍之役

二十二日，师由补马向兴仁县之车榔前进。午前十时余，行抵旧营北端高地。斯时匪之伪三军团约三四千人，正经旧营西窜，其后面尚有大部后续部队。当以五七三团向旧营附近之匪攻击；以第五七六团由右翼迂回向车榔截击；五七一团为预备队。匪仓卒应战，被我截成二股。其先头一股约五六百人，向狗场营（车榔西北约五六十里）方向逃窜，其主力一面与我对战，一面绕向洪岩、车榔逃窜。旋令五七三团尾匪猛追。至午后二时，五七六团到达车榔西北高地，见匪正经车榔西窜。我五七六团勇猛攻击，激战至夜，匪不支，向寡妇桥、威舍逃窜。

二十三日，师由车榔续向寡妇桥、威舍追击，午前八时，到达新品甸。匪伪三军团一部，在双桥河以西一带，节节抵抗，当将匪驱逐。旋令五七三团向猪场右侧高地攻击；五七一团向猪场攻击。激战至午后一时，匪不支，向威舍退窜。随复以原来部署，向威舍攻击前进。午后三时，进至威舍附近。匪以伪第二师向我猛烈反攻，双方激战，极为猛烈。我官兵奋勇冲锋，匪于重大伤亡之下，狼狈向黄泥河方向溃窜。是役毙匪甚多，俘匪三十余名，夺获步枪二十二枝。我方伤亡官兵四十员名。

五、剿匪宣传（略）

〔国民党政府军事机关档案〕

中華民國史檔案資料滙編

第五輯 第一編

軍事（五）

中國第二歷史檔案館編

鳳凰出版傳媒集團 鳳凰出版社

目　录

（二）辽宁义勇军战况

（九）对川峡边区革命根据地的进犯

一、对红四方面军根据地的进犯

1.国民党川军第三路军李家钰部与红四方面军作战报告书①

（1934年12月—1935年3月）

十二月至一月

一、自通江转移阵地以来，时经月余，各路军皆坚守原阵，军事上毫无动作，故在本月内本路军即扼守营山境属，从天池以右之二郎庙起，经天池、分水岭、魔王包、铺垭、附义寨、天星寨至魏家山之线。以第一混成旅李青廷部守魏家山、天星寨、附义寨、铺垭之线，并分部进驻新市、龙凤、石福各场一带。左与二十三师连络，以第三混成旅守魔王包、分水岭、天池、二郎庙之线，并分部进驻二龙天、马柏杨各场一带；右与二十军连络，以第四混成旅驻三星场、高峰场附近一带，为总预备队。以五混成旅第十团及独立营驻周口、丰登铺一带，维持交通，护卫大队即随总指挥部驻回龙场。

二、当面之匪为伪三十军八十八师之二六三团、二六四团及补充团，在悦来、龙背、马鞍、石福各场与我相持，互为游击中。

三、本月内时饬前后部队加强工事，广泛游击，并赶修部队驻在地附近军路，以利前后交通计，由周口经丰登铺、回龙场分至新市、三星张家各场道路，均经修治平坦广阔，各部队间连络

①此件原标题为"四川剿匪军第三路军造呈二十年十二月份至二十四年三月份剿匪工作军事报告书"。

路线并经辟设完竣。

四、本月二十六日，奉委员长行营宥电内开：第三路向仪陇进剿，并留相当部队与民团联合固守原阵，其进剿部队应沿途构筑工事，防匪反噬等因。

给予各部队之命令，要旨如下：

1.第四混成旅为出攻部队，并指挥第一混成旅之李天成团。

2.第一混成旅（缺李天成团）为守备部队，并指挥第五混成旅之吴长林团，该团克日由周口移动。

3.第三混成旅以一部向当面之匪攻击前进，酌留一部扼守原阵。

4.各部调准备完善后，跟即开动。

五、本月大概情形已如上述，所有游击战斗未及载录。

二月

甲、匪情

一、上旬匪情：当前之匪伪三十军教导师八二团守大风场、犀角寨、金盆寨一带，伪补充师一、二两团守日兴场、丝姑顶一带，伪二六四团守马鞍场、董家梁一带，伪二六三团守顺天庵、傅家寨、悦来场一带，经我分头进剿，分向巴中之鼎山、玉山、恩阳河及仪陇之兴隆、落凤溃退。

二、伪八八师二六二团、伪教导师八三团据守兴隆、落凤、来仪一带，伪八九师二六六团守大包梁、玉皇观一带，伪二六七团守铺垭、鸭儿寨，伪二六四团守称杆寨、狮子坪一带。

三、下旬匪情，当前之匪伪八八师之二六二团特务营，伪三十军八九师之二六五团、二六六团、二六七团、伪教导师八一团等守鹤峰寺、平头寨、祠堂垭、石梁子、狮子坪、猴儿坡、铁甲山、母观一带，并由旺苍坝调来两团，不知番号，伪军长余天云任鹤峰寺指挥，

乙、我军进剿经过

一、给予各部命令，要旨如下：

1.第一混成旅应肃清石佛、马鞍各场之匪后，随第四混成部队跟进。

2.第三混成旅应与左翼部队连络，务将天马、二龙、悦来各场之匪肃清，并向马鞍场方向转进。

4.第四混成旅应与主力向五棚子方向攻击前进，务期进占仪陇，短期完成任务。

二、各旅奉令后，跟即逐次推动，我第三混成旅由天池经天马、二龙、柏杨桥前进，与顺天庵之匪激战，旋占领之，跟向悦来、马鞍一带推进。我李青廷旅已将马鞍、石佛、董家梁一带之匪击溃，并以一部进驻大风场，当面之匪悉向鼎山、玉山、恩阳河退去时，我第四混成旅已由五棚子攻击日兴场、丝姑顶，其李天成团反复激战，于仪陇附近之高家山、鼓楼寨一带。该旅所辖傅蒲西营乃取间道进入仪陇城，匪犹据金城寨相抗，跟即击破占领之。更夹击高家山之匪，卒将匪击溃，占领该地，匪退兴隆、落凤一带，我跟踪追击之。寒日奉委座元申电，命令第三路军速由仪陇经观紫场、观音场进占老鹳场，规定作战地境两河口、双河场、狮子坪、盖寺场线上，含以西归罗部，不含以东归李部。奉命后，跟即令李宗昉部，兴隆以李青廷旅之一团推进尹家铺，肃清当面之匪，并掩护李宗昉旅之集中。同时给以各部之任务如下：

1.第一混成旅应扫清落凤、兴隆、尹家铺、盖寺场一带，并掩护第三混成旅之左右两侧，以利该旅之进攻，为第二线阵地。

2.第三旅即向尹家铺、盖寺场以北地区推进，为第一线，并向退集铺、垭望、垭口平头寨、狮子坪、鹤峰寺一带之匪进攻。

3.第四混成旅即固扼仪陇、三教寺之线，务强筑据点工堡，俾我左翼坚固。

4.第五混成旅第十团移驻大风场、新市场一带，维持连络交通，此时总挥据部已由营山、回龙场进驻仪陇日兴场。

本路军为亟求完成委座元申电令，从本月二十一日起，我第三旅以唐团向铺垭、鸭儿寨之匪进攻，匪死力抵抗，并由麻石垭抄我侧背，我唐团仍节节猛攻，先后将滥寨子、东瓜山、永成寨一带占领，并将麻石垭来抄之匪击退，匪向鹤峰寺、狮子坪引退，我将铺垭、鸭儿寨、麻石垭等地确实占领之。二十二日，该旅全线向鹤峰寺据险之匪总攻，匪用机炮、手榴弹猛烈射击，向我反扑，我军奋勇冲击，肉搏激战约一小时，卒将关子口、凤凰寨突破，匪复以主力左右来援，我军仍继续猛攻，罗团逼近祠堂垭，唐团近逼木家梁，特务营之一部突入平头寨，匪复集结一团以上之兵力，以机炮及自动步枪轰射，倾力逆击，我吴团以全部增援，反复肉搏十余次，卒挫匪势。然我突入平头寨之兵无一生还者。二十三、二十五、二十六、二十七等日，该旅仍不断进攻。惟以鹤峰寺为老鹳场、龙山之横亘山脉，势极险峻，匪负险抵抗，居高临下，我则处处仰攻，并皆系纵深区域，运动困难，且两翼友军不能同时并进，而匪更得抽调部队专对一方。因以上诸因故连日竭力猛攻，匪之伤亡固多，然我之损失亦重。鹤峰寺，狮子坪、平头寨一带匪阵，终不克攻夺之而奏攻击之效也。

三月

甲、匪情

本月当面匪情仍与前月无异。惟于初旬间因左翼友军被匪突破，左翼之匪转移目标，倾力压迫，而徐向前、陈昌浩、熊国炳诸匪首更亲率伪九军、二十军、三十三军部队约数十团之众，向我环攻，该匪首等亲到仪陇属之土门铺指挥，因屡攻不逞，始于中旬率大部转向苍阆、嘉陵江突破由此也。

乙、我军进剿经过

本路军以完成任务关系，对鹤峰寺、狮子坪、平头寨一带据险之匪，有继续进攻之必要。但为使友我军一致进攻，俾收协同之效，乃协商右翼杨军、左翼罗师于歌日各向当面之匪攻击，以分匪势，俾本军攻击容易。是日我第三旅正遂行攻击匪我酣战之际，殊左翼罗部计本军自苦守仪陇以来，时逾两旬，交通断绝，三面受围，弹绝粮绝，艰困万端，而能克保仪城转危为安者，良以本军部队努力筑工，故所得工堡之利至多。至官兵之忠勇牺牲，咸具有我无匪之决心，故能同仇敌忾，一体用命，此一杀敌制果克守阵地之一大原因也。

中华民国二十四年八月　日

总指挥　李家钰

〔国民党政府军事机关档案〕

2.国民党军第一师胡宗南部与红四方面军在四川广元昭化战斗详报

（1935年1月）

一、战前之形势

1.匪情

徐向前残部，自二十一年窜踞川北南、通、巴一带，利用川军各自为政之局势，逐渐扩张地盘与兵力。近因朱、毛西窜，中央派参谋团入川，并任刘湘为剿匪总司令后，局势转变。匪首徐向前率匪四军（一、四、三十、三十一军）由绥定、通江西移，准备进攻广、昭、伪总部设旺苍坝，伪一军集大石板、三元场，伪四军在朝天驿一带，伪三十一军向曾家河移动，伪三十军在广元正面准备竹簰，西渡嘉陵江，企图攻取昭、广，要击陇南增援部队，以收各个击破之利。

2.我军

本师主力分驻陇南及兰州，一部（丁旅）进驻碧口、姚家渡、三磊坝一带，构筑碉堡，加紧防务。自二十三年十二月十五日，奉委员长蒋南昌寒战电令：令本师克日派队接昭化、广元之防。遵即派独立旅丁德隆部三团进驻广、昭，同时并派第一旅之第一团及西北补充旅之第一团，进驻三磊坝、羊模坝一带，统归丁旅长指挥，以固广元侧背，第二旅之第六团进驻阳平关，遥为策应，于二十四年一月十八日始行接替完竣。部署如次：

独二团甘竟生部驻昭化。

独旅部及独一团张钟麟部、独三团刘超寰部驻广元。

第一旅第一团李正先部驻三磊坝（主力后开广元）。

补充旅第一团罗克傅部由广平河向羊模坝前进。

第二旅第六团李用章部驻阳平关。

游击第一支队潘名世部驻转斗铺。

游击第二支队张俊耀部驻得胜关。

接防后粮食最感困难，因广、昭半沦匪区，川军屯驻已久，益以难民数十万，筹办运输均属不易。

3.友军

宁、羌、沔县大安驿一带，驻陕军刘文伯旅。

剑门关为田军刘汉雄师及邓锡候部杨秀春师之一部。

剑门为邓锡候部钟鸣旅。

二、作战经过

（一）转斗铺黄坝河之役

一月二十二日，匪之一部进攻我转斗铺游击第一支队，复派一部约二百人，于上午十时经黄坝河附近迂回转斗铺侧背，我第一支队不支，遂向北转进，我游击第二支队于午后四时由胜利关往援，行抵黄坝河附近之李家坪，与匪遭遇，接战四小时，因众寡殊悬，乃乘暗夜向得胜关撤退。

（二）羊模坝之役

一月二十三日午后五时半，匪第三十一军约千余，由罗家院东端高地向羊模坝我罗团主力（两营）进攻，适逢市集将散，混乱异常，该团仓卒应战，彻夜不休。二十四日下午，入于苦战状态，该团第一营二十三日奉令进驻大坝口，二十四日午刻奉令回羊模坝夹击，途中与匪遭遇，且战且走，入夜到达东山庙，此时罗团主力已退出羊模坝，匪之后续部队即由大坝口络绎渡河，向罗团包围攻击，入夜罗团决围而出，向广元引退，十一时顷，其一部退到广元。同时丁旅长令甘团集结昭化，准备守城，并派甘团谢团附义锋率该团唐营增援三磊坝，协助第一团杲营（附无线电一架）固守。

基于以上情况，师部深虑碧口空虚，交通重要，电令驻阳平关之第六团派遣一营，限二十七日到达，并令丁旅以现有兵力固守广、昭，与城共存。

二十五日，罗团二、三两营续到广元，颇有损失，如附表所载。同日下午一时，谢团附所率之唐营到达三磊坝，此时石罐子被匪占领，白河下游已有匪踪，遂奉令偕杲营退出三磊坝，渡过白河转向碧口方向撤退（二十七日到碧口），匪即进入三磊坝。

罗团之第一营与主力失却连络，于二十四日夜经由菜子坝绕道向碧口退却（二十八日到达）。

当日因罗团第一营之行踪不明，三磊坝部队之行动亦无报告，深恐匪部西窜碧口，再令阳平关第六团之主力于明（二十六）日续向碧口急进，限二十八日到达，阳平关防务暂由二十五日退阳平之游击第一、第二支队扼守。（二十九日陕军刘文伯旅派一营接防，两支队回徽县整理）

（三）昭化之役

二十四日，我羊模坝罗田不守，广元侧背颇威胁。是夜十二时丁旅长用电话令昭化甘团作守城准备，并须派遣一营驰援三磊坝。于二十五日拂晓，撤回河南岸，切断浮桥，布置警戒，并另派一排往刘家渡警戒。而匪之一部约百余人，已先期由邓家渡过河。上午八时三十分，与我派遣之排在鸭红岩遭遇，我排即占领高地，抵抗有顷，退回凉亭子阵地，此时天雄关及昭化城后山阵地经已占领。上午十一时，匪之大部逐步逼近，我阵地前之警戒哨兵仍逐步抵抗，匪之第五连突至阵前，被我机枪扫射，立毙三十余人，即行溃退。阵前四周，旋归沉静。入夜十时顷，伪三十一军第二师以两团之众三次攻我天雄关、凉亭子、昭化城后山阵地，十二时为最烈，均经我守兵奋勇抵抗，第八连乘机出击，将次第击退，匪伤亡枕藉，陈尸半山。是役，毙匪营长一、连长三、排长数名，士兵数百余。十二时以后，即归沉寂。二十六日晨，派第七连搜索，匪已退回白河北岸。随后邓军杨师向保宁院、石罐子进出，昭化之围遂解。

（四）广元之役

广元为川陕咽喉，地势重要，又在嘉陵江东岸，可为剿匪之有利据点。匪得之，则可划而守，遮断川陕连络，窜陕窜甘或西窜成都，皆可减少顾虑，势在必争。况匪自二十二年以来，聚集主力专与宣绥方面第五路周旋，利用川军之不能连络一致，用各个击破之计，又以第五路强大有力，最足危害其存在，故恒向第五路攻击。此次本师入川，据有建筑形势之昭、广、盖以二十一年冬季，徐匪西窜迭受本师重创，其忧虑危害比对第五路更甚，故乘本师主力尚未入川之际，倾巢而来，志在一逞，先以精锐之伪四军潜伏朝天驿以北地区，为要击本师由阳平关南下增援部队之惯技，以伪三十一军由大滩附近偷渡嘉陵江，侵扰广、昭侧背，阻隔后援，并与在河东之伪三十军策应夹攻，先取昭化，后取广元。兹纪其经过如下：

一月二十晚，匪在广、昭东侧，燃火作工，放枪奏号，吸引守兵之注意，俾其上游渡河部队容易成功。

二十四日，匪之迂回渡河部队（伪三十一军）已到达羊模坝，与我罗团交战中，广元正面之匪则并无动静，似在准备，俟其迂回部队奏功，乃开始攻城。

二十五日午，匪攻昭化失败，我羊模坝附近苦战之罗团第二、第三两营，先后到达广元，加入河西五龙堡阵地，入夜匪又攻昭化，被我甘团击退。两城通信仅恃无线电。

二十六日，广元正面之匪向我数度攻击，并掩护匪部渡河，占据河湾场。是日黎明接丁旅长宥丑电摘要如下：

广元现已筹得粮，可守半月，若继续筹得，维持三月或半载，亦不困难。职所率部属官兵愿尽力死守保全全城数十万生命，并为中央立信，尚可抑留多数匪部。

当日决定广元之守城部署如下：

广元正面及城内	独一团　独二团
五龙堡阵地	第一团（欠第一营）
	补一团（欠第一营）

二十七日，广元正面之匪，用重迫击炮向我阵地及城内射击，掩护匪部架桥渡河，我五龙堡北方之飞机场落入匪手，川军钟旅一团进驻保宁院，冯旅二团到剑门，杨师五团到剑阁。同时并接邓、田有电摘录如下：

徐匪主力似已西移，连日在阆苍一带与尧部激战，侯派剑阁钟旅二团驰赴石罐子、邓家渡策应，请彼此切取连络。

当时电复如下：

承派钟旅驰援昭化，至深感谢。刻下悍匪西奔，沿江震动，自当戮力同心，共除祸患，已饬广、昭丁旅严密防守，并与贵师切取连络，协力堵截。

入夜河西之匪，以一部攻击五龙堡阵地，旋被击退，似属威力侦察。

二十八日，匪仍用迫击炮射击，掩护渡河，沙河场、河湾场二处皆架有多数浮桥，丁旅请派飞机轰炸，但因天阴多云，不能飞航而止。是日并知阳平关以南地区匪骤增多，但番号不明。

二十九月，匪之攻城准备业已完成，匪首徐向前亲至五龙堡北方之上西坝，伪三十军军长陈昌浩、伪三十一军军长王树森〔声〕，在河湾场策划指挥，志在必得。入夜八时，伪八十八师、八十九师围攻五龙堡阵地，同时广元正面约有三团之匪亦猛烈袭攻，东西剧战，彻夜不息。我五龙堡守兵死力坚守，肉搏奋斗，阵地屡得屡失，进退往复数十次，延至三十日上午八时，卒将五龙堡围攻之匪完全击退，广元正面之匪因见势不敌，亦自行撤退。事后清扫战场，计毙匪在一千以上，并击毙伪团长符某一员。我军伤亡如附表。〔表略〕

三十日下午，我广元部队补充弹药、强固阵地、调整人马、侦察匪情、抚慰民众，倍极振愤。是日匪之残部尚在广元四郊，石罐子、三磊坝、车家坝皆有一部停驻。川军先头仍在保宁院。宁羌附近之匪，是夜与陕军一度接触。

三十一日夜九时，匪以一部攻击五龙堡阵地，接战二小时停止，似属退却前之动作，因在暗夜，未行出击。

二月一日正午，广元西岸之匪，已于昨夜今晨由千佛岩、沙河场渡河东窜，一部向北方玄天庙、田家垭、郑家湾退却。本日正午，我昭化甘团之张营渡过白河，占领小庙子一带高地，川军杨师三团进占走马岭、石罐子、三磊坝，而河湾场、千佛岩、沙河场各渡河点，仍有匪作工据守，其在李家咀、毛坝子之浮桥，已自行拆毁。

二日，广元河西之匪，已悉数退回河东及须家河、车家坝以北地区。我甘团张营协同川军杨师一团，于今晨占领河湾场，昨日到达走马岭、石罐子、三磊坝一带之川军，今晨向曾家河、天台山、九龙山、龙家沟推进。广、昭守城之役，至此告一段落，实亦本师今后剿匪之序幕耳。

三、判断匪方尔后之企图

匪此次聚集精锐攻击五龙堡、广元，志在必得，准备旬日，相持一昼夜，死亡枕藉，弹药消耗殆尽，在最短期内必无力再攻，其埋伏于阳平以南之精锐伪四军，空无所得，或转其锋，以攻击康县、略阳。但对于本师孤悬之丁旅，既无法摇撼，且招损失，对于主力所在碉堡林立之康略，竟来攻击，恐无此大胆，或向近旁较易攻击之宁羌入手亦未可知也。

四、意见与心得

1.匪连年窜扰，损伤颇多，初级干部能力低劣，子弹尤感缺乏，故其攻击动作多在夜间，被攻击时全用红灯，以密集部队，利用荫蔽及交通便利之处向我攻击，夺其山头若不得逞，即行溃退。其最惧者为飞机、机关枪、手榴弹、大刀。我方应战部队至少以连排为单位，纵深配备，占领阵地，须构筑数线集团封锁堡垒及工事，多做障碍,配备严密火力。夜间于阵地前匪易接近处，多备火光，多派哨兵。匪袭击时，哨兵须以易发音响之锣鼓等一面击发音响，一面退回阵地，使阵地守兵易于准备，待其接近阵地一齐射击，则匪自行溃退矣。

2.匪行动多在黑夜，每人执行竹筒一把，内装燃香。爬山越岭，避开道路。匪攻城前往往派党徒乔装入城，勾结流氓地痞，里应外合。所用手榴弹概用洋铁罐土药制造，不足伤人。我军到达某一地点后，须严查户口。匪来时沉着应战，匪必自溃退也。

3.匪善内线作战，常用各个击破之法，故我军前进时，应步步为营，稳扎稳打为妥。

4.我围剿部队应充分利用无线，传达彼此情况，但对于自己部署应极秘密，以免被匪窃听泄漏。

5.匪常指定精确射手，专击我指挥官，我剿匪部队官兵服装应一律系腰皮带，以混彼耳目。

6.匪常用埋伏要击我增援部队及后方行李，有时混合难民，或化装小贩溃卒。我军宜减少行李，并严密检查。

7.战备行军宜派侦探或小部队绕越山顶，在山地行军宜着草鞋，且预备铁脚马。

〔国民党政府军事机关档案〕

3.国民党军第三十八军孙蔚如部与红四方面军在陕南战斗详报

（1935年2月）

宁沔南褒各战役沿起

查赤匪徐向前股，自民国二十一年冬窜据川北城万、通、南、巴一带，利用川军外线作战协同困难之弱点，除向川中各方面宣传赤化发展势力外，并时派股匪窥犯陕边。本部有堵剿任务，故两年来先后在镇巴及所属之降头山、南郑之喜神坝、天池子、宁羌及所属之黄坝驿等处，激战数十次，均将匪驱逐出境。但以本部防线过长，未能远追，以致边区辄被滋扰。本军防区计东自镇巴西迄宁羌，绵亘千有余里，山林丛杂，运输极感不便，而又小道四通，布防绝难周至，故辄有兵力单薄之虞。迄今春一月间，因徐海东匪窜扰镇柞、蓝商一带，又由此间调去步兵三团往剿。川匪乘我兵力分散之际，于二月四日倾巢来犯，宁、沔、南、褒诸战役遂起焉。

（一）战前之情势

（1）匪情及友军

1.一月二十日，据确报徐向前匪部放弃通、巴，企图西犯昭、广，北犯陕南等语。

2.一月二十四日，据确探称：徐匪主力集中南江木门旺、苍坝等处，并补修川汉山路，有倾巢西犯北窜，并诱我军西移，谋直袭我南郑根据地之企图。同时又据确报：徐匪攻昭、广未逞，于黄坝驿、回水河等处集中兵力，企图莫明。

3.二月三日，接胡师冬未电：据飞机报告，朝大驿附近聚匪甚多等语。

4.第一师驻略阳、碧口、昭广等处，其昭广以南阆苍之线与川军第一、二路衔接。

（2）我军情势

初本军以防地辽阔，兵力单薄。为巩固防区计，遂于南褒城、洋西等县，择要构筑碉堡，兵分驻守，各部队部署情形如附图第一。〔图略〕

（二）作战之经过

（1）宁羌之役

一月二十五日以后，盘踞黄坝驿、回水河、牢固关等处之匪，每于夜间派其伪游击队潜至城郊附近鸣枪扰乱，均被击退。

二月一日，据探报犯昭、广之匪狡计未逞，向朝天驿方面回窜，陕边之匪骤增至三万余众，其先头已窜至砚盘石附近，而宁、沔顿形吃紧，即电令驻宁羌之独一旅第二团杨竹荪团长固守宁城，另派便衣队相机游击。杨团长奉令后，当将城郊附近之匪次第驱逐。

二月二日下午，奉杨主任转委员长东电节开：匪之主力转移阳平关、略阳方面，图袭秦陇。着近川边之部队饬抽四团以上兵力推进宁羌、牢固关一带，策应昭、广。

本部奉命后，即下如下之部署命令：

1.匪攻昭、广未遂，故其主力转移，有向我阳平关、略阳窜扰之企图。我宁羌驻军独立第一旅之杨竹荪团已将城郊附近之匪次第肃清。

2.奉委员长电令：着抽调兵力推进宁羌、牢固关一带，以策应昭、广。

3.着原驻沔县之独立第一旅刘文伯部（缺第二团），俟第四十九旅接替沔县防务后，即向宁羌推进。

4.着第四十九旅王毅武部（缺九十九团）附骑炮工各一连，进驻沔县，准备向宁羌推进。

5.原驻西乡、石泉、汉阴等县之第五十一旅，除在各县留驻相当兵力担任防务外，即向城固、洋县集中待命。

三日下午四时许，黄坝驿一带之匪，倾全力向我贺家梁、七星池阵地猛袭，我二、三两连凭据碉楼及强固工事，沉着应战，匪死亡甚众，终未得逞。激战至黎明，奈该匪愈集愈多，有增无已，并用迫击炮轰击碉楼，以其密集队约两团之众，附有自动步枪多架，猛扑贺家梁阵地。我步炮连由城上阵地超越猛射，多中要害，第二连官兵奋勇血战，与匪肉搏十余次，毙匪百余名，卒因连长阵亡，士兵伤亡过众，碉楼被毁，不得已乃放弃贺家梁，退守城南小高地。是时匪以主力猛攻东山，观城西北两面亦被匪攻，杨团长以东山观关系宁城安危，仅驻一连，兵力薄弱，坚守不易，乃令第一连放弃五里铺，退守西门，第三连放弃七星池，增援东山观，并亲率五、六两连及特别排前驻应援，欲死守东山观，以保宁城。讵该匪乘我变换战线之隙，以全力猛扑东山观阵地，第四连陷于重围，连长受伤殒命，士兵伤亡过半。我杨团长所率援军方行至山腹，救援不及，东山观阵地遂致失陷，守城部队与杨团长所率官兵，亦因众寡悬殊，力不能支，相继陷没。是役，仅第一营营长石葆珍臂受重伤，率官兵百余名突出重围，脱险者仅三十余人，星夜退至大安驿，其余官兵俱没，杨团长失踪，战斗于此告一结局，（此据逃回官长所述特别声明）。宁羌附近独立第一旅第二团配备要图（如附图第二）〔图略）

（2）阳平之役

一月二十八日，奉委员长巴县行营宥戍参战电略开：着第一师速调阳平关部队兼程南下应援昭、广。同时接胡师长来电，请派队接阳平关防务。

当即电令原驻大安驿之独立第一旅第二团第三营赶往阳平接防，其命令如下：

1.奉委员长电令：着第一师胡宗南部驻阳平关部队兼程南

下，应援昭、广。并接胡师长电报，请即派兵接替阳平关防务。

2.着该营由大安驿驻在地即日开赴阳平关接替防务后，须赶筑防御工事，严加戒备。该营长刘志远于二十八日下午一时，率兵三连由大安驿出发，当夜即到阳平关布务。

二月四日拂晓，匪众除窜扰宁羌外，同时并以精锐之一部，约千余名分犯阳平关。我营长刘志远督部奋勇迎击，激战甚烈，后知宁羌已陷，且以敌众我寡，并奉该旅长命乘夜安全撤退至大安驿。是役，官兵伤亡，弹药消耗，由独立旅迳报绥署。

（3）沔县新铺湾之役

三月四日晨，得匪围宁羌报告后，除令独立旅急进援宁外，当令第四十九旅王旅长毅武在沔县集中后，即经大安驿向宁羌前进，补一团进驻新铺湾，第二营进驻大安驿，协同由阳平关退来之第二团第三营为前进部队，王旅暂在沔县待命。晚十时，得确报徐匪向前股伪第四军，第三十军及教导师先后占领我宁羌、阳平关，复由川北增调来伪第九军全部，由匪首徐向前、王树声等率领，势焰甚张。四日晚其先头一部已窜至五丁关、铁锁关一带。

五日早六时，得报匪主力约万余，正由宁羌、阳平关、铁锁关分三路向东北移动，其主力仍继进中。我为缩短战线计，遂下如下之要旨命令：

1.匪既攻陷宁羌、主力仍分三路由宁羌、阳平关、铁锁关向我前进中。

2.本军为缩短战线以聚歼该匪之目的，拟在沔县以西之新铺湾构筑防御地带，准备堵剿，相机出击。

3.着充任前进部队之独立第一旅第一团第二营，与由阳平关撤退甫到之独立第一旅第二团第三营，由营长刘志远指挥，一面与匪保持接触，一面掩护第四十九旅构筑防御阵地。

4.着第四十九旅即在新铺相度地势，构筑攻势防御阵地，克日完成。

六日拂晓，发现匪向大安驿侵犯，经我独立第一旅第一团之第二营与第二团之第三营一面应战；一面即向新铺湾撤退，同时令王旅长毅武率所部两团及独第一旅第一团（缺第二营），于七日上午三时占领新铺湾阵地，严密堵剿。该旅长奉命后，进抵新铺湾侦察地形，构筑阵地。其兵力部署如附图第四其一。〔图略〕

七日上午，接王旅长虞辰电报告如次：

新铺湾阵地发现匪四五十名，经派兵迎击即退去等语。

七日下午三时，据骑探报称：新铺湾正前方约三千公尺处发现匪四五十名，见我骑兵进逼，即向后引退，但两旁山林内伏匪甚众。王旅长得报后，当派特务连一部向前威力搜索，旋据报，正西约四千公尺深林内确有匪徒潜伏。晚八时匪在我阵地四山放火，枪声时起时止，同时匪以一小部击我右翼山头，被守兵击退。

八日拂晓，匪以全力向我右前方第九十八团第二营猛扑，同时我左前方独一旅第一团第三营及正前方第九十七团亦与匪接触，激战甚烈。匪以一部向我正面佯攻，其主力向我两侧翼猛扑，散匪强据四山施行扰乱。我官兵沉着应战，相持至黎明，匪竭其主力向我阵地冲锋，激战至七时许，匪仍未退，后因独一旅第一团第八连所守高地被匪包围，致陷匪手，匪既据山头，即用机枪火力向独一旅第一团第三营猛烈射击。我第九十七团蔡坝附近阵地，因地居山麓，形势低洼，受匪瞰射，伤亡极众，但守兵死拒，匪卒未逞。同时我右翼被匪猛攻，颇呈动摇现象。王旅长见势紧急，当派九十八团李团附养锋率兵两连，向右翼增援，及第九十八团第三营增加该团右翼，于是全线官兵士气大振，奋勇出击，与匪白刃相拼，终将该匪完全击退，占领A山头之线，并派兵追击，斩获无算，我部伤亡数亦奇重。至下午四时，匪又猛烈进犯，先以一部向我右翼猛攻，被我第九十八团王宝灵营击退，而正面之匪又倾全力向我猛扑，王旅长亲临督战，并调第九十八团第一营营长雷世聪增援，奋勇出击，俘匪二百余名，连占数山。惟因天晚，未便穷追，乃令各部固守原阵地。移时匪又攻我右翼第九十八团，王旅长除令该处守兵竭力抵抗外，并选奋勇队百余名，向匪正面猛攻，犯我右翼之匪始退。

九日拂晓，匪势倍增，其后续部队约一师之众，向我全线猛攻，我军除留预备队外，一律进入阵地，彼我互有进退，反复肉搏，毙匪千数百名，我部伤亡亦众。忽据元墩子骑探报告，匪一部约两千余人，由铁锁关、胡家坝向元墩子方向前进，有迂回沔县之模样。复据牟家坝第一百团团长王茂云无线电报告如次：

南江之匪，由铁铲坝方面向喜神坝前进，似有直犯汉中之企图。

本军为集中兵力缩短战线计，乃下如下要旨命令：

1.据报匪之一部约四五千人，已由南江方面经铁铲坝向喜神坝前进，似有直袭我南郑根据地之模样。

2.本军为缩短战线计，决心放弃新铺湾。

3.着第四十九旅及独立第一旅即向沔县撤退。但撤退时，须派队掩护，务期安全。

该旅长奉令后，于十二时左右派独一旅第一团第一营及第二团第三营为掩护队，位置于新铺湾两翼高地施行掩护，其余部队向东撤退。当时十二时，先后到达沔县。此时匪已分两路胡家坝及茶店子抄袭我后路。沔县属汉江，以南之诸山头已被匪占据，向我沔县城内射击，另一股沿汉江南岸节节东进，南郑迤南已被匪威胁，石汉、镇巴之兵尚未到达，南郑空虚。为巩固根本计，因令甫到之第一百零一团即占领沔县西北高地，掩护刘、王两旅后退，在沔略加整理，即于是夜开回南郑。又命第百零一团扼守龙江铺阵地，沿褒河左岸布防。宁、沔战役，于是告终。是役，我部

人马伤亡、弹药消耗及俘获均详附表。战斗经过如附图第四其二。〔图表略〕

（4）喜神坝之役

赤匪徐向前股派其约九十师全部，约千余名，企图直扑南郑。曾于去岁十二月窜至喜神坝南之牛脑壳，并不时派伪游击队至喜神坝、红庙塘等处抢粮。据报后，当令辎重营王营长云山率所部于元月六日进驻喜神坝，严密堵击。其命令要旨如次：

1.查赤匪伪第九十师一部约千余名，刻下盘踞川边之牛脑壳，时派其匪徒进扰喜神坝、红庙塘等处抢粮滋扰。

2.本军守土有责，以歼灭该匪及或驱逐出境为目的。

3.着辎重营长王云山部即日开赴喜神坝，构筑工事，严密堵剿。

该营到达后，赶筑坚固工事（部署如附图第五）〔图略〕，并派队向正前方及侧翼搜索游击，此后匪徒不时至喜神坝扰乱，均经该营游击队击退。

一月十九日晚，匪约六百余名，分三路向我袭击，以少数由牛脑壳、山梁佯攻正面，一路攻我西沟右翼山头，另一路同时由小坝方向攻我左翼山头。我官兵依险沉着应战，约五小时，匪不支溃退。

二月六日下午四时许，匪乘我大军西移，后方空虚之际，由南江抽调伪三十三军之一部约千余人来犯，先以密集队前仆后继，向我正面猛扑，我军官兵奋勇迎战，并以预备队增援，与匪肉搏凡数次，我军士气愈振，当场击毙伪团附一名，匪徒百余名。至十时许，匪渐不支，狼狈回窜牛脑壳。我军因西路战事正在激烈，故固守原阵地，并未穷追。是役，官兵伤亡、弹药消耗并俘获均详附表。〔表略〕

（5）南褒战役

一、匪我情形

本军按预定计划撤退后，匪仍向南褒前进。奉贺主任阳巳参战电如次：

匪陷宁羌，由陕窜甘，已无疑意。汉江上游顿形严重，似宜侧重陕甘边区，兴安一带部队应移置汉中，以便较易策应等因。除已电调西乡、镇巴、石泉、汉阴一带部队留必要之少数守城外，汉江以南各部队亦令即日向南郑集中，加厚防务，并限各担任守备部队迅速完成一切准备。又奉主任杨宥寅参一电开：

委座电令我军固守南褒，在我方各友军未开始动作以前，匪之诡诈多端，企图不明，特宜防范。

二、友军方面

1.甘陕边境及略阳一带驻第一师胡宗南部。

2.川北昭、广、苍、巴、通之线，驻有川军剿匪各路军扼守。

3.奉命增防陕南之第四十九师伍诚仁部、补充第一旅王耀武部、第三十九师各部，正向陕南分途开拔中，因山路崎岖，行军运输均感困难，约需一月以后始可到达。

根据上述各方情况，军长决心固守南褒，遂下如下之防御命令：

1.赤匪大部占据宁羌、沔县后，时以主力进扰南褒。

2.本军以固守南郑、褒城及以东各地区，以待各路援军到达相机出击歼灭该匪为目的。

3.着第九十九团驻守褒城。

4.着第四十九旅（缺第九十九团）及补充旅之第一团分驻南郑四郊，担任警戒勤务。

5.第五十一旅之第一百团、第一百零一团及补充旅之一部，并军直属各部队驻南郑城内为总预备队。

6.城墙西各县防务，由警备第二旅及第一百零二团分别担任之。

7.各部在所驻地星夜构筑防御阵地，竭力固守。

8.各驻守部队及各碉楼守兵，须预事筹购一月内应需粮秣。

其对于南、褒防御工事，并重新部署如附图第六。〔图略〕

三、作战经过

1.褒城守城之役

褒城东与南郑接壤，西与沔县连界，均开辟平原，惟城北鸡头关较为险峨。当新铺湾战争正酣之际，军长即拟在沔邑附近先予匪以迎头痛击，然后诱匪深入，在南褒间再与之决战，歼灭其主力于汉江南岸，以收根本肃清之效。兹录其经过如次：

二月十日，军长根据以上之决心，即于第九十九团团长耿志介下如下要旨命令：

一、徐匪向前以优势之兵力进扰陕境，其先头已到沔县附近，仍有向我前进模样，我第四十九旅王旅长毅武及独立第一旅刘旅长文伯各部，以战略关系正由沔县向南郑转进中。

二、我军以固守南褒之线待援军到达，俟机出击歼灭该匪于汉江南岸之目的。

三、着九十九团团长耿志介率所部（缺第二营）附工兵一排、无线电一架进驻褒城，构筑工事，严密警戒。

四、关于褒城防御工事，限到达后即时实施，克日完成，并电报备核。

五、守城各部队均须预先预备一月给养，以备需用。

耿团长志介奉命后，即率所部及工兵排、无线电向褒城出发，于十日下午二时到达，即行部署一切。查褒城山城垣破坏，女墙全无，且两面受高山之瞰视，守颇不易。惟城西北有小馒头山，又名伏虎山一座，与城互为犄角，成为军事上最强固之据点，若欲守城，非先守馒山头不可。耿团长志介观此情形，即作如次之部署如附图第六〔图略〕

步兵第一营附步兵炮连占领馒头山。

步兵第三营及原驻褒城第六连固守县城。

团部医务所、工兵排、无线电均驻城内。

部署已定，遂一面侦察敌情，构筑工事，因城及馒头山均受三面侧射之不利，故于城上按照散兵坑，山上用野堡式之工事构筑，星夜实施。

十一、十二两日，匪军尚未接近，我仍一面搜集材料，加强工事，构筑掩蔽部，一面努力派探远出搜索，严密警戒，十二日午后已发现少数便衣匪徒在馒头山以西窜扰。

十三日，敌约两团之众，一团由伪团长魏伸率领，进占红庙岩、连城山一带，一团由伪团长许某率领，进占范寨、周寨、才寨等处，准备向我攻击。

十四日拂晓，敌以数倍于我之兵力，先将我褒城以北鸡头关之警戒部队压迫后退，乘势攻我北关及馒头山阵地，我守兵奋勇迎击，死力坚守，激战三小时，匪伤亡极大，不支而退。匪军另以一部约四五百名，于本日下午二时许，突至南褒间之宗营镇，将我交通隔断，至是南褒间之通讯连络，仅恃无线电报而已。入夜约十一时，匪以主力约三团，由伪第一师师长王宏昆指挥，分三股来袭县城及馒头山阵地，一股约千余人，由老道寺方向来攻，一股约三四百名，由正西沿沔县北山而来，一股约八九百名，由正北迂回经鸡头关向北关猛攻。

十五日拂晓，各股均一面用迫击炮向城内及馒头山阵地集中射击，掩护匪兵前进，一面用密集队向我猛扑，我守备各部分头奋勇迎击，沉着应战，迄至正午十二时，匪不但不退，且增加生力军部队约一团，由西北凹道潜赴而来，战争至此更形激烈，匪反复肉搏十余次，正激战中，我战斗机两架由西北方飞行而来，即加入战斗，向匪轰炸，匪见机至仓惶失措，撤退藏匿于各小村庄中，战稍停顿。但飞机去后，于下午四时，匪又向我猛扑，较先更形激烈，我官兵坚苦血战，肉搏格斗，往复进退数十次，仍不退。相持至夜三时，匪又以后方主力乘阴雨夜暗之际，分四路增兵，向我城周围进攻，志在一逞，并用密集队携带云梯多架，向我猛扑，经我守军沉着应击，用大刀手榴弹向匪肉搏格斗，激战至烈，相持一昼夜，炮声杀声未稍间断。十六日早六时，匪因伤亡甚众，始行分途溃退，当溃退中触及我埋设之地雷五处，轰炸极夥，匪胆愈寒，馒头山与城内守兵乘机反攻。事后清扫战场，查悉毙匪数在千名以上。我官兵亦有伤亡。

连日因褒城战事激烈，恐该处兵单，不敷分配，乃令辎重营营长王云山率全营乘夜开往褒城，并护送弹药。该营于夜十时出发，至金家堂与匪相遇，且战且走，至次早四时完全到达褒城。

由十七日起，匪以进攻褒城不利，复受巨创，死伤过半。十八日又继续进犯，日必数次，鬼蜮伎俩，施展殆尽。但我阵地守兵自增加后，士气益振，沉着应战，严加防范，匪虽凶悍，猛扑数次，卒未能逞。

十九日晚六时许，匪约二千余名，分两股来犯，一股约四百余名，由城西南方向用迫击炮机关枪向城内轰击，一股约千六七百名，向城西北之馒头山用密集队猛扑，经守兵沉着射击，约三小时，匪不支，由原路溃退。匪约三千余名，附迫击炮十余门、自动步枪多架，并携带云梯多架，于廿二日早三时分股又来扰犯，一股约八九百名，由城西北之连城山袭击馒头山阵地，一股约二千余名，由红庙寨犯城西南端，一股约百余名，由南褒间之范、张、周三寨沿河扰乱，虚张声势。经我官兵凭险抵抗，激战至拂晓，近城匪徒触发地雷六七处，死伤极众，敌胆寒心，怯顿呈溃乱现象。我即乘机选派劲兵一部，由南出击，所向披靡，斩获甚众，匪纷纷向老道寺一带溃窜。我因守土有责，不便穷追，遂回褒城。是役，阵地遗弃匪死亡者除运走不计外，尚留约二百余名。我军伤亡亦数十名。

自经以上战役后，匪受创甚巨，凶锋大挫，自知力不能敌，始行陆续撤退。同时奉到贺主任筱申行参战电令如次：

匪既四处煽惑活动，我亦可派小部队游击等因。

我南褒守军，即选派精锐部队四处游击。

褒城守城之役至此告一结局。褒城守城战役经过要图如附图第七。〔图略〕

2.南郑守城之役

1.赤匪除以一部进犯褒城不遗余力，意在分我兵力，断我交通，居心各个击破外，并派其主力伪第四军、第九军、第三十军、第三十一军及教导师、少年先锋队、游击队等，共约三万余人，于犯我褒城之际，同时进攻我南郑策源地。我军因东路部队尚未集结，援军亦未到达，以南、褒两县现有兵力固守待援。幸赖各级官兵奋不顾身，预事构筑强固工事，始能大挫凶锋，保守名城也。

2.南郑为西北重镇，系陕南剿匪军事策源基地，关于军队之集结与剿匪进展，均赖以周转维持也。是以南郑之得失，攸关剿匪前途至巨。且大兹将其守城经过胪述如次：

二月十日，沔县各部队调回南郑后，继令百零一团一面与敌保持接触，侦察其企图及兵力，一面向南郑指定阵地转进，军长为固守南褒之线，重新配备阵地如附图第六。〔图略〕，十一日迄十三日，南郑附近虽未发现匪踪但我军仍不分星夜努力加强工事，巩固阵地，并极力充实战备材料，待其接近一鼓歼灭。

十四日，南郑城西南附近已发现匪少数便衣队，炫惑窜扰。是日午据褒城耿团长志介无线电报告如次：

匪已于今早六时接近褒城攻城，现在激战中。

十五日，匪约七百余名，于午后二时，由通沔大道窜至南郑西南五里之扬庄，分两路向城西各碉楼附近扰乱，经我碉楼守兵沉着射击及巡河部队分路截击，激战甚烈，至晚六时许，将该匪击退。计毙匪数十名，获红旗六面。

据探报，南郑以南红庙塘、协税、周家坪、龙岗寺、高台寺一带发现匪之大部，约两万人。南郑西沙、原子龙、江铺一带，有匪约近万人，并携迫击炮两门，向我进攻。察其行动，似有先以一部沿汉江南岸向东移动，威胁我军左侧背，另以一股进犯我褒城之模样。

十五日，据褒城耿团长志介无线电报告如次：

褒城城郊仍在激战中。

根据以上各种报告判断，匪窜扰我南郑附近碉楼者，乃系诱惑佯动，牵制我南郑主力，俾其第一步先遂攻褒城之企图。

十六日，南郑城郊附近之匪便衣队，仍不时活动，向我扰乱。但匪主力情况如旧。又据褒城耿团长报告如次：

攻褒城之匪，经守兵苦战，奋勇迎击，相持至今早六时，始行溃退等语。

奉巴县行营贺主任敬西行参战电节开：

南褒间宗营镇等处之匪，希设法肃清等因。

晚十时即派补充第二团史树勋营长率所部出城，向南褒间之宗营镇一带游击。十七日午前七时回城报告：昨晚十一时半行抵宗营镇之景家塘与匪遭遇，经我营奋勇冲锋，激战约二小时，匪不支，向西北五郎坝一带溃走等语。

十八日午前一时，匪伪三十军及教导师之一部，由南沔大道分两路来犯，一股约八九百名，向我右翼阵地猛扑，一股约千余名，由省立汉中师范南侧之凹道绕至我西城根，其余之匪集结于城西沙原子一带。一时三十分，同时向我进攻，经我守兵补充第一团及第九十八团之第二营沉着射击，激战至午前三时二十分，匪始不支，遂将其附近民房纵火焚烧，乘黑暗溃窜。汉江南岸之匪，是夜在大河坎附近两路抢渡汉江，经我南关之第九十七团竭力抵抗，迄未得逞。计是役毙匪约三百余名，俘三十余名，内有负重伤之伪政治员陈毓英一名，获步枪二十三支。我伤亡士兵四十余名。

十九日，天甚浓阴，匪伪三十军之大部及伪教导师、少年先锋队、游击队等约万余人，于晚七时许分两股犯我南郑西南两关，一股约五六千名，由西关正面猛扑而来，一股约三四千名，绕我阵地左翼猛扑南关阵地，经我守兵沉着应战，奋勇迎击，守城炮兵用重迫击炮集中火力猛力射击，顷刻枪炮齐举，山岳振撼，匪方顿呈动摇现象。我王旅长毅武乘机选拔精锐部队编为冲锋队，携带短兵器手榴弹出击，包剿匪之侧背。九时许，与匪白刃格斗，肉搏苦战，进退往复数十次，卒将匪截成数段，血肉横飞，激战约三小时之久，匪腹背受击，负创极巨，见势不利，计划难逞，始向西南两方溃去。我山炮乘机向匪溃退方向集中发射，匪胆愈寒，鼠窜奔逃。战斗经过如附图第八。〔图略〕

二十日午前十一时三十分，军长即派王旅长毅武率第九十八团，经八里桥、沙原子等处向龙江铺、小柏乡一带尾追，午后二时许，追至龙江铺东遇匪约二团之众，仓卒抵抗，向我猛射，我军一面沉着近击，一面以主力奋勇前进，向匪肉搏。匪见锐不可当，遂分溃逃，争渡褒河，向老道寺、长林镇方向窜去。是役，毙匪约近千名，获步枪百余支，自动步一支。我伤亡亦近数十名。我王旅长见匪远逸，又案奉主任杨宥戌参一电如次：

工事之地点宿营，以昭慎重等因。

时届黄昏，未便穷追，遂率队沿汉江河岸返南郑。

据探报，汉江以南新集、黄官岭、周家坪、青树子、红庙塘、牟家坝一带，尚盘踞匪徒多名，但行动惊惶，似有退走模样。当经派令补充第二团团长王尧宸亲率所部进驻协税，每日选派游击队分向周家坪、黄官岭、红庙坝及新集等处游击，并限期肃清各该处残匪，以靖地方。嗣于二十三、四、五等日据报，已遵命次第肃清，自此役以后，南郑城郊附近已无匪踪。惟我守备部队仍在严行警戒，暇即努力加强未完工事，防匪回窜，以备万一。

犯我南褒之匪，经我军屡次猛攻，凶锋大挫，残部狼狈溃窜，我于汉江南北选派多数游击队四出搜捕，并相机向沔宁前进，追剿击退之匪。南郑守城之役，至此遂告终结。

〔国民党政府军事机关档案〕

4.国民党川军第六路军王缵绪部与红四方面军在四川彰明一带战斗详报

（1935年4—5月）

甲、徐匪渡过嘉陵江后，一部北窜剑阁，一部扰我阆南，更向涪江两岸极力活跃。四月廿九日，综合各方情报，匪之主力伪第四、第九、第三十各军，现仍在重华堰、江油、中坝、彰明等处，一部窜至陈家坝、北川附近，其余伪三十一军在青川、平武一带，伪三军在嘉陵江西岸及剑阁、梓橦等处，似有以主力攻占江油，并保持涪江左岸地带，期能达进退自如之企图。当时邓军放弃江油、中坝，人心惶惶，安绵危急万分。本路负总预备队之责，全部集结罗江附近，就中策应一、二两路军事，旋以涪江左岸之匪猖獗，并有乘势南下进犯，且欲威胁邓军翼侧，扩大匪区范围，以达掩护右岸江油、中坝一带易于进展之目的。本路主力复有由罗江右移准备。

乙、四月廿八日，奉总司令刘俭午电令节开：王总指部十三旅，以四旅位置于罗江附近，为总预备队，其余九个旅，以魏城为右翼据点，主力位置于魏城、绵阳间，沿涪江左岸向彰江进攻。

四月廿九日，奉委员长艳未川行参战电令要旨：王总指挥所部为右路纵队，除留置罗江四旅为总预备队外，余出绵阳、魏城，沿涪江左岸向两河口方面觅匪主力进击。但许纵应在本路右后推进，掩护该路之侧背。

基于上项电令，本路各旅遂以重新部署，并由罗江右移。当时令各旅分别向指定地点集结，配置如下：

一、邓司令（和）全部驻萱化铺，归许纵队司令指挥。

二、许纵队（尧斋）率一旅驻刘家河，其余两旅驻魏城驿。

三、陈基旅驻沉香铺，王纯一旅驻抗香铺，张竭诚旅驻观音桥，均归陈旅长基指挥。

四、田钟毅，佟毅旅驻桥楼场、会龙场，彭焕章旅驻小涧沟，章安平旅驻永兴场、皂角垭，刘兆黎旅驻河边场，余渊旅驻金山铺。

五、总指挥部驻丰谷井。

本路各旅于五月二日先后到达指定地点集结完竣，准备进攻。当时匪之一部虽窜据江中，并竭力渐次向东南蔓延。但左岸留置之匪亦甚活跃。其重华堰、窦团山、两河口等处似为匪主力之据点。至新店子、白庙子及彰明附近大堰塘、草坝场一带，均有匪之强力游击队出没扰乱。故按当时情况，似应迅速猛烈寻匪主力痛击，扫清涪江左岸地区，再沿我岸节次构筑碉堡，严密封锁，并一面接通江油，横渡涪江迤西进剿，乘势一鼓歼灭。五月二日午后二时，当给各旅命令，要旨如次：

四川剿匪军第六路总指挥部　命令　五月二日午后二时于绵阳丰谷井

一、匪情及友军情况，详抄委员长蒋艳未川行参战电暨总司令刘俭午电。

二、本路军决心肃清涪江左岸寻匪主力迅速猛烈痛击，以摧破其战斗能力，打断南下之企图为目的，节次向两河口、窦团山、重华堰进攻，并接通江油向西横扫，以期乘势歼灭之。

三、兹规定各部任务如次：

1. 许纵队（尧卿）全部并指挥邓和部为第一纵队，经太平楼、白庙子、新店子向两河口进剿，但邓和部随该纵队右后跟进，务确实掩护翼侧为要。

2.陈基旅并指挥王纯一旅及张竭诚旅为第二纵队，以大部经新桥场、新场、大堰塝，向中坝及江油进剿，以小部沿涪江左岸搜剿前进。

3.两纵队之战斗地境，自沉香铺经忠兴镇、贯山场、新店子、两河口连线属之，线上归许纵队。

4.田钟毅、佟毅两旅为预备队，经沉香铺、忠兴场、贯山场，在第一线中央后方跟进，注意不失时机策应为要。

5.我攻击进展如遇匪主力顽抗时，应逐段构筑碉堡工事，选择据点节节推进，以期稳妥。

6.彭焕章旅暂驻小涧沟待命。

7.刘兆黎、于渊章、安平旅仍驻原地，对安绵方面战况随时注意，并具报为要。

8.余在丰谷井总指挥部。

本路各旅奉命遵即先后驰赴攻击准备位置。据许纵队江酉电称：已令杨（勤安）旅明支辰出发，经魏城向太平楼前进，并分一部向忠兴场推进。令邓和部分向回龙场、柏林场随第一线跟进，并掩护右翼侧后。令赵（鹤）旅、刘（若弼）旅由南部神坝场、店子桠星夜赶到魏城跟进，职准明支辰赶到魏城。又据陈基旅江亥电称：职同王纯一旅准支日推进至草坝场之线，张旅推进至新桥场，其余各旅遵就指定路线随第一纵队前进。

丙、五月二日，奉总司令刘冬巳电：魏城为我右翼据点，须以有力部队扼守，并多集粮秣，以应尔后之进出，余照委座艳未电办理。匪主力在重华堰方面，望妥慎处理，以应事机。

五月四日，奉总司令刘支巳电：匪向西窜，渐已证明重华堰、江油方面已无多匪，务照命令迅速进攻。同日复奉总司令刘支午电：据情况判断，匪似有由北川南进或西趋茂县之企图，拟将过河之匪驱逐，邓军只要能将匪之先头截堵，王总所部由后尾猛攻，必有相当成功。所陈攻击部署尚属可行。是日各旅报告摘要如次：

（一）许纵队尧卿支戌电报：

杨（勤安）旅支日已进占太平场、忠兴场之线，明晨继向白庙子、贯山场、新店子攻击前进。邓和部微日以一部由柏林场前进，将黎雅场之匪压迫驱逐后，进占黄连桠阵地，掩护后继部队进展。

（二）陈纵队基支酉电报：

职旅支日达新场，王纯一旅到草坝场，将匪游击队驱逐后，并向雨台山、高峰寺之线警戒。张竭诚旅到达新桥场附近，微晨职旅拟推进至大堰塘、郝家么店一线，张竭诚旅推进至新场。

（三）田钟毅旅支申电：

支辰由桥楼场推进至沉香铺宿营。

以最近情况观察，匪之大部似已陆续渡过涪江以西，另有企图。其留滞左岸之匪，为欲掩护江油、中坝之安全，故利用地形构筑坚工，以为最后之支撑。亟应趁此时机猛力攻击，并连络胡纵南北对进，予以夹击，断匪归路，使涪江左岸之匪，能彻底歼灭之，并接通江油向西横扫。当给各旅命令要旨如次：

四川剿匪军第六军总指挥部命令 五月五日午后九时于绵阳丰谷井

（一）据各部情报及飞机侦察，涪江左岸似无匪之主力，惟重华堰及江油方面之匪仍持抵抗模样，其实力尚难判断。

（二）进攻部署重新决定如下：

1.许纵队（尧卿）除以邓和部紧接右后进剿掩护侧翼外，余部向马蹄岗、两河口之匪猛攻，务占领神龙河、茧市坝之小河以南高地，赶筑碉堡工事。

2.陈纵队（基）应以王纯一旅（一部）担任沿河警戒，

余向两河口向阳寺开河口之匪攻击前进，并相机占领窦团山，以为接通江油之据点，并设法与江油城内邓军连络，使其突围，一面准备渡河。

3.田钟毅、佟毅两旅应战况之推移，适时推进新店子、马蹄岗之线，相机策应。

4.各旅进展情形，务随时具报为要。

5.余在丰谷井总指挥部。

同日各旅报告摘抄如次：

（一）许纵队（尧卿）微酉电报：

杨（勤安）旅微进至白庙子，将该处之匪驱逐后，并向新店子进击。刘（若弼）、赵（鹤）两旅已陆续到达白庙子，邓和部将黎雅场之匪击退，以大部由柏林河于午后二时到黄连桠，已令邓（和）、杨（勤安）两部进占黄连桠、新店子之线，并筑工固守。

又歌亥电报：

杨（勤安）旅晨由太平楼前进，抵白庙子与匪接触约一小时，匪退新店子，除跟追击并另派一部由贯山场向新店子兜剿，匪向黄连桠溃窜，刻已占领新店子。毙匪十余名，俘十数名，击毙匪连长一，夺获步枪五支，马四匹。

（二）陈纵队基微酉电报：

当面之匪经我进击，现向火风山退去，拟明日造桥渡江，接通江油。

王纯一旅微酉电报：

晨向彰明沿河前进，探悉头婆梁子有匪扼守，当令王（世贤）团迅速予以痛击，匪由城内增加约四百余人，顽强抵抗。复令吴（济舟）团由郝家么店抄袭，激战二小时许，匪退彰明城。是役，毙匪数十名。我阵亡官一员，兵三名，伤八名。是晚就朝天观、郝家么店、头婆梁子、高峰寺之线露营，吴（济舟）一部进至回水寺、高钱山，各就驻地构筑工事扼守。

（三）田钟毅旅歌酉电报：

歌日达贯山场派员与许纵队连络，并与陈纵后尾衔接，拟鱼日经新店子、两河口推进，以便策应。

丁、五月六日，奉总司令刘鱼巳午电：各部展开部队不宜过多，须作与匪决战之准备，稳扎稳打，并注意许纵右侧，远派侦探，严密警戒。

同日，奉委员长蒋鱼申川行参战电令要：

一、据报徐匪大部在重华堰、陈家坝、中坝及江油附近，其一部窜至北川墩上一带，另一部沿清溪河与我对峙。

二、着王缵绪、胡宗南两部主力，仍由现在地点沿涪江东岸对进夹击，速解江油之围，并沿左岸筑碉防匪回窜。邓锡侯主力仍从速肃清清溪河之匪，并严密布防堵匪西窜。综合连日情况，匪大部逐渐右移，似有由北川陆续向松茂西窜之样。其在涪江左岸火风山、新店子、黄连桠一带之匪，经我压迫驱逐，纷向后溃退，该匪以我主力东移，即向西避实就虚，故孙、邓方面时时告急。此时我由江中强渡，匪必以一部凭河拒我，以大部向邓、孙猛袭，势必难支，如再将擂鼓坪、茶坪突破，则清溪河以南至绵阳一带均将混乱，彼时我回救安绵又缓不济急，一面似应预分置兵于安绵附近，先固邓、孙之防，再强渡向西横扫。复查彰明窦团山为匪掩护江中之据点。基于任务，更就当时我军进展状况，似应迅速占领彰明窦团山，彻底肃清东岸，以减顾虑，并沿涪江分段强渡进攻，较易收效。当给各旅命令，要旨如次：

命　令　五月七日午前七时
于绵阳丰谷井

一、匪情从略。

二、田钟毅旅并指挥王纯一旅，克日进占彰明城，所有沿河防守任务，并责成王旅派队担任。

三、许、陈两纵队，仍继续完成微亥电令任务。

四、佟毅旅即推进新店子策应。

五、各旅并一面侦察渡河点，准备架桥材料具报。

同日，各旅报告摘抄如次：

一、许纵队（尧卿）虞申电报：

杨（勤安）旅晨由两河口搜剿前进，刻已将茧市坝及烟袋山之线占领，筑工扼守。刘若弼旅到神龙场之线，邓和部已进展至金鳌场一带，赵鹤旅推进新兴场。

二、田钟毅旅杨戌电报：

晨由新店子向彰明推进，阳晚宿营大堰塘，王纯一旅在郝家么店扼守，陈基旅、张竭诚旅在高塔山、火风山一带。

戊、五月八日，奉总司刘庚申电：饬速占领窦团山、重华堰，以便决定今后行动。

各旅连日向匪攻击前进，迭获胜利，毙俘匪众甚多。许、陈两纵队先后进展至倒石桥、东安镇、茧市坝、烟袋山、火风山之线，田（钟毅）旅及王（纯一）旅及至大堰塘、郝家么店、头婆梁子一带，当时左岸之匪退集窦团山、彰明两点，须分头攻击，使尔后进出自如。然窦团山在江油对岸，一面临河，正面悬岩地险工坚，为江城屏障，故正面攻击甚难，似应以一部切实封锁，一部由茧市坝、重华堰迂回，占白石铺威胁匪之侧背，同时猛攻彰明，使匪左右不遑应付；一面拟沿涪江选定白石铺、接官厅、白鹤咀三点渡河，分向江油、中坝进剿，以主力占领二郎庙亘水口庙之线，并打断官渡通路。惟涪江水流，渡河材料不易搜集，故仍侧重窦团山、彰明两点，并作渡河准备。五月九日给各旅电令，要旨如次：

一、窦团山不速下，恐牵动左翼，应速照庚酉电完成，如佳日尚未能占领，所有陈基、张竭诚两旅统归许纵队（尧卿）指挥，迅速进占白石铺，断其归路，并限灰日攻下窦团山为要。

二、邓和部即进驻神龙河、重华堰，以掩护我右翼。

三、陈纵队基担任自窦团山附近至中坝一带我岸警戒，并赶速准备渡河材料。

四、田钟毅旅并指挥王纯一旅（一团），应趁时猛攻彰明，务占领之。

五、王纯一旅（缺一团）担任自中坝以下我岸警戒，并相机策应。

六、佟毅旅为预备队，位置于大堰塘附近，适时推进。

同日，各旅电报摘抄如次：

一、张竭诚旅佳申电报：

本（九日）午确将窦团山占领，匪向白石铺渡河窜去。

二、田钟毅旅佳日报告：

彰明城之匪约千余人，利用周围河流，构筑坚工死守。职令谢（崇文）团由王爷庙渡河，向左横扫，封锁彰明城之匪，并破坏该城附近浮桥。孟（存文）团扼守原线，并警戒彰城支流我岸一带。王纯一旅（一团）由文昌宫渡河，向右横扫，破坏太平场附近浮桥，并遮断中坝之匪，以一部在三合场佯渡，一部在官山梁掩护我进攻部队侧翼。

三、王纯一、田宗毅旅佳午电：

本（九）日拂晓向彰明城进攻，午正将城北残匪肃清，彰城附近浮桥破坏，刻正筑工封锁。综计匪人约千余名左右，现退守彰城顽抗，同时匪由中坝向下移动，其通过时约在十分钟久，似为增援彰城之样。田旅今（九）日阵亡营长一员，官兵伤亡甚多，刻正督师积极进攻中。

综合详报，各旅努力进展，以期达成任务，遂先后将神龙河、重华堰并将茧市坝前方及窦团山东北附近之匪猛烈压迫，该匪不支，纷向后退，我军乘势齐头勇往迈进，遂将窦团山占领，击毙匪约二十余名，我伤亡数十名，同日田、王两旅攻击彰明，以该城高而坚，河流错杂，匪利用涪江四道支流，编成据点阵地，碉堡工事，星罗棋布，并将附近家屋森林毁去，扫清射界，遍设竹木障碍泛滥等。涪江右岸亦筑坚工，与城犄角，城北搭设浮桥，以利后方交通，一切部署均极周密。田、王两旅于八日夜半即分就攻击，准备位置约定头婆梁子，信炮三响，即开始攻击前进。九日午前四时，田旅谢（崇文）团第一营由王爷庙渡河，向白家院猛力攻击，匪退据大碉一带顽强抵抗，我以大刀手榴弹向匪冲锋肉搏，当毙守碉之伪营长一名，兵数十名，余众纷纷溃退，遂将白家院子附近占领。当时我杨营长时源右腿中弹，虽负伤仍继续前进。王旅余（辛午）团将通中坝浮桥破坏，并以一部向彰城压迫，协助田旅进攻，第二营由大院子攻击，进占杨家碛，官兵猛勇异常，直向县城猛烈攻击，突破匪第三防线，杨营长腹部中弹阵亡，全线稍为顿挫，复退大碉一线扼守，匪乘势逆袭，复以密集队伍由东门冲出，势颇凶猛，我第三营适时加入，奋勇决战，匪受重创，伤亡遍地，复将第三防线占领，乘势追击，直达东北门城下，匪悉退据城中死守，已近黄昏。此时据报匪由中坝增援约一二千人，其一部约五六百人已渡河入城。午后七时，匪约五六百人由北门几次冲出，经我击退，田、王两部逼近城脚。十日午前三时，城内火光大作，喧声四起，想是退却征候。当各选敢死队百数十名分向东北城楼扒成，其余仍继续猛攻，该匪纷纷溃退过河，我乘势冲入城内，毙匪四十人，并分向河边追击，匪落淹死甚多，遂于十日拂晓将彰明完全占领。

同日田钟毅、王纯一旅报告摘抄如次：

佳夜涪江对岸之匪向我强渡，城内之匪迭次冲出向我逆袭，均被击退。灰丑城内之匪，似有动摇模样，我攻城部队即乘机猛攻，于拂晓将彰明占领，匪向涪江西岸退窜。

已、窦团山、重华堰、神龙河之匪，经我大部压迫，未至激战即纷纷溃退，且我逐段筑工推进，伤亡较少（另列表报）〔表略〕。彰明战役，匪我鏖战一日夜，该地为江中下游之锁钥，匪复坚工固守，几经猛扑肉搏，复登城楼冒死占领，匪我伤亡均大。是役，计击毙伪团长、营长各一名，匪五六百名。我阵亡营长王时源一员，排长二员，负伤营长王辅一员，排长八员，阵亡兵九十八名，伤兵一百五十九名。至消耗弹药及俘获实数另表详报。

庚、据俘匪供：窦团山、重华堰之匪为伪三十军一部，两河口、黄连桠均系游击队，彰明之匪为伪三十四军，中坝来援之匪，系伪四军一部，该匪确以窦团山、彰明为掩护江油、中坝之据点，以便主力从容西窜。谨呈

委员长蒋

附附表第一、二、三号〔表略〕

第六路总指挥王缵绪

中华民国二十四年七月　　日

〔国民党军事机关档案〕

5.国民党川军第六路军王缵绪部与红四方面军在四川大垭口一带战斗详报

（1935年5月）

甲、涪江东岸之匪，经我大部猛攻占领彰明、窦团山后，该匪纷纷溃退，过江凭河构筑坚工顽强固守，其伪第四、第九、第三十、第三十一各军，集结于煽铁沟、窦口寺、代防关、陈家坝等处，有固守涪江，阻滞我东岸部队进展，乘隙突破一、二两路军直袭安绵之企图，一面极力向西窜扰，复欲进占松、理、茂各县为退后根据，期能达新发展之目的。同时朱、毛匪部已窜至滇边，并有渡金沙江侵入川南之势。

当时邓、孙两部阵线正面异常紧急，匪一部渡过北川，我岸大垭口、墩上相继失陷，并力图伸展，我左翼至为空虚，安绵颇

堪顾虑。职路除一部强渡涪江接通江油、中坝外，复有左移巩固安绵策应一、二两路之任务。

乙、五月十日，奉总司令刘蒸酉电令要旨：王总指挥部在涪江左岸之六旅，迅速转移罗江附近待命，并派出指挥官指挥总预备队四旅，由茶坪向大垭口、青钢铺进攻，先肃清清溪河右岸之匪。邓部并抽出三团驰赴土门，巩固茂县防务。五月十日，奉委员长灰酉川行参战电令要旨：兹拟封锁徐匪于青川、平武、松武、北彰等县问〔间〕地区，四面包围，筑碉防守，另以有力纵队向匪主力进攻之。着王缵绪出击部队克日务将江油接通，即留许纵队绍宗所部并指挥彭师担任自平驿铺不含至绵阳沿涪江左岸赶筑碉堡，北与胡部确取连络，余部克日驰开罗江附近，为预备队。但原驻罗江一带之四旅，应由王缵绪派定人员指挥，限元日前赶到茶坪，即向大垭口、北川，协同邓、孙进击。

当时刘兆黎旅驻罗江附近河边场，于渊旅驻金山铺，章安平旅驻永兴场，彭焕章旅驻绵阳附近小涧沟，其余在神龙河、茧市坝、窦团山沿涪江彰明一线筑碉封锁，并设法强渡接通江油。基于上项电令，职路各旅遂重新部署。五日十一日午前七时，电令各部要旨如下：

一、匪情及全般情况详抄委员长、总司令灰蒸酉电。

二、本路总预备队四旅，有由茶坪出击之任务。

三、刘旅长兆黎并指挥彭焕章旅，于旅长渊并指挥章安平旅，迅速集结茶坪以南待命。

四、许纵队并指挥彭、韩部，沿涪江左岸构筑碉堡，严密封锁。

五、张竭诚旅移睢水关，佟毅旅移秀水场，田宗毅旅邓和旅移塔水桥，王纯一旅移河边场，陈基旅移永兴场，除陈、王两旅俟交防后再移外，其余克日移动指定地点待命

职路各旅先后向左移动涪江东岸防守，由许纵队从新分配，

由茧市坝以左起亘猫儿梁至烟堆山为杨勤安旅担任，由白石铺我岸邓家垭起亘猪头垭、窦团山至中坝为刘若弼旅担任，由中坝至彰明以下到青莲渡附近为赵鹤旅担任，其余各旅向指定地点集结，并就攻击准备位置待命进展。五月十一日，综合各旅报告，刘兆黎、于渊、章安平三旅达晓坝场，彭焕章旅达塔水桥，时匪集北川墩上，利用伏泉山、垭口天险，有急欲摧破一、二两路由茶坪、擂鼓坪之间深入之势。故以一部迅速增援茶坪，向大垭口进攻，一部由大石坝、鹦哥咀向千佛山侧翼攻击。当给各旅命令，要旨如次：

命　令 五月十二日午时
于绵阳丰谷井

一、匪之一部集北川、墩上并依据伏泉山、大垭口、千佛山一带天险，有由茶坪、擂鼓坪突破我一、二两路军，进扰安绵之企图，其后续之匪似尚增加中。

二、本路总预备队四个旅，限元日赶到茶坪，即向大垭口、千佛山之匪进攻。

三、刘旅长兆黎并指挥彭焕章旅，于寒晨由茶坪向大垭口、石泉铺之匪猛攻，右与邓部切取连络。

四、于旅长渊并指挥章安平旅，同时由鹦哥咀向千佛山、墩上之匪猛攻，左与邓部陶师切取连络。

五、邓和、田钟毅旅驻塔水桥，王纯一旅驻河边场，陈基旅驻永兴场，张竭诚旅驻睢水关，佟毅旅驻秀水场待命推进。

六、总指挥部寒日移驻罗江县城。

以连日情况，匪退集涪江西岸，意在凭河筑工坚守，从容西窜。另以一部寻求弱点猛力攻击，以期胜能突围侵扰，退可扼险掩护主力向松茂安全进出。故应乘其举止未定，迅速猛攻，以期节节击破，更向清溪河以北横断封锁，同时我东岸部队乘势强渡，接通江油，并连络胡纵队南下，不难合围歼灭。然以当时茶坪、擂鼓坪一线，邓、孙两部颇为脆弱，情势异常迫切，似应由茶坪进攻，以坚一、二两路阵线，因大垭口、千佛山两点极关重要，倘匪利用天险构筑坚工增加部队顽抗，则我攻击当更困难。故应迅速攻占大垭口、千佛山，则墩上、土门皆可收瞰制之利。

是日刘、于两旅报告摘抄如次：

一、刘兆黎旅文未电报：

匪约三千人，由横梁子向上河坝、鹦哥咀绕窜。职旅王团已推进茶坪，黄团进驻肖家桥、草鞋树一带，彭焕章旅暂驻沸水场，已令陆续推进。

二、于渊旅文酉电报：

职旅午后五时到达大石坝，当令韩（任民）进驻鹦哥咀向匪方警戒，余部在大石坝右侧，章安平旅两团达到溪沟，一团驻睢水关，保持后方交通。

丙、五月十三日，奉委员长元酉电：刘、彭、于、章四旅攻击千佛山、石泉铺任何一处均可，但不可分割使用，应遵守集中力量发挥于一点之原则。又许纵队仍应从速准备渡河材料，接通江油。

同日奉总司令刘元申电要旨：军之计划，以田旅由茶坪进攻，仍应集结使用单〔担〕任一路，于渊宜与刘旅紧接至鹦哥咀，土门方面应由邓部担任之。

但邓部文未电：观梁子发现匪数千，并以一部攻土门，似有向右延伸企图。惟职路奉令担任大垭口、千佛山方面攻击，由鹦哥咀至至土门系由邓部负责。元已电令寒晨全线总攻，因邓部电话二十八、二十九两军部署尚未就绪，请改删晨攻击。当令前线各旅编成小组游击队，向当面之匪威力搜索，并侦查攻击进路。时邓部以南华岭、水车坪告急，茶坪遂由我刘旅完全接替。于渊元午电：职部正向千佛山前进。韩（任民）团到达鹦哥咀、土门方面，既由邓部负责。复令于、章两旅右与刘、彭两旅紧接，同时并令许纵队准备渡河接通江油。五月十四日午后三时，总指挥部移罗江县城，当令于渊、章安平逐渐右靠，与刘、彭两旅紧接，于旅迅到茶坪以左之牛奶坪、菜子垭，接替彭焕章旅防务。章旅以一部驻鹦哥咀，其余驻草鞋树待命，对左翼可派出小部游击。是日于旅报告摘抄如次：

章旅由鹦哥咀向千佛山之匪猛攻，至乾漆树向金川溪右岸延伸展开，准备攻击前进。职旅由鱼口、横梁子进攻。据前卫韩（任民）团报称：该地有匪约三百余与我遭遇，激战约一小时，匪始溃退。此役我伤亡士兵十余名，官长二员。毙匪指导员一名，兵六名，伤者甚众。夺获米包及草鞋军毡等物。已派员与刘旅切取连络矣。据邓部寒巳电：现扼守大坪山、水车坪、南华岭之线，准删辰向当面之匪进攻，奏效后，联络孙军向青榴铺、游坪我岸进攻，当令我刘兆黎旅右与邓部联络，以一部向白家林攻击前进，俟于渊旅到达菜子垭进攻千佛山时，再与于旅齐头向大垭口之匪猛攻，彭（焕章）、章（安平）旅紧接刘、于两旅后推进。

丁、五月十五日，奉贺主任咸巳电要旨：查江油被围日久，亟应从速解围，迭经委座电饬遵办在案。望严饬许纵队克日准备渡河材料，规定渡河地点及日期，以便派飞机掩护渡河。

同日奉总刘删戌电：土门昨夜失守，邓部退至茂县十里之处，饬王总亲率四旅由大石坝、鹦哥咀向观音梁〔子〕、土门之匪进攻，同时茶坪正面猛向大垭口攻击，以期节节打断匪之西窜。

同日奉委员长删亥电：速率罗江四个旅以上兵力，即向土门进击，并速饬茶坪方面四个旅协同一路出击。当时茂县、土门系由邓部陶宗伯师驻守该地，为进出彭、灌、什、绵之要口，关系至巨，且地势险峻，利于防堵，复由邓部抽调三团当期隐固，殊邓部迟滞未及调动，土门即已失陷，同时观音梁子亦为匪占据，于是职路复有左移进攻土门之任务。

命　令 五月十六日午前六时
于罗江县城

一、匪昨（十五）夜陷土门，一部已达观音梁子。邓部陶师向茂县方面退去。

二、本路有由观音梁子进攻土门打断该匪西窜企图，以解茂县之危之任务。

三、兹将各路任务重新区分如下：

1.着佟旅长毅并指挥于渊、张竭诚旅，由鹦哥咀、大坝场分向土门攻击。

2.着刘旅长兆黎并指挥彭焕章、章安平旅，自茶坪分由大垭口、千佛山、石泉铺、墩上之匪攻击。

3.着邓司令和并指挥王纯一旅为预备队，位置倒溪沟、沸水场附近，适时推进。

4.着陈基、田钟毅旅移驻塔水桥待命。

5.着许纵队绍宗迅速渡过涪江，接通江油，并向匪猛烈攻击，使匪不遑兼顾。

四、进攻部队统限筱日开始攻击前进。

五、余于筱日到睢水关。

据各方情报，徐匪逐渐西窜，确有与朱、毛遥应之势。土门、茂县相继失陷，陶师退守文镇关附近。大垭口 千佛山之匪，正陆续增加中。江油方面匪连日夜向我佯渡佯攻，沿岸遍树红旗，虚张声势，其主力似已移向他方。我刘兆黎旅筱晨向白家林附近猛攻，已将大垭口附近西二沟之匪击溃，并确实占领神龙堂、张家祠前方两侧高地。彭旅以一营肃清三峰山之匪，以一团正由龙洞沟向千佛山推进中。佟旅进展至鹦哥咀，次第就攻击准备位置。

皓日各旅报告摘要如次：

一、刘兆黎旅巧晨电报：

职巧晨令王、徐两团向大垭口之匪猛攻，黄、朱两团紧接推进，于巳刻进占窝窝点、毛林山，并将匪猫儿沟、白家林、新店子一线阵地夺取，各部奋勇异常，于未时迫近大垭口最后一线阵地，匪据险顽抗，激战数小时，终难突破。适近黄昏，匪以大部逆袭，王三友团长立时弹中腹部阵亡，部队形成混乱，遂撤退茶坪整理，暂守原线。是役，匪我伤亡均大。

彭旅以一团由三峰山向千佛山进攻，已占领椿椿王爷附近，一部由横梁子向当面之匪攻击，已确占领三苍水，因逼近岩下，无法攀登，兼刘旅长攻击顿挫，故亦撤回原阵。章旅彭、周两团，仍固守碓窝坪亘菜子垭原阵地。

二、佟毅旅巧皓电报告：

职指挥于旅巧晨由高川坡、岩老壳向上河坝攻击，于午前七时进占乾漆树前五里之邬家沟，午后已占领鱼洞口，正攻击前进中。

张竭诚旅于皓日拂晓接替于渊旅，由鱼洞口继续攻击前进，虽山险路狭，匪顽强抗战，我官兵奋勇，卒将九倒拐、下横梁子一带占领，就地筑工固守。

当时沿涪江右岸之匪，似有动摇模样，故已令许纵队务于号日强渡完成，接通江油之任务。至大垭口、千佛山、观音梁子一带山势险峻，攀登不易，争尺寸之地，蒙重大伤亡，似为不值。拟绕道攻击或就现阵封锁，另由他方攻击之。山地工坚，空军助战，最为有效。刘旅本日攻下白家林后，即应停止，赶筑工事，翌日再继续攻大垭口，因大垭口高数十里，非整日不能攻上山顶，且须飞机掩护，刘旅未计及此，于午后攻下白家林后，复继续攻大垭口，攻至半山日已入暮，遭匪逆袭，既无飞机掩护，又无阵地可守，致遭顿挫。

四川剿匪军第六路总指挥部　**命　令**　五月二十日午前六时于睢水关

一、土门、茂县失陷后，大垭口、千佛山、观音梁子一带现有匪少数，其后续部队正陆续运动，似有利用山险坚工固守，阻我攻击部队北上之目的。

我刘兆黎旅昨（十八日）攻击大垭口稍挫折，刻正整顿继续猛攻。

我张竭诚旅于皓日占领九倒拐下、横梁子。

我许纵队准今日强渡涪江，向匪猛烈攻击前进。

二、本路应以猛烈果敢之精神，迅速占领土门、千佛山、大垭口，以为尔后进攻之据点。

三、佟旅长毅并指挥于渊、张竭诚旅，即由下横梁子向观音梁子、土门攻击，务迅速占领之。

四、彭旅长焕章并指挥刘兆黎、章安平旅，即由大垭口、千佛山、墩上进攻，相机占领之。

五、王纯一旅以一部推进肖家桥，俟大垭力得手后，全部移驻茶坪。

马日各旅报告摘抄如次：

一、许纵队绍宗马电报告：

职部号晨强渡未奏功，因水过急，浮桥为水冲断，匪顽强抵抗，激战终日，均无进展，我淹毙伤亡百余人，匪受我机炮及飞机轰炸，伤亡颇大。是晚复架浮桥数座，马日拂晓猛攻，同时分段强渡过河，匪纷向观雾山、官渡、沙窝子溃退，已将江油县城接通，正搜剿附城残匪。

二、据空军第六队长王伯岳投报：

中坝、江油均为我军收复，我涪江东岸部队正陆续渡河中。青莲渡一带之匪，沿河向西退却，并在官渡等处架设浮桥。

三、佟毅旅智戌电报告：

职视察匪阵，悬崖绝壁，层层坚工，道路羊肠，攻击进展甚难，正面仅容极少兵力，拟由左翼开辟小道迂回进攻。

综合详报，大垭口方面我刘兆黎旅，廿八日拂晓以王三友团长并指挥徐国瑄团为右翼队，经神龙堂向大垭口攻击前进，以占茅林山为第一步；占领白家林、望乡台为二步；占领大垭口两翼高地为第三步。以黄伯光团、朱果团为预备队，紧接右翼队跟进，以彭旅为左翼队，由三峰山向千佛山攻击前进；以章安平旅（缺朱果团）固守碓窝坪、岩壑山、牛奶坪、三峰山、莱子坪一带原有阵地，午前四时，我右翼队到达陈家山攻击准备位置后，向毛林山（坪上左前方）猛攻，该匪不支，纷向毛头坡、白家林（坪上正前方）一带退却，当将毛林山占领，构筑简单工事，复节次向匪攻击前进。六时王（三友）团李营进至白家林，匪利用山腹要点据工顽抗；我黄、朱两团乘势进占神龙堂（茶坪正前方），并在毛林山高地以瑄迫击炮向白家林匪阵猛烈射击制压，激战约一小时，李营渐迫匪阵猛力突击，遂占领白家林，匪向新店子方向溃退。王团罗营正辟道向望乡台（大垭口右侧）进攻，同时我左翼队彭旅之彭寿如团，亦由陈家山开路向望乡台攻击，八时徐国瑄团推进白家林阵地，筑工固守。王三友团向新店子、望乡台一线猛攻，激战至十时许，我空军适来助战，徐团王营复增加左翼协攻望乡台，旅迫击炮急在白家林左侧高地占领阵地，对望乡台以猛烈火力援助黄团推进茅林山、木瓜山占领阵地，相机策应朱团推进至陈山附近，各部精神奋发，冒死进攻，匪纷溃退。十一时，将新店子、望乡台一线占领，黄、朱两团复推进白家林、茅林山一带，并各就原线赶筑工事，编组敢死队，准备夜袭。午后三时，我空军复来大垭口掷弹，匪阵有动摇模样，王、徐两团官兵奋不顾身，猛勇冲锋。激战至六时许，匪以精锐大部分三路逆袭，匪我冲杀甚烈，相互肉搏，黄团当增加援应时，王三友团长腿部负伤，犹鼓余勇督杀，继弹中腹部阵亡，正面稍形顿挫。黄、徐两团与匪反复撕杀，声震山谷，匪复继续增加，势颇猛烈，时连长高显荣、黄灿、刘明述、邓海云、黄文勋、骞鑫、晏子云、顾荣武等相继阵亡，我第一线中央复被匪突破，当即以朱团占领茅林山，彭旅一团占领陈家山，确切掩护收容，章旅严守原阵线，于十时向茶坪转进，仍扼守原阵。

同日佟旅长毅指挥于渊旅占领鱼洞口后，筑工固守。十九日张竭诚旅继续向九倒拐、上横梁子攻击，匪据险坚工顽强抵抗，官兵勇迈锐进，不顾牺牲进攻，卒将九倒拐、上横梁子占领，并编组挺进队到达高棚子，匪由火烧坡猛烈攻击，经我沉着应战，卒将该匪击退，占领高棚子，筑工固守。号日佟旅继续接替由横梁子攻击，匪阵愈坚，兼之各道窄狭，悬岩绝壁，运动困难，左右大小老林荆棘满地，无路可寻，浓雾四布，方位莫辨，指挥极感困难。由大坝深沟至土门之路，早经地震崩陷，以左复崇山峻岭，均不能通行，匪我皆进展不易，双方鏖战相峙对阵。

马日拂晓，江油方面许纵队彭师分段强渡，复以迫击炮掩护，并由中坝、金溪泗水绕袭，激战数十分钟，匪纷纷向东岳庙、二郎庙溃退，遂将中坝完全占领、俘匪二十余名，毙匪甚众。一部从下渡口、平坝亦强渡成功，将西塔山占领，迫近江油西门，匪退官渡、水口庙、二郎庙一线，正整顿继续进击。

戊、大垭口、千佛山地势险峻，道路羊肠，左右两翼均属崖壁，难期展布，匪踞高地，层层坚工固守，激战一日，几次肉搏冲锋。是役，我阵亡团长王三友一员，负伤营长一员，连长八员，排长十一员，士兵伤亡五百四十五名，失踪二十二名。匪伤亡约六七百名。土门方面谷道尤属艰难，两面陡壁，不易攀登，匪凭险抗战，攻击进展颇难。我利用死角，以少数兵接战。是役，伤亡连排长二员，伤十余员，伤亡士兵八十余名。匪伤亡约二百余名。江油战役因利用拂晓前强渡，复以机枪掩护，伤亡较少。是役，伤亡及淹没官兵百余人，匪伤亡甚大。至消耗弹药及伤亡卤获实数另表详报。

据俘匪供，大垭口、千佛山之匪，为王维周、何畏两部及伪特务团，约五千余人；土门、观音梁子之匪，为伪三十军、三十四军一部，该匪利用涪江障碍，并以大垭口、千佛山、观音梁子为掩护墩上、土门之据点，以便从容向松茂窜扰，另辟新路。谨呈。

委员长蒋

附附表第一、二、三号各一份〔表略〕

第六路总指挥王缵绪

中华民国二十四年八月　日

〔国民党政府军事机关档案〕

二、对红一、四方面军会师前后的追堵

1. 国民党重庆行营参谋团川中"剿匪"工作报告书

（1935年1—9月）

一、绪言

川中剿匪工作，约可分为四期：（一）为徐匪向前盘踞川北，进扰陕南时期；（二）为徐匪渡过嘉陵江时期；（三）为朱、毛残匪与徐匪合股时期；（四）为清剿及绥靖时期。兹将各时期经过之概况分述于次。

二、第一时期之概况

川匪最高机关为伪西北革命军事委员会，徐向前则任西北军区总指挥。辖伪第四、第九、第二十五、第三十、第三十一等六军，共约四万余人，枪约三万支。盘踞川北之通江、南江、巴中、万源、仪陇、苍溪等六县，烧杀掳掠，备极惨酷。与我军第一师胡宗南之一部、四川剿匪军第一路邓锡侯部、第二路田颂尧、第三路李家钰、第四路杨森部、第五路唐式遵部，按上列则

序自广元、昭化、沿嘉陵江西岸，经南部新政坝亘达县、宣汶、城口等县之线相对峙。此本年一月十二日，行营参谋团到重庆时之形势也。

一月二日，朱、毛残匪窜渡黔之乌江，连陷湄潭、遵义、桐梓、凤岗等四县，逼近川南。徐匪亟图乘机进犯嘉陵江，冀相呼应。是时，参谋团已到重庆，于一月十六日，先令川军各路固守原防。至二十五日，令重新划定阵线，派定各路剿匪督察专员，分路督剿。并于二十六日，颁发攻击命令。规定：胡宗南部坚守昭化、广元，川军第一路抽集十团兵力于绵阳，第二路抽集十团兵力于三台，由邓锡侯驻绵指挥。第三、四、五路，亦各抽编有力纵队，三路向仪陇，四路向茶坝场，五路沿巴河右岸向巴中同时出击。盖当时伪三十一军，已由广元上游突过嘉陵江，与我胡部激战于洋模坝、车家坝；伪四军在昭化对岸强渡；伪三十军占据河湾场，断绝昭、广交通而围攻之；伪二十五等两军又在阆中、苍溪方面不断袭击也。

一月二十九日夜，伪军猛扑广元河西胡部阵地，被我击毙者在二千以上，获枪一千六百余支，迫炮十余门。我川军各路官兵亦均踊跃用命。二月一日，邓部克河湾场。二日，昭、广围解。三日，唐部克万源。四日，邓部又克车家坝。五日，李部克仪陇。六日，邓又克羊模坝、杨部克茶场坝。唐部又于八日克巴中，九日克通江。二十一日，田部克苍溪。匪陷川北六县，至是已复其五，未复者仅南江一县而已。

此次徐匪图渡嘉江不逞，伤亡损失极重。遂由广元及南江以北窜扰陕南。二月四日，陷宁羌。九日，陷沔县，并围攻褒城，进犯南郑。当时，我第一师主力在略阳、康县；第十七师孙蔚如部亦在褒、郑。因分令分别迎击。又于二月十三日，令邓锡侯为川北第一追剿军总指挥，由朝天驿、菜子坝之线，向宁羌、阳平关之线进剿；唐式遵为川北第二路追剿总指挥，由巴中进规南江，向宁羌以东地区追击。旋褒城、南郑之围解。孙部亦于二月二十七日，克复沔县。

迨三月四日，为防匪回窜，先求稳扎起见，令川军除第一路，仍协同陕甘部队攻剿外，其余各路军一律停止进攻，增强现到地碉堡工事，巩固新阵线。计各路自一月二十六日，奉令出击，至此已激战月余矣。此第一时期剿办徐匪之概况也。

三、第二时期之概况

匪犯陕南不逞，乃于三月初回窜川北。一股由南江进犯仪陇、苍溪，一股由宁羌进犯广元。仪陇之匪，罗泽洲首当其冲，苦战失利，幸李家钰、杨森两部固守阵地。自三月七日，激战至二十七日，卒将匪击退。但三月九日，匪再陷苍溪。二十八日，大部由苍溪上游渡过嘉江。三十一日，陷剑阁、阆中。四月二日陷南江。三日，邓部放弃昭化。按苍、剑、阆、南，均为川军第二路防地。斯时，委员长正督师贵阳，得报立将该路总指挥兼军长田颂尧撤职查办，并令副军长孙震代统其众。遂以歼灭该匪于嘉、涪两江间之目的，于四月三日，令第一、二两路在北道之部队固守广元，以待胡部接防，然后回到剑阁。并将第一路其余部队集结于绵阳，固守江油、梓桐、绵阳各城。第二路在南道部队，集结三台附近，固守三台、盐亭、射洪各城。第三道由仪陇向老鹳场挺进。第四路固守西充、南充两城。第五路一面固守原阵地，一部由通江向南江，以主力由巴中向王苍坝追剿。且先于三月三十日，令第五路王缵绪部，集中南部以南地区，相机进剿。三月二十八日，胡宗南部克复宁羌。因令其一面坚守宁羌，接防广元，一面以有力部队进驻平武、青川。部署既定，王缵绪部，即于四月四日克复南部。七日，任王为第六路总指挥。十六日，该部又克阆中。第五路于同月八日克南江，二十一日再克苍溪。由是嘉江东岸已无匪踪。而剿匪重心转移于嘉江以西矣。

匪渡嘉江后。自四月十二日起，迭攻江油，又乘虚于四日十四日陷平武，十八日陷梓潼，十九日陷彰明，二十一日陷北川，江油一城乃陷入重围。第一路旅长杨晒轩，以十连兵力固守。其中当时江彰一带为匪主力所在，与我第一、二两路守兵及应援部队激战甚烈。四月十八至二十九日，乃先后令王部集中罗江，出绵阳，沿涪江进击；唐部延接李部防务，由阆中渡嘉江，向绵阳转进；李部则先唐部渡江，接王部之防；胡部主力由碧口、文县南下。四月二十七日，胡部克平武。邓军在北道者，四月三十日克昭化，五月三日克剑阁。其在南道者，五月一日克梓潼；王部五月十日克彰明。至五月二十一日，江油之围始解。而剿匪重心又移于涪江以西矣。

四、第三时期之概况

匪围攻江油阅四十日之久，经我陆空各军联合痛剿，卒被击溃，狼狈西窜。而朱、毛残匪，当我与徐匪激战于嘉、涪两江地区之际，已于五月六日，由元谋以北渡过金沙江，围攻会理。我第二十四军刘元瑭部婴城固守得全，追薛部先头渡江追击，该匪即舍会理北窜。迄窜至大渡河南岸，勾结刘文辉赖营之一部叛变，竟于五月二十六日，得由安顺坝上游偷渡大渡河，企图以主力进窜汉源、荥经，直取雅安；一部进取泸定。嗣经杨森部痛击汉源、荥经一带，刘文辉部堵击于泸定不逞，乘虚进陷天全、芦山、宝兴等处。又被杨部追剿，先后收复截击，其伪干部团投河死者千余。至六月十二日，窜至宝兴以北之大硗碛附近，与徐匪合股。盖徐匪已于五月十六日，乘虚攻陷茂县。二十一日，以一部渡岷江占理番。六月六日，陷抚边。八日已陷懋功也。

当朱、毛残匪窜渡金沙江时，即拟定阻绝该两匪合股部署，令行各军。五月八日至六月一日间，先后令川北方面之第一路邓军，以一部开懋功，主力西开控置雅安；第二路孙军及六路王军，则以主力西进，寻匪追剿；第三路李军，由盐亭、三台，取捷径开灌县、汶川，协同邓部恢复茂县，一部开理番；第五路唐军，则担任涪江以东，分区清剿，扼要守备；胡宗南部控置于松潘、平武及江油附近。且严令各部构筑碉堡，严密防堵。盖茂县之失，由于邓部只知构筑野战工事，不知构筑碉堡所致也。至川南方面，先于四月十二日，已令第四路杨军调防屏山、雷波一带。迄匪渡过金沙江，即令其主力转赴大渡河布防，限期完成封锁线。迄匪与刘元璋部激战西昌，又令其取捷径驰赴大渡河，赶筑碉堡线。至匪偷渡，又令其派兵一部先扫清渡河之匪，并协同刘文辉部追堵，其余仍固守大渡河原防。并令二十一军派兵控置于新津、邛崃两点。薛岳部仍跟匪紧追。惟松潘毗连陕、甘，当岷江上游，俯瞰茂、理，为北通陕、甘之要道，匪据之可进退自如。故令胡宗南抽集重兵于此，阻匪北窜。并编番民，励行坚壁清野，冀制匪死命也。

茂县、理番相继失陷后，委员长于五月二十二日，由贵阳返重庆，二十六日亲赴成都督剿，参谋团亦随同移驻成都。惟金沙江、大渡河沿岸碉堡封锁线极关重要，曾经迭令刘文辉部切实构筑，限期完成。并经电复遵办各在案。嗣经查明，其过听部属，一味敷衍，实未遵办，致令朱、毛残匪得以自由窜渡，至堪痛恨。故通令将刘文辉记大过一次，令带罪图功，并令其将各负责长官，查明严处。由是军心稍振。此时部署，一面巩固川、康、甘、青各阵地碉堡线，封锁朱、徐各股匪于荒僻边区；一面分途进击。孙部于七月一日克北川。王部于七月二十一日克理番。至是川省已无匪占县城。而残匪均困于岷江以西、大金山以东之荒僻地区，进退维谷，饥寒交迫，日陷于穷蹙之境矣。

五、第四时期之概况

理番克复，残匪以一股窜班佑，另以一股窜阿坝。其窜班佑者，八月二十四日被我番骑击毙数百。其窜阿坝者，三十一日在索格藏，亦被我番兵击溃。班佑之匪，于三十日起猛攻我阿西茸、求吉寺碉堡地带。守者为胡师康庄团，凭坚死守，匪不得逞。迄九月十五日，卒被击退。康庄团乘势追击，截俘千名。此匪最近之惨败也。然匪一面攻我康团，一面于九月二日另分股向甘肃之岷县北窜。二十一日突过岷县、西固间之哈达铺，向礼县以北进窜。二十七日陷通渭。据报：匪因内讧，各自奔逃。窜甘者仅为伪一、三两军团，由毛匪泽东、周匪恩来率领，其众不过五千人。朱匪德、徐匪向前，则仍徘徊于阿坝、毛儿盖、壤口、芦花、卓克基一带。查朱、毛自与徐匪合股后，所余确不过万人。徐匪虽拥众较多，数约三万，其精锐亦已损失殆尽矣。

现为肃清川西北边区残匪起见，规定自岷江以西、大金川以东，北以黄河及川、甘省界为界，南则东起威州、西迄崇化，于此地区内，划分五个清剿区，拟具清剿计划，于九月二十五日颁行。指定第一区以阿坝，第二区以壤口，第三区以卓克基，第四区以包座，第五区以毛儿盖为中心，各配置相当兵力，限期清剿。十月二日，又颁布四川省划区绥靖办法大纲，将四川曾经匪扰及余匪尚未肃清地方，划分为八个绥靖区。所有各区司令官及区域如下：

第一区司令官李家钰。以西昌、会理、盐边、盐源、昭觉、宁南、冕宁、越巂、峨边、峨眉十县属之。但川北残匪未肃清以前，该部仍驻松、茂、汶、灌原防协剿，候令移动。

第二区司令官邓锡侯。以宝兴、懋功、松潘、茂县、理番、汶川、大邑、邛崃、彭山、蒲江、眉山、丹稜、洪雅、夹江、青神、崇庆、新津十七县属之。

第三区司令官杨森。以雷波、马边、屏山、宜宾、庆符、筠连、高县、珙县、长宁、南溪、兴文十一县属之。但川北残匪未肃清以前，该部需留六团以上兵力于懋功、抚边以北地区协剿。其余先在雅安集结，候令移动。

第四区司令官刘文辉。以芦山、天全、名山、雅安、荥经、汉源六县属之。

第五区司令官孙震。以绵阳、彰明、安县、罗江、绵竹、德阳、金堂、广汉、什邡、梓潼、剑阁、苍溪、阆中、昭化、广元、平武、江油、北川十八县属之。

第六区司令官唐式遵。以南江、通江、巴中、万源、宣汉、开江、远县、渠县、大竹、梁山、垫江、长寿、邻水、广安十四县属之。

第七区司令官潘文华，以隆昌、富顺、泸县、合江、纳溪、江安、古宋、叙永、古兰九县属之。

第八区司令官许绍宗。以忠县、酆都、涪陵、南川、石柱、彭水、黔江、酉阳、秀山九县属之。

以上各绥靖区司令官，直接秉承四川善后督办之命令，办理各该管区一切绥靖事宜。绥靖任务限六个月办竣，期满呈报行营撤消之。

六、结　论

现军事方面，四川已分区清剿，与绥靖残匪，不难如期肃清。又于九月二十六日，设立西北剿匪总司令部于西安，以副司令张学良代理总司令，并任朱绍良为所属第一路总司令，于学忠为第二路总司令，杨虎城为第三路总司令。马鸿逵为第一防区司令，马麟为第二防区司令。残匪虽有一部窜甘，当易歼灭。政治方面则派诺那为西康宣慰使，及分途派员组织回藏宣抚番夷，编练民众，抚辑流亡。严令川、甘、青、宁等省切实励行，亦足以制死命。况匪方物质素缺，今又受地势气候限制，食不果腹，衣不蔽体，饥冻致毙者日有所闻。加以流窜日久，伤亡损失已多，壮丁、械弹无从补充。又以国军优待投诚传单不时散发，故匪心异常涣散，投诚自新者日众，残余之匪不足平也。

〔国民党政府军事机关档案〕

2. 国民党第二路军薛岳部在黔西滇北川南地区追堵长征红军部署及战斗经过详报①

（1935年4—7月）

一、本期之时间区分

朱毛残部，由遵义西北地区窜踞盘江八属。岳奉令于四月十八日驰赴关岭场指挥追剿，自开始追剿至集中雅安，凡历二月，其经过情形，为便利叙述起见，自开始追剿至金沙江南岸止为第一期（自四月十九日至五月十五日）。渡江至推进江油止为第二期（自五月十六日至七月二十日）。

二、追剿前之兵力及其部署

甲、兵力

二十四年二月奉委座冬午电令，规定剿匪部队新战斗序列，本部改为剿匪军第二路军前敌总指挥部，隶属于第二路军总司令龙，所属部队如下表。

第二路军所属部队指挥系统表

- 第二路军前敌总指挥薛岳
  - 第一纵队吴奇伟
    - 第五十九师韩汉英
    - 第九十师欧震
    - 第九十二师梁华盛
    - 第九十三师唐云山
  - 第二纵队周浑元
    - 第五师谢溥福
    - 第十三师万耀煌
    - 第九十六师肖致平
    - 第九十九师郭思演

---

①此件原标题为："剿匪军第二路军黔西—滇北—川南间地区追剿朱毛股匪经过详报"。

- 第二路军前敌总指挥薛岳
  - 第三纵队孙渡
    - 第二旅安恩溥
    - 第五旅鲁道源
    - 第七旅龚顺璧
    - 预备旅刘正富
  - 第四纵队王家烈
    - 第二十五军王家烈
    - 第三师吴剑平
    - 暂编第八师蒋在珍
    - 新二十五师沈久成

乙、部 署

驻防部队							部别 区分
4.AB.				2.AB.	1.AB.		
25.D.	8.D.	121.D.	25.A	99.D. (-295.B)	59.D. (-349.I)	93.D.	
4	3	3	8	2	2	3	兵力（团数）
	整理改编				守备		任务
土城赤水	正安绥阳	盘江各县	大定毕节威宁水城	贵阳	清镇	贵阳；一定驻防定番	地点
						情况所许即集中训练	备考

追剿部队							
	2A.B.				1.A.B.		
3A.B	295.B / 99.D.	96.D.	13.D.	5.D.	349i / 59D	92.D.	90.D.
12	2	3	6	3	1	3	3
追击	守备	集中待命					
紫云以北地区	募役分县一带	普安附近	普安以北地区	普安附近	关岭场	同左	普安附近

三、第一期追剿经过　　四月十九日至五月十五日

甲、综合匪情

子、四月十八日以前，朱、毛残部自突破仁怀、遵义碉堡封锁线偷渡乌江后，经虎场、洗马河窜过黄泥哨，进陷定番、贞丰各县，主力徘徊于贞丰附近，一部约二千，进出于太平街、定头营一带，有经册亨、安笼由兴义或兴仁折窜西北之企图。罗炳辉股则隐匿沙土、安底一带地区待机。

丑、四月十八日，朱、毛由贞丰西窜，伪一军团及伪中央经兴义、鲁土营、果里、泥溪坝、黄泥河，伪五军团经万屯、纳省、红板桥，伪三军团为右侧卫，沿贞丰大道，陷兴仁城后，经巴巴堡、东瓜林、旧营、威舍分向滇境逃窜。时罗匪则由水城、羊场间地区窜至盘县西北，有窜滇会合朱、毛之企图。

寅、四月二十三日，匪已先后窜入滇境，伪一、五军团二十六日窜白水以西地区，二十七日攻曲靖不逞，南陷马龙。二十九日经杨林，陷嵩明，五月一日窜可渡后，一部经马街、狗街，主力经鸡街过普河，窜陷武定、禄劝，四日先头窜至元谋以北地区。伪三军团二十六日窜白水，二十七日陷宣威，翌日全部西窜，五月二日陷东川，旋窜树节附近会合朱、毛。

卯、朱、毛与罗合股后，五月三日起在巧家、树节、洪门、绞平、鲁车各渡分途渡江，北窜会理、西昌地区。

乙、逐日部署及各部追达位置

子、四月十八日各部队之行动，总部四月十八日奉令到关岭场指挥追剿时，欧、梁两师正由安南向兴仁前进，二九五旅守备募役、分县、铁索桥一带。第二纵队正由花贡、罐子窑向普安以南地区急进。第三纵队正由广顺、紫云间地区向关岭县方向急进中，对匪部取包围，拟歼灭该匪于盘江流域。五十三师已集结镇宁完毕，担任镇宁、黄菜〔菓〕树一带守备。

丑、四月十九日至五月十五日之部署要旨及各部逐日位置

一、十九日遵照委座巧日手令部署如下：

（附图一）〔图略〕

A．太平匪之街约千余人，其一部窜到定头营，牛场亦有匪约二千人。判断系匪之侧卫，本夜拟着雷团派一部袭击之。

B．孙纵队本日已集结关岭场、洞马场，智日应派步兵旅占领太平街，掩护主力南进，马日全部应向巴林龙场之线前进，并右与安姑之欧师、兴仁之梁师切取连络。

C．梁师号日位置兴仁，并于屯脚、交那、鲁土营设伏。欧师号日位置安姑，并于巴林、波秧之线择要设伏。

D．周纵队马日应集结青山，并于东榔、大海子、竹山箐、箐丫口四处设伏。万师号日到普安，马日主力控置铁厂，老纸厂、马平地应各派一团，并于保宝堡、狗场营设伏。

E、五三师除留一团守备镇宁至募役、分县碉楼外，号日推进募役、分县、新铺之线。

F．余率吴纵队部及林团，号日向安南推进。

位置：本日总部、吴纵队部及温旅林团募役、分县。吴纵队兴仁、安姑之线。周纵队普安、郎岱之线。孙纵队洞马场。

二、二十日遵照委座皓酉手令要旨，部署如下：（附图二）〔图略〕

A、匪数千皓午窜到兴仁，守兴仁吴师之一部已撤向黄草坝。判断匪之右侧卫到兴仁，其主力经兴仁西南地区向兴义逃窜。

B、孙部号日占领太平街，马日向巴林、屯脚之线进剿，养日向兴仁、交那西南地区尾匪进剿。

C．梁师号日向兴仁攻击，务迟滞匪之行动及侦察匪主力之窜向。欧师号日主力先进至排杉，一部到箐丫口，与梁师切取联络后，相机向竹山东截剿，但安姑暂留一营筑碉。

D．三十六军号日集结青山，遵照皓申电部署，万师遵照皓申电急进。

E．余及吴纵队部照前电行动。

位置：本日总部吴纵队部林团到安南，温旅安南、募役、分县。吴纵队兴仁附近。周纵队青山、普安、花贡之线。孙纵队关岭县．太平街，五三师募征、分县。万耀煌号戌电称：已遵皓令部署并设置伏兵。

三、二十一日遵照委座智己手令要旨，下达命令如次：（附

图三）〔图略〕

A、我欧、梁两师哿日午后在兴仁北十里之观音洞与伪三军团对峙中，入黑后匪已沉寂。判断兴仁之匪系右侧卫，或系匪向兴义逃窜之后卫。

周纵队先头已抵青山，万师先头已抵普安，孙纵队主力已抵太平街。

B、各部队于马日之行动如下：

（1）欧、梁两部协同击破当面之匪，由梁师留一部守兴仁，如匪西窜兴义，则梁师主力向交那、顶效，欧师向鲁土营，马别桥猛追。如匪西窜，则跟踪追剿，与我青山部队夹击之。

（2）肖师除留一部扼守青山外，余向车榔急进，如匪窜兴义，则向红板桥、板笆之线进剿。如匪西窜，则在车榔、猪头场之线堵剿，谢师应经铁厂向车榔急进，万师应经老纸厂向保全堡。狗营急进。

（3）孙纵队应经巴林向屯脚急进，如匪窜兴义，应向顶效、郑屯之线追剿。如匪西窜，则向兴仁、交那之线追剿。

（4）吴司令官率林团至兴仁。

（5）余率周团向普安前进。

位置：本日总部周团到普安，温旋（欠周团）关岭场，铁索桥。欧、梁两师兴仁及其附近，周纵队铁厂、补马、老纸厂、罐子窑一带，万师并派别动队向保安堡、狗场营侦察匪情。孙纵队屯脚，五三师到新铺以西地区，滇军独二团由宣威出发。

四、二十二日遵照委座马酉手令，下达命令之要旨如下：

A、其一（附图四）〔图略〕

a、判断：经巴巴堡、龙场、东瓜林西窜之匪，仍为匪之右侧卫，转移车榔掩护其主力向盘县逃窜，或经威舍入滇，或系匪之右侧卫，转移车榔、威舍之线，掩护其主力经兴义窜罗平。

b、养日部署如下：

（1）孙纵队经交那、顶效向红板桥、仁义之线急进。如匪窜罗平，则跟踪尾追。

（2）梁师除留一营在兴仁筑碉扼守外，余经鲁土营、马别桥向红板桥追剿，欧师经巴巴堡、龙场向红板桥追剿。

（3）周纵队除留一部扼守青山建碉外，余先占领车榔，如匪窜盘县，则向狗场营、保全堡之线截剿，如匪经威舍窜滇，则向狗场营、威舍之线追剿。

（4）万师夏旅先占领大小阿方、苦鲁底之线，继向保全堡截剿，其余主力取捷径，务于养晚占领燕塘，再向保全堡堵剿。

（5）余率周团拟暂在普安，如匪情有变化时，则进抵铁厂。

B、其二（附图四）〔图略）

a．观音洞右翼之匪，经我猛击，一部向龙场大部向兴义逃窜，马申我已克复兴仁城，我滇军刘正富旅马未正兴义、别马桥之线与匪激战中。

b．各部务遵照养日电令，不顾一切各向追剿目标猛进痛击，也可歼匪于威舍、红板桥。黄泥河间地区。

c．周纵队占领车榔后，留一部建碉固守外，其余星夜向寡妇桥、威舍、狗场营之线截剿。

d．万师务星夜兼程向保全堡、狗场营堵剿，但应留一部在苦鲁底建碉固守。

C、其三（附图四）〔图略〕

遵照委座养申手令要旨部署如下：

a．如匪本日向西北窜滇，漾日各部追达位置如下：

（1）孙纵队顶效、马别桥、兴义间地区。

（2）吴纵队板笆、泥溪坝、红板桥地区。

（3）三十六军寡妇桥、狗场营、威舍地区。

（4）万师保全堡、燕塘之线。

（5）抱冰急进得胜营、湖冲之线。

（6）陈光中师黄果树、镇宁、关岭一带。

b．如匪西窜，则孙、吴两纵队跟踪穷追，周部及万师暂在威舍、保全堡、燕塘之线待命。

位置：本日总部、周团普安、温旅（欠周团）铁索桥，梁师万屯阿、红独地，欧师鲁土营以南。周军由车椰向威舍急进，万师盘县附近，一部向狗场营、保全堡之线急进，孙纵队兴仁、交那之线，五三师板桥、普安城，刘正富旅兴仁、马别河一带。

五、二十三日遵照委座梗未电令，定追剿部署如下：（附图五）〔图略〕

a．孙纵队敬日经红板桥到黄泥河，有日经鸡场、三棵树到得胜坪、阿白寨，宥日经左舍、上龙街到平彝城。

b．万师敬日经小新地、分水岭到亦资孔，有日经双龙潭、射马河到何家屯截剿。

c．三十六军敬日经保全堡到小新地、燕塘，有日经分水岭到平彝所，宥日经滇南胜境到平彝城截剿。

d．五三师敬日经盘县两头河、次官田到波乐河，有日经双龙湾、射马河到海后所截剿，如匪未到，即继于宥日红同新街、水行营到夏家村，感日经石板、龙井沟到宣威城截剿。

e．吴纵队敬日经寡妇桥到保全堡、狗场营，有日经燕塘到乐民所，宥日到亦资孔。

f．温旅敬日到板桥，有日到盘县建碉守备。

g．总部敬日盘县，有日亦资孔。

位置：本日总部周团普安，温旅（欠周团）新庄，欧师红板桥，梁师风塘，周军威舍、补西间地区，万师狗场营、燕塘之线，孙纵队五三师盘县得胜营。

六、二十四日致周纵队五三师电令如下：（附图六）〔图略〕

a．三十六军本日经黄泥河、三棵树尾匪追剿，本日午后已追到小羊肠与匪激战中。

b．五三师限本夜进占平彝城及向小羊肠方向设伏。

c．万师除在平彝所、滇南胜境各留一部建碉守备外，其余应协同五三师，限本夜到达平彝城截剿。

d．三十六军仍尾匪向平彝城追剿，如匪向马街西窜，即跟踪穷追，并与孙纵队切取连路。

位置：本日总部周团普安，温旅（欠周团）板桥，欧师保全堡，梁师乐民所，周军亦资孔、保全堡之线，万师平彝城、平彝所，五三师平彝城，孙纵队小羊肠、黄泥河。

七、二十五日奉委座梗申手令：第三十六军明日应经亦资孔所取捷径直达宣威，并限二十六日到达宣威为要等因。

本日致周兼军长电令如下：

如孙纵队确已由黄泥河尾匪追剿，则兄二十五日务兼程赶至亦资孔转向宣威急进。

位置：本日总部、温旅到盘县，吴纵队分水岭、乐民所，周军大石桥，万师平彝城、平彝所、五三师平彝城，六三师关岭场，刘旅富罗厂。（附图七）〔图略〕

八、二十六日致五三师、十三师电令如下：（附图八）〔图略〕

a．匪主力经曲靖、寻甸、元谋西窜，图渡金沙江，罗匪掩护其右后侧。

b．五三师务即进占棠梨湾、腰站之线，其游击队向白水方面搜索，努力侦察匪情。

c．万师暂在平彝建碉扼守。

d．感日部署如下：（附图九）〔图略〕

（1）五三师向白水攻击前进，万师归李师长指挥，经么站进占老马场。

（2）三十六军经何家屯进占黄土坎、后奴格之线。

（3）吴纵队推进平彝城及其以西地区。

（4）余率温旅推进亦资孔，尔后逐日前进。

本日以防匪回窜及肃清散匪之目的，令吴剑平遵办事项如下：

着该师副师长魏金荣部以一团主力驻盘县，一营驻亦资孔、恶郎铺，一营驻平彝所、滇南胜境建碉守备，以一团主力驻燕塘，对保全堡、响水、乐民所、分水岭四处各派兵一连肃清散匪，并对通滇各要道建碉严密守备。

位置：本日总部、温旅盘县，吴纵队亦资孔，周军何家屯、江山、燕塘之线，万师平彝，五三师么站、棠梨湾之线，孙纵队左舍。

九、二十七日下达命令如下：

a．宥晚伪三军团在白水，伪一军团在白水以西地区宿营。感日拂晓三军团向沾益，一军团向曲靖。

我抱冰、耀煌感午已占领白水、老马场之线，光中师仍集结白水城。

b．抱冰感日即继向曲靖，万师即继向沾益尾匪追剿，限俭日拂晓前确实占领沾、曲之线待命。

c．俭日部署如下：（附图十）〔图略〕

（1）三十六军进占秧田冲、梭梭堂之线。

（2）吴纵队推进白水。

（3）余率温旅推进平彝。

位置：本日总部、温旅亦资孔，吴纵队平彝，三十六军教平、海后所、臭水井一带，万师主力进攻沾益，五三师推进曲靖，孙纵队安旅曲靖，主力向曲靖推进。

十、二十八日遵照委座俭巳贵参电令要旨下达命令如下：

a．沾益之匪，一部向沾益西北，大部向黄家冲，曲靖之匪向马龙县逃窜。

我抱冰、耀煌部俭晨已到达曲、沾，略有斩获。我安旅已过曲靖，向马龙追剿。

b. 罗匪感日窜宣威，当晚仍回窜板桥，俭日窜向不明。

c. 艳日部署如下：（附图十一）〔图略〕

（1）抱冰限艳日到松韶关，卅日以一旅守备威宁、一旅守备宣威，并搜剿罗匪。

（2）十三师经姚家屯、黄家冲到牛街。

（3）三十六军经沙锅村、新堡到黄家冲、沾益。

（4）吴纵队经唐家园、新围上到缅甸、曲靖。

（5）余率温旅到白水。

位置：本日总部、温旅平彝城，吴纵队白水，周军秧田冲、梭梭堂，万师沾益，五三师由曲靖前进，孙纵队主力曲靖，一部向昆明前进。

十一、二十九日致各部电令如下：

a. 匪主力已窜抵杨林附近，我孙纵队尾匪追剿。

b. 卅日部署如下：（附图十二）〔图略〕

（1）十三师经白龙潭、旧营到寻甸。

（2）三十六军经黄家冲、磨刀箐、鲁石到达七星桥、水子坪之线。

（3）吴纵队经缅甸、大海哨到马龙。

（4）余率温旅到曲靖。

位置：本日总部、温旅白水，吴纵队缅甸、曲靖，周军沾益，万师牛街，孙纵队主力易古，两旅昆明。

十二、三十日致各部电令如下：

a. 伪三军团艳日向寻甸方向逃窜，伪一、五军团窜杨林后，似向嵩明逃窜。判断，该匪尔后经武定、富民间向元谋西窜；或经寻甸以西地区北窜。

b．东日部署如下：（附图十三）〔图略〕

（1）十三师向可渡、木龙马之线截剿，尔后以武定、富民间地区为截剿目标。

（2）三十六军向狗街截剿，尔后以嵩明及其西北地区为截剿目标。

（3）吴纵队向易古追剿，尔后以嵩明及其西地区为追剿目标。

（4）余率温旅到马龙。

位置：本日总部、温旅曲靖，吴纵队马龙及其附近，周军张家屯、黄家冲一带，万师七星桥，孙纵队主力横水塘、长坡一带，安、龚两旅昆明，五三师板桥附近。

十三、五月一日奉委座艳午贵参一电开：查威宁驻有何、柏两师，不必再派抱冰分驻，只令抱冰与威宁部队协剿罗匪等因。遵转李师长详侦罗匪行踪痛剿并电告。

位置：本日总部、温旅马龙，吴纵队易古、草鞋桥之线，周军寻甸、七星桥之线，万师那郎金所附近，孙纵队主力向昆明前进，一部向富民转进。

十四、二日遵照委座东巳手令要旨下达命令如下：

a．罗匪感日陷宣威，俭夜向会泽方向逃窜。匪二千余，艳日陷寻甸，卅日黄昏向可渡方向窜去。塘子之匪约二三千，卅日向嵩明窜去。杨林之匪亦向嵩明逃窜。

b．冬日部署如下：（附图十四其一）〔图略〕

（1）五三师除留一团在宣威建碉守备外，余限支日到会泽截剿。

（2）三十六军由寻甸经功山，取捷径限支日到会泽，以会巧间之金沙江南岸为截剿目标，如匪剿元武，则由会泽向西转进尉剿。

（３）吴纵队向嵩明尾匪穷追。

（４）十三师到可渡及其以西地区截剿，尔后以禄武间地区为截剿目标，务努力追匪不得向会巧方面逃窜。

（５）余及温旅暂在马龙。

同日电令如下：（附图十四其二）〔图略〕

a．伪一军团艳日陷嵩明，卅日向富民方向逃窜。伪三军团卅日由寻甸向禄劝方向逃窜，判断伪中央及伪五军团必向武定急进。

b．吴纵队江日起由嵩明向武定尾匪急追。

c．十三师归吴司令官指挥，江日起由可渡以西地区向禄劝尾匪急追。

d．三十六军及五三师正向会泽急进中。

e．余及温旅江日仍在马龙。

位置：本日总部、温旅马龙。吴纵队嵩明、狗街一带，周军向会泽急进中，万师可渡、木马龙一带，五三师跌那村、查格、马街子一带。

十五、三日下达周、李两部命令如下：（附图十五）〔图略〕

a．现匪向元武西窜已明瞭。三十六军支日改经新村街，沿金沙江南岸地区向元谋急进兜剿。

b、五三师仍向会泽前进，以会泽、蒙姑之线为截剿目标，会泽为作战要点，务速建碉。

位置：本日总部、温旅马龙。吴纵队羊街、鼠街、马军、嵩昌之线，周军金所谷口子、大小龙潭一带，万师普渡河东岸附近。

十六、四日下达命令如下：（附图十六）〔图略〕

a．匪先头冬日渡普渡河。

b．支日部署如下：

（1）五三师计支日可到会泽，就会泽、蒙姑之线建碉堵剿。

（2）三十六军由先头坡经新村街沿金沙江南岸地区向元谋兜剿。

（3）十三师经禄劝，吴纵队经武定向元谋急进。

（4）余及温旅支日易古，微日杨林，鱼日富民。

位置：本日遵总座电令，总部移驻昆明，温旅易古，吴纵队富民、城埠营、沙锅村一带，周军木树郎、新村街一带，万师禄劝城、石灰窑，五三师会泽城。

十七、五日下达命令如下：（附图十七）〔图略〕

a．伪三军团由小仓向团街逃窜，伪一军团由禄劝向元谋逃窜，其先头支日已通过元谋以北地区。我滇军已向元谋追剿。

b．五日部署如下：

（1）三十六军经甸尾街、银厂、安邦德向洪门渡、团街之线截剿。

（2）十三师经小仓、新村向团街追剿。

（3）吴纵队经鲁桥、杉松营、大鹧鸪向团街追剿。

位置：本日总部昆明，温旅杨林，吴纵队武定、冷村之线，周军原位置，万师鼠街附近，五三师原位置。

十八、六日下达命令如下：（附图十八）〔图略〕

a．鱼日飞侦，匪在元谋北金沙江架桥，已成三分之一。判断，匪主力必在永仁北之仁合渡江，一部在元谋北之金沙江渡江。

b．虞日部署如下：（附图十八）〔图略〕

（1）欧师由元谋向金沙江急进，限虞日午后到达，歼剿在金沙江渡河之匪。梁师由元谋急向永仁前进，限齐日到达，歼剿在仁合渡河之匪。

（2）十三师由团街以西地区转向元谋、金沙江急进，限齐日到达欧师位置。

（3）三十六军由牛街急经武定、罗次、禄丰，向楚雄前进，限真日到达。

（4）空军第三、四队，限虞日炸毁金沙江匪架设未成之浮桥。

（5）五三师限删日在会巧间地区歼灭罗匪。

位置：本日总部、温旅昆明。吴纵队元谋以东地区，周军松毛棚、大箐附近。万师团街、海塔，五三师会泽附近。

十九、七日总部、吴纵队部、温旅安宁，吴纵队马头山、李家村之线，周军狗街、海子之线，万师汤巴哨、大西村一带，孙纵队一部旧县，五三师会泽附近。

二十、八日下达命令如下：（附图十九）〔图略〕

a。奉总座庚午电开：刘元塘支歌电称：匪于江夜偷渡金沙江，通安失而复得，红门白滩一带继续渡过匪约四五千等语。查匪既确已分头偷渡，退回环州之匪必死力掩护其主力渡江，我军应向环州、石板河一带之匪竭力压迫，乘其半渡而夹击之，此千载一时之机会，望饬各部努力追击，以竟余功等因。

b。各部任务如下：

（1）三十六军及十三师全部星夜分经土色、马上色向红门渡、鲁车渡急进，限佳日到达江边。

（2）孙纵队星夜分向太平地、白马口急进，限佳日到达江边。

（3）吴纵队佳日兼程到达禄武之线待命。

c。余率温旅佳日转至富民。

位置：本日总部、温旅安宁，吴纵队原位置，但派一团位置于上食腊他对树沟糯谷方向警戒，周部新村、山仓之线，万师法宜附近，五三师会泽附近。

二十一、九日起各部开始向金沙江以南地区集中，准备渡江。

丙、各部战役

子、四月十九日温旅雷团定头营之役：四月十八日匪一部约千余人，窜贞丰北之太平街，十九日进窜定头营，牛场亦有匪约二千。判断，系匪之右侧卫，当电令温旅雷团袭击该匪，该团当派驻西牛洞之王营，于十九日夜向该匪猛击，匪不支，二十日晨向兴仁方向溃窜，王营遂确实占领太平街，是日缴获匪枪数支、子弹甚多。

丑、四月二十日吴纵队观音洞之役：伪三军团十九日攻陷兴仁城后，一部于二十日午后窜踞观音洞，阻我前进，与我梁师发生激战，六小时匪由兴仁方面陆续增加，适我欧师先头赶到，即由锁寨向匪左侧迂回肉搏数次，匪受创过巨，一部向龙场大部向兴义方向溃窜。二十一日午后克复兴仁。是役梁师五五二团激战最久，阵亡营长李继民、连长张少臣、排长王梧、士兵三十余名。毙匪千余，俘匪数十，获枪数十。

寅、四月二十二日九十六师旧营之役：伪三军团万余人，四月二十日由巴巴堡分途西窜，一部约二三千，二十一日午前十时左右窜到旧营附近，与九十六师先头遭遇，被我迂回攻击，激战数小时，匪一部约五百向抹火田大部约三千向兴义方向逃窜，该师追击队追至威舍附近，匪仍节节抵抗，复经我猛烈击溃，毙死甚多，俘匪三十余人，获步枪二十余支。我亦伤亡士兵四十余人。

卯、四月二十四日滇军独二团半肠之役：独二团二十四日奉令由平彝向羊肠方面截剿西窜之匪，中途与数千之匪遭遇，激战甚久，滇军以众寡悬殊，渐向曲靖方向撤退，匪尾追至曲靖附近。

辰、四月二十七日五三师白水之役：伪三军团二十六日晚由寘边至白水宿营，五三师奉令攻剿该匪，二十七日午前二时，该师周旅向白水攻击前进，与匪之后尾部队接触，稍有斩获，匪向西北窜逃。

丁、工作摘要〔略〕

四、第二期追剿经过

甲、综合匪情

子、我军渡江前匪之态势：朱、毛残部因金沙江北岸无兵堪守，遂得由鲁车、红门、白滩各渡口分头偷渡，陷通安后，复因川军放弃会西沿线险要，匪遂长驱北窜。佳日起，一部围攻会理，主力攻陷德昌，进犯西昌，罗匪渡江后，以一部在巧家对岸，阻我渡江。十六日经五三师强渡，予以猛击，亦向会理方向逃窜。

丑、我军渡江后匪之态势：我追剿部队渡江后，兼程跟追，匪受压迫，由西昌经礼州、泸沽，主力向冕宁，一部向越嶲窜逃。五月二十五日，由安坨坝农场间渡大渡河，溯河西窜，附泸定城，企图直趋丹巴，到大金川会合徐匪，盘踞川边。嗣因地势险阻，给养缺乏，兼之夷人拥护中央，到处予以袭击，乃变计回窜汉原，拟先夺取荥经、雅安，再与徐匪会合。六月二日富庄之役，匪受重创，乃转由小河场北窜，以一部六日攻荥经，主力自七日以后，陷天全、芦山、宝兴，窜踞懋功。徐匪自渡过嘉陵江后，主力窜踞茂县、理番一带，当朱、毛陷天全时，乃以其伪九军何畏部转移至懋功、达维之线，与朱、毛、罗各股会合。

寅、匪合股后之态势

1．朱、毛方面：朱、毛窜踞懋功、达维后，一部窜扰崇化、抚边，一部逐渐北移，其盘踞大硗碛、盐井坪之伪五军一部，亦于六月一日被杨森部击退。六月八日后，朱、毛大部即转移松潘西南，进出于毛牛沟、窗河、雅尔隆河、毛儿盖间地区，与我胡宗南部时有接触。七月二十五日懋功被我杨部克复。崇化、丹巴一带被我李纵队占领，匪遂全部转移松潘附近集结整理，待机他窜。

2．徐匪方面：六月二十日以后，主力由茂威大道，向理番移动。汶川之一部，据守草坡、天城山、耿达桥线，与我三江口、牛头山线邓部对峙。北川之一部，据守千佛山、大垭口一带，与我孙部相持，均时有激战。七月一日我军克复北川，原踞耿达桥、老鸦山之匪，遂逐渐北退。九月以后，汶川、北川之匪均向茂县退窜，其主力亦由理番方面陆续窜至松潘以南地区，整理待机。

乙、逐日部署及各部追达位置

子、渡江部署：（附图二十）〔图略〕五月十日奉委座灰巳电节开：匪既渡江，我第一、第二两纵队与李师即由薛总指挥亲率渡江，兼程向会理急进，而留第三纵队搜剿南岸残匪，盼速定渡江部署等因。十一日复奉委座真戌电节开：兹为封锁朱、毛股匪于金沙江以北大渡河以南雅陇江川东地区，根本歼灭计，部署如下：

一、刘自乾部以有力部队固守会理、西昌待援，主力应在大渡河上游富林以西，沿大渡河北岸赶筑碉楼，严防匪之北窜。

二、薛路应以吴、周、李各纵队迅速渡过金沙江左岸，向围攻会理之匪夹攻，以解会理之围，即进至西昌筑碉，右与昭觉附近之郭勋祺部左与盐边、盐源之滇军连成碉堡封锁线，严堵匪之南窜。另以孙渡纵队取捷径至盐边、盐源后，沿雅陇江西岸筑碉防守，并在永仁、元谋各县金沙江右岸筑碉严防匪之西南窜，左与刘自乾切取连络等因。当即遵照上电要旨，令吴纵队在绞平、纳平、鲁车，周纵队在白滩、红门，李师在乾盐、井树节各渡口征集材料，克日架桥，俾能迅速渡河，达成任务。各部遵令到达指定地点后，迭经架桥试渡，均因材料缺乏，水流湍急，无法渡河。

十三日遂改定渡江部署如下：（附图二十一）〔图略〕

a。吴纵队寒日转向元谋、金沙江渡河，限铣日到达，筱日渡河完毕，巧日向会理追剿。

b。周纵队寒日转向巧家，限铣日到达，筱日渡河完毕，巧日向披沙、昭觉、西昌急进截剿。

c、五三师限寒日到达巧家，删日渡河完毕，铣日向披沙、昭觉、西昌急进截剿。

丑、五三师十六日在巧家强行渡河，吴纵队在元谋北金沙江渡河，先头十九日渡江，向会理前进，主力二十一日渡河完毕。二十二日总部及周旅继渡。同日周纵队之谢、肖两师在巧家渡河完毕，万师二十五日渡河完毕。

寅、五月二十二至七月二十日部署要旨及各部逐日追达位置：

一、二十二日令孙司令官派一营驻龙街，分派一连至江驿建碉守备，维护后方交通。

位置：本日本部江驿，吴纵队凤山营，预计二十三日可抵会理，周纵队已渡河完毕，开始北进，五三师二十一日至会理，续向德昌急进。（附图二十二）〔图略〕

二、二十六日残匪已过礼州，预定各部追达位置如下：（附图二十三）〔图略〕

a。五三师感日到西昌，俭日休息，艳日集中礼州候命。

b。周纵队俭日到大兴场、川兴堡，艳日休息候命。

c。吴纵队艳日到西昌，卅日在西昌集中休息候命。

d。本部率周旅，世日到西昌。

位置：本日总部、吴纵队部、周旅会理，吴纵队永定营、白果湾，周军鱼水、小漕河，万师湾腰、南兴场之线，五三师西昌及其附近。

附记本日奉委座经巳手令节开：自西昌以北经越巂与冕宁时，务应特别组织夷族宣传慰劳队（慰劳以布与酒最宜）及派得力人员组织，使之保护后方，为我军运输更好。但一面应严密防范，至少要使其勿为我患也。前进时行军序列尤应特别研究，最好先挑选先锋队，用便衣别动队方法，前一二日行程挺进当在本队百里以外之区，用广正面分途搜索、警戒。本队行进以一师或两师为单位，须照正式行军序列，必须派前后左右侧卫，且每一个单位，前后相隔须用三十里之距离，但其间须派切实连络部队及沿途警戒掩护哨，并须构筑工事，无论大小部队行军前进与宿营配备及途中连络警戒与搜索，皆必照剿匪手本之原则规定进行，千万无忽，传令切戒等因。遵即转饬各部遵照。

三、二十七日遵委座敬巳手令，以五三师及刘元璋、元塘两部编为第五纵队，李韫珩、刘元璋为正副司令官，刘部兵力如下表：

部队番号		主官姓名	兵力	备考
师司令部		师长刘元璋	一、步枪九千余支	
第一旅	司令部	旅长刘元塘	二、迫炮三十余门	
	第三十团	团长黄茂林	三、机枪五十余挺	
	第三十一团	团长胡槐堂		
	第三十三团	团长毛国栋		
第三旅	司令部	旅长许颖		
	第三十二团	团长王进哲		
	第四十六团	团长赵光清		

续 表

部队番号		主官姓名	兵 力	备 考
第六旅	司 令 部	旅长刘元琮		
	第三十六团	团长聂文清		
	第六十二团	团长高凤玺		
第十三旅	司 令 部	旅长刘元瑄		
	第二十六团	团长凌志远		
	第二十七团	团长刘玉椿		
第廿旅	司 令 部	旅长邓文富		
	第四十七团	团长李光明		
	第四十八团	团 长 孙 仿		

位置：本日总部白果湾，周旅夷门，吴纵队小高桥、永定营，周军大箐、梁子松、本壤一带，万师大小松林坪，五三师西昌附近，刘元璋西昌、会理。

四、二十八日致第五纵队电令：（附图二十四）〔图略〕

a。璋、塘两部除留一团守备西昌外，主力应于艳日向泸沽前进，并选两个追剿队，各约五百人，分向冕宁、越嶲挺进，并派远探努力侦察匪情具报，主力限六月东日集中泸沽候命。

b。李师限艳日到达礼州候命。

c。对匪情及道路给养状况，务详细调查，随时电告。

位置：本日总部、周旅摩沙云，吴纵队黄水塘、小高桥，周军川兴堡、大兴场，万师扯扯街、普格、鱼水之线，李纵队西昌、会理。

五、二十九日致第五纵队电令：（附图二十五）〔图略〕

a. 璋、塘两部六月东日集中泸沽后，冬日即向冕宁追剿，李师卅日集中礼州后，东日即向越嶲追剿。

b. 该两部务各先追剿队各约五百人至一千人，在主力先头约百里，严密搜索，向目的地挺进，主力前进时，亦须严密搜索警戒，每行程约卅里至六十里。

c. 对夷人及民众，须特加抚慰，以为我用。

位置：本日总部、周旅小高桥，吴纵队西昌、黄水塘，周军西昌、川兴堡，万师鱼水，李纵队礼州、西昌一带。

六、三十日总部、周旅黄水塘，吴纵队西昌，周军西昌、川兴堡，万师鱼水，李纵队礼州、西昌一带。

七、三十日总部、周旅、吴纵队西昌，周军原地休息，万师西昌、大石板，李纵队礼州，刘部先头至冕宁。

八、六月一日遵委座世巳手令要旨，定追剿部署如下：（附图二十六）〔图略〕

a. 李纵队刘元璋部江日集中冕宁，经大营盘、张家河坝、冲岗、安顺场、芝麻、它龙、巴铺，限佳日追达泸定。五三师江日集中石龙桥、泸沽之线，支日以后循元璋经络，限灰日追达泸定。

b. 吴纵队欧师，江日由西昌出发，虞日到达越嶲，此日经海棠、平夷铺、富林，限元日追达汉源。梁师支日由西昌出发，循欧师络经前进，限寒日到达汉源。

c. 周部除万师留一部驻西昌，分派一团驻泸沽建碉守备维护交通外，其余鱼日由西昌出发，经越嶲循吴部经络，限铣日到汉源。

d. 本部及周旅微日由西昌出发，经越嶲在梁师后跟进，删日到汉源。

九、二日总部、吴周两纵队西昌，五三师泸沽、礼州，刘元璋部冕宁。

附记：本日呈委座建议调黔军全部入川电：

朱、毛残匪与徐匪合股后，势必扰乱川省，且较前猖獗。为奠定川局统一全国计，我军亟应迅予痛剿，早期肃清，方为上策，而我中央军在川应充分准备独立作战，其扼要地点亦须留兵驻守，以我现入川部队数量似觉不敷，以职愚见，最好将黔军悉数调川，一则黔局易安定，减少我中央军之守备；二则黔军易于整理，将无用之军队化为有用；三则增大中央军在川力量，动作裕如。

十、三日总部、吴纵队部、周旅西昌，欧师礼州，梁师及周纵队西昌，五三师冕宁、泸沽，刘元璋部大营盘、大桥之线。

十一、四日总部、吴纵队部、周旅西昌，欧师登相营，梁师礼州，五三师冕宁，刘元璋部向泸定推进。

奉委支座酉电：三十六军到达大树堡后，尚须暂留一部于大渡河南岸，十三师全部决留驻西昌、冕宁、越巂、登相营、泸沽、德昌一带，构筑碉楼，肃清散匪，巩固后方。当分别令饬遵照。（附图二十七）〔图略〕

十二、五日致李司令官电：（附图二十八）〔图略〕

a。奉委座微午手令：李纵队除留一部由冕宁向泸定道路前进，为其主力之右侧卫，其主力须即由冕宁经九龙或取其他捷径，先到康定集中，然后再向泸定进展，切勿由冕宁直趋泸定，至要勿误等因。

b。兹定元璋部除元塘率兵三团，按原定计划向泸定搜索前进外，其余及李师于鱼日改经九龙向康定急进，限元日到达勿误。

同日致周司令官电令：

贵部除十三师应遵委座支酉电令全部留驻德昌、西昌、泸沽、越嶲、冕宁外，余仍按照前定计划急进。

位置：本日总部、吴纵队部、周旅礼州，欧师登相营，梁师泸沽，周纵队西昌，五三师大桥、冕宁，刘元璋部向泸定推进。

十三、六日（附图二十九）〔图略〕

a．致李司令官电令：查由冕宁、九龙至康定路小迂远，给养无着，贵部仍照原计划经大桥、安顺场向泸定急进。

b．万师自本日起，以一团进驻冕宁，一团泸沽，两团（欠两营）越嶲，两营登相营，师部率两团留驻西昌，分一营驻德昌。各于驻地附近扼要筑碉，一面组织民众，八日配备完毕。

位置：本日总部、吴纵队部、周旅泸沽，欧师中所坝，梁师登相营，周纵队（欠万师）礼州，五三师拖乌、大桥之线，刘元璋部擦罗以南地区。

十四、七日总部、吴纵队部、周旅登相营，欧师越嶲、青岗关一带，梁师中所坝，周军泸沽、礼州，五三师筲箕湾、拖乌，刘元璋部筲箕湾以北，万师在本月十七日以前均在原地继续原任务。

十五、八日总部、吴纵队部、周旅中所坝，欧师辽叶坪、利济站之线，梁师越嶲，周军登相营、泸沽，五三师擦罗、筲箕湾，刘元璋部擦罗以北。

十六、九日总部、吴纵队部、周旅越嶲，欧师平夷堡、海棠，梁师保安、利济站，周军中所坝、登相营，五三师向富林前进，刘元璋部田湾。

十七、十日总部、吴纵队部、周旅保安，欧师富林、平夷堡之线，梁师海棠，周军越嶲、中所坝，五三师一部富林，刘元璋部向泸定前进。

十八、十一日总部、吴纵队部、周旅海棠，欧师富林、大树堡，梁师平夷铺，周军保安、越嶲，五三师富林及其附近。

十九、十二日总部、吴纵队部、周旅平夷铺，欧师汉源县汉源街，梁师大树堡，周军梅子营、利济站之线，五三师富庄、富林，刘元璋部先头泸定。

二十、十三日总部、吴纵队部、周旅富林，欧师汉源县附近，梁师大树堡候渡，周军平夷堡、海棠之线，五三师泥头驿、富庄，刘元璋泸定。

本日奉委座谕，本路军五三师应开驻康定，分两团防守丹巴外，余均应于号日前集中雅安待命。

二十一、十四日

a。奉委座元酉蓉行参战电开：李纵队到达泸定后，着即开驻康定筑碉布防，并派两团驰赴丹巴协防等因。当电令李司令官务于删日速经泸定向康定前进，并派两团到丹巴，限马日到达康定，各部到达目的地后，速即建碉守备。

b。同日致李司令官电：（附图卅）〔图略〕

（a）自乾部余旅现在泸定，其副旅长率兵两团开丹巴。

（b）五三师以两团驻丹巴，其中谷大炮山须各留一小部，主力在康定，均应迅速建碉布防。元璋以一旅在泸定，一旅在金场、边坝，一旅在四家沟、甘露寺各地，限期建碉守备。

（c）本日遵委座寒午电，令万师即日归还序列，向雅安跟进。

位置：本日总部、吴纵队部、周旅汉源县，欧师黄泥堡、栖止铺，梁师富林，周军富林、大树堡、平夷堡之线，五三师化林坪、泥头驿。

二十二、十五日各部开始向雅安集中。

位置：本日总部、吴纵队部、周旅黄泥堡，欧师麻柳场、荥经，梁师汉源县，周军富林、大树堡，五三师化林坪、泥头驿。

二十三、十六日总部、吴纵队部、周旅荥经，梁师黄泥铺，周军汉源城、汉源街，五三师泸定附近渡河中，一部化林坪。刘元璋两团集中泸定，大部在冷碛渡河中。

二十四、十七日总部、吴纵队部、周旅到雅安，欧师在雅安休息，梁师麻柳场、荥经，周军崔书堡、汉源城，李纵队泸定附近，万师到礼州。

二十五、六月二十日吴纵队全部集中雅安，周纵队（欠十三师）集中名山，均开始筑碉。十三师向雅安前进，李纵队在泸定附近。

在待命期间，吴纵队建筑雅安碉楼，李纵队之五三师到康定、丹徒后，刘元璋部到泸定、边坝、金汤、四家沟、甘露寺后，均建碉守备待命。

二十六、二十日岳奉委座电召由雅安乘车赴蓉聆训，吴、周两纵队仍在原地筑碉。万师向雅安前进，五三师在泸定上下游分别渡河中，刘元璋之一旅已由泸定开金汤、边坝，余部正在冷碛、泊威两处渡河中。

二十七、二十二日奉委座养未蓉行参战电节开：雅安机场急待修筑，着吴纵队暂缓开拔，即日构筑雅安机场，限七月十日前完成具报等因。当令吴纵队自二十三日起全体动员，扩辟雅安机场。

位置：本日各部位置同前，万师抵海棠、保安之线。

二十八、二十三日奉委座漾未电：

a．令第十三师暂驻荥经、汉源一带，师部驻荥经，一旅驻汉源，在未奉命开动以前，应协筑荥经、汉源一带碉堡。

b．着第五十三师前令开赴丹巴之三团不必开往，改由五十三师全部分驻康定、泸定间，赶筑此段碉堡线，师部驻康定等因。

当分别转令遵办。

位置：本日各部位置同昨日，万师平夷堡、大树堡之线。

二十九、二十四日奉委座敬中电节开：第二纵队暂缓开拔，即日赶筑自邛崃（不含）经名山至雅安沿公路两侧碉堡，限本月底完成等因。遵令。周纵队遵照办理具报。

位置：本日各部位置同前，万师到达富林 汉源街之线。

三十、二十五日遵照委座马酉蓉行参战电要旨下达推进绵阳命令如下：

a．本路军除第□纵队暂驻康定、泸定及第十三师暂驻荥经、汉源各建碉守备外，余遵委座马酉蓉行参电要旨，决自六月二十八日起，开始转进绵阳，集结待命。

b．各部逐日推进位置如下表：

	部别	IA.B. 90.D.	2.C. 295.B.	92.D.	2.AB. (13.D.)
到达	六月二十八日	新店子	休息	原地休息	原地休息
	二十九日	邛崃	新店子		
	三十日	新津	邛崃	新店子	
	七月一日	双流	新津	邛崃	
	二日	成都	双流	新津	邛崃
	三日	休息	都成	双流	新津
	四日	广汉	休息	成都	成都
	五日	罗江	广汉	休息	成都
	六日	绵阳	罗江	广汉	休息
	七日		绵阳	罗江	广汉

附记：雅安至新店子七十里，至邛崃八五里，至新津九五里，至双流五五里，渡河两次，至成都四五里，至广汉七八里，罗江九五里，至绵

续表

附记	2.AB.(13.D.)	92.D.	2.C. 295.B.	IA.B. 90.D.	部别	
阳八五里。	罗江	绵阳	待命	待命	八日	位置
	绵阳	待命			九日	
	待命				十日	

同日电吴司令官，以雅安机场极为重要，兹令该部全体动员赶筑，究已办到否？希严令所部勿辞劳苦全体赶筑。

位置：本日各部位置同前，万师汉源附近。

三十一、二十六日奉委座宥午蓉参战电：着万师改为全部集结荥经等因。当电令万师照办。奉委座谕：二路军在雅部队迟至七月一日，始向绵阳推进，当令吴、周两司令官，按照二十五日命令推进表，按日修正电复，并令吴部速修机场，并派梁师与名山周部对建公路两侧碉楼，周部按前令分配各段速建碉。

致李司令官宥午蓉参电：兄对元璋部应切实指导建碉计划，各详细部署严督各部限期完成。

位置：（任务）本日吴纵队仍在雅安修筑机场，周军构筑邛名雅线碉楼，万师到黄泥铺、清溪之线。

三十二、二十七日奉委座宥午蓉行参战电节开：兹特确实规定，此后军队，不论大小行动、不拘前线后方、停止不问久暂、无论何时何地一遇停止应即赶筑碉堡，时间移长尤应逐渐加固，违者定将该地高级长官以纵匪论罪，该管长官应以督察不力处罚。言出法随，决不稍宽等因。当严令各部切实查照遵办。

位置：（任务）本日欧师修筑雅安机场，梁师与名山周部对建公路两侧碉楼，周军继续原任务，万师可到荥经。

三十三、二十八日

a。奉委座梗戌蓉行参战电：刘文辉部改以六团防守丹巴，并以一部分驻崇化、绥靖一带，统归余旅长松琳负责，自丹巴（不含）沿大金川至泸定（不含）线，以刘部三个团防守，归刘元塘负责。由泸定至康定线，仍归五十三师部队负责。以上各线，并须多筑碉堡。对各渡河点，尤应构筑碉堡群，力求巩固，并统归李司令官负完全指挥责任。希遵办速报，并即绘图补报等因。当令李司令官遵办。

b。奉委座俭未蓉行参战电开：着刘总指挥立饬余松琳旅即日派兵一团，进驻南街筑碉防守。另由李司令官加派第五十三师之一团，驰赴丹巴协防，暂归余旅长指挥，并须多带十六军各部旗帜，交余旅长支配换用，眩匪耳目。速办具报等因。当令李司令官遵办。

位置：本日各部位置同昨日。

三十四、二十九日奉委座艳酉电：封锁线各碉堡选定时，务使斜交成□字形，或品字形，俾互相侧防，最忌平列为一字形，已成碉堡可照此原则增筑改善，经始之碉务按照此原则构筑等因。当令各部遵办。

位置：本日各部位置同前。

三十五、三十日致吴司令官电，兹修正推进日期如下：吴部务于冬日完成雅安浮桥，不得延误。准江日开始，周部准鱼日开始向目的地推进，吴在江日前，周在鱼日前，务将机场及碉楼工作完成具报。

本日奉委座电令如下：

a。卅日未蓉行参战电，查封锁线上碉堡之构筑原则，艳日酉电已规定。惟□字形更不如十字形之效大，希注意补修，仍饬督修及查碉人员一体遵照。

b。卅未蓉行参战电，查南街地居要冲，着刘总指挥立饬余旅长再加派一团，驰往修碉，严行防守。道孚、炉霍、甘孜、上中下俄洛两线碉堡极为重要，着刘总指挥各派得力有纪律部队前往筑碉，施行坚壁清野工作，并指派负责长官督促进行，限七月删日前一律完成具报，随即绘图具报。

c. 卅申蓉行参战电，查天全至泸定碉线极关重要，着万耀煌师完成荥经碉堡后，开赴雅安，派队进驻天全，向泸定大道两侧筑碉。李韫珩部在泸部队，赶速完成泸定坚固之碉堡群及桥头堡，一面向天全与万师对筑碉线，该万、李两部应筑之碉线，以黄泥岗含以东属万师，不含以西属李部。

d. 卅蓉参战电，雅安机场经限七月十日完成在案。兹为迅速构成计，着第二纵队暂驻名山，即派一师驰赶雅安协修机场，其余部队仍任邛雅公路线，补筑线上碉堡密度及增筑前后重碉之责。

位置：本日各部位置同前。

三十六、七月一日

a. 遵照委座卅蓉行参战部署如下：

（1）吴部准江日开始向目的地推进。

（2）周部江日派两团轻装部队开雅安，继续构筑机场，限灰日完成，其余仍任邛雅间横缀碉楼封锁线之构筑及该线前后重增碉线之责，希切实遵办，逐日具报。

b. 遵照委座卅申蓉行参战电部署如下：

（1）十三师全部江日开雅安，尔后师部驻雅安，以两旅轻装部队自支日起配置于多营坪、新开田、大溪沟、飞仙关、多功村、何家坝、铁山脚、始阳、梅子岭、天全、构筑雅天间横缀碉楼封锁线，限灰日完成。真日起配置于沙坪、响水溪、高太子坰、水溪、蕨菇坪、紫石关、新坰侧、插水、朱史坪、两河口、黄沙溪、南坝子、水獭坪、后凋、黄泥岗，构筑天黄间横缀碉楼封锁线，限删日完成，绘图具报。

（2）第五十三师迅速构成泸康间横缀碉楼封锁线后，即以一旅配置于门坎山、风斗山、长河坝、两路口、紫白岗，构筑泸紫间横缀碉楼封锁线，限删日完成，绘图具报。

c. 遵照委座三十未蓉行参战电转令李司令官切实遵办。

位置：（任务）本日吴部欧师续修雅安机场，梁师构筑雅安姚桥段碉楼，周部在邛崃、雅安间筑碉，万师开始构筑荥经附近碉楼，李纵队正构筑康定、泸定线及冷碛、汶源一带碉楼，刘元璋一部已到康定，准备推进丹巴。

三十七、二日电令吴、周两部注意下列事项：

a. 各部到达成都时，官兵应整齐服装，注意礼节精神，对商民宜和蔼。

b. 严禁嫖赌吹及严防逃官逃兵。

位置：（任务）本日接万耀煌电：本师拟江日至雅安，令潘旅至多营坪，夏旅至始阳，支日配置于雅安、天全线上，开始筑雅天线碉楼，灰日完成。

三十八、三日欧师百丈，总部、周旅、梁师仍在雅安，周部谢师两团遵令开雅安修筑机场，一团增筑名雅间碉楼，赵师构筑邛名间碉楼，万师到雅安及其以西地区，李纵队原地继续前任务。

三十九、四日奉委座豪未蓉行参战电：查规定应筑之纵横碉线，亟应于碉堡之外均须掘挖外壕，并设置木柴、竹钉等件防御，以期巩固，希督饬遵办，并通饬查碉人员切实查审为要等因。遵转令各部遵办。

位置：（任务）本日总部、吴纵队部新店子，欧师邛崃，周旅百丈，梁师雅安，周部雅安、名山、邛崃，方师开始构筑雅天碉线，李纵队同昨日。

四十、五日电令各部到达成都之次日，连长以上军官，除勤务外，须到委座行辕聆训。

位置，本日欧师新津，总部、吴纵队部、周旅邛崃，梁师百丈，余同前。

四十一、六日奉委座鱼辰蓉行参战电：着该部已过新津各师在双流停止，未过新津各师即在新津以西沿公路附近集结待命等因。部署如下：

a．欧师因新津浮桥暴雨冲断，鱼辰仍未渡河，即令欧师及总部在新津，周旅在羊肠，梁师在邛崃停止。

b．欧师在新津，梁师在邛崃，预令各建碉二十七座，周旅羊肠东西地区建封锁线连络碉十二座，虞日开始，限佳日完成，警备待命。

c。各部须严密警戒，并与当地驻军切取连络，和蔼相处，尤应严整军风纪，爱护人民。

接李司令官电：康定城及康泸线预计筑碉一百座，由周旅全部及李旅黄团担任，已完成四十五座。泸定县及泸黄线预计筑碉九十二座，由李旅担任，已完成四十八座。泸定县至冷碛预计筑碉二十座，由工兵营担任，已完成六座。均限删日完成等语。

位置：（任务）本日欧师新津，总部、周旅羊肠，梁师邛崃，周纵队、李纵队位置任务同前。

四十二、七日奉委座阳申蓉行参战电，规定筑碉标语七条：

a。碉楼系剿匪与自卫的唯一武器。

b。军民人等要全体动员构筑碉堡。

c。构筑碉堡所耗费的损失小，不筑碉堡受匪蹂躏的损失大。

d。筑碉堡线纵横密布，可以封锁匪区、防匪蔓延。

e。构筑碉堡群，集中粮食，可以坚壁清野。

f。筑碉要守备，守备要严密。

g。碉堡守兵要不分昼夜轮流外出游击，使匪不敢接近。

遵令各部，广为宣传。

位置：（任务）本日欧师双流、旧县之线，总部新津，周旅羊肠附近，梁师邛崃准备筑碉，周、李两纵队仍在原地筑碉中。

四十三、八日令周部谢师之一团，俟碉楼完成后，即开赴雅安修筑机场。

位置：（任务）本日总部新津，欧师在双流、旧县间，周旅在羊肠、邛崃间，梁师在邛崃附近开始筑碉，周、李两部原地续行原任务。

四十四、九日令吴、周两部：

a．吴纵队应于真日前准备候令，按原计划行动。

b．周部将随吴部行动，所建碉堡应速完成。

c．各地所建碉楼，着交当地驻军及民团负责守备，并切实指导其存储粮弹及守备原则，尤应随时修碉修路，密布便探。

位置：（任务）本日各部位置任务同前。

四十五、十日奉委座灰蓉行参战电：着该路吴纵队于十一日续向目的地前进，到达成都附近时，官长可来聆训。该部现筑已完成之碉堡在无部队接防前，可先交地方民团守备等因。当规定吴纵队推进部署如下：

a．欧师真日成都，纵队部及周旅双流，梁师新津，尔后按原计划向目的地推进。

b．各部到蓉时，均按前令所示处理。

位置：（任务）六日总部、吴纵队部、欧师双流，周旅新津，梁师邛崃，谢师两团雅安修机场，一团名雅间筑碉。赵师增筑邛名间碉楼，万师已完成雅天线碉楼，本日开始西移，继筑天黄碉线。李师在泸定．黄泥岗线筑碉中。

四十六、十一日

a．奉委座真午蓉行参战电，规定双、邛、雅、泸、康横缀碉楼封锁线完成后，各段守备部队如下：

（a）双流至新津（含）归二十三军守备。

（b）新津至名山（均不含）归四十五军。

（c）名山至雅安（不含）归二十一军。

（d）雅安至泸定（不含）归二十四军。

（e）泸定至康定（均含）归五十三师。

各配派军队督同民团负责守备，当转饬各部遵照。

b。规定各部推进绵阳部署如下表：

部别	1AB.90D.	2C.295B.	92D
	到达位置		
十一日	成都	双流	新津
十二日	休息	成都	双流
十三日	广汉	休息	成都
十四日	罗江	广汉	休息
十五日	绵阳	罗江	广汉
十六日	待命	绵阳	罗江
十七日		待命	绵阳 待命
备考			

位置：（任务）本日总部、吴纵队部、欧师、周旅成都，梁师新津，谢师全部雅安修筑机场，赵师原地筑碉，万、李两师同前。

四十七、总部、吴纵队部、欧师林团连长以上军官本日午后谒委座聆训。

位置：（任务）梁师双流，万师潘旅担任自天全经蕨菊坪、拱知关至小人烟间筑碉，夏旅担任小人烟经朱史坪、南坝子、黄泥岗间筑碉，五三师同前。

四十八、十三日奉委座元蓉行参战电开：着该路第一纵队向江油推进，并陆续接替江油以北至平武一带胡宗南防务，希遵办随时具报等因。

位置：本日欧师广汉，总部、吴纵队部、周旅成都，梁师到成都，周、李各部同前。

四十九、十四日奉委座十四日手启：九十师与周化南旅应即令直到平武、青州、江油一带，接六十师与锺忶等防地，并限智、马两日接防完毕等因。

位置：本日欧师罗江，总部、吴纵队部、周旅广汉，梁师成都，余同前。

五十、十五日欧师绵阳，总部、吴纵队部、周旅罗江，梁师广汉，余同前。

五十一、十六日

a.奉委座铣未蓉行参战电：着该路第二纵队周浑元部即日开赴绵阳归还序列，限七月底以前到达等因。当令该纵队巧日开始运动，先头师限马日到蓉，养日休息，有日到达绵阳，后尾师限俭日集中绵阳候命。

b。本日规定第一纵队推进部署如下：

欧师智日准到旧州，马日接守旧州、平武线。周旅马日准到旧州，养日接守青川、旧州、古城线。本部及林团准皓日到江油。梁师准晋日到江油，并以一部接守江油、旧州线，余控置江油。

c。呈委座电如下：

（a）据别动队确查江油、旧州、平武、青川一带粒米均无，即包粟亦无购买。现本路已向江油开动，而运输处尚未代屯粮于江油、旧州，如此则必断炊。恳饬运输处迅速运粮，分屯江油、旧州，俾各部接运，以济军食。

（b）查由成都经新都、广汉、德阳、罗江至绵阳之碉楼线，除黄许镇至罗江稍密，罗江附近有民众守备外，余均稀疏，且无守兵。

位置：本日吴纵队除梁师到达罗江外，余部均在绵阳，周纵队准备开拔中，五三师同前。

五十二、十七日欧师青莲波，总部、吴纵队部、周旅绵阳，梁师新店子，周、李两部同前。

五十三、十八日奉委座巧戌蓉行参战电：现已令四十一军抽队接替江油至平武（不含）该路防务，限俭日接防完毕。着该路先抽一部向西延接由平武经水晶堡至木瓜墩碉线，并加强工事，主力控置平武等因。又奉委座巧戌蓉行参战电：前令第二纵队周浑元部开绵阳，并限七月底提前到达一案，但第十三师万耀煌部仍留雅安待命。本希遵办具报等因。遵令万师仍留雅安待命。

位置：本日欧师江油，总部、吴纵队部、周旅青莲渡，梁师新店子休息，赵师新津、邛崃线，谢师百丈，万师可到天全，李纵队同前。

五十四、十九日奉委座皓申机蓉电节开：吴纵队除派一部约三团，接替平武、阔达堡一线防务外，其余应即由江油取直径向文县与柴门关转进，均限俭日前到达目的地，勿误。又奉皓申侍参蓉电：匪主力现有围攻松潘企图，希令吴纵队以五团兵力星夜驰赴平武、阔达堡、青川一带接防，以其余四团至五团速向文县前进，限本月杪集中文县后，以其中二团或三团驻文县附近，以其中之两团赶驻文县以西之柴门关与会龙泛两处各隘路口赶筑碉堡，扼要固守。卅六军及十三师约本月杪可集中绵阳附近等因。

位置：（任务）本日欧师南坝，周旅平驿铺，总部、吴纵队部、梁师江油，赵师双流，谢师新津，万师雅安，五三师位置任务无变动。

五十五、本路军至八月七日始全部由川西转移川北完毕，当时吴纵队、欧师一团及周旅，担任木瓜墩至平武线之守备，欧师两团及梁师担任平武、响岩坝间运米，周部担任响岩坝、江油间运米，十三师在宁羌、广元、昭化、碧口之线建碉守备，吴纵队部推进南坝，总部及周纵队部在江油。

丙、各部战役

五月十六日，五三师巧家强渡之役：罗炳辉部偷渡金沙江后，以一部利用沿江工事，阻我渡河。五三师奉令由巧家渡江，十五日该师李旅到达巧家下游廿五里之新村附近，十六日拂晓强行渡河，毙匪甚多，俘匪数十，获枪数十，残匪向会理方向溃窜。

丁、工作摘要〔略〕

〔国民党政府军事机关档案〕

3. 国民党川军第六路军王缵绪部与红四方面军在四川墩上土门茂县一带战斗详报

（1935年5—7月）

甲、窜据大垭口、千佛山、观音梁子一带之匪，为王维周、何畏两部及其特务团暨伪九、伪三十　三十一两军，一部利用山形险峻，道路羊肠，层层构筑坚工，顽强抗御，横断南北，以为强固屏幛，而期确保松茂安全，使主力容易西窜占据松、理、茂、懋、汶各县为新根据地，再乘机扰袭彭、灌，与朱、毛两匪接应，以达合股之目的。

五月十五日，土门、茂县相继失守，邓军陶师不战溃退，匪从容沿岷江南下，文镇关天险亦被失陷，徐匪主力更陆续向理番、懋功进扰。朱、毛匪部由滿麦大地急向荥经、天全突窜，南北对进，势颇披猖。当时攻击重点移向川南，以期痛击朱、毛，歼灭于大渡河附近，同时打断徐匪南下企图，右翼方面则构成坚固防御阵地，严密封锁，相机转移攻势。

乙、五月二十三日，奉委员长蒋养亥川行参战电要旨：查徐匪主力已向土、茂间急窜雅安或康定与朱、毛会合，北川、土门间之邓、王、孙各路停止进攻，改取守势，确实筑碉固守防线。

当时朱、徐两匪对窜合股之企图已明，邓路奉令先调六团赴懋功一带布防，其余部队陆续向西移动，所遗清溪河、绵阳防务，由孙军担任，自伏泉山以西由六路分别接替，构筑防御阵地固守。当给各旅命令，要旨如次：

四川剿匪军 第六路总指挥部	令	五月二十五日午前十时 于睢水关

一、匪情及友军情况详抄委员长蒋养亥电。

二、兹将各旅任务区分如次：

着许纵队并指挥彭师，迅速占领公子祠、高堂观之线，并向北川方向攻击前进。

着陈基并指挥彭焕章、章安平两旅，固守由南华岭以左水车至坪起经小水沟、大坪山、陈家山、胡家塘至金川溪（含）之线，赶筑碉堡工事，右与南华岭孙军、左与佟旅切取连络。

着佟毅并指挥张竭诚旅固守右自金川溪起亘下横梁子现阵左

至深沟通观音梁子道路之线（即现守地），赶筑碉堡工事，右与陈旅、左与于渊旅切取连络。

着邓和部并指挥于渊旅固守大坝以北通观音梁子道路，右与佟旅联络，一面对茂县方面择要设防赶筑碉堡工事，着刘兆黎旅暂驻茶坪，田钟毅旅驻秀水场，王纯一旅驻睢水关待命。

三、各旅于令到后，迅速交替，妥为部署，并绘具图报为要。

四、总指挥部准三十日移绵竹县城。

是日据许纵队尧卿报告：江油城附近之匪，经我强渡击溃，据城后山公子祠、高塘观一带凭险顽抗。中坝、彰明、秀水、通口之匪亦退集于此。据俘匪称系伪四、九两军，连日与我赵、杨两旅激战。我将二郎庙占领后，匪数次迭袭未逞，毙匪甚重，刻正积极进攻中。故令迅速占领观雾山、沙窝子、官渡之线，以期江油稳固，节节推进筑碉封锁，使匪区逐渐缩小，另于南华岭亘梁子之线，重新布置防务阵地，暂取守势。

丙、六月一日，奉总司令刘东酉电要旨：朱、毛、徐、张各匪将会合，恐有回窜，饬各部迅速构筑碉堡工事，限二十日完成，实行封锁。

六月二日晨，给各旅电令，要旨如次：

一、匪据大垭口、千佛山、观音梁子一带，凭险顽抗，仍无变动。

二、本路就现阵地有筑碉封锁该匪之任务。

三、兹将各旅筑碉暨防守地区分如次：

王纯一旅担任自拐枣树（不含）至南华岭（含）之线。

陈基并指挥彭焕章、章安平旅，应担任自南华岭（不含）经牛奶坪至金川溪（含）之线。

佟毅旅应担任金川溪（不含）亘横梁子之线。

张竭诚旅应担任自金溪川（不含）经鹦哥咀至王爷庙之

线。

于渊旅应担任自王爷庙经大石坝至蜀药山之线。

邓和部应担任自蜀药山至大梁子之线。

四、其余各部应就现驻地择要构筑碉堡。

五、各旅应遵照区分地段，克日构筑完成具报。

连日大垭口、千佛山、观音梁子一带匪乘大风黑夜分头袭扰，均被陈、章、佟各旅击退。右翼伏泉山方面孙军时时告急，故令王纯一旅增防南华岭一带，以资策应。

六月五日，各旅报告要旨如次：

一、陈基旅微酉电报：

本日匪约四五百人，由千佛山分数路向我猛攻，经我官兵沉着应战，卒将该匪击溃，毙匪数名，拾得标语数张。我章安平旅阵地，微午匪由大垭口、团棚梁子各约二三百人，向我青林垭、黑水冲等处扰袭。又匪一部向我花坟垣彭焕章旅阵地攻击，均经猛力击退。

二、佟毅旅微戌电报：

本日寅刻匪三七团向我铁篱笆梁夜袭，已上半山，被我王团击退。我伤亡官兵二十余人，夺获匪枪十余支，连旗两面，俘匪连长两员。该匪退据半山，复由乱石窑增来匪约三百余人，与我激战，卒未得逞。

丁、六月五日，奉总司令刘微亥电节开：现朱、毛大部由懋麦向蒙经大道进窜，徐匪主力徘徊茂县，似有牵制我岷江以东部队，使朱、毛容易夺取雅安之样。我军以分割匪势，堵匪会合之目的，应将岷江左岸南匪对向打断，进至茂县（除进攻及筑碉部队另有规定外），二十一军灌县江口及大坝、茶坪各部队，应自虞日起，多编小组挺进队，分向当面之匪佯攻，以分其势。

据报各旅连日构筑碉堡，虽材料缺乏，崖石坚硬，工作器具毫无，仍积极努力工作，务使依限完成。惟因官兵露宿山地，多感湿热，又汲水運粮，愈病不堪。匪时扰乱我阵线，我亦编成小组挺进队，卒使匪不得逞。江油方面，我许纵队庚午电：昨晚乘风雨之际，令各旅夜袭，拂晓接进匪阵，激战二小时，毙匪数十名，我伤亡十余名，经我猛力冲锋，遂将公子祠、高塘、观官渡、沙窝子之线占领，匪向平通、桂溪溃退。

戊、六月八日，奉委员长蒋齐申蓉行参战电节开：着第六路部队自本月佳日起，抽调三旅兵力，共九团，位置于广汉、新都之间，限文日集结完毕。又续调三旅，限寒日集结于绵竹候令调遣，其余暂在原防，维持原有阵地，并应赶速完成碉堡，交由第二路守备。

六月十日，奉总司令刘蒸酉电节开：德阳、广汉、新都碉堡，由王总指挥负责督修。

时匪一部窜宝兴场，与我范师周旅激战，莹华山、观音堂均发现匪踪。当令田钟毅旅移土门，其余增调佟毅旅移驻张化镇，邓和旅移驻向阳场，张竭诚旅移驻唐家寺，并令于渊旅接替汉王场防务，刘兆黎旅接替横梁子防务，王纯一旅仍扼守南华岭一线，陈基并指挥彭焕章、章安平旅，防守坪上、茶坪、牛奶坪至金川溪之线。各旅先后接替防务完毕，计指定佟毅旅担任德阳，邓和部担任广汉，张竭诚部担任新都，其余各旅就前线阵地分头构筑碉堡。六月十日，派参谋刘晋权、王恺分赴广汉，新都等处指导各旅构筑，同时南华岭、金川溪亘蜀药山、大架子一线，亦正严饬加工赶筑。连日伏泉山、大垭口、千佛山、观音梁子之匪，亦增强工事，与我对峙。惟因粮食缺乏，颇形恐慌，逃亡亦众，涣散异常。我王纯一旅六月十三日向匪猛攻，激战一小时，将王家山、凉风垭占领，匪由伏泉山纷向蔡家咀退却。王旅乃通知孙军派队接防，俾便追击。同时陈基并指挥章安平旅占领包罗山、团棚梁子一带，彭焕章旅由金川溪、望乡台向大垭口、千佛山进攻，当就所占领新阵筑工固守，并派队追击达北川河我岸。

因粮食运输困难，旋又撤回原阵。六月十五日，据报广汉碉堡共计三百八十六座，已次第完成，马路正督修中。新都碉堡计一百零七座，现已完成百座。德阳碉堡计一百五十四座，现已完成三分之一，其余碉堡及马路刻正分别赶筑。六月十六日，我王纯一旅派兵分向孟子树、青枫铺方面沿河搜剿，北川之匪经杞子坪向开平镇退去，县城内外焚烧殆尽。我陈、章两旅前进至笔架山、猫儿沟，彭旅达毛林山，因山深林密，须开辟道路，匪顽抗与我对峙。六月十九日，我许纵队彭师奉命收复北川，迭令迅速占领，无失时机。据称道路艰险，粮食困难，故进展稍缓。六月二十日，许纵及彭指所部奉命仍归五路指挥，当时大垭口、千佛山、观音梁子之匪，日食包谷羹一餐，或杀牛杀马充饥，且经我军日夜袭击，已有动摇之象。惟山险工坚，进兵不易，故对碉堡构筑极为认真。一面令饬许纵部队迅速进占北川，职逐日严密前线各部漏夜赶筑，并于六月十六日赴茶坪、千佛山附近横梁子、大坝一带查勘督修，于二十四日返部。六月二十九日，前线碉堡修筑进度，我王纯一旅右至白庙子经拐枣树、老木园至魏家尖堡（南华岭以右），共筑碉堡二十五座。又自伏泉山以左回龙沟附近伍家山、天马山，共筑碉堡十四座。我章安平旅自南华岭以左至大坪前方青竹垭，共筑碉堡二十四座。我陈基旅自青竹垭以左至西二沟（茶坪左前方）并茶坪附近，共筑碉堡十三座。彭焕章旅自西二沟经三峰山、莱子垭至金川溪，共筑碉堡十七座。我刘兆黎旅右至火焰山经九倒拐(鱼洞口前方)至水花坵梁子（深沟附近），共筑碉堡二十二座。又右自农家梁子（牛奶坪以左）经二郎庙（鹦哥咀以南）至厥苗坡（深沟附近），共筑碉堡二十一座。我于渊旅右至王爷庙（五郎庙附近）经祇山庙深沟（大坝前端）假哥山、蜀药山至跑马岭，共筑碉堡三十九座。全线碉堡共计一百八十五座，现尚分别陆续增添。惟材料缺乏，多系土碉石砌或堡篮所成。

七月十一日午，我许纵彭师协同孙军确实占领北川县城，匪狼狈溃退，正追击中。匪因我军竭力压迫，且粮食弹械均极缺乏，投诚甚众。又据降伕欧明钦供：匪全部不久有开碧口说。综合各方情况，匪势不支，似有窜走另谋出路之样。迭请孙军遵照委座前令，接守金川溪以右碉堡，职路便乘势攻击，期于清溪河我岸彻底歼灭之，孙军延不接替，以致攻守兼顾难周。但一面攻击，一面守备，连日前线各旅分向大垭口、千佛山、观音梁子猛攻，匪仍顽强抗战。

七月十二日，奉委员长蒋元亥电令，职路同孙部各以一部会攻墩上、土门，孙部并应迅速接金川溪以右之防。当令陈基并指挥彭焕章、章安平旅克日进攻。七月十五日，据我陈基旅纸称：职指挥彭、章两旅，分向大垭口、千佛山攻击，与匪激战二小时，官兵奋勇，右翼团棚梁子、左翼望乡台均为我占领。更一部绕袭大垭口背后，复向匪猛烈威胁，匪阵动摇，我军乘势冲入，遂将大垭口、千佛山占领。我刘兆黎旅同日拂晓，由右翼向千佛山进攻，迭进展至火焰山、白龙池之线，匪节节后退，并乘势向观音梁子占领，匪分向墩上、土门溃窜。各旅跟踪追剿，官兵奋勇前进，因大垭口、千佛山天险已为我占领，匪顿失凭依。十六日午，我陈基、彭焕章两旅追击至墩上，当向该匪痛击，匪仓皇退去，遂将墩上占领。我刘兆黎旅是日由观音梁子节次搜剿，利用地形以机炮猛烈射击，颇收瞰制之效，亦于午刻占领土门，匪向土地岭、茂县方面溃退。即就墩上、土门一线，分段赶筑碉堡工事，并派队沿河搜剿前进。据守大垭口、千佛山、观音梁子之匪，素称精锐，且千佛山背后凹地所构营房足能容数师兵力，当时匪主力集结于该处，匪首徐向前驻马槽附近，其余伪军师长多在千佛山庙内督战，迭次向我猛袭，以期一鼓突破茶坪之线，复欲乘我陈、章、彭各旅进攻大垭口之际，由千佛山中央突破，抄断后方，均被我军识觉，匪未得逞，我更日夜向匪袭扰。

己、七月十八日，奉委员长蒋巧戌电要旨：王缵绪部占领墩上、土门后，李家钰部占领威州后，同向茂县进攻，限本月漾日占领，各奖洋三万元，以资鼓励。

四川巢匪军 七月十八日
命 令
第六路总指挥部 于绵竹

一、墩上、土门之匪，已纷向茂县溃窜，土地岭方面有匪一部筑工扼守，似有掩护匪西窜之目的。

二、奉委员长巧戌电令：本路收复茂县，限漾日前达成任务，奖洋三万元。

三、着刘兆黎并指挥彭焕章旅，克日向茂县进攻，遵限完成任务。

四、着章安平旅接替土门、观音梁子一带防务，并不失机策应前线战况。

五、着陈基旅仍在墩上一线防御，并构筑碉堡工事。

六、攻击进展及布置情形随时具报。

各旅报告摘抄如次：

一、刘兆黎旅马申电：

茂县匪仍有大部占据神溪沟、土地岭、马枋沟之线，匪约二千余。我先头黄团号晨与匪激战，负伤四名，匪伤十余名，退去，我乘势攻击至乾沟以西约十里，并占领老君庙。

二、彭焕章旅马申电：

本日午后五时全部到达土门，决明晨拂晓协同刘旅向茂县进攻。

职路刘、彭两旅马日就攻击准备位置部署完竣后，即于二十一日夜半分向大岭岗、大槐树匪阵地夜袭，激战至晓，匪力不支，纷向土地岭溃退，并将沿途房屋焚烧。彭旅一部经神溪沟抄袭渭门关正道，令黄团猛攻土地岭，激战四小时，遂将土地岭占领，并将匪主阵突破，匪狼狈溃退。刘旅长兆黎率徐、林两团跟进，并乘势将左翼后方山右翼老君山梁子占领，复向左横扫。我预备队推进麻线坪附近，更猛勇攻击前进，于二十二日午十一时将茂县城确实占领。我彭焕章旅午后亦占领渭门关，逼近茂县城下，并向叠溪方面筑工警戒，匪纷向芦花、黑水、松理各道溃窜，尚约千余与我林团隔河对峙，并分派队探索城乡，并构筑碉堡防守。

庚、该匪节次被我痛击，复以粮弹缺乏，已失战斗精神，内部涣散，气势颇馁，我军乘胜进攻，势如破竹。是役夜袭，计我彭旅负伤士兵十一名，阵亡三名。刘旅伤官二员，阵亡排长一员，负伤士兵七十三名，阵亡五十名。毙匪约一百六七十名，俘虏约五百余名，获步枪十一支。消耗弹药及伤亡卤获实数另表详报。

辛、据俘匪供，匪大部已窜退松潘、理番、杂谷脑等处，茂县之匪为伪三十、三十一军之一部，该匪为固守茂县阻滞我军进展，并掩护松、懋内地安全，以期另谋途径。惟土门、茂县一带匪退时，民房焚毁殆尽，到处尸横川北，男女难民数千沿途啼泣，至为凄酸。茂属壮者被匪拉去，所留老幼男女万余人，哀鸿遍野，目不忍睹。

徐匪以主力在大垭口、千佛山一带，企图突破我阵线扰袭安绵计划失败后，复因我军重层筑碉，异常严密，几次出击均经我官兵沉着击退，尤以弹尽粮绝，无力挣扎，乃从新计划挑选精壮向甘青边境发展，老弱伤病多遗弃逃散。现朱、毛先头已窜过芦花、黑水，徐匪仍在松理一带盘踞，有掩护该匪主力待机活动之样。谨呈

委员长蒋

附俘获伤亡消耗表各一份〔表略〕

第六路总指挥王缵绪

中华民国二十四年八月　日

〔国民党军事机关档案〕

4. 国民党川军第四十一军孙震部与红四方面军在川北川西川南等地报斗详报

（1935年4月—1936年7月）

一、川北战役

（甲）通南巴之役（略）

（乙）潼射盐之役

赤匪第四、九、卅、卅一等军突破嘉陵江后，陆军第廿九军被匪截为三段。廿四年四月三日奉委员长蒋冬亥筑电令：接统廿九军继奉委员长蒋皓筑电令：改二十九军为陆军第四十一军，乃收容整理各部，一面以罗乃琼、王志远、李炜如、马泽、童澄、陈宗进、李鋆陶等部，死守安家场、邱垭、富村驿、碾桠场一线屏障，三台、盐亭、西充各县，免匪腹窜，一面以刘汉雄、覃世科两部，在火烧寺、剑阁一带竭力迟滞匪之西北窜，使第一路军邓锡侯部从容部署江油中坝之防堵线。惟匪腹窜未遂，乃倾其全力西北窜，本军主力亦逐向西北移动，与第一路军协同作战，从此川北剿匪战场一举而移于川西矣。

二、川西战役

安绵之役——伏泉山会战

（A）会战前匪我形势概要

本军主力西移协同邓军挫折匪图据绵阳直窜成都之企图后，匪我均向我左翼竞争延伸，匪再西窜转攻我北川、安县之邓家渡、曲山、漩坪等处，均受重创，乃窜北川。四月廿一日，北川失陷，县长率团队及守该县之第一路军一连西退。廿三日匪五六百由北川上游二三十里处渡过河，廿五日被我军曾旅蒋团击退。但匪主力则麇集于北川伏泉山一带，企图窜过安绵直袭成都。本军以击破此匪之目的，乃令王铭章师长指挥曾起戎、李鋆陶、张熙民三旅死力支持，自五月一日起，连日战斗均烈，五月五日，军长亲率吕康、杨杰、李炜如三旅续到安县，十四日又调马泽、王志远、田泽孚各旅分置于草鞋街北山等地。

（B）影响于战斗之天候气象及战斗之状态

五月六日，本军开始进攻，连日天雨滂沱，仰攻倍形困难，击破匪人后，又为河流暴涨所阻，未能穷追。

（C）匪我交战之兵力，交战匪兵之番号及将帅之姓名：

交战匪兵之番号，系伪卅军（伪军长余天荣）之伪八十八师（伪师长徐士奎）、伪八十九师（伪师长李凡真）、伪九十师（伪师长汪乃贵）及伪独立第一师。我之交战兵力四旅，计旅长吕康、曾起戎、李鋆陶、张熙民等。

（D）阵地占领、或攻击部署及其主要之理由，并关于所下之命令：

安县位置于伏泉山支脉山麓，伏泉山系战略要点，若不确保伏泉山，则安县不能固守，安县失陷，则绵阳、罗江、德阳则无险可守，匪可直入成都。军为确保安绵，故决心占领伏泉山，其攻击命令要旨如下：

（子）当面之匪系伪卅军及伪独立第一师，其主阵地在伏泉山一线。友军第四十四军第四旅，昨已到达茶坪附近。

（丑）军以确保安绵地区之目的，拟即向漩坪伏泉山及北川我岸之匪攻击前进。

（寅）杨杰、曾起戎两旅主力扼守罗圈崖亘邓家渡、曲山、曹山坡之线，一部由曹山坡及其以左地区向匪佯攻，俟左翼占领伏泉山后，即向漩坪攻击而占领之。

（卯）吕康、李鋆陶、张熙民三旅，各留一部扼守九倒拐、大安山、苏保山之线，大部即向伏泉山猛攻，务占领之。

（辰）李炜如旅分置于擂鼓坪、麻柳湾，尔后位置于左翼后。

（巳）余在安县明（六月十日）到播鼓坪。

（E）各时间战斗之经过及与关联之邻接部队之动作。

六月十日拂晓，吕、李、张三旅一致猛攻，当日占领杨柳铺、熊家梁、二道坪，当夜匪以千余人向本军与邓军结合部之火烧坡乘隙绕袭，乃以预备队之李旅填防击溃之。十一日匪反攻大安山、九倒拐，为我吕旅迎头痛击，大加惩创，匪军伤亡极多。十二日我军乘势继续猛攻，激战终日，伤亡均大。黑崖头、白庙子均已入我手中，各旅先后到达伏泉山山麓，当夜曾旅夜袭漩坪奏功。十三日吕、李、张、曾各旅一致向伏泉山会攻，自辰至午，战斗极烈，我军前仆后继，于午后三时，吕张两旅占领伏泉山、吕旅更占领最高点之伏泉寺，残匪狼狈向北川及蔡家嘴溃击，曾、李两旅继续猛追，当夜曾旅占领半边街、龙山，李旅亦占领斩龙垭。此时左翼之友军若能协助追击，颇有将此匪歼灭于清溪河沿岸之可能。

（F）战斗之成绩並决胜时之景况。〔略〕

（G）战斗后匪我之阵地或行动。〔略〕

（H）可供参考之所见。〔略〕

（I）附录〔从略〕

三、川南战役——金鸡关会战

（A）战斗前匪我形势之概要

匪军主力南窜邛州、雅州一带，本军奉命南路进攻金鸡关一线，恢复名山至雅州间之交通到达南路名雅境内后，乃以两旅于廿五年一月二日接扼白庙子（不含）至草坝场间第廿军防务。计张熙民旅扼守水津关对岸亘晒花顶至沙滩岩之线，马泽旅扼守沙滩岩亘骑山庙至青竹桠之线。当面之匪据名雅公路以南之梯子岩、土地桠之线，约一团与张旅对峙，老鸡山、薄刀岭之线约一团与我马旅对峙，其仙官顶一带约有一团预备队。我各旅于十日完成坚固阵地后，即逐渐作工，于二十日推进至梯子岩、小桠子、尖峰山之线，廿二日以吕康旅接替梯子岩、小桠子一线张旅防务，廿三日以张旅接替白子庙、马卢顶、槐子树一线第二十军杨师之防务。匪以我逐渐推进乃逐渐退入，两月来预筑之坚固工事之大桠山、清泉山、仙官顶一带。

（B）影响于战斗之天候气象及战斗之状态

军长鉴于非驱逐战所能肃清名雅马路南侧之匪，乃于二十七日到草坝场，廿九日亲至梯子崖、老鸡山、尖峰山视察，决心攻击当面之匪。二月一日开始攻击，是日天气晴朗，部队之运动指挥均感便利，夜间气象均值月夜，监视容易，並甚利于漏夜构筑工事，是日能迅速连结战局，夜间匪之逆袭亦未逞，固由官兵用命，但天候气象亦有以致之。

（C）匪我之兵力交战敌兵之番号及将师之姓名

是日交战之兵力，匪我均系三团，我军为吕旅吕波澄团、马旅卿俊田、张旅刘靖炎团。匪军为伪三十一军九十一师二七一、二七三等三团，其伪三十一军长系孙玉清，伪九十一师长系王有治，伪二七一团长系王大麻子，其余未详。

（D）阵地之占领或攻击部署及关于战斗所下之命令：

查名雅公路线上之罗家山、姚桥一线，为匪之警戒阵地，仙官顶为其防御时之前进阵地，攻击时之攻击据点，既可屏障其主地，又可以掩护金鸡关。军基于恢复名、雅交通之任务，並除去匪之攻击凭据计，故决心占领清泉山、仙官顶、金鸡关一带匪之阵地，其攻击部署之合同命令如下：

（子）当面之匪为伪三十一军九十一师其二七一团，盘踞大桠山一带，二七二团盘踞清泉山一带，二七三团在仙官顶，其伪三十一军（缺九十一师）之主阵地在蒙山顶、鞍子山之样。

（丑）军以恢复名、雅交通之目的，拟于东（一）日攻击，占领仙官顶、清泉山、金鸡关各点。

（寅）吕康、马泽各以一团扼守梯子崖、土地垭、大小尖峰山主阵地，其余各一团向仙官顶、金鸡关攻击，务占领之。

（卯）张熙民旅以一团扼守马卢顶、贾家岗主阵地，一团进攻清泉山，务阻匪经清泉山增援仙官顶。

（辰）陈宗进旅以一团推进风密垭，注意匪由我右翼后之大迂回，一团位置白子庙为总预备队。

（巳）余在草坝场，攻击前进时，余到白子庙。

（E）各时间战斗之经过及与此关联之邻接部队之动作

本军原来决定二月一日攻击前进，因一月卅日夜半，接雅安第廿四军通报，匪大部在雅安城之彼岸，向本军正面移动。本军为在匪增加部队未到以前，各个击破山官顶一带之匪，乃临时改令各部提前于卅一日开始攻击，辰刻吕团由土地垭、卿团由尖峰山、刘团由马卢顶向大垭山、清泉山及仙官顶金鸡关逐次进攻，官兵用命，已刻即攻达大垭山南坪之线，各攻击部队因各旅后续部队到达继续猛攻，突破匪坚固工事三层。午刻遂将清泉山、仙官顶确实占领，乘势追击，即占领金鸡关克名雅交通之全公路线，达恢复名雅交通交通任务。追匪大部到来后，公路及公路南侧已均入本军手中，匪军乃于夜半分由公路北之蒙顶山、金凤寺以一两千人向我大垭山、清泉寺一线作大规模之夜袭，经我官兵沉着应战，格斗至次日寅刻，匪不支向老道观、狗扒崖等地溃去。本军乘势追击，遂占领公路北之蒙顶山、金凤寺一线，匪军北窜天全、芦山各大山后，经薛军攻占天全、芦山，匪遂回窜松潘。

（F）战斗之成绩並决胜时之景况〔略〕

（G）本军占领仙官顶、金鸡关、清泉山后，当以吕旅吕团扼守金鸡关、仙官顶，马旅卿团扼守锅漩顶、清泉山，张旅刘团即转向张家山将匪驱逐后，即扼守该山一线。当日下午各旅酌留一部于原阵地外，大部均推进至占领地点之梯子崖、土地垭、仙官顶、金鸡关、清泉山、张家山贾家岗一线。但右翼友军第廿三军尚在本军右翼后为十余里，为顾虑匪之迂回，並以预备队陈旅之胡子年团配备于太阳岗、马脑顶一线，匪退老道观、狗扒崖后，更增来伪三十军九十师于鞍子山、虎耳崖之线，联合与我对峙。

（H）可供参考之意见〔略〕

（I）附录

〔从略〕

四、川西战役

松潘之役——黄胜关会战

（A）会战前匪我形势概要

二十五年二月间，匪在川南名雅地区被我击破后，即向天芦退去，並有回窜松、理、茂模样。本军奉命转移川西部署岷江防务。三月六日，曾师陈旅进扼岷江安顺关至叠溪防务。六月十一日，曾师马旅到松潘接替胡宗南师王旅防务。七月二日，匪千余人窜到卓克基，主力亦到懋功抚边附近，有突破岷江回窜通、南、巴企图。本军当以曾宪栋师马、陈两旅扼守松潘至叠溪之线，王铭章师张、童、王三旅扼守松潘至平武之线，孙震吕、曾、李三旅为总预备队，控置于江油、北川、安县各地。

（B）影响于战斗之天候气象及战斗之状态

岷江沿岸天候极冷，尤以松潘为甚，给养亦万分困难，官兵缺乏御寒之装备，且常间日始得一饱，作战倍感困难，对于更向酷寒地带深入追击之动作，致缺活泼敏捷之动作。

（C）匪我交战之兵力及交战匪兵之番号及将帅之姓名

匪之交战兵力计有伪四军（伪军长王宏昆），伪三十军（伪军长余天荣）、伪三十一军（伪军长孙玉清）。我军交战之兵力计有马泽旅、陈宗进旅及张熙民旅之杨生团。

（D）各时间战斗经过及与关联之邻接部队之动作

七月廿七日，伪第四军攻我镇江关，激战终日，幸我曾师陈师防守得力，匪未逞向芦花城方向窜去。廿八日伪三十、三十一两军向我松潘进攻，一股取道黄胜关，一股取道柏木桥，当晚进止黄胜关之贝母山。我军当以马旅推进樟腊，张旅杨团进守松潘城。廿九日马旅与匪遭遇于黄胜关附近，战斗猛烈，匪我遂胶着于黄胜关、柏木桥一线，当夜马旅杨熙团向斩将台绕攻匪之侧背，匪遂动摇，我军正面与侧面一致猛攻，斩获甚众，匪益溃乱，乃向贝母山退去。三十日晨，黄胜关、柏木桥遂在我军确掌握中。马旅分兵追击，截匪甚多，残匪更向上下包座溃窜，与在该方面之伪第五、第三十二军及伪独立师会合，窜入甘肃岷县境内，此时匪虽北窜，但茂县、汶文、懋功之友军，则在原地。

（E）战斗之成绩并决胜时之景况〔略〕

（F）战斗后匪我之阵地或行动〔略〕

（G）可供参考之意见〔略〕

（H）附录

〔从略〕

中华民国廿六年六月　日

军长孙　震呈

〔国民党政府军事机关档案〕

5．国民党“剿匪第三路军第二纵队”胡宗南部与长征红军在四川上包座附近战斗详报

（1935年8—9月）

一、战前一般之势态

自八月上旬，匪之伪一军团、伪三军团及三十军，麇集毛儿盖、拈右沟、热雾沟、卢司岭一带，伪九军盘踞黑水上游，伪四军分布镇坪、镇江关即盖山、扎千岭一带，与我松潘主力对峙中。八月中旬，我毛牛沟阵地对面之匪，尽易伪四军十一师部队，岷江以东之伪四军，则于十八、十九两日全数渡过西岸，当是时匪之携械投诚者，日必二三人、七八人不等，皆供称匪方已准备

十五天干粮，将向草地逃窜，查包座、求吉寺一带，为我军主要粮道，全纵队大部分粮食皆仰给于是，设有兵站，并派第一师廖旅康团第三营驻守上包座，游击张支队驻守阿西茸，构筑碉堡，准备固守，各附有五瓦特无线电一架，并纠合包座各寨番骑，在郎家岭、噶赖山各口侦察警戒，若儿盖、十二部番兵在班佑附近巡逻防守，并于八月十四日以张支队移到班佑寺，指挥番兵。十二日，黄胜开西南洞亚发现匪部，十五日令康团主力向上下包座增援，同日哈清龙以西三十里，亦发现匪股二三十人。十八日接阿坝电告，匪约千余，于十七日到达大藏寺，十九日攻占查理寺，二十一日占领中下阿坝，番兵溃退，毛儿盖、哈洞之匪亦逐渐北移。十八日，其先头一部约千余，驱逐番骑，到达色既坝，携带粮食甚多。至是已判明匪之主力业已向阿坝、班佑逃窜。除将此情呈报成都行营、兰州总司令部外，即刻策定追击计划。此时我军态势如下：康团主力已于二十二日到达求吉寺，伍诚仁师全部在漳腊附近集结待命，杨步飞师仍在柏木桥、漳腊、黄胜关、虹桥各碉堡防守，李铁军旅主力在火烧屯、高屯子集结，其一团在中寨、卢司岭东侧担任警戒，廖昂旅第三团仍在松潘西侧大包山、窑头山阵地，丁德隆旅仍在中寨以南亘毛牛沟左侧阵地，李文旅在归化关、安顺关、云昌司一带驻守，朱支队已开往岷江西岸，向小姓沟下游搜索。钟松旅第三团担任松潘城防，其主力在小河营、三舍一带，当决定以伍师先向包座出动，巩固康团阵地，防匪北窜，以为追击根据，并可保我粮道。即于十九日电令准备出动，以丁旅附李正先团，向喀龙拈、佑沟、较场坝、毛儿盖追击。

二、康团之部署

康团第三营（附无线电一架）原驻上包座、大戒寺，筑有坚固碉堡，贮积充分粮食。八月十九日下午二时，康团主力到达上包座，决定以主力移驻求吉寺，以该处可扼西固、岷县之冲，足以防堵匪窜。二十二日午前十时三十分到达求吉寺（无线电随主力行动），当即侦察地形，分配阵地，着手经营，并购屯粮食，以作固守之计。二十五日因班佑、阿俄山一带发现匪情，即以第四连向阿俄山、班佑方面前进侦察，以第五连开往阿西茸警戒，二十七日张支队退回阿西茸，即协同第五连作固守该地之必要准备，其第四连迄二十八日，仍在巴西、阿俄山一带与匪保持接触中。三十日午前七时，伪四军十二师之大部七八百人，追随第四连到达求吉寺附近与我守兵接触，嗣后即入于固守苦战中。

三、班佑方面之绪战

八月二十三日，由毛儿盖、哈洞北窜之匪约千余，经严垛坝附近之阿细，到达班佑、冬房附近，距张支队所在之班佑寺约五十里。该队以地形不良，于二十四日晨移驻班佑寺北方二十里之上藏寺，匪即近占班佑、冬房，其一股窜至班佑寺附近，与番兵相持四小时，退回班佑、冬房；其另一股约百余，盘踞班佑寺西南之阿俄山工事内。二十五日，康团由求吉寺派遣第四连前往侦察，与匪接触，阵亡班长一名，退回附近番寨。二十六日，得悉伪四军大部由喀龙洞垭向班佑窜去，革四附近亦发现匪部。张支队本日由上藏寺向班佑、冬房进攻不利，支持至夜分，始行退却，二十七日退回阿西茸。班佑寺、上藏寺、亚龙寨相继失陷。匪继续北窜，似有攻取求吉寺、纳摩寺企图，求吉寺与阿西茸之交通，亦被阻绝。二十八日午前十一时，匪到阿西茸，张支队以一部守卓仓寺，其主力及康团第五连固守寺北高地碉堡，迄今旬日，犹在对峙中。

四、包座附近主战斗之概况（附图三幅）〔图略〕

大戒寺在包座河之东西阻大河，有桥可通，南接平地，不甚广阔，东连岗阜，通东拜、踏藏、南坪各地，北倚山林，荫翳错杂。第一师廖旅第三营，自七月二十六日到达后，即开始筑碉堡屯粮，准备固守。八月中旬，复利用包座各寨番骑，远出侦察，凡郎家岭、严垛坝一带各山口，皆有番骑巡逻警戒。二十三日，康团主力到达求吉寺（在大戒寺北方九十里），二十四日，徐匪大部窜到班佑附近。纵队司令部即决定追击计划，先以伍师向包座、阿西茸出动，增强该地防堵力量，以为追击根据。即于二十四日亥到电令如下：

伍诚仁：（一）贵师应即日由现地出发，经柏木桥、上下包座向阿西茸前进；（二）行军计划及给养由贵师自定，逐日宿营时，须与本师与无线电联络。胡宗南。敬亥。

至于连日匪情及我军计划企图，已由电话传达甚详。伍师奉令后，于二十四日由漳腊出发，当晚电告宿营弓杠岭西侧。二十七日起，该师电话不通，事后查悉大戒寺李营，于二十九日午间被匪攻陷其西北一带碉堡，匪之一部冲入寺院西侧，李营驻守寺院之一部约百人，即于廿九夜一时许，冲出匪围向东撤退，于九月一日晚到踏藏，来电报告其余各连仍固守碉堡，屹然未动，但彼此通讯联络陷于困难。三十日傍晚，伍师先头到达大戒寺西侧（包座河以东），驱逐匪部，其汤团与李团之一营及余团主力（欠二连），即在包座河西侧高地，背水为阵，面向西北方警戒，汤团在北，余团在南，作钩形配备，李团主力在包座河东大戒寺北侧高地警戒，师部在河西岸露营，康团之李营仍在碉堡防守。三十一日上午，师部移入大戒寺。午后四时许，徐匪三十军以主力向我河西汤团阵地右侧进攻，汤团及李团相继败退，余团亦受牵动，此时包座河各桥梁已被匪部潜入遮断，两岸不能交通，汤团陷于溃灭之惨境。大戒寺北侧李团，亦被匪牵制，不能渡河应援，旋因师部北侧高山亦入匪手，师部即率李团及直属队向羊洞、东拜撤退，康团之李营在后掩护旋行，至夜十时许，我军全部退出上包座。九月一日晚，伍师主力暨康团李营到东拜，二日晚到踏藏，方接伍师长报告始悉上情。余程万团于九月一日退出，五日晚由原路退到柏木桥，始接报告。其全部损失，据伍师长江未电称：余团、汤团伤亡三分之二，李团伤亡三分之一。据余团长九月二日笔记报告：除留温营（欠一连）掩护后方辎重外，营长以下伤亡军官十余员，士兵伤亡过半，行李全失。详细统计，已令该师另案呈报。康团第三营约损失人员、武器四分之一，详载附表。至于康团主力，自八月三十日受伪四军包围以来，苦战经旬，仍在求吉寺阵地坚守中，伤亡确数，尚难统计。阿西茸方面，亦同此景况。

五、追击部署之实施与变更

伍师自八月二十六日由漳腊出发，虽电报不通，但预料八月底之前必可到达上包座。此时匪之主力尚在班佑以西，决以康团附属伍师，确实占领包座河之线，掩护我追击部队之运动，并确保包座、铁布一带之丰富资源，免为匪掠。即我方粮食可由拉卜楞、卓尼、铁布、包座、东拜、羊洞各地源源接济。匪如在此地带与我决战，彼劳我逸，彼须远道馈粮，我则就地取给（胡师杨师、伍师皆在此带购办，阿西茸、求吉寺、上下包座皆有屯粮），形势之便，莫善于此。并奉委员长峨眉发感酉手令，切嘱我军应积极分路进击，俾与各处番兵前后夹击，匪当饥疲之余，如我军能犯难急进，必可以一当十，收效无比，并再明令悬赏，以鼓励之。希勿瞻顾，过惜兵力，失此千载难得之机。此时丁旅已追到毛儿盖，因再行北追，补给困难。故决以纵队主力出包座、阿西茸，作并行追击，使匪无喘息之时。即于三十日午后四时，下达命令，要旨如下：

一、向班佑北窜之匪，其一部于二十九晚窜到阿西茸附近，今（三十）晨七时，向我求吉寺康团阵地窥伺中。班佑以北，情况不明。我伍师约明（三十一）日可到包座。

二、师决以主力向北窜之匪追击，期在洮、岷以南地区猛击而消灭之。

三、李旅附廖旋、工兵一排、卫生队一部及原属无线电，应于明（三十一）日由现地出发经柏木桥、弓杠岭，循四十九师经行之道，向包座前进。

四、行军及给养计划，由李旅长妥行规定，每日宿营时，须与师部无线电联络。

受命各部，即于八月三十一日由松潘北郊出发，向经座前进，因沿途下雨，于九月三日下午到达上包座南侧二十里松林北部沟口，当因上包座据点已失，伍师已返抵踏藏，单独进攻，恐难取胜。且包座一带粮食尽落匪手，补给困难，故决计撤回柏木桥，另行部署。即于三日夜电令如下：

李铁军：伍师败回踏藏，朱、毛越噶曲河向班佑前进，贵部应即停止前进，相机撤退。胡宗南。江亥。

李旅奉电后，即于四日开始南退，仍由郎家岭、香腊山之道，于五日晚到达柏木桥附近，以致追击计划，未能彻底实施。

六、判定尔后匪军之企图〔略〕

〔国民党政府军事机关档案〕

6。国民党军第四十九师伍诚仁部与红四方面军在四川上包座战斗详报

（1935年8—9月）

甲、战斗前匪我形势概要

一、匪军

1。徐匪向前自窜踞川边以还，历时四载，攻城掠野，所向无前。而川省军事当局，初则视匪太轻，致噬脐而莫及，继则畏匪太甚，复裹足而不前，坐视匪焰日炽，匪区日阔，如火燎原，不可响迩。政府为拯救川民根绝匪患起见，于是抽调大军入川协剿，务期一举肃清，以安闾阎。

2，四月七日，我第一二补充旅大破匪于川甘边区之摩天岭，二十六日，复败于涪江北岸，终则联络各友军追匪于松（潘）、

茂（州）线以西地区，俾待聚歼。而徐匪向前亦自知其日暮途穷，崩溃在即，遂以全力进犯松潘，企图突出南平，转窜陇右，与陕北毛匪连成一气。其时适我第一师驻守松潘毛牛沟之线，戒备甚严，匪虽数次猛攻，均遭击退，乃又变更计划，绕道毛耳盖，直趋上下包座，盖欲攫包座为临时根据地，以扩张其势力于甘肃内地。

二、我军

1．本师于二十四年二月二十六日奉命由南京迳开西安待命，三月九日复由西安经至、鄠县、齐家寨、江口镇而入陕南城固，更由城固经沔县、阳平关、燕子砭、摩天岭，而入川边之青川镇。后则随匪所向，到达平武、古城、老蛇湾、黑水沟、南坝之线，与匪隔江对峙。构筑碉堡封锁匪区，期待友军到达，相机进剿。

2．匪自受我筑碉封锁，势渐不支，于七月二十四日经北川、茂州西窜。本师即由平武沿涪江向樟腊前进，于八月四日到达樟腊。奉命以一部占领火烧屯，小寨子之线，防匪隙窜，主力集结于樟腊附近待命。后以徐匪窜向变更，复于八月二十六日奉纵队司令官胡（宗南）电令，限九月二日前，到达阿西茸，连络第一师补充旅之康团，防匪北窜。师长奉命后，于二十七日晨，开始向包座运动。

乙、前进部署

1．八月二十六日，下达行军命令如下：

命　令　八月二十六日下午五时
于樟腊师司令部

军队区分

前卫

司令官步兵第二九一团团长汤建威，步兵第二九一团（附工兵一排）。

本队（同行军序列）

师侦探队

师司令部

特务营

通讯连

无线电队

工兵连（缺一排）

师卫生队

步兵第二八九团（缺一营）

步兵第二九四团（缺一营）

大小行李

后卫

一、徐匪残部于松潘、毛牛沟之线，被我第一师击退后，即向包座方向溃窜。我第一师补充旅康团已占领上下包座、阿西茸之线构筑工事，防匪北窜。

二、师以防匪北窜之目的，于明（二十七）日经弓杠岭向包座前进。

三、前卫于明日上午六时沿师行进路向包座前进。

四、本队统归二八九团团长区处，于明日上午六时前集合完毕，在前卫后一五〇〇公尺跟进。

五、大小行李归本部上尉副官卜子胥指挥，在本队后二千公尺处跟进。

六、后卫在大小行李后一五〇〇公尺处跟进。

七、各部队须带干粮五日分

八、行进时，余在本队先头。

司令官二九四团第一营营长少校陈啸云

步兵第二九四团第一营

师长伍诚仁

2．淫雨连绵，秋寒若剪。由樟腊至包座，计程约四百里有奇，崇山峻岭、鸟道羊肠、益以给养断绝，无法补充，官兵食不果腹，衣不蔽体，因而患病倒毙者，所在皆是，且日穷百里，夜则露宿蛮烟瘴雨之地，精神至为罢敝。

3．上包座地势高寒，环山带水，而西北诸峰尤为雄峻，居高临下，足以瞰制全局。其南有木桥一座，为达上包座之交通要隘。三十日下午四时三十分，师长行抵距包座约三十里许之松林口，接得前卫二九一团报告：上包座及其西北诸高峰，均为匪所占领，刻与我固守太界寺之第一师补充旅康团第三营残部对峙中等语。

丙、攻击部署

师长亲赴前方侦察地形及情况完毕后，给予各部命令，要旨如次：

一、徐匪所部之伪三十军，人枪约四千余，刻已占领上下包座及其西北一带高山，与我固守太界寺之补充旅康团第三营残部对峙中，其后续部队闻已陆续到达，徐匪主力似在下包座附近各寨。

我补充旅康团第三营残部，仍固守上包座四周碉堡，与匪对峙中。

二、师以攻占上包座及歼灭该匪之目的，部署如次：

A．二九一团应确守现阵地，选择据点，构筑工事，以掩护师主力展开，并确保通上包座之木桥，俾尔后战斗进展容易。

B．二九四团应派出步兵一营，占领D点高地，对当面之匪严密警戒，该营即归二九一团团长指挥。

该团主力应乘夜袭取上包座及界寺，奏功后，即就原阵地增筑坚强工事，对西北诸峰之匪严密配置警戒。

C．二八九团（缺第一营）及师直属队，为总预备队，位置于甲庄附近、归二八九团团长区处。但无名河左岸及来路之警戒，须由二八九团派出，师司令部内部警戒由特务营派出。

三、通信网限一小时架设完成。

四、师卫生队着在甲庄附近开设临时野战病院。

五、大小行李到达后，仍归还各部建制。

六、余在甲庄师司令部。

丁．战斗经过

一、二九四团（缺第三营）奉命后，于下午七时开始向上包座之匪施行夜袭，匪稍事抵抗，即向西北方向溃窜，上包座遂为二九四团占领，当以第一营进占大界寺及寺后之大松山，并饬各部迅速构筑坚强工事，以防残匪逆袭。

二、下午八时四十分，大界寺北端高山之匪，约七八百人，实向我阵地猛扑，我固守大界寺之第一营营长陈云，见时机紧迫，间不容缓，乃身先士卒唤起所部，向前进之匪奋力迎击，一时枪声大作，杀声震天，双方往返肉搏七八次，幸我官兵素抱有匪无我有我无匪之敌忾心，卒将该匪击溃，不幸陈营长云于是役阵亡，并伤亡士兵十余名，而匪之死伤尤倍蓰于我。

三、是时以天候黑暗，地形生疏，未便穷追，仍令固守原阵地，枕戈以待。零时三十分，匪复再举夜袭，并纵火焚烧我大界寺附近民房，企图威胁我之侧翼，欲以单刀直入法，夺取我大界寺阵地，经我各部予以猛烈射击，始节节向北引退，我军遂乘机将大界寺附近之火焰扑灭，至三时十分，战况又渐趋沉寂。

四、翌日拂晓，令二九四团团长派该团第一、二营各一部，抢夺大界寺北端大山，九时许被我占领，师长即率直属队进驻包座，比以匪主力所在尚未明晰，当率各团长至前方侦察地形，并口授命令，要旨如下：

1．徐匪人枪约二万余，刻仍在上下包座及西北端高山一带。

2．师以击破该匪及占有上包座之目的，即就现在态势，向当面之匪攻击前进。

3．二九四团除以一部固守大界寺外，主力应逐步向北迫进，俟将B点高地占领后，迅速完成坚强工事，尔后视战况进展，连络二九一团相机向下包座之匪攻击前进。

4．二九一团应占领CD两高地，连络二九四团迫匪于下包座附近而歼灭之。

5．二八九团应占领E点高地，向西北方向严密警戒，以掩护师之侧背。

6．各团作战警戒如现地所示。

7．攻击开始时间为上午八时。

8．余现在上包座师司令部。

五、各团奉命后，开始攻击前进，我右翼二九四团战况颇占优势，至十一时三十分，C B两据点同时为我攻占，惟G点高地屹然独耸，经我二九一团反复猛冲，终未得手。至下午三时十分，匪乃分数路向我猛扑，另以大部由G点高地抄袭我二九一团侧背，该团前后受敌，死亡甚多，然犹死力支持，希图挽回颓势，至下午四时二十分，终因众寡悬殊，弹尽援绝，遂告失利，少校团附郑国贤、第一营营长殷继德、第二营营长汤国良、第三营营长李泽仁均相继阵亡，中校团附黄善辉亦负重伤，其他连排长伤亡尤夥，仅团长汤建威率余部二三百人突围出险。

六、徐匪于攻击我二九一团得手后，转而攻我二八九团（欠一营），匪数既增，攻击益紧，我官兵沉着应战，虽处重围，亦不稍馁。入夜战斗更形惨烈，余团长往来指挥，不幸左手负伤，然犹忍痛不退，裹伤督战。至九月一日拂晓，卒将当面之匪击退，余团长以我主力经已撤退，连络中断，且敌以数万之众，于十余里外，层次重围本团。遂集中兵力，于九月一日上午十一时，突出重围，向柏木桥节节撤退，而该团第二营营长郑兆琛于掩护渡河时阵亡，并阵亡连长四员，医官、排长十余员。

七、师长见我左翼失利，战局危迫，而上包座地形低洼，到处受匪瞰制，遂决心集中兵力变换阵地，准备攻击再兴。除令二九四团固守原阵地掩护外，一面收容二九一团残部；一面派员向二八九团连络，令其相机撤回上包座待命，不料此时匪已迫近我上包座木桥附近，将我两翼间连络截断，师长迫不获已，于九月一日上午二时，率余部向洋洞方向背进，包座战役于以告终。

戊、致败总因

一、匪情不明，当胡司令官（宗南）电令本师向包座前进，仅云徐匪有向包座、阿西茸北窜企图，至徐匪已否先我到包座及已否与朱德股在包座会合，均茫然无闻。

二、连络不确，交通利器仅赖十五瓦无线电机一架，一旦发生障故，连络即行中断。

三、不得天时，沿途全属荒草古林，无村落可资舍营，加之淫雨连绵，数日不息，官兵因冻饿致死者日以百计。

四、给养断绝，给养无法补充，官兵筋疲力竭，举步艰难，故不能悍匪作殊死战。

五、行军过劳，行军日穷百余里，官兵过于疲劳。

六、后援不继，后续部队距离五百余里，不能适时增援。

七、兵力分散，隔河为阵，两翼不能相互联系，致授匪以各个击破之好机。

己、匪之兵力及队号

与我在包座作战之匪，匪徐向前所部之第四方面军之三十、三十二两军，及朱德所部之伪第一方面军一部，人枪总计约六万余人。

庚、附记〔略〕

〔国民党军事机关档案〕

7. 国民党军第一一四师牟中珩部与长征红军在甘肃武山陇西战斗详报

（1935年9月）

一、战斗前后彼我形势之概要

赤匪在松潘一带被国军围剿后，实力锐减，意见分歧。毛泽东、彭德怀等乃率其第一、三军团北窜，至九月二十一、二日以其主力进犯岷县——哈达铺一带国军第十二师及新编第十四师之阵地。是时本师在天水——徽县间筑碉，计第六四零团在天水——李子园之间，团部驻娘娘坝。第六四一团在李子园——木芦川之间，团部与师部及师属各连驻高桥。第六四二团在木芦川——银杏树之间，团部驻榆树坝。九月二十日，本师奉到川陕甘边剿匪总司令部命令，要旨如下：

一、奉蒋委员长真午蓉行参战电开：（一）现阿坝之匪已向东移，包座之匪一部约万余人，又向岷县北窜，判其企图，似欲乘我不备，予以各个击破，并冀与徐海东、刘子丹等股会合，造成陕甘新匪区。（二）我军以聚歼该匪于川甘边区，并阻止其陕北匪会合之目的，此时在边区各军，除照原任碉线加强固守外，主力应赶速分别集中要点，以为主力战之准备。（三）除令胡宗南部主力进驻西固，再按情况转进，西和周浑元部、三十六军主力一部及徽县、成县（不含）之线，主力控于天水。如何部署盼复。等因。

二、兹遵照电令要旨，将各部分别部署如下：

1．第百十三师师部及两团，仍驻天水附近，其余一团分驻甘谷、礼县（其驻礼县之部队俟有他部接防时，即移驻甘谷）。

2．第百十四师全部调驻陇西、武山，主力驻武山，尔后按情况转移其主力或移驻陇西。

3．第百十八师以一团担任徽县至略阳（不含）及至成县（不含）之防区，师部及一团驻娘娘坝，其余一团驻高桥。

遵奉前令当令六四零团进驻陇西，师部及六四一团、六四二团进驻武山，第六四零团于十九日出发，二十三日到达陇西，其余各部以接济驮载，须待雇用驮驴到达方能出发，故六四一团于二十一日出发，兼程前进，二十四日到达武山，师部及六四二团于二十二日出发，二十七日到达武山。

赤匪于二十三日攻破哈达铺阵地，窜至红崖里，二十四日窜到新市镇宿营。

二、影响于战斗之气候气象及战地状态

截至九月二十三日以前，淫雨连绵，河水暴涨，山路崎岖，道路泥泞，加之士兵衣着单薄，寒气彻骨，入夜晦暗，步履维艰，人马之足伤鞍伤甚夥，影响于行进速度及人马健康者至大。

武山、陇西一带山岭重叠，溪谷交错，羊肠山路，处处可通，搜索警戒，均感困难。

渭水河幅平均在十公尺内外，水深在五十公分左右，河底性质及两岸情况，均属良好，人马通过不受阻碍。

三、彼我之兵力匪军之部队号及军官姓名

此次本师除担任城防队未与匪军接触不计外，计直接参与交战部队为第六四零团（欠一营及平射炮连迫击炮连）、第六四一团（欠一营及平射炮连迫击炮连）、第六四二团（欠平射炮连迫击炮连）。

匪军兵力部队号及重要匪犯姓名如附录第一。〔略〕

四、战斗经过

（九月二十四日）

一、匪军第一、三军团本日在新市镇宿营。

二、本师各部到达地点及时间。

师部及第六四二团午后十时抵关子镇。

第六四零团已于二十三日到达陇西。

第六四一团夜十二时抵武山。

（九月二十五日）

本日师部及第六四二团，因连日冒雨日夜强行军，士兵多患足伤，渡河中毒腿肿，落伍者过多，请准在关子镇驻止一日休养整顿，以为次日遇战之准备。

我第六四一团于本早以两营占领刘家庄、周家庄、韩家川及陶家洼、李家山附近之碉堡，以一营防守城关。

午后一时得知之情况如下：

昨（二十四）日在新市镇宿营之匪，今早分两纵队北进，其主力纵队先头已抵山丹镇，其后续部队渐次向鸳鸯铺继进中，一部过鸳鸯铺北窜至三十里铺及四十里铺一带。另一纵队约千余人，经侯家山南侧东窜。午后十一时，第六四一团为明瞭匪情计，由其第一营选派奋勇队一百二十名，遣赴山丹铺附近及其以西，施行威力搜索，该队于夜间一时行抵山丹铺以东与匪军前哨接触，激战约二小时，继恐天明行动不便，遂撤退。

（九月二十六日）

本日师部及第六四二团，进至甘谷西三十里铺。

是日得知之情况如下：

1．山丹铺、鸳鸯铺、三十里铺、四十里铺、谢家坡、五十里均被匪军占领。

2．由侯家山南侧东窜之匪，本夜通过乐善铺北去。

我第六四零团（欠一营及平射炮连迫击炮连）是日早八时向鸳鸯铺方向进攻，十一时许行抵三十里铺遇匪小部，当将该匪击退，仍续行前进。下午三时行抵四十里铺，七时行抵谢家坡，窜抵该两处匪军均先期逃避。九时行抵五十里铺遇匪数十名，经该团攻击遂即溃走。继以天晚，未便冒然前进，即在该村停止。

我第六四一团是日正午以第一营进攻山丹铺，匪军凭据碉堡顽强抵抗，激战至夜，相持未下。

（九月二十七日）

本日午后五时，师部及第六四二团到达武山。

我第六四零团（欠一营及平射炮连迫击炮连）是日早开始再举进攻，同时第六四一团以步兵两营再攻山丹铺，匪军受我夹击，遂纷向鸳鸯铺东北之榆盘镇方向溃退，我各部即行跟踪急追。第六四零团（欠一营及平射炮连迫击炮连）追至苏家岔、马家涧一带，俘匪六十余名，毙匪三十余名，获步马枪四支。第六四一团进至鸳鸯铺，俘匪七十余名，毙匪四十余名，获步马枪七支。

本战斗第六四零团（欠一营及平射炮连迫击炮连）于一昼夜间进攻数十里，克复村镇甚多，全体官兵皆能不顾艰险，奋勇从事，尤以第一营营长周书道冒险犯难，指挥有方，于本战斗颇凑异功，特由师传令嘉奖，以资鼓励。

五、战斗后彼我之行动

（九月二十八日）

因奉军部电话通报，据飞机报告：大草滩附近尚有赤匪数万，仍有北窜模样，令严加注意，乃为下之区处。

令第六四零团（欠一营及平射炮连迫击炮连）以一营向匪追击，其余均回陇西原防。

令第六四一团留第一营分驻鸳鸯铺、山丹铺、薛家门、青石峪搜查附近残匪，余仍回武山原防，师部及第六四二团仍驻武山。

是日晨，由师选派干探数十名，分赴榆盘镇、榜罗镇、漳县、红崖里、吕井镇各处侦探匪情。

（九月二十九日）

据六四零团侯团长报告及派赴榆盘镇及榜罗镇侦探报告：

匪在榜罗镇、四罗坪一带被我六四零四第一营截击，并有我三架飞机投掷炸弹，匪伤亡甚众。

当令驻武山之第六四二团（欠平射炮连迫击炮连）及驻陇西之第六四零团（欠一营及平射炮连迫击炮连）为追击队，协助通渭方面友军（第八师）前往追剿。

是晚，陇西追击队进至崔家湾、马儿山一带，武山追击队进至榆盘镇。

令第六四一团第一营派队向新市镇一带清剿残匪。

（九月三十日）

奉总司令于艳酉参作电开：

匪约三千，感未陷通渭。我三十七军之第八师向马营镇觅匪兜剿，第二十四师在静宁方面截剿……仰严密侦察堵剿为要。

当令昨派出追剿部队与友军妥取连络，协力兜剿。

据第六四二团派出之便衣侦探报告匪情如下：

二十九日晚在榜罗镇、四罗坪一带约有七八百名。

我武山追击队是日午前七时许，行抵马六岔、林圈子附近，得知匪以一部占领赵家湾及其以东之线。该队遂展开于马家川一2250高地及其以西之线，开始攻击，同时与我陇西追击队取得连系，我陇西追击队系由四罗坪西侧进攻，至午十时许，各部将四罗坪占领，俘匪三十余名，毙匪十余名，匪残部向通渭方向溃退。

是晚，我陇西追击队在四罗坪宿营，武山追击队全部追至上刘家岔宿营。

我第六四一团第一营派赴新市镇之清剿部队，本晚回防俘匪十余名。

（十月一日）

奉总司令于卅申参作电开：奉行营主任张勘行陕参战电开：五十一军固守防线严密搜索。乃令我陇西追击队仍驻四罗坪。我武山追击队，本晚进驻马家岔、李家岔等处，派队分赴孟家河、杜家河、宋家堡一带游击，俘匪六十余名。至十月五日匪完全过通渭北窜，通渭以南以西已无匪踪，我陇西追击队及武山追击队遂先后回抵原防。

〔国民党政府军事机关档案〕

8．国民党军第三十七军毛炳文部与长征红军在甘肃会宁等地作战详报

（1935年10月）

（甲）战斗前匪我一般之态势

一、赤匪朱、毛，自二十三年十月在赣南经我军围剿受创后，由贡水上游偷窜，经湘、桂、黔、滇免脱入川，与徐匪会合，企图赤化甘川边区，进窥西北，打通国际路线，其甘为赤色走狗之阴谋，尽情毕露。我进剿各军抱歼灭赤匪之决心，分途追截，压迫窜入松潘以西大金川以东地区，方冀聚而歼之。匪探知我西固、岷县间封锁线尚未完成，急向甘南逃逸，毛、彭率原第一、第三军团残部约八九千人，编为陕甘支队，由岷山以南地区经榆盘罗等处，于九月二十七日午后突陷通渭，构筑碉堡，加强城防工事，有阻我进剿之企图。

二、本军正由平凉、静宁向岷县西进，九月二十五日我第八师先头向旅进至定西马家河、通安驿之线，本部随曾旅之四十七团二十七日续到定西，其第四十六团、四十八团及该师部正在静宁、定西间行进中。我第二十四师除以一团留平凉掩护粮弹外，余均由平凉向隆德、静宁、定西推进中。本部抵定西时，据各友军通报：漳县、渭源有匪部队滋扰，后方似尚有匪之大部队继续向通渭逃窜，情况极不明瞭。本军奉令遏匪北窜，遵令所部分途觅匪截击，同时下达如下之感戌参一电令：

（1）奉总座朱感申绥参战电令开：据飞机报告，匪约三千余人，今午窜至榜罗镇，着饬向旅全部向马营觅匪截击等因。

（2）第八师向旅着派兵一团，位置于通安驿，切实连络陇西驻军警戒我右翼，主力即分进至马营镇、七麻镇之线，分向当面努力侦察匪情，觅匪截击。陶师长率曾旅应取捷径集结李家堡、红土窑，协同向旅觅匪截击。

（3）第二十四师李副师长着派一部协同新十一旅担任静宁城防，率主力经张家小河、屯家堡向蔡家镇附近搜剿前进。许旅着兼程达到静宁候命，并与陶师切取连络，协同堵剿。

九月二十八日至二十九日，迭据各该师长及各方所得匪情报告综合如次：

（1）据第八师派赴陇西百十四师六百四十团及陇西别动队之联络员回报：昨二十六日有匪两股，头一股约千余人，服装不齐，后一股约三千余人，服装整齐，枪支齐全，由武山、陇西间之鸳鸯铺经祈家向桃花山、何家梦方向逃窜等语。

（2）据第八师派赴榜罗镇之侦察回报：据该地土民云，赵家垠子有匪部经过，数目番号不明。又有渭源著匪景牙娃之三弟率本地匪约二三百人，引导赤匪北窜等语。

（3）据陇西候团长二十九日通报：由鸳鸯铺北窜之匪，系赤匪原第三军团约二千余人，匪首彭德怀率领，于二十六日向榜罗镇、通渭方向逃窜等语。

（4）据本部探报，通渭之匪系伪三军团之一部兵力约二团，榜罗镇有匪约二千余，什川镇、虎岔有匪数百，三十里铺有匪骑兵出没，白家岔有匪数百，通渭附近碉堡均被匪占领，盘查极严等语。

基于上项情况，本部决向通渭进剿。当给各该师如下之电令：

（致陶师长、黄师长艳未参一电令）

（一）通渭方面匪情如迭电所示。

（二）本军以歼灭该匪之目的，应即向通渭进剿，遏其北窜。

（三）陶师除留一团在通安驿切实联络陇西驻军警戒我右翼外，主力应于明陷日分驻至华家巅、左家渠、拿子坪、贺家洼之线，东日进至马营、七麻镇之线，分向当面搜探匪情，协同黄师向通渭围剿。

（四）黄师除留一团协同友军担任静宁城防外，主力经张家小河、屯家堡进至蔡家镇附近，协同陶师堵截，遏匪北窜。

（五）进剿各部应组织侦探网，防匪主力抄袭后方，如匪受迫他窜，陶师以一部确实占领通渭城，主力应跟踪追剿截击。

（六）粉秣就地采购。搜剿情形随时飞报。

（七）余在定西。此令。

十月一日，我第八师主力进抵马营、牛英之线，二十四师主力进至蔡家镇，当日所得各方匪情综合如次：

（1）据八师报告：榜罗镇之匪已向东窜，义岗川尚无匪情等语。

（2）据二十四师报告：通渭东北三十里之吕阳镇有兵力不详之枪匪一部，什子川西南之马家湾发现匪千余，向马营方面行进等语。

（3）据飞机通报，通安驿西之树坡里发现匪千余等语。

是晚奉总座朱东酉及先午两电节开：

1．奉委座东辰侍参蓉电节开：查赤匪已入通渭凭城固守，刻我军不宜攻坚，应在其北方通静宁与会宁之各要口或在通渭与武山间之要道截击，使分两段，一面节节隐伏邀击，不得再令其向北进窜等因。希即切实遵照办理为要。等因。

2．马锡武部王子良团已由漳县经鸳鸯铺向榜罗、通渭之匪尾追，该团到达定、静间地区时，着归该军长指挥等因。

遵即分别转知并致陶、黄两师长东戌参一电令：

本军任务在遏匪北窜，应取机动监视姿势，蔡家镇、马营镇应控置机动部队，其主力应控置通静宁、会宁、定西道路各要口，相机截击，希侦察地形扼要部署具报为要。

致李副师长东戌电令：

1. 贵部到达蔡家镇取机动姿势。据土民云通渭知事在义岗川组织义勇队。着酌派部队至义岗川指导，并与陶师切取连络。

是晚通渭之匪与我二十四师接触，嗣后进剿各战役经过详情分述于后：

一、十月一日午后九时蔡家镇之役（附图）〔图略〕

据李副师长英详报：当我七十旅旅长彭戢光率部达蔡家镇时，以一四〇团团长梁铎率该团任第一线警戒任务，其第二营占领蔡家镇西南端，第一营占领李家沿一线高地，第三营位置于通吕阳镇大道左侧。除令各营构筑据点外，并由第一营派出第二连于李家沿南端占领阵地，对吕阳镇方向警戒，是日黄昏前配备完毕。迨本晚九时许，据骑探飞报称：探等到达吕阳镇时，被匪发觉并被匪跟追，刻已到达阵地前千米处等语。比即准备迎击，匪先头部队约百余名，均携手提机枪及驳壳枪向我第二连派出排哨猛扑，其大部同时逼进，混战肉搏，我排哨不能抗拒，匪复于我主阵地带与我第二连机一连之一部反复冲击，激战三小时，始被我击退。是役，计毙伪指挥温学文以下十余名，生擒二名，获手机枪弹一百五十发。我阵亡士兵四名，负伤士兵二名，损失步枪三支，消耗步枪弹二万一千七百发，手榴弹五十三颗及装具等。（如附表）〔表略〕

十月二日至三日各方匪情报告如次：

（一）据陶师长电话，派赴新店子游击队回报：通渭之匪于本（二）日午前六时全部向义岗川北窜等语。

（二）据义岗川保安队队长董念祖电话：匪约二千余，枪支齐全，于二日午前到达义岗川南五里之筱江铺请派兵驰援等语。

（三）据二十四师电报：派赴义岗川之游击队于申刻到抵蔡

家铺西北四十里铺之寺子镇附近与匪第一纵队人枪七八百（林彪所部）遭遇，相持两小时，因众寡悬殊，被迫退守宋段河，三日加派一四三团团长汤季楠率兵两营，向义岗川附近之匪腰击。申刻据报我蔡家镇阵地前及吕阳镇、通渭之匪，于本（三）日拂晓前悉数向北逃窜等语。

（四）据探报，义岗川之匪窜野拿沟，又据汤团俘匪称，伪一军团林彪所部现改为第一纵队。十月二日由什子川向东北逃窜，将经青家驿、界石铺等语。

基于上项情况，该匪于冬晚分两股逃窜，一经峡口、什子川，一经义岗川，其经路不外乎陇西川、周家水头、青家驿、界石铺等处。乃令第八师副师长兼二十二旅旅长向超中率四四、四五、四八三团，督同黄师汤团之二营，向义岗川觅匪夹击，遏匪北窜。陶师长峙岳率四六团团长李昭庵全团进至华家岭。曾旅长致远率四七团团长刘骏由马营向通渭搜剿，李副师长英率彭旅，一面扼要截剿，一面觅匪追剿。王骑兵团组织轻装骑兵侦探队，向界石铺东北地区堵截，飞令静宁许旅长选派一营驰向界石铺东端高地占领阵地，阻匪北窜。另以一部在静宁西南端卅里地区不断游击，如匪来犯，应用机敏动作系留，以待向、李两副师长率部夹击，一举歼灭。静宁城防应严密戒备。本部派参谋处邓科长绍禹率带电话兵数名，在华家岭设情报收集所。

二、十月四日午后四时许青家驿附近之役（附图）〔图略〕

据陶师长详报：当我第八师包旅追抵青家驿附近时，彭匪率残部三千余人正盘踞该处，并对我方警戒。比令四十四团团长史策率部沿贾家沟、固家峡高地。四五团团长徐傅授率部沿张家咀左侧高地，四八团团长刘振世及汤团之二营为预备队。至午后四时三十分开始向匪攻击，反复冲突，至午后八时三十分遂将该匪击溃，占领青家驿及其附近高地。是役，毙匪排长以下百余名，俘匪三十余名，获步枪七支，自来得手枪三支。我亦伤亡特务长二

员、士兵十二名，阵亡士兵六名，炸毁步枪三支，消耗弹药及损失如附表。〔表略〕

十月五日，据陶师长转向副师长：据俘匪供：昨日与我接触之匪系伪一、三军团现编十三大队，约六千余人，经我击溃后，纷经界石铺、高家堡向固原方面狂窜，职微辰跟踪追击等语。

又据曾旅在通渭俘获伪供给部长吴百民供称：朱、毛因意见不合，毛、彭、林、傅四匪首率原有之一、三军团，人枪三千余，改编为三纵队，由毛、彭、林率领北窜，企图沿徐海东路线窜陕北等语。又奉总座朱歌参战电：据飞机回报：本日上午九时单家集河西之段家沟山头有匪三千，正构筑简单工事。又平峰镇、陶家四岔、赵家脑一带发现匪部三百余，杨家坪一带庄内并无行人，似匪部已到达该处等语。希速派兵追剿为要。等因。

遵致陶、黄两师电令要旨：

（一）毛、彭股匪现已窜至小家川、杨家坪、马家川之线。

（二）本军奉令跟踪穷追，期至静宁、海源、固源间，协同友军歼灭该匪。

（三）我陶、黄两师追剿部队，应不失时机努力觅匪经路线分途截剿。

（四）陶师长着率曾旅（欠一团）于明日经向旅进路前进，指挥各部跟踪追剿，其四三团暂驻定西附近以固后防。

（五）定静间电报线着两师工兵营克日修复。

（六）余候部署就绪，即赴静宁。此令。

致李副师长电：

毛、彭饥疲匪众北窜，未予重挫，不胜愧恨。现奉令穷追，贵部刘团在静宁已休息数日，着飞饬振初挑选精壮官兵组织挺击队觅匪猛追，大队续进，必能一鼓荡平。

三、十月五日午前五时三十分静宁北下口显神庙之役（附图）〔图略〕

据李副师长详报，该匪于十月四日被我八师向旅在青家驿击溃后，我第一四四团派至界石铺迎击之第二营，因众寡悬殊，撤至显神庙右侧高山下流滩村之线，占领阵地，构筑工事，并派梁团附率第二、七两连协同驻宁新十一旅之一营，由静宁西门经北下口向燕家庙之匪袭击，至午前五时三十分，我显神庙右侧高地警戒部队即与北窜之匪接触，匪大部分向我第六连阵地攻击，一部约五六百向我第四连翼侧迂回。当以第五连迎击，反复冲击，激战五小时，至午前十时许，匪复以密集大部一面猛扑各连阵地，一面由翼侧迂回，向我左翼后方抄袭，该营因众寡悬殊，伤亡颇大。同时第六连阵地冲击更猛，该营长张振夏令各连节节抵抗，撤至八里铺附近占领阵地，匪跟追猛扑，乃协同担任北下口截击之第六、七两连，抗战至六日拂晓，第一四四团团长刘佐棠率一、三两营向北下口之匪夹击，匪死伤狼藉，乃向单家集方向逃窜，比跟匪尾追。是役，计毙匪二百余名。我阵亡官长二员，士兵二十五名，伤官长三员，士兵九名。损失步枪十一支，消耗步弹二万六千六百五十七发，机弹一万二千八百零六发，手榴弹三百三十八颗及损失工作器具等。（如附表）〔表略〕

十月六日，我第八师先头到达兴隆镇北之谢家东坡将匪之掩护部队截击，匪即狂窜。探悉匪分两股逃窜，一经将台堡向马莲川，一经十字路向张易堡逃窜。该旅继向将台堡搜剿前进，黄昏时与匪在张乃燕接触，我二十四师刘团尾追至马家咀，主力达到沙塘铺，三骑兵团进抵隆德城，探悉匪由单家集分两股，一向马连川，一向杨家河逃窜。

是晚电饬第八师向旅应向当面之匪跟踪猛剿，二十四师主力应向野鸡岘、马家后新庄及隆德沟方向截击，以期歼灭该匪，克奏肤功。

四、十月七日将台堡马莲川王家套子之役（附图）〔图略〕

据陶师长报告：我向旅先头之四十八团，于昨晚四时许向将台堡东侧高地之匪进击，该匪节节抵抗，匪占领张乃燕附近高山彻底对峙，至本日拂晓，以四八团任左翼，以四五团任右翼，向马连川、张易堡附近之匪攻击，以四四团为预备队，随右翼队跟进，匪仍顽强抵抗，激战二小时，匪仓皇东窜，我四五团尾匪追击，匪又节节顽抗，至午后四时，追至张易堡东端王家套子附近，同时我王骑兵团及许旅之一四三团将王家套子之匪截为两段，一股窜六盘山，一股窜骆驼巷方向逃窜。

据李副师长虞申电称：本师遵令迂回截击，本午经隆德到达野鸡岘、马家后新庄及隆德沟之线。同时据王骑团报称：匪大股已到张易堡、王家套子附近。比饬许旅急进至王家套子附近占领阵地，彭旅续进，未刻协同王骑团将匪截为两段，一窜六盘山，一股向香炉山北窜，沿途死毙枕藉，极为狼狈。请飞电固原驻军向西北堵剿，此股不难歼灭也等语。除电呈层峰飞饬友军堵剿，飞电陶师长督率所部跟踪分途猛追外，并致李副师长虞亥参电，仍须督饬官兵拚命追剿，务获歼灭。是役，综合毙匪连长以下百余名，俘虏四十余名，夺获步马枪共十九支。我亦阵亡士兵三名，阵伤士兵十名，我王骑团伤官长一员，兵一名，消耗损失如附表。〔表略〕

是日本部率特务营之一部赶到静宁，第四三团饬分驻通安驿、定西、华家岭之线。

十月八日，据报匪迭经我军截剿，损失甚巨，沿途逃散者极多，残匪一由王家套子向青石咀，一由海子峡绕开城向古城镇方向逃窜等语。比飞饬八师向旅及二十四师与王骑兵团仍继续跟追，并电呈总司令朱饬各县派团队清乡，收容残匪，以免遗害地方。

十月九日，我八师主力到达古城、打石沟附近，我二十四师主力及王骑团到达白杨城、成子杨家之线。探悉匪昨（八）日由白杨城分为两段，一向草店子，一向顺源窜去，惟其主力究窜何方，尚待侦察，且沿途居民逃避一空，给养更形困难，因情况不明，通讯连络均感不易，乃饬王骑团多派骑探分途侦察匪之主力及逃窜方向，该匪自经本军跟踪穷追，节节截击，狼狈万分。为求不失时机，乘其喘息未定达到歼灭的目的计，遂令各部编为三路追击队。其电令如次：

致陶师长向李副师长电：

（一）毛、彭股匪齐晚到白杨城后即分两股，一向正东，一向东北狂窜。

（二）本军以协同友军跟匪穷追，俾达到残灭之目的部署如次。

（三）向副师长超中为左翼追击队指挥官，曾旅长致远为中央追击队指挥官，李副师长英为右翼追击队指挥官，均受陶师长峙岳指挥。按匪窜路协同穷追，门骑兵师由陶师长商定路线切取连络。

（四）粮食及通讯方法由各部队自行决定。

（五）余向移平凉。此令。

注意：（1）应严密布置侦探网，广探匪情。（2）谷口隘路，防匪埋伏。(3)掌握部队防匪回窜。(4)切实联络，协同一致。

十月十日，我八师主力抵白杨城，探悉匪全部向马庙、孟家原方向逃窜，该师仍继续向白马庙、孟家原方向尾追，第二十四师主力达到孟家庄、金家原之线。当奉总司令朱转奉委座、副座青戌电节开：三十七军应不失匪踪分途追击，使匪无喘息之余地等因。遵即飞饬各部穷匪所至，跟踪追剿。

十月十一日，据王骑团报告：匪大部经马渠镇已到三岔，尚徘徊于马渠镇、三岔之间等语。比令王团仍向马渠、三岔严密搜索。飞令李副师长率许、彭两旅兼程截剿，该师达到马渠镇南十五里处，接王团报称：匪于千白杨城分途窜后至三岔合股，昨晚确在三岔宿营。又据探报，匪一股约一千余，由三岔回窜马渠镇企图不明，我侦探队已在与匪接触等语。

五、十月十一日午前十一时马渠镇、三岔河之役（附图）

〔图略〕

据李副师长英详报，当我王骑兵团进至马渠镇南端与匪接触，匪凭险固守。飞饬许旅汤团急进，并令该团第一营攻占王团左翼小高地，同时派第三营以一连占领左侧高地掩护，其余各连向匪阵突击，以第二营协同骑团一部向正面之匪攻击。激战二小时，匪虽伤亡迭出，而我亦伤亡连长以下十余员名，始将第一线阵地突破，适匪援队增加，仍退第二线阵地顽抗，火力益猛。飞令刘团之一部向匪左翼包围，同时我八师向副师长所部亦到马渠镇附近，拟以有力部队由我右翼经石佛原出三岔截匪归路，比令汤团猛烈向匪压迫，冲锋肉搏，以期歼灭于马渠镇、三岔河之间。乃该匪凭地势险隘与炽盛火力，拚命顽抗，我官兵亦均奋不顾身，前仆后继，经激战四小时之久，始将匪第二线阵地占领，匪仍退据第三线阵地顽抗。乃令汤团由正面佯攻，另以刘团之一部抄袭匪阵，冲锋肉搏，战况极形惨苦，至午后十一时始被我突破，纷向三岔溃窜，仍令汤团跟踪猛追。惟因昏夜穷追，致失匪踪，追至三岔附近时，匪全部已向毛家川方向逃窜矣。时官兵饥疲已极，幸获匪方宰杀残余牛羊充饥度日，我向副师长所部亦于十二日午前三时许到达三岔。是役，计毙匪三百余名，生擒二十名余，夺获步枪三十余支，我伤亡连长以下官兵三十余员名，消耗弹药如附表。〔表略〕

十月十二日，据报由三岔溃窜之匪，经白家台子、殷家城、刘家梁向环县北窜。我第八师于本日申刻追至大石头滩附近，我二十四师仍沿匪窜路尾匪追击，于本晚进至殷家城、白家新庄、汤家店子之线，仍令各部协同穷追。

致陶师长向李副师长文戌电：

匪由大石头滩、殷家城向北逃窜，似分两路，我追击队应不失匪踪协同追歼，兵贵神速，对狡诈之匪尤贵机动，盼协商逐日连络方法，俾收分进合击之效，所得情况每日酉刻电呈免失时机。

十二月十三日，据报匪后尾部队于昨（十二）晚经胡家台子至地交掌、杨家、杨窳宿营，本晨向毛家川窜去等语。又据报匪迭经重挫，沿途饿毙冻毙者多，其桀悍者日夜不停，经殷家城、上杨家、棠党家洼、蔡家坡、胡家台向环县东南曲子镇西北地区逃窜等语。我八师由左追击至万安监，至晚到达胡家坡附近宿营。我二十四师取右侧小径向匪侧击至晚到达胡家台子附近露营。当日奉副座张文酉电，已严饬何军马师于庆阳、环县间扼要堵截，并令以精锐部队向西觅匪迎击，仍希督部努力追剿等因。又奉副座张蒸参平电令：（一）着骑兵军何军长率骑兵第三师向毛、彭股匪寻踪迎头痛击，务期在悦乐镇、洪德城以西全数歼灭，毋纵其通过此线，以期各追击部队会而歼灭之。骑兵第七师迅即穷追毛、彭股匪，务于悦乐镇、洪德城之线（线上含）以西歼灭该匪。尔后骑兵军即停止该线上待命。（二）第二十五师、第五十七军、第百零九师协力寻踪追剿毛、彭股匪，务歼灭于庆阳、环县以西之线（线上含），尔后在该线上停止待命。（三）第三十七军仍竭力穷追夹击聚歼之后，尔后停止庆阳、环县之线待命。（四）百零九师尔后归董军长指挥。（五）各军不分畛域不顾一切速将毛、彭歼灭，毋使其与陕北匪合股为要等因。遵即转饬各部遵令跟踪追剿。

十月十四日，基于上项电令，仍饬各师继续跟踪向庆阳、环县之线追击，我二十四师于本申到达连城村及其东南之线，我第八师因前面拥挤，又无平行道路，乃随二十四师跟进。

十月十五日，匪大部由毛家川经胡家洞折向东经玄成沟向河莲湾东窜，我第八师本日进至胡家湾、二十里铺。我二十四师本日进至缪家庄、新集子之线（距河莲湾四十里距洪德城六十里），据由河莲湾逃回土民称：匪于昨（十四）晚窜抵河莲湾附近，与我守备河莲湾之马师部队接触等语。比令王骑兵团向河莲湾弛进，并限本日到达，协同友军系留该匪于河莲湾、洪德城之线，以待我步兵到达一举而聚歼之，并令二十四师沿王团进路向河莲湾急进。至午后三时三十分，据王团后一时二十分于许渠里报称：本团于本月午前十一时到达河莲湾，同时我三十五师之一团，骑兵六师之一团亦均由环县开到，故本团进至许渠里，匪主力于昨（十四）午后窜抵河莲湾与我三十五师守备碉堡之步兵一营接触，是晚围攻碉堡不逞，遂以一小部钳制守碉部队，大部从容通过，本团到达时，仅与匪尾掩护队接触，毙匪十余名，获枪二十余支，俘匪三十余名。且匪被我穷追，极形狼狈，沿途散匪甚多，匪大部已通过洪德城东北地区，寻觅匪踪。该师各部队到达缪家庄、新集子之线清剿散匪。（距河莲湾二十里）

十月十六日，匪全部于昨（十五）晨经洪德城向东北逃窜。我第八师本晚进至环北二十里铺，我二十四师师部及许旅本晚达到河莲湾，彭旅长率一三九团团长虢清涛达到洪德城，王骑团本日进至条沟。当接马旅通报，匪过洪德城后东折向老爷山方向窜去，似已与陕北徐、刘两股会合等语。我各师连日追剿，沿途经匪洗劫，居民逃避一空，给养采购无从，日行数十百里不得一饱。且时届严寒，棉服已追发不及，饿寒交迫，疲敝已极，因而卧倒路旁及落伍者沿途皆是。运输卫生诸设备尤不完备，而残余赤匪已越甘境而达陕北。曾将官兵疲困异常实情电请层峰指示尔后进止，旋奉总座朱筱戌电：三十七军暂在现地整理，听候转电行营示遵等因。当即分别转饬在现地停止待命。

十月十九日，本部除八师四三团分驻定静间维护交通外，军部及特务营进驻平凉。

十月二十日，奉副座张皓行陕参二电开：毛军此次尾匪穷追，昼夜无间，奋斗精神至为嘉慰。官兵疲苦情形，无时不在轸念。匪既东窜入陕，自当另有部署，希转饬所部，暂在现地停止，整理待命。并将驻地详报等因。遵即转饬各部就近侦察给养便利地点整理待命。

十月二十二日，奉委副座号午行陕参一电节开：查毛、彭股匪经我各部队连日痛剿，已属势蹙力疲，经黑城岔附近向东北逃窜，冀与徐、刘股匪合股，图最后之挣扎。为期围剿该匪遂一网打尽计，决向黄河两岸地区压迫合围而聚歼之。兹命令如下：（节录第六第十三）

（六）第三十七军居于环县（不含）、洪德城、黑城岔（含）之线，保持重心于左翼。

（十三）以上推进围剿各部队，务须与左右友军妥为连络，认真筑碉防匪回窜，肃清散匪开通道路，准备尔后之进剿。仰饬属凛遵，并将遵办情形迅即具报为要。等因。奉此。本军追剿任务至此告一段落，并令各部分段构筑碉路，一以防匪回窜，一以备尔后之进剿，并督率后方人员追送棉衣服装具积极补充整理。

（乙）经追剿后股匪实力及追剿经过之教训〔略〕

〔国民党政府军事机关档案〕

9. 国民党"剿匪军第二路军"薛岳部与红四方面军在四川荥经附近各役战斗详报

（1935年11—12月）

剿匪军第二路军荥经附近各战役战斗详报

第一　战斗前匪我形势之概要

本路军于十一月二十七日，奉令经洪雅取捷径向荥经、汉源一带兜剿，堵匪南窜。当即令第一、第二两纵队分由新津、成都出发，向洪雅母店、丹棱地区集中，十二月四日，先后集中完毕。此时匪我态势如附图第一〔图略〕

第二　战斗中之天候气象及战斗地之状态

一、天候　十二月八日晴明，九、十、十一、十二四日阴雨，十三日雨雪，十四日阴晴。

二、气象日出——上午六时四十分，日 没——下 午 五时。

雨雪连绵，高山云雾弥漫，夜色暗淡，运动极感困难。

三、战斗地之状态

重山峻岭，道路崎岖，较高之山积雪盈尺。且因 雨 雪 之故，遍地泥泞，行动殊为困难。悬崖峭壁，森林丛错，连络尤属不便。人烟稀少，粮食缺乏，给养采办，弹药补充，更欠圆滑也。

第三　匪之兵力部队号及匪首姓名

与我对战之匪，人枪约八千，系第四军全部及第三十军之大部。伪第四军军长王宏坤，副军长刘世谟，辖第十、十一、十二三师，第十师师长蔡远熙，第十一师师长陈圩道，伪第卅军军长陈世才，副军长熊浩发，辖第八十八、八十九两师。

第四　战斗前之部署

进剿方针

十二月五日上午十时，策定进剿方针如次：

本路军以进剿荥经、汉源方面南窜之匪之目的，决于明(六)日分两纵队向荥经前进。其第一步前进目标为孔坪——沙坪——大河边——炳灵祠之线，尔后依情况向观音铺——福星场——马耳山之线前进。预定决战时为十二月十二日，保持重点于第二纵队方面，将匪压迫于荥经附近地区而歼灭之。

理由

一、本路军之任务，在截击匪之南窜，汉源方面之匪，据报其一部已向富林窜扰。荥经附近之匪，其企图尚不十分明瞭。前进至羊子岭匪之一部，或系掩护其主力之南窜。本路军为达成任务计，故决保持重点于第二纵队方面，以便将来兵力之 转 用 容易。

二、由洪雅至荥经，计五日行程，然以交通不 便，连 络 困难。当面之匪，究将出于何种行运，亦难判定。故决选孔坪——沙坪——大河边——炳灵祠之线，为第一步前进目标，统制尔后之作战。

同日下午二时三十分，下达如次之训令。

训　令　十二月五日下午二时三十分
于洪雅第二路军前敌总指挥部

十二月五日下午二时三十分下达之训令：

一、徐匪主力在五家口——中里场——蒙顶山之线，与川军相持。门炊山、白子庙、青江堰、草坝场地区均有匪潜伏。荥经附近有匪约七千，其一部千余，于昨（四）日东窜羊子岭、大河边一带，大河边现有匪百余，平溪有匪一连。草鞋坪方面有匪四千余，与刘部对峙中。

刘湘部约五十团，于五家口——中里坊——蒙顶山之线，连日来与当面之匪激战，颇有进展。陈兰亭部守备丹稜、马鬃岭、车岭镇、张场一带。

廿军主力现控置于洪雅城，其一部守备中山坪——合江场——水口场——竹箐坝各要点。廿四军七团守雅安，五团守汉源。

李家钰部兵力两旅，现正由峨眉以南，向大渡河急进中。

二、本路军以进剿荥经、汉源方面南窜之匪之目的，决于明（六）分两纵队向荥经前进，其第一步前进目标为孔坪——沙坪——大河边、炳灵祠之线，尔后依情况向观音铺——福星场——马耳山之线前进，保持重点于第二纵队方面，将匪压迫于荥阳附近地区而歼灭之。

三、各部行动及任务如次：

1.第一纵队本月六日前进至观音场，七日严桥、李坝，八日孔坪、沙坪各附近地区，并派一部建碉守备孔坪，向大石板、黄滩方面侦察匪情，并与雅安友军确取连络。

前进时须派出先遣队，占领要点，严密搜索。

2.第二纵队本月七日前进至两河口，晏场，八日大河边、望鱼石各附近地区，并即派出左侧支队，经高庙、张村至炳灵祠，建碉守备关帝庙、炳灵祠附近要点及派出游击队于沙湾方向。

3.总部率九十二师，本月七日前进至柳江，八日两河口。

4.六十一师本月八日到达洪雅，九日前进至柳江待命。

5.第四十一军到达洪雅后，即以一旅守备止戈街，两旅守备雅河（徐咀、吴村坝、水津关、大兴场、周公水之线）南岸各要点，两旅守备柳江、高庙、关帝庙、炳灵祠各要点，其余控置于观音场、柳江之线，为总预备队。

各守备队到达目的地后，务即建碉固守，并须以先遣部队任雅河南岸之守备，草坝场发现匪踪，特别注意。

四、第一、二纵队作战地境如次：

老君顶——任岗——△一三六〇——高粮溪——△二一八〇福星场之线，线上属第二纵队。

五、给养由各部自行采办。

六、第一、第二纵队各师野战病院，着在观音场。柳江开设，四十一军野战病院于洪雅开设。

七、通信以有线电话为主，须利用乡村电话线及电报线，通话务用暗号，以防泄漏秘密。各部队于停止间，须尽可能用无线电切取连络，陆、空之连络及口令信号识别旗帜等，均照行营规定实施。

八、余随总指挥部前进。

总指挥薛　岳

下达法，印刷派传令送达。

各部遵令开始行动。至十二月八日，我第一、第二两纵队之游击队，将孔坪——沙坪——大河边之匪驱逐，而确实占领该线。第九十二师，本日推进至晏场，第六十一师进至止戈街，第四十一军各旅正向止戈街及雅河南岸各要点，与柳江、天帝庙、炳灵祠各地配备防务中。

委座庚酉行声仁电。总指挥部由花溪进至两河口时，接奉委座庚酉行声仁电开：匪正续向南窜，决定处置如下：

一、刘总司令应速遣主力进出名山、雅安追击。

二、薛路速向荥经兜剿。

三、孙总指挥所部着迅速集结洪雅，俟匪主力窜向明瞭，再定使用方向。

四、李家钰部着兼程赶赴大渡河，巩固河防。

五、刘总指挥在雅安部队，应仿照罗卓英前年赣州被围时之掘洞出击，夜间袭击。

六、李韫珩部抽出一部向东游击。

遵即基于任务及当面情况，下达如次之电令：

我军以进击观音铺、福星场线之匪之目的，决定占领禄皇山、马安山、羊子岭、九龙山之线，为后（十）日开始攻击之准备。其部署如次：

十二月八日策定之攻击部署：

一、第一纵队明（九）日应占领禄皇山、马安山之线，择要构筑据点，派出先遣队向观音铺施行威力侦察，并酌派一部于孔坪、沙坪协同团队建碉固守。

二、第二纵队明（九）日应占领羊子岭、九龙山之线，择要构筑据点，并向福星场派出先遣队，施行威力侦察，并酌留一部于炳灵祠，协同团队建碉固守。

三、第九十二师（欠五五二团）明（九）日以一部进至大河边，以主力位置于望鱼石建碉，并为预备队。

四、余率五五二团，明（九）日进至晏场。

附记：已电飞机队明（九）日正午协攻禄皇山、羊子岭之岭之匪，各部须注意陆、空之联络。

第五 战斗经过及决战时之景况

十二月九日战斗经过

第一纵队方面

十二月九日，我第一纵队主力在孔坪渡河，当即派第九十师（欠五三七团）占领天台山、鹿子山阵地，施行掩护，以五三七团取小径向四居坪前进，该团于下午三时许，进至白果坪附近，即与匪接触，匪据险抗战，迄午后四时半，始将白果坪占领。是日纵队主力集结于沙坪、孔坪、李坝地区，准于明（十）日向四居坪攻击前进。

第二纵队方面

第二纵队本日由望鱼石、大河边出发，经南岗向油篓岩、陡坎子之匪攻击前进，上午八时许，其第五师先遣队到达芭蕉湾附近，发现油篓岩有匪约一营，即向其猛烈攻击，匪凭险顽抗，进展不易，乃加派该师第二十七团经公安抄袭羊子岭之侧背。下午四时，该团至青银岗、尖峰岭一带后，仍及路小坡急，不克前进。该师乃占领原阵地彻夜，并增兵一营进至公安附近，策应第二十七团之作战。

我第九十二师（欠五五二团）本日进至望鱼石，六十一师进至柳江。

总指挥部于上午九时进至晏场。（本日战斗经过如附图第二）〔图略〕

关于翌日作战指导要领之策定

上午十二时策定明（十）日作战之指导要领，当即电令各部如次：

一、明（十）日攻击观音铺、福星场线之匪之指导要领。

1. 第一纵队主力可用在左翼吉子岗方向，与第二纵队右翼切取连络。

2. 第二纵队主力可用在右翼福星场方向，与第一纵队左翼切取连络。

第九十二师及迫击炮营之配属

3. 第九十二师及税警团、迫击炮营，均归周司令官指挥。第九十二师应占领马耳山，派一部大拐上佯攻，并对九龙溪、瓦山方向严密警戒，主力为第二纵队之预备队。

二、攻击部署由吴、周两司令官按当面匪情、地形精密备置，互相电知。攻击开始时间，以十日上午九时为准。

三、第九十二师五五二团及迫击炮营，明（十）日午前六时向羊子岭推进。

四、余明（十）日向望鱼石前进。

给航空队之通报

下午八时给空军指挥官张有谷之电如次：

一、我军准明（十）日上午九时，向观音铺、福星场之匪攻击前进，因兵力关系，左翼九龙溪、瓦山方向之配备颇为薄弱，顾虑极大。

二、贵队明（十）日上午九时前派机协攻，并侦察新添站、茶经、大拐上、九龙溪、瓦山一带，对九龙溪、瓦山方面尤须尽力侦炸，为我左翼之掩护。

十二月十日晨，据报观音铺、福星场一带匪之碉堡又加强增固，并施掩蔽。当即电令各部如次：

一、阵地战宜集中机枪迫击炮火力，击破一点。

二、山炮战宜活用小部队，节省兵力。

三、马鞍山、羊子岭须构筑据点，前进时留一小部守备。

四、占领观音铺、吉子岗、福星场后，须迅速构成碉楼据点。

五、须严督各部振奋攻击精神，切忌行动迟滞，俾匪有充分准备时间。

十二月十日之战斗经过

第一纵队方面

本晨第一纵队以第五十九师三四九团向禄皇山、第九十师五三七团向四居坪之匪攻击，另派第九十师五四零团由炭山直攻马鞍山，以抄四居坪之背，主力即由李坝、孔坪、沙坪向四居坪前进。我五三七团进至四居坪附近时，匪凭险顽抗，该团攀登崖岸瞰射之，匪不支，即向马鞍山溃窜。第五四〇团尾匪追击，乘势占领马鞍山。我三四九团亦将禄皇山、莱家山一带确实占领，当晚纵队主力即集结于四居坪附近。

第二纵队方面

第二纵队以第五师附九十六师五七六团，仍向油篓岩之匪继续猛攻。午后三时，在油篓岩抗战之匪，经我第二十七团之猛攻，及二十七团之一营攀登左右高山，复由悬崖垂下，抄匪侧背。同时我五七六团亦由鄢溪沟向平溪附近抄击，匪乃不支，向羊子岭逃窜。当将平溪占领，派队向陡坎子、羊子岭追击，第九十六师主力仍集结大河边附近策应，第九十二师仍集结于望鱼石。

总指挥部及第六十一师，本日仍在晏场。（本日战斗经过如附图第二）〔图略〕

十二月十一日战斗经过

第一纵队方面

第一纵队以五十九师三四九团，展开于九龙岗一带高地，对观音铺之匪准备攻击，第九十师五三五团为前卫，经刘家沟、马鞍山、周家咀续向鱼石堰搜剿前进，余为本部跟进。下午一时许，前卫到达樊山岗时，匪踞周家咀、鱼石堰一带碉堡，阻我前进。当即向匪猛攻，至下午四时许，匪受重创，纷纷溃退，该团遂确实将樊山岗高地及其附近碉楼占领。

第二纵队方面

第二纵队本晨续向当面之匪攻击前进，以第五师任正面，由平溪向陡坎子、羊子岭攻击前进。第九十六师五七六团由平溪向羊子岭南端攻击前进，并以迫击炮营在平溪附近进入阵地，掩护步兵之前进。第五七六团于上午九时进至土地垭附近时，遇匪五六百名凭工顽抗，当即猛烈攻击前进，反复肉搏，战至薄暮，卒将该匪击溃，乘势占领土地垭高地，我第五师攻击陡坎子无进展，改在原地停止，待机进攻。

第九十二师进至大河边。总指挥部率第六十一师进至望鱼石。（本日战斗经过如附图第二）〔图略〕

综合匪情：

一、天芦之匪约三千，续经始阳向新添站、荥经窜扰。

二、汉源街附近集匪甚众。

三、匪约二团窜抵富林，其一部向马料进窜。

匪情判断：

匪为使其主力南窜之安全，其第四军及第卅军，必固守观音铺、羊子岭一带阵地，以期确实掩护。

本军情势：

几日来我第二纵队攻击陡坎子一带阵地，匪坚工固守，凭险顽抗。我官兵虽奋勇猛攻，终难进展。而第一纵队方面，则捷报迭传，节节胜利，即决变更部署，转用主力于右翼。下午十一时电令各部如次：

主力之转用

一、第一纵队除以一部于周家咀、鱼石堰迅速构筑据点；一部任恢复雅安、观音铺交通外，主力即偏向吉子岗前进，与第二纵队协力，围攻荥经。

二、第二纵队加强工事，确实固守现阵地，待机攻占羊子岭，对九龙山、瓦山、牛心山、章山一带派队游击。

三、第九十二师及迫击炮营着归吴司令官指挥，限于明(十)日向马鞍山前进。

四、第六十一师以一团进至关帝庙、炳灵祠，主力仍集结望鱼石建碉待命。

五、孙震部推进至孔坪、沙坪、大河边、关帝庙之线，接替后方各要点之守备。

十二月十二日，总指挥部进至沙坪时接奉委座文戌电。

委座文戌电开：

一、据俘匪供称：最近徐匪有以陈昌浩率七个团由名雅间向东突窜之企图。

二、我军以迅速恢复名、雅、荥、汉间交通堵匪南窜之目的，部署如下：

1. 薛路附孙部先头之六团，应即推破当前之匪，迅速占领荥经，截击该匪南窜。

2. 杨森部应迅速抽精锐四个团，集结于中山坪附近，孙震部除先头六团随薛路进展仍就近归薛岳指挥外，其余部队归孙总指挥率领，集结洪雅附近，归刘总司令指挥，并抽出邛名方面主力部队，迅速向名雅间进展，恢复名雅交通，并连系薛路并力截击，堵匪南窜。

3. 杨总指挥部所部，除抽出四团外，其余仍集结洪雅附近，巩固城防，并速整编。

十二月十二日战斗经过

第一纵队保持重点于右翼，以第五十九师（欠三五四团）对马皇岗之匪攻击，第九十师（欠五三七团）对吉子岗、茅草岗之匪攻击。五三七团为预备队，位置于刘家沟附近。

第二纵队方面，除以一部与匪接触外，主力移至大河边附近，集结建碉待命。

本日战况无大进展，迄至黄昏仍与匪在原阵地对峙中（本日

战斗经过加附图第三）〔图略〕

十二月十三日上午二时下达电令如次。

我军拟占领观音铺后，即以主力向吉子岗攻击，同时迂回羊子岭、侯吉子岗，羊子岭确实占领后，再向福星场、茨经攻击前进，其部署如次：

十二月十三日之攻击部署

一、第一纵队迅速攻占观音铺、鱼石堰，即在该线构成据点，并速以主力偏向吉子岗，相机南进。

二、第二纵队附第六十一师，以一师（欠一团）固守原阵地，另以一师及一团迅速集结，预行详察路线，候令向吉子岗攻击。

第六十一师主力应控置于大河边，并以一部守备炳灵祠、关帝庙、雷洞、沙湾、李湾各要点。

三、总指挥部位置于沙坪。

十二月十三日战斗经过

决战时之景况

本晨第一纵队以五九师（欠三五四团）配属九二师五五二团向马皇岗、观音铺，以九十师向吉子岗、茅草岗之线继续攻击，以第九十二师（欠五五二团）为预备队，位置于刘家沟附近。上午九时许，开始攻击前进，我官兵冒雪猛攻，奋勇异常，匪凭堡持险，顽强抗战，肉搏数十次，激战至下午四时，我第九十师确实占领二曹坪碉楼及黄瓜坪一带匪阵地，第五九师亦占领观音铺、马皇岗一带。傍晚匪突增加约十一师全部，向我五十九师猛烈反攻，我军忠勇奋发，沉着应战，虽血花四溅，尸横遍野，仍不顾一切前仆后继，与匪肉搏苦战终宵，卒将该匪全部击溃，狼狈向西溃窜。（本日战斗经过如附图第二）〔图略〕

十二月十四日战斗经过

十二月十四日，我第一纵队除以五十九师固守马皇岗、观音铺一带原阵地，并搜剿附近残匪外，第九十师主力即由黄瓜坪向吉子岗匪右翼阵地攻击，以一部沿横地头向吉子岗正面攻击，激战六小时，将匪击溃，确实占领吉子岗，同时命该师即编组追击队向荥经跟追，至下午八时，即将福星场克复。

第九十二师奉令向新添站方面追击，以五四七团向观音铺以西之花锹杠高地匪阵地攻击，另以有力之游击支队经普惠寺至飞龙关击匪侧背。下午四时确实占领花锹杠、侠口岩、飞龙关一带。（本日战斗经过如附图第三）〔图略〕

第六　战斗结果　〔略〕

第七　战斗后匪我之阵地及行动——如附图第四〔图略〕

第八　各人各队之功勋　〔略〕

第九　战后之所见　〔略〕

〔国民党政府军事机关档案〕

10. 国民党重庆行营关于反共军事报告书

（1935年11月—1936年7月）

一、纲要

自二十四年十一月一日行营设于重庆起，至本年七月底止，关于剿匪军事工作可分五部分：一、剿办朱、徐经过；二、剿办肖、贺经过；三、对两股匪会合之剿办经过；四、绥靖经过；五　运输交通卫生。兹分述其概况，并殿叙国防大要于下：

二、剿办朱徐之概况

二十四年六月中旬，朱毛与徐向前股合于宝兴一带后，各匪意见纷歧，旋起内讧。至九月初，毛匪泽东率伪一、三两军团窜甘入陕，朱匪德率其一部仍留川西草地，与徐匪合编为伪4 A、5 A、9 A、30A、31 A、32 A、33 A等七军，人约二万余，枪约一万四千余支，朱匪任伪西北军区总司令，徐匪副之，于十月初由抚边以北地区南犯，企图向东向南发展。我20 A杨森部及24

A刘文辉部，适当其冲。因交通补给应援困难，以致堵剿失利。截至十月底止，抚边、绥靖、崇化、懋功、丹巴五县相继失陷。当时我16 A李韫珩部守康定、泸定，诺那宣慰使在康北各县组训民兵，60 D陈沛部守松潘。其南沼、泯江经理番至宝兴之线，及芦山、天全、雅安、荥经、汉源各点，则由104 D李家钰部。45 A邓锡侯部及刘文辉部分别防守。为增厚兵力，挽回战局起见，遂令刘总司令湘调二十七个团，由绵竹、广汉西开，分集邛崃、名山、天全、雅安等处策应，相机出击。此行营设立以前，匪我之形势也。

迨十一月一日至二十三日，宝兴、芦山、天全、荥经四县又被匪陷，当时情况异常严重。为防匪东窜或南窜，并迫其复返天芦以北地区之目的，于一日规定部署如次：

（一）刘总司令督饬21 A唐式遵、23 A潘文华、41 A王瓒绪各以一部固守名山以北阵地，抽出兵力进出名、雅，寻匪进攻。

（二）41 A孙震部只留三个团于绵阳、江油、安县，其余十六个团悉开新津转进洪雅、沼雅河布防，主力控制于观音场。

（三）20 A杨森部守洪雅，并布防于名山、草坝场之线。

（四）24 A刘文辉部死守雅安、汉源两点。

（五）104 D李家钰部开大渡河布防。

（六）4 A吴奇纬部、36 A周浑元部及61 D杨步飞部归入第二路序列，归薛岳率领由川北经新都、新津、蒲江、洪雅取捷径向荥经、汉源一带堵截。

（七）派别动队两中队赴西昌、会理等八县，办理组训民众，构筑碉堡及坚壁清野事宜。

由是我21 A、23 A、44 A各一部与伪4 A、9 A、30 A、31 A主力于十一月十九日在名山、百丈、鹤林场一带决战竟日，我伤亡营长以下官长一百余员，士兵二千余名，匪之伤亡尤多，其东窜企图因此打销。至十二月八日，我第二路在雅安以南孔坪、望鱼石之线又与伪4 A接战获胜，于十三日占领观音铺要点，夺获枪械亦多。而伪4 A在徐匪部中为战斗力最强者，受此重创，遂残破不整，几至完全消灭矣。

荥经克复，至本年二月初，雅河以北伪9 A、31A在大川场、高兴场、五家口、蒙顶山、白芷庙之线，与我45A、44A、21A、41A各一部，依上列顺序在水口场、夹门关、名山、清江堰之线对峙。雅河以南我24A及第二路在雅安、紫石里、窗子坝、牛路沟之线，与伪4 A、30A、32A在飞仙关、新场、仙峰山之线对峙，其伪5 A已向东边进窜。在此时期，为谋整顿各军，一鼓歼匪计，乃令我军一面坚固阵地，一面积极整训。俟准备完妥后，即由刘总司令抽出有力部队，自名山进占蒙顶山，直取芦山。薛总指挥岳预派一部控置观音铺以北地区，与刘部同时进攻，直取天全，以期达成追匪复返天芦以北地区之目的。惟薛部侦悉匪情，时机已熟，乃于二月十一日先期试攻，当将新场、仙峰山一带占领。遂牵引孙震、刘文辉、潘文华各部齐向当面之匪进击，亦均获胜。薛部更于十五日占领始阳、飞仙关，并克复天全，十七日协同唐部克复芦山。此次各役，薛部俘匪一千余名，获枪八百余支，其他各军俘获亦夥，匪军因而完全动摇，向宝兴方面节节溃退，因狼狈不堪，将枪械抛入灵关河中。经我地民众捞获者计千有余支，而宝兴及东西两河团队复沿途截获千余支，由此匪更日趋穷蹙矣。

当匪向宝兴溃退时，除将岷江、涪江、嘉陵江及川陕公路等重要碉线，分段责成驻军及地方政府培修，并派员分途督察指导，以防万一外，又规定部署如次：

（一）邓锡侯抽派一部，由大川场出盐井坪截击。

（二）唐式遵抽派一部，尾匪追击。

（三）刘文辉抽兵四团推进金汤，余部防守雅安、维护雅、荥、汉间交通。

（四）孙震部以四团分驻江油、平武，两团分驻安县、北川，一团驻绵阳，其余以六团驻松潘，六团担任松潘、叠溪间沿岷江布防，叠溪不含，至灌县防务，由刘总司令分段派队负责。

（五）其他各部均在原地停止待命。

由是唐式遵派饶国华、邓锡侯派杨宗礼旅担任追剿，二月二十三日饶师克复宝兴，旋又占领盐井坪。至三月中旬又先后占领硗碛达维，旋于二十六日克复懋功。杨旅亦于三月中旬占领巴郎山、日陆关两要点，而地方民团更乘机收复抚边，至是匪之大部均向康边逃窜，其在川境者除绥靖、崇化留有一部外，抚边、懋功及康属金汤之线以东渐无匪踪矣。

康属丹巴于二月初已被伪5 A窜踞，迨其大部窜来，于二月二十八日乘虚进陷道孚，三月七日陷鈩霍，卅日陷甘孜，四月四日陷瞻化，诺那宣慰使以身殉焉。缘诺那在康北组训民兵，办理坚壁清野工作，颇收成效。匪初入康境，不独野无所掠，且到处受民兵攻击，损失甚大。惟时间短促，既未达到确实掌握，又属众寡悬殊，故无法阻止匪部，加以民兵一部内变，终至不免身殉，诚堪痛惜。

三、剿办肖贺之概况

肖匪克率伪第六军团，辖四、五、六三师；贺匪龙率伪第二军团，辖十六、十七、十八三师，共约三万余人，枪一万余支。原盘踞湘西龙山、桑植一带。因我于宜昌设置行辕后，指挥大军积极围剿，遂于二十四年十一月中旬，乘我封锁线将成之时，为苟延残喘计，除留伪十八师在匪区终经我徐源泉部解决外，其大部突围逃窜，当经行辕令刘总指挥建绪率樊崧甫纵队辖28 D、79 D，郭汝栋纵队辖26 D、独立34 B，李觉纵队辖16 D、19 D追剿，该匪南至麻阳、芷江被我军堵击，转向西窜。于本年一月窜黔境，当时因追剿各部距匪过远，难以追及，而黔中防堵兵力又单薄，不敷分配，以致玉屏于四日首告失陷。行营为堵匪西窜计，于六日规定部署如次：

（一）郝梦龄指挥47 D、54 D、60 D及新 8 D为第一纵队，责成新8 D固守铜仁、省溪，并派游击部队迟滞匪之行进，47 D、54 D守备扎佐至息烽及由息烽经石阡至龚滩、乌江沿岸。又扼守遵筑大道，并控置重兵于遵义，另以60 D守备赶水场至遵义不含碉线。

（二）郭思演指挥23 D、99 D及暂 5 D为第二纵队，责成暂 5 B固守清溪、三穗，派游击部队迟滞匪之行动。23 D及99 D守备石阡、镇远、施洞口碉线，控置预备队于施秉附近，匪若由湘黔公路以北西窜，则坚工拒之，若由以南西窜，则以预备队迎击之。

（三）新34 D由永绥延守至秀山，徐源泉部由来凤延守至黔江，川军许绍宗师守备龚滩、西隅、秀山之线，防匪回窜。

（四）刘建绪部不分畛域，尾匪穷追。

惟匪先我郭思演部于九日陷江口，十一日陷石阡，几有窜渡乌江之势，适我郝纵队驰赴乌江沿岸布防完毕，故不得逞。又其一部于二十三日为我23 D在石阡西南之回龙场击溃，遂急南窜。于二十五日乘虚陷瓮安，次日陷平越，我行政专员聂洸以身殉焉。而我新 8 D会同黔东团队跟踪追剿，已于十四日以前，将玉屏、江口、石阡三县相继收复。当廿三日匪向南窜，先头将抵瓮安，有经开阳西窜或渡乌江之样。乃规定部署如次：

（一）郭思演部主力兼程趋平越，转向瓮安拦击或腰击，如堵截不及，即以全力急追。

（二）刘建绪部李、郭两纵队，由江口分向石阡、余庆以南地区兜剿，樊纵队由塘口向石阡、余庆跟追。

（三）93 D全部移守贵阳。

（四）13 D由綦江开遵守，川军许绍宗部由龚滩开南川、綦江，20 A杨森部由洪雅开赤水待命。

由是廿六日匪在平越以南之马场坪为我郭思演部99 D击溃，

此一月份之概况也。

匪在马场坪被我军击溃后，乃弃瓮安、平越西窜，于二月一日乘虚陷修文，三日陷黔西，五日陷大定，九日陷毕节，有向金沙江西窜之样。为及早防范计，于一日及三日先后规定部署如次：

（一）自宜宾经雷波、巧家至盐场沿金沙江两岸防务，其宜宾、雷波及含间由刘总司令派队负责，雷波、巧家均不含间由龙总司令派队负责，巧家、盐场均含间由李总指挥家钰负责，并侧重宁南方面。

（二）许绍宗西开叙永，以一部推进扎西，一部守威信。

（三）改令杨森部以两团推进盐津，两团控置牛街，主力集结于高珙一带。

（四）其他各部分别追堵或腰击。

当时金沙江防务极关重要，更于二月十日预为规定部署如次：

甲、江防配备：

1. 宜宾、雷波含间归刘总司令派队负责，但仍须兼顾横江、滩头一带之防。

2. 雷波、巧家均不含间，归龙总司令派队负责。

3. 巧家、盐场均含间，归李总指挥家钰派兵四团负责，尤须注意宁南，其余部队布防大渡河及西昌、会理两线。

乙、注意事项：

1. 金沙江沿岸所有船只及一切渡河材料，应预为搜集储藏我岸，急紧时准予烧毁或沉没之。

2. 金沙江两岸均须分段筑碉，凡河幅狭部及渡河点，尤须构筑碉堡群，昼夜派兵警戒，并设置地区预备队。

3. 各段负责部队应不分省界，两岸均应严密防守

4. 各段指定负责专员，所有地方县长及团队，凡有河防

事宜，均受其指挥。

丙、组夷方法：

1．雷波以下归四川第五区行政专员，以上归宁属汉夷民团指挥部，依夷八氏系，分别号召，组织分队或中队，协助军队防守，其队长遴选当地有声望正绅及夷首充任之。

2．雷波以下由行营派员，以上由别动队派员，分别督察实施。

二月初旬团队收复修文，至十六日13D克黔西，十八日又克大定。99D于二十七日克毕节。此后，匪南窜水城北之马姑，三月四日至八日，北窜滇属彝良南之奎香，得知金沙江戒备严密，于十二日由奎香回向东窜，适我13D奉令由六曲沟向镇雄前进，遭遇于得章坝激战，一日夜，卒将匪最精锐之四六两师击溃，毙伪师长以下千余名，俘获尤夥。十三日郭汝栋部在六曲沟以西之财神塘，又将伪5D击溃，得章坝之役，为匪在黔省所受最重之打击，因是复向西窜。十四日过距威宁一百四十里之朱歪，而我13D亦阵亡营长以下官长五员，士兵六十余名，伤营长以下官长十二员，士兵八十余名。乃于十五日下令如次：

（一）13D开回毕节整顿待命。

（二）李觉部由长春铺、七星关经野马山取捷径向水城急进，寻匪截剿。

（三）郭汝栋部由六曲沟、财神塘向水槽铺、天桥、回水塘之线急进，寻匪兜剿。

（四）樊崧甫部附99D向朱歪，威宁急进追剿。

（五）郝梦龄部向高山铺、杨家湾之线急进。

由是朱歪之线，经郭汝栋部独34B堵截，十六日窜至柯果，奎香一带。十八日后盘旋于威宁以北地区，廿日由威宁北之得胜坡向会泽东之者海方面西窜，廿一日又折而南窜，抵宣威北距城八十里之倘塘，经令滇军孙渡所部第一旅迎击，廿二日在来宝铺、寅头山一带激战时，其五七两旅赶至，而郭纵队又追及，聚歼该匪千余名，俘获尤夥。此匪继得章坝战役之后，又一重创也。而我滇军亦伤亡营长以下官兵近四百员名。匪受创后，经宣威东南之兔场窜回黔省，于三月廿八日陷盘县，但为数不过三千，其大部则在盘县、平彝中间地区，为期歼灭该匪于盘八一带于廿九、卅日相继规定部署如次：

（一）北盘江江防，自归集、黄河亘铁索桥、茅口至茅草坪渡，归郝梦龄部担任。自茅草坪渡亘关岭至百层，归郭思演部担任。

（二）孙渡部由平彝东追。郭汝栋部在土城、上中码一带，对匪监视，并堵匪北窜。李觉部集结郎岱。樊崧甫部集结水城，俟北盘江江防确实封锁后，同时进剿。以上二三两月之概况也。

匪徘徊于盘县、平彝中间地区，至四月一日又向西窜。当令郝梦龄、郭思演两部仍布防北盘江，刘建绪部跟追入滇，三日匪窜抵沾益、曲靖一带，四日攻马龙未逞，自此黔省境内已无匪踪，其亦不复回窜。乃于四、六两日先后规定追剿部署如次：

（一）刘建绪部各纵队，均归龙云统一指挥，嗣又将孙渡所部编入该序列为第三纵队。

（二）杨森全部，由高珙一带经昭通向巧家、宁南方面移动。

（三）李家钰驻会理部队，由通安延伸沿金沙江上游至门香村布防，原驻大渡河部队进驻西昌，西昌部队进驻会理，并增防元谋方面，注重巧家、蒙姑、盐场各要点。

当匪于四月四日攻马龙未逞，随于五日陷寻甸，而我孙部于同日到嵩明，七日即进克寻甸，由是匪向普渡河上游西窜，八日其精锐之伪17 D到空乐及大石桥，为我孙渡部击溃，九、十两日过普渡河，复为我孙部堵截，又被空军协力轰炸，连日共毙匪一千四百余名，又一最大损伤，全部实力至此殆已消灭三分之一。

而我军官兵亦伤亡七百余人。是时刘建绪部郭纵队已追至嵩明，李纵队已到马龙、曲靖之线，樊纵队正由宣威向沾益行进，匪遂急向西窜。于十一日陷富明，又攻禄劝、罗茨、禄丰未逞。乃令孙、郭两纵队尾追，樊、李两纵队取道富民、大理之线堵截。匪又乘虚向西急窜，于十五日陷楚雄、盐兴，但在保满街被我孙部鲁旅击毙百余名，获枪四十余支。十六日陷宾川，廿二日陷鹤庆，廿五日陷丽江，廿六日在距丽城西八十里之石鼓附近窜渡金沙江，廿八日全部窜过。因狼狈仓皇，溺毙千余名。由是前陷各县亦由尾追部队相继收复。而是时我孙纵队一部已到丽江及玉龙山一带，一部于廿七日到剑川，郭纵队已由大渡口渡江到大水井，并于廿八日向华坪急进。李纵队廿七日到普棚、天生塘向祥云前进，樊纵队由盐丰向宾川前进。此四月分之概况也。

四、剿办朱徐及肖贺合股之经过

四月中旬，朱徐股匪主力窜踞康北道孚、炉霍地方，其一部留据丹巴及懋功附近，另一部窜据甘孜、瞻化，并于廿日陷雅江。其企图不外四出搜粮，并掩护主力暂在川康边区休养整顿，一面与肖贺股匪遥相呼应，待肖贺渡过金沙江时，则沿雅砻江或大金川两岸南下，与之会合，或待时机另图他窜。而肖贺股匪当时在富民、楚雄之线，向西流窜，其企图当系绕由金沙江上游抢渡北窜，冀与朱徐股匪会合，当以防止该匪会合与各个击破之目的，期在金沙江以南地区将肖贺股匪歼灭，万一不能，亦须在金沙江、大渡河间地区歼灭之。同时并歼灭或封锁朱徐股匪于康北地区，遂于四月廿一日规定部署如次。

甲、川康方面：

（一）唐式遵所部编足廿个团，首先巩固现阵地，继即派有力一部，经懋功向丹巴推进，并须严密巩固懋功、丹巴之线。

（二）邓锡侯所部派十个团，经达维先占领抚边、两河口，巩固懋功不含经抚边、两河口、大秋地之线，再向崇化、绥靖推进，并控置两团进驻金汤。

（三）刘文辉部派四团进驻金汤。

（四）以上各部到达目的地后，即沿大金川连接布防，邓部守绥靖、崇化之线，唐部守崇化不含丹巴之线，刘部由金汤延守至丹巴之线。

（五）李韫珩部派两团进驻雅江扼匪南窜，并阻隔肖贺与之会合。其泸定、瓦斯沟一带遗防，由36A派5D接替。

（六）松潘、叠溪、北川间，由孙震部三团扼守，并另派一团守平武。至叠溪、茂县及威州、理番、杂谷脑两段，由刘总司令各派两团分别扼守。

乙、川西方面：

（一）李家钰部十个团守备金沙江及西昌、会理两重点，并详为规定：子、须以四团以上兵力守备上自门香村下至可河沿岸；丑、由西昌派兵两团推进盐边、盐源，并扼守将军石、雅砻江沿岸；寅、两团守西昌，一团守会理，一团维护后方交通。

（二）杨森部遵前令速开宁南、巧家，接守李部盐场、洼乌一带江防，并守备宁南、巧家两重兵。

（三）如肖贺窜渡金沙江时，即须在金沙江、大渡河间地区歼灭之。其部署：子、李家钰部应不待命令，集结主力于西、会两城固守，并相机与友军夹击窜匪，其两盐部队如已进入，并须固守；丑、杨森部应不待命令，即由宁南向会理、西昌方面移动，寻匪与友军夹击之。

（四）刘总司令派兵十个团，经荥经开赴汉源、大树堡、安顺场、松林口一带，准备策应。

丙、滇康方面：

（一）追剿军孙渡、樊崧甫、李觉、郭汝栋等纵队，应穷匪急追，迫匪于金沙江右岸，与守兵夹击歼灭之。

（二）如匪渡过金沙江，则郭、樊、李各部仍渡江追剿，余部即沿金沙江右岸扼要布防，堵匪回窜。

由是川康方面，五月六日李韫珩部克雅江，十五日唐式遵部克复崇化，十七日一部进至丹巴我岸，廿日克之，均颇有斩获。但朱徐股匪一部，于十七日又乘虚陷理化，并窜距九龙约百里与木里交界地方。而滇康方面，肖贺股匪因我金沙江、永仁以下防堵严密，无法再循朱毛窜会理旧路，遂乘虚绕丽江，由其上游渡过，于四月卅日陷中甸，更向西康之德荣、定乡窜去，至是南北两匪势将在康安会合。判断其会合后之企图，仍将他窜，以图生存。即使为休息整顿计，暂时停止不动，亦当散布于甚广区域，以就粮食。其兵力既散，则消灭较易，而理合、巴安一带，当为匪必争之重要根据地，乃预以严密封锁之手段，使匪会合后不得再向南、或向东、或向北突窜。遂于五月一、四两日先后规定部署如次：

甲、滇康方面：

（一）樊崧甫部进驻盐边、盐源，并扼守雅砻江西岸各渡口，与李家钰切实连络，互相策应。对于冕宁以南雅砻江两岸各渡口之防务及其船只，均须分别负责管理，不可疏忽。如将来匪之主力仍由雅砻江西岸来犯，船只应尽量移交东岸李部管理；如其由冕宁南犯，则移西岸该部管理；若其由两岸分犯，则我军可预在两岸各渡口上下游十里附近赶筑碉堡，俾得双方策应。

（二）郭汝栋部守华坪、永北之线，并扼守金沙江左岸，堵剿南窜。

（三）孙渡部守丽江、石鼓、巨甸、维西之线，主力控置丽江，并派一部进驻阿墩子，厉行坚壁清野。

（四）李觉部应驻鹤庆、剑川一带策应。

乙、川西方面：

（一）李家钰部分驻冕宁、泸沽、西昌、德昌、会理一带，并须确实扼守雅砻江东岸太平地、盐坝场、丕树湾、冲河关、集福场及上游九晃通路之各渡河点，尤须注重冲河关至冕宁间江防，主力置于晃宁、左与樊崧甫部、右与越嶲部队切取连络，务期拒匪不能渡过雅砻江。

（二）刘总司令所部郭勋祺师，星夜驰赴大树堡与李家钰部切取连络。又增派十团，前后共廿团，准备出匪不意向冕宁出击，并注意此部队发现不可过早，必须匪主力进入冕宁以东与西昌附近时，再由越嶲向南出击，方能生效。

（三）杨森部酌留一部驻防宁南、巧家，主力向西昌推进。

迨五月中旬，除杨森、李家钰两部任务如前外，十二、十五两日又规定部署如次：

（一）邓、唐、刘（文辉）三部，应遵前令规定兵力占领大秋地，及沿大金川左岸自绥靖经崇化、丹巴至金汤之线，确实封锁之。刘文辉并应负责守备泸定至安顺场均不含之线。

（二）周浑元、李韫珩两部仍固守康、泸，并构成康定、雅江封锁线。

（三）潘文华率郭勋祺、范绍增两部、熊玉璋旅，进驻汉源、大树堡、越嶲至泸沽（不含）及安顺场以下大渡河一带，严密封锁之。

（四）以上各部须扼要各集相当兵力于其封锁线后方，匪由何进窜，即由何方迎头痛击之。

（五）令驻巴安之16A参谋长沈风威，兼任巴安区警备司令，指挥巴安、得荣、义敦、白玉、武城、德格、邓柯、石渠等八县防剿事宜，所有以上各县驻军、民兵及别动队，概归其统一指挥。

（六）青甘边区，仍旧巩固原有之封锁线，但青海部队，应速出兵两团进驻德格固守，并策应巴安驻军。

乙、滇康方面：

（一）樊纵队仍守备盐源，盐边至雅砻江右岸；郭纵队接樊左翼，守备华坪、永北至丽江迤东之金沙江左岸；孙纵队接郭左翼，守备丽江至维西之线，并派一部进驻阿墩子及中甸。

（二）以上各部须扼要各集相当兵力于其封锁线后方，匪由何方突窜，即由何方痛击之。

（三）李纵队集结宾川一带策应。

当肖贺股匪，自四月卅日陷中甸向康南进窜后，五月下旬窜到理化之中咱一带，与朱徐在雅江被我李韫珩部击破之一股会合，遂于六月九日乘虚陷理化，其一部于三日起围攻巴安。我军则因交通、运输、给养困难关系，各部运动均不能迅速。川西方面，潘文华部迄未到达任务。青海方面，到德格之部队只有两营。川康方面，六月一日邓锡侯部始到大秋地。四日周浑元部始到泸定、冷碛一带，致崇化、丹巴得而复失。至七月四日邓部始确实占领崇化，九日唐部始确实占领丹巴，卅一日邓部始克绥靖。巴安被围，无法应援，卒赖守城之一团兵力沉着应战，匪部迭受巨创，至六月十五日始解围。匪攻巴安未逞，沿金沙江左岸北窜，于六月廿九日陷白玉继围德格，其守城部队又能以少击众，予匪以巨创，遂折而东北窜，企图窜入甘青。但其不堪一击，可以概见。且因盘踞西康过久，不独粮食将罄，人亦死亡过半。根据七月下旬匪已窜到阿坝、包座、松潘一带，大金川左岸绥靖、道孚之线，及雅砻江上游右岸均已无匪。乃于廿九日规定阻匪入甘会合，计划纲要如次：

（一）凭藉天然险要及原有碉堡线，采取攻势防御，封锁该匪于川、康、青、甘边区草地内，阻其会合，并由川、康抽兵分追后，促其崩溃。

（二）参照过去教训，利用碉堡线处处设防，原期封锁严密，但因兵力分散，反使处处薄弱，仍难堵匪突围。前次毛匪窜甘，可为殷鉴。今后除严密封锁坚壁清野外，尤须集结兵力于重点，以备活用堵击，举收必大。

（三）封锁碉线

1．甘境：甲、沿黄、洮两河经岷县、西致临潭、南至踏藏为第一线，以兰州、临洮、岷县、西固、南坪、文县为重点；

乙、兰州至天水及以南为第二线，以定西、天水为重点；丙、上两线，应由朱、于两总司令分段指派负责指挥官，派队扼守。

2. 青境：甲、沿黄河自甘边至贵德以西为第一线，以贵德、循化为重点；乙、沿西宁河自新城对岸至湟源为第二线，以西宁为重点；丙、上两线，均由马司令分段指派负责指挥官，派队扼守，必要时再由朱总司令派兵协助；丁、果洛五大族及玉树廿五族，亦由马司令转饬同仁同德团队，酌情修碉固守，或率领迁徙。

3. 川境：甲、川西主要阵线，沿岷江经松潘、樟腊至踏藏不含为第一线，暂照原规定，并调重兵控置于平武、江油、绵阳、北川、茂县、灌县；乙、沿涪江、平武、绵阳段及茂县、北川、绵阳段为第二线。嘉陵江、广元、阆中段及广元、宁羌段为第三线，应预为设防；丙、灌、理、懋、绥、丹、金、泸线，仍照旧防守，置重点于天全、雅安、邛崃、崇庆；丁、广、碧及广、昭、剑线，归沈久成师扼守，置重点于广元、昭化；戊、上列乙、丙两线暨各重点，统由刘总司令分派负责指挥官，派队扼守，并注意每一重点，须控置三团以上之兵力。

4. 康境：泸、康、雅、巴线，改由刘文辉部负责扼守，仍置重点于康定、泸定，李韫珩及扬步飞两部移调任务，另行规定。

5. 甘属之永清、临夏、夏河、临潭、青属之循化、贵德、共和，应派队构筑碉堡群，兼施行坚壁清野之准备。

6. 沿黄、洮两河至岷县、松潘再沿岷江各碉线，最为重要。其重要城镇间之空隙，概由民团协同固守，军队则集结重点活用。

7. 沿河皮筏船只及渡河材料，应由负责总司令部预派专员负责管理，必要时搜集我岸或烧毁之。

8. 凡主要碉线，应由负责总司令部派员分派督察指导培修与增筑。

9. 各地壮丁及番民，应设法组训，有枪者尤须注意利用。

（四）追击路线

1. 一路由邛地出马塘。

2. 二路由懋功出卓克基。

3. 三路由金汤出丹巴。

4. 四路由康定出泰宁。

5. 五路由德格绕玉树。

6. 前四路由刘总司令，五路由马司令，待匪全部退过大塘坝、绥靖、卓克基之线，即分别酌抽兵一旅以上编组追击队，指派指挥官，跟匪追击，并一面肃清散匪。

7. 各追击队应需粮秣，须预屯于灌县、懋功、康定等地，并预算所需运费，以便筹发。

七月卅日，又规定部署如次：

（一）孙总指挥所部于规定十二个团内，除已到樟腊、松潘、镇坪线之部队，仍旧多屯粮弹固守外，余可坚工扼守松潘、小河营、水晶堡阔达堡、平武之线，置重兵于平武。其在后方部队，悉数控置绵阳、江油。

（二）朱总司令应派有力部队，速向西固、文县、南坪之线推进，联络孙军相机夹击，并于文县、西固、岷县控置重兵。

（三）刘总司令应派兵接守孙军所遗安县、北川及叠溪、镇坪（不含）线防务，并于安县、北川、茂县、灌县各约控置一师兵力，另照前令派兵出卓克基追击。

（四）邓总指挥所部，除守现防外，应于崇庆、大邑各控置一师兵力，并派兵一旅出马塘追击。

（五）刘总指挥所部，除接防泸、康、雅、巴线外，应即先派一旅由金汤出丹巴追击。

当六月间，因康北匪情较前和缓，于廿九日撤销巴安警备司令部，巴安防务交由24A特务大队督同民兵负责固守。同日，又令李韫珩率53D、61D调回雅安，所遗泸定、康定、雅江、巴安一带防务，由刘文辉派队前往接替。

以上为自四月下旬起截至七月底止，剿办朱徐肖贺合股之概况也。

〔国民党政府军事机关档案〕

11. 国民党"剿匪军第二路军"薛岳部与长征红军在小河场王家山等地战斗经过概要

（1935年12月）

甲、进剿前之匪情

一、盘踞荥经一带之匪，自去岁十二月中旬，于马皇冈、观音铺、吉子冈之线，被我军击溃后，其伪第四军纷向西北逃窜，退踞于骆韩山、新场、仙峰山、陈家坝、滥池一带地区。

二、伪抗日救国第一军罗炳辉所部（即伪三十二军改编），人枪约二千，因我军进攻荥经，即由汉源附近回窜。其主力踞有小河场、王家山、缆板凳一带地区，一部窜踞四萍场附近，屡犯我川康军余旅张团新庙场之阵地。

乙、进剿计划及训令

进剿计划，如附图第一。〔图略〕

训　令　十二月三十一日午后一时
于荥经第二路军前敌总指挥部

一、匪情如贵官所知。

二、我军以断绝土匪南窜，并压迫于雅河北岸与友军协力一举而歼灭其主力于天、芦地区之目的，决先击灭盘踞缆板凳、王家山、小河场之匪，以便尔后作战容易。

三、第一纵队以梁师于一月一日正午十二时，攻占小河场、王家山，以缆板凳为目标，攻击前进。其韩、欧两师，准备策应该师之作战。

注意：

（一）梁师攻击小河场、王家山时，其主力须使用于王家山方面。

（二）梁师任务达成后，应于黄昏前完成缆板凳、王家山、小河场一带之野战阵地，严密警戒，对于右侧尤须特别注意。翌日即沿线建碉守备。

（三）竹子坝至小河场（不含）碉楼，由欧师构筑之。

（四）花滩场至小河场电话，着由薛团继续完成。小河场至缆板凳电话，由梁师架设。

四、第二纵队以有力之一团，经到底坝、擦耳岩、花尖子、中山冈、花岩坪，迂回于缆板凳之东北，于一月一日正午十二时，向当面之匪开始攻击。俟梁师达成任务后，即归还原位置。其主力除任守备外，须准备策应该团行动。

注意：

（一）部队须轻装，行动须密匿。

（二）攻击缆板凳时，应注意截击由垭子口向南增援及由王家山溃退之匪，并对右侧须严密警戒。

五、余在荥经总部。

总指挥　薛　岳

下达法：印刷交付。

附记：生擒匪首罗炳辉者，赏洋一万元。

丙、进剿经过概要

一、第九十二师方面

一月一日上午十时三十分，第九十二师之先头，到达竹子坝。其攻击部署如次：

1. 五四九团（欠第三营）攻击尖峰顶——和尚地之匪阵地。

2. 五五二团攻击黄茅冈——周家山——张家山之匪阵地。

3. 五四九团第三营，由梯子坪向缆板凳迂回迫匪退路。

4. 五四七团为预备队，在右翼后成梯子配备。

下午三时，第一线步兵接近至尖峰顶——和尚地——黄茅冈——周家山——张家山一带之匪阵地，即向之攻击前进。匪居高临下，节节抗战。下午五时，集中全力于黄茅冈方面，向我五五二团施行猛烈之逆击。该团一时陷于苦战状况。俟经我机枪之集中射击，匪始退去。七时至九时，战斗最为激烈，匪我反复在黄茅冈附近冲锋肉搏，卒以我将士之奋勇，将匪击溃。是夜即占领尖峰顶——和尚地——黄茅冈——周家山——张家山一带高地彻夜。

二、第九十六师五三七团方面

该团一日下午二时，行抵赵家寺（缆板凳东约十五华里），发现当面有匪数百，占领坚固之阵地，当即向之攻击。惟以地势险要，进展困难，遂与匪在该线成对峙之局。（本日战斗经过如附图第二）〔图略〕

二日拂晓，我第九十二师五四九团续向缆板凳——王家山之匪攻击。午前十一时顷，完全占领之，匪向西北退窜。我第九十六师五七三团以梁师任务已达成，遂归还其原来位置。

三日拂晓，我第九十二师五四九团第三营，复攻占公山上，当面之匪退据垭子口东西高地，与我军对相峙。

丁、所见

本部为确实明瞭前方匪情及地形，以为尔后进剿之准备，于一月二日晨派遣参谋饶少伟赴小河场、王家山、缆板凳一带实地观察，其报告如次：

一、我军方面：

1. 置重点于右翼，先略取匪阵地之锁钥点尖峰顶、和尚地，则其全阵地瓦解，且可断匪归路，而收聚歼之效。于战略上之着眼点，甚为合理。

2. 攻击精神旺盛之军队，常能克服天然及人为之一切障碍力。指挥官尤以接近第一线，俾适时明瞭匪情地形，而能临机应变，以捕捉战机。此次作战，各级官长均接近前线，位置甚为适当。

3. 山地作战，联络协同，均感困难，故各级指挥官须有独断专行之能力，一志击破当面之匪，以期获得全局之胜利。切忌坐待友军之增援，而遗〔贻〕误良好机会，此为山地作战之原则。各团行动，甚合斯旨。

4. 善攻者须出敌不意，攻其所不守。此次主攻用于右翼，开道前进，突出匪之意表。

5. 山地气候影响甚大。我能接近匪阵，亦赖浓雾以秘匿我之行动，此奇袭之易于成功。

6. 攻击前进务以机炮火力，确实掩护。第二线步兵尤须接近前线，方可挫折匪之逆袭。机枪尤以集中使用为原则。此次作战，均能达到要求。

7. 山地作战，以迂回之法最为有效。尤以对战斗力薄弱之匪，正面则以一部牵制之足矣。如以主力行正面攻击，则牺牲大而收效少。梁师全般之指导，皆称适当，合此原则。

8. 攻击开始时间。对于袭击，本以拂晓或夜间行之为当。此次作战因山路崎岖，运动不便，且为密匿行动计，又不能先一日将部队移于前方，不得已将时刻改迟。致虽于下午九时，完全占领匪之主阵地，然不能施行猛烈之追击，使匪得以乘夜兔脱，甚为可惜。

二、匪军方面：

1. 匪军阵地，在黄茅冈方面，为数线之纵深配备。其伪装及侧防，亦甚周到。惟其忽略于左翼尖峰顶之锁钥点（兵力配备，过于薄弱）。而以全力由右翼黄茅冈方面转移攻势，认为有背原则（虽为避实击虚，然置归路于不顾，于战略上已告失败）。其失败之主因在此。

2. 查匪之企图，系固守尖峰顶、和尚地、黄茅冈、张家山一带阵地，则其主阵地带应选在山顶，不应于前坡设置二、三线阵地，以分散兵力（原兵力不足两千，占领约七公里之正面，又于前坡设置数线阵地，其配备兵力，过于分散），此配备之失当，为其失败之次因。

3. 匪应战沉着。以其弹药之缺乏，故不乱发一弹。其逆境部队，皆用发射速度极大之轻机关枪。相距三四十米达时，则用手榴弹及白刃战，与我军肉搏。但以其素质及精神之欠缺，受我军之迎头痛击，彼亦无所施其技也。

〔国民党政府军事机关档案〕

12. 国民党“剿匪军第二路军”薛岳部于四川天芦附近诸战役战斗详报

（1936年2月）

第一　战斗前匪我形势之概要

甲、川西匪我之态势

一、伪第九、第三十一两军，自去岁十二月中旬以来，即在邛崃、名山、雅安（不含）以西之线，与我川军之第四十五、四十四、二十一各军对峙中。

二、伪第三十三军集结宝兴、灵关间地区。伪第五军于金汤、丹巴之线，与我第五纵队在瓦斯沟、毛牛之守军相持。

三、伪第四军自去岁十二日中旬，于观音铺、吉子冈之线，被我军击溃后，即退踞骆韩山、新场、仙峰山、陈家坝、滥池一带地区。伪第三十二军，自一月上旬于小河场、缆板凳之线，被我军击溃后，即退踞思经坝附近地区。伪第三十军一部在新场附近，主力集结天全、始阳间地区。截至二月三日止，匪我态势如附图第一。〔图略〕

乙、黔西肖、贺股匪之西窜

肖、贺股匪自湘西突围后，即窜入黔境。二月三日，其主力（约二万）窜踞毕节城及其附近地区，有继续向窜扰之势。

第二　第二路军前敌总指挥之情况判断

二月三日下午八时，第二路军前敌总指挥之情况判断如次：

判决

本路军应在肖、贺股匪未窜入川南以前，先对徐、朱股匪采取攻势，以收各个击破之效为要。

理由

一、匪情判断。徐、朱股匪最有利之行动，即在维持现阵地，从事整顿补充。待肖、贺入川，而后集中主力向我薄弱之一部，突围南窜，与之会合。至肖、贺股匪之行动，不外下之三种：

1．由毕节经叙永窜泸州。

2．由毕节经镇雄、高珙窜宜宾。

3．由毕节经威宁、昭通、巧家窜宁属。无论其取何种行动，对我剿匪军之侧后，均感受颇大之威胁，可无疑义。

二、任务判断。本路军之任务，在剿灭徐、朱残匪，救民安川，以奠国基。徐、朱股匪自草地回窜，连破川军，欲与之一致进剿，彼此协同，颇为困难。如坐失时机，必致害川误国。故决不顾成败，上本委座意旨，下则合力同心，誓先灭徐、朱，再图肖、贺。而以收复芦山，天全为第一次作战目标。

三、地形判断。天、芦以南地形虽属险要，而交通给养尚称便利。自灵关以北，则雪山峻岭，路少人稀，粮食早已搜劫殆尽。故判断徐、朱股匪，必在天、芦以南地区与我行持久战。不得已时，方退踞懋、抚、崇、绥、丹地区，整顿待机。然至此则势力必大为减耗。

第三　先遣参谋之地形侦察

二月四日晨，派遣本部中校参谋饶少伟自茨经出发，赴两河口、陈家坝一带实地侦察，六日返部。具申攻击之地形判断，如附图第二。〔图略〕

第四　第一纵队之前进计划

第一纵队之前进计划，如附图第三。〔图略〕

第五　作战计划及训令

三月七日上午十时，召开幕僚会议，策定作战计划如次：

第二路作战计划：

其一　方针

一、本路军以收复天、芦之目的，决于本月十一日拂晓，向当面之匪攻击前进。以主力向寨子山、李家山、金花庙地区实行中央突破，压迫土匪于茨经河以西、天全河以南地区而歼灭之。依战果之扩张，确占天、芦各要点。

其二　指导要领

二、第一纵队各师之侦探队，协同当地民团，于本月十六日攻占老君山。十一日拂晓，向尖峰顶前进，威胁大冈上匪之侧背。

三、攻占寨子山、李家山后，第二纵队之主力即向八岭寨、谢家坪推进，截击由仙峰山、老熊岩溃退之匪。第一纵队初控置强大之预备队于廖乙湾附近，相机向大冈上推进，猛追由李家山溃退之匪。

四、击破匪后，如获优胜战果，即编三个兵力各约一团之追剿队，衔尾穷追。以在二月十一日夜，追占飞仙关、始阳、天全各要点。如匪仍续向北溃窜时，则追剿队应以芦山、灵关为目标，继后穷追。

五、如匪退踞飞仙关、始阳、天全之线与我决战时，则第一步应追至雅河南岸，作详密之侦察，定第二步之攻击部署。

其三 部署

六、各部队之任务及行动：

1．航空队于十一月上午八时，以一机侦察天、芦间地区，以主力协助地下战斗，并轰炸增援及溃退之匪。

2．第二纵队（配属迫击炮营之一连）于十日须作攻击准备完备。十一日拂晓，即由牛路沟一月来山一两河口之线攻击前进，其重点保持于寨子山方面。攻占该山后，主力即分向八岭寨、谢家坪、新场，席卷而包围歼灭仙峰山、老熊岩、伏龙桥、丁村坝、骆韩山之匪。攻击奏功后，应以飞仙关为追击目标，向溃退之匪猛烈追击。

3．第一纵队（配属迫击炮营，欠一连）于十日须作攻击准备完毕。以第四军于十一日拂晓，即由两河口一苦竹坪一金花庙一陈家坝之线，攻击前进，保持重点于李家山方面，俟攻占该山后，应以一师即向大冈上挺进，策应第二纵队方面之作战。攻击奏效后，以始阳为追击目标，向溃退之匪猛烈追击。以九十二师除以一部守备原碉线及任由陈家坝至垭子口之警戒，并派一左侧支队，向苦蒿沟方面游击外，其主力集结于和平头附近，随我军战斗之进步，相机向天全方面挺进。

4．第二十四军第一旅及第四十一军第三旅，十一日拂晓，即向当面之匪佯攻，随我军战斗之进步，相机攻击前进，搜剿骆韩山一带残匪。

5．第六十一师以其一团任荥经之守备，主力于十日午后三时，集结新添站附近，为总预备队。

七、第一、二两纵队之作战地境如次：

望头岩一两河口一横路头一大生鸡一庙子冈之线，线上属第一纵队。

八、路军战斗指挥所，攻击开始后于望头岩。

其四　通信〔略〕

其五　补给及卫生〔略〕

第二路军作命第一号

训　令　二月八日午前十一时
于荥经总指挥部

一、匪情及友军情况，如贵官所知。

二、本路军以攻占新场、老君山线之目的，拟于二月十一日午前九时，向仙峰、老君山线之匪攻击前进。期在彼线击破伪第四、第三十两军后，一举而追占飞仙关、始阳、天全，而领有之。以利尔后进迫土匪退守宝兴以北地区，而封锁之。其部署如下：

甲、第二纵队附迫击炮一连：

二月十日，以两团配置于牛路沟、月来山之线，作攻击仙峰山、老熊岩之准备。主力集结于望头岩附近，作攻击寨子山之准备。应于二月十一日午前九时，开始攻击前进，期于申刻前击破新场、谢家坪以南地区之匪，而占领新场、谢家坪之线。并即时派队扫荡骆韩山之残匪。

乙、第一纵队附迫击炮两连：

第五十九师，于二月十日进出廖叶湾附近，作进击关口上、大冈上之准备，俟二月十一日午刻，第九十师攻占李家山时，适应时机而进击关口上、大冈上之匪，期于申刻前而占领之。

第九十师，于二月九日进出滥池、施家湾之线，二月十日，驱逐黄泥冈、陈家坝、花秋坪之匪，而作攻击李家山、尖峰顶线之准备。二月十一日午前九时，开始攻击前进。期于午刻攻破李家山、尖峰顶线之匪，协助第五十九师作战。

以上欧、韩两师之侦探队，应于二月十日前夺取老君山，为左侧掩护据点，及威胁尖峰顶之侧背。

第九十二师除以一团守备主要碉线及派出游击支队，逐日向苦蒿沟方面佯攻外，主力于二月十日进出宋家沟、和平头线。驱逐大坪顶、白岩线之匪后，以一团配备建碉警戒，掩护左侧。其余为纵队之预备队。

丙、第六十一师除以一团守备荥经主要碉线外，主力于二月十一日午前九时，集结新添站附近，为总预备队。

丁、空军于二月十一日午前九时，开始活动。以两机侦炸飞仙关、天全河南北岸溃退及增援之匪，以三机协助战斗，轮回轰炸，不断上空之掩护。

三、两纵队作战地境，以望头岩—两河口—六生溪—瓦子坪之线，线上属第一纵队。

四、通信网之构成：新添站、苦房沟、望头岩、苦竹坪之电话线归周纵队，于二月十日前架设完成。

其他陆空联络符号及口令、信号识别旗带等，悉照行营规定者使用。

五、各师野战病院，应在碉线内适当地点开设。总部在荥经，设立临时野战病院。

六、各部须携带四日份粮秣。

七、余在荥经，战斗开始时在望头岩。

注意：

（一）须集中机炮火力猛烈射击，两翼须迂回勇猛迈进，以突破匪阵，减轻伤亡。

（二）击破匪后，如获优胜战果，即编三个兵力各约一团之追剿队，衔尾穷追。以在二月十一日夜，追占飞仙关、始阳、天全为第一目的。如匪继续向北溃窜时，则追剿队亦继续穷追，以追占芦山、灵关为第二目的。如获战果不大，则编三个兵力约一营之追剿队，追至天全河南岸，监视匪之行动。

（三）占领新场、老君山之线后，由新场、关口上线属周军。关口上、老君山线属吴军。老君山、白岩线属梁师。均限黄昏前完成野战工事，次日即行建碉。

（四）攻击部队占领一处，即烧三堆烟火为号，每堆约距五十米突。每到一处，即取雪或石灰书明地名，以利空军识别。

（五）召战场追击队归还原阵地时，吹上讲堂号。如遇匪反攻时，吹出操号。如遇匪增援时，吹收操号。

总指挥　薛　岳

下达法，油印分送。

第二路军作命第二号

训令　二月十一日午后八时三十分　于苦房沟

一、匪情如贵官所知。

二、本路军以继续攻剿飞仙关—始阳—天全线之匪之目的，明（十二）日应派出追击队，对上记之线施行追剿。主力在窗子坝—新场—谢家圩—妙米寨—杨旋坪—老君山—老熊祠—铜鼓山之线，择要点建筑碉楼，并完成攻击诸准备。

三、第二纵队于明（十二）日晨，派出两追剿队分向飞仙关—高桥方向追剿，主力在窗子坝（不含）—新场—谢家坪—关口上（不含）之线，择要建筑警备。

四、第一纵队于明（十二）日晨派出两追剿队，分向始阳—龙隐方向追剿。主力在关口上（含）—杨旋坪—老君山（含）之线，择要建筑警备。第九十二师派出一个追剿队，于明（十二）日晨向思经坝方向追剿。以一团在老君山（不含）—老熊祠—铜鼓山—白岩之线，择要建碉警备。两团位置于陈家坝、四田坝地区。但守备垭子口之林团，须俟刘元塘之凌团到达接防后，方可移动。

五、第六十一师除守备荥经之一团外，于明（十二）日晨，以位置于窗子坝之三六一团，搜剿玄空山东北，骆韩山西南一带地区残留之匪。三六六团除以一连守备新添站附近碉楼外，余推进至窗子坝。

六、追剿之兵力，约以一营为准，追至雅河南岸，须对北岸施行威力侦察。

七、各部药弹粮秣之补充，限于十四日以前完成。

八、余在苦房沟。

下达法，译成密码，用电话传达。

总指挥　薛　岳

第二路军作命第三号

训　令　二月十三日午后六时
于峡口镇

一、匪情如贵官所知。

二、本路军以继续攻击踞守雅河北岸之匪之目的，拟于明（十四）日推进雅河南岸。十五日拂晓，渡过雅河，向飞仙关一始阳一天全之匪攻击前进，保持重点于中央，将匪压迫于芦山、灵关间地区而歼灭之。

三、第二纵队（配属第六十一师）于明（十四）日，推进至雅河南岸，作渡河之侦察与准备。十五日拂晓，向飞仙关一何家坝一始阳一带之匪攻击前进。而进出于芦山一大坪山之线。

四、第六十一师着归第二纵队司令官之指挥，明（十四）日进至安乐村一双溪口一牛路岩之线，严密侦察、警备。其驻荣经之三六三团，限于十六日归还建制。

五、第一纵队于明（十四）日推进雅河南岸，作渡河之侦察与准备。十五日拂晓，向始阳一猫儿冈一梅子岭一天全一带之匪攻击前进。而进出于大坪山一灵关之线。

六、两纵队工作战地境如次：

新场一始阳东端一眉纤场一大坪山一牙子口之线，线上属第二纵队。

七、第四十一军第三旅（欠第六团），于十五日进至新场，为总预备队。其第六团即调任荥经附近碉楼之守备。

八、通信网之构成，如另纸要图。（附图第四）〔图略〕

九、兵站秣地，推进伏龙桥、陈家坝。各军师之输送队，担任由荥经仓库至兵站秣地之转运。其运输力，以运一日足供二日之食量。

十、临时野战病院，推进至新添站。

十一、余明（十四）日在峡口坝，十六日进驻始阳。

总指挥　薛　岳

传达法，油印分送。

第六　战斗经过及决战时之景况

甲、战斗第一期（二月十日至十一日）

第二纵队方面第三十六军第五师：

第五师十一日拂晓，以第二十五团之第二营、第三十团（欠一营），展开于月来山—余家冈—两河口之线，九时开始向寨子山之匪攻击前进。匪坚工顽抗，并以迫击炮向我望头岩射击。九时许，我第二十五团以第一营，由两河口迂回寨子山匪之右侧背，该匪三面受击，稍形顿挫。我第二十五团乘此时机，一鼓攻占寨子山高地。该匪除大部被我二十五团歼灭外，残部向高家山、野猪池溃退。十时三十分，我余家冈之三十团，亦将野猪池占领，并继续攻占老熊岩。十一时四十分，二十七团归还建制之一营，接替寨子山阵地后，即以二十五团附二十七团第二营，迅向八岭寨猛攻。激战约半小时，除少数匪向伏龙桥溃逃外，余皆被我军击毙。我二十五团遂于正午十二时二十分，占领八岭寨，并截获由仙峰山败溃之匪数十名。午后二时，我第二十五团及第二十七团第三营，追抵伏龙桥附近，匪复凭踞伏龙桥东岸坚固堡垒，顽强抵抗。激战约一小时，至午后四时，我第二十七团第三营，挑选奋勇，在火力掩护下，由伏龙桥左侧强行渡河。匪不支，纷纷溃散。我二十五团及九十六师之五七六团，这即渡河，将伏龙桥、丁村坝附近之匪包围。除一部向飞仙关、始阳逃逸外，余均被我击毙。同时以二十五团之第一营及二十七团第三营，分别跟踪追击，至新场前方，时近黄昏，遂在附近筑工警备。

第三十六军第九十六师：

第三十六军第九十六师五一七团（欠一营），十一日午前九时，集结望头岩东南端。十时，我第五师占领寨子山，即派五七三团紧随该师后尾，由寨子山北端，经冷窝坝向赵家咀、谢家坪攻击前进。午前十一时，攻占大生溪，师部率五七六团进至冷窝坝时，得知我第五师已占领老熊岩，第一纵队已占领尖峰顶。当令第五七三团向谢家坪急进。五七六团经关帝头向伏龙桥、丁村坝攻击。午后二时，我五七三团已攻占谢家坪、瓦子坪一带高地。五七六团亦进至伏龙桥南端高地，与匪隔河对峙，大战甚烈。乃以五七三团再向新场攻击。五七六团之一部，绕至伏龙桥北端之石家庄附近，强行徒涉。午后三时，我五七六团之一部进至丁村坝北端。据守伏龙桥之匪，除一部向玄空山逃窜，以五七六团及五七一团之一营跟踪追击外，余均被我军歼灭。午后五时三十分，进至新场，并派一部分向骆韩山、飞仙关方向追击，以主力即在新场、谢家坪之线，筑工警备。

五七一团（欠一营），午前九时十分，开始向仙峰山、老熊岩之匪佯攻，以一部向狗爬岩前进。十时三十分，老熊岩之匪动摇，即由仙峰山东侧向匪猛攻。十一时，匪不支，向峡口坝溃退。同时二十分，确实占领仙峰山，复以主力向峡口坝跟追猛攻。午后二时，追抵峡口坝，协同第五师及五七六团，向丁村坝攻击。午后三时，占领丁村坝，乃与师主力会合，归还建制。

第一纵队方面游击支队：游击支队（由第五九、九十两师侦探连及各团侦探队、民团第六大队编成），于二月十日经四田坝、星宿岩向老君山之匪攻击。十一日拂晓，确实占领之，即向尖峰顶威胁匪之侧背。

第四军第九十师：

第九十师，于十日进至廖叶湾、洗澡池、关地头一带地区。午前十二时，向四田坝、刘家山之匪攻击而占领之。十一日午前七时，第五四〇团向黄泥冈、岩口上、孙家山之匪攻击前进。我官兵在迫炮、机枪火力掩护下，勇往迈进，八时五十分，遂确实占领黄泥冈、花秋坪之线。即从一营向三块田攻击，协助第五三七团之作战，并以一部向令牌山扫荡残匪，团主力集结黄泥冈附近，整备续进。时五三七团第三营向金花庙、廖湾头、李家山之匪攻击前进。九时，我空军活跃天空，陆空协同，连破匪五层强固之工事。九时三十分，我五四〇团第一营攻占三块田，侧击廖湾头、李家山之匪。我五三七团第三营，亦勇往直前，匪纷向大冈上溃退，该团第一营续向尖峰顶、杨旋坪攻击前进，盘踞山顶之匪，密投手榴弹，我即迂回尖峰顶侧击该匪。午前十一时三十分，遂确实占领尖峰顶，匪纷向杨旋坪溃退。下午零时三十分，第五三五团第三营，向大冈上之匪攻击而占领之。该师以一部向始阳、天全追击外，主力即集结杨旋坪、尖峰顶、老君山、李家山一带地区，筑工警备。

第四军第五十九师；

第五十九师，于十一日十二时以前，均集结廖叶湾附近，为第一纵队之预备队。下午一时许，向大冈上挺进，二时占领大生溪，三时半占领炒米寨、关口上阵地，即派一部向群山、始阳方向追击。

第九十二师：

第九十二师（欠五四九团），于十一日占领白岩、老熊祠线。五四九团随部于午后六时推进至陈家坝。

第六十一师：

第六十一师（欠三六三团），集结新添站附近，为总预备队。本期战斗经过如附图第五。〔图略〕

决战时之景况：

连日阴雨绵绵，惟我总攻之二月十一日，则天气晴朗，阳光微照。陆空炮之协同，甚称圆满。土匪虽高沟深垒，占地形之绝对优势。然以我军攻击精神之旺盛，兼得空炮之有力协助。其活动即大受压制。由午前九时亘十二时，我第五师及第九十师，连破老熊岩、寨子山、李家山、金竹林、香樟树、尖峰顶一带匪之数层强固工事。十一时，我第五师克复老熊岩、八岭寨时，双方激战约一小时，连续肉搏数次，匪伤亡枕藉，纷纷溃窜，我第九十师克复三块田、金竹林、香樟树时，空军不断轰击，步兵得在其掩护下勇往迈进，接近匪阵地或山脚，彼此则密掷手榴弹，白刃冲锋。当此时也，烟火弥天，血肉横飞。我官兵一往直前，如风扫残叶，连破匪之五层坚固工事。土匪除一部逃窜外，尸遗遍野，亦云壮烈矣。

同日午后六时，总指挥率同幕僚进驻苦房沟，将本日经过战况及匪情地形详加研究。关于翌日之行动，下如次之决心：

决心

本路军以继续攻剿飞仙关、始阳、天全之匪之目的，决于明（十二）日派出追剿队，对上记之线，施行追剿。主力在总子坝、新场、谢家坪、炒米寨、杨旋坪、老君山、老熊祠、铜鼓山之线，择要建筑碉楼，并完成攻击诸准备。

理由

一、匪情：十一日午后二时，得航空队之报告云：芦山、始阳道上有匪五六千，向始阳增援；始阳、天全道上有匪二三千，军容甚整。且天、芦为匪盘踞数月，必不轻易放弃。我川军方面，目下亦无积极行动。故判断匪必移主力企图在雅河北岸与我一决雌雄，此为其至当之行动也。

二、地形：雅河水枯，徒涉点虽多，然对我军之进攻，亦成极大障碍。且飞仙关、始阳、天全以北，地势险要，为自古用兵必争之地。匪必前凭地障，后依大山，在该线取间接配备，乘我军分离之际，转取攻势。依上之判断，则我军进攻该线之匪，不得不预作详密之侦察与准备。乃根据以上之决心，于午后八时半，下达第二号训令。

十三日正午十二时，总指挥率两纵队司令官及少数幕僚，赴新场前方侦察匪情地形。当即决定于明（十四）日推进至雅河南岸，十五日续向飞仙关、始阳、天全之匪攻击前进。午后六时，下达第三号训令。

乙、战斗第二期（二月十五日至十八日）

第二纵队方面第六十一师：

第六十一师，于十四日肃清雅河南岸之匪，而占领牛路岩、罗布地、乐安村一带地区。十五日午前十一时，以三六一团由罗布地、三六六团由水坝强行渡河。惟因水深流速，徒涉困难。北岸之匪，凭碉猛烈向我射击，第三六六团官兵奋不顾身，团长身先士卒，不料于渡河中中弹殒命。下午二时，攻占多功村、圈子冈一带阵地，残匪节节败退。我三六一团一部在芦山河东岸（多功村附近）与匪对峙。主力尾匪向罗代坝追击。十六日拂晓，第三六六团第二营，于牛路岩附近，用木排偷渡飞仙关，激战一小时，遂确实占领之。午后三时，第三六三团进抵横山冈，匪凭碉顽抗，经我迂回抄袭，匪始退去。是晚，我三六三团追至百家店，三六一团追至三江口，与匪对峙。十七日拂晓，第三六三团续向芦山追击，匪以左右受迫，乃向双方场方向溃退。

第九十六师：

第九十六师（附第五师第二十七团），于十四日进占庙子冈一带高地。十五日午前八时三十分，乘烟雾未散，以五七三团由庙子冈附近渡河，五七一团午前九时，由凤凰咀继续强渡，凭踞工事之匪，略事抵抗，即向始阳西北溃窜。五七三团即于九时三十分，占领始阳街，师主力亦均渡河完毕。除以第五师第二十七团向天全方向协助第九十师之追剿外，师则分两纵队向眉纤场、十八道水之线追剿。十六日，师主力进至落谒坝、眉纤场之线。十七日午前七时，以一部续向芦山之匪攻击，而占领其东北高地，我川军之一部乃乘机入城。

第一纵队方面第九十师：

第九十师于十五日拂晓，以五三五团第一营由三个庄附近渡河，午前七时三十分，击溃盘踞始阳之匪而占领之。第五四〇团第三营，于午后三时三十分，由龙隐渡河而占领天全，残匪纷向灵关方向溃窜。该师之主力，是夜即集结始阳附近。

第九十二师：

第九十二师，于十四日午后三时，驱逐沿途散匪，而到达张村。五时，进抵思经坝附近发现匪约一团，占领其北方高地。其先遣队由翼侧向匪包围攻击，六时三十分攻占之，与当面之匪彻夜相持。十五日拂晓，驱逐雅河南岸之匪，于午后二时，以一部渡河，迂回大冈山以西，主力三时许，进占天全城，残匪向灵关溃窜。是夜，该师之一部占领大冈山、龙冈山之线。

第五十九师：

第五十九师，于十五日午后五时三十分，全部渡河完毕，集结于始阳及其附近地区。十六日晨，以挺进队（由师侦察连、各团侦察队、三五一团之第二营编成）向永兴场、老场之线追击。以三五四团经任家湾，马路岩向露春庙搜剿。是夜，挺进队到达六口田西方高地，三五四团到达露春庙附近，与残匪相持。十七日，继续向灵关追击，沿途清剿。下午六时，三五四团到达天全寺，挺进队到达大庙附近。十八日继续穷追，击破匪之后卫。午后六时，确实占领灵关及其东西高地，残匪纷向宝兴方向溃窜。本期战斗经过，如附图第六。〔图略〕

第七　战斗之成绩

我军亘数日之血战，收复天、芦。卒将土匪主力伪第三十军、第四军及第三十一军、三十二各军之一部，完全粉碎。并击毙伪第十一师师长陈迁道于新场之役。是役我军人马伤亡统计表，如图表第一、俘获如附表第二、武器弹药损耗如附表第三。〔表略〕

第八　战斗后匪我之行动

战斗后我之行动，如附图第七。〔图略〕

第九　勋　赏

委座马申行范本熔代电：

第二纵队参谋长余韶努力工作，殊堪嘉慰。准照剿匪惩奖条例第二十二条第十一款之规定，记大功一次，以昭激劝。

委座元亥侍参京电：

希详查本战役出力人员具报，以凭奖叙为要。

委座寒酉行范倚电：

此次仙峰山剿匪胜利，空军助战得力，实堪嘉许。准由本行营奖给洋二千元，以示鼓励。

顾主任元辰行筑电：

贵路军此次胜利，为进剿以来未有之可勋。兄等指挥有方，各官兵努力奋斗，至深佩慰。除已令由行营发给犒赏洋一万元外，尚希将出力人查明具报，以凭奖叙为盼。

第十　战后之我见

我军方面之优点：

一、攻击之准备周到。对占领坚固阵地之匪之攻击，如无周到之侦察与准备，必致牺牲大而收效少。我剿匪军每次之失败，此实一最大原因。本路军自西征以来，深明斯旨，尤以攻击重点之选定，必须详加研究。即就两河口附近地形观之，亡君山在吾之左，悬崖峭壁，只有一小径可通；玄空山、仙峰山在吾之右，高耸云霄，为天、荥之门户。老熊岩、八岭寨、李家山、大冈上，则罗列吾前。匪有数层之纵深阵地，两翼既难以迂回，中央突破，又为山战地所少用。然此阵地，有一最大之缺点，即仙峰山、老熊岩过于突出。就局部言，我第一纵队之攻击重点，指向寨子山，为对该突出匪部，采取侧面攻击。但就全般言，我攻击重点指向寨子山、李家山，则为采用中央突破之战法也。

二、攻击精神旺盛。历次战役，我官兵均一往直前，前仆后继。留守后防及在战斗中作预备队者，每以未杀匪为憾。此固由上下之信赖，与明确之认识所致。而高级指挥官之能以身作则，与士兵同患难，故能使怯者勇，弱者强。

三、陆军之协同确实。此次之进剿，得空军之助甚多。匪阵虽形如铜墙铁壁，然受我空炮火力之压制，势如摧枯拉朽。事实屡给吾人之教训，有良好空军，如无良好的陆军，则徒耗空军之人力物力，于战局毫无所补。本战役陆军之协同，尚无此种遗憾，兹仅举其荦荦数端。至关于战术上之运用，除少数有背原则外，余均适合实战之要求。

我军之缺点：

一、通信每致失时。战时关于通信联络，最为紧要，胜败存亡，均系乎此。山地作战，虽受限制，然如预为周到之准备，亦可期其确实。此次我第五师攻击老熊岩之部队，已将该山占领约一小时，因与指挥所联络中断，致引起极大之误会，以该山尚系土匪占领也。与第九十二师方面之有线电话，亦时发生故障。十四日夜，限该师于十五日拂晓进占始阳之电令，终宵未能发出，此由驻止后未架设无线电之故。以上之错误均须于平时训练之督饬之，使勿再蹈此过失也。

二、伏龙桥之役，我第五师第二十五团之一连，由正面攻击，致全连伤亡大半。此由连长不能认识地形及无战术头脑所得之恶果。欲强行通过一浮桥，而对占领坚固阵地之匪攻击，其不成功，殆无疑问。结果仍由丁村坝渡河，威胁匪之侧背，而获胜利。由此可证明违背原则者必败，适合原则者，损害少而成功大也。

三、渡河必须有详密之侦察与准备。我第六十一师第三六六团由河水坝渡河，侦察既不确实，又无渡河准备，水深流速。团长亲率四连强行徒涉，结果渡过河者仅数十人，而溺毙者百余。勇气固可嘉许，而在有准备余暇之渡河，此种牺牲似觉不值。此由各级主官平时对于河川战，少有研究之过。今后应注意及之。

土匪方面：

一、无计划、无决心，丧失良好机会，焉有幸存之理。

二、内部分隔，饥寒交迫，日暮途穷，只求苟延残喘。

附表 〔略〕

〔国民党政府军事机关档案〕

13．国民党“剿匪第二路军第一纵队”吴奇伟部与红军在四川天全附近战斗详报

（1936年2月）

A、战斗前匪我形势之概要

一、朱、徐股匪经我军在荥、雅属之观音铺、吉子岗、垭子口、望头崖、月来山各地区先后击溃后，其主力乃退据天芦一带积极补充整理，其第四军全部在老君山、仙峰山、飞仙关一带构筑坚强工事，凭险固守，以待萧、贺股匪北来之会合，赤化川康，而与陕甘诸匪相策应。此时老君山、仙峰山一带匪之工事及兵力配备并我方之概况如附图第一。〔图略〕

二、我路军拟以本纵队突破老君山、李家山、炒米寨、大生鸡一带之匪阵地，将其压迫至天全河以北地区，以便我第二纵队包围仙峰山、老熊崖之匪而歼灭之，再进占天、芦、宝兴，以摧毁其残余，而使黔、陕、甘诸匪势孤力薄，日促于灭亡。其训令之

要旨如下：

一、第二纵队二月十日配置于牛路沟、月来山之线，作攻击仙峰山、老熊崖之准备，主力集结于望头崖附近，作攻击寨子山之准备，二月十一日开始攻击前进。

二、第一纵队附近炮（周营）两连，二月九日以主力进出于滥池、廖叶湾、陈家霸附近，十日先攻略老君庙、新受崖、刘家山、黄泥岗、花秋坪、任家湾一带匪之警戒阵地。十一日午前九时开始向李家山、金竹林、赵家岗一带之匪攻击。

三、第六十一师除以一团守备荥经主要碉线外，主力于二月十一日午前九时集结于新添站。

四、空军于二月十一日午前九时开始活动。

B、战斗地之状态

一、老君山高耸入端，羊肠小道攀登不易，惟一经领有则对天全已成建瓴之势。

二、李家山、赵家岗、黄泥岗等处均筑有强固工事，李家山重层配备，共有七层，赵家岗、黄泥岗亦四五层不等。

三、白崖、老熊寺为我左侧之支撑点。

四、新添站、小河场以北地区到处崎岖泥泞不堪，运动颇感困难。

五、由大垭口、刘家山顺河下油洞口至伏龙桥之河流，到处可以徒涉。

C、战斗中之天候

一、二月九日晴。十日阴晴。十一日阴晴，甚冷。十三、十四、十五等日均阴晴。

D、战斗前部署

匪之阵地正面既形坚固，拟先派兵攻占四田霸、刘家山、海螺寺、任家湾、花秋坪一带之匪阵地，准备由其右侧攻击，横断其阵地，同时以一部占领老君山，相机进逼其右后方之尖峰顶、令牌山、孙家山一带，使我正面攻击容易，并截断天全、始阳方面之匪来援。故下如下之命令：

一、伪第四军占领老君山、新受崖、黄泥岗、花秋坪、任家湾、金竹林、赵家岗、李家山，大岗上、关口上、炒米寨、谢家坪、寨子上、老熊崖、仙峰山一带阵地，其主阵地在金竹林、赵家岗、李家山之线。

我第二纵队于二月十一日攻击寨子上之匪，尔后向谢家坪、八棱寨之匪攻击前进。

空军于二月十一日午前九时开始活动，协助我军决战。

曹游击支队（五九、九十两师侦探队编成）于二月九日，由汤家沟向老君山前进，攻占后即按情况向尖峰顶或令牌山方向前进，并截断天全、始阳方面匪之来路。

二、本纵队以进占始阳、天全而利而后进迫土匪退守宝兴而封锁之目的。拟于二月十日起开始攻击当面之匪，重点指向香樟树、金竹林、大岗上。

三、兹规定部署如下：

甲、第五九师于二月十日进击蓼叶湾、曾家院子附近，作进击大岗上、关口上、炒米寨之准备，俟二月十一日第九十师攻占李家山、走马岗。第二纵队攻占寨子上时，即由西河口及其以西地区渡河进击大岗上、关口上、炒米寨一带之匪。

乙、第九十师于二月九日进击滥池、施家湾之线，二月十日驱逐刘家山、新受崖、海螺寺、黄泥岗、任家湾、花秋坪一带之匪，而作攻击香樟树、金竹林、赵家岗、李家山、三块田、走马岗一带之准备，二月十一日午前九时开始攻击前进，将该匪击破后，除协助五九师作战外，其攻击到达任务至杨线坪。

丙、第九十二师除以一团守备主要碉线及派出游击队逐日向苦蒿沟方面佯攻外，主力于二月十日进击宋家沟、和平头线，驱逐大坪顶白崖线之匪后，以一团配置建碉警戒，掩护左侧，其余位置于四季坪附近，为本纵队预备队。

丁、周炮迫营（欠一连）归欧师长指挥，二月十日应进入刘家坪、山坪上附近阵地待命射击，尔后五九师进攻大岗上时，该营即归韩师长指挥。

戊、作战地境

三六军＼望头崖—两河口—大生鸡—瓦子坪—连成之线
五九师＜
九十师／滥池—金花庙—走马岗南端金福寺之东方小沟--大岗上西端连成之线

线上属左方部队

四、余现在若房沟，战斗开始时在望头崖。

余略

下达法笔记传达

F、战斗经过（附图第二）〔图略〕

一、第九十师于九日下午到达蓼叶湾、洗澡池、关地头之线，十日以第五三五团及五三七团集结于曾家院子、蓼叶湾附近为预备队，令第五四〇团向四田霸、新受崖、令牌山、海林寺、孙家山、黄泥岗一带之匪阵地攻击。正午十二时开始战斗，第二营由四田霸西端凹地向四田霸、新受崖、刘家山之匪碉堡攻击，以受该团位置于滥池之机关枪连（欠一排）迫击炮集中火力之掩护，奋勇猛进，遂于午后一时占领新受崖、刘家山阵地，继向海林寺、孙家山攻击前进。该匪虽恃有坚固工事及轻重机关枪之火力，幸该营官兵不顾死生，直扑匪阵，午后二时三十分，卒占领海林寺至孙家山。匪阵地居高临下，攀登困难，加以重层配备之工事，经反复猛攻，而又受崖口上之侧射。时既傍晚，我军伤亡亦重，乃令停止攻击，并集中海林寺附近。是夜见有火把千余，由仙峰山、伏龙桥向李家山移动，当令严密戒备。十一日该师令第五四零团于午前九时，限其攻占孙家山、崖口上、黄泥岗、任家湾、花秋坪之匪阵地，并以一部协助第五三七团攻击李家山、尖峰顶。午前七时，该团以第二营向孙家山、第一营向崖口上、黄泥岗，第三营向黄泥岗开始攻击前进。激战数次。匪不支向李家山、三块田溃退。午前八时五十分，遂占领花秋坪、黄泥岗之线。至该团第一营续向三块田攻击后，即协同第五三七团攻击李家山、尖峰顶之匪第三营之一部，亦续向令牌山追击，余则集结黄泥岗附近。第五三七团于是（十一）日拂晓前推进至沙坪上西端凹地，候第五四零团攻占黄泥岗、花秋坪之线，即向李家山、金竹林、走马岗之匪攻击前进。午前八时五十分，当第五四零团占领黄泥岗时，该团已推进至河边，即以第三营向金花庙、蓼叶湾、李家山之匪攻击前进。惟李家山之七层坚固工事及侧防均极巩固，几经血战及空军之掩护，与第五四零团（由三块田侧击蓼叶湾、李家山之匪）协攻，遂于午前十时卅分，确实占领李家山金竹林等阵地，匪分向杨线坪、大岗上溃窜矣。尖峰顶正面攻击亦颇困难。该团乃令第一营绕击背后进击该匪。午前十一时卅分，即占领尖峰顶，第三营亦继至，除第一营之一部沿香樟树向大岗上追击前进，于午后零时卅分确实占领外，余与第三营在尖峰顶构筑工事，对天全、老君山方向施行警戒，该团团长率预备队，则推进至杨线坪策应矣。

师长率第五三五团为预备队，先位置于刘家坪附近，尔后随第五三七团后尾跟进。午后零时卅分，与第五四零团之第三营及第五九师第三五四团之第三营攻占大岗上，匪分向始阳、天全方向溃窜。该师除以第五三五团向始阳方向追击，以第五四零团第三营及第五三七团之一营，归第五四零团谢团附指挥，向天全方向追击外，余均集结于老君山、尖峰顶、杨线坪、李家山一带地区建碉警戒。周迫炮营（欠一连）在刘家坪东端高地占领阵地，当战斗时，先协助第五四零团制压孙家山、黄泥岗之匪后，协助第五三七团攻击李家山匪阵地，以后即归韩师长指挥。

十四日匪大部仍在雅河北岸凭垒固守。乃令该师经白马庙由四个字强迫渡河，攻占天重山及猫儿岗后，主力则集结于猫儿岗，以一部相机进占天全或始阳，而与第五九师相连络。十五日拂晓，第五三五团第一营强迫渡河，击溃始阳之伪三十军八八师之一部，午前七时三十分遂占领始阳。

第五四零团第三营，亦于是日正午由龙隐渡河，下午三时卅分进攻天全而占领之，匪遂分向老场、灵关、宝兴方向逃窜矣。

二、第五九师于九日下午到达铜厂沟、后聚坝，十日下午到达刘家坪、蓼叶湾附近，十一日以周迫炮营（欠一连）先于神龙山附近阵地射击大岗上之匪，次于横路头北端附近阵地射击炒米寨之匪，掩护第三五四团及第三五一团之攻击。

第三五四团俟第九十师攻占李家山时，即展开于神龙山以北地区，向大寨山之匪攻击前进。下午一时，迭次向大岗上各高地猛攻，遂确实占领之。第三五一团俟第九十师攻占李家山，三大军攻占寨子上，特即在李家坡以东展开，向关口上、炒米寨之匪攻击前进，下午二时占领大生溪后，并续向炒米寨攻击，下午三时卅分遂又占领炒米寨及关口上。其第三营附侦探连，嗣向天王庙、关帝头继续追击，于下午五时占领之。至另派之两追击队约一连以上，一向始阳，一向王家河、河口上、群山上方向追击至木桥岗附近，因天色已晚，地形不明，乃归还建制至关口上、炒米寨警戒。

师长率领第三四九团及师直属队，推进至横路头时，除令第三五四团及第三五一团在大岗上、关口上巩固原阵地外，即以第三四九团向始阳追击，该团之第一营追至侯家坝、五羊寨之线，匪约五六百与之抗拒，激战数次，匪不支，溃向熊公桥、群山上及始阳镇方向退窜。

十二日除派部队进至始阳河南岸游击外，余均在大岗上、关口上、炒米寨及雷家沟、严家沟、月儿台、天王庙、关帝头一带构筑碉堡。

十四日，令该师于明晨经白马庙由三个庄强迫渡河，进占猫儿岗，与薛家沟之卅六军相连络，主力则集结于猫儿岗，以一部相机进占始阳。

十五日该师全部于午前十时，由三个庄进至始阳。

三、游击支队（五九、九十两师侦探队编成）于九日由汤家沟向老君山攻击前进，该匪约四、五百，持有轻重机关枪，凭险顽抗，鏖战至黄昏以后，未得进展，至十一日拂晓，该游击支队另以一部由右侧绕攻，匪不支，向天全方向溃窜矣。

四、第九十二师十日以第五四七团由和平头、垭子口攻占白崖、陡陂坪及太平顶亘铜鼓山之线。午后三时，该团到达和平头，以第一营由水子地向占据白崖、寨子山之匪攻击，该匪稍行抵抗后，即向太平顶亘老熊寺退窜。午后六时十分，白崖、老熊寺之线遂为该营占领。

第五五二团守备二道坪、芦房上、王家山一带阵地。

第五四九团为预备队，位置于懒板凳附近，该师师长战斗指挥所则进至水子地矣。

十一日午前七时，第五四七团之二三两营均到达滥池、甘子坪、水子地附近，第一营由寨子山续向大平顶，第二营由白崖向老熊寺之匪攻击前进。因沿途泥泞，倾斜急峻，及匪之凭险顽抗中，经数次之激战及我空军炮火之掩护，至下午一时卅分，方将匪之全线击溃。

第五五二团亦于是日派出游击支队，由林口向苦蒿沟前进，午前八时驱逐大桥匪之便衣队，十时进击茨竹坪之匪，以路隘地狭，展开不易，除留一部待攻外，主力由两侧迂回前进，至铜鼓山、榨地崖附近，适由大竹坪、青杨宫约来一营之匪增援，当与激战二小时，至午后三时，遂占茨竹坪等阵地，该师师长率第五四九团于是晚到达陈家坝，为本纵队预备队。

十二、三两日，该师除第五四七团之一部，守备老熊寺、大平顶外，其余均集结于陈家坝、滥池、四田坝一带地区建碉警戒待命。

十四日午前六时，以第五四七团第一营及各团侦探队组成先遣队，由王团附介崖指挥，向思经坝方向追击前进，下午五时到达思经坝附近，即向思经河北岸之伪八八师二六三团攻击，此时该先遣队之左侧支队，至思经坝西端密林附近发现该匪企图抄袭之埋伏部队，乃转向该匪包围而击溃之，下午六时卅分，该先遣队遂占领思经坝矣。

该师除先遣队在思经坝一带与匪相持彻夜外，余各部均在原地待命。

十五日拂晓，令先遣队继续向匪攻击前进，强渡雅河，另以一部迂回大岗山以西攻击，遂于上午三时占领天全城，该匪遂向灵关方向狼狈溃窜，该师全部亦是时到达天全城矣。

F、战斗结果　〔略〕

G、战斗后之所见　〔略〕

中华民国二十五年三月

〔国民党政府军事机关档案〕

（十）对湘鄂川黔边区革命根据地的进犯

一、在红二军团革命活动时期

1.陈策勋等关于与红军贺龙部在湘鄂边境作战致蒋介石的报告

（1929年4—10月）

一、陈策勋报告（四月七日）

四月七日午后一时报告于桑植指挥部。

一、顷据确报，共逆贺龙在鹤桑交界之堰垭一带，纠集匪徒数千人，枪八百余支，有即日进犯桑植，实行屠杀放火主义，人心震恐。

二、职已令所部第一大队长陈佑卿部进驻虎前坡，第二大队长王东海部进驻银汗塔，前敌指挥刘子维进驻上罗峪，均限于明八日赶到目的地，并头向堰垭之匪攻击前进。

三、职率手枪队暂驻县城镇定人心。

四、查贺逆龙此次犯桑为势甚大，职为救全地方保护民命计，决心与该逆拼命死战，伏恳钧府迅令与桑鹤接近各县之军团，一致围剿，共歼巨魁，以除党国后患，毋任切祷。

上四项谨呈

国民政府主席蒋

桑鹤联防剿匪指挥陈策勋

二、陈章勿电（六月廿二日）

辰州。南京。国急。限急刻到。南京国民政府主席蒋钧鉴：周朝武匪团长向倭权部祸桑，经职迭次痛击，始于六月己亥日击溃出境。否料巨魁贺龙率怪装异服之匪众千余人，乘职百战疲急，于寒日由洪市向桑城猛攻，职督饬所部与匪战三小时，我独立连全部官兵战死，各队伤亡廿余，匪势顽强不易击溃。乃率全部暂退沿溪亭，与庸慈团防联络，再图进剿。乃该逆又复率队尾职追袭，连日在小溪口、沿溪亭一带激战中。惟职部子弹耗尽，每与匪战多白刃相接，伏恳发给数万发，交属县旅省同乡陈少云、王庸知二君运解来桑，俾早剿灭贺逆，以靖党国大患。恳飞令大军来援，临电不胜迫切待命之至。桑麻剿匪临时指挥陈章匆叩。祃。印。

三、陈策勋报告（六月廿七日报告）

六月二十七日午前八时报告于桑植空市行营

一、共魁贺龙自盘踞桑城后，大倡赤化，凡上百谷之家，概被抢罄。以金银犒匪众，以食余粟帛分散各乡贫民曰赈济，无知农工多被煽惑盲从，附和日有数百。

二、职与该逆迭次血战，因子弹空虚，众寡悬殊，不能即日剿除，使地方糜乱，党国含忧，至为心痛。

三、职已电请陈渠珍司令派永顺向团子云，又联络大庸团防熊相熙部进剿贺龙。职函向子云，限二日内到达泥市南岔一带，熊部由大庸限二日内到沿溪坡。职部集中空市，令达望团防限二日内达到双市、梅市一带，向匪取包围势。一俟各方到达指定地点，即一鼓将该逆剿灭，以除党国后患，战情续报。

四、职部行营参谋长刘汉元，前日由职派赴永顺向团长处接洽一切，行至桑永交界之苦竹河，被匪团长贺桂如擒获，在桑城辫杀，因公殒命，至为惨伤。伏恳酌给抚恤，以励来者。

五、恳对共匪前敌指挥王炳南团长贺炳南、贺联元、文南渊、贺桂如、伍庆谱、覃奏章、谷志龙，营长贺沛卿、贺文举、向圭如、宋春晓、贺文书、周占标、李皋清、贺子林、谷志南、明平如、刘玉阶、刘海云等一体通令缉拿。

上五项谨呈

国民政府蒋

桑鹤剿匪临时指挥陈策勋

四、陈策勋报告（七月十三日）

七月十三日午后一时报告于桑植咸市呈

一、本日午正刻已由职派往永顺谷副官志德回部，特向团长子云函该部全数向桑植逼进，依照职所定计划围剿贺龙。

二、职刻已飞调江垭徐得书部星夜前来，并飞函大庸熊相熙团队进驻沿溪坡堵截矣。

三、职部各队已决于本日午后三时向瑞市前进，扫除瑞市之敌，奋勇前进，期于十四、五日达到剿灭贺龙之目的。

余情续报。

上三项谨呈

国民政府主席蒋

桑鹤剿匪临时指挥陈策勋

五、陈策勋报告（七月十三日）

七月十三日午前六时报告于桑植咸市指挥部呈

一、本月十一日午刻，共匪伪指挥王炳南率伪团长贺桂如、谷志龙等袭击我空市警戒部队，我陈营长涤瑕率兵迎头痛击，将匪击退十余里后，以大股匪队赶到，与陈营在东旺坪激战两小时，陈营不支，退守空市，匪复跟袭追至叶市，职当率部增援，在叶市激战一小时，匪势不支，向桑城溃窜，职追至空市停止。此役计毙匪十八人，职部伤十一人。

二、职居宅在空市被匪毁乱无存，地方被匪劫一空，并将职叔陈才勇捉去，生死不卜。

三、职以与陈司令渠珍之部队尚未切实连络，单独不能突进，指挥部仍于十二日移驻咸市。

四、恳钧府迅令陈司令及常澧两李旅迅速前来围剿，以解人民倒悬，免至滋蔓难图。

上四项谨呈

国民政府主席蒋

桑鹤剿匪临时指挥陈策勋

六、陈策勋代电（七月十一日）

特急。南京国民政府主席蒋钧鉴：共魁贺龙率党扰桑，及职部痛剿情形一再详细呈报钧府在案。刻职部又电恳陈司令渠珍另派陈、戴两团率同永顺向团由永顺出桑植泥市、南岔向桑城进攻，另派一部由万民岗抄出凉水口截逆后方，并约同大庸团防吴玉霖部出义安乡、青岗坪、土地垭（系桑城后山），熊相熙部出沿溪坡向桑城攻击前进。慈利徐传书部协同职部由叶市、空市、瑞市向桑城正面攻击前进，并另派一部抄出双市、洪市一带截逆归路。各方均由职分别派出官长联络，一俟妥当，即刻动作。贺逆虽狡悍，经此八面围剿，决可生擒。伏恳迅令陈司令之部队星夜前进，并恳电令湖北省政府、电令鹤峰军团堵堰垭一带，来凤团队防堵沙道沟，以防贺逆击溃奔窜鄂西。职又约石门罗效致团队出宜沙走马坪一带防堵矣。职与该逆誓不戴天，决一拼死活。战情容续报，谨先电呈，伏恳指示机宜，毋任盼切。桑鹤剿匪临时指挥陈策勋叩。真。印。

七、陈策勋报告（七月八日）

七月八日午后五时报告于桑植咸市呈

一、本月四日两报告计邀睿察。

二、贺逆自得利于向团后，获枪一、二百，逆焰顿长。职以为如不迅予扑灭，则虎翼已成，为害党国，实非浅鲜。已联络慈利徐传书、大庸熊相熙两部，克日进剿，并通告永顺向团子云定期于十日、十四两日为会剿期，得覆后即可前后夹击。

三、战情容续呈报。

上三项谨呈

国民政府主席蒋

桑鹤剿匪临时指挥陈策勋

八、陈策勋报告（七月十四日）

七月十四日午后八时报告于空市指挥部呈

一、共匪贺龙盘踞桑植已逾一月，刻闻职部协同各邻县军团围剿，率匪二千余人，在桑城十里内外扼要布防，并构筑工事，预备固守。

二、本日拂晓，我友军向团已于共匪在朱家台、赤溪一带凭河接触，职部第一梯队长陈佑卿部及达泉、四望、龙禧三乡团防协同，于十四日上午十时将瑞市之匪驱逐，于午刻进占大泉寺，与匪在距城八里之小河口一带接触，匪势顽强，双方仍在激战中。

三、江垭徐传书团所派之袁、熊两营，本日尚未达到桑境，已一再去函催促前进。大庸熊相熙部已达沿溪坡，职正派人联络，猛攻尚城。

四、顷据确报，截至本日午后六时止，向团仍无进展，职已飞令所部由大泉寺抄出黄金塔，袭击五里桥之敌，则小河口之匪不战而溃。

五、向团与匪隔澧源之大河（即桑植西门外距城三里）渡船，均被匪挪，故向团不能飞渡，军事一时不能进展。职拟猛袭桑城，使匪奔溃，俾向团即早渡河殄灭共匪。余情后报。

上五项谨呈

国民政府主席蒋

桑鹤剿匪临时指挥陈策勋

九、陈策勋代电（七月十五日）

快邮代电

特急。南京国民政府主席蒋钧鉴：寒日报告计邀钧鉴。职部寒日拂晓将小河口与敌对抗之部队，由黄金塔抄出五里桥，桑城之匪震惊，乃放弃大河之阵地，以全力向职迎击，职亲到前线指挥猛攻，激战约三小时，血流成渠。匪又以一部由双市抄袭后方，职势不支，退守瑞市、大泉寺一带。适江垭徐传书团派参谋戈大江率熊、袁两营赶到，正拟猛力再攻，扑灭此獠。殊我友军向团在河西乘敌撤防之际，迟滞渡河，后闻职方枪声浓密，始行渡河，前部甫入桑城，匪以击退职之全力，反以击向向团，官兵畏贺之势退出桑城，渡河不及，又被缴械不少。正职反攻桑城，向团又退去永顺，至职与匪苦战终日，于删日黄昏全部退守叶市、咸市一带，刻正与徐部再联络向团施行反攻。但向团之力有限，贺贼之势日张，非强有力之大军进剿恐难成擒伏。恳迅令陈司令渠珍驻辰州之陈、戴两团，星夜入桑，协同职部进剿，不则匪势一成，非党国之福。临电不胜迫切待命之至。职陈策勋叩。删戌。印。

十、国民党湖南澧县党部电（八月七日）

澧县

南京。国民政府主席蒋钧鉴：窃共匪贺龙自窜踞桑植后，到处收编匪队，设所训练实力，日充凶焰愈炽。上自永顺，下至慈庸等县，均已沦为匪窟，烧杀淫掠，惨不忍闻。近又侵入石门，津市已与属县接壤，大有向县直下之势。人心因极惊恐，迭电属省清乡司令部告急，仅沭电令李韫珩旅长就近防剿，而李旅兵力单薄，附近团防又多讳败邀功，伐此悍匪，若无重兵围剿，恐难扑灭。谨再电恳钧府务乞迅派大兵刻日围剿，以除根株，而免蔓延。临电无任迫切待命之至。中国国民党湖南澧县县党部叩。虞。印。

十一、陈策勋报告（七月廿七日）

快邮代电

国急。南京国民政府主席蒋钧鉴：顷据职部派出赴保靖申请陈司令渠珍另调大军会剿贺龙之副官陈基荣返部面报，陈司令之第一团陈运夔团已到永顺，俟辰州戴季韬、永绥宋祚永部到达，即行向桑植进攻，预计七日内外决可动作。查贺逆匪众向职方警戒，职决俭日全部由三家店向桑植逼进，决俭日达到竹叶坪，艳日向叶市之匪队攻击前进，预计三日以内占领空市、瑞市一带，以与陈部联络夹击贺逆，殄此巨凶。战情续呈。桑鹤剿匪临时指挥陈策勋叩。沁。印。

十二、陈策勋呈文（七月廿四日）

呈为呈明剿匪铲共经过，恳予饬援，以奠党国而救地方事。窃共魁贺龙在桑之匪势日张，地方之糜烂日炽，致是故者有二大原因：（一）陈渠珍司令自奉到剿办该逆之上令后，轻视该逆，仅派一未经训练之向团进剿，而向团又未与职联络，以致一败再败，损堕士气，增长逆焰。（二）邻近各县长及军团不出一兵，不助一弹，乃纷电告捷，欺骗上峰。作用只在邀功，不特与事实战况不符，抑且蒙蔽我政府。天亶聪明，以为小丑跳梁歼灭甚易，致使党国元憝凶焰，愈滋愈长，星火燎原，曷胜慨叹。溯自贺逆自去年夏历二月初八潜回桑植，全县盲附得枪千余支。独职率百余子弟，首倡讨共，复导四十三军三师五旅龙裕仁部，于又二月二十五日先驱杀贼，转战至四月中旬，将该逆全部击溃，贺逆只身逃走。旋龙旅于五月初八移防鄂西时，由职变产以五千元购精良枪弹数百。贺逆于龙旅移防后，三日又复率其匪党及鹤峰召来之匪队千余人，于古五月十二窜回故窠洪市，经职于十三率部进剿，毙匪团长李云青，伤匪师长贺锦斋及毙匪目数十名，匪溃窜凉水口。职又一再痛剿，匪不支窜鹤峰之走马坪。大小二十余役，桑植始克肃清。适陈渠珍师长于桑植肃清之时，派余团长承俊来桑驻防，调职赴凤皇改编。职遵于古六月二十八日率全部开赴凤皇，正值缩编时期，职完全将枪支缴送，将官兵遣散回里，陈师长以军官教育团团长畀委。此贺逆去岁到桑不能倡乱，职能独力痛剿者械精弹足故耳。余团驻桑不久，又复调去桑防归周朝武，今春周朝武又去，防地空虚，贺逆见机以乘，率党由鹤窜桑，此今年正二月事也。适职回桑省亲，古二月初七抵家，行装甫卸，贺逆已率党窜至桑属之长瑞乡，焚毁团防主任刘子维住宅，气势汹涌，县城岌岌。全县人士及各乡团防，以职久忝戎行，铲共著劳，会同鹤峰团防指挥王宗渔、难民代表孙静峰敦请职为桑鹤剿匪指挥，呈请湘鄂政府备案，当蒙前湖南清乡督办署指令俯准。当将桑植团防编为四队，经数次击剿，贺逆不支，溃窜鹤峰。职又联合驻鹤司令马文德夹击，逆始下窜宜沙子良坪，桑鹤差告肃清。职正拟召集两县绅耆谋筹善后，值政府严令解散之周朝武部向克权团，由石门上窜慈属江垭，代县长罗文杰，前副主任向凤翔勾结来桑，烧杀淫掠，毫无纪极，职击剿数次，始将该匪击走，士疲弹乏已极。甫克桑城之第三日，贺逆被宜都谭师击溃上窜，率妖匪千余星驰袭桑，职部官兵奋勇争先迎头痛击，激战三小时，卒以逆众我寡，独力难支，乃退守庸属沿溪坡，又值朝雾濛浓，逆又来袭，又激战半日，伤亡颇甚，均先后呈报有案。职与贺逆相峙一月有奇，大小十余役，幸职部士兵概系桑籍，地形险阻尽所熟谙，尚未受若何巨创。计职成军半载，剿匪铲共数十余役，无一日之宁处。现当士兵万分疲旁，弹药消耗净尽，此次与逆相持，如非熟谙地形，知逆虚实，鲜不如向团之一蹶不振，溃不成军也。现正砥砺士气，晓以大义，立候援军，先导杀贼，贺逆不除，誓不偷生。嫉职者如罗文杰等尚多方嫁害，飞短流长，蒙禀政府，事实昭然，彻查即明，谰言固不足，颠倒是非，功罪亦尚待公论。

钧座明察毫末，固不必斤斤与较短长也。现下桑局满呈赤色恐怖，贺逆派其青年共产党羽陈昌厚（县农协主任）等，纷赴各乡组织农民协会，打倒资产阶级，屠杀知识分子，踉跄远走者侥幸获生，逃避不及者引颈待戮。日寻士绅办团者击毙杖下，凡马日前桑民未历受之残酷，均一一倍尝之。含痛茹哀，日盼援救来解倒悬，并广派党羽分赴湘西各县，联络各驻在军团（尤以澧临石慈庸等县为最多）倡言，何总指挥自广西败归，湖南军队完全调赴衡水防堵桂军，常、澧两李旅已在开拔中。并谓钧座北平会义未得圆满结果，私逃回京，冯、阎合力联俄，共产成功即在目前等语。该驻在军队团防素缺乏党知常识，一经此极悖谬之煽惑，均各蠢蠢思动。飞恳令饬湘西各县军政长官严密查拿，防范所部，并恳飞饬陈司令渠珍亲率劲旅星来驰剿，不但救全桑植三十万生命，且为党国除此元憝。否则滋蔓难图，后患有不忍言者。临呈悲咽，不胜悚息待命之至。谨呈
国民政府主席蒋。

桑鹤剿匪临时指挥陈策勋

十三、陈策勋代电（七月三十一日）

快邮代电

国急。南京国民政府主席蒋钧鉴：沁代电计达。职部于俭日酉刻进抵竹叶坪，侦知共匪团长谷志龙部五六百人，仍盘踞叶市，藉打土豪为名，将叶市、空市一带稍有资产者一掳罄尽，捉人勒赎，民不聊生。职部于艳子分三路围剿，以第一大队长陈佑卿部，由佘湖之左，经钟家界、长岭岗攻击叶市之左，以第三大队长刘景星部，由佘湖之右，经前村坪、走马坪、一碗水抄袭叶市之背。职亲率手枪排、机关枪排及陈涤瑕营渡佘湖，经咸市、分水岭、安家峪、由正面攻击前进。艳午与匪在叶市附近接触，三面围攻，激战一小时，匪势不支，纷纷由北爪峪、神子溪窜向家坪。职跟踪尾追抵向家坪，匪闻风奔溃，复黑夜经钟家坡，将钟世英全家男女十二口捉去，该地掳抢一空，由麦地坪窜梅家桥与贺逆双市之匪部联络，职部于艳亥在向家坪宿营。此役计夺获匪枪八支，毙匪十九名，职部负伤八名。陷晨职部仍折回叶市，午刻到达正拟向空市、瑞市进逼桑城，据探报我友军陈团尚未到达桑境，贺逆大部向我迎击，已达瑞市。以上职度实力小贺数倍，不能单独痛剿，乃退守佘湖之线，指挥部暂设竹叶坪，一俟陈团到达桑境，即兼程前进。伏恳电令陈司令渠珍星夜前来，否则匪势滋大，不易图也。临电不胜迫切待命之至。桑鹤剿匪临时指挥

陈策勋叩。世己。印。

十四、陈策勋代电（八月一日）

快邮代电

国急。南京国民政府主席蒋钧鉴：沁世两代电计邀钧鉴。共魁贺龙自击溃向子云、向凤翔两部后，猖獗异常，强压各乡成立农民协会，组织农民自卫军，按户清查，有不加入者，烧屋充产。随职逃难及转徙他乡者，计将近万，房产均被该逆烧充，惨不忍闻。自该逆谷志龙部被职于艳日击溃后，惹动匪怒，迅以全力跟职尾追，与职前线相距仅三里许，声言非消灭职部不能伸张正义。瑞空、叶咸各市，均被匪占据，又复压迫各市农民立刻成立自卫军，否则焚杀无余，农民纷纷逃居职部者日众。似此匪势愈趋愈大，职部弹粮两缺，与逆已五十余日之血战，钧部既无片纸支字见示，援军又迟迟未到，再予以滋长殊为党国前途危。该逆近更倡说谬论，谓苏俄已占领东三省，行见入关，川、湘、闽、赣、粤、鄂、黔各省各地均有共产军队，约期本年八月底全国暴动，附乱苏俄。种种非伦之者，民心浮动，各县有枪阶级者多存观望。伏恳钧座迅令陈司令渠珍星夜来剿，以救民命。临电不胜迫切待命。桑鹤剿匪临时指挥陈策勋叩。东晨。印。

十五、湖南省政府电（八月廿七日）

长沙

南京。国民政府古文官长勋鉴：密。敬电诵悉。共匪贺龙扰害湘鄂边境，业经政治咨由湖南清乡司令部限期彻底肃清。以一师兵力移驻湘西，担任清剿，现由桃源、慈利前进，另令陈警备司令渠珍选派两团，交曾副司令君典率领，向桑植进剿。至鄂西方面，迭经咨准鄂省政府函复，已由刘特派员转饬第四师张师长及独立第十一旅万旅长□施鹤县协同堵剿，似此狡黠当不难歼灭也。准电前因，特电奉复，致希转呈察核，毋行感荷。湖南省政府叩。感。印。

十六、陈策勋报告（八月十日）

八月十日午后三时报告于三家店呈

一、共魁贺龙于本月七日派其党徒覃奏章、谷志龙、王炳南、贺桂如等匪部，共计千余人，分两路由红沙溪、牛老庵进攻大庸、西教乡、中湖、教市各团防堡寨，双方激战甚烈。

二、职于七日午后六时闻耗，即星夜调徐十桐枪兵百名，会同职部第一大队长陈佑卿、第三大队长刘景星全部，于八日拂晓，由三家店出发，经康屯乡、思南峪增援西教乡。

三、本日据职部第一、三两大队长由西教乡、鱼泉峪九日午后五时报告称：1．职等奉令于八日拂晓率队赴援西教乡，于是日午后六时兼程进抵石家峪，据称中湖寨已于八日上午被匪攻破寨焚，团队溃退。职等即督队猛进，于午后六时与匪于中湖遭遇，激战二小时，匪势不支，溃散教市，与围攻教市堡寨之匪队会合。职等于九时完全占领中湖。九日拂晓职等即向教市搜索猛进，午前八时抵教市二里地，与教寨之兵夹击，奋勇前进，匪溃窜高竹山扼险死守。职等又分途猛攻，激战半日，匪不支窜桥头，跟踪匪又窜沿溪坡，于午后三时占领沿溪坡，匪大部窜回桑城。2．职等本拟乘势收复桑城，以覃逆率兵三百余人，尚潜据狮子老，跟即开回鱼泉峪，联络团队定计围剿。

四、此役计夺获匪枪柒拾贰支，毙匪百余名，生擒十三名。职已飞令陈、刘各队，协同团队限期肃清西教乡、狮子老之覃逆匪众，余情续报。

五、陈司令进剿之部队仍不见到，吴师亦未到慈。伏恳飞令迅速进剿，殄此穷凶。职等所部愿效死前驱，并恳令饬陈、吴进剿部队酌量分给职部子弹若干发，俾便杀贼，可否？俯候示遵。

六、贺逆匪众此次被我击溃，匪心惶惶，大军进剿，扑灭自易。

上六项谨呈

国民政府主席蒋

桑鹤剿匪临时指挥陈策勋

十七、陈策勋报告（八月十三日）

八月十三日午前七时报告于三家店指挥部

一、本月十一日报告，计邀钧阅。本日午刻据职部第一、三两大队长陈佑卿、刘景星报称：1．贺逆匪众经职等协同熊相熙、熊海卿各部击溃窜桑后，正分途围剿潜据狮子老之覃逆奏章时，不意贺逆亲督匪众千余人又复援覃，与职等激战三小时，肉搏半日，幸我官兵用命，匪未得逞，双方仍在对峙中。2．贺、覃诸逆刻占据高竹山、狮子老一带，我熊相熙部退守教寨，职部同海卿部在兴隆街、白羊坪一带准备进剿。等情。

二、陈司令之进剿部队迄今不到，一凭贺逆到处暴动，其如民命何？钧座爱民心切，伏恳令饬陈司令、吴师长星夜进剿，以解桑、庸倒悬，千万溷祷。

上二项谨呈

国民政府主席蒋

桑鹤剿匪临时指挥陈策勋

十八、陈策勋报告（八月十三日）

八月十三日午后一时报告于三家店指挥部

一、职商同徐团长小桐，于本日拂晓加派熊营长晓卿部及职部手枪队长陈及承、机关枪排长欧光荣各部赴西教乡进剿贺逆去矣。

二、顷据职部第一大队长陈佑卿飞报称：1．十二日上午一时，职等定计分三路猛攻贺、覃诸逆，佑卿、和卿两部由白马山攻高竹山，海卿、景星两部由屯田坪攻刘家垭，相熙、柏林两部由教寨出攻炮台岗。午前五时，各路均与匪接触，激战一日，各路均以无进展，仍退守白马山、川岭崖、教寨等处、伏恳飞援。2．西教乡、南木溪熊相熙一族及向刘各姓房舍被匪焚烧千余户，情极惨状。

三、迭奉湖南清乡司令部电令云：已令第一警备司令陈渠珍、第五十二师师长吴尚所部负责肃清贺逆。而各方之兵上未见到永顺，下未见到慈利，不知应任贺逆闹到如何地步，方能来剿。职弹尽力竭，九死一生，万恳以桑、庸民命为重，严令出兵进剿，造福无量。临呈不胜号哭待命之至。谨呈。

国民政府主席蒋。

桑鹤剿匪临时指挥陈策勋

十九、陈策勋电（十月五日）

快邮代电

特急。南京国民政府主席蒋钧鉴。共逆贺龙自职协同阎旅长迭次痛击后，刻已溃窜桑植与来凤交界之巴茅溪、水田坝一带，企图凭险再抗，于不支时窜来。职率所部响导阎旅万团会同追击至龙潭坪一带，正在跟踪穷追中，顷据确报，来凤无驻军，边境无兵防堵，是贺逆窜来凤必矣。职拟呈请阎旅长率部越境追剿，以除祸根。伏恳电令鄂省府迅派大军驰赴来凤、利川、施南一带堵截，协同围剿。否则此剿彼窜，长无肃清之日。临电不胜待命之至。桑鹤剿匪指挥陈策勋叩。歌午。于桑植龙潭坪。印。

二十、陈策勋电（十月六日）

快邮代电

特急。南京国民政府主席蒋钧鉴：歌代电计达。贺逆已于歌午率匪党窜往来凤。查来凤无驻军，施、利均空虚，贺逆窜去势必与该县之匪共结合，非迅即殄灭，贻害党国实无穷尽。除职部协同阎旅穷追外，伏恳急电鄂省政府派大兵由施、来、利、鹤取大包围势围剿，与职等协同动作，殊贼有肃清之望。贺逆此次溃窜实力无消耗，祸根仍在，万恳迅予计及。职陈策勋叩。鱼辰。印。于桑边银石坪距来凤三十里。

廿一、陈策勋电（十月十一日）

快邮代电

特急。南京国民政府主席蒋钧鉴：逆贺龙经职协同阎旅击溃后，率部穷追，本日午前十一时与逆众在内半坡之线接触，激战三小时，匪始不支，向东爪棚方向溃退。职于午后三时占领樟二坪，跟以熊大队及朱、袁两营向东爪棚尾追，务早殄灭此逆。计此役毙敌二百余人，生擒三十余人，夺获步枪拾支。职部伤大队附陈绍虞一员，士兵数名。惟职部自去今两年来，铲共剿匪所有子弹均未沐钧府颗粒发给，目前消耗罄尽，请领无由，伏恳钧府赐发数万，俾便补充，至为万恳。陈策勋叩。真。印。午后五时于樟二坪距来凤五里地。

〔国民党国民政府档案〕

2.湖北五峰县长朱文梁报告关于红军贺龙部攻克五峰情形电

（1930年3月12日）

十万火急。南京国府主席蒋、林委员子超钧鉴：三月四日贺龙率二千余匪，由长阳、资邱直扑属城，曾一度迎击，众寡悬殊，终难支持，旋即率队退伏宋家河。匪入，开放监狱，焚烧公署文卷物品，横街杀掳吏民。职仗总座德威亲督团防，幸免一死。五日调各保甲练队，六日拂晓反攻，匪以情形生疏，不辨兵团多寡，由北门退走。探匪之大队尚伏留袭五之鸟羊关，深堪注意。职虽带队进庄安民，防力薄弱，实难固守。飞请郭军长救援，其队已至属县渔关。窃贺龙盘踞鄂西有年，总难灭绝者，因匪往兵来，人民莫知所从。富且智者，目为土豪劣绅杀戮无余，贫且愚者，无产阶级麻醉殆尽。且山多险要，森林繁茂，守者可一当百，攻者望而生畏。不有大军围剿，团练引导侦探，匪区扩大，更难收拾矣。属县副团长杜正才、三区区团长孙永麟，治团有方，男女皆兵，贺贼未敢直犯长江者，端有此后顾之忧。职愿率五邑之健儿为大军之前驱。伏恳总座速饬两湖干队同时围剿，则贺龙指日可平，民众幸甚。惟职德薄能鲜，既失总座威信，复更遗误生灵，应请议处，谨盼钧命祗遵。湖北五峰县长朱文梁叩。文。印。

〔国民党国民政府档案〕

3.湖南津市商会关于红军贺龙部攻克津市情形通电

（1930年11月14日）

津市。南京中央党部、中央政府、长沙省政府主席兼总指挥何、省党部、善后委员会、各厅厅长、县长、县党部钧鉴；长沙各报馆、上海申报馆均鉴：共匪贺龙统逆众万余进攻津澧，迭电呼吁，道阻援滞，驻军复力薄难支，伤亡过半。支日午刻，属市遂为该匪攻陷，搜索劫抢达八昼夜之久，损失约数百万元，确数待查，蹂躏屠杀，惨不忍述。商民何辜，罹此浩劫。幸国军十一师张师长令马指挥昆山率部猛攻，协同军团夹击，激战两昼夜，至真未将该匪击溃，始向西北乡逃窜，刻尚在追击中。倘不立予剿灭，一旦卷土重来，吾民更无噍类。窃属市频经灾乱，元气凋敝，今复遭此空前惨祸，哀我孑遗，其曷以堪。兹特组织善后委员会，公推杨道馨、陈建勋等十三人为委员，以维市面。现状惟十室九空，补救乏术，恳迅予拯济善后，以恤难民。谨此沥呈，不胜企祷。津市商会暨各公法团叩。寒午。印。

〔国民党国民政府档案〕

二、在红军第二方面军活动时期

1.国民党第一路军何键部与红二方面军在湘西一带战斗详报

（1935年4—6月）

查本路军本年三月底以前剿匪经过，业经呈报在案。兹将本路军本年四月东日至六月底剿匪经过概况，继续分别汇陈如下：

一、作战命令

四月真未电令刘总指挥建绪、陶司令广、李司令觉、章师长亮基、陈师长渠珍。

命令：（一）自塔卧、永顺收复后，贺、萧残部逃窜龙家寨、马皮寨一带。（二）我军以协同友军将该匪合围聚歼于桑、龙，永间之目的，决定部署如下：（1）陶纵队之陶、章两师，除以一部仍任军大坪、大窝坪一带散匪之清剿及沅陵城防外，大部应迅速构筑自靛房（不含）、小甘溪、凤溪寨、那子溪、北门冲至钓矶岩（不含）之碉堡线，并维护永城王村至古丈之交通，左与陈师、右与李师切实连络。碉堡完成后，即向龙家寨、马皮寨一带觅匪主力进剿。其陈师应迅速完成捞车、洗车至龙山及捞车至靛房（含）各线碉堡，并控置兵力一部于叶家寨附近，连络龙山友军堵匪西窜。2．李纵队除以一部仍在大庸城防及维护庸永间交通外，大部应构筑自钓矶岩（含）、月游桥、马家槽、茶林坡至塔卧之碉堡线，在该线上应与郭司令协商分段构筑迅速完成后，即协同友军觅匪主力进剿。上二项，除电达徐总司令并呈报外，仰即遵照办理，总司令何键。真未。参机。

四月删申电令刘总指挥建绪、陶司令广、李司令觉、章师长亮基、陈师长渠珍。

命令：（一）据报贺、萧股匪集中全力进犯桑植，我徐部陈纵队之李旅，文日在陈家河进剿失利，现正在长岭冷水附近整理中。（二）我军以集结主力待机进剿，并堵匪东南窜之目的，决定部署如下：（1）李司令觉所部应以主力集结于大庸附近，构筑自百福寺、龚家山、新桥、三叉坪、茅土关、黑松关至李家台（不含）线之碉堡工事，堵匪南窜，并向桑植方面相机截剿。（2）陶司令广所部之第十六师，除杜旅仍在王村附近维护永沅间之后方连络线外，主力应集结于石田溪附近，构筑自李家台

（含）、五官坪、车溪口、钓矶岩至北门冲（不含）线之碉堡工事，堵匪南窜，务巩固庸永交通，并与友军郭部切取连络。第六二师除王旅仍在沅陵附近担任沅城及其以北地区防务外，其钟旅应固守永顺城区，并构筑自北门冲（含）、黑水潭、凤溪寨至双凤桥（含）线之碉堡工事，堵匪南窜，右与章师，左与陈师密切连系。（3）陈师长渠珍所部，应仍遵照真未电，衔接钟旅构筑自双凤桥（不含）经靛房、捞车、洗车至龙山之碉堡线，堵匪南窜，并截匪西窜。上二项，除呈报并通报外，特电遵报。总司令何键。删申。参机。

四月铣酉电令李司令觉

据郭司令铣申电称：（甲）匪昨晚二时，在竹叶坪与国军一营及罗效之全部接触，今午我方已退至江垭、象耳桥两点，如确系匪主力，罗部决退石门，否则拒战。（乙）大庸城北卅里已发现匪踪等情。除电复外，希遵照本部删申电令，迅将该纵队集结大庸严密戒备，相机截剿为要。总司令何键。铣酉。参机。

四月感辰电令李司令觉。

据慈利王旅长电话：贺、萧两匪已到九溪，罗团已向石门方向撤退，请即派队救援等语。仰该司令迅率主力部队至大庸截剿该匪，巩固慈石为要。总司令何键。感辰。参机

四月俭午电令李司令觉

据慈利保安九团电话报告：罗致英部向樟树阁方向撤退，匪大部在通津铺附近，先头已到达慈利对河，与我激战中，一部向樟树关跟罗部追进等语。综合情报，为征掠粮食计，虽一部仍在桑植以西牵制我军，其大部东窜企图津澧殆已无疑。仰该司令迅将各部集中大庸，详侦匪情，予以痛剿为要。总司令何键。俭午。参机。

五月江戌电令刘总指挥，陶司令广、李司令觉、章师长亮基、王师长东原、陈司令渠珍。

命令：（一）贺、萧两匪主力，仍在桑植、江垭、通津铺一带。我龙来友军已进抵毛坝附近，塔卧友军拟协同向桑植东进。（二）着李司令迅即派旅长一员，抽兵三团，取捷径开石田溪，以一团协同马骥团固守永顺，统归该旅长指挥。其余位置于石田溪，限阳日到达不得延违。（三）着陶司令迅饬马团进驻永顺，准备抽调钟旅三团接待塔卧防务。（四）着王师长迅饬王旅长兼程开驻永顺，到达后马团即推进塔卧，归钟旅长指挥。（五）着陈师长仍担任自双凤桥亘靛房、捞车、洗车、洛塔线之碉堡工事，并即接任龙城防务，加筑洛塔至龙山城沿线碉堡。上五项，仰各遵照实施为要。总司令何键。江戌。手令。

五月七日命令于剿匪军第一路总司令部

兹颁布本路军湘西剿匪计划大纲，仰刘总指挥建绪依照本计划大纲规定细部实施事项，应机适时予以适切命令行之。上令

刘总指挥建绪

陶纵队司令广

李纵队司令觉

王师长东原

章师长亮基

陈师长渠珍

本路军湘西剿匪计划大纲

第一、匪军及友军状态

一、贺龙、萧克两匪纠众万余，枪近万支，山炮六门，往来窜扰于桑植之廖家村、谷家垭、大庸之道林寺、李家峪，慈利之东岳观、杨柳铺间，连日以来，分股向我慈利以北地区劫掠粮食，与我澧水南岸守兵时有接触，扬言将犯石门。

二、我友军郭汝栋纵队，于五月六日经大庸、慈利向石门转移堵击，再行向西进剿。

第二、方　针

三、本路军为防止该匪渗漏流窜，容易达成围歼于澧水以西，酉水以东地区之目的，拟先完成澧酉两水流域内纵横各碉堡线，配置守兵，然后以有力之进剿部队，逐次将匪击溃，期于我碉线内而消灭之。

第三、指导要领

四、如匪东窜澧水下游，我守备部队应固守下游碉线，一面横筑自慈利——江垭沿澧水西岸之碉堡线，封锁匪之回窜；一面以进剿部队蹑匪压迫，期将该匪歼灭于滨湖地障。

五、如匪回窜桑、庸境内，我守备部队一面固守已成碉线，一面构筑大庸——百丈峡——三官市——江垭间封锁线；一面协同进剿部队自大庸节节向桥子垭、桥头、桑植推进筑碉，尔后即以大庸、桑植、塔卧为剿匪据点，期将该匪逐渐消灭于碉线内。

六、如匪窜散于桑、永东西地区，应以永顺为轴，向东构筑塔卧、桑植向西构筑双凤桥、洗车、龙山两碉堡线，以塔卧为剿匪中心，期将该匪分股隔断于碉线内逐渐消灭之。

七、如匪向北窜，一面构成江垭——汆湖——桑植——陈家河——茨岩塘——龙山之碉堡线；一面与友军协同夹击而歼灭之。

第四、指挥系统及兵团部署

八、指挥系统（同战斗序列）

九、兵团部署

（1）第一纵队（缺新卅四师）负进剿任务，先应集结于石田溪、塔卧努力机动。

（2）第二纵队之第十五师，除兼顾酉秀防务截匪西窜应控置两旅兵力于酉秀地区外，抽调一旅位置永顺，协同第一纵队构筑永顺迤东北线及西北线之碉堡，并策应第一纵队之机动。

（3）第四纵队应担任自津市——澧县——石门——慈利——溪口——大庸——石田溪——永顺（含）之守备，并构筑碉堡。

（4）第一纵队之新卅四师，应担任自永顺（不含）双凤桥——靛房——捞车——洗车——洛塔——山阴洞——龙山线之碉堡，并堵匪西窜。

（5）补充总队何平部担任清剿沅、泸、辰、麻散匪及维护西源水之后方交通。

第五、碉堡实施

十、固守基线

津市——澧县——石门——慈利——溪口——大庸——后坪——石田溪——永顺——双凤桥——靛房——捞车——洛塔——山阴洞——龙山城之线，限五月十五日以前完成。

十一、进剿干线：

（1）纵线六

a. 大庸——百丈峡——三官市——江垭。

b. 大庸——轿子垭——桥头——桑植。

c. 大庸——黑松关——温塘——仙街铺。

d. 永顺——钓矶岩——塔卧——桑植。

e. 永顺——北门冲——产子坪——龙家寨。

f. 永顺——双凤桥——大农冲——马皮寨——红岩溪——茨岩塘。

（2）横线二

a. 百丈峡——轿子垭——仙街铺——塔卧——龙家寨——红岩溪——龙山城。

b. 江垩——佘湖——桑植——陈家河——茨岩塘——龙山城。

第六、通信给养及陆空联络

十二、进剿部队以无线电为主要通信工具，以电话及有线电为补助通信，守备部队以电话、有线电及传达为主要通信，以无线电为补助通讯。

十三、给养应于慈田、大庸、石田溪、塔卧、永顺集结粮秣。

十四、陆空连络符号应随时铺设，并以指标指示匪之方向。

附：注意事项

1．碉堡线之构筑，务须遵照行营颁发之碉堡之构筑与守备一书，多筑班碉及土堡副防御，并阻绝道路，务须工事坚强封锁，严密形成野战阵地，不使股匪得以偷越或突窜。对于匪巢即物品消息，亦须严密封锁，否则，惟该段负责长官是问。

2．碉堡守备队，应按规定数储备粮弹及完成守备上一切准备，得以持久固守。

3．碉堡守备队，应于封锁线前方远派侦探，不时搜索或派队游击，不使附近有散匪盘踞，以期应付自如。

4．进剿部队应集中力量，寻匪主力予以重创，然后跟踪截剿，分股蚕食消灭。

5．碉堡守备队，应于进剿部队互相连络，彼此协助是为重要。

6．碉堡守备队，除配置必要之守兵外，应于重要碉线附近多控置机动兵力，不失时机随时截堵。

五月佳辰电令刘总指挥建绪、陶司令广、钟旅长光仁、王师长东原、汪旅长之斌、李司令觉、章师长亮基、徐旅长旨乾。

塔卧守兵被围三日，粮食不继可虑。着钟旅长光仁率马团及张团之两营，并由王之斌旅抽兵一团，归钟旅长指挥，由钓矶岩进援，应先行打通永塔路线，构筑碉堡，巩固后方连络。着徐旅长旨乾率部经岩板铺协剿，并构筑石塔道路碉堡工事。其细部实施事项，即由钟、徐、汪三旅长就协定一是具报备核。总司令何键手令。佳辰。长。

五月佳戌电令刘总指挥建绪、李司令觉、陶司令广、钟旅长光仁、徐旅长旨乾、汪旅长之斌。

佳辰手令计达。兹为集中优势兵力进援塔卧，在陶司令未到以前，章师之徐旨乾旅两团石田溪防务，须由王村杜道周旅之一团抽兵一营，带粮一月死守待援。王季雄旅之马骥团，汪之斌旅所抽一团，统归钟旅光仁指挥，由永顺经钓矶岩节节筑碉向塔卧前进，务期先将永塔路线打通，巩固后方联络，以便源源接济塔卧守兵粮秣。李司令所部着即兼程开赴石田溪策应，塔卧、永顺城防着暂由汪旅长之斌率一团固守。关于给养，应由王村运足一月粮食，集结永顺及塔卧、石田溪与其他各碉寨，毋得贻误，仰各该部队长官妥慎遵照实施具报为要。总司令何键手令。佳戌。长。

五月佳戌电令刘总指挥建绪、李司令觉、陶司令广、汪旅长之斌、陈旅长孔达、徐旅长旨乾、钟旅长光仁。

命令：（1）塔卧仍在围中，我朱、钟两团固守待援甚急。（2）着钟旅长光仁即率马团和张团之两营，并抽派汪旅一团，明灰日由永顺出发。着徐旅长旨乾率兵两团，同日由石田溪出发，各取安全捷径，同在十里冲北端会合后，暂归钟旅长统一指挥，驱逐当前之匪，速向塔卧援剿。（3）石田溪防务，仍由六二师之袁营防守。并着现驻王村陈孔达旅刘团长，即率兵一营前往石田溪指挥协防。（4）着汪旅长之斌督率余部及石田溪部队妥为固守永、石。除已电请郭纵队策应进剿塔卧外，仰即遵办具报。总司令何键。佳戌。常。参机。

五月元辰电令李司令觉、章师长亮基。

据陶司令文酉电称：（一）萧匪仍由石田溪北之九官坪、五官坪一带，钓矶岩且有匪增加，贺匪仍踞塔卧龙之间，似阻击我援。（二）章师长蒸申电告：灰日在潭口、溪口宿营。李司令灰酉电云：真日抵大庸，文日可达石田溪。但至今未到。（三）近两日匪围攻塔卧甚猛，钟、朱两团给养每日食粥一餐，即将断炊。以弹药告罄，我军若不急急进援，守塔官兵将全体牺牲。（四）查朱、钟两团截至今日已被围六日，而钟、徐两旅因受匪牵制仍未动作，李司令、章师长所部此刻尚无到石田溪消息，似此迁延，则弹尽援绝，坐使陷围，孤军沦于危殆，可痛孰甚。务恳钧座飞电李司令于元日驰抵塔、卧解救，则被围官兵或有一线生机等语。特电云波、伯炎督饬所部遵照佳戎戌令，兼程赶到石田溪向塔卧进援，救兵如救火，毋稍延达是为要。总司令何键。元辰。长。参。

六月阳申电令刘总指挥建绪、陶司令广、李司令觉、郭司令汝栋、陈师长渠珍、李兼保安处长觉

遵奉委座东亥电令，颁布进剿贺、萧实施要旨，规定步骤于次：（甲）第一步以陶、章两部收复桑植，完成塔桑碉线。以李师一部扼守桥头、轿子垭之线，其余附团队仍担任永、庸、慈、石之防堵。以郭师扼守江垭、百丈峡之线，并策应轿子垭、大庸方面。以陈师担任双凤桥、洗车、龙山之线之防堵，以汪之斌之旅集结永顺，归刘总指挥应急调遣，以王东原师（缺汪旅）进扼石堤、百户司、酉水西岸之线，筑碉堵剿。所遗酉秀防务，暂交当地团队凭碉固守。（2）第二部攻占桑植后，陶、章两师即转至沙坝，构筑经官坝、马塔铺至塔泥湖之碉线。郭师迅即移驻桑植，进驻洪家关南岸桃子溪之碉线，待命进剿。李师除派一部并附团队担任永、庸、慈、石线上之碉守，其主力以永顺为轴，转移于塔卧、沙坝、轿子垩之线，担任碉守。陈师仍任原防堵匪西窜，请徐总司令派部由江垩推进斗溪、官地坪。走马坪之线，左与洪家关郭师连成一线碉堵东窜。（丙）第三步陶、章两师完成沙坝至塔泥湖碉线后，即位置于毛坝、塔泥湖附近，协同徐总司令所部围歼该匪于桑官、塔龙之碉线内。郭师除以一部扼守桃子溪、桑植、洪家关之线，以其主力由桑植向陈家河碉剿。李师以沙坝为轴，转移于塔泥湖、官坝之线，就碉固守。汪旅推进龙家

寨，策应陈师转移于红岩溪、毛坪至龙山之线，衔接塔泥湖筑碉封锁。上三项，仰刘总指挥严切指挥各部遵照实施，务将该匪于三个月内逐步围歼于湘鄂边区境内，无使一匪漏脱为要。总司令何键。阳申。长。参。

六月有西电令刘总指挥建绪、陶司令广、郭司令汝栋、李司令觉、陈师长渠珍。王师长东原

命令：（一）桑植匪军于号日西窜，我陶广部之游击队已进桑植，巧日以来，匪攻龙山甚烈，我刘文华团固守待援。（二）郭司令汝栋迅督所部接任桑植防务，向西碉进，左与陶纵队切取连络。（三）陶司令广指挥陶、章两师，即向龙山方面援剿。（四）李司令觉仍督部巩固碉堡基线，并策应陶纵队之援剿。（五）陈师长渠珍务督部固守原阵线，堵匪西窜。（六）王师长东原所部，有策应陈师堵匪西窜之任务。上六项，仰各遵照实施具报为要。总司令何键。有酉。长。参。

二、军队调遣经过情形

本路军各纵队三月份调遣情形，业经汇报在案。兹将四、五六各月份调遣概况，分别继续报告如下：

1．第二、第三两纵队

三月份第二纵队之十五、二十三两师及第三纵队之第五三、六三两师，均奉命在乌江方面自龚滩至余庆以北之回龙场，沿乌江右岸防堵朱、毛股匪东窜，迄三月下旬，该股匪因受我军追剿堵截，由遵义方面向西面窜。我五三师奉命由乌江南岸转移遵义方面，筑碉堵剿（该师到达遵义后，即由委座直接指挥）。朱、毛经白腊坎、香风场、长干山之线，窜踞仁怀、古蔺、叙永间地区后，自三月敬日由仁怀北之兴隆场向东南移动，宥日经平坝营、楠木坝窜至遵义西之平家寨、花苗田，俭日经四牙坝窜黔西属之沙土安底附近后，偷过乌江向息烽、开阳（即紫江）进剿。本部于三月世戌，曾奉委座手令世辰侍参筑电饬，就近连派兵六团以

上之一个师，于佳日前赶到贵阳附近候令，如能调来十团更好等因。当即转饬刘总指挥建绪督率廿三及六三师，不待接防部队克日出发兼程前往贵阳听候调遣。四月东午，又奉委座世亥侍参筑电开：世辰电计达。据报匪有由息烽方面经开阳东窜模样，希速派队进至石阡、思南一带筑碉严防守等因。本部当饬刘总指挥以匪情变化缓开贵阳，即督饬六三师、廿三师各师速于石阡、思南一带筑碉严密布防。冬未据刘总指挥东酉电称：谨遵东午电令，已飞饬廿三师，六三师兼程在思南、塘头、石阡、白洋河一带筑碉堵剿等语。江午本部又奉委座冬午侍参筑电，匪主力今日尚在息烽附近，其窜向未明。我唐师固守息烽，李云杰师（廿三师）责在石阡、余庆一带筑碉防匪东窜。陈光中师（六三师）应星夜经由余庆、瓮安道路驰开贵阳等因。当转饬刘总指挥遵办。支日据刘总指挥江酉电称：1．奉江巳电已遵饬李俊三师开石阡、余庆防堵，陈光中星夜经余庆，瓮安驰开贵阳听调。2．李、陈两师原任乌江防务，均各二百余里。据俊三东电，最快动作亦需两三日始能调撤西移。陈师既开贵阳，匪如东窜或在途中遭遇，已饬注意。3．李、陈移动，乌防当难兼顾，且匪已抵息烽，谅不致回绕乌北再行东窜。而思南、石阡、江口、铜仁实为由乌南入川湘鄂边区要冲，原拟在此布防筑碉，今奉令推进思南、江口无兵守，只得以补充团扼据铜仁，李师在石余取据点防堵。4．王东原即（十五师）担任乌防之张旅，令集结沿河或相机归回酉秀。支午本部奉委座江午筑电开：望俊三速率廿三、六三余师，先经石阡兼程赶赴余庆集结待命，并限六月七日到达目的地等因。当地转饬遵照。微日据陈师长支午电：职师遵令集结石阡，准明微由石阡出发，阳日到达余庆附近待命。又据李司令云杰江戌电：已令廿三师江防部队撤至印江，驻松桃李团调回江口后，即遵令开赴石阡、余庆一带筑碉防守。又据李司令韫珩江酉电：朱、毛股匪现经息烽以南地区向紫江东窜。珩奉命指挥五三及七三师，连日在黑神庙（息烽北六十里）、三合土、潮水场底寨（息烽西南十五里），阳朗坝（息烽南十二里）等处堵剿，斩获亦多，明日向紫江追剿。鱼辰本部奉委座歌酉筑电：匪大部今日尚在瓮安以西地区徘徊，应饬李云杰、陈光中两师就近速开余庆，限阳日以前到达，如不能全部到达，则饬先头部队阳日赶到余庆城构筑工事，先定防守，准备再行截堵。李韫珩师与第一纵队（属第二路），已令由紫江向东追剿，廖磊军鱼日可到平原，王东原师可速开铜仁、石阡，与陈光中师连络等因。当经转饬遵照。同时据李司令云杰微巳电：支午常参机电奉悉。已饬六三师遵令务于虞日到余集结。惟廿三师各团相距过远，决难遵限到达目的地。鱼日起，开回印江、江口部队，均饬随到随向石阡前进。同日又据陈师光中微亥电：1．职师散驻思南部队，本微午赶到石阡，午后一时由石阡出发，本晚在离红岩约十里处之乾溪一带宿营。2．遵饬先头部队一八七旅兼程赶赴余庆、惟路远恐难依限赶到。虞日本部奉委座鱼申筑电：匪微午由牛渡河、清水河向牛场翁安方面东窜。现吴纵队尾追，李韫珩部由中坪向翁安追剿，将来匪窜方向以乘隙窜向黄平、施秉之公算为多。应令李云杰师在石阡、江口一带筑碉严守，希饬王东原师迅开铜仁、江口布防，并饬恢先至石阡指挥等因。当经转饬遵照。庚巳本部奉委座鱼午筑电开：昨晚匪主力已回窜清水河西岸，现与第一纵队对峙中于羊场附近。希令陈光中师迅集余庆，王东原集结石阡、酉秀、沿思一带，酌留少数看守工事部队。庚戌又奉委座手令庚未电：瓮安与平越线已布置完妥，匪不能再向东窜。再施秉与镇远皆有杨其昌部筑碉防守，可保无虞。决调六三师迅向余庆，务于文日前到达，则局势周密，聚歼更易。各等因。当经分别转饬遵照。同时据李司令云杰虞辰电转陈师长光中鱼申电称：职部及一八九旅到达清溪附近宿营，先头一八七旅本晚可到距余庆约十里处之船溪附近宿营，明七日拂晓进城。又廿三师六九旅李紫青鱼酉报称：职旅李营本晚宿营大坝场，拟明日赶到石阡，一三五及补充两团，本晚宿营天生桥，明日续向花桥石、窑场前进，到后当遵令星夜构筑工事。佳日本部据陈师长光中阳酉电：职部一八七旅于本阳卯进驻余庆，职及一八九旅阳未进驻余庆，刻下星夜修葺城池，构筑工事。查朱、毛股匪主力自鱼日窜渡清水河绕道瓮平地区，齐申窜集贵定附近洗马河、虎场一带，有向西南逃窜模样。同日李纵队由瓮安向匪进剿，吴纵队尾匪穷追。佳亥本部奉委座佳巳筑电：匪全部被我军包围于龙里附近，其企图似向西南逃窜，现正由我军南北两方夹击中。望催李云杰部速向余庆推进，陈光中部师兼程向旧州、牛场推进，与抱冰部会合兜剿等因。当经转电饬遵。嗣据刘总指挥建绪电称：遵已饬李云杰师赶开余庆，陈光中师兼程向旧州、牛场推进，仍旧还第二纵队序列，由抱冰指挥。又据陈光中电称：遵准蒸日由余出发，经旧州向牛场推进，与五三师连合协剿。真子本部奉委座灰午筑电：残匪昨被我军在龙里附近重重夹击，死伤无算，余部向定番以西溃窜，以后当不敢再向东回窜。即调十五师到镇远、清溪一带镇摄。等因。当转饬遵。嗣据王师长东原电称：该部文日可全集中秀城，遵拟元日出发，经松桃、铜仁向镇远清溪前进。元亥本部奉委座元辰筑电，望调第十五师到余庆与其南方之旧州一带，而调第廿三师迅速集中平越与贵定之间候令，并限铣日以前到达指定地点。等因。当经转饬遵办。廿三师蒸日由石阡出发，经老红刹向余庆推进，真文元寒等日，全部先后到达余庆，咸日由余庆向平贵之间开进。六三师遵令真日经黄平宿营，续向贵定推进。该师又奉命集结贵阳、龙里之线，文元寒。等因。经旧州、贵定删午全部到达龙里待命。廿三师铣酉抵旧州、黄平、重安江一带，筱日奉命向贵定推进，巧日宿营羊老卢山酉阳等处。号未到达贵定后，又奉命续向贵阳前进，养日到达贵阳附近集中候命。但第十五师本部因奉委座巧午筑电令：已饬令该师仍回防酉秀防堵贺、萧窜逸，其先头汪旅已抵镇远，自马日起取道铜松回防。我廿三、六三两师，自到达贵阳龙里后，均由委座直接指挥，协同友军进剿朱、毛。六三师奉令即经贵阳安顺、马酉到达镇宁关岭，对贞丰方面防匪回窜。廿三师奉令由贵阳循狗场、清镇，限敬日开赴黔西待命。马养日朱、毛被我军压迫由兴仁向兴义逃窜。我李韫珩已到普安及其西方一带地区堵截，敬日六三师奉令由镇宁关岭经清镇开赴镇西街鸭池泛待命。廿三师嗣于陷日奉委座手令：饬速进驻毕节，接川军郭部之防，并构筑自黄泥起经赤水河镇至毕节之线封锁碉堡。六三师同时奉令由镇西街、鸭池泛一带，于五月冬江等日赶到黔西三重堰、大定等处，旋又奉令饬全部进驻仁怀搜剿散匪，一面构筑自土城经茅台、仁怀至打鼓新场一带碉线。迄至五月份，我李韫珩师经平彝入滇截剿。廿三师及六三师各到指定位置，担任筑碉及清剿任务。本部旋奉委座五月齐未电：任命李云杰为剿匪军第二路军第五纵队司令官，陈光中皆归其负责指挥。等因。即行遵照并转饬遵照。又以贺、萧盘踞湘西，亟待消灭，遂令刘总指挥建绪已于四月敬日由铜仁移驻沅陵督剿。

2．第一第四两纵队及第八十五师

该两纵队在四月皓日以前，分布大庸、永顺、沅陵及酉水流域，一面协剿贺、萧，一面扼要筑碉堵剿。皓晚贺、萧主力由桑植方面窜到九溪、江垭一带有继续东犯石慈之样，其一部由道林寺、丁家溶分向大庸进犯。当令李司令觉督率所部及第一纵队之章亮基师，即集结大庸觅匪进剿。嗣据报匪全部进窜江垭、象耳桥一带，又令李司令率部驰往慈利堵剿。该部于五月江日到达慈城，又因友军郭汝栋部奉令东移，塔卧遗防须派兵接替，当饬李司令派章师徐旅长旨乾率兵三团，于五月微日开回石田溪，协同永顺部队固守石永。又饬陶司令六二师派兵两团赶接塔卧移防线。以后匪回窜塔卧被围，又令李司令率在慈利部队开赴援救，马日到达石田溪，五月寒日六二师钟旅长率兵五营由永顺救援塔卧，当日戌刻到达，匪部即向龙家寨窜走，塔卧之围遂解。陶司令率六二师余日进驻塔卧，迄匪于六月巧日围攻我龙山，陶司令奉命驰援，将塔卧防务饬十六师接替，亲率六二师（缺李旅）并十六师之杜旅，于六月三十日由塔卧经永顺，洗车向龙山援剿。

我第八十五师谢师长彬奉委座令，率部由赣西铜万方面经浏阳长沙、常德开赴黔省，于四月下旬行抵桃源。本部因贺、萧东窜，常、桃空虚，于感日电呈委座请令该部暂驻常、桃，藉资镇摄。旋奉委座艳酉筑电：谢彬师着留驻常桃镇摄，受何总司令之指挥，暂缓入黔可也。等因。当即电谢师长遵照。嗣奉武昌行营五月鱼酉参电调该师移驻石门。等因。经饬遵办。该师于文元寒等日先后到达石门、慈利，接替张万信师遗防后，又奉委座五月宥酉电饬该师开赴利川万县。等因。谢师长率部于六月东日由石门向指定地点开去矣。

三、剿匪战斗经过

（甲）湘西方面围剿贺萧经过

贺、萧股匪在三月间被我陶、李两纵队所部迭在大庸附近及高梁坪、王村、鸡公垭等处痛剿击溃，其主力分踞桑植、塔卧、龙家寨、永顺等处，企图苟延残喘，与我进剿部队抗战。我陶、李两纵队除以一部扼要构筑碉堡严密封锁外，大部仍协同徐总司令继续围剿。兹将各部进剿战斗经过汇报如下：

1．四月八日收复永顺之役：陶司令广遵令于四月六日令六二师钟旅长光仁率所部并指挥钟涤松团及永顺义勇队，由牛路河经虎视坪、飞沙坡、高峰坡向永顺城进剿，收复永城后，即一面赶筑城防工事固守，一面对塔卧、龙家寨方面严密警戒。钟旅长遵率各部于七日晨，由牛路河出发，正午抵永城附近，傍晚我朱团便衣队进入永城。八日晨，股匪向龙家寨退窜，其一部仍留永城附近，当经我前卫驱逐，匪经北门冲向龙家寨溃窜，该部于未刻完全占领永顺城。当派兵一部跟踪追剿，一面赶筑城防碉堡工事，并出示安民，办理善后。

2、五月六日至十三日防守塔卧之役：自陈耀汉师于四月下旬在桑植附近之陈家河失利后，匪势益形披猖，乘虚东窜，于四月感俭等日窜到江垭九溪等处，继而进犯慈利，经本部派兵堵剿，匪计不逞，仍向西回窜。斯时徐总司令克成为防匪向东北窜扰计，乃令驻塔卧一带之郭汝栋纵队东移，一面电请本部派队接替遗防。本部遂令陶纵队司令广派兵驰往接防，以便郭部迅速东开。陶司令遵派六十二师一四八旅朱再生团及补充第五团钟涤松团，于五月六日晨，分由永顺城，石田溪出发，于当日午后二时驰抵塔卧，当将郭纵队调防接收完毕。该朱、钟两团长，旋据塔卧义勇队雷指挥报称：匪二千余由桑植窜到沙坝、刘家寨等处，有犯塔卧企图，又彭村沿官坝亦有枪匪数百等语。朱、钟两团长遂商定，以朱团占领塔卧西北阵地，对龙山、龙家寨、龙植方面警戒，钟团（缺一营）两营占领塔卧东南阵地，对永顺、石田溪警戒。部署既定，即一面派探四出侦察匪情，一面整理阵地，准备固守。七日拂晓，据各处探报：贺、萧全部约二万余人，在沙坝、刘家寨、白竹山一带，先头已到七里坪、黄土坡、马家槽、颗沙之线。午前九时接哨兵报告：距本阵地东北方五、六里处，有匪五、六千，马数百匹，向永顺方面运动等情。朱团长当令钟营长强率部沿高山占领据点，击匪后尾，该营以机枪猛射毙匪百余，战至黄昏之后即分途散窜。八日晨，匪二师之众将塔卧包围，枪炮并举，势极凶顽。朱、钟两团长当令各要道口守兵塞断阵前道路，阻绝内外交通，一面令士兵非于发见良好目标时，不得射击，以节子弹；一面严查市内户口，以防奸细。相持至晚，匪仅鸣枪示威而已。至九月午前十时，匪一小部以手机枪向我朱团第八连阵地反复冲击，该连据守碉堡应战，以自动步枪手榴弹击毙匪数十，伤匪百余，匪即退守当面高山，向我零星发射，而钟团当面之匪亦经击退。入夜匪复以数千攻我阵地右翼碉堡未成之高地，我朱团第七连谢福轩部拼死抵抗，因众寡悬殊，遂不能不转移阵地。该连中士陈玉山率军士哨兵十名，占领左翼小山，抗战二小时之久，毙匪十余名，卒率全班安全退回，实属难能。十日拂晓，匪以大炮助威向我阵地总攻，我官兵沉着应战，匪未得逞。相持至上午十时，匪以迫炮两门向我射击，虽发弹数十而命中效力甚微。匪以威迫无效，乃甘言诱惑，然官兵大义深明，终不为动。我钟团阵地本日已利用机会增碉五座，士气益形巩固，相持至十一日，朱钟两团长因粮弹渐缺，恐乱军心，遂以重金雇土民随朱团旗官赵汉卿赴永顺旅部请示；一面以援兵将到勉士兵藉维军心。是日午后，匪以小钢炮向我阵地射击三十余发，炸毙我军士兵八名，重伤五名。朱钟两团长因匪之火力旺盛，即派钟团第三营营长廖邦植率兵两连，附机枪二挺赶击当面之匪，激战三小时，始将钟团阵地前之匪击退。但廖营回后，匪复合围如故，朱钟两团长一面令守兵加强工事，于朱团阵地内复增碉四座，匪因难以接近，仅可对峙射击。十二日午前五时，匪复四面围攻，并以轻重机枪掩护冲击，我军凭藉碉堡工事排枪还击，集中机枪四挺扫射，伤毙匪四百余名，至十一时匪又发炮十余响，均未命中。但我军粮尽弹缺，实难为继，各部宰杀牛马搜集菜根树皮以维军食。至十三日晨，朱、钟两团长督率阵地官兵修理工事，匪即用机枪扫射数次，未得损失毫末。是夜云雾迷漫，匪分数十路摸哨接近外壕，以机枪手榴弹掩护冲击，我以大刀手榴弹力拒，伤毙匪三四百名，激战至拂晓，匪始引退。至十四日，匪以连攻未逞，惟远距离骂，官兵亦毫不为动。至午后十时，钟旅长光仁率援兵到来，匪闻风向龙家寨急窜，塔卧之围遂解。此役被围八日，毙匪六百余名，伤匪千余名，朱团伤官长二员，士兵十四名，阵亡士兵二十八名，钟团阵亡士兵十五名。

（乙）湘东平浏方面协剿徐彦刚股匪经过

徐彦刚股匪盘踞湘赣鄂边区，势力甚猖獗，前委座将平、浏两县划归驻赣绥靖公署之清剿区域，统筹进剿，本路驻平、浏部队随时协剿，与匪时有激战。兹将其经过汇报如下：

1．浏东毛田之役：徐匪大部枪千余，轻重机枪二十余挺。四月四日窜到毛田。我十九师一百一十三团第一营全部，奉命于五日向该匪进剿。当日午前七时二十分，进至毛田南端与该匪接触激战，我第一连猛力冲过碉堡，匪以大部在碉堡北端占领优越地势，猛烈向我射击，并以一部由左侧向我冲锋，我第一营全部赶到，以轻重机枪扫射，匪仍前仆后继，喊杀连天，当以第二连向右翼出击，匪以主力向我正面猛冲，与我第一连肉搏，我以第三连增加。激战二小时，成主任铁侠率部及十九师周昆源团赶到，参加战斗，匪始溃窜。我部跟里许匪复占山势反攻，成主任率大部进迫，匪即溃经起马坳向九岭窜去。此役计毙匪一百六十四名，伤匪一百五十余名，夺获匪枪十三支。我一百一十三团第一营阵伤官长一员，士兵十一名，阵亡士兵六名。

2．平江属虹桥之役：徐匪彦刚率枪匪三千余，自动步枪百余支，机枪三四十挺，人倍之。四月廿二日犯长寿未逞，旋向木瓜、虹桥窜走。成主任铁侠奉令率补充第一团（团长黄新）两营及十九师一百一十一团（团长周昆源）大部并保安两机连，于二十五日午前五时卅分，由长寿出发，周团为前卫，向木瓜、虹桥觅匪进剿，于午后二时卅分到达目的地，比以主力占领虹桥以南高地，以黄团陈营及周团曹营向虹桥以北匪阵地攻击前进，至虹桥街即与匪之一部接触，经驱逐后，我曹、陈两旅以猛烈动作夺取匪阵地一部。但匪且退且战，势颇顽强，乃将任斌营增加协攻扩张战果，而匪亦于此时利用原有工事抗战，并倾其全力来袭，该主任见情况紧迫，乃督同丁团部队一再冲锋，反复肉搏，藉挽战局。卒以地形限制，官长伤亡过多，不得已撤至龙门厂待命。是役俘匪二十余，伤毙匪八百余，我周团阵伤周团长以下官长八员，阵亡营长以下十一员，全体伤亡士兵共四百零五名，黄团阵伤营长一员，连长两员，阵亡连长三员，全体阵伤士兵八五名，阵亡五一名，损失步枪四十四支，手枪三支，机枪一挺，刺刀八十四柄，大刀八十七柄，保安十二团机枪连伤亡士兵八名。

（丙）湘东南方面清剿经过

1．据报伪独立第五团枪约三百余支，由酃境窜入潭湾、金花岩方向。我保安第十五团第三营周营长雄飞得报后，于四月十一日令第八连尹连长率部向红大窝前进侦剿，限午后三时到达。周营长亲率第七连同时出发，潜伏于天平坳寨匪分窜之路，并预防股匪来犯羊脑圩，另饬第七连之一部从侧背威力侦察。十一日午后一时，尹连在红大窝附近攀山挺进，包袭匪之军士哨，混战半小时，将匪哨全部消灭，夺获匪枪九支，俘匪班长一名，匪兵八名。十二日周营长于红大窝会合各连率领全部乘势搜剿前进，当晚在湖口市宿营。十三日午前，据报匪星夜窜入酃茶边境寒江地方，我周营长即率部驰至茶属之厂江附近堵截。讵匪军行迅速，午前十时竟先我逃出我堵截线。该营极力急追，到达山背地方，发现匪踪后，营长当令第七连及第八连衔尾追击，亲率第九连由左侧包抄匪之右侧背。午后二时四十分，我第七连与匪激战于茶酃边境之犁壁岭，战斗极烈，幸我第七连官兵奋勇抗战，周营长率部增援猛进不及，饬部呐喊奏号扬攻，匪始狼狈败退。是役计毙匪十一名，伤匪四十余名，夺获匪枪共十三支，俘匪十名。

2．伪七十一团四月廿一日晚，在临武之曹家冲宿营，廿二日午后四时卅分，窜至毛粟墟。我保安第廿一团蒋团长得报后，率兵四连跟踪追击，于廿二日午后五时，追抵毛粟墟，将匪击溃。计毙匪十四名，伤匪五名，俘匪十名，夺获步枪十四支，轻机枪一挺，乘马三匹及手榴弹廿余枚。我军阵亡中士杨云青一名。

3．伪七十一团溃窜黄茅，经我保安欧、徐两营追击，于五月东日在黄茅之野牛洞痛击后，该匪分三股溃窜，一股人约二百余，枪八九十支，向香花岭附近之奄坑回窜，余二股仍潜伏黄茅附近。我欧营官兵用命，阵获匪参谋长兼第一大队长周金鉴一员。关防一颗，步枪十余支，手提机枪一支，驳壳枪二支，毙匪二十余名，俘匪十余名，匪首司令龚楚逃亡，生死未卜，其窜奄坑之匪，经我临武有枪义勇队迎头痛击，阵获卫生队长吴杰一名，毙匪十余名，获步枪二支，俘匪六名。余匪向水头墟、文昌垠一带逃窜。

〔国民党政府军事机关档案〕

2.国民党军第五十八师陈耀汉部与红二方面军在湖南桑植一带战斗详报

（1935年4月）

一、陈家河之役

本师未复桑城之前，伪模范师长赵吉臣，曾派伪商团于三星潭、咸池峪等处节节守险，乘机袭击，大有雄关独据、万夫莫入之势。自我一七四旅张旅长率队击溃三星团股匪后，匪即不加抗拒，节节溃窜，故于三月二十二日收复桑植县城。我师既复桑城，迭奉电令进剿，当四月七日我郭纵队联合湘军攻占塔卧，匪即散窜。惟匪众狡猾，兼熟山径，昼伏夜动，其主力所在究难侦查。曾经电讯郭纵队，旋接复告，亦以不明匪之主力究窜何方。又接独三十八旅潘旅长复电，以匪之大部由龙家寨向马皮库方向逃窜。复据探报萧、贺股匪放弃塔卧，分股逃窜，一股向龙家寨方向西窜，一股由万民岗北窜各等情。由此判断，该匪北窜定无疑义。比即电呈徐总司令，蒙复以所判确有见地。等因。为达成任务起见，即于八日下达命令大旨如下：

1．一七二旅李旅长率所部于九日驰至两河口、陈家河一带，沿澧水北岸相度地势构成据点，扼要堵击。

2．一七四旅张旅长同日率三四七团经陈家坡向万民岗一带攻击前进，三四八团担任桑植城防，并维护后方运输。

3．余率直属部队同日进至周家峪，居中策应。

按石门县至桑城，仅有一线山径可循，路长三百余里，沿途散匪出没无常，扰我粮道时有所闻，虽迭经三四八团搜剿，迄未肃清。当奉令进剿之际，为策应后方输送安全，并免本师分割部队计，曾电请徐总司令饬暂四旅担任桑植县城防及维护后方输送路线，旋奉电复照准，比即转电暂四旅遵照。讵知该旅长代电复称：以奉总司令另令进剿官坝、毛坝之匪，对于桑植县城防及维护后方输送势难兼顾，自此背道而驰，不与我师协同动作，至其进驻何地，亦不明所在矣。然桑植城防及运输路线关系至重，除仍令三四八团担任城防及维护输送外，并令罗游击司令致英派队协同维护，此战斗兵减少之原因也。

九日晚，我李旅率所部驰抵两河口、潭口等处，配置警戒报告如下：

1．职旅于九日晚进至两河口、潭口之线，现正配置警戒，拟明晨我先头部队进至陈家河。

2．据报附近无匪。

十日晨，我李旅先头部队薛营长雁臣率兵两连行至陈家河，猝与匪三千余众遭遇，于是日午后七时，由专兵送达报告如下：

1．职旅前卫本日辰刻，于陈家河西端高山遭遇伪师长卢东升匪股约三千人东进，经职派队迎头痛击，该匪凭高扼险顽强抵抗，当激励我官兵奋勇冲击，匪势不支，纷纷溃窜，遂将匪据各阵地完全占领。此役毙获甚众，计俘伪陈团长一名，匪兵八十余名，获枪六十余支，我伤亡官兵现正调查中。

2．职旅无线电机屡呼不应，乞饬联络。

按师部无线电台竟日呼叫，该旅电台亦不应，然与友军通报，毫无阻碍，是该旅电机损坏已无疑义。于十一日上午四时，派师部无线电通讯员周鍪前往检视，去后迟至十一日午，仍由专兵送达报告要旨如下：

十日夜，萧、贺合股计有十二团之众，突将职旅重重包围，恳速派队增援。据报前情，立率直属部队并令张旅长镜明率三四七团驰援，一面电请徐总司令火速电饬在上河溪之四十一师袭击匪之侧背；并一面电请各友军增援。迨至十二日天明，职率增援部队赶至两河口时，阻于河流，而匪以密集火力封锁交通及渡河点，隔河猛击。此时，我李旅以血战数日夜，勺浆不入于口，伤亡之惨，不堪言状。最后弹尽疲极，冲围四出，匪众复沿澧水北岸经两河口，南岔以至桑城，处处密布重兵，截我后路，掠我辎重。当以匪众十倍于我，众寡悬殊，不得不率直属部队及张旅之三四七团并收容我李旅残部，更飞令三四八团统向塔卧附近集合整理，冀与郭纵队切取连络，而匪分两路，一由两河口，一由南岔步步追击，并截断我三四八团之联络。

二、桃子溪之役

十三日午刻，师部与直属部队及张旅之三四七团，行抵桃子溪时，匪之主力乘雨雾弥漫，分两股突至，将我四面包围，激战至夜，匪终恃众不退，我三四八团驰至，亦被匪截击，隔断联络，情危势急，无可如何。是时，随职督战之特务连已伤亡之三分之二，随从勤务未受伤者，仅余一人。迫不得已，遂令分向塔卧、大庸节节引退，匪仍分两路追击，一至槟榔坪，一至沙坝、刘家寨之间。此战斗经过大概情形也。参看附图。〔图略〕

三、激战中之伤亡损失

李旅长延龄等阵亡，周参谋长植先等或因伤被俘，或生死不明，经列单，其尉官以下伤亡数目，现正详细调查中。至人马械弹等项损失，现有数目已详统计表中。

附呈（略）

〔国民党政府军事机关档案〕

3.国民党军第八十五师谢彬部与在湖北来凤板栗园被歼经过详报

（1935年8月）

一

伪湘鄂川黔军区股匪、第二军团长贺龙、第六军团长萧克两部，七月围攻龙山被我军击溃后，其主力窜踞茨岩塘、兴隆街一带。石膏山、石牌硐、沙道沟及来龙附近，亦常有小股匪队飘忽窜扰，有乘隙予我剿匪各军，以各个击破之逆谋。八月二日全部约二万余人，枪万余支，轻重机枪等均俱全，星夜由乐歌坪、石牌硐及沙道沟附近，分道向板栗园运动，利用安家坡、莫家坡、老屋基、巴里核一带高地山势险急森林隐蔽，设伏据险以谋我，期诱我深入谷底，以遂其一网打尽之诡诈逆图。

本师（缺五零七团及工兵连）共约四千人，步马枪一千三百余支，重机枪二十挺，轻机枪十二挺，迫击炮六门。奉总司令徐电令，八月二日由小关出发，限八月三日到达李家河，以固来宣间之封锁线，保持交通，再协同各友军寻匪搜剿。当晚宿营上洞坪。探报萧、贺主力移沙道沟附近，原拟稍事停止待情况明瞭再行前进，嗣以尊重命令，且恐妨害友军，未敢逾限。又恃有我四八师之一旅及暂四旅已推进沙道沟（总司令电令所示），又有我四一师黄代师长率兵三团，在李家河附近掩护（在小关未出发前总部苗参谋长电话）。故仍决定三日继续向李家河搜索戒备前进。当下达如下之命令：

八月二日午后六时八五师命令于上洞坪司令部

一、据报沙道沟附近有匪千余人，与我地方团队接触。又闻高罗方面亦有匪一部，与我四八师部队（约三团）接触。又闻乐歌坪亦到有匪千余，并闻匪大部住龙山东十五里之兴隆街，今日有向前推进之说。我四一师部队（约三团），由来凤开来，李家河附近掩护本师，我四八师之一旅，已由沙道沟推进。

二、师（缺五零七团及工兵连）拟于明（三）日进至李家河。

三、五一零团为前卫，于明日午前五时半出发完毕，经板栗园向李家河搜索戒备前进，到达后，应向中堡、石牌洞、沙道沟方向警戒，并与友军谋取连络。

师直属部队及五零五团（缺第一营）为本队，俟前卫出发完毕，取相当距离跟进。

特务营、便衣队向李家河大道及两翼高地搜索前进。

四、本部行李五零五团派兵一连掩护，随后卫尾进。

五、大休息地在板栗园附近。

六、各级设营人员应携带武器自卫，由本部李副官泽春统率指挥分配。

七、无论行军休息宿营，务恪遵委员长蒋手订剿匪要旨实施。

八、明日行进时，余在特务营后。

上令。

传达法：笔记

师长谢彬

二

八月三日拂晓，各部遵照命令依次出发，上午十时到达板栗园附近停止休息。旋得报李家河果有我友军两团，沿途并无匪况。遂于十一时继续前进，我左侧卫五一零团第一营，由右翼登山搜索前进，于正午十二时刚至安家坡半山林中伏匪即先向我射击，并乘我展开之不及，继以猛扑，战端遂尔开始。

当时我前卫司令官五百一十团团长黄鼎魁接得报告，即令该侧卫营仰攻安家坡，占领后，即与匪相持。时我正面利天田及右侧高山之匪，亦正与我前兵（五一零团第三营）激战，嗣因左翼无进展，我黄团长继令第二营增加，匪一面实施猛烈抗战，一面以大部沿安家坡向我左翼延伸，同时又以团余之众向正面（谷底）猛冲，不支，五一零团团部被压迫至木厂小桥，匪即跟至，团营均被截断，遂失联络。午后一时，当我五一零团与匪激战正酣之际，师部特务营已过木厂小桥，先师长适在桥头接代前卫司令官，有如下之报告：

八月三日午后一时前卫报告于利天田附近。

一、安家坡高地及山腹森林中有不知番号之匪约千余人，与我左侧卫（第一营）部队于三十分钟以前接触，刻正相持，匪之大部正向左翼高地延伸中。

我前进路高地及左侧高山亦有千余，刻正与我前兵（第三营）激战。

二、我左翼安家坡及右翼老屋基高地，山势均属急峻，不易攀登，利天田深陷谷底，亦不易施展。

三、我第二营刻已向左翼安家坡增加。

上报告

前卫司令官黄鼎魁

先师长得悉前方情况，知匪之大股已向我左翼抄袭，遂予各部之命令如下：

八月三日午后一时廿分八五师命令于木厂小桥附近

一、据报安家坡及老屋基一带高地各有匪千余，与我前卫刻在激战，其大股正向我左翼高地延伸中。

二、师主力决心先行占领两翼高地后，再相机歼灭该匪。

三、五一零团黄团长应切实掌握兵力，将当面之匪击溃，左后方须与特务营切实连络，重点保持右翼。

特务营谢营长率该营由木厂附近占领左翼高地，遇匪抄袭，即全力驱逐之，掩护我预备队占领巴里核阵地，并前与我五一零团后与五零五团三营切取连络。

五零五团（缺步兵一连）应以主力占领右翼巴里核高地，作预备队，掩护师部直属部队占领阵地，以一营由木厂西端占领左翼莫家坡高地前，与特务营切取连络。

炮兵连应即占领右侧巴里核高地选择阵地。

通信连应以板栗园为基点，构成各部通信网。

无线电信第三班架设于板栗园，与前后方切实联络。

师卫生队在板栗园开设绷带所。

大行李位置于板栗园附近。

四、余在木厂小桥，尔后在巴里核高地指挥所。

上令

传达法：先用口述补用笔记。

师长谢彬

特务营及五零五团第三营刚登至莫家坡山腹森林中，即与匪激战，我左翼既被匪抄至，先师长乃随五零五团主力登巴里核高地，殊刚至半山，匪约团余之众，突缘山腹森林中向我腰击，对面莫家坡之匪，亦同时向我瞰射，弹密如雨，势颇猛烈，先师长正力督官兵沉着应战，忽腹部中弹登时阵亡，我栋折梁摧，官兵失主矣。

当先师长成仁之刹那间，我五零五团第一二两营正与匪悲壮苦战，冲锋肉搏之时，虽一度占领巴里核高地，但不旋踵复被匪之优势压迫与上下夹击，白刃交镝，互相混杂，谭团长亦振奋督战，而匪较前愈炽，战况较前益烈，一二营竟被匪截为数段，失却联系，旋被重重包围，此后全般状况，皆陷于各自苦撑之势矣。午后二时许，五一零团黄团长率兵一排在木厂小桥受匪压迫，力将不支，继退至板栗园附近，匪又跟至，复集合数十人，死力拒之，以掩护我辎重行李等从容后移，匪竟由两侧高山抄围，以至大部行李不获脱险，幸解弹药之五零五团第三连赵连长得力，由黄团长指挥，节节掩护而得完全退至小关。

下午三时以后，各阵地官兵均各自与匪荡决冲杀悲愤苦斗，匪更重重包围，我益坚苦支持，在月暗星残之下，混乱厮杀，直至四日拂晓，弹尽绝援，谭团长始率残部约两连及会合特务营之廿余人向宣恩方向突走。五一零团第一营余部向来凤方向突走，五零五团一二两营之余部，向小关方向突走，第三营余部由负伤营长邱明率领向李家河方向突走，五一零团第三营因陷于谷底，苦战阵亡殆尽，最后崔营长亲率二十余人突围，未达目的，均毁械自戕。迫击炮连亦因山险被截，现突出各部，正积极编组整训中。

是役阵亡官兵四百四十四员名，负伤官兵三百五十五员名，失踪官兵一百五十七员名。损失步马枪八百七十九支，轻机枪五支，各种重机枪一十六挺，手提式并冲锋机枪共六十二枝，短枪二十二枝，迫击炮六门，刺刀八百四十六把，损耗各种步机弹共四十八万七千六百二十一粒，各种短枪弹四万四千五百二十粒，手榴弹五千四百颗，迫击炮二百八十三颗。此外关于饷款、通信，医药工作等器具材料，被服、装具，阵营具专案另报。匪之伤亡亦在千余名。

综上各战情所得失败原因：

一、孤军深入，众寡悬殊。

二、匪先设险我处被动地位。

三、谷底遇战，我前卫无法施展，以致节节截断，失却联络。

四、匪区侦察困难，致派出便衣侦探，不易得匪实况。

五、战前未能得友军之掩护，战后又未能得友军之增援。

基于以上各点，直接参加战斗人员自应负失败之重责。除另案呈请惩处外，惟有本此血的教训，警惕奋发，以期复仇雪耻而完成剿匪之使命也。

〔国民党政府军事机关档案〕

（十一）对红二、四方面军联合北上抗日的“追堵”

一、追堵红二方面军长征

1.“鄂湘川边区剿匪总司令部”关于追堵红二方面军长征的军事报告书

（1935年11月11—22日）

甲、匪情及进剿概况

十一月一日　匪情

伪十八师师长张振昆率残匪二千余，由陈家河窜至上河溪、大湾、葫芦垭、雪花坪等处。肖匪率匪众数千，盘踞上河溪、水田坝、大堰塘（上河溪附近图无名）等处。磨冈隘、樟树阁、刘家峪一带之匪陆续向西窜，集杜家冈、九间铺之伪十七师大部，亦正向西回窜。

同日　我军之态势

各部正遵照上月艳电部署，分别移防中。

十一月二日　匪情

伪六军团已由石门坳窜至牛黄沟一带，伪二军团仍在石门坳附近盘踞。肖、贺股匪因我各路剿匪军及空军之压迫，惊恐异常，自上月俭日起，纷经磨石、石门坳西向桑植老巢回窜。

同日　我军之态势

我四十八师韩旅全部由李家河移防高罗，担任板寮至东门关之防务。

十一月三日　匪情

贺匪率部约三团之众，人枪三千余，潜伏桃子溪、杉木坪、曹家湾、石牌洞等处附近高山。伪十八师在茅坪，伪十七师在兴隆街、茨岩塘等处，似有北窜模样。

同日　我军之态势

独立第三十四旅一部，已到达沙刀沟。

新三旅全部向李家河推进中。

十一月四日　匪情无变化。

同日　我军之态势

四八师第一四四旅之兵力配备如下：

一、自高罗北端之岩板桥（不含）起以北地区，归曹团担任。

二、自岩板桥（含）以南至高罗，归赵团担任，旅部驻曹团防区之杨家大屋。独三十四旅本日将将军桥至打火厂防务接替完毕，其李团之两营仍留高罗，担任高罗（不含）以南地区防务。

十一月五日　匪情

肖、贺两匪受我碉线紧宿，分两路续向桑城西北之陈家河方向逃窜，一路由人潮溪经猫骨洞、官地坪（似匪主力）；一路由铁炉坪经江口、淋溪（似伪六军团之一部）。匪所掳掠粮物，均向陈家河搬运，桑城之伪军校及建筑物均撤废。

同日　我军之态势

新三旅蒋作均部，陆军到达李家河。

十一月六日　匪情

龙桑方面：五道河南北地区无匪情，石牌洞、桃子溪、利必桥、洗车等处，仅有小匪四出掠食。龙山以东地区近日尚无大股之匪活动。

同日　我军之态势

我独立第三十四旅全部，本日已将莫家台、沙刀沟等处之防务接替完毕，旅部驻将军桥，其李团之两营，仍留高罗以南地区，担任防务。

十一月七日　匪情无变化。

同日　我军之态势无变更。

十一月八日　匪情无变化。

同日　我军之态势同前。

十一月九日　匪情

肖匪之一部，由赤溪河经桥头窜轿子垭。

同日　我军态势无变更。

十一月十日　匪情无变化。

同日　我军之态势同前。

十一月十一日　匪情

贺匪率部微日由官地窜三百蹬，旋回踞桑植城。其主力分据洪家关、南岔、上河溪等处，官地坪、梅溪桥、空壳树一带，亦有匪部向东警戒。伪十七师大部仍据兴隆街、茨岩塘、桑植以南磨子坡一带，与我永、庸、桑等县义勇队时有接触。伪十八师以小部留据茅坪，其主力分向茨岩塘窜集与伪十七师会合。

同日　我军之态势同前。

十一月十二日　匪情

据报：伪六军团向龙山窜去；伪二军〔团〕经金屋山、寥家坡（南岔陈家河北）向西窜去，伪十八师匪千余踞上河溪；伪六军踞官地坪一带。

同日　我军之态势同前。

十一月十三日　匪情无变化。

同日　我军之态势同前。

十一月十四日　匪情

匪主力仍踞双溪桥、洪家关、陈家河一带。贺匪本人移踞双溪桥附近，一部分踞空壳树、官地坪等处。赤溪河之匪，已到达苦竹河

同日　我军之态势

总司令以沙刀沟、莫家台至打火厂间地面辽阔，图上与实地距离相差太大，特将部署改正，以固碉线。兹给与四八师徐师长继武、独三十四旅罗旅长启疆、暂四旅张旅长连三之电令如下：

一、四八师一四二旅两团，担任丫口（不含）经沙刀沟、布袋溪至莫家台（含）之线（该线上现有班碉一千座）。

二、独立三十四旅罗启疆部，担任莫家台（不含）以东至打火厂间（该线现有班碉三十座）。

三、暂四旅张连三部，担任沙刀沟（不含）至两河口，并于两河口配置一团（该段现有班碉四十座）。

十一月十五日　匪情

贺匪部约万余人，刻由石门确抵桑植刘家坪盘踞，其一部分驻樵蝗口、拖田坪、双尖屯一带。肖匪由桑植窜龙山边境。

同日　我军之态势同前。

十一月十六日　匪情

贺匪所部仍踞洪家关、双溪桥、陈家河一带地区。肖匪大部窜集桑植城、水獭铺、三百蹬、赤溪河等处。

同日　我军之态势

四十八师第二八三潘团，已接莫家台防务。

十一月十七日　匪情无变化。

同日　我军之态势同前。

十一月十八日　匪情

据报：桑城之匪，为数不多。贺匪亲率大股在官地坪及其附近一带。兴隆街有伪十八师约千余人。茨岩塘亦有其一部，上河溪之匪，为伪五十九及五十四团，陈家河有伪新兵一团及伪独立一团，土王庙有伪独立二团，石牌洞之匪为伪新兵营。

同日　我军之态势同前。

十一月十九日　匪情无变化。

同日　我军之态势

四八师第一四二旅二八三团，将莫家台、沙刀沟、布袋溪、牛场坡、将军桥、寒溪等处防务接替完毕。二八四团将响洞坪、班大湖一带接替完毕。

十一月二十日　匪情

贺匪本人及其伪部与直属部队现仍踞洪家关，并在该处开军事会议。所部现踞由桑植起至桑植东南百二十里向裴桥止。肖匪所部现踞由桑植起至桑植西北之南岔止。近日匪以我军之节节进剿，恐惶异常，声言决向沅水突窜企图。闻其先头已抵苦竹河，茨岩塘以西之匪似有一师以上。但往来无定，似有故作疑兵之样。

同日　我军各部正移防中。

十一月二十一日　匪情。

匪号日将潭口、老鸦口碉线突破，湘军第十九师之周团覆没，其先头本日窜抵盘塘湾。

同日　我军之态势

暂编第四旅旅长张连三部，已到达两河口至桃子岔之线，担任赶筑联络班碉，其旅部及直属部队位置于桃子岔，并以一部为预备队，集结于桃子岔附近。独立第三十四旅罗启疆部，将沙刀沟至莫家台间防务交四八师接替，已开抵莫家台至打火厂之线，正赶筑未成之碉堡。

同日　友军之调集

湘军刘建绪部沿沅水布防，王东原师由永顺限马晚到大庸向厚坪集结。

樊纵队主力向慈利集结，转向溪口增援。遗防由第二十六路军孙连仲部接替。

十一月二十二日　匪情无变化。

同日　我军之态势同前。

十一月二十三日　匪情无变化。

同日　我军之态势无变更。

十一月二十四日　匪情

肖、贺股匪大部突破潭口碉线，南窜之匪约五师之众，已抵沅辰间大舞坪附近。其残留桑植陈家河、茨岩塘一带之匪，尚有一师以上之兵力。

同日　我军之态势

总司令奉委座马酉辕戌电令，徐总司令应抽调部队准备接替天皇庙至龙头岩（不含）间章亮基师防务，各地区碉楼仍须严密固守，并须有随时出动之准备。

同日

总司令给与独立三十八旅旅长潘善斋、四一师一二一旅旅长张习崇之命令如下：

一、肖、贺股匪大部约五师之众，于二十日向庸、慈间之潭口、老鸦口一带之湘军碉线突围，窜过澧水，现已到达辰、桃之间沅水北岸大伍坪附近。其留在龙、桑者，尚有一师及独立团等。

二、湘军第十六与六十二两师均集中保靖。所遗招头寨以南碉线，由新三十四师接守。

三、本军奉令接替天皇庙以南至龙头岩（不含）之碉线，着独立第三十八旅派队担之。所有交接日期，由潘旅长与六十二师现驻该处之团长协定办理。

四、着四十一师一二一旅派兵一营，接替龙间独立三十八旅碉线之守备。交接日期由张旅长与潘旅长协商办理。

五、各部交接日期及配备情形，着随时具报。

同日

总司令又令各部分区游击，着四一师补充团开龙山为预备队，暂归潘旅长指挥之。

同日

总司令给各部分区游击之电令如下：

肖、贺股匪大部号日突破潭口、老鸦口湘军碉线后，肖部先渡澧水，贺部继之，约有五师。其留桑植、龙山间者，尚有一师及独立团数个。查匪主力既经突围南窜，其留在龙、桑者究有若干？系何番号？我宜详细查明确，以便统筹清剿。着独三十八旅派队向兴隆街、茨岩塘，一二三旅派队向石膏山、姚家坪、包家墩、太平山、田家寨一带，新三旅派队向冷风洞、猫见寨、石门坎、统车一带，鄂保安团派队向石牌洞、芦木坪，暂四旅派队向乌鸦河，独三十四旅派队向五道水，三十四师派队向空望溪、雷家垭、太坪、乾溪坪一带分途游击，并联络当地义勇队肃清残匪，招集流亡，善加抚慰。限宥日同时开始行动。各部游击队须互相联络，遇事策应。对于龙山间残匪兵力番号及盘踞地点，须详查具报。但各部原碉线仍应严密固守，勿稍疏懈为要。

同日　友军状况

湘军第十五、十九、六十三各师集中大庸，向大坪方向跟追。十六、六二两师集中保靖。樊部主力集中慈利。

十一月二十五日　匪情

贺匪大部在辰县下游七十里渡江，现似在大窝坪等处。判断该匪必渡过沅水或由洪江窜黔东，否则窜湘桂边区。

同日　我军之态势同前。

同日

总司令给与四一师一二一旅旅长张习崇、独三十八旅旅长潘善斋之命令如下：

一、据报：匪伪十八师尚在龙、桑间，未曾南窜。兴隆街有伪五十三团之一部，约三四百人，机枪四挺。我龙山师兴周之保安队，正向该匪进击中。

二、着四一师一二一旅二四二团，即日推进龙山，除以一部担任来龙间碉楼守备外，余集结龙山县城附近，为预备队，归独三十八旅潘旅长就近指挥之。

三、独立三十八旅接替天皇庙以南至龙头寨间防务，守碉部队务饬严密战备，勿稍疏懈为要。

十一月二十六日　匪情

肖、贺股匪大部，漾晨由大小宴溪窜沅江。敬日已窜抵新店铺、太平铺、兴亭驿一带。桃源西南郑家驿亦发现匪踪。伪十八师尚盘踞茨岩塘，伪师部及无线电驻龙老七屋里，伪五十二、三两团流窜于兴隆街、桑植、龙家寨、茅坪、包谷坪、沙坪等处。

同日　我军之态势

四一师一二一旅之第二四二团第三营，已将龙、桑间碉线接替完毕，余部均到达龙山县城集结完毕。

独三十八旅已将龙、来间防务交四一师接替，龙城守备仍由该旅担任，其龙山至龙头寨间防务，已部署完毕。

同日

总司令奉委座有酉辕战电令：着即派队接替钟光仁师白家坳（含）、龙头寨间防务，于感日前接替完毕，具报为要。

同日

总司令基于上令，给与潘、张两旅之命令如下：

一、本军奉令接替钟光仁师（湘军）白家坳（含）至龙头寨间防务。

二、一二一旅之二四二团应将防线延伸至洗罗（含），三十八旅推进洗罗（不含）至白家坳之线。以上交接后，统限二十七日配备完毕具报。二四二团仍归潘旅长指挥。

十一月二十七日　匪情

肖、贺股匪先头已到马辔市，一部在南岳庙、松溪铺一带（沅水东）。辰溪县城本日为匪二千余所陷，现与我湘军欧阳烈团在毡板铺附近激战中。龙、桑方面伪十八师及匪游击队，仍在茨岩塘、茅坪一带。

同日　我军之态势

四一师一二一旅二四二团，已将龙山至洗罗（含）碉线接替完毕。

十一月二十八日　匪情

贺匪大部已强渡沅水，其先头已到达安化、溆浦，有经洪江窜黔省模样。龙、桑方面匪情无变化。

同日　我军之态势同前

十一月二十九日　匪情

肖、贺股匪已窜抵新化县北之富溪，似有窜锡矿山之模样。龙、桑方面匪情无变化。

同日　我军之态势

各部正向指定游击区域移动中。

十一月三十日　匪情无变化。

同日　我军之态势同前。

同日

总司令鉴及龙、桑间残匪尚盘踞兴隆街、茨岩塘、陈家河一带，若不及早清剿，设匪主力西窜，龙、桑未清，将来作战亦难应付，特给予各部命令如下：

一、肖、贺主力五万余人，自本月二十日由潭口突围过澧水后，嗣复于沅陵下游之北容、大宴溪、麻衣洑间强渡沅水，流窜于安化、新化以西地区。现其先头到达辰溪，有向黔边窜扰模样。其伪十八师及游击队等，尚盘踞龙、桑间，希图保守老巢。

我陶纵队由招头向麻阳、芷江，李纵队由永顺向辰溪、洪江，郭纵队由慈利、桃源向溆浦，俱向匪急进追击。黔军向铜仁堵截。现在本防线右翼龙头岩以南者，为三十四师。

二、军以清剿龙、桑间残匪，扫除其巢穴之目的，先派一部驱逐当面之匪，占领红溪坪、石牌洞、统车、兴隆街、茅坪之线，以便主力分区集结，准备进剿。

三、部署如下：

（1）潘旅长善斋依情况配派必要兵力，扑灭兴隆街之匪占领之，同时派一部进占茅坪。所有现在龙山四十一师之二四二团及龙山保卫队师兴周部，均归该旅长指挥调遣。俟兴隆街、茅坪确实占领后，该部主力着结于龙山县城附近待命。

（2）四十一师一二三旅，当潘旅长派队进攻兴隆街时，派一团由石膏山向兴隆街、泥坝田方向威胁兴隆街匪之侧背，协同歼灭之。尔后该旅酌以一部留驻石膏山附近，其余在金星寨附近集结待命。

（3）新三旅派一部进占统车附近，主力集结李家河附近待命。

（4）鄂保安团派一部进占石牌洞附近，主力集结乐哥坪、甘田坳附近待命。

（5）暂四旅派一部进占红溪坪以南，与乌鸦河之义勇队联络，余部集结两河口待命。

（6）四八师之一四二旅与独三十四旅，由徐师长、罗旅长各自酌情，分区集结待命。

（7）各防区原有碉楼主要处，仍须派兵守备，不可全令空碉。其无兵驻守之碉，须指派部队每日巡查一次，责令保护，不得摧毁，候令移交。

四、各部队十二月三日同时派队前进。所有后方守碉之部队，须待前进部队到达前地占领确实后，再行集结。各前进部队，仍须扼守构筑工事，互相联络。

五、进展及集结部署情形，着随时具报。

乙、碉堡及封锁设施

十一月七日

总司令依照委座歌亥辕战电令，给予各部如下之命令：

一、各师旅就已成碉线补筑增强，务使火力能以交叉无匪侵过之虞。

二、罗旅防区内，应特别注意赶紧增修碉堡。

三、来凤、沙刀沟间碉线，由各部队长酌量地形向前推进，以节兵力。

同日

总司令为巩固碉线，严密封锁，以求迅速歼灭残匪起见，乃电饬各师旅长各就防区严密布置，准备随时堵剿。如有阵线欠固之部分，应速补助碉楼，增强坚度，并自即日起，本防线确实封锁，无论匪我方面之土民，一律不准进出。对于匪方物质之封锁，尤应严密。并令专署转饬宣、来、鹤峰各县及龙山县府，严密封锁。

十一月九日

三十四旅罗启疆部杨团，现于落雪岩、车东河两处，择要增筑碉楼，以加强封锁线。

十一月十四日

总司令为巩固沙打（沙刀沟、打火场）线及沙两（沙刀沟、两河口）间碉线，兹给与四八师徐师长继武、独三十四旅罗旅长启疆、暂编第四旅张旅长之电令要旨如下：

各部增筑碉楼，限哿日以前，四八师于丫（口）莫（家台）线上，赶筑一百五十座；独三十四旅于莫（家台）打（火场）线上，赶成一百座；暂四旅于沙刀沟、两河口线上，赶成八十座。

各部遵照上项电令加紧赶筑。四八师计自丫口至莫家台，已成碉堡一百座；独三十四旅在莫家台至打火厂间，已成碉堡七十二座，暂四旅在两河口至沙刀沟之河南，已成碉堡四十座；三十四师在鹤峰、打火厂及鹤峰、走马坪间，已筑成碉堡六十二座，余正在赶筑中。

十一月二十二日

总司令奉委座行辕辕财字第一二号密令，已划来凤、宣恩、鹤峰、五峰、松滋、澧县、临澧、慈利、石门、桑植、桃源、大庸、永顺、龙山等十四县为封锁区。所有实行封锁应办事项，如封锁区管理所之成立，公卖会之组织，统限于十一月底完成。从十二月一日一律按照实行。令仰遵照。当令饬各部及各县府遵照规定严密施行。

丙、通信及交通概况〔略〕

丁、卫生设施及医疗概况〔略〕

戊、水陆运输及兵站设施并补给概况〔略〕

己、剿匪宣传事项〔略〕

〔国民党政府军事机关档案〕

2.国民党军第十九师李觉部与红二方面军在湖南泸溪县浦市附近战斗详报

（1935年11月19日）

（一）战前匪我情势

贺、萧股匪以迭经我国军痛剿，已成惊弓之鸟，乃于十一月二十二日在大宴溪、洞庭溪渡过沅水，分股向南急窜，一部于是月廿七日晨陷辰溪，并窜扰浦市、红岩溪一带，另一部向新化进窜，其主力则于同月廿六日左右，由官庄、马底驿一带向溆浦逃窜，时溆城无兵驻守，竟于俭日被陷。

十一月廿八日，师长令百零九团营长左祺率该营（欠机连）于午前午时由欧溪轻装出发，经泸溪开赴浦市，限即日到达，协同义勇队布防，并亲率余部按唐旅顺序，同日分由宜寨、欧溪进至泸溪城。

（二）我军部署

十一月廿九日晨，师长令唐旅长伯寅率五五旅及秦庆武团，由红岩溪附近沿河向浦市之匪进剿，亲率五七旅（欠秦团）在后策应时，王师主力在本师后跟进，其汪之斌旅则奉令由唐家排，杨斌庄向浦市之匪侧击。

（三）战斗经过

二十九日午后四时左右，我先头郛乐知团进抵沛市西北端高地，即发现该处有约二千余之匪占领阵地，该团长随即派队向当面之匪猛冲，我唐旅长伯寅比令刘湘辅团向右抄袭，激战逾二小时，匪始狼狈向碑石、中塘方向逃窜。我刘团追至碑石后，天已黄昏，乃令在该处停止、警戒，该旅长率郛、秦两团于是日酉刻进入浦市。是役伤亡损耗及夺获情形，均详本报附表。（表略）

中华民国二十四年　月　日　　　　　　　师长　李觉具

〔国民党政府军事机关档案〕

编者注：原题为“陆军第十九师（欠一旅）泸溪县浦市附近之役战斗详报”

3.国民党军第六十三师陈光中部与红二方面军在湖南溆浦战斗详报

（1935年12月8日）

一、本月七日午前十时三十分，奉到第一路军第四纵队司令官李本月七日午前九时命令，要旨如下：

1.综合各方情报，铁炉冲之匪被我击溃后，纷经道官屯向泸溪退却，泸溪至溆浦道上似有匪盘踞。

2.本纵队即分由黄杨屯、道官屯向溆浦攻击前进。

3.第六十三师（欠李旅）除以一小部由小江口向棚木铺方向搜索前进外，主力即由黄杨屯自取道路向溆浦攻击前进，如无匪情，应于五里亭附近占领阵地警戒待命，左与李师切取连络，以一小部进城搜索，并维持秩序。

二、本日午前十时四十分，据派赴溆城官长便探回部报称：溆城现驻赤匪约四营，正在城西北高地之线构筑工事，并有一部在太平乡高地之线警戒，并闻底庄、烟溪等处，有大股共匪麇集。又本日早，匪在街上宣传，谓有匪军长即来溆城，强迫民众准备欢迎等语。

三、本日午前十时五十分，遵照纵队司令命令要旨，及依据侦探报告情况，下达命令如下：

十二月七日午前十二时命令于曹家溪高地南端。

（一）萧、贺股匪约四营，现正在溆城西北高地之线占领阵地，纷纷构筑工事中，其警戒部队在太平乡高地之线，並闻底庄、烟溪等处尚有大股共匪麇集，有向溆城开动模样，同时闻有匪军长即来溆城。

我第十九、十五两师，现由道官屯经泸溪向该匪攻击前进中。

（二）本师（欠李旅）拟乘该匪后续大股未到达溆城以前，夺取溆城，压迫该匪于溆水西北岸地区而聚歼之目的，即以一部由小江口经栅木铺，以主力经庐峰坡向该匪攻击前进。

（三）着赵旅长率领所部（欠三七七团）附骑兵连（欠第一排）为右翼队，即由小江口经栅木铺向溆城方向攻击前进，到达五里亭时，应努力驱逐该处东北高地之匪，策应我右翼队夺取溆城，同时对黄司塘方向须派警戒。

（四）着王旅长率领所部附骑兵一排（欠一班）为左翼队，即由现地出发，经庐峰坡驱逐太平乡高地匪之警戒部队后，应不失机宜迅向溆城西北高地之匪攻击前进，相机夺取溆城，右与赵旅，左与李师切取连络。

（五）第三七七团为总预备队，在左翼队后尾跟追。

（六）两翼队战斗境界为庐峰坡——艾家冲——溆浦城之线（线上属左翼队），两翼队攻击到达点为溆水西北岸之双江口——溆浦城——黄司塘之线。

（七）无线电队应在庐峰坡北端自行选定地点，从速架设，准备通报。

（八）通讯队应速架设两翼队至师部间之电话线。

（九）师医院应在曹家溪西端开设绷带所。

（十）日用行李暂在曹家溪东端道旁停止待命。

（十一）余率工兵营本日午后二时前在庐峰坡南端，尔后在预备队位置。

上令。

师长 陈光中

传达法：先口述使之笔记，随油印传骑分送之。

四、午后零时三十分部署完毕，即率领必要人员策马至庐峰坡高地指挥，零时约四十分，太平乡附近即发现步枪声断续不绝，隐见太平乡高地之匪纷向溆城高地翼侧运动，我左翼队先头部队亦继续向太平乡急进中。

五、本午后一时三十分，接到左翼队王旅长报告如下：

1.太平乡高地之匪约一营，于本午后零时三十分被我三七四团前卫压迫，稍事抵抗，即纷向溆城西北高地两翼退窜中。

2.职现正指挥所部向该匪攻击前进中。

六、本午后一时五十分，接到右翼队赵旅长报告如下：

1.职率部于本日午前十二时二十分，进抵枬木铺附近，该处东北高地发现匪警戒部队约一连，经我先头部队奋勇驱逐，刻已纷向五里亭方向退走。

2.职现督率所部向五里亭方面之匪攻击前进中。

七、本午后二时，将两翼队进展情形互相通知后，遂进至太平乡高地指挥，此时溆城西北高地方向步枪声机关枪声已极激烈。午后三时许，五里亭高地之线枪声已起。午后四时，我左翼队向匪阵地奋勇猛攻，进展甚速，连夺据点三处，直逼溆浦城附近，盘踞城垣之匪，凭藉工事顽强抵抗。同时有匪约两团，乘我左翼友军未能如期进展之故，大肆活跃，利用森林隐蔽乘虚向我右翼迂回抄袭，幸我三七四团团长李伯蛟早已窥破匪之企图，预先戒备，当以机敏之处置、活泼之指挥，迎头痛击，匪亦拼命搏战，冲锋再三，斯时步机枪声手榴弹声冲杀声震荡山谷，匪徒尸横遍野，我第三七四团亦伤亡奇重，状极惨烈。计自五时至十时左右，双方趋于对峙状态。十时十五分，我右翼队赵旅长用电话报称：职率所部已于九时四十分确实占领五里亭高地阵地，现正督饬所部向溃走溆城方向之匪跟踪追击中等语。当令该旅长迅率所部猛烈攻击匪之左侧，以牵制该匪向我左翼队迂回抄袭之企图，同时并策应我左翼队攻击进展之容易。十时二十分，将右翼队进展情形及令其攻击概要示知左翼队后，即令总预备队增加左翼队向匪阵地中央突破，并限令左翼队务于本晚夺取溆城。我左翼队得到右翼队之策应，总预备队之增加攻击，精神愈形旺盛，遂以攻击重点指向匪阵地之中央，匪因受我右翼队之牵制及我左翼队之猛勇压迫，其中央阵地之敌气焰遽形顿挫，全线纷呈摇动，我左翼队乘势奋击，遂于八日午前二时三十分，将该匪击溃，完全占领溆城西北高地阵地，匪乃焚烧碉楼，纷向乔江、花桥方向逃窜。我第三七四团李团长首先率领所部乘胜猛勇追击，遂于本齐卯刻进占溆浦城，我两翼队亦均乘胜向该匪追击。

八、据侦察及俘匪所供，得悉原据溆城者为贺匪所属之四个营，而既接触后，适匪萧克率伪十六、十七两师由新化赶到，其与我抗战之匪为萧克所部伪十六师及伪教导团、伪卫队营及贺匪之四个营，计人数约五千余名，马步枪约四千余枝，轻重机枪约五十余挺。惟弹药不甚充足，就中以伪教导团、伪卫队营较为犷悍耐战。

九、查是役战斗结果，我第三七四团官兵忠勇特甚，伤亡亦多，其特殊忠勇者，俟查明另案汇呈核奖，藉资激励。

十、攻击部署如附图，伤亡损耗俘获如附表（图表略）

中华民国二十四年十二月八日　陆军第六十三师师长陈光中呈

〔国民党政府军事机关档案〕

4·国民党军第十六师章亮基部与红二方面军在绥宁属之金屋塘等地战斗详报

（1935年12月）

一、匪情

贺、肖匪部伪二、六两伍团，共约四师，于十二月十五、十六等日，由龙潭、隆回司一带向洞口、高沙市方向南窜。因受我友军猛力压迫，复折向花园市，似有继向武阳、绥宁逃窜之样。

二、我军部署

本纵队第六十二师及本师（欠两团），十二月二十一日午由金屋塘、大吉头之线，向祖师殿、瓦屋塘方向前进，侦匪截剿。

本师（欠第四六旅之九一团及四七旅之九四团）遵兼司令陶命令：留兵一营（第四七旅九三团第三营）扼守金屋塘，维护后路安全，其余于是（二十一）日戌刻到达祖师殿、黄腰峰一带。同时我第六十二师到达瓦屋塘附近，以一部扼守枇叶树。

是（二十一）日晚，据报花园到匪大部，黄土圹到匪一部。但李溪桥、武阳无匪踪。

二十二日午后一时，奉兼司令陶命令，本纵队即集结瓦屋塘附近，侦匪截剿。等因。本师遵即由原地向瓦屋塘前进。

三、战斗经过

二十二日午后一时四十分顷，本师正行进间，闻我六十二师枇叶树阵地枪声浓密。当遵兼司令陶命令，派第四十七旅旅长杜道周指挥九二、九六两团，驰向鸡公坡方面策应。该部到达鸡公坡时，正值匪向我六二师阵地猛冲，势甚危急，一部并向黄泥江方面延伸。该旅长即令九六团加入六二师左翼，自率九二团于鸡公坡布置阵地。九六团到达枇叶树北端，即协同六二师与匪激战。

鸡公坡方面，我九二团即与匪接触。经我官兵迭次冲锋肉搏，迨午后四时顷，匪势始稍杀。

是时，师长行抵瓦屋塘北端，复遵兼司令陶命令，派九五团驰赴瓦屋塘西南端，接替我六二师守备任务，并策应该师作战。适又接九三团唐团长由护鳌桥附近报称：本团留守金屋塘之第三营，顷突被由丝茅界、斜处塘方面窜来之肖克匪部枪约千余，四面包围，并猛袭碉堡，激战甚烈，后续匪部正续向该处急进。等语。师长当令该团长率余两营驰往增援。讵行至白石庙、祖师殿一带，即与由祖师殿东端高地窜来人枪约二千之匪遭遇，激战肉搏十余次。至夜九时许，匪死伤奇重，始向猴子岭、汤家园等处溃窜。其时该团第三营方面，肖匪部陆续增加，攻击甚烈。而该营第七连中士代理排长李星湖率兵一排，扼守小坡上孤碉，尤被匪猛烈环攻。该营虽际此重围及截断连络之下，仍死力苦战，支持至戌刻。唐团长率该团主力赶到，合力痛击，匪始纷向白泥塘、麻塘方向奔窜。我守碉官兵无恙，金屋塘街市亦赖以保全。该团乘夜追击，并夺获匪枪二十支余，俘匪官兵三十余名。同时我杜旅长所指挥九二、九六两团及我六二师方面之贺匪部，亦被我击破，向汤家园、九龙界一带高地逃窜。我各部跟踪尾追，俘获颇多。

四、战斗结果

是役，本师各部队共伤毙匪千余名，俘匪官兵五十四名，夺获步枪二十八支。消耗七九步弹二万七千五百发，机弹一万七千发，手榴弹四百九十颗，手枪弹二百六十发，官兵伤亡共五十七员名。

师长　章亮基呈

〔国民党政府军事机关档案〕

5.国民党军第十九师李觉部与红二方面军在溆浦燕子岩附近战斗详报

（1935年12月16—17日）

一、战斗前匪我情势

肖、贺股匪连日经本军追踪痛剿后，为逃窜迅捷起见，乃分成两股，肖匪一股于十二月十三、十四两日窜至龙潭司，贺匪一股则于是月十三日窜至中洞、风车港、岩板桥附近兰草田之线，似均有向隆回司逃窜之样。

十二月十五日，我陈师（欠李旅）奉命截剿风车港之匪后，向龙潭司前进，本师（欠五六旅）则分由两丫口，龙王江出发，经乌罗桥，九溪江向龙潭司之匪追剿前进，我王师同日分由高明溪、龙王江出发，在本师后跟进，讵本师挺进队进抵沙家湾时即侦悉燕子岩、大金厂一带有匪警戒部队。

二、我军部署

十六日拂晓，本师按庄旅、唐旅顺序，分由岩桥湾，坪溪出发向龙潭司之匪追剿前进，我王师在本师后跟进，我陈师同日由两丫坪向大沙江截剿。

三、战斗经过

十六日午前九时左右，本师先头秦团进抵燕子岩附近，发觉该处有人约二千、枪千余之匪潜伏，拒我前进。该团长当令第一营向当面之匪猛冲，第二营由右翼后方高地向匪侧击，匪犹负固顽抗，激战约二小时，匪始不支，纷向琵琶坳方向逃窜。师长比令该团占领燕子岩阵地，掩护我主力通过，一面令百一十团为前卫，续向龙潭司之匪进剿。

是日午后一时，该团行抵小金厂南端，接到挺进队报告，匪大部已占领琵琶坳北端高山，恃险顽抗，该团团长邬乐知据报后，比令前兵第二营向正面佯攻，以第一营及第三营之七八两连绕出匪之右侧背施以猛攻，以第三营之余部，由右翼绕攻匪之左侧背为助攻，该团长亲率杨营，由左翼协助陈营包围匪之右侧为主，激战愈三小时，匪伤亡狼藉，遂向龙潭司溃退。时天近黄昏，乃令该团占领琵琶坳一带阵地，彻夜警戒。

十七日拂晓，我王师任右翼为主攻，由木屐冲出仙峰岭，本师任左翼为助攻，由向家冲均向龙潭司攻击前进。我王师陈旅进至仙峰寨，本师第一线邬团进至向家冲西南端高地时，均发现有匪部扼守，我邬团以地形及任务关系，未及猛攻。该旅长伯寅遂令刘团以大黄沙为目标，迂回截击时，右翼第一线陈旅亦正与匪往复冲锋，相持至巳刻，匪始不支，纷向圭洞青山界方向窜走，乃由王师派队跟踪追剿。是役匪官兵伤亡甚众，据俘匪供称：拒我前进之匪系伪四十八团及伪十七师一部，人枪约二千余，十六日开到该处担任掩护，现四十八团已被我王师冲散等语。所有三股伤亡损耗及夺获情形，均详本报附表。〔表略〕

四、战后经验

1.匪非险不守，非利不战。嗣后我军与匪作战，如匪最初即取守势或攻而不猛，即可判断为匪掩护部队，或另有企图，此时我应不顾一切施行翼侧攻击，如燕子岩、琵琶坳之役，匪系掩护其主力由龙潭司向隆迴司退窜，经我军侧翼攻击后，即行退窜，是其一例。

2.匪军连年奔窜困苦万状，此后我军应挑体力强健，勇敢慧敏善走之官兵，发给短枪，装扮匪军模样，编成挺进部队，常在本队前一日行程，蹑匪跟踪，尤宜不分昼夜，出其不意实施扰乱，使匪时时处于被动地位，莫测我军企图，则其崩溃必易。

中华民国二十四年　月　日　师长　李觉具

〔国民党政府军事机关档案〕

6.国民党军第六十二师钟光仁部与北上抗日红军第二方面军在湖南绥宁瓦屋塘战斗详报

（1935年12月22日）

第一节　战斗前彼我形势之概要

甲、二十一日正午以前在金瓦塘之形势

本师奉令截剿肖、贺股匪，于十二月十九日午后，到达绥宁县属之金屋塘，遵奉命令由刘旅派兵一营进占丝茅界，警戒洞口方面；另以一营推进瓦屋塘，并派便探多人，分赴洞口、石下江、高沙市、花园等处侦察匪情。至二十一日午前，迭据便探回报匪情如次：

1.肖、贺股匪约七八团之众，于十九日午后五时窜抵洞口，对于附近碉堡及通武阳大道，均派匪兵扼守，并将电杆电线破坏。

2.匪千余，于二十日早窜抵花园附近。

3.肖贺股匪全部，于二十日晚窜抵花园、杨柳溪、红岩、桃坪、泡洞等处，均潜伏于各该处附近森林内，并有移动之样。

4.肖、贺股匪正联合当地土匪张云卿、谭光和、冯大海、田镜恒等一、二千人，利为响导。

正午，奉军长陶马午参机代电，命令如次：

1.据报匪主力现向花园市、高沙市方向南窜。

2.本军遵照总座号午未申各电意旨，拟即推进瓦屋塘附近，觅匪截剿，并堵其西北逃窜。

3.着钟师长除留兵一连，在丝茅界监视洞口之匪外，余由该师长率领于本日午后一时，由金屋塘出发，进至瓦屋塘，占领阵地警戒。

乙、二十一日午后到达瓦屋塘之形势

午后一时遵令率成、刘两旅向瓦屋塘推进（命令意旨与军令

同，从略），于午后五时到达。遵照军部命令意旨，以一八四旅（欠两连）占领枇叶树、鸡公坡之线，向黄土旷、花园方向严密警戒。以一六八旅控置瓦屋塘向武阳方面警戒，并令三六七团之四、五两连进占唐家坊、武阳联络李溪桥义勇队向匪方游击。并远派侦探，利用电话不失时机报告匪情。旋据成旅长报告：朱团已占领枇叶树及其以北高地。张团（欠两连）已占领鸡公坡及其以南高地，午后七时，迭据报告，匪之大部已过花园西之红岩，先头匪部一、二千人，窜抵黄土旷，其便衣队正向我活动中。

据情况判断，匪之主力已到花园、黄土旷间，有西窜之企图，因决心觅匪主力截击痛剿。命令如次：

1.据报匪约八、九团已过花园西之红岩，先头匪部一、二千人，已窜抵黄土旷，其便衣队正向我活动中，似有西窜瓦屋塘之企图。

2.本师遵奉层令意旨，以觅匪主力截剿之目的，拟即经枇叶树、牛栏冲向黄土旷及其以东之匪痛剿而歼灭之。

3.着成旅长铁侠，率张、朱两团为前卫，于明（二十二）日午前七时，由现地出发，经枇叶树、牛栏冲向黄土旷及其以东之匪搜剿前进。刘旅长建文率马、袁两团，在师司令部后跟进。

丙、二十二日拂晓前后之形势

二十二日拂晓以前，所得情况如后：

1.迭据便探由李溪桥、唐家坊电告报告：花园等处之匪，其主力由贺匪率领，向黄土旷及其以西移动，其一部约四五千人，已分向西北移动，并有当地土匪为之响导。

2.迭据便探报告：匪之先头已于昨（二十一）晚窜过黄土旷，其便衣队已到达牛栏冲、炮寨山附近，有向我急进之样。

同时据成旅长转据朱团长再生由枇叶树报称：牛栏冲、炮寨山两傍山地，均有匪部发现，惟以时值黑夜，兵力企图不明，因令成旅仍在原阵地警戒，候令进剿。并令刘旅除以三七二团之第二营警戒瓦屋塘通武阳大道，注意与我枇叶树阵地右翼联系外，余仍集结瓦屋塘待命。

据以上情况判断，匪之主力确已窜抵黄土旷以西之地区，与我对峙中，其西窜瓦屋塘之企图昭然若揭，毫无疑义。

第二节　影响及于战斗之天候气象及战地之状态

气候严寒，阴霾四合。风向来自东北，影响于我之射击及观测，障碍殊多。枇叶树、鸡公坡间及其以东一带，地形错杂，又系密林深荫，运动既属困难，匪部尤易接近。且各高地亘相断绝，虽可利用为防守之天然障碍，但出击时，必须仰攻，动作艰难，损害较大。

第三节　彼我之兵力及其番号与指挥官之姓名

匪首贺龙之伪第二军团，所辖之伪第四、五、六三师，伪四师师长卢东生，伪六师师长孙某，其余未详。每师辖三团，团以下为三三制，每连步枪五七十支不等，共约机枪四十余挺，惟弹药缺乏。

我军为本师第一八四旅成铁侠旅及第一八六旅刘建文旅两旅，及十六师之一团。

第四节　阵地之占领攻击之部署及其主要理由并关于战斗所下之命令

匪之主力西窜瓦屋塘，既经侦察明确，为达成任务计，决心截剿，予以迎头痛击。其部署及命令如下：

1.匪我状况（从略）

2.本师以截剿该匪之目的，着即占领右自枇叶树沿鸡子山、鸡公坡、紫金山一带高地堵匪西窜，迎头痛击之。

3.成旅长铁侠着率朱再生团，占领右自枇叶树及其北高地，堵匪西窜，迎头痛击之。但对于牛栏冲、炮寨山应酌派兵扼守，右与张团连系，张团长空逸着率所部（欠两连）占领左自鸡公坡之最高点，紫金山及其以南之高地，堵匪西北窜，迎头痛击之。但对于鸡公寨高地，亦应酌派兵力占领之，右与朱团联系。

三七二团之第二营，着占领瓦屋塘南端，通武阳大道之两侧高地，向南警戒，左与枇叶树方面取联系。

刘旅长建文着率所部（欠一营）控置瓦屋塘待命。

第五节　各时期之战斗经过及其关系之邻接部队之动作

甲、战斗开始时期

午前八时，我牛栏冲前进部队，被优势之匪压迫，撤回枇叶树本阵地，同时匪之伪四师师长卢东生全部，向我枇叶树朱团阵地再三猛冲，来势凶悍异常，经我成旅长指挥朱团沉着应战，迭予痛击，匪未得逞。

同时我鸡公寨前进部队，亦被压撤回，幸张团长指挥紫金山部队，迎头痛击，匪亦未逞。

同时贺匪亲率五、六两师利用阵地前断崖死角，经枇叶树以东，辣椒冲、姚家冲、木栗树向左移动，因之，全线同时激战甚烈，尤以张团右翼、曾营阵地为最，时已午前十时许矣。

乙、战斗剧烈之初期

午前十一时，同时接到我成旅长及曾营长报告：匪之大部陆续向我鸡公坡张团阵地右翼移动，当即令刘旅长以马骥团之一部，占领姚家冲北端一带高地，右与朱团衔接，余控置于鸡子山附近，以袁亚初团（欠第二营）接鸡公坡张团右翼，向木栗树占领阵地，左与曾营右与马团衔接。是时，匪以主力迭向我姚家冲阵地猛烈冲突，凶顽暴厉，前仆后继，均被我马、袁两团沉着射击，以炽盛之枪火，与手榴弹之威力，逐渐压倒，击毙无算，尸横遍野。同时朱、张两团当面之匪亦再三猛进威胁，均被拒止于悬崖之下，死伤亦复不少，并有一二千人被夹击于紫金山下杨家坪附近竹林内，进退失据矣。

丙、我全线出击及剧烈战斗之二期

我当面之匪，其冲突焦点，正午以前在枇叶树方面，正午以面转移于鸡公坡、木栗树、姚家冲方面，来势凶悍，气焰嚣张，幸我官兵沉着应战，以大无畏之精神，抱有贼无我之决心，奋勇痛击，虽迭次向我冲突，终未得逞。至午后三时，匪之气已馁，而力已竭，逐归披靡，势将动摇。因乘机全线出击，其命令如次：

1.我当面之匪，业经被我火力压倒，逐渐披靡，而木栗树、姚家冲以东地区之匪，业已摇动，鸡公坡东西山腹竹林之匪，已被我截为两段。

2.本师为不失时机歼灭该匪计，着即全线同时出击，乘胜尾追，务期于阵地前歼除之。

3.张团长空逸着由紫金山向鸡公坡东南竹林内之匪，由上向下压迫，猛烈痛击，务将该匪解决之。

4.刘旅长建文着率马、袁两团，向木栗树、姚家冲以东高地之匪，猛烈痛击，乘胜尾追，并以一部协助张团夹击鸡公坡东南竹林内之匪，而歼除之。

5.成旅长铁侠着以朱团之一部，向当面之匪施行佯攻，并注意枇叶树通牛栏冲大道，俟溃窜之匪经过时，而截击之。

6.袁团第二营着就近增加枇叶树方面，以资应援。

我全线既拟出击，而匪亦同时再向我全线猛冲，以为最后之挣扎，因复激战三小时之久，彼此冲击，几经肉搏，匪众尸横遍野，其第五师十三团团长刘汉清、十五团团长黄炳元，均被战当场击毙。然匪居高地，我之出击，则须仰攻，因之我军伤亡亦不少。卒以我官兵之奋不顾身，前仆后继，协同一致，猛勇杀贼，终将顽强之匪先后击溃，分别占领杨竹坪、木栗树、姚家冲以东高地及炮寨山等处，并尾追十数里。

先是我全线出击时，贺匪亲率五、六两师，匪众顽强抵抗，屡次向我正面猛烈冲锋，完全被我击退，因复以一部逐渐向我右翼移动，既攻我枇叶树阵地，复更向右翼以图袭我右侧，不料被我成旅长预以朱团一部控置最右翼，乘其尚未展开，即予以强烈火力之压迫，并以一部向之猛冲，该匪遂不能立足，未敢接战，即行局部溃散，并牵其全局，直跟追至炮寨山，当时击毙亦复不少。

丁、攻击奏效后之战斗及追击

午后五时许，我全线出击，即已奏功，当面之匪完全击溃，先后占领鸡公寨迤南迄炮寨山之绵亘高地，施以猛烈射击之火力追击后，一八六旅之一部，尾匪跟追至杨竹坪以东十数里之外，残匪向东北溃去。一八四旅之一部，尾匪跟追过炮寨山数里之处，残匪向东溃去。时以黄昏，地形复杂，未便穷追，遂各以跟追部队占领阵地，监视匪之去向，一面扫清战场，整饬部队。

戊、邻接部队之动作

一、午后三时许，军长率十六师先头杜旅到达瓦屋塘北端，询及当时情况，即令在杜旅长率兵一团增加鸡公坡方面，令协助我该处之张团部队，将山腹竹林内之匪，由上向下压迫，以便与我刘旅夹击而解决之。惜时间已过，该团到达时，我全线出击已经奏功，当面之匪业已溃窜，未及施展耳。

二、同时我袁团之汤营，已就近增加枇叶树方面，复由军长令杜旅之何团派兵一营往接汤营遗防，其余控置于瓦屋塘，任后山（即向西）之警戒。

三、同时我十六师之大部，已到达祖师殿附近。据报留守金屋塘之戈营已于正午与肖匪所部伪十七师约四五千人接触，现仍激战甚烈，已派兵一团前往声援矣。

四、二十三日正午，我游击部队，三六七团第五连连长汪国强率所部由唐家坊归还时，行经白家坊北二里许之苦水溪，遇匪三四千之众，迭向该连压迫，该连一面应战，一面以灵敏动作向西北茶山高岭逐渐撤退，被跟追数十里，逼入一断绝地，四周悬崖，既无法脱离，且无路再退，相拒百余米，近在咫尺，该连长当即决心以手榴弹与之决战，使之同归于尽，不料轰毙匪众一二百人，匪以伤亡过多，竟舍该连继续撤退，该连遂以敏活手段迅即脱离。该连亦伤亡十余人。

第六节　战斗之成绩并决战时之景况

甲、战斗之成绩

我当面素称强悍之贺匪全部九团之众，及当地惯匪一二千人，综合万余匪众，被我先后击溃，占领其阵地，并跟追十余里，匪众狼狈溃窜，遗尸遍野。据俘匪供称：匪众死伤约在二千以上。并当场击毙伪五师十三团团长刘汉清、十五团团长黄炳元二名。俘获如附表。所惜时已黄昏，未及穷追耳。

乙、决战时之景况

木栗树、姚家冲以东高地之匪，势已动摇，而鸡公坡东南山腹竹林内之匪，又被我瞰射夹击，势不能不为最后挣扎。又有天然荫蔽与死角之利用，因于我出击前后，再四冲锋，节节近接，并顽强抵抗，以图幸免。且其阵地之大部比我略高，彼占瞰射之利，而我蒙仰攻之害，是以战况最激烈，而我之伤死亦众，所幸各官兵以大无畏之精神，前仆后继，奋不顾身，先占领木栗树以东山地，次占领姚家冲以东之一字形高地及炮寨山高地，终获最后胜利。虽我之火器较精，而士气旺盛，实足以压倒一切可操胜算矣。

第七节　战后彼之阵地或行动

我当面之匪被我尾追十数里后，即狼狈向黄土旷、花园窜去。本师奉令在瓦屋塘占领阵地，星夜赶筑工事，对花园、武陋方面严密警戒，并与祖师殿之章师确取联络。

第八节　战斗后可为参考之所见

一、视号通信，亟应研求。以湘西山地绵亘，岸峦对峙，彼此通视极易，而往返跋涉困难，费时失机，在在难免。如本日鸡公坡最高处部队，果能利用视号与右翼部队时时联络，彼此通报，获益必多，而出击冲锋等，收协同与互助之效更大矣。

二、〔略〕

三、〔略〕

四、查侦探为军中耳目，关系至深且巨，尤以利用土著或熟悉当地情形者，充当便探，收益尤多。本师到达金屋塘后，于二十日晨，即据驻洪江陶旅派赴洞口便探回报十九日晚匪窜洞口情况。同日正午，又据派赴花园便探，由李溪桥电话报告：当午匪抵花园情况，先是二十日晚，本师决心于翌晨经黄土旷向花园觅匪主力进剿。当晚迭据探报，匪已潜伏通花园大道两侧之牛栏冲、炮寨山等处高地，有伺本师经过时腹截之企图。因于二十二日拂晓，临时变更计划（命令及经过详载第一节），幸免为匪所乘，匪计因之不逞。如此种种，皆各便探不失时机报告之良好结果，收益非浅。如平日更加以组织训练，以增其学识技能，其效用当更宏大也。

〔国民党政府军事机关档案〕

7.国民党军第十五师王东原部与红二方面军在龙溪口战斗详报

（1936年1月7—8日）

陆军第十五师追剿肖、贺龙溪口之役战斗详报一月七日至八日

甲、作战前匪我态势及各级命令要旨

1.六日下午所得匪情

伪第六军团主力在便水以西地区与我友军作战后，似循芷江、晃县大道向西急窜。

伪第二军团四、五两师曾向大鱼塘、玉屏方向西走，似有回窜龙溪口、老晃城附近，并派一部向马宗岭方向出动。

2.六日下午我军概略位置：

我李纵队主力在便水附近。

本纵队后续部队（六二师）到达托口、碧涌、罗岩之线。

本师第四十三旅到达鼍滩附近宿营。师司令部及第四四、四五两旅到达中寨附近。

3.各级命令要旨：

A.一月六日午后七时奉军长陶支戌电转总座刘江参电令要旨：

（一）贺、肖主匪有北窜铜仁模样。

我李纵队已抵芷江，其先头章师已抵冷水铺，一部进至便水。

（二）我陶纵队自取捷径向龙溪口进剿。

（三）王师微由托口渡河进至碧涌宿营，一部进至米贝，对进路左翼罗碧江、大垅、分水坳、吉寨、枫木湾等处，多派侦探。同时，又奉军长陶微末参机电令要旨：

（一）本军遵令向龙溪口方向进剿。

（二）王师应迅向中寨急进。

（三）钟师（缺成旅）明日由潭口随王师右进至龙城、罗岩之线。

（四）军部及钟师成旅，明日进至碧涌宿营。

B.一月六日午后八时，本部于中寨下达命令如下：

（一）综合情报，股匪似尚在老晃城、龙溪口一带，一部到大鱼塘、玉屏之线。

（二）师拟明（七）日拂晓，由现驻地经鼍滩向晃县攻剿前进。

（三）第四三旅为前卫明（七）日由现驻地出发，向晃线搜剿前进，对左翼特别注意。

（四）其余为本队，按四五旅之一营、师特务连、工兵营、四五旅（缺一营）、四四旅、师卫生队之顺序循前卫之行进路前进。

（五）各部行李在各该部后尾跟进，通过畺滩时，各部行李即行集结，归本部副官处长指挥，按部队行军序列在四四旅后尾跟进。

（六）行进时，余在本队先头。

C．前卫（第四三旅）基于师令，给予两团之命令如下：

伪二、六军团主力似盘踞于老晃城、龙溪口一带，其一部常在河南岸地区出动。

旅拟向老晃城、龙溪口附近搜索前进。

第八十五团为前卫，于明（七）日午前七时，由现驻地出发，经马宗岭、晃州界（在马宗岭北方约三吉米）向晃县城搜剿前进，对于行进路左侧特宜注意。其余为本队按旅部、特务排、无线电队，第八十六团之顺序循前卫行进路前进。

全旅大行李、马匹在畺滩停止，受师部副官处指挥。

行进时，余在旅部先头。

乙、作战经过

一月七日，第八十五团团长周先仁派第二营营长汤毫耕率领所部（欠机连附武装便衣侦探多名）为先遣营，于午前七时，由畺滩出发向马宗岭前进。八时许，先遣营进至马宗岭南麓、探报有枪匪约三四百名，由晃州界向马宗岭前进，其先头已到达马宗岭附近。先遣营长汤毫耕为迅速夺取马宗岭，得地形上先制之利计，当命所部改用跑步前进，匪我先头在马宗岭鞍部附近遭遇，双方冲击越时，匪不能支，向晃州界逃窜，于九时三十分占领马宗岭。同时先遣营在马宗岭北端全部展开，以掩护我后续部队之开进。午前十一时卅分，第四三旅主力集结于马宗岭鞍部附近，察晃州界及其东西两侧各一吉米之线被匪占领，暂成沉寂对峙态势。旅长判断地形，正面攻击及由东侧包围为地形所限，不易达成任务，遂决心由西北方向匪右翼迂回。因命八五团团长派兵一部，由我右翼作佯攻，旅主力利用山路隐蔽向晃州界前进，抄击匪之侧背。

先是八五团第五连向石马溪游击，相击由我左翼自动转移晃州界方向，向匪压迫，小有接触，俟周团长先仁率领主力来到，并力进击，连续攻占数山，正午十二时，即将晃州界之匪完全击溃，周团长先仁挥部跟追，匪亦逐段抵抗，卒以周团第一营营长刘军山动作迅速，该营第三连官兵尤为奋勇，鏖战至午后二时，又将洸水南岸高地一带占领，匪乃狼狈不堪，纷纷退至龙溪口东南端河套内碉堡线。斯时八六团停止于祖师山东北端交叉路口，并命该团派兵一部位置于陈燊坡高地停止警戒，第八五团第一营争先由河边追至碉堡线附近，第一营与第二营齐头猛攻，匪乃凭据碉堡依托洸水与我抗战。计自午后二时卅分至六时卅分，持战四小时，直至黄昏，匪仍固守碉堡，无法接近，因命八五团在原地彻夜，八六团在祖师山、陈家坡一带高地严密警戒，并派小部队及便探不断向匪威袭搜索，以为翌晨攻击之准备，师主力本（七）晚到达乌木溪、小溪冲之线。

八日拂晓，八六团派兵一部于龙溪口附近渡河，八五团派兵一部于老晃城附近渡河攻击，匪向田心坪方向溃窜，遂一面肃清河南岸残余散匪，同时并派八六团第一营跟追扒坡垅、安居寨一带始中止追击。是役毙匪官五名，匪兵六十二名，伤匪百余名，俘匪廿二名。我亦阵伤士兵十一名，阵亡士兵五名，消耗夺获如附表。（表略）

中华民国廿五年一月　　日

师长　王东原

副师长　汪之斌

〔国民党政府军事机关档案〕

8.国民党军第十六师章亮基部与红二方面军在湖南芷江上坪战斗详报

（1936年1月18日）

陆军第十六师（欠一旅）芷江上坪剿匪战役战斗详报。附图一表一〔略〕

一、匪情

贺、萧股匪伪二、六两军团于元月二、三等日陆续在便水渡河西窜，因恐我黔境友军堵截，本月四日尚在晃县、龙溪口一带徘徊，其后卫在波州、孟山坪，对河铺之线，该匪侦知我军本月五日向波州方向追剿，遂于是日先以一部潜伏门楼坳，蜈蚣关及上坪两翼高地，其余所属伪第四、第六、第十六、第十七各师兼程回窜，企图乘我渡河尚未完毕潜起突袭，迫我于沅水西岸。

二、我军部署

五日午前六时卅分，本部以第四十七旅旅长杜道周指挥九三团、九六团（欠一营）为前卫，由岩田铺、裴家店之线沿芷晃公路向波州、晃县方向搜剿前进，师长率第四十六旅（该旅旅长何平指挥九二、九五两团）为本队于午前七时由裴家店、杉湾之线，在前卫后跟进。

师本指挥之保安第十三团李汉卿营一连，在学堂托附近停止警戒，余在便水架设浮桥。

我纵队司令李指挥李、陈两部（各缺一旅）同日由竹平铺、芷江、新店坪之线，在本师后跟进。

三、战斗经过

是日午后约二时卅分，顷我先头团（九三团）前卫尖兵进至上坪、良田湾附近，发现小岩洞、牛屎冲一带森林内似有匪潜伏，此即在岩坳占领阵地，同时派侦探前往搜索，遂与匪接触，匪众千余，均用手提机枪向我尖兵猛冲，该团团长唐肃得报率部赶到，遂占领岩坳一带高地，与匪激战至三时三十分，萧匪率匪兵约五六团蜂涌而来，分由牛屎冲，小岩洞向我唐团阵地围攻，我杜旅长遂令九六团（欠一营）占领大坡、尖山坡一带高地，与匪接战。因匪阵地较我军各部阵地俱高，唐团阵地受匪瞰射尤甚，匪益集中火力向该阵地射击，同时藉火力掩护，以密集部队向之层叠冲锋，致我九十三团伤亡特重。幸该团官兵均勇猛沉着，在此伤亡枕藉情势危迫之下，仍苦战不动，危局赖以支持。是日午后五时三十分，师长率第四十六旅到达新店坪、便水一带，得知前方战况，比令九五团于新店坪西北一带对遥黄道司、涧溪方向占领阵地，以第九十二团控置于新店坪西端为预备队。午后八时顷，据报贺匪率伪第四、第六各师赶到，以一部沿高屋背一带高地向新店坪、便水急进，企图截断我便水浮桥，阻我后续部队之增援，遂与我九五团接触，一部向我唐团右翼阵地迂回，企图绕至杜旅后截断上坪与新店坪之联络。我保安第十三团李营之一连，现在学堂托附近，但战斗力甚微，师长遂令何旅长率九二团驰往上坪附近，比以该团第三营延伸增加于九三团右侧，以第二营由成家坳向陈家、高家屋之匪进击，其余控置良田湾附近。此时匪主力齐集以居高临下之势，倾全力向我阵地四面猛袭，喊声遍野，势如潮涌。但我官兵仍沉着应战，屹然不为稍动，机枪与手榴弹并投，一时血肉横飞，极战事之惨烈，而匪终不得逞。是夜，我司令李率李师庄旅赶到新店坪，便水一带，即令接替我九十五团新店坪阵地。六日午前三时，师长率同何旅长所指挥之第九十五团驰赴上坪，拂晓令该团增加于我九十六团左翼村家坡高地作战。匪初以十数团之众集结猛袭，企图一鼓迫我于便水西岸，迨久战不逞，遂于天明时正面利用地形险要仍与我顽强抗，以贺匪全部分由我两翼高山向我新店坪阵地猛袭，遂与我李师激战迄午后五时。我军虽经亘昼夜苦战，然士气愈益振奋，匪则气势减衰，遂形不支，当派何旅长率九五团及九六团一部由左翼转移攻势，至黄昏将牛屎洞匪阵地逐段攻占。但时已入夜。匪复据前面高地工事顽抗，是夜我遂在岩坳、牛屎洞之线与匪对峙。翌七日拂晓，我各部抽选精锐全线出击，而匪主力已于六日深夜潜向西北窜走，仅其掩护队凭藉高地节节抵抗，经我分途击溃，跟追至涧溪、门楼坳之线俘获无算。

四、战斗结果〔略〕

师长　章亮基呈

中华民国廿五年元月十八日

〔国民党政府军事机关档案〕

9.国民党贵州省保安二团与红二方面军在札佐一带战斗详报

（1936年1月）

（一）战前匪我之状况

萧、贺残部经我追剿各军之压迫，于元月三十日窜抵贵阳近郊之新铺、董龙、水田坝一带，有经札佐、修文渡乌江西窜之模样，及回扑贵阳之可能。我绥署以歼灭该匪保持省垣安全之目的，拟以九九、九三两师分由札佐、沙子哨出击，独立第五旅向新铺、董龙侧击。因九九师尚未到达札佐，调我保一团第二营及保二团之第二营固守札佐，掩护该师之到达，并迟滞匪之行动。

（二）匪我兵力之比较

萧、贺两股共约三万，且附有步炮及机枪，我方计有保安团两个营，人枪约四百，且武器多属废坏。

（三）札佐形势

札佐位于贵阳，息烽之间，为此次股匪西窜北窜必经之要道，其地四面皆山，颇受瞰制，虽民众筑有自保碉楼，但均属小型土碉，悉无付防御工事之设备，抵抗力量异常薄弱，即有重兵扼守，亦难作持久防御。

（四）战斗经过

甲、元月廿八日之情况及处置：

萧匪感辰率大部由牛场向西急窜，贺匪感未率二个师由平越向大麻窝方向西窜，俭辰已过清水江西岸。判断匪因袭击马场坪，断我东归部队之计，不逞，而又分两纵队强经贵阳附近向息烽方向急窜之模样。

元月廿九日，匪情无变化。

基于廿八日之情况，奉转保安第一团团长王伯勤之命令要旨如下：

一、敌前如上述。

二、第一团第二营（缺一连）营长韩迪所部，即由贵阳出发，沿沙子哨大道进驻札佐。

三、该营即固守札佐碉线，截击迟滞西窜股匪之行动，并掩护我九十九师之到达。该营奉令后，即由贵阳出发，沿沙子哨大道到达札佐，同时将兵力分布固守碉线。

乙、元月卅日之情况及处置：

萧、贺股匪目下在洗马河、羊场一带齐头西窜中，其先头已抵大小谷陇，有向开阳、息烽、札佐方向北窜之模样。

基于此情况，于本日午后一时，奉命抽调保安第二团固守图云关之第二营增防札佐，其命令要旨如下：

一、敌情如上述。

二、我绥署拟明日（三十一日）以主力向该匪出击。

三、第二团第二营营长萧厚乐即率所部利用车运，于本日午后五时以前进驻札佐，并指挥第一团第二营营长韩迪所部固守该地碉线，向匪截击，以掩护我出击各部之进出。该营奉令后即车运出发，车抵牛矢屯即发现枪声，知韩营已与匪接触，当即率队下车搜索前进，到札佐已午后九时，即商同韩营长将兵力分布碉线，余一部即控制于必要时出击。三十一日上午二时始，部署完毕，

部署情形（如附图）〔图略〕

丙、元月卅一日之情况及处置：

匪约四千，于上午八时窜犯札佐以东十里地方，我萧、韩两营即照原定计划固守碉线，殊匪部锐进不已，且以重兵器向我猛攻，乃以一部由二团二营营附王坚一率往扼要堵击，激战约三小时，匪部伤亡枕藉，继又陆续加入匪队约三千，顽强抵抗，且以机枪手榴弹猛烈攻击，我军以众寡悬殊，遂逐渐退入碉线。计附近碉楼十余座，全线亘十余里，匪众分头蚁附仰攻，经该两营奋勇射击，毙匪甚多，匪众复往返冲锋十余次，均未得逞。正激战间，匪之另一部约万余人，向我左侧迂回，并以重火器向我各碉楼轰击，附近各碉悉被摧毁，延至下午九时，因久待援军不至，韩营长迪左脑负伤，王营附坚一阵亡，官兵伤亡过半，该营长等以情势紧急，又虑匪部回扑贵阳，遂奋勇突出重围，撤退至班竹园附近，与贵阳出击之部队联络反攻。

（五）匪我伤亡情形

匪部伤亡约二百余人，我军官长阵亡五员，负伤二员，失踪二员，士兵伤亡约二百余名，失踪六十余名，损失枪支约三百支消耗□□弹共约五万发，手榴弹一千二百发。

〔国民党政府军事机关档案〕

10.国民党“追剿军第六纵队”与红二方面军在贵州黄家坝附近战斗详报

（1936年2月）

第一节　战斗前一般之情况

一、本纵队向六龙场、大定追剿。

二月十五日于三重堰，奉委员长蒋寒戌筑电开：命令：

（一）匪主力似仍在黔、大一带，已令李必蕃师即日渡河，经安底限巧日到达三重堰以南地区，归入万纵队序列。蒋在珍师（欠一团）暂在金沙待命。（二）我军以寻匪主力进剿之目的，规定部署如下：1.郝梦龄军及万耀煌师，应于筱日由牛场拨至新开田大道及其以西地区，向黔西方面之匪进剿。2.樊嵩甫纵队应于铣日由金沙向白寨井、白腊场一带前进，限巧日到达，准备向大定方面进剿，或向瓢儿井方面截剿。

又奉删辰行筑电节开：判断黔西附近之匪，势必向毕、大方面退窜。万耀煌师应即派一部相机收复黔西城，其余仍联络郝军，由公路线跟追。郝梦龄纵队应即经纸厂向大定追剿。各等因。

本纵队奉令后，五四师遵于二月十六日，分由安乐河、三重堰出发，四七师由打鼓新场出发，当晚五四师到达纸厂、官寨坝一带，四七师到达三重堰、侯家寨一带。

二月十六日于官寨坝，奉委员长蒋删戌行筑电节开：（一）飞机本午报告：黔西方面之匪，均已西窜。我万师三七旅已收复黔西城，并派队沿公路线西追。（二）万耀煌师着于铣日速沿公路线向大定追剿。郝梦龄纵队着于明铣日，取捷径经纸厂附近，联系万师，迅向六龙场、大定追剿。等因。遵即联系万师，于二月十七日，五四师分由纸厂、官寨坝出发，四七师分由三重堰、侯家寨出发。当晚五四师到达煤洞场及其西北地区，四七师到达官寨坝、牙院坝一带。

二、二月十七日下午六时之情况（附图第一）〔图略〕

（一）据由白腊场逃回民夫报称：匪第十六师由黔西经煤洞场，铣晚窜至白腊场。声言将续向大定流窜。

（二）据煤洞居民报称：由黔西逃窜之匪，元辰经煤洞场西窜，其后尾元晚驻煤洞场附近。声称系贺匪所部，将向砂厂逃窜。其由牛场退窜之匪，删辰经煤洞场向白腊场窜去。

（三）据便探报称：筱日白腊场、苦桃井、革左田坝，均有匪盘踞。

（四）委员长筱酉行筑电：据飞机本日申刻报告：万师潘

旅现在砂坝与匪接触，匪数甚多。大定东北六龙场有匪千余人，白腊场有匪二千余，大定东方山上有匪三四千，并有坚固工事，大定、毕节道上黎树坪一带，有匪约二千。

三、煤洞场至六龙场地形道路之情况（附图第二）〔图略〕

煤洞场赴六龙场，普通北经普根底、革左田坝，崎岖小路计八十七里，或更北经白腊场，计百四十里，为乡人运盐常行之道。若经川洞，则崇山峻岭，羊肠纡曲，计九十五里，人迹罕至。苦桃井、花眉井间，山高无路。

四、二月十七日下午八时，指挥官之决心及处置：

（一）委员长筱酉行筑电：该纵队应迅速前进，与万纵队切取联络，不得稍有延误。

主任顾铣酉行筑电：1.据傅仲芳转据万耀煌电话：肖克之伪十八师尚踞大定、甘荫棠间，与我万师对峙。万师明筱日，由甘荫棠沿公路线向大定进剿等语。2.郝纵队应向左靠拢，与万师切取联系，向大定追剿为要。

（二）本纵队基于以上情况、任务及道路之状况，拟经川洞向六龙场、大定之匪勇猛进剿，以吸引公路方面之匪，而策应我万师之进展。即令五四师一六二旅，于二月十八日晨，经大水井，即日进至川洞以西地区。一六一旅及五十四师直属部队，取捷径即日进至川洞，四十七师经煤洞场，在五四师后跟进，

五、二月十八日正午至午后六时以前之情况

据一六二旅王旅长晋报称：煤洞场至川洞，道路崎岖，山坡陡峻，人马不易通过等语。查自晨至午，该旅先头三二三团之队尾，尚在煤洞场西端。多方询问土民，均谓煤洞场至六龙场，皆北经普根底、黄家坝，未有经川洞者等语。遂于本日正午，令一六一旅为先头，转向普根底前进。一六二旅即经川洞赶赴普根底。四七师仍经煤洞场，在五四师后向普根底跟进，均向六龙场进剿。是日午后六点顷，已近薄暮，五四师先后到达黄家坝——普

根底——金家坪一带，四七师到达煤洞场及其附近地区。

第二节 五四师黄家坝激战之经过

一、二月十八日下午六时之情况

（一）黄家坝附近之地形（附图第三）〔图略〕

黄家坝周围峰峦罗列如城，其中丘陵起伏，人户疏散，地形复杂。其西南之革左丫口（俗称革左梁子），为一横断方向之高山，由黄家坝方向不能攀登。其东北两方山势平远。东南之险簸罗丫口，亦为通革左田坝之小径。普根底在黄家坝以东五里两村落间，有由北侧高山向南伸出之凸棱线，其南侧为东西向之谷底，宽约一公里。又南则为险簸罗丫口亘革左梁子之高山。

（二）五四师一六一旅三二二团第二营与匪激战。

二月十八日下午六时，天已薄暮，各部将进入宿营地时，我先头一六一旅三二二团耿营（第二营），在黄家坝西鸭子岭一带高地，即与肖匪所率之伪第六师（该师原隶贺龙）一部，约七八百遭遇。始以机枪猛射，继以手榴弹投击，终以白刃相接，肉搏约二小时，匪伤亡甚多，我亦微有伤亡。

（三）三二一团第三营之增加

当耿营与匪肉搏正酣之时，三二一团陈营（第三营），跑步赶到，加入战斗，往复冲杀，又约一小时，匪伤亡过多，纷向革左田坝溃窜。该两营齐以轻重机关枪追射，毙匪尤夥。

匪经我耿、陈两营击溃后，即迅令耿营占领黄家坝西南端一带高地，陈营占领普根底西北端一带高地，各赶筑简单工事，阵地彻夜准次晨向匪猛攻。并将伤亡俘获送至普根底师部。

（四）俘匪及土民之供述

1.据俘匪供称：与我对战之匪，系肖匪之伪十八师及十七师之一部，此地散匪二三百名亦在其内。

2.据革左田坝保长黄毓昆面称：元日由黔西退出之贺匪，亲率第四、第六两师，删晚在革左田坝宿营，次日北经白腊场，绕归大定。巧日肖匪率伪第四、第六、第十七、第十八等师及伪总部各处，到革左田坝附近地区，企图经普根底——煤洞场窜回黔西。总计我当面匪之兵力有两万余。

二、二月十八日下午九时，匪二次向我进犯，指挥官赴前线督战

本日下午九时许，伪第六师之十六、十七、十八三个团，复向我耿、陈两营阵地二次猛扑，并以一部向我右翼迂回。我官兵沉着应战，并用轻重机关枪射击。斯时职由普根底赴前线督战，到达耿营阵地后，令三二二团孙营（第一营）由右翼出剿，第一六二旅亦向普根底集结。此时士气旺盛，激战至夜十一时，匪伤亡遍野，又向革左田坝方面窜去。乃令第一六一旅在现地整理阵线，第一六二旅连夜向普根底急进。

三、匪三次向我夜袭及十九日拂晓之战斗

十九日上午十一时，伪十七师全部，向我一六一旅阵地三次来袭，各部以轻重机关枪猛烈扫射，并发射照明以显示目标，而匪以照明弹为毒气。激战约半小时，匪之夜袭卒归失败。匪之惯技最喜冲锋，自动火器实为匪之制命伤，以其能于短少时间，发扬最高火力，使匪之冲锋顿挫，是役轻重机关枪之效力匪浅也。

十九日拂晓，匪又由革左田坝方面向我一六一旅阵地猛扑，激战一小时，又被击溃。

四、一六二旅及四七师之增加

一六二旅系经川洞至普根底，绕远数十里，故三二四团十九日早三时始赶到，三二三团早五点赶到。四七师由煤洞场星夜前进，十九日早七时全师赶到普根底。

五、二月十九日第五十四师之攻击

全纵队集结普根底后，决心在黄家坝—普根底以西高地之线与匪决战。遂令一六一旅在平上寨—黄家坝（含）之线攻击当面之匪，左与一六二旅切联络。一六二旅（欠三二四团）占领黄家坝

（不含）至普根底之线，攻击当面之匪，右与一六一旅切取联络。三二四团为预备队，控置于黄家坝南端地区。四七师集结于普根底附近，策应五四师攻击之成功。各部受令后，于二月十九日上午八时开始攻击，官兵勇猛前进，杀声震天。机枪迫炮，猛烈射击，毙获甚多。匪步步抵抗，我节节进攻。至上午十一时，匪退踞革左丫口及其东南高地。我因攀高不易，遂成对峙之局。

第三节　全纵队施行包围攻击

一、包围攻击计划之策定及部署

第五四师二月十九日攻击，予匪重创，匪退革左丫口及东南高地。因由当面攀登不易，遂决计由两翼包围而击破之。其部署如下：四七师一三九旅应于二十日早轻装前进，务于早九点以前展开于黄家坝附近地区，向革左梁子之匪进击，求匪之翼侧而击破之。该师主力随一三九旅之进展，向匪痛击。五四师一六一旅主力在现阵地策应进剿，并以一营佯攻当面之匪。但前进位置不得越出现阵地四公里。三二四团应于二十日早九点，轻装展开于险簸罗、丫口附近地区，向法乐坡之匪攻击，求匪之侧翼而包围之。第一六二旅（欠三二四团）为预备队，控置于普根底西侧。

二、包围攻击之实施

各部受令后，即于十二日晨，在浓雾中开始动作。早九点以前均已到达攻击准备位置，即由指挥所发射预定之红色照明弹二发，各部奋勇前进。激战半小时，四七师一三九旅占领革左丫口，五四师三二四团占领法乐坡—险簸罗丫口，匪向六龙场、公鸡山方面退窜，战斗遂告终结。

第四节　俘获伤亡及弹药消耗〔略〕

第五节　通信联络行军辎重补给及卫生〔略〕

第六节　是役所得之教训

一、遭遇战前卫占领要点，掩护本队展开

一切原则，由实战得来。经过实战，而原则之信仰愈深。黄

家坝之役，前卫耿营能确实占领要点，陈营得迅速加入，深合遭遇战之要求。惟本日为不预期之遭遇，遭遇点非为预定，故前卫所占之地形，只能在局地中择其有利者，未必能占全般之地利，以致本队之展开发生问题。如本队前进，夺取要点，则敌情、时刻（黄昏后不便贸然攻击）及本队之长径、分进之道路，均成问题。如在后方选择展开线，而令前卫撤回，则战斗之景况地形之适否亦须研究。故高级指挥机关应竭力发挥搜索谍查之效能，避免不预期之遭遇。各级指挥官行进间随时留意地形，并注意直接搜索之斥候。即使不预期而遭遇，对于地形之何为要点，亦知所占领，此诚可牢记者也。

二、机关枪之效用

火战占战斗之大部，自动火器为火战之主体。匪之惯技为避实就虚，乘隙猛袭。是役匪以密积〔集〕队反复冲锋。我各营连之轻重机关枪进行瞄射，力制凶焰。机关枪之价值，发挥尽致，故平时机枪之训练，战时机枪之使用，宜特加注意也。

三、侦探及观测之重要

是役，战斗前派便探，经黄家坝赴革左田坝侦察。据午后五点在普根底报称：革左田坝无匪踪。第一六一旅遂进至黄家坝，准备宿营，但见前方革左梁子、下祠堂前，有驮子及百姓迎面走来。询土人云，系驮盐者。未几，我尖兵见当面来者为匪，遂开始射击，匪亦远射，尖兵连展开应战，先头营遂亦展开。倘使便探侦知有匪，或前卫官长用望远镜察觉，则更可先行展开，歼匪制胜矣。

四、进入宿营地之时刻及处置

下午四点左右，应即进入宿营地，如此则地形之侦察，警戒之配备，电话之架设，营舍之设置，尤其是露营及警戒部队之搭盖草棚及买柴取水等，始可从容处理。倘日暮始入宿营地，上述各项，直无法着手。且挑子远在后方若部队黄昏始到，挑子必迟至午夜，不特不能办公，亦且不能吃食，故宿营应早也。

部队到宿营地，应先设警戒。匪惯乘暮袭击，警戒更为重要。

五、照明弹

白色信号弹，可为照明用。是役战斗开始，已入黄昏，匪乘暮色苍茫，向我猛冲。重机关枪虽用水平射击，不能观测，效力终微。适该营官长情急智生，连发白色信号弹，照明前地，向匪扫射，毙匪甚多。后据土人称，匪见白光，骇为毒气，精神大挫。新兵器效用如此。

六、行李辎重之建设

行李挑子有碍行军之轻捷，前已言之。故军队须设法建设制式之行李，建设必要之辎重，进而设置最低限之兵站机关。对于军队之行动，固可减免其迟钝，对于军队之补给保育，战斗力及军纪之维持，亦均有连带之关系焉。

七、肖贺股匪惯技及歼灭该匪之要诀

肖、贺股匪自湖南突围，横掠贵州全省，其间经过之战斗，寥寥可数。如龙溪口与李纵队之战斗，余庆河与二十三师之战斗，马场坪与郭纵队之战斗，湄河、牛场拨、老鹰岩、得章坝与万师之战斗，及与本纵队在黄家坝之战斗，战斗经过，皆甚迅速。战斗发起，概为遭遇。综观匪窜黔以来，无时非避决战，图得流窜之时间，以苟延其残喘。倘欲歼灭该匪，追剿军之行动，必须迅速，否则捕匪之机，稍纵即逝。抑欲求行动迅速，则对于道路之察查，军队之素质，地方之协助，皆须预为考虑也。

〔国民党政府军事机关档案〕

二、追堵红军第二、四方面军等北上会师

1. 国民党“追剿军总指挥部”关于“追剿”长征红军军事报告书

（1936年2月）

一、本月匪情

肖、贺股匪上月三十、三十一等日由棉花渡、羊场、洗马河齐头西窜。江日贺经六广，肖经镇西渡鸭池河，向黔西会合，占陷黔西、大定、毕节后，灰日窜陷打鼓新场，并向泮水运动。文日分一股窜大石坝、大场、新开田、谷里一带。元日打鼓新场之股，枪数百，向西北之平坝逃窜。删日黔西之股，西窜瓢儿井。号日前主力尚在毕节及其以北白腊场、瓢儿井，一部到大定西南之马场。马、养等日，公鸡山、大小角丫亦有匪出没。宥日主力由毕节向威宁西窜。申刻长春铺附近到匪甚多。七星关、七星桥有匪出没，艳日一股分向水城逃窜。本部率樊、郭、李、万、郝五个纵队正分途追截中。

二、作战命令

冬辰参电令樊指挥嵩甫、郭指挥汝栋、李司令觉：奉委座东巳手启机京电开：应严令追击，各部取捷〔径〕越出匪之队头截击，以期歼灭，不宜跟追了事。李纵队应取湘黔公路，以贵阳为目标，限下月十日内达到。樊纵队以遵义、老君关为目标，限同日达到。郭纵队可紧跟尾追。如何处置？盼立复。等因。着李纵队迅速沿湘黔公路，限佳日以前赶到贵阳。樊纵队迅取捷径遵限达到老君关。郭纵队迅经瓮安向札佐尾追。盼立复。刘建绪。冬辰。参。

江申参电李司令觉、陈师长光中：奉委座冬亥行范倚电开：现肖、贺股匪有急窜六广渡、黄沙渡，窜入黔西之势。除令郝纵

队一部队布防老君关以西外，主力在万师后向黔西、大定追剿。郭思演纵队集结兵力向匪追击。希令李纵队沿湘黔公路进出贵阳西北地区，寻匪截击。陈光中师及指挥部，均即限同开赴贵阳。并盼随时具报。等因。希着李纵队如限进出贵阳，向西北地区截击。陈光中师即日开赴镇远，随同本部向贵阳前进。取道何处？盼告。刘建绪。江申。参。

文午参电樊、郭、李、陶各纵队：（一）肖、贺股匪分两纵队，江日起开始西窜。贺经六广，肖经镇西衔，渡鸭池河，向黔西会合。冬午后二时，肖匪大部已抵滥泥沟。贺西窜达地点不明。（二）行营已令万师冬日起向黔西，樊纵队支日在万师后跟进，郝师江日到打鼓新场以西之沙土。裴师江日起向老君关以西乌江左岸前进。郭思演纵队李师，江日推进站街、清镇。傅师转移狗场，支日向鸭池河、镇西街前进。着樊纵队在万师后跟进。李纵队仍沿公路兼程向贵阳，郭纵队兼程经瓮安西进为要。刘建绪。文午。参。

文午参电陶司令广、陈师长渠珍、王师长东原、钟师长光仁：（一）匪陷黔、大、毕后，蒸午后占领打鼓新场，其后续约五团亦到该处附近，并向泮水运动。我郝纵队五四师到以革河，四七师到平桥，樊纵队齐日到长干山，向南截击东窜之匪。十三师佳日在卫河与匪激战。六十师在松坎、遵、桐，二三师在镇西街，九九师在六广河、站街，新五旅在札佐，九三师在贵阳。新八师已取捷径归入郝纵队序列，郭汝栋纵队正向息烽前进。李纵队章师在清镇，李师在贵阳。（二）着新三十四师以小部维护永绥、印江交通，以主力推进凤香溪、塘头之线，沿乌江布防，阻匪西窜。（三）陶纵队部及王、钟两师，均应移驻铜仁待命。但须抽派一旅推进石矸，指挥民团，扼守塘头、回龙场间渡河点，堵匪回窜。绪真日抵贵阳。刘建绪。文午。参。

元辰参电令各纵队：（一）匪大部似在黔、大、毕之线，一般在打鼓新场；一般在大石坝、大场、新开田、谷里一带。又仁怀西北百五十里之福乃堂，亦有枪匪三四千，闻系周西成旧部。（二）着樊纵队宥日前赶到长干山，觅匪截击。(三)着郭纵队郭师向息烽急进，罗启疆旅并饬蒸抵镇远，取捷径向息烽归入序列。（四）李纵队章师着遵主任顾手令，元日向羊坝，李师向清镇继进。（五）陶纵队钟、王师，应遵委座文午电令，主力即移江口，扼守新渡口、回龙场间乌江东岸之线。陈渠珍师开酉阳、黔江策应。（六）予现驻贵阳。刘建绪。元辰。参。

寒午参电郭指挥、陶、李两司令：（一）匪仍盘踞黔西、大定一带，其窜打鼓新场之匪，枪仅数百，已向西北方向之平坝逃窜。元日我樊纵队达到打鼓新场。（二）着郭纵队郭师删日集结贵阳，罗旅迅由镇远向贵阳归入序列。（三）着李纵队李、章两师于筱日赶到织金、普定、安顺之线。（四）陶纵队暂在松、铜停止待命。刘建绪。寒午。参。

铣巳参电樊、郭、李、陶各纵队：（一）滥泥沟、黔西之匪，删未西窜，其先头已抵瓢儿井，有入川之样。我万、郝两师已抵黔西、西溪之线。（二）着樊纵队即由岩孔、金沙之线向瓢儿井截击。（三）着李纵队李、章两师遵令在安顺附近集结待命，陈光中师分驻镇远、黄平一带。（四）着郭纵队集结贵阳、陶纵队暂在松、铜待命。刘建绪。铣巳。参。

巧酉参电陶、李、郭各纵队，王东原、陈光中两师长：奉委座巧午行筑电开，陶纵队之陈渠珍、王东原两师着担任自乌江东岸，自沿河县南之新堤口起至回龙场间止之江防，仍归刘总指挥指挥。钟光仁师准调回湘西担任绥靖工作。陈光中师着在镇远至平越间各地担任绥靖任务。等因。希即遵办具报。刘建绪。巧酉。参。

巧巳电李司令觉：该纵队着遵委座筱亥电令，即推进沙家、巧场、羊场、分县一带集结，限哿日以前达到。刘建绪。巧巳。

皓日电令樊、郝、李、万、郭各指挥官转委座巧戌行筑电：兹规定追剿肖、贺股匪战斗序列如下：（一）着刘建绪为追剿总指挥。（二）樊嵩甫为第一纵队指挥官，辖23 D李必蕃、28 D董钊、79 D陈安宝。（三）郭汝栋为第二纵队指挥官，辖26 D郭汝栋、独立34 B罗启疆。（四）李觉辖13 D万耀煌、99 D傅中芳。（五）郝梦龄为第六纵队指挥官，辖54 D郝梦龄、47 D裴昌会。希即遵照。刘建绪。皓。参。

号巳参电令樊、郭、李各纵队：（一）肖、贺主力似尚在毕节及其以北白腊场、瓢儿井一带。（二）万纵队着向大定之匪进攻。（三）樊纵队着由兴义场、毛坝场西进堵截。（四）郭纵队着由清镇、贵阳向黔西续进。（五）李纵队着仍向沙家、马场、羊场、分县前进。刘建绪。号巳。参。

马亥参电李觉指挥官：（一）据报，匪一部马到大定西南之马场，有向西南逃窜之样，贵纵队主力应集结普定，一部速趋沙家、马场，储粮守碉为要。刘建绪。马亥。参。

养午参电令各纵队指挥官：（一）肖、贺主力仍盘踞毕节、大定、瓢儿井中间地区。公鸡山、大小角丫一带，大定西南之马场附近，亦有散匪出没。（二）着樊纵队抵龙昌营附近，后向瓢儿井前进。李必蕃师即由石革向白腊场前进。（三）万纵队傅师即由甘荫棠推进大定。（四）郝纵队抵六龙场附近时联络大定万部，觅匪攻剿。（五）郭纵队着以郭师推进甘荫棠，罗旅由清镇向黔西推进。（六）李纵队着集结羊场、马场、普定，相机堵截。刘建绪。养午。参。

有戌参电令各纵队指挥官：（一）肖匪在毕节附近，贺匪似在大定、瓢儿井之线以西地区。（二）着樊纵队即由瓢儿井向西南，郝纵队由六龙场向西北，联络夹击后，再行向西觅匪攻剿，万纵队由大定向毕节攻剿，郭纵队由黔西向大定推进，李纵队着仍集结羊场、普定之线。（三）予明日进驻黔西。刘建绪。有戌。参。

三、剿匪战斗经过

万指挥官巧亥、郝指挥官巧戌电（塘头、黄家坝之役）。万耀煌巧亥电节称：我潘旅在塘头附近与伪四师激战，贺匪亲率五、六两师由白腊场来援，当令挺进队武、范两营及便衣队由左右翼绕攻，匪因首尾受敌，始分途溃窜。午后三时，我挺进队攻复大定城。据土民云：贺匪率枪匪三千，裹胁民众，向毕节窜去。另一部一二千，出东门向东北窜。现以一部推进大定城，挺进队续向毕节尾追，主力仍在原阵地。俘获正清查中。

郝梦龄巧戌电节称：郝师本日薄暮到达金家坪、普定底、黄家坝一带，先头孔旅至黄家坝西北高地，遇匪七八百来袭，激战两小时，获轻机枪一支，步枪四十余支。

〔国民党政府军事机关档案〕

2. 国民党“追剿军总指挥部”关于“追剿”长征红军军事报告书

（1936年3月）

一、本月匪情

毕节经我万纵队感日收复。冬日肖、贺两匪后卫，在七里桥附近与万纵队隔河相峙。支日匪主力在七里湾、赫章、野马川一带。歌日分向回水塘、结里、妈姑、二堂西南窜。鱼日贺匪由妈姑窜小河口。肖匪由回水塘绕小河口窜妈姑，并续向奎香会合北窜。灰日，万余人由寸铁坝向东北之禾口窜走。文日，窜至桃源，得章坝，与我万纵队激战，经猛烈攻击，及郝、郭两纵队协剿，元戌将其击溃，毙匪夺枪均众。残部向西南逃窜，经我罗启疆旅堵截，铣日奔窜柯裸，号日向会泽、者海逃窜。养日，倘塘东北有匪潜藏。宣威东北之龙潭到匪甚多。漾、敬等日与我孙、郭两纵队，在宣威北虎头山及旧铺子、陟山坡等处惨烈战斗，匪固损毙甚重，我亦凋耗颇深。宥、感等日窜集四里着对岸及回龙寺、土木卡、裸所嘎、石坝一带，凭险固据。正饬郭纵队猛攻，樊、李、万、郝、孙各纵队分途截堵中。

二、作战命令

东巳参战电第二十三师李师长必蕃：毕节经我万纵队感日收复，希贵师立派部接替城防，以便万部续向威宁前进。刘建绪。东巳。参战。

冬亥电令李指挥官觉、章师长亮基：（一）匪仅有后卫在七里桥附近，与我万纵队隔河相峙，似有由昭通、威宁西窜巧家之样。我滇军现驻威宁及威、水间。本路军为防匪西南窜扰计，贵纵队应速派兵一部进驻卡子，构筑据点碉，对通天桥大道严密警戒，并设法与滇军联络。（二）匪如西窜，拟派两个纵队出宣威。希将由水城通宣威道路有几条？里程若干？及给养状况详确侦明，于江日午前八时具报。刘建绪。冬亥。参。

江辰参电李指挥官、章师长：奉主任顾冬亥行筑电开：着李纵队以一部推进水城以西卡子、板桥之线，并与驻狗店子、威宁之孙纵队谋取联络。等因。希即派章师火速进驻卡子、板桥之线，堵匪南窜。具报为要。又肖、贺主力尚徘徊赫章、野马山一带，南窜或西窜，尚难判断。又水城通威宁及宣威与盘县道路状况？盼查告。刘建绪。江辰。参。

江亥参电李指挥官、章师长：昨令该纵队于本日以章师推进卡子、板桥之线，计已达到该处。顷奉主任顾电谕：跟章师于明支日由卡子、板桥再向威宁大道西进五十里。李师推进卡子、板桥。等因。希即遵照实施，迅速分报本部及主任顾为要。再，万纵队已到七里关，支日向赫章跟进。郭纵队计明支日可达水城。并告。刘建绪。江亥。参。

支戌电郭、李两指挥官，奉委座支申行筑电开，（一）匪主力仍在七家湾、赫章、野马山一带，似有乘隙逃窜企图。（二）

兹规定会剿部署如下：1．樊纵队应由和尚寨、财神堂、朱歪一带，向赫章、七家湾之匪进剿。2．万纵队应由毕威大道及其以北地区进剿。3．郝纵队应由总鸡河、老鸦河经阴底，联络万纵队左翼，向野马山、赫章之匪进剿。4．李、郭两纵队，应由卡子及水城附近向妈姑、水槽铺之匪进剿。5．孙纵队除以大部守备威宁、狗店子、昭通、诸仙背、凉水井各要点外，其余应由威宁向回水塘、天桥之匪进剿。6．以上各部应由刘总指挥建绪指挥，一律于歌日开始行动。至各纵队详细进攻部署，及逐日应到地点，仍着刘总指挥及各纵队指挥官，按照实际地形及匪情，妥为归〔规〕划，应机处置，随时具报。（三）此次围剿，为歼匪良机，仰各督励所部，务本有匪无我之决心，排除万难，迅速猛进，以收聚歼之效，不得迟滞，致干重咎。如有成绩卓异及特别出力者，本委员长定予从优给赏。仰各切实遵照，并饬属一体知照。等因。除万、郝、孙、樊各纵队经行营迳令外，着李纵队歌由水城经卡子、猴场、石丫口向妈姑、水槽堡攻剿。郭纵队歌由现地经猪屎河或拖鲁沟选择道路，向七家湾攻剿。并盼互取联络，将进展情形，随时具报为要。刘建绪。支戌。参。

歌午参电令樊、李、万、郝、孙各指挥官：（一）肖、贺匪部由赫章、七家湾分向回水塘、结里、妈姑、二堂西南窜。（二）着万纵队即由乾河桥、野马山、平山堡、牛困团之线。迅经赫章向威宁追剿。（三）樊纵队即由财神堂、朱歪、和尚寨、大曲沟之线，继向威宁急进。（四）郝纵队迅经阴底、总鸡河，联络万部向赫章追剿。（五）郭纵队即由水城、燕塘寨之线，经卡子、板桥、狗店子连孙纵队堵匪西南窜，并相机向大道西北觅匪歼剿。（六）李纵队应以章师位于杨家寨、芭蕉坎之线，监视节头、妈姑之匪，堵其南窜。以李师协同郭纵队，经倒马坎向威宁西进，截剿南窜之匪。（七）孙纵队以一部守备威宁，主力向狗店子方面截剿南窜之匪。刘建绪。歌午。参。

歌亥电各指挥官：转委座歌酉行筑电：据孙渡歌巳电：江、支两日，由水槽堡向妈姑窜扰之匪，系贺龙所部，行进甚速。肖匪数千人，支亥回水塘，将该处焚毁后，即向小河口窜去。等语判断肖、贺两匪，有分股由威宁南北地区西窜企图。兹现定追剿部署如下：（一）樊纵队着即由现在向威宁以北地区天生桥附近，寻匪痛击。（二）万纵队着即由毕威大道向威宁急进。（三）郝纵队即由七星桥在万纵队后迅速跟进。（四）李纵队应即以一部在猴场附近防堵，以主力协同郭纵队向威宁方面猛力截剿，阻匪西窜。等因，仰即分别遵办具报，不得迟误。刘建绪。歌亥。

阳申参电李、郭两指挥官：据孙渡鱼电称：贺匪回窜小河口，肖匪回窜妈姑。又据樊嵩甫鱼电称：肖、贺两匪向奎香北窜。据俘匪供称：肖、贺扬言窜昭通，实则转向镇雄回窜。各等语。希贵两纵队今夜在现地停止，派探向妈姑方面探实有无匪踪，迅速具报，候令再动。再，万耀煌鱼电：挺进队已抵回水塘。并告。刘建绪。阳申。参。

真午参电郭、李两指挥官：奉委座真空行筑电开：傅师侦探队蒸申占领寸铁坝，匪万余已向东北之禾口窜走，有向镇雄模样。李纵队应即日由毕威大道向毕节前进，限删日前到达。郭纵队应即改经小河口向朱歪前进。先头郭师限文日到达。等因。仰即遵办具报为要。刘建绪。真午。参。

文酉参电郭、李两指挥官：奉主任顾电谕：现万纵队在桃源、得章坝占领良好阵地，与肖、贺正在激战，匪有向东南窜走之样。我郝纵队正向得章坝援剿，樊纵队正在蹑追。应严令郭纵队于元日赶到桃源、六曲沟协剿，李纵队元日赶到七星关附近堵截。如不能全部赶到，亦应派数团轻装遵限到达，毋违干咎为要。等因。飞电转告，并盼实施具报。刘建绪。文酉。参。

筱参电各纵队：转委座铣亥行筑电：（一）据孙渡铣申电：由财神堂、朱歪向西南溃窜之匪，经我罗启疆旅堵截，已向柯猓逃窜。现柯猓一带遍地皆匪。等语。（二）我军以歼匪于昭通、镇雄、威宁、彝良中间地区之目的，规定各部准备位置于下：1．孙渡纵队着以一团推进至天生桥，主力集结威宁南堵。2．郭汝栋纵队着推至大河边、小河口、阿箕革一带，阻匪南窜。3．樊嵩甫纵队着推进居洛、朱歪、新店之线，阻匪东南窜。4．郝梦龄纵队着移至以沙沟、头道河、镇雄之线，阻匪东南窜。5．万耀煌纵队应即以一团推进至五眼洞（携无线电队），阻匪东北窜；主力控置镇雄。傅中芳师暂控置于以沙沟、头道河一带，候郝纵队到达，即开镇雄，归还建制。6．李觉纵队，着在高山铺、长春铺一带集结待命。7．李必蕃师除以李森旅任毕、大、黔一带防务外，其余统由李师长率师限皓日集结镇雄。8．各纵队应于指定防线内筑碉防堵，并集结主力，联系两翼友军，如匪来犯，即行夹击，以收歼灭之效。等因。仰各知照为要。刘建绪。筱。参。

号未参战电令各指挥官：（一）肖、贺股匪由得胜坡向会泽、者海方面逃窜，先头已抵新桥，后队已通过昭威大道。（二）孙纵队应即由威宁、韭菜冲、则觉，向者海方面蹑追。（三）郭纵队应即由回水塘经威宁，向可渡前进。（四）樊纵队应即由阿箕革、朱歪之线，向威宁急进。（五）郝纵队应即由得章坝向朱歪、新店转进。（六）李纵队迅由长春铺、高山铺向水槽铺、郝章前进。（七）万纵队仍集结镇雄、螳螂坝一带待命。刘建绪。号未。参战。

养酉筑参电李、郭两指挥官：据飞机报称：养日倘塘附近碉堡已毁，倘塘东北六十里之普列一带匪潜藏。等语。宣威已有滇军堵截，判断该匪主力，似未越过倘塘。奉主任顾面谕：应令郭纵队在倘塘附近，努力截匪东窜，滞匪行动，俾我主力军得有向西转移之余暇。李纵队兼程向水城急进，幸勿迟延。等因。仰即遵照实施具报为要。刘建绪。养酉。参。

漾子参电各指挥官：（一）据龙总司令箇未电：会泽无匪情。肖、贺股匪二三千人，马辰窜至倘塘。本申飞机报告：倘塘附近之普立各村庄，似已有匪。盘县县长报告：马日宣威东北六十里之龙潭到有多数匪人。各等语。判断该匪之一部，已窜宣威大道之东侧，其主力似有继续东窜之样。我吴剑平师正在盘江东岸茅口、铁锁桥、关岭一带部署东堵。（二）兹遵委座养亥行筑电令，规定漾日部署如下：1．郭纵队着即向宣威方面前进，寻匪堵截。2．樊纵队到威宁后，着向水城前进，限有日到达。3．李纵队到赫章附近后，着遵限于敬日到达水城。4．郝纵队着经纳雍向羊场前进，限宥日到达。5．万纵队附李必蕃师到毕节后，着经大定、黔西、镇西街继续向安顺前进，限三十日前全部到达。以上各项，即希分别遵照具报。刘建绪。漾子。参。

漾午参电郭指挥官汝栋：贺匪即经宣威大道以东移动，肖匪似在贺右并进。贵纵队应即由现地迅速尾匪追剿，并设法截其东窜。又，孙纵队之游击队，养在来宾铺与匪接触，已饬其努力攻剿，以收夹击之效。刘建绪。漾午。参。

本部感未参电令各纵队指挥官：（一）肖、贺股匪现窜集四里着对岸及回龙寺、土木卡、裸所嘎、石坝一带，似有凭藉天险，利用碉堡，暂时休补之样。（二）着郭纵队迅就四里着附近渡过革香河，以断然手段，摧破当面之匪。（三）孙纵队应由大松树、猴街子、马场、暗地等处继续追剿。（四）樊纵队仍集结水城，并派部向西地区游剿。（五）李纵队着由赵家猪厂、纸厂之线，续向郎岱前进。（六）郝纵队应即由纳雍附近向羊场急进（七）万纵队傅、万两师应由甘阴棠、大定经黔西向清镇续进。李必蕃师由黔西、镇西街向安顺急进，其刘团应即开赴关岭，限三十日驰抵兴仁布防。刘建绪。感未。参战。

艳戌安参电令李指挥官觉（一）贺匪窜抵盘县及普安附近，肖匪亦由平彝向东逃窜。（二）我吴剑平师之一团，在茅口附近盘江东岸扼堵。希贵指挥官派兵一旅，于陷日驰赴茅口附近策应，并向盘县、普安派探，且与友军切取联络为要。刘建绪。艳戌。安参。

艳戌参战电令郭、樊、郝、万各指挥官：（一）肖匪全部俭子由兔场窜抵平彝附近，企图攻城。我孙纵队蹑追，艳辰均赶到平彝城。（二）贺匪感由土城东窜，俭未窜陷盘县，一部己至普安。（三）着郭纵队即由艮底营、龙歹嗄、四里着之线，穷匪续追。（四）樊纵队仍集结水城。（五）郝纵队应在羊场分县集结待命。（六）万纵队应集结清镇待命。（七）绪在安顺。刘建绪。艳戌。参战。

世巳参战电令郭指挥官汝栋：贵纵队主力应暂在土城附近集结，并派部分向盘县、亦资孔方面侦剿，勿失匪踪为要。刘建绪。世巳。参战。

三、战斗经过

郭指挥官汝栋元戌电（财神堂之役）：职率部遵令元向桃源、六曲沟援剿，先头王旅附胡团进至财神堂西端，遇约三四千之匪，自午后三时激战至黄昏，匪不支，向大拐、毛奻（在财神堂东南）方向窜去。是役匪亡百余人，我亦伤十余员名。

郭指挥官汝栋寒未电（同前）：元日被我击溃之匪，尚潜伏于财神堂东北大山。今寒拂晓，朱旅到财，即派队出击，至午后二时，我军占取居洛、伐之寓、酒冲之线。是役匪方伤亡数十，夺获手提机枪、步枪各一支。当饬朱旅追至青松岭、九道拐之线，因暮雾未便穷追，仍回居、伐、酒阵地露营。

本部寒未参战电呈委员长蒋、总司令何（郝纵队援剿得章坝之役）：伪第四、六两师，自文日起在得章坝、桃源之线，与我万纵队万师激战。适我郝纵队由镇雄驰援，先头裴师元丑达到煤炭坡向亚溪、大街口之匪夹击。郝师元辰向白脚岩之伪第五师猛攻，匪即分向牛场、以沙沟、安家坝、巴膀狼狈逃逸，郝纵队衔尾追剿，裴师酉抵大槽附近，寒日继续紧追。是役万师毙匪除匪当时抢去不计外，尚遗尸两百余具，内有伪参谋长一、团长二、营连长甚伙。又，裴、郝两师均有夺获。

樊指挥官删酉参战电（以则河之役）：据师钊元成电称：（一）肖、贺股匪自鱼日在阿箕革被我击溃后，狼狈北窜。即蹑匪跟追，齐日至柯裸，该匪因苦逃离脱，乃以主力伪第五、六、十六、十七等四师，利用高山及迷茫难辨之大雾，在以则河附近占领阵地，阻我前进。齐午与我侦探尖兵连接触，该连为掩护本队之展开，拚命抵抗，激战约四小时，该连官兵伤亡殆尽。终以众寡不敌，遂被伪五师、十七师包围，我一部冲出重围，向后撤退。同时匪以六师、十六师向我两翼包围，向主阵地猛冲，战斗益烈。申刻我用全力反攻，始将匪击溃。佳晨令八二旅继续进攻，先将以则河南侧高地构筑野战工事，后令八二旅攻占以则河北侧高地，激战至申刻，始全部占领。匪向板底、寸铁坝溃窜。（二）是役计毙伪营长一，匪兵百余名，获步枪十七支，俘匪三十五名。我阵亡连附特务长各一员，士兵十八名，伤少校参谋兼侦探队长一员，连排长共五员，士兵七八名，失踪官兵二十六员名，损失步枪五十七支，自来得手枪十六支，消耗步弹二五八六〇发，机枪弹五四一五发，手枪弹四四九〇发，迫击炮弹二十发，手榴弹三八〇颗。等语。

本部漾未电呈委员长蒋、总司令何（孙纵队韭菜冲等役、郭纵队倘塘等役）：（一）贺匪巧日经黑石头、麻窝，皓日经马别河、秃头梁子，号、马等日窜抵倘塘。肖号辰由黑石头经韭菜冲、野鸡坪、放马坪向宣威方向窜去。养夜来宾铺附近及宣威城外十余里地，已有匪之游击队与我孙纵队宣威刘旅接触。（二）孙纵队龚、鲁两旅，马辰于韭菜冲与匪激战数小时，毙匪六七十名，俘百余名，获枪二十余支。申刻追抵次海、野鸡坪，与匪后卫对峙。养申续追至段口山、象脚迹，沿途颇有斩获。漾日向宣威蹑追。（三）郭纵队郭师养午击退木瓜哨之便衣匪后，申刻续将新添堡、倘塘之匪各千人驱逐，并占领之。罗旅进至可渡，漾日向宣威急进，并堵匪东窜。

本部敬申参电呈委员长蒋、总司令何（孙纵队寅斗山之役、郭纵队旧铺子之役）：肖匪经来宾铺、火把山一带，有向土城、江上、盘县进窜之样。我孙纵队漾日由段口山、象脚迹尾追。午刻以来在宣威以北之寅斗山发生激战，双方伤亡颇重。（二）贺匪漾日窜踞旧铺子、陡坡山，经我郭师漾日在旧铺子猛剿，并向南山、大南山两翼围攻。酉刻始将陡坡山匪之主阵地摧破，计毙匪无算，余匪向东逃窜。午刻追抵龙场及空军之轰炸，匪狼狈向宝山逃窜。计是役毙匪千余，俘匪获枪甚多。孙部亦伤亡三、四百员名。

本部俭未参战电呈委员长蒋、总司令何（郭纵队四里着之役）：四里着、回龙寺附近之匪，感已经我郭纵队强渡仰攻，激战两小时，将其击溃，纷向兔场逃窜，郭纵队正继续蹑追中。毙匪十余名，获枪十余支，匪向新天狼狈逃逸。郭师阵亡营长郭炯明以下若干员名。漾日在陡坡山、旧铺子线彻夜。罗旅赶到倘塘，敬日续进。

本部有未参电呈委座蒋、总司令何（孙纵队寅斗山之役）：肖、贺全部，漾已与我孙纵队刘旅在宣威北十里铺、寅斗山激战，双方伤亡均重。未刻，龚、鲁两旅赶到，肉搏数十次，战斗惨烈，为数年来所无，相持至敬寅。

〔国民党政府军事机关档案〕

3. 国民党“追剿军总指挥部”关于“追剿”长征红军军事报告书

（1936年4月）

一、本月匪情

肖匪部上月艳日前窜抵亦资孔后，分向水塘、乐民所窜逃。贺匪大部上月三十日窜盘县。东日贺匪离盘，窜土城以南地区。肖匪经小马街向明宫村窜走。江日，贺匪经白水，窜抵沾益北之九龙山。肖匪由五彩沟进攻马龙不逞。支日贺匪到坡伙，肖匪到易隆、板桥。齐日肖、贺两匪窜抵乐空、火石桥，经孙纵队将其击溃，向新鸡街逃走。复经孙纵队猛烈追截，佳夜向猴街东逸。灰日，贺匪主力经阿子营，真戌陷富民后，文日会合经散旦街、者白之肖匪及贺匪第四师，同向罗次逃窜，围攻县城不逞。元辰复围攻禄丰县城。铣日，贺陷镇南，肖陷盐兴。篠日，贺向姚安北窜，肖亦窜姚安与贺会合。巧日，同向大姚窜走。皓日，肖匪陷盐丰，经孔仙桥、米甸、与由祥云、凤仪经居宾街东窜之贺匪马日会合于宾川，续向牛井街北窜。梗日，窜姜营街。敬日，窜鹤庆，一部向剑川行进。有日，陷丽江，申刻大部窜抵玉龙。自寝至俭，于石鼓街附近，人乘船，马浮水，不分昼夜渡过金沙江，续向北窜，溺毙甚伙。我孙纵队衔尾穷追，樊、李、郭各纵队正兼程追进中。

二、作战命令

东午参战电令郭指挥官汝栋、樊指挥官嵩甫、郝指挥官梦龄、万指挥官耀煌、李指挥官觉：（一）肖匪全部过亦资孔后，一向水塘，一向乐民所。其在平彝所之一部，约二千人，似系后卫，三十卯向我龙家沟孙纵队鲁旅攻击不逞，未刻向亦资孔逃窜。贺匪大部仍麇集盘县。世日，刘官屯以北地区及石勒、江上、小猴场一带，均到匪甚多，其便衣队出没于鸡场河附近。该肖、贺两匪似有北窜企图。（二）我孙纵队在平彝、龙家沟之线补给后续追。（三）着郭纵队集结主力于土城、上下码之线，侦匪进剿。（四）着郝纵队仍向北盘江左岸义河至茅草坪渡之线急进。（五）着樊纵队仍集结水城、杨梅树之线。（六）着李纵队集结郎岱，并派兵一旅推进茅口附近，策应江防。（七）万纵队着仍集结清镇待命。（八）绪在安顺。刘建绪。东午。参战。

冬寅参电令各纵队：（一）综集各方情报，匪主力均窜踞盘县附近地区。（二）本部根据委员长蒋东亥筑电部署如下：樊纵队着推进至脚力及其以南地区，与土城、上中码一带之郭汝栋纵队均取联络，堵匪北窜与西窜，限支日前到达。但通过铁索桥时，须在铁索桥以北地区稍事集结，再行通过前进。（三）李纵队着由派赴茅口部队中派出一部进驻花贡，广侦匪情，随时具报。并在茅口架设浮桥，构筑桥头堡，以便尔后之进出。（四）郭汝栋纵队着在土城、上中码一带联络樊纵队堵匪北窜与西窜，并多派侦探搜匪进剿。刘建绪。冬寅。参。

冬酉参战电令各纵队指挥官：（一）贺匪东离盘县，大部东日窜抵土城以南，距后所约七十里一带。伪五、六两师抵关口、江上，便衣队出没于滴水岸、鸡场坪，似有回窜宣威之样。肖匪由东民所、水塘，东辰经小马街向明宫村窜走。（二）着郭汝栋纵队即由土城、上下码一带，向西觅匪截剿。（三）樊纵队着由水城相机向威宁堵剿。（四）郝纵队郝、裴两师，着仍分向盘江左岸、义河、侯昌河、茅草坪渡之线急进。（五）着李纵队仍集结郎岱、茅口之线。（六）万纵队除万师潘旅接替贵阳、清镇城防外，其余及陈沛师着仍集结清镇。（七）孙纵队希由平彝、龙家沟相机向东北觅匪攻剿。刘建绪。冬酉。参战。

江丑参战电各纵队转委座冬亥筑电：（一）贺匪先头已达迤后所附近。肖匪东日向羊场营（民家村）西窜，其中一部昨在羊场营。判断该匪似有由平彝南北地区直向曲靖、沾益窜扰之样。（二）兹规定江日部署如次：1．郭汝栋纵队着由马场、暗地、石关一带前进，并详侦匪情相机动作。如匪西北窜，务须拦匪迎击，努力堵截；如匪西南窜，应与孙纵队联系，双方夹击而聚歼之。2．李纵队着向盘县追剿前进，限微日到达。3．樊纵队着集结水城，准备向威宁前进，并须携带三日粮食。4．郝梦龄纵队仍协同郭思演纵队及吴剑平师，积极布置北盘江沿岸封锁线。5．万纵队仍集结清镇附近待命。等因。希即遵照具报为要。刘建绪。江丑。参。

歌午参战电令各纵队：（一）贺匪江经白水附近，窜抵沾益北之九龙山、松林，支日到坡火，有进窜寻甸之样。肖匪江由五彩沟、百石岩，晚以一部攻马龙，不逞，继续西窜，支抵易隆、板桥之线。（二）孙纵队即希由马龙、王家庄一带，以两旅由汽车路、两旅经板桥向易隆并列搜剿。（三）着郭汝栋纵队即由暗地、八大河、马场经永安铺、炎方尾匪追剿。（四）着李纵队本日集结盘县。（五）樊、郝、万三纵队任务仍遵前令。刘建绪。歌午。参。

鱼申参电樊、刘、郭三纵队指挥官：（一）奉委座鱼午筑电开：1．肖、贺股匪已窜过马龙以西之易龙〔隆〕。2．着刘总指挥即率郭汝栋、樊嵩甫、李觉三纵队入滇跟匪追剿，均归龙总司令指挥。3．万耀煌纵队暂控置清镇附近待命。郝梦龄、郭思演两纵队，仍在北盘江布防，防匪回窜。除分令外，仰即遵照。等因。（二）着郭纵队迅由炎方、永安铺之线继续追剿。（三）着李纵队仍集结盘县待命。（四）着樊纵队准备由水城向威宁前进。（五）本部拟庚日由安顺向盘县前进。刘建绪。鱼申。参。

鱼亥电樊、李、郭三指挥官：转委座鱼戌筑电：（一）樊纵队着于明虞日经宣威向曲靖追击前进，限庚日到达宣威附近。（二）李纵队明虞日继续向平彝前进。（三）郭纵队明虞日仍尾匪急进，并与孙纵队设法联系。等因。希即遵照具报，并迳复总司令龙为要。刘建绪。鱼亥。

蒸未参战电令各指挥官：（一）肖匪大部齐已窜抵乐空、火石桥附近，经孙纵队将其击溃，向新鸡街逃窜。午后匪数千复向普渡桥攻击，亦被击溃，孙部正尾匪夹击中。（二）着郭汝栋纵队迅经易隆向嵩明前进。（三）着李纵队迅经马隆〔龙〕、易隆向羊街急进。（四）着樊纵队即由来宾铺、通南铺、倘塘之线向宣威前进。（五）本部蒸抵募役分县，明向盘县续进。刘建绪。蒸未。参战。

文未参战电令各纵队指挥官：（一）肖、贺股匪连日被我孙纵队于普渡河附近猛烈堵击，佳夜由新鸡街向猴街东逸，有与寻甸附近之匪合股之样。（二）我孙纵队安、鲁两旅，由狗街向纳白前进，防匪西窜。刘旅经阿子营向大湾前进，并兼顾昆明。（三）着郭纵队明日集结羊街、鼠街待命。（四）着李纵队向羊街续进。（五）着樊纵队向来远堡、松昭关、遵化堡、松林之线急进。（六）本部本日抵安南，明向盘县续进。刘建绪。文未。参战。

寒申参电令各纵队指挥官：（一）肖匪全部及贺匪第四师，文日经散旦街、者白，向罗茨方向逃窜，似有经盐兴、大姚，企图在永仁以上渡江之势。（二）孙纵队元日由九约坪、富民之线向罗茨跟进。（三）着郭纵队在孙纵队后向富民、定武续进。（四）着李纵队向嵩明续进。（五）着樊纵队迅由三岔、沾益之线继续西进。（六）本部本日抵三板桥，明日可到盘县。刘建绪。寒申。参。

本部咸申参战电呈委员长、顾主任、何总司令、龙总司令：（一）肖、贺股匪文日围攻罗茨不逞。元辰窜抵禄丰，正围攻县城。（二）我孙纵队元达禄丰以东十余里之土库房及土厂、马街子之线，寒向禄丰追剿。（三）着樊、郭、李各纵队仍遵前令，迅向目的地急进，本日到达位置迅告。（四）本部本日抵盘县，即经平彝向昆明前进。刘建绪。咸申。参战。

号酉参电令各纵队指挥官：（一）贺匪铣陷镇南，筱日全部向姚安北窜。肖匪陷盐兴后，筱抵姚安与贺匪会合，巧向大姚逃窜。（二）孙纵队巧日达到姚安、大兴堡、沙桥、英武之线。（三）郭纵队着由元谋续向永仁前进。（四）李纵队本日到禄丰后着向姚安前进。（五）樊纵队着即由者白街、富民之线，向武定、冷饭桥前进。（六）本部号抵曲靖，马日拟车运昆明。刘建绪。号酉。参。

漾未参战电令各纵队指挥官：（一）肖匪号陷盐丰，号窜孔仙桥，马日通过米甸，与由祥云、凤仪经宾居街东窜之贺匪会合于宾川，续向牛井街北窜。祃日金江附近似已发现匪踪。（二）我孙纵队漾由养甸、米甸、鼠街向宾川、牛井街搜剿。（三）郭纵队着在永仁集结待命。（四）李纵队着即由瓦屋梅、梦西铺向祥云、宾川前进。（五）樊纵队着经盐兴向盐丰前进。刘建绪。漾未。参。

有申参战电令各纵队指挥官：（一）肖、贺两匪合股于宾川后，梗日窜姜营街，敬日窜陷鹤庆，续向北窜，先头敬到连马桥、鹤城西南两方之黑泥哨、松桂街。大小马厂有散匪并驮马向剑川行进。（三）孙纵队敬抵鸡平关、炼洞街，有向松桂街追剿。（三）郭纵队着以一旅由大田向大渡河急进，渡河占领掩护阵地，余部务于宥日由大田、永仁之线续进。（四）李纵队仍向祥云，樊纵队仍向盐丰急进。刘建绪。有申。参战。

感巳参战电令各纵队指挥官：（一）肖、贺股匪有陷丽江，申刻大部窜抵城北之玉龙，声称将在梓里附近渡江。（二）我孙纵队有抵七平、王营、浦营、王坪之线，宥向鹤庆搜剿。（三）郭纵队着以已渡江之王旅占领掩护阵地，余部应迅速渡江续进，限艳日全部达到华坪。（四）李纵队、樊纵队行进目标仍旧。刘建绪。感巳。参战。

卅未参战电令各纵队指挥官：（一）肖、贺两匪自寝二十六至俭二十八于石鼓街附近渡金沙江，续向北窜。（二）我孙纵队一部在石鼓街沿江南岸扼堵，其余分置丽江、鹤庆、剑川等处休整。（三）郭纵队着集结华坪北堵。（四）李纵队令着取道凤仪、大理，向邓川、洱源间前进。（五）樊纵队着集结盐丰待命。刘建绪。卅未。参战。

三、战斗状况

孙纵队司令渡齐申电（普渡河之役）：肖匪大部齐已窜抵乐空、大石桥附近，与我守备普渡河之张旅接触，遇刘旅由东西村赶到，协同安旅猛烈出击抄袭，复以空军轰炸，当将伪十七师击散，向新鸡街逃窜。午后匪数千复向普渡河桥攻击，亦被守兵击溃。本纵队正尾匪夹击中。计是役毙匪四五百，俘匪二百余，夺机枪三挺，步枪百余支。本部亦伤亡四五百员名。

孙纵队司令渡铣卯电(保满街之役)：贺匪寒夜经广通东南，向楚雄逃窜。删辰删申一部四千人陷楚雄，一部两千人于保满街与本纵队鲁旅激战，匪乘夜一经大屯丁、七屯北窜；一向吕合西窜。计毙匪近百，俘匪百余，获枪四十余支，本部亦有伤亡。

〔国民党政府军事机关档案〕

4. 国民党“追剿军总指挥部”关于“追剿”长征红军军事报告书

（1936年5月）

一、本月匪情

肖、贺股匪，于上月下旬于石鼓附窜渡金沙，经我孙纵队衔尾蹑追，半渡猛击，凋耗不少。俭日复与团队汪家彪部，在空心树接触，旋陷中甸。歌日分向定乡、德荣，续向理化、巴安逃窜。冬日前中甸已无匪踪。但删日前后，其小部后卫尚滞留中甸北之那伯。逃窜时，每被蛮人截击，伤亡、病毙均甚多。朱、徐股匪自上月下旬以来，已窜距九龙甚近。元日前后，主力集中道孚，并滋蔓甘孜、党岭、丹巴、绥靖一带，并由刘匪伯诚〔承〕在道孚主办红军大学，图赤化西康。俭日前，主力集中道孚、炉霍、甘孜、瞻化一带。一股约千人，窜至下杂科。伪八、九两师，在戎坝岔。三十日前，道孚之匪渐向炉霍、甘孜移动。各匪均以重资觅雇甘、新商人作响导，声言窜向新疆。

二、作战命令

鱼未电令樊、郭两指挥官转委座微午行岳仁电：

查樊嵩甫部已规定进驻两盐，并扼守雅砻江西岸。郭汝栋部应守华坪、永北之线，并扼守金沙江左岸，堵匪南窜。曾于东西豪西两行岳仁电达在案。希即遵照更正为要。等因。仰即遵照！刘建绪。鱼未。参昆。

阳申参战昆电令樊、郭、李、孙各指挥官：

1．肖、贺股匪抵中甸后续向北窜。2．樊纵队着由大田、大把关、苴却之线，向盐边盐源续进。3．郭纵队着由塘房、章官、盐边之线，开回华、永。4．孙纵队除以一部担任丽、维江防，并组游击队进驻中甸外，主力着驻丽、鹤、剑等处，休整待命。5．李纵队着遵总司令龙支申谋电令，由邓川、大理移驻宾川、盐丰之线。6．本部着向楚雄续进。刘建绪。阳申。参战。昆。

庚未参战昆电令各纵队指挥官：

顷奉委座东西行岳仁发电开：艳侍参赣电示滇中新部署，计达。现已令李家钰部，分驻冕宁、泸沽、西昌、德昌、会理一带，并扼守雅砻江东岸、太平地、盐糯场、歪树湾、冲河关、集福场及上游各渡口，与樊纵队切取联络，分别管理船只在案。着樊嵩甫部即改进驻盐边、盐源，并扼守雅砻江南岸各渡口，与李部切取联络，互相策应。对于冕宁以南，雅砻江西岸各渡口之防务及其船只，均须负责管理，不可疏忽。如将来匪主力仍由雅砻江西岸来犯，则船只应尽量移交东岸管理。如由冕宁南犯，则移交西岸该部管理。若其由两岸分犯，则我军可预在各渡口上下游十余里赶筑桥头堡，俾得双方策应。除已令李家钰部就近先行规划赶筑外，希樊嵩甫先自督修勿忽。并将部署详情具报为要。等因。同时又奉豪酉行岳仁重发电开：1．樊嵩甫部应遵东酉行岳仁电，进驻两盐，并扼守雅砻江西岸。2．郭汝栋部应守华坪、永北之线，并扼守金沙江左岸，堵匪南窜。3．孙渡部应守丽江、石鼓、巨甸、维西之线，主力控制丽江、阿墩子。厉行坚壁清野。4．李觉部应驻剑川、鹤庆一带策应。以上各项，希照办具复。等因。仰各遵照。刘建绪。庚未。参战。昆。

佳未考战昆电令各纵队指挥官：

1．肖、贺两匪俭日与团队汪家彪部在空心树接触后，窜陷中甸，有向理化、巴安逃逸之说。冬日前，中甸已无匪踪。匪部时被蛮人截击，沿途伤亡甚多。2．着各纵队遵照委座东酉豪酉两行岳仁电部署，迅速实施，具报为要。刘建绪。佳未。参战。昆。

蒸午参战昆电令李指挥官：

奉总司令龙佳谋电开：鹤、丽、剑军队拥挤。为给养便利计，李纵队应仍集结宾川为宜。等因。该纵队着集结宾川、宾居街之线策应。刘建绪。蒸午。参战。昆。

寒申参战理电令各纵队转委座微申行岳仁电（迟到）：

兹规定滇、黔剿匪军战斗序列如次：总司令龙云，前敌总指挥刘建绪。第一纵队指挥官樊嵩甫，辖二八师、七九师；第二纵队指挥官郭汝栋，辖二六师、独三四旅；第三纵队指挥官孙渡，辖滇军一、二、五、七旅；第四纵队指挥官李觉，辖十六师、十九师。除任状官防务行颁发外，希即知照。等因。希各知照。刘建绪。寒申。参战。理。

删巳参战电令各纵队转委座文申行岳仁电：

奉委座文申行岳仁电开：命令：1．匪情判断：朱、徐股匪自四月下旬以来，已窜距九龙甚近；肖、贺股匪自四月三十日窜抵中甸后，仍继续北窜。依情势推测，南北两匪，必在康南会合。判断其会合后之企图，仍将他窜，以图生存。即使为休息整顿计，暂时停止不动，亦将散布于广区域，以就粮食。其兵力既散，消灭较易。而理化、巴安一带，当为匪必争之地。2．方针：围军应即以严密封锁之手段，使匪不得再向南或向东或向北突窜，尔后再进击歼灭之。3．除川、康方面部署另定外，兹规定剿匪军部署如次：（1）第一纵队仍守备盐源、盐边至雅砻江右岸。（2）第二纵队接第一纵队左翼，守备华坪、永北至丽江以东之金沙江左岸。（3）等三纵队接第二纵队左翼，守备丽江至维西之线，并派遣一部进驻阿敦子及中甸。（4）以上三线，限五月号日以前须能严密封锁，并须扼要各集相当兵力于其封锁线后方。匪由何方窜突，既由何方迎头痛击之。（5）第四纵队暂时集结宾川策应。4．详细部署，由龙总司令妥为规定，径令遵行。并将遵办情形随时具报。除详细部署仍候总司令龙规定外，希各先将：（1）碉线及应构筑碉堡位置、种类、数目、完成日期；（2）断绝匪区物质接济封锁线，先行设备电告，并按照前南昌行营颁布之构筑碉堡与守备及封锁匪区办法，分别绘图三分具报，以凭转呈为要。李建绪。删巳。参战。理。

三、军队调遣

甲．滇黔剿匪军

队号			主官姓名	调遣情形
前敌总指挥			刘建绪	真日由昆明出发，元午进驻大理
樊纵队	指挥官		樊嵩甫	歌抵梭罗、大姚，阳抵大田、大把关，佳抵棉花地，文到盐边。筱日董师由白盐井分一部进驻盐源及梅雨铺筑碉。陈师李旅驻盐边附近地区，并派一部进驻大华、庆湾及华卢之线筑碉。纵队指挥部及陈师段旅与补充团马日到盐边。
	第二八师	司令部	董钊	
		第八二旅	郭钟麟	
		第一六三团	董万有	
		第一六四团	卫光华	
		第八三旅	杨四惠	

续表

队号			主官姓名	调遣情形
樊纵队	第二八师	第一六五团	张凤梧	
		第一六六团	张景骞	
	第七九师	司令部	陈安宝	
		第二三五旅	段朗如	
		第四六九团	叶裳	
		第四七0团	吴祖滔	
		第二三七旅	李祖白	
		第四七三团	冯亲毅	
		第四七四团	杨振光	
		补充团	木任林	
郭纵队	指挥官		郭汝栋	歌由章官司向两盐续进，旅奉令开回华永。佳由塘坊坪、章官司转进，真抵养马约、拉海洞，文达马过河、马保田，寒删等日到达永北。
	第二六师	司令部	郭汝栋	
		第七六旅	朱载堂	
		第一五一团	杨泽霖	
		第一五二团	解固基	
		第七八旅	王镇东	
		第一五三团	胡荡	
		第一五四团	王隽	
		第一五六团	陈文之	
		司令部	罗启疆	华平

续表

队号			主官姓名	调遣情形
郭纵队	独三四旅	第七〇〇团	沈荃	
		第七〇一团	杨思贵	
		第七〇二团	胡健	
孙纵队	第二路军第三纵队		孙渡	丽江
	第一旅		刘正富	剑川
	第一团		袁存恩	
	第二团		邱秉常	大理
	第二旅		安恩溥	丽江及东北地区
	第三团		郭建臣	
	第四团		万保邦	
	第五旅		鲁道源	阿喜
	第二十旅		李文汉	维护后方交通
	第九团		冯云	
	第十团		侯振邦	
	第七旅		龚顺璧	鹤庆
	第五团		肖本元	
	第十四团		马继武	
	直属第十四团		王开守	丽江
	第十八团		王炳奎	

续表

队号		主官姓名	调遣情形	
孙纵队	总预备队补充第三大队	李嵩		
	总预备队补充第四大队	杨宏光		
	保安第一团	罗廷标		
	保安第二团	陈钟书		

附记：该纵队以一部任丽江至维西之江防并组游击队进驻中甸。

队号			主官姓名	调遣情形	
李纵队	指挥官		李觉		鱼日前集结邓川，大理。奉总司令龙支申参谋电令，移驻宾川、盐丰。鱼达麻地村、凤仪、下关之线。齐抵宾川。奉委座豪西行岳仁电应驻鹤庆、剑策应。复奉总司令龙佳谋电鹤、丽、剑军队拥挤，为给养便利计，仍应集结宾川该纵队即于佳日集结宾川、宾居街之线。
	第十六师	司令部	章亮基		
		第四六旅	何平		
		第九一团	钟子奇		
		第九二团	魏继征		
		第四七旅	杜道周	辰溪	
		第九三团	唐肃		
		第九四团	欧阳烈		
		第四八旅	徐旨乾		
		第九五团	胡惕		
		第九六团	欧阳霆		

续表

队号			主官姓名	调遣情形	
李纵队	第十九师	司令部	李觉	常德	
		第五五旅	唐伯寅		
		第一〇九团	刘湘辅		
		第一一〇团	邬乐知		
		第五六旅	黄寨符		
		第一一一团	周昆源		
		第一一二团	傅希颖		
		第五七旅	庄文枢		
		第一一三团	秦庆武		
		第一一四团	王宝华		

乙、四路军

队号		主官姓名	调遣情形
总指挥		刘建绪	驻长沙 行营真日出明出发，元到大理。 沅陵 长沙 沅陵
教导团团长		姚蕃	
特种兵团团长		杨道勋	
第	军长	陶广	
	第　师长	王东原	

续表

队号			主官姓名	调遣情形
二十八军	十五师	第四三旅旅长	陈孔达	芷江
		第八五团团长	周光仁	随本部入滇
		第八六团团长	刘复德	芷江
		第四四旅旅长	张毅中	麻阳
		第八七团团长	肖学文	
		第八八团团长	王志刚	
		第四五旅旅长	李选青	黔阳
		第八九团团长	李熙茂	
		第九十团团长	杨明	
	第六十二师	师长	钟光仁	辰溪
		第一八四旅旅长	成铁侠	乾城泸溪凤凰
		第三六七团团长	张空逸	
		第三六八团团长	朱再生	
		第一八五旅旅长	陶柳	沅陵
		第三六九团团长	谭有恩	
		第三七〇团团长	钟涤松	洪江
		第一八六旅旅长	刘建文	辰溪
		第三七一团团长	马骥	
		第三七二团团长	袁亚初	

续表

队号		主官姓名	调遣情形
新三十六师	师长	陈渠珍	永绥
	第一旅旅长	顾家齐	保靖
	第一团团长	谭文烈	
	第二团团长	舒安卿	
	第二旅旅长	刘文华	松桃
	第三团团长	陈范	同仁
	第四团团长	刘耀卿	
	第三旅旅长	周燮钦	巴梅
	第五团团长	杨绍卿	
	第六团团长	何翰丞	
第三十六师	师长	陈光中	分驻镇远、黄平、清溪，担任绥靖。
	第一八七旅旅长	王德彭	
	第三七三团团长	汤宏怀	
	第三七四团团长	李伯蛟	
	第一八八旅旅长	李国钧	平江
	第三七五团团长	李东升	浏阳
	第三七六团团长	李国鸿	
	第一八九旅旅长	赵梦炎	
	第三七七团团长	陈奇	
	第三七八团团长	谭英圣	

续表

队号		主官姓名	调遣情形
独三二旅	旅长	胡达	长沙
	第六九四团团长	王堉	
	第六九五团团长	李湘霖	株州

四、剿匪战斗经过

本月无剿匪军重大战役。

五、剿匪宣传 〔略〕

六、碉堡及封锁设施

樊嵩甫鱼酉参战电：

本纵队遵委座东酉、豪酉两电令要旨，进驻两盐，扼守雅砻江两岸。谨将详细部署如下：1．董师限本月铣日以前到达盐源，主力控制白盐井，派一旅部率一团驻盐源城，一营驻梅雨铺。对于守备区内各要点，应增筑碉线及滑力铺之前进陈碉，阻匪东南窜。其雅砻江西岸，自冲河关（含）至盐坝场间各渡口，应分别筑碉封锁，派兵扼守西岸，与东部李部切取联络。2．陈师限本月寒日以前，先头到达盐边，主力即控制于此。派一团进驻仁街，一团驻大笮尘湾，分一营驻笮苴，扼要构筑碉楼，防匪东南窜。对雅砻江西岸滥坝场（含）至以南各渡口，应分别筑碉封锁，扼守西岸，与东面李部北面董师切取联络。3．指挥部与本月寒日进驻盐边。4．董、陈两师，守备地区之区分，根据盐边、盐源两县之原界线，东自滥坝场经藤桥、望乡台，西迄三锅春止，各该师对守备区内之渡口，应构筑必要之桥头碉及储蓄粮秣，修筑交通路，组织民众武力及保甲，随时密派便探，向各方侦察。5．对冕宁以南雅砻江西岸之船只，将来匪主力如由雅砻江西岸来犯时，应尽移交东岸之李部管理。匪如由冕宁南犯，则移西岸交本纵队各师管理。匪如由两岸分犯，则据预筑之桥头碉，互相策应，扼匪于两岸。

敬未参战理电各纵队：

奉委座养巳行岳仁电开：查国军应以严密封锁之手段，使朱、徐、肖、贺各匪会合后，不得再向南、向东，或向北窜围。曾经规定部署，于上月文申行岳仁电饬在案。各该部到达规定位置后，应在封锁线上赶速完成碉堡工事，联点成线。尔后即培修后方军用公路，以利运输。除分令川康各军外，希转饬所属切实遵办具报。等因。除封锁部署，正请示总司令龙核示，再行颁布外，特电盼照。

敬未参战理电呈总司令龙：

谨依据委员长文申养巳酉行岳仁电要旨，就管见所及，拟定筑碉封锁部署如下：1．樊纵队构筑右自冲河关（含）经王公堡——盐源——白洁河——白盐井——梅雨铺——黄草坝——大有田——西安河——永兴场——盐边，左至棉花地（含）之碉线，置重点于白盐井、盐源两处。右与李其相、左与郭纵队碉防部队含接，并于笮苴庐、大笮庆湾，构筑内线补助碉，更于洼里、后所等处，构筑据点式之前进碉，严密封锁。2．郭纵队构筑右自棉花地（不含）经华坪——新庄街——维沙——永北——金宫街——梓里桥（含）之线，置重点于华坪。永北两处。右与樊纵队。左与孙纵队碉防部队严密含接（如华坪经维沙至永北线，实际不便筑碉时，可改经养马约、马过河之线）。并于永宁、宁蒗构筑前进据点碉。3．孙纵队构筑右自梓里（不含）、丽江——石鼓——巨甸——维西——中鼓（澜沧江东岸）之碉线，置重点于丽江、巨甸两处。右与郭纵队碉防部队严密含接。并于中甸、德钦等处，构筑前进据点碉。4．封锁地境：（1）樊、郭两纵队，为自左吁河沿川、滇省界，经棉花地迄仁和街之线，线上属樊。（2）郭、孙两纵队为自邑本坡沿金沙江，经不易克、梓里至朵美街之线，线上属郭。5．樊、郭、孙三纵队，务遵照前南昌行营规定之“碉堡构筑与守备”、“碉堡法令汇编”、“封锁匪区法令”迅速完成指定碉线，严密封锁。并将实施情形，分别绘图报部。6．完成封锁后，樊修两盐县道，郭修华、永县道、孙修丽、维县道。详细计划，由各纵队妥拟呈核。7．李纵队控置于宾川、祥云地区，为总预备队。除派一部守备云南驿飞行场外，并培修宾祥县道，以利军运。8．给养暂就地采购。9．各纵队后方交通自行维护。上九项是否有当？敬乞鉴核示遵。

樊嵩甫漾巳参战电：

本纵队以盐边穷瘠，给养困难，兹拟将主力移驻盐源。变更部署如次：1．陈师二三七旅四七四团，俟筚苴庐、大苹庆湾碉堡完成后，交由潮蔼土司派兵接替守备。该团即于敬日经元宝山向白盐井前进，接替董师白盐井、梅雨铺、白洁河防务。主力控置白盐井。2．董师将白盐井、梅雨铺、白洁河防务交替后，师部及主力移驻盐源城，即赶筑盐源至冲河关间碉线。并饬东与李其相部联系。3．陈师二三五旅（欠四七〇团）主力，移驻盐边城，留一营驻守永兴场。其补充团由西安河、大有田派一营过驻黄草坝，维持两盐交通。4．本纵队部及陈师余部，定有日推进白盐井。

郭汝栋宥酉电：

永北附城碉堡，经督部赶筑，至敬日止，计完成连班碉共二十八座，堡垒五个。由城北至北山关之各种碉堡共一九座，经饬一五六团赶筑，不日亦可完成。职对布防步骤，原拟先巩固华、永两点，次即巩固沿江江防，再次即酌派部队至宁蒗，并游击永宁。现华、永防务既固，爰于宥派一五三团至金沙江渡口，并饬分一营至中江渡。又派一五四团之一营，前往梓里渡。另令华坪罗旅派兵一营至腊乌渡，择要筑碉，巩固江防后，派部进驻宁蒗，并游击永宁。

七、部队检阅及士兵招募训练补充概况〔略〕

八、交通通讯运输兵站概况〔略〕

九、卫生设施及治疗概况〔略〕

总指挥　刘建绪

中华民国二十五年六月

〔国民党政府军事机关档案〕

5．国民党"滇黔剿匪军前敌总指挥部"关于"追剿"长征红军军事报告书

（1936年6月）

一、本月匪情

本月上旬以来，肖、贺股匪续向理化、巴安之线北窜，五日左右贺匪窜抵巴安附近，其一部围攻巴安喇嘛寺。

九日，肖匪由定乡窜陷理化。

十五日，巴安沈司令派兵三路向巴安附近之党村进剿，贺匪闻风率全部三师，向白玉方向北窜。

朱、毛匪大部，于月中窜至甘孜西之绒坝岔一带。并据报：该匪近来对匪宣传，俟与肖、贺合股后，即向康、泸进犯。

下旬以来，贺匪窜踞由河口以北小金沙江地区。肖匪盘踞于梅母、寡须河以西仰笼至瞻化、三坝、理塘地区，似无南犯滇边企图。而黔省各地散匪复炽，黔南尤甚。如曹天全、穆首先、周芳仁、王泽龙、罗光华等股匪，啸集人枪共约四五千，分盘贞丰、罗甸、独山以南地区及天柱、锦屏之线，声势浩大，滋蔓堪虞！而三穗、黄平一带之苗匪，复与遥相呼应，交通梗塞，地方糜乱

不堪。故本军奉令调黔，回戈东剿。

二、作战命令

八日，庚申参战理电令

樊指挥官嵩甫、郭指挥官汝栋、李指挥官觉：

（一）本军奉委座鱼于京机手启电令调黔。（二）着樊纵队于真日由两盐出发，经会理、会泽、宣威道，向盘县集中。但由宣威进入平、盘大道时，须在郭纵队后尾，离隔一日行程。（三）着郭纵队于真日由华、永出发，经永仁、元谋、武定、嵩明、曲靖、平彝开往关岭场，募役分县待命。但到富民，须在李纵队后，隔离两日行程行进。（四）着李纵队于佳日自宾川、详云出发。沿滇黔公路，经楚雄、禄丰、富民、嵩明、曲靖、盘县，开往安顺待命。（五）本指挥部，率直属团队，于佳日由大理出发，沿滇黔公路，在李纵队后尾跟进。（六）各纵队逐日到达位置须随时电告。刘建绪。庚申。参战。理。

十日，蒸亥参江电令：

樊指挥官嵩甫、郭指挥官汝栋，李指挥官觉：

（一）郭纵队奉令着改由两盐经西昌向雅安集中，尔后归薛岳指挥。（二）樊纵队仍遵指定路线向盘县集中。（三）李纵队着改向盘县集中。望各遵照为要。刘建绪。蒸亥。参。江。

十二日，文参战昆明电令：

樊指挥官嵩甫、李指挥官觉、郭指挥官汝栋：奉委座真未行硕电开：着郭纵队全部暂留滇境，归龙总司令指挥。等因。特电遵照为要。刘建绪。文。参战。昆。

十五日，删亥电令：

樊指挥官嵩甫、郭指挥官汝栋、李指挥官觉：奉委座删辰待京电开：着郭纵队不必赴雅安集中，仍随各纵队回黔可也。等因。即希遵照为要。刘建绪。删亥。

二十四日，敬未参战昆电令：

樊指挥官嵩甫、郭指挥官汝栋、李指挥官觉：（一）奉委座漾巳机京电开。着樊、郭、李三纵队，暂分别集结盘县、普安、安南一带。等因。（二）兹根据各纵队到达盘县之先后，届时以李纵队推进安南，樊纵队推进普安，郭纵队推进盘县。望即遵照为要。刘建绪。敬未。参战。昆。

二十七日，感未参战昆电令：

樊指挥官嵩甫。奉委坐宥巳参京电开：希饬樊纵队由会泽经宣威、水城、普定、安顺、平坝、清镇回筑。等因。即希遵照。刘建绪。感未。参战。昆

〔下略〕

〔国民党政府军事机关档案〕

6. 国民党"滇黔剿匪军前敌总指挥部"关于"剿匪"工作军事报告书

（1936年7月）

一、本月匪情

甲、西康方面

二日贺匪第四师踞巴城东北一带高地，支辰匪约两连，攻我镇羯碉堡，旋被击退。据俘供：肖、贺两部自中甸分窜后，贺匪率四、五、六等三师向巴安进窜。该匪部到达白日公后，伪四师由东南多、红日公向小坝冲前进。

据由匪部逃回难民供称：（一）肖匪部约四五千人，赣籍居多。贺匪部约六千人，湘、赣籍居多。（二）每枪子弹最多五六排。（三）贺匪有大炮四门，重机枪每营有两挺，轻机枪亦多。（四）肖、贺各有无线电一架，营以上各有电话机一架。（五）关于粮食，经汉族地区，则抢掠，经夷族地区则购买。

乙、黔省方面

黔省土匪曹大全、穆首先、周芳仁、王泽龙、罗光华等股，自上月复炽以来，盘踞黔桂边区，肆行滋扰，本月中旬曾窜陷罗甸。其周芳仁一股，号称两团，复有窜扰黎平、榕江之样。黄平、三穗、天柱、剑河、台横等处苗匪，亦应时而起，地方武力薄弱，不能剿办。本军奉令回师东剿，各部正向黔境前进中。

二、作战命令

东辰参电令：

周团长先仁。本部江由昆明开曲靖，支宿平彝，微宿盘县。着该团留兵一营分置平彝、平彝所、亦资孔、马山哨等处，扼要警戒，俟本部车辆通过各该地区，即自行向盘县归还建制为要。刘建绪。冬辰。参。

支戌参战资电令：

樊指挥官嵩甫：奉主任顾东酉炳仁机电开：樊纵队着由会泽经者海、宣威、郎岱、安顺赴筑，限铣日以前到达。等因。仰即遵照为要。刘建绪。支戌。参战。资。

支戌参战孔电令：

樊指挥官嵩甫、郭指挥官汝栋、李指挥官觉：（一）着李纵队歌日以章师进顺安南，李师进驻普定。（二）着樊纵队遵限于铣日到达贵阳。（三）着郭纵队遵限于寒日到达盘县。（四）本部本日宿于资孔，歌日进驻盘县。

铣子参战盘电令：

郭指挥官汝栋、李指挥官觉：奉委座元午行炳仁机电开：着郭汝栋纵队即日开驻清镇附近，再行校阅；李觉纵队延驻安顺、镇宁、盘县，仍照规定期限校阅。总指挥部移驻安顺。希即转饬遵办具报。等因。着郭纵队即日由盘县沿公路向清镇开拔，李纵队俟在现地校阅完毕后，再行分向安顺、镇宁、盘县延驻。本部及直属团营，即日在郭纵队先头向安顺东进。仰各遵办具报为要。

刘建绪。铣子。参战。盘。

筱丑参电令：

郭指挥官汝栋：奉主任顾铣戌行筑电开：郭纵队着即兼程开赴贵阳，限感日到达，准备校阅。等因。仰即遵照。刘建绪。筱丑。参。

马申参电令：

郭指挥官汝栋：奉委座号巳行炳仁机电开：郭纵队着改开榕江。等因。仰即遵照。刘建绪。马申。参战。关。

漾戌参战顺电令：

郭指挥汝栋：奉委座养酉筑电开：郭纵队仍开清镇，不必开赴榕江。等因。仰即遵照。刘建绪。漾戌。参战。顺。

俭辰参战顺电令：

李指挥官觉：着李总队以章师驻安顺，修筑飞机场。李师担任安顺（不含）经镇宁、安南、普安至盘县（含）之交通维护，并搜剿沿线附近散匪为要。刘建绪。俭辰。参战。顺。

卅亥参电令：

郭指挥官汝栋：奉委座卅戌筑电令：郭纵着于冬日由现地出发，限尤日前集结榕江附近待命。等因。仰即遵照。刘建绪。卅亥。参。

三、军队调遣

第四路军总指挥部滇黔剿匪军前敌指挥部		七月份各部队团以上调遣一览表		
部队番号		主官姓名	原驻地	调遣情形
总指挥		刘建绪	昆明	本部于江日，自昆[illegible]乘汽车续向盘县前进，五日到达该地。旋奉委座元午行炳仁机电令，本县一带准备校阅，本部于筱日由盘县出发，漾抵安顺。
	指挥官	樊嵩甫		

续表

部队番号			主官姓名	原驻地	调遣情形
樊纵队	第二十八师	师长	董钊		该纵队于七月底开抵宣威，会泽之线，旋奉令开筑，董、陈二师先后于寒删两日抵筑。
		第八二旅			
		旅长	郭钟麟		
		第一六三团团长	董万有		
		第一六四团团长	卫光华		
		第八三旅			
		旅长	杨四惠		
		第一六五团团长	张凤梧		
		第一六六团团长	张景寯		
	第七十九师	师长	陈安宝		
		第二五五旅			
		旅长	段朗如		
		第四六九团团长	叶裳		
		第四七〇团团长	吴祖滔		
		第二五七旅			
		旅长	李祖白		
		第四七三团团长	冯宗毅		
		第四七四团团长	杨振先		
		补充团团长	木壬林		

续表

部队番号			主官姓名	原驻地	调遣情形
郭纵队	指挥官		郭汝栋		该纵队筱日奉主任顾铣戌行筑电令，开赴贵阳集结待命，旋奉委座养酉筑电，该纵队全部开清镇。
	第二十六师	师长	郭汝栋		
		第七六旅			
		旅长	朱载堂		
		第一五一团团长	杨泽霖		
		第一五二团团长	解固基		
		第七八旅			
		旅长	王镇东		
		第一五三团团长	胡　荡		
		第一五四团团长	王　隽		
		第一五六团团长	陈文之		
	独三四旅	旅长	罗启疆		
		第七〇〇团团长	杨思贵		
		第七〇一团团长	胡　健		
		第七〇三团团长	张鹏霄		
李纵队	指挥官		李　觉	普安	该纵队微日达到安南普安之线，旋奉委座电令推进安顺盘县之线，纵队指挥部移驻镇宁。
	第十六师	师长	章亮基		该师（缺四七旅）微日开抵安南，巧日又由安出
		第四六旅			
		旅长	何　平		

续表

部队番号			主官姓名	原驻地	调遣情形
李纵队	第十六师	第九一团团长	钟子奇		发，养抵安顺。
		第九二团团长	魏继正		
		第四七旅			本月上旬奉令开驻宝庆
		旅长	杜道周		
		第九三团团长	唐肃		
		第九四团团长	欧阳烈		
		第四八旅			巧由安南出发养抵安顺
		旅长	徐旨乾		
		第九五团团长	何畏		
		第九六团团长	欧阳霆		
	第十九	师长	李觉		该师司令部率五五旅及五六旅之一一一团，于养日由普安出发，宥日抵镇宁。
		第五五旅			
		旅长	唐伯寅		
		第一〇九团团长	刘湘辅		
		第一一〇团团长	鄔乐知		
		第五六旅			
		旅长	黄素符		
		第一一一团团长	周昆源		
		第一一二团团长	傅希颖		
		第五七旅			该旅留驻安南

续表

部队番号			主官姓名	原驻地	调遣情形
	师	旅长	庄文枢		
	师	第一一三团团长	秦庆武		
	师	第一一四团团长	王宝华		
陶纵队	第二十八军军长兼司令官		陶广	沅陵	
陶纵队	第十五师	师长	王东原	芷江	
陶纵队	第十五师	第四十三旅			该团系随总部行动，巧由安顺出发，号日开抵贵阳。
陶纵队	第十五师	旅长	陈孔达	芷江	
陶纵队	第十五师	第八五团团长	周先仁	安顺	
陶纵队	第十五师	第八六团团长	刘履德	榆树湾	
陶纵队	第十五师	第四十四旅			
陶纵队	第十五师	旅长	张毅中	凤凰	
陶纵队	第十五师	第八七团团长	肖学文	麻阳	
陶纵队	第十五师	第八八团团长	王志刚	凤凰	
陶纵队	第十五师	第四五旅			
陶纵队	第十五师	旅长	李选青	黔阳	
陶纵队	第十五师	第八九团团长	杨明	黔阳	
陶纵队	第十五师	第九〇团团长	李熙茂	芷江	
陶纵队	第六十二师	师长	钟光仁	辰溪	
陶纵队	第六十二师	第一八四旅			
陶纵队	第六十二师	旅长	成铁侠	浦市	

续表

部队番号			主官姓名	原驻地	调遣情形
陶纵队	第六十二师	第三六七团团长	张空逸	辰溪	
		第三六八团团长	朱再生	浦市	其第□营开驻保靖
		第一八五旅			
		旅长	陶柳	沅陵	
		第三六九团团长	谭有恩	沅陵	
		第三七〇团团长	钟涤松	江溆浦	
		第一八六旅			
		旅长	刘建文	辰溪	本月中旬移驻永顺龙山
		第三七一团团长	马骥	溆浦	
		第三七二团团长	袁亚初	浦市	
	新三十四师暂十一旅	师长	顾家齐	醴	本月旬移驻辰溪
		第一旅			
		旅长	谭文烈		
		第一团团长	□□□		
		第二团团长	舒安卿		
		第二旅			
		旅长	刘文华		
		第三团团长	陈范	陵	
		第四团团长	刘耀卿		
		旅长	周燮钦	汉	

续表

部队番号		上官姓名	原驻地	调遣情形
十一旅	第一团团长	杨绍卿		
	第二团团长	何翰丞	寿	
第六十三师	师长	陈光中		该师由洞口向郴州开拔，铣日全部到达。旋奉令该部率李旅于智推进宜章，赵旅率其三七团留郴，三七八团驻廖家湾。
	第一八七旅			
	旅长	李伯蛟		
	第三七三团团长	汤宏远		
	第三七四团团长	何兆基		
	第一八八旅			
	旅长	李国鸿	平江	
	第三七五团团长	李东升	浏阳	
	第三七六团团长	李国鸿	平江	
	第一八九旅			
	旅长	王德彰		奉令驻郴
	第三七七团团长	梁灌		
	第三七八团团长	谭英圣		奉令驻廖家湾
独三旅	旅长	胡达	长沙	
	第六九四团团长	王墉		
	第六九五团团长	李湘霖	株州	
教导团团长		姚蕃	沅陵	
特种兵团团长		杨道勋	长沙	

〔国民党政府军事机关档案〕

7. 国民党重庆行营关于与红军在川康方面作战情形报告书

（1936年8月）

一、剿办川康边区股匪之经过

朱、徐、肖、贺诸匪于五月下旬在西康会合以后，迄至野无所掠，遂不得不另谋出路，以图生存。七月下旬，其大部分窜至包座，毛儿盖、阿坝等处，在西康仅留小部分踞鲈霍、甘孜、遵孚等处，并有一小部徘徊于青海之白衣寺。至八月初旬，西康境内即无匪踪。以前匪陷各县，均为民兵相继收复。八月中旬，白衣寺方面亦无匪踪。诸匪于八月初再乘虚由松潘西北窜入陇南边境，并于九日夜深围攻岷县，尔后迭次猛攻县城，均被我守城之新编第十四师鲁大昌部奋勇抗战，及空军迭次协助轰炸，受创甚重。截至八月底止，岷县虽尚未解围，而匪之凶焰，殆已销沉矣。

匪窜甘境以后，我剿匪部队除甘肃方面由西北总部遵照七月二十九日行营颁布之计划纲要（详上次报告）详为部署外，在四川方面，各主要阵线，均已按照前定计划分别实施。而追击部队邓锡侯路已遵派特务司令谢无圻部出马塘，龚渭清旅出绰斯甲。惟匪既围岷县，其主力似跟续北窜，有图与陕匪会合之势。遂于十二日规定歼灭该匪于川陕甘边境部署如次：

（一）匪未窜越甘境第一线时：

（1）应仍竭力巩固沿黄、洮两河，经西固、文县至南坪、踏藏，为堵截第一线。自兰州经天水、徽县、沔县至宁羌，为堵截第二线。应由陇南、陕南（先调王耀武师）各部队会同民团担任扼堵，并分置重兵于岷县、西固、文县、天水、沔县，准备堵截，概由朱、于两总司令商派两线各段负责指挥官，切实施行。但王师陕南遣防，由张代总司令派队接替。

（2）川康部队，除仍固守现防各碉线外，原定五个追击队，其第一、第二两路应即编组小部队，先出马塘、卓克基向北追迫。并另组十团以上之有力纵队，先行集结昭、广一带，准备进出碧口，歼击窜匪，应由刘总司令派定各路负责指挥官及兵力迅速施行。

（二）匪如窜越甘境第一线时：

（1）陇南各部队，除固守第一线外，其第二线可调李及兰师增厚天水至宁羌段之防，所遗陕南防务仍由张代总司令派队接替。其原控置岷县、西固、文县、天水、沔县各部队，应不待命令连络友军夹击窜匪。并依情况，以陕北抽出控置华亭、永寺一带之六十七军及一零五师，西进天水或南进汉中策应之。

（2）川军所派有力纵队，即不待命迅出碧口、文县，连络陇南各部队竭力截击窜匪，并由平武、松潘编组小部队向北向西游击。

（三）其他青省原定各碉线及防守要领，均参照艳辰行炳仁机电示（即前颁计划纲要）办理。

上项部署颁布以后，北窜之匪乃分段乘虚于十九日陷漳县，二十日陷临潭，遂于二十四日改定部署如次：

（1）孙总指挥所部，应先抽派十团以上兵力即日开动，出碧口向文县、武都、西固方面协力堵剿，其在平武、松潘部队，俟交防后令其担任维护碧、广、昭、梓、绵一线交通运输。

（2）邓指挥所部，应增派共至六团兵力，即开昭化、广元，为预备队，归孙总指挥调遣。

（3）刘总司令应即派队驰往平、松一带接防，并酌置一部于绵阳、梓潼集结备用。

上项部署颁布以后，孙震部以一二二师、一二四师及军部五个独立连开拔，邓锡侯部一二五师卢济清旅三团、一二七师李树森旅二团及刘乃铸旅一团前往昭、广，归孙指挥。刘总司令亦令范楠煊旅就近先接松、平线防务。一四九师郭昌明部集结梓潼、绵阳备用。但匪于二十七日又陷渭源，此本月分军事部署之概况也。

二、检阅部队事项

京。本会为查察各地区集中部队之官兵精神状态及装备情形起见，特派行营顾主任为第二区代行检阅长官，检阅驻黔及其附近各部队。所有检阅人员除奉派王时为主任委员外，其余概由行营主管厅处指派，分为两班工作。计第一班检阅第五、第二三、第二八、第四八、第五四、第五九、第六十、第七九、第九十、第九六、第九九等十一个师，与第四一师之一旅及独立炮兵第一营；第二班检阅第十六、第十九、第二六、第九二、第一二一、第一三三、第一三四、第一三五、新第八等九个师及独立第三四旅。自七月初开始检阅，至八月底仍在继续检阅中。所有检阅成绩，已另案陆续呈报矣。

三、运输通信交通卫生事项〔略〕

〔国民党政府军事机关档案〕

编者注：原件标题为“行营二十五年八月份军事工作报告”。文中各节标题选用时未改动。

8. 国民党军第三十七军毛秉文部在川甘等地追堵北上抗日红军战斗详报①

（1936年8月—10月）

甲、漳县附近及着阳铺东扎口三岔诸役

（一）匪情：

朱、徐、萧、贺股匪盘踞川康边区，因我军合围兜剿不能立足，乃由甘孜道孚分三股向让口、阿坝、果洛北窜，企图与毛、徐会合，北窜蒙、绥，打通国际路线。其窜甘部队，计为伪第

①此件原标题为：《陆军第三十七军堵截追剿朱徐股匪各役战斗详报》。

二、第四两方面军。伪二方面军辖第二、第六、第三十二三个军，贺龙为其长。伪四方面军辖第四、第五、第九、第三十、第三十一五个军，徐向前为其长。共约四万余人，枪三万余支，统归朱匪德指挥。该匪主力于七月三十日窜抵包座，八月一日进窜阿西茸，五日其伪先遣军陈世材部及伪九军已窜抵甘境临潭属之那光寺、白水、拉子里等处，旋经岩昌、大草滩进犯岷县。

（二）本军兵力部署及战斗之经过：

八月九日奉总司令朱青午戌电节开：（一）据鲁大昌佳电：今晨七时大草滩、漩涡一带有骑匪四五十名，发现尚有大部跟进等语。（二）该军陶师除以两团仍驻定西附近外，余四团迅速进驻陇西，李师速以一旅进驻三岔东扎口着阳铺之线，一旅分驻武山、鸳鸯铺一带，该军部应克日进驻陇西。（三）已令东交司令部派骑兵两连至陇西，归李师长指挥等因。当饬第八师以四四、四六两团归该师廿二旅长史策率领，驻守定西、榆中一带，其余各团限十二日以前先后到达陇西集结待命。第二十四师七十旅旅长彭耿光率该旅全部克日推进三岔东扎口、着阳铺之线构筑据点，并派员至岷县与鲁师连络，侦察匪情具报。七二旅除以一部驻守陇西外，其主力分驻武山、鸳鸯铺一带，维护陇天间一带交通，该师部及直属各部，即日由泰安推进陇西，本部遂于十一日晨由泰安兼程移陇督剿，至十三日本部及第八师、第二十四师各部均已先后到达指定地点东交司令部，骑兵两连亦已到达陇西。奉总司令朱文子电饬，本军速抽兵五团增援岷县等因。遵即部署如下：

1．第八师长陶峙岳率所属二十四旅（缺四六团）及四五团于明（十四）日出发达到三岔镇，应不失时机确实占领梅川镇、中寨集，再觅匪出击。

2．第二十四师七十旅掩护陶师觅侧，并饬该旅东扎口部队，即向大草滩轻装探进游击。

十五日晨据报，梅川镇、大草滩一带，昨今两日到匪数百，有无后续部队，尚未探明。但匪企图截援是其惯伎，特饬东交司令部骑兵两连，迅即开赴三岔向梅川、大草滩方面侦察匪情具报。为统一指挥起见，当令七十旅旅长彭耿光及东交司令部各骑兵连统归陶师长指挥并饬如梅川、大草滩之匪确无后续部队，应即派队驱逐占领梅川、酒店子、大草滩之线，相机出击，增援岷县。惟陇岷大道多系隘道，加以连日大雨，山洪暴发，由东扎、酒店子到梅川、中寨均无法渡河，各部队不得不取纵深配备，相机推进，並饬分途向大草滩、四族川、红崖里、申都里、石家台子一带威力侦察匪情具报。迄十八日据各方报告：北沟寺有匪二三百，大草滩有匪约一团，酒店子有匪千余，木寨岭亦有匪盘踞。着阳铺我二十四师一三九团前哨部队，于午前九时与匪接触，刻仍相持中等语。为援岷容易起见，非先将大草滩附近之匪驱逐不能达到任务。飞饬陶师长遵即部署如次：

1．第八师二十四旅（缺四六团）于明（十九）日拂晓出发，经东扎口进占寨子川，构筑据点，相机向大草滩之匪侧击。

2．第二十四师七十旅长彭耿光率梁团主力，留驻三岔整理工事，对北沟寺方面严密警戒，其一部于明（十九）日拂晓出发，进接东扎口虢团防务，虢团则推进着阳铺，协同二十四旅向大草滩之匪攻击，并注意左侧之警戒。

3．第八师四十五团以一部位置石关儿，与我三岔部队切取连络，确保后方交通，主力于明（十九）日拂晓出发，进至东扎口、寨子川之间地区，与二十四族及七十旅各部切取连络。

4．东交司令部骑兵连，以四族川为据点，努力侦察匪情具报。

5．第八师师部于明（十九）日推进东扎口督剿。

十九日各部遵照前令，到达指定地点后，一面构筑据点，一面威力侦察匪情。虢团于午后一时，向盘踞着阳铺正面合家峡之匪攻击前进，我二十四旅亦同时向该匪侧击，匪即向我左翼移动，其小股利用两侧高地顽强抵抗，曾并以自动火器向我猛烈射击，激战至黄昏，适漳县被伪三十军攻陷，匪已扼我侧背，未便继续猛攻，特饬虢团及旅暂就原阵地停止，监视该敌，至明（二十）日午前四时，即一同撤回东扎三岔之线集结待命。是役计伤毙匪百余，俘十余名，获枪三支。又本日我东交司令部骑兵连向四族川侦察匪情，在黄家山与匪数百遭遇，激战约一小时，以众寡悬殊，遂以撤回三岔。至是本军遂决意将攻陷漳县之匪歼灭后，再节节向南扫荡，前进援岷。于二十日下午下达攻取漳县之命令要旨如次：

1．着陶师长饬李师彭旅扼守三岔、东扎之线，该师长率二十四旅（缺四六团）及四十五团于明（二十一）日拂晓出发，向漳县截击，将该股匪歼灭后，再节节向南扫荡，前进援岷。

2．着李师长派一四四团长刘佐棠率兵一营，于本（二十日）推进菜子河，并分兵一连位置四店儿，与我三岔部队连络，以维运道，该团梁团附仲苏率兵二连于明（二十一）晨向药步山协剿。

我陶师长基于以上之命令要旨，其攻击准备部署如下：

1．第二十四旅（缺四六团）附师卫生队于明（二十一）日拂晓前一时出发，经康家湾向漳县搜索前进，应首先夺取漳县以北地山头一带高地。

2．第七十旅派营长一员率兵两连（附团卫生及马骑兵连），于明（二十一）日午前五时出发，经四崖头、方家沟、米家庄向漳县搜索前进，左与二十四旅切取连络。

3．第七十旅（缺一营）应驻守三岔东扎原阵地，但对四族川及岷县方面匪情仍须严密侦察具报。

4．第四五团为总预备队，于明（二十一）日拂晓随本部出发，进至康家湾以后，随二十四旅后跟进。

漳县南临小河，东南属平阳。西北倚高山，匪即利用北山高地碉堡及城垣，作为坚固据点，并于西北小高山构成阵地，以为漳县之屏蔽，其主力则控置于盐井，成犄角之势。我二十四旅旅长曾致远率该旅（缺四六团）于二十一日午前二时，经康家湾取道裴家沟攻匪之侧背，午前七时三十分行抵红沟附近，其四八团已就攻击准备位置，该团第三营向匪右翼，第二营向匪左翼攻击前进，第一营为预备队，在第二营后跟进。午前十时开始接触，第二营一举突破匪阵地，匪纷向漳县溃窜，确实占领漳县西北之小高山地区。同时第三营亦攻夺地山头之土堡两座，继续向匪碉进攻，匪据坚固碉堡顽抗。该团兼代团长唐石鳌亲率第一营及步炮连增加左翼炮攻，复以重机枪掩护，反复冲锋，该兼代团长督阵前进弹中头部，立即阵亡，官兵痛愤，攻击益猛，不料匪之援兵有加无已，抗战益强。此时我四七团第二营已于彭旅之一部切取连络，并以第四十七团第一营强加南元山，以为第四十八团第二营之应援，各在原阵地布置警戒。

当我第八师二十四旅（缺四六团）攻占漳县西北小高山及山头碉堡与匪相持之际，有匪一股约三百余人由何家门方向进犯我二十四师七十旅一三九团东扎口左翼阵地，持战约三小时，毙匪约二十余名，匪仍向家门窜去。

二十二日午前二时，匪大部来袭我八师四八团昨占领之小高山阵地。同时噎虎桥方面发现匪踪，后路堪虞，我陶师长即一面令四五团长徐传授率兵一营增加左翼，并指挥四十八团一面电知三岔彭旅长令东扎一三五团撤回三岔，以固后方。旋匪乘虚分路猛袭，激战至天将明，匪大部向地山头左侧高地施行迂回运动，而我前线部队有一部被匪突破，拂晓集合各部于王麓里南端，正拟乘机反攻，适浓雾突起，匪后续部队增加无已。陶师长因陇西城防重要，及令各部逐次向陇西集结，并饬彭旅取道汪家衙折回陇西，曾旅及徐团亦逐次经四店子、菜子河撤至陇西。是役计毙伪连长以下百余名，获白郎林轻机枪各一支，步枪十四支，连旗一面。

当我陶师撤退时，匪即抽派有力之一部指向三岔，协同东扎方面之匪夹攻我三岔彭旅，正接触时，该旅适奉到陶师长撤退命令，乃饬各部以猛烈火力制压于匪打击后，即取梯之行动交相掩护，取道烟波里、马庙、汪家衙向陇西撤退，翌晨十时安全到达陇西。

以上各战役，我军人员伤亡、弹药消耗及卤获详情如附表第四七〔表略〕

（三）此役所得之教训：

1．我军沿陇岷大道前进援岷，沿途多系隘道，连日遇雨，山洪暴发，无法急进，匪潜伏主力企图截援，幸狡谋未逞，我军全师回陇，得与悍匪周旋月余。俾我进剿军主力得安全集结目的地。

2．我军攻夺漳县未克奏功者，前线部队官兵警戒疏忽，为其最大原因，故部队回陇后，分别查明撤职记过，以为警戒疏忽者戒。

乙、陇西武山附近诸役

一、匪情：

a．据伪三十八军八八师二六五团投诚兵周绍卿、刘义厚等供：在漳县三岔与我抗战之匪为伪三十军八八、八九两师及伪九军二十五、二十六、二十七三师，自我军撤退后，现已侵至陇城近郊一带。

b．据二十四师一四四团长刘佐棠八月二十二日报告：当职率部由菜子河转进至卧牛山、磨子地之线占领阵地，掩护我陶师撤退完毕，匪即纷纷来犯，现与我相持中。

二、本军固守陇西、武山兵力之布署及各战役之经过：

本军援岷各部，自八月二十三日撤回陇西后，匪已纷纷来犯。本军以系留该匪于陇西附近地区聚歼之目的，特部署如下：

1．第八师（缺四四团四六团）以四三、四八两团担任陇西城防（四三团任内城及石平山东关外一带守备，四八团任外城及北门外通定西高地守备），四五、四七两团控置于外城内及西关附近待机出击。

2．第二十四师一四三团固守武山城防，一四四团鸳鸯铺被匪压迫时，相机撤回武山，其主力暂在卧牛山一带警戒，其七十旅全部控置于东关外春场里、七里店附近，待机协同出击。

又为清除内奸振作士气起见，除详细拟定检查条例颁布施行外，并下达如下之命令要旨：

查赤匪率饥疲之众，弹乏粮竭，远道来犯，实我军歼灭残匪良机，荡平巨寇，胥于此役。卜之凡我将士应仰体中央剿匪之决心，俯念本军以往之光荣历史，剀切诰诫，严督所属，激励士气，效命疆场，建立殊勋，以固军誉，而达到中央安内攘外之意志为要。

二十四日午后十二时，匪以千余之众，猛攻我卧牛山一四四团阵地，经该团沉着应付，拼命冲杀，卒将该匪击溃。计毙匪六十余名，俘二十余名，夺获步枪十三支。嗣后伪三十军八八、八九两师，连夜向我城东南西三面阵地环攻，均未得逞，遂以扰乱手段牵制我军。我亦令各团抽调精干士兵编组阻击队，乘匪不备，四处狙击，颇有斩获。伪三十军之八八师其战斗力较强，夜袭动作尤为卓著，仍不断向我阵地夜拨。同时伪卅一军以所属之九十一师时进扰我武山一四三团阵地，以眩我耳目。本军为严密我陇西防务及维护粮道起见，特于三十一日从新部署如下：

1．第八师四三团担任陇西内城及石平山东门外七里店之守备。第四十五团以一营控置在内城，以一营控置于东门外村庄其附近之碉堡，归该营派兵守备之，以一营控置于西门外东岳庙附近新筑之碉堡，归该营派兵守备之。第四十七团以一营担任北门外各碉之守备及保护水磨外，其余两营担任外城（小西门至北门）之守备。第四十八团担任文昌阁、飞机场、家宫殿及外城（小东门至北门不含）之守备，该师工兵第二连担任城内各要口之警戒及非常处置。

2．第二十四师除仍以四三团及一四四团之一营固守武山城外，其余各部由该师长率领即日出发，占领通定西大道北十里铺至通安驿、马家河一带之碉堡，相机截击马营方面之匪，以维护本军粮道。

经以上布署后，匪知我阵地坚固，粮亦充足，无法攻夺我城，乃取困困方法，夜间极力向我阵前扰乱。我则仍饬各团逐日抽派机动部队一、二连协同狙击队远出二三十里外游击。兹将自八月二十九日至九月二十五日，其间最著之游击战役经过情形条述于次：

1．八月二十九日午正，我第八师四五团派第八连往卧牛山掩护该团狙击队袭击西十里铺、阳坡庄之匪，匪由三品石截其归路，我第八连长何洁吾率全连官兵援助，与匪激战肉搏数次，毙伪连长胡国芬一员、军部政治员一员，匪兵四十五名，俘七名，夺获步枪八支，轻机枪一挺，驳壳及小手枪各一支，轻机枪弹二百六十发。我狙击队上等兵唐秉钧受伤不退，刃匪五名，刺刀为曲，又夺获步枪二支，手枪一支。

2．九月十八日，我第二十四师一四三团派第三营长许向荣率步兵三连附狙击队向乐善镇游击，遇伪五十一师二七三团侦察连及其第一营之一部，匪工事顽强，相持约一小时，经我猛扑三次，施行肉搏，匪始不支，向河北狼狈逃窜。计毙匪连排长各一，匪兵三十三名，俘匪十余名，获手枪七支，步马枪十支，子弹百余发，骡马二匹。

3．九月二十四日午后十一时，我第八师四三团派该团第一连长唐固率所部袭击占领张家坪山之匪，激战约一小时，当场毙伪营长一员，匪兵二十余名，夺获伪三十军八九师二六七团二营营旗一面，步枪十一支，乘马一匹。

九月二十五日据报：我陇西当面之匪，伪三十军部率伪八十八师向三岔汪家衙方面移动，留伪八十九师于首阳镇、卧牛山、马家湾东三十里铺之线，牵制我军。二十六日即饬第八师曾旅长率四七八两团，分向三岔首阳镇追击，均有斩获。至二十七夜，伪八十九师亦有向西退窜模样。二十八日拂晓，即令第八师四三团第一营向郭家铺、漳县跟踪追击，四五团经莱子河追击，第二十四师一三九团向东二十里三十里铺一带截剿，匪势不支，纷向西窜。计先后各役，毙匪二百余名，俘伪连指导员以下百余名，收容投诚匪兵二百余名，夺获连旗一面，步马枪七十余支，手机枪一挺，自来得手枪二支，启拉利轻机枪一挺，各种枪弹千余发，骡马十二匹。

十月二日，我第八师四八团第一营协同新十四师孟骑团并民团，向汪家衙之匪进攻击，获匪方最近战役计划一份，得悉伪军委会率伪四方面军分六纵队向通会、庄浪、会宁、静宁、界石铺北窜，企图与伪一方面军会合。藉以苟延残喘。其伪军委纵队及伪九军、三十一军均系取道申都里、新市镇、薛家门、鸳鸯铺等处向通渭北窜。当饬各部分遣侦探向该各处侦察匪踪，至四日回报：匪大部确分股北窜，一经荔川镇、申都里、红崖里、滩歌镇北窜，一经三岔、漳县、鸳鸯铺北窜，一经渭原向马营北窜，土店子附近有匪之掩护队，正在渡河中。即令李师长率所属一三九团及第八师四五、四七两团，于五日拂晓前往截击，于午前九时，我李师长率部到达东三十里铺，适匪大部由渭河东岸张家磨、包家门、刘家门向洗麻沟进窜。即令四十五团及一三九团由右侧苟老湾、苟家沟攻击前进。四七团沿公路向洗麻沟口攻击前进。匪凭守苟家沟及东三十里铺右侧高地碉堡顽抗，以掩护其大部徒涉渭河。激战至午后三时，我四十五团徐团长传授率部占领苟老湾、苟家沟附近碉堡，四七团团长刘骏率部夺取东三十里铺右侧高地碉堡，一部冲过渭河北岸。但因包家阁、乔家门一带之匪有增无已，且据有利地形，我军虽以自动火器猛烈射击，掩护步兵反复冲锋，终未奏效。且时届黄昏，未便续攻，遂令各部暂行停止攻击，集结于三十里铺附近一带坚守阵地。至晚十时，仍饬李师长以一三九团虢团长率部向鸳鸯铺搜剿前进，四五团由洗麻沟向何家门跟踪追击，四十七团之一部留驻东三十里铺，其主力进至东四十里铺搜剿渭河两岸散匪，并掩护一三九团向鸳鸯铺前进恢复陇武交通。当一三九团及四七团之一部搜剿至四十里铺以东郭家湾、许家沟等处，与匪约一营遭遇，经我击溃，匪向东南方逃窜。计毙匪四十余名，俘伪排长以下二十余名，夺获轻机枪一挺，手枪十余支。我四五团跟匪追击，其第三营附狙击队进至祁家岘，适遇伪总医院及其掩护队二百余人，当将该掩护队击散，毙匪数十，俘匪五十五名，获步枪数支，乘马三匹，西药一担。旋因天已黑暗，该团遂转移至乔家门附近宿营。是晚据各方情报，鸳鸯铺有匪约两千，东五十里铺有匪骑兵发现。以情况判断，该匪明晨必经苏家岔北窜，当即派四十五团，由乔家门经官家沟、许家湾、苏家岔截击。四十七团主力及一三九团由四十里铺经张家磨、余家门向苏家岔追剿。七日拂晓与匪接触，激战至十一时，匪不支，纷向剑军山，苏家岔东北进窜。是役匪伤亡达二百余名，俘匪数名，获步马枪十余支，马骡二十五匹。又我第八师四三团向漳县追剿之一营，于十二日向盐井以北一带清剿，在王家坡遇匪百余，持战约一时，除当场击毙外，经我悉数解决，计俘获伪旅长刘耀堂以下八十八名，步马枪三十支，手提机枪二支，手枪三支，乘马十六匹。以上各战役，我军人员伤亡弹药消耗及卤获详情如附表第五八〔表略〕

三、此役所得之教训

三十里铺附近之役，我军攻击精神极称旺盛，惟匪企图会合北窜，逐日以强有力之一部掩护，与我持战未予以重大打击者，盖匪据有有利地形，我缺乏炮兵及陆空连络未确实所致。

丙、追剿诸役之经过

一、匪情：

伪四方面军之卅军及三十一军，经我军在陇西、武山近郊及东三十里铺、祁家岘、苏家岔等处截击后，即纷向北窜，此时伪二方面军之二、六两军，亦被我王军击溃，经礼辛镇北退，伪四方面军以其伪五军全部，盘踞于马营、七麻镇、什川镇及其附近之线，企图牵制本军，掩护其伪一、二、四方面军之主力在定会间会合。但因我追剿各军分途追击，受挫殊深，该伪四方面军主力，即经会宁、靖远大道北窜，在靖远中和堡、黄沙湾、五佛寺附近渡河，其一部随毛股东窜至河心城、预旺堡附近，并有续向东南窜走之企图。

二、我军追剿之部署及〔此〕役战斗之经过

十月十六日奉总司令蒋、副司令张铣午亥一电节开：查近日情报，通渭马营大股赤匪均向北窜，我军应积极追剿予以痛击，希即妥为部署，开始行动具报为要。等因。当因我第二十四师七十旅正在武山、乐善镇一带掩护王军曾师渡河，第八师四四、四六两团远驻兰州、榆中，四三、四八两团各一部，又在清剿陇西附近残匪中，东郊司令部骑兵两连，业已归还建制。除暂以第八师附四三团之一部，于本（十六）日进驻吉家堡、藏家寨一带，第二十四师一三九团推进榆盘以北地区，对匪方严密警戒，随时派队远出游击，努力侦察通渭马营匪情具报外，当饬各部迅速集结现地补充粮弹等项，准备进剿。同时电呈总司令朱，将第八师驻兰榆两团归还建制，俾增进剿实力。

当十七日，我四十五团进至榜罗镇，四三团之一部进至潘家岔，一三九团进至八记岔，派队分途向通渭马营一带侦察匪情之际，又饬第八师四七团第三营长成琨率所部附狙击队，由北三十里铺向七麻镇搜剿。该营行抵曹家岔与伪五军三十九团之一部相遇，该匪凭曹家岔东端土寨及其高地之线顽抗，该营长即令狙击队沿焦家湾东端山麓向曹家岔攻其侧背，并令第八连向正面攻击，其第七连沿山之右侧施行包围，与匪肉搏数次，将匪阵地突破，尾匪紧追。其盘踞曹家岔东端土寨之匪，因我进攻甚猛，未克退出，该营长即率第八连及九连之一部猛力围攻土寨，未一漏网，其冲散之匪，于曾家岔附近亦被我狙击队完全解决。是时李家湾方向忽有匪约四百余人向我反攻，该营长率部竭力抵抗，匪不得逞，仍向李家湾方向逃窜。是役计毙匪连长一员、排长二员，匪兵七十余名，夺获步枪四十二支，手机枪二支，驳壳枪十五支，我亦伤亡士兵数名。

十八日据本军各师探报：匪首朱德、徐向前与毛泽东等在会宁会议，企图与伪一、二、四各方面军会合后，向我胡军猛攻。他窜其伪五军董振堂所部兵力约五团，尚盘踞七麻镇、什川镇、张家坪一带，钳制本军截击。同时奉总司令朱参字第二〇七号训令，随颁之剿匪计划纲要要旨如次：

1．本路军以歼灭会宁、静宁、通渭附近之朱、徐等股匪主力之目的，以第一军及三十七军由东西方面夹击，而以第三军由南向北进击，求匪于该附近地区而歼灭之。

2．第一军应即迅速招致九十七师使用，将军主力集结于静宁乱柴铺、庄浪一带地区，以一部集结莲花城、泰安之线，并随即准备攻击部署，向单家集、平峰镇、翟家所之线攻击，置重点于右翼，并向东北行梯次配备，协同各友军将匪歼灭于静宁、会宁、通渭附近地区。

3．第三军（附关沈两师，以一部守备西和、礼县、甘谷、天水各要点外，以主力限本月二十日前进至金城镇、白鹤镇、榜罗镇、四罗镇（不含）之线，即行攻击准备，保持重点于中央向通渭、马营之线攻击，协同各友军将匪歼灭于静宁、通渭附近地区。

4．第三十七军除以一部守备陇西、武山外，其主力集结于马家河、通安驿、四十里铺、四罗镇（含）一带地区，即行攻击部署，置重点于左翼，向会宁西巩驿、个家岔之线攻击，协同各友军将匪歼灭于静宁、会宁、通渭附近地区。

5．进剿各军应于本月二十日以前到达攻击准备位置，并完毕攻击准备，于二十一日拂晓开始进剿，各向指定之攻击到达线攻击前进。

6．各军战斗地境之区分如下：

第一、三军——秦安金城镇、龙阳镇、义岗川、翟家所之线，线上属第一军。

第三、三十七军——四罗镇、华家岭、会宁之线，线上属三十七军。

本军基于上项计划纲要，决先期将盘踞七麻镇、什川镇、张家坪一带之伪五军团全部歼灭后，再协同友军向北追剿，特于本（十八）日午后二时，于陇西下达攻击部署命令要旨如下：

1．匪情如贵官所知。

2．我王军主力本（十八）日在甘谷及三十里铺渡河，向金城镇、白鹤镇、榜罗镇、四罗镇之线攻击前进中。胡军主力已集结静宁、庄浪一带地区，一部集结莲花镇、秦安之线，并准备向单家集、平峰镇、翟家所之线攻击前进。

3．本军以歼灭董匪全部为目的，除以一部固守陇西、武山各据点外，其主力分为左右两纵队，分途向七麻镇、什川镇之匪包围歼灭。其部署如下：

A．第八师长陶峙岳为左纵队指挥官，除以四十八团主力固守陇西并完成飞机场工作外，以四十七团及四八团之一部，由曾旅长督率由北三十里铺向曹家岔以东至七麻镇三匪攻击前进，其主力限明（十九）日到达集结吉家堡、吉家坪以北地区，向七麻镇之匪在二十一日拂晓前开始攻击。

B．第二十四师长李英为右纵队指挥官，除以一四三团留兵一营固守武山及一四零团编为独立支队外，其主力取捷径限明（十九）日集结吉家堡以东地区，协同第八师向什川镇、七麻镇之匪攻击．该师驻通安驿一四零团，除以一营固守通安驿、马家河外，其主力编为独立支队，应经郭家岔、麻子湾向马营方面截击。

4．各部队攻击七麻镇、什川镇奏效后，应以一部向马营挺进，监视主力协同将七麻镇西南地区之匪完全肃清，再继续向北搜剿。

十月二十日，我第八师二十四旅（缺四六团及四八团两营）达到断岘堡、郭家阳山，四十五团进占七麻镇，该师部率四三团达到黄鼠窊及其以北地区，二十四师主力进占什川镇、王家咀头之线。该伪五军团董振堂所部已于先夜向马营退去，并据报该匪大部有于今日向华家岭逃窜之说，乃饬第八师以有力之一部，于明（廿一）日经陈家坪向田家坪搜索前进。但马营之匪如已北窜，即应进出牛英以北地区搜索华家岭方面匪情具报。第二十四师（缺一四零团及一四三团一营）向黑燕山、双井儿前进，协同第八师侧击马营之匪。是时适我第八师史旅长率四四团由榆中奉令归还建制，经定西马家河到达通安驿，特饬该旅长率四四团及一四零团主力，向宁远堡、李家河、牛英之线截击。本部为督剿便利计，亦于是日向通安驿推进，迄二十一日，除我史旅长所率部队仅进抵马家湾、李家堡一带外，其余各部均已到达指定地点。适我第三军第七师由通渭方面已先我进占马营，匪已纷向北窜，其主力窜踞华家岭、大东梁一带，利用原有碉寨构筑强固工事，并以有力之一部，于周家岔、华家岭西北地区占领碉寨，企图阻我北进。我第七师占领马营后，主力集结马营，以一部跟匪追击，到达陈家渠、瓦房之线。同时据报，伪第四军第十师盘踞宁远堡、红土窑一带。本军以聚歼华家岭、大东梁、宁远堡、红土窑一带股匪之目的。除电请第七师以有力之一部，由马营进至大小牛沟、孟家窑、草芽沟之线努力活动外，特部署如下：

1. 第二十四师七十旅（缺一四零团附一四四团）于明（二十二）日午前五时，由上下涧滩沿定通公路向华家岭之匪正面攻击前进，保持重点于右翼，该师一四三团（缺一营）为预备队，于明（二十二）日午前五时二十分，经马营、定西间之旧驿道进至华家岭西角地区位置，于七十旅左翼以策应之。

2. 第八师四五团于明（二十二）日午前五时，由现地出发，任左翼抄袭，协同李师向华家岭之匪攻击前进，四三团为预备队跟进，该师曾旅长率所部二十四旅（缺四六团及四八团两营）于明（二十二）日拂晓，由白骨岔向宁远堡截击，史旅长率四四团及二十四师一四零团主力，于明（二十二）日拂晓，向红土窑及其以北高山之匪攻击前进。

二十二日午前五时三十分，我七十旅一三九团前卫营与司家岔匪之掩护队发生接触，匪利用原有民寨及市街民房加筑碉堡，构成强固工事顽抗。我李师长恐正面攻击难以奏功，特饬虢团于正面施行佯攻，利用华家岭东南端深沟之隐蔽，派步兵两连包围截击，至七时攻击奏功，匪遂放弃所踞碉寨阵地，一股向宋家梁东北沟地，大部向大东梁山地溃窜，遂于午前七时三十分，确实占领华家岭。午前八时三十分，该师得空军通报，分途逃窜之匪狼狈不堪，贵军乘胜猛追，必可大获胜利等语。当由该师彭旅长饬虢团以第三营，沿大道向大东渠追击。以第一营由右翼搜索前进，向匪迂回，沿途被我陆空军击毙匪尸甚多。该匪退至大东梁后，会集该地原有股匪共约三千余人，仓皇占领帽儿顶、阳坡湾之线，据碉凭险顽抗。我一三九团第三营附狙击队，乘胜突击，反复冲锋，战局极为惨烈。该团第一营左进被阻深沟连络中断，正面攻击亦甚迟缓，匪乘机反攻，并渐次向右侧包围，幸我官兵沉着应战，奋勇抵抗，以致阵亡一三九团第三营长谢德辉、第七连长吴锡哲暨伤连长李佳羲、毛成鸿以下官兵四十员名。相持至午前十一时，适我第八师四五团由左翼抄袭匪之侧背，已进展至龙王大峡西南端高地，并向匪阵地西北侧击中。该师长乃一面令七十旅步炮连进入阵地，向帽儿顶轰击，掩护一三九团向当面之匪猛攻，一面令一四四团第一营附狙击队向右包围。至午后一时，全部包围形势逐渐完成，适值空军大队前来助战，士气大振，杀声震天，匪见局势已促，复狼狈溃窜，伪军长董振堂及伪政委等，自帽儿顶退却，仅以身免，伪三十九团长被我军包围，迭次冲锋不逞乃自杀，其手枪大衣均被我军夺获。是役共俘匪官兵五百余，我第八师四三团、四五团获步枪百三十余支，轻机枪三挺，手机枪二支。第二十四师一三九团及一四四团获步马枪二百余支，重机枪脚架二座，团营旗三面。其向会宁县城溃退之匪，共约千余，经我二十四师一三九团跟踪追击，沿途死伤枕藉，呻吟呼号，惨不忍闻。午后五时，该团第一营已逼近会宁县城，当以情况不明，深恐孤军深入，为匪所乘。乃饬第七十旅全部暂在新王家川、郭家岔、许家川之线，占领阵地，严密戒备，并多派干探向会宁方面侦察匪情具报。

同日拂晓，我第八师曾旅长率四七团及四八团卜营，向宁远堡之匪攻击前进，匪亦顽抗，经我军猛烈攻击，匪不支纷向西巩驿方面溃窜。又同日拂晓，我第八师史旅长率四四团及李师梁团主力，向红土窑及其以北高山之匪攻击，并掩护军之左翼，午刻遂将董家渠、甘家岔以南山上之各大堡确实占领，匪即向北退窜，我军跟进至王家山，该匪凭藉土寨与我顽抗，并以有力之一部向梁团追击队逆袭，经我猛烈突击，卒将该匪击溃，亦向西巩驿窜去。以上两役共计毙匪百余，俘匪十九名，获步枪十一支，我亦伤亡连长以下官兵十余员名。

二十三日午前四时，据报：昨二十二日退踞会宁股匪，其大部确于昨（二十二）晚向北宵遁，其警戒部队刻已退至会城附近。当令二十四师彭旅长率部向会城急进。午前七时该旅一三九团先期第二营到达会宁城附近，与匪掩护队约五百余接触，激战约二小时，经猛烈冲击，并派队由翼侧迂回，拟聚歼该匪于会宁城内。讵该匪察知情况，由间道向北窜去。计毙匪六、七十名，俘匪三十余名，缴获步枪二十余支，遂于午前九时确实占领会宁县城。该师长率一四三团亦于午刻到达该城，当令该师加筑会城各处碉堡，严密戒备，防匪回窜。并派队分途游击，肃清附近一带残匪。同时饬第八师及二十四师梁团迅速将昨日各处战场扫清后，集结宁远堡、红土窑之线待命。

二十四日本部由通安驿推进至红土窑，适奉总座朱敬电：该师李军既占领会宁城，陶师应肃清西巩驿之匪，与李师连络，尔后以陶、李两师侦匪之主力追剿等因。又据李师长转据派赴张诚堡游击队报告：张诚堡附近发现伪三十一军大部，向宝川岔、田家湾逃窜等语。当即部署如次：

1．第八师曾旅长致远率四三、四五、四七团及四八团卜营，刻即向西巩驿搜剿前进，该师长率四四团为预备队跟进。

2．第二十四师除以一四零团仍留兵一营驻通安驿、李家堡一带维护定陇间交通，其主力随本部前进外，应即抽派有力之一部迅向张诚堡截击。

本（二十四）日午后二时，我曾旅长率部进抵大坊坪附近，悉匪盘踞西巩驿北端及其东北高地，凭藉土堡扼守，乃以四三团任左翼，四五团任右翼，四七团及四八团卜营为预备队，先将西巩驿以南之匪击退，乘势向北进攻，反复冲锋、激战至夜，即在阵地对峙，至翌日拂晓复经我军猛烈进攻，匪不支向新集儿溃退，我四三团跟追至瓦岔。计击毙伪四军独立师长殷少侯一员及以下百余名，俘伪连长以下五十四名，获枪六十一支，轻机枪一挺，驳壳枪二支。我亦阵亡士兵十三名，伤连长二员，连附三员，士兵三十二名。

同日我二十四师亦派一四三团（缺一营）向张诚堡截击伪三十一军之匪，至午后五时，据该团长汤季楠报告：张诚堡之匪确系伪三十一军九十一师、九十三师，现正与九十三师匪部接触。据俘匪供：伪三十一军原拟由蔡家店、青家驿窜会宁，与踞会匪会合后，向北退窜，至张诚堡附近适会城已被我军克复，遂改由宝川岔、田家湾向郭城驿退窜。本团决向张诚堡攻击前进等语。该师长恐该团兵力单薄，难以聚歼该匪，随加派一四四团赶往协助，当该团到达张诚堡附近，而匪之大部已窜抵田家湾一带，乃以一部协同汤团攻占张诚堡，主力即向田家湾截击，激战约一小时，匪不支，节节掩护向郭城驿方面逃窜。是时适我关师由青家驿方面到达张诚堡，第三军之沈、马两旅已到会宁。当以本军追击路线应移至会宁以西，乃饬该师停止追击，集结会宁县城待命。是役计毙匪伪二七六团长以下百余名，俘匪三十余名，获步枪二十余支，我亦伤亡官兵十余员名。

朱、徐、萧、贺股匪，经我军在华家岭，大东梁、宁远堡、红土窑、西巩驿、张诚堡一带击溃后，其残余各部分向南岔口、牛门终、郭城驿、鹿耳原北窜。本军以协同友军尾匪猛追而歼灭之目的，特饬第二十四师除留兵一营于会宁候三军接防外，主力应达到邵家川、河西坡向金家坪、塔寺岔觅匪截击。该师梁团主力随本部主力进至西巩驿，遂取道田家岘归还建制。第八师主力由田家岘、新集儿向南岔、黄家川搜剿。

二十二日我二十四师进至金家坪、河西坡之线，第八师主力到达大小南沟、田家岘一带。本部随八师部进至新集儿，适奉总司令朱感亥命令要旨如次：

1．赤匪先头于靖远西南河岸渡过西岸者已有五六千，正与我守兵激战中，其主力刻在陈家源、郭城驿、李家新庄附近地区集结，似有整备由靖远南北黄河各渡口渡河模样。

2．本路军以迅速行动，将当面之匪压迫于靖远南北黄河东岸地区一举歼灭目的，其部署如下：

A．第一军以二师及军直属各部（欠补充旅）停止于静宁、界石铺、青家驿、太平店、翟家所附近地区待命，而以二师兵力编为追击队，由现地经红羊坊向打拉池猛力追击，主力侧于左侧，该军补充旅（欠骑兵团）应即将全部开赴兰州，准备开赴黄河北岸协防。

B．第三军（附关、沈两师）以二师及军直属部队，除派一部进驻会宁、华家岭外，其余仍在原地待命，而以二师兵力编成追击队，由现地经乾沟驿、郭城驿向靖远猛力追击。

C．第三十七军以全部任追击，由现地经马家堡向靖远营房滩之线猛力追击，主力侧于左侧。

3．新编第一军除以主力守备定西外，派有力一部攻击个家岔占领之。惟靖远之一团，应确保该县城安全，待追击各军到达解围。

4．第五十一军之牟师，应即派有力一部经平滩堡向营房滩截击。

5．各部追击前进时，勿为匪后为所牵制，以迟止我行动，如遇匪顽强之后卫时，应一部行正面攻击，而以主力由翼侧猛追，勿使匪逃窜。

6．各军之战斗地境如下区分：

一军
第　　翟家所——王家嘴——孙家原——陈家原——贾家崖
三军

之线，线上属第一军。

三军
第　　会宁——乾沟驿——郭城驿——黑城子之线，线
三十七军

上属第三军。

本军基于上令其部署如下：

1．第八师明（二十九）日以主力集结牛门终、大泉湾、马家湾之线，以一部挺进至马家堡，侦察小吕堡方面匪情具报。

2．第二十四师明（二十九）日主力集结牛家圈、董家岔、八眼泉，以一部经塔寺岔向湛家岔以北地区搜剿，并侦察马家堡方面匪情具报。该师驻武山汤团之一营，着调来前方归还建制。

3．本部明（二十九）日午前六时，随八师部推进至黄家川。

经上项部署后，本军各部沿途颇有斩获。三十日奉总司令蒋勘有夜一节开：查朱、徐、萧、贺各股亚迭经我军痛剿，现大部纷向北窜，有由靖远南北地区偷渡黄河西岸之企图。我军应即跟踪追剿，以期聚歼该匪于黄河东岸。兹归定追剿路及到达线如下：（一）王军长以哲以刘、熊两师由硝河城经下塞子、新营、窑儿岔红井子、古西安州城之道，向乾盐池追击前进，限于十一月支日到达，即在乾盐池海原（不含）间地区扼要筑碉固守，掩护胡军之侧背并策应之。（二）胡军长宗南督率主力，由青家驻经大山川、刘家岔、赵家原、屈家岔、王家下井、双堡子、打拉池之道向黄沙湾追击，限十一月麻日到达。（三）王军长即率该部由张诚堡经道家岔、高家河、令家湾、韩家岔、白崖展家岘、杨稍儿之道向靖远追击前进，限于十一月歌日到达。（四）毛军长秉文即督率主力由乾沟驿向北追击前进，到达郭城驿后，即向靖远（上含）营房滩方向转进追剿，限于十一月冬日到达。（五）胡、毛、王（均）各军主力进剿，其原防应乎必要酌留一部扼守之。（六）以上各项，仰互相连系切实施行，依限达到，并将追剿情形随时具报为要。等因。遵即部署如下：

1．第二十四师全部，明（三十一）日应由现地向冯家堡以北地区按战备行军姿势，达到二三百户及其以东地区，向郭城驿方面之匪搜剿前进。

第八师明（三十一）日，以有力之一团，经鹿耳垣、泉坪、中堡向谷家新庄、受家塬威力搜剿，警戒军之左侧，主力应达到水家窑、车家湾等处，向巩昌卫、大芦子等处之匪搜剿前进。

3．军部随八师部于明（三十一）日午前六时，由现地推进至冯家堡。

三十一日本部及陶、李两师达到指定地点，适我关师将踞郭城驿、大芦子一带之匪击溃，向东湾子、黄沙湾狂窜，营房滩方面，亦经我牟师所部搜剿中，乃饬陶、李两师由现地分途向靖远东湾子一带追进。迄十一月三日本部及陶、李两师达到东湾之线，据报，原窜打拉池、东湾子之匪，共约万余，其主力已于三十日向同心城、预旺堡东窜，一部向大庙索桥渡河。本军乃在现地稍加统制，适奉总司令朱冬酉参远电令如下：

经我击溃之匪，有企图由五佛寺附近渡河模样。但如渡河失败，则判断其仍将东窜，本路军以先期歼灭河东岸赤匪之目的，各部队于三日正午，应重新如下部署：

1．马鸿宾师以一部留置海原，并确保之，而以主力进出预旺、李旺堡附近，掩护胡军右侧，并相机截击匪之东窜。

2．胡军追击队到达追击预定线后，即稍加统制于海原（不含），乾盐池之线，向王家新庄、新宁安堡之线攻击前进，重点置于右侧外翼，须挺进阻止匪之东窜。

3．王军（缺沈师及唐师一旅）于乾盐池（不含）打拉池之线，稍加统制后，即向新宁、安堡、中卫南岸之线攻击前进，主力保持与中央。但关师至中卫南岸后，即停止待命。

4．毛军于到达追击预定线后，即稍加统制，并以一部由东湾子沿河岸经南沟台向南长滩搜索前进及封锁渡口，而以主力于打拉池（不含）东湾子之线，向中卫南长滩之线攻击前进，重点置于左侧，并以外翼行迂回攻击，阻止匪向五佛寺附近渡河。

5．战斗地境如下：

第一军
第三军乾盐池堡——韩家水——新宁保安之线，线上属第一军。

第三军
第三十七军打拉池——若水沙河——中卫之线，线上属第三军。

6．马步青师努力维持现有之态势，并以加强部队攻匪之侧后，及应警戒五佛寺以北之河岸，与十五路取连络。

7．十五路军应确实保守金积、新宁、安堡、中卫之线，与马步青师连络，并应以有力一部由金积向惠安堡、预旺一带进击，协同胡军截击。

8．五十一军之牟师，负责担任由一条城至靖远（不含）黄河东岸之河防，对各渡口应切实占领之。

9．上项计划，各部队应努力实施，限本月六日前完成之。

本军基于上令部署如下：

1．第二十四师为右纵队，于明（四）日达到大水头、响泉堡、罗家川、冯家园等处，应即派狙击队向红湾、半川、小红沟、罗圈湾侦察匪情具报。至五日晨，以一团为右侧卫，应到达罗圈湾、芦沟堡之线，与我第三军所部切取连络，主力应进至论古村、大红门地区，派狙击队向南长滩挺进，努力侦察匪情具报。

2．第八师为左纵队，于明（四）日应到达水泉湾、黄沙湾、陡城堡之线，派狙击队沿河岸侦察匪情具报。至五日晨，以有力之一团经石门川、索桥、南沟堡向大庙挺进，主力到达石门川、沙流水地区，努力搜索匪情具报。

3．本部明（四）日推进东湾子，尔后随八师部进至水泉。

当我各部到达指定地点后，即饬分途向大庙、索桥 南 北 长滩、芦沟堡、烟洞沟等处搜剿，数日以来均未遇匪。十二日奉总司令蒋真未谈一电节开：我马步青部已于佳午攻占镇虏堡附近之黄崖，除令进占镇虏堡截匪西窜外，希即饬属迅速渡河 连 络 夹击，以收聚歼之效等因。当饬第八师二十二旅，由现地经发裕堡渡河，集结五佛寺候令。二十四旅由现地经石门川、索桥渡河，向大小芦塘、锁罕堡集结候命。第二十四师全部由东湾子渡河，向岌岌水、永泰堡、红水集结候命。均限于十八日以前 渡 河 完毕。本部随八师部十八日由索桥渡河，自渡河后，本军进抵大靖、土门子、乾柴洼、乱圈台子之线，正拟与各方友军切取连络，将渡河之匪歼灭于永昌、古浪间地区，以除西陲之患。旋因情况转变，本军奉令转进，遂于廿九日分由三角城、中和堡渡河，向靖远、打拉池之线集结候命。此本军追剿朱、徐、萧、贺股匪各战役经过之情形也。

以上各战役，我军人员伤亡、弹药消耗及俘获详情如附表

三

第六〔表略〕

九

三、此役所得之教训：

1．此次追剿，因无前敌总指挥专负其责，以致各军动作每每不能协同，坐失良机，殊为可惜。

2．我军后方组织不全，给养运输极感困难，以致 行 进 迟滞。

3．大军追剿，对于整个救护伤亡之设置，似欠周到，不仅被俘之伤病匪兵无力顾及，即我军每一战役伤亡人数较夥，各团担架不敷用，各师军医院救护力量也极有限，受伤官兵 横 抛 山野，呻吟呼号，坐以待亡，殊觉惨痛。嗣后应请设法扩大各师团

担架组织，或由高级指挥机关于各战区统筹伤病及俘虏等之收容救护，以重人道，而慰战士之心。

〔国民党政府军事机关档案〕

9.国民党军新编第十四师鲁大昌部关于红军围攻甘肃岷县的战斗详报①

（1936年8—10月）

八月五日

师长综合各方匪情通报，召集干部与以决心处置。

甲、匪情。

（1）川康之匪由甘孜、道孚向让口、河坝、果洛三路北窜。

（2）向果洛、阿坝北窜之匪到达白衣寺阿坝后，迄今未接前进通报。

（3）向让口、卓克基东北逃窜之匪，其先头一部已到柏木桥、黄胜关一带（系伪四方面军及九军）一部已于七月廿八、九两日到达包座、阿西茸（系伪二方面军）均经叠布窜岷。

（4）据西固坐探报称，匪有连络回番北进抗日之口号。

乙、匪情判断

判决：基于以上之情况，匪必倾窠窜甘，先占岷县、临潭、西固为新根据，希图扰乱西北。

理由：

（1）匪之倾窠北窜，是乘两广捣乱，中央无暇顾及西北并响应两广，希图破坏。

（2）包座、阿西茸为匪窜岷必由之道，且匪仍以连合番族号召，势必引入拉子口，以全力先取岷县无疑。

丙、决心：以坚守岷城之目的，缩短防区，增强工事。

①此件原标题为：《陆军新编第十四师战斗详报》。

理由：

（1）委员长蒋艳电节开：消灭赤匪之计划第一项云，凭藉天然险要及原有碉堡，采取攻势防御。第二项云，参照过去教训，利用碉堡线处处设防。原期封锁严密，但因兵力分散，反使处处薄弱，仍难堵匪。突围前之毛匪窜甘，可为殷鉴。今后除严密封锁坚壁清野外，尤须集结兵力于重点。第三项云，沿黄河、洮河经岷县西至临潭南至踏藏为第一线，以兰州、临潭、岷县、西固为重点。以任务上言之，本师应缩短防区，固守岷城为目的。

（2）岷县为甘肃西南之咽喉，如岷县失陷，则东可窥取临陇胁迫兰州，并可袭取西北进攻天水，于剿匪大计，实有绝大影响。况本师官兵均系西北土著，为国为家亦应坚决死守，抱与城共存亡之决心。

（3）以兵力言之，匪虽众多，然远道跋涉，饥寒交迫，且攻坚武器不多。我兵虽寡，物质虽缺，但城碉相依，以逸待劳，况有自造之十万炸弹必能达到固守之目的。

丁、处置之概要

（1）集中兵力之岷城二十里以内戒备。

（2）副官处协同城防司令赶办城防设备。

（3）军需处会同县政府积极办理屯粮事务。

（4）参械两处速于城碉架设电话、装置地雷、运输炸弹准备一切。

（5）本师长率同团旅长、参谋处长往大、小卧龙沟、白家湾、小西路、中堡各处侦察地形。

八月八日　天候　晴

情况：据探报：1．求吉寺、阿西茸一带，上月三十日续到匪千余，与前到之匪均正搜掳该地一带牛马牲畜，至向何方窜走，尚在侦察。

2．近数日郎木寺僧民均分向西仓、双岔逃避一空，坐探遂亦移至双岔。

判断：求吉寺到匪千余。查该处距岷城约五日途程，杨司令积庆若不对抗，今明日即可达到岷县。

处置：将匪情转绥署及王军长。（一）午前六时电令梁旅长派可靠官长一员，率兵一连带无线电，刻即赴草滩侦察匪情，遇少数匪人即驱逐之，遇匪之大股着由原路退回麻子川，归还建制。

情况：（一）下午一时电令蒋旅长着第四团即时开拔来岷，暂住刘家堡一带。该旅长于明晨六时亲临第三团来岷，驻飞机场一带待命。

八月九日　天候　晴

情况：午前十二时据侦探洪良奎报告：（一）今晨七时许，有共匪骑兵四五十名，在大草滩、漩涡一带，发现尚有后续共匪跟进，刻下我一团一营三连对抗中。

（二）午前十二时，一旅一团一营派往大草滩之第三连赵维竹报告：午前七时廿分，漩涡西端发现共匪骑兵六七十名，刻下与我连正在激战中。

匪情判断：匪经叠布入甘，必先选择适当地点作根据地，藉作休息整顿，然后逐渐发展。岷县是甘南之门户，军事上必争之点，匪众至此，绝不能舍此而之他，定以全力攻取岷城无疑。基以上之判断，遂一面将匪情呈报绥署，下決心如下：

决心：速集结兵力占领岷城附近阵地，严整以待。

处置：着第一旅旅长梁应奎速电令任团俟交防后相机来岷，该旅长亲率第一团刻即出发，取道小路向岷城急进，到时在唐家桥北小路、南小路、王家山一带占领阵地，西城由该旅派兵一连守备，骑兵团、特务团第三营着归梁旅长指挥。

梁旅长未到前，骑兵团负北小路唐家桥南小路之线警戒，特团第三营负王家山之警戒，该营迫炮连暂守备西城。

第二旅旅长蒋汉城率第三团向岷城急进，到时着该团在龙王台、飞场、香屋崖之线占领阵地，派兵一连守备南城。第四团在南川南端东至叠藏河西至山麓占领阵地，香屋崖、白土梁之部队确取连络，须派兵一连守备东城。

特务团团长王咸一速率该团（缺第三营）在吴家大山、白土梁一带占领阵地，并固守二郎山碉堡，着二兵连守备北城。

城内警戒，由军法处边处长督饬各处职员负责。

情况：下午二时据侦探报告：岷城之四十里之麻子川及占扎绿等处，均不能通过。

下午四时，据派往大草滩之一团一营第三连报告：职连在大草滩漩涡与匪激战二小时，因众寡悬殊，已于二时退至麻子川，匪千余跟追。

处置：将匪情呈报绥署及王军长。

着第二旅蒋旅长速派游击队，经陆萨向麻子川方向对该匪迎头痛击。

着特务团王团长速派游击队，向小西路一带游击，骑兵团许团附迅派兵一连向大沟寨后梁警戒。

情况：下午六时，据蒋旅长报告：职派之游击队行至距陆萨五里附近，即与匪骑兵三四十名接触，正在激战中。

下午六时三十分，据王团长报称：职派之游击队行抵杨家湾，闻得东南枪声不绝，南沟一带人民纷纷逃窜。

下午七时，骑兵团许团附报称：由大草滩漩涡一带逃来之百姓报告，该地续到之匪甚多，匪自称俟后续大部队到来，即攻取岷城。

处置：电令临潭第五团速向西大寨集中待命。

第六团速开来岷，在河北清水沟、岷山一带占领阵地。

情况：下午九时蒋旅长报告：职游击队与匪激战时，其后方部队逐次增多，我兵士受伤三名，卒因寡不敌众，逐次退却，刻下已退至南川，与我士兵取得连络，但匪仍向我跟踪前进中。

九时五十分王团长报告：职游击队于七时至宁坝里，见南面山沟内突出匪之骑兵二十余名，后有匪之步兵约一连向我急进，此匪确系由奔直寺所攀取山路小径而来者，与我激战二小时，我即不支，刻已退回本阵地，匪仍向我跟追中。

十时三十分，蒋旅长报告：职旅第三团团长马三纲报称：香房崖东发现匪十余名向我阵地守兵射击，经我守兵猛击，已向南退去。

处置：令各旅团就各阵地严密防守，并派有力之侦探详细搜索。

情况：十时五十分王团长报告：职派之侦探回称：匪约七八百人，由宁坝里过河向张家湾山梁大道前进，似有威胁我右侧背之企图。

十二时骑兵团许团附报告：匪约三百余名与我大沟寨，山梁之骑兵第二连接触，激战颇久，我即不支，刻已退至十里铺附近，正在对峙中。

八月十日　天候　清明

情况：午前一时，特务团第三营龚营长报告：

午前十二时二十分，王家山梁约有匪百余名攻我阵地，激战数十分始击退，匪向东南方向退去。

午前二时第二旅蒋旅长报告：

1．追我游击队之匪约二百余，内中似有番匪，其后续者颇多，于九日午后九时至南川，与我第四团守备接触，该处工事颇为坚强，我兵据壕固守，匪猛攻三四次均未得逞。

2．午前一时，匪一部由南川方向向我猛烈攻击，一部由白土梁山坡下袭击我后方，我军腹背受敌，不得已逐段退却，刻已至刘家堡南端正与匪对抗中。

午前二时十分王团长报告：

1．职团第一营在吴家大山与匪激战，被匪由阵地中央突破，将我守兵截为两段，彼此不能应援，遂各自退却，刻已退至白土梁、二郎山，已与机炮营取得连络。

2．刻下匪分两路攻我白土梁及二郎山各阵地，一部跟追我第一营，一部由瓦窑沟击我右翼，正在激战中。

3．伤亡损失另表呈报。〔表略〕

午前四时三十分，蒋旅长报告：匪刻下占据南川一带，与我刘家堡部队相持中。

午前九时王团长报告：

1．前八时攻我右翼之匪，已向张地沟退去。

2．攻我白土梁之匪，向小沟山方向退去。

情况：上午十一时三十分，蒋旅长报告：匪由南川复向我攻击，正在激战中。

十一时四十分，王团长报告：小沟山及张地沟之匪向我白土梁及二郎山猛烈攻击。

十一时四十分，特务团第三营龚营长报告：由下沟里窜来之匪百余名攻我山碉，刻正抗战中。

下午一时，特务团第三营龚营长报告：攻我王家山碉堡之匪，已经击退。

一时二十分，王团长报告：匪于前十分钟经我猛烈压迫，已向原方向退去。

一时二十分，蒋旅长报告：攻我刘家堡之匪，经我游击队由河沿袭击其右翼，匪即退守村内，正与我对峙中。

五时，梁旅长报告：职已率同第一团由哈达铺到后所，即赴前方侦察阵地。

七时骑兵团许团附报告：匪之后续部队渐次增多，第二连已撤回唐家桥一带警戒。

八时三十分梁旅长报告：据侦探回称：

1．十里铺附近有匪五六百名，向我前进。

2．麻布台子上发现骑匪八十余名，步匪三百余名，由大道向东前进。

九时王团长报告：白土梁匪约五百余名，向我攻击猛烈异常，将我阵地冲破者二次，旋因肉搏，失而复得，尚在激战中。

九时三十分梁旅长报告：1．据王家山龚营长报称：匪将职部三面被围，伤亡颇多，祈早援助，否则，难以支持等语。

2．职已派孙营长铁峰率兵两连前往增援。

3．骑兵团第二连在唐家桥与匪激战，匪势猛烈，颇难支持，请速增援。

九时三十分蒋旅长报告：1．我刘家堡前九时被匪攻据，现已夺获，毙匪甚多，我之伤亡另表呈报。2．匪又由左翼猛攻激战甚烈。3．据俘匪供，该股先头系伪三十军，匪首徐向前跟进，准备今晚总攻，并称要占四县作根据地。

十一时梁旅长报告：1．王家山之龚营被匪包围，我之增援亦被匪牵制，龚营刻已退至张家坪，与匪巷战中。

十二时王团长报告：1．我白土梁部队，与匪肉搏数次，卒因彼众我寡，将我阵地攻陷，第一营同机炮营伤亡官兵颇多，损失枪支当另表呈报。2．申家山于前十一时三十分亦被匪攻陷，第一团第二营营长林占彪、三连连长赵维竹等均受伤，兵士伤亡及损失枪支另表呈报。

十二时蒋旅长报告：匪之增援部队颇多，火力异常猛烈，但我据围墙死守，伤亡较少。

处置：令二郎山之王团长、飞机场东山之线之马团长、刘家堡之孙团长，严密固守各阵地，相机派队出击，并侦察匪之行动，随时具报。

八月十一日　天候　阴

情况：午前一时三十分梁旅长报告：1．张家坪我龚营与匪肉搏数次，伤亡颇多。2．我增援之部队被匪压迫，已退回后所。3．骑兵团现在洮河沿与匪对抗中。

二时蒋旅长报告：与我刘家堡对抗之匪无甚变化，正相持中。

二时二十分王团长报告：二郎山各碉子弹业已用尽，被匪攻破者三次，均经我守兵肉搏恢复，刻仍极度肉搏中。

三时王团长报告：我部与匪接触后，已经肉搏十余次，匪乘拂晓又以全力向我阵地三面围攻，阵线击破恢复者四次。今已弹尽力竭，请速饬增援。

处置：着梁旅长速率第一团（留一连固守后所西端碉堡）及特务团第三营进城负城防之责，城上守兵统归指挥。

着蒋旅长速派二旅、特务连、四团杨伯达营及章士魁增援二郎山。

着骑兵团速开龙王台，维持陇西岷县交通。

电令西大寨第五团火速来岷。

情况：四时三十分王团长报告：1．匪复增加大部向我二郎山猛烈攻击。2．蒋旅长率队与匪激战，将匪击退，毙匪无数，兵心大振，匪窜南山一带。3．蒋旅长与职及营长章士魁、杨伯达均受伤，连长、连附受伤多员，其余另表呈报。

六时王团长报告：1．前经击退之匪复合后续大部，由申家山梁向我右翼猛烈反攻，我已迎头痛击，现正激战中。2．据俘匪供称，徐向前在内指挥。

十时王团长报告：匪反攻后，后续匪众逐渐增多，攻击无已，我部官兵伤亡颇多，详数另册呈报。

十时二十分马团长报告：香房崖及东山碉堡附近到匪颇多，刘家堡匪复向我攻击，现正激战中。

十一时梁旅长报告：匪一部由唐家桥攻我后所，一部由张家坪向后所移动。

十二时王团长报告：攻我二郎山之匪，刻向后退去。

十二时十分，梁旅长报告：后所一带之匪，业经击退，已退回唐家桥北小路。

十二时三十分，孙团长报告：攻我刘家堡之匪，已退至南川，我部严阵以待。

十二时三十分，马团长报告：香房崖前之匪攻击异常猛烈，已将我东山梁之守兵击溃，刻下均退回教场一带。

情况：上午十二时五十分朱团长报告：1．职于昨十日下午一时行抵西大寨，据探报，岷县西三十里铺有匪甚多，均向西行进。职即派第一营速占领野狐桥，掩护本队通过，及至该处匪约四五百名，将行渡河。2．职部已至清水沟、岷山一带占领阵地。

下午一时第五团李团长报告：职部已经到岷，现住文庙停止待命。

匪情判断：匪首张国焘、徐向前亲自指挥，逐日攻城攻碉，不惜绝大之牺牲，其企图非得岷城不止。

师长决心如下：

决心：缩短战线，坚决固守二郎山与城。

处置：着第一旅第一团负西城之责。

第六团负北城之责，另派两连位置于二郎庙，作二郎山之预备队。

西北城归梁旅长指挥。

第二旅第三团退守南城，派兵一营协助李团长固守二郎山碉堡，归李团长指挥。

第四团退守东城，须留兵一营固守李家堡东南二城，归蒋旅长负责指挥。

第五团长李希发速率该团赴二郎山固守阵地及各碉堡，三团之一营归其指挥。

情况：下午八时梁旅长报告：1．匪三面包围后所，我守兵激战一小时不支，刻已退至西城。2．匪将主力集中西川，选精锐数百名扛梯五十余架，藉火力之掩护，拼命扒我西南城，掷弹猛扑数次，均经我军兵以炸弹击退。

八时二十分，孙团长报告：匪约二百余名，由教场过河，藉房屋之遮蔽，潜至东城附近，扛梯十余架，猛扑扒城，经我守兵用炸弹炸死伤者甚多，刻下匪只用火力射击我城上守兵，双方正激战中。

八时二十分李团长报告：匪将我二郎山阵地三面包围，现正极度激战中。

十一时梁旅长报告：攻我西南两城之匪，于十时三十分复猛烈攻城，激战许久即退去。

十一时二十分孙团长报告：攻东门之匪，已退回教场。

十二时三十分李团长报告：1．匪于八时二十分围攻我二郎山阵地，总攻四次，尤于十一、十二两时最烈，将我阵地突破，我守兵与匪以白刃相搏战，卒将匪杀退，匪之死伤填满沟渠，检得尸身三百二十余具。2．我部官兵伤亡颇多，详数另表呈报。3．但匪尚未远去，仍有续攻之势。

八月十二日　天候　晴

午前二时，据侦探报告：匪在小沟山及西川一带集结，以准备大举扑城及攻夺二郎山碉堡模样。四时李团长报告：匪自一时起攻我二郎山及碉堡及阵地，异常猛烈，阵地失陷者三次，均经职督饬恢复。刻匪乘拂晓之际，复大举来攻，我守兵勇猛肉搏，刃匪数百，始将匪杀退，俘匪十余名，并搜获匪之宣言及匪之计划决取岷、临、西、夏四县为新根据地。

九时朱团长报告：北小路西端渡河之匪颇多，似有攻夺我北山碉堡之企图。

午后十一时三十分梁旅长报告：后所之匪，复猛烈攻城，刻仍激战中。

十二时李团长报告：现匪大举攻我二郎山，战斗甚为激烈，幸我官兵勇敢沉着应战，待匪迫战，竟以大刀砍杀，匪尸狼藉，虽猛攻数次，均未得逞，刻正对峙中。

八月十三日　早阴　午后大雨

情况：午前四时李团长报告：1．匪于昨夜十二时被击退后，又复集结精锐约三千余人，自一时起，直至现时，将我二郎山三面包围，匪之来攻者，前仆后继。激烈异常。与我血战终夜，碉堡失而复得者五次。子弹现已用尽，仅恃大刀与匪相搏战。2．职已手部负伤，其余奋勇之官长少校团附杨肇林，连长尹国祥皆阵亡，营长王学义、王世惠均受伤，第三团第一营亦阵亡官长数员，至职团士兵阵亡者二百十五名，重伤五十四名，轻伤一百余名。3．伤亡姓名与弹药消耗另表呈报。4．我守兵兵力大减，请钧座速饬援助为祷。

处置：着李团长坚决固守山碉。

着王团长速率预备队增援二郎山。

情况：四时四十分王团长报告：1．围碉之匪经我李团守兵与增援队里外夹击，毙匪甚多。2．碉堡前掩壕均被匪尸填满，连同附近遗弃尸身得有四百余具。

四时五十分梁旅长报告：1．匪昨晚八时在西川集结，选拔精悍数百名，扛梯攻我西南城，扒上城垣者二次，被我守兵大刀砍死者甚多，炸弹炸伤者亦不少，刻已退去。

五时孙团长报告：1．匪于昨入晚后，即潜至东门附近，扛梯十余架，藉火力掩护猛扑城垣，经我守兵炸弹大刀卒未得逞，匪之伤亡颇巨，刻已退至教场一带。2．匪进攻东门时，焚烧城门延及民房网子营一带，悉被烧毁。

处置：着第一团派兵一营住二郎庙，归马团长指挥，着二旅三团派兵一营协助朱团长守二郎山，归朱团长指挥。

着六团团长朱显荣速率该团（缺一营）赴二郎山接第五团防务，对于阵地工事积极增强。河北所留之一营，以一连守各碉堡，余驻龙王台对岸掩护援军。

着第三团团长马三纲亲率两连及第一团之一营，为二郎山之预备队，位置于二郎庙，相机增援，第五团接特务团防 固 守 北门。

情况：下午四时三十分梁旅长报告：1．龚家堡之后所一带之匪。于三时左右猛攻我城垣三次，悉未得逞，伤亡颇多，刻下攻势稍缓。

四时四十分蒋旅长报告：1．教场之匪又向东城附近移动，并抬云梯十余架，似准备攻我东城。

十一时朱团长报告：1．匪于午后三时三十分，攻我二郎山阵地，幸系白昼，肉搏数次，毙死颇多。2．自晚二时后，匪部突增围攻我二郎山，异常猛烈，直扑碉堡，与我守兵肉搏，曾将阵地突破两次，经职督饬恢复，但仍极度激战中。3．伤亡及弹药消耗另表呈报。

十一时蒋旅长报告：攻东城之匪，于晚九时，扛梯直扑东城数次，经我守兵用大刀炸弹，匪终未逞，刻已向东退去。

八月十四日　天候　晴

情况：上午四时三十分朱团长报告：匪自晚十一时后，仍复猛攻数次，经我守兵猛烈压迫，伤亡颇巨，延至本刻始退。

六时侦探报告：1．匪约二千余人，由纸房经老鸦 山 东 移动。2．中堡、飞机场各处匪有重兵。

下午十一时三十分梁旅长报告：1．匪于晚九时在后所、龚家堡一带，不时扰我西南城，不甚猛烈。2．窥匪之企图，是用夜袭消耗我子弹，疲敝我兵力，俟机可乘即大攻城。

八月十五日　早阴午后大雨

上午四时朱团长报告：1．匪自晚十二时后，即以精锐攻我二郎山阵地，激战约三时，与匪肉搏三四次。2．碉外阵地已被匪占领，第一碉现被包围。3．职团子弹业经用尽，仅所恃者大刀。我部受伤连长连附数员，守兵死亡三十余名，伤百余名。姓氏及弹药消耗另表呈报。4．刻下危急万分，钧座若不派队增援，恐二郎山不为我有矣。

处置：着朱团长坚决固守待援。

着马团长迅速率预备队增援二郎山。

情况：四时四十分马团长报告：围我山碉之匪，经我增援队与守兵肉搏，始将匪杀退，并将我所失之阵地夺获。

匪情判断：逐日来匪选拔精锐轮流攻山攻城，卒无所逞，刻下到处扰乱，诱我射击，以疲敝我兵力，消耗我子弹为目的。

决心：坚决死守山城。

处置：令各部非必要时不准乱施射击。

着第一团三营固守第一碉。

着第四团团长孙伯泉率兵一营固守二三碉。

着第三团团长马三纲率兵一营，位置于二郎庙，相机声援二郎山。

第六团俟交防后，速至北城看鹤楼，东接三团三营，西接第五团，坚守北城。

其余各旅团城上位置依旧。

城上城外工事，由梁蒋两旅长负责饬速构筑。

八月十六日　阴

情况：据侦探报告：匪首在小沟山集合匪众讲话，其意义谓用全力猛攻岷城，想能即时成功，而连攻六昼夜，徒为死伤，限二日夜，如再攻不下，何谓抗日红军。

处置：着第一、二旅及五、六两团将各面城墙外壕，由城上守兵掩护挖深加宽，且将东南城外接近城墙之房屋扫清，并侦察城外要点埋设地雷。

八月十七日　阴　夜雨

情况：上午八时孙团长报告：匪于昨夜十时后，数次向我阵地接近。惟匪数甚少，枪击即退，并在远处放号火、吹号音或喊交枪不打人之口号。今晨见在申家山各山作有工事。

上午九时梁旅长报告：昨夜匪在后所，故城一带向城上射击，并吹前进号音，彻夜未息。

南城蒋旅长报告：昨夜匪都在远处行动，未接近我东南两城。

处置：着第三、四两团长率所部归还城上原位置，第一团三营亦归还西城。

着王团长率所部（缺机炮营）守二郎山各阵地，且将所要工事积极构筑坚固。

八月十八日　阴　夜大雨

情况：王团长报告：昨夜十二点钟大雨，匪以少数向我阵地接近数次，皆为守兵击退。

孙团长报告：昨夜三点大雨时，匪约百余人，向我东城猛扑，在纲子营街利用塌墙向城上射击，我守兵猛烈应射，即派游击组潜出小南门击匪之左侧，匪始退去，俘匪罗有光等三名。

北城朱团长报告：昨夜三时，匪约数十人猛来至东北城南，我守兵用手榴弹击之，其后方且有匪向城射击，掩护前进。即将预备队加入，激战约一小时，渐行退去。又在北城根水洞附近潜行打洞，被我守兵袭击，即行退去。

匪供：据俘匪罗有光等供称：

1. 预定窜岷之匪，系第四方面军徐向前之伪先遣军及第九、第三十军并萧、贺匪部。

2. 伪先遣军军长陈天才、政委李先念（在二郎山前线指挥部被我击毙）所辖人数不详，第九军军长何畏，计辖三师，三十军军长余天荣辖八八与八九两师。

3．先头与我激战者系伪八八师，作战数日后即换八九师轮替，八八师向漳县移动，该俘匪系在八九师二路四团一营三连充兵。

4．伪第九军今日到岷接八九师防，并继续负攻岷任务，八九师向漳县跟续开进。

5．伪军每师三团，团三营，营三连，第三十军每连约八九十人，每人枪一支，炸弹数枚，子弹七八排至十余排不等，每连并有轻机枪两挺等。

八月十九日　晴

情况：夜十二时蒋旅长电话报告：现在东门外各民房内，有匪向城上射击甚烈，并有匪入民房在墙上开眼向我发射，匪数不少等语。

处置：于上午二时，令蒋旅长汉城抽派官兵潜出小南门，围攻民房内潜藏之匪。

情况：夜十一时梁旅长电话报告，现闻后所之人声杂乱，犬吠甚急，似匪增加之情形。我后所西端前进哨之电话已不通等语。

处置：于上午三时，令梁旅长应奎派官兵相机驱逐该匪。

报告：上午十一时蒋旅长报告：上午四时职从各团抽兵四连，令孙团长伯泉督同张营长子丰山小南门，潜行至洪家桥，即与匪接触，我军向东展开，至拂晓由城上射击掩护，节节前进，将匪围困于民房内，匪在墙内挖开枪眼向外射击，不易接近，该营长挑选奋勇官兵携带炸弹设法上房，向院中投掷炸弹，又用烧料将房燃烧，匪始向外逃窜，与我兵肉搏约一小时，除击斩外，全数被俘，内伪营长张永富、连长曾长法、排长张道忠、指导员杨满贵，匪兵一百五十四名，获自动步枪八一支。手步枪八十一支。我官兵伤亡另表呈报。

2．上午十三时梁旅长报告：于上午六时前令西城头上第三营在城上掩护，令张营长星五率领所属出城西门以东北取包围形势，向后所进攻，匪多在民房内墙上挖枪眼向我射击，梁旅长亲在城上以迫炮轰击，我后所西端碉上前进哨亦同时向后所西面进攻，将附近房屋焚烧数处，匪即向外冲出，与我兵肉搏，我张营长手斩十余，匪负重伤而亡，混战二小时，被我大刀砍杀及击毙，计伪师长一员，斩匪三百余名，俘匪三十二名，内有伪指导员杨昌贵一名，获匪冲锋机枪一支，步枪三十二支。我官兵伤亡另表。

情况：3．下午一时据探报匪在王家山、张家坪南北小路各村作有多数云梯，南川、二郎山后各村西川一带新来之匪日有增加。

处置：1．令第一、二、三各旅将所守之城墙一百米以达内房屋全行烧毁，以免藏匪。

2．入夜后，二郎山各碉及城外多积木材燃烧号火，城上多点灯光照明，且间用汽油以棉花等物燃点掷城上探照。

匪供：1．伪营长张永福供称：匪首朱、徐等在求吉寺开会议，番民让路我们决占洮、岷、西三县为根据地，第九军军长孙如清及教导师谭得云、徐向前在九军后即伪三十一军朱德、张国焘随之，赴西固之伪第二方面军萧、贺亦在后随之。该伪营长系河南人，攻城之匪即伪教导师及伪军部工兵营，潜入东西关欲大举围攻等语。

八月二十日　晴

情况：1．二郎山王团长报告：昨夜十二时匪由我阵地南北两方面接近三次，皆为我守兵击退。

2．早八时梁旅长报告：后所之匪约数十人，于今上午三时向我城西南角接近，我守兵射击至天明始行退去。

3．早九时蒋旅长报告：夜十二时匪以大部向我刘家堡前进哨攻击，即令该哨扯回，匪跟至东关一带，我城上守兵用迫炮轰击，并将预备队加入射击，匪未得接近，经二时余始退去。

情况：下午二时接伪九军军长孙如清来信云，以前我所得之重机枪八架交换我昨日所俘之匪，交换地点南川村，约以明早八时在该村交换。

处置：令机炮营章营士魁挑选勇敢士兵八十名，各带大刀短枪炸弹，由该营长督率于明（二十一日）上午四时至南川村将我重机枪夺回。

八月二十一日　晴

情况：1．梁旅长报告：昨夜十二时后所之匪向西城潜近，职令迫炮机枪向之射击，匪未得接近，至二时又有匪数十人猛扑至西城角下，我以滚木炸弹击之，匪伤亡甚多，退去寥寥，而将其死者扯回。匪利用后所北端故城墙隐蔽，猛扑西北城角，即令机炮营退之。

2．王团长报告：昨夜十一时匪约数百人，由龚家堡至我二郎山下二郎庙阵地前来袭击，我窦营长令守兵死力抵抗，已由我左翼攻入，即令预备队用大刀砍杀，将匪击退，我复入阵地抵抗，匪从右翼冲入，又命预备队用大刀冲锋，最后用全线冲锋，匪稍行稍退，相持至天明，遂向南窜去。俘匪五名，砍死十余名。我官兵伤亡另表呈。

3．下午三时侦探报告：后所南小路王家山、张家坪北小路及二郎山后小枸山一带，闻各村都有作云梯之说，所作云梯皆积存各村内，中堡上下阿阳包家族等村内住匪亦多。

4．下午五时河北岷山守备队第六团二营朱营附有瑾报告：据探报匪于昨日将我所烧之野狐桥已架成，匪纷纷向清水沟窜来，且在清水沟、叠麻村山头上构筑工事，我骑兵排仍在原地警戒。职除严防外，时派侦探向各方侦察。

报告：下午一时章营长报告：早四时职率兵至南川附近，分四处潜进，至匪步哨线处，即与之冲突，及职猛攻至该村内，因匪未准备散住各房，闻警后各向外冲出，遂一面令我士兵将屋门闭塞，一面亲率三十人攻我该村之龙神庙内（伪营长所住），见我之重机枪置在一屋即令士兵分携掩护退出至村，外作退却暗号，逐渐退归，计夺回重机枪四架，步枪二支，杀匪二十余人，我伤亡各表（另表呈报）。

八月二十二日　晴

情况：1．上午六时侦探报告：该探由西大寨经清水沟至北门外河边渡河回报：李中方率子李春昌前数日来岷见朱部徐献策，先占洮州攻临洮，再取兰州。即委中方为伪司令，李生荣等为伪团长，于十九日领匪部三千余，顺洮河沿经西泥沟过杨花桥至新城前进。

2．下午二时接河北守备队六团二营营附朱有瑾报告：据各方便衣侦探报告：渡过河北之匪由西、北两方面向岷山前进。职部兵力过少，无法防守，请训令祗遵等情。

处置：下午四时三十分令朱营附有瑾率所部相机退向中寨集归孟团长指挥。

八月二十三日　晴

情况：昨夜十二时梁旅长电话报告：匪用全力攻我西城。

处置：师长亲由北门上城用电话令梁旅长督令所部及机炮营全力抵抗。师长亲率傅令队至西城督战。

报告：1．上午七时梁旅长报告：昨夜十一时，匪约数千人，抬云梯多架，由西南城角起西北城角止猛扑，至城跟后方，有机枪掩护。我守兵用炸弹轰击，并迫炮机枪扫射，至十二时西北城角及西城南端数处，匪已将云梯架于城墙上，掷炸弹将我守兵炸亡二、负伤四。丁营长即督令预备队身先士卒，用滚木大刀将匪击落。城外西北城角，匪已将云梯搭于城墙上数处，章营长士魁督率预备队用滚木大刀将匪击落，匪用炸弹抛掷城上数枚，我阵亡兵二伤五并连长一员，至三时匪始退去。计是役夺获云梯五十六架，步枪九，毙匪数百，伤者甚众，所退之匪仍藏入后所及西川各村。

2．王团长报告：昨夜十一时，匪约百余，仍由龚家堡袭我二郎庙阵地，因昨日加强工事，数次接近我阵地皆未得逞。至十二时十分，职令游击组出击匪之右侧，匪复退入龚家堡。

八月二十四日　晴

情况：1．上午九时梁旅长报告：昨夜十二时，匪以少数向西城时而射击，时而呐喊，时而前进或后退去，彻夜未休。

2．上午九时三十分李团长报告：昨夜之匪约数十人，于十二时由河沿向我前进，至隐蔽地向我射击。职用迫炮轰击，枪声寂然至二时，三处发现潜伏之匪，各约八九人，守兵用炸弹轰击，都为击退。

3．上午十时马团长报告：昨夜一时许，龚家堡东端高地上有匪向我射击数次，皆未接近城垣。

八月二十五日　晴

情况：1．上午十时马团长报告，昨夜匪于十时由龚家堡东端高地上将我侦探驱逐，即占领阵地，向我城上射击。职令迫炮及步兵还射，一时击战甚烈，匪又由左右侧方接近城垣，守兵用炸弹掷击，未得接近。匪进则击，匪退则止，如斯五次，皆未得逞，至十二点四十分始行寂然。

2．王团长咸一上午十时报告：昨夜十时匪仍沿二郎山南麓攻我二郎庙阵地，守兵沉着应战，职令迫炮向匪轰击，匪扑至阵地前四次，皆被炸弹击退。至十二时二十分被我游击组持大刀冲锋，匪向龚家堡方向退去。

3．上午十时梁旅长报告：早一时十分，匪在后所北南两端占领阵地，用机枪掩护，以大部扑我西城，全面在西北城角及西城门左侧架云梯爬城，并向城上掷炸弹，我守兵用滚木炸弹轰击并大刀砍杀，此复彼继，职即令迫炮轰击，重机枪扫射，经战约四时，余匪渐退去。计夺获云梯十四架，我阵亡士兵另表呈报。

毙匪约百余。

八月二十六日　晴

情况：1．上午九时王团长报告：昨夜一时，匪于西北两端接近我第一碉，用炸弹轰击，连攻四次至天明始退。

2．上午十时梁旅长报告：匪于一时二十分由后所北端接近我城垣守兵，用炸弹轰击，未得接近，二时又向西北城角猛扑，用重机枪击退。

3．上午十时马团长报告：昨夜一时三十分，匪约数十人，由龚家堡方向潜行至未烧尽之房屋内猛扑南城，我守兵用炸弹轰击，皆未得接近，如斯猛扑三次，都被炸弹击退。

4．下午六时侦探回报：由大草滩续来之匪，昨今两日约有三千余人，分住西川一带及二郎山背后各村中。

八月二十七日　阴

情况：1．上午九时王团长报告：昨夜二时三十分，匪于东南西三面接近我各碉，职令将西南阵地前面之地雷发泄正在匪进攻之前次第三发，匪再未前来，在稍远方用诱惑之甜言蜜语劝我兵投降，或以大言欺哄说赤军如何人多，如何善战，若不来降，鸡犬不留，又或呐喊前进吹号冲锋，至天明始退山背各村中。

2．上午十二时梁旅长报告：早一时四十分，匪由后所南故城外隐蔽前进，至我西南城角猛扑，皆被我机枪步枪射击，未得接近。

3．下午四时，据侦探报告：二郎山后各村及南西两川各村，集匪甚多，且向民众要土木工器具甚急。

判断：匪积极准备，恐总攻我城。

处置：1．令各部除守山碉及城垣外，由每团各挑选勇敢士兵各一十六名编成二组为游击组，着第一团游击组，今夜七时出西门潜伏后所南北两端一带。

第三团游击组，今夜七时出南门潜伏南关一带。

第四团游击组出东门外潜伏第三渠附近。

第三旅游击组今夜七时出北门潜伏后所北端及河沿一带。

特务团游击组编制及使用，归应团长酌办。以上游击组各携带短枪、炸弹、大刀，由各组长指挥潜伏地，若匪攻城时，即向匪后方冲杀。

八月二十八日　阴雨

报告：1．上午十时梁旅长报告：昨夜所编之游击组，于七时挑勇敢士兵二十四名（机炮营在内）分作四组，令潜于后所南北后方。至十二时十分，匪由后所东端分扑西城，职令点发地雷二处，并令城上守兵射击拒止，到城相近之匪，以炸弹轰击，至上午一时，闻匪后方杀声起，匪纷纷向后退，知我游击组冲入匪内，相杀约一小时余，其杀声始寂。至天明游击组逐次集合城下，即用绳吊上检点，未到者士兵相系阵亡。且言匪用红布缠头，多持民间铁斧、镢头、铁锨等器，而天又大雨，地下泥泞，妨碍动作，杀伤之匪甚多等语。

2．上午十时二十分，蒋旅长报告：令编之游击组第三团，挑士兵十六名，第四团挑十六名，各团编成二小组，令第三团二组在南关潜伏，第四团二组在东门外第三渠附近潜伏。于夜十二时二十分，匪由南川方面接近我东南城角一带，职令将南寺之地雷点发，匪霎时未见前来，至上午二时许，东门外纲子营一带残墙内似有匪行动，令守兵射击，至二时三十分，闻第二渠附近枪声杀声并起，至三时其声寂然。至四时我第四团游击都集合东门外吊上城后报告，组长率兵等分潜第三渠一带隐蔽，闻城上枪声及地雷声，即分探匪踪，至第二渠一带于匪接触，先以枪射击，即入匪内用炸弹大刀相冲，因人数分散，冲力甚小，杀伤亦不多。然匪不知我情，都向南川方面退去。检点来兵缺六名，获步枪两支，第三团游击所潜之地点未见匪来等语。

3．上午十时，王团长报告：昨夜十二时三十分，匪由南西北三方面向我各碉前来，职令各碉点发地雷射并击抵抗。上午一时，闻匪后方枪声及呐喊之声甚烈，匪似向后方退去，至二时其声息，而匪亦未再来。昨令编之游击组，职令各碉编第三组，每组八名，昨夜各碉各遣一组，于七时三十分出发，令潜伏于南西北山坡地隙中，闻地雷声同出冲杀。至早六时三十分回来者共十六名，未归者八名，想被俘或伤亡。其略报遇匪之情况，彼辈闻地雷及枪声，即向匪前进，黑夜之中不辨匪之多少，组长令向匪射击，且齐声呐喊，匪向前来山坡因雨立足未稳，我辈不顾一切，冲入匪内，匪即向后退去。我兵失踪及阵亡者，第一碉三名，第二碉二名，第三碉三名等情。

4．上午十二时李团长报告：昨日奉令编游击组二组，每组八名，各以班长为组长率领，于昨夜七时由城上吊下，令在河沿一带潜伏，至早五时三十分始回。即吊上城来报告，夜十二时匪用木筏由北岸向我渡河，组长等令向该匪射击，未得渡河等情。

5．上午十二时朱团长报告：昨夜七时，职挑选勇敢士兵十六名，编为二组，于七时二十分由北城角吊下，令潜伏于河沿附近，至六时回来报告，组长等到潜地后，与五团所派者连络，于十二时闻五团游击组射击，至二时闻在东门外一带亦喊声枪声不绝，组长令二方侦探，皆未见匪向我前来，至五时各无声始回等情。

八月二十九日　晴

情况：1．上午九时梁旅长报告：匪于昨夜九时起，后所附近忽而数人前进向我射击，忽而吹冲锋前进集合各种号音，忽而叫老乡，城外有饭吃，守城则饿死，又忽骂我辈要当日本的亡国奴，他们抗日不作亡国奴，如斯更番作为至天明始息。

2．上午九时蒋旅长报告：昨夜十时，匪在龚家堡附近彻夜叫喊相骂或射击示威，东城方向甚安静。

3．上午十时王团长报告：昨夜十二时，匪在我第一碉西南而远方时而喊叫，时而吹前进号，时而吹冲锋号，皆未接近我阵地，至天明始止。

八月三十日　晴

报告：1．上午九时梁旅长报告：昨夜十二时十分，匪在后所利用故城墙隐蔽演说，中国现在国家存亡关头，全国一致抗日救国，非红军不能引导。我守兵向之射击，而演说者如故，且数人更换，约二时余，大呼赤军万岁而罢。早间在城壕内拾来印刷品多件，皆告将士书及标语数十条。

2．上午九时王团长报告，昨夜十二时匪阵地附近隐蔽处演说，或唱歌、或射击、或吹号，至三时始止。

情况：下午六时侦探回报：匪到临潭新城者约千余人，已组织县政府，委姓常者为伪主席，委李中方为伪中国抗日救国军甘肃第一路司令，于本月十九日在临潭新城宣誓就职，有告示剥来，城内且驻有教民指挥官马良骏，贴有劝告教民告示。李中方就职后，率匪众约数百人往旧城去，沿河之杨花桥、野狐桥都已架设，各有匪五六十把守等语。

八月三十一日　晴

情况：1．上午六时侦探报告：前昨两日，由大草滩来匪甚多，闻系伪第六军，又有董振堂部都住西南两川及二郎山后各村。

2．上午七时梁旅长报告：昨夜匪又在隐蔽处作演说劝降等行为。

3．上午九时王团长报告：昨夜十一时，匪在我阵地前方隐蔽处作种种之诱惑，天明始止。

4．上午九时二十分蒋旅长报告：据马团长报称：匪于昨夜十一时许，在龚家堡一带行动，职派侦探往该处潜伏，窃闻回报，似有运动甚笨物件向龚家堡堆积等情。

九月一日

匪情：下午五时据侦探报告匪情如下：

据张家坪民人称：王家山、沈家山各村庄有匪千余，夜入碉堡，昼出休息。西川二十里铺之匪，比昨甚多。南川中堡一带之匪，亦比昨甚多，并有重机枪、迫击炮各六七架。

情况：下午十一时后所得之情况如下：

匪刻向我二郎山前进攻击中，匪向我第三碉射来迫击炮弹六枚，爆发四枚，其余未炸。

匪众向我西南两城猛攻，经我城上用火力压迫，将云梯尚未抬至城根。

下午一时三十分所得情报如下：

据侦探回报：匪在中堡组织岷县政府，在白龙、宕昌组织乡政府并委有主席。

河北之匪，有一小股刻由西十里铺渡河。

九月二日

情况：早三时半王团长报告：今晚攻我二郎山之匪，经守兵猛烈射击，始终未得攻至碉堡根，刻下后梁溃退，随派游击队尾追，俘匪一名李世信。

梁旅长报告：今晚攻我西南城之匪，被我射毙甚多，我部受伤士兵二名，始终因月明均未得接近城垣。

俘匪李世信供称：四川人，此间围城之匪是伪第五军军长姓黄，现住中堡，共带匪卒四团，前昨两日到达之匪，为伪第二方面军，归萧指挥，共四军，兵器甚好，并有炮兵团，不日要攻取岷等语。

侦探报告：据中堡人民称：听匪众说，围城之匪为第五军全部，九军之一部，第五军军长姓董。

九月三日

情况：早一时十分梁旅长报告：在后所房顶及西关高地向我城垣射击甚烈，掩护匪军扒城南川警戒部队报告：中堡之匪向我攻击前进，因众寡悬殊，我警戒队已退至南关碉内，其匪亦向我跟进，我城上守兵正严防对射中。

早二时三十分王团长报告：南关之匪经我山上守兵猛烈侧射后，刻向中堡溃退。

梁旅长报告：后所房顶之匪，仍退入碉堡及楼房内，高地之匪仍退回张家坪南山路去。

蒋旅长报告：南关之匪已退，我警戒队俟天明再派。

九月四日

情况：早七时十分梁旅长报告：后所一回民报称：昨夜攻我山城之匪，内有女匪多数，其死伤亦甚众。

据探报，中堡、王家山、西川各庄之匪，每十家要壮丁三名，女人一名，拷富户之财物粮食。南川庄北端房屋，被匪昨夜焚烧多半。

午后二时，匪在二郎山以大炮向我碉堡射击。西面沈家山碉堡之匪，向我山上作工士兵用机枪射击，经我龚营以迫炮四门集中对射，至晚九时，匪仍退回碉堡。我部伤亡士兵十二名。又检获匪方射来未炸炮弹一枚，系七生五管退式山炮，并俘匪一名庞朝云。

九月五日

情况：上午十二时，据王团长电话：匪在后梁似有放列大炮之模样，我以迫炮准备对射，旋即双方炮声不绝，约二十分停止。匪方伤亡不详，我部负伤兵士二名，均系炮片轻伤。

下午一时，据侦探洪良奎回报：中堡上下阿阳南路及四川一带之匪，比前数日甚多。又据纸房民众称：第五军军长董振堂给民众讲话，萧，贺已到，不日将城可以攻下。

据俘匪庞朝云供称：此间围城之匪除伪五军外，昨日又到伪三十二军，内有炮四尊，弹数不详，该匪四十三团团长段常纲，湖北人，每团有机连，每连有自动步枪四支。

九月六日

情况：午前七时，据侦探回报：职伪作乞丐，亲到后所董家堡向匪乞饭，见后所仅有匪三十余名，正煮牛肉。董家堡有四十余名，西端楼房顶有匪六七名在警戒，其余多数睡眠。

判断：西北城外碉堡内之匪，多数必到后所民家煮肉。

师长决心：驱逐后所之匪，并破坏西北城外匪碉。

处置：一、令第一旅派兵一营将后所之匪驱逐或歼灭后，清扫我西城前方之射界。

二、令第三旅五团派兵一连，携带工作器具，将西北城外匪碉破坏。

三、令第三旅六团派兵一连，位置河沿一带，为预备队，匪由北小路来援时，迎头截击。

战斗经过：上午十时正出击时，恰遇飞机三架齐到，梁旅长迫炮四门亲身瞄准向后所轰击，掩护孙营长率队出击，激战一小时，将后所之匪驱逐西窜，并将匪住之民房焚烧，匪均退至后所西端之楼房顶及碉堡内，仍猛烈向我射击。

第五团李团长率兵一连向城西北碉堡内之匪攻击，匪据三碉用轻机枪向我射击，极形猛烈，阻我前进。该团长率兵利用匪挖之战壕，冲进北边一碉，以十字镐将该碉挖倒，毙匪七名，生俘刘福奎、马贤中等六名。此时，飞机飞回。其中南二碉之匪不敢支持，遂出碉溃退时，小南路之匪约二百余名来援，经我河沿预备队迎头抗战。张家坪之匪约二三百，由后所西面壕沟来援，均经我出击后所之孙营及河沿预备队（第六团王营）五团之一连，全部肉搏，匪不支，均向北小路张家坪溃退。是股，匪伤亡百余，我部伤亡参照另表。

俘匪供称：俘匪刘福奎、马贤中供称：前昨两日到匪甚多，南川至白龙镇均住满，西川王家山、麻子川、中堡一带均住第五军。

九月七日

情况：上午七时，据侦探洪良奎回报：龚家堡之匪，与昨日相等，毫无增减。

判断：龚家堡之匪与昨晚相等，我令稍击即退。

理由：匪昨日被我出击大受损失，若固守龚家堡，今日必增加兵力。

师长决心：出击龚家堡，清扫射界。

处置：一、令梁旅长派兵一营，于上午十时驱逐龚家堡之匪后，清扫射界，着机枪迫击炮位置于西南城，再向小山子沟口道路附近准备射击，阻止王家山之匪应援龚家堡。

二、令二郎山王团长派兵一连，位于沈家山下大沟东边，如沈家山后之匪应援龚家堡时，掩护出击队安全撤退。

战斗经过：上午十时梁旅长派孙营长率部出击，第一连携带工作器具向龚家堡北面前进攻击，破坏匪据之碉堡，我兵尚未到达，守碉之匪十余名即时出碉溃退，被该连俘匪一名陈明圆，三连由西南城外凹道前进攻击，激战一时，均退至庄西大院上楼房向我射击，此时第一连将匪碉业已破坏。因小山子匪向正面射击，似难由北面楼近龚家堡，亦由凹道进攻，至晚一时将匪三面包围，匪正准备交械中，由王家山来匪八九百，行抵小山沟，虽我城上机枪迫炮火力射击，死伤甚众，匪仍不顾牺牲向前直进，因众寡悬殊，遂令孙营相机撤退，该匪将龚家堡房屋完全焚烧后，仍向王家山退去。是役，匪之伤亡甚多，我部伤亡参照附表。

俘匪供称：俘匪陈明圆供称：伪五军无炮，第六军有一牛驮之炮，伊在草地看见，不知有无子弹。匪在西康时朱德给匪曾讲一次话，说匪之全部现有十二万四千余人，此次经过草地死亡甚多，现有若干不大知晓。

九月八日　早阴晚晴

战斗经过：上午一时许据蒋旅长电话　据刘家堡警队报告：南川之匪向我警戒线进攻，恐不支，已派连附刘百川、刘有才带兵两排前往增援。激战至二时三十分，匪因伤亡甚多，仍向南川山后窜去，我部尾追至南川路口，仍撤至原阵地警戒。我部下士刘国珍、兵王子英负伤。

下午九时，据梁旅长电话报告：匪刻据后所西端碉堡向我城垣射击，掩护匪部扒城，经我迫击炮对射，命中数枚，匪遂停止攻击。

下午十一时四十分，令六团赵珏连在叠藏河口掩护移营长映峰亲率奋勇队十名夜袭之，教场阵地守匪数十名，被我大刀乱杀，毙匪多半，其余退至庄林。我奋勇队即时撤退庄村，匪之大部跟追，经我掩护队猛烈射击，不得逞始退。

九月九日　早晴晚阴

情况：午前六时据官长侦探朱建章回报：昨夜王家山、沈家山一带之匪多窜至北小路张家坪等庄，将居民不论男女老少一律驱除。午前七时，据二旅蒋旅长电话：昨夜有教场人民七八名要求进城谓教场有一姓张之家人三口均被匪迫入洮河云。恐系匪探，未敢放入。

下午七时，我蒋旅派赴刘家堡警戒队，俘获伪第五军之投诚政治员王傑供称：四川中学学生，正军长董振堂、政委黄超、副罗兰辉，共辖匪三十七、三十九、四十、四十三、四十五之五团，负围攻岷城之任务，军部驻阿阳，并有无线电一架。闻伪六军团长萧克开往白龙镇，留一部归贺龙指挥，助五军攻击城，一部往临潭，前日攻碉堡之大炮，系萧、贺军团者，各山之匪均赶筑工事甚忙等语。

九月十日　早阴晚雨

情况：上午九时，师长令各旅团将城上及二郎山日哨所之工事妥为加修，以能发扬火力运用炸弹掩护身体为目的。

战斗经过：下午十时四十分，据蒋旅长电话：南川之匪乘雨猛攻我刘家堡警戒线。我警戒队已撤至南关碉堡，我城上及二郎庙之守兵双方夹击。又据我第三碉电话：后梁之匪向我碉攻击甚猛。旋据梁旅长电话，后所楼顶及碉堡之匪向我射击，城下尚未发现匪之前进，经一时许，匪不逞，弃我城碉窜去。

下午十二时据梁旅长报告：有野狐桥之绅士张进禄被匪拷财逃脱来岷，系师部李副官之岳父，经该副官具保已放进城。伊称八日十日我五六两团由临潭开岷，到野狐桥时，匪将桥已占。我六团与匪激战约四小时，匪终失败，退至站里，我部将桥焚著，因伊庄有匪之医院，亲眼看见匪伤者八九十名，闻阵亡团附一，指导员三，卒阵亡不知多少。

九月十一日　阴

情况：上午十一时二十分，据侦探巩海山回报：闻张家坪百姓称：小山子庙内及附近各庄被匪驻满，约有三五百人。

下午四时据侦探朱明星报称：伊亲到中堡，上下阿阳各庄院房屋匪均住满，有造云梯者、有制草鞋者。该匪对民众云：每连造云梯两架，每人制草鞋一双，准备攻城。

判断：匪初到时，对民众甚好。据前昨探报，拷民掠财，无所不为。据今探报，每匪制草鞋一双，是有退却之势。下午六时二十分，据侦探洪良奎回报：西十里铺之百姓称：匪与匪常说连十四师作战不怕枪怕刀，混杀乱斩红军，在各省作战未曾见如十四师野蛮之军队。

九月十二日　早阴晚晴

战斗经过：上午二时，匪一大部窜至回回坟西端民房内，准备攻击。我城上梁旅以迫炮射击，约二十分转向我二郎庙猛攻，激战三小时不逞，仍退至回回坟西端。此时天已拂晓，令梁旅长派兵出击肉搏数次，匪不支，遂由龚家堡南端向小山子沟退去。

俘匪罗国泰、王保林等七名。是夜，双方伤亡均重，参考附表。下午四时，据俘匪罗国泰等供称：昨晚来攻之匪系五军三十九团，团部住张家坪，各营分任附近各庄及山上碉堡。昨夜攻系扰乱性质，不谋，被我军出击等语。

据野狐桥卡长胡瑜被匪拉去，前日逃回，要求进城，并称伊与匪同住时，由厕所拾匪之总政部政治主任张正之日记一本，上载岷、临、漳、陇、武、甘等十余县人口出产及红军政治工作调查表一张。此表附记内记载红军入甘以来牺牲及病故者已至一万四千余名，在岷县牺牲及病故三千七百余名。又一张载甘民陈腐多为白匪利用，奉令嗣后不拨壮丁，将民团一律解散。此日记不敢留存，阅后即弃等语。

九月十三日　晴

下午六时据侦探杨得胜回报：唐家桥之匪内妇女极多，系匪之供给部，有做针线者，有打麦子者。均问百姓十四师有若干，百姓多告十四师前次驻防十余县，现闻一律调来岷城，究竟有若干，我们百姓不知道。

九月十四日　晴

上午十时，据梁旅长报告：后所之匪，今夜毫无动静，我以迫炮向西端碉堡掷射，命中十余发，碉堡及楼房附近之匪纷纷向壕沟内逃窜。

下午二时，纸房之匪，由香房崖凹道向飞机场附近移动，经我东城第四团迫炮向该凹道连掷十余弹，匪遂藏匿不敢活动。

据探报，纸房之匪将来往百姓当我部侦探，用绳绞死者已在一百以上。

九月十五日　晴

作战经过：上午三时，据梁旅长电话：张家坪之匪在西南城外高地吹号音数次，并以一二枪支向我城垣射击扰乱，我防我守兵严防以待。

上午四时据蒋旅长报告：刘家堡附近来匪甚多，均抬云梯向南关前进中，经我警戒队将南寺门地雷引发，并抛掷炸弹，匪遂弃云梯，仍向南奔窜。

情况：下午六时据侦探杨得胜报告：今午行抵清水沟时，见新到之匪甚多，连同原住之匪均向岷城对岸岷山一带移动甚急，至下午四时侦探起身回部时，先到之匪已经走尽。闻有后续由临潭到达之匪不知确否。

下午七时，据蒋旅长报告：由城上看见匪由龙王台大道向香房崖教场继续增加，经我迫炮机枪射击，此刻均集聚于包家堡、白塔寺村庄，不敢前进。

判断：临潭之匪是经岷山与中泰集、梅川、茶埠峪、龙王台一带之匪换防，向香房崖教场移动之匪，是梅川等处到来协同五军攻城。

九月十六日　晴

情况：上午七时蒋旅长报告：昨夜子时攻我东城之匪，在磨渠一带集合，派数匪披狗皮接近城垣，守兵知觉向之射击，潜伏渠内数次接近，皆为射退，即令迫炮连射十余发，再未见来至。天明磨户入城言：昨夜之匪有三百余人，在第三渠各磨内搜寻人粮等物，将我所磨之麦六百余斤劫去，及炮击不支，方向南逃去。

下午七时半，蒋旅长报告：据刘家堡前进哨报告：今日下午六时余，有匪千余，由纸房一带渡河向南川增加，一部直向我哨前进，我即发射应战，相战约一小时，匪渐向南川方向退去。我中尉连附徐浩阵亡。

九月十七日　阴雨

情况：上午七时王团长报告：昨夜有女匪十数名，在第一碉附近利用死角唱淫词演讲主义，其声细小难闻，且江浙口声多不可解，一面唱演意我未防，一面以悍匪数百勇猛向我碉扑来，我守兵猛烈射击，未得所逞。今晨游击组拾回馒头牛肉等及宣传品多件。

上午七时半，梁旅长报告：昨夜匪在西川一带将人民禾稼焚烧，遍野火光，今晨又在城西南角拾得馍馍牛肉等物一筐，并有传单标语等件。

下午六时，侦探回报，匪近日颇形活动，往来飘忽。昨夜伪九军全部经野狐桥向临潭进窜，闻张国焘在内同时。又有一部向太平寨、草沙沟移动，似向洮州旧城应援。

九月十八日　晴

情况：上午六时半王团长报告：昨夜十二时守兵见有野狗数头向我碉前来，守兵以石击之，即向碉投掷炸弹数枚，继有匪多人猛扑，我碉守兵各个对其快放，经半小时，始行退去。随后似有匪跟进，因我已觉，故亦未前来。今晨察昨夜来匪之处血迹甚多，将其伤亡之匪全为拉去矣。

西城梁旅长报告：昨夜十二时向我城西北角吹前进号音，连续射击，而不前来。职令机炮营向该处用迫炮射击，经二十余分钟始休、

上午七时蒋旅长报告：东城外磨渠一带有匪向我射击，职令迫炮向之发射，经十余分钟，其枪声始止。

上午七时半，侦探回报：伪九军全往临潭，围岷城之匪系伪第五军，在城外十余里外，各机材落，挖有避飞机地窑，并在大小北路制造铁抓云梯及打洞器具。

下午四时，我守山碉之兵，目击今日由荔川、白龙镇方向来之匪，沿东山脚往龙王台去，并有驼载骡马。

九月十九日　晴

情况：下午七时，据侦探回报：由大草滩方面窜来之匪，昨日在中寨集过河，向临潭方向去。余行至梅川亦有大草滩来之匪或过河西去，或向岷县前来等语。

九月二十日　晴

情况：上午八时梁旅长报告：昨夜十二时匪在西北城角外故城墙后吹号音呐喊，前进间而射击，我守兵严备以待，终未见前来，约二时许始息。

上午八时蒋旅长报告：昨夜十二时余，匪在东城外各磨渠内扰乱，被我城外游击组驱逐。下午五时，侦探回报，匪于十九、二十两日由东北漳县方面来者甚多，在梅川询问人民以围城情况及我军之食粮有无，实力强弱。

九月二十一日　晴

情况：上午六时侦探回报：由梅川方面来之匪，经南川向西移动，匪又在禄萨里、中堡等处集合铁匠作鞋爪等物，並向人民要草帽、雨伞等物及壮丁、妇女甚急。

九月二十二日　早阴午晴

情况：总合各方探报，近数日来匪大增加，恐并力攻犯。

处置：令各方守兵夜间特别注意，并多派官长巡査，以防疏忽。师部负巡查人员要格外勤查。

九月二十三日　午晴夜大雨

情况：昨夜十二时匪在到处散布火光，并在远处吹号音前进，我守兵未射击。

上午六时，侦探由临潭回报：旧城一带马旅长已攻至卓罗，由岷县赴该处之匪甚多。

九月二十四日　午晴夜雨

情况：上午九时侦探回报：称匪于昨日下午用牛车驮骡由宕昌、哈达铺运大布洋布三车十二驮至绿萨里，向各庄要女工缝做衣服。包家族成立伪岷县政府，其委员由地方无赖游民充当。

昨夜二时三十分后暴雨，二郎山王团长报告：有匪数十名欲接近我第三碉，被住该碉之龚营长派出游击组迎击，激战约一小时，匪始退去，我阵亡士兵另表呈报。

九月二十五日　晴

情况：上午六时侦探回报：近城各匪区内积极要女工缝衣，并要草帽雨伞等物。临潭之匪一部来岷住西乡一带。上午七时王团长报告：二郎山南之女匪，又在隐蔽处演唱种种淫词戏。并于昨夜二时余有匪数十人向我碉前进，为守兵击退。

九月二十六日　阴

情况：下午五时侦探报称：昨夜清水沟到匪七八百，匪在绿萨里、中堡、清水沟、梅川等处所组织抗日会，向各庄村头人催收抗日费，并要男女壮丁且将各村十六岁以上女子强拉配匪缝衣，工作甚为忙迫等语。

九月二十七日　早阴午晴

情况：午后六时蒋旅长报告：南川之匪以迫击炮向我刘家堡西端之步哨线射击六发，皆未命中，其弹壳是铜质所铸，其大小均六八口径之炮弹。

下午七时侦探报称：由临潭到清水沟之匪，全数于今早过河，分往西川及二郎山后各村庄去住。

九月二十八日　阴微雨

情况：总合各方情报，临潭方面之匪，近日渡河甚多，增加西川及二郎山一带。

处置：令山城守备官兵务要特别注意，严加防守，师部巡查人员，谨慎巡查负责督守。

九月二十九日　阴夜雨山顶落雪

情况：上午十二时，由南川逃回之难民报称：近日盘查甚严，无论何日不准向城中来，亦不准向匪区内去。我夜间潜伏通过，险被其获。且言南川近日由西来之匪甚多等语。

九月三十日　阴　雨

情况：上午六时王团长报告：据监视哨报称：由西川向南行进之匪连络通过，视其去向，皆到小西路中堡一带前往。

下午五时梁旅长报告：今日三时四十分申家山上之匪，用迫炮向我西城射击，炮弹皆落于城内，职令迫炮集中向匪阵地轰击，经半时余，匪将炮移往山后隐蔽地，亦再未射击。

十月一日　阴

情况：上午七时侦探张明德回报：荔川原住之匪，于二十九日移往老鸦山，该镇由红崖方向新来匪千余人。九时又据侦探朱建章回报：昨日由将台渡河到茶埠峪、梅川之匪甚多，约有五六千余，该地沿河匪自造大船六只，百姓多称此系由临潭开来之匪。十二时侦探王四喜回称：有麻子川壮丁被匪拉去，由西川逃回称：昨今两日南路中堡、阿阳之匪，由大沟寨马应仓道向西川、唐家桥、二十里铺移动，并西川匪制就之云梯草包甚多。

判断：临潭伪九军一部，集中茶埠峪、荔川、宕昌之匪，集中阿阳、中堡、南路之匪集中西川，准备总攻我城。

十月二日　阴雨

上午十时，据侦探李应彩回报：昨日野狐桥由临潭来匪甚多，大部由三十铺渡河向大沟寨窜去，一部由清水沟、岷山梁大道向梅川窜去。

战斗经过：下午十时许，北城朱团长电话报告：教场之匪，刻由洮河沿上窜络绎不绝，均伏于河岸及隐蔽地不复活动，同时又据梁旅长电话报告：此刻南小路唐家桥北小路一带犬吠声急，似有匪活动模样。

十月三日　晴

战斗经过：上午一时十分教场之匪，过叠藏河与我警戒队激战中。南川来匪大部向警戒兵右翼侧射，我警戒队撤回。匪众携有草包、云梯猛扑，至我东南城壕边匪将壕以草包填塞，扛抬云梯前进，我城上守兵以汽油棉花火弹向壕内之草包掷放，不时草燃，匪已将多数云梯运至城根抓城，我守兵急将礌石滚木放脱，城下之匪无一生还者，余匪见事不济，加以机枪扫射，向南溃退。此时西川及河岸之匪，又向我西北城猛扑四次，均经我守兵击退。二郎山由山后来匪大部攻我碉堡，守碉官兵未发射应战，匪竟拥至第三碉附近，碉上炸弹磊石齐下，匪不支溃退，乃拽发地雷三个，毙匪甚众，我之伤亡另表呈报。至拂晓有伪五军总政治部粮秣股管理员李化生投诚。

投诚匪之供：

上午六时投诚匪李化生供四川人，因不甘为匪，于攻城时潜伏未回，九军全部于前二日由临潭向岷来窜，今晚攻城者，即九军之两个团与五军之三个团，陇漳之匪为第四方面军，闻先头部队已回窜至梅川、红水沟等处。九月三十日，匪召开干部军事会议，内容甚密，各匪首对兵宣传要到陕西吃大米去。伪五军军长董正堂、副罗兰辉、政委黄超，军政治主任杨克明等语。

下午四时，据侦探朱建章回报：唐家桥、张家坪一带之匪，今早由卧龙沟窜去，闻西三十里铺及麻布台子一带之匪由大沟寨向阿阳窜去，此刻张家坪南小路各庄任何人不能接近。

判断：匪以少数牵制岷城，令大部退窜。

理由：1.匪若不退窜，临潭决不放弃。2.张家坪南小路各庄任何人不准接近，匪恐我侦察故也。

师长之决心：翌晨派有力部队行威力侦察。

十月四日　阴雨

情况：上午五时所得之情况如下：

一、据后所人民报称：后所之匪已走尽。

二、东城看见教场、香房崖各匪将碉焚烧。

三、南川一带之匪，自攻城后毫无动静。

判断：牵制我军之匪迅速撤退，势必待我尾追施行反攻。

师长之决心：仍派小部队在近区侦察。

处置：一、着第一旅派兵两连，一连由张家坪南小路向大小卧龙沟侦察，一连由北小路唐家桥向二十铺侦察。

二、着第二旅派兵两连，一连由纸房向老鸦山侦察，一连由教场经龙王台向茶埠峪侦察。

三、着第三旅派兵两连，由中堡、阿阳向麻子川侦察。

四、各侦察队于上午八时出发，至下午四时回部报告。

下午六时四十五分，侦察回部所得之情况如下：

一、西川大小卧龙沟一带确无匪众。

二、上下阿阳、中堡之匪，均于今早向哈达铺、荔川溃退，麻子川东山及老鸦山尚有匪占据。

三、教场、龙王台一带之匪于拂晓退尽，梅川、茶埠峪之匪均于昨午退尽。

判断：麻子山、东山及老鸦山顶之匪，是匪之后卫掩护部队，阻止我之追击。

师长决心：派队相机驱逐麻子川、东山、老鸦山之匪，並分途游击。

处置：一、第一旅派兵一营驱逐鸦山之匪，并跟踪游击至荔川镇停止待命。

二、第二旅派兵一营，由二阳沟向红崖铺麻搜索前进，至红崖铺麻分途待命。

三、第三旅派兵一营驱逐麻子川东山之匪，跟踪游击至哈达铺停止待命。

四、特务团派兵一营，由梅川向木寨岭搜索前进，至老爷店停止待命。

五、各追击队均于命令接后，即时出发。

十月五日　晴

下午一时据派赴麻子川追击队移营长报告："麻子川东山之匪大部均向哈达铺、荔川退去，禄沙梁尚有匪三四十名，被民团包围，即派兵一连协助，当场击毙一半，一半生俘，并内有番子三名，获步枪二十四支，马十一匹。又据侦报哈达铺之匪，正向荔川溃退，职营向分水岭搜索游击中。

下午七时二十分，据蒋旅长报告：职旅张营长子丰于上午十时到达二杨沟，该地民众皆称三日内由此窜新市之匪，约在二万以上，现二杨沟附近确无匪踪。

十月六日　晴

下午四时十五分，据三旅六团移营长映峰报告：职营于本日早九时已占领哈达铺，即向东北里庄游击，遇匪少数正劫民财，被我击散，向荔川窜去，获马十四匹，步枪二支。同时据特务团窦营长报告：职营于今早九时到达老爷店，各方搜索，均无匪踪，闻大草滩沟内之匪，已于今晨逃尽。

十月七日　晴

下午四时四十分据梁旅长报告：职旅孙营长铁峰已于昨（六）日下午六时占领荔川，该地之匪确向闾井、红崖向武漳窜去，此间二十里以内确无匪踪。

十月九日　晴

下午六时据第二旅蒋旅长报告：我张营已于昨午到达申都，向红崖蒲麻搜索，均已无匪，该匪于今早向新市退去，尚有弃留之病匪十余名。

十月十日　晴

下午七时据哈达铺六团移营长报告：昨晚探报有匪第四路司令朱进禄带匪十余，在木金庄潜宿，今晨派兵一连前往围剿，将匪首朱进禄及随从之匪俘获，并获手枪一支，小八响一支，步枪十支，马陆匹，其余匪全行击毙。

〔国民党政府军事机关档案〕

10.国民党军第一一八师周光烈部与围攻甘肃临洮的红军战斗详报

（1936年9月）

一、朱、徐股匪北窜以来，八月间攻岷县，陷漳县，犯陇西，企图突破西兰公路。而与毛、徐股匪合股，逼取兰州，以为赤化西北根据。遂以一部先取临洮，原临洮有我百十三师第六三七团及本部重迫击炮连坚城固守，于九月九日第六百三十七团出击城南之匪，以重炮连掩护，因匪势较优，遂加强工事，联合壮丁，据城固守。匪口号“非攻下临洮不可”，匪兵力日渐增加，屡屡乘夜爬城，已有数度激战。

二、本师九月十二日奉令增防临洮，以解其围，当于十三日由皋兰出发，十五日抵临洮。部地状态，临洮东西两侧皆山，洮河流经城西，城东山上碉堡林立，其岳麓山之姜维墩，为临洮攻守之中心，兵家必争重地，除该墩有我守兵外，其余要点尽入匪手。

三、徐匪向前伪第九军约有三四千人，围攻该城，在上下木厂、烧瓦窑一带与我第六三七团对峙月余，构筑坑道，准备破城。该伪军长孙玉清有步枪、手枪、手提机关枪等武器。

四、师拟以步兵两团，骑兵一连，将该匪一举而击破之，攻击部署如下：

以第六五二团由城西、第六五三团沿城东山根分向当面之匪攻击，先将上下木厂、西寺、烧瓦窑、东寺之线占领，以为尔后攻击之准备。

第六百三十七团仍守姜维墩。

骑兵连由城西沿洮河右岸向该匪左翼威胁。

重迫击炮连在城西南角占领阵地，掩护步兵攻击，並准备向上木厂、瓦房李家射击。

其余为预备队，担任城防，并令第六百五十一团当夜由中堡兼程向临洮前进，十六日午前八时集合，第六五二三团团长口述攻击命令（使笔记）如下：

1.临洮城南上下木厂、西寺、烧瓦窑、东寺、瓦房李家一带之匪，约三四千人，数次攻城，均不得逞。

2.师拟乘势一举而击破之。

3.骑兵连由城西沿洮河东岸向该匪左翼威胁。

第六五二团由城西向上下木厂之匪攻击。

第六五三团由东山根向烧瓦窑、瓦房李家之匪攻击。

4.两团战斗地境为西寺，西侧通店子街大道线上，属第六五三团。

5.各团占领该线后，准备尔后攻击。

6.其余各部担任城防。

7.攻击前进时，余随第六五三团。

五、战斗经过：

九月十六日午前八时三十分开始攻击，与匪接触，师长亲莅前方，官兵奋勇进攻，卒于十时许，将瓦房李家、菸房堡、上下木厂之线完全克复，匪伤亡颇众，纷纷向店子街溃退，俘匪三名，我亦伤亡官兵数名。

十一时三十分，据骑兵报告：店子街刻续到匪约三千余。师长为防匪反噬固城防计，令各团就地积极筑工事，增加碉堡。

1.第六五二团占领上下木厂之线，构筑工事。

2.第六五三团占领东寺、烧瓦窑、西寺之线，构筑工事，并派一部任城防。

3.两团战斗境界为西寺西侧通店子街大道之线，线上属左翼团。

4.骑兵连暂搭警戒，日暮退归城内。

5.各团构筑工事，限十八日晚完成。

第六五一团于十七日接替第六三七团东山各碉及营房防务，并派一部驻八里铺。

当时临洮城附近十里内无匪踪，但匪惯伎昼伏夜出，每乘寅夜扰乱。除严密戒备外，并积极构筑工事。

九月十九日夜，匪约二三百名，由小豆坪方向窜来，向我第六五一团姜维墩阵地袭击，又匪三、四十名，由瓦房李家犯我周团一营阵地，多用手枪及手提机关枪射击，并发号音猛烈进攻，经我守兵还击，至夜半击退，毙匪数名，就地掩埋。

九月二十日至三十日，匪每乘夜扰我阵地，终未得逞。嗣后按日抽派游击部队向店子街及各方游击，匪遂逐步撤退，集结官堡、渭源方面。

中华民国二十五年九月　日

〔国民党政府军事机关档案〕

11. 国民党军第二十五师关麟征部与红军在甘肃张诚堡一带作战详报①

（1936年10月）

（一）张诚堡之役

甲、匪情

一、朱、徐股匪已于十月中旬，在会宁、靖远间与毛、彭、徐各匪会合，并以开始以伪四方面军（徐匪部）由靖远附近之和堡口、上下白肚子、东湾子一带渡河，企图另觅新根据地，以打破国军围剿计划。

二、肖、贺、罗各股，亦由四门寨、乐善镇继续北窜，并以肖匪所属之伪三十一军为掩护部队，由通渭、义冈川等处节节占领阵地，以迟滞我军之进剿，而掩护徐匪之渡河。十月三十日，已退据翟家所、张诚堡之线，占领阵地。

乙、我军兵力部署

本师于十月二十五日，由义冈川附近出发，区占分以下二纵队向翟家所、张诚堡之线前进，师部、特务连、第七十三旅、骑兵连（欠一排）、炮兵第七营二连、通信营（欠一排）、卫生队（欠三分之一）为右纵队，经当马家、王家山、梁家坪、高张家

①此件原标题为《陆军第二十五师甘肃剿匪各役战斗详报》。

向翟家所搜索前进。第七十五旅（附骑兵一排、通信兵一排、卫生队三分之一）为左纵队，经骨头岔、司家河、小湾丹向张诚堡搜索前进。

两纵队搜索警戒地境线如下：柳家川——大马家峡——砖井子——大湖湾连结之线，线上属右纵队。

丙、战斗经过

第七十五旅于本（廿五）日午后一时许，前进至白杨树西北高地，发现伪三十一军九十三师之二七一团，在张诚堡以北红窑下两侧高地占领阵地，其伪主力更在以北高地构筑工事。该旅长即令先头之一五〇团展开，将红窑下附近之警戒阵地攻占后，即继续向匪主阵地攻击。张诚堡以北山势险峻，攀登不易，匪凭其预筑工事，顽强抵抗，我虽数度进攻，均未能下。嗣该团以一部从正面佯攻，主力由两翼绕攻匪后。是时该团攻击张诚堡东北高地之第三连，动作颇为迅速，已将该高地攻占，当向匪之右翼猛烈侧击，全线当于下午三时发起冲锋，并调我空军掩护，卒将该匪完全击溃，当跟踪追至田家湾，时已黄昏，战斗遂告结束（战斗经过见附图一）。〔图略〕。是役俘匪颇多，我伤亡极微，均详附表中。〔表略〕

丁、是役所得之教训

一、山地与匪作战，正面攻击如限于地形不易奏效，应以一部仅从正面牵制，以有力部队沿山脚包围匪后，因匪弹药缺乏，包围部队易于实施，奏效，当愿易也。

二、战斗重要时期，空军协力至为有效，对于空军之使用方法，尤望能派多数飞机轮流更番飞前方助战，俾匪在战斗经过中，随时受我空军之威胁。

（二）头北户、二原遭遇战及郭城驿、红堡子、大芦子追剿之役

甲、匪情

一、伪三十一军经我在张诚堡击溃后，逐次退据于头百户、二原、四百户、东家川一带，利用山沟完全潜伏，企图乘我进出车家川以南谷地之际，施则奇袭。

二、伪四军团之独立师，亦由会宁方向沿通靖远道退据于宋家河畔、蒋家大路一带，与二原附近之伪三十一军遥相呼应。

乙、我军兵力部署

本师于十月二十八日上午六时，由田家坪附近出发，区分以下两纵队向雷家庄、四百户之线追击前进。

第七十五旅（欠五〇团附骑兵一排通信兵一排）为右纵队，经庙湾里、高家河、官家湾向雷家庄附近追击前进。

第七十三旅、师部特务连、骑兵连（欠一班）、炮兵第七营二连、通信兵营（欠一排）、五〇团卫生队为左纵队，经掌湾里、深岘、赵家坡里、张家、车家川向二原、四百户一排追击前进。

丙、战斗经过

（1）头百户二原一带战斗经过

是日（十月二十八日）上午六时，本师由田家坪附近出发，于午后六时左纵队前卫（一四五团）前进至车家川附近，与预伏该处以北高地之匪相遇，同时宋家河畔之匪亦经发现，当由七十三旅派一营对宋家河畔方面暂取守势，该旅主力对车家川以北之匪攻击前进。时天近黄昏，相遇之下，战况至烈，匪以饱待机，以逸待劳，以预伏待不意，向我一四五团反复冲锋，赖该旅长梁恺沉着指挥，该团官兵奋勇用命，及一四六团增加迅速，卒将车家川北高地之匪击溃，匪退据于头百户、二原、四百户一带，与预伏该处之匪会合，以扼我之进展。该处地势成倾斜状，匪踞高临下，死守不退，当令该旅主力展开于车家川以北高地，向二原、头百户一带之匪攻击，并以一五〇团控置于车家川附近，以防不意之事变。并迅速招致七十五旅主力使向下官家附近集结准备，随情况进展，施行超越追击。午后八时，第七十三旅主力即开始向二原、头百户一带之匪攻击，反复冲锋肉搏，迄午后十一时，卒将头百户、二原、四百户完全占领，匪横尸遍野，狼狈北退。时我官兵已行军一日，激战半夜，疲惫不堪。职见机不可失，当鼓励士气，令七十三旅一四六团之第一营迅速跟踪追蹑，不使脱逃，另派七十五旅（欠一五〇团）为右翼追击队，经官家咀、二原、树儿王家、红堡子向黑城子追击前进。一五〇团（附一四五团第一营即原使用于宋家河畔之一营）为左追击队，于驱逐宋家河畔之匪后，经郭城驿向黑城子追击前进。两追击队同时于是晚一时出动，职率七十三旅（欠一营）在右追击队后跟进。

（2）郭城驿之役战斗经过

左追击队（一五〇团附一四五团第一营）二十九日午前七时许，前进至郭城驿以南地区，发现由蒋家大路退却之匪，已占领郭城驿及其以东高地，阻我前进。该追击队即以一部向郭城驿以东高地主力经大羊营向郭城驿包围攻击，匪恃优势地势及强固城寨，顽抗抵抗，经我奋勇攻击，于当日上午九时，即将郭城驿完全攻占，继续向黑城子追击。

（3）红堡子之役战斗经过

右追击队（七五旅欠一五〇团）于二十九日午前八时许，前进至树儿王家附近，由二原一带退却之匪，已占领红堡子及其东方高地，抵抗我之进展，并由郭城驿通靖远道，亦有残匪向北溃窜。该追击队以时机不可失，当迅速展开于树儿王家以北地，向该匪猛烈攻击，匪经昨（廿八）晚惨败，心胆俱寒，势如破竹，于上午十一时攻占红堡子斩获极多，残匪分经以北大道及向西北中山溃窜。

当日正午十二时，职率七十三旅（欠一四五团第一营）亦推进至红堡子，是时左追击队亦已到达该处附近，当稍为休息，于午后二时，续向黑城子追击前进。

（4）大芦子之役战斗经过

二十九日下午三时许，我追击先头部队第七旅进至井沟以南，接飞机通报：离我先头部约二千公尺，有匪千人，我机携有炸弹数十支，在一小时三十分内，可掩护地上部队之攻击行动，请速前进。等情。该旅官兵自昨晨迄今，尚未用膳，该旅长张耀明仍鼓励士气，即派先头之一四五团迅速展开，先将井沟匪之警戒驱逐后，即向大芦子攻击前进，是处为匪最后掩护地线，誓死抵抗，其伪指挥官孙某亦在枪林弹雨之下，往来指挥，该团在我空军掩护下奋勇前进，先驱逐村外之匪，继则巷战，激战达一小时之久，卒将该匪大半歼灭，匪横尸塞道，俘获极多，于午后六时许，完全占领大芦子，全师即就该处附近宿营。（由头百户、二原及大芦子之役战斗经过见附图二，俘获伤亡见附表）〔图表略〕

丁、是役所得之教训

一、本师自二十八日黄昏与匪接战，经一日一夜之追剿，卒获大效，益信追击不顾部队疲劳，迅速行动之原则为不爽矣。

二、目前匪势已呈强弩之末，我进剿部队不宜过来稳当，致蹈不为与迟疑之弊。若将情况看准，应以主动、果决、迅速之要领，独断专行，出敌意表，使匪被迫不得已而与我抗战，则消灭易矣。

三、后方兵站补给最为重要，此次本师未裹馍粮，连续作战二日一夜，虽获胜利，而官兵已疲惫不堪。如对后方补给事宜能作整个筹备，则于剿匪前途裨益当不浅也。

（三）解靖远之围及封锁靖远附近各渡口

甲、匪情

一、徐（向前）匪所部由靖远附近渡河者已过万人，刻当在急渡中。

二、伪三十一军及伪四军独立师，经我二八、二九两日猛烈追击，纷纷向北溃退，其大部均已逃散。

三、伪四军之十一、十二两师，经上下野米川向打拉池地方逃窜。

四、伪一方面军主力，原在打拉池附近集结，企图由大庙附近渡河，刻以本师追剿过急，已于十月二十九日向打拉池以东移动。

乙、我军兵力部署

本师于十月三十日拂晓，由大芦子附近出发，兵力部署如下：

第七十三旅（附骑兵一班、通信兵一排、卫生队三分一）经下上野米川前进。

第七十五旅、师部、特务连、骑兵连（欠一班）、通信兵营（欠一排）、卫生队（欠三分之一）向靖远县城、和堡口之线追击前进。

丙、进剿经过

残匪经连日痛剿，已溃散不堪，沿途解除武装，收容之散匪甚多。于午后五时，师部到达靖远，即派一部将靖远以北上下白乩子及东湾子等渡口封锁。派往和堡口之一四九团，于当日下午八时，到达该处，将未渡河残匪数十完全俘获，在半渡被击毙没水者甚多。当焚毁船只，派一部封锁渡口外，该团主力即晚开达靖远，至此匪之渡河点，完全被我封锁，而伪一、二方面军及伪四方面军大部尚未渡河，其整个计划已被我打破粉碎矣。

四、小水里打拉池之役

甲、匪情

伪四军之十一、十二两师，经我第七十三旅跟踪追击，已于十月卅一日上午超过展家岘，正向小水里、打拉池溃窜中。

乙、我军兵力部署

一、第七三旅（附骑兵一班、通信兵一排、卫生队三分之一）于十月卅一日，由上下野米川继续经展家岘向小水里、打拉池追击前进。

二、师部、特务连、骑兵连（欠一班）、炮兵第七营第二连、通信兵营（欠一排）、七十五旅（除封锁靖远附近各渡口之兵力约一营）、卫生队（欠三分之一），于十月三十一日上午由靖远出发，沿通打拉池道迅速前进，截击该匪。

丙、战斗经过

十月卅一日午后四时，于毛洛和附近得便探报告，知伪十一、十二两师各一部另附骑兵约百名，当在小水里一带停止。当令七五旅一五〇团主力沿大道两侧向小水里攻击前进，一部由左翼向红山以西高地佯攻，俾该团主力攻击容易，师控置一四九团为预备队，位置于小水里以西，于下午四时三十分攻击开始。匪疲惫狼狈，如惊弓之鸟，于午后六时攻占小水里，匪向打拉池溃退，即令一五〇团当夜跟踪追击，于晚十二时出匪意表，奇袭攻占打拉池。或斗经过附图三，俘获伤亡见附表。〔图表略〕

丁、是役所得之教训

匪动作迅速，流窜无常，我剿匪部队应本“独断专行”之要旨，“寻匪歼灭”目的，迅速果敢、积极行动，则匪到处消损流窜之技自自穷矣。

〔国民党政府军事机关档案〕

12. 国民党军新编第十一旅刘宝堂部与北上抗日红军在甘肃会宁附近战斗详报

（1936年10月）

1. 据职旅驻会宁第二团第二营营附王初光（营长史钫城送往高教班营务由该营附代理）电称：（一）本日（十月一日）下午五时，据探报：会宁县城北老君坡（距会宁四十里）发现由张易堡窜来骑匪三百余名，有窜扰会宁之企图等语。职分派侦探四出侦察，并严密戒备。（二）又据探报：郭城驿、老君坡一带，于本日傍晚续到匪部约五千余人，先头部已向会宁方向前进中。匪首徐向前亦在队中指挥，佯言利用会宁县名与毛泽东会合等语。窃职营仅住会宁六七两连，兵力单薄，如何处置，祈电示遵等情。（三）于十月□日下午一时，据驻西巩驿职旅第二团第一营营长贾中立电称：本日拂晓闻会宁县附近枪声甚浓，电话不通。职派探前往侦察外，迨至本日上午八时枪声未息。职拟率所部驰援，旋据侦探报告，驻会宁我第二营营附王初光率六五两连，于本日拂晓在会宁县北城与匪接触，相持至上午十一时。匪续到部队甚多。四面被围，我王营附以众寡悬殊，令六连连长尚生耀掩护会宁公务人员及民众眷属向西沿山撤退，凭险固守，令七连连长袁镇藩固守北城掩护尚连及公务人员撤退后赓续向西撤退。我王营附因七连北城守兵一排尚未撤退，复率六连向会宁北城进攻，北城兵安全退出营附王初光，连长尚生耀几乎被俘，损失甚巨，该营已退至西沿山，会宁县城已被匪占，匪骑兵已向鸡儿咀进展等语。

2.兹准前情。职随据电呈驻甘绥署及新一军军部，旋奉新一军长邓冬亥军参电："刘旅长统密冬午酉两电，已转呈主任。奉令：（一）着该旅长即率相当兵力亲自赶赴西巩驿指挥，并派兵援应会宁。（二）对西巩驿如有遗失，即以军法从事。（三）明日派飞机前往助战，应与连络。（四）将战情随时由定西确实转报等因。仰即恪遵办理具报为要"等因。

3.职遵于十月三日上午一时随职旅第二团第三营全部及第二营五、八两连、新十旅第一团、骑兵张连驰赴西巩驿（距定西东九十里）集结，驻西巩驿职旅第二团第一营及直属骑兵石连，于本日上午八时率全部向会宁挺进，于十一时在曹家河畔与匪骑三百余人接触，激战三小时，匪不支，退守鸡儿咀堡（距会宁二十里），午后三时我占领罗家川及曹家河畔。此役匪伤亡二十余名，我伤兵一名。本晚我宿罗家堡一带阵地。

4.十月四日早八时，据探报：会宁县城之匪，于昨晚由界石铺（距静宁县四十里）增加步骑千余名，鸡儿咀增加步骑三百余名等语。职将所部分为两路，令副旅长郭震台率石、张两骑兵连及职旅第一团第三营全部，向鸡儿咀挺进，令第二团中校团附张铭注率第二团第一、二两营向西沿山前进，职进驻曹家河畔指挥。下午二时我攻鸡儿咀及攻西沿山部同时与匪接触，我张团附由小道绕击匪之侧普，匪不支，全线向会宁城溃退。是役我获步枪七支，马数匹，毙匪甚多。我攻西沿山部队乘胜尾追至会宁城西河畔，匪以全力向我反攻，我官兵异常奋勇，匪向我猛扑四次，终未逞，溃退城内，我军进占西河畔。我张团附与匪肉搏，匪集结射手还击，头部受伤殒命。是役阵亡中校团附张铭注一员，士兵二名，伤连附一员。毙匪七十余员。是晚宿营鸡咀西沿山及会宁城西河畔一带阵地。

5.十月五日早七时，据探报：匪固守会宁县城及西南山碉堡，并电调华家岭、通渭、马营一带之匪，星夜驰援等语。职于本日早八时令第一团团长陈国宾为前方指挥，率第一团全部（欠二、八两连）及第二团一、二两营（欠第七连），后防以兵力四连分驻鸡儿咀、曹家河畔，以固后防，其余同时向会宁前进，职进驻西沿山指挥。我第一团少校团附孙竹林率步炮一门及重机枪一挺，进至西沿山掩护我石骑兵连迂回，至会宁西南山中梁支援陈团。下午三时我王团附子庄率该团第三营及第三营九、十两连，占领西南山两碉，匪溃集山腰碉堡抵抗，我继续猛攻，匪不支，固守山碉，被我包围。同时我徐团附（二团）仲元率该团一四五、六八五连，已进占会宁北关。下午五时，我曹营长（一团一营）汉杰占领南关及西南山头。职正拟乘夜扑城，旋奉新一军军长邓电令：着职旅星夜撤回定西等语。又奉军长电令：转驻甘绥靖主任朱电：据报马营之匪及陇西并郭城驿之匪约两万余人，经华家岭向会宁增援，仰即将部队撤至西巩驿固守待援等因。职遵即分令前方各部于本晚九时一律向西巩驿撤退，于十月六日上午四时全部撤至西巩驿。据探报，匪之大部已进至水家堡、王公桥一带，我奉令撤回定西待命。是役我阵亡连附一员，士兵六名，伤兵九名。以上作战三日，连同前驻会宁二团六、七两连失利，共消耗七九步弹一万五千二百九十七粒，杂色子弹七百零二粒，机枪弹五百粒，自来得一千六百四十一粒，手掷弹三百零四颗，八二迫炮弹三十三发，损失七九步枪六十七支，自来得手枪一支，阵亡官三员，兵廿三名，伤官一员，兵廿三名。

附战斗详报表　〔略〕

阵地详图　〔略〕

〔国民党政府军事机关档案〕

13.国民党军第一师胡宗南部与北上抗日红军在甘肃境内战斗详报

（1936年10—11月）

第一　通渭之役

一、战斗态势

朱、徐、肖、贺等股匪企图于我军未集中前，期与毛、徐（海东）等于西兰公路界石堡、会宁之线会合渡河西窜，以求打通赤色国际路线。自九月下旬以来，分由岷县、陇西、武山间向通渭、马营、会宁前进。其伪三十军军长肖克率所部九十一、九十三两师进驻通渭，以掩护其右侧之安全，并派九十一师之二七三团占领碧玉镇、刘家埂能、本家窑一带之高山，向王家铺、金城镇、魏家店警戒，以阻止我军之进攻。

十七日，我第一旅主力集结于莲花附近，第二旅主力集结于金城镇、魏家店之间，第七十八师二三二旅位于车刘家、川口镇附近，第二三四旅位于五方河附近，第四十三师位于庄浪附近，第九十七师正向平凉西进中。其一般态势如附图第一。〔图略〕

二、我军之部署

本军为乘机攻占通渭，使总部作战容易起见，当于十七日令第二旅向通渭攻击前进。该旅奉令后，于十八日晨在魏家店给予所部命令如下：

1.据报赤匪伪第三十一军、第九十一师，刻尚盘踞本家窑、刘家埂能、碧玉镇一带，其大部在通渭城。

我七十八师二三二旅本（十八）日向黄家窑、蔡家镇之匪攻击。

我空军本（十八）日同来协力。

2.旅（附炮兵一连）于本（十八）日先扫灭本家窑、刘家埂能、碧玉镇之匪，相机占领通渭城。

3.第三团应于本（十八）日派兵一营，向本家窑之匪攻击，占领该地后，即构筑工事，对西北方向警戒。

第三团主力应于本（十八）日拂晓出发，迳向刘家埂能、碧玉镇攻击前进，占领该地后，即以为据点，待机攻占通渭城。

4.第四团应于本（十八）日派兵一营，于午前八时三十分，接替第三团金城镇之警戒，其主力于午前九时随派部出发，到达徐家堡待命。

5.炮兵连于本（十八）日午前八时三十分出发，到达金城镇待命。

6.各团应向徐家堡南端高地，构成通信网。

7.攻击时，余在徐家堡南端高地。

三、战斗之经过

十八日正午，刘家埂能之匪因左侧本家窑已失，正面被我猛烈攻击，向碧玉镇西北高山雷祖庙一带溃窜。第三团于午后三时，又将该处之匪击溃，占领碧玉镇，旅部及第四团午后五时许推进至碧玉镇，是夜奉师长电令，要旨如下：

贵旅主力在碧玉镇停止，以一部向通渭搜索匪情，

当时给予第三团之命令如下：

1.通渭之匪大部北窜，城内现余少数。

2.第三团应于明（十九）日拂晓先派兵一营，向通渭东北游击，其主力即准其进路线推进，向通渭之匪追击，占领县城。

3.第四团应派兵一营，接替第三团碧玉镇各处之警戒。

4.余在碧玉镇旅部。

十九日第三团以一部沿汽车路向通渭攻击前进，主力由何家沟北登山进击。十八日退占丁家河、车家河之匪，彼时扼守城东北兔儿岘之匪三百余人，即行出击，经第三团派一部在车家河西北高山迎头痛击，该匪见车家河已为我军占领，接战未及一时，向北溃窜。第三团当留一小部在该处警戒，大部则由兔儿岘大道折向城北北山大营咀之匪进击，同时沿汽车路前进之一部，已将通渭东各隘路口之匪迫入城中，激战一小时，匪连失各据点，左右被我包围，无能抵抗，纷纷向马营方向溃窜。我第三团于午后三时，完全占领县城，并在城郭附近各要点构筑工事，为固守之准备，战斗遂告停止。其战斗经过如附图第二。〔图略〕

四、所得之教训

1.对正面坚固阵地之攻击时，必须先将侧面之敌人击破方无后顾之忧。

2.陆空协同适切，则地上部队攻击易于进展。

五、死伤卤获及武器弹药消耗如附表第一、二、三。〔表略〕

第二　袁家河红羊坊之役

一、战斗之态势

我军于十月十九日攻克通渭后，即由莲花镇派出第一团第三营，向静宁以西地区游击，尔后赤匪主力北窜，其先头部队伪四方面军正于靖远附近陆续渡河。贺龙率其所部第二军、第卅二

军、第六军约三千余人，于十月二十七日由袁家河向红羊坊方向逃窜，企图合股渡河。我第三营自赤匪越西兰公路北窜后，即行超越追击，于二十七日由王青到达袁家河附近，此时我九十七师之先遣营到达硝河城附近，四十三师到达将台堡附近，九十七师主力在兴隆镇附近，第一师主力在雷阳镇、四咀镇之间，七十八师在青家驿、太平店之间。其态势如附图第一。〔图略〕

二、我军之部署及战斗经过

二十七日午，我军第三营由龙王坝得知匪情后，即向袁家河前进。第卅二军约二千余人正在袁家河进膳之际，闻我军到达，即派队登山，方达山腹，适我军飞机在天空盘旋，匪伏不敢动，该营即利用良机将部队展开，以第七连沿大山向袁家河正面攻击，第八连沿道路向袁家河北侧截击，营长空率第九连及大小行李在第一线部队中央后跟进，到达袁家河西端一带山地，匪在寨中及山腹间与我激战。当知匪初展开尚无据点，即令第七连向袁家河寨猛攻，第八连及机枪连占领西山一带阵地赶筑工事，并由该连长派兵一排向袁家河北侧攻击，如匪溃退，即行搜索各村庄内之残匪。第九连邓连长率兵四班，由右翼大山搜索，包围袁家河南侧，掩护我第七连攻击。营长亲率第九连五班，在第七连后跟进。殆我将近抵寨，匪即向东溃退，我乘机猛攻，将袁家河全部占领后，即将该寨交第八连固守，我七连及第九连向溃匪蹑追，节节与匪接战。追约二十里，我因被服未带，天又将黄昏，即撤回袁家河寨宿营。（其战斗经过如附图第二）〔图略〕

二十八日，该营及第二营由袁家河经新营向红羊坊追击前进，于二十九日到达红羊坊附近时，适伪第六军约千五百人，由红羊坊北侧西进，以一部在红羊坊南端高地停止掩护，以主力西窜，并以先发制人之手段，向我前兵第□连猛烈射击，此时该营长得知上列情况后，即作如下之部署：

命前兵第九连将红羊坊北端匪掩护队迅速驱逐，向匪行进路先头截击。命第七连向右翼深沟袭击匪之后卫，以收首尾夹击之攻。营长亲率其余部队向红羊坊急进，即达红羊坊，而我第九连在红羊坊北高地，我第七连在下红羊坊北高地与匪大部激战，匪乘我第七、九连连络不确，向空隙中连占四座山头，即以第二营在红羊坊附近占领阵地，以第八连向七、九连中央之匪攻击，既而全线取得连络。第九连遵照原命急进，第七连由右翼第八连向正面之匪猛扑，匪知北进有被截段之危，即向东溃退，我跟踪蹑追，天将黄昏，即撤回红羊坊集中。将达该集时，据报有匪大部由红羊坊西分两路向我袭击，而空军在该地轰炸甚烈，我即放弃红羊坊民房，全部入北山阵地，准备战斗，匪于夜半燃火向西逃窜，我仍在原地警戒。（其战经过如附图第二）〔图略〕

三、是役所得之教训

1.出敌不意之袭击，收效最大。

2.在遭遇战时，如能占先制之利，则可制胜。

3.猛烈之追击与果敢之攻击精神，为或胜之要件。搜索与连络之周密，亦属紧要。

四、死伤卤获及武器弹药消耗如附表第一、二、三。〔表略〕

第三　大阴子山之役

一、战前之态势

海原、古西安州方面之匪部，自经我先遣吴、张两营及四十三师、九十七师，于十月上旬先后在袁家河、红羊坊、陈家湾、王家井、关桥堡诸地，节节予以痛创后，毛匪泽东即在同心城指挥伪一、二、四方面军，约二三万人，麇集于草厂、高崖子、穆家河、王家团庄及红古城一带，构筑坚固工事，阻止我军之急进。其前哨部队分布于黄草岭、小阴子山。石峡口、北五当山、大阴子山、双河堡之线，构筑工事。田子塘有匪第一方面军第一军第一师师部，双河堡有该军第一师第一团及第十三团，于十一月九日到达马营西侧一带。我四十三师在驼厂堡、关桥堡一师，我九十七师在关桥堡、范家湾一带，我七十八师二三四旅及第一师第二旅在马营、王家塘附近集结，准备策应，七十八师之二三二旅在海原附近集结，并以一部分布于舒家湾、麻春堡、古西安州之线施行警戒。其态势如附图第一。〔图略〕

二、我军之部署

十一月十日，第一旅奉命以一团兵力相机向双河堡方向前进，是日即令第二团（附无线电一架）由史家大川（图上无）经秦家港、麻家坪相机向双河堡前进，旅部及炮兵连、第一团即推进至秦家湾、深沟湾一带，以便策应。（其攻击部署如附图第二）〔图略〕

三、战斗之经过

1.双河堡之绪战

十一月十日午前七时，第二团由史家大川出发，到达麻家坪后，即沿两侧高地向双河堡搜索前进，另派第五连于主力左侧，沿羊坊堡、姚家新堡子向双河堡西侧前进，以一部经老虎沟向双河堡之匪游击。是日上午十一时，前卫第三营到达深沟湾时，即发现匪已占领两侧高地，当即沿两侧山岭向匪攻击，同时左翼第五连亦已到达谢家堡，向双河堡高地之匪猛攻，匪虽顽抗，终因数面受敌，更因我攻击部队士气旺盛，猛勇异常，匪遂不支，纷向双河堡东北方向溃退，并退踞肖家沟、大阴山一带高山，与我第二团对峙，该团遂将双河堡、套脑堡完全占领。

此役计毙匪三十余名，俘匪十余名，获步枪三支。我亦阵亡士兵四名，负伤三名。其战斗经过如附图第三。〔图略〕

2.大阴子山之主战斗

大阴子山山岭陡峻，形势险要，北有石峡口可资扼守，南有老虎沟可为依托。彭匪之第一师，即于该山凭险据守。十一月十二日，下达第一旅电令，要旨如下：

第一旅主力应于本（十二）日推进至双河堡，并相机驱逐大阴子山、田子塘之匪。

1.第二团附山炮二门，及第一团第二营，应于本（十二）日将大阴子山、田子塘之匪相机驱逐，以便尔后之攻击进展容易。

2.旅部及第一团（缺一营）、炮兵连（缺炮二门）于本（十二）日推进至双河堡。

第二团会命后，即于十二日午刻先以步兵第一营接近至大阴子山麓，利用炮火威力，向该敌施以猛攻。嗣因该山陡峻，攀登困难，不易得手，乃转移主力于徐家套沿山麓向匪之左翼攻击，仍以第一营于正面佯攻。迨至酉刻，第三营始将右翼之匪突破，遂占领大阴子山以南高地，匪仍在以北山地顽强抵抗，此时团长杨定南，拟乘机将田子塘继续突破之。乃亲率第三营奋厉前进，不幸杨团长此时臂腹受伤，攻击遂遭顿挫。该团即于朦胧夜色中在大阴子山以南山头构筑工事，与匪对峙。（其战斗经过如附图第三）〔图略〕

是役，计毙匪四五十名，俘匪十余名，获步枪三支。我方阵亡团长一员，伤连长一员，阵亡士兵五名，负伤士兵十余名。

3.继续攻击部署与实施

十二日，我第一师在双河堡、秦家湾一带，四十三师、九十七师在驼厂堡、关桥堡之线，七十八师主力在海原、马营一带。此时匪我之态势如附图第四。〔图略〕

当日师下达如下之命令要旨：

1.本军定于明(十三)日向同心城亘高崔子南之匪攻击。

2.第九十七、四十三两师为两翼，在关桥堡、驼厂堡、爪河湾、杨家庄之线，向红古城、同心城之匪攻击。

3.第一旅明(十三)日应以一部向北五当山、上下于家庄之匪佯攻牵制，以主力由北五当山以当向高崔子、王家团庄、草厂之匪攻击。

4.第二旅明（十三）日应在第一旅右翼后跟进。

基于以上军之电令要旨下达旅之命令要旨如下：

1.当面之匪在峡口、北五当山、大阴子山以北山头之线，顽强抵抗，有掩护其主力东窜之企图。

2.我军定于明（十三）日向同心城亘高崖子以南之匪攻击。

3.本旅有攻击北五当山、高崖子、王家团庄、草厂之匪之任务。

4.第二团应于明（十三）日拂晓，将当面之匪击破后，即向李郭原、高崖子、王家团庄、草厂之匪猛攻而占领之。

5.第一团应以步兵一营，俟第二团攻占田子塘后，即接替大阴子山至上下于家庄之线，向北五当山佯攻，其余为预备队。

6.炮兵连应于明（十三）日拂晓，在五瓜咀附近占领阵地，以威力掩护步兵攻击前进。

7.旅部及预备队，应于明日拂晓进至五瓜咀（图上无），随战斗之进展前进。

十三日拂晓，第二团以第一营协同步炮之火力，向当面之匪猛烈攻击，匪不支，向预旺方向纷纷溃退。旅部到达田子塘后，乃命第二团跟踪追击，第一团之一营，向北五当山佯攻，卒于本（十三）日申刻将王家团庄、高崖子、草厂之线完全占领。此役，俘匪十余名，步枪数支，沿途遗弃甚夥，我略有伤亡。

四、是役所得之教训

1.在险峻之地形正面之攻击，深为困难，如由侧翼或迂回攻击，则收效容易。

2.在敌情地形未侦察明瞭以前，黄昏之攻击不可实施。

3.指挥官之位置，另须秘密，其通信连络亦宜注意确实。

4.匪至为狡猾，在被迫不得已时即大呼缴械，请勿射击，俟我不防，即行利用地形向我猛射，或投掷手榴弹。双河堡之役，有数匪即利用此计，幸我方早有准备，手捷眼快，未为所算。

5.匪撤退时，其阵上仅留极少数之兵力，顽抗到底，有时主力撤退在第二线，亦仅留少数匪兵抗拒。此时切勿为匪所欺误，迟疑不敢遽进。

6.匪察知我官长所在，即集中火力向之瞄射，我指挥官侦察地形，或指挥进攻时，不得多带随员，宜极事隐蔽。

五、死伤卤获及武器弹药消耗如附表第一、二、三。〔表略〕

第四　萌城之役

一、战前之态势

赤匪伪四方面军及伪一方面军、第十五军团，自十一月十三、十四、十五三日以来，在田子塘、王家团庄、同心城、预旺各处盘踞，经我军分途追剿，节节溃退，纷纷向预旺东之萌城、甜水堡东窜。乃因沟深路隘，不易通行，我军追剿甚急，一时无法脱逃。张国焘、肖克等遂令伪第四军四个团潜伏于萌城西北之羊福山沟，伪第三十一军六个团，占领萌城正西之石梁山各要点，就原有土堡加筑坚固工事，作顽强抵抗，阻止我军前进，俾其主力与辎重医院等得以乘间逃窜。

十一月十六日，我第一师第二旅，到预旺县东侧之二不终、李家圈圈子，第四十三、第九十七两师到达预旺县附近，第七十八师二三四旅到马家井、锁家岔（马家井西南约十里）、达家红湾一带，第二三二旅及师部到马家湾、范家大坡、车路沟一带，第一师第一旅在红城水附近。此时我军态势如附图第一。〔图略〕

二、我军之部署

十一月十六日夜，军下达电令，要旨如下：

1.匪数千，十六日尚在萌城、甜水堡附近，小台子、古城堡方面匪情不明。

2.筱日第二旅应向陈家山、杜家沟、东岳庙方面前进，侦察匪情，准备攻击。

3.十七日，第七十八师应向夏家西、田家原、古城堡、何家原方向前进，侦察匪情，准备夹击萌城、甜水堡之匪。

4.第九十七、四十三两师，仍在预旺，军部明下午二时到预旺，第一旅明（十七）日到惠安堡以东。第二旅基于军之电令，当给予各部之命令如下：

1.昨（十五）日被我击溃之匪，已向萌城、甜水堡一带逃窜。

我第七十八师，明（十七）日向夏家西庄、田家原、古城堡、何家原方向前进，准备夹击萌城、甜水堡之匪。

第九十七、四十三两师，明（十七）日仍在预旺。

军部于明（十七）日下午三时到预旺。

2.旅于明日向萌城、甜水堡跟踪追击。

3.第三团应于明（十七）日七时出发，经石板沟、红土桥、殷家老店，向萌城、甜水堡追击前进。

4.第四团应派兵一营(欠机枪连)于明（十七）日午前七时出发，经旅之右侧老爷山北、柏家沟向萌城搜索前进。

5.余率第四团主力，准第三团前进路线跟进。

三、战斗经过

十七日辰，各部即由预旺城东之二不终一带分途出发，于午前十一时三十分抵红土桥附近，接先头第三团刘团长报告称：有匪千余人，盘踞萌城西之石梁山、魏家山、胡家沟儿一带，刻令前卫营(第三营）推进至东岳庙西北小高地，派一部向胡家沟儿攻击前进中等语。当一面传令该团先将据点占安再行攻击；一面率第四团主力随后急进至东岳庙西之草山坪，即见当面之石梁山、魏家山之匪向我攻击，第三团已派一小部登左侧之羊福山，大部则于东岳庙西北侧一带小高地占领阵地，与之对战。同时由旅右翼前进之第四团第一营亦已到达东岳庙后之小高地，参加战斗。未几，当面之匪以大部由魏家山南移，有向我右翼包围之势，潜伏羊福山沟之匪，亦渐出而向我第三团左侧压迫，战局骤趋严重，旋令第四团团长派兵一连，往草山坪东南高地严密监视，将主力集结于草山坪一带小高地，视情况之变化，准备应付。匪军恃石梁山地势较高，山麓有深沟天险，而右侧之羊福高山，与左侧之魏家山以南各高地均在其手，居高临下，第三团所占领之阵地，地势低洼，面高山、背深沟，难得我草山坪部队之应援。伪三十一军乃以九十三师一部向东岳庙西北之第三团各阵地猛攻，牵制我正面，以大部（九十一师及九十三师之一部）由魏家山西移，向第三团第八连胡家沟儿东南高山之阵地猛冲，匪众我寡，连长阵亡，守地摇动，第四团第一营营长当派第三连及第二连之一部前往增援，甫至山腹，山巅即为匪占领，向下猛压，第三连死力抵御，连排长均负伤，该连折回原地，匪遂纷纷缘胡家沟儿南侧各高地冲下，向我右翼包围，同时伪第四军亦以大部由我左侧之羊福山巅，向我第三团行抵山腹之一部施行猛击，虽经我第三团刘团长亲率一、二两营各一部几度猛冲，卒因山高不易攀登，彼此激战山腹之间，刘团长、陈营长均先后负伤，连排长亦伤亡甚多，遂撤回于山麓以南之小高地，匪即直冲而下，包围我左后方，第三团左右前后均受夹击，幸各官兵沉着应战，不为动摇。旅长见全盘战局处于不利状态中，遂决心将包围我右翼之伪三十一军先行击破后，再驱逐第三团左右之伪第四军，夺占羊福山，乃令第四团团长派兵一连，占领草山坪北侧沿沟一带小高地警戒左翼，派第二营占领草山坪西南侧，将包围我右翼匪之先头部队迎头痛击。各部官兵奋不顾身，迭次猛冲，激战数小时，匪军不支，纷向草山坪东南各高山向魏家山、石梁山原阵地奔窜。第二营及第八连乘势直追，夺占草山坪东南各高山，该营遂停止追击，于现地赶筑工事。第八连撤回原地，担任警戒。至此后右翼转危为安，无所顾虑。再令警戒草山坪北侧之连开始向包围我左后方之匪进击，以图恢复旅部与第三团之连络。彼时第三团固守阵地之部队，亦自行出击，前后夹攻，匪伤亡枕藉，向羊福山原阵地奔逃。因时近黄昏，各部暂就原阵地赶筑工事，战斗遂告停止。是役，计毙匪五百余名，伤匪千六百以上。其战经过如附图第二。〔图略〕

四、是役所得之教训

1.该旅前进时，未能与丁师适应作夹击准备，致受意外袭击，独立应战。

2.前卫及侧卫，搜索不严密，以致不及开进展开，辄受优势之匪包围攻击，陷于混乱之苦境。

3.地图与现地往往不符，必须随时调查修正，并呈报上级指挥官。

4.匪方缺乏子弹，尤无刺刀，恒以多数红旗，移动威胁，以密集部队向我一点更番冲击，我若能集结兵力，沉着应战，必可获胜。

五、死伤卤获及武器弹药消耗如附表第一、二、三。〔表略〕

〔国民党政府军事机关档案〕

14. 国民党军第七十八师丁德隆部在甘宁等地堵截北上抗日红军战斗详报

（1936年10—11月）

第一　本师成立经过。〔略〕

第二　由湘入甘。

本师于九月九日成立，初奉命开湘阴训练，惟此时甘肃赤匪势甚猖獗，朱德、贺龙、肖克、徐向前辈，各率残部共三四万

①此件原标题为：《陆军第七十八师甘宁剿匪战斗详报》。

人，由川、康边境窜入陇南，而陕北方面之伪第一方面军复由预旺、海原南窜，遮断西南公路，势甚危急。故本师旅于九月十一日奉到准备动员命令，遂于十四日向西北出动，用铁道输送，分由汨罗、岳州乘车北上，经粤汉、平汉、陇海各路，于十九日全部到达陕西咸阳附近，复于二十五日沿西秦公路继续向甘肃．清水、秦安一带徒步前进。

第三　本师态势及匪情概况

十月七日，本师各部队次第到达如下之位置：

1．师司令部及直属部队（工兵营留郑州训练，骑兵连归补充旅骑兵团指挥除外）龙山镇。

2．第二三二旅集结莲花城附近，其一营在陇城镇。

3．第二三四旅集结龙山镇附近。

截至十月七日止，所得知之情况概要如下：

1．赤匪伪第一、第四方面军及朱德残部，约三万余人，经川康边境窜犯陇南、围岷县、临洮，陷通渭，迫兰州；另一股约万余，由贺龙指挥，九月巧日陷成、康两县，皓日复陷徽县、两当，一部围攻陕西凤县。陷成、康两县之匪，经我各方面军围剿，业已狼狈向武山附近逃窜。

2．伪第一方面军由毛泽东统率，自甘陕宁边区经预旺、海原南下，窜踞会宁，遮断西南公路，并分股盘踞清江驿、界石铺、平锋镇、单家集、兴隆镇等处，以策应伪二、四两方面军之北窜，企图于会宁、静宁中间地区会合。

第四　蔡家镇清江驿间之追击

A、本师奉命截击北窜之赤匪，当区分三个梯团，向西北方向急进，于十月十六日分别到达五方河、李家店、范家大庄一带。

B．截至本（十月十六）日止，所得匪情之概况如下：

1．陇南及岷、洮各地之匪分五路经通渭北窜，匪大部已至通渭、马营义、冈川附近。

2．碧玉镇有匪七八百，龙阳镇有匪大部，黄家窑有匪五百余，蔡家镇亦有匪七八百，该处之匪，一部于删日向我前进，与我便衣队在新店子对抗。

3．匪主力已集结通渭附近，声言以四万匪众与我军决战。

C．十月十七日，奉军长胡铣戌电令如下：

贵部暂以五方河、车刘家、川口镇一带为据点，对界石铺、通渭、冈川、段家岔警戒，可能时，即袭取蔡家镇、黄家窑，以为进取根据，但在日内不能引起大战。

D．师长决心

占领川口镇、米家中川、段家岔之线，构设阵 地，严密警戒，以主力位置于川口镇、杨家店子之间，相机袭取黄家窑、蔡家镇。

E．处置

1．师部及直属部队附第四六七团第三营进驻车刘家。

2．令第二三二旅集结川口镇，相机攻取黄家窑。

3．令第二三四旅主力位置于杨家店子，其第四六八团主力位置来家中川，并派兵一营占领段家岔，向西北警戒。

十九日各部均已到达指定位置。

十月十九日至二十三日各部队战斗经过

十九日

第四六四团于十九日由车刘家向川口镇前进，午前九时三十分，先头行至牛家羊坡附近，遇匪百余名向我前进，当由前兵连迎击，匪不敢应战，向蔡家镇逃去。

二十日

1．第四六四团于二十日拂晓，派第三营由南岔梁向黄家窑攻击前进，于午前十时完全占领，残匪向人马墩逃窜，该营即在黄家窑固守。

2．第四六三团由川口镇派兵一营向蔡家镇探进，见有少数残匪，当即驱逐而占领之。

二十一日

1．午前十一时下达师作战命令，其要旨如下：

一、匪主力已由通渭经义冈川等北窜，刻义冈川似有匪数川、何家岔、石庙现有匪盘踞。

二、第二三二旅即派步兵一团进驻华阳瓞，平酌派一部向什字川、义冈川游击，其留置黄家窑之营仍暂不动，对西南方向严密警戒，确实掩护本师之左侧背。

三、第二二四旅（欠第四六八团）即进驻车刘家附近待命，其第四六八团（欠一营）即向文家川集结，派队在附近山沟搜索散匪，该团第二营应即占领四甯镇。

四、师部拟即向蔡家镇附近推进。

2．各部队战斗经过

一、第四六四团（缺第二营）由蔡家镇向华阳瓞搜索前进，于午后五时行至刘磊子门下左翼高山发现匪四百余，当将其击溃。该匪为伪第四军第十一师卅一团，系由人马墩经刘磊子门下北窜。因时近晚，不能追击。

二、第四六四团第二营由陈家大湾向文家川前进，于午后二时在大营堡与伪第三十一军九十三师二七六团遭遇，经过猛烈攻击，匪不支逃窜。

三、第四六八团第二营由段家岔进驻四甯镇，午后三时即有匪大部约七八百人由南窜来。该营即占领四甯镇西南高地，对窜犯之匪迎头痛击，毙匪五六十名。我第五连亦阵亡士兵一名，伤二名。激战至黄昏始停，该匪系第三十一军二七四团全部，复乘黑夜向西北窜去。

二十二日

各部队就原阵地停止警戒，并加强工事。

二十三日

一、各部队各就原住位置停止警戒，并各派队在附近搜索匪情。

二、综合本日所得情况如下：

1．匪主力业已分股经四塝镇、陇西川、义冈川窜过会宁、清江驿、界石铺以北。

2．伪第四方面军之等九军、三十军、三十一军、于本月十七日晚分由通渭、义冈川等处向会宁北窜，而以第卅一军担任掩护。

3．伪第二方面军亦于同日分由通渭以东地区及黄家窑、蔡家镇等处向清江驿北窜。

4、我第一师第二旅于皖申占领通渭，击退之匪为第九十一师，已向义冈川狼狈窜去。

三、判断匪情

1．匪第二、四各方面军之主力，已在会宁及清江驿之间会合，连日被我在通渭及黄家窑、刘磊子门下、四塝镇等处击溃之匪，掩护部队刻在后尾，已通过义冈川、陇西川附近。

2．匪主力会合后，以主力由会宁经过靖远渡黄河 北 窜 宁夏，一部由静宁以北地区经海原窜扰陕北，以相呼应。

四、师长决心

决定于明（廿四）日向清江驿、太平店附近追击前进。

五、处置

1．师部及直属部队附第四六三团第二营于敬日经蔡家镇推进，至上卢家宿营。

2．令第二三二旅（缺第四六三团第二营）于敬日由蔡家镇附近进驻陇西川及其西北地区。

3．令第二三四旅（缺第四六八团团部及两营）于敬日进至四塝镇以北地区，其谢团（缺第二营）应进至上卢家东北侧宿营。

十月二十四日

一、本师各部队遵照二十三日之部署，分别追击前进，均于预定到达指定位置，沿途已无残匪。

二、本（廿四）晚下达之电令如下：

1．师部及直属部队并第四六三团第二营，有日向清江驿附近推进。

2．第二三二旅（缺第四六三团第二营）有日向太平店及其以北地区追击前进。

3．第二三四旅有日向清江驿及其东北地区追击前进。

十月二十五日

一、本师各部遵照敬晚电令均到达指定地区，山多匪狡，窜逃甚速，沿途皆无残匪。

二、本日午后十时，奉军长胡有酉孔电令如下：

贵师在原地停止待命。

三、师长处置

电令各部队宥日各在原地停止待命，但应分派小部队向旧营、龙川堡一带游击，侦察匪情。

第五　清江驿海原间之追击

A．综合连日所得情报如下：

赤匪第一、二、四方面军经我各方围剿追击，其精锐丧失殆尽，在赣、湘、川、黔、晋、陕等省裹胁之壮丁已残余无几。现当我中央大军进剿之际，为求生存计，将全国匪共在会宁附近大举会合，使用掩耳盗铃之诡计，以停止内战联合全国各党派一致抗日为号召，企图辟一新的根据地，再求发展。赤匪依照上次策略，决先窜宁夏，以伪第二方面军为右冀〔翼〕，归贺龙、肖克指挥，由兴龙镇将台堡经海原北窜，企图在靖远、中卫之间渡河。刻其主力已窜至海原西南附近地区，其掩护部队尚在新营、红羊坊一带。以伪第一方面军为左翼，归朱、毛、彭、徐指挥，由会宁经乾沟驿、郭城驿，刻其主力已窜集靖远附近。其先头约六七千人，业于本月二十五日由靖远西南渡过黄河，攻占中和堡，各路赤匪均以宁夏为目标。

B. 我第七师、第八师、第十二师、第二十五师，已向乾沟驿、郭城驿追击前进。我第一师、第四十三师、第九十七师，由静宁以北分向将台堡、硝河城、新营追击。

C. 十月二十七日，本师奉命由清江驿经龙川堡、中家坪经乾盐池、打拉池追击。乃先令第四六四团第一营为先遣队，即日经龙川堡向大沟追击前进，搜索匪情。

二十八日，我吴营进抵大沟与伪第一方面军之游击队二百余人遭遇，当被我前兵击溃，俘获书记班长等五名，长短枪四支，土枪十余支。伪游击队□□罗宗德当场击毙，余众向西北郭城驿逃窜。

D. 十一月一日，本师已次第进至袁家垧以北地区大沟，吴营亦已进至笠山寺，沿途均无残匪。

E. 由靖远附近偷渡黄河之匪，为伪第二方面军之第五、第九、第三十等军主力，因我军跟踪追剿，压制甚紧，迫不及渡，业经打拉池、大鸿沟窜往同心城、预旺一带。另一股约三四千人，由郭城驿窜过笠山寺、王家井西古西安川，复与由新营、红羊坊败退之匪及伪第二十二军会合，在海原西北地区节节抵抗，我军以掩护其主力在王家团庄、同心城一带之集结。

F. 本师正面已无匪踪，奉命向海原集结，于十一月六日全部到达海原及其附近。

第六、李旺堡王家团庄同心城附近之攻击

一、截至十一月十二日止所得情况如下：

1. 匪主力尚在李旺堡、王家团庄、同心城一带，业已开始向环县及陕北逃窜。

2. 残留于大小阴子山北五当山、梨花子山一带之匪，似均为匪之掩护部队。

3．我第一师已攻占双河堡，第四十三师攻占何家堡，第九十七师攻占关桥堡，分向以东地区之匪警戒。

二、本日午后一时奉到军长胡之电令如下：

1．本军定于元日向同心城亘高崖子以南之匪进攻。

2．孔（九十七）、周（四十三）两师为左翼，在关桥堡、驼厂堡、杨家庄、石堂岭之线以北地区，向红古城、同心城进攻。

3．李旅（第一师第一旅）应以一部向北五当山、上下于家庄之匪佯攻，以主力由北五当山以东向高崖子、王家团庄、草厂之匪进攻。

4．詹旅（第一师第二旅）在李旅右翼后跟进策应，到套脑堡、田子塘后，应派一部向李郭原进出警戒。

5．丁师（本师）为总预备队，掩护军右侧背。

三、各部队战斗经过

1．十一月十三日，我军开始进攻，匪稍行抵抗，即行溃退，我第一师进至王家团庄东南地区，周师占领王家团庄及红古城，孔师占领同心城。残匪分向预旺堡、预旺县窜去，匪主力系于十一及十二两日，第二方面军经预旺堡东窜，第一、第四方面军分由王家团庄、同心城一带向预旺县窜去。本日本师推进至马营迄两河堡之间，我第四六八团由走路川进驻九百户。

2．十一月十七日，本师逐次推进至苏家圈、黄草堂、赵家要、岘西、田家原等地区。

3．十一月十八日午前三时三十分，奉到军长胡筱亥孔电令如下：

（一）我詹旅筱午在萌城以西与匪伪第四军、第三十一军全部激战至晚，犹在对峙中。

（二）巧日孔、周主力应迅向萌城增援夹击。

（三）丁师巧日应迅向萌城、甜水堡之匪包围夹击，将对东南两方特别警戒。

（四）如匪东窜或南窜，丁师应即尾追截击，如匪北窜，孔师应即尾追截击。

（五）李旅巧日到大水坑附近堵击，詹旅在原地停止，但以必要部队与匪保持接触。

4．师长处置

（一）令廖旅（第二三二旅），为右纵队，经赵家窑、张家沟向张铁堡搜索前进，截击由甜水堡逃窜之匪，并对东南方向严密警戒。

（二）令李旅（第二三四旅）为左纵队，进至赵家要、岘西、周家山一带策应，廖旅夹击逃匪。

5．本日我右纵队前哨营进至张家沟与拉地区之匪对峙。我左纵队谢团（第四六八团）攻占周家山与在古城之匪对峙，均因天已入晚，不便进攻。而各地民众赤化过深，相率逃避，其地势、敌情、侦察均感困难，故不能一鼓而歼灭残匪也。

第七　十一月十九日张铁堡小台子一带之追击战

天候　阴　西风微和

一、战斗前匪我形势之概要

1．本师有截击及尾追由甜水堡被我第一师第二旅击溃经古城堡、张铁堡向山城堡、洪德城逃窜匪伪第四军、第三十一军之任务。十一月十七日以来，沿车路沟、马家湾、达家红湾东进。十八日，以左纵队（二三四旅）进至张家要岘、何家原，同周家山、杨四（周家山东之线）向甜水堡、古城堡警戒；右纵队（二三二旅缺两营）进至冯家庄、赵家掌、赵家窑、鲁家掌（即张家沟）一带。我鲁家掌之胡营，与盘踞拉他区（在鲁家掌东北约十里）约二千之匪相对峙，师司令部附步兵一营及直属部队，已于十七日十六时到达苏家圈宿营。

2．匪主力伪第一方面军、伪第二方面军全部，已向洪德城、环县窜去。其伪四方面军之伪第四军、伪第三十一军，由张国涛指挥，于十七日在甜水堡、萌城以西，与我第一师第二旅激战，至晚犹在对峙中。十八日该匪已经古城堡向张铁堡、山城堡陆续逃窜。

3．十八日二十时下达之追击电令：

（一）甜水堡以北之匪，向东南山城堡方向逃窜中，我谢团已攻占周家山附近一带。

（二）师拟明（十九）日急向山城堡、青冈峡之线追击前进。

（三）廖旅于十九日六时出发，以主力经保牛堡、小台子向山城堡追击，以一部附无线电进出任家新庄向蔡家台截击，对大道南侧须派警戒。

（四）李旅于十九日六时前以一部附无线电张家新庄、何家口子向任家新庄、青冈峡方向追击，其主力经古城堡、张铁堡进至保牛堡。

（五）师部及直属部队明（十九）日即向黄草掌、冯家庄、保牛堡前进。

4．后方状况：

我行营兵站派出所在海原，本师兵站派出所在平凉，本师海原之兵站部已行结束。

5．战区附近物资及地形：

由车路沟、马家湾、达家红湾至黄草掌及其以东地区，多系废墟，人烟稀少，粮食柴草、饮水极为困难，而图上之位置又多与实地不符，相差甚远。断崖深沟，层出叠见，道路迂回，运动不易。但由于甜水堡至山城堡系骡马大道，行军尚属便利。

6．本师兵力：

师直属部队

骑兵连（在兰州未参加本战）

炮兵第二连（临时附属）

工兵营（在郑州未参加作战）

通信连

辎重营

特务连

第二三二旅

第四六三团（欠一营随军部行动）

第四六四团

第二三四旅

第四六七团

第四六八团

7．匪军队号及兵力

本日与我接触之匪为伪三十军及伪第四军之各一部，人数约在二千以上，枪支齐全，并有骑匪五六十名。

二、战斗经过

1．我左纵队（二三四旅）以谢团为前卫，于十九日由周家山出发，十时进至古城堡，发现骑匪五十余名向我急袭，当被我前兵第三连迎头击溃，向张铁堡方向逃窜，该团即行尾追。十二时许，进至张铁堡西约二千公尺处，发现张铁堡附近之匪二千余名，意图顽抗，此时我飞机两架，经连络允以两小时以上之时间，助该团与当面之匪决战，当即向匪猛烈轰击，激战两小时，匪死伤甚众，遂向保牛堡逃窜。复经空军轰炸，上下夹击，赤匪死伤狼藉，向东急窜。于十四时许，追至风舌坡停止。适我右纵队（二三二旅）前卫徐团赶到，继续尾追，于十六时许，进至十八里铺西约四百米达处，有匪百余名占领该地，当即驱逐。十七时三十分，进至曹家阳台附近，该处之匪为伪四军之一部，约千余名，复经我四架飞机之轰炸及我军之夹击，全部向山城堡方向逃窜，即占领曹家阳台。此时该纵队主力亦已到达，遂停止，构筑阵地，施行警戒。但本日廖旅全部在曹家阳台附近露营，无水无柴草，不能炊爨。

2．师部附四六四团第二营及直属部队，于十六时三十分进至赵家窑及其附近。

第八　十一月二十日胡营在八里铺附近之遭遇战

天候　晴和

A．昨（十九）日夜间之状况

昨（十九）日晚二十三时，廖旅组（敢死队）向潜伏于曹家阳台南侧山中之匪挺进，匪即逃去。另派步兵一排向山城堡威力侦察，并无匪踪，立即占领之。

B．三时以前所得情况如下：

1．昨（十九）日经张铁堡向山城堡溃窜之匪，系伪四军、三十一军之残部，业已窜过山城堡以东，蔡家台约有匪百余人。

2．经我谢团击退之匪伪十二师之一部，约五六百人，尚在风台坡东南数里之山中。

3．经黄家坝逃窜之匪约二千余人，昨（十九）日分途向雷家堡、山城堡逃窜。

C．师长基于上列情况下达号寅下冠电令如下：

1．匪二千由黄家坝分途向雷家堡、山城堡逃窜。

2．廖旅号日到达山城堡后，以一部进至十里铺，侦察匪踪具报。主力在山城堡向北截击。

3．李旅号日主力进至小台子、风台坡，以一部进至十八里铺向北截击。

4．师部进至保牛堡，由李旅留置一营归师直辖。廖旅陈营归还建制。

D．战区附近物资状况：

由马营、双河堡以东，久为匪区，居民逃避，十室九空，给养柴草，无处购买。而地区辽阔，人烟稀少，道路困难。后方兵站又不能追送，前方部队时虞断饮，实一严重问题也。

E．战斗经过：

我廖旅（欠两营）于二十日八时全部进至山城堡，集结警戒。十四时三十分，由徐团第一营胡营长文思率该营第一、三两连，附重机枪两挺，向八里铺一带侦察，该营长即以第三连之一排沿大道，以主力沿大路右侧高地向八里铺搜索前进。十五时三十分，进至八里铺东南高原，遇潜伏坡后之匪伪第四军大部，约三四千人，以密集队向我反复冲击，激战二小时，匪愈来愈众，我损害大半，不能支持，因即向山城堡撤退。十八时三十分，到达山城堡东南高地，由该团第二连掩护。方与匪脱离。

F．师主力本日态势

1．师部及直属部队于十四时三十分到达武家新庄及其附近。

2．廖旅陈营已归还建制。

3．李旅主力进至小台子、凤台坡，谢团（欠二营）进至曹家阳台附近。

第九　十一月二十一日山城堡之混战

天候　晴和

一、昨日十八时三十分以后之状况

洪德城十五里铺、蔡家台等处之匪主力，向我山城堡左右迂回运动，有包袭之企图。保牛堡、小台子以北下甘沟以南一带，有匪出没。小台子以南李家原有骑匪约三百余。我廖旅因山城堡阵地不佳，决心变换阵地于曹家阳台附近，即于十八时三十分开始移动。大部到达曹家阳台后，旋因晏团陈营、谢团陈营均已归还建制，仍复回至山城堡原阵地构筑工事，严密警戒，匪我均无动作。

二、昨（二十）日十九时下达号酉电令如下：

1．本师奉命停止追击，准备转进。

2．各旅除派必要之警戒部队外，其主力廖旅集结山城堡附近，李旅小台子、凤台城一带，停止待命。

三、十时以前之状况：

1．廖旅（缺徐团周营）在山城堡附近之阵地构筑工事，业已配备完善。

2．谢团（缺唐营）在曹家阳台附近之阵地。

3．号日（二十）上午桑石堡有匪千余，向我军左侧背移动，保牛堡南方三十里处，有匪骑数百出没，其大部尚潜伏于山城堡左右之八里铺一带。

4．十三时许，我东北山阵地正东约七八里处高山发现匪约二千余，向我急进，至十四时三十分接近我晏团第二营、第一营及第七连阵地，旋向我反复猛扑，我官兵沉着应战，匪不得逞。同时匪一部约千余，向我徐团第二营阵地进犯，甚为凶猛，激战两小时，匪伤亡甚众，复经炮火压制，即行停止攻击。另有一大部由正南向我晏团第三营阵地急进，并向我谢团马家掌子阵地移动，至十五时许，晏团第八连与匪接触激战。

5．猛攻我徐团第九连阵地之匪约千余，经该团一、二两连增援，匪未得逞。十五时五十分，有骑匪约二百名，由东南向我徐团第七连阵地冲进，当被击退。复有步匪千余，由正南向该团第八连阵地猛冲，此时我山城堡阵地，已全线与匪接战，甚为激烈，匪皆以密集部队向我反复冲击，我火力浓密，各部均能固守原阵地。

四、十三时以后，师长给予各旅团长之电令：

1．致廖旅长、李旅长、谢团长之马未上允电：

（1）各旅团应即构筑阵地，侦察匪情，严密戒备。

（2）谢团（欠一营）暂归廖旅长指挥。

2．致廖旅长之马未下允电：

（1）据谢团报称：匪大部有向山城堡北侧包袭模样。

（2）贵旅附谢团应即准备击破进犯之匪，由兄斟酌部署。

（3）阵地价值、工事程度及部署情形，盼速复。

3．致廖旅长、谢团长之马酉上冠电：

（1）马申上电悉，判断在此方之匪总数不过五千人，其与我接战者约在二三千，以贵旅及谢团兵力迎击之，必有胜算。请兄善为运用，可立奇功。

（2）李旅已准备策应，应勿虑。

（3）贵旅无线电须保持能随时通报为要。

4．致廖旅长、谢团长之马酉下冠电：

弟准明晨同李旅长率兵一团向前方策应，贵部本晚作战情况，须随时电报，以便部署为要。

五、十六时以后之状况

1．十四时至十六时，我山城堡阵地全线与匪激战，匪以密集队反复向我各阵地猛扑，经我官兵沉着应战，猛烈射击，虽匪众愈来愈多，犹能固守阵地毫未动摇。

2．此时廖旅长鉴于山城堡北侧高地为匪占据，全阵地受匪威胁。为避免在不利之形势下决战起见，决心变换阵地，将全部撤至曹家阳台附近固守。

3．廖旅长基于上述之决心，即于十七时开始撤退，全旅大小行李先行向曹家阳台移动，晏团及徐团第一营相继撤退，大部之匪于我移动之际，乘隙冲占山城堡，各方之匪亦蜂拥而来，一面将我徐团第三营阵地包围；一面向我转进部队截击，节节猛袭，遂入混战状态。

4．十七时三十分，大部之匪约五千余人，已迂回至马家掌子，明始向我戴营冲击，猛扑数次，均被击退。同时曹家阳台及其西北并通风台坡之大道，均已被匪侵入，至十九时三十分，晏团及徐团主力先后到达旧营谢团第二营阵地，廖旅长率旅部及晏团之一部已突围向风台坡退去。此时徐、晏两团，大部业已混乱，匪则重重包袭，跟踪猛扑，遂由徐、晏、谢三团长协商，决定遵照廖旅长命令撤退，以谢团担任掩护，徐、晏两团先行突围。

5．二十时，徐、晏两团冲出重围后，匪遂节节围攻我马家掌子及旧营阵地，该团以第一连之一排、第二连之两排，附重机枪两挺掩护戴营先撤至旧营，此时曹家阳台附近隘路及诸山头均有匪大部占据。通风台坡之大道已被匪遮断，道路两旁筑有工事，该团以第一营在先，第二营继后，沿大道向断目要岘突围，经数次猛冲，方将包袭之匪击溃。于二十四时以后，通过断目要岘，与匪脱离。

六、师长之处置

1．二十时，师长在武家新庄以参谋二、副官二、译电员一、卫士一，排组成战斗指挥所，准备明（廿二）晨五时率同许团向山城堡前进策应。

2．二十一时三十分，二三二旅旅部上尉参谋李承佑衔廖旅长之命，匆匆到达师部，报告称：匪伪一方面军、二方面军、四方面军约二三万人，向山城堡、曹家阳台一带重重包袭，我与匪混战，损失极重，不能支持，混乱不堪，请速布置收容等语。

3．师长根据上述报告，当即令李旅长率许团在风台坡一带阵地设法收容各部至保牛堡整理，并增强工事，准备固守，一面电军长请援，呈军长之马亥电如下：

"廖旅及谢团在曹家阳台附近与匪大部混战，廖旅部及徐团一部并谢团全部撤出，晏团全部及徐团一部尚未撤退，经令李旅长率许团至风台坡一带阵地设法收容，请速派队增援，以维战局。"

4．二十三时，廖旅经收容后，已集结于保牛堡，谢团亦已突围撤至风台坡附近，各部与匪混战后，损失甚重，而匪乘我混乱之际，跟踪进犯。此时保牛堡、武家新庄之南侧及其北侧发现之火光，绵延不绝。匪之包袭部队似已到达我师部之两侧及其后方，并桑石堡方向之匪必已向古城堡、甜水堡方向活动，遮我后路，此时师部实已感受威胁。

5.师长基于上面情势，经慎重之审察，再三权衡，复因保牛堡一带阵地不良，以本师现有之兵力势难固守，且粮食柴草，更感困难，尤以甜水堡为我军必须占领之要点，以免为匪所占，遂决心于二十二日向甜水堡转进，一面部署，一面电呈军长。其马亥下电如下：

（1）环县、洪德城之匪伪第一、二、四方面军约三万余倾巢来犯，廖旅附谢团在山城堡附近苦战一昼夜，众寡不敌，全部溃乱。马亥已撤至保牛堡附近收容中，以现计约损失三分二以上。据现势判断，匪必再倾全力来犯，与我死战，企图将本师完全击破。

（2）保牛堡附近阵地不良，本师现有兵力势难固守，且粮食已尽，尤难维持，请速派队增援，以维战局。

（3）师拟养日转进萌城、甜水堡一带，固守待命。

七、本日与我混战之匪，系伪一方面军之一部，伪二方面军全部，伪四方面军之第四军、第三十一军全部及伪骑兵第一军之一部。

第十　十一月二十二日本师由保牛堡向甜水堡之转进

天候　晴　七时至十二时西北风甚急

一、二时用电话及军官传令，下达转进命令，要旨如下：

1.各部队即刻准备移动，出发时间另候命令。

2.行军序列如下：二三二旅、四六八团（欠一营）、师部及直属部队、四六八团第三营、二三四旅旅部、四六七团。

3.四六七团为后卫，担任掩护师之转进，在二三四旅旅部后方跟进。

二、三时三十分，师由保牛堡开始向甜水堡转进，骑匪百余步匪二百余曾跟踪进犯，当经我后卫许团将其击溃。至八时以后，师主力陆续到达古城堡，四六七团及四六八团第三营，在古城堡东南占领阵地，构筑工事，准备固守。此时我四十三师先头部队亦到达古城堡一带，至十时三十分遂将古城堡防务交由该师接替后，师主力继续向甜水堡前进。于十二时全部到达甜水堡及其附近，至此战斗遂告一段落。

三、本战役，本师人马械弹消耗及卤获如附表。〔表略〕

第十一　十一月二十二日以后之概况

一、本师于十一月二十二日晚，奉军长胡电，令开赴韦州整理。即于二十三日开始移动，二十四日全部到达韦州及其附近。

二、十二月十二日，本师奉命向惠安堡以北地区移动，十三日李旅已进至太阳山、海井子、黑觜子一带，准备向盐池方面进击。十四日闻张、杨之变，军攻击计划作罢，决心集结军主力于金积附近待机，而以本军位置于惠安堡及其附近掩护，并留置步兵一连固守韦州，作为据点。十五日，本师进驻惠安堡，我孔、周两师于本（十五）日晨已由甜水堡经惠安堡向石沟堡移动。我第一师第一旅亦准备由大水坑撤回。

三、十二月十九日，我周、孔两师已到达金积，军部及第一师亦经韦州向同心城转进，留置本师于惠安堡担任掩护，而与进驻大水坑附近之伪二十八军及二十九军对峙。

四、十二月二十五日，本师移置重心于韦州，师部移驻韦州，而以第二三四旅占领韦州、预旺、预旺堡之线，掩护军主力进展。

五、十二月三十一日，军主力已进至李旺堡、七营以南，本师主力奉命向黑城镇转进，留置第四六四团第四连固守韦州，第四六七团第三营固守预旺堡。

六、二十六年元月四日，本师全部到达黑城镇以南地区，固守韦州之田连，固守预旺堡之高营，于元月二十二日均令其撤回，归还建制，本师遂于二十三日奉命再向静宁转进，迩后历经庄浪、水洛城、龙山镇、陇县、汧阳等地，于二月二十三日移驻凤翔西南之陈村镇，旋于三月十一日开抵武功，整理训练，本师始告复员。

第十二　山城堡战役所得之教训

一、初军主力在甜水堡附近，将伪第四军、伪第三十一军全部击溃。本师奉命截击尾追，及进展至山城堡附近迄武家庄一带时，接四十三师之通报，方知军主力已向北转移，同时旋本师亦奉命停止追击，准备向盐池转进之命。此际态势军主力已进向甜水堡以北地区，仅本师单独应付当面之敌，孤军突出，予敌以各个击破之良机，此在战略上已处于不利之地位矣。

二、孙子云："军无粮食则亡"。现代列强作战，军以上均设兵站机关，专司后方补给业务。此次本军作战，对于给养补充之组织，颇为缺乏。原秦陇边区，境域寥凋，人烟稀少，匪扰之后，居民逃亡，十室九空，即饮水柴草，亦甚缺乏，后方运送不及，临时采买维艰。且部队派出多数人员，四出搜集粮食，如被匪截获，对于本军行动，易于泄露。本战役中第二三二旅进占山城堡后，枵腹作战者一昼夜以上，甚至伙伕挑饮水一担，往返山顶与山沟，常有数十里之遥，其给养困难之程度，可想而知矣。

三、阵中要务令总纲第六有云：不为与迟疑，乃指挥官所最忌者，盖二者陷军队之危险，较错用方法者为最甚。本战役廖旅长迟疑于变换阵地与不变换阵地二种意念之间，不能早作坚确之决心，与适切之部署，迨情况渐趋危迫，又未能沉着固守，事前无完善之计划与周密之布置，临时下令变换阵地，赤匪乘机向我猛袭，以致我部队混乱，陷于混乱之状态。

四、我军自入甘以来，匪望风披靡，从未交一大战，故官兵均生骄慢心理。因此有行军时搜索不周，宿营时警戒不密之事实焉。

五、匪常以强有力之部队担任掩护，视我追击部队较少，则乘机反袭，若我兵力雄厚，即落荒远飏。故我追击部队至少宜以团为单位，相距不能过十里，齐头并进，后续部队亦不能相隔半日以上之行程。前后左右互为声援，进可攻，退可守。各部队之大小行李，尤应集结，须在各该部队二千公尺之后方跟进，方无碍前方部队之行动。

六、深沟高垒，剿匪要诀。每日到达一地，不论有匪无匪，均应选择阵地构筑工事，立住脚跟，而防偷袭，并远探密查，以策安全。

七、匪近来战术除匿伏沟洞乘机偷袭外，恒以主力猛扑我阵地之一点，或袭击我侧背，侵扰我后方交通要道，故我阵地之兵力配备，以选择要点集结为宜，控制强大之预备队于适当地点，俟匪接近时，方进入第一线，合力痛击，一鼓歼灭之。

八、大敌当前，不宜轻动，应恢宏士气，以决死战，际此场合，战未必死，退则无幸免之理。与其不战（如撤退）而复没，不若抱必死之心，稳住不动，以御凶顽之寇，精诚所至，必可得最后之胜利。去岁昭、广之保卫，松潘之夺取，最为实例。

九、夜间撤退，是予匪猛扑之良好机会，断不可取。不得已必须夜间撤退时，亦须事先妥善计划周密部署为要。

十、在阵地中，上下称呼应避免职名，与匪接近时，各级指挥官最好持用步枪，以避免敌火之选择及集中射击，如此我干部之伤亡必可减少。其称呼之例，如团长刘德健、营长张有功、连长李又明，均可以老刘、老张、老李，或某先生呼之。

十一、工作器具最为紧要，每兵应有小锹一把外，每连宜有大镐大锹共二十把，以长夫二名随军运送，责成官兵爱护，损坏勒令赔偿。

〔国民政府军事机关档案〕

15. 国民党军新编第十一旅刘宝堂部与北上抗日红军在甘肃定西附近战斗详报

（1936年10—11月）

1．据探报：西巩驿有匪大部，青岚山包家湾匪筑有坚固工事，匪首是抗日红军南路军一师师长张某，属徐向前，约五千余人，迫炮二十余门，重机枪十余挺，掩护匪北窜渡河及监视我军行动之企图等语。又据驻巉口我第一团陈团长报称：十月二十二日下午二时，巉口南北两山均发现匪约二千余，定西西十八里铺驻有匪骑数十名，西兰电杆已被损坏，巉口西面环山兵力单薄，形势险恶，巉增加兵力，以备傍晚匪向我攻击等语。

2．十月二十三日上午六时，奉新一军军长邓令：着职率该第二团一、二两营前赴青岚山（距定西四十里）一带游击，于本日早八时率所部由定西出发，于十一时，我前卫在东十五里铺与匪接触，激战一小时，匪不支，退守包家湾阵地，该处地形险要，匪筑有坚固工事，并绕山以电杆电线结构成网，我以全力猛攻，约战二小时，匪不支向右山撤退。下午六时三十分，奉新一军军长令：着即撤退定西等因。职星夜返防。是役我受伤兵三名，消耗七九步弹二千四百余粒，自来得弹九十五粒，获马枪三支，毙匪五名。

据巉口陈团长报称：十月二十三日，个家岔、黑音渠、黄牛湾一带发现匪大部在该处一带构筑工事，似有监视我军之企图。定西西十八里铺之骑匪，已向个家岔退去，巉口南山已被我第一营占领，匪每晚四出发枪，希图牵制我军之意。职严饬不发一枪，准备白刃相搏等语。

3．十月二十五日上午七时，又奉新一军军长邓令：着职仍率第二团一、二两营向青岚山一带游击等因。职于本日上午八时，由定西出发，于十一时到达青岚山，匪大部于本日早十时向葛家岔撤退，青岚山附近仅留少数骑匪，与我前卫骑兵石连接触，匪不支，向北逃窜。十二时，我全部到达青岚山，除派探侦察匪情并电示外，本晚宿营青岚山。是役无损伤。

4．十月二十六日早八时，据探报，匪窜至葛家岔、黑音渠、黄牛湾一带掠粮滋扰。职率所部由青岚山出发，向葛家岔游击。职随令驻峨口。职旅第一团陈团长除留一营驻守峨口外，其余由驻在地刻即出发，向丁家山侧进，牵制匪之行动。职即合第二团向黄牛湾挺进，本日早十时，我前卫在黄牛湾附近各山头与匪接触，我部勇猛进攻，我连夺获匪阵地三道，已与陈团及张骑兵营（新一军直属骑兵营）均取得连络后，继续向匪进攻，复夺获匪阵地二道，匪退守距个家岔十余里各山头。该处匪筑有坚固盖沟及掩蔽工事，我猛攻数次，匪以全力死守，时已傍晚，职令暂停进攻，本晚宿营黄牛湾。是役我阵亡官长二员，士兵五名，伤兵十六名，毙匪三十余，俘匪二十余名，获步枪五支。消耗七九步弹九千三百七十三粒，手掷弹五十七颗，自来得弹五百二十八粒。

5．十月二十七日早四时，据探报，匪仍在距个家岔十里处各山头抵御。本日早五时，职率所部向匪猛攻，连得各山头，匪不支，向北溃窜。本日上午八时，我完全占领个家岔。旋奉新一军军长邓电令：着职部暂驻个家岔待命，不要轻进等语。是役我获步枪五支，俘匪十名，获自来得手枪二支。

十月三十日奉三十七军毛军长通报：匪退窜铁木山、马家堡，该军已由新集镇向匪推进，职率部由个家岔出发，进驻石峡湾与毛军连络。

三十一日，职率所部进驻马家堡，以备侧应毛军，匪不支，向北溃退。

十一月一日，职部进驻陈牟家，奉三十七军毛军长通报，着职向鹿耳原一带游击，搜剿零匪。

十一月三日，职由鹿耳原一带搜剿完毕，率部向靖远县推进。

十一月四日，奉新一军军长邓电令：着将职旅骑兵石连拨归三十七军指挥，余驻靖远县待命。以上在定西县属包家湾、青岚山、黑音渠、黄牛湾、个家岔等处剿匪，共消耗七九步弹一万一千八百零三粒，自来得弹八百三十粒，迫炮弹四十三发，手掷弹九十一颗，阵亡官长二员，士兵五名，伤亡十九名，共获步枪十三支，俘匪十二名。

附战斗详报表三纸〔略〕

附阵地详图二纸〔略〕

〔国民党政府军事机关档案〕

（十二）在中央红军长征后对江南革命根据地的进犯

1. 国民党军第七十六师与红军在闽赣边境战斗详报

（1934年12月—1935年5月）

本师于二十三年十一月下旬奉令，以赣匪主力西窜，五省剿匪军事告一段落。自十二月一日起，赣、闽两省划为绥靖区，改任顾总司令为驻赣绥靖主任，任二十路张总指挥兼赣第七绥靖区司令官，划光、资、邵、黎、顺、将、建、泰八县为第七绥靖区。本师担任光、邵、资三县守备及境内残匪肃清。各等因。谨将自二十三年十二月一日起，至二十四年五月底止，剿匪战斗经过情形，择述大要如下：

甲、匪情概况

查资、光、邵三县境内残匪，已大半肃清。惟资、光封锁线以东，邵、光、资、贵、建、崇、铅等七县边区，山高林密，地形险阻，国军向未深入，累年沦为匪薮。著匪有方志敏所辖伪五十八团，现称伪独立师黄立贵一股，人枪各千余，轻机枪三四挺。有伪新编红四团丁日升一股，众约六百余。方志敏之妻一股，众约千余。他如伪邵武独立营王炳行一股及伪教导队王某一股，众各百余，均受伪闽北政委黄道、司令员吴先喜指挥，以建属黄坑为老巢，分踞高阳、李家陂、龙湖、平溪、米罗湾、遐洋、桐木关各要隘，时向叶坊、白沙坑、昌坪、山头关一带窜扰，到处组织苏区，宣传赤化。我军派部进剿时，兵多则入山之后，人烟稀少，交通不便，给养困难；兵少则山高林深，路少险多，非但无济于事，且易受匪暗算，更因畛域攸分，此剿彼窜，肃清极难。

乙、进剿方略

基于以上匪情，非打破畛域，四面兜剿，军事节节推进，政治跟随设施，断难收肃清之效。当拟进剿方略如下：

1.东北两面，联合贵、铅、崇、建友军，协同进展，以防此剿彼窜。

2.西南两面，由我资溪驻部向火烧关、桐木关方向，光泽驻部向遐洋、平山方向，邵武驻部向高阳、黄坑方向进剿，实行分进合击，节节进逼。

以上追剿方略实施后，匪部势必化整为零，更拟搜剿零匪方略如下：

规定堵剿追剿两部队，匪区要地一经占领，即时构筑碉堡，派兵驻守，招抚流亡，举办清乡；另以一部轻装糇粮，跟踪穷追，使匪无处逃匿，驻守部队除堵剿防匪窜逸外，并随时派部入山搜剿散匪务在匪类尽歼，民众安业而后已。

进剿搜剿两种方略，既如上述，而实施步骤可分下列三期：

1.第一期进占山头关、下山坊、遐洋、高阳之线。

2.第二期进达桐木关、平山、半山、黄坑之线。

3.第三期肃清境内散匪，办理清乡善后，组织保甲，训练民众，俾有自卫能力。

丙、经过战役

（一）第一期

本期因忙于移防点编，整理训练，进剿大要如下：

十二月十一日，奉司令官张蒸巳电，以奉委座庚酉行战一电，饬于邵武第十一师周志群未调防以前，抽谢部队协助兜剿黄坑之匪。等因。斯时本师正在集中点编之际，当令每旅各抽派兵力一营协助兜剿。十二月十二日，据光泽三区联保主任王辛陶等报称：遐洋股匪滋蔓日甚，不时胁迫地方民众盲从，深堪危虑。

遐洋巢穴与寨裹相隔最近，寨裹为三、五两区要冲，亦该匪出入必经之路，请派兵驻守防堵等语。当即转饬四五六团第二营注意堵剿，并酌派部队驻防寒〔寨〕裹，以资镇慑。十二月十三日，奉司令官张文申电，转奉委座尤戌行电一电，以据光泽遐洋、叶坊两处被匪窜踞。遐洋与建属之黄坑、邵属之李家陂毗连，叶坊与资溪之大觉山、贵溪之白沙坑密迩，此剿彼窜，难于扑灭。饬查核剿办等因，遵即抽派步兵一营分头堵剿，而该匪狡猾异常，兵到即窜去，兵回则复来，迄未接融。二十三日，据工兵营长李芳报称：资冷碉堡线高埠至饶桥、马棚一带防区附近，时有三五零匪发现，侦其巢穴在白沙坑、昌平一带等语。又奉司令官张有巳电，以据资溪陈县长筱电称：探光泽之石垄有匪二百余，枪八十余支。又毗连资溪之罗汉洞、白沙坑、叶坊、梁家边一带，有匪七百余，枪四百余支等语。饬派部剿办。等因。当即转饬第二二七旅派部进剿，复派四五六团全团于一月二日由光出发，向遐洋、夫人庙一带相机进剿。

1.遐洋之役

一月四日，据四五六团牛团附报告称：职率二、三两营本晨由扫帚尾出发，十二时到达遐洋，与众约百余枪七十八支之匪接战一小时，匪势不支，向黄坑方向逃窜。击毙伪排长一名，俘匪三名及宣传品等。复据微日报称：昨日击退之匪，至夜数次反攻，均被击退。拟调司前、新甸之一营，驻寨裹堵剿北窜叶坊之匪，二、三两营即在遐洋协同民众构筑碉寨，限一周完成，由保安队驻守，方可无虞等语。除饬留一营驻遐洋筑碉；一营到叶坊、柴家一带搜剿零匪；一营驻寨裹策应双方外，并电请司令官张转电第九区刘司令派队围剿。旋据报，九日十一师进剿黄坑之匪，十日午刻占领，匪约百余窜邵武以北龙湖附近。（附图）〔图略〕

2.后坑之役

四日据资溪二二七旅贾参谋靖邦江电称：据报土匪受我四五六团北向追剿，一股西窜，现至陈家店以东十六里处之周亢庄，众约二百余名，枪约五十余支，与茅坪一股相呼应，似有进攻陈家店之模样。旋据电话报告：江夜匪已偷过碉堡线，窜至止马附近，四日窜至牛田等语。当派四五三团一营由止马北剿，炮兵营彭连由硝石，王连由珀玗前进堵截。惟匪流窜甚速，追兵未达，五日又窜距嵩市十里之石硖附近，六日回窜至云衢，八日窜至南城珀玗东二十里之兰山一带，九日窜至大小竹一带。当令特务团团长李万如指挥王、陈两营，协同地方团队追剿。十日据特务团李团长万如报称：小竹股匪经我部追剿，已向河源、桃木坞一带逃窜，当派曹团附率辎重营段营附及该营第二连向该地进剿，并令炮一连由小竹尾追，炮三连在水口堵击。午后二时，炮一连追至后坑与匪接触，匪据险顽抗，当经该连官兵奋勇进击，激战约二小时，匪势不支，纷纷向红梅山逃窜。是役毙匪五名。南城保安队受伤团丁二名等语。

3.港口之役

十一日匪东窜距资溪西二十余里之港口，当令驻高埠工兵营长李芳派部截剿。旋据报，十二日职率部往港口堵剿，遇匪二百余，激战一小时，匪不支，向张家山一带逃窜。毙匪一名，击落难民一名。下午追至五里山，复与匪众接触，相持时余，匪向湖石窜逸等语。

4.外太原之役

一月十五日，据工兵营长李芳报告：张家山突来"赤匪"二百余，枪百余支。当经率队进剿，接战未久，匪向西北窜去，企图由饶桥渡河南窜，复经衔尾穷追至外太原，匪据险抵抗，激战五小时，匪不支，纷向里太原一带地区窜去。是役活捉赤匪胡文生一名，救出难民五名。据俘匪供称，伪营长寇某及匪兵十余名，均受重伤。

5.桨家之役

十二日据四五六团牛代团长报告：以据第一营营长王励恪报告，桨家有匪数十名，我军甫到一经接触，即行逃窜，梁家边一带亦无匪踪。据该地土人云，白沙坑时有少数残匪出没，梁家边一带久无居民，若派一分队构筑碉堡驻守，第恐抵抗无力，易为匪乘。惟有暂筑强固工事数处，以资防守等语。

6．小黄坑之役

十六日据四五六团第三营营长李振化报告：寒日派兵一连，附保安队一分队，向小黄坑、东山背一带游击，与众约百余枪数支之匪遭遇，接战一小时，匪向黄坑方向逃窜。是役救出被胁难民三人等语。

7．十八排之役

十八日据四五六团牛代团长报称：遐洋之匪已追至距遐洋三十余里深山中之十八排盘踞，归来民众已达三百余人。当令第三营选派精兵十名，均着便衣，暗带手枪，协同保安队一部前往剿办，并另派一部绕道堵匪归路，我便衣队先行潜入，正值该匪等在民房内围火吃饭，当场击毙九名，内有伪光泽县教育部长廖加禄（即卢甲则）一名，救出难妇九名,活捉匪之女宣传员张香莲、罗金凤二名，夺获七九步枪两支，搜出伪长园戳记各一个，宣传品一束等语。

基于以上情形，流窜之匪尚在斗原以东地区。为恢复匪区根本肃清计，另规定进剿部署及各部任务如下：（一）着四五四团由资溪抽派精兵两连,四五六团由叶坊抽派精兵两连,工兵营由高埠抽派精兵两连,均限于十九日晨由驻地出发,分途向斗源以东之匪寻踪追剿，务在三方夹击，聚而歼之，如匪向西北两方窜逸，仍须跟追勿释。（二）各部均轻装带干粮三日，以追至山头关、西溪之线为止境，即在该线附近各择要地驻守，并构筑工事，组织民众，搜剿附近残匪，以待后命。

8．昌坪及竹园山之役

二十一日据四五四团团长李学正报称：现残匪盘踞距昌坪八里之竹园山、岚山一带，我时之楠营及工兵营皓日进抵斗源，哿日进抵昌坪。我工兵营遇匪探五名，当场击毙两名，获步枪一支，余悉逃去。二十一日早七时，匪百五十余名，向我驻竹园山之工兵营一部袭击，来势凶恶，经李营长督部两路包剿，激战一时余，我官兵奋起肉搏，匪向东山坪之线溃窜。是役击毙伪连长一员，匪兵二十余名，获步枪五支。我工兵营受伤连长柴英魁一员，士兵四名，阵亡士兵王明计、胡国志二名。（附图）〔图略〕

9．望马寨之役

二十三日，据四五四团团附张承训马晚报称：竹园之匪被我击溃后，经望马寨向山头关、西汉以西地区逃窜。我时营今午后在岚山击毙残匪两名，同时工兵营进抵江家，四五六团王励恪营午前进抵望马寨，与溃匪遭遇，击毙残匪九名，匪无斗志，向山头关窜去。王营今晚亦可到达岚山，职与各营今晚在岚会晤，决定明晨分路向山头关、西汉之线追剿等语。

二十四日，据四五六团牛团长由扫帚尾报称：养日半夜，突由梅溪窜来股匪二百余名，经荣富史、亢玲珑向君山窜去，当派毋营长率兵两连追剿，该匪狡诈异常，夜行昼伏，似已窜入邵武或建阳，尚未探明等情。

查第一期应推进至山头关、西汉、遐洋之线，任务已完全达到。其间山峦叠嶂，林深木茂，股匪盘踞其中，民众亦多匪化。蓁莽塞道，地理生疏，进剿殊不易易。已复之地，当令筑碉驻守，招抚流亡，组织民众。待匪情明瞭后，再行进剿，如此则事功虽缓，而收效确实也。

（二）第二期

1．二都桥之役

二月二日，据四五五团团长李群峨报告：本月二日二都桥及二都附近，发现枪匪数十名，该匪经过龚家山时，绑去义勇队队丁一名及民众十二名。当令第五连连长许景亭率部追剿，匪闻风北窜，仅打落难民四名。

二月六日，奉司令官张微亥电：准福建刘司令官和鼎东甄电，转据十一师周师长冬电称：俭晨有残匪伪独立第二团众约四百，枪三百余支，由浙江常山经赣边南窜皮坑。当晚我朱营向该处游击，与匪遭遇，被我痛击，分二路向邵属李家坡、皮坑上溃窜等语。饬即剿办等因。遵即转饬驻邵部队堵剿。旋据报称：十一师包剿盘踞李家陂之伪独立团，杀匪获枪甚多，残匪向平溪山内逃窜。我部未动，匪已远窜。谨闻。等语。

二月二十三日，据光泽高县长楚珩转据第三区联保主任周朝泉等马日报称：方志敏之妻率领匪徒千余筱日侵入铅属陈坊、黄荆林等处，昨日并将铅属南武地方碉楼折毁，缴去该地枪械数十支，并时有匪众五六百在距陈坊五里之孤溪距司前二十里之铅属浆源及马铃关等处，日夜枪杀焚掳。同时又据报称：崇属黄坑已被大股赤匪攻陷，桐木关、卦墩等处保卫团又被该匪缴去枪械多支。光境之未罗湾，于前昨两日已到有枪匪四五百人，似有图占司前、新甸之意。又准贵溪第五七师阮师长肇昌梗电称：黄立贵部枪匪三百余，今晨六时由铅境陈坊向贵溪花桥、文坊窜扰，已电驻塘湾十二师蒋团严防。又准河口第十二师唐师长淮源径电称：黄立贵股连日在陈坊、花桥一带窜扰，现敝师抽调三团兵力进剿，请饬部堵击各等语。当即饬四五六团第一营限于有日开驻司前，堵匪西窜。

2．岱坪之役

三月五日，据四五六团牛代团长学礼报告称：股匪千余，三日下午二时，与我第一营之一部在岱坪遭遇，匪势猖獗，向我三面包围，激战七小时，匪均攀登于附近高山上，该营以兵力单薄，且天色过黑，未便久持，仍率队回司前原防。是役毙匪三名，获刀矛各一件等语。

三月四日，据报股匪千余于昨下午三时窜扰新甸，当派炮兵营全部及四五三团团长王澧率第一、二两营于五日由光出发，向新甸进剿，与司前王营、山头关张营、白沙坑工兵营切取连络。邵武李团派兵一营向高阳进剿，并派二二八旅旅长范龙章于六日早赴前方指挥堵剿。复奉司令官张电令：着范旅长归河口第十二师唐师长统一指挥，不分畛域，越境穷追，以收聚歼之效等因。

三月五日，据四五五团驻龙斗之连长魏高唐呈送该地甲长李细发等介绍携械匪兵投诚之熊朝生一名，带汉造步枪一支。经讯供称：在匪军十一师四营四连当兵，该部现驻建阳平溪，人约百名，枪五十余支。伊系建阳麻沙人，愿回家为民等语。除即照投诚条例给赏外，并函送第九区专员公署按照自新手续办理。

3．高阳之役

七日据邵武四五五团团长李群峨报称：据第一营营长胡琅阁报告：虞早由邵武向高阳出发，行抵母鸡岭地方，发现匪方标语甚多，当即搜索前进，至高阳附近匪约二百余向我包围，经官兵奋勇冲击，激战六小时，匪不支，向温洋方向溃窜，即晚进驻高阳。斯役击毙匪徒甚多，生擒匪徒徐龙、邓新和、何文奎等三名，当即就地正法。我部阵亡士兵一名，负伤三名等情。

4．山头关之役

九日据旅长范龙章报告：佳日午后匪千余人向山头关、新丰一带逃窜，与我驻山头关堵截部队张承训营接触，激战甚烈，迄未得逞，当夜即向贵属花桥方向溃退。斯役击伤之匪甚众。我营亦负伤士兵十名，失踪七名，失去步枪八支等语。（附图）〔图略〕

5．桐青岭之役

十二日据旅长范龙章文亥电称，今早王团炮营由新丰分两路向贵境追剿，山高林密，行军备极困难。午后二时，王团同炮营抵桐青岭，与匪接触数小时，毙匪十二名，生擒三名，获步枪一支，将桐青岭、王思坑同时占领，匪势不支，即入大山向西窜去等语。当即调山头关张承训营及工兵营进驻杨梅洲堵匪西窜，王团炮营明早向西追进等情。

6．杨梅洲之役

十四日据旅长范龙章报称：元亥匪复西窜杨梅洲，被我张承训营排哨发现，当即迎头痛击，匪知有备，黑夜折回东南火烧关方向溃窜。是役俘匪二名，获步枪一支。该营士兵受伤一名，阵亡一名等语。

查匪因迭次痛剿，飘忽靡定。十六日据光泽第三区长翁光汉报称：二十三都之官坛厂、米罗湾一带到有伪邵光独立团二三百人，枪约百六十余支，窜扰夫人庙、西坑口一带，人民备受掳掠，纷纷避难。又据报伪独立师黄立贵匪约千余，十五日下午四时，由火烧关小路向石村回窜至下山房等情。当令辎重营全部十七日由光出发，进驻寨裹，堵匪西窜，并相机进剿。

7．西坑口之役

十八日据旅长范龙章巧亥电称：匪经山头关、杨梅洲两次西窜未遂，乃乘大雨黑夜，越山绕道而东，职率部尾追，十八日午后四时，追至西坑口与匪接触，当令工营在左，王励恪营在右，炮营为预备队，接战两小时，匪势不支，向李园方向溃窜，工营限追十余里，因雨大始止。夺回难民四人，据供称：伪师长黄立贵确已受伤等语。我工营第二连亦阵亡列兵一名等情。（附图）〔图略〕

二十二日，据范旅长养电称　黄匪窜踞桐木关一带，已令王团进驻岱坪堵匪西窜，职拟率工炮及王励恪营经崩山向桐木关越境追剿。惟崩山至桐木关三十余里，渺无人烟，刻正准备粮食。又辎营报告：奉命由西坑口进驻夫人庙，二十二日由西坑口出发时，据联保主任邱国臣报有投诚赤匪一名，在东山坡停止，当即派兵前往引来营部，并缴套筒步枪一支。供称名吴宗裕，其师长为黄立贵，团长名彭喜才，昨夜由崩山携械逃出前来投诚各等语。嗣即转送来师按章处理。

8．太极山之役

二十四日，据旅长范龙章敬电称：顷据团长王澧报称：今早七时向岱坪进剿，十二时到达，据报伪第四团彭喜才匪众约六百余，枪四百余支，在太极山一带盘踞，距此甚近。乃布置第二营于岱坪，第一营于龚家宿、大福一带，下午一时与匪接触，猛烈进攻，激战约两小时，匪纷向东北窜去。是役俘匪一名，毙匪四名，获步枪一支。

9．王岭头之役

二十四日，据范旅长报告：今早七时伪独立师教导队二排长黄炳荣携步枪两支前来投诚。据云黄立贵自西坑口受伤后，所部均已失散，黄率残部向崇窜去，教导队百余人未得随去，二十三日夜盘踞西坑口东北十余里之王岭头等语。当令炮工两营及四五六团第一营各抽派一部归工兵营长李芳指挥，由西坑口向该处搜剿。下午三时抵王岭头，匪据山顽抗，工营在左，王营在右，炮营为预备队，向前猛攻，激战三小时，匪势不支，向东溃窜，炮营跟随二十余里，将匪击散。当因天晚而雨乃止。斯役俘匪班长二名，伙夫二名，步枪三支，子弹十九排，伪教导队长受伤。我炮营受伤一名等语。（附图）〔图略〕

10．官坛场之役

三月二十六日，据范旅长宥电称：据报黄立贵亲率匪部数百，已远窜崇化，伪独立新编第四团未得随去，刻盘踞官坛厂一带，化整为零，四出劫粮。当令王团长澧率该团一、二两营，由岱坪向该匪进剿。令工兵营由西坑口搜剿，期收夹击之效。王团于二十五日下午二时与匪接触，激战二小时，匪四散崩溃，纷向崇境窜去，追剿二十余里。是役得步枪二十一支，俘匪十一名，毙匪二十余，得土炸弹军用品甚多。工兵营因与友军联络，到达稍迟，仅得步枪二支。查匪在近数日内纷纷投诚，伪闽北总司令员李得胜亦投归赵观涛部。伪红四团及教导队被我迭次痛击，化整为零，均四散逃窜。除令各部就大旗山、崩山、卦墩、横坑山、冈江墩一带地区严密搜剿，并一面设法招来，务求迅速肃清外，第二期防区清剿任务已告一段落等语。（附图）〔图略〕

查本期以四五四团第二营、四五五团第一营、四五六团第二营及工营、辎营为驻剿部队，致黄匪立贵迭次企图西窜，均未得逞。以四五三团一、二营、四五六团第一营、炮兵营为追剿部队，致黄匪于崇、光、铅、贵边区二十余无喘息余地。计三月歌日窜新甸，麻日窜梅坪，虞日窜云际关，庚日窜马鞍山，青日窜山头关，灰日窜花桥，尤日窜双井，侵日窜桐青岭，元日窜杨梅洲，灰日窜火烧关，删日窜下山房，铣日窜水竹窠，筱日窜际头，巧日窜西坑口，皓日黄匪远窜崇北。残匪分窜太极山、王岭头、官坛厂、崩山、桐木关，复经我追剿部队跋山涉水，跟踪击溃。至艳日旅长范龙章始返光泽自动员起至复员止，追奔逐北，共二十五日，当时仍留四五六团第一营及工兵营于西坑口、岱坪布防，将王团一、二营开光训练。

（三）第三期

本师光、邵、建、崇、铅、贵、资边境匪区，经迭次进剿，大致肃清。惟残匪化整为零，时聚时散。据报叶坊、柴家一带，有零匪百余人，平溪、碎米粟、龙湖、永䃣一带，有零匪二百余人等语。当即调炮、辎两营，光肃清光、资、贵边区后，再令炮、工两营及四五六团第二营肃清光、邵边区，以期招抚流亡、组织训练、实行地方建设。谨将搜剿零匪各战役列下：

1．龙斗之役

据范旅长龙章转据四五五团第四连连长刘茂堂以据驻龙斗之

排长王万青报称：四月一日早二时，发现股匪五十余名，由汽车路向我猛攻，相持约四十分钟，匪不支，纷向永碌方向溃窜。毙匪徒三名，追至龙斗五里之山坡上，又毙匪二名。查沿途遗有血迹，谅受伤者亦不少。斯役获七九步枪两支，伪党证纸币宣传品等数件等语。

2．泥坑圳港之役

四月二日，据赵团附搏沙报称：艳日率炮辎两营，由夫人庙向柴家、叶坊一带进剿，宿营寨裡，陷日补充给养，世日进抵柴家，东日搜索至叶坊，遇匪十余名逃窜，当令炮辎两营分路追击。（一）辎营追至泥坑与匪接触，猛烈进攻，匪避大山中，当跟追至九里坑，匪已无踪。计焚匪窝棚三座，获匪一名，大米三石，土造枪二支，土地雷、宣传品等数件。（二）炮营经罗汉洞，搜索前进三十余里，至圳港遇匪二十余名，据险向我射击，我官兵奋勇仰攻，当场击毙两名，匪四散，生擒伪财政部长黄陶秋一名，匪兵官仁美、杨祖宋二名，击落难民六名，获七九步枪两支，子弹五十粒，伪钞票数种。（三）二日令辎营向玲珑、凉水坑一带搜剿，炮营向白沙坑、昌坪一带搜剿。惟无人烟，路径绝少，官兵足刺伤无数，终未遇匪等语。

3．拿口之役

四月三日，据邵武范旅长龙章江电称：黄道股匪人枪约七百余，冬晚在建阳之界首杜谭与十一师激战甚烈，现向邵属二都、三都桥方向窜扰。第十一师唐、杨两团在后穷追。邵防兵力单薄，不敷调遣等情。当令赴邵演习行军宿营之军官军士训练班就近堵击，并调西坑口四五六团第一营限鱼日进接邵武城防，饬宥日开驻拿口之四五五团第二营严密堵截，一、三两营抽编为追剿队，跟踪穷追，务期歼灭。

据范旅长转据李团长报告：四月六日下午，黄匪窜抵拿口，向我彭营猛攻，我机枪连当进入山头各碉，官兵沉着应战，激战十小时，匪未得逞，乘夜向南溃窜。斯役毙匪十余名，获步枪四支，手枪一支。惟我出击部队，负伤排长一员，士兵二名，阵亡士兵四名，损失步枪十支。职率队赶到，匪已窜去等语。

四月八日，据报温洋、龙湖一带，潜藏残匪约七八十名，枪四五十支。米罗湾、崩山一带深山中，潜藏残匪约二百余名，枪百余支等语。

当于齐日派部搜剿如下：（一）饬二二八旅由邵武抽一排，接替漠口防务，原驻漠口部队集结龙斗，一连向龙湖、温洋之匪堵剿。（二）饬炮兵营长王绍光，编足精兵二连，由饶家坪向龙湖、温洋、永磜一带搜剿，其余一连仍驻叶坊协同团队搜剿。辎营回光训练。（三）工兵营进驻西坑口，四五六团第二营进驻夫人庙，分向米罗湾及其以南地区搜剿。以上各部均归赵团附搏沙指挥，俟将残匪肃清后，即搜剿米罗湾以北地区。并规定奖金如下：得匪枪一支者，赏洋十元。当场俘匪一名，经讯确实者。赏洋五元。毙匪一名，割有左耳者，赏洋三元。投诚之匪带枪一支者，赏洋二十元。

4．平溪之役

四月十五日，据赵团附搏沙报称：今早五时，经石盘上向平溪游击，正午抵平溪，遇匪数十名，在密林中向我射击，当率队猛攻，将平溪占领。残匪逃窜，俘获女宣传部长及女宣 传 员 二名，夺回难民一名，获匪旗一面及宣传品多种等语。

5．丁家山之役

据赵团附搏沙报告：四月十六日由宿营地寮头东方向游击，正午行抵丁家山，发现股匪五六十人，当即分路猛前进击，毙匪二名，匪势不支，向隔山逃窜。追击十余里，因大雨河无桥梁，搜至安浆宿营。筱日进至龙湖，巧日进至永磜，山高谷深，向为国军所未到，居民仅一二龙锺老妇，匪亦无踪。因裹粮已罄，皓日返饶家坪补充给养。进至龙湖发现匪探二三名，在山中瞭望，见我军到，鸣枪一声，即越岭逃窜，经马营附率队跟追七八里匪已无踪，仅搜出难民四人等语。

6．漠口之役

四月十八日，据范旅长巧电称：匪约二十余名，于昨晚十一时窜扰漠口附近，企图掠食。当派手枪连前往剿办，匪见我军至，狼狈四散，跟追十余里，救回难民三人等语。

基以上情形，当饬由本师党政军组织匪区善后工作指导团随搜剿部队前进，对于占领地区办理给养运输、通讯联络及民众组织训练并宣传招抚事宜，饬邵、光两县组织义勇队，发借步枪各百支，配发子弹，自行搜剿深山零匪，以期彻底肃清。复奉司令官张霰电，以准刘司令官和鼎咸电，据俘匪供称：南窜之匪由黄立贵及方志敏之妻率领，真日由顺昌回窜仁寿，黄道及伪闽北分区主席温绍卿率匪三四百，复向邵、光境内活动等语。当饬追剿部队李团长群峨率一、三营会同第十一师派部努力进剿。

7．李家陂之役

据赵团附搏沙报告：四月十五日晨五时，自饶家坪出发，九时到达平溪，午后一时搜至温洋，见房屋内似匪将走之情况。当督队向李家陂急进，直达山顶，分两路包剿，下午三时，马营附近占李家陂上村，与伪独立师黄立贵部相遇，主力埋伏于上村右侧之高山上，一部埋伏于下村，马营附督队仰攻，职与王营长由村北策应，双方夹击，遂将下村之匪击溃东窜，复拼力向山仰攻，该匪胆敢三次反攻，职冒雨督战，与匪相距数十米达，战事甚烈，赖有轻机枪之扫射，匪始不支，向西南山中逃窜。追击七八里，因雨大天黑遂止。斯役毙匪十余名，救出被胁难民五人。我负伤士兵四名等语。（附图）〔图略〕

8．曹妹坑之役

又据报告，四月二十六日早五时，冒雨游击，十时抵邱家际遇匪当即猛攻，匪弃饭未食，即行逃窜，下午三时，追至距曹姝坑三里许，俘匪重要工作人员曾礼一名，在身上搜出刻有党徽之石质图章一颗（此章能调遣匪部，复写纸一张、铁环四个（暗号），讯供黄匪昨被击散，命我在后收容归队，现大部已布防前面数里外山上，候我军入阱云。当即择欧上高山布置露营，二十七日拂晓继续进攻，至碎米粟见匪向东南鼠窜，跟踪追击，直达龙湖，途遇匪探三名，仅发一枪即逃去无踪，乃将龙湖占领等语。

9．高阳之役

四月二十六日，据四五六团第二营长毋光裕报称：职昨日搜至永䃮，今早率队向高阳搜剿，午刻与盘踞之匪接触，该匪系伪邵光独立营，人约八十余，枪五六十支，恃险顽抗，激战三小时，匪向西南深山溃窜，当将高阳占领，跟踪追剿十余里。斯役计毙匪十余人，获三八式及套筒步枪二支，米袋数十条。四连上等兵李明兴奋勇追击，被地雷炸伤左腿甚重等情。（附图）〔图略〕

10．谢坑及李家陂之役

据四五五团团长李群峨报称：黄匪由顺昌绕建阳回窜甚速，职跟踪尾追，智日由拿口至贵溪，马日至华家山，养日至朱坊，梗日至二都，敬日补充给养。探知匪到谢坑，有日早五时，即向谢坑猛进，正午与匪接触，激战一小时，匪向将军亭方向窜去，冒雨追至漈头宿营。是役毙匪十余名，打落难民三名，一名伤重毙命。宥日早出发，正午追抵李家陂复与残匪遭遇，激战一小时，匪化整为零，向油头深山中分窜。斯役毙匪十三名，我亦阵亡士兵李世荣一名。此地久沦匪区，居民全无，官兵日夜爬山搜剿，艰苦备尝，给养困难，请设法接济等语。

11．桥头溪之役

据赵团附搏沙报告：五月一日晨，率炮工各一连向永䃮、平坑、桥头溪、乾上一带搜剿，下午一时，过平坑约里许，即遇匪之瞭望哨发枪，当知为匪信号，乃饬官兵急进，抵桥头溪遇匪约五六十名，在两面山上深树林中发枪，当分向山头搜剿，即抵深林，匪已北窜，追至乾上，匪窜更远，因轻装出发，未携食粮遂返等语。

据李团长群峨五月四日于夫人庙报告：以据崇属桐木关，第一、二保长胡裘等报称：四月二十九日有匪四五百人，经过桐木关外向将溪方向窜去傲头、卦墩一带，亦无匪踪。并篁碧村有剿匪第二纵队之一部驻防，傲头有十二师部队驻守，民众各安生业，照常耕作。又据赵团附报告：连日搜索乾上、下坪、横坑、油头、碎米粟、洪家寮、平溪一带，均无匪踪，龙湖平地甚广，田地肥沃，该地一年可收谷七千挑，永磜、苏家屈田地亦美，祈速责成邵武县政府筹集农具谷种，以资难民返里耕种各等语。

基以上情况，当令李群峨团即经米罗湾、芙蓉溪、李家陂、漈头搜索，回邵城训练，以第三营分驻二部、高阳布防。令四五六团毋光裕营，即由高阳经阳坑、李家陂、芙蓉溪、米罗湾搜索，回驻夫人庙，均于八日出发，十日到达。炮工营于龙湖、永磜构筑碉堡，肃清零匪，招抚流亡组织训练。

五月十四日，据夫人庙毋营长报告：黄道率领独立团枪匪约三百余人，新由广浦交界窜来，五月十三日早窜至西坑口，十四日午窜往岱坪。又据光泽县高县长转据三区区长毛奂湘报称：赤匪黄道聚众约三四百人，枪二百余支，十三日下午九时进攻司前，市面被劫，刘大队长玠率五、九两中队将匪击退。旋据报告该匪实有六七百人，枪约五百余支，现仍盘踞岱坪、大旗山一带各等语。当令四五三团第一营于十五日由光出发进剿，工兵营于十五日由龙湖开光，转向岱坪进剿。四五四团第二营由资溪向山头关方向迎击。

12。大旗山之役

据工兵营马日由岱坪报告称：皓日进驻岱坪，替代陈营回光点验。据报黄道股匪退窜桐木关东二里之王花村盘踞，马日回窜岱坪东十余里之大旗山，当率队进剿。下午四时接触，激战一小时，匪不支，溃退三十余里之官坛厂，当留第二连在虾蟆窖监视，一连回岱坪布防等语。

13．官坛厂之役

据四五六团第二营长母光裕五月二十三日于夫人庙报告称：二十二日职率四五两连由夫人庙经李西坑向官坛厂一带搜剿，行抵昆牛岭山口遭遇股匪约四百余，枪过半数，轻重机枪三挺。当分两翼包剿，激战约半日，匪不支，向崇属桐木关方向溃窜。是役计毙匪十余名，俘匪七名，斩割伪团长丁日升、连长陈胜子及宣传员等首级四颗，获步马枪六支及搜出匪团长委任、口令、党证、宣传品等多件等语。（附图）〔图略〕

〔国民党政府军事机关档案〕

2.国民党“浙南剿匪指挥部”宣铁吾部与红军粟裕部作战概况①

（1935年7—10月）

一、进剿开始前之匪情

民国二十四年三月间，赤匪粟裕、李英率领方志敏残部，共约千余人，长短枪七八百支，轻重机关枪十余挺，由福建政和北窜浙境，召称伪中国红军浙西南独立师，先后流窜处衢两属各县，所至焚掠，迭经派队进剿，无如匪谋狡黠，窜避多方，因而深入于武义、汤溪、永康内地，浙蛊惑龙游南部之槽工，复煽动松阳一带之青帮，并招诱各莠民资为羽翼。至七月间，匪徒激增二千余人，势愈猖獗，乃分头盘踞于松阳西南之枫坪、白岩及龙泉西北乡之东需、住溪，遂昌西南之关塘、王村口间，实施其伪游击总队之编练伪特区与贫民团等之组织，于是浙南十余县土地遂笼

① 此件原标题为：《浙南剿匪指挥部工作概况》。

罩着于赤焰绛雾之中，人民受水深火热之惨酷矣。

二、我军之布置

铁吾于七月下旬奉令专剿，廿六日即率参谋阮西震等数人驰往遂昌，设立浙南剿匪指挥部，决以迅雷不及掩耳之手段，直捣松、龙间匪巢为第一着，乃将所属保安四个团（此分分派各地防剿）速行调整，以建制使用。并按照当时匪我情势，作下列之部署：匪大部在松阳、遂昌之西南，龙泉西北等地区。另三股各约二百余人，一窜青田、大寮村；一窜衢县十五里凉亭；一窜龙泉南乡之上際。本部决定以遂昌为中心，令第三团构成龙游、溪口至遂昌及遂昌、拖西、大柘至湖山镇之封锁线。第四团（第一大队）构成遂昌东之界首经松阳至云和之封锁线，以第一团第二营担任云和、龙泉间之封锁。第二团除以一部控制遂昌外，以主力驰剿衢城附近之匪，第一团（欠第一营进剿上際之匪）专剿青田方向之匪。

三、初期进剿经过

八月上旬，我军部署既定，遂令第四团由松云之线向西推进，首将白岩、枫坪间之伪苏区扫平，继续推进，复将东需、关塘之匪根据地完全占领。此时窜青田、大寮之小股，经我第一团第一、三两营追剿，突奔永嘉、缙云、永康及武宣各县境。至宣平、车昌村，经第三营追及击溃后，北窜武义境。其窜衢县附近之小股，东经遂昌西北转越龙游南境，窜至汤溪塔石南之仰坑山，为我第二团第三营围剿，毙其半数，俘获十余名，残匪星散，遂告消灭。至龙泉、上際之小股，经我第一团第二营在龙泉击溃后，即窜回王村口。惟查此时粟裕、刘英之大部，又另据遂西之王村口及龙西之住溪，而伪政治部主任黄富武率领一部匪众，仍流窜于武宣间。

遂昌以北之匪，即已铲平，乃令第二团封锁遂、松、宣之线，而令第一团（欠一营）将黄富武股向西南压迫入松云线内。

此时国军第二纵队郜子举部已到江、衢，即将遂西线之第三团撤回交于郜纵队接防。八月中旬，探悉黄富武在宣松一带谋扩充，增加匪众四五百人，乃一面令第一团节节压迫，驱入松云以西地区；一面令第三团第一、三两营负责专剿。于八月下旬在云和西北之燕田村及松阳西南之庄后脚、牌居口、厦安、龙泉（不含）之封锁线，开筑工事。郜纵队除仍任遂昌至湖山镇及江浦路之封锁外，复以主力推进至曹碓岭脚经柘岱口至潦下市，左与十八军十四师、右与第三师部队连系。第三师任安民关、潦下市、花桥、八都迄龙泉（不含）之碉线封锁，第五十六师任花桥、小梅、庆元、濛淤村、石磨、下青田村、官田墙、泰顺间之碉线封锁。宣指挥官所部以主力移增云和、龙泉线，防匪南窜，并控制一部于云和附近，俟十八军到达龙泉以北线后，即以主力向龙泉以西及西北移动。铁吾即依照部署令第三团全部布防于云龙线，第二、四两团位置于龙北东需，经龙泉城迤西至豫章口。本部亦于九月五日进驻龙泉县城，以便指挥。七日当第二团移动时，在龙北王庄桥附近，被我军先后击溃，消灭其三分之一。同时寿宁范铁民股匪四百余，亦乘隙窜入景南之鱼潦、桃坪等处，乃飞调云龙线之第一团第一营南开驰剿，在沙湾附近迎头痛击，乃窜回寿宁。

九月上旬，赤匪全部均已于八月底被我封锁在遂、松、云、龙间之地区。惟黄富武部一小股约百五十余人，偷过五十六师之龙西小查田防线，南窜百步庵、瞿源，当派队跟踪追剿。

四、后期清剿部署及经过

国军十八军陆续到达浙南，乃即展开于江、遂、汤、金等县，并遵奉浙闽赣皖四省边区清剿总指挥部第一期清剿计划，准备南进。其原部署约略如次：十八军各师限九月十三日以前到达曹碓岭脚、石练、大柘、杭坑、桥大岭遇匪暗袭，即以敏捷手段迂回兜剿，毙匪八九十名。同时闽北范铁民股，复分窜景泰边境，乃令第一团以全力专剿，并追入寿境，以期根本歼灭。

九月中旬，匪大部仍在住溪、王村口一带。卫总指挥元（十三日）电示围剿计划，以住溪为目标，第三、十一、十四各师及部纵队各编一追剿队（一团兵力）分东北西三面。本部编两追剿队，由龙西及龙北南面，共向住溪前进，统限二十日占领该地。遂令第二、第四两团就准备位置，右自龙北石与左龙西岭根村，并着各该团组织难民护送队，护送难民回乡。至二十日午刻，本部两追剿队各以一部最先到达住溪，讵匪大部已于两日前闻风北窜。惟浙西南后方警备司令直属部队数十名小接触，经我第二团一营奋勇痛击，毙其半数，残匪由伪特委张云龙率领北窜。至廿二日，国军各师始先后到住溪，而王村口匪之主力与住溪北窜之匪又会合，刘汉南、刘英率伪一、三、五各纵队五百余人突越龙西东需、王村口线东窜。廿四日夜复越过云龙封锁线之蛤湖渡河南窜。本部即晚得报，即飞调驻云和之第三团第六连，驰往龙泉东部之金蝉湖、杨桥，并与原驻安仁镇之该团迫炮连联络，以防匪东窜。该大股匪众果于廿六晨十时窜到安仁镇、金蝉湖之间，一部向安仁镇攻击，余向赤源东进。我第三团六连闻安仁镇方面枪声后，即全部循声驰援，抵赤源附近之林林地方，悉匪先头部队即将到达，遂在该处占领阵地，准备迎击，午刻伪三纵队指挥官刘汉南率领各纵队死力冲击，激战约三小时，当将刘汉南击毙，并毙匪五六十名。时该连因众寡悬殊，未予穷追。晚七时许，匪复纠集短枪队数十名，图劫刘尸，又被击溃，伪政委刘英乃率残部四百余人，星夜狼狈南窜。此时我第三团正封锁龙泉、八都线，第四团搜剿住溪、岭根村线左右地区之残匪，第二团任住溪西北并南迄龙泉城线左右地区之搜剿。二十九日，第二团二营并将伪墙夹游击队全部歼灭，第四团亦擒获伪游击队长多名，毙毛匪二百余名。至十月上旬，伪特委张云龙在住溪南枣园坑地方被二团一营击毙，并生擒伪区财委曾宝荣等名。龙西至是遂告肃清。铁吾当即驰赴松渠、八都等处抚慰难民，并指示办理善后等事宜。

十月中旬，此时我第一团已将景寿之范铁民股击溃，俘毙甚多，并跟纵深入寿境前后□炭了头各地追击，该匪乃突越五十六师之封锁线而南循。此时刘英残部复回旋于龙泉、景宁、庆元边境，并分股东窜青田、瑞安等处。乃调回第一团东驰兜剿，并令第四团出龙南追击，计先后击败了景宁、桃坪、庆元、斋廊等地方。我第一团且将青南之匪驱回泰北，在黄泥堆、叶山附近毙获多名。时因永嘉区乐清、白象地方发生海匪绑护学生案件，海防同时告紧，永康同山之伏莽又啸聚思逞。乃请准卫总指挥调第四团一营赴永康专剿，两营往温台两属会同水警剿办海匪。其南窜之刘英一部约二百人，狼狈逃奔，由庆西北小梅竹口间偷越五十六师封锁线，出窜松溪。余部约三百人，分化数小股，逸窜庆景边境。惟时适奉罗副指挥电令规定：龙泉、景宁、青田以南，庆元、泰顺以北地区内之残，统归本部剿办。乃令原任龙泉、八都封锁线之第三团移向龙南，与第一团协剿，并以第二团之大部为策应，继续南进。十月下旬，各小股复并合为大小两股，大股约百七八十人，小股约六七十人，经我第三团在金蝉湖附近之王山头及第一团在景西先后击溃，两股各毙匪十余，大股遂于十月三十日夜间突越五十六师之封锁线，经举溪向闽寿宁境飞窜。小股残余约五十名，仍回绕于庆东黄水村、秋炉深山中一带，迭经我各团搜剿，毙俘共三十余名，且缴获轻重机枪数挺，长短枪十余支，全股歼灭。

至伪政治部主任黄富武，自九月中旬脱离二刘后，即率部与松阳青帮首领陈凤山所部合并，约四百余人，盘踞龙泉、松阳、云和交界之安岱后仰天湖、浪浆湖、梨树下一带山地，经国军以五团兵力围剿，约半月，俘毙殆尽。黄匪于十月三十日遁至王村口附近馒头岭脚，被遂昌汙头乡义勇队生擒，陈凤山亦于卅一日被十八军在遂南洋庄源山中俘获。又前由青田北窜经十八军留营跟追之刘英残部七十余人，十月中旬以后，历窜缙云、永康、东阳、仙居、天台、新昌各境，以在永康南部被我第四团第一营击毙多名，即折回南窜，又经留营于缙南追及毙匪十余名，余匪约三十人，散窜于永、缙交界之西坑凹，该营仍在搜剿中。惟永康同山之匪，虽经我第四团一营及特组侦缉队月余之搜索，歼灭已经大半，伪永东各分区组织及要匪俱先后俘毙，所余残孽，因近受刘英残部之煽诱，拟与仙、缙、东、武各县潜匪联络，企图死灰之复燃。本部为彻底肃清内地潜匪并预筹冬防计，已请准卫总指挥调第二团全部，会同第一团之一营及保安第九大队之一部围剿，并责令第二团贺团长钺芳统筹剿办，限十一月二十日前肃清。

五、进剿任务之完成及本部结束概况〔略〕

〔国民党政府军事机关档案〕

3. 国民党军第十八师朱耀华部与红军在湘鄂赣边区战斗详报①

（1936年12月—1937年4月）

湘鄂赣边区之会剿

第一节　缘起　〔略〕

第二节　匪情及我军部署

一、匪情

是时湘鄂赣边区匪情如下：

伪湘鄂赣边区匪情如下：

伪湘鄂赣边区政委傅秋涛，以黄金洞为巢穴。

伪军区警卫营、伪军区特务队、侦察队，共步枪二百余支，手枪四五十支，迫炮二门，盘踞于黄金洞，时向铜鼓、修水、万载、浏阳、平江各地骚

①此件原标题为：《陆军第十八师近十年剿匪战斗详报》。

扰。

伪军区独立团团长（原为谭凤鸣后为王青云）步枪三百余支，手枪十余支。

伪十六师师长（先为方步舟后为傅秋涛）共辖伪四六、四八两团，步枪七八百支，手枪数十支，轻、重机枪各数挺，以九宫山、大阳山、四都港等处为巢穴，时向各省边县窜扰。

其他各地赤卫队、游击队、少年先锋队，或枪数十支十余支不等。

二、我军部署

十二月二十五日，湘鄂赣边区主任所颁清剿计划，概要如下：

湘鄂赣边区主任公署　主任刘兴。

第一清剿区

指挥官朱耀华

所属部队：

陆军第十八师

清剿区域：万载——宜丰——观前——安峰街——界排铺——三界——全丰——温塘——小源——黄茅之线内地区。

第二清剿区

指挥官熊滨

所属部队：

江西保安队三团

清剿区域：宜丰——奉新——靖安——箬溪——北杂畈——太平山——界牌铺——安峰街——观前之线内地区。

第三清剿区

指挥官犹国才

所属部队

新编第八师

陆军第一二一师

清剿区域：界牌铺——洋港——阳新——姜桥市——金牛——咸宁——蒲圻——羊楼司——保安关——全丰——三界尖之线内地区。

第四清剿区

指挥官罗树甲

所属部队

湖南保安队四团

清剿区域：黄茅——温塘——全丰——保定关——平江城——浏阳城——大瑶铺之线内地区。

各指挥官先将各该区内散匪肃清尔后近渐推进将盘踞于九宫山——大阳山——三界尖一带之股匪围而歼之。

第三节 乱石岭阳洞岭等处之战斗

一、战斗前匪我态势

伪军区独立团谭凤鸣部，自本二十六年一月上旬以来，出没浏阳南乡之高坪、蒋埠江等处，与驻浏阳之湖南保安团队迭有战斗，略受挫败。

本师于上（二十五）年十二月下旬，遵照边区主任公署之清剿部署。

各部队分布位置如下：

师司令部及直属各队，万载城。

步兵第五十二旅（旅长黄钟、副旅长成熙鸿）修水城。

第百零三团（团长唐植成）修水渣津、城塘均等处。

第百零四团（团长王俊武）修水三都、大港、山口等处。

步兵第五十四旅（旅长喻镜渊、副旅长黄定）万载城。

第百零七团（团长康文岳）万载大桥、小源、白水、黄茅等处。

第百零八团（团长汤池）铜鼓胆坑 石桥排埠及万载高村。

二、战斗经过

第一目　乱石岭附近之战斗

一月十日午后一时，奉边区主任佳辰电：转据罗指挥官报告：伪独立团匪部于八日在东门市两南地区被我保安团击溃，受创颇巨，伪团长谭凤鸣重伤，匪部向东门市大围山方向窜走。着由铜、万部队抽派一部迅向东门市大围山附近截剿。

师基于上令，于同日午后一时三十分下达命令于喻旅其要旨如下：

喻旅明（十一）日以一部由万载城向上洪大围山附近，以一部由铜鼓沿铜浏大道向东门市附近，联络友军侦匪进剿。

喻旅于十一日以康团第二营营长陈家喻率所部及第一营之第三连，由株木桥出发，向大围山附近前进，第百零八团团长汤池率其第二营由铜鼓向东门市前进。是时第百零七团驻在万载各部之位置如下：

团部及直属队　大桥

第一营（营长白展文）大桥

第一连　小源

第二连　白水

机一连　大桥

第三营（营长旷畴）黄茅附近（缺第九连之一排驻慈化），排驻慈化。

同日午后三时据报：伪独立团匪部于十日由浏阳南乡之孙家塅经砀谷塅南窜，其先头于本日午前十时在东峰界附近劫车后，越浏万公路向上栗市西南之张仙塘方向窜走。

基于上述匪情，当令喻旅将本日由铜、万向东门市前进之部队撤回，以便转向宜春方面截击。午后四时，据喻旅长报告：汤团第二营已由电话命其仍回铜鼓，惟康团陈营长所率各连，以无法通讯，现约已到浏属张家坊附近。

师长以抽集一部向宜春方面截击该匪之目的，午后四时三十分之处置如下：

（一）命喻旅迅将小源、白水、黄茅等处部队抽集一部，于明（十二）日以前集结于株潭大桥附近。

（二）以上之处置，报告于边区主任

十二日午前九时，奉主任刘真未电：我赣保安第四团第一大队现在桐木，湘保安队在文家市、大瑶铺堵剿，第五十师由醴陵派兵一团向麻石进剿，另由本署派兵一连至湘东。又第五十师由安源派两连至清溪堵截，该师应迅派一部向上栗市进剿等因。

同时据报匪部昨（十一）晚在上栗市东南之西江附近，与追击部队稍有接触，仍即东窜，其先头于本晨窜抵小岘。

我喻旅已于昨（十二）晚令高村熊营派兵二连，星夜驰往小源、白水接防，康团白营之两连，明午可到大桥，旷营约本晚可到株潭。

师长基于上述情况，其处置如下：

（一）命康团长催促旷营速进，务于本晚到达株潭，并令进至浏阳南乡之陈营，速向慈化南进。

（二）以上之状况及处置，报告于边区主任。

同日午后十时，据康团长于大桥报告如下：

（一）据报匪部之先头，于午后七时许窜抵江东附近。

（二）旷营午后十二时以前，可达株潭。

（三）陈营午后到达浏阳孙家琅，由公路转来电话，已限令明（十三）日到达慈化。

（四）白营、小源、白水之两连，因熊营部队顷刻始到小源，其小源之一连，明（十三）日午可到大桥，白水之一连约须于明（十三）日午后方可达到。

（五）职对此间地形非常熟悉，依过去多次之经验，与现在匪情判断，该匪必经株潭以南之乱石岭附近窜入峰顶山，拟饬旷营于明（十三）日拂晓，由株潭进至乱石岭附近，扼要潜伏，待匪窜来，一举而捕捉歼灭之。

师长据上报各情，对于第五项建议，当由电话报可，并命其饬驻慈化之一排，于明（十三）日拂晓，在其附近监视匪踪，如匪向慈化北窜时，应以欺骗之行动迫匪东窜。

康团长于午后十二时知旷营到达株潭，即以电话依据上之方针下达命令。十三日午前七时，旷营长率部到达乱石岭附近，部署如下：

（一）命第七连派便衣斥候进至官坑西南端山顶停止，发现匪踪即来报告。

（二）命第七连附重机枪排，潜伏于小岭，须能以火力封锁小岭、杨源南端谷口，并向株潭道路配置警戒哨，断绝行人。

（三）命第八连附重机枪一排，潜伏于杨源，须注意于杨源、小岭北端谷口之封锁。

（四）乱石岭义勇队，占领该处北端碉堡。

（五）第九连为预备队，位置于杨源东侧凹地。

（六）各部务须肃静隐蔽。

（七）各部闻三长声之警笛时，开始射击，否则不准发射。

（八）余在杨源东侧高地。

午前八时，各部如上记准备完毕，各就其位置附近森林，以行休息。迄午前十一时，尚属沉寂。午正十二时三十分，我斥候由官坑回报，十一时四十分，于官坑西南山顶望见匪约六七十人，由白沙方向而来，其后尾约四五百公尺有匪之大部续行。

旷营长是时处置如下：

（一）各连进入潜伏位置。

（二）如匪大部尚未完全进入杨源、小岭间谷地时，第七、八连可将北端谷口开放，任匪之先头通过。

（三）非目击匪之本队后尾进入南端谷口及闻三长声之警笛

时，不准发射。午后零时许，旷营长于杨源高地望见匪之先头出现于官坑东北端，正向乱石岭而来，我各部屏息潜伏，以待其徐徐入彀。午后一时，匪之先头进入南端谷口，仍向北行，其后续匪部约四百人，续行北进，距南端谷口不过三百公尺，而乱石岭碉堡之义勇队竟不守命令，突然发射，斯时已入谷内之匪部向北狂奔，谷外之匪本队，即于小岭南方高地向我猛扑。旷营长见事机已泄，乃急令第七、八两连各以大部捕捉谷内之匪，以一部拒止小岭南方之匪，而自率第九连经乱石岭东侧向匪包围，匪部顽强抵抗，激战约二小时，始向后槎里山塘官坑方向分途溃窜。我旷营长令第九连及第七、八两连之各一部向匪追击，至日莽时，匪即化整为零，散匿山地，各部于黄昏后回抵乱石岭，其原在谷口内之匪部，于三时被我完全解决。

是役毙匪百余名，俘匪官兵三十八名，夺获步枪三十三支，义勇队亦获步枪数支，救出十一日在大瑶铺被掳之赣湘联运汽车司机一人，旅客七人。查是役，由于第百零七团团长康文岳之判断确切，故能设伏，以待使匪入瓮。惜乎乱石岭义勇队以未经训练之故，见匪迫近，竟不自持，而过早发射，致功亏一篑也。

又据搜获伪团长王青云（原为谭匪凤鸣因在浏阳受伤，即由王匪继充），十二日午后八时，于江东所下之出发命令，其第一条为“敌情不明”四字，足证实该匪此次之败，即为此敌情不明四字，亦所谓知己不知彼也。

第二目　阳洞岭附近之战斗

伪独立团自昨（十三）日，经旷营击破后，其残部散窜万浏公路株潭、慈化之线以南地区。

我旷营昨（十三）日晚，在乱石岭附近。

陈营昨（十三）日，由浏阳南乡之孙家瑕到达慈化。

康团长于本（十四）日午前六时，以电话令陈、旷两营向宜春北乡之小洞张家瑕地区搜索。

十四日午后三时，康团长于大桥得知之情况如下：

陈、旷两营本日之搜剿未发现成股匪徒，仅陈营于江东附近捕匪十余名，夺获步枪十支。据俘匪供称：匪部昨被击溃后，即化整为零，乘夜越过公路，北向金钟湖附近集合。

我白营之第一、二两连，于本日午前十一时均达大桥。

康团长基于上述情况，判断伪独立团残部于金钟湖附近集合后，必图经花桥、独石附近窜回大围山、黄金洞老巢。于午后三时十分，下达命令如下：

（一）白营（欠一连）应即由大桥出发，经折桥——花桥向独石附近侦匪截剿。

（二）陈营于明（十五）日拂晓，由慈化取捷径向金钟湖附近搜剿（但白营第三连明日径开大桥归还建制）。

（三）旷营于明（十五）日由株潭出发经黄茅、白水向葛藤附近搜剿。

（四）各部发现匪踪，应不待命令跟踪穷追。

同日午后七时，白营到达折桥，陈营到达慈化，旷营到达株潭。十五日午前六时三十分，白营长率部由折桥出发，于八时三十分经花桥向阳洞岭前进，十一时三十分，其先头行抵阳洞岭东端之狐狸洞附近，与匪遭遇，我前卫（第二连）驱逐狐狸洞之匪，而到达该高地，匪之大部似在阳洞岭高地。又据俘匪供称：伪独立团残部于昨洞岭，并与由独石方面而来之伪警卫营一部会合，共步枪百余支，手枪十余支，轻机枪二挺，迫炮二门。

白营长于十时三十五分，在狐狸洞东端得知上之情况，随即进至狐狸洞口，下达命令于各连，其要旨如下：

（一）第二连附重机枪一排，展开于狐狸洞高地，向当面之匪攻击前进。

（二）第一连（欠一排）附重机枪二挺，由狐狸洞北侧向阳洞岭北侧包围匪之左翼。

（三）第一连之第一排为预备队，位置于狐狸洞东侧。

（四）余在狐狸洞高地。

战斗开始后，第一、二两连，即向阳洞岭猛烈攻击，约一小时后，匪即不支，其一部向小洞方向逃窜，其大部向田心里方向逃窜。我第一连大部即向小洞方向追击，白营长自率第一连一部及第二连，经田心里——坵坪下——大皇山跟匪追击。午后一时，追抵东坑里附近，匪部复占踞东坑里、天子岗之线，顽强抵抗，正激战间，适我第一连大部由小洞附近归还途中，于阳洞岭高地闻枪声赶到，将匪夹击。午后一时三十分，匪即狼狈溃散，向各森林内鼠窜，各队遂分途从事搜捕。

是役毙匪团政委一名，匪徒六十余名，俘伪独立团军需主任一名，匪分三十三名，夺获步枪二十三支，迫炮弹七发。我伤连附一员，阵亡传令兵一名。总计以上两役，共毙匪百数十名，俘匪八十五名，夺获步枪六十六支，迫炮弹七发，匪部是后对于浏万边境不敢进犯。万载西部散匪经尔后数次之搜剿，亦告肃清。

第四节　邹家洞附近之战斗

一、战斗前匪我形势之概要

傅匪秋涛以在铜、浏、万边区各地迭受巨创，同时伪十六师方步舟股匪，在鄂赣边境亦迭受打击。三月十三、四、五等日，傅匪乃率某伪独立团、警卫营、特务队、侦察队等残部，由黄金洞经绞车坳——朱溪厂——桃树港——黄袍山等处窜至湘鄂赣三省接壤之三界尖，而与方匪所部会合。

傅、方两匪会合后，方匪因与傅意见龃龉，乃于三界尖潜离匪部，出而投诚，傅匪即将原由黄金洞窜出之各残部，编入伪十六师，共辖四六、四八两团，流窜于鄂之崇阳、通山、湘之平江、岳阳各地。

湘鄂赣边区主任公署以围剿该匪之目的，于三月二十八日从新颁布计划，其概要如下：

（一）第十八师为第一清剿纵队，除留一部驻防铜鼓外，应以大部集结于三都、修水、马坳、古市岭一带。

（二）熊指挥官所部赣保安队三团，为第二清剿纵队，集结于澧溪、武宁、横路铺一带。

（三）第一二一师为第三清剿纵队，集结于洋港、龙港、横石潭、宝石、竹林一带。

（四）新八师及鄂保第十二团为第四清剿纵队，集结于杨芳林、金塘坳、高枧、麦市一带。

（五）罗指挥官所部湘保安队四团，为平浏醴清剿纵队，肃清区内散匪，并以一部推进黄金洞、大围山建碉驻守。

（六）第五十师为追剿纵队，应由醴陵先遣一旅，集结于龙门厂、南江、古市岭、麦市一带，准备进剿，其余陆续前进。

（七）各纵队应于四月三日以前达到指定地集结完毕，准备进剿。

（八）如股匪流窜时，各纵队应派队追剿，勿失机宜。

本师基于上令，于四月三日以第五十二旅集结于马坳、古市岭之线，以第五十四旅第百零七团之一部进驻三都，其大部分驻修水各乡，第五十四旅喻旅长率第百零八团驻铜鼓。

师长于四月二日率幕僚一部，由万载出发，四日进驻修水城。

四月五日据报：傅匪秋涛率伪十六师，于本日午后六时窜抵平江属之浯口市。

我平浏清剿纵队罗指挥官所部，正分途堵剿。

我第五十师第一四九旅，本日由醴陵向浏平前进中。

据上情况判断，傅匪将来之行动，以沿浏平边境东向回窜黄金洞老巢之公算最多，当以协同友军于黄金洞附近歼灭该匪之目的。同日午后七时，于修水城下达命令，其要旨如下：

（一）第五十二旅（附无线电三排）以一部于明（六）日，

由上塔市经南江向平江附近侦匪进剿，其余于七日以前进至龙门厂附近，侦察匪情，机动堵截。

（二）第五十四旅（欠一零七团）应以一零八团大部，集结于梁家瑕、上庄之线，并与东门市附近友军切取连络，远侦匪情机动堵截。

傅匪所部自七日起，由平浏边境东窜，经新安铺——周洛洞——大光洞等处，于九日午后二时，在东门市西北之老鸦瑕与湘保安团稍有接触，续经虎坳、分水坳等处，向黄金洞逃窜。

本师黄旅王团及第五十师朱旅，自七日由及港市、新安铺之线，湘保安各团，九日起于东门市附近分向黄金洞追剿，我黄旅长率一零三团由长寿街、喻旅长督汤团由铜鼓分向黄金洞附近截击，至十二日晚止，各部之位置于下：

本师：

第五十二旅：黄旅长率一零四团在富金汤塘之线；一零三团在汤塘以南之山枣岭。

第五十四旅：一零七团（分驻修水各处）一零八团团长率第一营在芳坪，第二营在梁家瑕附近，第三营在双坑。

友军：

第五十师朱旅：白沙界岭之线

彭旅：虎坳附近

湘保第十三团：白石坑

湘保第十团　：虎坳附近

二、战斗经过

傅匪窜入黄金洞后，各部队逐渐包围，节节进迫，然以山地复杂，截至十二日止，尚未得其踪迹。

十三日正午，汤团第三营代理营长张森于双坑据报：傅匪率其精锐枪二百余，刻由黄金洞经打锣尖北端回上下石坳方向东窜等语。当以迎击该匪之目的，率所部经紫云山向邹家洞附近前进。午后一时，其前卫先头到达白石硬高地，发见匪之先头，进出于吴家东端，仍向邹家洞行进下石坳附近，似有匪之大部向吴家续行。

张代营长此时行抵王家附近，得悉上记情况，其处置如下：

（一）命第七连（附重机关枪一排）展开于杨家洞南之线。

（二）命第九连（欠一排）展开于王家西侧。

（三）命第八连（附重机枪一排）展开于白石硬之线。

（四）自率第九连之一排位置于王家附近。

（五）命各展开部队，先须注意掩蔽，切勿暴露，至为匪预先发觉，俟匪大部到邹家洞村落附近时，一举包围而歼灭之。

午后一时二十分，匪大部进入邹家洞村落，其先头行至杨家洞附近，经我第七连捕捉数名，其余向我射击，匪部闻警，即以一部踞守邹家洞村落，以主力向我第七连猛攻，经我猛烈射击，匪众死亡甚多，同时我各连向匪即行包围，匪部复退踞邹家洞落村，希图顽抗，各连蹑匪进迫，战约一小时，匪乃狂突，其一部越老虎洞森林，向苦竹垅方向狼狈散窜，我以一部向苦竹垅追击，大部捕捉，邹家洞村落之匪，于午后三时许，将其完全解决。

是役毙匪百三十余名，俘匪百十一名，夺获步枪七十三支，手枪三支，轻机关枪一挺，重机关二挺，电话机一架，马四匹，伤我士兵九名。

〔国民党政府军事机关档案〕

〔五〕"一·二八"淞沪抗战

(一)"一·二八"事变前夕日本驻沪海军陆战队及日本浪人的挑衅活动

1.张群转报关于日本浪人在北四川路一带寻衅滋事情形致行政院呈

(1931年10月17日)

为呈报事：案据市公安局呈称：案据本局所属第五区第一所所长陶先渠呈称：窃于本月十四日午后十时许，据外勤警长孙长铭报称：顷有日本浪人约计三四十人之多，每人手执木棍一条，在北四川路一带两旁撕扯标语，始而人民尚称镇静，后该日人等竟向各商店内撕扯，于是各商民愤恨之余，乃群呼打东洋人。讵料日本之陆战队适于此时到来，该兵士等各出刺刀威吓，而日本浪人亦于此时散去。各商民等亦皆缄默，幸未酿成大事。所有经过情形，报请核转。等情；前来。职得讯后，当即加岗暨多派巡逻注意防护。幸人民亦皆有知识，不肯为无意识之举动，故未酿成大事。然此等挑衅动作，若不提出抗议，长此以往，难免不再发生其他事故。所有职所辖境北四川路一带日本人撕毁标语经过情形，理合备文呈报。等情；据此。除分报淞沪警备司令部备查并令饬该所随时注意维护外，理合据情呈报。正核办间，复据该局呈称：案据本局第五区第二所所长李警报称：本月十五日晚有日本浪人三五成群，挟怀木棍利刃，在北四川路一带撕毁反日标语，意图挑衅。川公路口及靶子路等处曾发生两次冲突，经岗警巡捕制止，始告无事。至十一时三十分，北四川路忽有日本人三四名，手执木棍殴打市民，有马阿毛者头部被击一穴，向虬江路逃避，该日人等尚尾追不舍，当时市民团聚颇多，秩序纷乱。幸岗警巡捕竭力劝止未肇大事。该马阿毛由岗警救护到所，转送济生医院医治，伤势颇重。至肇事日人由狄思威路巡捕带往捕房等情。附呈伤单一纸。据此。理合检同伤单备文转报。仰祈鉴核。俯赐转函日本总领事馆交涉，以维治安，实为公便。各等情。据此。除面向日领提出抗议，保证以后不得再有此类行动，如果因此引起不幸事件，应由日方负其全责，并请将肇事日人严加惩处。一面商同党部注意所贴标语不得有违法词句；一面严饬公安局注意维护外，理合备文呈报，仰祈鉴核施行。谨呈

行政院

上海市市长张　群

中华民国二十年十月十七日

〔国民党政府行政院档案〕

2.熊式辉报告日本海军陆战队及日本浪人在沪滋事情形致国民政府等密电

（1931年10—12月）

（1）10月17日密电

急。南京。国民政府、行政院、军政部钧鉴：杭州浙江省政府勋鉴：统密。（一）日陆战队司令柴山昌生昨日下午召集全部官兵训话后，在靶子场打靶，并有侨民五六十人参加。（二）昨晚北四川路仍有日浪人滋事，情节尚不重大。（三）本日又有日徒手兵五六十名，自日舰常磐号登陆，驻江湾路。特闻。熊式辉叩。筱申。参。印。

（2）10月22日密电

急。南京。国民政府、行政院、军政部钧鉴，杭州张主席勋鉴：统密。昨午夜越界筑路之北四川路、窦安乐路口有日人五

名，殴击一汽车夫，经我岗警诘问枪枝，并有一人出手枪射击，伤该警右掌，该警还击，弹穿日人衣袖，旋有日陆战队到来，我警队亦闻讯赶至，经说明后，陆战队即退去，未生其他事故。事后捕房在该处拣获弹壳一颗，显见日人行凶无疑。现由市政府提出抗议。谨闻。职熊式辉叩。养申。参。印。

（3）10月23日密电

南京。国民政府、行政院、军政部钧鉴：杭州张主席勋鉴：统密。（一）日前来沪之美国兵舰，昨已开去三艘。现在上海之外舰，计有美舰十二、日舰五、英舰三、法舰二、意舰一。（二）日领要求公共租界工部局派陆战队登陆保侨，工部局无可拒绝。兹已商定双方互派连络人员，必要时陆战队与捕房协同动作。（三）近数日来四川路一带，入晚仍有日侨十数成群游行街市，并有陆战队武装随行，希图寻衅。幸我公安局协同捕房严密防范，尚未滋生事故。（四）本日此间安谧如常，谨陈。熊式辉叩。漾申。参。印。

（4）11月6日密电

急。南京。国民政府、行政院、军政部钧鉴：杭州张主席勋鉴：政密（一）鱼辰有日舰常磐号士兵六十余名，携机枪六挺登陆，在日陆战队司令部近旁操演，历二小时始返舰。（二）本日地方安谧如常。熊式辉叩。鱼申。参。印。

（5）11月9日密电

急。南京。国民政府、行政院、军政部钧鉴：杭州张主席勋鉴：统密。（一）齐申进口之日舰，为运输舰易岛号，泊杨树浦大阪码头，佳辰有徒手兵百余名登陆，驻扎陆战队司令部，佳午又有徒手兵百余名，押运给养四十余件，登陆入公共租界格兰路日兵营房。（二）据报近有日本浪人勾结本地流氓组织侨义勇军，图谋扰乱，并有于本晚九时在闸北发难之说，兹已通饬军警严加防范，谨闻。熊式辉叩。佳申。参。印。

（6）11月18日密电

急。南京。国民政府、行政院、军政部钧鉴：杭州张主席勋鉴：统密。前准武汉行营电告，日方密谋于巧日在各大埠同时暴动等因。此间本日加紧戒备，刻仍安谧如常，谨闻。熊式辉叩。巧戌。参。印。

（7）11月25日密电

急。南京。国民政府、行政院、军政部钧鉴：杭州张主席勋鉴：政密。（一）据报近有日人乔装在各地侦察我防务情形，并拟于感日利用海员及失业工人、码头工人等在沪扰乱，各等情。已通饬各军注意防范。（二）本日安谧如常，谨闻。熊式辉叩。有申。参。印。

（8）12月1日密电

急。南京。国民政府、行政院、参谋本部、军政部钧鉴：杭州张主席勋鉴：统密。(一)本日上午有日兵十人为一组，约十余组，在江湾路靶子场公园附近及虹口华租交界一带侦察地形，有军官多名在旁指示。（二）据报本日上午十时，有日军官多人，在虹口东洋花园内开会，四周派有步哨戒备甚严，十一时许散会，闻有华人多名与会。（三）本日上午十时，日陆战队司令部内运出军用品十余卡车，卸在大阪码头，闻将装室户舰运往他处。（四）据报驻沪日陆战队司令，将于本月鱼日左右更调，并有士兵百余名调防他处。（五）本日一般情况尚安谧。谨闻。熊式辉叩。东申。参。印。

（9）12月22日密电

限即刻到。南京。国民政府、行政院、军政部、参谋本部、卫戍司令长官钧鉴：统密。（一）本埠日陆战队，自东北乱变发生后，逐次增加，现有兵力约二千余人，停泊日舰计有常磐、安宅、保津、浦风、天龙等五艘，日司令部储藏枪枝供三千人之用。本埠日侨约二万五千五百余人，住华界六千五百余人，近日尚无越轨行动。（二）本日地方安谧如常。职熊式辉叩。养申。印。

〔国民党政府行政院档案〕

3.上海市政府报告日本浪人纵火烧毁三友厂及刀伤巡捕等情致国民党中执会等密电

（1932年1月）

（1）1932年1月20日密电

南京。中央执行委员会、行政院钧鉴：外交部勋鉴：政密。皓电计达。兹据市公安局报称：据五区四所报告，本日上午二点二十分钟，三友毛巾厂失慎，经派警弹压，并由杨树浦救火会灌救，旋即息灭。讵至四时又复火，亦即息灭。嗣由警长刘青云在该厂水炉子地方，检得引火药一包，火酒瓶一只，高级饮料一只。同时杨树浦巡捕房华探闵兆贤亦拾获火酒瓶子一只，漆皮鞋一双，刺刀鞘一只。经调查起火原因，据该厂厂长劳惠民声称，此次起火，定系日人纵火所致，四所检获之物，均系日本货品，足以证明等语。又据警长刘青云调查报告称：当三友厂失慎时，该厂前公共租界华德路底杨树浦第一报警亭之守卫巡捕二人，一为三零二九号，一为一一一六号，正在用电话报告捕房，突被身着便衣东洋人，约三四十人团集亭前，将该捕砍落三指，余二人亦受重伤，并将电线截断，掷于河中。另有七六五号巡捕，即奔赴公共租界临清路，拟再打电话，被该日人在后击死等语。合将在火场拾获之引火证物备文呈报等情，转报察核。等情。前来。经向公共租界工捕局查询，据称：此次起火，确系日本浪人所为，当该日人逃入租界时，与华捕抗拒，结果华捕死一名，日人受伤二人死一人。等语。除检齐证物向日本总领事提出抗议外，理合先行电陈，伏乞鉴核。上海市政府叩。号。印。

（2）1月22日密电

限即到。南京。中央党部执行委员会、行政院钧鉴：政密。据密报有日本浪人勾结中国失意军人及地方匪类，将在宁、沪暴动，然后日军藉口护侨实行占据计划，并私携有海陆空军总司令关防，即印就排日布告，以淆惑中外视听等情。除饬属严密防范外，谨闻。上海市政府。养酉。印。

〔国民党政府行政院档案〕

4.戴戟转报日本浪人纵火烧毁三友工厂后又复行凶捣毁商店等情致国民政府等密电

（1932年1月）

（1）1月20日密电

既即刻到。南京。国民政府、行政院、军政部、外交部、参谋本部、卫戍司令长官钧鉴：统密。顷据公安局长温应星报告：今晨二时半，马玉山路之三友工厂忽失火烧毁房屋六时。同时附近之租界巡捕为人戳伤三名，驻在该厂近旁日商东华纱厂内之少数日本陆战队即刻出动。我驻厂警察为避免误会计，除留少数便衣警察，余暂撤退。今晨六时，大火又起，但旋即熄灭。日陆战队亦即撤回。据调查起火原因，似系日人为巧申日侨被殴事件报复纵火。起火时，租界巡捕代该厂通知消防队，故加以戳伤，详情仍在调查中等情。除已通饬闸北军警侦察情况注意戒备外，谨先电呈。余容续报。职戴戟叩。号辰。参印。

限即到。南京。国民政府、行政院、军政部、外交部、参谋本部、卫戍司令长官钧鉴：统密。号晨电计呈钧览。顷据职部侦查队调查，今晨三友工厂失慎事件，似系日人报复纵火。缘删晚日侨被殴，日人即疑为三友工人所为。今晨二时，特纠集三四十日人，携手枪、炸弹、火药、硫磺等物，凿洞掩入该厂纵火。迨该厂发觉，知照邻近之租界捕房警亭转知消防队，该日人又将电话线割断，并戳伤巡捕三名。现该厂尚遗有火酒瓶及包硫磺之布，似系日货，或可为日人纵火物证。又据公安局温局长报告：该厂起火时，日人禁止巡捕鸣钟告警，因以发生冲突，结果巡捕死一伤一，日人死二伤二。各等情。除候调查确实再行会商市府抗议，并饬各军警注意防范外，谨闻。职戴戟叩。号午。参。印。

限即到。南京。国民政府、行政院、军政部、外交部、参谋本部、卫戍司令长官钧鉴：统密。号午参二电计呈钧览。顷据报：日侨共二千人，号未在蓬〔莱〕路日本俱乐部开会，嗣赴日领署请愿，顷散。在闸北虹口路、北四川路一带，凶殴行人，捣毁商店多家，暴行尚未停止，形势严重等情。除饬军警严加防范外，并请市政府迅向日领交涉制止。谨先电闻，余容续报。戴戟叩。号申。参。印。

限即到。南京。国民政府、行政院、军政部、外交部、参谋本部、卫戍司令长官钧鉴：统密。据报：（一）自巧晚日侨被殴事件发生，日陆战队戒备极严重，江湾路之陆战队司令部附近已增加步哨，沪西丰田纱厂内之陆战队，则于厂外堆置沙袋，声称为防御暴徒行凶之用。（二）日侨居留民团，定号未在蓬路日本俱乐部开会，讨论巧晚事件，会后或有示威之举。（三）公共租界杨树浦路西，有日本陆战队约八十名，暂布路旁，似有待机模样。（四）公共租界杨树浦一带巡捕，因今晨日人行凶事件，现已罢岗，租界当局已在设法调停中。等情。除通饬各军警注意警戒外，谨闻。职戴戟叩。号午。参。印。

限即到。南京。国民政府、行政院、军政部、外交部、参谋本部、卫戍司令长官钧鉴：统密。据报：（一）在北四川路一带滋扰之日人，顷向狄思威路一带陆续散去，肇事时计捣毁公共汽车二辆，商店二家，殴伤捕房巡捕一名。兰路之日本陆战队未刻撤退。（二）沪西丰田纱厂，因当地公安局之劝告，沙袋备而未用，号午参之电所报有误。（三）公共租界杨树浦一带巡捕，以总巡劝谕，旋即复岗，缓和情续呈。（四）据报日浪人本晚仍拟在马玉山路附近之日商东华纱厂内集合暴动，并以陆战队后续等情。兹已通饬军警注意防范，谨闻。职戴戟叩。号酉。况印。

（2）1月21日密电

急。南京。国民政府、行政院、军政部、外交部、参谋本部、卫戍司令长官钧鉴：统密。（一）日炮舰坚田号马已离沪出口。（二）关于号日日人纵火及聚众滋扰事件，市府已向日领抗议，日领亲至市府表示遗憾，并允缉拿凶犯。（三）据报日侨定漾日再开居留民团大会，并拟会后袭击中国机关，经市府向日领警告，日领否认其事，并谓日侨如有不法行动，当予制止。我军警仍在侦查防范中。（四）马未日陆战队司令部附近及北四川路、横滨路口忽发现日陆战队步哨，但越二三小时即撤回，似系示威性质。按以上二处，均在越界筑路上，（五）沪西各日厂罢工工人，兹已有三分之二自动复工。（六）本日尚安谧，谨闻。职戴戟叩。马申。参印。

〔国民党政府行政院档案〕

5.行政院秘书处关于日人连日在沪凶殴行人捣毁商店等暴行致外交部函稿

（1932年1月25日）①

笺函　第三三四号

敬密启者：奉院长孙发下淞沪警备总司令戴戟统密号午电陈巧晚日侨被殴事件发生后，连日日陆战队及日侨之举动。又号午电陈三友工厂失慎事件，似系日人因删晚日侨被殴报复纵火。当起火时，日人禁止巡捕鸣钟告警，致发生冲突，结果巡捕死一伤一，日人死二伤二。俟调查确实，即行会商市府抗议。又号申电陈日侨约二千人，号未开会，嗣赴日领署请愿，散后在闸北一带凶殴行人，捣毁商店，尚未停止，形势严重。已饬军警严加防

①此件无日期，25日系信封所注。

范，并请市府向日领交涉制止。又号酉电陈日人肇事情形，并拟于本晚继续暴动，业已通饬军警注意防范。各一案。奉谕：交外交部。等因。除原电已据分陈不另抄送外，相应函达查照。右上外交部

行政院秘书处谨启

中华民国二十一年一月　日

〔国民党政府行政院档案〕

6.国民政府文官处转发首都各界抗日救国会请严重抗议日军在沪罪行致行政院函

（1932年2月5日）

国民政府文官处公函字第五〇号

迳启者：奉主席交下首都各界抗日救国会倪光和等呈，为日猖狂已极，暴动上海，焚毁三友实业社，威协民国日报馆，杀死华捕，请严重抗议，并调大军采取正当防卫。等情一案，奉谕交行政院等因，相应抄同原呈，函达查照。此致

行政院

计抄送原呈一件

中华民国二十一年二月五日

抄原呈

呈为日人猖狂已极，暴动上海，焚毁三友实业社，威胁民国日报馆，杀死华捕，恳请严重抗议，并调大兵采取正当防卫事：窃自东省事件发生以来，暴日横行无忌，侵占我土地，杀戮我人民，更复在我沿海各地迭次唆日侨暴动，居意挑衅，蔑视公理，违反国际诸法，丧失国家信义。近日又在上海纵令日侨由陆战队保护焚烧我国三友实业社及威胁民国日报馆，杀死华捕。种种横暴行为，世所罕见，令人发指。而彼寇犹不敛迹，且将采严厉手段，派大批舰队开赴上海，威胁我当局，意图在上海造成莫大惨

剧。吾国为保护人民巩固领土起见，应请政府克日向暴日严重抗议，并调集大军驻防上海，正当防卫，俾暴日野心得以稍加节制，而免惨案扩大，贻祸无穷。迫切陈词，不胜待命之至。谨呈国民政府主席林

首都各界抗日救国会常务委员倪光和
赵连城
罗次启
项学儒
唐国桢

〔国民党政府行政院档案〕

（二）国民党政府下令取消上海各反日救国团体

1.戴戟转报关于日军通报由吴军港开出兵舰多艘威胁市府取消上海各抗日救国会致国民政府等密电

（1932年1月22日）

限即到。南京。国民政府、行政院、军政部、参谋本部、外交部、卫戍司令长官钧鉴：统密。据探报：军警团办事处转据公安五区一所密报，马酉在一日人寓所见有该国第一先遣舰队司令通报：现由吴军港开出巡洋舰一艘，驱逐舰四艘，每艘载战机二十架，联合舰队四艘，有晨抵沪，各舰到后，即由日领向我市府抗议，立即取消抗日救国会，如不取消，海军即登陆，会同陆战队由空军掩护占领上海等情。除通饬各军警注意戒备外，谨闻。职戴戟叩。养辰。参印。

〔国民党政府行政院档案〕

2.上海市政府关于答复日本方面抗议及取消抗日救国会经过致国民党中执会等密电

（1932年1月）

（1）1月23日密电（一）

万急。南京。中央执行委员会、行政院钧鉴：政密。巧日本市引翔乡殴伤日僧一案，经已呈报在案。马日日领来府抗议，提出书面四项要求：（一）市长须对总领事表示道歉之意；（二）加害者之搜查、逮捕、处罚，应迅即切实实行；（三）对于被害者五名，须予以医药费及抚慰金；（四）关于排日侮日之非法之越轨行动，一概予以取缔，迩期应将上海各界抗日救国会以及各种抗日团体即时解散之。当经市长口头答复，谓第二项关于伤害罪之处分，中国律有明文，自当依法办理。一、三两项，亦可考虑。惟第四项事关民众运动，其在法律以内者，无权取缔，如有非法行动，自当依法制裁。等语。去后。现自各方传来消息，日领态度坚决，对于第四项，尤为坚持，谓若不接受，彼得自由行动。等情。今日日舰又纷纷抵埠，形势十分严重。究应如何应付之处，谨请迅电示遵，不胜待命之至。上海市政府叩。漾。印。

（2）1月23日密电（二）

万急。限卅分钟到。南京。中央执行委员会、行政院钧鉴：政密。漾电计达。致于日领抗议四项，除（一）（二）（三）三项允予考虑拟接受外，其第四项要求制止抗日运动及解散上海抗日救国会等团体一节，市长决予以不能接受之答复。逆料此项答复，日领必不满意，日海军陆战队等必取自由行动。至于此事，本日下午，市长已与戴司令、蔡军长详加讨论，如果日军侵占华界，决预备予以抵抗。晚间，并召集地方士绅，告以答复日领及预备抵抗之旨。当场讨论，分抵抗及缓和两种主张。主张缓和者，拟将抗日救国会解散，以求地方安全，有主张由政府命令解散者，有主张借辞改组自动解散者。惟多数皆侧重于缓和办法。用将此间预拟办理情形及征集各方意见，併以上呈鉴察。值此形势十分严重及迫亟之际，究应如何应付之处，伏乞迅予电示祇遵，不胜迫切待命。上海市政府叩。漾亥。印。

（3）1月25日密电。

限即刻到。南京。中央执行委员会、行政院钧鉴：政密。极密有亥电计达。本日张静江、张溥泉、居觉生、何敬之、叶楚伧、顾孟余诸委员先后抵沪，传达中央主旨，谓应以和缓手段，避免冲突，俾上海得以保全。自当秉承办理。又诸委员鉴于上海形势之严重，日方态度之坚决，佥以为非迅速有较切实之答复不足以挽救危机。故公同决定市府除接受道歉、惩凶、抚恤三项外，关于取缔反日运动及解散抗日会并其他同样组织一项，拟由市府下令公安局同社会局将各界抗日取消，如能设法间接达到实行取消目的，则用取缔命令，同时由各界团体发表宣言赞助及请愿，拟明后日答复日领。惟查本市民众异常愤激，学生尤甚，此令发表，恐召反感，请愿示威，事所难免。但为贯彻中央避免冲突保全上海之主旨，舍此别无办法，谨电密陈，敬祈鉴察，并乞钞呈汪、蒋两委员为祷。上海市政府叩。有亥。印。

（4）1月27日密电

万急。限即刻到。南京。中央执行委员会、行政院钧鉴：外交部勋鉴：政密。本日已下令取消本市各界抗日会。惟日领坚持非下令将凡有抗日字样之各种团体一律解散不可，并口头声明，限俭日下午六时前圆满答复，敬此电陈鉴核示遵。上海市政府叩。感亥。印。

（5）1月28日密电（一）

限即刻到。南京。中央执行委员会、行政院钧鉴：外交部勋鉴：政密。本日下午一时四十五分，市府答复日总领事抗议书，由俞秘书长亲赴面递。日领表示满意，但催促切实履行。原文如下：迳复者：案准一月二十日大函内开：日本僧侣天崎水上、信徒后藤、黔岩藤村等五名，于本月十八日下午，在马玉山路附近被殴伤，提出条件四项，提求接受等因。准此。查本案发生，殊属不幸，本市长深表歉仄。当日据报后，以案关伤害，法有明文，当即严令公安局限期缉凶归案法办。所有被害人等医药及抚慰金，本市长亦可酌为给予，以示体恤。至来函所提关于取缔抗日运动一项，现查本市各界抗日救国委员会有越轨违法行为，业经令行主管局将该会取缔，以维法纪。关于类此之越轨违法行为，本市长仍当本法治精神，令行取缔。至其他各抗日团体，并已令局予以取消。相应函达，请烦查照为荷。此致日本国驻扎上海总领事村井仓松。市长吴铁城。事前并迭令市公安局取消上海各界抗日救国委员会及其他抗日团体矣。谨电上陈，伏乞鉴察。上海市政府叩。勘未一。印。

（6）1月28日密电（二）

限即刻到。南京。中央执行委员会、行政院钧鉴：俭午电奉悉。政密。日领所提要求条件，限于本日六时前圆满答复，昨经电呈在案。本日日舰进口至十二艘之多，陆战队又纷纷开赴闸北华租交界之处，加紧为作战之准备。日方事前曾向租界当局声明，日军如取必要行动时，决于二十四小时前通知，而本日清晨，日方已经正式通知租界当局，亦据以下令，于下午四时宣布戒严。市面以情势紧张，时间逼迫，祸在眉睫，间不容缓，事关大局安危，不容计及个人毁誉荣辱，故仰体中央维护全局之意旨，俯顺地方环请顾全之要求，除于昨晚自动的令饬市公安局立将上海各界抗日救国委员会派警封闭外，今日又下令将各抗日团体予以取消。至答复日领全文，详勘未一电，此案谅可告一段落。惟沪市民情愤激，昨今两日市府叠被包围，幸防范严密，尚未发生事故。余待续呈。谨此电闻。上海市政府叩。勘未二。印。

〔国民党政府行政院档案〕

3.上海市长吴铁城关于日本政府确定如不取缔各抗日团体即采用封锁办法致国民党中执会等密电

（1932年1月23日）

特急。南京。中央党部执行委员会、行政院钧鉴：政密。顷据陈中孚兄报告：自日本温和派方面传出消息，日本政府已确定政策，如中国政府不解散各处抗日团体及取缔各处抗日运动，即将采用平时封锁办法，将沿海口及长江各埠封锁等情。嘱转陈注意。谨电奉闻。吴铁城叩。梗。印。

〔国民党政府行政院档案〕

4.孙科关于上海事件应主和缓态度万勿发生冲突并使抗日团体表面冷静或秘密化致吴铁城密电稿

（1932年1月23日）

特急。限即到。上海。吴市长铁城兄鉴：梗酉电悉。暂密。本日下午与汪、蒋两先生详商，应付上海事件，佥主我方应以保全上海经济中心为前提，对日要求祇有采取和缓态度，应即召集各界婉为解说，万不能发生冲突，至使沪市受暴力夺取，至不得已时，可设法使反日运动表面冷静，或使秘密化，不用任何团体名义，俾无所藉口，请即秉此旨妥密进行为要。科。梗戌。（此电由公馆发出）

〔国民党政府行政院档案〕

5.上海市公安局长温应星等颁发取消各抗日救国团体的命令

（1932年1月27日）

为令遵事：慨自吾国蒙难以来，本市人民爱国心切，乃有各界抗日救国会之组织，不幸措施失当，责难纷来，而本市民众团体又复呈控到府，吁请救济。本市长深思痛虑，不得不奋谋国之忠，毅然制止。为此，令仰该局即使遵照会同社会局迅将该会即予取消，仍将办理情形具报核办。切切此令。

市公安局长温应星

市社会局长麦朝枢

〔国民党政府战史会档案〕

8.朱培德何应钦为取消一切抗日团体致吴铁城密电

（1932年1月28日）

限半小时到。上海。吴市长勋鉴：民密。行政院本日已有复电。意为一切抗日团体，概行取消。弟朱培德、何应钦。俭午。

〔国民党政府战史会档案〕

（三）十九路军抗日备战

1. 第十九路军军部紧急会议纪录

（1932年1月23日）

一月二十三日十九路军军部紧急会议纪录

时间　正午十二时

地点　本部会议厅

出席人员（以签到先后为序）

戴　戟	蔡廷锴	张　襄	翁照垣	黄　固
区寿年	林　劲	丁荣光	樊宗迟	杜庆云
王　焘	顾高地	张君嵩	王贻锷	谢芸皋
徐义衡	柏富强	钟经瑞	李　扩	钟　桓
云应霖	蒋光鼐	黄　曦		

主席　蔡军长廷锴　纪录　徐义衡

（一）开会如仪

（二）蔡军长训话：

日本人这几天在上海处处都在同我们寻衅，处处都在压迫我们，商店被人滋扰，人民被其侮辱，并加派兵船及飞机、母舰来沪，大有占据上海的企图。我最近和戴司令一再商量，觉得实在忍不下去，所以下了一个决心，就是决心去死，但死也要有一个死的方法，所以今天召集大家来研究死的方法。现在请戴司令再来指示我们。兄弟只有决死的心肠，愿意同大家同生同死。

（三）戴司令训话：

自从东三省问题发生以后，兄弟就觉得做中国人实在该死，尤其做军人更其受刺激难过，兄弟个人觉得受良心上的责罚，莫是痛苦。各位都是十九路的同人想来也一定一样。这一星期以来，上海时局非常严重，当时以为还可相安一时，但自十八日起，先有日僧被中国工人殴打的事，二十日晚就有日本浪人在三友实业社的纱厂放火，工部局的华捕想打电话报告捕房，就被日人戳死一个，戳伤三个，据说日人也死了两个。根据这种事实，日人实在蛮不讲理，还向市政府抗议，提出五项无理要求：一、正式向日道歉；二、惩办凶手；三、抚恤已死日人，并赔偿伤者医药费；四、取缔一切抗日团体。前三项还可勉强承受，四、五两项，决不能屈服。据日本报上消息，日海军司令的布告极其强硬，并派了军舰四艘、航空母舰来沪。据昨晚消息，似非中国屈服不可。兄弟同市长商量后，已将这些情形电呈中央，中文令严加戒备。在从前熊司令时代，本有一个紧急处置的计划，大概决定了真面目来攻时如何处置，假面目来攻时又如何处置。但真面目如何才可分别，很是困难。所以昨天兄弟同蒋总指挥、蔡军长商量，认为上海决不能放弃，放弃上海，各方面的观点更要不同，美国比较上是对中国要好的国家，最近都有中国太不争气的表示，再放弃上海，更难得各友邦的同情，加以十九路军的名誉，向来为人民所推崇，若一退而失上海，就马上失了民情，并且还要担负恶名，说上海是由十九路军不抵抗而失守的，而况天下兴亡，匹夫有责，成败何足计，生死何足论，只有尽我辈军人守土御侮的天职，与倭奴一决死战，才是真正办法。所以我接到一、二位将领坚决表示的战报，我非常欢喜，立刻就同蔡军长商量死守上海的方策，各位能决死，兄弟异常奋兴，我们死守国土，我们做民族自由之神，不过如何死守，还请讨论。还有一点报告，刚才海军方面派了一个副官来报告说：日本兵船这次来的是一艘战舰，一艘巡洋舰，四艘驱逐舰，约今晚可到，到后就到市府交涉，若交涉无结果，他们就决定自由行动云。

（四）讨论事项

（1）我军出于正当防卫时，应如何应敌案。

（决议）决心死守上海。

（2）兵力如何分配案。

（决议）七十八师就原地死守，六十师调南翔为预备队。详细计划及配置，另详命令。

（3）日敌坦克车、铁甲车及飞机甚多，我方缺乏防御器械，应如何补充案。

（决议）电请军政部拨发平射炮及高射炮各若干门，以备应用。

（4）铁道护路队及宪兵归何部指挥案。

（决议）均归七十八师第六团张团长君嵩指挥。

（5）作战指挥官案。

（决议）戴司令率一部分人员协同蔡军长往真茹指挥一切。

（6）各部粮秣应备几日案。

（决议）每连应准备十日粮秣。

（7）保护外侨案。

（决议）各国侨民均一律保护，惟持武器向我攻击之日人与日军，出于正当防卫时，始与之抵抗。

（五）蔡军长训示应注意之点：

大家既有决心共同誓死守着上海，我们有几点应当注意：

（1）上海地面辽阔，大家只能各自为战，即以营连为作战单位，作战时营连长应活泼应战，总以避开铁甲车、飞机、大炮为原则。铁甲车能通过的地方，事先应设法堵塞。为避免飞机、大炮时，一律可移出兵房，只在附近找草棚小屋屯驻，学我们在江西时赤匪攻击我们的战术。

（2）各营连长对联络方面，亦应有方式。但无论如何，均须死守阵地，就死得剩一兵一卒，也还须抵抗到底，死完为算。

（3）日陆战队没有多少作战能力，只要我们在夜间避免他的飞机与大炮，他们一定不经一击的。

（六）京沪卫戍司令官公署樊参谋报告：

陈司令长官叫兄弟来报告几件事：

（1）吴市长已回沪，关于交涉方面事，请与吴市长商量。

（2）军事方面，由蒋总指挥、蔡军长、戴司令计划。

（3）日寇零星少数的来，不必理他，多数或大部队来犯，我须出于正当防卫时，才同他抵抗。

（蒋总指挥训话）

我因病了数月，很少与各位见面，今天烧热尚未退，仍在服药，所以到了稍迟。日人图占上海的情形极其严重，大家想都清楚，蔡军长、戴司令更为愤恨，曾同我研究应敌决死保国守土的计划，我虽是一个病人，也有了十分的勇气，听见大家在此开会，便想来同大家说几句话。十九路军是很负名誉的军队，现恰驻扎上海，此时真是十九路军生死存亡的关头，也可说是我们国家生死存亡的关头，到这种时期，我们军人只有根据着自己的人格、责任、职守、声誉，来死力抵抗了。从物质方面说，我们当然远不如它，但我们有这种决死的精神，就是全部牺牲在所不计。我们的死可唤醒国魂，我们的血可寒敌胆，一定可得到最后的胜利。从前汉朝时代的李广射石没羽，就是全凭一副独到的精神，因为把石头错认成老虎，必须把老虎射死，自己才会生存，所以虽是射不出的石头，也会被他射穿，这就是他全部精神贯注的结果。所以诚之所至，金石为开。我们现在也是同样的情形了。我们明知物质上不是日寇的对手，但有这样万众一心的精神，就可打开一条必胜之路。何况我们还有二三万人，真不能挽救中国吗？希望大家回去，以此激励士兵。还有我们可以想想在江西剿赤的情况，我们看赤匪的环境那样的坏，交通给养那样困难，但赤匪能避重就轻来和我们顽抗。我们现在环境多么好，交通多么便，而且还有人民的协助，大家只要一德一心，有死无二，也学一学避重就轻的战法，何往而不可，可以说没有丝毫顾虑的了。我还有三点意见更〔贡〕献大家：（一）我们作战时，最好另制旗帜与识别带，改用名目；（二）我们的决心应当不令任何人知道，更不能让任何人知道我们有抵抗的决心；（三）我们应沉着坚守防御线，等到日人真面目向我攻击时，才一致决心死命前进，拚完为算。完了。

散会。

〔国民党政府战史会档案〕

2. 第十九路军下达紧急备战的密令

（1932年1月23日）

一月二十三日午后七时

密令

于警备司令部

一、据报日方现派大批舰队来沪，有向我政府威逼取缔爱国运动，并有自由行动之企图。

二、我军以守卫国土、克尽军人天职之目的，应严密戒备，如日本军队确实向我驻地部队攻击时，应以全力扑灭之。

三、七十八师第一五六旅担任京沪铁道以北至吴淞、宝山之线，扼要占领阵地；第一五五旅担任京沪铁道线（含铁道）以南至虹桥、漕河泾之线（南市、龙华之团即在原地），扼要占领阵地。

吴淞要塞司令率原有部队固守该要塞，并切与附近要塞之友军确取联络。

铁道炮队及北站之宪兵营归七十八师第六团团长张君嵩指挥。

丹阳六十师之黄团限明（二十四）日开至南翔附近待命外，其余沈师、毛师为总预备队，在原地候命。

各区警察及保卫团受各该地军队高级指挥官指挥。

四、总指挥部、军部移驻真茹，警备司令部仍暂驻龙华。

注意：

1。除日军外，对各国军队巡捕，务须避免冲突。

2。对于租界及各国在华界之工厂、教堂房产、侨民，务须格外保护。

3。我军作战时，不得侵入租界线以内。

4。此项命令须秘密保管，对于警察及保护团等，必要时还令知受某部指挥。

右令

第七十八师师长区寿年

第六十师师长沈光汉

第六十一师师长毛维寿

第十九路总部参谋处长赵一肩

吴淞要塞司令邓振铨

警备司令戴戟

总指挥蒋光鼐

军　长蔡廷锴

传达法：笔记传达。

〔国民党政府战史会档案〕

3. 蒋光鼐报告京沪部队布置已妥万一外侮来侵必在前线以尽军人天职致陈铭枢密电

（1932年1月26日）

南京。陈真如兄赐鉴：有午奉急。畿密。京沪部队由贤初兄负责指挥，布置已妥。万一外侮来侵，弟必站在前线，以尽军人天职。此时实无来京必要，谨复。弟光鼐叩。寝。

〔国民党政府战史会档案〕

4. 蔡廷锴报告闸北左翼及虬江路均已开火我军坚决抵抗等致国民政府等密电

（1932年1月28日）

万急。限即刻到。南京。国民政府、行政院、军政部、参谋本部、卫戍司令长官钧鉴：统密。顷据闸北张团长报告，闸北左翼及虬江路均开火，我军决意抵抗。谨闻。职蔡廷锴、戴戟叩。俭亥。参。印。

〔国民党政府行政院档案〕

5. 蒋光鼐等报告日军自虬江路一带向我开火并以飞机四处轰炸蓄意破坏和平致何应钦等密电

（1932年1月29日）

限一小时到。南京。何部长、朱总长钧鉴：国密。昨晚十一时，日军通牒吴市长，限本军撤退，尚未答复，突于十一时半，以天通庵车站为根据，利用战车机枪掩护，自虬江路沿宝山路及横滨路、青云路，向我七十八师第六团防区猛袭，并放火助势，极为凶猛。区师长当督官兵奋力抵抗，将其击退。嗣宪兵团开到，乃令归区师长指挥，敌仍屡图猛攻，均经击败。至今晨四时，其步兵已不敢再进。惟以飞机四处活跃，似此蓄意破坏和平，责有攸归。尚乞知照友邦，主持公道，为幸。蒋光鼐、蔡廷锴、戴戟叩。艳辰。印。

〔国民党政府战史会档案〕

6. 蒋光鼎等发表抗日通电

（1932年1月29日）

特急。南京。中央党部、国民政府，各院、部、会、京沪卫成司令长官、各级党部、政府、各军、师、旅、团长，各报馆、全国国民公鉴：暴日占我东三省，版图变色，国族垂亡。最近更在上海杀人放火，浪人四出极世界卑劣凶暴之举动，无所不至。而炮舰纷来，陆战队登岸袭击，竟于二十八日夜十二时，在上海闸北公然侵我防线，向我开火。光鼐等分属军人，惟知正当防卫，捍患守土，是其天职，尺地寸草，不能放弃。为卫国保民而抵抗，虽牺牲至一卒一弹，绝不退缩，以丧失中华民国军人之人格。此物此志，质天日而昭世界，炎黄祖宗在天之灵，实式凭之。十九路总指挥蒋光鼐、十九军军长蔡廷锴、淞沪警备司令戴戟叩。艳子

〔国民党政府战史会档案〕

7. 戴戟报告日军通牒市府要求我军撤退并以机枪扫射我阵地衅自彼起等情致国民政府等密电

（1932年1月29日）

（1）1月29日电（一）

万急。限即到。南京。国民政府、行政院、军政部、参谋本部、外交部、卫戍司令长官钧鉴：统密。我市府对日复文，于本日下午一时送出，本晚形势稍见缓和。不意，本晚十一时二十分，日海军司令突致通牒于我市政府及公安局，要求我军迅速撤退，意图占领上海，正在交涉中。十二时二十分，闸北、虬江路方面，日军复突以机关枪向我阵地扫射，可见衅自彼起，自应由彼负责。除督率所部誓死抵抗外，并迅赐电调京沪、沪杭两路友军来沪增援，毋任翘企。又宪兵第六团，于本日下午五时始到达真茹，当时形势严重，故未及即晚接防。合并附陈。职戴戟叩。艳子。印。

（2）1月29日电（二）

限即到。南京。国民政府、行政院、军政部、参谋本部、卫

戍司令长官钧鉴：统密。（一）截至现在止，我第六团已伤亡三百余名。敌现后退，用意不明。为我缴铁甲车四辆。（二）廷锴在真茹指挥，戟及光鼐在虹桥镇。（三）对于子弹接济，请迳运南翔交蔡军长接收支配为妥。（四）击落敌方飞机一架。谨闻。职戴戟叩。艳巳。印。

〔国民党政府行政院档案〕

8．淞沪警备司令戴戟为保护侨商布告稿

（1932年1月31日）

全衔布告

为布告事：此次日方藉口马玉山路事件，提出四项要求，迫我承认。我市政府现于本月二十八日予以答复。不意，同日晚间日军又发通牒，要求我军让出防地，俾其占领，不待答复，即公然向我攻击，甚至掷弹街市，轰炸民房。我军警守土有责，不得不作正当之防御，藉资自卫。惟淞沪地方为通商巨埠，友邦人士益集，于是战祸猝发不幸孰甚。第念我与各友邦邦交素厚，各界人士自应告喻此意，对于友邦侨商一体加意保护，除通令各军警加意保护侨商外，合行布告各界一体知悉，藉敦友谊，毋得故违。切切此布。

司令戴戟

〔国民党政府战史会档案〕

9．陈铭枢等告十九路军全体官兵书

（1932年1月）①

十九军同胞们同志们：

日本帝国主义的兽行鬼态，在我们面前已尽量暴露，夺我东

① 此件未注明时间，根据内容判断，系在1932年1月底。

三省，占我锦州，袭我热河，扰乱我平、津、汉口、广州、福州，最近更在上海派来炮舰多只，封锁我海口，震动我京畿，杀人放火，烧我三友实业社，杀我警察。四顾神州，版图变色。皇皇五千余年之华胄，将沦为奴隶牛马万劫不复之惨境，是而可忍，孰不可忍。我不自救，谁能救我。

本军自邓上将仲元第一师以来，而十一军，而十九军，无日不在革命搏斗之中。舍生趋义之风成，而铁血光荣之誉著，此次为振醒世界之观听，复活伟大屈辱民族之魂魄，保种保国，以死以生。自最高级官长以至火伕，要须具有十二万分最后之决心与平素革命之勇气，不抵抗无以为人，不抵抗无以救国，认清楚此次与仇日拚命，迥非寻常之作战可比，意义丰富，价值无上，抛掷一头颅，即保障世界一分和平，挥洒一滴血，即挽回一分国运。

我们为紧急应付起见，只有以我们的爱国热血染成我们最后一页光荣的历史，只有把我们殉国精神葬在四万万未死尽的人们心坎里，我们没有回顾，我们不管成败利钝！一刀一枪，死而后已。

同胞们！同志们！他们有江户儿，我们有铁孩子，我们自高级官长至伙伕，若存一丝一毫畏怯顾之心，不仅是我们革命生命之自杀，将杀尽灿烂历史的威风，杀尽中华民族残灯欲灭的生命，子子孙孙千秋万岁，都要骂我们为欺世盗名亡国灭种不中用的东西。

同胞们！同志们！仇人来到，分外眼明，我们负京沪淞沪守土之责，决不叫仇日来损我一草一木，决定死守。

自由之钟已鸣，救死之血正沸，我们不要感觉我们物质敌不过人，我们要以伟大牺牲精神来战胜一切，我们必定能操胜算，我们必定能救中国。哥哥们！弟弟们！冲锋吧！我们要永永远远在血泊中求最后的生存与胜利，我们来高呼：杀！杀！杀！

（1）打倒日本帝国主义！
（2）扫除世界和平的障碍！
（3）保国保种要和仇日拚命抗抵！
（4）死守上海南京！
（5）保持十九军千秋万岁的光荣历史！
（6）军人以殉国为天职！
（7）中华民族中华民国复兴万岁！
（8）中国国民政府外交胜利万岁！
（9）中国国民党万岁！
（10）抗日胜利万岁！
（11）十九军胜利万岁！

〔国民党政府战史会档案〕

10.第十九路军总指挥蒋光鼐等告淞沪民众书

（1932年1月）①

亲爱的淞沪同胞们：

血泪模糊的“九一八”纪念日以后，五阅月来，仇日占我辽沈，夺我吉林，俄而锦州沦陷，俄而热河告急，继之以扰我平津，蹂躏福州，掉臂横行，如入无人之境。亲爱的同胞们！日人辱我民族为游魂散魄，贱视我皇皇华胄为软骨动物，是而可忍，孰不可忍。

榆关以东，既非我有，而长江方面，浪人滋扰，日有所闻。最近更直接向上海大肆其为人类唾弃卑劣无赖之蠢动，引翔港之暴动，放火焚烧我三友实业社，开枪射杀我华警，而村井总领事，竟向我上海市政府提出五项蛮横无理条件：

（1）对日僧被伤事道歉；

①此件未注明时间，据内容判断，当为1932年1月底。

（2）即刻惩办凶手；

（3）华方须负担日伤僧医药费；

（4）市府对抗日团体须加以取缔；

（5）立即取消各抗日团体。

同时开来日舰六只，什么驱逐舰、巡洋舰、航空母舰挟带若干陆战队而来。帝国主义炮舰政策，我们在历次国难国耻的日子，本已见惯，世界果为强者之世界，则我们亲爱的同胞，与我们效死勿去的亲爱战士，当然要如左右手之相助，宁为玉碎而荣死，不为瓦全而偷生。本总指挥军长司令愿与亲爱之淞沪同胞携手努力维持必要之治安，作最后有秩序之决斗，绝不使日兵在中国土地及淞沪万国具瞻之范围扰及我安居，损及我一草一木。否则，军人殉国，本分内事，此物此志，可以昭世界而信神明。本总指挥军长司令以十万分热望认为我亲爱民众，对于准备牺牲，维系治安，保持我文明伟大久受屈辱民族的生存条件起见，应具以下必要的几种严肃应战的态度。

一、暴日以兵力来犯，我正当之防卫，万一无可避免，碰着军队与仇日陆战队接火时候，同胞应集中财力精神，去防止卖国的汉奸乘火打劫，危害治安，波及他国邦交。

二、上海市内市外所有组成的抗日救国的义勇军，应该随时来本部报到，绝对受本总指挥军长司令的指挥，不可妄行侵入阵地，以乱阵线，而影响军事行动之胜算。

三、必要时军队应该是第一批牺牲者，民众须严密加紧地去牵制，消灭浪人的杀人放火行动，准备作最后牺牲的预备队。

四、京沪沪杭两路民众要极力帮助国军运输的便利。

五、我们应付仇日的态度，只有决心。整暇、严肃可以制胜。

六、我们军民合作的力量，除掉不使寸土入于敌手外，同时更要取得各友邦之同情助力而保障其安全。

七、我们决定要打倒世界的强盗，要多方面作中西文印刷品广大的宣传，以暴露强盗国应有的罪恶。

我们来高呼：

（1）打倒强盗的日本帝国主义，扫除世界和平之障碍。

（2）我们要效法摩洛哥的苦战，追踪土其基的复兴。

（3）救中华民族的生存只有和日本决斗。

（4）中华民族万岁。

（5）中国国民政府万岁。

（6）中国国民党万岁。

（7）中国抗日军民合作胜利万岁。

〔国民党政府战史会档案〕

11. 陈铭枢转发十九路军全体官兵誓死抗日通电

（1932年2月5日）

洛阳。中央党部、国民政府钧签：各院、部、会、处，各路总指挥，各军、师、旅、团长，各省、市政府，各级党部，各法团，各报馆均鉴：顷接十九路军蒋总指挥、蔡军长，戴司令暨全体将士冬电称：暴日贯彻其武力侵略之政策，倾其国力，意图吞并我疆土，消灭我民族。东三省既被占领，乃肆其兵威于长江流域，我不得已，乃有自卫之抵抗。中央政府因首都地位危险，时时在敌人炮火胁迫之下，应急制变，断然不疑迁移洛阳，与法都之迁波尔多，土都之迁安哥拉，同为御敌图存之必要政策，武装同志，全国国民乃幸有安然行使职权之政府，以领导民族斗争，不必怀疑，无可辨难。今敌寇深入，国濒于亡，血气之伦，祇有发挥一致效死之精神，涤除诋武倾轧之恶习，举凡私见之异同，权利之梦幻一洗而空。我十九路军奉命守土，本军应之天职，虽至最后之一弹一卒，对于中央之辽远，应援之困难，绝无顾虑。

希望全国武装同志，激发于爱国自卫之热忱，人自为战。在其守土之下，敌来则与之应战，成败利钝不容计及。吾人深信，能奋斗者决不亡，服正义者得胜利。世界苟有公道，暴日必不得逞。吾人尤切望于散处各方之中央委员，政治领袖，发挥其拯救危亡之抱负，通力合作之精神，剑及履及，行止于洛阳行都，智者远谋，勇者致力，应付此存亡一发之危局。古人有言：复巢之下无完卵，不自救者其结果为自杀。我十九路军将士，以纯洁之心，贡于党国，望我邦人君子，听此最后之哀鸣，其亦鉴其至诚，宥其戆直。蒋光鼐、蔡廷锴、戴戟暨十九路师、旅、团长全体官兵同叩。冬、等语。谨以奉闻。陈铭枢叩。歌、印。

〔国民党政府行政院档案〕

12．十九路军总指挥参谋处告全国民众书

（1932年1月）①

十九路总指挥参谋处告全国民众书云：沪案发生，及今匝月矣。我军以血肉之躯，与敌重兵利器相激荡，卒能迭挫凶锋，屹然不动，国人创痛之余，莫不跃然而兴，色然而喜，以为我国从此可抗强敌，跻高位，与列强分庭抗礼矣。而一部分人士之心理，则适与相反，皇皇焉恐战祸之延长，贻国家万劫不复之境。夫逆来顺受，萎靡不振，固为国人之通病，夸大之心理，侥幸之希望，亦非吾人所应有。拯民族国家于危亡，伸公理正义于世界，此种艰巨之工作，非一蹴可致，尤非可以畏难而退者也。同人受国家豢养，以身殉国，义所应尔，及今以未死之身，愿贡一言，为国人告：吾人欲知沪案之肇因，悬揣将来之结果，必须明了日本之国情，及世界之大势。日本自山县有朋，而田中义一，递及现在之犬养毅，其所谓大陆政策，始终一贯，而不少变。甲午之役，夺取朝鲜，实为北进之发端。日、俄之战，树立大陆政

①此件未注明时间，据内容判断，当为1932年2月底。

策之基础。加以二十一条件之保障，郭松龄、张作霖之被杀。日本东北之势，遂益形巩固，其第一步之侵略，乃告成功。于是伺机占领东北，浸及中国内部之志，益不能忘怀。欧战以还，各国经济衰落，工商凋敝，关税战争之剧烈，赔款问题之僵化，世界经济恐慌之现象，益趋严重，加以苏俄崛起，赤化大防，时虞溃决。而国际之间，复不减少其嫌猜，无论对内对外，各有其难言之痛苦。至于中国之混乱衰残，则更无以况〔抗〕之虎视鹰瞵之日本，岂肯放过此良好机会。于是去年九一八一声霹雳，遂摧陷沈阳，囊括三省而去矣。沈案发生，我国政府隐忍退让，信赖国联，以谋和平正当之解决。惟是国联之于各国，非能如臂使指；盖国联为脑，列强乃为脑细胞也。细胞不健全，而欲脑之有能力也，难矣。是以沈案发生之初，国联固不乏人仗义执言，但不久即由暧昧而软化，由软化而袒日矣。反观我国社会，则争夺者如故，依赖者如故，加以民众愤激，越出常轨，舆论庞杂，莫衷一是，使执政者忙于应付，无所适从，既不能战，复不能和。日本帝国主义者看透事实，更毫无疑义，而伸其铁腕于中国内部，一二八之沪变，遂以爆发。敝军卫戍京沪，首当其冲，守土御侮，为军人天职。且上海为吾国经济中心，南京为中央政府所在，京沪不保，国脉即断。是以毅然决然，以自卫之目的，与暴日相周旋。一月以来，敌之凶暴行为，日益加紧，吾国同胞死于铁蹄之下者，奚啻万数，物质之被毁灭者，其价值且不可估计。然而吾国同胞毫不因损失巨大，而减少其勃跃情绪，且增加无限之希望。世界舆论亦因日寇之凶残及不惜扩大战祸而提出抗议。英、美等国积极干涉之态，且渐趋于具体而明显。然后知惟有奋斗，乃足以发扬民族精神，延展民族生命，惟有自助，以求自力之生存，乃能博得世界之同情，暴力虽强，终不能压倒正义也。虽然中国之前途，即可告乐观乎？英、美各国果为正义出而裁制暴日乎？暴日即能翻然而变更其一贯之‘国策’乎？吾人皆不能无疑者也。吾国物质利器之不及人，自无庸讳言，欲一战而屈强敌，在理在势，均有所未能。英则素以稳健外交著称于世界。美国则鞭长莫及，望洋兴叹。且皆因国家经济恐慌，不能自拔，而于对日问题，破坏其反俄阵线，亦不无顾虑。谓能出而积极制日，岂可遽信。至于日本军阀之黩武主义，正如旭日之升，吾人遥聆出渊在美，谓美、日两军当在沪作球戏，及日军阀谓十九路军未知日帝国之威武，故敢与之拒抗之语。其气焰之高，不可一世，即其国民大多数亦未灭其信赖武力之心理。此次总选，政友会仍占胜利，即可以觇之。欲其将所谓关系日本存亡之大陆政策，一举而更张之，尤绝无希望者也。顾于另一方面以观察之，则英、美正以挽救其经济恐慌，需赖中国巨大之市场，而不顾中日战祸之延长，尤不愿坐视其东方商业根据地上海之陷于危险，更不愿日本称霸东方，破坏门户开放机会均等之局势。故虽有种种困难，终必有为解决自身利害而奋起干涉之一日。再以日本未来之难关言之，日本自沪案发生后，海外贸易一落千丈，国家财政已陷于极困难之境，加以侵沪军费、总选举会之临时支出，美国名流更倡言对日经济绝交，盖足令社会恐慌，金融混乱，且嫉视者众，外交孤立，国内舆情，渐趋非战，劳师费财，持久作战，不戢自焚，，岂可幸免。吾人从此可知对日应取之方针矣。日方利在速战，挟其利器重兵，欲一举而屈服我国作城下之盟，操宰割之柄，我国则应谋长期之抵抗，以待国际之变化，及敌国自身之崩溃，毋以目前军事之胜利，期侥幸之成功，毋惧战祸之延长，生苟安之妄念，敛其气而不肆，持其志而不懈。日本一日不罢兵，外交一日不胜利，则我国一日不停止武力抵抗。至暴力屈服于公理之日，即吾国民族复兴之时。夫法谋独立，奋斗百年。勾践复仇，卧薪廿载。我国四万万同胞，诚能立下决心，誓死抗日，则或可不俟诸百年也。

〔国民党政府战史会档案〕

（四）"一·二八"淞沪抗战前后军事部署

1. 国民党政府拟初期京沪警备计划草案①

（1932年1月）②

京沪警备计划草案

甲、敌情判断

一、以停泊上海、南京间之敌舰沿江袭取京、沪间各要地，以动摇我经济及政府〔治〕之中心。

二、敌上陆地之判决如下：

1. 上海附近　2. 江阴附近　3. 镇江附近　4. 南京附近

敌之上陆或先在一地或数地同时行之，依海军炮火之掩护，使陆战队占领根据地，再图进取。

乙、方针

为防止敌陆军于京沪一带地区上陆入寇起见，应于适当地随分控必要野战军担任警备，并相机出击，以策京沪之安全。

丙、部署

一、第六十一师、第八十七师及宪兵队一部，控置首都暨丹徒、丹阳附近。

二、第六十师控置于江阴、无锡附近。

三、第七十八师控置于上海附近。

四、第八十八师控置于嘉定、嘉兴附近。

五、各地区内之要塞及水陆军警，在统一指挥下，与野战军

①此件选自国民党战史会编《淞沪抗日战役史料》，作者不详。

②此件未注明月份，据内容判断，当为1月。

协同动作，另以命令定之。

丁、指导要领

一、敌主力由上海附近上陆时，第七十八师联合当地之要塞暨其他部队，应尽力妨害其上陆，如敌由租界上陆，应防止其冲出租界，必要时则占领浏河、嘉定、南翔之线，全力拒止，第八十八师即沿沪抗线，第六十师主力即沿京沪线增援，进击而歼灭之。

二、敌方主力由江阴上陆时，第六十师应联合当地之要塞及其他部队，尽力拒止，驻丹阳附近之野战军须相机策应，必要时第八十八师应由吴江、吴县方向增援夹击，在上海附近之野战军仍在原地警备。

三、敌主力由镇江附近上陆时，在当地之部队及要塞应极力妨害之，驻在南京附近及无锡附近之野战军，则速增援进击。

四、敌主力由南京附近上陆时，驻在京、镇间之野战军暨城防部队应尽力拒止而歼灭之。

五、敌在二地以上同时上陆时，各地区之野战军应努力拒止外，其他地区之野战军应利铁道迅速策应。

六、上海、南京二地之警备计划，另行规定。

七、陆海军之联合行动，由京沪卫戍司令长官与海军长官协定之。

戊、防空

一、积极的防空，由航空署所属之航空队担任之，应受京沪卫戍司令长官之区署。

二、野战军应自行编组防空部队，其必要地点，则另派高射炮（小加农）担任防空。

己、通讯

通讯计划另定之。

庚、指挥系统

京沪卫戍司令长官蒋光鼐
- ——第六十一师师长毛维寿
- ——第八十七师师长楼景樾
- ——第六十师师长沈克汉
- ——第七十八师师长区寿年
- ——第八十八师师长俞济时
- ——淞沪警备司令戴戟
- ——宪兵司令谷正伦
- ——各地区要塞司令

〔国民党政府战史会档案〕

2.军事委员会关于划分防区及任命各区长官致张学良等密电

（1932年2月4日）

洛阳。限即到。北平张主任汉卿、太原徐主席次辰、洛阳蒋委员介石、济南韩主席向方、南京何部长敬之、陈部长真如勋鉴：绝密。暴日野心日亟，国难正义难恃。兹为正当防卫起见，划分全国为四防卫区，第一防卫区，其区域为黄河以北，以张学良为司令长官，徐永昌副之。第二防卫区，其防卫区域为黄河以南，长江以北，以蒋中正为司令长官，韩复渠副之。第三防卫区域，其区域为长江以南及浙、闽两省，以何应钦为司令长官，陈铭枢副之。第四防卫区，其区域为两广，以陈济棠为司令长官，白崇禧副之。各司令长官除酌留绥靖地方外，均应将防区内兵力集结，以便与暴日相周旋。其布防计划，由各长官拟定具报，此间并已电川湘黔赣鄂陕豫出兵作总预队矣。军事委员会。支寅。印。

〔国民党政府战史会档案〕

3.国民党政府拟第二期抵抗作战方案①

（1932年3月）②

京沪路方面第二期抵抗作战方案

其一　情况判断

（一）一般趋势：日军此次以极大之损失，经月余之时间，始达成第一目的，迫我军撤退三十启罗米突之距离，实出彼军事当局之意外，不得不谓为计划错误，故此后彼欲进取南京，非更有多数援军及重大牺牲不可。惟按诸日本惯例，其军政当局此时必提出许多无理条款，凭藉其在沪之武力，以压迫我方与之协商和议，自非我方所能容纳，是以将来趋势或仍不免于诉之武力。

（二）敌军战略之推测：在此停战期间，日军必一面坚固其防御工事，一面对于将来之攻击竭力准备，如修筑道路、运输军火、侦察地形等，而其军事目的，不外占领南京控制长江流域，故其战略当不能以六十启罗米突之正面，全恃惟一之铁道线，经过沿错杂之地区向苏州攻击，或以全力向常熟进攻，双方同时并进，一面行正面攻击，一面仍用前次方法，借兵舰之力，于江阴或其以西上陆，袭击我阵地之侧背，迫我撤退。惟如此，则其全部阵线，将延伸至一百启罗米突之长，势非再有多量援兵不可。且昆山至上海间之吴淞江（苏州河）一带，其防线最为单薄，换言之，即日军采用此项战略时，其弱点及危险方面，在左侧吴淞江一带防线也。

（三）我军应采之战略：我军现在自长江经常熟、昆山至吴淞江之阵地，颇为良好，便于守御。惟对福山至鹿苑镇之沿江守备，必须注意，尤以江阴附近最为危险，必须配置重兵，并有阻绝航运之准备，以防敌军侵入。

敌军之弱点既在左翼之吴淞江一带，故我军宜利用此点以打破敌人进窥南京之企图，将所有兵力配置于敌之弱点方面，以取攻势，先将三师之增援部队集中于乍浦、嘉兴、杭州之间，而以

①同前件。

②此件未注明时间，据内容判断，系在3月1日国民党军队撤退第二道防线之后，故当为3月。

税警旅配置于松江、青浦一带及黄浦江两岸，敌军对此自不能即行进攻，而非更有相当之准备不可，将来彼或增兵于松江一带，以至黄浦江岸或杭州湾口或于黄渡镇之两面作坚固防御，均足以牵制其进攻南京之兵力。

在第二期之作战，敌军必以南京为目标，我军应以第十九路军及第五军，利用现有之良好阵地，先取守势，一面将所有之兵力，由浙江方面向敌军弱点猛力攻击。已如上述，万一敌军改变目标，以主力攻击浙江，则我军当以第十九路及第五军转移攻势攻其侧背，如此，则南京首都当无危险，而战局亦可长久支持。

其二　作战方针

国军以保卫国土长期抵抗之目的，以必要兵力于苏州、常熟一带占领本阵地，于太仓、安亭一带占领前进阵地，以阻止敌军之前进，先控置有力部队于乍浦、嘉兴、杭州一带，俟相当机会，即由沪杭路及常熟方面出击，截断其后方铁路线，努力包围入寇之敌于嘉定、昆山一带地区而歼灭之。

倘敌向浙江方面进攻时，应以该处控置之部队于乍浦、平湖、枫泾之线占领阵地，以前进部队配置在湖荡附近及金山卫一带拒止之，再由京沪路方面出击，以攻其侧背。

其三　兵力部署

甲、苏常方面：

一、第一线部队　约六个师

常熟附近昆山城湖以南至苏州附近。

第十九路军　三师

常熟附近　约二师

第五军全部附独立山炮兵第一营。

福山、鹿苑附近一师。

第四十七师。

独立野炮兵第三团。

二、总预备队　配置江阴、无锡及镇江附近。

第一师。

独立第三十三旅。

独立炮兵第一旅之野炮团。

乙、沪杭路方面　约三师

第十四军之第十第八十三师，控置于杭州、嘉兴之间。

第九师控置于嘉兴附近，在石湖荡、枫泾一带选择阵地。

独立第三十六旅，配置乍浦、平湖海沿一带。

独立野炮兵第四团。
独立山炮兵第一团（欠第一营）　}控置嘉兴附近

税警旅　松江、青浦之线占领阵地，一部七宝镇、莘庄附近。

丙、后方守备部队

宪兵及各师补充队　南京

第七师之一部　浦口

丁、重炮兵　江阴

戊、江岸监视队

江阴至常熟一带，配置江苏保安队一团，并附以水上公安局船只，于各上陆点构筑工事，以节省总预备队兵力，俾能团结使用。

在江北岸之靖江附近，配置步兵一团，野炮或重迫击炮四门，又瓜洲、虹桥镇附近，配置步兵约一团，野炮若干。拟均由第三十二师派出。

己、飞机场　溧阳、湖州各增设飞机场一处。

其四　阵地设备

甲、京沪路方面：

一、苏州至常熟一带本阵地，应就已设之预备工事加工坚固构成，其经始务须适应地形，分散重叠，成为离隔之数线工事，

并增筑掩蔽部横墙，以防炮火之破坏及侧射。

二、对于重要方面，应在阵地后方二三百或五六百米深处，筑设一线或二线之预备工事，以备本阵地破坏后继续扼守。

三、阵地前方之不能通视处，应设监视哨工事，以交通壕连络之，并作射击设备。

四、交通壕之两侧，均须作射击设备，以便连络本阵地与预备工事成一新阵地，并侧射突入阵地内之敌人。

五、阵地间之湖沿，应配置巡哨船只（江苏水上公安队），以阻绝船只之往来，防止敌人之偷渡。

六、在无锡、江阴一带，太湖至长江间，构筑第二预备阵地；常州附近隔湖与长江间，构筑第二预备阵地。

七、江阴附近除配置重炮兵外，并须于江阴及其以东之长江窄处或航行困难处，作沉没船只及其他杜绝航路之准备，以阻敌舰之通行，由海军部筹备实施之。

乙、沪杭路方面：

一、乍浦、平湖、枫泾之线，为第一预备阵地；海盐、嘉兴至王江泾一带，为第二预备阵地；石湖荡、金山卫一带，为前进阵地。

二、对于以上之阵地，须预行侦察准备，俟必要时，即一面于石湖荡附近占领掩护阵地；一面构筑其应注意各点，与甲项同。

三、乍浦及海盐附近，须先由现驻该地之第三十六独立旅构筑必要工事，以防敌军之上陆。

其五　补给通信

运输补给通信事项另定之。

〔国民党政府战史会档案〕

（五）第十九路军与第五军抗击日本侵略军各次战役经过

1.戴戟报告闸北激战夺获敌铁甲车一辆致何应钦等密电

（1932年2月5日）

限即到。南京。军政部长何、卫戍司令长官陈钧鉴：统密。1。本晨闸北激战，我军又夺获敌铁甲车一辆。2.据外人确息，本日有敌陆军四千名，由日本启运来沪。谨闻。职戴戟叩。微未。印。

〔国民党政府战史会档案〕

2.蒋光鼐等报告敌以海陆空向我吴淞发动总攻炮台被毁请派飞机援护致何应钦等密电

（1932年2月8日）

限一小时到。南京。部长何、司令长官陈：侮密。虞日敌以海陆空军向我吴淞总攻，炮台及散兵壕被毁殆尽，并投烧夷弹，房屋被焚甚多，我军损失极大，在江边之散兵两连，只剩廿余人，血肉横飞，状极惨烈。炮台已失效用，幸赖步兵至死不屈，拚命争持，敌卒不得逞。惟吴淞平时已无良好之设置，实难抗敌飞机重炮一再之轰毁，万望速增派大数飞机前来援护。又粤派来之飞机未审集结何处？屡电无复，尚未取得连络，并闻。蒋光鼐、蔡廷锴叩。齐巳。印。

〔国民党政府战史会档案〕

3. 蒋光鼐报告敌以全力攻吴淞我军决意死守等情致何应钦密电

（1932年2月11日）

限即到。南京。部长何、司令官陈：灰辰蒸午申各电奉悉。侮密。（一）派来工兵已到达，炮兵俟到后，当如嘱配备于铁路附近。炮弹飞入租界，经饬注意矣。（二）吴淞炮台被毁废，敌以陆海空军全力向我，明知死守终必毁陷，但遽然撤退，示弱于人，并予敌以便利，故拟俟相机行之。查敌之陆军在杨树浦、江湾一带，随地可自由登陆，不必舍易而求难，料浏河方面，可减少顾虑。职拟以一部坚守吴淞、闸北，余配备于胡家庄、大场、真茹、虹桥之线，控置预备队于南翔，敌来与之一决，钧意如何？乞指示。（三）今午敌仍以炮轰击吴淞，约一小时，并猛攻八字桥一次。敌正在预备渡河船只，准备攻吴淞。王达天交涉，日方要求双方撤退，此事甚难应付，日方向无诚意，如我军放弃闸北，则敌之目的已达，而政府受人民攻击更甚。如何办理。请电示遵。职蒋光鼐。真酉。印。

〔国民党政府战史会档案〕

4. 蒋光鼐报告日军不断增兵及我军部署情形致何应钦等密电

（1932年2月）

（1）2月17日密电

即到。南京。部长何、司令长官陈钧鉴：外密。1．张军长已抵南翔晤及。2．敌第九师团及十二师团之下元混成旅团全部于寒抵沪。3．职与张军长决定兵力部署如下：（甲）蔡军长率十九路军三师及王赓旅、宪兵团为右翼军，占领南市、虹桥、真茹、闸北、江湾之线，主力控置于真茹、大场之间，待机向引翔港方向出击。（乙）张军长率五军两师及翁旅为左翼军，占领江湾、庙行镇、胡家宅、曹家桥、吴淞之线，主力控置于大场、杨行镇、刘家行之间，待机向殷行镇方向出击。（丙）南市、龙华为右翼据点，由王旅及宪兵守之。吴淞、宝山为左翼据点，由翁旅守之。4.航空部队请饬速到苏州。5.望增一师集中黄渡。蒋光鼐。筱辰。印。

（2）2月24日密电

南京。部长何、司令长官陈并转蒋委员钧鉴：○密。（一）职与吴工兵监拟决定阵地，配备如下：（甲）江桥镇东端仙师庙、陈家行、刘家行、罗店、新镇之线，为警戒阵地带，利用河川及村落，构成坚固之据点。（乙）南翔镇南端小南翔、广福、罗店之线，利用河川及村落，构成中间阵地带。黄渡镇、陆家巷、俞宅、周家桥、浏河西经营之线为主阵地带，构成大纵深坚固之工事。（二）为统一筑城指挥及集中工兵将校，拟请成立筑城部，归吴工兵监指挥，调在京各军校工兵教官及筑城专家，负一切设计、经理全责，上呈二项，当否？乞示。蒋光鼐叩。敬戌。印。

（3）3月2日密电

限即到。南京。部长何、司令长官陈并转蒋委员钧鉴：外密。兹将职部布置报告如下：（一）右翼军莫雄旅在莘庄、七宝镇一带，沈师在江桥镇，区师在小南翔，毛师在放生寺一带。（二）左翼军于各寅到下述各地，俞师及翁照垣旅在嘉定，八七师孙旅在朱家桥、头葛隆镇，宋旅及军校教总队在太仓，独立旅莫团在蓬阆镇傅团及五军部在钱门塘，总部在真义。谨闻。蒋光鼐叩。冬戌。印。

（4）3月3日密电

即到。洛阳。部长何、南京司令长官陈并转蒋委员钧鉴：密。（一）挥张军长江巳午两电，敌以大部攻我嘉定、太仓之间，企图截断铁道。娄塘镇已失守。我孙旅现在朱家桥头与敌激战中。（二）职为策万全起见，作如下之处置：甲、右翼军主力即晚撤退周巷，沿清阳港西至马尾港、陆家桥之线，警戒线在安亭至望仙桥。乙、左翼军主力即晚撤回陆家桥、石牌、白茆、新阶〔市〕之线，警戒线在钱优塘、太仓之线。丙、上官云相师在清阳港一带构筑阵地，职仍在真义。谨闻。蒋光鼐叩。江酉。印。

（5）3月4日密电

即到。洛阳。部长何、南京司令长官陈并转蒋委员钧鉴：密。今晨各部队之位置如下：（一）右翼军（甲）莫雄旅在莘庄、七宝镇之线。（乙）沈师在周巷、清阳港。（丙）毛师在铁道至十三河滩。（丁）上官师在十三河至陆家桥。（戊）区师在昆山西端集结。（二）第五军在石牌、白茆、新市之线。（三）警戒线在黄渡、钱门塘、太仓及西北之线。谨闻。蒋光鼐叩。支巳。印。

（6）3月6日密电

即到。洛阳。部长何、南京司令长官陈并转蒋委员钧鉴：密。（一）昨敌机三架到昆山、苏州侦察及射击，在南翔敌炮不断向我黄渡射击，便衣队数百来犯安亭。（二）职路新配备如下：（甲）十九军右翼莫雄旅仍在莘庄、七宝之线，沈师由周巷至十三河滩，毛师由十三河滩至陆家桥，七十八师在唯亭西端集结待命，以一团在陆家浜车站至安亭、蓬蓑镇为前进部队，余立奎团在太仓为支队。（乙）五军张师由石牌至白茆、新市之线，右与毛师左与上官师连络，俞师集结常熟城。（丙）上官师在梅李镇、福山镇警戒，主力在常熟之西北集结。（三）万不获已，则将上述各部撤至九里湖、凤里村、唯亭、杨城〔澄〕湖、昆城、常熟、福山镇之线死守待援。谨闻。蒋光鼐叩。鱼巳。印。

〔国民党政府战史会档案〕

5.蔡廷锴报告日军屡攻闸北不下必厚集兵力于江湾吴淞之间等情致何应钦等密电

（1932年2月10日）

限一小时到。南京。部长何、司令长官陈：青酉戍各电奉悉。外密。1.职部除以翁旅两团固守吴淞、邓旅三团固守闸北、宪兵团在南市龙华外，其余集结于刘家行、大场、真茹、虹桥之线。俞师按置于南翔，当依示饬俞师构第二线之阵地。2.连日作战受日炮火之损害，伤亡达千余。吴淞炮台失所凭依，以步兵与日之陆海空军争持，殊为可虑。3.日屡攻闸北不得手，集厚兵力于江湾、吴淞间。本战开始，必于江湾、刘家行之间为敌军活动之目标地，经饬毛师严阵以待矣。4.利用学生进行宣传，当如示办理。5.达天此行，闻日公使态度仍甚强硬，料必无结果。6.丰田纱厂日军，英领调停，准今日撤，由我方派警保护。谨闻。蔡廷锴。灰晨。印。

〔国民党政府战史会档案〕

6.陈铭枢等转告蒋介石意为我军如何牺牲亦不能达到目的在计划未定以前致蒋光鼐等密电

（1932年2月13日）

限一小时到。蒋总指挥、蔡军长、戴司令：〇密。蒋介石之意，我军进攻无论如何牺牲，亦不能达到任何目的，在全般计划未定以前，仍取攻势防御为要等语。特此电达，希查照。陈铭枢、何应钦。元酉。

〔国民党政府战史会档案〕

7.张治中报告所部指定为左翼军负责江湾以北地区指挥及兵力部署情形等情致何应钦密电

（1932年2月）

（1）2月16日密电

南翔急。南京。军政部长何钧鉴：侮密。职午后十一时抵南翔，已晤蒋总指挥商定，由吴淞西端起经曾家桥、胡家宅再南折至江湾不含，归职军担任，除宋旅已经接防外，其余拟明夜接防。惟此线在战术上为敌攻击重点，似应掌握有力之预备队，以备缓急，八十八师仅有三团，指挥作战，诸感困难。拟请钧座赐将该师驻镇之一团调还建制，不胜感祷。职张治中。铣亥。印。

（2）2月17日密电

急。何部长钧鉴：铣亥电计呈。气密。（1）顷奉蒋总指挥令：江湾以北地区（吴淞翁旅在内）为左翼军，归职指挥，其以南地区为右翼军，归蔡军长指挥，准今夜分别接防，职即移驻刘家行。（2）职奉命匆迫，师部各处人员有自由离职者，有在部而向未负责者，茫无组织，诸感困难，尤以经济及弹药之补充，伤兵之后送，一时无法，务祈钧座饬知主管各署，予以便利，至感。（3）据师长言，该师行军临时各费均未蒙发给，由伙食垫出，乞赐照例发给。职张治中。筱午。印。

（3）2月18日密电

特急。南京。何部长钧鉴：筱戌电奉悉。统密。1.职军兵力部署，俞师占领江湾北端，经周巷至蕴藻浜南岸之线，主力控置大场附近。职师系俞师占领胡家宅至曹家桥、吴淞镇西无名河西岸之线，主力控置火烧庙、董陆宅附近，均于巧丑接防完毕，正加筑工事中。职率教导总队驻刘家行。2.吴淞要塞区防务，由翁照垣旅担任，奉令归职指挥。3.本午后庙行镇当面时有少数敌之步骑兵活动，并发炮数十发，别无情况。4.派小加农炮四门赴苏保护机场一节，已电令驻镇之施团内星夜派往。惟顷接钱旅长巧电称：施团于筱酉开南翔，恐该电不及达到，已电南翔十九路总部代为截留，谅可达到。否则，无论如何，职必另行派往，请积厪念。职张治中叩。巧戌。印。

（4）2月19日报告

二月十九日

报告

于刘行镇菊泉小学

一、职于本月十六日奉蒋总指挥命令担任左翼军防务，占领自江湾以北之严家宅起，经庙巷、蔡家宅、胡家宅、曹家桥迄于吴淞镇以西之线。除职师宋旅已先期在胡家宅至曹家桥沿蕴草（藻）浜北岸担任防务外，第八十八师于十七日，利用黄昏由南翔江桥镇、嘉定各处向前线移动，于十八日上午三时，在江湾镇北之严家宅、庙巷、蔡家宅之线，与十九路军之毛师交接防务。前线各部队均星夜加筑工事，以期完固。职师孙旅控置于杨家行、孟湾、中兴宅一带，俾策应各方。军校教导总队，则位置罗店、刘行间，职部驻刘行指挥较为便利。

二、日来敌方仅有小数部队施行侦察，均被我十九路军及本军前线警戒部队驱逐，尚无别况。

三、关于军之配备另详要图〔略〕。

右呈

部长何

职张治中

〔国民党政府战史会档案〕

8.日本第九师团司令官植田谦吉致蔡廷锴通牒

（1932年2月18日）

本职基于欲以和平友好之手段，达到任务之热烈希望，兹对于贵军通告下开各件：

一、贵军应即从速中止战斗行为，于二月二十日午前七时以前，将现据之第一线撤退完了。于二月二十日午后五时以前，从黄浦江西岸，由租界西北端连络曹家渡镇、周家桥及蒲淞镇之线起算，黄浦江东岸，由连络灿泥渡及张家桥镇之线起算，各从租界境界线向北二十基罗米突之地域（包括 狮 子 林 炮 台）内 撤退。

二、日本军于贵军开始撤退后，不行射击、轰炸及 追 击 动作；但此飞机之侦察，不在此限。又贵军撤退后，日本军仅保持虹口附近之工部局道路地域（包含虹口公园之周围）。

三、贵国第一线撤退完了后，日本军为确认实行起见，派遣有护卫之调查员于撤退地域，该调查员携带日本国 旗，以 资 识别。

四、贵国对于该撤退地域外，上海附近之日本人生命财产，应完全保护之，此项保证如不完全，日方当采适当之手段。

五、关于在上海附近（包含撤退区域）外国人之保护，容易商议。

六、关于禁止排日运动，一月二十八日，吴市长对于村井总领事之约诺，切实严行。

七、关于此项，当另由帝国之外务官宪对贵国上海行政长官有所交涉。如以上各项，不能实行时，日本军将对贵国军不得已采自由行动，其结果所生一切责任，应由贵国负之。昭和七年二月二十八日午后九时。大日本帝国司令官植田谦吉。

第十九路军蔡廷锴阁下

〔国民党政府战史会档案〕

9.日本驻沪总领事村井苍松致上海市政府通牒

（1932年2月18日）

迳启者：自一月二十八日晚，贵国第十九路军及便衣队向日本陆战队攻击以来，闸北方面中日两军成对抗之形势。二十九日晚，双方虽有停止战斗行为之成约，但贵国军队仍背约，向我方射击，或加袭击，使我方不得不予以应战，且以贵国军队实行其有计划之挑战，于是吴淞及江湾方面，亦发生军事行动。在此期间，贵方一方面散布关于十九路军对于防卫租界、保护居留民而绝无他意之我军，加以新的攻击，便衣队出没于各处，依然不停止其恶劣凶暴之行动。居留日本人固无论矣，即上海租界亦受到非常之威胁。本总领事认为在此之时，从速解决由两国军队冲突而起之事态，乃极为必要。故希望依照下列条件从速终止战斗行为。切望贵国军队接受该项条件，同时予以切实之履行。贵国军队不接受该项条件，日本军队将有自由行动之事实。（一）中国军队须于二月二十日午前七时以前，将第一线撤退完了，于二月二十日午后五时以前，从黄浦江左岸由公共租界西北端连结曹家渡镇、周家镇及蒲淞镇之线起算之租界北部境界线以北，及接连黄浦江右岸烂泥渡及张家楼镇之线以北，完全撤退至距租界线二十基罗米突以外之地域（包括狮子林炮台），即将该地域内之炮台及其他军事设施撤去，并不得重行建筑。在上海附近，而不属于上述撤退地域内一带之日本人生命财产，须由中国方面完全保护。如上述保护有未完全之情形，日本方面得执行适当之手段。便衣队中国方面，应一概有效禁止之。（二）日本军确认中国军队业已撤退以后，停止射击、轰击及追击之行动；但飞机之侦察不在此限。（三）中国军第一线撤退完了后，日本军为确认其实行起见，得派遣有护卫兵之调查员于撤退地域。（四）关于保护上海附近（包括撤兵地域）之外人，另行商议之。再关于第十九路军此次采取此种行动之经过，业于二月十五日，本总领事致贵市长函中言及，认为毕竟由于贵市长对于一月二十八日答复一月二十日本领事要求所称，即时解散抗日会及禁止其他排日运动之诺言，未有切实实行之诚意与能力而发生。是以本领事应重新向贵市长要求，从速而且完全实行上述贵市长之诺言。本总领事以极大之关心，监视贵市长对于本案之实行。如贵市长不能实行，我方不得〔不〕采取适当手段时，由此所发生一切责任，应由贵方负担。合并声明，相应函达，即烦查照。

〔国民党政府战史会档案〕

10. 何应钦关于日军侧重江湾以北及吴淞一带该地区务宜构筑强固工事等情致张治中密电

（1932年2月19日）

急。限即到。张军长：巧戌电、俞师巧亥电均悉。〇密。查该军师部署情形，颇为周妥。惟所任江湾迤北至吴淞一带地区，均极重要，并征之最近日军行动，似侧重该方面，其主攻或即由此。我军应注意者,对于第一线务构成有强固之工事,而配置兵力勿必过于浓厚，即取适当之纵深配备，如应控置较多兵力于阵线后约二千米达处为适宜，以备遇有利时机遂行反攻也。何应钦。皓酉。印。

〔国民党政府战史会档案〕

11. 蒋光鼐等为暴日挑拨造谣我军决以铁血答复通电

（1932年2月20日）

国民政府、各省军民长官、全国民众公鉴：暴日蔑视我国家政府，以挑拨造谣之卑劣技俩，违反通例，单独致本军以蛮横之最后通牒，本军惟有以铁血答复之。军人报国，粉身碎骨，是分内事。大战开始之日，即本军授命之时，使一卒一弹犹存，则暴日决不得逞！惟愿全国朝野上下，人人怀必死之志，引偷生苟免为无上耻辱，团结一致，前仆后继，则本军之牺牲为不虚，伏尸流血之战士，必含笑于九泉矣。第十九路军总指挥蒋光鼐，军长蔡廷锴，淞沪警备司令戴戟，师长沈光汉、毛维寿、区寿年，副师长李盛宗、张炎、谭启秀，旅长刘占雄、邓志才、张励、翁辉腾、黄固暨全体官兵同叩。号。

〔国民党政府战史会档案〕

12. 淞沪警备司令部参谋处关于进攻闸北日军经我军夹击伤亡惨重的通电

（1932年2月22日）

提前发。限即到。行政院，南京军政部、卫戍长官 公 署 钧鉴：各绥靖公署、各省市政府、各机关、各报馆均鉴：敌于本晨午前三时，以全力向我闸北、江湾、庙行一带阵地猛攻，经我军夹击，激战至现在，在阵地前方，敌伤亡已逾三千，溃不成军，刻我军正在追击中。谨此捷闻。淞沪警备司令部参谋 处 叩。 养戌。印。

〔国民党政府行政院档案〕

13. 蒋光鼐报告日寇以全力攻闸北及我军拚死抵抗情形并请速派援军致蒋介石密电

（1932年2—3月）

（1）2月23日密电

限一小时到。南京。司令官陈转委员蒋、院长汪：密。敌自哿日起施行总攻，费两日之力，集中陆空武力，意图突破江湾，横攻闸北。我军拚死抵抗，卒不得逞。昨日乃转移其主力攻我庙行镇，反复出击，又遭挫败。敌近复增派援军三师，其一师之先头，经于今午抵沪。我军作战兼旬，受战数次，伤亡极众，干部弋多。敌源源而来，我方尚无主力军增援，实无以为继。望迅拨三师来沪，则现有阵地当保无虞也。职蒋光鼐。漾未。印。

（2）3月3日密电

限即刻到。南京。蒋总司令、陈司令长官钧鉴：○密。职部经决定固守青阳港至白茆、新市之线，倘能饬蒋鼎文所部与税警两团及宪兵六六团，由松江出动，迅速进出京沪铁路附近，威胁敌左侧后必能奏效也。如何？谨候钧裁。职蒋光鼐叩。江申。印。

〔国民党政府战史会档案〕

14. 蒋光鼐发布向敌进攻命令

（1932年2月23日）

敬启者：兹抄录第十九路军总部二月二十日命令一纸，附函送上，即希察收为荷。此上林厅长

二月二十三日午后一时
命令
于南翔总部

一、敌情如贵官所知。

二、本路军决心同前。

三、着右翼军六十一师副师长张炎率所部三团（在罗店之郑团归还建制）附八十八师独立旅古团，于本日午后六时至江湾以北庙行镇以南一带接左翼军右翼之防务，应于午后十二时以前接替完毕。

四、左翼军八十八师着撤回庙行镇西南一带地区集结整理，并相机策应六十一师所遗防务，在庙行镇以南地区，由六十一师派队接替，其庙行镇以北地区（该镇属之）防务，仍由左翼军担任之。

六十一师郑团所遗罗店防务，交左翼军派队接替（应于本日

黄昏前接防完毕）。

五、右翼军与左翼军之作战地境，从新区分如左：

殷家行南端——姚家宅——庙行镇南端、李家桥之线（线上属左翼军）。

六、余在南翔。

右令

总指挥蒋光鼐

传达法

以电话令知关系各部队外，再以油印命令下达。

〔国民党政府战史会档案〕

15. 张治中关于第五军各部部署及战斗情况致蒋介石密电

（1932年2—3月）

（1）2月23日密电（一）

限即刻到。蒋委员钧鉴：○密。1.据俞师长称：该部经连日激战，伤亡过大，各团破碎，急待改编整理，请求免任防务一二日，以便集结恢复，再行接防，庶有把握。情词恳切，职当为婉陈蒋总指挥，承允以六十一师接八八师正面之半，余归八七师延伸，即自庙行镇合口以北至吴淞西归八七师担任，预定今夜接防。2.今晨敌复向我小阳庙方面进攻，已击退之。职张治中呈。梗午。印。

（2）2月23日密电（二）

急。蒋委员钧鉴：漾申电奉悉。密。1.敌人数次来犯我小场及庙行镇之线，均被击退。2.职军各部队位置：（1）八十七师孔旅任庙行镇（合口）经周州至蕴藻浜南岸，宋旅任蕴藻浜北岸原阵地之线。（2）八八师今夜俟六一师接防，集结于西横、塘桥、湖里宅附近整理。（3）军校教导总队（缺一营）分任狮子林、小川沙、浏河、杨林口各处警戒，其主力控制浏河。（4）职军部及教导总队之一营、八七师直属部队，仍在原驻地。3.京中现到补充兵，如为老兵，拟请准送前方补充两师缺额，如为新兵，职当酌选若干官长送京训练。悉候钧裁。职张治中叩。梗亥。印。

（3）2月24日密电

限即刻到。蒋委员钧鉴：密。（1）今日前线沉寂，逆料敌受创甚重，非俟增援队到齐不敢来攻。（2）职已严令各部队利用时机整理阵线，坚固工事，以期万无一失。（3）八八师整理后，拟令改任蕴藻浜北岸防务，而以八七师宋旅调任江湾至庙行防务，即以八七师专任正面，由职直接指挥，似较稳妥。（4）莫团尚未到达。职张治中呈。回未。印。

（4）2月25日密电（一）

限即到。南京。蒋委员钧鉴：敬未电、有未奉悉。〇密。（1）前电请调动官长，不过意见具中，敬候裁夺，毫不敢自作主张。今奉钧座谕令，暂缓调动，自当凛遵。职始终对以钧座之意志为意志，乞鉴宥。（2）〇密。六一师已於敬子接防，八八师正在集结整理。（3）本日敌攻小场、庙塘东宅之线，我六一师正面之爬家塘一段被敌突破，已反攻，正在激战，谅易恢复。职并令孙旅由庙行镇佯攻策应。（4）窃查江湾经庙行镇至蕴藻浜南岸之线，利于野战，似为敌主攻目标，我如控置强有力之预备队，为最大之纵深配备，则敌虽再增加一二师，亦可无虑。因此，职拟以八八师之杨旅接蕴藻浜北岸防务，而以八七师宋旅控置于孙旅正面（即庙行镇）之直后，以八八师钱旅（李副师长延年兼代）控置於军部附近，以便策应各方，是否有当？乞遵，并拟请示蒋总指挥核夺。（5）八八师整理结果，尚存兵力五千，其详情俞师长当有电呈，恕不赘。（6）莫团（缺一营）已到达。职张治中呈。有未。印。

（5）2月25日密电（二）

限即刻到。蒋委员钧鉴：密。（1）本日午后奉蒋总指挥电谕全线出击，职遵将攻击部署妥当，顷又奉电谕知奉钧座电谕，毋须出击，遵已停止出击矣。（2）钧谕须明瞭敌之工事，不宜出击，总以减少伤亡，谨凛遵并令各部队长遵照。（3）负伤官兵因上海各红会乐为救护，尚不感若何困难。（4）两师负伤官兵确数，已令详查具报，容另电呈。（5）钱旅长刻已送杭州广济医院，职现已派员携款前往慰问矣。职张治中叩。有戌。印。

（6）2月26日密电（一）

限即刻到。南京。蒋委员钧鉴：有午电奉悉。有未电所呈与钧座掌握五团兵力之旨相合。惟令八八师以两团接替蕴藻浜北岸八七师宋旅防务，实以该方面凭河设险，阵地坚固，敌无来犯之处置，故以八八师相机接替，藉便休养整顿。顾宋旅战斗力强，以之控置庙行镇正面之后，将来用于决战及指挥系统，均较有利。今奉钧令八八师可勿接八七师防务，自应遵办。惟毛师系临时接替性质，昨日激战，毛、区两师较有伤亡，倘蒋总指挥仍令职军接替，毛师似感困难，然当与蒋总指挥委婉商之也。职张治中呈。宥巳。印。

（7）2月26日密电（二）

限即刻到。蒋委员钧鉴：密。宥巳电计呈。（1）顷奉蒋总指挥令八八师接替毛师防地正面之一半，即自庙行镇南端起至竹园墩与小场庙间之中点，归八八师担任，以南至江湾镇北端，归六一师担任。职因凛遵掌握五团之谕，曾为婉商不获，未便坚持，只有遵命。（2）决战在即，兵力宜厚，可否将职师伍旅之傅团开来，乞裁示。（3）据翁旅长报告：本日敌舰七艘，轰击狮子林炮台，自辰迄未停，敌舰傍有木船数十只，已令警戒该方面之部队严为戒备矣。（4）本日正面沉寂无别况。职张治中呈。宥申。印。

（8）2月27日密电（一）

限即刻到。蒋委员钧鉴：宥申电计呈。密。八八师自敬之集结整理后，其原防由八七师孙旅及六一师分担接防。经日敌猛攻六一师正面，伤亡较大，本日蒋总指挥令八八师接替六一师防线之半，俾六一师得轮班集结整理，并指定该师控置八八师之后，以便策应。其应接防线为右自小场庙经竹园墩至庙巷南瑞之线，共约二千米。职恐正面较广，非该师所能胜任，经与蒋总指挥一再商酌缩短正面，改肖匠庙、竹园墩间之中点，俞师犹诿为兵力不敷分配，祇允左自庙行南端接至竹园墩止，其右翼与六一师间发生五六百米之空隙。职以该处为敌连日来猛攻之点，不宜疏忽，为敌所乘。欲将职师宋旅由蕴藻浜北岸移防此段，而以八八师转接宋旅线，则计算时间距离，为是夜所不许，不得已，将职所控之军预备队莫团拨归俞师指挥，务令遵照命令接防，而俞师坚不肯接，蒋总指挥迭电催询，而友军啧有烦言。职以此次战争关系民族存亡，一再喻以大义，感以私情，唇焦舌敝，莫能动听。卒厚颜恳商蒋总指挥，所遗空隙仍由六一师担任。窃查命令指挥不容假借，倘若徒以小心气馁之故，锱铢必较，情同论价，只求自厚，竟忘服从，则将启友军之轻视，堕钧座之威严，误作俣之前途，与念及此，不寒而栗。至职生平待人，无不一本至诚，今对俞师长更当视同弱弟，爱护不暇，何敢使其吃亏。惟职所处地位，首应遵示钧座之意旨，并当接受蒋总指挥之命令。大敌当前，惟有精诚团结，统一意志，集中力量，始足以摧破强敌，此物此志，敢不服膺。知关谨注，理合将昨日俞师接防经过据实陈明，伏乞垂察。至职军兵力部署，今日拟稍有变更，容后电呈。职张治中呈。感午。印。

（9）2月27日密电（二）

限即刻到。南京。蒋委员钧鉴：密。（1）职本拟今晚将阵地兵力重行分布，将宋旅抽出控置于正面之直后，嗣因蒋总指挥有特别命令，遂未实行，现此项特别命令虽未实行，今夜已不及，拟待明日再办。（2）职军各部现在位置如下：1.八七师占庙行镇、婆行、蕴藻浜北岸之线。2.八八师占竹园墩至庙行镇南端之线。3.军校教导总队在罗家店分任杨家口、浏河、山川沙一带警戒。4.莫团在塘桥附近集结。职张治中呈。感戌。印。

（10）2月28日密电（一）

限即到。南京。蒋委员钧座：感亥电奉悉。○密。职在八八师未接六一师防务之前，本定以八八师接替蕴藻浜北岸防务，刻因八八师既已接防，其正面甚小（自竹圆墩至庙巷南端，请参考一万五千分之一图），纵深尚大，较有把握，今若迳与蕴藻浜换防，因军无两团预备队，不敷接替任何一部防务，遇敌一攻，势必牵动，且全线正面皆同时换防，似不相宜。今职拟分两步，今夜先以莫团及教导总队之一营接蕴藻浜之防，将宋旅抽出控置左翼，纵使八八师不能支持时，亦得有力之后援，因八八师以之窄小正面，守备似有余用，于决战则不足，而宋旅战斗力强，以之为军预备队，则可以应缓急也。第二步，时机许可，则以宋旅接八八师之防线，再以八八师接蕴藻浜莫团之防，则为稳妥不过。军之预备队虽仍能抽出两团，则战斗力较为不及耳。是否有当？乞示遵。职张治中呈。勘巳。印。

（11）2月28日密电（二）

限即刻到。南京。蒋委员鉴：勘巳电计呈。○密。昨午蒋总指挥忽发撤守罗店、刘家行、大场、真茹、龙华之线之令，而以大场北方之许巷为左右两翼军之分界。职详为考虑，深以此线正面太宽，又无工事，恐难立稳，而且放弃吴淞，精神上之影响甚大。当即条陈仍以吴淞沿蕴藻浜延引至胡家庄南拆沿其支河，占领监桥、李家楼、王家街、兴隆桥之线，而以利众桥为左右两翼军之分界，此线沿河配备，等于蕴藻浜阵地之坚固，纵敌再增两师团来犯，亦不足虑。蒋总指挥阅图（参观二万五千份之二图）

之后，颇以为然，当许照办。未几，蒋总指挥复电告，十九路军各官长皆誓死守原防地，不愿撤退，遂决定全线照旧不动，并告此为钧座体念官兵伤亡过大，欲变换阵地待接〔援〕到举行反攻之意。窃以在左翼放弃吴淞，则影响视听，右翼放弃，则闸北隔绝，上海交通呼应中断，而且徒张敌焰。将来军心不固，民众失望，在钧座诚有统筹全局之胜算，中伤者则又将多所指责。甚愿钧座仍令蒋总指挥固守原阵地，待援到即在江湾、吴淞间地区与敌决战，如增援不到，而万不得已时，则只有退守浏河、嘉定、黄渡之线，较为巩固，可作长期抵抗，若罗店、大场、真茹、龙华之线，似觉退守失据，有损无益。管见所及，谨以具申，伏乞裁夺施行。职张治中呈。勘午。印。

（12）2月29日密电

限一小时到。南京。蒋委员钧鉴：○密。倭寇虽因对俄作战，势穷求和，其心终异。严防宜先，即仍当为决战之准备，我援兵愈速愈好。闻四七师有两团驻镇江，不知能否抽调前来。职见镇江固属重要，然以国际情形观之，敌断无扩大战争来犯京、镇之可能。偶感所及，藉供裁夺。职张治中呈。艳亥。印。

（13）3月1日密电

限一小时到。南京。蒋委员钧鉴：东酉电奉悉。密。顷奉蒋总指挥命令，职军撤至嘉定、太仓之线，占领阵地，于今夜亥时始移动。职军部拟撤移驻钱门塘镇。谨闻。职张治中。东戌。印。

（14）3月6日密电

限即刻到。南京。蒋委员钧鉴：密。（一）据报娄塘镇之敌，向嘉定方面移动，浏河、杨林口一带，均有敌驻守并支搭白铁棚为营数里。（二）鹿河镇方面似无敌情，已派员前往侦查，尚未回报。（三）职军今日部署改定如下：（1）八十七师宋旅及莫团占领苏家尖镇、白茆、新市、石牌、陆家桥（不合口）之线，对敌警戒。（2）傅团控置东塘市附近。（3）孙旅及教导总队集结陆家巷附近，构筑后塘湖、昆城湖间地区之预备阵地。（4）八八师仍集结常熟构筑该城一带之预备阵地。（4）八七师孙旅现改编四营，每营步兵两连，小炮机枪各一连，其伤亡计八百余名。宋旅拟不缩编，其伤亡计六百余名，其他独立旅及教导总队皆小有伤亡，合计约一千七百名。（五）八八师现仅余步枪一千二百枝，只可编成四营，其伤亡约二千七百名，此为概数，容令造册详报。（六）八八师及八七师孙旅疲惫已甚，非有两星期之休养整理，恐不能作战。职张治中呈。鱼戌。印。

（15）3月13日密电

限即刻到。南京。蒋委员长钧鉴：○密。顷闻敌方无意和平，势将大举来犯，我誓当坚决抵抗到底。前奉钧座铣电所示，最后将在吴兴、广德间与敌周旋。惟职以历来作战之教训，凡各部所受损失伤亡者十之六七，而因撤退逃亡者亦十之三四。现在职军守备地区，河川复杂已极，非船莫渡，大军运动至感困难，倘万一必须撤退时，则损失不免更大。故职意与其撤退而受损失，不如为发扬我军精神，而作一热烈之牺牲，即如敌来犯先在原阵地抵抗，最后则退据常熟固守，誓共存亡。职预作之腹案如左：（1）四七师占领丈唐下大义桥、市桥镇、小王桥、南拆至城北之圆形阵地。（2）八十七师占领城南至昆城湖、又自莫城镇至姚家店之线。（3）八八师专任守城。（4）由八七师控置主力，如用时相机出击之用。（5）各阵地前方均配置警戒线，利用村落、河川为据点，坚强拒止敌人。（6）为指挥便利精神团结起见，职与四七师及八八师长同驻城内。以上仅假设一种情况而作之腹案概要，将来当依现实情况斟酌损益，随时请示核定。惟当呈明者，常熟为敌舰所不及，敌炮所难用之地，只须设备多数高射炮对付敌机，如此阵地坚固，防御严密，似可久持。至弹药拟以无锡仓库移来，米粱亦在设法购集。如蒙钧座饬部接济若干，甚所企祷。是否有当？乞示遵。职张治中呈。元亥。印。

（16）3月22日密电

急。南京。蒋委员长钧鉴：○密。关于鹿苑沿江防务，顷由上官师长派员实地侦察，南北两夹江完全淤塞，已变耕地，且有村落，沿江自十二圩港口至界港口之线，轮船均可靠岸，且该处扬子江航线接近南岸，顾虑多，但距鹿苑有二十七里之遥，各处之布防，则处处薄弱，徒耗兵力。现经职与上官师长拟定两种警备应付计划，电呈裁夺。（1）在十二圩以南各港口派兵警戒，同时在江北岸亦派部队监视，用无线电联络，而将有力部队集结于鹿苑，要用后退配备，乘其上陆立脚未稳，迎头出击之。（2）在鹿苑一带构筑坚固工事，沿江用小部队警戒，俟其进占至南夹江地区以内，于上游之隆镇以北南夹江，化堤决水淹之。故在北堤预为大规模之爆破设备，此事已由上官师长再派干员前往侦察，上下游比高差如堪使用，再命当地小村落居民，设法秘密迁让。是否有当？敬乞鉴核示遵。职张治中呈。养申。印。

（17）3月26日密电

限即刻到。南京。蒋委员长钧鉴：往申电敬悉。○密。（1）常熟城外虽有护城河流堪以利用，但河之两旁市屋栉比相连，一时又不便破坏，故在东门外，离城稍远处亦利用河流构筑一道防线，两翼仍与阵地线相连。（2）城内系利用城墙，遵照所示要领，早经着手构筑，并逐日加工。据八八师报告，于两日以内可以完全筑成。职张治中呈。宥申。印。

〔国民党政府战史会档案〕

16. 林蔚转发蒋介石电告第五军应缩短防线节省兵力等情致张治中密电

（1932年2月24日）

急。限即刻到。张军长文白先生：○密。总座电告，军预备队至少须掌握五团兵力，其意以现在八十八师之防既由毛师接替，即暂归该师担任，我五军正面即可缩短，趁此休战状态之机会，节约兵力，严密布防，以抽出之部队竭力整顿而掌握之，以备决战之需，用布总座电意之未尽，即祈勋察。林蔚。敬。未印。

〔国民党政府战史会档案〕

17. 第十九路军第五军奉令退守第二防线通电①

（1932年3月1日）

暴日纵兵辽沈，转窥东南，我十九路军奉命守土，作紧急之自卫，与之相搏於沪渎者一月有余矣。最初与敌之海军陆战队及其初到陆军，鏖战二十余日，杀伤过当，敌不得逞。而其第二批陆军运到，我驻在苏、浙之中央直辖第五军两师，亦加入作战，相持者复一旬，歼敌者六七次，彼虏仍不得逞。最后又以其大川大将率领两师团来，而我始终在战场者仅五师，为数不满四万，敌则加倍于我。至是彼虏一面以讲和形色诡商停战，欺骗国联；一面以一师加入正面，一师由浏河附近登岸，袭我后路，使我腹背受敌。而我运输困难，援师不及，不得已乃东夕奉命，将前线阵地放弃，为战略的撤退，再图反攻。此我十九路军第五军一月以来与敌苦战之经过情形也。夫暴日挟其既定整个计划亡我，我非全国动员以极大之决心，作普遍之奋斗，不能得最后胜利。我十九路军与第五军抗敌，非求一隅之胜负，与彼虏争一日之短长，乃欲以我仅存血肉，供救国牺牲，作同胞马前之导卒

①此件选自《淞沪御日血战大画史》。

耳。自政府迁洛，已决定长期抵抗政策，此全国军民，正当秉承此旨，一致奋起，电击响应，此仆彼继，勿以沪渎之偏隅进退为念，勿为敌人分化之诡谋所中。尤望我东北同胞衔为虏之痛，急起遣兵，收复失地，使敌备多力分。我十九路军第五军当竭此未尽余勇，与强虏作最后周旋，藉收夹击之效。土耳其苦战三年，卒大破希腊十五万军，转败为胜。杜兰斯洼一小部落耳，亦能血战三年，不稍屈服。况我以三万万方里之地，四百兆人民之众，果能全国一德一心，不能歼此跳梁小丑，吾不信也。朝鲜之亡也，犹有陆军数万，卒被日人解散以尽。今我国现额之兵，统计不下百余万，与其待国亡后供彼宰割，何如及此未亡之时，作一光荣之牺牲。此次暴日蹂躏上海多时，炸弹所至，庐舍圻墟，死亡枕藉，孑遗黎民，莫不同仇敌忾，不闻怨声，此等悲壮之剧，可泣可歌，国土犹是也，人民犹是也，苟一旦主权既失，寄生命於仇人之手，其惨状又当何若也！惟愿我全国父老兄弟，毋忘闸北江湾，全国军事领袖，毋忘朝鲜及今日之东省。暴日向国际公开宣传，诋我谓非有组织之国家，即谓我国人不知鸽原急难，击首而尾不动，可以各个击破也。而我全国军民，犹以巢幕游釜为安，罔识阋墙御侮之义，忘同屋之缨冠，作乡邻之闭户，是诚为见仇者所快，而为见爱者所痛矣。我十九路军第五军亦惟有收拾余烬，背城借一，事之不济，则拚命於沙场，以谢我炎黄祖宗在天之灵，不愿为亡国之民也。敢曰乾时之战，虽败犹荣，尚幸即墨不亡，侵地终反。擐甲哀鸣，泪尽以血，惟我同胞，实昭鉴之。总指挥蒋光鼐、十九路军长蔡廷锴、司令戴戟、第五军长张治中暨各师旅团长同叩。

〔国民党政府战史会档案〕

18. 蒋介石关于日军已于今日停止战事致蒋光鼐密电

（1932年3月3日）

特急。真义镇。蒋总指挥：○密。顷接宋部长江未电，重光正式通知各报馆，日军本日两点钟停止战事。英海军司令亦将此事告之郭次长等语。特达。中正。江亥。

〔国民党政府战史会档案〕

19. 蒋光鼐关于停战期间严阵拒敌进攻的命令

（1932年3月5日）

命令 三月五日午后二时
于真义总指挥部

一、敌于三日午后二时，对国联宣布停止战争，但昨今两日南翔炮兵仍不断向我射击，便衣队向我前进，异常活动，企图不明。

二、本路军拟占领清阳港、昆山城、陆家桥、石牌、白茆、新市、梅季镇、福山镇之线，其前端更派出警戒部队，节节拒止敌人，如敌人以主力作真面目之攻击，万不得已时，则占领右翼依托九里湖、凤里村、东湾港、唯亭、杨城〔澄〕湖至昆城湖及其西北端，在常熟至福山镇、江岸之线预设阵地，死守待命。

三、第十九军以主力占领昆山城南北之线，於安亭、太仓之间，派出警戒部队，如敌以主力作真面目来攻，至万不得已时，则占领右翼依托九里湖，在吴家湾、唯亭镇东娄墓村、东湾港、唯亭，左翼依托杨城〔澄〕湖预设之阵地线，死守待援。

其详细配备应如左之要旨：

甲、七十八师之钟团归沈师长指挥，为前进部队主力，控置於陆家浜车站，对安亭作纵深之配备，约各以一连在安亭及蓬阆镇严密搜索敌情。

乙、余立奎补充团为独立支队，固守太仓城、嘉定、浏河方面搜索敌情，万不得已，则退守巴城镇，掩护军之左侧。

丙、六十师占领周巷，沿清阳港西岸经铁□至十三河滩（属之）之线，构筑强固工事，拒止当面之敌，并负责维持昆山城治安。邓旅则待钟团接替防务后归回建制。

丁、六十一师附古团占领十三河滩至陆家桥(属之)之线，构筑强固工事，拒止当面之敌，与太仓余立奎团取连络。张炎旅今（五）晚撤回归建制。

戊、七十八师主力为预备队，集结于唯亭西端地区待命。

己、第一线师须各派出警戒部队，搜索本师正面之敌情。

庚、本军后方在苏州城。

四、第五军占领石牌南端至白茆、新市之线，右翼派出一小部，位置于石牌、陆家桥间，与陆家桥附近之六十一师取连络，左翼派一部至陆家尖镇，与梅李镇四十七师连络，主力控置于东塘墅、常熟之间，如受优势之敌压迫，万不得已，则占领右翼依托后塘湖经昆城湖、常熟之线，死守待援。后方仓库应在无锡城。

五、四十七师担任常熟东北梅李镇、谢家桥镇东北沿江一带布防，对江面警戒，与常熟之俞师取连络，其主力集结於常熟西北太义桥附近，如梅李镇方面受优势之敌压迫时，则固守小王桥、谢家桥镇至福山镇之线，并应注意沿江方面。后方仓库应在江阴附近设立。

六、作战地境

十九军
五　军 以太仓、陆家桥、巴桥之线为作战地境（线上属十九军）。

（四十七师以周泾口镇至小王桥、虞山西北端之线（线上属五军）。

七、交通网另行设计。

八、粮食弹药之补给，各部自行筹划之。

九、本部在苏州设伤兵总收容所。

十、余在真义。

附记：

1.参用十万分地图。

2.所指示地名与实地地形不适合者，可由各师长在一千米内酌改之，但须即时报告。

3.莫雄旅仍照前令在莘庄、七宝镇一带候命。

〔国民党政府战史会档案〕

20. 蒋介石关于此次撤退实因兵器力量悬殊伤亡过重致俞济时密电

（1932年3月9日）

急。常熟。俞师长：庚酉电悉。〇此次撤退，实因兵器力量悬殊，伤亡过重，而先被击破之地区，系小场庙、夏家荡间，业经蒋总指挥东电报明。报载云云，不须计较。目前宜急调查损失与伤亡确数，分别详报，其官长伤亡者，并须列明衔名为要。中正。青酉。印。

〔国民党政府战史会档案〕

21.义勇军参加淞沪抗日战斗纪要

（1932年3月）

一、义勇军始末概述

一二八淞沪之役，我守卫疆土之军人，杀敌之烈，赴义之勇，已为世界所称许，而不知全国民众精神上之声援，物质上之协助，悲壮热烈，亦为空前所未有。尤以义勇军之同仇敌忾，风起云涌，足为人民爱国之表现。虽因限于能力，多未克独立建功，然对于战列部队之直接助力，实未可忽视也。

推本求源，义勇军之奋起御倭，实始于九一八事变之后，当我辽、吉被陷，锦州撤兵，即有黄显声，熊飞等率义勇军数万，转战喋血，屡挫敌锋，即绿林豪客，如小白龙、盖三省、老北风等亦发愤攘夷，与倭寇周旋，此实为我国义勇军御倭之嚆矢。

关内义勇军之组织，各界均有，而学生义勇军实先树之风声，盖青年学生睹山河之破碎，义愤填膺，始而开会游行罢课，唤醒民众，继则请愿政府，敦促出兵，然卒发现其惟一直接御侮之途径，乃为组织义勇军以参战。原学生义勇军之奋起，在北平首为清华大学之组织训练，于是北平各校继之而起。在上海尤为盛极一时，非但各校皆有义勇军，且有女子救护队，而各大学学生抗日救国联合会，及中学生抗日救国联合会尤大具规模，从事于义勇军之组织训练。一时义勇军之热潮，且泛氾于大江南北，各省市均闻风兴起矣。各地义勇军既纷纷组织，实行军事训练，并要求政府发给枪械，而政府亦正式颁布义勇军组织条例，在沪设上海学生义勇军训练处，特派中央陆军军官学校教育长王柏龄为该处主任。惟其时义勇军之企响，原在出关杀贼，收复失地。上海有各大学赴东北义勇军及青年援马团，北平有青年决死团，南京有三民铁血团，各地亦莫不有同类之组织，皆准备马革裹尸于边塞者也。

迨至满洲伪国傀儡登场，马占山佯为就范，纷传失节。于是赴东北援马之义勇军灰心离散者甚多，虽间别有联络而出关者究属少数，至是义勇军高潮无形低下。然而，当此之时，上海风云又告紧急，各种义勇军遂移其出关之雄心，以赴东南之国难。及一二八之夜，闸北枪声既起，十九路军着着胜利。其前此经过挫折者，此时复纷纷来沪要求参战，一时匆忙组织开赴前线者不计其数，而向十九路军接洽者日必数起，源源不绝。十九路军最高长官即命第七十八师秘书徐名鸿专负办理此事，以后来者愈多，几于应接不暇。当为指挥统一及发挥义勇军特有性能起见，特派高级参谋华振中为义勇军总指挥官，而以第一五六旅旅长翁照垣副之，于是各地义勇军皆在十九路军统一指挥之下，大规模加入御寇工作。其加入前线工作者，当以上海各大学义勇军及战区无家可归者所组织之义勇军为最早。不意，一切尚未着手之时，而忽有三月一日，因后援不继，为战略关系，全线退却之举，继此政府乃有禁止之令。因之关于义勇军之统一指挥及其各种措施，均无形消失，故各地义勇军之参战者，自始至终均另星杂处，分散于各部队之间，未能充分发挥其特有性能及最大效力，此诚中华民族重大损失而极可痛心之事也。

二、参战经过

上海学生义勇军之参战者，以复旦大学义勇军最为著名。沪战初起，得第一五六旅旅长翁照垣之允许，赴火线参加战斗，曾有数名伤亡。未几，该旅移司令部于闸北太阳庙，即令各学生组织特务处，随旅部分五股工作，一、情报股，任谍报；二、交通股，任汽车运输；三、慰劳股，任国众慰劳品之整理；四、交际股，任新闻记者及各界慰劳代表之接待，并处理投效民众，审问汉奸敌探等事；五、宣传股，任战地宣传。又沪战发生之翌日，吴淞中国公学主任军事教官刘兰陔率该校学生十数人，请求入伍。越二日，又有法政学校数人投效，当并入该特务处服务。迨第一五六旅移防周淞后，各生亦由闸北移驻大场旅部，参加防御工事之作业。以上各种工作，计历时十余日，危险劳苦，甘之如饴。至二月十一日，奉温旅长命，派赴后方宣传，改称宣传队，计经嘉定、南翔、昆山、苏州、无锡、常州、丹阳、镇江、扬州等地，宣传历二月之久，比温旅退唯亭，复归旅部。

其次，冯庸大学义勇军，服役战场，亦极努力，其最大功绩，为构筑防御工事。当三月一日，我军全线撤退之时，该军曾在浏河方面协助陆军抵御倭寇，尤显忠勇。然其到沪之前，亦颇遭挫折。盖该军于九一八后，在东北已播义风，及沪变爆发，在平闻讯，即决由校长冯庸率领南下，援助十九路军御倭。但先赴行都洛阳，向中央请领枪械，经各当道嘉许，并请准蒋委员长电令军政部长何应钦在宁按名发给枪弹，后何以南京并无枪械存储，允电沪兵工厂发给。其时闻日援军又有一师团运沪，大战即在目前，即仓促赴沪。当其在真茹下车之际，于雨雪交加之中，执长枪，背短刀，虽无利器在手，而坚苦卓绝之精神，已予战地人民以强烈之兴奋剂矣。该军有女战士十六名，与男生一致戎装，共赴国难，巾帼须眉，与木兰媲美。

然而，其他义勇军功绩，远过于上述各例者，实非少数，如华侨义勇军与上海义勇军，乃各义勇军中之成绩最佳参战最勇者，尤其华侨义勇军在火线上与我士兵共同作战，而在后方不断构筑预备阵地，所受痛苦亦最多，徒以不事宣传，故其名不彰，然而其勋劳实不可磨灭也。

其实，闸北巷战，当地工人、学生及自由职业者，多纷纷加入杀贼，以血肉与倭奴陆战队及便衣队相拚，协助我陆军作战。但因无统一之指挥，无一定之组织，仓卒应战，彼此不相知，故其姓名及死伤之数，迄无人知。此等为国牺牲之无名英雄，实为真正义勇军之模范。凡本编所详，亦仅就可考者记其概略，以备参证而已。

三、后方服务

义勇军因未受充分之军事训练，战斗能力不足，故得参加第一线战斗者究属少数，其大部分皆纯在后方服务，其最著者为童子军。当东省土地被日寇侵占之后，上海即有童子军战地服务委员会之组织，亦准备赴东北服务者，未及出发，而一二八上海事变骤起，于是上海战区内逃出之难民，即首蒙童子军忠勇服务之嘉惠，即如事变之翌日，英界慕尔堂内多数之难民，夜深寒重，极感痛苦，慕尔堂童子军即连夜赶赴金荣小学借毯为众御寒，此种雪中送炭人类同情之挚爱，实有足称。不久，童子军即扩大服务范围，向战地出发。一月三十日，该军理事会所办之教练班，与慕尔堂之第二百七十团童子军即开始活动，并招请自愿投军者六百余人，成立童子军战地服务团，直接予军队与人民以切实之助力。童子军之功绩，全在于后方服务，凡伤兵医院、难民收容所以及输送传递等等，莫不有该军参加。二月二十日起，即输送民众捐助之救济物品至真茹、南翔总部及交通处，日数百件，不畏危险，始终如一。至其救济工作，则在闸北前线救出将死之同胞七百余人，在后方办难民收容所十三处。此外，大部工作，则为筑路、架桥、侦察、招待、传递公文信件、维持秩序，并兼任装修及视察军用电线、修筑防御工事等等，即如昆山至常熟之电杆电线，即由该军架设，苏州环城战壕之挖掘，亦以该军与湖南铁血团之劳绩居多。其足迹遍于沪宁、沪杭两路附近各地，而常与十九路军总部副官处、交通处及兵站协同动作。又有上海市商会第五十团童子军单独进行，与十九路军甚少联络，然其功绩甚多，且中流弹死数人。

此外，纯在后方服务者，更有上海华商纱花业义勇军，该军招足二百五十名，编为一中队，初在沪训练，准备北上驱倭。上海战起，请十九路军给械赴前线作战，未允，乃从事后方工作。其时周浦、杨思桥、周家渡保卫团，以各该地系处要冲，与兵工厂只有一水之隔，而周家渡后又有火药库在，恐为敌袭，遂请该军连合协防，械弹由该团供给。于是即在周家渡等处掘壕布防，前后凡三十余昼夜，栉风沐雨，其功甚伟。三月一日，我军退守第二防线，该军遂亦退回，枪械交保卫团。此后该军派一部至十九路军上海兵站服务，担任运输军用品至苏、昆、太仓等处。又派一部至昆山交通处工作，编为监护队，发步枪三十枝，子弹六千发，担任监视船舶运输，保护铁道及预备阵地等工作。

其余如湖南青年铁血救国团等等之义勇军之后方服务，著有劳绩者，未能备载，聊举一斑，当可推知全豹。

……

四、随营训练

沪战之前，上海各校学生在上海学生义勇军训练处指导之下，统一编制，加紧训练，未及两月，各生因寒假星散，军训停顿。适十九路军一五六旅，由嘉定移防闸北，训练总监部委该旅旅长翁照垣为训练处副主任，即有复旦大学学生若干人，拟利用寒假组特别军事训练班，请至翁旅军中实习各种武器，翁旅长允之，但人数仅及一排，又向其他各校征求同志，应者亦寥寥。于是先就复旦校内演习军中生活，并习必要学术科。十余日后，开赴旅部，加紧训练，为时仅六七日，而上海倭寇已向闸北进攻，该生等即随军服务。

迨战事告终，因性质相同之义勇军参加甚众，十九路军当局一时不忍遣散，即一律加以编制，正式成立十九路军学生义勇军随营训练班，统一训练。共分为三大队，每队分为三中队，第一大队大部分为上海各大学学生，其较高级之军官研究班亦属之，第二三大队，系上海市民义勇军（内有小部分系由东北折回之上海青年援马团团员）及四川、湖南等处之学生抗日义勇军。此外，另有女生一支队。训练地点初在唯亭，继而无锡惠山，时间匆促，仅两月有余而毕业，但意义则甚深远也。该班课程术科至连教练止，学科重点范令各教程，亦间涉猎。因各人极努力，成绩尚称可观。惟因十九路军奉命开闽，该班乃不得不毕业遣散。其中因远在异乡流离失所者，当亦不少，诚可惜也。

五、第十九路军辅佐义勇军参战表

名　　称	参战人数	统率者姓名	日期及地点	任务及参战经过
中国青年反日救国团援沪讨日义勇军	四千余人	队长罗春霖	二月三日在真茹接洽参加	因组织未整齐，开回后方训练，四日乘车回京
南京中国抗日救国义勇团铁血军	一百二十五人	队长戴天人	二月三号到真茹，驻奉家角十九号民房	十四日派赴吴淞归翁旅指挥，拨大刀及工作器具与伙食
上海特区市民联合会十七、廿八两区义勇军	未　详	队长李楷	二月四日由闸北开到真茹	
上海法政学院学生义勇军	队员麻乃缓、丁树勋等八员	未　详	由闸北翁旅调至前方，四日又到大场翁旅	
上海救国义勇军第一中队	约四千人	队长王秉	三月四日到达真茹，暂住暨南大学候命	

续表

名称	参战人数	统率者姓名	日期及地点	任务及参战经过
救国决死军	约千人	司令官余方奎	驻真茹办事处车站路九八九号，司令部驻惠灵中学	十日在江桥高家宅陈家祠岳庙集合，十二日到南翔高宅集中
广州中山大学赴京请愿学生	楼相茂、杨衍钧、赵立群、李绍华等数人	中途请求参加，无统率者	三月十一日到	派交通处工作
中华民国国民救国会救国军先锋队	未详	总指挥张子廒，参谋长刘慕苏	司令部驻沪西陈家渡、老爷庙	
铁血救国军	未详	总指挥朱琳		遭上海市公安局取缔

续　　表

名　　称	参战人数	统率者姓名	日期及地点	任务及参战经过
救国义勇军	五百余人		七日到	一部分归交通处指挥进行军路工作，一部分充侦察
义勇工兵队	三百余人	队长丛啸侯	八日到	
驱日前线敢死队	大刀队六百人 第三队九十人	军事委员长程天垣，队长杨集中	大刀队在句容待命，第三队在苏州	
中国青年反日救国援沪讨日义勇军第二队	六十余人	队长冯君怀	八日到，住仇家湾、沈家村	十一日，选志愿者二十人编救护队，归军医处办理
第十八师志愿抗日赴东北折回者	三人	姚桃、谢修梅、徐樾	九日到	派翁旅工作

续　表

名　称	参战人数	统率者姓名	日期及地点	任务及参战经过
南京中央大学学生	十七人		九日到苏州前方工作	后援队三月一日晚开回
冯庸大学义勇军	一百二十六人	校长冯庸	十一日开抵真茹	暂驻暨南大学
招商职工义勇军	队员卞长儒、胡茂枕、张发庆等十二人	队长俞仙亭	六日到	开赴前方担任救护工作
援沪讨日义勇军第三大队	八十三人	队长蓝斌	十二日开南翔集中	十五日开到真茹，改编为担架队
泰兴县救国义勇军第一队	二十余人	队长董笑天	十三日到南翔	原是地方警察，故派往七十八师第六团安置

续　表

名　称	参战人数	统率者姓名	日期及地点	任务及参战经过
中国青年铁血抗日团	十六人	大队长骆骏		因人数太少，与戴天人队合作
震旦大学教授	一人	江扬	二月十日	派交通处工作
陈　曾	一　人		二十日	到敌方作反宣传
中国国民救国义勇军	十二总队一总部约当一旅人	军委会委员长朱子桥、副张子廉、王汉良总指挥，朱家谟、副刘慕苏		少数参加前方工作
上海市民联合会义勇军	共二五区每区约百人	正指挥王屏南、副王肇成		

续　表

名　称	参战人数	统率者姓名	日期及地点	任务及参战经过
市民义勇先锋大队	两批共四十余人	先锋队长王志祥	二月三日开往闸北，分驻永兴路上虞同乡会等处	
奋勇先锋队	未详	蒋玉枕、吴坤山、张志刚、刘凤桂等		
南京中央大学学生	十人		十五日到，暂住招待所	编为宣传
中国国民救国军第一军第一师		师长孙炎		
留苏学生国难服务团	周世樵等二十五人		十六日携救伤药品到南翔	交七十八师军医处指挥

续　表

名　　称	参战人数	统率者姓名	日期及地点	任务及参战经过
上海义勇团	未详	朱为珍、黄建平		受市公安局干涉，命军装整齐者准予合到前方
上海各大学义勇军	约五百余人	代表温广彝、于璞、司令顾传冈参连丕烈	二月齐集西门少年宣讲团，以便整队开赴前线	
国民救国志愿军	二百人	司令张煊		准开战地改编
上海建筑业同人后方供给队	百余人			派交通处工作
四川义勇军	二十余人		十八日到真茹	与邱壁團队合递步哨

续　表

名　称	参战人数	统率者姓名	日期及地点	任务及参战经过
中央大学义勇军		队长军事教官徐挽澜	十七日	由南翔开到真茹，该军给养自备，服装整齐，分发七十八师军械处服务
上海中学学联青年义勇军	未详			
驱日前线敢死队		队长倪叔	十七日	到七十八师军医处接洽
天津骷髅团	八十余人		三月三日开到真茹	由副官处招待
上海市水木业义勇军工兵队	二百人	队长张世发	二十六日	开赴周家桥、乔家祠堂训练，在真茹作后方输送及交通等工程工作

续　表

名　　称	参战人数	统率者姓名	日期及地点	任务及参战经过
上海市民抗日决死队三大队	一千五百人			
沪东民众便衣队	约三百人	队长孙华山		二月一日在江湾路附近乡间集合，向日军防线进攻，适有被十九路军击退之敌百余人，由江湾引翔港方面溃退，便衣队当即迎头痛击，毙
救国义勇励志社	三百人			日军三名，我死七人，伤三人，战约半小时，日军败退

续 表

名 称	参战人数	统率者姓名	日期及地点	任务及参战经过
上海市工会输送响导卫生救护等队	三千人	总会委员李水祥		担任输送、掘壕、膳炊、搬运阵亡尸体，严密查察地方浪人，并协同警察维持治安工作
中国退职军人抗日义勇军	约百余人	司令六十八岁老人仇鸾燮		二月一日起，在闸北助战，在天通庵毙敌二十余，一月三十一日夜，遇敌便衣队于青云路发生冲突，队员王于清受伤
上海市民联合会义勇军各分区义勇军	未详			二月一日起，在闸北工作，成绩颇佳，其中十一中队，经十九路军给以救国军名称，给养等由市民自筹
邮工义勇军	约百余人		二月一日起	

续　表

名　　称	参 战 人 数	统率者姓名	日期及地点	任务及参战经过
华侨救国义勇军	约二百余人	北伐军旧部吴越所组织	十二日开赴南翔	十六日起正式参战
抗日决死队	由！九路军新编共三十二大队另有谍报一队			
四川省抗日救国义勇军敢死队	百余人		二十五到	派往翁旅工作
四川开江青年讨日义勇军	六十余人		三月十二日到，驻真茹	

续　表

名　　称	参战人数	统率者姓名	日期及地点	任务及参战经过
首都各界抗日救国会救护队	四十九人	主任尹天民，由陶寄天女士率领	由教次段锡朋介绍二十四日到真茹	住暨大内，二十五日看护组令开南翔候命，留工作人员二十人真茹驻仇家巷三号
广东女子救护队	约二百人		由上海派往苏州等处工作	
上海市商会童子军救护队	约六十人			
上海震旦医科第七队救护队	二十余人	队长汪扬	住暨大	

续　表

名　称	参战人数	统率者姓名	日期及地点	任务及参战经过
无锡县俭德会救护队	十余人	该会会员由杨采、陈紫泉及医师王惠林等率领	二十五日到	住小场，开始工作，自筹给养一月
广东同乡救护队	二十四人	利明印刷美术公司罗正平介绍		此上数队虽参加救护工作，其性质与义勇军同，故列此
湖南青年铁血救国团		分队长胡彬		四月十二日起，在苏州构筑城墙工事
上海童子军战地服务团	八十余人	汪刚		工作同上此外尚有许多服务后方诸勤务

〔国民党政府战史会档案〕

22. 淞沪警备司令部关于淞沪抗日战役前后情况的报告

（1932年 月）

一、战前最初之敌情

敌军驻沪兵力，向来仅有海军军舰及陆战队，在九一八以前，陆战队约一千名，兵舰则常泊一二艘或四五艘不定，九一八后，陆战队陆续增加至二千人，兵舰亦时有增加，并特调巡洋舰天龙号，布雷舰常磐号及第二十四号，驱逐舰队常驻上海及长一带。迨一月十八日，马玉山路日本僧侣被殴事件发生，在十日间，其陆战队突然增加一倍，故一月二十八日深夜向我进攻时，已有陆战队四千名，时兵舰亦增加至二十三艘，内有飞机母舰能登吕一艘，载飞机十余架。敌军指挥官为第一遣外舰队司令盐泽少将，陆战队指挥为鲛岛上校。敌陆战队指挥部及其主力，驻在天通庵虹口公园附近（属越界筑路地段）。但租界内杨树浦及沪西劳勃生路一带日商工厂区域，又租界外中山路旁之丰田纱厂内，均驻有小部兵力一分队至一中队不等，专任各工厂之保护。敌陆战队平时仅在驻地附近派出步哨，在虹口日侨区域内派出巡逻队，每日四班至十余班不等。但一月二十八日上午，突有陆战队二中队移驻虬江路日本小学内，同时江湾路、窦乐安路及虬江路等处，均密布哨兵并配置机关枪及铁甲车等，蓄意启衅，已可料见。是日深晚遂有公然进攻闸北之举。

二、租界各国团队分防情形

（一）公共租界方面。公共租界防务最高机关为民国二十年四五月间，英、美、意、日等国驻军组织之防务委员会工部局，由万国商团总司令代表参加此防务委员会商定防务原则，其最要一项，为将租界辖境以各国侨民之大概居留地区，分别划归本国驻军防卫。日军因以要求租界北区及虹口、杨树浦一带交其防卫

（案此项防卫原则，系各国间一种秘密缔约，从未正式公布）。公共租界于一月二十八日下午四时，由工部局宣布戒严，各国军队即于同时出防，至其防区之分配约如左：

（1）英军

司令官　弗来明旅长（Bvigadier G.Fleming），驻愚园路。

惠尔脱第一团约八百人（Finst Wieatohin Ragimenf）驻哥伦比亚路。

林肯团（Tineoin Shice Rogiment），驻胶州路。

苏格兰队（The Royal Scots Mission），驻跑马厅司令部。

其他约八百人。

总数约三千四百人（Argyll and subt landldighand—eis）。

防区，为自胶州路起经极司菲尔路直至凯旋路。

（2）意军

司令官　卡柏西上校（Cap Bacci di Coppaui），驻立比亚旗舰（Tcagship Libia）。

陆战队　二百名，由立比亚巡洋舰及赛信欣卡伏炮舰水兵编成。防区，东至租界线，西至白利南路、劳勃生路，南至劳勃生路。

（3）美军

司令官　虎克上校（Col R S.Hoohal），驻海丰路。

陆战队第四团　约一千二百名。

陆战队　周蒙运舰运来七百名。

步兵第三十一团，团部驻新世盼。

总数约三千一百名。

防区，东至梅白克路，北沿苏州河，西至租界线，但其后东部展至北浙江路。

（4）万国商团

司令官　汤姆上校（Cal Thomas），驻工部局。

兵力　约一千八百余名。

防区，东至北江西路，西至梅白克路，但此区后由美军接防。

（5）日军

司令官　盐泽少将。

兵力　详另项。

防区，西至北江西路及淞沪铁路，北至虹口公园北端，东北约自虹口公园至哈尔滨路捕房之线，东至杨树浦。

（二）法租界方面

法租界之防卫，由法军单独担任之。

司令官　马凯尔上校（Cal.maicaime），驻爱麦虞限路。

Waldeck Ronssian　约八百五十人。

步兵一团　二月十五日开到。

防区为法租界全部，但西部展至凯旋路至徐家汇之线。

三、我军初期防御之准备

我军驻沪兵力，战役初起时为第七十八师全部，第一五六旅配置铁道线以北，其第四团驻吴淞，第五团驻大场，第六团驻闸北。第一五五旅配置铁道线以南，其第一团驻南市、龙华一带，第二团驻虹桥北新泾之线，第三团驻真茹。闸北方面，以沿横浜路、淞沪铁路至北站之线，为我军警戒线。一月二十三日，本部鉴于情势险恶，经密令各部队严密戒备，并购备土壤铁丝网等分配各冲要地段，如敌以真面目进攻，我决就地抵抗。

四、要塞防御经过

要塞防御经过，邓、谭二司令均未详报，其概况见本部淞沪战役纪要。

五、停战会议之经过及停战协定之全文及附件

沪战起后，列强驻沪代表迭向敌我两方斡旋停战，但无结果。迨至三月一日后，我军撤退第二线，各国公使复亲莅上海调停停战，提出停战原则三项，经三月十四日敌我外交代表第一次会晤承认。三月二十四日，遂开第一次正式停战撤兵会议，我方代表为外交部次长郭泰祺、淞沪警备司令戴戟及十九路军参谋长黄强等三员。敌军代表为第九师团长植田及日本公使重光、第三舰队参谋长岛田、派遣军参谋长田代等四员。列强代表列席者为英、美、法、意四国公使。开会十余次，历时一月余，卒于五月五日成立上海停战协定，双方正式签字。停战协定全文如附件。

六、战后日军逐渐撤退情形

日军第十一、第十四两师团，于三、四月间先后归国，迨停战协定签字时，日军留沪部队仅有第九师团及宪兵、陆战队，自五月九日起，第九师团陆续撤退回国，至五月底止，陆军完全撤回，其余宪兵及陆战队亦退入战前原驻地带，其撤退区域我方接管经过详如左表（略）

七、作战经过一般情况

作战经过一般情况，见本部淞沪抗日战役记略。

八、各地义勇军参战情形

各地义勇军参加战役，均直接向十九路总指挥部接洽，本部无案可稽。

附件

1.《停战协定》全部〔文〕。

2.《淞沪抗日战役纪略》。

1.《停战协定》全文

第一条　中国及日本当局，既经下令停战，兹双方协定，自中华民国二十一年五月五日起，确定停战。双方军队尽其力之所及，在上海周围停止一切及各种敌对行为。关于停战情形，遇有

疑问发生时，由与会友邦代表查明之。

第二条　中国军队，在本协定所涉及区域内之常态恢复未经决定办法以前，留驻其现在地位。本协定附件第一号内列明之。

第三条　日本军队撤退至公共租界暨虹口方面之越界筑路，一如中华民国一月二十八日事变之前。但鉴于须待容纳之日本军队人数，有若干部队，可暂时驻扎于上述区域之毗连地方，此项地方，在本协定附件第二号内列明之。

第四条　为证明双方之撤退起见，设立共同委员会，列入与会友邦代表为委员。该委员会并协助布置撤退之日本军队与接管之中国警察间移交事宜，以便日本军队撤退时，中国警察立即接管。该委员会之组织及其办事程序，在本协定附件第三号内订明之。

第五条　本协定自签字之日起发生效力。

本协定用中、日、英三国文字缮成，如意义上发生疑义时，或中、日、英三文间发生有不同意义时，应以英文本为准。

中华民国二十一年五月五日订于上海

外交次长

陆军中将

陆军中将

陆军中将

特命全权公使

海军少将

陆军少将

见证人：依据国际联合大会中华民国二十一年五月四日决议案协助谈判之友邦代表：

驻华英国公使蓝浦森

驻华美国公使詹　森

驻华法国公使韦礼德

驻华义国代办处伯爵齐亚诺

附件第一号

本协定第二条所规定之中国军队地位如下：

查照附连上海区邮政地图（比例尺十五万分之一），由安亭镇正南苏州河岸之一点起，向北沿安亭镇东最近小浜之西岸至望仙桥，由此北过小浜至沙头东四基罗米突之一点，再由此向西北至扬子江边之许浦口，并包括许浦口在内。

关于此项地位，遇有疑问发生时，经共同委员会之请求，由该会委员之与会友邦代表查明之。

附件第二号

本协定第三条所规定之地方如下，此项地方，在附连四地图各别标志为甲、乙、丙、丁，并称为一、二、三、四各地段。地段（一）见甲图，双方订明：（一）吴淞镇不在此地段之内，日方不干涉淞沪铁路暨该路工厂之使用。地段（二）见乙图，双方订明，万国体育场东北约一英里许之上海公墓，不在日本军队使用地点之内。地段（三）见丙图，双方订明，曹家寨及三友布厂，不在此地段之内。地段（四）见丁图，双方订明，包括日本人公墓及东面通至该墓之路在内。

关于此项地方，遇有疑问发生时，经共同委员会之请求，由该会委员之与会友邦代表查明之。

日本军队向上列地方之撤退，于本协定生效后一星期内开始，并于开始撤退起，四星期内撤完。

依照第四条所设之共同委员会，对于撤退时不能移去之残病人及受伤牲畜，采取必要办法，以资照料，并办理其日后之撤退事宜，此项人畜，连同必需之医药人员，得遗留原地，由中国当局给予保护。

附件第三条〔号〕

共同委员会以委员十二人组织之，中国及日本两政府暨依据国际联合大会三月四日决议案，协助谈判之与会友邦代表即英、美、法、义各驻华外交代表、文武官吏代表各一人为委员，该会委员依照委员会之决定，得随时任用认为必要数之助理员，所有关于程序事宜，由委员会斟酌办理。该委员会之决定以过半数行之，主席有投票取决权，主席由委员会内与会友邦代表委员中选举之。

委员会依照其决定，以其认为最善之方法，监视本协定第一、第二、第三各条之履行，并对于履行上述各条之规定，有任何疏懈时，有促使注意之权。

2.《淞沪抗日战役纪略》

第一章　敌方藉口启衅之经过

民国二十一年一月十八日，有日本僧侣五名，行经马玉山路为暴徒所殴，日方藉口谓系我国工人所为，其侨民既于二十日清晨，聚众焚毁我三友工厂，其驻沪领事复向我上海市政府提出取消抗日运动等五条要求，限我二十八日答复，否则谓将采取断然行动，一面调派大批舰队来沪示威。至一月二十八日上午，竟公然派遣大批陆战队及铁甲车等在闸北之江湾路、窦乐安路及虬江路等处，对我列队示威，并限令虹口侨民即日迁移，蓄意启衅，于此可见。我市政府为委曲求全，计当于二十八日下午一时将答复送出，允其要求，日领表示满意，其示威部队，亦于傍晚撤退一部。不意，是晚十一时二十分，敌军第一外遣舰队司令盐泽，忽另致通牒于我市政府及公安局，谓我闸北驻军有对日敌对行为，要求立即撤退，我以要求无理，正与市政府筹议驳复并为防备万一，保卫国土起见，密饬各部队注意戒备，如敌来犯，即迎头痛击。乃敌方不待答复，即于二十九日午前零时二十分，在闸北方面向我进攻，我军当即就地抵抗，战役于是而起。

第二章　战况记要

第一节　第一期战况（约自一月二十九日至二月七日）

一、第一期作战敌我兵力如左：

A、敌军兵力：

司令官　海军第一外遣舰队司令盐泽。

海军陆战队约八营。

军舰二十二艘

飞机十五架。

义勇军约三千名（以居留民团编成）。

B、我军兵力：

司令官　蔡军长　戴司令。

第七十八师全部。

宪兵第六团。

六十师之一部。

吴淞要塞辖南北炮台及狮子林炮台。

飞机七架（二月五日来沪与敌机接触一次）。

二、敌军之企图。敌军大部兵力在虹口公园至虬江路一带，其企图在占领我闸北区域，始则向我宝山路正面进攻，继乃集中火力攻八字桥，企图绕袭闸北，同时敌并以飞机及军舰围攻我吴淞要塞，企图扫除其军舰进出吴淞口之障碍。

三、我军兵力之部署。我军在沪部队本仅七十八师一师，分驻吴淞、大场、闸北、真茹、新泾、虹桥、龙华、南市一带，计配置在吴淞、大场、闸北等处各一团，闸北阵地系沿淞沪铁路及沙泾港一带，战斗开始，以大场部队及六十师之一部增加于闸北方面，其余部队仍在原地戒备。

四、战斗经过

A、闸北方面。敌于一月二十九日午前零时二十分开始，以铁甲车自虬江路沿宝山路、宝源路、横浜路至青云路一带向我猛攻，并纵火焚毁民房，蔓延全阵地。天明后，并以飞机在闸北、真茹一带爆击，势极凶猛。我军利用地物及所构工事奋勇接战，迄傍晚敌始退却。一月三十日，敌仍时以机关枪向我阵地扫射，但无激战。一月三十一至二月二日，以英、美领事之调停，停战三日。议敌军退租界，我军守原防，划中立区，暂由英、美军填防。二月二日，敌得政府复电，不同意此项调停。是日下午敌再以大炮飞机攻我闸北，二月三日至五日，均有激战。六日七日敌以攻我正面不能得手，遂集中炮火攻我八字桥方面，并数次以步兵向该处冲锋，企图绕袭闸北，但亦失败。

B、吴淞方面。敌于二月三日上午十时，开始以军舰、飞机围攻我吴淞要塞，三日至五日均有激烈炮战，徒以要塞缺乏防御工事，南北炮台之炮位，几全为所毁，敌舰亦颇有毁损。七日敌以铁甲车循军工路进攻，为我驻在要塞之七十八师部队击退。

C、空军方面。我航空署派飞机七架，于二月五日飞沪助战，是日上午与敌机接触一次，击落敌机四架，我机伤一架。

第二节　第二期战况（约二月八日至十六日）

一、第二期作战敌我兵力如左：

A、敌军兵力：

司令官　海军第三舰队司令野村。

久留米混成旅团全部（于二月七日前后到达）。

海军陆战队约八营。

第三舰队约有军舰二十五艘。

空军约有飞机五十架。

义勇军。

B、我军兵力：

司令官　蒋总指挥。

第十九路军辖六十、六十一、七十八三师，

第八十七师宋旅。

第八十八师。

税警总团计三团。

宪兵第六团。

吴淞要塞辖南北炮台及狮子林炮台。

二、敌军之企图。敌以攻我闸北不逞，特派陆军一旅团来沪增援，并企图以陆海空军全力夺我吴淞，敌本期战役侧重吴淞方面。其攻吴淞部队，即以久留米旅团担任，原有海军陆战队仍在闸北至江湾一带，不时向我进攻，藉以牵制。

三、我军兵力之部署。本期战斗开始时，我以十九路各师分配守吴淞亘闸北、真茹之线，并派一部至浏河、小川沙一带警戒江面，以八十七师宋旅及八十八师为总预备队，位置于南翔、江桥镇，以税警总团及宪兵第六团警戒以北新泾、虹桥镇至龙华南市一带。

四、战斗经过：

A、吴淞方面。自八日起，敌每日以舰炮及飞机协同久留米旅团猛列围攻，我吴淞要塞及吴淞镇几全为所毁，藉我兵力沿江及蕴藻浜固守，敌不得逞。十二日，敌在纪家桥偷渡，当即击退。十三日，敌复以大部在曹家桥用烟幕弹障蔽强渡，企图绕袭吴淞，经我六十一师迎头痛击，双方突击五六次，短兵相接，血肉横飞，激战至晚，经我施行夜袭，敌始不支，全部溃退。是役毙敌千余。十四十五两日，敌再以陆海空军全力来攻，亦告失败。

B、闸北方面。八日起，敌海军陆战队仍时以猛烈炮火协同步兵攻我闸北，火力仍侧重八字桥方面。十三日，吴淞、曹家桥之役，敌并以一部攻我江湾方面。希图牵制。十四日，敌分三路向我闸北、八字桥、江湾之线冲击，经我奋勇接战，均行击退。江湾方面我军并进驻万国体育场，其余阵地无变化。

第三节　第三期战况（约自二月十七日至二十八日）

一、第三期作战敌我兵力如左：

A、敌军兵力：

陆军

司令官　第九师团长植田。

第九师团全师（于二月十四日前后到达）。

久留米混成旅团。

海军陆战队约八营。

空军飞机约五十架。

义勇军。

海军

司令官　第三舰队司令野村。

第三舰队约有军舰二十五艘。

B、我军兵力：

司令官　蒋总指挥。

第十九军辖六十、六十一、七十八三师，

第五军辖八十七、八十八两师。

税警总团计三团。

宪兵第六团。

吴淞要塞辖南北炮台及狮子林炮台。

二、敌军之企图。敌自进攻闸北、吴淞失败，遂增调陆军第九师团来沪，并派第九师团长植田统率在沪各部队，采取中央突破战略，企图由江湾、庙行方面冲破我吴淞、闸北战线之联系，分别施行包围。植田并于十八日先致通告于我蔡军长，要求我军于二十日午前七时以前撤退二十公里，我严词驳复。二十日，敌遂开始全线总攻击。

三、我军兵力之部署。本期战斗开始，我以第十九军（缺七十八师翁旅之两团）附税警总团为右翼军，占领由南市、龙华北新泾、真茹亘闸北江湾之线，以第五军编为左翼军，占领江湾南端亘庙行镇东端蔡家宅、胡家宅、曹家宅之线，守备吴淞要塞之七十八师翁旅之两团，亦归指挥，左右翼军以沈家镇、江湾、大场镇之线为作战区，分线线上为右翼军。二十二日，经庙行之役，庙行方面之八十八师撤回整理，由右翼军六十一师一二一旅附税警古团接防，改以殷家行、姚家宅、庙行镇南端李家桥之线，为左右翼军作战区，分线线上属左翼军。

四、战斗经过。十七日至十九日，敌援军新到，布置未毕，各地均无大接触。二十日、二十一日，敌以在沪陆海军全力向我全线总攻，而江湾车站江湾镇方面激战尤烈，始以大炮飞机猛烈爆击，继以唐克车掩护陆军来冲，经我奋勇抗拒，前仆后继，敌卒不逞。二十二日，敌复以全力攻我庙行，我八十八师颇有损失，嗣经我六十一师及八十七师派队由孟家宅攻南沈宅，向该敌夹击，血战竟日，彼此突击十余次，短兵相接，血肉横飞，卒将该敌完全击溃。二十四日、二十五日，江湾、庙行间续有激战，小场庙一处，我失而复得。二十六日，江湾方面，江湾镇及我所构阵地，已为敌炮击毁净尽，我阵线遂稍后移。二十七日、二十八日，敌增援十一师团、十四师团陆续到达，别有企图，前线转形沉寂。在江湾、庙行战事最激烈之际，敌复以军舰飞机攻我。吴淞方面及狮子林炮台，自二十日起迄二十六日，狮子林炮台亦为全毁。敌空军于二十二日起，先后派轰炸机破坏我苏州、虹桥及杭州等处飞机场。

第四节　第四期战况（二月二十九日以后）

一、第四期作战敌我兵力如左：

A、敌我兵力：

司令官　派遣军总司令白川。

第九师团。

第十一师团。

第十四师团。

久留米混成旅团。

海军第三舰队。

海军陆战队。

空军。

义勇军。

B、我军兵力：

司令官　蒋总指挥。

第十九军。

第五军。

第四十七师（三月一日后陆续到达太仓方面）。

税警总团。

宪兵第六团。

二、敌军之企图。敌自植田突破我中央之计划失败后，复调第十一第十四两师团来沪增援，并以白川为派遣军总司令，以十一师团增加淞沪正面，十四师团在浏河登陆，企图绕袭淞沪。

三、我军兵力之部署。我军增援困难，前线部队仍属第十九军与第五军，浏河方面仅有第五军小部警戒。三月一日，敌全线总攻，并袭浏河，我兵力单薄，不得已变更战略，撤退第二防线。

四、战斗经过。敌增援部队到达，于二月二十九日开始，向我全线攻击，三月一日激战最烈，八字桥、小场庙二处屡为突破，敌另一部袭浏河，压我侧背，各部队屡经苦战，卒以兵力悬殊，迄三月一日深晚不得已撤退第二防线，继续抵杭。

第三章　总结

以上所述，仅系三月一日以前淞沪附近战况之大概。关于各期作战，敌我伤亡，卤获以及武器弹药之消失等项，待调查，兹付阙如。

〔国民党政府战史会档案〕

23.第十九路军关于淞沪抗日作战纪要

（1932年4月）

卷头语

民国廿一年三月一日，本路军淞沪对日抗战，因后援不继，奉命全军退守第二防线，嗣复停战协定。本部参谋处收集历次作战计划、命令及各部报告，挈其元纲，汇成战斗纪要一卷，既竣事，重加披览，感想横集，爰赘数言，弁诸卷首。

一二八事变发生，迄我军撤退之日，其间约可分为六大战役，即闸北、吴淞、八字桥、纪家桥、庙行、浏河诸役是也。当闸北之战幕初开，我军即予敌以重创，惟日军凭租界而负隅，唱停战为和缓，其时我军士气至旺，八字桥、纪家桥各役，莫不以一当百，视死如归，其勇敢牺牲之精神，不特出乎国人意表，一般帝国主义者，亦为之惊相骇愕，叹为难得。惜乎将士有决死之心，而因环境关系，遂使和战不定，屡失良机。洎乎二月廿九日，敌援既集，布阵益周，乃揭开议和面具，大举来犯。我军疲创之余，为数不及四万，强弱势殊，苦难支撑，而敌尤复源源而至，浏河之警报传来，我军遂不能不决心引退矣。悲夫！虽然我淞沪抗日之战为失败耶？世界各国无大小，无远近，我国民无老幼，无上下，无不同情于此光荣之战役矣。然后知为民众争生存，为世界伸正义，祗有求之于铁血，军事上虽不能获得胜利，而其浩然之气，彪炳人寰，树顽立懦，犹足维国家民族而勿弊也。顾此次对日抗战，为时虽暂，关系则至复杂，以言我军致胜之由，则国民痛心外侮，协助抗日之热烈与夫。

蒋总指挥、蔡军长爱国观念，平日影响于将士之深刻，盖皆蕴积已久，非朝夕所能输功者也。以者失败之理，则我国受不平等条约之束缚与夫交通之不便……致友军赴援不及，非任何方面能应单独负责也。兹编所纪，不过军事上战斗经过之要端，他日编纂战史，固须探其源流，推其因果，阐其关系，博而约之，成为善本，是所望于来者矣。

十九路总指挥部参谋处长赵一肩

廿一、四、廿六

一、对日作战计划

第一 方针

本军以保护国土之目的，以一部分据南市、闸北及吴淞而死守之，为掩护主力行动之据点，主力则展开于上海西方京沪铁道南北地区，保持重点于铁道之北，乘机将敌压迫于黄浦江畔而歼灭之。

第二 引导要领

一、军主力须迅速集结于南翔以东之地区，而作战略之展开，待机攻击敌人。

二、敌炮火及飞机之十分优势，我军为减少损伤，无论前后方须万分努力构筑阵地及掩体工事障碍物及假装物。

三、为减少敌人海军炮火之威力，以诱敌深入真茹——大场镇——杨家行以西南翔、罗店以东之地区，与敌主力求决战为有利。

四、敌若以一部牵制我闸北、江湾方面，而以大部攻击吴淞要塞，企图占领，以作其主力登立点，则六十一师应以有力部队由杨家行侧击之。

五、敌若以有力部队分攻我闸北、吴淞，而掩护其主力由江湾进出，我应以六十一师主力及预备队展开于大场、杨家行之间，极力向江湾、引翔港方面出击。

六、敌若行动慎重，先攻占我吴淞，然后以主力由吴淞附近登陆，压迫我之左翼，则我六十一师及总预备队全力须迅速与占领吴淞之敌肉搏决战，而乘其半登陆之际，各个击破之。如失乘敌半登立之机会，则以引诱敌人至真茹、大场、杨家行之东与其主力决战为有利。

七、因避飞机之侦察及爆击，我军须利用夜间行动，即攻击敌人，亦以用夜袭为宜。

八、南市、龙华、真茹、闸北、大场、江湾、吴淞为第一次主力抵抗线，应构筑集团分散之据点式坚固工事，尤须作大纵深之配备及侧防机关。浏河、嘉定、南翔、七宝镇为第二次主力抵抗线，预令预备队构筑之。

第三　防空及搜索

九、飞行队须积极妨害敌机之活动，以掩护我军之作战，而努力破坏引翔港附近之敌飞行场及敌之航空母舰。

十、高射炮配属于各师任各师防空，此外各师须指定担任对空射击之机关枪连及步枪连。

十一、第一线须努力搜索当面之敌情，而飞行队亦须向吴淞、黄浦江一带侦察敌之行动。

第四　兵力部署

十二、八十八师王赓旅（计二团）及宪兵团，担任南市、龙华、虹桥北新泾之线警戒，而死守南市、龙华，以作军之右翼据点，并构筑颛桥镇、辛庄镇、七宝镇之第二次主力抗阵地带。

十三、七十八师以主力控置于北新泾北端至真茹车站北端之线，对中山路、曹家渡警戒及构筑七宝镇北端诸翟镇东端之第二次主抵抗阵地带，以翁旅长率两团死守，吴淞、宝山为军左翼之据点。

十四、六十一师以一部担任北站、闸北、江湾车站之线，择要构筑强固据点，主力集结于大场东南，相机迎击当面之敌。

十五、六十一师以一部控置于杨家行，相机策应吴淞，将希图强渡藻浜之敌而腰击之，其主力集结于大场、浏家行间，派出警戒于江湾至孙家宅之线，以江湾为据点，相机迎击当面之敌。

十六、八十八师（计三团）及八十七师宋旅（计二团）为总预备队，控置南翔、嘉定间，以一部位置于罗店、浏河、小川沙，担任江面之警戒，如敌由浏河方面登陆时，应竭力拒止之，并择要在江桥镇西端亘南翔镇、嘉定之线，构筑第二次主抵抗阵地带。

第五　通信

十七、以野战电话为主，各师至少须有二线通南翔总部（一通总机，一由师长室通总指挥室）。

十八、各师须有一线通真茹军部。

十九、由南翔至南京之长途电话，由总部直接使用之。

二十、电话有故障时，因军用无线电，通讯总部及各师之无线队须切实连络。

二十一、各师须派参谋至总部及军部任连络。

第六　补给

二十二、各师应自备半月量之粮食。

二十三、弹药储藏所设南翔，兵站方面须准备伕役，以便前方补充。

第七　野战病院

二十四、各师应在前线开设一野战病院。

二十五、总部在南翔设一收容所，收容各师野战病院之伤病官兵而输送至苏州。

二十六、总部在苏州设总野病院。

二十七、各师伤病兵应设法输送至南翔，交总收容所收容，转苏州及南京之病院。

二十八、总部组织卫生列车二列，专任真茹至苏州以北之输送。

注意事项

日前闸北抗战纯系巷战性质，彼此不能运用多兵及特种炮兵。现则日军主力渐向北移，将由巷战而趋于野战。战术上应注意者，推想日军必利用其多数重兵器，先对我阵地之一点集中火力尽量破坏，使我阵线之一部动摇，同时即从此部施行突击或往翼侧包围，以期波及全线。故我对于此着应加预防，其方法如次：

一、兵力配布前线不宜过厚，须将重兵置于后方，力求纵深配备，以期损害减轻而策应便利。

二、散兵壕切忌连成一线，使飞机易于侦察，应按地形地物分散配布，重叠构筑，尤应设置掩盖隐蔽上空，如得时间余裕，则增设二线三线，俾能强为抵抗。

三、距本阵地较近之处，酌设假装物伪工事，以乱敌目，而分散其火力。

四、机关枪阵地为阵地之骨干，务必求坚固。

五、指挥最重要者为各级官之通讯，故其设备须力求完备灵活，尤其部队与高级指挥官之连络，须十分确切。

二、淞沪抗日部队动员日期表

部　别	日　　期	附　记
第十九路总指挥部	一部于一月二十五日由南京出发至真茹，余部于二月三十日由京至真茹。	
六十师	一部于一月二十四日前到达真茹、南翔间，主力于二十九日集中南翔。	
六十一师	全部于二十九日开始由京输送至黄渡、南翔间。	
七十八师	以原防地首当敌冲。	
第五军部	二月十六日由京至南翔。	

续　表

部　别	日　期	附记
八十七师	一部于二月十四前到达南翔附近，一部随军部于十六日至南翔。	
八十八师	二月十四日前由苏开黄渡集结候命。	
宪兵第六团	政府原令该部接防闸北，适战事发生，遂奉令参加作战，于二十八晚到真茹。	

三　战斗经过

倭寇猖獗，自占我东北后，时於沪滨向我挑衅，通牒我市府限令取消抗日运动，经我市府忍痛答复后，敌复於一月廿八日向我市府通牒，限令本军撤退。以国军守国土安有撤退之理，其蛮横可知，其破坏和平更无可讳言，且未经答复，突於是晚十一时三十分启衅，向我防线猛袭，战斗由是开始。谁为祸首，可无待言。

甲、敌情之调查

敌有陆战队约六千余，在乡军人三千余，飞机五十架，装甲车十余架，统归海军少将盐泽指挥。

乙、本军战斗前之部署

七十八师一五五旅警备龙华、南市、北新泾、真茹一带，七十八师一五六旅担任吴淞、闸北一带警戒。

二十八日

一、战况

敌於是晚十一时半，以天通庵车站为根据点，右自虬江路口沿宝山路、宝源路、横滨路左至青云路等处，同时用铁甲车、装甲车掩护步兵向我一五六旅第六团防线猛冲，并起火焚烧各商店，一面用手榴弹从屋顶掷下，来势极凶，卒赖我官兵沉着应战，以手榴弹为毁车之利器，将敌完全击退，并毁敌战车四辆，我方死伤亦大。

二、一般之处置

1．战端已开，为统筹全般应战计划起见，一面令六十师集中南翔，先以一一九旅第一团赶至真茹策应，并令六十一师一二二旅开至黄渡、南翔间集结候命。

2．宪兵第六团，本日奉命开至真茹，乃令开至前方归区师长指挥，参加闸北方面作战。

3．警备司令部拨来高射炮四门，二门位置於闸北，二门位置於真茹无线电台。

4．本部位置於真茹。

二十九日

一、战况

甲、真茹以南一带地区无战事。

乙、敌今晨利用空军随处掷弹，毫无人道，始在闸北轰炸重要机关及闸北车站，继续沿北站真茹、南翔之线掷弹，被毁货车两卡〔辆〕，铁路一段，民众死伤极大。至午后二时，敌一方顺各领停战之请求，一方集结兵力向我闸北阵地猛袭，势甚凶恶。无如我官兵奋勇抵抗，卒不得逞退去。

二、一般之处置

甲、为顾虑左翼策应容易起见，调六十师之刘旅（欠第一团）进驻大场。

乙、令六十师（欠刘旅）推进至江桥镇。

丙、令六十一师一二二旅推进至南翔。

各部均于三十日先后到达指定地点。

一月三十日至二月二日

一、三十日起，上海各领事出面调停，要求停战三日，由各方政府以外交手段解决，故至二日各方均无激战。惟敌恃蛮蔑理，仍不时以机关枪向我阵地扫射，或以小部向我阵地攻击，其构筑工事等之战备设施不断。其陆战队先后登岸者有五千之众，其有意破坏和平，已无可讳。本军除一面饬部停止射击听候解决外，一面仍严阵以待，免被敌乘也。

二、一般之处置

闸北来侵之敌，经我痛击后，退回租界及江湾以东地带。据各方报告，敌已动员二师团，有由淞沪上陆大举来攻之企图。本军以待机歼敌之目的，下达一般命令之要旨如下：

其一

1．七十八师附小炮一连（欠一、四团）占领虹桥、北新泾镇、真茹镇、真茹车站之线，保持主力於铁道线附近以南地区。一五六旅第四团占领吴淞镇为左翼据点而死守之。一五五旅第一团占领南市、龙华各要点而死守之，为右翼之掩护。一五六旅附小炮连、宪兵团（欠一营）占领闸北，为前进阵地撤回与否，静候命令。

2．六十师占领真茹车站、北站亘大场镇、胡家庄及其北方之线，保持主力於中央（派出一部至浏河担任警戒，注意敌舰之行动）。

3．作战境界之区域

六十师、七十八师闸北沿铁道之线为两师作战界线。

4．六十一师之一二二旅全部为总预备队，集中南翔候命，另令七十八师翁旅率第五团增防吴淞。以上各令，限三日午后十一时以前办理完毕。

其二

1．着六十师派邓旅率兵两团并黄茂权团至闸北站一带接七十八师翁旅防务。

2．着宪兵第六团（欠一营）至中山路口一带接黄茂权团防务，对西南日本纱厂担任警戒，归本部直接指挥。

3．着邓旅及宪兵团，於黄昏前派员侦察地形及接防手续，於黄昏后开始接防，於午后十一时以前接替完毕。

4．翁旅将防务交代后，即开回金家角六十师附近休息，即归沈师长指挥。

三日

本日各处战况仍沉寂，惟据吴淞方面报告称：敌舰及飞机向我炮台攻击，经我炮台发炮还击，沉敌舰一艘，伤其三艘，并击落飞机一架等语。

四日

一、战况

本日敌方以不满意提案，和议破裂，敌以海陆空向我总攻。

甲、真茹以南地区无战事。

乙、闸北、江湾、八字桥一带，敌以陆空军向我全线总攻，并以铁甲车掩护步兵，向我江湾、八字桥各要点猛力冲击，自晨至晚并无间断，经我官兵沉着抵抗，视死如归，无不奋勇肉搏，毙敌数百名，毁敌战车两架，敌见势不佳，退回原防，仍对峙中。我六十师邓旅是役伤亡甚大。

丙、吴淞方面敌集中猛烈之炮火，多量之轰炸，掩护步兵渡河，企图占领吴淞炮台，台上官兵逃避一空，经我第四团派兵死力抵抗，敌卒不逞。我四团死伤数十人。是日，敌计发炮三百余，掷弹百余枚。

二、一般之处置

令宪兵第六团至高昌庙、南市一带，接七十八师第一团防务，该团所遗中山路一带防务，由七十八师派教导队接替，七十八师第一团开回北新泾、真茹，归回建制，并令六十师第五团推进至余家棚、芦家庄一带，所遗防务，由七十八师第六团接替。六十一师一二二旅全部推进至嘉定、罗店、浏河间，拒止由浏河、沙川之线企图登岸之敌，其六十一师部及一二一旅，於本日到达南翔、江桥镇一带候命。

五日

一、战况

甲、真茹以南一带地区仍无战事。

乙、闸北、八字桥一带，敌自上午八时至下午四时，不断向我防线突击，敌机惨无人道，向各商店村庄轰炸尤烈，居民死亡枕藉，房舍均成焦土。惟其陆战队缺乏作战实地经验，极怕我军之肉搏，经我沉着俟其较近，施以手榴弹之轰炸时，又复退去。真茹方面，击落敌机一架，机师三员同时焚毙，其中有海军大尉一员，名炙部酿五郎，中尉两员，姓名未详。

丙、吴淞方面本日无激烈战事，惟有敌舰数艘，向我浦东发炮数响。

二、一般之处置

八十八师俞济时部（四团）奉命增援作战，今日到达苏州一带，归本部指挥。

六日

一、战况

甲、真茹以南地区无战事。

乙、闸北、八字桥、江湾方面，本日有敌四千，大炮数十门，铁甲车四十架，机关枪数十挺，向我八字桥、江湾一带猛攻，企图策动闸北残余，经我沈师迎头痛击，苦战数小时，敌始不支遁回。是役毙敌甚多，我亦伤亡百余。

丙、吴淞方面战况沉寂。

二、一般之处置

本日先后奉军政部电令，调八十八师（缺一团）及八十七师宋旅归本部指挥，参加作战。

七日

一、战况

甲、真茹以南地区仍无战事。

乙、闸北、八字桥、江湾一带，敌本日仍以八字桥、江湾为攻击目标，於闸北施行佯攻，始以极猛烈之炮火轰炸我阵地，继复以铁甲车掩护其步兵冲锋，来势极猛，无如我官兵久经战场，尤愤敌之夸大蔑理，咸存灭此朝食之慨，故无不奋勇应战，以一当十，专俟敌以肉搏，战数小时，血肉横飞，毙敌甚多。我亦伤亡甚大。酣战之余，敌卒不支退去。

丙、吴淞方面，敌以铁甲车十四架，掩护步兵千余，由军工路向吴淞前进，经我迎头痛击后，不支退去。

二、敌情之一般

1．据确息，敌有一师团增援，一二日即可到达，将由江湾、吴淞之线登陆等语。

2.据英人消息，敌有陆军数千，由张华浜登陆，声称本日攻下吴淞等语。

三、一般之处置

本日下达命令之要旨如下：

1．据各方确报，敌陆军约一师团，将由江湾、吴淞、浏河之线登陆，压迫我军左翼，策动租界内之敌陆战队残部，有占领我吴淞及闸北地区之企图。

2．本军以保护国土自卫之手段，展开於上海附近京沪铁路南北之线，保持主力於铁道以北地区，对来扰之敌迎头痛击，压迫於黄浦江畔而歼灭之。

3．六十师担任北站、闸北互江湾之线，以一部固守北站、闸北，主力集结於大场东南一带地区，相机迎击由黄浦江进犯之敌，左与翁旅常取连络。

4. 七十八师除翁旅（欠一团）死守吴淞，其余在北新泾至真茹之线，对中山路、曹家渡方面警戒。

5. 六十一师以一团控置於罗店，派出一部至浏河、小川沙沿岸一带警戒江面，主力则应於八日拂晓前集结於刘家行至大场一带地区，如浏河、小川沙方面无敌情，则应相机策应六十师。

6. 八十八（计三团）及八十七师宋旅（计二团）为预备队，位置于南翔、江桥镇。

7. 宪兵第六团担任南市、高昌庙、龙华一带警戒，归戴司令指挥。

8. 八十八师王赓旅古团，担任虹桥、北新泾之线警戒（八日拂晓前接防完毕），归区师长指挥。

八日

一、战况

甲、真茹以南地区无战事。

乙、闸北至江湾一带，敌本日全线向我猛攻，仍本其故智，先以大炮及空军向我阵地尽量轰炸，后以铁甲车掩护陆军数千，分向我闸北、八字桥、江湾之线，终日反复冲锋，前仆后继，来势极猛。幸我全线官兵奋勇百倍，迎头痛击，敌卒不支，损害极大，我亦伤亡甚众。据沈师长报告，自接防后，连日作战，以本日为最激烈。

丙、东塘家桥一带，发现敌小部，经由沈师、毛师各派一小部游击驱逐之。

丁、吴淞方面无剧战。

九日至十一日

连日敌屡受重创，疲罢之余，已成强弩之末，时仅以大炮向我阵地射击而已。

十二日

一、战况

甲、七十八师（缺翁旅）附王赓旅古团方面无战事。

乙、六十师方面，下午九时左右，有敌由青云路、天通庵、八字桥三路向我攻击，对战约一小时，敌均退去。

丙、六十一师方面，曹家桥方面发现敌千余，与我一二二旅激战约一小时，敌即退去。

丁、翁旅方面战况沉寂。

十三日

一、战况

甲、七十八师（欠翁旅）附王赓旅方面无战况。

乙、六十师方面，敌本日不断以炮火向我阵地轰击。八字桥方面，有敌数百向我阵地攻击。

丙、六十一师方面，本日敌以一部牵制我江湾，其主力向曹家桥猛力冲击，企图突破我六十一师阵线，占领吴淞。经我一二二旅迎头痛击，并以一二一旅一部侧击敌之右侧，双方突击五六次，短兵相接，敌殊死战，卒以我官兵存乎一心，振臂一呼，莫不同仇敌忾，视死如归，搴旗杀敌，奋勇向前，敌虽顽抗，终归败退。是役，计当场毙敌千余，伤者无计。我亦伤亡千余。但见蕴藻河畔倭寇之尸，有如山积，河水为红，惨不忍睹。

丁、翁旅方面无剧战。

十四日至十九日

一、敌自十三日被我击溃受巨创后，已无力再战，故连日无若何之剧战，似在候援，一面尽量部署军事。惟其侦察队则不时向我阵地作威力之侦察。

二、敌情之一般

敌自纪家桥、蕴藻浜之役后，敌陆续增援，至十四日其第九师团及十二师团之混成旅，由植田谦吉指挥之下，全部到达上海，一方尽力部署军事，同时提出议和之条件，至十八日和议破裂，当于十八晚八时，对本军提出哀的美敦书，限于二十日午后五时以前，由租界起各撤二十杆，我即严抗之。其态势如下：

甲、闸北至八字桥为敌之海军陆战队约八营（每营约一千）。

乙、由八字桥至江湾、庙行镇，为敌之第九师团全部。

丙、由蕴藻浜南岸至张华浜车站，为敌之久留米混成团全部。

三、一般之处置

甲、第五军张治中部八十八师、八十七师全部，奉命来沪增援，於十六日以前先后到达南翔、江桥一带。

乙、十六日下达一般命令，其部署要旨如下：

（一）右翼指挥官十九军军长蔡延锴，率所部六十师、六十一师、七十八师及八十八师独立旅王赓部附宪兵团，占领南市、龙华、北新泾、真茹、闸北、江湾之线，保持主力於真茹、大场镇之间，迎击当面之敌，待机出击压迫之於引翔港方面。

1．王赓旅警戒南市、龙华、北新泾、死守南市、龙华，为右翼之据点。

2．七十八师（欠翁旅两团）警戒真茹、中山路，主力位于真茹附近，迎击当面之敌，相机策应六十师。

3．六十师占领闸北、八字桥、江湾之线，主力在中央。

4．六十一师以一部死守江湾，主力为预备队，集结大场镇西南端。

（二）左翼军指挥第五军军长张治中，率八十七师、八十八师及要塞炮兵又及翁旅两团，占领江湾北端庙行镇，蔡家宅、蕴藻浜北岸吴淞之线，主力在杨家行、刘家行之间，迎击由江湾北方地区来犯之敌，乘机出击向殷家镇压迫。

1．八八师占领江湾北端庙行镇至蕴藻浜南岸，主力在中央。

2．八十七师占领蕴藻浜北岸，由胡家宅至四塘宅之线，主力在刘家行附近。

3．七十八师翁旅（欠一团）死守吴淞，为左翼之据点。

（三）于十八日上午三时完了一切战斗之准备。

二十日

一、战况

右翼军

甲、六十师方面：

1．一二〇旅闸北一带，自拂晓后，敌即以大炮向我阵地猛烈射击，至下午六时，敌千余，机关枪十余架，由北河南路分向我新民路、宝山路第四团阵地冲锋，至八时为我击退，毙敌五六十，夺获三八式步枪一杆，子弹五十发。

2．一一九旅方面，自拂晓后，敌以大炮飞机向我八字桥至杨家楼下一带阵地轰击，至正午顷有敌五六百，猛击我六团三营之沈家宅、孟家宅阵地，并有敌千余，继向新持志大学一带移动，有绕攻江湾模样。该营在孟家宅之排哨与敌肉搏，毙敌数十名，排哨长阵亡，孟家宅被敌占领，该营随派队增援逆击，至夜十二时始恢复原阵地。计我三营阵亡排长一员，伤二员，士兵伤亡二十余名。

3．江湾车站系我黄团一营阵地，上午六时敌约二千余、坦克车数十辆、骑兵百余、大炮十余门向我猛攻，并有飞机十余架轰炸我江湾车站，我一营奋勇抵抗，并施放地雷，炸毁敌坦克车六架，激战至午后六时，敌始退去。入夜后，敌以坦克车掩护步兵冲锋，均经击退。是役，营长李畏及连长二员负伤，阵亡排长一员，士兵伤亡数十名。

乙、六十一师方面：

第二团占领江湾，十九日，敌以飞机大炮向我江湾阵地，江湾镇村落猛烈轰炸，四处火起，复以坦克车掩护步兵二千余，向我阵地反复猛攻，我守兵坚苦争持，敌卒不得逞，至入夜，敌始退去。是役，我黄团二营连长负伤四员，士兵伤亡过半。

左翼军

甲、八十八师方面：

1．自本晨至入夜，敌以重炮及海军炮集中火力向我江湾及庙行镇一带阵地射击，以掩护其步兵接近我阵地，工事被破坏较多。至正午，敌二三千向我阵地前进。本晨敌炮掩护敌兵，企图强渡蕴藻浜，攻击极烈。约二小时，始将敌击退。似系佯攻，使我军注意该方面后，以来突破庙行镇计划之成功。

乙、八十七师蔡旅方面：

1．吴淞、宝山方面，六时三十分，即有敌机三架来侦察，九时增至六架，到处投弹轰炸，同时敌舰十余艘，向我沿河阵地射击，计发炮十余发，我阵地破坏极多，码头附近房屋中弹起火，我翁旅各部沉着应战，死伤约三十余名。

2．敌飞机在我们刘家行、真茹、南翔、昆山一带到处投弹，人民死亡极多，南翔车站站长受重伤。

二十一日

一、战况

右翼军

甲、六十师方面：午前二时，敌以大炮向我宝山路、天通庵八字桥及江湾车站一带猛烈轰击，并用多量烧夷弹向我阵地后方房屋射击，火烟四起，至天明后，以烟幕弹掩护其坦克车及步兵接近我江湾车站阵地猛攻，激战终日，敌军不得逞。入夜后，因江湾车站附近房屋燃烧，且受敌三方面交叉火力，当即放弃。

乙、六十一师方面：六十师左翼方面兵力太单薄，乃由六十一师增加一团，於杨家楼下、江湾镇附近，自昨日起，到处燃烧，今晨七时后，以坦克车六七辆掩护第九师团之主力，向我二团阵地猛攻，激战终日，至晚敌死伤千余，我二团亦伤亡殆尽，及由三团增加一营，敌始溃退。至晚十时，乃由第一团增防江湾，而江湾一带阵地及地雷，均被飞机破坏失效用。

左翼军

甲、八十八师方面，于上午五时起，敌步兵数千，向我严家宅、庙行镇之线猛攻，大批飞机亦轰炸助战，敌我相距约百余米达，遂行肉搏，敌死伤数百，我亦伤亡二百余。

乙、八十七师方面：敌炮兵继续向我阵地一带射击，至午后一时始息。

丙、本晨五时以来，敌机三五成群，到处掷弹，炸毁真茹站、刘家行汽车路一段。下午一时三十分，在董家宅附近被我五一七团一营小炮击落敌机846号甲种四型战斗机一架，落地后机全毁，驾驶员名田中中队长毙焉。

丁、由八十七师之五一七团推进柴塘、程家桥，归俞师长指挥。

戊、吴淞方面：自本日午前二时，敌机数架轰炸吴淞一带，并抛放火球甚多，敌炮彻夜轰击不绝，江边一带阵地随筑随毁。至下午二时，有敌舰五艘、飞机三架，轰炸狮子林炮台，我炮台还击，因敌烟幕遮蔽，目标不明，收效甚少。

己、浏河方面：有我六十一师之第六团及军校教导队之一营警戒。昨今两日，敌十二师久留米混成旅团，向庙行正面佯攻，以第九师团之主力，向我江湾猛烈攻击，希图突破江湾继攻闸北，故敌两日来集合其数十架之飞机、大炮廿余门、坦克车三四十架，掩护其主力反复冲锋，我阵地带之工事被敌之大炮炸弹毁坏殆尽，士兵伤亡过半，血肉横飞，战况之悲感壮烈，诚为罕见。在阵地失所凭藉之官兵，站在大炮炸弹坦克车威力震撼之下，犹能屹然不动，拚命争持，卒将强敌击退，使不得逞，而敌数日来，刻苦经营欲突破江湾之计划，又成画饼。遂有翌日移其主力於江湾以北地区，以开庙行镇之剧战。

二十二日

本晨闸北至江湾南端，战事稍和缓，同时江湾以北至庙行镇之间，敌人集中炮火射击终夜，至午前五时，第九师团之主力约万余，向庙行镇正面猛攻，我五二七团三营阵地被敌突破，俞师长将全部预备队增加，仍不支。钱旅长及陈旅长负伤，工兵营唐循阵亡。伤亡全部过半，全线不支。本部据报后，九时决心即由江湾至蕴藻浜及正面三方同时出击，而将如下之部署：

1．闸北至江湾南端施行猛烈之佯攻。

2．六十一师副师长张炎率四五两团，由江湾西北端向敌侧击。

3．区师长以一团接六十一师杨家楼下防务，以一团控置於夏家宅策应八字桥及江桥。

4．八十七师孙旅加入庙行镇正面与八十八师同时出击。

5．八十七师宋旅以一大部由蕴藻浜渡河，向敌侧威胁。至下午三时左右各部已到达准备出击位置向敌出击，至夜十一时将敌大部包围。各部之战斗经过如左：

一、战况

右翼军

甲、六十师方面：

1．闸北方面，上午八时，敌以铁甲车四辆掩护步兵向天通庵突击，同时青云路、中山路亦有敌向我进攻，激战二小时，敌即退去。下午五时，我全线奉令即向敌佯攻，牵制当面之敌，俾以江湾方面我军作战容易，同时我野炮兵二连，在彭浦镇附近阵地，向虹口公园持志大学、万国体育场一带之敌约千余出散。中山路及天通庵之敌，被我猛烈佯攻，全线摇动。认为主攻纷增援军，战斗更剧，而敌死伤极大，壕内呻吟之声至为惨酷。我军借炮火掩护，于夜十时退回原阵地。

2．八字桥方面，下午七时，敌约数百向我突击，当即击退。

3．江湾车站附近我军已退出，仍在沈家宅一带与敌对峙中。

乙、六十一师方面：

拂晓后，以猛烈炮火集中射击我江湾镇至庙行镇一带阵地，飞机数十架同时爆击，至九时左右，敌以坦克车掩护，向我江湾阵地冲锋，激战数小时，当被我梁团击退。庙行镇方面，我八十八师右翼于上午八时左右被敌突破，进至大小青家宅之间。我六十一师遂向朱家桥、小场庙北端攻击前进，至下午五时三十分，进占赵店宅前端，至七时起，店宅前端附近村落及孟家宅一带，敌人大肆焚烧，有退却模样。我张副师长炎派出一部追击，至十一时占领孟家宅，将敌包围于金穆宅。是役，我五团伤亡过半，敌死伤千余人。

左翼军

甲、八十八师方面：

十九、二十、二十一三日以来，我阵地破坏不堪，官兵伤亡甚众。本日上午五时许，敌以主力七八千人，将我五七七团阵地突破，当由李副师长延年、钱旅长伦体、陈副旅长普民、工兵营长唐循及预备队全部增加反攻，未几钱、陈两旅长负伤，唐营长阵亡。至八时，被敌突入大小青家宅，全线危急万分。至正午正面得孙旅长之增加，左得宋旅之支援，右得张副师长之侧击，乃三面对敌反攻，至夜十二时突入阵地之敌大部击退，敌死伤在二千以上。金穆宅方面包围敌约二连，由孙旅长负责解决之。是役，本师钱旅陈副旅长负伤，营长伤亡六员，连排长伤亡九十余员，士兵伤亡二千余名。

乙、八十七师方面：

宋旅以正午顷以四营开始渡河，至下午二时半，至北沈宅附近正向敌侧背前进，至七时与北沈宅之敌接触，将其击退后占领之，至九时进占南沈宅，将庙行镇之敌包围。是役，我宋旅伤亡官兵二百余人。孙旅加入八十八师正面攻击，前进甚困难，因敌集中火力向庙行镇射击。

丙、吴淞方面：

下午四时，由长江开来敌舰四艘，南洋开来敌舰五艘，齐向狮子林炮台射击，历三小时，狮子林炮台完全破坏。

本日反攻得敌战利品极多，六十一师俘获敌九师团营长一名，军旗三面，铁帽十余顶，六五步枪数百枝，机关枪数挺。

二十三日至二十四日

敌三日来施行总攻之计划完全失败，又向其本国请援，闻有续派第十第十四及第一师团来援之消息。敌自遭昨日之挫败，似有待援重来之企图。自今日起，各阵地祇有局部之战争，本日敌对我闸北一带六十师正面未攻击，仅以炮射不时向我阵地射击。江湾镇至庙行镇之间敌仍猛攻，然终不逞。至夜，八十八师因伤残太甚，乃调至庙行镇西方地区整理，其所遗庙行镇以南至江湾阵地，由六十一师副师长张炎率部（三团）附八十八师独立旅古团接替，由庙行镇正胡家庄之线，由八十七师孙旅接替。二日各部战斗经过如左：

右翼军

甲、六十师方面：

二十三日，敌断续以大炮向闸北、八字桥射击，二十四日并有飞机多架，时向我阵地一带侦察及投弹数十枚。

二十四日，无剧烈战斗，不过敌炮不时向我射击，青云路、宝山路、天通庵一带落二百余弹，人员略有损失。八字桥至江湾附近，则以飞机十余架，并击伤人民不少。

乙、六十一师方面：

二十三日上午，敌攻我小场庙，六十一师张副师长派部向其出击，俘获步兵少尉西尾其六一名，又俘获敌第九师团第二营长百海实男一名，我营长一员负伤。

二十四日晨，敌又以大部攻击我小场庙，剧战甚久，始将敌击退。

左翼军

甲、八十八师方面：

二十三日，金穆宅之敌尚在包围中，敌以大部猛攻小场庙，经我六十一师出击后溃回。入夜后，本师撤至庙行镇西方地区整理，正面交六十一师及八十七师孙旅。

乙、八十七师方面：

宋旅退回蕴藻浜北岸。孙旅方面不时小有接触。

二十五日至二十六日

敌探知我军之弱点在小场庙与庙行镇间，故今日复试行其大部分兵力之攻击，我军初受敌炮之火力杀伤过大，曾有动摇。我步兵沉伏於壕内不动，步兵接近，起而肉搏，故屡次予敌以重创，使不得逞。

一、战况

右翼军

甲、六十师方面：

二十五日晚十一时许，敌二百余人攻我八字桥，战约半小时，敌即退去。闸北及天通庵一带，不时有敌向我射击。

二十六日上午二时，江湾车站附近有敌二百余向我进攻，当经我第六连击退。上午十一时天通庵附近佯攻，协助左翼六十一师之逆袭，毙敌甚多。

乙、六十一师方面：

二十五日晨八时，敌陆空军协同动作，猛攻我庙行镇以南至小场庙之线，至九时后，我古团阵地稍有动摇，经派六团增援反攻，始告稳固。至下午四时，敌复由空军指示目标，向我小场庙阵地猛攻，随以步兵数千冲锋。我古团因敌之炮火猛烈，伤亡极大，阵地动摇，当由七十八师黄旅谢团增加，并由一二一旅第二团由严家宅协力出击，敌受大创。六时三十分，我军进展至小场庙附近，因敌阵地已设电网，遂停止前进。江湾二十五日无甚激战，然自二十日以来，房屋被烧尽，且因敌突入小场庙，江湾不能立足，二十六日上午十时乃放弃，退扼金家园、麦家荡亘竹园之线，沿河配备。二十五日至二十六日，敌死伤在三千人以上，我六十一师亦死伤二千余，乃令竹园墩以北至庙行镇南端之线，由一二一旅担任，张副师长率一二二旅至增前宅附近整理。

左翼军

甲、八十八师於二十六日接六十一师之防务。

乙、二十五、二十六两日，八十七师正面甚沉寂，惟敌机三五架常来侦察。

丙、吴淞方面，二十五日敌无动静，二十五晨七时，有敌机三架来侦察，至八时后来六架，并掷弹数枚。张华浜方面，敌炮亦向我轰击，敌舰多艘在江面游弋，向我狮子林炮台及宝山轰击极烈。

二十七日至二十八日

敌情之一般

自二十日敌全线向我总攻，至二十三血战四天，敌死伤且万人，乃一方由国内输送补充兵，并增加第十一、十四、第一、十六等四师团，同时派军事参议官白川大将为主将。计自一月二十八日开战以来，敌已四易司令矣。其十一师团於二十七日到达上海。二十七日全线沉寂，敌飞机常向我后方昆山、苏州一带侦察，并企图爆破铁道，敌正在部署军事中。

二十八日全线仍极沉寂，正午后九时，张华浜附近发现极多木板，黄浦江中敌舰十余艘，拖带民船十只，企图向我浏河附近登陆。

二十九日

一、战况

右翼军

甲、六十师方面：

今日无战况。

乙、六十一师方面：

本日上午十时，敌用炮轰击我闸北一带阵地，继以坦克车掩护步兵向我北站一带阵地冲锋，我军沉着应战，毙敌三十余。宝山路、天通庵路沿线，则无激战。其余一部，则仍集结大场附近整理。

丙、七十八师（缺第四团）方面：

自拂晓后，即以大炮向我第三团阵地发炮数十枚，飞机十二架投弹十余枚，即行猛冲，旋被我击退。是日伤士兵十余，阵亡三名。

左翼军

甲、八十七师方面：

二五九旅本日午后三时许，见金穆宅附近敌约二百余向北移动，午后五时许，又见敌部队向蕴藻浜方面移动，但未与我接触。

乙、八十八师方面：

自下午九时许，敌用大炮向我全线阵地轰炸约三四百余响，有敌步兵三百余，以步机枪向我射击，一时火力颇为浓密，经我沉着抵抗一小时许，敌始退去。是役，我方负伤官兵三十余人。

丙、一五旅（缺五六团）吴淞方面：

是日午后六时，敌在蕴藻浜对岸，时以机枪向我射击，并有渡河模样。但我方严密抵抗，敌遂不得逞退去。

二、一般之处置

甲、令六十师将闸北防务移交六十一师一二二旅接替。

乙、令六十师一一九旅（附第六团）以一部据守劳动大学至沈家宅为前进阵地。以一部守备八字桥至杨家楼下之南端。一二○旅（附第一团全部）位置於刘家宅车站、曹家巷、俞家宅、芦花庄、尹家角一带。

三月一日一般情况

敌将植田谦吉所指挥之第九师团及十二师团之混成旅，自庙行镇、小场庙各役，迭被我军击退后，敌增加大批援兵，於二月二十九日先后到达有十一、十四两师团，由敌将白川统率。

我四十七师有枪四千余，奉命参加沪战，其一小部已达到昆山，其余到达镇江附近。

本日午前八时，敌以主力之陆海空军向我全线总攻，并以密集强大炮火及空军之炸弹，向我七十八师及左翼军全线阵地各要点施行极猛烈之轰击，以掩护其步兵之进展。我前线官兵奋勇迎击，肉搏数小时，惟敌亦前仆后继，源源增加，尤以杨家楼下及竹园墩之阵地血战最烈。迨至十二时左右，我七十八师正面一部伤亡殆尽，敌遂得乘隙而入，随后调所有预备队增援，始得将敌击退，恢复原阵地，而敌仍滞留我阵地前端。正拟全线出击与敌决战，乃据急确报告，浏河以西杨林口、七丫口一带，有敌十一师团之一部约三千余，利用烟幕及海军与飞机之掩护强行登陆，乃不得不将正面作战之部队抽调左翼军之孙旅赶赴浏河，企图以敌登陆立足未稳之际，一举而歼之，时午后二时矣。惟敌同时复加派生力军增加，乘我正面薄弱，死力突击，血战数小时，我八十八师及七十八师正面又有一部被突破，然尚死力支持待援。此时第二线战斗群业已使用完毕，加以全线肉搏竟日，死亡枕藉。同时我浏河方面又受优势之敌极力压迫，支持至晚，以四十七师本晚决难到达，增援又苦无兵，为避免全线被敌包围，乃决心撤至黄渡、方泰镇至嘉定、太仓之线，以图待时反攻。即於本日午后十一时，下达一般命令，其部署要旨如左：

甲、右翼军所部六十师、六十一师、七十八师及八十八师独立旅莫雄附宪兵团，以一部先占领真茹、大场逐次向江桥镇、南翔、广福南端进入阵地之警戒，节节施行顽固之抵抗，其主力则向黄渡、方泰镇之线撤退。

1．莫雄附宪兵向颛桥镇、莘庄、七宝镇之线撤退，左与六十师切实连络。

2．六十师以主力由铁道南方黄渡撤退（古团及郑团暂归沈师长指挥），俟到达目的地后，归回建制。

3．七十八师主力，由大场附近经南翔、白陆家巷方向撤退。

4．六十一师主力，由大场镇北方经陈家行、方泰镇方向撤退。

5．各师撤退时，正面留一团作收容队，极力佯攻，掩护主力脱离战场，至主力退入新阵后，逐次撤退之。

乙、左翼军所部八十七师、八十八师及要塞炮兵、翁旅一团又一营，须派出一部在胡家庄、杨家行占领收容阵地，主力则向嘉定、太仓之线撤退，利用嘉定、太仓城为据点，派出一部於罗店及浏河附近浏河方面警戒。

丙、於二日拂晓完了一切撤退而入抵抗之准备。

至右翼军吴淞方面，自今晨起，敌以大炮及机枪竟日继续开放，均不中要害。午后四时三十分，宝山方面，敌军舰附小民船及小电船，共约三十余艘，向我宝山东门外猛冲，企图登陆，当被我军及义勇军协力击退。

各部　三月二日

撤退后一般之情况

右翼军

甲、六十师方面：

一一九旅（欠第一团）附第六团移至江桥镇亘铁道以北之线布

防。

一二〇旅（欠第六团）附第一团占领北新泾亘钱家宅至真茹以北之线。

乙、六十一师方面：

一二一旅今晚由大场前宅节节抵抗，撤退安全到达目的地，并派第一团至阮家宅、严家宅一带，向大场、刘家行方面；第二团在张家滨对大场、胡家庄方面；第三团在十八家对南方严密警戒。

一二二旅，本晚相机撤回方泰镇集结整理。

丙、七十八师方面：

昨晚撤退时，除留第一第二两团占领夏家库亘大场之线担任警戒外，一五五旅及第一第六团，即於午前五时抵西首向附近，又於黄昏后全部撤回西家库、吴塘桥村、徐行泾一带，遂令第五第六团占领叶家桥亘方泰镇之线，沿河西岸布置警戒。

一五六旅（缺第五第六团）撤回嘉定，即於本晚开至方泰镇归回建制。

左翼军

昨晚安然撤退所示阵地，惟敌今午以大部队向我孙旅娄塘镇攻击，并由我左翼向我朱家桥头包围，激战数小时，旋奋勇冲出，集结葛隆镇。是役伤亡甚大。

三月三日至五日

本日敌仍以大部向我阵线压迫，八十一师孙旅有一部在娄塘附近受敌包围，经奋勇冲退集葛隆镇、嘉定，亦被优势之敌压迫，正后撤中。四十七师今日已陆续到达昆山附近，令四十七师在昆山东端田周巷至十三河滩之线，构筑工事布防。四日，我方因援未至，决令各部相继撤至昆山附近之线候援，於五日下达命令如左：

1，敌於三日午后二时，对国联宣布停止战争。但昨今两日，南翔方面敌炮兵仍不断向我射击，便衣队时向我前进，异常活动，企图不明。

2. 本路军拟占领清阳港、昆山城、陆家桥、白茆、新市、梅李镇、福山镇之线，其前端更派出警戒部队，节节拒止敌人，如敌人以主力作真面目之攻击，万不得已，则占领右翼，依据九里湖、风里村、东湾港、唯亭、杨城（澄）湖至昆城湖北端亘常熟至福山镇江岸之线之预设阵地死守待援。

3. 第十九路军以主力占领昆山城南北之线、於安亭、太仓之间派出警戒部队，如敌以主力作真面目来攻击，万不得已时，即占领右翼，依据杨城（澄）湖预设之阵线死守待援。

其详细配备应如左之要旨

甲、七十八师之钟团归沈师长指挥，为前进部队主力，控置於陆家滨车站，对安亭作纵深之配备，约各一连在安亭及蓬阆镇严密搜索敌情。

乙、余立奎补充团为独立支队，固守太仓城，对嘉定、浏河方面搜索敌情，万不得已，则退守巴城镇，掩护军之左侧。

丙、六十师占领周巷，沿清阳港西岸，经铁道至十三河滩（属之）之线，构筑强固工事，拒止当面之敌，并负责维持昆山城治安。邓旅则俟钟团接替防务后归回建制。

丁、六十一师附古团占领十三河滩至陆家桥（属之）之线，构筑强固工事，拒止当面之敌，与太仓余立奎团取连络。

张炎旅今（五日）晚归回建制。

戊、七十八师主力为预备队，集结于唯亭西端地区待命。

4. 第五军占领石牌南端至白茆、新市之线，右翼派出一小部位置于石牌、陆家桥附近之六十一师取连络，左翼派一部至陆家尖镇与梅李镇四十七师连络，主力控制于东塘墅、常熟之间，如受优势之敌压迫，万不得已，则占领右翼，依据后塘湖经昆城湖、常熟之线死守待援。

5．四十七师担任常熟东北梅李镇、谢家桥镇东北沿江一带布防，对江面警戒与常熟之八十八师取连络，其主力集结于常熟西北大义桥附近，如梅李镇受优势之敌压迫时，则固守小王桥、谢家桥镇至福山镇之线，并应注意沿江方面。

6．作战地境

十九军、第五军：以太仓、陆家桥、巴城镇之线为作战地境（线上属十九军）

第五军、四十七师：以周径口镇至小王桥虞山西北端之线（线上属第五军）

六日至十日

六日各部已撤至指定地点构筑工事整理布防，及后敌虽时有侦察队与我前进警戒部队时有接触，其大部尚未敢轻进，我军得藉此整理，并遵政府命令，听国际之调解。惟此后日敌能否觉悟，只待事实之证明，苟敌仍无悔祸之心，再加压迫，本军决本初旨，死力抵抗之也。

四、战后所得之经验

甲、对于作战应注意事项

1．阵地工事须用纵深配备，可减少损害，虽被敌突破一点，尚可节节抵抗，突入之敌，可受我三面射击之损害。

2．第一线守兵，宜派极少数之监视哨，或配属相当之自动步枪，以减受敌炮击之损害。

3．欲避免敌炮火之损害，而与其步兵直接交战，宜於敌炮兵开始效力射时，我军即行出击，将其前进部队击退，以求与敌步兵肉搏，则其炮兵自失效力。

4．在敌物质优胜之下交战，应常利用夜袭，但应派出小部施行之，免多受损害。

5．工事以构筑各个之散兵掩体，增大其间隔为宜，交通壕须尽量构筑，愈多愈妙。

乙、日军方面之一切

1．日军步炮协同及陆海空军之联络协同作战，均极确实，常集中各种火力施行一点之突破。

2．日军於战斗时，常多按战术原则逐步进行，不肯轻易涉险，要而言之，彼攻防之一般要领，乃重在大战以取胜，不事肉搏以致果。

3．日炮兵以重炮为主，弹以榴弹为主，战斗时，常以数十门放列，构成集中火网，以增大其威力。

4．敌步兵以机关枪为骨干，常组成多量战斗群，以疏散前进法向我前进。

5．敌退却秩序常井然不乱，每退至百米即行抵抗一次。

6．敌机关枪阵地之构筑，其高度与一般阵地大致相平，目标不易显露。

7．敌工事副防御筑设甚为强固，所有阵地新占领阵地之前，均架设铁网通以电流。

8．军工事有筑於村落后方者，当其由村前退入村后之阵地时，我军常不察向后面村落直进，致受损失。

9．日军阵地皆为据点式，尤注意侧防，对以班排均分开段落，各据点均有交通壕数道。

10．敌在战斗间，运用机关枪常行断续发射，以减小目标。

11．日军夜间常利用小部队向我阵地袭击，以疲我军，拂晓或白昼，则常以大部突击，因其能得飞机炮兵之协助。

12．日军突击时，必利用猛烈之炮火与飞机之威胁，或藉战车之掩护，以施行其突击。

13．日军利用飞机空中照相，将我军阵地情形摄去，嗣后须特别注意伪装，以眩惑之。

14．敌士兵在战时有三种必要携备之物，一钢盔、二掷弹筒、三为毒药包——此项毒药包尤以前哨或便衣侦察携带最多。

15．日军通常编制每师团（即师）设步兵两旅团（即旅），每旅团设两联队，每联队约二千四五百人，每中队有步枪一百四十枝，附平曲击射炮、重轻迫击炮、重机关枪各一，每师团并设有骑兵、炮兵各一大队，每师团人数总在一万六千以上。

丙、我军之一切

1．我军士气极盛，皆富於勇敢牺牲之精神。

2．我第一线之兵力配备往往失之过大，致受无益之损害，预备队亦多不用以出击，而用於填塞火线。

3．我军手榴弹投掷后，不爆发者甚多，或因制造不精，抑为不沉着之故，且我军以手榴弹不易携带，常弃置阵地内。

4．我军所筑阵地多为一线式，且不注意侧防，而交通壕设置极少，致进退不便。

5．我军机关枪常喜连续射击，以敌炮兵良好目标，致受损害。

6．我军士兵一临火线，常无目标施行射击，致虚耗弹药。

7．我军担架队太少，救护业务不良，前伤官兵常由战斗兵自行抬下火线，致使战斗力减少。

8．我军除电话通信之外，别无其他连络方法，且电话均系单线，故时常发生阻碍，而通信士兵查线又复不勤，动作迟缓。

〔国民党政府战史会档案〕

24．陆军第八十七师第二百六十一旅淞沪《抗日实战记》

（1932年　月）

第一篇　出发前请缨之经过

一、沪变前后本旅官兵之准备

自“九一八”东省事变后，本旅屯集京畿，加紧训练，嗣而龙江失陷，榆、锦沦亡。我全体官兵伤国难之无已，恨大仇未报，警惕振奋，怆怀激昂，夙兴夜寐，念兹在兹。咸欲奔腾关外，灭此朝食，以稍尽革命军人之职责。抑郁蕴忿，无日不思与倭寇决一死战。盖官兵人人早已矢与暴日不共戴天之决心矣。徒以政府大计未决，故不能即时有所申请。尝胆卧薪，隐忍至再，而以伺机之到来，“一二八”沪上战作，我十九路军将士，奋其忠勇，已与暴敌周旋於海上。本旅官兵聆此讯息，悲愤填膺，热血奔腾，狂呼疾走，群相聚议，而环请上峰，立时要求政府派遣本旅克日增援，倘万不获已，则即自动束装立赴前线，群情奋激，不可终日。盖以当时沪上兵力已不足与暴日相抗衡，而时机迫切，尤不容我人有丝毫之迟疑与滞留也。

二、何邸之请愿

适时师令本旅接防幕府、栖霞沿江一带之警戒，就当时情势言之，官兵意气之盛，志愿之坚，已非空言可以安慰。即使遵令接防，亦难免有非常激越之行动。本旅旅长有鉴於此，乃即於一月十三〔三十〕日晚，召集营长以上官兵会议，历时甚久，讨论至再，佥以内顾士气外审情势，实非立时请愿出动开赴海上，则无以压官兵之望，且适足以散离军心阻〔沮〕丧士气，而旅长於会议席上激昂慷慨，沉痛坚决申述个人之感想、愿望与其最后之决心，各官长受此震激，薰刺意志，更为坚决，而抗战之念愈急，去沪之心益切，一时会场空气异常沉痛严重，遂即决定分向国府，军政部请愿，以时机迫切，当场拟就请愿书（原文另录），即由出席全体官长同至何部长私邸作坚决之请愿，时已零时三十分光景矣。更深夜静，细雨濛濛，而移时始公毕归来。谒见后，首即申述本旅官兵对沪变之激昂与参战之决心，嗣即陈请本旅接防六十一师，惟该师亦系开向沪上增援，为移动迅速计，当不如调本旅前往为便。至建制虽云分割，但本旅官兵以抗日对外之目标即同，则对蒋总指挥、蔡军长之命令绝对服从，指挥上亦绝无困难。反复申述，再三陈请，且以此种请求，系代表全体官兵之真诚意志，实非少数人之激愤而故出此。当时部长即告以海上战事正在调解，前方兵力一时尚足敷用，此刻无须增援，且建制分割，指挥实属不便，而万一战端再起，则沿江到处均为战场，实不必亟亟於开赴海上也。恳请至再，而终不得要领。退出后，遂复集议，以目的未达，士气难抑，且此种请求，实激於真情至诚，万不得已之举，平心论之，即有逾越失检，亦难多所顾虑，而在政府事后亦未必不能加以原宥。遂即决定准备翌日自动出发，并拟於开拨时以书面留呈何部长及本师师长申述，不得已而急迫行动之苦衷。议定后，始散会，时二月一日上午三时事也。

附录呈国民政府、军政部请愿书

为请愿事：暴日侵迫，危亡无日。职等分属军人，责在捍卫。过去数月来，其所以含垢隐忍，痛切沉默而不为一言者，亦以仰遵政府应付事变之步调，冀有所图报於将来，故不愿狂嚣浮动，自暴其气。迄於今日，横逆之来，有加无已，首都旦夕不保，国亡即在目前。我十九路军既已与暴日周旋海上，京沪密迩。职部全体官兵聆此消息，唇齿俱裂，忍无可忍，愤懑沉痛，誓死求战。刻以情势迫切，均自动整装，请求力赴前线，效死疆场，迫不得已，伏恳钧府部即时明令职部开沪助战，实力增援，则喋血黄浦，暴尸海上，纵全军阵亡，死亦万分甘愿。抑军人行动，固应以服从为战志，部队调遣自须听政府命令。惟际兹大难临头，千钧一发之时，会国家民族且将不保，倘使长此沉痛隐忍，万一变出意外，贻民族万世之羞，则国家以无数之物力，养成如许之军队，究将所施其用途。为此，冒昧渎陈，忍痛呈请，万恳鉴其精诚，准予所请。倘不蒙允准，则求死不得，众忿难遏，激於忠诚，热血暴裂，部伍维持既形困难，势令全部瓦解，单独行动，尔时形势已成，挽救无术。为政府实力计，为国家前途计，

均将不胜其痛惜，扼腕情急心切，环甲待命。惟恳钧府部速予裁夺施行。谨呈

国民政府主席林

军 政 部 长 何

国民革命军陆军第八十七师第二百六十一旅旅长宋希濂率全旅官兵谨呈

三、宣誓之悲壮

一日午前各部队均准备完妥，环甲待命，官兵中之激切者不时催询出发时间，意志奋发，人人具必死之决心。下午一时，旅长集合全旅官兵训话，首述暴日侵迫之横暴与沪战之情形，继谓沪变后本旅所负之使命与目前应具之决心，训话未竟，而官兵即频为请询要求立赴沪上增加前线与倭奴拚命，誓非达到目的不止，一时全场空气极形紧张，而沉痛、严重、悲壮、激昂，实非楮墨所能宣其万一。旅长鉴於士气如此激昂，遂即郑重为下列数项之追问曰："大家既然破釜沉舟立下最大决心，要去与倭奴拚命，试问你们出发时能忍心舍弃你们的父母兄弟妻子否？在战场上受敌人飞机炮火的轰炸，你们难道真不怕吗？"则群呼以应之曰："绝对舍得"、"绝对不怕"，并要全体当场宣誓，以示此行之绝决与意义之庄严神圣。旋即由旅长拟就誓词，高声朗诵，全体均举右手循声宣读，其誓词如左：

国民革命军陆军第八十七师第二百六十一旅全体官兵讨倭寇誓词：

倭寇侵凌，国亡无日，我等誓以热血浩气与倭寇拚命到底，为中华民族争生存，为革命军人争人格，虽任何牺牲，在所不辞。倭贼不灭，誓不生还，天日在上，式鉴此言。谨誓。

誓毕，遂即决定当日午后六时自动出发，嗣旅长又集合全体

官长致以极剀切而沉痛之训词，且由全体官长签章誓约，以坚其信义，而示其决心。各事既竣，遂派员先至下关交涉车辆。同时以旅长名义拍上蒋总指挥、蔡军长、戴司令急电一通，以作先导，而示其事在必行。此文如次：

火急。限即到。上海。十九路军蒋总指挥、蔡军长、戴司令并请转全体官兵同志勋鉴：捧读艳子通电，愤悉暴日寻衅沪上，进迫益遽，稍有血性，靡不发指。贵军同志，誓死抗御，壮气凛冽，遥听下风，曷胜钦仰。希濂等分属军人，敌忾同仇。值此河山破碎之秋，敢忘请缨御侮之义，祸迫眉睫，国亡无日，虽赴汤蹈火，肝脑涂地，誓当喋血海上灭此朝食也。除即日请求国府及军政部准予加入前线作战，并请求愿隶受贵部指挥外，谨先驰闻。环甲以待贮候明教。临电不胜迫切待命之至。陆军第八十七师第二百六十一旅旅长宋希濂率全体官兵同叩。世。印。

四、开沪之中阻

宣誓后，时约四时许，适王副师长来旅部视察，并与旅长会晤，得何部长电话，约副师长及旅长均至励志社谈话，比即应召而往。时陈副院长铭枢、宋部长子文、罗部长文干均在座，何部长即申示昨夜请愿情形，并谓此刻实无增援之必要，将来如战事重起需要兵力，尔时再行派遣本旅增援，且以渠个人去就力劝。同时罗部长以沪事正由英、美、法各领出而调解，且已停战，如我即时增兵，实易滋生误会，且将在国际间发生不良影响。陈副院长亦再三申道，谓目下如部队自由行动，则将引起意外重大之事变，与我人忠勇爱国之初旨相背，时旅长初犹陈诉苦衷，反复申请，继以诸公所云，如此即使开沪，亦难立时参加战斗，如是则徜斤斤争执，於开拔时间问题而反足以偾事，遂请以此意转示全体官兵。返部后，副师长即召本旅全体官长及班长训话，申告本旅不能即时开拔之困难情形与何、陈诸公之真切意旨，且殷希望我全体官兵勉抑义愤，顾全大局，暂时隐忍，稍待时日，将来万一大战重开，吾人何难无参加战事与暴日周旋之机会。反复申明，众为感动。开沪之议，遂暂搁寝，而又准备於翌晨遵照原令前往幕府、栖霞沿江一带接防矣。

第二篇 抗日战斗经过概要

一、担任总预备队及罗店浏河警戒时期

二月六日，本旅奉命向沪宁线出动，增援我十九路军，当将原担任首痛附近栖霞山至下关一带之守备勤务交由本师二五九旅接替，全部即乘车开驻昆山。八日，推进至南翔以南江桥、石桥一带，归八十八师俞师长指挥，联同该师为十九路军之总预备队。

十二日，奉令接替六十一师一二二旅在罗店、嘉定，浏河、小川沙一带之防务，当即以主力推进至罗店、嘉定，并派出一营进至浏河，一连至小川沙担任沿江警戒。

十三日，敌金泽第九师团已抵沪，联合残余之陆战队，由江湾以北地区向十九路军阵地猛攻，且有一部利用烟幕已由蕴藻浜南岸纪家桥附近强行渡河，与我六十一师一二二旅激战甚烈，本旅此时奉命拨归六十一师毛师长指挥，并派出一团控置于刘家行，由该团派出一营进驻於胡家庄，策应该旅作战。入夜后，渡河之敌因受我一二二旅之反攻，败退河南岸。

二、蕴藻浜守备及出击之役

十四日，奉毛师长命令，以我一二二旅苦战之余，亟待休息，命本旅即日接替蕴藻浜北岸由胡家宅至吴淞附近我一二二旅原担任之防务，同时将罗店、浏河、小川沙之警戒勤务交由一二二旅第六团接收。本旅到达蕴藻浜北岸新防区后，除沿河配置少数警戒部队外，余均令分驻于稍后之村落内作纵深配备，同时令日夜赶筑各线工事，构凿掩蔽部，严阵以待敌之来犯。敌自纪家桥之役受挫后，锐气消沉，未敢再越雷池一步，故连日我旅正面尚较安静，我部队亦利用时机竭力加强阵地。（阵地配备详附图

第一）〔附图原缺〕

十八日，本师师部由京出发到达浏行，本旅即奉令归还建制。同日上午八时四十五分，敌司令官植田谦吉向我蔡军长提出最后通牒，要求我军退出租界北二十启罗米达，以作中止战斗行为之条件，经我方严词拒绝后，敌于二十日晨，即开始以陆海空军向我军全线总攻，计斯日射落于我军阵地上之炮弹，不下一二千发，飞机投掷下之炸弹，亦不下百余枚，幸我阵地已构筑强固，故所蒙之损害可云极微。敌步兵于其炮火之掩护下，曾□度企图渡河向我攻击，均被我壕内散兵奋勇击退。二十一日，在我五二一团阵地上飞翔投弹之敌战斗机一架，被我小加农炮击，伤落於火烧场附近，机师受伤殒命，机身毁为数节，上书有大正四年字样，机上且装有机关枪及未爆炸之炸弹数枚。

二十二日午前十时，我左翼八十八师正面庙行附近阵地被敌突破，本旅奉令以火力向敌侧击，援助八十八师之反攻，第以隔河射击，效力甚微。旅长乃向军参谋长建议，愿以本旅主力渡河出击，攻袭敌之右侧背，时我蒋总指挥已令六十一师之一旅，由江湾方面向敌左侧绕攻，我方如能从左右两侧向敌行强大之威胁，敌集万能，亦难久支。旋此项意见蒙军长采纳，随即从事出击部署。除以五二一团第三营仍留河北岸，担任由纪家桥至吴淞附近之沿河警戒，五二一团第一营推进至纪家桥附近为旅预备队外，其余四营悉数渡河，编为出击部队，以五二二团全部为出击主力，以五二一团第二营为左侧翼掩护部队，时在河南岸之敌，分散据守于齐家宅、殷家宅、杨家宅、赵家宅、东北孙、南北孙宅、西港、西湾、中心港者，为数不下三四千人，且于各村落外缘，均构有强固之工事，配置多量之轻重机关枪扼守。旅长部署毕，即令各出击部队于正午十二时，分由纪家桥、周家宅两处用民船强行渡河时，敌机十余架集中该两渡口，竭力轰炸，而我官兵踊跃争先，无稍畏缩。一时许，担任侧翼掩护之五二一团第二营，已将赵家宅、杨家宅之敌驱逐占领，并向颜中桥东齐家宅之敌，威力压迫，同时五二二团一二两营，亦先后将齐家宅、唐家宅、殷家宅、西港、西湾、东北孙智各处之敌驱逐占领，并续向中心巷、北孙宅之线攻击前进。三时许，战斗转剧，盖颜中桥、中心巷、南孙宅、金母宅各村落，均有敌大部兵力扼守，且凭藉工事及障碍物利用优势之火力，顽强抵抗，不肯退后一步。我官兵一冲再冲，前仆后继，卒於血肉横飞，白刃纵横中，五二一团第二营将颜中桥、王家宅、东齐家宅之线占领，同时五二二团亦攻克中心巷，并向金母宅、南孙宅之敌继续猛攻。四时，敌之二十四联队一大队，向我左侧翼反攻，被我击退。六时，已渐黄昏敌空军已失去活动能力，我五二二团一鼓作气，旋又将南孙宅之敌攻破，敌狼狈逃窜。斩获甚多，且夺获敌朝日新闻社随军记者旗帜一面，日本国旗一面，背囊数十个，步枪本〔百〕余枝，平射炮弹数箱，通讯鸽数只及辎重甚多。随即跟踪追击，又将金母宅之敌重重包围。斯时，敌军之在该村内者，已成困兽之斗，我官兵与倭寇白刃撕杀，奋勇倍加，且以节节胜利之后，士气益旺，故战斗之烈，罕有伦比。加以又接军部电话，谓敌全线动摇，有於本晚总退却消息，我官兵聆悉之余，欢忭若狂，大有一鼓即可直捣黄浦江畔之气势。惟此际敌军虽危险万状，然犹负隅顽抗。同时我友军八十八师被突破之阵地，业已因左右翼之猛烈侧击及五二九旅之援助，而恢复且有进展。十时，奉命以本旅策应友军之任务业已达到，命留少数兵力与敌保持接触，以主力仍退回蕴藻浜北岸原阵地扼守。十二时左右，遵令以主力撤回北岸，以一营固守既得之地区。斯夜撤退时，士兵中有血性赣〔戆〕直或未明瞭任务者多喧嚷：我们为何不继续进攻，我们宁死不退等语。士气之壮，直令人可泣可歌也。计斯役，阵亡阵伤官兵五百余员名，击毙敌人亦约相等。（战斗经过参阅图第二伤亡详附表）〔图表缺〕

三、浏河之役

三月一日上午九时，接军部命令，以敌军约三千余人，於本日拂晓利用烟幕由七丫口偷渡登陆，有绕攻我左侧背之企图，命本旅全部用汽车输送至浏河，前往截击登陆之敌，并竭力压迫之於沿江地区而歼灭之。本旅奉命后，当依五二一团、五二二团及各营之顺序，於午前十一时，由顾家宅汽车站向浏河输送（总计有重载汽车十二辆，每次可输送一营）。旅长率先头之一营（五二一团第一营）於午后0时三十分到达浏河车站，当据在该处担任警戒之教导总队唐总队长及当地土民告知之情况如左：

A、敌军约三千余，刻已占领浮桥镇，正拉索民伕，有向我急进模样，其主力行进方向不明。

B、教导总队之一营（欠一连）在马桥附近拒止敌人。

C、新镇有我教导总队之一连。

据得是项报告后，观察形势，以茜泾营为浏河之屏障，位置重要，或攻或守，势所必争，拟不失时机，先行将其占领，以掩护本旅后续部队之展开，乃即命五二一团第一营唐营长德率所部迅速向茜泾营搜索前进，并占领固守之。不意，该营行至茜泾营南门附近，而敌已先我占领该处，遂与敌接触，我尖兵与敌且致白刃相加。三时许，五二一团刘团长安祺率第二营到达浏河时，敌飞机正集中轰炸浏河车站，输送汽车及房屋悉被炸毁，同时在途中装运部队之汽车，亦多被炸毁，使我后续部队不得不改为徒步行进。此时茜泾营附近战斗愈演愈烈，敌机二十余架密罩天空，均以低空飞行，向我抛掷多量之炸弹，并指挥兵舰重炮连珠发射，其步兵且依据围墙，用机枪向我扫射。四时许，敌大部向我左翼绕攻，右翼方面教导总队丘营亦渐不支后退，我第一营至此已入於前左右三面受敌，围胁之状态情况急迫，伤亡巨大，自不待言。然我官兵犹能沉着应战，积极图攻，曾几度冲入寨内与敌肉搏，卒因敌火力过猛及寡众悬殊太甚，未能得手。六时许，五二一团第三营渐将到，齐旅长乃命第一营仍在原地死力抵抗，阻敌前进，并命已到各部队迅速沿浏河南岸积极布防，待五二二团全部到达后，再图乘夜大举袭击。迄至午后十一时，我五二二团以徒步行进，路程过远，尚未到达，此时已接到军部命令，以我军全线决于本晚变换阵地，作战略上之撤退，命二六一旅即于本晚十二时后撤至太仓占领阵地。该旅奉令后，除令五二二团沈团长发藻率所部即于现途中折向太仓行进外，旅部及五二一团即于午夜向太仓转进。计是役，我方以一营之兵力，抗数倍之顽敌，血战半日，伤亡遍野，然我官兵犹能勇于牺牲、争先恐后、视死如归者，良以此役关系我前线之安危，党国之存亡，至伟且巨，故均能抱必死之决心，以期挽救，此千钧一发之危机，尤有令人感泣者。此次仓卒应战，我救护部队在前方接触后，仍未到达前线，负伤官兵每多踉跄走下，或折臂洞胸，或血肉模糊，犹智智谈前方战况如何如何，几忘创痛之苦，士气之壮勇，可见一班矣。（作战经过详附图第三，伤亡详附表）〔图表缺〕

四、三月二日，本旅全部到达太仓，奉令固守，当即构筑防御阵地，增强城厢工事，囤积米粮，准备作长期之抗战。是日敌机六七架又追踪前来，在城内投掷炸弹七八十枚，且散发谎谬之传单，令人发噱。

三月五日，本旅奉命除以一营固守太仓外，其余开驻白茆新市附近担任警戒，旋驻守太仓之一营，于友军接防务后，除留一连开驻支塘担任该地警戒外，余归还建制，迄今无甚战事。

〔国民党政府战史会档案〕

〔六〕 东北抗日义勇军等的斗争

(一)吉黑两省义勇军战况

1. 丁超为日军夺取东省铁路被迫抵抗通电

(1932年1月31日)

北平张主任、南京国民政府、各院部长钧鉴：各省省政府、各市政府、各报馆均鉴：慨自东北事变以来，日本朝野以南满既得权利为口实，迭于国联议席上郑重声明，决无侵略中国土地之野心，何以我北满地方有中苏共营之东省铁路，欧亚交通之哈尔滨商场，关系国际何等重大，更非南满地带之可比，乃敌人蚕食不已，始则勾引我国不肖军阀，蒙头盖面，肆其改造之阴谋，今因逆军击退，竟敢明目张胆遣派大批日本军队，夺取东省铁路，拘禁苏俄站长，扣留客货列车，沿宽城子站，节节北进，现已压迫至双城车站，无视中苏协约，破坏欧亚交通，丧心病狂，至于此极。本总司令职司护路，责无旁贷，惟有严饬该站护路军极力抵御，一面增设路防，阻其前进，悉索敝赋，力与周旋，成败利钝，在所不计。须知本总司令系为护路而战，系为救国而战，当此国际严重，我不自谋，恐人将代为我谋，为此通电全国，并昭告各友邦，委因日本军队破坏东省铁路，引起世界战争，日本国家当负完全责任。谨此宣言，敬希亮查。东省铁路护路军总司令丁超。世。印。

〔国民党政府行政院档案〕

2. 李中东等关于组织吉林自卫军及就任该军总司令等职通电

(1932年1月31日)

南京国民政府、中央党部、蒋总司令、各院部会、北平绥靖张主任钧鉴：天津王主席、哈尔滨马主席，热河汤主席、绥远刘主席，青岛探投海军沈司令，宾州诚代主席，各省、各省市政府，各军长官，东北各师旅长各法团，各报馆钧鉴：辽吉事变，迄今四月，东以本旅僻孤同誓枕戈待命，原冀东北一隅之地，得与外交大局随同解决，乃日人人踞吉垣，欲以亡韩故智，高倡改建新政权，脱离中央关系，造成独立局面，利用熙洽积极进行，近且收买不肖军人，勾结若辈，招纳土匪，为虎作伥，更欲囊括吉、江，包藏祸心，而苏共管之东路，欧亚交通之商舰，全部纳彼范围，归其支配，以求完成新政权之策划，我人生命财产，所藉为缓冲稍延喘息者，将随新政权而完全丧失，东北国疆乃益荡然无遗。东等分属军人，责在捍国，值此埠势危急，似亡非亡之际，正思有以图存，适据报于逆琛澂将扰哈埠铲除一切行政建制，改组新特市，当即躬率全旅星夜驰援，于一月廿七日会同护路军总司令，即赵、宋、冯、王各军，毅然奋起，出哈近郊迎头痛击，立将于军击退，连日复于阿城同宾双城各境跟剿进兜，方期扫濯顽逆，务绝根株，讵料日人悍然助乱，仍复夺取路车，殴伤路员，进兵长、哈，实属藐视国际，恣逞强权，当经严集各军合力抵御，在此军事严重之日，正我军人效命疆场之时，赖我各友军深明大义，一致团结，共赴国难，爰组织自卫军，标明本军卫国卫民之宗旨，安分侨商，一体保护，凡有侵略疆土扰乱治安者，违则击之，敌忾同仇，义无反顾，成败利钝，非所预期。兹以军部成立，承各友军共推东权摄总司令，勉荷艰巨，克日就职，望我父老子弟，念国土之垂危，痛沦胥之将及，互相救危，共策进行。谨此宣言，伫候明教。吉林自卫军总司令李中东、铁路护路军总司令丁超、前敌总指挥王之佑，总参谋长杨耀钧、第廿二旅旅长赵毅〔?〕、第廿五旅旅长马宪章、第廿六旅旅长宋文俊、第二十八旅旅长王瑞华、暂编第一旅旅长冯占海、骑兵旅长宫长海、姚殿巨、团长陈德才、张琦、张春霖、路永材、陈宗岱、王孝之、于德一、赵秋航、孙广甲、朱春田、刘作宾、赵维斌、张广喜、徐俊武、李辅臣、张桂林、山林游击统领宋希曾等同叩。世印。

〔国民党政府行政院档案〕

3．李杜关于作战失利退守宾州一带与护路军合组联军司令部通电

（1932年2月8日）

南京国民政府、中央党部、各院部会、蒋总司令、北平张绥靖张主任钧鉴；各省主席、各军事长官，各旅旅长、各法团、各报馆钧鉴：日人鲸食无厌，既占辽、吉，复窥哈埠，杜分属军人，痛外患之日迫，凛东北之沦亡，爰率所部星夜驰援，联合护路军即友军各部队，共赴国难，业于世日电陈，谅邀鉴及。双方交绥以后，哈长路线北进日军及双城、阿城一带逆军，自上月感日起分路抵抗，截至卅一日，曾将日军三日（？）之众全部击溃，俘获颇多，日军行至老少沟及双城车站，经我护路军截击，受创更巨，旋即退却，迨至本月冬日，日军由长春增加长谷旅团，由多门指挥，节节进迫，我军五家站、三姓屯前进部队，迎头痛击，敌以铁甲车冲锋，我军遂固守顾乡屯，耗绥电台，上号一带。支日晨日军全部进攻，利用飞机唐克车猛力进逼，我联合军奋力抵御，血肉相搏，进退数次，双方伤亡甚巨，傍暮已将日军击退。入夜敌以少数扰乱，枪声彻夜不绝，微日晨敌复增加兵车三列，炮数门反攻，战况极激烈。至下午一时，我联合军终以转战经旬，伤亡盈千，兵力过疲，呼救无援，乃退守宾州，巴彦一带，与护路军同力合作，组织联合军司令部，整顿部属，再图规复。总之，为国牺牲，士皆所愿，成败利钝，亦所不计。区区衷忱，伏乞鉴察。吉林自卫军总司令李杜叩。庚印。

〔国民党政府行政院档案〕

4. 吉林省政府秘书长潘鹗年报告离吉到津经过暨关外待救情形致行政院呈

（1932年6月1日）

呈为具报离吉经过暨关外待救情形，仰祈钧鉴事：窃自上年九月二十一日日军侵入吉垣，立占军署暨其他营房，对于与军署毗连之省府，声明绝不占据，各要道均派日军站岗，而我警察之岗位如旧，似有不遽侵占行政之意，惟邮电被阻，交通梗塞而已。嗣后取消省府，改设长官公署，更易各厅处长、各机关首领，又拟有脱离中央之通电，经鹗年力拒而未发，教育各项，遂渐干涉，纯以军事行动威吓，无力制止，目击心伤，祇得洁身引去。因将经手事件交待清楚，并将秘书长小官印，封交监印处保存，于十一月二日，改装离省，避至哈埠，曾经电陈。

钧院暨张主席在案，续奉张主席电，令在宾县助设省府。搘拄数月，哈埠旋陷，省府被迭次飞机掷弹轰炸，其时辽省、黑省省府，均已取消，不得已遂无形解散，即变姓名避居松浦，日人籍产逼降，急走海参崴假道返国。途中跋涉经月，于五月十四日到津隐避。此个人离吉之事实也。就所见闻，日人得步进步，当非始原所及，皆为虎作伥者，有以致之。从前未与谈判交涉，亦坐失机会，今则三者全陷，别设所谓傀儡之满州国，竟实行其大陆政策矣。吉省自卫军，在东北一隅，人数约十余万，无饷无械，恃其爱国精神，糜血肉之躯，为争存之计，屡退屡进，百折不挠。日军在路线挺进，而路线两旁，仍为自卫军出没之地。平时以丛树与深山自蔽，饔飧不继，衣履不完，义愤一如其旧，可钦可佩，可泣可歌，倘不救援必归于尽。日方又将又期施于朝鲜之苛政，并日而施诸东省，于是人民日受敲剥，日被逮捕，动失自由，毫无保障。水深火热，声诉无门，以无辜之良民，罹沦胥之惨痛，吁救之切，若望云霓，凡此军民佥以为三省沦陷至此，若迟救一日，即深陷一层，必须以实力收复失地，仿彼方之战而不宣。无论成败利钝，届时国联当能出而调和，自可转入交涉之途，否则日方实行其大陆政策，俟三省悉归掌握，必觊觎关内。时机至迫，后患孔长，哀我孑遗，恐无噍类。在国联主张正谊，两次撤兵限期，已空言无补，各有掏牵，势不能出兵援助，自无庸候其解决。果能有何举动，不仅登俎游釜之三千万军民得庆再生，在新吉林军必多反正，辽黑当亦同然，声势必能一振，或于纾难而外，尚可增进国家地位也，综是刍荛之言，有无采择之处，仰维钧院筹策国是至周且备，对此当有具体办法，谨具陈乞酌。再叛国之徒，如何明令惩处，与国家威信攸关，职处秘书荣孟牧，自诩满族，闻组设伪国时，历有反对中华民国之演说与启事，见于其主办之吉林日报。今任伪国教育厅长，实属助纣为虐之一人，与其他被威势所逼暂时屈服者不同。该员原系职处人员，自应呈请汇案核办，合并陈明。除呈张主席外，谨呈

行政院长汪

吉林省政府秘书长潘鹦年

〔国民党政府行政院档案〕

5. 蒋介石关于代理东北军驻吉副司令李杜等条陈策动东北义勇军办法意见致行政院函件

（1933年8月　日）

国民政府军事委员会委员长南昌行营公函　政字第1091号

径启者：顷据代理东北军驻吉付司令李杜等呈策动东北义勇军意见各条。事关抗日举动，应由中央统筹兼顾，除指令俟与中央统筹办理外，相应抄录原书，函请贵院核议见复，以凭饬知为荷。此致，行政院。

附抄原意见书一件。

委员长　蒋中正

中华民国二十二年八月　　日

照录李杜、吴焕章、肖振瀛、傅汝霖等意见书

为密陈事：查九一八事变后，东北各省义勇军崛起与倭寇抗。一年以来，倭寇疲于奔命，物质经济上之损失极巨。迨黑龙江，吉林各军退出国境，倭寇得以西上攻略榆关，侵入热河，不数月而华北震动。本年春夏之秋，山林树叶封门，平原青纱幛起，潜伏各地之义勇军尤复乘时而动，吉林方面有自卫军旅长陈宗岱、后方司令张锡候，武术旅汝有才、张志超等三万人，业经收复饶河、虎林、宝清各县。上月报载，武藤调长城一带队伍，赴东省应付。盖倭寇对于正式作战，似有相当把握，对于各地义勇军则苦无良策。在此时期，正宜利用各省义军使之扰乱倭寇不得安定，对于伪国之建设无从着手，将来机会成熟，中央出兵可收内外策应之效，或待国际发生战事，参加讨敌，东北必有收复之一日也。惟查各地义军皆爱国健儿，不甘从贼，虽处境窘蹙，仍以死相拚，其志可嘉，其情可悯，若能予以援助，俾知中央未尝放弃东北，其奋斗之精神宜益振励矣。

兹将策动办法分述于后：

组织东北民众救国委员会，设于上海，用委员制，委员九人至十一人，中央派一、二人，辽吉黑热每省派二人。救国会以下设指挥部，四委员得兼任指挥部事务，用人从简。此种组织应极秘密，不须公布（对外完全系民众组织，不涉及中央）。

一、经费限于办公旅费，间谍，服装各项不支，薪俸以外，购买子弹费（就地收买伪国军队者）以充军实。每月用款若干，由委员会按照事实讨论定之。

一、各地义军联络员，由指挥部负责。如有与委员会直接办理一切事宜时，得由指挥部证明之，委员会按月可派遣干员，化装赴东北各地调查。

一、各地义军应服任务，即袭击敌人之大本营及各部队住所，

破坏交通，焚毁敌人粮秣厂、子弹库、飞机场种种扰乱行为。

一、长春伪国禁卫军、警察署，均有相当联络，如有接近机会，得将溥仪挟出。

一、嗣后民众捐款，可否由救国会集中办理。

谨呈

军事委员会委员长蒋

〔国民党政府行政院档案〕

6．朱庆澜关于义勇军冯占海部攻克吉林省城经过情形通电

（1932年9月21日）

〔衔略〕顷据冯占海部副司令林伟、参谋长夏云龙报称：据传达员乔振东到平西称：冯司令占海部于九月十三日拂晓攻克吉林省城，除击毙不计外，计俘获日官兵六百余名，伪长官熙洽逃走，现正追缉中等语，并嘱代达各方。当经复询乔振东无异，特此奉闻，朱庆澜叩。马乔。印。

〔国民党政府行政院档案〕

7．张殿九等拥护苏炳文为东北民众救国军总司令通电

（1932年9月30日）

南京中央党部、国民政府林主席、各院部、蒋委员长、北平张委员长钧鉴：各省政府、各省党部、各报馆、各军师旅团长、全国父老兄弟姊女、海外侨胞均鉴。顷致苏总司令一电，文曰：暴寇毒辣，肆虐经年，挟亡清之逊帝，施吞并之阴谋，焚杀淫掳，惨不忍闻，罗掘既穷，凶焰正炽。嗟我东北入人版图，三千万民众处于水深火热之中，凡属国人，宁能忍受。爰本东北民情，兼循将士公意，恭推我公为东北民众救国军总司令，并恳即日就职，指挥出师，吊民伐罪，涣汗大号，薄海同兴，遗大投艰，非公莫属。殿九等边防待罪，涕泣枕戈，窃以东北陆沉，用敢矢诚请

命，运筹决胜，聿建不拔之勋威；仗义兴师，应作同心之拥戴。凡我袍泽咸愿追随，各地义军，均归节制，军声雷动，扬黑水以涤羞；铙吹风雄、登白山而痛饮。返主权与祖国，慰父老于梓乡，挥涕陈词伏维垂鉴。张殿九、谢珂、金奎璧、朴炳珊、吴德林、王尔盅、孙麟、张玉珈、李振华、张竞渡、李海青、邓文、徐沉亮、张武、焦景彬、杨仁寿、高峻岭、钮玉庭、刘鸿宜、白喜禄、霍刚、陈海胜，沈鸿猷、李云桨、南廷芳、李天德、刘绍复、安云阁、赵景昆、贺圣达、陈韬、关阶平、董书鸿、许庆麟、郎国琛、王蓝田、张培绂、张凤梧、王丕承、李鸿瓶、包维新、叩艳等语。特电奉闻。卅印。

〔国民党政府行政院档案〕

8. 苏炳文、张殿九就任东北民众救国军副总司令职的通电

（1932年10月1日）

南京中央党部、国民政府林主席、各院部、蒋委员长、北平张付委员长钧鉴：各省政府、各省党部、各报馆、各军师旅团长、全国父老兄弟姊妹、海外侨胞均鉴：天祸中国，劫甚红羊，内乱未清、外侮骤至，遂致我东北三千万民众，惨遭蹂躏于暴寇铁蹄下，求死不得，偷生不能，处于水深火热之中，已达一载矣。凭恃武力，姿意贪暴，摧残民命，狠逾豺狼。攫取主权，行同魍魅，浪人散居，助纣为虐。暴军到处，村镇成墟，举凡满州开放之宣传，民众自决之假面具，早已不揭自破，暴露无余。顾人心未死，国未可亡，卧榻之旁，岂容鼾睡。文等待罪边陲，惨逢国难，苦心应付，寰土幸存。兹承民众付托之重，受将领推戴之殷，统领义师，共申天讨，捐躯报国，不惮牺牲，泣泪卧薪，经年饮恨，芒艾俱尽，欲忍何能，罄南山之竹，不足以载其奸，倾北海之流，不足以涤其暴。爰就其年来罪恶，为中外人士概陈之：夫国联公约，同盟共守，和平保障，举世同心，凡隶盟约之

国家，尤有遵重之义务。追想客岁九一八，暴寇以莫须有之事，出无名之师，乘我天灾，陡起构衅，炮击我兵营，驱逐我军警，逮捕我官吏，占据我沈阳，惨杀我学生，掳掠我财产，利用我蟊贼，追组伪政府，驯至我三省之名城重镇，同陷于暴寇旗帜下，公约已破，公理何存，犹复强言自饰，谓无占我领土之野心，以蒙蔽世界人之耳目，事实俱在，谁复听信。此犹仅据东北一隅而言。上海为我国第一商埠，与满州何干，乃举全国兵力，以摧残之，使商务繁盛之区，化为焦土，损失之巨，至骇观听。不宣而战，实开恶例，虽工粉饰，难掩世人。破坏公约，实居戎首，稍具常识，皆所公认。近更以武力压迫我爱国健儿，无日不战，无时不杀，俘者活埋，死者肢解，其惨酷有不忍言者。此暴寇破坏公约为世公敌者一。制造伪国，权属于日人，饰言民决，设施皆系庖代，木偶戏剧，有目共睹，且伪国官吏有不由压迫而来者乎？民意有一民众自愿者乎？奉、吉、长春在暴力威逼下姑不具论，即以江省言之，省府重要各厅皆由日人长之，其他要津，悉委浪人。政令不经批准，永无施行之日，财政不经签字，难望动用分文。而特务机关长复绾军政权而操纵之，江省远在边徼，原为暴寇消极试进之区，其攫夺情况将复如此，长春、奉、吉不问可知。是关东军部不啻为伪国之太上皇，而特务机关已成一省之主人翁，伪国官吏，一马寒蝉，无敢发言。论政者以事实证之，东北舆图已无形变色矣，何有于伪国，更何待于承认。国联调查团莅满调查个中真象，闻见最悉，事实昭然，足资铁证。今复以民众自决，共存共荣揭于世，亦见其欺人自欺耳。此假名伪国实行侵略者又一。国家大地，首重道德，绥辑人心，尤资信义。自东北沦陷以来，公帑已空，遂及私产，凡夙称素封之户，皆罪成不赦之人，供应即穷，取携难餍，饿豺之喙一尺，黔狐之幻百方，事必馈遗，人方良善，货贿不至，灾害丛生。一宪兵耳，积资巨万，整诈之富，触目惊心，毒逾蛇蝎，行同盗贼，信义道德，荡然无存，必欲置我东北三千万民众于死地而后快，世界惨毒事尚有过于此者乎？人生痛心事尚有逾于此者乎？此暴寇朘我脂膏，肆彼凶残者又一。人道主义，中外所崇，见厄则矜，今昔同继，国非化外，宁独不然，而暴寇则残酷性成，炮焚心辣，笞榜凄楚，视人命若鸿毛，呼号满室，置是非于不问，故入人罪，每乱黑白，知识阶级被祸尤烈，视金钱之多寡，定罪过之有无，秦狱非残，赵坑可恕，官吏既尽，旋及编氓，军士悉歼，并搜鸡犬，血肉縻于水草，髑髅积如邱山，桀纣之酷不足奇，轩燧以来无此惨，人神共愤，举世同悲，凡我边民，已无噍类。更复授意伪国，以王道相号召，以开放为钓饵，心劳日拙，鼯鼠技穷，适形其诗张为幻之丑耳，此暴寇惨无人道，荼毒生灵者又一。综此四端，已置东北于万劫不复之地，其他残暴，不忍卒陈。现复违反公约，不顾一切，公然于九月十五日承认伪国。呜呼，皮之不存，毛将焉傅、复巢之祸，瞬届周年，苟有人心，宁能忍此。文等不敏，热血满腔，一息尚存，敢忘奋斗，兹则承认公傅，忍无可忍，爰本东北三千万民众及各将领之拥戴，于十月一日就任东北民众救国军总付司令职，并联络奉、吉、黑各义勇军及被迫附逆、情非得已之各军将士，克日会师，共扫妖孽，就民心所趋向，以正义为依旧，搏国际之同情，维公约于不堕，务使我东北三千万民众之真正心理，大白于环球，消灭伪国，铲除汉奸，揭破暴寇鬼蜮之伎俩，恢复中国固有之土地，家亡国破，早决原轸之心，力尽势穷，必洗李陵之耻，灭国灭种，泽吻磨牙，彼汉奸之取麟，沫国士之前车，殷鉴非遥，噬脐奚补。所愿我东北子弟，袍泽故人，敌忾同仇，共纾国难，乡居者锄耰皆兵，胁从者毅然归汉，复我国土，还我山河，凭黄帝之威灵，存正气于两大，成败利钝，非所顾及，浑泪陈词，诸希公鉴。东北民众救国军总司令苏炳文，付司令张殿九，总参谋长谢珂，付参谋长金奎壁，旅长朴炳珊、吴德林，张玉珽、李振华，张克渡，总指挥李海青，邓文，司令王尔瞿，张希武，金朘哑、焦景彬，沈鸿猷、陈海胜、李宏顾叩。东印。

〔国民党政府行政院档案〕

9. 何遂报告宫长海部联合进攻吉林省城及磐石等县战况代电

（1932年10月18日）

南京外交部刘次长转陈罗部长勋鉴：吉林情况据前方来人报告如左：一、八月十二日宫长海一部联络殿臣分担进攻省城，宫部担负东、北两面，殿臣担负西、南两面，惟西南实行进攻，到达西关东面，北面则未进展，即退。二、八月初十日，磐石、伊通、双阳三县，均被殿臣部相次攻下。朱旅长、赵营长均系熙洽同宗，逃至途次，被殿臣部掳去，要求条件过重，于是日兵大增，逼迫投降，现无结果。伊通张县长逃往长春报告，被日人之收押，闻有枪毙之说。三、吉林各处义军埋头工作，半年有奇，每盼政府出兵收复失地，近则不闻表示，大有弹尽援绝土崩瓦解之势，如不乘时实地宣慰，设法援助，诚恐人心不固，倘被伪国利用机会收编各队，唤〔涣〕散义军团体，最可虑也等语，谨闻。何遂叩。巧借印。

〔国民政府行政院档案〕

10. 何遂转报张光华部攻占伊通县城等情代电

（1932年10月20日）

南京外交部刘次长转陈、罗部长勋鉴：可密。据张光华报告该部工作情形，摘请鉴核。九月二十日攻陷伊通县城，先是由大队长占喜山率部队七百余人于月之十三日围攻伊通县城，前后包围七日，至是该县长率警察反正，县城遂陷。是役毙敌二十七人，日参事一名，计夺大枪五十余支，我方死队长一名，兵上十余人。九月二十一日攻陷郑家屯，职部与义勇军于乐川司令会同进攻，计我军八百十人，于军一千余人，于本日晨三时许攻破郑街，进占县署，并焚毁车站及日商号多处。是役大获全胜，毙敌五十一人，得大枪二十八枝，小枪四支，钢炮二尊，惟于司令被其部下首领老勃勒（蒙人）所卖，闻该勃勒得日金票一千元，率部降敌云。九月二十六日在公主岭与敌应战，占喜山率部攻陷伊通后，归途公主岭迤北十里地方，与敌军相遇，交锋后计毙敌六十余名，夺获大枪四十八支，是役大破敌军之胆。十月二日在防地半拉山门应战，职部在四平街南十里半拉山门屯驻七百余人，突于是日晨有大批敌军来袭，职部当即应战，结果毙敌二十余名，获得大枪四支，我方损失亦颇重，激战二小时后，敌军大败而逃。十月四日攻陷郭家店，此役原拟陷郭家店直抵四平街，不料攻入郭家店后，旋有日本大批援军来袭，故未得陷四平街，职部基本部伍三千五百余人，现在全集中四平街郭家店附近与日军应战，结果如何尚未得知。等语。谨闻。何遂叩。号。

〔国民政府行政院档案〕

11．丁超等转报所部攻占桦川情形电

（1932年10月26日）

南京电台：△密。速转国民政府钧鉴：据吉林联合军武术旅旅长江有综报称：于十月十五日，带队进攻桦川县，当将该县完全占领，阵毙敌军百余名，我军伤亡多名，并获得山炮两门，炮弹百余发，步枪百架，轻机关枪一架，子弹万余粒，骑马百余匹等情。除仍饬该旅相机攻尾外，谨此电闻。吉林联合军总司令丁超、李杜叩。艳印。

〔国民政府行政院档案〕

12. 何遂转报王德林部截击敌军攻克宁安城等情的代电

（1932年11月2日）

南京外交部刘次长转陈罗部长勋鉴：兹据救国军司令王德林代表梁无善呈报李老称：据通信员刘义臣由前方返平报告，于月前二十九日日军由珲春开往宁安，六百余车（马车）给养、火药等，我军乘天未明之际，令吴司令义成率部将敌车截三段，击毙日护车军四百余名，我军死伤十余名，截获给养车四百余辆，机关枪四十余架，大盖枪三百余枝，子弹十万余发，迫击炮五门，弹二百余发。我军即以此项军器进攻东京城镇，于初三日攻下。此役血战，我军死伤五十余人，敌军死百余人。初八日孔司令宪荣攻宁安城未克。初十日，适日汽油车二十一列过沙拉河子站以西，被我军利用弹击，使其汽油燃着，火光冲天，卒将该路完全破坏，所有日给养车三列，木车十五列，亦被焚毁净尽，统计此役共毁四十余列车，计火车头一个致日援军不能接济，我军乘机于十六日拂晓，孔司令率万余人攻克宁安城，敌军死百余名，二次我军死百余名，于十月初九日至东宁县参观王司令所设之兵工厂，厂长于俊卿，现下厂内共有工人二百零五人，又设有被服厂，现下有工人五十余名，因财政窘困，难以发展。目下吉敦路适在吃紧，该路乃吉省咽喉要衢，王司令虽竭力抵抗，惟子弹缺乏，争盼接济等语，据此，理合将据报缘由转呈鉴核。何遂叩，冬印。

〔国民党政府行政院档案〕

13. 何遂转报苏炳文誓师后与日军作战情形抄电

（1932年11月24日）

13661抄电

密。请转各机关。顷据海拉尔苏司令炳文电称：朱将军译转苏宅。善密。父亲大人钧鉴：巧电敬悉京平代表以养吾善甫二君担任，最为适当，拟即分电各方，以利进行。自誓师以来，迭次激战，敌人陆空并举，武器虽优而我军将士勇猛，前仆后继，大寒敌胆，称为铁军，东北事变以来未曾遭遇之劲敌也。库勒站一役，毙敌高级官一员，伤亡官兵四、五百人，生还者仅二百余人，儿决以身许国，奋斗到底。现在中外人士交相称誉，国际空气甚好，祗求与国有利，成败非所计及。日方全权代表飞赴俄境，屡电求和，概置未理，亦足见对我军之重视与关系之重要矣。平寓蒙朱、何二公照拂，可以维持生活，儿为民族荣辱及争东北存亡而奋斗，捐躯殉职甘之如饴，国人贤明必不令家族有冻馁之忧也。此间经济物质极感缺乏，官兵三月余不得一饷，士气民心甚为壮盛，诚所谓置之死地而后生也。有何示谕，托朱将军电台转达为祷。儿炳文叩。个印等语。谨闻。何遂叩，敬乔印。

〔国民党政府行政院档案〕

14．关于马占山拟联合义勇军各部向黑龙江省城进攻计划及冯占海部在榆树一带与敌伪接触情形的通报

（1932年12月3日）

通报 十二月三日于辽吉黑民众后援会指导组

一、据马主席所部旅长霍刚来平报称：在明水拜泉三道镇战况如下：马主席原拟联合各军，于十二月一日实行下列之计划向龙江省城进攻。1．由苏炳文、张殿九统率所部向海拉尔东进。2．由邓文之骑兵旅担任掩护濮大同所部沿齐克线西进。3．才鸿猷部扰乱呼海路牵制哈尔滨之敌。4．李海青军同张希武军扰乱中东路之哈昂线、洮昂线。5．张竞渡步兵旅协同南庭芳之骑兵旅，由讷海县沿拉哈站向卜魁省城进攻。6．梁振铎由拜泉西进省城，联络完妥，因服装、子弹缺乏，正在整顿之际，乃被伪国侦知，即由辽宁调来日军黑田骑兵联队，茂木步兵旅团，另一

步炮混合旅团，唐克车十一辆，装甲车二十一辆及飞机等由洮昂呼海各线推进。十一月十六日，一路由黑山县向拜泉攻击；一路由中东路甜草冈向青冈、明水方面进攻；一路由海伦县向三道镇进攻拜泉之东。我军乃开始与敌军接触，激战三昼夜，因被敌优势兵力压迫，乃于十九上午退出拜泉、明水、青冈一带。云再霍旅长此次代表马主席来平，乃因所部各军子弹给养均非常缺乏，请求接济云。

据冯占海代表庞泰峰报称：冯部张纯玺旅（由卫队团所扩充者），由勃利县冯寿宾、珠河、榆树一带推进，拟进攻吉长，沿途屡与逆军接触，均将之击退。及行经扶余县，又与敌军尹杰所部接触，激战两昼夜，因被敌优势火力压迫及我方弹药将罄，迫不得已，乃退至扶余县长春岭一带固守，刻下各处义军纷来加入，故张部人数已增至七八千，但子弹、给养、棉衣等均极缺乏，故来平请求接济云。

〔国民政府行政院档案〕

15．军委会北平分会转报黑省克山、拜泉一带军事情形致行政院等密电

（1932年12月5日）

南京国民政府、军事委员会钧鉴：行政院、军事部、外交部勋鉴：心密，顷据江省马主席养电内开：据南军长廷方巧电报称：职军现均集中德都，待机进展。克山之敌，于寒日由坏路增骑兵五百余人，窥其行动有扰乱我军之意，兹已饬属严防。并据密探由拜泉归来报称：邓军长率部万余人，已至拜泉，并有红枪会三千余人，屯驻于克山南部一带，军威甚壮，刻拟会同攻击克山、泰安之敌。等情。复据旅长温明德马电称：据探报，本月筱日在克山、南州、五里郑家店处，有敌军三百五十余名赴拜泉，早为邓军长文德悉，在该处设卡，将敌悉数歼灭。近日克山敌人不敢出城示

威。各等情。据此。除饬各部仍努力继续奋斗外，谨电禀闻，等情，除覆电嘉慰外，谨电奉闻。北平军委分会叩。微令，战。印。

〔国民政府行政院档案〕

16. 军委会北平分会转报丁超李杜所部在松花江沿岸与敌作战情形密电

（1932年12月5日）

南京国民政府军事委员会钧鉴：行政院、军政部、外交部勋鉴：众密。顷据丁超，李杜两司令皓电内开：兹将本月战况报告如下：（一）我第四路军陈旅长宋岱，武术队旅长李溥霖于本月齐日率部进攻依兰，敌由佳木斯方面增援，被我王旅长及汪团，在太平川红僵利地方截击，激战三昼夜，敌势不支，始向佳木斯方面溃退，计击毙日军百余名、逆军三百余人，得获山炮两门，机枪十余挺，步枪四百余支，依兰敌势穷蹙，已被我孙、赫各团占领；（二）我驻宝清曹焕章支队复于微日再攻桦川，敌人恃隧抗拒，围攻两昼夜，敌我伤亡甚众，号晚我武术队乘夜进袭，攻破敌之防线二道，肉搏登城，战斗极为激烈，计毙日敌百余名，逆军两团全数溃败，余向富锦撤退；（三）沿江一带桦川，依兰已被我军克服，残余之敌，尽数撤归佳木斯，富锦两处，以作困守之计，现正分饬各路乘机进攻；（四）我右路杨总指挥（？）耀钧所部之李福亭军，于元旦将珠河克复，击毙敌人甚众，残余之敌日军三百余名，向一面坡撤退，延寿已经我廿六旅之一部，连合武术队将该县完全收复，境内已无敌踪，拟于最短期间，肃清东路沿县之敌，除此后情况随时续报外，谨电奉阅。等情。除覆电嘉慰外，谨此奉闻。北平军委分会叩，微。令战印。

〔国民政府行政院档案〕

17. 李忠义报告转战吉黑情形恳请救济电

（1932年12月22日）

南京林主席转各部院、会钧鉴：忠义抗日期年，转战吉、黑，规复扶余、安达、昂昂溪等地，孤军奋斗，心苦力竭、舆论咸知。刻下苏军新创，义师疲敝，饷尽弹绝，衣履无着，伏念三中全会既通过援助义军提案，对此孑遗应作如何救济，庶不致被敌军各个击破。忠义一息尚存，决心奋斗到底。和泪电陈，伏惟矜鉴。李忠义原名海青率全体士兵同叩养。

〔国民党政府行政院档案〕

18. 吉林民众自卫军第一路指挥官栗宝林关于收编逆军抵抗敌寇及宣抚满蒙办法等情的密呈

（1933年2月4日）

为密陈收抚逆军，并抵抗倭奴满蒙政策办法，谨请钧座鉴核示遵以资收回失地而雪国耻事：窃查民国二十年九一八东省市变，皆因当权者失慎，致反对张派之军阀背叛祖国，反助暴日为虐，侵占我土地兵器，炸毁我民房公产，苛收我赋税，惨杀我民众，强奸我妇女，种种兽形，不胜枚举。宝林素怀保国卫民之志，至二十一年旧历年关，值丁超、李杜二司令督饬部队联军抗日，攻击哈尔滨，我势不支，退却吉属宾县方正一带编练队伍，宝林家居黑省通河县与方正系一江之隔，当时虽尚安谧，但亦难免失于玉碎之中，遂在通河招收同志以及热心救国者，计有三营，带投吉林暂编陆军骑兵第四旅，蒙姚旅长秉乾编为骑兵第九团，委宝林为团长，正操练间，吉属宾县珠河发现敌踪，我军连攻两次势力不支，与丁李二部一并退却依兰一带。至四月底，复又整顿队伍，直往西攻，而东省铁路、松花江航路沿站各县，均已失守。宝林随旅行军，至五常县时，姚旅长兼第三路总指挥，宝林视民痛苦，已达万状，惟以五常为最甚，请奉姚总指挥恢复五常县治，方是时也。冯、宫、姚各旅长崇信巫术，编练红枪会，即与庚子之乱义和团名实相同，并招降胡匪二十余旅，每旅千人者有之，三、五百人者有之，均系不学无术对于民众烧杀奸抢，无恶不至，似彼乌合之众，焉能负救国之任哉。宝林目击时艰，只得另筹抗日办法，复又招收各县潜藏之民团，编为二旅一支队，正编练间，适朱总监霁青委派哈尔滨工作团团长杨金源与郎旅长运昌等，每人带领一旅一支队在双城县地方，宝林考其宗旨相同，故与伊合编，一致定名为吉林民众自卫军，公推宝林为第一旅旅长兼第一路指挥官，郎运昌为第二旅旅长兼第二路指挥官，汤金源为第三旅旅长兼第三路指挥官，所有总指挥或总司令拟请

国府特派军事经验宏富人员任之，以资实作。我军编讫，将士等公推宝林随同冯军由漠北草道星夜来京，胪陈意见，兹将其一一录之于下。

一、哈尔滨为全国咽喉宜注意也。查东省为我国最富之区，而以哈尔滨为枢纽，又为全国出入咽喉，水路有松花江，航路至鞑靼海峡或海参崴，旱路有东省铁路，俱可交通世界，极宜设法收回，勿再任其沦落。如哈埠收回，吉黑二省均在掌握矣。此其一。

二、收抚逆军，节省军力，冀早日克复失地也。查东北逆军首领，均唱反对张派之高调，至省县国民党员及大学毕业生，均被倭奴及兵匪、红枪会等烧杀奸抢之压迫不敢出首，而不学无术，烧杀奸抢之救国军，已失民众信任，凡有政事，非任用贤才，不克成功，我政府若能特派总司令前往收抚，均能来降，化归一系，详加整理，自可转莠为良，一致对外，不难一举成功。自此军权集于中央，庶免第二次恶军阀发现，否则兵端尤甚。此其二。

三、欲抵抗倭奴侵蒙政策，宜由治蒙入手也。查内外蒙古，在伪满洲国俱有代表，传闻各王府办公人员，对于衣帽礼节，俱用

满制。若不及早宣抚，防患未然，恐酿成巨祸，不可收拾。推原其故，不特蒙人心里守旧，且蒙边省份，放荒收税，愈展愈北，对于蒙民生计毫无计划，蒙王亦成一蒙民大家而已。宣抚之法，以蒙人好荣贵，则重封爵位，权宜一时，组织联旗自治，设立学校，由京分发教师，自教育根本入手，禁止其驰马、摔交，去其勇势，对于蒙民生计，亦筹划相当办法，此乃德服胜于力服也。又查蒙民强悍，及其骑射，为祸难平，自古为然，宜在蒙边另练制蒙陆军，亦由中央派员，故军权亦在中央，考之热河军第九旅崔旅长，熟悉蒙情，当能剿击蒙乱，至于蒙疆吉黑宣抚使，宜以总司令兼任之，宝林学疏才浅，言微人轻，愿尽义务担任副使，不过熟悉前项情形以供宣抚使之驱策而资隆重耳。此其三。

四、搜求贤才赴东北工作也。查我军虽无飞机，可夺日机，东北救国军倘或夺得日机，因无驾驶员则必付之一炬。欲克服哈埠，宜编便衣队，禁止红枪会，改编武术队，多聘飞机驾驶员，随同入哈。乘我军各路攻击，则先夺飞机场，即便开驶应用。又查我国接近苏俄，动辄交涉，宜派一相当交涉员，以备遇事交涉。至参谋部分及团附官等，宜由内省招聘，因东北军界人才多在逆军内故也。此其四。

五、赏罚分明以资鼓励也。查东北救国军多系奸抢宗旨，对于赏罚，尚无关系。凡吾人无论身分高低，一为名誉，二为生计，罚分重轻或以军法从事外，惟有功人员好利者以财赏，好名者随时提出保案。至阵亡将士则恤其眷属，对于生活，政府完全担任；对其子弟，则须教养成人，似此救国者不难辈出也。且宜在内省某县租赁军官住宅，凡属军长、旅长、团营长眷属，均得送此居住，因在暴日权下，关外不敢居住，携带又恐误军事，再者有其眷属作质，自然不能背叛，担任司令官者，庶免防虑也。此其五。

综上五条，均为抵抗倭奴侵我满蒙之要策，是否有当，冒昧直陈，惟有恳请钧座迅予示办，不特为东北三千万民众感戴，亦为全国之幸。谨呈

行政院

吉黑二省民众代表人

吉林民众自卫军第一路指挥官　栗宝林

中华民国二十二年二月四日

〔国民党政府行政院档案〕

（二）辽宁义勇军战况

1.东北民众反日救国会陈述东北民众义勇军抗日情形并请协助械弹致国民政府等电

（1932年1月15日）

南京中央党部暨国民政府钧鉴：东北沦亡，瞬将四月，政府党部空呼死守，领袖、长官高说抵抗，而真舍身杀贼流血酣战于冰天雪地中者，惟我东北民众义勇军耳。当兹官逃军退之际，我民众仍手持白刃，狂呼杀贼。守锦西，夺断〔新〕民，鏖战大虎山，袭击田家台，袭断凌河之水，血染闾山之阳，声威所震，倭贼胆寒，战绩传闻，中外报纸竞相登载，我全国父老、兄弟姊妹，党政军各长官，谁能无睹！今我民众义勇军所急切呼救者，惟弹与械耳，我辈舍身杀贼，生死久已置之度外，无需于钱，更何于饷，所望不抵抗之军，主战之官，尽力协我械弹，其间接有助于义勇军有□□国家者，正自不甚少。迫切呼吁，无任徬徨。东北民众反日救国会叩。删。

〔国民党政府行政院档案〕

2.东北民众抗日救国军第十六路司令祖跃时等报告在锦西等地与日寇作战经过並请接济粮弹呈

（1932年4月）

呈为报告事：窃职于去岁旧历八月初八日，辽宁事变，省城失守后，复于十二日纠合同志祖跃时等上呈意见书以及条陈，当蒙准予所请，复饬辽宁警务处发委，当委任祖跃时为义勇军第十六路司令，委职为副司令。现又蒙北平抗日救国会，改委东北民众救国义勇军第十六路副司令，自原先接委任后，由辽西着手收编警甲、民团，以及英雄豪杰，奋志而起，应声愿编成军队者，刻下实收有二万余人，均是自带枪马。收编而后，于去年古历十一月二十日间，在田庄台与倭奴接仗三昼夜，当击毙日兵二十七人。于二十五日，又在盘山县与倭奴接仗，正在血战中，不料锦州辽宁省政府以及警务处等，暗中全行撤退山海关里，置之义勇军死地而不顾，弹药缺乏，屡乞无援，横尸遍野，令人悽惨。职目睹时局，伤心惨目，未敢恋战，复将全路队伍，督带绕道锦西县入关，仍请弹药，图杀日军而复东省国土。孰意于古历十一月二十九日，全队行至锦西县东钱搭屯岭，又遇日军三十三〔人〕，由锦西返锦州，当开枪射击，悉数枪决（山间中道路），时获手提式机枪一架，三八式枪二十五枝。复又督队前进，走至锦西县北地碾子以及龙王庙子等村，又与日军接仗，于旧十二月初二、三等日，共击毙日军七十五名，内有日旅长一名古贺川三郎，得获手提式枪二架，三八式枪五十余枝。仍复督队包围锦西县城，共血战六日，于初九日将日军击退出锦西，我军进占，当检点我军伤亡者二十一名，于今旧正月十四日酉时，由锦西城，仍督全队出发进关，请补助弹药，进攻倭奴，而雪国耻。不意走至锦西县西心台门地方，又遇日军接仗一日，惟此弹药缺乏，未敢久拒，复将全队仍退回锦西以及热河界等处暂住。职特带随员七名，赴北平抗日救国会请领弹药给养，惟救国会弹药一粒无有，财政更无，北平绥靖公署张，更无所措手。职视此状况，无可如何，特与南京青年铁血团团员赵振清等，及南京驱日敢死队队附董云龙诸同志等，同赴京城，向国府请补充弹药给养费，好便携回分发各队，进攻倭奴，不意登乘轮船，由塘沽行至烟台，偶染时疾，刻未得前往，时在烟衔休养，一面向二十一师刘师长接洽，请援弹药给养费，能否有效，未可定论，刻正在交涉之中。俟职残疾稍愈，仍然带员前往请援，代陈东北详情，可否允准前往，抑或国府派员解送弹药以及给养，俾免职等往返徒劳，尚请唯命是听。如果照发弹药给养费若干，解送前方，我数万众儿郎，勇跃争先，与日军决战，古语云：国家兴亡，匹夫有责，职任为战场鬼，不为亡国奴，宁为玉碎，不为瓦全。现职处确有人数枪马齐备者二万五千余名，时驻锦西，热河界等处。再职路办公处：锦西暖池塘北天齐沟慈善会，现天津法界教堂街慧果里门牌三十三号祖跃时司令公馆。务恳

林主席

蒋委员长　鉴核施行。

汪院长

东北民众抗日救国军　司令　祖跃时

副司令　石凌阁

中华民国二十一年四月

〔国民党政府行政院档案〕

3.东北民众救国义勇军第十六路副司令石凌阁等关于在锦西一带与日寇作战经过情形致行政院报告

（1932年7月2日）

为报告事：窃职编义勇军以来，已编成两万余人，内有骑兵七千余人，步兵万二千余名。逐日督剿倭奴恢复失地起见，于前在黑山北镇沟邦子等处起义，与日军开仗十数次。计在北宁路打虎山、高山子等车站反攻两次，检点我军阵亡参谋处长赵秉卫一员，士兵十名，负伤二十一名。随至沟邦子车站又攻敌军一夜，是役我军人员负伤二名，惟子弹无几，未敢久战。职等复率全队，本拟投往北平张主任以及救国会，请充补子弹、给养、医药，以助军锐，再与日军决战，不意绕至锦西县界，又遇日军，当向抗拒，始而战退，彼时因交通不便，未得遂时详报在案。今将与日军作战经过情形，特报原尾，仰祈鉴核备

案讵因锦西县山道崎岖，马难进行，复将骑兵派回黑山等处工作，讨杀日军，职等仍督率步兵万二千余名，于古历十一月三十日正西进之际，行至锦西县东线搭屯岭地方，忽遇日军出动，当开火痛击，时毙日军三十三名，得获机关枪一架，手提式枪一枝，三八式枪二十六枝，我军人员阵亡六名，负伤九十一名。是役检点完竣，于十二月二日仍督率原队前进，复进至锦西县北地碾子屯以及龙王庙子等处，又遇日军阻道射击，不令前往，当际血战数昼夜，日军始而退却。是役检点击毙日兵六十五名，得获手提式枪两枝，机关枪二架，三八式枪三十五枝，我军人员阵亡二十一名，负伤五十七名，计血战六日，于九号攻开锦西县城，当击毙日旅长名古贺川三郎一员，余者日兵三百多名，当际撤退锦州。惟锦西县当被我军克复占据，是役至县城，检点我军又负伤一百二十名，阵亡七十五名，该日军临退沿途粘贴标语，曰：锦西县改名叫野狼沟，钱搭屯岭改名叫扒皮岭，日军特用飞机撒掷报单，上注锦西县居民，勿须惊慌，本军永不再来，锦西一带甘让归我军占据等情。职等克服锦西县后，除去留守该县职路第七团团长刘春起外，余者全队督率前进，于古历十二月二十五日路逾锦西县南后干家峪，被亲日之联庄会首领魏连壁等，率领会丁千二百人堵道，持枪射击，不令前进，我军未向抗拒，复将全队退回锦西县等处，暂为休息。于今二十一年旧正月十四日，又集合全队，由锦西县街西时督率仍行出发，前往兴绥等县，一为讨杀倭奴，一请领子弹、医药、给养。行至锦西县西下边地方，以及夹山平顶等处村屯，于十五日早八点又被该处联庄会，在山口中堵道，持枪射击，阻我军前进，当将职路第四团士兵张玉凤一名被击而亡，当未向该村会抵抗，恐伤我军人数，败坏军誉，职等仍将全队带回锦西县街等处散驻。职路为子弹、给养缺乏已极，官兵负伤，医药更无，不然早已大展前进。刻将全队重编整齐，仍然陆续出动前进，忽于古历二月二十日被亲日会首魏连壁、王玉堂、郭宝一等勾领日军三百余名，夜间十二点突至锦西。将县城包围，先以炮轰击，机关枪扫射，职等当将全队督退锦西北热河搭子沟处散开，向倭奴抵抗，当击毙倭奴十三名，始行退回锦州。是役我军人员阵亡二名，负伤九名，职等仍将全队暂驻锦西热河等处休养。于旧三月十八日又率队前进，始至连山车站，西大王屯等处，该日军堵道阻我前往，当向抵抗，因子弹无几，未得进展，复将全队退在锦州大道西一带暂驻，专候请领子弹、给养、医药，以救急需，而便及攻，以复国土，是所盼也。至职等愿作战场鬼，不为亡国奴，宁为玉碎，不为瓦全，谅院长仁慈，素著爱国热忱，亦决不能不指示方针。理合具草报告。谨呈行政院院长汪。

以上所述报，如有一句虚者，甘愿枪决之罪。

救国义勇军第十六路副司令　石凌阁

军需处长　陈景良

中华民国二十一年七月二日

〔国民党政府行政院档案〕

4.辽东民众自卫军总司令唐聚五等报告在柳河等十四县抗日经过情形并请求应援的通电

（1932年7月14日）

南京中央党部，国民政府林主席，行政院汪院长，军事委员会蒋委员长，各院部，各绥靖主任，上海孙哲生先生，香港胡汉民先生，南京李任潮先生钧鉴：各省市政府，各省市党部，各民众团体，各报馆，并传全国父老兄弟诸姑姊妹均鉴：上海华侨救国经济委员会，广肇公所，各团体救国联合会公鉴：邦国不幸，倭奴入寇，窃卷我土地，屠戮我人民，胁迫汉奸成立伪国，种种暴行，罄竹难书。聚五等痛河山之破碎，悲同胞之流亡，椎心泣血，誓死捍患，潜在辽东联络同志数月之间，从者如云，遂于四月马日刺血誓师，挥泪陈词，同时高揭义旗者十有四县，军民一致，共赋同仇，明知众寡不敌，强弱悬殊，但为国家争生存，为民族争人格，任何牺牲，均所不计。二、三月来，在柳河、临江等处，大小不下数十战，陈兵相薄，拔帜争登，惟赤血之所表，蹈白刃而不辞，士气旺盛，倭奴胆寒。惟一军孤悬，饷弹两缺，虽有三路直捣沈阳之企图，痛未克如期实现，清夜扪心，深滋愧赧。今当青纱幛起，草莽丛生，正倭奴与我争最后之机，彼乃增调精锐三师，对我压迫益剧，旷日持久，恐终不免为敌所乘。聚五等以身许国，久置生死于度外，所不容恝置者，惟我辽东十四县之苦同胞耳，言念及此，无泪可挥。要之存辽东，即所以存东北，救东北，即所以救中国，时势急矣，间不易缓，所望全国同胞，共鉴艰危，急起应援，庶几数月之功，不至废于一旦，临电迫切，无任主臣。辽东民众自卫军总司令唐聚五率黄宇宙、王育挂、张维东、莫若愚、张宋周、唐玉振、林振清、常永安、邓锵、梅杏、春润、孙秀岩、徐达三、屋同林、郭景珊、王桐轩、文殿甲、郑御凰、谭广海、孙耕九、暨全体将士同叩。寒。叩。

〔国民党政府行政院档案〕

5.东北民众义勇军第四路副指挥郑桂林报告在辽西抗敌经过并请援助呈

（1932年8月22日）

呈为历陈组织民众抗日救国义勇军经过，及工作困难状况，恳求俯予实力援助，仰祈鉴核示遵事：窃自去岁九一八东北沦陷后，桂林以一介武夫，感国势之蜩螗，痛时局之颠危，将见神州陆沉，版图变色，四亿同胞陷于万劫不复之地，故不揣愚庸，思以一木之撑，即纠合同志，在辽西组织民众抗日救国义勇军。旋因锦州失陷，退兴绥一带，继续工作。虽几费周折，饱经困苦，而兵不满千，械不足百，实自守不足，遑论杀敌，桂林万不得已，即毁家购械，鼓励士气，作孤注之一掷，向锦、榆沿线各站之敌，施行夜击多次，桂林个人则身先士卒，以刀石棍枝肉搏于枪林弹雨之下。幸上托钧座德威，下赖部属奋不顾身，愈战愈勇，屡战屡捷，杀敌无数，获战利品尤多，本路始告成立。嗣后敌方利用傅仪为傀儡之组织，以欺骗国联而压迫民众，在民间稍有知识者，莫不毁家纾难，相率来归，共同奋斗，故义旗高举，到处响应。桂林并于国联出关调查之际，代表民众发表宣言，誓死不承认伪国之成立。一面积极向敌之根据要地施行攻击，如兴绥、锦西、连山、葫芦岛等地，被收复者多次，每因械弹不足，后援无继，致随得随失。虽有东北民众抗日救国会及海外侨胞，对弹药上予以补助，无如杯水车薪，无济于事。总计本路成立迄今，凡八阅月，与敌交锋者不下百余次，毙敌千数以上，获得战利品步枪二千余支，虽一城未复，而勇敢善战之威，深足慑敌之胆。致敌人虽有坚甲利兵，未敢离铁道寸步，仅以飞机炸弹向我民众威吓而已。况桂林所部散伏锦、榆、朝、绥各线附近，敌之全盘鲸吞热河，席卷平津计略，未克实现者，诚恐本军之袭其后也。以上各情，随时经新闻发表，谅在钧座洞鉴之中，而桂林亦可勉告无罪于国人。惟辽西值水灾之余，原气未复，疮痍满目，本军仓猝成立，所有官兵率多出自田间，均能吃苦耐劳，自工作以来，衣仅敝体，食则丐自民间，虽乐于供输，无如仓廪已空，且日军到处大肆焚毁，垢里为墟，逃亡殆尽，荒凉不堪入目，每有官兵宁受饿而不忍食者，甚至工作数日，米粒未咽与饿于道途者，不知凡几。至械弹除由官兵参加之初自行携带外，大多取资于敌，以及救国会零星之接济，凡屡战未克及复地难守者，以弹药不继为重要原因，虽本军工作至今，人数达二万三千余名，枪有一万五千余支，值秋凉已届，青纱将撤，如再因循，亡国之惨，迫于眉睫。用是不揣冒昧，兹派参谋长王友梅，少将总参议谢骏趋谒钧座，报告经过及困难详细情形，万恳俯察愚衷，对本军予以经济、器械、服装、给养上之补助。此后桂林及全体官兵，有生之日，悉出钧座之赐也，纵肝脑涂地，誓死抗日，方不负政府期望之殷，与民众爱戴之诚。所有历陈组织经过及恳请援助各缘由，理合备文呈请钧座核示遵。谨呈
院长汪。

东北民众抗日救国军第四十八路司令
兼第四路副指挥郑桂林谨呈
中华民国二十一年八月二十三日

〔国民党政府行政院档案〕

6.万福麟等关于日军变更图热计划及义军在沈海路上活动情形致行政院等密电

（1932年8月27日）

急。南京、洛阳国民政府行政院、军事委员会、汉口蒋委员长钧鉴：南京参谋本部、军政部、外交部、汉口剿匪总司令部、绥署何主任、开封刘主任、西安杨主任，济南韩督办、上海吴市长，龙华淞沪警备司令部、北平外交研究委员会勋鉴：团密。据报：（1）苏俄近于满洲里构筑工事，严为战备，且其飞机常越境向北满侦察，因惹起日本疑忌，近令伪国交涉，以是俄日间空气转恶；（2）日人宣称，日军图取热河，现在变更计划，且待我方自生变乱，因此，对于任何部分，拟耸恿鼓荡激起政潮，并为避免义勇军之蓬勃锐迎〔？〕，待秋后再为迎攻；（3）南满沿线被义军袭击破坏，遍于各地，无日无之，据满铁发表七月中旬有四百十九起，下旬有六百三十四起，日前该路夜间停止行车；（4）东边义军现与南满义军连络完成，曾将沈海路铁道破坏，电信切断，日守备部队疲于奔命。又留晚义军大部突向沈海营盘站袭击，将日军及公安队尽为歼灭；（5）日武藤大将预定廿六日到

奉，其全权府原定设长春，现拟暂驻沈阳。各等情。谨闻。万福麟、荣臻、蒋伯诚叩。感。参印。

〔国民党政府行政院档案〕

7.东北民众义勇军第四路副指挥郑桂林等报告该部战绩并请予援助代电

（1932年9月2日）

国急。南京中央党部、国民政府林、军事委员会长蒋、行政院长汪、军事参议院长唐、三条巷大风报馆周参议鳌山钧鉴：窃职自九一八事变成立，将近一载，经大小数十战，计获敌枪、弹粮、马匹甚多，敌死伤无数，职部虽有损伤，而杀敌之心，未尝稍息。近日倭奴又增大部军力，向热河、向朝阳、锦州及职军驻札兴、绥两县进攻，现正激战中。职部虽能抵抗，但子弹、给养、寒衣，极感困难，若不早请援助，倘一旦子弹告罄，衣食无着，不攻亦必自破。职睹此情形，实迫不得已，只得派职部第二梯队司令官刘长庆、副官长李忠跃于虞日来京报告关外一切情形，伏乞察核，赏准援助，以应军需，而资救国，则国家民族幸甚，三省同胞幸甚，职部幸甚。预电奉恳，实为公便。谨呈。东北民众义勇军第四路副指挥兼东北民众救国军第四十八路军司令官郑桂林，职部第二梯队司令官刘长庆率全体官兵同叩。冬。

〔国民党政府行政院档案〕

8.东北民众抗日救国会关于八月二十八日沈阳义军举事经过情形致行政院等密电

（1932年9月2日）

南京行政院汪院长、外交部罗部长、军委会李总监钧鉴：団密。辽省各处义勇军活动情形，业经本会先后用通讯方法发表，谅邀台鉴。此次沈阳举事，本会原定九月一日，因被日人识破，不得不先发制人，遂于二十八日，令沈南林子升、辽北天地榜（荣）两部，密返沈垣近郊。当晚向内进攻，预约响应，公安一分局、三分局全部及七分局之一部警士，同时响应，内外夹击。日本所编靖安游击队，亦大部反正，分路攻击。破坏日站水塔及兵工厂并各重要部分，焚毁飞机厂，对市内商民，并无损害。但人心动摇，一时市内陷入大混乱状态，恐怖情形超过去年九一八之变。伪国官吏及沈阳日侨，均纷纷鼠窜，狼狈情形，不堪言状。日军迁怒市民，无辜华人被杀害者甚众。至我各军及反正各军警，以后援不及，遂于艳午先后退避近郊，徐图再举。详容派员专往禀陈。东北民众抗日救国会叩。冬。印。

〔国民党政府行政院档案〕

9．万福麟等转报义军李佩声占领赡榆等地及义军袭击沈阳经过等情致行政院等密电

（1932年9月3日）

急。南京、洛阳国民政府、行政院、军事委员会，汉口蒋委员长钧鉴：南京参谋本部、军政部、外交部、汉口剿匪总司令部、绥署何主任，开封刘主任，西安杨主任，济南韩督办、上海吴市长，龙华淞沪警备司令部，北平外交研究委员会勋鉴：凯密。综合情报，据汤玉麟艳午参电称：义军李佩声部养晨占领赡榆，得获迫炮两门，弹药甚多，城内警备逆军第十九及廿两团，当经投诚，地方民众欢迎，一致抗日。又突泉亦被克复，得迫炮两门，现该军复向门通、洮安、大平川一带进攻中，据沈阳谍报，伪省府划分全省为六个警备地区，计中央区，伪司令董国华驻沈阳，沈海区田德胜驻岳城镇，奉岳区王千臣驻黑，岳辽区王殿愫驻营口，安奉区李寿岳驻凤城，鸭江区廖弼臣驻旨宾，现已确定，并以日人十九名，著华警官制服，分派各区监视剿匪。又日当局对伪省长程志远，认为讨马不力，将调程任长春伪政府之某职。

救国军唐聚五部，现占领东边十余县，并设立省政府，发行军用票，开行列车，势益扩大，近更节节向西推进，竭力讨逆抗日，最近义军袭出沈时，一面向兵工厂、飞机场纵火，一面向附属地猛攻，将日军〔机〕烧毁十二架，夺获日宪武器，击毙日军数十人云云。等情。特此谨闻。万福麟、蒋伯诚、荣臻叩江参印。

〔国民党政府行政院档案〕

10.万福麟等报告程志远等就任伪职及义军袭击沈阳各情致行政院等密电

（1932年9月6日）

急。加抄南京、洛阳国民政府、行政院、军事委员会，汉口蒋委员长钧鉴：南京参谋本部、军政部、外交部、汉口剿匪总司令部，绥署何主任，南昌何总司令，西安杨主任，济南韩主席，上海吴市长，北平外交研究委员会勋鉴：团密。综合情报（1）伪国现将程志远调委伪政府参议官，新任之江省省长韩云阶及警备司令张文铸已于东日就职；（2）东北义军第六路世日向抚顺东方迎击，当地日逆各军仓猝应战，陷于全灭拜日〔？〕指导官五名被俘。又伪靖安游击队朱巨喜部反正后，归附义勇军，于上月俭夜，协同攻击沈阳城；（3）沈阳线自夏季以来被义军占领，至今犹未通车。四洮线最近因义军破坏交通，又复断绝，张海鹏率部因迎剿不力，现犹在四平街踌躇中，各等情，谨闻。万福麟、蒋伯诚、荣臻叩。鱼。参。印。

〔国民党政府行政院档案〕

11.何遂转报王德林部改变攻击安东计划及攻占大孤山等地情形代电

（1932年10月20日）

南京外交部刘次长转陈罗部长勋鉴：兹据王德林代表梁元善报称：该部第十一路别动队总指挥杨福海报告内称：总攻安东计

划，本定于本月八日（即重阳节），兹因日军由奉天于二日派来飞机二十余架，准备轰炸本军，因此现正研究抵抗方法，届期攻安工作恐难实现，俟计划完善后，必定期续攻。谨将最近工作情形，报告于下：〈一〉第二支队马德山于九月十八日晚九点攻击大孤山与伪部李军及日军接触，三日夜敌全部被我军包围，至二十一日早七点正式占据，及十二点各界民众高悬青天白日旗欢迎我军。此役杀敌千余名，俘掳二十余名，伤五十余名，获枪二百五十余支，迫击炮二门，军用品甚多，我军计阵亡兵士十七名，伤百余名；（二）第三支队李永昌及第五支队徐克正部，于九月二十七日晚七点攻击庄河县、洋河二处，与伪部李军及日军接触一夜，全部被我军缴械，获枪支甚多，迫击炮三门，机关枪五挺，俘掳敌部于司令一名，因其亲日甚重，当将该人正法，以警汉奸之胆，等语。谨闻。何遂叩。号。

中华民国二十一年十月二十日自北平发。

〔国民党政府行政院档案〕

12. 何遂报告东北义勇军唐聚五部退却情形及李春润部作战经过暨日军暴行等代电

（1932年10月31日）

南京外交部刘次长转陈罗部长勋鉴：兹据辽宁民众自卫军第六路司令李春润部军需官孙慰贤于本月二十日由新宾来平，面述唐聚五部退却情形，李春润部作战经过，及日寇惨暴状况，与我方民情之一般有极应宣布者，兹分志如下：（一）日寇消灭唐部之动机。日寇以辽东十四县成立省政府至为愤懑嫉忌，屡思消灭而不得逞，近以深秋青纱帐倒，拟分头各个击破，以完成其统一满蒙计划，而唐部横亘沈海线上，握有辽宁大部疆土，消灭之策便首当其冲；（二）日寇进攻唐部方略及其军旅之分配。于本月十四日日逆由沈阳调日军万余人，由长春调五千人，由临江调万五千人，由安东调四千人，并加调伪国丁逆芷山部二万余人，总数在五、六万人以上，分七路进攻唐部：（1）第一路由新宾西北沈海路南口前进，攻击新宾县；（2）第二路由清源南湾甸子进攻新宾县；（3）第三路由山城子进攻通化；（4）第四路由柳河进攻通化；（5）第五路由临江八道江进攻通化；（6）第六路由桓仁东河尖子进攻横仁；（7）第七路由桓仁南砍川子沟进攻桓仁。（三）唐部防御之方略及其军旅之分配：（1）唐聚五既得日军进攻确息，则以李春润率部五百余人御之于新宾西老城地方，以五百无衣缺弹之军，当二千精锐之寇卒，以众寡不敌，被迫而退。十五日早又遇于悬城附近，是时敌寇以会合两军来攻，其势尤厉，李不得已退桓仁境二户来地方。十六日晚，更遇日军于二户来碗铺地方，李乃率众退平顶山。盖日寇以李最为勇敢，不去必贻后患，故节节进击之也；（2）另以挺进队姜部及第四队贾部，均系大刀队、红枪会，合力防御南口前来之逆军；（3）以警卫师之张部防湾甸子逆军；（4）以唐振玉部防砍川子沟来之逆军；（5）以其余队伍防河尖子等地方来之逆军，但以其作战详细经过，以孙某参与李部工作，未闻其详，仅知唐聚五已于本月十五日率众万余人，及全部工作人员，退入东北方濛江界矣。（四）日寇作战时情形。日寇与我义军作战时，先以飞机盘旋前方空际，并予以数百磅重量炸弹轰炸，继以重炮排击，无论山川村舍悉被毁破，后大部队伍再事前进，盖日寇深惧我伏兵之袭击，故为此狠毒之轰炸也。而我方之铁血男儿为取得最后胜利抱定牺牲决心，伏处深林，以轰炸剩余之生命，于日军进抵时予以袭击；（五）日军之残暴。日军于所经村舍及途遇之旅客，大事搜索与检察，凡手面皮面较白皙者及身御较新衣服者，虽短棉衣裤稍新者，皆在被惨杀之列。盖前者认为非劳动之农工，后者疑有被我后方接济军衣之嫌也；（六）我方民情之一般。一般民众鉴于日军之残暴、凶狠，咸有朝不保夕之虞，故宁愿与日军同生死，盼国军之至，有如大旱之望云霓。此固激于爱国热忱，亦以日寇所施之残暴恐怖，人人认为决难苟活。孙述至此，声泪俱下，盖孙本人家中均因抗日而全家生死不明。谨闻。何遂叩。世。印。

〔国民党政府行政院档案〕

13.何遂报告马德山部围攻大孤山伪警备军及伪军姜泉鹗率部投诚的代电

（1932年11月5日）

南京外交部刘次长转陈罗部长勋鉴：兹派通讯员孙子龄报告如下：（一）我军马德山部上月二十一日退出大孤山，晚九点我军反攻，激战数昼夜，毙伪警备军副司令张宗南（日人用中国名），第二营长李寿明（系伪警备司令李寿山之三弟），士兵百余名。我军阵亡连长张德成一名，士兵二十七名，日军闻风不敢前往，与我军接触者仅伪警备军李寿山部千余人，现在李寿山本人及其所属部队，俱被我军包围在大孤山镇，给养、子弹均接济不到，李寿山感日援军不敢前来援助，给养亦不能接济，不得已，已派代表与我军接洽停止攻击，用日隆行小火轮，送给两小火轮给养，装三星牌面五百余袋，其投降要求条件：（一）发给三个月兵饷；（二）遣散者我军负保护之责。关于第二项，我军已圆满答复，其第一项未予承认，预料伊不投降。三五日即可围攻缴械。李寿山系大孤山人，其住宅尽被我军焚烧一空。（二）伪鸭绿江司令（水上警察）姜泉鹗率水警一千五百余投诚，改编为第四旅，由我军李永昌统率，现在无条件的送我军子弹一车（四套马车约二十余箱），要求攻宽甸城为前锋。日军在该城仅二百余人，自卫团五百余人，我军进攻宽甸城郭队计二万余人，自不成问题矣。谨闻。何遂叩。微。

〔国民党政府行政院档案〕

14.何遂报告派员前赴辽宁东边慰劳义勇军并实地考察各部情形的代电

（1932年11月16日）

南京外交部刘次长转陈罗部长勋鉴：本会前派少校参谋时培基、康示三前赴辽宁东边慰劳义勇军并实地考察各部，兹有报告颇有见地，谨摘要奉陈，敬乞鉴核：（一）考察各部内之实在情形。唐聚五反正后，据有通化、桓仁、新宾、抚松、安图、金川、柳河等县地盘，发行军用票，设立民众银行，制造被服，收买粮秣，施行民政，整顿武备，颇有自给自立之情势，但其所属或系地方警甲或系旧部同俦，时有以自私自立之见，团结不固，不耐压迫也。邓铁梅以平民化曾充凤城公安局长，起义发难救国，部属团结既坚，又得地方人心。起义以来，其工作之力，主义之纯无以比者，惟其地处太狭，东有安奉路，西有岫岩县，秉性又过于刚直，受制于同侪。李春光、刘景文等遭难于外侮，李寿山及日人卒未得以发展，前入岫岩捕获之日人及与日伪妥协所扣留之日军官、翻译等，共计十六名，已于十月十五日东边情形发生时一律枪决矣。刘景文以岫岩县整个地盘，揭著日满旗号，以谋岫岩之自全自立者，已一年之久，惟因七月间，我义勇军工作声势之鼓动，遂向抗日救国会请委为五十六路司令，并要求复盖两县地盘，准其活动。讵其两全之计既成，其自雄自为之野心又萌。分化邓部，窥内庄河，与邓铁梅之冲突起矣。然其所部均系地方警甲，对外不足以言勇，对内则刮剥殊甚，而刘卒能使军民相安而不犯者，实其妙运权术之所致耳。徐文海以往亲日，积久难反，其部属被良心裁判而思去者，几乎不能成军。在彼以为众人皆尽我独全，彼时势力充足，再为相机反正，理想虽然，但不知日人兔获狗烹之毒计，早已随其后矣。刘同先有勇无谋，不孚众望，其所部近被岫岩分化殆尽，所余不过数百人，然其自负性颇大，又领得国民政府军政部之委任，不肯附和他人，此亦无补于救国者也。李春光系前三十五路司令，自三月间被满州警备队压迫，退去宽甸失败后，即寄居其兄李春润部下，并无一兵一官矣。讵于十月中旬，李春润又假以步骑联合之兵及大刀队，返回凤城，奸淫掳掠，无所不用其极。邓李之间几又发起冲突，近则外患日迫，李春润新宾失败，闻已窜归凤城，依邓军为护符，李氏兄弟心地虽小，或亦可释前嫌而修近好矣。王凤阁以平民发难，纠众救国，其所部为降匪约二、三万众，占据海柳辉一带地盘，山深林密，颇可潜伏大兵力于其地，官兵精神旺盛，团结力较为巩固，前受唐委为十九路司令，嗣编为第三方面总指挥，颇有可为。（二）判断现在各部之情形及预测其将来。据最近东边情况而论，唐聚五总部既已退走安抚一带，则其宽甸，桓仁之张维东、唐声远，通化临江之孙秀岩、徐连三等部，或降或散，定然不能为役。李春润败走新宾，闻凤城尚称完好，必投奔其弟李春光，与岫岩连络，以邓铁梅为护符而图恢复也。王凤阁据海柳辉之地形，在不得已时，必将化整为零，潜伏待时而已。岫岩刘景文如日方不深加责备，在情况严重之下，决不能毅然表示加入救国工作，李春光或能有阋墙之觉悟，徐文海殊不能于此时希望其救国也。庄河刘同先尚可利用其勇而使令协同，惟邓铁梅部团结巩固，百折不屈，如能予以充分接济，必能将其实力完全保存，如大其任命或能藉资收容，更发展其势力，亦在意中也。（三）意见。按照现在东边之现况，及顾虑敌情变幻计，东边势力应图恢复。兹将管见所及，胪陈于左以凭采择。扶助王凤阁作东边潜伏势力。唐部声势浩大，久为日方所嫉，兹既瓦解，最近不容收拾，况日人到处实施其清乡及武装移民政策，已经与之妥协，或潜伏者，势难期其再举。此时应积极扶助王凤阁，令其在海柳辉一带密秘潜伏其势力，俾能如期再举，特设一个军团，俾安奉、南满两路间有整个发展。东边地面辽阔，安奉、南满两路又成天然之障，应以安奉、南满两路之间专设一个军团，以期指挥统一，组织强固，以岫岩为根据地，与邓铁梅以军团长，刘景文副之，接济邓刘以实力，俾扼守两铁路，密秘进行其发展工作，并能协助第二、第三两军团之发展与工作，一以备一旦倭寇窥向热河，断其背后连络线，并协威其左侧背也。援助物质，须分缓急及地方情形而定。援助邓刘侧重于械弹，邓亦需□援助，王凤阁须侧重于金钱，因其运械不易也。查邓刘械弹尚可用帆船由海上运输，如在最近情形无变化时，可尽力向该方补充，即令数月有余裕，东边其他各部亦可向该方设法补充之。但该方面情形变化时，海口恐被封锁，应即速办理。迫令刘景文表示态度方法，岫岩刘景文态度骑墙，似不可靠，应派妥员前往，请第二军团长及邓铁梅协同岫岩刘景文共同商定工作策略，务期表白其真象为要。各部工作须派员指导，查以向〔往〕经验，各部各自为谋，或自私自利，每当工作，不能真诚协同。今我大会既然负补充与援助之责任，则该各部即有绝对听从命令以行工作之义务。斯以应每于某一工作前，总拟工作计划，分派各员亲莅各部指导，以期精神一致，收众志成城之功；又某一部有须常久驻守指导之必要，即派以相当人员在部工作，或监视之，以经验所得，义勇军极应有考核之必要。查自二十年九一八事变以来，各处义勇军纷纷起义，计其数在辽宁一省不下数十万众，但其中求其激于义奋者，百不得一，能知主义者，亦凤毛麟角。究其实，或为穷极无聊，投机起事，或为狼子野心，大展鸿图，以利己为目的，以损人为工作，所谓抗日救国，无非美其名耳。然而求能知大义、识大体，而假公以济其私者，亦足以利用其私以济我公，讵料此以难能而不易得也。故对于各部之援助应彻底认识其真象，而为西江有效之接济，庶乎款无虚耗，弹无空掷之憾，斯以应于各部有澈底之考核，分别良莠而与以相当之驭用，实为至要。等语。谨奉闻。何遂叩。

〔国民党政府行政院档案〕

15.罗文干关于辽吉黑民众后援会何遂报告绥东义勇军冯占海部急待救济开拨情形致行政院代电及附件

（1932年11月25日）

行政院宋代院长勋鉴：密。顷接辽吉黑民众后援会何遂漾电一件，报告绥东义勇军急待给养开拨情形，并称刘处长君实告知，中央最近期间，对义军必有充分接济等语。查绥边义军倘亦得势，不啻外交上多一后盾，国际视听，定可隐为转移。似应先行酌筹的款接济，俾可持久，相应钞录原电，送请参阅，如何之处，即乞迅予密示照转为荷。罗文干。敬。印。有。

附件

中华民国二十一年十一月二十五日

抄北平何遂来电　　廿一、十一、廿四、七时二十分到。

南京外交部勋鉴：密。据热河汤主席电称：顷据绥东县民众铣电称，转北平朱将军钧鉴：我县连年荒歉，本年不及二成，突来吉军数万有余，粮草食尽，人民绝食，杀牛马充饥，烧屋逃走，数百成群，丐食不饱，请速令吉军离绥，派员赈济，否则恐酿巨患，恳速拯救。谨电闻。等情。除电慰暂勉坚苦支持应付外，合电转请对于冯、刘各部军实筹备、驻地配置，统希指示，藉苏绥东之民困为荷。弟汤玉麟。马叩。等语。查热边本极穷困，食粮既乏，饮料亦少，骤来冯占海部数万，食饮均穷于应付，欲求冯军推进前方，又非予以给养发拨之费不可，本会收入，仅恃桥老筹募小数捐款，实属无从支给。现日人开始猛攻，一面并用多数金钱收买汉奸，扰乱义军，若再放任不问，土崩瓦解，刻刻堪虞，不仅军队，即边民亦且生变，闻热边各县均有制造白旗，欢迎日军之讯，情况紧急可想。遂等本拟即日出发前方，代中央加以安慰，唯空拳赤手，恐亦难以见效。前承刘处长君实兄示知，中央于最近期间对义军必有充分接济，鹄盼旬日，仍无消息，万一前方崩溃，所费不知有数十倍于今日者。且国联正在开会，如此不祥情形竟致实现，是授敌以机会，予敌以口柄，遂对此不忍再有所述矣。除严参事等已据实呈请外，迫切陈词，伏乞垂察。何遂叩。潆。

〔国民党政府行政院档案〕

16.何遂报告辽北义勇军组织军略委员会统一抗日步调及冯占海部开赴开鲁一带活动等情的代电

（1932年11月16日）

南京外交部刘次长转陈罗部长勋鉴：兹据前方视察专员兼东北义勇军第七军团总指挥何清明来平面述该处一切情形，撮要分列如下：一、本会前派何专员于六月间由沪北上视察，辽北义军系统分歧，各自为战，彼此均欲扩张实力。不免兼并疑嫉之嫌，乃召集各部领导者，在开鲁分别接洽，联合一致，共同抗日。辽北蒙边宣抚专员高文斌，所辖刘振玉、李海山各部，热河保安大队解国忱部，义勇军第一大队李芳亭部，共同组织军略委员会（公推何为委员长，高李副之，各将领为委员）为发令机关，以便协同动作，并规定七月七日（旧历）遵照巧图计划，破坏大通、四洮各路。八月中旬高文斌、关玉衡、解国忱部二千余人，刘震玉部二千余人，破坏大通路，袭击通辽，占领半日，因敌炮火猛烈，唐克车冲锋难以支持，退余粮堡整顿，李芳亭、王野人率金喧部一千余人，胡必烈（蒙人）三千人，克复辽北瞻榆突泉各县，折断四洮路线，炸毁开通、边昭各站，占领开通一日，因敌铁甲车增援，飞机助攻，强弱悬殊，仍行退出。蒙古自治军包善一部八千余人，佟速壁（蒙人）一千余人，腾海山部一千五百余人，原受日人松井指挥，今春二月攻打开鲁，拟取林西，建蒙古国，完成田中之满蒙计划。当经热河骑兵第九旅崔新五部联络义勇军抵抗，并击毙松井，刻仍潜伏辽北各地，经何专员清明派高文斌、关玉衡、胡必烈、钱锦城分头接洽，虽未完全反正，而包善一已允守中立，相机反正，佟速壁已率千人参加，抗日工作，腾海山、包殿卿虽受日人接济，但未肯攻打义勇军，现仍继续设法联络，以期达到反日归顺目的。九月中旬又继续进攻，高文斌、关玉衡率部绕攻康平、辽源，曾将三江口、一棵树各桥梁破坏，占领郑家屯车站，坚守两日，因敌派队来援，暂退康平整顿。另派员联络贾秉彝、刘振邦各部，先后克复彰武、法库各县，又开通士绅陶知亭（六十岁颇负名望）、洮南义士姜荣耀、王可大先后集合民团数千人，联络抗日，声势为之一振。二、冯占海先头部队约四千人，已于十月四日到距开鲁七十里之双面台，其大部队陆续开到，稍事整顿补充，即协同辽北、热边各部义军，分东南北三路出击，并联络马、苏、李、丁诸部，同将〔时〕并举，使日军腹背受敌，无所措手。三、军事行动，首要交通。本会为便利军事运输计，将辽北、热边与北平张垣，预设联络线，以便输送而利交通：（一）北平、承德、凌源、建平、绥东、开鲁；（二）北平、承德、围场、赤峰、林西、开鲁；（三）北平、张家口、多伦、贝子府、林西、开鲁。第一线路程较近，输送简捷，倘战事演进，敌或以飞机威胁时，则用第二线。如赤峰、承德再受威胁，或平津有顾虑时，则用第三线。刻下均经分段修理，限期竣工。四、日鉴我方民气愤慨，义军四起，满蒙计划颇遭打击，近在通辽办一蒙边日报，任意宣传，捏造消息，使我义军及民众与政府离心离德，互相猜忌，彼可乘虚而入，暴日阴谋，无微不至。经何专员邀请地方官绅在开鲁创办清明报，披露亡国惨痛，救国实况，及日吞满蒙阴谋，并由各学校校长、教员、学生分任宣传工作，藉以开通民智，唤醒觉悟，俾知识简单者，不致受敌朦蔽。刻下伪国军队，多揭中国人不打中国人之旗帜矣。五、热河为北方之屏障，辽北系东蒙之重心。热河不固，华北动摇，辽北不保、东蒙即亡。若欲收复东北，势必先保蒙边，然关系重大，非空言所能济事者，军实补充，服装制备，均当急急筹募也。等语。该员视察数月，所陈确有见地，除切实筹备以应急需外，谨电奉闻。何遂叩。铣。

〔国民党政府行政院档案〕

17. 辽吉黑民众后援会指导组关于高荫周部在康平县一带与敌伪军作战情形的通报

（1932年12月1日）

通报　十二月一日于辽吉黑民众后援会指导组

一、据第五军团总指挥高荫周报称：九月收复康平县后，本月十八日突有倭军一千余名，协同伪国军警来攻，当经率部在法库东、孤树子、铁岭西、夏家楼及康平西、万宝、营子一带，分头抵御，亘七昼夜，击毙逆八九十名。二十五日，敌兵增至三千余人（倭军一千，伪国军警二千），并用飞机十余架掩□步炮各兵，暨唐克车队猛烈攻击，我军因弹药不继，撤至康平县北筑垒固守，俟补充完备，再行反攻。

〔国民党政府行政院档案〕

18. 东北义勇军第十五路司令贾秉彝等报告作战经过及第五路军团总指挥高文斌抗日蒙难情形文电

（1932年12月18日）

北平朱樵老、南京国民政府军事委员会及全国救国同志同胞均鉴：国家不幸，倭祸横来，东北沦陷，举世痛心，秉彝分属军人，保国有责，悲愤之余，痛不欲生，于九一八翌日，追随辽北蒙边宣抚使兼东北义勇军第五军团总指挥高公文斌之后，首勤国难者，一载有余，大小数十战，前后恢复十余县，募集勇士义民二万人，编练成军，固守康平、法库、昌图、辽源各县，半载于兹，悉力缮城郭，励甲兵，掘壕筑垒，为持久计，死守待援。乃因交通不便，接济迄未至，而倭逆五千众，陆空连合，忽于上月十八日，由铁岭、开源、黑山三路来袭康、法，激战七昼夜，赖我官兵奋勇百倍，毙倭逆百余人，我军阵亡倍之，孤军死战，弹尽援绝，敌众我寡，万不得已而放弃康、法等县，退守蒙疆。是役战斗之烈，实为一年以来，全辽义军所仅见，惜乎秉彝因事先奉高之命，赴平求援，派付司令翔□留守康平，未获躬与此役，悔恨交集，抵平后警耗频传，康、法失守，高公被俘蒙难，秉彝惊惚万状，致废寝食。伏思彝与高公多年主臣之共患难，本期共赴国难，誓同生死，宁知旬日之间，竟遭巨变，胡天不佑，殃我元勋。惟被难原因，其说不一，彝闻耗星夜东归，誓死讨倭平逆，为国雪耻，为公复仇，虽死甘心。道经朝阳，据确报，实因高公忠勇死战，弹尽援绝，被围蒙难，刻在长春，倭寇百计凌辱，公率不屈。呜呼！公之救国，大义凛然，其心昭若日月，其志坚与铁石，其名永垂竹帛，其功可著凌烟。方其蒙难也，康、法同胞为公罗拜，哀求者千余人，其救国精诚，感人之深，为何如也。呜呼！公之蒙难，固为吾国之不幸，吾军之不幸，但其精诚所及，于吾国吾军吾民者，不可思忆，势将因公之蒙难，闻风奋起，同赴国难也。惟彝久隶帡幪，素共患难，此次虽因公难未同共难，负罪良多，死难赦辜，誓捐此躯后公赴难，与倭寇不共戴天，上报国家，下达知遇，虽死无恨。诚恐远道传闻失实，致没公之勋名与公之大节，谨以血诚，哭告全国同胞同志，共兼公风，共赴国难，以成公之志，克复国土。然则公虽蒙难，亦甘之若饴也，愿我全国同胞同志，其各永矢此言，努力实践，国家幸甚，东北幸甚，全军幸甚，公亦幸甚。东北义勇军第十五路司令贾秉彝率全体将士同叩。巧乔。印。

〔国民党政府行政院档案〕

（三） 热察两省义勇军战况

1. 辽吉黑民众后援会主任干事何遂报告收编刘桂堂部及刘就义勇军军长职情形的代电

（1932年10月17日）

南京外交部刘次长转陈罗部长勋鉴：兹将收编刘桂堂部情形报请鉴核。据第四军团刘总指挥震东函称：前月十四日由平出发，次日安抵承德，与汤主席接洽，异常圆满，并承派员备车送往刘桂堂部驻地距围场九十里之新拨县。业已点验藏事，于二十一日暂同该部经土城子、巴林桥、西太庙、黄花庙、八旗楼子庙、苏太庙、五十家子庙等处，向鲁北开拔，预料月初即可到达。查该部行经五省，历时四月，此次点验之时，欢欣鼓舞，振奋异常，绝无疲乏之状，稍加整顿，便成劲旅。细查该部上下心理，对于抗日确具决心，惟所需之紧要军用物品，如无线电机、军用汽车、弹药、被服接济等项，均感厥如，而机关枪所需之六五九七子弹及迫击炮弹，亦所存无几。即乞竭力补充，火速运往开鲁，以应急需，俾抗日工作得有顺利进行，是所至祷。此间因交通不便，消息迟滞，容俟到鲁另当续报。再，刘桂堂现委充义勇军第二军军长，于九月八日在新拨镇就职矣。等因。附表并呈。谨奉闻。何遂叩。筱借。印。
中华民国二十一年十月十七日自北平发。

〔国民党政府行政院档案〕

2. 何遂为热河吃紧饷源枯竭请求支援密电

（1932年10月25日）

南京外交部罗部长、刘次长勋鉴：密。日军进窥热河甚急，已专电呈鉴。热省军实饷源枯竭，非中央有充分源源接济，热防恐难支撑。热河有失，东北大局益无从措手。兹汤主席特派最亲信之李厅长芗圃面谒请示机宜，请公念热防之重要，于中央会议，鼎力主持，俾热防得以充实，不胜盼祷。何遂叩。有廿五纬。

〔国民党政府行政院档案〕

3. 何遂转报义勇军朱霁青部在朝阳义县与日军作战情形代电

（1932年10月26日）

南京外交部刘次长转陈罗部长勋鉴：顷据汤主席电告，日军窥边甚急，敬乞注意：（一）漾未电。顷据崔旅长养未电报称：养未又来日机五架，掷放炸弹二十余枚，均落南门外，炸毙五七迫炮连班长单殿卿一名，并骡马五匹、车两辆，余均无恙。复据坐探报称：通辽添有日军步兵一师团，蒙兵五六千名，飞机十五架，声称攻热等情。谨此电报等情。除电饬严防外，再对刘桂堂及向义军弹药及服装等项，应提前补充，以免缓不济急为盼。（二）智电据北票稽查处长王德林等皓申电称：据密探报称：今晨六时义军朱霁青部与日军在朝阳寺南接触二三小时，日军三坚□正退却时，因铁道破坏，致未全行退走，现有一部退至朝阳寺南山头，据守车站，刻已让出。又闻亮山有同时进攻之说，后情容探奉闻。等语。（三）样〔漾〕电。据北票王稽查处长电话报告，朱霁青与日军作战情况如下：月之十九日早袭击驻义县之日军，由早八点战至十二点，日方不支，后退二十里后，敌以野炮将义县西城楼焚轰，将朱部迫击炮炸毁二门等语。特此电闻。何遂印。宥。

〔国民党政府行政院档案〕

4. 何遂等关于东北边防军热河驻军司令部报告自卫军在北镇等地与日寇作战情形的代电

（1932年11月30日）

南京外交部刘次长转陈罗部长勋鉴：顷接孙干事振纲有代电报子老称：东北边防军热河驻军司令部参字第十三号公函内开：径启者。顷据自卫军副司令张林微代电报称：顷据别动队大队长张文祥呈称：为报告事：窃文祥自奉令收编自卫军数月以来，虽未办有成命，然亦略有组织，乃于九月间，秉承钧座意旨，前往北镇从事编练，以期速成劲旅。是月二十日，抵至北镇广宁山，召集收编各队，拟议改组办法，即袭击日军之策略。二十三日，所部张发，鲁崇斋二队长率带五千名勇士，向北镇推进。二十三日拂晓，在县城附近开始攻击，激战五时，敌不支，败出城外，分向沟帮子退去。我部午十二时占领县城，张、鲁二队长分头直追至沟帮子附近，与之拚战，嗣因势处孤地，士气虽壮，弹药无多，实难久抗，不得已全部退守闵家甸子、狮子口、米子沟等处。二十五日拂晓，敌又来袭，复被击退。由此敌迭受痛击，损失颇巨，乃逞其凶势，大增援军，于二十八日拂晓，以多数野炮、机枪暨战车三十余辆，向闵家甸子、狮子口、米子沟一带猛攻，我张鲁二队长督饬所部，竭力抵抗，肉搏激战五小时之久，敌凭武器胜我，我队仅以步枪、大刀、肉体应战，加以子弹打耗罄尽，势难久持，乃于是日晚完全退至广宁山，待机而动。计是役先后攻击三次，毙日官兵二十三名，俘掳兵士四、侦探一名，得获步枪四十余支，子弹三千粒，钢板载重汽车两辆，我部共伤亡七十余名。除饬所部队嗣后审慎行动外，谨此奉闻。等情前来。查该员所报尚无虚伪，除遥电李司令外，理合据情，电陈等情。据此，除指令仍督所部严加戒备，并将伤亡各该官兵妥为分别医治、棺殓外，相应函达贵会查照为荷。此致，辽吉黑后援会等因。准此，谨电奉闻等语。何遂、严宽叩。

〔国民党政府行政院档案〕

5．何遂为日军大犯热边请向国联提出抗议

密 电

（1932年11月26日）

密。并请抄送参谋部黄、贺二次长。开鲁第四军团刘总指挥震东有电，子桥将军报称：据刘军长报称：与我作战之日步骑兵千余名，炮八门，张逆之三支队，蒙兵两千余，共约六、七千名，主部守突泉，主力攻高力板，详情如下：（一）图王府时，有汽车往还，按日方高级指挥官行动，因日在此地设治多年，必急力巩固之；（二）现海庙之敌骑兵部，牵制我翼侧，伺机进攻；（三）图王之兄僧盘儿，指挥英莫，及苏拉江，突得来尺两司令之大部，休西太本西者德拉蜕营子〔？〕、李家窝铺一带，与我綦司令昆环部激战两昼夜，击毙敌人甚多，因子弹缺乏，退高力板内，以白刃应战；（四）派沈副司令、周参谋长带兵五百余名，袭击王松嘎，以击其后方；（五）我前方既弹乏，占地域甚广，敌有向我包围模样，而后方官兵，因弹少衣单，不能全部出发；（六）暂以高力板为守区，其余取攻势，想此贼不难捕灭，但鏖战七日，毙敌数百名，我伤亡五十余名，綦部较多，消耗弹药五万七千，手枪子弹八千，迫炮弹二百发等情。除饬该军布置周密，沉着应战，并希为之派队应援外，查李芳亭队退走，该军孤立 弹尽援少，敌日见增多，是所深虑，祈速赐八二迫炮弹，七九步枪弹多数，以应急需，至祷等语。查日军于国联开会之时，突派大军进犯热边，幸我士用命，师直为壮〔？〕，敌氛屡挫，仍盲进不已，除由子桥将军饬前方各部互相连络，歼此倭寇，并赶运弹药、服装、补给外，敬乞速电顾代表提出抗议，至深盼祷。何

遂、严宽叩。宥乔。印。

〔国民党政府行政院档案〕

6. 何遂等转报义勇军刘震东部进攻五松焚电及杜其营子等寨情形的文电

（1932年11月27日）

抄13778电

密。据开鲁第四军团刘总指挥等电子老称：据刘军长报称：养日派副旅长明盛带队进攻五松焚矸及杜其营子等寨，已完全占领，获日枪马及俘虏甚多。潘团长及郑支队长与敌苦战九小时，敌不支，向唐家□、得拉苏营子一带溃逃，尽力追击，已不成军。击毙时团长一及连长三员，日兵三十余名，获蒙兵百五十余名，获枪马无数，我军伤亡二十余名。此次攻击蒙兵，收缴民枪三万，不得已之举。该图王亲日有年，并娶日妇，受伪南分省省长，日人利用彼为占蒙地之根据，蒙满大受其害，皆恨入肺腑。当我军占高力板时，严禁士兵冲突，去信数次，置之不理，由官长带兵十二名前往交涉，悉被杀戮，屡来我防地扰乱，并断我之联络线，会同反动之民团，限我三日退出，迫逼万分，始攻击之。若将该镇摄，不但日人对于蒙古全失所据，即康、法各地可告安全，而蒙古一二三军再不敢骑墙。查蒙古之不帖服者，因无小利以诱之，更无有力以〔以字衍〕部队以威镇之，是以忽来忽去也。今压迫以后，再诱以小利，必不复反。此次八二迫炮弹、七九弹药消耗最多。三八机关枪、炮弹均甚缺乏，并祈赐与补充为祷。职刘震东、高荫周叩。宥。等电语。除由桥老饬令速予补充外，谨闻。何遂、严宽叩。感乔。印。

〔国民党政府行政院档案〕

7. 何遂等转报日军派员潜赴蒙古各王旗秘密游动并赶造车辆以图攻热计划等情密电

（1932年11月30日）

13862

密。顷据热河汤主席来电称：敝军骑兵旅长赵国增报称：顷据第二团团长宋万里报称：顷据探报。日本急欲行其满蒙政策，近日派出熟悉中国语言文字之日人多名，附以华人，潜赴各王旗秘密游动，以便将来攻热之时，用为内应。库伦之白喇嘛，确已受其联络，闻已派有专人在奉天接洽。并据派赴敌方之侦探张子生报告：有华人陆级三者，系北镇县人，前随都统曾来过热河，现在打虎山日军官黄木处充任科〔?〕，近日由其泄出消息，日本因热河交通不变，故缓进攻，现由辽宁兵工厂及其本国各厂赶造载重汽车五十辆，每辆可载陆军二十名，并装机关枪二架，新式七五〔?〕口径炮一门，车之周围设以钢板，上用铁棒，以避枪弹，以备为将来分路攻热之用等情。查日军近来外表对热似不注意，而内实具攻热之决心，因战具未备，故示以冷淡之意，以使我军懈而不备，用心之毒，可谓极矣。除令该探仍往热查，并传令各防严加注意外，谨特禀陈。除转饬该团仍应派探确切调查，随时报告外，谨电禀陈等情。除饬该旅长侦察情况续报外，特电奉闻。弟汤玉麟，感巳忝印等语。特达何遂、严宽叩。卅乔。印。

〔国民党政府行政院档案〕

8. 何遂等转报刘桂堂部攻击李家窝铺及唐家窑图王所部蒙兵情形密电

（1932年12月2日）

南京军政部转。

一、密。顷据开鲁何专员清明电桥老称：据刘桂堂报称：（1）李家窝铺之图王蒙兵经我军痛击后，溃退所〔北〕窜。唐家窑之敌，犹复顽强抵抗，漾日令炮兵协同猛攻，鏖战数小时，我军奋勇站梯赴墙〔？〕，敌闯北门溃窜，我预在唐家窑北端伏兵五十名截击，尸横遍野，追至得拉苏营子，图王之兄僧盘儿，向图王府溃奔，是役敌死亡百余名，俘虏五十余名，获枪马甚多；（2）我军阵亡官七员，兵十二名，消耗弹药另报；（3）突泉、现〔？〕海庙之敌，闻我胜利，未敢前进等情。谨闻。明即。卅等语特达。何遂、严宽叩。冬乔。印。

〔国民党政府行政院档案〕

9.朱霁青告耿继周率部攻克朝阳寺并向义、锦推进情形致国民政府等电

（1933年1月29日）

急。南京国民政府　京沪平津各团体、各报馆公鉴：顷接第四路司令耿继周报称：继于马日亲率步骑千余名攻朝阳寺，倭敌百余名，伪满军六七百名，血战一昼夜，弹尽继之以白刃相接，卒于养日拂晓，攻克占领，计歼敌七十余名，俘伪满军十二名，扣留机关车一列，获军需品甚多，我军伤亡官兵仅十余名，刻仍向义、锦推进中，等情，特此电闻。东北国民救国军指挥总监朱霁青叩，艳印。

〔国民党政府行政院档案〕

10.东北义勇军独立第八梯队司令官王慎庐陈述九门口抗日战况及给养困难请为补济电

（1933年2月5日）

南京国民政府中央党部，北平、天津、汉口、南京、上海、广州，香港、梧州、长沙各报馆、各民众团体均鉴：敝军自九一

八以还，由各省学生及青年纯洁之士成此集团，曾偕十九路军参加沪战，北上后，出驻边关，且败且战，于兹数月，迭遏凶锋，衣食不取于地方，纪律久孚于民众，九门口之失陷，弥坚恢复之心，一二八之周年，益动官兵之愤，全军求战，奋勇争先，孺子号呼，不甘留后，乃于一月下旬，进展八门附近响水、田家岗、猪茆峪、苇子峪一带，连日与倭寇第八师团周旋至本月冬晚，分〔?〕进攻八门敌，一部迂回深林峭壁逾六十里，由关外攻敌左后方新台子西，以一部绕过塔山直攻敌左侧、九门东老斧庙山炮阵地。各官兵縋索裹毡，猱升鹿突，三更向尽，众士齐登，遂得乘一鼓声威，夺两方要隘。敌愈顽强，我愈奋发，当东城克复之时，毙敌无虑〔?〕数百。至攻其西城之部，本属佯攻，既拔鹿柴，斫平电网，竟于敌人惊惶状态之下，突入西门，毙其守兵，夺其旗帜。乃时将拂晓，关外敌军遂以山炮、机枪、照明弹、枪弹最新武装及大部兵力，猛烈反攻，重火烛天，杀声震地，弹丸如雨，血肉横飞，敝军既居危地，复无援军，乃用短兵，辅以炸弹，或绕攻敌后，或突出敌前，乘其惊疑，掩出险境，计阵亡者，仅官兵七人，轻重伤百余人，虽物质之消耗孔巨，而官兵之志气愈坚。当敌军顽抗时，战况激烈可谓空前，而敝军火器，惟步枪、手枪，所恃以杀敌，仅短刀炸弹，敌御我于数里之外，我取敌在数步之间，除以一片精诚抵御强暴外，更无可恃之道，虽未能坚守克复地点，而艰危情势，或为明哲所谅。至敝军近月以来，深感困蹶，因军中给养久罄，边民盖藏已穷，粗粮食盐，均运于数百里外，致官兵并日一餐或日仅一粥，在内地半收之区或不知长城内外穷困若斯，而各省同志亲临前方，目睹情形，不乏其伦。且敝军经此次作战，不惟弹药消耗甚巨，如服装鞋袜药品等，亦无一存。自敝军言之，因慎庐筹划无方，军实不足，领徒手之壮士，挞暴日之利兵，深觉负此士气，辜此民心，何敢重以物质援助，望我同胞惟念本军多士，皆智识分子，经数千里之道途，历数十度之艰险，精诚集结，以有今日。况目下枪竭弹尽，衣食俱穷，外为仇敌所伺，内乏可恃之援，若不代为呼吁，何殊推入绝途。在慎庐固负咎兹深，在国家亦剧伤元气。用敢报告战况，沥述实情，倘承远念征人，代筹补济，不惟挟纩之惠，洽于九边，而救国之勋，亦高于一切。临风百祷，无任惶惭。东北义勇军独立第八梯队司令官王慎庐叩。微。

〔国民党政府行政院档案〕

11.民众抗日救国军第一军黄守中报告在热西围场、隆化一带与敌作战经过代电

（1933年4月14日）

快邮代电。

南京中央党部、国民政府各院部、各省政府、蒋委员长，北平军分会张家口冯焕章先生、各军长、各爱国团体后援会、朱子桥将军、各报馆、各党部、民众团体均鉴：敬陈者，守中于上月中旬兼程绕至热西，本拟集合撤退部参加反攻，抵滩，正遇各军纷纷撤退察境，热西失守无余，乃星夜通令未退各部，固守原有阵地，一面在大滩、大阁，集合旧有各部骑兵二千四百余人，刻日反攻。连日克复桃山、半截塔、郭家屯各镇，挺进三百余里，俘叛逆三百余人，毙日军二十六名，得枪枝、马匹甚多，遂乘胜分途向隆化、围场两县进攻，以便与截在平泉、凌源所属各部联络，围攻承德。中率北路已于十三号克复围场县城，毙敌二百余名，俘获无算，我军已伤亡百余名，官长六名。南路李益民等已率众攻至距隆化四十里之八达营子，隆化旦夕可下，中现与敌在距锥子山三十里广亿城一带鏖战中，祈转知各军一致反攻，扼守要隘，防逆军西窜。热西各县交通阻塞，消息均用步哨传递，热民自我军反攻，人心大快，俱揭竿而起，率众来归者不计其数，望我同胞一致接应，复我国土，除此顽寇。谨电奉闻，不胜迫切待

命之至。民众抗日救国军第一军黄守中叩。寒。如赐教言，请寄沽源邮政局柯长海收转，□□救国军后防办公处李益民收转即妥。

〔国民党政府行政院档案〕

12. 民众抗日救国军第一军军长黄守中关于所部克复隆化挺进多伦并请救济快邮代电

（1933年5月13日）

快邮代电。

汪院长钧鉴：守中所部，东西北各路，连日皆有激战，敌均未得逞。守中于十号督率南路猛攻隆化县城，激战一昼夜，于文日上午八时克复隆化县城，毙敌六十余名，并军官二人，俘获枪支、马匹无算，我军伤亡二十余人。该地民众欢腾，悬我国旗，庆祝胜利。我西路已推进至距多伦北三十余里之内电河西北二十余里之小河子一带，因逆军顽强抵抗，每日激战甚烈。多伦旦夕可下。惟守中所部孤军深入，后防空虚，攻克隆化之南路军李益民部，拟即袭击古北口后方之敌，急盼我国军一致进攻，并接济子弹，便作前驱，以期早日收复失地。谨此代电奉陈，伏乞垂察。民众抗日救国军第一军军长黄守中叩。元。印。

〔国民党政府行政院档案〕

（四）东北义勇军一部退入苏境归国

1. 丁超等报告与日军在八面通等地作战情形致国民政府等电

（1933年1月5日）

王干事子耀：吉密，转南京国民政府、中央党部、军事委员会蒋委员长、军政部、参谋本部、北平张付司令、政务委员会、军事委员会钧鉴：近来日军分三路进犯：一由珠河方正窥勃利：一由中东线海林站犯八面通，一由铁岭河攻磨刀石。于岁前卅日，我左路应、郭两旅在磨刀石与敌接触，日伪两军约二千余人，激战两昼夜，获得山炮两尊，机枪数挺，毙敌百余人。当将该路线山洞破坏，截敌人来路。卒因敌由两翼抄袭包围我军，炮火极为激烈，更用飞机五架轰炸我，军子弹告竭，年来军需艰窘，服装多未完备，值此严寒，士兵昼夜应战，冻伤大半，遂无力久持，敌于冬日，已冲过我左路防地经下城子。同时八面通已不守，现抽调生力部队在梨树镇布防，拟与坚决抵抗。闻敌方此举，系有全盘计划，消灭各路抗日军队，期达其侵略攻策，职等誓与抗衡，以保存东北民气。除俟有何情形随时来电外，谨电奉闻。吉林省主席丁超，东北边防军驻吉付司令官李杜叩。歌。印。

〔国民党政府行政院档案〕

2. 李杜报告义勇军作战失利丁超被俘及士兵退入苏境情形致国民政府密电

（1933年2月10日）

南京外交部密转国民政府主席、蒋委员长、北平张委员长钧鉴：岁初日军进占宝清、闻丁代主席超被虏，当即去哈。廿一旅旅长关庆禄率部降敌，初级官长及士兵愤激不服，全部被日人缴械，其他各路队伍，因限于区域及时间，未能退入俄境者甚多，现均散驻各地，仍继续抗日。各县商民痛亡国之惨，均极愤慨，虽受暴日强迫，一时屈服，犹不忘祖国，人心士气依然不死。顷俄方传来电令，所示奉悉，于本月八日陆续登车西发。谨电奉闻，，伏乞垂察。代理吉林副司令长官李杜叩。灰。

〔国民党政府行政院档案〕

3．王子耀等报告吉林自卫军撤退经过及现在情形致行政院呈

（1933年2月22日）

呈为呈报吉林自卫军撤退经过及现在情形并今后工作计划，敬乞筹拨款项，俾积极推动事：窃吉林自事变之后，经李杜、丁超两总司令组织自卫军积极抗日，所部混成旅九、独立支队四、独立营四、保卫队二十团，合计八万二千人，分驻绥芬河至阿城以东十二县，前方防线长约二千余里，配置部队约五万人。载半以还，与日伪各军激战百余次，以哈尔滨、方正、依兰诸役为最惨烈，我军苦守吉东，日寇绝未得逞。惟自去夏松花江流域大水，田禾淹没，居民失所，为数十年来所未有之浩劫，军民之损失綦重，而余存粮谷，又被日人以高价收买，军糈并感恐慌，幸经李丁两总司令坚苦支撑，得存实力。乃至十月间，我左路刘万魁旅与日军人见部队激战于海林一带，人见为刘俘虏时，我方军气大盛，正拟乘胜前进，刘忽为人见贿买，得日金十七万元，释人见以去，即率该旅降日，并将我军实秘密尽告日方。旋日军即开来海林一师团，诱杀刘旅团营长五人，刘愤而反正，又联合孔宪荣会攻宁安，但我方军情刘既密告日人于前，故宁安之役即遭失败。孔、刘败归之后，复向李总司令要求补充，并划驻守地点，李氏因刘反复无常，未即允其要求。值丁总司令由宝清抵密山，约李总司令前往会议，李氏遂自梨树镇往。时我左路总指挥兼第二

混成旅长马宪章，因疾赴绥芬河就医，下城子、梨树镇两地无高级将领驻守，刘以有机可乘，又与日人阴谋铲除自卫军领袖，遂将救国军千余人更换自卫军臂章开入梨树镇。时总司令部佟参谋长以为刘或觉悟，未加阻止，马总指挥在绥芬河闻讯，即于十一月廿九日返下城子，欲即赴梨树镇检阅刘部。马氏左右以刘不可信，劝阻马氏，而马氏以刘或无他，即于十二月一日早，率同赵国安团长前往梨镇，至则均为执缚，刘并假借名义请李总司令返梨，欲一网打尽，幸李氏已有所闻，未即前往。阅日，孔宪荣到梨树镇，即与刘将马总指挥、赵团长惨害。自卫军各部闻讯，均愤慨异常，欲歼除刘等以清内患。时日寇进犯愈急，李总司令告戒部属，以大局为重，即派徐总参议亚民接任第二混成旅长，此事遂寝。然自此变后，自卫军除抗拒日军外，尚须严防刘辈叛逆，左路失败之机中于斯时矣。在十二月中旬，日军在一面坡筑成大飞机厂，同时苏马两将军已退入俄境，日方调其西进之军，大举东犯，以第十师团广濑为主力，分为三路：第一路为竹本支队，由海林站进攻绥芬河；第二路为园部联队，由一面坡进犯下城子；第三路为人见联队，由陆路向密山前进。斯时我左路各军，因刘孔两部之态度不明,颇受牵制,故竹本部队由飞机掩护，连陷我马桥河、磨刀石、穆稜站各地，其驻在绥芬河之关庆禄旅，因与梨树镇之连络断绝,又无他方援助,日军遂得长驱直入，占据绥芬。自绥芬陷后，日军分其攻绥芬河之旅，胁我左方。至一月七日，竹本、人见、园部三部会攻我梨树镇，并绕取密山，断我后路，我军遂于一月八日撤退密山，缩短战线，扼守调援，再图反攻。乃各路援军未待开到，日陆空两军即至，我军拼命抵抗，支持半日，因机轰弹炸，四处火起，士兵复大半未着棉衣，披搭被褥与敌对抗，直至深夜，李总司令以弹尽援绝，物罄粮弹，无以为守，遂率部退入虎林。日军复继续前进，我军无力支撑,李总司令因于一月九日午，率卫队一旅渡江入俄境,其余各部队，则均散处各县。至我右路各军情况，刻因电报不通，通信专员未到，容另呈报。至现在吉东各部，计尚有军长邢占清在饶河县属挠力沟子，杨耀钧在宝清县东大岭，李福庭在阿城一带，孙广甲在宝清七里河，骑兵旅长陈宗岱在方正龙爪沟，马春德、周万昌二旅在依兰县东沟黑背，步兵旅长路永才，在同江抚远团子山，王勇、梁相忱二旅在桦川县东金沟，张曜五在富锦南五区等地，合计尚有七万之众。耀等前已派苏淳、肃仪昌、杨文五、李世英等四人前往整理，再逾一月，松花江、牡丹江解冻，敌人铁甲车、坦克车失其活动，其进驻吉东各军必仍开往铁路沿线（去岁即如是），彼时我军之活动，又可恢复原状。惟年余以来，吉东商务几完全停顿，物质之缺乏，已达极点，现各军所有枪械，均尚完整，惟子弹缺乏，衣服不暖，活动费用更无所出，于策划进行甚感困难。钧院关心东北，主持抗日大计，东北军民极端感戴，敬恳筹□款项，俾继续派人东归积极活动，则原有实力可以保存，以从事扰乱之工作，将来大举反攻，实收复失地之一大力量，且欲解东北之危，须先接济北满各军以为牵制也。如何之处，理合呈请钧院裁夺施行，实为德便。谨呈

行政院。

李　杜　　　王子耀

代表

丁　超　　　刘丕光

中华民国廿二年二月廿二日

〔国民党政府行政院档案〕

4.行政院关于苏联政府垫付苏炳文等部遣送给养各费商洽经过呈

（1933年3月29日）

呈为密呈事：案据外交部呈为呈报事：案查关于苏联政府垫付苏炳文、李杜、王德林等部遣送给养各费美金六十万元一案，前经本部将苏联一再核减情形呈报钧院鉴核后，旋奉钧院本年二月十八日第四六二号指令内开：呈悉。已交财政部核办等因。嗣准财政部来函，以该项垫款拟由财部按月筹拨美金五万元，分十二个月偿清等语。经本部将分期摊还办法先后电令我国驻莫斯科代表团及颜大使与苏联政府商洽在案。兹据颜大使复电称：顷吴参事晤东方司长，据称：关于苏、李、王各部遣送给养费六十万美金分期摊还事，现可正式答覆，苏联政府可表同意。共分十二个月，自二月份起，请将第一期款拨交远东银行收转。当答以前曾付过华币三十万元，可先照算，渠允商定再复。嗣又称：据最近报告，赴新疆军队已有二千八百五十九人抵达新省，余在途中，最后一批本月十九日亦可出发。关于苏、马、李等出境赴欧事，力催速办。据云，须俟军队全部出境后再办。遣送将领事宜，当以需时太久，且无必要，马病尤难久待。渠允商定后再复。等语。除迳咨财政部查照外，理合据情呈报钧院鉴核。正核办间，又据该部续呈称：兹复据莫斯科颜大使电称，关于苏、李等部遣送给养经费，本日俄外部复称：前收华币三十万元折合美金五万九千余元，可作二月份付款，现请中国政府交付三月份款，当告以二月份余款美金九千余元，自可并入三月份计算。据答，中国政府应还苏联经费决不止六十万美金，因（一）此数仅算至二月十日为止；（二）自此数算定后，又有中国军队二千余人退入俄境，此项经费，均应加入，若分十二个月摊还，每月决不止五万美金，故请将已付之华币三十万元即作为二月份款，如有赢余，往后再算，暂时不必牵入三月份帐，较为清楚。当告以中国政府意，为每月筹还五万美金，并非尽十二个月还尽之意，如有额外费用，请开清单，陈报政府另行办理。渠意苏联方面对于此事让步已多，希望偿还期限不再延长，最后渠允三月份仍照五万美金付款，清单随后开送，等语。除咨财政部查照外，理合将颜使与苏联方面商洽情形呈报鉴核，各等情到院，经并案提出本院第九十三次会议决议通过等因。查关于苏炳文、李杜、王德林等部军民给养及遣送各项费用一案，前据外交部密呈，以苏联所拟各该费用，为数过巨，曾电令莫京王委员与苏联商洽核减数目及付款日期，请予鉴核等情到院，业经饬据财政部复称：上项给养及遣送费用，既经苏联承认美金六十万元，应由部每月汇拨美金五万元，分十二个月汇苏，以资清偿等语，各在卷。兹据呈报前情并经院、议决议前因，除函达主计处查照，并令行财政部照案分期核拨暨指令外交部补编概算呈院核转外，理合录案呈请钧府鉴核令行监察院转饬审计部知照，实为公便。谨呈国民政府。

代理行政院院长　　宋子文

中华民国二十二年三月十九日

〔国民政府档案〕

5.国民党政府外交部关于马占山等由苏回国情形致汪兆铭密电

（1933年3月30日）

汪院长钧鉴：密。顷接黑龙江省政府马主席由俄境托木斯克转来快邮代电一件，文曰：汪院长钧鉴，占山现已同苏司令炳文，张旅长殿九等，取道欧洲回国。至于前在海拉尔致钧座各电，未能到达，以及退入苏联种种经过，容俟回国后面禀，谨电奉闻。黑龙江省政府主席马占山叩。等语。谨电奉闻。外交部叩。陷。印。

中华民国二十二年三月三十日

〔国民党政府行政院档案〕

6. 东北民众救国军前敌总指挥张玉挺等请电苏炳文等兼程返国整理旧部重上前线致蒋介石电

（1933年4月7日）

南京林主席、蒋委员长、汪院长，宋院长，何部长、罗部长、北平何代委员长、朱子桥将军钧鉴：窃以卫国保民，正军人唯一之责，雪耻御侮，乃将士效命之秋。乃者东北剧变，日蹙百里，每怀往事，气懑神伤。幸我苏炳文将军在海满贫瘠之区，独标义帜，誓死抗争，孤守孤防，继则毅然声讨，慎筹妥划，勉力周旋，万众齐心，一以当百，摧拉克复，所向皆披，前锋展至富拉尔基。敌方震惊，乃大集师旅，顽强抵御，一面派员游说，许以高官，饵以重币。苏公忠义昭明，概未接受，终以弹尽援绝，被日本五六师团飞机、坦克车之利器，压迫出国，支撑数月，百折不挠，拼命抗敌之精神，矢忠图存之毅力，足证我国民族尚未心死，实予暴日以重大之打击。迨至退入俄境，到处宣传，影响外交，良非浅鲜。玉挺等身与其役，艰苦共尝，受正义之陶熏，明捍御之天职，以身许国，不计存亡，盼苏公旋归，指挥杀敌，锋镝余生，愿死疆场。丁兹国难危急，应谋实力集中，为此迫切陈词，恳乞速电苏将军偕同张、谢诸公等，兼程返国，并令整理旧部，加入前防，俾长城内外，多增抗日之雄师，卫国军人，得伸同仇之素愿，临电焦驰，无任叩感。东北民众救国军前敌总指挥张玉挺，旅长唐宗信、郑润成，团长常玉琳、杨仁寿、徐广林、古雪涛、傅耀武、孙庆林、田希安、常宝臣、李春颜，参谋长苏国、关裕祥、军官大队长安云阁，总部处长郭竹书、许汝霖、李文学、李振玉，警备部处长杨大方、田洪壁、李建奎、张汉臣、旅部处长关敏、黄纯则、邹鹏、曹廷彦、无线电台长李寰瀛，孙宝廉等率全体归国将士同叩。

中华民国廿二年四月七日

〔国民党政府行政院档案〕

7.李杜代表王子耀等报告东北义勇军退入新疆及吉林各部情形呈

（1933年4月29日）

谨将请示各点节陈于下：

一、退入新疆各部队，计李司令长官部约四千人，苏司令部约四千人，王司令部约二千五百人，如政府派员前往将该部队改编需要熟习该部情形者，随往时，代表可推荐妥人。

一、在吉林东部尚有李司令长官余部约三万人，是否仍由政府设法推动，使潜伏各地继续扰乱。

一、如吉东各部至不能存留仍须退入俄境时，由陆路或海道返国，是否政府预与苏联当局将退入手续、集中地点、运回办法商议拟定，以免政府多受损失。谨呈

汪院长

东北边防军驻吉副司令官　王子耀

李杜代表　谨呈

吉林自卫军总司令　刘丕光

中华民国二十二年四月二十九日

〔国民党政府行政院档案〕

8.东北民众救国军郑润成等报告抗日经过及退入苏境率部回国情形的代电

（1933年6月7日）

塔城鲁行政院长转国民政府林主席、南京蒋总司令、北平张副司令钧鉴：东北不幸，倭寇猖狂，杀我同胞，占我疆土。傀儡登场，石晋称子于契丹；豺狼入室，吴藩效忠于胡虏。犹复消灭我知识阶级，破坏我救国团体，俊臣义府，无此惨酷，黑水白山，任其荼毒，凡稍具血气者，罔不发指捶心，继之以流涕焉。苏总司令悲国土之沦迁，整率健儿，传檄铃而兴起，为举义旗，绝塞誓师，血战胡天，黑水变紫，戈挥鲁日，黄沙埋魂。代理旅长等，以锋镝之末，追随行间，兵陈深水，愧谢玄之八千；喁负兴安，思田横之五百，终因弹尽援绝，忍辱偷生，于二十一年十二月四日夜，退入苏联国境，援国际惯例，缴械收容，在多木斯克居留两月余。复奉苏总司令命令，指定旅长率第二旅残余部众，转道回国，于本年二月十四日由多木斯克出发，二月二十七日到达新疆之塔城，经新省当局派专员接待救济，分批护送，于三月二十七日陆续到达迪化省城，停止待命。计由旅长率领来新省，除旅部官佐尚有欠整，步兵两团暨旅属军官大队统计官士兵夫约二千五百员名，现蒙金督办体恤爱护，无微不至，凡关于饷项之接济，衣食之推解，亦罔不尽其善美，生人肉骨，感激发挥，民族精神，于焉表现。惟前途步骤，尚未确定，而苏总司令、吴旅长经欧回国，计时尚在途中，请命无从，伏恳钧府悯其遭际，电示趋向，俾早完成抗日工作，以保士气，而免戚戚。临电涕泣，不胜屏营待命之至。东北民众救国军步兵第二旅代理旅长郑润成、参谋长苏国，第一团团长孙庆麟、第九团团长郑润成、军官队大队长安云阁，大队附纽玉庭同叩。虞。

〔国民党政府行政院档案〕

9.陈其采关于审查外交部编造苏炳文等部留苏遣散给养费廿一年度临时费岁出概算呈

（1933年6月24日）

呈为审查外交部编造苏炳文等部留俄遣散给养费二十一年度临时费岁出概算，并拟具审查意见书，仰祈核转事：案准行政院密函开，案据外交部呈为呈报事，案查关于苏联政府垫付苏炳文、李杜、王德林等部，遣送给养各费美金六十万元一案，前经本部将苏联一再核减情形，呈报钧院鉴核后，旋奉钧院本年二月十八日第四六二号指令内开：呈悉，已交财政部核办，等因。嗣准财政部来函，以该项垫款拟由财政部按月筹拨美金五万元，分十二个月偿清，等语。经本部将分期摊还办法，先后电令我国驻莫斯科代表团及颜大使与苏联政府商洽在案。兹据颜大使复电称：顷吴参事晤东方司长据称：关于苏、李、王各部遣送给养费六十万美金分期摊还事，现可正式答覆，苏联政府可表同意，共分十二个月，自二月份起，请将第一期款拨交远东银行收转。当答以前曾付过华币三十万元，可先照算，渠允商定再覆。嗣又称：据最近报告，赴新疆军队已有二千八百五十九人抵达新省，余在途中，最后一批本月十九日亦可出发。关于苏、马、李等出境赴欧事，力催速办，据云，须俟军队全部出境后再办。遣送将领事宜，当以需时太久，且无必要，马病尤难久待，渠允商定后再复等语。除迳咨财政部查照外，理合据情呈报钧院鉴核。正核办间，又据该部续呈称：兹复据莫斯科颜大使电称：关于苏、李等部遣送给养经费，本日俄外部复称，前收华币三十万元，折合美金五万九千余元，可作二月份付款，现请中国政府交付三月份款。当告以二月份余款美金九千余元，自可并入三月份计算。据答，中国政府应还苏联经费决不止六十万美金，因（一）此数仅算至二月十日为止。（二）自此数算定后，又有中国军队二千余人退入俄境，此项经费均应加入，若分十二个月摊还，每月决不止五万美金，故请将已付之华币三十万元，即作为二月份款，如有赢余，往后再算，暂时不必牵入三月份帐，较为清楚。当告以中国政府意为每月筹还五万美金，并非尽十二个月还尽之意，如有额外费用，请开清单，陈报政府另行办理。渠意苏联方面对于此事让步已多，希望偿还期限不再延长。最后，渠允三月份仍照五万美金付款，清单随后开送等语。除咨财政部查照外，理合将颜使与苏联方面商洽情形呈报鉴核。各等情到院。经并案提出本院第九十三次会议决议通过。等因。查关于苏炳文、李杜、王德林等部，军民给养及遣送各项费用一案，前据外交部密呈，以苏联所拟各该费用为数过巨，曾电令莫京王委员与苏联商洽核减数目及付款日期，请予鉴核，等情到院。业经饬据财政部复称，上项给养及遣送费用，既经苏联承认美金六十万元，应由部每月拨汇美金五万元，分十二个月汇苏，以资清偿，等语各在卷。兹据呈报前情，并经院议决议前因，除录案呈请国民政府鉴核，并令行财政部照案分期拨发，暨指令外交部补编概算呈院核转外，相应函达查照。正核办间，又准行政院公函，以据外交部呈称：查自苏部军民退入俄境后，前经呈准先拨给养费三十万元，已另编概算，送由主计处核转在案。继以李杜、王德林等部陆续到俄，人数既增，费用益巨，最近经驻苏联大使馆与苏联政府商定资遣归国及留俄给养，截至本年二月十日为止，总计美金六十万元，惟前拨国币三十万元，既据驻苏联大使馆呈报，经与该国政府商定作为第一期拨款。现在补编概算，自应与前拨数目合并计算，按照国币五元折合美金一元，前拨三十万元，计合美金六万元，此次概算实列美金五十四万元，即等于国币二百七十万元，连同前款共合美金六十万元，除自二月十日以后，所有给养遣送各费，应俟续与苏联政府商定确数，再行呈报追加外，理合造具二十一年度临时费概算书五份，具文呈请鉴核施行。等情。据此，除指令并令发财政部外，相应检同原概算书二份，函达查照办理，各等由。计检送概算书二份。准此。查苏联政府垫付苏、李、王等部遣送给养，截至本年二月十日止共为美金六十万元，合国币三百万元，除本年二月拨还国币三十万元，合美金六万元，已另案办理，并奉中央政治会议核定外，此次外交部补编概算，计列美金五十四万元，合国币二百七十万元，经本处审查，此项垫款业经行政院会议决议通过，每月由财政部拨付美金五万元在卷。既系关联两个年度，自应分别编造概算，除本年七月至二十三年一月，计七个月应付之国币一百七十五万元，合美金三十五万元，已□列二十二年度总概算内呈核外，所有本年三月份起至六月份止，应付之国币九十五万元，合美金十九万元，系属特殊费用，似应准予分月拨付，以符定案，拟请钧府先行核定，并请将原概算书暨本处审查意见书各一份，送请中央政治会议追列，以符程序，是否有当，理合备文呈请鉴核施行。谨呈
主席林。

附呈外交部追加苏炳文等部留俄遣送给养费二十一年度临时岁出概算书既本处审查意见书各一份〔缺〕。

主计长　　陈其采

中华民国二十二年六月二十四日

〔国民党政府行政院档案〕

10．吉林自卫军杨耀钧等关于退入苏境后由苏联协助返国情形的报告

（1933年7月25日）

报告自新疆塔城县上。

一、吉林自卫军退入苏联后，曾由李总司令电报在案。

二、吉、江各军在苏联奉命经新疆回国，其第一批于二月廿一日入境，至第六批全为江省军，共约两千七百余人，现在均到

迪化，由第七批至第十八批全为吉军，共约六千余人，半驻伊梨，现已到达，其分赴迪化者，尚在途中。

三、苏联政府对我军招待之意颇好，惟其经理人员良莠不齐，官兵多感困难。

四、新疆由金主席之倡导，入境官兵颇承热烈招待。

五、回国各军颇得饱食，惟冬衣未换，接济毫无，士兵生活，尚以为虑。

六、中日之事件未完，本军之志愿未了，但甘陕途中粮食缺乏，盗匪充斥，非各省当局竭力维持，不易通过，请钧府设法将本军官兵输送入关，加入抗日工作，俾伸素愿，实为盼祷。敬呈国民政府。

吉林自卫军总司令部总参议兼中路总指挥　杨耀钧
吉林自卫军暂编第一师师长　邢占清
吉林自卫军第五路总指挥　李溥林
吉林自卫军总司令部参谋长　哈玉良
吉林自卫军左路总指挥部参谋长　杨炳森
吉林自卫军第二旅旅长　徐国光
吉林自卫军第四旅旅长　刘万魁
吉林自卫军第五旅旅长　郭英魁
吉林自卫军第六旅旅长　应占斌
吉林自卫军第九旅旅长　单春林
吉林自卫军第一师参谋长　姚桦亭
吉林自卫军第二十五旅旅长　王德一
吉林自卫军第二十六旅旅长　王孝之

〔国民党政府行政院档案〕

11. 陈其采关于审核廿二年度外交费类苏炳文等部军民留苏遣送给养费追加概算并附审查意见书呈

（1933年10月5日）

一、呈文

呈为审核二十二年度外交费类，苏炳文等部军民留俄遣送给养费追加概算，附具审查意见书，仰祈核转事：案查前准文官处密函开：径启者，奉主席交下行政院呈据外交部呈称：苏、李、王等部军民给养、及由俄遣送回国等项费用，前定美金六十万元，最后追加经费美金二十万元，经院决议通过，并饬财政部继续照拨，请鉴核令行转饬查照一案，奉谕交主计处，等因。相应抄同原件，函达查照，等由到处。当查本项经费具有特别情形，唯未准主管部编制概算送处，经呈请钧府先行备案，俟外交部补编该项概算送处后，再行专案办理在卷。兹准行政院密函开：案查前据外交部呈以苏、李、王等部军民留俄给养及遣送回国等项费用，请追加经费美金二十万元一案到院，经提出本院第一二一次会议决议通过，业已照案呈报国府令饬财政部续拨，并指令补编概算暨函达贵处查照。嗣准国民政府文官处第三五八号密函，以案经主计处核议呈府奉谕提府会，并交行政院饬外交部迅编概算送主计处核转函达查照，等由。复经转令外交部遵照，各在案。兹据外交部呈送前项概算书前来，除指令并令发财政部外，相应检同原件函达查照等由。准此。查该项概算所列未具目节，无凭详核，唯据概算书声明，以国币四元申合美金一元计算，美金二十万元，计合国币八十万元，揆诸目下汇兑市价，尚属核实，本案既准行政院决议，令饬财政部陆续照拨，并经呈奉钧府备案在卷，拟予转送中央政治会议追列，是否有当，理合检同审查意见书一份，概算书一份，备文呈请鉴核施行。谨呈

主席林。

附呈审查意见书一份

原编概算书一份〔缺〕

主计长　陈其采

中华民国二十二年十月五日

审查二十二年度外交费类苏炳文等部留俄遣送给养费追加概算意见书：

原案内容　案查前准文官处密函开：

奉主席交下行政院呈：据外交部呈称：苏、李、王等部军民给养及由俄遣送回国等项费用，前定美金六十万元，最后追加经费美金二十万元，经院决议通过，并饬财政部继续照拨，请鉴核令行转饬查照一案。奉谕交主计处等因，相应抄同原件函达查照，并准行政院函同前由到处。当查本项经费具有特别情形，既准行政院决议令饬财政部陆续照拨在案。经呈请国民政府先行备案，并令行监察院转饬审计部知照，俟外交部编制该项概算呈转到处后，再行专案呈请钧会核定在卷。现准行政院密函开：案查前据外交部呈，以苏、李、王等部军民留俄给养及由俄遣送回国等项费用，请追加经费美金二十万元一案到院，经提出本院第一二一次会议决议通过，业已照案呈报国府，令饬财政部续拨，并指令补编概算暨函达贵处查照。嗣准国民政府文官处第三五八号密函，以案经主计处核议呈府，奉谕提府会，并交行政院转饬外交部，迅编概算送主计处核转函达查照等由，复经转令外交部遵照各在案。兹据外交部呈送前项概算书前来，除指令并令发财政部外，相应检同原件函达查照等由。

审查意见　查外交部所编追加苏炳文等部军民留俄遣回费概算书，计列美金二十万元，系继续请拨结算之数。该书仅列一总数，未注目节，无凭详核，唯据概算书声明，以国币四元申合美金一元，美金二十万元计合国币八十万元，揆诸现在市价，尚属核实。本案具有特别情形，既经行政院决议，令饬财政部陆续照拨，并请国民政府备案各在案，拟请钧会准予照数追列，是否有当，仍候鉴核。

〔国民政府档案〕

〔七〕长城抗战与察绥抗日同盟军

（一）汤玉麟委弃河热

1. 国民党政府监察院弹劾汤玉麟呈[①]

（1933年3月7日）

呈为转呈事：案据监察委员邵鸿基呈称：查自暴日进犯热河，华北震动，该省政府主席汤玉麟于本月四日竟弃承德，背职潜逃，致使日军长驱直入热河省城，失地千里，实属罪不容诛。兹特依法提出弹劾，请将汤玉麟即日移付惩戒，并请国民政府立将汤玉麟拿办，以维国法。当交监察委员刘莪青、田炯锦、高友唐审查去后。嗣据报告称：奉交邵委员弹劾汤玉麟弃职潜逃一案，应即移付惩戒。等语。又据监察委员刘莪青、周利生、高一涵、田炯锦、刘三、王平政呈称：华北军事委员会分会委员长张学良，在九一八以前，身任东北地方长官，以不抵抗而失沈阳、锦州各地，此次暴日犯热河，虽曾遣兵调将，实无抵抗决心。开战以后，其主力部队不十日败退数百里途。热河省政府主席汤玉麟部参加热防者约四万余人，自上月二十五日与日逆正式接触，至本月四日而承德失陷，张学良、汤玉麟均未亲临前线，其无抵抗决心实可概见。兹特提弹劾，应请转呈中央，绳张学良、汤玉麟以国法，以为防土不力者戒。当交监察委员于洪起、李梦庚、姚雨平审查去后。嗣据报告称：奉交刘委员莪青等弹劾张学良、汤玉麟抗敌不力失地误国案，应将张学良、汤玉麟移付惩戒。等语。又据监察委员高友唐、李梦庚、邵鸿基呈称：张学良前以副司令兼边防

①此件系国民政府文官处抄呈。

司令长官，后以绥靖主任兼代军事分会委员长，统辖五省之地，军队至三十万之多，每年糜款至四五千万圆之巨，讵九一八倭人发难，不崇朝而辽宁失，吉黑继之，至近日热河告急，张学良利用机会要挟中央，索取饷械，而北票、南岭、朝阳、承德不守□□□□□□□□□□□□□□□□，综张学良之罪状，断送东三省，已万死不足蔽辜，今再以热河资敌，更百喙难辞厥咎。为此依法提劾，拟请政府立将张学良明刑正典，并严拿汤玉麟一并骈诛，以肃军纪而励戎行。当交监察委员刘三、高一涵、周利生审查，去后。嗣据报告称：张学良断送东三省，今热河又告失守，委员等认为情节重大，事变非常，应请援紧急救济条文，提案提呈中央，将张学良、汤玉麟立正明刑，以励人心而挽危局。等语。据此。查张学良、汤玉麟失土辱国，罪有应得，国家若不明正其罪，处以严刑，其何以饬戎行而固国本，用是汇呈各案，即祈钧府依法交付惩戒，并依急速救济处分，将张学良、汤玉麟等尽法惩法，以肃纲纪而救国脉。理合缮附各提案呈请钧府鉴核施行。谨呈

国民政府主席林

附抄呈原弹劾三案〔略〕

监察院院长于右任　二二、三、七

〔国民党政府行政院档案〕

2. 北宁铁路工会请严惩汤玉麟并望增兵反攻的代电

（1933年3月8日）

南京国民党政府钧鉴：热汤逃亡，承德失陷，凡属国人，莫不发指。热省战局，关系国家存亡，为举世重视，乃汤贼昧于存亡关键，在未骗取金钱物质之先，扬言抵抗到底，一经到手，便弃城逃走，甚而一兵未及血刃，即将我六十万方里之大好土地，由敌百人一弹不发垂手而得，中外有史以来，凡争城夺地未有如此容易者。全国勇气为之一减，招世界冷齿，贻国人奇羞。此种

国贼，若不严予惩办，国家前途何堪设想？用特电请严缉汤贼，枭首示众，以彰国法，而肃军纪。更望增援大军即日反攻，而振民心。临电不胜迫切待命之至。北宁铁路工会叩。庚。

〔国民党政府行政院档案〕

3.全国商联会联合会等请严惩委弃热河之张学良汤玉麟等并整顿各军实行反攻电

(1933年3月8日)

南京国民政府、行政院、监察院、军事委员会鉴：暴日宣言图犯热河，进窥华北，数阅月于兹矣。全国民众奔走愤激，有财者不惜毁其家，有力者不惜捐其生，联盟各国仗义声援，几于一致。在此万目睽睽，中外属望之际，忽以热河前敌全线溃退。闻数日以来，文电宣传颇多，难缺解人之处，自开鲁、朝阳不守，凌南、凌源及建平、赤峰为前线，平泉为后方，承德尤居其后，其间崇山峻岭，相去各数百里。三日晚，承德并无一敌兵，乃四日外报宣传我承德，平泉、凌南、凌源各军纷退古北口、喜峰口、冷口。夫承德为汤玉麟坐镇之省会，迤东平泉、凌源、凌南皆张学良、万福麟重兵所驻地，维时赤峰、平泉英旅尚在苦战，而此主力经前后方突然尽撤，即败退亦不能如是速也。敌自东来，败退宜由东而西，今前后方同时由北而南，此何故也。虽宣传战报掩饰多方，岂能尽蔽天下人耳目。即退一步言，确系出于败退，试问数十万大兵，何用数阅月准备，何为至若张作相身任总指挥，迁延不入热河，又何故也。溯自九一八以来，辽吉黑以不抵抗而失，锦州以撤兵而失，山海关、九门口小战而相继皆失，今又以一二日间，在若有意若无意中，断送热河全省。有可守之天险而不守，有可用之士气而不用，有难得之友邦助力而率然自暴其无能，张学良辈有何面目以对我国人，我国家有何面目以对世界。夫立国无法则何以致治安，行军无法则何以惩败，豳有过去之依违隐忍，致成今日，若再依违隐忍，浸假而察积，浸假而华北，浸假而华南，中国版图虽广，能堪几度败退与断送耶？应请政府立将张学良、张作相、万福麟、汤玉麟辈按照军法严予惩处，一面整饬各军扼守各关隘，同时下令前敌各军一律反攻，准其立功自赎，概不许退入关内。张家口、多伦在交通上尤为重要，急宜分派重兵扼守以防敌人西窥。张学良等若有天良，正宜自请严惩以谢天下。吾民众与政府须知热河之失，非兵士之不肯战，非一般将领之不敢战，其咎惟身负指挥全责之高级将领一方固痛恨未丧师先失地之罪在不赦，一方正应念及将士一心军民合力之尚可有为，若国有常刑，则士皆朝气。吾国民仍当群策群力，始终合作，以图补救桑榆于万一，若仍依违隐忍，恐人心所激，后患方长，有非公团等所忍道者。报载蒋委员长北行，公团等集议佥同，迫切上言，惟希鉴察。全国商联会联合会、上海市商会、上海市地方协会、东北协会、东北义勇军后援会、辽吉黑热义勇军后援会、上海东北难民救济会、中华妇女救济东北同胞协会、中华国货维持会、上海国货工厂联合会、机制国货工厂联合会、南京路商界联合会、上海特区市民联合会第一区分会同叩。齐。

〔国民党政府行政院档案〕

4.上海各团体救国联合会请国民党当局急应自劾并即日实行四事的代电

（1933年8月）

快邮代电

南京中央党部、中政会、国民政府、军事委员会诸公公鉴：热河失陷，举国震骇，张汤辈守土不力，罪固当诛，而当局诸公之因循误事，实亦难辞其咎。溯自一二八事变以来，国人之议请惩办张学良者何止千百，而政府蔑视民意，自充耳不闻，酒色歌舞之徒，安知旗枪刀剑之用，有不抵抗之张学良，当然有不抵抗之汤玉麟，当断不断，适以召乱。此政府之急应自劾以谢国人者一也。三月六日宋代院长在各报发表谈话，谓此次热河之失，实由军政之不良，器械之不精，交通之不便。事固诚然，苟在仓猝应战，国人自应曲为恕谅，第自沈变以还，迄今十八阅月，关于抗日各军之军事整理，饷械接济，与夫工程运输等问题，从未闻政府有若何之措施。操场式之训练，谁总其成？太古式之车辆，谁仍其旧？居一国行政之中枢，对此重大国防事宜，事前毫无准备，而事后反作此诿过卸责之言，宁非奇事。譬如黑夜远行，不授以电灯烛火而令盲人驰驱于悬崖深池之旁，其危险之责任伊谁是属？此政府之急应自劾以谢国人者二也。蒋委员长为全国军事重心，一切军事计划自应归其调度，乃自年余以来，我义军方与敌人血肉相搏于冰天雪地之中，而我全国军事主帅则雍容徘徊于江汉浔庐之间。谓为巡视耶？则蒋公非巡视之官，何必越俎代庖！谓为剿匪耶？则鄂赣两省之成绩，不过多予敌人以化整为零化零为整之机会，以五十万大兵经三四载之疲劳而不能平此十余万之匪患，对内既威信堕地，遑论御外，此政府之急应自劾以谢国人者三也。前者宋院长北上，力主抵抗，适当二千万公债励行推销之时，谈时事者或惴惴相告，谓此不过借名抗日藉遂其筹款之策。热河无恙，则大言夸张坐收救国之名；热河失守，则张汤奔溃乐得抚有余众之利。此虽神经过敏之推测，而求之事实，则政府自宣布长期抵抗以来，从未闻派遣一卒一将参加作战，胜则自己，败则他人，张汤辈固罪不容诛，其如国人耳目之不可尽掩何！此政府之急应自劾以谢国人者四也。今者事急寇深，非国人缄默观望之时，譬如孤舟泛于大海，驾舟者一有差池，则全船之生命财产立遭沉覆，中国为我辈人民共有之国，此理应可共喻。当此千钧一发之秋，应请政府下大决心实行抵抗，即日实行下列之四事：（一）迅即命令蒋委员长督率大兵北上，收复失地。（二）严惩张学良、汤玉麟，并没收其财产，以济关外效命之师。（三）鼓励民众组织，协同抗日，毋以封锁新闻箝制舆论为得策。（四）

以开诚相与，团结全国人材，以赏罚严明，激励前方将士，如此则东隅已失，桑榆未晚，吾国前途，庶其有豸。昔者曹沫三败，犹索汶阳，以蒋公之忠勇自负，讵让古人专美于前耶？如犹因循畏葸，坐误时机，名为长期抵抗，实则按兵不动，则平津危殆，全国震撼，他日神明华胄，沦于异域，亡国之痛，我全国人民受之，而亡国之咎，实惟公等尸之。急不择言，诸维谅察。上海各团体救国联合会叩。轸。

〔国民党政府行政院档案〕

5.热河民众救国后援会等痛陈汤玉麟祸国殃民十大罪状的代电

（1933年4月）

快邮代电

国民政府、行政院汪院长钧鉴：查丧师辱国，弃职潜逃之汤玉麟，土匪起家，贪暴成性，原不知政治军事为何物，自民十五年占据热河，即大事收刮，纵兵纵匪，民不堪命。至十八年国军北伐，热河志士组织民军，争为前驱，业经占领滦西，距热仅七十余里，驱汤已在指顾间，因中央允许东北易帜，遂奉命停止军事行动。当时热人奔走呼号，咸以中央必俯顺民意，最小限度可望调汤离热，另得一贤明长官刷新热政，孰意天不悔祸，呼吁无灵，汤玉麟竟尔蝉联无恙，五年以来，对热民之报复手段，较前残酷万分；对政府之狂悖跋扈，不知中央何物。兹将其罪大恶极之点撮陈如下：一曰勒逼种烟也。禁烟关国家威信，汤氏悍然破坏法令，委伊长子汤佐荣为禁烟局总办，罚金随意增加，每亩征至十二元，十五元不等，年征巨款千余万元作为特别收入，概饷私囊，毒丹遍地，怨气冲天，其大罪一。一曰尅扣军饷也。热河军计步兵四旅、骑兵三旅，向不正式放饷，所需给养，无偿取之民间，以致军纪败坏，士兵囚首丧面，其驯良者，挨门讨钱钞，索鞋袜，习以为常；其狡黠者，持枪行抢，官不敢问，八年之久，兵匪揉杂，商民饮痛，皆汤氏吞没军饷造成之，其大罪二。一曰纵贼贻患也。汤氏所属各旅团，缺额太巨，历次剿匪尚属屡被土匪缴械，遑论抗日，如步兵二十二旅富春所部，全旅不足六百人，第一营在郭家屯被土匪小合子全部缴械，去冬又在大阁镇哗变，一营随土匪自由行动，以至刘桂棠窜围时，匪部不过千余人，疲惫已极，且无子弹，正可合围剿灭，而汤氏兵弱胆怯，希图苟安，目前，纵令在黄旆一带大掠一月，始护送鲁北安置，荣以军长崇衔，使贼坐大，致此次开鲁战事，刘桂棠附逆，遂一败涂地，皆汤氏纵贼之所致也，其大罪三。一曰私通伪国也。自九一八难作，汤氏即派密使络绎于辽宁长春间，伪国之参政院汤玉麟为重要委员之一员，伪国建国宣言，汤玉麟曾经签字，中外报章公然登载，全国哗传，似此辱国通敌，一死犹不足蔽辜，其大罪四。一曰横征暴敛也。查汤氏苛敛烟捐千余万，犹以未足，余如保运费也，出境损〔捐〕也、吸户捐也、烟灯损〔捐〕也，复不下数百万。食盐为万民生活所必需，汤氏举办人头捐及盐务督销处，一再激成暴动，全境骚然。而尤以蒙旗地租勒令由官代征，大为蒙人所痛恨，此次蒙人之附逆有由来也。复以兴业银行滥发不兑现纸币勒募公债数百万元而不发债票，种种剥削热民，早为无告之民矣，其大罪五。一曰弃职潜逃也。自九一八变起，热境日在战云笼罩之中，汤氏不加戒备，前线毫无工事，日惟大言欺骗中央，要求饷械，自二月二十五日南岭战起，董旅望风逃溃，至三月三日，凌源失守，而承德尚未闻炮声，汤氏胆小如鼠，即调回前线运输之汽车数百辆，运其私财，仓皇西遁，致敌人以一百二十八人唾手占领省城，武库尚存新枪两万余枝，子弹数百万发，库存现洋数十万元，全部军实尽数资敌，误国至此，汤氏心肝真狗彘不如矣，其大罪六。一曰卖官鬻缺也。汤之政以贿成，纯属交易性质，凡各县知事及公安局长等，皆由其姨太太分别出售，各有印章。某姨太主管发卖县长，某姨太主管发卖公安局长及区官，各姨太条谕下颁，则民政厅警务处如奉纶音，立即执行，以致马弁可综县政，龟奴亦庆弹冠，秽史丑行不堪缕数，其大罪七。一曰纵兵屠民也。朝阳为热东镇钥，汤派其爱弟玉书充骑兵团长镇守之，而以爱婿周铁铮为知事，以一团骑兵不足五百人之数，竟勒派给养至五十五万元之巨。人民赴县请愿，军民发生冲突，当经士绅调解，汤周二人竟将中学校长吕善著学监前清举人沈鸣诗等士绅三十六人一律枪毙，激起全县公愤，冲突经年。而敌人利用时机，严疆突破，长城自坏，汤之断送热省，此造因之核心也，其大罪八。一曰任用私人也。查汤之长子佐荣任禁烟局总办；次子佐辅任省府委员兼财政厅长、财政委员会委员长、经界局总办、盐务督销处处长、印花税处处长、烟酒公卖局局长、训练副监等十余要职；其三弟则董旅之步兵团长也；其四弟则三十六师之炮兵团长；其五弟则兵团也；其余汤氏子侄遍布各县。如老耄昏聩之张林即张晓山，为汤氏盟弟滥充自卫军总指挥，号称有兵六团分驻朝阳县城附近，日向民户索给养，怨声载道，一旦敌至即免脱西逃。汤之子若弟〔弟若〕任要职者，在未开战前，即避居平津，各衙署为之一空，无人负责，汤玉麟不加闻问，以致一败不可收拾，因私废公，其大罪九。一曰残害绅士也。汤玉麟嫉贤如仇，凡地方之负时誉符众望者，必投之狱。如热河著名正绅张鹏飞、曾贻传、许梦庚、李秀轩、胡亦秋等，皆长期系狱，凌辱备至。张、曾二绅竟押毙狱中，热人哀之，认为热河之重大损失，其余正人君子被迫离热者不可数计，识者早知热事必败于汤贼之手也。嫉贤害能，其大罪十。综陈汤氏罪恶，罄竹难书，其昭昭大端热人最为痛心者耳。热河虽亡于汤氏，然民众热心与政府合作，必达到收复失地而后已，是民众极力维护政府也。若祸热之民贼无严正之究惩，是政府甘愿牺牲热河民众也。况前线各军抗战流血之惨烈如此，而丧师辱国贪污之汤玉麟如彼，除治以应得之罪，并应查抄其剥削热河地皮所得之金钱移作奖励前线忠勇将士及抚恤热河难民之用必也。赏罚明，而国土可复，民怨可伸，民气可平。惟近日为汤贼奔走者大事宣传，谓钧院仍俾汤氏以军长要职，以戴罪图功为开脱等情。窃以军争方始，赏罚必秉大公，而将士始能用心，民心始可依归，否则何以对前线热烈流血之将士，何以对八百万受害之热民，激切陈词，伏祈明示。热河旅津同乡会，热河民众救国后援会叩。蒸。

热河旅津同乡会

热河民众救国后援会

〔国民党政府行政院档案〕

6.黄慕松等报告调查汤玉麟委弃承德经过情形呈

（1933年4月）

呈为呈复遵令会同查明业经褫职之热河主席兼第三军团长汤玉麟委弃承德一切经过情形仰祈鉴核事：窃鸿基、慕松、本仁奉军政部部长何令转行政院、监察院院长于、军事委员会委员长蒋（电）训令。案奉国民政府训令饬派，对于轻将热河委弃、遗误军机，业经明令褫职之热河主席汤玉麟会同彻查具复，以凭核办等因。慕松遵即会同鸿基、本仁向各方面彻底调查，谨将调查情形分晰陈之：一、汤玉麟主持热政将近八年，遇事以其子汤佐辅之言是从，故佐辅得以一身兼热河财政厅长、热河兴业银行总办、军需处长、军政训练副监、盐务局长、恳务总办、经界委员会委员长、烟酒局长、印花税局长、财政整理委员会委员长等十余要职，卖官种烟，苛细杂捐，种种弊政，不堪枚举。汤所部军队，计一师四旅一特务队，号称三万余人，实则层层侵吞空额，确数不满两万人，欠饷六七个月，且所发之饷，均本省兴业银行钞票，按二十五元作现一元，而市价则须五十余元始能折现一元。是以各军队分防各处，所领之饷不敷给养之用，专恃武力就地征发，民怨沸腾。一旦有事，地方民众欢迎敌军，官兵则毫无斗志。此汤玉麟失败之远因也。二、此次抗日，汤所有部队确已开赴前方布防，董福亭旅驻朝阳、南岭等处，崔兴五旅分驻开鲁、林东、林西，赵国增旅驻阜新，石香亭旅驻赤峰，其主力一师、骑兵一旅驻建平，所余特务队工辎营随汤玉麟驻承德。迨热河战事将起，北平军委分会则划分由朝阳、硃碌科、建平以南为第一集团军作战区，朝阳、硃碌科、建平迤北为第二集团军作战区。第一集团军总司令系军委分会张代委员长自兼，实际则由万军团长福麟率领第四军团担任，所部队伍为于兆麟师及王永胜、孙多荃等旅，分驻凌源、凌南、平泉一带。第二集团军总司令为张作相、汤玉麟副之，所属队伍，除汤部热军外，余为孙魁元部张廷枢旅，并原在开鲁一带之冯占海、李海青、刘震东、李芳亭等部义勇军。张作相于热河失守之前四日奉到委令关防，赶即组织，稍事筹备，以前方吃紧，于三月一日驰赴热河就职。按军委分会划分之作战区域北票、朝阳应由第一集团军接防，乃事实尚未办到。二月二十二日敌军进逼南岭、开鲁，汤部崔旅由开鲁退林东（三月八日左右降敌）。董旅汤玉山团由南岭先退北票，继退桃花图，该处距北票、朝阳各四十五里。伪国前方指挥为汤团前任团长邵本良，因事被汤玉麟撤差投敌者，该团官兵闻邵本良到，不愿与战，乃投降焉。又该旅他团之一营，亦同时哗变，有投邵者，有散去者，行动不一，至是董旅所余不过数百人，二十六日退叶柏寿。董旅长用电话向汤玉麟报告前情，并请求增援，汤比令该旅长就近商请驻凌源之万福麟部师长于兆麟拨队援助，于以未奉万令拒之。三月一日午后，敌之装甲车四辆、汽车十余辆冲入叶柏寿，董旅残部立时溃退。凌源各机关闻警亦即向平泉退走。二日午前，敌之装甲车四辆、汽车十余辆进入凌源，于师长兆麟乃绕道向平泉退却。时王永胜旅驻平泉，见前方部队纷乱后退，亦随之经宽城子向喜峰口溃退。三月二日晚，承德与平泉电话电报皆不通，冯庸又由凌源乘汽车狼狈逃来，张作相、汤玉麟以为平泉已失，商议退却。张作相当晚即赴古北口。时承德城内警察及民众闻讯即组织团体派人往迎敌军，汤玉麟不知也。三月三日下午二时，汤率特务队工辎营约共一千余人退出承德城，至距承德三十里之广仁岭，正向队伍训话间，忽据报告赤峰克复，平泉未失，汤当率辎重营仍回承德城。是晚敌之装甲车、汽车已达距承德九十里之六沟。四日早七时汤以前方各部仍无电话电报，复率辎重营离承德西退。午前八时，敌飞机到承德，比向西飞，在滦平抛掷炸弹追汤，因汤退走飞带有多数乘马，目标显著故也。十时，敌之装甲车、汽车到距承德三十里红石岚，下午一时入承德城，敌兵约百二十人，汤率领残部先退安匠屯，继退丰宁，旋复退驻大阁镇、大黄旆一带，闻陆续集合溃兵及收编之零星义勇军约共万余人，但素乏教育，纪律废弛，若不特加整顿，仍恐难以应战，此汤玉麟放弃承德之一切经过情处也。综合上述情形观之，汤玉麟治热数年，绾理军民两政，平时措施不善，结怨于民，致令战时军事受一部分影响，固有应得之咎，至按此次热河全部军事失败论，似又不能单独责汤。奉令前因，理合将会同调查情形详为呈复，伏乞俯赐鉴核，至应如何办理之处，政府自有权衡，非慕松、鸿基、本仁等所敢擅议也。谨呈

行政院汪。

中华民国二十二年四月十二日

参谋本部次长　　黄慕松

监察院监察委员　　邵鸿基

军事参议院上将参议　　方本仁

〔国民党政府行政院档案〕

7. 汪精卫与蒋介石关于撤销汤玉麟通缉令并给以名义的来往密电

（1933年12月）

（1）汪精卫致蒋介石密电（12月22日）

电　　有字八七〇号二二月二二日三五〇字

南昌蒋委员长赐鉴：（行）密。顷据宋哲元皓电称：前热河省政府主席汤玉麟，因热河失守，经国民政府于本年三月八日明令先行褫职并彻查严缉究办，仰见中央振肃纪纲之至意。惟查汤玉麟自退出承德以后，虽已负失土之咎，尚能收合部伍转进察省，中经敌人之威迫利诱，卒克守志不渝，坚苦自矢，时近一年，曾不稍懈。最近又交出军队听候处分。现在该部官兵业经安置就绪，并已将办理经过电呈军委会。北平政整会军分会各在案。前奉蒋委员长电示，对于汤玉麟可善为引导，中央未始不可予以自新之路，等因。业经遵谕办理。现汤玉麟脱离军队，来住张垣，经职迭次接见，宣布蒋委员长德意，该员感激涕零之下，实有奋发振作之诚，经职考查，该员确系报国情殷，颇明大义，拟恳中央原情略迹，曲予宽宥，俯准撤销通缉明令，俾得恢复自由，并恳给以名义，以观后效。等情。据此，查撤销汤玉麟通缉，恢复自由，似尚可行。至于名义则以闲散军职为宜，如何之处，祈即酌复。

中华民国二十二年十二月二十二日

弟兆铭叩　养　印

（2）蒋介石致汪精卫的密电（12月22日）

南京汪院长尊鉴：令密。顷据宋哲元皓电，请撤销汤玉麟通缉令，并给以名义，分电计达。兄对此事意见如何？请电示为荷。弟中正叩。祃秘。赣。印。

（3）蒋介石复汪精卫的密电（12月24日）

南京汪院长尊鉴：养电敬悉。典密。宋哲元拟恳撤汤玉麟通缉，请予照准。至给汤以闲散名义，弟亦赞同。请与益之孟萧诸兄从长商定为荷。弟中正叩。敬戌秘。赣。印。

〔国民党政府行政院档案〕

8.国民政府关于撤销汤玉麟通辑令的指令

（1933年12月）

国民政府指令　　第二四三四号

令行政院

呈据察哈尔省政府主席兼陆军第二十九军军长宋哲元电，请取销汤玉麟通辑，并据军事委员会北平分会何代委员长应钦电同前情。经院议决通过，呈请鉴核令遵由。呈悉。准如所议办理，仰即转饬知照。此令。

中华民国二十二年十二月三十日

国民政府主席　林　森

行政院院长　汪兆铭

〔国民党政府行政院档案〕

（二）二十九军长城抗战

1.宋哲元报告日军进犯喜峰口一带及二十九军奋起抵抗电

（1933年3月10—14日）

（1）3月10日密电

蓟州来。

军急。南京国民政府、军委会、各院长、各部长钧鉴：冬密。倭奴肆虐，既侵热河，复犯冀北。职部奉令扼守长城，由城岭子口至马兰关之线，敌于佳午以装甲车掩护重兵连合之部队向我喜峰口一带阵地猛攻，炮火轰击，激战竟夜，我官兵沉着应战，数次肉搏，敌死伤甚众，终未得逞。惟喜峰口为冀北重要关隘，敌人志在必得，今复以大部增加，计以日军两旅团为基干，附伪军共约三万余人，由董家口、铁关门、喜峰口各口向我全线进攻。职军亦以全部增加，拼死抵抗，现我官兵士气甚旺，咸抱只进无退死而后已之决心，毙敌甚多，我伤亡亦众，计受伤旅长赵登禹一员，营长一员；阵亡营长一员，其余伤亡正在调查。虽在炮火弥漫、血肉横飞之际，仍能表现不屈不挠之精神，除仍严督所部拼命前进外，特电奉闻。华北军第三军团总指挥宋哲元叩。蒸亥。忝参。印。

（2）3月11日密电

提前。南京国民政府：军事委员会、各院长、各部长钧鉴：□密。今日午前九时，敌以集中炮火猛烈之射击约三小时，掩护其步兵两团用波状队形向我喜峰口西侧高地之冯治安师阵地猛攻，肉搏十余次，互得互失，敌人伤亡尸横满地，我亦有伤亡。刻我官兵仍本有进无退之决心，在正面与敌肉搏相拼，另派步兵两团，由董家口出击，袭敌后背。余容续报。谨禀。职宋哲元叩。

真末。参。印。

（3）3月12日电

蓟州来电

军急。南京国民政府、军事委员会、各院长、各部长钧鉴：喜峰口数日战斗极烈，敌人势在必得，我军拼命死守，互失互得，双方伤亡甚重。敌人占据喜峰、北口两冀高山，我军因受敌制，以冯治安师仍由正面攻击外，并派张自忠师用迂回包围该敌，以企歼灭，情况如左：（一）董升堂团已绕至敌后，占领三家子、小喜峰口，协同正面王治邦旅，夹击喜峰口西侧高山之敌。（二）王长海团绕至敌后，占领白台子、狼洞子，与正面之佟泽光旅夹击喜峰口东侧高山之敌。（三）我王昆山营占领白台山，已将通宽城子大道破坏堵塞，以防敌兵来援。（四）查敌人早在阵地极力作工，气已馁弱，均已在我包围中，准备本日将该敌歼灭。（五）敌人经我痛击，急派大部来援，如由右翼冷口方面同时进攻，则敌首尾不能兼顾矣。谨闻。宋哲元叩。文酉。印。

（4）3月13日电

北平

提前即刻到。南京国民政府、各院长、各部长钧鉴：（一）喜峰口外正面之敌，真晚经我夜袭，受创甚剧，本日意图反攻，战斗仍急烈，我官兵沉着应战，远则枪击，近则刀砍，敌终未得逞。（二）真晚绕攻时，我团长王长海将敌炮兵阵地占领，得大炮十八门，因山僻路险，未能运回，当经完全破坏。敌今日反攻炮击甚少。（三）本日敌以大型飞机十余架，自朝至暮更番沿我阵线及撤河桥附近，极力轰炸，伤我官兵十余名，商民四名。（四）据探报：敌派增援部队刻立由平泉向我前进中。又董家口方面，发现朝鲜、蒙古约一团连合之敌向我窜扰，已被我所部迎头击溃。谨此奉闻。职宋哲元叩。元酉由蓟县来。印。

（5）3月14日电1

北平

特急。南京国民政府、各院长、各部长钧鉴：（一）喜峰口一带之敌，连日被我痛击，异常疲惫，覃夜向我阵地发枪，彻夜不断，颇现惊慌不能支持之样。（二）敌以蒙鲜连合约一团之众，由董家口窜至鄗家峪，给我王治邦旅戴芎义团迎头痛击，复令马光达营抗敌左侧，协力夹击，遂将该敌击溃。谨闻。职宋哲元叩，寒巳由遵化来。印。

（6）3月14日电2

北平

特急。南京国民政府、各院长、各部长钧鉴：连日血战，敌以伤亡过众，志气馁败。刻据冯师长治安电话报告：攻击喜峰口正面之敌，于上午十时向后撤退，似有退却之样。职宋哲元叩。寒午。由遵化来。印。

（7）3月14日电3

特急。南京国民政府各院长、各部长钧鉴：顷据前方报告：（一）我喜峰口阵地正面高地之敌被我痛击，将及黄昏，纷纷向后溃退，现该高地已被我王治邦旅完全占领。（二）我阵地西北侧高地尚有少数之敌拒〔据〕险抵抗，正由我刘景山团包围解决中。（三）董家口、铁门关一带有敌步骑数部，向我右翼进绕，现正由我佟泽光旅分头解决。（四）据由平泉逃至潘家口之老百姓云：敌之大批辎重车辆及伤兵昼夜向后运送，沿途络绎不绝等语。特此奉闻。职宋哲元叩。寒戌。参。由遵化来。印。

〔国民政府档案〕

2.朱庆澜为二十九军喜峰口抗战报捷并请各方助电

（1933年3月14日）

上海各公团公鉴：元电未能详尽，兹据前派赴宋哲元部慰劳人员由喜峰口回称：宋部接防喜峰口时，日军已有万余人，追踪万福麟部。万部退到遵化，始与宋接头，故敌已进袭山口将长城占领。宋军长因前线情形紧张，乃立下令各部，由遵化跑步赴喜峰口，凡一百十余里，大半日即到，由冯治安部担任正面，冯即下："有进无退，死而后已"八字口令，另挑五百名大刀队袒臂冲锋，爬登长城。敌素轻视中国军队，不足一击，忽遭此非常硬汉五百，措手不及，千余日军悉被砍杀。而五百名健儿，亦多数牺牲，生还者只三十余人。悲壮义烈之举，足扫颓靡无耻之风。当时敌军即以全部大炮密集轰击，冯部乃离壕出线百步，伏避各山幽僻处，凡三小时，敌以我军大部扫灭，乃以步兵冲锋而上。时宋已口令各部仍回原壕不动声色，不发一枪，迨敌临近战壕数十步时，于烟磺未落之中，突起砍杀，当将日军一千五百人尽数解决。敌惊惧，以为天兵，乃皆谋占山头，依势逃窜。宋部侦清敌情，乃于夜间令赵旅出潘家口，佟旅出董家口，施行夜袭，摸索进攻，将日后方炮兵阵地袭陷。计所获得大炮已点出者十八门，其余甲车枪械物品无算。遍山盈谷，遗弃皆是，正在清查中。总值约在千万元以上。日军被困，东西逃窜。我方大刀队勇敢直前，分头搜杀，余敌现已尽数解决。宋部采白天休战，夜间袭击办法，使敌飞机甲车失其效用，每夜至少砍敌日军千名以上。截至现在，总计被俘及死伤者在万名左右，洵属空前胜利。附近遵化民众，对宋部极表同情，群起接济，足征果有真正抗日不扰民众队伍，民众固敌忾同仇也。现在续派员携慰劳品，并广为布置医院救治伤兵，尚望各方实力援助，以期一鼓作气，直捣黄龙，收复失地为盼。朱庆澜叩。寒。

〔国民政府档案〕

3.宋哲元报告日寇进犯罗文峪一带并为二十九军击退电

（1933年3月15—26日）

（1）3月15日电

北平

特急。南京国民政府各院长、各部长钧鉴：（一）我喜峰口正面之敌，连日经我痛击志气已馁，自昨日起仅有小部分战斗。刻据报：敌已退至孟子岭附近，现正压迫当地百姓构筑工事。潘家口附近已无敌踪。（二）窜入董家口之敌，昨晚经我佟旅痛击，已经溃逃口外，刻正派队分向各方施行威力侦察。（三）据刘师长汝明报告：约有二千余名步骑混合之敌，由承德南进，其队头于元晚巳刻到达兴隆县东北约六十里之莺手营〔？〕附近，仍继续南进。（四）我刘汝明师除开赴前线部队，其余大部均在大安口、鲇鱼口、马兰关一带要隘严密戒备。谨闻。职宋哲元叩。删参。由遵化来。印。

（2）3月16日电

北平

急。南京国民政府各院长、各部长钧鉴：(甲)(一)敌以日军卅联队为基干，并附蒙鲜联合之部队，由□马石侵入，昨晚到达糜子地附近，其骑兵到达佛爷崖〔一作来〕、半壁山。(二)今日拂晓，其骑兵向我罗文峪阵地猛冲，经我守兵击退。(三)今日八时，敌飞机三架向我罗文峪阵地极力轰炸，均无损伤。（四）罗文峪左右各口，已派刘师长汝明率祁光远、李曾晡两团前往增加，严密布置。（乙）喜峰口之敌仍在孟子岭积极构筑阵地中。（丙）董家口外之大屯有敌之一部，时向我董家口铁门关阵地扰乱，皆被我守兵击退。谨此报告。职宋哲元叩。铣巳参。由遵化发。印。

（3）3月16日电

北平

急。南京国民政府各院长、各部长钧鉴：（一）日军卅一联队，附骑兵一连；山炮四门、平射炮六门、机关枪廿架，自昨日以来，经寿王坟、双庙、半壁山之线南进。今日拂晓，用骑兵向我罗文峪阵地猛冲，被我守兵击退。晚八时，敌以步跑〔炮〕连合复向我罗文峪进攻。想系扰乱，另有他图，正设法侦察之中。（二）日飞机九架，今晨在喜峰口及撒河桥、三毛莹一带极力轰炸，伤百姓七名，房屋数处。薄暮前，我王治邦旅阵地左前方发现骑兵一连、步兵约一营向我进攻，旋被击退。（三）据董家口外探称：敌人现正在大屯集结兵力，准备进攻，并详询董家口山上下、十八盘上下，黄花峪之道路，是否能通大车。等语。我佟泽光旅已向该方严密防备。（四）判断敌人在最近期间似有进犯之企图，现已饬属严为防范，誓与敌始终周旋。谨闻。职宋哲元叩。铣亥参。由遵化来。印。

（4）3月17日电

北平

南京国民政府各院长、各部长钧鉴：（一）连日向我南进之日军卅一联队昨晚在快活林一带宿营。今早八时，该敌以主力分向我遵化县北二十里之罗文峪口、山□峪口猛攻。我刘师长汝明正督率所部抵抗中。（二）在大屯集结之敌，今早向我董家口进攻，被我守兵击退。（三）铁门关、潘家口两处亦有小部之敌向我进攻，皆被击退。（四）喜峰口正面今日无变化。谨此报告。职宋哲元叩。筱禾。印。

（5）3月17日电

北平

南京国民政府各院长、各部长钧鉴：（一）本日敌以一部向我罗文峪攻击，经我祁光远团迎头痛击，毙敌甚多。（一）同时敌以主力向我山查峪口阵地猛攻，与我刘汝明师李曾智团白刃相接，血战终日。我李团长督战受伤，其余官兵伤亡亦众。（三）据俘虏供称：该敌系卅一联队及第八联队之一部，加以蒙韩伪军，共计八九千人，并附汽车五十辆，装甲车三辆、飞机五架，系由朝阳、平泉绕道新来之生力军。等语。除饬部拼命抗战外，谨此报告。职宋哲元叩。筱戌参。印。

（6）8月18日电

北平

南京国民政府各院长、各部长钧鉴：（一）昨日敌以卅一联队及第八联队之一部计有六千之众，向我罗文峪口及山查峪口猛攻，阵地屡得屡失，不下十余次。（二）至夜十二时，我祁团长光远由右翼率所部向敌背后出击，绕至水泉峪附近，攻我山查峪口之敌始不能支，向北溃退。我官兵将敌砍杀无算，我王营长合春阵亡，该团官兵伤亡甚众，仍严阵以待。谨禀。宋哲元叩。巧巳参。印。

（7）8月18日电

北平

南京国民政府各院长、各部长、军事委员会钧鉴：（一）犯我罗文峪、山查峪一带之敌，昨晚经我痛击后，今早复增加兵力，以集中炮火掩护，积极反攻，我守兵占据长城各要隘，以机枪、手榴弹沉着应战，敌终未得逞。刻仍在激战中。（二）据确报，敌之续到杂色两旅及卅二联队，今早沿□河向我前进，刻其队头已达半壁山附近。谨禀。职宋哲元叩。巧申参。印。

（8）8月19日电

北平

南京国民政府各院长、各部长钧鉴：（一）罗文峪、山查峪口当面之敌，昨夜以全力向阵地猛攻，我刘汝明师长亲临火线督率所部，拼命抵抗，复派李旅长金田率兵一团由沙宝峪□向敌侧背绕攻，至快活林附近，被敌察觉，向我猛烈射击，我官兵奋不顺身，拔刀冲入敌阵，砍杀无算。同时我刘师长见敌阵线动摇，亟令各部全线出动，前后夹击，血战终夜，遂将快活林、三岔口、小正北峪、古山子、水泉峪、马道沟、茨梅花峪一带之敌完全肃清。我受伤营长刘福祥、殷锡乾二员，其余官兵伤亡甚众。现罗文峪北十里以内已无敌踪。（二）据确报：其后方复有续到之大部援军，并有向我左翼移动之势，已饬刘师长特加注意，防其反攻。（三）喜峰口方面，昨夜只有游击队小部冲突，今早有敌机三架在撒河桥、三屯营掷弹十余枚，炸伤百姓数名。谨禀。职宋哲元叩。皓巳参。印。

（9）3月20日电1

北平

南京国民政府各院长、各部长、南京军事委员会钧鉴：（一）攻我罗文峪之敌因被我绕攻，损失甚巨。业于皓晨向北溃退，至半壁山、佛爷〔来〕一带，乃至晚复回向我罗文峪、山查峪各口进犯，激战终夜，今晨复被我军击退。查该敌昼退夜来，且其后方部队连续向西移动，似有其他企图。现正派探侦察中。（二）昨夜董家口附近有小部敌人向我扰乱，亦被我守兵击退。（三）喜峰口一带无变化。（四）皓日敌机七架来遵化城关掷弹卅余枚，炸伤百姓九人及我伤兵二名。谨禀。职宋哲元叩。号午参。印。

（10）3月20日电2

北平

南京国民政府各院长、各部长钧鉴：军事委员会钧鉴：（一）犯我罗文峪之敌被我击退后，现正在半壁山、佛爷来以南高地构筑阵地中。（二）我刘汝明师乘胜追击后，派队扫除战场，敌遗尸甚夥。在被我击毙之岛村少佐衣袋内，搜出早川支队由承德向我罗文峪出发之命令一件、满蒙地图及军□配置要图各一张。（三）此次敌人退却甚形狼狈，军用物品遗弃满地，当检得日本国旗三面，铁盔百余顶，轻无线电机一架，枪炮弹无算，其余零星物品甚多。谨禀。职宋哲元叩。号戌参。印。

（11）3月21日电

北平

南京国民政府各院长、各部长钧鉴：南京军事委员会钧鉴：（一）本日敌人全线均无动作，惟时以飞机前来轰炸扰乱。（二）前日敌机来遵化轰炸时，被我高射炮击伤一架，勉强飞至佛爷来南端坠下。司机、日人均碰毙。（三）敌伤兵均在钓鱼台，现正抓百姓向北抬运。（四）日兵历次经我痛击，颇现惶恐状态，据由敌地逃回百姓均谓：我华军不怕枪炮，新兵器皆无用等语。谨禀。职宋哲元叩。马未参。印。

（12）3月22日电

北平

南京国民政府各院长、部长、军事委员会钧鉴：谨将罗文峪连日战斗经过详报如下：（一）敌以早川大佐率第八师团之卅联队及炮兵第八联队之一部约三千余人，附汽车、飞机，覃早由承德出发，经柴门口、佛爷来，〔一作崖〕，向罗文峪前进。（二）铣日拂晓，先以骑兵向我罗文峪连地进攻，继以主力向山查峪口猛击，我师长〔刘〕汝明率部抗战，两次派队袭其侧背，敌因伤亡不支，于皓晚向半壁山溃退，获得日本旗子、伪国地图、支队命令等物甚夥。（三）养早十时，孔部长庸之、俞次长飞鹏亲赴罗文峪视察，确知敌人在半壁山南三岔口高地构筑阵地，并在附近拉夫，似在平地建筑飞机场之样。（四）判断敌人退至半壁山休息，似待增援，希图再犯，除饬所部严防外，谨禀。职宋哲元叩。养参。印。

（12）3月24日的密电

遵化来

南京国民政府各院长、各部长钧鉴：□密。（1）据报：敌步兵二千余人，炮廿门，养日由承德出发，今日已到达半壁山附近。（2）今早十一时，敌由三岔口向我罗文峪阵地发射百余炮，我士伤七名，但其步兵尚未前进，倘敌来犯，当迎头痛击之。职宋哲元叩。敬戌参。

（14）3月25日的密电

遵化来

南京国民政府各院长、各部长钧鉴：□密。敌复以大部兵力于敬日向我罗文峪及山峪各口阵地猛烈攻击，经我军迎头痛击，再接再励，敌不支溃退，我刘师派骑兵追至半壁山，因敌远窜，遂占据该地。特闻。职宋哲元叩。有。印。

（15）3月26日的密电。

遵化来

南京国民政府各院长、各部长钧鉴：□密。（1）罗文峪正面之敌，连日被我痛击，溃不成军，已无战斗能力，昨晚退至柳河附近，我骑兵已进占半壁山，本日仍继续跟踪追击。（2）董家口之敌，昨晚向我进攻，因中我地雷，炸死甚众。（3）喜峰口外之敌仅有小部，附近百姓因不堪其扰，群起反对，日奴惊慌万状。（4）查敌人各方均有退却之样，似另有企图。现兴隆县境我无驻军，如能派有力部队进驻该县，在窄鏊官梁一带构筑坚固阵地，则不但可拒止敌肆意侵入长城之线，〔且〕可减少许多兵力。谨禀。宋哲元叩。宥巳参。印。

〔国民政府档案〕

4.大公报社评：宋哲元部血战长城

（1933年3月16日）

连日宋哲元部在长城喜峰口血战，已达一星期。砍杀之众，掳获之多，打破中日军队接触以来之纪录，而论其军械设备之不充足，后方组织之不完全，视十九路军在上海抗日时之环境，直不可以同日语。在此艰难困苦中，竟能使骄妄气盛之日军，受借大打击，此诚足为中国军人吐气。而自九一八连失东三省以后，锦州退兵，承德弃守，北方部队历次不能战不敢战之耻辱，亦由是得相当之洗涤。尤足令华北健儿闻风兴起，此其有裨于战事全局，影响殆至重大也。

虽然，吾人因之益有感矣！现代战事，一机械战耳。上次欧州大战中，英国有人曾谓："兴登堡与福煦元帅不过为机关枪之随从，而英相路易乔治则仅机枪、坦克之奴隶而已"。此说足以表现现代战争之特色。本月七日，英国文豪萧伯纳晤日本陆相荒木贞天于东京，以滑稽口吻语之曰："近来战事，乃机械与机械之战争，人之勇气与筋肉之坚实，初无必要，故以青年送至战场未免可怜，何不先从八十老翁送起，渐次及于少壮，是不更为合理乎？"斯言足以折日本军人对世界骄横之气，亦正合现代战争之实情。准此立论，中国对外，殆无真正作战之能力，然而不然，试观日俄战争之时，日本物质上之军备，本远逊于帝俄，惟赖将帅有能，士兵有勇，奋死杀敌，拼命牺牲，卒获胜利。前岁济南五三惨案，中国守城军队颇予日军以重创。事后日人批评，谓华军虽不明新式战法，而勇于攻击，敢于牺牲，其精神几与日俄战争时之日本军队相仿佛。凡此皆可以昭告吾人：即令物质力量薄弱，而精神力量如果充足，亦未尝不能抗敌。因是军队中杀身成仁之修养，攻击精神之锻炼，在中国今日特为必要。吾人以为全国军队果能尽为上述日人之批评，士兵有信念，官长善指挥，则虽器械不如人，犹尽可奋其肉弹，捍卫邦家。所惜者，二十年来，国民竭尽脂膏，供养数百万带甲之士，而其力只能自残同胞，一旦抗外御侮，其脆弱乃至不堪一试。此宋哲元部血战长城之所以为难能而可贵也。

抑吾人尤有感者，作战之要，重在组织，左右前后，贵善联络，盖不特乌合之众不可当敌，即精兵弱卒，亦不宜杂用于一条战线，否则一发之牵全身为动，徒受牺牲，无补战局，至可痛也。此次热河之失，说者多诿过于军械不如人，以为终无胜理，实则军队之不可用为一事，而组织配置之漫无计画，乃为绝大之败因。近据日本军人谈及中国在热战失败原因，有以下数点：（一）华军未确立统帅权，故未能作战，尤以战事行将开始，而统帅者张作相犹在关内，趦趄不进，实为主因。（二）因指挥之系统未经确立，故入热各师虽于去年十二月业已到达热地，而配备迄未完整，防御阵地极不完全，甚至日军攻击行将开始之时，忽以在两个月前到防之某师与甫经开到不悉地势之某师交替，其指挥之拙劣可想。（三）以广大之地域而散置兵力，随处皆有弱点，甚至以延亘十里之战线而用八千人守其正面，在军事上实为怪事。（四）部队之素质恶劣，不堪作战，加以汤玉麟久失民心，故军队行动民团辄加以妨害。如叶柏寿要地之陷落，即由民团遮击前线退下之军队而然。日军向建平前进之际，某旅正抓夫构筑阵地，讵民夫中途逃尽，于是阵地构筑不得不中止，而日军乃克长驱直入。以上所言，有为吾人未曾明悉者，用特举出，以告国人。夫以如此将帅，如此布置，纵有精兵，依然断送；纵有良械适以资适〔敌〕。由此吾人当得一大教训：即非有精兵，不能对外；非有良好之官长，不能使用精兵。且以热河之天险，日兵进攻，往往仅裹四日之粮，步行零度四十下之山岳地带，一切食物被服之供给，伤兵、弹药之输送，概以民用飞机编队航运，其困难可想。夫我既有此天险，使再稍加人力，何至轻落敌手，于此益令人太息痛恨于当轴之措置乖方。不特此也，宋部早有入热之使命，一顿挫于去年汪、张之交恶，再阻滞于此次配置之疏略，向使凌源、凌南早由宋部接防，则热战结果必不至此。今者仅以长城战线之一部，显露旧西北军之身手，在国家为不幸，在宋部尤足遗憾。盖纵使保持胜利，亦不过阻敌人于长城为止。夫用兵作战，纯是实际问题，非高调宣传所可加一分勉强。今日中国，果何从得数十万精练敢死之卒如宋部者，为整个的抗日战争乎！吾人言念及此，回首前岁中原大战，历时半载，砍杀百万，自戕国本，更不胜其悲怆愤恨之感也。

〔国民政府档案〕

5.宋哲元向北平新闻界报告所部在喜峰口一带作战经过的演词

（1933年3月20日）

中国为四万万之国家，今日竟受一介千万人之国压迫，此真是令人痛心。敌人对我国土地用蚕食政策拿去东三省尚以为不足，进而取锦州，再进夺山海关，仍尽一步一趋前进，我人忍无可忍，只好用兵抵御，人人都存与敌一拼之决心。盖凡军队之开拔，往往须筹备数月之久，需索开拔费，惟此次则不然，一闻开去抗日，便不顾一切立刻出发。此一点即足证明我中国人心之不死。在热河方面之我方军队，因中敌人之缓兵奸计，一切军事上布置，遂皆未能妥善，致为一百二十八名日本士兵占领承德，毋怪日人趾高气扬，认为系破天荒空前之奇事。敌人既进占承德后，复思由喜峰口冲出，扰我平津各地。我二十九军便在该地予以抵抗，第一日彼此相遇即开火接触，敌人不得逞，第二日敌方下令限两日以内将喜峰口攻下。于是服部、铃木两旅团便猛烈向我攻击，我军抱定有进无退、死而后已之决心应战。兄弟曾谕全部士兵，为保存中华民族精神，尽军人捍卫国家、保护人民之责任，大家都须在前方作一个牺牲者，而不必在后方作一个成功者，故全军都抱必死之心，以肉躯热血御敌人之飞机大炮，终于令敌人吃相当之大亏。第三日我方因为敌人气馁，便暗派两旅部队抄其后路，实行大包围，放火烧其给养，设当时兵力更多一部，敌人恐一个也难逃出。敌人以喜峰口不能成功，便派兵一营转攻我右翼董家口。我方也增兵一团一营以应战，又将敌人打退。此役敌人伤亡约六七百名，其在左翼者系骑兵一连，均完全消灭。双方伤亡比较，我方连喜峰口之役共约三千人，敌人至少在三千以上五千以下。敌人进攻既不得逞，十六日晨，以五千人之众偷击罗文峪，其中正式日军约有两千，其他为朝鲜、蒙古、热河各杂色部队。第一日晚攻击未能成功，第二日自清晨六时起至晚六时止，敌人完全用重炮轰击，占领一高山头。夜间我方派兵一营，抄袭敌人后方，敌不支退去，我军遂又将山头夺回。白天敌人又想来夺，我军奋勇死守，双方肉搏数十次之多，我方又加上刘汝明师生力军一部作战。至十九日为止，敌人伤亡又有三千名左右，已自动向后撤退十余里。我军自九日上午十二时与敌接触起，至十九日晚止，无日无战，最小限度亦须伤亡数十人。现可谓决战已定，敌军总算失败，但相信其不久当谋报复。敌人之飞机场设于距喜峰口一百八十里之平泉，我军受其害者甚少，总计不过一百余人，官长中有一排长炸毙。十九日下午，敌机七架飞至遵化，共掷弹三十余枚，炸伤百姓九人、兵士二名。依个人推测，以敌方现有之兵力，无论如何决无进攻能力，但信其补充后必再重来。罗文峪与遵化相隔仅二十里，日如占领后，则喜峰口与冷口各地均完全受其威胁，而我腹背受敌。敌人之探报，谓我方该处兵力空虚，故乘机来夺，不图我方先一日已增兵两旅防守，故能将其击溃。我军曾俘获日团长阶级之官长一员，搜出作战计划与地图多幅，中有伪国地图一，不独热河在内，察绥冀鲁各省也均划入，可证日本非据东三省即可满足，尚有并吞华北之野心也。本人于去岁七月八日曾致函张汉卿氏，贡献抗日意见，大意谓：日人之蚕食我国，其心目中不独不以中国为国，中国人为人，且无世界，热河、平津彼必进扰以发挥其侵略行为。我方能配备五万人守热，三万守山海关，三万守平津，当有备而无患云云。设若照行，有二万人在平泉，三万人在三家子，则日人虽可夺得热河，亦必须打一个相当时日。不意事与愿违，曷胜浩叹。世界各

国时以为中国人甘心作亡国奴，故虽有主持公道者，现亦作观望之态度。（略）

个人以为中国可战之士至少有五十师，日本不过三十师，虽倾巢以来，我方亦可无虑，况日本劳师动众，如有十万人战死，其国内必发生问题，最后之胜利终属于我。我军现采夜战近战策略，使敌之大炮一切武器无所逞其能。本人至迟明后日回防云云。

〔国民政府档案〕

6.宋哲元报告日寇在热河之暴行电

（1933年3月25、27日）

（1）3月25日电

南京国民政府各院长、各部长钧鉴：罗文峪敌人退却后，我刘师长汝明派队扫除阵地，由阵亡敌尸卅一联队佐藤喜男分队长身上日记本中载有三月二日日记，由朝阳赴凌源途中宿营，因居民有反宣传消息，遂将该处居民无论男女老幼一律杀逐无余。等语。查敌人惨无人道，令人心痛，实为我国之大耻。特闻。职宋哲元叩。有。印。

（2）3月27日电

南京国民政府各院长、各部长钧鉴：□密。（1）〔略〕。（2）据确报：日人自入热以来，到处奸淫抢掠，任意屠杀，口外村庄多数屠洗，以致平泉、宽城一带人民群起□变。刻宽城已被焚烧。（3）〔略〕。谨禀。职宋哲元叩。感丑参。

〔国民政府档案〕

7.宋哲元痛陈日寇在罗文峪肆行奸淫烧杀情形电

（1933年3月27日）

遵化

南京国民政府各院长、各部长、军事委员会钧鉴：查倭寇前犯罗文峪，对地方肆行蹂躏，被我军击退后，据士绅陆广平等哭诉：日军来时，逐户搜查，粮食，家具均被掠毁一空，更可惨者，老幼妇女均被奸污，无一幸免，并枪杀居民马永、岳长山等八十余名，言之哭不成声。倭奴兽行如此，令人心痛，惟有抱定有敌无我之决心，以雪此大耻。谨闻。宋哲元叩。感卅参。印。

〔国民政府档案〕

8.宋哲元报告日寇再犯喜峰口一带情形电

（1933年4月7—14日）

（1）4月7日的密电

遵化

军急。南京国民政府各院长、各部长钧鉴：分密。（1）据报七道河、八道河、天桥沟一带有步炮联合之敌四五百名，现正抓夫修路，并设飞机场，似有大举进犯擦崖嫝〔？〕白羊峪之样。（2）今早七时喜峰口之敌以猛烈炮火掩护步兵约千余名向我阵地进攻，激战甚烈，阵地前并发现唐克车六辆。（3）董家口方面亦有步炮联合之敌四五百名向我进攻，（4）擦崖嫝口外杨桥梁有少部之敌，今早已与我第一区民团接触，除饬所部沉着应战外，谨禀。宋哲元叩。虞申参。印。

（2）4月8日电

遵化

南京国民政府各院长、各部长钧鉴：（一）喜峰口正面之敌，昨以猛烈炮火掩护大部步兵向我老婆山、孩儿岭一带佟泽光旅阵地猛冲，激战终日，后经我赵黄两旅各以一部向敌两侧绕攻，至夜十二时，敌始不支溃退。是役毙敌甚众，我亦有伤亡。（二）今早七时，敌复增加兵力，仍用猛烈炮火掩护向我进攻，复入昨晨状态，刻正在激战。（三）据报：今早三屯营东约卅里之刘村寨附近发现日蒙连合之敌约五六百名，正向西进。（四）本日自晨至午，敌以大爆炸机五架更番在我三屯营撤河桥及前方阵地投掷重量炸弹，军民各伤亡数十人；并炸毁我接济车及房屋甚多，除饬所部官兵拼命应战外，谨禀。宋哲元叩。齐申参。印。

（3）4月9日电

遵化

南京国民政府各院长。各部长钧鉴：（一）喜峰口正面之敌，昨日经我痛击后，本日以炮火时向我阵地射击，但步兵未前进。(二)刘村寨之敌，经我赵旅派队驱逐，本日已向下营方向退去。(三)敌机于本日上午十时左右，在遵化掷弹十余枚，伤亡兵士四名，百姓十数名。谨禀。宋哲元叩。佳酉参。印。

（4）4月11日的密电

遵化

南京国民政府各院长、各部长钧鉴：□密。（1）据赵旅长登禧报告：刘村寨之敌已被我驱逐，退至日营附近，我康营康遂占领摩天岭。（二）佳早九时，敌以山炮、重机关枪掩护其步兵向我摩天岭猛攻，冲锋数次，皆被击回，血战至下午四时，忽有敌一部抄至我左翼，遂受其包围。在此危急万分之际，该营长率所部挥刀下山，直冲敌阵，敌遂复向下营奔溃。是役毙敌甚众，我官兵伤十余人。（3）喜峰口方面，仍在对峙中，寿王坟敌增加约千余名，有向龙井关进犯之祥。谨禀。职宋哲元叩。直参。印。

（5）4月12日电

遵化

南京国民政府各院长、各部长钧鉴：（一）喜峰口之敌，今早七时集中炮火向我孩儿岭、滦阳城一带阵地猛烈轰击，发弹不下二十出〔发〕。炮击中止，即以机枪、迫炮协同步兵二千余向我阵地猛扑。（二）午后二时，敌复增加三千余人向我阵地左翼猛攻，阵地失而复得者数次，现仍在血战拼命中。（三）我阵亡营长杜国邦一员，其余伤亡官兵正在调查中。敌伤亡尤重。（四）敌终日以多数飞机在遵化、三屯营、撒河桥及前方阵地极力轰炸，各方村庄房屋被毁殆尽，并闻。职宋哲元叩。文戌。印。

（6）4月13日电

遵化

南京国民政府各院长、各部长钧鉴：（一）昨晨向我孤儿岭、滦阳城一带阵地进攻之敌，血战终日，至入夜始稍缓和，我阵亡营长杜国邦一员，其余官兵伤亡七百余名。敌伤亡倍之。（二）今早敌仍以炮火飞机向我阵地猛力轰炸，我阵地被毁殆尽，迄今日暮方停。至步兵之攻击，则较昨日稍驯。本日我官兵伤亡八九十名。（三）董家口窜入敌骑三百余名，向我右翼皇太子山阵地附近进扰，已被击退。谨禀。宋哲元叩。覃亥参。印。

（7）4月14日电

遵化

南京国民政府各院长、各部长钧鉴：（一）正面之敌，本日仍以炮火时向我阵地轰击，今早我军团汀阵地前方发现步炮连合之敌五百余名，向我右翼猛攻，激战至午，始被击退。（二）同时敌步兵四五百名由潘家口外渡河向我龙井关一带阵地进攻，经我佟旅李九思团迎头激战，至下午三时，敌不支溃退口外。（三）据报敌于昨日下午由承德向寿王坟增加步炮连合之部队约五百余人，并运来弹药甚夥。其由寿王坟至承德之新辟汽车路，现已修通。特闻。宋哲元叩。寒酉参。印。

〔国民政府档案〕

9.宋哲元报告日寇侵入长城后强渡滦河情形电

（1933年4月15—21日）

（1）4月15日电

遵化

南京国民政府各院长、各部长钧鉴：（一）今日六时，敌人由撒河桥以右地区、南北团汀一带用炮火及飞机掩护强行渡河，经我守兵迎头痛击，敌不支退回对岸。（二）旋于九时敌复加派部队约千余名猛烈强渡，我防守该地区唐营长受伤，并阵亡连长两员，受伤两员，其余防守官兵伤亡殆尽，以致南北团汀被敌夺去。（三）当即另调王长海团严令规复，该团于今晚薄暮冲入敌阵，肉搏三小时，斫杀敌人甚多，复将南北团汀夺回，我军亦有伤亡。（四）正面之敌，仍用炮火连续向我轰击。（五）敌飞机数架终日沿我阵地侦察，并投重量炸弹数十枚。职宋哲元叩。删亥参。印。

（2）4月16日电

遵化

南京国民政府各院长、各部长钧鉴：（一）昨日由南北团汀强行渡河之敌，薄暮经我王长海团砍杀殆尽，该方之敌本日仍以炮火隔岸向我射击，但其步兵未敢前进。（二）本早四时有步炮连合五六百名之敌，利用暗夜偷渡，向我关庄阵地猛攻，当被我余泽光旅据阵痛击，毙敌甚众，激战至十时，敌不支退去。（三）正面之敌，本日仍以炮火向我寿店子附近阵地轰击，步兵未前进。（四）敌机数架，终日沿滦河之线往复侦察，并掷弹廿余枚。（五）连日敌以大部分向我阵地各点进攻，其伤亡官兵运回，所用汽车每日达一百卅余辆。宋哲元叩。铣戌参。印。

（3）4月17日电

遵化

南京政府各院长、各部长钧鉴：（一）当面之敌自今早五时起，仍以猛烈炮火掩护其步兵分向我关庄及南北汀团各阵地极力轰击，我官兵沉着应战，待其步兵接近，始以炽盛枪炮火猛力痛击。同时，我阵地前方地雷触发，毙敌甚众。（二）惟敌异常强悍，前者虽仆，后者仍以密集队形向我阵地直扑，肉搏不下五六次，至十二时左右，始分别将敌击退。是役我军伤亡亦甚重。宋哲元叩。筱戌参。印。

（4）4月18日电

遵化

南京国民政府各院长、各部长钧鉴：（一）昨晨在南北团汀及关庄等处被我击退之敌，因损失甚重，今日未敢进攻。（二）今早八时，有步炮机枪连合之敌约六七百人，同时向我撤河桥阵地猛攻，激战四小时，被我击退。（三）白塔寨对岸之敌今日增加野炮六门，堆积木料甚多，有准备渡河之样。（四）河东寨东营昨日各到敌骑百余名，并在河东寨抓去百姓数十人，各处之敌均有渡河准备。（五）据报：敌茂木师团司令部设平泉，前方司令部设横城。（六）今早十时，敌机八架在遵化、罗文峪、马兰关、黄崖关、兴隆县、蓟县各处往复侦察。下午五时又来一架，仍在各处侦察一周，并在兴隆县掷弹七枚，炸伤百姓五人。宋哲元叩。巧戌参。印。

（5）4月19日电

遵化

南京国民政府各院长、各部长钧鉴：（一）本日自朝至暮，敌仍以猛烈炮火向我阵地各点轰击，其步兵未前进。（二）据报：潘家口外新到敌兵两千余人，并携带大批架桥材料，刻正在附近积极组发木材及船只，似有准备渡河之样等情。除饬严阵以待外，特闻。宋哲元叩。皓戌参。印。

（6）4月21日电

遵化

南京国民政府各院长、各部长钧鉴：（一）据赵旅长报告，大黑汀北团汀对岸芳子峪、羊河峪、孙家峪、尹庄、东西沦峪、板桥、李家口一带各村，各有敌步兵二三百名，在河北庄设有兵站、接济车数百辆，的〔？〕草坪驻敌联队部，并骑兵百余名。（二）据伍团长报告：喜峰口北蓝旗地、横城子、幸店、白丈子一带，共有敌步兵两千余又骑兵四五百名，野山炮廿余门、迫击炮数十门、唐克车十余辆，平泉效城子有敌一旅团。各处之敌均有积极进攻准备。（三）据兴隆县电话报告：敌人数百名今早向兴隆县境进犯，驻莺手营之李福和骑兵两连已经退出，李师派队增援，刻正在县东北卅里之土城头一带激战中。特闻。宋哲元叩。马酉参。印。

〔国民政府档案〕

10. 汪精卫关于日军侵入长城后与国民党驻军作战情形密呈

（1933年4月

呈为呈报事：案据交通部部长朱家骅呈称：为密呈事：据邮政总局密密呈称：据北平邮务长巴立地三月廿七、廿八日密函报称：北平现尚平静，据巡员及各邮局报告，当地及邮路各情形，应再分别转报如下：一、据巡员陈志贤、刘庆祺报告：本月十二日古北口陷落时，邮局已预备将大宗票款及重要文件运出。计仅损失票款约百元及包裹、邮件、家具、档案等项，已令该局长造表迳报。廿五日石匣邮路仍通，惟闻前方炮声隆隆，敌机曾飞来数次，掷弹五枚，伤亡数人，东门城楼亦被炸毁，至密云地方暂尚安谧。廿七日新到之第八十三师，闻将开往前方增防。二、据密云邮局报告：密云驻军每日掘沟以防敌机，本月廿五日大雨，炮队开赴南天门一带。二十六日闻石匣军队将继续移往前方。三、据延庆邮局报告：延庆现已设立兵站处，地面尚属安靖各等情。并据河北邮务长科登三月二十七、二十八日密函报称：据巡员及各邮局报告当地及邮路各情形分别转报如下：一、据第五段巡员报告：彻河桥代办所因飞机掷弹无从办公，唐山至平泉邮路仅通至三屯营为止。二、据海阳邮局报告：本镇居民自警备司令部及军师各部西移后，颇感不安，本月廿四日有由红瓦店地方移来一部分军队，炮声似较前为远。三、据建昌营邮局报告：本月廿一日上午，飞机在城之东北掷弹；下午在城内掷弹，伤亡三十余人，炸毁房屋十余处，二十二日冷口战事颇为激烈；二十三日飞机又在城内掷弹，伤亡十余人，炸毁房屋十余处，局内重要物件业已妥为安置。四、据柳江邮局报告：柳江每日来有飞机数架，本月十八日邮差李守本携带邮件由柳江到义院口，绕道经华山峪口前往龙王庙木头凳及乾沟镇等处，于二十三日回局，沿途经过十分困难，二十四日下午三时，西北面炮声震屋，系发于上庄坨附近。二十五日上下午均有飞机在车站附近飞降极低。查石岭至乾沟镇一段业已发生变化，石门寨上庄坨一段枪炮之声日夜不绝。每日邮路仍由信差跑行从未间断。五、据台头营邮局报告：本月二十四日早三时，敌军施总攻击，以飞机十余架掩护，双方肉搏数小时，死伤无算。据其排长云：青山岭两口似已失守等语。是日飞机频来掷弹，炸毁房屋四十余间，伤亡十余人。落弹之处，辄被炸成七八尺深坑，面积约有三丈，极为猛烈。局内重要公物拟即寄存以免损失，私人实难兼顾。六、据秦皇岛邮局报告：岛地治安如常，仍无变化。七、据马兰峪邮局报告：近日地方尚平靖，附近驻军约有两师之多，并未发生战事。各等情。报请鉴核等情到部。理合密呈鉴核等情。据此。除行知军政部暨指令知照外，理合具文呈报均府鉴核。谨呈

国民政府主席林

中华民国二十二年四月十七日

行政院院长　汪兆铭

〔国民政府档案〕

11. 汪精卫转报日寇侵占迁安密呈

（1933年4月）

呈为呈报事：案据交通部部长朱家骅呈称：为密呈事，顷据河北邮务长科登密电报称：据迁安邮局呈称，迁安真酉刻被日军占领，谨电奉闻等语到部。理合备文呈报，仰祈鉴核等情。据此，除行知军政部暨指令知照外，理合具文呈报均府鉴核。谨呈
国民政府主席林
中华民国二十二年四月十八日

行政院院长　汪兆铭

〔国民政府档案〕

12. 何应钦转陈阎锡山对察绥军事指挥意见的密电

（1933年4月）

急。南京委员长蒋、汪院长钧鉴：军委会朱主任、唐主任勋鉴：晏密。顷据太原阎主任寒电称：对察绥军事指挥困难，荷承鉴亮，至深纫感，惟晋省将领中求其资望相当能指挥察绥全般军事者，亦实难其选，与其偾事于事后，不若陈情于事先。我兄统筹全局，威望允孚，指挥若定。鄙意，察防仍以由军分会直接主持为好。国难至此已极，弟忝膺军寄，但使于事有济，早抱牺牲决心，逆料敌人必逐渐西犯，绥远布防，亦不容缓，届时当由弟派员担任，藉纾中央西顾之忧也。掬诚奉复，千祈亮察为幸。等情。谨闻。何应钦。巧令战。印。

〔国民党政府行政院档案〕

13、宋哲元报告遵令撤退及日寇占领滦东经过电

（1933年5月12—22日）

（1）5月12日电（一）

祁县来

南京国民政府各院长、各部长钧鉴：南京军事委员会钧鉴：分密。（1）敌自蒸日以强大炮火向我撒河阙及沿河各点轰击，我略有伤亡。（2）真早七时，约有一二百名之敌，向我东长峪前进阵地袭击，被我击退，敌复在走马哨附近放火，点烧民房数十家。（3）敌由喜峰口外运来草人甚多，并在杨查子附近强行架桥一座。（4）昨夜敌先放照明弹廿余发，继以炮火轰击我撒河阙及关庄一带之阵地，彻夜不息，今早尤烈，迄七时，敌步兵约千余用木排在关庄以北地区希图渡河，我守兵奋勇迎击，刻仍在激战中。（5）同时潘家口亦有敌兵七八百名渡河，与我东长峪守兵激战中。（6）忍字口方面，自昨日起，敌以数千之众猛扑沈师、王团阵地，隔河激战达一昼夜，迨今日拂晓，敌先以强烈炮火压迫我王团阵地，损坏甚重。同时复攻高可子以东何师阵地，并已强行渡河。我王团侧背受胁，伤亡甚大，现仍抗战中。宋哲元叩。文午参。印。

（2）5月12日电（二）

蓟县

南京国民政府各院长、各部长、军事委员会钧鉴：（一）敌人今早由潘家口陆续渡河后，约以三四千之众，分向我魏庄、陆庄、龙井关三点猛攻，自晨至暮，肉搏十余次，我军伤亡二三百人，敌死伤遍野。（二）我魏庄、陆庄、龙井关三处守兵皆能强力抵抗，敌终未得逞，迨夜十时，敌势稍杀，但其主力复向我龙井关阵地移动。（三）今早希图由关庄附近渡河之敌，被我守兵奋勇迎击，遂成对峙之势，激战终日，刻犹相持中。（四）撒河桥对岸之敌，自晨至暮，隔河向我阵地射击，中间两次进逼，均被我守兵击退，但日没后，复用强烈炮火向我轰击，我亦略有损伤。（五）据报：何师部队仍在好树店、吴官营、蔡家沟之线。（六）沈克师因忍字口右翼受敌威胁，王团侧背被袭，伤亡甚重，今午后撤至新集镇与兴城镇之线，仍与敌激战中。宋哲元叩。文亥参。印。

（3）5月13日电

蓟县

南京国民政府各院长、各部长、军事委员会钧鉴：（一）我正面撤河桥对岸及关庄一带之敌约两千余人，今早以来，更加猛扑，均被我击退。午后敌炮火忽炽，并有敌机数架飞翔我阵上空中，往来轰炸。我守兵沉着应付，敌终不得逞，现成对阵之势。（二）我左翼龙井关、陆庄、魏庄等处之敌，自昨日经我痛击后，今早复增加援队，以主力攻我陆庄阵地，其余向龙井关逼进，被我两处守备队短刀接战，肉搏达四五次，杀敌甚夥，现犹拼斗中。（三）我右翼沈师新集镇阵地，自晨至暮，敌以爆炸机数架往复轰炸，并以强烈炮火集中射击，阵地受害甚重，守兵仍坚撑抗战。惟因右翼何师已失连络，中间空隙甚大，致敌以唐克车十余辆由平台山绕新集镇后方到已口附近扰乱。特闻。宋哲元叩。覃戌参。印。

（4）5月14日电

蓟县

军急。南京国民政府各院长、各部长、军事委员会钧鉴：（一）我撤河桥正面及关庄一带之敌，今早以来，以炽盛炮火并飞机强烈轰炸，掩护其步兵渡河，均被我击退。（二）我右翼龙井关方面，自本日拂晓，敌即以主力开始攻击，阵地被敌突破者数次，王长海团奋勇夺回。至午后，敌复增加队伍，并以战车三辆向我猛冲，同时敌炮火、飞机轰击阵地，破坏无余。营长冯庆远阵亡，张仁珍、房西岑重伤，连长受伤六员，其余官兵多数殉国。（三）我右翼刘师陈禄德团在铁厂附近与敌激战，嗣以敌继续增加，故又派张师黄维纲旅增援，迨晚敌始不支，向后撤退。谨闻。宋哲元叩。寒亥。印。

（5）5月15日电

蓟县

南京国民政府各院长、各部长、南京军事委员会钧鉴：（一）敌以强大兵力向我右侧铁厂压迫，而龙井关亦受威胁，遂遵令于寒夜退至东西旧寨沿卅三岭、三屯营、黑石头至马蹄峪之线新阵地。（二）本早我赵登禹旅正在进入三屯营官厅一带之新阵地时，敌即以步、骑、炮连合之部队并飞机、唐克车协力向我猛攻，均被击退，并击毁敌唐克车一辆。（三）铁厂方面，敌于昨今两日攻击极烈，今早敌复由我阵地右翼绕攻，双方夹击，我陈团伤亡过半，而右翼友军又连络不上，当派施师戴团驰往增援掩护，不得已全线撤至梁家屯前后旧寨之线。谨闻。朱哲元叩。删亥参。印。

（6）5月17日密电

三河

南京国民政府各院长、各部长、南京军事委员会钧鉴：分密。职军本日石门娱镇一带战斗情形，业经电陈，兹以阵地两翼空虚，顾虑太大，遵令撤至蓟县上仓镇之线，职部于今晚到达三河。谨禀。职宋哲元叩。筱亥参。印。

（7）5月19日密电

北通州来

南京国民政府各院长、各部长钧鉴：军事委员会钧鉴：分密。（1）敝宋连日来，奉令转进，敌步步跟踪压迫，昨夜自蓟县向三河线上变换阵线时，敌以装甲汽车掩护其步兵猛烈袭击，致竟不能与敌脱离，迄今午始完全到达辛新镇三河营城之线。(2)今日敌机五架，往返轰炸我三河阵线。官兵伤亡颇众，后方连络线亦被轰炸，部队车马损伤甚多。（三）敝总指挥部今晚移驻运河东方约十余里之堤子。谨闻。弟〔职〕宋哲元叩。皓亥参。

（8）5月22日密电

观音堂

军急。南京国民政府各院长、各部长、军事委员会钧鉴：分密。职军奉令于马日撤至马头镇、通县富毫庄之线，本日情况列下：（1）据卅八师张师长报告：本日午后三时，我黄旅于林庄阵地之对岸到有敌汽车四五十辆，车上载满步兵，均在西集镇一带。（2）据庞军长报告：（1）本日正午，敌已将箭杆河之桥梁架齐，以唐克车三辆自桥上通过到西岸，又复驶回。测其用意似在试探桥梁是否坚固。（2）白庙之敌均退集北葵各庄。（3）据沈师长报告：（1）香河之敌，今日午后，已有一部约四五百名由鲁家窑渡河。查鲁家窑适在马头镇东南，倘不驱逐此敌，则与王军之连络线有被截断之虞。（4）本日午后四时起至六时止，敌以排炮向庞军通州东北阵地及通州城内连续射击，约百余发，伤居民甚多。炮弹落在西偏及鼓楼附近者数十出〔发〕，并落西关外汽车路口数出〔发〕。（5）庞军正面之敌均有一联队，今晚其便衣队约二三百，各分三路向我阵地进犯，均被击退。宋哲元叩。养戌参。印。

〔国民政府档案〕

14. 张维藩报告日寇猛攻石门镇及攻破遵化城情形电

（1933年5月17日）

南京国民政府各院长、各部长、南京军事委员会钧鉴：（一）本日午后二时，敌以钢甲车廿余辆，步兵一团以上，分三路向我石门镇一带阵地猛攻，均被我四十军庞炳勋部击退，并击坏钢甲车四辆，俘获一辆，并击落敌飞机一架，在石门镇东门外焚毁。我伤亡甚重，敌伤亡尤甚。（二）同时敌以猛烈炮火扫轰，步兵千余附钢甲车十余辆向我刘汝明师阵地猛冲，激战至薄暮，白刃肉搏数次，均未得逞。（三）石门阵地线，敌今日以飞机十余架往返轰炸甚烈。（四）沈师长克派步兵一团固守遵化城，铣日午后五时被敌猛攻，该团长王淦尘督战受伤，旋经城内潜伏之汉奸从中内应，遂将该城攻破，我官兵大半殉国。谨闻。张维藩叩。筱酉参。印。

〔国民党政府行政院档案〕

（三）察绥抗日同盟军的崛起及其失败

一、日军侵入察北与察绥抗日同盟军崛起

1.行政院关于日军进逼察东张家口危急情形致国体政府文官处的公函

（1933年4月）

行政院公函　　字第八一〇号

迳启者：案据蒙藏委员会呈称：据张家口台站管理局局长吴树滋咸代电称：顷据本局巡查员探报，自热垣失陷，逆寇节节进逼，得寸进尺，觊觎察东。曾于本月二日派来飞机三架，向多伦城市抛掷炸弹六枚，商民被炸伤亡者四五十人，店房被毁十数处。其后又来飞机两次侦察，商民十分恐惧，因之逃难来口者，男妇老幼数在万余。现多邑除县政府公安局仍旧维持现状外，其余各机关均已完全逃散。惟逃来民众半途多有被匪劫者，到口时甚形狼狈，现由红十字会分别安插赈济。又沽宝张康一带，近由热河窜来义勇军约计两三万余人，服装不整，枪弹缺乏，到处索供给养，肆意扰害，土匪亦乘势抢劫。各县民众以及左右两翼太仆寺暨台站蒙民无法图存，抛弃家业，四散奔逃，村居无人。各家所存粮食均被义匪人吃马喂，门窗户壁拆作燃烧，将来不但难民无所归宿，即义军土匪再有月余，亦将困毙。以康保一县而论，驻义军万余，每日须供给莜面一万斤，草束十万斤，其他各县亦均类是。现值耕耨期间，口外难民逃命不暇，赤地千里，秋获无望，饥馑灾荒，后患真不堪设想矣。现张垣人心惶惶，粮价飞涨，百货有行无市，自政府以下各厅各校以及殷实商店，均争先恐后挖掘地窖，冀防炸弹。官界传出消息，至情势严重时，省府各机

关有迁移宣化之说等语。并据本局局员报告，察省警备司令部召集各机关会议，决定预防办法三项：（一）各机关案卷应负责设法保存。（二）如飞机飞来，昼则鸣炮三声，夜则鸣汽笛三次，全市熄灭灯烛。（三）各机关自办掘窖以防炸弹。等语。又据探报，逆寇东侵，内有无知蒙人勾结导引情形。现孙殿英军队退集沽源，义勇军冯占海、李海青有一部份开进本口驻扎。沽宝、张康各县城及附近各村均挖沟筑垒，工作甚忙，以备后路防线。城内商家连日拉运货物，近则逃来本口，远则避居草地，情势危急已可概见。各等情报告前来。谨电禀闻等情。据此，理合转呈钧院鉴核备査等情据此。相应函达贵处査照转陈。此致

国民政府文官处中

华民国二十二年四月二十九日

院　长　　汪兆铭

〔国民政府档案〕

2.交通部关于方振武等拥护冯玉祥就抗日同盟军总司令职通电抄存

（1933年5月28日）

（1）冯占海就同盟军第四路总指挥职的通电（5月28日）

抄张家口五月廿八日第二百七十三号官电。

顷奉民众抗日同盟军总司冯令开：兹委任冯占海为本同盟军第四路总指挥等因，奉此。遵于五月二十七日在张垣防次宣誓就职，自维材轻，复悚堪虞。慨自日阀入寇两载于兹，抵抗无策，祸延华北，言念及此，实堪痛心。占海痛国家之阽危，愤强敌之凭陵，矢必救国，义无反顾，誓驱倭奴，还我山河。耿耿此心，敢质天日，凡我同志，幸垂察焉。民众抗日同盟军第四路总指挥冯占海。沁。印。

（2）佟凌阁、吉鸿昌等响应冯玉祥就职抗日的通电（5月28日）

抄张家口五月廿八日官电

（上略）顷由凌阁、鸿昌等联名上冯总司令一电，文曰：张垣民众抗日同盟军总司令冯钧鉴：溯自九一八事变以还，日帝国主义挟其一贯的对华侵略总计划，倾坚甲利兵向我进攻，蚕食鲸吞，漫无止境，因之东北四省被攫夺，淞沪精华摧毁；近且陈兵平津，威逼察省，势之所趋，显欲吞耽我整个中国而后快。然试考其何以致此之由，则实缘于当局者始终不敢下抵抗决心，坐视敌焰鸱张，国土灭亡而不讲求有效却敌之法，驯致演成二年来无计划无统制，敌来乃抗，人自为战，历史上空前未有之怪现象。今我公依循全国民意，毅然决然出任艰巨，奋臂一呼，举国景从，从此真抗假抗之面目，可以揭穿，民族斗争之战线可以划一。扶危救亡，端系于此。奉读宥电，慷慨陈辞，抑郁精神，大为振奋，而今而后，愿在我公领导之下，团结民众，武装民众，矢誓以满腔热血，洒遍疆场，保我河山，复我失地。临电无任屏营待命之至等语。际兹机关日迫，国脉民命断续之交，望我全国同胞立即武装团结起来，响〔应〕冯总司令，形成整个抗日战线，完成民族斗争之历史任务。幸甚幸甚。佟凌阁、吉鸿昌、高树勋、雷中田、陶新畲、周义宣、陈连福、乜玉岭、任福海、彭国政、支应麟、智文宪、求永祜、邢凤林同叩。沁。印。

（3）邓文拥护冯玉祥抗日的通电（5月28日）

抄张家口五月廿八日官电

（上略）顷复冯总司令一电，文曰：总司令冯钧鉴：顷奉宥电，敬审怼〔应〕我民众及抗日战士之请求，责任民众抗日同盟军总司令，全国腾欢，强日丧胆，职率部转战，誓死抗日。夙蒙领导，愿隶帡幪，谨率所部两万健儿，服从钧座指挥，前驱杀敌，赴汤蹈火，义所不辞。谨电奉复。总指挥邓文叩。感。等语。现在平津被围，察绥危急，与其城下之盟，曷如背城借一，杀开一条血路。冯总司令坚毅勇绝，为袍泽民众信仰之中心以服，全民众一致奋起，共同拥护，抗日前途，庶几有豸。总指挥邓文叩。感。印。

（4）方振武诘责当局丧权辱国决率所部抗日通电（5月29日）

方振武五月廿九日宣化通电

（上略）曩者日军肆虐，侵占我满蒙，蹂躏我淞沪，两年以来，我国民含垢忍辱，展转呼号于淫威铁蹄之下者，不知凡几。近更挟其杀人利器，攻夺我长城，轰炸我民众，窥我堂奥，进逼平津，破坏国际之和平，藐视世界之公理，推其用心，必使我中华民族至于亡国灭种而后快。凡有血气者，莫不气愤填胸，誓雪此仇。乃政府秘派大员北来，与日妥协，阳藉停战之名，阴行卖国之实，消息传来，愤慨欲绝。夫中国者，四万万同胞之中国也，岂能由一人轻轻断送，求一时之苟安，贻无穷之大患。振武头可断，骨可折，对此辱国丧权之外交，一息尚存，决不承认，惟有率我武装同志，誓死杀贼，争中国之人格，救民族之危亡，一旅犹能兴复，三户尚可亡秦，成败利钝，在所不计。所有患难袍泽、爱国同胞，一致奋起，共同御侮，抱必死之心，挽垂危之运，中华民族，实利赖之。挥泪陈词，竚候明教。方振武叩。艳。印。

〔国民党政府行政院档案〕

3.孙殿英表示不参加同盟军抗日行动与汪精卫往来密电

（1933年5月29日）

（1）孙殿英致汪精卫密电（5月29日）

南京行政院院长汪钧鉴：河密。职军奉命集中怀来、康庄、延慌等地，职当于俭日抵沙城。因冯先生有抗日通电，中央对职似不免怀疑之处，刻已派廿五师关部战备，行军开抵西拔子车站。职意彼部到达何处，职即将防地退让，纵使交枪，亦决不再参加内战，贻外人笑讥。是否有当，并请电示祗遵。职孙魁元叩。艳戌。印。

（2）汪精卫复孙殿英密电（6月1日）

沙城孙军长魁元勋鉴：河密。艳电诵悉。我兄转战千里，浴血杀敌，劳苦功高。兹复闻决不再参加内战之宣言，精诚卓识，实为民族之光。深望督励袍泽同申督战，国家之倚畀方长，非徒弟闻风而致慰也。专复。并希随时赐示为盼。汪兆铭。东。印。

〔国民党政府行政院档案〕

4.吴铁城报告扣留肖佛成等拥护冯玉祥抗日行动的密电

（1933年5月30日）

限即刻到。南京汪院长钧鉴：英密。顷此间扣留粤电乙件如下：急。张家口民众抗日军总司令部冯总司令焕章兄勋鉴：奉读粤电，郁气为舒，自九一八以还，全国在著谋妥协中，始终未向抗日之鲜明旗帜，今得兄本民众之要求，总领抗日之师，誓还我国河山，国家命运，民族生死，实利赖焉。此间当力图为兄后盾，以利杀敌。特此奉闻，并盼捷音。西南政务委员会常务委员萧佛成、邓泽如、唐绍仪、陈济棠、李宗仁、邹鲁叩。艳。印。等语。谨闻。铁城叩。卅申。印。

〔国民政府行政院档案〕

5.王镜寰等陈述冯玉祥组织民众抗日同盟军及改组察哈尔省政府情形电

（1933年6月1日）

南京行政院汪院长钧鉴：委员等前以察省行政无力维持，全体电请辞职，迄未奉示，实缘默察察省政局将有巨变，自分既无挽救之术，不能不预为请辞，庶中央得另派妥员，彻底整理。不幸五月二十六日，冯玉祥在张家口竟有民众同盟军之组织，自称总司令，派兵将察省政府占据，派佟凌阁为省主席兼民政厅长，张允荣为财政厅长、吉鸿昌为警备司令兼警务处长、公安局长，其余各厅局亦正在派员接收中。此外复拘禁原警察处长张九卿，[illegible]缴警察枪械，封闭党部，逮捕党员，原民政厅长代理主席职务许墉亦被监视，不克离察。委员等虽于变前来平报告，然因补救无力，致各厅印信文件、款项均被强迫接收。总辞职之文尚未邀准而所有职务亦难执行，只有敬候中央善后处置。所有察省政变情形，谨电驰陈，伏乞垂鉴。察哈尔省政府委员兼财政厅长王镜寰。兼教育厅长高惜冰、兼建设厅长赵兴德同叩。东。

〔国民党政府行政院档案〕

6.何应钦报告冯玉祥在口北组织自卫军委张励生为军长等密电

（1933年6月2日）

急。南昌委员长蒋：抄南京行政院长汪、军委会、军政部、参谋本部、外交部：行密。据伟〔作义〕总指挥转赵骑兵军长〔承绶〕卅电称：冯除委方、冯、孙、张等四路司令外，现又在口北十县每县成立四队自卫军。委张励生为自卫军长，又委张自光为一师师长，陈辅臣为二师师长，白正宝为旅长。师属一旅及一独立团、旅属两团。又令各县公安局局长带枪械齐全之保安队二百人，限七日内齐集张垣训练等情。谨闻。何应钦。冬令。战印。

〔国民党政府行政院档案〕

7.何应钦转报冯玉祥等在察省积极发展力量并请以孙殿英主持察政的密电

（1933年6月9日）

急。南昌委员长蒋、南京行政院长汪、军委会：中密。何遂、严宽、黎明鱼电称：（一）察境已成官匪纷扰部落。口北各县稍要地点，除伪逆各部进占肆虐外，其他村落土堡皆为匪薮，匪之护符，多数借重民众抗日同盟救国招牌，蹂躏地方，不堪言状。（二）察南各县几经方部经过之处……积极扩充，冯玉祥部以原有教导团二团、宋主席留察一团为基本，现缴获之民枪及公安队枪等，由吉鸿昌编成二团，高树勋编成五六营……冯军彼内部份子虽极复杂，其组织手续极为严密，其主持者大多彼之宿将及共产党徒。彼之企图确属不小，倘若听其自便，数月以后，则燎原之患必更不堪收拾，请特予注意。（三）连日孙总指挥〔殿英〕话中示意，方部目前似无甚大问题，倘若随其欲为，酝酿稍久，则不免多般掣肘，中央亦早宜图之。冯之嫡系，非用兵力压迫恐其不易离察。孙之兵力约四五万，来日休养整理，及驻地生活补充及给养等问题，时在顾虑，意在指一不可收拾之地方，使彼治理地方，整理部队，似可一举两得。职等观察察省……不如早使孙整理察政，责以全权，顺流推行，功效必大。心所谓危，冒昧直陈等情，除电覆正在商请外，谨闻。何应钦。佳令。战印。

〔国民党政府行政院档案〕

8.何应钦报告冯玉祥和共产党合作积极展开活动情形的密电

（1933年6月10日）

南京汪院长、军事委员会南昌蒋委员长、天津于总指挥、廊坊方总指挥、北平抄送宋总指挥、傅总指挥、商总指挥、萧军长、冯军长：砥密。顷据派赴张家口之军官侦探报告，冯焕章在张家口情形：（一）连络一般失意军人政客，在内收编土匪，秘密宣传，作将来暴动之准备。（二）对苏联已有确切连络，以前张贴之剿赤标语，均以绿纸盖上。（三）所有政治工作人员系共产党员及民十六清党潜逃之军官学生。（四）设有下级干部学校，内分军士队、军官队、政治研究班，毕业后分别分发各部队，充下级干部或担任政治工作。（五）冯此次所委之总指挥、军长、师长，多系招编，现正积极召集。（六）由平庄至宁远一带，均无工事，惟张垣以东高地筑有工事等语。并附冯之政治部所发反动传单六种。据此，除传单均系煽惑民众及反对政府之文字，文长，不录外，特闻。何应钦。蒸申行秘。印。

〔国民党政府行政院档案〕

9.王法勤等为日寇入侵请授冯玉祥重权以保卫边疆的密电

（1933年6月14日）

南京林主席、南昌蒋委员长，抄南京汪院长、居院长、于院长、戴院长、孙院长、中央党部常务委员、各委员勋鉴：诚密。强敌侵陵，山河破碎，国事至此，正朝野焦虑，痛愤之时，雪耻图存，端赖集中全国才杰。冯焕章同志愤国势艰危，倡义军之同盟，图抗敌于张北，其力虽薄，其志可钦，精忠卫国之心皎然共睹，法勤等以为政府宜察其忠忱，嘉其勇毅，补充，俾得其一意练兵，保障边陲，矧国防设备需时，日人诡谋难测，如冯同志之智勇，允宜授以军权，使当大任。语云，猛虎在山可卫藜藿，今国之藜藿被采多矣，幸有此虎，能不加以爱护耶？谨贡区区，敬希察纳。王法勤、朱霁青、邓家彦、李烈钧、傅汝霖。寒。印。

〔国民党政府行政院档案〕

10. 黄郛等关于酌采冯玉祥意见拟定解决察省事件办法密电

（1933年6月16日）

限二小时到。南京汪院长、南昌蒋委员长：英秘。关于察省事件，据闻冯最近对人表示其具体意见如下：（一）宋若回察主持政务及国防，我可取消名义。（二）取消名义须政府令宋回任并来主持一切后，我即发电。（三）万叔平毁家报国，精诚无他，请予以名义，统率原有部队。（四）各部义军仍支军分会原饷，由宋遵照政府命令统一编制。（五）原有支〔？〕彭两部及新编各部，统由宋全权编制统率。（六）余个人名义不成问题，只要政府有救国诚意，余无所不可也。（七）刘桂堂部经朱子桥介绍投诚，政府可收纳。兹再酌采冯之意见，拟定解决察事办法如左：（一）令宋明轩回察主席任。（二）令廿九军及四十军移驻察省。（三）委庞书〔更〕陈为察省剿匪司令。（四）上项命令发表后，冯即取消名义。（五）冯氏离察步骤：第一步赴万全，第二步再离察绥。（六）万部暂驻张北、蔚县。方如遵命，拟请中央任方为林垦会办。谨并电呈，伏乞鉴察。职邦、应钦。铣午行密。印。

〔国民党政府行政院档案〕

11. 韩复榘陈报国民党政务整理委员会拟议解决察省事件办法的密电

（1933年6月16日）

南京行政院长汪钧鉴：谨陈者：中密。今日午刻政务整会开成立大会，多数委员如期莅场，由黄委员长致开会辞，并发宣言。午后开第一次会议，讨论事项：（一）对察事拟由何黄两委员长联电请任冯为西北林垦督办，其所部军队由宋哲元节制并整理。（二）先由军分会令宋回察省主席任。（三）拟请国府撤销许墉代察省主席，任宋为主席。（四）拟请国府任方振武为西北林垦副督办，任孙殿英为青海屯垦督办。以上系较要各案。谨电具陈。职韩复榘叩。筱。印。

〔国民党政府行政院档案〕

12. 军委会抄转何应钦关于张家口召开民众抗日同盟代表大会情形电致行政院公函

（1933年6月30日）

国民政府军事委员会公函　报字第七三〇号

迳启者：顷据何部长应钦卅电，关于冯玉祥在察各种行动等情，到会。据此，相应抄同原电，函请查照办理为荷。此致

行政院汪院长

计附抄何部长卅电一件

中华民国二十二年七月三日

抄送何应钦卅电一件

据报：冯之共党干部于马日在张家口开民众抗日同盟代表大会，将冯之总司令名义无形取消，另组军事政治财政三委员会，冯为军委会委员长，张慕陶〔共党〕为政委会委长，张允荣为财委会委长，徐维烈〔共党〕为军委会秘书长。会议四日，决议要案多件，因其关防严密，内容不详，该会敬晚始闭会。又据报：平绥路工人加入共党组织者已有五百余人，共党近在张家口附近某村设伪中央西北支局，策动一切。冯所办之察省国民新闻，公然将赤匪与国军作战情况宣布，称匪军为共军，并捏造共军胜利等情。查冯近日表示可取消抗日各名义云云。臆系缓兵之计，意在掩护其组织，倘再有二三月之时间，彼辈将所有召集之数万匪军稍加训练，更参照赤匪之组织办法，则华北大局殊可虑也。究应如何处理之处，敬乞示遵。职何应钦。卅。印。

〔国民党政府行政院档案〕

二、抗日同盟军收复多伦与各方反应

1.冯玉祥复汪精卫表示不惜牺牲决心抗日电

（1933年7月8日）

南京行政院汪院长精卫先生勋鉴：阳电敬悉，远劳维护，具见苦心，同志旧交，且感且谢。弟决心抗日，本自求死，且只有死于抗日旗帜之下，良心较安。忆文天祥过零丁洋诗曰："人生自古虽〔谁〕无死，留取主〔丹〕心照汉〔汗〕开〔青〕。"每读斯言，辄致兴奋。闻有人已于歌日对弟下总攻击令，现我军正围攻多伦，旦夕可下，是非存在，亦正弟死国之日矣。弟冯玉祥叩。庚。印。

〔国民党政府行政院档案〕

2.何应钦为检扣冯玉祥关于抗日同盟军攻克多伦通电致蒋介石等密电

（1933年7月13日）

特急。南京蒋委员长、南京汪院长：中密。顷检扣冯玉祥文未通电一件，文曰：阳戌、庚午、佳未，三电报告我军血战多伦各情形，计荷垂察。连日我吉鸿吉、邓文、李忠义三指挥均亲临城下督战，拼死猛攻，蒸晚我吉鸿昌更亲率敢死之士，肉袒匍匐前进，爬城三次，敌以机枪扫射，反猛攻手榴弹，致未得手。计是役共伤亡我团长以下官兵二百四十余员名。真日八至九时，又由东飞来敌机三架，掷弹四十余枚，但多未命中。真戌我吉总指挥鸿昌严令所部奋死猛扑，迄至今晨九时四十分，我军全部始由南西北三门攻入多伦城。复经巷战，肉搏三小时之久，日伪残敌始由城东门仓皇窜出，刻我军正向东追击中。多伦至此，已为我抗日同盟军完全克复。特闻。俘获详情，另电奉告等语。谨闻。

应钦。元未。印。

〔国民政府行政院档案〕

3.交通部抄转河北电政管理局扣留冯玉祥报告围攻多伦情形代电的公函

（1933年7月13日）

交通部公函　　秘字第四号

迳启者：本月十三日据河北电政管理局蒸代电称：九日夜扣冯玉祥、刘桂棠电各一件等语。除抄送军委会外，相应照抄原电送请贵处转陈。此致

行政院秘书处

计抄送代电一件

朱家骅

中华民国廿二年七月十三日

抄蒸代电

〔衔略〕九日夜扣张家口致上海暨各省电一通，内称：军急。我北进抗日部队自月初连续克复宝昌、沽源后，军事进展节节胜利，现中路李忠义部进迫黄土滩子一带，左路军张凌云部进迫黄土岭一带，右路军刘部苏师进迫破窑一带。吉前敌总指挥鸿昌，邓左翼副总指挥文均各率主力进驻前后孤山，决定阳日夜十一时开始围攻多伦。日机三架阳午围绕白水诺尔侦察前后孤山一带，旋北去。兹悉日倭将领李逆守忠等，死守多城，但我士气极旺，决以头颅碧血与敌周旋。特闻。冯玉祥庚午等语。……谨电奉闻。

〔国民党政府行政院档案〕

4.何应钦为检扣冯玉祥陈述克服多伦情形及决志规复东北失地通电致蒋介石等密电

（1933年7月13日）

特急。南昌委员长蒋，南京汪院长：中密。顷检扣冯玉祥文申通电一件，文曰：南昌蒋介石先生、北平何敬之先生、黄膺白先生均鉴：顷接前方捷电，我军自阳午围攻多伦以来，血战五昼夜，官兵死亡者千六百余人，兹已于文晨克复多伦，敌向东溃窜等语。祥久疏鞍马，伏处山林，刻只以东北沦亡，滦热继陷，大沽为四省之续，平津订城下之盟，一时为血性所驱，民众所迫，不得不奋然而起，振臂一呼，以武装保卫察区，收复失地自任。惟自上月号晨出发以来，官兵食不果腹，衣不蔽体，阴雨则鞍马尽湿，昏夜则席地幕天，且际兹酷暑气候，多有著皮衣皮帽以杀贼者，辛酸惨苦，困难万分。兹幸托全国民众之助，总理在天之灵，虽以饥寒疲敝之师，挟腐锈窳残之械，而气干霄汉，志雪国仇，旬日之间收复康保、宝昌、沽源等地，今又继续收复多伦，察省地区，可告完整。惟保察之任务虽尽，而东北四省之失地未收，瞻望河山，犹深惨恸。公等握国家大权，掌百万雄师，兵械之精，何啻霄壤；饷糈之富，更不待言。如蒙慨念东北同胞亡国之痛，废停战协定之约，兴收复四省之师，则祥虽庸愚，敢辞鞭镫，否则惟有率此十万久疲之士，进而为规复四省之师，一息尚存，此志不懈，成败利钝，之死靡他。特电奉闻，诸维亮察。等语。谨闻。应钦。元申。印。

〔国民政府行政院档案〕

5.吴铁城转报李烈钧电贺克复多伦的密电

（1933年7月15日）

限即刻到。南京汪院长钧鉴：行密。李协和贺冯克复多伦盐电全文如下：张家口冯总司令焕章先生勋鉴：离京日久，复疏音敬，不察中央政情如何，尊状又奚似。唯据弟所知者，政府对公惟一希望是来中央，人民对公惟一希望则在救国，今公尚未尊重中央之意，而先已快人民之心，不贪高官，不惜牺牲，旬日间，传檄收复四县，今且血战攻克多伦，举百方里已失之领土首收复之，闻者雀跃，公等之业诚伟矣！惟昔人不战而弃数省以立功，今公一战而收察东，恐难免于罪，缘政府希望于公者，并不在此，且不需此也。今为公计，宜速偕同叔平兄等、吉鸿昌、邓文、李忠义、张砺生诸将帅，肉袒负荆，诣京请罪，并声明今后不预抗日御侮之事，则功逾陈汤，罪逃武穆，岂不善哉！虽然发扬蹈厉英迈如公者，而乃进若是之言，固知公笑其愚，弟亦深知公之为公者，必有更进之伟举为民族光也。谨为贺。弟李烈钧。盐。等语。除由此间新闻检查所通知各报将电中悖谬字句删去发表外，谨电奉陈。铁城叩。咸。印。

〔国民政府行政院档案〕

6.汪精卫关于抗日同盟军收复多伦后冯玉祥应将察省军政之权归还中央致李济深等电

（1933年7月18日）

香港南华日报探转李任潮、陈真如两先生惠鉴：筱电敬悉。数旬以来，冯焕章兄在察哈尔一切布置，其心固可念，而其事则至危。盖守边而不秉命于中央，则其结果必为丧失领土，前例具在，无俟赘陈。至于守边之策，在严治防守工具，严整军纪，而不在多招散兵，以致内溃。目前多伦之失，并非战败，乃因热河溃兵猬集多伦，食尽烧光，不得不退，伪军刘桂堂部乃得从容进入，殷鉴具在，实为张家口危之。今者多伦已告收复矣，惟非取之日本军队之手，乃取之伪军之手。此等傀儡，何足一击，硁硁之愚，固不敢掩人之善。然若因此而遽以为吾国现有“兵力”足以收复失地而有余，则徒使古北口、喜峰口、冷口一带战死之将士，溅泪于地下而已。两兄军事专家，无待弟絮言也。多伦本为察省土地，焕章兄一举收复，足慰人望，倘于此时举察省军政之权，还之中央，则心迹光明，举世共见，弟敢信中央同人方推重之不暇，更何有于疑猜，此诚唯一良机，弟已多托同志，苦为劝喻，两兄忧国爱友，必有同情，尚析深切为焕章兄言之，冀其垂听，是所至荷。弟汪兆铭。巧。

〔国民政府行政院档案〕

7.马良诘责汪精卫歪曲克复多伦真相电

（1933年7月20日）

南京汪院长鉴：得张家口电，中央派十一师压迫张垣，无论为日报仇，义不应尔，即但以武力压迫，果出何心。李际春为日作伥，公等置之不论，独于抗日军必加压迫，是非颠倒，何至如此！至此次军事，康保、宝昌、沽源自系伪军投诚，而多伦实以血战得之，伤亡一千六百余人，事实具在，何得云不战而得？公等作此悖谬事体，问何以对国人乎？马良。号。

〔国民政府行政院档案〕

8.蒋介石转何应钦密报抗日同盟军克复多伦及日伪开始进犯多伦情形致汪精卫密电

（1933年7月21日）

急。南京汪院长尊鉴：顷接敬之巧申电称：砥密。多伦方面，本无日军，仅有伪国收编原为热军崔兴武之残部李守忠部千余人驻守，冯氏曾派员接洽投诚，归冯改编，其唯一条件，为先让出多伦。伪军因运输不便，给养困难，正感环境之不佳，乃即表示接受，自动退往热边。冯遂派吉鸿昌率领义军邓文、李忠义等部进驻多伦，美其名收复失地，其实事先早已接洽妥当，并未用兵，亦未发生激战，盖冯之主力部队卫队两团及方振武部始终即驻宣化张垣一带，对冯占海部及铁道以南设防队未离开张垣、宣化一步也。据探报，日军以冯氏企图由多伦窥窜热边，违反停战协定，已派伪军二万余人并附以日军第八师团之一部进取多伦，开始军事行动，此后事态如何，殊难逆料等语。所谓收复多伦，真相如此，乃外间尚多为冯之宣传所惑，真可慨也！知注特以转达。弟中正叩。筒巳机牯。印。

〔国民党政府行政院档案〕

9.冯玉祥关于收复多伦之证据并拟派代表携救国方案参加庐山会议致汪精卫电

（1933年7月24日）

（张家口来电）军急。南京、九江探送汪行政院长精卫先生勋鉴：多伦克复，正义略伸，即谓枪口决不对内之宣言亦已成为事实上之铁证。方幸伏尸流血事且见谅于国人，而国土重光何独不见谅于政府，方才决东往之议，旋来北进之师，电接风驰，边廷鼎沸，哀笳塞外，热泪长挥。顷复展读报载先生最近言论，一若仍有不慊于祥者，祥与公在党为同志，在交为故交，奈何煮豆燃萁，相煎如此？谓祥为抗命，则实与公之所谓长期抵抗或一面交涉一面抵抗者，揆诸事理，何曾相违？谓为割据称雄，则不徒祥欢迎原任主席宋哲元回主察政，文电盈箧累箱，即察省贫瘠荒陬，亦断非可以怡然自足之地。且说者谓多伦克服，初无战事可征，然则平津，张垣之受伤官兵已到者四五百人，荒野衰原之碧血阵亡将士亦数百人，一见于长春十四日新闻电，再见于近顷沈阳、东京各报纸。胜固无功可言，但胜亦何必见罪。以日人为指挥官之傀垒，固不足当一击，然今之滦东亦傀垒场所也，而执政者又何为忍辱迁就如此。故祥谓与其为长城死士流泪，毋宁真正抗日，尚足以慰长城死士之心也。公吾好友，亦与祥曾共生死患难者，窃以为今日之事，定能互谅互助，共挽危局。兹悉各中委同志，率赴庐山，参加救国会议，而此间所组织收复东北四省计划委员会，现亦草有救国方案一通，拟派代表旋往庐山，请求列入议案，缓急是非，一听公决。正国家危急之秋，正吾人精诚团结之日，徜谓为事急求人，则祥于傲睨一世之倭贼，且欲与之一拼死活，又奈何摇尾乞怜于国人也。披肝沥胆，敬布腹心，鹄候玉音，唯希亮照。弟冯玉祥叩。敬申。印。

〔国民党政府行政院档案〕

10.何应钦关于检扣冯玉祥世日通电致汪精卫等电

（1933年8月1日）

急。南京汪院长、牯岭蒋委员长：顷检扣冯玉祥通电如下：文曰：各省市、各报馆转全国民众均鉴：顷接读汪精卫、蒋介石两先生俭日通电，不知两先生爱祥如此其切，祥虽不敏，敢不敬从。顾祥生性戆率，终有不〇〇得不为国人告者：自民元以迄今日，国人之苦内战久矣。乃者倭寇西侵，国土日蹙，热河为东边之续，平津订城下之盟，此何等时，此何等事，稍具人心，岂复容意气用事，而置我国家民族于不顾者。祥悲愤填膺，举义边塞，区区之意，亦欲利国家卫民族耳。微特无对内作战之心，抑亦断无爱国而反以祸国之理。故自上月号日出师以来，诸将士壮怀奇节，奋不顾身，旬日之内，克康保、克宝昌、克沽源，而多伦血战五昼夜，不惟河山已复，正义已昭，即祥枪口决不对内之宣言，亦已成为事实上之铁证。方谓伏尸流血，事且见谅于国人，而国土重光，又何为不可见谅于政府。乃才决东征之议，旋来北进之师，电掣风驰，边廷鼎沸，近且愈迫愈紧矣。胜虽不足言功，但胜亦何至获罪，此固君主国家之所不可见者，不图竟于我国民革命之政府见之，此真千古奇闻，亦一人类变局也……。谓祥为抗命，则祥之所为与政府所标榜之长期抵抗，或一面交涉一面抵抗者，果何以异？谓为割据，则不徒祥欢迎宋哲元回主察政，文电盈箧累箱，即察省贫瘠荒陬，亦断非可以怡然自足之也。且我军多伦所役官兵之受伤及尸裂，况〔？〕日伪炸弹者千六七百人，而政府不惟禁运伤兵，抹杀事实，且缓则诬之以赤化，急则迫之以兵威，纵玉祥有罪，而诸为国受伤义士，抑又何辜？世有此人，人有此见，国之不亡，亦迟早间事耳！吾人抗日诚为有罪，而克复多伦则尤在不赦，祥知罪矣！亦既知居今日而言爱国不自量矣！顾念困难之严重如此，而豆萁之煎迫又复如此，虽当局自鸣得意，但不审倭贼之视我民众，作何感想；而欧美民众之视我国家、视我民族，又作何感想耳。摘三摘四，民命已艰，骨肉相戕，虽胜不武。祥屡次宣言，一则抗日到底，一则枪口不对内，如中央严禁抗日，抗日即无异于反抗政府，则不独军事可以收束，即科我以应得之罪亦所甘心。至中央政权因察省而分裂，祥殊不解中央何以不使宋哲元回察，而必欲以武力消灭此抗日军队也。祥自兴师抗日，迄今已六十七日，究竟赤化察省与否，与确保察东失地与否，事实具在，究有见谅于国人者。敬布区区，伏希亮照。冯玉祥叩。世。印。等语。何应钦。东午。印。

〔国民党政府行政院档案〕

11.军委会北平分会转报冯玉祥在张家口组织华北民众御侮救亡会并发表该会政治纲领的代电

（1933年8月2日）

国民政府军事委员会北平分会代电　令谍字第四七六号。

南京军事委员会、行政院钧鉴：参谋本部、军政部、本市政务整理委员会勋鉴：据宪兵司令邵文凯有普(一)代电称：据探报：冯玉祥近在张垣复组织所谓华北民众御侮救亡会，定于本月二十六日开成立大会，刻正进行筹备一切。闻该会内幕，完全为赤化主义，所有参加者，除共产份子外，系农工劳动阶级，意在反对中央政府等情。检附该会制发传单三种，密报前来等情。查该传单三种，以华北民众御侮救亡总会筹备会政治纲领最关重要，特行检抄附电奉闻。北平军委分会叩。冬令谍。印。

附抄件乙件

中华民国二十二年八月二日

华北民众御侮救亡总会筹备会

政治纲领

一、反对日本帝国主义进攻中国，反对国际帝国主义瓜分中国，为中国独立与领土完整的民族解放而奋斗。

二、实行民众自动武装，扩大革命的民族战争，保全平津、察哈尔与整个华北。

三、反对日本帝国主义与南京政府联合进攻察哈尔！扩大并巩固革命的抗日同盟军，武装保卫华北的抗日根据地——察哈尔。

四、集中全国百分之八十以上军队及全部飞机北上收复失地。将全国百分之八十的财政收入，移做抗日战费，驱逐日本帝国主义军队出境。

五、打倒满洲伪国，抗捐抗税抵制傀儡政府及一切法令，开展反日满洲国的游击战争。

六、反对出卖华北的唐沽协定，粉碎日本帝国主义及其走狗南京卖国政府、满洲傀儡政府签定的中日满防守同盟！否认军阀政府一切卖国密约及屠杀革命的外债借款。

七、在精神上，在物质上，积极援助抗日同盟军、义勇军一切抗日反帝运动。

八、反对压迫民众抗日运动及一切革命势力，争取言论、集会、结社、罢工、罢课与示威游行的绝对自由！解放全国政治犯。

九、扩大抵货运动，没收日货救济难民、贫民及失业工人。

十、扑灭反革命的刽子手组织——法西斯帝蓝衣党，逮捕一切汉奸卖国贼，组织民众法庭，实行审判，没收一切逆产，充作抗日军费。

十一、反对南京政府进攻南方工农革命武装！华北民众武装队伍应与南方工农革命武装队伍订立共同对日作战协定。

十二、打倒卖国辱国的军阀政府、工农兵联合起来，建立民众自己的政府。

十三、取消一切苛捐杂税，反对军阀、地主、资本家的进攻，改善工农兵劳苦民众的生活，充实劳苦民众抗日反帝的战斗力。

十四、开展全国民众的自救运动，促成全国御侮救亡总会的成立。

十五、保障国内蒙回等民族的完全独立与自主。在抗日反帝的统一战线上国内各民族实行自愿的大联合。

十六、反对帝国主义的第二次大战。

十七、反对帝国主义进攻唯一援助被压迫民族的国家——苏联。中国民众应与苏联兄弟建立亲密的关系。

十八、联合全世界无产阶级与被压迫民族，巩固国际反帝国主义的统一战线。

华北民众御侮救亡总会筹备会

七月十七日印

〔国民政府行政院档案〕

三、蒋汪调军压迫同盟军与宋哲元接收察政

1.军委会关于蒋介石采取“双管齐下”解决察省问题致汪精卫代电

（1933年6月17日）

国民政府军事委员会快邮代电

本京汪院长密鉴：元代电计达。兹奉委座删机电开：对察处理，现定一面令庞傅各部、冯关各部进兵；一面由宋、庞、秦派人劝冯取消名义，奉还察政，离去张垣，另谋安置。双管齐下，大约不久当可得相当之解决也。等因。除电复何代委员长外，合再

电达，即希查照为荷。军事委员会。筱。战。印。
中华民国二十二年六月十七日

〔国民党政府行政院档案〕

2.蒋介石关于分别对冯玉祥及阎锡山宋哲元采取军事政治解决办法致汪精卫密电

（1933年7月3日）

急。南京汪院长尊鉴：砥密。敬之卅电报告：冯在张垣为共党荧惑，取消其名义，实行赤化组织情形，分呈谅达。冯有今日，固早预料，今其赤色旗帜已益鲜明，使中外皆易认识，不为所蔽，则中央处置更易，业已切电敬之，速筹军事之彻底解决办法；并电百川、明轩一致觉悟协力。想兄对今后察事处置必已深筹，希即核复敬之，并赐电示，为盼。弟中正叩。江未。机赣。印。

〔国民党政府行政院档案〕

3.军委会第一厅抄转何应钦调集重兵企图进攻察省抗日同盟军致汪精卫电

（1933年7月6日）

抄何应钦麻令战电

〔衔略〕查吉鸿昌挟持冯焕章，擅行改组省府，方振武擅缴何遂及冯占海之一部枪械，近更广收土匪，日事聚敛，察省人民痛苦日深，国军以解除察省人民痛苦之目的，拟集结优胜兵力如下：（一）庞军长率第四十军于8日出发，限于九日到达南口，十二日到达花园、鸡鸣驿、新保安。（二）冯军长率第七军于十日自沙城出发，限十三日到达涿鹿附近。（三）万总指挥令孙德荃师于十三日以前完全到达沙及土木堡间集结待命。（四）徐军长即令第廿五师（缺补充团）附炮兵一团限十三日以前集结怀来、康庄间待命。(五)冯占海于十三日以前以主力集结化稍营待命。（六）四十五军何军长以一部驻防独石口、赤城、延庆，以主力集结龙关、赵川堡镇等处待命。谨此电闻。

右电抄送

汪院长

国民政府军事委员会第一厅第一处

〔国民政府行政院档案〕

4.何应钦请汪精卫注意冯玉祥抗日反蒋行动密电

（1933年7月11日）

急。南京汪院长：中密。察省多伦、沽康一带，原为刘桂堂等匪军所盘踞，自刘投诚后，察省境内无日伪军踪迹，乃冯利用机会，将义军邓文、李忠义等部调往康保、宝昌、多伦等处驻扎。对外则宣传其收复失地，保全察省，冀达其蒙蔽国人，骗取捐款，徐图扩充个人势力之目的。请钧座转知宣传机关特予注意，勿使神奸巨□，得售其狡计也。职应钦。真辰。行秘。印。

〔国民党政府行政院档案〕

5.黄郛关于孙殿英部调防及庞炳勋率部迫察的密电

（1933年10月15日）

急。南京汪院长勋鉴：中密。据孙魁元电称：元部于蒸日开始运送后，已于文日移驻辛店子，所有沙城、涿鹿、新保苑、鸡鸣驿等防地，佳元日腾出。惟以车辆太少，所有前各部队均在候车开拔中。又接庞炳勋函件：所部已开抵涿鹿、新保苑、沙城，仍向前推进。各等语。特闻。郛叩。删申。机印。

〔国民党政府行政院案档〕

6.李济琛等吁请南京国民党当局停止对察军事行动电

（1933年7月17日）

南京汪院长精卫先生、居院长觉生先生、于院长右任先生、孙院长哲生先生钧鉴：焕章同志，愤暴日侵凌，奋身朔漠，捍卫边疆，衷情热血，国人共见，其非离异中央，公等亦曾为之辩白。乃者中央竟遣重兵入察，虽意旨未明，然倘系对付焕章同志，则窃有期期以为不可者。今东北四省沦陷，焕章同志抚率孤军，志存孤土，中央即有远谋，然对于焕章同志爱国苦心，当能嘉许，果不幸而传闻属实，必使群情疑骇。焕章同志，公等曾共患难，其才其力亦系党国干城，即不能付以抗日之任，亦当恤其抗日之心。国家多难至此，应共奋同仇敌忾之心，化〔倘〕轻启兄弟阋墙之祸，为外人所笑，千古所悲，乞我公主持大计，即饬令停止入察之师，为国家惜人才，为社会留元气。临电不胜迫切待命之至！弟李济琛、陈铭枢叩。筱。印

〔国民党政府行政院档案〕

7.上海废止内战大同盟会反对对察用兵的代电

（1933年7月22日）

快邮代电

南京国民政府、行政院、军事委员会、军政部、北平军分会赐鉴：外侮未已，匪乱日炽，而对察又闻有用兵之说，曷胜骇惧。敝会之愚，以为冯氏果志切抗日，则保障察境应予容纳，设或别有主张，亦当以政治手腕解决，避免武力。总之，国家元气不可再自斲伤，应留实力，以御外侮。公意所在，祈赐察纳。废止内战大同盟会总会叩。养。

中华民国二十二年七月二十二日

〔国民政府行政院档案〕

8.国民政府文官处抄转唐绍仪等请速制止对察军事行动电致行政院公函件

（1933年7月24日）

国民政府文官处公函　　字第三三一号

迳启者：奉主席交下唐绍仪等号电，为政府苟不能制止冯、庞入察之兵，并不予冯、方抗日各军以接济，则西南各省当采正当方法主持正义，捍卫国家等情一案。奉谕密送中央政治会议，并分交行政院、军事委员会等因，除分函外，相应抄同原电函达查照。此致

行政院

计抄送原电一件

文官长　魏　怀

中华民国二十二年七月二十四日

抄原电

南京中央党部、国民政府钧鉴：近者军事当局对于在察抗日之冯玉祥同志，利诱威迫，必欲使离察境。今利诱威迫不能惟〔遂〕其计，则调关、冯、庞各军实行与日军夹攻之。经于筱日电质中央，未承答复，而警报纷传，内战外患，势且旦夕，复从察境而起。是言攘外必先安内，从事实上又必启内争而更召外侮。政府职在于攘外安内兼筹并顾，而负有党国兴亡之责者，分当保国卫民，各尽所能，乃攘外则弃东北四省之领土未足，而益之以塘沽、大连之屈辱协定；安内则不图中部剿匪之收功，而急于消灭抗日之军队。冯玉祥同志身为中委，实与党国有存亡与共之义，其奋起抗日，其一举而克宝昌，再举而复沽源，三举而收复多伦，义兵所向，实以攘外为目的，纵不利于暴日，实大造于国家。今竟称保国卫民而加兵，是精忠报国者受征诛，而媚敌求和者

获上赏，政府不思攘外安内之失职，乃反攘内媚外以重其祸，是直纷乱是非，颠倒功罪，自毁纪纲，而速覆亡也。中央政府苟不能有效制止军事当局调关、冯、庞诸将入察之兵，并不能予冯、方同心抗日各军以接济，是卸尽中国民族之人格，中央已自失其为政府之资格，则西南各省必不能漠然坐视，必当率领全国采正当办法，以支持正义，以捍卫国家，以保存中国民族之人格。特进忠言，惟希鉴纳。唐绍仪、萧佛成、邓泽如、陈济棠、李宗仁、邹鲁、白崇禧叩。号。印。

〔国民政府行政院档案〕

9.何遂报告所部进抵包头的密电

（1933年7月28日）

青岛沈市长、威海徐专员、南京分抄马府街四号叶子布兄、中央党部陈委员果夫、陈委员立夫先生、叶秘书长楚伧先生、立法院孙院长、邵副院长翼如先生、陈委员长雄夫先生、狄委员君武先生、刘委员孚若先生，并转诸同仁、军政部陈次长、行政院褚秘书长民谊先生、中央银行孔总裁庸之先生勋鉴：统密。职于本月径午进抵包头，所属各师旅亦已先后到达，刻正整理一切，谨以奉闻。请释锦注，仍祈随时赐教，俾有循依。何遂叩。俭。印。

〔国民党政府行政院档案〕

10.何应钦转报抗日同盟军兵力概数的密电

（1933年7月29日）

牯岭蒋委员长、南昌委员长行营、南京军事委员会、行政院钧鉴：参谋本部、军政部勋鉴：砥密。据庞军长沁巳电称：据报，冯、方兵力概数如下：冯之基本部队，人五仟，枪三仟。吉鸿昌人叁仟，枪二仟。方振武约万人左右，枪五仟。邓文、李忠义两部，人万二仟，枪万枝。刘桂堂人万余，枪六仟。黄中人叁仟，枪二仟。孙良诚人仟五百，枪捌百。高树勋人叁仟，枪二仟。佟麟阁人陆仟，枪四仟。张励生人陆仟，枪三仟。富时人二仟四，枪二仟。岳相如人二仟，枪一仟四。以上总计，人陆万叁仟四百名，〔枪〕四万二百枝。等情。谨电奉闻。何应钦。艳令。谍印。

〔国民政府行政院档案〕

11.军委会北平分会关于派遣特务员潜赴察省刺探抗日同盟军军事经济情形代电

（1933年7月29日）

南昌蒋委员长、南京军事委员会、行政院钧鉴：参谋本部、军政部勋鉴：查本分会前派特务员黄文焕、郝云骥等，化装潜赴察省，实地考察，兹据报告冯部工事、兵力、经济状况等情形，尚属详细，堪作参考。除饬该员等仍行继续工作外，检抄该项报告随电奉闻。北平军委会分会叩。艳令谍。印。

附报告书一件、要图一纸

中华民国二十二年七月二十九日

特务员黄文焕等侦察宣化、万全、张北一带冯军情况报告

察区自通电抗日以来，关于阵地之构筑，并无整个计划，不过由各地驻军就近构筑简单工事而已。张北、沽源、康保等地处之工事，均为日军侵占热河时所构筑，自七月十二日来，开始修筑。宣化东南之工事，系方部自动构筑，迄今数月之久，早已被雨水冲坏，忽于十七日由孙良诚开始补修。张家口附近，自七月初旬，于其南北开始构筑工事，其目的为掩护退却之用，一为沿平绥线向绥远方面退却，一为沿张库大道向库伦方面退。近二、三日内忽严令各县征集民伕万余名，加紧工作，但民伕百名中仅兵士一、二名指挥工作，民伕之伙食，由各该民伕自备，工资概

不支给，工毕后即拨归各部队当兵。目下察区窘困达于极点，决无构筑坚固之能力。观其工事之状况，亦无固守之决心，军民恐荒〔慌〕之至。兹将各地工事之概略位置分述于后：

（一）张家口南

张家口南约二十里高庙石屯、高家屯、阎家村一带构筑工事，因系矿砂土，遇雨即被冲坏。于一、二日来，又将外壕加深，并□改为掘扩，但无交通壕及伪装设备，极暴露，且为不断之一线式。据土人云，关于散兵壕前二、三里处，似已埋设地雷，因工作多在夜间，故不十分明瞭。石屯及阎家店现构筑中。

（二）张家口东北

1.张家口外东窑附近构筑工事中。

2.屋拉哈达及骡驼庙附近均构筑工事。

3.张北、宝昌、沽源多均在构筑工事。

以上之工事，由吉鸿昌、张励生两部担任。

（三）张家口西南

据抗日同盟军高参谋震云：阎家屯、馒头庄、太狮庄一带，拟即构筑工事，俟侦察毕，即行开始工事。

（四）宣化附近

1.宣化城东约七、八里二台子附近，沿南北行树之后方及土堤等，利用天然地形构筑简单散兵壕。

2.城之东南各营房，均将原有之外壕掘深，并于土墙上设枪眼。

3.城南洋河左岸有准备构筑工军模样。

兵力概况

民众抗日同盟军之兵力，号称廿余万，实则不足三分之一，其主力为方振武、吉鸿昌、孙良诚、刘桂堂等军。方部因鲍刚脱离其掌握，兵力已减去三分之一。经多方调查，总各军实有兵力不足七万人，各色步枪约四万支。当十二日收复多伦时，曾有伪军独立炮兵队杨队长带野炮四门助冯作战，成功后竟被四十一军炮兵团改编，冯、孙之间，几为此事发生冲突，其炮火之缺乏可知也。（此事系该炮兵队刘队附所言）。六月底，曾由外口运到大批军火，据省政府人云：系俄货，数目不明。蒙吉军声称：有七八万之众，兹据蒙古自卫军富龄阿军长云：总十二旗及各群牧之游击队、保卫团台站等，不过一万（骑兵），纯属自卫性质，不受调动，且各旗总管及蒙王等冯多不信服，皆在观察中。

冯玉祥卫队约五千（保安队已改编在内），及方振武一部（约五千），驻张垣。此外佟部约三千驻张家口，新编十军仅军师旅长及几个参谋、副官而已，并无士兵。除给养由冯玉祥发给小米外，所有办公费用，均由各该军师旅长垫办。……

十六日傅庞军之汲师长率全师参加同盟军来张，实则仅步兵二营，藉事虚张，乃智穷力尽之方法也。

自十六日以来，张垣发现四十一军官兵颇多，车站停有该军兵车二列，内幕不明。

十七日张垣车站发现五十五军神兵大会，神兵一列车，约五百名，下车地点不明，黄旗黄带，上书硃符，每人背后大刀一把，并无枪枝。

车站设东北将士来张参加抗日，招待处，□满衔〔街〕贴标语〔下略〕。

赤化情形

冯玉祥到张后，即实行财产捐。

同盟军司令部，时有俄人往来，或穿军衣，或着便衣，不似士兵之类。据军界人云：此等俄人为红党，详情亦云不知。

冯玉祥曾与新编各军师长云：只要汝等有人，我就有枪械给你们。查枪械之来源，系运自俄国。

各部队官兵皆无薪饷，按人（家眷在内）发给养，至给养则大半征自民间。

警察已两月未发薪饷，其待遇与军队同。

省政府亦将改发给养，不支薪饷

经济状况

查察区之经济状况，可谓窘困达于极点，现在挣扎之中。粮秣、服装已感缺乏，现金则更无法筹借。据一般人云：本年底定有粮荒之虞，市面流通大都为纸币及几家商号发行之铜元票。咋严令商会以民众名义组织农工银行，以便发行大批钞票，蒙蔽一时，或特别加税或重征财产捐。〔下略〕

〔国民政府行政院档案〕

12.何应钦关于促冯玉祥下马三条件与汪精卫来往密电

（1933年8月4日）

（1）何应钦致汪兆铭密电（8月4日）

特急。南京汪院长钧鉴：文电奉悉。忠密。冯世日通电对钧座与蒋先生提示三项原则，并无诚意接受表示，而近日向前方将领如庞炳勋等表示，则又似有接受之意，查其所以忽然软化之故，盖据报日军确有于一星期内攻占多伦之准备。冯欲藉此顺风转舵，如多伦再失，即可归咎中央。又因自尚武邓文等被冯枪毙后，义军首领人人危惧，时有倒戈相向之虞，不能不见机而作，以图和缓。因有此二种原因，冯之态度忽转变，或者亦系实情。职意拟再以三事向冯作最后商洽：(一)冯即日取消民众抗日同盟总司令名义。(二)将张垣、宣化一带杂军土匪暂驻张北、宝昌、康保。（三）过渡期间，察省军政事由佟麟阁暂时负责。如冯能办到一二两项，宋明轩即回张垣，刻正由哲民、绍文与明轩等详商，进行如何，容续呈。职应钦。支巳行密。印。

（2）汪兆铭复何应钦的密电（八月五日）

北平。居仁堂何部长勋鉴：支巳行密电敬悉。中密。所提三事深合机宜，至为赞同。特复。汪兆铭。歌。

〔国民党政府行政院档案〕

13.何应钦关于冯玉祥被迫让出察省军政大权的密电

（1933年8月4日）

限即刻到。南京汪院长、牯岭蒋委员长：中密。顷接更陈兄支电称：顷接冯先生江电，文曰：庞军长更陈弟勋鉴：刘王二君返张，出示弟函，并备述各节，均悉。际兹倭寇披猖之时，祥当一本爱国爱民初旨，宁忍阋墙之忿，实惭鹬蚌之争，决自本日起结束军事，所有察省军政权，即由中央派员接收，以免生其他枝节，徒为倭贼造机会也。请将此意转南京暨北平当局为企等语。特电奉闻。究应如何应付之处，速示为盼等语。谨闻。职应钦。支酉行。秘。印。

〔国民党政府行政院档案〕

14.李烈钧关于冯玉祥被迫接受俭电四项条件与汪精卫等的来往密电

（1933年8月4日）

（1）李烈钧致汪精卫等密电（8月4日）

特急。南京中央党部、国民政府林主席、汪院长、孙院长、君院长、于院长、戴院长、牯岭蒋委员长勋鉴：诚密。前以察事严重，曾屡电焕章先生详告政府处事之难，与相望之雅。昨接东日复电云：台电敬悉。弟揭帜抗战，原期对外牺牲，湔雪国耻。旬日以来，备感压迫，卒容忍者，为国难之严重，实不愿发生内战以贻国家民族之羞。刻政府军队到察省者十三师，对同盟抗日军愈迫愈紧，平绥车已不通。弟为国家前途计，为民众免除内战痛苦计，决对汪蒋所提四事，完全接受，冀得谅解，请公暨诸友与政府商之。弟冯玉祥叩。东。等语。谨此奉闻。李烈钧叩。支。印。

（2）汪精卫复李烈钧的密电（8月5日）

上海李协和先生勋鉴：支电敬悉。诚密。焕章兄既已表示愿接受四项，当即转告敬之兄，妥慎洽商协办理。我兄苦心瘖口，所全甚大，敬佩莫筹。特复。汪兆铭。歌。印。

〔国民党政府行政院档案〕

15.废止内战同盟会总会请以和平原则解决察事的代电

（1933年8月5日）

快邮代电

南京行政院汪院长、南昌蒋委员长、北平第四十一军孙军长赐鉴：读汪院长、蒋委员长联名宣言，表示对付察事主张和平之诚意，并指出四项原则以为解决之途径。本日又读孙军长冬电，有誓不参预内战，愿率所部努力屯垦云云。先后洛诵，至慰至佩。本会前发养电，劝以对察避免武力为请，今当局意志昭如星日，将领决心亦已披沥，察事解决，自必能本四原则顺利进行。由相忍以相信，由相信以相助，积储今日对内有所不为之力量，以备将来对外有所有为之准备，深愿党国先进各界领袖，在此和平原则之下，为具体办法之商讨，早成辑和，共保国土。本会全体会员所企祷焉。废止内战同盟会总会叩。微。

〔国民党政府行政院档案〕

16.蒋介石请制止富龄阿就任蒙古民众抗日自卫军军长的密电①

（1933年8月6日）

行政院汪院长、蒙藏委员会石委员长勋鉴：中密。顷据绥远

①富龄阿系于1933年6月20日，被察哈尔民众同盟军总司令冯玉祥任为蒙古民众抗日自卫军军长，7月9日就职。并组织军部于张垣，后抗日同盟军被破坏，富龄阿于8月13日将军部取消。

傅主席冬电报告：富龄阿擅在绥东就任蒙古民众抗日自卫军军长之伪职，及该绥东五省与绥察哈尔右翼四旗历年管辖不清之纠纷，请由院会立予制止。该富龄阿之扰乱行为，并将该右翼四旗，查照十七年划归绥县管辖之案，刻日饬由绥省管辖，既能则一政令，又免发生意外等情。分呈计达。查该富龄阿为察县右翼四旗厢蓝旗之现任总管，擅就伪职，殊属谬妄，应请由院会严切制止。该四旗之管辖问题，亦请即为切实划清，至所企盼。中正叩。鱼。机。牯。印。

〔国民政府蒙藏委员会档案〕

17. 何应钦关于冯玉祥通电将察省军政大权转交宋哲元负责的密电

（1933年8月6日）

限二小时。南京铁道部官舍一号汪院长、军事委员会牯岭蒋委员长：祗密。顷接冯玉祥通电，文曰：各省市转全国民众均鉴此间本和平爱国之旨，曾于世歌两电一再申叙衷曲，是非有在，当可见谅于国人。顷原任主席宋哲元，昨已抵察，兹自本日起，即将察省一切军政事□统交由宋主席负责办理矣。特电通告。冯玉祥叩。麻。等语。职应钦。鱼申。

〔国民党政府行政院档案〕

18. 宋哲元报告抵宣化电

（1933年8月）

南京行政院院长汪、各院部钧鉴：昨电计邀鉴及。哲元于本日未刻安抵宣化，驻军均已开走，由职部卫队团维持治安，地方一切安谧，请释远念。职宋哲元叩。阳未。印。

〔国民政府行政院档案〕

19.何应钦报告冯玉祥态度变化之原因及日军进犯多伦轰炸沽源情形的密电

（1933年8月8日）

特急。南京汪院长、牯岭蒋委员长钧鉴：汪院长阳电敬悉。千密。冯态度急变之原因：（一）日军将进攻多伦、沽源，冯确欲乘此卸责于中央。（二）义军有首〔领〕邓文等被杀后，内部极形不安。（三）经济缺乏，无法维持。自冯表示交出察政后，曾由此间向日武官声明，请其电东京及关东军停止日伪军入察，渠已表示转知。顷日武官来言，关东军因多伦吉鸿昌部系赤色队伍，已开始向之进攻。昨日有大批飞机轰炸沽源。谨并闻。职应钦。齐午。行密。印。

〔国民政府行政院档案〕

20.冯玉祥为谢绝离察入京复汪精卫蒋介石电

（1933年8月9日）

军急。南京汪精卫先生、南昌蒋介石先生惠鉴：阳电承以友谊相督责，惓惓之情，私衷至感。刻察省军政各权，以次交替完毕，所有总部人员，亦决于明日遣散。特比月以来，困苦艰辛，牵及旧病，山居养静，似较秣陵为佳，稍瘥当趋候也。冯玉祥叩。佳戌。印。

〔国民党政府行政院档案〕

21.宋哲元报告于文日进驻张家口电

（1933年8月12日）

方急。行政院院长汪钧鉴：哲元于文午进驻张垣处理一切，现张垣安谧如恒。谨电敬陈，伏乞垂鉴。职宋哲元叩。文。印。

〔国民政府行政院档案〕

22.何应钦报告冯玉祥离张家口赴泰山休养密电

（1933年8月14日）

急。南京汪院长、军事委员会、牯岭蒋委员长：中密。冯焕章昨日文夜离张垣南下，今午过平未停，即赴泰安，转泰山休养。谨闻。职应钦。寒申。行。秘。印。

〔国民政府行政院档案〕

四，吉鸿昌领导同盟军坚持斗争及其失败

1．宋哲元报告秉承“少编大遣”意旨收编察省军队情形的密电

（1933年8月23日）

南京。行政院院长汪钧鉴：行密。察省军队秉承军分会原计划，现已编定者为檀自新、张人杰、李子义三部，计檀编一师共六团，张编一师共三团，李编一旅共两团。刻正酌定地点，分别调防，听候点验。至其他各部，亦多派人前来接洽，恐亦不难就范，当本钧座少编大遣之意，详细考查，极力缩减，决不敢稍存姑息，致贻隐患。谨先电陈。职宋哲元叩。漾。印。

〔国民政府行政院档案〕

2．何应钦转报宋哲元与察省各军负责人商定初步处理办法情形密电

（1933年1月25日）

特急。牯岭委员长蒋、南京院长汪、军事委员会：中密。熊哲民兄顷由张垣回平，据述宋与察省各军领袖昨日商定第一步处

置办法如下：（1）委阮玄武为商部县警备司令，方、阮各部共编两团，富春部编一团，归其指挥。（2）委张允荣为张北县警备司令，张吉两部合编两团，由张负责肃清共产党。（3）委张凌云为康保、宝昌警各司令，乜玉岭为副司令，所部编千两团。(4)黄守忠委为察省游击支队队长，所部编两大队千人为限。(5)刘桂堂委为察东游击司令，所部编三团。（6）孙良诚部编一团，暂归张允荣指挥，孙即日通电解除兵柄离察。（7）刘震东部先编一团。（8）唐聚五部编一团。（9）张砺生由省府聘为顾问，所部解散，归还地方。（10）檀自新、张人杰、李忠义各部均照分会规定编制。（11）姚景川、苏雨生、朱克宾、李子铎各师，拟分别编遣。（12）清乡司令韩清芳部，已下令解散。（13）冯部军安队四大队及佟凌阁部独立旅约五百余人，均已遣散。（14）各部编余徒手兵约万余人，拟给资遣散，请再发遣散费五万元等语。又方振武此间拟给予名义，令其出洋，但彼仍不愿离开军队，正由阮玄武与彼商洽中。谨闻。职应钦。有申。行秘。印。

〔国民政府行政院档案〕

3. 肖振瀛为蒋汪献策建议以受编各军解决吉鸿昌所部的密电

（1933年8月25日）

张家口

明密。转呈行政院院长汪钧鉴：瀛昨夜抵张垣，与宋主席商陈一切。察省各部队经宋主席恺切宣谕，多已纷纷输诚。其为赤色利用者，惟吉鸿昌之一部，约二千人，各将领亦多要求效顺。已令张允荣在其内部负责解决。方振武仅千余人。阮玄武来察，正商结束办法。瀛等斟酌至再，拟将自新各部先行调开，以分其势，专对赤化部分迅速解决。三五日内定可肃清。再将其他各军，逐步编遣，以便易于就范。所有办理方针，决遵迭次钧谕，切实推行，用纾眷念地方之旨。余情续陈。萧振瀛叩。有。

〔国民政府行政院档案〕

4. 何应钦为转报方振武吉鸿昌等誓死抗日通电致蒋介石等密电

（1933年8月27日）

北平来

牯岭委员长蒋、南京院长汪：中密。顷接蒋伯诚、秦德纯宥申电称：顷接方振武等有日通电文曰：各省、各省府、各报馆、各民众团体均鉴：溯自九一八以后，荒徼凄凉，边廷骚扰，振武等慷金瓯破碎，怵胡虏纵横，誓师于绵山之岸，饮马于长城之窟，几经险阻，备历艰难，为迢迢之颠踬，作节节之牺牲，沏始沏终，无尤无怨，虽不足以惊天地而泣鬼神，然志切御侮，亦可告慰于国人矣。前在张垣会师，群情愤激，砺我衽革，万口一辞，正气犹存，昭然若揭。乃多伦之喋血未终，东来之大军云集，以狠以戾，作福作威，分化拆台，丑态百出。扬妥协之腥污，溅忠义之壁垒，揆厥症结，必破坏我抗日战线，消灭我救国武力而后已。同为炎黄之子孙，偏居疆寄之显要，初则以不抵抗而断送三省，续则以假抵抗而又去热河，卒则以摧毁技俩，务驱无量数健儿同死于日帝国主义者铁蹄之下，倒行逆施，一至于此，是可忍，孰不可忍。抑知丧元断胆，各有所甘，振武等慷兴亡之关键，蹲中委而不为，守我边陲，拼命杀敌，所有失地苟未规复，决不生还。此种意志如金之坚，如石之固，尤非任何武力所可征服。是以移兵万全，未安枕席，即驰援多伦，讵行至中途，重闻失陷，于是日伪军李守信、索景星等部，矧现当局之性恶，藐同盟军之势孤，虎视鹰扬，剥皮及肤，所谓宝昌、沽源等县，又再入于他人之手。荆蒸漏目〔荆棘满目〕，职责萦怀，一息未泯，安肯中辍，养日亲赴沽源布防，梗日与敌激战数次，径日遄返张北，方以为敌虽遁去，瞬即来侵，为国图存，端在最后。而降日卖国旗帜下之部队，又复受阻，兼程〔？〕希图锄绝，观其部署，直奚啻与日伪军取犄角之势，践预定之计划，是非功罪，举世皆知。顾振武等，既以抗日为起源，必以抗日为归宿。鼓楼钟阁，有一条命，则一条命即抗日之工具也。散堑危坦，有一杆枪，则一杆枪即抗日之武器也；崇岩绝壁，有一滴血，则一滴血即抗日之代价也。朝朝走马，仍督同我同盟军急救多沽，惟力〔？〕是视，倘再有阻遏抗日进程而为亡国之催命符者，决以深雠大敌视之。伏乞我海内外爱国同胞，迅发正谊之主张，毋持旁观之状态，度曲直自明，忠奸立判，卖国者，但能胆怯，则救国者必踊跃三百。凑绩沙场，扫荡奸氛，为期不远。民族幸甚！中国幸甚！方振武、吉鸿昌、张砺生、米文和阮玄武等同叩。有。等语。已令此间电局扣留矣。再宋主席今午张北视察等语。谨闻。职应钦。感申。行秘。印。

〔国民党政府行政院档案〕

5. 肖振瀛报告追击吉鸿昌等部情形与汪精卫往来密电

（1933年8月27日）

（1）肖振瀛致汪精卫密电（8月27日）

转呈行政院院长汪钧鉴：瀛随宋主席于客午进驻张北县，方振武率小部东窜独石口，其大部由阮玄武收容，在张北候编。吉鸿昌率染有赤色之一小部西窜商都，其大部由张久荣收容。在张北候编。其随吉西窜者，已派大部骑兵追击，并电晋绥堵剿，务求肃清。随方东窜者，人数寥寥，方正徬徨无归。或仍〔有〕自新之意。余容续陈。肖振瀛叩。感亥。

（2）汪精卫复肖振瀛密电（8月28日）

张北肖委员振瀛兄勋鉴：感亥电诵悉。文密。台旆遄征，贤劳至念。承示方、吉各部，分别剿抚，悉协机宜，尤深嘉慰。以后情形，仍希随时电告为幸。汪兆铭。俭。印。

〔国民政府行政院档案〕

6. 肖振瀛报告宋哲元派兵追击吉鸿昌部情形的密电

（1933年8月28日）

转呈行政院院长汪钧鉴：昨经宋主席派张凌云部及骑兵追击吉鸿昌西窜之部，感夜在二台子东接触。俘获三百余人，枪百枝，给养车百余辆。吉率残部西溃。仍在紧追消灭中。余续陈。肖振瀛叩。俭。

〔国民政府行政院档案〕

7. 朱家骅转报日本陆军当局限令方振武等部退出怀柔传单的代电

（1933年9月27日）

行政院院长汪钧鉴：顷据邮政总局局长黄乃枢漾代电称：顷据北平邮务长巴立地漾电称：本晨，此间来一日本飞机，盘旋空中，散放日本陆军司令部具名之传单，限令方振武等部队于九月二十六日晚退出怀柔。报请鉴核。等情。据此。理合电请鉴核，等情到部。谨电奉闻。交通部部长朱家骅叩。感。印。

〔国民政府行政院档案〕

8. 何应钦报告日本关东军借口“确守”塘沽协定阻挠李际春等与方振武合作的密电

（1933年9月28日

北平

特急。南昌蒋委员长、南京汪院长：极密。柴山武官昨以电话通告殷顾问同略谓，接关东军通报，关东军已向李际春部、石友三部发出警告，大意谓：本军惟有不偏不党，确守停战协定之最大决心，故于此际如有轻举妄动，与方振武勾结或与其所在地之土匪共同行动者，将来其存在，均有危害，绝不容许之。等语。谨闻。应钦。俭。行密。印。

〔国民政府行政院档案〕

9．何应钦报告连日“剿办”吉鸿昌等部经过情形的密电

（1933年10月12日）

北平来

急。牯岭蒋委员长、南京汪院长、军事委员会、参谋本部，华密。谨将连日以来剿办方、吉等部经过列后，请鉴核。查方、吉等部，自在高西营附近被我击退后，即分向桃谷、德胜口退去。我军因顾虑协定线之关系，未能进行追击，该师即在红门海子一带中山盘踞。江晚方、吉大部退至二道关，经我檀自新部猛烈袭击，俘获甚多。敌患〔思〕窜不得，又反扰昌平附近，我军以诱敌进入协定线内，再图围剿之目的，遂将昌平以北之部队撤至昌平县城，并以主力沿沙河之线布防。自鱼日以来，方、吉以五六千人枪约半数之兵力，沿协定线由昌平东方地区向南窜扰。并举其主力进占大小汤山、大柳树、葫芦河、大小赵任庄等，当被我五十三军之百二十九师及百卅师之一部包围，激战两日夜。敌以困兽之斗，抗战极为顽强。遂将我左翼大小汤山附近进击之部队撤扼沿沙河之线，俟其〔下缺〕

〔国民政府行政院档案〕

10.何应钦摘报京津日日新闻载有关于吉鸿昌在天津法租界被害情形的报道致蒋介石等密电

（1935年5月19日）

急。云南委员长蒋、南京行政院长汪：嘉密。十八日日文京津日日新闻，载有关于天津日租界暗杀胡白一案，原文甚长，其重要之点，原文如下：……（五）白胡两民之同志任岐、吉鸿昌等，前在法租界亦被此种手段处置，或当场击毙，或击伤后逮捕。（六）任吉事件，系蓝衣社员与北平宪兵第三团合作。当时南京蓝衣社总部，及来京中之蒋夫人宋美龄，均有巨额之赏赐，以为成功之报酬，其总额达十万元。……（九）华北蓝衣社之指挥保护机关，宪兵第三团即为重要机关之一。（十）华北之柴大官，即为蓝衣社之重要社员。（十一）北平军分会政训处长曾扩情，即为创立蓝衣社之一人，现为华北最高指挥者……等语。谨闻。职应钦。皓戌。行密。于石家庄。印。

〔国民政府行政院档案〕

〔八〕国民党对福建人民政府的“讨伐”

1.国民党陆军第三师参加镇压“闽变”战斗详报

（1933年12月　日）

福建讨逆战斗详报　廿二年十二月至廿三年一月

一、闽变经过〔略〕

二、调闽讨逆

民国廿二年十一月，我师协同九、九十各师肃清新丰、襄墙之匪，即转向南丰东南地区积极进展，适匪伪一军团突破封锁线北窜子枧，我军星夜回师邀击于宜黄之云盖山、神岗、大雄关等处，匪大创，溃不成军，狼狈远窜，乃完成演口、圳口、下南一带之横缀线封锁工事。本拟大举进剿，适闽乱发生，本师又奉令编入第二路军第四纵队，（总指挥蒋鼎文，指挥官李延年）调闽讨逆。乃于十一月廿八日集中南城，随同第九师于十二月一日由南城向闽北开拔，兼程前进，经抚州、东乡，贵溪、弋阳、上饶、广丰，于十二月十七日集中浦城，奉指挥官李命令要旨如下：

本纵队以占领岭腰隘、东湖、政和、火井、墁诸要点构筑据点之任务，部署如次：

（一）第三师明（十八）日由浦城出发，经樟头翁村松溪之道，于十八日到达水北塘宿营，十九日到达花桥宿营，廿日到达政和集结待命。（二）第九师今（十七）日由浦城出发，准第三师行进路于今(十七)日到达观前附近宿营，十八日到达翁村附近宿营，十九日到达松溪宿营，廿日到达政和集结待命。（三）第三师炮兵营暂随第三师行动。（四）第四患者〔？〕输送队到达浦城后，继续前进，到达政和待命。

师依据上令，下达命令如下：

一、古田逆军现正就城垣及东门外河流山顶构筑工事，并闻尚有一部逆军续到古田北十五里之平湖街，及其西北十五里之横柏口，有逆军前哨。

我第二纵队已于寒、咸两日先后由睾恍出发，于号日前协助

我第九纵队占领建阳、丰乐、建瓯、若溪、党城诸要点，构筑据点。我八九师及独立第四五旅全部进剿崇匪，限九日前占领崇城。

我第四纵队以占领岭腰隘、东湖、政和、火井绳诸要点，构筑据点之目的，第九师已于今（十七）日由浦城出发，经樟头、翁村、松溪之道向政和前进，预定本晚到达观前，十六日到达翁村，十九日到达松溪，廿日到达政和。

二、本师于明（十八）日出发，准第九师行进路，限廿日到达政和集结待命，部署如下：

队　号	逐日出发时间	经　路	逐日宿营地点
第八旅	五时三十分	浦城观前翁村松溪政和之道路	十八日柳尾，十九日花桥以南，廿日政和东南。
补充团	七　时		十八日水北以南，十九日花桥以西，廿日政和以东。
师部直属部队	七时三十分		十八日水北，十九日花桥，廿日致和。
第九旅（欠一营）	八时二十分		十八日樟头，十九日花桥以北，廿日政和东北。
炮兵营	八时二十分		十八日樟头，十九日花桥以北，廿日政和。
第九旅之一营	八时二十分		十八日樟头，十九日花桥以北，廿日政和东北。

队号、逐日出发时间、经路、逐日宿营地点：

第八旅五时三十分十八日柳尾，十九日花桥以南，廿日政和东南。

补充团七时十八日水北以南，十九日花桥以西，廿日政和以东

师部直属部队七时三十分十八日水北，十九日花桥，廿日政和。

第九旅（欠一营八时二十分十八日樟头，十九日花桥以北，廿日政和东北。

炮兵营八时二十分十八日樟头，十九日花桥以北，廿日政和

第九旅之一营八时二十分十八日樟头十九日花桥以北廿日政和东北。

斯时也，驻政和之福建保安第六团通电反正，归顺中央，本军乃乘机趋占政和，以与我建瓯部（刘和鼎部）整齐阵线，而作攻势防御之姿态。本师在九师后行进，于号、马两日先后到达政和，遂协同第九师构筑政和之据点工事。（附图一）以上乃本师由赣入闽参加讨逆之情形也。

三、战斗以前敌我形势之概要（附图二）

甲、逆军方面

一、延平、沙县由沈光汉部（逆军第一军）据守。

二、古田、水口、谷口由谭启秀部（逆军第五军）据守。

三、闽侯、连江由区寿年部（逆军第三军）据守。

四、毛维寿部（逆军第二军）由泉开省集中。

五、张炎部（逆军第四军）守备漳州。

六、陈国辉部（逆军第六军）在永春、德化、湖洋一带。

七、陈其煊部（逆军独立第一师）一部在闽清、永泰，主力开屏南、寿宁。

八、海军陆战队（逆军陆战队第一二旅）在马尾、罗源、宁德、三都澳一带。

九、卢兴邦部（逆军第十五军）在尤溪。

乙、我军方面：

（一）第四纵队（三、九两师）：政和，准备展开于岭腰隘。东湖、政和、火井堎之线。（附图三）

（二）第二纵队（八七、八八两师）第九纵队（五六师，缺独立四五旅）：建瓯，准备展开于党城、若溪、丰乐、建阳之线。

（三）第一纵队（十、八三、三六三师）：由江西资溪向闽北光泽、邵武推进。

（四）第八九师及独立旅：进攻崇安之匪，克复后，独立四五旅归还建制；第八九师随第二路军蒋总指挥行动。

（五）第八十师驻浦城，担任浦城警备。

四、战斗经过

我讨逆军主力先后集中浦城，分向政和、建瓯开进，一部由赣闽边境向光邵推进后，闽中拥护中央者：如陈齐煊部，则由屏南集中寿宁，听候中央命令；海军陆战队，则在宁德、罗源一带反正，尤溪卢兴邦部，亦派使往返，与中央暗中连络，待机起事。故本师于十二月廿五日到达屏南后，随向古田推进。讨逆战事，从此开端矣。

甲、向安仁溪挺进，截断逆敌水陆交通，掩护我主力军分攻古田、水口、延平。

十二月廿九日，本师第八旅进占长桥前院、浞下一带，对古田、宁德警戒，补充团进占甘棠、犁坪一带，对古田、宁德警戒，其余部队进驻长垄、古下、溪坪一带，同时，我第九师到达棠口，我第二纵队进占玉山街、上堡之间，向古田搜索前进。

此时所得敌情如下探报：（一）古田为谭逆启秀部，古田北王柏口有其营哨，平湖街有其连哨，一保以北有其排哨，其东门外李家村有其连哨，东北羊角附近有其连哨，（如图三）闻伪师长赵一肩有向平湖街前进说。（二）平湖街有简单工事，王柏口与古田工事坚强，古田四周并有电网。（三）古田逆军，准备粮食四个月，有困守企图。

同日，奉指挥官李转下总指挥蒋艳电西电节开：（一）谭部有投诚确息，三、九师即准备于卅日至古田东南地区，东日前占领安仁溪、斜湾一带，弟率八九师跟进。（二）对古田、延平各逆部仍须严密戒备防范，一面照预定计划进行，勿因此稍有懈怠，第四纵队一心向水口及其以东地区挺进，期早达目的为要！

十二月卅日，本师得悉我军于东日前占岭安、仁溪与斜湾一带之电讯后，因路途遥远，乃一面令各部队于本（卅一）日先向甘棠集中，候令挺进，一面请示指挥官李部署及经路，至午前八时，始奉到指挥官李丑电令如下：

（一）谭部接洽已妥，其古田部队，限□晨向延平撤退。沈逆部驻水口、樟树、板湾口，我第二纵队以一部进驻古田，主力拟向谷口、黄田进展。

（二）本纵队以歼灭蔡逆主力之沈部于水口附近，取道古田以东，星夜前进，于东日前占领安仁溪、斜湾、黄金堂，再向水口进攻，并派有力之一部渡闽江西岸，至仲岐或大仁一带，占领阵地，向闽清与湾口两方堵截之任务，部署如左：

甲、第三师应于卅日经官塘、嵩州、官州，到达锡洋、倪洋一带宿营，世日经六桥头、大乾，到达瓦坑、罗洋一带宿营。东日经感竹洋、上坑到达安仁溪、斜湾一带地区，到达后，再向水口进攻，并派有力一部渡闽江西岸至仲岐或大仁一带，占领阵地，向闽清与洞口两方堵截。

乙、第九师在第三师后尾行进，于陷日到达官塘梅花地一带宿营，世日到达坑头、钱厝一带宿营，东日到达感竹洋附近集结，准备进攻水口。

丙、第三师炮兵营暂随第三师行动。

丁、保安第六团在屏南集结待命，并担任屏南城厢附近警戒。

（三）各师行进时务严密搜索，对右侧尤应特别注意。

（四）由屏南与安仁溪路程甚长，如实有困难，可先派一部轻装如期到达指定地点，以副委座之期望。

（五）予随第九师行动。

此时，本师已按第九旅、补充团、师直属部队、第八旅（附炮兵营）之次序，向甘棠前进，乃改令各部队于本（卅）日赶到甘溪宿营，以便如期到达指定地点。本师昼夜兼程前进，果于世子到达甘溪，世亥到达淡竹，东日仍向安仁溪、斜湾急进。（附图四）〔图略〕

一月一日，师部途次瓦坑，奉指挥官李代电（上午四时于大桥头）开：奉总指挥蒋丙戌电略开：谭部投诚事，已失效，须待第二纵队将敌逼入古田城内后，第四纵队再行前进，希即在大桥头附近集结，向福州严密警戒为要！请贵部即在坑头、钱厝、中庄集结，向福州、古田警戒，并与本部连络为盼！乃令第八旅在原地停止待命，其余部队撤回淡竹集结待命。嗣奉指挥官李命令（1月1日午后二时）如下：

（一）顷奉总指挥世戌电开：奉委座世戌电开：谭逆投诚事，已失效，我军应照预定计划进展，先以第二纵队压迫古田逆军退入城内，于城外择要构筑阵地，但未构成阵地及逆军未退入城以前，第四纵队暂置于水口、古田间，或在原位置集结策应。等因。希在大桥头附近集结策应，对福州方面严密警戒，与第二纵队相机取连络。等因。

（二）本纵队按以上之任务，部署如次：

甲、第三师应即集结于中庄、坑头、钱厝一带地区，构筑工事，严密向东南及西南方向施行警戒，并与我第九师切取连络。

乙、第九师应即集结于倪洋、大桥头一带地区，构筑工事，严密向西南之古田方向，施行警戒，并与我第二纵队相机取连络。

丙、第三师炮兵营，即在倪洋附近集结待命。

（三）予现在倪洋指挥部。

师依据上令并参照实情，乃下达命令，（一月一日午后四时）如下：

（一）本师各纵队，本（一）晚在左列地区宿营：

师部及直属部队　淡竹

补充团及第九旅　淡竹及其附近

第八旅及炮兵营　潘厝附近

（二）补充团对闽侯、古田、水口方向；第九旅对水口、闽清、闽侯方向构筑工事，严密警戒；第八旅自行严密警戒，并对古田方向，特别注意。

嗣于东西电告指挥官李如下：(一)命令奉到。（二）第九旅尚在途中，师部直属部队及补充团已回驻淡竹，第八旅在潘厝。（三）对古田、水口已严密戒备。

一月二日，奉指挥官李冬亥电令如下：

（一）敌情同前。我总指挥部及八九师冬日到大桥头附近。

（二）本纵队奉令，仍照原计划占领安仁溪、斜湾，截断敌军水陆交通之目的，部署如下：

甲、第三师应于冬日经瓦坑、温汤前进，到达感竹洋宿营，但须派一部轻装速向安仁溪搜索前进，相机占领之，掩护本纵队前进。江日经上坑到达安仁溪、斜湾一带，不必渡河，务尽量截断逆军水陆交通及有线电信，迅速构筑坚固阵地，向水口、福州方向，严密警戒。

乙、第九师在第三师后尾行进，冬日到达南山温汤附近宿营，江日到达上坑集结。

丙、第三师炮兵营在第九师后尾行进，仍由第三师派出之部队掩护之。

（三）各师行进时，务须严密搜索，并于两侧派出掩护部队，掩护行进。

（四）予随第九师行动。

本（二）日本师按第九旅、师部、直属部队、补充团、第八旅、炮兵营、工兵营之次序推进。是晚，第九旅在感竹洋，其一部进占安仁溪，师主力在温汤、华安一带。三日，继续推进，除补充团以一营驻守斜湾、罗洋外，余在安仁溪大小箬(如附图四)一带。四日，本师以奉令掩护本纵队主力攻击水口，并断绝逆军接济之任务，决占领安仁溪附近高地，构筑坚固工事，对白沙、大湖、山村特别警戒。一面封锁闽江水陆交通，以期一举收复水口，部署如下：

第九旅占领安仁溪迤东高地，构筑工事，对白沙、大湖方向，严密警戒，以一部占领河南岸高地，对闽清方向警戒。

第八旅位置于义遥，占领感竹洋通安仁溪道路东侧高地，右与第九旅连系，构筑工事，对大湖、山村方向，严密警戒。

补充团以一部占领谢湾、罗洋构筑工事，对水口方向特别警戒，主力则与师直属部队，集结安仁溪北端待命。

一月四日，将本师占领安仁溪经过及部署（如附图五）与敌情，先后电呈各级指挥官如下：

（一）职师东日派便探到安仁溪附近活动，冬日先遣一营占领掩护，江日全部到达斜湾，安仁溪、大小箬一带。

（二）现以一部占领斜湾、罗洋及安仁溪河南岸高地，对水口、闽清警戒，主力集结安仁溪东北侧高地，对大湖、白沙警戒，并构筑阵地中。

（三）冬日，捕获汽艇二只，民船数十只，水口、福州间电线交通，同时断绝。

（四）水口木商钟英报称：沈逆部三四千人，三日前由延平开白沙、闽侯。逆军亦向白沙集中，闻将绕至古田窥我侧背。谭逆部两团在水口，两团在古田，谭在水口指挥。

（五）捕获逆兵供称：水口原有谭逆两团分驻前山、卢坑，新从延平抽调一团到水口。

（六）捕获闽江警备队长供称：闽清有保安三大队，一在城厢，一在城南五十里处，一在水口下十里南岸之大雄，皆准备反正。

（七）福州来人云：逆军主力在白沙，一部在竹岐，大湖有其警戒部队。一月六日午后一时，下达命令如下：

一、据报逆军主力约二军在白沙一带，其一部已到大湖，并有北进模样。（又据土民称逆敌刻已向甘蔗撤退）。

我九师已向水口准备攻击。

我八九师在半岭集中策应。

我卫立煌部（第一纵队）本（六）日可到达水口附近。

我王敬久部（第二纵队）已将古田包围。

我三六师及九纵队，已将延平攻下。

二、本师有掩护攻击古田、水口部队，及威胁白沙、大湖敌人之任务，部署如下：（如附图六）〔略〕

1．第九旅应位置于安仁溪及其以东地区，派一部占领西村、洋里之线，向白沙、大湖警戒搜索。

2．第八旅应位置于下阳东北地区，派一部占领山村、张涼之线，向大湖、罗桥警戒搜索。

3．补充团先以一营占领下阳附近高地，余随师部集结朱山附近待命。

4．师部直属部队循义遥、长桥进驻下阳及其以北地区。

5．以上各部队均即时行动。但八九旅如遇优势之敌，可向下阳附近靠拢。

一月七日，本师炮兵营受李指挥官指挥协助第九师向水口攻击，至午后一时克复，逆军渡河分窜，本师乃令派十八团第九连，驰赴漳洋截击溃敌。（如附图第七）至亥奉指挥官李屯开：弟部已占领水口，据逆副师长供：逆军共三师昨早由福州经大湖向水口、古田前进。请兄部按委座训示意旨，撤至水口东北十五里时坪附近，与本师连络。现地可派小部警戒之。

一月八日，将本师新部署，与漳洋截获情形，及所得敌情，先后电呈各级指挥官如下：

1．职师九旅主力安仁溪、大箬，一部小箬、西村、洋里。八旅主力桥头、申宅、申桥，一部张泝申、见山村，余部集桥头。

2．派往漳洋部队，截获逆敌官兵百余人，步枪七十余枝，轻机枪三挺。

3．据俘连长供称：谭逆虞日率卫士数十，午刻由水口渡河向闽清逃窜，令所部向闽清集合。又水口溃敌未能渡河者，一部向四都逃窜。

4．探报敌一团、工兵一营，在白沙、马坑构筑工事，大湖有敌小部，雷峰有敌探，胡柄对河有敌情，溪口时有敌轮侦察扰乱，福州工事已完成，有敌一军据守。

5．福州来人云：逆军麇集省垣数万，秩序甚为紊乱。

同日，奉指挥官李齐电开：（一）据确报敌之主力约三师，自鱼日午夜起，由福州方面向大湖、白沙前进。（二）我北路军拟歼灭该敌于古田、水口以东地区，现在水口间构筑本阵地中，我第五路军已到湾口，第十师现渡河至水口。（三）贵师仍在李园、张泝、大池之线，构筑据点，对大湖、白沙方向严密警戒。（四）第九师本日仍驻水口。（五）安仁溪附近防务，由九师接替。

一月九日，奉指挥官李佳辰电开：（一）敌情无变化。（二）我北路军现在古田、万寿桥、水口之线，赶筑本阵地，本纵队担任万寿桥含水口线之阵地工事。（三）贵师除留相当部队，在张泝、大池之线，筑构据点，对大湖方向警戒，并逐步抵抗迟滞敌人前进外，应将主力移驻时坪附近，构筑万寿桥含至炉坑山间之本阵地，与八九师取连络，并须于阵地前方，（约在感竹洋以西高地）选定要点，构筑前进阵地。（四）第九师应以一部接替三师李园附近防务，对白沙方向警戒，其余主力，在水口附近，赶筑尖山、炉坑山（含）间本阵地，并于关山冈附近构筑前进阵地，与右翼第三师取连络。（五）以上各阵地工事，限灰日前完成。（六）各部队对于通前方各路线，应先详察具报。

本师遵于本月十日以第十五团位置于桥头附近，对大湖、白沙警戒，补充团第二营在感竹洋附近，占领前进阵地，其余部队转移时坪。（如附图第八）旋奉令接替八九师汤寿桥以北地区防务。至十二日，沈逆光汉部，进犯桥头，与我十五团接触，该团乃按原定诱敌计划，逐步撤至感竹洋附近之前进阵地。是时，本师奉令为总预备队，以一旅位置于时坪以南，策应第九师，余集汤寿桥待命。但沈逆部到达桥头后，因水口、延平相继为我克复，而古田又被我围攻，旦夕可下，致应援谭逆计划，成为泡影，且见我军不战而退，更致狐疑，乃率残部，于当夜向白沙窜去。

乙、直捣闽侯集结马尾海运厦门进击溃敌。

蔡逆廷锴以沈、区、张等逆部，集中白沙、大湖，企图攻取水口、古田，以解谭逆之围，而作最后之一掷，未料延平、水口先后为我克复，谭逆只身鼠窜。而古田逆军，又轻我军解决，始知大势已去，乃以张炎部位于白沙，阻我军前进，其主力南窜漳（州）、泉（州），以图再逞。我军于一月十四日，以卫纵队及第九、八九两师，由闽清，水口向永泰急进，第二纵队由古田向福州前进，本师由时坪向福州挺进，部署如下：

1．第九旅、师直属队、补充团，经安仁溪沿闽江左岸，向福州追击前进。

2．第八旅经感竹洋、桥头向白沙追击前进，尔后在本师补充团从〔？〕跟进。

逆军掩护部队，（张炎部之一团）在白沙、甘蔗、洞口、洪山桥等处，顽强抵抗，经我八九两旅先后击退，本师遂于一月十六日午前八时，进占福州。同时，我海军陆战队亦相继入城。是日，除第八旅到达马尾候轮海运外，余在福州休息。（如附图九）〔略〕

一月十八日，奉委座巧巳瓯参电节开：第三师装轮后，即开行，限于号日派一部占领角尾扼守，其主力，限于马日进占漳州，并准备向漳平或龙岩两方兜剿，厦门驳船，电杜起云先行准备，并已电海军陈部长转令厦门陆战队协助矣。又啸戌瓯参电开：（一）我军到厦后，不必在厦登陆，恐日人酿事端，故宜直接到嵩屿登陆乘车，并派一旅先占角尾、灌口、对同安警戒，其余主力速入漳州。如嵩屿尚有逆军，可商同海军协助解决也。（二）与驻厦之海军人员、与杜起云等我方既委各员切实连络，须事事谦和。（三）在厦切勿延搁，须即速照预定目标，努力猛进。

本师集结马尾后，按第八旅、补充团、师直属部队、第九旅、炮兵营之顺序，分装海轮八艘、运输舰一艘，于皓哿两日午后二时，乘海潮开出港口，向厦航行，直捣漳泉。

丙、嵩屿登陆向漳州同安安仁溪挺进断敌归路叛逆反止（如附图十）〔略〕

一月廿日，本师（欠第九旅及炮兵营）于午前十时先后到达嵩屿港面，因杜起云与海军当局事先未将驳船准备，故未能随到上陆，经派妥员接洽，始于午后一时开始登陆，随令第八旅进占灌口、角尾之线，补充团进占角尾、江东汛之线，以掩护师主力登陆集中也。先是，我军海轮甫抵嵩屿海面时，逆军一部向我鸣枪而窜角尾。同时，同安之敌，亦向角尾集结。是晚，我第八旅即在角尾附近与敌对峙，补充团向漳州警戒，以待第九旅到达，再向同安、漳州挺进。嗣奉委座号亥瓯参电开：（一）明日派机协助该师占领角尾、灌口之线，占领后，构筑工事，截断同安方面逆军退路，并对漳州方向戒备。（二）同安如仅少数敌人，则派一部袭击占领之。（三）乘船暂泊嵩屿附近备用。（四）今日我五路宋师将逆军沈、区、毛逆部围困于仙游、驿儿、莆田间地区、莆篪已为我宋师克复。（五）无线电，每日须隔两小时连络一次为要！

一月廿一日，角尾之敌，经我八旅猛烈攻击，遂向漳州窜退，乃令该旅向同安挺进，补充团向江东桥、漳州推进，九旅于午刻到达嵩屿登陆后，随师直属部队向角尾推进。是日，奉委座个午马未瓯参两电开：（一）据飞机报告，我第五路正面之敌，昨夜向泉州方向溃退，其先头散兵，已到惠安、泉州间，我第五路军正在尾追中，该师应速先占同安，阻敌去路，务在同安以东地区，夹击而歼灭之。（二）个午电悉。处置甚妥，同安既经占领，应设法固守，对江东至灌口线，只要少数部队留守，余向漳州挺进，准令空军全部明日炸漳，掩护我军攻漳。

一月廿二日〔养〕辰，将本师占领同安、漳州情形分电层峰如下：第八旅马亥占领同安，补充团养丑占漳州，截获重机枪三挺，迫击炮卅二门、枪炮弹百余万发，其他军用品无算，残敌乃向龙岩溃窜。嗣遵总座电谕，以第八旅即向棺桥、安溪挺进，堵敌西窜，九旅（欠一团）到同安堵截逆敌，余部集结漳州。是日接李指挥官延年养复电，告敌我情形如下：（一）敌之大部自马辰起，沿莆泉公路向泉州窜退。（二）现本军已分途向该敌跟纵追击。（三）追击部署：即八九师由园头庄向安溪方面，第九师由宝树经园头庄向南安方面，第十师由涂岭向惠安方面追击，八十三师随第十师跟进，三十六师暨第三纵队亦已相继到达枫亭、莆田间。（四）第九师本晚已抵园头庄，明日可抵南安。

一月廿二日，接第八旅许旅长漾寅午电告：（一）职旅第十五团到安溪，余在棺桥。（二）逆敌大部在南安、官桥、安海一带，其一部千余到南安之溪尾，征船架桥，有向南安渡河模样，惠安洛阳尚有逆军小部。（三）八九师至安溪东美林、溪尾。（敌军向南安撤退）有来安溪说，卢兴邦部闻到安溪东北讨山。

一月廿四日，接第八旅许旅长敬日电告：（一）散驻安海、官桥之敌，闻已向泉州、青阳集中，听候改编。（二）我八九师在溪尾，第九师到达洪濑、溪尾一带，五二师之卢旅到安溪。

同日，奉总座转下委座漾亥机京电开：现驻永春、安溪、南安、同安附近之第三、第九、第八十三各师，应令汤指挥官，由西北向南安、泉州进剿残逆，毋使漏网为要！等因。当转饬第八旅遵照。至是逆敌前后为追击堵截，士无斗志。而沈、毛、区、张诸逆，已失指挥能力，遂通电反正，听候改编矣。

一月廿五日，接冲〔?〕总指挥有巳电开：（一）沈、毛、区、张诸部，已遵委座电令，于有辰由泉州开拔向指定之福清、莆田、惠安移动，刻沈、区两师正通过洛阳桥北移中。（二）我各师驻地暂规定如下：第九师洪濑、南安；第卅六师仙游；第八九师安海及以北；第三师仍在漳州、同安、安溪一带；五二师卢副师长所部永春；第十师洛阳桥、泉州；第八三师河市、泉州。（三）张、余司令各部先就部队所在地集结，停止活动。

查陈逆铭枢煽动十九路军称兵作乱，中央兴师讨伐，为时不及两月，闽乱戡平，除诸逆首率残部狼狈逃窜龙岩，得以脱网，余均翻然觉悟，拥护中央，听候改编，足证叛党祸国之徒，终归于尽也。

五、敌我胜败之原因〔略〕

二十二年陆军第三师参加闽省讨逆各级主官姓名一览表

师司令部

- 少将参谋长延宗山
- 中将师长李玉堂
- 少将副师长杨挺亚

第三分站少校站长	马国超
卫生第二连中校连长	周绪萍
卫生第一连中校连长	陆纪曾
通信营少校营长	贾昭礼
输送营中校营长	谢　冰
工兵营中校营长	谭镇滨
炮兵营少校营长	蒋培元
骑兵连上尉连长	张驭坤
特务连上尉连长	王凤池
侦探队少校队长	胡湘圭
少校军法官	周蔚绶
少校军械官	朱端的
上校军医主任	邵焕章
上校军需主任	吕宗祐
中校副官主任	金振伟
上校参谋主任	萧　敬

〔团长以下略〕

第九旅

- 上校副旅长成刚
- 少将旅长陈应龙

〔团长以下略〕

第八旅

- 上校副旅长李昭良
- 少将旅长许永相

〔团长以下略〕

〔国民政府战史编纂委员会档案〕

2. 国民党陆军第八十八师古田围城之役战斗详报

（1933年12月　日）

〔上略〕

（四）古田围城战役

A、古田形势

古田位于丛山环抱中，居民三万余口，为闽北繁盛县城之一。四周均有城墙。西北隅有山，名黄竹签山，横跨古田城内外，城墙即在山腹上。东北二方皆临水，北门外有桥曰紫桥，长可半里，原为古田名胜之一。东门外有山曰东门头山，与黄竹签山对峙，形势至险要。西北二百余里通建瓯，东南二百二十里直达福州，北通屏南政和，南达水口，西南有汽车道直达谷口，故古田为福州之屏藩，其得失影响于战局至关重要，古田失则福州动摇，逆军势不能再在闽江流域立足。兹将古田附近地形及交通路线，绘图于后。

〔图略〕

B、会围经过

一月三日　晴

一、本师位置及警戒部署　本师司令部、直属部队、及第二六二旅，本日分由西溪、峦龙出发，向古田西南地区推进，师部及直属部队当晚到七保。第二六二旅到达上乾附近警戒，第二六四旅仍在五都、凤铺，拟向罗华推进，截断古田逆敌与水口、谷口之通路。

二、敌情及友军位置　综合本日所得之逆我情况如左图。

〔图略〕

一月四日

一、本师行动　本师本日以协同友军、合围古田之目的，向罗华、后寨、陈元里之线继续推进，午前三时，下达命令如下：

第八十八师命令　元月四日午前三时于七保师司令部

一、古田原有敌二团，正在增加中，城外附近各高地多筑有工事及堡垒。古田、谷口之间，有逆武装便衣队约一团，散布各山，谷口四周及黄田东北山上，皆筑有工事。

我第八十七师已占领古田附近高地，对古田之敌攻击准备中。

二、本师以协同友军，围攻古田，切断古田与水口、谷口交通之目的，本（四）日向罗华、后寨、陈元里之线推进。

三、第二六二旅于本日上午七时由驻地出发，向后寨、陈元里之线前进，接替该地附近第八十七师阵地，对古田之敌，准备围攻，左与第八十七师刘旅，密切连络。

四、第二六四旅本月集给于洋头及罗华附近，以遮断谷、古间交通掩护我师右侧之目的，在该地附近占领据点，构筑工事，警戒待命，工兵营着即开驻上干，归还建制。

五、师司令部及直属部队，按传骑班、特务连、师司令部、通信营、辎重营（欠一连）、运输营、榴炮大队、山炮连、军医院、大行李、辎重营之一连之顺序，于本月上午八时三十分由驻地出发，经洋垢前村，到达上干集结。

六、各部行进或宿营间，须随时注意对空之连络及警戒，并须各自指定对空射击部队。

七、上干宿营地之区分及警戒，由参副两处派员先行侦察区处。

八、予本日上午八时由现地出发，到达上干。

右令

师长孙元良

传达法：先用电话通知，后油印分发。

古田城西南附近之墙岭、麻疯院山、高岭头、陈元里山等高地，本日均由第二六二旅驱逐其警戒部队后，予以占领。第二六四旅亦攻占罗华，将逆敌由谷口向古田增援之伪第五师第三团截为两段，俘三十五名，击毙数名，获枪二十七枝，其一营逃入古田城内，两营逃回谷口，至是古田逆敌，遂陷入重围中，与其后方交通，完全断绝。当晚各部之位置如左图：

1．师司令部及特务连驻上干。

2．直属部队分驻羊头、上干、七保一带。

3．第二六二旅旅部廷墩，第五二三团团部及第一、二营陈元里，第三营后寨，第五二四团陈元里。

4．第二六四旅旅部及第五二七团西山，第五二团松台。

二、下午一时，由参谋长往古田城西南一带侦察地形，由后寨登明古山。该山为附近诸山之最高者，观古田城瞰如指掌，黄竹签山之堡垒及工事，亦历历在目。旋经陈元里、廷墩归还上干。

据黄旅长报告：曾往古田西门外约五百米处之麻疯院后高地侦察，该城西北部城垣筑于山上，城垣内外均有碉堡，西北隅城垣下，并挖有宽约二米达之外壕，南门外房屋（六保）已被逆军焚毁百余间，并已将墙壁拆除。

三、敌情及友军位置　综合本师俘获敌兵之供辞，飞机侦察所得及各方电报，图示如下：

逆我位置要图

来处	情况
王指挥官江长代电	我军卫立煌部主力各师东（一）晓到达青州西、茅、沙溪，向河西之线续进中。

续表

	逆我位置要图
委坐东未浦行参电	尤溪口、太平、樟湖坂等处有逆约三团，卅日已移驻三都口一带，南溪、樟湖坂及下道一带均有逆军约一二营，城西南门已闭，即有沿河北岸向东撤退模样，并有汽船三只，拖带民船四十余只向河下游输送。福州以上各岸，以谷口、太平、葫芦山三处驻逆部各千余人，卢兴邦部（卅）日由永安移驻沙县，第五旅东向尤溪推进。刘和鼎三日出发进攻延平，又据飞机侦察队报告，漳河坂江中停有民船数十，尤溪停有二十余只，文谷口四围皆有工事及堡垒，黄田东北高山上有工事，并筑有堡垒一座，三都口东方有堡垒一座。
本师特别党部得到民众方面之报告	一、一月二日，逆军将古田南门外六堡村庄共百余户，一概焚烧无余，古田西门外之鸣鼓山上之树木，逆军亦加焚烧。 二、古田城曾放出一批妇女，但不准随带东西物件，此类妇女大都向七堡村逃难。 三、在邮差身上搜得古田城内逆军官长寄往福州之信内云：古田城内民众走避一空，粮食缺乏，且逆军成立未久，组织不健全，更兼无作战经验，恐慌之形态毕露。

续表

<table>
<tr><td colspan="2">逆 我 位 置 要 图</td></tr>
<tr><td>俘虏兵口述总记</td><td>一、延平、古田、水口三处，均为谭启秀逆部补助师兵力约六团，计延平两团（四、五）、水口一团（六团）、古田三团（欠一营）、谷口一营（第三团之一营），以上均为该逆部第一、二、三各团。

二、谭启秀于前（十二）月三十日由延平抵水口，随带七生的五山炮六门，该逆军部亦设水口，但一说：谭已于一日进抵古田城。

三、逆军新兵占全数十分之七八，均由谭逆用买猪猡式方法哄来，入伍以来，受尽种种痛苦，欲归不得，咸怀怨恨，现因请假及逃走而被禁在延平狱中者八九十人。

四、逆部已废除旅长制，每二十余人附自动步枪一枝，每枝弹药千余发，但该项武器逆部官兵皆会用，现已损坏多枝，逆部已七个月未放饷，只食伙食尾，及发伙食。

五、逆部官长帽花均为伪国旗，上红下蓝中嵌黄色五角星，标上无识别带，但士兵则一律全无。

六、逆最近粮食颇感困难，每天只食糯米炊饭，省方殊难接济。

七、逆部士兵除广州、香港方面失业小工商人外，并有失业（下缺）。</td></tr>
</table>

〔图略〕

一月五日　晴

一、本师位置及警戒部署　本师位置无变动。

据冯旅长报告该旅本日警戒部署如下：

1．第五二四团推进至陈元里附近，占领古田南门外河岸亘墙岭（高头岭东）、高头岭（含麻疯院后山南半部及高头岭村西北端高地）一带阵地，左与第五二三团连系，向古田之敌准备攻击，对古田通水口道路及古田通谷口汽车道特别注意。

2．第五二三团占领高头岭、陈元里山、明府山一带阵地，右与第五二四团，左与第八十七师联系，对古田之敌，准备攻击。

又据黄旅长报告：该旅驻地附近之警戒布置如下：

1．西山、新峰附近高地，由第五二八团一、三营派兵警戒，第二营驻松台，向水口方向警戒，分一连驻罗华，对谷口方向警戒。

2．第五二七团团部及第一营驻前山，派出排哨一个位置于高头岭北端，对上干方向警戒。第二三营驻赖厝，对古田方向警戒（参照另图）。

二、敌情及友军情况　据第八十七师电话：古田城东北门外附近之架倚山原有敌一营占领阵地，于四日晚由该师派兵一团实行驱逐，该敌初则顽强抵抗，旋即溃退城中，该师已确实占领该山，是役敌伤亡者百余人。

奉委座支电：（1）我军已合围延平，决自三日起开始攻击，第四纵队已占领安仁溪、谢湾，逼近水口。（2）逆第六十师及第六十一师之梁旅退集于福州附近，第四十九师亦将由漳开福州。（3）陈齐煊已在寿宁反正，通电讨逆。（4）卢师长兴邦已于前日通电讨逆，就我第五十二师师长职。（5）马尾、长门各炮台，已为我军克复。

三、攻城计划 奉王指挥官微（五）电转奉总指挥蒋江（四）转奉委座冬机投手谕规定古田攻城计划如下：

“1、逆军主力现正在福州集中中，延平、古田、水口三处，仅谭启秀一师。

2．第二、四纵队主力决以一部分约两师监视古田城逆军，但须留一缺口，以放其退遁之路，待其离开古田约三十里处而截击之。

3．其余主力须先占领安仁溪，即速进攻水口，其攻击日期以四、五两日为宜。

4．古田附近速修飞机场，决以第二纵队监视古田，此监视部队主力位置于古田城东南方，可与水口以东部队连成一气，以备策应为要。”

5．蒋总指挥已按照委座计划，令第三师先头部队务于四日占领安仁溪，第九师四日向安仁溪西北地区推进，就准备攻击水口位置。

一月六日 晴

一、本师位置：本日师部由上乾推进至廷墩、直属部队推进至廷墩、永洋一带，其余仍在原位置警戒，部署无变更。

二、师长到陈无里山炮兵阵地视察，除黄竹签山、东门头山仍在敌军手中外，围渐合，敌无能为，令榴炮试射六十发，三分二命中。

三、围城部署：奉王指挥官歌（五）亥电转奉总指挥张歌未电节开：该纵队最宜占领便于监视逆军之阵地，构筑强固工事，严密警戒侧背，勿为敌乘，除逆军退却准予追击袭击外，正面攻击须待命。

又奉鱼（六）午电转奉总指挥张歌戌电节开：此次攻取方略，先攻延平，次攻水口，俟两地克复，则古田之敌，如瓮中捉鳖，可避免攻坚所受之牺牲，此系秉承委座意旨。现延平将下，水口亦已包围，卫总指挥已至水口对岸之渡口，古田敌人，势必摇动，希斟酌施行佯攻，加以威胁。如其遁逃，即截击之可也。

又奉纵队部关于围攻古田敌人之命令一件如下：

第二纵队命令　二十三年一月五日午后五时，于凤铺指挥部

一、纵队当面之逆军情况无变动。

我第九纵队已合围延平城，预定于本五日开始攻击。

我第四纵队已占领安仁溪、谢湾，接近水口逆军。

逆军第六十师与六十一师之梁旅，已集中福州附近。第四十九师将由漳州开福州。

逆军第二旅旅长陈齐煊已在寿宁反正，通电讨逆。卢师长兴邦已于前日通电讨逆，就我第五十二师师长职。

马尾、长门各炮台为我海军克复。

二、本纵队以监视古田逆军准备围攻为目的，拟以一部分由古田西南地区，以主力转进古田东北地区，定行夺取各要点，形成合围，以准备一鼓聚歼之。

三、第八十七师以一部占领天王山、利洋山、南山以东北一带高地，向古田西北端黄竹签山逆军阵地监视，其余主力由阳谷附近渡河，占领阳谷峰、架椅山、过溪山（即东门外山）之线，另以一部进占山边井、淋洋附近，与河西岸之第八十八师部队确取连络，以截断逆军后方交通，并限于四日开始运动，五日拂晓以前准备完毕。重点应保持在左翼。

四、第八十八师以一部进占罗华附近，向谷口、黄田方向警戒。其余主力应占领明角山、高头岭、白塔山、明俯山、南山之线，其左翼须与河东岸淋洋之第八十七师部队切取连络，以截断逆军后方交通，左翼须与第八十七师确实连系，限于五日晚运动准备完毕，重点应保持在左翼。

五、第八十七师与第八十八搜索及警戒区域之境界，为过远、汤厝坪、后寨、黄竹签山至古田县东南端，河以西之线线上属

第八十七师。

六、第八十七师配属之山炮营，应于五日早五时以前，在天王山、利洋山、南山以东南地区占领阵地。

第八十八师炮兵，应于五日在陈元里、高头岭间地区占领阵地。

七、在此监视期间，逆军如企图急袭或溃窜时，各师应取断然处置，以歼灭之。

八、第八十七师后方连络线，为由凤铺经苏墩、黄柏口、阳谷至下官洋，及凤铺、平沙、过本至后寨之线。

第八十八师后方连络线，为由上干经廷墩、高头岭至赖厝，及由上干经洋头至罗华之线。

九、连络用有线电话及信号（信号使用法另行通报）。

十、予在凤铺，必要时在利洋山指挥所。

上令

第八十八师孙师长

指挥官王敬久

传达法：先以电话通知，后印刷传达。

三、敌情：敌情如另图

〔图略〕

一月七日

一、本师位置及警戒部署：师部及直属部队位置无变动，命第二六四旅派出一团（第五二七团）前往谷口、黄田二处占领阵地，掩护卜福斯山炮团通过，并于湾口第五路军切取连络。

午后八时接到第二六二旅冯旅长关于该旅部署之报告如下：

1．对古田城之封锁，分以下二线配备：

a、自明府山亘麻疯院后山，墙岭西北部西来庙、六保南村之线。

b 自明府山亘红上山（麻疯院后山之西）高岭头东北部（马

路南）凤凰亭至河岸之线。

2．第五二四团仍在墙岭原阵地，拟进占西来庙及六保南村，（西来庙昨日下午十二时以后占领）将六堡北村之敌驱逐入城，与淋洋之第八十七师部队密切连络，并在墙岭亘西来庙六保南村之线，利用土堤及村沿构筑工事，以机关枪位置于墙岭东北腹部，对古田南门实施封锁，并在河岸通凤凰亭道路附近之山麓间构筑第二线工事，（向北）如敌由南冲出时，即在墙岭、西来庙、六保、南村之线，协同第五二三团堵截之。万一敌由西来庙、六保附近冲出时，即在墙岭及河岸凤凰亭道路附近之山麓与河岸间，协同第五二三团围攻之。

3．第五二三团以一部固守明府山亘麻疯院后山至马路之线，由南门冲出时，即以主力由马路附近向南门堵截，协同第五二四团围击之。

4．各团预备队位置于第二线附近。

又据下午八时报告，该旅本晚之部署如下：

1．第五二四团以两营兵力在墙岭、西来庙、直路对岸高地构筑工事，右与直路之第八十七师，左与第五二三团，切取连络，严密监视。以一营位置于墙岭后为预备队。

2．第五二三团（欠二营）附辎重营、右与第五二四团、左与第八十七师切取连系，在汽车道（含）麻疯院后山、明府山一带阵地，构筑强固工事，监视敌人。

3．第五二三团之两营为预备队，以一营位置于陈元里山南麓、一营位置于高头岭山麓。

4．榴炮大队仍在原阵地待命（参照逆我位置要图）。

二、敌情及友军情况。

1．延平城已于昨（六）日克复，逆司徒师长率部投诚。

2．准李师长延年通报：水口已于本（七）日克复，缴枪一营，谭逆仅以身免，敌主力已向白沙、大湖前进中。（友军位置

参照逆我位置图）

三、我师派住谷口、黄田掩护炮兵之第五二七团，在谷口附近，截获由水口败退之逆敌约一营，俘官兵二百七十员名，获重机枪三挺、轻机枪五挺、步枪二百枝、小马三匹。

〔图略〕

一月八日　晴

一、本师位置：各部位置无变动。

二、阵地构筑计划：本师奉命在古田城西南一带构筑阵地，据侦察之结果，决定构筑如下之三线：

1．第一线阵地，由麻疯院后山前端，经麻疯院亘墙岭东端之线。

2．第二线阵地，由明方山、陈元里山、高头岭、鸣角山、墙岭、半间亘曹洋之线。

3．第三线阵地，由七斗塘山、幕亭龙岗、高头岭后山、高头岭山亘曹洋以西高地之线。

4．炮兵阵地，高头岭东侧及赖厝以北三叉路附近。

5．地境线，由曹洋至马路（含）属右地区队，马路以北属左地区队。

（参照后图）

〔图略〕

三、攻略黄竹签山计划：据第二六二旅报告，该旅拟定攻略黄竹签山计划如下方针：以第五二三团第三营为攻击部队，于拂晓前就攻击准备位置，俟炮兵准备射击完毕后，由左翼直攻黄竹签山一举占领之。以辎重营为掩护部队，在明古山原阵地实施掩护。

指导要领：

1．我第八十七、第八十八两师炮兵，在拂晓时以主力集中黄竹签山西北部堡垒开始破坏射击，以一部（约二门）控置于麻疯院后山炮兵原阵地，专事制压敌西门附近之侧防机关枪。

2．攻击部队俟我炮兵破坏射击奏效后，即发绿色信号弹二发，同时炮兵延伸射程，指向于黄竹签山东南部，对城墙之堡垒及通西北部之交通壕实施破坏及阻止射击。

3．攻击部队之先头一连，须各带柴薪一束，准备填塞外壕。

4．辎重营阵地酌置小炮三门，专事扑灭敌堡垒附近之机关枪。

〔附图略〕

四、敌情及友军情况：据第二六二旅冯旅报告，当面之敌情及友军情况如次：

1．第八十七师第五一八团位置于六保对岸之南门村及淋洋直路一带，已与切取连络。

2．西来庙东北之无名村，有敌兵力约一排以上，并有重机关枪。

3．六保南村焚毁后，仍有敌占据，总计南门外附近有敌一营以上。

4．敌昨夜在西门方面城墙上悬柴油灯甚多，又因我部队与第八十八师以红光弹连络，误以为我军协约攻城，敌对我射击甚烈。

5．敌由古田西北部与黄竹签山间运出机枪二挺，位置于可射击我攻击黄竹签山之部队处。

6．直路附近桥梁及凤凰亭北端通直路之道路，约今日午后五时可架设修筑完毕。

7．我第五二三团第六连阵地南端，有电灯厂一所，供给城内电流，现已为我破坏，城内已无电灯。

五、敌情判断：奉王指挥官令，转奉总指挥蒋鱼酉电节开：“古田逆军逃遁方向，由大桥向大湖与其主力会合之公算为多，请注意为要。

一月九日　晴

一、本师位置无更变动，令辎重营于明（十）日开往谷口，接替第五二七团掩护炮兵之任务。

二、师长手令两旅长：实战时应予部下官兵以训练，期养成劲旅。

三、阵地构筑计划：奉王指挥官齐戌电，转奉委座虞戌虞亥两电节开：阵地线决定为黄田经槐门亭至王柏口之线，由黄田至槐门亭一段，由汤师长恩伯负责；构筑全线阵地工事，与实地阵线之规定，归张总指挥负责。另在谷口、梧桐坪、扁其宫与上洋各处，另各派出一部择要构筑据点，作为前进阵地，我军决暂在黄田至王柏口阵地作待机之势，对古田之逆军取包围监视姿势，不必猛攻。

命令　一月九日午后九时三十分，于利洋指挥部。

一、顷奉总指挥命令节开：奉委座虞戌参瓯电节开：由第五路派兵三团，到黄田附近构筑黄田至桥塘一带工事，并令该部暂归汤恩伯指挥，如此黄田至槐门亭一线由汤负责，但全阵地工事与实阵地线之规定，全归文伯兄负责也。又奉委座虞亥瓯参电开，蔡逆决率其主力来援古田，并言十日可达古田附近，逆军出巢来犯，乃我军所求之不得者，现决对古田城逆暂取包围监视姿势，不必猛攻，兹预定兵力在黄田经槐门亭、东平至王柏口一线构筑工事，作待机姿势，望第二纵队星夜抽调部队赶筑王柏口经东坪至槐门亭工事，并请文伯兄实地视察规定，其槐门亭至黄田一段已嘱铭三兄派汤恩伯师调来构筑矣。全线工事请由文伯兄负责督修为要。又奉委座庚巳电，（电话传达）昨晚已占水口，我军应重行部署以后，古田城逆，只可包围，昼夜佯攻，一面严密监视，不许其逃遁，亦不必留缺口，但不可攻破，务使蔡逆主力仍来增援古田，一面对于王柏口与东坪间之阵地，昼夜赶筑，并向大湖、卓洋方面，多派别动队前进，侦察各等因。

关于第二纵队之任务如下：

甲、就现在阵地线，左翼自阳谷山亘架椅山，必要时向左迴旋，移占阳谷山、利洋山、明府山、陈元里山、高头岭、墙岭，再向南延伸经半间至曹洋止，分别构筑或加强工事，右翼与第八十九师联系。（已令第八十九师仍就现占曹洋、茶亭至右翼倚托闽江之线，分别构筑或加强工事）又就现在阵地线，（即架椅山、明府山、墙岭之线）星夜加增强固，并在高头岭至半间之线构筑预备阵地，由半间至曹洋阵地须特抽部队开始构筑，均限十日正午前完成具报。

乙、对古田城逆军，用最低限度必要之兵力，仍取合围监视之态势，昼夜施行佯攻。对大湖、卓洋方面，多派别动队前进侦察，其佯攻方法如下：

1．限令炮兵以黄竹签山及其碉堡为目标，集中火力毁坏之，但须正确观测命中，勿耗炮弹为要。

2．以东门头山及黄竹签山为目标，利用夜间佯行袭击。

3．其他由各地区旅长决定施行。

在古田城东南地区应控制相当兵力，以防止逆军冲出逃窜，其余主力，须星夜构筑工事，务臻强固。

丙、应就增强及新筑之阵地，预行划分作战地境，构成通信网，绘图具报。

丁、卜福斯炮兵团，着归王指挥官敬久指挥，俟到达黄田或谷口后，由第二纵队派队掩护，协助输送开至罗华附近，即在明府山、陈元里一带选定适当阵地，务使能以充分火力对黄竹签山、东门头山等处为集中有效射击为要，各等因。

二、纵队基于任务作待机之态势，应即遵照部署，赶筑（增强）工事，并构成通信网，着转饬依限完成，绘图具报，并不时施行佯攻，其佯攻之时机，由各师自行选定之。至关于两师之战斗地境及后方连络线，仍如前令。

但正面延长，各部难免薄弱，须择要构成据点式之工事，以节约兵力，而应事机为要。

三、卜福斯炮兵团到达后，两师山炮兵均归李团长汝炳指挥，应以主力于明府山、陈元里山附近，一部于架椅山、阳谷山附近地区选定阵地，完成射击准备及步炮之协定。其火力须指向黄竹签山及东门头山。

但于进入阵地必要时，应由两师各以工兵之一部援助之。

四、余在利洋指挥部。

上令

第八十八师孙师长

指挥官王敬久

传达法：先以电话通知，再用笔记印刷送达。

五、敌情及友军情况：

1. 准第八十九师第五三三团通报云：该师补充团已于本日进驻曹洋，该团仍在保溪、汤洋待命。

2. 准第八十九师汤师长函云：该师现决定在丰岭南北地区由汤寿桥亘茶亭之线占领阵地，右与第四纵队左与第二纵队连系，构筑工事，对东警戒，以第二六五旅占领上潦、马池、汤寿桥之线，以第三六七旅之第五三四团，占领丰岭南北附近高山，以第五三三团及补充团，占领茶亭、曹洋之线，各部队均限本月十日前将阵地工事构筑完成。

3. 奉王指挥官齐戌电，转奉委座虞亥电节开：蔡逆决率其主力来援古田，并言十月可到古田附近。

4. 据辎重营萧营长报告，该营阵地一带，（明古山）每晚常有敌人（约一班）二三次之袭击。又敌黄竹签山炮垒前端，筑有坑道及重机枪巢，时常向我射击。

三、信号枪连络法：奉总队指挥部通报，现用信号枪连络使用法已遗失，另行规定如次表：

〔表略〕

一月十日　晴

一、本师位置：本日师部及特务连推进至西山，直属部队除辎重营开赴谷口外，其余分驻松台、罗华、西山、前山一带，第二六二旅仍在原阵地，第二六四旅旅部推进至赖厝，第五二七团仍驻谷口，第五二八团在曹洋至福胜间。

旅长到墙岭、半间一带视察，本师担任正面计六十启罗。

二、阵地占领部署：下午三时，下达关于阵地占领之命令如下：

第八十八师命令　元月十日下午三时，于西山师司令部。

一、蔡逆廷锴，率其主力向水口、古田之线前进，沈逆光汉之司令部，昨已经过白沙，其先头部队已到达李园、张漈、大坪附近，大湖亦有敌军到着。

古田之敌，仍在困守待援中。

我第三十六师本（十）日已到达槐门亭。

我第八十九师，已占领阊林以南地区，对东警戒。

我卜福斯山炮团之第一营，本日由谷口向古田前进，协助本纵队之战斗。

二、纵队除以一部围城之外，决占领曹洋、半间、墙岭、明府山、南山、利洋山、架椅山、阳谷山之线，俟敌西来，聚而歼之。

三、本师拟占领主阵地于曹洋沿河西岸，经半间、墙岭、陈元里山及其南方高地明府山之线，重点保持于马路附近，待敌主力之到着，转移攻势而歼灭之。

四、第二六四旅为地方区队，占领阵地于曹洋沿河西岸，经半间、墙岭至鸣角山之线，并于福胜、总管庙及其西南高地一带，占领前进阵地，严密监视古田城之敌，右与第八十九师切取连络。

五、第二六二旅（缺第五二四团）为左地区队，占领阵地于麻疯院前山西方高地（即前之榴弹炮阵地）陈元里山、明府山之线，特于麻疯院后山及明府山东端高地之线占领前进阵地，严密监视古田城之敌，并为攻城之准备，左与第八十七师切取连络。

六、各部队战斗地境如下：

第八十九师——曹洋东西之线

第八十八师{左地区队、右地区队}古田通谷口马路沿线　线上属左翼部队

第八十七师——黄竹签山北端南山之线，线上属本师。

七、各旅迅速构筑主阵地及前进阵地强固之工事，完成后于凤凰亭西方高地亘高岭、头七斗塘山之线，构筑预备阵地。

八、榴弹炮大队（附山炮连）为炮兵队，于高岭头东方阵地区占领阵地，以一部协助右地区队，主力协助左地区队之战斗。

九、第五二四团及直属部队为预备队，位置于西山、新丰附近。

但工兵营协助阵地之构筑，并以一部援助炮兵之进入阵地后，到达预备队之位置。

十、通讯营迅即构成师部与各部队间之通信网。

十一、运输营在新丰待命，战斗开始后，于赖厝附近开设弹药交付所。

十二、野战病院开设于罗华，并于新丰开设伤兵收容所。

十三、予在西山师部。

上令

师长孙元良

下达法：油印分发。

三、接收曹洋防地：下午四时奉王指挥官命令，派本部接收曹洋防地，原命令如下：

第一纵队命令　一月十日下午二时，于利洋指挥部。

一、顷奉总指挥张佳酉参代电开：（一）顷接蒋总指挥齐酉电如下：

（1）奉委座齐巳机瓯电开：水口既下，我军仍诱敌主力来援古田为主旨，故此时右翼暂利用水口阵地加以修改，一面仍在古田河左岸如严头岭、曾坪塘、阁林至东坪之构筑本阵地，而前进阵地，则在斜湾、田中、五县、罗桥一带构筑据点，警戒部队须置于李园、张滦一带，但须置有力部队，能在原地抵抗，使逆之行动滞迟也。又前进与本阵地间于河之北方，如灵峰、时坪之线亦应构筑据点，使河内不致暴露也，等因。（2）兹定曹洋（含）至东坪阵地，归王敬久担任，请文伯兄选择决定，曹洋至汤寿桥阵地，归八十九师担任，汤寿桥（含）以南阵地，归李延年担任，李园、张滦一带，仍由该纵队酌留一部，拒止敌人进逼。（3）阵地前方，由占领各师各自构筑前进阵地，派出前进与警戒部队，并多派便探谍报，远出搜索，以资严密。（4）阵地工事，务于灰日前完成。（二）该纵队应即派队接防曹洋，并斟酌在规定前进阵地线上，构筑前进阵地，多派便探谍报远出搜索。（三）其他一切，仍遵照昨（八）日命令办理为要，等因。

二、由第八十八师应即派队接收曹洋防地，仍将接收情形绘图具报，以便呈转。

三、各师应在规定前进阵地线上，选筑适宜之前进阵地，并应多派便衣侦探，远行活动。所得情形，希随时具报。

四、其余事项，仍按昨（九）日下午十时命令办理之。

上令

第八十八师孙师长

指挥官王敬久

按曹洋防地，已于本日午前十时，由第二六四旅派第五二八团前往接替。

四、攻守方略：奉王指挥官转奉委座佳申青亥电，指示攻守方略，如下：

1．两路即以古田间沿河之线为本阵地，第二纵队先就原阵地线加筑工事，其局部位置，可就实地侦察修改之。

2．谭启秀致赵一肩等函，现可设法转递。

3．逆军主力，或先攻右翼之水口方面，对我左翼古田方面或不敢来犯，果尔，则我左翼待我卜福斯炮到后，应即积极攻城。

4．第三十六师到右翼时，控置于第二第四纵队中间地区之后方为宜。

五．敌军及友军情况：

1．我第九师于阳（七）午占领水口，残队纷向河南谷口溃退。

2．我第八十师奉令率一旅兵力进驻南屏。

3．准钱旅长玉光函，奉令将古田所集合各部队，由卢成先率带，迳向雪峰一带前进。

4．敌情见本日调制之敌情图表。

〔表图略〕

一月十一日　晴

一、本师位置：第五二七团开回前山、赖厝一带，其余各部位置无变动。

二、攻城计划：决定于明日攻城，纵队部规定攻城计划如下：

第二纵队攻城计划：

第一　方针

1．纵队准备在古田东南地区与逆主力决战，就现在态势，以主力固守现阵地，以有力之一部于明十二日拂晓开始攻击，夺取城外要点后，一举将古田城攻略之。

第二　攻击指导要领

第一期　攻击准备

2．第八十七师以主力占领现阵地，以有力之一部于十一日拂晓前进出于黄竹签山麓之小起伏地，准备攻击，再以一部进出于东门头村东方附近，施行佯攻。

第八十八师以主力占领现阵地，以有力之一部于十二日拂晓前进出于南门六保附近，以准备攻击，但须特别注意行动之秘密。

3．卜福斯山炮团及两师各山炮营统归彭营长孟辑指挥，应于明（十二）日拂晓以前以一部在天主山、架椅山间，以主力在陈元里、高头岭间地区占领阵地，准备完毕。

第二期　夺取城外要点

4．炮兵对于明（十二）日拂晓攻击，应为如下之火力运用。

（1）步兵攻击准备完毕至突击发起前止。

以主力对黄竹签山碉楼及其附近之工事与侧防机关，施行破坏射击。

以一部制压六保及南门附近敌之步兵及其侧防机关枪，以协助步兵夺取六保。

（2）攻击准备射击完毕后，炮兵队应发射绿光信号弹三发，步兵即开始前营实行突击。

（3）步兵突击之际，炮兵应以主力向城上（如附图C标目标）行制压射击，以一部对城内行扰乱射击。

5．步兵于明（十二）日拂晓攻击时，应为如下之处置。

（1）进攻部队，应在攻击准备位置，（距敌阵地约三百——四百米）等待炮兵攻击准备射击完毕射出绿光信号弹后，即利用其射击成果，迅速前进，实行突击。

（2）掩护部队，应进占适宜阵地，以火力支援之。

（3）后续部队，目击夺取要点后，应即迅速跟进，以扩大战果。

第三期　攻城

6．炮兵目视步兵既占领黄竹签山与六保后，（步兵应发射白光信号弹一发。）即应以主力对城西北角，以一部对南门城墙施行破坏（制压）射击，以掩护兵扒城。

但于步兵扒城时，应延伸距离，对城内行遮断（扰乱）射击。

如敌由东南方面逆袭或溃窜时，炮兵准备火力，协助围城部队或阻止之。

第八十八师，并应准备兵力一团，控置于城东南方面。

7．步兵既占领黄竹签山及六保后，应即准备并招致其携有扒城器材之预备部队。迅即利用炮兵火力之掩护实行扒城。

但为顾虑进入城内准备敌之逆袭计，后续部队及轻重机枪，应随即登城，以确保既得之战果，并扩张之。如情况许可时，应设法开放城门，使后续部队进入容易。

8．其余关于步炮兵协同，由各级指挥官自行协定之。

9．飞行队要求于明（十二）日攻城时参加作战，协助爆击，各部队于飞行机到达时应铺设符号，以资识别。

第四　军队部署

10．如一月五日午后五时命令所示。

第五　通信联络

11．利用既设通信网，但炮队应向各该阵地附近之总机接线。

三、敌情及友军情况：当面之敌无变动。

卜福斯山炮团第一营于本日下午到达古田，与本师及第八十七师协定后，当晚即进入阵地。

C、逆军开城

1．开城经过：先是城内逆军于十一日傍晚派其副师长陈任之出城求降，并约定翌日上午十时开城，其部队则开集东门外。十二日上午十时，逆军第七师师长赵一肩如约开城投降，本师师长在南门口与之见面，即令护往总指挥部。本师第五二四团首先由南门进城，维持秩序，古田城内人民于围城前即已逃避一空，景象萧条，疮痍满目，是晚除第五二四团进驻古田城内外，其余各部仍驻原地，辎重营于午后二时由谷口开回赖厝、前山一带。

2．解除逆军武装：逆军为伪第五军所属之第七师，共有三团（缺两营）当（十二）晚即由本师协同第八十七师在古田东门外附近将其武装全部解除，古田之敌，至此完全解决。

〔下略〕

〔国民党政府战史编纂委员会档案》

3．国民党海军参加镇压“闽变”史料

（1933年　月　日）

海军讨平闽省叛逆史料

查十九路军自移调福建之后，阴受陈铭枢等挟持，对于党国，久思背叛，酝酿至二十二年十一月二十日，竟然窃据闽垣，树立叛家旗帜，谬组人民政府，赤匪煽其余焰，乘机蠢动，荼毒生灵，毁党叛国，达于极点。彼时海军驻闽各机关及部队，适当其冲，故当事变发生之始，海军当局得到此项消息，即经陈报行政院及军事委员会请示办法，并立饬马尾要港司令李孟斌力事预防。至是逆方派员向该司令要求一致行动，经严词拒绝，极端反对，彼见无法可施，随派军队一旅，并飞机六架，威迫驰港各舰艇，各舰艇力持正义，屹然不为所动。旋因遵奉国防会议议决案，电饬该司令率带江元、楚观两舰开赴三都。其时马尾、长门虽入叛逆之手，而长门各炮台炮闩及重要军械，均已预先运存于江元、楚观两舰，以免资敌。司令李孟斌督率各舰开抵三都时，并令陆战队同时向三都集中，并抽调一部分队伍扼守宁德罗源，

一面分饬各舰艇在闽省沿海一带，检查来往商船，所有燃料、粮食等等，凡可资敌物品，一概扣留，不许进口，以绝逆军水路之接济。又于十一月二十二日增派鱼雷游击队司令王寿廷率舰会同李司令妥筹戡乱方略。时三都、南关、东冲、马祖娘宫、涵江等处，军舰云集，计有逸仙舰、中山舰、永健、永绩、楚有、楚泰、楚观、江元、江贞、江宁、海宁、抚宁、绥宁等舰艇，昼夜巡弋，严重向敌压迫，并于温州、瑞安等处，分派江宁、绥宁两炮艇，与驻军密切联络，以图速效。中央军之由海道入闽者，概有海军各舰艇掩护登陆。并调派定安、华安两运舰担任运输事宜。旋逆方以建瓯、延平方面，受中央军剿击，后方队伍移动，部令李孟斌司令亟率楚有、楚泰两舰，于十二月二十三日袭取长门。敌度不支，闻风退却，海军陆战队遂乘势收复长门各要塞，并将马尾克复。马尾既得，各军舰对于逆敌压迫愈紧，同时中央军派飞机轰炸闽垣，威胁逆敌后方。时有轰炸机第一队飞也脱一零七号，因机件损坏降落三都，由海军陆战队妥为救护，并派舰护送司机员张、周二人赴温州转赣。当战事紧张之际，海军当局为欲早日奠安闽局起见，于二十九日增派海军部政务次长兼第一舰队司令陈季良统率指挥。陈次长在上海防次奉令后，立即筹备一切，对于军舰之征调、军械军火之配置、军粮之储备，以及救护队之组织，次第办理就绪，遂乘海筹军舰入驻三都，主持一切，所有闽、厦两要港司令及各要塞海军陆战队暨驻闽各舰艇等统归节制。三十一日途次得李司令电报，逆军邱兆琛率三团之众，将扰宁罗，当即电饬陆战队第二旅，将驻福宁全属之队伍集中飞鸾岭、白鹤岭等处，扼要堵守，以备截击。二十二年一月二日第二旅电报，午刻敌已全数到达罗源城，距离我陆队防所仅五里之遥，经电饬该陆队集中队伍，固守飞鸾岭各要地。三日逆敌果向飞鸾岭猛扑，并向我阵地密集开枪，幸我军已有准备，立即迎头痛击，敌军不支，纷纷退走，复向白鹤岭方面之叠石地方，增加一团兵力，我军亦于此时派炮舰一艘巡弋罗源湾，以防敌军抄袭飞鸾岭后路。是役计鏖战数昼夜，敌军陆续败退。嗣在罗源城外开掘战壕，改为攻为守。并据报连江县逆军有联合红军实行计口授田，地方被扰不堪，遂派炮舰前往连江、小港、东岱等处，牵制敌之后方，沿途发现港内土匪及红军旗帜，当经用炮猛击，始逃窜而散。查逆本有企图占据宁罗，窜及浙边之计划，经我军扼守飞鸾岭、白鹤岭各险要之地，敌虽屡次来犯，均被我军痛击败走，遂有一蹶不能复振之势。四日逆以闽北方面，又告失利，亟谋逃窜之路，因图再犯罗源，冲入温州，经电饬扼守飞鸾岭之陆战队，向其迎头痛击。并于白鹤岭等处，与敌激战甚烈，敌受巨创，不支而退。时海军陈〔绍宽〕部长亟欲歼灭逆敌，以免蔓延祸患，遂于一月十一日躬率宁海军舰驰往前线，亲自督队讨伐。十二日到达三都，即令舰艇向福州推进。十三日陈〔季良〕次长即由三都率舰并陆队两团开抵马江，沿福马汽车路向福州市东门前进，并督同楚泰、江元两舰进驻台江，掩护由台江汛上陆之队伍，并随陈部长分率各队伍先后进至省垣。十五晚将福州城台各机关完全收复。由东门入城之队伍，即时占领城内三山及其要隘，全市遂于十六日重悬青天白日旗帜，秩序逐渐恢复。彼时尚有一部分逆敌据守万寿桥中洲阻我军前进仓前山之路，顽强抵抗，经楚泰开炮轰击，并陆战队猛力射击，残逆始不支，纷纷逃窜。我陆队更向南台仓前山一带搜剿残余逆敌，即日肃清。是役计收缴逆敌军械军火为数甚伙。十七日中央宪兵四、六两团及炮兵营，装载于新铭等轮，由应瑞军舰护送抵马尾，奉蒋委员长电令归海军舰陆队司令官指挥。遂由陈次长颁给命令如下：（一）该团负有福州市治安之责，并有搜索逆军散兵之任务。（二）宪兵第四团分配于福州市洋头口迤北，以至城之四郊附近。（三）宪兵第六团分配于福州市洋头口以南仓前山附近。并给予炮兵营命令，遇有紧要时，该营有协同动作之任务。至是，福州城台治安遂由宪兵团接替，陆战队负责维持矣。先是连罗之逆闻我舰陆各队克复福州之讯，大起恐慌，军心动摇，无复斗志，我陆队趁其内哄之际，遂乘势将连罗同时克复。而该两处及长乐、南港一带，自逆敌败溃窜走之后，土匪乘机蠢动，遂抽调陆队两团及炮舰等分往各县属境清剿，先后消灭。二十八日至三十一日福建省政府主席暨各委员先后莅省，遂将宪兵两团移交省府指挥，海军陆战队则分任三都、连江、琯头、长乐、马尾、宁德、厦门等处防务，海军讨逆任务，至是告结束矣。至于厦门方面，当事变之始，逆方即派黄强为警备司令，接收厦市各机关，驻厦要港司令林国赓，因厦市关系外交，从容应付，地方秩序幸获安谧。楚谦、楚同两舰协同海军陆战队，仍严密守卫原防。迨至一月八日部电饬林司令迅作军事准备，并加派鱼雷游击队司令王寿廷，由三都率带逸仙舰、中山舰，江宁炮舰等，并加派海军陆战队一营，驰抵厦门，协同林司令于一月十日将厦门收复云。

〔国民党政府战史编纂委员会档案〕

4．刘和鼎报告攻略延平战斗详报

（1934年2月　日）

二月　　日　　时

报告

延平城第九纵队指挥部

谨将奉命攻取延平战斗经过，缮具战斗详报，呈请鉴核。谨呈

附延平城及其附近阵地攻略战斗详报一册

第九纵队指挥官刘和鼎

延平城及其附近阵地攻略战斗详报

（一）战前情况及预定部署

1．延平城之形势与逆军情况　查延平西北倚炮台山、龙

山，东南北三面环水，九峰、玉屏两山左右耸峙，且构有甚强固之堡垒，城垣工事亦固，并有坚厚掩盖及背墙东外校场坊及西外各逦路均有工事及铁丝网障碍之设备。以上工事原系职部防匪时所构筑。最近迭据探报，延平城现为逆方伪第五军第五师师长司徒非率兵力四营附沪造山炮两门据守，计城内三营、九峰山两连、玉屏山一连，东外校场坊一连、玉屏山及炮台山各有山炮一门，共有轻重机枪约五十余挺，米粮及各种弹药储备甚足，该逆拟凭藉强固工事，企图固守。

2．友军之情形　我第五路军第三十六师已于十二月二十八日占领洋口，迩后拟进出王台、西芹，派一部担任助攻九峰山之逆，并派一部进出下道，断延平逆军之退路及连络。

3．兵力之预定部署及攻击指导　我围攻军拟采取包围攻击，用迅速手段一鼓歼灭而夺取延城，以威胁福州伪府。爰于一月一日给各部队如以下之命令：

一、兹规实延平城及其附近围攻计划（如附表），着即遵照施行。如遇情况变化，临时另以命令规定之。

二、各部队应遵照本计划，于本月三日以前达成第一期之任务，四日以前达成第二期之任务。

三、各部队之粮秣运输事项自行准备。

四、各部队间之电话连络由右向左架设之。

五、各级指挥部之电话由次级向高级架设之。

延平城及其附近攻击计划

一、攻击要领

延平之逆军虽较少，但火力亦有相当强度，且凭据半永久据点式强固工事，围攻军应以优势炮火及空军轰炸，破坏其要点，而随机以步兵突击占领之，以渐次扩张战果，亙于全线。

二、围攻军之编成

指挥官　刘和鼎

炮兵指挥　刘汝炯

炮兵第一团（卜福斯山炮十二门）

左翼队指挥　汤邦桢

步兵第一六六旅（附六年式山炮两门）

右翼队指挥　　刘　进

步兵第十二旅

总预备队指挥　　桂振远

步兵第一六八旅（欠三三五团）

步兵第三三三团

五十六师特务营（附平射炮四门）

（二）战斗经过

一月二日，我各部队奉令后，右翼队刘旅于本日由峡阳进驻茂地，左翼队汤旅（缺三三二团）进驻大横，并派三三二团第二营进驻高塘，对延平方向警戒。第三三二团（缺一营）驻房村口，总预备队桂旅（缺三三六团及五十六师特务营）由建瓯进驻小仁洲，三三六团进驻埂理，职率指挥部及炮兵第一团五十六师特务营进驻房村口。职到达房村口后，因山地炮兵运动困难，乃令各部队将第二期任务达成，限期延至本月五日。又拟以炮兵主力一举而摧破校场坊及炮台山逆阵地，使左翼队夺取炮台山而占领延城容易起见，因改令炮兵团以主力（卜福斯山炮八门）占领安丰桥南高地，以一部（卜福斯山炮四门）占领后梅山阵地。遂令炮兵团派将校两员于明（三）早六时赴后梅山及安丰桥附近侦察阵地及道路，并遵钧座谕饬令右翼队应以一团为总预备队，其第一线团只可展开一营，控置两营于后方。

三日，我右翼队刘旅派兵一营，于本日午后二时进占三千八百坎及其以东附近各要隘，并构工事，其主力本晚进驻高吴。我左翼队汤旅本晨分由房村口、大横、高塘出发，经群山、洋江道，于午后二时占领安丰桥，并择要构筑工事。其右翼已与三千八百坎之刘旅部队取得连络。我总预备队之三三六团于本午已确实占领后梅山、五里亭一带阵地，总预备队（欠三三六团及三三三团第二营，五十六师特务营）于本晨六时由小仁洲、房村口出发，午后二时进驻埂埕，构筑工事，掩护炮兵渡河。职率指挥部及五十六师特务营、三三三团第二营及炮兵第一团，于午后五时到达埂埕。职因各部队已渐次到达攻击准备位置，炮兵团骡马前進困难，遂令将骡马于明（四）日留驻埂埕对岸之无量寺内，并由三三三团派兵一连担任掩护。

据汤旅长报告，东外校场北端有逆之前进阵地，逆兵约一连。

四日，本日午后五时以前，我各部队均已先后到达预定位置，右翼队刘旅已到十里亭、下阳之线占领阵地，我左翼队三三一团本日拂晓占领南山一带高地，第三三二团于午后四时占领莱园村、作滩坊一带高地，（距城四里）构筑工事，同时并将东校场北端逆之前进阵地部队驱逐。逆退据东外校场坊阵地，左翼队汤旅旅部亦进驻黄墩，我总预备队桂指挥率三三三团第二营于本午进驻五里亭。午后五时，炮兵第一团主力（卜福斯山炮八门）在安丰桥、南甲山，其一部（卜福斯山炮四门）在后梅山附近，均已进入阵地。职率三三三团（缺一营又一连）五十六师特务营本午到达安丰桥，随往各炮兵阵地视察，后仍回安丰桥。一切准备均已完毕，决于明（五）日晨全线开始攻击，先占领逆之前进阵地，以开迩后攻击之基础。

接宋师长通报，我三十六师已于本日午占九峰山西端高地。

五日，遵钧座电令：本日午前九时至十一时，午后三时至五时，饬炮兵向炮台山、玉屏山、九峰山及东外校场坊各主要目标及明翠阁，旧师部各次要目标，集中炮火，连续射击。并遵令转饬第一线各部队，静守原阵地，待炮火及空军轰炸收效，逆阵地动摇，得我飞机可以前进之通告后，再行突击。午前九时，我炮兵开始向各目标射击，经两小时之久，逆阵地守兵伤亡累累，异常恐慌，午后三时，我炮兵复开始连续射击，并赖空军之协助，轰炸至三时三十分，我飞机投下红纸条之突击标号，我各阵地守兵遂奋勇，节节前进。午后四时，我左翼队之三三一团宋团长亲督该团进占炮台山前方各要点，三三二团孔团长亲率所部奋勇冲击，并以一部涉河抄袭，遂于六时夺取校场坊及炮台山前一带之逆阵地，并俘获逆连排长三、士兵八十五，缴轻重机关枪五挺、步枪四十一枝，同时并派第七连追击逆之残部，进占明翠阁。我右翼队于午后四时后驱逐西外逆前进阵地部队，即占领职业中学附近及天台山至炮台山麓一带高地，并击沉由九峰山退回之逆船三只，毙逆甚众。我总预备队（缺三三三团）及三三三团第二营于五时后将玉屏山逆之前进阵地击破而占领之，毙逆兵二十余，伤数十，夺获步枪九支，残逆退入玉屏山堡垒。各部队攻击前进位置如附图第二。接刘旅长报告：我三十六师于本日午后四时完全占领九峰山，延平逆军守将因九峰山及东外校场坊各要点均已被我占领。而玉屏炮台两山亦危在旦夕，知其大势已去，遂于本（五）日午后六时派其参谋长李海寰前来请求投诚。

奉钧座电令，将该部改编为补充第二旅，等因。遵饬该部于六日午十二时前将玉屏山阵地让出，集合所部于延城内旧师部至小水门一段街市，听候改编。并饬各部队于六日午后二时分由各城门入城，于是延城战事遂告结束。因于六日午前给予各部队如以下之命令：

1．第四师刘旅于本（六）日午后二时由西门入城，驻乐群社以西及西门外一带。

2．第五十六师汤旅于本日午后二时分由北门东门入城，驻营房及闽北中学一带。

3．第五十六师桂旅（缺三三五团）于本日午后二时进驻浙江会馆、玉屏山、水东街一带。

4．指挥部五十六师特务营、通信队、无线电队、炮兵第三连（欠一排其附属汤旅之一排即归还建制）、野战医院（随汤旅后入城）驻老教导团营房、福州会馆、普通寺一带。

5．炮兵第一团俟以上各部队入城后，跟进驻营房内。

三三三团分别掩护炮兵入城后，全部驻东门外及校场坊一带，并留兵力一连驻安丰桥。

（三）战后处置

1．收缴司徒旅残部枪械　本月九日俞次长到延，面传钧谕对司徒旅残部处置，应照以下两项意旨相机办理：（一）分拨归入五十六师编制使用。（二）缴械资遣，所缴各项装械弹药即补充五十六师。等因。经职详为考虑，因该部官兵虽暂时投诚，将来恐仍多顾虑，遂决遵钧旨第二项办理。当令五十六师甘、田两团秘密准备，包围线布置完毕后，于十日拂晓，先令召该部李参谋长及廖团长到部，命令缴械。为仰体钧座宽大之旨，并念该部多系粤桂两籍，路途遥远，因宣布从优发给遣散费，于是该部枪械遂安全收缴。关于遣散费等已另文呈报。

2．延平城及其附近警戒配备　如附图第三〔图略〕

（四）各部队官兵伤亡、弹药消耗、武器损坏及虏获如附表第一至第六〔表略〕

五、战后所得经验

1．本部此次所得延平及水口一带之逆军情况极为详细，虽由本部派探侦察，然得之于延平城乡民众报告居多。盖因本部往日驻延与地方人士情感尚洽，故得获民众今日之协助也。

2．延平系福州上游门户，前因本部驻此，防匪工事屡加修筑，极其坚固。逆方扼险设守，诚计之得。然就战术言，因祗派兵力四营，分守延平城及东外校场坊与玉屏、九峰两山，阵线太广，兵力过于分散，处处皆成薄弱，且无援应，无目的，战略上亦已处于失败地位。故校场坊及九峰山两点被我攻破后，遂不可收拾矣。夫欲守一据点，战术上兵力之配备必须适合地形，多留预备队以应战况之变化。更就战略上言，防御不过为攻击上之一种手段，一时牵制敌人，使主力军得以优势之力量使用于一方面耳。今逆军徒守孤城，而大部尚分散闽南、福州一带，无目的、无主力，亦无运用，则延平之守何异自灭，卒之失守险要，损耗兵力，沮丧士气，牵动全局，皆取败之道也。

8．现时筑城进步，欲攻击敌人坚固阵地，必须先以炮兵及空军轰炸，然后步兵依炮空之成果乘机出击，方易奏效，否则损害必大。此次延城逆军守极坚固之阵地，我步兵攻取容易，因赖炮兵空军协助之力居多。然就实际言，卜富斯七五山炮之破坏力对于旧式城垣实觉不甚充分，飞机之投弹，亦嫌命中度过小，唯其间接效力亦甚大。

4．我炮兵对延平城及其附近工事发射山炮弹共八百余，出空军所掷二十五磅，一百二十磅轰炸弹亦不少。然延城各处工事被破坏处至微，此足与吾人以教训。炮空军威力虽大，步兵若在山地，但能沉着应战，殊不必畏。以后若遇步炮空联合之敌，须知敌人炮火激烈之时，敌人为避其自方炮火之波及，当在我阵地三百至五百米外，此际我尽可派少数兵监视，其余均避入棱线后方掩蔽部，待敌之炮火一停，步兵突近之瞬时，利用我步机枪之猛烈的狙击，亦足以使敌人之攻击顿挫，而收最后之胜利也。

计附表第一、第二、第三、第四、第五、第六，图第一、第二、第三。〔均略〕

〔国民党政府战史编纂委员会档案〕

5. 国民党陆军第十师天柱山涂岭及洛阳桥附近各役战斗详报

（1934年7月 日）

陆军第十四军第十师入闽讨逆诸役战斗详报

本师入闽经过之梗概

民国二十二年十一月二十日，闽逆宣言叛变后，本师于十二月三日即于永丰奉命向抚州移动，九日到达抚州，被编入第五路军，本师李（默庵）师长兼代十四军军长。拟自金奚、资溪、光泽、邵武、顺昌向延平附近地区前进。是时逆军布置情形尚未十分明瞭，惟金资、光邵附近系积年匪巢，其主力尚在黎川、光泽北之线努力活动，有阻我入闽部队前进之企图。本路军侧敌行进，且须打破匪巢，其势至险。幸赖层峰周密之计划及诸将士勇毅之志气，讨逆卫国之精神，冒险挺进。本师常在先头。十二日到达金谿，十四日到达资溪，是日据报光泽以北之铅台、铁牛关、大小禾山有匪七军团，及铅山独立师模范团，光泽、崇安独立营等部盘据云云。十五日本师向铁牛关、铅台、大小禾山攻击前进，遂击破当面之匪，其残部分两路向光泽、杉关方向溃窜。十七日夜袭占光泽，夺获步枪数十枝，机枪枪身并各项零件数十件，辎重宣传品无算，其余阵营具狼藉满地，残部向泰宁方向逃窜，沿途击破各地阻止前进之散匪，于二十一日进抵邵武，二十七日进占顺昌。先是总指挥卫（立煌）病体新痊，已于光泽确实掌握各部队，师长乃辞却兼代军长职务。据报延平、沙县、将乐、西芹、沙溪口、青州各地均有逆匪盘据，构筑坚固工事，我方于延平以第五六师及第四师有力之一部围攻之，本师自青州附近偷渡沙溪，绕道闽江南岸，从僻山鸟道东进，一月六日攻占湾口。（参照附图）嗣后与逆军数度作战，详后各役战斗详报。

陆军第十师战斗序列〔略〕。

其一，天柱山之役　二十三年一月七日

（一）战斗前敌我之态势（参照附图）。

1．敌方态势　谭逆启秀所部之伪第五军，因我军节节逼近，乃退集于延平、古田、水口之线，扼要坚守。其在水口之敌，兵力约三团，谭逆本人亲在水口指挥，有坚守待援之势。其一部占领水口对岸之天柱山顶午峰，筑有坚固工事，对湾口方向警戒。

2．我方态势

A友军　我第三师于四日进占安仁溪、斜溪，并有一部占领河南岸高地。我五二师卢兴荣旅（四营）于四日占领蔡领头，五日晚乘夜向湾口急进中。

B本师奉命于六日由十五都、十七都各驻地向湾口急进，有确实占领湾口与我第三师切取连络，并对闽清方面努力侦察敌情之任务，乃先遣三十旅及师各级侦探队兼程并进。该部于八时袭击湾口成功后，暂行占领阵地、对天柱山或水口之敌严密监视、并令各级侦探队向敌之左侧背挺进。该侦探队于十四时与顶牛峰之敌接触，彻夜枪声不断。二十三时奉总指挥命令要旨如下：

一、据报谭逆启秀率兵两团守水口，又以一团占领水口对岸之天柱山，我第二路军李〔延年〕纵队刻在安仁溪南北岸及迤西北地区准备攻击水口。

二、军主力以一部迅速解决天柱山之逆，使尔后作战容易。

三、第十师于明（七）日以有力一部将盘据天柱山之逆解决，尔后待命，协助第二路军歼灭水口之逆。但该师主力应仍控置于湾口。

师长奉命于（七）日六时召集营长以上官长侦探顶牛峰、天柱山地形，面授机宜后，遂下达如下之命令：

命令　元月七日九时，于湾口师部。

一、据报水口之逆军系谭逆启秀补充师，约三团，以一营盘据水口河南岸天柱山增筑工事中。我第三师现已进占水口东方最高山顶，向水口攻击中。

二、本师为使友军作战容易之目的，以一部沿湾口河北岸高地向水口阳攻，以有力之一部攻占天柱山，威胁水口之敌。

三、着第二十八旅于本日日没前以主力开进于顶牛峰南麓，以一部开进于顶牛峰北麓一带小高地，协同阳攻部队于翌日拂晓前夺取天柱山，瞰制水口之敌。

四、着第三十旅以一营于本日日没前渡过湾口河北岸，沿高地向水口之敌攻击，并用各种手段使敌误判断我主力向该方面活动。

五、着师各级侦探队沿顶牛峰西北麓努力向天柱山、水口、威力搜索。

六、各部攻击目标及攻击开始时机待命。

七、余在湾口师部。

上令

两旅

师侦探队

师长李默庵

副师长王劲修

（二）战斗经过（参照附图）

七日十四时，师长率同幕僚正渡过湾口河北岸，侦察水口阵地时，闻水口方面枪声激烈，炮声隆隆，白烟时冒，并有飞机轰炸，即判断系我李纵队开始攻击水口之际，乃命各部按照九时命令提前攻击时机，即刻开动夺取顶牛峰、天柱山，协助友军之攻击奏功。

十六时，据展开于天柱山西端之第五六团第三营营长魏人鉴报告：

1．水口之敌正与我第四纵队激战中，河中发现小轮二艘，满载敌兵，向南岸天柱山运送，似已发现我之攻击企图。

2．盘据顶牛峰、天柱山之敌，系伪第五师第三团第三营。

3．职率部到达天柱山西北端占领阵地时，有敌兵约二连向我第六连之阵地出击，乃令第九连增援，将该敌击退，并已完全占领天柱山。

师长据上报告确实，知敌人兵力，且知我已占领天柱山西北端，判断地形，由天柱山南麓攻击顶牛峰，山道高峻，急切难下。但因战机不可逸失，故不待全般攻击部署完毕，即令五六团相机独断，进取顶牛峰。

我第五六团接到是项命令要旨后，即令第三营留兵一连，确实占领天柱山，其主力向顶牛峰攻击，并相机截击渡河之敌，令第一、二两营集结下板附近，准备策应

（三）战斗结局

十七时三十分，据第五六团第三营魏营长报告：

1．盘据顶牛峰、天柱山之敌现已完全被我歼灭。

2．由水口溃窜南岸之敌，现尚匿于仓前及天柱山东端森林内。

3．本营以第七连、第八连确实占领顶牛峰，第九连及机枪连占领天柱山，一面搜剿，一面与我水口之友军联络。

是时五六团以第三营仍继续前任务，以第一营向天柱山以东搜剿残敌，第二营向仓前前进，截击渡河之残敌。至翌（八）日拂晓前，天柱山及顶牛峰附近之敌完全肃清。

（四）本战役死亡如附表第一，卤获如附表第二。

（五）敌军力及番号：伪第五军第五师第三团第三营及不知番号增援之兵力约一连。

（六）本战役所得之教训：

我军

1．敌阵地之位置及兵力配备等攻击前均未搜索明瞭，致使

战时使用兵力过大，机动力因而减小，至战斗结局，攻击部队之主力尚未参加战斗。

2．山地地形复杂，侦察地形时应从多方面实地侦察，若仅登高瞭远，遽加判断，则多与实际不符。

3．山地战特须推奖独断专行之精神。

4．通信网架设困难，此后应求迅速，免误戎机。

5．追击尚嫌迟缓。

敌军

1．士气衰颓，故难沉着应战。

2．兵力不适合地形、所占正面过广，致处处薄弱、被我击破。

3．军心动摇，无与阵地共存亡之决心。

（七）结论

谭逆启秀以固守水口待援之态势，盘据顽抗，经本师六日袭占湾口，七日攻袭天柱山，归路断绝，兵心涣散，我五六团能相机独断，将天柱山之敌一鼓歼灭，并截击敌之渡河部队，因是水口之敌大部逼于河北沿岸一带，且受我瞰射，不能支持，致被完全解决，谭逆仅以身免，此役使攻水口友军得收莫大之战果，要亦本师不失时机之协助所致也。

陆军第十师一月六日以前入闽讨逆经过路线及占领各地要图。〔略〕

天柱山附近攻击经过要图（一月七日）。〔略〕

陆军第十师天柱山之役战斗详报第一号附表，第二号附表。〔略〕

其二　涂岭之役

一、战斗前敌我之态势（参照附图一）。

甲、敌方态势

敌主力因我中央军节节逼近，于本月中旬自白沙、福州南窜，集中莆田，约有三师以上兵力。我八三师十七日到达仙游，已与敌之一部接触于瑞沟间，连日均在对峙中。其主力似有南窜模样。

乙、我方态势

A、友军

我八三师自十七日在仙游、瑞沟、郊尾附近与敌接触后，现尚在对峙中。

我第九师于十八日已到达仙游附近。

我三六师正向莆田急进中，约十九日可到莆田。

B、本师奉命有向枫亭前进，抄袭逆军归路之任务，乃于十九日自仙游出发，向枫亭前进，十时途次柴桥头时，接奉总指挥卫手函如下：

一、顷据刘师长电话报告：逆大部刻向八三师正面及右翼猛攻中。

二、九师刻始到三团后续尚须若干时，贵师可暂停止前进，二十八旅想尚未远移，可即在柴桥头东北附近集结。又如八十三师方面战况激烈，兄部可即向该方面出击，以牵制逆敌侧背。

三、速与八三师架通电话。

师长奉此，当将所部集结柴桥头附近。迄至十五时，又奉总指挥卫手函节录如下：

（一）我当面之敌，虽不明队号，但其兵力亦不过三四团。

（二）梅岭附近高地有逆军三四百人，昨我驻下社之一营曾向该方攻击，未得手。

（三）下社有我一营，赤岭留宅一营，周宅一营，仙游西之磨头两连。

（四）俞谭昨晚到逆军约一团。

（五）圆头庄经三乡至涂岭、驿板三十五里，该处地形险要，一团或一营兵力均可固守，如将该处占领，则当面之敌无退路矣。惠安城甚坚固，洛阳桥不易通过，将来攻泉州时，由惠安西行三十五里之小溪（即河市）及更西四十里至洪濑，均可有路直攻南安，晋江、洛阳桥，其距离均在二十至四十里。

十五时二十分又奉总指挥卫电谕：第十师应攻向涂岭前进，截击逆军。

师长奉此，当即改向圆头庄前进，至二十时完全到达目的地宿营。本晚所得情况如下：

一、枫亭有敌军两团驻守，并构筑坚固工事，警戒甚严。

二、莆泉公路来往汽车络绎不绝，俱系军运。

据上情况判断，逆军确已开始向南退窜，师长决心于明（二十）日拂晓迅速占领涂岭，截击枫亭以北地区南窜之敌，于二十一时下达如下之命令：

命令　元月十九日二十一时，于图头庄师部。

一、据报逆军主力开始向泉州退窜，日来占领宝树、云顶山与我八三师对抗之敌约三、四团兵力，番号未明，梅岭有逆军三四百人，枫亭有逆军一部。

下社、赤岭、留宅均有我林支队一部。

二、师以截止涂岭以北地区南窜之敌为目的，拟明（二十）日拂晓攻击涂岭而确实占领之。

三、第三十旅为前卫，着于明（二十）日四时出发，经土地宫、后寨、后东坑、涂迎迅速袭占涂岭，构筑强固工事，堵敌南窜，并向惠安方向严密警戒。

四、师直属队补充团（欠一营）第二十八旅及炮兵第二连为本队。

1．师直属队（按特务连、师部、特党部、骑兵连、通信营、工兵营、无线电三十四分队之序列）及补充团（欠一营）于明（二十）日六时出发，在三十旅后跟进。

2．第二十八旅于二十日七时由现地出发，在补充团后跟进。

3．炮兵第二连由第二十八旅派兵一连掩护，于明（二十）

日九时出发，在第二十八旅后跟进。

五、卫生第一、二连及先进辎重着于明（二十）日九时卅分出发，在炮兵第二连后跟进。

六、大行李按三十旅师部、直属部队补充团、第二十八旅炮兵第二连之次序，统归输送营黄营长指挥，在先进辎重后跟进。

七、补充团之一营为后卫，在大行李后跟进，掩护全师后尾之安全。

八、师部及补充团侦探队统归杨队长新民指挥，于明（二十）日一时出发，向留宅、赤岭方向活动。

九、给养自行携带，并带干饭一餐。

十、余明（二十）日在师部先头行进。

上令

二十日一时许，有敌小部沿枫亭公路向圆头庄本师前哨扰乱，经我驱逐，旋即退去。

据上情况判断，敌似已探知我军行动，当令各部严密警戒，以防敌之分扰，并一面以所得情况及本师行动电告总指挥部。

二、战斗开始

二十日晨，本师向涂岭前进，拂晓时本队到达东坑附近，闻涂岭方向枪声甚密，知我前卫已与敌接触，乃率本队向涂岭急进。八时到达原庄西方约三里之某无名高地，接得第三十旅彭旅长〔杰如〕报告如下：

1．涂岭东西高地均有逆军占领阵地，人枪约五六千。

2．我五八团已在泗州南北高地之线与敌激战中，我五九团正驱逐后头以北高地之敌。

3．职现在原庄北端高地。

据上情况判断，敌已知我军昨晚到达圆头庄，关于涂岭东西高地占领阵地，配备严密警戒，我军必须占领涂岭西方一带高地，方能瞰制公路敌军之行动，乃作如下之处置：

1．令师侦探队迅速占领何宅山，监视当面之敌，并努力向公路活动，妨害敌之逃窜。

2．给与三十旅命令要旨如下：

A、该旅应驱逐当面之敌，坚固占领阵地。

B、已令师侦探队向该旅右翼之何宅山前进，并占领之。

C、师直属队及补充团第二十八旅正向原庄急进中。

3．令补充团以一营占领后头西北之高山，监视敌军向溪南、圆头庄之行动，余向后头北端附近地区集结。

4．令第二十八旅即向原庄附近集结。

九时十分接三十旅彭旅长报告：

据俘获逆军第二独立团第九连中尉连附某供称：

1．伪独立第二团特务团及六十一师之一团昨十九日十八时由仙游附近退来涂岭，任掩护之任务。本日天明前与我先头部队接触，其主力“六十”“七八”“四九”“六一”师正自莆仙一带续向涂岭方向退窜中。

2．枫亭有逆军约二团。

3．蔡逆〔廷锴〕昨（十九）日十八时由莆田乘汽车向漳州窜去，其辎重已陆续向泉州输送。十时，师长率同幕僚到达三十旅指挥位置，视察情况，遂下达如下之命令：

命令　二十日十时三十分，于后头南部高地。

一、逆军于昨（十九）日由莆仙一带向涂岭方向退窜，其先头约三团，于昨日黄昏时窜集涂岭，在其东西一带高地占领阵地，掩护其主力之退却。本日拂晓，我三十旅已驱逐其警戒部队，现在对战中。

二、师以截击涂岭以北之敌南窜之目的，即向涂岭攻击前进。

三、第二十八旅（欠五十七之一营）为右翼队，向涂岭头及其西南高地之线攻击前进，并努力自右翼进展，截断莆泉公路之交通。

四、第三十旅为左翼队，向涂岭以西暨塩南高地之线攻击前进。

五、两翼队战斗地境为泗州北端，涂岭头北端相连之线，线上属右翼队。

六、着工兵营开赴圆头庄附近占领高地，堵截由枫亭窜来之敌。

七、补充团第五七团（欠一营）特务连、骑兵连为预备队，位置于后头东西地区。

八、野战医院即在原庄开设。

九、弹药补给所设于原庄。

十、大行李在原庄停止。

十一、余在后头南端高地。

上令

师长　　李默庵

副师长　　王劲修

三、战斗经过（参照附图一）

二十日十二时，两翼队猛烈攻击，经数度之激战，始均到达指定之线。（如附图）敌军续有增加，屡次反攻，但终被我击退。

十三时，我右翼队之右翼及师侦探队进展至莆泉公路以东地区，暂在敌阵地之山麓集结整顿，准备冲锋。维时第一线部队因战况紧张，时间匆促，致未陈设飞机符号，遂被我飞机误认作敌军，炸毙多人，我右翼之攻击骤形顿挫。

十三时三十分，敌大部由枫亭方面陆续窜集涂岭以北汽车路及塩东附近地区，并有汽车数辆由惠安方向开来，向北急驰，均被我阵地守兵射击，未能通过，先后在涂岭附近停止。

是时我八十三师、三十六师等友军情况尚未十分明瞭师长据上情况，并视察枫惠公路上欲向南窜之敌，其大部因受我截击，不得通过，概在涂岭附近高地后方停止，兵力约达三万以上，较我优势，似有集结向我转移攻势，与我决战之企图，故决心先将阵地巩固，一面以强盛火力向敌猛烈射击，封锁公路，使敌抑留于此，以待我友军包围而歼灭之。当即处置如下：

1．令各部立即加强工事，防敌夜袭。

2．令炮兵连进入阵地，指向公路、桥梁及涂岭猛烈射击。

3．电告总指挥部文曰：限即刻到总指挥卫 。（一）号辰午两电谅达洞鉴：逆军主力确未退去涂岭以南。（二）至现刻发电止，其原在涂岭之敌及自枫亭方向新到涂岭之敌约在十团以上，均以占领阵地，似有集结与我决战之企图。（三）本师自辰至申激战未息，第九、第八三师情况如何乞示知。职李默庵叩。号申。

十六时五十分，该地区之敌果用密集队形分三纵队向我五九、五八团各阵地猛冲，我各部竭力抵抗不稍挫，且愈进愈猛，师长睹状，乃令五七团团长陈牧蘼率所部两营由五八团阵地左翼出击，策应五九团，同时五九团之一部亦自该团阵地左前方逆袭敌之侧背，我五八团及炮兵亦集中火力沉着向敌射击，鏖战约四小时，彼此反复肉搏十余次。敌以死伤过众，始行稍退。同时我五七团亦将五八团左前方村落之敌驱逐而占领之，敌之连络复被我冲断。自此，敌势稍衰。黄昏后，天色黯淡，目标不明，双方枪声亦暂停息，其时友军情况尚不明瞭，派赴汤师连络军士尚无回报，我乃严守阵地，加强工事，防敌夜袭，五七团逆袭部队亦归还原阵地待命。

二十三时接奉总指挥卫号酉电如下：

（一）逆敌第六十、第六一、第七八、第四九（四团）各师似均在此间，但六一师欠驻泉州三十三团。

（二）贵师应于圆头庄附近，酌派一小部驰住占山，堵其逃窜。汤师三团今夜全到，明拂晓即驰往接应。

（三）二四七旅自午刻起开始攻击，刻抵郊尾、沙溪侧附近之线，与敌对峙中。九师已攻占盖尾，向云顶山之敌进攻中。

（四）贵师应加强工事与纵深配备。

二十四时，敌复以三团兵力分向我五九团阵地袭击，幸我守兵事前早有准备，俟敌进至阵地附近，悉以手榴弹向之抛击，激战数小时，敌不得逞，乃狼狈退窜，从此枪声暂稀。

同时接奉总指挥卫电令如下：

（一）八三师主力及李师一部午刻即已开始进攻，战况甚烈，逆七八师连日伤亡已多，弹药将罄，士气沮丧。

（二）贵师漏夜加强工事，死力堵击，我宋〔希濂〕师及王〔敬久〕纵队明日续向沙溪方面进攻，即令八九师拂晓到达圆头庄，尔后东进，与贵师协同攻击。特复。

同时接奉委员长电令如下：

（一）据空军报告，我军已占驿坂，嗣后应确实堵截守备，同时须对泉州方面戒备，恐有增援也。我宋师刻已过莆田进击矣。并闻。

（二）未知该师在新西湖附近，有否留部队扼守？否则应即派一部由该方面向枫亭攻击前进，并由该师留一部固守驿坂，对惠安警戒，其主力速向东对涂岭、白水、枫亭攻击前进为要。

（三）据空军报告：驿坂尚未完全占领，而且汽车路交通并未断绝，如此则不能达成截断逆军任务，总希努力截断公路之一段，使逆军无从溃窜。本夜应连夜以公路为目标，用机枪不断的猛烈扫射，即使看不见逆军，亦须暗中扫射，此时不必姑息子弹矣。如何？盼立复。师长奉令后，当即召集高级将官于师部，指示大概方略，并判断当前之敌以主力向我阵地屡次猛攻，受我激烈之摧挫，已狼狈不堪，现既为我抑留如此，若待友军来到，计时尚在拂晓以后，敌必乘夜绕道南窜，当以迅速歼灭之为宜。故决心于翌日（二十一）日拂晓歼灭当面之敌。除电报委座外，遂于三时下达如下之命令：

命令　元月二十一日三时，于涂岭西后头师部。

一、昨日来与本师对抗之优势敌人，经我猛烈痛击，已有溃逃之态势。

二、师以歼灭当面之敌为目的，拟以一部向惠安、枫亭方向警戒，以有力之一部由右翼出击，自南而北猛袭而扫荡之，四时开始行动。其部署如下：

1．着五六团派兵一营，自其阵地右翼出击，袭占马路东南之高地，向惠安严密警戒，其余仍在本阵地待命。

2．着五九团派兵一营，自镇南关高地袭占马路南之高地，对枫亭方向警戒，其余仍在本阵地待命。

3．着五八团以有力之一部自正面出击，协助五十七团之奏功。

4．着五七团为出击部队，自五六团阵地左翼出击，破马路南，对面高地之敌后，再自南而北，扫荡涂岭被我包围之敌。

5．补充团（欠第二营）待命机动。

二、余现至炮兵阵地指挥。

（四）战斗结局（参照附图三）

四时后，我各部即分途开始行动，四时十五分发见马路以东有多数火光向山后移动。我各部同时出击，敌死力抵抗，往返肉搏，呼声震天。至五时三十分，我五十六团之一营击退当面之敌，占领马路东之起伏地，对惠安方面严密警戒。我五十八团攻占涂岭北方小高地及村庄，将困守该处之敌完全消灭。我五九团二营亦将阵地前面之敌一营围攻。是时，敌之大部正向南窜，我五七团第一营沿公路向北攻击。第二、第三两营向东南截击。鏖战约二小时，悉为我歼灭。其五九团前面之敌一营，被我五七团夹击，亦完全缴械，敌之主力于我友军未到之前乘夜绕海岸向惠安逃窜。六时五十分，阵地亦不闻枪声，当前之敌约两团，受我五八、五九、五七、五六各团之夹击，尚未撤回。师长乃于涂岭召集各旅团长面授处置如下：

一、令五九团担任清扫战场。

二、令野战医院移在涂岭开设，各部负伤官兵迅速送该院留医。

三、各部迅将俘虏人员、马匹及武器弹药送缴师部，由副官处、军械处会同接收。

同时我飞机投下报告如下：

敌大部现正在由惠安向泉州退却中。

师长接到此项报告，当作如下处置：

一、令二十八旅旅长率领五六团及补充团为追击队，立时出发。

二、其余各部于尔后一小时以前准备移动，并迅速中餐。

三、野战医院、军械处及副官处一部暨特务连暂留涂岭，统归副官长指挥。

十时三十分下达如下命令：

命令　元月二十一日十时三十分，于涂岭师部。

一、昨日与我对抗之敌被我击溃，狼狈向惠安溃退。

二、师以主力追击敌人，以一部清扫战场。

三、着第二十八旅旅长陈沛率领五六团、补充团为追击纵队，于十一时出发，向惠安方向攻击前进。

四、着第三十旅旅长彭杰如率领五八团、五七团为本队，于十三时出发，在追击纵队后跟进。

五、师直属队按平时序列，于十二时出发，在本队先头行进。

六、第五九团为战场清扫队，即将战场附近村落调查，十五时离开涂岭，在本队后跟进。

七、各部队缴获械弹及军用品，统交副官处设法分别存运。

八、炮兵第二连在大行李后套架行进。

九、着副官处协同军医处、军械处、组织军用品清查处分别存转。

十、着工兵营暂留涂岭卫护，军用品清查处随同行动。

十一、大行李统归黄营长指挥，在本队后行进。

十九时克复惠安县城，残敌分向泉州鼠窜。

（五）敌兵力及番号

六十、七八、四九等师全部，六一师之一部，又特务团及独立第二团等部共约四万人。

（六）敌我伤亡比较

敌伤亡约四千余。

我军伤亡如附表第一。〔略〕

（七）我军卤获

如附表第二。〔略〕

（八）结论

综合本战役战斗经过及敌我优劣各点考察，于以知战斗胜败之因，不尽系于兵力之大小、武器之新旧、素质之优劣，交通补给之便利与否，而于战略之关系与官兵之精神实亦为决最后胜利之关键。夫逆军在本战役中，兵力、武器、交通补给诸占优势，素质亦不较我军为劣，而卒遭溃败者，即由于战略失败与官兵精神涣散所致。惟其战略失败，因之常处于被动地位，结果形成无计划之退却，我军因得而乘之，予以不意之截击，蔡逆本身几为俘获。惟其官兵精神涣散，士气因之消沉，既无旺盛之企图心，复乏必胜之信念，宜其攻击受挫，分途溃窜也。反观我军行动自如，常立于主动地位，故能出敌意表。同时复因官兵精神之充沛，士气愈益旺盛，咸有献身殉党殉国之决心，故一与接触，即能发扬其卓越之战斗威力，予敌以重大死伤，并乘机而击溃之，使敌再无战斗能力，因以达成堵截逆军南窜之任务，歆钦壮哉。并将敌我优劣比较及所得经验于后：

A．敌我之优劣

1．逆军方面

a．优点：

甲、兵力强大（六十、六一、七八、四九等师全部及特务团、教导独立第二团共约四万人）。

乙、武器较精（除轻重机枪、自动步枪外并有多数捷克式步枪）。

丙、交通便利，据有莆泉公路，并有多数汽车可资利用。

丁、士兵沉着兼富冲力。

b．劣点：

甲、处于被动地位。

乙、官兵精神涣散，士气沮丧.

丙、高级指挥官未能掌握部队，

丁、先头掩护部队警戒疏忽。

戊、攻击点选择错误。

己、地形不利。

庚、统帅被袭先逃，挥挥不统一。

2．我军方面

a．优点：

甲、处于主动地位

乙、行动迅速秘密，故能出敌不意。

丙、官兵深明大义，能共阵地与存亡。

丁、士气旺盛。

戊、阵地良好，且占先制之利。

己、指挥统一。

庚、得空军协助。

b. 劣点：

甲、前卫兵力过早分散。

乙、先遣侦探队搜索不严密。

丙、夜战经验缺乏。

戊、炮兵进入阵地太迟。

己、连络不确实，尤不注意空地连络。

陆军第十师涂岭战役战斗前敌我态势图〔略〕

陆军第十师涂岭之役战斗经过要图〔略〕

一月二十一日拂晓涂岭战役战斗结局要图〔略〕

陆军第十师涂岭之役战斗详报第一号、第二号附表〔略〕

其三　洛阳桥附近之役

一、战前态势　逆军自二十一晨，其主力于涂岭为我击溃后，已向泉州逃窜。其后，逆部六十一师第一团邱昌明部在惠安亦为我二十八旅驱逐，本师乃于二十一日午后克复惠安。是晚即进占惠安宿营，决于明（二十三）日继续追击逆军而歼灭之。十八时，遂下达如下之命令：

命令　元月二十一日十八时，于惠安城师部。

一、逆军残部已向泉州逃窜，其后卫系逆六十一师第一团邱昌明部。

二、师明（二十二）日向泉州追击该逆军而歼灭之。

三、第二十八旅为前卫，于明（二十二）日六时由惠安出发，沿公路经杏田、洛阳桥、官头，向泉州追击前进。

四、师直属部队第三十旅及配属之炮兵第二连为本队。

1. 骑兵连、师部、补充团（欠二连）、通讯营、无线电三十四分队、卫生连、先进辎重弹药（同行军序列），于明（二十二）日七时由惠安出发，在前卫后跟进。

2. 第三十旅于明（二十二）日八时由惠安出发，在先进辎重后跟进。

3. 炮兵第二连于明（二十二）日九时，由现驻地出发，经师行进道在三十旅后跟进，由补充团派兵一连掩护之。

五、各旅大行李在其队尾跟进，本队大行李在先进辎重后跟进，并由补充团派兵一连掩护之。

六、各部给养自行充分携带。

七、余明日在师部先头行进。

二、战斗开始

二十二日晨，本师向洛阳桥前进，本队到达距洛阳桥五里之道上，接得前卫二十八旅旅长陈沛报告于下：

报告

一、洛阳桥东岸无情况，西岸有敌约一团，占据西桥头，构筑强固工事及铁丝网，桥上并有拒马。

二、据干民云：西岸右侧高山有大炮一门，在山上防守，步兵人数不详。

三、西岸右侧之小高山，（海中孤山）敌有二连正在配备中。

四、据干民称：东岸向北绕道可由山地西进，但须远十二里左右。

五、五十六团除以小部占领桥之东端，对西岸之敌监视及以一部占东岸东北端一带小高山，对东北警戒外，其余主力准备转北续进。

据右情况判断，洛阳桥长约二里许，形势险要，若敌沿河西岸，凭河据险扼守，我军攻击不易。按本处潮汛，此时适已落尽，（本日子午潮）必有渡河点可资徒涉之处，乃令二十八旅沿河东岸侦察渡河点，迅速攻击前进，一面率后续部队向洛阳桥急进。

十时，师长率后续部队陆续到达洛阳桥附近停止，同时我二十八旅已于庄兜沉桥附近选定渡河点，正在徒涉、强迫渡河中，乃令补充团以一部接替五十六团桥北之警戒，以便二十八旅全部渡河。当以视察所得，判断如下：

此时潮水初涨，约在一小时后即不能徒涉，全部渡河时机当不许可。西岸之敌约在两师左右，较我优势，倘于潮水涨满后尚不能将洛阳桥夺取，则我军主力决难通过。乃作如下之处置：

1．补充团乘潮水未涨前，在二十八旅后继续渡河，归陈旅长指挥。

2．令二十八旅渡河后，坚固占领阵地，迅以一部驱逐洛阳桥西岸附近之敌，并猛力夺取洛阳桥，掩护军主力之通过。

3．师部直属队位置于洛阳桥东端高地附近村落。

4．三十旅到达后，即位置于洛阳桥东北地区附近，并以一部接替洛阳桥桥北补充团之警戒。

5．师炮兵迅速选择阵地，向洛阳桥桥西射击，以消灭桥西之敌。

6．通信营迅速架设各部通信网。

7．卫生第一连即在洛阳桥东北附近村落开设绷带所。

8．与八十三师通报如下：

（一）洛阳桥有敌一部扼守，不易攻下，刻正部署攻击中。

（二）贵师希从右侧绕道向敌左侧背协同攻击。

二、战斗经过

十二时，我陈旅长于庄兜、后埭间选定徒涉点，以五十六团第二营首先渡河，当时河西后埭以西高地之敌猛烈向我射击，我军不顾一切，于弹雨之下，猛勇前进，为时约三十分，卒将该地之敌驱逐而占领之。该团第一、三两营继续登岸，先后占领后埭附近高地，逐向前方扩张，该团阵地渐形稳固。我五十七团陆续登岸后，即以主力接五十六团第三营右翼，展开占领以北阵地，对以西以北敌阵地突破而占领之。同时我炮兵亦向桥头开始射击，双方激战甚烈。

十四时，总指挥卫暨八三师刘师长到达师部，师长即将经过及现在情形面报总指挥。

十四时三十分，我二十八旅西北方之卢厝附近一带高地有敌约一团，原系防我军由该处附近渡河，因该地有一小桥可达彼岸，潮来时亦可徒涉，现以我由后埭渡河，故移转目标，以主力向我五十七团第三营阵地，经数次之猛烈攻击，卒以官兵沉着，奋勇击退敌之主力。十五时三十分，枪声顿呈稀薄，同时补充团（欠二三营）亦已渡河完毕，潮水涨深，不能徒涉，后方交通暂时断绝，同时接得陈旅长报告如下：

报告　午后二时，于后埭南端高山。

一、十二时三十分命令奉悉，补充团如到，拟暂位置于后埭（即徒涉点河西岸山脚附近之村庄）为旅预备队。

二、敌有一部向我右翼攻击前进，已令五十七团向该方向攻击，并占领右前方之小高山，以巩固阵地。

三、五六团全部已占领后埭西南一带阵地，与敌对峙中。

四、职俟阵地占领确实后，即派一部向洛阳桥西端之敌猛勇攻击，占领桥头以西地区，以利我军西进。

五、旅部被复线仅五里，请饬通信营速向职部架设电话。

师长接到上项报告后，当即给与二十八旅命令要旨如下：

一、贵旅务迅速先派一部夺取洛阳桥。

二、通贵旅电话已令通信营设法架设。

十六时，目视敌由泉州驶来汽车两辆，并发现敌之增援部队（约千余）由公路东进，于是我五十六团阵地战斗渐形激烈。敌以千余之众向我反击，经我官兵沉着应战，并以炽盛火力压迫猛射，敌死枕藉，未得逞。十六时三十分，敌之反攻顿挫，同时我五十六团乃以一营向杏宅附近及洛阳桥头之敌攻击前进。

十七时顷，攻击桥头之五十六团第一营勇猛前进，同时得师炮兵之协助，遂将杏宅桥头附近高地之敌击溃，我左翼当前之敌亦分向泉州溃逃，其小部即易帜投诚。旋我五十七团见我第一营已攻占桥西村落，遂将扼守桥头之敌全部缴枪。

师长睹状，当令五九团由洛阳桥渡河，将桥西村落占领。

同时，我陈旅长目视卢厝附近之敌似有动摇，向后退窜之模样，以良机不可失，遂令五七团中校团附纪乃武率第二营由第三营右翼分途出击，协同第三营包围该敌而歼灭之。一时枪声紧密，敌犹困斗，每以火力形成重点向我猛力射击，卒以我军官兵奋勇合力猛进，敌以受我五七团第二营右侧后之威胁，遂呈动摇之象，除一部先行逃窜外，其余一部（约一营）全数为我五十七团缴械。是时天已黄昏，战斗亦告结局。

四、敌人兵力及番号

与我战斗之敌人，据俘虏官称得知如下：

1．清泉山之线为逆军七十八师。

2．卢厝附近为逆军六十一师第一团。

3．洛阳桥桥头及桥西村庄亘后埭之线为逆六十一师第三团。

4．逆军六十师及四十九师在泉州城构筑工事。

五、战斗结局

十七时十分，十九路逆军代表赵锦雯奉命前来投降，当奉总指挥卫谕停止攻击，师长当即饬令各部在原地停止，并给予二十八旅旅长手示如下：

1．逆军已派六十一师参谋长赵锦雯为代表前来投降。

2．贵旅本日暂固守原阵地，严密警戒，不必攻击前进。

六、结论

洛阳桥地形险要，敌人据守西岸，依山凭水，以为万无失策。惟于潮水之涨落与徒涉点之有无，因时间不同而异价值等重要之件，竟疏忽而不介意，我军乃得出敌意表、乘隙强渡、猛袭逆军，然后逆军计穷力竭，通电投诚，谓非我壮盛之攻击精神而收莫大之效果欤。

七、敌我伤亡如附表第一。

八、我军虏获如附表第二。

陆军第十师洛阳桥之役战斗经过要图（一月二十二日）陆军第十师洛阳桥之役战斗详报第一号、第二号附表〔略〕

师长　李默庵

副师长　彭杰如

中华民国二十三年七月　日

〔国民党政府战史编纂委员会档案〕

6. 国民党军卫立煌部镇压“闽变”战斗详报

（1934年10月　日）

第一篇　讨伐前逆（匪）

我军一般概况

一、逆（匪）军

蔡逆廷锴、蒋逆光鼐等，自淞沪抗日稍博声誉，即内怀叵测。政府眷念辛劳，予蔡、蒋等以绥治闽疆之命，并付以围剿赤匪任务，乃不思所以尽其职责，而竟受陈逆铭枢等之怂恿，联合第三党、共匪等组织所谓人民政府，于二十二年十月间，宣言叛离中央，甘受匪共利用而不觉，致我剿匪大计，被其牵制，垂毙之赤匪，复得苟延残喘，可谓罪大恶极矣。

陈、蔡诸逆，叛离中央，妄颁伪令，淫威暴敛，闽省人民盖已水深火热。蔡逆等复将所属十九路扩为六军，以沈光汉、谭启秀等分任军长，蔡逆自任第一方面军总司令，以赤匪朱德为第二方面军总司令，实行其联共叛国之主张，虽经我政府迭次劝告，然蔡逆等悍然不察，更岌岌布置军事，我政府为贯彻剿赤大计，乃于十一月廿一日下令讨伐，而讨逆军兴。

二、我军

我剿匪北路军各部，时方封锁赣匪于吉安、亘乐安、崇仁、宜黄迄南丰之线以南，筑成强固之碉堡封锁线，向匪区逐步进展，而伪一、三、五等军团，迭被我军痛剿，实力颇受损失，尤感我军封锁之严密，精神物质殆俱达于困绝之境，而束手待毙。时我国军之在闽北者，有五十六师刘和鼎部，分防建瓯建阳一带；独立第四十五旅张銮基部，分防浦城、崇安一带；周志群旅驻邵武，卢兴邦师分驻尤溪、沙县、永安均各扼守要点，侦查逆情，以待大军之进讨。

三、逆情判断

逆军既与共匪携手，以我中央军方在赣中剿匪正值紧张之际，而闽赣昆境山岭连绵，散匪出没，交通阻隔，必不能立遣大军入闽讨伐，故对闽西则委于共匪不作军事准备，尤冀其能牵制我大军于赣中。另令翁照垣在漳龙一带，广收民军，暗以防粤，而其主力之谭启秀部约六团，配置于顺昌、延平、水口、古田一带；区寿年部约六团，集结福州；沈光汉约六团，扼守福州水口间；毛维寿部及张炎部各六团，分驻泉、漳附近。观其兵力配置情形，盖以延平、水口、古田为战略据点，控置主力于福州附近，以求最后与我军决战于闽江北岸也。虽然逆匪一时结合，乃互相利用，假壮声势，且伪一、三、五等军团被我痛剿，迭受巨剧，喘息未定，而闽省民怨沸腾，民军蜂起，尤时时予逆部队以不利之袭扰，逆军外无援应，内忧频作，盖已陷于进退维谷之地步矣。故我军决心讨伐方略如下：

1．以海军封锁闽海各口岸，相机占领马尾、厦门。

2．空军袭击逆后方重要地区，予以重大威胁。

3．抽调剿匪军一部，由赣分路入闽讨伐。

4．令闽北国军任掩护入闽部队之集中，并协同作战。

5．收编闽南民军，参加讨逆，尤须随时随地袭扰逆后方，破坏其交通通信。

四、逆（匪）军实力与编组

1．逆军兵力编组及其首领姓名如表：

闽方逆军新编部队番号及各级逆首姓名调查表

赣粤闽湘鄂剿匪军北路第五路军总指挥部参谋处第二科调制

逆军高级机关及逆首姓名	部队番号及逆首姓名		所属部队番号及逆首姓名	备考
第一方面军总司令兼十九路军总指挥蔡廷锴	第一军	军长兼左路前敌总指挥　沈光汉 副军长　李承宗	第一师　师长刘占雄 第六十师师长邓志才	该两师似由原六十师扩编，刘师约四千四百余人，邓师约四千五百余人
	第二军	军长兼右路前敌总指挥　毛维寿 副军长　张励	第六十一师师长梁世骥 第二师　师长庞成	该两师似由原六十一师扩编庞师约四千五百余人梁师约四千四百余人
	第三军	军长兼总预备队指挥区寿年 副军长　黄　固	第七十八师师长云应林 第三师　师长张君嵩	该两师似由原七十八师扩编，共计约九千五百余人
	第四军	军长兼右路预备队指挥　张炎	第四师　师长谢琼生 第四十九师师长阮宝洪	该两师似由原四十九师扩编，共计约千余人。

续　表

逆军高级机关姓名	部队番号及逆首姓名	所属部队番号及逆首姓名	备　考
第一方面军总司令兼十九路军总指挥蔡廷锴	第五军　军长　谭启秀	第五师师长　司徒林	该两师似由补充第一师扩编人数未详
		第七师师长　赵一肩	
	第六军　军长　翁照垣	第六师师长　洪文德	该两师似由补充第二师扩编约四千人
		第八师师长　余承尧	
	独立第一旅	旅长　陈齐煊	人数未详
	独立第一团	团长　聂进龙	该团约一千五百余人
	独立第二团	团长　马鸿兴	人数未详
	闽西人民自卫团	团长　钟少葵	人数未详
	陆战队第一旅旅长兼正司令	杨挺英	同　上

续 表

逆军高级机关姓名	部队番号及逆首姓名	所属部队番号及逆首姓名	备考
第一方面军总司令兼十九路军总指挥蔡廷锴	陆战队第二旅 旅长 副司令	林秉周	同上 一千五百人
	特务第一团	团长 李金淡	
	四支队		官兵约六千人收编兴化泉州永泰一带民军组成

附记

一、第一方面两军参谋长兼十九路军副指挥为邓世增。

一、沿海除长门一带原有要塞炮位继续应用外，现又加装英国阿蒙司脱即一九三三年最新式快炮十八门，并增贮炮弹甚夥，沿海各地均驻有重兵

一、逆方空军计训练机十五架，并缴获陈国辉飞机两架共计十七架，多系教练机，其战斗轰炸机约三架。

一、逆方武器种类及弹药概算据以前调查，步枪以汉造七九及德造七九居多，机关枪则中德两国各半，炮则多系中国旧式七九山炮、迫击炮，轻机关枪亦不少，各种机关枪约千挺，炮六十门，迫击炮四十余门，山炮九十余门，步枪约三万二千有奇，自动步枪约一千三百余，自动步枪每支配弹约二百廿余发，炮每尊配弹二百发，机关枪每支配弹一千五百发。

一、据最近逆方会议决调独立第一旅陈齐煊往闽东之福宁等县增防，以第五军谭启秀部接防古田，以第二军毛维寿部主力驻沙县，一部协防延平。

一、本表系据最近调查所得整理调制。

2. 匪军兵力编组窜扰地区及其首领姓名表〔略〕

五、讨逆军战斗序列

北路军第五路军战斗序列

- 总指挥卫立煌
  - 参谋长郭寄峤
    - 特务营
    - 守备队指挥官邢震南
      - 第八十五师
      - 第十三师之一部
    - 第一纵队指挥官卫立煌（兼）
      - 第十师
      - 第八十三师
      - 训练处炮兵山炮第一营
    - 第三纵队指挥官樊崧甫
      - 第四师
      - 第七十九师
    - 预备队
      - 第三十六师

六、讨逆军各部队集中地区与时限

第二路军　第四纵队。

第四路军　第二纵队。

总预备队　九十、八九师。

右限十二月十五日以前集中浦城一带。

第五路军　第一、三纵队。

总预备　第三十六师。

右限十二月廿日以前集中光泽附近。

第三路军　第五、八纵队。

右集结得胜关附近，并相机进出泰宁邵武间。

第二篇　本路军进展之经过

一、奉令讨伐及本路军各部队之位置

廿二年十二月中旬，迭奉委员长蒋养戌秘赣漾秘赣各电令（电文见后附录）：

1. 文辰抚行参电：兹任命该员为第五路总指挥，所属第一第三两纵队及山炮兵第一营，除分令外，特电遵照。

2. 元亥抚行参电：（1）自南城（不含）浒湾金溪、嵩市、资溪县间之守备设一守备队指挥官，属第五路军凡守备区内部队均归其指挥。（2）第三纵队指挥官邢震南调任为第五路军守备队指挥官。（3）樊师长嵩甫兼任第三纵队指挥官。（4）调任薛岳为第三路副总指挥并暂代第五纵队指挥官，希饬属知照。各等因。本部遵于十四日准备完毕，由南昌出发，经抚州到达金溪城宿营，时本路军各部队之概略位置如下：

第一纵队	第十师 第八十三师	资溪嵩市一带
第三纵队	第四师 第七十九师	资溪城附近
预备队	第三十六师 山炮兵第一营	金溪城

二、占领光泽集中邵武及沿途碉堡之构筑与散匪之清剿。金溪以东迄光邵间一带，山岭连绵，匪化已久，本路军奉令于廿日前进占光泽，遂督部积极东进，十六日本部到达溪城，接到各方情报如次：

1. 删晚我第三路军第十四师已占领熊村，第八纵队占领得胜关，伪三、五军团退向不明。

2. 资溪东大小禾山及花桥间地区，有伪十九、廿师盘踞，光泽有伪七军团一部。

基于上项情况，决乘机以第一纵队进占光泽，侦剿散匪，以第三纵队续进，遂拟定推进计划，电令各部队。其要旨如下：

1．第一纵队着于筱（十七）日推进至上坑大小禾山一带，巧进至光泽及以北一带。

2．第三纵队第四师筱在第一纵队第八三师后行进，酌以一部推进至沿台及西南一带，对牛田方向警戒，主力推进至铁牛关附近，巧进至官村附近，第七九师俟第八五师接资溪城防后，于巧日推进至沿台附近。

3．本部随第四师前进，筱至铁牛关巧日官村附近。

各部队按照推进计划，向目的地前进，本部十八日到达官村时，接第十师长李默庵电报如次：

1．筱申电：伪十九师五七团占小禾山及花桥西南高地，经我前卫击溃，并俘匪七名获枪廿余支。

2．据俘匪供：该匪系由资溪掩护伪七军团向光泽杉关方向退窜，已令补充团急占吴村桥，另派轻装兵一营，夜袭退窜光泽之匪，巧拂晓再以主力推进至光泽。

3．筱戌电：先头部队已占领光泽城。

遂决令各部队集结光泽附近、清剿沿途散匪，构筑碉堡，维护后方联络，所下达各部队之电令要旨如下：

1．第一纵队明皓日着在光泽附近停止筑工，并派队向各方游击。

2．第三纵队皓以第四师在官村附近，停止待命。七九师在铁牛关沿台一带构筑约一营用碉楼，限马日前完成。

3．本部皓日进驻光泽城。

十九日本部到达光泽城，总指挥视察第十第八三各师，士气极旺，且自官村以南至光泽山路较平，一师给养可无顾虑，旋奉空军投下委员长蒋巧日手令；“十四军限马日集中邵武、樊师应以主力在沿台横排附近筑工，冷师即在光泽附近筑工，对牛田杉关极高通光泽各道路，须特别注意，以防匪袭，第卅六师附炮兵营即继向邵武跟进”等因。遵即部署如次：

1. 第一纵队着于号日由光泽经无坊道，限马日到达邵武集结待命。所遗城防，由第四师接替。

2. 第三纵队第四师着于明号日进驻光泽，务于十时前将光泽城防接收完毕，并择要构筑一团用碉堡，限养日前完成，第七九师着仍在铁牛关大干山官村一带，继续筑碉。

廿日本部随第一纵队前进，到达横口、龙闸、大干一带，盘踞大干附近之的崇安独立团人枪三百余，经十师先头队，击溃北窜。

廿一日進驻邵武城，接各方报告如下：

甲、各方探报：

1. 将乐洋口有逆军一营，顺昌约一团。

2. 逆军大部现在古田附近。

3. 延平附近有逆军谭启秀部约三团。

4. 沿山街（邵武城西北四十里）号晚到匪号称三师，约三千人。马晨向禾坪方向移动，据匪声言系奉逆命集中将乐者。

2. 周师长志群报告：

拿口有我暂编第十一师一团，拟明日续向水口寨前进，水口寨有邵武保卫团一小部。

丙、张总指挥电：我第四路军主力，本日陆续到达建瓯党城间地区。

丁、樊嵩甫电：一、巧亥电：补充团皓推进茅店任大小禾山间筑工，二三五旅任半边月黄石口线筑工，二三七旅任危家横排间筑工。二、皓酉电：二三七旅皓占高坑，堵林，四七三团击溃横排附近散匪，牛田有伪十九师56团，该旅号向该匪进攻。

复奉委员长蒋智酉马辰各手令如下：

1. 贵路军主力限有日前，集中拿口、水口寨、洋墩一带，同时并派一部到岚下、南田与五六师切取连络。

2．请即派先遣有力部队约一师，务于漾日先占水口寨，向顺昌城威胁，同时并派有力之一部向万安方面逐次搜索前进。遂决向拿口水口寨之线推进，而为进取顺昌洋口之准备。

三、进占顺昌洋口之经过

I．进占顺昌前我军部署

甲、逆军部署情形

顺昌城滨闽江北，东距延平水程百五十里，扼闽西北水陆交通之要枢，为逆军右翼前进据点，谭逆启秀部约一团筑工固守，其东卅里之洋口为闽江上游商业中心，军事经济上俱有相当价值，逆军约一营驻守之。

乙、我军部署

匪伪七军团等部，迭由黎建方面南窜，似有集中将泰袭扰我军右侧背之企图。本部迭奉委员长蒋帑西马辰各手令，限本路军主力有日前集中拿口、水口寨、洋墩一带，威胁顺昌并派部向万安方面逐次搜索前进，以防匪袭。

遂令十师八三师向水口寨、拿口推进，卅六师即向洋墩集结，下达各部队之电令如次：

1．邵武十师李师长八三师刘师长：密。一、（1）综据周师长志群及邵武县长等报告，将乐口各有逆军约一营，顺昌一团；（2）逆军大部在古田附近；（3）延平有逆军约三团；（4）沿山衔号晚到匪约三千余，马向禾坪移动，据匪声言系奉伪令集中将乐。二、拿口有我暂编十一师约一团，拟明日续向水口寨推进，水口寨有我邵武保卫团之一小部。我第四路军本日续到建瓯党城间地区。三、奉委员长蒋帑西手令节开：（1）贵路军主力，限有日前集中拿口、水口寨、洋墩一带，同时并派一部与五十六师切取连络；（2）请即另派有力一部约一师，务于漾日前先占水口寨，即向顺昌威胁，同时须以有力一部向万安方面逐次搜索前进等因。四、第十师着于养晨，经拿口沿河东岸，向水口寨推进，另派一部相机向万安方面，逐次搜索前进，并绵密侦察敌情具报。五、第八十三师漾晨，经铁罗汉、龙潭铺敬至拿口附近集结。卫立煌。印。

2．邵武卅六师宋师长并转山炮营王营长：密。一、第十师本晚可到水口寨、富屯及以北一带，八三师本日到铁龙巷、龙潭铺一带，明敬日至拿口附近集结；二、第卅六师附近炮兵营着于明敬日拂晓由邵武出发，经龙潭铺至洋墩集结候命，限有日到达，右与驻水口寨第十师，左与岚下第五十六师田团切取连系，并努力侦察洋口、峡阳一带敌情地形及通路，但山炮兵营到达拿口后，除以两门配属三十六师外，其余即在拿口归本部直接指挥；三、总指挥部及直属队，明敬晨在卅六师先头旅后行进，到达拿口，龙潭铺间宿营，拟宥日进驻拿口。卫立煌。漾酉。印。

廿三日奉委员长蒋漾晨手令节开：

1．光泽间第四师，向顺昌推进，第七十九师一旅接光泽城防，其余配备铁牛关与沿台一团，横排、牛田间两团，其余集结光泽。

2．以三团与刘师协攻洋口、峡阳，主力用于右翼，袭顺昌、夺沙县。

3．将乐方面散匪日集，前进时应注意右侧背，防匪来袭。

又据周师长及邵武蒋县长等报告：

1．数日来由光黎方面东窜之匪在七八千以上，现均在泰将一带，将来我军主力南下，右侧背及邵防均堪顾虑。

2．泰宁有匪五六千。

3．周师第三团于养午占领水口寨。

当令七九师于敬日先抽一旅到达光泽接防，余任牛田、横排及铁牛关至光泽间守备，铁牛关以北归八十五师担任。第四师交防后，有日出动，并限感日到达拿口集结待命。第十师于廿二日由邵武出发，次日到达水口寨、富屯及以北一带，以一部向万安方面搜索前进，并以廿八旅向顺昌之逆威胁，卅六师附山炮两门，向洋墩续进，本部率八三师廿五日到达卫闽。据报洋坊万安大元一带，连日窜到伪七军团数千，企图不明；又顺昌洋口之逆，有向东撤退之势，乃作如下之部署：

1．第十师于廿六日以一部沿河东进，相机占领顺昌城，以主力推进于吉州及以北附近地区。

2．令八三师附山炮兵营，廿六日拂晓开始向何墩推进，沿途注意右侧背，严密警戒。

3．卅六师到达洋墩，应于廿七日占领洋口筑工，对峡阳方面严密警戒，并与顺昌以北之第十师部队切取连系。

4．第四师即经铁罗巷谢坑，于卅日向顺昌前进。

Ⅱ．占领顺昌洋口之经过

逆军慑于我军声威，对于顺昌未敢固守。我十师先头队廿五日十七时许，进至顺昌以北，逆军谭启秀第三团，已于拂晓渡河，经王台向延平撤退，当晚我十师遂完全占领顺昌城。本部廿六日到达白布塘，接到各方情报如次：

1．李默庵宥戌电：据报洋口逆军，本午已退尽，并在石溪筑工。

2．新十一师驻水口寨杨团长报告：万安安仁一带，窜到匪五六千；桥头西侧，本宥晨亦发现匪情。

3．大干区长报告：大干到匪探数名，干山到匪数千，扬言与顺昌东北之匪联合夹攻我军。

4．探报：延平谭逆部在延城及三千八百坎积极筑工。洋口之逆，廿四日已退石溪。

基于上述情况，即电令各部如下：

1．李默庵：密（一）已令宋希濂师，感由洋墩，以主力或一部赶占洋口，对东警戒。（二）已令刘戡师，感推进至顺昌，吉州一带，对万安将乐方面严密警戒。（三）贵师吉州顺昌间部队，感晨移驻顺昌城东北一带，对洋口方面，注意警戒。（四）总指挥部，明感晨在八三师先头行进，进驻顺昌城。卫立煌。宥酉一。印。

2．急。宋希濂：密。（一）顺昌城已于有晚被我十师占领。谭逆部第三团退河南。（二）据报，洋口敌一营昨退石溪，正在筑工中。刻已令到顺昌部队，迅行派队向洋口搜索。峡阳情况不明。（三）本部及十四军全部续向顺昌及河南推进。（四）贵师应于感日，以全部或先以主力占洋口筑工，对峡阳方面严密警戒，并与顺昌部队切取连系。卫立煌。宥电。印。

3．浦上八十三师刘师长：密。（一）顺昌城有晚被我十师占领。谭逆之一部，已退河南，洋口方面之逆，闻于敬日退石溪。（二）已令第十师顺昌、吉州间部队，于感晨移驻城东北一带，对峡阳方面警戒。（三）已令第卅六师，明感日由洋墩，以主力或一部赶占洋口筑工、对东警戒。贵师感日应先推进至顺昌吉州一带待命。并对将乐、万安方向严密警戒。（四）总指挥部明晨七时由现地出发，在贵师先头行进，进驻顺昌城。卫立煌。宥酉二。印。

4．急。冷欣：密。（一）顺昌城有晚被我第十师占领，谭逆之一部退河南。（二）贵师应于感到晒溪桥、勘拿口、拖雷屯，卅顺昌。火速赶进，以便集合主力南下。卫立煌。宥申二。印。

廿七日，本部进驻顺昌城。综合各方情报如下：

1．大干水口寨报告：桥头西之泽坊万安一带，廿五到匪五六千，据称系伪五军团。

2．樊嵩甫宥戌电：光泽防务，遵派二三五旅接收。冷师宥遵令推进。

3．宋希濂感丑电：职师已到达洋墩，与岚下列师取得连络。遵于感日进占洋口。

万安、泽坊一带残匪渐集，判断系将截扰我四师，我为集中主力迅速计，即令该师改道南进，并令八三师派便衣队占领水口寨大干，掩护其前进，下达第四师之电令如下：

急。冷欣：密。（一）万安泽坊方面之匪，其一部冒充贵师番号，本日到大干。其主力行动不明。判断系扰我后方。贵师应即改道，酌经铁罗巷（或龙潭铺）至朱坊沙口洋口道；或经仁寿、洋墩道，向洋口推进。前进时路右侧通西方各道路口，须派队停止掩护，防匪侧袭。卫立煌。感亥。

第四师廿七日由邵武出发，到达拿口，沿途未遇匪情，拟续经富屯水口寨，向顺昌前进。我军拟俟该师到达顺昌后，再以主力南进。除令卅六师集结洋口，并协助刘师占取峡阳外，下达各部队之命令要旨如下：

命令　　十二月廿七日十九时于顺昌城总指挥部。

战字第一号

一、据报，前据顺昌之逆军，已向王台、延平方面退窜，桥头、泽坊、万安、干山及以西一带之匪似为伪五军团。

我第四师本晚可到拿口及以北一带。

我第卅六师主力，本晚已到达洋口，一部到洋墩。

二、军以待后续部队之来到，及明确侦察逆匪之行动，明廿八日，暂在顺昌停止。

三、第十师着及以主力在顺昌城附近，一部在井垄一带，并任顺昌城东北两方（两城门含）及城北碉楼山北侧高地，迄井垄附近高地之线，扼要构筑工事，严密警戒，并与卅六师确取联络。

四、第八三师明廿八日，着以主力推进至顺昌城迄高沙一带，一部至水南，任城垣西南两方（西城门含）及水南东南有塔之高地起，亘五马山迄高沙以南之溪河两岸高地之线，扼要构筑碉堡，严密警戒。

五、第十第八十三师警戒地境线：以高沙沿溪河迄闽江东西之线，至顺昌城内，则以由安静门以东，经安家巷直达后街之线，线上及以东属第十师。

六、山炮兵营，除已以一连配属第卅六师外，其余两连着于明廿八日分别配属第十、第八三两师。该营营部尔后即随大部行动。

七、第十第八十三两师，明廿八日起，应各于所属警戒阵地附近，选择高地，设置对空监视哨阵地。对五马山及城北碉堡北侧高地特须设置之。

八、予在顺昌城总指挥部。

上令

总指挥　卫立煌

传达法：笔记送达。但八三师可先以电话传达要旨，明早再行补送。

四、主力转进

廿八日奉委员长蒋电令如次：

1．感未浦参电节开：拿口、密溪、水口寨与大干一带，均须构筑据点，留兵固守，以维邵顺交通。并相机进占万安，而于邵顺间，须控置一师兵力，专备出击石侧背之用。

2．感亥浦参电节开：冷师应使用于拿口以东，及顺昌、洋口间，其兵力配备，洋口、峡阳间一团，顺昌三团，拿口、顺昌间一团，并筑据点工事。至兄部主力，速向河以南地区移动，并先攻占青州、西芹、下道各处，再确实占领延平以南之九峰山，而对沙县卢兴邦部，须取连络。又据确报，原驻西芹下道之逆部，邓师向太平、樟湖板间移动，伪军部在樟湖板，希遵照部署并将详情随时电告。

3．俭申浦行参电节开：先确实占领洋口、顺昌及大干、卫闽各地，构成据点，集结防范，待冷师到着交防后，再行继续进展可也。

4．俭西浦参电节开：以一部进占青州、西芹、下道后，以主力即占尤溪，以雍口、十四都为据点，相机攻樟湖板或直入闽清，届时视情况而定。此时如能出奇进占所预定各地点更好。

复据宋希濂报告：峡阳已于本晨为我便衣队占领，逆已先期退往延平。当令冷欣师让遵照委员长蒋感亥浦参电令意旨部署，并限令到顺昌部队，于卅日前到达接防，以便主力第十第八三师南进。下达各部队之电令如下：

1．急。冷欣：密。（一）峡阳已被我宋师于本晨占领。（二）刘戡师艳南移，贵师除留水口寨一带一团外，其余可开驻顺昌城及水南一带，同日接八三师遗防。（三）派峡阳、洋口之一团，由富屯直往或来顺昌转往均可。卫立煌。勘亥参。印。

命令　　十二月廿八日十八时于顺昌城总指挥部

战字第二号

一、据守延平之逆第一军，其大部已向延平东南撤退，现该地尚有谭逆启秀部盘踞，西芹、沙溪口、青州各有逆军之一小部，王台附近已无逆踪。我第四师本晚到达富屯附近，明廿九日，除以一团留驻水口寨、富屯、大干一带外，其余可到顺昌城及水南一带。

2．第八十三师，着于明（廿九）日先行推进至元坑及以北一带待命。

三、第十师着于明（廿九）晨派兵一小部，暂行接替八三师原担任之城防及水南附近警戒阵地，其余城防任务，俟第四师到达后，再行移交该师接收。

四、余在顺昌东大街总指挥部。

上令

命令　　十二月廿九日十八时

总指挥　卫立煌于顺昌城总指挥部

战字第三号

一、据报延平有谭逆启秀之伪第五军，兵力约三团，西芹下道各有该逆一小部，王台、沙溪口已无逆踪，元坑、夏茂、高桥以西无股匪。我第五十二师（卢兴邦部）第五第六两旅大部在沙县附近，夏茂、高桥有该第十一团之一营，青州、高砂有第十团之一连。各该处均有电话通至沙县，大历口、房村口有我五十六师之一部。

二、军之主力拟先向青州沙溪口之线推进，尔后协同友军攻取延平（各部行动如附表第一）。

三、第八十三师，着于明（卅）日由元坑经郑坊、中保、高桥道向青州前进，限一月一日午到达青州、河西一带待命。

四、第十师着于明（卅日）晨，经石溪口、三连根、王台道，限一月一日到达青州待命。

五、第四师除仍以一团留驻水口寨一带，任拿口、顺昌间交通维护外，明（卅）日应派兵一团到达洋口，接卅六师防务，并由该团酌抽一部进驻峡阳，对延平方向，严密警戒，其余着暂住顺昌待命。

该师驻峡阳、洋口部队，应与房村口、大历口一带之我五十六师部队切取连系。

六、第卅六师着于卅一日经三元浦至九墩桥，限一月一日推进至王台、城门洞一带待命。

七、总指挥部及直属队，随第十师前进。

八、余现在顺昌东门大街总指挥部。

总指挥　卫立煌

附发推进表一份

传达法，除卅六师八十三师电达要旨外，余笔记送达。

急。宋希濂、刘戡：密。（一）延平有谭逆启秀部约三四团，西芹下道有逆一小部，夏茂、高桥以西无股匪。（二）军主力先向青州、沙溪口之线推进。（三）本部及十师，经沙溪口、王台道，陷到九墩桥，世到青州附近。（四）八三师经郑坊、中保、高桥道，限东午到青州待命。（五）卅六师世日出发后经九墩桥道，在十师后，世到九墩桥及以北地区，东到王台、城门洞一带待命。（六）已令第四师派一团世午前由水口寨到洋口。卫立煌。艳申。印。

嗣据各方情报：

1．延平驻逆军系两团，正加强工事，安丰桥有逆军驻守，三千八百坎有逆约一排正筑工中。（李默庵廿七日报告）

2．伪五军在延平、西芹一带，有沿河踞守模样。泽坊、安仁一带之匪，已向泰宁方向逃窜。万安尚残留匪约二三千。（廿八日探报）

3．逆军在延平者，自卅早起大部向下道方向退去，安丰桥三千八百坎尚有逆各一小部据守。谭逆启秀于廿九日乘汽船向下游驶去，留延平为司徒非部约两团，西芹逆已退延平。（宋希濂卅电）

又奉委员长蒋艳、卅日各电令如次：

1．艳亥浦参电节开：到青州后酌留二三团，其余主力即向尤溪、樟湖板之线迅速推进，限冬日前集中完毕。

2．世酉浦忝电节开：四师以三团守备顺昌及卫闽大干一带，以两团拨归卅九军刘军长指挥，协攻延平。

3．世戌浦忝电节开：本日飞机侦察，西芹虽有工事，但无逆军纵迹。据报延平之敌不足两团，望即迅占西芹、下道，但不必攻击，须暂从远方监视可也。

综据各方情报：逆军主力似集结古田、水口、湾口、闽清一带，遂遵照委员长蒋电令，先行进出尤溪、樟湖板之线。

下达各部队之电令要旨如下：

王台侯送卅六师宋师长，并转第四师冷师长，王台第十师李师长、吉州第八十三师刘师长：密。（一）综合各方情报：连日以来，逆军主力似集结古田、水口、湾口、闽清一带。延平城有谭逆启秀部约两团，下道、樟湖板等处各有逆军一小部。（二）军主力遵委员长蒋电令意旨，迅速进出尤溪、樟湖板以东之线。（三）第四师除以两团（一旅）任顺昌、峡阳等处守备外，其余于冬日推进至王台及以西地区，待卅六师东进后至青州、溪口各以东附近之线，构筑坚固据点工事，对延平逆军从远方严密监视。并与沙县高砂高桥麦茂之五十二师，房村口、大历口之五十六师部队连络。对于顺昌南北之线尤须远派侦探，绵密侦察，防匪东窜。又由峡阳西至顺昌、北连建瓯、南经王台沙溪口至青州通信网，特须迅速构成之。（四）第十、第三十六第八十三各师仍遵照前令，在指定地区待命东进。

卫立煌世酉于王台

复令五十二师以一部向尤溪推进，第四师以两团拨归刘军长指挥，该师即以第十二旅归刘军长指挥，约三日可到茂地。本部于三十日由顺昌渡河沿闽江南岸经三连根，向王台、青州前进。一日到达青州附近一带。宋师到达沙溪口，占领西芹。奉委员长蒋电令：

1．东巳浦忝电：以一部占领九峰山与下道、西芹外，其余如限到达目的地。

2．东午浦忝电：兄部进占青州、西芹、下道各地，即照前定计划继续前进，直趋湾口，对樟湖板之逆，可按其兵力大小或解决之。我第四纵队江日可进占安仁溪，断绝水陆交通。

据报樟湖板一带已无逆军，惟青州东进，经大保甲、雍口为捷径，若经尤溪益行迂远，遂决向雍口之线前进。下达各部队之命令要旨如次：

命令　　元月元日廿一时于青州总指挥部

战字第四号

一、逆军大部刻正续向古田、水口之线集结，延平有谭逆部约一二团（城内约一营，余在城外各山）尤溪口、太平各有少数逆军。

我第二路军已推进至长桥、坑头、钱厝之线。第四纵队预定于三日前，进占安仁溪，第四路军已推进至西溪吴墩一带。其卅九军主力在房村口、大历口一带，准备向延平进攻。我五十二师主力在沙县永安一带，其第五旅本日向尤溪推进。

二、军主力拟迅速进出于闽清、湾口之线，威胁逆军之左侧背，使我二四路军作战容易，明二日起先向雍口之线推进。

各部行动如附表规定（附表第二）

三、第十师着于明（二）日起，沿洋墩、溪坪土堡甲道，向雍口推进。但每日须于十时以前出发完毕。

四、第八十三师着于明（二）日起如附表规定，在总指挥部后跟进。

五、第卅六师明（二）日着先进于西芹附近。三日起，以一小部监视九峰山之逆，主力进出于九峰山以南。而后酌派一部先行攻略下道，再行夺取九峰山，协助我第四路军攻取延平。但如下道、九峰山工事坚固，难于短时间夺取，应酌留一小部监视之，主力于四日待命，继续东进。

六、总指挥部及直属队明（二）日起，在第十师后跟进。

七、余在青州总指挥部。

上令

总指挥　卫立煌

下达法：笔记专送。

注意：明二日起，每晚第十师应向总指挥部架设电话。四日本部率第一纵队到达十四师都十三都一带，五十二师第五旅十七都附近，即向湾口及永泰前进。卅六师占西芹及九峰山南侧亘下道一带。得各方情报如次：

1．逆军第六十师，在闽清附近筑工。

2。水口有逆军谭部约一团，筑工固守。湾口有逆别动队一部

本路军为迅速推进闽清威胁逆军右侧背计，续向湾口前进。各期下达各部队之命令要旨如次：

命令　　元月四日廿一时于十四都总指挥部

战字第五号

一、据报，沈逆光汉部现在闽清城及闽清口一带筑工中，古田、延平仍为谭逆启秀部盘踞，水口有逆约一团，湾口有逆军约一小部，其六一师及七十八师，位置不明。我五十二师卢副师长兴荣率该师第六旅十一团及第八团之一营，今（四）日在十七都附近。明（五）日向湾口推进。

我卅六师昨（三）日占领西芹、九峰山南侧亘下道之线，五日拂晓，协同第四路军进攻延平。

二、军主力明（五）日续向十五都及以西地区推进。

三、第十师（附山炮连）着于明五日经头道，以一部推进至十七都，主力至十五都附近待命。但沿途对右侧背注意警戒。并与五十二师卢副师长所部，保持连络，并绵密侦察敌情。

四、第八三师（附山炮连）着于明五日继续推进，至十四都羊头一带待命。

五、总指挥部及直属队，明五日推进至十五都。

六、余现在十四都，明五日晨随第十师前进。

上令

总指挥　　卫立煌

传达法：笔记传达。

命令　　元月五日十八时于十五都总指挥部

战字第六号

一、据报：黄田、谷口、湾口已无逆军踪迹，盘据水口之逆兵力未详。

我第三师昨四日已占领安仁溪、谢湾及南岸高地一带。我第五二师卢副师长率领该师第六旅十一团及八团之一营，本日推进至蔡岭头，已令即向湾口急进。

二、军主力，明六日续向高州湾口及以西地区推进。

三、第十师着于明六日经蔡岭头道，推进至高州附近，并以有力之一部与五二师卢副师长所部协同进占湾口，并与安仁溪南岸第三师部队切取连络，对闽清方面逆情，严密侦查。

四、第八三师着于明六日，经十五都十七都道，推进牛头坪蔡岭头及以西地区附近待命。另派轻装之一小部，沿闽江南岸前进，相机进占黄田谷口。如该处以北地区无逆军，尔后即至湾口归还建制。

五、总指挥部及直属队，明六日在第十师后跟进，驻高州。

六、余现在十五都，明六日晨随第十师前进。

上令

总指挥　卫立煌

传达法：笔记专送，但八三师先以电话传达。

本路军自去年十二月十四日由赣出动，两旬间，已次第占领光泽、顺昌、洋口、峡阳各要地。除以第四、第七九师任光顺间守备，监视将顺一带残匪及以一部协攻延平外，主力之第十第卅六第八三师及五二师之一部，沿闽江南岸向东挺进，为迂回逆军左翼之大运动。尔后与逆军正式接触，遂开主力战之端序。

第三篇　战役经过

一、九峰山之役

Ⅰ、九峰山与延平城地形之关系

延平城绾毂闽北水陆交通，战略上必争之地也。东临建溪，北滨闽江，玉屏山峙其东，炮台山屏其北，其东南对岸，则九峰山也。九峰并耸，山势峻拔，最高峰直高达四百余米，倾斜峻急，瞰制延城尤增天然形势。逆筑有强固碉堡三，及铁丝网三层。

Ⅱ、逆军配备

据空军侦察及各方探报，延平逆军配备如次：

九峰山阵地	约五连
王　屏　山	一　营
城　　防	三营，城外掘有外壕灌水。
安　丰　桥	约一连
三千八百坎	一排并筑有强固工事

三屏山及炮台山各配有山炮一门。

综观逆军配备情形，盖控置主力于城附近，而以九峰玉屏炮台及三千八百坎各山要地为据点，凭藉强固之工事，以阻制我大军之东进也。

Ⅲ、我军攻击部署及战斗经过概况：

攻略延平必先占领九峰山，始得瞰制逆军之利。惟九峰山逆工事，仍日夜加强中，如由西芹进攻，山势更险，牺牲必大，且我北岸攻城军尚未迫近延城，逆更有倾全力固守之可能。故遵照委员长蒋感亥电令意旨，先占青州、西芹、下道各处，再攻占九峰山。即令第卅六师任攻略九峰山之任务，该师一日到达城门洞附近，改向东进，占领沙溪口。二日占西芹，三日占九峰山南侧之莲桥，一部占领下道。威胁逆之侧背。其部署经过概要如次：

（1）106旅211团到达留墩附近，其余到达西芹。乃令该旅率同西芹之一团推进至下地附近。而以一团于三日从最高峰东侧攻占九峰山之要点。对八仙桌方面严密警戒。旅主力集结于郭坪相机策应。并派便衣侦探，进出于下道方面威胁逆侧背。

（2）108旅之215团以一营展开于方马台至小庙间地区，向九峰山西端土堡攻击，其余两营控置于后路口东北地区，相机策应。

（3）216团仍集结西芹，并任对三千八百坎方面警戒。

（4）配属山炮连，以一门占领后路口东侧高地阵地，压制九峰山逆工事及敌火协助步兵之攻击。

三日晨，正拟开始攻击，忽接空军投下委员长蒋手令，改为五日与建瓯攻城部队，同时进攻。并遂以212团进占下道。以一部渡河，进占吉溪，截断逆军水上交通。堵击逆军东窜，当即改订攻击部署如次：

（1）以211团之五连，由朱龙山攻击九峰山之最高峰，以一连进出于文化塔。

（2）以215团之一营，攻击第五峰之腰堡，一部从左侧击，主力结集于第五峰山麓荫蔽地，以待增援攻击。

五日十时许，我军开始进攻，逆凭险抗拒，我军以极猛火向敌仰攻，前仆后继。迨至午后一时许进至敌阵地铁丝网附近，复以迫击炮小炮向前推进。猛力奋击。我215团藉炮火掩护，遂夺占第五峰之腰堡。同时我211团亦向最高峰之大堡猛攻。弹如雨发，逆大部歼灭。我军遂完全占领九峰山逆阵地残逆悉数被俘，时午后五时许也。

Ⅳ、战斗结局

是役逆军五连，除被我击毙外余均被俘。所有俘获伤亡如附表第三、四之统计。战斗经过见附图第一。〔略〕我军既攻占九峰山，除211、215团各以一部分向八仙棹及水南搜索，并留一部在该山担任警备外，余即撤回原驻地。时我北岸攻部城队，见我占领九峰山，士气益振，遂开始向延城突击。炮毁东城城楼，逆部胆裂，士无斗志。翌晨由逆守将司徒非派参谋长向我投诚。我军遂完全占领延平城。闽江上游，逆之据点顺昌、延平既被我占领，我军或沿江东下，或分兵挺进，均有自由进展之势，衡之战略，逆已处于不利之态势矣。

二、天柱山之役

Ⅰ．战斗前逆我之态势

谭逆启秀所部第五军除延平司徒非部，已被我解决及一部在古田被我第四路军包围外，残部第三、第五两团退集水口及其南岸之天柱山顶古峰一带，筑工固守。谭逆率伪军部主要人员，亲在水口指挥，有坚守待援之势。其兵力配备如次：

水　口	约一团余
天柱山 顶古峰	两　　营
湾　口	别动队二百余人

本部六日拂晓，随第十师自十五都前进，日没后，到达高州，得各方情报如次：

（１）湾口有逆部别动队二百余人，原系当地大刀会，新受逆军改编者。

（２）我二路军第三师四日已占领安仁溪、斜溪一带，一部占领河南高地。

（３）我52师卢佟两旅四日到达蔡岭头，五日拂晓向湾口前进。

（４）我36师仍在九峰山下道吉溪一带。

（５）我第十第八三师到达蔡岭头亘高州以西一带。

Ⅱ、我军部署及战斗经过概况

本路军决心先行解决天柱山附近之逆，尔后协助我二路军会攻水口，乃下达各部队之命令要旨如下：

命令　元月六日廿一时于高州总指挥部

战字第七号

一、据报谭逆启秀率两团守水口，以一团（约两营）占领水口对岸之天柱山，闽清之逆六十师大部，闻已向白沙方面退去，现闽清城有逆之教导团盘踞。

我第二路军李纵队及第八十九师，刻在安仁溪南北岸及迤西北地区，准备进攻水口。

我第四、路军仍在续攻古田之逆。

我第卅六师仍在九峰山、下道、吉溪一带。

我第四第七十九第八十五各师，仍服前任务。

二、军主力以一部迅速解决天柱山之逆，使尔后作战容易，一部续向闽清永、泰方面胁敌侧背。

三、第十师附山炮连着于明七日，先将天柱山方面逆情地形侦察明瞭，以有力一部，将盘据该山之逆解决之。尔后待命协助第二路军歼灭水口之逆。但该师主力应仍控置于湾口附近。

四、第五十二师卢副师长所部，着于明七日晨，由湾口经安敖道，向闽清城搜索前进，相机占领闽清城而固守之。该师第五旅佟旅长所部应续向闽清、永泰间地区活动，相机截逆退路。

五、第八十三师附山炮连，着于明七日推进至高州桃花庵一带地区待命向闽清推进。

但该师到达后，即向湾口总指挥部架设电话。

六、总指挥部明七日晨进驻湾口。

七、余现在高州总指挥部。

上令　　　　　　　　　　　　　　总指挥　　卫立煌

下达法：笔记专送，但八三师先将要旨电达。

六日拂晓前第十师廿八旅及卢部先头部队，到达湾口时，逆别动队闻风惊窜，获枪数支。遂占领湾口，一面侦察顶古峰天柱山之逆情。

六日第十师以第廿八旅之57团，于午前八时开进于顶古峰南麓，以56团之一营开进于天柱山西北麓，一营袭占仓前，截断逆水口交通。余控置于57团右翼阵地。主力集结于湾口，并以一部渡河占领西北岸高地，向北警戒，并与我九师攻略水口部队切取连络。午刻我廿八旅开始进攻，激战两小时，我天柱山西北部队，奋勇前进，遂占领天柱山最高峰，逆军披靡，同时我顶古峰南麓57团，亦攻占顶古峰，遂完全占领逆阵地。计俘逆百余，获步枪百余，高射机枪两挺，所有伤亡俘获如附表第三第四。战斗经过参看附图第二。

天柱山顶古峰一带要地，既被我十师占领，水口逆军失去支点，比呈动摇之势，我第四纵队第九师，乘机进攻，当日午后即占领水口，逆大部被我解决，谭逆仅以身免。

三、推进闽清永泰及向仙游沙溪间追击部署

1．情况转移及渡河准备

水口既下，本路军除以第三纵队任光顺间之守备，并构筑顺将间碉堡、五十二师一部驻守沙县永安，防匪东窜，及以第卅六师接防黄田、湾口外，以主力第一纵队及五二师卢佟两旅，向闽清、永泰前进。

八日奉委员长蒋齐巳瓯机电节开：

水口既下，贵部可不必北渡，请仍照廿八日俭酉电予定计划，决定于九日开始前进。并遵限到达目的地。湾口暂留兵一团守护，以待宋师接防。如情况许可，准令宋师进驻永泰，以维贵部前进，但须隐秘中央军兵力队号为要。等因，遂决向闽清推进，下达各部队之命令要旨如次：

命令　　元月七日廿一时于湾口总指挥部

战字第八号

一、水口逆军已为我第四纵队击溃，谭逆启秀率一部，于昨六日向闽清方面逃窜。天柱山之逆一部，本日未刻为我十师解决。

二、军以将逆主力迅速击破之目的，明八日续向闽清推进。

三、第十师着于明八日由现地出发，经凤凰池、安敖道，另派一部经武向石郑道，向闽清前进。明八日应至武山安敖亘遮南一带，九日进占闽清。

四、第八三师明八日着由现地出发，经半岭古洋道向十六都前进。明八日晚应至半岭古洋一带。九日至十六都附近待命。

该师掩护附属本师之山炮兵营，应令火速循该师前进路向十六都永太方向跟进。但由桃花隔直至十六都道路，如良好时，该师可酌由该道路前进九日，至十六都。

五、第五十二师卢副师长所率第五旅，明八日续向闽清推进，佟旅仍向永泰、闽清间地区活动，相机占领永泰。

六、总指挥部及直属队随第十师前进，明八日晚至安敖九日至十六都。

七、余现在湾口总指挥部。

上令

总指挥　卫立煌

传达法：笔记传达，但八三师先由电话传知。

注意：第十、第八三师应一律将旗帜臂章徽章等卸除，以求隐秘。沿途标语，十师可用新编第二师第八三师用五二师番号，对于民众方面尤须切秘中央军队号为要。

各部队奉令后分别出动，假用第五二师及新编第二师番号，至九日晚、十日，除以补充团湾口，待卅六师接防，其余到达安敖石郑之线，第八三师到达半岭，五二师卢旅占领闽清城，并与安仁之第三师，取得连络。本部（九日）到达安敖得报：集给福州附近之逆军主力60、61各师，有向大湖方向移动息。乃令各部，即在十五都闽清之线集结，侦查逆情。致各部队之电令如次：

安敖第十师李师长，半岭第八三师刘师长密：（一）据报逆军主力第六十第六十一第七十八师大部，在福州附近集中后，已向大湖方面移动。我第五十二卢副师长所部，本晨已进占闽清城，该师第五旅，现在嵩口附近，已令即进行占永泰。（二）第十师明十日着改至十六(都即霸王渡)附近待命。(三)第八三师明十日着改在十一都附近待命。(四)本部明日改由安敖南行，至乌岭坪后与八三师行动。明晚至白理附近宿营。卫立煌。佳酉。印。

命令　　元月元日廿二时于安敖总指挥部

战字第九号

一、逆军主力第六十、六十一、七十八，各师在福州附近集结，现已向大湖方面移动。我第十师明十一日推至十六都，八三师推进至十一都，十五都一带。

二、第五十二师卢副师长所部，确实占领闽清后，暂在该地停止待命。并绵密侦查白沙福州方面逆情。对于闽清至十六都间电话，应保持良好通话。

三、总指挥部明十日推进至十五都。

四、余现在安敖总指挥部。

上令

总指挥　　卫立煌

传达法：　　笔记送达。

十日本部到达十六都接到各方报告如次：

1．大目、白沙、桐口一带，原有逆兵一旅，八日增加约一师，沿江北岸高山均筑有工事，竹岐、金钟阁、大目埕有逆警戒部队，源口有逆便衣队。

2．逆方部署原以水口、延平、古田为前进据点。以白沙、大目、大湖之线为第一阵地带：以桐口马鞍山、大小白岭及遛东之线为第二阵地带；福州城北附近为后方阵地带。搜集汽船卅余只，配置机枪巡弋乌龙江桐口一带。福州洪山桥间，并埋有地雷，白沙、洪山桥沿江北岸高地之线，亦经构筑坚固工事，企图与我在闽江北岸决战。

复奉委员长蒋佳亥瓯参电节开：

逆军已倾全力来犯古田水口之线，刻已进至白沙以西地区，望兄迅速准备在白沙洪山桥间地区，选择多数之渡河点，设法渡河，袭击逆军侧背，整个包围而歼灭之。等因。当即转令各部队集结兵力侦查戒备所下达各部队命令之要旨如下：

命令　　元月十一日廿时于十六都总指挥部

战字第十号

一、据报蒋光鼐率六一师四团（两团在泉州）及区寿年部（六团）在大湖附近，其一团在雷峰寺，对古田方向警戒。蔡廷锴率六十师（六团）及张炎部（四团）在白沙一带。桐口、甘蔗、汤院，大目溪之线均有其警戒队。我第二路军现在水口、岩头岭、曾坪塘、茶坪、阍林、东坪一带筑工。我第四路军一部仍在监视古田之逆中。

二、军以秘密行动待机攻击逆侧背之目的，主力暂行集结于闽清及十六都一带。

三、第十师着于明十二日全部集结于闽清城附近，任该县城附近防务，扼要构筑据点工事，对白沙、竹歧方向严密警戒，并与安仁溪方面我第三师部队切取连系。

四、第五十二师卢副师长所部之第六旅，着暂于闽清城附近，第五旅至永泰附近，集结待命，切实保持闽清、永泰间之交通联络。并多派干探至闽江北岸及福州南北之线，详察逆情。

五、第八三师着于明十二日推进至十六都附近，集结待命。

六、总指挥部仍暂驻十六都。

七、余现在十六都总指挥部。

上令

总指挥　卫立煌

传达法：先用电话传达，尔后笔记补送。

注意：一、本部派参谋一员明十二日起在闽清城设置情报收集所。二、各部应仍力求保持隐匿兵力与队号。

又饬令各部队侦查渡河点征集渡河材料之电令如次：

闽清第十师李师长第五二师卢副师长，十五都第八三师刘师长，极机密。迭奉委员长蒋电令：本路军主力各师，决定于三日左右于白沙洪山桥间，选择三个以上渡河点，施行强渡，以期于二四路军、连系围歼该逆等因。故对该地区之河川状况、两岸地形与逆方兵力配备、工事程度，并应乎地形与逆军兵力配备等，各师应密派便衣军官侦探，选定多数渡河点与由闽清及以南至各渡河点之通路，及掩护渡河之步炮兵阵地，暨其他渡河信关之事项，克日侦察，分别绘图详纸，以凭汇核决定，但须力守秘密为要。又河川船筏之搜集，由第十师主负其责，而各师尤应就现在位置，分饬各单位，秘密编组多量竹筏绳索具报，俾令到即可开始运往使用，必期于最短瞬时间，得渡强大兵力，击敌不意也。卫立煌。真晨。

总指挥于十二日拂晓亲至闽清口渡口一带，侦查地形，决定该处为主渡河点，候令强渡。并令第十师以一小部赴源口竹岐一带，扫清该地区之残逆，施行佯渡。各部队奉令后即准备一切，待命渡河、旅奉委员长蒋

1．真未瓯参电节开：应令卢旅兼程占领永秦。并须准备一旅以上兵力，候令向永泰续进。在永泰东南汰口附近，扼要构筑据点，以防逆部由白沙渡河经永泰南窜也。

2．又戌忝电节开：古田逆军，今已解决。厦门已为我海军陆战队先后克复。逆已处于进退维谷之势。其昨到张湬桥头部队，今已后撤。兹决定兄部除留一旅守闽清外，其余主力明日速向永泰急进。除留一旅守永泰外，其余主力再向仙游沙溪急进，以行截击。遂决于十三日以主力推进永泰，尔后以一部挺进至仙游、沙溪之线，截逆南窜。

I、追击部署

本部遵照委员长蒋真未又戌各电令，除以五十二师卢部占领永泰城及十师一旅任闽清城防外，即以主力经六都、麟洞、永泰、向仙游沙溪之线急进，追截逆部南窜。各期下达各部队之命令要旨如下：

命令　　元月十二日十五时于十六都总指挥部

战字第十一号

一、据报古田之逆，已于今十二晨被我解决，蔡廷锴率60师及49师之四团似仍在白沙一带。永泰附近，有保安队二营已向我五二师投诚。

二、第十师着即以一小部开始先向源口竹岐一带活动，扫除江南岸之残逆。其主力准备由渡口闽清口一带渡河。

三、第五二师卢副师长，即率所部第六旅经大都道，着于明十三日正午占领永泰城。对福州乌龙江、白沙方面各要道隘路口，构筑据点工事，准备截逆南窜。该师第五旅应由卢副师长飞令其即向永泰推进。

四、第八十三师应即准备三团兵力，待命向永泰跟进。

五、总指挥部及直属队暂在十六都。

六、余在十六都总指挥部。

上令

总指挥　卫立煌

传达法：笔记传达。

命令　　元月十二日廿三时卅分于十六都总指挥部

战字第十二号

一、古田逆军已完全被我解决，昨到张潹桥头之逆军，亦已向后撤退。

二、军以堵截逆军南窜之目的，明十三日先向永泰急进，尔后以一部推进至仙游沙溪之线。

三、第十师除留一旅担任闽清城防，监视向白沙方面逆军外，其余着于明十三日，由现地出发。（让五二师六旅先行出发）沿汽车路在八三师后跟进。明晚应至六都及遖南附近。十四日应到达永泰及遖北附近，并接任永泰城防。

四、第五二师卢副师长所部，经二都峡高岭、白云渡道，向永泰以东急进。明十三日应赶至白云附近。除酌留一小部于白云监视白沙方面逆军防其渡河南窜外，其余应于十四日赶至永泰东之汰口附近，该师第五旅应即向汰口推进集结。对通白沙福州各要道隘口，应构筑据点工事严密防堵。

五、第八三师着于明十三日拂晓，由现地出发，经六都、麟洞、永泰道向仙游、沙溪之线急进，堵截逆军南窜。十三日晚，应至桥头、麟洞及遖南地区。十四日应至永泰城，南通仙游大道附近，待命续进。

六、总指挥部及直属队，明十三日随八三师行进，宿营于桥头附近，十四日进驻永泰城。

七、余现在十六都总指挥部

上令

总指挥　卫立煌

下达法：先将要旨用电话传达，再笔记补送。

各部队奉令后，即向目的地急进。十四日本部到达鱼坑。我八三师先头队到达永泰附近。伪别动队林成瑚部约数百人，闻风先逃。该师遂占领永泰城，续向仙游急进。复奉委员长蒋元亥瓯参电节开：即令第九第八九两师，速由水口渡河，向永泰推进。到达后归兄指挥等因。旋接汤指挥官寒酉电称：“第九第八九师本日已到达闽清及大仁武山一带，续向永泰前进”等语。“又据五二师卢师长电称：将乐之匪进犯沙尤。县城紧急请兵应援。”乃令第一纵队续向仙游前进，以五二师卢副师长所部回援尤溪。当日所下达之命令如下。

命令　　元月十四日廿三时于鱼坑总指挥部

战字第十三号

一、据报逆军分两路续退。张炎（一旅）及沈光汉部由洪山桥向永泰退却。毛维寿（一旅）及区寿年部，由乌龙江向莆田退却，现大樟（永泰东）葛岭（永泰西四十里）有敌活动，堂前(浦口西南十五里)有敌之大部。我第九、第八十九师本日可到达闽清附近，及其以西一带地区。

二、军以堵逆军西窜之目的，迅向仙游沙溪之线急进。

三、第八十三师着于明十五日经由梧桐尾古县道，向仙游急进。限十六日以主力占领仙游城，以一部相机进占沙溪严密布防截堵南窜之逆。

四、第十师着于明十五日，推进至永泰附近，占领阵地，构筑据点工事，防逆西窜。十六日待命向仙游跟进，其后续之一旅应即全速向永泰赶进。

五、第五二师着于明十五日由卢副师长率所部及佟旅开回尤溪，肃清该县附近赤匪。

六、总指挥部及直属部队明十五日进驻永泰城。

七、余现在鱼坑总指挥部。

上令

总指挥　卫立煌

下达法：第十第八十三师笔记送达五二师笔记交卢副师长用无线电传达要旨。

本部十五日到达永泰城奉委员长蒋电令如下：

1．删晨瓯悉电节开：仙游有逆军约两营，希令前进部队注意。如仙游已为逆占，则我军主力应速即占领仙游以西地区布防，或迳占永春、安溪一带亦可。否则，以仙游、沙溪之线为最宜也。

2．删戌瓯忝电节开：已到永泰仙游沙溪之部队先取石山构筑工事，为纵深之配备。并严令沙溪各部队，对泉州方面慎重警戒，以防逆后方增援袭击。将来转取攻势时，亦当由永泰向莆田方面也。当令各部队继续推进。期得先期占领仙游沙溪，堵逆西窜。所下达第十师之命令要旨如下：

命令　　元月十五日十八时于永泰城总指挥部

战字第十四号

一、逆情无变化

我第九师昨十四日到达闽清，其先头部队，明十六晚约可到达永泰。第八十九师昨已到达尤仁武山之线，今十五日续向永泰急进。我第八三师本晚到达永泰西卅里附近地区，已令于明十六日，推进至嵩口，附近待命，并于晨六时出发完毕。

二、军以截逆西窜之目的，续向仙游沙溪之线急进。

三、第十师明十六日着以主力推进于梧桐尾及以南一带，后续之彭旅到达永泰后，即推进于梧桐尾永泰间地区。

四、永泰城防着保安队刘团，明十六日七时前接收完毕，对堂前举口方向严密警戒。

五、总指挥部明十六日推进于梧桐尾附近。

六、余现在永泰总指挥部。

上令

总指挥　卫立煌

传达法：笔记传达，但刘团　先将要旨以电话传由第卅旅转达之。

又致汤恩伯、李延年电，饬于十六日先以一二团赶接十师所遗永泰城防，俾对东无顾虑。尔后由保安团担任。其要旨如下：

限即到。汤恩伯、李延年：密：（一）仙游前日到逆两营，永泰东之堂前举口大樟一带，昨到逆大部，本日似续南窜。（二）刘戡师铣可赶到仙游沙溪附近之线，本部及十师（欠留永泰一旅）铣续向仙游急进。（三）贵师铣日希以一二团赶至永泰接十师防，筱日以后则对东料无顾虑，尔后城即由保安团担任，未知急进之一二团能否赶到，盼速告。(四)第九第八九师到永泰后，即续经梧桐尾古县道。希于号日前陆续到仙游。卫立煌。删酉。印。

十六日，本部到达梧桐尾，接蒋总指挥铣申电告："我军本午进占福州洪山桥。陈蔡诸逆狼狈南窜，其掩护渡河部队，未及渡河，均被我三师解决。又奉委员长蒋铣亥瓯参电节开：逆毛沈两部，约十七日可到莆田。着第九师星夜兼程赶往仙游沙溪间堵截，归兄指挥，八九师即在永泰担任守备。等因。复接八三师长刘戡电告情况如下：

1．删酉电：（一）据报莆田已到逆军一部。兵力队号未详。仙游有逆军第二支队林靖部约千余人；（2）职师到达梧桐尾寨前宿营；（三）由梧桐尾至仙游山道百廿里，铣日拟向何岭下猫洞急进，并派一部相机进占仙游城。

2．铣酉电：已令247旅于本晚相机进占仙游城，其余于酉刻集结何岭头（距仙游廿里），对莆田方面警戒。

当即遵照委员长蒋删晨瓯忝电令要旨，饬令刘师长相机占领仙游或城西地区，布置堵截所致刘师长电令意旨如次：限一小时到刘戡密：（一）据报仙游已由莆田间来逆军两营。（二）贵师到，仙游附近，如确侦系逆小部，即攻占之。如有逆大部，则在城西北地区选择良好阵地，布置堵截，希选派干探，随时详密侦察。（三）煌率十师主力，铣日在贵部后跟进，并令九师筱由永泰出发，限巧到莆田仙游。汤师跟进。卫立煌。铣申。

又下达各部队之命令要旨如次：

命令　　元月十六日十八时

于梧桐尾总指挥部

战字第十五号

一、据报毛逆部谢鼎新团及谭忠独立团并邱兆琛部之两团，现尚残留福州城内，其余逆部各师昨十五日似在闽江南峡一带，张逆师部在坊口，毛逆大部十三夜由峡兜渡江，十五日约到莆田以北地区。我第三第卅六师，十五日到达甘蔗桐口一带，刻续向福州前进中。

二、军以截逆南窜，以待主力赶到，期于仙游沙溪以东地区会歼该逆之目的，续向莆田仙游沙溪之线急进。

三、第八三师明十七日到达仙游附近，如该处系逆一小部则解决而占领之。同时派一部驰占沙溪构筑坚固工事，堵逆南窜并对泉州方面严密警戒，如仙游到有逆之大部，则先于仙游以北占领阵地，同时以一部遂渐向西移动，截逆向永春西窜。

四、第十师明（十七）日着继续向仙游急进，明晚应至何岭关及以北一带与八三师确取连络。

五、第九、第八九师仍归汤恩伯之指挥，明十七日续向莆田急进，截逆退路，先头之第九师应于十八日到达莆田以北附近。各该师由永泰前进时对左侧背特须注意警戒。但十八日如堂前大樟方面仍有逆之大部时，则第八九师应酌留一小部于永泰城，协助保安第二团固守之，俟该方逆军南退后撤回。

六、第五二师卢副师长所部，第六旅着于明十七日由蚯蚓出发，经嵩口德化向永春前进，限廿日以前到达永春，对各该地逆军收编之别动队应设法收为我用，并对漳厦以北之逆情，绵密侦察具报。

七、永泰城防，着仍由保安第二团担任之，对福州堂前方面，多派干探侦察逆情。

八、余现在梧桐尾，明十七日随第十师续向仙游前进，明晚至三角埕附近宿营。

上令

总指挥　卫立煌

传达法：除第十第五二师及保安二团用笔记送达外，余均将要旨电达。

我八三师到达仙游后，即与逆先头部队遭遇于城东十余里之桥头。遂开主力战之端序。

四、仙游之役

Ⅰ、战斗前逆我军之态势

逆军自延平、水口、古田各部，被我军陆续解决，厦门被我海军陆战队占领，漳泉一带已受威胁，我大军复夹江而东，逼近福州，盖已被我整个包围之势。蔡等知大势已去，自十二日起即由白沙洪山桥间渡江，分向莆田总退却，迄十五日到达莆田之逆已达三师之众，其一部复沿莆仙公路西进，企图占领仙游，掩护其右侧背，我八十三师先头之二四九旅，十六日晚到达仙游，原驻该城之逆别动队林靖部，即闻风退走。当即占领仙游城，并以一部进出沙溪之线，截逆西窜，与逆先头部队遭遇于柴桥头附近地区。我十师到达三角埕及何岭关以北一带，我第九第八九师遵令向永泰急进，转向莆田前进中。

Ⅱ、战斗经过概况

本部十七日到达三角埕，接八三师长刘戡自仙游报告如次：

1．我二四九旅铣申到达仙游城，原驻该处别动队林靖部退集城西。态度不明。

2．莆田窜到逆部区、张等部约三师，其先头队到达柴桥头与我便衣队接触。

3．逆部四九师已到大樟，又堂前、葛岭各到有逆一部，声言向永泰前进。

又篠酉电称：“一、敌我接触以来，刻仍在激战中，据俘逆供：当面之逆为七八师区寿年部；二、敌主力侧重云顶山方面，兵力约两团；三、逆大部仍在莆田以南附近地区；四、拟巧拂晓攻略云顶山”等语。旋奉委员长蒋

1．铣戌瓯参电节开：据报逆主力预备集中莆田，其前卫区师之先头约筱可到仙游，望兄率10、83两师主力兼程前进，驱逐该逆先头部队，确实占领仙游、沙溪间阵地，断其归路。

2．铣亥瓯参电节开：着第九师星夜赴往仙游，沙溪间堵截，归兄指挥，八九师希即在永泰担任守备，希遵照为要。

复据各方报告，逆主力似有自莆田西窜模样，乃一面令第八三师占领坚固阵地，诸逆西窜，一面电令第九第八十九师兼程前进，所下达各师之电令要旨如下。

令　　元月十七日十九时

于三角埕总指挥部　　战字第十六号

一、据报莆田方面于十六晨窜到张炎，区寿年等逆部约三师，其先头一小部，于本晨八时到达柴桥头附近，有续向仙游前进模样，原驻先游之逆第四支队林靖部，约千人现在仙游城七八里处。我第八十九师本十七晚可到永泰附近，第九师可到梧桐尾附近。我第八三师本晨以陈旅向沟尾、沙溪之线前进，其余在仙游城东南一带高地构筑工事中。

二、第十师着由现地出发，限于明（十八）日拂晓前，以先头到达仙游城附近，而后暂在城北城西附近集结待命。

三、本部及直属队明（十八）日拂晓沿公路在第十师部队侧向仙游前进。

三、余现在三角埕总指挥部。

上令

总指挥　卫立煌

下达法：笔记传达。

永泰第九师李师长、第八十九师汤师长，密奉委员长蒋铣戌电

开：逆毛沈两部，约十七日可到莆田，着第九师星夜兼程赶往仙游、沙溪之间地区堵截，归兄指挥，第八十九师希即在永泰集结，担任守备等因，第九师着改在第十师后跟进，而后归本部直接指挥，第八十九师在永泰待命，特电遵照。卫立煌筱丑印。

本部率十师主力，于十八日拂晓，由三角埕向仙游前进，途间接到刘师长十七日十九时自柴桥头报告：

1．据报沟尾之逆为780钟团，系由莆田开来，其后续部队本十七日午刻尚未通过沙溪。

2．我249 B先头部队自午一时起，与当面之逆接触，敌在云顶山及其南高地向我顽强抵抗中。

3．已令249 B占领右自洪山，瑞沟亘龙虾、宝山之线阵地，现正在构筑工事中。

4．除494团留在仙游城任城防筑工外，其余部队集结于宝树西北及柴桥头间地区。

5．沙溪、枫亭、莆田各方均已分头派探，严密侦查中。

复奉委员长蒋各电令如下：

1．筱亥瓯参电节开：沙溪既被逆军占领，则我军务向枫亭以西至惠安地区汽车路一带积极活动，并破坏其桥梁与交通要具，须防其以一部对我主力之牵制，掩护其大部安全由汽车道通过，退泉州安溪集中也。

2．啸巳瓯参电节开：我九师未到仙游以前，如沙溪已被逆占领，则令八三师不必急强攻，先绕道占领沙溪以西枫亭涂岭各地，破坏其桥梁，以阻止其行动，待九师集结仙游完毕后，再派相当兵力，进占沙溪以西地区，横断莆泉之道，构筑工事，先取守势，然后逐渐向东迫进，以待我第二纵队及36 D由洪山或桥南下至相当地点，再行夹击莆田。我89 D以一部守备永泰，主力于巧日进止竹林坑，威胁莆田侧背但亦不必急攻，须待逆部与我仙游主力正面接战后，再行侧击，并与第36 D向莆田前设法连络。

3．巧巳瓯参电节开：汤师以一团在莆、永交界向莆田侧击威胁，其余主力，即由永泰经仙游、永春速占安溪，使逆军退路全绝，并限养日占领安溪，第三师约马日可由厦门进占同安。又36D与第二纵队约号日后，可到达莆田附近。

4．巧巳瓯参一一电节开：速令五一一师占领永春而固守之，派一部向安溪千金庙溪尾一带，竭力活动，设伏以防逆军由安溪溃窜也。

本部十时许到达仙游城，总指挥将一切部署完毕，即率参谋长等赴八三师一一四九旅前线阵地观察，适逆续以六十师约三团，自石马西北向该师左翼迂回，比令十师廿八旅由仙游跑步经岐岭向该逆迎击。同时八三师右翼方面，亦有逆部78师三团以上兵力，向我猛扑，我军沉着应战，而总指挥亲临督战，全线士气，益形振奋，激战迄十八时许，阵地前逆尸山积，逆卒不得逞，退据石马东侧亘八三师右翼前之线，占领阵地，与我对峙。据俘溪兵供：石马河南为逆78D河北为逆60D，惟逆后续各部尚在陆续南进中，遵照委员长蒋筱亥瓯参等各电令意旨以主力先占领洋山亘宝树之线阵地，加强工事，而以一部向枫亭及以南沿公路一带侧出，截逆南窜，并以一部赶占安溪，暨令在仙游、永春、德化一带之民军林靖、张雄南等部，分向惠安、漳州充分活动，袭击逆后方，所下达各部队之命令要旨如下：

命令　　元月十八日廿二时于仙游总指挥部

战字第十七号

一、逆六十师大部占据洋山南亘石马之线，逆七十八师占据石马亘云顶山以西之线，现与我第，十第八十三两师对峙中，其余各逆似尚在莆田及以南一带，枫亭、沙溪间西侧之悔岭，有逆一团踞守。我第卅六师明十九日可赶到莆田以北地区；第八十七、八十八师十九、二十等日可续到莆田。

我第三师由马尾登轮，转由厦门上陆，廿一日可进占同安。我第五十二师卢兴荣部刻续向永春前进中。洋山有我闽南讨逆第七支队司令林靖部数百人，已派员至八三师连络。已令现在仙游西境之林靖部即向惠安洛阳桥现在德化，永春之闽南讨逆军司令张雄南部即向同安、漳州一带充分活动。

二、军以待由福州南进之友军到达莆田以北附近地区，再行会歼该匪之目的，先占领洋山亘宝树迄枫亭附近之线，截逆南窜。

三、第九师着于明（十九日）拂晓，以先到仙游以北之主力，接第十师昆仑山（仙游城东北约廿里）附近之阵地，并以一小部接替该师仙游城防。但后续部队到达埗头附近，如当面情况无变化，则酌派一团兵力，经洋前进占洋山，以威胁踞石马河东一带逆军之侧背。

四、第十师着于明（十九）日拂晓将阵地及仙游城防交由第九师接替完毕后，即经柴桥头附近及园头庄（即慈孝里）东北地区，向枫亭及以南沿公路西侧，布置堵截，相机攻取枫亭、驿坂、坚固占领，截逆南窜之路。

五、第八十三师着仍以一部占领石马河西亘宝树东南一带高地现阵地之线，加强工事，左与第九师，右与第十师取连络，主力仍控置于瑞沟东侧地区，并随时侦察当面逆情，毋使逃脱。

六、战斗境地（明十九日第九师接防后）。

第九师、第八十三师——石马桥——瑞沟西北侧高地——亘柴桥头北侧相连之线，线上属第八三师。

七、第九师明早应速向总指挥部架设电话，第十师前进后，如情况许可，应向第八十三师右翼旅团架电话，与本部连络。

八、余在仙游城总指挥部。

上令

总指挥　卫立煌

传达法：先以电话传达要旨，尔后以笔记派员乘汽车专送。

注意：一、所用地图参照仙游县图及附发路线图。

二、交接防务时间由各师自行协定，但届时如逆来犯则应暂行停止交接。

三、各师阵地应注意纵深配备与坚固工事。

日没后迄十九日五时止，全线战况沉寂，但自拂晓起，逆复以山炮数门向我八三师右翼前据点阵地炮击，频以营以上部队分五六个纵队向我左右翼冲击，数逼近我阵地，均经以炽盛火力，逆袭击退，遗尸遍野，全线激战情形，复呈异常猛烈，经电请委员长蒋派空军向石马南北及以东一带逆阵地轰炸。我李九师后续部队因山路行进困难，至七时许尚在仙北四五十里赶进中。为顾虑逆军乘隙南窜，乃改令九师以主力八时起开始接替十师阵地，令十师由慈孝里向枫亭及迤南地区移动，进占枫亭南公路西侧一带高地，并相机夺取驿坂，截逆退路。逆军尽日以密集队数向我阵地冲锋，企图突破我阵地，我军沉着应战一面继续加强工事，黄昏后激战更烈，迭奉委员长蒋

1．皓巳瓯参电节开：一、我第二纵队第卅六师及第八十七师之一旅，昨已渡河完毕，今可到达宏路、渔溪附近，威胁逆莆田后方。二、我军只要正面稳固，尽可多抽部队，到达惠安以东或以西地区，分组截断公路，节节袭击，横断其退路，总须达成一网打尽之目的，以为我战史创例也。

2.皓酉瓯参电节开：我兵舰四艘在兴化湾内，向莆田逆炮击，逆军必不敢再在仙游与我作持久战，本夜逆军必以全力向我夜袭，只要我阵地稳固，则明日逆军必成强弩之末，不必再有顾虑。又我卢部如尚未占领永春，则以一团防守永城，其余主力饬即兼程进占安溪为要。

3．皓巳瓯参一一电节开：留守永泰之一团，准其固守永泰，不必向莆田威胁，惟须向尤溪、闽清方面严密警戒，梧桐尾松

口一带须留一团防守，对尤溪，大田方面，切实警戒，以掩护我仙游主力之侧背也。即令汤恩伯师于永泰，梧桐尾，嵩口一带，留两团警戒外，余速向指定目标急进，并令李默庵师，迅向枫亭以南一带努力截击。迨至二十日拂晓枫亭涂岭方面，忽呈浓密枪炮声，判断系我十师截击激战。当即飞令汤恩伯师星夜向十师右翼慈孝里以东地区前进，协力截击。复令第九第八十三师，相机出击。我空军战斗机两架，自十时起，向逆阵地投弹轰炸，逆伤亡极夥。据俘虏供，当面之逆，为第三第七八第六十各师，四十九师皓夜到涵江，两日来逆部伤亡奇重，而以第三第七八师为尤甚，综计逆方第一线兵力，确在十二团左右等语。复据报告逆方以连日激战，损失奇重，现涂岭一带公路，已被我第十师堵截，我二四路军已追抵莆田以北附近，第三师已由嵩屿登陆，向漳厦进迫。民军蜂起到处袭击，已处于整个被我包围之势，决以一部固守宝树东南一带现阵地，掩护其主力沿公路冲出涂岭，向漳泉退窜，乃令正面之第九第八十三师各以一部固守阵地，主力向枫亭沙溪、之线攻击前进。十师坚固占领涂岭、驿坂，死力截击，八九师向慈孝里周宅之线急进，连系第十师，以待由福州南进之友军到达沙溪一带，一举而围歼之，各期所下达之命令要旨如次：

（1）命令　　元月二十日八时于仙游城总指挥部

战字第十八号

一、当面之逆，昨日集其主力，数向我八三师右翼猛攻未逞，伤亡极众，现观察其全线兵力较稀薄，似有准备南窜之样，莆田附近昨到有逆四九师大部。我第十师昨十九日日没到达园头庄及以东附近，预定号寅续向涂岭挺进，截逆退路，号子逆曾以小部队，向该师前哨袭击。我第卅六师附八七师之一旅，昨午到达江口附近，将该处逆后卫之一团击溃后，昨晚全部进占涵江附近，本晨续向莆田沙溪追击前进。第二纵队刻正向莆田跟进中。我八九师本晚可到仙游何岭关间地区。我海军已到莆田湾开始向莆田沙溪之逆炮击。

二、军以俟第十师确实占领涂岭一带后，即开始向当面之逆围攻。

三、第九、师着即以现在洋山附近之一团，先向宝树东北，努力威胁敌之侧背，并确实侦查敌阵地情形与兵力配备，同时对石马方面，亦须酌派一小部施行威力侦察。

四、第八三师一面威力侦察当面之逆，一面集结主力于右翼方面，准备向瑞沟，沙溪方向出击。并速与第十师速取连络。

五、第九第八三师，应速将正面各据点工事，极力加强，准备以少数之兵，得阻逆西窜。

六、余现在仙游城。

上令

总指挥　卫立煌

下达法：笔记专送。

（２）命令　　元月廿日十时

于仙游城总指挥部

战字第十九号

一、我当面之逆大部刻正沿公路向泉州方面溃退，宝树东南一带高地，尚有残留掩护队。我第十师方面枪炮声甚浓密，似正在截逆激战中。

二、军以迅将当面退窜之逆于惠安以北地区围歼之目的，先以一部固守阵地，主力即向沙溪、枫亭之线追击前进。

三、第九师即以一部由左翼向宝树东南方向追击前进，先将宝树东南云鼎山一带高地之逆解决，其主力暂在原阵地及瑞沟以北附近，集结待命。但仙游城仍由该师以一营兵力守备之。

四、第十师应仍于涂岭一带，截击南窜之逆，如逆大部已退，则以主力向惠安追击前进。

五、第八三师除以一部固守现阵地外，即抽主力向沙溪枫亭之线扫荡前进。但如云鼎山附近仍有逆大部，则应以一部协助第九师部队解决之。

六、第九第八三师追击境界为：石马南端——宝树南端沿公路迄沙溪枫亭之线，线上属八三师。

七、第八三师即派通讯营应乎追击之推进，迅速收复通枫亭长途电话线，第九第八三师应即向宝树西端，架设电话。

八、余即赴宝树西端。

上令

总指挥　卫立煌

下达法：先将要旨电达，尔后笔记补送。

（３）命令　　元月廿日廿一时于后戴总指挥部

战字第廿号

一、综据俘逆供：逆第四九师(四团)第六十师(六团)第六一师(三团)第七八师(六团)及马鸿兴部一团并特务团等现均窜集于涂岭以北亘莆以南宝树东南一带地区，连日经我各师痛击，伤亡极众，军心瓦解已呈崩溃之象，（七八师损失尤众)。我第卅六师附八七师之一旅，本晨十时已占领莆田城第八七师，（欠一旅）及第八八师，今明日可全部到达莆田西南地区，续向沙溪追击。

二，军以占领盖尾、宝树及周宅园头庄以东亘涂岭、驿坂之线，各要点各要道，堵截逆之突窜，以待由福州南进之友军到着，再行一举围歼之。

三、第九师着即占领右自宝树南侧亘盖尾迄无名山，主力仍控置于瑞沟以东附近，并设法与卅六师取连络。但现已攻占之阵地前村落不放弃，宝塔山一带之旧阵地，不必再留守兵，仙游城防仍由该师担任。

四、第十师着仍坚固占领驿坂涂岭亘西北之线，死力截击南窜之逆。

五、第八三师着仍占领沙溪郊尾以西现阵地亘洪山迄宝树西南侧高地之线，据守各要点，增强工事，主力应注意右翼方面并与八十九师切取连系。

六、第八九师着限于明廿一日拂晓先到达周宅园头庄之线，再向枫亭沙溪之线推进，右与第十师左与第八三师切取连系，扼要赶筑据点工事，堵逆向西南逃窜。如逆主力向十师猛攻应即充分策应之。

七、作战地境：

第 九 师　柴桥头——田头庄——郊尾公路相连之线。

第八三师　寨岭——下社——梅岭相连之线。

第八九师

第 十 师　洋尾——溪南——枫亭相连之线。

线上及以北均属左方师（但八九师因限于图上无名该师境界线应向以南延伸，力求与十师取得连系。

八、通信：第九、第八三师主用有线电话、第十第八九师主用无线电报，但八九师到达园头庄周宅以东之线后，应先与第十、第八三师连络，设法互架电话，重要情况由邻接各师传递本部。

九、各师应于所属正面选择良好出击路，如逆动摇，或有良机可乘，应即断然转取攻势，以期各个歼灭之。

上令

总指挥　　卫立煌

下达法：除第十师用电达外，其余各师先以电话传达，再笔记补送。

注意事项：

一、各师力求节省弹药，俟敌接近阵地前，再以猛烈火力消灭之。

二、所用地图，为莆仙二县图。

三、逆军如猛冲某师时，邻接部队不分境界切实互援。

四、作战地境因地图与实地未十分确切，各师应互取连系，使各要点要道，不发生过大空隙。

十时许我八三师以主力由右翼向枫亭、沙溪之线，九师以一部向宝树东北威胁逆侧背，一部向石马以东攻击前进。逆军节节顽抗，往复冲锋，死伤极重，激战至午后五时许，我八三师遂攻占郊尾亘沙溪西侧附近，九师占领宝树东北附近一带高地续向前进。逆军以我大军紧迫，涂岭公路已被十师截断，士气沮丧，其大部当夜即经涂岭以东沿海边向惠泉方向溃窜。次晨我军会合卅六师，并以第十第八三师跟踪追击，以第九第八九师分向永春南安之线急进，堵逆西窜，以期围歼该逆于泉州附近一带地区。

五、涂岭截逆战斗经过概况

我第十师于十九日晨，将石马以西一带阵地交第九师接替后，即经周宅慈孝里（即园头庄）向涂岭急进，园头庄附近逆之警戒部队经驱逐后于廿日拂晓，先头之卅旅，到达涂岭西北一带，以59团展开涂岭河北，58团展开于涂岭河南一带高地，逐次跃进，侦探队向涂岭村南地区活动。惟逆军特务团、独立团等部，已先期占据涂岭西侧附近一带高地，筑工固守。时逆部马鸿兴等团及汽车数十辆，正欲由涂岭村沿公路南窜，我侦探队睹状，即突入村南侧，急向逆部猛攻，该逆猝不及防，顿呈混乱之状，当缴获短枪及手提机枪百余支，俘逆百余人，余逆退入村内，汽车被毁十余辆。据俘逆供：蔡廷锴适在村落内，于混乱中只身乘隙南窜，被缴械者即蔡之卫士，被毁汽车即其所乘者。我后续之廿八旅闻枪炮声即跑步前进，向卅旅右翼延伸，以备包围涂岭。第因该地区一带遍属重峦，嵯峨险峻，道路尤为逼窄，攀登极难，及赶到涂岭西南一带，逆主力续由枫亭南窜，向我卅旅阵地猛冲，一部向涂岭村应援，迄午刻，集结涂岭附近之逆，已达两师之众，频以三四团以上兵力，密集冲锋，我军沉着应战。兹将李师长报告战况各电录下：

1．号辰电：一、逆大部约数千人，陆续沿枫惠公路，向泉州退却。二、职师先头卅旅于本日拂晓占领涂岭西北一带高地，迫近公路，敌由枫惠退窜之机已断。三、已饬卅旅坚固阵地，刻正向逆猛攻中，其余部队正陆续到达。

2．号午电：一、逆独二团及特务团，昨午后六时，由莆田退来，本拂晓与先头部队接触。二、逆60、61、78各师均在仙游莆田一带，准备总退却，枫亭有逆约两团驻山上。

3．（一）逆军主力确未退出涂岭以南。（二）至现发电时止，其原在涂岭之逆及陆续新自枫亭退涂岭之逆，约在七团以上，占据阵地，似有与我决战之企图。（三）本师自辰迄申，激战未息。

4．号亥电：（一）此间之逆，增加至十团以上，屡用三四团密集队向我猛冲，均被击退，黄昏以来仍在激战中。（二）本师现阵地正宽，公路以北高地均经占领，其以南高地仍在逆手中。（三）枫亭附近起火，逆军仓惶特甚。

5．马卯电：逆独立团特务团等皓日已占涂岭，本师号拂晓攻占涂岭以北一带高地，逆即退沿马路村庄及以南高地死守，自辰刻起陆续由仙游方向开到49、60、78等师，向本师阵地猛烈攻击，激战终夜，数次向我冲锋之逆，均被击退，死伤达二千以上，我官兵伤亦达五百余。

本部于廿日午前八时接到李师长报告截逆激战情形，除令正面之第八三、第九两师向沙溪、枫亭迄云鼎山一带逆阵地猛攻外，并电令十师坚固占领阵地，加强工事，死力堵截。复令第八九师赶速向周宅园头庄之线前进，增援第十师协力堵击，防逆南窜。各师奉令后积极活动，迄午后五时，我正面之八三师攻占郊尾亘沙溪西侧附近，九师占领宝树东北附近一带高地，压迫逆军，俾得与由莆田南下之友军及涂岭十师，围歼该逆。而我八九师部队限于山道行进困难，至黄昏前，先头队始得到达园头庄附近，故涂岭方面我十师独与逆数倍之众激战一昼一夜。逆虽频以三四团密集队，向该师冲击，企图突破我阵地，沿公路向漳泉退却，但我军沉着应付，逆徒蒙重大损失，卒未达到目的。

逆受我各部连日猛击，损失极重，日没后除以一部拒战我十师于涂岭以西附近一带，其大部乘绕经涂岭以东沿海边向惠安狼狈溃窜。廿一日拂晓，我十师出击，激战二小时残逆不支，当被我十师完全解决。十时许沿公路向惠安方向追击前进。本部接得李师长电报报告战斗结局情形如次：

1．马辰电：本师占领涂岭侧面阵地，侧击逆军，激战一昼夜，逆死伤二十余，残逆乘夜沿海边向惠安方向溃窜，刻饬各部跟追中。

2．马巳电：战斗结局，残逆狼狈溃退，计缴获逆枪二千余支，重机枪廿余挺，俘逆三千余名，无线电一台，汽车十余辆，其余辎重无算，沿途遗弃遍地，刻正在清查中，并以一部扫清战场，本师伤营长二员，连排长廿五员，士兵五百余。所有俘获伤亡及消耗弹药如附表第三第四之统计。

六、洛阳桥之役

Ⅰ．追击前我军之部署

廿一日拂晓我十师自涂岭西侧出击，时逆大部已沿海边向惠安溃窜，当即下达各部队之追击命令，其要旨如次：

命令　　元月廿一日十时于后戴总指挥部

战字第廿一号

一、当面之逆受我各部连日猛击，其大部于昨夜由涂岭以东，沿海边向惠安方向逃窜。我卅六师及第四路军昨攻至沙溪东北之长岭附近，尔后即在该处集结，肃清沙溪以北一带散匪。我第三师已由嵩屿上陆，向漳州前进，漳厦之逆向泉州方向逃窜。我闽南民军司令陈铮部现占安溪，与泉讨逆军司令余承尧部现占南安，永仙讨逆军司令张雄南部十九日占永春，卢兴荣廿日到永春，均已分令向漳州、同安、南安，及以南一带截逆退路。

二、军以跟踪急追，一鼓围歼残逆之目的，即向安溪、南安、惠安之线追击前进。

三、第九师着即由现地经新岭坝珠道，沿驿坂以北地区，向南安追击前进，但园头庄以东如有残逆，应即以一部歼灭之，主力继续速进。

四、第十师即沿公路向惠安、泉州尾逆跟追。

五、第八十三师即沿沙溪、惠安公路追击前进，到达涂岭以北附近即改在十师后跟进。

六、第八九师（欠两团）即由园头庄附近折取捷径，向安溪追击前进。

七、各部与本部通信，除八三师主用电话外，余主用无线电。

八、余现在后戴总指挥部，尔后随八三师行进。

总指挥　卫立煌

下达法：除第十师电达外，余均先以电话传达要旨，尔后笔记补送。

各部队奉令后，即分途追击，我十师沿公路、八三师随十师后，向惠安攻击前进，当晚追抵惠安城，残逆复向泉州星夜溃窜。

I、洛阳桥渡河攻击战斗经过概况

洛阳桥横跨洛阳江，为由惠安通泉州公路必经之喉道，距泉州卅里，长三百六十丈，广三丈，东临海湾，潮涨时水深度达三米许，潮落时深亦在三米许不等，河底为岩石，徒渡舟渡俱困难，逆军据而守之，实天然阻碍也。廿二日晨七时，许逆大部已窜抵洛阳桥以西迄泉州附近，以六十师主力三团余沿河南岸高地凭险扼守，以一团兵力据守洛阳桥南端，并筑有强固工事，配置机枪及铁丝网阻我前进，其主力则配置于泉州东五里亭北青凉山亘南安东北高地之线。我十师于廿二日午前八时许，追抵洛阳桥北端，逆凭险抗拒。该师即以第五六团主力占领北岸及桥西北一带高地，对西北方向警戒一部占领桥北端，监视南岸之逆，山炮连占领洛阳镇东之高地阵地。时潮水初涨，该师为迅速解决残逆计，不顾一切，即以廿八旅绕由桥西约四里处，施行强渡，迄午已有一团藉炮火掩护之下，将河南岸一带高地逆一营完全缴械，一面筑工，以掩护后续部队之续渡。迨下午三时许我补充团及五七团亦全部渡河完毕，向五六团左翼延伸，攻击前进，复将河南岸之逆第一阵地完全占领。（参看附图第七）本部及八三师先头队亦陆续赶到，洛阳桥北端一带，正拟以该师全力向泉州城北一带之匪主阵地带攻击时，适逆方沈、区、毛、张等四师长派毛部参谋长赵锦雯由泉州持委员长蒋手令来部接洽投诚，并出示其马日通电。旋本部亦由空军投下委员长蒋手令，准予逆部投诚，并饬总指挥以全权处理一切，遂饬前线部队将河南岸之逆第一第二线各阵地确实占领后，暂行停止攻击。复令第九第八九师改于溪尾集结，堵逆西窜。兹将各期所下达之命令要旨录下：

命令　　元月廿一日廿三时于涂岭总指挥部

战字第廿二号

一、我第十师本晚追占惠安城，逆续向泉州星夜溃窜。

二、第八三师着于明（廿二）日拂晓由现地出发至惠安城集结待命。

三、总指挥部明日在八三师后跟进，明晚拟在洛阳桥附近宿营。

四、余现在涂岭总指挥部。

上令

总指挥　卫立煌

命令　　元月廿二日十一时于洛阳桥总指挥部

战字第廿三号

一、李、陈、蒋、蔡诸逆已向龙岩逃窜，沈、区、毛、张诸部，已于昨日通电反正，今日派其参谋长赵锦雯前来接洽投诚。我第三师之一旅本日可占安溪，又一团已占同安，奉委员长蒋手示，准予逆部投诚，着我前线暂行停止攻击。已改令第九第八九师，即改于溪尾集结，堵逆西窜。

二、第十师着仍占领现阵地，加强工事，严密监视当面之逆。

三、第八三师着以一旅明廿三日拂晓，进占河市附近，构筑工事，与十师连络，监视泉州之逆，特须注意其向西北方向逃窜，其余主力仍暂控置于洛阳附近地区。

四、余现在洛阳桥北端总指挥部。

上令　　　　总指挥　卫立煌

下达法：笔记专送。

注意：一、河市南端高地，如尚有逆部占据，则八三师之一旅即在河市以东或以南附近选择良好阵地占领之，不必向逆攻击。

二、非逆来攻，各部应禁止发射。

第四篇　讨逆完成

一、逆军投诚之经过

陈、蔡诸逆，称兵叛国，挟其所部十九路军分布闽北，以为抗拒大军之计。我委员长蒋以十九路军将士，实受蔡逆等之威胁，殊不愿其附逆走险，故自大军出动之初，即遍发告逆将士书，劝令觉悟来归。迨仙游、涂岭各役，逆方六十，六一、四九、七八等师及独立特务团等，被我截击，损失极巨，士气沮丧，及退集泉州一带，大军紧蹑，形势尤为穷促。我委员长蒋更以手书投示逆方，谕令立即改悔，准予自新，免致玉石俱焚。逆方将士感于委员长蒋之宽容，遂于廿一日沈、区、毛、张四师长自泉州通电全国，表示反正。次午派其参谋长赵锦雯过洛阳桥，持函前来军中接洽投诚，呈示委员长蒋手谕及其马日通电文，并要求前方停止攻击。时本部于洛阳桥北端，亦接到空军投下委员长蒋手示，准许逆部投诚，但须移驻莆田、福清、惠安三县，听候改编，腾出泉州，由我军驻防，并由总指挥全权处理一切。总指挥当即召集前线各师旅长，晓示委员长蒋意旨，一面令赵锦雯遣回泉州，转达沈区等限期遵行；一面谕令前线各部队，在原阵地停止攻击，监视当面之逆。但为紧逼逆军就范计，特令各部向泉州包围紧逼，并电请委员长蒋于我军未到安溪尾一带以前，请多派空军监视泉西道路防逆西窜。其部署如下：

命令　　元月廿二日廿一时

于洛阳桥总指挥部

战字第廿四号

一、沈、区、毛、张诸逆，刻仍在泉州城附近接洽投诚中，尚未完全就范。我第卅六师现在惠安及以南地区集结。

二、军以紧逼残逆，使其迅速就范之目的，先行坚固占领洛阳桥，河西一带，高地，亘河市、洪濑、溪尾、岭兜、安海之线，扼要堵逆逃窜。

三、第八十三师着仍以一部占领河市东西之线，构筑工事，严密监视、主力仍控置于洛阳桥东北西塘一带。

四、第十师着仍坚固占领洛阳桥河西现阵地之线。

五、第九师附五二师卢副师长兴荣所部，及永仙讨逆军司令张雄南部兴泉讨逆军司令余承尧部，着于明（廿四）日确实占领洪濑、美林、上店街、溪尾、岭兜之线与安溪方面第三师部队切取连系。

六、第八九师着于明（廿四）日确实占领岭兜、官桥、安海之线与同安方面第三师部队切取连系。

七、警戒地境：

第十师

吕埔——三舍——新街相连之线线上及以南属第十师。

第八十三师

洋格岭——南塘相连之线线上及以西属第九师。

第九师

古陵塘——官桥——院口相连之线线上及以南属第八九师。

第八九师

八、各师对所属正面，应行严密监视，如发现有逆大部移窜，企图逃脱等情形，应即开始痛击；一面通报邻接友军协同动作一举围歼之。

九、各师除扼要构筑坚固阵地外，须构成良好通信网，两师之间规定为相对架设相互切取连系。

十、余现在洛阳桥北端总指挥部。

上令

总指挥　卫立煌

下达法：一、第十师先电话传达要旨后，用笔记专送。二、第九第八九师将要旨电达。三、卢、余、张各部，电达要旨，由李指挥官转致。

注意： 1．在残逆接洽投诚间，我方应予自新之路，前线部队停止前进与射击。2．所用地图为卅万分一。

廿四日赵锦雯来部，据称毛维寿、区寿年等商洽结果均决心归顺中央，委员长所示各办法完全遵行，并拟于明（廿五）晨遵照指定地点移防，惟恳于泉州准暂留兵一营以为护运物品之用，并恳饬空军勿再轰炸等语。当即转报委员长蒋核示，旋奉：

1．梗亥机京电节开：蔡逆等飞抵龙岩，令逆部向西北逃窜，我军决将逆部根本歼灭，免贻后患，第八七第卅六师即由兄就近指挥。

2．漾未京机电节开：泉州逆部如不遵令离泉，则罢论一切，决于廿五日开始围攻，即令卜福斯炮到泉州，如何部署盼复。等因。遵即飞电各部队，部署围攻泉州，其电令如下：

急。汤恩伯、李延年、李玉堂、宋希濂、王敬久、李默庵、刘戡：密。（一）据报蔡逆已到龙岩，令逆部向西北逃窜。（二）军决即将逆部围歼免贻后患。（三）第十第八三师仍占领洛阳桥河市之线待令分向泉州城东城北围攻。（四）第卅六师着即由惠安经河市及以北道路，限明拂晓到达洪濑附近。第八七师即向惠安推进，任总预备队。（五）第九师（附卢兴荣、张雄南、余承尧各部）第卅六师第八九师着暂归汤副总指挥恩伯统一指挥，限有日集结主力于上店街、溪尾南北一带，待命向南安及泉州西及西南围攻。但今明如逆向西或西北移窜，各部应一面坚阵堵截，一面连系围歼之。（六）第三师安溪、同安及以南部队应并归汤副总指挥之指挥，协歼残逆。卫立煌敬未参。并将以上部署情形电呈委员长蒋。嗣奉回中京机复电开：

泉州准其驻兵一营，以为护运之用，余应一律移驻，不得延误。等因。复据赵锦雯及派赴泉州之十师旅长陈沛等面称："沈等反正来投，确属至诚，张、毛，尤为恳挚，已决定明日向指定地点开动，其拟定行动与驻地如下：（1）有日60，78师至惠安及以北，宥至莆田，感日60师驻福清，78师涵江莆田。（2）宥日61、49师至惠安，感日49师进驻莆田枫亭。现泉州已遍悬青天白日旗，各部已恢复中央原有番号。"又据汤恩伯等电告八九师到达溪尾，第九师到达溪尾并以补充团驻洪濑，对泉州方向警戒。本部为监视沈部等便利计，即将洛阳桥南北部队移于西塘庄兜一带，所下达各部队之命令要旨如次：

命令　　元月廿四日十九时于庄兜总指挥部

战字第廿五号

一、沈、毛、区、张诸残部，迭受痛击，觉悟来归，预定明（廿五）日拂晓遵委员长蒋电令规定，开往福清、涵江、莆田、惠安、江口一带地区待命。其行军序列与驻地，分配据报如下：第六十师第七十八师廿五日由泉州开拔，至惠安及以北一带，廿六日至莆田，廿七日以六十师驻福清渔溪，七十八师驻涵江莆田。第六十一师、第四十九师廿六日由泉州出发至惠安，廿七日以四十九师推驻莆田枫亭。邱兆琛部（两团）随六十师行动，尔后驻江口。

二、军为警戒便利起见，明（廿五）日移于西塘庄兜亘河西之线，施行严密警戒及监视。

三、军十师除以二十八旅及补充团在洛阳桥河西原阵地警戒外，其余着于明（廿五）日拂晓移驻于庄兜及以北地区占领阵地改对洛阳桥东西惠洛段公路，严密警戒，左翼与八三师连系。

四、第八三师除二四七旅在河市原阵地外，其余着与明（廿五）日拂晓移于西塘以北一带高地，改对惠洛公路严密警戒。该师在兜附近部队，应于拂晓时酌为北移。

五、总指挥部明（廿五）日拂晓移驻庄兜附近。

六、余现在洛阳桥总指挥部。

上令

总指挥　卫立煌

下达法：笔记专送。

注　意：一、明拂晓移防后，所有惠洛段公路附近及以南一律不准驻队。二、明拂晓第十师守备洛阳桥头部队须酌留一小部待以东部队北移完毕，再行续移。

廿五日拂晓，泉州部队按60、78、49、61师之顺序，整装出发，迄八时许，先头之第六十师通过洛阳桥北进，后续各师鱼贯而行，秩序整然，迄午后三时许全部通过完毕。区寿年、张炎、毛维寿于通过洛阳桥时，先后赴庄兜晋谒总指挥，咸表示此次闽变，实出于二三叛逆之阴谋，承委员长蒋不咎既往，恩予自新之路，全体官兵，莫不感戴，此后自当矢志服从委员长戮力尽职，以报万一。总指挥复温言慰勉，咸为感悦。该部当晚到达惠安以南一带，次晨续向指定地点前进。本部以沈、区等已遵令向指定地区移驻，即以主力推进泉州，并规定各部队驻地区分，下达各部队之电令如次：

命令　元月廿五日十八时于庄兜总指挥部

战字第廿六号

一、沈、区、毛、张诸部约于明（廿六）日后及廿七日前可到达指定地区待令。

二、军之主力明（廿六）推进于泉州及其附近。

三、第十师除留一团驻洛阳桥附近外，其余于明（廿六）日七时出发，推进于泉州城东附近地区。

四、第八三师除先遣之一团已进驻泉州外，其余于明(廿六)日十时在总指挥部后推进于泉州城西附近地区。

五、明廿六日起第十第八三两师警戒地境以蔡井、田边、泉州城北门与南门新桥迄河南泉安公路相连之线线，上及以西属第八三师，以东属第十师（但城东南两门归十师西北两门归八三师守备之）。

六、各师到达泉州后，对军风纪须严加整饬。

七、总指挥部明廿六日九时卅分在十师后推进于泉州城、

八、余现在庄兜总指挥部。

上令

总指挥　卫立煌

下达法：笔记专送。

急。汤恩伯、李延年、李玉堂、宋希濂、李默庵、刘戡、卢兴荣、张雄南、余承尧均鉴：密。沈、区、毛、张诸部已遵奉委员长蒋电令于有晨由泉州开拔向指定之福清、惠安、莆田三县地区移动，刻正通过洛阳桥北移中。（一）我各师驻地兹暂规定如下：第九师洪濑南安。第八九师安海以北。第三师仍在漳州、同安、安溪一带。卅六师仙游。第十师洛阳桥泉州。八三师河市泉州。（二）余、张两司令所部，暨各民军先就部队所在地集结停止活动。（三）各部与本部通信，主用长途电话，如有损坏，应由各师先行修复。（四）本部明廿六日进驻泉州。（五）各部接防情形，迅即电告。卫立煌有已印。

二、改编经过

廿八日奉委员长蒋戡日手令，规定六十、六一、四九、七八各师均改编为三团制，委毛维寿、张炎为第七路军总副指挥。以陈沛、杨挺亚、伍诚仁、文朝籍为师长，符昭骞、林英等为团长。任沿用原番号，所有编余官兵，一律给资遣散。又奉艳辰机京电开：

第七路军调换军官，准调入中央军官学校军官班与高级班或陆大肄业毕后仍照旧任用等因。遵即转电各新委师团长遵照，除杨挺亚因事未到任外。（六一师师长暂仍由毛维寿兼代）余均于廿九日赴惠安第七路军总指挥部与毛、张两总指挥洽商一切改编步骤，次日即分别遄赴各师防地着手改编。本部为监视所编各师改编起见，分令汤恩伯、宋希濂等师于郊尾南北一带集结监视，迄二月三日除六一师外，余均一律先后改编就绪，编余官兵，均由前敌总部派员资遣，并于七日前后陆续登轮离境。

三、新编师移防输送之次序

二月一日奉委员长蒋东申机杭电节开：改编已毕之师，可先开京训练等因。七日奉军委会虞电转奉委员长蒋谕：着改编师第一个开开封，第二个开归德，第三个开蚌埠，第四个开武昌，等因，经规定六十师驻开封，七八师驻归德，六一师开蚌埠，四九师开武昌，转知各师准备，嗣于五日据毛总指挥面称："张炎行后，四九师下级干部受蔡廷锴之煽惑，有于删日暴动之说。"当即飞令汤恩伯、宋希濂、李延年各师，严加防范，旋由汤、宋、伍，各师长洽商结果，由各师自动缴存枪械，六十、七八两师即于八、十等日，六一、四九两师于廿二、廿三等日先后登轮，分向指定地点输送，其所遗防地，随由第十、第九第八九等师分别接替，关于各师改编移防异常顺利，地方亦安谧如常。

四、任务达到

本路军自廿二年十二月中旬奉令讨逆，由赣出发，经金资入闽，而资光间，为赣闽毗境，万山丛叠，道路崎岖，尤为匪化最久之区，我军以敏捷行动，沿途芟除荆棘，扫清残匪，月杪即进占顺昌附近延平逆军之背，复渡江东进，克湾口，胁水口、延平，古田逆军，孤守无援，举城以降。于是闽江北岸，逆方战略据点，全为我有，其福州根据地遂亦根本动摇，不能固守。然逆主力之第六十、六一、四九、七八各师，尚保持其原有实力，尤冀扶据漳泉形胜之地，另图和缓方策，以达负隅之计，故于古田下后，即集结福州，渡江南窜，其企图甚明也。惟本路军自克湾口，即折取捷径历经永泰、梧桐、尾麟洞而达仙游，截其退路，其间攀越重岭，昼夜兼程，行动之艰苦与神速，俱达极点。及仙游、涂岭两役，血战亘五昼夜，逆军极其凶悍顽强之手段，然我军沉着应战，卒能以寡胜众，使逆蒙受巨创，士气沮丧，致入于不堪再战之状态。迨委员长蒋投书劝诫，促令觉悟，而逆军全部俯首就范，不敢异乱，此虽我将士能上体剿赤御侮必先讨逆之决心，忠勇愤发，用能迅摧悍逆，要亦顺逆之分有定，僭妄叛国，败不旋踵，可以鉴诸。

〔国民政府战史编纂委员会档案〕

7.国民党陆军第九师水口之役战斗详报

（1934年11月　日）

陆军第九师水口之役战斗详报

本师为迎击福州方面逆军主力容易起见，于一月七日取断然处置，将水口方面之敌先行解决，以清后顾，详情如下：

一、战斗前逆我形势概要

1．逆军以其第五军（第五七两师）占领延平、古田、水口之线，企图牵引我军于该线正面，次以集结福州附近之主力（四师）进出大湖、白沙之线，袭我侧面。

水口附近之逆军约两团一营（山炮二门）在棋于山亘尖山之线占领坚固阵地，以待主力西进。

2．本师一月四日挺进至感德洋、上坑一带后，即饬所部分别占领岭边西北高地亘关山冈及其以北高地之线，从事侦察，策定攻击计划。

同月六日日没后，以主力（四团）位置于棋干山东北地区，一部位置于岭边附近，炮兵队（一营）位置于关山冈西北高地，各对棋干山尖山之敌阵地完毕攻击准备，七日上午十时三十分，开始总攻击。

我第三师于本师攻击前后，在李园、张滐之线对福州之敌警戒。

二、影响于战斗之天候气象及战地状态

连日天候晴和，气象高爽，月色亦佳。惟攻之晨消雾较晚，气候乍寒，风向东北，日出日没，均在上下午六时。由感德洋至水口一带，峰岚重叠，以关山冈为最高，被我军先行占领为侦察据点，影响作战颇巨。由岭边至水口一带，连山环绕，间多断绝地，坡崖险急，攀登困难，不适主力军作战。

三、敌我交战之兵力及敌军部队号暨其将帅姓名水口之敌约二千余，系谭启秀部第七师之第二、三两团又一营及山炮一连，师长司徒非。

四、攻击之部署及战斗经过

甲、攻击部署

本师以歼灭水口附近逆敌之目的，令定攻击部署如下：

1．右翼队（张旅长、郑作民、二十六旅、补充团）限于七日上午七时以前，展开于关山冈亘其以北高地之线，驱逐逆军警戒队完毕攻击准备，至上午十时三十分，向棋干山之敌攻击前进，并须酌派一部先由四堡前进，佯攻敌之左翼。

2．左翼队（五十团欠迫炮连）限于七日上午六时以前，展开于岭边坑头之线，驱逐敌之警戒队，准备佯攻。至上午八时半左右，即向当面之敌攻击前进，午后应随主力攻击之进步，以火力适时牵引当面之敌，使主力方面攻击容易为要。

对于闽江南岸之警戒，须随时注意。

3．作战地境

右翼队＼
　　　　＞关山冈最高峰南端——棋干山鞍部线（线上属右）
左翼队／

4．炮兵队（第三师炮营）应在乌林附近选定阵地，限七日上午八时前完毕射击准备，对敌阵地之全线及后方须能充分射击，尤须能以最大之威力集中棋干山之敌阵为要。

5．预备队（第二十五旅欠五十团）限于七日上午七时前，集结关山冈东端待命。

6．迫击炮队（第四十九、五十团迫炮连）应在关山冈五十二团第一营阵地左前方高地选定阵地，对棋干山一带集中射击，援助主力之攻击，阵地工事，务于六日晚完成，七日上午七时进入阵地。

7．工兵营及师侦探队，统归工兵营长曾济民指挥，于六日晚九时前，接替感德洋东端补充团防务完毕，对东北两方向严密警戒。

8．通讯连应于七日上午七时前，完成两翼队、炮兵队、师预备队及司令部间之通信网。

9．无线电队与总指挥部间，无线电排与第三师间，应不断连络。

10．卫生队第一连第二连，应于七日上午九时以前，以大部位置于关山冈东端，一部位置于坑头东端开设绷带所。

11．军械处于七日前九时携带步弹二万发位置于关山冈东端，准备补给。

12．军医院于七日上午九时，在感德洋准备开设。

13．输送营特务连大行李在感德洋停止待命。

14．余明（七）日上午七时三十分后在关山冈预备队位置。

乙、战斗经过

战斗开始时间原定上午十时三十分，嗣因逆方派员投诚，准予延迟一小时，待其表示，乃该逆至期不能践约，遂于上午十一时二十分开始攻击，至下午三时五十分战斗结局详情述下：

1．战斗开始及第一线阵地之占领。

我军于七日上午十一时前，进入攻击准备位置，完毕攻击诸准备。至十一时二十分，由关山冈炮兵，先向棋干山之敌开始炮击，第二十六旅即藉其掩护向该山攻击前进，同时第二十五旅之五十团亦向棋干山、尖山之线佯攻。

查棋干山四周均系峭壁，其东北一路，虽可勉强通行，而正面狭窄（约一排正面），敌火集中，前进亦甚不易，但该山为敌人全阵地之锁匙，势非略夺不可，于是我第二十六旅反复冲锋，前仆后继，伤亡枕藉，战争极为激烈，故敌虽凭险以机枪扫射，终未能屈我沈毅勇敢不屈之精神。至上午十二时三十分，敌势不支，溃退第二线阵地，作不断之抵抗，于是我第五十二团遂占领棋干山西北敌阵地，第五十团一连亦相继占领黄瑚冈及以北高地之敌阵地，敌之第一线阵地遂完全被我占领，此际五十团在歪坑山之机枪，向敌阵地后方集中射击，阻其增援，颇为得力。

2．第二线阵地之占领

敌退第二线阵地之后，仍复顽强抵抗，气不稍馁。而我在棋干山西北之五十一团，又因前地断绝，滞留敌火下不能续进。师长目睹危状，乃饬该团分由两侧迂回，袭其侧背。至下午一时五十分迂回奏效，全线推进，步炮火手榴弹威力，复达最高度，敌向水口窜退，我第五十一团遂将西陇山、炉坑山之敌阵地完全占领，其余部队亦相继占领敌第二线阵地。

8．追击及水口市街之占领

敌于丧败之余，全线纷向水口市方向窜退，我军遂乘胜分头追击，而为如下之部署：

A、第五十二团沿尖山间道向水口追击，抄敌退路。

B、第五十一团沿西陇山、炉坑山向水口西北部追击。

C、第五十团对当面之敌向水口追击。

D、师预备队（四十九团）在各追击队后沿水口北侧高地前进，策应各队。并派一部对岭边方向警戒。

E、补充团由郑旅长率领，以主力沿西陇山前进，策应五十一团，一部沿棋干山西北山麓北进，截击纷窜该方面之敌。

F、炮兵队暂留现阵地待命。

敌于退却之际，在尖山，炉坑山及水口碉楼诸要点留置收容，利用机枪控制隘路，故我军、追击备受困难。其成斗之激烈，伤亡之众多，殆与尖山、棋干山间之攻有过无不及。兹述如次：

第五十一团在追击间伤亡最多，连长张启雍饮弹身殉。

第五十团追击间受闽江南岸大仁村敌人侧射，不能前进，其结果仅能以一营绕道追击。

第四十九团之一部在岭边附近亦受少数敌人之牵制（但结果被我缴械）。

负隅之敌，嗣经我军包抄袭击，溃不成军，亦纷向市街溃退。同时我各追击部队，均先后包围市街，该逆大部遂悉数缴械，即其一部强渡南岸，纷窜湾口者，亦被我第十师兜剿殆尽。至谭启秀个人，闻于战斗开始时，早经乘轮（二只）东窜。午后三时五十分，第五十二团占领市街东南部，第五十一团占领东北及西北部，第五十团二连亦相继进入市街。战斗即告结局。

〔国民政府战史编纂委员会档案〕

8.国民党陆军第三十六师镇压“闽变”各役战斗详报

（1934年11月　日）

陆军第三十六师讨逆各役战斗详报

一、概言

闽逆倡乱，废党改元，内结匪共，外联倭寇，举国愤慨，薄海同仇。中央于剿匪正力之际，忍痛抽兵申罪致讨，用固国本，永奠党基。陈师闽省，伪府粉碎，穷追莆晋，丑类歼灭，义旗所指，逆氛云消。当职师受命讨逆之初，干部色舞，士卒欢忭，誓灭叛徒，以报党国。爰将作战巅末逐一胪陈如下：

二、动员及集输送

民国二十二年十二月十三日，职迭奉层峰命令，由抚州出发，经浒湾——金溪——资溪——光泽，至同月二十二日全部集中邵武完毕，沿途所过，峻岭丛山，缘壁攀崖，披榛斩棘，日行约百里，将士无倦容，良由总理三民主义熏陶之深，我官兵久具灭此朝食之志，非泛称革命武力者可同日而语焉。

三、进占洋口

职师到邵后，即奉令改归第五路军战斗序列，于十二月廿四日受令，附山炮兵一连，拂晓由邵武出发，经龙潭铺，朱坊圩向洋墩推进。二十六日晚到达洋墩，二十七日奉令进占洋口，以与我右翼攻占顺昌之第十师，左翼进占建瓯及其以南之五十六师互为策应，压迫逆军于西芹附近及路滋口以南地区，以为会师延平之张本。

四、九峰山之役

一、延平与九峰山之形势，延平位闽江上游，为闽北锁钥，建溪绕其东，闽江贯其南，而九峰山矗立城南，隔河作拱，南瞰下道，西控西芹，连玉屏山为犄角，引延平城为资源，壁削千仞，形势险要，矧复有坚强工事，重层配备，更形成牢不可拔之坚固据点。然畴昔有事于入闽者，首重略取延平，攻延平非先占九峰山不为功，于军事上言，延平实为战略上之要点焉。

二、战前敌我之态势及九峰山之工事

1．敌以牵制我军主力，使其古田、水口之线主力作战容易，以一部占领延平城及其附近高地，依九峰山之强固工事，企图顽强抵抗。

2．延平城内之敌约一团有奇，九峰山之敌约一营另一连。其工事有坚固闭锁堡三，分列于山峦设有重层火制互相侧防，其棱线上设有散兵壕，距壕百米内外构有两层铁条网，其中并掘有深宽各四米达之外壕。

3．我刘（和鼎）军出三千八百坎夺取延平城，职师裹袭西芹、攻占九峰山，俾刘军夺取延平容易。

三、开进步骤。十二月三十一日奉令由洋口出发，向王台推进，至本（二十三）年元月一日于王台途中，接奉总指挥卫（立煌）令，命职师推进至沙溪口、城门洞一带，准备进攻西芹、九峰山之敌。乃令一零六旅伍兼旅长率二一一团迅即渡过沙溪河，进出于坑里发竹之线，严密戒备。其余部队即在沙溪、西芹及城门洞一带露营。旋得便衣侦探报告，西芹附近无敌踪而下道方面敌情尚属不明。即令一零六旅全部侦探队速向下道活动，相机占领，以为攻略九峰山逆阵地之准备。是（一）晚复奉总指挥卫参字第四八二六号命令节开：三十六师明（二）日着先推进于西芹以东附近，三日起以一小部监视九峰山之逆主力，进出于九峰山以南，尔后酌派一小部先行攻略下道。九峰山工事坚固，难于短时间夺取，酌留一小部严密监视之。主力于四日待命，继续东进等因。乃决定翌（二）日前进，计划以二一一团由小道经吉树湾向留墩前进，一零六旅（欠二一一团）由大道经发竹向西芹前进，到达后对下道、九峰山、延平之敌严密警戒，并绵密侦察敌情，地形帅直属部队及一零八旅由大道向西芹前进。

四、战斗经过

1．攻击准备及部署

二日即按预定之计划向西芹前进，正午十二时到达后，即率同参谋长驰赴秋竹铺以东，警戒线前沿高地侦察九峰山之工事及附近之地形，以作攻击计划之腹案。悉该山工事均在山顶及棱线上，惟倾斜峻削，难于攀登，且各堡均能互相侧防，如配有多数之机关枪及炮兵，则进击似为不易。但与九峰山相连之朱龙山比高相等，树木繁茂，接近较易。如我能以飞机加以轰炸，兼以炮兵之破坏，不难一举而占领之。倘我军过于避免攻坚，仅以一小部监视之，恐不无后患。故当即决心不避险阻，不惜牺牲，务于三日占领九峰山，该山既下，则延城之逆定当屈服投诚，而我军继续东进可无后顾之忧。乃于下午四时折返西芹，为以下之攻击部署：

A、一零六旅之二一一团已到达留墩附近，其余到达西芹，乃令该旅率同在西芹之一团当即推进至下地附近，而以一团于明（三）日从九峰山最高峰之东侧攻占九峰山之要点，席卷而歼灭之。对八仙桌方面严密警戒。旅之主力集结于郭坪，相继策应，并派遣便衣侦探进出于下道方面相机威胁敌之侧背。

B、一零八旅之二一五团以一营展开于方马台至小庙之地区，向九峰山西端之土堡攻击，使主攻容易。其余之两营控置于后路口东北地区，相机策应。

C、二一六团仍集结于西芹，担任对三千八百坎方面之警戒。

D、配属之山炮连以山炮一门于后路口东侧高地占领阵地，对九峰山之工事及敌人破坏制压之。协助步兵之攻击。当晚即根据以上之计划下达攻击命令于两旅及山炮连，并奉钧座电令准予派轻轰炸机前来协助攻击，攻击开始时刻定于飞机轰炸有效后。三日晨六时职率同参谋长及必要之人员赴预定之战斗指挥位置(后路口东侧高地)复对九峰山之敌工事详细侦察，共计大小堡三，均有掩盖，并有重层之射击设备，互相间有交通壕连络，堡垒之前约五十米处均有铁丝网，其外更有高约三米之削壁崖岸，工事周围约百五十米之草木均已铲除净尽。且山坡急峻，势非俟飞机及炮火之轰毁后，步兵难于攻击奏效。乃一面俟飞机之来到，一面令山炮迅速进入阵地，同时以右翼主攻之部队尚未到达攻击准备位置，而二一五团攻击营右翼与九峰山相连之山头，在地势上极为重要，乃令二一五团另派一营进占之。十一时许，我飞机已到达，向延平及城郊附近，掷弹轰炸，山炮连亦已进入阵地，完了射击准备，正拟开始攻击，忽接飞机掷下之通信袋内装钧座手令，嘱改于支日与建瓯部队同时攻击，遵即命各部于现地彻夜对敌警戒，通信连迅即完成通信网，山炮两门完全进入阵地。职于下午二时仍回西芹，当晚又奉钧座电令改为微日开始攻击，并遵命以一零六旅之二一二团进占下道，以一部渡河进占吉溪，以截断敌水路交通，并扼要设伏，堵击敌窜。

2．改正部署

四日上午得知我攻城部队之第四师刘旅已进达于上洋附近，乃派参谋一员前往连络，并随时以电话询知前方情况。十一时许以对连下桥主攻方面之情形尚未完全明瞭，乃率同参谋长前往侦察，并阶〔偕〕同伍〔诚仁〕副师及各团长到达朱龙山，距敌阵地约四百米许之高地，实行侦察，悉由朱龙山进攻九峰山最高峰之坚固堡垒，如能成功，固可占据要害，席卷而西，歼敌无疑，但必须由棱脊上前进，使用兵力过厚，则必招莫大之损伤，如于第五峰中间前进，则可利用荫蔽接近，从敌阵中腰突入，亦可使其瓦解，当即用口达命令，更近原定之部署：

一、二一一团之一营又一连由朱龙山攻击最高峰，于文华塔方面，务须使用一连兵力相机进出。

二、以二一五团之一营攻击第五峰之腰堡，以一部从左侧进击，主力集结第五峰山麓之荫蔽地，待第一线突入后，即以全部增加以行突破。

三、各部攻击区域，务即绵密侦察地形，并相机开辟进入路。

四、就地指示机宜后，即返西芹。

3。攻击实施

五日晨六时，职即率同参谋长及必要之人员驰赴炮兵阵地，得侦探队长报告该队已进出距敌阵地约二百米之线，敌似无炮兵。同时由电话得知各部已就攻击准备位置。于十时许，以飞机尚未到达，久候恐误时机，乃命配属之山炮两门开始试射，以炮身精度不良及弹药潮湿之关系，命中公算甚微。职乃命各部迫击炮及小炮全行进入阵，地开始射击，效力渐巨。步兵于此掩护之下，即行前进。初则敌以我炮兵阵地较远，不予还射，次发现我步兵向山腰前进，乃以极猛烈之火力企图阻止，幸赖我迫击及小炮行猛烈之掩护，射击弹着均中敌要害，我步兵亦奋勇争先，前仆后继，乃于下午一时许进到敌铁丝网附近。此时适我攻城部队之第四师刘〔进〕旅已进达于对河之山上，以恐遭九峰山敌之侧射，不敢前进。城北攻城之刘师离城尚远，仅发炮向炮台山之敌射击，我空军以我步兵已进达于山腰，未敢掷弹，似恐误伤。在此情况之下欲得友军之协助甚难，乃决心不顾一切，命各部迫击炮及小炮向前推进，职亦进至二一五团团部之位置，命二一五团在炮火掩护之下迅即夺取第五峰之腰堡，同时以旗语及号音命二一一团迅即向最高峰之大堡突击。斯时敌人亦为其最后之挣扎，不避炮火，向我破裂铁丝网而行突击之部队猛烈射击。敌军营长跃出壕沟，亲自指挥机关枪，并投掷手榴弹，企图困守，但我步兵仍毫不之顾。继续破坏铁丝网，实施壮烈之突击，此时战况之烈，实所未见。职一面令号兵吹奏前进突击号音以鼓士气，一面指挥小炮之射击目标，击毙敌军营长机关枪更发扬其高度火力以制压敌人，于是第五峰之腰堡乃为我二一五团首先占领。职以为机不可失。乃亲自驰赴前线，以号音命全线实行突击，于是第五峰之中堡又为我二一五团所攻占，蓝白之识别旗高扬于山顶，士气大振，一鼓而相继攻占矣。时午后三时三十分也。

五、战斗结果及战后之所见

1. 追击

山顶既已攻克，除二一一团及二一五团各以一部分向八仙桌，水南追击搜索，并留一部在该山担任警备外，余即撤回原驻地。兹将此役伤亡俘获损耗数量列表于下（附后）

2. 是役所得之教训

A、对占领强固阵地敌人之攻击。须先行绵密侦察敌之兵力，火器、工事之程度及附近之地形，作精确之判断，定精详之计划，果敢实行之，斯为战胜之要诀。固不可道听途说，闻险而阻，亦不可冒昧直冲，徒招损害，所谓熟虑断行，其在斯乎。

B、无论攻防，地形必须亲自侦察。诚以我国地图与现地相差太远，若徒于地图工定作战计划，冒然实施，是犹闭户造车耳。此次作战，师司令部对现地侦察较为绵密，攻击部署故不至太谬，以后作战宜特别注意地形，实地侦察为是（如此役据职三日之侦察，则以由后路口以东之地区攻击，适当敌工事之正面，诚恐牺牲大而奏效难，乃决定由连下桥方面主攻敌阵之侧面，追四日由朱龙之侦察，始知由该方主攻困难，而临时令二一五团以主力夺取敌阵第五峰腰堡以行突破，而幸成功）。

3. 炮兵固为诸兵之骨干，然目前吾国炮兵之粗劣，切不可过于倚重。九峰山之攻击，初欲期炮火达相当成果而后用步兵突击，岂知射击命中公算及百分之一之微，故当时决，集中迫击炮进入于距敌阵五百米之阵地开始射击，收效甚大。

六、九峰山战役与原则之探讨：

山地攻击，宜与各部以独立性，期一部成功能使敌全部瓦解之力量。攻击点之选定不能拘于一处，此次九峰山之役，定两个攻击点，即一例也。若以打蛇之法喻之，则击首击腰同时并行，击首固善，击腰亦善也。

五、增援古田

九峰既下，城内之逆胆落求降，天险延平遂于元月六日遍竖青天白日满地红之旗帜矣。是时古田之逆尚负隅顽强，凭城固守，乃于七日接奉委座虞戌瓯参电开：前电该师向湾口前进，兹再规定该师于青日先在黄田集中可也。等因遵即于八日晨分由延平，下道出发，经吉溪、葫芦山、岳溪向黄田推进。九日职率师司令部及直属部队进达谷口宿营。复奉委座电谕：该师应速向古田转进，到达槐门亭后即归张〔治中〕总指挥指挥。等因奉此，除以一零六旅二一二团留驻湾口，构筑强固工事，归李纵司令延年指挥外，其余队伍即于十日晨七时由谷口出发，经岭尾——梧桐平——下洋到达槐门亭附近宿营。十一日继续进驻古田西南二千里之罗华附近待命，并对大湖、白沙之敌严密警戒。是时古田之逆闻我兵力日增，更形胆落，遂于十一日午后输诚缴械。十三日奉张总指挥元辰参代电转，委座文亥瓯参电开如下：三十六师归铭三兄（即蒋鼎文）直接指挥，并将古田方面守备妥为部署是要。又转蒋〔鼎文〕总指挥电话：卜福斯山炮由贵师派兵一营妥为护送水口，各等因。遵即于十三日令派一零八旅二一五团第三营守备古田城，一〇六旅二一一团第一营护送卜福斯山炮至水口，其余部队仍在原地集结待命。

六、会师福州

延平、水口、古田相继克复，逆方军心摇动，士气沮丧。前向大湖集中增援古田之逆军第六十一师、第七十八师及向白沙集中增援水口之逆军第六师、第四十九师以水口、古田既陷，知大势已去，即向闽侯撤退，冀藉闽侯附近之强固工事作最后之挣扎。元月十三日晚，接奉总指挥蒋元申电转奉委座元未酉参电如下：

（一）总合情报，逆部有由大湖、白沙一带阵地白〔向〕后撤退之模样，其总部亦已后移至洪山桥附近。

（二）我军以歼灭当面逆敌，直取福州之目的，区分为左右两纵队，按照预定日期开始进击。

（三）各纵队均附卜福斯炮六门，重编成如下：第二纵队为左纵队，以第四路军张总指挥治中为总指挥。第四纵队为右纵队，以蒋总指挥鼎文为总指挥。第八十九师、三十六师为预备队，以汤恩伯为预备队指挥官。

（四）各纵队逐日推进之线如下：

十四日左纵队罗桥、益岭、后坑之线。右纵队张滦、李园之线。

十五日左纵队天洋、大池、大坪之线。右纵队石船、洋湖、西村之线。

十六日左纵队岭头湖，后洋之线。右纵队中亭、溪口之线。

十七日左纵队筹洋、柯岭之线。右纵队盐州、陈坑、白沙之线。

（五）前进时，左纵队对鹤塘、杉洋、老人山方面，须特别警戒。右纵队炮兵于闽江南岸金钟阁、长宇、竹岐等处占领阵地，侧射北岸逆军阵地。

（六）张滐、大坪、后洋、柯岭为左右两纵队之界线，线上归左纵队。

（七）总预备队先控置于张滐、后坑各地，以后候命推进。

（八）右纵队前进间，须随时有渡河南岸之准备，故须附带必要之船只，沿江前进。

又奉总指挥蒋元申二参战电如下：三十六师（欠二团）明(寒)日希向汤水桥推进，等因。又元戌参战代电节开如下：

一、三十六师十四日仍照元酉电推进。

二、归李指挥官指挥之三十六师之李团及所附卜福斯山炮二门均着归还建制，等因；基于上项各电令职即饬一零八旅二一五团第二营暂守备古田城，俟八十师接防后，即经师之行进路归还建制。其余驻罗华附近部队，于十四日晨六时出发，向汤水桥推进，是日因各部行进颇速，遂推进至水口宿营。以后逐日推进至电令所指定之线。十七日午前十时，先头部队及师部到达福州附近之洪山桥。

七、追击经过

一、作战贵在得形蓄势，形势既去，虽孙、吴莫能挽也。是以由大湖、白沙撤退之敌，其初拟凭福州附近之工事与我作殊死战，然而形势既失，虽有智者不能善其后矣。故即南向莆泉逃窜，以保持其残余势力。我则以务歼丑类，永绝祸患为目的，于是轰轰烈烈之一场猛烈追击战起矣。当十七日午前十时职师到达洪山桥。即接奉总指挥张铣未参电开如下：

A、顷奉委座铣已既参电开：即由文白兄〔即张治中〕率领第三十六、第八十七、第八十八各师渡江，向莆田方面紧追。而三十六师可先渡江，并希将各部渡江部署及到达情形速报具复为要。等因。

B、第三十六到师达洪山桥后，着即南渡乌龙江，于厄屿附近登岸，沿福州通泉州公路前进，先占福清、宏路之线，相机向莆田方面紧追。

C、第二纵队八八师着归还建制，到达洪山桥、洞口一带，在三十六师之后继续渡江前进。

D、各师渡江开始后，预计完毕时日，盼即具报。

E、渡江需用船只已电请行营及蒋总指挥就近准备，各师亦可自行设法征用。

F、余拟皓日到达洪山桥，等因。又筱酉参电节开如下：

顷奉委座铣戌瓯参电开：确报逆军预定集中莆田，其后卫张炎师铣日尚在乌龙江附近，毛、沈两师在福州至莆田途中，其前卫区师约筱月可到仙游、莆田间，状极狼狈。文白兄速率宋师及第二纵队由洪山桥及峡兜分二处渡河，兼程直向宏路，渔溪前进，勿经福清，迅捷尾追为要。又铣亥瓯参电开：追击军分埠渡河，分道并进，希王指挥官，宋师长就实地情形斟酌决定。惟诒就图上判断。如无平行路可以利用，以循汽车公路前进较为迅捷，即核办具报。又铣戌参电如下：

A、铣未电计达，顷又奉委座铣酉瓯参电开：着由文白兄请率三十六师及第二纵队即日渡江，向莆田紧追。限于十九日到达，务望督饬所部，昼夜猛进，以竟全功为要。等因。

B、着第二纵队以最先头之刘旅暂行拨归宋师长希濂指挥，轻装向莆田猛进紧追，务于皓日前占领该城，截敌归路。等因。基于上项各电令之要旨，职即口达命令各部，即由洪山桥渡河到达台屿附近待命。同时派员侦察渡河点及向前敌总指挥部接受渡河船只。午后八时下达如下之命令：

军队区分（行军序列同）

前　卫　指挥官一零六旅任兼旅长

步兵第二一六团

步兵第二一二团

本　队　师司令部及直属部队

步兵第一零八旅（欠二一六团）

步兵第二一一团

师输送营

山炮兵连

步兵第二六一旅

一、根据逆军预定集中莆田，毛〔维寿〕，沈〔光汉〕两师刻在福清至莆田途中，其后卫张炎师昨（十六）日尚在乌龙江南岸附近，其前卫区〔寿年〕师筱日可到仙游，状极狼狈。我第五路军本（十七）日可到仙游，我第三师刻在马尾附近，准备乘轮至厦门。

二、本师（二六一旅）奉命为追击部队，拟即南渡乌龙江(如渡河计划)向莆田方向追击前进。

三、前卫务于明（十八）日午前六时由峡南尚干出发，以战备行军之态势，经琯口——宏路向渔溪追击前进。

四、本队俟前卫通过厄屿，即由尚干出发，依上述行军序列在前卫后紧接跟进（余从略）

附乌龙江渡河计划表

前项命令下达后，各部即依照命令及渡河计划分向各渡河点移动，于十七晚十二时以前到达完毕，但渡河船只尚未征集，遂暂令各部在原地停止候渡。其时海风煞煞，寒气逼人，至十八日上午二时渡江船到，即开始漕渡，因船只过少，前卫部队于九时二十分始行渡毕，九时三十分由上干出发，向渔溪方向搜索前进，本队各部开挨次南渡，洎晚始毕，循前卫行进路跟进。

二、琯口——太平桥之役

元月十八日上午九时三十分，我前卫即由尚干出发，循峡南至莆田公路向渔溪搜索前进，我先头第二一六团第一营第一连于午后三时二十分进至琯口，距长岗岭二百米达处，与逆军第四十九师后卫步兵之第一第二两营接触，是时职在本队先头，距前卫甚远，闻枪声即率前卫司令官伍、兼旅长钟，参谋长江、参谋主任，参谋驰往视察，不十分时，即到达瑄口附近，见我尖兵连已散开于公路两侧，向当面之敌攻击，第一营全部亦早已进至距敌五百米远之处，即以机枪连（欠一排）制压敌火第二三两连向左右翼包围攻击，并附机关一排驱逐我右翼无名山之敌，未几，占领无名山，向长冈岭之敌侧射，敌即逃窜。四时，因我已先机制敌，遂令该团团长王作霖速令迫近长冈岭附近之第一连实行冲锋，并以第三营在马路以东地区之村庄开进，从左侧抄袭，断敌退路。此时左右两翼包围之势已成。四时四十分逆敌不支，纷向太平桥方向狼狈遁窜，我先头之第一营遂完全占领岗岭。即令该营第一连为战场清扫队，其余各部仍跟踪追击，至五时三十分，该团全部已追击至太平桥南端，是时天色已薄暮，兼之昨夜渡河，通宵未眠，本晨出发以时忙又未举餐，为明（十九）日施行继续猛烈之追击计，不能不稍事恢复官兵体力，遂令停止追击，在太平桥附近宿营，严密对溃退之逆施行警戒，防其逆袭。战斗经过如附图，是役毙敌约十余员名，伤敌不详，我方亦伤亡官兵数名，所有卤获逆敌枪械及弹药损耗数目，均详另表。此役逆敌受窘颇甚，退走维艰，于上店街西南汽车大道之木桥上自行焚毁山炮两门，枪数百枝，山炮弹、迫击炮弹三四百发，步机枪弹无算，至次（十九）日晨尚有炮弹燃发未尽者，可见其狼狈之一般也。

三、三江口之役

战斗前之敌情判决，十八日晚，师部及直属部队在波兰村宿营，据居民称：逆军张炎部约两团昨（十七）晚确在瑄口——上店一带宿营，本（十八）日午前十时，其后尾部队始由上店出发等语。似此逆敌后卫部队实逃遁未远，复查江口地形，北带河川东滨大海，便于扼守。逆敌明日必以一部在江口附近占领阵地，强行抵抗，以阻我之追击，俾本队安全脱离。我若专行正面之追击，只能予以少数之损害，若欲完全歼灭之，则须另以一小部兵力经捷路绕江口西南端以附其背。根据前项之判决及计划，乃定江口为第一追〔击〕目标，莆田为第二追击目标，并即下达如下之命令：

一、据报逆军张炎部约两团昨（十七）晚在缩口——上店一带宿营，今（十八）日下午三时，其后卫被我二一六团猛烈追击，已狼狈不堪，向莆田溃窜。上店方面逆自行焚烧山炮两门，枪炮弹药十余万发，枪数百枝。

二、师主力明（十九）日仍向莆田实行猛烈之追击，以江口为第一追击目标，以莆田为第二追击目标。

三、前卫旅（一零六旅）务于明（十九）晨六时由太平桥出发，以主力经宏路——下曹——渔溪——苏溪——蒜岭向江口追击前进。该旅务于今（十八）晚派出便探于福清方面，明晨八时在宏路接收该方面之报告。

四、师部及直属部队…………

五、师部侦探队及一零八旅旅部侦探队，务于明（十九）晨四时三十分由现驻地出发，归师部侦探队廖队长祥光指挥。到达渔溪后，即由小道经四洋——鸡境向江口前进，并相机抄出江口西端附近占领阵地，待机袭击江口之逆，断其退路。

六、一〇八旅（欠二一六团）附二一一团明晨六时三十分由上店出发，在师直属部队后紧密跟进。

七、二一六团在一零六旅后跟进（其余略）。

传达法：（略）。

战斗经过：次（十九）晨，各部依照命令之规定，按时由现地出发，主力经宏路——下曹——渔溪——苏溪——蒜岭向江口追击前进，据前卫迭次报告称：沿福莆公路一带均有逆敌汽车队，一面行走，一面向我射击，阻我前进，均被我前兵击走等情。至午后四时二十分接得前卫司令官转第二一二团团长李志鹏报告如下：

本日午后三时三十分，我前兵通过江口北端高地后，我本队正跟进之际，忽发现右翼高地敌之掩护队向我密集队伍射击，即令部队停止，并派少校团附熊正诗率特务排向该高地右侧攻击，同时令先头营派兵一连向该高地左侧攻击前进中等语。得报后，令本队原地停止，驰赴前方，见该高地已为占领，惟该团特务排兵力薄弱，敌复反攻，该团李团长即令第七连之白排增援，该高右侧敌始不支向江口桥北端市屋溃退。斯时我第七连白排协同特务排乘势向江口北端市屋右侧推进，前兵连并迅速占领该市屋北口，第逆敌退至江口桥南端，顽强抵抗，阻我过桥，李团长志鹏即令第一营之第二连在河北岸占领阵地，迫击炮连在河北岸左侧高阜占领阵地，向桥南端附近之敌集中射击，掩护我桥北端之突击部队夺取此桥。查该敌系逆四十九师九十一团第二、第三两营，被我猛烈攻击后，势渐不支，向莆田溃窜，至午后四时四十分江口桥遂被我占领。当江口桥南端之敌被我击溃后，逆受窘过甚，纷乱不堪，除被我俘虏者外，残余均向莆田方向溃窜。即令该团第三营跟踪紧迫，务将歼灭于涵江以南附近，其余各部除留最后尾之二一一团，本晚即在江口宿营，并清扫战场外，余均须进至涵江宿营，所有战斗经过如附图。是役被我击毙之敌官长二员，士兵二十余名，我略有伤亡，俘获概数如另表。先是侦探队之经过渔溪也，与当地民军发生误会，延搁于该地几个小时，当战斗之际侦探队未能遵照指定经路如期到达，绕出江口西南端断敌退路，致逆敌乘机漏网，诚为莫大之憾事也。

四、莆田之役

莆田北枕太平山南带木兰溪，东南滨海，大小港汊河溪（水深丈余不等）网罗于东南两面，构成极复杂之地形，其城之西北有内外坚强之城垣二道，盘亘于高岗之上，雄健异常，逆敌据之，防我南进，颇为得势。元月十八日全师（欠二一一团）追敌至涵江宿营，接奉蒋总指挥巧午参战电节开如下：

奉委座筱亥瓯参电开：据刘戡筱申电称：逆军区师之一团，今日午后与我刘师之一旅在沙溪与仙游间之宝树附近接战对峙中，逆军后续部队下午一时尚未过沙溪等语，我宋师与第二纵队均请从速前进夹击。等因。又巧亥参战电开如下：

A、据刘师长电：铣辰莆田窜到沈区等部约三师，先头在柴头桥（仙游东约□里）与我接触中。

B、后如兄（即卫立煌）率第十师筱日至离仙游城北约四十里，正星夜前进中。

C、宋师若已渡江，望令取捷程向莆田兼程前进，王敬久师巧日续进，约须皓日赶到莆田附近等因。

又巧酉电如下：

南窜逆军已在莆田、沙溪一带为我军截住接战，希贵师不顾一切，速向莆田猛追，以竟全功为要。等因。

又据确报如下：

莆田城内约有逆部三四团，区逆寿年，张逆炎，尚在城内，黄石有被我在江口击溃之逆散兵三四百人等语。基于上项电之要旨及当时之敌情，乃于十八日午后十二时下达如下之命令：

A：在江口被我击溃之敌步兵约一团，刻已分向莆田方面逃窜，黄石附近约有逆散兵三四百人，莆田城内似约有逆军数千据守，区逆寿年，张逆炎似尚在莆田城内。我第五路军各部连日均在郊尾沙溪一带与敌抗战，我第二纵队刻正向莆（田）迤地区行动中。

B、师以歼灭当面逆敌之目的，拟急向莆田方面追蹑前进。

C、前卫伍旅（二一二团二一六团）于明（廿）晨七时三十分以先头由现地出发，沿涵莆汽车通向莆田搜索前进。

D、本队按师司令部直属部队一零八旅（二一五团二一一团）之次序，于明（廿）晨八时分由现地出发（但傅〔正模〕旅应于八时三十分以后出发）在前卫后紧接跟进。

E、二一二团应派步兵一营经江东向黄石一带严密搜索，务须歼灭溃散该处之逆军，任务完毕后，即转向新渡附近监视莆田城内之敌，以掩护师主力之左侧。

F、师部及一零六旅旅部、二一二团、二一六团、二一五团所属之侦探队，明（廿）日仍须集结使用，归师部侦探队廖队长指挥，在尖兵光头向莆田搜索前进，如发现逆军确有固守莆城之企图时，应即转向莆城之北方占领阵地，监视其行动，并掩护师主力之右侧。一零八旅旅部及二一二团各属之侦探队则使用于黄石方面。（余从略）

战斗经过：

三月二日晨，各部按时由涵江出发，职率师部及直属部队于午前十时到达，距莆田城约五里余之地。接得前卫司令官之报告如下：

七时二十分，我先头部队第二一六团第三营第九连进距莆田约六里之地。发现暗伏河南岸之敌，散开于汽车道石桥左右者，约步兵两连，向我施行猛烈射击我，第七、九连向左右侧攻击，不十分钟，经我第九连攻破第一道河后，敌即退至第二河。因河水甚深，敌据沿河土堤及桥口南端顽抗，并在桥南头架轻重机关猛射，我第三营第七、第九两连遂散开于桥北左右，并以该营之重机枪全部进入阵地猛力还射，以期制压敌人。距桥头附近之敌机枪所占位置各有石柱坊，有良好之掩护，一时不能消灭之。约十分时，我先头部队尚未冲过桥南，且士兵以敌之火力猛盛，不敢前进，我二一六团王团长作霖目无全牛，奋其英勇之精神，亲自督战，令第一营之一连由桥北端直冲过河，惟时敌人火力甚为猛裂，我一营营长熊新民、第九连连长伍淮芳、排长□□□均负伤，王团长身先在前，亦于是时饮弹殒命。当此危急时机，我詹团附即督率第二连之一部不顾损害猛冲过桥，第一、三两营全部继进，敌遂不支，狼狈溃退，城内之敌亦事先逃窜，跟踪追击，逆敌被我军击毙者达百余，散积道旁。九时三十分完全占领莆田城。刻已追进至莆城南门外附近等语。职闻报之后，悲痛异常，且二一六团王团长作霖不幸身殉，该团指挥无人，前卫部署有更改之必要，遂即令各部就原地暂停待命。是役战斗经过为时甚短，其双方之猛烈实为前此之所未有，所有战斗经过情形及伤亡虏获损耗，均详附图、附表。役后所见：隘路桥梁之战，在未通过以前，须在相当之距离外，首以火力制压敌人，同时得地形上之许可，以一小部施行局部包围，压迫而摧破之，万不可专从正面狭小之一点强行冲击，而蒙无益之损害。斯役应以主力抑留桥南正面之敌，以一小部由太平山北麓行包围以压迫之，使正面攻击容易。王团长作霖英勇绝伦，遇此小局战斗，顾未计及此着，竟以身殉，惜乎。

五、长岭郊尾之役

职于元月二十日上午十一时进入莆田，暂令二一五团中校团附胡家骥代理二一六团团长，并对后方给补事宜分别指派人员办理后，即下达下项命令：

一、今（二十）晨莆田之逆被我二一六团猛击后，纷向濑溪、郊尾一带溃退。

二、师以战备行军之姿势，仍向沙溪附近追击前进。

三、追击部署：

前卫　　司令官少将旅长傅正模

　　　　步兵第二一五团

　　　　步兵第二一二团

本队师司令部及直属

　　　　步兵第二一六团

四、着一零六旅（欠二一二团）驻守莆田城，由伍副师长处置后方一切事宜。

……

是（廿）日午后二时四十分，职率本队由莆田出发，在前卫行进路跟进，并以便衣侦探队在左右方严密搜索，行经二十里，沿途均无异常，惟右前方枪炮之声隐隐不绝。至午后六时，于濑溪南五六里途中接得前卫司令官傅正模报告称：职奉命后，即令二一五团为前卫旅司令部，二一二团为前卫本队，于本（二十）日午后一时五十分由莆田城南郊出发，经三牌——濑溪向沙溪附近追击前进，并以旅部及两团之便衣侦探队在追击路左右两侧行广正面之搜索，沿途均无敌情，惟右前方枪炮声隐忽不止。五时四十分进至长岭塘附近，前所闻之枪炮声更隆隆不绝，并判断其云顶山以西，盖尾附近出来，想系我友军第十、第八十三师与退却之残敌激〔战〕现我前卫官兵振发精神，奋勇前进，期与我友军收夹击之功。刻正派员至友军方面连络中等语。是时天已薄暮，月色朦胧，地形不熟，右前方情况甚不明瞭，加之距离若干？其地何名？既无良好之地图可按，又苦无土民之可询，暗夜盲进，不幸遇伏，虽智者亦无所措手矣。乃即作如下处置。

一、即派见习官武阅，服务员彭俊德相继驰赴前卫，令其即在长岭塘附近宿营，对郊尾及云顶山两方面占领阵地，严密警戒。

二、本队即在长岭塘以北五里地之村庄宿营，对云顶山方面配出警戒。

三、俟明（二十一）晨敌情明瞭后再行猛烈追击。处置后，不二小时接前卫司令官傅旅长正模报称如下：职奉到在原地停止之命后，即令先头二一五团在长岭塘以南附近村屋宿营，二一二团在长岭塘以北附近村屋宿营，并令各部遵照所指示之方向配置警戒。我先头二一五团第一营改为前哨营，在王家村，第一连在云顶山，第二连于马鼻山，各配置警戒，并由各连派出连络哨，警戒汽车路。七时，该团团长刘英前往第一连视察警戒，适有逆敌第一军第一师步兵第一连机关枪一连由云顶而来，当时月色朦胧，是否敌军咫尺难办，待其接近，刘团长问其为谁，则答以第一军第一师，知其为敌，但此时敌误我为友，亦未作何种异动，刘团长即行跑回警戒线内，暗令第一连占领阵地，并以一部从左右抄伏，待其进入我警戒线火网内，即施排枪射击，敌一时仓皇失措，遂即就范缴械。其未入网罗之敌作鸟兽散，比即派队追击，并以一部在附近甘蔗地内严密搜索。终以黑夜未能捕捉而歼灭之，殊为缺憾，等语。

是役，共计俘虏敌官兵百余员名，步枪叁百余枝，重机枪三挺。其详细数目如另表，围缴经过如附图。次（二十一）日推进至枫亭，接奉命令暂在枫亭待命，并负责清扫战场及办理收容游勇伤兵事宜。其时，我第五路军已全数通过枫亭，其先头已到达惠安以南，闻沿途落伍兵颇多，即令留莆，伍副师长雇长途汽车多辆，连同自备之卡车二辆，分别开行于莆惠及莆仙各路，比收〔?〕收容，得逆方负伤官兵百余员名，我方落伍士兵数十名，或送院疗治，或遣回原队，并在南顶山一带掩埋敌我阵亡官兵数十具，复以本师自备之卡车装载武装官兵巡查莆仙、莆惠各路，搜剿散匪。一时后方交通立即恢复常态，地方逃难民众相率返家者载道，而枫亭市面顿呈良好景象焉。

二十二日上午七时三十分，接奉委座马戌电开：该师到达惠安、泉州后，暂时整理待命。等因。推其意旨，职师应向惠安、泉州推进。遵即电莆田伍副师长交代防务后，即率二一一团归还建制。职遂于二十二日上午八时率全师（欠一零六旅旅部及二一一团）由枫亭出发，向惠泉推进。下午四时，到达惠安宿营。据报残逆尽向泉州及其以南退窜，洛阳桥已为我五路军完全占领，其先头部队已迫近泉州。晚十时，复奉总指挥卫电话：逆军如不在泉州附近就范输诚，我军仍须跟踪追击，贵师似可继续向泉州推进。等因。二十三日晨，师即由惠安出发，向泉州推进。职偕同参谋人员雇坐汽车先行，至洛阳桥谒总指挥卫，请示机宜。适逆军派有参谋长赵锦雯代表投诚，听候改编，化干戈为玉帛，变秦越为弟兄。回忆在沪抗日情景，彼此相顾失笑。泉州情形既已如此，遂于上午十一时三十分奉令将队伍折回惠安待命，监视逆军改编。其时一零六旅旅部率二一一团亦已交代莆田、涵江防务，归还建制，到达惠安矣。职拟于明（二十四）日派参谋主任江涛前往泉州，确探逆方消息，并手致张炎书一件，冀以促彼等勒马悬崖，及早觉悟。其略云：

（衔略）贵军此次为少数政蠹所朦蔽，兄等迫于环境，忍痛行动，早在意计之中。前于抚州出动时，曾致电兄等，苦口申述，想未收到，回忆淞沪抗日之时，信誓旦旦，彼此均以不参内战互相勗勉，曾几何时，遂为仇快亲痛之举。在兄等固属万不得已，即弟等亦何贵出此？痛念之余，惟为国计民生仰天长叹而已。辛赖诸兄当机立断，勒马悬崖，使干戈化玉帛，从此一本抗日救国之精神，共跻生民于寿域，匪徒诸兄抗日勋名彪炳不朽，即弟等亦与有荣施，国家幸甚，民众幸甚。（余略）

八、监视逆军改编经过

一、夜占洪濑断逆退路

洪濑街距惠安八十余里，位永泉公路之中点，南联南安、晋江，北接永春，西通安溪，为残逆西北窜孔道。当逆军接洽投诚之际，仅第九师吴团驻之，兵力似嫌单弱，难以达成截堵暴逆之任务。二十四申刻果接奉总指挥卫敬未代电如下：

1．奉委员长蒋梗亥机京电节开：蔡逆〔廷锴〕等飞抵龙岩，令逆部向西北逃窜，我部决将逆部根本歼灭，免贻后患，第八七第三六各师即由兄就近指挥调遣。等因。

2．贵部着由惠安经河市或以北附近道路，限明（二十五）日拂晓到达洪濑附近，尔后第九、第三六、第八九、第五二各师暂归汤副总指挥恩伯兄统一指挥，待命开始围攻泉州南安之逆。

等因。

基于上项电令之要旨及洪濑地形之重要，稍一疏懈，使泉州之逆得获西北逃窜，则更难制矣。

是时天色薄暮，遂不计道途远近，官兵辛苦，即令各部由惠安出发，经南坑——黄塘——虎窟——河市捷径向洪濑前进。行不及十里即金焉西坠、弦月当空矣。于山道崎岖中含枚疾走，于二十五日上午二时即到达洪濑街附近，与第九师吴团切取连络，占领阵地，对泉州、南安之逆切实监视。其警戒配备如附图一。

当斯时也，泉州残逆见我罗网周密，断难遁窜，遂于四面楚歌声中，遵照委座二十二日之函电所规定之办法，离泉向指定之惠安——枫亭——莆田——涵江——福清各地点分别移动矣。

二、折趋仙游防逆逃窜

泉州残逆虽遵照规定向指定各地点移动，然是否出于至诚，尚属叵测，设其于移动之际，不顾利害，豕突狼奔，落荒乱窜，将后虽不难一鼓剿平，其如闽南之社会秩序、地方治安，人民生计，何似宜及早示之以形，威之以势，使彼不能不于和平中就范，所谓不战而屈人之兵者，实致敌而不致于敌也。正拟计划电呈层峰察核之际，而总指挥卫有辰电令飞来，大有实获我心之概。其略云：

一、沈、区各部现正向洛阳桥陆续通过，向指定之惠安、莆田、福清开拔中。

二、贵师着即开赴仙游集结待命，限盛午到达。等因。

基于上项电令之要旨，遵即下达如下之出发命令：

一、师奉令向仙游前进。

二、二一六团为前卫，于本（二十六）日上午八时三十分由现地出发，经小罗溪——炉内潘到达山顶彭宿营。明（二十七）日经埠头街推进至仙游东北十余里之柴头桥附近占领阵地，对郊尾、濑溪、莆田方向严密警戒，着构筑必要工事。

三、师部及直属部队一零八旅（欠二一六团）于本（二十六）日上午九时由现地出发，循前卫行进路，本晚到达山顶彭宿营，明（二十七）日进驻仙游。

四、一零六旅（附五瓦特无线电班）于本（二十六）日上午十时由现地出发，经小罗溪到达炉内潘宿营，明（廿七）日经山顶彭——埠头街进仙游驻。（余略）

前项命令下达后，各部遵即由洪濑附近出发，于二十七日正午全师到仙游附近待命，对濑溪、莆田方面严密配出警戒。是（二十七）日晚八时接奉总指挥蒋感未电二件：

一、奉委座开电：即令各师长挑选有能力堪充营、连、排长军官候用，能选两粤籍者更好。等因。希挑选候电调用，特达。等因。

二、奉委座电：调贵师副师长伍诚仁为四十九师师长，希即令其星夜来泉州，限俭午到达，并对外暂守秘密为要。等因。

又奉汤副总指挥感申电如下：

奉东路军总司令蒋宥未电：另令转达第九师希于俭日到达周宅附近，派一部进驻后蔡，对枫亭方向警戒。第三十六师主力集结仙游，俭日派一部进驻榜头，对莆田、濑溪方面警戒。五十二师希于俭日到达仙游集结待命。第八十九师本（二十七）日到达洪濑，明（俭）日集结乌墩附近。特电查照。等因。

推测上项电令，逆军各师已有就范改编模样，骄恣跋扈之军队，至此竟成拔牙之鼠矣。遂遵照其原旨，作如下之处置：

一、令伍副师长于是（二十七）日晚星夜首途赶赴泉州，遗一零六旅旅长缺，着二一一团团长李良荣代理，遗二一一团团长缺，着该团中校团附谢懋权代理。并电请委座备案。

二、令一零六旅二一一团移驻洋尾，并派兵一营进至榜头，对濑溪、莆田方面严密警戒，构筑简要工事。

此时我二一六团驻柴头桥附近，二一二团驻洋尾、榜头，均对濑溪、莆田方向警戒，以防该方面之逆军作困兽之异动。（其配备如附图）并随时派遣军官、军士、便探向莆田、濑溪、枫亭一带刺探逆军情况。旋据报称：

逆部六十师感日到涵江，四十九、七十八师及邱兆琛部感日陆续到达莆田、枫亭，六十一师在惠安，均经指定在各该处驻扎等语。

又据参谋主任江涛由莆田返部报称：

逆军区、张两部全部驻莆城，士气颓丧，戒备松懈，江口、濑溪等处并未驻兵等语。

得报后，职队此时为根本解决逆部之好机，即将此种情形于俭日申刻电呈总指挥卫，请予职以解决莆田逆部之任务，自当迅速完成使命，而永绝祸害也。二十九日晨七时，即接奉汤副总指挥艳代电，实为贯彻职俭申电文主张，其略云：

一、顷奉总指挥卫勘亥电节开：如宝树东之云顶山一带无区、张部队，凡可于艳日即酌派一部前往占领监视，并与我驻涵江、福清间之第二纵队取连络。

二、希贵师于明艳日即推进至宝树、盖尾、石马之线，另派一部占领云顶山，以便监视，并随时派探至枫叶塘附近活动，与我第二纵队连络。各等因。

遵即按上项电令之要旨，下达如下之命令于各部：

一、本师奉命推进至仙游迤东地区警戒待命。

二、二一六团应即由现地出发，经宝树，占领云顶山，对莆田方面严密警戒，并构筑必要工事。

三、其余各部于本（二十九）日上午十时出发推进〔至〕如下各地区集结待命。

一零八旅（欠二一六团）	田头店附近
师部及直属部队	盖尾
一零六旅	盖尾附近

以后各部即暂在原地警戒待命。惟据各方探报：（一）枫亭续到逆部两营驻扎。（二）枫叶塘及其以西北地带地形复杂，未驻有我军何部，甚形空虚等情。查枫叶塘以西北有间道可通永泰，设逆部蠢动，以枫亭部队牵制我盖尾之师，一方乘虚向永泰西南大山中逃窜，则闽南治安更不堪设想矣。实有缩短我监视阵线之必要，即将此意电呈汤副总指挥，并请酌令一部进驻枫叶塘。旋接奉汤副总指挥陷午复电：

希即派步兵一团开驰枫叶塘，对莆田警戒，俟八十九师补充团到达后，即归还建制。贵师主力仍在盖尾附近待命。

又陷申电：

（一）据确报，逆军六十一师驻惠安，四十九师、七十八师驻莆田，六十师驻涵江，三江口。我中央新任各师长已分赴各地，正在改编步队中。枫亭、白沙、郊尾一带现均无逆军驻扎。

（二）我各师为监视确实起见，明（三十一）日拟集结枫亭、郊尾、华亭之线待命。

（三）三十六师希于明（三十一）日午开华亭及其西北地区集结，并以一部进驻枫叶塘，对莆田方向警戒。第九师明日拂晓开枫亭及其西北地区集结，对惠安警戒。八十九师明（三十一）日午前集结于沙溪、郊尾、梅塘一带。五十二师驻仙游。

（四）各部位置不可与逆军过度接近，免生误会。等因。

基于上项电令之要旨，及我军之布置与华亭附近之地形，计划于三十一日午即令派二一二团推至华亭附近，并派一营枫驻进叶塘，对莆田警戒。又令该团随时派遣侦探向枫叶塘以东北地区活动，努力与我驻该方面之第二纵队连络。其余各部可暂在盖尾以东附近地区集结，与我第九、第八十九师切取连络，并不绝与我在莆城之各新师长连络。其监视态势如附图。

三、直逼莆涵收缴逆械之经过

职师分驻盖尾、华亭、枫叶塘后，即严密对莆警戒，休养士卒外，并努力与友军联络，刺探逆军情况，迭据各方报称如下：

一、（1）降逆第四十九、第七十八、第六十各师均在莆田、涵江城郊附近，甚为拥挤，秩序极乱，因之土匪勾引，携械潜逃者不少。（2）逆军高级将领均在莆田，候输离埠。（3）我中新任各师长均本（卅一）日接事，正在点收部队，可无其他顾虑等语。

二、中央新任毛维寿为东路军第七路正总指挥，任张炎为该路军副总指挥，昨（三十）日已在惠安就职等语。

三、（1）逆军各部均于三十一日改编完竣，现在涵江及莆田整理。（2）遣散官兵因手续及遣散费未清，二三日内即可轮运回籍。（3）逆部士兵逃亡甚多，并有土民勾引盗卖枪枝。(4)十九路军高级将领业已陆续离莆等语。

综合上项情报而判决之，逆部桀傲之高级将领既已离莆，谋乱之重心力失去，不甘屈服之士兵亦能于二三日轮运回籍，则和平解决之手段似可逐渐达成，可无其他顾虑。惟土匪勾引士兵，盗卖枪火时有所闻，若不设法消弭，则恐徒增匪势，是诚可虞。于支午将此意电呈委座，请将收编各师之枪枝暂时收缴，调至京沪训练外，并令各部于各要道注意缉拿，果续有所获，然亦系疥癣之患，非溃疽之难治也。不料于二月四日接汤副总指挥支辰微戌各电传来，不胜惊愕。其略云：

一、支辰电：奉总司令蒋江酉电：顷据密报：龙岩方面前十九路军将领派员前来运动下级干部拖枪窜往龙岩，以连或排为单位，并指定前往路线。又据六十师邱团长密报：前晚该团连长曾作密会一次。惟其他点及会议结果尚未查明，正饬密查中。除电请拨船只来莆输送外，希转饬所属，严密监视，毋稍松懈为要等因。

二、微戌申：奉卫总指挥微酉电开：（1）据毛维寿面称：张炎去后，四十九师干部一受蔡廷锴由龙岩派来人之煽动，有于删日杀官长暴动之密议，刻以六十师开始船运赴京，恐有提前暴动之企图。（2）六十师及七十八师较安定，沈光汉因该师官兵索分公积金尚匿藏于涵江、三江口一带，已派第十师鱼晨进至惠安郊外，紧逼监视六十一师。（3）希于明（六）晨酌派一师到莆田附近，确实监视四十九师，并以一小部伍师长附近，必要时听伍师长直接指挥，其余各师即酌向莆田方面推进。（4）已令六十师鱼晨上船后，即继续驻涵江、三江口一带候船续运。等因。

复又接汤副总指挥微戌电令，略开如下：

1. 莆田逆情及我军应有之处置如卫总指挥微酉电所指示。

2. 三十六师明（鱼）日晨推进至濑溪，枫叶塘之线，严密监视莆田之四十九师，并派一部至莆田附近，必要时归伍师长指挥。

3. 第九师明（鱼）日晨推进至枫亭镇集结，对惠安方面酌派警戒。

4. 八十九师二六五旅仍驻仙游待命，二六七旅明（鱼）晨推进至长岭、效尾附近待命。等因。

基于以上之电及电令之要则，逆之投降完全出于迫不得已，欲使其诚意服从，势所不能，若不设法收缴其武器，何异养痈贻患也。乃决心以和平之手段收缴其武器。决心既定，一方电告汤副总指挥，一方即由电话下达如下之命令于各部：

一、莆田、涵江逆情及友军监视态势如汤副总指挥微戌电（略）

二、本师明（鱼）晨推进至濑溪、枫叶塘之线，严密监视莆田之四十九师，并相机直扑莆田、涵江之逆，而根本解决之。

三、一零六旅（欠二一一团）于明（六）晨七时三十分由现地出发，推进至莆田城东北端附近，向莆城、涵江警戒待命，解决涵江之六十师。

四、一零八旅于明（六）晨七时由现地出发，推进至濑溪、枫叶唐之线，以东北地区相机进驻莆城。

五、师部及直属部队二一一团于明（六）晨七时二十分由盖出发，经莆仙汽车道推进至濑溪附近，积极待命。

六、余明（六）晨拂晓偕参谋长乘车先入莆田城。

二月六日午前八时，职同参谋长进入莆田城，与新任伍师长、文师长晤谈，决立即收缴四十九、七十八、六十各部械弹，以杜蔡逆煽动之隐祸，伍、文俱首肯，即转给一零六旅（欠二一一团）直趋涵江，收缴六十师械弹。一零八旅进驻莆田城，二一一团进至莆田南关外约五里处高地，占领阵地，以战斗姿势对莆田警戒。师部各处人员迅速赶集莆田县政府听候派遣，点收械弹。其收缴各师械弹办法如下：

一、以团为单位，由团长就现地集合，托故架枪，重新编配，临时谕各官长以大义令其将械弹交缴，勿为蠢动而作无谓之牺牲。

二、架枪后，将队伍带开，再由两造负责人员当面点交。

三、点交后，即由接收者派徒手兵搬运至县政府储藏，待命押运行营或军政部。

办法商定后，即同时分别开始收缴，而兵骄将悍之十九路军，至是形同瓮鳖，束手成擒矣。事后据各负责点收人员报称：各团官兵只愿缴长枪、机枪，驳壳手枪概未缴出，虽有某团当时先缴驳壳手枪，然不甘屈服、蓄意捣乱之官兵从中鼓动，有鸣枪示威者，有将手榴弹拉火作势者，一时秩序大乱，将木壳枪尽行架去，故事实上亦仅缴得驳壳枪枝。所有职师收缴四十九、七十八、六十各师械弹详细数目如附表。一场恶风云始告消煞矣。

九、追击战所得之教训

1．正面追击务须猛烈续不脱离，但须极力举行局部的超越的追击，如江口之追击计划，是惜乎担任是项任务之侦探队为小数敌别动队之牵制未能达成本来之任务，殊堪遗憾。

2．后卫部署每以少数兵力占极广正面，应取钻入式。此次追〔击〕部队官长均未注意及广，多采取真面目之展开攻击。

3．隘路、桥梁为后掩护至好之地形，追击队应预谋侧方威胁包围，则牺牲小而收效大，王团长之牺牲未免少此一筹，殊可惜也。

2．追击应有绵密之搜索，故对搜索部队宜以灵活的更换，以维持其行军力。

在行进间，如侧方认为必须搜索时，则无论任何部队亦须派出之。长岭之役，敌两团之众，得以安全脱离，侧方搜索不严使之也。

5．为使敌不至脱离，虽在夜间，亦应强行追击，最好以三人为一侦探群，组成搜索网，在前卫之后先头搜索。前进在长岭宿营时，曾试行之，结果甚佳。

6．总之追击为作战最后之收获，故宜不惜任何之疲劳与少数之牺牲，而达成最后之目的。亦可谓为体力战之终结。故兵贵精强不在多数。此次追击战斗，士兵之落伍者绝少，亦一快事也以后招兵补兵，应有十分之注意。

十、各种附图附表〔略〕

〔国民党政府战史编纂委员会档案〕